这才是新生代豪华轿车
该有的样子
梅赛德斯-奔驰长轴距A级轿车
前卫炫酷的慧眼猎手前脸，吸睛指数狂飙的保障；双10.25英寸高清显示屏，豪华体验一触即发；超长轴距2789mm，给大长腿舒适的后排空间；MBUX智能人机交互系统，开启自然语音识别的数字化炫彩生活。梅赛德斯-奔驰长轴距A级轿车，颠覆标准，重新定义新生代豪华轿车。
诚邀您亲临2019上海国际汽车工业展览会4.1馆梅赛德斯-奔驰展台，驭远同驰。
www.mercedes-benz.com.cn
北京奔驰
A-Class L Sport Sedan

即刻扫描
了解更多

广告
一汽-大众
详情垂询，请拨打客户服务热线：4008-171-666 (0431)81500666

Ford
福特
SUV
科技
用科技
创造强大

所不至
and beyond

江铃汽车公司官网

LYNK&CO 03

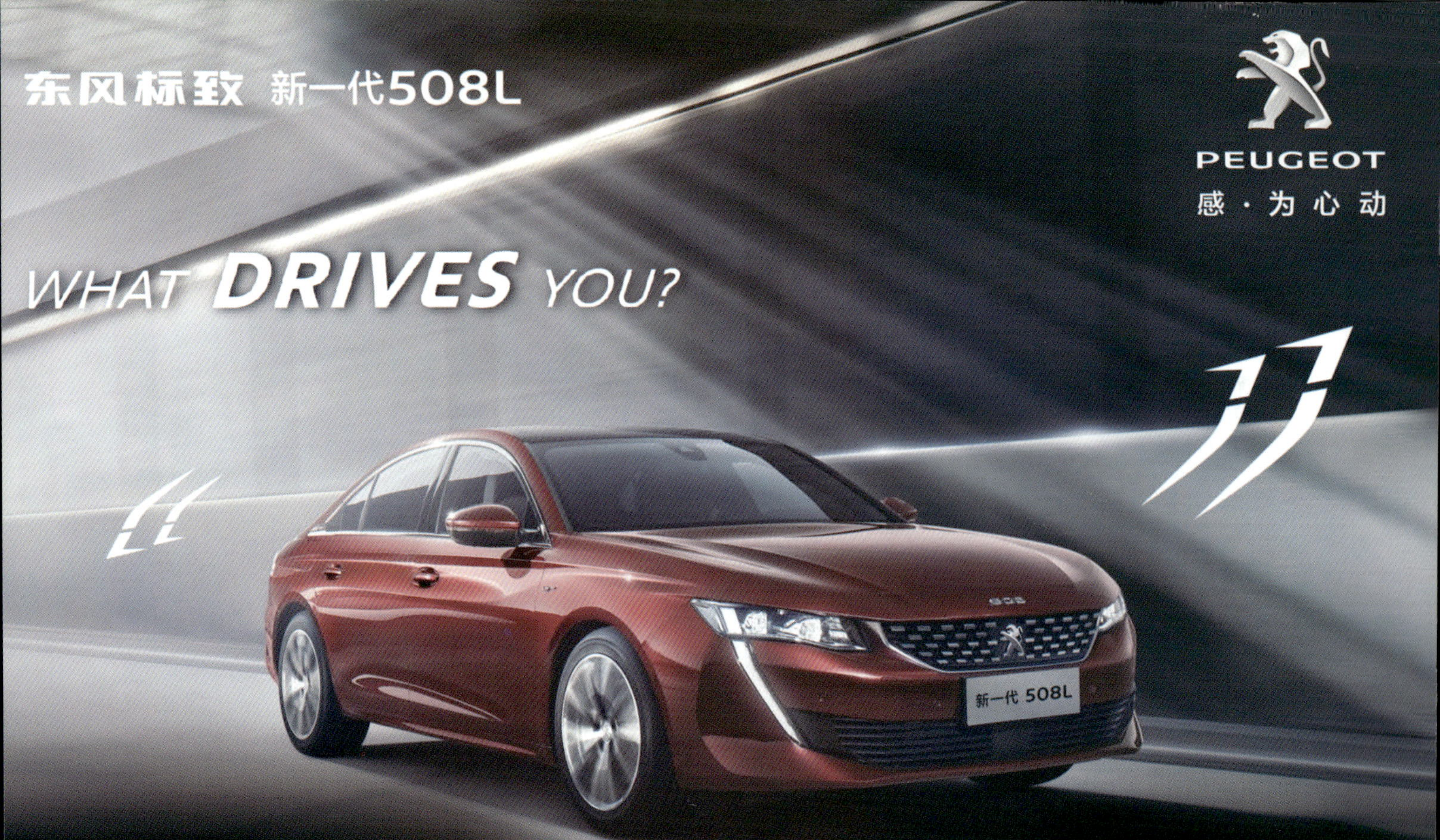

入门即享豪华——新一代东风标致 508L 全国上市

作为一款东风标致旗舰级轿车，新一代508L传承了标致品牌的DNA和核心价值，它向标致历史上的经典车型致以崇高的敬意之后，又汇集了标致前沿的设计语言和核心的智能科技。东风标致在其法式设计美学中，融入了中国消费者独特的审美理解，之后又赋予了它更高一级别的驾乘品质，可以说，新一代508L集“设计之美、科技之悦、品质之实”万千宠爱于一身，从而成为今天中高端轿车市场的“破局者”，它重新定义了设计和驾控的的标杆，为主流消费人群带来驾趣和自我的双重体验。这款车代表了东风标致未来产品的创新设计思维和驾控理念，也承载了东风标致可持续发展的重要使命。2019年3月18日，这款让人瞩目的运动新潮座驾已在全国正式上市，起售价为15.97万元。

“官方指导价”

350 THP PureTech 先锋版	159,700 元
350 THP PureTech 驾趣版	175,700 元
400 THP PureTech 驾控版	189,700 元
400 THP PureTech 激情版	225,700 元

一眼入魂，新潮设计传承经典启迪未来

在研发和设计之初，设计师便将最新的设计理念、技术和经验完美结合，首先用线条定义车身造型，而后借助计算机3D建模、实体建模和不断的手工调整直至完善。包括独特的前高后低Stramline肩线，它刻划出跃然向前的动感姿态和典雅的气质，加上超越同级的2848mm的轴距，让新一代508L俊美身材更加凸显。由于轴距加长了58mm，同时车身高度也增加了55mm，大大提升了后排腿部空间和头部空间。值得一提的是，采用钻石切割设计的双色18英寸铝合金轮毂，棱角分明，即便是在静止状态，看上去也是跳跃感十足。

融合了Exalt概念车对豪华的独特理解，新一代508L首次搭载了第三代i-Cockpit唯我座舱，并将豪华感、科技感、运动感一步到位，并将功能性全面贯穿、巧思融合，从而全面超越对手，为人们提供了与众不同的“唯我舱体验”。不止如此，i-Ccokpit唯我座舱的设计更加人性化，以赛车式转向盘、12.3英寸液晶仪表盘和10英寸中控屏为核心，形成了直觉化驾驶的“黄金三角”，让前方视野一览无余，与竞品相比，它让人们视线不离开路面，就能实时读取仪表盘上显示的行车数据，从而行驶更加安全、更加从容不迫。

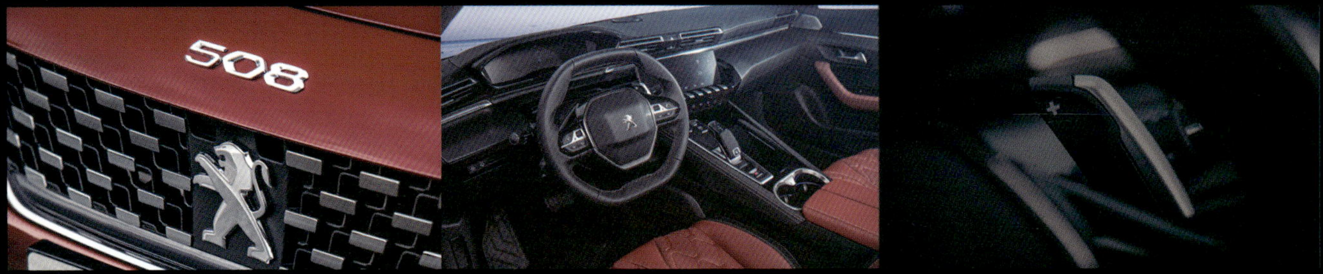

作为新一代508L的信息交互中心，10英寸中控屏实现了多种功能的高度集成，包括导航系统以及CarPlay&Carlife手机互联、多媒体娱乐，以及各种车辆的控制功能。中控屏下方的“钢琴”式物理按键操控，将法式美学和功能主义完美融合，控制逻辑简约、清晰，透露出满满的科技质感，实体键下面是空调及座椅加热等设定的触控按钮。造型精致、结构紧凑ZF®电子换挡杆，将豪华感和科技感融合一手掌控，不论是起步前行还是倒车入位，全部实现“一挡通行”，同时这种造型设计也营造出车内空间的轻奢感，与操控精准的赛车式转向盘一起，带来令人兴奋的驾控体验。

人车一体，科技驾控演绎速度激情

科技驾控在整个标致品牌的历史中占据着重要的地位，当标致无数次征战赛道、荣誉加身的同时，也积累了大量的经验，尤其是底盘设计和调校方面，有着其他品牌无法比拟的优势，至今在全球汽车行业领先。而这一优势在新一代508L身上得以传承，让科技赋予驾控无穷魅力，并全面展现了新一代508L直觉驾控的本能。

黑科技的全面加持，让新一代508L在运动性能上领先，同时也更具安全保障，这既体现了新一代508L的卓越技术实力，又展现了东风标致在智能驾驶以及行驶安全领域不断向上的决心。这其中夜视系统、ADAS智能驾驶辅助系统2.0等多元化科技配置领先竞品车型，它们为驾驶者保驾护航的同时，也能让每一个人都感受到驾趣之悦。

相比同级竞品来说，City Park4全自动智能泊车辅助系统功能更加强大、智能化程度更高，它实现了驾驶员不介入操控的情况下，完成探测驻车空间、操纵车辆进入车位的所有动作。系统启动后，车辆将自动接管行驶方向、前进后退、加速和转向，整个过程仅需按住电子换挡杆上的控制键，使用更加便利。

一诺千金，匠人之心雕琢品质之实

制动盘、LED前照灯总成、Nappa真皮座椅材质以及前防撞钢梁和后悬架等零部件，都为人们展示了新一代508L的潮流品质。其中，全陶瓷制动片在这一级别车型中是非常罕有的越级配置，它采用了同级别最大63.5mm的制动活塞缸径，制动效果非常出色，同时热衰退现象得到良好控制，前制动盘的直径达到了330mm，面对激烈操控也能够从容应对。而多连杆后独立悬架同时采用全铝制后横梁，重量减轻15.1kg，成为极致驾控的先天优势基因。

更值得一提的是，为了全面呈现Nappa座椅的皮质，其所采用的真皮被单独切割开来呈现，整套Nappa座椅，使用了多达4.2m²的真皮，通过20道环保工艺精心鞣制，驾驶位座椅还提供按摩功能，由8个气囊组成，5种按摩手法，轻松面对长途或是激烈操控，尤为可贵的是三挡座椅通风功能，带来更加舒适的驾驶感受。

未来，东风标致508L的营销上也传递出了极为清晰的思路，从市场特性、消费者特征的变化入手，未来的营销策略锁定在圈层营销和体验式营销两种方式之上，此次成都试驾安排的科技驾控体验环节（包括潮流体验馆和专项体验），代表着体验式营销的正式开启，新一代508L正式上市后，科技驾控体验营也将在全国范围内全面开启。从步步为营到步步为“赢”，如此看来，属于东风标致的好时代，真的到来了。

4 大 核 心 优 势

第一眼设计

- 标致新一代“狮吼式”前脸
- 经典动感车侧
- 狮爪尾灯
- 专属印记

唯我品质

- 第三代 i-Cockpit®唯我座舱
- 人体工程学三位一体式NAPPA真皮打孔座椅
- 12.3英寸液晶组合仪表屏
- 10英寸高清屏
- 电子换挡
- Clean Cabin 空气净化系统（带AQS空气质量监测系统）
- Focal（劲浪）Hifi音响

直觉驾控

- 400THP PURETECH涡轮增压直喷发动机
- 8挡手自一体变速器
- AMVAR 可变悬架

第六感科技

- ADAS智能驾驶辅助系统 2.0
- 夜视系统
- City Park4 全自动智能泊车辅助

长安铃木
非凡·等你发现
VITARA
维特拉
专业级探享SUV
ALLGRIP
智能全时四驱系统
● 45年专业SUV血统
● 1.4T BOOSTERJET涡轮增压发动机
● 传承专业的SUV底盘技术
● 可开启奢阔全景天窗

敢行我路
I'M VITARA!
VITARA 维特拉
图片仅供参考，车型外观以实车为准

广汽 HONDA | 让梦走得更远
Your Dreams. Our Drive.

市场 >>
指导价

16.98万元起

Honda SENSING
安全超感

Honda CONNECT
智导互联

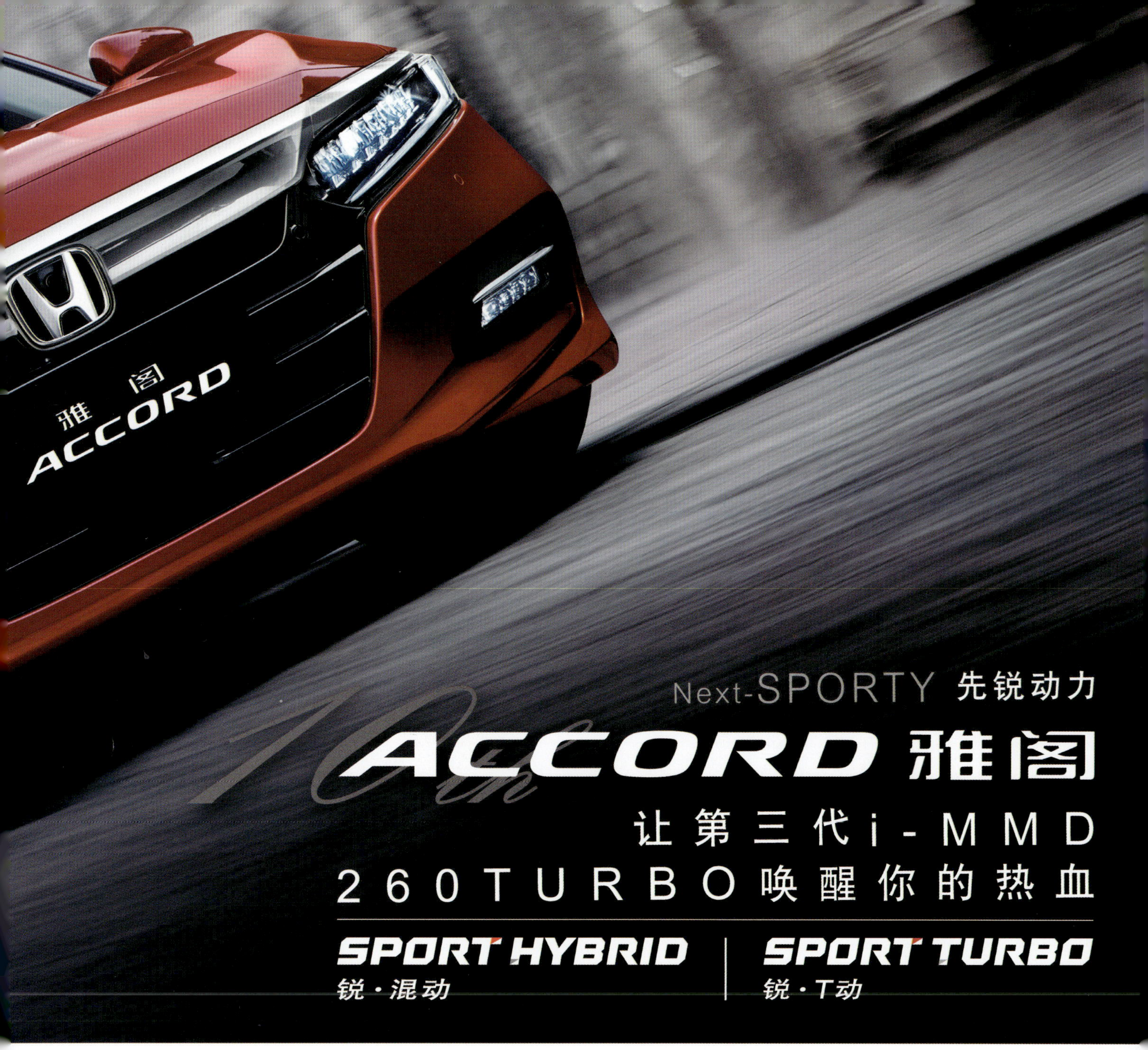
雅 阁
ACCORD
Next-SPORTY 先锐动力
ACCORD 雅阁
让第三代i-MMD
260TURBO唤醒你的热血
SPORT HYBRID
锐·混动
SPORT TURBO
锐·T动

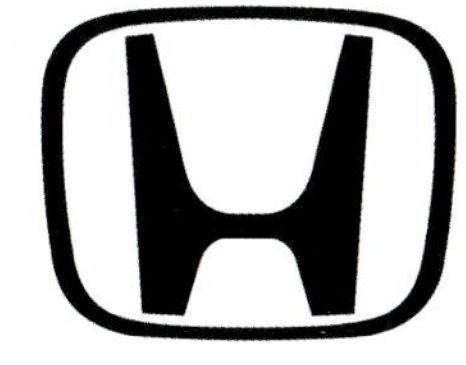

TOYOTA

遇见·亚洲龙
DESTINED AVALON

一汽丰田新旗舰·亚洲龙耀世上市
售价20.88万~28.98万元

免费保修 基础保养 4年10万公里
双擎版动力电池 免费保修 8年20万公里

一汽丰田新旗舰亚洲龙耀世上市，设有2.5L汽油动力版和2.5L双擎版两种动力形式6种配置级别，价格区间为20.88万元~28.98万元

2.5L双擎

Limited旗舰版	¥289,800	豪华版	¥239,800
XLE尊贵版	¥257,800	进取版	¥226,800

2.5L汽油动力

Touring尊贵版	¥244,800
进取版	¥208,800

超强价值赋超强体验

亚洲龙 智·美双极

双极优势

超享·非凡平台 静擎·清新世界

-亚洲龙的核心魅力

-既有丰田全新造车理念TNGA平台

-也有全新混动系统THS-Ⅱ的加持

双极设计

大胆·魅动世界 匠心·独运细美

-大胆颠覆的外观造型、大量采用真材实料的高级感内饰

-融合科技感和匠心精致

-彰显亚洲龙独有的旗舰气质

双极效率

宽容·身心自在 执着·低耗“净”界

-既保持全尺寸长轴距的超大空间

-又实现惊人的低油耗

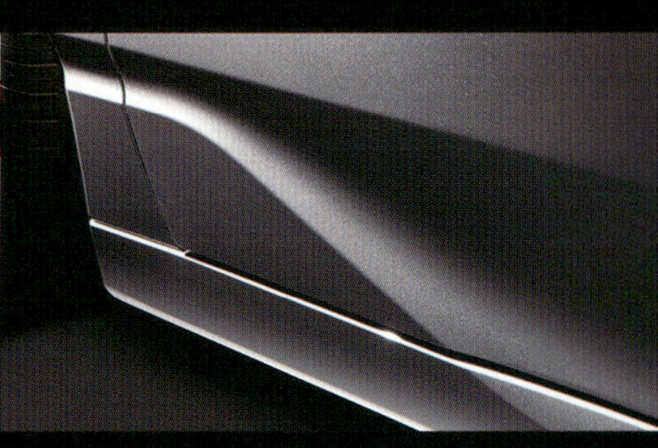

一汽丰田

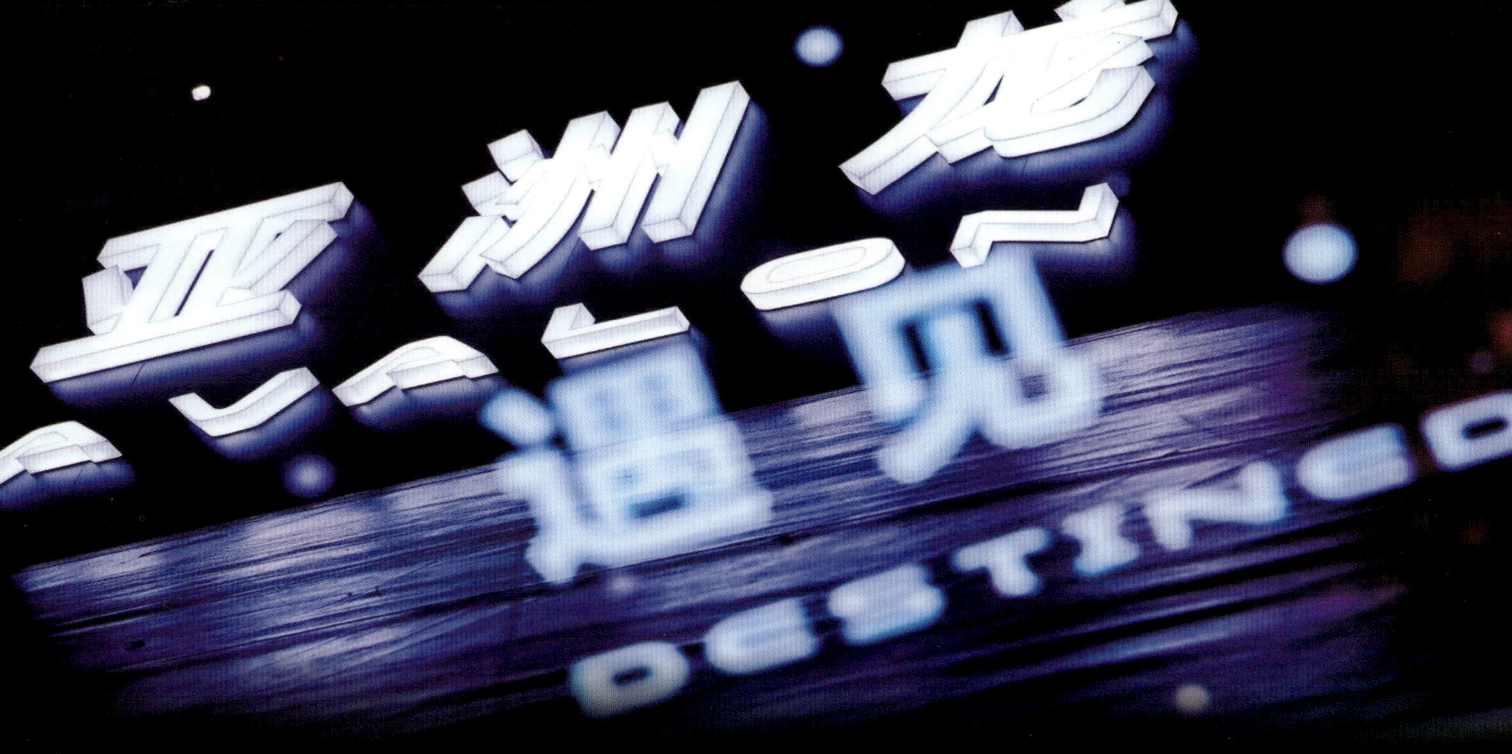

双极行驶
动显 • 澎湃恣意　静听 • 自我心声

-既有媲美跑车般的操控稳定性

-又有优质的乘坐舒适性与“如入无人之地”的静谧性

双极安全
科技 • 守护之心　百炼 • 坚韧之身

-亚洲龙全系标配升级版丰田智行安全系统

-与TNGA超高刚性车身以及10个安全气囊

-刚柔并济确保全方位的安全

双极科技
大智• 驱动未来　人性• 科技先享

-HUD抬头显示系统

-BSM盲区监测系统

-PVM全景监控系统

-PCTA倒车盲点警示系统

为中国新世代精英人而来　亚洲龙精准了解目标客户群体

对亚洲龙而言，就是要笃定不懈地贴合他们的需求，秉持不妥协的产品设计理念，以价值最大化为目标，在拯救中高级车“佛系”人群的同时，征服中高级车“杠精”人群，甚至树立中高级车价值的新标准。

700万新起点　亚洲龙开启一汽丰田新篇章

一汽丰田历经15年风雨征程，累计销量达成700万台。以新旗舰亚洲龙为开端，一汽丰田将向着更高的销量目标进发。

第二次创业，我们再出发。

2019年是一汽丰田的“二次创业”元年，在通向未来的路上，一汽丰田正带着“新一丰”的愿景、“新团队”的自信、“新工厂”的喜悦、“新飞跃”的梦想，全面开启“二次创业”新征程。

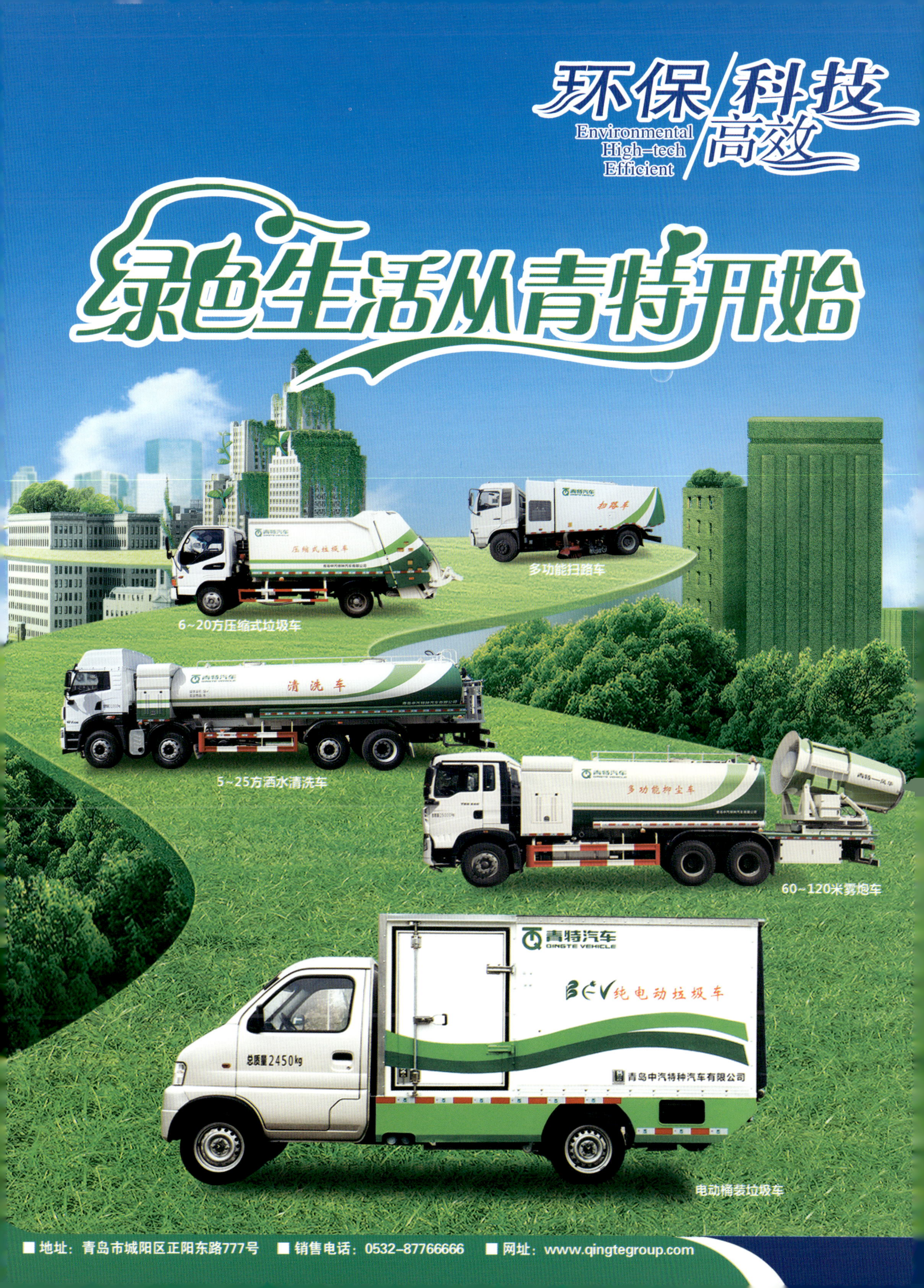

环保/科技
Environmental
High-tech
Efficient
高效
绿色生活从青特开始
6~20方压缩式垃圾车
多功能扫路车
5~25方洒水清洗车
60~120米雾炮车
青特汽车
QINGTE VEHICLE
BEV纯电动垃圾车
总质量2450kg
青岛中汽特种汽车有限公司
电动桶装垃圾车
■ 地址：青岛市城阳区正阳东路777号 ■ 销售电话：0532-87766666 ■ 网址：www.qingtegroup.com

mazda
mazda CX-4
zoom-zoom

新宝骏RS-5

新宝骏RS-5　2019年4月11日

产品定位 超强智能驾控SUV

三大亮点 超强智能驾驶，超强互联科技，越级品质享受

共5款车型 超级互联手动版、超级互联潮动版、智能驾控豪华版、智能驾控尊贵版、智能驾控旗舰版

亮　点 新宝骏RS-5搭载最新版本的博世ADAS自动驾驶辅助系统，具备自适应巡航(ACC)，高速智能领航(ICA)，交通拥堵辅助(TJA)等14项智能驾驶辅助系统；新宝骏RS-5的最新ALIOS车辆网具备车内语音操作，APP远程，在线无线升级等10项全能车辆网系统

宝骏530

“型鲨”宝骏530以时尚外观、灵活空间、舒适驾乘体验获得了用户的喜爱。

搭载全新动力总成的2019款宝骏530，匹配全新一代1.5T发动机采用霍尼韦尔第三代涡轮增压器，最大功率111kW，峰值转矩250N·m；全新的CVT变速器换挡平顺，成为8万级自动挡SUV标杆产品。

2019年1月，宝骏530七座版车型上市，作为7万级大7座SUV，满足了用户对SUV多场景使用的需求。

宝骏510

宝骏360

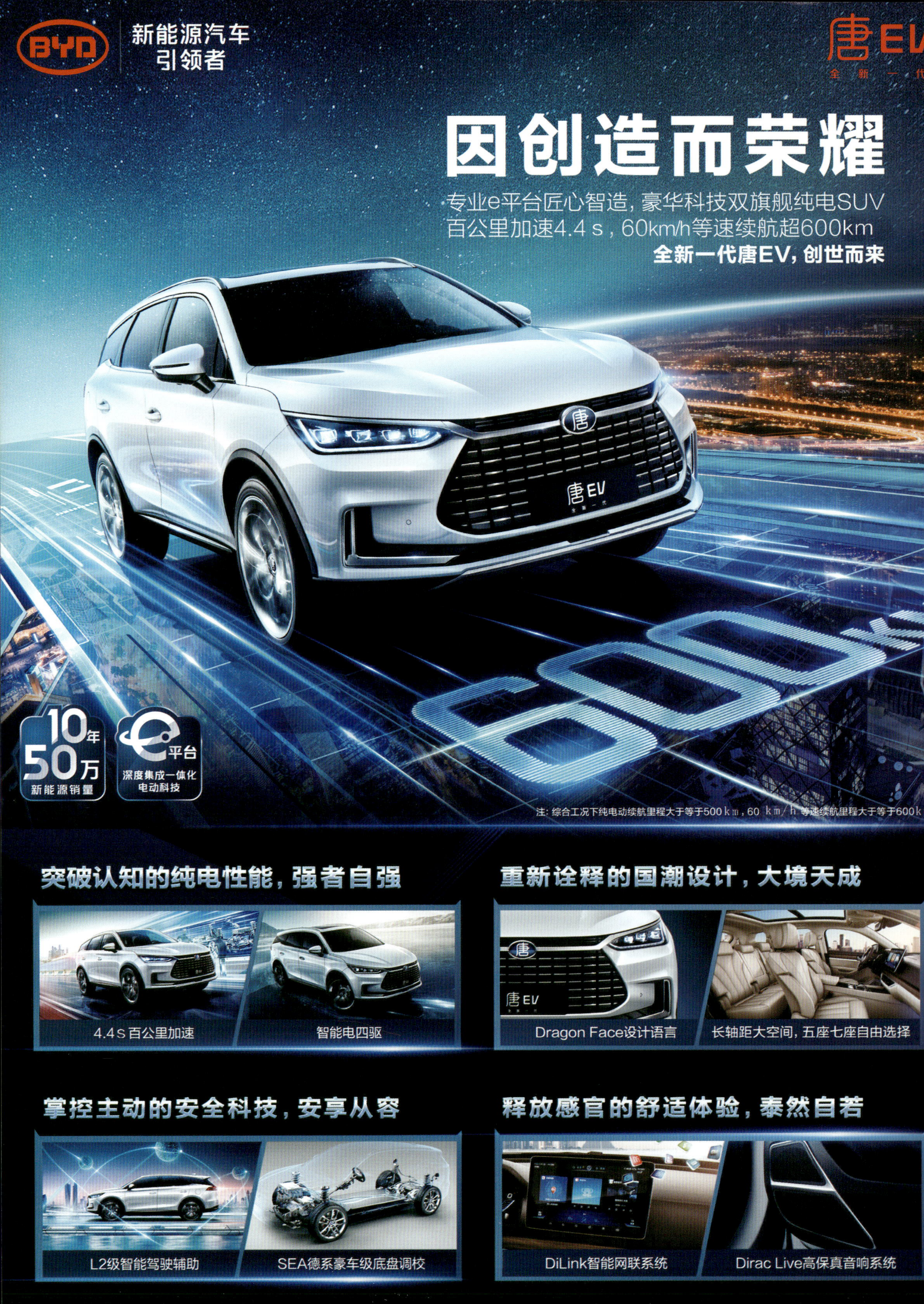
BYD
新能源汽车
引领者
唐EV
全新一代
因创造而荣耀
专业e平台匠心智造，豪华科技双旗舰纯电SUV
百公里加速4.4 s，60km/h等速续航超600km
全新一代唐EV，创世而来
10年
50万
新能源销量
e平台
深度集成一体化
电动科技
注：综合工况下纯电动续航里程大于等于500 km，60 km/h 等速续航里程大于等于600k
突破认知的纯电性能，强者自强
4.4 s 百公里加速
智能电四驱
重新诠释的国潮设计，大境天成
Dragon Face设计语言
长轴距大空间，五座七座自由选择
掌控主动的安全科技，安享从容
L2级智能驾驶辅助
SEA德系豪车级底盘调校
释放感官的舒适体验，泰然自若
DiLink智能网联系统
Dirac Live高保真音响系统

当"高配"成为"标配"

Mazda CX-8入门级车型配置解读

纵观当下的7座SUV市场，入门级车型普遍有"外观简陋、配置低、安全差、动力弱"的特点。有没有一款入门级车型不"减配"的大7座SUV？长安马自达Mazda CX-8(以下称CX-8)的"入门车型"——2.5L 6AT 2WD豪华型就以充满诚意的配置标准，展示了入门级车型同样能够为用户带去超越期待的拥车体验。

让"高配"成为"标配"

CX-8全系配备LED光源，拥有4500K色温，光源射程长达300m，而且只有35W的超低能耗，配合犀利的前照灯造型，让整车外观高级感顿生。

外观方面，很多品牌因为低配车型在多数时候只有2～3种颜色可供选择。但马自达认为车身颜色也是汽车设计中不可分割的一部分。所以CX-8全系所提供的6种车身颜色，包括备受用户喜爱的"水晶魂动红""铂钢灰"，在入门级车型身上同样可供选择。

此外，对于一款长达4955mm的大7座SUV来讲，停车是件让新手司机很烦恼的事情。从用户实际需求出发，CX-8全系标配了前、后驻车雷达和倒车影像。同时，CX-8转向盘采用真皮包裹并且提供四向调节，定速巡航、多媒体系统按键都可以通过转向盘方便掌控。全系标配的7英寸触控液晶显示屏，除了提供倒车影像之外，所搭载的MZD CONNECT马自达悦联系统全面支持CarPlay&CarLife智能互联。

优于同级的配置水平

当下，很多品牌入门级车型都或多或少存在"安全减配"的情况，如气囊数少，保险杠材质差等。CX-8全系标配8个安全气囊，此外，入门级车型还配备了EBA电子紧急制动辅助系统、DSC电子车身稳定控制系统等丰富的智能安全科技，帮助驾驶者从容驾驭一辆大7座SUV。

动力方面，市面上的涡轮增压发动机往往会有动力响应滞后的缺点，而搭载"创驰蓝天"高压缩比自然吸气发动机的CX-8响应及时，动力输出也更为平顺。为了追求领先的"人马一体"驾驶感，CX-8全系标配了"GVC加速度矢量控制系统"，使车辆按预期的轨迹行驶，提升人车一体感，增强驾驶信心，还可减轻长途驾驶疲劳，是全球领先的实现顺畅、高效车辆动态的控制技术。

外观"不跌份儿"、配置不"简陋"、安全不"将就"、动力不打折，CX-8入门级车型以领先的丰富配置，让"高配"成为"标配"，展现出长安马自达在"特色精品战略"下独具匠心的产品实力。

一汽解放汽车有限公司

FAW JIEFANG AUTOMOTIVE CO.,LTD.

胡汉杰

一汽解放汽车有限公司成立于2003年1月18日，是在原第一汽车制造厂卡车业务的基础上组建的中、重、轻型（民用及军用）卡车制造企业，是中国第一汽车股份有限公司的全资子公司。总部位于吉林省长春市，员工近2.5万人，整车年生产能力31万辆。2016年至2018年连续三年，持续销冠，稳居行业前列。2018年，销售整车33.27万辆，其中中重卡26.79万辆，市场份额超20%，牢牢稳坐中国商用车前列地位，持续领航。

公司设立有12个职能部门。下属三大事业部【青岛整车事业部（青汽公司、柳州厂、无锡改装车厂）、发动机事业部（无锡柴油机厂、大连柴油机厂）、传动事业部（车桥厂、变速器厂、轴齿厂、零部件厂）】、营销总部（销售公司）、两个专业厂（卡车厂、成都厂）、一个物流公司和两个控股公司（一汽鞍井、一汽宝友），分布在长春、大连、青岛、无锡、成都、柳州六个城市，形成了长春、青岛、成都、柳州四大整车基地和长春、无锡、大连三大总成基地的生产布局。

一汽解放汽车有限公司的前身是一汽生产中重型卡车的主体专业厂。一汽是中国汽车工业的摇篮，于1953年建厂。1956年7月13日，第一辆国产解放牌汽车驶下装配线，结束了中国不能制造汽车的历史。20世纪80年代，一汽在中国改革开放政策推动下，自主研发、生产了第二代解放CA141卡车，实现了第二次创业。90年代末，先后自主研发生产了第三代、第四代产品，实现了卡车生产柴油化和平头化转变。解放公司成立后，先后推出第五代、第六代、第七代重卡产品。2014年开始向轻型车领域拓展，实现了以重型车为主，中型、重型、轻型发展并举的产品格局。经过六十余年的发展，解放已经成为中国著名商用车制造企业。

多年来，一汽解放始终坚持走自主发展道路，凭借深厚的历史积淀和雄厚的企业实力，将“解放”打造成为知名的民族汽车品牌之一。2018年，世界品牌实验室发布《中国500最具价值品牌》排行榜，“解放”品牌价值为606.72亿元，位列第60名，商用车行业排名前列。

解放锡柴发动机生产线
无锡

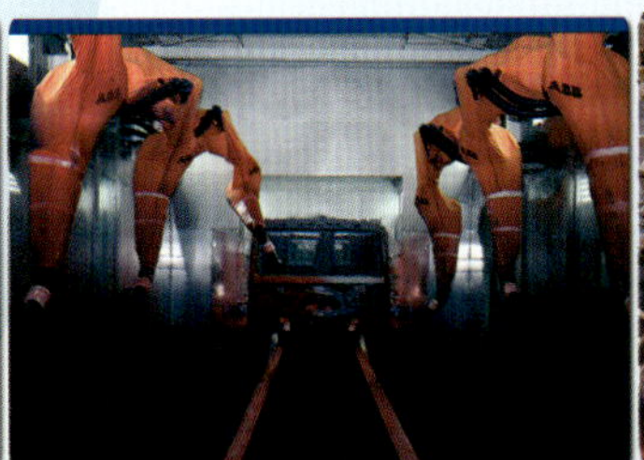

解放青汽自动喷漆线
青岛

解放卡车自动化焊接装配线
长春

解放大柴发动机生产线
大连

一汽解放拥有牵引、载货、自卸、专用、新能源、轻卡六大产品系列，覆盖重中轻三大领域。在重卡领域，有J7、J6P、JH6、J6M、天V、悍V、安捷等七大产品平台；在中卡领域，有J6L、龙V两大产品平台；在轻卡领域，有J6F、虎V两大产品平台。凭借“安全、可靠、节能、舒适、高效”的技术性能和卓越品质，解放卡车赢得了广大用户的信赖，被誉为“挣钱机器”。

一汽解放拥有中国较为强大的自主研发体系，设有国家重点实验室、院士、博士后工作站，拥有产品策划、工程设计、性能设计，试验试制、试验认证五大核心能力，打造了节能环保、可靠耐久、电子智能、工艺材料、安全舒适五大技术平台，是中国掌握了世界级整车及三大动力总成核心技术的商用车企业。近年来，通过对细分市场需求的准确把握，一汽解放成功打造了体系节油、长换油、轻量化等核心产品技术优势，在激烈的市场竞争中，始终保持行业领先地位。

一汽解放坚持以客户价值为导向，率先建立了功能完备的营销服务体系，创建了解放“感动服务”品牌，由650家经销商、805家服务站、28家备品中心和17家社会备品经销商组成的解放营销服务网络遍布全国215个地级市，容量800辆以上地市覆盖率90%，全国平均服务半径53公里，为用户提供24小时全天候高效、优质服务，处于行业领先水平。解放产品出口东南亚、中东、拉美、非洲、东欧等80个国家和地区，在全世界30个国家有40个经销商。出口产品包括J6、虎V、J5K、悍V等车型。在巴基斯坦、伊朗、南非、朝鲜、哈萨克斯坦、肯尼亚、尼日利亚、菲律宾、马来西亚、越南(2个)10个国家建有11个组装厂。

中国第一辆汽车-解放CA10

第700万辆解放卡车下线

一汽解放品牌战略发布暨J7上市盛典

一汽解放生态合作伙伴大会

一汽解放着眼于国际化竞争，建立了与国际接轨的现代企业管理体系。公司立足精益生产，坚持推行FPS。推进流程化组织建设，持续提升体系能力和企业效率。并已成功建立起PDM/ERP/SCM/MES/TDS汽车制造业五大核心系统，包括基础设施【网络(语音网、IT网、视频网)、桌面、服务器、存储)】、产品工艺(PDM/CAPP产品工艺数据管理系统、BOM管理系统)、采购(SRM供应商管理、ERP企业资源管理系统)、制造(MES制造执行系统)、营销(TDS顶级营销系统、DMS经销商管理、CRM客户关系系统)以及BPM流程管理平台、MDM主数据管理平台、协同办公平台(OA办公系统、EIP企业信息门户)等，同时正在建立智能网联平台(车联网、大数据)和BI商务智能分析系统，实现了企业的数字化管理。

围绕“最值得骄傲的商用车企业，最值得信赖的商用车品牌”的发展愿景，肩负“致力于成为‘中国制造，世界品质’的智慧交通运输解决方案提供者，为用户创造财富，为员工创造幸福，为社会创造价值”的企业使命，以质量和效益为中心、以产品和服务为主线、以用户和员工为根本、以变革和创新为动力，在客户关系、品牌、供应、营销与服务、信息化(互联网+)五个方面来加强企业成长能力；在产品、技术及研发、质量、财务及成本、投资与资本、企业家精神、文化七个方面来加强企业盈利能力；在制造与物流、工艺、组织与人力、管理、体制与机制(全面深化改革)五个方面来加强企业创新能力。

JH6

解放ICV智能无人港口车

解放高端重卡J7

解放高端重卡J7

新J6P-领航版

新J6-荣耀版

传奇

东风商用车有限公司起源于1969年成立的中国第二汽车制造厂，继承了东风品牌商用车事业的主体业务。东风商用车用信赖、可靠、智慧,全球科技深耕制造工艺，不断开拓市场，赢得客户认可。东风商用车是中国领先的商用车品牌，正逐步建立覆盖全球的销售服务网络。

东风商用车在中国拥有领先独立的研发和生产基地.产品覆盖中重型卡车、发动机、驾驶室、车架、车桥、变速器等关键总成。 其产品为长途运输、区域配送、城际运输、建筑工程及采矿业服务。东风商用车产品是专业运营商必备工具，满足现代社会及未来运营需求。

东风商用车有限公司总部位于湖北省十堰市。2015年1月26日东风集团与沃尔沃集团以55:45股比组成新的东风商用车有限公司，致力于发展“东风”品牌商用车为全球知名品牌。

一切源于可靠

It's All About Reliability

中国重型汽车集团有限公司

谭旭光

山东重工集团有限公司党委书记、董事长，
中国重型汽车集团有限公司党委书记、董事长

中国重型汽车集团有限公司（以下简称“中国重汽”）的前身是济南汽车制造总厂，始建于1956年，是我国重型汽车工业的摇篮；1960年，生产制造了中国第一辆重型汽车——黄河牌JN150八吨载货汽车，结束了中国不能生产重型汽车的历史。在社会主义建设初期，“黄河”车享誉全国，为国民经济的发展和国防建设做出了重大贡献，成为中华民族自力更生、艰苦奋斗的标志性成果之一；1976年，成功研制中国第一辆8X8独立悬架重型越野军车——黄河牌JN252，填补了我国重型军用越野汽车的空白，在“两弹一星”的伟大工程中建立了功勋，为国防建设做出了突出贡献；1983年，成功引进了奥地利斯太尔重型汽车项目，是国内第一家全面引进国外重型汽车整车制造技术的企业；2001年改革重组后的中国重汽正式成立，经过十多年的发展，已经成为国内外知名的重型汽车研发制造企业集团；2007年中国重汽在香港主板红筹上市，初步搭建起了国际化平台；2009年成功实现了与德国曼公司的战略合作，曼公司参股中国重汽（香港）有限公司25%+1股，中国重汽引进曼公司D08、D20、D26三种型号的发动机、中卡、重卡车桥及相应整车技术，为企业长远发展奠定坚实基础。目前，中国重汽已成为我国较大的重型汽车生产基地，为我国重型汽车工业发展和国家经济建设做出了突出贡献。

MC发动机装配线　　变速器生产线　　发动机总装线　　济南商用车公司TGA驾驶室焊装线

改革重组以来，中国重汽始终坚持自主创新，大力实施技术领先战略，以自主知识产权构筑企业核心竞争力，成为国内重卡行业专利较多的企业。中国重汽技术发展中心是全国第一批国家级企业技术中心，拥有“中国实验室国家认可委员会”认可的检测实验室，具有整车、发动机、零部件、汽车电子、材料工艺等全方位的研发和检测能力，拥有各种加工、试验、测试等高、精、尖设备，发动机、整车、部件振动、强度测试等设备均达到世界水平。2009年，经国家批准，国家重型汽车工程技术研究中心在中国重汽正式揭牌成立，承担着我国重型汽车行业技术研发、应用示范、成果推广和技术服务的职能。2015年8月16日，中国重汽科技园区正式启用，科技大厦是中国重汽科技中心园区的核心建筑，整体造型呈泉水上涌的态势，象征着中国重汽事业的蓬勃发展，标志着中国重汽的发展掀开了新的篇章。

目前，中国重汽已经形成以重卡为主导，同时涵盖中卡、轻卡、客车、特种车等全系列商用车的产业格局，下属两个上市公司，分别为中国重汽（香港）有限公司（香港红筹公司），中国重汽集团济南卡车股份有限公司（深圳 A 股上市公司），控股 53 家二级企业，生产基地遍布全国 12 个城市，产品出口 100 多个国家和地区。企业主要组织开发研制、生产销售各种载重汽车、特种汽车、客车和专用车及发动机、变速器、车桥等总成和汽车零部件。整车制造企业主要有济南卡车股份有限公司、济南商用车公司、特种车公司、济宁商用车公司、轻卡部、成都王牌公司等，发动机有济南动力部和杭州发动机公司，车桥有济南桥箱公司，变速箱有济南变速箱部、大同齿轮公司，拥有汕德卡、豪沃、斯太尔、豪瀚、王牌、福泺等全系列商用汽车品牌，企业拥有 3800 多个车型，是我国重卡行业驱动形式和功率覆盖较全的重卡企业。中国重汽制造的国内领先、性能优越的 MT13 燃气发动机，国际先进水平的 MC05、MC07、MC09、MC11、MC13 发动机，功率覆盖 140 ～ 560 马力；世界级水平的系列化单级减速桥、轮边减速桥以及 16.5 ～ 22.5 英寸盘式制动器；系列化的单中间轴带同步器变速器、双中间轴变速器，10、12、16 档手自一体 AMT 变速器等重要总成，构成具有世界先进水平的发动机、离合器、变速箱、驱动桥组成的黄金动力产业链。改革重组以来，企业累计投入 260 多亿元，实施技术改造项目 1600 余项，新建及改造厂房面积 300 多万平方米。中国重汽还拥有国内一流、具有国际先进水平的整车装配线 14 条、发动机生产线 6 条、变速箱生产线 2 条、车桥生产线 9 条，各项工艺装备水平均走在行业前列。

整车侧翻试验台

香港欧 VI 洗街车交付

中国重汽 HOWO 军车参加 2015 年 9 月 3 日大阅兵

中国重汽 V7G 领衔点亮俄罗斯 CTT 展会

中国重汽始终坚持国际化战略，从简单的卖车到建立销售服务网络，再到当地组装、产能合作，真正实现海外采购、设计、销售，打造了中国自己的国际知名重型汽车品牌。通过多年国际化战略的实施，截至目前，共建立了 69 个海外代表处和经销服务办事机构，在 60 多个国家发展了 110 家一级经销商，105 个服务网点和 101 个配件网点，建立了 9 个境外合作 KD 生产工厂，在 12 个国家或地区合作建立了 16 个配件中心库，基本覆盖非洲、中东、中南美、中亚、俄罗斯和东南亚等发展中国家和地区，而且初步打开了西欧等发达国家的市场。继续保持国内重卡行业外贸出口领先地位，并连续十四年位居国内重卡行业出口首位。中国重汽正在走出一条适合自身特色的国际化道路。

经过改革重组以来十七年的发展，中国重汽已经成长为我国重卡行业中，具有领头羊地位和一定国际竞争力的大型现代化企业集团。

中国重汽秉承“客户满意是我们的宗旨”的核心价值观、“不争第一就是在混”的激情文化、“一天当两天半用”的效率文化，努力打造一支价值观高度统一的“钢铁团队、虎狼之师”，心无旁骛攻主业，为打造世界一流的全系列商用车集团努力奋斗。

地址：山东济南市高新区华奥路 777 号　　邮编：251010
电话：4001888666　　网址：www.cnhtc.com.cn

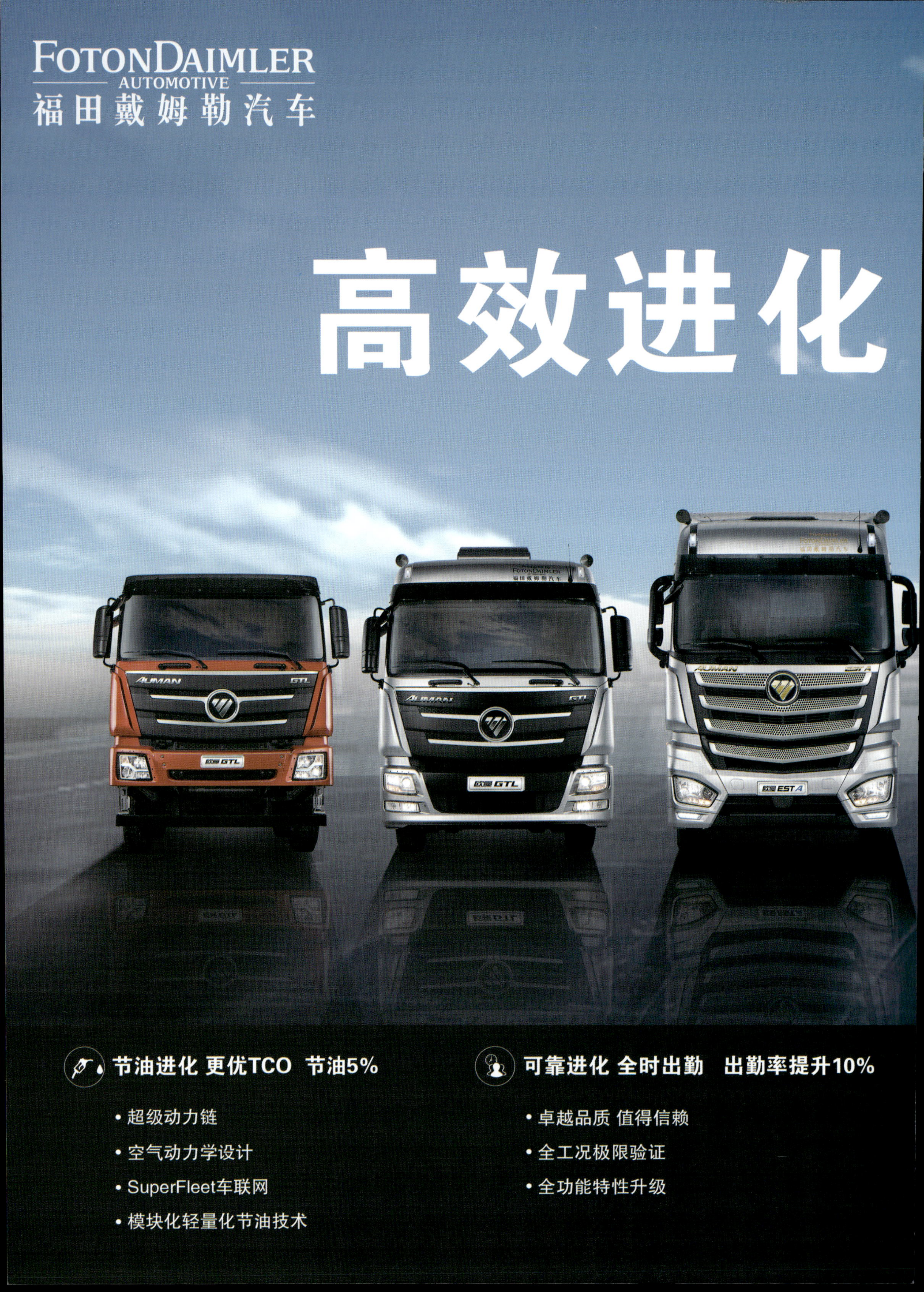
FOTONDAIMLER
AUTOMOTIVE
福田戴姆勒汽车
高效进化
节油进化 更优TCO 节油5%
• 超级动力链
• 空气动力学设计
• SuperFleet车联网
• 模块化轻量化节油技术
可靠进化 全时出勤 出勤率提升10%
• 卓越品质 值得信赖
• 全工况极限验证
• 全功能特性升级

HINO
700
搅拌运输车
危运版牵引车

FORLAND时代
福田时代
FORLAND时代
全国服务热线>> 4008-988-977

舒适高效 时代领航
舒适空间
2080mm宽驾驶室，驾驶空间宽敞
六向调节减振座椅，坐享舒适
高效出勤
采用康明斯等国内名优动力
发动机B10寿命可达80万km
法士特/万里扬全铝变速器
技术先进，性能优越

扫一扫 抢卡车

扫一扫 关注微信

恒者·当先

集团简介：Company info

锦州万得汽车集团有限公司（简称“万得集团”）是专业的汽车部件系统供应商，致力于汽车四大系列部件的开发、生产与销售。

包括汽车电气系统(发电机、起动机、驱动马达、电动冷却水泵总成)；汽车主被动安全系统(安全气囊、安全带、行人保护、智能行车安全服务系统)；汽车悬架系统(减振器活塞杆及减振器总成)；发动机配气系统(发动机气门、挺柱)。

四个业务系统的核心企业锦州汉拿电机有限公司、锦州锦恒汽车安全系统股份有限公司、济南沃德汽车零部件有限公司、锦州万友机械部件有限公司均为行业龙头企业，连续多年入选全国百强零部件企业。

集团致力于传统产业升级的同时，向为汽车提供电气化、智能化解决方案的系统服务商转型，借助二十年积累的5000万个以上终端车主客户资源，全力打造“万得汽车网联服务网络”，为广大汽车驾乘人员提供保姆式服务，实现“养车行车无忧”！

- 29家成员企业
- 员工8500余人
- 1个国家级企业技术中心
- 5个国家CNAS认可实验室

使命

让人们行车更轻松、更安全、更环保

让汽车社会更文明

愿景

成为全球前50的汽车零部件供应商

成为世界领先的汽车电气化&智能化系统提供商

公司产品

高效发电机

轻量化起动机

三合一动力总成

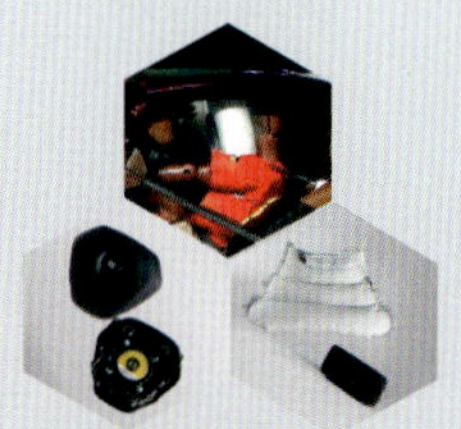
安全气囊

预紧限力安全带

汽车减振器

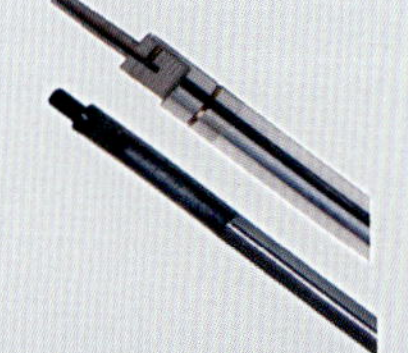
空心活塞杆

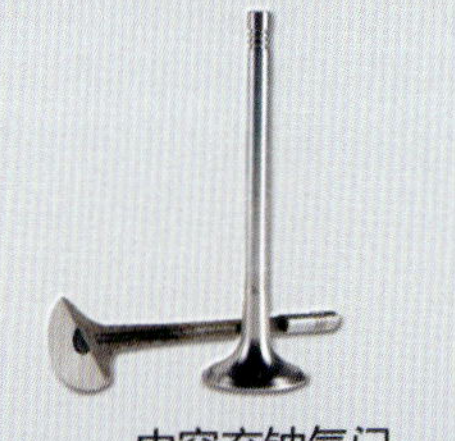
中空充钠气门

国家级实验室

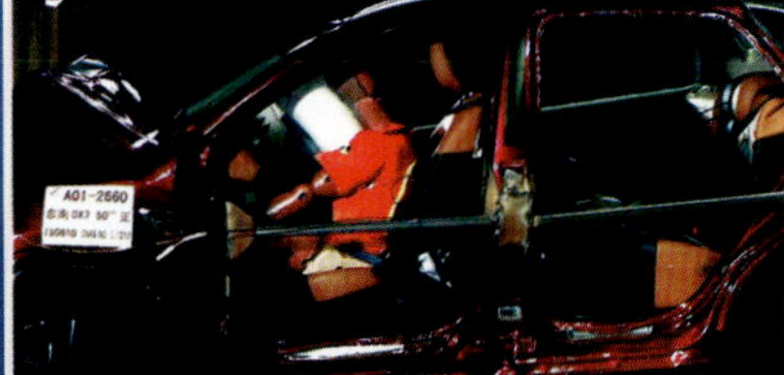

制造现场

让人们行车更轻松、更安全、更环保

http://www.wonderauto.com.cn

我们的产品

荣誉证书

实用新型专利证书
Certificate of Utility Model Patent

SGS
ISO 14001:2015
IAF

证书
IATF 16949
河北省科技型中小企业

JEC WORLD 2018
Join us! Hall 6
Booths G28 + J28
The Leading International Composites Show
Paris, France
March 6-7-8, 2018

Automotive News
PACE AWARD
EY
2017 WINNER

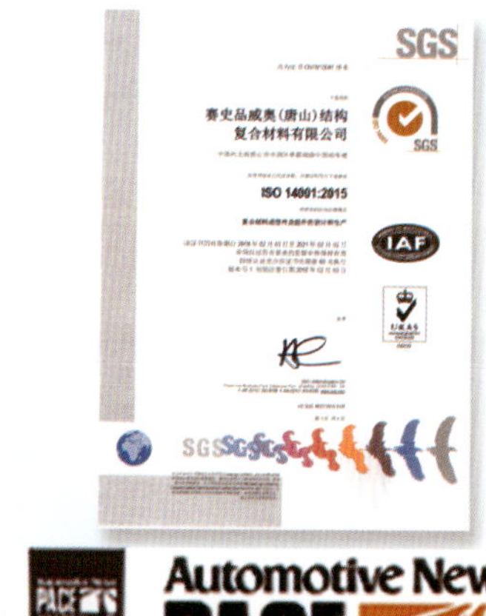

潍柴控股集团有限公司

潍柴控股集团有限公司（以下简称“潍柴”）创建于1946年，全球拥有员工8万余人，2017年收入超过2200亿元，名列中国企业500强第84位，中国制造业500强第27位，中国机械工业百强企业第2位。

潍柴是一家跨领域、跨行业经营的国际化公司，在全球拥有动力系统、智能物流、汽车业务、工程机械、豪华游艇和金融服务六大业务板块，有4家上市公司、5支股票，即潍柴动力(2338HK、000338SZ)、潍柴重机(000880SZ)、亚星客车(600213SH)和凯傲集团公司(DE000KGX8881)。分、子公司遍及欧洲、 北美、亚洲等地区，产品远销110多个国家和地区。

潍柴高度重视科技创新，拥有以内燃机可靠性为研究方向的国家重点实验室，是目前国内同行业功能较全、能力较强的实验室，代表了中国内燃机可靠性研发较高水平。并拥有国家商用车汽车动力系统总成工程技术研究中心、国家商用汽车及工程机械新能源动力系统产业创新战略联盟、国家专业化众创空间等研发平台，设有“院士工作站”“博士后工作站”等研究基地，建有企业技术中心、通过美国EPA 认证的发动机试验室，是国家智能制造示范基地。在中国潍坊、上海、西安、重庆、扬州等地建立研发中心，并在美国、德国、日本设立前沿技术创新中心，搭建起了全球协同研发平台，确保企业技术水平始终紧跟世界前沿。潍柴坚持国际化发展战略，注重境内外产业均衡发展，不仅是目前中国综合实力很强的汽车及装备制造集团，同时在全球打造了协同并进的产业布局。2005年，潍柴动力并购湘火炬汽车集团，打造了重卡黄金产业链（潍柴发动机+法士特变速器+汉德车桥+陕汽重卡），之后通过换股吸收合并湘火炬，由H股回归A股，开创了资本市场上的“潍柴模式”。生产基地实现了本土化制造的落地。2009年以来，潍柴先后并购具有百年历史的法国博杜安发动机公司，战略重组豪华游艇制造企业意大利法拉帝，与工业叉车及服务提供商德国凯傲集团战略合作，并购德国林德液压并实现国产化落地，支持凯傲集团收购自动化物流提供商美国德马泰克，战略投资可替代燃料动力系统提供商美国PSI公司、固态氧化物燃料电池供应商英国锡里斯动力控股有限公司和氢燃料电池提供商加拿大巴拉德动力系统有限公司，实现了战略业务覆盖全球、均衡发展。同时，通过技术输出、产能合作等方式，潍柴在印度等地建立生产基地，实现了本土化制造的落地。

电话：400 618 3066

地址：中国山东省潍坊市高新技术产业开发区福寿东街197号甲 261061

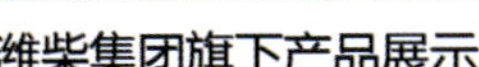

潍柴集团旗下产品展示

德马泰克智能物流

林德叉车

潍柴的快速发展得到了社会各界的充分肯定，先后荣获“全国文明单位”“全国先进基层党组””中国工业大奖”“全国质量奖”“国家创新型企业”“全国企业文化示范基地”“中国商标金奖•商标创新奖”“中国质量奖”等

发动机生产线

潍柴动力总成系统

潍柴以“绿色动力、国际潍柴”为使命，以客户满意为宗旨，形成了独具特色的企业文化。2017年，潍柴发布2020—2030战略，努力到2020年传统业务超越世界先进水平，到2030年新能源业务引领全球行业发展，收入达到千亿美元，打造受人尊敬的国际化强企，成为竞争力持续提升的世界500强公司。

绿色发展和谐共赢
GREEN DEVELOPMENT&WIN-WIN IN HARMONIOUS
玉柴国六
全国服务热线：95098

以德造芯 威行四海

源自德国技术，缔造高品质动力，强劲之芯助您畅通四海。

德威DEV产品开发目标

中国中小缸径高端

现主线进行产

标准

DEV德威国VI产品包括D20、D25、D30、D40、D43、D45、D47、D67等机型，功率覆盖75kW~235kW，最大转矩可达100N · m。

德威DEV产品参数

DEV德威国Ⅴ产品包括D19、D25、D30、D40、D45、D65等机型，功率覆盖75kW~195kW，最大转矩可达1000 N · m。

解放锡柴
中国动力专家

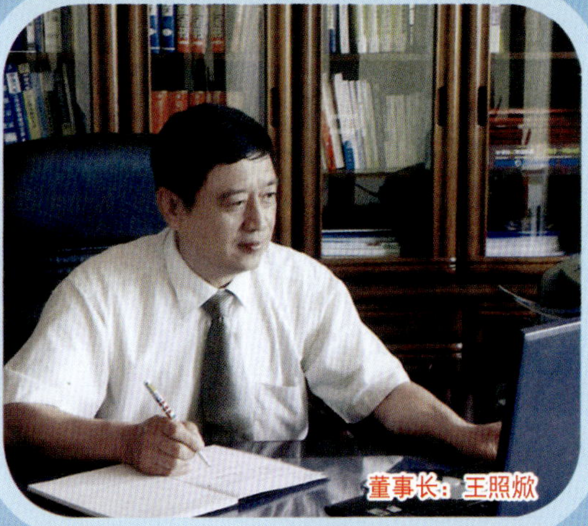

ZLDC®

山东大柴缸体缸盖股份有限公司

山东大柴缸体缸盖股份有限公司成立于2001年，为股份制民营企业，坐落于中国著名梨乡——山东莱阳市，是专业从事国内外柴油、汽油发动机用铸铁汽缸体和汽缸盖产品的开发、生产和营销于一体的大型零部件公司，也是国内同时具备大批量生产和销售汽缸体、汽缸盖毛坯及成品的零部件制造公司。

公司厂区占地面积为23m²,当前建筑面积为99,000m² 。

公司拥有先进的汽缸体静压造型生产线1条，汽缸盖造型生产线1条，采用多台电炉熔炼，年可实现铸件毛坯10万 t；专机与加工中心组合配置的大批量生产的缸体加工生产线13条，年产能可达40万件；配备由几十台加工中心组成的缸盖柔性加工线8条，年产能可达60万件。

公司现有员工460人，技术中心有各类工程技术人员120余名，拥有多项实用新型国家专利，有多台行业内先进的专用检测和试验设备，可根据客户来图或样品独立开发1.0升以上的各类直列或V型发动机铸铁类汽缸体汽缸盖产品。主要检测和试验设备有：GLOBAL三坐标检测仪、Trimos-V602C光谱分析仪、QL-HW2000B红外线碳硫分析仪、气道试验台等。

公司产品覆盖商用卡车、乘用车、工程及发电机和农机装备等四大系列用发动机的汽缸体、汽缸盖毛坯及成品，各开发有100多个品种。其中国内外主机配套占整体产销量的80%以上，主要客户为：浙江新柴股份、广西玉柴动力、北京华泰汽车、无锡开普、山东云内、福建力佳、恒天动力、华源莱动等。公司于1998年取得了《进出口经营资格证书》，目前已形成适用于康明斯、铂金斯、菲亚特、丰田、五十铃、通用、福特等系列发动机用汽缸体、汽缸盖的批量海外售后市场销售和部分品种的国外主机配套，年出口产品产销量占整体产销量的50%以上。

公司秉承“诚信、双赢，质量第一、客户至上”的经营理念与广大国内外客户密切合作，用“求真务实、持续创新”的企业文化引导企业全面快速发展，致力于将“ZLDC”商标打造成为中国制造缸体缸盖产品第一品牌。

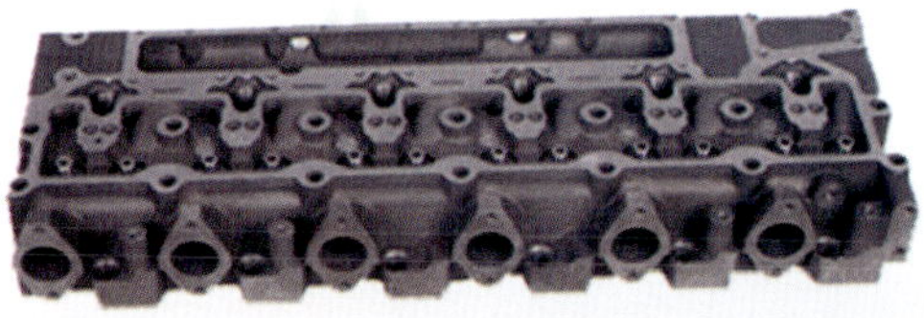

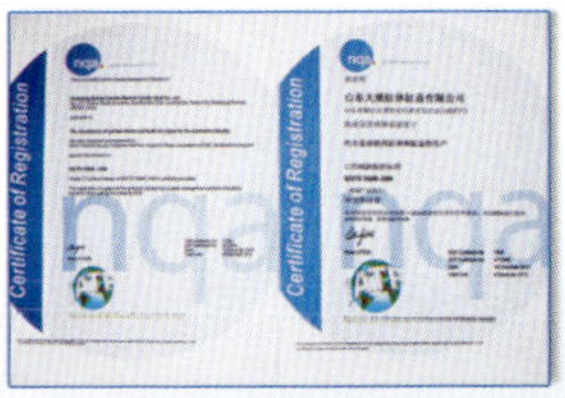

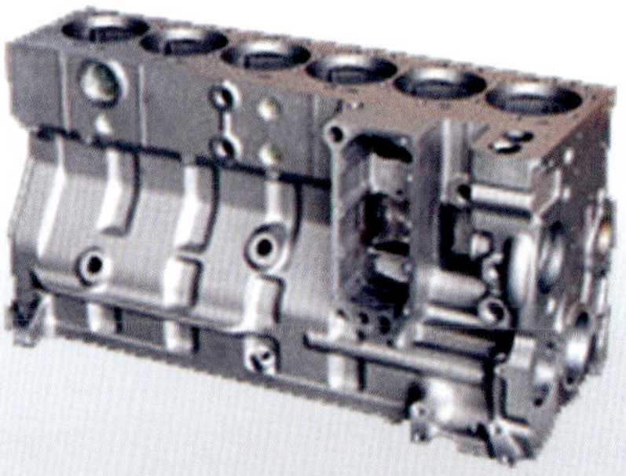

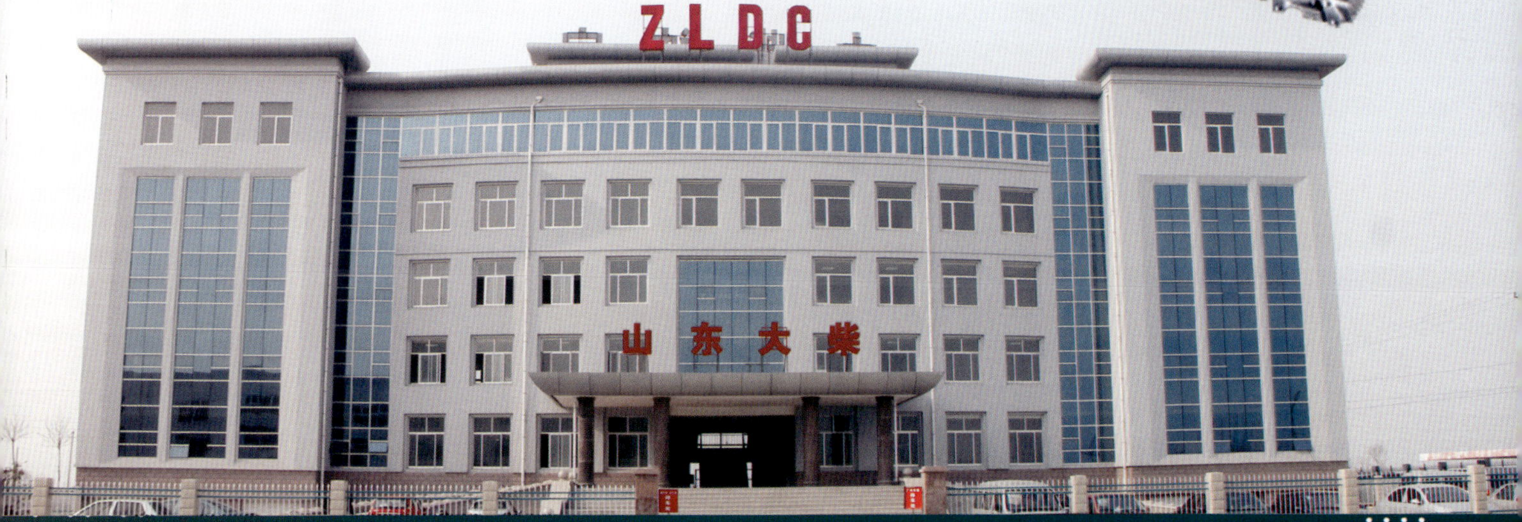

山东大柴缸体缸盖股份有限公司

公司地址：山东莱阳经济开发区富山路916号　　邮　　编：265200
董事长办Tel：+86-535-7363558　　国际贸易部Tel：+86-535-7363528
国内贸易部Tel：+86-535-7363720　　国际贸易部Fax：+86-535-7363711
网　　址：http://www.zldcgt.com　　电子信箱：webmaster@zldcgt.com

260吨转炉

热轧薄板生产线

高强汽车板生产线

电镀锌生产线

冷轧生产线

汽车用钢“整车造”

河钢典型汽车钢产品及应用

深冲IF钢	（加磷）高强IF钢	烘烤硬化钢	低合金高强钢	双相钢	冷轧马氏体钢	热轧酸洗卷/板	汽车特殊用钢
厚度0.2~2.5mm 宽度700~2080mm	厚度0.2~2.5mm 宽度700~2080mm	厚度0.2~2.5mm 宽度700~2080mm	厚度0.2~2.5mm 宽度700~2080mm	厚度0.2~2.5mm 宽度700~2080mm	厚度0.2~2.5mm 宽度700~2080mm	厚度1.2~25mm 宽度900~2130mm	Φ5.5-Φ180mm
冷轧板：DC04~DC06 镀锌板：DX53D+Z~DX56D+Z	冷轧板：HC180Y HC220Y 250P1等 镀锌板：HC180YD HC220YD HC260YD	冷轧板：CR140BH CR180BH CR220BH CR260BH 镀锌板：HC140BD HC180BD HC220BD HC260BD	冷轧板：HC260LA HC300LA HC380LA HC420LA 镀锌板：HC260LAD HC300LAD HC380LAD HC420LAD	冷轧板：CR260/450DP CR340/590DP CR420/780DP CR550/980DP 镀锌板：HC260/450DPD HC300/500DPD HC340/600DPD HC420/780DPD	MS980、MS1300、MS1500	低碳钢：SPHC、SPHD、SPHE、Q235、Q345等 结构钢：SAPH400、SAPH440、HR380等 大梁钢：370L、440L、550L、610L、700L等 车轮钢：330CL、420CL、460CL等 扩孔钢：HR440/590HE、HR600/780HE等 低合金钢：QSTE340TM、QSTE420TM、QSTE340TM等	轴承钢：GCr15、GCr15SiMn、52100、SAE1055 齿轮钢：20CrMnTiH系列、20CrH~40CrH、20CrMoH~42CrMoH 弹簧钢：60Si2MnA、60Si2CrA、60Si2CrVA、55CrMnA 帘线钢：LX70A、LX70D、LX80A、LX80D 易切削钢：C70S6、36MnVS4、30MnVS、30MnVS6 合金结构钢：20Mn2~45Mn2、20Cr~40Cr、20CrMn
DX56D+Z 汽车顶盖 DX56D+Z 车门外板	HC180YD 后盖外板	CR180BH 发动机盖外板	HC420LA汽车座椅冲压件	CR550/980DP 保险杠加强件	MS1300门槛 MS980防撞梁	SPHE横梁盖板 420CL车轮 HE380轿车横梁 610L汽车纵梁	C70S6发动机材质 20CrMnTiH变速箱齿轮 55CrMnA螺旋弹簧
主要用于制作汽车的内外覆盖件（包括内外面板），仪表板等对深冲性较高的零部件。	主要用于车门外板、发动机盖板、顶盖等覆盖件，也可制作横梁、纵梁等加强构件。	广泛用于汽车门外板、发动机盖板等外覆件上。	主要用于制作汽车座椅、横梁等结构件。	应用于汽车车轮翼子板、保险杠、悬挂系统加强件等部位，也可用于汽车内外板。	应用于防撞梁、B柱及座椅导轨等部分。	应用于车轮、大梁、车厢、车桥、传动轴、底盘、悬挂等重要部件。	广泛用于汽车滚动轴承滚珠、齿轮、螺旋弹簧、轮胎子午线、发动机、转向节等零部件制造。

沙钢5800m³炼铁大高炉

汽车用线材主要产品结构及规格　年产量：80万t

胶骨架类钢丝用盘条	弹簧钢	冷镦钢
5.0～10.0㎜	5.0～20㎜	5.5～40㎜
C700DA～C84DA SWRH72A～82A SGLX72A～87A等	65Mn、60Si2MnA、55SiCrA等	SWRCH6A～22A SWRCH25K～45K 10B21～10B35、51B20 ML40Cr、SCM435等
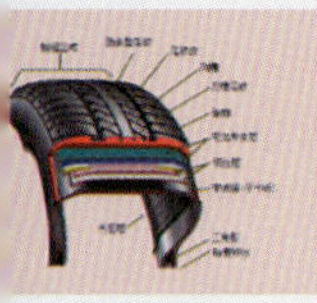		
应用于汽车轮胎子午线、胶管钢丝、胎圈钢丝等领域	应用于汽车悬架弹簧、气门簧、制动弹簧等领域	应用于汽车紧固件、机械装备紧固件、高铁紧固件等领域

汽车用板材主要产品结构及规格　年产量：10万t

热轧酸洗板	冷轧连退洗车板	热镀锌汽车板
厚度：1.8～6.0㎜ 宽度：750～1550㎜	厚度：0.6～2.0㎜ 宽度：750～1300㎜	厚度：0.6～2.0㎜ 宽度：750～1300㎜
SAPH400、SAPH440等	DC03、DC04、HC340LA HC380LA、240ZK等	DX51D+Z-E、DX53D+Z等
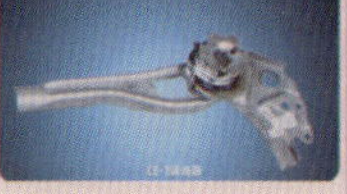	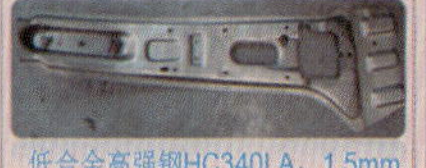 低合金高强钢HC340LA，1.5mm	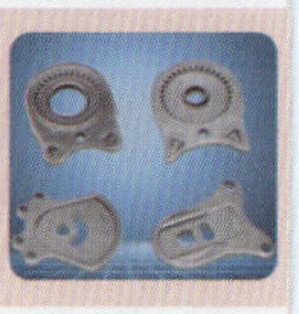
应用于汽车大梁、结构等	应用于汽车结构、冲压零部件等	应用于汽车冲压零部件、内板等

汽车用超薄带产品主要类型、规格及用途

热轧黑皮卷	热轧酸洗板
厚度：1.2～1.8㎜ 宽度：1200～1550㎜	厚度：1.2～1.8㎜ 宽度：1200～1550㎜
UTS-S355MC、UTS-S420MC、UTS-S460MC、UTS-S500MC、UTS-S550MC	UTS-SAPH400、UTS-SAPH440、UTS-QStE380TM、UTS-QStE420TM、UTS-QStE460TM、UTS-QStE500TM、UTS-QStE550TM
 汽车大梁、横梁等	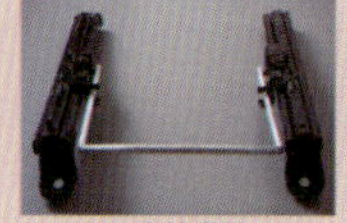 座椅滑轨
应用于要求良好冷成型性并有较高强度要求的汽车大梁、横梁等，以及对强度要求较高的结合件	应用于要求良好冷成型加工性能的汽车构架、有较高或高强度要求的汽车大梁结构件

一、公司简介

日照钢铁控股集团有限公司是一家集烧结、炼铁、炼钢、轧材、酸洗、涂镀、制管、发电、制氧、水泥于一体的大型钢铁企业。公司坐落于美丽的海滨港口城市——山东日照，主营产品包括板材（热轧卷板、冷成型卷板、开平及纵切定尺板、酸洗板、镀锌板）、型钢、棒材、线材等。公司装备技术世界领先，独家引进的ESP全无头生产技术，是目前世界较先进的热轧带钢生产技术，可生产0.6mm规格的热轧极薄板,实现以热代冷。凭借ESP生产技术先进性连续两年被写入“中国钢铁行业十大事件”，2016、2017、2018年连续三年被MPI权威机构评选为中国钢铁行业“竞争力极强”企业，并连续10年跻身“中国企业500强”。

二、ESP产线及产品特色

公司在亚洲独家引进的ESP无头轧制生产线是目前世界上较先进的薄板坯连铸连轧生产线，全长仅193m，从钢水至热轧成卷仅需7 min， 被誉为继转炉炼钢、连续铸钢之后的“第三次钢铁工业技术革命”。产线采用纯净钢冶炼技术、电磁感应加热、液芯压下、全无头轧制等先进工艺生产技术，产品具有高厚度精度控制（±0.014mm）、优良的成型性能、高强超薄规格、性能稳定等特色，产品特色符合汽车行业高质量需求以及高强减薄、轻量化等行业未来发展趋势。

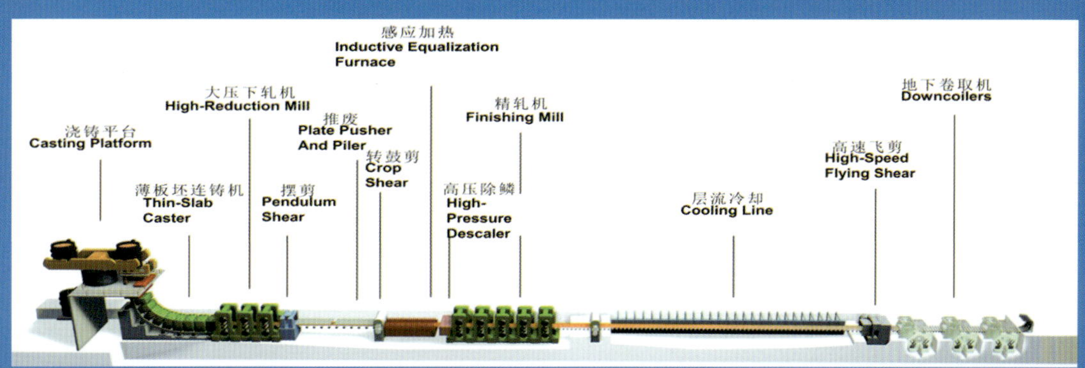

三、汽车用钢产品及座椅滑轨应用

公司已成功开发ESP产线SAPH系列、QStE系列、S-MC系列、双相钢系列、热成型钢系列、大梁钢系列及冲压软钢系列等七大系列30多个牌号汽车用钢产品，厚度规格涵盖1.0~3.0mm，广泛应用于汽车座椅滑轨、车轮、前后防撞梁、A/B/C/D柱、轻卡纵梁及重卡边梁、车厢板等汽车领域。

座椅滑轨是汽车座椅的重要机械部件，结构复杂，加工难度大，其多道次连续冲压工艺对厚度公差及力学性能要求极其严格。ESP汽车用钢产品的高厚度精度控制、优良的成型性能、高强超薄规格及性能稳定等特点可完全满足座椅滑轨严格的质量需求。凭借此优势公司在汽车行业高强减薄、以热代冷等方面已与多家知名座椅滑轨供应商建立战略合作关系，2018年座椅滑轨销售量超2万吨。

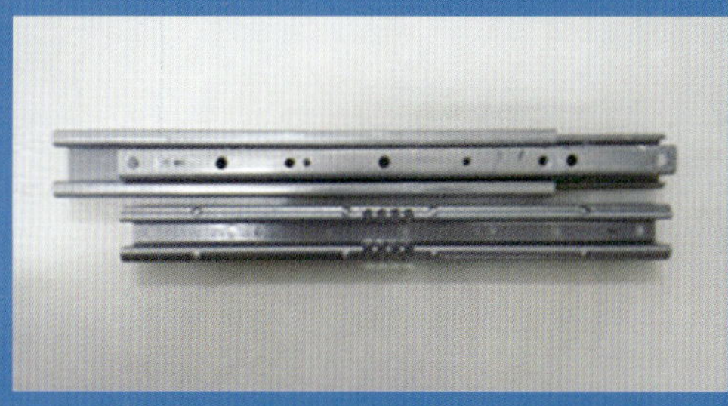

DP590代替冷轧HC340/590DP滑轨应用

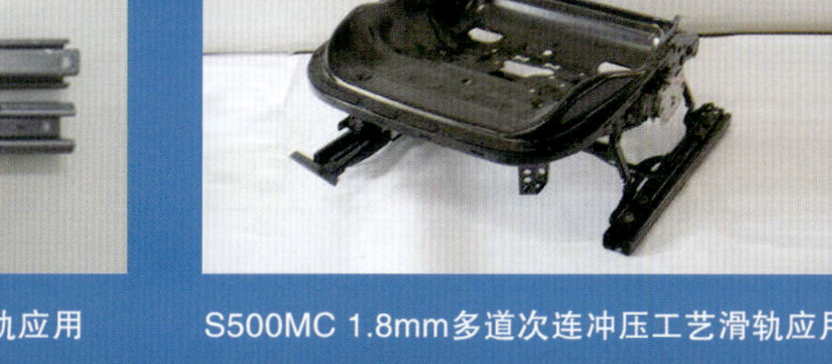

S500MC 1.8mm多道次连冲压工艺滑轨应用

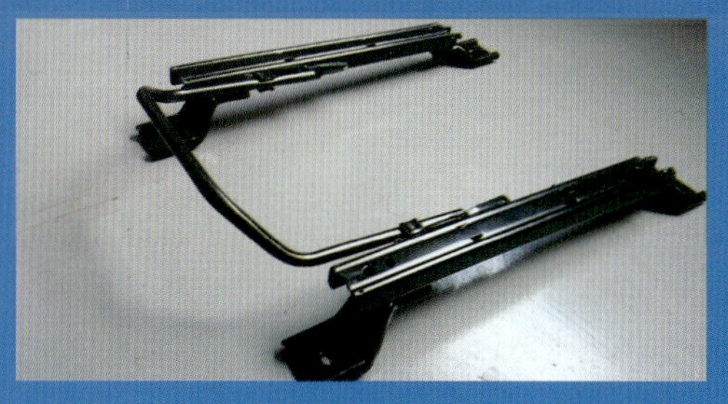

S500MC 1.8mm高强减薄滑轨应用

SPFH590 1.8mm高强减薄滑轨应用

地址：山东省日照市沿海路600号　　销售热线：0633-2969069

邮编：276800　　网址：www.rizhaosteel.com

中信泰富特钢集团（简称中信特钢），是中国中信股份有限公司
特种钢铁有限公司、湖北新冶钢有限公司、大冶特殊钢股份有限公司、
特殊钢有限公司、铜陵泰富特种材料有限公司和扬州泰富特种材料有
的战略布局。

中信特钢具备年产1300多万吨优特钢生产能力，工艺技术和装备
面大、涵盖品种全、产品类别多的精品特殊钢生产基地，拥有合金钢
缝钢管、特冶锻造、合金钢线材、连铸合金圆坯“六大产品群”以及
件、磨球等深加工产品系列，品种规格配套齐全、品质卓越并具有明

中信特钢的汽车用钢纯净度高、成分均匀、性能稳定，产销量连
用于制造汽车发动机、变速器及传动系统等零部件。产品供货于奔驰、
田、日产、通用、福特、ZF、EATON、上汽、一汽、东风等国内外著名汽车
商，高端汽车钢国内市场占有率65%。中信特钢真诚与海内外各界朋友共

鞍钢神钢冷轧高强汽车钢板有限公司

公司基本情况简介

鞍钢神钢冷轧高强汽车钢板有限公司是由鞍钢股份有限公司持股51%、神钢投资有限公司持股49%，共同出资建设的专业生产冷轧高强汽车钢板的合资公司。合资公司在鞍钢本部建设一条年产60万t新型水冷式冷轧连续退火生产线，该项目投资17.5亿元。公司引进神户制钢特有的水淬火生产技术，结合鞍钢股份在中国汽车钢市场的深厚积累，致力于打造成具有强劲竞争力的国内先进冷轧高强钢品牌。

鞍钢持股	神钢持股	年产	投资
51%	**49%**	**60万**	**17.5亿**

公司产品、设备技术及认证简介

鞍钢神钢冷轧高强汽车钢板有限公司主导产品定位于590MPa及以上级别的冷轧高强汽车钢板，涵盖0.7mm～2.3mm全厚度规格、全品种系列的高强钢生产企业。截至目前合资公司已完成HSLA、DP、TRIP、QP等全系列产品开发。590-1180DP等战略产品及独有领先产品，已经开始批量供货。1500MS，1180QP及1400QP等产品工业试制成功，其中1400QP钢成为全球首发。合资公司产品主要应用于汽车A柱、B柱、保险杠、防撞梁、座椅滑轨、车门铰链加强板等安全结构件，同时适用于用户对形状复杂及加工方式不同的产品要求。

现场关键设备完全进口，采用国际先进水淬冷却技术，具备超快冷、立式酸洗闪镍、专业的表面缺陷检查等工艺，技术水平世界领先。公司可按照JFS标准、JIS标准、欧标或美标等国际通用标准的要求进行供货，也可根据客户需求进行定制开发。

公司现已通过广汽、一汽、日产、丰田、长城、柳汽、比亚迪、吉利等汽车主机厂和富士机工、顺普、日本发条、广州今仙、广州华智等汽车配套厂的高强钢材料认证。产品已经成功应用于丰田、日产、一汽轿车、长城、比亚迪、广汽新能源等汽车主机厂主体车型。

融创新篇 铸就未来

工艺装备

合资公司连续退火生产线，由西马克（SMS）总体设计，关键设备完全进口、辅助设备国产化，并引进神钢独有的水淬火技术，工艺装备水平世界领先。

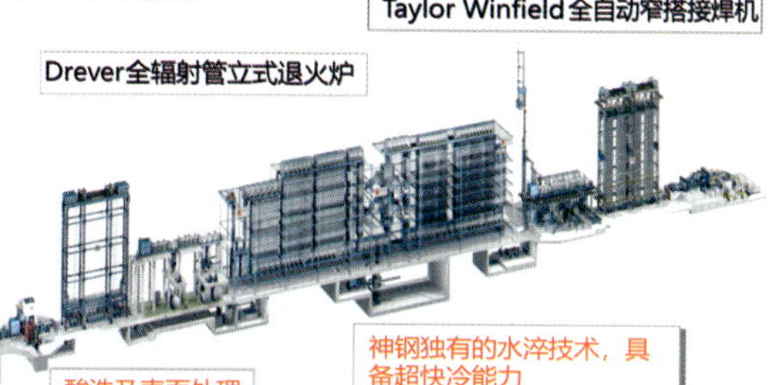

工艺设备

冷却方式	气冷 气冷+水淬
	25%H_2+风箱距离（40-120）
再加热	感应加热
二次冷却	气冷
过时效	电加热+风机冷却
酸洗	喷射+浸没
镀镍	有
光整机	6辊+板形闭环
	两种辊径

（1）快冷具备高H_2气冷及水淬工艺

（2）具备感应再加热功能

（3）具备二次冷却功能

（4）过时效段具备风机冷却

（5）酸洗及闪镍的表面处理方式

（6）平整具备小辊径工作方式，更利于高强钢变形

公司联系方式

联系方式：0412-6757598、0412-6757588、0412-6757595

公司网站：http://www.ahk-jv.com

公司地址：辽宁省鞍山市铁西区鞍钢厂区

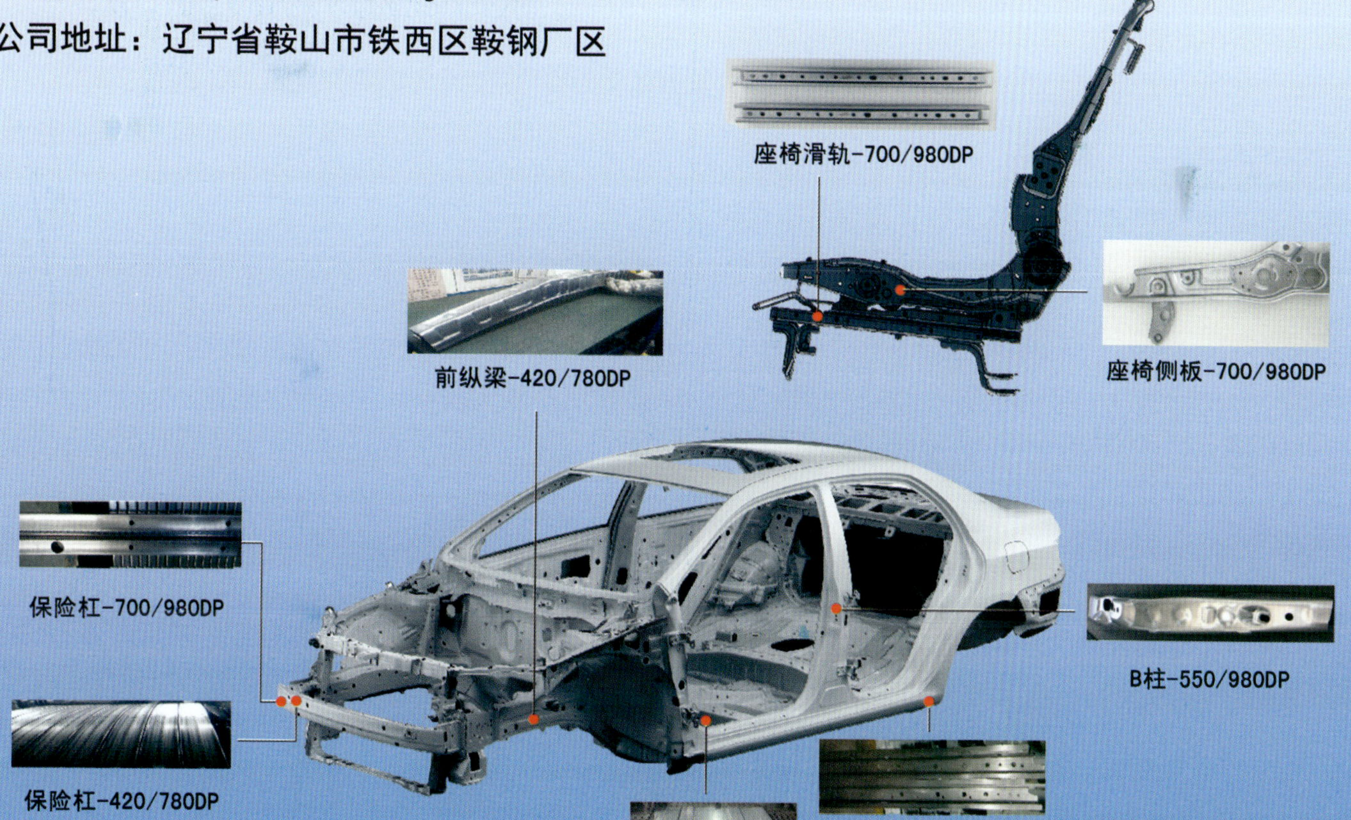

产　品　信　息

牌号：HC340/590DP

生产规格： 厚度：0.7~2.0mm

宽度：1000~1400mm

性能简介： 该零件采用 HC340/590DP 高强钢，该钢种既具有良好的可塑性又具有较高的强度，成本低的特点，可用于强度要求低，成形较复杂 590 MPa 级别的零件。

顶加强板

顶横梁加强板

顶横梁

车架第二横梁

左纵梁 1 加强板 8

牌号：HC420/780DP

生产规格： 厚度：0.7~2.0mm

宽度：1000~1400mm

性能简介： 该零件采用 HC420/780DP 高强钢，该钢种具有延伸率指标高、易于变形，成本低等特点，可用于大部分需要 780 MPa 级别的零件

座椅横梁

前纵梁（右）

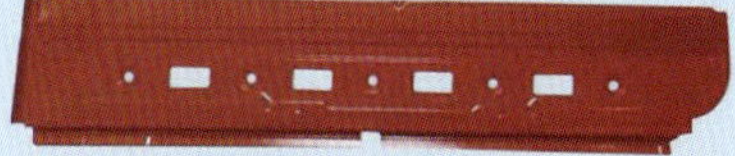

门槛连接板

前纵梁（左）

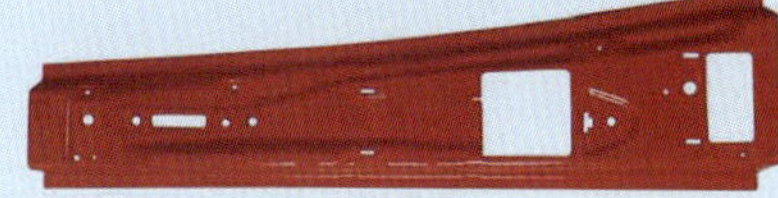

B 柱加强板

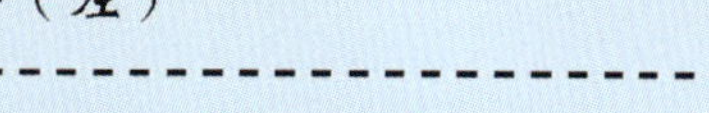

牌号：HC500/780DP

生产规格： 厚度：0.7~2.0mm

宽度：1000~1400mm

性能简介： 该零件采用 HC500/780DP 高强钢，该钢种具有组织均匀性高、扩孔性能高，高变形等特点，可用于变形复杂、冲压拍扁等需要 780 MPa 级别的零件

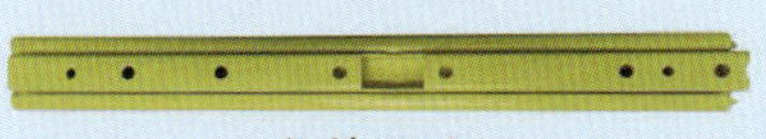

座椅滑轨

座椅支架

牌号：HC820/1180DP

生产规格： 厚度：1.4~2.0mm

宽度：1000~1250mm

性能简介： 该零件采用 HC820/1180DP 超高强钢，为目前车型上冷成型强度较高级别钢种。该钢种具有性能稳定性好、性能控制偏下限等优点。较其他同级别钢种更易剪切。

前纵梁加强板

门槛

牌号：HC700/980DP

生产规格： 厚度：0.8~2.0 mm

宽度：1000~1300mm

性能简介： 该零件采用 HC700/980DP 超高强钢，该钢种可用于滚压成型零件，具有屈服强度高，抗变形能力强等特点。

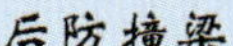

后防撞梁

牌号：CR1300/2000HS

生产规格： 厚度：0.7~2.0 mm

宽度：1000~1400mm

性能简介： 该零件采用 CR1300/2000HS 热冲压成型钢，为目前车型上热成型强度较高级别钢种。

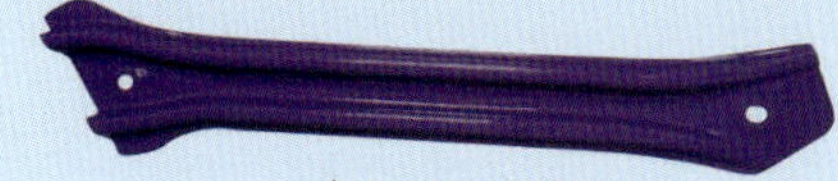

前门防撞梁

牌号：CR550/980QP

生产规格： 厚度：1.0~2.0mm

宽度：1000~1250mm

性能简介： 该零件采用 CR550/980QP 淬火配分钢，采用独特的一次配分工艺，钢材主要组织为铁素体、贝氏体、马氏体和残奥，具有高延伸、性能稳定性等特点，可用于变形复杂的需要 980 MPa 强度的零件。

前地板横梁

江阴兴澄特种钢铁有限公司

湖北新冶钢有限公司

青岛特殊钢铁有限公司

靖江特殊钢有限公司

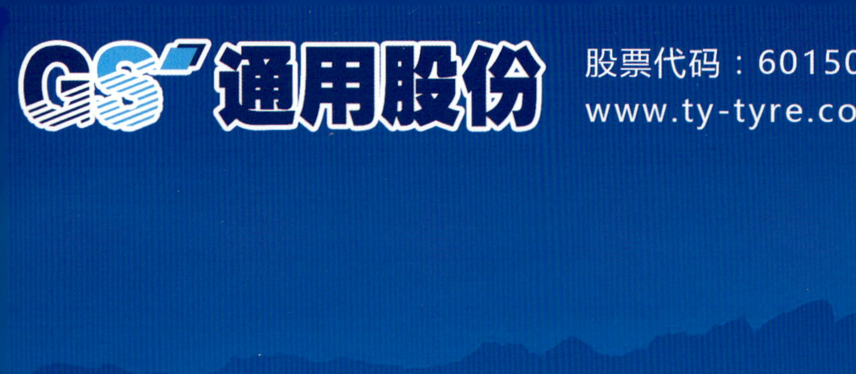

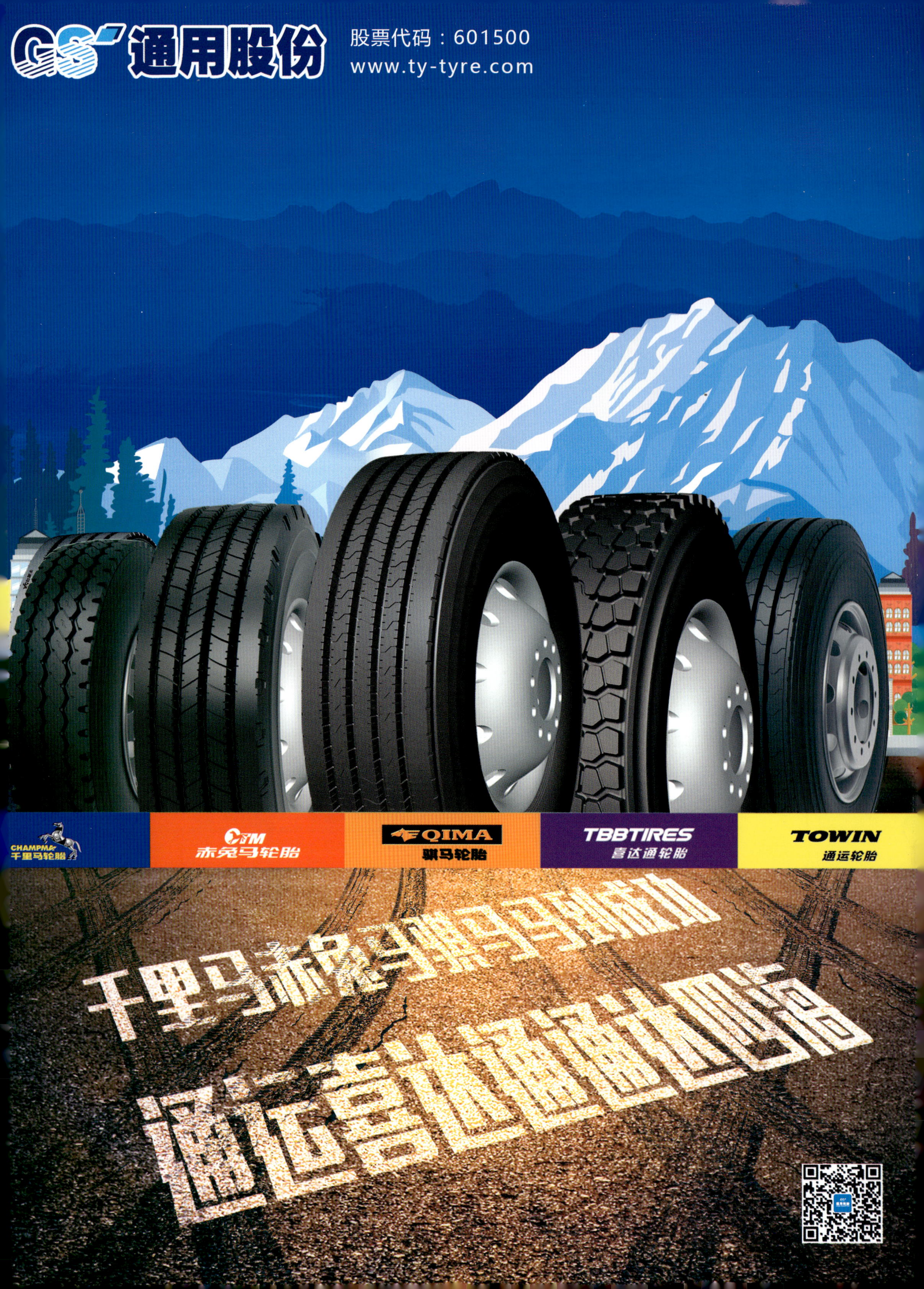

GS 通用股份
股票代码：601500
www.ty-tyre.com
CHAMPMA
千里马轮胎
赤兔马轮胎
QIMA
骐马轮胎
TBBTIRES
喜达通轮胎
TOWIN
通运轮胎
千里马赤兔马骐马马到成功
通运喜达通途通达四海

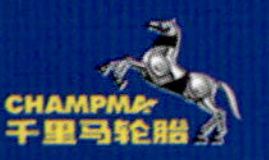

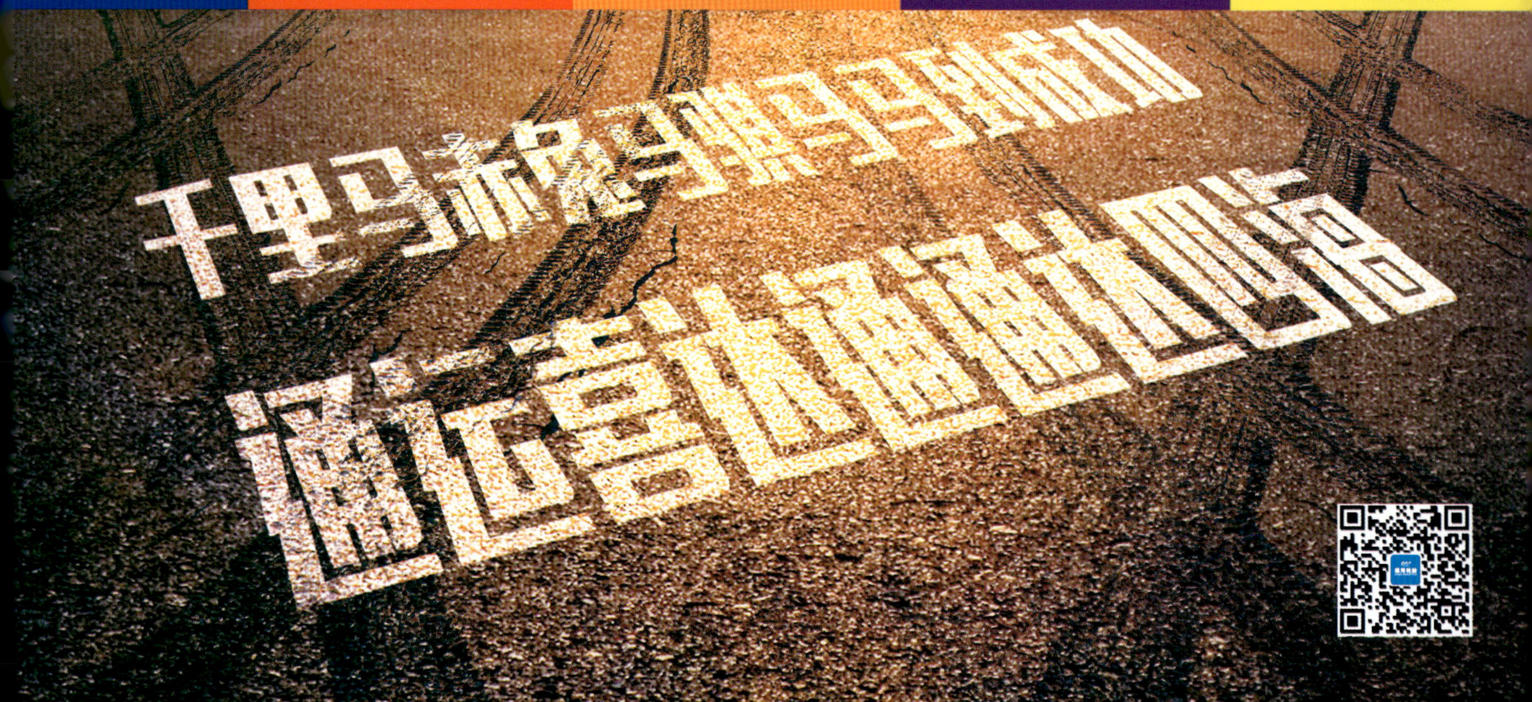

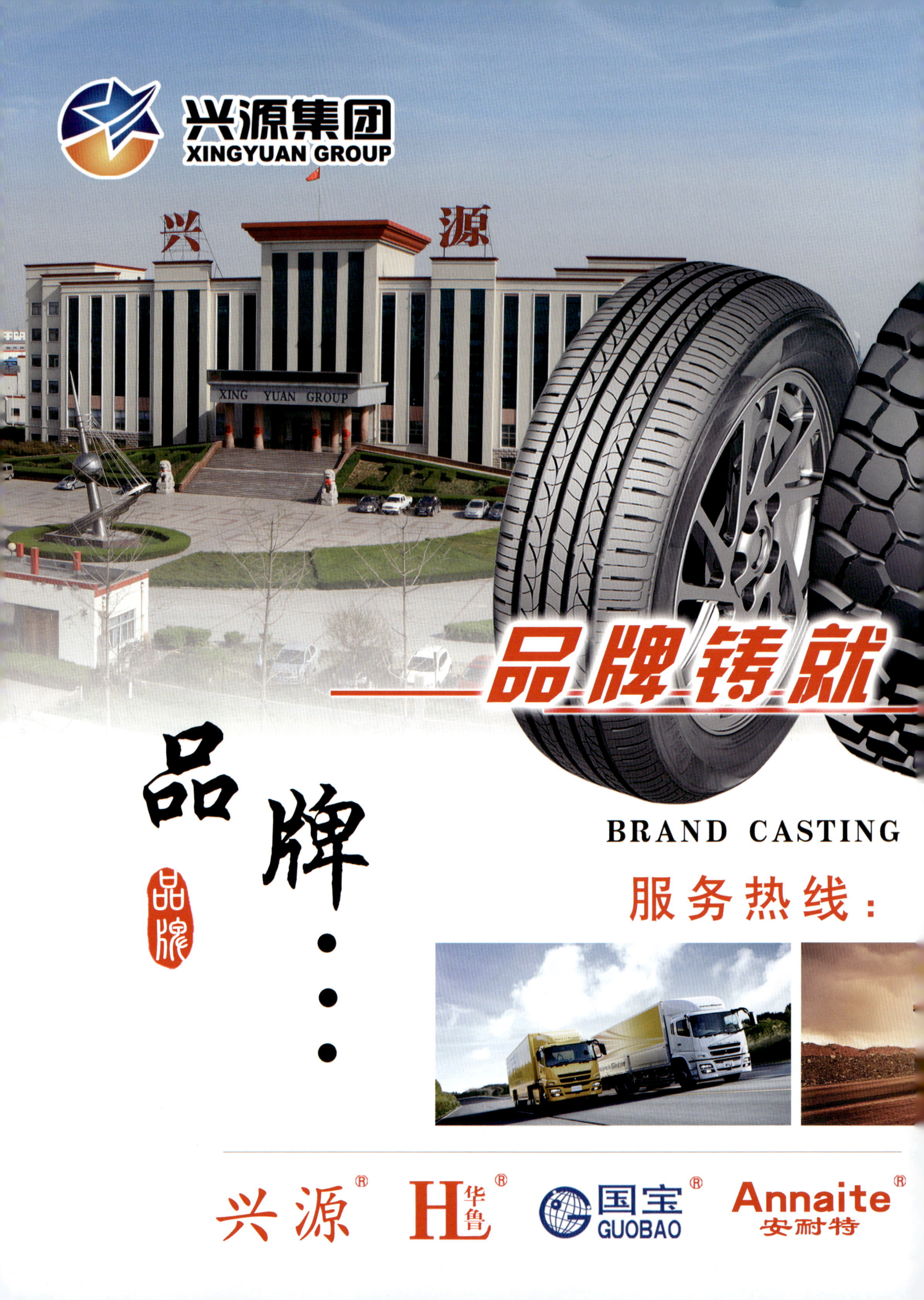
兴源集团
XINGYUAN GROUP
兴
源
XING YUAN GROUP
品牌铸就
品牌···
品牌
BRAND CASTING
服务热线：
兴源®
华鲁®
国宝®
GUOBAO
Annaite®
安耐特

强威®
QIANGWEI

HILO®

AMBERSTONE®

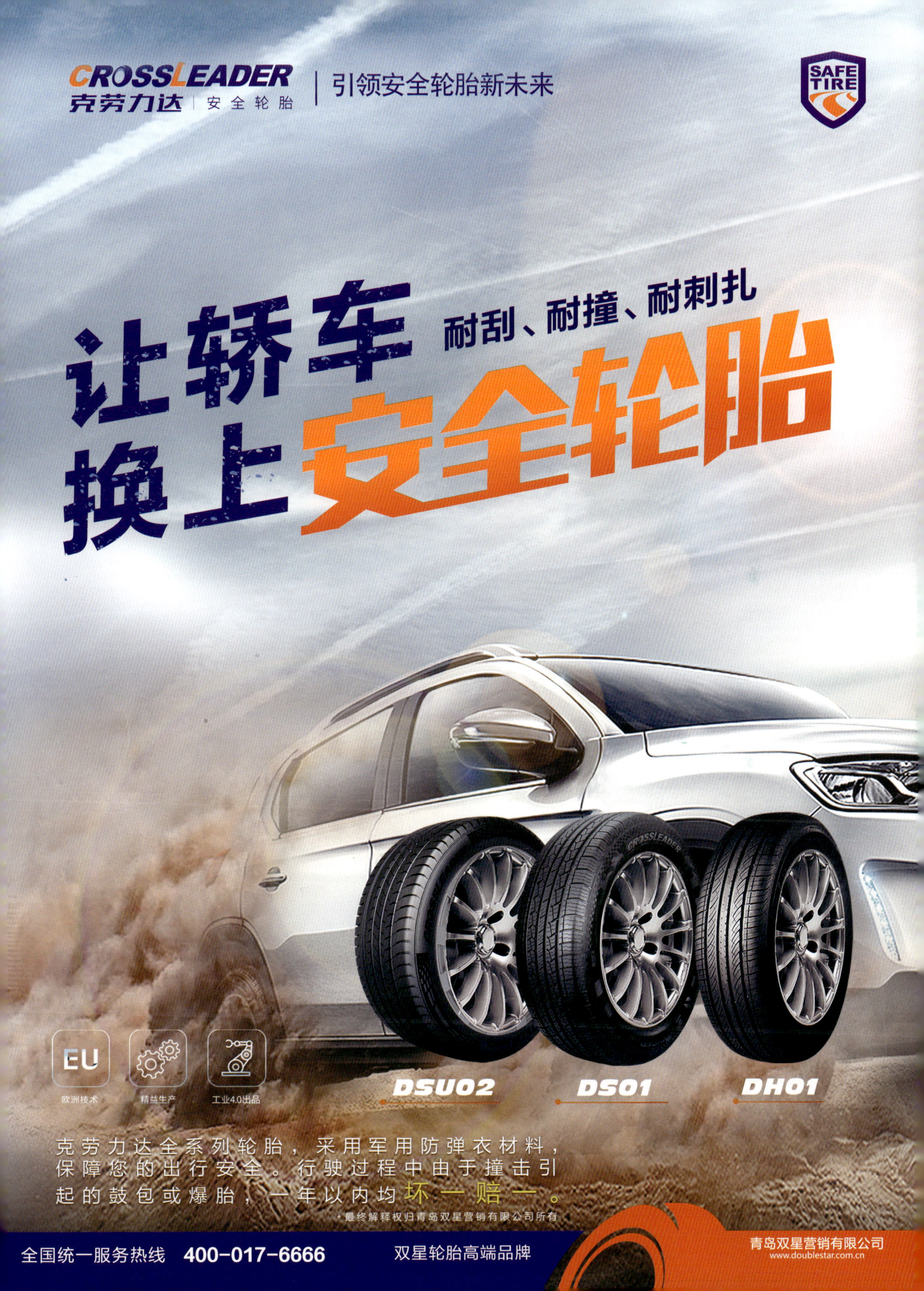
CROSSLEADER
克劳力达 | 安全轮胎
引领安全轮胎新未来
SAFE TIRE
让轿车
换上安全轮胎
耐刮、耐撞、耐刺扎
CROSSLEADER
EU
欧洲技术
精益生产
工业4.0出品
DSU02
DS01
DH01
克劳力达全系列轮胎，采用军用防弹衣材料，保障您的出行安全。行驶过程中由于撞击引起的鼓包或爆胎，一年以内均坏一赔一。
*最终解释权归青岛双星营销有限公司所有
全国统一服务热线 400-017-6666
双星轮胎高端品牌
青岛双星营销有限公司
www.doublestar.com.cn

合肥万力轮胎智能工厂　Heefei Wanli Tire Intelligent Factory

合肥万力轮胎有限公司是万力集团旗下万力轮胎股份有限公司与合肥江淮汽车有限公司共同投资建设的世界级轮胎制造工厂，代表了当今轮胎制造的行业领先水平。工厂位于安徽省合肥市长丰县，总投资19.89亿元，占地面积500亩。

胎圈芯一体化生产线

三维桁架机器人

部件自动化生产

智能化橡胶立库

专业研发机构　Professional R&D Center

万力轮胎拥有国家级企业技术中心和国家认可试验室，产品开发能力在国内处于领先水平。拥有多种开发技术手段和先进的试验设备，轮胎产品规格有6076个，可以为客户提供满足各种要求的轮胎产品。

轮胎力学性能测试系统

轮胎NVH性能测试系统

滚动阻力测试系统

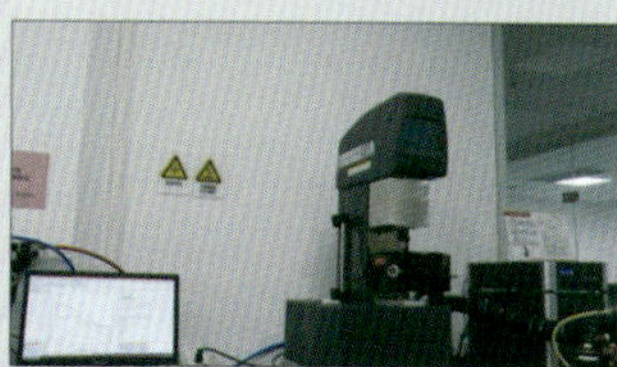
动态力学性能分析仪

产品介绍

前排座椅

后排座椅

生产工艺

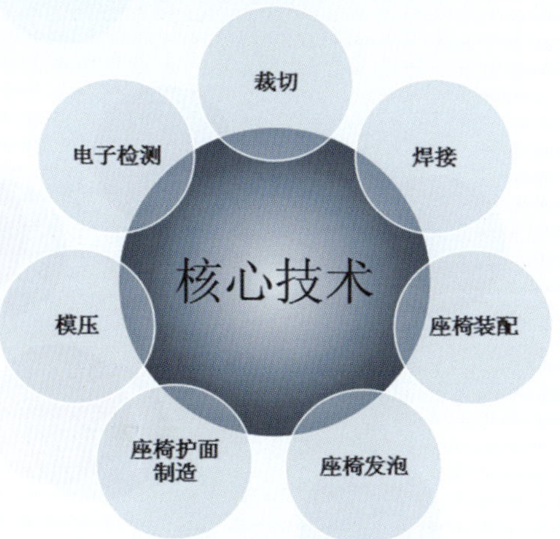

核心制造技术

发泡

缝纫

焊接

装配

研发能力

造型可行性分析

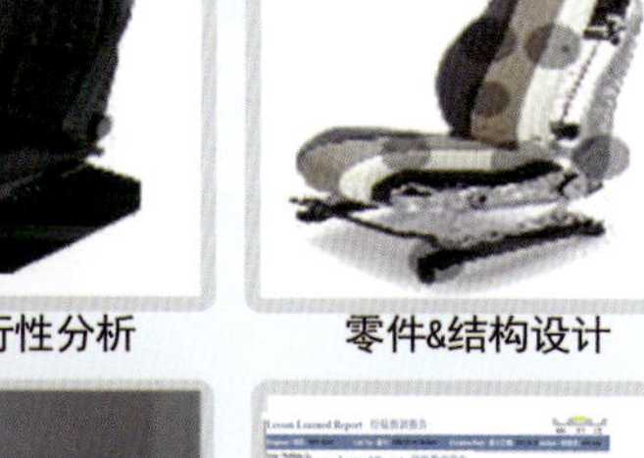
零件&结构设计

虚拟验证

试制 & 试验验证

经验教训总结

试验能力

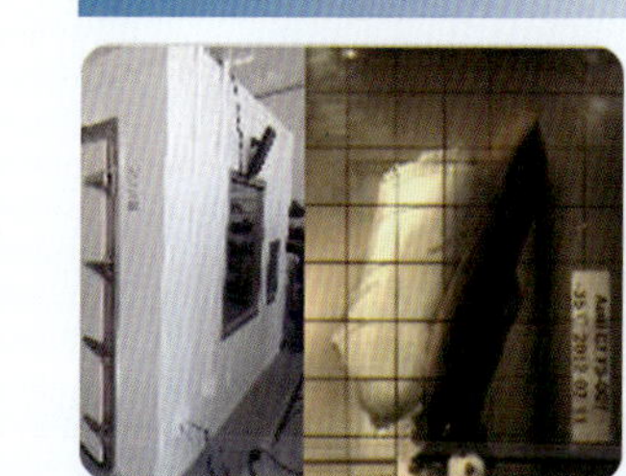
气囊展开试验检测

振动耐久试验检测

安全试验检测

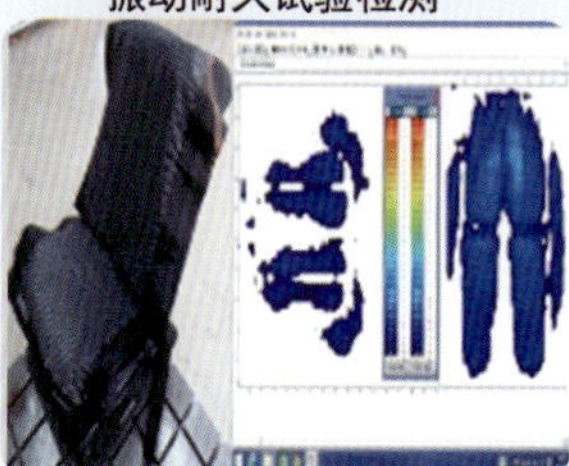
舒适性检测

KR9-T
KR9-T
KR9
新升级
专业抗磨
润物无声
新升级
专业抗磨
润物无声
新升级
专业抗磨
润物无声

DOMETIC | 瑞典多美达

多美达集团（Dometic Group）创立于1968年，总部位于瑞典，是全球领先的专业为房车、重型卡车、小汽车和游艇船只等交通工具提供创新舒适产品的制造商。多年来，凭借着多样化的产品类别和集团化的全球运营体系，多美达已成为移动制冷专业领域的专家。目前，多美达在全球拥有28个生产基地，分布于南北美洲、欧洲和亚太地区，产品销往全球100多个国家，并建立了全球化的市场服务网络，能给全球客户提供较完善、较高质量的服务。

多美达提供了三种主要类型的产品解决方案，它们分别是：解决气候问题的产品系列、解决环境卫生的产品系列、以及解决 饮食需求的产品系列。多美达提供的解决方案满足了人们在移动出行生活条件下的基本需求，这意味着我们的产品能满足和解决移动生活中的各项需求。

多美达集团公司既服务于工业企业客户，又为零售后市场提供种类齐全的产品，产品类别包括空调设备、冷却装置、灯光系统、橱具、洁浴用具、移动电源、车门车窗以及其它产品等，这些产品设计为人们在行车和行船等旅行生活中提供了舒适和便利。

DAIFUKU
Always an Edge Ahead
大福(中国)自动化设备有限公司
www.daifuku.com/cn
大智集成　福泽物流
所获专利
发明专利：ZL 2010 1 0255351.9
实用新型：ZL 2008 2 0135578.8
公司主营业务
运用日本大福的先进技术，提供汽车制造企业中输送系统及设备的开发、设计、制造、安装和服务。
焊装线　涂装线　编组线　总装线（内饰线、底盘线、车门线等）
联系电话:0512-52490111

为汽车工业发展注入强劲的科技动力

中国汽车工程研究院股份有限公司

China Automotive Engineering Research Institute Co., Ltd.

公司简介 COMPANY PROFILE

中国汽车工程研究院股份有限公司（股票简称:中国汽研，股票代码:601965）建于1965年3月，原名重庆重型汽车研究所，系国家一类科研院所。2012年6月11日，中国汽研在上海证券交易所正式挂牌上市。公司注册资本：96,117.9867万元。2013年10月，中国汽研研发和测试新基地建成并投入使用。

中国汽研主要从事汽车研发、咨询、测试和评价领域的技术服务业务和专用汽车、轨道交通关键零部件、汽车燃气系统及其关键零部件、汽车及零部件试验检测设备的制造业务。

经过50多年发展，中国汽研已拥有较强的汽车技术研发能力、领先的试验设备和较高的行业知名度，并建设成为我国汽车行业产品开发、试验研究、质量检测的重要基地及技术支撑机构。中国汽研利用募集资金，按照“优先重点发展研究开发业务，大力积极发展测试评价业务，统筹稳健发展科技成果产业化业务”的发展思路，已建成汽车安全、汽车噪声振动、电磁兼容、汽车节能与排放、电动汽车、替代燃料汽车、汽车整车、发动机、零部件等试验室和汽车工程研发中心，并努力建设成为我国汽车产业的科技创新平台和公共技术服务平台，发展成为国际先进、国内领先的汽车工程技术应用服务商和高科技产品集成供应商，为我国汽车产业的持续健康发展发挥应有的技术支撑作用和科技引领作用。

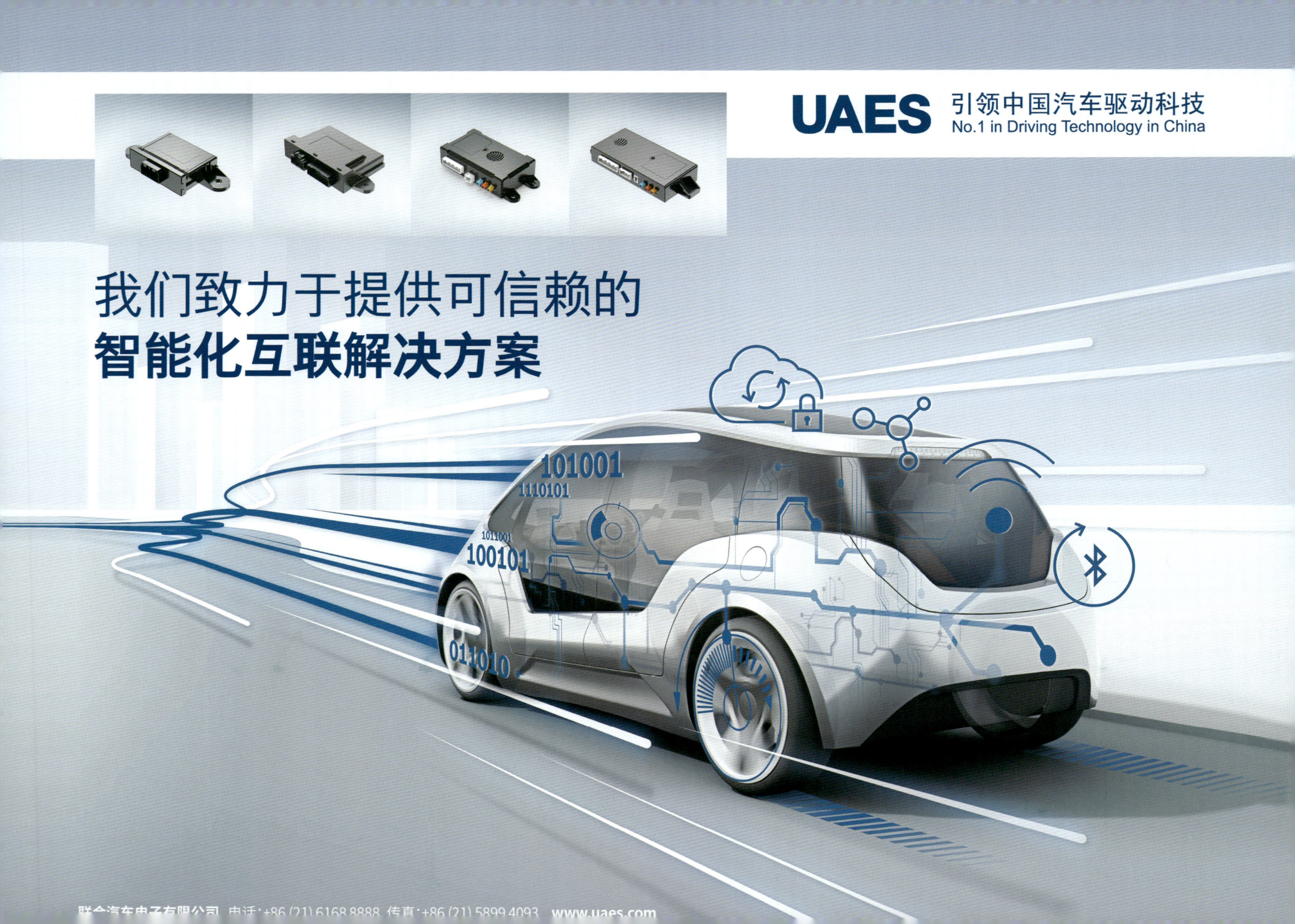
UAES
引领中国汽车驱动科技
No.1 in Driving Technology in China
我们致力于提供可信赖的
智能化互联解决方案
101001
1110101
1011001
100101
011010
联合汽车电子有限公司 电话：+86 (21) 6168 8888 传真：+86 (21) 5899 4093 www.uaes.com

中国汽车工业企事业单位信息大全

（2019版）

中 国 汽 车 工 业 协 会
北京中汽华轮信息技术有限公司 编

人民交通出版社股份有限公司
China Communications Press Co.,Ltd.

内 容 提 要

本书介绍了1万多家汽车工业企事业单位简况,包括地址、邮编、电话、传真、法人代表、负责人、单位人数、质量体系、网址、电子信箱、产品情况、配套关系等,特别是根据产品采购的需要,编辑了各种相关索引,为各界人士全面了解中国汽车工业企事业单位,提供了汽车行业通信联络、采购订货的最新权威参考资料。

图书在版编目(CIP)数据

中国汽车工业企事业单位信息大全:2019版/中国汽车工业协会,北京中汽华轮信息技术有限公司编. —北京:人民交通出版社股份有限公司,2019.7

ISBN 978-7-114-15607-6

Ⅰ.①中… Ⅱ.①中… ②北… Ⅲ.①汽车企业—中国—2019—名录 ②汽车工业—行政事业单位—中国—2019—名录 Ⅳ.①F426.471-62

中国版本图书馆CIP数据核字(2019)第112774号

Zhongguo Qiche Gongye Qishiye Danwei Xinxi Daquan (2019 ban)

书　　名:**中国汽车工业企事业单位信息大全(2019版)**
作　　者:中国汽车工业协会　北京中汽华轮信息技术有限公司
责任编辑:刘　博
责任校对:尹　静
责任印制:张　凯
出版发行:人民交通出版社股份有限公司
地　　址:(100011)北京市朝阳区安定门外外馆斜街3号
网　　址:http://www.ccpress.com.cn
销售电话:(010)59757973,85285656
编辑电话:(010)68426043,68420981
总 经 销:人民交通出版社股份有限公司发行部
经　　销:各地新华书店
印　　刷:北京市密东印刷有限公司
开　　本:880×1230　1/16
印　　张:53.5
彩　　插:118
字　　数:2359千
版　　次:2019年7月　第1版
印　　次:2019年7月　第1次印刷
书　　号:ISBN 978-7-114-15607-6
定　　价:260.00元

《中国汽车工业企事业单位信息大全》
编审委员会

单位	姓名
上海汇众萨克斯减震器有限公司	金涌涛
重庆长安铃木汽车有限公司	周　波
上海通用汽车有限公司	周　艳
重庆青山工业有限责任公司	周开荃
广汽本田汽车有限公司	郑　衡
长安福特汽车有限公司	赵　非
泰乐玛汽车制动系统（上海）有限公司	赵乃华
湖南长丰动力有限责任公司	赵升洲
沈阳美行科技有限公司	赵永茂
一汽-大众奥迪销售事业部	荆青春
一汽解放汽车有限公司	胡汉杰
中信泰富特钢集团	俞亚鹏
一汽丰田汽车销售有限公司	姜　君
皓月汽车安全系统技术股份有限公司	姚明成
深圳市比克动力电池有限公司	骆兆军
重庆青山工业有限责任公司	袁　敏
广西汽车集团有限公司	袁智军
上汽大众汽车有限公司	贾鸣镝
哈尔滨东安汽车发动机制造有限公司	贾葆荣
江苏通用科技股份有限公司	顾　萃
河钢集团有限公司	顾少伟
双星集团有限责任公司	柴永森
一汽解放汽车有限公司无锡柴油机厂	钱恒荣
北京梅赛德斯-奔驰销售服务有限公司	倪　恺
北京汽车集团有限公司	徐和谊
特耐斯（镇江）电碳有限公司	高　健
广州市西合汽车电子装备有限公司	郭　涛
华域视觉科技（上海）有限公司	郭肇基
一汽马自达汽车销售有限公司	郭德强
东风柳州汽车有限公司	唐　竞
多美达（珠海）科技有限公司	谈丽君
特耐斯（镇江）电碳有限公司	桑建平
北京汽车动力总成有限公司	黄文炳
亚太机电股份有限公司	黄伟中
亚太机电股份有限公司	黄来兴
广州汽车集团零部件有限公司	龚翰清
中国汽车工业协会发动机分会	康章华
中国铝业集团有限公司	葛红林
中国汽车工业协会	董建平
一汽-大众销售有限责任公司	董修惠
中汽华轮公司	曾　光
锦州万得汽车集团有限公司	曾庆东
上海同济同捷科技股份有限公司	雷雨成
中国重型汽车集团有限公司	蔡　东
中国重型汽车集团有限公司	谭旭光
潍柴动力股份有限公司	谭旭光
苏州华特时代碳纤维有限公司	熊　飞
联合汽车电子有限公司	熊伟铭
北京现代汽车有限公司	樊京涛
万力轮胎股份有限公司	黎继荣
中国汽车工业协会	霍裕民
皓月汽车安全系统技术股份有限公司	戴　红
华晨宝马汽车有限公司	魏兰德

前　　言

我国经济已进入以高质量发展为特征的平稳增长期，经过十多年的高速增长，汽车市场也开始进入平稳发展阶段，竞争更为激烈。作为国家“十三五”规划的第四年，2019 年的汽车行业将面临转型升级重要调整期，以汽车电动化、车联网、智能汽车等为代表的新产业、新技术为汽车行业带来巨大变化，一大批跨界企业诞生的同时，节能环保的压力也催生了一大批新能源、环保、智能汽车企业，这使得汽车行业企业及产品格局发生了很大的变化，很多企业关停并转让，但同时更有一批高起点的企业出现。在此背景下，《中国汽车工业企事业单位信息大全（2019 版）》［以下简称《大全（2019 版）》］正式推出，并与广大读者见面。作为中国汽车行业最具影响力的权威工具书，《大全（2019 版）》全面收录了 1 万多家汽车行业管理机构、企事业单位的最新信息，将成为各界人士了解汽车行业发展情况的重要参考用书。作为汽车行业一项重要工作的延续，本书仍由中国汽车工业协会、北京中汽华轮信息技术有限公司联合编纂。

《大全（2019 版）》在延续权威性、准确性和规范性的基础上，具有以下突出特点：

★信息量更大、内容更新多

《大全（2019 版）》收录汽车行业企事业单位 1 万多家，整车生产企业信息的编纂以《车辆生产企业及产品公告》为依据；零部件生产企业信息有较大变动，突出介绍通过质量体系认证、有配套经验的零部件生产企业，特别是一批电动汽车相关电池、电动机、控制系统、智能网联零部件的生产企业。

★强化产品与配套索引

《大全（2019 版）》特别强化了企业按产品索引、零部件企业配套整车索引等多重索引方式，全方位、多角度地为国内外客户查阅中国汽车行业企业及其产品信息、采购产品提供帮助。其中整车产品索引着重满足政府采购、集团采购等业务发展的需要，零部件索引和配套索引重点满足各整机配套采购部门、国内外专业零部件采购商的产品采购要求。

★强化宣传版面，使其迅速成为采购商关注焦点

为促进汽车行业优强企业发展，《大全（2019 版）》特别为参与宣传版面的企业提供多重查询导引，并在正文各部分首页、产品索引、配套关系索引部分中，将其置于显著位置，以便采购商能迅速找到相关企业和其最新产品。

在 2018 年 10 月至 2019 年 3 月间，《中国汽车工业企事业单位信息大全》编辑部对《大全（2019 版）》的内容进行了全面核对。《大全（2019 版）》的编纂工作得到了汽车工业企事业单位的高度配合与支持，得到了汽车各界人士的全力协助，从而使这一工作得以顺利完成。借此机会，我们对持续支持这一工作的所有单位和读者表示由衷的感谢。由于时间紧、工作量大，本书编纂工作中一定有很多不足之处，欢迎广大读者提出宝贵意见。

《中国汽车工业企事业单位信息大全》编辑部

2019 年 4 月

编 制 说 明

《中国汽车工业企事业单位信息大全(2019 版)》的内容涵盖了我国(港、澳、台地区除外)汽车行业生产企业、管理机构和事业单位的基本情况,全书主要包括六部分,现将各个部分的编排方式说明如下:

1. 第一部分包括汽车工业管理部门、主要行业单位及相关机构,主要介绍从事汽车行业管理工作、科研检测、宣传媒体等方面的职能机构。

2. 整车生产企业部分的编写主要参考了《车辆生产企业及产品公告》(以下简称《公告》)中的内容。对隶属于几大集团又未在《公告》中出现的部分企业,也进行了收录。

3. 零部件生产企业分为七大类别,在编写中主要根据企业生产的主导产品进行归类。对部分企业同时生产多类零部件的情况,原则上在一个类别零部件出现后不再编入其他部分;将生产综合类配件的企业编入“通用件和相关工业产品生产企业”。

4. 对每个企业的产品情况,在尊重企业填报的原则下,对某些词汇进行了标准化处理,例如“减震器”改为“减振器”,“变速箱”改为“变速器”等。

5. 各个产品类别内的企业划分,首先按省、自治区、直辖市的行政区域划分顺序编辑,其次,每个省、自治区、直辖市内按邮政编码顺序排列。

6. 第六部分为外国汽车和零部件公司在中国的办事机构情况。

为方便查阅,《中国汽车工业企事业单位信息大全(2019 版)》特别突出了对各种索引的编排,其中产品与配套索引,主要参考零部件企业提供的相关信息。

《中国汽车工业企事业单位信息大全》编辑部

2019 年 4 月

目　　录

第四部分　汽车制造设备及模具生产企业

第五部分　中国摩托车生产企业

第六部分　外国(地区)汽车公司、商社驻中国办事机构

第一部分

汽车工业管理部门、主要行业单位及相关机构

❊ 汽车工业管理部门

❊ 主要行业单位及分支机构

❊ 汽车行业科研检测与认证机构、大专院校及报纸、期刊

汽车工业管理部门

一、国家汽车工业管理部门及其主要相关机构

国家发展和改革委员会

值班室电话:010/68503333
地址:北京市西城区月坛南街38号
邮编:100824
网址:www.ndrc.gov.cn

- **产业协调司**

主要相关职能:拟定主要工业行业规划和发展政策等

- **经济运行调节局**

主要相关职能:交通运输行业经济运行分析、调控等

工业和信息化部

地址:北京市西长安街13号
邮编:100804
电话:12381
网址:www.miit.gov.cn

- **产业政策司**

主要相关职能:拟定工业产业政策并监督执行,汽车准入管理等

- **装备工业司**

主要相关职能:机械、汽车行业管理等

中国机械工业联合会

办公室电话:010/68594711、68594710
地址:北京市西城区三里河路46号
邮编:100823
网址:cmif.mei.net.cn

所属相关行业协会

中国汽车工业协会:010/63979900
中国工程机械工业协会:010/68532689
中国电器工业协会:010/68166500
中国液压气动密封件工业协会:010/63172412
中国机床工具工业协会:010/63345269
中国仪器仪表行业协会:010/68596456
中国铸造协会:010/68418899
中国锻压协会:010/53056669
中国内燃机工业协会:010/68534889
中国轴承工业协会:010/63317030

二、各省(自治区、直辖市)汽车工业相关管理部门及主要汽车集团

各省(自治区、直辖市)汽车工业相关管理部门

北京市经济和信息化局汽车与交通产业处
地址:北京市通州区运河东大街57号院5号楼六层
邮编:101101
电话:010/55578195
网址:jxj. beijing. gov. cn

天津市工业和信息化局装备工业处
地址:天津市河西区友谊路35号
邮编:300061
电话:022/83608087
网址:gyxxh. tj. gov. cn

河北省工业和信息化厅装备工业处
地址:石家庄市和平西路402号
邮编:050071
电话:0311/87800069
网址:gxt. hebei. gov. cn

山西省工业和信息化厅产业政策处
地址:太原市府东街95号
邮编:030002
电话:0351/2022229
网址:gxt. shanxi. gov. cn

内蒙古自治区工业和信息化厅装备工业处
地址:呼和浩特市敕勒川大街1号
邮编:010098
电话:0471/4825230
网址:gxt. nmg. gov. cn

辽宁省工业和信息化厅装备处
地址:沈阳市皇姑区北陵大街45-2号
邮编:110032
电话:024/86894130
网址:gxt. ln. gov. cn

吉林省工业和信息化厅产业政策处
地址:长春市新发路329号
邮编:130054
电话:0431/88906102、87075189
网址:gxt. jl. gov. cn

黑龙江省工业和信息化厅产业政策处
地址:哈尔滨市香坊区和平路68号
邮编:150040
电话:0451/82656309
网址:www. hljiic. gov. cn

上海市经济和信息化委员会装备产业处
地址:上海市世博村路300号5号楼
邮编:200125
电话:021/23111111
网址:zwdt. sh. gov. cn

江苏省工业和信息化厅产业政策处
地址:南京市北京西路16号
邮编:210008
电话:025/69652686、69652695
网址:gxt. jiangsu. gov. cn

浙江省经济和信息化厅机械行业管理办公室
地址:杭州市体育场路479号
邮编:310007
电话:0571/87055014
网址:www. zjjxw. gov. cn

安徽省经济和信息化厅装备工业处
地址:合肥市屯溪路306号金安大厦
邮编:230001
电话:0551/62871778
网址:www. aheic. gov. cn

福建省工业和信息化厅产业协调处
地址:福州市华林路76号省政府大院8号楼2楼
邮编:350003
电话:0591/87832482
网址:gxt. fujian. gov. cn

江西省工业和信息化厅产业政策处
地址:南昌市红谷滩新区卧龙路999号省行政中心西3栋417、418室
邮编:330036
电话:0791/88916322
网址:www. jxciit. gov. cn

山东省工业和信息化厅产业政策处
地址:济南市省府前街1号
邮编:250011
电话:0531/86915301
网址:gxt. shandong. gov. cn

河南省工业和信息化厅产业政策处
地址:郑州市郑东新区熊儿河路93号盐业大厦
邮编:450008
电话:0371/65509829
网址:www. iitha. gov. cn

湖北省经济和信息化厅机械汽车产业处
地址:武汉市武昌区水果湖东一路7号
邮编:430071
电话:027/87236970
网址:jxt. hubei. gov. cn

湖南省工业和信息化厅装备工业处
地址:长沙市天心区新韶东路467号
邮编:410004
电话:0731/88955466
网址:gxt. hunan. gov. cn

广东省工业和信息化厅装备工业处
地址:广州市吉祥路100号
邮编:510030
电话:020/83134777、83135850
网址:gdii. gd. gov. cn

广西壮族自治区工业和信息化厅装备工业处
地址:南宁市民族大道113号4楼
邮编:530022
电话:0771/5627633
网址:www. gxgxw. gov. cn

海南省工业和信息化厅
地址:海口市国兴大道9号
邮编:570204
电话:0898/65326233
网址:iitb. hainan. gov. cn

重庆市经济和信息化委员会规划与投资处
地址:重庆市渝中区人民路252号
邮编:400015
电话:023/63895940、63895941
网址:wjj. cq. gov. cn

四川省经济和信息化厅汽车产业处
地址:成都市人民东路66号
邮编:610013
电话:028/86267211
网址:jxt. sc. gov. cn

云南省工业和信息化厅装备工业处
地址:昆明市永安路37号
邮编:650011
电话:0871/63512706、63515549
网址:www. ynetc. gov. cn

贵州省工业和信息化厅装备工业处
地址:贵阳市中华北路187号经信委大楼
邮编:550004
电话:0851/86892336
网址:gxt. guizhou. gov. cn

陕西省工业和信息化厅装备工业处
地址:西安市省政府前大楼5-034
邮编:710006
电话:029/63915601
网址:gxt. shaanxi. gov. cn

甘肃省工业和信息化厅装备产业处
地址:兰州市中央广场1号
邮编:730030
电话:0931/8929257、8929261
网址:gxt. gansu. gov. cn

青海省工业和信息化厅工业投资管理处
地址:西宁市城西区文景路33-5国投广场写字楼
邮编:810000
电话:0971/6138701
网址:gxgz. qinghai. gov. cn

新疆维吾尔自治区工业和信息化厅装备工业处
地址:乌鲁木齐市光明路 140 号
邮编:830002
电话:13009669226
网址:www. xjeic. gov. cn

主要汽车集团

★中国第一汽车集团有限公司
地址:长春市东风大街 8899 号
邮编:130000
总机:0431/85901140
董事长:徐留平
网址:www. faw. com. cn
一汽解放汽车销售有限公司
地址:长春市汽车产业开发区东风大街 3025 号
邮编:130000
电话:0431/87666666
网址:www. fawjiefang. com. cn
一汽轿车销售有限公司
地址:长春市高新区学海街 701 号
邮编:130012
电话:0431/85768888
网址:www. fawcarsales. com
一汽马自达汽车销售有限公司
地址:长春市汽车经济技术开发区兴顺路 1366 号
邮编:130011
电话:0431/85991000
网址:www. faw-mazda. com
一汽丰田汽车销售有限公司
地址:北京市朝阳区东三环中路 1 号环球金融中心西楼三层
邮编:100020
电话:8008101210
网址:www. ftms. com. cn

★东风汽车集团有限公司
地址:武汉市经济开发区东风大道特 1 号
邮编:430056
电话:027/84285555
董事长:竺延风
网址:www. dfmc. com. cn
东风汽车有限公司
地址:武汉市经济开发区东风大道 10 号
邮编:430056
电话:027/84283290
网址:www. dfl. com. cn
东风汽车工业进出口有限公司
地址:武汉市经济技术开发区创业二路 2 号
邮编:430056
电话:027/84301171
网址:www. chinadfm. com

★上海汽车集团股份有限公司
地址:上海市威海路 489 号
邮编:200041
电话:021/22011888
传真:22011777
董事长:陈虹
总裁:陈志鑫
网址:www. saicmotor. com
上海汽车工业销售有限公司
地址:上海市武康路 390 号
邮编:200031
电话:021/24011188
传真:24011111
网址:www. anji. com
上海汽车进出口有限公司
地址:上海市张扬路 2119 号
邮编:200135
电话:021/28936888
传真:28936999

★北京汽车集团有限公司
地址:北京市顺义区双河大街 99 号
邮编:101300
电话:010/87664009
传真:87664048
董事长:徐和谊
网址:www. baicgroup. com. cn

★中国长安汽车集团有限公司
地址:北京市海淀区车道沟十号院
邮编:100089
电话:010/68966362
传真:68966383
董事长:刘卫东
网址:www. ccag. cn

★长城汽车股份有限公司
地址:河北省保定市朝阳南大街 2266 号
邮编:071033
电话:0312/2197859
法定代表人:魏建军
网址:www. gwm. com. cn

★华晨汽车集团控股有限公司
地址:沈阳市大东区东望街 39 号
邮编:110044
电话:024/31666666
传真:31991111
法定代表人:阎秉哲
网址:www. brilliance-auto. com

★浙江吉利控股集团有限公司
地址:杭州市滨江区江陵路 1760 号
邮编:310051
电话:0571/28001111、4008869888
传真:87766217
法定代表人:李书福
网址:www. geely. com、www. zgh. com

★安徽江淮汽车集团股份有限公司
地址:合肥市东流路 176 号
邮编:230022
电话:0551/62296835、4008889933
董事长:安进
网址:www. jac. com. cn

★奇瑞汽车股份有限公司
地址:安徽省芜湖市经济技术开发区长春路 8 号
邮编:241006
电话:4008838888
传真:0553/5951289
法定代表人:尹同跃
网址:www. chery. cn

★中国重型汽车集团有限公司
地址:济南市高新区华奥路 777 号
邮编:251010
电话:0531/58068000
董事长:谭旭光
总经理:孙建设
网址:www. cnhtc. com. cn

★广州汽车集团股份有限公司
地址:广州市天河区珠江新城兴国路 23 号广汽中心
邮编:510623
电话:020/83151139
传真:83150335
董事长:曾庆洪
总经理:冯兴亚
网址:www. gagc. com. cn

★比亚迪汽车工业有限公司
地址:广东省深圳市坪山新区比亚迪路 3009 号
邮编:518118
电话:0755/89888888
传真:89931667
法定代表人:王传福
网址:www. bydauto. com. cn

三、与汽车工业管理相关的国家部、委、局

★科学技术部
地址:北京市海淀区复兴路乙 15 号
邮编:100862
电话:010/58881800
网址:www. most. gov. cn

★公安部
地址:北京市东长安街14号
邮编:100741
电话:010/66262114
网址:www.mps.gov.cn

★财政部
地址:北京市西城区三里河南三巷3号
邮编:100820
电话:010/68551114
关税司
电话:010/68552972
经济建设司
电话:010/68552977
网址:www.mof.gov.cn

★住房和城乡建设部
地址:北京市海淀区三里河路9号
邮编:100835
电话:010/58934114
网址:www.mohurd.gov.cn

★交通运输部
地址:北京市东城区建国门内大街11号
邮编:100736
电话:010/65292114
运输服务司
电话:010/65292753
网址:www.mot.gov.cn

★商务部
地址:北京市东长安街2号
邮编:100731
电话:010/69198403
市场体系建设司
电话:010/85093671
对外贸易司
电话:010/65197435
产业安全与进出口管制局
电话:010/65198796
市场秩序司
电话:010/85093338
网址:www.mofcom.gov.cn

★海关总署
地址:北京市东城区建国门内大街6号
邮编:100730
电话:010/65194114
政策法规司
电话:010/65195189
关税征管司
电话:010/65195337
网址:www.customs.gov.cn

★国家市场监督管理总局
地址:北京市西城区三里河东路8号
邮编:100820
电话:010/88650000
网址:www.samr.gov.cn

★国家税务总局
地址:北京市海淀区羊坊店西路5号
邮编:100038
电话:010/63417114
网址:www.chinatax.gov.cn

★生态环境部
地址:北京市西直门南小街115号
邮编:100035
电话:010/66556114
网址:www.zhb.gov.cn

★中国人民银行
地址:北京市西城区成方街32号
邮编:100800
电话:010/66194114
传真:66195370
网址:www.pbc.gov.cn

★中国银行保险监督管理委员会
地址:北京市西城区金融大街15号
邮编:100140
电话:010/66286688
网址:www.circ.gov.cn

主要行业单位及分支机构

● 查询导引 ●

主要行业单位及分支机构

☞ **企业如有变更，请与编辑部联系**　☎ 010/68426043、68420981

一、主要行业单位

中国汽车工程学会
地址：北京市亦庄经济开发区荣华南路13院7号楼（中航国际广场H5）6楼
邮编：100176
电话：010/50911004
网址：www.sae－china.org
理事长：李骏
秘书长：张进华

中国汽车工业协会
地址：北京市西城区莲花池东路106号汇融大厦A座15层
邮编：100055
电话：010/63979900
网址：www.caam.org.cn
常务副会长：付炳锋

中国汽车技术研究中心有限公司
地址：天津市东丽区先锋东路68号
邮编：300300
电话：022/84370000
传真：24370843
网址：www.catarc.ac.cn
负责人：于凯

中汽认证中心
地址：北京市海淀区首体南路2号11层
邮编：100044
电话：010/88301244
传真：88301243
网址：www.cccap.org.cn

中国国际贸促会汽车行业分会
地址：北京市西城区三里河路46号
邮编：100823
电话：010/68594731
传真：68594872
网址：www.auto－ccpit.org
负责人：王侠
主要职能：组织汽车行业国际展览会；开展同世界各国汽车工业界的交流等工作

中国汽车报
地址：北京市朝阳区金台路2号人民时报社新媒体大厦6层
邮编：100733
电话：010/56002737、56002713
网址：www.cnautonews.com
负责人：何伟

中国机械工业集团有限公司
地址：北京市海淀区丹棱街3号国机大厦
邮编：100080
电话：010/82688888
传真：82688811
网址：www.sinomach.com.cn
电子信箱：office@sinomach.com.cn
法人代表：张晓仑
主要职能：汽车工业工程设计，汽车整车及零部件进出口及国内贸易，汽车零部件检测与研发，汽车会展及培训等

中国汽车工业工程有限公司
地址：天津市南开区长江道591号
邮编：300113
电话：022/87869299、87869888
传真：87869666
网址：www.chinaaie.com.cn
董事长：陈有权
质量体系：ISO 9001
主要业务：以汽车、发动机、农业机械、工程机械为主的机械行业工程咨询，产业研究、工程设计、项目管理、工程承包、设备设计制造和工程勘察、工程监理等

中国机械国际合作股份有限公司
地址：北京市海淀区中关村丹棱街3号A座
邮编：100080
电话：010/82606899
传真：82606999
网址：www.cnaico.com.cn
总经理：赵立志
主要职能：已形成境内外自主办展、代理出国展览、展览工程服务等完整的展览业务体系，开发国内外贸易业务，以及汽车相关主题的文化园区、产业园区的建设项目，市场范围遍及亚洲、欧洲、非洲及拉丁美洲等众多国家和地区

中国进口汽车贸易有限公司
地址：北京市海淀区中关村南三街6号
邮编：100190
电话：010/82169388
传真：82169398
网址：www.ctcai.com
董事长：贾屹
主要业务：以汽车进口批发核心业务、汽车零售服务业务、汽车物流展贸园区为三大支柱业务，培育开拓汽车租赁及旧车业务、汽车出口业务、汽车电子商务及传媒业务三个新业务板块

中国汽车零部件工业有限公司
地址：北京市朝阳区北沙滩1号院37号楼3层

邮编:100083
电话:010/82607090
传真:82607599
网址:www. chinacapac. com
职能范围:CAPAC 品牌汽车零部件的生产制造,汽车零部件产品的国内外贸易,组织和承办与汽车零部件相关的国内外的展览、展示,项目开发(产业基地,汽配城的建设和延伸服务),拥有独立的零部件产品的检测和研发基地,出版发行国家级专业技术刊物《汽车零部件》

中汽华轮公司
地址:北京市海淀区增光路 45 号
邮编:100048
电话:010/68426043
网址:www. qcgys. com
负责人:曾光

中国汽车工业配件销售有限公司
地址:北京市海淀区定慧北里 18 号楼 12 层
邮编:100142
电话:010/88130731、88127419
传真:88127418、88116923
网址:www. qipeihui. com
负责人:王笃洋
主要业务:承办展览会;销售机械与电气设备、石油制品、橡胶制品、金属材料、汽车工业配套产品、汽车(轿车限零售)、摩托车;技术咨询、技术服务、技术培训、营销策划;货物进出口、代理进出口;技术进出口

机械工业第九设计研究院有限公司
地址:长春市创业大街 1958 号
邮编:130011
电话:0431/85902279
传真:85902960
网址:www. cjxjy. com

中国汽车工程研究院股份有限公司
地址:重庆市北部新区金渝大道 9 号
邮编:401122
电话:023/68824060
传真:68821361
网址:www. caeri. com. cn
电子信箱:ir@ caeri. com. cn
董事长:李开国
总经理:万鑫铭

二、部分行业单位的分支机构

中国汽车工业协会分支机构

中国汽车工业协会
地址:北京市西城区莲花池东路 106 号汇融大厦 A 座 15 层
邮编:100055
综合管理部:010/63979900－5588
行业发展部:010/63979900－5267
行业信息部:010/63979900－4196、5172
国际合作部:010/63979900－4812
贸易协调部:010/63979900－5173
零部件部:010/63979900－5255
展览部:010/63979900－5240

客车分会
地址:郑州市 2066 号信箱
邮编:450016
电话:0371/66733566
传真:66806000
理事长:汤玉祥
理事长单位:郑州宇通客车股份有限公司

旅居车(房车)委员会
地址:沈阳市沈河区万柳塘路 38 号
邮编:110015
电话:024/24133535
秘书长:房德和

摩托车分会
地址:北京市西城区月坛南街 26 号
邮编:100825
电话:010/68512976
秘书长:李彬

汽车相关工业分会
地址:北京市朝阳区青年路 27 号院 2－318
邮编:100123
电话:010/67367499
秘书长:李静

车用发动机分会
地址:北京市西城区月坛南街 26 号
邮编:100825
电话:010/68535680
常务秘书长:葛红

汽车空调分会
地址:长春市创业大街 1063 号
邮编:130011
电话:0431/85788692
秘书长:薛庆峰

车用电机电器委员会
地址:长沙市开福区湘江中路万达公馆 3 栋 5 单元
邮编:410000
电话:0731/84424716
秘书长:朱小平
秘书长单位:中汽长电股份有限公司

车用滤清器委员会
地址:河南省新乡市新飞大道东杨村 1 号
邮编:453000
电话:0373/7065532
秘书长:相跃进
秘书长单位:河南平原滤清器有限公司

车用轴瓦委员会
地址:山东省莱州市经济开发区开明路 1058 号
邮编:261411
电话:0535/2177615
理事长:木俭朴
理书长单位:烟台大丰轴瓦有限责任公司

离合器委员会
地址:长春市高新区超然街 2555 号
邮编:130103
电话:0431/85158566
理事长:姜涛
理事长单位:长春一东离合器股份有限公司

转向器委员会
地址:广东省江门市蓬江区西环路 465 号
邮编:529050
电话:0750/2632702
秘书长:闵志宪

制动器委员会
地址:上海市嘉定区招贤路 385 号
邮编:201821
电话:021/39163011
理事长:蔡增伟
秘书长单位:上海汽车制动系统有限公司

减振器委员会
地址:重庆市渝北区空港工业园区长空路 306 号
邮编:401120
电话:023/67180918、67180923
理事长单位:重庆耐德中意减振器有限责任公司

车轮委员会(钢轮)
地址:长春市东风南街 1399 号
邮编:130013
电话:0431/85805340
理事长:邱枫
理事长单位:长春一汽富维汽车零部件股份有限公司车轮分公司

车轮委员会(铝轮)
地址:河北省秦皇岛市经济技术开发区龙海道 185 号
邮编:066003
电话:0335/5358342
副秘书长:王孝东

秘书长单位:中信戴卡轮毂制造股份有限公司

灯具委员会
地址:上海市嘉定区安亭镇于田南路68号
邮编:201805
电话:021/69502811
秘书长:凌铭

车桥委员会
地址:山东省青岛市城阳区正阳东路777号
邮编:266106
电话:0532/81158333
副秘书长:纪国清

中国汽车工程学会分支机构

中国汽车工程学会
地址:北京市亦庄经济开发区荣华南路13院7号楼(中航国际广场H5)6楼
邮编:100176
电话:010/50911004
理事长:李骏
秘书长:张进华
汽车产业研究院:010/50950081
网址:www. sae - china. org

汽车产品分会
电话:0431/85788202
电子信箱:xiejun@ rdc. faw. com. cn

汽车制造分会
电话:027/84307905
电子信箱:huxinyi@ dfmc. com. cn

汽车发动机分会
电话:025/85403580
电子信箱:xu_dong_chen@ sina. com

汽车材料分会
电话:027/84283780
电子信箱:gyyjs - wangy@ dfl. com. cn

汽车应用与服务分会
电话:010/50950074
电子信箱:wl@ sae - china. org

汽车技术教育分会
电话:0431/85094523
电子信箱:sunping@ jlu. edu. cn

现代化汽车管理分会
电话:021/22011722
电子信箱:liangyuancong@ saicmotor. com

汽车经济发展研究分会
电话:010/88132024
电子信箱:13001910346@ 163. com

汽车电子技术分会
电话:027/84307108
电子信箱:leixue@ dfmc. com. cn

摩托车分会
电话:022/27405742
电子信箱:cydu@ chinamotorcycle. com

汽车专用车分会
电话:027/84398625
电子信箱:hulu_79@ 163. com

矿用汽车分会
电话:0472/2642230
电子信箱:lz@ chinanhl. com

汽车安全技术分会
电话:010/62792733
电子信箱:wuke@ tsinghua. edu. cn

汽车环境保护技术分会
电话:022/84379666 - 9556
电子信箱:lijingyuan@ catarc. ac. cn

汽车车身技术分会
电话:0731/88822076
电子信箱:daniexie@ 163. com

汽车非金属材料分会
电话:0431/85789489
电子信箱:tengteng@ rdc. faw. com. cn

汽车燃料与润滑油分会
电话:0719/8221073
电子信箱:Zhuyeyun@ dfcv. com. cn

电动汽车分会
电话:010/62786907
电子信箱:hev@ tsinghua. edu. cn

汽车智能交通分会
电话:021/69589112
电子信箱:ysatis@ tongji. edu. cn

越野车技术分会
电话:010/68911172
电子信箱:fanzhaoxia@ bit. edu. cn

转向技术分会
电话:023/63411358
电子信箱:yanyao@ caeri. com. cn

测试技术分会
电话:022/84379666 - 6118
电子信箱:zhangshimin@ catarc. ac. cn

代用燃料汽车分会
电话:0431/85095271
电子信箱:dwei@ jlu. edu. cn

工程建设与装备技术分会
电话:0431/85125223
电子信箱:guqiao_jy@ faw. com. cn

涂装技术分会
电话:0431/85789501
电子信箱:gaochengyong@ rdc. faw. com. cn

货运装备技术分会
电话:029/83385574
电子信箱:liudapeng@ sxqc. com

悬架技术分会
电话:18514476448
电子信箱:liushanghong@ baicmotor. com

振动噪声分会
电话:022/84379777 - 8020
电子信箱:wudeyuan@ catarc. ac. cn

齿轮技术分会
电话:022/68609707
电子信箱:sunlili@ tanhas. com

房车与营地工程技术分会
电话:0411/84706475
电子信箱:gloriazhang@ 163. com

技术管理分会
电话:010/62797400
电子信箱:tasri@ mail. tsinghua. edu. cn

汽车可靠性技术分会
电话:0515/69860827
电子信箱:chenlin@ catarc. ac. cn

汽车空气动力学分会
电话:023/63410787
电子信箱:acc@ sae - china. org

汽车防腐蚀老化分会
电话:023/67921826
电子信箱:13883447318@ 163. com

电器技术分会
电话:010/82607090
电子信箱:capac@ chinacapac. com

三、地方及其相关汽车行业协会、学会

北京汽车行业协会
地址:北京市朝阳区东三环南路25号北京汽车大厦1713室
邮编:100021
电话:010/87664292
传真:87664292

网址:www. baam. org. cn

河北省汽车工业协会
地址:石家庄市合作路81号
邮编:050051
电话:0311/87651911
传真:87651911
网址:www. hbqcxh. com

辽宁省汽车工业协会
地址:沈阳市皇姑区崇山东路30号
邮编:110033
电话:024/81065618
传真:81065518
网址:www. laam. cn

吉林省汽车工业协会
地址:长春市建设街199号
邮编:130051
电话:0431/85087933
网址:www. jlsqcgyxh. com

上海市汽车行业协会
地址:上海市威海路489号
邮编:200041
电话:021/22011795
传真:22011188
网址:www. shata. org

上海市汽车工程学会
地址:上海市威海路489号
邮编:200041
电话:021/22011772
传真:22011188
网址:www. shsae. org

江苏省汽车行业协会
地址:南京市广州路37号科技大厦24楼
邮编:210008
电话:025/84711602
传真:84711602

江苏省汽车工程学会
地址:南京市中央路331号(西门芦席营78号)小二楼210室
邮编:210037
电话:025/85417153
传真:85417153
网址:www. sae - js. org

南京汽车行业协会
地址:南京市芦席营68号南汽大厦二楼
邮编:210008
电话:025/83439932
传 真:83462732
网址 www. njqchyxh. com

浙江省汽车行业协会
地址:杭州市石祥路589号杭州市国际会议展览中心西裙楼55017室
邮编:310015
电话:0571/28330295
传真:28879696
网址:www. zaam. cn

玉环市汽摩配行业协会
地址:浙江省玉环市运输公司办公楼四楼8888室
邮编:317600
电话:0576/87209767
传真:87209737
网址:www. cnautomoto. com

龙泉市空调汽车配件行业协会
地址:浙江省龙泉市剑川大道566号(中国检验检疫大楼一楼105、108)
邮编:323700
电 话:0578/7751672
传 真:7213695
网 址:www. autopartschn. com

安徽省汽车行业协会
地址:合肥市庐江路60号三楼
邮编:230001
电话:0551/62642107
传真:62611928
网址:www. ahauto. org. cn
电子信箱:ahauto@ 163. com

山东省汽车行业协会
地址:济南省泺源大街53号
邮编:250011
电话:0531/86913219
传真:86913219
网址:www. sama. org. cn

河南省汽车行业协会
地址:郑州市郑东新区康宁街普济路19号德威广场A座1410室
邮编:450018
电话:0371/66270226
传真:66270229
网址:www. hnqcxh. org

湖北省汽车工程学会
地址:武汉经济技术开发区沌阳大道55号
邮编:430056
电话:027/59756912
传真:59756902
网址:www. hbsae. com

广东省汽车行业协会
地址:广州市东风中路448号成悦大厦19楼东侧
邮编:510030
电话:020/83740852
传真:83740857
网址:www. gd - auto. cn

四川省汽车工程学会
地址:成都市红星路三段16号正熙国际大厦1807号
邮编:610016
电话:028/86669608
传真:86662308
网址:www. westcars. org. cn

陕西省汽车工程学会
地址:西安市幸福北路39号
邮编:710043
电话:029/83388574
传真:83388574
网址:www. sxsae. org

云南省机械工业行业协会
地址:昆明市西华北路18号钻石广场10、11楼
邮编:650034
电话:0871/67112569
传真:67112569
网址:www. yami. yn. gov. cn

云南省机械工程学会
地址:昆明市红菱路309号云南省机械研究设计院内503室
邮编:650031
电话:0871/65335474
传真:65335474
网址:www. ynjxxh. com

中国电器工业协会
地址:北京市丰台区南四环西路188号12区30号楼
邮编:100070
电话:010/68166500
传真:68273696
网址:www. ceeia. com

中国铸造协会
地址:北京市海淀区首体南路2号
邮编:100044
电话:010/68418899
传真:68458356
网址:www. foundry. com. cn

中国锻压协会
地址:北京市昌平区北清路中关村生命科学园博雅C座10层
邮编:102206
电话:010/53056669
传真:53056644
网址:www. chinaforge. org. cn

中国通用机械工业协会
地址:北京市车公庄大街9号院一号楼B座2单元502室
邮编:100044
电话:010/88393520
传真:88393529
网址:www. cgmia. org. cn

中国机床工具工业协会
地址:北京市西城区莲花池东路102号天莲大厦12层
邮编:100055
电话:010/63345269
传真:63345698
网址:www. cmtba. org. cn
电子信箱:cmtba@ cmtba. org. cn

中国模具工业协会
地址:北京市海淀区首体南路20号国兴家园4号楼505、506室

邮编:100044
电话:010/88356462
传真:88356461
网址:www. cdmia. com. cn

中国轴承工业协会
地址:北京市西城区马连道路4号北京市通信管理局3层309室
邮编:100055
电话:010/63317030、63317083
传真:63315067
网址:www. cbia. com. cn
电子信箱:taopeng@ cbia. com. cn

中国橡胶工业协会
地址:北京市朝阳区拂林路9号景龙国际B座5层
邮编:100107
电话:010/84915391、84915661
传真:84928207
网址:www. cria. org. cn

中国液压气动密封件工业协会
地址:北京市西城区太平街甲2号
邮编:100050
电话:010/63172412
传真:63172421
网址:www. chpsa. org. cn
电子信箱:chpsa_bgs@ 163. com

中国机械制造工艺协会
地址:北京市海淀区首体南路2号1209室
邮编:100044
电话:010/88301523
传真:88301523
网址:www. cammt. org. cn

中国机械通用零部件工业协会
地址:北京市西城区三里河路46号
邮编:100823
电话:010/68594837
传真:68572092
网址:www. cmca - view. com

中国工程机械工业协会
地址:北京市经济技术开发区天华北街11号院3号楼
邮编:100176
电话:010/68537077、68536289
传真:68589824
邮箱:ccmawz@ yeah. net
网址:www. cncma. org

中国仪器仪表行业协会
地址:北京市西城区百万庄大街16号1号楼6层
邮编:100037
电话:010/68584722、68539126
传真:68539126
网址:www. cima. org. cn
电子信箱:office@ cima. org. cn

中国内燃机工业协会
地址:北京市西城区月坛南街26号
邮编:100825
电话:010/62928838.
传真:68532003
网址:www. ciceia. org. cn
电子信箱:nrjxhbgs@ 163. com

中国摩擦密封材料协会
地址:北京市海淀区三里河路甲11号中国建材大厦C座15层
邮编:100037
电话:010/88084682
传真:88084733
网址:www. cfsma. org. cn

中国焊接协会
地址:哈尔滨市松北区科技创新城创新路2077号主楼704室
邮编:150080
电话:0451/86340850
传真:86333949
网址:www. china - weldnet. com
电子信箱:cwa@ public. hr. hl. cn

中国道路运输协会
地址:北京市海淀区知春路甲48号盈都大厦C座3单元15B
邮编:100098
电话:010/58731825
传真:58731837
网址:www. crta. org. cn
电子信箱:crta@ crta. org. cn
业务范围:贯彻国家有关道路运输业的方针政策,沟通企业与国家交通行政主管部门的联系,开展经济技术咨询的调研,提供技术经济情报

中国交通运输协会联运分会
地址:北京市朝阳区亮马桥路39号第一上海中心C座410室
邮编:100125
电话:010/84981083
传真:84616498
网址:www. lyccta. org
电子信箱:lyccta@ 126. com
业务范围:是由全国从事多式联运领域的相关企业、事业单位,社会组织及个人自愿参加组成的全国性、行业性、非营利性的社团组织;会员200多家,会员结构涵盖铁路货运、港口、航运、公路货运、综合物流、物流规划研究和物流信息化等行业,是多种运输方式和综合物流服务产业链;已形成覆盖全国29个省、市、自治区并贯通国际运输的会员网络

中国出租汽车暨汽车租赁协会
地址:北京市朝阳区和平街和平西苑20楼B座11层
邮编:100013
电话:010/84272411
传真:84272411
网址:www. chinatla. com
业务范围:贯彻国家有关法律法规,团结广大出租汽车经营者、管理者和相关人士,协助有关政府部门开展行业管理工作,加强横向联系,为会员单位提供多种形式服务,维护会员的合法权益,促进我国城市出租汽车事业的发展

中国安全防范产品行业协会
地址:北京市海淀区西三环北路87号国际财经中心C座1401号
邮编:100037
电话:010/68730588
传真:68730588、51817901
业务范围:制订行业发展规划,推进行业标准化工作和安防行业市场建设;开展国内外技术、贸易交流和合作;组织订立行规行约;承担政府主管部门委托的其他任务

中国汽车摩托车运动管理中心
地址:北京市东城区体育馆路9号
邮编:100763
电话:010/87182177、87182008
传真:67116872
业务范围:汽车和摩托车运动管理

中国汽车维修行业协会
地址:北京市丰台区莲花池南里24号中盐大厦A座808室
邮编:100055
电话:010/63310622
传真:64410962
网址:www. camra. org. cn
电子信箱:camra@ vip. sina. com
业务范围:制定行规行约,规范行业行为,建立行业自律机制,协调行业内部关系,维护行业平等竞争,维护行业和会员的权益;参与汽车维修行业发展战略研究;组织学术研究和行业标准研究,开展咨询服务及技术推广等工作

中国汽车保修设备行业协会
地址:北京市西城区新德街甲20号
邮编:100088
电话:010/82089799
传真:62371851
网址:www. cn - qbxh. cn
电子信箱:zqb@ cn - qbxh. cn
业务范围:向业务主管部门反映行业动态,并提供全行业的有关综合统计分析资料,制定产品标准,推动标准化进程,提高产品质量,加强对外联系和产品出口,为发展外向型经济创造条件

汽车行业科研检测与认证机构、大专院校及报纸、期刊

● 查询导引 ●

企事业单位详细介绍

汽车行业科研检测与认证机构、大专院校及报纸、期刊

☞ 企业如有变更,请与编辑部联系　☎ 010/68426043、68420981

一、科研机构

科技部高技术研究发展中心
地址:北京市三里河路一号西苑饭店九号楼
邮编:100044
电话:010/68339522、68339089
网址:www.htrdc.com/gjszx
职能范围:国家首批启动改建的中央财政科技计划(专项、基金等)项目管理专业机构,主要承担国家重点研发计划基础前沿类和重大共性关键技术类相关领域重点专项科研项目管理工作,负责组织项目评审、立项、过程管理和结题验收等工作

工信部产业发展促进中心
地址:北京市海淀区万寿路27号院8号楼11层
邮编:100846
电话:010/68207709
传真:68207707
网址:www.idpc.org.cn
职能范围:主要业务活动包括开展国家科技重大专项重大问题研究,研究提出课题申报指南建议;承担工业、通信业和信息化领域科技重大专项的项目申请受理,组织开展项目评审、立项、过程管理和结题验收;推动科研成果产业化等

中国汽车技术研究中心有限公司
地址:天津市东丽区先锋东路68号
邮编:300300
电话:022/84370000、24711970
传真:24370843
网址:www.catarc.ac.cn
职能范围:开展汽车行业标准与技术法规、产品认证检测、质量体系认证、行业规划与政策研究、信息服务等工作

中汽研汽车工业工程(天津)有限公司
地址:天津市东丽区先锋东路68号
邮编:300300
电话:022/84379807
传真:24370598
网址:www.qcsjy.com.cn
职能范围:为汽车行业整车和零部件企业提供工程设计、管理及监理等服务

★ 中国汽车工程研究院股份有限公司

地址:重庆市北部新区金渝大道9号
邮编:401122
电话:023/68824060
传真:68821361
网址:www.caeri.com.cn
电子信箱:ir@caeri.com.cn
董事长:李开国
总经理:万鑫铭
职能范围:主要从事汽车领域技术服务业务和产业化制造业务,拥有国家机动车质量监督检验中心(重庆)、国家燃气汽车工程技术研究中心、汽车噪声振动和安全技术国家重点实验室、替代燃料汽车国家地方联合工程实验室,已建成汽车安全、汽车噪声振动、电磁兼容、汽车节能与排放、电动汽车、替代燃料汽车、汽车整车、发动机、零部件等试验室和汽车工程研发中心
☞ 详细情况请参阅彩色宣传版面

国汽(北京)智能网联汽车研究院有限公司
地址:北京市经济技术开发区荣华南路13号院7号楼1-4层
邮编:100176
电话:010/57705901、57705902
网址:www.china-icv.cn
电子信箱:chinaicv@china-icv.cn
法定代表人:张进华
职能范围:致力于聚集国内外高端专业

人才，突破关键共性技术，提升创新能力，培育一批在智能网联汽车领域具有国际竞争力的企业，持续高效引领和支撑行业发展，提升我国智能网联汽车及相关产业在全球价值链中的地位

北京汽车研究所有限公司
地址：北京市丰台区方庄南路9号院
邮编：100079
电话：010/67625111
传真：67629458
网址：www. bari. cn
电子信箱：qiao@ bari. cn
法人代表：王璋
职能范围：以汽车排放、安全、节能和电子技术应用为科研重点，围绕汽车、发动机及其零部件开展相关政策法规、技术应用、试验检测等方面的科技研究和有关产品开发工作，提供相关技术服务、咨询与培训，参与多项国家和北京市机动车排放标准制定、修订；承担多项国家和北京市相关主管部门下达的科研项目，以及国际合作和资助项目

机械工业第九设计研究院有限公司
地址：长春市创业大街1958号
邮编：130011
电话：0431/85902279
传真：85902960
网址：www. cjxjy. com
职能范围：汽车及机械行业基本建设及技术改造工程的工程咨询、工程设计（含非标设备设计）、工程总承包、工程监理等各项业务，并具有工程设计（总承包）、工程咨询、工程监理等甲级资质

中国联合工程公司
地址：杭州市滨江区滨安路1060号
邮编：310052
电话：0571/88151842
传真：88137083
网址：www. chinacuc. com
职能范围：服务于机械等多个行业，涉及工程设计、工程咨询、项目管理、采购、试车和工程总承包

中机中联工程有限公司
地址：重庆市石桥铺渝州路17号A座27层
邮编：400039
电话：023/68612396、68612368
传真：68610695
网址：www. cmtdi. com
职能范围：主要业务范围涉及产业规划、工程咨询、工程设计、工程监理、项目管理及工程总承包等

机械工业第四设计研究院有限公司
地址：河南省洛阳市涧西区西苑路13号
邮编：471000
电话：0379/64819476
传真：64913606
网址：www. scivic. com. cn
职能范围：汽车及零部件等行业的工厂咨询、设计、总承包、监理，汽车装备制造等

中国北方车辆研究所
地址：北京市969信箱11分箱
邮编：100072
电话：010/83808617
传真：83803129
网址：www. noveri. com. cn
电子信箱：civilian@ noveri. com. cn
所长：曹晖
单位人数：1700
职能范围：以特种车辆整车、部件研究设计与试验试制和民用汽车、专用汽车研究开发与试验测试为主要任务，研发了防暴车、路障车、野外抢修车、电源车等专用车辆，系列研发了中央充放气、可调式油气悬架、空气悬架、悬置驾驶室等多种民用产品

国家计量科学研究院
地址：北京市朝阳区北三环东路18号
邮编：100029
电话：010/64213905
网址：www. nim. ac. cn
职能范围：国家最高的计量科学研究中心和国家级法定计量技术机构，属社会公益型科研单位，包括新能源计量研究所等相关机构

中国特种设备检测研究院
地址：北京市朝阳区和平街西苑2号
邮编：100029
电话：010/59068899
传真：59068966
网址：www. csei. org. cn
职能范围：主要从事压力容器、压力管道、起重机械、厂（场）内机动车辆及相关产品等的检验检测、质量抽查、研究开发、型式试验、法规标准起草、安全评定、风险评估、技术仲裁、失效分析、事故调查处理、司法鉴定、产品（体系）认证评审、节能监管、人员培训、资格考核、技术咨询、信息及网络服务等

北京市劳动保护科学研究所
地址：北京市西城区陶然亭路55号
邮编：100054
电话：010/63521933
传真：63524194
网址：www. bmilp. com
职能范围：主要从事安全和环境科学领域研究

北京机电研究所
地址：北京市海淀区学清路18号
邮编：100083
电话：010/82415018
传真：62920623
网址：www. brimet. ac. cn
职能范围：主要从事汽车内饰件成形技术及装备、精冲技术及装备、多种电源研制技术等多行业的研究开发

清华－罗姆联合研究中心
地址：北京市海淀区清华大学清华－罗姆电子工程馆7楼
邮编：100084
电话：010/62798725
传真：62798519
职能范围：在光电子、生物医学工程、电力电子、数字电视以及传感器网络等领域开展了广泛的产学合作并取得了一系列成果

交通运输部汽车运输节能技术服务中心
地址：北京市海淀区西土城路8号
邮编：100088
电话：010/62079577
传真：82011829
网址：atestsc. mot. gov. cn
业务范围：汽车节能、净化产品、制动液、发动机冷却液等的研究及项目论证等工作

中国检验检疫科学研究院
地址：北京市亦庄经济技术开发区荣华南路11号
邮编：100176
电话：010/53897114
传真：53897676
网址：www. caiq. org. cn
职能范围：国家设立的公益性检验检疫中央研究机构，内设工业与消费品安全研究所、化学品安全研究所、装备技术研究所等8个专业研究机构和综合检测中心、测试评价中心

中国标准化研究院
地址：北京市海淀区知春路4号
邮编：100191
电话：010/58811517
网址：www. cnis. gov. cn
职能范围：从事标准化研究的国家级社会公益类科研机构，承担节能减排、质量管理、国际贸易便利化、视觉健康与安全防护、现代服务、公共安全、信息分类编码等领域标准化研究及相关标准的制定与修订工作

北京长城华冠汽车科技股份有限公司
地址：北京市顺义区仁和镇时骏北街1号院4栋中航国际产业园
邮编：101300
电话：010/81406666
传真：81406665
网址：www. ch－auto. com
法人代表：陆群
职能范围：是一家具备纯电动汽车量产能力及汽车设计、研发、生产、销售为一体的汽车公司，在发展其原有整车设计及研发业务的基础上，还将进行纯电动汽车整车研发生产制造业务和电池系统、整车控制系统的研发业务，为用户提供完善的系统解决方案

中国航发北京航空材料研究院
地址：北京市海淀区温泉镇环山村8号
邮编：100095
电话：010/62496020、62496190
传真：62456212、62496195
网址：www. biam. ac. cn
职能范围：主要从事先进材料、工艺、检测评价技术研究

全国汽车标准化技术委员会秘书处
地址:天津市东丽区先锋东路 68 号
邮编:300300
电话:022/84379292
传真:84375353
网址:www. catarc. org. cn

中国汽车技术研究中心 C-NCAP 信息中心
地址:天津市东丽区先锋东路 68 号
邮编:300300
电话:022/84379209
传真:84379298
网址:www. c – ncap. org

天津内燃机研究所
地址:天津市南开区卫津路 92 号
邮编:300072
电话:022/27406949
传真:27470806
网址:www. ticeri. com
职能范围:主要从事汽油机、柴油机的研究及内燃机测试仪器设备的开发

北方工程设计研究院有限公司
地址:石家庄市裕华东路 55 号
邮编:050011
电话:0311/86045738
传真:86033237
网址:www. norendar. cn
职能范围:是国家综合性大型工程咨询设计单位,具有机械等多个行业的甲级设计资质

大连理工大学内燃机研究所
地址:辽宁省大连市甘井子区凌工路 2 号
邮编:116024
电话:0411/84708460
职能范围:主要研究方向涵盖了内燃机开发的重要领域,其中包括高效清洁燃烧动力系统振动噪声及故障诊断等

上海交通大学内燃机实验室
地址:上海市东川路 800 号
邮编:200240
电话:021/34205949
传真:64074085
职能范围:从事内燃机教学和研究

泛亚汽车技术中心有限公司
地址:上海市浦东金桥龙东大道 3999 号
邮编:201201
电话:021/50165016
传真:50165598
网址:www. patac. com. cn
职能范围:汽车设计与开发,包括汽车造型、总布置、模型制作、样车试制等;整车及部件总成的试验等

上海汽车集团股份有限公司技术中心
地址:上海市安研路 201 号
邮编:201804
电话:021/61388000
传真:61388888
职能范围:整车整机开发、汽车产品及零部件的试验研究,汽车测试和产品质量的评定检测等

上海汽车集团股份公司商用车技术中心
地址:上海市军工路 2500 号
邮编:200438
电话:021/25079999
传真:25079998
职能范围:主要承担上海汽车自主品牌商用车和新能源商用车的研发任务

★ 上海同捷科技股份有限公司

地址:上海市浦东新区南芦公路 160 号
邮编:201300
电话:021/58186058
传真:68010046
网址:www. tji. cn
电子信箱:market@ tji. cn
总裁:雷雨成
职能范围:已实现从产品创意设计、工程研发、样车试制、试验研究到模具设计与制造、关键零部件配套的全流程一站式交钥匙服务能力
☞ 详细情况请参阅彩色宣传版面

★ 昆山宝复汽车科技有限公司

地址:上海市松江区沈砖公路 5666 号恒耀环球广场 B 座 20 楼
邮编:201600
电话:18511793868
网址:www. ksbfqc. com
电子信箱:zjs@ ksbfqc. com
法定代表人:周军生
职能范围:为客户提供传统汽车及新能源汽车开发方案设计及论证、造型设计、工程设计、CAE 分析、样车试制等技术支持和服务,覆盖汽车设计的整个过程
☞ 详细情况请参阅彩色宣传版面

第一汽车集团公司无锡油泵油嘴研究所
地址:江苏省无锡市钱荣路 15 号
邮编:214063
电话:0510/85518741
传真:85512208
网址:www. wfieri. com
职能范围:主要从事内燃机燃油喷射系统、燃烧系统、进气系统、配气机构、增压技术、代用燃料、混合动力和内燃机结构强度等方面的研究开发

★ 苏州上普汽车技术有限公司

地址:江苏省苏州市工业园区独墅湖科教创新区新城路 188 号
邮编:215123
电话:0512/65914976
网址: www. up – auto. com
法定代表人:吴怡文
职能范围:专注于汽车整车、新能源汽车等交通工具领域的技术研发、自动化控制系统研发、聚焦于产品感知质量的提升及创新设计
☞ 详细情况请参阅彩色宣传版面

山东交通学院山东内燃机研究所
地址:济南市燕子山西路 40 号
邮编:250014
电话:0531/82967022
传真:82960314
网址:nrj. sdjtu. edu. cn
职能范围:机电产品研发、重大技术设备设计与改造、汽车和发动机及相关产品检测

山东省交通科学研究所
地址:济南市无影山中路 38 号
邮编:250031
电话:0531/85903808
传真:85951980
职能范围:从事公路建设、汽车运输等方面的科学研究及技术开发工作

山东省纺织科学研究院
地址:山东省青岛市山东路 195 号
邮编:266032
电话:0532/85641981
传真:85648088
网址:www. sdtin. com. cn
电子信箱:sdfzkj@ 163. com

中国电器科学研究院有限公司
地址:广州市新港西路 204 号
邮编:510300
电话:020/89050888
传真:84451516
网址:www. cei1958. com
职能范围:研究、设计、生产各种冷热产品实验设备和环境模拟试验设备,并提供相关技术服务

国家电动汽车试验示范区管理中心
地址:广东省汕头市龙湖区下蓬工业区
邮编:515065
电话:0754/8353589
传真:8353590
网址:www. cev. com. cn
职能范围:为新开发的电动汽车进行公正的性能评价和探索推广应用的经验;为国家发展电动汽车提供决策依据等

中国化学工业桂林工程公司
地址:广西桂林市七星路 77 号
邮编:541004
电话:0773/5833045
传真:5833195
网址:www. cgec. com. cn
职能范围:橡胶制品的研发和制造、翻新轮胎质量监测、压力容器设计、工程设计、工程项目承包等

全国机动车运行安全技术检测设备标准化技术委员会
地址:成都市玉双路 10 号(中国测试技术研究院)
邮编:610021
电话:028/84403966
传真:84403966
职能范围:从事机动车运行安全技术及检测设备专业标准化工作的技术工作组织,负责全国机动车运行安全技术及检测设备标准化的技术归口工作

二、质量检验、认证机构

国家汽车新产品强制性检验机构

天津汽车检测中心
(国家轿车质量监督检验中心)
地址:天津市东丽区先锋东路68号
邮编:300300
电话:022/84379666
传真:24375350
网址:www.tatc.com.cn
电子信箱:tatc@catarc.ac.cn
职能范围:进出口汽车认可实验室、汽车环保产品认可与排放检测机构、强制性产品认证(CCC)检测机构、国家汽车新产品申报公告检测机构、国家科技成果鉴定实验机构

长春汽车检测中心
[国家汽车质量监督检验中心(长春)]
地址:长春市创业大街1063号
邮编:130011
电话:0431/85788360、85788311
传真:85788310
职能范围:进出口汽车认可实验室、汽车环保产品认可与排放检测机构、强制性产品认证(CCC)检测机构、国家汽车新产品申报公告检测机构、国家科技成果鉴定试验机构

襄阳达安汽车检测中心
[国家汽车质量监督检验中心(襄阳)]
地址:湖北省襄阳市高新技术开发区汽车试验场
邮编:441004
电话:0710/3393243
传真:3310965
网址:www.nast.com.cn
职能范围:国家级汽车试验场、国家级汽车新产品鉴定定型及强制性标准检验机构、国家指定的强制性产品认证检测机构、国家级新生产机动车排放污染检测机构、汽车专用仪器和汽车检测线的校准实验室、汽车产品认证检测机构和科研成果技术鉴定试验机构

国家机动车质量监督检验中心(重庆)
地址:重庆市北部新区金渝大道9号
邮编:401122
电话:023/68821302
传真:68966987
网址:www.cmvic.com
电子信箱:cmvic@caeri.com.cn
职能范围:国家汽车新产品申报公告检验机构、国家强制性产品认证检测机构、国家汽车行业科技成果检测机构、国家进出口汽车认证检测机构、缺陷汽车产品委托检测与试验检测机构、国家机动车排放污染物检测机构

国家客车质量监督检验中心
地址:重庆市北部新区汇星路1号
邮编:401122
电话:023/63426217、63426219
传真:68966987
网址:www.cqvtri.com
职能范围:汽车新产品公告检测机构、汽车新产品强制性认证(CCC)检测机构、机动车排放检测机构、国家级科技成果鉴定检测机构等

国家消防装备质量监督检验中心
地址:上海市闵行区莘庄西环路391号
邮编:201199
电话:021/54959866
传真:54959907
网址:www.xfjyzx.com
电子信箱:fireshnc@sh163.net
职能范围:承担各类消防车、抢险救援车等特种车辆、汽车强制性安全法规项目和汽车内饰材料等各种材料、构件、涂料、堵料的防火阻燃性能和耐火极限的检验

国家工程机械质量监督检验中心
地址:北京市延庆县东外大街55号
邮编:102100
电话:010/69145748
网址:zjzx.syc.org.cn
电子信箱:syczjzx@sohu.com
职能范围:由国家级质检中心、国家级产品检验实验室和出入境商品检验实验室组成,经授权承担各类工程机械、军用改装车、专用与特种汽车、机动工业车辆、专用机械与特种设备等产品的整机型式试验、重要零部件台架与装机试验、产品质量监督抽查检验、进出口商品检验、国内外产品比对分析试验、国家级科技成果鉴定检验、汽车公告产品检验、CCC认证检验、进口汽车强制性检验、缺陷汽车召回检验、特种设备型式试验与鉴定评审、CE认证检验、质量鉴定与仲裁检验、司法鉴定检验,检验技术、试验方法的研究与验证、检验标准的制定与修订、质量管理体系认证咨询、检验仪器与设备的开发研制等业务

上海机动车检测认证技术研究中心有限公司
地址:上海市嘉定区于田南路68号
邮编:201805
电话:021/69080000
电话:69080111
网址:www.smvic.com.cn
电子信箱:xiaolingh@smvic.com.cn
总经理:沈剑平
职能范围:是工业和信息化部车辆《公告》检测、生态环境部车辆环保目录检测、交通运输部车辆油耗检测、国家认监委车辆及零部件产品3C认证检测等检测机构,同时也是国家缺陷车产品召回鉴定检测机构和国家进口汽车检验机构,还是国家授权、国内唯一的汽车专用器具计量检定站,开展各类车辆专用检测试验仪器及碰撞试验假人及传感器的检定,为各类汽车及零部件企业开展长度、力学和电学等领域的测试仪器的检定,并对各类部件产品开展尺寸精密测量、材料物理和化学性能测试

★ 国家汽车质量监督检验中心(北京)

地址:北京市顺义区顺兴路9号
邮编:101300
电话:010/57521131
传真:5751181
网址:www.batc.com.cn
职能范围:建有碰撞安全实验室、整车性能实验室、零部件实验室、灯光电器实验室、排放节能实验室、电磁兼容实验室等核心实验室,以及仿真实验室、材料与用品实验室、汽车召回检测实验室等特色实验室,具备汽车及相关产品强制性检验能力
☞ 详细情况请参阅彩色宣传版面

国家汽车试验场

海南热带汽车试验有限公司
地址:海南省琼海市加积镇富海横南13号
邮编:571400
电话:0898/62923841、62923373
传真:62923673
网址:www.hnpg.net
电子信箱:hns@vip.163.com
职能范围:整车性能评价,可靠性试验,材料大气老化试验,汽车道路强化腐蚀试验

交通运输部公路交通试验场
地址:北京市通州区大杜社
邮编:101103
电话:010/61583482、61585018
传真:61585024
网址:www.rioh.cn
职能范围:整车道路试验,汽车正面碰撞试验,汽车与护栏碰撞试验,整车排放和发动机试验

中国定远汽车试验场
地址:安徽省定远县汽车试验场
邮编:233210

电话:0550/4021445、4021446
传真:4021437
职能范围:是国家级汽车新产品鉴定定型试验单位,有各种试验道路及先进的检测设备;承担轮式车辆和船艇新产品的论证研发、开发试验、鉴定定型工作;进行车辆、船艇使用维修方面的科研工作及国内外车船情报的分析研究

国家摩托车新产品强制性检验机构

天津摩托车技术中心
地址:天津市南开区卫津路92号
邮编:300072
电话:022/27406949
传真:27470806
网址:www.ticeri.com
职能范围:承担摩托车、轻便摩托车、发动机、零部件新产品鉴定、试验、进出口质量许可制度样品检测;摩托车生产企业新生产摩托车排气污染检测;摩托车强制检验项目检验;摩托车产品质量国家监督抽查;内燃机产品质量检验及相关社会服务

国家摩托车质量监督检验中心
地址:西安市灞桥区米秦路6号
邮编:710032
电话:029/86795288
传真:86795296
网址:www.cnmtc.com.cn
电子信箱:cnmtc@cnmtc.com.cn
职能范围:是摩托车、发动机及零部件CCC强制产品认证指定实验室。主要从事摩托车和轻便摩托车、摩托车和轻便摩托车发动机、零部件、助力车及助力车发动机、通用汽油机等产品的排气污染物(工况法/怠速法)、头盔、电子产品、EMC等项目的检测;可按国家标准、国际标准、欧洲指令和法规、美国法规、日本标准对各种类型摩托车及发动机的安全环保项目、基本性能、可靠性和耐久性进行检验,并具备轻型汽车排放污染物的检验能力

上海摩托车质量监督检验所
地址:上海市嘉定区安亭于田南路68号
邮编:201805
电话:021/69080000
网址:www.smvic.com.cn
电子信箱:shuz@smvic.com.cn
职能范围:承担国家车辆产品公告管理试验、CCC认证试验、摩托车环境标志认证检验和法规保护产品检验、进/出口摩托车认证检验、摩托车零部件自愿认证检验、开展行业管理政策和标准法规的研究、承担摩托车企业委托的各种汽车开发和验证试验、承担各级政府机构和中介组织下达的摩托车质量检测任务,承担企业委托的摩托车质量检测试验

南昌摩托车质量监督检验所
地址:南昌市新溪桥
邮编:330024
电话:0791/88468858
传真:88469387
网址:www.ncmtc.com.cn
职能范围:是摩托车、发动机及零部件强制性产品认证指定检验机构,国家级摩托车质检机构,国家新生产机动车排放污染检测单位,内燃机产品、电动自行车产品、汽油机助力自行车生产许可证检测单位;承担E/emark认证产品检测工作

农用运输车新产品检验机构

国家农机具质量监督检验中心
地址:北京德胜门外北沙滩1号37信箱
邮编:100083
电话:010/64882117
网址:www.caams.org.cn
职能范围:承担农用运输车及其他农机产品质量检测

国家拖拉机质量监督检验中心
地址:河南省洛阳市涧西区西苑路39号
邮编:471039
电话:0379/62690108、62690138
传真:64967099
职能范围:授权检验拖拉机和农用运输车及其零部件

机械工业拖拉机农用运输车产品质量检测中心
地址:长春市人民大街5988号
邮编:130022
电话:0431/85095369
传真:85695947
职能范围:授权检验拖拉机、中小功率轮式拖拉机等产品

其他质量检验机构

中国安全生产科学研究院安全生产检测技术中心
地址:北京市朝阳区北苑路32号院甲1号楼安全大厦
邮编:100012
电话:010/ 84911329
传真:84911334
网址:www.chinasafety.ac.cn

国家安全玻璃及石英玻璃质量监督检验中心
地址:北京市朝阳区管庄东里1号中国建材总院南楼
邮编:100024
电话:010/51167363
传真:65711591
网址:www.csgc.org.cn

北京市产品质量监督检验院
地址:北京市顺义区顺兴路9号
邮编:101300
电话:010/57520901、57520908
传真:57520984、57521125
网址:www.bqi.gov.cn
电子信箱:zjs@bjtsb.gov.cn
职能范围:在授权范围内开展产品质量监督检验、检查及风险监测工作;产品质量仲裁检验与鉴定工作;产品质量生产许可检验工作及相关技术审查工作;产品认证及检验工作;产品质量委托检验、新产品样机定型试验、产品质量技术鉴定、产品技术标准验证试验、验货检验等;在用产品安全性能与质量评价、产品继续使用性能与条件评价等工作;检测技术方法与标准研究、检测设备研制等工作;检测及服务范围涵盖信息技术软硬件产品、电子电气类产品、汽车整车及零部件等七大类产品

国家橡胶轮胎质量监督检验中心
地址:北京市海淀区阜石路甲19号
邮编:100143
电话:010/51338171
传真:51338168
网址:www.tyretest.org.cn
电子信箱:office@tyretest.com.cn

国家安全防范报警系统产品质量监督检验中心(北京)
地址:北京市海淀区首都体育馆南路一号
邮编:100048
电话:010/68773590
传真:68775190、68773380
网址:www.tcspbj.com

国家室内车内环境及环保产品质量监督检验中心
地址:北京市西城区广义街4号华星大厦
邮编:100053
电话:010/83122865,83122868
传真:83114407
网址:www.cietc-pc.com
职能范围:包括汽车、校车和公共交通汽车车内环境质量、室内环境、车内环境噪声检测、室内车内环保产品质量检验检测等

北京劳保所噪声与振动控制技术中心
地址:北京市西城区陶然亭路55号
邮编:100054
电话:010/63521933
传真:63524194
网址:www.bmilp.com
电子信箱:bjzjzx@126.com

北方汽车质量监督检验鉴定试验所
地址:北京市969信箱11分箱
邮编:100072
电话:010/83809707
传真:83809707
网址:www.noveri.com.cn
电子信箱:office@.noveri.com.cn
职能范围:是经行业主管部门认可、具有第三方公正地位的汽车产品质量监督、检验、鉴定、试验机构,已通过国家实验室认可、国家质量监督检验检疫总局计量认证和中国机械工业联合会的机构认可,是全国汽车行业的新产品试验、鉴定的专业检测所之一

交通运输部汽车挂车质量监督检验测试中心
地址:北京市海淀区西土城路8号交通运输部公路科学研究院
邮编:100088
电话:010/62079579
传真:62079180
网址:www.rioh.cn
职能范围:主要从事汽车挂车(通用全挂车、通用半挂车、集装箱半挂车、专用半挂车等)和汽车列车等有关标准制定、车辆产品质量监督检验测试工作

交通运输部汽车保修设备质量监督检验测试中心
地址:北京市海淀区西土城路8号交通运输部公路科学研究院
邮编:100088
电话:010/62079579
传真:62079180
网址:www.rioh.cn
职能范围:主要从事汽车维修加工机械、汽车检测设备、汽车诊断设备等有关标准制定、产品的质量监督检查、检测评定和技术推广工作

交通运输部汽车运输行业能源利用监测中心
地址:北京市海淀区西土城路8号
邮编:100088
电话:010/62079579
传真:62079180
网址:www.rioh.cn
业务范围:主要从事汽车节能环保产品、汽车制动液及发动机冷却液等产品有关标准制定、检测评定

国家玻璃钢制品质量监督检验中心
地址:北京市延庆县康庄镇南251厂
邮编:102101
电话:010/61162140、61162014
传真:69132140

国家玻璃质量监督检验中心
地址:河北省秦皇岛市河北大街西段91号
邮编:066004
电话:0335/5911512
传真:8051865
职能范围:承担汽车用安全玻璃、钢化玻璃、夹层玻璃、中空玻璃、浮法玻璃、普通平板玻璃、吸热玻璃、压花玻璃、热反射玻璃、夹丝玻璃、玻璃马赛克的检测任务

大连汽车综合性能检测中心有限公司汽车性能检测实验室
地址:辽宁省大连市甘井子区华北路411号
邮编:116033
电话:0411/86600210

国家汽车零部件产品质量监督检验中心(长春)
地址:长春市南湖大路6888号
邮编:130012
电话:0431/85519315
传真:85510488

国家安全防范报警系统产品质量监督检验中心(上海)
地址:上海市岳阳路76号
邮编:200031
电话:021/64336810-2201
传真:64335838

中汽中心盐城汽车试验场有限公司
地址:江苏省盐城市大丰港经济区
邮编:224100
电话:0515/69860880
传真:69860860

无锡市产品质量监督检验所(国家电动自行车产品质量监督检验中心)
地址:江苏省无锡市东亭春新东路8号
邮编:214101
电话:0510/88202376
传真:88204261
网址:www.wxzjs.com
电子信箱:wxt@wxzjs.com

公安部交通安全产品质量监督检测中心
地址:江苏省无锡市钱荣路88号
邮编:214151
电话:0510/85505281
传真:85503152
电子信箱:jczx@ctstc.org.cn

浙江省质量技术监督检测研究院
地址:杭州市经济开发区下沙路300号
邮编:310018
电话:0571/86839998
传真:85022906
网址:www.fytest.com

宁波汽车零部件检测中心
地址:浙江省宁波市鄞州投资创业中心金谷南路99号
邮编:315104
电话:0574/28888222
传真:28888220
网址:www.catarc-nb.com

福建省产品质量检验研究院
地址:福州市杨桥西路山头角121号
邮编:350002
电话:0591/83756985
传真:83756985
网址:www.fcii.net
电子信箱:jx83756985@163.com

厦门市产品质量监督检验院
地址:福建省厦门市思明区湖滨南路170号质检大楼一楼
邮编:361004
电话:0592/2699777
网址:www.xmzjy.org

山东省农业机械科学研究所产品质量检测中心
地址:济南市桑园路52号
邮编:250100
电话:0531/88623868、88623800
传真:88962251

山东省产品质量监督检验研究院
地址:济南市经十东路31000号国家质检中心园区
邮编:250102
电话:0531/89701898
传真:89701899
网址:www.sdqi.com.cn

青岛市产品质量监督检验所
地址:山东省青岛市崂山区深圳路17号
邮编:266061
电话:0532/68069199
传真:68069111

国家齿轮产品质量监督检验中心
地址:郑州市嵩山南路81号
邮编:450052
电话:0371/67973021
传真:67973021
职能范围:从事各类齿轮几何精度、内在质量的检测及汽车变速器疲劳寿命、传动性能的试验

国家电池产品质量监督检验中心
地址:河南省新乡市新七街与创业路交叉口东南角
邮编:453000
电话:0373/3398206
传真:3398678
网址:www.nqib.com.cn
职能范围:铅酸蓄电池、碱性蓄电池、电池材料、其他特种电池的检测

洛阳西苑车辆与动力检验所有限公司
地址:河南省洛阳市涧西区西苑路39号
邮编:471039
电话:0379/62690108
传真:62697099
职能范围:从事拖拉机、汽车、农用运输车、工程机械、内燃机等产品的开发、设计、试验和检测以及计算机技术、电器

仪表、测试设备、新材料、新工艺的技术开发与推广应用任务等

国家轴承研究所质量监督检验中心
地址:河南省洛阳市吉林路1号
邮编:471039
电话:0379/64881596
传真:64881523
网址:www. zys. com. cn
职能范围:滚动轴承(含滚动体、保持架)检验,合格评定,寿命可靠性试验量值传递,各类专用轴承(汽车、摩托车等)模拟试验等

武汉汽车车身附件质量监督检验站
地址:武汉市硚口区古田五路17号新材料孵化器4-1
邮编:430034
电话:027/83344509
传真:82318175
网址:www. whcfs. org
职能范围:汽车车身附件产品强制性产品认证检验、产品定型检验、专用检测设备的开发等

湖北机电院机械产品质量检测中心
地址:武汉市武昌区石牌岭路118号
邮编:430070
电话:027/87867792
传真:87867522
网址:www. hbjlx. com
电子信箱:hbjdyjc@163. com
负责人:陈龙
职能范围:通过AL和MA授权及CNAS认证,从事汽车整车及零部件检验

国家建筑城建机械质量监督检验中心
地址:长沙市岳麓区银盆南路361号
邮编:410000
电话:0731/88923872
传真:88910912
网址:www. cmtc. net. cn
职能范围:产品质量监督抽查、生产许可证检查、科技成果检测鉴定,进出口商检、产品鉴定检测及定型试验等

长沙汽车电器检测中心
地址:长沙市经济技术开发区盼盼路29号
邮编:410100
电话:0731/82798492
传真:82798491

广州橡胶工业制品研究所
(化学工业力车胎质量监督检验中心)
地址:广州市工业大道中270号
邮编:510280
电话:020/84351772
传真:84319061
网址:www. xjyjs. com

广州威凯检测技术研究院
地址:广州市科学城开泰大道天泰一路3号
邮编:510663
电话:020/32293888
传真:32293889

机械工业汽车零部件产品质量监督检测中心(广州)
地址:广州市萝岗区科学城新瑞路2号
邮编:510700
电话:020/32385316、32385317
传真:32389592
网址:www. chinaaptc. com

重庆车辆检测研究院有限公司
地址:重庆市北部新区经开园汇星路1号
邮编:401122
电话:023/63427888
传真:63427888
网址:www. cqvtri. com

国家非金属矿制品质量监督检验中心
地址:陕西省咸阳市滨河路5号
邮编:712021
电话:029/33335697
传真:33336458
网址:www. cnmpi. net
职能范围:承担摩擦材料、非金属密封材料和非金属矿产品监督检验工作,也可以进行矿物分析和微细粉粒度分布测试,还承担以上产品的标准制定、修订和标准化技术管理工作以及这些产品的标准检测设备的研发工作

国家橡胶密封制品质量监督检验中心
地址:陕西省咸阳市西华路2号
邮编:712023
电话:029/33621344
传真:33621360
网址:www. xbxj. chenchina. com
职能范围:从事各类橡胶密封制品、特种橡胶制品及橡胶、塑料材料的研究、设计、生产、经营和技术开发、咨询服务等

强制性产品认证机构

中国质量认证中心
地址:北京市南四环西路188号9区
邮编:100070
电话:010/83886666
传真:83886282
网址:www. cqc. com. cn
认证范围:汽车产品、摩托车产品、摩托车发动机产品、汽车安全带产品、轮胎产品、安全玻璃产品、机动车用喇叭产品、机动车用回复反射器产品、汽车制动软管总成产品、汽车外部照明及光信号装置产品、汽车后视镜产品、汽车内饰件产品、汽车门锁及门保持件产品、汽车燃油箱产品、汽车座椅及座椅头枕产品、摩托车外部照明及光信号装置产品、摩托车后视镜产品

中国安全技术防范认证中心
地址:北京市海淀区体育馆南路1号
邮编:100048
电话:010/88513160
传真:88513161
网址:www. csp. gov. cn
认证范围:汽车防盗报警系统、汽车行驶记录仪产品、车身反光标识产品

公安部消防产品合格评定中心
地址:北京东城区永外西革新里甲108号
邮编:100077
电话:010/67274320、67274308
传真:87278660
网址:www. cccf. com. cn
认证范围:汽车产品(消防车产品)

中汽认证中心
地址:北京市海淀区首体南路2号机械科学研究总院11层
邮编:100044
电话:010/88301244
传真:88301243
网址:www. cccap. org. cn
认证范围:汽车产品、摩托车产品、摩托车发动机产品、汽车安全带产品、机动车用喇叭产品、机动车用回复反射器产品、汽车制动软管总成产品、汽车外部照明及光信号装置产品、汽车后视镜产品、汽车内饰件产品、汽车门锁及门保持件产品、汽车燃油箱产品、汽车座椅及座椅头枕产品、摩托车外部照明及光信号装置产品、摩托车后视镜产品、货物进出口

中国建筑材料检验认证集团股份有限公司
地址:北京市朝阳区管庄东里1号
邮编:100024
电话:010/51167681
传真:65715991
网址:www. ctc. ac. cn
认证范围:安全玻璃产品

北京中化联合认证有限公司
地址:北京市朝阳区亚运村安慧里四区16号楼
邮编:100723
电话:010/84885497、84885900
传真:84885201
网址:www. hqc - china. com
认证范围:轮胎产品

国家级重点实验室

汽车安全与节能国家重点实验室
地址:北京市海淀区中关村清华园1号
邮编:100084
电话:010/62785708
传真:62785708

网址:www. car. tsinghua. edu. cn

电动车辆国家工程实验室
地址:北京市海淀区中关村南大街5号北京理工大学机械与车辆学院
邮编:100081
电话:010/68940589
传真:68940589
网址:www. bit. edu. cn

内燃机燃烧学国家重点实验室
地址:天津市南开区卫津路92号
邮编:300072
电话:022/27470806
传真:27383362
网址:skle. tju. edu. cn

汽车仿真与控制国家重点实验室
地址:长春市人民大街5988号吉林大学(南岭校区)
邮编:130022
电话:0431/85687676
传真:85689113

汽车电子控制技术国家工程实验室
地址:上海市闵行东川路800号上海交通大学机械与动力工程学院
邮编:200240
电话:021/34205915、34205880
网址:www. sjtu. edu. cn

汽车噪声振动和安全技术国家重点实验室
地址:重庆市北部新区金渝大道9号
邮编:401122
电话:023/68651263
传真:68821361
网址:www. nvhskeylab. com

三、开设汽车类专业的高等院校

北京理工大学机械与车辆学院
地址:北京市海淀区中关村南大街5号
邮编:100081
电话:010/68913639、68911942
传真:68412865
网址:www. bit. edu. cn
设置汽车类专业:车辆工程、热能与动力工程等

清华大学汽车工程系
地址:北京市海淀区清华大学院内
邮编:100084
电话:010/62781851、62785708
传真:62784655
网址:www. tsinghua. edu. cn
设置汽车类专业:车辆工程、发动机工程、车身设计与工程、汽车系统工程

北京市汽车技师学院
地址:北京市大兴区采育经济开发区育英街11号
邮编:100016
电话:010/80278505、80278787
传真:80278480
网址:www. bjqcjsxy. com
设置汽车类专业:汽车制造、维修与驾驶、汽车营销、汽车电器检测与维修、汽车装饰与美容

北京交通大学机械与电子控制工程学院
地址:北京市海淀区上园村3号
邮编:100044
电话:010/51683689
传真:51688253
网址:www. njtu. edu. cn
设置汽车类专业:热能与动力工程

★ 北京航空航天大学汽车工程系
地址:北京市海淀区学院路37号
邮编:100191
电话:010/82316330、82338123
传真:82316331
网址:www. buaa. edu. cn
设置汽车类专业:车辆工程
研究方向:智能车路协同与安全控制;空地信一体化机场场面交通控制;综合交通系统需求管理;航空器适航技术;车辆智能化与系统优化;机场道面结构与安全状态监测

中国农业大学工学院车辆与交通工程系
地址:北京市海淀区清华东路17号
邮编:100191
电话:010/62736945
传真:62736945
网址:www. cau. edu. cn
设置汽车类专业:车辆工程、交通运输工程、热能与动力工程

北京信息科技大学机电工程学院
地址:北京市海淀区清河小营东路12号
邮编:100192
电话:010/82426906
传真:82426906
网址:www. bistu. edu. cn
设置汽车类专业:车辆工程

北京科技职业学院汽车机电工程学院
地址:北京市昌平区沙阳路18号
邮编:102206
电话:010/69738080
传真:69734501
网址:www. 5aaa. com
设置学科:汽车技术服务类、机械制造现代加工类、电气工程

天津大学机械工程学院
地址:天津市南开区卫津路92号
邮编:300072
电话:022/87401979、87402173
传真:87401979
网址:www. tju. edu. cn
电子信箱:webmaster@ tju. edu. cn
设置汽车类专业:热能与动力工程

河北工业大学机械学院车辆工程系
地址:天津市红桥区
邮编:300130
电话:022/60204189
设置汽车类专业:车辆工程

天津理工大学机械工程学院
地址:天津市西青区宾水西道391号
邮编:300384
电话:022/60214133、60216416
传真:60216416
网址:nem. tjut. edu. cn
设置汽车类专业:汽车电子工程、新能源科学与工程等

东北大学机械工程与自动化学院
地址:沈阳市和平区文化路3号巷11号
邮编:110819
电话:024/83687613
传真:23906969
网址:www. neu. edu. cn
设置汽车类专业:车辆工程、机械工程及自动化、工业设计、过程装备与控制工程

沈阳工业大学机械工程学院
地址:沈阳市经济技术开发区沈辽西路111号
邮编:110870
电话:024/25496271
传真:25691266
网址:www. sut. edu. cn
设置汽车类专业:车辆工程

大连理工大学汽车工程学院
地址:辽宁省大连市甘井子区凌工路2号
邮编:116024
电话:0411/84706475
传真:84706475
网址:www. dlut. edu. cn
电子信箱:qcxy@ dlut. edu. cn
设置汽车类专业:车辆工程、汽车车身工程、汽车材料工程、汽车电子工程、汽车工业装备及自动化、汽车服务工程

长春汽车工业高等专科学校
地址:长春市东风大街9999号
邮编:130013
电话:0431/85751803、85751826

传真:85902539
网址:www. caii. edu. cn
电子信箱:caii_office@ yahoo. com. cn
设置汽车类专业:汽车检测与维修技术、汽车制造与装配技术、数控技术、电气自动化技术、汽车物流技术、汽车产品造型技术、汽车技术服务与营销、模具设计与制造、汽车电子技术、机电一体化等

吉林大学汽车工程学院
地址:长春市人民大街5988号
邮编:130012
电话:0431/85095833、85095443
传真:85682227
网址:auto. jlu. edu. cn
电子信箱:cae@ jlu. edu. cn
设置汽车类专业:车辆工程

上海交通大学机械与动力工程学院
地址:上海市闵行东川路800号
邮编:200240
电话:021/34207478
传真:34205855
网址:www. sjtu. edu. cn
电子信箱:gwzhou@ sjtu. edu. cn
设置汽车类专业:车辆工程

上海理工大学机械工程学院
地址:上海市军工路516号
邮编:200093
电话:021/55272617、55270718
传真:55277260
网址:me. usst. edu. cn
设置汽车类专业:车辆工程

同济大学汽车学院
地址:上海市曹安路4800号
邮编:201804
电话:021/69589127
传真:69589121
网址:auto. tongji. edu. cn
电子信箱:qiche@ tongji. edu. cn
设置汽车类专业:车辆工程、动力机械与工程
与汽车相关科研机构:汽车振动与噪声控制研究所、汽车车身机构技术研究所、汽车仿真技术研究所、发动机结构设计研究所、汽车传动技术研究所、氢能源及设施研究所、汽车后市场研究所、电动汽车实验室、氢能实验室、试验试制基地

上海工程技术大学汽车工程学院
地址:上海市松江龙腾路333号
邮编:201620
电话:021/67791000
传真:67791152
网址:cae. sues. edu. cn
设置汽车类专业:机械设计制造及其自动化(汽车工程)、交通运输(汽车运用工程)、市场营销(汽车营销)

南京航空航天大学能源与动力学院
地址:南京市白下区御道街29号
邮编:210016
电话:025/84892200-2300
传真:84893666
网址:www. nuaa. edu. cn
设置汽车类专业:车辆工程

南京理工大学机械工程学院
地址:南京市孝陵卫200号
邮编:210094
电话:025/84315446
传真:84315831
网址:www. njust. edu. cn
设置汽车类专业:车辆工程、交通工程

东南大学机械工程学院
地址:南京市东南大学路2号
邮编:211189
电话:025/52090506
传真:52090504
网址:me. seu. edu. cn
设置汽车类专业:车辆工程

江苏大学汽车与交通工程学院
地址:江苏省镇江市京口区学府路301号
邮编:212006
电话:0511/88797620
传真:88797620-2603
网址:auto. ujs. edu. cn
设置汽车类专业:车辆工程、能源与动力、交通工程等

浙江大学机械工程学院
地址:杭州市浙大路38号
邮编:310027
电话:0571/87951466
传真:87951874
网址:me. zju. edu. cn
设置汽车类专业:机械工程及自动化

安徽工业大学机械工程学院
地址:安徽省马鞍山市马向路
邮编:243000
电话:0555/2316517
传真:2471263
网址:www. ahut. edu. cn
设置汽车类专业:车辆工程

福州大学机械工程及自动化学院
地址:福州市大学新区学园路2号
邮编:350116
电话:0591/22866262
传真:22866276
网址:www. fzu. edu. cn
电子信箱:jxxyh@ fzu. edu. cn
设置汽车类专业:车辆工程

江西科技学院汽车工程系
地址:南昌市紫阳大道115号
邮编:330098
电话:0791/88138784
传真:88138784
网址:www. jxbsu. com

山东大学机械工程学院
地址:济南市经十路17923号
邮编:250061
电话:0531/88392608
传真:88392608
网址:www. mech. sdu. edu. cn
设置汽车类专业:车辆工程

山东理工大学交通与车辆工程学院
地址:山东省淄博市张店区新村西路266号
邮编:255000
电话:0533/2786837
传真:2786837
网址:www. sdut. edu. cn
电子信箱:jtxyxwzx2012@ 163. com 设置汽车类专业:车辆工程、交通运输

哈尔滨工业大学汽车工程学院
地址:山东省威海市文化西路2号
邮编:264209
电话:0631/5687025
传真:5687212
网址:auto. hitwh. edu. cn
电子信箱:11032411@ 163. com
设置汽车类专业:车辆工程、热能与动力工程、交通运输、交通工程

青岛理工大学机械与汽车工程学院
地址:山东省青岛市黄岛区嘉陵江东路777号
邮编:266520
电话:0532/86875211
网址:www. qtech. edu. cn
电子信箱:omae@ qut. edu. cn
设置汽车类专业:车辆工程、汽车服务工程、交通运输、交通工程和安全工程
研究方向:山东省科技攻关项目——载货汽车驱动桥虚拟设计平台研发;国家自然科学基金项目——低速高性能微型电动汽车关键技术研究、载货汽车悬架馈能制动系统优化设计及控制策略研究、基于电动轮式的多轴汽车转向及车轮驱动控制;上汽通用五菱汽车公司项目——发动机热试试验研究
重点实验室:山东省重点实验室——能源与环境装备实验室、青岛市能源与环境装备工程技术研究中心;中央与地方共建优势学科实验室——车辆工程实验室、山东省冶金节能减排工程技术研究中心;校级实验教学示范中心——汽车与交通实验中心

河南科技大学车辆与交通工程学院
地址:河南省洛阳市西苑路48号
邮编:471003
电话:0379/64231480
传真:64278955
网址:www. haust. edu. cn
设置汽车类专业:车辆工程、动力机械

及工程

华中科技大学能源与动力工程学院
地址:武汉市珞喻路 1037 号
邮编:430074
电话:027/87541114、87542418
传真:87540724
网址:www. hust. edu. cn
设置汽车类专业:动力机械及工程、热能与动力工程

武汉理工大学汽车工程学院
地址:武汉市洪山区珞狮路 205 号
邮编:430070
电话:027/87858200
传真:87859247
网址:auto. whut. edu. cn
电子信箱:auto_whut@ 163. com
设置汽车类专业:车辆工程、动力机械及工程、载运工具运用工程、汽车运用工程、汽车电子工程等五个学科方向
重点实验室:现代汽车零部件技术湖北省重点实验室、燃料电池湖北省重点实验室、湖北省汽车产业汽车零部件绿色设计与试验技术创新基地和汽车研究所(部批)、电动汽车研究院(校批)、机动车排放控制技术研究开发中心、高机动特种车辆技术研究中心,车用发动机及摩托车研究所等

湖北汽车工业学院
地址:湖北省十堰市车城西路 167 号
邮编:442002
电话:0719/8238177
传真:8260748
网址:www. huat. edu. cn
设置汽车类专业:热能与动力工程(汽车发动机专业方向)、车辆工程(汽车工程)、车辆工程(汽车数字工程)、交通运输(汽车销售与服务工程)

湖南大学机械与运载工程学院
地址:长沙市岳麓山
邮编:410082
电话:0731/88823120、88822825
传真:88711911
网址:mve. hnu. edu. cn
设置汽车类专业:机械工程、动力工程及工程热物理、机械制造及其自动化、车辆工程、机械设计及理论、机械电子工程、动力机械与工程、热能工程等

华南理工大学机械与汽车工程学院
地址:广州市天河区五山路 381 号
邮编:510641
电话:020/87111032
传真:87114147
网址:www. scut. edu. cn
设置汽车类专业:车辆工程、工程车辆、制冷空调工程、车用发动机等

广西科技大学汽车交通学院
地址:广西柳州市东环大道 268 号
邮编:545006
电话:0772/2686979
传真:2687698
网址:www. gxut. edu. cn
设置汽车类专业:车辆工程、交通运输(汽车电子技术与检测)

重庆大学机械工程学院
地址:重庆市沙坪坝区沙正街 174 号
邮编:400030
电话:023/65102401
传真:65105795
网址:www. cqu. edu. cn
设置汽车类专业:车辆工程

重庆理工大学车辆工程学院
地址:重庆市九龙坡区杨家坪兴胜路 4 号
邮编:400050
电话:023/62563132、62563098
传真:62563098
网址:clgc. cqut. edu. cn
设置汽车类专业:车辆工程、机械设计制造及其自动化、工业设计、工业工程

重庆交通大学交通运输学院
地址:重庆市南岸区学府大道 66 号
邮编:400074
电话:023/62651921
传真:62652674
网址:www. cqjtu. edu. cn
设置汽车类专业:交通运输专业(汽车运用工程方向)

西南交通大学机械工程学院
地址:成都市二环路北一段 111 号
邮编:610031
电话:028/87600692、87600690
传真:66363899
网址:www. swjtu. edu. cn
设置汽车类专业:车辆工程

西华大学汽车与交通学院
地址:成都市金牛区金周路 999 号
邮编:610039
电话:028/87720037
传真:87720200
网址:qc. xhu. edu. cn
设置汽车类专业:热能与动力工程(汽车发动机)、交通运输、交通工程、汽车服务工程和物流管理

长安大学汽车学院
地址:西安市南二环路中段
邮编:710064
电话:029/82334458、82338114
传真:82334476
网址:www. chd. edu. cn
设置汽车类专业:车辆工程、交通运输(汽车运用工程)、热能与动力工程(汽车机电一体化)、汽车服务工程

西安交通大学机械工程学院
地址:西安市咸宁西路 28 号
邮编:710049
电话:029/82668721
传真:82668789
网址:www. xjtu. edu. cn
设置汽车类专业:热能与动力工程(汽车、汽车发动机、内燃机方向)

兰州工业学院汽车工程学院
地址:兰州市七里河区龚家坪东路 1 号
邮编:730050
电话:0931/2861012
网址:www. lzit. edu. cn
设置汽车类专业:车辆工程等

四、报纸、期刊

报纸

《中国汽车报》
地址:北京市朝阳区金台西路 2 号人民日报社新媒体大厦 6 层
邮编:100733
电话:010/56002713
网址:www. cnautonews. com
出版单位:中国汽车报社
报道内容:汽车工业的方针政策,汽车行业各类信息

《中国工业报》
地址:北京市石景山区实兴大街 30 号院 3 号楼 3 层
邮编:100041
电话:010/68349306
网址:www. cinn. cn
出版单位:中国工业报社
报道内容:有关机械汽车行业发展动态,政策动态等

《中国交通报》
地址:北京市朝阳区安定路 5 号院 8 号楼外运大厦 A 座 15 层
邮编:100029
电话:010/64253731、65299670
网址:www. zgjtb. com
出版单位:中国交通报社
报道内容:交通(包括汽车道路运输等)行业信息

《北京汽车报》
地址:北京市朝阳区东三环南路25号北汽大厦1705室
邮编:100021
电话:010/87664047
出版单位:北京汽车集团有限公司
报道内容:公司各方面的情况

《上海汽车报》
地址:上海市威海路489号上海汽车工业大厦1001－1003室
邮编:200041
电话:021/22011888、22011568
网址:www. shautonews. com
出版单位:上海汽车报社
报道内容:宣传汽车工业方针、政策、科技信息等

《中国商报·汽车导报》
地址:北京市西城区广安门内大街报国寺1号
邮编:100053
电话:010/83122908
网址:www. zgswcn. com

《中国消费者报·汽车周刊》
地址:北京市海淀区阜成路北三街8号
邮编:100048
电话:010/88315472
网址:www. ccn. com. cn

期刊

《汽车之友》
地址:北京市丰台区南四环128号
邮编:100071
电话:010/63283173、63286179
传真:63280627
网址:www. autofan. com. cn
出版单位:《汽车之友》杂志社
报道内容:汽车普及知识

《汽车测试报告》
地址:北京市朝阳区建国门外大街光华东里8号中海广场3号楼1007－1010室
邮编:100020
电话:010/64883611
传真:52813800
网址:www. topgear. com. cn

《汽车与运动》
地址:北京市海淀区阜成路115号北京印象1号楼2门305室
邮编:100142
电话:010/88144560
传真:88144560
网址:qcyd. qikan. com
出版单位:《汽车与运动》杂志社
报道内容:定位于汽车类高档专业消费杂志,致力于为汽车爱好者、汽车运动爱好者、汽车消费者提供独到而专业的汽车及汽车文化、汽车运动资讯服务

《汽车零部件》
地址:北京市海淀区丹棱街3号
邮编:100080
电话:010/82606771、86079858
传真:82606777
网址:www. qclbjzz. com
出版单位:中国汽车零部件工业有限公司
报道内容:政策与法规、动态与综述、零部件论坛、技术新视野、产经故事会、检测与标准、研究与开发市场及信息

《汽车维修与保养》
地址:北京市海淀区复兴路65号北京电信实业大厦907室
邮编:100036
电话:010/68274219、68274259
传真:68278467
网址:www. motorchina. com
出版单位:《汽车维修与保养》杂志社
报道内容:国际最新汽车产品与技术信息

《汽车工艺师》
地址:北京市百万庄大街22号
邮编:100037
电话:010/88379793－709
传真:88379862
出版单位:《汽车工艺师》杂志社
报道内容:面向汽车零部件制造商、整车厂,集信息、技术、产品、市场与管理为一体

《汽车制造业》
地址:北京市西城区白云路1号11层
邮编:100045
电话:010/63326090
传真:63326099
出版单位:德国弗戈工业媒体集团

《汽车纵横》
地址:北京市西城区白云路1号601室
邮编:100045
电话:010/63421850、63429223
传真:63422822
出版单位:中国汽车工业协会
报道内容:跟踪汽车产业和市场发展中的重要时事

《汽车与社会》
地址:北京市海淀区上地西路28号时代大厦6层
邮编:100085
电话:010/59741628、59741629
传真:59741628
网址:www. auto－society. com. cn
出版单位:《汽车与社会》杂志社

《汽车与驾驶维修》
地址:北京市德胜门外北沙滩1号16信箱
邮编:100083
电话:010/64883610、64882622
传真:64882467
网址:www. carservice. com. cn
出版单位:《汽车与驾驶维修》杂志社
报道内容:汽车售后服务及整车资讯

《商用汽车新闻》
地址:北京市海淀区阜成路115号(北京印象3号楼114)
邮编:100142
电话:010/88138144、88129709
传真:88129709
网址:www. cvnews. com. cn
出版单位:中国汽车报社
报道内容:整车企业、零部件企业、实用新闻资讯

《城市交通》
地址:北京市三里河路9号中国城市规划设计研究院交通所545室
邮编:100037
电话:010/58323226
传真:58323220
网址:www. chinautc. com
出版单位:《城市交通》杂志社

《世界汽车》
地址:天津市东丽区先锋东路68号中国汽车技术研究中心科研楼二楼
邮编:300300
电话:022/84379206、84379209
传真:84379208
网址:www. worldauto. com. cn
出版单位:《世界汽车》杂志社
报道内容:定期公布C－NCAP信息以及汽车安全

《中国汽车工业年鉴》
地址:天津市东丽开发区先锋东路68号
邮编:300300
电话:022/84370000
传真:24370843
网址:www. catarc. ac. cn
出版单位:中国汽车技术研究中心
报道内容:记录我国汽车工业各方面发生的历史事实

《汽车标准化》
地址:天津市东丽开发区先锋东路68号
邮编:300300
电话:022/84379292
传真:24375353
网址:www. caippc. cn
出版单位:中国汽车技术研究中心标准所
报道内容:汽车标准化方针政策及信息

《车用发动机》
地址:天津市北辰区永进道96号
邮编:300000
电话:022/58707822
传真:58707822
网址:cyfd. chinajournal. net. cn
出版单位:中国北方发动机研究所

《汽车技术》
地址:长春市东风大街8899号
邮编:130011
电话:0431/82028067
传真:85789810
网址:qcjs. faw. com. cn
出版单位:《汽车技术》杂志社
报道内容:以推广汽车、发动机及其零

部件的先进设计、试验方法、生产制造工艺、使用维修知识及技巧为核心

《轿车情报》
地址:上海市中山北路3323号春之声大厦17楼
邮编:200062
电话:021/51082244、51629627
传真:51629600
网址:www.oauto.com
出版单位:《轿车情报》编辑部
报道内容:及时客观全面的汽车资讯

《汽车维护与修理》
地址:南京市黄埔路2号黄埔花园1-808
邮编:210016
电话:025/84825381
传真:84804002
网址:www.autorepair.com.cn
出版单位:《汽车维护与修理》杂志社

《汽车电器》
地址:长沙市经济技术开发区盼盼路29号
邮编:410100
电话:0731/82798408、82798409
传真:82798406
网址:www.qcdq.cn
出版单位:《汽车电器》杂志社
报道内容:国内外汽车电气科研动态,介绍产品基础理论

《摩托车信息》
地址:重庆市渝中区长江二路77号
邮编:400042
电话:023/68770808、68770635
网址:www.chmotor.cn
出版单位:《摩托车信息》杂志社
报道内容:摩托车技术、使用指南等

《摩托车世界》
地址:西安市灞桥区米秦路6号
邮编:710032
电话:029/86795288-8961
传真:86795296-8962
网址:www.cnmtc.com.cn
出版单位:国家摩托车质量监督检验中心
报道内容:摩托车政策、技术等情况

汽车行业网站

★部分专业网站

中国汽车工业信息网
网址:www.autoinfo.org.cn

中国汽车供应商网
网址:www.chinaautosupplier.com

中国汽车网
网址:www.chinacar.com.cn

中国客车网
网址:www.chinabuses.com

中国专用汽车网
网址:www.chinaspcar.com

易车网
网址:www.bitauto.com

网上车市
网址:www.cheshi.com

盖世汽车网
网址:cn.gasgoo.com

慧聪汽车配件网
网址:www.qipei.hc360.com

中华汽配网
网址:www.auto1688.com.cn

汽车之家
网址:www.autohome.com.cn

卡车之家
网址:www.360che.com

第一电动网
网址:www.d1ev.com

★部分综合网站

新浪汽车
网址:auto.sina.com.cn

搜狐汽车
网址:auto.sohu.com

网易汽车
网址:auto.163.com

腾讯汽车
网址:auto.qq.com

TOM汽车广场
网址:auto.tom.com

太平洋汽车网
网址:www.pcauto.com.cn

爱卡汽车网
网址:www.xcar.com.cn

中华网汽车频道
网址:auto.china.com

新华网汽车频道
网址:www.xinhuanet.com/auto

人民网汽车频道
网址:auto.people.com.cn

南方网汽车频道
网址:car.southcn.com

凤凰网汽车频道
网址:auto.ifeng.com

今日头条
网址:www.toutiao.com

汽车头条
网址:www.qctt.cn

中央及部分地方政府专业采购网站

中国政府采购网	www. ccgp. gov. cn
北京市政府采购网	www. bgpc. gov. cn
天津市政府采购网	www. tjgp. gov. cn
上海市政府采购网	www. shzfcg. gov. cn
重庆市政府采购网	www. cqgp. gov. cn
河北省政府采购网	www. ccgp - hebei. gov. cn
山西省政府采购网	www. ccgp - shanxi. gov. cn
辽宁省政府采购网	www. ccgp - liaoning. gov. cn
吉林省政府采购网	www. jlszfcg. gov. cn
黑龙江省政府采购网	www. hljcg. gov. cn
江苏省政府采购网	www. ccgp - jiangsu. gov. cn
浙江省政府采购网	www. zjzfcg. gov. cn
安徽省政府采购网	www. ahzfcg. gov. cn
福建省政府采购网	www. ccgp - fujian. gov. cn
江西省政府采购网	www. ccgp - jiangxi. gov. cn
山东省政府采购网	www. ccgp - shandong. gov. cn
河南省政府采购网	www. hngp. gov. cn
湖北省政府采购网	www. ccgp - hubei. gov. cn
湖南省政府采购网	www. ccgp - hunan. gov. cn
广东省政府采购网	www. ccgp - guangdong. gov. cn
广西壮族自治区政府采购网	www. ccgp - guangxi. gov. cn
海南省政府采购网	www. ccgp - hainan. gov. cn
四川省政府采购网	www. sczfcg. com
贵州省政府采购网	www. ccgp - guizhou. gov. cn
云南省政府采购网	www. yngp. com
陕西省政府采购网	www. ccgp - shaanxi. gov. cn
甘肃省政府采购网	www. ccgp - gansu. gov. cn
青海省政府采购网	www. ccgp - qinghai. gov. cn
宁夏回族自治区政府采购网	www. ccgp - ningxia. gov. cn
新疆维吾尔自治区政府采购网	www. ccgp - xinjiang. gov. cn
西藏自治区政府采购网	www. ccgp - xizang. gov. cn
大连市政府采购网	www. ccgp. dl. gov. cn
宁波市政府采购网	www. nbzfcg. cn
厦门市政府采购网	www. xmzfcg. gov. cn
青岛市政府采购网	www. ccgp - qingdao. gov. cn
深圳市政府采购网	www. zfcg. sz. gov. cn
新疆生产建设兵团采购网	cgw. xjbt. gov. cn
大同市政府采购网	www. dtgpc. gov. cn

第二部分

中国汽车、改装车生产企业

※ 汽车生产企业

※ 改装车及其他生产企业

汽车生产企业

·查询导引·

企业详细介绍

汽车生产企业

☞ 企业如有变更,请与编辑部联系 ☎ 010/68426043、68420981

北京市

★华泰汽车集团有限公司
地址:北京市朝阳区立水桥甲9号
邮编:100012
电话:010/61138666、4008102066
网址:www.hawtaimotor.com
电子信箱:zlq@hawtaimotor.com
法定代表人:苗小龙
质量体系:ISO 9000
产品情况:(华泰牌、华泰圣达菲牌、华泰宝利格牌)

圣达菲、路盛系列SUV产品;圣达菲、路盛系列新能源SUV产品

出口情况:出口中东、南美洲、非洲、南亚、西亚、俄罗斯、安哥拉等国家和地区

★东风英菲尼迪汽车有限公司
地址:北京市100015信箱58分箱
邮编:100027
电话:010/59251591
网址:www.infiniti.com.cn
电子信箱:cuizhuojia@infiniti.com.cn
法定代表人:周先鹏
负责人:陆逸
产品情况:(英菲尼迪牌)

Q50、Q60、Q70L、QX30、QX50、QX60、QX70、QX80、ESQ等

★北方华德尼奥普兰客车股份有限公司
地址:北京市丰台区朱家坟五里5号
邮编:100072
电话:010/83807100、4000679505
传真:83806689
网址:www.northbus.com.cn
电子信箱:bfyx618@163.com
法定代表人:王奇英
质量体系:ISO 9001
产品情况:(北方牌)

大型公路客车、豪华旅游客车、城市公交车、自行走旅游房车、机场摆渡车及新能源客车产品;产品涵盖8.0~13.7m全系列,全面覆盖旅游、客运、公交、政府公务、机关团体等领域

出口情况:远销亚洲、非洲、欧洲等国际市场

★北京北方车辆集团有限公司
地址:北京市丰台区朱家坟五里五号
邮编:100072
电话:010/83807000
传真:83876659
网址:www.bj-north.com.cn
电子信箱:380062366@qq.com
法定代表人:许长兴
质量体系:ISO 9001
产品情况:装甲车辆、豪华大客车、旅居房车

★北京汽车制造厂有限公司

地址：北京市朝阳区高碑店弘胜大厦
邮编：100124
电话：010/87740311、4006106566
网址：www. baw. com. cn
电子信箱：bawintl@ baw. com. cn
法定代表人：姚长生
质量体系：ISO 9001
产品情况：（北京牌、黑豹牌）

勇士、陆霸、域胜、骑士、战旗、角斗士等系列SUV，1041、旗铃、旗龙系列轻、中型货车，陆铃、越铃系列皮卡，京城海狮轻型客车，水陆两用车、森林防火等专用车；底盘、普通货车；厢式、仓栅式运输车、新能源汽车

出口情况：远销欧洲、非洲、南美洲、中东、东南亚等地区，建立了俄罗斯、南非、柬埔寨等海外基地

★北京新能源汽车股份有限公司

地址：北京市大兴区经济技术开发区东环中路5号
邮编：100176
电话：4006506766
网址：www. bjev. com. cn
电子信箱：info@ bjev. com. cn
法定代表人：徐和谊
负责人：郑刚
产品情况：（BJEV牌、ARCFOX牌）

涵盖新能源汽车整车及核心零部件研发、生产、销售和服务等业务板块，以及分时租赁、充换电运营、二手车置换等综合服务板块，同时布局智能制造、能源管理、智慧出行、互联网+等多个战略新兴产业，产品有EC3、EU5、EU300、EX360、LITE R300、北汽新能源Lite

★ 北京奔驰汽车有限公司

地址：北京市经济技术开发区博兴路8号
邮编：100176
电话：010/67824888
传真：67711363
网址：www. bbac. com. cn
法定代表人：徐和谊
高级执行副总裁：陈宏良
单位人数：5000
质量体系：ISO 9000、GJB 9001A
产品情况：（梅赛德斯-奔驰牌）

四大主力车型：C级车、E级车、GLC SUV和GLA SUV

☞ 详细情况请参阅彩色宣传版面

★ 北京现代汽车有限公司

地址：北京市顺义区林河工业园开发区顺通路18号
邮编：101300
电话：010/89490088
传真：89498260
网址：www. beijing－hyundai. com. cn
电子信箱：office@ beijing－hyundai. com. cn
法定代表人：徐和谊
负责人：尹梦铉
单位人数：8767
质量体系：ISO 9001
产品情况：（北京现代牌）

全新胜达、昂希诺、第四代途胜、新一代ix35、新ix25、菲斯塔、全新索纳塔插电混动、逸行、瑞纳、领动、新名图、全新悦动、第九代索纳塔、新伊兰特EV、悦纳、悦纳RV

☞ 详细情况请参阅彩色宣传版面

· 数据资料 ·

2018年中国汽车产销情况

产品名称	产量		销量	
	2018年（辆）	同比增长率（%）	2018年（辆）	同比增长率（%）
汽车总计	27809196	-4.16	28080577	-2.76
商用车	**4279773**	**1.69**	**4370795**	**5.05**
按燃料类型：柴油车	2948670	-4.48	2998127	-1.58
汽油车	1078297	23.89	1121169	29.36
其他燃料车	252806	0.56	251499	1.57
按车型：货车	2794127	7.98	2870784	10.75
· 重型货车	295850	33.13	307971	32.15
· 中型货车	135692	-21.28	140467	-16.64
· 轻型货车	1734709	6.27	1756924	8.31
· 微型货车	627876	11.98	665422	17.06
客车	453963	-5.36	450242	-6.35
· 大型客车	77688	-16.67	76497	-18.64
· 中型客车	68335	-5.55	67222	-6.56
· 轻型客车	307940	-1.96	306523	-2.62
半挂牵引车	470283	-19.64	483143	-17.17
客车底盘	35089	-24.35	34928	-24.86
货车底盘	526311	3.25	531698	16.13
乘用车	**23529423**	**-5.15**	**23709782**	**-4.08**
按燃料类型：柴油车	55195	-38.55	53701	-41.41
汽油车	22183528	-7.50	22382220	-6.37
其他燃料车	1290700	75.77	1273861	76.29
按车型：轿车	11465782	-3.95	11527840	-2.70
MPV	1684917	-17.87	1734637	-16.22
SUV	9958580	-3.19	9994726	-2.52
交叉型乘用车	420144	-20.75	452579	-17.26

★ 北京汽车集团有限公司

地址:北京市顺义区双河大街 99 号
邮编:101300
电话:010/87664009
传真:87664048
网址:www. baicgroup. com. cn
法定代表人:徐和谊
负责人:张夕勇
产品情况:(北京牌、绅宝牌、昌河牌、福田牌、北京现代牌、北京奔驰牌等)

轿车、商用车、越野车和新能源汽车等整车制造,汽车零部件制造,汽车服务贸易、研发、教育和投融资等

☞ 详细情况请参阅彩色宣传版面

★ 北京福田戴姆勒汽车有限公司

地址:北京市怀柔区红螺东路 21 号
邮编:101400
电话:4008900977、4008900966
网址:www. aumantruck. com
电子信箱:wangxiangguo@ bfda. cn
法定代表人:巩月琼
产品情况:(欧曼牌)

产品涵盖欧曼 ETX、欧曼 GTL、欧曼 EST、欧曼 EST - A 四大系列,产品吨位覆盖 3 ~ 49t,包括牵引车、载货车、自卸车、各类专用车等 200 多个品种

☞ 详细情况请参阅彩色宣传版面

★北京宝沃汽车有限公司

地址:北京市密云区西统路 188 号
邮编:101500
电话:4006881919
网址:www. borgward. com. cn
法定代表人:巩月琼
产品情况:(宝沃牌)

BX7、BX7 TS、BX5

★北汽福田汽车股份有限公司

地址:北京市昌平区沙河镇沙阳路
邮编:102206
电话:010/80722999、4008199199
传真:80716402
网址:www. foton. com. cn
电子信箱:80722999@ foton. com. cn
法定代表人:张夕勇
负责人:王金玉
单位人数:40000
质量体系:ISO 9001
产品情况:(福田牌、欧曼牌、欧辉牌、欧马可牌、奥铃牌、拓陆者牌、图雅诺牌、风景牌等)

乘用车:MP - X 蒙派克、风景、传奇、迷迪、纯电动多用途乘用车;商用车:欧曼、欧马可、奥铃系列载货汽车,欧 V 客车,混合动力城市客车,萨普皮卡,时代轻型货车,瑞沃中重型货车及工程车、邮政车、救护车、保温车、油罐车等专用汽车

出口情况:在全球 20 多个国家设有 KD 工厂,产品出口 80 多个国家和地区;在俄罗斯、印度、巴西、墨西哥、印度尼西亚 5 个国家分别建立年产 10 万辆汽车的工厂

★北汽福田汽车公司北京欧辉客车分公司

地址:北京市昌平区沙河镇沙阳路 15 号
邮编:102206
电话:010/59912588、59916086
传真:59916277
网址:auv. foton. com. cn
电子信箱:fotonbus@ foton. com. cn
法定代表人:梁兆文
单位人数:4000
质量体系:ISO 9001
产品情况:(福田牌)

新能源客车、公路客车、旅游客车、公交客车、专用校车、专用改装

出口情况:出口 80 多个国家和地区

天津市

★国能新能源汽车有限责任公司

地址:天津市华苑产业区华天道 2 号国际创业中心 7018
邮编:300191
电话:022/27968122
网址:www. nevs. com
法定代表人:JIANG KAI JOHAN
产品情况:纯电动乘用车

★ 天津一汽夏利汽车股份有限公司

地址:天津市西青区京福公路 578 号
邮编:300380
电话:022/87915010、4006518000
传真:28010878
网址:www. tjfaw. com. cn
电子信箱:tqservice@ vip. 163. com
法定代表人:王国强
负责人:田聪明
单位人数:10486
质量体系:ISO 9001
产品情况:(骏派牌、宾果牌)

骏派 D60、骏派 70、骏派 A50、骏派 A70E 等车型

出口情况:出口墨西哥、俄罗斯、伊朗、叙利亚、阿尔及利亚、厄瓜多尔等国家

☞ 详细情况请参阅彩色宣传版面

★ 天津一汽丰田汽车有限公司

地址:天津市经济技术开发区第九大街 81 号
邮编:300457
电话:022/66230666
传真:66231364
网址:www. tftm. com. cn
法定代表人:徐留平
单位人数:12000
质量体系:ISO 9001
产品情况:[丰田(TOYOTA)牌]

皇冠、锐志、威驰、花冠、卡罗拉系列轿车,RAV4 系列 SUV

☞ 详细情况请参阅彩色宣传版面

河北省

★河北长征汽车制造有限公司

地址:河北省邢台市邢台县羊范龙冈经济开发区
邮编:054000
电话:0319/2591508、2591555
传真:2591518
网址:www. hebczqc. com
电子信箱:cz - zhglb@ hebczqc. com
法定代表人:张敏
单位人数:249
质量体系:ISO 9001
产品情况:(长征 - 太脱拉牌、长征牌)

载货汽车、越野载货汽车及底盘、自卸车及底盘、牵引车、渣土车等

出口情况:远销尼日利亚、科特迪瓦、叙利亚、马里等多个国家

★河北红星汽车制造有限公司

地址:河北省邢台县会宁镇
邮编:054007
电话:4006982627
网址:www. redstarauto. cn
电子信箱:hxxzk2006@ 163. com
法定代表人:李凌云
质量体系:ISO 9000
产品情况:(红星牌)

纯电动运动型乘用车、纯电动厢式运输车、纯电动邮政车等

★领途汽车有限公司

地址:河北省清河县漓江街 36 号
邮编:054800
电话:4006964766
网址:www. yogomo. org、linktour. net
法定代表人:张立平
产品情况:(御捷马牌)

纯电动汽车系列、厢式物流车系列等 10 余款车型

★河北中兴汽车制造有限公司

地址:河北省保定市建国路 860 号
邮编:071029
电话:4006032000
传真:3313860 - 806
网址:www. zxauto. com. cn
电子信箱:tyjszx@ 263. net
法定代表人:肖伟
单位人数:2300
质量体系:ISO 9001
产品情况:(田野牌)

威虎 G3、旗舰 A9 等系列皮卡,威虎 TUV,无限 SUV,广汽中兴 CS3,公检法司用车、消防用车、教练车、工程车、

路政用车等专用车和特种车
出口情况:远销90多个国家和地区

★长城汽车股份有限公司
地址:河北省保定市朝阳南大街2266号
邮编:071033
电话:0312/2197859
网址:www.gwm.com.cn
电子信箱:services@gwm.com.cn
法定代表人:魏建军
负责人:王凤英
单位人数:70000
质量体系:ISO 9001
产品情况:(长城牌、哈弗牌、欧拉牌、魏派牌)
SUV、轿车、MPV、皮卡,纯电动轿车、插电式混合动力多用途乘用车等
出口情况:出口中东、非洲、中南美洲、亚太地区、欧洲、澳大利亚等120多个国家和地区

★新凯汽车集团有限公司
地址:河北省高碑店市世纪东路6号
邮编:072750
电话:0312/6390113、6391113
网址:www.hbxk.com
电子信箱:syjxinkai@163.com
法定代表人:吴卫东
质量体系:ISO 9000
产品情况:(新凯牌)
皮卡车、旅居车、豪华越野车、奔驰改装车、多功能商务车、轻型货车、专用车等多个系列40种产品
出口情况:出口103个国家和地区

★河北长安汽车有限公司
地址:河北省定州市定曲路
邮编:073000
电话:0312/2355855、2356508
电子信箱:qingqing199654@sina.com.cn
法定代表人:罗志龙
质量体系:ISO/TS 16949
产品情况:(长安牌)
长安之星、长安星光、都市彩虹系列微型客车,单、双排小型载货汽车,厢式运输车、邮政车等专用车,纯电动载货汽车、纯电动自卸式垃圾车、两用燃料载货汽车、小学生专用校车、旅居车、救险车,载货汽车底盘
出口情况:出口美国、巴基斯坦、叙利亚、南非等50多个国家和地区

★保定长安客车制造有限公司
地址:河北省定州市定曲路
邮编:073000
电话:0312/2356736、4008140080
传真:2352401
网址:www.changanbus.com
法定代表人:罗志龙
质量体系:ISO 9001
产品情况:(长安牌)
5~12m公交车、客运车辆、旅游车辆、校车,CNG客车,其他专用客车
出口情况:出口中东、南美洲、南亚、东欧等多个国家和地区

山西省

★江铃重型汽车有限公司
地址:太原市经济技术开发区化章街5号
邮编:030032
电话:4006611099
网址:www.jmch.com.cn
法定代表人:邱天高
单位人数:800
质量体系:ISO 9001
产品情况:(江铃牌)
主要产品为重型汽车和车用发动机等

★山西新能源汽车工业有限公司
地址:山西省晋中市榆次区吉利路388号
邮编:030605
电话:0354/3110881
法定代表人:安聪慧
产品情况:(远程牌)
纯电动城市客车、甲醇城市客车等

★山西成功汽车制造有限公司
地址:山西省长治县光明路100号
邮编:047100
电话:0355/8102896
传真:8255775
网址:www.sxcgjt.com
法定代表人:马国利
产品情况:(太行成功牌)
厢式运输车、纯电动多用途乘用车、纯电动厢式货车等

内蒙古

★北奔重型汽车集团有限公司
地址:内蒙古包头市青山区兵工东路9号
邮编:014030
电话:0472/3119503、4006609595
网址:www.beiben.cn
电子信箱:scb@beiben.cn
法定代表人:范志平
单位人数:7000
质量体系:ISO 9001
产品情况:(北奔牌、铁马牌)
V3ET牵引车、城市智能渣土车、4038A轮式救援车、重型高机动通用战术车、NG806×6越野车、5038A/8×8重型轮式标宽底盘
出口情况:出口非洲、拉丁美洲、东南亚、中亚、中东等100多个国家和地区

辽宁省

★沈阳金杯车辆制造有限公司
地址:沈阳市东陵区方南路6号
邮编:110015
电话:024/24823523、24842000
传真:24820020
网址:www.jinbei-auto.com
电子信箱:yanqiu.xu@jinbei-auto.com
法定代表人:侯建新
质量体系:QS 9000、ISO 9000
产品情况:(金杯牌)
0.5~3t轻型货车,同时生产厢式车、工程自卸车、特种车、运输车、SUV、皮卡、客车、底盘等
出口情况:在越南、俄罗斯、马来西亚、菲律宾等国家建设SKD/CKD生产基地,并开展南美洲、非洲、中东、俄罗斯及边贸地区出口业务,已出口55个国家和地区

★沈阳飞机工业(集团)有限公司
地址:沈阳市皇姑区陵北街1号
邮编:110034
电话:024/86595112、86598003
传真:86896689
电子信箱:bingbing30219@163.com
法定代表人:郭殿满
质量体系:ISO 9002
产品情况:(日野牌、沈飞牌)
豪华客车、城市客车、高机动多用途轮式越野车、冷藏车、加油车等

★上汽通用(沈阳)北盛汽车有限公司
地址:沈阳市大东区北大营街15号
邮编:110044
电话:024/88345678
传真:88345961
网址:www.shanghaigm.com
电子信箱:changliang_jin.sgmsy@saic-gm.com
法定代表人:玛丽·博拉
质量体系:ISO 9001、ISO 14001
产品情况:[别克(BUICK)牌、雪佛兰(CHEVROLET)牌]
别克GL8系列中高档商务、公务旅行车,轿车

★华晨雷诺金杯汽车有限公司
地址:沈阳市大东区东望街39号
邮编:110044
电话:024/31666666、4008188333
网址:www.jinbei.com
电子信箱:aihui.wang@brilliance-auto.com
法定代表人:吴小安
质量体系:ISO 9001
产品情况:(金杯牌、中华牌、华颂牌)
金杯海狮轻型客车、金杯阁瑞斯MPV,中华H530、尊驰、骏捷、骏捷Wagon、骏捷FRV、骏捷FSV、骏捷CROSS、酷宝,中华V5、金杯S50、特种车、工程车、救护车、囚车、厢式运输车、纯电动轻型客车、轻型客车、旅居车
出口情况:出口俄罗斯、美国、欧洲、中东、东南亚、非洲等国家和地区

★华晨汽车集团控股有限公司
地址:沈阳市大东区东望街39号
邮编:110044
电话:024/31991111
传真:31991111
网址:www. brilliance - auto. com
法定代表人:阎秉哲
单位人数:50000
产品情况:(中华牌、金杯牌、华颂牌)
中华、金杯、华颂三大自主品牌以及华晨宝马、华晨雷诺合资品牌,产品已覆盖乘用车、商用车全领域

★ 华晨宝马汽车有限公司

地址:沈阳市铁西经济开发区宝马大道一号
邮编:110143
电话:4008006666
传真:024/84556000
网址:www. bmw. com. cn
电子信箱:servicecenter@ bmw. com. cn
法定代表人:吴小安
单位人数:14000
质量体系:ISO 9001、ISO 14001
产品情况:[宝马(BMW)牌]
生产BMW3系(含标准轴距和长轴距)、BMW5系Li、BMW2系旅行车和BMWX1四个系列,超过30款车型;最新一代BMW3缸和4缸涡轮增压发动机
☞ 详细情况请参阅彩色宣传版面

★一汽客车(大连)有限公司
地址:辽宁省大连市经济技术开发区湾里南街1号
邮编:116600
电话:0411/62789555
电子信箱:yanshuang@ yqdlkc. com
法定代表人:周安平
产品情况:(解放牌、远征牌)
大、中型城市客车、长途客车、旅游客车、混合动力城市客车、纯电动城市客车、小学生校车、纯电动厢式运输车等
出口情况:出口俄罗斯、巴基斯坦、肯尼亚等国家

★辽宁曙光汽车集团股份有限公司
地址:辽宁省丹东市振兴区鸭绿江大街889号
邮编:118001
电话:0415/4145739、4008600303
传真:4142821
网址:www. sgautomotive. com
电子信箱:sg600303@ 163. com
法定代表人:高会恩
质量体系:ISO/TS 16949、QS 9000
产品情况:(曙光牌、黄海牌)
黄海客车、乘用车、特种车、车桥、零部件
出口情况:出口国际OEM市场

★丹东黄海汽车有限责任公司
地址:辽宁省丹东市振兴区鸭绿江大街889号
邮编:118008
电话:0415/6272488、4008600303
网址:www. hhbuses. com
电子信箱:company@ hhsales. sina. net
法定代表人:梁文利
质量体系:ISO/TS 16949、ISO 9001
产品情况:(黄海牌)
大、中、轻型客车,专用校车,旅居车、多用途乘用车、皮卡、新能源(电动和混合电动)客车、纯电动厢式运输车,特种专用车(厢式运输车等)

★辽宁航天凌河汽车有限公司
地址:辽宁省凌源市文化路66号
邮编:122500
电话:0421/6763909、4001142016
网址:www. linking - auto. com
电子信箱:yueyunkai@ linking - auto. com
法定代表人:刘立强
质量体系:ISO 9000
产品情况:(凌河牌)
商用车、专用车、纯电动乘用车

吉林省

★中国第一汽车集团有限公司
地址:长春市东风大街8899号
邮编:130000
电话:0431/85901140
网址:www. faw. com. cn
电子信箱:wanglei2@ faw. com. cn
法定代表人:徐留平
质量体系:ISO 9000
产品情况:(解放牌、红旗牌、远征牌、太湖牌、一汽牌、大众牌、奥迪牌、丰田牌、马自达牌等)
各类乘用车、商用车、汽车底盘、发动机及其他汽车零部件;燃料电池轿车、混合动力城市客车、纯电动城市客车等新能源汽车;自卸车、半挂牵引汽车、专用运输车等

★ 一汽-大众汽车有限公司

地址:长春市汽车产业开发区安庆路5号
邮编:130011
电话:0431/85990888、4008171888
传真:85750888
网址:www. faw - vw. com
法定代表人:徐留平
负责人:张丕杰
单位人数:12331
质量体系:VDA 6.1、QS 9000
产品情况:[奥迪(AUDI)牌、大众牌]
捷达、宝来、高尔夫、速腾、迈腾、CC六大车型品牌,产品覆盖A级两厢、A级三厢入门、A级三厢主流、A+级、B级等细分市场;奥迪品牌A1、A3、A4L、A5、A6L、A7、A8L系列轿车,奥迪Q3、Q5、Q7系列SUV车型
☞ 详细情况请参阅彩色宣传版面

★ 一汽解放汽车有限公司

地址:长春市汽车产业开发区东风大街2259号
邮编:130011
电话:0431/85732070
传真:85732011
网址:www. fawjiefang. com. cn
法定代表人:胡汉杰
负责人:朱启昕
单位人数:25000
质量体系:ISO/TS 16949、GB/T 24001、GB/T 28001
产品情况:(解放牌)
货车拥有牵引、载货、自卸、专用、新能源、轻型货车六大产品系列,覆盖重、中、轻三大领域;在重型货车领域,有J7、J6P、JH6、J6M、天V、悍V、安捷等七大产品平台;在中型货车领域,有J6L、龙V两大产品平台,在轻型货车领域,有J6F、虎V两大产品平台;客车拥有11m公路客车等
出口情况:解放载货汽车出口东南亚、中东、拉丁美洲、非洲、东欧等80个国家和地区
☞ 详细情况请参阅彩色宣传版面

★ 一汽轿车股份有限公司

地址:长春市高新区蔚山路4888号
邮编:130012
电话:0431/85781108、85781535
传真:85781000
网址:www. fawcar. com. cn
电子信箱:fawcar0800@ faw. com. cn
法定代表人:王国强
单位人数:8432
质量体系:ISO/TS 16949、GB/T 24001、GB/T 28001
产品情况:(奔腾牌、马自达牌)
奔腾品牌:奔腾X80和奔腾X40两款SUV产品,奔腾B90、奔腾B70、奔腾B50、奔腾B30四款轿车产品;马自达品牌:马自达6阿特兹、CX-4两款产品
出口情况:整车出口涵盖中东、拉美、东欧、非洲、南亚等二十余个国家和地区,以奔腾B30 KD生产为主,车型覆盖奔腾品牌全系
☞ 详细情况请参阅彩色宣传版面

★一汽通用轻型商用汽车有限公司
地址:长春市经济开发区大连路999号
邮编:130033
电话:0431/89105126、4008877168
电子信箱:fawgm@ faw - gmldt. com
法定代表人:胡汉杰
产品情况:(解放牌)
轻型载货车类、轻型客车类及相关

总成、零部件
出口情况：出口东南亚、美洲、中东等20多个国家和地区

★一汽客车有限公司
地址：长春市经济开发区昆山路3969号
邮编：130033
电话：0431/84629050、84626519
网址：www. fawbcc. com. cn
电子信箱：wg_kc@ faw. com. cn
法定代表人：胡汉杰
质量体系：ISO 9001
产品情况：（解放牌、远征牌、太湖牌、华西牌）
　　6～14m公交、旅游、团体、公路客车，客车底盘，汽车前后桥
出口情况：出口越南、伊朗、津巴布韦、塔吉克斯坦、巴基斯坦等13个国家和地区

★长春一汽华凯汽车有限公司
地址：长春市宽城区柳影路169号
邮编：130052
电话：0431/82646552
传真：82637652
网址：www. mingjungroup. com
法定代表人：李时钰
产品情况：（解放牌、华凯牌、长春牌）
　　大型商用货车、SUV、客车、皮卡、微型车

★一汽吉林汽车有限公司
地址：吉林省吉林市高新区（汽车工业园区）东山街2888号
邮编：132013
电话：4006068888
网址：www. fawmc. com
电子信箱：guodianli@ fawmc. com
法定代表人：王国强
质量体系：ISO/TS 16949
产品情况：（解放牌、佳宝牌、森雅牌）
　　主导产品为一汽佳宝系列微型汽车，一汽森雅系列多功能车等平台产品
出口情况：产品远销亚洲、非洲、欧洲、美洲等50多个国家和地区

黑龙江省

★一汽哈尔滨轻型汽车有限公司
地址：哈尔滨市哈南工业新城核心区松花路60号
邮编：150060
电话：0451/85712222、85712029
传真：82681848
电子信箱：hehui@ fawgm. com. cn
法定代表人：徐晓剑
质量体系：ISO/TS 16949
产品情况：（解放牌）
　　解放系列轻型货车、厢式运输车、载货汽车底盘

上海市

★上海汽车集团股份有限公司
地址：上海市威海路489号
邮编：200041
电话：021/22011888
传真：22011777
网址：www. saicmotor. com
电子信箱：saicmotor@ saicmotor. com
法定代表人：陈虹
产品情况：（名爵牌、荣威牌）
　　整车（含乘用车、商用车及新能源汽车、互联网汽车）；零部件（含动力驱动系统、底盘系统、内外饰系统，以及电池、电驱、电力电子等新能源汽车核心零部件和智能产品系统）

★观致汽车有限公司
地址：上海市浦东新区国展路388号3楼
邮编：200126
电话：021/51913000、4009208088
网址：www. qoros. com
电子信箱：info@ qorosauto. com
法定代表人：陈琳
质量体系：ISO 9001
产品情况：[观致（QOROS）牌]
　　观致3轿车、观致3五门版、观致3都市SUV、观致5 SUV和观致3 GT

★上汽大通汽车有限公司
地址：上海市杨浦区军工路2500号
邮编：200438
电话：4000812011
网址：www. saicmaxus. com
法定代表人：赵茂青
单位人数：6500
质量体系：ISO/TS 16949
产品情况：（上汽大通MAXUS牌、LDV牌、跃进牌）
　　上汽大通MAXUSG10、V80、产品覆盖轻型客车、MPV、轻型货车、特种改装车、旅居车等领域
出口情况：市场覆盖大洋洲、南美洲、东南亚、中东、非洲的22个国家和地区

★一汽凌源汽车制造有限公司
地址：上海市宝山区城银路118号
邮编：200444
电话：4008859277
网址：www. yiqilingyuan. com
法定代表人：郑孟克
产品情况：（一汽凌河牌）
　　中/轻型载货汽车，冷藏车、物流车等专用车，新能源汽车等

★上海申龙客车有限公司
地址：上海市闵行区华宁路2898号
邮编：201108
电话：021/34099000、4008207880
传真：64428035
网址：www. sunlongbus. com
电子信箱：sunlong@ sunlongbus. com
法定代表人：陈大城
质量体系：ISO/TS 16949
产品情况：（骏马牌、申龙牌）
　　长途客车、旅游客车、团体客车、卧铺客车、城市客车及天然气客车、混合动力客车、氢燃料客车、厕所车、小学生校车等
出口情况：出口泰国、新加坡、俄罗斯、美国等10多个国家和地区

★上海申沃客车有限公司
地址：上海市闵行区颛桥镇光中路18号
邮编：201108
电话：021/24160000、24160108
传真：24160416
网址：www. sunwinbus. com
电子信箱：sunwinbus@ sunwinbus. com
法定代表人：蓝青松
产品情况：（申沃牌）
　　以新能源客车为主，生产纯电动、混合动力、燃料电池及传统柴油的城市公交客车和团体客车

★上汽通用汽车有限公司
地址：上海市浦东新区申江路1500号
邮编：201206
电话：021/28902890
网址：www. shanghaigm. com
法定代表人：MARY TERESA BARRA
负责人：王永清
质量体系：ISO/TS 16949、ISO 14001
产品情况：[别克（BUICK）牌、凯迪拉克（CADILLAC）牌、雪佛兰（CHEVROLET）牌]
　　覆盖了从高端豪华车到经济型轿车各梯度市场以及MPV、SUV、混合动力和电动车等细分市场
出口情况：出口中东等地区
☞ 详细情况请参阅彩色宣传版面

★上海万象汽车制造有限公司
地址：上海市松江区书海路999号
邮编：201612
电话：021/67602008
传真：67602008
网址：www. wxdaewoo. com
电子信箱：info@ wxdaewoo. com
法定代表人：陈炫霖
质量体系：ISO 9001
产品情况：（象牌、大宇牌）
　　大中型、中高档公交客车、旅游团体客车等；纯电动城市客车等新能源汽车

★上海汽车集团股份有限公司乘用车公司
地址：上海市嘉定区安研路201号
邮编：201804
电话：021/61389999、8008200068
传真：61389888
网址：www. roewe. com. cn
法定代表人（负责人）：王晓秋

质量体系:ISO/TS 16949
产品情况:(荣威牌、名爵牌)

荣威品牌旗下产品包括:荣威 950、荣威 750、荣威 550、荣威 350 和荣威 W5;MG 品牌旗下产品包括:MG7、MG6、MG5 及 MG3 等系列车型

★ 上汽大众汽车有限公司

地址:上海市嘉定区安亭于田路 7 号
邮编:201805
电话:021/59561888、4008201111
传真:59579101
网址:www. csvw. com
电子信箱:callcenter@ csvw. com
法定代表人:陈虹
负责人:陈贤章
质量体系:VDA 6.1、QS 9000
产品情况:[大众汽车(VOLKSWAGEN)牌、斯柯达牌]

大众品牌:新途观、途安、新朗逸、朗行、朗境、NewPolo、PoloGTI、新桑塔纳、凌渡;斯柯达品牌:野帝、速派、全新明锐、明锐经典款、昕锐、昕动、晶锐

☞ 详细情况请参阅彩色宣传版面

江苏省

★南京南汽专用车有限公司

地址:南京市秦淮区大明路 9 号
邮编:210007
电话:025/52629191、52606794
网址:www. nqzyc. com
电子信箱:nqzycscb@ 163. com
法定代表人:浦玉山
质量体系:ISO 9001、GJB 9001A
产品情况:(畅达牌)

新能源场馆车、工程车、医疗车、多功能服务车、警用车、高档商务车、防弹押运车、宣传车、厢式冷藏车、市政水务用车、煤矿专用车等产品

★南京依维柯汽车有限公司旅行车分公司

地址:南京市浦口区百合路 8 号
邮编:210028
电话:025/58009996
电子信箱:drj@ naveco. com
法定代表人:曹平
质量体系:ISO 9001
产品情况:(依维柯牌)

威尼斯系列 A45、A49、A59、A65;跃进 6~9m 多用途、公交、公路客运各系列客车底盘

出口情况:出口意大利

★南京依维柯汽车有限公司

地址:南京市玄武区黑墨营 100 号
邮编:210028
电话:025/58009996、4008281890
传真:89627111
网址:www. naveco. com. cn
法定代表人:蓝青松
质量体系:ISO/TS 16949、GB/T 14001
产品情况:(依维柯牌、跃进牌)

依维柯欧胜、依维柯褒迪、依维柯新得意、依维柯 Ouba、依维柯威尼斯之旅、专用车、新能源车

出口情况:出口亚洲、欧洲、非洲、南美洲、北美洲

★ 长安马自达汽车有限公司

地址:南京市江宁区苏源大道 66 号
邮编:211100
电话:8008072777、4008002777
传真:025/51188876
网址:www. chana - mazda. com
法定代表人:袁明学
负责人:田中英明
产品情况:(马自达牌)

马自达 2、马自达 3、马自达 CX-5、昂克赛拉

☞ 详细情况请参阅彩色宣传版面

★南京长安汽车有限公司

地址:南京市溧水区永阳镇毓秀路 85 号
邮编:211200
电话:025/57223888、57424888
传真:57219888
电子信箱:njzh@ changan. com. cn
法定代表人:蒋云峰
产品情况:(长安牌)

长安之星系列微型客车、轻型货车及底盘、厢式运输车、警备车、囚车等

★南京金龙客车制造有限公司

地址:南京市溧水区滨淮大道 369 号
邮编:211215
电话:4009908080
传真:025/52729503
网址:www. njgdbus. com
电子信箱:sales@ njgdbus. com
法定代表人:陈兵
单位人数:3000
质量体系:ISO 9001
产品情况:(南京金龙牌、东宇牌、开沃牌)

产品涵盖 4~18m 全系列新能源汽车产品,涉及公交、旅游、通勤、物流、专用车等领域

出口情况:出口秘鲁、朝鲜、刚果、孟加拉国、智利、伊朗;出口配件 73 件,6~11m 客车 40 台

★江苏卡威汽车工业集团股份有限公司

地址:江苏省丹阳市界牌镇卡威工业园
邮编:212323
电话:4008061789
网址:www. kaweigroup. com
电子信箱:kwkf@ chinakawei. com
法定代表人:孟明华
单位人数:2000
质量体系:ISO/TS 16949
产品情况:(卡威牌、春洲牌)

皮卡、SUV、新能源电动汽车、客车、房车、消防车等特种专用车、汽车车身部件(汽车内外饰件塑件、烤漆,真空镀膜,成品灯具等)

出口情况:远销阿联酋、伊朗、朝鲜、菲律宾、秘鲁、委内瑞拉、尼日利亚等 20 多个国家和地区

★金龙联合汽车工业(苏州)有限公司

地址:江苏省苏州市工业园区苏虹东路 288 号
邮编:215026
电话:0512/62581658、4008282019
传真:62581679、62581666
网址:www. higer. com. cn
电子信箱:market@ higer. com
法定代表人:陈笃廉
负责人:黄书平
单位人数:6000
质量体系:ISO/TS 16949
产品情况:(海格牌、金龙牌)

海格 E 系、H 系、A 系、V 系、W 系、B 系、星系客车,混合动力客车、纯电动城市客车、纯电动厢式运输车,旅居车,轻型车等产品,覆盖高端商务、客运、旅游、公交、校车和团体用车领域

出口情况:出口东南亚、中东、非洲、俄罗斯、东欧、美洲等国家和地区

★前途汽车(苏州)有限公司

地址:江苏省苏州市高新区科灵路 78 号
邮编:215100
电话:0512/87801046、4001516600
网址:www. qiantumotor. com
电子信箱:contact@ qiantumotor. com
法定代表人:陆群
产品情况:K50 纯电动城市跑车

★奇瑞捷豹路虎汽车有限公司

地址:江苏省常熟经济技术开发区路虎路 1 号
邮编:215500
电话:0512/52967777、52967000
网址:www. cheryjaguarlandrover. com
电子信箱:zhizhong. hu@ cheryjaguarland-rover. com
法定代表人:陈安宁
产品情况:[捷豹(JAGUAR)牌、路虎(LANDROVER)牌、奇瑞牌]

路虎揽胜极光、路虎发现神行、捷豹 XFL、捷豹 XEL 和捷豹 E-PACE 五款车型

★徐州徐工汽车制造有限公司

地址:江苏省徐州高新技术开发区珠江东路 19 号
邮编:221100
电话:0516/83189032、83189034
传真:83189032
网址:www. xcmg. com/xgqc
电子信箱:nxa - xsb@ xcmg. com
法定代表人:杨东升

质量体系：ISO 9001、ISO 14001
产品情况：（徐工牌）
　　牵引汽车、厢式运输车、畜禽运输车、载货汽车及底盘、自卸式垃圾车、纯电动载货汽车等

★江苏敏安电动汽车有限公司
地址：江苏省淮安经济技术开发区南马厂大道88号
邮编：223005
电话：0517/80889821、4009997990
网址：www.jsminan.com
电子信箱：chang.li@minanmotor.com
法定代表人：秦荣华
产品情况：新能源纯电动乘用车

★东风悦达起亚汽车有限公司
地址：江苏省盐城市开放大道18号
邮编：224002
电话：4007990000
网址：www.dyk.com.cn
法定代表人：王连春
负责人：陈炳振
质量体系：ISO 9001
产品情况：（起亚牌、华骐牌）
　　新e代福瑞迪、焕驰、凯绅、KX CROSS、全新K5、K4、新K3、新一代K2、K5混动版、华琪300E、KX7尊跑、KX5、SPORTAGE_R 新智跑、新KX3傲跑

★中大工业集团公司
地址：江苏省盐城市通榆中路56号
邮编：224002
电话：0515/88201666、13401776806
传真：88333777
电子信箱：cgb@zonda.com
法定代表人：徐连国
质量体系：ISO 9001
产品情况：（中大牌、金陵牌、燕京牌）
　　新能源纯电动客车、校车、大中型豪华客车，具有年产15000辆的能力
出口情况：出口60多个国家和地区，全球市场占有率30%以上

★扬州亚星客车股份有限公司
地址：江苏省扬州市（邗江）汽车产业园潍柴大道2号
邮编：225001
电话：0514/82989099、82989100
传真：87866131
网址：www.yaxingkeche.com.cn
电子信箱：xsgs@yaxingkeche.com.cn
法定代表人：钱栋
单位人数：1500
质量体系：ISO 9001
产品情况：（亚星牌、丰泰牌、扬子牌）
　　5～18m各型号长途客车、校车、高端旅游客车、城市客车、团体客车、豪华房车和特种专用车等环保节能型客车
出口情况：远销北美洲、大洋洲、东欧、东南亚、俄罗斯、中东、非洲等国家和地区

★潍柴扬州亚星新能源商用车有限公司
地址：江苏省扬州市邗江区汽车产业园扬菱路8号
邮编：225116
电话：0514/87708298、4008280870
网址：www.wcyzsyc.cn
电子信箱：eurise@weichai.com
法定代表人：李百成
产品情况：（亚星牌）
　　纯电动城市客车、插电式混合动力城市客车、商务车等

★江苏九龙汽车制造有限公司
地址：江苏省扬州市江都区浦江东路166号
邮编：225200
电话：0514/86517000、86517110
传真：86517111
网址：www.joylong.net
电子信箱：joylongmotor@163.com
法定代表人：俞洪泉
质量体系：ISO 9001
产品情况：（大马牌）
　　纯电动系列、艾菲系列、商务车系列、考斯特系列、VIP系列、专用车和物流车等七大系列产品
出口情况：远销海外32个国家和地区

浙江省

★东风能迪（杭州）汽车有限公司
地址：杭州市沈半路171号
邮编：310015
电话：0571/88018888
传真：88018833
网址：www.dnd-motor.com
电子信箱：dnd@dnd-motor.com
法定代表人：乔阳
质量体系：ISO 9001
产品情况：[优迪卡（UD TRUCKS）牌、迪恩迪牌]
　　重型货车、混凝土搅拌运输车及大型豪华客车底盘、载货汽车底盘

★杭州长江汽车有限公司
地址：杭州市余杭经济技术开发区宏路116号
邮编：310020
电话：0571/89368817
传真：89160882
网址：www.changjiangev.com
电子信箱：mail@hzcjkc.com
法定代表人：曹忠
质量体系：ISO 9001
产品情况：（先飞牌、长江牌）
　　乘用车、客车、物流车、货车等

★浙江飞碟汽车制造有限公司
地址：杭州市余杭区五常荆长路33号
邮编：311100
电话：4001085678
网址：www.chinaufo.cn
法定代表人：姜卫东
质量体系：ISO 9001
产品情况：（飞碟牌）
　　仓栅式运输车、车厢可卸式垃圾车、冷藏车、路面养护车、旅居车、厢式运输车、载货汽车及底盘、自卸汽车及底盘等

★浙江吉利控股集团有限公司
地址：杭州市滨江区江陵路1760号
邮编：310051
电话：0571/28001111
传真：87766217
网址：www.geely.com
电子信箱：luck@geely.com
法定代表人：李书福
单位人数：19000
质量体系：ISO/TS 16949
产品情况：（吉利牌、英伦牌、帝豪牌、全球鹰牌、沃尔沃牌、吉利美日牌、知豆牌、领克牌）
　　吉利（远景、新博瑞、博越、金刚、金鹰、中国龙），英伦（TX4、SC5、SC5-RV、SC7、SX5），帝豪（EC7、EC7-RV、EC8），全球鹰（熊猫、GX2、GC7、自由舰），领克（领克01）
出口情况：出口乌克兰、俄罗斯、印度尼西亚等300多个销售服务网点
☞ 详细情况请参阅彩色宣传版面

★万向集团公司
地址：杭州市萧山经济技术开发区
邮编：311215
电话：0571/82832999
传真：82833999
网址：www.wanxiang.com.cn
电子信箱：wangxiang@wanxiang.com.cn
法定代表人（负责人）：鲁伟鼎
单位人数：40000
质量体系：ISO/TS 16949
产品情况：（万向牌）
　　自主研发新能源汽车；和中国上汽合资合作生产新能源客车；和Karma宝马合作目标生产高品质的、拥有前沿技术的混合动力和纯电动豪华汽车

★万向电动汽车有限公司
地址：杭州市萧山经济技术开发区金一路万向钱潮轴承工业园
邮编：311215
电话：0571/82861078、82832999
传真：82606590
电子信箱：wxev@wanxiang.com.cn
法定代表人：鲁伟鼎
质量体系：ISO 9000
产品情况：（万向牌）
　　电动轿车、电动公交车、双能源电车、电动电力服务车、电动电力工程车等车型，动力电池、驱动电动机、驱动电动机控制器

★广州汽车集团乘用车(杭州)有限公司
地址:杭州市萧山区杭州江东工业园江东四路6188号
邮编:311222
电话:4008269111
传真:0571/82955094、82955255
法定代表人:詹松光
质量体系:ISO 9001
产品情况:(吉奥牌)
皮卡、微车、SUV、MPV
出口情况:出口欧洲、非洲、南美洲等80多个国家和地区

★东风裕隆汽车有限公司
地址:杭州市萧山区临江工业园区新世纪大道2688号
邮编:311228
电话:0571/22685888
传真:22685887
网址:www.dfyl-luxgen.com
电子信箱:gx110026@autoinfo.gov.cn
法定代表人:乔阳
负责人:吴新发
质量体系:ISO/TS 16949
产品情况:(纳智捷牌、裕路牌)
U5 EV、U5 SUV、全新优6、锐3、全新6 SUV、新大7 MPV

★浙江合众新能源汽车有限公司
地址:浙江省桐乡市经济开发区同胜路232号
邮编:314500
电话:13510235036
网址:www.hozonauto.com
电子信箱:hesha@hozonauto.com
法定代表人:方运舟
产品情况:(HOZON AUTO 牌)
哪吒N01等纯电动汽车,年产能5万辆

★知豆电动汽车有限公司
地址:浙江省宁波南部滨海新区南滨北路1号模具产业园
邮编:315699
电话:4000502888
网址:www.evcar.com
电子信箱:marketing@evcar.com
法定代表人:鲍文光
产品情况:(知豆牌)
电动微型汽车
出口情况:远销意大利、捷克、斯洛伐克、法国、德国、斯洛文尼亚、保加利亚、罗马尼亚、阿塞拜疆、奥地利、英国、荷兰、巴西、哥伦比亚、波兰、比利时、韩国、马其顿全球18个国家,共出口车辆4000余台

★浙江吉润汽车有限公司
地址:浙江省宁波市北仑区经济开发区恒山路1528号
邮编:315800
电话:0574/86853301、86853058
传真:86881741
电子信箱:nbzjb@geely.com
法定代表人:安聪慧
质量体系:ISO/TS 16949
产品情况:(吉利牌、吉利美日牌、康迪牌、知豆牌、领克牌)
自由舰、远景等系列品牌轿车、两用燃料轿车、纯电动轿车
出口情况:出口南非、埃及、叙利亚、俄罗斯、乌克兰、委内瑞拉等50多个国家和地区

★浙江豪情汽车制造有限公司
地址:浙江省临海市头门港新区吉利大道88号
邮编:317000
电话:0576/85121444
传真:85121555
电子信箱:lhzjb@geelycars.com
法定代表人:潘巨林
质量体系:ISO/TS 16949
产品情况:(吉利牌、帝豪牌、沃尔沃牌、康迪牌、领克牌)
年产吉利豪情、优利欧、美人豹、SRV四大系列的车型20多种,帝豪EV,混合动力轿车,两用燃料轿车

★浙江金刚汽车有限公司
地址:浙江省台州市路桥区灵山西街588号
邮编:318050
电话:0576/82363005
传真:82363333
电子信箱:chengcuiling@geely.com
法定代表人:顾伟明
质量体系:ISO/TS 16949、ISO 9000
产品情况:(吉利牌)
吉利金刚系列车型

★浙江永源汽车有限公司
地址:浙江省台州市路桥区路南永源工业区
邮编:318050
电话:0576/82952019、83431969
传真:82952022、83431968
网址:cn.jonway.com
电子信箱:info@jonwayauto.com
法定代表人:陈林志
质量体系:ISO 9001
产品情况:(飞碟牌)
轻型客车、轻型货车、SUV、沥青洒布车、环卫机械等

★青年汽车集团有限公司
地址:浙江省金华市八达中路501号
邮编:321016
电话:0579/89186001、4000333333
传真:89186161
网址:www.young-man.cn
电子信箱:gx110006@autoinfo.gov.cn
法定代表人:庞青年
单位人数:8000
质量体系:ISO 9001
产品情况:(青年牌)
德国NEOPLAN豪华大客车、德国MAN豪华重型货车、荷兰世爵奢侈豪华轿车、英国莲花轿车、新型动力电池等汽车零部件
出口情况:出口美国、欧洲、俄罗斯、韩国、新加坡、中东等国家和地区

★金华青年汽车制造有限公司
地址:浙江省金华市婺城区工业园区M-09地块
邮编:321071
电话:0579/89186022、89186617
传真:89186629、89186161
电子信箱:young-manjxs@young-man.cn
法定代表人:庞青年
质量体系:ISO 9001
产品情况:(青年曼牌、青年牌、迈迪牌、欧联牌)
纯电动轿车,并拥有重型货车系列,专用车系列,油田、消防、城市多功能专用车底盘等近几十种车型
出口情况:出口俄罗斯、阿尔及利亚、伊朗

★ 众泰控股集团有限公司

地址:浙江省永康市经济开发区
邮编:321301
电话:4008875858
网址:www.zotye.com
电子信箱:xiaoshou@zotye.com
法定代表人:金浙勇
质量体系:ISO/TS 16949
产品情况:(众泰牌、江南牌、君马牌)
以汽车整车及发动机、变速器等汽车关键零部件为核心业务,产品覆盖轿车、SUV、MPV和新能源汽车等细分市场
出口情况:远销美国、俄罗斯、阿尔及利亚、智利等国家
☞ 详细情况请参阅彩色宣传版面

★威马汽车制造温州有限公司
地址:浙江省温州市瓯江口产业集聚区管委会行政中心1号楼156室
邮编:325026
电话:0577/63358015、4006999666
网址:www.wm-motor.com
电子信箱:service@wm-motor.com
法定代表人:SHEN HUI
产品情况:EX5纯电动SUV

安徽省

★安徽江淮汽车集团股份有限公司
地址:合肥市包河区东流路176号
邮编:230022
电话:0551/62296666
传真:62296999

网址:www.jac.com.cn
电子信箱:jac@jac.com.cn
法定代表人:安进
负责人:项兴初
单位人数:33000
质量体系:ISO 9001、ISO/TS 16949
产品情况:(江淮牌、安凯牌、蔚来牌)
　　重/中/轻/微型货车、多功能商用车、MPV、SUV、轿车、客车、纯电动轿车、纯电动多用途乘用车等新能源汽车,专用底盘及变速器、发动机、车桥等核心零部件等
出口情况:在国际市场,江淮汽车已逐步形成了商用车、乘用车比翼齐飞的格局;江淮汽车国际市场涵盖南美洲、欧洲、非洲、中东、东南亚等130多个国家和地区

★合肥长安汽车有限公司
地址:合肥市高新区大别山路966号
邮编:230031
电话:0551/65842543、65842992
电子信箱:pp13856096256@163.com
法定代表人:黄乐金
产品情况:(长安牌)
　　奔奔mini、长安CX20、悦翔V7、CS15、逸动DT轿车,纯电动轿车

★安徽安凯汽车股份有限公司
地址:合肥市包河工业区花园大道99号
邮编:230051
电话:0551/62297706
传真:62297710
网址:www.ankai.com
电子信箱:ankai@ankai.com
法定代表人:戴茂方
负责人:查保应
单位人数:3500
质量体系:ISO/TS 16949
产品情况:(安凯牌)
　　产品覆盖各类公路客车、旅游客车、团体客车、景观车、公交客车、新能源商用车、旅居车等
出口情况:产品出口英国、迪拜、沙特、南美洲等50多个国家和地区

★安徽猎豹汽车有限公司
地址:安徽省滁州经济技术开发区上海北路8号
邮编:239064
电话:0550/3160688、3169888
传真:3160559
网址:www.leopaard.com
电子信箱:1934646427@qq.com
法定代表人:李建新
质量体系:ISO 9001
产品情况:[猎豹(leopaard)牌、扬子牌]
　　猎豹皮卡、SUV、多用途乘用车系列产品、专用小学生校车、纯电动多用途乘用车
出口情况:年出口600辆

★奇瑞新能源汽车技术有限公司
地址:安徽省芜湖市高新技术开发区花津南路226号
邮编:241003
电话:0553/7535819
电子信箱:shenglu@mychery.com
法定代表人:李立忠
产品情况:艾瑞泽5e、小蚂蚁eQ1、eQ、瑞虎3xe等电动乘用车

★奇瑞汽车股份有限公司

地址:安徽省芜湖市经济技术开发区长春路8号
邮编:241006
电话:4008838888
传真:0553/5951289
网址:www.chery.cn
电子信箱:chery_bd@mychery.com
法定代表人:尹同跃
质量体系:ISO/TS 16949
产品情况:(奇瑞牌、瑞麒牌、威麟牌、开瑞牌、凯翼牌)
　　主要生产家庭轿车、微车、商用车和高端乘用车、厢式运输车(奇瑞A1、A3、旗云、风云、东方之子、QQme、QQ3、凯翼、艾瑞泽、瑞虎,瑞麒M1、G6、G5、G3、X1,威麟V5X5、H5,开瑞微车,混合动力轿车、纯电动轿车)等
出口情况:出口80多个国家和地区,已建有或正在建海外15个CKD工厂
☞ 详细情况请参阅彩色宣传版面

★奇瑞商用车(安徽)有限公司
地址:安徽省芜湖市经济技术开发区长春路16号
邮编:241009
电话:4000615656
网址:www.cheryspv.com
电子信箱:qrzyc@mychery.com
法定代表人:周必仁
单位人数:3466
产品情况:(捷途牌、开瑞牌、瑞弗牌、威麟牌)
　　冷藏车、售卖车、广宣车、体检车、救护车、防弹车、指挥车、车厢可卸式垃圾车、洗扫车、清障车、多功能抑尘车、旅居车、纯电动多用途乘用车、纯电动冷藏车、纯电动厢式运输车等经营、医疗、环卫、军警四大系列专用车产品

★集瑞联合重工有限公司
地址:安徽省芜湖市三山区峨桥路2号联合大厦
邮编:241080
电话:0553/7527000、4000808888
传真:7527100
网址:www.ctruck.com.cn
电子信箱:contact@ctruck.com.cn
法定代表人:李胤辉
负责人:李衍硕
单位人数:1700
质量体系:ISO 9001
产品情况:(集瑞联合牌)
　　主要生产牵引车、搅拌车、自卸车、专用及载货车等

福建省

★福建省汽车工业集团有限公司
地址:福州市高新区海西园高新大道7号
邮编:350003
电话:0591/22027160
传真:22027131
网址:www.fjmotor.com.cn
电子信箱:w.deng@fjmotor.com.cn
法定代表人:黄莼
产品情况:(东南牌、三菱牌、金龙牌、福达牌、奔驰牌、南海牌)
　　轿车、SUV、MPV、各型客车、各型货车、新能源汽车等
出口情况:出口国外市场

★福建新福达汽车工业有限公司
地址:福州市福新路368号
邮编:350014
电话:0591/38123590
传真:83674088
网址:www.forta.com.cn
电子信箱:forta@forta.com.cn
法定代表人:叶宇亮
单位人数:2000
质量体系:ISO 9001
产品情况:[福达(FORTA)牌]
　　轻、中、重型货车、皮卡车、自卸车、厢式车、仓栅式车、清障车、小学生专用校车等专用车,大、中、轻型客车及客车底盘、纯电动客车、插电式混合动力城市客车

★东南(福建)汽车工业有限公司
地址:福建省闽侯县青口镇东南大道66号
邮编:350119
电话:0591/22766566
传真:22766568
网址:www.soueast-motor.com
电子信箱:admin@soueast-motor.com
法定代表人:陈锋
负责人:左自生
质量体系:ISO 9001、ISO 14001
产品情况:(东南牌、三菱牌)
　　东南DX7、东南DX3、东南V5plus、东南VCROSS、东南V3菱悦、东南得利卡、东南希旺、三菱翼神、三菱风迪思、三菱蓝瑟、三菱戈蓝、三菱君阁等系列车型

★福建奔驰汽车有限公司
地址:福州市青口投资区奔驰大道1号
邮编:350119
电话:0591/22799999
网址:www.fujianbenz.com
法定代表人:徐和谊

产品情况：（梅赛德斯-奔驰牌）

梅赛德斯-奔驰中、高档商务车唯雅诺 Viano、威霆 Vito、凌特 Sprinter、V 级车 V-class 等

★云度新能源汽车股份有限公司

地址：福建省莆田市涵江区高新区涵港路海西院 5－9 楼
邮编：351100
电话：0594/3551268、7597777
网址：www.yudoauto.com
法定代表人：陈文豪
负责人：刘心文
产品情况：（云度牌）

纯电动轿车 π1Pro、π3Pro、π1360

★厦门金龙旅行车有限公司

地址：福建省厦门市湖里区湖里大道69号
邮编：361006
电话：4008867866
网址：www.xmjl.com
电子信箱：sales@xmjl.com
法定代表人：吴文彬
单位人数：4000
质量体系：ISO 9001、ISO 14001
产品情况：（金旅牌）

大、中型客车及其底盘、海狮系列轻型客车、纯电动客车、混合动力电动城市客车、摆渡车、专用校车、旅居车等专用客车

出口情况：远销东欧、远东、中东、东南亚、南非、北非、中美洲等近 40 个国家和地区

★厦门金龙汽车集团股份有限公司

地址：福建省厦门市湖里区湖里街道东港北路 31 号（港务大厦 7、11 层）
邮编：361012
电话：0592/2962988
传真：2960686
网址：www.xmklm.com.cn
电子信箱：kinglong@xmklm.com.cn
法定代表人：邱志向
产品情况：（金龙牌、金旅牌、海格牌）

4.3～18m 各型客车

出口情况：远销全球五大洲 160 多个国家和地区

★厦门金龙联合汽车工业有限公司

地址：福建省厦门市集美区金龙路 9 号
邮编：361023
电话：4008866700
传真：0592/6371020、6370995
网址：www.king-long.com.cn
法定代表人：谢思瑜
单位人数：2700
质量体系：ISO/TS 16949
产品情况：（金龙牌）

公路客车、公交客车、专用客车等大、中、轻型客车，智慧校车，混合动力和纯电动新能源客车，其中大、中型客车年产能 2 万辆，轻型客车年产能 3 万辆

出口情况：出口 130 多个国家和地区

★福建金霸龙汽车有限公司

地址：福建省漳州市蓝田经济开发区小港北路
邮编：363000
电话：0596/2172876、2172558
网址：www.fjjblqc.com
法定代表人：吴淑凤
产品情况：（三龙龙江牌）

产品涵盖自卸汽车、载货汽车、厢式运输车、仓栅式运输车、越野自卸车、越野载货汽车、越野厢式运输车、越野仓栅式运输车等全品系

★福建新龙马汽车股份有限公司

地址：福建省龙岩市永定县高陂镇南环路 1 号
邮编：364101
电话：0597/5208606、5208960
传真：5208633
网址：www.newlongma.com
电子信箱：nlm@newlongma.com
法定代表人：邱志向
质量体系：ISO 9000
产品情况：（福建牌、新龙马牌）

产品覆盖微客、MPV、SUV 三大乘用车市场领域，发展传统汽油车及纯电动城市客车、纯电动厢式运输车等新能源纯电动汽车两条产品主线

★中国重汽集团福建海西汽车有限公司

地址：福建省永安市埔岭 99 号
邮编：366000
电话：0598/3858678、3819556
传真：3801161
电子信箱：hxzhbgs@sinotruk.com
法定代表人：徐向阳
产品情况：（豪曼牌）

重/中/轻型载货汽车及底盘；篷式运输车、厢式运输车及底盘、自卸汽车等

·数据资料·

2018年中国轿车企业前10位产销量统计表

企业名称	典型产品	生产量(辆)	销售量(辆)
一汽-大众汽车有限公司	捷达、宝来、速腾、高尔夫、奥迪、迈腾、CC、蔚领	1713696	1760478
上汽大众汽车有限公司	桑塔纳、Polo、帕萨特、明锐、朗逸、晶锐、速派、昕锐、昕动、凌渡、辉昂	1516250	1483371
上汽通用汽车有限公司	凯迪拉克、别克系列(君威、凯越、君越、英朗、威朗、阅朗、Velite5)、雪佛兰系列(科鲁兹、科沃兹、迈锐宝、赛欧、乐风RV)	1385453	1393481
东风汽车有限公司(本部)	新世代天籁、骐达、轩逸、骊威、阳光、启辰、蓝鸟、西玛	779786	774154
浙江吉利控股集团有限公司	帝豪、金刚、远景、博瑞、缤瑞、领克03	627771	642916
一汽丰田汽车销售有限公司	皇冠、卡罗拉、威驰	504231	510346
北京现代汽车有限公司	伊兰特、悦动、瑞纳、索纳塔、名图、领动、悦纳、菲斯塔	503219	515956
广汽本田汽车有限公司	雅阁、飞度、锋范、凌派、讴歌	470568	466015
广汽丰田汽车有限公司	凯美瑞、致炫、雷凌、致享	468471	451433
华晨宝马汽车有限公司	宝马3系、宝马5系、宝马2系、宝马1系	339565	330271

江西省

★江铃汽车集团公司
地址:南昌市青云谱区迎宾北大道666号
邮编:330001
电话:0791/85229202
网址:www.jmcg.com.cn
电子信箱:gsb@jmcg.com.cn
法定代表人(负责人):邱天高
单位人数:3000
质量体系:ISO/TS 16949、QS 9000
产品情况:(江铃牌等)
拥有JMC系列、FORD系列、陆风系列、驭胜系列、ISUZU系列、晶马系列、骐铃系列、纯电动车系列等汽车品牌,同时具备汽车发动机、变速器、车身、车架、前桥、后桥等六大总成自主研发制造能力
出口情况:出口国外市场

★ 江铃汽车股份有限公司

地址:南昌市迎宾北大道509号
邮编:330001
电话:0791/85266000
传真:85266677
网址:www.jmc.com.cn
电子信箱:relations@jmc.com.cn
法定代表人:邱天高
负责人:范炘
单位人数:1300
质量体系:ISO/TS 16949
产品情况:(江铃牌、福特牌、驭胜牌、江铃全顺牌)
福特全顺;JMC轻型货车凯运、凯锐、顺达轻型货车,JMC皮卡宝典、域虎等;福特撼路者、福特途睿欧,全新驭胜S350、驭胜S330等新品
出口情况:出口皮卡、轻型货车、中型货车、驭胜SUV
☞ 详细情况请参阅彩色宣传版面

★江西江铃集团新能源汽车有限公司
地址:南昌市经济开发区庐山北大道48号
邮编:330013
电话:0791/87378988、4001799909
传真:87369856
网址:www.jmev.com
电子信箱:jmev@jmev.com
法定代表人:刘年风
产品情况:经济型纯电动轿车E200S、E200、E160、E100等

★江铃控股有限公司
地址:南昌市迎宾中大道2111号江铃国际大厦12-14层
邮编:330050
电话:4008833666
网址:www.landwind.com
电子信箱:crm@landwind.com
法定代表人:张宝林
负责人:陆泽勇
单位人数:1800
质量体系:ISO 9001、ISO 14001
产品情况:(江铃牌、陆风牌)
陆风系列SUV越野车(X8、X9、X6),陆风风尚MPV多功能车等

★江西五十铃汽车有限公司
地址:南昌市望城新区江铃大道666号
邮编:330100
电话:0791/82299123、4000321321
网址:www.jiangxi-isuzu.cn
电子信箱:isuzu-zs@jiangxi-isuzu.cn
法定代表人:邱天高
产品情况:(江西五十铃牌)
皮卡、SUV等

★江西江铃集团晶马汽车有限公司
地址:南昌市小蓝经济技术开发区富山五路636号
邮编:330200
电话:0791/87193667、4006420006
传真:87193669
网址:www.jmcgnp.com
电子信箱:sales@jmmc.com.cn
法定代表人:邱天高
产品情况:(晶马牌)
大中型客车、旅居车,纯电动、混合动力等大中型新能源客车
出口情况:远销亚洲、北美洲、非洲等国家

★江西昌河汽车有限责任公司
地址:江西省景德镇市浮梁县洪源镇北汽大道昌河路888号
邮编:333000
电话:0798/8462031、8462032
传真:8466200
网址:www.changheauto.com
电子信箱:dzbgs@changheauto.com
法定代表人:蒋自力
负责人:童政荣
单位人数:5700
质量体系:ISO 9001、ISO 14001
产品情况:(昌河牌、威旺牌)
SUV产品昌河Q7、Q35、Q25;轿车产品昌河A6、全新北斗星和经典北斗星系列;MPV产品昌河M70、M50S,威旺M60、M50F;微型货车产品福瑞达K系列;新能源产品北斗星E、北斗星X5E,威旺407EV以及K14B、A151发动机等十余款产品
出口情况:年出口爱迪尔、微型车8000辆

★汉腾汽车有限公司
地址:江西省上饶经济技术开发区远泉大道3号
邮编:341000
电话:0793/8655555、4006011001
网址:www.hantengauto.com
电子信箱:gjgjgj1314@126.com
法定代表人:王根党
产品情况:(汉腾牌)
SUV、MPV和轿车等系列乘用车型

★江西大乘汽车有限公司
地址:江西省抚州市钟岭大道318号
邮编:344000
电话:4006887070、13970487576
网址:www.jmcgl.com.cn
电子信箱:qdb@jmcgl.cn
法定代表人:吴潇
产品情况:(骐铃牌)
厢式运输车、多用途乘用车、皮卡等

山东省

★中国重汽集团济南商用车有限公司
地址:济南市天桥区无影山中路53号
邮编:250031
电话:0531/58062771、4001888666
传真:85582490
网址:www.cnhtc-sitrak.com
电子信箱:sycqhb@sinotruk.com
法定代表人:严文俊
质量体系:ISO/TS 16949
产品情况:(豪沃牌、汕德卡牌、斯达-斯太尔牌)
SITRAK品牌为高端品牌,包括C7H、C5H两个系列产品;STR品牌为中端品牌,包括金王子、D7B、M5G、大M5G系列产品,拥有涵盖重型货车、中型货车

★中国重汽集团济南卡车股份有限公司
地址:济南市党家庄南首
邮编:250116
电话:0531/85587586、58067001
传真:85587003
电子信箱:kache@sinotruk.com
法定代表人:于有德
产品情况:(豪沃牌、豪泺牌、斯达-斯太尔牌、汕德卡牌)
重型载货汽车、自卸车、牵引车、厢式运输车、仓栅式运输车、混凝土搅拌运输车等各类专用车、汽车底盘,牵引车、洗井车、篷式运输车、载货车、牵引车、特种作业车底盘、罐式气力吸排车

★中国重汽集团济南特种车有限公司
地址:济南市槐荫区济兖公路583号
邮编:250117
电话:0531/58062787、85582787
传真:85582831
电子信箱:tezhongche@sinotruk.com
法定代表人:云清田
质量体系:GJB 9001A
产品情况:(HOWO牌、斯达-斯太尔牌)
威泺30工程勇士、威泺长头牵引车、HOVA矿用自卸车、HOVA低速牵引车、4X4全驱车、6X6全驱车、8X8全

驱车
出口情况：远销非洲、南美洲、中东、东南亚、俄罗斯等国家和地区

★ 中国重型汽车集团有限公司

地址：济南市高新区华奥路777号
邮编：251010
电话：0531/58062114
网址：www. cnhtc. com. cn
法定代表人：谭旭光
负责人：蔡东
单位人数：23000
质量体系：ISO 9001
产品情况：（豪沃牌、黄河牌、豪瀚、汕德卡牌、斯太尔牌、威泺牌）

各种载重汽车、特种汽车、客车和专用车及发动机、变速器、车桥等总成和汽车零部件

出口情况：全球设立了72个海外代表和办事机构，在90多个国家有263个经销商，覆盖非洲、中东、拉丁美洲、中亚、俄罗斯、东南亚等发展中国家和地区，主要新型经济体、金砖国家、澳大利亚、爱尔兰、新西兰，以及中国香港、中国台湾等地区

☞ 详细情况请参阅彩色宣传版面

★中通客车控股股份有限公司

地址：山东省聊城市黄河路261号
邮编：252000
电话：0635/8321076、4007608000
传真：8322600
网址：www. zhongtong. com
电子信箱：1521341275@ qq. com
法定代表人：李树朋
负责人：孙庆民
单位人数：5000
质量体系：ISO 9001
产品情况：（中通牌）

5.5～18m的公路客车、城市公交客车、旅游客车、团体客车及纯电动客车、混合动力客车、铰接式城市客车、小学生校车、客车底盘等

出口情况：远销海外80多个国家和地区

★山东时风商用车有限公司

地址：山东省高唐县汇鑫路2号
邮编：252800
电话：0635/3992845、3953153
传真：3992845
电子信箱：1992dcc@ 163. com
法定代表人：林连华
质量体系：ISO 9001
产品情况：（时风牌）

自卸汽车、厢式运输车、轻型载货汽车、仓栅式运输车、汽车底盘等

★山东时风（集团）有限责任公司

地址：山东省高唐县时风路1号
邮编：252800
电话：0635/3953153、3950889
网址：www. shifeng. com. cn
电子信箱：sfjtpgz@ 163. com
法定代表人：刘成强
质量体系：ISO 9001、ISO 14000
产品情况：（时风牌）

农用汽车、轻型货车、电动汽车、拖拉机、发动机、轮胎等

出口情况：远销美国、墨西哥、阿尔巴尼亚等50多个国家

★山东唐骏欧铃汽车制造有限公司

地址：山东省淄博市淄川经济开发区
邮编：255130
电话：4006519308
网址：www. tjolauto. com
电子信箱：cbbgs@ 126. com
法定代表人：薛兴震
单位人数：3000
质量体系：ISO 9001、ISO 14001
产品情况：（唐骏牌、欧铃牌、轻骑牌、泰山牌）

货车、自卸车、电动专用车、洒水车、车厢可卸式垃圾车等专用车

出口情况：出口东南亚、中美洲、南美洲、非洲、中东、东欧等20多个国家和地区

★山东东方曼商用车有限公司

地址：山东省东营市东营区府前大街3号
邮编：257091
电话：0546/7086360
电子信箱：tlzhouzhou@ 163. com
法定代表人：朱金星
产品情况：（迈迪牌）

迈迪系列电动轿车等高速、低速电动车，威斯曼系列纯电动乘用车，东方曼系列轻型载货汽车等

★东营迈迪汽车有限公司

地址：山东省东营市东营区潍河路21号
邮编：257092
电话：0546/7768777
传真：7768777
网址：eastmauto. com
电子信箱：239038819@ qq. com
法定代表人：高海宾
产品情况：（东方曼牌）

纯电动售货车等，具有年产电动汽车10万辆、轻型货车5万辆的研发验证能力和综合生产能力

★山东吉海新能源汽车有限公司

地址：山东省东营市广饶县乐安大街1719号
邮编：257336
电话：0546/7729300、18661375071
传真：7729320
网址：www. jihaiqiche. cn
电子信箱：zonghe@ mengdegroup. com
法定代表人：高海涛
质量体系：ISO 9001
产品情况：（吉海牌）

各类轻型载货汽车及底盘、纯电动载货汽车、纯电动厢式运输车、纯电动仓栅式运输车、纯电动邮政车、压缩式垃圾清运车、车载修井机等

出口情况：出口美国、秘鲁、尼日利亚、越南、意大利等国家

★ 北汽福田汽车股份有限公司诸城奥铃汽车厂

地址：山东省诸城市经济开发区福田工业园
邮编：262200
电话：0536/6171656、4008988977
传真：6171888
网址：forland. foton. com. cn
电子信箱：ningxin@ foton. com. cn
法定代表人（负责人）：王术海
质量体系：ISO 9001
产品情况：（时代汽车牌、瑞沃牌、福田金刚牌、福田骁运牌）

产品涵盖微型货车、轻型货车、中重型货车全系列货车产品

出口情况：年出口时代汽车、奥铃汽车3万辆，主要出口俄罗斯及周边国家、印度、巴西、东南亚、中东、北非等国家和地区

☞ 详细情况请参阅彩色宣传版面

★山东凯马汽车制造有限公司

地址：山东省寿光市东环路5888号
邮编：262703
电话：0536/5202820
传真：5202823
网址：www. kamaqc. com
电子信箱：kama2820@ 163. com
法定代表人：董伟涛
单位人数：3000
质量体系：ISO/TS 16949
产品情况：（凯马牌、聚宝牌、奥峰牌）

微型、轻型、中重型载货汽车以及皮卡、专用车、新能源汽车六大系列

出口情况：出口东南亚、中东、南美洲、非洲等地区

★上汽通用东岳汽车有限公司

地址：山东省烟台市经济开发区长江路118号
邮编：264006
电话：0535/6966666、6966822
传真：6398300
网址：www. shanghaigm. com
法定代表人：玛丽·博拉
质量体系：ISO/TS 16949、ISO 14001
产品情况：［雪佛兰（CHEVROLET）牌、别克（BUICK）牌］

雪佛兰乐骋、乐风、景程轿车、别克轿车

★山东汽车制造有限公司

地址：山东省莱阳市经济开发区富山路

99 号
邮编:265200
电话:0535/7997150、7997888
传真:7997888
电子信箱:sacauto@ yeah. net
法定代表人:薛峰
产品情况:(青年曼牌、燕台牌)
各种半挂车、混凝土搅拌运输车、随车起重运输车、厢式车、畜禽运输车、越野载货汽车、载货汽车及底盘、自卸车及底盘、专用车、运输专用车、仓栅式运输车、翼开启厢式车、自卸式运输车、冷藏车

★一汽解放青岛汽车有限公司
地址:山东省青岛市青岛汽车产业新城解放大道 100 号
邮编:266043
电话:4006978099
网址:truck. faw. com. cn
法定代表人:王瑞健
质量体系:ISO 9000、ISO 14001
产品情况:(解放牌、琴岛牌)
主要生产 JH6、J6F、V 系列产品,年产能 10 万辆
出口情况:出口南非、伊朗、越南等 30 多个国家和地区

★中国重汽集团青岛重工有限公司
地址:山东省青岛市高新技术产业开发区锦荣路 369 号
邮编:266111
电话:0532/68681519、84962291
网址:www. cntruck. com
电子信箱:sales@ qdstc. com
法定代表人:于有德
单位人数:1500
质量体系:ISO/TS 16949、ISO 14001
产品情况:(青专牌)
自卸车、半挂车、混凝土搅拌车、粉粒物料运输车、钢厂专用车、扫路车、清洗车、飞机牵引车、军用特种车,自卸车液压举升系统零部件
出口情况:出口东南亚、中东、非洲、南美洲等地区

河南省

★海马汽车有限公司
地址:郑州市航海东路 1689 号第十七大街
邮编:450016
电话:0371/67399577
传真:65372083
网址:www. haima. com
电子信箱:kfgl@ haimazz. sina. net
法定代表人:孙忠春
单位人数:5000
质量体系:ISO/TS 16949、QS 9000
产品情况:(海马牌、小鹏牌)
海马 M6、M3、S5、海马爱尚等产品系列,小鹏牌纯电动轿车
出口情况:出口阿尔及利亚、菲律宾

★海马新能源汽车有限公司
地址:郑州市经济技术开发区航海东路 1689 号
邮编:450016
电话:0371/58622611、62036015
网址:www. haima. com
电子信箱:zhanghl01@ haima. com
法定代表人:孙忠春
质量体系:ISO/TS 16949、QS 9000
产品情况:(奥路卡牌、海马牌)
爱尚 EV、海马@3 纯电动中级轿车和荣达 EV 物流车,多用途乘用车等

★郑州日产汽车有限公司
地址:郑州市郑东新区莲湖路 3 号
邮编:450046
电话:4006999766
网址:www. zznissan. com. cn
法定代表人:周先鹏
负责人:秦轩辕
单位人数:3710
质量体系:ISO/TS 16949
产品情况:[东风牌、日产(NISSAN)牌]
锐骐 6、锐骐 2018 款、纳瓦拉、NV200、帅客、MX5、MX6、全新途达、帅客纯电动乘用车、锐骐纯电动系列、锐骐单排皮卡、警用车系列、工程系列车、底盘系列车
出口情况:以拉丁美洲、中东、非洲地区为重点销售市场,在马来西亚等国家合作建立 5 个 KD 组装工厂,产品畅销世界 50 多个国家和地区

★郑州宇通客车股份有限公司
地址:郑州市管城区宇通路宇通工业园
邮编:450061
电话:0371/66718999、4006596666
网址:www. yutong. com
电子信箱:sales@ yutong. com
法定代表人:汤玉祥
负责人:牛波
单位人数:6140
质量体系:ISO/TS 16949
产品情况:(宇通牌、凯伦宾威牌)
形成了 5 ~ 18m,覆盖公路客运、旅游、公交、团体、校车、专用客车、旅居车、冷藏车等各个细分市场
出口情况:远销古巴、委内瑞拉、俄罗斯、伊朗、沙特阿拉伯、法国、挪威、以色列、马其顿、美国等国家,并销往中国香港、中国澳门地区

★河南少林客车股份有限公司
地址:河南省荥阳市京城南路 001 号
邮编:450199
电话:4007227009
网址:www. shaolinbus. com
电子信箱:info@ shaolinbus. com
法定代表人:周聚民
产品情况:(少林牌)
大、中、轻型公路客车、城市客车、专用校车、新能源汽车、厢式运输车、旅居车及客车底盘等系列产品

★森源汽车股份有限公司
地址:河南省长葛市魏武路南段东侧
邮编:461500
电话:0374/6108187、6108196
传真:6108163
网址:www. cnbenma. com
电子信箱:xulm@ senyuanhi. com
法定代表人:楚金甫
单位人数:2800
质量体系:ISO 9001、ISO 14001
产品情况:(奔马牌)
具有年产专用汽车、电动汽车、中/轻型货车 30 万辆生产能力
出口情况:出口越南、缅甸、巴基斯坦、哈萨克斯坦等国家

★中国一拖集团有限公司
地址:河南省洛阳市建设路 154 号
邮编:471004
电话:0379/62799000、4000379488
网址:www. ytogroup. com
电子信箱:af@ yto. com. cn
法定代表人:赵剡水
质量体系:ISO 9001
产品情况:(东方红牌、福德牌)
工程车、重型货车、自卸车、微型货车、矿用车、环卫车、皮卡、农业机械等

★河南速达电动汽车科技有限公司
地址:河南省三门峡市经济开发区东区
邮编:472000
电话:0398/2771017
传真:2771017
网址:www. china - sdev. com
电子信箱:sdqcxs@ 126. com
法定代表人:李复活
质量体系:IATF 16949
产品情况:(速达牌、SD 牌)
SA01、SG01、SD01 纯电动轿车系列产品

湖北省

★东风雷诺汽车有限公司
地址:武汉市汉阳区汉阳大道 1118 号
邮编:430051
电话:4008008886
网址:www. dongfeng - renault. com. cn
法定代表人:李绍烛
产品情况:(东风雷诺牌)
雷诺 ESPACE、科雷傲、科雷嘉、雷诺卡缤、风朗、梅甘娜 R. S. 等 SUV、轿车、MPV、纯电动轿车产品

★东风本田汽车有限公司
地址:武汉市经济技术开发区车城东路 283 号
邮编:430056

电话:027/84286114
传真:84891840
网址:www. wdhac. com. cn
电子信箱:wdhacnet@ wdhac. com. cn
法定代表人:李绍烛
质量体系:ISO 9001
产品情况:[本田(HONDA)牌、思威(CR-V)牌、艾力绅(ELYSION)牌、杰德(JADE)牌、思铂睿(SPIRIOR)、思域(CIVIC)牌]

CR-V(思威)、CIVIC(思域)、SPIRIOR(思铂睿)、CIIMO(思铭)、ELYSION(艾力绅)、INSIGHT(音赛特)、JADE(杰德)、XR-V(炫威)、GREIZ(哥瑞)、GIENIA(竞瑞)等多种车型

★东风汽车股份有限公司

地址:武汉市经济技术开发区创业路136号
邮编:430056
电话:8008800899、4006234308
传真:027/84287988、84287982
网址:www. dfac. com
电子信箱:dfaczq@ dfac. com
法定代表人:丁绍斌
负责人:杨青
质量体系:ISO 9001、ISO 14001
产品情况:(东风牌、Nissan 牌、俊风牌)

全系列汽车品种从轻型货车、工程车、皮卡、特种车到 SUV、MPV、客车、轻型客车及底盘、旅居车;新能源汽车等
出口情况:出口俄罗斯、乌克兰、埃及、越南等国家

★东风汽车有限公司

地址:武汉市经济技术开发区东风大道10号
邮编:430056
电话:027/84283263、84283290
传真:84283757、84283619
网址:www. dfl. com. cn
电子信箱:dfl – od@ dfl. com. cn
法定代表人:竺延风
质量体系:ISO/TS 16949
产品情况:(东风牌、Nissan 牌、东风日产牌、启辰牌、英菲尼迪牌)

全系列商用车、全系列乘用车、零部件和汽车装备

★东风汽车集团有限公司

地址:武汉市经济技术开发区东风大道特1号
邮编:430056
电话:027/84285555
网址:www. dfmc. com. cn
电子信箱:wzgl@ dfmc. com. cn
法定代表人:竺延风
单位人数:166000
质量体系:ISO 9001
产品情况:(东风牌、华神牌、神宇牌、风神牌、特商牌、金卡牌、俊风牌)

涵盖全系列商用车、乘用车、新能源汽车、军车、关键汽车总成和零部件、汽车装备以及汽车相关业务

★ 神龙汽车有限公司

地址:武汉市经济技术开发区神龙大道165号
邮编:430056
电话:027/84299114、4008866688
传真:84290147、84896788
网址:www. dpca. com. cn
电子信箱:shenlong@ dpca. com. cn
法定代表人:安铁成
负责人:苏维彬
单位人数:6689
质量体系:ISO 9001
产品情况:(东风标致牌、东风雪铁龙牌)

东风雪铁龙 C4 世嘉、C4L、C5、C6、爱丽舍,东风标致 508、408、308、308S、301 系列轿车,东风标致 5008、4008、3008、2008、C3-XR、天逸、云逸 C4 系列 SUV
出口情况:出口伊朗、也门、欧洲等国家和地区

☞ 详细情况请参阅彩色宣传版面

★东风电动车辆股份有限公司

地址:武汉市开发区东风大道108号
邮编:430056
电话:027/84289808
传真:84289809
网址:www. dfev. com
电子信箱:dfev@ dfev. com
法定代表人:黄刚
产品情况:纯电动、混合动力、燃料电池等各种电动汽车以及新能源汽车核心零部件(整车控制器和 AMT 变速器控制器)的研发与生产

★湖北三环汉阳特种汽车有限公司

地址:武汉市武汉经济技术开发区沌阳大道266号
邮编:430056
电话:027/84298133、84893941
传真:82892506
网址:www. triring. cn
电子信箱:hante@ triring. cn
法定代表人:张志宏
质量体系:ISO 9000
产品情况:(汉阳牌)

生产各类特种汽车底盘、专用汽车及汽车列车,自制车架总成、驱动桥总成、底盘零部件

★东风汽车集团股份有限公司乘用车公司

地址:武汉市经济技术开发区东风大道1969号
邮编:430058
电话:027/84284000、4008806600
传真:84284099
网址:www. dfpv. com. cn
电子信箱:niexiuyu@ dfmc. com. cn
法定代表人:张祖同
负责人:刘洪
单位人数:1000
产品情况:(东风风神牌)

东风风神 AX3、A60、L60、AX7、A30、H30、H30CROSS

★湖北三江航天万山特种车辆有限公司

地址:湖北省孝感市北京路69号
邮编:432000
电话:0712/2357858、2359667
传真:2359679
网址:www. wstech. com. cn
电子信箱:wanshan_internet@ 163. com
法定代表人:郑家龙
质量体系:ISO 9001
产品情况:(万山牌)

特种越野车、WTW 系列重型平板运输车、自行式模块运输车、液压组合挂车、WS 系列商用车、矿用自卸车、冶金专用车、核心总成零部件等
出口情况:重型平板运输车及外延产品主要出口韩国、越南、印度、保加利亚、哈萨克斯坦、挪威、荷兰、乌克兰、马来西亚、巴林、新加坡、美国等国家

★东风襄阳旅行车有限公司

地址:湖北省襄阳市高新区车城湖北路19号
邮编:441004
电话:0710/3392849
传真:3392876
网址:www. dfxylxc. com
电子信箱:yinxiaofeng@ dfac. com
法定代表人:陈彬
负责人:祝云耀
单位人数:850
产品情况:(东风莲花牌、东风天翼牌、东风御风牌、东风俊风牌)

东风系列客车底盘和东风莲花公路客车、公交客车、东风校车、东风天翼新能源客车、东风御风多功能商用车等
出口情况:出口俄罗斯、乌克兰、伊朗、埃及、塞内加尔、秘鲁、苏丹

★程力汽车集团股份有限公司

地址:湖北省随州市南郊程力汽车工业园
邮编:441300
电话:0722/3801888、3815909
传真:3801777
网址:www. cljtsyc. com
电子信箱:89931884@ qq. com
法定代表人:程阿罗
单位人数:8000
质量体系:ISO 9001、ISO 14001
产品情况:(程力牌、程力威牌)

半挂车、冷藏车、清障车、洒水车、中重型货车及底盘等产品
出口情况:出口俄罗斯、新西兰、安哥拉等30多个国家和地区

★湖北新楚风汽车股份有限公司
地址:湖北省随州市曾都区交通大道789号恒天汽车工业园
邮编:441300
电话:0722/3307062、3307813
网址:www.hengtianqiche.com
法定代表人:刘先明
质量体系:ISO 9001
产品情况:(楚风牌)
中重型商用汽车(洒水车、教练车、牵引车、厢式运输车、仓栅式运输车、自卸车等)、客车、纯电动专用汽车
出口情况:出口朝鲜、越南、东南亚等国家和地区

★ 东风商用车有限公司

地址:湖北省十堰市车城路2号
邮编:442001
电话:0719/8222030
网址:www.dfcv.com.cn
法定代表人:李绍烛
负责人:杨青
单位人数:24000
质量体系:ISO/TS 16949
产品情况:(东风牌)
东风天龙、东风天龙KL、东风天锦、东风天锦KR、东风天龙KC、东风天龙旗舰
出口情况:出口东南亚、非洲、中亚
☞ 详细情况请参阅彩色宣传版面

★湖北三环专用汽车有限公司
地址:湖北省十堰市东环路123号
邮编:442012
电话:0719/8782079、8787808
传真:8781306
网址:www.sitom.com.cn
电子信箱:zhuanqi@triring.cn
法定代表人:高红卫
质量体系:ISO 9001、ISO 14001
产品情况:(十通牌、十征牌)
载货汽车及底盘、自卸车、仓栅式运输车、平头柴油半挂牵引车、牵引车、厢式运输车及底盘、自卸式垃圾车、教练车、运油车、下灰车、低密度粉粒物料运输车、随车起重运输车、洒水车等
出口情况:出口东南亚、南亚、中亚、非洲、中东、东北亚、南美洲等地区

★东风小康汽车有限公司
地址:湖北省十堰市东环路1号
邮编:442013
电话:0719/8310986、4008875551
网址:www.dfdongfeng.com.cn
电子信箱:251536489@qq.com
法定代表人:尤峥
单位人数:6000
质量体系:ISO/TS 16949
产品情况:(东风小康牌、东风牌)
主要从事东风风光品牌乘用车、智能汽车和东风小康品牌商用车的研发、生产,乘用车产品包括风光ix5、风光580、S560系列SUV、风光330、370系列MPV等
出口情况:出口欧洲、美洲、非洲、中东、东南亚等70多个国家和地区

★东风(十堰)特种商用车有限公司
地址:湖北省十堰市茅箭区东益大道6号
邮编:442021
电话:0719/8239043、8239235
传真:8239061、8238614
电子信箱:mawei@dfsv.com.cn
法定代表人:潘传政
质量体系:ISO 9001、ISO 14001
产品情况:(东风牌)
各类特种商用车底盘、专用消防车底盘、全系列天然气运输汽车、油田用车、森林用车、自卸汽车、大功率四驱/六驱/全驱汽车、专用起重机底盘等多种车型

★神河汽车有限公司
地址:湖北省十堰市郧阳区茶店镇大岭山村六组
邮编:442512
电话:0719/7580848、7580174
网址:www.hbshenhe.com
电子信箱:hbshenhe@163.com
法定代表人:金元生
产品情况:(金联达牌)
轻型货车及底盘等

★宜昌中兴汽车有限公司
地址:湖北省宜昌市猇亭区迎宾大道8号
邮编:443007
电话:0717/6575999、4001115199
传真:6067663
电子信箱:wingpan2003@163.com
法定代表人:骆雪东
产品情况:具有生产SUV、皮卡、轿车三大类型产品生产资质及能力

湖南省

★三一集团有限公司
地址:长沙市长沙县经济技术开发区星沙三一工业城
邮编:410100
电话:4009995318
网址:www.sany.com.cn
电子信箱:sany@sany.com.cn
法定代表人(负责人):唐修国
产品情况:(三一牌)
混凝土机械、筑路机械、挖掘机械、桩工机械、起重机械、非开挖施工设备、港口机械、风电设备等全系列产品
出口情况:出口110多个国家和地区,目前已在印度、美国、德国、巴西投资建设工程机械研发制造基地

★广汽三菱汽车有限公司
地址:长沙市经济技术开发区漓湘中路15号
邮编:410100
电话:4009773030
网址:www.gmmc.com.cn
电子信箱:service_gmmc@gmmc.com.cn
法定代表人:陈茂善
负责人:张跃赛
单位人数:2400
产品情况:[三菱牌、广汽(GAC)牌]
拥有欧蓝德、祺智(PHEV)、全新劲炫、新帕杰罗·劲畅、帕杰罗(进口三菱)等多款车型

★湖南猎豹汽车股份有限公司
地址:长沙市经济技术开发区泉塘街道漓湘东路9号
邮编:410100
电话:4000018000
传真:82881700
网址:www.leopaard.com
法定代表人:刘康林
单位人数:5700
产品情况:(猎豹牌)
猎豹系列越野车、皮卡、L多用途乘用车等汽车整车及相关零部件

★广汽菲亚特克莱斯勒汽车有限公司
地址:长沙市经济技术开发区映霞路18号
邮编:410100
电话:4008789999
传真:0731/89989800
网址:www.gacfca.com
电子信箱:callcenter@gacfiatauto.com
法定代表人:冯兴亚
负责人:Joseph John Ozdowy
单位人数:6000
质量体系:GB/T 19001、ISO 9001
产品情况:[吉普(JEEP)牌、菲亚特牌]
主要生产车型包括全新Jeep自由光、菲亚特菲翔和致悦

★长沙梅花汽车制造有限公司
地址:长沙市江背镇同心产业园
邮编:410135
电话:4008613331、4008713331
传真:0731/86290568
网址:www.meihuabus.com
电子信箱:1282085198@qq.com
法定代表人:张君伟
质量体系:ISO 9001
产品情况:(同心牌、同心金象牌)
智能型校车、客运公交车、厢式物流车、环卫专用车、道路清障车、易燃气体运输车及新能源汽车
出口情况:远销泰国、刚果、印度、马来西亚等多个国家和地区

★湖南恒润汽车有限公司
地址:湖南省湘潭经济技术开发区恒润高科产业园
邮编:411202
电话:0731/58308098

传真:58308088
网址:www. hengrunht. com
电子信箱:554873841@ qq. com
法定代表人:陈建平
产品情况:(恒润牌)
载货汽车及底盘,乘用车

★江南工业集团有限公司
地址:湖南省湘潭市湘潭县楠竹山镇
邮编:411207
电话:0731/58300687、58300707
电子信箱:jnmcng@ vip. sina. com
法定代表人:朱向军
质量体系:ISO 9000
产品情况:新能源装备、汽车整车及零部件系列

★湖南中车时代电动汽车股份有限公司
地址:湖南省株洲市国家高新技术开发区栗雨工业园五十七区
邮编:412007
电话:4001755678
传真:0731/28493788
网址:www. tev. csrzic. com
电子信箱:csrev@ csrev. net. cn
法定代表人:申宇翔
质量体系:ISO 9001
产品情况:(中国中车牌)
城市客车、混合动力客车、纯电动城市客车、混合动力城市客车、纯电动厢式运输车、电传动系统产品等

★湖南中联重科车桥有限公司
地址:湖南省津市市孟姜女大道800号
邮编:415400
电话:0736/4211331、4211363
传真:4210576、4201861
网址:www. zoomlion. com
电子信箱:hnqdpbdgm@ vip. 163. com
法定代表人:殷正富
质量体系:ISO 9001
产品情况:(邦乐牌、大汉牌)
汽车车桥、客车底盘、中型客车、城市公交车、旅游客车等

广东省

★广州广汽比亚迪新能源客车有限公司
地址:广州市从化区经济开发区明珠工业园明珠大道北6号
邮编:510430
电话:020/87868668、87868111
传真:87868808
电子信箱:li. jianhong@ gb – bus. com
法定代表人:陈汉君
质量体系:ISO 9001
产品情况:(骏威牌、广汽牌)
6~18m大、中、轻型客车,混合动力城市客车及底盘、纯电动城市客车,专用客车、汽车底盘、客车底盘、小学生校车
出口情况:出口亚洲、美洲、非洲、中东等多个国家和地区

★广州小鹏汽车科技有限公司
地址:广州市高新技术产业开发区科学城开源大道11号B7栋3楼
邮编:510530
电话:020/66806680、13560321780
传真:66806689
网址:www. xiaopeng. com
电子信箱:liangh@ xiaopeng. com
法定代表人:夏珩
产品情况:互联网电动车,搭载电动引擎+数据引擎

★广州汽车集团股份有限公司
地址:广州市天河区珠江新城兴国路23号广汽中心
邮编:510623
电话:020/83151139
传真:83150335
网址:www. gagc. com. cn
电子信箱:webmaster@ gac. com. cn
法定代表人:曾庆洪
负责人:冯兴亚
产品情况:(本田牌、丰田牌、羊城牌)
业务涵盖整车(汽车、摩托车)及零部件研发、制造、汽车商贸服务、汽车金融等

★ 广汽本田汽车有限公司

地址:广州市黄埔区广本路1号
邮编:510700
电话:8008308999
传真:020/82270620
网址:www. ghac. cn
法定代表人:李少
负责人:佐藤利彦
单位人数:7000
质量体系:ISO 9001
产品情况:[Honda牌、理念牌、Acura(讴歌)牌]
Honda品牌产品包括:雅阁(ACCORD)、冠道(AVANCIER)、奥德赛(ODYSSEY)、缤智(VEZEL)、凌派(CRIDER)、锋范(CITY)和飞度(FIT)等系列车型;理念(EVERUS)品牌产品包括:理念S1车型;Acura(讴歌)品牌产品包括:CDX、TLX-L、RDX车型以及进口车型
☞ 详细情况请参阅彩色宣传版面

★ 东风汽车有限公司东风日产乘用车公司

地址:广州市花都区风神大道8号
邮编:510800
电话:8008308899
网址:www. dongfeng – nissan. com. cn
电子信箱:customercare@ dfl. com. cn
法定代表人:埃尔顿·谷硕
负责人:陈昊
单位人数:19000
产品情况:(东风日产牌)
天籁、阳光、骐达、颐达、轩逸、骊威、玛驰、逍客、英菲尼迪、蓝鸟、启辰
☞ 详细情况请参阅彩色宣传版面

★ 广汽日野汽车有限公司

地址:广州市从化区明珠工业园宝珠大道1号
邮编:510930
电话:020/32328888
传真:32328100
网址:www. ghmcchina. com
法定代表人:陈汉君
负责人:保田俊朗
质量体系:ISO 9001
产品情况:[日野(HINO)牌]
主要生产日野牌重型货车和驱动桥等关键总成,其中重型货车产品包括牵引车、搅拌车底盘、厢式车整车及底盘、车辆运输车底盘
出口情况:2018年出口产品达到611辆
☞ 详细情况请参阅彩色宣传版面

★广州汽车集团乘用车有限公司
地址:广州市番禺区金山大道东路633号
邮编:511434
电话:020/39206615、4008136666
传真:39206605
网址:www. gacmotor. com
法定代表人:冯兴亚
负责人:吴松
单位人数:1800
产品情况:[传祺(Trumpchi)牌]
传祺GA4、GA5、GA6、GA8、GS4、GS5 Super、GS8、GS7、GS3及GM8等传统车型及GA5 PHEV、GA3S PHEV、GS4 PHEV、GE3等新能源车型
出口情况:已在中东、东南亚、东欧、非洲、美洲等五大板块14个国家成功布局

★广汽丰田汽车有限公司
地址:广州市南沙区市南大道8号
邮编:511455
电话:8008308888、4008308888
网址:www. gac – toyota. com. cn
法定代表人:吴松
负责人:鱼住吉博
单位人数:10029
质量体系:ISO 9001
产品情况:[丰田(TOYOTA)牌、广汽(GAC)牌]
C-HR、汉兰达、凯美瑞、凯美瑞运动、凯美瑞双擎、雷凌、雷凌双擎、致享、致炫、埃尔法、广汽ix4

★深圳东风汽车有限公司
地址:广东省惠州市大亚湾西区龙海一路96号
邮编:516083

电话:0755/27525261、4008088033
网址:www.sz-dfl.com
电子信箱:sales@sz-dfl.com
法定代表人:潘传政
质量体系:ISO 9001
产品情况:(东风牌)
　　主导产品为环卫专用车辆与设备、新能源车辆、特种结构专用车

★长安标致雪铁龙汽车有限公司
地址:广东省深圳市观澜街道观光路1226号
邮编:518110
电话:0755/23586103
传真:23587802
网址:www.capsa.com.cn
电子信箱:crm@ca-psa.com
法定代表人:朱华荣
负责人:蔡建军
单位人数:800
产品情况:(谛艾仕牌)
　　轿车、轻型商务车和多用途乘用车

★ 比亚迪汽车工业有限公司

地址:广东省深圳市坪山新区坪山横坪公路3001号
邮编:518118
电话:0755/89888888
传真:84202222
网址:www.byd.com.cn
电子信箱:bydauto@byd.com
法定代表人:王传福
单位人数:13000
质量体系:ISO 9001
产品情况:(比亚迪牌、腾势牌)
　　F3、F3R、F6、F0、G3、G3R、L3等传统燃油汽车,S8运动型硬顶敞篷跑车,高端SUV车型S6和MPV车型M6以及秦插电混动,F6DM、F3DM双模电动汽车和E5、E6纯电动汽车等
出口情况:在美国、欧洲、日本、韩国、印度等国家和地区以及中国台湾地区、中国香港地区设有分公司或办事处
☞ 详细情况请参阅彩色宣传版面

★深圳市五洲龙汽车股份有限公司
地址:广东省深圳市龙岗区龙岗街道办宝龙工业城103号
邮编:518116
电话:0755/89933333、4007002898
传真:89933019
网址:www.wzlmotors.cn
电子信箱:marketing@wzlmotors.com
法定代表人:张景新
质量体系:ISO 9001
产品情况:(五洲龙牌)
　　混合动力、纯电动、燃料电池、清洁燃料客车,同时还包括传统柴油客车及公交车系列和专用医疗车辆系列
出口情况:远销中东、拉丁美洲、非洲、亚太等地区的40多个国家

★深圳腾势新能源汽车有限公司
地址:广东省深圳市坪山新区比亚迪路3009号
邮编:518118
电话:0755/89930999、4000688080
传真:84627530
网址:www.denza.com
电子信箱:sales@denza.com
法定代表人:Hubertus Troska
产品情况:腾势纯电动汽车

★珠海广通汽车有限公司
地址:广东省珠海市金湾区(青湾工业园)金湖路16号
邮编:519015
电话:0756/8915082
传真:8915083
网址:gtqc.zhyle.com
法定代表人:赖信华
产品情况:(广通牌)
　　客车整车、纯电动城市客车及底盘、纯电动厢式运输车
出口情况:远销意大利、德国、马来西亚、印度、菲律宾、泰国、越南等国家并销往中国香港、中国澳门地区

★广东福迪汽车有限公司
地址:广东省佛山市南海区狮山科技工业园B区博爱东路
邮编:528225
电话:0757/81201038、81201004
传真:81201000
网址:www.fdqc.com
电子信箱:gdfdqc@163.com
法定代表人:叶青
单位人数:2000
质量体系:ISO 9001、ISO/TS 16949
产品情况:(福迪牌)
　　整车产品主要有福迪雄师皮卡系列和揽福SUV系列
出口情况:出口中东、东南亚、西亚、非洲、南美洲的许多国家和地区

广　西

★广西钦州力顺机械有限公司
地址:广西钦州市南珠东大街小江工业园
邮编:535099
电话:0777/2833379、2842038
传真:3608300
网址:www.lsjx.com.cn
电子信箱:jckb@lsjx.com.cn
法定代表人:曾志满
质量体系:ISO 9001
产品情况:(钦机牌)
　　越野自卸汽车及底盘、仓栅式运输车、自卸汽车及底盘等
出口情况:出口越南、马来西亚、柬埔寨、印度尼西亚、巴布亚新几内亚、印度、斯里兰卡、伊朗、几内亚、尼日利亚、塞拉利昂等国家

★广西华奥汽车制造有限公司
地址:广西贵港产业园石卡分园
邮编:537000
电话:0775/4298888
网址:www.guangxihuaao.com
法定代表人:陈立学
产品情况:(金华奥牌)
　　高级商务客车、全承载纯电动和插电式公交车、公务用车、低地板机场摆渡车和电动客车、纯电动厢式运输车、专用校车

★桂林客车发展有限责任公司
地址:广西桂林市苏桥经济开发区苏桥(工业)园广州街9号
邮编:541000
电话:0773/6936608、6936601
传真:6932666
电子信箱:gkfz@gkfz.com.cn
法定代表人:李薇旻
质量体系:ISO 9001
产品情况:(五菱牌)
　　以幼儿校车、小学生校车为主,小型公交车、观光车、警务车等多种车型结合

★桂林客车工业集团有限公司
地址:广西桂林市苏桥经济开发区苏桥(工业)园广州街9号
邮编:541805
电话:0773/2252266、5852160
传真:5852163
电子信箱:kcjtbgs@163.com
法定代表人:张建荣
产品情况:(桂林牌、五菱牌)
　　6~11m客车,6~12m城市和城乡公交车,8~12m包括液压混合动力、柴电混合动力、纯电动等全系列、多样化新能源客车,6~9m专用校车

★ 东风柳州汽车有限公司

地址:广西柳州市屏山大道286号
邮编:545005
电话:4008877668、4008877669
传真:0772/3281167
网址:www.dflzm.com.cn
电子信箱:rsggyx@dflzm.com
法定代表人:尤峥
负责人:宣颖
单位人数:5000
质量体系:ISO 9001
产品情况:(乘龙牌、霸龙牌、风行牌、东风牌)
　　霸龙507、乘龙609系列商用车,风行菱智、风行景逸多功能乘用车,载货车、汽车底盘、各类专用车、自卸车、各类运输车、牵引汽车、邮政车,纯电动多用途乘用车、纯电动厢式运输车等
出口情况:出口东南亚、中东、北非、南美洲
☞ 详细情况请参阅彩色宣传版面

★ 上汽通用五菱汽车股份有限公司

地址:广西柳州市河西路 18 号
邮编:545007
电话:4008895050、4008612345
传真:0772/3711150
网址:www. sgmw. com. cn
电子信箱:sales@ sgmw. com. cn
法定代表人:陈虹
负责人:沈阳
单位人数:16000
质量体系:ISO 9001
产品情况:(五菱牌、雪佛兰牌、宝骏牌)

五菱宏光紧凑型商务车,五菱之光、五菱荣光、五菱鸿途、五菱兴旺系列微型客车,雪佛兰乐驰、宝骏系列轿车,五菱小旋风、五菱 PN 系列微型货车,客车,双排座货车及底盘,货车及底盘,多用途乘用车,轿车,B 系列、P-TEC 发动机

出口情况:商用车出口亚洲、美洲、非洲,约 4000 台/年

☞ 详细情况请参阅彩色宣传版面

★ 广西汽车集团有限公司

地址:广西柳州市河西路 18 号五菱大厦
邮编:545007
电话:0772/3750212、3750442
传真:3750018
网址:www. wuling. com. cn
电子信箱:lzwl@ wuling. com. cn
法定代表人:韦宏文
质量体系:ISO/TS 16949
产品情况:(五菱牌、五菱柳机牌)

主要生产 19 座以下小学及幼儿校车、公路公交、轻型客车、观光车,改装车和警务巡逻车等

出口情况:出口美国、越南、南非、缅甸等 10 多个国家

☞ 详细情况请参阅彩色宣传版面

海南省

★一汽海马汽车有限公司

地址:海口市金盘工业区
邮编:570216
电话:0898/66820333
传真:66820505
网址:www. haima. com
电子信箱:support@ haima. com
法定代表人(负责人):卢国纲
单位人数:3600
质量体系:ISO/TS 16949
产品情况:(海马牌)

2018 款海马 S5、二代海马 S5、海马 S5 青春版、海马 M6、海马 M3、福美来 F7、福美来 F5、2017 款海马 S7、爱尚 EV、海马@ 3、普力马 EV、海马 E 系列产品

重庆市

★重庆金康新能源汽车有限公司

地址:重庆市江北区福生大道 229 号
邮编:400021
电话:023/88561723
法定代表人:马剑昌
产品情况:纯电动物流商用车等

★ 重庆长安汽车股份有限公司

地址:重庆市江北区建新东路 260 号
邮编:400023
电话:023/67595159、67591025
传真:67870261
网址:www. changan. com. cn
电子信箱:gx221012@ autoinfo. gov. cn
法定代表人:张宝林
负责人:朱华荣
单位人数:90000
质量体系:ISO 9001
产品情况:(长安牌)

CX30、CX20、悦翔、奔奔 MINI、奔奔 LOVE 系列轿车,杰勋 MPV,长安之星、长安星光系列微型客车,小型商用车、载货汽车及底盘、大中型客车,纯电动车、混合动力车等新能源汽车,仓栅式运输车、囚车、发动机等

出口情况:出口亚洲、非洲、北美洲、欧洲等地区

☞ 详细情况请参阅彩色宣传版面

★重庆小康工业集团股份有限公司

地址:重庆市沙坪坝区金桥路 61 - 1 号
邮编:400037
电话:023/89095666、89095683
传真:89091666
电子信箱:gsbgs@ sokon. com
法定代表人:张兴海
质量体系:ISO/TS 16949
产品情况:(渝安牌、东风小康牌、小康动力牌、新感觉牌)

已具备年产微型汽车 50 万辆、汽车发动机 50 万台、摩托车 30 万辆的生产能力

★重庆力帆乘用车有限公司

地址:重庆市沙坪坝区上桥张家湾 60 号
邮编:400037
电话:023/61663000
传真:61663588
法定代表人:王海彬
产品情况:(力帆牌)

纯电动轿车、两用燃料轿车、轿车

出口情况:出口美国、德国、法国、意大利、墨西哥、俄罗斯、伊朗、伊拉克、乌拉圭、埃塞俄比亚、阿塞拜疆、越南等国家

★庆铃汽车股份有限公司

地址:重庆市九龙坡区中梁山协兴村 1 号
邮编:400052
电话:023/65262233、65262277
传真:68830397
网址:www. qingling. com. cn
电子信箱:qinglingqc@ 163. com
法定代表人(负责人):罗宇光
单位人数:5000
质量体系:QS 9000
产品情况:(五十铃牌、庆铃牌)

载货汽车、皮卡、多功能越野车、混凝土搅拌运输车、混凝土泵车、罐式车、消防车、厢式运输车、冷藏车、仓栅式运输车、警用车、旅居车等专用改装车,发动机及其他汽车零部件

出口情况:出口日本、欧洲、美洲等国家和地区

★ 庆铃汽车(集团)有限公司

地址:重庆市九龙坡区中梁山协兴村 1 号
邮编:400052
电话:023/65262233
网址:www. qingling. com. cn
法定代表人:杜卫东
产品情况:(五十铃牌)

轻、中、重型全系列商用车、柴油发动机、汽油发动机

☞ 详细情况请参阅彩色宣传版面

★重庆理想智造汽车有限公司

地址:重庆市北碚区蔡家岗镇凤栖路 12 号
邮编:400707
电话:023/61663000、4000601777
网址:www. lifan. com
法定代表人:沈亚楠
单位人数:1000
质量体系:ISO 9001
产品情况:(力帆牌)

5 ~ 8m 普通客车及中、高档豪华客车,干/湿式厢式商用车,客货厢式商用车,载货汽车及底盘、指挥车、载货汽车、救护车、厢式运输车、短头乘用车

出口情况:出口哈萨克斯坦、尼日利亚、智利、吉尔吉斯斯坦、越南、缅甸、老挝等多个国家

★力帆实业(集团)股份有限公司

地址:重庆市北碚区蔡家岗镇凤栖路 16 号
邮编:400707
电话:023/61663000、4000601777
传真:61663777
网址:www. lifan. com
电子信箱:mail@ lifan. com
法定代表人:牟刚
单位人数:11116
质量体系:ISO 9001
产品情况:(力帆牌)

力帆 320、力帆 620、力帆 520、力帆 520i 轿车,力帆 X60SUV,纯电动轿车,电动两轮摩托车,电动正三轮摩托车

出口情况:出口美国、德国、法国、意大利、墨西哥、俄罗斯、伊朗、伊拉克、乌拉

圭、埃塞俄比亚、阿塞拜疆、越南等国家

★重庆长安新能源汽车有限公司
地址:重庆市渝北区双凤桥街道丹湖路9号1幢
邮编:401120
电话:023/67921700、67591700
电子信箱:nev@ changan. com. cn
法定代表人:刘波
产品情况:奔奔 MINI 纯电动轿车、长安志翔油电弱/中度混合动力轿车、纯电动 C303、电动观光车等新能源汽车

★重庆恒通客车有限公司
地址:重庆市渝北区翔宇路888号
邮编:401120
电话:023/67189200
传真:67189208
网址:www. hengtongbus. com
电子信箱:bgs@ hengtongbus. com
法定代表人:王元建
单位人数:1070
质量体系:ISO/TS 16949
产品情况:(恒通牌、恒通客车牌)
城市客车、铰接客车、燃气客车、混合动力城市客车、纯电动城市客车、小学生校车,客车底盘、混合动力客车底盘
出口情况:出口泰国、菲律宾、孟加拉国、文莱、阿尔及利亚、马拉维、莫桑比克、秘鲁、南非、哈萨克斯坦等20多个国家

★ 长安福特汽车有限公司

地址:重庆市北部新区金山大道666号
邮编:401122
电话:023/67458888
传真:67458910
网址:www. ford. com. cn
法定代表人:张宝林
负责人:何俊杰
质量体系:ISO 9001、ISO 14001
产品情况:[福特牌、福克斯(FOCUS)牌、翼虎(KUGA)牌、翼搏(ECOSPORT)牌]
福特蒙迪欧-致胜、福克斯、S-MAX、嘉年华、翼搏、翼虎、锐界、探险者、TT
☞ 详细情况请参阅彩色宣传版面

★上汽依维柯红岩商用车有限公司
地址:重庆市北部新区金山大道黄环北路1号
邮编:401122
电话:4008117766、8008071166
传真:023/63112316
网址:www. sih. cq. cn
电子信箱:sihwebsite@ sih. cq. cn
法定代表人:蓝青松
负责人:楼建平
单位人数:3500
质量体系:ISO 9001
产品情况:(红岩牌)
红岩杰狮、红岩杰卡、红岩金刚等
出口情况:出口东南亚、中东、非洲、南美洲等30多个国家和地区

★ 重庆长安铃木汽车有限公司

地址:重庆市巴南区鱼洞镇
邮编:401321
电话:023/66288623、8008077988
传真:66280283
网址:www. changansuzuki. com
电子信箱:webmaster@ changansuzuki. com
法定代表人:张宝林
负责人:周波
单位人数:4700
质量体系:ISO/TS 16949、QS 9000
产品情况:(长安铃木牌、长安牌)
维特拉、启悦、锋驭、天语 SX4、雨燕、新奥拓等6个车型,G、M、K 3个发动机机型,现已具备年产35万辆整车和35万台发动机的生产能力
☞ 详细情况请参阅彩色宣传版面

★华晨鑫源重庆汽车有限公司
地址:重庆市九龙坡区含谷镇鑫源路8号
邮编:401329
电话:023/81152664、4001856789
网址:www. jinbeicq. com
电子信箱:13896640931@ 163. com
法定代表人:龚大兴
产品情况:(鑫源牌、斯威牌)
微客系列(金杯小海狮 X30、金杯新海狮 X30L)、单双排微卡(金杯 T20/T22、金杯 T30/ T32、金杯 T50/T52);MPV、SUV 等多功能车

★北汽银翔汽车有限公司
地址:重庆市合川区土场镇银翔新城银翔大道301号
邮编:401520
电话:023/81660566、42661366
网址:www. baicyx. com
电子信箱:baicyx@ baicyx. com
法定代表人:李凌日
单位人数:10000
产品情况:(北京牌)
幻速系列 SUV、MPV 及新能源汽车;KENBO 系列威旺 205、206,货厢车、贩卖车、冷藏车等

★重庆比速汽车有限公司
地址:重庆市合川区土场镇银翔新城银翔大道206号
邮编:401533
电话:4001799666
网址:www. bisu - auto. com
法定代表人:孟文庆
质量体系:ISO 9001
产品情况:(比速牌)
比速 M3、比速 T3、比速 T5 等

★潍柴(重庆)汽车有限公司
地址:重庆市江津区双福新区潍柴路2号
邮编:402260
电话:023/65313208、4006086333
网址:www. weichaimotor. com
电子信箱:callcenter@ weichaimotor. com
法定代表人:韩黎生
产品情况:(英致牌、渝州牌)
紧凑型 SUV 英致 G3、七座家庭商务舱英致 737、七座宽大型商务车英致 727、七座宽大型 SUV 英致 G5、纯电动厢式运输车等

★重庆长安跨越车辆有限公司
地址:重庆市万州区申明北路77号
邮编:404000
电话:023/89119998、85777768
传真:89116371
网址:www. caky. com. cn
电子信箱:jszx@ caky. com. cn
法定代表人(负责人):韩鸣
单位人数:1800
质量体系:ISO 9001
产品情况:(长安牌)
长安新豹 T3、长安新豹 MINI、长安跨越者、长安跨越王 X3、长安 V5 面包车、新微客 V3、皮卡车等载货汽车、微型客车、专用汽车
出口情况:出口美国、俄罗斯、巴基斯坦、叙利亚、孟加拉国、越南等国家

四川省

★中植一客成都汽车有限公司
地址:成都市经济技术开发区(龙泉驿区)汽车城大道111号
邮编:610045
电话:028/65085059、65085091
网址:www. zzykcd. com
电子信箱:392483005@ qq. com
法定代表人:余润
单位人数:500
产品情况:(中植汽车牌)
城市客车、纯电动城市客车、纯电动客车及底盘、纯电动厢式运输车等

★中植新能源汽车有限公司
地址:成都市经济技术开发区(龙泉驿区)汽车城大道111号
邮编:610045
电话:028/84874849、84868892
网址:www. zevauto. com
电子信箱:yuf@ kasun. cn
法定代表人:陈汉康
产品情况:纯电动旅游班车、纯电动公交车、纯电动物流车、纯电动房车、纯电动机场摆渡车

★四川野马汽车股份有限公司
地址:成都市经济技术开发区北京路625号
邮编:610100

电话:028/65987916、4006285999
网址:www.yemaauto.cn
电子信箱:ymqcscb@163.com
法定代表人:安舟
质量体系:ISO 9001
产品情况:(野马牌)
SUV、MPV;新能源乘用车、客车、物流车
出口情况:F10 及 F12 出口秘鲁,F12 出口伊拉克

★四川一汽丰田汽车有限公司
地址:成都市经济技术开发区经开区南三路 222 号
邮编:610100
电话:028/88435000、88435012
传真:88435018
网址:www.sftm.com.cn
电子信箱:zhengmin@sftm.com.cn
法定代表人:王刚
质量体系:ISO 9001、ISO 14001
产品情况:[丰田(TOYOTA)牌、柯斯达牌]
柯斯达系列中型客车,普拉多、兰德酷路泽系列越野车,普锐斯混合动力轿车、轻型客车

★明君汽车产业股份有限公司
地址:成都市龙泉驿经济技术开发区汽车城大道 116 号 4 楼
邮编:610100
电话:4008753766、13541322075
网址:www.mingjunauto.com
电子信箱:mjqc@mingjunauto.com
法定代表人:朱立新
单位人数:3000
产品情况:(华凯牌)
SUV,皮卡,轻、中、重型货车;飞机压力加油车、运输加油车、供水洒水车、垃圾车、建筑工程车和军队方舱等专用车;变速器、取力箱、汽车齿轮、转向节、风扇离合器、汽车标牌、汽车部件铸造件、金属结构冲压焊接件等汽车零部件;汽车工艺装备产品;新能源专用车

★成都大运汽车集团有限公司
地址:成都市经济技术开发区(龙泉驿)车城东七路 388 号
邮编:610105
电话:028/69929118、69063378
传真:69929001
网址:www.cddayun.com
法定代表人:远勤山
单位人数:2000
质量体系:ISO 9001
产品情况:(川交牌、大运牌)
各类轻、中、重型柴油载货汽车、新能源客车及物流车、LNG 清洁能源货车、市政环保专用车等
出口情况:出口东南亚、非洲、拉丁美洲等地区

★中国重汽集团成都王牌商用车有限公司
地址:成都市青白江区弥牟镇长城路 8 号
邮编:610300
电话:028/83678009、4008978899
网址:www.wangpai.cn
电子信箱:wangpai@wangpai.cn
法定代表人:靳文生
质量体系:ISO 9001
产品情况:(王牌牌)
自卸式工程车、公路运输车、特种专用车、新能源纯电动车、低速货车 5 大产品系列
出口情况:出口东南亚、南美洲、非洲等 20 多个国家和地区

★成都客车股份有限公司
地址:成都市郫都区红光镇成灌路西段 1098 号
邮编:611730
电话:028/87987888
传真:87980466
网址:www.shudubus.com
电子信箱:marketcdbus@126.com
法定代表人:王容坤
质量体系:ISO 9001
产品情况:(蜀都牌)
城市客车、公路旅游客车、专用校车、新能源客车、天然气客车和新能源客车、燃气客车、纯电动、气电混合以及 LNG 增程式电动客车等
出口情况:出口南美洲等海外市场

★四川江淮汽车有限公司
地址:四川省遂宁市安居区工业集中区汽配产业园
邮编:629000
电话:0825/8669595
电子信箱:379694625@qq.com
法定代表人:佘才荣
产品情况:(江淮牌)
越野载货汽车及底盘、自卸汽车及底盘、仓栅式运输车、城市客车等

★吉利四川商用车有限公司
地址:四川省南充市嘉陵区嘉南路一段 180 号
邮编:637000
电话:0817/7103688、4000817222
网址:www.geelysc.com
电子信箱:dfncxxzx@163.com
法定代表人:周建群
质量体系:ISO/TS 16949
产品情况:(东风牌、嘉龙牌、远程牌)
新能源及清洁能源商用车和动力总成
出口情况:出口海外多个国家和地区

★四川现代汽车有限公司
地址:四川省资阳市雁江区城南工业集中发展区现代大道
邮编:641300
电话:028/26119003、18328266619
网址:www.schmc.com.cn
电子信箱:86803609@schmc.com.cn
法定代表人:孙振田
负责人:金时平
产品情况:(南骏牌、现代牌、致道牌、康恩迪牌)
具有年产重/中/轻型货车 16 万辆,大、中、轻型客车 1 万辆,重型发动机 2 万台的能力

★四川南骏汽车集团有限公司
地址:四川省资阳市雁江区南骏大道南骏汽车工业园内
邮编:641300
电话:028/26200888、26182908
网址:www.nanjunauto.com
电子信箱:xszh@nanjunauto.com
法定代表人:孙振田
质量体系:ISO 9001
产品情况:(南骏牌)
轻型载货汽车及底盘、厢式运输车、自卸汽车及底盘、仓栅式运输车、车厢可卸式垃圾车、纯电动厢式运输车
出口情况:远销东南亚、中亚、非洲、南美洲等十余个国家

★宜宾凯翼汽车有限公司
地址:四川省宜宾临港经济技术开发区临港大道 17 号企业服务中心 328 室
邮编:644005
电话:4006667777
网址:www.cowinhome.com
电子信箱:wangyan6@mychery.com
法定代表人:冯武堂
产品情况:(凯翼牌)
X5、X3、E3、V3、C3R 等智能互联汽车

云南省

★东风云南汽车有限公司
地址:昆明市嵩明县杨林经济技术开发区空港大道 6 号
邮编:651700
电话:0871/68181718
传真:68185157
法定代表人:罗元红
质量体系:ISO 9001
产品情况:(东风牌)
东风系列平头和长头轻、中、重型柴油、汽油类载货车、改装车、客车和客、货两用车、皮卡车以及汽车底盘,纯电动厢式运输车等

★一汽红塔云南汽车制造有限公司
地址:云南省曲靖市南宁北路 368 号
邮编:655000
电话:0874/3140718、4008877168
网址:www.faw-hongta.com.cn
电子信箱:meizhong@fawgm.com.cn
法定代表人:徐晓剑

质量体系：ISO 9001
产品情况：（解放牌、蓝箭牌、一汽佳星牌）
解放公狮、霸铃、金铃及经典四大系列以及皮卡车、新能源汽车、专用车系列产品
出口情况：出口东南亚、美洲、中东等20多个国家和地区

★云南力帆骏马车辆有限公司
地址：云南省大理市凤仪镇创新工业园区
邮编：671005
电话：0872/2494959、2494973
电子信箱：937474091@qq.com
法定代表人：马伟亮
质量体系：ISO 9001
产品情况：（时骏牌、铂骏牌、格奥雷牌、凯沃达牌、斯卡特牌）
轻、中、重型载货汽车、自卸车、牵引车、平板车、厢式车、仓栅式车、混凝土搅拌运输车、载货车、各类运输车、电动车
出口情况：出口东南亚、南亚、西亚等地区

★北汽云南瑞丽汽车有限公司
地址：云南省瑞丽市畹町经济开发区畹江路99号
邮编：678500
电话：0692/6669770
网址：www.baicrl.com
电子信箱：hr@baicrl.com
法定代表人：董海洋
产品情况：（北京牌）
道达V8等多用途乘用车、多用途货车，纯电动多用途乘用车、纯电动运动型乘用车

贵州省

★贵州航空工业(集团)有限责任公司
地址：贵阳市经济技术开发区锦江路110号
邮编：550009
电话：0851/88317231、88317505
传真：88317214、88317298
电子信箱：bgs@avic-gzzc.com
法定代表人：余霄
质量体系：QS 9000、ISO 9001
产品情况：（云雀牌）
微型轿车、大型客车、环卫车、汽车及摩托车零部件

★贵州贵腾汽车有限公司
地址：贵州省安顺市经济技术开发区机场路7号
邮编：561000
电话：0851/33684451
网址：www.larkauto.com.cn
电子信箱：sales@larkauto.com.cn
法定代表人：高利
质量体系：ISO 9001
产品情况：（莲花牌）
云雀Q1轿车

★贵州航天成功汽车制造有限公司
地址：贵州省遵义市汇川区高科技工业园区内
邮编：563003
电话：0851/28611393、4008896661
传真：28611283
电子信箱：jiangming@sxcgjt.com
法定代表人：马国利
质量体系：ISO 9001
产品情况：（航天牌）
GHT1020系列货车和GHT6400系列微型客车、单排座载货汽车、双排座载货汽车、客车、多用途货车、纯电动封闭货车、客车底盘、多用途货车底盘、载货车底盘

陕西省

★金龙汽车(西安)有限公司
地址：西安市经济技术开发区泾渭新城西金路西段29号
邮编：710018
电话：029/68947818、4008282019
电子信箱：670459504@qq.com
法定代表人：黄书平
产品情况：校车、新能源公交车、公路客运车、旅游客车、轻型客车等

★西安西沃客车有限公司
地址：西安市闫良经济开发区
邮编：710089
电话：029/68013000、68013102
传真：68013070、68013073
电子信箱：li.ting@silverbus.com
法定代表人：王涛
产品情况：（沃尔沃牌、西沃牌）
客车、小学生专用校车、大型豪华旅游客车及底盘、大型卧铺客车及底盘
出口情况：出口俄罗斯、印度、马来西亚等国家，并销往中国香港地区

★陕西欧舒特汽车股份有限公司
地址：西安市高新区新型工业园锦业二路26号
邮编：710119
电话：029/68668698、68668596
传真：68668596
网址：www.eurostarbus.com.cn
电子信箱：eurostar1@163.com
法定代表人：刘玺斌
负责人：李绪民
质量体系：ISO/TS 16949、ISO 14001
产品情况：大型客车及其底盘
出口情况：出口沙特阿拉伯、伊朗、孟加拉国、加拿大、德国、乌克兰、俄罗斯、苏丹、泰国、智利等，并销往中国香港、中国澳门地区

★陕西汽车控股集团有限公司
地址：西安市经济技术开发区泾河工业园陕汽大道1号
邮编：710200
电话：029/86955555、4008809818
网址：www.sxqc.com
法定代表人：袁宏明
负责人：王延宏
单位人数：32000
质量体系：ISO 9001
产品情况：（陕汽牌、华山牌、斯达-斯太尔牌）
主要生产重型军用越野车、重型货车、中轻型货车、大中型客车、微型车、重微型车桥、康明斯发动机及其零部件及相关的汽车服务贸易和汽车金融业务
出口情况：出口欧洲、非洲、亚洲等90多个国家和地区

★陕西通家汽车股份有限公司
地址：陕西省宝鸡市高新大道172号
邮编：721013
电话：0917/3370808
传真：3370800
网址：www.hsqc.com.cn
电子信箱：baohuagsb@126.com
法定代表人：张亦斌
质量体系：ISO 9001
产品情况：（陕汽牌、华山牌、国金汽车牌、通家福牌）
覆盖全系列商用车，包括重/中/轻型货车、新能源汽车、专用车等系列200多个品种
出口情况：出口俄罗斯、安哥拉、摩洛哥、越南、缅甸、老挝、哈萨克斯坦等10多个国家

甘肃省

★兰州知豆电动汽车有限公司
地址：兰州市兰州新区中川街西段4536号
邮编：730300
电话：18394187091
法定代表人：鲍文光
质量体系：ISO/TS 16949、ISO 14001
产品情况：（知豆牌）
城市微行纯电动轿车
出口情况：远销意大利、法国、西班牙、卢森堡、瑞士、土耳其、斯洛文尼亚等国家

新　疆

★新疆天山汽车制造有限公司
地址：乌鲁木齐市经济技术开发区融合南路688号
邮编：830009
电话：0991/8790093、3071771
电子信箱：xc198320@163.com

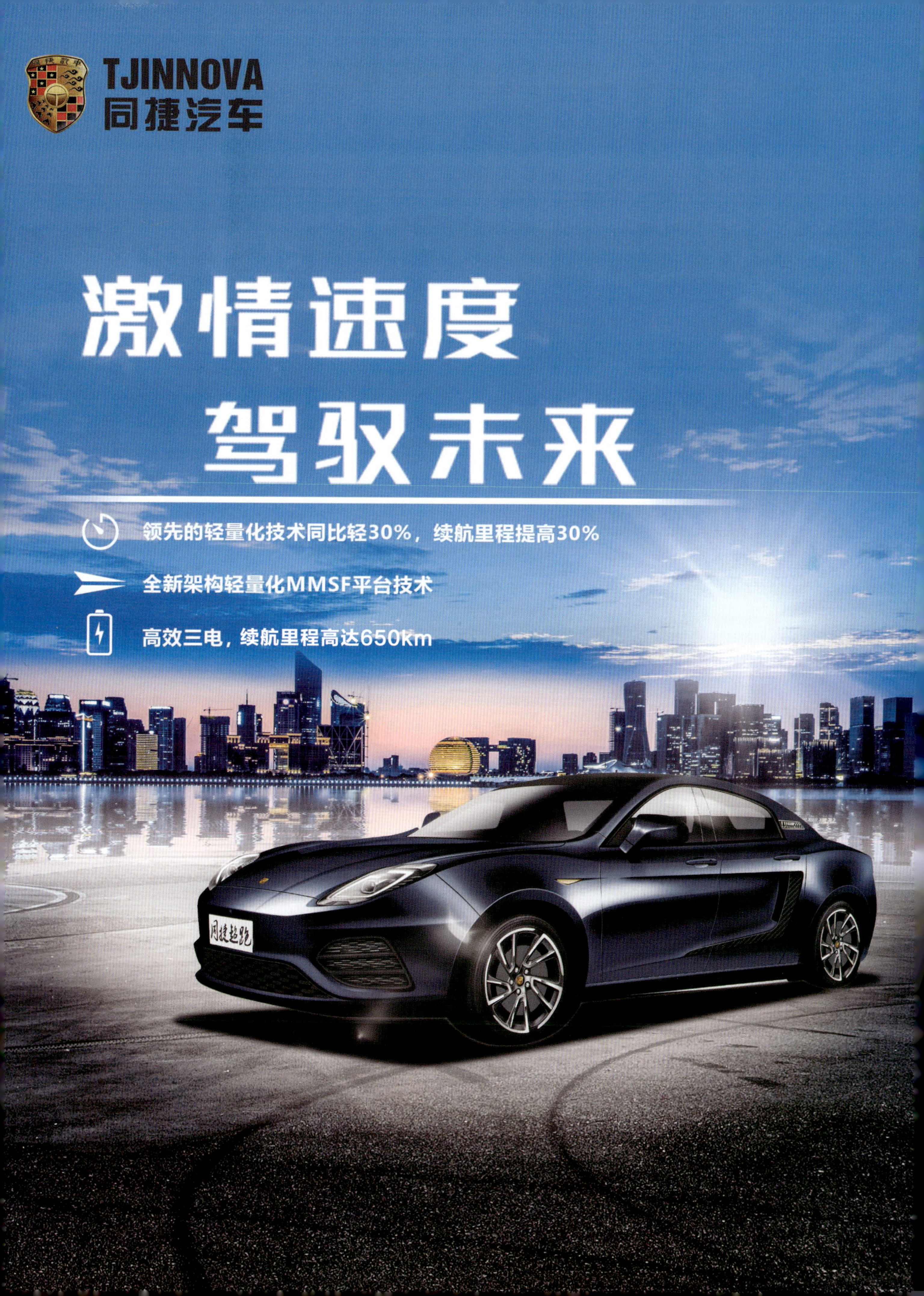
TJINNOVA
同捷汽车
激情速度
驾驭未来
领先的轻量化技术同比轻30%，续航里程提高30%
全新架构轻量化MMSF平台技术
高效三电，续航里程高达650km
同捷超跑

同级唯一全尺寸六座/七座大型SAV

创新BMW X7震撼上市 开创大型豪华SAV全新时代

- 宝马大步跨进“全新第一战略”第二发展阶段，创新BMW X7强势开启大型豪华车之年。
- BMW首款全尺寸运动型多功能车（SAV），开辟豪华新境，重塑细分市场。
- 霸气磅礴的全新豪华设计语言，完美诠释BMW X家族巅峰之作。
- 创新六/七座布局赋予车内宽敞空间，让每一位乘客都享受VIP贵宾级待遇。
- 独具前沿的数字化科技与丰富的智能驾驶辅助系统，带来前所未有的豪华智能出行体验。

2019年伊始，宝马集团扩大在中国市场的新产品投放，开启了“大型豪华车之年”，并在“全新第一战略”的指导下，不断加深在ACES（电动化、自动化、互联化、共享化/服务化）创新领域的发展，强化**宝马在豪华品牌的领先地位**和卓越魅力，不断**塑造未来豪华出行**。创新BMW X7作为“大型豪华车之年”的首款巅峰之作，于上海车展前夜4月15日晚，携大气磅礴的全新设计、顶级豪华的舒适体验及**引领行业的创新科技**霸气登场，拉开宝马“大型豪华车之年”的序幕。

创新BMW X7作为宝马集团在全尺寸运动型多功能车（SAV）细分市场的首款车型，凭借与生俱来的磅礴气势和极富现代感的美学设计，同级独有的宽敞舒适座舱与匠心于微的豪华氛围，展现了BMW对豪华的深入理解，树立了全尺寸SAV领域的豪华新境界，**打造级别全新标杆**。创新BMW X7将秉承BMW X家族长达**20年的先锋精神**和辉煌历史，**重塑细分市场格局**，为更多行业领袖及成功人士带来**同级领先的奢华之享**。

顶级豪华客舱，诠释匠心奢享的尊贵体验

创新 BMW X7 将 BMW 7 系的豪华与全尺寸 SAV 完美融合，在奢华性方面更臻新境。典雅的客舱内，依序排列着贵宾级别一般舒适与精良的三排座椅，并提供 7 座布局和同级独有的 6 座行政座椅布局供客户选择。独特的星空全景天窗，为驾乘带来梦幻的光感体验和沉浸式夜间驾乘氛围。客舱内座椅及装饰板采用了大量 BMW 个性化定制 Merino 真皮和装饰件，并在诸如 iDrive 旋钮等处雕琢了精致的巴黎钉纹，增强了车内非凡、典雅的豪华氛围，凸显车辆独特的个性。

为了保证客舱内每一位客户均能享受到 VIP 贵宾级别的豪华待遇，创新 BMW X7 将**豪华与舒适深入到每个细节**。如车辆还拥有同级别独有的第三排独立天窗、第三排独立空调、媲美前排视野的宽阔第三排侧窗户，以及遍布整车的 B&W 3D 钻石环绕音响。第三排座椅同样也采用了 BMW 个性定制的真皮进行覆盖，辅以智能感应氛围灯及负离子香氛，为用户呈上豪华的极致听、视、嗅、触多维感官体验。

尖端创新科技，开创奢适之享新高度

经过全新设计的 BMW 智能互联驾驶座舱与奢华典雅的内饰风格绝美结合。**第七代 BMW iDrive 智能人机交互系统**、最新设计的智能显示系统在精选上乘的个性化定制真皮、装饰件以及水晶质感内饰组件的点缀下，成就了人类工艺的旷世之美。

宝马集团通过创新科技使生活变得更加便捷，通过最尖端的智能驾驶辅助系统，驾驶者可享受多项行业领先的智能科技。

创新的魔毯智能空气悬架系统结合了舒适的悬架调教与动态驾驶特性，在弯道和直道上将车身晃动减少到最低限度，同时结合自适应悬架的动态阻尼器，进一步提高驾驶舒适性，让磅礴大气的 X7 展现出无与伦比的奢华舒适驾乘之享，同时带来**优质的公路与越野表现**。

创新 BMW X7 是宝马集团在大型豪华车细分市场产品攻势的一大力作。作为 BMW X 家族的最新领军车型，创新 BMW X7 将重塑全尺寸 SUV 细分市场格局，提升 BMW **品牌的领导地位**，确保宝马在未来的全球汽车市场中**保持可持续增长**。

来袭
Passat PHEV
上汽大众
大众品牌官方微信
400-820-1111
Volkswagen
广告

系列 魅力登场

扫描二维码，
发现更多精彩！

雪佛兰
CHEVROLET

上汽通用汽车
SAIC-GM

雪佛兰9AT动感旗舰
全新迈锐宝XL Redline尚·红
车载APP终身免费流量* 装下每个人心中的歌

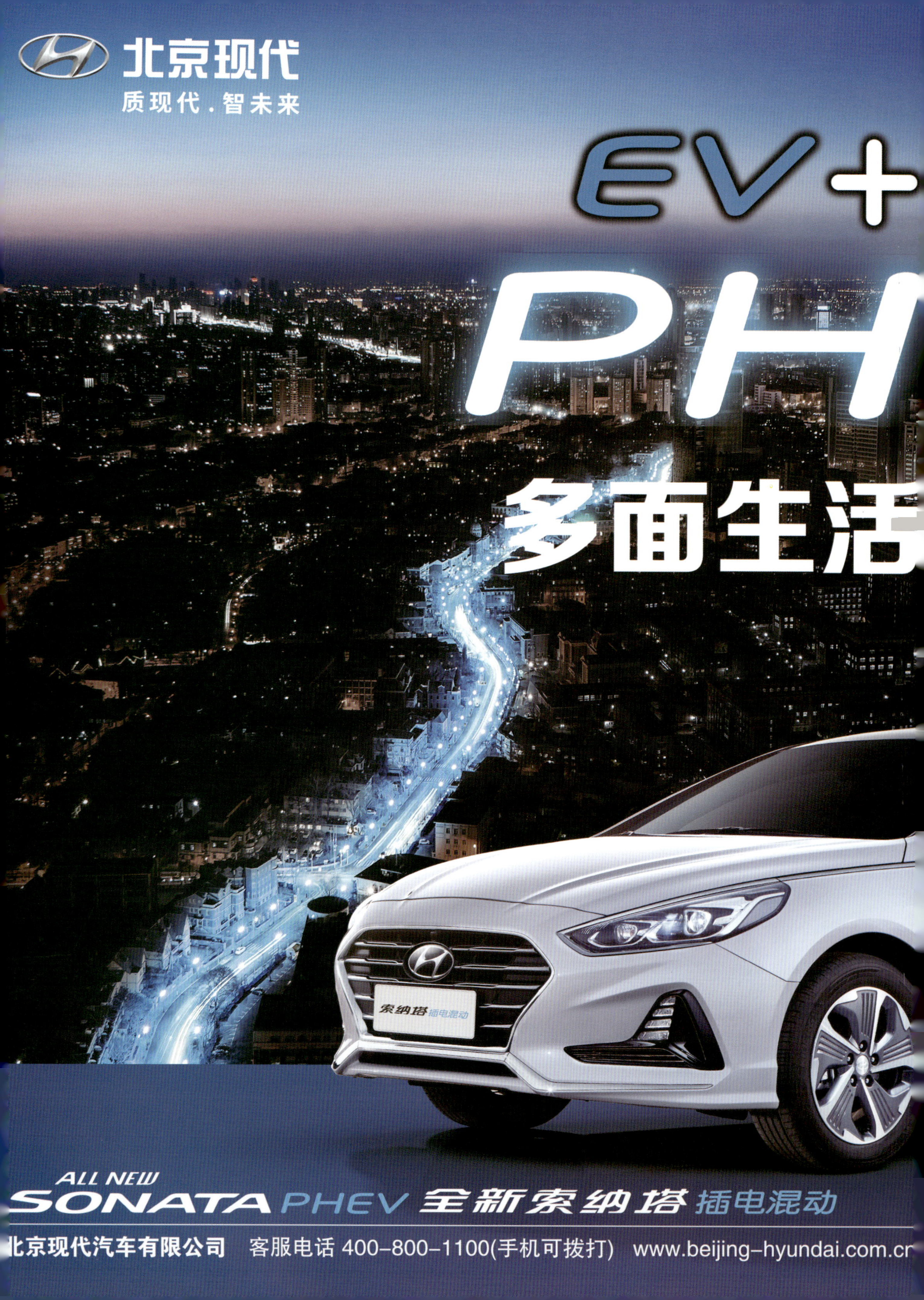
北京现代
质现代.智未来
EV+
PH
多面生活
索纳塔 插电混动
ALL NEW
SONATA PHEV 全新索纳塔 插电混动
北京现代汽车有限公司 客服电话 400-800-1100(手机可拨打) www.beijing-hyundai.com.cn

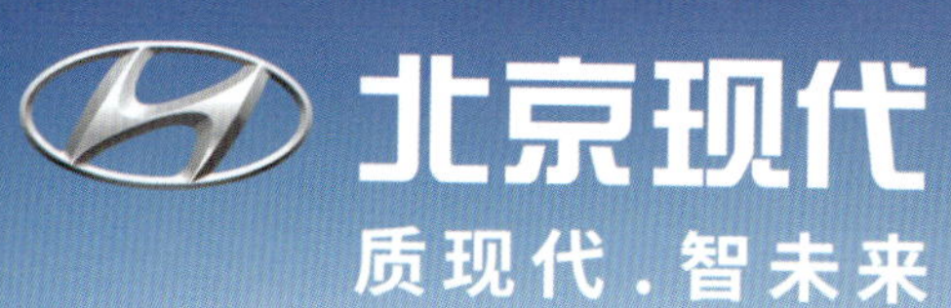

HEV
EV
随心“索”驭

发动机

NEP增程式发动机

1.5L发动机

1.8L发动机

2.0T发动机

目前，广西汽车集团在国内已形成柳州、桂林、青岛、重庆、贵阳南北联动的制造基地，并积极扬帆出海，在印度尼西亚、印度建立了公司海外零部件生产基地。在集成原有零部件制造资源基础上，集团潜心开发高价值乘用车零部件，打造出汽车底盘、车身、内外饰、发动机等核心产品模块，乘用车零部件配套占比达70%，形成了与整车企业同步开发能力，广西乘用车底盘智能示范性工厂已建成投产。

未来，广西汽车集团将积极培育新能源汽车产业，形成企业发展的新动能，促进企业产品结构和业务结构的转型升级，努力实现高质量的发展。

零部件

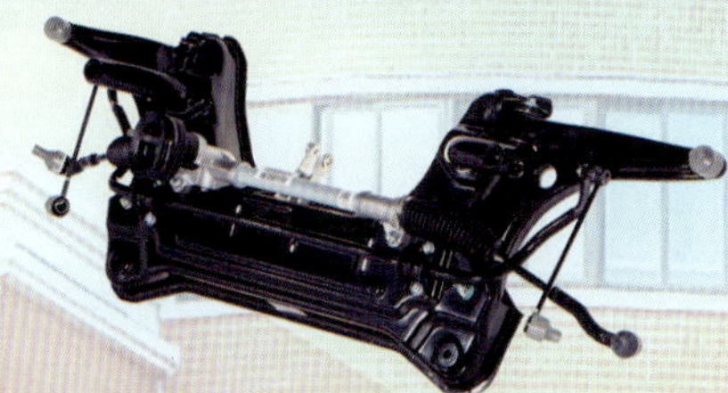

前副车架

电动座椅

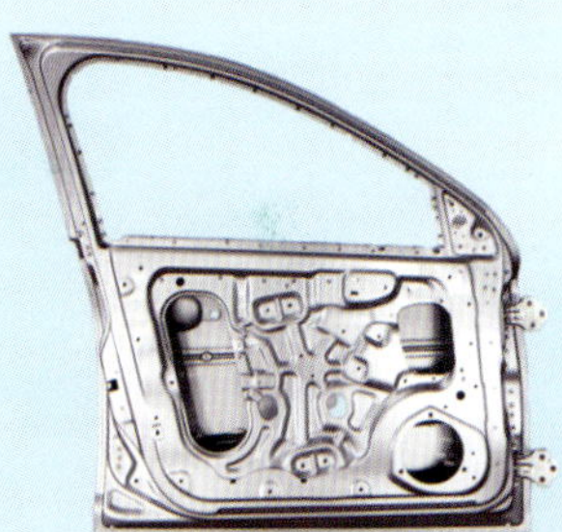

左侧车门焊合总成

后独立悬架总成

前保险杠

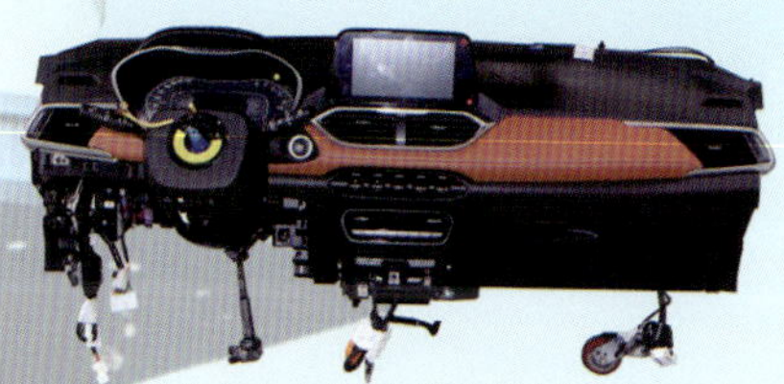

座舱系统总成

客车/校车销售电话：0772-3755221
观光车销售电话：0772-3755272
冷藏车销售电话：0772-3755877
发动机销售电话：0772-3150609
零部件销售电话：0772-3755729

/集团拥有庞大的改装车和校车销售服务网站/
/覆盖全国超过1200加销售服务网点/
/24小时客车服务热线400-800-5050/
/为客户提供专业服务/

風行天下
风行SX6
全新·菱智M5

责任 创新
协同 共享

中国机械国际合作股份有限公司(中机国际)隶属于中国机械工业集团有限公司。作为国机集团的会展平台，中机国际积极践行国家战略，匠心打造中国品牌名片，带领中国企业"走出去"，推动中国装备企业全球化进程。

中机国际拥有20多家子公司及投资企业，业务遍及世界五大洲的100多个国家和地区。近年来，连续获得"中国会展业十大影响力会展公司"、"中国十佳品牌展览工程企业"、"中国最佳出展组织奖"等荣誉，具有展览工程一级资质。

商业会展是中机国际的核心主业。公司拥有超过60年办展经验的专业化团队，已形成境内外自主办展、代理出国展览、展览工程服务等完整的展览业务体系。每年在国内30多个大中城市举办50多场高质量展会，总规模超过350万m^2。特别是参与主承办的"北京国际汽车展览会"和"上海国际汽车零配件、维修检测诊断设备及服务用品展览会"双双跻身2018年世界商展100强排行榜前50名。结合国家"一带一路"倡议，公司每年在境外100多个国家和地区，组织180多场自办展和代理展，组展数量连续七年排名全国前列，并通过会议论坛、大客户定制等服务，助力客户实现国际化经营。

结合"展览+"服务，中机国际依托国机集团强大的资源优势和品牌效应，积极开展汽车整车、汽车零部件和用品贸易，以及电站成套设备、汽车相关主题的文化园区、产业园区的建设项目。

秉承"责任、创新、协同、共享"的核心价值观，中机国际将进一步发挥技术交流与贸易促进综合服务平台作用。伴随着世界经济一体化发展，中机国际愿与社会各界加强合作，为中国和世界经济的繁荣作出贡献。

您可信赖的合作伙伴
Your Reliable Partner

商业会展 / Commercial Exhibition

中国会展界规模较大、综合实力较强的中央企业

The largest central enterprise with the greatest overall strength in the exhibition industry in China

全球A级车展
Class-A global auto show

世界最大汽配展
The world's largest auto parts exhibition

行业年度展览规模世界排名前三
Global Top 3 exhibition in terms of annual scale

3个全球领先展
北京国际汽车展览会
上海国际汽车零配件、维修检测诊断设备及服务用品展览会
中国国际机床工具展览会
Three Global Leading Exhibitions
Beijing International Automotive Exhibition
Automechanika Shanghai
China International Machine Tool&Tools Exhibition

30多个行业领域
汽车、汽配、机床、智能设备、五金、印包塑机、水处理、照明、消防、职业教育等
Over 30 Fields
Automotive, auto parts, machine tools, smart equipment, handware, printing and packaging presses, water treatment, lighting, fire protection, vocational education, and etc.

50多个境内展览
Over 50 Domestic Exhibitions

80万专业买家
800,000 Professional Buyers

60多年会展历史
拥有完备的专业人才梯队
Over 60 Years Of Experience In Exhibitions
A team of professionals readily available for all kinds of services

180多个境外自办展、代理展
Hosting And Agenting Over 180Overseas Exhibitions

200多场会议和论坛
Over 200 Conferences And Forums

350万m²展览面积
3.5 Million Square Meters of Exhibition Area

国际贸易 / International Trade

- 提供咨询、贸易、融资、售后服务全链条式服务
- 产品定制化服务

- We provide services that cover the whole chain: consultation, trade, financing, and after-sale service
- Product customization

SINOMACHINT

中国一汽
骏派D80
新智慧SUV
自在做自己
骏派D80
骏派D80

法定代表人:王志华
质量体系:ISO 9001
产品情况:(天山牌)

货运半挂车、平板半挂车、自卸车、运油车、半挂运油车、厢式车(仓栅式车)、散装水泥车、水泥搅拌车、全挂车(全挂侧卸车)等系列改装车产品

★东风商用车新疆有限公司

地址:乌鲁木齐市经济技术开发区沂蒙山街456号
邮编:830054
电话:0991/3923011、3923021
传真:3923004
网址:www.dfxq.com
电子信箱:xqkhfwb@126.com
法定代表人:刘振声
质量体系:ISO 9001
产品情况:(东风牌)

沙漠越野车、自卸汽车、牵引车、载货汽车、新能源汽车

改装车及其他生产企业

●查询导引●

企业详细介绍

改装车及其他生产企业

企业如有变更,请与编辑部联系 ☎ 010/68426043、68420981

北京市

★中交世通重工(北京)有限公司
地址:北京市朝阳区周家井世通国际大厦
邮编:100016
电话:010/65894211、65894213
网址:www.zjqlc.com
电子信箱:1046950609@qq.com
法定代表人:韩金锁
质量体系:ISO 9001
产品情况:(鲸鱼牌)
洒水车等改装车
出口情况:远销非洲、东南亚等地区,出口量达到上百台

★北京京城重工机械有限责任公司
地址:北京市通州区台湖镇星湖工业园创业园路2号
邮编:100022
电话:010/61539900、61532149
传真:61539200
网址:www.jchic.com
法定代表人:李忠波
质量体系:GB/T 19001
产品情况:(北起牌)
主导产品包括起重机系列、高空作业机械系列、旋挖钻机系列等

★北京三辰环卫机械有限公司
地址:北京市朝阳区崔各庄乡东辛店村南
邮编:100028
电话:010/64360842、13264067699
网址:www.bjsces.com
电子信箱:bjschw@126.com
法定代表人:卢炜
质量体系:ISO 9001、ISO 14001
产品情况:(三辰牌)
垃圾车、洒水车等各种环卫专用车辆、环卫设备、各种机械零件、结构件的加工,年改装车生产能力超过400辆

★北京首钢重型汽车制造股份有限公司
地址:北京市石景山区阜石路
邮编:100043
电话:010/88909699、0315/7704091
电子信箱:zcxs@sghdt.com.cn
法定代表人:梁国强
质量体系:ISO 9001、ISO 14001
产品情况:矿用车辆、矿用洒水车、废钢运输车、专用半挂拖车等
出口情况:出口越南、印度、南美洲等国家和地区

★北京华林特装车有限公司
地址:北京市丰台区东老庄106号
邮编:100070
电话:010/83628257、83628369
网址:www.bjhltzc.cn
电子信箱:hualin@besg.com.cn
法定代表人:李嘉龙
质量体系:ISO 9001
产品情况:(华林牌)
压缩式垃圾车、自装卸式垃圾车(餐厨垃圾车)、车厢可卸式垃圾车、洒水车、自卸车、纯电动环卫车、其他专用车及环卫设备
出口情况:出口车辆总计400台以上

★北京三兴汽车有限公司
地址:北京市丰台区新村一里15号
邮编:100070
电话:010/63716231
网址:www.bsx3603.com
电子信箱:chz3603@163.com
法定代表人:陈宏志
质量体系:ISO 9000
产品情况:(三兴牌)
旅居车、运/加油车、高空作业车、自卸车、油罐车、军用装备和多功能吹雪车、真空吸尘车、饲料补给车、扫路车、高压清洗车、旅居车等
出口情况:出口美洲、非洲、中东、亚洲等地区

★北京城建重工有限公司
地址:北京市丰台区小屯路111号
邮编:100071
电话:010/68636321
网址:www.cjzgcjj.com
电子信箱:2124840289@qq.com
法定代表人:庞忠
质量体系:ISO 9002

产品情况:(卢沟桥牌、CJJ 牌)
冷链物流车、纯电动物流车、电动厢式物流车、混凝土搅拌车、散装水泥运输车

★北京天路通科技有限责任公司
地址:北京市丰台区云岗魏各庄 309 号
邮编:100074
电话:4006508696
网址:www. tianlutong. com. cn
电子信箱:shilu@ tianlutong. com. cn
法定代表人(负责人):陈守碧
质量体系:ISO 9001、ISO 14001
产品情况:(天路牌)
吸尘车、扫路车、洒水车、纯电动市政道路吸尘车等

★北京环卫集团环卫装备有限公司
地址:北京市丰台区南四环中路 10 号
邮编:100075
电话:010/67215552、67215520
传真:67215520
网址:www. bjcmf. com. cn
电子信箱:xiaoshou@ bjcmf. com. cn
法定代表人:李嘉龙
单位人数:300
质量体系:ISO 9001
产品情况:(亚洁牌)
机械清扫、洒水、吸污吸粪、垃圾收运及冬季除雪五大系列产品
出口情况:部分产品出口亚洲、非洲、拉丁美洲等地区

★北京天坛海乔客车有限责任公司
地址:北京市大兴区旧宫工业园南区甲 25 - 1 号
邮编:100076
电话:010/88721880
传真:87913042
网址:www. haiqiao. com
电子信箱:95455248@ qq. com
法定代表人:金侠
质量体系:ISO 9001
产品情况:(天坛牌)
指挥车、通信车、军用警用特种车、医用车、监测车、检测车、路政车、工程车、防弹车、冷藏车、服务车、宣传车、礼宾车、商务(房)车、移动实验室等

★北京环达汽车装配有限公司
地址:北京市大兴区旧宫镇旧忠路 15 号
邮编:100076
电话:010/87912665、87912246
传真:87964625
网址:www. sinotrailer. com
电子信箱:bjhuanda@ vip. 163. com
法定代表人:高岩
质量体系:ISO 9001、ISO 14001
产品情况:(环达牌)
专业生产销售专用挂车、电视转播车、卫星通信车、通信指挥车、房车、商旅车、检测车、监测车、危险货物运输车、展示车等车辆
出口情况:远销东欧、西亚、中东、南非等国家和地区

★北京诚志北分机电技术有限公司
地址:北京市海淀区清河安宁庄东路 15 号
邮编:100085
电话:010/62840851、13241780059
网址:www. bjczbf. com
电子信箱:13241780059@ 163. com
法定代表人:马建设
质量体系:ISO 9001
产品情况:(诚志牌)
动(静)中通卫星通信车、多功能通信指挥车、多功能现场勘查车、反劫持特种车、干扰车、警车、环境检测车、食品卫生检测车和矿山气体检测车等

★北京星光陆通视音频广播技术有限公司
地址:北京市大兴区西红门镇金盛大街 2 号院
邮编:100162
电话:010/60293901、13801175169
传真:60293901
网址:www. chinazaitong. com
电子信箱:info@ zaitong. com
法定代表人:陈瑞福
质量体系:ISO 9001
产品情况:(载通牌)
电视转播车、静中通、动中通卫星通信车、音频直播车、应急指挥车、多功能辅助车、多功能移动舞台车、展示车、旅居车等
出口情况:远销韩国、马来西亚、老挝、印度、津巴布韦、布隆迪、喀麦隆、赞比亚等多个国家

★北京事必达汽车有限责任公司
地址:北京市朝阳区小红门乡东路 1 号
邮编:100176
电话:010/87619980、87601289
网址:www. bjbsp. com. cn
电子信箱:bjbsp@ 163. com
法定代表人:王振
单位人数:80
质量体系:ISO 9001
产品情况:(弛远牌)
喷洒车、吸粪车、车厢可卸式、自装卸式(餐厨垃圾车)、压缩车、压缩式垃圾中转站、地坑式垃圾中转站等
出口情况:部分产品远销国外

★航天新长征电动汽车技术有限公司
地址:北京市亦庄经济开发区永昌南路 17 号
邮编:100176
电话:4000604005
传真:010/87160802
网址:www. htxczgs. com
电子信箱:xczscyx@ htxczgs. com
法定代表人:毛家伟
单位人数:289
质量体系:ISO 9001
产品情况:(蓝速牌)
电视转播车、指挥通信车、高空作业车、纯电动短途乘用车、半挂车、冷藏车、新能源物流车、新能源汽车系统及零部件等产品

★北京北铃专用汽车有限公司
地址:北京市海淀区四季青南坞村甲 10 号
邮编:100195
电话:010/88437963、88437221
传真:88454953
网址:www. chinabeiling. com
电子信箱:beiling@ chinabeiling. com
法定代表人:杨建朋
单位人数:80
质量体系:ISO 9002
产品情况:(北铃牌)
各种冷藏车、厢式车、保温车、特种车
出口情况:出口覆盖俄罗斯、哈萨克斯坦、阿塞拜疆、格鲁吉亚、安哥拉、柬埔寨、越南等十几个国家和地区

★中环动力(北京)重型汽车有限公司
地址:北京市中关村科技园通州园兴光五街 15 号
邮编:101111
电话:010/81503515、81503510
传真:81503527、81503507
电子信箱:sales@ chinabzk. com
法定代表人:王彬
质量体系:ISO 9001
产品情况:(中环牌)
非公路矿用自卸车、洒水车、港口牵引车、全路面铰接车及其他特种改装车辆
出口情况:远销东南亚、非洲、中东等地区

★北京华强京工机械制造有限公司
地址:北京市通州区工业开发区广聚街 1 号
邮编:101113
电话:4001176111
传真:010/61502737
网址:www. hqjg. cn
电子信箱:hqjghr001@ 126. com
法定代表人:张敬刚
质量体系:GB/T 19001、GB/T 14000
产品情况:拖式混凝土输送泵、高性能混凝土输送泵、混凝土车载泵车、液压布料机、混凝土湿喷台车等系列产品

★北京攀尼高空作业设备有限公司
地址:北京市通州区半壁店大街 9 号
邮编:101149
电话:010/81564407、81561345
传真:81563668
网址:www. beijing - pioneer. com
法定代表人:王磊
质量体系:ISO 9001
产品情况:(京探牌)
高空作业车、各类改装车及高空作业平台等

★北起多田野(北京)起重机有限公司
地址:北京市顺义区林河工业开发区

邮编:101300
电话:010/89498713、89498732
传真:89498715、89498726
电子信箱:sales@ bq - tadano. com
法定代表人:赵婧
质量体系:ISO 9000
产品情况:(北起多田野牌)
清障车、汽车起重机、摆臂式自装卸垃圾车、车厢可卸式垃圾车

★北京市威腾专用汽车有限公司
地址:北京市顺义区林河工业开发区双河大街12号
邮编:101300
电话:010/89491683、89491815
传真:89496005
电子信箱:ymjgoffice@ yongmao. com
法定代表人:孙田
产品情况:(威腾牌)
栏板半挂车、低平板式半挂车、集装箱运输车、伸缩式半挂车、凹型半挂车、应急电源半挂车、仓栅式运输半挂车、车辆运输半挂车、随车起重运输车、厢式运输半挂车、流动舞台车、旅居野营车、大型彩车、乳化沥青封层车、液氮拖车等

★北京中卓时代消防装备科技有限公司
地址:北京市顺义区马坡镇聚源中路18号
邮编:101300
电话:010/52271112、52271110
传真:52271165
网址:www. bjzzsd. com
电子信箱:bjzzsd@ guangtai. com. cn
法定代表人:李建军
质量体系:ISO 9001、ISO 14001
产品情况:(中卓时代牌)
泡沫消防车、抢险救援消防车、水罐消防车等

★北汽泰普越野车科技有限公司
地址:北京市顺义区赵全营镇昌金路167号
邮编:101300
电话:010/60438439、60438565
网址:www. baictap. com
电子信箱:wangyuju@ baictap. com
法定代表人:宣奇武
产品情况:(北京牌)
工具车、救护车、指挥车等越野车改装

★北京北电科林电子有限公司
地址:北京市顺义区张镇大街23号普利工业园内
邮编:101307
电话:010/85363902、85363916
网址:www. bdkcn. cn
电子信箱:bdkmarkting@ bdkcn. cn
法定代表人:齐战勇
质量体系:ISO 9001
产品情况:(新桥牌)
电视车、监测车、指挥车、通信车、半挂车、押运车、银行车等

★北京中冀福庆专用车有限公司
地址:北京市怀柔区杨宋镇北凤翔科技开发区1号
邮编:101400
电话:010/61675173、61675258
传真:61678033
电子信箱:jbcfc@ 163. com
法定代表人:高建
质量体系:ISO 9001
产品情况:(福庆天王牌)
自卸车、半挂车、车辆运输车、除雪车、混凝土搅拌车、旅居车

★四维 - 约翰逊实业股份有限公司
地址:北京市怀柔区雁栖经济开发区9号
邮编:101407
电话:010/63890895、61668516
传真:61668740
电子信箱:xinglh@ fd - johnson. com. cn
法定代表人:王娗
质量体系:ISO 9001
产品情况:(威斯坦牌)
运钞车

★三一重能有限公司
地址:北京市昌平区北清路三一产业园
邮编:102206
电话:010/60765994
电子信箱:dongly@ san. com. cn
法定代表人:周福贵
产品情况:(三一牌)
压裂车等

★三一重工股份有限公司
地址:北京市昌平区回龙观镇北清路8号三一产业园
邮编:102206
电话:010/60738666
网址:www. sanyhi. com
电子信箱:crd@ sany. com. cn
法定代表人:梁稳根
质量体系:ISO 9000、ISO 14001
产品情况:(三一牌)
混凝土输送泵、混凝土输送泵车、混凝土搅拌站、沥青搅拌站、履带起重机、汽车起重机、旋挖钻机、压路机、摊铺机、平地机等

★北京安龙特种车辆有限公司
地址:北京市房山区顾八路三区1号院7号1层101
邮编:102400
电话:010/81368766
电子信箱:office@ anlong. cn
法定代表人:常香
产品情况:(安龙牌)
囚车、警犬运输车、测量工程车

★北京北重汽车改装有限公司
地址:北京市房山区窦店村东
邮编:102433
电话:010/80202459、4006400795
网址:www. bjbzzyc. cn
电子信箱:bz. qzcsyb@ 163. com
法定代表人:王建国
单位人数:300
质量体系:ISO 9001
产品情况:(北重电牌)
自卸车、半挂车、罐式车、厢式车、工程车等各类改装车
出口情况:远销海外

★北京市政中燕工程机械制造有限公司
地址:北京市大兴区长子营镇工业区企融路1号
邮编:102600
电话:010/80261558、4006320518
网址:www. bjzyqzc. com
电子信箱:bjzyqzc@ 126. com
法定代表人:李晓东
质量体系:ISO 9001
产品情况:(中燕牌)
罐式车系类:洒水车、运油车、吸污车、清洗车;牵引车系类:半挂厢式车、半挂仓栅车、半挂载货车、半挂低平板等产品;专门为首钢设计并生产的钢厂低速牵引车;新型驾驶室;环卫类系类:勾臂车、压缩垃圾车、除雪车、高压清洗扫路车等产品

★北京和田汽车改装有限公司
地址:北京市大兴区庞各庄镇京开路庞各庄段37号
邮编:102601
电话:010/89282888、13911652619
传真:89280999
电子信箱:1517437362@ qq. com
法定代表人:孙旭
质量体系:ISO 9000
产品情况:(长城牌)
柴油自卸车、厢式运输车、除雪车、半挂车、随车起重运输车、纯电动厢式运输车

天津市

★中石油集团渤海石油装备制造有限公司
地址:天津市经济技术开发区第二大街83号
邮编:300052
电话:022/59839191、59839123
传真:59839199
电子信箱:rendli@ cnpc. com. cn
法定代表人:周荣学
质量体系:ISO 9000、ISO 10012
产品情况:(卡瑞特牌)
钢管产品、钻井装备、采油装备、新兴产业及其他等四大系列产品

★天津市华夏车辆制造有限公司
地址:天津市西青区中北镇政府南
邮编:300112
电话:022/27914602、27395323
传真:27914602
电子信箱:huaxia2gongchang@ 163. com
法定代表人:潘洪民
产品情况:(天华兴牌)

纯电动厢式运输车

★天津市天工工程机械有限公司

地址:天津市华苑产业区海泰南北大街5号第三厂区
邮编:300180
电话:022/24930353、58396192
传真:58396192、84372240
网址:www.tgem.com.cn
电子信箱:617810547@qq.com
法定代表人:刘长锁
质量体系:ISO 9001
产品情况:(天通牌)

高压柱塞泵及高压清洗成套设备、清洗车、计量泵及成套加药装置、路面施工机械等产品

出口情况:远销亚洲、非洲、南美洲、中东地区

★中国石油天然气公司大港油田分公司

地址:天津市滨海新区大港三号院
邮编:300280
电话:022/25971708、25910255
传真:25948426
网址:www.cnpc.com.cn
电子信箱:dgyt@petrochina.com.cn
法定代表人:赵贤正
产品情况:(卡瑞特牌)

焊接工程车、石油修井机、输砂车、压裂车等专用车

★国宏汽车集团有限公司

地址:天津市滨海新区海滨街港西大道1号
邮编:300280
电话:18222173753
电子信箱:1522937371@qq.com
法定代表人:马少华
产品情况:(泓锋泰牌)

新能源纯电动物流车、邮政车、洒水车、环卫车、油罐车、半挂车、仓栅车、特种车及各种改装车辆等

★天津安骏挂车制造有限公司

地址:天津市东丽开发区四纬路
邮编:300300
电话:022/24990201、24994854
传真:24994854
电子信箱:wxez@anda.com.cn
法定代表人:崔洪金
质量体系:ISO 9001
产品情况:[劳安(LAOAN)牌]

车辆运输车、货物运输车、集装箱运输车、液态物质运输车、多功能运输车、自卸运输车等多种车型

出口情况:远销欧洲、美洲、亚洲、非洲、大洋洲几十个国家和地区

★天津凯德实业有限公司

地址:天津市天津港保税区空港物流加工区保税路350号
邮编:300308
电话:022/58098777
传真:58098788
电子信箱:hitech@tj-hitech.com
法定代表人:张忠家
质量体系:ISO 9001
产品情况:(凯德特车牌)

压缩机车、氮气增压车、氮气发生车

★天津探矿机械有限公司

地址:天津市西青经济开发区海泽路2号
邮编:300385
电话:022/83963466、83963451
电子信箱:ttzhb@sina.cn
法定代表人:蔡建国
质量体系:ISO 9001
产品情况:(天探牌)

各种车载钻机、车装钻机、拖车钻机、散装水文水井钻机、岩心钻机、地质专用泥浆泵、卷扬机及各种钻探工具

出口情况:出口南美洲、非洲、东南亚等20多个国家和地区

★天津星马汽车有限公司

地址:天津市经济技术开发区北海路150号
邮编:300457
电话:022/66224884、66224887
传真:66224884
电子信箱:tjcamc@163.com
法定代表人:余江发
质量体系:ISO 9001
产品情况:(星马牌)

自卸车、混凝土搅拌运输车、散装水泥车、半挂车等

★天津清源电动车辆有限责任公司

地址:天津市开发区西区新业五街19号
邮编:300462
电话:022/66320013、66320012
传真:66320013-6615
网址:www.qyev.com
电子信箱:qyev@.qyev.com
法定代表人:庄学熹
质量体系:ISO 9001、ISO/TS 16949
产品情况:(清源宝骑牌、清源牌)

纯电动汽车(轿车、微型货车)、混合动力汽车(轿车)、纯电动垃圾车、纯电动服务车、纯电动邮政车、清洁燃料汽车等

出口情况:出口欧洲、美洲市场

★中天高科特种车辆有限公司

地址:天津市武清开发区泉发路30号
邮编:301700
电话:022/82120407、4000458080
传真:82119157
网址:www.centechsv.com
电子信箱:csc@centechsv.com
法定代表人:王乐海
单位人数:451
质量体系:ISO 9001
产品情况:(中天之星牌)

旅居房车、广播电视转播车、通信指挥车、流动检测车、流动诊疗车、装甲运兵车、爆破器材运输车、帐篷拖车及军警特种车辆等12大类共计180余种产品

出口情况:已向德国、澳大利亚、韩国、日本等多个国家销售特种车辆2000余辆

★天津市东方先科石油机械有限公司

地址:天津市武清区福源经济区福旺道1号
邮编:301701
电话:022/29535758、29538108
传真:29535758
网址:www.dfxk.com
电子信箱:js@dfxk.com
法定代表人:蒋治
单位人数:1500
质量体系:ISO 9001
产品情况:(津石牌)

主导产品包括撬装钻机系列、车装钻机系列、陆上修井机系列、拖挂钻机系列、电动修井机系列、特种修井机系列、泥浆不落地系列、自动排管系统产品、营房等9大系列、60多个品种以及各种规格的营房

出口情况:远销俄罗斯、美国、苏丹、乌克兰、哈萨克斯坦、乌兹别克斯坦、印度尼西亚、哥伦比亚、巴西、沙特阿拉伯、罗马尼亚、叙利亚、利比亚、伊朗等30多个国家

★天津市图强专用汽车制造有限公司

地址:天津市武清区南蔡村镇京津公路西侧66号
邮编:301709
电话:022/29413196、15222630698
传真:29413196
电子信箱:935761762@qq.com
法定代表人:鲁宝才
质量体系:GB/T 19001
产品情况:(图强牌)

半挂车、翼展车、骨架车、自卸车、颗粒物料运输车、危险品专用车、混凝土搅拌车、冷藏保温车等系列产品

★天津东方奇运汽车制造有限公司

地址:天津市宝坻区马家店工业区管委会路(3)号
邮编:301804
电话:022/60123316、60123312
传真:60123316
电子信箱:fengyongqiqhs@163.com
法定代表人:李善澎
产品情况:(东方奇运牌)

车厢可卸式垃圾车、洒水车、吸尘车等

★天津嘉中科技发展有限公司

地址:天津市蓟州区京津州河科技产业园东昌路34号
邮编:301900
电话:13820166835、13820170112
网址:www.jiazhongkeji.com
电子信箱:jiazhong1@jiazhongkeji.com
法定代表人:李相中

质量体系:GB/T 19001
产品情况:主要为各类环保型专用车

★扫地王(天津)专用车辆装备有限公司
地址:天津市蓟州区经济开发区盘龙山路1号扫地王环保装备园
邮编:301900
电话:022/26330200、26775001
传真:24220610
电子信箱:106162162@qq.com
法定代表人:任亚军
质量体系:ISO 9001
产品情况:(华环牌)
扫路车、洗路车、吸污排污车、除雪/融雪车、压缩式垃圾车及转运装置、垃圾焚烧炉等
出口情况:出口泰国、日本、摩洛哥、印度尼西亚等国家

河北省

★石家庄双环汽车股份有限公司
地址:石家庄市长安区正定大街副8号
邮编:050011
电话:0311/86865026、86839099
传真:86819911
电子信箱:dengjiemail@126.com
法定代表人:刘林瑞
质量体系:ISO 9000
产品情况:(双环牌、红星牌)
小贵族轿车,SCEO

★石家庄煤矿机械有限责任公司
地址:石家庄市栾城区裕翔街167号
邮编:050018
电话:4000311396
传真:0311/85538760
网址:www.smjgs.com
电子信箱:smjgsscb@126.com
法定代表人:刘伟
单位人数:2000
质量体系:ISO 9001
产品情况:(钻王牌、石煤牌)
煤矿专用设备、工程钻探设备、随车起重机、清障车、救护车、高空作业车
出口情况:远销20多个国家和地区

★河北力钧长恒专用汽车制造有限公司
地址:河北省鹿泉市黄壁庄镇
邮编:050224
电话:0311/85088888、85566666
传真:85555555、85678188
网址:www.hbljch.com
法定代表人:白立君
产品情况:(飞花牌)
主要产品有自卸车、普通半挂车、全挂车、集装箱(骨架)运输车、箱式(侧翻)运输车、运(加)油半挂车、粉粒物料运输车、混凝土搅拌车等各种专用车

★河北金运专用汽车有限公司
地址:河北省鹿泉市黄壁庄镇工业园区
邮编:050224
电话:0311/82209111、82209888
传真:82209888
电子信箱:jy82209111@163.com
法定代表人:马文宪
质量体系:ISO/TS 16949
产品情况:(钟乐牌)
各种系列集装箱运输车、半挂车、厢式货车、全挂车、轿运车、各种低平板车

★河北翼凌机械制造总厂
地址:石家庄市井陉县15号信箱
邮编:050307
电话:0311/82358555、82358872
传真:82358555
电子信箱:yilingyxb@hbyiling.com
法定代表人:陈延甲
质量体系:ISO 9001
产品情况:(巍岭牌)
加油车、运油半挂车、自卸车、车辆运输半挂车、普通半挂车、平板半挂车、集装箱运输车、仓栅式半挂车、厢式半挂车、全挂车等

★石家庄中博汽车有限公司
地址:石家庄市正定新区青海大道1号
邮编:050800
电话:0311/89195887、4008361888
电子信箱:liangpu@zhyle.com
法定代表人:赖信华
产品情况:(广通客车牌、向阳牌)
主要研发生产纯电动大中型客车、轻型客车、专用客厢车、纯电动SUV、轻型客车、专用货车(非罐式)

★石家庄永达挂车有限公司
地址:石家庄元氏县姬村工业区
邮编:051131
电话:13582100371
网址:www.sjzydgc.com
法定代表人:张永
质量体系:GB/T 19001
产品情况:(元永达牌)
半挂车,全挂车

★河北华佑顺驰专用汽车有限公司
地址:河北省元氏县南白娄工业区
邮编:051137
电话:0311/84622888
传真:84654078
网址:www.huayouzq.com
电子信箱:huayouzq@163.com
法定代表人:王学杰
单位人数:300
产品情况:(华佑牌)
主营产品有栏板式半挂车、仓栅式半挂车、集装箱式和骨架式半挂车

★石家庄安瑞科气体机械有限公司
地址:石家庄装备制造基地裕翔街169号
邮编:051430
电话:0311/81663606、81663636
电子信箱:sjzmarketing@enricgroup.com
法定代表人:张中强
质量体系:ISO 9001、ISO 14001
产品情况:[安瑞科(Enric)牌]
高压气瓶储运设备、低温液体储运设备、化工物料储运设备、天然气加气站、移动式氢气加气站、LNG/LCNG加气站、模块化CNG撬装供气站等集成服务

★河北鹏达专用汽车有限公司
地址:石家庄市藁城区高速公路与西大街交叉口处西
邮编:052160
电话:0311/88155555、18832130767
传真:88103555、88122222
网址:www.hebpengda.com
电子信箱:pengdaguache@163.com
法定代表人:唐美然
单位人数:280
产品情况:(辉煌鹏达牌)
仓栅式半挂车、栏板半挂车、扫路车、路面综合养护车、平板半挂车、随车起重运输车、厢式半挂车等产品

★河北宏昌天马专用车有限公司
地址:石家庄市良村经济技术开发区清源街
邮编:052160
电话:0311/84782850、87752941
网址:www.hctm.com.cn
电子信箱:hctm@163.com
法定代表人:蒋晓冬
单位人数:1000
质量体系:ISO 9001
产品情况:(宏昌天马牌)
可改装各种自卸车、厢式货车、水泥搅拌车、散装粉灰罐车等四大类160余种产品
出口情况:出口自卸汽车

★河北春晖专用汽车制造有限公司
地址:河北省晋州市纺织工业园区
邮编:052200
电话:0311/84300999、15373944996
网址:www.hbchzq.com
法定代表人:冯敬考
质量体系:ISO 9001
产品情况:(燕赵春晖牌)
集装箱、骨架式集装箱运输半挂车、厢式半挂车、仓栅式半挂车、粉粒物料运输半挂车、压缩式垃圾运输车以及其他专用车等

★石家庄金多利专用汽车有限公司
地址:河北省无极县郝庄乡东郝庄工业区
邮编:052460
电话:0311/85710885、85710886
传真:85710886
网址:www.jdlzyqc.com
电子信箱:1280805566@qq.com
法定代表人:赵红卫
质量体系:GB/T 19001
产品情况:(金多利牌)
主要产品为半挂车、全挂车、自卸

车、专用作业车等

★石家庄金通达专用汽车有限公司
地址:石家庄市无极县郝庄乡装备制造产业聚集区15号
邮编:052460
电话:4009682588、13903112535
传真:0311/85716598
电子信箱:sjzjtdzq@163.com
法定代表人:孙会收
产品情况:(福德金牌)
混凝土搅拌车、厢式半挂车、集装箱半挂车、仓栅式半挂车等

★石家庄市宏达专用汽车制造有限公司
地址:石家庄市无极县郝庄乡装备制造产业聚集区27号
邮编:052460
电话:0311/85711666、4000966800
传真:85710008
网址:www.hbhdzq.com
电子信箱:609497220@qq.com
法定代表人:张彦兵
产品情况:(鑫宏达牌)
主要产品有各种系列半挂车、全挂车、集装箱运输车、厢式货车、特种车等

★石家庄金盛专用汽车制造有限公司
地址:石家庄市无极县西陈村村北
邮编:052464
电话:0311/85715858、15081871888
网址:www.jinshengsjs.com
法定代表人:王孟礼
单位人数:86
产品情况:(恒廉牌)
半挂车、铝合金厢式运输车等

★河北驹王专用汽车股份有限公司
地址:河北省衡水市枣强县东外环北路6号
邮编:053100
电话:0318/8268806
传真:8260709
网址:www.cnjuwang.cn
电子信箱:marketing@cnjuwang.cn
法定代表人:朱金广
单位人数:288
质量体系:ISO 9001
产品情况:(驹王牌)
各种半挂车、自卸车、罐式车、粉粒运输车、混凝土搅拌运输车、LNG天然气运输车等车型

★远大汽车制造股份有限公司
地址:河北省衡水市景县高新区
邮编:053500
电话:0318/6116777、15610801188
网址:www.hbydqiche.com
电子信箱:yuanda01@china-yuanda.cc
法定代表人:王洪刚
单位人数:3000
产品情况:(衡霸牌)
主要生产环卫车辆、工程车辆(混凝土搅拌车、城市渣土运输车、自卸车等)、特种车辆(高空作业车、清障车、消防车等)三大系列

★河北顺捷专用汽车制造有限责任公司
地址:河北省衡水市路北新区冀衡路66号
邮编:053500
电话:0318/2165555、2285009
传真:2285099
电子信箱:hb_sj@163.com
法定代表人:王卷杰
质量体系:ISO 9001
产品情况:(川腾牌)
普通半挂车、仓栅式半挂车、厢式半挂车、集装箱式半挂车、平板半挂车、罐式半挂车、自卸车等

★河北福玉专用汽车有限公司
地址:河北省邢台市新兴西大街1616号
邮编:054000
电话:0319/2996601
传真:2996171
电子信箱:xtqcgz@163.com
法定代表人:陈福玉
产品情况:(福玺牌)
粉粒物料运输车、半挂车、散装水泥车、化工运输车、运油车、加油车、洒水车、车厢可卸式垃圾车

★河北金后盾专用汽车制造有限公司
地址:河北省邢台市豫让桥路689号
邮编:054001
电话:0319/3656666
网址:www.jinhoudun.com
电子信箱:jinhoudun@jinhoudun.com
法定代表人:郭思远
产品情况:(金后盾牌)
检测车等军车、特种车、军用方舱

★河北华旗专用汽车制造有限公司
地址:河北省邢台县会宁镇霍楼村村东
邮编:054001
电话:0319/2815199、2815288
传真:2815999
电子信箱:hqxiaoshouke@163.com
法定代表人:武梅林
质量体系:ISO 9001
产品情况:(旗林牌)
运油车、化工原料运输车、自卸车、小型多功能加油车、散装水泥车、混凝土搅拌运输车、多功能洒水车、易燃液体罐式运输车、半挂车等

★河北隆德专用汽车制造有限公司
地址:河北省邢台市威县经济开发区开放路23号
邮编:054700
电话:0319/6118666、6119000
传真:6119777
网址:www.hblongde.com
电子信箱:hbldzyc@163.com
法定代表人:翟春新
质量体系:ISO 9001、ISO 14001
产品情况:(隆专牌)
扫路车、公路养护车、翼开启厢式车、半挂车、新能源纯电动汽车

★河北卓骏专用车制造有限公司
地址:河北省邢台市威县工业园区腾飞路
邮编:054799
电话:0319/6123666、13831902456
传真:6123999
网址:www.hbzhuojun.cn
法定代表人:袁梅景
产品情况:(威正百业牌)
主要产品有栏板式半挂车、自卸半挂车、仓栏式半挂车、集装箱式半挂车、冷藏式半挂车、工程机械半挂车

★河北御捷马专用车制造有限公司
地址:河北省清河县经济技术开发区太行南路19号
邮编:054800
电话:0319/8717612、4001626368
传真:8717626
网址:www.yogomotruck.com
电子信箱:yujiema_2009@163.com
法定代表人:顾金军
单位人数:300
质量体系:GB/T 19001
产品情况:(御捷马牌)
主要产品有冷藏保温运输车、翼开启厢式运输车、通信车、邮政车、各种物流厢式运输车及铝合金(承载式车身结构)厢式半挂车等多种车型

★河北利达特种车辆有限公司
地址:河北省邯郸市邯山区马庄工业区
邮编:056001
电话:0310/3161651、4006123900
电子信箱:ldzcb01@ld.cn
法定代表人:李晓红
质量体系:ISO 9000
产品情况:(利达牌)
混凝土搅拌运输车、混凝土泵送车、散装水泥车、油罐车、汽车起重机、半挂车、自卸车等

★新兴能源装备股份有限公司
地址:河北省邯郸市开发区和谐大街99号
邮编:056107
电话:4008888954
网址:www.xxzjgs.com
电子信箱:xnbkwlyx@163.com
法定代表人:张相相
质量体系:ISO/TS 16949、ISO 14001
产品情况:(宝环牌)
高中压气瓶拖车、LNG液化天然气拖车、LNG低温液体半挂车、油气新动力改装汽车等
出口情况:出口东南亚,南美洲等地区

★河北富华专用汽车制造有限公司
地址:河北省邯郸市成安工业园区邯大路33号
邮编:056700
电话:0310/4695555、8608304
传真:4695555
网址:www.hebeifuhua.com

法定代表人:胡新平
单位人数:500
质量体系:ISO 9001
产品情况:(翼马牌)
主导产品为半挂车、铁水运输车、自卸车、低平板运输车、水泥搅拌车、环卫车、各类厢式车等,共有六大系列80余种产品

★邯郸冀东专用车有限公司
地址:河北省肥乡经济开发区创业街1号
邮编:057550
电话:0310/5646666
传真:5646188
网址:www.hdjdzyc.com
电子信箱:hdjdzyc@qq.com
法定代表人:张树银
单位人数:420
产品情况:(冀东巨龙牌)
厢式、仓栅式、骨架式、低平板等各种半挂车及自卸车

★邯郸市肥乡区远达车辆制造有限公司
地址:河北省邯郸市肥乡区元固乡郝庄村
邮编:057550
电话:0310/8528119、13383308288
传真:8528666
网址:www.hbydcl.com
电子信箱:yuandacheliang@163.com
法定代表人(负责人):晁学印
单位人数:560
质量体系:ISO 9001
产品情况:(永康牌)
半挂车、厢式半挂车、仓栅式半挂车、自卸半挂车、低平板半挂车、铁水运输半挂车、油罐车、自卸车、扫路车、清扫车等特种专用车

★邯郸宇康集团有限公司
地址:河北省邯郸市广平县东城路南段
邮编:057650
电话:0310/2521242
传真:2523174
电子信箱:yukangqiche@163.com
法定代表人:王伟
质量体系:ISO 9001
产品情况:(宇康牌)
轻、中、重型载货汽车、低速货车、专用车等
出口情况:销往中国台湾地区

★河北汇达能源有限公司
地址:河北省沧州市高新技术开发区吉林大道
邮编:061000
电话:0317/2191808
传真:2191808
网址:www.huidanengyuan.com
电子信箱:hbhdcl@126.com
法定代表人:徐福来
产品情况:(汇达牌)
LNG运输半挂车、LNG储罐、LNG小型供气系统(捷瑞冷)、液氧液氮等低温液体运输半挂车、低温液体罐式集装箱、液化气体运输半挂车等高端能源化工装备

★河北昌骅专用汽车有限公司
地址:河北省黄骅市昌骅路西段
邮编:061100
电话:0317/5332468
网址:www.hhchanghua.com
电子信箱:hhchgs@163.com
法定代表人:关世杰
单位人数:1200
质量体系:ISO 9001
产品情况:(昌骅牌)
各式栏板半挂车、铝合金罐车、集装箱运输车、运油车(化工液体罐、玻璃钢罐、不锈钢罐)、散装水泥车、混凝土搅拌运输车、厢式半挂车等9个系列120余个品种
出口情况:远销俄罗斯、北美洲、非洲、中东等国家和地区

★河北光华专用汽车有限公司
地址:河北省黄骅市经济技术开发区
邮编:061100
电话:0317/5339602、15230702777
网址:www.hbguanghua.com
电子信箱:guanghua_2005@126.com
法定代表人:刘玉龙
单位人数:600
质量体系:ISO 9001
产品情况:(凯萨特牌)
各式自卸车、水泥搅拌罐车、混凝土搅拌罐车、油罐车、化工罐车、不锈钢罐车、厢式车、仓栅式车等各式半挂车
出口情况:产品批量出口

★河北亚峰专用汽车制造有限公司
地址:河北省黄骅市羊三木工业区18号
邮编:061100
电话:0317/5985889
传真:5985919
电子信箱:hbyfzq@126.com
法定代表人:刘式峰
质量体系:ISO 9001
产品情况:(亚峰牌)
混凝土泵车、运油半挂车、加油车、化工液体运输半挂车、混凝土搅拌运输车、散装水泥半挂车、城市环卫车、散装粮食车等专用汽车

★河北宏泰专用汽车有限公司
地址:河北省黄骅市羊三木乡205国道西侧
邮编:061100
电话:0317/5985988、5985688
传真:5470444
网址:www.hongtaitrailer.com
电子信箱:info@hongtaitruck.com
法定代表人(负责人):王治广
单位人数:1500
质量体系:ISO 9001
产品情况:(正康宏泰牌)
运油半挂化工液体运输车、铝合金罐式车、粉粒物料运输车、搅拌车、普通半挂车、市政环卫车6大系列80多个品种的专用汽车
出口情况:远销南美洲、非洲、中东、中亚等多个国家和地区

★河北君宇广利专用汽车制造有限公司
地址:河北省沧州市孟村回族自治县新县镇杨石桥村
邮编:061401
电话:0317/6603139、4000181345
电子信箱:2984488242@qq.com
法定代表人:曹利
产品情况:(君宇广利牌)
挂车、轿运车、罐式车、厢式车

★河北渤海石油装备专用车有限公司
地址:河北省任丘市会战道北站西路58号
邮编:062552
电话:0317/2723050、2722777
传真:2715649
电子信箱:gzcyyx@163.com
法定代表人:刘泳
质量体系:ISO 9001
产品情况:(油龙牌)
运油车、供液车、半挂运油车、固井水泥车、随车起重运输车、砂罐车、超导热洗车、高压注水洗井车、下灰车、下灰库、立式固井下灰罐、切割罐、地埋储油罐、车装罐等产品
出口情况:出口蒙古、哈萨克斯坦、古巴、苏丹、肯尼亚等国家

★青县金锐专用汽车制造有限公司
地址:河北省沧州市青县清州镇石油机修厂南门西
邮编:062650
电话:0317/4210118、4006275509
传真:4210128
网址:www.jinruizhuanqi.com
电子信箱:jinruizhuanqi@126.com
法定代表人:周庆涛
单位人数:200
质量体系:ISO 9001
产品情况:(冀锐牌)
仓栅式半挂车、厢式车、自卸车、海港码头集装箱运输车等

★上汽唐山客车有限公司
地址:河北省唐山市曹妃甸区中小企业园区上汽大道5号
邮编:063000
电话:0315/8791911、8791900
网址:www.saicmotor.com
电子信箱:mengqi@futaijiye.com
法定代表人:吴芳
产品情况:(飞翼牌)
混合动力城市客车、纯电动城市客车、纯电动客车

★唐鸿重工专用汽车股份有限公司
地址:河北省唐山市丰南区开发区兴工街6号
邮编:063000
电话:0315/2962800、7771587

传真:2966033、2963666
电子信箱:zheng333121@163.com
法定代表人:张娟
质量体系:ISO 9001
产品情况:(唐鸿重工牌)
混凝土搅拌运输车,厢式、仓栅式、低平板、集装箱等运输半挂车,运油半挂车,自卸车等
出口情况:出口非洲、中亚、中东、东南亚地区

★唐山亚特专用汽车有限公司
地址:河北省唐山市高新区贾庵道
邮编:063000
电话:0315/7729515、4006689888
网址:www.yateauto.com
电子信箱:yateauto@yateauto.com
法定代表人:田伟
单位人数:380
质量体系:ISO 9001
产品情况:(亚特重工牌)
混凝土搅拌运输车、散装物料运输车、低温液化天然气运输车、半挂车、旅居车、环卫车辆等
出口情况:远销欧美、东南亚、非洲等地区

★唐山市宏远专用汽车有限公司
地址:河北省唐山市路南区唐胥路南侧108间
邮编:063000
电话:0315/2710035、13785501816
传真:2810017、2710036
网址:www.tshongyuan.com
电子信箱:hongyuan2008@vip.sina.com
法定代表人:高健
单位人数:130
质量体系:ISO 9000
产品情况:(立一牌)
公路测试车、路面横向力系数检测车、桥梁检测车、机械式清扫车、交通安全设施清洗车、多功能抑尘车等

★唐山众兴专用汽车制造有限公司
地址:河北省唐山市丰南经济开发区华通大街
邮编:063300
电话:0315/5099188、4008110199
传真:5099188
法定代表人:张连生
质量体系:ISO 9001
产品情况:(齐安牌)
半挂车、混凝土搅拌车等

★唐山冀东专用车有限公司
地址:河北省唐山市滦县新城台商工业园
邮编:063700
电话:0315/7167633、7167626
传真:7167633
法定代表人:刘希臣
负责人:宋维军
质量体系:ISO/TS 16949
产品情况:(冀东巨龙牌)
半挂车、改装车、混凝土搅拌运输车、自卸汽车等

★廊坊中建机械有限公司
地址:河北省廊坊市安次区龙河高新技术产业区地阔道86号
邮编:065000
电话:0316/2809702、4006861666
网址:www.cscecmachinery.com
电子信箱:zhongjianjixie@cscec.com
法定代表人:黄东文
质量体系:ISO 9001
产品情况:(中建牌)
粉粒物料运输车、油田专用车、建筑工程机械车

★廊坊新赛浦特种装备有限公司
地址:河北省廊坊经济技术开发区耀华道2号
邮编:065001
电话:0316/5299931、5299919
传真:5299923
电子信箱:zhangyanan@sincep.com.cn
法定代表人:孙玉芹
质量体系:ISO 9001、GJB 9001A
产品情况:(华美牌)
单双滚筒多功能电缆测试车、射孔车、测卡解卡车、随钻测井车、撬装电缆绞车、修井车、试井车、抽吸车、清蜡车等油田专用特种作业设备
出口情况:出口中东、印度尼西亚、秘鲁、哈萨克斯坦等国家和地区

★廊坊京联汽车改装有限公司
地址:河北省廊坊市开发区翠青北道8号
邮编:065001
电话:0316/5918926、18903260598
法定代表人:吴宝坤
质量体系:ISO 9000
产品情况:(驼马牌)
清障车、旅居车、普通厢式货车、保温车、冷藏车、畜禽运输车等6大系列40余个品种的产品

★三河市新宏昌专用车有限公司
地址:河北省燕郊经济技术开发区留山大街11号
邮编:065200
电话:0316/3087600
网址:www.hctm.com.cn
电子信箱:xhcren2009@126.com
法定代表人:蒋晓冬
单位人数:1100
产品情况:(宏昌威龙牌、宏昌天马牌)
自卸车、搅拌车、环卫车、液/粉罐运输车、随车起重机等

★河北安旭专用汽车有限公司
地址:河北省廊坊市京秦高速香河出口南50米路东
邮编:065400
电话:0316/8315768
传真:8222123
电子信箱:xcx2199@163.com
法定代表人:冯全玉
产品情况:(安旭牌)
通信车、指挥车、电视转播车、医疗车、铝合金翼开启式厢式运输车、铝合金厢式冷藏车、车厢可卸式垃圾车、除雪车等

★建安特西维欧特种设备制造有限公司
地址:河北省廊坊市香河经济开发区运河大道15号
邮编:065402
电话:0316/8219977
传真:8219900
网址:www.inoxcva.cn
电子信箱:jatcva@jat-cva.cn
法定代表人:付博佳
质量体系:ISO 9001
产品情况:(建安特西维欧牌)
低温储罐、低温汽车罐车、罐式集装箱、半挂车等
出口情况:远销世界100多个国家和地区

★秦皇岛新谊工程有限公司
地址:河北省秦皇岛市海港区北环路118号
邮编:066001
电话:0335/3018303、13903339447
网址:www.qhdxinyi.com
法定代表人:殷明娟
质量体系:ISO 9001
产品情况:(旭环牌)
2.75t、3t、5t、8t、12t压缩式垃圾车,50~1000吨级的压缩转运站及配套使用的0.5t、3t、5t、8t、12t车厢可卸式垃圾车、0.5t、8t自卸式垃圾车以及各种型号的餐厨垃圾车、洒水车、洗扫车等

★秦皇岛金程汽车制造有限公司
地址:河北省秦皇岛经济技术开发区黄海道33号
邮编:066004
电话:0335/7671933、7671920
传真:7671935
网址:www.jc-auto.net
电子信箱:jcqcxs@163.com
法定代表人:张春
质量体系:ISO 9001
产品情况:(金程牌)
金程轻型客车、金程轻型载货汽车、金程专用汽车,金程新能源汽车等系列
出口情况:出口亚洲、非洲、中东、南美洲等多个国家和地区

★秦皇岛市思嘉特专用汽车制造有限公司
地址:河北省秦皇岛市卢龙县卢龙镇迎宾路高速路出口西侧
邮编:066400
电话:0335/7399999、7135267
网址:www.sijiate.com
电子信箱:sales@sijiate.com
法定代表人:李绍辉
单位人数:158
质量体系:ISO 9001

产品情况：（思嘉特牌）

智能稀浆封层车、全智能/电子控制沥青洒布车、智能同步碎石封层车、石屑撒布车、移动式沥青加热运输罐车、道路清障车、垃圾车、高空作业车等公路养护专用车、扫路机等

出口情况：出口俄罗斯、阿尔及利亚、利比亚、哈萨克斯坦等国家

★昌黎县川港专用汽车制造有限公司

地址：河北省昌黎县京山铁路张家庄车站北
邮编：066600
电话：0335/2082668、4008039838
传真：2181482、2082668
网址：www. clcgc. com
电子信箱：clcgc@ 163. com
法定代表人：田德凯
单位人数：300
质量体系：ISO 9001
产品情况：（华星牌）

半挂车、全挂车、工程机械专用车、粉粒物料运输专用车、铁水运输车、乳化沥青封层车、油罐车、自卸车、起重机、厢式货车、垃圾车、垃圾中转站等

★河北览众专用汽车制造有限公司

地址：河北省保定市南市区三丰中路2号
邮编：071000
电话：0312/2128888、4000312858
传真：2128888
网址：www. lzrv. com. cn
电子信箱：88532317@ qq. com
法定代表人：赵泓昌
产品情况：（信天游牌、览众之星牌）

旅居车览众风骏C型房车系列、赛拉维C型房车、拖挂房车等，览众风骏房车系列产品

出口情况：远销美洲、大洋洲、日本、韩国等多个国家和地区

★保定北奥石油物探特种车辆有限公司

地址：河北省保定市徐水县121－9信箱
邮编：072552
电话：0312/8752040、8752041
传真：8752039
网址：www. basv. com. cn
电子信箱：basv@ basv. com. cn
法定代表人：徐志钦
质量体系：ISO 9001
产品情况：（沙驼牌）

主要生产可控震源系列、全路况运载设备、YF系列野营拖车、油田作业设备

出口情况：远销伊朗、伊拉克、苏丹、格鲁吉亚、俄罗斯、沙特阿拉伯、巴基斯坦、利比亚、阿尔及利亚、尼日尔、墨西哥等国家

★保定宏业石油物探机械制造有限公司

地址：河北省保定市徐水县121－6信箱
邮编：072553
电话：0312/8649100、8649101
传真：8649516
网址：www. honyemachine. com
电子信箱：yx@ honyemachine. com
法定代表人：刘贵村
质量体系：ISO 9001
产品情况：（物探牌、宏业牌）

浅海钻机、沼泽钻机、车装钻机、拖拉机钻机、人抬/直升机吊装钻机、超轻型钻机、钻具等

出口情况：在哈萨克斯坦、阿尔巴尼亚、苏丹、尼日尔、乍得、巴基斯坦、缅甸、伊朗、伊拉克、也门、印度尼西亚、阿联酋、沙特阿拉伯、墨西哥、委内瑞拉等10多个国家得到了广泛应用

★天马汽车集团有限公司

地址：河北省保定市定兴县朝阳路33号
邮编：072650
电话：0312/6826188、6927033
传真：6826988
电子信箱：bdtm_xs@ tom. com
法定代表人：周树财
产品情况：军用车辆改装及各类箱组制造，如卫生防疫车、野战急救车、军用方舱、战储包装箱组、药品保温箱组等；民用车辆改装，包括环卫车、混凝土搅拌运输车、自卸车、特种车改装及各类工程机械制造等系列产品；立体车库和仓储设备

★恒天大迪汽车有限公司

地址：河北省定兴县迎宾南街111号
邮编：072650
电话：0312/6820065
传真：6929835
电子信箱：bddqc@ bddqc. com. cn
法定代表人：赵鸿滨
质量体系：ISO 9001
产品情况：（大迪牌）

仓栅式运输半挂车、自卸汽车、搅拌车等系列专用车型，年产1万台

出口情况：仓栅式运输半挂车、自卸汽车出口俄罗斯、牙买加、中东、非洲、东南亚等国家和地区

★河北华运顺通专用汽车制造有限公司

地址：河北省曲阳县北环路468号
邮编：073100
电话：0312/4066777、4001811812
传真：4299696
电子信箱：240221796@ qq. com
法定代表人：杨运增
产品情况：（顺运牌）

集装箱运输车、液压轴线运输车、自卸车、普通半挂车、低平板/仓栅式半挂车等

★张家口大地专用汽车制造有限责任公司

地址：河北省张家口市工业中横街25号
邮编：075000
电话：0313/4082026、7659151
传真：4082003
电子信箱：zjkjy2008@ sina. com
法定代表人：焦文
质量体系：ISO 9001
产品情况：（张拖牌）

ZTC系列粉粒物料运输车、厢式运输半挂车、半挂车、自卸汽车、散装水泥车、仓栅式运输半挂车、低平板运输半挂车、吸粪车、扫路车

出口情况：出口俄罗斯、蒙古、沙特阿拉伯等国家100辆半挂车

★中地装张家口探矿机械有限公司

地址：河北省张家口市桥东区工业路4号
邮编：075026
电话：0313/4080349、4080236
传真：4057987、4062804
网址：www. 张探. com
电子信箱：ztgsxs@ 126. com
法定代表人：马彦
单位人数：880
质量体系：ISO 9001、ISO 14001
产品情况：（张探牌、ZT牌）

地质岩心钻机系列，工程施工钻机系列，水文水井钻机系列，钻机车系列，石油机械产品（抽油杆及其接箍），一、二类压力容器和金属结构件等

出口情况：抽油杆产品远销美国、阿根廷、印度尼西亚等国家

★张家口慧英专用汽车有限公司

地址：河北省张家口市阳原县高化工业园区
邮编：075800
电话：0313/7313333、18931302888
电子信箱：zjkhyqc@ 126. com
法定代表人：牛贺
产品情况：（鑫骏牌）

以粉粒物料半挂运输车和压缩式垃圾车为主，年产能达到2000辆

★河北万众矿山机械有限公司

地址：河北省深州市城市新区泰山东路北侧
邮编：18118
电话：0318/7037775、7037772
电子信箱：wztruck@ 163. com
法定代表人：郭向东
产品情况：矿用自卸车、SUV用自动变速器

山西省

★山西原野汽车制造有限公司

地址：太原市尖草坪区太原不锈钢产业园区B区丰源路15号
邮编：030008
电话：0351/3930288
电子信箱：sxyyqc@ 126. com
法定代表人：付晓峰
产品情况：（湛龙牌）

具有年产1万辆大中型客车及专用车（环卫车、清扫车、洒水车、垃圾清运车、厢式物流车、防弹运钞车等），5万辆乘用车的能力

★山西皇城相府宇航汽车制造有限公司

地址：太原市经济技术开发区唐槐路

101 号
邮编:030032
电话:4006035193
传真:0351/7966098
网址:www.hcxfyhqc.com
电子信箱:hcxfyhqc@163.com
法定代表人:胡国胜
质量体系:ISO 9001
产品情况:(山西牌)
产品覆盖 6~12mLNG 燃气客车、纯电动客车及混合动力客车

★山西青特汽车有限公司
地址:太原市经济技术开发区正阳街南
邮编:030060
电话:0351/7819678、7819677
网址:www.qingtegroup.com
电子信箱:hgdlyf@126.com
法定代表人:纪爱师
产品情况:(青特牌)
自卸车、半挂车、洒水车

★山西恒成特种车辆制造有限公司
地址:山西省晋中市榆次区东外环建国桥北 300 米处
邮编:030600
电话:0354/3027288、3106999
传真:3022788
电子信箱:781930338@qq.com
法定代表人:苗成林
质量体系:ISO 9001
产品情况:(恒成牌)
具有年产 2000 辆 5~15t 系列全挂车和 1000 辆 10~50t 系列半挂车、自卸车、民用车改装的生产能力

★山西威龙特种车辆制造有限公司
地址:山西省汾阳市吕梁中小企业创业基地
邮编:032200
电话:0358/3335688、13753342596
网址:www.sxgczz.cn
电子信箱:weilong3335688@163.com
法定代表人:王林江
单位人数:102
产品情况:(威龙兴达牌)
年生产能力:通用货车、挂车类仓栅式运输半挂车 1500 辆,专用货车类厢式运输车 500 辆,专用作业类道路清障车 300 辆

★陕汽大同专用汽车有限公司
地址:山西省大同市装备制造产业园区
邮编:037300
电话:0352/8152007、8152012
传真:8152007
电子信箱:sqdt001@163.com
法定代表人:郝晓乾
产品情况:(陕汽牌)
新能源(LNG、CNG)汽车、专用汽车(自卸车、半挂车、水泥搅拌车、粉状罐车、油罐车等)、非公路矿用自卸车等

★山西承泰专用车制造有限公司
地址:山西省朔州市怀仁县亲和工业开发区
邮编:038300
电话:0349/3070999、3070888
电子信箱:2826115424@qq.com
法定代表人:安建祥
质量体系:ISO 9001
产品情况:(承泰牌)
仓栅式运输半挂车、厢式运输半挂车、自卸运输半挂车等

★大运汽车股份有限公司
地址:山西省运城市空港经济开发区机场大道 1 号
邮编:044000
电话:0359/2537999、2537333
传真:2537537
网址:www.dayunmotor.com
电子信箱:sale@dayunmotor.com
法定代表人:远勤山
负责人:陈湍利
单位人数:2000
质量体系:ISO 9001
产品情况:(大运牌)
载货车、自卸车、牵引车、专用车、挂车 5 大系列车型
出口情况:出口非洲、南美洲、亚洲等地区

★卓里克劳耐商用车厢制造有限公司
地址:山西省运城市临猗县卓里北郊
邮编:044000
电话:0359/4168318、4168298
传真:4168318
网址:www.zhuoli.net
电子信箱:1711391015@qq.com
法定代表人:秦建业
质量体系:ISO 9001
产品情况:(卓里-克劳耐牌)
医疗物资保障车、医疗紧急救护车、紧急救援保障车、医疗留观救治车、紧急救援垃圾清理车、紧急救援人员运输车、半挂车、全挂车、交换式车厢和交换式底盘以及改装车、空气悬架等

★山西航天清华装备有限责任公司
地址:山西省长治市清华街
邮编:046000
电话:0355/3912567
传真:3028007
网址:www.qhm.cn
电子信箱:market@qhm.cn
法定代表人:潘裕林
单位人数:4342
质量体系:ISO 9001、GB/T 24001
产品情况:(沃达特牌)
摆臂式垃圾车、车厢可卸式垃圾车、纯电动扫路车等环卫车辆,自卸车,随车起重运输车等
出口情况:出口日本、中东、欧洲、非洲

★山西惠丰特种汽车有限公司
地址:山西省长治市南环西街 9 号
邮编:046013
电话:0355/8512115、6060326
网址:www.hftzc.com
电子信箱:396210453@qq.com
法定代表人:周贺
产品情况:(惠丰安拓牌)
主要经营系列散装炸药混装车(主要包括 BCRH、BCZH、BCLH 3 种型号),井下装药车,移动式地面站,固定式地面站,环保车辆,特种汽车改装以及锅炉、压力容器,装药器等产品
出口情况:出口俄罗斯、蒙古、赞比亚、老挝、尼日利亚等国家

内蒙古

★内蒙古腾驰重汽专用汽车有限公司
地址:呼和浩特市盛乐经济园区
邮编:011500
电话:0471/7390399、7390313
传真:7390399、7393012
电子信箱:15947115908@163.com
法定代表人:邓九强
质量体系:QS 9000、ISO 9001
产品情况:(牧利卡牌)
液态食品运输车

★内蒙古北方重型汽车股份有限公司
地址:内蒙古包头市稀土高新技术产业开发区
邮编:014030
电话:0472/2642010、2642305
传真:2207538、2805195
网址:www.chinanhl.com
电子信箱:gdh@chinanhl.com
法定代表人:高汝森
质量体系:ISO 9001
产品情况:岩斗型自卸车、煤斗型自卸车、矿用洒水车、电动轮矿用汽车、铰接式自卸车、煤矿井下用防爆工程自卸车、侧卸式混凝土运输车、液压挖掘机、旋挖钻机、自行式铲运机等
出口情况:远销 59 个国家

★包头北方创业专用汽车有限责任公司
地址:内蒙古包头市稀土高新区第一功能小区
邮编:014032
电话:0472/3116133
传真:3118253
电子信箱:gx050004@autoinfo.gov.cn
法定代表人:王文侦
质量体系:ISO 9001
产品情况:(北地牌、北方奔驰牌)
各类自卸车、罐式车、挂车、厢式车、特种车(防弹运钞车、刑事勘察车、警用防暴车、应急指挥车、导弹运输车及雷达天线升降车等)
出口情况:出口阿联酋、沙特阿拉伯、尼日利亚、伊朗、蒙古、俄罗斯等国家

★内蒙古北方重工业集团有限公司
地址:内蒙古包头市青山区

邮编:014033
电话:0472/3386114、3384269
网址:www. bfzg. com
电子信箱:jyglb@ bfzg. com
法定代表人:高汝森
质量体系:ISO 9001、ISO 14001
产品情况:(北方重工牌、SIMMACO牌、北方压裂牌)

混凝土搅拌运输车、多功能铲运机、铰接式自卸车、刚型自卸车、多功能洒水车、摆臂式垃圾车、后装压缩式垃圾车、真空吸污车、混凝土泵车、高空作业车等

出口情况:远销全球63个国家和地区

★包头德翼车辆有限责任公司
地址:内蒙古包头市九原区兴胜经济开发区兴胜路
邮编:014060
电话:0472/6962500、6962929
传真:6962500、6962651
网址:btdycl. com
电子信箱:btdycl@ 126. com
法定代表人:刘甦
单位人数:400
质量体系:ISO 9000
产品情况:(德翼牌)

挂车、自卸车、粉粒物料运输车和水泥搅拌运输车,年改装生产能力达到2万辆

★鄂尔多斯市东胜区中兴特种车辆公司
地址:内蒙古鄂尔多斯市东胜区装备制造基地布尔洞大道3号
邮编:017000
电话:0477/8398909
传真:8398906
网址:www. zxtq. cc
电子信箱:zxtqzjb@ 126. com
法定代表人:高海生
负责人:赵永胜
质量体系:ISO 9001
产品情况:(蒙凯牌)

矿用自卸车、轻量化汽车及挂车、新能源汽车、蒙凯专利自卸车及其他特种车辆

★呼伦贝尔市海征汽车改装有限责任公司
地址:内蒙古呼伦贝尔市海拉尔区夹信子路32号
邮编:021000
电话:0470/8340878
传真:8340878
电子信箱:376480454@ qq. com
法定代表人:米居信
质量体系:ISO 9001
产品情况:(海征牌)

自卸车、保温奶槽车、真空吸入式排污车

辽宁省

★北方重工集团有限公司
地址:沈阳市经济技术开发区开发大路16号
邮编:110027
电话:024/25802222、25802902
传真:25851610
网址:www. china - sz. com
电子信箱:bgs@ nhi. com. cn
法定代表人:刘晓东
单位人数:10000
质量体系:ISO 9001、ISO 14001
产品情况:(北方压裂牌)

混砂车、压裂车、仪表车等专用车

★沈阳航天新星机电有限责任公司
地址:沈阳市皇姑区阳山路1号
邮编:110034
电话:024/86584400、86584500
传真:86526369
电子信箱:syhtxx@ 163. com
法定代表人:张士成
质量体系:GJB 9001B、GB/T 19001
产品情况:(新阳牌)

冷藏车、厢式半挂车、加油车、厢式运输车、电热解堵车、洗井车等

★辽宁天信专用汽车制造有限公司
地址:沈阳市苏家屯区丁香街164号
邮编:110101
电话:024/29822857、89130195
传真:89111268
网址:www. sy - tianxin. com
电子信箱:lizhiyong@ sy - tianxin. com
法定代表人:李志勇
负责人:周静
质量体系:ISO 9001
产品情况:(天信牌)

道路除雪车、道路养护车、环卫车、工程车等

★沈阳天鹰专用汽车制造有限公司
地址:沈阳市沈北新区沈北路99号
邮编:110122
电话:024/31419696、86379287
传真:31419688
网址:www. sytyzyc. com
电子信箱:tianying@ sytianying. cn
法定代表人:贾惠姝
质量体系:ISO 9001
产品情况:(天野牌)

厢式车、保温车、冷藏车、半挂车、罐车、全挂车、特种车(工程维修车、邮政运输车、翼展车、油槽车、保鲜奶运输车、服装车等)

出口情况:出口韩国、印度尼西亚、新加坡、越南、美国、非洲等国家

★沈阳捷通消防车有限公司
地址:沈阳市沈北新区蒲昌路67号
邮编:110136
电话:024/53838119、53838108
传真:53838119
网址:www. syxfc. com
电子信箱:syxfc119@ 163. com
法定代表人:陈玉华
产品情况:(金猴牌)

多功能登高平台消防车、多功能云梯消防车、高喷消防车、重型泡沫消防车、破拆消防车等

★沈阳五洲龙新能源汽车有限公司
地址:沈阳市沈北新区盛京大街9号
邮编:110136
电话:024/62833255、62833237
传真:62833242
网址:www. sywzlmotors. com
电子信箱:sywzlxnymotors@ 163. com
法定代表人:张景新
产品情况:(五洲龙牌)

油电混合动力客车、纯电动客车、清洁能源客车、校车等节能环保客车

出口情况:远销欧洲、南美洲、东南亚、中东等30多个国家和地区,并销往中国香港、中国台湾地区

★沈阳北方交通重工集团有限公司
地址:沈阳市经济技术开发区中央大街16号
邮编:110142
电话:024/31819999、31813100
传真:31818999
电子信箱:shenyang@ bfjt. com
法定代表人:曲凯
质量体系:ISO 9001、ISO 14000
产品情况:(凯帆牌)

道路划线机、道路标线涂料车、道路清障车、高空作业车、沥青路面养护车、稀浆封层车、道路铣刨机、沥青洒布车、汽车起重机、随车起重机、高空消防车、水泥泵车、水泥罐车、环卫车、沥青拌和站等

★辽宁环卫汽车改装集团有限公司
地址:沈阳市和平区长白街103-1号
邮编:110166
电话:024/25251972、13066691355
网址:www. syhwqg. com
电子信箱:754728419@ qq. com
法定代表人:王瑛
产品情况:(沈环牌)

煤气管道凝水缸抽水车、绿化洒水车、真空吸粪车、真空吸污车、压缩式垃圾车、摆臂式垃圾车、混凝土搅拌车、粉粒物料运输车、运油车、自卸车、除雪车、融雪剂、清障车、散装水泥半挂车等

★沈阳华龙新能源汽车有限公司
地址:沈阳市浑南区兰台路8号
邮编:110168
电话:4001888369
网址:www. clean - ev. cn
电子信箱:15541530878@ 163. com
法定代表人:杜炬
质量体系:ISO 9001
产品情况:(华龙牌)

纯电动城市客车、纯电动厢式运输车

★辽宁合力专用汽车制造有限公司
地址:辽宁省铁岭经济开发区辽宁专用

车生产基地平安大街19号
邮编:112000
电话:024/74986300、74986388
网址:www.bfhl8.com
电子信箱:599306246@qq.com
法定代表人:肖群生
质量体系:ISO/TS 16949、ISO 14001
产品情况:(丹凌牌)
绿化喷洒车、电瓶车、垃圾车、吸污吸粪车、高压清洗车,油罐车、化工液体运输车、粉粒物料运输车、混凝土搅拌运输车、高压作业车、道路清障车、冷藏车、自卸车、消防车等
出口情况:出口俄罗斯、丹麦、格鲁吉亚、哈萨克斯坦、阿尔及利亚、澳大利亚等国家

★辽宁乾丰专用车有限公司
地址:辽宁省铁岭市台湾工业园园一街77号
邮编:112000
电话:024/79590777、4001685296
网址:www.qfxnyqc.com
电子信箱:lnqfgs@163.com
法定代表人:徐永丰
单位人数:650
质量体系:ISO 9001
产品情况:(易圣达牌)
插电式混合动力城市客车、纯电动城市客车等

★铁岭陆平专用汽车有限责任公司
地址:辽宁省铁岭市银州区岭东街139号
邮编:112000
电话:024/72806888
传真:72806819
网址:www.lpjq.com
电子信箱:luping705@sina.com
法定代表人:尹成文
单位人数:400
质量体系:GJB 9001A
产品情况:(陆平机器牌、三力牌)
加(运)油车系列、沥青、化工、食品运输车系列、粉粒物料运输车系列、洒水车系列、铝合金半挂罐车系列、半挂车系列、特种车系列、环卫车系列、旅居车
出口情况:出口朝鲜、哈萨克斯坦、安哥拉、塞内加尔、塞拉利昂、蒙古等国家

★辽宁广燕专用汽车制造有限公司
地址:辽宁省铁岭专用车生产基地平安大街15号
邮编:112000
电话:4000242279
传真:024/79091566
网址:www.zggyqc.com
电子信箱:zyqcxs@126.com
法定代表人:张根凤
质量体系:ISO 9001
产品情况:(广燕牌)
主要产品有自卸垃圾车、压缩垃圾车、吸污车、吸粪车等环卫类专用汽车,洒水车、清障车、路面微波修补车等专用汽车,半挂车、厢式运输车、尾板升降厢式运输车等车型

★沈阳探矿机械有限公司
地址:辽宁省铁岭经济开发区辽宁专用车生产基地和谐大街9号
邮编:112007
电话:024/79091515、13804003084
传真:79091518
网址:www.sytkjx.cn
电子信箱:sytkhhb@163.com
法定代表人(负责人):鞠富海
单位人数:117
产品情况:(山山牌)
静力触探车、长螺旋钻孔机、钻机车

★际华三五二三特种装备有限公司
地址:辽宁省铁岭县腰堡镇沙坨子二街12号
邮编:112609
电话:024/78717955、78717933
传真:78717977
网址:www.china3523.com
电子信箱:info@china3523.com
法定代表人:原栋梁
单位人数:1000
质量体系:ISO 9001、GJB 9001
产品情况:(风华牌)
炊事挂车、自行式炊事车、防弹运钞车、防暴指挥车、冷藏车、搅拌车、防弹攻击车、房车、商务车等
出口情况:出口非洲、亚洲等几十个国家和地区

★沈阳森源艾思特福汽车有限公司
地址:辽宁省抚顺市望花区康平街11号
邮编:113001
电话:18642301111
电子信箱:1538400663@qq.com
法定代表人:司贵林
产品情况:(鸿运牌)
纯电动客车、新能源物流车

★辽宁华驰专用汽车制造有限公司
地址:辽宁省抚顺市新宾满族自治县南杂木镇工业园区
邮编:113217
电话:024/55266666、4009996768
传真:55266777
网址:www.lnhczq.com
电子信箱:2115004300@qq.com
法定代表人:王立钢
单位人数:268
质量体系:ISO 9001、OHSAS 18001
产品情况:(鑫华驰牌)
主导产品包括市政环卫车、多功能除雪车、除雪专用设备、工程物流运输车、抑尘车、旅居房车、流动售卖车等60余种

★辽宁海诺建设机械集团有限公司
地址:辽宁省鞍山市高新区千山路201号
邮编:114000
电话:0412/5216111、5216777
传真:5216600
电子信箱:sales@hainuogroup.com
法定代表人:于洋
质量体系:ISO 9001、ISO 14001
产品情况:(海诺牌)
混凝土泵车、混凝土搅拌运输车、混凝土搅拌站、散装水泥车、半挂车、车厢可卸式垃圾车等

★鞍山衡业专用汽车制造有限公司
地址:辽宁省鞍山市千山区衡业街3号
邮编:114045
电话:0412/8812301
网址:www.ashyzyc.com
电子信箱:lnhyzyc@126.com
法定代表人:刘井野
单位人数:360
质量体系:ISO 9001、ISO 14001
产品情况:(鲸象牌)
主要有消防车、洒水车、吸污车、自卸车、垃圾车等产品
出口情况:洒水车、自卸车远销赞比亚、朝鲜等国家

★鞍山森远路桥股份有限公司
地址:辽宁省鞍山市高新区东区鞍千路281号
邮编:114051
电话:0412/5260200、5223218
网址:www.assyrb.com
电子信箱:syxs@assyrb.com
法定代表人(负责人):孙斌武
质量体系:ISO 9001、ISO 14001
产品情况:(森远牌)
沥青路面就地热再生重铺机组、除雪车、综合养护车、灌缝车、废旧沥青混合料再生车、微表处施工车、橡胶沥青喷洒车、高速公路护栏抢修车及矫直机等
出口情况:远销欧洲、亚洲、非洲三大洲的20多个国家和地区

★海城市石油机械制造有限公司
地址:辽宁省海城市西四镇
邮编:114218
电话:0412/3671868、3671348
传真:3671868
网址:www.hcsyjx.com
电子信箱:sales@hcsyjx.com
法定代表人:王政胜
质量体系:ISO 9001
产品情况:(跃虎牌)
车装钻机、石油修井机、液压动力钳、井口工具等石油钻采设备及相关配套设施
出口情况:出口俄罗斯、哈萨克斯坦、罗马尼亚、加拿大、巴西、尼日利亚、苏丹、南非、印度等国家和地区

★营口奥捷专用汽车制造有限公司
地址:辽宁省营口市金牛山大街东140号
邮编:115001
电话:0417/4838484、4838487

网址:www. ygp - yk. com
电子信箱:xiaoshou@ ykgcc. com
法定代表人:张坤
单位人数:480
质量体系:ISO 9001
产品情况:(铮铮牌)
　　普货运输车、集装箱运输车、乘用车运输车、粉粒物料运输车、化工液体运输车、混凝土搅拌运输车、低平板半挂车等
出口情况:出口北美洲、欧洲、非洲、亚洲等20多个国家和地区

★中集车辆(辽宁)有限公司
地址:辽宁省营口市滨海路南88号
邮编:115004
电话:0417/3286900、3286905
传真:3826666
电子信箱:lei. sun@ cimc. com
法定代表人:刘洪庆
质量体系:ISO 9001
产品情况:(通华牌)
　　集装箱半挂车、平板半挂车、栏板车、仓栅式车、低平板半挂车、混凝土搅拌车、除雪车、自卸车等
出口情况:远销东南亚、美洲、澳大利亚、非洲、中东等国家和地区

★营口宝迪专用汽车制造有限公司
地址:辽宁省营口市西市区辽河大街西124号
邮编:115004
电话:0417/4835381、4838484
传真:4838485
网址:www. ykgcc. com
电子信箱:xiaoshou@ ykgcc. com
法定代表人:张坤
单位人数:426
质量体系:ISO 9001
产品情况:(神行牌)
　　集装箱半挂车、低平板半挂车、平(栏)板半挂车、车辆运输车、厢式半挂车、罐式半挂车、特种半挂车、清障车、自卸车等
出口情况:出口美国、非洲、东南亚等国家和地区

★大连嵩霸旅行车制造有限公司
地址:辽宁省大连市甘井子区革镇堡镇后革村
邮编:116035
电话:0411/86458757、18510331073
网址:www. gaobarv. com
电子信箱:gaobarv@ 163. com
法定代表人:曲作军
单位人数:120
产品情况:(嵩霸牌)
　　旅居车

★大连叉车有限责任公司
地址:辽宁省大连市甘井子区营祥路18号
邮编:116036
电话:0411/39576888、39576800
传真:39576886
网址:www. dalianforklift. com
电子信箱:trade@ dalianforklift. com
法定代表人:孟祥亭
质量体系:ISO 9001
产品情况:(犀牛牌)
　　1~45t全品种通用叉车、集装箱叉车、正大面吊运机等十大类,30余个系列,300余种品种
出口情况:出口100多个国家

★华晨兴达特种车辆(大连)有限公司
地址:辽宁省大连经济技术开发区盛兴路19-4号
邮编:116600
电话:0411/39280000、39719900
传真:39280000
网址:xd. bsv - auto. com
电子信箱:yue. chang@ xd. bsv - auto. com
法定代表人:郭丽娟
产品情况:(佰斯威牌)
　　挂车和环卫类及罐式专用车

★大连辽机路航特种车制造有限公司
地址:辽宁省大连经济技术开发区铁山东三路55号
邮编:116600
电话:0411/87577000
传真:87553100
电子信箱:quxiaomei817@ 163. com
法定代表人:王文锋
负责人:刘强
单位人数:200
质量体系:ISO/TS 16949、GJB 9001B
产品情况:(辽机路航牌)
　　警用防护型侦察车、通信车、人员运送车、军用轻/中型等战术防弹/防爆炸车辆

★华晨客车(大连)有限公司
地址:辽宁省大连市经济技术开发区盛兴路19-4号
邮编:116600
电话:0411/39280200、87213603
网址:www. bsv - auto. com
电子信箱:shishi. wen@ hkd. bsv - auto. com
法定代表人:张莹
产品情况:(佰斯威牌)
　　客车(轻型客车、大中型客车)、纯电动客车、纯电动环卫车、旅居车、校车、除雪车等专用货车(非罐式)生产

★华晨专用车装备科技(大连)有限公司
地址:辽宁省大连经济技术开发区盛兴路19-4号
邮编:116635
电话:0411/87213546、39280034
网址:bsv - mall. com
电子信箱:1282206413@ qq. com
法定代表人:张莹
产品情况:(佰斯威牌)
　　冷藏车、污泥处理车、旅居车等

★本溪市平安车业有限责任公司
地址:辽宁省本溪市明山区高台子威宁村大桥25-2栋
邮编:117000
电话:024/44614000、44614666
传真:44513881、44513897
电子信箱:pacy_bgs@ 163. com
法定代表人:翟天齐
产品情况:(平安金鹏牌)
　　消防车、自卸车、垃圾清运车、半挂车等

★本溪北方机械重汽有限责任公司
地址:辽宁省本溪市溪湖区彩屯重型路2号
邮编:117019
电话:024/45885010
传真:45892166
电子信箱:1014590543@ qq. com
法定代表人:汤宝彦
质量体系:ISO 9001
产品情况:压力容器、汽车配件、装载车、特种车和混凝土搅拌机等

★丹东黄海特种专用车有限责任公司
地址:辽宁省丹东市元宝区古城路8号
邮编:118003
电话:0415/4156222、4008600303
传真:4152690
网址:www. sgautomotive. com
法定代表人:由永军
产品情况:(黄海牌)
　　厢式/仓栅式/低平板式/栏板式半挂车、集装箱运输车、罐式车、自卸车、混凝土搅拌运输车、旅居车等

★辽宁抚挖锦重机械有限公司
地址:辽宁省锦州市太和区重型里20号
邮编:121005
电话:0416/2190311、2190329
传真:2190202
网址:www. lnfwjz. com
电子信箱:lnfwjz@ lnfwjz. com
法定代表人:王兆坤
产品情况:(锦重牌)
　　随车起重机、全液压汽车起重机、越野轮胎起重机、测试井架车等

★锦州奥捷专用车制造有限公司
地址:辽宁省锦州市沟帮子经济开发区铁南工业园
邮编:121308
电话:0416/6622972、6630222
传真:6630222、6639900
网址:www. jzqcc. com
电子信箱:jinniu@ jzqcc. com
法定代表人:张兆杨
质量体系:ISO 9001
产品情况:(金牛牌)
　　半挂车、集装箱运输半挂车、低平板半挂车、厢式运输半挂车、混凝土搅拌运输车、粉粒物料运输半挂车、仓栅式运输车、运油半挂车、运油车、散装水泥运输车、自卸车、自卸半挂车、车辆运输车等

出口情况:出口美国、加拿大、英国、韩国、中东、泰国、马来西亚、菲律宾、新加坡、澳大利亚等国家和地区

★阜新洺伟特种车辆有限公司
地址:辽宁省阜新高新技术产业开发区盛祥路15号
邮编:123000
电话:0418/2682288、18641826600
传真:2682288
电子信箱:fuxinmingwei@163.com
法定代表人:胡洺语
质量体系:ISO 9001
产品情况:(洺伟牌)
挂车、半挂车、垃圾车等

★徐工(辽宁)机械有限公司
地址:辽宁省阜新经济技术开发区海清路39号
邮编:123000
电话:0418/2284440、2960606
电子信箱:ysxiaoshou@126.com
法定代表人:刘庆东
质量体系:ISO 9001
产品情况:(辽工牌)
除雪车、清障车

★盘锦金碧专用汽车制造有限公司
地址:辽宁省盘锦市盘山经济技术开发区金越路1号
邮编:124010
电话:0427/5881111、5882299
传真:5882111
电子信箱:pjjb@163.com
法定代表人:王树军
质量体系:ISO 9001
产品情况:(金碧牌)
半挂车、工程自卸车、洒水车、随车起重运输车、散装粮食运输车、水泥搅拌车、散装水泥车、油田固井下灰作业车、碳钢和不锈钢系列运油车、铝镁合金系列运油车和铝镁合金厢式物流车及液化气体运输车等
出口情况:出口俄罗斯等国家

★锦西化工机械集团有限公司
地址:辽宁省葫芦岛市连山区化机路25号
邮编:125001
电话:0429/2980938、2980778
传真:2980421、2980551
网址:www.zhlmjhj.com
电子信箱:www.zhlm@zhlmjhj.com
法定代表人:陈铸山
单位人数:2400
质量体系:ISO 9001
产品情况:(锦化机牌)
透平机械,搅拌设备,压力容器,大型回转设备,储运设备(铁路罐车、半挂式汽车槽车、不锈钢保温罐车等),传动装置,超重力场设备,工业用泵、阀、钢等

吉林省

★长春北车电动汽车有限公司
地址:长春市高新技术产业开发区光谷大街3488号
邮编:130010
电话:0431/81050595、84715295
电子信箱:27527904@qq.com
法定代表人:崔国栋
质量体系:ISO 9000
产品情况:(环菱牌)
大、中型客车、压缩式垃圾车、随车起重运输车、高空作业车、自卸车、集装箱运输半挂车、汽车起重机、电动客车等新能源汽车

★长春金马特种车有限公司
地址:长春市朝阳区富锋镇超达路9138号
邮编:130012
电话:0431/81052154、81052196
传真:81052157
网址:www.ccrcl.com
法定代表人:邹国柱
单位人数:165
质量体系:ISO 9001
产品情况:(香雪牌)
车辆运输半挂车、纯电动专用车、平板运输车、自卸式垃圾车等改装车

★长春汽车改装有限责任公司
地址:长春市绿园区西新镇双丰村富民大街1368号
邮编:130013
电话:0431/87092811、87092711
传真:87091399
网址:www.ccyqlc.com
电子信箱:sales@ccarc.com.cn
法定代表人:张爱春
单位人数:500
质量体系:ISO 9001
产品情况:(冰花牌)
自卸车、厢式货车、仓栅式运输车、半挂车、水罐车、油罐车、散装混凝土罐车、混凝土搅拌运输车、高压混凝土输送泵车、压缩式垃圾车等

★长春万荣汽车改装有限公司
地址:长春市汽车产业开发区长沈路4666号
邮编:130013
电话:0431/88774666、13904323515
传真:85383486
电子信箱:ccwr@ccwr.com.cn
法定代表人:冯万选
质量体系:ISO 9001
产品情况:(万荣牌)
2~25t自卸车、仓栅式运输车、6~14m^3混凝土搅拌运输车、集装箱运输半挂车、厢式运输半挂车、罐式运输半挂车、压缩式和非压缩式垃圾车、医用垃圾车、清雪车、吸污车等

★长春吉发特种汽车改装有限公司
地址:长春市南关区长乐公路1号
邮编:130022
电话:0431/88943777、85283437
传真:88943777
电子信箱:13321580288@163.com
法定代表人:齐明策
产品情况:(长特牌、东北牌)
各种吨位的长平头自卸车、垃圾车、运输车,15t、20t系列半挂车,各种集装箱式车、油罐运输车、高级旅游房车等

★长春国富汽车改装有限责任公司
地址:长春市经济开发区世纪大街国富科技工业园
邮编:130033
电话:0431/84639958、84662271
传真:84650999
网址:www.guofujituan.com
法定代表人:金凤芹
质量体系:ISO 9001
产品情况:(天际牌)
各类组合式封闭车厢,多功能军用方舱、多功能应急装备、多功能房车等

★吉林前沅专用汽车制造股份有限公司
地址:长春市绿园区长白公路6999号
邮编:130062
电话:0431/84712974、84716587
网址:www.jilinqy.com
电子信箱:jlqysale@163.com
法定代表人:孙凤山
单位人数:380
质量体系:ISO 9001
产品情况:(杰之杰牌)
生产汽车起重机、随车起重运输车、高空作业车、洒水车、清洗车、压缩式垃圾车等12大类20种规格专用汽车产品
出口情况:出口东欧、非洲、东南亚、阿拉伯等地区的10多个国家

★长春基洋消防车辆有限公司
地址:长春市高新北区航空街4388号
邮编:130102
电话:0431/81792335、81792326
网址:www.ccjyxf.com
电子信箱:1179858560@qq.com
法定代表人:林元广
单位人数:300
质量体系:ISO 9001
产品情况:(飞雁牌)
通信指挥、抢险救援、泡沫、水罐、泵浦、供液、干粉、泡沫干粉联用、高倍泡沫排烟、照明排烟、后勤支援、机场专用、大、小A类泡沫、液氮、举高喷射消防车等各种消防车辆
出口情况:出口缅甸、越南、赞比亚、伊拉克、苏丹、利比里亚、中非等国家和地区

★长春城市车辆制造有限公司
地址:长春市绿园区迎宾路1392号

邮编:130111
电话:0431/87961100、87994063
传真:87961100
电子信箱:562749921@ qq. com
法定代表人:张明辉
质量体系:ISO 9001
产品情况:(驰航牌)
大、中、轻型客车,自卸车,半挂车,粉粒物料运输车、混凝土搅拌运输车、加油车等专用车

★长春市神骏专用车制造有限公司
地址:长春市绿园经济开发区先进制造业园区沉呈路
邮编:130113
电话:0431/82625555、13596061980
网址:www. chinaccsj. com
电子信箱:2571411506@ qq. com
法定代表人:赵洪彪
单位人数:220
质量体系:ISO 9001
产品情况:(尚骏牌)
随车起重运输车、汽车起重机、压缩式垃圾运输车、移动式垃圾站、油田特种作业车、军队特种装备车辆等
出口情况:远销中亚、东北亚地区

★通化石油化工机械制造有限责任公司
地址:吉林省通化市建设大街 2607 号
邮编:134000
电话:0435/3946866、3946898
传真:3616476、3946860
网址:www. thpetro. com
电子信箱:sales@ thpetro. com
法定代表人(负责人):韩一泉
质量体系:ISO 9001、ISO 14000
产品情况:(通石牌)
20~150t 石油修井机及特种修井机、采油车、洗井设备、清蜡设备、洗井液处理车等
出口情况:远销北美洲、南美洲、北部非洲、中南部非洲、中东、东南亚、俄罗斯等国家和地区

★四平市奋进专用汽车有限公司
地址:吉林省四平市铁东开发区大路 5050 号
邮编:136001
电话:0434/3213888、3353918
传真:3599550
电子信箱:fjzyqc@ 126. com
法定代表人:钟家勤
质量体系:ISO 9001
产品情况:(旭达牌)
10~40t 半挂车系列、5~20t 自卸车系列、罐式车系列、9.6~12.9m 厢式车系列、载货汽车车厢系列(解放、五十铃、奔驰)等 5 大系列,80 多个品种及拖车总成产品(牵引座板支腿);生产能力为 13000t

★四平吉运专用汽车有限公司
地址:吉林省四平市铁东区重工路 350 号
邮编:136001
电话:0434/6963522、3389666
传真:3388696
电子信箱:fawsp@ fawsp. cn
法定代表人:张宁
质量体系:ISO 9001
产品情况:(解放牌、雄风牌)
各种半挂车、罐式车、自卸车、厢式车以及吸污车、搅拌车、轿车运输车等特种专用车,各类牵引座总成
出口情况:半挂汽车牵引座总成出口美国、英国、东南亚等多个国家和地区,自卸汽车远销亚洲、拉丁美洲

★四平雄风专用汽车有限公司
地址:吉林省四平市山门经济开发区
邮编:136002
电话:0434/3301388、3303518
网址:www. spxfqc. com
电子信箱:xiongfeng5681@ 126. com
法定代表人:李福
单位人数:168
质量体系:ISO 9001
产品情况:(吉平雄风牌)
半挂车、罐式车、自卸车、平板运输车、除雪车等
出口情况:远销东南亚、中东、非洲、俄罗斯、朝鲜、蒙古等国家和地区

★公主岭市名奇专用汽车改装有限公司
地址:吉林省公主岭市西石桥街 135 号
邮编:136100
电话:0434/6214709、6215759
传真:6214709
电子信箱:gongzhulingmingqi@ 163. com
法定代表人:于济
产品情况:(奋进牌)
自卸车、车辆运输半挂车、半挂车、厢式运输车

★吉林石油装备技术工程服务有限公司
地址:吉林省松原市宁江区长宁北街 599 号
邮编:138000
电话:0438/6336488、6336973
网址:www. jlauto. com. cn
电子信箱:597570483@ qq. com
法定代表人:宋荣新
质量体系:ISO 9001、ISO 14000
产品情况:(吉石牌)
清蜡车、罐车等石油机械、自卸汽车、供水车

黑龙江省

★哈尔滨万客特种车设备有限公司
地址:哈尔滨市香坊区通站街 110-11 号
邮编:150036
电话:0451/55551550、13351783333
传真:55518318
电子信箱:bgzyc@ 163. com
法定代表人:唐大平
质量体系:ISO 9001
产品情况:(一工牌)
市政专用车、军警专用车、油田专用车、运输车类等产品

★哈尔滨凯雷重工科技有限公司
地址:哈尔滨市哈南工业区核心区南城二路 1 号
邮编:150060
电话:0451/51876006
传真:51876000
网址:www. karey. cc
电子信箱:kareyhb@ 163. com
法定代表人:麻服宏
质量体系:ISO 9001、ISO 14001
产品情况:(凯雷牌)
多功能除雪车、多功能养护车、洒水车、除雪撒布车、除雪铲、融雪剂、撒布机、破冰机、扫雪滚刷、绿篱修剪机、护栏清洗、机场港口、垃圾压缩中转设备以及垃圾运输车辆、大中型勾臂车等各种专用车辆等

★哈尔滨建成北方专用车有限公司
地址:哈尔滨市哈南工业新城祥云路 7 号
邮编:150060
电话:0451/58779238、58779216
传真:58779217
电子信箱:hjczy4644@ vip. sina. com
法定代表人:张学军
质量体系:ISO 9001
产品情况:(建成牌)
半挂车、各种液化气体运输车、加油车、液态食品运输车、化工产品运输车、爆破器材运输车、冷藏车、平板挂车、轿车运输车、水泥搅拌车、洒水车、吸污车、散装物料车、封闭自卸车等
出口情况:远销国外

★哈尔滨工程机械制造有限责任公司
地址:哈尔滨市平房工业园区和风路 1 号
邮编:150060
电话:0451/82681845、82682867
传真:82682867
网址:www. hgcjx. com
电子信箱:sale. 1962@ 163. com
法定代表人:焦明达
质量体系:ISO 9001
产品情况:(哈工牌)
25~120 吨米塔式起重机;8~160t 汽车起重机;16~40t 越野轮胎起重机三大系列产品
出口情况:多种产品先后出口亚洲、欧洲、非洲等 23 个国家和地区

★牡丹江森田特种车辆改装有限责任公司
地址:黑龙江省牡丹江市爱民区东新荣街 88 号
邮编:157003
电话:0453/6525777
网址:www. mgstxf. com
法定代表人:朱立宏
单位人数:150
质量体系:ISO 9001
产品情况:(振翔牌)
泡沫水罐消防车、水罐消防车、干

粉消防车、二氧化碳消防车、抢险救援消防车、后援消防车、供气消防车、大功率水幕排烟车、大流量供水消防车等

★黑龙江龙华汽车有限公司
地址:黑龙江省齐齐哈尔市卜奎南大街1288号
邮编:161000
电话:0452/6015555
传真:6014567
网址:www. lianfugroup. com
法定代表人:张根发
产品情况:(黑龙江牌)
公交客车、客车及专用车,电混合动力新能源电动客车,电动汽车专用电动机及控制器

★黑龙江挂车制造有限责任公司
地址:黑龙江省齐齐哈尔市铁锋区联通大道151号
邮编:161002
电话:0452/2537555
网址:www. hltra. com
电子信箱:wk3900@ 163. com
法定代表人:王凯
单位人数:218
质量体系:ISO 9001
产品情况:(北方牌)
半挂车、全挂车、仓栅式运输半挂车、厢式运输半挂车、集装箱运输半挂车、车辆运输车、低平板半挂车、青饲料运输全挂车、农用侧翻全挂车、农用后翻全挂车、管材运输车等

上海市

★上海华东建筑机械厂有限公司
地址:上海市浦东新区衡安路1058号
邮编:200137
电话:021/50675858、4000181518
传真:50416100
电子信箱:shhjcwb@ 163. com
法定代表人:戴宏杰
质量体系:ISO 9001
产品情况:(华建牌)
混凝土搅拌运输车、混凝土搅拌站(楼)、混凝土泵(车)、混凝土搅拌机、干混砂浆搅拌设备等
出口情况:远销安哥拉、尼日利亚、阿尔及利亚、哈萨克斯坦、坦桑尼亚、阿联酋、巴基斯坦、菲律宾、越南、沙特阿拉伯等30多个国家

★上海高智特种车有限公司
地址:上海市长宁区钦江路123号
邮编:200233
电话:021/64856485、64851449
传真:64856789
电子信箱:zhujun@ gaozhi. com
法定代表人:刘幸偕
产品情况:(高智牌)
通信车

★上海新华汽车厂
地址:上海市闵行区江川路2001号
邮编:200245
电话:021/54721334、54724403
传真:54720391
电子信箱:peixinpai@ 163. com
法定代表人:陈永民
产品情况:(培新牌)
半挂车、罐式车、厢式运输车、自卸车、集装箱运输半挂车、工程抢险汽车、客车、流动服务车、血浆运输车等

★上海电力环保设备总厂有限公司
地址:上海市宝山区山连路358号
邮编:200444
电话:021/56650182、56653520
传真:56032662、36162311
网址:www. sepee. com. cn
电子信箱:salesepee@ 163. . com
法定代表人:吕建南
负责人:潘国民
质量体系:ISO 9000
产品情况:(双帆牌)
散料装卸机械产品包括堆取料机和卸船机两大系列;特种车辆产品包括公路大件运输用液压组合挂车、铁路可用专线施工用车辆、特殊车辆解决方案三大系列
出口情况:出口欧洲、南美洲、非洲、亚洲等地区

★上海神舟精宜汽车制造有限公司
地址:上海市奉贤区金汇镇光泰路1858号
邮编:201100
电话:021/54995726
传真:54995721
电子信箱:chaifan@ shjdsz. com
法定代表人:陈杰
产品情况:环卫车辆、空气动力节能系统等

★上海鸿得利重工有限公司
地址:上海市浦东新区金丰路277号
邮编:201203
电话:021/58587000
传真:58587435
电子信箱:hold@ holdglobe. com
法定代表人:李振喜
质量体系:ISO 9001
产品情况:(城市猎豹牌)
HBT拖泵、HBC车载泵、THB臂架泵、MP淤泥泵、HZS搅拌站、干粉砂浆搅拌设备、YZH混凝土搅拌输送车、混凝土泵车等
出口情况:远销亚洲(日本、韩国、朝鲜、泰国、越南、马来西亚、孟加拉国、印度、伊朗、伊拉克、卡塔尔、沙特阿拉伯、也门等),欧洲(俄罗斯、乌克兰、意大利、土耳其、荷兰、芬兰、西班牙),美洲,非洲(埃及、阿尔及利亚、利比亚、安哥拉、埃塞俄比亚、尼日利亚等10多个国家),大洋洲(澳大利亚和新西兰)

★上海金盾特种车辆装备有限公司
地址:上海市浦东新区书院镇丽正路1515号
邮编:201304
电话:021/58197777
传真:58191919
网址:www. jd – morita. com
电子信箱:sales@ shjdtz. com
法定代表人:周象义
质量体系:ISO 9001
产品情况:(金盛盾牌)
各类消防车及消防设备
出口情况:远销10多个国家和地区

★上海浦东一汽解放专用车有限公司
地址:上海市浦东新区康桥镇川周公路3298号
邮编:201319
电话:021/58137652
传真:58137718
网址:www. pd – faw. com
电子信箱:lxq0045@ 126. com
法定代表人:于瑞江
单位人数:300
质量体系:ISO 9001
产品情况:(速通牌)
半挂系列、厢式系列、自卸系列、特种车系列等100多个品种的专用车
出口情况:出口日本、澳大利亚、南美洲、西亚等国家和地区

★上海劲马车辆有限公司
地址:上海市奉贤区奉城镇川南奉公路9650号
邮编:201411
电话:021/57522294、57522298
传真:57522304
网址:www. shjiuma. com
电子信箱:chenjianming_jm@ 163. com
法定代表人:陈建明
质量体系:ISO 9001
产品情况:(九马牌)
低速货车、柴油轿货车、自卸车、平板车、敞篷车、厢式车、电动汽车等

★上海冰熊专用汽车有限公司
地址:上海市金山工业区漕廊公路3256号
邮编:201506
电话:021/67270560、67276378
传真:67276306
电子信箱:sunll@ bingxiong. net. cn
法定代表人:吉宝智
产品情况:(冰熊牌)
军用车、冷藏车、保温车、特种车、公告车

★上海格拉曼国际消防装备有限公司
地址:上海市松江区祙子弄32号
邮编:201600
电话:021/57830431、4008500119
传真:57836368
网址:www. myfire – sg. com
电子信箱:sgyx119@ 126. com
法定代表人:张秀伟

质量体系:ISO 9001、GJB 9001
产品情况:(上格牌)
　　泡沫消防车、水罐消防车、化学洗消消防车、举高喷射消防车等各类消防车

★普茨迈斯特机械(上海)有限公司
地址:上海市松江工业区洞泾路39号
邮编:201613
电话:021/57741000
传真:57741779
电子信箱:zhulh@ putzmeister. cn
法定代表人:Michael Schmid-Lindenmayer
产品情况:(申星牌)
　　混凝土输送泵车

★上海鑫百勤专用车辆有限公司
地址:上海市松江区文翔路388号
邮编:201613
电话:021/57782176、57782375
传真:57782215、57782265
电子信箱:admin@ baiqin. com
法定代表人:谢毅
质量体系:ISO 9001
产品情况:(百勤牌)
　　畜禽运输车、散装饲料运输车、散装饲料车、环保智能型畜禽运输车、电动绞龙散装饲料车
出口情况:远销东南亚

★中欧汽车股份有限公司
地址:上海市松江洞泾工业区莘砖公路3888号
邮编:201619
电话:4008899187、4008866187
传真:021/67670355
网址:www. zoemo. net
电子信箱:auto@ zhongou. com
法定代表人:吴国琳
质量体系:ISO/TS 16949、QS 9000
产品情况:(欧旅牌、奔旅牌)
　　奔驰豪华商务车、旅居车及各种特种车辆

★上海中科力帆电动汽车有限公司
地址:上海市嘉定区叶城路1631号
邮编:201821
电话:021/69950099、4008210620
传真:69950099－8007
网址:www. zklf－ev. com
电子信箱:hr@ zklf－ev. com
法定代表人:王延辉
产品情况:力帆LF7002CEV260、力帆620等纯电动汽车整车及零部件

★上海航空特种车辆有限责任公司
地址:上海市宝山区富联路758号
邮编:201906
电话:021/51693886、36042263
传真:36042260、36042263
网址:www. chsav. com
电子信箱:shichang@ chsav. com
法定代表人:王建明
产品情况:(赛沃牌)
　　军警车系列、消防车系列、环卫车系列、厢式车系列、新能源系列、旅居车系列及特种用途专用车

江苏省

★南京东宇汽车集团有限公司
地址:南京市鼓楼区三牌楼大街151号
邮编:210003
电话:025/83478639
传真:83478532
网址:www. dongyugroup. com
电子信箱:dy@ dongyugroup. com
法定代表人:张嵘
产品情况:大中型客车、微型车、自卸车、牵引车、高压清洗车、仓栅式半挂车、集装箱运输半挂车、厢式运输半挂车、应急电源车、通信指挥车、救护车、检测车、洒水车、邮政车等各类专用汽车

★南京莱斯信息技术股份有限公司
地址:南京市秦淮区永智路8号
邮编:210007
电话:025/82285900、82285666
传真:82285555
网址:www. les. cn
电子信箱:quality@ les. cn
法定代表人:曾启敏
产品情况:(莱斯牌)
　　指挥车

★南京英达公路养护车制造有限公司
地址:南京市经济技术开发区恒飞路9号
邮编:210038
电话:025/84861010
传真:84861515
网址:www. freetech. com. hk
法定代表人:施伟斌
质量体系:ISO 9001
产品情况:(英达牌)
　　沥青路面热再生修补车、沥青路面综合修补车、沥青加热恒温设备、沥青路面加热设备、沥青路面现场热再生设备、沥青提升复拌设备、手扶式振动压路机、沥青裂缝修补设备、多功能除雪车、灌料模具等

★江苏中意汽车有限公司
地址:南京市溧水经济开发区曹吕路6号
邮编:210038
电话:025/85300892、4001089966
传真:85300580
网址:www. jszhongyi. com
电子信箱:zhongyi@ jszhongyi. com
法定代表人:郭永祥
质量体系:ISO 9001
产品情况:(中意牌)
　　电力工程车、防弹运钞车、流动银行车、卫星通信指挥车、新闻流动采访车、应急电源车、公安防爆指挥车、刑事勘察车、警犬车、移动通信服务车、高档急救车和防疫型救护车、医用X光机透视车、采血车、电视转播车、雷达车、检测车、旅居车等

★南京金长江交通设施有限公司
地址:南京市栖霞经济开发区龙潭靖安大道108号
邮编:210059
电话:025/85714109、85717539
传真:85714579
网址:www. jcjjt. cn
电子信箱:njjcjjt@ 163. com
法定代表人:许有宝
质量体系:ISO 9001
产品情况:(路鑫牌)
　　公路防撞护栏抢修车、沥青混合料热再生车、沥青路面养护车、沥青路面综合修补车、公路护栏/标牌清洗车、移动标志车、公路安保抢修车、除雪撒布车、高空作业车、背拖式清障车、扫路车、太阳能移动标牌车、摆臂式垃圾车、电源车、大流量排水抢险车
出口情况:远销亚洲、欧洲、非洲等地区

★航天晨光股份有限公司
地址:南京市江宁经济开发区天元中路188号
邮编:211100
电话:025/52826501、4008602501
传真:52826501
网址:www. aerosun. cn
电子信箱:htcg@ aerosun. cn
法定代表人:薛亮
单位人数:2700
质量体系:ISO 9001
产品情况:(三力牌)
　　半挂车、爆破器材运输车、粉粒物料运输车、高空作业车、罐式车、加油车、清洗车、洒水车、扫路车、垃圾车、自卸车、应急通信车、卫星通信车等

★南京客车制造厂有限责任公司
地址:南京市江宁区滨江开发区宁芜大道3500号
邮编:211162
电话:025/85338533
传真:85308800
电子信箱:njkczz@ 163. com
法定代表人:居根忠
质量体系:ISO 9001
产品情况:(雨花牌)
　　客车、指挥车、宣传服务车、通信指挥车、囚车、救险车、救护车、检修车、检测车、工程抢险车、工程车、电源车、餐车、保温车

★南京特种汽车制配厂有限公司
地址:南京市江宁区谷里街道工业集中区兴谷路20号
邮编:211164
电话:025/68531233、4006199778
电子信箱:441314972@ qq. com
法定代表人:张嵘
质量体系:ISO 9001
产品情况:(金龙牌)

生产各类半挂车、自卸车、厢式车、罐类车、工程作业车等五大类专用汽车;各种电动专用车
出口情况:部分产品出口中东、俄罗斯、拉丁美洲等国家和地区

★江苏法瑞德专用汽车有限公司
地址:南京市溧水区东屏镇朝阳路39号
邮编:211200
电话:40080976000
网址:www.jsfarid.com
电子信箱:jsfarid007@163.com
法定代表人:王兆祥
质量体系:ISO 9000
产品情况:(法瑞德牌)
工程车、医疗车、多功能车、商务车、旅居车、警用车、宣传车、市政用车、采血车、体检车、农业科技直通车等十大系列产品

★江苏中泽汽车科技有限公司
地址:江苏省盱眙经济开发区新海大道59号
邮编:211700
电话:0517/88288279、18994586009
网址:www.jszzcar.com
电子信箱:jszzqckj@163.com
法定代表人:张歆沂
单位人数:200
质量体系:ISO 9001、ISO 14001
产品情况:(鑫意牌)
公路防撞抢修车、路面养护车、救险车、清淤车、清障车、自装卸式垃圾车等

★江苏鸿运汽车科技有限公司
地址:南京市浦口经济开发区紫峰路28号
邮编:211899
电话:025/58107012、4000505299
传真:86622921
网址:www.jshyqc.com
电子信箱:jshyqc@qq.com
法定代表人:王荣清
质量体系:ISO 9001、GB/T 24001
产品情况:军用车、煤矿专用车、服务车、医疗车、指挥车、工程抢险车、警用车、高档商务车等8大系列

★镇江飞驰商务车有限公司
地址:江苏省镇江市金港大道456号
邮编:212000
电话:0511/85370888、4007108009
传真:85377688、80616999
电子信箱:364116150@qq.com
法定代表人:邵伟一
产品情况:商务车、MPV

★镇江飞驰汽车集团有限责任公司
地址:江苏省镇江市金港大道456号
邮编:212016
电话:0511/88786336、88786559
网址:www.fcqc.com
电子信箱:zjl@fcqc.com
法定代表人:黄俊
质量体系:ISO 9001、GJB 9001A
产品情况:(飞球牌)
0.5~20t系列冷藏保温汽车、厢式货车、厢式类特种改装车和军、民用方舱(房)、运血车及饮食保障车等,现年生产能力达3000辆(台套)

★镇江专用汽车制造厂有限公司
地址:江苏省镇江市丹徒新城长香东大道66号、68号
邮编:212100
电话:0511/85577586
电子信箱:349137247@qq.com
法定代表人:徐文山
质量体系:ISO 9001
产品情况:(华通牌)
混凝土搅拌运输车、路面养护车
出口情况:出口亚洲、非洲、美洲

★镇江康飞汽车制造股份有限公司
地址:江苏省镇江市大港新区五峰山路66号
邮编:212132
电话:0511/83177916
传真:83177913
网址:www.kfjq.com
电子信箱:zjkf@kfjq.com
法定代表人:陈小军
质量体系:GB/T 19001、GJB 9001B
产品情况:(康飞牌)
冷藏车、厢式车、特种车、方舱

★ 镇江天洋汽车有限公司
地址:江苏省丹阳市丹北镇新桥新桥村
邮编:212322
电话:4001690018
传真:0511/86082107
网址:www.tianyangmotor.com
电子信箱:admin@tianyangmotor.com
法定代表人:倪双林
单位人数:800
产品情况:(江天牌)
轻型客车、大中型客车、专用客厢车、纯电动大中型客车及自制自用底盘、纯电动专用客厢车、纯电动专用货车等
☞ 详细情况请参阅彩色宣传版面

★南京德兴汽车车辆改装有限公司
地址:江苏省句容市空港工业园666号
邮编:212400
电话:13951662866
网址:www.nj-dx.com
电子信箱:scb@nj-dx.com
法定代表人:徐德信
单位人数:200
质量体系:ISO 9001
产品情况:(德欣牌)
电源车、军用储运车、军用方舱、军用发电车、测控车、通信指挥车、工程抢险车、路面养护车、静音拖车、旅居车、勘察车等

★常州佳卓特种车辆有限公司
地址:江苏省常州市青龙西路3号
邮编:213017
电话:0519/85502861、85502661
网址:www.jzsv.com.cn
电子信箱:jztrailer@163.com
法定代表人:程上楠
质量体系:ISO 9001
产品情况:(嘉倬牌)
运马车、厢式货车、旅居车等自主品牌车辆产品;车辆部件主要有汽车底盘、车身、车厢、大中小钣金结构件、大型覆盖件等零部件;具有单班年产3000辆专用车以及20000台套各类车辆零部件的综合产能
出口情况:与澳大利亚等国家建立了良好的合作关系

★查特中汽深冷特种车(常州)有限公司
地址:江苏省常州市新北区富康路11号
邮编:213032
电话:0519/85966000、4008878865
传真:85966001
电子信箱:chartchina@chartindustries.com
法定代表人:Jillian Case Harris
产品情况:(查特牌)
半挂车、二氧化碳运输车

★国机重工集团常林有限公司
地址:江苏省常州市新北区黄河西路898号
邮编:213136
电话:0519/86781288、4008600710
传真:86750025
网址:www.changlin.com.cn
电子信箱:sales@changlin.com.cn
法定代表人:王伟炎
单位人数:989
质量体系:ISO 9001、ISO 14001
产品情况:(国机重工牌)
装载机、压路机、平地机、特种车辆、路面养护机械、小型多功能机械产品、随车起重运输车
出口情况:远销100多个国家和地区

★帝盛(常州)车辆科技有限公司
地址:江苏省常州市国家高新区宝塔山路23号
邮编:213164
电话:0519/68767106、13906129767
网址:www.deesonrv.com
法定代表人:LIN JOHN
产品情况:(帝盛牌)
半挂车、旅居车

★江苏中汽高科股份有限公司
地址:江苏省常州市武进区高新技术产业开发区龙飞路18号
邮编:213164
电话:0519/86915388、86523503
传真:86650200
电子信箱:czzqs@163.com
法定代表人:龚立民
质量体系:ISO 9001

产品情况:(常奇牌)
清障车,适用于公安、道路救援、汽车4S店、汽车修理厂、高速公路等
出口情况:出口清障车

★溧阳二十八所系统装备有限公司
地址:江苏省溧阳市溧城镇上上路26号
邮编:213300
电话:0519/87299128、87038696
传真:87299828
电子信箱:master@cev28.com
法定代表人:崔灿
质量体系:ISO 9001、ISO 14001
产品情况:(中驰威牌)
军、民用方舱、厢式车厢、特种车辆、旅居车及车载电子系统设计集成

★无锡彩虹专用车有限公司
地址:江苏省无锡市阳山经济开发区天顺路12号
邮编:214000
电话:0510/83958759、18605107960
传真:83955335
网址:www.wxch168.cn
电子信箱:steven_xx217@163.com
法定代表人:尹文岳
质量体系:ISO 9001
产品情况:(天顺牌)
运马车、运输货车、房车、其他专用车
出口情况:出口澳大利亚、欧洲、美国等国家和地区

★一汽解放汽车有限公司无锡锡柴汽车厂
地址:江苏省无锡市国家高新技术产业开发区长江路26号
邮编:214026
电话:4008281199、4008288998
传真:0510/85025271
网址:www.wxdew.com
电子信箱:wxdew@wxdew.com
法定代表人:王瑞健
单位人数:3500
质量体系:QS 9000
产品情况:(凤凰牌)
自卸车、半挂车、厢式运输车、仓栅式运输车、散装水泥车、压缩式垃圾车、化工液体运输车、混凝土搅拌运输车等各类专用车

★江苏省无锡探矿机械总厂有限公司
地址:江苏省无锡市新区梅村锡达路555号
邮编:214110
电话:0510/88157378、4006602226
传真:85013426
网址:www.wxtkc.com
法定代表人:朱利根
质量体系:ISO 9001
产品情况:(锡探牌)
地质勘查钻机、工程施工钻机、钻探工具和冶金冷轧卷取设备等
出口情况:出口亚洲、非洲、欧洲、南美洲等20多个国家和地区

★无锡华策汽车有限公司
地址:江苏省无锡市惠山经济开发区惠成路6号
邮编:214170
电话:0510/83621571、83621273
传真:83621571
网址:www.wxhcqc.com
电子信箱:hx@wxhcqc.com
法定代表人:郑华理
质量体系:ISO 9001
产品情况:(华新牌)
6~10m的轻型客车、豪华空调客车、无人售票公交车和厢式运输车、新能源汽车等;具备年产各类客车5000辆的能力
出口情况:远销非洲、亚洲、拉丁美洲等数十个国家和地区

★无锡交通汽车股份有限公司
地址:江苏省无锡市惠山经济开发区春惠路568号-2
邮编:214174
电话:0510/81017531、81017397
电子信箱:yuying@jinnan.com.cn
法定代表人:俞成良
质量体系:ISO 9001
产品情况:(金南牌)
客车、环卫车、医疗体检车、救护车、工程车、厢式货运车及生活垃圾压缩处理设备、混合动力和天然气清洁能源汽车、纯电动新能源汽车产品
出口情况:远销拉丁美洲、东南亚、东欧等地区

★无锡中车新能源汽车有限公司
地址:江苏省无锡市惠山经济开发区金惠路569号
邮编:214177
电话:0510/82250888、82250588
传真:82250889
电子信箱:xz@fawbcc.com.cn
法定代表人:刘凌
质量体系:ISO 9001、GJB 9001A
产品情况:(解放牌、太湖牌)
6~12m团体旅游客车、公路客车、城市客车,纯电动城市客车,混合动力城市客车,专用客车、小学生校车
出口情况:远销亚洲、非洲、拉丁美洲等20个国家和地区

★江苏锡宇汽车有限公司
地址:江苏省无锡市惠山区长安一汽配套工业园春惠路568号-3
邮编:214177
电话:0510/83113988、13706193963
传真:83113988
电子信箱:952178922@qq.com
法定代表人:张志良
产品情况:(锡宇牌)
半挂车、垃圾车、洒水车、腐蚀性物品罐式运输车等

★江苏金永达工业有限公司
地址:江苏省宜兴市经济开发区诸桥路16号
邮编:214203
电话:0510/87667199、87668099
传真:87667199
网址:www.jsjwqc.com
电子信箱:jydqc2007@163.com
法定代表人:陈锡明
单位人数:300
质量体系:ISO 9001
产品情况:(金望牌)
专业从事清障车、清洗车等专用汽车的研发、生产

★江阴市汽车改装厂有限公司
地址:江苏省江阴市青阳镇锡澄路1519号
邮编:214401
电话:0510/86503010、86503011
传真:86502055
网址:www.chinashentan.com
电子信箱:qaj8@pub.wx.jsinfo.net
法定代表人(负责人):秦安君
质量体系:ISO 9001
产品情况:(神探牌)
反恐处突车、防暴运警车、智能卡口车、卫星通信指挥车、通信指挥车、警用巡逻车、刑事现场勘察车、交通事故勘察车、多功能流动警务车、现场照明车、流动邮件邮包检查车、运警车、装备运输车、电子物证车、技术侦察车、囚车、法医工作车等警用车产品
出口情况:出口老挝、朝鲜、缅甸、吉尔吉斯斯坦、塔吉克斯坦以及非洲部分国家

★江苏常隆客车有限公司
地址:江苏省江阴市新澄路2号
邮编:214432
电话:0510/86272999、86299925
传真:86271999
网址:www.alfabus.com.cn
电子信箱:changlongbus@126.com
法定代表人:黄坤达
质量体系:ISO 9001
产品情况:(常隆牌、马可牌)
中高档客运、旅游、团体、公交系列客车,电动客车,产品覆盖6~18m;年产整车能力5000辆

★江苏海鹏特种车辆有限公司
地址:江苏省江阴市经济开发区靖江园区沿江高等级公路9号
邮编:214521
电话:0510/80129629、80129602
传真:80129612
网址:www.jstrailer.com
电子信箱:zhuhongyi@jstrailer.com
法定代表人:胡鹏飞
单位人数:280
质量体系:ISO 9001
产品情况:(海鹏牌)
半挂车、粉粒物料运输车、化工液体运输半挂车、化工液体运输车、冷藏车、面粉运输车、清障车

★江苏振翔车辆装备股份有限公司
地址:江苏省苏州市虎丘区高新区浒关工业园永安路28号
邮编:215007
电话:0512/65323866、68323766
传真:65350999
网址:www.js-zhenxiang.com
电子信箱:zhaowen@js-zhenxiang.com
法定代表人:赵文
质量体系:ISO 9001
产品情况:(振翔股份牌)
抢险抗旱排涝车、隧道灭火排烟车、大型通信移动指挥车、多功能地震救援强臂破拆车、灾害事故战地保障车系列特种作业汽车

★苏州华福低温容器有限公司
地址:江苏省苏州市吴中经济开发区天灵路18号
邮编:215128
电话:0512/65271037
网址:www.sz-huafu.com.cn
电子信箱:sales1@sz-huafu.com.cn
法定代表人:张凤华
质量体系:ISO 9001
产品情况:(华福牌)
低温罐式集装箱、化工罐式集装箱、低温液体运输车、低温液体储槽、汽化器系列
出口情况:远销俄罗斯、东南亚、中东等国家和地区

★苏州江南航天机电工业有限公司
地址:江苏省昆山市长江北路1328号
邮编:215300
电话:0512/86168188、66262335
网址:www.jncasic.com
电子信箱:szjnht@jncasic.com
法定代表人:杨勇
质量体系:ISO 9001、GJB 9001A
产品情况:(航天牌)
三大系列应急专用车,救护救援系列(远程会诊车、应急急救车、应急手术车、应急X射线车、应急处置车、应急卫生防疫车、消毒灭菌车等),通信指挥系列(应急通信指挥车、气象应急通信、消防、森林防火应急通信指挥车等),后勤保障系列(应急作业车、应急修理车、应急仓储车、应急电源车等)
出口情况:手术车、处置车、X射线车、通信指挥车等产品出口中东、欧洲、美洲、南非、东南亚等地区

★昆山专用汽车制造厂有限公司
地址:江苏省昆山市周市镇金茂路1288号
邮编:215300
电话:0512/55106818、4009219979
传真:55106828
网址:www.kszq.net
电子信箱:sales@shenhua-auto.com
法定代表人:郑钟
质量体系:ISO 9001
产品情况:(魁士牌)
具有生产1000辆专用车的能力,形成以生产轿运车,乘用车类(专用客厢车、商旅车、房车)和特种车类(救护车、警车等)三大类专用车产品系列
出口情况:主要出口非洲市场

★常熟华东汽车有限公司
地址:江苏省常熟市通港工业园泰光路8号
邮编:215500
电话:0512/52265030、52265010
传真:52265028
网址:www.h-d.cn
电子信箱:cszbgs@h-d.cn
法定代表人:江建龙
质量体系:ISO 9001
产品情况:(华东牌)
军警用车、运钞车、环卫车、雪地车、移动气象监测车、品牌展示车等特种车
出口情况:远销美国、俄罗斯、瑞典等国家

★捷达消防科技(苏州)股份有限公司
地址:江苏省常熟市辛庄工业园区
邮编:215562
电话:0512/52478710
传真:52478710
网址:www.jd-fire-industry.com
电子信箱:jiedafire@jiedafire.com
法定代表人:张旭东
质量体系:ISO 9001、ISO 14001
产品情况:(苏捷牌、捷达消防牌)
泵浦、泡沫、水罐、干粉、泡沫干粉联用、各类救(后)援、化学救援、通信指挥、照明排烟、登高高喷消防车以及远距离大流量供水系统、灭火救援机器人等

★张家港市江南汽车制造有限公司
地址:江苏省张家港市南丰镇
邮编:215600
电话:0512/58616008、58628608
传真:58620127
电子信箱:sales@jiangnanauto.com
法定代表人:朱海华
质量体系:ISO 9001
产品情况:(春洲牌)
产品覆盖公路客运、旅游、公交、团体、校车、新能源客车、混合动力车、专用客车等领域
出口情况:出口埃及、洪都拉斯、沙特阿拉伯、尼日利亚、阿尔及利亚、危地马拉、朝鲜、黎巴嫩、马拉维、吉布提、科威特等20多个国家和地区

★江苏鸿昌特种车辆有限公司
地址:江苏省张家港市乐余镇临江绿色产业园
邮编:215619
电话:0512/58528578、58651135
传真:58361336
网址:www.js-hongchang.com
电子信箱:cwb@jsyoubang.com
法定代表人:邹洪彬
单位人数:170
质量体系:ISO 9001
产品情况:(兴鸿昌牌)
各种规格的常温和低温汽车罐车、沥青洒布车、罐式集装箱,各种规格的常温和低温立式或卧式储罐等

★上驰汽车有限公司
地址:江苏省张家港市乐余镇老204国道新四号桥
邮编:215621
电话:0512/58665900
传真:58360391
网址:www.emotorsbus.com
电子信箱:em@emotorsbus.com
法定代表人:董明钦
产品情况:(上驰牌、东鸥牌)
纯电动客车、纯电动厢式运输车、电动物流车、扫路车、摆臂式垃圾车、多功能抑尘车、高空作业车等

★牡丹汽车股份有限公司
地址:江苏省张家港市乐余镇乐红路30号
邮编:215621
电话:0512/58605086、4001391390
传真:58651266
网址:www.mudanauto.com
电子信箱:372929804@qq.com
法定代表人:章波丰
单位人数:280
质量体系:ISO 9001
产品情况:(牡丹牌)
产品覆盖6~10m全系列公交车、城际客车、旅游客车以及纯电动客车、警用特种车、校车等,可以实现年产各类客车5000台
出口情况:出口海外市场

★江苏友谊汽车有限公司
地址:江苏省张家港市乐余镇乐红路22号
邮编:215622
电话:0512/58651013、58521982
传真:58650869
电子信箱:yy_jlp@163.com
法定代表人:刘庆宇
质量体系:ISO 9001
产品情况:(友谊牌)
轻型客车、公路客车、轻型公交、中型公交、大型公交、校车、纯电动客车、纯电动厢式运输车等;具有年产1万辆以上客车生产能力
出口情况:出口亚洲、非洲、美洲、大洋洲等地区

★张家港市沙洲车辆有限公司
地址:江苏省张家港市现代农业示范园区乐红路81号
邮编:215623
电话:0512/8640835、58640866
网址:www.shazhoucheliang.com
电子信箱:sales@szvehicle.com.cn
法定代表人:何文革
单位人数:200
质量体系:ISO 9001

产品情况：（众田牌）
轻型客车、轻型载货汽车、殡仪车、环卫车、四轮农用车；具有年产 5000 辆整车的生产能力
出口情况：远销中东、非洲、南美洲、东欧等地区

★苏州圣汇装备有限公司
地址：江苏省张家港市金港镇临江路 3 号
邮编：215632
电话：0512/58373860、58376991
传真：58376726、58391169
网址：www. zshcm. com. cn
电子信箱：shenghui@ shenghui. com. cn
法定代表人：罗伟
单位人数：400
质量体系：ISO 9001
产品情况：（圣汇牌）
低温液体运输半挂车等

★张家港中集圣达因低温装备有限公司
地址：江苏省张家港市金港镇南沙港西中路
邮编：215632
电话：0512/58391235
传真：58370701
网址：www. sdy - cn. com
电子信箱：sdy@ sdy - cn. com
法定代表人：徐永生
质量体系：ISO/TS 16949、ISO 14000
产品情况：（圣达因牌）
低温液体储罐、低温液体运输车、大型常压储罐、罐式集装箱、低温绝热气瓶和气化设备以及 LPG、液氨、丙烯、二甲醚等危化品储运装备

★徐州工程机械集团有限公司
地址：江苏省徐州市金山桥经济开发区驮蓝山路 26 号
邮编：221004
电话：0516/87565106、4001109999
传真：87739999
网址：www. xcmg. com
电子信箱：service@ xcmg. com
法定代表人：王民
质量体系：ISO 9001
产品情况：（徐工牌、海虹牌）
汽车起重机、高空作业车、混凝土泵车、举高喷射消防车、桥梁检测作业车、清障车、洗扫车、钻机车、垃圾车、随车起重运输车、混凝土搅拌运输车
出口情况：远销 169 个国家和地区

★徐州海伦哲专用车辆股份有限公司
地址：江苏省徐州市经济开发区宝莲寺路 19 号
邮编：221004
电话：0516/68782888、68782999
网址：www. xzhlz. com
电子信箱：xzhlz@ xzhlz. com
法定代表人：丁剑平
质量体系：ISO 9001、ISO 14000
产品情况：（海伦哲牌）
高空作业车、电力保障车辆
出口情况：出口国外

★徐州利勃海尔混凝土机械有限公司
地址：江苏省徐州市经济开发区金工路 10 号
邮编：221004
电话：0516/87982808
传真：87793163
网址：www. xuzhouliebherr. com
电子信箱：info. xlc@ liebherr. com
法定代表人：弗兰克·西弗特
质量体系：ISO 9001
产品情况：（利勃海尔牌）
混凝土搅拌车、搅拌站和回收站等

★徐州市久发工程机械有限责任公司
地址：江苏省徐州市铜山区大彭镇工业园区 1 号
邮编：221100
电话：0516/85059888、85055801
传真：85055369
网址：www. xzjiufa. com
电子信箱：sales@ xzjiufa. com
法定代表人：徐启朋
质量体系：ISO 9001、OHSAS 18001
产品情况：（苏裕牌）
产品主要包括 RT 系列越野起重机、QY 系列汽车起重机、DGY 系列多功能吊管机、TQK 系列快速移动自架设智能塔机、自装卸智能环卫车及工程机械关键零部件等
出口情况：95% 以上的产品出口国外，主要销往非洲、南美洲、中东、西亚、东南亚等 30 多个国家和地区

★江苏祥华车业有限公司
地址：江苏省徐州市铜山区长安路 68 号
邮编：221116
电话：0516/66881667、4006061665
传真：83917676
网址：www. cxhcev. com
电子信箱：2668628360@ qq. com
法定代表人：朱云侠
单位人数：129
质量体系：ISO 9000
产品情况：（祥华牌）
专用汽车、自卸车

★徐州徐工特种汽车有限公司
地址：江苏省徐州市铜山新区星月大道 2 号
邮编：221116
电话：0516/66662719、83312982
传真：83312982
电子信箱：42409292@ qq. com
法定代表人：安继文
产品情况：（劲马牌）
半挂车、矿用车、低速货车、自卸低速货车、自卸车

★中植汽车睢宁有限公司
地址：江苏省睢宁经济开发区绕城路 1 号
邮编：221200
电话：0516/67763505、88365730
网址：www. zevauto. com
电子信箱：zjys2016@ 163. com
法定代表人：张有山
产品情况：（舒驰牌）
电动乘用车、教练车、物流车、大中巴客车、特种电动作业车等

★徐州华邦专用汽车有限公司
地址：江苏省邳州市高新技术产业开发区邳新路 88 号
邮编：221300
电话：0516/86261888
传真：68581187
网址：www. xzhuabang. com
电子信箱：info@ hbs - vehicle. com
法定代表人：郭超
单位人数：380
质量体系：ISO 9001
产品情况：（国世华邦牌）
轴线车、液压转向大型平板运输车、半挂系列运输类专用汽车、原木运输车、仓栅式半挂车以及吸粪车、洒水车等各种专用车辆
出口情况：远销东南亚、非洲、拉丁美洲等地区

★徐州君安交通运输设备有限公司
地址：江苏省沛县经济开发区汉兴路西侧昆明路北侧
邮编：221600
电话：0516/81226688、18952129699
网址：www. pxgajc. com
法定代表人：刘存义
产品情况：轻量化半挂车、车辆运输车、运煤专用车、低平半挂车、骨架半挂车、集装箱半挂车、仓栅式半挂车、侧翻半挂车、义乌厢式运输车及各种特种车辆

★徐州比亚机械设备有限公司
地址：江苏省徐州市沛县龙固工业园区
邮编：221600
电话：0516/81229888、4009955008
传真：89925777
网址：www. pxbygc. com
电子信箱：331558503@ qq. com
法定代表人：姚念峰
产品情况：（沛公牌）
栏板运输半挂车、仓栅运输半挂车、集装箱运输半挂车、低平板半挂车、平板半挂车、自卸半挂车、粉粒物料运输车等七大系列四十余种产品，具有年产 2000 辆半挂车的生产能力

★江苏富华交通运输设备有限公司
地址：江苏省沛县龙固经济开发区
邮编：221613
电话：0516/89920088、15852171976
传真：89920088
网址：www. jsfuhua. cn
电子信箱：fuhua@ 163. com
法定代表人：赵恩友
单位人数：67
质量体系：ISO 9001
产品情况：（轩畅牌）

主要生产各种系列半挂车、全挂车、集装箱运输车、厢式自卸半挂车、自卸全挂车

★徐州奥丰交通运输设备有限公司
地址:江苏省沛县龙固镇徐济路工业园区
邮编:221613
电话:0516/89927666、4001787600
网址:www.xzaofeng.com
法定代表人:王金峰
产品情况:轻量化挂车

★沛县迅驰专用车辆制造有限公司
地址:江苏省徐州市沛县龙固镇工业园区
邮编:221613
电话:0516/89921866
传真:89922990
网址:www.xczyc.cn
电子信箱:shd8211@163.com
法定代表人:孙阳
产品情况:(迅驰牌)
各类型轻量化半挂车:低平板车、集装箱车、仓栅式车、自卸车

★连云港天洋汽车有限公司
地址:江苏省连云港市经济技术开发区临港产业园东方大道172号
邮编:222047
电话:0518/82347078
传真:81089199
网址:www.tianyanggroup.net
电子信箱:yf.wang@tianyanggroup.net
法定代表人:吴全强
产品情况:系列重型货车、SUV、皮卡、多功能车

★江苏天明特种车辆有限公司
地址:江苏省连云港市赣榆区柘汪镇临港产业区
邮编:222100
电话:0518/85916908、85916953
传真:85916900
网址:www.chinatmec.com
电子信箱:12252204@qq.com
法定代表人:封新海
产品情况:(天明牌)
半挂车等

★江苏威拓公路养护设备有限公司
地址:江苏省宿迁市沭阳县开发区桃园路18号
邮编:223005
电话:0527/80905555、4001887600
传真:80906366
电子信箱:jiangsuweituo@163.com
法定代表人:朱同宝
质量体系:ISO 9001
产品情况:(威拓瑞牌)
产品涵盖道路养护专用车、桥梁检测车、环卫车、公路运输专用车、特种军用车、路面养护设备等系列产品
出口情况:远销东南亚、南美洲、大洋洲、欧洲、非洲等地区

★淮安市苏通市政机械有限公司
地址:江苏省淮安市楚州区经济开发区
邮编:223232
电话:0517/85989187、85208685
传真:85208982
电子信箱:sutongha@126.com
法定代表人:王连
质量体系:ISO 9001
产品情况:(苏通牌)
下水道联合疏通车、抓斗式窨井清淤车、沼液沼渣出料车、随车起重机
出口情况:出口国外市场

★盐城中威客车有限公司
地址:江苏省盐城经济技术开发区珠江路26号(D)
邮编:224000
电话:0515/88333888、13401776806
传真:88333777
电子信箱:1905990419@qq.com
法定代表人:马宪
质量体系:ISO 9001
产品情况:(中大牌)
大、中型客车、纯电动客车、混合动力城市客车、旅居车

★江苏悦达专用车有限公司
地址:江苏省盐城市经济开发区希望大道99号
邮编:224007
电话:0515/89882086、4001068699
传真:88118808
网址:www.jsydzyc.cn
电子信箱:yuedazhuanyongche@126.com
法定代表人:王涤成
质量体系:ISO 9001
产品情况:(悦达牌)
后装压缩式垃圾车、侧装压缩式垃圾车、密闭式垃圾转运车、扫路车、洒水车、高压冲洗车、多功能扫洗车、厨馀垃圾车、垃圾站等
出口情况:出口美国、俄罗斯、澳大利亚、乌克兰、阿塞拜疆、哈萨克斯坦、越南、老挝、缅甸、秘鲁、尼日利亚、委内瑞拉、伊拉克等18个国家和地区

★江苏奥新新能源汽车有限公司
地址:江苏省盐城市经济开发区希望大道南路43号
邮编:224007
电话:0515/83350518、83350555
传真:83350111、83350503
网址:www.aoxinauto.com
电子信箱:guyj@aoxinauto.com
法定代表人:戴同彬
质量体系:ISO 9001
产品情况:(达福迪牌)
纯电驱动乘用车、纯电动车厢可卸式垃圾车、自卸式垃圾车、扫路车、纯电动厢式运输车、纯电动篷式运输车、纯电动仓栅式运输车、纯电动售货车、纯电动宣传车、旅游观光车等产品
出口情况:小批量出口美国、新西兰、西班牙、德国等国家

★扬州市伏尔坎机械制造有限公司
地址:江苏省扬州市工业园区牧羊路9号
邮编:225000
电话:0514/82081907、82081915
网址:www.yzvulcan.com
电子信箱:sales@yzvulcan.com
法定代表人:朱其安
单位人数:300
质量体系:ISO 9001
产品情况:(伏尔凯牌)
主要生产特种组合式液压半挂车、多功能半挂车
出口情况:远销日本、欧洲、中东、东南亚等国家和地区

★扬州盛达特种车有限公司
地址:江苏省扬州市邗江汽车工业园
邮编:225003
电话:0514/87903329、87904097
传真:87903336、87240147
网址:www.wctzc.com
法定代表人:王延磊
质量体系:ISO 9001、ISO 14001
产品情况:(金鸽牌)
清洗扫路车、清洗车、压缩式垃圾车、车厢可卸式垃圾车、垃圾中转成套设备、清障车、矿用车和半挂车等产品
出口情况:远销韩国、纳米比亚、古巴、澳大利亚、东南亚等国家和地区

★扬州中集通华专用车有限公司
地址:江苏省扬州市扬子江中路139号
邮编:225009
电话:0514/87877888
传真:87870999
网址:www.chinatrailer.com
电子信箱:yz.tht@chinatralier.com
法定代表人:李贵平
质量体系:ISO 9001、GJB 9001A
产品情况:(通华牌)
罐式车、厢式半挂车、车辆运输车、集装箱半挂车、平板半挂车、低平板半挂车、自卸半挂车、混凝土搅拌车、泵车和特种半挂车等特种专用车
出口情况:远销日本、东南亚、美洲、澳大利亚、非洲、中东等国家和地区

★扬州跃进通达客车有限公司
地址:江苏省扬州市邗江区槐泗镇陈沟
邮编:225116
电话:0514/87651670、80839310
传真:87651969
电子信箱:yuejintongda@126.com
法定代表人:石玉文
产品情况:(科灵牌等)
电动清扫车辆、电动清运车辆、电动观光旅游车辆;中型客车等

★扬州三源机械有限公司
地址:江苏省扬州市邗江区方巷镇峰明大道18号
邮编:225117
电话:0514/80785309、80785310
传真:80785308

网址:www. yzsyjx. com
电子信箱:yzsyjx@ yzsyjx. com
法定代表人:陈春元
负责人:陈厚克
质量体系:ISO 9001
产品情况:(三联牌)
扫路车、清洗扫路车等专用汽车、汽车车架、各类专用汽车厢体、总成构件等产品
配套情况:为北汽福田、亚星客车、江淮客运客车、盐城中大中威客车、航天晨光、张家港牡丹客车等配套

★扬州女神客车有限公司
地址:江苏省扬州市江都区宜陵工业园
邮编:225200
电话:0514/86883500、4000803188
网址:www. jacnsqc. com
电子信箱:sales@ jsnsqc. com
法定代表人:吴金鑫
质量体系:ISO 9001
产品情况:(江淮女神牌)
体检车、妇科检查车、职业病体检车、国民体质监测车、采血车、救护车、牙科医疗车、眼科医疗车、中医诊疗车、医疗卫生服务车、装备车、救险车、工程车、应急救援车、应急电源车、应急照明车、宠物流动服务车、验光配镜服务车、白蚁防治服务车、维修(售后)服务车、产品展示车、农化服务车、检测车、监测车、应急指挥车、移动餐车、高空作业车、江淮皮卡房车、江淮皮卡厢式运输车、景区旅游观光车、矿用防爆车、江淮皮卡各类改装车等

★江苏悍威汽车有限公司
地址:江苏省泰州海陵工业园区梅兰东路48号
邮编:225315
电话:0523/88712416、18268831708
网址:hwmotor. cn
电子信箱:jshwqc@ 163. com
法定代表人:蒋丽君
单位人数:120
产品情况:专用厢式车(含房车)、新能源物流车、新能源乘用车等

★江苏银宝专用车有限公司
地址:江苏省扬州市宝应县氾水工业区
邮编:225800
电话:0514/88489999、4008288288
传真:88480099
网址:www. ybsv. com. cn
电子信箱:yinbao@ ybsv. com. cn
法定代表人:Marco Mazzu
质量体系:ISO 9001
产品情况:(银宝牌)
车厢可卸式垃圾车、垃圾收集车、垃圾桶清洗车、餐厨收集车、随车起重运输车以及各类半挂车等系列产品

★中航爱维客汽车有限公司
地址:江苏省南通市苏通科技产业园江广路188号
邮编:226000
电话:0513/80672580、18012229855
传真:81010066
电子信箱:avicxz@ motor. avic. com
法定代表人:杨毅
产品情况:(爱维客牌)
纯电动城市客车,纯电动客车

★南通中集能源装备有限公司
地址:江苏省南通市城港路155号
邮编:226003
电话:0513/85066888、4008286969
传真:85564750
网址:www. cimcenergy. com
电子信箱:ntenergy@ cimc. com
法定代表人:徐永生
产品情况:(中集牌)
低温储运装备、高安全核电装备、高压气瓶等系列产品

★南通中集罐式储运设备制造有限公司
地址:江苏省南通市城港路159号
邮编:226003
电话:0513/85066206、85066109
网址:www. cimc. com
电子信箱:yin. yang@ cimc. com
法定代表人:季国祥
产品情况:标准液体罐箱、特种液体罐箱

★柳工建机江苏有限公司
地址:江苏省南通市启东滨海工业园区通贤路18号
邮编:226236
电话:0513/83905828、4008200218
传真:83905828-6288
网址:www. liugongcm. com
法定代表人:李于宁
质量体系:ISO 9001
产品情况:(柳工牌)
混凝土泵车、混凝土搅拌运输车等
出口情况:销售与服务网络遍及全球60多个国家

★三一帕尔菲格特种车辆装备有限公司
地址:江苏省南通市如东县经济开发区黄河路189号三一工业园区
邮编:226400
电话:0513/80698531、18752463312
网址:www. sanypalfinger. com
电子信箱:shenx@ sany. com. cn
法定代表人:Martin Zehnder
产品情况:(三一牌)
随车起重机、洗扫车、车厢可卸式垃圾车、高空作业车、路面养护车等

★江苏陆地方舟新能源车辆股份有限公司
地址:江苏省如皋经济开发区花城大道188号
邮编:226500
电话:0513/68778926、68778900
网址:www. greenwheel. com. cn
电子信箱:service@ greenwheelev. com
法定代表人:刘长力
产品情况:(陆地方舟牌)
纯电动厢式运输车、纯电动客车等

★南通皋开汽车制造有限公司
地址:江苏省如皋市城北街道仁寿西路98号
邮编:226500
电话:0513/87301888、87509430
传真:87301999
电子信箱:350335425@ qq. com
法定代表人:朱永祥
质量体系:ISO 9001
产品情况:(英田牌)
低速载货汽车、工程运输车、自卸车,年设计生产能力5万辆

浙江省

★杭州爱知工程车辆有限公司
地址:杭州市经济开发区5号大街17号
邮编:310018
电话:0571/86851958、4008268338
传真:86911592
网址:www. hzaichi. com
电子信箱:xiaoshou@ hzaichi. com
法定代表人:俞沉
单位人数:300
质量体系:ISO 9001、ISO 10012
产品情况:(爱知牌)
高空作业车、应急电源车、工程抢修车、钻孔立杆车、高空喷药车、电缆车等特种车;年产销各类高空作业车600余辆
出口情况:出口俄罗斯、古巴、朝鲜、菲律宾、澳大利亚、越南、孟加拉国、也门、哈萨克斯坦、蒙古等国家和地区,并销往中国香港地区

★浙江美通筑路机械股份有限公司
地址:杭州市江干区市民街66号钱塘航空大厦2幢2201室
邮编:310020
电话:0571/87177008、87177003
传真:87815510
网址:www. metong. com
电子信箱:metongexport@ vip. sina. com
法定代表人:仇德胜
质量体系:ISO 9001
产品情况:(美通牌)
沥青洒布车、沥青碎石同步封层车、稀浆封层车等

★中汽商用汽车有限公司(杭州)
地址:杭州市西湖区转塘街道凌家桥317号
邮编:310024
电话:0571/87090666
传真:87099539
网址:www. e-cnca. cn
电子信箱:zq0571@ 126. com
法定代表人:郭建君
单位人数:400
质量体系:ISO 9001、ISO 14001

产品情况:(中汽牌、ZHONGQI 牌)

各类垃圾车、高压清洗车、压缩设备、流动舞台车、宣传车、展示车、厢式车、平板运输车、全挂车、高空作业车、电源车、电缆铺设车、救护车、旅居车等专用车

出口情况:出口救护车

★杭州中骥汽车有限公司

地址:杭州市余杭区余杭街道城东路3号
邮编:311100
电话:0571/26285119
传真:26285119
网址:www. hzzjqc. com
法定代表人:谈祚龙
产品情况:(中骥牌)

冷藏保温车、复合板厢车、特种冷藏集装箱以及其他专用车产品

★杭州恒康专用车辆制造有限公司

地址:杭州市余杭区瓶窑镇彭安路20号
邮编:311115
电话:0571/88523336、88524033
传真:88747625、88523009
电子信箱:hzhkga@ hzhengkang. com
法定代表人:尉建明
质量体系:ISO 9001
产品情况:(恒康牌)

车厢可卸式垃圾车、密封式垃圾车、拉臂式垃圾车、自(侧)装卸垃圾车、平推后装式垃圾车、工程抢险车、环卫中转设备、沥青洒布车和汽车零部件产品等

出口情况:出口汽车零部件产品,远销美国、加拿大等国家

★杭州南方半挂车有限公司

地址:杭州市余杭区瓶窑镇彭公村33号信箱
邮编:311115
电话:0571/88548095、88548135
传真:88548097
电子信箱:765349491@ qq. com
法定代表人:余国春
产品情况:(陆氏牌)

化工液体运输车、散装水泥运输车、洒水车、清洗车、吸粪车、压缩式垃圾车、运油车、集装箱运输半挂车等

★浙江卡尔森汽车有限公司

地址:杭州市萧山区临江工业园区纬八路3168号
邮编:311200
电话:0571/82952681、82900888
传真:82980808
电子信箱:carlssonauto@ 163. com
法定代表人:邵文成
产品情况:(卡升牌)

产品主要是基于梅赛德斯-奔驰威霆、唯雅诺、凌特等系列多用途车平台设计开发后批量改装的豪华商务车、旅居车以及通信指挥车、道路检测车、运钞车、救护车等特殊专用车

★浙江中誉(控股)集团有限公司

地址:杭州市萧山经济技术开发区市心北路227号
邮编:311215
电话:0571/82618959、82865858
传真:82855500
电子信箱:manage@ zhongyugroup. com
法定代表人:来云水
质量体系:ISO 9001
产品情况:(中誉牌)

以奔驰凌特、威霆商用车为主,同时生产豪华商务车、豪华旅居车、微型客车、救护车、礼宾车等专用车辆和各类民用特殊车辆;建设能力年产2.5万辆

★杭州越西客车制造有限公司

地址:杭州市萧山区江东工业园区江东六路5588号
邮编:311222
电话:0571/57179683、57179680
传真:57179682
网址:www. yuexibus. com
电子信箱:yuexibus@ 163. com
法定代表人:谭志强
质量体系:ISO 9001
产品情况:(悦西牌)

10m 以上插电式混合动力汽车、6 ~7m 纯电动中型客车和 10m 以上纯电动客车等

出口情况:批量出口东南亚、南美洲、中东等多个国家和地区

★杭州市政机械制造有限公司

地址:杭州市拱墅区湖州街22号
邮编:311403
电话:0571/85383498、4008832033
传真:85383498
电子信箱:hzszjx@ 163. com
法定代表人:倪振中
质量体系:ISO 9001
产品情况:(双箭牌)

沥青洒布车、搅拌机、综合养护车、除雪车等

出口情况:出口东南亚、非洲等地区

★杭州蓝海特种车辆有限公司

地址:杭州市千岛湖镇鼓山工业园区
邮编:311700
电话:0571/88296155
传真:88291193
网址:www. hzlanhai. net
电子信箱:lanhaitezhong@ 163. com
法定代表人:韩国强
质量体系:ISO 9001
产品情况:(大公牌)

道路巡逻车、事故勘察车、执法指挥车、救护车等

★中植汽车(淳安)有限公司

地址:浙江省淳安县千岛湖镇康盛路268号
邮编:311700
电话:0571/65022630、65022529
网址:www. zevauto. com
法定代表人:陈汉康
产品情况:(中植汽车牌、四平牌)

新能源客车

★浙江蓝能燃气设备有限公司

地址:浙江省绍兴市上虞区杭州湾上虞工业园东一区振兴大道5号
邮编:312369
电话:0575/82727606、82397666
传真:82727607
网址:www. rein. net. cn
法定代表人:钟明均
单位人数:248
质量体系:ISO 9001、ISO 14001
产品情况:九管 CNG 长管拖车

★湖州客车厂有限公司

地址:浙江省湖州市敢山路1888号(杨家埠)
邮编:313000
电话:0572/2683336
传真:2683331
网址:www. hzkcc. com
电子信箱:seraph0721@ 163. com
法定代表人:张浙兴
质量体系:ISO 9001
产品情况:(东方牌)

工程抢险车、移动电源车、消防车、电力工程车、照明车、电缆检测车以及市政环卫车车等多类型的特种车辆

★湖州东方汽车有限公司

地址:浙江省湖州市南浔镇虹阳路338号
邮编:313009
电话:0572/3912567
传真:3013473
网址:www. hzeast. net
电子信箱:hzkeast@ 163. com
法定代表人:张浙兴
质量体系:GJB 9001A、GJB 9001B
产品情况:(东方牌)

各种军用改装车、方舱、民用汽车

★浙江锐野专用车辆股份有限公司

地址:浙江省湖州市长兴县和平镇工业集中区
邮编:313103
电话:0572/6970868、6970000
传真:6970888
网址:www. armadillo - rv. com
电子信箱:info@ a - rv. com
法定代表人:高卫
产品情况:(阿莫迪罗牌)

旅居车

★浙江星驰汽车有限公司

地址:浙江省海宁市尖山新区海丰路106号
邮编:314415
电话:0573/89261558、4001016599
传真:89261552
网址:www. xingchiauto. com
法定代表人:赵军

单位人数:110
产品情况:(铂驰牌)
商务改装车辆

★浙江戴德隆翠汽车有限公司
地址:浙江省桐乡市梧桐街道同仁路333号
邮编:314500
电话:0573/88588708
网址:www.daideauto.com
电子信箱:robin@longtreerv.com
法定代表人:朱善隆
产品情况:(戴德牌)
主营业务为新能源物流车、新能源汽车核心零部件(电池、电控设备、电动机)以及房车的研发、制造、销售及售后服务,同时兼营新能源物流车、房车的经营租赁及融资租赁业务

★浙江宝成机械科技有限公司
地址:浙江省宁波市江北区通惠路788号
邮编:315033
电话:0574/87636688、87639797
传真:87630469
电子信箱:baoceng6688@xinsa.com
法定代表人:阮志华
质量体系:ISO 9001
产品情况:(宝裕牌)
垃圾收集车、垃圾转运车、垃圾压缩车、餐厨垃圾车、吸粪车、洒水车、洗扫车等环卫专用车辆,纯电动清洗车、纯电动自卸式垃圾车、纯电动厢式运输车等新能源汽车

★宁波凯福莱特种汽车有限公司
地址:浙江省宁波市江北投资创业园区C区金山路666弄16号
邮编:315033
电话:0574/87311362
网址:www.nbcareful.com
电子信箱:nbcareful@nbcareful.com
法定代表人:谢建浩
产品情况:(凯福莱牌)
冷藏车、救护车、救护保障车

★宁波耐克萨斯专用车有限公司
地址:浙江省宁波市鄞州区金谷中路东9号
邮编:315100
电话:0574/88385598
网址:www.nkssrv.com
电子信箱:naxus@nkssrv.com
法定代表人:朱云浩
产品情况:(耐克萨斯牌)
高端商务车改装、自行式房车和拖挂式房车及其他专用车

★浙江中车电车有限公司
地址:浙江省宁波市鄞州区环城南路西段5259号
邮编:315112
电话:0574/55716303、4008336679
网址:www.crrcgc.cc
电子信箱:zjdc@csrzj.com.cn
法定代表人:肖勇
质量体系:ISO 9001
产品情况:(中国中车牌)
6.5m、8.5m、10.5m、12m、18m等多系列电-电混合、气-电混合、纯电动等新能源商用车产品

★宁波杉杉汽车有限公司
地址:浙江省宁波市望春工业园区云林中路218号
邮编:315177
电话:0472/6169981、4001631733
网址:shanshan-auto.com
法定代表人:陈琦
产品情况:(杉杉牌)
纯电动厢式运输车等

★宁波波导汽车科技有限公司
地址:浙江省宁波市骆驼工业区南一西路78号
邮编:315202
电话:0574/86581058、88952815
传真:86580082
电子信箱:info@birdauto.com.cn
法定代表人:徐立华
产品情况:(剑球牌)
NKC5081TCT、NKC5090TCT型静力触探车等

★宁波明欣化工机械有限责任公司
地址:浙江省宁波市镇海区骆驼盛兴路195号
邮编:315202
电话:0574/86594546、87355710
传真:87355266
网址:www.nmhj.com
电子信箱:web@nmhj.com
法定代表人:王益良
单位人数:800
质量体系:ISO 9001
产品情况:(明欣牌)
低温液体储罐、低温气瓶、低温反应装置、低温罐箱、低温槽车和高低压空温式汽化器等
出口情况:远销欧美、俄罗斯、中东、北非、东南亚等国家和地区

★金华市时空新能源车辆有限公司
地址:浙江省金华市工业园区
邮编:321016
电话:0571/88490617
电子信箱:kandi@kandigroup.com
法定代表人:陈峰
质量体系:ISO 9001
产品情况:(康迪牌)
纯电动汽车,全地形车,电池组、电动机、电控、汽车空调等电动汽车部件
出口情况:出口欧洲、美洲、东南亚等地区

★飞神集团有限公司
地址:浙江省永康市汤店路11号
邮编:321300
电话:0579/87271688
传真:87271796
网址:www.feishen.com
电子信箱:fs@feishen.com
法定代表人(负责人):陈向阳
质量体系:ISO 9001
产品情况:休闲运动车、全地形车、助老助残康复车、高端房车等
出口情况:远销欧美、亚太等50多个国家和地区

★永康市富仕达实业有限公司
地址:浙江省永康市五金科技工业园金山东路20号
邮编:321300
电话:0579/87230046、87230146
传真:87230796
网址:www.chinafourstar.com
电子信箱:sales@chinafourstar.com
法定代表人:颜振广
质量体系:ISO 9000
产品情况:高尔夫球车、卡丁车、全地形车及非道路用车等
出口情况:远销欧洲、美洲、东南亚等30多个国家和地区

★浙江赵龙重工有限公司
地址:浙江省义乌市五洲大道888号
邮编:322000
电话:0579/83829021、4009057700
网址:www.zhaolong.com
法定代表人:赵冬子
质量体系:ISO 9001
产品情况:(赵龙牌)
主营混凝土搅拌运输车、散装水泥运输车、自卸车、干混砂浆运输车、环卫车、非公路矿用车等专用车产品

★陕西汽车集团温州云顶汽车有限公司
地址:浙江省瑞安市汽摩配产业基地(东区)
邮编:325200
电话:0577/65333333、65326163
传真:65326686
电子信箱:gx110242@autoinfo.gov.cn
法定代表人:钱圣东
产品情况:(云顶牌)
各种半挂车、粉粒物料运输车、混凝土搅拌运输车、加油车、畜禽运输车、压缩式垃圾车、运油半挂车、自卸车

安徽省

★劲旅环境科技有限公司
地址:合肥市新站区新站工业园E区2幢
邮编:230011
电话:0551/64283051
传真:64283051
网址:www.jlhoe.com
电子信箱:hr@jlhoe.com
法定代表人:于晓霞
质量体系:ISO 9001、ISO 14001
产品情况:(劲旗牌)
环卫清洁装备、垃圾压缩、收转装

备、新能源及清洁能源装备等环卫装备

★合肥市兴旺汽车有限公司
地址:合肥市包河经济开发区延安路3号
邮编:230041
电话:0551/63367161、63367153
传真:63367949
电子信箱:1327778797@qq.com
法定代表人:吴金旺
质量体系:ISO 9001
产品情况:(远旺牌)
平板运输车、舞台车、宣传车等

★安徽江淮客车有限公司
地址:合肥市包河工业区花园大道23号
邮编:230051
电话:0551/63732315、63732120
传真:63732035
电子信箱:jac_bus@126.com
法定代表人:查保应
质量体系:ISO/TS 16949
产品情况:(江淮·现代牌、合客牌)
中、高档轻型客车,大、中型客车,涵盖5.6~12m、10~55座的各类车型、小学生校车

★安徽江淮专用汽车有限公司
地址:合肥市包河工业区内
邮编:230051
电话:0551/62297286
电子信箱:308390569@qq.com
法定代表人:王兵
质量体系:ISO 9001、ISO 14001
产品情况:(江淮牌)
具备年产3000辆冷藏保温车、2000辆城市环卫车、5000辆重型货车改装自卸车、5000辆气瓶运输车的生产能力
出口情况:出口南美洲、欧洲、非洲、中东、东南亚等120多个国家和地区

★安徽星凯龙客车有限公司
地址:合肥市经济技术开发区锦绣大道与佛掌路交口
邮编:230601
电话:0551/63818799
网址:www.ahxkl.com.cn
法定代表人:蒋伟明
质量体系:ISO/TS 16949
产品情况:(星凯龙牌)
10.5m通勤车、10.5m公交车、8.1m公交车等

★合肥市富园汽车改装有限公司
地址:合肥市经济开发区汤口路9号
邮编:230601
电话:18919659898、13335512287
网址:www.hffy.net
电子信箱:fy968@126.com
法定代表人:焦澍峥
单位人数:200
质量体系:ISO 9001
产品情况:(富园牌)
流动舞台车、宣传车、旅居车、多媒体影视广告演播车、流动广告宣传车以及各种厢式变形专用汽车,货厢总成

★安徽合力股份有限公司
地址:合肥市经开区方兴大道668号
邮编:230601
电话:0551/63648005、4001600761
网址:www.helichina.com
电子信箱:market@helichina.com
法定代表人:张德进
质量体系:ISO 9001、ISO 14001
产品情况:[合力(HELI)牌]
内燃叉车、锂电池叉车、电动仓储车辆、牵引车等
出口情况:远销140个国家和地区,其中向欧美发达国家或地区的出口量占公司出口量的60%

★陕汽淮南专用汽车有限公司
地址:安徽省淮南经济技术开发区吉兴路
邮编:232008
电话:0554/3306011
传真:3306666
电子信箱:sqhnzyc@163.com
法定代表人:郝晓乾
产品情况:(陕汽牌、尊通牌)
运油车、易燃液体罐式运输车等

★安徽宝岛新能源发展有限公司
地址:安徽省蚌埠市特步大道199号
邮编:233000
电话:0552/7186888、4000598299
网址:m.ahbodo.com
法定代表人:李建国
产品情况:目标年产10万辆电动汽车和20万台套电动汽车配套零部件

★安徽柳工起重机有限公司
地址:安徽省蚌埠市柳工大道18号
邮编:233010
电话:0552/4928522
传真:4928470
网址:www.liugong.com
电子信箱:ahlgrl@liugong.com
法定代表人:余亚军
产品情况:(柳工牌)
汽车起重机、高空作业车、汽车起重机专用底盘

★安瑞科(蚌埠)压缩机有限公司
地址:安徽省蚌埠市南外环路2001号
邮编:233050
电话:0552/3139284、3139718
电子信箱:tanyan822@126.com
法定代表人:杨威锋
质量体系:ISO 9001
产品情况:(双箭牌)
CNG加气站系列压缩机、油田用系列压缩机、中高压系列压缩机、特种气体系列压缩机、工艺系列压缩机、动力系列压缩机
出口情况:出口亚洲、非洲、拉丁美洲、欧洲等地区

★安徽兆鑫集团汽车有限公司
地址:安徽省蒙城县307线牛群经济园区88号
邮编:233500
电话:0558/7652226、4008749797
传真:7653766
网址:www.zxqcjt.cn
电子信箱:zhaoxin@zxqcjt.cn
法定代表人:王兆新
单位人数:218
质量体系:ISO 9001
产品情况:(兆鑫牌)
栏板式半挂车、厢式运输半挂车、集装箱运输半挂车、低平板半挂车、自卸半挂车、散装水泥运输车、混凝土搅拌运输车、半挂车、洒水车、扫地车、压缩式垃圾车等15大系列60多个品种

★安徽省蒙城县华威汽车改装有限公司
地址:安徽省蒙城县307线牛群经济园区南侧
邮编:233500
电话:0558/7696355
传真:7691599
电子信箱:279730686@qq.com
法定代表人:邵焕朝
质量体系:ISO 9000
产品情况:(吉运牌)
各种半挂车

★安徽兴邦专用汽车股份有限公司
地址:安徽省宿州市宿马产业园区
邮编:234000
电话:18955765511、18955765666
网址:www.ahxbqc.com
电子信箱:327336982@qq.com
法定代表人:陈明
产品情况:(兴邦龙牌)
车厢可卸式垃圾车、平板运输车、舞台车

★安徽开乐专用车辆股份有限公司
地址:安徽省阜阳市经济技术开发区105国道21号
邮编:236000
电话:0558/2221616
传真:2210108
网址:www.zhkaile.com
法定代表人:秦少华
单位人数:2000
质量体系:GB/T 19001、GB/T 24001
产品情况:(开乐牌)
半挂车、车辆运输车、冷藏车、铝合金运油车、洗扫车、翼开启厢式车等

★安徽开乐汽车股份有限公司
地址:安徽省阜阳市经济技术开发区105国道21号
邮编:236112
电话:0558/2311183、2210158
传真:2210108
电子信箱:xsgs@ahkaile.com
法定代表人:蒋玉松
质量体系:ISO 9001

产品情况：（开乐牌）

普通栏板半挂车、仓栅式运输半挂车、厢式运输半挂车、低平板运输半挂车、集装箱运输半挂车、粉粒物料运输车及半挂车、液体运输车及半挂车、混凝土搅拌车、车辆运输半挂车、自卸车、冷藏保温车、防爆车和环卫车 13 大系列 280 多个产品

配套及出口情况：为一汽、东风、江淮、江铃、陕汽、重汽等供货；出口非洲、中东、东南亚、南美洲、北美洲等国际市场

★安徽省龙佳交通设备有限公司

地址：安徽省界首市鸭王工业园鸭王大道 20 号
邮编：236500
电话：0558/4893777、15398147777
传真：4806785
网址：www.ahljcl0558.com
法定代表人：于彬
质量体系：ISO 9001、ISO 14001
产品情况：（程达牌）

专业生产集装箱运输车、各种系列半挂车、全挂车、厢式货车、车辆运输车等各种产品

★利辛县泰鑫专用汽车制造有限公司

地址：安徽省亳州市利辛县城关双桥
邮编：236700
电话：0558/8810458
电子信箱：95401911@qq.com
法定代表人：冯云飞
产品情况：（泰鑫牌）

各种普通半挂车、阶梯式半挂车、集装箱半挂车、低平板半挂车、厢式半挂车、仓栅式半挂车、车辆运输半挂车、自卸半挂车、全挂车、冷藏车、保温车、厢式货车、大型客车、防弹运钞车、皮卡变形车等

★利辛县江淮扬天汽车有限公司

地址：安徽省亳州市利辛县工业园创业路 1 号
邮编：236700
电话：0558/8809299、8809298
传真：8705999
网址：www.jwan.cn
电子信箱：jinwanyangtian@163.com
法定代表人：邵磊
单位人数：588
质量体系：ISO 9001、ISO 14001
产品情况：（金皖牌）

普通半挂车、集装箱半挂车、低平板半挂车、厢式半挂车、轿车运输半挂车、自卸车、冷藏车、保温车、厢式货车、客车防弹运钞车、皮卡变形车等

★安徽丰源车业有限公司

地址：安徽省亳州市利辛县工业园科技路 6 号
邮编：236700
电话：15855871117
传真：0558/7189999
网址：www.ahfycy.net
电子信箱：ahlxfycy@163.com
法定代表人：李啊庆
单位人数：110
质量体系：ISO 9001
产品情况：（丰源中霸牌、FENGYUAN 牌）

自卸式垃圾车、自卸汽车、水泥搅拌运输车、散装饲料运输车、低密度粉粒物料运输半挂车、仓栅式运输半挂车、自卸半挂车、厢式运输半挂车、集装箱运输半挂车、平板自卸半挂车、低平板半挂车；年生产能力可达 4500 台

出口情况：远销东南亚、中东、非洲、美洲等地区

★利辛县凯盛汽车有限公司

地址：安徽省亳州市利辛县工业园先进路 2 号
邮编：236700
电话：0558/8809111、18956810677
网址：www.lxksqc.com
电子信箱：lxksqc@163.com
法定代表人：李春凯
质量体系：ISO 9001
产品情况：（凯烁牌）

混凝土搅拌车、高空作业车等专用车，自卸汽车，半挂车，厢式载货车等载货车

★安徽华兴车辆有限公司

地址：安徽省利辛工业园子胥大道 66 号
邮编：236734
电话：0558/8750777
传真：8750999
网址：zzhxcl.com
法定代表人：陈阳
质量体系：ISO 9001、ISO 14000
产品情况：（皖骏牌）

半挂车等

★安徽长安专用汽车制造有限公司

地址：安徽省六安市经济开发区
邮编：237010
电话：0564/3392131、3392801
传真：3392131
电子信箱：zt732008@163.com
法定代表人：王竞宇
质量体系：ISO 9001
产品情况：（天柱山牌、博微牌）

炊事车、卫星转播车、气象雷达车、应急抢险车、半挂车、指挥车、旅居车等

★安徽广通汽车制造股份有限公司

地址：合肥市合巢经济开发区花山工业园内兴业大道与下山路交汇处
邮编：238000
电话：4001555068
传真：0551/82358388
网址：www.chinaguangtong.cn
法定代表人：徐际华
单位人数：200
质量体系：ISO/TS 16949、ISO 14001
产品情况：（安通牌、元帅牌）

环保类的医疗垃圾焚烧车、废溶剂（溶液）焚烧处理车、动物尸体焚烧车等专用车及新能源汽车（纯电动城市客车、纯电动厢式运输车等）

★滁州市天达汽车部件有限公司

地址：安徽省滁州市南谯区乌衣镇安宁路 155 号
邮编：239000
电话：0550/3918008、3918777
传真：3911280
网址：www.ahtdjt.com
电子信箱：dianfu@ahtdjt.com
法定代表人：张殿甫
单位人数：300
质量体系：ISO 9001、ISO 14001
产品情况：（皖汽汽车牌）

半挂车粉粒物料运输车、搅拌运输车、自卸车等专用车，智能充电柱、冲压零件等

★安徽江淮扬天汽车股份有限公司

地址：安徽省滁州市南谯区乌衣镇扬天工业园
邮编：239050
电话：0550/3912222、3912219
传真：3914666
网址：www.yangtianauto.com
电子信箱：sales@yangtianauto.com
法定代表人：龚义华
质量体系：ISO 9001、ISO 18000
产品情况：（江淮扬天牌）

环卫车、搅拌车、粉罐车、液罐车、低平板车、厢式车、集装箱车、自卸车、普通半挂车、车辆运输车，共 10 大系列 25 类近 200 个品种

★滁州兴扬汽车有限公司

地址：安徽省滁州市扬子东路 1098 号
邮编：239064
电话：0550/7118888、7122998
传真：7122981
网址：www.czxyqc.com
电子信箱：czxyqc@czxyqc.com
法定代表人：权家昌
单位人数：200
质量体系：GB/T 19001
产品情况：（兴扬牌）

液体运输半挂车、厢式运输半挂车、低平板运输半挂车、仓栅运输半挂车、集装箱运输半挂车、罐式集装箱、冷藏保温车等 7 大类公告产品 83 个

★扬子集团滁州客车制造有限公司

地址：安徽省滁州市扬子工业园区
邮编：239064
电话：0550/3161320、3168718
传真：3162102
网址：www.yangzibus.com
电子信箱：sjs516517@sina.cn
法定代表人：戈永海
单位人数：350
质量体系：ISO 9001
产品情况：（扬子牌）

主要产品有 6～12m 城市公交车、

团体旅游车、长途运营客车、校车4大系列近百个品种

★安徽天康特种车辆装备有限公司
地址:安徽省天长市经济开发区经八路天康新能源产业园
邮编:239300
电话:0550/7309271、4000550185
网址:www.tiankangcar.cn
电子信箱:tkmyzq@126.com
法定代表人:毛文章
产品情况:(翰尔途牌)
电动环卫车、电动观光车、电动巡逻车、电动清洗车、电动物流牵引车、多功能应急车、多功能消防应急车、多功能广告车、纳米钛酸锂动力储能电池

★明光浩淼安防科技股份有限公司
地址:安徽省明光市体育路151号
邮编:239400
电话:0550/8090112、8097178
传真:8097784
网址:www.mgxf.com
电子信箱:hmsw@mghm.cn
法定代表人:倪军
质量体系:ISO 9001
产品情况:(光通牌)
灭火类、专勤类、后援类、举高类、特种消防车以及警用车辆全部系列产品
出口情况:出口南美洲、中亚、东南亚、非洲等多个国家和地区

★芜湖中集瑞江汽车有限公司
地址:安徽省芜湖市高新技术产业开发区
邮编:241002
电话:0553/3022666、3022555
传真:3022316、3025869
网址:www.cimc-whrj.com
电子信箱:cimc.rj@gmail.com
法定代表人:孙春安
质量体系:ISO/TS 16949
产品情况:(瑞江牌)
搅拌车、罐车、自卸车、低平板半挂车、普通半挂车、低密度粉粒物料运输车等
出口情况:年出口液罐车、粉罐车150辆

★芜湖宝骐汽车制造有限公司
地址:安徽省芜湖市南陵经济开发区洪湖路1号
邮编:241300
电话:0553/2390988
传真:2390810
网址:www.bodge.cn
法定代表人:杨爱喜
质量体系:GJB 9001
产品情况:(帅骐牌、劲骐牌、智骐牌)
插电式新能源城市客车、纯电动城市客车、纯电动厢式运输车、高端商务改装车、各类其他专用改装车等汽车整车产品及新能源动力系统、新能源电池系统等核心汽车零部件

★大创精密装备(安徽)有限公司
地址:安徽省芜湖市南陵县经济开发区丰收大工山路9号
邮编:241300
电话:0553/6819663、4000041609
传真:6819613
网址:www.dcjmzb.com
电子信箱:info@dcjmzb.com
法定代表人:杨志强
产品情况:(英创斐得牌)
散装饲料半挂车、散装饲料车、畜禽运输半挂车、畜禽运输车、散装饲料罐等

★安徽鑫盛汽车制造有限公司
地址:安徽省宣城市广德县经济开发区国华路41号
邮编:242200
电话:0563/6960000、4009927896
传真:6980088
网址:www.xinshengauto.com
法定代表人:徐勤干
单位人数:300
产品情况:(沿锋牌)
纯电动厢式运输车、纯电动冷藏车等

★华菱星马汽车(集团)股份有限公司
地址:安徽省马鞍山市经济技术开发区红旗南路118号
邮编:243061
电话:0555/8323600
传真:8323531
网址:www.camc.cc
电子信箱:hlzq@camc.biz
法定代表人:刘汉如
负责人:郑志强
单位人数:5000
质量体系:ISO/TS 16949
产品情况:(华菱牌、星马牌、华菱星马牌)
拥有年产5万辆中、重型货车和5万台发动机、5万台变速器、15万根车桥的生产能力
出口情况:出口东欧、北非、东南亚、南美洲等60多个国家和地区

★池州市盛大专用车装备制造有限公司
地址:安徽省池州市经济技术开发区流金大道
邮编:247000
电话:0566/5222000、13093698369
传真:5228686
网址:www.ahdtqc.cn
法定代表人:田学东
产品情况:(秋浦牌)
低平板运输车、起重平板运输车

福建省

★福建常春专用车制造有限公司
地址:福州市滨海工业区江田段
邮编:350206
电话:0591/28788888、28707239
传真:28703239
网址:www.fjchangchun.com
电子信箱:fjchangchun@163.com
法定代表人:陈堃
单位人数:300
质量体系:ISO 9001
产品情况:(常春宇创牌)
平板式、厢式、栏板式、仓栅式、侧翻自卸式、罐式半挂车,专用集装箱,混凝土搅拌运输车、车载电源车、部队野练车等特种车辆

★福建蓝海专用汽车制造有限公司
地址:福建省罗源县罗源湾经济开发区
邮编:350600
电话:4008898676、18850775567
网址:www.landhighauto.com
电子信箱:lanhaifangche@163.com
法定代表人:王景盛
质量体系:ISO 9001
产品情况:(恒乐牌)
主要产品有拖挂房车、自行式旅居车、豪华商务车、救护车、校车、交通执法车、警务用车等车型

★福建中兴专用车制造有限公司
地址:福建省莆田市涵江区高新技术工业园区赤港涵新路4388号
邮编:351115
电话:0594/6600168
传真:3555668
网址:www.fjzhongxing.com
电子信箱:info@zxzyc.cn
法定代表人:林海洋
产品情况:(轻旅牌、闽旅牌)
已具备年产2000台铝合金车厢、碳钢车厢;铝合金罐式半挂车、铝合金罐式集装箱、集装箱半挂运输车等产品的生产能力

★福建海山机械股份有限公司
地址:福建省莆田市荔城区荔涵大道海山路666号
邮编:351144
电话:0594/5028999、18659499930
传真:5028131
网址:www.hishan.com.cn
电子信箱:hishan@hishan.com
法定代表人:林爱萍
产品情况:(海山飓风牌)
主要从事特种环保车辆、步履式挖掘机等专用施工装备

★重汽集团福建专用车有限公司
地址:福建省宁德市东侨工业园区(漳湾)
邮编:352106
电话:0593/2315699、2351399
传真:2351533
电子信箱:zqjtfz@sina.com
法定代表人:肖志凯
质量体系:ISO 9001
产品情况:(威泰尔牌)
罐式专用车、半挂式专用车、自卸

车、环卫车
出口情况:出口 20 多个国家和地区

★福建省德峰汽车制造有限公司
地址:福建省建瓯市城东工业园区 5 号
邮编:353100
电话:0599/3854999、3832922
传真:3854222
电子信箱:2213611643@ qq. com
法定代表人:李峰
产品情况:(闽峰牌)
各种半挂车、自卸车

★福建武夷汽车制造有限公司
地址:福建省南平市建阳区塔下工业园区(上陈)
邮编:354200
电话:0599/8059808、5834112
传真:5826608
网址:www. fjsf. com. cn
法定代表人:秦敏
质量体系:ISO/TS 16949、ISO 14001
产品情况:(双富牌)
环卫装备、电源车、随车起重运输车及其他专用车等四大类产品

★ 福建省闽铝轻量化汽车制造有限公司

地址:福建省南平市武夷高新技术园区宏达路 6 号
邮编:354300
电话:0599/5811777、4009181188
传真:8723517
电子信箱:fanyongda@ mlfjnp. com
法定代表人:张东贵
负责人:范永达
单位人数:253
质量体系:ISO 9001、IATF 16949
产品情况:(闽铝轻量化牌)
主要生产钢铝混合运输半挂车、全铝运输半挂车、全铝车厢、新能源城配厢、铝合金公交车骨架、铝合金电池舱等多种铝合金专用车
配套情况:钢铝混合半挂车、全铝运输半挂车、全铝车厢已对中通快递、百世快递及中外运、东方驿站形成完整的产品供应链;铝合金公交车骨架已经与厦门金旅、厦门金龙等集团达成战略合作,同时为全国多地公交公司提供铝合金轻量化公交车体;新能源城配厢已对快运滴形成完整的产品供应链;铝合金电池舱已经与福建巨电新能源公司达成战略合作
☞ 详细情况请参阅彩色宣传版面

★厦门金龙礼宾车有限公司
地址:福建省厦门市集美区航天路 506－510 号
邮编:361023
电话:4006618080
网址:www. kinglongcoach. com
电子信箱:zrr@ kinglongcoach. com
法定代表人:张斌
产品情况:(金礼牌)
豪华多功能房车、商务车、厢式运输车等

★厦门厦工重工有限公司
地址:福建省厦门市集美区铁山路 585 号
邮编:361023
电话:0592/6389368、4008868602
传真:5681818
网址:www. xmxgzg. com
电子信箱:info@ cmxgzg. com
法定代表人:范文明
质量体系:ISO 9001、ISO 14001
产品情况:(厦工牌、宇威牌)
矿用自卸车、环卫设备(压缩式垃圾车、自卸式垃圾车、全液压清扫车、洗扫两用车、吸污车、高压清洗车、自卸式固体物料回收车、垃圾中转站等)、混凝土搅拌站成套设备、半挂车、冷藏车等产品

★福建新华旭专用车制造有限公司
地址:福建省泉州市特种汽车基地 1 号路 2 号
邮编:362000
电话:0595/82005316、22468111
传真:82005319
电子信箱:gx130220@ autoinfo. gov. cn
法定代表人:黄炳福
质量体系:ISO 9001
产品情况:(新华旭牌)
仓栅式运输车、各种半挂车、混凝土搅拌运输车、厢式运输车、自卸车

★福建省劲牛重工发展有限公司
地址:福建省晋江市永和镇邵厝工业区
邮编:362235
电话:0595/88088789、4008233789
传真:88096129
网址:www. jn2188. com
电子信箱:fjjn2188@ 126. com
法定代表人:邵火灶
质量体系:ISO 9001、ISO 14001
产品情况:(福众牌)
车厢可卸式垃圾车、压缩式对接垃圾车等

★漳州科晖专用汽车制造有限公司
地址:福建省漳州市金峰开发区北斗工业园区金乐路 12 号
邮编:363000
电话:0596/2527778
传真:2523698
网址:www. zzkh. com
电子信箱:zzkh2005@ 126. com
法定代表人:许志伟
质量体系:ISO 9001、ISO 14001
产品情况:(科晖牌)
环卫专用车辆、移动应急电源车系列、立体停车设备等

★福建泰华交通设备有限公司
地址:福建省漳州市招商局经济技术开发区招商大道 76 号
邮编:363105
电话:0596/6852726、6851088
传真:6851509
电子信箱:183182610@ qq. com
法定代表人:陈国伟
质量体系:ISO 9001
产品情况:(大力士牌)
各类半挂车、混凝土搅拌车、粉粒物料运输车、化工液体运输车、自卸车、油槽车等系列专用车
出口情况:远销东南亚、非洲、俄罗斯、澳大利亚、法国等 20 多个国家和地区

★福建毅宏专用汽车有限公司
地址:福建省龙海市隆教乡流会村
邮编:363106
电话:0596/6890312、4006123808
电子信箱:jiangqz@ yihonggroup. com
法定代表人:叶萍萍
产品情况:(凯郡牌)
房车

★福建福环专用汽车制造有限公司
地址:福建省平和县迎宾路 369 号
邮编:363700
电话:0596/5263666、5263608
传真:5263900、5263616
电子信箱:gx130228@ autoinfo. gov. cn
法定代表人:陈理木
产品情况:(福环牌)
半挂车、随车起重运输车、厢式运输车、自卸车

★福建省富亚龙挂车制造有限公司
地址:福建省龙岩东宝工业集中区钢构三期 5 号
邮编:364000
电话:0597/3391996、13860225955
传真:3391699
网址:www. fjfylgc. com
法定代表人:刘梅英
产品情况:(双亚龙牌)
低平板运输半挂车系列、厢式运输半挂车系列、集装箱运输半挂车系列、罐式车系列等
出口情况:远销东南亚等地区

★龙岩华洁环卫机械有限公司
地址:福建省龙岩市经济技术开发区
邮编:364000
电话:0597/2535239、2791168
传真:2791566
电子信箱:124457141@ qq. com
法定代表人:赖火秀
质量体系:ISO 14001、ISO 9001
产品情况:(华洁牌)
车厢可卸式垃圾车
出口情况:出口越南等东南亚国家

★福建环海环保装备股份有限公司
地址:福建省龙岩市龙岩高新区南环路 6 号

邮编:364000
电话:0597/2566558、4008088998
传真:2568800
网址:www. fjhhhb. com
电子信箱:sales@ fjhhhb. com
法定代表人:王东海
质量体系:ISO 9000、ISO 14001
产品情况:(福环海牌)
高速公路清扫及保洁、路面养护、市政环卫、扫路机和专项垃圾处理等产品系列

★福建侨龙应急装备有限公司
地址:福建省龙岩市新罗区东城东宝路421号
邮编:364000
电话:0597/2331592
传真:2331560
网址:www. fjqiaolong. com
电子信箱:fjql@ fjqiaolong. com
法定代表人:林志国
单位人数:130
质量体系:ISO 9001
产品情况:龙吸水系列大流量排水抢险车、应急排水车等应急专用车

★龙岩市海德馨汽车有限公司
地址:福建省龙岩市新罗区龙州工业园高新区金龙路6号
邮编:364000
电话:0597/3295602、3295659
传真:3295601
网址:www. rs - helios. com
电子信箱:hdxxzb@ tellhow. com
法定代表人:刘挺
质量体系:ISO 9000
产品情况:(海德馨牌)
应急电源车、电力工程车、通信车

★福建龙马环卫装备股份有限公司
地址:福建省龙岩市经济开发区
邮编:364028
电话:0597/2290612、4008587959
传真:2290612
网址:www. fjlm. com. cn
电子信箱:fjlm@ fjlm. com. cn
法定代表人:张桂丰
质量体系:ISO 9001、ISO 14001
产品情况:(福龙马牌)
道路清扫车、多功能高压清洗车、清洗扫路车、绿化喷洒车、压缩式垃圾车、垃圾中转压缩站、自卸式垃圾车、纯电动密闭式桶装垃圾车、纯电动路面养护车等

★龙岩畅丰专用汽车有限公司
地址:福建省龙岩市高新区莲花大道136号
邮编:364101
电话:0597/3352566、3352522
传真:3352558
网址:www. fjcfzq. com
电子信箱:fjcfzq@ 163. com
法定代表人:魏富元
质量体系:ISO 9001、ISO 14001
产品情况:(畅丰牌)
应急电源车、高空带电作业车、旁路作业车、负荷转移车(移动箱变)、新能源充电车、移动换电车、通信指挥车、大流量排水车、冷藏车等

★福建神鹰汽车有限公司
地址:福建省永安市洛溪大道266号
邮编:366000
电话:0598/3696555、13950909309
电子信箱:936726994@ qq. com
法定代表人:刘志刚
质量体系:GB/T 19001、GB/T 24001
产品情况:(闽鹰牌)
主要产品为工程自卸车和半挂式粉粒物料运输车系列产品,具备双班年产3000辆专用作业车的生产能力

★中科动力(福建)新能源汽车有限公司
地址:福建省永安市洛溪大道299号
邮编:366000
电话:0598/5133888、4008850933
传真:5133555
网址:www. corepower. cn
电子信箱:443627762@ qq. com
法定代表人:陈洵和
产品情况:经济型纯电动城市用车、高速新能源汽车、新能源客车、新能源工程车、新能源旅游观光车等新能源相关产品

★福建省闽兴专用汽车有限公司
地址:福建省长汀县大同镇红星村南环路侧
邮编:366300
电话:0597/6677666、6819858
传真:6819158、6819555
电子信箱:fjmxgs@ 163. com
法定代表人:李国明
单位人数:350
质量体系:ISO/TS 16949
产品情况:(闽兴牌)
自卸车、集装箱运输半挂车、栏板式散装货物运输半挂车、低平板运输半挂车、车辆运输半挂车、罐式车(粉粒物料运输半挂车、混凝土搅拌车)等
出口情况:产品销往美国、非洲、东南亚等国家和地区

江西省

★江西凯马百路佳客车有限公司
地址:南昌市经济开发区玉屏西大街149号
邮编:330013
电话:0791/88678522、83800925
传真:88678511
网址:www. bonluckbus. com
电子信箱:sales@ bonluckbus. com
法定代表人:李维
质量体系:ISO 9001
产品情况:(江西牌)
5.7~27m的新能源、清洁能源、传统动力等各种动力客车,品种包含:高档城市客车、旅游客车、团体客车、长途客车、房车、校车及特种客车
出口情况:出口美国、澳大利亚、欧洲、中东、非洲等国家和地区

★江西江铃汽车集团改装车股份有限公司
地址:南昌市小蓝工业园迎福路2977号
邮编:330052
电话:0791/85985198、4006650666
网址:www. jmcsv. com
电子信箱:caiwu@ jmcsv. com
法定代表人:伍小林
质量体系:ISO 9001
产品情况:(江铃牌、江铃全顺牌、红都牌)
警用装备车、救护车、防弹运钞车、工程抢险车、检测监测车、流动服务宣传车、专业物流配送车、旅居车、纯电动厢式运输车等
出口情况:部分产品远销国外市场

★江西江铃集团特种专用车有限公司
地址:南昌市小蓝经济开发区金沙南大道388号
邮编:330052
电话:0791/85773307、85773813
传真:85791118
网址:www. jmtsv. com
电子信箱:1228814437@ qq. com
法定代表人:缪勇
产品情况:(江铃江特牌)
冷藏车、保温车、自卸车、电源车、防爆车等特种专用车

★江西江铃专用车辆厂有限公司
地址:南昌市迎宾中大道658号
邮编:330052
电话:0791/85273733、85278332
电子信箱:410054117@ qq. com
法定代表人:周亚倬
质量体系:ISO/TS 16949、ISO 14001
产品情况:(江铃牌、江铃全顺牌)
各型普通厢式货车、易燃气体厢式运输车、液压尾板(门)厢式运输车、仓栅车以及运马车、矿井通勤车、矿井指挥车、警用装备器材运输车、翼展车、移动餐车、软篷侧帘门车等厢式变形车

★江西制氧机有限公司
地址:江西省九江市城西港区石牛路27号
邮编:332103
电话:0792/8903190、8902555
传真:8903191
网址:www. jopm. cn
电子信箱:878356545@ qq. com
法定代表人:黄申俊
单位人数:500

质量体系:ISO 9001、ISO 14001
产品情况:(五峰牌)
液氧、液氮、液氩、液态二氧化碳、液态乙烯及液化天然气(LNG)等低温储罐、槽车,大型常压低温储罐,天然气加气站等

★江西博能上饶客车有限公司
地址:江西省上饶经济开发区凤凰西大道18号
邮编:334100
电话:4001666169
传真:0793/8469559、8469616
网址:www.srkc.com.cn
法定代表人:温显来
质量体系:ISO 9001
产品情况:(上饶牌)
5～12m普、中、高档次的校车,团体旅游,公交,客运,新能源和特种车6大系列50多个品种

★江西宜春客车厂有限公司
地址:江西省宜春经济技术开发区春潮路12号
邮编:336000
电话:0795/3666081
法定代表人:邹克琼
产品情况:(中宜牌)
客车、纯电动客车、纯电动厢式运输车等

★安源客车制造有限公司
地址:江西省萍乡市经济技术开发区郑和路8号
邮编:337000
电话:0799/6665008
传真:6331466
电子信箱:sales@ayvip.com
法定代表人:何林松
质量体系:ISO 9001
产品情况:(安源牌)
大、中型客车、纯电动城市客车、混合动力城市客车、旅游客车、幼儿及小学生专用校车、半挂车、保温车、旅居车等
出口情况:出口美国、澳大利亚、爱尔兰、欧洲、中东等国家和地区

★江西紫金江发汽车有限公司
地址:江西省萍乡市芦溪县工业园紫金路1号
邮编:337200
电话:0799/7615999、7672668
传真:7672668
网址:www.wgqcvip.cn
电子信箱:wgqcvip@163.com
法定代表人:郑立三
产品情况:(武功牌)
6～13m油/气双燃料动力客车、新能源电动公交客运车和学生校车、江发牌油气双燃料发动机、青山牌新能源磷酸铁铝电池、新能源汽车控制器等5大系列40余种产品

★赣州江钨汽车改装有限公司
地址:江西省赣州经济技术开发区迎宾大道南侧
邮编:341000
电话:0797/8380722、8380709
传真:8380705
电子信箱:lius1031@126.com
法定代表人:李恃农
产品情况:(环球牌)
摆臂式垃圾车、仓栅式半挂车、车厢可卸式垃圾车、对接式垃圾车、集装箱半挂车、洒水车、洗扫车、压缩对接垃圾车等

★泰和县鹏翔挂车制造有限公司
地址:江西省吉安市泰和县文田工业园区
邮编:343700
电话:0796/5297888、13970658999
网址:www.jxpxgc.com
电子信箱:165443636@qq.com
法定代表人:叶申
单位人数:180
产品情况:(鹏合牌)
主要产品有半挂车、仓栅式半挂车、厢式半挂车、自卸车半挂车、集装箱运输半挂车、粉粒物料运输半挂车及其他特种半挂车

★江西钧天机械有限公司
地址:江西省抚州市金巢经济开发区工业园区
邮编:344000
电话:0794/7078862、7078863
传真:7078867
网址:www.jt-auto.net
电子信箱:juntian268@163.com
法定代表人:陈玉琴
单位人数:120
质量体系:ISO 9001
产品情况:(钧天牌)
商务车、护栏抢修车、指挥车
出口情况:远销欧洲、美洲、东南亚等20多个国家和地区

★江西省金驰专用汽车有限公司
地址:江西省抚州市高新技术产业园纬六路
邮编:344131
电话:0794/8257977、8260009
网址:www.jxjcqc.com
电子信箱:673423910@qq.com
法定代表人:韩梅娇
产品情况:(瀚驰龙牌)
自卸车、半挂车、仓栅车、厢式车、洒水车、集装箱运输车、油罐车等

山东省

★济南红旗凯沃特汽车制造有限公司
地址:济南市经十西路366号
邮编:250017
电话:0531/87507765、55585518
传真:87221723
网址:www.zgchq.com
电子信箱:zgc7765@sohu.com
法定代表人:贾庭山
负责人:张桂昌
单位人数:680
质量体系:ISO 9001
产品情况:(红旗牌)
液罐车、挂车、厢式车、冷藏保温车、自卸车、可交换车身运输系统和其他特种车辆
出口情况:出口赞比亚、埃塞俄比亚、坦桑尼亚、苏丹、俄罗斯、哈萨克斯坦、吉尔吉斯斯坦、蒙古等国家

★山推建友机械股份有限公司
地址:济南市市中区段店南路268号
邮编:250022
电话:0531/89815377、4006188199
网址:www.janeoo.com
电子信箱:janeoo_yxb@shantui.com
法定代表人:孙甲利
质量体系:ISO 9001
产品情况:(建友牌)
混凝土搅拌运输车、混凝土泵车、干混砂浆背罐车、干混砂浆运输车等
出口情况:出口55个国家和地区

★济南中鲁特种汽车有限公司
地址:济南市历城区董家镇五里堂工业园
邮编:250032
电话:0531/83682355、4006569166
传真:83687738、83682359
网址:www.zltruck.com
电子信箱:jnzlqc@126.com
法定代表人:石建良
质量体系:ISO 9001
产品情况:(双达牌)
主要生产军用特种车、危险化学品运输车、环卫车、行政执法车等专用汽车

★济南豪瑞通专用汽车有限公司
地址:济南市天桥区药山工业园蓝翔路17号
邮编:250032
电话:0531/85765577、68820728
传真:85765577
电子信箱:497588048@qq.com
法定代表人:胡宝明
产品情况:(圆易牌)
自卸汽车、混凝土搅拌车、压缩式垃圾车、吸污车、洒水车、随车起重运输车、粉粒物料车等系列产品
出口情况:远销俄罗斯、哈萨克斯坦等国家

★山东聚鑫专用汽车有限公司
地址:济南市章丘区城东工业园聚鑫大道1号

邮编:250200
电话:0531/83328766、18668908109
传真:83318971
网址:www.jxzyqc.com
电子信箱:sdjxgjg@163.com
法定代表人:高学书
质量体系:ISO 9001
产品情况:(鲁专聚鑫牌)
冷藏车、洒水车、混凝土搅拌车、自卸车、半挂车、新能源车等

★济南萨博特种汽车有限公司
地址:济南市章丘区明水经济开发区工业四路1819号
邮编:250200
电话:0531/83726578、83726579
传真:83726580
网址:www.jnsabo.com
电子信箱:lakbwc@163.com
法定代表人:赵传飞
单位人数:360
质量体系:ISO 9001、GJB 9001B
产品情况:(飓风牌)
排水车、电源车、高等级路面养护车、沥青洒布车、机场除胶车、燃气管道抢险车、应急移动通信车、红钢坯热送车、各行业工程抢险车辆及装备抢修车辆、半挂车和各吨位铁水运输车及铁水罐、洒水车、垃圾车、大吨位加油车、应急移动通信基站、混凝土搅拌站等
出口情况:远销欧洲、南亚、东南亚等地区

★中集车辆(山东)有限公司
地址:济南市章丘区明水经济开发区金石东路8001号
邮编:250200
电话:0531/85833000、4006172737
传真:85833299
网址:www.cimc-sd.com
电子信箱:qiang.chengsd@cimc.com
法定代表人:毛弋
质量体系:ISO 9001、ISO 14001
产品情况:(国道牌)
厢式系列(冷藏保温车、厢式运输车、快换集装箱及各种方舱等)、特种专用车系列(应急移动通信车、消防车等)、军品系列等适用载重吨位0.5~40t的各类型专用车产品
出口情况:出口俄罗斯、苏丹、越南、阿尔及利亚、哈萨克斯坦、新加坡等国家和地区

★普天新能源汽车(山东)有限公司
地址:济南市章丘区双山街道办事处福康路665号
邮编:250200
电话:0531/83256024、13705416317
网址:www.jnputian.com
电子信箱:jnptsc@163.com
法定代表人:韩吉伟
单位人数:800
质量体系:ISO/TS 16949
产品情况:(鸿雁牌)
邮政车、电信用车、电力工程车、电视转播车、微波通信车、应急电源车、应急通信车、后栏板起重运输车、厢式运输车、防弹运钞车、救护车、军用/警用车、翼开启厢式车等;铝合金油箱、油箱支架、发动机支架等汽车配件产品

★中国重汽集团济南专用车有限公司
地址:济南市章丘区枣园街道潘王路17668号(世纪大道以北)
邮编:250220
电话:0531/58064292、58064298
传真:58064296
网址:www.lvyes.cn
法定代表人:陈彦博
单位人数:600
质量体系:ISO 9001
产品情况:(绿叶牌)
绿化喷洒车、洒水车、加(运)油车、化工液体运输车、车厢可卸式压缩垃圾车、吸污车、吸粪车、高压清洗车、混凝土搅拌运输车、粉粒物料运输车、自卸车、厢式车、半挂车、净水车、洒水车、吸粪车等
出口情况:出口俄罗斯、蒙古、中东、东南亚、南美洲、非洲等国家和地区

★济南鲁联集团专用汽车有限公司
地址:济南市长清区经十西路11889号
邮编:250306
电话:0531/87206083、87206085
传真:87206089、87206083
电子信箱:lljt998@163.com
法定代表人:刘勇
质量体系:ISO 9001
产品情况:(鲁泉牌)
改装车、自卸车、半挂车、罐式车等,年产1200台
出口情况:年出口专用车、特种车等600台

★山东巨威汽车制造有限公司
地址:山东省德州市齐河经济开发区名嘉中路2号
邮编:251100
电话:4001654789
网址:www.juweiqiche.com
电子信箱:juweiqiche999@163.com
法定代表人:滕涛
产品情况:(巨威牌)
旅居车

★山东省惠民县佳通机械制造有限公司
地址:山东省滨州市惠民县皂户李镇
邮编:251717
电话:0543/5250066、15966381300
电子信箱:sdhmjiatong@163.com
法定代表人:田吉彬
质量体系:GB/T 19001
产品情况:(欣意通牌)
仓栅式半挂车、厢式车、罐车、清障车等

★聊城中通新能源汽车装备有限公司
地址:山东省聊城市经济开发区中华北路9号
邮编:252000
电话:0635/8516099、4006588080
网址:www.zhongtongauto.com
法定代表人:王书太
质量体系:ISO 9001
产品情况:(中通牌、东岳牌)
客车、新能源客车、校车,地下管网疏通车、多功能洗扫车、医用车、指挥车、公检法用车、邮政车、物流用车、旅居车、混凝土搅拌运输车等专用车;具备年产客车20000辆、专用车10000辆、汽车底盘10000辆的能力
出口情况:客车、专用车产品畅销60多个国家和地区

★鲁西新能源装备集团有限公司
地址:山东省聊城市经济开发区辽河路28号
邮编:252042
电话:0635/8518936、8515586
传真:8518936
网址:www.luxixny.com
电子信箱:luxixnyzbjt@126.com
法定代表人:刘凯
单位人数:11000
质量体系:GB/T 19001、GB/T 24001
产品情况:(鲁西牌)
压缩气体装备系列:长管拖车、车用压缩天然气气瓶等;加气(液)站;专用车系列:各类承压罐车、液体、固体罐式运输车(含危化品)、骨架车、各规格行走机构等
出口情况:远销东南亚、西亚、北欧、西欧、美洲、非洲、中东等国家和地区

★东阿县中亚专用汽车有限公司
地址:山东省聊城市东阿县姜楼镇北500米路西
邮编:252212
电话:0635/3546188、3544777
传真:3544777
电子信箱:13563009998@163.com
法定代表人:佟杰
产品情况:(齐鲁中亚牌)
半挂车、多功能抑尘车

★山东阳谷飞轮挂车制造有限公司
地址:山东省阳谷县城南五公里费楼工业园
邮编:252300
电话:0635/6334888
传真:6334129
网址:www.ygflzq.com
电子信箱:ygflzq@163.com
法定代表人:费振达
单位人数:600

质量体系：ISO 9001
产品情况：（景阳岗牌）
普通半挂车、厢式车、集装箱运输半挂车、仓栅式运输车、自卸车、罐式车、混凝土搅拌运输车、粉粒物料运输车等

★山东宏冠车辆有限公司
地址：山东省冠县北环路东首
邮编：252500
电话：0635/5451006、13336255799
传真：5452696
网址：www.sdhgcl.com
电子信箱：shandonghongguan@163.com
法定代表人：谢云杰
单位人数：80
质量体系：ISO 9001
产品情况：（齐鲁宏冠牌）
半挂车、粉粒物料运输半挂车、鲜活农产品运输半挂车、厢式运输半挂车、仓栅式运输半挂车、集装箱运输半挂车、旅居车等

★冠县益通车辆有限公司
地址：山东省冠县贾镇高庄铺村
邮编：252513
电话：0635/5810222、13963595688
网址：www.yitongcheliang.cn
电子信箱：13963595688@163.com
法定代表人：丁立宪
质量体系：ISO 9001
产品情况：（申宝牌）
半挂车、仓栅车、自卸车、罐式车、集装箱、轻型特种半挂车等20余种产品

★山东冠通车辆有限公司
地址：山东省聊城市冠县店子镇工业园
邮编：252522
电话：0635/5810777、13806355239
传真：5239888
电子信箱：guantong_2004@126.com
法定代表人：王占武
质量体系：ISO 9001
产品情况：（山通牌）
半挂车、自卸汽车、纯电动仓栅式运输车等

★山东高唐万和汽车改装研发有限公司
地址：山东省聊城市高唐县经济开发区超越路中段
邮编：252800
电话：0635/3997777、3997778
电子信箱：15315788899@189.cn
法定代表人：李铁军
质量体系：ISO/TS 16949
产品情况：（万和德通牌）
栏板式运输半挂车、自卸式半挂车、仓栅式运输半挂车、集装箱运输半挂车、低平板运输半挂车、厢式运输半挂车

★山东凯旺新能源汽车科技有限公司
地址：山东省德州市经济技术开发区崇德十大道88号
邮编：253000
电话：4008513866
传真：0534/8315116
网址：www.sdkaiwang.com
电子信箱：sdkaiwang@163.com
法定代表人：王连福
质量体系：ISO 9001、ISO 14001
产品情况：高效电驱动动力产品、仓栅式纯电专用车、厢式纯电动专用车、市政专用纯电动运输车等新能源专用车产品，仓栅系列挂车、箱式系列挂车、集装箱系列半挂车等产品

★山东齐鲁汽车制造有限公司
地址：山东省武城县运河经济开发区
邮编：253300
电话：0534/5073301、15315873111
传真：5073308
网址：www.qilubus.com
电子信箱：qiluxinnengyuan@163.com
法定代表人：李杜芹
质量体系：ISO 9001
产品情况：（齐鲁牌）
6～13.7m的高、中、普级20多种客车及天然气客车、厢式货车、纯电动城市客车、纯电动厢货物流车

★山东丽驰新能源汽车有限公司
地址：山东省德州市陵城区经济开发区迎宾街66号
邮编：253500
电话：0534/8820076
网址：www.lichi-cn.com
法定代表人：张华军
产品情况：（丽驰牌）
具备了年产30万辆纯电动汽车的生产能力

★山东三星机械制造有限公司
地址：山东省滨州市邹平县韩店镇工业园
邮编：256209
电话：0543/4663661、4006236088
传真：4866760
网址：www.sxjixie.com
电子信箱：zhangq7310@163.com
法定代表人：韩文来
单位人数：600
质量体系：ISO 9001、ISO 18000
产品情况：（明航牌）
铝合金罐式半挂车、仓栅式半挂车、厢式运输半挂车、液体运输专用车等

★沾化瑞通专用汽车制造有限公司
地址：山东省滨州市开发区大高航空产业园
邮编：256802
电话：0543/7530888、7530666
传真：7530999
电子信箱：867665808@qq.com
法定代表人：毕新强
质量体系：ISO 9001
产品情况：（弘瑞通牌）
从事改装、油罐车、粉粒物料运输车、半挂车、特种车的生产、零部件制造

★胜利油田胜利动力机械集团有限公司
地址：山东省东营市东营区北一路1060号
邮编：257000
电话：0546/8780114、4001171190
传真：8224872
网址：www.slpmg.com
法定代表人：王志春
单位人数：2800
质量体系：ISO 9001、ISO 14001
产品情况：（胜动牌）
修井机等

★胜利油田孚瑞特石油装备有限责任公司
地址：山东省东营市南一路203号
邮编：257082
电话：0546/8612581、8611983
传真：8612581、8611950
电子信箱：g-freet.slyt@sinopec.com
法定代表人：马厚全
质量体系：ISO 9001
产品情况：（胜工牌）
石油专用管加工、石油装备制造、特种车辆改装和石油工程技术服务

★胜利油田高原石油装备有限责任公司
地址：山东省东营市东城府前街82号
邮编：257091
电话：0546/6385862、6383679
传真：6385862
网址：www.chinahighland.com
电子信箱：salescn@chinahighland.com
法定代表人：杨献平
质量体系：ISO 9001、ISO 14001
产品情况：（胜利高原牌）
石油钻井机械、试压车、防砂泵车、修井机

★山东明珠专用汽车制造有限公司
地址：山东省东营市垦利县经济开发区宝丰路以西
邮编：257599
电话：0546/6380777、13181861999
传真：6380777
网址：www.sdmzzq.com
电子信箱：sdmzzq@163.com
法定代表人：许林民
产品情况：（河海明珠牌）
冷藏车、市政车、液体运输车、半挂车、智能渣土自卸车等

★潍坊宝利专用车有限公司
地址：山东省潍坊市潍城经济开发区北宫西街（西外环西）7号
邮编：261057
电话：0536/8161996、13863631711
传真：8167833
电子信箱：lt_zhuanyong@163.com
法定代表人：王玉成

质量体系:ISO 9001
产品情况:(驼山牌)
半挂车、厢式车、进口、国产、重型、轻型货车、客车和各类轿车

★山东荣昊专用汽车有限公司
地址:山东省高密市平日路与济青高速路交叉处鹏程工业园
邮编:261505
电话:0536/2869882、2502222
传真:2502666
网址:www. rohauto. net
电子信箱:rhwgw@ 163. com
法定代表人:王光文
质量体系:ISO 9001
产品情况:(荣昊牌)
化工液体运输半挂车、粉粒物料运输车、运油半挂车、冷藏车、自卸车、集装箱半挂车、轿车运输车、可移动式垃圾车、真空抽吸排污车、水泥搅拌罐车、洒水车等 28 个系列 100 多个品种

★山东奥扬新能源科技股份有限公司
地址:山东省诸城市北外环路西首
邮编:262200
电话:0536/6073206、4000536266
网址:www. auyan. cn
电子信箱:qihaifeng@ auyan. cn
法定代表人(负责人):苏伟
质量体系:ISO/TS 16949
产品情况:(奥扬牌)
平板运输车、车用 LNG 智能供气系统系列产品、LNG 加气站等深冷装备

★雷沃重工股份有限公司
地址:山东省诸城市经济开发区横一路以南纵二路中段东侧
邮编:262200
电话:0536/6175578、4008293888
传真:2288631
网址:www. fotonlovol. com
电子信箱:slsck@ lovol. com. cn
法定代表人:王桂民
质量体系:ISO 9001
产品情况:[雷沃(LOVOL)牌、福田五星(FT)牌]
装载机、液压挖掘机、挖掘装载机、压路机、旋挖钻机等工程机械,三轮汽车、三轮摩托车、电动车、农业装备
出口情况:出口 120 个国家和地区

★山东正泰希尔专用汽车有限公司
地址:山东省诸城市密州东路 98 号
邮编:262200
电话:0536/6055266、6055056
传真:6055288
网址:www. xierqiche. com
电子信箱:xiertruck@ aliyun. com
法定代表人:李希春
质量体系:ISO 9001
产品情况:(春田牌、希尔牌)
冷藏车、爆破器材运输车、房车、餐饮车、旅居车、军警用车、检修检测车、勘察指挥车、全自动拉伸膜包装机、文化广告宣传车、电源工程车、军用方仓、厢式车和随车起重运输车等

★山东巨环专用汽车有限公司
地址:山东省诸城市密州街道北石桥 666 号
邮编:262200
电话:0536/6172299、6071889
传真:6046807
电子信箱:zhushikan163@ 163. com
法定代表人:王勇
质量体系:ISO/TS 16949
产品情况:(吉祥牌、洁瑞牌、天力牌)
各种型号的垃圾车、洒水车、自卸车、半挂车、罐式车、厢式车、冷藏车、集装箱运输车、加(运)油车等

★山东乾龙专用汽车有限公司
地址:山东省诸城市密州街道工业大道南路一号
邮编:262200
电话:0536/6051138、15053688319
传真:6051138
网址:www. sdqianlong. cn
电子信箱:wqyqianlong@ 163. com
法定代表人:张秀英
质量体系:ISO 9001
产品情况:(荣沃牌、龙锐牌)
洒水车、吸污车、垃圾车、载货汽车、仓栅式车、厢式车、固井水泥车、自卸车、半挂车、混凝土搅拌车、油罐车、餐厨垃圾车等特种车

★卡特彼勒(青州)有限公司
地址:山东省青州市南环路 12999 号
邮编:262500
电话:0536/6138511、13792675279
传真:6138512
网址:www. caterpillar. com
电子信箱:wang_yanshi@ cat. com
法定代表人:陈其华
质量体系:ISO 9001
产品情况:(CAT950GC 牌、山工机械牌)
装载机、推土机、压路机、平地机、垃圾压实机等整机及路面机械结构件、工作机具等零部件

★山东汇宇重工有限公司
地址:山东省寿光市东环路 3369 号
邮编:262700
电话:0536/5671519、5673063
传真:5671519
电子信箱:sdhyzg@ 163. com
法定代表人:韩来明
产品情况:(恒同牌)
汽车改装、挖掘机、清扫机等

★山东华岳重工有限公司
地址:山东省寿光市西环路 2201 号
邮编:262702
电话:0536/5506020、4001660309
传真:5506015
网址:www. huayuezhonggong. com
法定代表人:李强
单位人数:480
质量体系:ISO 9001
产品情况:(树山牌)
具备年产环卫车 7000 辆、半挂改装车 4000 辆的生产能力

★烟台海德专用汽车有限公司
地址:山东省烟台市牟平区三山大街 529 号
邮编:264100
电话:0535/4212008
传真:4212572
网址:www. hdclean. com
电子信箱:cleanauto@ 163. com
法定代表人:宋宪礼
单位人数:1000
质量体系:ISO 9001、ISO 14001
产品情况:(海德牌)
扫路车、纯电动扫路机、扫路车、多功能高压清洗车、洗扫车机、护栏清洗车、车厢可卸式垃圾车、餐厨垃圾车、新能源环卫车、除雪设备等
出口情况:出口美国、澳大利亚、埃及、泰国、越南、韩国、俄罗斯、乌克兰、摩洛哥、巴西等 20 多个国家和地区

★威海广泰空港设备股份有限公司
地址:山东省威海市环翠区黄河街 16 号
邮编:264200
电话:0631/3953100
网址:www. guangtai. com. cn
电子信箱:guangtai@ guangtai. com. cn
法定代表人:李光太
单位人数:2100
质量体系:ISO 9001、GJB 9001
产品情况:(广泰牌)
移动医疗车系列、旅居车系列和警用车系列等特种车辆
出口情况:出口亚洲、非洲、欧洲、大洋洲的 30 多个国家和地区

★威海怡和专用车有限公司
地址:山东省威海市草庙子工业新区开元西路 2 号
邮编:264203
电话:0631/5780307、5581505
传真:5581507
网址:www. yiheauto. com
电子信箱:sales@ yihe - cn. cn
法定代表人:孙传永
单位人数:130
质量体系:ISO 14001、GJB 9001A
产品情况:(前兴牌)
主导产品包括清障车、应急通信车、环卫专用车辆、油田专用车辆、医疗车、高空作业平台等 8 大系列 50 多个品种

★荣成康派斯新能源车辆股份有限公司
地址:山东省荣成市兴隆路187号
邮编:264300
电话:0631/7690071、7580099
传真:7575000
网址:www.compaksrv.com
电子信箱:614511181@qq.com
法定代表人:王位元
单位人数:450
产品情况:(康派斯房牌)
自驾式房车、拖挂式房车、房车专用汽车配件、专用车改装等

★威海顺丰专用车制造股份有限公司
地址:山东省威海市文登经济开发区大连路9号
邮编:264400
电话:0631/8083666、8667688
网址:www.whsfqc.com
电子信箱:sf.6666@163.com
法定代表人:李军
质量体系:ISO 9001
产品情况:(路路通牌)
半挂车等

★北汽黑豹(威海)汽车有限公司
地址:山东省威海市文登经济开发区珠海东路35号
邮编:264400
电话:0631/8082136、8787799
网址:www.heibao.com
电子信箱:dahbfgb@163.com
法定代表人:付素联
产品情况:北汽轻型货车、黑豹微型载货汽车、工程自卸车、厢式运输车等系列产品

★山东文登黑豹汽车有限公司
地址:山东省威海市文登区经济开发区珠海东路35号
邮编:264400
电话:0631/8082136、8082138
电子信箱:sbq168@126.com
法定代表人:荣浩
质量体系:ISO 9001
产品情况:(黑豹牌)
微型载货汽车、工程自卸车、厢式运输车等;年产能力10万辆
出口情况:出口埃及、秘鲁、巴基斯坦、阿根廷、巴拉圭、委内瑞拉等10多个国家

★烟台杰瑞石油装备技术有限公司
地址:山东省烟台市莱山区杰瑞路27号
邮编:264680
电话:0535/6766386、4008162161
网址:www.jereh.com
电子信箱:jrsales@jereh.com
法定代表人:王春燕
产品情况:(杰瑞牌)
产品系列包括钻修井成套设备、固井成套装备、压裂成套装备、连续油管成套装备、氮气发生及泵送设备、高压流体产品等100余种
出口情况:出口南美洲、俄罗斯、澳大利亚、非洲等国家和地区

★方圆集团有限公司
地址:山东省海阳市方圆工业园
邮编:265100
电话:0535/3221111
传真:3221660
网址:www.china-fangyuan.com
电子信箱:master@china-fangyuan.com
法定代表人:高秀
产品情况:(FYG牌)
JZC、JS系列混凝土搅拌机、PLD系列混凝土配料机、HBT系列混凝土泵、HZS系列混凝土搅拌站、TC系列塔式起重机、SC系列施工升降机、WBZ系列稳定土拌和站、JZL系列电动履带桩机、FY系列混凝土搅拌输送车等
出口情况:远销100多个国家和地区

★山东鸿达建工集团有限公司
地址:山东省莱阳市龙门东路26号
邮编:265200
电话:0535/7287521、7287608
传真:7287521
网址:www.sdhd.com.cn
电子信箱:web@sdhd.com.cn
法定代表人:于函令
质量体系:ISO 9001
产品情况:(铁力士牌)
混凝土搅拌站、混凝土臂架泵车、混凝土输送泵、车载式混凝土泵、混凝土搅拌输送车、沥青混合搅拌设备、液压旋挖钻机、切削钻机、冲击钻机、小型挖掘机、塔式起重机、施工升降机等13大系列150多个品种
出口情况:出口亚洲、欧洲、非洲、北美洲的50多个国家和地区

★烟台舒驰客车有限责任公司
地址:山东省莱阳市龙门西路259号
邮编:265200
电话:0535/7458007、7586807
传真:7586817
网址:www.bestbus.cn
电子信箱:shuchi88@163.cn
法定代表人:于忠国
质量体系:ISO 9001
产品情况:(舒驰牌)
大、中、轻型,高、中、普档公路客车、旅游客车、城市客车、校车、纯电动客车,涵盖6~13.7m的各型燃油、燃气客车和纯电动客车产品
出口情况:远销俄罗斯、阿尔及利亚、新西兰、秘鲁、哥伦比亚、赞比亚、新加坡、伊朗、泰国等20多个国家和地区,并销往中国台湾地区

★蓬莱市兴华汽车改装有限公司
地址:山东省蓬莱市经济开发区蓬寨路1号
邮编:265600
电话:0535/5648899、5622669
传真:5643999、5648808
电子信箱:xh2452@163.cn
法定代表人:吕顺兴
质量体系:ISO 9001
产品情况:(兴华牌)
半挂车和自卸车

★山东蓬翔汽车有限公司
地址:山东省蓬莱市南环路5号
邮编:265607
电话:0535/5642374、4001590600
传真:5646034
网址:www.sdpxqc.com
电子信箱:bgs@sdpxqc.com
法定代表人:刘晓东
质量体系:ISO/TS 16949、ISO 9001
产品情况:(蓬翔牌)
专用车、中重型货车桥、液压件和货车车架,具备了年产2万辆专用车、20万根驱动桥、5万根转向桥、5万套悬架、2万套液压系统和3万套货车车架的综合生产能力
出口情况:出口南亚、中东、中美洲等地区

★山东吉鲁汽车改装有限公司
地址:山东省蓬莱市大辛店镇高速收费口北600米路西
邮编:265612
电话:0535/3352881、4000139566
网址:www.bgzxche.net
电子信箱:ceo@bgzxche.net
法定代表人:王昌铖
产品情况:(吉鲁恒驰牌)
半挂车等
出口情况:远销蒙古、阿联酋、尼日利亚等多个国家

★山东丛林福禄好富汽车有限公司
地址:山东省龙口市丛林工业区北二路
邮编:265705
电话:0535/8567976、8561243
传真:8567976
网址:www.clfh.com.cn
电子信箱:yingye@clfh.com.cn
法定代表人:王惠勇
质量体系:ISO 9000
产品情况:(丛林牌)
铝合金厢式挂车、冷藏保温车、集装箱式挂车、翼展车等轻量化高端商用车等

★青岛科尼乐集团有限公司
地址:山东省青岛市城阳区玉皇岭工业园
邮编:266107
电话:0532/87876387
传真:89651313
网址:www.conelejt.com
法定代表人:林礼津

单位人数:1200
产品情况:(科尼乐牌)
混凝土泵、混凝土泵车、混凝土布料机、混凝土输送泵、混凝土臂架泵、混凝土车载泵、混凝土搅拌拖泵等
出口情况:远销俄罗斯、哈萨克斯坦、巴基斯坦、伊朗、蒙古、菲律宾、新加坡、马来西亚、越南、印度尼西亚、澳大利亚、罗马尼亚、亚美尼亚、埃及、尼日尔、刚果等国家

★ 青特集团有限公司

地址:山东省青岛市城阳区正阳东路777号
邮编:266106
电话:0532/87810000
传真:87810000
网址:www. qingtegroup. com
电子信箱:qingtegroup@ qingtegroup. com
法定代表人:纪爱师
负责人:纪建奕
单位人数:3800
质量体系:ISO/TS 16949
产品情况:(青特牌)
具有年产特种汽车1万辆,各种轻、中、重型货车及大型客车系列车桥45万套、支撑桥10万支、铸件6万t的能力
出口情况:远销亚洲、美洲、欧洲、非洲的多个国家和地区
☞ 详细情况请参阅彩色宣传版面

★青岛中汽特种汽车有限公司

地址:山东省青岛市城阳区正阳路777号
邮编:266109
电话:0532/87967555、87869236
电子信箱:qt - cw@ 126. com
法定代表人:纪爱师
质量体系:ISO 9001
产品情况:(青特牌)
自卸车、半挂车、大吨位载货汽车、高空作业车、工程系列用车、城市环卫用车、军用及特种作业车、市政作业车、施工工程车、机场专用车、油田专用车等
出口情况:远销欧洲、美洲、东南亚、非洲、中亚等几十个国家和地区

★中车四方车辆有限公司

地址:山东省青岛市城阳区宏平路9号
邮编:266111
电话:0532/87808596、68017212
传真:68017212
网址:www. crrcgc. cc
电子信箱:gsb@ crrcsfc. cc
法定代表人:赵家舵
质量体系:ISO 9001、GB/T 24001
产品情况:(昂泰牌)
公路铁路两用车等产品

★青岛海誉车辆机械有限公司

地址:山东省青岛汽车产业新城烟青一级路159公里处
邮编:266200
电话:0532/85597888、18561837888
电子信箱:qdhaiyuqiche@ 163. com
法定代表人:刘克河
产品情况:(海誉牌)
新能源电动汽车、半挂车、自卸车、扫路车、垃圾处理车等

★青岛海隆机械集团有限公司

地址:山东省即墨市城北四路199号
邮编:266221
电话:0532/87502031、87501506
传真:87502031
电子信箱:hlzhb2013@ 163. com
法定代表人:黄建勇
质量体系:ISO/TS 16949
产品情况:(海隆吉特牌)
主要生产经营汽车模具、检具、夹具、汽车零部件、汽车冲压件、整车驾驶室和货车货厢以及专用改装车
配套及出口情况:为一汽解放汽车、一汽解放青岛汽车、上汽通用东岳汽车、东风汽车、北京汽车、北京奔驰汽车等厂家生产配套;出口美国、印度、非洲等国家和地区

★青岛九瑞汽车有限公司

地址:山东省胶州市大沽河工业园
邮编:266300
电话:15898860000
网址:www. jory. cn
电子信箱:jory@ vip. 163. com
法定代表人:范之兵
质量体系:ISO 9001
产品情况:(金马牌、康福佳牌)
工程抢险救援系列、公安警务系列、医疗救护车系列、通信指挥车系列、产品展示及路演车系列等

★青岛中集特种冷藏设备有限公司

地址:山东省胶州市国家经济技术开发区湘江路68号
邮编:266300
电话:0532/86687000、86687191
网址:www. cimc. com
电子信箱:jiangbo_qcrc@ cimc. com
法定代表人:樊平燕
质量体系:ISO 9001
产品情况:(中集牌)
标准冷藏箱及各类特种冷藏箱(多式联运箱、近海冷箱、深冷箱、交换车体箱、仓储冷箱、军用冷箱、侧开门冷箱、挂肉冷箱等)

★青岛中能通用机械有限公司

地址:山东省青岛市黄岛区胶州湾西路377号
邮编:266400
电话:0532/89058121、89058131
传真:89058112
网址:www. sinogasgeneral. com
电子信箱:qdzyty@ 126. com
法定代表人:包海荣
产品情况:(中油通用牌)
高压容器、长管拖车、汽车罐车、CNG/LNG 加气站设备

★青岛中集环境保护设备有限公司

地址:山东省青岛经济技术开发区淮河东路2号
邮编:266500
电话:0532/55571718、55571778
传真:55571785、55571660
网址:www. qdcimctrailer. com
电子信箱:yong. chen_qdhb@ cimc. com
法定代表人:李志敏
质量体系:ISO/TS 16949、ISO 14001
产品情况:(中集牌)
环境保护车辆(以城市垃圾收集/转运、道路清洗/保养类产品为主)及环境保护设备、机器以及相关零部件
出口情况:出口中东、东南亚、北美洲、日本

★青岛中集专用车有限公司

地址:山东省青岛市经济技术开发区淮河东路2号
邮编:266500
电话:0532/55571718、55571778
传真:55571785、55571660
网址:www. qdcimctrailer. com
电子信箱:huiling. yan_qdsv@ cimc. com
法定代表人:蒋启文
质量体系:ISO/TS 16949
产品情况:(中集牌)
各类港口物流车、厢式车、半挂自卸、工程类低平板、轿运车等专用车辆及各种类特种方舱,拥有年生产各类专用汽车8000辆的生产能力
出口情况:集装箱运输半挂车、厢式运煤车、平板车等出口800台

★青岛中集集装箱制造有限公司

地址:山东省青岛市经济技术开发区黄河东路1号
邮编:266500
电话:0532/86935968、86935960
传真:86859288
电子信箱:xuesong. li_qdcm@ cimc. com
法定代表人:刘少波
产品情况:(中集牌)
集装箱等

★青岛东风汽车改装有限公司

地址:山东省平度市经济开发区青啤大道20号
邮编:266700
电话:0532/83307106、83307108
传真:83307117、83307108
电子信箱:liushuqin1560@ 163. com
法定代表人:于忠章
质量体系:ISO 9001
产品情况:(天翔牌)

半挂车、厢式车、仓栅式半挂车、加油车、低平板挂车、集装箱半挂车、水泥罐车、油罐车、全挂车、自卸车、特种车、轻型载货车

★青岛雅凯汽车工贸有限公司
地址:山东省平度市三城路 340 号
邮编:266700
电话:0532/83306636、4000626577
网址:www. yakaiqiche. com
电子信箱:yakaiqiche@ sina. com
法定代表人:姜涛
单位人数:560
质量体系:ISO 9001
产品情况:(青驰牌)
冷藏车、保温车、各种厢式车、罐式洒水车、车辆运输挂车等专用车,年产量 5000 余台

★青岛金力福工贸有限公司
地址:山东省平度市经济技术开发区青啤大道 30 号
邮编:266705
电话:0532/83307066
网址:www. qdjinlifu. cn
电子信箱:qingdaojinlifu@ qdjinlifu. cn
法定代表人:陈永波
产品情况:(华昌牌)
专用汽车改装及栏板式、仓栅式、厢式、罐式半挂车、低平板半挂车、自卸式半挂车、集装箱半挂车、罐式集装箱半挂车、衬塑罐式半挂车等产品
出口情况:出口东欧、东南亚、澳大利亚等国家和地区

★青岛同辉汽车技术有限公司
地址:山东省青岛市平度经济开发区同辉一路 3 号
邮编:266705
电话:0532/83306816、4000138678
传真:83306811
网址:www. qdthqc. com
电子信箱:tonghui@ allite - auto. com
法定代表人:赵淑琴
单位人数:400
质量体系:ISO 9001、ISO 14000
产品情况:(赛哥尔牌)
压缩式垃圾车、扫路车、洒水车、高压清洗车、吸粪车、摆臂式垃圾车、车厢可卸式垃圾车、侧装式垃圾车等系列产品

★临沂华运军兴专用汽车有限公司
地址:山东省临沂市罗庄区沂河大道北罗八路东侧新北区工业园
邮编:270016
电话:0539/2928698、2905517
传真:2928089
电子信箱:shengziban@ 163. com
法定代表人:谢丽丽
质量体系:ISO 9001
产品情况:(宇田牌)
自卸汽车、厢式运输车、厢式半挂车、空载集装箱运输半挂车、集装箱运输半挂车、仓栅式运输车、仓栅式运输半挂车、半挂车

★泰安古河随车起重机有限公司
地址:山东省泰安市高新技术产业开发区中天门大街 1118 号
邮编:271000
电话:0538/8933680、8933679
网址:www. unic. com. cn
电子信箱:unic@ unic. com. cn
法定代表人:宋东风
质量体系:ISO 9001、ISO 14001
产品情况:(古随牌)
古河 UNIC 随车起重机及其运输车

★泰安航天特种车有限公司
地址:山东省泰安市高新技术产业开发区中天门大街 567 号
邮编:271000
电话:0538/8502311
传真:8502300
网址:www. tasv. cn
电子信箱:tasv@ tasv. cn
法定代表人:王成桥
单位人数:1800
质量体系:GB/T 19001、GJB 9001B
产品情况:(航天泰特牌、福沃牌)
矿用车系列、消防车、全路面起重机等特种车系列、油田车系列

★山东泰开汽车制造有限公司
地址:山东省泰安市高新技术开发区龙泉路 2766 号
邮编:271000
电话:0538/8933066
传真:8933066
网址:www. dyqczz. com
电子信箱:tajtqc@ 163. com
法定代表人:高衍生
质量体系:ISO 9001、ISO 14001
产品情况:(岱阳牌)
带电高空作业车、铝合金液体运输车、清障车、粉粒物料运输车(气卸散装水泥车)、搅拌车、干混砂浆车、电源车、冷藏车等 8 大系列几十种产品

★泰安五岳专用汽车有限公司
地址:山东省泰安市高新技术开发区中天门大街 266 号
邮编:271000
电话:0538/8933918、8933936
传真:8933999、8933926
网址:www. wuyue. com
电子信箱:taianhy@ sinotruk. cn
法定代表人:于有德
质量体系:ISO 9001、GJB 9001
产品情况:(五岳牌)
自卸车、半挂车、罐式车、厢式车、垃圾车、起重车、军用装备、专用底盘、修井机底盘、螺旋地锚车、修井机等
出口情况:远销美洲、非洲、中东等多个地区

★泰安东岳重工有限公司
地址:山东省泰安市高新区龙潭路 379 号
邮编:271000
电话:0538/8932099、8932016
传真:8932059
电子信箱:zhirong. zhao@ dongyuechina. com
法定代表人:邵良军
质量体系:ISO 9000
产品情况:(东岳牌)
GT8 ~ GT55 系列汽车起重机、随车起重机及零部件
出口情况:出口东南亚、欧美地区

★希尔博(山东)装备有限公司
地址:山东省泰安市高新区一天门大街 567 号
邮编:271000
电话:4001538677
传真:0538/5357580
网址:www. sinotruk - hiab. com
电子信箱:sales@ sinotrukhiab. com
法定代表人:刘培民
产品情况:(重汽希尔博牌)
随车起重机、随车起重运输车、汽车起重机、计量检衡车、抢险救援车等系列产品
出口情况:出口东南亚、中东、非洲、南美等多个国家和地区

★山东鲁峰专用汽车有限责任公司
地址:山东省泰安市南高新区龙潭路 377 号
邮编:271000
电话:0538/8430137、8930310
网址:www. sdlufeng. cn
电子信箱:lufeng@ sdlufeng. cn
法定代表人:李卫
质量体系:ISO 9001、GJB 9001A
产品情况:(鲁峰牌)
半挂车、罐式车、清障车、自卸车、特种车等 5 大系列
出口情况:出口美国、俄罗斯、越南、安哥拉、南非等 20 多个国家和地区

★山东华驰重工机械有限公司
地址:山东省莱芜市高新技术开发区泰山路 35 号
邮编:271100
电话:0634/8568666、8568778
传真:6257688
电子信箱:18763442520@ 126. com
法定代表人:李若英
质量体系:ISO 9001、GJB 9001B
产品情况:(泰骋牌)
各种系列半挂车、集装箱运输车、厢式运输车、自卸车、低平板运输车、仓栅运输车、罐式车、水泥搅拌车、泵车以及多种特种专用车等,年生产量可达

3000余台
出口情况:出口俄罗斯、中亚、东南亚、非洲等国家和地区

★山东昊宇车辆有限公司
地址:山东省莱芜市高新区汶河大街010号
邮编:271100
电话:0634/8817888、4000634733
网址:www.sdhaoyu.net
电子信箱:sdhaoyu@126.com
法定代表人:蔺秀全
质量体系:ISO 9001
产品情况:(昊御牌、超雷牌)
密封式垃圾车、厢式运输车、自卸车、邮政车、新能源电动汽车(2门/4门电动轿车、电动厢式客车、电动货车、旅游观光车)
出口情况:远销欧洲、美洲、非洲、东南亚等30多个国家和地区

★山东山野特房车制造有限公司
地址:山东省宁阳经济开发区泰阳路68号
邮编:271411
电话:0538/5810100、4006801878
传真:5810276
电子信箱:liucongmin@sytrv.com
法定代表人:傅生权
产品情况:房车、功能房车、品牌房车和移动房屋

★山东东岳专用汽车制造有限公司
地址:山东省济宁高新区同济路126号
邮编:272000
电话:0537/2360059、2360341
传真:2168540
网址:www.dongyuetruck.com
电子信箱:dy2360316@163.com
法定代表人:张养训
单位人数:800
质量体系:ISO 9001
产品情况:(圣岳牌)
自卸车系列、罐式车系列、物流车系列、特种车系列、公路养护系列和房车系列等6大系列200多个品种
配套及出口情况:是中国重汽、一汽、东风、徐工、临工、陕汽、川汽、欧曼、北方奔驰等大型汽车制造集团的定点改装单位;远销海外15个国家和地区

★济宁四通工程机械有限公司
地址:山东省济宁市任城开发区长沟镇四通工业园
邮编:272000
电话:0537/2580888、13455596351
网址:www.sdstdc.com
电子信箱:jncgstgc@163.com
法定代表人:田遵号
单位人数:600
质量体系:ISO 9001
产品情况:(鲁鹰牌)
汽车起重机
出口情况:出口阿根廷、印度、毛里求斯、马来西亚、伊朗、不丹等10多个国家和地区

★兖州环亚挂车制造有限公司
地址:山东省兖州市西外环汶邹路6号
邮编:272100
电话:0537/3333339、4009913579
传真:3823789
网址:www.yzhyqc.com
电子信箱:www.yzhyqc@163.com
法定代表人:李瑞兰
产品情况:(新兖牌、环亚牌)
半挂车、后翻自卸车、自卸车、半挂自卸车、厢式车、全挂车、散装水泥车、低平板运输车、加油半挂运输车、混凝土搅拌运输车等专用汽车

★山东帝宏专用汽车制造有限公司
地址:山东省济宁市嘉祥县开发区
邮编:272400
电话:0537/6888808、4000537266
网址:www.huanweijixie.com
电子信箱:839404446@qq.com
法定代表人:张华东
产品情况:(帝宏牌)
吸粪车、洒水车、吸污车、垃圾车、高压清洗车、高压疏通车、各类环卫车配件

★嘉祥萌山专用汽车有限公司
地址:山东省嘉祥县凤凰山经济园区
邮编:272400
电话:0537/6817777、13563766777
传真:6801777
电子信箱:lyn08116@126.com
法定代表人:贾新建
质量体系:ISO 9001
产品情况:(萌山牌)
栏板半挂车、集装箱半挂车、厢式半挂车、自卸栏板半挂车、自卸厢式半挂车、超低平板半挂车、东方红1000型三桥挂车、拉煤王二桥挂车、农用各种型号挂车等

★山东中运专用汽车有限公司
地址:山东省济宁市嘉祥县黄垓工业园
邮编:272405
电话:0537/6786336、17853722444
网址:www.sdzyhwsb.com
电子信箱:869173168@qq.com
法定代表人:王汉广
质量体系:ISO 9001
产品情况:垃圾车、清扫车、清洗车、洒水车、吸尘车、吸污车、消防车、压缩垃圾车、高炮喷雾车、专用车配件等

★山东欧亚专用车辆有限公司
地址:山东省嘉祥县经济开发区嘉诚路路东
邮编:272499
电话:0537/6615222
传真:6615111
电子信箱:easdoy@163.com
法定代表人:CHHUOR KIM POU
产品情况:(鑫凯达牌、欧亚牌)
沥青洒布车和其他路面机械设备、稀浆封层车

★山东润泽交通设备有限公司
地址:山东省济宁市汶上县开发区
邮编:272500
电话:0537/7222999、13355181099
传真:7283698
网址:www.runzeguache.com
电子信箱:jiningrunzejituan@163.com
法定代表人:马哲
单位人数:108
产品情况:(佛都圣泽牌)
半挂车、仓栅式车、自卸车、油罐车,散装水泥罐车、水泥搅拌车、泵车、保温车等

★梁山宝华专用汽车制造有限公司
地址:山东省济宁市梁山拳铺工业园区220国道9号
邮编:272600
电话:0537/7761999、7761999
传真:7763588
网址:www.lsbhgc.cn
电子信箱:lsbhgc@163.com
法定代表人(负责人):张以省
单位人数:200
质量体系:ISO 9001、ISO 14001
产品情况:(远东汽车牌)
系列半挂车、全挂车、自卸车、油罐车、粉粒物料运输车、散装水泥车、混凝土搅拌车、特种低平板半挂车等各种专用车、特种车、矿用车、模块式液压轴线半挂车

★山东鲁骏汽车制造有限公司
地址:山东省济宁市梁山县梁山街道办梁庄村北
邮编:272600
电话:0537/7795333、13905476011
传真:7793555
网址:www.lujunqiche.com
法定代表人:王瑞庆
质量体系:ISO 9001
产品情况:(鑫鲁骏牌)
主要产品有各种运输集装箱的骨架车和平板车,各种自卸车、各种运输工程机械的平板车和异形车等
出口情况:远销俄罗斯、蒙古、缅甸、日本、韩国、越南、新西兰、南非、刚果、澳大利亚等53个国家

★山东辉煌专用车有限公司
地址:山东省济宁市梁山县汽车工业园区三利路才林段
邮编:272600
电话:13793763889
网址:www.sdhhzyc.com
电子信箱:360537771@qq.com

法定代表人:郭元华
产品情况:(辉煌事业牌)
　　半挂车、自卸车、低平板挂车、集装箱运输车、厢式侧翻半挂车、标箱半挂车、集装箱骨架半挂车、仓栅式运输半挂车、平板自卸半挂车、低平板半挂车等

★山东万事达专用汽车制造有限公司
地址:山东省济宁市梁山县拳铺工业园
邮编:272600
电话:0537/5108888
网址:www. sdwsd. com. cn
电子信箱:wanshida@ cimc. com
法定代表人:丁正祥
单位人数:500
质量体系:ISO 9001
产品情况:(万事达牌)
　　产品涵盖碳钢液罐车、粉罐车、不锈钢液罐车、铝合金液罐车、罐式集装箱等五大系列产品 100 多个品种
出口情况:远销国际市场

★梁山昌泰交通设备制造有限公司
地址:山东省济宁市梁山县拳铺工业园区
邮编:272600
电话:0537/7769588
传真:7761288
网址:www. kunxutrailer. com
电子信箱:kunxutrailer@ 163. com
法定代表人:王申俄
负责人:王宜秋
质量体系:ISO 9001
产品情况:(琨旭牌)
　　栏板、仓栅、厢式、自卸、集装箱、低平板、粉罐、平板等半挂车

★山东天通汽车科技股份有限公司
地址:山东省济宁市梁山县拳铺镇工业区
邮编:272600
电话:0537/7732888
网址:www. sdttgc. com
电子信箱:624466674@ qq. com
法定代表人:王海军
产品情况:(梁山天通牌)
　　半挂车、全挂车、自卸半挂车、低平板运输车、仓栏半挂车、厢式半挂车、仓栅式半挂车、集装箱半挂车及各种特种车辆

★山东华劲专用汽车制造有限公司
地址:山东省梁山县梁山街道办事处夏庄村西
邮编:272600
电话:0537/7795678、7792858
电子信箱:826901678@ qq. com
法定代表人:周忠伟
质量体系:ISO 9001
产品情况:(华盛顺翔牌)
　　主导产品半挂车、仓栅式半挂车、厢式半挂车、低平板式半挂车、骨架式半挂车、自卸车、粉粒物料运输车、散装水泥车、混凝土搅拌车、车辆运输半挂车等各种半挂车、特种车、专用车的改装生产

★山东梁山华宇集团汽车制造有限公司
地址:山东省梁山县梁山镇工业区
邮编:272600
电话:0537/7736999、7734777
传真:7736788
网址:www. huayuchina. cn
电子信箱:sdlshyd@ 163. com
法定代表人:胡桂花
单位人数:1600
质量体系:ISO 9001
产品情况:(华宇达牌)
　　改装车、半挂车、自卸车、油罐车、散装水泥车、混凝土搅拌车及特种作业车,年产 2 万余辆
出口情况:部分产品出口俄罗斯、法国、东南亚、非洲等 20 多个国家和地区

★梁山飞宇达车业有限公司
地址:山东省梁山县梁山镇工业园
邮编:272600
电话:0537/7795688、13371257996
传真:7795866
电子信箱:1250867780@ qq. com
法定代表人:王守冬
质量体系:ISO 9001
产品情况:(恒宇事业牌)
　　油罐车、水泥搅拌车、集装箱运输车、汽车自卸车、半挂自卸车、全挂车、箱式货车、车辆运输车、特种车、重汽汽车改装系列
出口情况:客车、专用车产品畅销 60 多个国家和地区

★山东汇统汽车制造有限公司
地址:山东省梁山县梁山镇工业园汇统路 1 号
邮编:272600
电话:0537/3230399、3230599
传真:3230369
网址:www. lshtgc. com
电子信箱:lshtgc3799@ 126. com
法定代表人:吴存生
单位人数:296
产品情况:(昊统牌)
　　半挂车、全挂车、仓栅式运输半挂车、厢式半挂车、集装箱运输半挂车、自卸半挂车、低平板半挂车、水泥搅拌车、高空作业车、粉粒物料运输半挂车、大型机械设备运输车等,并承接专用车辆的改装与设计业务
出口情况:出口苏丹、阿塞拜疆、俄罗斯、朝鲜等国家

★山东梁山新科特种车辆制造有限公司
地址:山东省梁山县梁山镇工业园区
邮编:272600
电话:0537/7730888、13905476678
传真:7736888
电子信箱:344512465@ qq. com
法定代表人:张统祥
质量体系:ISO 9001
产品情况:(新科牌)
　　全挂车、半挂车、仓栅式车、低平板运输车、集装箱运输车、自卸车、散装水泥车、混凝土搅拌车、特种车等产品

★山东飞驰汽车制造有限公司
地址:山东省梁山县梁山镇工业园区
邮编:272600
电话:0537/7734888、15206745906
传真:7736668
电子信箱:guache@ cn – feichi. com
法定代表人:于齐文
质量体系:ISO 9001
产品情况:(鲁驰牌)
　　仓栅式运输半挂车、低平板半挂车、自卸半挂车等半挂车,混凝土搅拌运输车等专用汽车,全挂车
出口情况:远销 10 多个国家和地区

★山东巨源汽车科技股份有限公司
地址:山东省梁山县梁山镇工业园区
邮编:272600
电话:0537/7736858、4000258518
传真:7736866
网址:www. lsjygc. com
电子信箱:lsjy668@ 126. com
法定代表人:贾廷福
单位人数:360
质量体系:ISO 9001
产品情况:(骜通牌)
　　半挂车、低平板半挂车、半挂集装箱车、罐式车、吸污车、混凝土搅拌运输车等产品
出口情况:出口欧洲、非洲、美洲、澳大利亚、中亚、中东等国家和地区

★梁山恒通挂车制造有限公司
地址:山东省梁山县梁山镇工业园区
邮编:272600
电话:0537/7766698、7766987
传真:7768987
网址:www. lshtgc. com. cn
电子信箱:lshtgc868@ 163. com
法定代表人:张宝花
单位人数:1150
质量体系:ISO 9001
产品情况:(恒通梁山牌)
　　各种系列集装箱运输半挂车、厢式货车、罐式车、上海 50、天津 60、东方红 1000 全挂车等

★山东腾运专用汽车制造有限公司
地址:山东省梁山县梁山镇工业园区
邮编:272600
电话:0537/7793676、7792656
传真:7793656
网址:sdtengyun. cn
电子信箱:sdtyzq001@ 163. com
法定代表人:徐云英

单位人数:100
产品情况:(运腾驰牌)
全挂车、半挂车、仓栅车、低平板运输车、集装箱运输车、自卸车、水泥搅拌车

★山东梁山际通专用车制造有限公司
地址:山东省梁山县梁山镇工业园区
邮编:272600
电话:0537/7794488、7794466
传真:7795577
网址:www.lsjtgc.com
电子信箱:lsjtgc@163.com
法定代表人:周换个
单位人数:800
质量体系:ISO 9001
产品情况:(鲁际通牌)
主要从事改装车、半挂车、特种车的生产

★梁山华骏挂车制造有限公司
地址:山东省梁山县梁山镇梁庄村北50米
邮编:272600
电话:0537/7792366、13791796888
传真:7790566
网址:www.huajunguache.com
电子信箱:huajunguache@163.com
法定代表人(负责人):庄同雪
单位人数:200
质量体系:ISO 9001
产品情况:(庄宇牌)
半挂车、轿运车、车辆运输车、轿车运输车、改装车、半挂车、仓栅式运输车、厢式运输车、低平板运输车、集装箱运输车、自卸车等特种车型

★梁山永固挂车制造有限公司
地址:山东省梁山县梁山镇周庄村
邮编:272600
电话:0537/7793266、7790069
传真:7793048
电子信箱:liangshanyonggu@126.com
法定代表人:周广科
质量体系:ISO 9001
产品情况:(广科牌)
改装车、半挂车、自卸车、特种车、罐车、全挂车、混凝土搅拌运输车

★梁山四通专用汽车有限公司
地址:山东省梁山县拳铺工业园
邮编:272600
电话:0537/7702063、7761716
传真:7761716
网址:www.sdlsst.com
电子信箱:sitongguache@163.com
法定代表人:李彦德
质量体系:ISO 9001
产品情况:(陆锋牌)
低平板半挂车、栏板半挂车、厢式半挂车、仓栅式半挂车;油罐半挂车、粉粒物料半挂车、自卸车和后翻自卸半挂车、侧翻半挂车、全挂车及特种专用汽车等上百种产品
出口情况:远销俄罗斯、巴基斯坦、哈萨克斯坦、吉尔吉斯斯坦、刚果、苏丹及非洲地区

★梁山中集东岳车辆有限公司
地址:山东省梁山县拳铺工业园区
邮编:272600
电话:0537/5108028
传真:5108999
电子信箱:lsdyit@163.com
法定代表人:李贵平
质量体系:ISO 9001
产品情况:(中集东岳牌、梁山东岳牌)
栏板半挂车、厢式半挂车、仓栅式半挂车、罐式车、自卸车及特种车
出口情况:远销国际市场

★梁山华岳专用汽车制造有限公司
地址:山东省梁山县拳铺工业园区
邮编:272600
电话:0537/7606111、4001123966
传真:7606222、7609777
网址:www.lshyzq.com
电子信箱:lshyzq@163.com
法定代表人:吴兆福
单位人数:260
产品情况:(华岳兴牌)
半挂车、全挂车、平板后翻自卸车、罐式车等专用车

★梁山平安车业有限公司
地址:山东省梁山县拳铺工业园区
邮编:272600
电话:0537/7609958
传真:7609955
网址:www.lspagc.com.cn
法定代表人:张坊
产品情况:集装箱专用车和平板式半挂车、厢式车和厢式冷藏保鲜半挂车、栏板式以及低承载面半挂车、全挂车、自卸汽车等专用车
出口情况:出口泰国、韩国、俄罗斯、越南等国家

★梁山盛源专用车制造有限公司
地址:山东省梁山县拳铺工业园区
邮编:272600
电话:0537/7705808、7702661
传真:7701498
网址:www.sdsyzq.com
电子信箱:shenghui7788@163.com
法定代表人:盛勇
单位人数:385
质量体系:ISO 9001
产品情况:(坤博牌)
半挂车、粉粒物料运输车、油罐车、混凝土搅拌车、半挂集装箱和自卸车
出口情况:出口东南亚、非洲等地区

★山东杨嘉汽车制造有限公司
地址:山东省梁山县拳铺工业园区
邮编:272600
电话:0537/7760099
传真:7601199
网址:www.lsyjgc.cn
电子信箱:lsyjjt@163.com
法定代表人:杨合连
单位人数:630
质量体系:ISO 9001
产品情况:(杨嘉牌)
栏板式半挂车、仓栅式运输半挂车、罐式汽车、厢式运输半挂车、自卸车、低平板半挂车、集装箱运输半挂车、罐式半挂车、自卸半挂车等

★梁山华恩车业有限公司
地址:山东省梁山县拳铺工业园区
邮编:272600
电话:0537/7760333、18266809928
传真:7760555
网址:www.huaenqiche.com
电子信箱:18266809928@qq.com
法定代表人:邱爱云
产品情况:(龙恩牌)
仓栅式半挂车、厢式半挂车、平板自卸运输车、低平板工程运输车、粉料物料运输车、集装箱骨架运输车等

★山东永甲汽车科技有限公司
地址:山东省梁山县拳铺工业园区
邮编:272600
电话:15562298881
网址:www.sdcxsyqc.cn
法定代表人:张昆
产品情况:产品涵盖新能源微客、城市公交、公路客车,栏板式半挂车、仓栅式半挂车、集装箱运输车、厢式半挂车、平板自卸半挂车、特种车及粉粒物料运输车半挂车6大系列,200余种产品

★梁山五岳车业有限公司
地址:山东省梁山县拳铺工业园区解放路中段
邮编:272600
电话:0537/7609518、13863786392
传真:7609518
网址:www.lsyunchi.com
电子信箱:1025777085@qq.com
法定代表人(负责人):杨以云
产品情况:(利源达牌)
半挂车

★山东梁山元田机械有限公司
地址:山东省梁山县拳铺工业园区三利路29号
邮编:272600
电话:0537/7629111、13562423111
传真:7629333
网址:www.lsytcy.com
电子信箱:513866069@qq.com
法定代表人:李国润
单位人数:2000
产品情况:(元田牌)

各种半挂车产品

★山东恩信特种车辆制造有限公司
地址:山东省梁山县拳铺镇工业园
邮编:272600
电话:0537/7499999、4001007900
传真:7499998
网址:www. sdenxin. com
电子信箱:76883359@ qq. com
法定代表人:王存雨
单位人数:980
质量体系:ISO 9001
产品情况:(恩信事业牌)
自卸车、半挂车、罐式车、厢式车、混凝土搅拌车、特种车系列 200 多个品种
出口情况:出口亚洲、欧洲、非洲等地区

★梁山太阳升机械制造有限公司
地址:山东省梁山县拳铺镇工业园区
邮编:272600
电话:0537/7767699、15853719077
网址:www. tysgcjt. com
电子信箱:1250867780@ qq. com
法定代表人:李四灵
产品情况:改装车、半挂车、特种车

★梁山通宇专用汽车有限公司
地址:山东省梁山县拳铺镇工业园区
邮编:272600
电话:0537/7767785、7760057
网址:www. lstygc. com
电子信箱:root@ lstygc. com
法定代表人:刘敦海
质量体系:ISO 9001
产品情况:(金线岭牌)
全挂车、半挂车、仓栅式车、低平板运输车,集装箱运输车,自卸车,散装水泥车,混凝土搅拌车,特种车共 6 大系列,100 余种产品

★梁山鑫永成车业有限公司
地址:山东省梁山县拳铺镇工业园区
邮编:272600
电话:0537/7769088、13964996909
网址:www. lsxinyongcheng. com
电子信箱:18253733833@ 139. com
法定代表人:陈化均
产品情况:(鑫永成牌)
专用车、半挂车、自卸车、特种车、全挂车等产品

★山东梁山義企重工机械股份有限公司
地址:山东省梁山县拳铺镇工业园区泰福路中段
邮编:272600
电话:0537/5106777、13355189992
传真:5106778
网址:www. sdyqzg. com
电子信箱:89051955@ qq. com
法定代表人:张清田
单位人数:300
质量体系:ISO 9001
产品情况:(梁義牌)
生产制造的全挂车、半挂车、仓栅运输半挂车,低平板运输车,集装箱运输车,自卸车,散装水泥车,水泥搅拌车及特种车辆 6 大系列

★梁山亚隆机械制造有限公司
地址:山东省梁山县拳铺镇工业园四通路 6 号
邮编:272600
电话:15305379686、15376554532
网址:www. lsbgczzc. com
电子信箱:lsylgs@ 126. com
法定代表人:王华美
质量体系:ISO 9001
产品情况:(梁锋牌)
各种系列集装箱运输车、半挂车、厢式货车、全挂车、上海 50、天津 60、东方红 1000 全挂车、挖掘机、装载机、轿运车、各种低平板车
出口情况:部分产品远销印度、南非、俄罗斯、乌克兰等国家

★梁山通华专用车有限公司
地址:山东省梁山县徐集工业园三利路蔡西段
邮编:272600
电话:0537/7706689、7603888
传真:7700666
网址:www. lsthgc. com
电子信箱:th6989@ 163. com
法定代表人:邱成立
单位人数:260
质量体系:ISO 9001
产品情况:(显鹏牌)
仓栅式运输半挂车、栏板式运输半挂车、骨架式集装箱运输半挂车、半挂自卸车、厢式运输车、自卸车、混凝土搅拌运输车、清障车等产品
出口情况:远销蒙古、越南、哈萨克斯坦等国家

★梁山长虹专用车制造有限公司
地址:山东省梁山镇经济开发区
邮编:272600
电话:0537/7790868、7792177
传真:7790868、7790099
电子信箱:471718463@ qq. com
法定代表人:马祥
产品情况:(梁虹牌)
主要产品有普通半挂车、全挂车、集装箱(骨架)运输车、厢式运输车、侧翻运输车、自卸车、运油半挂车、粉粒物料运输车、混凝土搅拌车

★梁山通亚重工机械有限公司
地址:山东省梁山县拳铺工业园
邮编:272613
电话:0537/7609388
法定代表人:杨奉钦
产品情况:拖泵、车载泵、臂架泵、液压油泵等产品
出口情况:部分产品销往俄罗斯、非洲、东南亚、中亚等 40 多个国家和地区

★山东晨润达汽车制造有限公司
地址:山东省梁山县拳铺工业园区
邮编:272613
电话:0537/7606789、7608866
传真:7608866
电子信箱:chenrundagongmao@ 163. com
法定代表人:刘承臣
质量体系:ISO 9001
产品情况:(三威牌、晨润达牌)
半挂车、栏板车、集装箱车、仓栅式车、厢式车、自卸车、粉粒物料罐车、运油车、快餐车、电视播放车等 19 大系列 600 余个品种
出口情况:远销蒙古、哈萨克斯坦、俄罗斯、东南亚、非洲、南美洲等国家和地区

★山东鸿运达专用车有限公司
地址:山东省梁山县拳铺工业园区
邮编:272613
电话:0537/7700678、7700234
传真:7700345
网址:www. lsyqgc. com
法定代表人:胡文英
产品情况:(鸿运达牌)
仓栅式运输半挂车、厢式运输半挂车、集装箱半挂车、自卸车、全挂车、粉粒物料运输车、混凝土搅拌车、平板后翻自卸车、油罐车等

★山东鸿盛车业有限公司
地址:山东省梁山县拳铺工业园区
邮编:272613
电话:0537/7702468、13805472927
传真:7702468
网址:www. lszxgc. com
电子信箱:syzycdgz@ 163. com
法定代表人:郭本福
产品情况:(鸿盛业骏牌)
生产的车型包括集装箱专用车和平板式半挂车、厢式车和厢式冷藏保鲜半挂车、栏板式以及低承载面半挂车、全挂车、自卸汽车等专用车,车辆运输半挂车形成 6 大系列 50 多个品种

★山东长兴商用汽车制造有限公司
地址:山东省梁山县拳铺工业园区
邮编:272613
电话:0537/7705889、18253749888
传真:7705889
网址:www. lssyzyc. com
电子信箱:1344238505@ qq. com
法定代表人:郭本福
质量体系:ISO 9001
产品情况:(富旭实业牌)
主要生产油罐车、水泥搅拌车、集装箱运输车、汽车自卸车、半挂自卸车、全挂车、厢式货车、车辆运输车、特种车、重汽汽车改装系列
出口情况:出口东南亚、非洲等地区

★山东梁山通亚汽车制造有限公司
地址:山东省梁山县拳铺工业园区
邮编:272613
电话:0537/7761126、7768888
传真:7768553
网址:www.chinatongya.com
法定代表人:杨奉钦
单位人数:1000
质量体系:ISO 9001
产品情况:(通亚达牌)
半挂车、自卸车、油罐车、铝合金罐车、不锈钢罐车、粉粒物料运输车、散装水泥车、混凝土搅拌车、混凝土车载泵、臂架泵车等各种专用车、特种车
出口情况:部分产品远销俄罗斯、非洲、东南亚、中亚等40多个国家和地区

★梁山远东交通设备制造有限公司
地址:山东省梁山县拳铺工业园区
邮编:272613
电话:0537/7765569、7760760
传真:7760760
电子信箱:lsyd20068@163.com
法定代表人:张兰魁
质量体系:ISO 9001
产品情况:(劲越牌)
自卸车、普通半挂车、全挂车、集装箱(骨架)运输车、厢式(侧翻)运输车、运(加)油半挂车、粉粒物料运输车、混凝土搅拌车及特种车系列

★梁山跃通专用汽车制造有限公司
地址:山东省梁山县拳铺工业园区
邮编:272613
电话:0537/7766107、15694444446
传真:7766007
网址:www.sdlsyt.com
电子信箱:yuetongqc@126.com
法定代表人(负责人):杨尊凯
单位人数:200
产品情况:(瑞图牌)
主要生产各种系列半挂车、集装箱、运输车、厢式货车、自卸车、全挂车

★梁山广通专用车制造有限公司
地址:山东省梁山县拳铺工业园区
邮编:272613
电话:0537/7766617、4006839996
传真:7766627
网址:www.lsguangtong.com
电子信箱:guangtongguache@163.com
法定代表人(负责人):岳四菊
单位人数:200
质量体系:ISO 9001
产品情况:(广通达牌、匡山牌)
半挂车、栏板车、集装箱车、仓栅式车、厢式车、自卸车、粉粒物料罐车、运油车、快餐车、电视播放车等19大系列600余个品种
出口情况:远销蒙古、哈萨克斯坦、俄罗斯、东南亚、非洲、南美洲等国家和地区

★山东鸿宇汽车制造有限公司
地址:山东省梁山县拳铺工业园区
邮编:272613
电话:0537/7769868、7768869
传真:7769499
网址:www.hongyujiaoyun.com
电子信箱:1667030417@qq.com
法定代表人:王目华
单位人数:200
产品情况:(鸿宇达牌)
轿运车、车辆运输车、特种车、各类厢式运输车、低平板运输半挂车、集装箱运输半挂车、油罐车、粉粒物料运输车、全挂车、自卸车等特种车

★梁山鸿福交通设备有限公司
地址:山东省梁山县拳铺镇蔡林南村工业园
邮编:272613
电话:13905476828
网址:www.escmmw.com
电子信箱:3174621641@qq.com
法定代表人:王继亮
质量体系:ISO 9001
产品情况:(巨运牌)
主导产品有半挂车、仓栅式半挂车、厢式半挂车、低平板半挂车、骨架式半挂车、自卸车、车辆运输半挂车、铝合金式半挂车、铝合金翼展车等

★梁山宇通专用汽车制造有限公司
地址:山东省梁山县拳铺镇工业园区
邮编:272613
电话:0537/7762826、13853750888
传真:7766298
电子信箱:fdh666777@163.com
法定代表人:邱传香
质量体系:ISO 9001
产品情况:(梁兴牌)
自卸车、混凝土搅拌车、全挂车、粉粒物料运输车、垃圾运输车、矿用宽体车、吸污车、油罐车、半挂车等,年产各种专用汽车达5000多辆

★梁山华信专用汽车制造有限公司
地址:山东省梁山县拳铺镇工业园区华信路1号
邮编:272613
电话:0537/7761158、7762128
传真:7768128
电子信箱:lianghx@163.com
法定代表人:杨尊银
质量体系:ISO 9001
产品情况:(鲁岳牌)
各种半挂车、罐式车、特种车等8大系列产品
出口情况:出口南非、俄罗斯、哈萨克斯坦等国家

★梁山中策机械制造有限公司
地址:山东省梁山县拳铺镇工业园区泰福路
邮编:272613
电话:0537/7767666
传真:7607866
网址:www.lszcqc.com
电子信箱:lszcqc@126.com
法定代表人:邓爱灵
单位人数:200
质量体系:ISO 9001
产品情况:(鲁旭达牌)
以生产全挂车、半挂车、厢式车、自卸车为主
出口情况:出口俄罗斯及东南亚

★山东保水汽车改装有限公司
地址:山东省梁山县拳铺镇泰福路168号
邮编:272613
电话:0543/2266789、2126088
传真:2126088
电子信箱:ab2266789@163.com
法定代表人:周保水
质量体系:ISO 9001
产品情况:(梁山扬天牌)
清障车、挂车等

★山东中泽汽车制造有限公司
地址:山东省梁山县拳铺工业园区拳堂路19号
邮编:272614
电话:0537/7765222、13905370735
传真:7765001
网址:www.sdzzqczz.com
法定代表人:李祥玉
产品情况:(中泽牌)
侧翻自卸车、后翻自卸车、骨架车、仓栅式半挂车、低平板半挂车、翼展车、平板半挂车、道路清障车、压缩垃圾车、高效真空吸尘车、粉粒物料车系列、运油半挂车、车辆运输车系列、泵车

★山东郓城骏华专用车有限公司
地址:山东省梁山县拳铺镇工业园区
邮编:272614
电话:0530/6486277、18053063999
传真:6486266
网址:www.junhuaguache.com
法定代表人:袁洪春
质量体系:ISO 9001
产品情况:仓栅式运输半挂车、厢式运输半挂车、自卸半挂车、粉粒物料运输半挂车等

★山东沃德兴业交通设备有限公司
地址:山东省梁山县拳铺镇工业园区东马路16号
邮编:272614
电话:4001869665、15763749899
网址:www.sdwdxy.com
电子信箱:wdxy258@163.com
法定代表人:杨思孔
单位人数:220
质量体系:ISO 9001、ISO 14001
产品情况:(沃德利牌)

油罐半挂车、粉粒物料运输车、平板半挂车、低平板半挂车、栏板半挂车、厢式半挂车、仓栅半挂车、自卸车、特种车等
出口情况:部分产品出口韩国、东南亚、印度、非洲、肯尼亚、坦桑尼亚、莫桑比克、巴基斯坦、俄罗斯、乌克兰等国家和地区

★梁山盛鑫集团专用车有限公司
地址:山东省梁山县徐集工业园区
邮编:272614
电话:0537/7668688、7700212
传真:7706111
电子信箱:632332169@ qq. com
法定代表人:杨冠峰
产品情况:(凯事成牌)
半挂车,年产能力为3000辆

★梁山运通机械制造有限公司
地址:山东省梁山县拳铺镇拳堂路圣庄村北40米
邮编:272618
电话:15563134567
电子信箱:2605057928@ qq. com
法定代表人:岳英明
质量体系:ISO 9001
产品情况:(聚运达牌)
全挂车、半挂车、仓栅车、低平板运输车,集装箱运输车,自卸车,散装水泥车,水泥搅拌车,特种车共6大系列

★梁山路通专用车制造有限公司
地址:山东省梁山县拳铺工业园区220国道旁
邮编:272619
电话:0537/7791899、7791099
传真:7793699
网址:www. lslutong. com
电子信箱:zjinx@ 126. com
法定代表人:岳贤民
单位人数:350
质量体系:ISO 9001
产品情况:(腾运牌)
半挂车、轻型半挂车、油罐车、化工液体罐车、粉粒物料水泥散装车、水泥搅拌车、厢式车、集装箱运输半挂车、木材运输车、低平板车、仓栅车、轿车运输车、自卸车
出口情况:出口东南亚及非洲等地区

★山东梁山华昇专用车制造有限公司
地址:山东省梁山镇工业园区
邮编:272619
电话:0537/7325586、13793791198
网址:www. lshsgc. com
电子信箱:1007305676@ qq. com
法定代表人:庄同言
单位人数:100
质量体系:ISO 9001
产品情况:(梁昇牌、梁山华昇牌)
全挂车、半挂车、仓栅车、低平板运输车、集装箱运输车、自卸车、散装水泥车、水泥搅拌车、特种车辆

★梁山华瑞专用汽车制造有限公司
地址:山东省梁山县拳铺工业园
邮编:272624
电话:0537/7767776、13695371788
传真:7762028
电子信箱:13695371788@ 163. com
法定代表人:李中华
质量体系:ISO 9001
产品情况:(瑞傲牌)
普通半挂车、仓栅式运输车、厢式半挂车、厢式侧翻半挂车、自卸车、罐式车以及特种车

★山东梁山亚中车辆有限公司
地址:山东省梁山县拳铺工业园区
邮编:272624
电话:0537/7763666
传真:7766995
网址:www. sdyazhong. cn
电子信箱:sdyazhong@ 163. com
法定代表人:王培彬
单位人数:285
质量体系:ISO 9001
产品情况:(亚中车辆牌)
半挂车、粉粒物料运输车、油罐车、混凝土搅拌车、半挂集装箱和自卸车
出口情况:出口东南亚、非洲等地区

★梁山通翔专用汽车制造有限公司
地址:山东省梁山县拳铺工业园区拳堂路东段
邮编:272624
电话:0537/7608777、15092676959
传真:7608777
网址:www. lstxgc. com
电子信箱:lstxgc@ 163. com
法定代表人:邱忠峰
质量体系:ISO 9001
产品情况:(梁翔牌)
半挂牵引车、液罐车、消防车、混凝土搅拌车、粉粒物料运输车、其他专用汽车

★山东盛润汽车有限公司
地址:山东省梁山县拳铺工业园区通亚路1号
邮编:272624
电话:0537/7608888、7608881
传真:7608883
网址:www. shengrunqc. com
电子信箱:shengrunqc@ 163. com
法定代表人:杨奉社
单位人数:1300
质量体系:ISO 9001
产品情况:(盛润牌)
LNG低温液体运输半挂车、LPG液化气体运输半挂车、易燃液体罐式运输半挂车、铝合金易燃液体罐式运输半挂车、铝合金运油半挂车、罐式集装箱、粉粒物料运输半挂车、普通半挂运输车等
出口情况:出口世界多个国家和地区

★梁山新宇车业研发制造有限公司
地址:山东省梁山县梁山镇工业园济梁公路孙庄大桥南1公里路东
邮编:272627
电话:0537/7795966、13954707798
传真:7795866
网址:www. lsxygc. cn
电子信箱:lsxycy@ 126. com
法定代表人:解来新
单位人数:750
质量体系:ISO 9001
产品情况:(斯派菲勒牌)
半挂车、粉粒物料运输车、油罐车、混凝土搅拌车、半挂集装箱和自卸车等
出口情况:出口东南亚、非洲等地区

★梁山华鲁专用汽车制造有限公司
地址:山东省梁山县东环城路东首
邮编:272699
电话:0537/7337999
电子信箱:hl@ hualuguache. com
法定代表人:马克涛
产品情况:(华鲁业兴牌)
各种系列半挂车、集装箱、运输车、厢式货车、自卸车、全挂车

★山东郓城开瑞专用车制造有限公司
地址:山东省菏泽市郓城县杨庄集镇后孙庄村
邮编:274700
电话:18653038555
电子信箱:sdyckr@ 163. com
法定代表人:高兴周
负责人:孙清强
质量体系:ISO 9001
产品情况:(郓拓牌)
低平板挂车、栏板挂车、厢式挂车、仓栅式半挂车、罐式车、自卸挂车及特种车等上百种产品

★山东郓城中运通挂车制造有限公司
地址:山东省郓城县杨庄集工业园区
邮编:274700
电话:0530/6480777、15020182999
传真:6477666
网址:www. sdzyt. com. cn
法定代表人:李洪德
质量体系:ISO 9001
产品情况:(中郓通牌)
半挂车、爆破器材运输车等专用车
出口情况:部分产品远销南亚、东南亚的多个国家和地区

★山东郓城骏通专用车有限公司
地址:山东省郓城县杨庄集工业园区
邮编:274700
电话:0530/6486018、18865065555
传真:6486018
网址:www. shandongjuntong. com
电子信箱:417017135@ qq. com

法定代表人:李彦粉
产品情况:(辰陆牌)
专业生产半挂车、全挂车、集装箱运输车、厢式货车、特种车、厢式车、仓栅式车、自卸车、平板运输半挂车、平板式集装箱运输半挂车、平板半挂车、低平板半挂车、运油半挂车、罐式半挂车、仓栅式运输半挂车等140余种产品

★山东郓城金达挂车制造有限公司
地址:山东省郓城县杨庄集工业园区
邮编:274700
电话:0530/6488111、4009665811
传真:6488333
网址:www.sdjdzq.com
电子信箱:jinda@sdjdzq.com
法定代表人:王峰
产品情况:(梁郓牌)
专业生产挂车、标准半挂车、仓栅式半挂车、平板半挂车、厢式半挂车、集装箱运输半挂车、平板后翻自卸车、平板侧翻自卸车、翼开启厢式半挂车、下灰车、粉粒物料运输车、罐车系列等

★山东郓城新亚挂车制造有限公司
地址:山东省郓城县杨庄集工业园区
邮编:274700
电话:0530/6488999、4000047819
传真:6485999
网址:www.xinyaguache.com
法定代表人:袁相芮
单位人数:300
质量体系:ISO 9001
产品情况:(勇超牌)
半挂车、全挂车、自卸车等

★山东畅达专用车有限公司
地址:山东省郓城县杨庄集工业园区
邮编:274700
电话:0530/6489000、15206798899
网址:www.7600069.com
电子信箱:513038614@qq.com
法定代表人:李兆波
单位人数:300
产品情况:(倪盛牌)
侧翻半挂车自卸车、后翻半挂车自卸车、主车后翻自卸车、轿运车,集装箱运输车等特种车型

★山东郓城东旭专用车制造有限公司
地址:山东省郓城县杨庄集工业园区
邮编:274700
电话:0530/6718877、4000530878
传真:6718811
网址:www.dongxuzhuanqi.com
电子信箱:dx@dongxuzhuanqi.com
法定代表人:李兆友
产品情况:(郓翔牌)
油罐车、集装箱运输车、自卸车、各种系列半挂车、全挂车、厢式货车等

★山东郓城宏东专用车制造有限公司
地址:山东省郓城县杨庄集工业园区
邮编:274700
电话:0530/6757111、6368000
传真:6717988
网址:www.sdhdgc.com
电子信箱:sdhdgc@126.com
法定代表人(负责人):陈念堂
质量体系:ISO 9001
产品情况:(新宏东牌)
半挂车、厢式车、仓栅车、罐式车、自卸车及特种车6大系列100余种产品

★山东郓城欧亚专用车有限公司
地址:山东省郓城县杨庄集工业园区
邮编:274700
电话:0537/7199990、15092749998
网址:www.oyzyccj.com
法定代表人:黄洪沛
产品情况:(鑫凯达牌)
半挂车、梁山挂车、散装水泥罐车、低平板半挂车、侧翻自卸半挂车、轿运车、自卸式半挂车、集装箱运输车、水泥罐车、二手车头等产品

★山东郓城诚信达专用车有限公司
地址:山东省郓城县杨庄集镇工业园区
邮编:274700
电话:0530/6486088、4000982006
传真:6486066
网址:www.sdcxdgc.com.cn
电子信箱:sdcxdgc@126.com
法定代表人:苗生辉
单位人数:200
质量体系:ISO 9001
产品情况:(诚信达牌)
轻型半挂车、仓栅式运输车、厢式车、自卸车、骨架车、工程运输车、粉粒物料运输车、乘用车辆运输车等系列半挂车,以及清洁车、环卫车、消防车等特种车辆

★山东郓城成达专用汽车制造有限公司
地址:山东省郓城县杨庄集镇工业园区001号
邮编:274700
电话:0530/69985132、15853112952
传真:69985133
网址:www.sdyccd.com
电子信箱:cd@chengdaguache.com
法定代表人:程爱荣
单位人数:520
质量体系:ISO 9001、ISO 14001
产品情况:(成事达牌、雨辰牌)
集装箱平板半挂车、集装箱运输车、主车、半挂自卸车、各种系列半挂车、全挂车、厢式货车、车辆运输车、上海50挂、天津60挂车,车辆吨位从8t至60t

★山东郓城佳运挂车制造有限公司
地址:山东省郓城县杨庄集工业园区
邮编:274717
电话:0530/6769777、4006880187
传真:6860666
网址:www.jiayungc.com
法定代表人:李法运
质量体系:ISO 9001
产品情况:(佳郓牌)
半挂车、全挂车、厢式车、仓栅车、自卸车、水泥散装车、混凝土搅拌车、车辆运输车、集装箱运输车、供应低平板半挂车、改装车、库存车、加长加宽车,低承面半挂车,特种作业车

★山东郓城永兴挂车制造有限公司
地址:山东省郓城县杨庄集工业园区88号
邮编:274717
电话:18753766633、17039005678
网址:www.sdychdgc.com
电子信箱:187537666332@163.com
法定代表人:李广恩
负责人:陈念堂
质量体系:ISO 9001
产品情况:(广恩牌)
半挂车、厢式车、仓栅车、罐式车、自卸车及特种车6大系列100余种产品
出口情况:远销亚洲、欧洲、非洲10多个国家和地区

★郓城瑞达专用车制造有限公司
地址:山东省郓城县杨庄集镇北闫庄村
邮编:274717
电话:15166700099、15063739099
网址:www.sdrdgcw.com
电子信箱:947256679@qq.com
法定代表人:李若洋
单位人数:600
质量体系:ISO 9001
产品情况:(瑞郓牌)
全挂车、半挂车、仓栅车、低平板运输车,集装箱运输车,自卸车,散装水泥车,水泥搅拌车,特种车共6大系列,100余种产品

★山东建宇特种车辆有限公司
地址:山东省郓城县日东高速公路随官屯养护工区001号
邮编:274721
电话:0530/6420688
传真:6422555
电子信箱:sdyj123@163.com
法定代表人:于爱云
质量体系:ISO 9000
产品情况:(建宇牌、中运牌、路飞牌)
半挂车、仓栅式运输半挂车、车辆运输半挂车、平板自卸车、平板半挂车等专用车

★巨野金牛车业有限公司
地址:山东省菏泽市巨野县北环路东段
邮编:274900
电话:0530/2022123、18865091234
传真:2023123

网址:www. jyjncy. com
电子信箱:sales@ jyjncy. com
法定代表人:宋德恩
质量体系:ISO 9001
产品情况:(祥荷牌)
半挂车等

★菏泽京九特种汽车有限公司
地址:山东省菏泽市巨野县经济技术开发区
邮编:274900
电话:0530/8218667、4001861236
传真:2081239
网址:www. hzjulin. com
电子信箱:hzjingjiu@ 163. com
法定代表人:魏秋东
产品情况:纵伸式低平板半挂车、动力鹅颈、多轴线液压平板半挂车、四抽拉滑块升降半挂车、凹式半挂车桥、20~100t 低平板及超低平板半挂车系列,集装箱半挂车系列,轿车运输车系列,10~50t 多功能运输半挂车系列,80~1500t 以上可拼接式货台可升降重型全挂车系列,罐式、厢式、自卸等专用车辆

★山东巨野易达专用车制造有限公司
地址:山东省菏泽市巨野县麒麟镇工业园
邮编:274900
电话:0530/8115599、17853030188
传真:8115588
电子信箱:ydzqgs@ qq. com
法定代表人:杨玉界
质量体系:ISO 9001
产品情况:(麟州牌)
半挂车、垃圾车、扫路车、罐式车、仪表车等

★巨野通达专用车制造有限公司
地址:山东省菏泽市巨野县麒麟镇工业园区 1 号
邮编:274900
电话:0530/8263456、8265567
传真:8263456
电子信箱:juyetd@ 163. com
法定代表人:仝西连
质量体系:ISO 9001
产品情况:(麒强牌)
车辆运输半挂车、厢式车、仓栅式运输车、低平板运输半挂车等、半挂车

★山东世运专用汽车有限公司
地址:山东省巨野县高新技术开发区
邮编:274900
电话:0530/6139888、13853008668
传真:8289777
电子信箱:ymj750505@ 163. com
法定代表人:杨克超
产品情况:(世运牌)
集装箱运输车、自卸车系列,10~150t 低平板运输车,80~1200t 液压轴线重型货物运输车,特种车、半挂车
出口情况:出口南美洲、中东、非洲、东南亚等 40 多个国家和地区

★山东翔蒙车辆制造有限公司
地址:山东省临沂市河东区相公街道办事处刘家团村
邮编:276000
电话:0539/8848599、4001099878
传真:8848599
网址:www. sdxmcl. com
电子信箱:81310920@ qq. com
法定代表人:邵明松
负责人:刘永星
质量体系:ISO 9001
产品情况:(翔蒙牌)
栏板式半挂车、自卸车、仓栅式运输半挂车、集装箱式半挂车、厢式半挂车等并承接专用车的改装、设计等业务

★山东易阳消防车辆装备有限公司
地址:山东省临沂市兰山区工业园大阳路中段
邮编:276000
电话:0539/8520519、8520516
传真:8520516
电子信箱:2402562302@ qq. com
法定代表人:贾月飞
产品情况:(神泉牌)
森林消防车等

★山东省天河消防车辆装备有限公司
地址:山东省临沂市工业大道 57 号
邮编:276006
电话:0539/8354752、8362561
传真:8354753
网址:tianhe. firechina. cn
电子信箱:872199945@ qq. com
法定代表人:肖广亭
质量体系:ISO 9001、GJB 9001A
产品情况:(天河牌)
具有年产 1000 辆消防车的生产能力

★山东沂星电动汽车有限公司
地址:山东省临沂高新技术产业开发区
邮编:276017
电话:0539/7979566
传真:7979566
网址:www. yixingev. com
电子信箱:info@ yixingev. com
法定代表人:姜良峰
单位人数:500
质量体系:ISO 9001
产品情况:(中文牌、飞燕牌)
纯电动公交车、纯电动商务车、纯电动机场摆渡、纯电动旅游车

★山东铁马特种车辆制造有限公司
地址:山东省临沂市高新技术产业开发区沂河路北段
邮编:276017
电话:0539/2928388、7296601
传真:2928555
电子信箱:sdtiema@ 126. com
法定代表人:王培珍
产品情况:(大翔牌)
半挂车、专用车

★临沂强骏车辆有限公司
地址:山东省蒙阴县经济开发区
邮编:276200
电话:0539/4751111、4006168098
网址:www. qiangjuncheliang. com
法定代表人:张向红
产品情况:各种半挂式、仓栅车、自卸车、集装箱运输车、二类底盘改装

★山东锣响汽车制造有限公司
地址:山东省蒙阴县经济开发区
邮编:276200
电话:0539/4829829、4009675077
法定代表人:罗公祥
产品情况:(锣响牌)
各种全挂车、半挂车、集装箱运输车等

★山东九州汽车制造有限公司
地址:山东省蒙阴县经济开发区蒙山五路 006 号
邮编:276200
电话:0539/4837116、4008916669
传真:4758999
网址:www. mengyinjiuzhou. com
电子信箱:sdjzqc@ 126. com
法定代表人:孙玉忠
质量体系:ISO 9001
产品情况:(通广九州牌)
半挂车、全挂车、罐式车、自卸车、施救车、洒水车、公路养护车、道路清扫车等特种车

★海汇集团有限公司
地址:山东省莒县山东北路 36 号
邮编:276599
电话:0633/6269666
传真:6269678
网址:www. haihui. cn
电子信箱:6789@ haihui. cn
法定代表人:于波涛
质量体系:ISO 9001、ISO 14001
产品情况:(海汇牌)
电动清扫车、洒水车、洗扫车、压缩式垃圾车、清障车、低平板半挂车、吸尘车、吸污车、钩臂式垃圾车、自卸车等

★山东金华飞顺车辆有限公司
地址:山东省枣庄市山亭区西集镇驻地
邮编:277223
电话:0632/8512999、18763239699
传真:8512999
电子信箱:zhangke5167@ 163. com
法定代表人:卢金华
质量体系:ISO 9001
产品情况:(金华飞顺牌)
粉粒物料运输车、半挂车系列产品、车轮、汽车油箱、储气筒、消声器、车桥、汽车标牌等

★山东红荷专用汽车有限公司
地址:山东省枣庄市滕州经济开发区红荷大道77号
邮编:277599
电话:0632/5957175、5957176
传真:5957175
电子信箱:772827829@qq.com
法定代表人:刘体平
产品情况:(红荷北斗牌)
主要生产散装水泥罐车、自卸车、厢式运输半挂车、仓栅式运输半挂车、半挂车

河南省

★郑州佛光发电设备有限公司
地址:郑州市高新技术产业开发区冬青街50号
邮编:450001
电话:0371/67982828、67980055
传真:67847358、67980077
网址:www.zzfoguang.com
电子信箱:foguangfadian@126.com
法定代表人:雷红红
质量体系:GB/T 19001、GJB 9001B
产品情况:(豫陆牌)
生产军用方舱、专用车辆、特种电动机、新能源电站等系列产品

★河南海力特机电制造有限公司
地址:郑州市高新区瑞达路22号
邮编:450001
电话:0371/67988119
传真:67982119
网址:www.hpsmm.net
电子信箱:hpsmmw@sina.com
法定代表人:许智远
产品情况:(海力特牌)
多功能抑尘车

★郑州中美诺优房车有限公司
地址:郑州市经济技术开发区经北二路116号
邮编:450016
电话:4001651616
电子信箱:admin@bcroyal.com
法定代表人:李莉
产品情况:(诺优龙御牌)
旅居车、半挂车

★郑州宏达汽车工业有限公司
地址:郑州市经济开发区第二十二大街与南三环交叉口向南200米路东
邮编:450043
电话:0371/63591111、63592999
传真:63591356
网址:www.hdqc.com
电子信箱:hdqc@hdqc.com
法定代表人:张晓飞
质量体系:ISO 9001、ISO 14001
产品情况:(郑龙牌)
混凝土搅拌车、各种环卫机械与设施、半挂车、自卸车、厢式车、散装水泥车、运油车、清障车等
出口情况:远销澳大利亚、德国、沙特阿拉伯、蒙古国、巴基斯坦、孟加拉国、越南、缅甸等国家

★河南莱茵汽车制造有限公司
地址:河南省新郑市炎黄大道北50米
邮编:451150
电话:0391/55189105、4008581788
网址:www.rhine-star.com
电子信箱:sales_rhine@hnbenz.com
法定代表人:高建设
产品情况:主要产品有豪华商务车、旅居车、救护车、通信指挥车、售后服务车、防弹运钞车等

★郑州红宇专用汽车有限责任公司
地址:河南省中牟县建设南路32号
邮编:451450
电话:0371/62169171、4006000277
传真:62191866、62191868
网址:www.zzhongyu.net
电子信箱:hongyuzhuanqi@163.com
法定代表人:王建国
质量体系:ISO 9001
产品情况:(红宇牌)
主要生产冷藏保温车、爆破器材运输车、医疗废物转运车、危险化学品运输车、厢式运输车、罐式车、应急电源车、扫路车、炸药库、炸药厢及安防系统、军用方舱等系列产品;具备年产5000余辆改装车和5000余台套配套产品的生产能力
出口情况:远销中东、东南亚、大洋洲、南美洲、非洲等国家和地区

★郑州博歌车辆有限公司
地址:郑州市中牟汽车产业园
邮编:451468
电话:0371/56577880、56537868
传真:56537881
网址:www.bogecl.com
电子信箱:rentuoboge@163.com
法定代表人:严红军
单位人数:500
产品情况:(仁拓博歌牌)
混凝土搅拌车、干混砂浆车、桥梁检测维修车、隧道检测车、高空作业车五大类30余个品种

★郑州宇通重工有限公司
地址:郑州市经济技术开发区宇工路88号
邮编:451482
电话:4006621888
网址:www.yutongzg.com
电子信箱:zgservice@yutong.com
法定代表人:曹中彦
质量体系:ISO 9000
产品情况:(宇通牌)
纯电动环卫车辆,包括纯电动洗扫车、纯电动扫路车、纯电动吸尘车、纯电动高压清洗车、纯电动路面养护车、纯电动垃圾转运车等产品

★新乡市骏华专用汽车车辆有限公司
地址:河南省新乡市凤泉区大块镇陈堡工业园
邮编:453000
电话:0373/5416666、13403738588
传真:5418989
网址:www.xxjunhua.com
电子信箱:junhua808@163.com
法定代表人:李富军
质量体系:ISO 9001、GB/T 19001
产品情况:(骏强牌)
各式半挂车、厢式车、自卸车、全挂车、粉粒物料运输车(散装水泥车)、混凝土搅拌运输车、沥青洒布车、碎石封层车、旅居车以及特种车等

★新乡市华烁车辆有限公司
地址:河南省新乡市凤泉区卫北工业园区(宝山大道666号)
邮编:453000
电话:0373/3973158、3918789
传真:3973186
电子信箱:xxhuashuo@163.com
法定代表人:王绍磊
产品情况:(中基华烁牌)
主要产品由多功能电源车、纯电动系列环卫车、双燃料环卫车等

★河南新飞专用汽车有限责任公司
地址:河南省新乡市高新技术产业开发区新一街339号
邮编:453000
电话:0373/5066792、5119812
传真:5066791
网址:www.xfzyc.com
电子信箱:hnxfzyc@163.com
法定代表人:莫山
质量体系:ISO 9001
产品情况:(新飞牌)
冷藏车、保温车、旅居车、疫苗运输车、医疗废物转运车、爆破器材运输车、厢式运输车、军用方舱、军用通信车、军用文体车等冷藏、厢式、军工3大系列200余个品种
出口情况:远销欧洲、美洲、亚洲、非洲10多个国家和地区,特种结构专用车配装联合国维和部队

★新乡市新能电动汽车有限公司
地址:河南省新乡市高新区德源路111号
邮编:453000
电话:0373/5785855、4000360070
网址:www.xxhzxh.com
电子信箱:908632972@qq.com
法定代表人:徐勇
产品情况:具备年产5万辆电动汽车的生产能力

★河南高远公路养护设备股份有限公司
地址:河南省新乡市开发区高远路6号

邮编:453003
电话:0373/5068677、5068657
网址:www. chngaoyuan. com
电子信箱:plan@ chngaoyuan. com
法定代表人:刘廷国
产品情况:(圣工牌)
全自动沥青洒布车、同步碎石封层车、稀浆封层车、灌缝车、铣刨机、多功能养护车、除雪车等

★新乡市富士通车辆有限公司
地址:河南省新乡市陈堡工业园区
邮编:453012
电话:0373/5418792、4000062850
传真:5418792
网址:www. xxfstcl. com
电子信箱:3128159230@ qq. com
法定代表人:万红旗
产品情况:粉粒物料专用车、物流运输专用车、汽车运输专用车、集装箱运输专用车、厢式半挂车、自卸式半挂车等

★河南卫华特种车辆有限公司
地址:河南省长垣县大广高速与山海大道交汇处
邮编:453400
电话:0373/2157799、4000063699
传真:2157733
网址:www. wttzc. com
电子信箱:henanwt@ 126. com
法定代表人:姚瑞华
质量体系:GB/T 19001、GB/T 14001
产品情况:(卫特牌)
工业车辆、环境装备、专用汽车、高空作业及起重举升设备

★焦作市华鑫联合车辆有限公司
地址:河南省武陟县城北重工业区(龙源镇万花村村北)
邮编:454450
电话:0391/6319111、13938195086
传真:6319111
网址:www. jzhxcl. com
电子信箱:15993727802@ 163. com
法定代表人:刘龙梅
单位人数:148
产品情况:(华鑫联合牌)
低平板挂车、厢式挂车、仓栅式挂车、自卸挂车和各种高端技术特种车等产品

★河南皇马车辆有限公司
地址:河南省焦作市武陟县龙源路
邮编:454950
电话:0391/7282561
传真:7271943
网址:hnhmcl. com
电子信箱:henanhuangma@ 126. com
法定代表人:李世江
单位人数:300
质量体系:ISO 9001
产品情况:(老于牌)
主要产品为厢式半挂车、仓栅半挂车、高低板半挂车、侧翻自卸半挂车、水泥搅拌车、粉粒物料运输车、集装箱骨架车等系列产品

★河南省新里程车辆有限公司
地址:河南省焦作市武陟县龙源镇重工业园区工业路
邮编:454950
电话:0391/7207238、15939155398
传真:7207228、7207238
电子信箱:1195659244@ qq. com
法定代表人:云东平
产品情况:(云台牌)
低平板式半挂车、厢式半挂车、半挂车、防疫车

★河南顺达车辆有限公司
地址:河南省焦作市武陟县詹泗路三阳乡中段
邮编:454950
电话:0391/7205197、13703917087
网址:www. hnsdcl. com
电子信箱:henanshunda@ 163. com
法定代表人:马献成
单位人数:250
质量体系:ISO 9001
产品情况:(骏昌牌)
罐式半挂车、厢式半挂车、仓栅式运输半挂车、畜禽运输专用半挂车、集装箱运输半挂车、自卸半挂车、平板自卸车、低栏板半挂车、垃圾车等

★濮阳市龙欣专用汽车制造有限公司
地址:河南省濮阳市 106 国道濮范高速出口北 1000 米路东
邮编:457000
电话:0393/7654321
电子信箱:1470885802@ qq. com
法定代表人:王晓龙
产品情况:(龙挂牌)
主要生产全挂车、冷藏半挂车、集装箱半挂运输车、仓栅式车、厢式半挂车等特种车辆

★中原特种车辆有限公司
地址:河南省濮阳市大庆路南段
邮编:457001
电话:0393/4754413、4752837
传真:4754413
网址:www. zytpetro. com
电子信箱:sales@ zytpetro. com
法定代表人:戴相富
质量体系:ISO 9001、ISO 14001
产品情况:(中油牌)
钻井、修井、洗井清蜡、固压、采油气驱、测试、运输、工程保障及发电机组等系列特种车辆产品
出口情况:出口美国、加拿大、土库曼斯坦、苏丹、沙特阿拉伯等多个国家

★河南萬祥专用汽车生产有限公司
地址:河南省襄城县建设路 366 号
邮编:461000
电话:0374/3811777、15903741777
传真:3816777
网址:www. hnwxzq. com
电子信箱:1790445089@ qq. com
法定代表人:谭干
单位人数:310
产品情况:(萬祥牌)
半挂车
出口情况:出口中东、东南亚等海外区域市场

★河南路太养路机械股份有限公司
地址:河南省许昌市魏都民营科技园区宏腾大道
邮编:461000
电话:0374/8561999、4001686687
传真:8375888
网址:www. ltyh. cn
电子信箱:ltyh001@ 126. com
法定代表人:孙东坡
产品情况:(路太牌)
专业从事环卫清洁设备、除雪融冰设备、道路养护设备等专用车辆
出口情况:外销至北美洲、亚太、非洲等多个地区

★河南森源重工有限公司
地址:河南省长葛市魏武路 16 号
邮编:461500
电话:0374/6108256、6108169
传真:6108256
网址:www. senyuanhi. com
电子信箱:syzgxs@ hnsyec. com
法定代表人:楚金甫
单位人数:5000
质量体系:ISO 9001、ISO 14001
产品情况:(森源牌)
主要产品有四大系列:以混凝土搅拌运输车、混凝土高压泵车、汽车起重机、高空作业车为代表的工程系列;以多功能融雪车、洗扫车、多功能抑尘车、移动式水平垃圾压缩中转站为代表的环卫系列;以移动警务室、行政执法车、纯电动物流车以及电动乘用车为代表的纯电动专用和乘用系列;以 7t 轻型货车、12t 中型货车、18t 重型货车为主的商用车系列

★河南须河车辆有限公司
地址:河南省长葛市钟繇大道北段
邮编:461500
电话:0374/6221999、6216818
传真:6219799
电子信箱:68135512@ qq. com
法定代表人:乔秋生
产品情况:(白鸟牌)
流动舞台车、流动展示车、翼开启厢式车、翼开启厢式半挂车、侧开厢式配送车、侧卷帘式配送车、流动图书车、流动售卖车、快餐车、铝合金厢式车等系列专用车及其零部件

★河南志捷专用汽车有限公司
地址:河南省漯河市纬十路东段
邮编:462000
电话:0395/3222788、32222399
传真:3222399
电子信箱:hnzjqc@126.com
法定代表人:李顺安
产品情况:新能源汽车(环卫车、电动轻型货车)、半挂车、自卸车等

★驻马店中集华骏车辆有限公司
地址:河南省驻马店市雪松路中段
邮编:463000
电话:0396/2916415、2901703
传真:3811302、3813101
网址:www.hjcl.com
电子信箱:hjcl@hjcl.com
法定代表人:蒋启文
单位人数:2000
质量体系:ISO 9001、ISO/TS 16949
产品情况:(华骏牌)
主要产品有系列半挂车、自卸车、中置轴挂车、轿运车、厢式车、牵引杆挂车、特种车等,年生产能力40000余辆
出口情况:出口东南亚、非洲、中东、南美洲等30多个国家和地区

★驻马店大力天骏专用汽车制造有限公司
地址:河南省驻马店市驿城大道装备集聚区
邮编:463000
电话:0396/3333313
传真:3311161
网址:www.zmdtjcl.net
电子信箱:xiaoshou@zmdtjcl.com
法定代表人:吴三刚
单位人数:700
质量体系:ISO/TS 16949、ISO 9001
产品情况:(天骏德锦牌)
主要生产各类半挂车、自卸车、城市用车等及其他特种车辆
出口情况:产品批量直接、间接出口到中东、南亚、南非等国家和地区

★河南航天特种车辆有限公司
地址:河南省信阳市北京路187号
邮编:464000
电话:0376/3708034
法定代表人:陈雪梅
产品情况:地面设备、特种车辆改装

★河南金马集团车辆有限公司
地址:河南省固始县蓼北路与204省道交叉路口
邮编:465200
电话:0376/4999678、4994988
传真:3017777
电子信箱:467552707@qq.com
法定代表人:王锋
质量体系:ISO 9001
产品情况:(金马通牌)
半挂车

★河南中力新能源汽车制造有限公司
地址:河南省平顶山市新城区育英路1号
邮编:467000
电话:13403742773
网址:www.zlxny.net
电子信箱:zlxny@zlxny.net
法定代表人:张孝阳
单位人数:1100
产品情况:主要产品有纯电动环卫车、纯电动运输车、纯电动大巴车及大型纯电动矿山用车

★河南力霸液压机械集团有限公司
地址:河南省汝州市产业集聚区
邮编:467500
电话:0375/7232111、13396259911
网址:www.58hnlbjt.com
法定代表人:杨可可
产品情况:(霸申特牌)
轻量化半挂车、全挂车、罐车、集装箱半挂车、仓栅式半挂车、自卸半挂车、压缩式垃圾车

★河南豪骏专用车车辆有限公司
地址:河南省汝州市许襄工业园区
邮编:467500
电话:0375/6961888、6618666
传真:6617666
电子信箱:513719372@qq.com
法定代表人:杨俊峰
产品情况:(豪骏昌牌)
各种半挂车、侧翻半挂车、厢式半挂车、低平板半挂车、自卸车、半挂自卸车、后翻自卸车

★中建机械洛阳有限公司
地址:河南省洛阳市西工区国花路50号
邮编:471000
电话:0379/62302706、62303008
网址:www.csceclymc.com
电子信箱:sales@csceclymc.com
法定代表人:申继军
质量体系:ISO 9001
产品情况:(世联牌)
混凝土搅拌站、混凝土搅拌运输车、抢修工程车、救险车、扫路车等
出口情况:远销越南、尼日利亚、阿尔及利亚、孟加拉国、文莱等国家

★洛阳中集凌宇汽车有限公司
地址:河南省洛阳市洛龙区关林路与经二路交叉口
邮编:471023
电话:0379/65937600
传真:65937675
网址:www.lingyu.com
电子信箱:info@lingyu.com
法定代表人:李志敏
质量体系:ISO 9001、ISO/TS 16949
产品情况:(朗宸牌、凌宇牌)
罐式专用车、环卫设备、冷藏保温车三大系列产品
出口情况:出口海外市场

★河南骏通车辆有限公司
地址:河南省三门峡市陕县世纪大道北段
邮编:472143
电话:0398/3813333、4000680398
传真:3810889
网址:www.hnjtcl.com
电子信箱:hnjtcl@126.com
法定代表人:潘建锋
质量体系:ISO 9001
产品情况:(骏通牌)
主要生产自卸车、半挂车、罐式车、冷链运输车、起重举升类专用车、多轮驱动专用车6大系列200多个产品
出口情况:远销俄罗斯、乌兹别克斯坦、吉尔吉斯斯坦、安哥拉、越南、阿尔及利亚、智利、秘鲁等多个国家和地区

★河南红宇特种汽车有限公司
地址:河南省南阳市高新区二号工业园银丰街268号
邮编:473000
电话:0377/62375816、4006377963
传真:62375880
网址:www.hongyuspv.com
电子信箱:hytcgsb@163.com
法定代表人:华道理
质量体系:ISO 9001
产品情况:(红宇牌)
电源车、发电车、照明车、抢险车、抢修车、移动应急电源车、排涝车、水质检测车等特种用途的工程用车及密封自卸式垃圾车、车厢可卸式垃圾车、餐厨垃圾车、吸粪车、洒水车等特种车辆及生活垃圾压缩机等环卫设备

★西奈克消防车辆制造有限公司
地址:河南省南阳市高新区纬十路与经十路交叉口
邮编:473000
电话:0377/83986808、83986809
传真:83986807
网址:www.xnkfire.com
电子信箱:nyfbxf@126.com
法定代表人:白双建
产品情况:主要生产防爆消防车、特种消防车、其他特种车辆和消防装备,年产各类消防车辆150辆

★河南宜和城保装备科技实业有限公司
地址:河南省南阳市两相东路18号
邮编:473000
电话:0377/63559077、4000800667
传真:63593288
网址:www.nyyihe.com.cn
电子信箱:yh63593266@126.com
法定代表人:孙健军
质量体系:ISO 9001
产品情况:(宜和牌)
抢险车、电源车、照明车、排涝车四大系列30余种型号产品

★河南中光学神汽专用车有限公司
地址:河南省南阳市高新技术产业开发区北京路1218号
邮编:473006
电话:4009010023
网址:www.hn-tz.com
电子信箱:3349280339@163.com
法定代表人:任重
质量体系:ISO 9001、GJB 9001A
产品情况:(风潮牌)
混凝土搅拌车、邮政车、旅居车、垃圾运输车、半挂散装水泥车、特种作业车,其他货车、半挂车,野营淋浴车、防化淋浴车等军用后勤保障车、电源车等

★南阳二机石油装备集团股份有限公司
地址:河南省南阳市中州西路869号
邮编:473006
电话:0377/63577563、63577818
传真:63577539
电子信箱:star-qq9@163.com
法定代表人:杨汉立
质量体系:ISO 9001
产品情况:(华石牌、RG牌)
车装钻机、橇装模块钻机、拖挂钻机、修井机、测井装备等12大系列200多个品种
出口情况:低温钻机系列产品批量出口俄罗斯、加拿大等高端市场

★河南凯达汽车有限公司
地址:河南省邓州市产业集聚区港粤工业园
邮编:474100
电话:0377/83989998
网址:www.kdauto.com.cn
电子信箱:gygyyoffice@163.com
法定代表人:胡亚运
产品情况:(凯恒达牌)
商用车包含普通载货、自卸、仓栅、半挂牵引、厢式、平板、随车吊、搅拌罐8大系列产品;专用车包含钩臂式垃圾车、洒水车、对接车、挂桶车、吸污车、路面养护车、抑尘车、洗扫车等

★河南通宇新源动力有限公司
地址:河南省西峡县仲景大道东段999号
邮编:474500
电话:0377/69726869、13849776308
传真:69726869
网址:www.hntyzyc.com
电子信箱:2977598238@qq.com
法定代表人:王勇源
产品情况:(源首牌)
市政环卫车辆和环卫装备、半挂车辆、新能源环卫车辆、新能源物流车辆,新能源汽车动力系统总成

★奇瑞汽车河南有限公司
地址:河南省开封市自贸试验区开封片区宋城路99号
邮编:475000
电话:0371/23330249、23330335
网址:www.karryauto.cn
电子信箱:shiwei4@mychery.com
法定代表人:鲍思语
质量体系:ISO 9000
产品情况:(开瑞牌)
开瑞微车、MPV、仓栅式运输车

★河南飞龙工程机械制造有限公司
地址:河南省兰考县产业集聚区未来大道1号
邮编:475300
电话:0371/23303666、4006226669
传真:22592689
网址:www.hnxfg.com
电子信箱:fl666999@sina.com
法定代表人:王建峰
质量体系:ISO 9001
产品情况:(新飞工牌、飞工牌)
汽车起重机、车厢可卸式垃圾车、洒水车、清障车、高空作业车、混凝土臂架泵车
出口情况:远销巴基斯坦、南非、俄罗斯、伊朗、沙特、尼日利亚、芬兰等国家和地区

★商丘市宇畅挂车制造有限公司
地址:河南省商丘市北海路999号
邮编:476000
电话:0370/2930006、2930009
电子信箱:341509354@qq.com
法定代表人:牛卫红
质量体系:ISO 9001
产品情况:(宇畅牌)
全挂车、半挂车、低平板半挂车、自卸半挂车、集装箱运输半挂车、油罐车等
出口情况:出口俄罗斯、哈萨克斯坦等国家

★河南松川专用汽车有限公司
地址:河南省商丘市民权高新技术产业园区
邮编:476000
电话:0370/5065666、5068228
传真:8571019
网址:www.sc-auto.cn
电子信箱:hnsclcc@163.com
法定代表人:刘飞
单位人数:200
产品情况:(松川牌)
冷藏车、保温车、邮政车、厢式运输车、军用方舱、半挂车等

★商丘市通达专用车辆制造有限公司
地址:河南省虞城县产业集聚区工业大道西段南侧
邮编:476000
电话:0370/4132888、4133888
传真:4133888
电子信箱:584147079@qq.com
法定代表人:徐文连
质量体系:ISO 9001
产品情况:(智慧树牌)
半挂车、仓栅式运输半挂车、低平板半挂车、粉粒物料运输半挂车、集装箱运输半挂车、厢式运输半挂车、自卸半挂车、自卸车、油罐车、混凝土搅拌车等
出口情况:出口哈萨克斯坦、塔吉克斯坦、越南、马来西亚、中东、东南亚、非洲等国家和地区

★河南冰熊专用车辆制造有限公司
地址:河南省民权县冰熊大道1号
邮编:476800
电话:0370/8508888、4006594796
网址:bingxiong.net.cn
电子信箱:liuqing@bingxiong.com.cn
法定代表人:陆鑑青
单位人数:580
质量体系:ISO 9001、GJB 9001A
产品情况:(冰熊牌)
冷藏车、保温车、厢式运输车、邮政车、移动通信车、半挂车、军用宣传文化车、野营淋浴车等系列专用车和军用方舱
出口情况:远销泰国、中东、中亚、非洲等国家和地区,并销往中国香港地区

★河南英泰汽车制造有限公司
地址:河南省民权县高新产业技术开发区电力大道南段东
邮编:476800
电话:0370/5061766、13683700839
传真:5063766
网址:www.hnytqc.com
法定代表人:张秀金
单位人数:300
产品情况:(中原冷谷牌)
新型轻量化冷藏车、半挂保温车、军用方舱、新能源汽车系列产品等

湖北省

★湖北三六一一特种装备有限责任公司
地址:武汉市汉南区纱帽街通江四路16号
邮编:430011
电话:027/82886018、18702773988
传真:82341149
网址:www.whtzqc.com
电子信箱:642870168@qq.com
法定代表人:邓先义
单位人数:200
质量体系:ISO 9002
产品情况:(云鹤牌)
水泥、石灰粉等罐车,加油车、运油车、洒水车等液罐车,消防车

★武汉九通汽车厂
地址:武汉市汉西路常码头特2号
邮编:430023
电话:027/83512081
传真:83529496

网址:www. wuhanjiutong. com
法定代表人:秦少靖
单位人数:800
质量体系:ISO 9001
产品情况:(九通牌)

压缩式、多功能对接式、密封自卸式、自装自卸式、车厢可卸式等不同吨位、不同型号的环卫车;机场除雪车、机场清扫车、机场场务工程车、多功能割草机等机场保障设备

★扬子江汽车集团有限公司
地址:武汉市东西湖区金潭路18号
邮编:430040
电话:027/83824929
传真:83833831
网址:www. dfyzjev. com
电子信箱:yzjqc001@163. com
法定代表人:吴天才
负责人:黄修瑞
质量体系:ISO/TS 16949
产品情况:(扬子江牌)

已形成了6~18m柴油、CNG、LNG、新能源、无轨电车等多种车辆产品系列,广泛应用于全国城市公共交通系统

出口情况:远销缅甸、秘鲁、孟加拉国、泰国等海外市场

★武汉新光专用汽车制造有限公司
地址:武汉市东西湖区银柏路51号
邮编:430040
电话:027/83097153、84705811
传真:83090252
电子信箱:info@zynkon. com
法定代表人:王秀峰
质量体系:ISO 9001
产品情况:(新环牌、五环牌)

高压清洗车、吸污车、联合疏通车、工程抢险车、管道检测车等5大系列共计近30个品种的专用汽车

★武汉市汉福专用车有限公司
地址:武汉市东西湖区柏泉银柏路288号
邮编:430050
电话:027/84511831、4009692959
网址:www. whhfzyc. cn
电子信箱:sales@whhfzyc. com. cn
法定代表人:池永洲
质量体系:ISO 9001、ISO 14001
产品情况:(金银湖牌)

洒水车、喷雾压尘车、农药喷洒车、路面清洗车、管道疏通车、真空吸污车、吸粪车、洗扫车、吸尘车、餐厨垃圾车、车厢可卸式垃圾车、污泥运输车、高空作业车等专用车辆

出口情况:远销亚洲、非洲等地区

★湖北省消防器材厂
地址:武汉市汉阳区琴断口米粮山新村140号
邮编:430051
电话:027/84657063、15002709555
传真:84657285
网址:www. hjxfc. com
电子信箱:hbhjxfc@163. com
法定代表人:郭红松
质量体系:ISO 9000
产品情况:(汉江牌)

水灌及泡沫消防车、抢险救援消防车、举高消防车和A类泡沫消防车、干粉泡沫联用消防车等

★武汉客车制造股份有限公司
地址:武汉市江夏区阳光大道16号
邮编:430051
电话:027/50752999、50753666
传真:50753703
网址:www. whkc. net. cn
电子信箱:whcs@163. com
法定代表人:高庆寿
质量体系:GB/T 19001、GJB 9001A
产品情况:(华中牌)

军改车、专用工程车、公路客车、团体客车、公交客车、新能源商用车等

★武汉市政环卫机械有限公司
地址:武汉市经济开发区东风大道东荆河路556号
邮编:430051
电话:027/84882133、84868660
传真:84637071
网址:www. szhwjx. com
电子信箱:dj@szhwjx. com
法定代表人:尚培珍
质量体系:GB/T 19001、GB/T 24001
产品情况:(皇冠牌)

下水道联合疏通车、吸污车、清洗车、吸引压送罐车、垃圾车(摆臂式垃圾车、车厢可卸式垃圾车)、洒水车、吸粪车、污泥自卸车等

出口情况:出口印度尼西亚、孟加拉国等国家

★东风特种汽车武汉有限公司
地址:武汉市经济技术开发区凤凰工业园
邮编:430056
电话:027/52302954、52302977
传真:52302963
电子信箱:sales@schmitz-wuhan. cn
法定代表人:王剑锋
产品情况:(卡歌福牌)

仓栅式运输半挂车、平板式运输半挂车等

★武汉运盛特种汽车制造有限公司
地址:武汉市武昌区白沙洲大道堤后街528号
邮编:430065
电话:027/88866812、88866283
传真:88866833
网址:www. vimsome. com
电子信箱:ystq@vimsome. com
法定代表人:刘雪萍
产品情况:(宏大牌)

吸引压送车、联合疏通车等

★武汉龙安集团有限责任公司
地址:武汉市洪山区民院路124号
邮编:430074
电话:027/52111887、52111991
电子信箱:3255520059@qq. com
法定代表人:徐卫
质量体系:ISO 9001
产品情况:(卓通牌、龙安牌)

移动电离层应急监测车、勇士车载通信车、机动指挥控制车、综合指挥通信车等

★武汉中正化工设备有限公司
地址:武汉市青山区武东街武东中路18号C区
邮编:430084
电话:027/68867358
网址:www. wuhanzz. com
电子信箱:zz@wuhanzz. com
法定代表人:肖金安
质量体系:ISO 9001
产品情况:(四六牌)

液化气体运输半挂车、液化气体运输车、化工液体运输车、天然气运输车、半挂车

★武汉洁力环卫汽车装备有限公司
地址:武汉市汉南区经济技术开发区兴城大道兴二路248号
邮编:430090
电话:027/84755888、4000386878
传真:84858555
网址:www. hbwlcl. com
电子信箱:hbwlcl@163. com
法定代表人:黄国喜
质量体系:ISO 9001、ISO 14001
产品情况:(琴台牌)

洒水车、高压清洗车、吸粪车、垃圾车、加(运)油车、随车起重运输车、散装水泥粉粒物料车、厢式车、自卸车、半挂车、垃圾处理设备等多个系列的产品

出口情况:出口东南亚地区

★武汉斯贝卡专用汽车有限公司
地址:武汉市蔡甸区常福新城工业园常兴路特6号
邮编:430120
电话:027/69573338
传真:69573318
网址:www. speka. cn
电子信箱:speka@vip. 163. com
法定代表人:杨骏
质量体系:ISO 9001
产品情况:(武工牌)

主要产品有粉粒物料运输车、散装水泥车、半挂车、密闭式自卸车、仓栅式车、平板厢式车、混凝土搅拌车、环卫车(洒水车)、运油车、油田专用车系列(包括修井车、固井车、下灰车等)、铁

路抢修车、勘察车、防疫车等各式特种商用车,纯电动汽车等新能源车辆

★山推楚天工程机械有限公司
地址:武汉市东湖新技术开发区光谷三路628号
邮编:430200
电话:027/81611351、86636734
传真:86636833
网址:www.shantui.com
电子信箱:hanqy@shantui.com
法定代表人:盛华
质量体系:ISO 9001
产品情况:(楚天牌)
混凝土泵车、混凝土搅拌运输车等混凝土工程机械及其配件

★中船重工应急预警与救援装备股份公司
地址:武汉市江夏区庙山开发区阳光大道5号
邮编:430200
电话:027/87970446
传真:87970222
网址:www.china-huazhou.com
电子信箱:chinaharzone@163.com
法定代表人:余皓
质量体系:ISO 9001、ISO 14001
产品情况:(哈盛华舟牌)
特种装填车、整体自装卸补给车、软路面铺路车、道路综合保障车等
出口情况:出口亚洲、非洲、拉丁美洲等30余个国家和地区

★武汉滨湖电子有限责任公司
地址:武汉市东湖新技术开发区流芳大道51号
邮编:430205
电话:027/51875013、51895656
传真:51895654
网址:www.chinasouth.com.cn
电子信箱:binhujsw@public.wh.hb.cn
法定代表人:邓立加
产品情况:(湖光牌)
道路检测车、旅居车

★武汉神骏专用汽车制造股份有限公司
地址:武汉市黄陂区滠口经济开发区
邮编:430311
电话:027/61865958、82875601
传真:82922536
网址:www.027shenjun.com
法定代表人:余湘
质量体系:ISO 9001
产品情况:(神骏牌、超力牌)
液压大吨位组合式多功能运输车、专用运梁车、超长/超宽/超重等特型半挂车和港口专用、集装箱运输、车辆运输、厢式、栏板式运输半挂车等
出口情况:出口美国、新西兰、波兰、韩国、新加坡、荷兰、菲律宾、刚果、安哥拉、埃及、巴基斯坦、苏丹等国家

★湖北精功科技有限公司
地址:武汉市黄陂盘龙城经济开发区巨龙大道211号
邮编:430312
电话:027/61871100、4008510501
网址:www.hbjgtec.com
电子信箱:348415385@qq.com
法定代表人:孙大可
质量体系:ISO 9001
产品情况:(精工楚天牌)
具备年生产各种环卫设备800余台套、各类环卫车辆1000辆的生产能力

★天门市江汉三机特车有限责任公司
地址:湖北省天门市天门经济开发区南洋大道59号
邮编:431700
电话:0728/4851259、13872996961
传真:4851259
电子信箱:jsj@jsjsv.com
法定代表人:刘永革
质量体系:ISO 9001、GB/T 19001
产品情况:(三机牌)
油田专用改装车辆,各类下灰罐,抽油机系列,半挂车,D1、D2级压力容器等
出口情况:出口中东、中亚、南美洲、非洲等地区

★中石油江汉机械研究所有限公司
地址:湖北省荆州市荆州开发区沙岑路9号
邮编:434000
电话:0716/8239445、8120651
传真:8222483
电子信箱:693385649@qq.com
法定代表人:袁进平
质量体系:ISO 9001
产品情况:(海智达牌)
吸污车、连续油管作业车、连续油管作业半挂车

★湖北中油科昊机械制造有限公司
地址:湖北省荆州市荆州区九阳大道16号
邮编:434000
电话:0716/8189016、8268511
传真:8268522
网址:www.petrokh.com
电子信箱:sales@petrokh.com
法定代表人:赵晓
质量体系:ISO 9001
产品情况:(科昊牌)
压裂车、固井车、混砂车等

★湖北佳业石油机械股份有限公司
地址:湖北省荆州市荆州区西环路238号
邮编:434022
电话:0716/8020617、8020627
传真:8020573
网址:www.jypetro.com
电子信箱:jyoverseas@jypetro.com
法定代表人:李宁
质量体系:ISO 9001
产品情况:(佳虎牌)
油田特种车辆

★中石化四机石油机械有限公司
地址:湖北省荆州市荆州区四机路1号
邮编:434024
电话:0716/8429150、8429076
传真:8429152
电子信箱:jxgs.oset@sinopec.com
法定代表人:王庆群
质量体系:ISO 9001
产品情况:(石油四机牌、四机牌)
固井水泥车、混砂车、压裂车、修井机、钻机车、压裂管汇车、连续油管作业车等
出口情况:出口美国、加拿大等近30个国家

★四机赛瓦石油钻采设备有限公司
地址:湖北省荆州市荆州区西环路
邮编:434024
电话:0716/8012162、8014727
电子信箱:sjs@servacorp.com
法定代表人:谢永金
质量体系:ISO 9001
产品情况:(赛瓦牌)
仪表车、固井水泥车、压裂车、固井车、环空注入车、油田专用绞车及其他油田专用车辆
出口情况:出口美国、墨西哥、尼日利亚、新加坡、印度等国家

★湖北四钻石油设备股份有限公司
地址:湖北省荆州市荆州区西环路39号
邮编:434024
电话:0716/8429598
传真:8429598
网址:www.hbszpetro.com
电子信箱:xiaoshou@hbszpetro.com
法定代表人:张兴农
质量体系:ISO 9001
产品情况:(四钻牌)
水泥车、压裂车、修井机、抽油机、石油钻井平台转盘成套设备、钻机泥浆固控系统、伸缩油缸、高压胶管、压裂柱塞泵、取力器、热交换器、气动卡瓦、液压大钳等石油钻采设备及配件
出口情况:出口美国、加拿大、哈萨克斯坦、缅甸、中东等国家和地区

★合加新能源汽车有限公司
地址:湖北省咸宁高新技术产业园金桂路238号
邮编:437100
电话:0715/8906661、8900961
网址:www.hbhjee.com
电子信箱:hbhejia@126.com
法定代表人:胡新灵
质量体系:ISO 9001、ISO 14001
产品情况:(合加牌)

新能源环卫专用车等，拥有环卫专用车年产能1万辆、各类环保设备产能3000台套

★湖北超亿科技有限公司
地址：湖北省襄阳市高新技术产业开发区苏州大道
邮编：441004
电话：0710/2869006、2869008
传真：2869000
电子信箱：hbchaoyi@hbchaoyi.com
法定代表人：谢帮文
质量体系：ISO 9001、ISO/TS 16949
产品情况：（超亿威科牌）
自装卸式垃圾车、厢式运输车、纯电动新能源整车等

★湖北江山专用汽车有限公司
地址：湖北省襄阳市高新区日产工业园新星路6号
邮编：441004
电话：0710/3085325、3085323
传真：3347769
网址：www.hbjszq.com
电子信箱：hbjszqwm@163.com
法定代表人：漆燚
单位人数：500
质量体系：ISO 9001
产品情况：（江山神剑牌）
粉粒物料自卸车、粉粒物料运输车、普通自卸汽车、森林灭火车、油罐车、洒水车等特种运输车辆

★襄阳新中昌专用汽车股份有限公司
地址：湖北省襄阳市汽车产业开发区名城路中段新中昌工业园
邮编：441004
电话：4008550710、15586837888
传真：0710/3328929
网址：www.xzccj.com
电子信箱：xyxzccj@163.com
法定代表人：冯义强
质量体系：ISO 9001
产品情况：（中昌牌）
生产各类冷藏车、保温车、蔬菜售卖车、油罐车、洒水车、半挂车、仓栅车、爆破器材运输车、飞翼车、翼开启厢式运输车、LED广告宣传车、LED舞台车、混凝土搅拌车、消防车等专用汽车；同时改装销售各种型号的高级服务车：邮政车、防爆车、环卫车、吸粪车、清障车、随车起重运输车、医疗车、高空作业车、化工液体车、加油车等
出口情况：冷藏车、飞翼车、消防车等远销国外

★湖北东润汽车有限公司
地址：湖北省襄阳市高新区深圳工业园特88号
邮编：441100
电话：0710/2579666、4008602690
传真：2579666
网址：www.hbdongrun.com
电子信箱：dongrun@hbdongrun.com
法定代表人：李青山
产品情况：（东润牌）
主导产品包含仓栅车、栏板车、罐式车、厢式快递运输车、集装箱运输骨架车、轿运车、冷藏车、新能源车等几大系列140余种

★湖北海立美达汽车有限公司
地址：湖北省枣阳市人民南路27号
邮编：441200
电话：0710/6317572、4006183959
电子信箱：hbftqc@163.com
法定代表人：宋华伟
质量体系：ISO/TS 16949、ISO 9001
产品情况：（欧曼牌）
常压危化品罐式车辆、固体液体罐式运输车、自卸车、半挂厢式车、冷藏车、冷柜、城市环卫以及绿色环保电动车
出口情况：出口玻利维亚、莫桑比克、阿尔及利亚、缅甸、伊朗、朝鲜、乌拉圭、巴基斯坦、古巴等国家

★湖北合力专用汽车制造有限公司
地址：湖北省随州市北郊星光工业园1号
邮编：441300
电话：0722/3330101、13339899756
传真：3330103
网址：www.szhlqc.com
电子信箱：szhlqc@126.com
法定代表人：肖志强
单位人数：1000
质量体系：ISO 9001
产品情况：（神狐牌）
混凝土搅拌车、粉粒物料运输车、散装水泥车、运油车、流动加油车、绿化洒水车、农药喷洒车、压缩式垃圾车、摆臂式垃圾车、挂桶式垃圾车、随车起重运输车、化工液体运输车、半挂车、17m低平板半挂车、仓栅式半挂车、散装水泥半挂车、化工液体半挂车、运油半挂车、高空作业车、清障车、消防车等300多个产品
出口情况：出口俄罗斯、丹麦、格鲁吉亚、哈萨克斯坦、阿尔及利亚、澳大利亚、巴哈马等国家

★湖北江南专用特种汽车有限公司
地址：湖北省随州市北郊星光工业园特1号
邮编：441300
电话：0722/3330168、3328313
传真：3328313
网址：www.jndfzt.com
电子信箱：jinzyqcc@163.com
法定代表人：甘子林
质量体系：ISO 9001
产品情况：（江特牌）
主要产品有东风油罐车系列，东风洒水车系列，东风厢式、冷藏、保温系列，散装水泥车系列，市政、环卫专用车系列（随车起重运输车、高空作业车、道路清障车、消防车、洒水车、吸粪车、吸污车、高压清洗车、垃圾自卸车、压缩自卸车）及教练车等9大系列
出口情况：部分产品远销东南亚、非洲、中东、南美洲等地区

★湖北新东日专用汽车有限公司
地址：湖北省随州市高新技术产业园区编钟大道15号
邮编：441300
电话：0722/3815888、3828555
传真：3330909
网址：www.drxfw.com
电子信箱：357749196@qq.com
法定代表人：张礼兵
产品情况：（新东日牌）
市政系列（消防车、清障车、高空作业车），环卫系列（洒水车、垃圾车、吸污车、吸粪车、高压清洗车、清扫车），罐式系列（混凝土搅拌车、散装水泥车），厢式系列（冷藏车、防爆车、厢式车），自卸工程系列（自卸车、随车起重运输机、电力工程车）等

★奥龙汽车有限公司
地址：湖北省随州市高新技术产业园区编钟大道9号
邮编：441300
电话：0722/3258518、3258519
传真：3258519
网址：www.aaloo.com.cn
电子信箱：aolong@aaloo.com.cn
法定代表人：陈明
单位人数：200
质量体系：ISO 9001、ISO 18001
产品情况：（久龙牌）
罐式车、城市环卫车、城市客车、消防车、厢式集成车（冷藏车等）、特种车（现场混装乳化炸药车、清障车等）
配套及出口情况：是东风、解放、重汽、陕汽、欧曼、上汽依维柯红岩等主机厂委托改装生产制造企业；出口欧洲、非洲、亚洲等地区

★湖北久鼎汽车有限公司
地址：湖北省随州市高新技术产业园区季梁大道8号
邮编：441300
电话：0722/3233888、3230111
传真：3331899
网址：www.hbjdqc.cn
电子信箱：108303722@qq.com
法定代表人：加玉新
质量体系：ISO 9001、ISO 14001
产品情况：（久鼎风牌）
主要生产和销售现代化高端市政工程系列、路面养护作业系列、环卫垃圾处理系列、污水处理系列、干混砂浆运输系列等十几个系列300多个品种

★湖北聚力汽车技术股份有限公司
地址:湖北省随州市高新技术开发区消防路
邮编:441300
电话:0722/3330077、4001550895
网址:www.jllli.com
电子信箱:juli01@juchenwang.com
法定代表人:徐浩博
产品情况:(聚尘王牌)
吸尘车、抑尘车、高压清洗车、压缩垃圾车、园林绿化喷洒车、吸粪车、吸污车、密封垃圾车等
出口情况:出口俄罗斯、新西兰、安哥拉等20多个地区

★湖北华威专用汽车有限公司
地址:湖北省随州市交通大道1128号
邮编:441300
电话:0722/3308006、3308001
传真:3308000
网址:www.hua-win.cn
电子信箱:hwgsbgs@sinotruck.com
法定代表人:于有德
质量体系:ISO 9001、ISO 14001
产品情况:(华威驰乐牌)
清障车、洗扫车、高空作业车、自卸车、罐式车、厢式车、仓栅车、环卫车、随车起重运输车、工程维修车、粉粒物料车、混凝土搅拌车等
出口情况:出口中东、东欧、东南亚、西亚、非洲、俄罗斯、澳大利亚等多个国家和地区

★湖北华星汽车制造有限公司
地址:湖北省随州市交通大道506号
邮编:441300
电话:0722/3301688、3301999
网址:www.hxqcgw.com
电子信箱:pc@hxqcgw.com
法定代表人:刘猛
产品情况:自卸车、搅拌车等

★湖北航天双龙专用汽车有限公司
地址:湖北省随州市交通大道K169号
邮编:441300
电话:15826711868
网址:www.htslcw.com
电子信箱:352008423@qq.com
法定代表人:张彦文
质量体系:ISO 9001
产品情况:(龙帝牌)
运油/加油车、液态食品运输车、环卫车、化工介质专用运输车、建设工程专用车、厢式车、随车起重运输车、低平板运输车、半挂车、自卸车、运油车、餐厨垃圾车、压缩式垃圾车、市政环卫车、铝合金运油车等
出口情况:出口美国、朝鲜、越南、非洲、东南亚

★随州市力神专用汽车有限公司
地址:湖北省随州市解放路西端348号柳树淌工业园
邮编:441300
电话:15972777278
传真:0722/3813333
网址:www.hblsqc.com
电子信箱:1437443305@qq.com
法定代表人:付永阶
质量体系:ISO 9001
产品情况:(醒狮牌)
主导产品为油罐车、粉粒物料车、化工罐车、油田专用车、多功能绿化喷洒车、散装粮食车等罐式专用车系列

★湖北腾科车辆装备有限公司
地址:湖北省随州市经济技术开发区
邮编:441300
电话:0722/7028186、13872884639
网址:www.szjczyc.com
电子信箱:szjczyc1@163.com
法定代表人:陈科
质量体系:ISO 9001
产品情况:(楚江牌)
随车起重运输车、混凝土搅拌车,水泥搅拌车、散装水泥车、流动加油车、绿化洒水车、农药喷洒车、压缩式垃圾车、摆臂式垃圾车、挂桶式垃圾车、化工液体运输车、17m低平板半挂车、运油半挂车、高空作业车、清障车、消防车等300多个产品
出口情况:出口俄罗斯、丹麦、格鲁吉亚、哈萨克斯坦、阿尔及利亚、澳大利亚、巴哈马

★湖北省齐星汽车车身股份有限公司
地址:湖北省随州市经济技术开发区十里铺村
邮编:441300
电话:0722/3587079
传真:3587079
网址:www.hbqxtc.com
电子信箱:hbqxtc@163.com
法定代表人:徐德
单位人数:1800
质量体系:GB/T 19001、GJB 9001A
产品情况:(齐星牌)
具有年产10万辆驾驶室、1.5万辆改装及底盘、800套大中型模具工装、5万t精铸件、万辆无动力(电动汽车)底盘、万台城市智能立体停车设备、1000辆专用房车、2000辆轻量化罐车的生产装备能力
出口情况:主导产品出口中东、东南亚等地区

★湖北成龙威专用汽车有限公司
地址:湖北省随州市经济开发区季梁大道
邮编:441300
电话:0722/3308866、18727980699
电子信箱:hbclw_auto@163.com
法定代表人:刘永财
质量体系:ISO 9000
产品情况:(楚飞牌)
各种洒水车、油罐车、化工液体运输车、垃圾车、高压清洗车、随车起重运输车、高空作业车、自卸车、粉粒物料运输车、散装水泥车、混凝土搅拌车、道路清障车、半挂车、运油车、液体罐式运输车、市政环卫车、清障车、车厢可卸式垃圾车、吸污车、吸粪车、压缩式垃圾车
出口情况:出口东南亚、非洲、拉丁美洲、欧洲等地区

★厦工楚胜湖北专用汽车制造有限公司
地址:湖北省随州市经济开发区季梁大道9号
邮编:441300
电话:0722/7609833
传真:7609822
网址:www.cstqw.com
电子信箱:truckw@163.com
法定代表人:卓成德
质量体系:ISO 9001
产品情况:(楚胜牌)
混凝土搅拌运输车、油罐车、化工液体运输车、粉粒物料运输车、随车起重运输车、高空作业车、环卫垃圾车、洒水车、扫路车、吸污车、吸粪车、道路清障拖车、各种半挂车、全挂车等系列专用汽车和用途广泛的冷弯系列型钢,专用车年生产能力可达1万余辆

★湖北大力专用汽车制造有限公司
地址:湖北省随州市两水大道大力路特1号
邮编:441300
电话:0722/3308088、13886881555
传真:3309665
网址:www.hbdali.com
电子信箱:qiushuo@hbdlai.com
法定代表人:刘锦元
质量体系:ISO 9001
产品情况:(大力牌)
洒水车、消防车、垃圾车、清障车、化工液罐车、散装水泥车等专用车
出口情况:出口越南、朝鲜、老挝、中东、埃塞俄比亚

★随州市大力环卫汽车有限公司
地址:湖北省随州市两水大道大力路特1号
邮编:441300
电话:0722/3328333、3597333
传真:3232728
电子信箱:info@dfszzy.com
法定代表人:赵秀军
质量体系:ISO 9001
产品情况:东风园林绿化喷洒车、石油运输车、化工液罐车、环卫垃圾车、吸粪吸污车、电力高空工程车、散装水泥车、消防车、厢式运输车、半挂车和教练车

★湖北天威汽车有限公司
地址:湖北省随州市两水工业区8号
邮编:441300

电话:0722/3308885、13872886123
网址:www.hbtwqc.net
电子信箱:1429326610@qq.com
法定代表人:黄随
单位人数:200
产品情况:洒水车(园林绿化洒水车、环卫洒水车、消防洒水车、喷药洒水车、随车起重运输洒水车、吸粪洒水两用车、高压清洗吸污多功能洒水车、半挂洒水车)、油罐车(加油车、运油车)、化工液体运输车、垃圾车(密封式垃圾车、摆臂式垃圾车、压缩式垃圾车等)、吸粪和吸污车、高压清洗车、随车起重运输车、高空作业车、自卸车、粉泣物料运输车和散装水泥车、混凝土搅拌车、道路清障车、半挂车(运油半挂车、集装箱运输半挂车、低平板半挂车、粉泣物料运输半挂车、化工液体运输半挂车等)等系列产品
出口情况:出口东南亚、非洲、拉丁美洲、欧洲等地区

★湖北新中绿专用汽车有限公司
地址:湖北省随州市两水工业园8号
邮编:441300
电话:0722/3308999、4008877089
传真:3308588
网址:www.hbxzl.com
电子信箱:13886882158@163.com
法定代表人:刘玉和
质量体系:ISO 9001、ISO 14001
产品情况:(中洁牌)
酒水车、喷药车、吸污车、吸粪车、压缩式垃圾车、摆臂式垃圾车、挂桶式垃圾车、车厢可卸式垃圾车、扫路车、高压清洗车、对接式垃圾车、清障车、高空作业车、随车起重运输车等
出口情况:出口沙特阿拉伯、阿塞拜疆、赤道几内亚、阿尔及利亚、乍得、委内瑞拉、多米尼加、蒙古、所罗门群岛、越南、朝鲜、坦桑尼亚、尼泊尔、老挝、缅甸、埃塞俄比亚、安哥拉、苏丹、哈萨克斯坦、吉尔吉斯斯坦、马来西亚、刚果、伊拉克、尼日利亚、肯尼亚等30多个国家

★程力专用汽车股份有限公司
地址:湖北省随州市南郊程力汽车工业园
邮编:441300
电话:0722/3815555
网址:www.hbclqc.com
法定代表人:程阿罗
单位人数:8000
质量体系:ISO 9001、ISO 14001
产品情况:(程力威牌)
洒水车、油罐车、垃圾车、吸粪车、吸污车、自卸车、厢式货车、半挂车、清障车、随车起重运输车、高空作业车、教练车、散装水泥车、化工车、消防车、汽车配件、水泥搅拌车、牵引车等8大系列100多个品种车型
出口情况:出口俄罗斯、新西兰、安哥拉等30多个国家和地区

★玉柴东特专用汽车有限公司
地址:湖北省随州市曾都经济开发区两水一路121号
邮编:441300
电话:0722/3308598、3308596
传真:3308599
网址:www.szdtqc.com
电子信箱:szdtqc@163.com
法定代表人:苏朋
单位人数:360
质量体系:ISO 9001
产品情况:(特运牌)
化工液体运输车、罐式集装箱、加油车、粉粒物料运输车、运水车、洒水车、保温车、冷藏车、厢式车、平板运输车、半挂车
出口情况:出口玻利维亚、印度、缅甸、非洲等20多个国家和地区

★湖北润力专用汽车有限公司
地址:湖北省随州市曾都经济开发区世纪大道77号
邮编:441300
电话:0722/3309966、18872982999
传真:3308966
网址:www.rlqcc.com
法定代表人:尚传书
产品情况:(润知星牌)
铝水抬包车、消防车和市政环卫专用车等产品

★湖北俊浩专用汽车有限公司
地址:湖北省随州市曾都经济开发区玉柴大道58号
邮编:441300
电话:4000722860
传真:0722/3280599
网址:www.junhaozq.com
电子信箱:2565267645@qq.com
法定代表人:周千俊
产品情况:(多士星牌)
主要生产改装LED广告车、旅居房车、高端商务车、宿营车、医疗废物转运车、5D电影车、散装饲料运输车、冷藏车、防爆车、厢式车、流动餐饮车、移动售卖车、仓栅式运输车、载货车、邮政车、两翼车、电视转播车、帘布车、押解车、工程抢险车、军用宿营车、散装粮食车、移动办公车、设备维修车、售后车等多种系列300多个品种车型

★随州市东正专用汽车有限公司
地址:湖北省随州市曾都区交通大道538号
邮编:441300
电话:0722/3330389、3330555
传真:3330389
网址:www.dzzyqc.com
电子信箱:dzzyqc@163.com
法定代表人:杨晗
单位人数:650
质量体系:ISO 9002
产品情况:(炎帝牌)
吸粪车、吸污车、卫生防疫车、消防车、道路清扫车、高压清洗车、垃圾车、洒水车、随车起重运输车、高空作业车、混凝土搅拌运输车、搅拌罐车、粉粒物料运输车、水泥罐车、加(运)油车、厢式车、自卸车、半挂车等多个系列的产品

★湖北奥马专用汽车有限公司
地址:湖北省随州市曾都区经济技术开发区龚家棚
邮编:441300
电话:0722/3333999、3333888
传真:3333555
电子信箱:964557655@qq.com
法定代表人:王立宏
质量体系:ISO 9001
产品情况:(楚星牌)
园林绿化洒水车、低平板运输车、市政环卫车、公路专用车、油罐车、化工液体运输车、厢式运输车、散装水泥车、液化气槽车、半挂车、自卸车、高空作业车、混凝土搅拌运输车、干混砂浆运输车、随车起重运输车、清障车等

★湖北力威汽车有限公司
地址:湖北省随州市曾都区经济开发区交通大道669号
邮编:441300
电话:0722/3583103、17386457777
传真:3583103
网址:www.lwqc.com
电子信箱:710535231@qq.com
法定代表人:聂忠
质量体系:ISO 9001
产品情况:(中汽力威牌)
环卫车(垃圾车、洒水车、扫路车等)、抑尘车、随车起重运输车、平板运输车、冷藏车、自卸车、半挂车、高空作业车、粉粒物料运输车、混凝土搅拌车等专用车
出口情况:出口中东、东欧、东南亚、西亚、俄罗斯、澳大利亚等国家和地区

★湖北宏宇专用汽车有限公司
地址:湖北省随州市曾都经济开发区
邮编:441322
电话:0722/3307899、13997889499
网址:www.szsscc.com
电子信箱:541029348@qq.com
法定代表人:罗浩
质量体系:ISO 9001
产品情况:(虹宇牌)
主导产品有工程车、罐式车、厢式车、环卫车、消防车、混凝土搅拌车、高空作业车、随车起重运输车、散装水泥车、散装物料车、清障车、半挂车、集装箱半挂车、鲜牛奶罐车、化工液体运输车、冷藏车、沥青运输车、洗尘车、自卸车、仓栅式车、牵引车和各类平头汽车驾驶室等多种产品

出口情况：在赞比亚、乌克兰、越南、蒙古等国家设立了销售网点

★湖北腾誉专用汽车有限公司
地址：湖北省随州市经济技术开发区城东工业园
邮编：441399
电话：0722/3335311、13997885031
传真：3335311
网址：www.tyzycgs.com
电子信箱：739166459@qq.com
法定代表人：曹永财
质量体系：ISO 9001
产品情况：混凝土搅拌车、泡沫消防车、防爆车、绿化洒水车、农药喷洒车、压缩式垃圾车、摆臂式垃圾车、挂桶式垃圾车、随车起重运输车、化工液体运输车、半挂车、17m 低平板半挂车、仓栅式半挂车、散装水泥半挂车、化工液体半挂车、运输油罐半挂车、高空作业车、清障车等300多个产品
出口情况：远销俄罗斯、丹麦、格鲁吉亚、哈萨克斯坦、阿尔及利亚、澳大利亚、巴哈马等国家

★湖北五环专用汽车有限公司
地址：湖北省随州市经济开发区交通大道K155号
邮编：441399
电话：0722/3586545、3587889
传真：3586516
网址：www.hbwhgw.com
电子信箱：3077777@qq.com
法定代表人：王小华
产品情况：（华通牌）
洒水车、油罐车、垃圾车、吸粪车、吸污车、清洗车、高空作业车、自卸车、半挂车、清障车、随车起重运输车、散装水泥车、化工车、消防车、流动舞台车、广告宣传车、爆破器材运输车、混凝土搅拌运输车、平板运输车等8大系列100多个品种车型

★湖北舜德专用汽车有限公司
地址：湖北省随州市经济开发区寨湾村二组
邮编：441399
电话：0722/3827776、3827772
传真：3827776
网址：www.hbsdzyc.com
电子信箱：390952776@qq,com
法定代表人：胡定国
单位人数：100
产品情况：其主导品种有洒水车、油罐车、垃圾车、吸粪车、吸污车、自卸车、厢式货车、半挂车、清障车、随车吊、高空作业车、教练车、散装水泥车、化工车、消防车、汽车配件、水泥搅拌车、牵引车等8大系列100多个品种车型

★东风商用车有限公司东风创普汽车公司
地址：湖北省老河口市航空路35号
邮编：441800
电话：0710/8244800、4008818808
传真：8225729
电子信箱：1548459987@qq.com
法定代表人：郑华
质量体系：ISO 9001
产品情况：（东风牌）
主要生产轻型货车系列、CPB12系列、P210系列、D701系列及改装车系列

★湖北东沃专用汽车有限责任公司
地址：湖北省老河口市经济开发区城东大道12号
邮编：441800
电话：0710/8206688、8206508
传真：8206699
网址：www.hbdwqc.net
电子信箱：hbdwqc@126.com
法定代表人：陈伟
单位人数：150
质量体系：ISO 9001
产品情况：（东驹牌）
产品主要有自卸车、半挂车、随车起重运输车、骨架集装箱运输车、翼开启厢式运输车等5大类60多个品种
出口情况：远销非洲、亚洲10多个国家和地区

★湖北神鹰汽车有限责任公司
地址：湖北省十堰市白浪中路166号
邮编：442000
电话：0719/8028880、8313888
传真：8313888
电子信箱：hbshenyinglhh@163.com
法定代表人：熊军
质量体系：ISO 9001
产品情况：（神鹰牌）
主导产品包括工程自卸车、无油缸滚筒自卸车、随车起重运输车和洒水车以及多型号（半挂、全挂）厢式车、仓栅车、罐式车（混凝土搅拌运输车、油罐车和粉罐车）等产品；已形成年产2万台工程自卸车、1万台半挂车、5000台特种专用车和1万台重型自卸车油缸的能力
出口情况：年出口矿用自卸车120辆、水泥搅拌运输车80辆

★十堰汇斯诚专用汽车有限公司
地址：湖北省十堰市东环路109号
邮编：442000
电话：0719/8120222
网址：www.hscheng.com
电子信箱：hsczyc@hsczyc.com
法定代表人：王曾
单位人数：308
产品情况：（汇斯诚牌）
各类防沙漠冲浪车（大脚怪）；护型运输车、靶标车（导弹实验靶标拖车）、越野型自行房车、拖挂房车、挂车、高端智能流动舞台车、铝合金翼开启式厢式车、计量车等

★东风华神汽车有限公司
地址：湖北省十堰市工业新区捷达路7号
邮编：442000
电话：0719/8234247、4000719939
网址：www.dfsyqc.com
法定代表人：孙振义
单位人数：900
质量体系：ISO/TS 16949
产品情况：（东风牌、神宇牌、华神牌）
产品覆盖重、中、轻、微全系列商用车，主要包括工程自卸车、载货车、牵引车、清洁能源车、专用车等
出口情况：远销东南亚、肯尼亚、叙利亚、东欧等十几个国家和地区

★驰田汽车股份有限公司
地址：湖北省十堰市黑龙江路2号
邮编：442000
电话：0719/8887181、8795285
传真：8769699
网址：www.chitianqiche.com
电子信箱：chitianqiche@163.com
法定代表人：黄玉鸿
单位人数：780
质量体系：ISO 9001
产品情况：（驰田牌）
自卸车、半挂车、厢式车、仓栅式车、罐式车、平板自卸汽车等
出口情况：出口非洲、东南亚、中亚等10多个国家和地区

★东风华神特装车辆有限公司
地址：湖北省十堰市红卫工业新区凯迪拉克大道9号
邮编：442000
电话：0719/8034125、8235816
网址：www.dfzmzyc.com
电子信箱：dfzm@dfzmzyc.com
法定代表人：潘传政
质量体系：ISO/TS 16949、ISO 14001
产品情况：（东风牌、东实牌、神舰牌）
各类厢式车、工程自卸车、随车起重运输车、随车起重机、中置轴半挂车、垃圾清运车、活鱼运输车等各类专用车

★湖北帕菲特工程机械有限公司
地址：湖北省十堰市经济开发区港澳台工业园
邮编：442000
电话：0719/8020888、8023898
网址：www.hbpft.com
电子信箱：chenfengqin@hbpft.com
法定代表人：郑世海
产品情况：（帕菲特牌）
随车起重运输车、清障车、钻机车、车载泵、洒水车和垃圾车等专用车

★湖北康海汽车制造有限公司
地址：湖北省十堰市茅箭东城经济开发区许家鹏村
邮编：442000
电话：0719/8761336、8761449

传真:8761919
网址:www. hlqc. net
电子信箱:huangjiulin888@163. com
法定代表人:黄迎春
单位人数:120
质量体系:ISO 9001
产品情况:(海福龙牌)
主要产品有自卸车、厢式运输车、环卫垃圾车、铝合金罐式半挂车等工程专用车辆

★湖北欧亿专用汽车有限公司
地址:湖北省十堰市茅箭区北京中路38号
邮编:442000
电话:0719/8127518、8127576
传真:8127518
电子信箱:hboy@huoy. cn
法定代表人:石忠永
产品情况:油罐车、吸粪车、粉粒物料运输车、混凝土搅拌车、化工液体运输车、低平板半挂运输车、随车起重运输车、清障车、厢式运输车等

★湖北迈创专用车有限公司
地址:湖北省十堰市普林工业园普林南路28号
邮编:442000
电话:0719/8781128、4000719113
传真:8887110
网址:www. mczyc. com
电子信箱:mczyc@hotmail. com
法定代表人:周玉清
产品情况:(迈创达牌)
车厢可卸式垃圾车、路面养护车等

★湖北世纪中远车辆有限公司
地址:湖北省十堰市白浪技术开发区田湖东路8号
邮编:442013
电话:0719/8303106、8303110
传真:8303107
电子信箱:sjzyjt@126. com
法定代表人:王涛
质量体系:ISO 9001
产品情况:(中悦牌)
分储现混式混凝土搅拌车、流动舞台车、流动售货车、流动图书车、环卫车、飞翼厢式车、自卸车、自装卸式垃圾车、纯电动厢式运输车、纯电动自装卸式垃圾车等新能源汽车,车架、车身等总成产品

★东风特汽(十堰)专用车有限公司
地址:湖北省十堰市白浪中路51号
邮编:442013
电话:0719/8287151、4006911103
网址:www. dftq. net
电子信箱:sevena234@163. com
法定代表人:贺靖
质量体系:ISO 9001
产品情况:(东风牌)
纯电动物流车、纯电动教练车、纯电动搅拌车、纯电动移动电源车等4类车型平台的14种新能源车型;智能渣土自卸车、多功能道路洗扫车、车厢可卸式垃圾车、小方量混凝土搅拌车等传统产品
出口情况:远销东南亚、南亚、非洲、中东、中南美等20多个国家

★东风特汽(十堰)客车有限公司
地址:湖北省十堰市白浪中路80号
邮编:442013
电话:0719/8312145、4008857005
网址:www. chaolongbus. com
电子信箱:dfkc@dftqkc. com
法定代表人:潘传政
单位人数:1300
质量体系:ISO 14001、ISO/TS 16949
产品情况:(东风牌)
产品涵盖5.5~12m公路客车、城市公交、纯电动客车,以及专用校车、教练车、越野专用车和厢式运输车等客车系列延伸产品
出口情况:远销俄罗斯、智利、埃及、安哥拉、埃塞俄比亚、科特迪瓦、朝鲜、泰国、缅甸等10多个国家和地区

★十堰安远专用汽车有限公司
地址:湖北省十堰市张湾区汉江街办熊家湾村一组
邮编:442013
电话:0719/8796355、8618839
传真:8795908
网址:www. ayzyqc. com
电子信箱:271115363@qq. com
法定代表人:朱军
单位人数:300
质量体系:ISO 9001
产品情况:(双机牌)
仓栅式车、厢式车、除雪汽车、半挂车、油罐车以及各种高低吨位的自卸汽车

★东风专用汽车有限公司
地址:湖北省十堰市朝阳南路9号
邮编:442044
电话:0719/8247888、8247879
传真:8247582
网址:www. dfgzc. com
电子信箱:dfzq-huangyj@dfcv. com. cn
法定代表人:刘振声
单位人数:1200
质量体系:ISO 9001、ISO 14001
产品情况:(东风牌)
随车起重运输车、厢式车、冷藏车、仓栅式车、自卸车、应急救灾车、特种军车、特种专用车等
出口情况:远销东南亚、南美、中东、东欧等地区

★湖北炎龙汽车有限公司
地址:湖北省十堰市普林一路3号
邮编:442051
电话:0719/8266111、15071571555
传真:8266111
网址:www. ylqc. cc
电子信箱:hbylqc@sina. com
法定代表人:易明强
单位人数:283
质量体系:ISO 9001
产品情况:(炎龙牌)
产品覆盖自卸汽车、厢式运输汽车、仓栅式运输、平板式运输车、旋转垃圾车、随车起重运输车汽车6大系列
出口情况:远销非洲、东南亚等国家和地区

★湖北福通汽车有限公司
地址:湖北省十堰市郧阳经济开发区长岭大道22号4栋
邮编:442500
电话:0719/8201796、13986886996
网址:www. hbxiongteng. com
电子信箱:hubeifutong@126. com
法定代表人:陈洪安
质量体系:ISO 9001
产品情况:(旋风牌)
厢式、自卸、半挂、作业类特种车

★湖北神河汽车改装(集团)有限公司
地址:湖北省十堰市郧县茶店经济开发区
邮编:442512
电话:0719/7580174
传真:7580149
网址:www. hbshenhe. com
电子信箱:hbshenhe@163. com
法定代表人:金元生
质量体系:ISO 9001
产品情况:(神河牌)
系列自卸车、厢式车、仓栅式运输车、加油车、洒水车、粉粒物料运输车、半挂车和全挂车

★湖北丹江特种汽车有限公司
地址:湖北省十堰市武当山工业园
邮编:442714
电话:0719/5660707
传真:5663555
电子信箱:459499614@qq. com
法定代表人:张纯
质量体系:ISO 9001
产品情况:(陆霸牌)
绿化喷洒车、自卸车、半挂车、自装卸式垃圾车、混凝土搅拌运输车、厢式运输车、粉粒物料运输车、随车起重运输车

★荆门宏图特种飞行器制造有限公司
地址:湖北省荆门市经济开发区迎春大道16号
邮编:448134
电话:0724/6066160、13972870119
网址:www. cimchtqg. com
电子信箱:yangbin@enricgroup. com
法定代表人:郑志军

单位人数:800
质量体系:ISO 9001
产品情况:(宏图牌)
液化气体运输车、各类化工介质运输车、液氨运输车、道路救援清障车、民爆器材运输车、冶金粉尘运输车、散装水泥(散装物料)运输车、危险废物处理运输车、垃圾运输车、压缩式垃圾运输车、运/加油车、半挂车、低温液体运输车
出口情况:远销中东、南美洲、东南亚、东北亚、非洲等地区

湖南省

★长沙中联重科环境产业有限公司
地址:长沙市高新区林语路288号中联重科麓谷第二工业园
邮编:410006
电话:4008870178
网址:www.zoomlion-enviro.com
法定代表人:张建国
产品情况:(中联牌)
除雪车、纯电动多功能抑尘车、洗扫车

★中联重科股份有限公司
地址:长沙市银盆南路361号(中联科技园)
邮编:410013
电话:4008000157
传真:0731/88807517
网址:www.zoomlion.com
电子信箱:hwsales@zoomlion.com
法定代表人:詹纯新
质量体系:ISO 9001、ISO 14001
产品情况:(ZOOMLION牌、中联牌)
混凝土运输车/泵车、起重机、筑/养路机械、扫路车、混合动力清洗车等清洗车、垃圾处理设备、纯电动餐厨垃圾车等各类垃圾车、市政环卫车、汽车起重机专用底盘、环境监测车、纯电动扫路车、清障车、车载式混凝土泵车、除雪车、纯电动路面养护车、全地面起重机等
出口情况:远销中东、南美、非洲、东南亚、俄罗斯以及欧美、澳大利亚等高端市场

★湖南星通汽车制造有限公司
地址:长沙市长沙县东十路与社塘路交叉口
邮编:410100
电话:4008332552、15084950690
网址:www.sintoon.com
电子信箱:3550159064@qq.com
法定代表人:张力虎
产品情况:(星通牌)
旅居房车、特种装备专用汽车、环卫专用汽车、救护专用汽车、新能源专用汽车等系列专用汽车

★湖南猎豹特种车有限公司
地址:长沙市长沙县国家级长沙经济技术开发区东四路68号
邮编:410100
电话:4006073161、17673191818
传真:0731/88939001
网址:www.leopaardra.com
法定代表人:李昌斌
单位人数:200
质量体系:ISO 9001
产品情况:(湘陵牌)
主要产品有猎豹系列专用车,警务、法务用系列改装车,检测(监测)系列专用车,反无人机车载系统专用车和军品系列产品

★湖南五新隧道智能装备股份有限公司
地址:湖南省长沙县长沙经济技术开发区盼盼路18-1号
邮编:410100
电话:0731/85283118、4006005686
传真:84930686
网址:www.wuxinsuizhuang.com
电子信箱:wuxinzqb@foxmail.com
法定代表人:王祥军
单位人数:200
产品情况:专用车

★长沙市比亚迪客车有限公司
地址:长沙市雨花区万家丽路二段88号
邮编:410116
电话:0731/88188888
传真:84881018
法定代表人:王传福
产品情况:(比亚迪牌、陆胜牌、三湘牌)
城市客车、纯电动城市客车、客车、卧铺客车、纯电动城市客车底盘

★湖南同心实业有限责任公司
地址:长沙市长沙县江背镇
邮编:410135
电话:0731/86264578、13707493580
传真:86290047、86290048
网址:www.txicint.com.cn
法定代表人:章建辉
质量体系:ISO 9001
产品情况:(同心牌、TX牌)
各类载货汽车车身、乘用车车身以及模具设计制造,年产各类汽车车身20万套以上
配套及出口情况:为全国大批知名主机厂配套;出口东南亚、南非、中东等地区

★湖南晟通天力汽车有限公司
地址:长沙市高新开发区麓天路2号五强科技园909号房
邮编:410200
电话:0731/82852602、4008888256
电子信箱:li_lh@chinasnto.com
法定代表人:张云建
产品情况:(晟通牌)
半铝合金集装箱运输半挂车等

★长沙伟诺汽车制造有限公司
地址:长沙市望城区茶亭镇郭亮集镇
邮编:410203
电话:0731/88351555、88351666
传真:88351899
网址:www.cswnjd.com
电子信箱:cswnjd@126.com
法定代表人:谢建华
单位人数:120
质量体系:ISO 9001
产品情况:(伟诺牌)
主要从事道路养护、环境卫生、园林绿化等市政机械生产及旅居车和半挂车生产

★湖南鹏翔星通汽车有限公司
地址:长沙市浏阳制造产业基地永泰路11号
邮编:410300
电话:0731/83201888、4008760508
网址:www.pxxt.net
电子信箱:pengxiang999@163.com
法定代表人:胡鹏填
产品情况:(鹏翔星通牌)
清洗车、烟花爆竹专用运输车、车厢可卸式垃圾车、汽车起重机、旅居车、半挂车等

★湖南星邦重工有限公司
地址:长沙市宁乡高新技术产业园区金洲大道东128号
邮编:410600
电话:0731/87116111、4006015828
网址:www.sinoboom.com.cn
电子信箱:info@sinoboom.com
法定代表人:刘国良
产品情况:高空作业车等

★湖南恒润高科股份有限公司
地址:湖南省湘潭市九华经济开发区宝马东路3号
邮编:411202
电话:0731/52323199、18975201999
传真:52328888
网址:www.hengrunht.com
电子信箱:hnhrgk@yeah.net
法定代表人:陈建平
质量体系:ISO 9001
产品情况:(恒润牌、恒合牌)
多功能清洗车、高速公路路面综合养护车、桥梁检测车、护栏抢修车、扫路车、混凝土路面开槽机、灌缝机、市政环卫车、压缩式垃圾车、自卸式垃圾车、汽车起重机、清障车、高空作业车等

★湖南高翔重工科技有限公司
地址:湖南省韶山市银田镇
邮编:411302
电话:0731/55686499、13907323868
传真:55686381
电子信箱:gxzgxs@gxzg.net

法定代表人:苏文明
质量体系:ISO 9001、ISO 14001
产品情况:(韶华牌)
沥青洒布车、洗扫车、清洗车、路面养护车、餐厨垃圾车

★湖南飞涛专用汽车制造有限公司
地址:湖南省沅江经济开发区状元路1号
邮编:413100
电话:0737/2855301、2721105
传真:2723964
网址:www.feitao.com
电子信箱:hnzq@feitao.com
法定代表人:黄立军
质量体系:ISO 9001
产品情况:(飞涛牌)
随车起重运输车等产品

★湖南新永利交通科工贸有限公司
地址:湖南省岳阳市临港新区长湖路
邮编:414000
电话:0730/2982666、17707305311
传真:2295006
网址:www.ylkgong.com
法定代表人:李锁龙
单位人数:128
质量体系:ISO 9001、ISO 14001
产品情况:(永利科工牌)
智能洒油、同步封层车、微表处专用车、多功能车载式养护车、强力无尘清扫车、应急救援系列车等

★常德中车新能源汽车有限公司
地址:湖南省常德经济技术开发区德山镇株木山村乾明路96号
邮编:415001
电话:0736/7315758、7312350
传真:7315758
电子信箱:dhqc@vip.163.com
法定代表人:李群波
质量体系:ISO 9001
产品情况:(大汉牌)
旅游客车、纯电动城市客车

★吉首市宗南重工制造有限公司
地址:湖南省吉首市大田湾工业园
邮编:416000
电话:0743/8235126
传真:8561060
网址:www.jsznzg.com
电子信箱:jssznzg@163.com
法定代表人:李园平
单位人数:198
质量体系:ISO 9001
产品情况:(宗南牌)
混凝土搅拌运输车、粉粒物料运输车、洒水车、自卸式垃圾车、垃圾收集车、随车起重运输车、自卸车等专用汽车及系列低速载货汽车,年生产能力达15000辆

★湖南省金华车辆有限公司
地址:湖南省娄底市经济开发区薄板深加工产业园南北一路东
邮编:417000
电话:0738/8873988、8876353
传真:8876351
电子信箱:hnjhcl@163.com
法定代表人:邱杰英
质量体系:ISO 9001
产品情况:(汽尔福牌)
主要生产环卫垃圾处理、清运、道路清洁专用车辆以及防爆运输车

★衡阳泰豪通信车辆有限公司
地址:湖南省衡阳市高新开发区芙蓉路46号
邮编:421001
电话:0734/8859329、2881203
传真:8859639、2881333
网址:www.tellhow.com
电子信箱:txcl@tellhow.com
法定代表人:查安东
产品情况:(上达牌)
军用特种改装车、军用方舱、翼开启厢式车等

★湖南星马汽车有限公司
地址:湖南省衡阳市雁峰区罗金桥2号
邮编:421008
电话:0734/8475841、8475930
传真:8475841
法定代表人:刘汉如
质量体系:ISO 9001
产品情况:(湖南牌)
重型自卸车、混凝土搅拌运输车、垃圾车

★湖南衡山汽车制造有限公司
地址:湖南省衡山县开云镇东风路1号
邮编:421300
电话:0734/5823980、5823901
传真:5823980
网址:www.hnhsqc.cn
电子信箱:sale@hszq.com
法定代表人:刘智毅
单位人数:500
质量体系:ISO 9001、ISO 14001
产品情况:(衡山牌)
豪华空调大客车、团体客车、长途客车、中、轻型客车、飞机加油车、航空附属油料加注车、面包加工车、流动医院车、热力测试车、工程修理车、小学生校车、城市客车等

★中交郴州筑路机械有限公司
地址:湖南省郴州市北湖区南岭大道1779号
邮编:423000
电话:0735/2172032
传真:2172208
网址:www.lqczzl.com
电子信箱:czxsb@163.com
法定代表人:张雪
质量体系:ISO 9001
产品情况:(泰坦牌)
沥青洒布车、沥青运输车、道路养护车、沥青混凝土搅拌设备、沥青碎石同步封层车、各类运输车
出口情况:远销东南亚、非洲等地的35个国家

★湖南宜章通达挂车制造有限公司
地址:湖南省宜章县经济开发区产业承接园
邮编:424200
电话:0735/3716948、18670569336
网址:hntdgc.com
电子信箱:309620890@qq.com
法定代表人:吴统明
产品情况:(通勤牌)
仓栅式半挂车、平板半挂车、集装箱式半挂车等

★湖南成鑫专用汽车有限公司
地址:湖南省郴州市嘉禾县坦塘工业园
邮编:424500
电话:0735/6635369
网址:hncx88.com
电子信箱:hnchengxincar@126.com
法定代表人:李民成
质量体系:ISO 9001
产品情况:(成星牌)
汽车起重机

广东省

★广东信源物流设备有限公司
地址:广州市天河区元岗路399号
邮编:510507
电话:020/37093051、13828449902
网址:www.xinsource.com
电子信箱:xinsource@126.com
法定代表人:杨效良
质量体系:ISO 9001
产品情况:(上元牌)
主要产品包括多功能舞台车、智能展示车、冷藏车、翼开启厢式车、工程车、救护车、警备车、电源车、流动服务车、饮料运输车、邮政车、物流车

★广州广日专用汽车有限公司
地址:广州市高新技术产业开发区科学城
邮编:510660
电话:020/82063333
传真:82063336
电子信箱:info@grisun.com.cn
法定代表人:熊爱生
产品情况:(广和牌)
后装压缩式垃圾运输车、车厢可卸式垃圾运输车、混凝土搅拌运输车、自卸车、小型垃圾压缩转运站等

★广州汇联专用汽车有限公司
地址:广州市花都区新华街东秀路37号
邮编:510800
电话:020/86862004、86863541

传真:86861099
法定代表人:马海青
质量体系:ISO 9001
产品情况:(圣龙牌、汇联牌)
　　集装箱运输半挂车、栏板式半挂车、低平板半挂车、厢式运输车和半挂车、厢式冷藏车厢半挂车、自卸车、半挂车、罐式液体运输车及半挂车、粉料物料运输车及半挂车、混凝土搅拌运输车、环保用车辆等
出口情况:出口东南亚、中东、南美洲等地区,并销往中国香港地区

★广州华凯车辆装备有限公司
地址:广州市花都区炭步镇南街工业区
邮编:510820
电话:020/86740032、13926288135
传真:86742733
网址:www.hktzc.com
电子信箱:hktzc@126.com
法定代表人:汤顺养
质量体系:ISO 9001、ISO 14001
产品情况:(盾甲牌、广环牌)
　　装甲防暴车、警用突击车、防暴水炮车、冲锋车、装备运输车等军警特种车辆

★广州市和合医疗特种车辆有限公司
地址:广州市从化区鳌头镇棋杆幸福大道1号
邮编:510935
电话:020/87860111、4001288551
网址:www.gzhehe.net
电子信箱:gz5855@163.com
法定代表人:麦叶青
产品情况:(和麦牌)
　　体检车、救护车、采血车、送血车、医用车、冷藏车、应急和环境监测车、食品检测车、体质检测车、采样车、喷洒车、计划生育服务车、妇检车、手术车、牙科车、车载X射线设备等

★广东增城中警羊城轻型特种车有限公司
地址:广州市增城区新塘镇创新大道29号
邮编:511340
电话:020/82602313、82602093
传真:82606282
网址:www.zjtzc.com
电子信箱:zjyc@zjtzc.com
法定代表人:田雪
质量体系:ISO 9001
产品情况:(中警牌)
　　武警、公安专用反恐、防暴车辆,包括防暴水炮车、反恐突击车、装甲运兵车、通信指挥车等警用特种车
出口情况:出口非洲、东南亚、中东等多个地区

★广州港口机械工业有限公司
地址:广州市番禺区南村镇员岗村兴南大道425号
邮编:511442
电话:020/39955872、13925182331
传真:84766946
电子信箱:61612561@qq.com
法定代表人:彭森娣
质量体系:ISO 9000
产品情况:(广正牌)
　　MQ系列门座起重机、MQ系列船厂安装用门座起重机、轮胎、GQ系列固定式起重机、集装箱运输半挂车系列、特种半挂车系列、ST400集装箱正面吊运机、PC系列平板车等
出口情况:出口东南亚

★广东明威专用汽车有限公司
地址:广州市番禺区钟村镇屏山
邮编:511495
电话:020/34712777、84774033
传真:84711683
网址:www.mw-trailer.com.cn
电子信箱:sales@mw-trailer.com.cn
法定代表人:黄杰毅
质量体系:ISO 9001
产品情况:(明威牌)
　　主要生产40英尺二轴或三轴集装箱骨架及平板半挂车、二轴/三轴平板半挂车、集装箱运输半挂车、水泥罐式汽车及半挂车、自卸汽车及半挂车、运加油车及半挂车、车辆运输半挂车、混凝土搅拌运输半挂车、厢式运输半挂车、多轴液压重型运输车等9大系列50多个品种
出口情况:出口美国、荷兰、中东、非洲、澳大利亚等国家和地区,并销往中国香港、中国澳门地区

★韶关市起重机厂有限责任公司
地址:广东省韶关市曲江区马坝镇转溪叶屋段106国道旁
邮编:512025
电话:0751/6653019、6653002
传真:6653001
电子信箱:service@sgqzj.com
法定代表人:李忠谊
产品情况:(韶液牌、韶起牌)
　　汽车起重机、随车起重运输车、起重高空作业车、自卸车、平板运输车等

★广东力士通机械股份有限公司
地址:广东省韶关市浈江区南郊六公里广韶路
邮编:512027
电话:0751/8261068、8261066
传真:8261063
电子信箱:lstzhb@163.com
法定代表人:邱文忠
质量体系:ISO 9001
产品情况:(粤工牌)
　　QY系列8~40t汽车起重机、GKZ(S)系列10~25m高空作业车、HBC系列混凝土车载泵车、JYD系列3~30t清障车、总质量20~50t系列半挂车、轮胎起重机、液压油缸以及山鹰牌GQ系列钢筋切断机和TDY75型油冷式电动滚筒等工程机械、特种车辆和建筑机械

★韶关挖掘机制造厂有限公司
地址:广东省韶关市北江区十里亭
邮编:512031
电话:0751/8831283、8831215
传真:8831208
电子信箱:sgxygs@sgxy.com
法定代表人:甘建平
质量体系:ISO 9001
产品情况:[韶挖(SW)牌]
　　干粉砂浆生产设备、混凝土搅拌站、混凝土搅拌运输车、汽车起重机、高空作业车、建筑垃圾处理成套设备等

★广东云山汽车有限公司
地址:广东省兴宁市东莞石碣(兴宁)产业转移工业园
邮编:514526
电话:0753/3881033、3881818
传真:3881080
网址:www.ysbus.cn
电子信箱:ysqc@ysbus.cn
法定代表人:徐毅坚
产品情况:(白云牌)
　　大、中、轻型客车,采血车、救护车、旅居车、水陆两用车等城市服务车,厢式零担运输车、厢式运输车等公路运输用车

★深圳市好时代专用挂车有限公司
地址:广东省深圳市宝安区观澜镇观光路大水坑路段
邮编:518000
电话:0755/29508800、4007775878
传真:29508055
电子信箱:417500674@qq.com
法定代表人:吴启车
质量体系:ISO 9001
产品情况:(港粤牌、GOODTIMES牌)
　　主要产品为集装箱运输半挂车、港口专用码头车、平板半挂车、栏板半挂车、仓栅式半挂车、低平板特种半挂车、厢式半挂车;液罐系列产品有易燃液体运输车、加油车、化工液体运输车、保温罐、城市建设工程车、粉粒物料运输车、混凝土搅拌运输车、自卸车等
出口情况:出口东南亚、中东、非洲、澳大利亚、东欧、南美洲等国家和地区,并销往中国香港、中国澳门、中国台湾地区

★深圳凯丰特种汽车工业有限公司
地址:广东省深圳市宝安区燕罗街道燕川社区朝阳路4号
邮编:518000
电话:0755/28895302、18124177466
传真:28895304
网址:www.kaifengsz.com
电子信箱:ckaifeng@126.com
法定代表人:许建章

产品情况：（凯丰牌）
冷藏车及其他特种作业用车

★深圳市陆地方舟新能源电动车集团公司
地址：广东省深圳市南山区海德一道88号中洲控股大厦A座31层
邮编：518000
电话：0755/81795575、4000616662
网址：www. greenwheel. com. cn
电子信箱：service@ greenwheelev. com
法定代表人（负责人）：刘础瑞
产品情况：（陆地方舟牌）
电动乘用车、电动客车、混动动力客车、燃油客车、中小学小车、电动专用车、控制器、驱动电动机等产品

★中集车辆（集团）股份有限公司
地址：广东省深圳市南山区蛇口港湾大道2号
邮编：518000
电话：0755/26802571
传真：26676875
网址：www. cimcvehiclesgroup. com
法定代表人：麦伯良
负责人：李贵平
产品情况：（中集牌）
全系列的物流半挂车及各类专用车产品
出口情况：47%以上的半挂车产品行销美国、英国、欧洲、日本、澳大利亚等国际主流市场，以及中东、东南亚、南美洲等新兴市场

★蛇口港口机械制造股份有限公司
地址：广东省深圳市南山区蛇口工业区港湾大道07号
邮编：518067
电话：13922580770
网址：www. zxchelun. com
电子信箱：fcjk12@ sina. com
法定代表人：高武林
质量体系：ISO 9001
产品情况：（蛇口大力士牌）
各种半挂车、油污车
出口情况：出口东南亚、中东、俄罗斯、非洲，并销往中国香港、中国台湾地区

★中国国际海运集装箱（集团）股份公司
地址：广东省深圳市蛇口工业区港湾大道2号
邮编：518067
电话：0755/26691130
传真：26692707
网址：www. cimc. com
电子信箱：cimc@ cimc. com
法定代表人：王宏
质量体系：ISO 9000
产品情况：（中集牌）
集装箱、道路运输车辆、能源化工及食品装备、海洋工程、物流服务、空港设备等
出口情况：客户和销售网络分布在全球100多个国家和地区

★深圳中集专用车有限公司
地址：广东省深圳市坪山新区锦龙大道南1号
邮编：518118
电话：0755/89663098
网址：www. cimc. com
电子信箱：wenpeng. lei@ cimc. com
法定代表人：李贵平
质量体系：ISO/TS 16949
产品情况：（中集牌）
骨架车、平板车、厢式车、仓栅车、自卸车、栏板车、特种车、混凝土搅拌车、粉罐车、液罐车等
出口情况：出口美国、日本和非洲市场，并销往中国香港地区

★中兴智能汽车有限公司
地址：广东省珠海市金湾区三灶镇机场西路153号
邮编：519060
电话：4009966538
网址：www. gtbus. com
电子信箱：smartauto@ zte. com. cn
法定代表人：蒋代卫
质量体系：ISO 9001
产品情况：（广通牌）
混合动力客车、天然气客车、电动客车及全铝车身客车等一系列节能减排的新能源客车和环保型客车
出口情况：远销30多个国家和地区

★广东永强奥林宝国际消防汽车有限公司
地址：广东省东莞市寮步镇塘唇工业区金富路
邮编：523000
电话：0769/83307688
传真：83269758
网址：www. yqalr. com
法定代表人：陈达强
产品情况：［永强奥林宝牌、豪迈（CARMICHAEL）牌、西蒙（SIMON）牌］
水罐泡沫消防车、机场特种消防车、举高消防车、泡沫干粉联用消防车、抢险救援消防车、排烟消防车、照明消防车
出口情况：出口大洋洲、南美洲、非洲、东南亚等地区

★东莞中汽宏远汽车有限公司
地址：广东省东莞市麻涌镇新港南路12号
邮编：523130
电话：0769/82916666
传真：81296966
网址：www. winnerwaymotors. com
电子信箱：winnerwaymotors@ 163. com
法定代表人：吴志邦
产品情况：（宏远牌）
主要生产纯电动客车、旅游车等新能源商用车

★东莞市永强汽车制造有限公司
地址：广东省东莞市寮步镇塘唇工业区金富路
邮编：523407
电话：0769/83308918
传真：83301599
网址：www. yqqc. com
电子信箱：sales@ yqqc. com
法定代表人：陈甘玲
单位人数：1500
质量体系：ISO 9001
产品情况：（永强牌）
罐式车系列与消防车系列
出口情况：出口大洋洲、南美洲、非洲、东南亚等地区

★广东宝龙汽车有限公司
地址：广东省肇庆市高新区创业路8号
邮编：526238
电话：0758/3983001、3983198
电子信箱：info@ baolongauto. net
法定代表人：李雁来
质量体系：ISO 9001
产品情况：（宝龙牌）
主要产品有系列防弹运钞车、系列军警车、通信车、环卫车、电力专用车、电视转播车、工程车、旅居车、医用车、物流车、无障碍服务车等
出口情况：出口美国、巴西、东南亚、非洲等国家

★广东高达重工机械实业股份有限公司
地址：广东省佛山市高明区荷城街道蓬山路22号
邮编：528000
电话：0757/86332575、88611996
传真：86339067
电子信箱：fsshw@ 163. com
法定代表人：梁耀荣
质量体系：ISO 9000
产品情况：（禅珠牌）
压缩式垃圾车、摆臂式垃圾车、侧装自卸式垃圾车、大型垃圾转运车、环卫园林市政用的多功能洒水车、吸粪车

★佛山市飞驰汽车制造有限公司
地址：广东省云浮市云城区思劳镇佛山（云浮）产业转移工业园南区10号
邮编：528031
电话：0757/82727909
网址：www. fsfeichi. com. cn
法定代表人：姚锦龙
质量体系：ISO 9001
产品情况：（飞驰牌）
大、中型客车、豪华旅游客车、城市客车、卧铺客车、氢燃料电池客车、纯电、气电混合动力客车等

★广东粤海汽车有限公司
地址：广东省佛山市南海区九江镇物流产业园
邮编：528203

电话:4008300300、13798602517
传真:0757/86581022、86581272
网址:www.gdyh.com.cn
电子信箱:yhgs@vip.163.com
法定代表人:彭添成
质量体系:ISO 9001
产品情况:(粤海牌)
清障车、高空作业车、淤泥抓斗车等
出口情况:批量出口美国、加拿大、日本、古巴、尼日利亚、越南、卡塔尔、巴基斯坦、马来西亚、南非等16个国家和地区,并销往中国香港、中国澳门、中国台湾地区

★佛山市路之友机械制造有限公司
地址:广东省佛山市南海区罗村上柏元武头工业区1路
邮编:528226
电话:0757/81268316、13929993255
传真:81268317
网址:www.fslzy.com
电子信箱:lzysales@126.com
法定代表人:肖富斌
质量体系:ISO 9001
产品情况:(路之友牌)
厢式运输车、扫路车、自卸车、清障车、车厢可卸式垃圾车、洒水车、厢式检修车、冷藏车、压缩式垃圾车、旅居车等多个品种
配套情况:与庆铃、江铃、奥铃、东风、日产、重汽、日野等多家厂商合作,配套生产专用改装汽车

★广东顺肇专用汽车制造有限公司
地址:广东省佛山市顺德区伦教集约工业区工业大道尾
邮编:528308
电话:0757/27886826
网址:www.fsshunzhao.com
电子信箱:precottyim@163.com
法定代表人:严志文
产品情况:(顺肇牌)
主要生产冷藏保温车、危险品运输车、液压(手动)翼展车、移动方舱、瓦楞板厢运输车、平板运输车、仓栅运输车等

★广东康盈交通设备制造有限公司
地址:广东省佛山市顺德区伦教联合工业区工业大道
邮编:528308
电话:0757/27758501、23626263
传真:27727332
网址:www.yindao-cn.com
电子信箱:sales@yindao-cn.com
法定代表人:曾剑峰
质量体系:ISO 9001
产品情况:(银道牌)
半挂车、电源工程车、工程抢修车、通信指挥车、南极科考车、移动医疗车、军警用特种车、旅居车、垃圾处理车、电动运输车、检测车等系列产品
出口情况:出口大洋洲、新西兰、东南亚、南美洲、北非、中亚等国家和地区,并销往中国香港、中国澳门、中国台湾地区

★佛山市顺德区富日交通机械有限公司
地址:广东省佛山市顺德区勒流镇黄连港口路1号
邮编:528323
电话:0757/25664550、25668928
传真:25664461
电子信箱:15976698871@163.com
法定代表人:吴志强
质量体系:ISO 9000
产品情况:(新日钢牌)
半挂车

★广东易山重工股份有限公司
地址:广东省中山市翠亨新区翠城道36号
邮编:528454
电话:0760/88722777、4008832033
传真:88722111
网址:www.e-sunhi.com
电子信箱:admin@e-sunhi.com
法定代表人:倪振中
产品情况:(易山牌)
除雪车、扫路车、道路养护用车等

★中山市海粤汽车工业有限公司
地址:广东省中山市南区城南一路213-233号
邮编:528455
电话:0760/88898888
传真:88893288
电子信箱:zjbws@haiyue.com.cn
法定代表人:何满铨
产品情况:(海粤牌)
防弹运钞车及特种车、厢式运输车

★中集车辆(江门市)有限公司
地址:广东省江门市新会区大鳌镇新鳌西路67号
邮编:529100
电话:0750/6969888
传真:6969028
网址:www.zjcljm.cn
电子信箱:chaoqun.zhang@cimc.com
法定代表人:蒋启文
产品情况:(中集牌)
半挂车、混凝土搅拌车、厢式运输车、洒水车、运油车等
出口情况:远销大洋洲、非洲、印度尼西亚、越南、泰国、新加坡、菲律宾、缅甸,并销往中国香港、中国台湾地区

★广东建成机械设备有限公司
地址:广东省开平市长沙沿江东路74号
邮编:529300
电话:0750/2215273、2216772
传真:2288363、2277089
网址:www.kppcsem.com
电子信箱:gdkp@kppcsem.com
法定代表人:梁志明
产品情况:(久远牌)
液化天然气储运设备、低温液体储运设备、液化气体储运设备、各种食品和化工原料储运设备及可移动罐箱
出口情况:远销海外多个国家和地区

★广东圣宝汽车实业有限公司
地址:广东省鹤山市鹤城镇工业二区023号
邮编:529700
电话:0750/8776038、4006994168
电子信箱:gdsonbo@163.com
法定代表人:凌少峰
产品情况:(圣宝牌)
道路清障车、轻型载货汽车、混凝土搅拌运输车、化工液体运输车、化工液体运输车半挂车、集装箱运输半挂车、平板运输车、洒水车、随车起重运输车、厢式运输车、自卸低速货车、自卸汽车、纯电动厢式运输车、低速汽车、工程机械、农业机械、机械配件、汽车配件等产品

广　西

★广西玉柴专用汽车有限公司
地址:南宁市高新区总部路5号
邮编:530001
电话:0771/2796865、2796905
传真:2796861
网址:ycsv.yuchai.com
电子信箱:ycnnok@163.com
法定代表人:周孙海
质量体系:ISO 9001
产品情况:(象力牌、玉柴专汽牌)
环卫设备:各型垃圾压缩转运站设备、垃圾收集站等;专用汽车包括各型环卫专用车、自卸车、混凝土搅拌运输车等,纯电动厢式运输车等新能源汽车

★广西申龙汽车制造有限公司
地址:南宁市邕宁区蒲兴大道99号
邮编:530200
电话:0771/6781955
电子信箱:elgine99@163.com
法定代表人:周纪文
产品情况:(紫象牌)
全铝车身新能源客车整车和纯电动新能源多功能专用车整车及零部件

★桂林大宇客车有限公司
地址:广西桂林市象山区净瓶路10号
邮编:541000
电话:0773/3626220、3626219
传真:3626102
网址:www.gldaewoo.com
电子信箱:market@gldaewoo.com
法定代表人:王伟
质量体系:ISO 9001
产品情况:(桂林大宇牌)
大、中、轻型,中、高档公路客车、城

市公交车、豪华旅游车、城市客车、新能源城市客车(混合动力、天然气、纯电动)等
出口情况:远销非洲、南美洲、东欧、中亚、东南亚、南亚等20多个国家和地区

★一汽解放柳州特种汽车有限公司
地址:广西柳州市社湾路26号
邮编:545006
电话:0772/3121243、4008896081
传真:3125479
网址:www.faw-liut.com
电子信箱:yqjflt@sina.com
法定代表人:张春林
质量体系:ISO 9001
产品情况:(柳特神力牌、解放牌)
具有年产2.5万辆整车和3万台驾驶室总成的能力,生产车型包括中重型自卸、牵引车、载货车及其他专用车型

★柳州延龙汽车有限公司
地址:广西柳州市阳和工业新区和悦路北1号
邮编:545006
电话:0772/3591233
传真:3591233
电子信箱:lzylqc@126.com
法定代表人:吕延中
产品情况:(延龙牌)
厢式运输车、客货车、篷式运输车、仓栅式运输车、自卸车、仓栅式商品车运输车、混凝土泵车、垃圾车、观光车、冷藏车、邮政车、囚车、救护车、随车起重运输车、车厢可卸式垃圾车、售货车、流动服务车

★柳州五菱汽车工业有限公司
地址:广西柳州市柳南区河西路18号
邮编:545007
电话:0772/3755875、3150609
网址:www.wulingauto.com.cn
电子信箱:jw@wuling.com.cn
法定代表人:韦宏文
产品情况:(奔马牌、五菱牌)
主导产品及产能为:底盘、冲焊和内外饰三大类汽车零部件年配套能力达150万套;汽车发动机年生产能力达80万台;专用车年生产能力达10万辆

★柳州运力专用汽车有限公司
地址:广西柳州市柳江县新兴工业园乐业路12号
邮编:545112
电话:0772/3269368
传真:3269392
网址:www.yunli.cn
电子信箱:lzyl@cnhtc.cn
法定代表人:于有德
单位人数:1000
质量体系:ISO/TS 16949
产品情况:(运力牌)
各类专用车(含粉粒物料运输车、混凝土搅拌运输车、加油车、重型自卸车、特种矿运车和半挂车等)及为底盘厂家配套的车厢、车架等零部件产品
出口情况:出口各类专用车650辆

重庆市

★重庆庆铃专用汽车有限公司
地址:重庆市九龙坡工业园区C区聚业路125号
邮编:400050
电话:023/65765957、65765091
电子信箱:qlshangzhuang@163.com
法定代表人:邹麟
产品情况:(庆铃牌)
轻型客车等

★重庆铁马工业集团有限公司
地址:重庆市九龙坡区杨家坪正街43号
邮编:400050
电话:023/68062953、68062239
电子信箱:ctm@tiemagroup.com
法定代表人:姜宏
质量体系:ISO 9001、GJB 9001A
产品情况:(铁马牌)
粉粒物料运输车、混凝土搅拌车、路面养护车、特种车、油罐车、自卸车等
出口情况:出口泰国

★重庆长江西重车辆工业有限责任公司
地址:重庆市九龙坡区杨家坪正街51号
邮编:400050
电话:023/68411244、68434748
传真:68434748
电子信箱:972964355@qq.com
法定代表人:刘继伟
质量体系:ISO 9001
产品情况:自卸车、垃圾车等各类专用车

★重庆望江工业有限公司
地址:重庆市江北区郭家沱
邮编:400071
电话:023/67110497、67110021
传真:67110020
网址:www.cqwjgy.com
电子信箱:wj67110046@126.com
法定代表人:鲜志刚
单位人数:2500
质量体系:ISO 9001
产品情况:(望江牌)
自卸车、半挂车、罐装车等

★重庆重型汽车集团专用汽车有限公司
地址:重庆市双桥经开区双龙西路22号
邮编:400900
电话:023/63213156、63213185
传真:63213299
网址:www.cqzqzyc.com
电子信箱:895971854@qq.com
法定代表人:秦澎
质量体系:ISO 9001
产品情况:(红岩牌)
重型自卸车、粉粒物料运输车、厢式运输车、集装箱运输车、半挂车、罐式车及汽车燃油箱、储气筒、载货车车厢等零部件

★重庆耐德工业股份有限公司
地址:重庆市北部新区杨柳路6号
邮编:401121
电话:023/67855529
传真:67871271
网址:www.naide.com.cn
电子信箱:bgs@naide.cn
法定代表人:周成林
质量体系:ISO 9001
产品情况:(山花牌)
流量仪表、伺服液位计、LNG加气系统、CNG加气机、机电一体撬装化气体液化装备、减振器、垃圾压缩中转站、垃圾储运系统、移动医院、抢险车、野营净水装备、强力吸污车等

★重庆云河专用汽车有限公司
地址:重庆市忠县复兴镇水坪工业园区
邮编:401121
电话:13908742799
电子信箱:cqyunhe@cqyunhe.com
法定代表人:郭云河
质量体系:ISO 9001
产品情况:(云河牌)
自卸车、工程车、公路运输车、平板车、轻量化车、底板加热车、宽体车

★重庆凯瑞特种车有限公司
地址:重庆市双桥经开区天星大道9号
邮编:401122
电话:023/81098620
网址:www.krtzc.com.cn
电子信箱:krtzc@krtz.com.cn
法定代表人:刘安民
质量体系:ISO 9001
产品情况:(先导牌、重特牌)
自卸车、城市环卫车、混凝土搅拌运输车、军民用特种作业车和机场飞机除冰清洗车等
配套情况:与上汽依维柯红岩商用车、包头北方奔驰、重庆庆铃、广汽日野、中国重汽、一汽解放、东风汽车、长安集团等国内知名汽车企业合作

★重庆瑞驰汽车实业有限公司
地址:重庆市江北区复盛镇盛泰路111号
邮编:401147
电话:023/88216009
电子信箱:yyr@yuanchina.com
法定代表人:梁其军
质量体系:ISO 9001
产品情况:(瑞驰牌)
纯电动商用微车、纯电动封闭货车

★重庆大江工业有限责任公司
地址:重庆市巴南区鱼洞大江西路601-

1号
邮编:401321
电话:023/66283007
传真:66283645
网址:www. cqdjgy. com
法定代表人:贾立山
质量体系:ISO/TS 16949
产品情况:(国通牌、迈克牌、庆江牌)
高空作业车、汽车起重机、军用专用车、随车起重运输车等

★重庆长安跨越商用车有限公司
地址:重庆市九龙坡区九龙工业园C区聚业路117号
邮编:401329
电话:023/81152310、65765095
电子信箱:admin@ cqbb - truck. com
法定代表人:韩鸣
质量体系:ISO 9001、GJB 9001A
产品情况:(铁马牌、北方奔驰牌)
运输车、越野车、自卸车、半挂牵引车和专用车、载货汽车及底盘
出口情况:远销泰国、巴基斯坦、斯里兰卡、阿曼、印度尼西亚等12个国家和地区

★重庆盛时达汽车有限公司
地址:重庆市涪陵区新城区龙兴路8号
邮编:401336
电话:023/61030111
网址:www. chinashinstar. com
电子信箱:chinashinstar@ 126. com
法定代表人:王东
质量体系:ISO 9001、ISO 14001
产品情况:(炫虎牌)
新能源车、环卫车、自卸车、半挂车
出口情况:远销欧洲、美洲、非洲、东南亚等地区,并销往中国香港地区

★重庆南方迪马专用车股份有限公司
地址:重庆市南岸区长电路8号
邮编:401336
电话:023/62455385、62455370
传真:62455399
网址:www. nfdima. com
法定代表人:赵鲁川
产品情况:(南马牌)
警用特种车、防弹防爆车、通信指挥车、电视转播车、除雪车、公路养护车、市政环卫车、抢险救援车、应急电源车、净水车、机场专用车等

★重庆耐德山花特种车有限责任公司
地址:重庆市巴南区界石镇石佛路6号
邮编:401346
电话:023/61963215、61963356
网址:www. cqndsh. cn
电子信箱:zhengling@ naide. cn
法定代表人:宋森
产品情况:(耐德兼松牌)
强力吸污车、移动医院、多功能净水车、淋浴车等产品

★重庆耐德新明和工业有限公司
地址:重庆市巴南区界石镇石佛路8号
邮编:401356
电话:023/61963733、61963576
传真:61963710
电子信箱:limin@ naide. cn
法定代表人:王旭
质量体系:ISO 9001、ISO 14001
产品情况:(山花牌)
后装压缩垃圾车、车厢可卸式垃圾车、移动式垃圾集装箱为核心产品,以大、中、小型垃圾压缩中转站成套集成技术
出口情况:出口日本、泰国、马来西亚、新加坡等国家

★重庆五洲龙新能源汽车有限公司
地址:重庆市合川区高阳路1148号
邮编:401520
电话:023/64287888、4006444023
传真:64287822
电子信箱:wzlyx@ cqwuzlmotors. com
法定代表人:张景新
质量体系:ISO/TS 16949
产品情况:(五洲龙牌)
新能源客车(混合动力、电动客车等)、专用校车、节能客车、常规客车
出口情况:出口澳门、菲律宾、美国等国家和地区

★重庆金冠汽车制造股份有限公司
地址:重庆市璧山区璧泉街道康宁路2号
邮编:402760
电话:023/41560233、4001848999
网址:www. jinguanauto. com
电子信箱:cqjg@ jinguanauto. com
法定代表人:孙露
质量体系:ISO 9001、ISO 14001
产品情况:(金冠圣路牌、北泉牌、圣路牌)
防弹车、通信车、后勤保障车、现场处置车、侦察车、医用车、全地形车、环卫车、房车、防护制品等
出口情况:出口运钞车、医用车、警用车、消防车、防护制品、DVR监控系统

★重庆长帆新能源汽车有限公司
地址:重庆市忠县生态工业园区
邮编:404300
电话:023/85819777、85805666
传真:85805666
网址:www. cfev. com. cn
电子信箱:xz_zhuyuting@ cfev. com. cn
法定代表人:邓一武
质量体系:ISO 9001
产品情况:(长帆汽车牌、川江牌)
电动轿车等电动乘用车、电动治安巡逻车等公务车、电动厢式物流车等电动专用车
出口情况:出口东欧、东南亚等地区

★重庆穗通新能源汽车制造有限公司
地址:重庆市武隆县白马镇园区东路70号
邮编:408527
电话:023/77766678、4000626663
传真:77766656
网址:www. ddstkc. com
电子信箱:biz@ ddstkc. com
法定代表人:梁本基
质量体系:ISO 9001
产品情况:(穗通牌)
新能源客车、新能源专用汽车、豪华旅游客车、多功能智能旅居车等系列产品

四川省

★成都雅骏新能源汽车科技股份有限公司
地址:成都市天府新区新兴工业园B1
邮编:610015
电话:028/68267000、4006889819
传真:68386866
网址:www. rajaev. com
电子信箱:aaa@ zgzr - group. com
法定代表人:黄卫东
质量体系:ISO 9001
产品情况:(通途牌)
纯电动厢式运输车、纯电动冷藏车、纯电动仓栅式运输车等

★四川建设机械(集团)股份有限公司
地址:成都市金牛区古柏路54号
邮编:610081
电话:028/86472036、86472312
传真:83115334
网址:www. scm - china. com
电子信箱:nx@ scm - china. com
法定代表人:王保田
质量体系:ISO 9001
产品情况:(川建牌)
63~2400吨米系列塔式起重机、施工升降机、HBT系列混凝土拖式泵、混凝土搅拌输送车、BC130 - 36混凝土臂架式泵车、HG32布料杆、HZS120混凝土搅拌站等
出口情况:远销韩国、印度尼西亚、马来西亚、菲律宾、新加坡、越南、泰国、老挝、缅甸、约旦、印度、斯里兰卡、孟加拉国、巴基斯坦、沙特阿拉伯、阿联酋、卡塔尔、伊朗、巴林、黎巴嫩、以色列、阿曼、科威特、哈萨克斯坦、土耳其、格鲁吉亚、立陶宛、乌克兰、俄罗斯、荷兰、加拿大、巴拿马、哥伦比亚、智利、秘鲁、肯尼亚、坦桑尼亚、安哥拉、乌干达、利比亚、南非、阿尔及利亚、赤道几内亚、苏丹、塞舌尔等国家

★一汽(四川)专用汽车有限公司
地址:成都市龙泉驿汽车城大道116号
邮编:610100
电话:028/84533026、4008003016
传真:8451315

网址:www. ssmvp. com
电子信箱:422678656@ qq. com
法定代表人:徐小文
单位人数:743
质量体系:ISO 9001
产品情况:(远达牌)
加油及运油车、洒水车、吸污车、垃圾车、清洗车、厢式运输车、集装箱运输半挂车、自卸车、自卸垃圾车、纯电动洒水车、纯电动清洗车、纯电动自卸式垃圾车等

★成都航天万欣科技有限公司
地址:成都市龙泉驿区航天062龙泉基地厂区
邮编:610100
电话:028/84805505、84803961
传真:84809219
电子信箱:wx－jlb@ 163. com
法定代表人:杨骥
质量体系:ISO 9001
产品情况:(铜江牌)
自卸车、随车起重运输车、消防车、各种垃圾车、通信车、旅居车

★成都航发特种车有限公司
地址:成都市龙泉驿区经开区南四路3400号
邮编:610100
电话:028/83963928
传真:83963928
网址:www. cdhftc. com
电子信箱:cftcscb@ 126. com
法定代表人:冯玉平
质量体系:ISO 9001
产品情况:(双燕牌)
固井水泥车、压裂车、2000型压裂车、撬装泵、洗井车、仪表车等

★四川省客车制造有限责任公司
地址:成都市大邑县晋原镇工业集中发展区兴业五路
邮编:610200
电话:028/88267754、82266963
电子信箱:836129577@ qq. com
法定代表人:何念贵
质量体系:ISO 9001
产品情况:(峨嵋牌)
6～12m城市公交客车和长途公路客车;具备年产各型客车2500～3000辆的生产能力

★四川川宏机械有限公司
地址:成都市新都区工业东区
邮编:610500
电话:028/82185388、83963008
传真:82185378
网址:www. chjx－lcx. com
法定代表人:卢春勋
单位人数:468
质量体系:ISO 9001
产品情况:(勤宏牌、川宏牌)
主要产品有自卸式汽车、混凝土搅拌车、散装物料运输车、爆破器材运输车、各种挂车及特种车辆等

★四川川消消防车辆制造有限公司
地址:成都市温江区成都海峡两岸科技园新华大道一段八号
邮编:611130
电话:028/82688777、82688559
传真:82688200
电子信箱:cxfire@ cfefire. com
法定代表人:王德凤
质量体系:ISO 9001、ISO 14001
产品情况:(川消牌、青龙牌)
各种消防车

★成都创奇汽车制造有限公司
地址:四川省都江堰市崇义镇崇义村二组
邮编:611835
电话:028/87221563、4000684688
网址:www. cdcqqc. net
电子信箱:1694662549@ qq. com
法定代表人:纪道友
质量体系:ISO 9001
产品情况:(山川牌)
专用车、半挂车、城市客车(房车)、自卸汽车等

★四川国宏汽车有限公司
地址:四川省乐山市工业集中区振兴大道97号
邮编:614800
电话:0833/2653288
传真:2653378
网址:www. scghqc. cn
电子信箱:scghqc@ 163. com
法定代表人:张园
负责人:骆健琳
产品情况:(乐达牌)
大、中、轻型传统客车和新能源客车及新能源物流运输车

★四川建邦建工机械有限公司
地址:四川省广汉市向阳镇瓦店村7社
邮编:618300
电话:0838/5567130、13982279324
网址:www. scjbjg. com
法定代表人:孙勇全
产品情况:公路护栏打桩机、公路钻孔机、公路打桩机,混凝土搅拌罐、混凝土搅拌罐车、混凝土搅拌站

★四川华勋畜牧机械有限责任公司
地址:四川省广汉市新丰镇三亚路三段5号
邮编:618312
电话:0838/5298776、13880563977
网址:www. autochmu. cn
电子信箱:schxxm@ 126. com
法定代表人:金鹏
单位人数:538
质量体系:ISO 9001
产品情况:(川牧牌)
自卸工程车、混凝土搅拌运输车、半挂车、散装饲料运输车、散装水泥运输车、厢式运输车、仓栅式运输车等专用车
出口情况:散装饲料运输车出口朝鲜、俄罗斯、哈萨克斯坦、古巴等国家

★眉山中车物流装备有限公司
地址:四川省眉山市东坡区科工园3路2号
邮编:620032
电话:028/38502112、38161680
传真:38502046
网址:www. crrcgc. cc
电子信箱:gx220234@ autoinfo. gov. cn
法定代表人:赵坤德
质量体系:ISO/TS 16949、ISO 14001
产品情况:(迈隆牌)
厢式半挂车、厢式运输半挂车、仓栅式运输半挂车、自卸半挂车、集装箱自卸半挂车、平板自卸半挂车、低平板半挂车、普通半挂车等24款半挂车系列产品
出口情况:出口亚洲、非洲、澳大利亚、欧洲、南美洲等国家和地区

★绵阳华瑞汽车有限公司
地址:四川省绵阳市高新区朝阳东路17号
邮编:621000
电话:0816/2575512、4008888491
网址:www. myhcqc. com
法定代表人:王介峰
质量体系:ISO 9001
产品情况:(金杯牌)
乘用车有智尚S35都市SUV、中华豚轿车;商用车有大力神、新金典皮卡;西部牛仔、小金牛轻微卡、纯电动汽车等
出口情况:出口埃及、秘鲁、尼日利亚、摩洛哥、叙利亚、乌拉圭、泰国、博茨瓦纳、伊朗、南非等国家

★四川申龙汽车制造有限公司
地址:四川省绵阳市游仙东路88号
邮编:621000
电话:0817/2285367
传真:3663114
电子信箱:251213918@ qq. com
法定代表人:张国民
质量体系:ISO 9001
产品情况:(赛风牌)
LED宣传车、民用爆破器材运输车、客车、警用指挥车、厢式运输车、冷藏车、垃圾车、洒水车、运油车、清障车等专用车

★四川新筑通工汽车有限公司
地址:四川省雅安市雅安经济开发区园区大道188号
邮编:625000

电话:0835/5167001
网址:www.xinzhutonggong.com
电子信箱:xztg@xinzhutonggong.com
法定代表人:黄克明
产品情况:(通工牌)
混凝土搅拌运输车、插电式混合动力城市客车、纯电动城市客车、纯电动厢式运输车等

★遂宁市东乘车辆有限公司
地址:四川省遂宁市安居区安东大道29号
邮编:629000
电话:0825/8381298
传真:8381298
网址:www.sndccl.com
电子信箱:htdcvip@163.com
法定代表人:敖志平
单位人数:2500
产品情况:(海特牌)
宣传车、警用勘察车、工程勘察车、车厢可卸式垃圾车等

★四川中专汽车有限公司
地址:四川省南充市西充县多扶工业园区中专汽车产业园
邮编:637200
电话:0817/4235666、4000680908
网址:www.sczzqc.com
法定代表人:吴大彬
产品情况:自卸半挂车、平板半挂车、罐车、旅居车、自卸车、重型货车等

★四川福安龙专用汽车科技有限公司
地址:四川省广安市前锋区甘坝子路1号
邮编:638019
电话:0826/2710058、2812000
网址:www.fuanlong.com.cn
电子信箱:584226362@qq.com
法定代表人:卢海峰
质量体系:ISO 9001、ISO 14001
产品情况:应急通信指挥车、应急电源车、抢险救援照明车、野外生活保障车、后勤装备车、防涝排水车

★四川东风四通车辆制造有限公司
地址:四川省资阳市汽车工业园
邮编:641300
电话:028/23030886、23030161
电子信箱:923872586@qq.com
法定代表人:王富虎
质量体系:ISO 9001
产品情况:(佛莱特牌)
环卫车及设备、自卸车、混凝土搅拌车、道路清障车4大系列50多个品种的产品

★四川空分设备(集团)有限责任公司
地址:四川省简阳市建设中路239号
邮编:641400
电话:028/23186689
传真:27016546
网址:www.saspg.com
电子信箱:kfweb@saspg.com
法定代表人(负责人):单金铭
质量体系:ISO 9001
产品情况:(川空牌、川牌)
低温液体运输车、半挂车、液化气体运输车等
出口情况:远销30多个国家和地区

★乐至县熊猫机器制造有限公司
地址:四川省资阳市乐至县工业园区
邮编:641500
电话:028/23356228、23351779
传真:23351779
电子信箱:panda@pandagroup.com.cn
法定代表人:李荣武
质量体系:ISO 9001
产品情况:(熊猫牌)
扫路车、高空作业车、多功能洒水车、运(加)油车、化工液体运输车、粉粒物料运输车、混凝土搅拌车、干混砂浆车、自卸车、沥青洒布车等环卫、危化品、工程、罐式4大类,20多个产品
出口情况:远销伊拉克、越南等国家

★四川长江工程起重机有限责任公司
地址:四川省泸州市江阳区酒谷大道五段22号
邮编:646006
电话:0830/3581773、3582825
传真:3581020
电子信箱:523510713@qq.com
法定代表人:乔健
质量体系:ISO 9001、GB/T 19001
产品情况:(国机重工牌、长江牌)
汽车起重机和其他工程机械

云南省

★云南建投建筑机械有限公司
地址:昆明市盘龙区东郊路58号
邮编:650041
电话:0871/63360984、63308020
传真:63308020、63315269
网址:www.ynjzjxc.cn
电子信箱:ynjzjxc@sina.com
法定代表人:朱良
单位人数:200
质量体系:ISO 9001
产品情况:(云建牌)
YJZ型系列粉粒物料运输罐车等

★云南第一汽车工贸有限公司
地址:昆明市安石公路石咀
邮编:650100
电话:0871/68173682、68173565
传真:68173565、68171177
电子信箱:524923148@qq.com
法定代表人:李应成
质量体系:ISO 9001
产品情况:(云驰牌)
自卸车、半挂车、厢式运输车、化工液体运输车、加油车等

★云南五龙汽车有限公司
地址:昆明市高新区昌源北路1388号
邮编:650101
电话:0871/68331603
传真:68358101
电子信箱:heliqiong@changjiangev.com
法定代表人:姜安宁
产品情况:(长江牌)
纯电动客车、混合动力客车等

★云南航天神州汽车有限公司
地址:昆明市经开区大石坝航天城
邮编:650217
电话:0871/67204096
传真:67204225
网址:www.shenzhouvehicle.com
电子信箱:gx240208@autoinfo.gov.cn
法定代表人:叶致中
质量体系:ISO/TS 16949、ISO 14001
产品情况:(神州牌)
主要生产新能源纯电动专用车(物流车、售货车、特种车),客车(商务车、公交车、机场VIP摆渡车)

贵州省

★贵州万征汽车技术有限责任公司
地址:贵阳市经济技术开发区开发大道192号
邮编:550009
电话:0851/83839599
传真:83805537
网址:www.gzwzauto.com
法定代表人:王晓宇
单位人数:105
质量体系:ISO 9001
产品情况:(万舆牌)
平板运输车、厢式运输车等

★奇瑞万达贵州客车股份有限公司
地址:贵阳市国家经济技术开发区开发大道888号
邮编:550025
电话:0851/88562026、88562018
网址:www.mycherybus.com
电子信箱:wangying@mycherybus.com
法定代表人:胡湘成
质量体系:ISO 9001、GB/T 19001
产品情况:(万达牌)
5~12m高、中、低档客车,用于公路客运、旅游、城市公交、团体、专用客车、城市客车、小学生专用校车等
出口情况:出口哈萨克斯坦、缅甸、老挝等国家

★贵州贵龙客车制造有限公司
地址:贵州省凯里经济开发区开元大道69号
邮编:556011
电话:0855/3839916、4000855628
传真:8558577
电子信箱:787651681@qq.com

法定代表人:余威
质量体系:ISO 9001
产品情况:(阳钟牌)
6~12m 公路客运、旅游、公交、专用校车等各个细分市场

★贵州贵航云马汽车工业有限责任公司
地址:贵州省安顺市开发区迎宾大道川渝安顺工业园
邮编:561000
电话:0851/38123900、13765370308
网址:www.gfyunma.com
电子信箱:1178385432@qq.com
法定代表人:吴智
单位人数:200
质量体系:ISO 9001、ISO 14001
产品情况:(云马牌)
客车、环卫专用车及设备、新能源车、清洁能源(GNG、LNG)汽车、特种车、警用设备等产品
出口情况:出口东亚、东南亚、南美洲等地区

★贵州航天特种车有限责任公司
地址:贵州省遵义县鸭溪镇吐鱼村
邮编:563108
电话:0852/28726957、28726919
传真:28726910
网址:www.httzc.com
法定代表人:吕华
产品情况:(南风牌)
工程类自卸车、森林灭火弹运输车、粉粒物料运输车、混凝土搅拌运输车、公安巡逻车、石油管道高压清洗车、救护车等产品

陕西省

★西安达刚路面机械股份有限公司
地址:西安市高新技术产业开发区科技三路 60 号
邮编:710019
电话:029/88328410、85975854
传真:88313375
网址:www.dagang.com.cn
电子信箱:sales@xadagang.cn
法定代表人:唐乾山
单位人数:300
质量体系:ISO 9001
产品情况:(达刚牌)
液态沥青运输车、稀浆封层车、同步封层车、沥青碎石同步封层车、沥青洒布车、沥青路面养护车
出口情况:出口俄罗斯、印度、巴西、葡萄牙、瑞士、澳大利亚、尼日利亚、阿尔及利亚、斯里兰卡等 40 余个国家

★西安蓝港数字医疗科技股份有限公司
地址:西安市高新技术产业开发区科技二路 65 号
邮编:710075
电话:029/33691692、4008878009
传真:33691600
网址:www.landcom.com.cn
电子信箱:landcom@landsea.net.cn
法定代表人:武小刚
质量体系:ISO 9001
产品情况:(蓝港牌、八达牌)
救护车,流动体检车,牙科、眼科、采血、医用豪华行政接待用车等特种医疗车

★中煤科工集团西安研究院有限公司
地址:西安市高新技术产业开发区锦业一路 82 号
邮编:710077
电话:029/81778066、81778222
传真:81778301
网址:www.cctegxian.com
电子信箱:yuanban@cctegxian.com
法定代表人:董书宁
产品情况:车载钻机、全液压钻机等

★西安兰德新能源汽车技术开发有限公司
地址:西安市高新区锦业二路 26 号
邮编:710077
电话:029/86955443
电子信箱:zhangjian_ld@sxqc.com
法定代表人:周伟
产品情况:纯电动/混合动力港口牵引车、增程式环卫车、混合动力载货车、纯电动物流运输车及纯电动/混合动力城市客车、纯电动微型车等新能源汽车整车产品

★西安骊山汽车制造有限公司
地址:西安市枣园西路 90 号
邮编:710077
电话:029/84618501、84610749
传真:84615904、84620122
电子信箱:xals@chemchina.com
法定代表人:赵鹏
质量体系:ISO 9001
产品情况:(骊山牌)
各种城市公交车、公路客车、通村客车、客运教练车和载货车、工程自卸车、低平板运输车等特种车

★中车西安车辆有限公司
地址:西安市未央区三桥镇
邮编:710086
电话:029/82369253、82369212
电子信箱:1071480054@qq.com
法定代表人:张向东
产品情况:汽车罐车等

★陕西重曼卡专用汽车有限公司
地址:西安市泾河工业园西金路中段 1450 号
邮编:710200
电话:029/86963961、13379512004
传真:86040821
网址:www.sxzmk.net
法定代表人:张成宜
单位人数:270
产品情况:(西曼卡牌)
压缩式垃圾车、陕汽自卸车大厢、同力自卸车大厢、一汽自卸车大厢、半挂车厢等

★陕西重汽专用汽车有限公司
地址:西安市泾渭工业园泾诚路 8 号
邮编:710200
电话:029/86957428
传真:86957345
网址:www.szqzyc.com
电子信箱:dszyc@sxqc.com
法定代表人:吕存孝
单位人数:2500
质量体系:ISO 9001
产品情况:(德尊牌)
主要产品有冷藏保温车、快递物流车、厢式载货车、油田类专用车、污泥自卸车、仓栅车、城市环卫车和水泥搅拌车等 3 大系列 20 余个品种

★中交西安筑路机械有限公司
地址:西安市经济技术开发区泾渭新城泾高南路西段 8 号
邮编:710200
电话:029/86966618、86966698
传真:86966689
网址:www.rm.com.cn
法定代表人:杨向阳
质量体系:ISO 9001
产品情况:(西筑牌)
沥青碎石同步封层车、稀浆封层车等
出口情况:远销海外 63 个国家和地区

★西安石油机械有限公司
地址:西安市高陵县泾河工业园北区泾园四路中段
邮编:710201
电话:029/86032961、86033186
传真:86033186
网址:xapmcl.com
电子信箱:xianshyjx@126.com
法定代表人:叶利剑
单位人数:80
质量体系:ISO 9001
产品情况:(西石牌)
主要产品有运油车、吸污车、修井机、测井车、地震仪器车、粉粒物料自卸车、仪器车、仪表车、供液车、清蜡车、润滑油车、采油车、泵油车、原油运输车、陆地钻井平台、石油野营房车等

★中集陕汽重卡(西安)专用车有限公司
地址:西安市经济技术开发区泾渭工业园中钢路 18 号
邮编:710201
电话:029/86038999、86038800
传真:86038801
网址:www.xacimc.com
法定代表人:李志敏
质量体系:ISO/TS 16949、ISO 14001

产品情况:(中集牌)
自卸车、半挂车、水泥搅拌车、矿用宽体车等各类专用汽车

★陕西同力重工股份有限公司
地址:陕西省咸阳市沣渭新区创新二路007号
邮编:712000
电话:029/38001215、33687771
传真:38001213
网址:www.sntonly.com
电子信箱:tonly2010@yeah.net
法定代表人:叶磊
产品情况:(秦同力牌)
非公路宽体自卸车、非公路矿用自卸车等非公路用车
出口情况:出口俄罗斯、蒙古、哈萨克斯坦、吉尔吉斯斯坦、马来西亚等多个国家

★陕西秦星汽车有限责任公司
地址:西安市西咸新区泾河新城高泾大道
邮编:713700
电话:029/36200221、38152021
传真:36200070－8007
电子信箱:272829043@qq.com
法定代表人:舒欣
质量体系:GB/T 19001、ISO/TS 16949
产品情况:(原点之星牌)
城市公交客车、公路客车、旅游客车、旅居车、客厢车和载货车、专用车等

★陕西汽车集团延安专用车有限公司
地址:陕西省延安市宝塔区姚店新区
邮编:716000
电话:0911/8070991、4000911700
电子信箱:3276539304@qq.com
法定代表人:舒周生
质量体系:ISO 9001
产品情况:(延安牌)
多功能洗井车、注水循环洗井车、车载修井机、油电双驱修井机、带压作业修井机、压裂管汇车、700型洗井车、400型洗井车、洗井清蜡车、供液车、运油车、吸污车、锅炉车、下灰车、砂罐车、自卸车、载货车等

★陕汽榆林东方新能源专用汽车有限公司
地址:陕西省榆林市麻黄梁工业园区
邮编:719000
电话:0912/3688788、3502442
网址:www.yldongfang.com
电子信箱:yldfhr@126.com
法定代表人:舒周生
质量体系:ISO 9001
产品情况:(陕汽牌)
新能源汽车、运煤车、环卫车、邮政车等专用车

★宝鸡宝石特种车辆有限责任公司
地址:陕西省宝鸡市高新开发区高新大道61号
邮编:721002
电话:0917/3388022、3388018
传真:3388011
电子信箱:bstcgs@china.com
法定代表人:南建武
质量体系:ISO 9001
产品情况:(宝石机械牌)
测井车、采油车、试井车、压缩式垃圾车、井架安装车、工程车
出口情况:远销美国、加拿大、德国、叙利亚、乌兹别克斯坦、印度、巴基斯坦、印度尼西亚等国家

★陕西骏成达挂车有限公司
地址:陕西省宝鸡市陈仓区周原镇杜赵村
邮编:721300
电话:0917/6449902
法定代表人:王丹芬
产品情况:(骏成达牌)
仓栅式半挂车、自卸式半挂车、高空作业车、厢式垃圾车、通信车、洒水车等

★陕西银河消防科技装备股份有限公司
地址:陕西省宝鸡市高新大道20路417号
邮编:721306
电话:0917/8801111、8801116
传真:8801111
网址:www.bj－fire.com
电子信箱:yhxs119@163.com
法定代表人:孔昭斌
质量体系:ISO 9000
产品情况:(银河牌)
水罐消防车、泡沫消防车、涡喷消防车、排烟消防车、泵浦移动消防平台、消防装备等
出口情况:出口20多个国家和地区

★陕西宝鸡专用汽车有限公司
地址:陕西省宝鸡市高新开发区高新十九路
邮编:721306
电话:0917/6756800、3321300
传真:6756888
电子信箱:wangbaohe_bj@126.com
法定代表人:王宝和
质量体系:GJB 9001B
产品情况:(新星牌)
轻型轮式装甲车,年产各类轻型轮式装甲车600余辆
出口情况:出口12个国家和地区

★陕西通运专用汽车集团有限公司
地址:陕西省宝鸡市蔡家坡经济技术开发区
邮编:722400
电话:0917/8569667、8569623
网址:www.sxtongyun.com
电子信箱:sxtongyunzg@qq.com
法定代表人:李天良
质量体系:ISO 9001、ISO 14001
产品情况:(忠华通运牌)
主要产品有非公路宽体矿用车系列、油田特种作业车系列、环卫车系列、军警用特种车系列、场内机动车、各类汽车零部件、金属磨料及抛丸除尘设备、立体车库、电动三轮车

★陕西通力专用汽车有限责任公司
地址:陕西省宝鸡市蔡家坡经济技术开发区
邮编:722405
电话:0917/8569176、4006860002
传真:8588368、8569669
网址:www.sxtongli.com
电子信箱:shanqitongli@126.com
法定代表人:郝晓乾
单位人数:1600
质量体系:ISO/TS 16949、ISO 14001
产品情况:(陕汽通力牌)
全系列工程自卸车、各类军用、民用专用车、非公路矿用自卸车、各类中重型汽车车架总成及汽车零部件
出口情况:出口亚洲、欧洲、美洲、非洲等国际市场

★陕汽集团旬阳宝通专用车部件有限公司
地址:陕西省安康市旬阳县生态工业区
邮编:725700
电话:0915/7227989、7225066
传真:7227989
网址:www.sxqcbt.com
电子信箱:sxqcbt@sxqcbt.com
法定代表人:郝晓乾
产品情况:(陕汽牌)
非公路自卸车等工程车辆和水泥罐装车、水泥搅拌车、消防车等专用车辆

★陕西神达汽车制造有限公司
地址:陕西省白河县城关镇安坪村工业园区
邮编:725899
电话:0915/7821798、7812798
法定代表人:刘和兴
产品情况:(神武牌)
压缩式垃圾车等

★陕西跃迪新能源汽车有限公司
地址:陕西省商洛市商丹园区商丹大道66号
邮编:726000
电话:0914/2188000
传真:8066666
网址:www.sxydkc.com
法定代表人:逯迎春
产品情况:(跃迪牌)
主要产品是6~12m系列纯电动客车、纯电动物流车、天然气公交客车、燃油公路客车和公交客车

宁　夏

★宁夏万兴机械(集团)
地址:宁夏吴忠市利通区柴园大道

001 号
邮编:751100
电话:0953/2222999、2222211
传真:2222999
电子信箱:wzwxsygs@163.com
法定代表人:李万珍
质量体系:ISO 9001
产品情况:(万风牌)
半挂车、专用改装汽车

★宁夏合力万兴汽车制造有限公司
地址:宁夏吴忠市利通区金银滩镇北街2号
邮编:751100
电话:0953/2798999、15209637575
网址:www.nxhlqc.com
电子信箱:258364173@qq.com
法定代表人:谭春林
单位人数:500
产品情况:(宁汽牌)
混凝土搅拌车、粉粒物料运输车、散装水泥车、加油车、运油车、绿化洒水车、农药喷洒车、压缩式垃圾车、摆臂式垃圾车、挂桶式垃圾车、随车起重运输车、化工液体运输车、半挂车、吸污车、吸粪车、高压清洗车、扫路车、厢式车、冷藏车、仓栅车、高空作业车、道路清障车、消防车、教练车、防爆器材运输车、道路检测车等300多个产品

甘肃省

★兰州电源车辆研究所有限公司
地址:兰州市七里河区民乐路64号
邮编:730050
电话:0931/2867711、2868718
传真:22868841
网址:www.lzdys.com
电子信箱:admin@lzdys.com
法定代表人:刘富刚
单位人数:200
质量体系:ISO 9001
产品情况:(兰电所牌)
应急不间断电源车、油料计量检定车等军用改装车辆

★甘肃建投装备制造有限公司
地址:兰州市七里河区彭家坪镇彭家坪228号
邮编:730050
电话:0931/2880760
传真:2362893
电子信箱:www.gcigcem@163.com
法定代表人:李熠
产品情况:(高漠牌、格赛克牌)
混凝土搅拌运输车、洗扫车、宣传车、车厢可卸式汽车等专用汽车

★兰州矿场机械有限公司
地址:兰州市安宁区城临路10号
邮编:730070
电话:0931/7616851、7613953
传真:7616811
网址:www.gslkgs.com
电子信箱:gs-lkgs@163.com
法定代表人:周宝宁
质量体系:ISO 9001
产品情况:(兰矿牌)
固井水泥车、压裂车、防砂车、混砂车、洗井车、撬装蒸汽发生器、撬装泵系列等油田用特种设备以及海上平台固井系统、仪表车、压裂管汇车、背罐车
出口情况:出口压裂机组

★兰州城临石油钻采设备有限公司
地址:兰州市安宁区城临路9号
邮编:730070
电话:0931/7668953
传真:7668963、7668953
电子信箱:chenglin@lzclgs.com
法定代表人:贺公安
质量体系:ISO 9001、ISO 14001
产品情况:(海狮牌)
压裂车、洗井清蜡车、洗井车、混砂车、锅炉车、供液泵车
出口情况:远销东南亚、中东、中亚、北非等地区

★兰州林峰石油机械制造有限责任公司
地址:兰州市安宁区桃林路68号
邮编:730070
电话:0931/7685808、7685810
传真:7685809
网址:www.lzlfsyjx.com
电子信箱:380584806@qq.com
法定代表人:刘铃
单位人数:120
质量体系:ISO 9001
产品情况:(林峰牌)
大型压裂车组、混砂车、管汇车、仪表车、采油车、锅炉车、热油熔蜡车、洗井车、洗井清蜡车、水泥车、配液泵车、加药车、灰罐车等
出口情况:出口国外市场

★兰州天智机械有限公司
地址:兰州市经济技术开发区高新技术产业园城临路12号
邮编:730070
电话:0931/7660606、7662255
传真:7662255
电子信箱:196351506@qq.com
法定代表人:廖海智
质量体系:ISO 9001、ISO 14001
产品情况:(天智牌)
锅炉车、清蜡车、洗井车、固井车、混砂车、压裂车、洗井清蜡车、背罐车、运砂车等

★甘肃中集华骏车辆有限公司
地址:甘肃省白银市长安路26号
邮编:730900
电话:0943/8250666
传真:8231606
网址:www.gszjhj.com
电子信箱:xiaoshou@gszjhj.com
法定代表人:郭喜洲
质量体系:ISO/TS 16949
产品情况:(华骏牌)
主要产品为各类半挂车、自卸(改装)车和全挂车

青海省

★青海新路环卫设备制造有限公司
地址:青海生物科技产业园金羚大街10号
邮编:810016
电话:0971/6271520
电子信箱:992883957@qq.com
法定代表人:宋积洪
质量体系:ISO 9001
产品情况:[洁神牌、新路(NEWWAY)牌]
压缩式垃圾车、摆臂式垃圾车、洒水车

新　疆

★新疆中通客车有限公司
地址:乌鲁木齐市高新区北区阜新街51号
邮编:830013
电话:0991/6531906、6531999
传真:6531999
电子信箱:xjztzjb@163.com
法定代表人:于春印
质量体系:ISO 9001
产品情况:(中通牌、西域牌)
主营客车、特种车、汽车配件;具有年产2万辆新能源与节能型客车的制造能力
出口情况:部分产品出口

★新疆鸿达重工机械制造有限公司
地址:乌鲁木齐市经济技术开发区泰山街280号
邮编:830026
电话:0991/8771457、3702886
电子信箱:270021713@qq.com
法定代表人:于归赫
质量体系:ISO 9001
产品情况:建筑工程机械系列、混凝土搅拌系列、轻钢建材系列、筑路机械系列等150多种产品的生产制造以及特种专用车辆改装
出口情况:远销中亚五国

★乌鲁木齐市隆盛达环保科技有限公司
地址:乌鲁木齐市头屯河工业园银泉街32号
邮编:830032
电话:0991/3962337、3974155
传真:3962337
电子信箱:276792250@qq.com
法定代表人:魏明

产品情况：（汇鑫天通牌）
低温液体运输车等

★新疆福田广汇专用车有限责任公司
地址：乌鲁木齐市米东区九沟北路2466号
邮编：831400
电话：0991/6556111、6556716
传真：6556655
电子信箱：xjgcc@126.com
法定代表人：郭建群
质量体系：ISO 9001
产品情况：（博格达牌、天禧牌）
中重型自卸车、半挂车、罐式车、厢式运输半挂车、低温液体运输半挂车，产量500辆

★新疆平云汽车有限公司
地址：新疆博尔塔拉蒙古自治州博乐市农五师八十九团
邮编：833400
电话：0909/6663946
传真：6663946
网址：www.pytruck.com
电子信箱：751153130@qq.com
法定代表人：方喜平
质量体系：ISO 9001
产品情况：（楚疆牌）
半挂车、压缩式垃圾车、吸污车、平板运输车、洒水车

第三部分

中国汽车零部件生产企业

- 发动机零部件生产企业
- 底盘零部件生产企业
- 车身零部件生产企业
- 电子电器零部件生产企业
- 通用件和相关工业产品生产企业
- 新能源与智能网联零部件生产企业
- 汽车用品及工具生产企业

汽车零部件产品分类说明

一、发动机零部件

发动机总成，活塞、活塞环、曲轴、连杆、飞轮、凸轮轴、气门、缸体等机体组件，燃油箱、燃油泵、机油泵、三滤（机油滤清器、燃油滤清器、空气滤清器），化油器、电喷系统，散热器、水泵、风扇、节温器，进排气管、消声器、净化器及涡轮增压器等。

二、底盘零部件

离合器及附件，变速器及附件，车桥及附件，悬架件，车架、车轮，转向盘、转向机等转向零件，制动器及附件等。

三、车身零部件

驾驶室、车门窗及车厢，车锁、铰链、玻璃升降器，座椅、安全带、安全气囊，安全玻璃，刮水器、洗涤器、后视镜、空气弹簧，仪表板、保险杠、内饰件，汽车空调、暖风及其组件等。

四、电子电器零部件

蓄电池，汽车驱动电动机，点火线圈、分电器、火花塞，照明与信号装置，仪表、传感器及警报系统，开关、继电器、中央配电盒，线束、拉索、软轴，汽车音响、喇叭、天线，GPS 导航系统、巡航系统、行车记录仪等。

五、通用件和相关工业产品

摩擦材料、密封件、橡胶塑料制品，标准件、紧固件，轴承、弹簧，铸锻、冲压、粉末冶金件，汽车油品、涂料、黏合剂，金属、纺织、皮革制品等。

六、新能源与智能网联零部件

电动汽车动力总成系统、电机及控制系统、动力电池及管理系统、充电系统及设备、其他电动汽车零部件，其他新能源汽车零部件，智能驾驶和辅助驾驶系统、摄像头、雷达、夜视系统、AI 芯片、智能车载设备、智能座舱、车载诊断、碰撞救援、远程监控系统等。

七、汽车用品及工具

清洁、美容、护理用品，防盗报警用品，车用冰箱、电扇、车载电话等车内用品，行李架、尾翼、轮眉、大包围、豪华挡泥板等外部装饰，坐垫、座套、窗帘、转向盘套、脚踏垫、地胶、香座、储物箱、桃木内饰等内部装饰，太阳膜、车身彩条、彩贴，赛车装备、倒车雷达、汽车工具等。

注：生产线、工业设备、汽车工业专用模具见“汽车制造设备及模具生产企业”部分

☞采购汽车零部件请参考 P703——汽车零部件生产企业按产品索引

发动机零部件生产企业

●查询导引●

企业详细介绍

发动机零部件生产企业

☞ 企业如有变更,请与编辑部联系　☎ 010/68426043、68420981

北京市

★北京首拓汽车滤清器制造有限公司
地址:北京市石景山区衙门口三号桥北首拓园内
邮编:100041
电话:010/88806227、13161236575
传真:88806227
网址:www. bjshoutuo. com
电子信箱:bjshoutuo@ 163. com
法定代表人(负责人):邱建湘
质量体系:ISO/TS 16949
产品情况:汽车滤清器等

★北京北内有限公司
地址:北京市丰台区大红门六合庄1号
邮编:100076
电话:010/67714072
网址:www. beinei. cn
电子信箱:bncwc@ 163. com
法定代表人:尹杰
单位人数:300
质量体系:ISO 9001
产品情况:发动机及零部件
出口情况:出口巴基斯坦、印度、澳大利亚、菲律宾、尼日利亚等国家

★北京北内柴油机有限责任公司
地址:北京市丰台区大红门六合庄1号
邮编:100076
电话:010/87882880
传真:87882890
网址:www. cnbeinei. com
电子信箱:guoyu@ cnbeinei. com
法定代表人:郭禹
质量体系:ISO 9001、ISO 14001
产品情况:B/FL912/913/914/C 系列风冷柴油机
出口情况:出口欧洲、北美洲、南美洲、非洲、南亚地区

★康明斯排放处理系统(中国)有限公司
地址:北京市经济技术开发区荣昌东街2号
邮编:100176
电话:010/59023000
传真:59023099
网址:www. cummins. com. cn
法定代表人:柴永全
产品情况:排放处理系统产品

★北京北内发动机零部件有限公司
地址:北京市通州区西集镇杜柳棵村西01号
邮编:101108
电话:010/61551063、61553197
传真:61553197
电子信箱:lbj - zhaoshuang@ baicmotor. com
法定代表人:黄文炳
负责人:李斌
单位人数:506
质量体系:ISO/TS 16949
产品情况:汽车发动机凸轮轴和连杆
配套情况:为北京现代、北京福田康明斯、土耳其现代、日照威亚、东风悦达起亚、哈东安三菱、天津一汽、上海纽荷兰等主机厂配套

★北京大林万达汽车部件有限公司
地址:北京市平谷区平瑞街5号
邮编:101200
电话:010/69958532
传真:69958539

电子信箱:1372156198@ qq. com
法定代表人:李孝键
负责人:李政勋
单位人数:320
质量体系:ISO/TS 16949
产品情况:缸盖铸件和进气管
配套情况:为北京现代、东风悦达起亚、江淮汽车、北京汽车、山东威亚等供货

★ 北京汽车动力总成有限公司

地址:北京市通州区经济开发区东区靓丽3街1号
邮编:101106
电话:010/80868829
传真:80868803
电子信箱:pingfan@ baicmotor. com
法定代表人:黄文炳
负责人:李斌
单位人数:1228
质量体系:ISO/TS 16949
产品情况:(北汽动力牌)发动机产品:A12系列(1.0L/1.2L/1.2T)直列四缸自吸及增压汽油机、A151系列(1.3L/1.5L/1.5T)直列四缸自吸及增压直喷汽油机、A150系列(1.5TD)直喷增压汽油机,A系列轻混(1.0TD/1.5TD)直列三缸/四缸增压直喷汽油机;B系列(1.8T/2.0T/2.3T)增压横、纵置汽油机;变速器产品:F15/F25/F35系列、F206/F256系列;新能源产品:A151H/A122H增程器、E300/E350减速器
配套情况:为北汽绅宝系列D20/D50/D60/D70、北汽绅宝智行、智道乘用车、北汽X25/X35/X55/X65-SUV乘用车、北京B40/B40L/B80C越野车、昌河牌Q25/Q35乘用车以及北汽新能源EX360、EX5电动车等配套
☞ 详细情况请参阅彩色宣传版面

★北京柳成新和汽车部件有限公司

地址:北京市平谷区兴谷工业开发区M2-5-11号
邮编:101200
电话:010/69956078
传真:69956038
网址:www. niv. co. jp
电子信箱:liuxj@ bysc. com. cn
法定代表人:洪性均
产品情况:发动机机械挺杆和液压挺杆
配套情况:为东风悦达起亚、北京现代、山东威亚供货

★北京彼欧英瑞杰汽车系统有限公司

地址:北京市顺义区杨镇地区纵二路7-1号
邮编:101309
电话:010/61418070
法定代表人:杨莉
产品情况:塑料燃油系统(燃油箱、注油管、汽油机和柴油机燃油泵)及其他部件、特种功能复合材料及制品
配套情况:为北京现代MD产品、北汽、尼桑DF511、通用Gamma配套

★北京摩拓尼克汽车配件有限公司

地址:北京市昌平区中关村科技园区(东园)凯创路13号
邮编:102200
电话:010/60736001、60736004
传真:60736007
电子信箱:zhanglin@ bjmotonic. com
法定代表人:申铉敦
质量体系:ISO/TS 16949
产品情况:节气门体等空气感应元件、传感器、摇臂、活塞离合器、机油滤清器、驱动齿轮、传动轴等

★北京弘大汽车空调散热器有限公司

地址:北京市昌平区城区镇西环北口弘大路1号
邮编:102200
电话:010/89782089、89782790
传真:89785720
电子信箱:bjhd@ bj - radiator. com
法定代表人:刘先明
质量体系:ISO/TS 16949
产品情况:(铜牛牌)
　　汽车空调系统、铜/铝散热器、中冷器、暖风机
配套及出口情况:为北京奔驰、北汽福田、北汽有限、北京现代、昌河、吉利、保定长城、上汽主机厂配套;远销北美洲、东南亚等地区

★北京绿创环保设备股份有限公司

地址:北京市昌平区振兴路28号
邮编:102200
电话:010/80119670
传真:80119670
电子信箱:admin@ greentec - equip. com. cn
法定代表人:姜鹏明
质量体系:ISO/TS 16949
产品情况:(科华牌)
　　汽车发动机排气系统总成、在用车改造、整车NVH改善;柴油机后处理系统;具备年产30万套汽车发动机排气系统总成和10万套SCR系统及相关产品生产能力
配套情况:为一汽轿车、奇瑞汽车、东风柳汽、江铃汽车、曙光汽车、华泰现代、宝龙汽车等配套

★北京福田康明斯发动机有限公司

地址:北京市昌平区沙河镇沙阳路
邮编:102206
电话:010/80736888
传真:80736666
网址:www. cummins. com. cn
法定代表人:王美臣
产品情况:2.8~3.8L轻型柴油机,11L和12L重型柴油发动机

天津市

★天津市汽车水箱厂

地址:天津市南开区临潼路52号
邮编:300110
电话:022/27365286
传真:27365286
网址:www. tjradiator. com
电子信箱:tianjin_yasheng@ vip. 163. com
法定代表人:丁勇
质量体系:ISO/TS 16949
产品情况:汽车散热器,中冷器、汽车暖风、机油冷却器
配套情况:为全国20多家主机厂配套

★天津市神驰汽车零部件有限公司

地址:天津市西青区外环线七号桥
邮编:300112
电话:022/27512529
传真:27512529
网址:www. tianjin - muffler. com
电子信箱:zjl@ tianjin - muffler. com
法定代表人:肖建民
质量体系:ISO/TS 16949
产品情况:具有年产消声器50万套、三元催化转化器30万套的生产能力
配套情况:主要客户为一汽夏利、保定长城、天津长城、沈阳华晨、一汽丰田、石家庄双环

★天津惠德汽车进气系统股份有限公司

地址:天津市西青区中北工业园区红运路19号
邮编:300112
电话:022/23832181、23832182
传真:23389109
网址:www. tjhdaim. com
法定代表人:刘德新
质量体系:ISO/TS 16949
产品情况:汽车发动机塑料进气歧管

★天津三五汽车部件有限公司

地址:天津市东丽经济开发区五纬路与一经路交口
邮编:300300
电话:022/23394170、58893535
电子信箱:guan_shifang@ tj - sango. com. cn
法定代表人:久久湊康
产品情况:汽车零部件、排气系统
配套情况:为天津一汽丰田配套

★天津亚星世纪实业股份有限公司

地址:天津市津南区双港科技园慧科路2号
邮编:300350
电话:022/58285698、13662105797
传真:58285698
网址:www. yaxing - radiator. com
法定代表人:郭成平
质量体系:ISO/TS 16949
产品情况:(亚星牌)
　　汽车散热器、蒸发器、冷凝器、油冷器、中冷器、前端冷却模块
配套及出口情况:为吉利、奇瑞、比亚迪、长安、华晨等配套;部分产品出口国外配套以及售后市场,配套厂商如莲花、迈凯伦、大宇等;售后如四季、伟士通、Proliance

★天津华瑞达汽车消声器有限公司
地址:天津市津南区八里台镇北中塘
邮编:300353
电话:022/88527916、88527167
传真:88529803
电子信箱:hanzhongkun@ tjhuaruida. com
法定代表人:崔绍印
质量体系:ISO 9001
产品情况:(华瑞达牌)
消声器、三元催化转换器、排气歧管、排气系统附件等
配套情况:为天津一汽夏利配套

★天津一汽丰田发动机有限公司
地址:天津市西青区杨柳青西青道266号
邮编:300380
电话:022/58685878、58685740
传真:27390960
网址:www. toyota. com. cn
电子信箱:yuanyinwen@ tfte. com. cn
法定代表人:王刚
质量体系:ISO 14001
产品情况:具有年产 NR 系列发动机10.8万台、ZR 系列发动机32.4万台、1.2T 发动机21.6万台的生产能力

★马勒工业热系统(天津)有限公司
地址:天津市西青经济开发区赛达国际工业城 D5-1
邮编:300385
电话:022/23828358
传真:23828368
网址:www. cn. mahle. com
电子信箱:thermalsystems@ mahle. com
法定代表人:Daniel Bentele
产品情况:专用于公共汽车等的冷却系统

★天津卡达克汽车高新技术有限公司
地址:天津市东丽开发区四经路9号
邮编:300399
电话:022/24992681
电子信箱:lipeng2017@ catarc. ac. cn
法定代表人:李陆山
质量体系:ISO/TS 16949、OHSAS 18001
产品情况:发动机塑料进气歧管、发动机紧耦合排气歧管、三元催化转化器、排气管、消声器
配套情况:为东南汽车、一汽海马、北京奔驰、昌河铃木、东风柳汽、奇瑞汽车、华晨金杯等客户批量供货

★天津雷沃发动机有限公司
地址:天津市北辰科技园区高新大道77号
邮编:300402
电话:022/86998618、4006589888
传真:26997262
网址:www. lovolengines. com
电子信箱:lovolengines@ lovolengines. com
法定代表人:王桂民
质量体系:ISO/TS 16949
产品情况:(雷沃牌)
柴油发动机
配套及出口情况:为福田汽车3~13t载货汽车配套;远销欧洲、中东、南美洲、非洲等100多个国家和地区

★高丘六和(天津)工业有限公司
地址:天津市新技术产业园区北辰科技园津围公路东高新大道37号
邮编:300409
电话:022/86995950
传真:86995951、86995952
网址:www. atl. com. cn
电子信箱:atlt@ atl. com. cn
法定代表人:秋田宪宏
负责人:池户裕之
单位人数:1248
质量体系:ISO/TS 16949、ISO 14001
产品情况:发动机部件(轴承盖、飞轮、凸缘、支架等);车身部件(侧门防撞钢梁、车顶加固材料、A防撞柱、减振平衡块等);变速器部件(差速器支座、差速器壳、泵体、泵壳、离合器压盘、倒挡拨叉等);制动部件(前桥总成、制动盘、制动钳、制动鼓、转向节、支架等)
配套情况:主要客户有丰田、日产、本田、马自达、铃木、奔驰、宝马、大众、奥迪、一汽、东南汽车、三菱、采埃孚等

★天津信特恩粉末冶金有限公司
地址:天津市经济技术开发区第7大街81号
邮编:300457
电话:022/58222788、58885649
传真:25295519
电子信箱:dingzhiwei@ sinteron. cn
法定代表人:BEYUNG JAE LEE
质量体系:ISO/TS 16949
产品情况:气门导管、气门座圈、链轮、连杆、油泵转子、齿轮、凸缘毛坯、同步器毂等各种粉末冶金关键零部件

★天津双叶协展机械有限公司
地址:天津市经济技术开发区第十一大街73号
邮编:300457
电话:022/59887266、59887233
传真:66230119
网址:www. futabasangyo. com
电子信箱:sunjing@ tjfutaba-sc. com
法定代表人:稻吉重夫
产品情况:车身钣金件、排气管、消声器及汽车油箱等
配套情况:为一汽丰田配套

★天津电装电子有限公司
地址:天津市经济技术开发区洞庭路166号
邮编:300457
电话:022/25327684
传真:25327683
网址:www. denso. com. cn
法定代表人:伊奈博之
单位人数:1637
产品情况:动力传动设备部件、空气滤清器、机油滤清器、车厢内空调滤清器
配套情况:为在中国的丰田、大发等日系汽车厂供货

★天津大发精密机械有限公司
地址:天津市经济技术开发区西区规划路十三以东,规划路六以北
邮编:300457
电话:022/59825989
传真:59825976
电子信箱:xuejinyuan@ tjtdpm. com
法定代表人:金冈秀辉
产品情况:发动机及零部件

★天津丰田纺汽车部件有限公司
地址:天津市经济技术开发区西区新圣路99号
邮编:300457
电话:022/59060668
传真:59060686
网址:www. toyota-boshoku. com
法定代表人:小出一夫
产品情况:滤清器等单元部件

★雅士佳(天津)汽车零件有限公司
地址:天津市汉沽区新开北路3号
邮编:300480
电话:022/67161660
传真:67161657
电子信箱:aixiali@ asc. com. cn
法定代表人:Nathan Raymond Iles
质量体系:ISO/TS 16949、ISO 14001
产品情况:(ALRTEX 牌)
水泵
配套情况:为通用、福特、克莱斯勒、路虎、捷豹等配套

★马勒东炫滤清器(天津)有限公司
地址:天津市武清开发区泉旺路15号
邮编:301700
电话:022/82132000
传真:82135000
网址:www. cn. mahle. com
法定代表人:WILHELM EMPERHOFF
质量体系:ISO/TS 16949
产品情况:(东炫马勒牌)
各种滤清器,月产空气滤清器20万个、机油滤清器30万个
配套情况:为北京现代、东风悦达起亚、常州现代工程机械、长城汽车、天津一汽丰田、华泰等配套

★天津市龙鑫汇汽车零部件制造有限公司
地址:天津市武清区上马台镇工业区
邮编:301701
电话:022/82288002、82288003
传真:82284235
电子信箱:longxinhui@ aliyun. com
法定代表人:林喜琴
质量体系:ISO/TS 16949
产品情况:发动机缸体、缸盖总成、气门摇臂、气门挺柱、填隙片,机油泵总成、飞轮总成、齿轮、张紧器、发动机汽缸体毛坯等
配套情况:是天津一汽夏利内燃机分公司、比亚迪汽车、哈尔滨哈飞发动机、浙

江吉利汽车发动机、重庆力帆汽车发动机、保定长城汽车发动机公司的定点配套企业

★天津奥尼斯特汽车零部件制造有限公司
地址:天津市武清区河北屯镇政府东侧
邮编:301706
电话:022/22272227
传真:22271333
网址:www. tjhonesty. net
电子信箱:baolifa@ vip. 163. com
法定代表人:白鹏君
质量体系:ISO/TS 16949
产品情况:汽车水泵
配套情况:与长城汽车和铜陵锐展科技发展有限公司(众泰)配套汽车水泵

★天津平和汽车配件有限公司
地址:天津市武清区逸仙科学工业园庆铃大路 18 号
邮编:301712
电话:022/82177000、82177021
传真:82177012
电子信箱:zhangyuan@ ph. co. kr
法定代表人:李昌周
质量体系:ISO/TS 16949
产品情况:发动机支撑、底盘悬架胶套、橡胶水管等橡胶零部件

★天津认知汽车配件有限公司
地址:天津市武清区逸仙科学工业园亨运路 6 号
邮编:301726
电话:022/82170500
传真:82170505
电子信箱:kangri@ inzi. co. kr
法定代表人:金宗焕
质量体系:ISO/TS 16949
产品情况:气门室罩盖、进气歧管、节温器总成、温度传感器、水温器控制总成等

河北省

★石家庄市华腾动力机械有限公司
地址:石家庄市栾城区 308 国道路东北十里铺村西口
邮编:050026
电话:0311/85404098、85404256
传真:85404046
网址:www. sjzhuateng. cn
电子信箱:htdl2008deutz@ 163. com
法定代表人:李迎霄
质量体系:ISO 9001
产品情况:道依茨风冷、水冷系列柴油机及配件
配套及出口情况:为北内集团、石家庄建筑机械厂、渭阳柴油机厂配套;远销海外多个国家

★河北东安精工股份有限公司
地址:石家庄市高新技术开发区燕山大街 99 号
邮编:050035
电话:0311/85838383、85837185
传真:85831955
网址:www. hbdongan. com
电子信箱:cl@ hbdongan. com
法定代表人:刘博
质量体系:ISO/TS 16949、ISO 14001
产品情况:汽车齿轮轴、凸轮轴、传动轴、液压油泵轴、锻件系列等

★河北华北柴油机有限责任公司
地址:石家庄市桥西区中山西路 910 号
邮编:050081
电话:0311/83989388、83989389
传真:83985050
网址:www. chbdp. com
电子信箱:chbdp@ 126. com
法定代表人:甄彦斌
单位人数:1257
质量体系:ISO/TS 16949、ISO 14001
产品情况:(华柴道依茨牌)
车用柴油机及箱体、缸套、缸盖、连杆、附件托架等核心零部件
配套及出口情况:为北奔重汽、浙江金华、陕汽集团、北方华德供货;出口伊朗、印度尼西亚、印度、南非、德国、新加坡、俄罗斯、美国、马来西亚等,年出口额 500 万美元

★石家庄金刚凯源动力科技有限公司
地址:石家庄市经济技术开发区世纪大道 66 号金刚科技工业园
邮编:052165
电话:0311/89651889、89651369
传真:89651369
网址:www. jingang. cn
电子信箱:market@ jingang. cn
法定代表人:王季明
质量体系:ISO/TS 16949、ISO 9001
产品情况:(金刚牌)
活塞、活塞环、缸套、活塞销、气门、轴瓦
配套及出口情况:为潍柴、杭发、重汽、一汽、上汽、东风康明斯、福田康明斯、重庆康明斯、华柴、海马、比亚迪、上汽荣威等 50 多家国内主机集团(公司)配套;远销亚洲、欧洲、南美洲、北美洲、俄罗斯等国家和地区

★石家庄辰泰滤纸有限公司
地址:河北省晋州市后彭头开发区
邮编:052260
电话:0311/84447777、84357689
传真:84359900
网址:www. chentai. net
电子信箱:lipan@ chentai. net
法定代表人:李建辰
质量体系:ISO 9001
产品情况:(万通牌)
汽车空气滤纸、机油滤纸、燃油滤纸

★河北盛驰汽车零部件有限公司
地址:河北省深泽县北环路东段南侧
邮编:052560
电话:0311/83521008、83579998
传真:83521008
网址:www. hbsckb. com
法定代表人:王国辉
质量体系:ISO/TS 16949
产品情况:具有年产发动机气门 3000 万支、曲轴 28 万根的生产能力

★河北永康过滤器科技有限公司
地址:河北省清河县西关大街 107 号
邮编:054800
电话:0319/8050008、15833736888
传真:8051816
电子信箱:sale2@ hbyongkang. com
法定代表人:梁振华
产品情况:空气滤清器、机油滤清器、空调滤清器、工程机械滤清器

★河北亿利橡塑集团有限公司
地址:河北省清河县新世纪大街 27 号
邮编:054800
电话:0319/8155188、4008810458
传真:8268210
网址:www. hbyili. com
电子信箱:yili@ hbyili. com
法定代表人(负责人):尹长敬
单位人数:800
质量体系:ISO/TS 16949
产品情况:(亿利旺德福牌)
空气滤清器进气系统模块、SCR 尾气后处理系统、变速器操控软轴、滚塑尿素罐、散热器、柴油滤清器、机油滤清器、汽车空调滤芯等
配套情况:主要配套客户包括中国一汽集团、北汽福田、福田戴姆勒、陕汽、宇通客车、北方奔驰、奇瑞、江淮、山西大运、东风风神、南京徐工、大柴、潍柴、锡柴、玉柴、沃尔沃、卡特彼勒、菲亚特等

★邢台市小龙王精密液压泵业有限公司
地址:河北省宁晋县西城区西宁路
邮编:055550
电话:0319/8305888、13931954269
传真:8305889
网址:www. xlwjmyy. com
电子信箱:xlw_nj@ 126. com
法定代表人:郭立柱
单位人数:236
质量体系:ISO 9001
产品情况:(XINGCHAO 牌)
齿轮泵、多路阀、电磁阀、液压油缸、液压铸件等产品
配套情况:配套厂家有中联重机、天津勇猛机械、河北中农博远农业装备、山东巨明机械、山东科乐收金亿农业机械、新疆波漫机械、江苏沃得农业机械、山东五征集团等国内知名企业

★河北宁柴机械有限公司
地址:河北省邢台市宁晋县郝庄工业区定魏线
邮编:055550
电话:0319/5650908、5650907

传真:5850718
电子信箱:hebeinc@126.com
法定代表人:张迪
产品情况:柴油机缸体缸盖,制动蹄及底盘部件
配套情况:为一汽解放汽车、一汽解放变速器分公司、长春一汽解放车厢分公司、一汽通用红塔云南汽车、一汽轻型汽车、一汽轿车、一汽吉林汽车、天津一汽夏利汽车内燃机制造分公司、天津一汽丰田、柳州五菱汽车、江铃汽车、富奥汽车零部件、包头北奔重型汽车等配套

★南宫市精强连杆有限公司
地址:河北省南宫市工业区大庆街
邮编:055750
电话:0319/5287050、5078118
传真:5222089
网址:www.hbjqlg.com
电子信箱:ngxiaoshoubu@126.com
法定代表人:王立伏
质量体系:ISO/TS 16949、ISO 14001
产品情况:具有年产1200万支连杆精锻件,600万支连杆总成和20万支曲轴的生产能力
配套情况:为一汽一发、道依茨一汽大柴、一汽四环、北汽福田、一拖洛阳、江铃、江淮、保定长城、东风轻发、东营吉奥、奇瑞等厂家定点配套

★力源活塞工业集团股份有限公司
地址:河北省沧州市经济开发区渤海路8号
邮编:061000
电话:0317/3090666、3092558
传真:3090999
电子信箱:liyuanqgb@126.com
法定代表人:于文生
质量体系:ISO/TS 16949、QS 9000
产品情况:(力源牌)
专业生产汽车、摩托车、压缩机、柴油机活塞
配套及出口情况:为上汽通用五菱、长安汽车、天津一汽夏利汽车、哈飞汽车、松花江汽车、吉利汽车、昌河汽车、奇瑞汽车等国内30多家汽车主机厂配套;远销欧美、东南亚、非洲等20多个国家和地区

★南皮县绿源环保设备有限公司
地址:河北省沧州市南皮县城北工业开发区
邮编:061500
电话:0317/8863525
传真:8863525
电子信箱:nply-cy@163.com
法定代表人:崔国利
质量体系:ISO/TS 16949
产品情况:具备年产100万升催化剂、50万套催化净化器、30万套汽车消声器和100万套精密冲压件生产能力
配套情况:为五菱、金龙、长城、北汽、华泰、曙光等国内主要整车制造商配套供货

★河北蓝天汽车消声器有限公司
地址:河北省河间市行别营开发区
邮编:062454
电话:0317/3802788、3802288
传真:3809566
网址:www.ltxsq.com
电子信箱:hblantian126@126.com
法定代表人:姜海军
质量体系:ISO/TS 16949
产品情况:[蓝天(LT)牌]
具备年产60万只消声器、10万根排气管、50万根排气波纹管的能力
出口情况:远销70多个国家和地区

★沧州新旺汽车散热器制造有限公司
地址:河北省青县陈嘴乡张楼
邮编:062650
电话:0317/4381068
传真:4383868
电子信箱:hebeixinwang@163.com
法定代表人:张振新
质量体系:ISO/TS 16949
产品情况:(新旺牌)
车用除霜器、散热器、车用暖风电动机、暖风散热器、自然散热器和电动汽车暖风机等
配套情况:为金龙客车、北方客车、长安客车、河南少林、北汽黑豹、山东时风、中通客车等汽车厂配套

★唐山爱信汽车零部件有限公司
地址:河北省唐山市高新技术开发区卫国路297号
邮编:063020
电话:0315/3852168、3856160
传真:3177982
电子信箱:xuning@taac.com.cn
法定代表人:伊藤慎太郎
产品情况:气门室罩盖、凸轮壳、正时链壳、进气歧管、曲轴箱机油壳、水泵等发动机配件,变速器壳体、阀门主体等配件
配套情况:为天津一汽丰田发动机供货

★辉门(廊坊)汽车零部件有限公司
地址:河北省廊坊经济技术开发区耀华道15号郎森汽车产业园7号厂房
邮编:065001
电话:0316/6070511
网址:www.federalmogul.com
电子信箱:ivy.zhang@federalmogul.com
法定代表人:成音
产品情况:气门

★柳伯安丽活塞环有限公司
地址:河北省廊坊市开发区郎森工业园百合道28号
邮编:065001
电话:0316/5918087、5918088
传真:5918089
网址:www.tpr.co.jp
电子信箱:fwwang@cupr.com.cn
法定代表人:唐泽武彦
质量体系:ISO/TS 16949、ISO 14001
产品情况:汽车活塞环
配套情况:为北京现代配套

★河北益恒汽车热交换器有限公司
地址:河北省廊坊市大厂回族自治县祁各庄镇
邮编:065300
电话:13831662470
电子信箱:602973422@qq.com
法定代表人:张广辉
产品情况:散热器

★承德苏垦银河连杆有限公司
地址:河北省承德市开发区东西营工业园区
邮编:067000
电话:0314/2120165、2120311
传真:2121525
网址:www.cdskyh.com
电子信箱:sgc@cdskyh.com
法定代表人:谢力
质量体系:ISO/TS 16949、ISO 14001
产品情况:乘用车、商用车连杆
配套情况:为北京现代、东风悦达起亚、广汽菲克、上汽通用、神龙汽车、长城汽车、长安标致雪铁龙等配套

★保定市屹马汽车配件制造有限公司
地址:河北省保定市朝阳北大街2238号高科产业园1号楼
邮编:071051
电话:0312/3102333、3102338
网址:www.bdym.com.cn
电子信箱:ymxiaoshou@163.com
法定代表人:陈燕
产品情况:核心产品为三元催化器
配套情况:核心配套客户为长城汽车

★保定华岳汽车零部件制造有限公司
地址:河北省保定市清苑县望亭乡东安
邮编:071105
电话:0312/8086633
网址:www.bdhuayue.com
电子信箱:yqs@bdhuayue.com
法定代表人:李贵新
单位人数:300
质量体系:ISO/TS 16949、ISO 9001
产品情况:汽缸盖系列、减速器壳总成、半轴套筒、进气歧管系列、下机体、转向器支架、传动轴中间支撑支架、变速器支架、托臂、中冷器接口、EGR阀座、链轮室体系列等50多个品种
配套情况:为长城汽车动力事业部、长城汽车天津哈弗分公司、长城汽车天津哈弗分公司动力事业部、长城汽车徐水哈弗分公司底盘事业部、保定长城内燃机、保定诺博橡胶制品、台州吉奥动力、成都美瑞科动力设备、长春一汽四环发动机、南京巨星汽配等国内多家汽车发动机及整车生产厂家配套和国内外汽车零部件市场供货,年生产能力达200万套

★河北汇智达汽车散热器有限公司
地址:河北省保定市满城区南韩村镇段

旺村东
邮编:072150
电话:0312/7197201、7197288
传真:7165835
电子信箱:bdhzd@126.com
法定代表人:常爱军
产品情况:中冷器、铝质散热器总成

★河北航标汽车零部件有限公司
地址:河北省定兴县旧107国道北大街东侧
邮编:072650
电话:0312/6927733、6925820
传真:6925620
电子信箱:hbhangbiao@163.com
法定代表人:李吉英
质量体系:ISO/TS 16949
产品情况:汽车全铝制散热器、蒸发器、冷凝器,年生产能力在25万套以上
配套情况:已与大迪汽车、天马汽车、新凯汽车、洛阳拖拉机集团、盐城拖拉机厂、一汽轻型客车厂等配套

山西省

★晋西机器工业集团有限责任公司
地址:太原市和平北路北巷五号
邮编:030027
电话:0351/6628395、6628011
传真:6260583
电子信箱:jxgyjt@163.com
法定代表人:张朝宏
产品情况:双腔铝合金储气瓶、铝合金金属燃油箱、奇瑞轿车三元催化消声器、钢制系列储气瓶等

★山西利民机电有限责任公司
地址:山西省太谷县51号信箱
邮编:030800
电话:0354/6207104、6206140
传真:6207904
电子信箱:zhangxian753@163.com
法定代表人:孙平
质量体系:ISO/TS 16949、QS 9000
产品情况:(利民牌)
汽车消声器,年产30万套;金属载体,年产15万件;三元催化器,年产30万套
配套情况:为长安铃木、奇瑞汽车、比亚迪汽车、北汽福田、北奔重汽等配套

★山西利民车辆配件有限责任公司
地址:山西省太谷县51号信箱
邮编:030812
电话:0354/6207267、6206140
传真:6207267、6207137
电子信箱:zhangxian753@163.com
法定代表人:孙平
质量体系:ISO/TS 16949
产品情况:汽车消声器、摩托车消声器

★北方通用动力集团有限公司
地址:山西省大同市大庆西路97号
邮编:037036
电话:0352/4032992、4032236
传真:4022058、4032992
电子信箱:zhangshebin123@163.com
法定代表人:马京夫
质量体系:ISO 9001
产品情况:高速大功率柴油机

★山西模范机械制造有限公司
地址:山西省侯马市晋生巷19号
邮编:043000
电话:0357/4296614
传真:3567635
电子信箱:885889588@163.com
法定代表人:刘彩庆
质量体系:ISO/TS 16949
产品情况:各种干、湿式缸体缸盖,高强度、高韧性球铁曲轴,球铁特别是冷铸铁凸轮轴毛坯,各种低温铸件毛坯,各种耐磨、耐高温铸件毛坯等

★山西三联铸造有限公司
地址:山西省河津市铸造工业园区
邮编:043300
电话:0359/5288166、5288273
传真:5288281、5288003
网址:www.sxsanlian.com
电子信箱:foundry@sxsanlian.com
法定代表人:魏方志
质量体系:ISO 9001
产品情况:生产汽车发动机缸体、缸盖,重型汽车变速器壳体、离合器壳体等铸件产品

★亚新科国际铸造(山西)有限公司
地址:山西省运城市绛县2号信箱
邮编:043605
电话:0359/6563600
传真:6563623
电子信箱:general@asimco-shanxi.com
法定代表人:汪滨
质量体系:ISO/TS 16949
产品情况:发动机缸体、缸盖、飞轮等其他铸铁件铸造产品
配套及出口情况:主要客户有东风康明斯、重庆康明斯、潍柴、中国重汽、江淮汽车、上海日野发动机、昆山三一动力、玉柴等;远销美国、日本、印度等国家

★山西阳煤千军汽车部件有限责任公司
地址:山西省永济市涑水东街工业新区99号
邮编:044500
电话:0359/8086962
传真:8086966
网址:www.sxqjly.com
电子信箱:sxqjly999@163.com
法定代表人:王瑞明
质量体系:IATF 16949
产品情况:生产汽车发动机铝合金缸盖等产品
配套及出口情况:与沈阳科翔、沈阳新光华晨达成长期汽缸盖毛坯供货,与铜陵锐展、郑州海马轿车、重庆鑫源、江西腾勒、湖南长丰、江苏三能等国内主机厂达成成品配套;部分产成品出口北美洲、欧洲、东南亚等地区

★山西成功淮海发动机有限公司
地址:山西省长治市城东路102号
邮编:046012
电话:0355/8500956、8505272
传真:3042046
网址:www.sxcgjt.com
电子信箱:77640503@qq.com
法定代表人:马国利
质量体系:ISO/TS 16949
产品情况:HH368QA1、EE368Q-1E等型号发动机,缸体、缸盖、进气歧管等
配套情况:为比亚迪汽车、上汽通用五菱、昌河汽车、东风客车底盘公司绵阳分公司、安徽华阳汽车等配套

★晋城市东方实业发展有限公司
地址:山西省晋城市东方(巴公)铸造工业园
邮编:048002
电话:0356/3872400 3870402
传真:3871751
网址:www.jcdfsy.com
电子信箱:584009522@qq.com
法定代表人:连银喜
单位人数:476
质量体系:ISO 9001
产品情况:(沃迈尔牌)
已实现年产200万件的内燃机汽缸套系列产品

内蒙古

★内蒙古第一机械集团有限公司
地址:内蒙古包头市青山区民主路北
邮编:014032
电话:0472/3117315、3117308
传真:3118919
网址:www.nmgyj.com
电子信箱:scyxb@nmgyj.com
法定代表人:李全文
产品情况:车辆零部件等

★内蒙古欧意德发动机有限公司
地址:内蒙古鄂尔多斯市东升康巴什新区
邮编:017000
电话:0477/8583380
传真:8583380
网址:www.oedpower.com
电子信箱:oed@oedpower.com
法定代表人:苗小龙
产品情况:柴油发动机及自动变速器,具有年产30万台清洁柴油发动机、45万台自动变速器制造能力

辽宁省

★沈阳科翔动力机械有限公司
地址:沈阳市大东区前詹街6号
邮编:110013

电话:024/89705560、22598618
传真:22598619
电子信箱:sy_kexiang@ 163. com
法定代表人:刘琛
质量体系:ISO 9001
产品情况:发动机、缸盖、缸体

★沈阳玄潭汽车部件有限公司
地址:沈阳市经济技术开发区4号街1甲2号
邮编:110027
电话:024/25377151
传真:25368276
网址:www. hyundam. com. cn
电子信箱:sonic@ hyundam. com
法定代表人:金东铉
质量体系:ISO/TS 16949、QS 9000
产品情况:燃油泵、燃油过滤器、压力调节器、传感器等
配套情况:为一汽轿车、北京现代、东风悦达起亚、一汽海马、广汽三菱等配套

★沈阳新光华晨汽车发动机有限公司
地址:沈阳市大东区东塔街1号
邮编:110043
电话:024/24317668
传真:84313599
电子信箱:yumiao0267@ 163. com
法定代表人:黄昌瑞
单位人数:600
质量体系:ISO/TS 16949
产品情况:(豹牌)
电喷发动机、XG491Q 机型四缸 8 气门发动机、4G22D4 机型四缸 16 气门发动机、4D20T 新型柴油机
配套情况:主要为沈阳金杯海狮客车、北汽轻型货车及 SUV 越野车、河北中兴皮卡及 SUV 系列等国内知名品牌汽车配套

★沈阳新光华翔汽车发动机制造有限公司
地址:沈阳市大东区东塔街3号
邮编:110043
电话:024/31265318
电子信箱:sales@ xgengine. com
法定代表人:李力敏
质量体系:ISO/TS 16949
产品情况:(豹牌)
2. 4LG4C、2. 7LG4B 系列以及 NE01 系列节能环保汽车发动机等,主要适合高级轿车、SUV、MPV、皮卡、轻型客车等车型

★沈阳航天新光汽车零部件有限公司
地址:沈阳市浑南新区航天路8号
邮编:110043
电话:024/31981890
传真:31981898
电子信箱:yangchengrui@ htqc. net. cn
法定代表人:杨国军
负责人:夏永江
单位人数:110
质量体系:ISO/TS 16949
产品情况:汽车发动机进气歧管、进气接管等重力铸造铝合金产品
配套情况:主要客户有沈阳航天三菱、重庆长安铃木、奇瑞汽车、一汽四环汽车发动机等企业

★辽沈工业集团有限公司
地址:沈阳市大东区正新路42号
邮编:110045
电话:024/88261282、18642046221
传真:88261207
网址:www. norincogroup. com. cn
电子信箱:djjtmail@ 163. com
法定代表人:谷云龙
质量体系:ISO 9001
产品情况:汽车发动机、汽缸盖、汽缸体、平衡轴,压力容器等

★沈阳华铁汽车散热器有限公司
地址:沈阳市沈北新区马刚乡马刚村
邮编:110124
电话:024/24201340
传真:24231740
网址:www. huatie. net
电子信箱:lindi. shi@ huatie. net
法定代表人:由丽华
质量体系:IATF 16949
产品情况:(华铁牌)
汽车中冷器、散热器
配套及出口情况:为一汽哈轻、一汽长春客车、沈阳华晨金杯、金杯车辆、烟台舒驰客车、丹东黄海等汽车主机厂配套;远销北美洲、欧洲、大洋洲、中东等地区

★沈阳日新气化器有限公司
地址:沈阳市沈北新区道义经济开发区正良二路26号
邮编:110136
电话:024/89736320、89731359
传真:89731360
网址:www. nikkinet. co. jp
电子信箱:lee@ rixin - cn. com
法定代表人:和田孝
质量体系:ISO/TS 16949
产品情况:用于农用机具及小型发动机等的通用化油器
出口情况:出口日本、美国、欧洲

★沈阳博龙汽车部件制造有限公司
地址:沈阳市东陵区小羊西路60号
邮编:110167
电话:024/23789312、23789319
传真:23789312
电子信箱:sybl@ 126. com
法定代表人:郭静华
质量体系:ISO/TS 16949
产品情况:汽缸盖、汽缸体等发动机核心零部件,年产汽缸盖组件能力30余万台
配套情况:为韩国大宇、韩国现代、北汽福田环保动力、北汽发动机、秦皇岛津丰发动机、绵阳新晨动力、柳州五菱、珀金斯雷沃动力、台州吉奥动力、成都发动机配套

★沈阳沃德汽车零部件有限公司
地址:沈阳市浑南新区航天路10号
邮编:110179
电话:024/83783393
电子信箱:jingli_e@ syaaw. com
法定代表人:李松岩
质量体系:ISO/TS 16949、ISO 9001
产品情况:发动机进/排气门
配套情况:为航天三菱发动机、重庆长安铃木、哈尔滨东安汽车发动机等几十家汽车厂和主机厂配套

★沈阳航天三菱汽车发动机制造有限公司
地址:沈阳市浑南新区航天路6号
邮编:110179
电话:024/24303030
传真:23749048
网址:www. same. com. cn
电子信箱:same02430@ samen. com. cn
法定代表人:陈兰华
负责人:上寺满志
单位人数:1600
质量体系:IATF 16949、ISO 14001
产品情况:排量覆盖 1. 0L、1. 3L、1. 5L、1. 6L、1. 8L、2. 0L、2. 4L,包含4G6系列、A9系列、4K系列、涡轮增压缸内直喷系列、混合动力、CNG发动机等
配套及出口情况:为30多家整车厂配套;出口美国、中东、欧洲等多个国家和地区

★沈阳斯瓦特汽车零部件有限公司
地址:沈阳市浑南新区金仓路12号
邮编:110179
电话:024/24699996
传真:24699008
网址:www. swatchina. com
电子信箱:sales@ swatchina. com
法定代表人:郑红
质量体系:ISO/TS 16949、ISO 14001
产品情况:(SWAT 牌)
不锈钢排气歧管、催化转化器、排气系统附件
配套情况:为三菱汽车、广汽集团、上汽集团等供货

★沈阳航天新光集团有限公司
地址:沈阳市大东区东塔街1号
邮编:110861
电话:024/86562333、86562037
传真:86562588
电子信箱:develop@ ht - xinguang. com
法定代表人:胡河海
质量体系:ISO/TS 16949、GJB 9001A
产品情况:各种汽油、柴油发动机总成;水泵、机油泵、缸体、缸盖、歧管、压铸件、高压点火线、塑料件及管件成型等汽车零部件
配套情况:为金杯汽车配套

★辽阳市富祥曲轴有限公司
地址:辽宁省辽阳市经济开发区振兴路88号
邮编:111000

电话:0419/3160555
传真:3174505
电子信箱:lyfsqz@163.com
法定代表人:王运秋
质量体系:ISO 9001
产品情况:6 缸、4 缸、2 缸等 6 大系列 70 多个规格品种的汽油发动机和柴油发动机球墨铸铁曲轴
配套情况:主要为沈阳长城富桑内燃机、沈阳东基星机械、朝阳四方通利内燃机、天津雷沃动力机械、玉柴动力机械等配套

★辽阳新风科技有限公司
地址:辽宁省辽阳市首山镇朝阳街
邮编:111299
电话:0419/39325577、4008888560
传真:2638836
网址:www.lyxftech.com
电子信箱:offi@xfjier.com
法定代表人:周泽濠
单位人数:1000
质量体系:ISO/TS 16949
产品情况:具有年产 40 万套高压共轨、200 万支电磁阀和 40 万个 ECU 的生产能力
配套情况:为莱动、常柴、云内、玉柴、四达、一汽四环、江动、一拖(洛阳、姜堰)、华丰、三一等国内主流道路及非道路柴油机企业,整车用户有福田、黑豹、凯马、重汽、东风等配套

★辽宁顺兴重型内燃机曲轴有限公司
地址:辽宁省灯塔市张台子镇
邮编:111301
电话:0419/8155555、8155800
传真:8155900
电子信箱:27572281@qq.com
法定代表人:石立顺
质量体系:ISO/TS 16949、ISO 9001
产品情况:(顺兴牌)
重型内燃机曲轴
配套及出口情况:为潍柴、潍柴重庆分公司、中国重汽、中机一拖、兵器华柴等配套;远销 20 多个国家和地区

★马勒发动机零部件(营口)有限公司
地址:辽宁省营口市西市区渤海大街西 103 号
邮编:115004
电话:0417/4827153
传真:4811157
网址:www.cn.mahle.com
法定代表人:依万 · 莱尼汉
质量体系:ISO/TS 16949、ISO 14001
产品情况:(营配牌)
汽车和摩托车用铸锻造毛坯件、汽油发动机和柴油发动机用活塞、轴瓦和轴套以及其他与发动机相关的零部件
配套及出口情况:为一汽-大众、美国通用、沈阳航天三菱、一汽轿车、北京比泽尔、韩国现代、日本小松、日本马自达、日本三菱、美国北极星、奇瑞、沈阳新光华晨、朝阳柴油机、扬柴、大柴、潍柴等供货;活塞环出口葡萄牙

★一汽解放大连柴油机有限公司
地址:辽宁省大连市经济技术开发区黄海中路 117 号
邮编:116000
电话:0411/39200008、4008179777
传真:39200003
网址:www.deutzdalian.com
法定代表人:季一志
单位人数:2000
质量体系:ISO 14001、OHSAS 18001
产品情况:(DEUTZ 牌、DC 牌)
主导产品有 C、D、E、H、K 五大系列柴油机,年生产能力 30 万台
出口情况:整机及零部件出口欧洲(哈萨克斯坦、意大利)、东南亚

★大连大机汽车发动机有限公司
地址:辽宁省大连市甘井子区营城子镇营城子村
邮编:116036
电话:0411/86690433
电子信箱:yueta@sina.com
法定代表人:蔡清刚
产品情况:汽车发动机总成、汽缸体、汽缸盖,年产发动机总成能力 3 万台以上
配套情况:为一汽集团配套

★ 大连亚明汽车部件股份有限公司

地址:辽宁省大连市旅顺口区五一路 5 号
邮编:116041
电话:0411/86612955
传真:86613428
网址:www.dlym.com
电子信箱:dlym@dlym.com
法定代表人:宋寿昌
单位人数:665
质量体系:ISO/TS 16949、ISO 14001、OHSAS 18001
产品情况:油底壳、离合器壳体、变速器壳体、下缸体、支架、罩盖类产品
配套情况:为北京奔驰、大众变速器、上汽大众、一汽 - 大众、福特汽车、通用韩国、长安福特、松下、天津丰田等配套;出口韩国、北美洲、加拿大、印度
☞ 详细情况请参阅彩色宣传版面

★大连同泰汽车部件有限公司
地址:辽宁省大连市金州区光明街道祥泰路 9 号
邮编:116100
电话:0411/87859965、87859950
传真:87859960
网址:www.townta.com
电子信箱:210213000009437@lnpost.cn
法定代表人:李广富
负责人:丁曦刚
单位人数:200
质量体系:ISO/TS 16949
产品情况:汽车消声器总成及附件、各种冲压件、旋压件、车用减振器及附件、大型模具设计与制造等;年供应消声器附件 30 万套以上;减振器附件可达到 15 万套以上,各类冲压件、机加工件产品可达到 10 万套以上
配套情况:是大众市场——宝来、红旗、高尔夫、速腾、迈腾、奥迪系列;沈阳市场——中华系列;江铃市场——全顺、陆风系列等轿车消声器、减振器部件的主要供应商

★天纳克-埃贝赫大连排气系统有限公司
地址:辽宁省大连市金州区祥泰路 7 号
邮编:116100
电话:0411/87205600
传真:87205601
网址:www.tenneco - eberspaecher.com
电子信箱:info@tenneco - eberspaecher.com
法定代表人:孙逸
质量体系:ISO/TS 16949、ISO 14001
产品情况:汽车排气系统、消声器、催化器、排气歧管等
配套情况:主要客户是一汽-大众奥迪、沈阳华晨宝马和北京奔驰

★天纳克同泰(大连)排气系统有限公司
地址:辽宁省大连市金州区祥泰路 7 号
邮编:116100
电话:0411/87830338、87832845
传真:87832061、87832845
网址:www.walker - dalian.com
电子信箱:ttec@tenneco.com
法定代表人:孙逸
质量体系:QS 9000、VDA 6.1
产品情况:消声器、催化器、排气歧管、排气系统附件等产品
配套情况:为一汽集团、一汽-大众(宝来、捷达、红旗、奥迪)、江铃全顺、金杯海狮、中华、国产雪佛兰及河北中兴皮卡等车型配套排气系统

★蒂森克虏伯发动机系统大连有限公司
地址:辽宁省大连市经济技术开发区泰和街 22 号
邮编:116600
电话:0411/39225888
传真:39225800
网址:www.thyssenkrupp.com.cn
电子信箱:zhiyu.hu@thyssenkrupp.com
法定代表人:阿尔塔
质量体系:ISO/TS 16949、ISO 14001
产品情况:汽车发动机凸轮轴
配套及出口情况:为上汽大众、一汽-大众、长安福特、长安马自达、上海汇众、一汽解放、奇瑞、一汽轿车等配套;出口日本、欧洲、美国

★辽宁北方曲轴有限公司
地址:辽宁省本溪市小市镇铁东路 70 号
邮编:117100
电话:0414/6823513、46822410

传真:46825127
电子信箱:lnbqlhl@163.com
法定代表人:周辞美
单位人数:960
质量体系:ISO/TS 16949、ISO 14001
产品情况:(BQ 牌、本牌)
乘用车铸铁曲轴(成品、毛坯)和锻钢曲轴(成品)等
配套及出口情况:主要用户有东风悦达起亚、沈阳航天三菱汽车发动机、柳州五菱发动机、一汽解放无锡柴油机厂、昆明云内动力、成都云内动力、沈阳新光华晨汽车发动机、沈阳新光华翔汽车发动机、保定长城内燃机、东风裕隆、神龙汽车、东风朝阳柴油机等 20 多家主机厂;出口美国、日本、新加坡、印度尼西亚等国家

★辽宁五一八内燃机配件有限公司
地址:辽宁省丹东市北环路 97 号
邮编:118009
电话:0415/6158211、6158212
传真:6155677、6153379
网址:www.dd518c.com
电子信箱:lnwyb@dd518c.com
法定代表人:杨彬
质量体系:ISO/TS 16949、ISO 14001
产品情况:(丹牌)
锻钢曲轴、商品锻件,生产各类锻钢曲轴 200 多种,年产成品曲轴 80 万件
配套及出口情况:与潍柴、重庆康明斯、上柴、玉柴、道依茨一汽、天津雷沃动力,韩国斗山工程等企业配套;出口亚洲、欧洲、美洲等地区

★辽宁天博科技有限公司
地址:辽宁省丹东市凤城市现代产业园区
邮编:118100
电话:0532/83808500、18904158500
传真:83808500
网址:www.tanboress.cn
电子信箱:info@tanboress.com
法定代表人:卜祥会
质量体系:ISO/TS 16949
产品情况:电控涡轮增压器、汽车电子节气门、汽车怠速控制器、汽车传感器等电喷配件
出口情况:产品主要供给欧美市场,销往 100 多个国家

★凤城市东宁动力有限公司
地址:辽宁省凤城市二龙山现代工业园 B 区
邮编:118100
电话:0415/6869686、6869799
传真:6869333
电子信箱:cxd@vidarir.com
法定代表人:程显东
产品情况:涡轮增压器

★凤城太平洋神龙增压器有限公司
地址:辽宁省凤城市凤城城区振兴街 9 号
邮编:118100
电话:0415/8133333
电子信箱:510329688@qq.com
法定代表人:刘济豪
质量体系:ISO/TS 16949、ISO 9001
产品情况:(隆美尔牌)
涡轮增压器
配套及出口情况:为福田欧曼、上柴、湖南柴油机等配套;远销美国、英国、俄罗斯、马来西亚、也门、非洲等国家和地区

★锦州光和密封实业有限公司
地址:辽宁省凌海市双羊镇兴隆中小企业园区
邮编:121213
电话:0416/8305996、8305997
传真:8305991
网址:www.jzghmf.com
电子信箱:jzghmf@163.com
法定代表人:孙宝玲
单位人数:540
质量体系:ISO/TS 16949、QS 9000
产品情况:(旭光牌)
各种密封垫片、旋压皮带轮;年产各种密封垫片 1000 余万件,旋压皮带轮 100 余种
配套情况:为一汽大柴、一汽锡柴、朝柴、玉柴机器、潍柴、中国重汽、云内动力、全柴、长安汽车、五菱柳机、东安动力、东安三菱、奇瑞汽车、沈阳三菱、沈阳新光、长城汽车、江淮汽车、昌河铃木、重庆渝安等 20 余家大型发动机生产厂提供配套产品;皮带轮主要供应阜新德尔、东安动力、东安三菱、五菱柳机、大连液压件、一汽四环、浙江全兴、龙基三泵、锦州万德等客户

★朝阳朗瑞车辆技术有限公司
地址:辽宁省朝阳市高新技术园区一期标准化厂房 37 号
邮编:122000
电话:0421/7221166、7221144
传真:7221177
网址:www.lnzylr.com
电子信箱:ln_zylr@163.com
法定代表人:高峰
质量体系:ISO/TS 16949、ISO 9001
产品情况:燃油加热器等

★东风朝阳朝柴动力有限公司
地址:辽宁省朝阳市黄河路三段 51 号
邮编:122000
电话:0421/2720036
传真:2720131
网址:www.dcd.com.cn
电子信箱:xsgs_fwk@dcd.com.cn
法定代表人:曹晓峰
质量体系:ISO/TS 16949、ISO 14000
产品情况:(CY 牌)
102、3 升、H、燃气、4DF 五大系列柴油发动机和燃气发动机产品
配套及出口情况:为东风、重汽、江淮、福田、上汽大通、沈阳金杯、江铃、安凯客车、苏州金龙、厦门金旅等 100 多家汽车制造企业配套;单机或随车出口到 40 多个国家和地区

★朝阳东风柴油机配件有限责任公司
地址:辽宁省朝阳市龙江路 4 段 207 号
邮编:122000
电话:0421/3710443、15904212809
传真:3710924
网址:www.cypj.net
电子信箱:cypjgs@126.com
法定代表人:张士敏
质量体系:ISO/TS 16949
产品情况:(CY 牌)
生产飞轮壳、齿轮室、压气泵、齿轮箱、机冷器、轮毂、制动鼓等汽车零部件产品
配套及出口情况:为东风朝柴等配套;远销德国、美国等国家

★辽宁戈梅达曲轴有限公司
地址:辽宁省朝阳市西大营街 31 号
邮编:122004
电话:0421/3300818、3300003
传真:3300005
电子信箱:1370352821@qq.com
法定代表人:孟戈
质量体系:ISO 9001
产品情况:(朝配牌)
朝柴 6102、4102,大柴 6110、4110,锡柴 6113、4110,南充 6102,风神 6102,扬柴 4102、4105,玉柴,康明斯,斯太尔,云内等 91 种曲轴
配套情况:为东风朝阳柴油机配套

★葫芦岛火力速旋汽配制造有限公司
地址:辽宁省兴城市郭家镇
邮编:125129
电话:020/36280166、15142831918
传真:36085876
网址:www.heatspin.com.cn
电子信箱:heatspin643@163.com
法定代表人:王树萱
质量体系:ISO/TS 16949
产品情况:(环宇牌、火力速旋牌)
主要的产品有缸套、缸套组件、活塞等;其中钢质薄壁镀铬汽缸套年生产能力达到 30 万只
出口情况:远销 30 多个国家

吉林省

★天纳克一汽富晟长春汽车零部件公司
地址:长春市高新技术产业开发区超越大街 2616 号
邮编:130012
电话:0431/81819899
传真:81819789
网址:www.fawsn.com.cn
法定代表人:王玉明
单位人数:240

质量体系:ISO/TS 16949
产品情况:高尔夫 A6、迈腾 CC、迈腾 B7L、捷达、解放 J5 和 J6 等消声器总成,以及丰田 RAV4 的冷热端排气系统总成
配套情况:主要客户有一汽-大众、一汽解放和一汽丰田

★ 富奥汽车零部件股份有限公司

地址:长春市西新经济技术开发区东风南街 777 号
邮编:130011
电话:0431/85127800
传真:85122776
网址:www. fawer. com. cn
法定代表人(负责人):甘先国
单位人数:11599
质量体系:ISO/TS 16949、VDA 6.1
产品情况:(富奥牌)

散热器总成、中冷器总成、膨胀箱总成、暖风总成、空调总成、蒸发器总成、冷凝器总成、传动轴总成、变速操纵机构、制动阀类、差速锁总成、离合器总泵、制动凸轮、变速器润滑油泵、制动踏板总成、离合器踏板、差速器壳体、制动盘、驻车制动器总成、减振器、钢板弹簧、空气悬架导向臂、底盘支架、螺旋弹簧、稳定杆、副车架、后桥体、控制臂、稳定杆连接杆、车轮轮毂、后轮毂轴、发动机横梁总成、车轮支架、纵臂、转向节、底盘装配、油泵、水泵、空压机、燃油输油泵总成、电动汽油泵总成、涡轮增压器总成等

配套及出口情况:主要客户有一汽-大众、一汽解放、一汽轿车、一汽丰田、一汽夏利、一汽客车、一汽吉汽、一汽通用、上汽大众、上汽通用、东风神龙、沈阳华晨、广州风神、奇瑞汽车、中国重汽、北方奔驰、济南重汽、安徽华菱、长安、奇瑞、长城等 30 多家企业;远销美国、法国、意大利、韩国、日本、中东等十几个国家和地区

☞ 详细情况请参阅彩色宣传版面

★富奥伟世通汽车热交换长春有限公司

地址:长春市长虹大路 999 号
邮编:130013
电话:0431/85127388
传真:85127300
网址:www. fawer. com. cn
法定代表人:滕星均
质量体系:ISO/TS 16949、ISO 14001
产品情况:全自动汽车空调、全铝钎焊式散热器、铝装配式散热器和暖风等
配套及出口情况:主要客户有一汽-大众、一汽轿车、上汽大众、长安福特、沃尔沃等;部分产品出口欧美、东南亚市场

★长春一汽四环发动机制造有限公司

地址:长春市汽车产业开发区腾飞大路 2128 号
邮编:130013
电话:0431/89810066、89810016
传真:88920000
网址:www. fawengine. net
电子信箱:yqshfdj@ 163. com
法定代表人:陈余文
质量体系:ISO/TS 16949、ISO 9001
产品情况:汽油发动机,汽油、天然气两用燃料、单燃料天然气发动机,柴油机;具有年总装 10 万台发动机和年加工 10 万件缸体、缸盖的生产能力
配套及出口情况:为一汽集团哈尔滨轻型车厂、一汽客车、重庆宇通、重庆力帆、成都一汽、河北长安、跃进汽车底盘分公司、洛阳宇通、牡丹汽车、江苏友谊汽车、东风襄樊旅行车、东风客车底盘、少林汽车、江淮汽车、万达客车等供货;远销东南亚、中东、非洲和南美洲地区

★长春曼胡默尔富维滤清器有限公司

地址:长春市汽车经济技术开发区丰越大路 2177 号
邮编:130013
电话:0431/81226819、85808305
传真:84633230
网址:www. mann – hummel. com
电子信箱:yong. zhao@ mann – hummel. com
法定代表人:Werner Lieberherr
质量体系:ISO/TS 16949、ISO 14001
产品情况:压缩机用、工程机械用工业滤清器、空气滤清器、机油滤清器、燃油滤清器、空气干燥罐等
配套及出口情况:为一汽解放、一汽轿车、一汽-大众、一汽青岛、一汽锡柴、潍柴、重汽、WABCO 等主机厂配套;出口德国、巴西、新加坡、印度

★一汽解放汽车有限公司发动机分公司

地址:长春市汽车经济技术开发区乙一路以北轴齿工业园区
邮编:130013
电话:0431/81279072、81279010
传真:81279061
网址:www. fawjiefang. com. cn
电子信箱:bgs_fdj@ faw. com. cn
法定代表人:郭涛
质量体系:ISO/TS 16949、GB/T 24001
产品情况:专业生产商用车系列曲轴连杆,年产曲轴 19 万根、连杆 30 万根
配套情况:是无锡柴油机厂和大连道依茨柴油机有限公司指定配套的企业

★富奥汽车零部件公司散热器分公司

地址:长春市西新经济技术开发区富奥大路 599B 号
邮编:130013
电话:0431/85127775、85127738
传真:85127790
网址:www. fawer. com. cn
电子信箱:jcb_srq@ faw. com. cn
法定代表人:高翾
质量体系:IATF 16949
产品情况:(富奥牌)

主要生产商用车、客车、非公路机械冷却系统产品,包括铜散热器、铝散热器、中冷器、膨胀箱及冷却模块;2017 年产铝散热器 36 万只、中冷器 20 万只、铜散热器 2 万只、膨胀箱 8 万只、冷却模块 1 万只

配套情况:主要客户包括一汽解放公司(一汽集团核心供应商、一汽解放 A 级供应商)、郑州宇通、厦门金旅、上海申龙、苏州金龙、一汽吉汽、丹东曙光、华晨金杯、沃尔沃 PENTA、天津雷沃动力等

★一汽丰田(长春)发动机有限公司

地址:长春市经济技术开发区
邮编:130033
电话:0431/84826370、84826306
传真:84665352
网址:www. toyota. com. cn
电子信箱:jiangnini@ ftce. com. cn
法定代表人:王刚
质量体系:ISO 9001
产品情况:具有年产 V6 发动机(3.0 L、2.5 L 汽油发动机) 10.8 万台,6ZR 发动机(2.0L 汽油发动机) 10.8 万台的生产能力
配套情况:为天津一汽丰田配套

★长春科德宝·宝翎滤清器有限公司

地址:长春市经济技术开发区昆山路 3315 号
邮编:130033
电话:0431/84698060
电子信箱:helen. feng@ ccaf. ltd
法定代表人:徐先涛
质量体系:ISO/TS 16949、ISO 9001
产品情况:汽车发动机空气滤清器、空调滤清器等
配套情况:为一汽集团、一汽-大众、奇瑞汽车、北汽福田、沈阳金杯、北奔重汽、安徽华菱、南京汽车集团等配套

★长春富奥石川岛增压器有限公司

地址:长春市经济技术开发区洋浦大街 3377 号
邮编:130033
电话:0431/85823387
传真:85823389
网址:www. cc – fit. com. cn
电子信箱:sales@ cc – fit. com. cn
法定代表人:铃木敬
质量体系:ISO/TS 16949、ISO 14001
产品情况:车用涡轮增压器
配套情况:为一汽-大众、上汽大众、上海大众动力总成、大连大众发动机、保定长城、一汽丰田、本田等多家国内外知名企业配套

★考泰斯(长春)塑料技术有限公司

地址:长春市经济开发区长惠大街

5024A 号
邮编:130033
电话:0431/84659440、84600434
传真:84633443
网址:www. textron. com. cn
电子信箱:xiangling. yang@ kautex. textron. com
法定代表人:倪小宁
质量体系:ISO/TS 16949、ISO 14001
产品情况:汽车塑料燃油箱
配套情况:为捷达、宝来、奥迪、马自达、上汽通用配套

★长春一汽装备－龙山汽车部件有限公司
地址:长春市北湖科技开发区盛北大街 3333 号北湖科技园产业一期 B3 栋物业 2 层 18－2 号
邮编:130061
电话:15204311282
电子信箱:514835146@ qq. com
法定代表人:刘阳
质量体系:ISO/TS 16949
产品情况:硅油风扇离合器

★一汽铸造有限公司有色压铸厂
地址:长春市绿园区和平大街 19 号
邮编:130062
电话:0431/82023951
网址:www. faw－foundry. com. cn
电子信箱:978699963@ qq. com
法定代表人:蔡庆海
单位人数:771
质量体系:VDA 6.3、QS 9000
产品情况:主要产品有大连大众一汽公司的 EA888 缸盖(二代)、EA888 G3 缸盖(三代),一汽大众 EA211 系列缸盖、奥迪 B9 支架,天津一汽内燃机厂的 TA1 缸盖、一汽轿车的 4GB 缸盖、4GC 系列缸盖、4GD 缸盖、4GD 缸体、6GV 系列产品,无锡柴油机厂的 36D 机油冷却壳体等产品
配套情况:为一汽-大众、一汽轿车等配套

★一汽铸造有限公司
地址:长春市汽车产业开发区和谐大街与丙五路交汇处轴齿工业园 C 区
邮编:130062
电话:0431/82023511、82023951
网址:www. faw－foundry. com. cn
电子信箱:syc_fc@ faw. com. cn
法定代表人:孙锋
质量体系:ISO/TS 16949、VDA 6.1
产品情况:缸体、缸盖、曲轴等发动机类铸件和变速器壳体、离合器壳等变速器类铸件及后桥壳等底盘铸件
配套情况:为一汽-大众等配套

★长春佛吉亚排气系统有限公司
地址:长春市高新开发区宜居路 3688 号
邮编:130103
电话:0431/89640888
网址:www. faurecia. com
电子信箱:chunqing. zhang@ fesc－faurecia. com. cn
法定代表人:杨军
质量体系:ISO/TS 16949
产品情况:轿车消声器及净化器
配套情况:为一汽-大众、一汽轿车配套

★吉林辉虎环保设备有限公司
地址:吉林省吉林市高新区南山街大庆路 108 号
邮编:132013
电话:0432/64689215、64621216
传真:63067079
网址:www. jlhuihu. cn
电子信箱:jlhhhbgs@ 126. com
法定代表人:孙希才
单位人数:105
质量体系:ISO/TS 16949
产品情况:催化器、净化器、冲压件生产线、塑料油箱等
配套情况:主要配套厂家有一汽吉林、一汽通用哈尔滨轻型车厂、一汽解放、一汽通用云南红塔等

★富奥汽车零部件公司泵业分公司
地址:吉林省辽源市福镇大街 26 号
邮编:136200
电话:0437/6146444、6146559
传真:6146588、6146789
网址:www. fawer. com. cn
法定代表人:封玉安
质量体系:ISO/TS 16949、VDA 6.1
产品情况:主要生产空压机、水泵、机油泵、机油滤支架总成、燃油输油泵等发动机附件;离合器总泵/分泵、轴间差速锁等底盘部件
配套及出口情况:为捷达、奥迪、宝来、高尔夫、迈腾、速腾、红旗、帕萨特、POLO、斯柯达明锐、奇瑞轿车、解放系列货车、斯太尔重型货车、福田轻型货车等配套;部分产品出口美国、意大利等国家

★白城中一精锻股份有限公司
地址:吉林省白城洮北经济开发区草原东路 5355 号
邮编:137001
电话:0436/3266064、3266066
传真:3266161
网址:www. dgjt. com
电子信箱:bczy@ zhongyijingduan. com
法定代表人:张宪宝
质量体系:ISO/TS 16949
产品情况:(中牌)
发动机连杆毛坯精密锻件、精密模具
配套情况:为一汽集团、一汽-大众、上汽大众、北京现代、哈尔滨东安、长安汽车、沈阳航天三菱、奇瑞汽车、东风雪铁龙等配套

黑龙江省

★哈尔滨艾瑞排放控制技术股份有限公司
地址:哈尔滨市经济技术开发区哈平路集中区威海路 19 号
邮编:150060
电话:0451/58561265、58561269
传真:58561268
网址:www. chinaairui. com
电子信箱:market@ chinaairui. com
法定代表人:卜范滨
质量体系:ISO/TS 16949、ISO 14001
产品情况:(艾瑞牌)
消声器、三元催化器、加油管、排气歧管、差速器壳体、发动机水管等,年产能力 60 万套
配套情况:为一汽丰田、一汽轿车等汽车厂和东安三菱等发动机厂配套

★ 哈尔滨东安汽车发动机制造有限公司

地址:哈尔滨市开发区哈平路集中区征仪南路 6 号
邮编:150060
电话:0451/86810519、4000550333
网址:www. dae. cc
电子信箱:sckfxm@ dae. cc
法定代表人(负责人):贾葆荣
单位人数:1380
质量体系:ISO/TS 16949、ISO 14001、OHSAS 18001
产品情况:(DAE 牌)
1.3～2.0L 汽油发动机和自动变速器(4AT、5AT)及手动变速器(MT)
配套情况:为比亚迪汽车 F3、F3R、G3;东南汽车蓝瑟、菱悦、希旺;柳汽景逸、风行菱智;众泰汽车众泰 2008、众泰 5008;北汽福田迷迪;广汽三菱飞腾、CS7;华晨汽车骏捷;江淮汽车同悦、同悦 RS、和悦、和悦 RS;浙江永源风景线、A380;中国台湾中华 VERYCA;青年莲花 L3 等国内多家车厂和车型配套
☞ 详细情况请参阅彩色宣传版面

★中国航发哈尔滨东安发动机有限公司
地址:哈尔滨市平房区保国大街 51 号
邮编:150066
电话:0451/86572114、86574563
传真:86502266
电子信箱:dongangroup@ yeah. net
法定代表人:贾大风
质量体系:ISO 9001
产品情况:(东安牌)
发动机
配套及出口情况:为哈飞汽车、昌河汽车、一汽集团、陕飞、比亚迪汽车、东南汽车等配套;与美国 GE 公司、GOODRICH 公司、英国罗罗公司、法国欧直公司、法国 SNFA 公司、意大利 AVIO 公司和德国 ZFL 公司建立了广泛而密切

的联系

★哈尔滨东安汽车动力股份有限公司
地址:哈尔滨市平房区保国大街53号
邮编:150066
电话:0451/86597223、86574590
传真:86526770、86505502
网址:www. daae. com. cn
电子信箱:ghfz@ dae. cc
法定代表人:陈丽宝
质量体系:IATF 16949、ISO 14001
产品情况:(东安牌)
　　1.0~1.6L的汽油发动机、手动变速器及自动变速器;发动机包括M系列自然吸气、增压直喷和新能源混合动力三大平台,变速器包括前驱、后驱和电动车减速器三大平台
配套及出口情况:为昌河汽车、陕西汉江、一汽吉轻、哈飞汽车、奇瑞汽车等配套;远销意大利、巴基斯坦等国家

★哈尔滨东安实业发展有限公司
地址:哈尔滨市平房区集智街1号
邮编:150066
电话:0451/86571777
传真:86502270
网址:www. donganshiye. com
电子信箱:dasyfz@ sina. com
法定代表人:秦诚教
单位人数:2000
质量体系:ISO/TS 16949
产品情况:水泵、机油泵、油封总成、气门油封、发动机摇臂等
配套情况:为东安集团、哈飞汽车、东安三菱、上汽通用五菱、一汽轿车、海马汽车、奇瑞汽车、比亚迪等配套

★哈尔滨东安华孚机械制造有限公司
地址:哈尔滨市平房区联盟大街139号
邮编:150066
电话:0451/86571516、86599146
传真:86599146
电子信箱:1245627008@ qq. com
法定代表人:肖太安
质量体系:ISO 9001
产品情况:DN465、DA468、DA474、东安三菱等进排气歧管

★哈尔滨爱迪压铸有限公司
地址:哈尔滨市南岗区学府路191号
邮编:150086
电话:0451/86660154、86660149
传真:86660154
电子信箱:idyz@ sohu. com
法定代表人:宋锦华
质量体系:ISO 9001
产品情况:(ID牌)
　　汽车发动机铝合金压铸配套件
配套情况:为东安动力配套

★哈尔滨东安力源活塞有限公司
地址:哈尔滨市开发区哈平路集中区大连路A-6段
邮编:150800
电话:0451/86818188、86786111
传真:86816444
电子信箱:1195007945@ qq. com
法定代表人:尹庆喜
质量体系:ISO/TS 16949
产品情况:462-1A、462-1A2/D、462Q、465Q、468QL、471QL、4G13(471Q)、4G18(476)等各种型号的活塞
配套情况:为东安动力、东安三菱配套

★佳木斯畅通汽车零部件有限公司
地址:黑龙江省佳木斯市光复路1877号
邮编:154000
电话:0454/8653456、13359631888
传真:8568600
网址:www. jmsct. com
电子信箱:jmsct@ 163. com
法定代表人:贲红岩
单位人数:570
质量体系:ISO/TS 16949
产品情况:(龙佳牌)
　　汽车发动机进/排气歧管及总成
配套及出口情况:主要客户有一汽、福田汽车、雷沃动力、江西五十铃、沈阳金杯、柳州五菱、台州吉奥等20余户厂家;远销中东、南非、印度、越南等国家和地区

★北方华安工业集团有限公司
地址:黑龙江省齐齐哈尔市碾指山区
邮编:161046
电话:0452/2651672、6687227
传真:6672292
电子信箱:huaanscb@ 163. com
法定代表人:何云卿
质量体系:ISO 9001
产品情况:(华安牌)
　　齿轮泵、液压支架、水泵、汽车凸缘、汽车半轴套等产品
出口情况:出口亚洲、欧洲

上海市

★华域科尔本施密特活塞有限公司
地址:上海市芦定路271号
邮编:200062
电话:021/59598077、52809361
传真:52802011
网址:www. saicgroup. com
电子信箱:shaojiaping@ kssp. com. cn
法定代表人:张海涛
质量体系:ISO/TS 16949、VDA 6.1
产品情况:汽油机及柴油机活塞、活塞环及销
配套情况:为上汽大众、一汽-大众、上汽通用、天津一汽丰田、长安福特、长安马自达、东风康明斯等配套

★恒天凯马股份有限公司
地址:上海市普陀区中山北路1958号6楼
邮编:200063
电话:021/62035587、52046678
传真:62030851
网址:www. kama. com. cn
电子信箱:zhouli@ kama. com. cn
法定代表人:李颜章
产品情况:(LAIDONG牌)
　　载货汽车、中小功率多用途柴油机、工程(矿山)机械、机床等

★考泰斯(上海)塑料技术有限公司
地址:上海市外高桥保税区富特中路8号
邮编:200131
电话:021/50462868
传真:50460891
网址:www. textron. com. cn
电子信箱:xiaohua. zhou@ kautex. textron. com
法定代表人:王翔
产品情况:全套汽车燃油系统、各类汽车配件、农业机械产品用油箱

★上海博众汽油机有限公司
地址:上海市金山区张堰镇振凯路368号
邮编:200137
电话:021/58649500、13916730689
传真:58649505
网址:www. shbozhong. com
电子信箱:webmaster@ shbozhong. com
法定代表人(负责人):宋伯明
质量体系:ISO/TS 16949、VDA 6.1
产品情况:伺服壳体、前油封凸缘、缸盖罩壳、进气管总成、机油盘总成、轿车发动机铝铸件等轿车发动机铝铸件和有色件加工
配套情况:为上汽大众、一汽-大众、上海采埃孚转向机等配套

★上海柴油机股份有限公司
地址:上海市杨浦区军工路2636号
邮编:200438
电话:021/60652288
网址:www. sdec. com. cn
电子信箱:0sdecdsh@ sdec. com. cn
法定代表人:蓝青松
单位人数:4000
质量体系:ISO/TS 16949、QS 9000
产品情况:(东风牌)
　　R、H、D、C、E、G、W等七大系列柴油、天然气发动机,功率覆盖50~1600kW,主要应用于货车、客车等领域

★上海普安柴油机有限公司
地址:上海市宝山区园新路185号
邮编:200444
电话:021/60253504
传真:60253504
电子信箱:songdm@ shpuan. com
法定代表人:李毅
单位人数:58
质量体系:ISO/TS 16949
产品情况:(普安牌)
　　大功率电控柴油机,排量为10.964L、

14.618L,功率范围覆盖360~460Ps,排放满足国Ⅲ、国Ⅳ标准

★上海众力汽车部件有限公司
地址:上海市闵行区顾戴路3099号
邮编:201100
电话:021/54889038
传真:54881810
网址:www.zlc.com.cn
电子信箱:info@zlc.com.cn
法定代表人:戴明校
质量体系:ISO/TS 16949、QS 9000
产品情况:[众力(ZhongLi)牌]
发动机悬置、底盘减振件、底盘模块、塑料内外饰件等
配套情况:为一汽海马、天津一汽丰田、奇瑞汽车、比亚迪、吉利、广汽丰田、上汽通用、美国通用、美国克莱斯勒等配套

★上海协昌霍宁实业发展有限公司
地址:上海市闵行区景联路189号15号楼
邮编:201108
电话:021/61517981、61517982
传真:61517985
网址:www.xchnco.com
电子信箱:xchnco@xchnco.com
法定代表人:胡葆青
质量体系:ISO/TS 16949、QS 9000
产品情况:汽车涡轮增压器关键零件各类中间壳、阀门轴等
配套及出口情况:为美国独资企业Honeywell公司配套,是Honeywell公司主要的中间壳供应商;出口北美洲、日本、韩国、英国、罗马尼亚、澳大利亚、捷克

★上海臼井发动机零部件有限公司
地址:上海市闵行区莘庄工业区申富路1188号
邮编:201108
电话:021/54832288
网址:www.usui.com.cn
法定代表人:张福荣
质量体系:ISO/TS 16949、ISO 14001
产品情况:欧Ⅲ、欧Ⅳ系列共轨高压燃油喷射管和排气再循环冷却器,高压油管年设计产能2000万根
配套情况:向国内近90多家主要发动机及汽车厂家供货

★威克迈龙川汽车发动机零件有限公司
地址:上海市闵行区江潮路96号
邮编:201112
电话:021/64911754
传真:64914432
网址:winkelmann-automotive.de
电子信箱:msh@wkm-lc.com
法定代表人:SONG XIAO
质量体系:ISO/TS 16949
产品情况:燃油分配管、冲压件、车制件等
配套情况:为德国宝马、德国奥迪、美国通用等厂家配套

★上海三国精密机械有限公司
地址:上海市浦东新区王桥路393号
邮编:201200
电话:021/58384998
传真:58385399
电子信箱:zw03@mikuni-sh.com.cn
法定代表人:半田和久
质量体系:ISO/TS 16949、ISO 9001
产品情况:汽车、摩托车电子燃油喷射装置、排放控制装置、小型化油器、大客车用加热器等,年产能力400万台(件)
配套及出口情况:主要客户有长城汽车、沈阳航天三菱、长安铃木汽车、江门大长江集团、一汽海马汽车、泰州雅马哈、东风汽车、广州汽车、大陆电子、富士常柴、春风动力、绵阳新晨动力、日本三国等;40%左右出口日本、东南亚、欧美等国家和地区

★康明斯滤清系统(上海)有限公司
地址:上海市浦东新区川沙新镇物流大道268号
邮编:201202
电话:021/61686168
传真:68781478、68781471
网址:www.cummins.com.cn
法定代表人:薛松
产品情况:发动机用冷却液和乘用车燃油滤清器等

★上海汇大机械制造有限公司
地址:上海市浦东新区张桥乐园路38号
邮编:201206
电话:021/58990804
传真:58990805
网址:www.huidajx.com
电子信箱:huidafm@huidajx.com
法定代表人:沈燕青
质量体系:ISO/TS 16949、ISO 14001
产品情况:阀体、下缸体、离合器壳体、变速器壳体、转向机壳体、控制臂、进气歧管、前盖、油底壳、延伸体、支架等
配套情况:与沙基诺转向系统(苏州)公司、采埃孚传动技术(杭州)公司、卡斯马汽车系统(上海)公司等知名汽车零部件全球采购商配套

★上海弗列加滤清器有限公司
地址:上海市浦东新区杨高北路3595号
邮编:201208
电话:021/58657950、51860023
传真:51860023
网址:www.shanghaifleetguard.com
电子信箱:mao.hawk@cummis.com
法定代表人:AMY ROCHELLE DAVIS
质量体系:ISO/TS 16949、ISO 14001
产品情况:(FLEETGUARD牌)
空气滤清器、机油滤清器、燃油滤清器、水滤清器等,滤清器年产能力2100万只
配套及出口情况:为东风商用车、东风康明斯、一汽解放青岛、江铃、江淮、北奔重汽、东风日产柴、东风标致雪铁龙、宇通客车、苏州金龙、厦门金龙、东风乘用车、上汽通用、长安福特、长安马自达、东风本田发动机、东风悦达起亚、三一重工、徐工集团配套;远销北美洲、欧洲、日本、澳大利亚等国外市场

★上海峰亚耐火保温材料有限公司
地址:上海市浦东新区南汇工业园区园春路106号
邮编:201300
电话:021/68009522、68009180
传真:58003660
电子信箱:zhangli@shfengya.com
法定代表人:杨其芳
负责人:董守殷
单位人数:120
质量体系:ISO/TS 16949、ISO 9001
产品情况:汽机车排气系统消声隔热产品、缓冲钢丝衬垫、陶瓷石墨密封圈等
配套情况:为本田、一汽马自达、东风日产、东南三菱、江淮、奇瑞、比亚迪、上汽通用五菱、长城、比亚乔、钱江、新大洲本田、雅马哈、宗申等配套

★上海飞力油泵油嘴有限公司
地址:上海市浦东沪南路新场
邮编:201314
电话:021/58176866
传真:58176866
电子信箱:13901816638@139.com
法定代表人:陈曼青
质量体系:ISO 9001
产品情况:(NPC牌)
柴油机喷射系统的三对精密偶件
出口情况:出口东南亚

★上海祥生贝克轴瓦有限公司
地址:上海市南汇区航头镇鹤立西路88号
邮编:201318
电话:021/58147001、58148515
传真:58147006
网址:www.beco.com.cn
电子信箱:beco@beco.com.cn
法定代表人:赵彪
质量体系:ISO/TS 16949
产品情况:(祥生牌)
轴瓦、止推片、衬套
配套情况:为上汽大众、东风康明斯、潍柴斯太尔、沈阳三菱等配套

★上海菲特尔莫古轴瓦有限公司
地址:上海市浦东新区周浦智慧产业园建林路301号
邮编:201318
电话:021/31119855、31119852
网址:www.federalmogul.com
电子信箱:bai.xu@federalmogul.com
法定代表人:马振刚

质量体系:ISO/TS 16949、ISO 14001
产品情况:(上轴牌)
汽车、内燃机主轴瓦、连杆瓦、衬套、止推片及轴瓦材料
配套情况:为上汽大众、上汽通用、上海汽车、一汽-大众、奇瑞汽车、江淮汽车、北京现代、沈阳三菱、上海柴油机、中国重汽、重庆康明斯、无锡柴油机、潍坊柴油机等配套

★上海贤众汽车零部件有限公司
地址:上海市奉贤区南桥镇南桥环城北路 316 号
邮编:201400
电话:021/57413385、57411638
传真:57181428
网址:www. sh - xianzhong. com
电子信箱:xianzhong_sh@ 163. com
法定代表人:朱峰
质量体系:ISO/TS 16949、VDA 6.1
产品情况:汽车消声器、排气管等
配套情况:为上汽大众、上汽通用、一汽-大众、上海本特勒等配套

★博马科技(上海)有限责任公司
地址:上海市奉贤区工业综合开发区环城北路 1299 号 9 幢 1 层 B 部位
邮编:201401
电话:021/67589600
电子信箱:cathy. zheng@ bmturbosystems. com
法定代表人:蔡放
产品情况:涡轮增压器

★上海马勒滤清系统有限责任公司
地址:上海市奉贤区环城北路 1199 号
邮编:201401
电话:021/51365716
传真:51365742
网址:www. cn. mahle. com
电子信箱:shanghai. hr@ cn. mahle. com
法定代表人:Wilhelm Heinrich Emperhoff
质量体系:ISO/TS 16949、VDA 6.1
产品情况:机油、燃油、空气及碳罐滤清器,具有年产 600 万套滤清器的能力
配套情况:为上汽大众、一汽-大众、江铃汽车、北汽福田、奇瑞汽车、锡柴、上柴、上海拖内等配套

★上海日野发动机有限公司
地址:上海市奉贤区环城东路 179 号
邮编:201401
电话:021/67108800、4008208551
传真:67108496
网址:www. shanghaihino. com
电子信箱:fuwu@ shanghaihino. com
法定代表人:陈汉君
质量体系:IATF 16949
产品情况:(日野牌)
专业生产日野品牌的 P11 和 J 系列车用、工程用柴油机及相关产品
配套情况:为中国重汽、北奔重汽、江淮汽车、三一重工、上海华建、上海汇众、厦门金龙、郑州宇通、安徽华菱等配套

★上海电装燃油喷射有限公司
地址:上海市奉贤区南桥镇程普路 118 号
邮编:201401
电话:021/33655850、13761619880
网址:www. shdenso. com
电子信箱:info@ shdenso. com
法定代表人:李健劲
质量体系:ISO/TS 16949、ISO 9001
产品情况:柴油燃油泵、喷油器总成及其配套的燃油喷射系统零部件
配套情况:为上柴、锡柴、大柴、玉柴、南通柴油机厂、无锡动力机厂等配套

★上海英特汽车配件有限公司
地址:上海市奉贤区钱桥镇奉柘公路 3575 号
邮编:201407
电话:021/57598665
传真:57598632
法定代表人:Ehud Aloni
质量体系:ISO 9001
产品情况:汽车滤清器外壳、外盖配件以及部分汽车型号的燃油及空气滤清器半成品

★上海久田汽车零部件制造有限公司
地址:上海市金山区亭林镇林拓路 219 号
邮编:201500
电话:021/57852115、57852116
网址:www. sh - jiutian. com
电子信箱:shjiutian@ 163. com
法定代表人:张立
质量体系:ISO/TS 16949
产品情况:塑胶模具、汽车散热器水室及其他塑料制品
配套情况:为日本电装、上汽集团、奇瑞、海南马自达等客户的专业水室供应商

★上海银皓汽配制造有限公司
地址:上海市枫泾工业园区王玗路 95 号
邮编:201501
电话:021/67355705
传真:67355733
电子信箱:ben - zone@ vip. 163. com
法定代表人:王育银
质量体系:ISO/TS 16949、ISO 9001
产品情况:(银皓牌)
电喷燃油泵、电子泵、单向器、磁力开关、滤清器、制动片、门锁和球头等产品

★上海贝尼汽车科技有限公司
地址:上海市金山区山阳镇山富东路 181 号
邮编:201508
电话:021/57248000、57248282
传真:57248111
电子信箱:luohong343609@ 163. com
法定代表人:钱香云
质量体系:ISO/TS 16949
产品情况:皮带张紧轮总成、输油泵总成、水泵总成、节气门总成、遮阳帘总成、网兜总成、储物包等系列产品
配套及出口情况:为神龙汽车、东风日产汽车、东风康明斯发动机、广西玉柴机器、上海柴油机、潍柴动力、昆明云内动力等配套;出口亚洲、中东、欧美等地区

★ 上海世德子汽车零部件有限公司

地址:上海市松江区新浜工业园区浩海路 9 号
邮编:201605
电话:021/67891199 - 6010
传真:67891155
网址:www. sdz. com. cn
电子信箱:sdz@ sdz. com. cn
法定代表人(负责人):池海波
单位人数:300
质量体系:ISO/TS 16949、ISO 9001
产品情况:(SDZ 牌、世德子牌)
节温器总成、出水管、机油冷却器、冷却铁水管、电动燃油泵、燃油泵总成
配套及出口情况:配套力帆、东风;出口北美洲、南美洲、欧洲
☞ 详细情况请参阅彩色宣传版面

★上海欧伊恩汽车零部件有限公司
地址:上海市松江区车墩工业园区车泾路 278 号
邮编:201611
电话:021/57609713、57609714
传真:57609710
网址:www. autospringcome. com
电子信箱:oemparts@ sh163. net
法定代表人:胡玉意
质量体系:QS 9000、ISO 9002
产品情况:(OEMG 牌)
硅油风扇离合器、汽车水泵、球笼

★上海郎特汽车净化器有限公司
地址:上海市松江区车墩镇三浜路 60 号
邮编:201611
电话:021/37601039
传真:37601009
网址:www. langtjhq. com
电子信箱:zjg@ langtjhq. com
法定代表人:张蓓
质量体系:ISO/TS 16949
产品情况:(郎特牌)
汽车、摩托车等机动车排气三效催化剂和三效催化转化器
配套及出口情况:净化器产品为浙江吉奥汽车、东风朝柴、北旅配套;出口南非、伊朗、俄罗斯、伊拉克、智利等国家

★庄信万丰(上海)化工有限公司
地址:上海市松江工业区东兴路 588、598 号

邮编:201613
电话:021/23099888
电子信箱:juan. jin@ mattheyasia. com
法定代表人:DHAYALAN VISUVANATHAN
质量体系:QS 9000、ISO/TS 16949
产品情况:汽车尾气净化催化剂

★上海奥萨特实业有限公司
地址:上海市松江科技园区港业路 558 号 10 - 12 幢
邮编:201614
电话:021/57852328、13736782829
传真:57854140
网址:www. asset - sh. com
电子信箱:sales@ asset - sh. com
法定代表人:池德启
质量体系:ISO/TS 16949
产品情况:发动机塑料进气歧管、汽缸罩盖及发动机周边塑料管盖部件,年产 200 万套的生产能力
配套情况:是北京奔驰、上汽通用、比亚迪股份、上汽集团、南汽集团、奇瑞汽车、东风神龙、吉利控股集团、长丰汽车等国内著名汽车厂的定点配套供应商

★上海德朗汽车零部件制造有限公司
地址:上海市松江区高新科技园区洋河滨路 58 号
邮编:201615
电话:021/67696908、31218666
传真:67696103
网址:www. shdelang. com
电子信箱:info@ shdelang. com
法定代表人:徐晓光
质量体系:ISO/TS 16949
产品情况:汽车散热器、暖风器、中冷器和蒸发器等热交换系列产品,年产 175 万套
配套情况:为上汽大众及上汽通用的一级配套供应商

★上海爱仕达汽车零部件有限公司
地址:上海市青浦区外青松公路 4508 号
邮编:201701
电话:021/59223842、59223857
电子信箱:shasdac@ shasdac. com
法定代表人:陈灵巧
质量体系:ISO/TS 16949、ISO 14001
产品情况:汽车用铸锻毛坯件(主要包括汽缸体、缸盖)制造

★上海华培动力科技股份有限公司
地址:上海市青浦区崧秀路 218 号
邮编:201703
电话:021/5978 6158
网址:www. sinotec. cn
电子信箱:jzhai@ sinotec. cn
法定代表人:吴怀磊
负责人:王立普
单位人数:874
质量体系:ISO/TS 16949
产品情况:发动机涡轮增压及尾气排放系统零部件
出口情况:出口北美洲、欧洲

★上海世佳汽车零部件制造有限公司
地址:上海市青浦区青浦工业园区崧盈路 1018 号
邮编:201706
电话:021/59869666、59869255
传真:59869152
网址:www. autosaga. com
电子信箱:rachellexm@ 163. com
法定代表人:朱霖
质量体系:ISO/TS 16949
产品情况:专业生产汽车水泵
配套及出口情况:为多家大型汽车制造厂配套;出口欧美和日本

★上海欧菲滤清器有限公司
地址:上海市青浦出口加工区北青公路 8228 号二区 28 号
邮编:201707
电话:021/59701188、59703309
传真:59701199
电子信箱:y. zhu@ cn. ufifilters. com
法定代表人:乔基奥 · 基隆迪
产品情况:滤清器
出口情况:出口欧洲、北美洲、日本、澳大利亚等国家和地区

★上海日都汽车配件有限公司
地址:上海市青浦工业园区天盈路 98 号 5 号厂房
邮编:201707
电话:021/69206020
传真:69202554
电子信箱:h - sato@ shanghai - nitto. com
法定代表人:沟吕木直子
质量体系:ISO 9001、ISO 14001
产品情况:汽车三滤、过滤器扳手、放油塞、防护手套等

★上海菱重增压器有限公司
地址:上海市青浦区新科路 338 号
邮编:201707
电话:021/69210030
传真:69210825
网址:www. smtc. sh. cn
电子信箱:hym@ smtc. sh. cn
法定代表人:钱俊
质量体系:ISO/TS 16949、ISO 14001
产品情况:涡轮增压器

★本特勒汽车系统(上海)有限公司
地址:上海市青浦区华新镇华隆路 1688 号
邮编:201708
电话:021/39761088
传真:39761099、39761003
网址:www. benteler. com
电子信箱:info@ bentelerchina. com
法定代表人:施宏
单位人数:600
产品情况:驱动桥、发动机排放控制装置
配套情况:为上汽大众、一汽-大众、上汽通用等配套

★上海红湖排气系统有限公司
地址:上海市安亭镇和静路 1200 号
邮编:201805
电话:021/59567057、18939721462
传真:59567057
电子信箱:627013948@ qq. com
法定代表人:才明嵩
质量体系:ISO/TS 16949、ISO 14001
产品情况:主要从事轿车消声器、歧管以及净化器封装
配套情况:主要客户有上汽大众、通用汽车、奇瑞汽车、吉利汽车、GE 运输集团、唐纳森、林德等

★上海奥众汽车部件制造有限公司
地址:上海市嘉定区安亭镇大众工业区安亭镇园区路 348 号
邮编:201805
电话:021/59508668
传真:59508195
电子信箱:winsen. da@ auzone. cn
法定代表人:戴益锋
质量体系:ISO/TS 16949
产品情况:节气门体等
配套情况:为长城、吉利、比亚迪、塔塔、华泰汽车、德尔福、奇瑞汽车配套

★德嘉汽车配件(上海)有限公司
地址:上海市嘉定区安亭镇园区路 1128 号
邮编:201805
电话:021/69576177
传真:69576179
电子信箱:329687895@ qq. com
法定代表人:廖坤泰
质量体系:ISO/TS 16949、ISO 9000
产品情况:汽车散热器水槽、主板、配件及模具

★勃乐氏密封系统(上海)有限公司
地址:上海市嘉定工业区北和公路 1357 号
邮编:201807
电话:021/39538168
传真:51862170
电子信箱:zhenshengshen@ bruss - asia. com
法定代表人:沈振声
产品情况:汽车发动机舱盖、油封
配套情况:为奔驰、宝马、奥迪、大众、福特供货

★埃贝赫排气技术(上海)有限公司
地址:上海市嘉定区城北路 3525 号
邮编:201807
电话:021/60163000
网址:www. eberspaecher. com
电子信箱:sunny. zhu@ eberspaecher. com
法定代表人:Dr ZHAO YUANGUO

产品情况:机动车及工程车辆排气系统
出口情况:出口欧洲、北美洲地区

★上海大众动力总成有限公司
地址:上海市嘉定区城北路3598号
邮编:201807
电话:021/69965678
传真:59543100
电子信箱:yin. xu@ vw－powertrain. com
法定代表人:Jörg Johannes Müller
质量体系:ISO/TS 16949
产品情况:EA111系列1.4L、1.6LMPI链传动汽油发动机和1.4LTSI(涡轮增压燃油直喷)发动机,年产能130万台

★上海爱知锻造有限公司
地址:上海市嘉定区嘉安公路3300号
邮编:201814
电话:021/69574000、69574587
传真:69574555
电子信箱:wuwp@ sh－aichi. com. cn
法定代表人:赵旭东
质量体系:ISO/TS 16949、VDA 6.1
产品情况:主要产品有发动机连杆、曲轴、转向节、钟形外星轮、变速器齿坯等
配套及出口情况:为广汽丰田、上汽大众、上汽通用、一汽-大众、北京现代、江西五十铃、奇瑞汽车等汽车厂商及其一级零部件厂商配套;批量出口丰田汽车集团的东南亚市场

★上海天纳克排气系统有限公司
地址:上海市嘉定区嘉松北路园国路99号
邮编:201814
电话:021/69573026、67072000
传真:69573021
电子信箱:xyin1@ tenneco. com
法定代表人:赵旭东
产品情况:三元催化转换器、消声器等汽车排气系统产品
配套情况:为上汽大众配套

★曼胡默尔滤清器(上海)有限公司
地址:上海市嘉定区兴庆路168号
邮编:201815
电话:021/61850000
传真:61850400
网址:www. mann－hummel. com
电子信箱:infomjcn@ mann－hummel. com
法定代表人:李嘉强
质量体系:ISO/TS 16949
产品情况:空气滤清器、空滤芯、机油及燃油滤清器、进气歧管、空调滤、旋装滤清器、曲轴箱通风系统、冷却剂储藏罐等
配套情况:为上海汽车、上汽大众、上汽通用、上汽通用五菱、长安福特、东风日产、东风标致配套

★华域皮尔博格有色零部件上海有限公司
地址:上海市嘉定区兴贤路1288号
邮编:201815
电话:021/67071888
传真:67071999
网址:www. kpsnc. com
电子信箱:sales@ kpsnc. com
法定代表人:Horst Binnig
质量体系:ISO/TS 16949、ISO 14001
产品情况:铝合金缸体、缸盖、结构件、变速器壳体、底盘零件、新能源汽车零件等产品
配套情况:为上汽大众、上汽通用、上汽汽车、一汽-大众、江淮、神龙、奔驰、宝马、奥迪、VOLVO等国内外各大汽车公司配套

★上海幸福摩托车有限公司
地址:上海市宝山区友谊路309号
邮编:201900
电话:021/66788765
传真:66798765
网址:www. xingfumotor. cn
电子信箱:xingfumotor@ xingfumotor. cn
法定代表人:马振刚
单位人数:1000
质量体系:ISO/TS 16949
产品情况:(幸福牌)
机油泵、水泵、真空泵及铝合金零件加工等,具备年产300万套泵类产品的能力
配套情况:已成为上汽大众、上海汽车等整车企业的OEM供应商

★上海大统汽配实业有限公司
地址:上海市宝山区宝安公路325号
邮编:201906
电话:021/56805466、56806262
传真:56493015
法定代表人:谢堃坪
质量体系:ISO 9002
产品情况:(地球牌、金浆牌、华运牌)
活塞、活塞销、活塞环、缸套组件
出口情况:出口东南亚、中东、南非、欧洲、中南美洲等地区

★上海浦东兴旺汽车配件有限公司
地址:上海市崇明堡镇团城公路389号
邮编:202157
电话:021/59411095
传真:59411095
网址:www. shpdxw. com
法定代表人:钟学军
质量体系:ISO/TS 16949
产品情况:年生产洗涤器、储油杯、膨胀水箱等各类汽车零配件能力达80余万套
配套情况:为北汽福田、长城、北方奔驰公司等多家整车制造厂配套

江苏省

★南京发动机配件厂
地址:南京市雨花台区雨花东路养回红村139号
邮编:210012
电话:025/52414033
传真:52414033
电子信箱:njfdjpjcxx0748@ sina. com
法定代表人:万建华
质量体系:ISO 9001
产品情况:进/排气门、活塞销、气门挺杆、气门推杆、摇臂轴
配套情况:为潍柴、锡柴、重庆发动机厂、扬柴、跃进、淄博柴油机厂、福建机器厂、嘉陵机器厂、南京金城、常柴集团等配套

★南京依维柯汽车公司索菲姆发动机厂
地址:南京市雨花台区雨花西路123号
邮编:210012
电话:025/52405105、52886286
传真:52430466、52886285
网址:www. naveco. com. cn
电子信箱:sale@ sofim. com
法定代表人:陈新宁
质量体系:ISO/TS 16949
产品情况:SOFIM系列、IVECO系列发动机及变速器零部件
配套情况:为依维柯都灵V系列、欧霸系列、威尼斯系列、越野车系列、厦门金龙、安徽安凯、江西华翔富奇、广州羊城旅行车、苏州金龙等配套

★南京泰宁铸铁有限公司
地址:南京市迈皋桥1号
邮编:210028
电话:025/52733127
电子信箱:1115035625@ qq. com
法定代表人:陆振新
单位人数:517
质量体系:ISO/TS 16949、QS 9000
产品情况:汽车缸体、曲轴、凸轮轴和变速器、桥壳、制动器等汽车铸铁件
配套情况:为南京汽车集团、意大利菲亚特、南京依维柯、伊顿、奇瑞汽车、柳州五菱、重庆红宇(南方天合)、梅州BPW车轴、宁波英特姆等配套

★南京威孚金宁有限公司
地址:南京市江北新区柳州北路12号
邮编:210031
电话:025/58498023、58498097
传真:58841652
电子信箱:wfjn@ weifu. com. cn
法定代表人:陈学军
质量体系:ISO/TS 16949、ISO 14001
产品情况:(金宁牌)
高压燃油系统:柴油机用电控VP高压燃油系统(国Ⅳ)、电控VE高压燃油系统(国Ⅲ)、机械式VE型分配泵(国Ⅱ/国Ⅰ)、单缸喷油泵、喷油器总成等;低压供油产品:共轨输油泵、电动输油泵、叶片式输油泵、活塞式输油泵等;汽车电子产品:ECU软硬件、传感器、执行器等

★马勒发动机零部件(南京)有限公司
地址:南京市浦口区泰冯路65-1号
邮编:210032
电话:025/58690800
传真:58740372
网址:www.cn.mahle.com
电子信箱:mahle_cn@hotmail.com
法定代表人:IVAN A. LENEHAN
质量体系:ISO/TS 16949、VDA 6.1
产品情况:活塞、滤清器、轴瓦等发动机零部件
配套及出口情况:供给国内主要发动机及汽车生产厂;出口韩国、日本、欧洲、南非

★江苏可兰素汽车环保科技有限公司
地址:南京市溧水经济开发区沂湖路8号
邮编:210038
电话:025/56601588、4006768988
网址:www.kelas.cc
电子信箱:283947914@qq.com
法定代表人:石俊峰
产品情况:柴油发动机SCR系统使用的汽车环保尿素及其加注系统、运输工具以及其他汽车空气净化等相关环保类产品,年产汽车环保尿素60万t
配套情况:车用AdBlue产品已取得一汽集团、东风集团、江淮集团、宇通客车、海格客车、康明斯发动机、潍柴集团等知名企业的认证和配套;车用AdBlue加注设备在东风商用车、东风重型车厂、北汽福田汽车、大运集团等汽车制造商生产线正式应用

★南京锐鹰活塞环制造有限公司
地址:南京市浦口区盘城工业集中区盘城新街5-11号
邮编:210044
电话:025/58931951
传真:58931729
网址:www.ruiying.net.cn
电子信箱:lisananjingruiying@gmail.com
法定代表人:黄永安
质量体系:ISO/TS 16949
产品情况:(金陵牌)
活塞环,年生产约6000万片

★长安福特马自达发动机有限公司
地址:南京市江宁经济技术开发区吉印大道1299号
邮编:211100
电话:025/51185000
传真:51185999
网址:www.cfme.com.cn
电子信箱:hhe9@cfme.ford.com
法定代表人:袁明学
质量体系:ISO/TS 16949、ISO 14001
产品情况:产品谱系包括BZ、NEW I4、Sigma、Sky四大系列发动机,排量覆盖1.3~2.5L,发动机年综合生产能力达43万台

★蒂森克虏伯发动机零部件中国有限公司
地址:南京市江宁经济技术开发区江宁科学园
邮编:211100
电话:025/66666166
网址:www.thyssenkrupp.com
电子信箱:erin.liu@thyssenkrupp.com
法定代表人:夏朝勇
产品情况:适用于欧IV以上排放要求的中重型车用柴油发动机的曲轴和连杆

★南京东华力威汽车零部件有限公司
地址:南京市秦淮路67号
邮编:211100
电话:025/52124325、52123523
电子信箱:nanqicyj@163.com
法定代表人:殷勇
质量体系:ISO/TS 16949
产品情况:货车、客车、轿车系列的中小冲压件、排气消声器总成、净化器总成、燃油箱总成等,具备年产1000套中小冲压件模具、夹具的能力
配套情况:主要客户有南京依维柯、南京名爵(MG)、南京长安福特(溧水)、扬州亚普、美国ALSDA、比利时PUNCH、德国威巴克等公司

★诺玛科(南京)汽车零部件有限公司
地址:南京市江宁经济技术开发区空港工业园信诚大道108号
邮编:211151
电话:025/87106000
传真:87106025
网址:www.nemak.com
电子信箱:yiping.ni@nemak.com
法定代表人:Jose Ernesto Saenz Diaz
产品情况:汽车发动机铝制汽缸盖、汽缸体、悬架系统零部件
配套情况:主要客户有上汽通用、通用韩国、长安马自达、长安福特、一汽-大众、上汽大众、北京奔驰、北汽制造、捷豹路虎等

★南京飞燕活塞环股份有限公司
地址:南京市溧水区中山路17号
邮编:211200
电话:025/57226317、57212801
网址:www.feiyan.com.cn
电子信箱:xsgs@feiyan.com.cn
法定代表人:薛德龙
单位人数:1500
质量体系:ISO/TS 16949、ISO 14001
产品情况:(飞燕牌)
内燃机活塞环,年产能力超亿片
配套及出口情况:为一汽集团、东风汽车公司、南汽等众多汽车发动机厂家配套;远销亚洲、欧洲、美洲、非洲等地区

★南京海特汽车部件有限公司
地址:南京市溧水区经济开发区4号
邮编:211299
电话:025/56213293
传真:57426069
网址:www.cqhaite.net
法定代表人:秦瑞萍
单位人数:170
质量体系:ISO/TS 16949、ISO 14001
产品情况:具备年产汽车净化消声器60万套的生产能力
配套情况:已与上汽汽车、奇瑞汽车、吉利汽车、南京长安、昌河汽车等主机厂形成紧密配套关系

★仪征亚新科双环活塞环有限公司
地址:江苏省仪征市大庆南路5号
邮编:211400
电话:0514/83450607、83450568
传真:83461620、83450546
网址:www.cypr.com.cn
电子信箱:cypr@cypr.com.cn
法定代表人:汪滨
质量体系:ISO/TS 16949、ISO 14001
产品情况:(双环牌、CYPR牌)
活塞环,年产能1.8亿片
配套及出口情况:为潍柴、潍柴道依茨、玉柴、一汽(大柴、锡柴)、上柴、重汽、杭发、江铃汽车、保定长城、浙江吉利、扬柴、南通柴油机、南京依维柯、北汽福田、重庆康明斯、云内、华源莱动、江淮汽车、雷沃动力、奇瑞汽车、比亚迪汽车、力帆汽车、浙江康斯特、上海日野、小松、东风日产、泰州雅马哈、重庆渝安、浙江新柴、新光华晨、东安三菱、名爵汽车等配套;在美国、日本、韩国、法国、英国、俄罗斯等近30个国家和地区占领了一定的市场份额,与康明斯、韩国斗山、法国PSA、欧洲FORD、日产、日野等国际知名主机企业建立了战略伙伴关系

★日环汽车零部件制造(仪征)有限公司
地址:江苏省仪征市汽车工业园联众路6号
邮编:211400
电话:0514/83429700
传真:83429711
网址:www.namy.cn
法定代表人:长岛昭夫
产品情况:钢制活塞环
配套及出口情况:为丰田、本田、日产及发动机厂家供货;远销日本、欧洲、美洲等国家和地区

★亚新科凸轮轴(仪征)有限公司
地址:江苏省仪征市汽车工业园区双环路8号
邮编:211400
电话:0514/80857900、83429610
传真:80857959
网址:www.yzcamshaft.com
电子信箱:sales@asimco-camyz.com
法定代表人:汪滨
质量体系:ISO/TS 16949、ISO 14001

产品情况:冷激合金铸铁、冷激球墨铸铁、高强度球墨铸铁及钢质发动机用凸轮轴,年产 140 万件凸轮轴毛坯、60 万件凸轮轴成品
配套情况:得到国际、国内汽车高端发动机公司:CUMMINS(全球)、IVECO(全球)、福田康明斯、东风康明斯、柳州康明斯、上汽菲亚特红岩、一汽锡柴、南维柯、潍柴动力、安徽华菱汽车、上柴等用户的认可,并成为其凸轮轴零部件的战略或重要合作伙伴

★仪征威龙发动机零部件有限公司
地址:江苏省仪征市马集工业集中区祥瑞路 68 号
邮编:211414
电话:0514/83663666、83663111
传真:83660300
网址:www. wellong. com
电子信箱:root@ wellong. com
法定代表人:余仙菊
质量体系:ISO/TS 16949、QS 9000
产品情况:(威龙牌)
具备年产 2000 万套活塞环、气门座的能力
配套及出口情况:为一汽锡柴、潍柴、玉柴、朝柴、四达等国内 30 多家主机厂配套;出口欧洲、非洲、美洲、东南亚、中东等地区

★南京京滨化油器有限公司
地址:南京市六合区龙池街道龙华路 1 号
邮编:211507
电话:025/57139039
传真:57152800
网址:www. keihin - knj. com
法定代表人:中坪仁
质量体系:ISO/TS 16949、ISO 14001
产品情况:(KEIHIN 牌)
主要生产摩托车化油器、汽车电喷配件、燃料电子喷射系统、电子装置等多种产品
配套及出口情况:为新大洲本田、五羊本田、嘉陵本田、东风本田、广汽本田等独家配套,而且还为建设雅马哈、金城、北方易初、大长江集团、苏州水星等国内知名摩托车企业配套;出口日本、泰国、印度尼西亚、巴西等多个国家和地区

★华东泰克西汽车铸造有限公司
地址:江苏省镇江市丁卯开发区美林湾路 15 号
邮编:212009
电话:0511/85595678、85595607
网址:www. hdteksid. com
电子信箱:postmaster@ hdtaf. com
法定代表人:马振刚
质量体系:ISO/TS 16949、ISO 14001
产品情况:轿车、轻型车、发动机缸体铸造
配套及出口情况:为上汽大众、上汽通用五菱、南京依维柯、广汽菲克、北汽动力总成、吉利汽车、常州斯太尔等配套;出口欧洲、韩国和印度市场

★镇江维纳特气门有限公司
地址:江苏省扬中市八桥工业区
邮编:212219
电话:0511/88545780
传真:88543688
网址:www. w - n - t. com
电子信箱:fgh@ w - n - t. com
法定代表人:金龙
单位人数:1100
质量体系:ISO/TS 16949、ISO 9001
产品情况:(维纳特牌、欧尔特牌、扬内牌)
气门、活塞销
配套及出口情况:与一汽锡柴、一汽大柴、广西玉柴、上柴、潍柴、南柴、康明斯、杭发、扬柴、朝柴、云内、江淮汽车、全柴、杨动、绵阳新晨、沈阳华晨、东安动力、五菱、柳机、吉利汽车、众泰汽车、北汽银翔、中国一拖、常柴、浙江新柴、大长江、嘉陵等主机配套;远销欧美和东南亚

★江苏沃得机电集团有限公司
地址:江苏省丹阳市丹北镇埤城沃得工业园
邮编:212311
电话:0511/86346022、86348038
传真:86333320
网址:www. worldgroup. com. cn
电子信箱:worldjd@ 126. com
法定代表人:邵国平
质量体系:ISO/TS 16949
产品情况:(WORLD 牌、沃得牌)
曲轴、活塞销、气门
配套及出口情况:为常柴、常发、常工、全柴、江动、时风、扬动等配套;远销中东及东南亚地区

★江苏鑫通汽车部件有限公司
地址:江苏省丹阳市访仙镇汽车工业园
邮编:212321
电话:0511/88037338、88037339
传真:86466000
网址:www. js - xt. com
电子信箱:sbbs88@ 126. com
法定代表人:孙鑫祥
质量体系:ISO/TS 16949、QS 9000
产品情况:(精锐牌)
具备年产 100 万套汽车用风机、50 万套散热器、50 万套各式汽车塑料附件的生产能力
配套情况:已和华晨、吉利、力帆、东风集团、广汽集团、福汽集团、北汽集团等企业合作

★常柴股份有限公司
地址:江苏省常州市怀德中路 123 号
邮编:213002
电话:0519/68683333、68852308
传真:86633706、86670765
网址:www. changchai. com. cn
电子信箱:sale@ changchai. com
法定代表人:史新昆
质量体系:ISO/TS 16949、ISO 14001
产品情况:(常柴牌)
具有年产 120 万台柴油机、7 万余 t 铸件、20 万台汽油机生产能力
配套及出口情况:为东风汽车、金杯车辆、北汽福田等配套;出口 78 个国家和地区

★蒂森克虏伯发动机系统常州有限公司
地址:江苏省常州市新北区黄河西路 788 号
邮编:213022
电话:0519/80118666
网址:www. thyssenkrupp. com. cn
电子信箱:zhengmin. zhao@ thyssenkrupp. com
法定代表人:Frank Altag
产品情况:凸轮轴和缸盖罩壳模块总成等

★常州市良旭车辆配件有限公司
地址:江苏省常州市新北区孟河镇港西大道 9 号
邮编:213022
电话:0519/83530217
传真:83531963
网址:www. czliangxu. com
电子信箱:czliangxu@ 163. com
法定代表人:潘金良
单位人数:70
质量体系:ISO/TS 16949
产品情况:排气管
配套情况:为中国重汽集团、北奔重汽、潍柴动力集团配套

★常州新瑞汽车配件制造有限公司
地址:江苏省常州市钟楼区星港路 65 - 19 号
邮编:213023
电话:0519/86902319、86692879
传真:83906911
电子信箱:keke@ cnracing. com
法定代表人:杜向峰
产品情况:涡轮增压器、减振器

★和兴滤清器(常州)有限公司
地址:江苏省常州市新北区春江路 156 号
邮编:213033
电话:0519/68850235
网址:www. peacefilter. com
法定代表人:永原伸一
质量体系:IATF 16949、ISO 14001
产品情况:旋装滤清器、燃油滤清器、管路滤清器

★斯太尔动力股份有限公司
地址:江苏省常州市武进国家高新技术开发区武宜南路 377 号,创新产

业园 2 号楼
邮编:213100
电话:0519/81595600
网址:www. hbbothwin. cn
电子信箱:sales@ steyr - motors. cn
法定代表人:李晓振
质量体系:ISO 9001
产品情况:道路用泵喷嘴单增压 6 缸/4 缸发动机等

★迪耐斯排气系统(常州)有限公司
地址:江苏省常州市武进经济开发区腾龙路 2 号 9 号楼
邮编:213100
电话:0519/81085931
传真:81292586
网址:www. dinex. dk
电子信箱:dinex@ dinex. cn
法定代表人:TORBEN DINESEN
质量体系:ISO 14001、ISO/TS 16949
产品情况:先进的排放及尾气处理系统

★江苏华利沃车辆部件有限公司
地址:江苏省常州市新北区孟河工业园
邮编:213100
电话:0519/83247710
传真:87074109
电子信箱:2249430139@ qq. com
法定代表人:恽奇虎
产品情况:汽车发动机的配套连杆、减振皮带轮、凸轮轴等重要汽车零配件
出口情况:出口欧美、东南亚等地区

★常州远东连杆集团有限公司
地址:江苏省常州市武进区郑陆镇东青村委朝南廊 88 号
邮编:213114
电话:0519/88966065、88966062
传真:88966062、88966063
网址:www. cnydlg. com
电子信箱:qjp630404@ 163. com
法定代表人:赖仕妹
负责人:邱建平
单位人数:900
质量体系:ISO/TS 16949
产品情况:(涡湖牌)
年生产各类连杆能力达 700 多万支
配套情况:与常柴集团、浙江新柴股份、安徽全柴集团、朝柴、一汽锡柴、扬柴、中国一拖、云内股份、江铃股份、浙江吉利、一汽轿车、斯太尔、众泰汽车等 30 多个大中型主机厂以及轿车制造商建立牢固的配套关系

★常州市南国冷却器有限公司
地址:江苏省常州市芙蓉镇
邮编:213118
电话:0519/88763340、88764102
传真:88763340
电子信箱:info@ cn - nanguo. com
法定代表人(负责人):陈东平
质量体系:QS 9000
产品情况:(芙蓉镇牌)
不锈钢板翅式机油冷却器和中冷器
配套情况:为北内、江铃、洛拖、依维柯等配套

★电装(常州)燃油喷射系统有限公司
地址:江苏省常州市新北区河海西路 301 号
邮编:213125
电话:0519/85152130
传真:85127587
网址:www. denso. com. cn
电子信箱:dmcf_hr@ dmcf. denso. com. cn
法定代表人:竹内克彦
单位人数:368
产品情况:柴油车用燃油喷射系统;共轨、喷油器、大型商用车用供油泵

★常州环能涡轮动力股份有限公司
地址:江苏省常州市新北区勤奋路 80 号
邮编:213125
电话:0519/85116586
传真:85101697
网址:www. worldturbocharger. com
电子信箱:sales@ worldturbocharger. com
法定代表人(负责人):裴腊妹
质量体系:IATF 16949、ISO 9001
产品情况:(环能牌)
车用涡轮增压器涡轮、压气机叶轮、转子总成和修理包、车用涡轮增压器机芯和整机等
配套及出口情况:与多家增压器制造厂配套;主要产品 80% 出口欧洲、美洲、大洋洲、东南亚等地区

★常州博瑞油泵油嘴有限公司
地址:江苏省金坛市开发区汇福路 666 号
邮编:213200
电话:0519/82180088
传真:82180099
网址:www. bostcr. com
电子信箱:bost@ bostcr. com
法定代表人:汤志明
质量体系:ISO/TS 16949、ISO 9001
产品情况:共轨喷油器、共轨泵、ECU 控制单元、共轨管等柴油机燃油喷射系统
出口情况:业务已遍及全球 30 多个国家和地区

★康奈可汽车电子(无锡)有限公司
地址:江苏省无锡国家高新技术产业开发区新荣路 17 号
邮编:214028
电话:0510/66612666
传真:66612333
网址:www. calsonickansei. co. jp
电子信箱:miao_fei@ ck - mail. com
法定代表人:山西政博
质量体系:ISO/TS 16949
产品情况:(康奈可牌)
散热器、冷凝器、仪表、车身控制系统

★ 一汽解放汽车有限公司无锡柴油机厂

地址:江苏省无锡市永乐东路 99 号
邮编:214026
电话:4008281199、4008288998
传真:0510/85025271
网址:www. wxdew. com
电子信箱:wxdew@ wxdew. com
法定代表人(负责人):钱恒荣
单位人数:3300
质量体系:QS 9000
产品情况:(解放牌)
发动机产品有七大系列,排量跨越 2 ~ 13L,具备 47 万台发动机和 2500 台再制造发动机的年产能力
配套及出口情况:为一汽解放等整车厂配套;远销欧美 40 多个国家和地区
☞ 详细情况请参阅彩色宣传版面

★无锡珀金斯小型发动机有限公司
地址:江苏省无锡市国家高新技术产业开发区
邮编:214028
电话:0510/85372888、85372800
电子信箱:1824690324@ qq. com
法定代表人:YOUNESSI RAMIN
产品情况:珀金斯 400 系列发动机
出口情况:出口包括澳大利亚在内的(不包括日本)亚太地区

★科特拉(无锡)汽车环保科技有限公司
地址:江苏省无锡市国家高新技术产业开发区 104 - A
邮编:214028
电话:0510/85204887、85204880
传真:85204889
网址:www. nchr. com. cn
电子信箱:lvjun@ catalerwuxi. com. cn
法定代表人(负责人):冈崎忠明
质量体系:ISO/TS 16949
产品情况:汽车、摩托车用催化剂以及通用发动机用催化剂

★唐纳森(无锡)过滤器有限公司
地址:江苏省无锡市新加坡工业园锡坤路 8 号
邮编:214028
电话:0510/85282010、85285596
传真:85280542
网址:www. donaldson. cn
电子信箱:brandy. xu@ donaldson. com
法定代表人(负责人):CARDENAS CASTRO FRANKLIN GERARDO
质量体系:ISO/TS 16949
产品情况:发动机过滤器

★无锡威孚高科技集团股份有限公司
地址:江苏省无锡市新区华山路 5 号
邮编:214028
电话:0510/80505555
传真:80505005
网址:www. weifu. com. cn

电子信箱:gm@ weifu. com. cn
法定代表人:陈学军
负责人:王晓东
单位人数:7000
质量体系:ISO/TS 16949
产品情况:(WEIFU 牌)
　　燃油喷射系统、尾气后处理系统、汽车进气系统
配套及出口情况:为国内各大汽车厂和柴油机厂配套;远销美洲、中东、东南亚等地区

★无锡威孚奥特凯姆精密机械有限公司
地址:江苏省无锡市新区华山路 6 号
邮编:214028
电话:0510/88660630
传真:88660605、88660617
网址:www. weifuautocam. cn
电子信箱:hr_wuxi@ weifuautocam. com
法定代表人:陈学军
产品情况:联合汽车电子公司发动机控制系统 EV6 电控喷油器国产化项目的阀座、阀体、接杆和 EMS - DR2 等核心零部件
配套情况:是博世汽车汽油发动机电控 EV6 系统中精密零件的供应商

★无锡范尼韦尔工程有限公司
地址:江苏省无锡市新区锡梅路 28 号
邮编:214028
电话:0510/88553588
传真:85731250
网址:www. cummins. com. cn
电子信箱:huang. leilan@ wuxivane. com
法定代表人:王宁
产品情况:增压器用涡轮叶轮铸件

★博世汽车柴油系统股份有限公司
地址:江苏省无锡市新区新华路 17 号
邮编:214028
电话:0510/85333888
传真:85338100
网址:www. bosch. com. cn
电子信箱:rbcn. webmaster@ cn. bosch. com
法定代表人:MAIER RUDOLF
负责人:王伟良
单位人数:1700
质量体系:ISO/TS 16949
产品情况:(BOSCH 牌)
　　电控高压柴油直喷系统及尾气后处理系统等
配套情况:为天津珀金斯、潍柴、朝柴、湖南动力、杭发、南京依维柯、东风南充、大柴、上柴、柳柴配套

★无锡康明斯涡轮增压技术有限公司
地址:江苏省无锡市新区新锡路 28 号
邮编:214028
电话:0510/85200800
传真:85200899
网址:www. cummins. com. cn
电子信箱:turbos@ cn. holset. com
法定代表人:刘栋梁
质量体系:QS 9000、ISO 9001
产品情况:(霍尔塞特牌)
　　涡轮增压器
配套情况:为大柴、锡柴、东风康明斯、重庆康明斯、玉柴等配套

★奥特凯姆(中国)汽车部件有限公司
地址:江苏省无锡市新吴区锡勤路 62 号
邮编:214028
电话:0510/81973535
网址:www. autocam. com
电子信箱:xiaomin. guo@ nninc. com
法定代表人:HEITER MATTHEW STEPHEN
产品情况:汽/柴油喷油器部件、VCT/OCV 零部件、电动助力转向蜗杆、电动机轴

★无锡泽根弹簧有限公司
地址:江苏省无锡市滨湖区鸿桥路 803 号
邮编:214072
电话:0510/85121169、85121139
传真:85121143
网址:www. zgspring. com
电子信箱:sales@ zgspring. com
法定代表人:张健
质量体系:IATF 16949、ISO 14001
产品情况:(SAWANE 牌)
　　发动机气门弹簧、油泵油嘴弹簧等,具备年产 9000 万件的生产能力
配套情况:为一汽解放无锡柴油机厂供货

★无锡市冠云换热器有限公司
地址:江苏省无锡市滨湖区马山雪云路 20 号
邮编:214092
电话:0510/85998649、85998645
网址:www. guanyuncn. com
电子信箱:info@ guanyuncn. com
法定代表人:钮法清
单位人数:300
质量体系:ISO/TS 16949、ISO 14001
产品情况:热交换器、冷却器、油冷器、中冷器、散热器等
出口情况:出口美国、英国、法国、澳大利亚、德国、新西兰、土耳其、日本、印度、韩国、俄罗斯等国家

★无锡动力工程股份有限公司
地址:江苏省无锡市锡山经济开发区胶阳路 2721 号
邮编:214105
电话:0510/81885566、88536507
传真:88536805
网址:www. wdpower. com
电子信箱:wdpower@ wdpower. com
法定代表人:钱志翔
质量体系:ISO/TS 16949、ISO 9001
产品情况:(万迪牌)
　　柴油机及其成套产品

★无锡永兴机械制造有限公司
地址:江苏省无锡市胡埭镇夏荷路(新峰工业园内)10 - 10 号
邮编:214125
电话:0510/66057788
传真:66685588
网址:www. wuxiyongxing. com
电子信箱:master@ sy - impeller. com
法定代表人:张永安
单位人数:125
质量体系:ISO/TS 16949
产品情况:(双盈牌)
　　各种涡轮增压器压气机叶轮

★无锡塔尔基热交换器科技有限公司
地址:江苏省无锡新区经一路九号华友工业园华友三路 18 号
邮编:214142
电话:0510/85300988
传真:85300288
网址:www. wuxi - thw. com
电子信箱:zhangjie@ wuxi - thw. com
法定代表人:林隆司
质量体系:ISO/TS 16949、ISO 14001
产品情况:柴油车机外废气排放循环控制装置产品——EGR 冷却器

★无锡永凯达齿轮有限公司
地址:江苏省无锡市钱桥镇工业集中区景盛路 15 号
邮编:214151
电话:0510/83217781、83217753
传真:83217787
网址:www. yongkaida. com
电子信箱:ykd@ yongkaida. com
法定代表人:荣兆明
质量体系:ISO/TS 16949、ISO 14001
产品情况:(永凯达牌)
　　高精度齿轮、新能源汽车齿轮、发动机皮带驱动系统
配套及出口情况:是上汽大众、一汽-大众、上汽荣威、上汽名爵、上汽汇众、奇瑞、比亚迪、海马、江淮的配套厂家,配套产品为汽车发动机齿轮、新能源汽车齿轮和自动皮带张紧器等零件;为阿特拉斯、英格索兰、寿力机械、日本日立、美国豪顿、无锡压缩机、无锡泛亚、IHI 寿力、柳州富达、印度艾格、美国开利、美国昆西等公司配套压缩机齿轮

★无锡威孚力达催化净化器有限责任公司
地址:江苏省无锡市惠山区欣惠路 559 号
邮编:214177
电话:0510/81136666
传真:81136660
电子信箱:ni. zhu@ weifu. com. cn
法定代表人:陈学军
质量体系:ISO/TS 16949、ISO 14001
产品情况:(隆达牌、WLD 牌)
　　具备 800 万件汽柴催化剂、800 万件摩托车催化剂、800 万件通机催化剂

和300万套催化净化器年产能(其中歧管式净化器年产能100万套)
配套情况:为江淮汽车、北汽福田、长城汽车、天津一汽夏利、哈尔滨航空工业、比亚迪汽车、沈阳金杯、荣成华泰现代、山东黑豹、吉利汽车、江南汽车、江门中港宝田摩托车、重庆力帆、重庆建设、重庆宗申配套

★无锡科杰动力机械制造有限公司
地址:江苏省无锡市西山经济开发区(东亭)芙蓉二路
邮编:214177
电话:0510/81029566、81029568
传真:81029563
电子信箱:sales@ kjdl. net. cn
法定代表人:曹坚
质量体系:ISO 9001
产品情况:汽车发动机零部件
配套情况:为江苏四达集团、江淮汽车发动机分公司、锡柴配套

★无锡市锡联新能源动力有限公司
地址:江苏省无锡市惠山区堰桥工业园堰翔路6号
邮编:214183
电话:0510/83573678、83570678
传真:83570789
电子信箱:545576441@ qq. com
法定代表人:王国宪
质量体系:QS 9000
产品情况:(锡联牌)
车用燃气发动机
配套及出口情况:为苏州金龙、重庆恒通、深圳五洲龙、东风扬子江、丹东黄海等客车厂配套;出口泰国等东南亚国家

★无锡三鑫压铸有限公司
地址:江苏省无锡市惠山区玉祁街道永安路60号
邮编:214183
电话:0510/83899118、83888181
传真:83887519
网址:www. die - casting. com. cn
电子信箱:sxtools@ 21cn. com
法定代表人:龚小旦
质量体系:ISO 9001
产品情况:(惠山牌)
各类铝合金、锌合金压铸件和汽车发动机机油泵、水泵等
配套及出口情况:为江铃、上汽通用五菱等主机厂配套,并已成为美国GE、美国TELEFLEX、德国SEW、意大利IGuzzini等知名跨国公司在中国压铸件OEM配套生产基地;产品40%出口美国、英国、德国、意大利、芬兰、日本、韩国等十几个国家,并销往中国台湾地区

★无锡惠山泵业有限公司
地址:江苏省无锡市玉祁镇工业园区
邮编:214183
电话:0510/83880052、83897182
传真:83889863
电子信箱:499592042@ qq. com
法定代表人:丁黎清
质量体系:ISO/TS 16949、ISO 14001
产品情况:(惠山牌)
冷却水泵、机油泵、发电机
配套及出口情况:为重庆长安铃木、哈东安、上汽五菱柳机、江铃福特、长城汽车、上海比亚迪、重庆力帆、长城汽车等配套;远销美国、英国、德国、法国、日本、韩国、加拿大、东南亚等10多个国家和地区

★江苏四达动力机械集团有限公司
地址:江苏省无锡市惠山区洛社中兴东路66号
邮编:214187
电话:0510/83301333、4008872898
传真:83311390
网址:www. jssida. com
电子信箱:sd@ jssida. com
法定代表人:李则民
单位人数:1000
质量体系:ISO/TS 16949
产品情况:(四达牌、行星牌、无柴牌)
多缸、单缸系列柴油机等;具有年产20万台柴油机生产能力
配套情况:与东风股份、中兴汽车、丹东曙光、江淮汽车、一汽通用、沈阳金杯、资阳南骏等国内知名汽车制造厂家及江苏沃得、奇瑞重工、东风农机、时风农装、盐拖马恒达、中机南方、山东金亿、山东巨明等国内知名收割机、拖拉机厂家配套

★江苏江旭铸造集团有限公司
地址:江苏省宜兴市经济开发区文庄
邮编:214203
电话:0510/87125958
传真:87124190
电子信箱:office@ jx - casting. com
法定代表人:罗正良
单位人数:205
质量体系:ISO/TS 16949、ISO 14001
产品情况:汽车变速器壳体、离合器壳体、发动机缸体、油底壳、飞轮壳、汽缸盖罩、进气歧管、冷却器盖板、出水管
配套及出口情况:为奇瑞等国内10多家大中型企业配套;远销欧美、日本等20多个国家和地区

★江苏省宜兴非金属化工机械厂有限公司
地址:江苏省宜兴市丁蜀镇
邮编:214221
电话:0510/87189500、87185248
传真:87185248
网址:www. yxhjc. com
电子信箱:yxhjc@ yxhjc. com
法定代表人:冯家迪
单位人数:500
质量体系:ISO/TS 16949、ISO 9001
产品情况:(宇星牌)
生产汽油机尾气净化用陶瓷蜂窝载体
出口情况:远销美国、欧洲、韩国、日本、印度等国家和地区,并销往中国台湾地区

★江苏奥斯特滤清器制造有限公司
地址:江苏省江阴经济开发区(石庄园区)华特西路32号
邮编:214446
电话:0510/88669528、86669515
传真:86666665
网址:www. 51ost. com
电子信箱:cw001@ 51ost. com
法定代表人:林维忠
质量体系:ISO/TS 16949
产品情况:品种涵盖机油滤清器、燃油滤清器、空气滤清器、空调滤清器、液压滤清器1000多个型号
出口情况:远销欧洲、美洲、非洲、大洋洲等国家和地区

★皆可博(苏州)车辆控制系统有限公司
地址:江苏省苏州市工业园区港田路99号港田工业坊二期19幢
邮编:215024
电话:0512/62993200
传真:62993066
网址:www. jakebrake. com
电子信箱:calvin. peng@ jakebrake. com
法定代表人:王伟
质量体系:ISO/TS 16949、QS 9000
产品情况:发动机缓速器、排气制动蝶阀等
配套情况:为上柴、一汽专用汽车等客户配套

★瀚德康斯克泵业(苏州)有限公司
地址:江苏省苏州市工业园区东富路9号47号厂房
邮编:215123
电话:0512/87175115、13646226462
传真:87175101
网址:www. concentricab. com
电子信箱:info. chsh@ concentricab. com
法定代表人:MARCUS JOHN WHITEHOUSE
产品情况:液压类、泵类产品

★东京滤器(苏州)有限公司
地址:江苏省苏州市工业园区兴浦路207号
邮编:215126
电话:0512/62818588
传真:62818589
网址:www. roki. co. jp
电子信箱:jin11012@ tokyoroki. com. cn
法定代表人:高村岩
产品情况:汽车尾气排放控制装置、机油滤清器、燃油滤清器、机油冷却器、空气过滤器

★玉柴再制造工业(苏州)有限公司
地址:江苏省苏州市工业园区强胜路

128 号
邮编:215126
电话:0512/62969800、62969805
传真:62969810
电子信箱:8913154@ qq. com
法定代表人:晏杰
产品情况:玉柴产品系列的再制造零部件和整机

★飞得滤机(苏州)有限公司
地址:江苏省苏州市新区华山路 150 号
邮编:215129
电话:0512/66651180、66651178
传真:66651178
网址:www. roki - jp. com
电子信箱:sales@ filtechcn. com
法定代表人:岛田贵也
质量体系:ISO/TS 16949、ISO 14001
产品情况:空气滤清器、机油滤清器、燃油滤清器、活性炭罐、转向助力器液压油过滤器以及其他汽车关键零部件等
配套情况:为东风本田、广汽本田、东风汽车、长安铃木、昌河铃木、建设雅马哈、东风本田发动机、嘉陵本田发动机等配套

★NGK(苏州)环保陶瓷有限公司
地址:江苏省苏州市新区鹿山路 58 号
邮编:215129
电话:0512/66612000
传真:66614858
网址:www. ngk. com. cn
电子信箱:hr@ ngk. com. cn
法定代表人:松田敦
负责人:长良直
质量体系:ISO/TS 16949、ISO 14001
产品情况:(NGK 牌)
汽车排放尾气净化用陶瓷触媒介质、汽车柴油尾气微粒子陶瓷滤清器(DPF)、汽车汽油尾气微粒子陶瓷滤清器(GPF)

★苏州申达汽车配件有限公司
地址:江苏省苏州市相城区黄埭镇华阳路 169 号
邮编:215143
电话:0512/65765868、13771754230
传真:66180266
网址:www. szshenda. com
电子信箱:13771754230@ 163. com
法定代表人:王信东
质量体系:ISO/TS 16949、ISO 14001
产品情况:新能源汽车的 2 挡/4 挡自动变速器(AMT)、乘用车排气系统、商用车排气系统
配套情况:与江淮汽车、金龙汽车、全柴、星马汽车、福田汽车、潍柴动力、沃尔沃、南京依维柯、上汽大众、玉柴、江铃汽车等知名主机厂配套

★苏州派格丽减排系统有限公司
地址:江苏省苏州市吴江区汾湖经济开发区芦墟社区汾越路 666 号
邮编:215211
电话:0512/63631039、13862540134
传真:63631038
电子信箱:924643150@ qq. com
法定代表人:荆玉鑫
质量体系:ISO/TS 16949
产品情况:提供国内柴油机后处理系统国Ⅳ、国Ⅴ排放整体解决方案

★吴江吴月齿轮制造有限责任公司
地址:江苏省苏州市盛泽镇怡丘社区双熟工业开发区
邮编:215227
电话:0512/63601827、63606826
传真:63606827
电子信箱:wuyue_chilun@ sina. com
法定代表人:姚冰峰
质量体系:ISO/TS 16949
产品情况:柴油发动机正时齿轮,年产 20 万台
配套情况:为锡柴、杭发、徐工集团等配套

★汉格斯特滤清系统(昆山)有限公司
地址:江苏省昆山市开发区平巷路 3 - 1 号
邮编:215300
电话:0512/57723700
传真:57723702
网址:www. hengst. com
法定代表人:JENS ROETTGERING
质量体系:ISO/TS 16949
产品情况:汽车滤清器

★苏州睿昕汽车配件有限公司
地址:江苏省太仓市顾港路 17 号
邮编:215400
电话:0512/53108323
传真:53101739
网址:www. risingsz. com
电子信箱:sale07@ risingsz. com
法定代表人:岳胜桥
质量体系:ISO/TS 16949
产品情况:汽车发动机风扇离合器、水泵离合器、电子水泵及风扇叶 D 等
配套及出口情况:与东风商用车、东风康明斯、东风股份、东风轻发、东风特商、东风特汽、东风随专、东风神宇、东风专用底盘、新楚风、安徽华菱、东风朝柴、安徽全柴、集瑞联合重工、大宇客车、南京依维柯等建立合作关系;远销 50 多个国家和地区

★博格华纳汽车零部件(江苏)有限公司
地址:江苏省太仓市青岛东路 88 号
邮编:215413
电话:0512/53838000
传真:53838060
网址:www. turbodriven. com
法定代表人:CRAIG DAVID AARON
产品情况:主要生产涡轮增压器
配套情况:为福特、通用、沃尔沃和比亚迪等国内外知名汽车品牌进行配套

★常熟塑擎汽车零部件有限公司
地址:江苏省常熟市东南开发区南溪路 8 号
邮编:215500
电话:13812969600
传真:0512/52122699
法定代表人:裘正浩
产品情况:汽车发动机塑料进气歧管、塑料气门室罩盖及其他车用塑料件

★江苏爱吉斯海珠机械有限公司
地址:江苏省洪泽县大庆北路 20 号
邮编:223100
电话:0517/80925653、80925596
电子信箱:agsqgb@ 163. com
法定代表人:王明泉
单位人数:1216
质量体系:ISO/TS 16949、ISO 9001
产品情况:(爱吉斯海珠牌)
内燃机汽缸套,年产量 600 万只
配套情况:为德国曼、美国卡特比勒、日本三菱重工、大发、韩国现代等国际一流的发动机制造商以及一汽锡柴、济柴、潍柴、玉柴等国内发动机厂商配套

★江苏凯乐汽车部件科技有限公司
地址:江苏省淮安市淮阴区淮河路 218 号
邮编:223300
电话:0517/84518303、84391888
传真:84601666
网址:www. jskaller. com
电子信箱:info@ jskaller. com
法定代表人:俞晓军
质量体系:ISO/TS 16949
产品情况:汽车散热器

★宿迁市长城机械密封制造有限公司
地址:江苏省宿迁市宿豫经济开发区太行山路 68 号
邮编:223801
电话:0527/88202087、80805561
传真:88202078
网址:www. changmi. com
电子信箱:ye - longxiang@ changmi. com
法定代表人:叶龙祥
质量体系:ISO 9001
产品情况:(CHANGMI 牌)
汽车泵用密封等
出口情况:远销欧美、非洲、中东、东南亚等地区

★江苏泗洪油嘴油泵有限公司
地址:江苏省泗洪县泗州西大街 26 号
邮编:223900
电话:0527/88351710、88351728
传真:86285262
网址:www. js - hb. com
电子信箱:cnjshb@ js - hb. com
法定代表人:赵宏亮
单位人数:600
质量体系:ISO/TS 16949、ISO 14001

产品情况:(洪泵牌)
柴油机燃油系统喷油泵、喷油器两个总成和喷油嘴、柱塞、出油阀三对精密偶件
出口情况:出口24个国家和地区

★江苏农华智慧农业科技股份有限公司
地址:江苏省盐城市环城西路213号
邮编:224001
电话:0515/88881500、88881888
传真:88881999、88881816
电子信箱:sale@jdchina.com
法定代表人:贾浚
质量体系:ISO 9001
产品情况:[江动(JD)牌]
节能单缸机、轻型多缸机、通用汽油机、小功率单缸机和拖拉机、发电机组(柴、汽油)等6大系列400多个品种
配套及出口情况:为轻型客货车、农用运输车、拖拉机等配套;远销欧洲、美洲、亚洲、非洲等40多个国家和地区

★江苏春光汽车配件有限公司
地址:江苏省盐城市亭湖区太湖路16号
邮编:224051
电话:0515/88120700、4006313633
传真:88120703
网址:www.cgfilter.com.cn
电子信箱:13905106313@139.com
法定代表人:吴春
质量体系:ISO/TS 16949
产品情况:(春光牌)
汽车滤清器
配套及出口情况:与东风轻卡、江铃、长城、玉柴机器、福田、江淮、通用五菱、悦达特种车等公司提供配套;远销70多个国家和地区

★盐城海纳汽车零部件有限公司
地址:江苏省大丰市经济开发区益民西路108号
邮编:224100
电话:0515/83507788、83507787
传真:83507700
网址:www.hana-ind.com
法定代表人:王华生
质量体系:ISO/TS 16949
产品情况:重型货车及乘用车冷却水泵
出口情况:获选美国盖茨全球供应商、美国卡特彼勒供应商、美国GMB供应商资格

★江苏多为泵业股份有限公司
地址:江苏省大丰市新团街2号
邮编:224115
电话:0515/83683588、13770045771
传真:83682058
网址:www.duoweipump.com
电子信箱:dwgf@jsdwjt.com
法定代表人:高云清
质量体系:ISO 14001、ISO/TS 16949
产品情况:专业生产汽车水泵、排气系统产品、减振活塞座、涡轮增压器壳体
配套及出口情况:客户或潜在客户有东方、US、ASC、GMB、佛吉亚、麦格纳、大陆集团、维央斯、艾里逊变速器、菲亚特、克莱斯勒等;出口美国、日本、欧洲、中东等20多个国家和地区

★江苏鑫悦汽车零部件有限公司
地址:江苏省东台市经济开发区振兴路18号
邮编:224200
电话:0515/85212128、85229176
传真:85212795
网址:www.valve-jsdx.com
电子信箱:sytg-kch@163.com
法定代表人:宫元生
单位人数:420
质量体系:ISO/TS 16949
产品情况:(东翔牌)
年产各类发动机气门1500万支、发动机硅油减振器50万只
配套及出口情况:为潍柴动力、重汽集团、常柴股份、常发集团、江淮动力、日本三菱、日本本田等配套;出口美国、欧美、非洲、东南亚等国家和地区

★江苏力牌实业有限公司
地址:江苏省盐城市滨海县经济开发区工业园北区
邮编:224500
电话:0515/84192288
传真:84192288
电子信箱:5213489@163.com
法定代表人:郁文明
质量体系:ISO 9001
产品情况:(力牌)
多功能透明油箱

★江苏嘉和热系统股份有限公司
地址:江苏省扬州市广陵产业园扬霍路
邮编:225006
电话:0514/85555079、85555151
传真:85110111
网址:www.cnjiahe.com.cn
电子信箱:sale@cnjiahe.com.cn
法定代表人:李宝民
单位人数:1100
质量体系:ISO/TS 16949
产品情况:(纵横牌)
车用铝散热器、中冷器、机油冷却器、空调系统,年产能力400万台
配套及出口情况:为上汽通用五菱、长安汽车、哈飞、昌河、东风小康、东风股份、东风柳汽、北汽控股、一汽吉林、一汽通用、陕西重汽、江淮汽车、中国重汽、福田、南京依维柯、奇瑞汽车等配套;出口日本、欧美等国家和地区

★扬州五亭桥缸套有限公司
地址:江苏省扬州市平山路333号
邮编:225007
电话:0514/87621318、87621323
传真:87621309、87621029
网址:www.cylinder-liner.com
电子信箱:info@ywcc.com.cn
法定代表人:周国平
质量体系:ISO/TS 16949、ISO 14001
产品情况:(五亭桥牌)
汽车缸套,年产各类汽缸套1000万只
配套及出口情况:为潍柴动力、上柴、一汽锡柴、道依茨一汽(大连)柴油机、玉柴机器、东风汽车有限、上汽菲亚特红岩动力总成、扬柴、江西沃尔福发动机、北汽福田环保动力、雷沃珀金斯、南汽依维柯等几十家主机厂配套;出口欧美、英国、东南亚、非洲等国家和地区

★潍柴动力扬州柴油机有限责任公司
地址:江苏省扬州市春江路218号
邮编:225009
电话:0514/87982288、87521130
传真:87813665
电子信箱:gsb@yangchai.com.cn
法定代表人:张泉
质量体系:ISO/TS 16949、ISO 9001
产品情况:四缸车用柴油机,产品应用于轻型货车、轻型客车、农用车等
配套情况:为北汽福田、跃进汽车、江淮汽车、一汽集团、东风汽车公司等20多家企业配套

★亚普汽车部件股份有限公司
地址:江苏省扬州市扬子江南路508号
邮编:225009
电话:0514/87846666
传真:87846888
网址:www.yapp.com
电子信箱:yapp@yapp.com
法定代表人:郝建
负责人:姜林
质量体系:ISO/TS 16949、ISO 14001
产品情况:年汽车塑料油箱总成能力达750万只,塑料加油管生产能力为400万根
配套及出口情况:主要客户有大众、通用、福特、丰田、标致雪铁龙、奔驰、日产、上汽、东风、一汽等;在美国、墨西哥、巴西、俄罗斯、捷克、印度、澳大利亚设有工厂

★扬州群发换热器有限公司
地址:江苏省扬州市邗江工业园牧羊路21号
邮编:225127
电话:0514/87230296、13805275609
传真:87210462
网址:www.yzqunfa.cn
电子信箱:qfcool@126.com
法定代表人:庄雅婷
质量体系:ISO/TS 16949
产品情况:(群发牌)
具备年产60万台中冷器、20万台不锈钢板翅式机油冷却器、60万台铝

质散热器、20 万台汽车变速器油冷却器的生产能力
配套及出口情况:为上汽集团、中国重汽、一汽、东风、北汽集团、陕汽集团、北方奔驰、金龙汽车等数十家大型汽车制造企业配套;远销美洲、俄罗斯、中东、东南亚等多个国家和地区

★扬州市长运汽车油箱制造有限公司
地址:江苏省扬州市江都区邵伯昭关坝
邮编:225261
电话:0514/86581171、86261777
传真:86581666
电子信箱:yzcyxsb08@163.com
法定代表人:陆长洲
质量体系:ISO/TS 16949、ISO 9002
产品情况:(长运牌)
汽车燃油箱、液压油箱、便携式加油箱、储气筒、副散热器、油箱托架、加油口盖等
配套及出口情况:为一汽、东风、南汽、江淮、杭汽、亚奔、宇通、金龙、北奔重汽等 30 多个汽车厂配套;为荷兰、日本久保田等客商生产各种车辆、农用机械配套油箱配件,并为日本三菱公司提供 5~20L 便携式加油箱

★扬州光辉汽车零部件有限公司
地址:江苏省扬州市江都区丁伙工业园
邮编:225266
电话:0514/86501381、86504788
传真:86501381
网址:www.yzgh.cn
电子信箱:sales@yzgh.cn
法定代表人:杜举才
质量体系:ISO/TS 16949、ISO 9001
产品情况:(光辉牌)
汽车、摩托车、通用汽油机及柴油发动机进、排气门和活塞销;具备年产各类型气门 2000 万只、活塞销 1000 万只的生产能力
配套及出口情况:为一拖(洛阳)、一拖(姜堰)、潍柴、扬柴、锡柴、四达、五菱柳机、常柴、新柴、朝柴、钱江摩托、宗申、众星、林海、华盛、五菱柳机、华晨金杯、东风小康等 20 多家主机厂配套;出口日本、东南亚、中东等国家和地区

★泰州市环太电器有限公司
地址:江苏省泰州市高港区刁铺街道官河路 56 号
邮编:225323
电话:0523/86161515、82078308
传真:86161513
网址:www.tzhtdq.com
电子信箱:huantai@tzhtdq.com
法定代表人:吉俊
单位人数:136
质量体系:ISO 9001、ISO/TS 16949
产品情况:(环太牌)
为一汽、奇瑞生产气门摇臂、气门弹簧上下座、气门挺柱等发动机配件;为美国汽车供应商生产自动变速器油泵轴套、滚花件等系列产品
配套情况:为一汽、奇瑞配套

★江苏松林汽车零部件有限公司
地址:江苏省泰兴市向阳路 18 号
邮编:225400
电话:0523/87681750、87684338
传真:87011197、87011198
网址:www.jssonglin.cn
电子信箱:chengxm2013@163.com
法定代表人:程新民
单位人数:200
质量体系:ISO/TS 16949、QS 9000
产品情况:(松林牌)
已具备生产 50 万支曲轴、60 万支连杆、30 万只飞轮壳、6 万只飞轮、6 万只机体的生产能力
配套及出口情况:飞轮壳、连杆主要与东风汽车公司(东风康明斯、东风商用车)、一汽锡柴、上柴、北汽福田、雷沃动力(天津)有限公司配套,多缸曲轴主要与一汽锡柴、中国重汽(杭汽发、复强动力事业部)、中国一拖、上柴、北汽福田配套;远销中东、亚太等国际市场

★江苏飞月轴瓦有限公司
地址:江苏省兴化市安丰镇沿河路 8 号
邮编:225700
电话:0523/83543701、83543427
传真:83543018、83543427
网址:www.jsfyzw.com
电子信箱:sale@jsfyzw.com
法定代表人:刘仁宽
质量体系:ISO/TS 16949、ISO 9001
产品情况:(飞月牌)
轴瓦、衬套、止推片,年产能力 4000 万片
配套及出口情况:为 50 多家内燃机制造商配套;部分产品出口美国、欧洲、东南亚地区

★江苏爱尔特实业有限公司
地址:江苏省宝应县东阳路 333 号
邮编:225800
电话:0514/88316333
传真:88311633
网址:www.autotensioner.com
电子信箱:alt@autotensioner.com
法定代表人:王文焕
质量体系:ISO/TS 16949
产品情况:汽车张紧轮

★江苏富通轴瓦股份有限公司
地址:江苏省南通市唐闸南市后园 52 号
邮编:226002
电话:0513/85544053、88121811
传真:85544981
电子信箱:879733325@qq.com
法定代表人:崔永华
质量体系:ISO 9000
产品情况:(南通牌)
内燃机轴瓦、轴套、止推边及其他各种减摩领域用合金减摩零件
配套及出口情况:主要配套单位为江淮、全柴、扬柴、通柴等企业;为美国有关企业供应维修轴瓦

★江苏埃姆森滤清器制造有限公司
地址:江苏省启东市滨海工业园区江州路 22 号
邮编:226200
电话:0513/83905511、18951335511
传真:83905566
网址:www.jsamsung.com
电子信箱:amszmj@163.com
法定代表人:施菊
单位人数:100
质量体系:ISO 9001
产品情况:汽车滤清器
出口情况:出口美国、加拿大、意大利、德国、俄罗斯等 40 多个国家和地区

★南通星维油泵油嘴有限公司
地址:江苏省南通市滨海新区三余镇
邮编:226300
电话:0513/68916811
传真:68916806
网址:www.ntxw.cn
电子信箱:ntxw@ntxw.cn
法定代表人:陈平
质量体系:ISO/TS 16949、ISO 14000
产品情况:主要产品为各种系列喷油嘴、出油阀、柱塞三对精密偶件和喷油器总成、活塞冷却喷嘴、共轨喷油器阀组件及其他汽车零部件、配件
出口情况:远销东南亚、欧美、非洲等地区

★南通江华机械有限公司
地址:江苏省南通市通州区金沙北路 16 号
邮编:226300
电话:0513/86549665、86512548
传真:86521008
网址:www.tdi-nt.com
电子信箱:tdi@tdi-nt.com
法定代表人:谢一峰
质量体系:ISO/TS 16949、ISO 9001
产品情况:汽车散热器、机油冷却器、冷却水泵、水温调节器、各类旋压带轮、管类零部件等
出口情况:精密机加工销往 ehp、toro、graco 等美国知名的大公司

★江苏新象股份有限公司
地址:江苏省如东县马塘镇建设路 42 号
邮编:226401
电话:0513/84541430、84541431
传真:84541302
网址:www.xingxiang.com.cn
电子信箱:jsxxgs@yeah.net
法定代表人:虞天笔
单位人数:500

目 录 CONTENTS

中国优秀零部件及设备供应商推荐

产品系列

底盘悬架系统

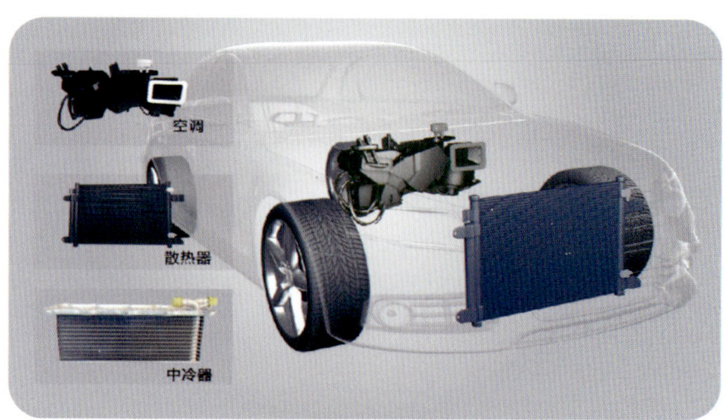

热交换系统

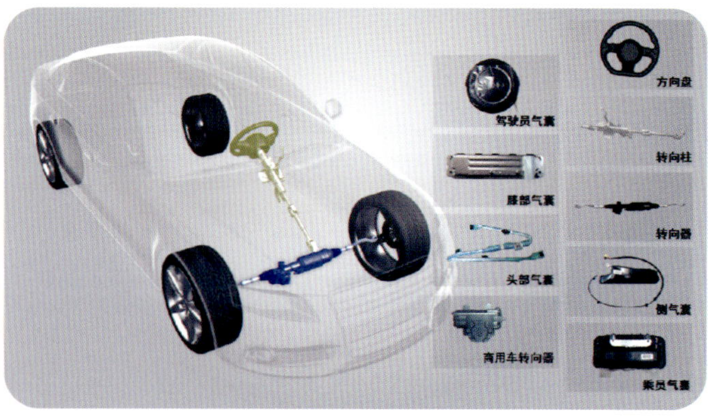

转向及安全系统

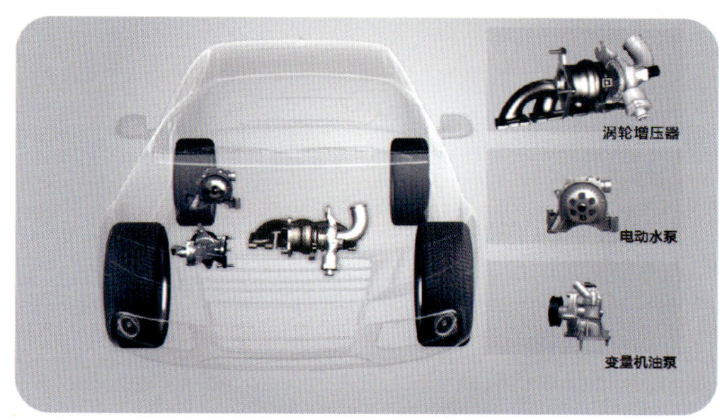

发动机附件系统

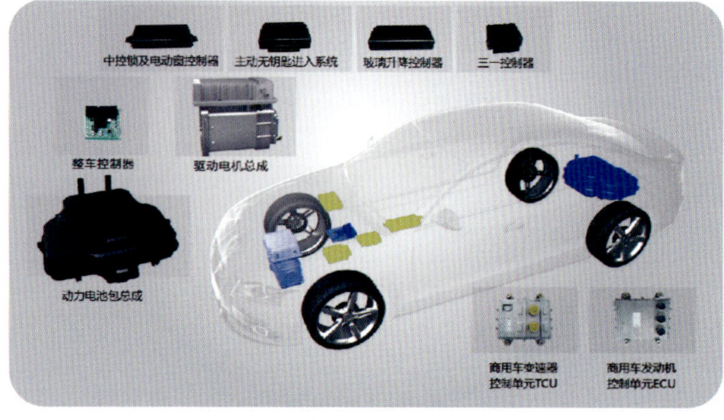

新能源及汽车电子

制动及传动系统

生产现场

公司网址：http://www.fawer.com.cn　　股票代码：000030

富奥汽车零部件股份有限公司（简称“富奥股份”，证券代码“000030、200030”）是中国A股上市公司，注册资本18.1亿元人民币。富奥股份是国内知名汽车零部件制造企业，主要从事汽车零部件的生产与研发。公司成立于1998年，前身是中国第一汽车集团的全资子公司，2007年完成国有企业改制，2013年在中国深圳证券交易所上市。公司现有股权构成包括中国第一汽车集团公司、吉林省国资委、民营资本及管理层；拥有下属公司31家，其中全资子公司12家、控股合资公司7家、参股合资公司12家；建设七大核心战略平台：底盘事业部、热系统事业部、泵类事业部、新能源/汽车电子战略平台、减振器战略平台、紧固件战略平台、传动轴战略平台。

公司产品涵盖汽车六大系列零部件，主要包括环境系统、底盘系统、制动和传动系统、转向及安全系统、电子电器系统、发动机附件系统。主要客户为国内外知名商用车和乘用车整车企业，包括大众、丰田、奔驰、宝马、沃尔沃、福特、中国一汽、中国上汽等。公司与全球汽车零部件供应商建立长期稳定的合资合作关系，如法雷奥、采埃孚、电装、克虏伯、石川岛，产品涉及底盘系统、汽车空调、转向系统、悬架系统、涡轮增压、平台零件等多个领域。公司产品远销美国、欧洲，被国家发改委、商务部确定为国家汽车零部件出口基地企业。公司依托整车，布局全国，先后建设东北、华北、西南、华东、中南等五大生产基地；坚持用户第一，连年获得整车客户优质供应商的荣誉奖项。

“十三五”期间，富奥股份公司贯彻“以市场为导向，推进一个转变、两个打造、三个调整；明确富奥主导产品的投资方式，合理配置资源；持续进行质量改善和成本改善，促进企业健康发展”的战略规划，坚持“承继、引领、开放、创新、共享”的发展理念，团结、抗争、自强，不断提升企业核心竞争力，实现可持续驱动发展，为促进中国汽车零部件工业发展贡献力量。

双离合自动变速器

5 挡 160N·m 双离合自动变速器 —DF515

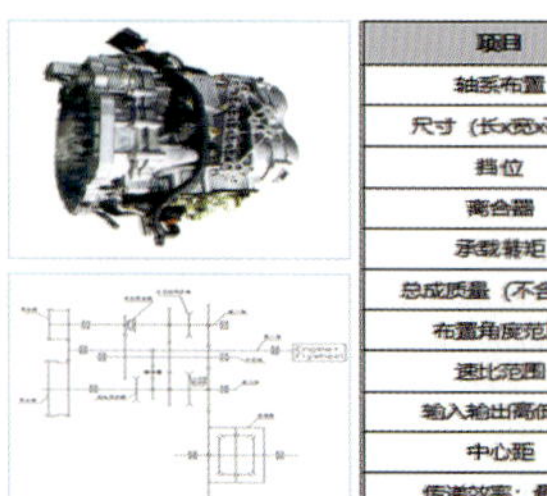

项目	内容
轴系布置	平行轴式
尺寸（长x宽x高）	359×470×397mm
挡位	5前进挡
离合器	湿式离合器（2个）
承载转矩	≤160N·m
总成质量（不含油）	≤65kg
布置角度范围	±5°
速比范围	2.7～16
输入输出高低差	74.3mm
中心距	178mm
传递效率：最高	93.5%

7 挡 250N·m 双离合自动变速器 —DF722

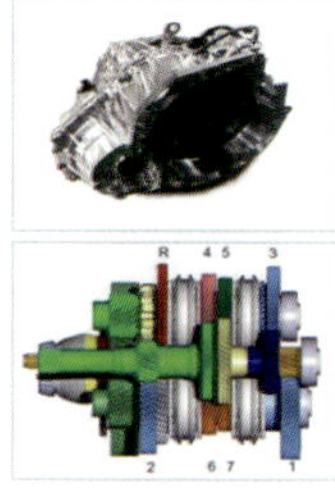

项目	内容
轴系布置	平行轴式
尺寸（长x宽x高）	—
挡位	7前进挡+倒挡
离合器	湿式双离合器
承载转矩	250N·m
总成质量（不含油）	≤80kg
布置角度范围	—
速比范围	一挡16.5—18； 总速比差≥6.5
中心距	189
传递效率：最高	94.5%

7 挡 270N·m 双离合自动变速器 —DF727

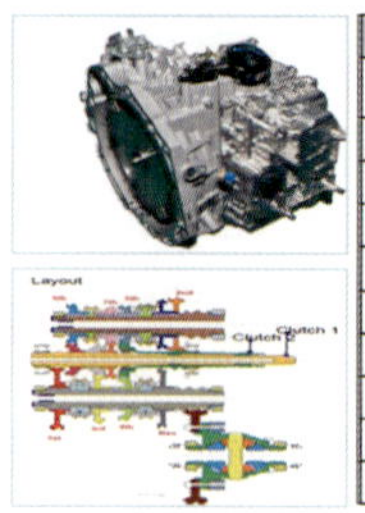

项目	内容
轴系布置	同轴式
尺寸（长x宽x高）	396×565×471
挡位	7前进挡(1倒挡)
离合器	湿式
承载转矩	≤270N·m (280)
总成质量（不含油）	≤90kg
速比范围	2.7～18.2
输入输出高低差	82
中心距	191
传递效率：最高	94.1%

纯电动电驱总成

减速器产品（单挡+两挡）—EF140

项目	内容
轴系布置	三轴式
尺寸（长x宽x高）	500×201×319mm
挡位	单挡
承载转矩	400N·m
轮端转矩	4000N·m
最高转速	12000rpm
总成质量（不含油）	27.8Kg
布置角度范围	10.8°～28°
速比范围	8～10
输入输出高低差	40
中心距	214
传递效率：最高	97.9%
传递效率：NEDC综合	95.1%

减速器产品（单挡+两挡）—EF125

项目	内容
轴系布置	平行轴式二级减速
尺寸（长x宽x高）	384X180X283
峰值功率	110Kw
承载转矩	250N·m
轮端转矩	2400N·m
最高转速	16000rpm
总成质量（不含油）	16Kg
布置角度范围	0°～30°
总速比能力	7～12 (现有：10；10.28；12.1)
中心距	127.5/150/189可选
最高系统效率	98%

减速器产品（单挡+两挡）—EF115

项目	内容
轴系布置	平行轴式二级减速
尺寸（长x宽x高）	362X155X220
峰值功率	25Kw/48V
承载转矩	150N·m
轮端转矩	1500N.m
最高转速	16000rpm
总成质量（不含油）	12Kg
布置角度范围	10°～30°
总速比能力	7～15.3 (现有9.2@120N.m;15.3@55N.m)
中心距	150mm
最高系统效率	98%

电驱动总成（三合一）—PEF140

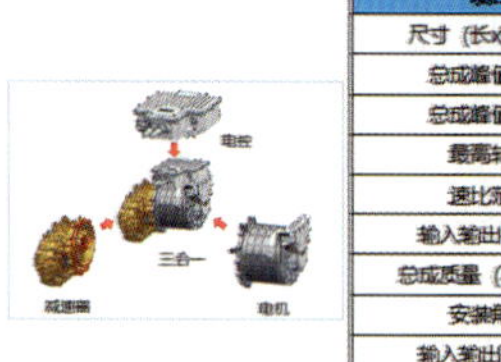

项目	内容
尺寸（长x宽x高）	500X488X430
总成峰值功率	120Kw
总成峰值转矩	400N·m
最高转速	12000rpm
速比范围	8.25-9.11
输入输出中心距	214
总成质量（不含油）	88Kg
安装角度	10.8°
输入输出高低差	40
总成防护等级	IP67
最高传递效率	91%

电驱动总成（三合一）—PEF125

项目	内容
尺寸（长x宽x高）	388*458*304
总成峰值功率	95kW
总成峰值转矩	250N·m
最高转速	16000rpm
速比范围	7-12
输入输出中心距	127.5
总成质量（不含油）	52 kg
安装角度	10°～30°
输入输出高低差	25.4
总成防护等级	IP67
最高传递效率	91%

电驱动总成（三合一）—PEF115

项目	内容
尺寸（长x宽x高）	407*258*347
总成峰值功率	15/28kW
总成峰值转矩	150N·m
最高转速	16000rpm
速比范围	7-15.3
输入输出中心距	150
总成质量（不含油）	28 kg
安装角度	10°～30°
输入输出高低差	51
总成防护等级	IP67
最高传递效率	91%

混合动力电驱总成

电桥产品（P4）—ED130

项目	技术参数
轴系布置	单挡双级减速
挡位布置	N挡
尺寸（长x宽x高）	386×270×285
峰值功率	80kw
电机转矩	300N·m
最高转速	12000rpm
总成质量（不含油）	20kg
布置角度范围	10°-20°
总速比能力	10.04
输入输出高低差	25.4
中心距	127.5
最高系统效率	98%

混合动力产品 —HF640（P2）

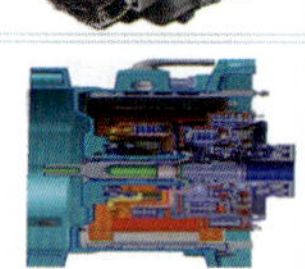

项目	内容
轴系布置	平行轴式
尺寸（长x宽x高）	416.5*650*440
挡位	6前进挡+倒挡
离合器	湿式双离合器
综合承载转矩	400N·m
电机功率	85kw
电机最高转速	12000rpm
总成质量（不含油）	≤120kg
布置角度范围	—
速比范围	16.13-2.81
中心距	196mm
综合传递效率	94%

混合动力产品 —HF628（P2.5）

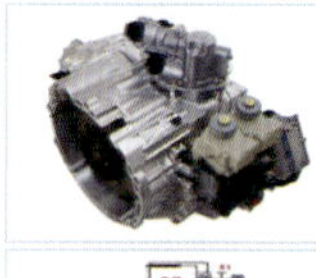

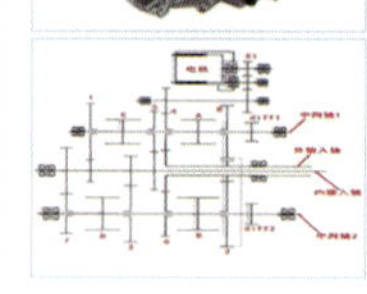

技术指标	技术参数
发动机最大输入转矩	320 N·m
发动机最高转速	7000rpm
传动比	17.23-2.6
输入输出中心距mm	189
外形尺寸mm	388*631*572
重量	125kg（不含油）
动力电机参数	48V：15/25kw，55/70Nm
	HV：最大75kw，144Nm
电机减速比	1.67
最高传动效率	96%
混动类型	PHEV/HEV/MHEV

地址：重庆市璧山区青杠街道　　邮编：402776

电话：02341819111　传真：02341819666　　网址：www.tsingshan.cn

重庆青山工业有限责任公司

重庆青山工业有限责任公司系中国兵器装备集团公司所属的国有大型工业企业。公司始建于 1965 年 1 月，资产总额逾 36 亿元，品牌价值逾 40 亿元。

公司专业从事各类汽车传动系统的研发、生产和销售。经过多年的发展建设，形成了重庆、成都、郑州三大生产基地，已具备年产 300 万台生产制造能力，累计产销各类变速器 2000 余万台。拥有长安汽车集团、一汽集团、东风汽车、上汽通用五菱、北汽集团、广汽集团、奇瑞汽车、海马汽车等多家国内主流乘用车用户，同时拥有北汽新能源、长安新能源、奇瑞汽车、东风乘用车等新能源整车用户。

公司技术力量雄厚，自主研发能力强，截止 2018 年公司共拥有有效专利 325 项，其中发明专利 168 项。代表行业主持制定发布了 4 项行业标准。公司拥有国家认证企业技术中心、CNAS 认可实验室、博士后科研工作站，形成“两国三地五中心”的全球性布局，具备设计、分析、试制、匹配、试验、验证、工程化七大研发能力。专注于打造出满足 400N.m 以下乘用车的 MT、DCT、纯电动、混合动力四大平台产品，形成 20 个产品系列、近 300 个型号的产品谱系，覆盖轿车、SUV、MPV、微客等多种车型。

公司坚持管理创新，优化经营和管理模式，形成了以 1 项管理手册、26 项管理地图、1029 业务流程、3437 项作业标准和 60 管理工具为支撑的，可复制、可远程投放，具有国际先进管理水平的“‘333’精益管理体系”。

青山公司将秉承“感恩、诚信、自立、超越”的核心价值观，专注于汽车传动系统领域，愿与各界朋友携手并进、精诚合作，为中国民族汽车工业的振兴发展做出贡献。

MT 手动变速器

5 挡横置 160N·m 手动变速器 ——MF515

项目	内容
轴系布置	输入轴+中间轴+差速组件
尺寸（长x宽x高）	354×471×413mm
挡位	五前进挡+1倒挡
承载扭矩	160N·m
总成质量（不含油）	35kg
布置角度范围	前倾：0~7.5°
速比范围	3.484~16.648
输入输出高低差	165mm
中心距	68mm
传递效率：最高	98%
传递效率：综合	96%

6 挡横置 220N·m 手动变速器 ——MF622

项目	内容
轴系布置	两轴半式
尺寸（长x宽x高）	405x496x416mm
挡位	六前进挡+1倒挡
承载扭矩	220N·m
总成质量（不含油）	42Kg
布置角度范围	\
速比范围	2.570~17.182
输入输出高低差	73mm
中心距	68mm
传递效率：最高	97%
传递效率：综合	95%

6 挡横置 280N·m 手动变速器 ——MF628

项目	内容
轴系布置	两轴半式
尺寸（长x宽x高）	403x504x441mm
挡位	六前进挡+1倒挡
承载扭矩	280N·m
总成质量（不含油）	48Kg
布置角度范围	\
速比范围	2.634~17
输入输出高低差	71.78mm
中心距	76mm
传递效率：最高	97%
传递效率：综合	95%

5 挡纵置 150N·m 手动变速器 ——MR515

项目	内容
轴系布置	输入轴+中间轴+输出轴
尺寸（长x宽x高）	517×330×352mm
挡位	5
承载扭矩	150N·m
总成质量（不含油）	25kg
布置角度范围	后倾：0~5°
速比范围	0.856~4.388
输入输出高低差	0
中心距	63mm
传递销量：最高	98%
传递销量：综合	96%

6 挡纵置 250N·m 手动变速器 ——MR625

项目	内容
轴系布置	输入轴+中间轴+输出轴
尺寸（长x宽x高）	640×380×360mm
挡位	6
承载扭矩	250N·m
总成质量（不含油）	38.6kg
布置角度范围	后倾：0~5°
速比范围	0.886~4.651
输入输出高低差	0
中心距	65mm
传递销量：最高	98%
传递销量：综合	96%

5 挡纵置 200N·m 手动变速器 ——MR520

项目	内容
轴系布置	输入轴+中间轴+输出轴
尺寸（长x宽x高）	659×346×353mm
挡位	5
承载扭矩	200N·m
总成质量（不含油）	32.5kg
布置角度范围	后倾：0~5°
速比范围	0.834~4.255
输入输出高低差	0
中心距	65mm
传递效率：最高	98%
传递效率：综合	96%

产业布局 / Products Layout

HSAE 航盛
科技领航 盛行天下

车载智能网联信息娱乐系统
INTELLIGENT CONNECTED IN-VEHICLE
INFOTAINMENT SYSTEM

- In-Vehicle Infotainment
  (Radio、Display audio、Navigation)
- T终端和网联系统
  T Terminal & Network System
- 数字仪表
  Digital Cluster

新能源汽车控制系统
NEW ENERGY VEHICLE
CONTROL SYSTEM

- 整车控制器（VCU）
  Vehicle Control Unit
- 电机控制器（MCU）
  Motor Control Unit
- 电池管理系统（BMS）
  Battery Management System

致力于向“电动化”“智能化”“网联化”“共享化”方面发展的航盛汽车电子产品

The automotive products of HSAE which is striving to develop towards the direction of electric, intelligent, networking and sharing.

智能驾驶辅助系统
ADVANCED DRIVER
ASSISTANT SYSTEM

- 倒车后视摄像头
  Reversing Rear-view Camera
- 全景泊车系统
  Surround View Parking Assistance System
- 倒车雷达系统
  Reverse Sensor System
- 高级驾驶辅助系统
  Advanced Driver Assistance System
- 胎压监测系统
  Tire Pressure Monitoring System
- 自动泊车
  Automatic Parking
- 红外夜视系统
  Infrared Night Vision System

更得心应手
#因为博世 发现更赞的自己
Bosch.com.cn
更轻松的驾驶体验，来自博世全自动泊车
辅助，泊车入位不再费力。

侧置式 Side Placement VVT

VVT

OCV

中置式 Center Placement VVT

VVT

OCV

中置中锁 Middle Lock VVT

VVT/OCV

机油泵控制阀 Oil Pump Control Valve

电动VVT Electric VVT

01 专注多年 信誉保证

各种专业工具检测，合格出厂；
多个品牌企业不同检测方式针对性检测；
第三方专业检测机构检测；

02 性价比最优

向客户提供性价比最优的产品
是我们企业的核心竞争力

03 生产技术 国际标准

产品不断的优化，企业员工孜孜不倦的突破精神，奠定了海龙电器专业品质；追求卓越品质，引领汽车发动机技术革新风向标；

04 全方位的客户服务

售后服务与产品开发部 紧密结合，可以对客户的问题做出快速回复，并提供准确、专业的解答！

造优质的产品 做诚信的服务

客户至上；品质优先；以人为本；诚信经营

TCAC 山东同创汽车散热装置股份有限公司

企业简介 COMPANY INFO

>>>>>>>>>>>>>>>>>>>>>>>>>>>>>>>

董事长:沈士凯

山东同创汽车散热装置股份有限公司(以下简称“同创公司”)于2003年注册成立，2004年正式投产，2007年改制为股份有限公司，现注册资本2800万元。主要开发制造销售车用散热器、中冷器、冷凝器、蒸发器、机油散热器、车用空调等系列产品，是中国汽车零部件散热器行业龙头企业。

公司于2014年11月07日成功在全国中小企业股份转让系统（新三板）挂牌，股票代码为：831300。经过近几年的持续建设和广泛开拓，同创公司以先进的工艺、优质的产品、高效的运作，冲刺国内外市场，迅速成长为业内知名品牌，有力带动了汽配产业的迅猛发展。

★★★装备及制造能力

公司引进当前世界上较先进的日本“全自动温控氮气保护焊接”生产线和德国“铝制自动高频焊制管机”生产线，公司以此为基础，配备国内先进生产设备，组成车用散热器、重型散热器、中冷器、冷凝器、蒸发器、暖风器、车用空调七条生产线，形成了年生产600万台套的能力。

铝制自动高频焊制管机

★★★国内市场及制造布局

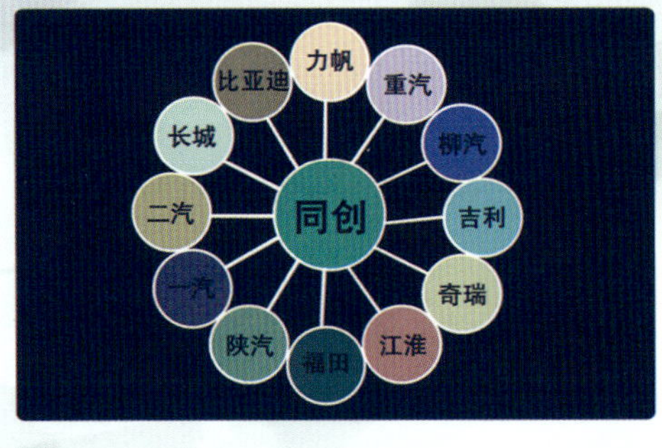

在国内市场上主要为国内的中国重汽、东风柳汽、吉利汽车、奇瑞汽车、江淮汽车、北汽福田、陕重汽、一汽、二汽、长城汽车、比亚迪汽车、重庆力帆、河北中兴、长丰猎豹等整车制造企业配套。是北汽福田、奇瑞汽车、江淮汽车、陕重汽、东风柳汽、吉利汽车、重庆力帆等国内知名企业的战略核心供应商。为全面提升公司服务市场的能力，在北京、芜湖、鄂尔多斯、诸城、宝鸡、柳州等地建立了制造基地，全国性制造布局已经形成，全面提高了公司的服务市场的能力。

★★★远销国际市场

在国际市场上，采取自营出口和代理出口的方式，牢牢树立了“品质一流、服务一流、质优价廉”的同创国际品牌形象。公司产品远销美国、加拿大、北欧、西欧、日本、韩国、中东、澳大利亚、新加坡等国际市场。

地址：山东省泰安市磁窑经济技术开发区（271411）　　网址：www.sd-tc.com

★★★科技创新能力及平台

不断创新是同创公司的特色。公司先后组建了“山东省车用散热装置工程技术研究中心”“省级企业技术中心”“山东省新型车用散热装置工程实验室”，成立了“国家级博士后科研工作站”“山东省院士工作站”。实现了院士、博士后及其工作团队与企业有效对接，逐步形成了省级工程实验室、省级技术中心、工程技术研究中心、国家级博士后科研工作站和院士工作站“五位一体”的立体式、多角度、高层次的科技创新平台，五个创新平台的建立，标志着公司由“同创制造”向“同创创造”的跨越，为企业科技创新能力的提升提供了不竭动力。

★★★质量建设及实验检测能力

在质量管理方面，公司于2004年3月通过QS9000认证，2005年10月通过ISO/TS16949认证，2016年6月通过了ISO14001认证，确立了“以品质取胜，让顾客满意”的质量方针。公司实验室依照CNAS国家认可实验室要求，投巨资引进国内领先的风洞试验台、性能脉冲试验台、耐腐蚀试验台、老化试验台、振动试验台等实验设备，提高了实验室的实验检测能力，实验室通过MA和CNAS认证，成为同行业内为数不多的可对外出具具有效力的实验报告的实验室。

★ 获得的主要荣誉

公司先后荣获“中国驰名商标”“国家高新技术企业”“山东省名牌”“山东省著名商标”“山东省现场管理样板企业”“山东省制造业信息化示范企业”“中国汽车零部件散热器行业龙头企业”等荣誉称号，并多次承担国家火炬计划项目和国家重点新产品开发项目，还多次被国内外汽车厂家评为“优秀供应商”。

山东同创汽车散热装置股份有限公司
山东省车用散热装置工程技术研究中心
山东省科学技术厅
二〇〇七年十一月

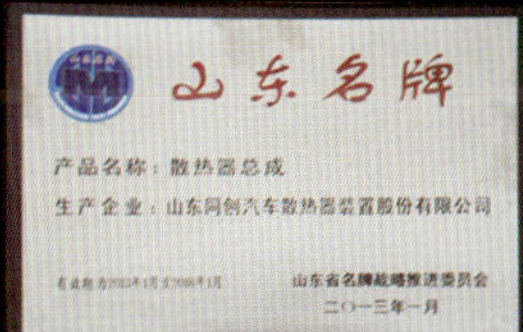

电话：0538-3321677、3321615　　传真：0538-5823777、5823918

YODON
许昌远东传动轴股份有限公司
XUCHANG YUANDONG DRIVE SHAFT CO.,LTD

北方凌云工业集团有限公司

凌云集团董事长、党委书记 赵延成

北方凌云工业集团有限公司(以下简称“凌云集团”)是中国兵器工业集团公司所属军民结合子集团，公司下属凌云股份公司、凌云太行公司、凌云燕兴公司、凌云长城光电公司、凌云凯毅德公司五家子公司，分子公司80余家，其中与美国、瑞士、韩国、德国合资成立十几家企业，分布在全球多个国家（包括中国、德国、捷克、墨西哥、韩国、美国、俄罗斯），遍布全国，是国内汽车零部件制造业和塑料建材行业知名大型企业集团。

凌云集团主营产品涉及汽车零部件、市政工程塑料管道系统及相关军品领域。其中，汽车零部件涵盖高强度、轻量化汽车防撞系统和车身结构件，汽车门锁系统，汽车等速万向节前驱动轴，低渗透、低排放汽车尼龙管路系统和汽车橡胶管路系统，汽车装饰密封件，汽车摩擦材料等七大系列；市政工程塑料管道系统主要用于给排水、天然气输送领域。公司生产规模和产品技术水平在国内同行业中处于领先地位。

2012年9月12日，凌云集团收购全球较大的车锁企业——德国凯毅德公司100%股权项目，并顺利完成股权交割，标志着凌云集团在汽车门锁制造方面拥有了国际领先的核心技术、优质产品、高端客户以及成熟的研发体系。

2015年9月2日，凌云集团再次收购德国企业——瓦达沙夫（WAG）公司并完成交割，对进一步弥补金属零部件产品的“短板”，提高核心能力具有重要的战略意义。

凌云集团先后荣获“国家职业卫生示范企业”“全国先进基层党组织”“全国文明单位”“全国模范职工之家”等荣誉称号。荣获国资委授予的“先进基层党组织”“中央企业先进集体”“中央企业思想政治工作先进单位”“河北省诚信企业”，河北省首批“创新型企业”“河北省企业文化建设示范单位”等荣誉称号。“六个满意”文化作为和谐文化代表荣获全国企业文化十大典范案例。连续六年在“中国机械500强”榜上有名，连续11届22年荣获河北省“文明单位”称号，连续多年入围“中国汽车工业30强企业”。2016年，公司累计实现销售收入151亿元。

“十三五”期间，凌云集团将着力建设世界级优秀汽车零部件制造基地，打造中国智能管网系统龙头企业，把公司建成中国一个军品装置科研生产基地，成为“国内著名、国际知名”的军民融合型跨国企业集团。

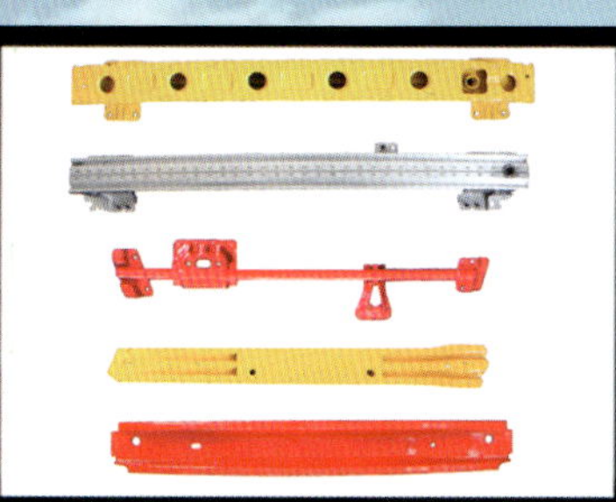
汽车防撞系统

防撞梁/B柱/门槛件

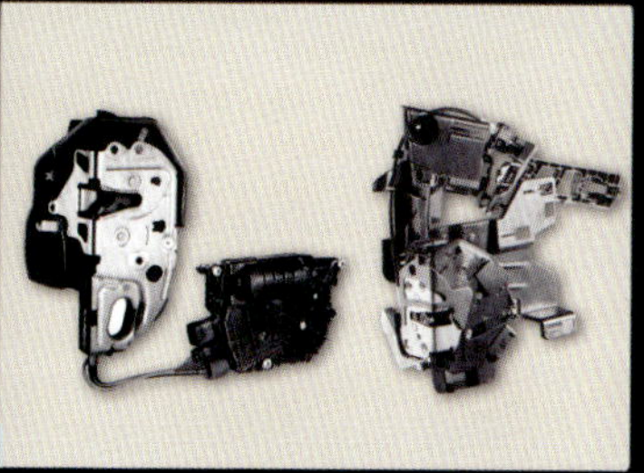
汽车门锁系统

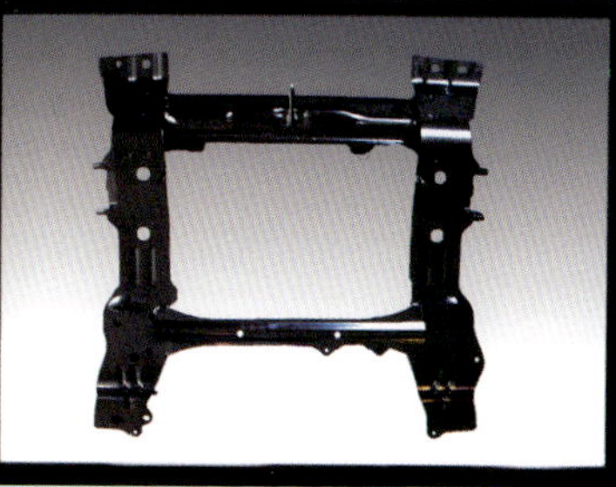
副车架

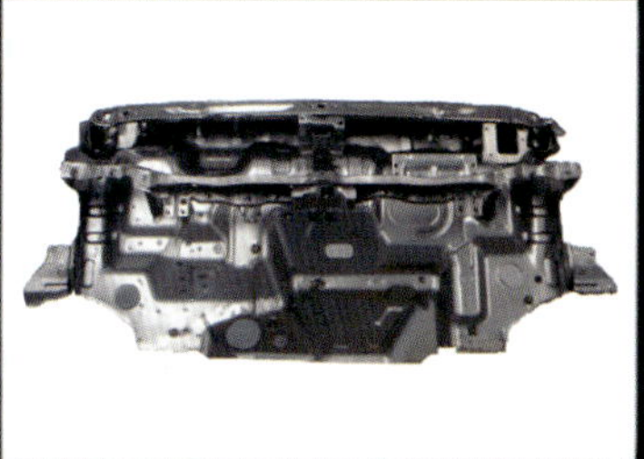
大型冲焊件

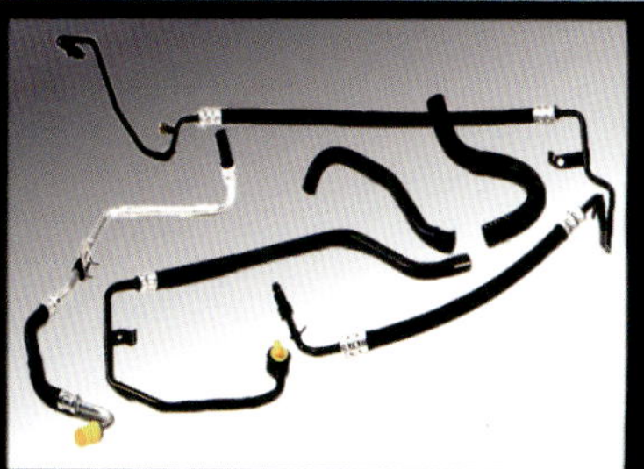
橡胶异型管及总成

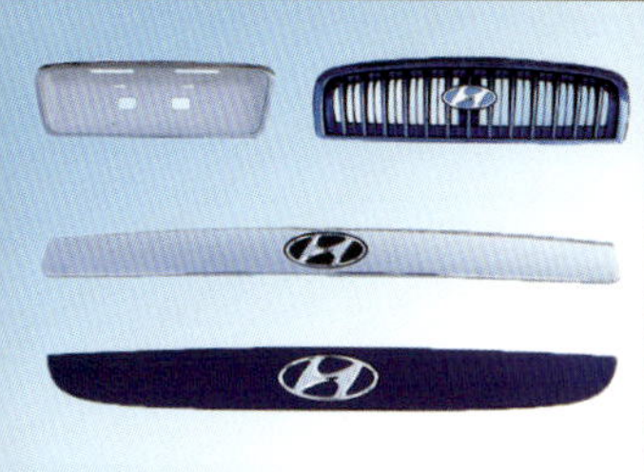
汽车装饰密封件

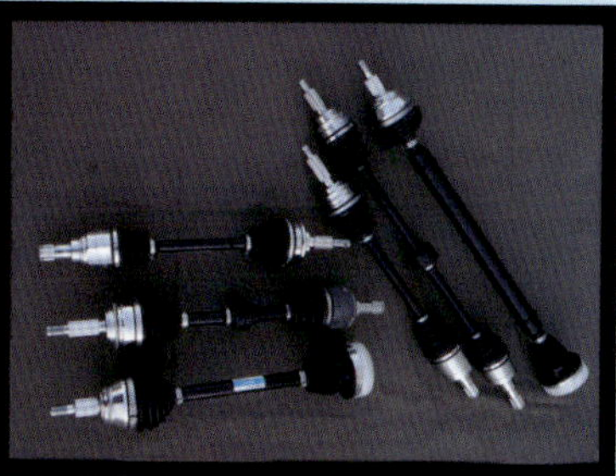
等速万向节前驱动轴

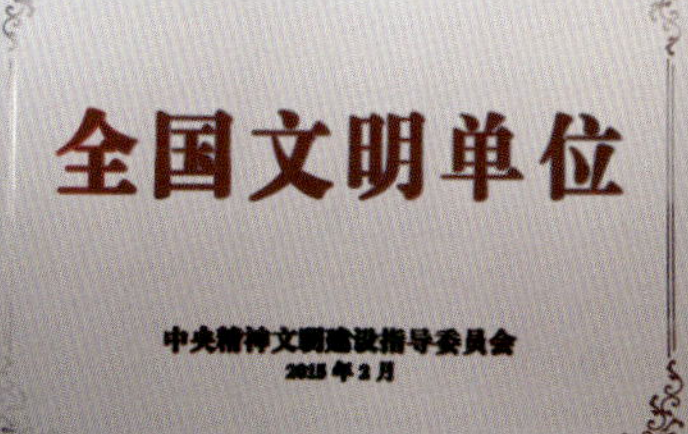

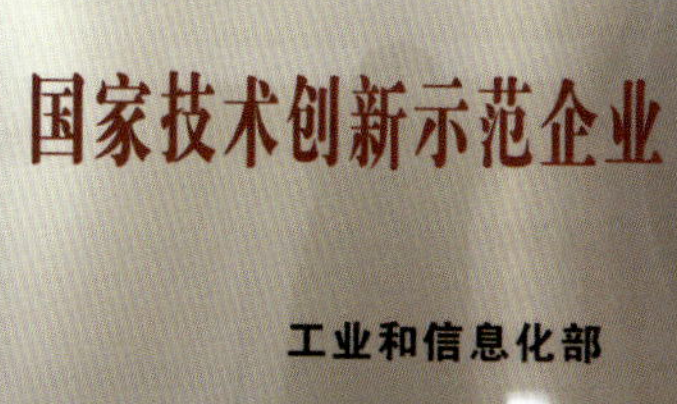

风帆有限责任公司(简称“风帆”)直属中国船舶重工集团有限公司。公司前身保定蓄电池厂(国营第四八二厂)始建于1958年，是“一五”期间国家156个重点建设项目之一，2000年6月设立风帆股份有限公司，“风帆股份”A股(SH600482)2004年7月在上海证券交易所上市。2016年5月中船重工完成风帆股份重大资本重组，设立中国船舶重工集团动力股份有限公司(简称“中国动力”)，风帆有限责任公司系“中国动力”全资子公司。

风帆一直承担着国家小型军用电池的研发、生产任务，包括航空、装甲、坦克、海航等多系列产品。国庆35周年、50周年、60周年、纪念抗日战争胜利70周年、建军90周年阅兵全部由风帆提供铅酸起动蓄电池产品与服务保障，并先后得到国务院、国家军委、总装备部表彰和嘉奖。

风帆拥有博士后工作站和行业内唯一的发改委、科技部双认定的国家级企业技术中心，被国家知识产权局确定为第三批全国企事业知识产权试点单位，取得国家认可委(CNAS)颁发的“国家实验室”和“国防科技实验室”认可证书。风帆先后通过国军标 9001A-2001、ISO/TS16949：2002(现为IATF16949)质量管理体系、 ISO14001和ISO18001环境和职业健康安全管理体系认证，2015年通过环保审查和准入条件审查，被工信部树立为行业先进标杆。现具备近2000万只起动用铅酸蓄电池和300万只AGM、EFB电池年生产能力，是一汽大众、上海大众、上海通用、北京现代、东风汽车、长安汽车等国内大多数规模汽车制造商的常年合作方，是奥迪A6、帕萨特领驭、别克荣御以及奔驰、宝马AGM电池国内独家供应商，国内汽车起动电池市场占有率达到22%左右并出口30多个国家和地区，连续多年跻身于“中国汽车零部件百强企业”、“中国电子信息百强企业”，2010年获评“全国用户满意企业”和“全国实施卓越绩效模式先进企业特别奖”，2013年获评“河北省政府质量奖”，2017年风帆公司重新认定为国家高新技术企业，荣获第五届“全国文明单位”称号。风帆系中国化学与物理电源行业协会酸性蓄电池分会和中国电池工业协会铅酸蓄电池分会理事长单位。

风帆坚持以习近平新时代中国特色社会主义思想为指引，践行新时代“科技风帆、绿色发展”理念：按照高质量发展新要求，强化军工主责，坚持稳中求进，深化化学动力板块整合，加快产业重组和市场化布局；坚持科技兴企，及时跟进前沿技术研发步伐，突出行业内技术引领优势；推广绿色设计，推进智能制造，成为全球行业的安全环保、职业健康和节能减排标杆；坚持市场导向，提升品牌建设，统筹做强做优做大汽车电池、工业储能电池、动力电池和资源回收四大支柱产业；发展循环经济，实施全国布局和“走出去”战略，早日把风帆建成“中国第一、世界前列”的科技型电源产业集团。

风帆48V混动系统锂电池

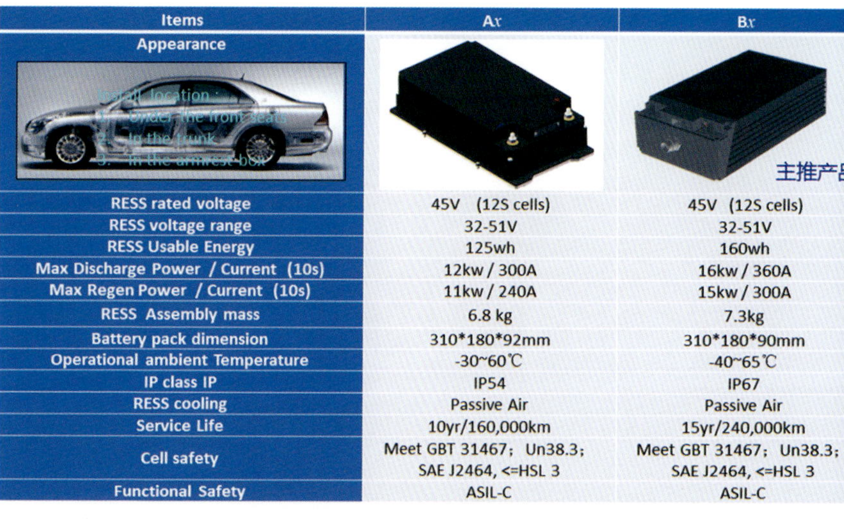

Items	Ax	Bx
Appearance Install location： 1. Under the front seats 2. In the trunk 3. In the armrest box		主推产品
RESS rated voltage	45V （12S cells）	45V （12S cells）
RESS voltage range	32-51V	32-51V
RESS Usable Energy	125wh	160wh
Max Discharge Power / Current （10s）	12kw / 300A	16kw / 360A
Max Regen Power / Current （10s）	11kw / 240A	15kw / 300A
RESS Assembly mass	6.8 kg	7.3kg
Battery pack dimension	310*180*92mm	310*180*90mm
Operational ambient Temperature	-30~60℃	-40~65℃
IP class IP	IP54	IP67
RESS cooling	Passive Air	Passive Air
Service Life	10yr/160,000km	15yr/240,000km
Cell safety	Meet GBT 31467；Un38.3；SAE J2464, <=HSL 3	Meet GBT 31467；Un38.3；SAE J2464, <=HSL 3
Functional Safety	ASIL-C	ASIL-C

风帆起/停技术专用AGM/EFB蓄电池

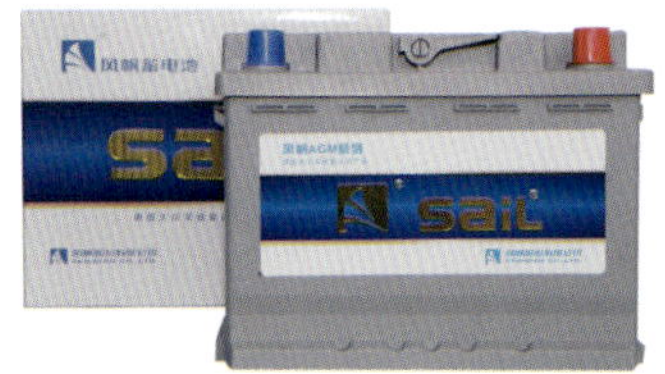

起/停技术专用
AGM蓄电池

起/停技术专用
EFB蓄电池

完全免维护/更长的循环寿命/强劲的起动性能/优良的充电接受能力/超高安全性

完全免维护/更长的循环寿命/增强的起动性能
更优的充电接受能力/可靠的起停性能

服务热线：4001600482

风帆有限责任公司
FENGFAN CO.,LTD.

上海昌辉投资管理(集团)有限公司

公司简介

上海昌辉投资管理(集团)有限公司(简称“昌辉集团”)，是一家集专业自主研发、制造汽车关键零部件和进出口贸易于一体的国家高新技术企业、国家863计划CIMS应用示范企业、全国知识产权示范企业、中国质量诚信企业、中国电子电器电机行业领军企业、十强企业、中国汽车组合开关行业龙头企业。昌辉集团以汽车零部件专业领域为基础，已构建电子电器、电动助力转向系统(EPS)、模具、零部件售后服务中心、进出口五大产业板块齐头并进的发展新格局。

昌辉集团坚持“只有专业、才有超越”的发展理念，专业打造汽车电子电器产品，覆盖乘用车、商用车等各类车型，主导产品新能源汽车EPS系统、电液助力泵、储能型EHPS汽车转向系统及汽车电子传感器、无钥匙起动系统，以及汽车电器组合开关、智能全车功能开关、车锁、门把手总成、EGR废气再循环系统等，产品主要为通用、福特、大众、戴姆勒和上汽、广汽、北汽，东风、一汽、长城、奇瑞、吉利等国内外40多家知名汽车主机厂原装配套，并成为他们的核心供应商和战略合作伙伴，产品自营出口海外20多个国家和地区。

昌辉集团建有国家级博士后科研工作站、国家专业试验中心、国家地方车身电气技术工程实验室、省级车用电气系统工程技术研究中心、省级企业技术中心、省工程实验室、省工业设计中心。自主创新研发的“昌辉”牌产品主要荣膺国家驰名商标、中国国际驰名品牌、国家火炬计划产品、国家重点新产品、安徽省名牌产品，拥有400多项国家授权专利。

面对世界经济一体化市场竞争，昌辉放眼全球，立足提高“团队协同能力、科技创新能力、品质保证能力、成本控制能力、产品供货能力、顾客服务能力”六大能力打造，力争把集团打造成实力雄厚的优质全球采购供应商。

国家地方联合
工程实验室
国家发展和改革委员会

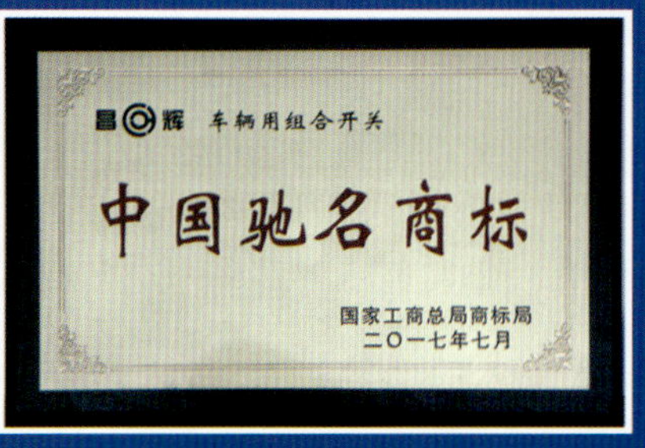

美行科技

沈阳美行科技有限公司(以下简称“美行”)成立于2008年，拥有软件技术人员860人，是一家致力于场景化出行服务的创新型车联网科技公司

美行科技通过ISO9001:2008质量体系认证、CMMI L3质量体系认证、国家高新企业认证、国家软件企业认证、互联网信息服务电信增值业务经营许可认证、互联网地图服务甲级测绘资质认证、沈阳市企业技术中心认证、国家AAA级信用企业认证等多项资质。汽车领域NDS、GENIVI、ADASIS等国际技术协会成员。

美行拥有行业领先的车载网联导航、高精度定位、高精度地图数据处理、互联网位置服务、惯导定位芯片、车载智能网联终端产品、数字化车联网平台、城市级停车信息系统等专业技术。并在场景化出行服务、汽车传感器融合、视觉识别、自动驾驶技术等领域持续研发取得了独特的技术成果。

美行车载导航在中国前装市场连续多年保持领先，年度装配率超过40%，美行技术与服务赢得了良好的行业口碑。长期深深扎根于车载行业，形成了面向汽车的高可靠性体系化技术、车规级工程能力。

进入网联汽车时代，美行已初步完成了网联时代车联网产品系列布局，取得了可预见的网联用户规模前景，并融合深入研发的汽车智能技术、互联网生态，为快速扩展的高活跃度大规模终端用户，实施运营基于互联网的场景化出行服务、新型的汽车后市场服务。

BUSINESS LAYOUT 业务布局

场景化出行服务

智能网联汽车服务（数字化车联网服务）

出行服务工程能力与运营能力

互联网出行服务 | 车联网服务 | 数软硬服一体化方案 | 城市级智慧停车平台

互联网大数据云生态 | 网联导航 | 汽车传感器算法融合

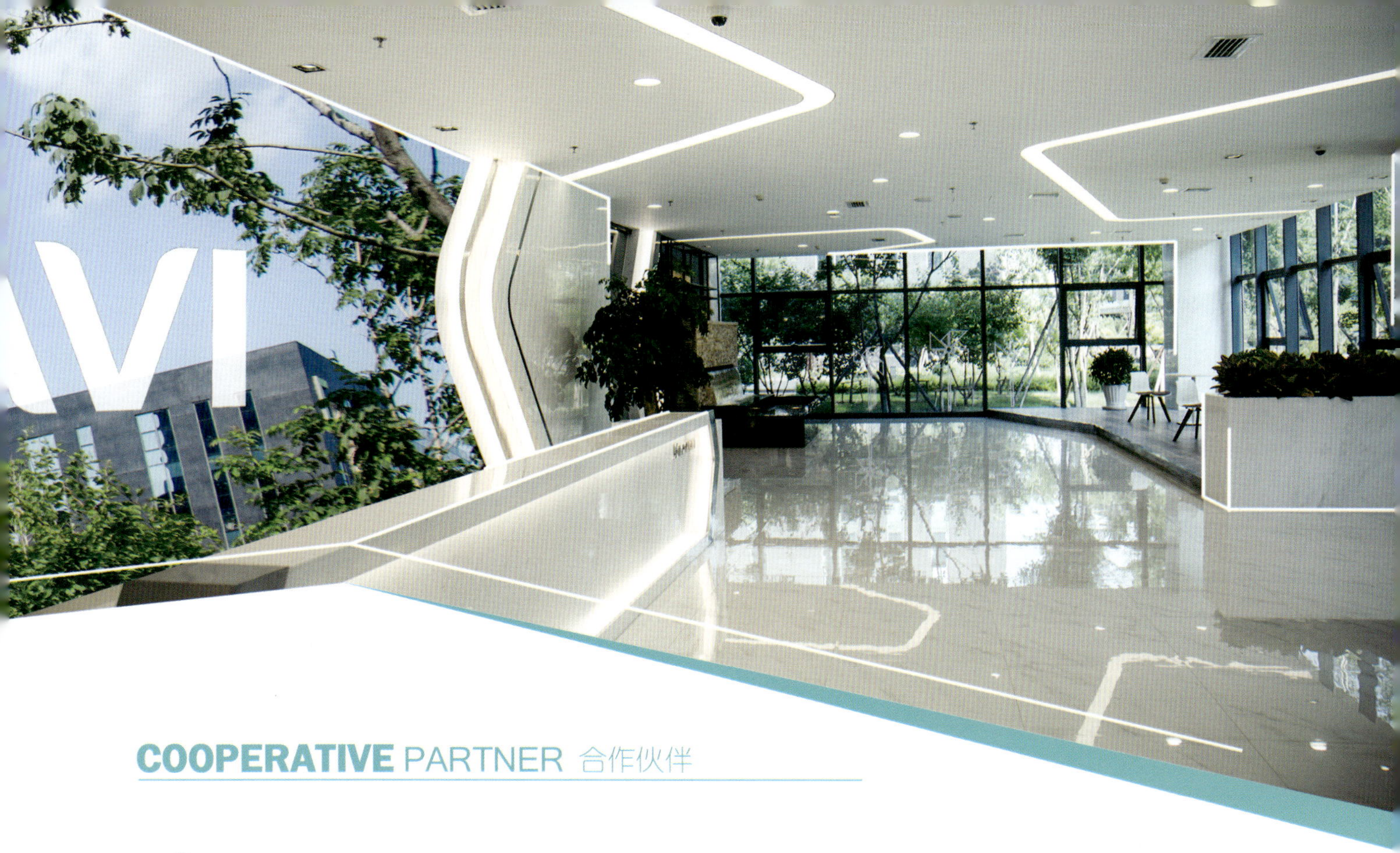

VI

COOPERATIVE PARTNER 合作伙伴

SOLING 索菱

BOSCH
Clarion

INVOLVEMENT IN ASSOCIATIONS 参与协会

皓月汽车安全系统技术股份有限公司

公司介绍

皓月汽车安全系统技术股份有限公司(简称江苏皓月)位于风光秀美、人杰地灵的江苏省靖江市，是生产销售汽车车门开闭系统的专业企业。公司成立于1986年，注册资本6400万，资产总额5.5亿多元，员工651名。已建成省级工程技术研究中心、省级技术中心，是国家高新技术企业和专利优势企业、江苏省质量管理先进企业。面对激烈的市场竞争，公司近年来从提升企业管理水平、生产装备自动化改造、建立健全信息化管理系统、全力投入中控平台化门锁和智能化车门开闭系统的研发等方面入手，夯实综合竞争力，实现了从单纯汽车锁总成供货到为客户提供车门开闭系统解决方案的转型升级，在行业内率先让汽车车门开闭系统实现了从机械到机电一体化再到智能化的突破，特别是公司的三大拳头产品门锁、智能车门开闭系统、车联网产品的技术指标达到或超越了国外同行业水平，完全能够替代国外产品。

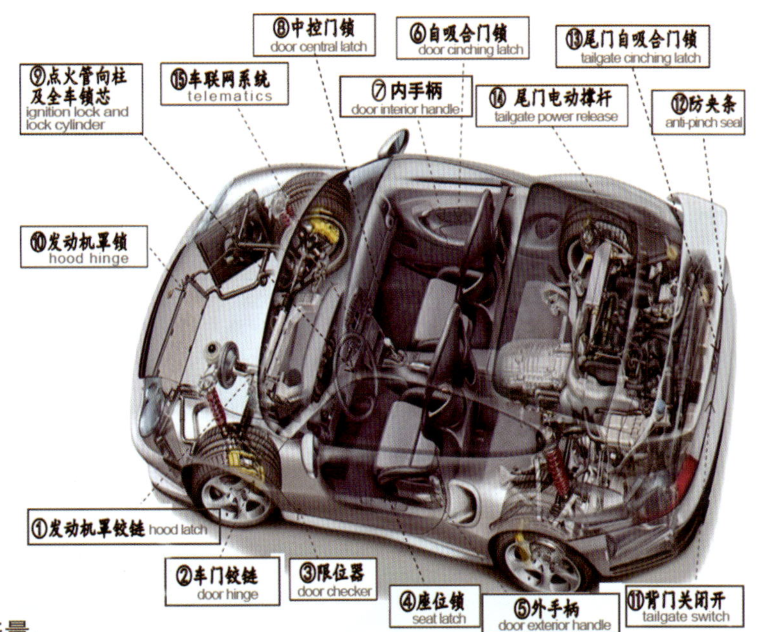

公司以顾客导向、品质为本、技术创新、持续改善的理念运行公司管理体系，成功通过IATF16949/ISO14001/HOSAS8000体系和ISO10012测量管理体系、两化融合管理GB/T23001体系认证，实验室通过了CNAS认证。拥有发明专利48件,软件著作权9件。公司长期与一汽、东风、上汽、通用五菱、长城、长安、江铃、华晨等数十家主流汽车厂做一级配套，近三年还打进了上汽大众、上汽通用、东风日产等合资品牌的配套体系。公司在产品品种、产值产量、市场覆盖面、用户配套量、经济效益等6个指标上持续18年保持国内同行业领先，现已全面迈入建设智能化工厂的阶段。

企业荣誉

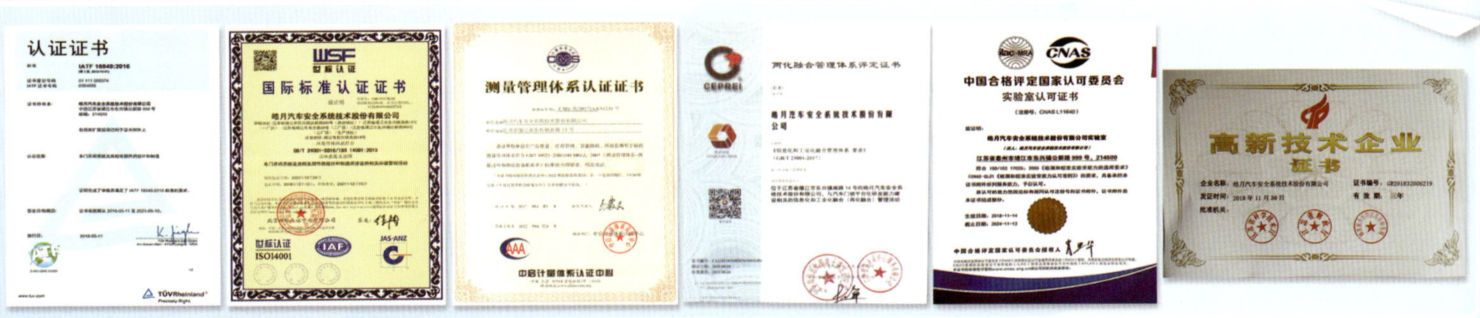

地址：江苏省靖江市东兴镇公新路999号　电话：0523-80501114、84680039　传真：0523-84680015　邮箱：haoyue@haoyue.com

自立 远见 诚信 共赢

公司概况

广汽零部件有限公司（简称“广汽部件”）成立于2000年8月28日，总部位于广州，在珠三角、长三角及华中等地区设有43家投资企业及1家技术中心，目前员工人数约21000人。2018年，广汽部件营业收入超过365亿元，位列中国机械500强第45位，连续10年入榜。

广汽部件坚持以自主发展和合资合作为两轮驱动，产品体系涵盖内外饰系统、底盘系统、动力系统、照明系统、电子电器系统五大板块。广汽部件与电装、东京座椅、丰田纺织、麦格纳、木桥集团、中航精机、亚太股份等国内外知名零部件企业长期保持良好的合作关系，为广汽乘用车、广汽本田、广汽丰田、广汽菲克、广汽三菱、武汉东风本田、东风日产等整车厂提供优质的配套服务。在扩大合资合作的同时，广汽部件致力于加强自主研发，打造核心竞争力。目前，广汽部件技术中心现已具备汽车座椅、微电机、起停电机、换挡器、电控单元等产品的研发和试验评价能力，为产品设计开发提供保障。

作为社会公民，广汽部件坚持“精准扶贫、精准脱贫”的帮扶理念，积极构建“大扶贫”工作格局，在广东省内先后帮扶5个贫困村，运营管理1个帮扶项目，通过“扶志”与“扶智”并举，实现文化兴村、智慧脱贫；在梅州地区，已投资新建4家产业帮扶企业，通过“输血+造血”的方式带动当地制造、物流、配套、服务业等行业的持续发展，实现产业布局和精准扶贫的结合。

面向未来，广汽部件将继续秉承人为本、信为道、创为先的理念，紧紧围绕广汽集团和广汽部件的“十三五”发展战略目标，把握智能网联、新能源等领域的产业发展机遇，致力于成为客户信赖、员工幸福、社会期待的卓越零部件企业，为人类美好移动生活持续创造价值。

投资企业分布

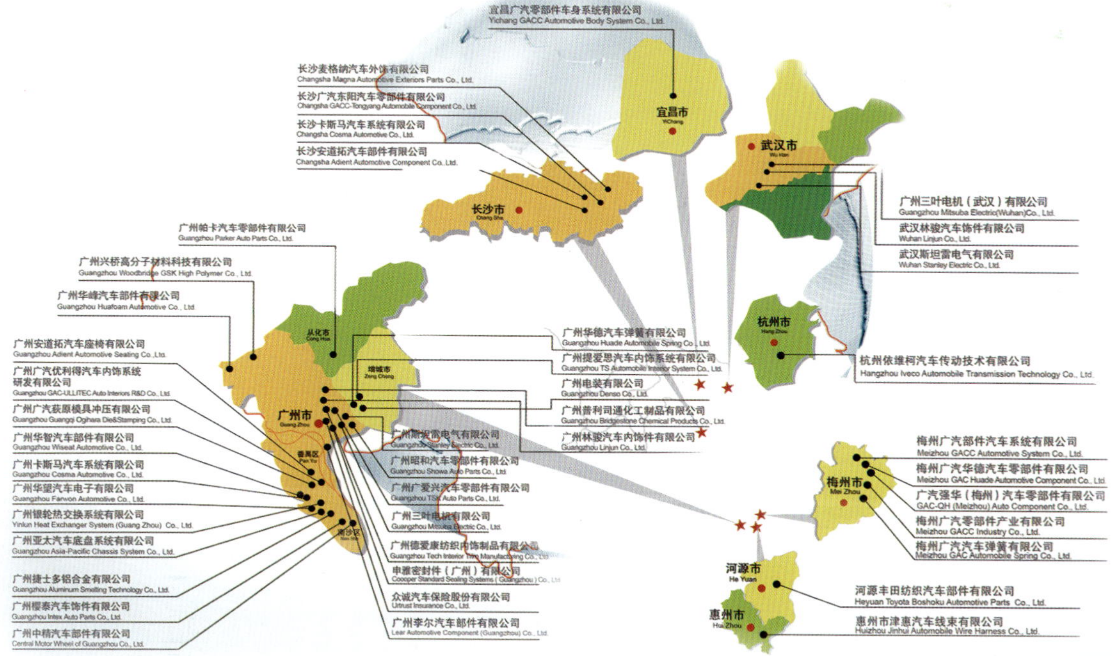

公司网站：www.gacc.com.cn 联系地址：广州市广州大道中988号圣丰广场10-12楼

浙江中马传动股份有限公司

ZHEJIANG ZOMAX TRANSMISSION CO.,LTD.

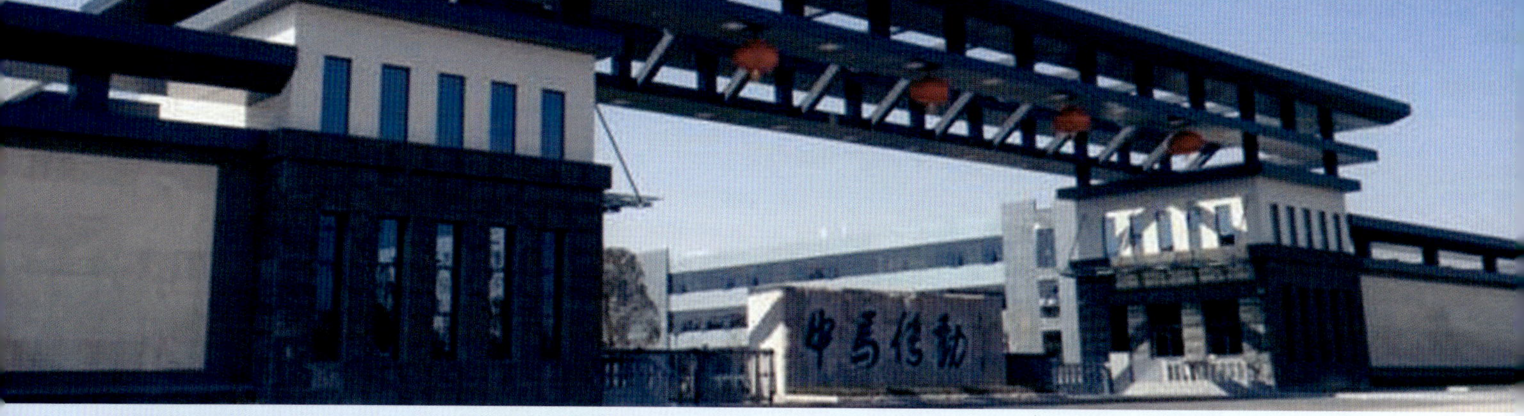

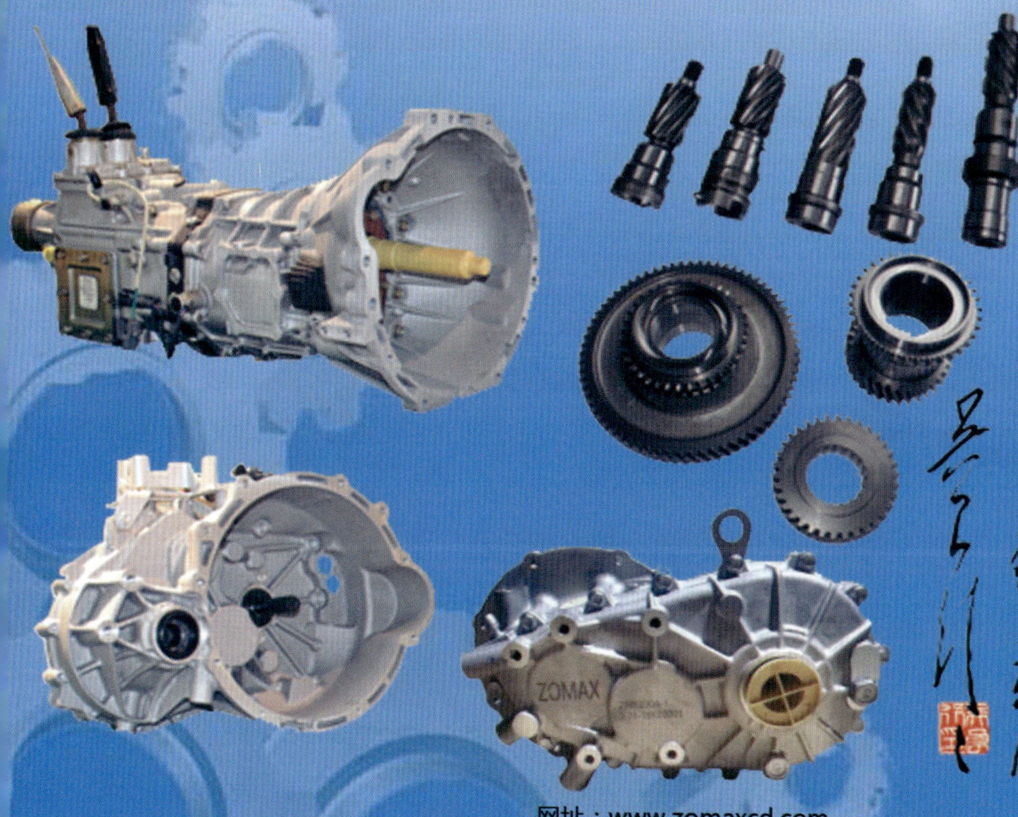

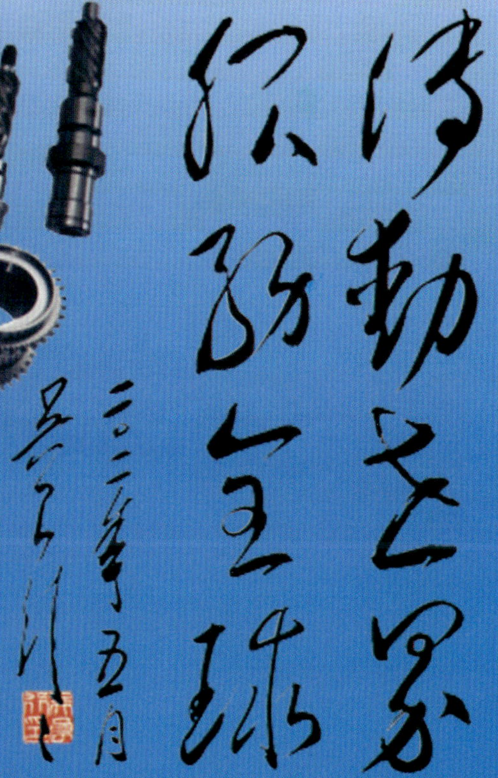

江苏上上电缆集团简介
Jiangsu Shangshang Cable Group Introduction

江苏上上电缆集团（简称“上上”）创建于1967年，专注于电线电缆产品的研发、制造和服务，拥有国家认定企业技术中心、博士后科研工作站和江苏省特种电线电缆工程技术研究中心等研发平台，企业实验室获国家合格评定为认可（CNAS认可），企业规模能力位居线缆行业中国第一，全球第九，连续获中国第二届、第三届中国质量奖提名奖，并被认定为国家技术创新示范企业。

上上在行业内率先通过ISO9001、GJB19001、IATF16949、ISO14001、OHSAS18001等管理体系认证，产品覆盖新能源、输配电、海工及船舶、建筑工程、矿用、工业制造、轨道交通、机场等领域，为天安门城楼改造、北京奥运、上海世博、南京青奥、京沪高铁、核电工程等国家重点项目所选用，并出口美国、意大利、澳大利亚、新加坡、中国香港等80多个国家和地区，2017年实现产值销售超150亿元。

50年来，上上坚守主业、实业实干。“十三五”期间，上上继续实施“精、专、特、外”发展战略，站在新起点，迈向新高度，坚持“改革、创新、争先”，不断提高企业核心竞争力，向着全球电缆制造业的引领者不断迈进。

产品介绍
Product introduction

产品名称： 125℃屏蔽型高压软电缆
使用范围： 主要用于新能源汽车车内布线高压系统
使用场合： 车载充电机、BSG 电机、电机控制器、直流高压母线、高压绝缘检测系统等高压线束

产品名称： 125℃非屏蔽双绝缘高压软电缆
使用范围： 主要用于新能源汽车车内布线高压系统
使用场合： 用于布线系统的等电位连接

产品名称： 屏蔽型硅橡胶高压软电缆
使用范围： 主要用于新能源汽车车内布线高压系统
使用场合： 车载充电机、BSG 电机、电机控制器、直流高压母线、高压绝缘检测系统等高压线束

产品名称： 非屏蔽硅橡胶高压软电缆
使用范围： 主要用于新能源汽车车内布线高压系统
使用场合： 用于布线系统的等电位连接

产品名称： 热塑性弹性体绝缘、热塑性弹性体护套电动汽车充电用交流电缆
使用范围： 本产品主要用于电动汽车交流充电系统
使用场合： 电动汽车交流充电连接器与充电桩之间的连接

产品名称： 硬乙丙橡胶或类似的无卤合成材料绝缘、热塑性弹性体护套电动汽车充电用直流电缆
使用范围： 本产品主要用于电动汽车直流充电系统
使用场合： 电动汽车直流充电连接器与充电桩之间的连接

地址：溧阳市上上路68号
电话：0519-87308866　0519-87385999

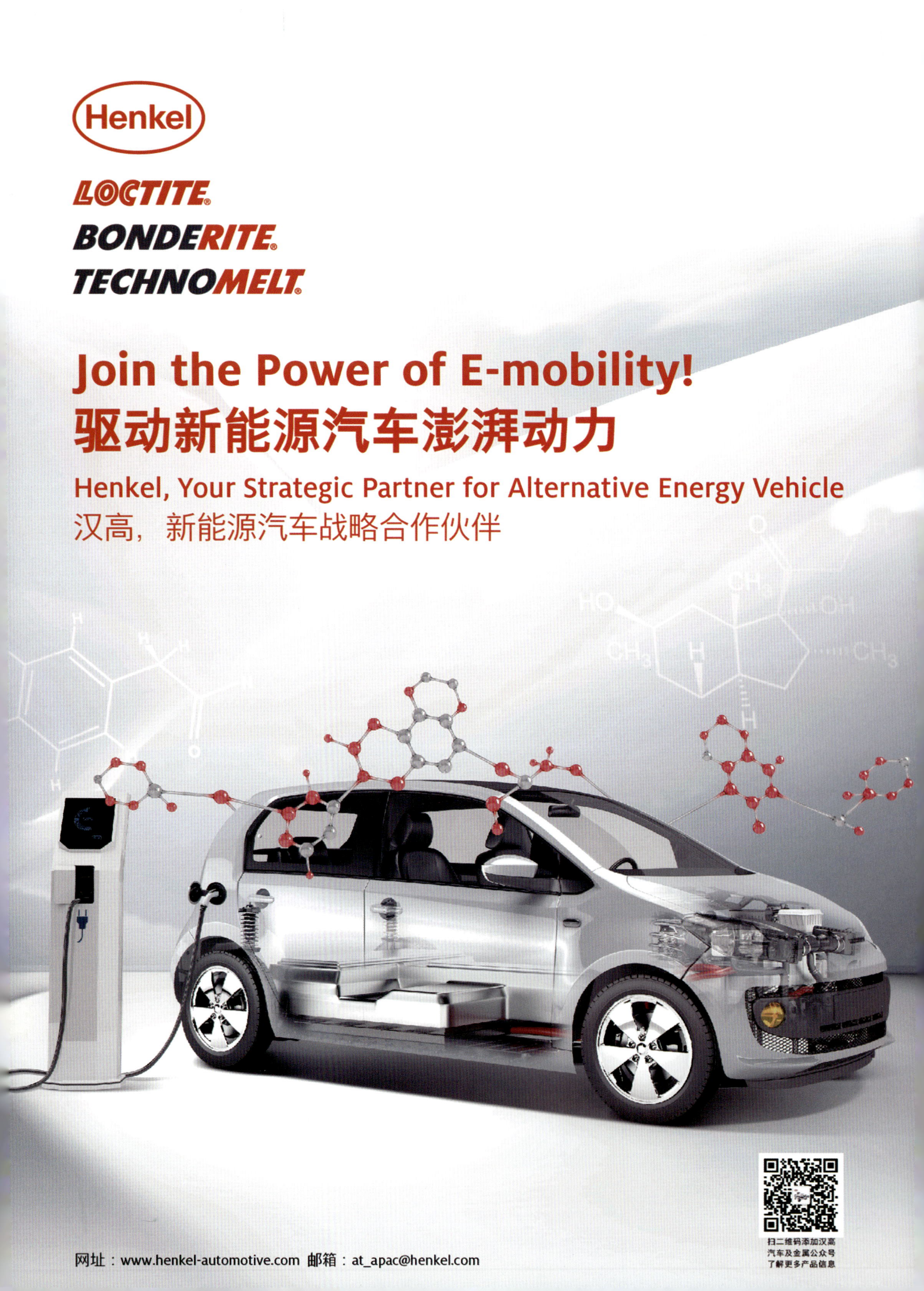
Henkel
LOCTITE®
BONDERITE®
TECHNOMELT®
Join the Power of E-mobility!
驱动新能源汽车澎湃动力
Henkel, Your Strategic Partner for Alternative Energy Vehicle
汉高，新能源汽车战略合作伙伴
扫二维码添加汉高
汽车及金属公众号
了解更多产品信息
网址：www.henkel-automotive.com 邮箱：at_apac@henkel.com

产品说明：

汽车逆变器压铸件产品是车用48V电池配套件，材料牌号；ADC12，高压铸造成型。该零件供加工装配后成品件：零件需要压装定位销及密封测试。电池壳体类产品清洁度要求严格，不允许有大于0.8mm的金属颗粒，以免后续装配电路板造成短路，为满足清洁度要求，采用高压水清洗机，清洗时压力35MPa~50MPa。因为定位销压装多种类，多位置，压装设备采用多轴伺服电缸进行压装，以满足要求。电池壳体类产品密封检测压力小，泄漏要求小(15kPa压力下泄漏量小于0.65mL/min)，为满足密封要求，采用抽真空及氦气配以COSMO的流量型侧漏仪进行密封检测。

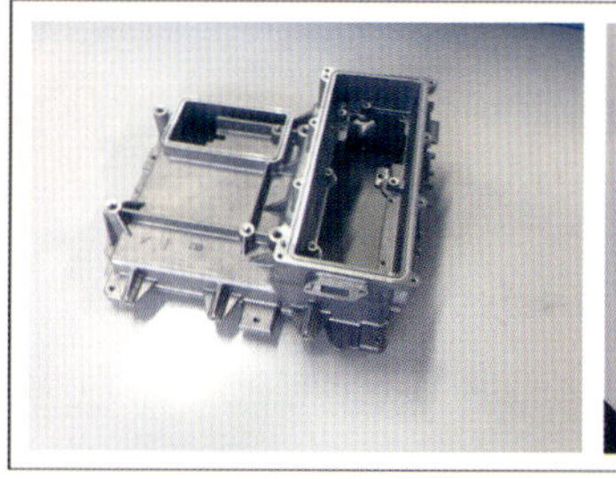
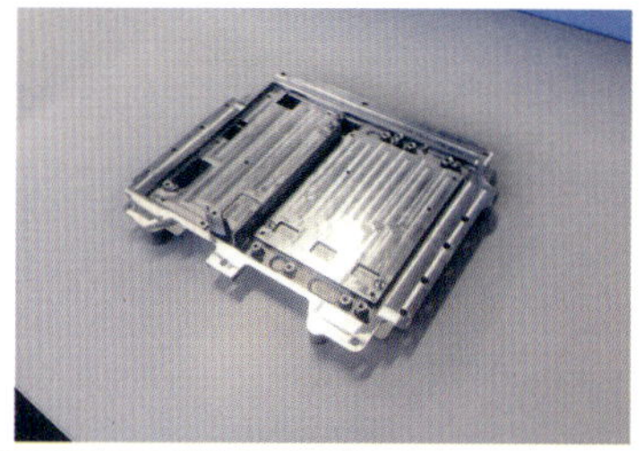
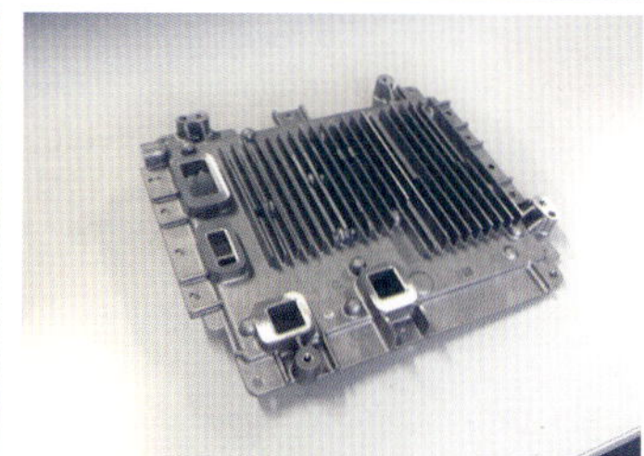

产品所使用的主要技术及优势介绍：

公司主导产品为燃油车发动机和自动变速器壳体压铸件，以及新能源汽车电机、电控、电池的铝合金壳体压铸件。

主要客户及占有率：主要客户包括大众、福特、北京奔驰、丰田、通用五大汽车主机厂。

产品技术水平程度：由于产品都是主机厂同步开发的新型发动机上使用，所以产品技术水平都处于国内领先水平；

产品生产线技术水平程度：压铸生产线采用压铸、取件、喷涂、切边、码垛的全自动化生产的压铸单元，处于国内领先水平。

产品使用的主要技术:经过多年的经验积累,亚明产品研发过程中形成了自己的核心技术并应用于实际产品的生产,具体应用参见亚明公司竞争优势及核心技术。

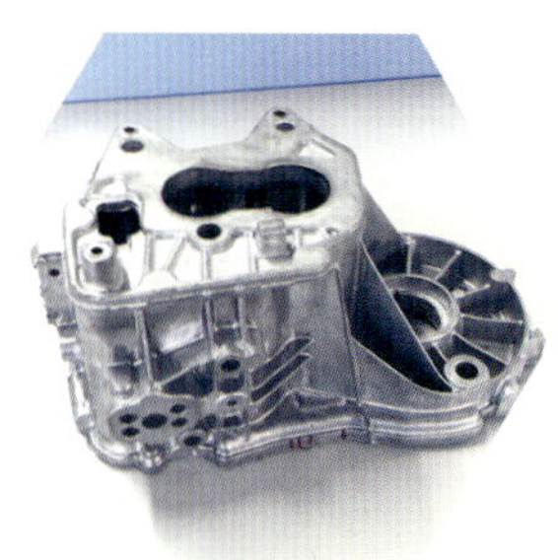
变速器壳体

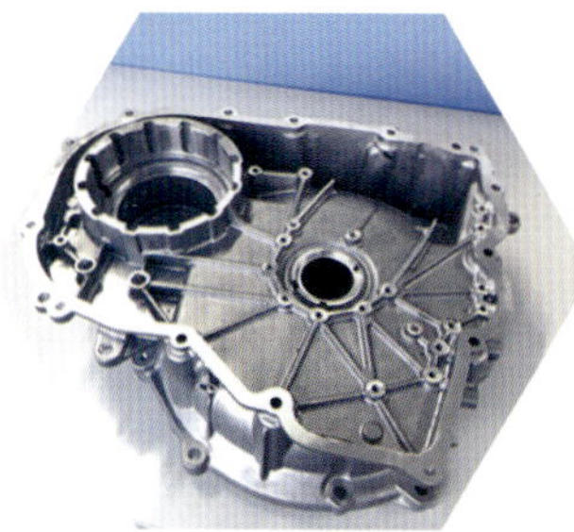
变矩器壳体

离合器壳体

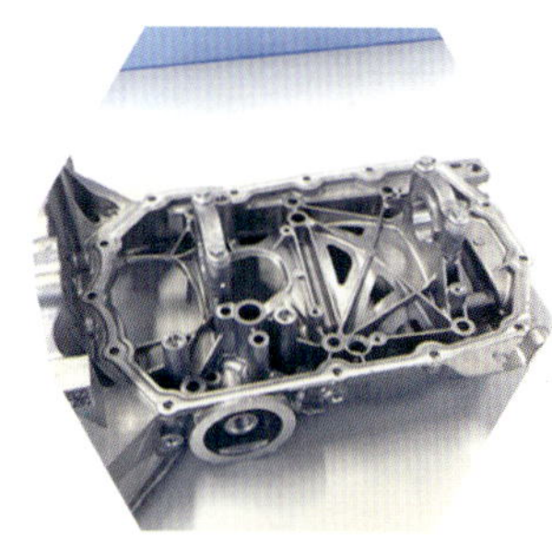
下缸体总成

股票代码：300667

北京必创科技股份有限公司

北京必创科技股份有限公司(股票代码：300667)是一家无线传感器网络系统解决方案及MEMS传感器芯片提供商，是国内较早基于IEEE802.15.4通信标准进行无线传感器网络相关产品研发、生产和销售的企业之一，是国内较早实现无线传感器网络产品产业化生产的企业。

公司的主营业务为工业过程无线监测系统解决方案(监测方案)、力学参数无线检测系统解决方案(检测方案)、MEMS压力传感器芯片及模组产品(MEMS产品)的研发、生产和销售。

公司为智能工业、数字油田、智能电网等领域提供监测方案；为装备制造、科研及检测、教学及实验和国防研究等领域提供检测方案；为汽车电子及消费类电子产品等领域提供MEMS产品。

公司2005年成立后至2010年期间，进行了长达五年的无线传感器产品及网络基础技术研发，在2007年首次发布加速度和应变传感器样机，在2007年至2010年陆续发布不同类型的传感器产品，并于2011年开始进行产业化。经过十余年的技术积累，公司自主研发出物联网感知层中最核心的无线传感器网络技术、MEMS芯片设计和制造技术。公司在无线传感器网络技术领域成功研发出多项无线网络通信协议和行业专用算法，掌握了组网模式、拓扑控制、路由、介质访问控制和逻辑链路控制技术、定位技术、能耗管理、低开销操作系统技术、能量收集技术等多项关键支撑技术。公司在MEMS芯片设计和制造技术领域，掌握了设计仿真、前道流片、封装测试等全过程生产工艺技术。公司研发了MEMS压力传感器芯片开口封装技术，生产的MEMS压力传感器芯片的精度、稳定性、温度漂移等性能指标已经达到较高水平。

公司拥有多项专利和软件著作权，参与制定了《MEMS压阻式压力敏感芯片性能的圆片级试验方法》等多项关于MEMS技术的国标标准和国家标准。公司获得了2013年度河北省科学技术科技进步一等奖等多项省部级奖项。公司是中国仪器仪表行业协会传感器分会理事单位、国家物联网系统测试认证标准联盟委员会理事单位和全国微机电技术(MEMS)标准化技术委员会委员单位。

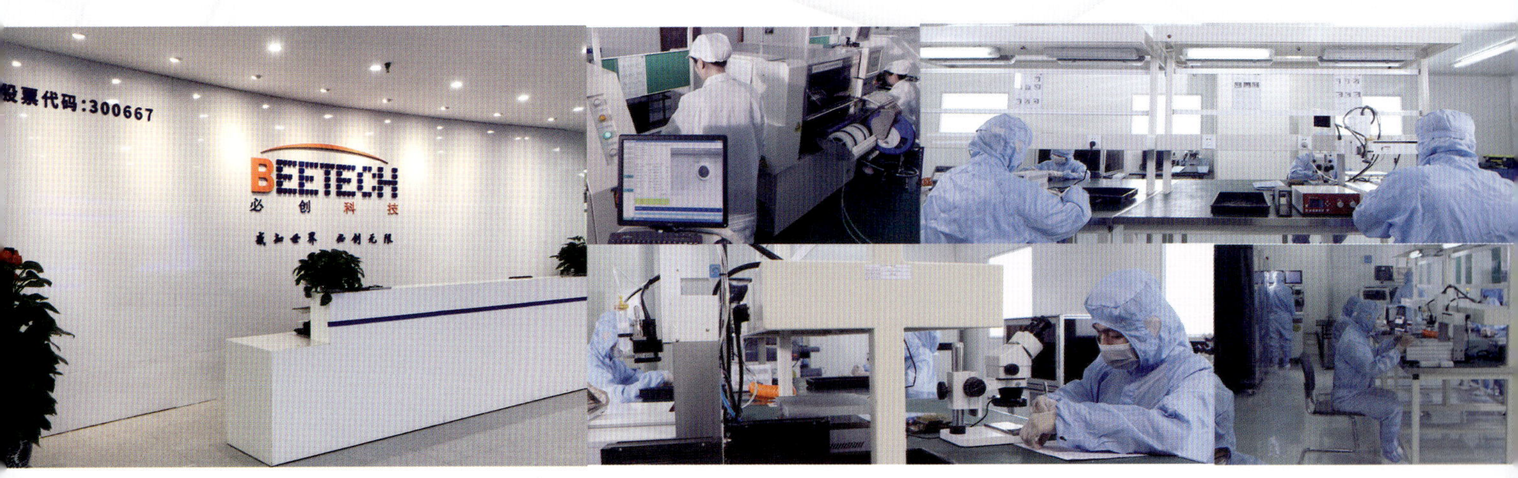

北京汽车动力总成有限公司(简称“北汽动力”)隶属于北京汽车股份有限公司，是北京自主品牌乘用车专业化、现代化动力总成生产制造基地。公司位于北京市通州区经济开发区东区，建设用地面积40.3万m²，总投资规模50.2亿元；注册资金147619万元；由生产区和研发区构成，包括研发中心、试验室及试制车间、发动机工厂、变速器工厂、动能中心等。

北汽动力建有A、B系列发动机生产线和MT变速器生产线、减速器生产线，具备年产40万台发动机、26万台变速器和30万台动力总成生产能力，主要为北京汽车、越野车、新能源汽车等自主品牌乘用车提供发动机、变速器、减速器及动力总成产品。公司已获得国家“高新技术企业”和“中关村高新技术企业”资质以及“国家级绿色工厂”称号。动力总成试验室2018年8月30日获得国家试验室认可资质(CNAS认可)。

截至目前，公司产品投产22款，在研10款。主要有：发动机产品A12系列(1.0L/1.2L/1.2T)直列四缸自吸及增压汽油机、A151系列(1.3L/1.5L/1.5T)直列四缸自吸及增压直喷汽油机、A150系列(1.5TD)直喷增压汽油机，A系列轻混(1.0TD/1.5TD)直列三缸/四缸增压直喷汽油机；B系列(1.8T/2.0T/2.3T)增压横、纵置汽油机；变速器产品F15/F25/F35系列、F206/F256系列；新能源产品A151H/A122H增程器、E300/E350减速器等。

产品主要面向北汽自主品牌株洲公司、广州公司、北京越野车公司、昌河汽车公司以及北汽新能源公司等整车制造基地，为北汽绅宝系列D20/D50/D60/D70、智行、智道乘用车、北汽X25/X35/X55/X65-SUV乘用车、北京B40/B40L/B80C越野车、昌河牌Q25/Q35乘用车以及北汽新能源EX360、EX5电动车等配套服务。自2013年以来，动力总成产品产量已累计超过100万台，销售收入一百多亿元。

北汽动力目前拥有1300多人的员工队伍，其中工程技术人员500余人，硕士及以上学历人员近300人。公司建立有完整的研发体系和设计标准，掌握并运用缸内直喷、涡轮增压、高效稀薄燃烧、可变进排气正时以及无级变速等技术，形成了CAE、性能开发、结构设计、试验验证、网络信息技术支持等自主开发能力；具备了混动专用发动机/变速器/动力总成产品分析、系统匹配与集成分析能力和较为完善的V模型开发流程和规范；具备了发动机控制、纯电动整车控制器和混合动力整车控制器、电机控制器开发能力；新能源动力总成NVH开发实现了动力系统、制动系统、气候控制系统等重点技术升级。公司拥有海外研发机构META并与FEV、AVL、美国西南研究院等全球主要研发机构建立合作关系。北汽动力运用高压缩比、阿特金森循环、低摩擦等节油技术，自主开发了A151H增程器总成成功完成了整车试验；有效整合手动变速器资源，完成经济型混动平台IHT产品预研；首款新能源产品---E300F减速器实现量产已搭载纯电动汽车成功上市。

发动机产品

A102T1三缸增压直喷汽油发动机

A156T1增压直喷汽油发动机

A151R1增压汽油发动机

B237R增压纵置汽油发动机

地址：北京市通州区经济开发区东区靓丽三街1号
Address: No.1 Liangli 3 Street,East Part of Economic Development Zone,Tongzhou District,Beijing.

北汽动力始终遵循和坚持“追求卓越品质、超越顾客期望、持续改进创新、打造世界引擎”的质量方针，致力于不断提升产品质量和品牌效益。公司通过了IATF 16949:2016质量管理体系认证，产品质量管控体系和供应商管理体系不断健全完善，拥有国内外潜在供应商268家，其中核心供应商50余家，均为国内外汽车行业同类零部件领先企业.有力地提升了北汽动力产品市场竞争力。

变速器产品

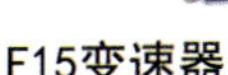

F15变速器

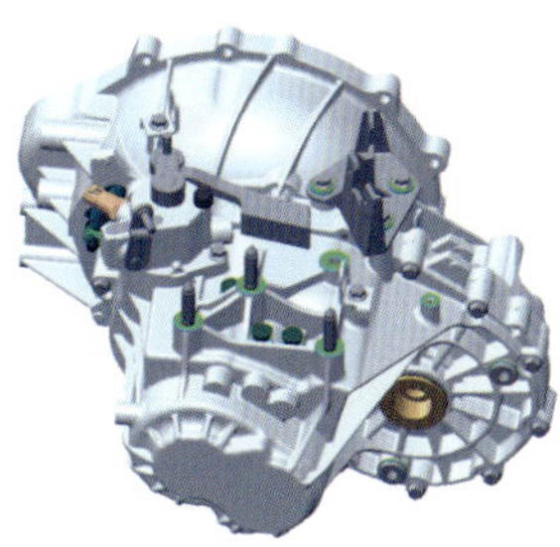

F206F变速器

F256F变速器

E310混动变速器

未来北京动力将按照北汽集团化和全面新能源化战略，坚持“培养高效创新团队、打造明星品牌产品、创建绿色科技企业”的战略目标，不忘动力初心，牢记先锋使命，弘扬“以客户为中心、以工匠精神为准绳、以奋斗者为本、向经营者转型”的核心价值观，致力于成为自主品牌发动机、变速器和新能源汽车产品、油电混动产品的优秀供应商，为北京汽车自主发展和培育民族汽车品牌提供重要保证！

以无限动力，让驭者无忧！

新能源及混动产品

E300F纯电动减速器

E350F减速器

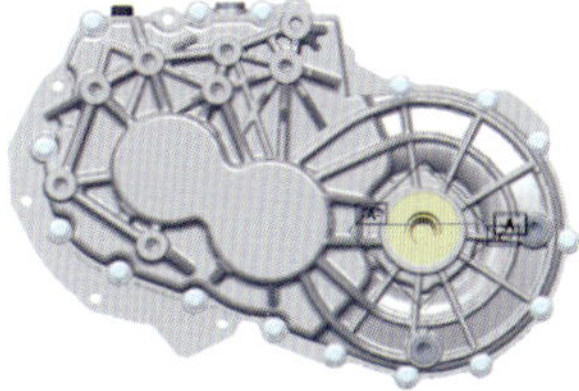

E350F减速器非驻车档

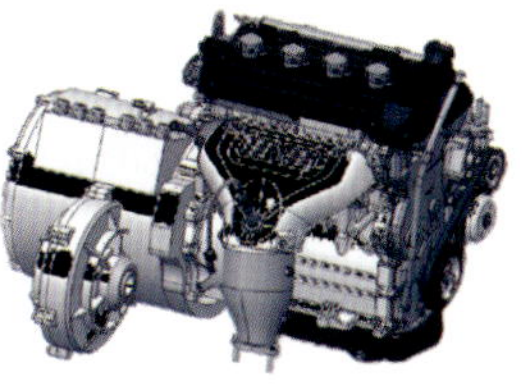

A151H增程器

公司荣誉

邮编:101108 传真:86-010-80868803 销售电话:86-010-80868057

苏州飞宇精密科技股份有限公司

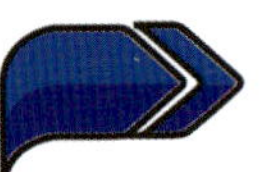

公司简介

苏州飞宇精密科技股份有限公司，注册资本人民币15480万元。公司以“智能制造”和“服务专业化”为特色，是一家从事高端汽车零部件制造的高新技术企业。

公司经营范围：金属材料大变形技术研究和推广；模具技术研究和推广；模具开发和生产；金属制品加工；汽车、军工产品、高铁零部件的生产、组装及销售。

公司是英纳法(Inalfa)、德国宝适、美国来达(Lydall)、福耀玻璃、德国爱尔铃克铃尔(Elringklinger)等公司的全球汽车零部件供应商。公司主要设计和研发的各类汽车组件包括宝马、奥迪天窗中横梁模具及金属零部件冲压焊接组件、兰博基尼低温隔热罩、奔驰低温隔热罩、捷豹路虎天窗骨架总成、英菲尼迪汽车全景天窗零件、上汽大众汽车天窗骨架组件、发动机隔热罩、通用高温隔热罩模具、沃尔沃高温隔热罩模具、福特高温隔热罩模具及其他汽车零部件模具与检具等。

与同行业产品相比，公司的产品技术具有前期模具自主研发特点和竞争优势。

公司通过TS16949:2009，ISO9001:2001质量体系认证。2011年获得GB/T24001-2004/ISO14001:2004环境管理体系证书；产品的质量标准类型为企业标准公司，标准号：Q/320583 AJFY001-2013。

公司2017年公司总资产为38397万元。近期，公司取得发明专利12项，实用新型专利53项， 2014年通过江苏省企业信用管理贯标，是苏州市创新先锋企业，2017年通过高新技术企业复审。2017年公司被评为昆山高新区2017年度优秀转型升级企业，2016—2017年度十大智能化改造企业。

公司产品

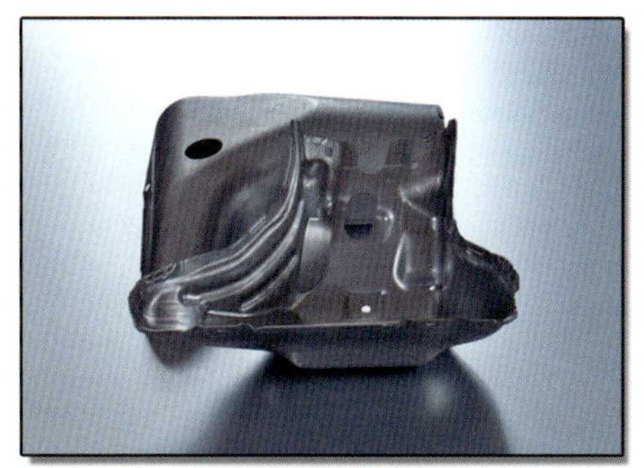
高温隔热罩

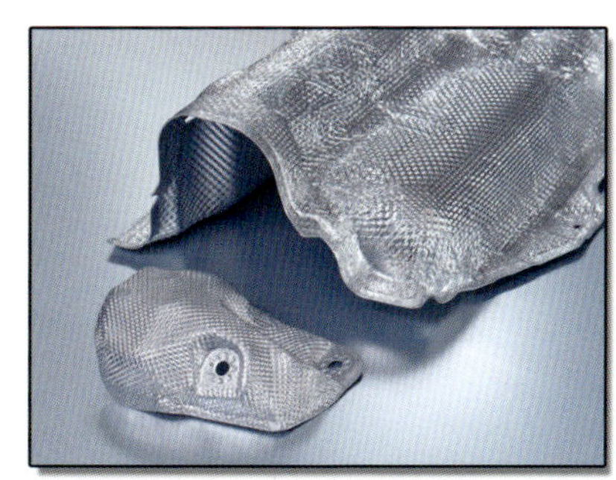
戴姆勒多层隔热罩

天窗框架总成

联系方式：
公司地址：昆山市玉杨路888号
电话：0512-57772341
传真：0512-57895256
网址：Http://fy-mold.com
邮箱：michael.le@fl-mold.com

飞 宇 科 技

HASCO
AUTOMOTIVE
华域视觉科技(上海)有限公司

产品展示

· 轨压传感器

· 空调压力传感器

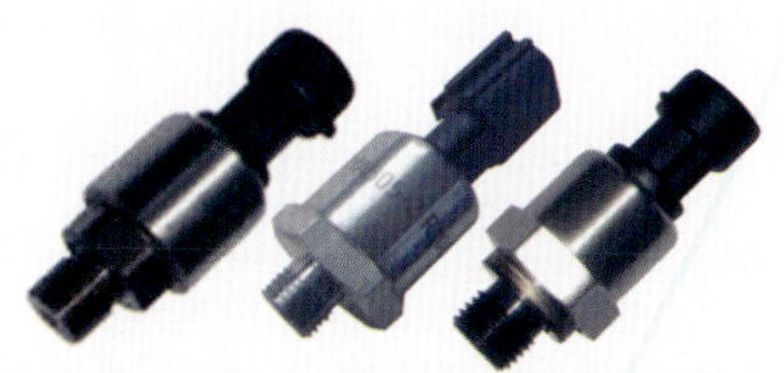

· 清洁能源用压力传感器

· 机油压力传感器

· 机油压力温度传感器

· 变速器用压力传感器

· 进气歧管压力-温度传感器

生产车间

技术展示

· SOI鱼骨状硅应变计

山东恒丰橡

陕西万方汽车零部件有限公司

SHANANXI WANFANG AUTO PARTS CO.,LTD

陕西万方汽车零部件有限公司（简称“万方公司”）是陕汽控股集团旗下全资子公司，注册资本5000万元，公司位于西安市高陵区，现有员工2000余人。万方公司在陕汽控股集团引领下，坚持自主发展，在商用车进/排气系统、汽车线束、电子电器、驾驶悬置、制动系管路及结构件产品领域，为客户提供综合解决方案。2018年公司实现营业收入23亿元。

万方公司遵循“为顾客创造价值，为股东创造利益，为员工创造前途，为社会创造繁荣”的企业宗旨，立足“系统集成、自主研发、专业制造，能为整车厂提供综合解决方案的汽车零部件供应商”的自身定位，积极为重卡主机厂提供汽车零部件配套服务，同时积极拓展国内、国际汽车零部件市场。万方公司旗下的万方天运、西安埃贝赫两家子公司，在汽车线束、汽车尾气处理领域发展势头良好。

万方公司技术中心，是陕西省科技厅命名的“省级技术中心”，现有工程技术人员110人，具有高级职称的人员9名，科技带头人3名。技术中心在电子电器系统、进/排气系统、汽车悬置系统的开发方面，具有行业先进水平，是企业发展的中坚力量。公司工艺装备精良，Φ150mm塔式自动弯管机、SCR箱机器人焊接线、M3000线束流水线、X3000仪表台装配线等装备均属西北地区一流；公司试验检测手段齐全，质量保证体系健全，先后通过ISO9001、IATF16949A质量体系认证、3C强制认证，并保持正常运行，是陕西省工信厅认定的“质量标杆企业”。

一路走来，万方公司载誉无数，面对未来，万方人将以过往的荣誉为鉴，不忘初心，继续鞭策自我，砥砺前行！

公司注册地址：西安市泾河工业园长庆东路 11 号

总部地址：西安市高陵区桑军大道北段泾朴路 116 号

联系电话：029-86096015

传　　真：029-86096013

邮　　编：710200

中国铝业集团有限公司

ALUMINUM CORPORATION OF CHINA

公司简介

中国铝业集团有限公司是中央直接管理的国有重要骨干企业。主要从事矿产资源开发、有色金属冶炼、加工制造、相关贸易及工程技术服务等。拥有完整的铝产业链，是目前全球前列的氧化铝供应商、电解铝供应商，以及中国综合实力很强的铝加工产品供应商。现有所属骨干企业68家，业务遍布全球20余个国家和地区，资产总额5300亿元，2018年营业收入超过3000亿元，2008年以来连续跻身世界500强企业行列。

汽车轻量化业务

中铝集团所属企业拥有完整的汽车板材、型材、锻件及零部件的生产线，具备完善的质量管理体系，已取得IATF16949汽车行业质量管理体系认证。集团和一汽、东风、长安、吉利、上汽通用、蔚来汽车、成都客车等汽车公司建立了良好的合作关系，通过了相关汽车公司的认证，并联合开发了乘用车全铝车身、客车全铝车身、铝挂车等轻量化车身总成。集团可为汽车行业提供轻量化材料选型、结构设计、成型分析、连接技术、表面处理技术等“一揽子”解决方案。

Overview

Aluminum Corporation of China (Chinalco) is a key state-owned enterprise directly supervised by the central government of China. Chinalco is principally engaged in mineral resources development, nonferrous metals smelting, processing and manufacturing, related trading as well as engineering and technical services. It has a complete aluminum industry chain and is currently one of the world's largest alumina supplier and primary aluminum supplier, and China's most comprehensive supplier of aluminum processing products. Chinalco has 68 major subsidiaries operating in more than 20 countries and regions. Its total assets have grown to 530 billion yuan and its sales revenue in 2018 amounted to 300 billion yuan. Chinalco has been ranked as a Fortune Global 500 company since 2008.

Automotive Lightweight Business

Chinalco has set up in its subsidiaries integrated production lines for automotive sheets, profiles, forgings and components, establishing and applying a sound quality management system that has been certified to fulfill the requirements of IATF16949. With its products recognized by various automakers, it has gone into partnership with FAW, Dongfeng, Chang'an, Geely, Shanghai GM, NIO, Chengdu Bus Company, etc. And jointly developed all aluminum body for passenger car, bus, and aluminum trailer. Chinalco can provide automakers with package solutions including the selection of light-weight materials, structural designs, simulation analysis, connection technologies and surface treatment.

典型汽车用铝板(带)材产品

Products of Typical Aluminum Auto Sheets(Strips)

牌号 Alloy Grades	供应状态 Supply Status	规格 Dimensions (mm)		抗拉强度 Ultimate Tensile Strength (MPa)	屈服强度 Yield Strength (MPa)	断后伸长率 Percentage Elongation after fracture (%)	典型用途 Typical Application
		厚度 Thickness	宽度 Width				
5754	O	0.30-3.50	52~2400	≥200	90~130	≥20	车身覆盖件/结构件 Car Body Cover/ Structure
5182	O	0.30~3.50	52~2400	≥250	110~150	≥23	
6014	T4P	0.70~1.50	800~2400	≥175	90~130	≥23	车身覆盖件 Car Body Cover
6016	T4P	0.70~1.50	800~2400	≥175	90~130	≥23	
6022	T4P	0.70~1.50	800~2400	≥200	100~150	≥22	

典型汽车用铝型材产品

Products of Typical Aluminum Auto Profiles

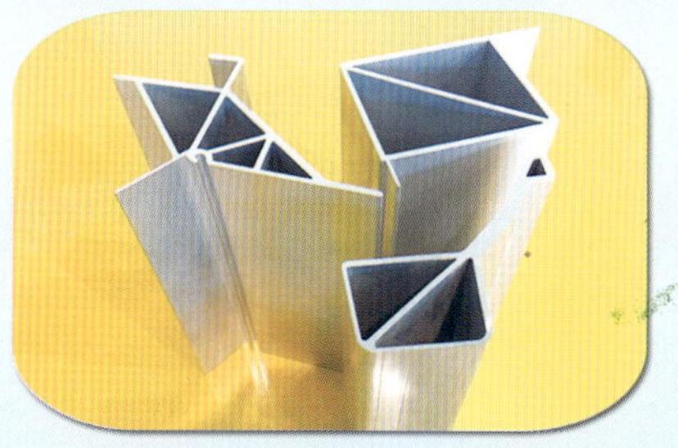

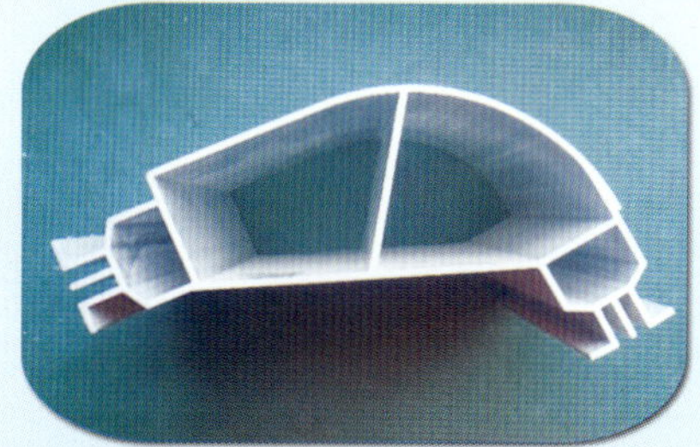

典型汽车零部件产品

Products of Typical Auto Parts

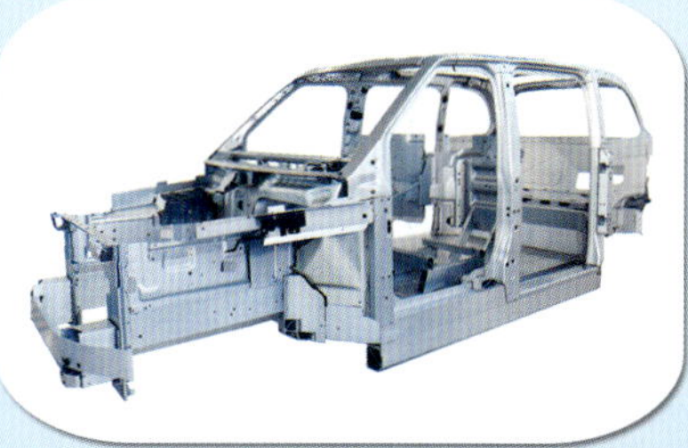

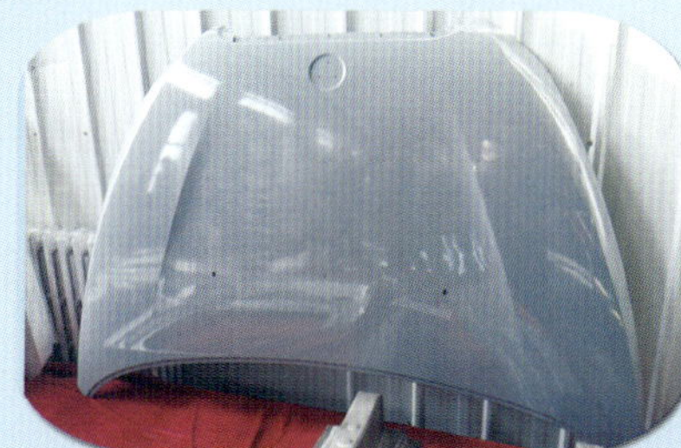

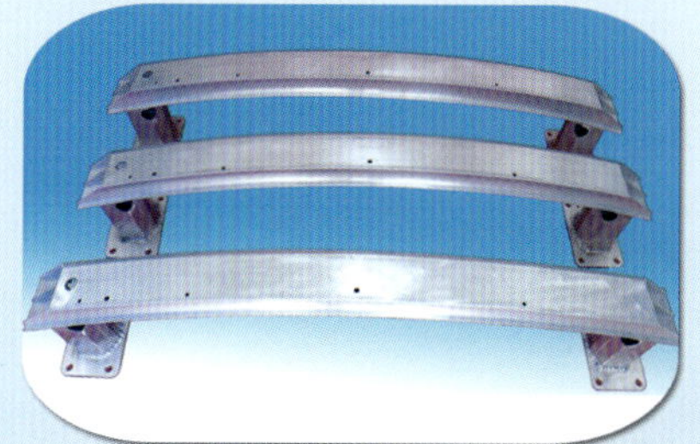

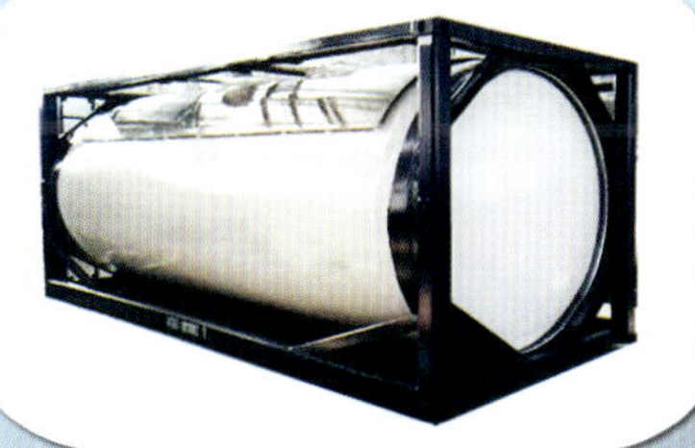

ALUMINUM CORPORATION OF CHINA

Tel: (+8610)82298767 Fax: (+8610)82298553

Web: www.chinalco.com.cn

Email: zl_zhang@chalco.com.cn

CMPF 全国摩托车及配件展示交易会

全国摩托车及配件展示交易会（CMPF）简称全国摩配会，由中国汽车工业配件销售有限公司主办，每年春秋两届在全国各地巡展，自1981年创办至今已成功举办了76届次。另外自2016年起，秋季摩配会举办城市长期落户广州。

全国摩配会集展览、会议、洽谈于一体，是中国摩托车行业历史悠久的知名展会，其展品种类之繁盛、质量之上乘、覆盖范围之广泛，均在业内遥遥领先。展览面积超50000m²，参展企业数量突破1000家，专业观众达3万人次以上，是摩托车后市场的重要组成部分。全国摩配会以“创新、发展、共赢”为理念，以培育出口外销型企业为导向， 致力于为与会企业打造良好的展示交易平台，不断探索新的发展方向与形式，不断提高展会的服务质量，现已成为国内摩配及相关行业内闻名遐迩、影响深远的品牌展会。

第77届全国摩托车及配件展示交易会将于2019年5月18—20日在青岛国际会展中心隆重举行，第78届全国摩托车及配件展示交易会将于广州召开，欢迎广大行业同仁届时前来参展参观，共同见证摩配盛会的成长！

中国（江门）国际摩托车工业博览会

中国（江门）国际摩托车工业博览会（简称“江门摩博会”）创办于2018年，是在江门市政府的大力支持下，由中国汽车工业配件销售有限公司主承办并进行市场化运作的专业展会，其受众群体遍布全球67个国家和地区。江门摩博会旨在提升江门市摩托车生产和出口基地在国内外行业中的影响力，展示摩托车行业的研发和制造水平，打造江门摩托车文化小镇品牌，助推全民摩托发展浪潮，引燃摩托车市场新动力。

2018年4月，首届江门摩博会取得了空前的成功和如潮的好评。展会不仅汇聚了宝马、哈雷、KTM、豪爵等众多国内外知名品牌车企，同期还举办了珠三角摩友嘉年华、2018腾森轮胎特技大赛、中国摩托车行业新营销峰会、千人晚宴等丰富的摩托车文化活动，来自全国的超过20000名摩友聚首狂欢，展会现场热闹非凡。此外，CCTV国际频道、广东电视台、天天快报、新浪、头条等媒体争相报道。

2019中国（江门）国际摩托车工业博览会将于2019年4月20—22日在广东珠西国际会展中心召开，我们热情邀请中外“摩界”的同行、朋友们参加和光临2019中国（江门）国际摩托车工业博览会，并通过博览会增进友谊、沟通信息、促进合作、共同发展。

预定电话：010-88121556、88130736　　传真：010-88127413

E-mail：cmpf@163.com　　网址：www.mopeihui.com

中国汽车工业配件销售有限公司

中国汽车工业配件销售有限公司是隶属于中央直管的国有重要骨干企业、世界500强之一的中国机械工业集团有限公司的国有汽车服务是贸易企业，是国家商务部展览业重点联系企业。公司旗下“全国汽车配件交易会(CAPF)”“全国摩托车及配件展示交易会(CMPF)”两个品牌展会都是商务部重点扶持展会。

"国际化的汽车配件专业服务机构"是中国汽车工业配件销售有限公司的基本定位。根据汽车配件行业国际性、技术性强，产业体系庞大，产业关联度高、带动能力强、技术含量高等特点。中国汽车工业配件销售有限公司多年来利用全国汽车配件交易会充分发挥组织平台的作用，围绕中国汽车配件企业、行业的发展，搭建一个沟通交流、商务活动、咨询服务的国际平台，为中国汽车的繁荣，为中国汽车配件走向世界，为中国汽车后市场规范发展做出贡献。

全国汽车配件交易会

“全国汽车配件交易会”是中国汽配行业的传统盛会。自1965年至今已在全国各大中心城市成功举办了八十四届，走过了从“全国汽车配件平衡调度会”“全国汽车配件排产订货会”到“全国汽车配件交易会”五十多年的历程。

“全国汽车配件交易会”采取在全国各省会城市巡展的方式，每年在春天4月和秋天10月各举办一次，目前已形成展馆面积不小于60000m^2、具有2200多家参展企业、2800多个展位、参会的专业观众超过60000人次的展览规模。

展会现场面向汽车配套市场与售后市场，集中展示了中国汽车配件产业的新产品、新技术、新材料、新工艺及行业的整体水平、发展趋势，新产品展示区、微信评选优秀特装活动与十几场专业论坛交相辉映，为企业进一步树立品牌形象，为中国汽车零部件业提供了一个全方位的展示、交流、合作平台。

汽配会组委会根据展会发展的需要，近年来在开展国内市场的同时，积极进行海外市场的推广，出台大量优惠政策吸引海内外采购商。目前积极参加展会的除大量国内的合资企业外，还有东南亚地区的客商以及俄罗斯、中东、美洲、欧洲等国家和地区的采购单位不断加入汽配会的采购商行列，使得参展商不但能在展会上展示自己的企业和产品，更有机会开拓新的市场，获得国内、海外的订单。

如今全国汽配会官方网站(www.qipeihui.com)、微信(服务号“汽配会”)全部向您敞开，在这个专业化现代化的平台中，我们相信组委会将秉承“服务 交流 合作”的宗旨为展商提供更全面的高标准服务。

电话：010-88130731、88127419　传真：010-88116923、88127418
邮箱：zhongqipei001@163.com　网址：www.qipeihui.com

质量体系:ISO 9001
产品情况:(新象牌)
各种系列的内燃机汽缸套,年生产能力200万只以上
配套及出口情况:为上海纽荷兰、美国约克、北汽福田等配套;出口美国、加拿大、墨西哥、俄罗斯以及其他中东国家

★江苏优冠汽车配件有限公司
地址:江苏省如皋市经济开发区起凤西路99号
邮编:226500
电话:0513/87568888、4000358633
传真:87307888
电子信箱:sales@ auk – filters. com
法定代表人:韩光杰
质量体系:ISO/TS 16949
产品情况:机油滤清器、燃油滤清器、空气滤清器、空调滤清器等
配套情况:为主机厂 OEM 配套

★江苏万力机械股份有限公司
地址:江苏省海安县海安镇江海西路168号
邮编:226600
电话:0513/88814462、88813884
传真:88820644、88812623
网址:www. suzhong. com. cn
电子信箱:wljxvip@ 163. com
法定代表人:梅超华
单位人数:1000
质量体系:ISO/TS 16949、ISO 9001
产品情况:(万力牌、苏中牌)
具有年产发动机曲轴400多个品种、300万件的能力
配套及出口情况:为一汽锡柴、上柴、全柴、南柴、常柴、常发、莱动、时风集团、云内动力等20多家大型发动机企业配套;部分出口欧美等地区

★上柴海安动力有限公司
地址:江苏省南通市海安经济开发区动力大道(中)8号
邮编:226601
电话:0513/80686688
网址:www. sdec – ha. com
电子信箱:zhhj@ sdec. com. cn
法定代表人:钱俊
产品情况:工程车、客车、货车等发动机关键零部件机体、缸盖的铸造

浙江省

★杭州轴瓦有限公司
地址:杭州市下城区善贤路16号
邮编:310004
电话:0571/85358012、85357970
传真:85358020
网址:www. hbbc. cn
电子信箱:hbbc@ hbbc. cn
法定代表人(负责人):毛烈平
单位人数:318
质量体系:ISO/TS 16949、ISO 14001
产品情况:(WESTLAKE 牌)
内燃机、空压机、制冷机滑动轴承(轴瓦、衬套、止推片及材料)
配套及出口情况:为上汽大众、江铃股份、庆铃集团、南京依维柯、南京名爵、中国一汽无锡柴油机厂、中国一拖、江淮汽车、奇瑞汽车、保定长城、克诺尔制动系统(大连)有限公司、亚新科美联(廊坊)、潍柴道依茨、云内动力、艾默生(沈阳)、东风乘用车等企业配套;出口美国、日本、西欧、东南亚、中东、非洲、南美洲等国家和地区

★杭州星宝汽车配件有限公司
地址:杭州市下城区善贤路6号
邮编:310004
电话:0571/85062353、85375538
传真:85370265
电子信箱:luoshangliang@ 163. com
法定代表人:秦为树
质量体系:ISO 9002
产品情况:(星宝牌、钱江牌、逸顺牌)
散热器、硅油风扇离合器、千斤顶、电动/手动驾驶室翻转泵、后悬置锁止机构

★杭州九龙机械制造有限公司
地址:杭州市余杭区仁和街道东山工业园区
邮编:311107
电话:0571/86399710、86399706
传真:88749866
网址:www. hzjiulong. com
电子信箱:hzjiulong@ hzjiulong. com
法定代表人:陈文强
质量体系:ISO/TS 16949、ISO 14001
产品情况:(九龙牌)
发动机连杆、飞轮壳、取力器壳等配套零部件;具备年产重型汽车连杆200万支、飞轮壳20万套、齿轮室50万套的生产能力
配套情况:为西安康明斯发动机、重庆康明斯发动机、江淮汽车、纳威司达中国发动机、中国重汽集团、一汽-大众、安徽天利动力、洛阳第一拖拉机厂配套

★杭州市气门有限公司
地址:杭州市余杭区瓶窑镇长命桥
邮编:311115
电话:0571/88531126、88531864
传真:88531126、88531774
电子信箱:service@ hzqm. net
法定代表人:叶忠法
质量体系:ISO 9001
产品情况:(观山牌)
各型号内燃机气门,年产能力1000万支
配套情况:为王野、星月、绍通、无锡凯马、凯普等60多家主机厂配套

★杭州新坐标科技股份有限公司
地址:杭州市余杭区仓前街道龙潭路18号1–5幢
邮编:311121
电话:0571/88620919
传真:88613690
网址:www. xzbco. com
电子信箱:xzbco@ vip. sina. com
法定代表人:徐纳
单位人数:461
质量体系:ISO/TS 16949
产品情况:气门锁夹、气门弹簧盘、液压挺柱、滚轮摇臂、机械挺柱、变速器零部件及其他精密冷锻件等
配套情况:是上汽大众、上汽通用五菱等知名汽车生产厂家配套供应商

★浙江定川机电制造有限公司
地址:杭州市余杭经济开发区临平大道598号
邮编:311199
电话:0571/88317409、86255983
传真:86255966
电子信箱:hbf@ hzchuan. com
法定代表人:黄斌辉
质量体系:ISO/TS 16949
产品情况:发动机缸盖、汽车蒙皮辊轧件、侧围立柱等三维冷弯产品、新能源客车专用压缩机、直流永磁(直驱)新能源双螺杆压缩机等产品
配套及出口情况:主要合作伙伴有西沃客车、宇通、苏州金龙客车等;远销多个国家和地区

★杭州萧山汽车滤清器有限公司
地址:杭州市萧山区闻堰镇亚太路1855号
邮编:311200
电话:0571/82301448、82309009
传真:82301467
电子信箱:xlqq@ hotmail. com
法定代表人:韩华忠
质量体系:ISO/TS 16949
产品情况:汽车铝铸管路件、缸盖、滤清器、机油冷却器
配套情况:为杭州汽车发动机厂、潍坊柴油机厂、陕西汽车厂、东风杭汽、柳州五菱等20余家大、中型企业配套

★杭州华春汽车活塞有限公司
地址:杭州市萧山区新湾镇
邮编:311228
电话:0571/82198344、82198353
网址:www. hzhuachun. com
电子信箱:web@ hzhuachun. com
法定代表人:沈柏泉
负责人:洪乐明
质量体系:ISO/TS 16949、ISO 9001
产品情况:(灵乐牌)
主要产品有重汽斯太尔、X6130系列;一汽6110、6113、6DE、6DF系列;东风康明斯ISB、D、F、L系列;南汽依维柯系列;上柴D6114系列;日、欧系列发动

机活塞
配套及出口情况：为杭发配套；出口国外市场

★中国重汽集团杭州发动机有限公司
地址：杭州市萧山国家经济技术开发区红泰六路699号
邮编：311232
电话：0571/88078888、88838997
传真：88086768、88845519
网址：www. haep. cn
电子信箱：sale@ haep. com. cn
法定代表人：侯建明
质量体系：ISO/TS 16949、GJB 9001A
产品情况：斯太尔WD615、WD415两大系列400多个品种的各类柴油机，具有年产12万台以上柴油机生产能力

★杭州双象汽车零部件有限公司
地址：杭州市萧山区瓜沥镇环东路
邮编：311241
电话：0571/82598088、82551667
传真：82553242、82598088－820
电子信箱：sx@ hz－sx. com. cn
法定代表人：陈鉴
单位人数：186
质量体系：ISO/TS 16949、ISO 9001
产品情况：（双象牌）
各种活塞销，年产能力800万件以上
配套及出口情况：为潍柴动力、中国重汽、广西玉柴、云内动力等国内30余家较大规模主机厂配套；出口欧美、日本、俄罗斯、东南亚等国家和地区

★杭州钱王机械有限公司
地址：浙江省临安市保锦路218号
邮编：311300
电话：0571/63735074、61096616
传真：63709866
电子信箱：hzqwm@ vip. 188. com
法定代表人：顾春卫
质量体系：ISO/TS 16949
产品情况：（钱王牌）
各类厚壁整体翻边轴瓦、单边、双边凸缘轴套、单金属铝（铜）轴瓦、滑块、止推片以及铜、铝合金的各类滑动轴承等
配套情况：为潍柴、杭发、道依茨、江铃汽车、上柴、朝柴、玉柴、川柴、奇瑞汽车、吉利汽车等配套

★浙江超安机械有限公司
地址：浙江省诸暨市店口镇湄池振兴路北段55号
邮编：311814
电话：0575/87061898、87061913
网址：www. cn－chaoan. com
电子信箱：market@ cn－chaoan. com
法定代表人：徐建生
质量体系：ISO/TS 16949、ISO 9001
产品情况：（超安牌）
各种柴油机喷油器衬套
配套及出口情况：为一汽集团、洛阳一拖、浙江新柴、四达集团、扬动股份、宁动集团等多家柴油机生产商配套；出口美国等国家

★浙江万鑫动力机械有限公司
地址：浙江省诸暨市直埠工业区
邮编：311827
电话：0575/87768333、87647333
传真：87647999
电子信箱：cwp7200577@ 163. com
法定代表人：鲁国平
质量体系：ISO/TS 16949
产品情况：汽车、农机轴瓦和连杆、底盘衬套、各类主机专用轴承等
出口情况：远销东南亚、东欧等地区

★浙江雷贝斯散热器有限公司
地址：浙江省绍兴市柯岩生态集聚园柯岩街
邮编：312030
电话：0575/85596660、85596661
传真：85596657
网址：www. zjropas. com
电子信箱：radiator7@ zjropas. com
法定代表人：项其者
质量体系：ISO/TS 16949
产品情况：汽车用铝管片式散热器、铝钎焊式散热器、冷凝器、中冷器、层叠式蒸发器，年产能力300万台以上
配套及出口情况：为美国通用、欧宝，德国奔驰、宝马、大众，日本尼桑、本田、丰田，韩国现代、大宇、起亚和国内金杯、微型车系列等300多种车型配套；出口美国、法国、俄罗斯、意大利、英国、德国、南非、印度、波兰、智利、以色列、利比亚、土耳其、科威特、约旦、马来西亚、泰国、阿拉伯等30多个国家

★绍兴市雅克汽配有限公司
地址：浙江省绍兴县兰亭镇薛家坝
邮编：312045
电话：0575/84600821、84609159
传真：84600820
网址：www. ya－ke. cn
电子信箱：tjw@ ya－ke. cn
法定代表人：姚国均
质量体系：ISO 9001、ISO/TS 16949
产品情况：柴油机VE分配泵泵头、DPA分配泵泵头、拖拉机提升器总成和油缸分配器等
出口情况：部分产品出口东南亚、南美洲及非洲等地区

★绍兴市上虞春晖内燃机配件有限公司
地址：浙江省绍兴市上虞区经济开发区
邮编：312352
电话：0575/82052087、82158555
传真：82050968
电子信箱：zxl@ zjchunhui. com
法定代表人：杨广宇
产品情况：汽车发动机凸轮轴、气门挺柱、气门导管、气门座圈以及斯太尔发动机系列配件

★绍兴振荣汽车零部件有限公司
地址：浙江省绍兴市上虞区章镇镇车站路13号
邮编：312363
电话：0575/82096119、82091142
网址：www. zhenrong. net
电子信箱：info@ zhenrong. net
法定代表人：赵正荣
单位人数：100
质量体系：ISO/TS 16949
产品情况：专业生产汽车真空助力器伺服活塞（阀体）；年生产真空助力器伺服活塞（阀体）能力500余万套，其中酚醛塑料（胶木粉）阀体200余万套、工程塑料（PET、PA66等）阀体300余万套
配套情况：主要配套客户有浙江万向系统杭州分公司、诸暨万宝机械、浙江亚太机电、厦门亨东制动系统、江西江铃集团深铃汽车零部件等20余家企业

★浙江太阳股份有限公司
地址：浙江省绍兴市上虞区杭州湾经济技术开发区东一区朝阳三路
邮编：312369
电话：0575/82123456、82213728
传真：82213728、82206289
网址：www. chinacrankshaft. com
电子信箱：sydlcby@ 163. com
法定代表人：王荣庆
质量体系：ISO/TS 16949
产品情况：（太阳牌）
各类发动机曲轴、通用机曲轴、小功率单缸柴油机、球墨铸铁铸件，各类曲轴年产100余万条
配套及出口情况：轿车发动机曲轴主要与一汽集团、吉利汽车、北汽控股配套，柴油机多缸曲轴主要配套一汽锡柴、常柴股份、江淮动力、无锡四达、新柴股份、山东华源莱动、云内动力、潍柴华丰动力；出口美国、日本、印度、孟加拉国、阿尔及利亚等国家

★浙江新柴股份有限公司
地址：浙江省新昌县新昌大道西路888号
邮编：312500
电话：0575/86290401、86230760
传真：86233519
网址：www. xinchaipower. com
电子信箱：office@ xinchaipower. cn
法定代表人：白洪法
单位人数：1100
质量体系：ISO/TS 16949
产品情况：（新柴牌）
具备年产30万台柴油机的生产能力，配套轻型货车等领域
配套及出口情况：为杭州叉车、合肥叉车、TCM叉车、北京现代、烟台大宇、泉州新源、厦工新宇、江西南特、玉柴工程

机械、北汽福田、山东时风、常发集团、江苏盐城拖拉机厂等配套;远销欧美、东南亚等地区

★浙江威泰汽配有限公司
地址:浙江省长兴县经济开发区南高路111号
邮编:313100
电话:0572/6616879
传真:6611111
网址:www.wtqp.com
电子信箱:wtad01@wtqp.com
法定代表人:张宇
质量体系:ISO/TS 16949
产品情况:汽车滤清器
出口情况:远销美国、德国、土耳其、澳大利亚等20多个国家和地区

★浙江龙虎锻造有限公司
地址:浙江省德清县干山工业区55号
邮编:313223
电话:0572/8239768、8239809
传真:8239808
电子信箱:longhu@chinalognh.com
法定代表人:陈瑞龙
质量体系:ISO/TS 16949、ISO 14000
产品情况:12~18t平台车车轮轴头、凸轮轴、制动器支架、凸轮轴支架、转向节、半轴凸缘、汽车悬架、拉杆、发动机气门摇臂、汽车门铰链及锚件、吊环等
出口情况:远销德国、美国、韩国、新加坡、泰国、印度,并销往中国台湾地区

★嘉兴众恒汽车部件有限公司
地址:浙江省嘉兴市经济开发区塘汇路858号
邮编:314000
电话:0573/82301696、82336632
传真:82325666
网址:www.jhparts.com
电子信箱:info@jhparts.com
法定代表人:陈珍蕾
质量体系:ISO/TS 16949、ISO 14001
产品情况:(JOINHANDS牌)
汽车电子燃油泵、柴油泵、总成与过滤网等产品
配套及出口情况:同世界500强的知名企业建立了长期稳定的合作关系;远销美国、日本、德国、韩国、巴西、意大利等国家

★浙江海德曼过滤技术有限公司
地址:浙江省嘉兴市嘉兴工业园区步焦公路口
邮编:314001
电话:0573/83019999、83287198
传真:83019888
电子信箱:headman@headman.cc
法定代表人:郭家荣
质量体系:ISO/TS 16949、ISO 14000
产品情况:(RONGSUN牌)
燃油滤清器、机油滤清器、空气滤清器、液压油滤清器,年产各种滤清器1000万只
配套情况:为斗山集团、PALL公司、杭州前进齿轮箱集团、山河智能、科克动力等配套

★浙江普礼汽配制造有限公司
地址:浙江省嘉善县魏塘街道魏中路88号
邮编:314116
电话:0573/84753022、84753028
传真:84753308
电子信箱:453231441@qq.com
法定代表人:吕万贤
质量体系:ISO/TS 16949、QS 9000
产品情况:(CTI牌、KM牌)
汽车、摩托车用活塞环、转向盘套、座椅套、车灯等
配套及出口情况:为东风汽车、华源凯马配套;产品全部出口,远销美洲、欧洲、中东、南非、东南亚等地区

★浙江时代汽车零部件有限公司
地址:浙江省海宁市许村工业园区
邮编:314409
电话:0571/88012873、88010877
传真:88014836
网址:www.jinheng.com.cn
电子信箱:webmaster@jinheng.com.cn
法定代表人:金天荣
质量体系:ISO/TS 16949、ISO 9001
产品情况:(金恒牌)
散热器、油底壳、风扇、覆盖件、进油管等管类件、油箱、支架等
配套及出口情况:主要客户有中国一拖、中国重汽、杭州叉车、宇通客车、东风康明斯、潍柴动力等大型主机厂;出口美国、意大利等国家

★浙江金兰汽车零部件有限公司
地址:浙江省桐乡市经济开发区四期高新西一路166号
邮编:314500
电话:0573/89805062、89801599
传真:89801500
网址:zjjlqz.cn
电子信箱:jlqclbj166@126.com
法定代表人:赵文兴
单位人数:100
质量体系:ISO/TS 16949
产品情况:专业生产曲轴,生产的产品有沃尔沃TD系列、曼D系列、奔驰OM系列、依维柯等6大系列30个品种,年综合生产能力可达20万条
出口情况:产品90%以上出口,主要市场为欧美地区

★浙江戴德动力机械有限公司
地址:浙江省桐乡市梧桐街道同仁路468号
邮编:314500
电话:0573/88588708、89805801
传真:88588458
电子信箱:steven@gonow-power.com
法定代表人:陈君
产品情况:小排量汽油、柴油发动机
配套情况:主要供应广汽集团

★余姚市舒春机械有限公司
地址:浙江省余姚市明伟工业区荣创路22号
邮编:315000
电话:0574/62576130
传真:62581565
网址:www.shuchun.net.cn
电子信箱:sale1@shuchun.net.cn
法定代表人:舒学军
质量体系:ISO/TS 16949
产品情况:柴油机油嘴油泵,喷油器总成、喷油泵总成、柱塞偶件、针阀偶件、喷嘴、锥块系列、压油阀偶件、吸油阀、泄放阀总成、液压顶头,各种型号的摩托车发动机配件等
配套及出口情况:与国内外多家知名企业合作;出口欧美、中东、东南亚等地区

★宁波威孚天力增压技术股份有限公司
地址:浙江省宁波市江北区慈城镇宁波(江北)高新技术产业园畅阳路268号
邮编:315032
电话:0574/27861777、27861786
网址:www.nbwftt.com
电子信箱:yxb@nbwftt.com
法定代表人:徐云峰
质量体系:ISO/TS 16949
产品情况:(GP牌)
涡轮增压器
配套情况:主要批量供给上汽集团、重庆力帆、东风小康、安徽江淮、昆明云内、江铃股份、江西五十铃、保定长城、常柴股份、成都云内、东风朝柴、华源莱动、新柴股份、东风康明斯、一汽锡柴、北汽福田、安徽全柴、广西玉柴等30多个主机厂

★宁波艾倍思井华汽车零部件有限公司
地址:浙江省宁波市江北区长兴路525号
邮编:315033
电话:0574/87430696、83006100
电子信箱:fangyanyan@ihx.com.cn
法定代表人:三轮健二郎
产品情况:空气进气过滤系统、生产销售柔性护套产品(包括齿条-齿轮护套、塑料等速万向节用防护套)

★宁波圣龙(集团)有限公司
地址:浙江省宁波市鄞州工业园区金达路788号
邮编:315104
电话:0574/88381888
传真:88381666
网址:www.sheng-long.com
电子信箱:sl@sheng-long.cn
法定代表人:罗玉龙

单位人数:2600
质量体系:ISO/TS 16949、ISO 14001
产品情况:主要产品为汽车发动机油泵、变速器油泵、发动机凸轮轴及铝压铸件4大系列50多个品种
配套及出口情况:主要为上汽通用、奇瑞汽车、江铃集团、神龙汽车、上汽通用五菱、长城汽车、北汽福田、重庆五十铃、上海天合、上海盖茨、深圳比亚迪等国内主机厂配套;出口澳大利亚福特、北美福特

★宁波圣龙汽车动力系统股份有限公司
地址:浙江省宁波市鄞州区工业园区金达路788号
邮编:315104
电话:0574/88167000
传真:88167123
网址:slpt. sheng - long. com
电子信箱:sl@ sheng - long. com
法定代表人:罗玉龙
单位人数:700
质量体系:ISO/TS 16949、ISO 14001
产品情况:主要产品包括发动机油泵、自动变速器油泵、凸轮轴、铝压铸件
配套情况:国内主要客户包括上汽通用、长安福特马自达、上汽通用五菱、武汉神龙、江铃汽车、保定长城、庆铃汽车、北汽福田等

★博格华纳汽车零部件(宁波)有限公司
地址:浙江省宁波市鄞州区金谷中路(西)188号
邮编:315104
电话:0574/88190930
传真:83025883
网址:www. borgwarner. com
电子信箱:ids - chn@ borgwarner. com
法定代表人:YUESHENG TAN
产品情况:涡轮增压器、链条系统、哈瓦链、可变凸轮正时系统、排气再循环阀、排气再循环冷却器等
配套情况:为上汽大众、一汽-大众、上汽通用、长城、福特、潍柴等配套

★宁波科森净化器制造有限公司
地址:浙江省宁波市鄞州区滨海投资创业中心鄞东北路8号
邮编:315145
电话:0574/28818666
传真:28818661
网址:www. nbksjd. com
电子信箱:qianwangmu@ nbksjd. com
法定代表人:钱旺木
单位人数:260
质量体系:ISO/TS 16949
产品情况:(科森牌)
主导产品有汽车三元催化剂、转化器、消声器、空气净化器、工业催化剂等,为汽油车、柴油车、CNG/LPG汽车、摩托车、高污染行业等提供配套服务

★华纳圣龙(宁波)有限公司
地址:浙江省宁波市鄞州中心区嵩江东路888号
邮编:315192
电话:0574/83098319、83098274
电子信箱:lichen@ borgwarner. com
法定代表人:罗玉龙
质量体系:QS 9000
产品情况:硅油风扇离合器、塑料风扇、机油泵及水泵等

★宁波海大嘉华汽车零部件制造有限公司
地址:浙江省宁波市镇海区九龙湖镇长石村
邮编:315202
电话:0574/86527380、88440648
传真:86527383
电子信箱:496304427@ qq. com
法定代表人:房杰
质量体系:ISO/TS 16949
产品情况:(COCOME牌)
汽车水泵

★浙江亿日气动科技有限公司
地址:浙江省慈溪市经济开发区长池路739号
邮编:315300
电话:0574/63976868、63976800
传真:63976908、63976855
网址:www. china - easun. com
电子信箱:easun@ china - easun. com
法定代表人:吴科峰
单位人数:500
质量体系:ISO/TS 16949
产品情况:(亿日牌)
气源处理器、气动电磁阀、汽缸、快速接头、调速阀、消声器、气枪、PU管等气动元件、辅件

★宁波泰瑞汽车部件有限公司
地址:浙江省慈溪市慈东滨海区慈东大道1888号
邮编:315311
电话:0574/23456125、13586607943
传真:23456165
电子信箱:autoparts@ tirri. cn
法定代表人:徐雪柯
质量体系:ISO/TS 16949
产品情况:(腾锐牌)
车用铝硬钎焊散热器总成,暖风机总成,冷凝器、蒸发器总成,中冷器总成,胀管装配式散热器总成等产品
配套及出口情况:为力帆、众泰、黄海、金杯、福田等厂家配套;出口欧美、日本、韩国等国家和地区

★宁波保清节能高科技有限公司
地址:浙江省慈溪市长河镇余庵西路66号
邮编:315326
电话:0574/63409088、63409660
传真:63407787
电子信箱:baoqing@ chinabaoqing. com
法定代表人:应成钊
质量体系:ISO 9001
产品情况:(神空牌)
节油净化器

★宁波洛卡特汽车零部件有限公司
地址:浙江省慈溪市庵东工业区南
邮编:315327
电话:0574/63263295
传真:63262315
网址:www. luokate. com
电子信箱:yingxiao@ luokate. com
法定代表人:孙国庆
质量体系:ISO/TS 16949
产品情况:电动燃油泵、燃油泵总成、调压阀等;具有年产600万支泵芯、400万套燃油泵总成的生产能力
配套情况:为奇瑞、比亚迪、五菱汽车、吉利汽车、力帆汽车、哈飞汽车、昌河铃木、中顺汽车、华泰、众泰、东风渝安配套

★浙江吉利动力总成有限公司
地址:浙江省慈溪市杭州湾新区滨海二路818号
邮编:315336
电话:0574/63991130、63991132
传真:63991180
电子信箱:fei. tang@ geely. com
法定代表人:王瑞平
产品情况:汽油发动机和变速器
配套情况:主要为吉利下属各整车基地配套生产3G10、MR479Q、4G15/4G18、4G24等系列汽油发动机和变速器

★宁波丰沃涡轮增压系统有限公司
地址:浙江省慈溪市杭州湾新区兴慈七路433号
邮编:315336
电话:0574/63008893、63008466
电子信箱:zhaoya. tang@ vofonturbo. com
法定代表人:陈卫德
产品情况:高效废气涡轮增压器

★宁波市奉化动力机械配件有限公司
地址:浙江省奉化市江口街道南渡路66号
邮编:315504
电话:0574/88557186、88562638
传真:88562638
网址:www. fh - dp. com
电子信箱:manager@ fh - dp. com
法定代表人:张旭东
质量体系:ISO/TS 16949
产品情况:摇臂总成、气门导管;具有年生产摇臂总成20万台、气门导管1000万支的能力
配套情况:为一汽、广州柴油机厂等企业配套

★雪龙集团股份有限公司
地址:浙江省宁波市北仑区黄山西路211号

邮编:315899
电话:0574/86805201、86805202
传真:86805212
网址:www. xuelong. net. cn
电子信箱:hclin@ xuelong. net. cn
法定代表人:贺财霖
质量体系:ISO/TS 16949
产品情况:(雪龙牌)
发动机冷却风扇总成、离合器风扇集成系统及汽车轻量化吹塑系列产品等
配套及出口情况:为一汽、东风、吉利、江淮、宇通客车、一拖集团、上柴等百余家汽车及发动机生产厂商以及卡特彼勒、沃尔沃、韩国斗山、日本洋马等国际知名企业配套;远销美国、日本、德国、韩国等国家

★浙江黎明发动机零部件有限公司
地址:浙江省舟山市经济开发区新港园区弘路大道89号
邮编:316000
电话:0580/2921116、2921117
电子信箱:zjzslm@ vip. 163. com
法定代表人:俞黎明
质量体系:ISO/TS 16949、ISO 14001
产品情况:(LM牌)
已具有年产气门锁片25000万片、气门弹簧座12000万件、推杆100万件、气门挺柱60万件、气门摇臂800万件、气门帽2500万件、活塞冷却喷嘴600万件、摇臂球头组合件300万套、其他各种冲压件2000万件的生产能力
配套情况:为天津一汽丰田、长春丰田、东风康明斯、福田康明斯、西安康明斯、一汽大柴、一汽锡柴、天津一汽夏利、一汽轿车、东风商用车、东风朝柴、玉柴、潍柴、上柴、上汽通用五菱、东安三菱、东安动力、长城汽车、保定长城内燃机、北汽福田、天津雷沃动力、江淮、吉利、奇瑞、华晨、长安、比亚迪、杭发、重汽集团、一汽海马、宗申、力帆、渝安、绵阳新晨等配套

★浙江邦得利环保科技股份有限公司
地址:浙江省临海市江南开发区长溪路188号
邮编:317000
电话:0576/85010118、85939801
传真:85939524
网址:www. bondlye. cn
电子信箱:sales@ bondlye. cn
法定代表人:陈法献
单位人数:150
质量体系:ISO/TS 16949
产品情况:乘用车排气歧管及催化转化器、轻型柴油车EGR冷却器、重型柴油车SCR集成系统等汽车排放后处理产品
配套及出口情况:主要客户有一汽轿车、一汽夏利、吉利汽车、比亚迪汽车、五十铃等著名整车生产企业和天纳克、佛吉亚、德尔福等国际著名排气系统生产公司;出口美国、韩国、印度、马来西亚等国家

★浙江东星汽车部件有限公司
地址:浙江省临海市杜桥镇上洋桥工业区
邮编:317016
电话:0576/85662888、85528124
传真:85528123
网址:www. chinaeaststar. com
电子信箱:sales@ chinaeaststar. com
法定代表人:潘兆星
单位人数:368
质量体系:ISO/TS 16949
产品情况:汽车发动机皮带轮系列——曲轴皮带轮、减振轮、动力转向皮带轮、风扇皮带轮、空调皮带轮、张紧轮和张紧器等
配套及出口情况:国内顾客有一汽-大众、上汽大众、江铃、江淮、庆铃、海马等汽车主机厂和航天三菱、东安汽发等主要发动机公司以及汽车转向泵、发电机、空调机和水泵生产厂商;国外顾客包括汽车部件公司和欧洲和美国的汽车维修件主要分销商,如雷米、博世、电装、固恩治、法雷奥、日立、艾尔比、德国重柴、伊斯卡拉;60%的产品远销欧洲、北美洲、南美洲、亚洲地区

★临海市伟达汽车部件有限公司
地址:浙江省临海市杜桥镇嵩山路北段
邮编:317016
电话:0576/85528098
传真:85528488
网址:www. tzwdqp. com
电子信箱:lhwd@ vip. 163. com
法定代表人:张学东
质量体系:ISO/TS 16949、ISO 14001
产品情况:形成EGR冷却器系列、EGR不锈钢波纹管系列、油气分离器系列、油冷器系列、低压油管系列、冷却水管系列、压铸铝系列、冷却喷嘴系列、浇铸铝系列、QT/HT铸造支架系列、冲压件系列、机械精加工系列、皮带轮/张紧轮总成系列、锻造系列等13大类产品
配套及出口情况:主要合作企业有江铃汽车、江西五十铃、江淮汽车、北汽福田、江铃重汽、潍柴动力、云内动力、上汽、东风日产、长城汽车、一汽-大众等;远销西班牙、意大利、美国、加拿大、欧洲等国家和地区

★浙江银轮机械股份有限公司
地址:浙江省天台县福溪街道始丰东路8号
邮编:317200
电话:0576/83938338、83938339
传真:83938359、83938333
网址:www. yinlun. com
电子信箱:master@ yinlun. cn
法定代表人:徐小敏
负责人:卫道河
单位人数:2700
质量体系:ISO/TS 16949、ISO 14001
产品情况:(银轮牌)
油冷器、中冷器、散热器、冷却模块总成、尾气再循环冷却器及铝压铸件等6大系列3000多个品种规格,年产销量超过1000万件
配套情况:是北汽福田、玉柴、潍柴、中国重汽、东风柳汽、东风商用车的热交换器战略合作伙伴

★天台县银通铝业股份有限公司
地址:浙江省台州市天台县白鹤镇澄东路6号
邮编:317201
电话:0576/83778507、13736630687
传真:83777792
网址:www. zjytly. com
法定代表人:齐君明
产品情况:高频焊管、散热器管、冷却管、内翅片、组件、挤压管等工业铝型材产品

★浙江荣发动力有限公司
地址:浙江省温岭市城南镇中心工业区
邮编:317515
电话:0576/86259718、86267118
传真:86259798
网址:www. chinayeqi. com
电子信箱:sales01@ chinayeqi. com
法定代表人:刘荣明
负责人:刘宇
单位人数:200
质量体系:ISO/TS 16949、QS 9000
产品情况:(野骑牌、YEQI牌、RONGFAMOTO牌、K牌)
汽车用废气涡轮增压器、摩托车发动机、发动机缸体、小型汽油机缸体、压铸铝合金缸体、工业装配流水线等,具有年生产发动机缸体40万套,小型汽油机30万套,增压器10万台,压铸发动机缸体20万套的生产能力
配套及出口情况:为北内、玉柴等主机厂配套;远销欧洲、美洲、东南亚等地区

★浙江玉强机械股份有限公司
地址:浙江省玉环市环东工业区
邮编:317600
电话:0576/87278737、87282085
传真:87222565
网址:www. highrate. cn
电子信箱:sales@ highrate. cn
法定代表人:叶尚云
单位人数:500
质量体系:ISO/TS 16949
产品情况:连杆总成、发动机正时齿轮室、油泵调速器、前轮毂、汽车自动调整器、转向机扭杆、高强度螺栓、曲轴箱、摇杆、轴承盖、弹簧座、驾驶室全浮前悬置系统、备胎升降机总成、花键轴等系列产品
配套及出口情况:主要客户为一汽轿

车、东风汽车、潍柴动力、中国重汽杭州发动机、陕汽集团、玉柴机器、上海电装燃油喷射、天合汽车零部件(上海)、比亚迪、豫北转向、台州永安转向器、中国重汽济南动力、北辰汽车转向器、株洲易立达、沙市久隆动力转向器、北奔重型、电装(常州)燃油喷射、亚新科廊坊美联、北京佩特来电器、恒隆集团等100多家厂家;部分产品远销北美洲、南美洲、欧洲等地区

★浙江强能胜动力股份有限公司
地址:浙江省玉环市机电工业园区
邮编:317600
电话:0576/87212741、87284532
传真:87210811
网址:www. qiangnen. com
电子信箱:qiangnen@ 126. com
法定代表人:叶彩娇
质量体系:IATF 16949、ISO 14001
产品情况:(强能牌)
　　产品包括摇臂总成系列、非标高强度螺栓系列、惰齿轮轴系列、张紧轮系列、新能源高压线束等2000余种产品
配套情况:是江铃福特、北汽福田、玉柴、五十铃、航天三菱、道依茨、中国一汽、福田戴姆勒、MTU等主机厂的优质零部件供应商

★浙江长宏科技股份有限公司
地址:浙江省玉环市汽摩工业区
邮编:317600
电话:0576/87200666、87203968
传真:87202108
网址:www. cnzjch. com
电子信箱:web@ cnzjch. com
法定代表人:林长平
单位人数:600
质量体系:ISO/TS 16949
产品情况:(CHP牌)
　　通用汽油机曲轴和电动工具零部件等系列产品;曲轴年产量达1000万根
出口情况:出口美国、欧洲、东南亚等国家和地区

★浙江和日摇臂有限公司
地址:浙江省玉环市汽摩工业园区112号
邮编:317600
电话:0576/87286098
传真:87286149
网址:www. heri. com. cn
电子信箱:sales@ heri. com. cn
法定代表人:陈爱和
质量体系:ISO/TS 16949
产品情况:(HERI牌)
　　汽车发动机摇臂、EVB排气制动器、挺柱以及轮毂单元
配套及出口情况:主要与美国康明斯、卡特彼勒、约翰迪尔、福田康明斯、西安康明斯、日本富士重工、中船安庆基尔、安徽江淮、保定长城、印度TVS、印度Bajaj、宗申、大长江、国内外本田、雅马哈、铃木系列等主机厂配套;远销美国、英国、法国、巴西、墨西哥、巴基斯坦、日本、印度、新加坡及东南亚等全球数十个国家和地区

★浙江玉旋泵业有限公司
地址:浙江省玉环市汽摩园区东区
邮编:317600
电话:0576/89316888、89911666
传真:89316851
网址:www. yuxuan. com
电子信箱:sales@ yuxuan. com
法定代表人:苏明玉
质量体系:ISO/TS 16949
产品情况:汽车水泵、机油泵等
出口情况:出口东南亚、中东、欧洲、美洲等地区

★台州晨辉机械制造有限公司
地址:浙江省玉环市沙门镇滨港工业城
邮编:317600
电话:0576/89908088、87284458
传真:87264010
网址:www. zjchenhui. com. cn
电子信箱:chenhui@ zjchenhui. com. cn
法定代表人:陈庆力
质量体系:ISO/TS 16949、ISO 9001
产品情况:汽车减振皮带轮和发动机皮带轮
配套情况:为浙江全兴集团、浙江三工、瑞立集团、河南飞龙、昆明云内、哈尔滨东安发动机、吉利汽车、奇瑞汽车、比亚迪汽车、长安汽车、陕西重汽等配套

★台州鑫腾油泵有限公司
地址:浙江省玉环市上岙工业区
邮编:317600
电话:0576/87276189、13506860088
传真:87276183
网址:www. cntqw. com
电子信箱:generalmanager@ cntqw. com
法定代表人:李庚鸿
质量体系:ISO/TS 16949
产品情况:(TQW牌)
　　机油泵

★玉环容凯汽车配件有限公司
地址:浙江省玉环市后湾工业园区
邮编:317602
电话:0576/87560158、87560056
传真:87560056
网址:www. cnrkf. com
电子信箱:sales@ cnrkf. com
法定代表人:陈高波
质量体系:GB/T 19001
产品情况:(RKF牌)
　　主要产品涵盖燃油泵过滤器,燃油泵总成,节温器总成及冷却液循环泵相关配件

★玉环中本机械有限公司
地址:浙江省玉环市坎门科技创业孵化园解放塘路52-172号(2号楼)
邮编:317602
电话:0576/87568069、89925316
传真:87553266
网址:www. zhongben. com
电子信箱:zhongben8019@ vip. 163. com
法定代表人:高喜
质量体系:ISO/TS 16949
产品情况:摩托车链条张紧器、汽车链条和皮带式张紧器
配套及出口情况:为天津-本田、新大洲本田、五羊-本田、重庆嘉陵-本田、洛阳北易、成都天兴山田、东风汽车紧固件等配套;远销欧美、日本、菲律宾等国家和地区

★台州易宏实业有限公司
地址:浙江省玉环市坎门榴岛大道346号
邮编:317602
电话:0576/80753001、80753067
传真:87555137
网址:www. cn-yihong. com
电子信箱:sales@ cn-yihong. com
法定代表人:陈秀平
质量体系:ISO/TS 16949
产品情况:汽车水泵、风扇离合器
配套情况:为一汽集团、吉利汽车等配套

★浙江泽威摇臂制造有限公司
地址:浙江省玉环市汽摩工业园区
邮编:317602
电话:0576/87258318
传真:87258308
网址:www. zjzewei. com
电子信箱:zw@ zjzewei. com
法定代表人:林相贵
质量体系:ISO/TS 16949
产品情况:(泽威牌)
　　重型车和轻型车摇臂总成、摇臂轴、高强度螺栓、气门推杆、惰轮轴等各种柴油机、汽油机零部件
配套情况:为广西玉柴、洛阳一拖、一汽大柴、常柴、山东潍柴、韩国斗山、印度马恒达、印度塔塔、美国铁姆肯等几十家国内外企业的定点配套

★浙江九隆机械有限公司
地址:浙江省玉环市汽摩工业园区
邮编:317602
电话:0576/89927902
传真:89927901、89927900
网址:www. jooloong. com
电子信箱:lon-nn@ jiulongcn. com
法定代表人:叶艺龙
单位人数:1000
质量体系:ISO/TS 16949、ISO 14001
产品情况:(九隆牌)
　　发动机缸盖系列、摇臂总成系列、EGR阀总成、汽车线束、高强度与异形紧固件系列、大中型冲压件系列、油底壳系列

配套情况:为一汽丰田(长春)发动机、广西玉柴、道依茨一汽(大连)柴油机、一汽轿车、锡柴、一汽哈尔滨轻型车厂、一汽通用红塔云南、天津一汽夏利等配套

★台州永裕工业有限公司
地址:浙江省玉环市珠港镇坎门水龙路6号
邮编:317602
电话:0576/87508111、87561518
传真:87561128
网址:www.yongyu.com
电子信箱:sales@yongyu.cc
法定代表人:郑志新
质量体系:ISO/TS 16949
产品情况:(永裕牌)
各式汽缸盖,年生产量达到15万只
出口情况:远销美国、大洋洲、东南亚、中东、欧洲等多个国家和地区

★玉环市金隆机械股份有限公司
地址:浙江省玉环市珠港镇水龙工业区富康路9号
邮编:317602
电话:0576/87571261、87508133
传真:87508133
网址:www.yh-jinlong.com
电子信箱:jinlong7666@163.com
法定代表人:郑鹏
质量体系:ISO/TS 16949
产品情况:气门摇臂总成(含EVB)、喷油器衬套、高强度紧固件和拨叉总成、十字轴等重型汽车发动机及高端商用、客车车桥产品
配套情况:是中国重汽集团、安凯福田集团公司的定点配套单位

★浙江宇太精工股份有限公司
地址:浙江省玉环市大麦屿经济开发区
邮编:317604
电话:0576/87339572、87337853
传真:87339532
网址:www.yousunny.com
电子信箱:yousunny@yousunny.com
法定代表人:姚必武
质量体系:ISO/TS 16949
产品情况:气门摇臂、摇臂座、摇臂轴、摇臂轴总成、EVB排气制动系列产品、气门推杆、弹簧座及发动机轮系自动张紧轮、EGR阀、排气制动蝶阀等汽车零部件
配套情况:为多家知名内燃机和整车企业配套

★浙江汇裕汽车零部件有限公司
地址:浙江省玉环市汽摩工业园区
邮编:317604
电话:0576/87356985、87356986
法定代表人:李玉辉
质量体系:ISO/TS 16949
产品情况:[汇裕(HUIYU)牌]
液压挺杆
配套情况:为依维柯等多家知名发动机企业配套

★浙江新大陆机械有限公司
地址:浙江省玉环市坎门街道康裕路16号
邮编:317608
电话:0576/81732268
电子信箱:robot@cnxdl.com
法定代表人:陆阿平
质量体系:ISO 9001
产品情况:13HP以下国产通用型汽油发动机,汽缸体、汽缸盖、曲轴、连杆、凸轮轴等零部件

★台州宏鑫曲轴有限公司
地址:浙江省玉环市漩门工业区
邮编:317608
电话:0576/87298999、87303999
传真:87298993、87303993
网址:www.tz-hongxin.com
电子信箱:info@tz-hongxin.com
法定代表人:王兴钱
质量体系:ISO/TS 16949
产品情况:摩托车发动机曲轴连杆组件及通用汽油机曲轴连杆组件
配套情况:为济南轻骑、广州宝田、中国本州、浙江王野、临沂华盛、盐城江动等企业供货

★恒勃控股股份有限公司
地址:浙江省台州市海昌路1500号
邮编:318000
电话:0576/89226666、82607800
网址:www.chinahengbo.com
电子信箱:qmcw@hengbo.cc
法定代表人:周书忠
质量体系:ISO/TS 16949
产品情况:(恒勃牌)
各种型号汽车、摩托车及通用机滤清器
配套情况:为福建奔驰、东风日产、广汽、上汽、吉利、奇瑞、东南、海马、江淮等汽车厂商,雅马哈、本田、铃木、大长江、川崎等摩托车厂商,富世华、富士罗宾、科勒、百力通等通用机厂商等100多家国内外知名主机厂配套

★台州三元车辆净化器有限公司
地址:浙江省台州市黄岩区西工业园区金牛路13号
邮编:318025
电话:0576/84859899、84338660
传真:84891117
网址:www.chinaucc.com
电子信箱:threeway@chinaucc.com
法定代表人:王六杞
质量体系:ISO/TS 16949
产品情况:汽车、摩托车三效催化转换器及催化剂,年生产量达50万L汽车催化剂及45万套摩托车催化器
配套及出口情况:为北汽集团、金龙汽车等配套;远销北美洲、欧洲、日本、中东

★浙江爱信宏达汽车零部件有限公司
地址:浙江省台州市路桥区路南街道上张村
邮编:318050
电话:0576/82507333、82507222
传真:82507000
网址:www.aisin-hongda.com
电子信箱:zjaha@aisin-hongda.com
法定代表人:伊藤慎太郎
单位人数:750
质量体系:IATF 16949、ISO 14001
产品情况:(爱信宏达牌)
硅油风扇离合器、水泵、机油泵、汽缸盖、正时齿轮链盖总成、铝压铸相关产品和发动机相关产品
配套及出口情况:为天津一汽丰田发动机、东风商用车发动机厂、江铃汽车、哈东安发动机、沈阳航天三菱、一汽丰田(长春)发动机、北汽福田环保动力、广汽丰田发动机等配套;部分产品出口日本,为爱信精机株式会社(五十铃、大发汽车、丰田汽车)、三菱重工业株式会社、椿本株式会社等配套

★浙江鼎利控股集团有限公司
地址:浙江省台州市路桥区新安西街889号
邮编:318050
电话:0576/82550082、82550087
传真:84724646、82550831
电子信箱:dingli@dlgroup.com.cn
法定代表人:戴学利
质量体系:ISO/TS 16949、ISO 14001
产品情况:车用轴承、特种轴承、汽车水泵、汽车发电机、汽车起动机、通用机械和环保监测仪

★浙江博星工贸有限公司
地址:浙江省金华市美和路1188号
邮编:321016
电话:0579/83930777、83930666
传真:83930555
网址:www.zjfourstar.com
电子信箱:sales@zjfourstar.com
法定代表人:周望平
质量体系:ISO 9001
产品情况:专业生产汽车发动机凸轮轴,摩托车发动机凸轮轴、通用汽油机凸轮轴及平衡轴、柴油机凸轮轴及平衡轴;现具备年产350万件套各类凸轮轴和平衡轴的生产能力
配套及出口情况:国外客户有美国B&S、美国通用动力、日本富士、日本雅马哈、日本DBS、日本川崎等;国内有奇瑞汽车、吉利汽车、浙江康斯特动力、江淮动力、常柴动力、常州罗宾富士、林海雅马哈等国内60多家企业;远销欧洲、

非洲、东南亚

★金华航宇汽配制造有限公司
地址:浙江省金华市工业园区九峰街686号
邮编:321018
电话:0579/82600988、82600990
传真:82600980
网址:hy - muffler. com
电子信箱:jhhywx@ 163. com
法定代表人:万晓燕
质量体系:ISO/TS 16949、QS 9000
产品情况:汽车排气管、消声器、三元催化器
配套情况:为青年汽车、东风柳汽、华泰现代、厦门金龙、众泰汽车、江南汽车等整车企业配套

★浙江超越实业有限公司
地址:浙江省永康市大徐工业区
邮编:321200
电话:0579/87271526、87271530
传真:87271333
网址:www. cn - chaoyue. com
电子信箱:chaoyue@ cn - chaoyue. com
法定代表人:吴子广
单位人数:660
质量体系:ISO 9002
产品情况:(超越牌)
　　小型汽油机、汽缸盖、减振器、水冷发动机等

★浙江鸿运实业有限公司
地址:浙江省永康市大徐工业区
邮编:321300
电话:0579/87271998、87231177
传真:87231283
网址:www. chinaboyu. com
电子信箱:hy@ ykhy. cn
法定代表人:应香完
单位人数:380
质量体系:ISO/TS 16949
产品情况:(鸿永牌、山马牌、三色马牌等)
　　重型汽车半轴、汽车交流发电机、冷凝式散热器等汽车零部件
配套及出口情况:冷凝式散热器典型客户包括浙江四方集团、常柴股份、常州常发动力、福建金飞鱼、重庆金弓、重庆凯米尔、四川峨眉动力、江苏常工动力等几十家全国知名企业;为陕汽集团汉德车桥、北汽福田安凯车桥厂、一汽集团青岛青特车桥厂等全国知名车桥厂提供军用及民用重型汽车半轴,组装成汽车后桥供军用车及奔驰、福田等民用车配套使用;出口俄罗斯、东南亚、南美洲、东欧等国家和地区

★浙江龙翔曲轴有限公司
地址:浙江省永康市五金科技工业园银川东路30号
邮编:321300
电话:0579/87229704、13705895440
传真:87229706
网址:www. lxqz. com
电子信箱:huge@ lxqz. com
法定代表人:胡革
单位人数:300
质量体系:ISO 9001
产品情况:各种通用汽油机、小型汽油机及摩托车发动机曲轴,年生产能力600万套
出口情况:90%的产品出口国外

★浙江强广剑精密铸造股份有限公司
地址:浙江省永康市经济开发区上浦路208号
邮编:321301
电话:0579/87526600、13906792759
传真:87225500
网址:www. qgjco. com
电子信箱:info@ qgjco. com
法定代表人:吴朝佐
质量体系:ISO/TS 16949、ISO 9001
产品情况:生产汽车发动机缸体、缸盖、喷油泵体及摩托汽缸盖等铝合金铸件产品,具有年产50万件汽车配件与360万件摩托车配件的生产能力
配套情况:为一汽海马、郑州海马、广汽集团以及全球顶尖的摩托车厂家:本田、晓星、大长江、铃木等配套

★浙江三人机械有限公司
地址:浙江省永康市石柱镇塔田111号
邮编:321304
电话:0579/89280714、15088229899
传真:89280707
网址:www. chinasanren. com
电子信箱:ceo@ sanrengroup. com
法定代表人:陈刚强
质量体系:ISO/TS 16949
产品情况:(三人牌)
　　内燃机风冷汽缸套和小型动力机械关键零部件
配套及出口情况:主要客户有日本三菱重工等;远销国外市场

★浙江省缙云动力气缸有限公司
地址:浙江省缙云县上交岭45号
邮编:321400
电话:0578/3122458、3136114
传真:3141750
网址:www. jydongli. com
电子信箱:lzq@ jydongli. com
法定代表人:朱国泰
单位人数:400
质量体系:ISO 9001
产品情况:(JYMCO牌)
　　生产汽车发动机汽缸体、摩托车汽缸体、汽车空调压缩机缸体及各类缸套产品
配套及出口情况:为吉利汽车、美国ALMA公司、珠峰光阳、济南轻骑、上海幸福集团等配套;出口东南亚、美国等国家和地区,并销往中国台湾地区

★浙江凯吉汽车零部件制造有限公司
地址:浙江省义乌市春晗路121号
邮编:322018
电话:0579/85262391、85262390
传真:85262185、85262187
网址:www. kaiji1. com
电子信箱:kaiji_auto@ hotmail. com
法定代表人:丁文金
质量体系:ISO/TS 16949
产品情况:(凯吉牌)
　　发动机、汽缸盖、水泵、曲轴、凸轮轴等

★浙江双良汽车零部件有限公司
地址:浙江省丽水市水阁工业园绿谷大道368号
邮编:323000
电话:0578/2995686、2995666
传真:2995687
电子信箱:sale7@ dkk. com. cn
法定代表人:蔡良丰
质量体系:ISO/TS 16949
产品情况:(电科牌)
　　电动燃油泵、空气流量计、氧传感器等
出口情况:年产量的80%远销欧洲、美洲、中东、东南亚等地区

★浙江三田汽车空调压缩机有限公司
地址:浙江省龙泉经济开发区三田产业园(广达街81号)
邮编:323700
电话:0578/7695588、7766591
传真:7691118
电子信箱:st@ chnsant. com
法定代表人:林剑
质量体系:ISO/TS 16949
产品情况:汽车空调压缩机的缸体、行星盘、主轴、斜盘、前后盖、活塞的喷漆等

★浙江三田滤清器有限公司
地址:浙江省龙泉市大沙经济开发区
邮编:323700
电话:0578/7218488、7218687
传真:7218058
电子信箱:aileen@ santianfilter. net
法定代表人:陈积松
质量体系:ISO 14001、ISO/TS 16949
产品情况:各类空气、燃油、机油,油水分离等滤清器
出口情况:畅销欧美、中东、东南亚等地区

★浙江兄弟之星汽配有限公司
地址:浙江省丽水水阁经济开发区丽沙路5号
邮编:323704
电话:0578/2997889、2997888
传真:2999777
网址:www. brotherstar. com

电子信箱：root@ xiahuaqp. com
法定代表人：夏建荣
质量体系：ISO 9001
产品情况：（兄弟之星牌、顶刮刮牌）
汽车刮水片、滤清器等
出口情况：出口美国、日本、加拿大、荷兰、英国、马来西亚等国家，并销往中国台湾地区

★浙江菲尔马滤清器有限公司
地址：浙江省衢州市龙游县城北开发区凤山大道6号
邮编：324000
电话：0570/7606888、7606999
传真：7606777
网址：www. zjfem. com
电子信箱：master@ hoget. cn
法定代表人：朱里兵
单位人数：200
质量体系：ISO 9001
产品情况：（ZLB牌）
轿车、工程机械、载重货车滤清器等产品
出口情况：远销东南亚、中东、非洲、美洲等地区

★浙江开山缸套有限公司
地址：浙江省衢州市衢江区大洲工业功能区
邮编：324000
电话：0570/3857018、18915401519
传真：3857008
网址：www. ksgangtao. com
电子信箱：xu. yanping@ kaishangroup. com
法定代表人：钱永春
质量体系：ISO/TS 16949
产品情况：（古钱牌、开山牌）
各种汽缸套，年产各类汽缸套500多万只
配套及出口情况：为全柴、玉柴、新柴、常发、江动、力佳、四方等国内十几家主机厂配套；远销美国、日本、东南亚等国家和地区，并销往中国香港、中国台湾地区

★衢州市硕通汽车零部件有限公司
地址：浙江省衢州市东港开发区东港二路58号
邮编：324022
电话：0570/8888818、8888817
传真：8882852
网址：www. chinashuotong. com
电子信箱：zjb@ chinashuotong. com
法定代表人：江日和
质量体系：ISO/TS 16949
产品情况：具有年产铝钎焊式散热器100万套、暖风机50万套、冷凝器10万套的能力
配套及出口情况：生产的汽车冷却系统已被比亚迪汽车、北汽福田、长安汽车、昌河铃木、东风股份、东风渝安、华泰现代、青年莲花、陕汽集团、众泰汽车等国内多家汽车制造厂商选为配套产品；远销欧美、东南亚、中东等地区

★浙江衢州永丰金属制品有限公司
地址：浙江省衢州市衢江区重阳路5号
邮编：324022
电话：0570/3680088
传真：3377321
网址：www. yfmetal. cn
电子信箱：yfcjs@ 163. com
法定代表人：陈建水
单位人数：180
质量体系：ISO/TS 16949
产品情况：汽车同步齿轮、气门导管等汽车零部件及粉末冶金制品

★温州安佳汽车零部件有限公司
地址：浙江省温州市龙湾区滨海工业园区三道4339号
邮编：325000
电话：0577/85859508、85859506
传真：85859509
电子信箱：2880686625@ qq. com
法定代表人（负责人）：万进光
质量体系：ISO/TS 16949、ISO 14001
产品情况：电喷燃油泵、燃油泵总成、氧传感器、微电机、精密模具、塑料件等
配套及出口情况：为江淮、众泰、川汽、华泰等配套；远销美国、欧洲、南美洲、东南亚、中东等80多个国家和地区

★汇润机电有限公司
地址：浙江省温州市甬江路55号
邮编：325011
电话：0577/86808289
传真：86808292
网址：www. achr. cn
电子信箱：office@ achr. cn
法定代表人：薛肇江
负责人：黄国尧
单位人数：550
质量体系：ISO/TS 16949、ISO 14001
产品情况：（ACHR牌）
汽车电喷燃油泵、总成、锆芯及车用氧传感器、电动汽车电动机、节气门电动机、永磁无刷电动机、助力转向电动机、机器人电动机等产品
配套及出口情况：与上汽集团、东风郑州日产、一汽轿车、南京依维柯等汽车制造公司实现配套；90%出口欧美等地区

★温州市云欣机车部件有限公司
地址：浙江省温州市龙湾区海城宾海工业区海工大道玉山路33号
邮编：325055
电话：0577/86600530、86600531
传真：86600630
网址：www. xindelw. com
电子信箱：info@ xindelw. com
法定代表人：朱日德
质量体系：ISO 9001
产品情况：（信德牌）
汽车燃油泵滤网
出口情况：出口美国、日本、东南亚、中东、中北美洲等国家和地区

★浙江奥特西散热器制造有限公司
地址：浙江省瑞安市曹村镇经济开发区
邮编：325200
电话：0577/65152666、65150789
传真：65152168
网址：www. atxradiators. com
电子信箱：info@ atxradiators. com
法定代表人：潘孝清
质量体系：ISO 9001
产品情况：（奥特西牌、鑫发牌）
100多种铝制散热器、散热器，年产能力达100多万只

★温州车舟汽车部件有限公司
地址：浙江省瑞安市东新工业区东一路
邮编：325200
电话：0577/58907898、62110089
传真：58901111
网址：www. chezhou. com
电子信箱：salesdept@ chezhou. com
法定代表人：叶舟
质量体系：ISO/TS 16949、ISO 14001
产品情况：（车舟牌）
电控硅油离合器、气动式硅油离合器、感温式硅油离合器、塑料风扇、金属风扇
配套及出口情况：为东风商用车、东风股份、东风柳汽、陕汽集团、奇瑞汽车、雷沃动力、华菱汽车、印度塔塔等配套；远销美洲、欧洲、东南亚、中东、非洲

★浙江神邦机械有限公司
地址：浙江省瑞安市飞云云江标准厂房机械区二号楼
邮编：325200
电话：0577/65512848、65130885
电子信箱：120929159@ qq. com
法定代表人：林旭
产品情况：主要产品有管式冷却器、不锈钢板式冷却器、铝冷却器

★瑞安市友诺汽摩附件有限公司
地址：浙江省瑞安市经济开发区东二路178号
邮编：325200
电话：0577/65186336、13587585760
传真：65526263
法定代表人：陈键龙
产品情况：空气过滤器、进气歧管、自动开关
出口情况：主要销往欧美、亚洲、中东等地区

★浙江华森散热器制造有限公司
地址：浙江省瑞安市经济开发区宏远路1099号
邮编：325200
电话：0577/65604185

传真:65602819
网址:www. xinhuasen. com
电子信箱:master@ cnzhongma. com
法定代表人:虞丽华
质量体系:ISO 9001
产品情况:(XINHUASEN 牌)
主要产品有汽车散热器、汽车空调、汽车制动器、汽车电器等4大系列2000多种产品
配套及出口情况:为东风汽车公司、一汽集团配套;远销欧洲、美国、中东、东南亚等国家和地区

★浙江锦佳汽车零部件有限公司
地址:浙江省瑞安市开发区开发一路369号
邮编:325200
电话:0577/65155688
传真:65155708
网址:www. jinjiapump. com
电子信箱:pumpoa031@ chinajinjia. cn
法定代表人:万进光
单位人数:400
质量体系:ISO/TS 16949
产品情况:(锦佳牌)
汽车电喷燃油泵、电喷无刷泵、尿素泵系统

★浙江亚美力新能源科技有限公司
地址:浙江省瑞安市南滨街道阁巷新区
邮编:325200
电话:0577/65785555
网址:www. ymlzx. net
电子信箱:kay - radiator@ ymlzx. net
法定代表人:周荣华
质量体系:ISO/TS 16949
产品情况:汽车散热器、热交换器、中冷器等发动机冷却系统产品
出口情况:远销北美洲、欧洲、中东、东南亚等地区

★浙江道森活塞制造有限公司
地址:浙江省瑞安市塘下镇北工业区广场路货运快速道口
邮编:325200
电话:0577/65668616、65670098
传真:65675066、65675188
网址:www. daosen. com
电子信箱:daosen@ daosen. com
法定代表人:吴芝兰
单位人数:600
质量体系:ISO 9001
产品情况:(道森牌)
生产摩托车活塞、汽车活塞及活塞环,年产活塞1200万套、活塞环700万副
出口情况:远销欧洲、美洲、非洲、东南亚

★浙江环球滤清器有限公司
地址:浙江省瑞安市塘下镇塘下北工业园区B区凤都二路288号
邮编:325203
电话:0577/65329885
传真:65329902
网址:www. universefilter. com
电子信箱:info@ universefilter. com
法定代表人:刘万斌
单位人数:800
质量体系:ISO/TS 16949
产品情况:(环球牌、HK 牌)
滤清器,年生产能力达5000多万只
配套及出口情况:与中国重汽集团、潍柴动力、三一重工、陕汽、昌河铃木等主机厂定点配套;出口美国、加拿大、欧洲等高端市场与通用、菲亚特等世界一流汽车厂家形成配套业务

★浙江长生滤清器有限公司
地址:浙江省瑞安市东山经济开发区上东路279号
邮编:325204
电话:0577/65156569、65156576
传真:65357668
电子信箱:cai_weijun@ 126. com
法定代表人:李美兰
质量体系:ISO 9001
产品情况:(长生牌)
各类空滤、油水分离器、燃油、冷却水、机油滤油器等

★浙江仁通机车部件有限公司
地址:浙江省瑞安市国际汽摩配北工业园区
邮编:325204
电话:0577/65388860、65388850
传真:65388820
网址:www. kingoo. net
电子信箱:sale@ kingoo. net
法定代表人:金建强
质量体系:ISO/TS 16949
产品情况:汽车散热器、冷凝器、汽车加热器和中冷器等
出口情况:出口欧洲、美国、南美洲、中东、非洲、东南亚等国家和地区

★温州瑞明工业股份有限公司
地址:浙江省瑞安市国际汽摩配产业基地北区
邮编:325204
电话:0577/65329999、65379688
网址:www. chinarm. com
电子信箱:service@ chinarm. com
法定代表人:韩玉明
质量体系:ISO/TS 16949、ISO 14001
产品情况:铝合金汽缸盖、汽缸体、进气歧管、缸盖罩、铝支架等系列产品
配套情况:客户涵盖广汽乘用车、东风乘用车、神龙汽车、长城汽车、力帆汽车、比亚迪汽车、吉利汽车、江淮汽车等国内自主品牌主流车企与小康动力、渝安动力、柳机动力等发动机专业企业,以及上汽通用五菱、长安标致雪铁龙、广汽菲亚特等合资车企,沃尔沃、通用汽车、菲亚特、雪铁龙、卡特彼勒等国际知名品牌厂商

★浙江炬光汽车零部件有限公司
地址:浙江省瑞安市国际汽摩配产业园区(大南山北路155号)
邮编:325204
电话:0577/65320828
传真:65321238
网址:www. chinahuilong. com
电子信箱:juguang@ chinahuilong. com
法定代表人:戴乃品
单位人数:200
质量体系:ISO/TS 16949
产品情况:(炬光牌)
轿车散热器风扇、鼓风机总成等,年产能力100万余台
配套及出口情况:为一汽轻型货车配套;出口欧洲、美洲、亚洲等地区

★温州天纳福汽车轴承股份有限公司
地址:浙江省瑞安市国际汽摩配工业园罗凤西路
邮编:325204
电话:0577/65353530
传真:65351121
网址:www. tinafor. com
电子信箱:xgf@ tinafor. com
法定代表人:项公付
质量体系:ISO/TS 16949
产品情况:汽车发动机张紧轮、皮带轮、汽车离合器分离轴承、汽车轮毂轮轴等系列产品

★浙江奥凯嘉汽车科技有限公司
地址:浙江省瑞安市国际汽摩配工业园区大南山北路89号
邮编:325204
电话:0577/65332788、65321611
传真:65333788
网址:www. haogd. com
电子信箱:sales@ haogd. com
法定代表人:张武
质量体系:ISO/TS 16949、ISO 14001
产品情况:(浩钢达牌)
滤清器和涡轮增压器等
配套及出口情况:与锡柴、潍柴等多家国内外知名主机厂配套装机;远销欧洲、美洲、大洋洲、非洲等地区

★浙江星昊汽配科技有限公司
地址:浙江省瑞安市海安镇东工业区钢圈路2号
邮编:325204
电话:0577/65295288
传真:65295287
网址:www. vkfilter. com
电子信箱:sales@ vkfilter. com
法定代表人:韩圣文
质量体系:ISO/TS 16949
产品情况:(星昊牌)

机油滤清器、柴油滤清器、空气滤清器
出口情况:向东南亚、中东、欧洲等国家和地区出口

★浙江力宝机车部件有限公司
地址:浙江省瑞安市韩田玉何西路28号
邮编:325204
电话:0577/59891297、65351922
传真:65358206
网址:www. china - lippo. com
电子信箱:lippo@ china - lippo. com
法定代表人:宋晓东
质量体系:ISO/TS 16949、ISO 14001
产品情况:(LB牌、LIPPO牌)
汽车、摩托车、通用汽油机部件,节气门体等产品
配套及出口情况:为吉利集团、钱江集团、星月集团等配套;远销美国、欧洲、东南亚、中东、南美洲、非洲等国家和地区

★浙江瑞星化油器制造有限公司
地址:浙江省瑞安市汽摩配产业基地北区凤都五路168号
邮编:325204
电话:0577/65353868、65396488
传真:65369325
网址:www. sinoruixing. com
电子信箱:sales@ rx - cn. com
法定代表人:陈其忠
质量体系:ISO/TS 16949
产品情况:(瑞星牌)
化油器,年产能力1300万台
出口情况:与BRIGGS & STRATTON、KOHLER、HUSQVARNA、MTD、TTI、CUMMINS、GGP、TORO、MITSUBISHI、YAMAHA等多家全球领先的发动机企业建立配套、合作伙伴关系

★浙江东原机车部件有限公司
地址:浙江省瑞安市塘下高速出口东侧东源路1号
邮编:325204
电话:0577/65338561、13806804828
传真:65338580
网址:www. highfil. com
电子信箱:frank@ highfil. com
法定代表人:陈晓波
质量体系:ISO/TS 16949
产品情况:[东原(HIGHFIL)牌]
专业生产机油、燃油、空气、空调、液压滤清器和空气干燥器
配套及出口情况:为吉利、依维柯等企业配套;出口美国、德国、日本、澳大利亚等100多个国家

★瑞安市益华汽车配件有限公司
地址:浙江省瑞安市塘下国际汽摩配工业园区
邮编:325204
电话:0577/65322677、65323666
传真:65322655
电子信箱:info@ ehuachina. com
法定代表人:陈国伟
质量体系:ISO 9001
产品情况:(美声牌)
汽车水泵、机油泵、喇叭、调节器、闪光器、电子钟、继电器、玻璃升降器等

★意奔玛集团有限公司
地址:浙江省瑞安市塘下镇鲍田工业园区
邮编:325204
电话:0577/65210028
网址:www. ybm. com. cn
电子信箱:1992687802@ qq. com
法定代表人:陈秀琴
质量体系:ISO/TS 16949
产品情况:(YBM牌)
年产滤清器系列产品4000多万只
配套及出口情况:为沈阳新光华晨发动机、沈阳华晨金杯汽车、厦门金龙汽车、郑州日产汽车、曙光汽车、江苏九龙汽车、中兴汽车、新光华晨动力、绵阳新晨动力等配套;系列产品出口大洋洲、欧洲、北美洲等40多个国家和地区

★温州仁谦汽车油泵有限公司
地址:浙江省瑞安市塘下镇鲍田前进工业区
邮编:325204
电话:0577/58808517、65216000
传真:65214000
电子信箱:rq - qa@ 263. net
法定代表人:池仁谦
质量体系:ISO/TS 16949
产品情况:(CRQ牌)
燃油泵、过滤器、汽车附件

★浙江鸿科机车部件有限公司
地址:浙江省瑞安市塘下镇韩田长安路49号
邮编:325204
电话:0577/65385588、18958912838
传真:65376757
电子信箱:sales@ zjhongke. com
法定代表人:曹富旺
质量体系:ISO/TS 16949、ISO 14001
产品情况:专业生产电喷节气门体及铸造件加工
配套及出口情况:为多家汽车厂和电喷系统生产厂商配套;远销欧洲、北美洲、南美洲、俄罗斯等国家和地区

★浙江天欧机车部件有限公司
地址:浙江省瑞安市塘下镇花园工业区
邮编:325204
电话:0577/58813000、65385166
传真:58818780
网址:www. wzto. com
电子信箱:to@ wzto. com
法定代表人:薛定昌
单位人数:200
质量体系:ISO/TS 16949
产品情况:(CHANG牌、TIANOU牌、XUESIMAN牌)
轿车散热器风扇总成、摩托车闸把座总成两大系列
配套及出口情况:为众多整车厂配套;出口南美洲、中东、东南亚等地区

★浙江科劲涡轮增压器有限公司
地址:浙江省瑞安市塘下镇罗凤沙河工业区
邮编:325204
电话:0577/65368222
传真:65390010
网址:www. zjkejin. com
电子信箱:info@ zjkejin. com
法定代表人:韩一森
质量体系:ISO 9001
产品情况:[科劲(KEJIN)牌]
国内外进口机型的涡轮增压器
配套及出口情况:为东风康明斯、锡柴、大柴、朝柴、玉柴等配套;远销美洲、欧洲、东南亚、中东地区

★浙江精湛化油器有限公司
地址:浙江省瑞安市塘下镇赵宅工业区天凤大街141号
邮编:325204
电话:0577/65387201、25851018
传真:65358002
网址:www. kinzo. net
电子信箱:sale@ kinzo. net
法定代表人:张冬青
质量体系:ISO 9001
产品情况:(精湛牌)
摩托车、汽车及通用机化油器,年产各种化油器200万台
配套及出口情况:为建设集团、重庆宗申、重庆力帆、隆鑫集团、本州集团、广东豪进、广东奔马、王野动力、无锡富通等配套;出口美国、日本、东南亚、中东、非洲等10多个国家和地区

★瑞安市东方齿轮有限公司
地址:浙江省瑞安市塘下镇中村科技工业园区
邮编:325204
电话:0577/65353222、65357000
传真:65354550
网址:www. spsunshaft. cn
电子信箱:13705871117@ 126. com
法定代表人:张强引
单位人数:200
质量体系:ISO 9000
产品情况:(超阳牌)
汽车配件(凸轮、连杆、差速齿轮、气门导管、摇臂、转向循环),摩托车配件(制动泵、连杆、凸轮轴、咪表齿轮)等几十大系列产品
出口情况:远销美国、欧洲、东南亚、中东、非洲、南美洲等国家和地区

★浙江永钰过滤系统有限公司
地址:浙江省温州市经济技术开发区滨海园区滨海一道1467号
邮编:325204
电话:0577/59881802、59881809
传真:85852218
电子信箱:sales@ yongyucn. com
法定代表人:胡飞
质量体系:ISO/TS 16949
产品情况:(永钰牌)
滤清器、过滤器、油水分离器、滤座及各种总成
配套及出口情况:与全国部分大型汽车制造公司及发动机公司配套;远销东南亚、美洲、欧洲等地区

★浙江亚欧机车部件有限公司
地址:浙江省温州市经济技术开发区滨海园区三道滨海8路638号
邮编:325204
电话:0577/58809103、58809101
传真:58809101
网址:www. yuantaifilter. com
电子信箱:sales@ yuntygroup. com
法定代表人:陈瑞森
单位人数:500
质量体系:ISO/TS 16949、ISO 9001
产品情况:(远泰牌、滤神牌、重滤牌)
滤清器、刮水器及刮水臂片,年产机油、柴油滤清器1000多万只,空气滤清器200多万只,刮水器及刮水臂片100多万套
出口情况:出口美国、欧洲、中南亚、中东等国家和地区

★双宇集团有限公司
地址:浙江省瑞安市鲍田商业大街518号
邮编:325205
电话:0577/65220058、13758797075
传真:65220025
网址:www. so - yo. cn
电子信箱:sales@ so - yo. cn
法定代表人:钱圣录
质量体系:ISO/TS 16949
产品情况:滤清器、弹簧制动气室、油冷器、中冷器、暖风散热器、散热器、发电机、起动机

★浙江美星热交换科技股份有限公司
地址:浙江省瑞安市海安广场路45号
邮编:325205
电话:0577/59880617、59880602
传真:59880616
网址:www. cnshuangjian. com
电子信箱:zhifan. wang@ dsgroup. cc
法定代表人:徐绵
质量体系:ISO/TS 16949
产品情况:(双剑牌)
中冷器、散热器、机油冷却器和暖风等
配套及出口情况:为东风汽车公司、一汽集团配套;远销欧洲、北美洲地区

★浙江华工汽车零部件有限公司
地址:浙江省瑞安市塘下镇鲍田鲍七村
邮编:325205
电话:0577/65201295、65202989
传真:65215915
网址:www. chinasangong. com
电子信箱:sangong@ wzptt. zj. cn
法定代表人:周海明
质量体系:ISO/TS 16949、ISO 14001
产品情况:(RSK牌)
发动机冷却水泵、机油泵
配套及出口情况:为广西玉柴机器、潍柴动力配套;出口欧美、中东、非洲等国家和地区

★浙江奥泰电器有限公司
地址:浙江省瑞安市塘下镇场桥上灶工业区
邮编:325205
电话:0577/65268775、65262340
传真:65265480
网址:www. chinaaotai. com
电子信箱:market@ chinaaotai. com
法定代表人:吴善国
质量体系:ISO/TS 16949
产品情况:(奥泰牌)
铝制车用散热器、润滑油散热器、中冷器、空调蒸发器、冷凝器及车用暖风机
配套及出口情况:为湖南山河智能机械、济南重汽集团等国内企业配套;出口中东、东南亚、美国、加拿大、英国等国家和地区

★浙江鸿锐汽配股份有限公司
地址:浙江省温州市经济技术开发区滨海十三路388号
邮编:325206
电话:0577/58903711
传真:58818817
电子信箱:hongrui@ hraff. com
法定代表人:宋其棉
质量体系:ISO/TS 16949
产品情况:汽车燃油滤清器、汽油滤清器、机油滤清器、机油滤芯、空气滤清器、空调滤清器、转向盘及转向盘连接器
出口情况:远销欧洲、美国、大洋洲、中东、南美洲等50多个国家和地区

★浙江松德汽车配件制造有限公司
地址:浙江省温州市经济技术开发区滨海园区滨海十二路411号
邮编:325206
电话:0577/86808706、86808707
传真:86808705
网址:www. chinasongde. com
电子信箱:info@ chinasongde. com
法定代表人:宋友
质量体系:ISO 9001
产品情况:冷却液储液罐、散热器盖、加油口盖、水位传感器、水通等产品

★纳百川控股有限公司
地址:浙江省温州市泰顺月湖工业区分泰路59号
邮编:325216
电话:0577/67659910、67659923
网址:www. rnbc. com
电子信箱:info@ rnbc. com
法定代表人:陈荣贤
质量体系:ISO/TS 16949
产品情况:以车用铝质装配式散热器、暖风热交换器和钎焊式散热器为主的热交换系统产品
配套及出口情况:与一些知名客户建立了长期的合作关系;产品全部出口,装配式产品以欧洲市场为主,钎焊产品则以美洲市场为主

★温州隆华机械有限公司
地址:浙江省平阳县万全轻工基地机械园
邮编:325400
电话:0577/63709999、63170168
传真:63171995
电子信箱:lh@ longhua - cn. com
法定代表人:陈利木
质量体系:ISO/TS 16949
产品情况:滤清器

★浙江显峰汽车配件有限公司
地址:浙江省温州市平阳县昆阳镇平塔村显峰工业园
邮编:325400
电话:0577/63792808、63791808
传真:63790889
网址:www. masterpartssupply. com
法定代表人:陈演生
质量体系:ISO/TS 16949
产品情况:(MPSPR牌)
轴瓦、张紧轮、止推片、轴套等

★浙江安康汽车零部件有限公司
地址:浙江省温州市平阳县昆阳镇万全工业园区惠工路22号
邮编:325400
电话:0577/63791888、63759999
传真:63791688
网址:www. chinaankang. com
电子信箱:master@ chinaankang. com
法定代表人:陈传安
质量体系:ISO 9001
产品情况:(安康牌)
活塞环,具有年销售活塞环5000万元的规模
出口情况:远销中东、欧洲、美洲等地区

★温州卓人汽车电控有限公司
地址:浙江省温州市平阳县万全镇万全轻工基地万盛路79号
邮编:325400
电话:0577/63170990、4008895711
传真:63170982
网址:www. zoren. cn
电子信箱:info@ zoren. cn

法定代表人:黄福仁
质量体系:ISO/TS 16949
产品情况:汽车电喷燃油泵及总成,年产值9000万元
出口情况:产品的90%出口欧美等地区

★万宏集团有限公司
地址:浙江省平阳县宋桥孙楼工业区
邮编:325410
电话:0577/63150152、63150157
传真:63150150
网址:www.zj-wanhong.com
电子信箱:wanhong@vip.163.com
法定代表人:万良华
质量体系:ISO/TS 16949、ISO 9001
产品情况:(万宏牌)
汽车发动机轴瓦、活塞环、汽缸垫等;轴瓦年产量超过4500万片,活塞环年产量达3000万片
出口情况:远销欧洲、南美洲、东亚、南亚、中东、非洲等60多个国家和地区

★温州万正汽车泵业有限公司
地址:浙江省平阳县万全镇孙楼路口万宏集团
邮编:325410
电话:0577/63791189
网址:www.wanzhengpump.com
电子信箱:whpump@vip.163.com
法定代表人:万良海
单位人数:220
质量体系:ISO/TS 16949
产品情况:(万正牌)
汽车水泵
出口情况:主要销往北美洲、南美洲、欧洲市场

★温州奕龙汽车零部件有限公司
地址:浙江省乐清市虹桥镇合兴工业园
邮编:325608
电话:0577/62278098
传真:62277898
网址:www.ylap.cn
电子信箱:info@ylap.cn
法定代表人:刘年芬
质量体系:ISO/TS 16949
产品情况:硅油风扇离合器、电控硅油风扇离合器、环形冷却风扇、中间凸缘、风叶等
配套情况:与杭发、潍柴、上柴、玉柴、川柴、宇通、杭汽、陕汽、重汽等国内大中型汽车生产厂家建立了合作关系

★五龙控股有限公司
地址:浙江省乐清市清江镇上埠头工业区
邮编:325611
电话:0577/62276200
传真:62273111
网址:www.wulong.cc
电子信箱:wulong@china.com
法定代表人(负责人):林昌琦
单位人数:1500
质量体系:ISO/TS 16949
产品情况:(鼎牌)
硅油风扇离合器、中间凸缘、风叶等
配套情况:与杭发、潍柴、上柴、玉柴、川柴、宇通客车、杭汽、陕汽集团、重汽集团等合作

★浙江乐鼎波纹管有限公司
地址:浙江省乐清市南塘镇享乾口工业区
邮编:325618
电话:0577/62252888、62257867
传真:62251903
网址:www.yueguan.cn
电子信箱:yg@yueguan.cn
法定代表人:周召宝
质量体系:ISO 14001、ISO/TS 16949
产品情况:(乐管牌)
分规式(外曲型)中央排水装置、汽车排气挠性波纹管、金属波纹补偿器(膨胀节)、稠油注蒸汽管线井口补偿装置、金属波纹软管、纤维织物补偿器等
出口情况:出口美国、德国等50多个国家

★浙江天马活塞工业有限公司
地址:浙江省温州市苍南县钱库工业园区钱库大道69号
邮编:325804
电话:0577/64488666、64488555
传真:64492885
网址:www.tianma-piston.com
电子信箱:tm@tianma-piston.com
法定代表人:林维裕
单位人数:380
质量体系:QS 9000、ISO/TS 16949
产品情况:(天马牌)
活塞,年产能力500万只
配套及出口情况:为10多家汽车及主机厂配套;出口欧美、中东、南非、东南亚等国家和地区

★浙江人驰汽车配件有限公司
地址:浙江省温州市经济技术开发区金海一道405号
邮编:325805
电话:0577/86358732、86354444
传真:86351732
网址:www.cnrenchi.com
电子信箱:mu@cnrenchi.com
法定代表人:木海达
质量体系:IATF 16949、ISO 14001
产品情况:专业生产旋压皮带轮
配套情况:主要配套客户有重庆康明斯、西安康明斯、上汽通用五菱、东风小康、一汽锡柴、雅士佳、道氏、盖茨等

安徽省

★合肥汇凌汽车零部件有限公司
地址:合肥市东油路JAC凌大塘汽车工业园
邮编:230022
电话:0551/62296132、62296135
传真:62296131
电子信箱:tiffany501@qq.com
法定代表人:陈志平
质量体系:ISO 9001
产品情况:JAC消声器总成,年产12万只;JAC消声器排气管,年产12万只

★合肥恒信汽车发动机部件制造有限公司
地址:合肥市包河工业区纬三路九号
邮编:230051
电话:0551/63368379、63368388
传真:63368378
网址:www.anhuihx.net
电子信箱:wangqun@anhuihx.net
法定代表人:宗华甫
单位人数:150
质量体系:ISO/TS 16949、ISO 14001
产品情况:发动机塑料进气歧管、气门室罩盖、油底壳等
配套及出口情况:为沃尔沃、潍柴动力、奔驰、奇瑞汽车、江淮汽车、东风汽车、长丰动力、北汽集团、一汽集团、锐展发动机、三一重工、东风裕隆、东风汤姆森、新晨动力、华晨汽车、美国水星海事的注册供应商;同时与美国通用汽车、大众汽车、吉利汽车,比亚迪汽车、日本丰田、印度塔塔等汽车厂建立了业务联系;出口美国

★合肥格澜过滤系统有限责任公司
地址:合肥市经济技术开发区汤口路与桃源路交口东200米
邮编:230061
电话:0551/63682255
传真:63682821
网址:www.glfilter.com
法定代表人:车晓梅
单位人数:500
质量体系:ISO/TS 16949
产品情况:空气、机油、空调、燃油滤清器,产品覆盖国内外绝大部分车型
出口情况:有60余产品面向美国、欧洲市场

★合肥威尔燃油系统股份有限公司
地址:合肥市经济技术开发区佛掌路59号
邮编:230601
电话:0551/63847100
传真:63847102
网址:www.walfilters.com
电子信箱:juliechen@walfuelsystems.com
法定代表人:TAO MA
质量体系:ISO/TS 16949、ISO 14001
产品情况:柴油滤清器、尿素滤清器、齿轮泵、滤清器部件等内燃机低压燃油系统和燃气系统产品
配套情况:主要客户包括广西玉柴、一汽锡柴、道依茨(大连)、中国重汽、上汽菲亚特红岩动力总成、江铃、长城内

燃机等数十家主机厂以及宇通客车、江淮客车底盘、安凯客车、厦门金旅等客车厂

★合肥江河汽车零部件有限公司
地址:合肥市肥西县桃花镇长安工业聚集区明珠路与天山路交口
邮编:231202
电话:0551/63846552、65325869
传真:63846552
网址:hfjianghe. com
电子信箱:hefeijianghe@ 163. com
法定代表人(负责人):张凤兰
单位人数:280
质量体系:ISO/TS 16949
产品情况:汽车燃油箱、货箱防护栏、车身钣金等
配套情况:为江西昌河铃木、合肥昌河、南京长安、众泰汽车配套

★安徽白兔湖动力股份有限公司
地址:安徽省桐城市经济开发区东环路
邮编:231400
电话:0556/6510298、4008604199
传真:6608128、6608068
网址:www. wrpower. com. cn
电子信箱:nancy@ greatawrc. com
法定代表人:汪舵海
质量体系:ISO/TS 16949、GB/T 24001
产品情况:(兔湖牌)
四缸、六缸内燃机汽缸套、铝活塞、曲轴、粉末冶金气门座圈、导管等
配套及出口情况:与 60 多家知名主机厂配套;远销欧洲、美洲、东南亚、非洲等十几个国家和地区

★安徽金亿新材料股份有限公司
地址:安徽省桐城市经济开发区东环路
邮编:231400
电话:0556/6540098
传真:6541439
网址:www. gea - corp. com
电子信箱:info@ ahstauto. com
法定代表人:戴泽玉
单位人数:156
质量体系:ISO/TS 16949、ISO 14001
产品情况:专业生产发动机核心部件气门座圈、气门导管
配套及出口情况:为国内多家汽车厂及发动机厂配套;给伊朗两家汽车厂、西班牙、土耳其、印度等缸盖厂配套

★安徽金马凸轮轴制造有限公司
地址:安徽省桐城市桐金路
邮编:231400
电话:0556/6564488、6564499
传真:6564488
电子信箱:bmpg@ 163. com
法定代表人:李世银
质量体系:ISO 9001
产品情况:(金马牌)
各种型号的凸轮轴

★安徽金庆龙机械制造有限公司
地址:安徽省桐城市经济开发区经一北路
邮编:231401
电话:0556/6567660、6567466
传真:6204660
网址:www. ahjql. com
电子信箱:ahsjql@ 163. com
法定代表人:左克祥
质量体系:ISO/TS 16949
产品情况:(庆龙牌)
具有年产进、排气门 800 万只、活塞销 600 万只的生产能力
配套及出口情况:为一汽、东风、玉柴、朝柴、莱动、时风等 40 多家发动机厂配套;部分产品出口美国、日本、东盟等 20 多个国家和地区

★安徽华祥实业有限公司
地址:安徽省桐城市孔城镇三里街 9 号
邮编:231430
电话:0556/6510298、6510006
传真:6513678
电子信箱:sell@ huaxianggr. com
法定代表人:汪舵海
负责人:许森
质量体系:ISO/TS 16949
产品情况:(白兔湖牌)
内燃机整圆主轴承、连杆轴瓦、气门座、汽缸套、铝活塞、曲轴、凸轮轴、气门、气门导管、汽缸垫等
配套情况:为全柴、时风、常柴、常工、常通、江动、金飞鱼、亚美柯等配套

★安徽金光机械集团股份有限公司
地址:安徽省桐城市金神工业区
邮编:231440
电话:0556/6665488、6665138
传真:6665288
网址:www. ahjinguang. com
电子信箱:ahjg88@ 163. com
法定代表人:汪建国
质量体系:IATF 16949
产品情况:(金光牌)
凸轮轴、曲轴、供油凸轮等内燃机零部件;具有年产各类凸轮轴 600 万件、曲轴 100 万件、供油凸轮 100 万只的生产能力
配套情况:为一汽、江汽、南汽、朝柴、常柴、锡柴、一拖、扬动、扬柴、潍柴、新柴、全柴、东安等全国 30 余家大型主机厂配套

★安徽兆仁机械有限公司
地址:安徽省淮南市经济开发区振兴南路 16 号
邮编:232007
电话:0554/2662227
传真:2662227
法定代表人:李承国
质量体系:ISO 14001、ISO/TS 16949
产品情况:汽车排气管连接器、废气循环管等汽车排气系统产品

★蚌埠市风驰滤清器有限公司
地址:安徽省蚌埠市城南新区朝阳南路东侧
邮编:233000
电话:0552/4119601、4119116
传真:4119192
电子信箱:fc@ bbfengchi. com
法定代表人:梁美丽
质量体系:ISO 9001
产品情况:(风驰牌)
汽车用滤清器等
配套及出口情况:为一汽集团配套;出口中东、非洲、东南亚

★曼胡默尔昊业滤清器(蚌埠)有限公司
地址:安徽省蚌埠市高新区黄山大道 8018 号
邮编:233000
电话:0552/4128000、4000552078
传真:4128111
电子信箱:hy - filter@ 163. com
法定代表人:李华
质量体系:ISO/TS 16949、ISO 9001
产品情况:(昊业牌)
空气滤清器、机油滤清器、燃油滤清器、空调滤清器等滤清器产品
配套及出口情况:为一汽、东风、江淮汽车、吉利汽车、中兴汽车、比亚迪汽车、全椒柴油机、合肥叉车、一拖、中收集团、重庆渝安淮海动力、克莱斯勒、辉门、德尔福、博世、菲亚特等配套;出口美国、日本、欧洲、东南亚等国家和地区

★安徽凤凰滤清器股份有限公司
地址:安徽省蚌埠市高新区黄山大道 8028 号
邮编:233000
电话:4000299108
传真:0552/4126622
网址:www. phoenixfilters. net
电子信箱:jonathanwu@ phoenixfiter. com
法定代表人:巫界树
质量体系:ISO/TS 16949
产品情况:各种汽车用空气滤芯、环保机柴油滤芯、空调滤芯及各种工业用过滤滤芯
出口情况:远销美国、加拿大、欧洲、澳大利亚、以色列、日本、韩国、俄罗斯等国家和地区,并销往中国台湾、中国香港地区

★蚌埠市瑞泰汽配制造有限公司
地址:安徽省蚌埠市工业园区
邮编:233000
电话:0552/2821818、2824126
传真:2824126、2825678
网址:www. bbrt. com. cn
电子信箱:sales@ bbrt. com. cn
法定代表人:陈念东
质量体系:ISO/TS 16949、ISO 9001
产品情况:(瑞泰牌)
汽车、工程机械用滤清器及汽车零

部件、钢材金属制品
配套及出口情况:为一汽、东风、奇瑞汽车、吉利汽车、东安、江淮汽车、合力叉车、厦门叉车厂、东风股份、一拖、中收公司等配套;出口美国、加拿大、俄罗斯、南非、南美洲、中东、日本等国家和地区,并销往中国台湾地区

★蚌埠通达汽车零部件有限公司
地址:安徽省蚌埠市高新技术开发区天河路619号
邮编:233010
电话:0552/4013654、4923790
传真:4030627、4023507
网址:www.bbtongda.com
电子信箱:lcl@bbtongda.com
法定代表人:王春蕊
单位人数:240
质量体系:ISO/TS 16949
产品情况:(珠城牌)
以冷轧、热轧、不锈钢、铝合金材料为主的金属燃油箱和液压油箱,共有70个系列、3000多种产品型号
配套情况:主要客户有江淮汽车、华菱汽车、宇通客车、金龙客车、福田汽车、安徽柳工、三一重工等30余家国内外知名主机厂

★蚌埠市明威滤清器有限公司
地址:安徽省蚌埠市高新区兴中路888号
邮编:233010
电话:0552/4070008、4001059968
传真:4099858
网址:www.modoall.com
电子信箱:mwfilter@modoall.com
法定代表人:陈文俊
负责人:陈云云
质量体系:ISO 9001、ISO/TS 16949
产品情况:滤清器
配套及出口情况:为上汽大众、上汽通用、上汽集团、一汽、东风、北汽福田、江淮汽车、奇瑞汽车、长安汽车、通用五菱、上柴、一汽锡柴、玉柴、潍柴、全柴、大柴、朝柴、杭发、中国重汽、陕汽、三一重工、徐工集团、中联重科等国内主流汽车、发动机、工程机械等200多家企业配套;产品大批量出口美国及日本、欧洲、东南亚等国家和地区

★蚌埠金威滤清器有限公司
地址:安徽省蚌埠市凤阳东路224号
邮编:233043
电话:0552/3010464、3038522
网址:www.bbfilter.com
电子信箱:public@bbfilter.com
法定代表人:丁延海
单位人数:1800
质量体系:ISO/TS 16949
产品情况:(BB牌)
各种汽车滤清器
配套及出口情况:为上汽大众、上汽通用、上汽集团、一汽、东风、北汽福田、江淮汽车、奇瑞汽车、长安汽车、上汽通用五菱、上柴、一汽锡柴、玉柴、潍柴、全柴、大柴、朝柴、杭汽发、中国重汽、陕汽、三一重工、徐工集团、中联重科、中国一拖、约翰迪尔、常拖等200多家国内主流汽车、发动机、工程机械、农业机械企业配套;进入美国通用、菲亚特、克莱斯勒等多个汽车零部件全球采购系统

★蚌埠国威滤清器有限公司
地址:安徽省蚌埠市高新技术开发区柳工大道19号
邮编:233043
电话:0552/3038504、3038123
传真:3019766
电子信箱:public@bbfilter.com
法定代表人:李建国
质量体系:ISO 9001
产品情况:滤清器

★蚌埠市宏发滤清器有限公司
地址:安徽省蚌埠市怀远工业园
邮编:233400
电话:0552/8502188、8502333
传真:8502399
网址:www.hflqq.com
电子信箱:fzx-888@163.com
法定代表人(负责人):范中学
质量体系:ISO/TS 16949、ISO 9001
产品情况:(BV牌)
滤清器,年生产能力4000万只,涵盖轿车、工程机械、载重货车等众多领域
配套及出口情况:为菲亚特、克莱斯勒配套;在海外阿联酋迪拜设立了宏发滤清器销售公司

★安徽艾瑞库车业有限公司
地址:安徽省淮北市濉芜现代产业园区
邮编:235000
电话:0561/2211599
传真:2211500
网址:www.erecool.com
电子信箱:erecool@126.com
法定代表人:薛虞千
单位人数:200
质量体系:ISO/TS 16949
产品情况:主要生产汽车发动机冷却水泵、机油泵等铝压铸汽车配件
出口情况:产品以主机配套和出口为主

★安徽浩丰实业有限公司
地址:安徽省淮北市濉溪经济开发区海棠路1号
邮编:235100
电话:0561/7018777
传真:7971666
网址:www.ahhaofeng.com
法定代表人:杨浩
质量体系:ISO/TS 16949
产品情况:发动机活塞、机车改装件等
出口情况:远销欧美、东南亚、中东等70多个国家地区

★安徽金力泵业科技有限公司
地址:安徽省淮北市濉溪县经济开发区白杨西路
邮编:235100
电话:0577/65385678
传真:0561/7281555
网址:www.kitaki.cn
电子信箱:sale@kitaki.cn
法定代表人:颜金洪
质量体系:ISO/TS 16949
产品情况:汽车水泵

★安徽省恒泰动力科技有限公司
地址:安徽省庐江县城西新区城西大道169号
邮编:238000
电话:0551/87186666、87417688
传真:87995599
网址:www.high-tech.net.cn
电子信箱:htpiston@sina.com
法定代表人:章高伟
质量体系:ISO/TS 16949、ISO 14001
产品情况:(安活牌)
具备年产500万只中、高档汽车活塞、100万只汽车缸盖的生产能力
配套情况:与玉柴动力、安徽全柴、无锡开普、常柴股份、华源凯马、常发集团等知名柴油机发动机企业结成战略合作伙伴

★安徽汇展热交换系统股份有限公司
地址:安徽省芜湖市鸠江区二坝经济开发区
邮编:238312
电话:0553/6661973
传真:6660635
网址:www.keyuegroup.com
电子信箱:hzhr@huizhanrjh.com
法定代表人:王文
单位人数:300
质量体系:IATF 16949
产品情况:汽车散热器、PTC加热器、蓄电池液冷器、chiller、新能源汽车热管理系统
配套及出口情况:服务的客户有奇瑞汽车、江淮汽车、众泰汽车、吉利汽车、北汽福田、合众汽车、车和家、电咖等汽车品牌,以及捷威动力电池、比克电池、奇达、舟之航以及博耐尔汽车空调、豫新汽车空调、松芝汽车空调等众多蓄电池和空调企业;出口北美洲

★安徽金佩集团天长缸盖有限公司
地址:安徽省天长市天扬路688号
邮编:239300
电话:0550/7092166、7092168
传真:7092266、7091268
网址:www.tcgg.cn
电子信箱:tcgg@tcgg.cn

法定代表人(负责人):管宏庆
单位人数:960
质量体系:ISO/TS 16949
产品情况:(梭鱼牌)
具有年产130万台以上的灰铸铁、球墨铸铁、铝合金缸盖成品的生产能力和6万t以上的铸造能力
配套情况:主要战略配套厂家有卡特彼勒、一汽锡柴、上汽上柴、福田雷沃、江淮纳威司达、江淮动力、潍柴动力扬柴、全柴集团、无锡动力等国内外知名企业

★安徽嘉来顿活塞汽配有限公司
地址:安徽省滁州市全椒县经济开发区纬一路3号
邮编:239500
电话:0550/2308333、2309789
传真:2309887
网址:www. jialaidun. com
电子信箱:shjld@ jinlaidun. com
法定代表人:林建光
质量体系:ISO/TS 16949、ISO 9001
产品情况:(JLD牌)
活塞、活塞销、销卡簧、活塞环、汽缸套等
配套情况:为国内外多家主机厂配套

★安徽全柴动力股份有限公司
地址:安徽省全椒县襄河镇吴敬梓路788号
邮编:239500
电话:0550/5012699、2301666
网址:www. quanchai. com. cn
电子信箱:wdnyys@ public. whptt. sd. cn
法定代表人:谢力
质量体系:ISO/TS 16949
产品情况:柴油发动机、汽车零部件、塑料管材等
配套及出口情况:与北汽福田、江淮汽车、东风汽车、南汽、一汽金杯、长安跨越、山东凯马、东安黑豹汽车、雷沃重工、合力叉车等国内多家知名企业合作;远销东南亚、欧洲等多个国家和地区

★安徽兴达集团有限公司
地址:安徽省全椒县古河工业园区古大路88号
邮编:239541
电话:0550/5304888、5304909
传真:5304909
网址:www. xingdah. com
电子信箱:info@ seadargroup. com
法定代表人:殷根茂
质量体系:ISO/TS 16949
产品情况:发动机缸体、缸盖等,具备年产50万台多缸机缸体和3万t精密铸件的生产能力;应用于乘用车、轻型货车、城市快运、新能源电动客车等领域
配套情况:主要客户有安徽全柴动力、合肥江淮朝柴动力、重庆小康动力、华晨鑫源重庆汽车、北汽银翔、奇瑞汽车、众泰汽车、江苏四达动力、江苏江淮动力、一汽锡柴、广西玉柴、北汽福田汽车、南京金龙客车、扬州亚星客车、安凯客车等国内外知名企业

★芜湖亚奇汽车部件有限公司
地址:安徽省芜湖鸠江经济开发区祥泰路5号
邮编:241000
电话:0553/5968681、5965888
传真:5965888
电子信箱:zhouhang@ yapp. com
法定代表人:钱晨光
质量体系:ISO/TS 16949
产品情况:汽车燃油箱,年达到400万只

★杰锋汽车动力系统股份有限公司
地址:安徽省芜湖市鸠江经济开发区鸠兹大道北侧飞跃东路18号
邮编:241000
电话:0553/5932180
传真:5932133
网址:www. japhl. com. cn
电子信箱:japhl@ japhl. com. cn
法定代表人:范礼
质量体系:IATF 16949、ISO 14000
产品情况:汽车进、排气系统,发动机关键零部件
配套情况:为奇瑞、上汽、北汽、福田、东风、一汽、江铃、力帆、宝沃、观致、众泰等多家主机厂配套

★芜湖三联锻造股份有限公司
地址:安徽省芜湖市高新技术开发区金山中路
邮编:241002
电话:0553/5650308、5650328
传真:5650328、5650316
网址:www. wuhusanlian. com
电子信箱:410102258@ qq. com
法定代表人:孙国奉
单位人数:600
质量体系:ISO/TS 16949
产品情况:汽车连杆、球头、拉杆、轮毂、轮轴、曲轴、控制臂、转向节、传动轴、平衡轴、摇臂等汽车零件锻造及机加工产品
配套情况:为德国博世、德国FAG、日本NTN、北京现代、上海汇众、奇瑞汽车、长城汽车、重庆长安等

★凯络文换热器(中国)有限公司
地址:安徽省芜湖市鸠江经济开发区阳天路8号
邮编:241007
电话:0553/5951222
传真:5846973
网址:cn. kelvion. com
电子信箱:info - ihe - china@ gea. com
法定代表人:Stuart David Eden
质量体系:ISO 9001、ISO 14001
产品情况:热交换器

★芜湖永达科技有限公司
地址:安徽省芜湖市经济技术开发区长江北路
邮编:241009
电话:0553/5845658、5961109
传真:5843119
网址:www. yongdacasting. com
电子信箱:hh@ yongdacasting. com
法定代表人:吴向阳
单位人数:1500
质量体系:ISO/TS 16949
产品情况:主要加工缸体类、飞轮类、曲轴类、缸盖类、进气管类、罩盖和壳体类铸锻件产品
配套情况:为奇瑞汽车、美国康明斯、西安康明斯、德国GPM(苏州工厂)、伯特利、众泰汽车等配套

★芜湖本特勒浦项汽车配件制造有限公司
地址:安徽省芜湖市经济技术开发区红旗路6-8号
邮编:241009
电话:0553/5666999
传真:5666899
网址:www. benteler. com
法定代表人:方进
产品情况:汽车热成型关键零部件,包括驱动桥、发动机排放控制装置
配套情况:为奇瑞配套

★玉柴联合动力股份有限公司
地址:安徽省芜湖市三山区峨溪路
邮编:241080
电话:0553/7527051、4001111890
传真:7527051
网址:www. kengine. cn
电子信箱:yc6kzp@ kengine. cn
法定代表人:李胤辉
产品情况:重型车用发动机
配套情况:配套柳汽、江淮汽车、东风专底、大运等多家整车厂

★安徽沃德气门制造有限公司
地址:安徽省芜湖市机械工业开发区西次五路1096号
邮编:241100
电话:0553/8118777、8118222
传真:8118788
网址:www. ahwode. com
电子信箱:sales02@ wode - valve. com
法定代表人:林青锋
质量体系:ISO/TS 16949
产品情况:(翰博牌)
系列进排气门,年产能力1800万支
配套及出口情况:为力帆、隆鑫、宗申、润通、江动、大江等多家主机厂配套;远销东南亚、南美洲、中东等地区

★芜湖恒耀汽车零部件有限公司
地址:安徽省芜湖市鸠江开发区富强路

59 号
邮编:241100
电话:0553/5658808
传真:5658811
法定代表人:刘华
单位人数:200
质量体系:ISO/TS 16949
产品情况:排气歧管、净化器、热端总成、冷端总成、排气系统总成等

★芜湖东大汽车工业有限公司
地址:安徽省芜湖市新芜经济开发区
邮编:241100
电话:0553/8767688
传真:8767688
电子信箱:sales01@ ddaic. com
法定代表人:陈海英
质量体系:ISO 9001
产品情况:汽车水泵
配套及出口情况:为奇瑞、天津一汽夏利、江淮汽车等配套;远销欧洲、美洲、大洋洲、中东、东南亚等地区

★安徽明通汽车部件有限公司
地址:安徽省芜湖县机械工业园东区经三路 669 号
邮编:241100
电话:0553/8725555
传真:8818966
网址:www. china - mingtong. com
电子信箱:lily@ mitofil. com
法定代表人:徐特
单位人数:300
质量体系:ISO/TS 16949
产品情况:(EUROFIL 牌、PURRFLUX 牌)
各种类型的机油、柴油、空气滤清器及总成,年产能力 800 多万套
出口情况:远销欧美、南美洲、非洲、中东等国家和地区

★芜湖美达机电实业有限公司
地址:安徽省芜湖县机械工业园纬三路 8 号
邮编:241100
电话:0553/8768482、13855303440
传真:8768480
网址:www. midabearing. com
电子信箱:mida@ midabearing. com
法定代表人:文静波
质量体系:ISO/TS 16949、QS 9000
产品情况:(Y. D. B 牌)
进口、国产重型汽车、工程机械等系列发动机轴承、衬套和止推片
配套及出口情况:为三菱、本田、一汽集团、东风汽车公司、广西玉柴、南京跃进、北汽等配套;畅销美国、欧洲、俄罗斯、韩国、东南亚等国家和地区

★芜湖永裕汽车工业股份有限公司
地址:安徽省芜湖县湾沚镇新芜经济开发区阳光大道 2188 号
邮编:241100
电话:0553/8768668、8768666
传真:8768777
网址:www. whyongyu. com
电子信箱:bod@ whyongyu. com
法定代表人:郑志勋
质量体系:ISO/TS 16949
产品情况:(BOD 牌)
汽车发动机缸盖、进气歧管及飞轮壳产品
配套及出口情况:为国内多家知名汽车厂商提供配套产品,先后为江淮汽车等国内著名汽车主机厂提供一级配套产品;与欧盟、中东、东南亚、南美洲和北美洲等国家和地区的知名公司展开全面合作

★安徽美瑞尔滤清器有限公司
地址:安徽省芜湖县新芜经济开发区东湾路 333 号
邮编:241100
电话:0553/8118118、8118163
传真:8118113
网址:www. mrefilter. cn
电子信箱:08@ mrefilter. com
法定代表人:陈孝钱
质量体系:ISO/TS 16949、ISO 14001
产品情况:(日王牌)
机油滤清器、燃油滤清器、空气滤清器
配套及出口情况:与国内外知名主机企业配套;远销欧美、中东等地区

★芜湖火龙动力科技有限公司
地址:安徽省芜湖新芜经济开发区工业大道 3118 号
邮编:241100
电话:0553/8767619、8767729
传真:8767619
网址:www. whlxzz. com
电子信箱:web@ whlxzz. com
法定代表人(负责人):张益贵
质量体系:IATF 16949
产品情况:汽车发动机缸体、缸盖等铸造;铸件生产能力 3 万 t,年成品加工能力 10 万台
配套及出口情况:与安徽全柴、奇瑞汽车、江淮汽车、沈阳华晨、沈阳科翔、柳州动力、长风动力等汽车发动机厂家配套;远销东南亚等多个国家和地区

★安徽中鼎美达环保科技有限公司
地址:安徽省广德县经济开发区(临溪路和国华路交叉口)
邮编:242200
电话:18056950278
网址:www. zdmd. com. cn
法定代表人:夏鼎湖
单位人数:110
质量体系:ISO/TS 16949
产品情况:柴油车壁流式颗粒捕捉器、在用车改造(黄改绿)、堇青石蜂窝陶瓷载体等

★安徽环新集团有限公司
地址:安徽省安庆市经开区迎宾大道 16 号区
邮编:246001
电话:0556/5305769、5305030
网址:www. china - arn. com
电子信箱:jjz3061@ aqarn. com
法定代表人:潘一新
质量体系:ISO/TS 16949、ISO 14001
产品情况:(ARN 牌)
活塞环、汽缸套、活塞、气门座圈、气门导管、工程弹簧等发动机核心零配件

★安庆帝伯粉末冶金有限公司
地址:安徽省安庆市宜秀区天柱山东路 1777 号
邮编:246001
电话:0556/5357620
电子信箱:www0851@ aqatp. com
法定代表人:开柏林
质量体系:ISO/TS 16949、ISO 14001
产品情况:(ATP 牌)
已形成了年产气门座圈、气门导管、一般部品 4 亿只的生产规模
配套情况:已为大众、通用、神龙、福特、日产、丰田、本田、一汽、东风、长安、吉利、长城、江淮、奇瑞、比亚迪、潍柴、锡柴、玉柴等主机厂家成功配套

★安庆帝伯格茨缸套有限公司
地址:安徽省安庆市经济技术开发区 3.9 平方公里工业园 24 号区
邮编:246005
电话:0556/5305218、5305107
电子信箱:zq1532@ atgl. com. cn
法定代表人:曹立新
质量体系:ISO/TS 16949、ISO 14000
产品情况:(ATGL 牌)
汽油车、柴油车缸套,具有年产 2800 万只缸套的生产能力
配套情况:为一汽丰田、天津一汽丰田、广汽丰田、昌河铃木、长安福特、长安马自达、沈阳三菱、上海汽车、长安汽车、长城汽车、奇瑞、江淮、比亚迪、吉利、东风雪铁龙、玉柴、上柴、上海日野、大柴、锡柴、重庆康明斯、西安康明斯、上海纽荷兰等配套

★安庆帝伯格茨活塞环有限公司
地址:安徽省安庆市经济技术开发区迎宾大道 16 号
邮编:246005
电话:0556/5305882、5305880
传真:5305881、5305883
网址:www. aqatg. com
电子信箱:oemsale@ aqatg. com
法定代表人:潘一新
负责人:羽多野裕一
质量体系:QS 9000、ISO 14001

产品情况：（ATG 牌）
活塞环
配套情况：轿车活塞环为一汽-大众、上汽大众、天津丰田、一汽丰田、东风本田、东风雪铁龙、广汽本田、芜湖奇瑞、江淮汽车、比亚迪、上汽汽车、长安铃木、保定长城等批量配套；微型车活塞环为东安三菱、沈阳三菱、长安汽车、上汽通用五菱、东安动力、昌河动力等全面配套；柴油车活塞环为潍柴、康明斯、锡柴、大柴、玉柴、依维柯、上柴、江铃、福田、江淮、云内、常柴、全柴等全面配套；摩托车活塞环为隆鑫、大长江、五羊本田、新大洲本田、金城、宗申、力帆、建设等全国前 20 家主机厂全面配套

★安庆雅德帝伯活塞有限公司
地址：安徽省安庆市经济技术开发区迎宾大道 16 号区
邮编：246005
电话：0556/5345382、5345241
传真：5345482
网址：www. tpr. co. jp
电子信箱：hy5212@ aqaat. com
法定代表人：潘一新
质量体系：ISO/TS 16949
产品情况：（AAT 牌）
汽油机、柴油机、摩托车和空压机用中、高档活塞
配套及出口情况：为汽车主机厂配套；50% 的产品出口

★安庆市德奥特汽车零部件制造有限公司
地址：安徽省安庆市怀宁工业园石牌大道 7 号
邮编：246121
电话：0556/5163588、4001599188
传真：5163777
网址：www. deaote. cn
电子信箱：deaote@ sohu. com
法定代表人：梁冬青
质量体系：ISO/TS 16949
产品情况：（德奥特牌）
汽车、摩托车发动机活塞环系列产品等
出口情况：远销东南亚、中东、非洲、欧美等 50 多个国家和地区

★安庆帝迈德活塞环制造有限公司
地址：安徽省安庆市潜山县南岳路 1029 号
邮编：246300
电话：0556/8936910、4001586398
传真：8936909
网址：www. dmd888. cn
电子信箱：744837226@ qq. com
法定代表人：程谦宜
质量体系：ISO/TS 16949
产品情况：（帝迈牌）
汽车、摩托车及特种活塞环、活塞、缸套
配套及出口情况：与上汽大众、一汽-大众、丰田、本田、东风日产、东风康明斯、马自达、东安、长安、五菱、依维柯、五十铃、铂金斯、玉柴、常柴等厂家的车型直接或间接的配套；摩托车系列与宗申、力帆、嘉陵、银翔、建设等车型全面配套；部分产品远销欧美、日本等国家和地区

★安徽艾可蓝环保股份有限公司
地址：安徽省池州市高新技术产业开发区玉镜路 12 号
邮编：247000
电话：0566/5256999、5255511
网址：www. act - blue. com
电子信箱：sales@ act - blue. com
法定代表人（负责人）：刘屹
质量体系：ISO/TS 16949
产品情况：汽、柴油和天然气发动机尾气净化产品
配套及出口情况：客户包括东风、福田、江淮、奇瑞、北汽、广汽、华菱、卡威、玉柴、全柴、云内、常柴、莱动、四达等；远销亚洲、欧洲等地区

福建省

★福州赛孚玛尼环保科技有限公司
地址：福州市仓山区盖山镇齐安路 765 号创丰园 2 号楼
邮编：350008
电话：0591/88390583、4006644591
网址：www. savon. cc
电子信箱：2071292371@ qq. com
法定代表人：潘晓晖
产品情况：（胜优牌）
节能环保型车用机油滤清器、燃油滤清器、空气净化器

★福州钜全汽车配件有限公司
地址：福州市福新东路 245 号
邮编：350014
电话：0591/83665556、28069888
传真：83624740
网址：www. jcc - parts. com
电子信箱：jcc@ jcc - parts. com
法定代表人：张郁斐
质量体系：ISO/TS 16949、QS 9000
产品情况：（JCC 牌）
各种铝合金活塞和有色金属铸件；活塞年产销量已超过 2000 万只
配套及出口情况：为神龙汽车、绵阳新晨、沈阳三菱、沈阳新光、柳州五菱、新大洲本田、金城铃木、南方雅马哈、轻骑铃木、厦杏摩托等 100 多家企业配套；活塞已远销美国、加拿大、意大利等国家

★聚兴（福建）机械股份有限公司
地址：福州市晋安区福新东路 468 号 1 号楼 3 层
邮编：350014
电话：0591/83628598、15080011111
传真：83548966
网址：www. jxjx. com. cn
电子信箱：18065130099@ 163. com
法定代表人：陈秋
单位人数：200
质量体系：ISO/TS 16949
产品情况：汽车、船舶、工程机械、发电机组、军用设备等 5 大系列内燃机缸套
配套及出口情况：与中原内配股份有限公司建立了长期战略合作伙伴关系，成为其出口产品配套供应商；出口国外

★福建龙生机械有限公司
地址：福州市闽侯祥谦洋下工业区
邮编：350110
电话：0591/83663586
传真：87433218
网址：www. fjhongtai. com
电子信箱：sales@ fzlongsheng. com
法定代表人：林龙生
质量体系：ISO/TS 16949
产品情况：（HJ 牌）
汽车、工程机械、柴油发电机等 8 大系列缸套、活塞，年产 500 万只
出口情况：畅销日本、德国、英国、韩国、美国、中东、南美洲、东南亚等国家和地区

★福州明扬交通器材有限公司
地址：福建省长乐市营前镇营中路 17 号
邮编：350201
电话：0591/28993700、28271899
传真：28993400
网址：www. mingyang - group. com
电子信箱：mysale@ mingyang - parts. com
法定代表人：王建龙
单位人数：1200
产品情况：发动机铝合金活塞环、活塞、连杆、汽缸、销等产品
配套及出口情况：为东基星机械、沈阳星光、沈阳科翔、浙江王野动力、浙江嘉爵摩托车、浙江永源集团、江苏新世纪、上海达众摩托、上海杰士达摩托等近 50 家汽车、摩托车厂装车配套；远销多个国家和地区

★福州瑞融汽车配件有限公司
地址：福建省福清市元洪投资区元海三路
邮编：350300
电话：0591/85537897
传真：85537898
网址：www. conam. cn
电子信箱：sale@ conam. cn
法定代表人：余建松
质量体系：ISO/TS 16949
产品情况：电喷燃油泵系列产品
出口情况：主要出口北美洲、南美洲、欧洲、中东等地区

★福清市高民滤清器有限公司
地址：福建省福清市高山镇高华工业区
邮编：350319
电话：0591/85881668、85889999

传真:85891799
法定代表人:林文仁
质量体系:ISO 9001
产品情况:(高民牌)
滤清器,年生产机油、柴油、空气滤清器(含滤芯)120 万只

★福建省莆田市中涵机动力有限公司
地址:福建省莆田市涵江区国欢镇都邠工业区
邮编:351111
电话:0594/3606383、3606083
传真:3600560、3603560
电子信箱:john@ vepump. com
法定代表人:陈忠
质量体系:ISO/TS 16949
产品情况:VE 型分配泵、机械式泵喷嘴、电控泵喷嘴、共轨产品、输油泵、喷油器总成、喷油嘴、柱塞、出油阀三对精密偶件

★福建东亚机械有限公司
地址:福建省仙游县木兰街坑尾 18 号
邮编:351200
电话:0594/8292251
传真:8288266
电子信箱:fjdy@ dongya. cn
法定代表人:林桂开
质量体系:ISO/TS 16949、QS 9000
产品情况:(DY 牌)
活塞环
配套情况:为哈尔滨东安、东安三菱、长安汽车、柳州五菱、吉利汽车、奇瑞汽车、绵阳新晨、东风渝安、比亚迪、钱江集团、建设集团、力帆集团、宗申集团、隆鑫集团、轻骑集团、望江铃木、百力通等配套

★福建华泰汽配工业股份有限公司
地址:福建省南平市高新开发区华泰工业园
邮编:353000
电话:0599/8631789
传真:8605087、8626766
网址:www. npht. com. cn
电子信箱:npht@ npht. com. cn
法定代表人:魏孝树
质量体系:ISO/TS 16949
产品情况:(华泰牌)
各种内燃机滑动轴承(轴瓦)、汽缸套组合件、曲轴组合件、发动机曲轴组合件和各类汽车鼓式、盘式制动片
配套及出口情况:为多家主机厂配套;远销欧美、中东、东南亚等地区

★华闽南配集团股份有限公司
地址:福建省南平市高新区长沙高新园
邮编:353000
电话:0599/8600095、8627187
传真:8628344、8600085
网址:www. npmsun. com
电子信箱:nphmqp@ vip. 163. com
法定代表人:刘平山
质量体系:ISO/TS 16949、ISO 14001
产品情况:(NPM 牌)
具有年产活塞环 5000 万片、活塞 400 万只、活塞销 1200 万只的生产能力
配套及出口情况:为沈阳三菱、东安动力、五菱柳机、上汽通用五菱、重汽集团、杭发、兵工集团、奇瑞、一汽轿车、比亚迪、吉利、重庆渝安、绵阳新晨动力、江淮、天津一汽夏利、江苏英田、嘉陵摩托、力帆摩托、宗申摩托等配套;部分产品远销国外市场

★南平华闽南配活塞销有限公司
地址:福建省南平市延平区高新区长沙高新园
邮编:353000
电话:0599/8600095、17705994768
传真:8600085
电子信箱:312053788@ qq. com
法定代表人(负责人):王宗阳
单位人数:140
质量体系:ISO/TS 16949
产品情况:汽车活塞销,年产 1200 万根
配套情况:为一汽集团、东安汽车、长安汽车、华翔汽车发动机、天津一汽、三菱汽车发动机、奇瑞汽车、辉门东西(青岛)活塞、安庆雅德帝伯活塞、滨州渤海活塞、钜全汽车、山东股份、福州配件、吉利汽车、长城汽车、江淮汽车、长安福特、马勒发动机、力帆汽车、协成汽车、重庆发动机、重庆零部件、新晨动力、渝安潍海动力、吉奥动力、恒泰活塞、东基机械、五菱柳机动力、吉奥汽车、吉利安通、福田汽车、台州发动机、北京股份、比亚迪、一汽轿车、华晨汽车、华晨金杯、沈阳汽车、无锡开普机械、海马轿车等配套

★福建巨力活塞有限公司
地址:福建省建瓯市东瓯街 32 号
邮编:353100
电话:0599/3832658、3821910
传真:3821910
电子信箱:jianou@ jlpiston. com
法定代表人:龚世福
质量体系:QS 9000、ISO 9001
产品情况:(巨力牌、福建牌)
各种型号的铝活塞
配套情况:为常柴集团、时风集团、江铃汽车、江淮动力、保定内燃机、双福内燃机、四达柴油机、力佳动力、开普动力等配套

★福建省霞浦华威机电有限公司
地址:福建省霞浦县三沙镇奇沙 195 号
邮编:355101
电话:0593/8691666、8691777
传真:8669999
网址:www. cnhw. com. cn
电子信箱:filter@ cnhw. com. cn
法定代表人:吴初祯
质量体系:ISO/TS 16949
产品情况:(UL 牌)
汽车滤清器、油箱内置式燃油滤清器等产品
配套及出口情况:已成为国内外著名汽车零件厂的指定供应商;远销欧美、中东、东南亚等 20 多个国家和地区

★厦门信源环保科技有限公司
地址:福建省厦门市集美北部工业区天阳路 51 号
邮编:361021
电话:0592/6155801、6155817
传真:6066716
电子信箱:275366617@ qq. com
法定代表人:黄钊辉
质量体系:ISO/TS 16949、ISO 14001
产品情况:摩托车、汽车用催化转换器、二次空气滤清器、汽油滤清器、机油滤清器、空气滤清器、活性炭罐、控制阀、动力油壶等
配套情况:主要客户国内有东南汽车、长安福特、柳州汽车、新大洲本田、株洲建设雅马哈、中国台湾信通等;国外有马来西亚三菱、日本日立建机、日本本田技研等

★厦门理研工业有限公司
地址:福建省厦门市集美区灌口中路 465 - 469 号
邮编:361023
电话:0592/6360076
传真:6360070
网址:www. riken. com. cn
电子信箱:rik@ riken. com. cn
法定代表人:NAOKI TOJO
质量体系:QS 9000、ISO 14001
产品情况:(RIK 牌、RIKEN 牌)
活塞环、中空凸轮轴、中实凸轮轴、汽缸套、汽缸体等汽车、摩托车发动机用零部件
配套情况:主要客户为上汽通用五菱、上汽通用、东风裕隆、长安福特马自达、北京现代、长安铃木、新大洲本田、五羊本田、大长江等各大主机厂

★厦门玉柴发动机有限公司
地址:福建省厦门市集美区汽车工业园航天路 155 号
邮编:361023
电话:0592/3676556、18950085725
网址:www. yuchai. com
电子信箱:yuchai128@ 163. com
法定代表人:陈思勇
质量体系:ISO/TS 16949
产品情况:柴油机,设计年产能力 10 万台
配套情况:为厦门工程机械、厦门金龙、厦门金旅配套

★福建丰业滤清器有限责任公司
地址:福建省南安市滨江汽配基地 2 号地

邮编:362000
电话:0595/22426688、15960769455
传真:22412190
电子信箱:fy2288@ feng - ye. com
法定代表人:杨萍萍
质量体系:ISO 9001、ISO 14001
产品情况:空气滤清器、机油滤清器、柴油滤清器、油水分离器、液压滤清器、粉尘过滤器
出口情况:远销海外市场

★泉州特库克汽车零部件有限公司
地址:福建省泉州经济技术开发区智泰路5号
邮编:362000
电话:0595/85921788、22496988
传真:85921866
网址:www. teikuko. com
电子信箱:qzjtp@ teikuko. com
法定代表人:尤长青
质量体系:ISO 9001
产品情况:(JTP牌)
各种规格汽缸套、活塞、轴瓦产品
配套及出口情况:是多家日产汽车的重要合作伙伴;95%的产品出口日本、欧洲、美洲、东南亚

★威兰(泉州)汽车零部件有限公司
地址:福建省泉州市清濛开发区崇宏街98号
邮编:362005
电话:0595/85992859、22497805
传真:85992869
电子信箱:weilanparts@ 163. com
法定代表人:庄雄飞
质量体系:ISO/TS 16949、QS 9000
产品情况:汽车发动机高强度螺栓、螺母、气门摇臂总成、气门导管等
配套情况:为江铃汽车、东风汽车公司、东风康明斯发动机等配套

★泉州市双塔汽车零件有限公司
地址:福建省南安市滨江机械装备制造基地金河大道6号
邮编:362302
电话:0595/86268350、86268366
传真:86268388
网址:www. qzst. com. cn
电子信箱:shuangta@ shuangta. com. cn
法定代表人:陈其荣
质量体系:ISO/TS 16949、ISO 14001
产品情况:(双塔牌)
汽车发动机油底壳、汽缸罩、隔热板、机油尺、冷却水管总成、汽车保险杠总成、备胎架总成、摩托车冲压覆盖件、工程车钢轮毂等汽车、摩托车、工程车零部件
配套情况:为江铃汽车、庆铃集团、东风汽车公司、江淮汽车、柳州五菱、北汽福田、济南轻骑铃木、广东大长江、沈阳航天三菱、保定长城内燃机、成都发动机、北内集团、沈阳双福等配套

★福建力佳股份有限公司
地址:福建省漳州蓝田经济开发区小港北路32号
邮编:363005
电话:0596/2972020、2972043
传真:2927380
网址:www. lijia. com. cn
电子信箱:fjlj@ lijia. cn
法定代表人:陈刚毅
单位人数:800
质量体系:ISO 9001
产品情况:(力佳牌)
SL、LJ等系列柴油机,用于低速汽车、三轮载货汽车、联合收割机、工程机械等
配套及出口情况:为约翰·迪尔(宁波)、中国一拖、中国重汽、中集集团、山东时风、厦工集团、常州东风、福田雷沃重工等国内30多家知名主机厂等配套;部分产品远销欧洲、美洲、非洲、亚洲等地区

★龙岩阿赛特汽车零部件制造有限公司
地址:福建省龙岩市新罗区工业西路68号(龙州工业园)
邮编:364099
电话:0597/2260236、2268585
传真:2268826
网址:www. asaite. com
电子信箱:wuzy@ asaite. com
法定代表人:高扬捷
单位人数:230
质量体系:IATF 16949、ISO 14001
产品情况:汽车皮带轮、张紧轮
配套情况:为美国通用汽车全球、德国慕贝尔、加拿大莱顿、美国盖茨、长春富奥、美国水星、意大利STIGA、威伯科等一级供应商,长安铃木、日本尼桑、韩国现代、上汽、吉利等二级供应商

★武平县宇田汽车零部件工业有限公司
地址:福建省武平工业园区新业路21号
邮编:364300
电话:0597/4833399、4822879
传真:4830399
电子信箱:wlq618@ sohu. com
法定代表人:王良庆
产品情况:缸套、活塞

★立邦(福建)滤清器制造有限公司
地址:福建省漳平市工贸新区工业路1号
邮编:364400
电话:0597/7556888、7771688
传真:7556999
网址:www. npf2009. com
电子信箱:npf01@ npf2009. com
法定代表人:黄建群
负责人:王清仕
质量体系:ISO/TS 16949
产品情况:空气滤清器、空调滤清器、机油滤清器、燃油滤清器,年产800万件滤清器
出口情况:远销欧美、东南亚等地区

★福建汇华集团东南汽车缸套有限公司
地址:福建省三明市三元区汇华工业园区6号
邮编:365002
电话:0598/8889098、8889090
传真:8889096
电子信箱:fihwadn@ 163. com
法定代表人:邓黄贵
质量体系:ISO/TS 16949
产品情况:(鹤鸣牌、汇华牌)
汽车、农机、工程机械、船舶等各类汽缸套,年产能力500多万只
出口情况:出口美国、日本、韩国、东南亚等20多个国家和地区

★福建钜铖汽车配件有限公司
地址:福建省长汀经济开发区河田新区
邮编:366301
电话:0597/6658088、1870135616
传真:6521885
网址:www. jcpiston. com
法定代表人:廖井木
质量体系:ISO 9001
产品情况:各种铝合金活塞

江西省

★南昌江铃华翔汽车零部件有限公司
地址:南昌市青云谱区昌南工业园内
邮编:330001
电话:0791/87080188
传真:87080166
电子信箱:xfh@ jmcghx. com. cn
法定代表人:黄平辉
质量体系:QS 9000、ISO 9000
产品情况:燃油箱、制动器、冲压件、内外装饰和空调器塑料件

★恒天动力有限公司
地址:南昌市经济开发区青岚路
邮编:330200
电话:0791/86390505、83980557
网址:www. chtdl. com
电子信箱:htdlbgs@ 126. com
法定代表人:王建华
质量体系:ISO 9001
产品情况:(南昌牌)
X105、凯尔NC110、凯悦NK115、NC493系列柴油机(功率段为17.5～147kW)和电站(功率覆盖从1～500kW)及天然气发动机(125～206kW)

★江西樟树市福铃内燃机配件有限公司
地址:江西省樟树市城北经济技术开发区
邮编:331208
电话:0795/7853813、7851333
传真:7851133、7853803
电子信箱:ctfl@ vip. 163. com

法定代表人:陈涛
质量体系:ISO/TS 16949、QS 9000
产品情况:(福铃牌)
内燃机气门座圈、导管、弹簧座及锁片、涡流室镶块、惰齿轮 AB 轴、缸体左右加强板、电动机支架、空调支架、飞轮壳等
配套情况:为江铃汽车、庆铃汽车、北汽福田、长城汽车等配套

★江西同欣机械制造股份有限公司
地址:江西省上饶市广丰芦林工业区
邮编:334600
电话:0793/2625019、2662591
传真:2662570
电子信箱:bgs@ tongxin - cn. com
法定代表人:余光海
质量体系:ISO/TS 16949、ISO 9001
产品情况:汽车、摩托车发动机凸轮轴,油泵凸轮轴及新型干法水泥生产线的熟料槽式输送机、提升机及铸钢件、铸铁件等
配套情况:为神龙汽车、奇瑞汽车、长城汽车、吉利汽车、力帆汽车、比亚迪汽车、济南轻骑、无锡开普等配套

★江西汇宏科技发展有限公司
地址:江西省宜春市袁州区医药工业园湖东路
邮编:336000
电话:0795/7205989、13970505151
传真:7093393
网址:www. hhkj. net. cn
电子信箱:674037905@ qq. com
法定代表人:郭武林
单位人数:50
产品情况:汽车用涡轮增压器系列可变截面喷嘴环组件、密封环、浮动轴承
出口情况:远销欧美、东南亚等国家和地区

★萍乡德博科技股份有限公司
地址:江西省萍乡国家经济技术开发区万新工业园周贯路 1 号
邮编:337000
电话:0799/6699008、18879962299
传真:6770007
网址:www. debokj. com
电子信箱:sales - manager@ debokj. com
法定代表人:杨启清
单位人数:300
质量体系:IATF 16949
产品情况:可变几何(截面)喷嘴环组件(VNT)、密封环、浮动轴承、止推轴承、电控执行器等涡轮增压器核心零部件产品
出口情况:远销亚洲、欧洲等 10 多个国家和地区

★江西澳力特缸套有限公司
地址:江西省新余市高新开发区澳力特工业园
邮编:338004
电话:0790/7066008、7066009
传真:7089000
网址:www. olite. com. cn
电子信箱:vip@ olite. com. cn
法定代表人:杜建明
质量体系:ISO/TS 16949、ISO 14001
产品情况:(澳力特牌)
各类汽缸套,年生产 300 余万只
配套及出口情况:为玉柴 OEM 供应商;出口日本、泰国、马来西亚、菲律宾、印度尼西亚、新加坡等国家,并销往中国台湾地区

山东省

★曼胡默尔滤清器(济南)有限公司
地址:济南市高新区世纪大道 1101 号
邮编:250104
电话:0531/81281390
网址:www. mann - hummel. com
电子信箱:yanqing. feng@ mann - hummel. com
法定代表人:Philip Schuster
产品情况:(曼牌)
空滤器、PreLine 燃油粗滤器、燃油滤清器等
配套情况:为重汽集团配套

★马勒贝洱热系统(济南)有限公司
地址:济南市高新区孙村重汽工业园春暄路 3000 号
邮编:250104
电话:0531/85190000
传真:85190999
网址:www. cn. mahle. com
法定代表人:STEFAN LORENZ LAND
产品情况:适用于重型货车的冷却模块、散热器、中冷器、硅油风扇、蒸发器、暖风芯体、冷凝器、压缩机和空调管;适用于乘用车的冷却模块、中冷器;适用于中冷器及散热器的散热管等
配套及出口情况:主要客户包括中国重汽、北奔重卡、四川现代、沃尔沃 UDT(出口)、长城汽车;出口国外市场

★山东新金发汽车零部件有限公司
地址:山东省章丘市龙山工业园潘王路 6 号
邮编:250216
电话:0531/83628911、4006186308
传真:83628958
网址:www. xinjinfa. com. cn
电子信箱:jnxjf888@ 163. com
法定代表人:朱士金
质量体系:ISO 9001
产品情况:汽车铝合金燃油箱及托架总成、离合器压盘总成及从动盘总成;具有年产燃油箱总成 2 万套、离合器总成 3.5 万套、各种垫片、销、轴等 2000 万件以上的能力
配套情况:与中国重汽、陕西重汽、陕西汉德车桥等公司长期配套

★中国重汽集团济南复强动力有限公司
地址:山东省章丘市圣井重汽工业园区
邮编:250220
电话:0531/58064888、58064880
传真:58064885
网址:www. chinajfp. com
电子信箱:18660407795@ 163. com
法定代表人:侯建明
质量体系:ISO/TS 16949
产品情况:(中国重汽牌)
汽车零部件制造与发动机再制造
配套情况:为中国重汽集团配套

★济南沃德汽车零部件有限公司
地址:济南市长清区经济开发区沃德大道 1 号
邮编:250300
电话:0531/89638111
传真:89638186
网址:www. jwaa. cn
电子信箱:yingxiao@ jwaa. cn
法定代表人:曾庆东
单位人数:2500
质量体系:ISO/TS 16949、VDA 6.1
产品情况:(山河牌、沃德牌)
具备年产气门 6000 万支、挺杆 1000 万支的生产能力
配套情况:长期为上汽大众、美国福特、天津丰田、神龙、一汽、中国重汽、奇瑞、东安、潍柴、玉柴、上柴、锡柴和大柴等 100 多家汽车和主机厂配套

★山东申泉动力汽车配件有限公司
地址:山东省禹城市十里望工业园
邮编:251200
电话:0534/2122555、13791305555
传真:2123999
网址:gb. sdsqdl. com
电子信箱:guochangkuan@ sdsqdl. com
法定代表人:郭志辉
质量体系:ISO 9000
产品情况:(申泉动力牌)
汽车缸套,年产各类汽缸套近 500 万只
配套及出口情况:为潍柴动力、东风汽车有限、玉柴机器、扬州柴油机、江苏四达动力机械集团、北汽福田、上汽股份等几十家主机厂配套;出口欧美、英国、东南亚、非洲等 10 多个国家和地区

★山东昀沣机械科技有限公司
地址:山东省茌平县胡屯工业园
邮编:252000
电话:0635/2988789、13153806698
传真:4882816
网址:yunfengkeji. cn
法定代表人:王宪才
质量体系:ISO/TS 16949
产品情况:EGR、尾气催化器、汽车制动

器总成,新能源汽车智能热管理系统,汽车用换热器及机油冷却器;产品以配套和出口为主

★山东方通汽车装备有限公司
地址:山东省聊城市茌平县杜郎口方通工业园
邮编:252000
电话:0635/4546088
传真:4546289
网址:www.fangtonggroup.com
电子信箱:miaoyiguang1122@126.com
法定代表人:魏承志
质量体系:ISO/TS 16949、ISO 14001
产品情况:铝、铜质汽车散热器、中冷器、冷凝器、暖风机、汽车空调冷凝器、汽车铝、塑油箱等
配套及出口情况:是一汽集团、东风汽车、中国重汽、江淮汽车、中通客车、五征集团、奇瑞重工和北汽福田等的配套厂家;已和美国、俄罗斯、印尼、埃及、泰国、菲律宾、沙特阿拉伯等多个国家和地区客户进行商贸洽谈

★山东鑫亚工业股份有限公司
地址:山东省聊城市高新区长江中路1号
邮编:252000
电话:0635/8352515、8352322
传真:8351273
电子信箱:zytz_wbh@126.com
法定代表人:李文华
质量体系:ISO/TS 16949
产品情况:(亚字牌)
高压共轨系统、电控VE泵、电控单体组合泵、电控单缸泵等产品
配套及出口情况:与70余家柴油机厂配套;出口欧美、东南亚20多个国家和地区

★山东聊城德润机电科技发展有限公司
地址:山东省聊城市凤凰工业园纬二路
邮编:252024
电话:0635/2124588
传真:2124577
网址:www.lcdrkj.com
电子信箱:auto_partsxbd@aliyun.com
法定代表人:张永祥
质量体系:ISO 9001
产品情况:活塞销、气门弹簧座、摇臂轴、曲柄销、止推轴承、离合器推杆、半圆键、喷油器定位块、调整垫片、弹簧顶杆、VE泵组件、调速轴组件等系列产品
配套及出口情况:为重庆建设-雅马哈、嘉陵-本田、力帆、宗申、银钢、隆鑫、江门联和、江门力擎、广州天马、广州华林、山东鑫亚、B&S公司等30多家知名企业配套;出口美国、德国、日本、巴基斯坦等国家,并销往中国台湾地区

★山东晨新汽车配件有限公司
地址:山东省茌平县郝集工业园
邮编:252100
电话:0635/5101666
传真:5101111
网址:www.shandongchenxin.com
电子信箱:shandongchenxin@vip.163.com
法定代表人:王巍
产品情况:汽车散热器、中冷器等相关零配件产品
出口情况:远销北美洲、南美洲、澳大利亚、俄罗斯、中东等国家和地区

★茌平瑞丰汽车零部件有限公司
地址:山东省茌平县热电工业园
邮编:252100
电话:0635/4287111、13563041999
传真:4287999
网址:www.rfqcbj.com
电子信箱:rfqcbj@163.com
法定代表人:马强
负责人:范恩增
单位人数:480
质量体系:QS 9000、ISO/TS 16949
产品情况:具备年产铝质散热器20万台,铝质暖风散热器110万台,铝质电脑散热器100万台生产能力

★茌平鲁环汽车散热器有限公司
地址:山东省茌平县热电民营工业园区
邮编:252100
电话:0635/4289708
网址:www.luhuanrad.com
电子信箱:luhuan@luhuanrad.com
法定代表人:李维奇
单位人数:212
质量体系:IATF 16949
产品情况:(华环牌)
年产铝塑汽车散热器100万台,汽车中冷器20万台
出口情况:产品90%以上出口美国、加拿大、澳大利亚、泰国、日本、丹麦等几十个国家,并销往中国台湾地区

★山东新大地铝业有限公司
地址:山东省茌平县信发热电工业园翰林路
邮编:252100
电话:0635/4280528、4283333
传真:4286559、4280528
网址:www.xddly.com
电子信箱:sdxddly@126.com
法定代表人:曹香芝
单位人数:1000
质量体系:ISO 9001、ISO 14001
产品情况:(新大地牌)
汽车散热器、冷凝器、中冷器、注塑件,年产能达100万台;铝镁合金压铸件,年产能达2000t
出口情况:散热器等产品出口美国、西班牙、韩国、印度、伊朗、缅甸等多个国家

★聊城市德通交通器材制造有限公司
地址:山东省聊城市茌平县冯官屯镇309国道
邮编:252100
电话:0635/4282086、4286131
传真:4287222、4286110
网址:www.jixing.com.cn
电子信箱:sales@jixing.com.cn
法定代表人:赵涛
单位人数:580
质量体系:ISO 9001
产品情况:主导产品为铜/铝/不锈钢油冷器、工程机械、农用机械、摩托车用散热器、中央空调散热芯、缓速器用换热器、中冷器、散热器、CVT变速器风冷器、高压油散热器、车用暖风装置、车用空调器、蒸发器、冷凝器等
配套及出口情况:为一汽、东风、中国一拖、北汽、广汽(传祺)、上汽双龙、长城汽车、长安汽车、云南力帆、川汽野马、法士特齿轮、上海德朗、潍坊恒安、泰安、广州、贝迪地能中央空调、宝鸡专汽、华泰汽车、豫新、青岛东洋、吉利、奇瑞、重庆英特、青汽、天津水箱厂、北汽摩、南宁八菱等知名汽车厂及散热器厂配套;50%以上的产品出口日本、美国、泰国、澳大利亚、新加坡、韩国、德国、丹麦、约旦、墨西哥、阿联酋、马来西亚、东南亚等国家和地区,并销往中国台湾地区

★山东宇洋汽车尾气净化装置有限公司
地址:山东省聊城市茌平县热电民营工业园区
邮编:252100
电话:0635/4289536、4289299
传真:4286776、4289716
网址:www.yyogroup.com
法定代表人:王教芹
质量体系:ISO/TS 16949
产品情况:年产汽车尾气净化催化剂30万L、汽车尾气催化器30万套、汽车散热器100万台、汽车空调冷凝器50万台,EGR冷却器5万台
出口情况:产品90%以上出口欧美地区、东南亚、澳大利亚、墨西哥、中东等国家和地区,并销往中国台湾地区

★茌平赛耐汽车零部件制造有限公司
地址:山东省茌平四棉厂院内
邮编:252126
电话:0635/5101008、4612789
传真:4616369
电子信箱:yunna2004747@126.com
法定代表人:冯吉祥
质量体系:QS 9000
产品情况:(赛耐牌)
机油冷却器、中冷器和板式换热器

★山东领航汽车部件有限公司
地址:山东省聊城市东阿县工业园区香江路北首路西
邮编:252200
电话:0635/3269508、3269506

传真:3269568
电子信箱:15865741100@163.com
法定代表人:王世龙
质量体系:ISO/TS 16949
产品情况:汽车散热器、冷凝器、中冷器、暖风;散热器产品规格2000余种,年生产能力达200万台

★阳谷宇星汽具制造有限公司
地址:山东省阳谷县阳金路108号
邮编:252312
电话:0635/6866999、6866688
电子信箱:1240513754@qq.com
法定代表人:郭步春
质量体系:ISO/TS 16949
产品情况:滤清器

★山东润源实业有限公司
地址:山东省临清市临博路15号润源工业园
邮编:252653
电话:0635/2636868、4006356998
网址:www.runyuan.com.cn
电子信箱:sdry@public.lcptt.sd.cn
法定代表人:丁月芝
单位人数:1200
质量体系:ISO 9001
产品情况:[润源(RY)牌]
发动机曲轴、液压举升油缸、桃胶/阿拉伯胶等
配套及出口情况:是一汽、东风、重汽、玉柴、锡柴、潍柴、莱动、中集、华威、驰田等发动机、改装车厂家配套合作单位;出口美国、日本、韩国、非洲、中东、东南亚等十几个国家和地区

★乐陵市海裕汽车零部件制造有限公司
地址:山东省乐陵市经济技术开发区开元东大道18号
邮编:253600
电话:0534/6292792、2112096
传真:6292992
网址:www.haiyu.net.cn
电子信箱:54haiyu@163.com
法定代表人:李彬彬
质量体系:ISO/TS 16949、ISO 9001
产品情况:(海裕牌)
空气滤清器、空调滤及环保机油滤、燃油滤等;年生产能力约2600万只
配套及出口情况:为一汽集团配套;出口南美洲、中东、欧洲、北美洲等地区,出口量占总产量60%以上

★淄博永华滤清器制造有限公司
地址:山东省淄博市沂源经济开发区
邮编:256100
电话:0533/3280888
传真:3280999
网址:www.yh-group.com
电子信箱:ziboyonghua@126.com
法定代表人:李永华
单位人数:340
质量体系:ISO/TS 16949、ISO 14001
产品情况:(永华牌)
重型货车滤清器及各种轿车、客车、工程机械滤清器,年生产能力5000万只
配套及出口情况:为潍柴、福田、陕汽、雷沃、莱动、时风、常柴、全柴、五征等30余家发动机厂、汽车厂;产品远销美国、英国、印度、俄罗斯等10多个国家和地区

★滨州盟威集团有限公司
地址:山东省滨州市渤海二十一路569号
邮编:256602
电话:0543/3288787、2238188
传真:3288899
电子信箱:bms2238178@126.com
法定代表人:李俊杰
质量体系:ISO/TS 16949
产品情况:大柴、潍柴、锡柴、上柴等活塞,年产1303万只;吉利、力帆等摩托车活塞,年产55万只

★渤海汽车系统股份有限公司
地址:山东省滨州市渤海二十一路569号
邮编:256602
电话:0543/3288880、3288898
传真:3288777
网址:www.bhpiston.com
电子信箱:sale@bhpiston.com
法定代表人:陈宝
负责人:季军
单位人数:3000
质量体系:ISO/TS 16949、VDA 6.1
产品情况:(渤海牌)
各种铝合金活塞、锻钢活塞,广泛用于各种汽车、摩托车、工程动力机械等领域
配套及出口情况:为一汽集团、东风集团、潍柴动力、中国重汽、广西玉柴、康明斯(东风、西安、重庆、福田、广西)、上汽集团、长安集团、广汽集团、福田汽车、江淮汽车、奇瑞汽车、长城汽车、比亚迪汽车、华晨汽车、江铃汽车、吉利汽车等多家知名主机厂配套;远销北美洲、欧洲、东亚、中东等地区

★东营信拓汽车消声器有限公司
地址:山东省东营市大王经济技术开发区
邮编:257335
电话:0546/6879288
传真:6878821
网址:www.chinamuffler.net
电子信箱:postmaster@chinamuffler.com.cn
法定代表人:延晓峰
质量体系:ISO/TS 16949、ISO 14001
产品情况:消声器、三元催化器、排气管、消声器尾饰管,改装车消声器
配套情况:为上汽大众、美国克莱斯勒公司、天合公司配套

★潍柴(潍坊)中型柴油机有限公司
地址:山东省潍坊市北宫东街121号
邮编:261009
电话:0536/5075417、8192870
传真:8679569
电子信箱:lizm@weichai.com
法定代表人:张泉
质量体系:ISO/TS 16949
产品情况:DEUTZ(道依茨)226B柴油机,年产2.5万台

★潍坊派克汉尼汾过滤系统有限公司
地址:山东省潍坊市经济开发区民主东街7336号
邮编:261031
电话:0536/5036888
网址:www.clarcor.com
电子信箱:fabi.zhao@parker.com
法定代表人:杜刚
质量体系:ISO/TS 16949
产品情况:(BALDWIN FILTERS牌)
内燃机空气滤清器、机油滤清器、燃油滤清器、空气净化器等
配套情况:为潍柴动力、东风朝柴、一汽集团、济柴、中国重汽、华源莱动、华菱汽车、福田汽车、福田重工、陕汽、深圳寿力、山工机械、卡特彼勒等30多家企业配套

★潍坊众谊汽车配件有限公司
地址:山东省潍坊市潍城区玉清西街
邮编:261057
电话:0536/2108618、2108607
传真:8166168
网址:www.wfzhongyi.com
电子信箱:zhongyi@wfzhongyi.com
法定代表人:陈磊
单位人数:365
质量体系:ISO/TS 16949、ISO 9001
产品情况:(众谊牌)
汽车燃油箱及其附件、汽车钣金冲压产品、汽车门框和车用电子产品等
配套及出口情况:为重汽集团、陕汽集团、上汽依维柯红岩、北奔重汽、上海汇众、丹东黄海、安徽安凯、桂林大宇、郑州宇通等配套;国际市场已进入日本新明和、多田野

★山东信德玛珂增压器股份有限公司
地址:山东省潍坊市民主西街2009号寒亭高新技术产业园十四座
邮编:261199
电话:0536/7369733
传真:7369389
网址:www.xdmake.com
电子信箱:xdmake@xdmake.com
法定代表人:牟海峰
单位人数:120
质量体系:ISO/TS 16949
产品情况:涡轮增压器及相关零部件
配套及出口情况:产品用于玉柴、潍柴、北汽福田、珀金斯、常柴、济柴、成都云

内、全柴、无锡四达、胜动、扬动、莱动、潍柴道依茨、南柴等国内大中型内燃机生产厂家生产的产品；远销欧洲、中东、东南亚等国际市场

★ 潍柴动力股份有限公司

地址：山东省潍坊市高新技术开发区福寿东街197号甲
邮编：261061
电话：4006183066
网址：www.weichaipower.com
电子信箱：weichaialerts@weichai.com
法定代表人：谭旭光
单位人数：42000
质量体系：ISO/TS 16949
产品情况：（潍柴动力牌）
　　动力总成（发动机、变速器、车桥）、整车整机、液压控制和汽车零部件四大产业板块
配套及出口情况：为各大主机厂供货；远销俄罗斯、沙特、越南、印度尼西亚、巴西等110多个国家和地区
☞ 详细情况请参阅彩色宣传版面

★潍坊富源增压器有限公司

地址：山东省潍坊市坊子区凤山路56号
邮编：261206
电话：0536/7616666、7618356
传真：7619999、7613331
网址：www.fuyuan.net.cn
电子信箱：fuyuan@fuyuan.net.cn
法定代表人：陈序尧
质量体系：ISO/TS 16949、ISO 14001
产品情况：涡轮增压器
配套情况：为潍柴、杭发等内燃机厂配套

★山东浩信集团有限公司

地址：山东省昌邑市围子镇浩信工业园
邮编：261307
电话：0536/5598111、5590000
传真：5598222
网址：www.haoxingroup.com
电子信箱：info@haoxingroup.com
法定代表人：吕继贤
单位人数：5300
质量体系：ISO/TS 16949、ISO 14001
产品情况：缸体、缸盖、飞轮、齿轮室等发动机类零部件，汽车轮毂、制动鼓、制动盘、转向机壳体等底盘类零部件
配套及出口情况：与潍柴动力、中国重汽、中国一汽、北汽福田、福田雷沃重工、博世、福田康明斯、无锡康明斯、北汽集团、北奔重汽、陕汽集团、上柴动力、安凯车桥、方盛车桥、长沙熙迈等企业配套；出口北美洲、西欧、东南亚等地区，与CONMET、WEBB、KIC、ADR、GUNITE、MAT、AUTOZONE、ADVANCE、SAF、SATA、KNORR、WABCO、VOLVO、DANA、LOMBARDINI等国际知名公司有着长期稳定的合作关系

★山东莱州金泉摇臂有限公司

地址：山东省莱州市文泉东路43号
邮编：261400
电话：0535/2211361、2228726
传真：2218195
网址：www.lzyaobilogsplitter.com
电子信箱：jqyb@chinalogsplitter.com
法定代表人（负责人）：杨广超
单位人数：600
质量体系：ISO/TS 16949
产品情况：（文峰山牌）
　　各种型号内燃机气门摇臂，年产500万件，摇臂总成60万套
配套及出口情况：为锡柴、大柴、朝柴、潍柴、上柴、玉柴、常柴、全柴、韩国斗山工程机械等各大主机厂配套；出口欧美、东南亚等国家和地区

★莱州日进机械有限公司

地址：山东省莱州市城港南路996号
邮编：261411
电话：0535/2296902、2296912
传真：2290039
电子信箱：hanrb－lmc@nissin－mfg.cn
法定代表人：中西秀吏
质量体系：ISO 9001
产品情况：内燃机气门摇臂，年产200万件

★烟台大丰轴瓦有限责任公司

地址：山东省莱州市开发区工业苑西路98号
邮编：261423
电话：0535/2177615、2177618
传真：2177618
网址：www.yantaidafeng.com
电子信箱：dfgm@ytdafeng.com
法定代表人：孙国友
质量体系：ISO/TS 16949、QS 9000
产品情况：汽车轴瓦及轴瓦材料，用于潍柴、川柴、杭汽发斯太尔系列、福田493、483、491系列、玉柴柴油机系列、锡柴柴油机系列、东汽康明斯系列、上柴D6114等

★烟台亨圆隆汽车配件有限公司

地址：山东省莱州市沙河镇
邮编：261423
电话：0535/2311182、13356903698
传真：2311562
网址：www.ytzhouwa.com
电子信箱：trade@ytzhouwa.com
法定代表人（负责人）：孙瑞亭
质量体系：ISO/TS 16949
产品情况：发动机用轴瓦、衬套、止推片，年生产能力达1500万件
配套及出口情况：为潍柴、重庆潍柴、济柴、淄柴、中国重汽、宇动、胜动、一汽、一汽天内、吉利、美日、华源莱动、潍柴华丰、山拖等30余家主机厂配套；产品销往世界各地

★潍坊恒安散热器集团有限公司

地址：山东省安丘市经济开发区莲花山西路
邮编：262123
电话：0536/4366722、4398268
传真：4361209
网址：www.henganradiator.com
电子信箱：wfhags@163.com
法定代表人：王钟柱
单位人数：900
质量体系：ISO/TS 16949
产品情况：（恒安牌）
　　水散热器、油散热器、中冷器、冷凝器、车用空调、EGR冷却器及模块化产品
配套及出口情况：汽车散热器为北汽福田欧曼、重汽、江淮、陕汽、哈飞、昌河等十大主机厂配套（并为法国标致公司配套），工程机械类散热器为上海龙工、山工、徐工、临工、山推、柳工、宣工、烟台斗山、雷沃重工、成工等主要工程机械厂配套，农机散热器为北汽福田等配套；出口产品直接为美国、法国主机厂配套

★山东艾泰克环保科技股份有限公司

地址：山东省诸城市历山路116号
邮编：262200
电话：0536/6169923、6353405
网址：www.sdatk.com
电子信箱：public@sdatk.com
法定代表人：高培海
质量体系：ISO/TS 16949
产品情况：主要产品有进排气系统、车用燃油箱、储气筒、SCR催化器、柴油氧化催化器DOC、颗粒氧化催化器POC、三元催化器、EGR冷却器等九大系列1500多个品种的汽车零部件
配套及出口情况：主要客户有北汽福田、福田雷沃重工、中国重汽、宇通客车、宇通重工、长安汽车、中联重科、山推、潍柴、潍柴华丰、淄博汽车厂等；部分产品出口国外

★山东亨斯特智能科技有限公司

地址：山东省昌乐县高崖镇亨斯特工业区
邮编：262402
电话：0536/6655555、6653333
网址：www.hsthwt.com
电子信箱：qcxsq@163.com
法定代表人：王建亮
质量体系：ISO 9001
产品情况：汽车消声器专用钢带、钢管、8K镜面板、汽车遥控变声排气系统、汽车消声器、三元催化器、汽车净化器等

★山东银河动力股份有限公司

地址：山东省临朐县东城街道榆前路1651号
邮编：262600
电话：0536/3715067
传真：3161000

电子信箱:sdyh_1228@163.com
法定代表人:李扬
单位人数:1600
质量体系:ISO/TS 16949、ISO 9001
产品情况:(沂蒙牌)
各种内燃机汽缸套、四配套、普通铸件等,具有年产汽缸套300万只的生产能力
配套及出口情况:为大柴、锡柴、潍柴、重汽杭发、朝柴、常柴、五菱、江动、泰柴、常林等数十家主机厂配套;部分产品出口

★康跃科技股份有限公司

地址:山东省潍坊市寿光开发区洛前街1号
邮编:262718
电话:0536/5788238、5677888
传真:5586178
网址:www.chinakangyue.com
电子信箱:kysecu@chinakangyue.com
法定代表人:郭晓伟
质量体系:ISO/TS 16949、ISO 14001
产品情况:(康跃牌)
涡轮增压器
配套及出口情况:已同潍柴动力、玉柴机器、上柴动力、云内动力、朝柴动力、长城汽车、福田汽车、雷沃重工、一汽大柴、一汽锡柴、中国一拖、江淮汽车等30多家主机厂商配套;远销俄罗斯、美国、南非、东南亚等市场

★烟台福斯达机械制造有限公司

地址:山东省烟台市经济技术开发区广州路2号
邮编:264006
电话:0535/6950268
传真:6950383
网址:www.ytfsd.com
电子信箱:yantaifsd@126.com
法定代表人:谢吉祥
质量体系:ISO/TS 16949
产品情况:专业生产烧结结构部品、烧结自润滑轴承、烧结不锈钢部品及特殊用途的高合金部品
出口情况:远销韩国、美国等国家

★盖茨胜地汽车水泵产品烟台有限公司

地址:山东省烟台市经济技术开发区嘉陵江路51号
邮编:264006
电话:0535/6375385、6955807
传真:6385997
网址:www.gateswinhere.com
电子信箱:nancy.zhang@gates.com
法定代表人:沈威
质量体系:ISO/TS 16949
产品情况:汽车发动机水泵
出口情况:出口美国、欧盟、亚洲

★烟台路通精密科技股份有限公司

地址:山东省烟台市经济技术开发区南昌大街8号
邮编:264006
电话:0535/6399625
传真:6399620
网址:www.lutonggroup.com
电子信箱:info@lutong-group.com
法定代表人:陈国诗
质量体系:ISO/TS 16949、ISO 14001
产品情况:现具备年产1.2万t精密铝合金铸件和相关铸造模具的设计、制造能力
配套情况:为湖柴等配套

★大丰工业(烟台)有限公司

地址:山东省烟台市经济开发区广州路42号
邮编:264006
电话:0535/6371342
传真:6381335
网址:www.taihonet.com
电子信箱:taiho@taihonet.com
法定代表人:近藤隆彦
单位人数:575
质量体系:ISO/TS 16949、ISO 14001
产品情况:(春生牌、大丰牌)
年产各类轴瓦衬套12000万件
配套及出口情况:是康明斯、潍柴、重汽、一汽大柴、上柴、丰田、本田、上汽通用、长城、吉利、长安汽车、一汽轿车等发动机厂的重点配套单位,也是美国康明斯的全球采购供应商;远销欧美及东南亚地区

★天润曲轴股份有限公司

地址:山东省文登市天润路2-13号
邮编:264400
电话:0631/8982126
传真:8451761
网址:www.tianrun.com
电子信箱:zhqb@tianrun.com
法定代表人:邢运波
负责人:徐承飞
单位人数:2800
质量体系:ISO/TS 16949、QS 9000
产品情况:(天牌)
发动机曲轴
配套及出口情况:为潍柴、东风康明斯、上汽、一汽锡柴、大柴、玉柴、上柴、哈东安以及康明斯、奔驰、卡特彼勒等国内外著名主机厂整机配套产品;随主机远销20多个国家和地区,出口韩国、印度、土耳其、英国、意大利、日本、美国等国外著名公司

★烟台杰瑞富耐克换热设备有限公司

地址:山东省莱阳市富山路966号
邮编:265200
电话:0535/7317668、7325176
传真:7325276
网址:www.chinafnk.com
电子信箱:xiaoshou@chinafnk.com
法定代表人:李志勇
质量体系:ISO/TS 16949
产品情况:换热器、空调器等散热模块,适用于汽车、新能源汽车等领域
配套及出口情况:为三一、徐工、山推、石川岛、林德、青岛捷能、中通等企业配套;出口美国、意大利等国家

★ 山东大柴缸体缸盖股份有限公司

地址:山东省莱阳市经济开发区富山路916号
邮编:265200
电话:0535/7363528
传真:7363711
网址:www.zldcgt.com
电子信箱:webmaster@zldcgt.com
法定代表人:王熤焮
负责人:王建磊
单位人数:600
质量体系:ISO/TS 16949
产品情况:(ZLDC牌)
国内外柴油、汽油发动机用铸铁汽缸体和汽缸盖产品
配套及出口情况:主要客户为浙江新柴、广西玉柴动力、北京华泰汽车、无锡开普、山东云内、福建力佳、恒天动力、华源莱动等;适用于康明斯、帕金斯、菲亚特、丰田、五十铃、通用、福特等系列发动机用汽缸体、汽缸盖的批量海外售后市场销售和部分品种的国外主机配套,年出口产品产销量占整体产销量的50%以上,出口中东、德国等国家和地区
☞详细情况请参阅彩色宣传版面

★山东华源莱动内燃机有限公司

地址:山东省莱阳市五龙北路7号
邮编:265200
电话:0535/7293645、7293428
网址:www.laidong.net
电子信箱:sdld888@126.com
法定代表人:李益
单位人数:3000
质量体系:ISO/TS 16949
产品情况:(莱动牌)
单缸柴油机、小缸径多缸系列柴油机,用于低速汽车及微、轻型汽车
配套情况:为福田汽车、中航黑豹、唐骏欧铃、山东五征、凯马汽车、成都王牌、蒙德金马、东方曼等厂家轻微货车配套;为广汽吉奥、东风小康等厂家的微型面包车、高端轻型货车、皮卡、SUV、MPV等汽车产品配套

★青岛振宇中兴机械有限公司

地址:山东省青岛市莱西武备工业园富武路
邮编:265215
电话:0535/58821990、3365922
传真:3368388、7267939
电子信箱:291700395@qq.com

法定代表人:崔新亮
质量体系:ISO 9001
产品情况:汽车发动机汽缸体、汽缸盖等

★烟台万斯特有限公司
地址:山东省莱阳市龙门东路
邮编:265229
电话:0535/7290999、4000913999
传真:7291571
网址:www.vast.com.cn
电子信箱:vast@vast.com.cn
法定代表人:邹忠祥
质量体系:ISO/TS 16949、ISO 14000
产品情况:(万斯特牌)
主要生产直径80~250mm,壁厚≥0.08mm的10个系列20余个品种的钢质薄壁镀铬缸套;各种镶圈、镶片;内冷油道;表面镀锡、磷化、喷涂石墨、印刷石墨及顶部阳极氧化等高速、强化和环保发动机用活塞;直径50~200mm区间的300多个品种规格的镀铬、渗陶、喷钼、氮化等表面处理技术的活塞环
配套情况:为庆铃、玉柴、锡柴、江淮配套

★栖霞市银云活塞液压件有限公司
地址:山东省栖霞市松山开发区嵩山路19号
邮编:265300
电话:0535/3379113、3375388
传真:3375366
网址:www.gyyinyun.com
电子信箱:sch@scp-sch.com
法定代表人:方家定
单位人数:280
质量体系:ISO/TS 16949、QS 9000
产品情况:(银云牌、牙山牌)
内燃机活塞、液压齿轮泵、机油泵三大系列产品,广泛应用于农业机械、运输机械和工程机械
配套及出口情况:为上内、潍柴、济柴、一汽集团、锡柴、江动、莱动、东风改装厂、北汽福田配套;出口巴基斯坦、印度尼西亚、缅甸、美国、新加坡等国家

★山东天泽昌大缸盖有限公司
地址:山东省招远市蚕庄镇南
邮编:265402
电话:0535/8322173、8322174
传真:8323736
网址:www.tzcdgg.cn
电子信箱:tzcdch@tzcdgg.cn
法定代表人:王全敏
质量体系:ISO 9001
产品情况:(昌大牌)
发动机缸体、缸盖等
配套情况:为一汽大柴,安徽全柴、广西玉柴、浙江新柴等主机厂发动机配套

★佛吉亚排气控制技术(烟台)有限公司
地址:山东省烟台市福山高新区连福街96号
邮编:265500
电话:0535/6303611、6303332
传真:6303630
网址:www.faurecia.com
电子信箱:betty.sun@faurecia.com
法定代表人:江永玮
单位人数:260
质量体系:ISO/TS 16949、ISO 14000
产品情况:进排气管、消声器
配套情况:主要客户包括上汽通用东岳、上汽通用北盛、潍柴动力等著名汽车厂商,生产雪佛兰赛欧,雪佛兰景程,雪佛兰创酷,雪佛兰爱唯欧,别克商务GL8,别克昂克拉,长城哈弗H6等多个车型20多种汽车消音器总成产品

★蓬莱沃尔汽车零部件有限公司
地址:山东省蓬莱市南王街道办事处淮海路6号
邮编:265600
电话:0535/3455297
传真:3455297
网址:www.plvalve.com
电子信箱:xiaoshou@plqm.net
法定代表人:池景禄
质量体系:ISO/TS 16949
产品情况:(蓬莱牌)
内燃机进/排气门
配套及出口情况:为一汽大柴、锡柴、东风朝柴、中国一拖、上柴动力、淮海、玉柴、江动、潍柴、莱动等国内20多家主机厂配套;随主机出口200万对

★龙口隆基三泵有限公司
地址:山东省龙口市经济开发区
邮编:265700
电话:0535/8842648
传真:8881876
网址:www.longjigroup.cn
法定代表人:张乔敏
质量体系:ISO/TS 16949、ISO 14000
产品情况:(隆基牌)
汽车发动机气泵、水泵、机油泵;具有年产气泵100万台、水泵60万台、机油泵60万台的生产能力
配套情况:为一汽、东风、中国重汽集团的道依茨一汽(大连)柴油机、无锡柴油机、东风朝阳柴油机、广西玉柴机器、昆明云内动力、潍柴动力等著名主机厂配套

★龙口龙泵燃油喷射有限公司
地址:山东省龙口市皇城北大街562号
邮编:265701
电话:0535/8517401
电子信箱:492480962@qq.com
法定代表人:王仁辉
质量体系:ISO/TS 16949
产品情况:P型、P9型、PA型、PM型、AD型喷油泵总成、供油角度自动提前器、三对偶件、喷油器总成
配套情况:主要为一汽锡柴、一汽大柴、重汽潍柴、东风康明斯、朝柴、玉柴、上柴、天津珀金斯、北汽福田、淄柴、扬动、常柴、莱动等国内主要柴油机厂家配套

★龙口市大川活塞有限公司
地址:山东省龙口市中村镇烟潍公路龙化站南侧
邮编:265703
电话:0535/8862888、8867569
传真:8862888、8867568
电子信箱:dachuangs@163.com
法定代表人:解金浩
单位人数:215
质量体系:ISO/TS 16949
产品情况:(大川牌、百川牌)
汽车发动机部件、汽车空压机部件、汽车空调压缩机部件、制冷压缩机部件、摩托车及柴油机活塞系列
配套情况:为隆基三泵、吉林富奥制泵、江苏江动集团、廊坊美联制动、奉化天风、柳州机械、重庆宗申、济南轻骑等厂家配套,是美国CARRIER压缩机、TRANE压缩机、日本PEER公司的合作伙伴

★龙口中宇机械有限公司
地址:山东省龙口市经济开发区海岱汽车产业园
邮编:265716
电话:0535/8902910
传真:8902912
网址:www.lkzy.com
电子信箱:office@lkzy.com
法定代表人:王兆宇
质量体系:ISO/TS 16949、ISO 14001
产品情况:(中宇牌)
电磁风扇离合器、电控硅油风扇离合器、发电机、制动片、输油泵、真空泵、水泵、旋压皮带轮等汽车零部件
配套及出口情况:为淮柴动力、南京依维柯、郑州宇通、东风商用车、北汽福田、一汽解放、一汽轿车、东风柳汽、北汽新能源、扬柴、安徽全柴、盛瑞传动、华源莱动、天津雷沃、上柴、云内、东风朝柴、厦门金龙、中通客车、北京尼奥普兰、丹东黄海、安凯、欧辉客车、金华亚曼、俄罗斯ZMZ、菲亚特全球采购、中航技等国内外整车厂、发动机厂固定配套;汽车用制动片远销欧美,出口量已占总产量的70%以上

★龙口曼胡默尔滤清器有限公司
地址:山东省龙口市经济开发区逢牟路东
邮编:265716
电话:0535/3617081
网址:www.mann-hummel.com
法定代表人:李华
产品情况:机油、燃油、空气和其他滤清器产品

★龙泵集团有限公司
地址:山东省龙口市东江工业园

邮编:265718
电话:0535/8612249
传真:8612249
网址:www.longbeng.cc
电子信箱:xiaoshou@longbeng.cc
法定代表人:王仁辉
单位人数:10000
质量体系:ISO/TS 16949
产品情况:机械式喷油泵、电控单体及组合泵、喷油器、高压共轨燃油喷射系统等系列产品,具有年产60万台油泵总成的生产能力
配套情况:为潍柴、锡柴、大柴、朝柴、玉柴、上柴、常柴、淄柴等全国20多家主要的柴油机厂家配套

★青岛东洋汽车散热器有限公司
地址:山东省青岛市宁化路60号
邮编:266031
电话:0532/85016718、87657956
传真:85016795
网址:www.qingdao-radiator.com
电子信箱:brain@qingdao-radiator.com
法定代表人:王登峰
质量体系:ISO 9001、QS 9000
产品情况:管带式铝制汽车散热器、增压中冷器、车用暖风装置、车用油冷器、车用空调器的蒸发器和冷凝器,是具有年产60万台各种型号散热器
配套情况:是跃进汽车集团、一汽集团青岛汽车厂、重汽集团、重庆康明斯发动机、小松山推工程机械公司等主机厂的主要配套厂家

★青岛汽车散热器有限公司
地址:山东省青岛市虎山路25号
邮编:266071
电话:0532/85016718、87657956
传真:85016795
网址:www.qingdao-radiator.com
电子信箱:brain@qingdao-radiator.com
法定代表人:王登峰
质量体系:QS 9000、ISO 9001
产品情况:(青水牌)
汽车、暖风和工程机械用散热器,具备年产30万台铜散热器的生产能力
配套情况:是跃进汽车集团、一汽集团青岛汽车厂、重汽集团、重庆康明斯发动机、小松山推工程机械公司等主机厂的主要配套厂家

★青岛东洋热交换器有限公司
地址:山东省青岛市即墨区孔雀河三路22号
邮编:266200
电话:0532/83503019、83503022
传真:87511522
网址:www.qdtoyo.com
电子信箱:qdtoyo@public.qd.sd.cn
法定代表人:姜华
单位人数:280
质量体系:QS 9000、ISO/TS 16949
产品情况:年生产能力为:乘用车散热器120万台、商用车散热器30万台、中冷器30万台和油冷器30万台
配套情况:为一汽青岛汽车厂、东风汽车、南京汽车集团、哈飞汽车、昌河汽车、四川一汽丰田、长安汽车配套

★青岛普天汽车配件有限公司
地址:山东省青岛市黄岛区平湖路117号
邮编:266400
电话:0532/87196188、13012401777
传真:88183772
网址:www.qdputian.cn
电子信箱:qdptqp@163.com
法定代表人:殷太计
质量体系:ISO/TS 16949
产品情况:为重型汽车、高档客车配套铝镁合金燃油箱、储气筒及LNG车载瓶
配套情况:与国内中国重汽、青岛一汽、陕西重汽、包头北奔、集瑞联合、江淮汽车、南京徐工等主要汽车厂长期配套

★青岛海之冠汽车配件制造有限公司
地址:山东省青岛市黄岛区隐珠山路588号
邮编:266400
电话:0532/87199939、81731056
传真:87199980
网址:www.haizhiguan.com
电子信箱:sales@haizhiguan.com
法定代表人:杨宜亮
单位人数:268
质量体系:ISO/TS 16949、ISO 14001
产品情况:(海之冠牌)
汽车发动机飞轮总成、飞轮齿圈、各种铸造零部件
配套及出口情况:40%为国内各大主机厂配套,国内客户主要有潍柴、扬柴、全柴、莱动等主机厂;产品60%出口美洲及欧洲等国家和地区,国外客户主要有韩国法雷奥、韩国斗山、美国爱科、美国完美等

★辉门东西(青岛)活塞有限公司
地址:山东省青岛市经济技术开发区江山中路14号
邮编:266510
电话:0532/67791000
网址:www.federalmogul.com
电子信箱:dongxue.zhang@federalmogul.com
法定代表人:周总国
产品情况:内燃机和空气压缩机活塞

★青岛德盛机械制造有限公司
地址:山东省平度市华侨科技园香港路6号
邮编:266705
电话:0532/83303817、18562861910
传真:83303800
网址:www.qdschina.cn
电子信箱:qds@qdschina.cn
法定代表人:孙佩璋
质量体系:ISO/TS 16949、GB/T 24001
产品情况:(鸿达牌)
高精密度发动机曲轴,产品涵盖高端摩托车、新能源汽车、沙滩车、全地型越野车、雪橇车等领域
配套及出口情况:为新大洲本田、大长江集团、轻骑铃木、济南轻骑、大连三洋、厦门厦杏、春风动力、重庆隆鑫、济南弘正、晋江三力、川崎光阳等知名企业配套;出口30多个国家和地区

★青岛富高科汽车配件有限公司
地址:山东省平度市同和工业园
邮编:266706
电话:0532/85335025
传真:85335027
电子信箱:1094490346@qq.com
法定代表人:权纯默
产品情况:汽车发动机零部件(皮带轮、减振器等)
配套情况:为北京现代、天津一汽丰田发动机、小松山推、东风悦达起亚、东风日产供货

★ 山东厚丰汽车散热器有限公司

地址:山东省泰安市高新技术开发区东区
邮编:271000
电话:0538/8628658、8628617
传真:8628678
网址:www.houfeng.cn
电子信箱:houfengceo@vip.163.com
法定代表人:张广厚
单位人数:1000
质量体系:ISO/TS 16949、QS 9000
产品情况:(厚丰牌、鲁美牌)
年产车用铜、铝散热器,管带式、平行流式冷凝器,管带式、层叠式蒸发器以及中冷器、板翅式油散热器120万套
配套及出口情况:为一汽集团、日产汽车、广汽集团、北汽福田、奇瑞、吉利、比亚迪、北奔重汽、金龙、徐工集团等配套;出口美国、加拿大
☞ 详细情况请参阅彩色宣传版面

★泰安鼎鑫冷却器有限公司
地址:山东省泰安市岱岳区大汶口石膏工业园
邮编:271000
电话:0538/8162666
传真:8160906
电子信箱:yudongming@sdtadx.com
法定代表人:周卫平
质量体系:ISO/TS 16949
产品情况:中间冷却器、铜质散热器、铝质散热器、工程机械散热器、汽车空调附件、铝质机油散热器、钢质机油冷却器等
配套及出口情况:为中国重汽、北汽福

田、陕汽集团、一汽无锡太湖汽车制造厂、郑州宇通集团、安徽华菱、福田雷沃、内蒙古一机等厂家配套;批量出口沃尔沃、斯坦尼亚等车型的中冷器至美国、加拿大及欧洲市场

★泰安祥杰散热器制造有限公司
地址:山东省泰安市泰山区省庄镇政府东1公里
邮编:271000
电话:0538/6616898
传真:6616898
电子信箱:taxj_kelly@163.com
法定代表人:沈键
质量体系:ISO/TS 16949
产品情况:汽车散热器、中冷器、冲压件等

★ 山东同创汽车散热装置股份有限公司

地址:山东省泰安市磁窑经济技术开发区
邮编:271411
电话:0538/5821677、5823788
传真:5823777
网址:www.sd-tc.com
电子信箱:sdtcgsb@163.com
法定代表人(负责人):沈士凯
单位人数:900
质量体系:ISO/TS 16949、QS 9000
产品情况:(TONGCHUANG 牌)
车用散热器、中冷器、冷凝器、蒸发器、机油散热器、车用空调、特种散热器、暖风散热器等系列产品,年设计生产能力600万台
配套情况:为国内的中国重汽、东风柳汽、吉利汽车、奇瑞汽车、江淮汽车、北汽福田、陕重汽、一汽、东风、长城汽车、比亚迪汽车、重庆力帆、河北中兴、长丰猎豹等整车制造企业配套;是北汽福田、奇瑞汽车、江淮汽车、陕重汽、东风柳汽、吉利汽车、重庆力帆等国内知名企业的战略核心供应商
☞ 详细情况请参阅彩色宣传版面

★山东鲁龙集团有限公司
地址:山东省肥城市汶阳镇砖舍
邮编:271606
电话:0538/3857098、3857581
传真:3857580
电子信箱:lljt3857584@163.com
法定代表人:陈峰
质量体系:QS 9000、ISO 9001
产品情况:(鲁龙牌)
具有年产汽车水泵、制动盘120万台件,万向节1000万件,其他灰铸铁、球铁、蠕墨铸铁等铸铁件产品3万t/年的生产能力

★山东弘德机械工业有限公司
地址:山东省肥城市汶阳镇砖舍村
邮编:271606
电话:0538/3857138
传真:3857186
网址:www.hongdey.com
电子信箱:hongdey@hongdey.com
法定代表人:陈峰
单位人数:400
质量体系:ISO/TS 16949
产品情况:汽车水泵、万向接头
出口情况:出口美国、日本、韩国、欧洲等国家和地区

★济宁玉柴发动机有限公司
地址:山东省济宁市高新区鸿广路1号
邮编:272000
电话:0537/3200006
传真:3200888
电子信箱:jnycfdjglb@163.com
法定代表人:蔡小红
产品情况:2.0L及以上排量柴油发动机

★济宁远东良飞净化消声器有限公司
地址:山东省济宁市高新区济大东路远东工业园
邮编:272100
电话:0537/3152888、3152886
传真:3152889
网址:www.fareast-liangfei.com
电子信箱:sales@fareast-liangfei.com
法定代表人:郑长勇
质量体系:ISO/TS 16949
产品情况:三元催化转化器、排气喉、排气管、消声器、触媒转化器及封装
配套情况:为汽车厂配套

★山东麟城齿轮有限公司
地址:山东省嘉祥县麟城工贸园
邮编:272400
电话:0537/6802788、6808981
传真:6808981
电子信箱:sdlccl001@163.com
法定代表人:张凌峰
产品情况:(鲁齿牌)
汽车发动机齿轮,年综合产能350万多件
配套及出口情况:为一汽大柴、锡柴、潍柴、玉柴、上柴、江苏英田集团等主机厂配套;部分产品随主机出口10多个国家

★曲阜金皇活塞股份有限公司
地址:山东省曲阜市经济开发区金皇路1号
邮编:273100
电话:0537/4719618、4719627
传真:4411965
网址:www.jhpiston.com
电子信箱:office@jhpiston.com
法定代表人:贺兆华
质量体系:ISO/TS 16949
产品情况:(金皇牌)
各型号铝活塞,年产能力3000万只
配套及出口情况:国内主要配套企业为玉柴联合动力、长安汽车、吉奥、吉利、东风小康、比亚迪、东安三菱等各大汽车、柴油机生产集团;大长江、隆鑫、轻骑、金城等摩托车发动机生产企业;出口美国、俄罗斯、日本、韩国、意大利、法国、印度尼西亚、尼日利亚、巴基斯坦等十几个国家和地区

★山东菏泽华星油泵油嘴有限公司
地址:山东省菏泽市广州路999号
邮编:274016
电话:0530/5115111、5115112
传真:5336278、5332514
网址:www.hzdiesel.com.cn
电子信箱:huaxing2006@sohu.com
法定代表人:车景仁
单位人数:1600
质量体系:ISO/TS 16949
产品情况:(合众牌、盾牌)
S系列、P系列喷油器总成及喷油嘴偶件,Q型、AD型、P型、电控单体系列喷油泵总成及柱塞、出油阀偶件、高压共轨燃油喷射系统、汽油机缸内直喷系统(GDI)等数千个品种
配套及出口情况:与国内各大柴油机厂建立了良好的配套关系;出口德国、意大利、瑞士、美国及东南亚地区

★山东永华汽车零部件有限公司
地址:山东省临沂经济开发区华夏路87号
邮编:276000
电话:0539/2650086、2650333
传真:2650086
网址:www.yh-group.com
电子信箱:1130971209@qq.com
法定代表人:李永华
产品情况:(永华牌)
主要生产各种进口、国产内燃机滤清器和汽车油封、电器等汽车配件
配套情况:为一汽、东风、福田、潍柴、重汽等系列重型货车及各种轿车、客车、工程机械企业装机配套

★临沂曼宝过滤器制造有限公司
地址:山东省临沂市经济技术开发区沂河路98号
邮编:276000
电话:0539/8333077、4006406678
传真:8333087
网址:www.monbow.com
电子信箱:sales@monbow.con
法定代表人:华俊
质量体系:ISO/TS 16949、GJB 9001B
产品情况:工程机械、载重汽车系列滤清器
配套及出口情况:为国内多家工程机械企业配套生产滤清器;远销世界10多个国家和地区

★山东连杆总厂有限公司
地址:山东省沂水县沂新路145号

邮编:276400
电话:0539/2251161、2251154
传真:2317181
电子信箱:sdlgzcyxgs@163.com
法定代表人:李玉龙
质量体系:QS 9000、ISO 9001
产品情况:(沂河牌)
各式发动机连杆总成
配套情况:为一汽集团、锡柴、大柴、朝柴、北汽福田、吉利汽车、扬动、常柴、莱动等配套

★日照金港活塞有限公司
地址:山东省日照市莒县城阳北路888号
邮编:276800
电话:0633/6820188
传真:3903678
网址:www.sdpiston.com
电子信箱:jgpiston@163.com
法定代表人:张相花
质量体系:ISO/TS 16949、ISO 14001
产品情况:(JG牌)
活塞,年产活塞1100万只
出口情况:出口东南亚、中东、俄罗斯、欧美等国际市场

★日照柳成新和汽车部件有限公司
地址:山东省日照市经济技术开发区现代路以西、泉州路以北
邮编:276826
电话:0633/2959661、2959660
传真:2959680
网址:www.niv.co.jp
电子信箱:rxh@sdrys.cn
法定代表人:文正镐
产品情况:汽车发动机用液压挺杆、机械挺杆

★山东双港活塞股份有限公司
地址:山东省日照市面都路399号
邮编:276826
电话:0633/8358388
传真:8358380
网址:www.sdsghs.com
电子信箱:sdshuanggang@163.com
法定代表人:赵明军
单位人数:600
质量体系:ISO/TS 16949
产品情况:内燃机铝活塞、活塞用耐磨镶圈、四组件
配套情况:为安徽全柴、潍柴、哈尔滨东安、合肥朝柴、马勒贸易(上海)有限公司、浙江新柴配套

★山东现代威亚汽车发动机有限公司
地址:山东省日照市山海路188号
邮编:276827
电话:0633/2299014、2299019
传真:2299191
电子信箱:e1008028@hyundaiwia.cn
法定代表人:崔正然
产品情况:汽车发动机、发动机零配件、汽车用铸锻毛坯及汽车关键零部件

河南省

★新乡市新平航空机械有限公司
地址:河南省新乡市北干道西段31号
邮编:453002
电话:0373/2614513、2624642
传真:2639220
电子信箱:sale@xpmachine.com
法定代表人:霍光玉
质量体系:ISO 9001
产品情况:(平原牌)
滤清器、过滤装置、消声器及动力压力筛等产品

★河南平和滤清器有限公司
地址:河南省新乡市高新区化工路东段484号
邮编:453003
电话:0373/5066201、5066391
传真:5066258
网址:www.peacefilter.com
电子信箱:sale@peacefilter.com
法定代表人:永原伸一
质量体系:IATF 16949、ISO 14001
产品情况:(Peace牌)
生产销售用于轿车、微型汽车、摩托车等的各种滤清器及与滤清器相关的工装、模具
配套及出口情况:与三菱、日产、丰田、铃木、马自达、五十铃、长安集团、北汽集团、广汽集团、华晨集团等发动机及整车厂战略合作;远销日本、美国、中东等国家和地区

★平原滤清器有限公司
地址:河南省新乡市高新技术开发区东杨村1号
邮编:453019
电话:0373/7065532、2026149
网址:www.chinafilter.com.cn
电子信箱:xibei116@hotmail.com
法定代表人:张庆栋
单位人数:998
质量体系:ISO/TS 16949、ISO 14001
产品情况:(平原牌、三滤牌)
车用(内燃机)机油滤清器、燃油滤清器、空气滤清器、颗粒捕集器
配套及出口情况:与潍柴动力、上汽集团、东风集团、康明斯、五十铃、宇通等企业建立了战略合作伙伴关系;随整车出口到46个国家和地区

★新乡航空工业(集团)有限公司
地址:河南省新乡市建设中路168号
邮编:453049
电话:0373/3862212
传真:3386605
网址:www.xhjt.com.cn
电子信箱:xhjt@xhjt.com.cn
法定代表人:高海军
质量体系:ISO/TS 16949、ISO 9001
产品情况:(平原牌、豫新牌)
平原牌汽车滤清器、豫新牌汽车空调、豫北汽车动力转向器
配套及出口情况:与美国通用、戴姆勒、克莱斯勒、北京奔驰、东风、奇瑞、上汽通用、日产、哈飞、昌河、郑州宇通、厦门金龙、北京尼奥普兰、上柴、潍柴、康明斯、曼海姆等汽车及发动机企业结为长期战略合作伙伴;出口俄罗斯、古巴、印度、马来西亚等国家

★河南省东山科技有限公司
地址:河南省获嘉县黄堤镇南马厂村
邮编:453835
电话:0373/4908052
传真:4909396
网址:www.hndskj.net
电子信箱:dskjlzj@126.com
法定代表人:李正军
单位人数:400
质量体系:ISO/TS 16949
产品情况:铜质、铝质散热器
配套及出口情况:为中国一拖、福田重工、山东时风、陕汽重型货车、无锡动力、烟台工程机械等配套;随主机出口多个国家和地区

★河南中轴中汇汽车零部件有限公司
地址:河南省博爱县工业集聚区人民路东段
邮编:454450
电话:0391/8619558、2106211
传真:8619558
网址:www.hnzhgs.com.cn
电子信箱:hnzhgs@126.com
法定代表人:崔卫国
质量体系:ISO/TS 16949
产品情况:(中轴牌、Z牌)
具有年产500万支汽车发动机凸轮轴的生产能力
配套及出口情况:为长城汽车、吉利汽车、上汽通用五菱、奇瑞汽车、海马轿车、众泰汽车、东安动力、沈阳华晨等国内主要SUV和轿车发动机配套;出口欧洲和北美洲市场

★中原内配集团股份有限公司
地址:河南省孟州市产业集聚区淮河大道69号
邮编:454750
电话:0391/8190221、8192651
传真:8192423
网址:www.hnzynp.com
电子信箱:zynp@zynpgroup.com
法定代表人:薛德龙
质量体系:ISO/TS 16949、ISO 14001
产品情况:(河阳牌)
内燃机汽缸套
配套及出口情况:主要客户有一汽集团、东风集团、上汽集团、重汽集团、一拖集团、潍柴动力、长安集团、玉柴机器

等全球知名发动机企业；战略合作伙伴涵盖美国通用、福特、克莱斯勒、康明斯、卡特彼勒、纳威司达、约翰迪尔、德国奔驰、大众、大富、瑞典沃尔沃、意大利菲亚特、法国标致－雪铁龙

★河南省中原活塞股份有限公司
地址：河南省孟州市梧桐南路288号
邮编：454750
电话：0391/8161717、8106012
传真：8162166
网址：www. zypiston. com
电子信箱：zhongyuan@ zypiston. com
法定代表人：乔绍亮
单位人数：465
质量体系：ISO/TS 16949、ISO 14001
产品情况：（河阳牌）
　　五十铃系列、康明斯系列、云内系列、大柴系列、玉柴系列、潍柴系列、朝柴系列、锡柴系列、洛拖系列、日本三菱依维柯系列、卡特系列等国内外各种型号活塞系列；具有年产活塞350万只、组装各类四组件120多万套的规模化生产能力
配套及出口情况：为20多家主机厂配套；部分产品自营出口美国、英国、俄罗斯、智利、东南亚等国家和地区

★河南中原吉凯恩气缸套有限公司
地址：河南省孟州市西虢工业园
邮编：454750
电话：0391/8518618、8519858
传真：8518599、8518596
网址：www. gknchina. com
电子信箱：chenguowen810@ 163. com
法定代表人：薛德龙
质量体系：ISO/TS 16949、ISO 14001
产品情况：中型货车及工程机械汽缸套
配套及出口情况：主要配套厂商有康明斯（包括康明斯全球、重庆康明斯、东风康明斯）、卡特彼勒、道依茨、曼、MTU、斯堪尼亚等；产品80%出口日本、北美洲、南美洲

★林州市万泉水箱有限责任公司
地址：河南省林州市临淇工业园万泉大道1号
邮编：456575
电话：0372/6716666、6739999
传真：6735555
电子信箱：lzwqsx@ 163. com
法定代表人：王林祥
质量体系：QS 9000、ISO 9001
产品情况：各式散热器、中冷器

★河南天誉动力机械有限公司
地址：河南省扶沟县城文化东路28号
邮编：461300
电话：0394/6228966、6221216
传真：6227216
网址：www. hntydl. com
电子信箱：hntydl@ hotmail. com
法定代表人：王学哲
单位人数：760
质量体系：ISO/TS 16949
产品情况：（天誉牌）
　　国产斯太尔、康明斯、玉柴4105、6108、锡柴奥威、美国福特、通用、卡特彼勒、底特律系列缸盖缸体
配套及出口情况：为广西玉柴、洛阳一拖、中国重汽集团配套；远销美国、欧洲市场

★扶沟县华瑞动力机械有限公司
地址：河南省扶沟县机械工业园区7栋
邮编：461300
电话：0394/6228030、15838607206
传真：6225160
电子信箱：353439748@ qq. com
法定代表人：王艳芝
质量体系：ISO 9001
产品情况：发动机汽缸盖

★扶沟县隆力汽缸盖有限公司
地址：河南省扶沟县机械工业园区长丰路
邮编：461300
电话：0394/6220126、13939491837
传真：6231013
网址：www. hnfgll. com
电子信箱：fg@ hnfgll. com
法定代表人（负责人）：张保军
质量体系：ISO/TS 16949
产品情况：（扶缸牌）
　　汽缸盖、缸体；年铸造能力达6000余t，机加工缸盖、缸体8万余只
出口情况：远销欧美、中东、东南亚等地区

★信阳贝恩银光活塞销有限公司
地址：河南省信阳市工区路669号
邮编：464000
电话：0376/6596391、6596959
传真：6596076
电子信箱：yuan. bo@ bn－yg. com
法定代表人：布雷特
质量体系：ISO/TS 16949
产品情况：（银光牌）
　　发动机活塞销
配套及出口情况：为一汽集团、一汽大柴、一汽-大众、神龙汽车、东风康明斯、东风本田、天津一汽丰田、奇瑞汽车、江西五十铃、长城汽车、北汽福田、航天三菱、沈阳新光、杭发、柳发、上柴、东安动力、中国一拖、朝柴、成都云内、华源莱动等配套；远销美国、加拿大、巴西、秘鲁、东南亚等国家和地区

★一拖（洛阳）燃油喷射有限公司
地址：河南省洛阳市建设路154号
邮编：471004
电话：0379/64966846、64970557
传真：64978631、64968170
网址：www. ytogroup. com
电子信箱：rygs@ ytogroup. com
法定代表人：杨永安
质量体系：ISO 9001
产品情况：产品综合生产能力达到各种喷油泵17万台/年，其中P系列泵5万台/年；喷油器总成105万套/年，其中P系列总成80万套/年；精密偶件350万付/年
配套及出口情况：为一拖集团、广西玉柴、安徽天利、潍柴华丰、常柴、天津雷沃等配套；出口欧美、印度等市场

★一拖（洛阳）柴油机有限公司
地址：河南省洛阳市涧西区建设路154号
邮编：471004
电话：0379/64967533、64961594
传真：64245035
网址：www. ytcyj. com
电子信箱：ytcyjchk@ 163. net
法定代表人：杨永安
单位人数：1700
质量体系：ISO 9001
产品情况：（东方红牌）
　　汽车、拖拉机等系列柴油机

★洛阳古城机械有限公司
地址：河南省洛阳市洛龙科技园区
邮编：471023
电话：0379/65597999、65595988
传真：65599688
电子信箱：lygcm@ lygcm. cn
法定代表人：王根成
质量体系：ISO/TS 16949、ISO 9001
产品情况：制动盘、制动钳及支架，发动机缸体、缸盖、进排气管等铸件
配套情况：为一汽轿车、奇瑞汽车、吉利汽车、长城汽车、海马汽车等主机厂配套

★河南柴油机重工有限责任公司
地址：河南省洛阳市中州西路173号
邮编：471039
电话：0379/64076002、64076760
传真：64225395
网址：www. hnd. com. cn
电子信箱：ljk407@ 163. com
法定代表人：张德林
产品情况：系列柴油机，广泛应用于石油钻采、特种车辆、工程机械等领域
出口情况：出口欧洲、美洲等地区

★洛阳百成内燃机配件有限公司
地址：河南省洛阳市孟津县华阳产业集聚区
邮编：471112
电话：0379/67866211、67866583
传真：67866585
网址：www. lybcnp. com
法定代表人：赵津杰
质量体系：ISO/TS 16949、ISO 9001
产品情况：（百成牌）
　　汽缸套，年产800万只
配套情况：是40余家主机厂的优秀配

套供应商

★河南中盛汽配科技股份有限公司

地址:河南省南阳市唐河县工业园区
邮编:473000
电话:0377/68605002、68605003
传真:68605005
电子信箱:1796067541@ qq. com
法定代表人:施中云
产品情况:各种类型的消声器、尾罩等,年生产能力达4万多套

★西峡县内燃机进排气管有限责任公司

地址:河南省南阳市西峡世纪大道西段18号
邮编:474500
电话:0377/60108810、60108815
传真:69669196
网址:www. xipai. com. cn
电子信箱:xpqgc@ vip. 163. com
法定代表人:程武超
质量体系:ISO/TS 16949、ISO 9002
产品情况:(劲派牌)
发动机排气管以及桥壳、涡轮增压器壳、三元催化器、水泵等系列产品
配套情况:与一汽-大众、上汽集团、神龙、北汽、长城、潍柴、玉柴、康明斯、佛吉亚、标致-雪铁龙、菲亚特、道依茨等国内外100余家客户配套

★河南省西峡汽车水泵股份有限公司

地址:河南省西峡县工业大道
邮编:474500
电话:0377/69662280、69697329
传真:69688557
网址:www. xixia-waterpump. com
电子信箱:xsb@ xixia-waterpump. com
法定代表人:孙耀志
负责人:孙耀忠
单位人数:3400
质量体系:ISO/TS 16949、ISO 14001
产品情况:(飞龙牌)
主导产品为汽车水泵、排气歧管、涡轮增压器壳体、电动水泵等,具备年产1100万只汽车水泵、800万只排气歧管及300万只蜗壳的生产能力
配套及出口情况:为上汽通用、上汽大众、一汽-大众、上汽大众动力总成、上汽通用五菱、神龙公司、长安福特、长安马自达、上海汽车、东风乘用车、广汽集团、广汽本田、长安汽车、一汽海马、奇瑞汽车、比亚迪、吉利、重庆力帆、重庆小康、东安公司、航天三菱、绵阳新晨、长城汽车、一汽丰田、华晨汽车、玉柴、玉柴联合动力、潍柴、锡柴、上菲红、上柴、朝柴、北汽福田、北京福田康明斯、重庆康明斯、东风康明斯、西安康明斯、广西康明斯、大柴、天津雷沃、江淮汽车、江淮纳威司达、江铃公司、华菱汽车、三一重工、昌河铃木、上海菱重、北京新能源、东风轻发、集瑞重工;与通用、福特、康明斯、道依茨、大众、菲亚特、博格华纳、沃尔沃、克莱斯勒、MTU、丹佛斯等20余家国际企业配套或进入其全球采购体系

★南阳市红阳车用配件有限公司

地址:河南省南阳市社旗县高新产业集聚区
邮编:474650
电话:0377/67887676
传真:67887676
网址:www. hycypj. com
电子信箱:hycypjgs@ 126. com
法定代表人:黄书阳
质量体系:ISO/TS 16949、ISO 9001
产品情况:具有年产各型连杆400万只的生产能力
配套及出口情况:主要供应神龙汽车、比亚迪汽车、长城汽车、长安汽车、东风渝安汽车、山西成功淮海发动机、德国KNORR汽车系统、宝马机车、绵阳新晨动力机械、北汽集团、航天三江等国内外知名汽车企业;出口德国KNEER集团、BMW汽车及法国PSA集团

湖北省

★东风亚普汽车部件有限公司

地址:武汉市经济技术开发区车城大道242号
邮编:430056
电话:027/84956831、84956803
传真:84956805
网址:www. dfyapp. com
电子信箱:wujiangang@ dfyapp. com
法定代表人:潘成政
单位人数:242
质量体系:ISO/TS 16949、VDA 6.1
产品情况:塑料燃油箱,总成年产能力70万套
配套情况:为神龙汽车、中国台湾裕隆汽车、东风自主品牌、雷诺汽车、武汉飞亚、郑州日产配套生产供应燃油箱及注油管(装车件和备件)总成等汽车用塑料件

★武汉佛吉亚通达排气系统有限公司

地址:武汉市经济技术开发区创业二路1号
邮编:430056
电话:027/84893201
传真:84892261
电子信箱:yajing. wang@ faurecia. com
法定代表人:王少波
质量体系:ISO/TS 16949、ISO 14001
产品情况:(通达牌)
各类轿车排气系统(含催化净化装置)
配套情况:为神龙汽车、东风本田、奇瑞汽车、昌河汽车、长安福特、长安马自达配套

★马勒滤清系统(湖北)有限公司

地址:武汉市经济技术开发区凤凰工业园凤亭一路22号
邮编:430056
电话:027/84613166
传真:84613166
网址:www. cn. mahle. com
法定代表人:Wilhelm Heinrich Emperhoff
产品情况:空气滤清器、进气歧管、发动机缸盖罩、油冷器等汽车滤清系统及发动机外围零部件

★考泰斯(武汉)塑料技术有限公司

地址:武汉市经济技术开发区黄陵大道17号军山创业园6号楼
邮编:430056
电话:027/69815816、69815850
网址:www. textron. com. cn
电子信箱:joyce. zhang@ kautex. textron. com
法定代表人:石小伟
产品情况:生产可用于混合动力车用塑料燃油箱
配套情况:主要产品为上汽通用雪佛兰配套车型

★康明斯燃油系统(武汉)有限公司

地址:武汉市经济技术开发区科技园东路1号
邮编:430056
电话:027/68847188
传真:68847000
网址:www. cummins. com. cn
法定代表人:陈剑
产品情况:柴油机共轨燃油泵(CCR)、CELECT燃油喷嘴、燃油泵以及相关零部件
配套及出口情况:为东风康明斯ISL8.9升、ISZ13升和西安康明斯ISM11升全电控柴油机配套;出口亚洲、拉丁美洲、欧洲等国际市场

★理研汽车配件(武汉)有限公司

地址:武汉市经济技术开发区珠山湖大道258号
邮编:430056
电话:027/59595900、59595952
传真:59595989
网址:www. riken-wh. com. cn
电子信箱:rik@ riken-wh. com. cn
法定代表人:村山仁至
负责人:大矢正规
单位人数:360
质量体系:ISO/TS 16949、ISO 14001
产品情况:活塞环、汽车变速器用密封环等
配套情况:为长安福特、长安马自达、东风本田、东风本田发动机、东风汽车乘用车、本田汽车(中国)、东风日产发动机、东风轻型发动机、一汽海马、长安铃木、昌河铃木、长安汽车、沈阳航天三菱发动机、一汽-大众、上汽通用五菱等配套

★八千代工业(武汉)有限公司
地址:武汉市经济技术开发区珠山湖大道 786 号
邮编:430056
电话:027/84478181
传真:84478191
网址:www. ywm - cn. com
电子信箱:yu_deng@ ywm. com
法定代表人:和田尚宏
单位人数:236
质量体系:ISO/TS 16949、ISO 14001
产品情况:汽车树脂燃油油箱、天窗
配套情况:为东风本田配套

★武汉美嘉机械塑料有限公司
地址:武汉市洪山区张家湾特 1 号
邮编:430065
电话:027/88112800、88136287
传真:88139742
网址:www. wumeca. com
电子信箱:sale@ mecaplast. com. cn
法定代表人:LAURENT CHRISTIAN MIGNELLA
质量体系:ISO/TS 16949、ISO 9002
产品情况:汽车发动机塑料工程件和汽车内饰件
配套情况:为神龙、日产、福特等公司配套

★武汉彼欧英瑞杰汽车系统有限公司
地址:武汉市东湖新技术开发区关山一路汽车电子产业园内
邮编:430074
电话:027/81925036
传真:87446036
电子信箱:yue. qin@ plasticomnium. com
法定代表人:Christian Francois Alfred KOPP
产品情况:汽车塑料燃油箱、塑料注油管、燃油系统以及其他辅助汽车装配件
配套情况:为东风汽车公司配套

★三环集团有限公司
地址:武汉市东湖新技术开发区佳园路 33 号
邮编:430074
电话:027/87609333、87609139
传真:87609666
网址:www. triring. cn
电子信箱:ganlu@ triring. cn
法定代表人:舒健
产品情况:(三环牌)
　　专用汽车、汽车零部件和数控锻压机床产品

★湖北雷迪特冷却系统股份有限公司
地址:武汉市经济技术开发区军山街凤凰工业园凤亭南路 2 号
邮编:430119
电话:027/59909590
传真:59909595
网址:www. hbrdt. com
电子信箱:hbrdt@ dongjungroup. com. cn
法定代表人(负责人):赵成恩
单位人数:285
质量体系:ISO/TS 16949、GB/T 24001
产品情况:(雷迪特牌)
　　具备年产 60 万套中冷器、铝焊接散热器等汽车铝热交换系统产品的生产能力
配套情况:客户有东风风神、东风汽车

★武汉金丰汽配有限公司
地址:武汉市东湖高新技术开发区庙山小区长城创新科技园长城园 3 路 1 号
邮编:430223
电话:027/59730688
传真:59730668
网址:www. yutakagiken. co. jp
电子信箱:terryli11@ 163. com
法定代表人:青岛隆男
产品情况:催化转换器、消声器、排气管、排气歧管
配套情况:为东风本田汽车、广汽本田汽车配套

★湖北六和天轮机械有限公司
地址:湖北省仙桃市工业园创业路 1 号
邮编:433000
电话:0728/3268781、3268214
传真:3268881
网址:www. cnhbtl. cn
电子信箱:liuwenjuan - 01@ 163. com
法定代表人:王俊
质量体系:ISO/TS 16949、QS 9000
产品情况:飞轮总成等
配套情况:为神龙汽车、东风康明斯、东风汽车公司、德国大众、宝马配套

★荆州环宇汽车零部件有限公司
地址:湖北省荆州市高新区东方大道 48 号
邮编:434000
电话:0716/8331055、8332400
传真:8332401
电子信箱:jzgaj@ autocrankshaft. com
法定代表人:覃文春
质量体系:QS 9000、ISO 9001
产品情况:(环宇牌)
　　曲轴、凸轮轴、连杆、平衡轴等
配套及出口情况:为玉柴、洛拖、全柴、莱动、丹佛斯等知名企业配套;远销欧美、东南亚

★荆州环球汽车零部件制造有限公司
地址:湖北省荆州市沙市区荆州开发区燎原路 40 号
邮编:434001
电话:0716/8332688
传真:8331997
电子信箱:mafanglian@ agc - cn. com
法定代表人:顾永平
质量体系:ISO 9001
产品情况:曲轴、凸轮轴、平衡轴

★公安县铜套有限公司
地址:湖北省公安县章庄铺镇郑公渡西街
邮编:434319
电话:0716/5801808、5801489
传真:5801020
网址:www. hbgatt1984. com
电子信箱:gatt2008@ sina. com
法定代表人:卢德宏
质量体系:ISO/TS 16949
产品情况:(荆都牌)
　　汽车衬套、汽车轴瓦、汽车拉线、汽车导向器等
配套情况:与东风公司相关厂、玉柴机器、江淮汽车、通用五菱、长城汽车、九鼎科技等国内大型主机厂配套

★湖北迪峰换热器股份有限公司
地址:湖北省大冶市大冶大道 268 号
邮编:435100
电话:0714/8762954、8762884
网址:www. hbdefon. com
电子信箱:sale@ hbdefon. com
法定代表人:伍佳元
单位人数:430
质量体系:ISO 9001、ISO 14001
产品情况:(登峰牌)
　　管片式散热器(包括空气冷却器、氢气冷却器等)、管壳式散热器(包括滑油冷却器、淡水冷却器、加热器、冷凝器)、板翅式散热器、板式散热器等
配套情况:为西门子、GE、英格索兰、IHI、库伯、瓦锡兰等配套

★湖北安达精密工业有限公司
地址:湖北省黄石市阳新县城北工业园
邮编:435200
电话:0714/3055501、3055533
传真:3055699
电子信箱:hbadcwk@ andachina. com
法定代表人:刘军
质量体系:ISO 9001
产品情况:发动机轴瓦、衬套止推片

★湖北威风汽车配件股份有限公司
地址:湖北省黄冈市浠水经济开发区洪山工业园 6 号
邮编:438200
电话:0713/4241230、13986524229
传真:4242195
法定代表人:张佑来
质量体系:ISO/TS 16949
产品情况:(凸威牌)
　　各类汽车发动机凸轮轴
配套及出口情况:为广西玉柴机器等 10 多家国内大型发动机企业配套;出口德国、俄罗斯、韩国、中东等国家和地区

★马勒三环气门驱动(湖北)有限公司
地址:湖北省麻城市将军北路特 1 号
邮编:438300
电话:0713/2933333、2928915

传真:2931313、2912126
网址:www. triring. cn
电子信箱:hanjie. shi@ cn. mahle. com
法定代表人:Ivan A. Lenehan
质量体系:ISO/TS 16949
产品情况:(三环牌)
内燃机进/排气门,年气门生产能力4200万支
配套及出口情况:为一汽集团、北汽福田、东风柴油机、云内、东风康明斯、神龙汽车、哈东安、长安汽车、玉柴、柳州机械厂、江西五十铃配套;出口美国、日本、欧洲等国家和地区

★东风康明斯发动机有限公司
地址:湖北省襄阳市高新技术产业开发区
邮编:441004
电话:0710/3320888
网址:www. dcec. com. cn
法定代表人:曹思德
单位人数:2200
质量体系:ISO/TS 16949、ISO 14001
产品情况:(东风康明斯牌)
B、C、D、L、Z系列平台康明斯发动机,应用于轻、中、重型载重汽车、中高级城际客车、大中型公交客车、工程机械等领域
配套情况:为安徽华菱、宇通客车、厦门金龙、柳工机器等配套

★襄阳美利信科技有限责任公司
地址:湖北省襄阳市高新区深圳工业园
邮编:441004
电话:0710/3727321、3722885
传真:3722900
网址:www. djmillison. com
电子信箱:djmlx@ djmillison. com
法定代表人:余克飞
质量体系:ISO/TS 16949、ISO 14001
产品情况:汽车发动机缸体、汽车结构件
配套及出口情况:与法国标致雪铁龙、瑞典爱立信、德国道依茨、长安集团和东风集团以及美国通用等世界500强企业建立战略合作伙伴关系;出口亚洲、欧洲、南美洲等地区

★襄阳富临精工机械有限责任公司
地址:湖北省襄阳市高新区新明路英菲尼迪汽配园A5-2
邮编:441004
电话:0710/3328061
网址:www. fulinpm. com
电子信箱:1321196457@ qq. com
法定代表人:蒋东
单位人数:25
质量体系:ISO/TS 16949
产品情况:主要产品为可变气阀,广泛用于于燃油汽车
配套情况:主要客户为神龙汽车

★东风襄阳旋压技术有限公司
地址:湖北省襄阳市汽车产业开发区米庄镇新城路
邮编:441004
电话:0710/3332469
传真:3332485
网址:www. dongfengwheel. com
法定代表人:卢平
质量体系:ISO/TS 16949、ISO 14001
产品情况:发动机旋压皮带轮等产品

★襄阳长源东谷实业股份有限公司
地址:湖北省襄阳市襄州区人民路东侧钻石大道100号(荣华工业园)
邮编:441004
电话:0710/3386209、3381961
传真:3381935
电子信箱:15971010893@ 163. com
法定代表人:李佐元
质量体系:ISO/TS 16949
产品情况:缸体、缸盖、飞轮壳、连杆、主轴承盖、排气管、机油泵、齿轮室、变速器壳体等
配套情况:为东风汽车公司、一汽锡柴、康明斯发动机、神龙汽车、德国道依茨、意大利依维柯配套

★康明斯(襄阳)机加工有限公司
地址:湖北省襄阳市深圳工业园南京路18号
邮编:441007
电话:0710/2869900
传真:2869901
网址:www. cummins. com. cn
法定代表人:李金星
产品情况:发动机零部件加工

★湖北江华机械有限公司
地址:湖北省襄阳市襄城区江华路1号
邮编:441021
电话:0710/3538287
传真:3530032
网址:www. jhxfvip. com
电子信箱:scyx-111@ vip. 163. com
法定代表人(负责人):张在新
单位人数:900
质量体系:ISO/TS 16949、ISO 14001
产品情况:(江华牌)
汽车发动机摇臂及摇臂轴总成、发动机连杆总成、推杆总成、变速器换挡总成等
配套情况:为康明斯、东风本田配套

★襄阳京泰汽配有限责任公司
地址:湖北省襄阳市春园东路特8号
邮编:441101
电话:0710/2837888、3337197
传真:3337566
电子信箱:salejingtai@ 163. com
法定代表人:尚金锁
质量体系:ISO/TS 16949
产品情况:飞轮壳、机油泵壳体、带轮、轮毂、水泵壳体、瓦盖
配套情况:为东风汽车、重庆红岩斯太尔等配套

★湖北福纳车业有限公司
地址:湖北省十堰市白浪中路156号龙门工业园
邮编:442000
电话:0719/8255725、8255111
传真:8255777
电子信箱:sydffd@ 126. com
法定代表人:吴春飞
质量体系:ISO/TS 16949
产品情况:汽车铝合金燃油箱、铝合金储气筒
配套及出口情况:主要为重汽、北奔、三一重工、安徽江淮、无锡宝岛、苏州朗格等配套;部分产品远销北美洲

★东风康明斯排放处理系统有限公司
地址:湖北省十堰市东益大道1号
邮编:442000
电话:0719/8287886
传真:8287889
网址:www. cummins. com. cn
法定代表人:张红
产品情况:柴油发动机排放处理系统产品

★十堰新日汽车零部件有限公司
地址:湖北省十堰市张湾区万通工业园
邮编:442000
电话:0719/8611255、8121739
传真:8611255
电子信箱:956896061@ qq. com
法定代表人:方炎军
质量体系:ISO/TS 16949、ISO 9001
产品情况:生产各类汽车专用散热器、汽车专用管接头及其他汽车零部件
配套情况:与东风公司、中国重汽、中通客车、陕汽重卡、北汽福田等建立合作关系

★东风(十堰)发动机减震器有限公司
地址:湖北省十堰市汉江南路40号
邮编:442011
电话:13986883003、15717280591
传真:0719/8213422
网址:www. dfjzq. net
电子信箱:jsjsjn@ 163. com
法定代表人:谭晓光
单位人数:251
质量体系:ISO/TS 16949、ISO 14001
产品情况:发动机曲轴扭振减振器、发动机托架、转向机支架、皮带轮等,具有年产6000t铸件、100万套橡胶减振器、10万套硅油减振器、80万件/支托架的生产能力
配套情况:为东风商用车、东风商用车公司发动机厂、东风乘用车、东风康明斯发动机、东风汽车股份、东风南充内燃机、奇瑞汽车、江淮发动机分公司、长

城汽车、保定长城内燃机、湖南长丰动力等供货

★东风锻造有限公司
地址:湖北省十堰市辽宁路 7 号
邮编:442012
电话:0719/8236152、8780239
网址:www. dffl. com. cn
法定代表人:刘振声
质量体系:ISO/TS 16949
产品情况:曲轴、连杆、轮毂、齿轮等全系列汽车钢质模锻件
配套情况:为东风汽车公司配套

★十堰楚欣达汽车科技股份有限公司
地址:湖北省十堰市白浪经济开发区后湾工业园车神路 9 号
邮编:442013
电话:0719/8301576、8316856
传真:8319755
电子信箱:22651021@ qq. com
法定代表人:杨晓华
质量体系:ISO/TS 16949
产品情况:消声器、进排气系统及各种底盘黑漆件
配套情况:为陕汽、东风实业、东风神宇、东风特种商用车、三环汽车、十堰世纪中远、十堰驰田等公司配套

★万向通达股份公司
地址:湖北省十堰市东风大道 118 号
邮编:442013
电话:0719/8283808、8782043
传真:8782430
网址:www. wanxiangtongda. com
电子信箱:public@ tongdamail. com
法定代表人:李平一
单位人数:900
质量体系:ISO/TS 16949、ISO 14001
产品情况:各类汽车及工程机械排气消声系统、排放后处理系统及金属燃油箱等产品;已建成年产 150 万套金属燃油箱、220 万套排气消声系统及排放后处理系统的生产能力
配套情况:主要客户为东风商用车、广汽日野、广西玉柴、陕西重汽、江淮汽车、郑州宇通、厦门金龙、郑州日产、沃尔沃、卡特彼勒、神龙汽车、长安福特、东风乘用车、北汽乘用车等国内外主机厂

★湖北丹江口志成铸造股份有限公司
地址:湖北省丹江口市姚沟路 104 号
邮编:442700
电话:0719/5203522、5203052
传真:5203052
网址:www. djzcgs. com
电子信箱:djzcgs@ djzcgs. com
法定代表人(负责人):郭元洲
质量体系:ISO/TS 16949、ISO 14001
产品情况:底盘悬架件、车桥零部件、发动机零件、制动器 4 大系列等 700 多个品种
配套情况:为东风汽车公司装车配套外,还为东风康明斯、东风柳州汽车公司、陕西汽车厂、北汽福田、金龙客车等汽车生产厂家配套

湖南省

★长沙飞斯特机械制造有限公司
地址:长沙市芙蓉区长冲路 99 号
邮编:410001
电话:0731/88597026 – 815
传真:88597026 – 818
网址:fpmc. cn
电子信箱:info@ fpmc. cn
法定代表人:MUSSA GIANGIACOMO
质量体系:ISO/TS 16949
产品情况:飞轮、皮带轮、凸缘、支架、轮毂、差速器壳体等

★湖南正圆动力配件有限公司
地址:长沙市雨花区树木岭路 345 号
邮编:410014
电话:0731/85583730、85665095
传真:85665105
电子信箱:sales@ cszy. com. cn
法定代表人:沈铁
单位人数:3000
质量体系:ISO/TS 16949、QS 9000
产品情况:[正圆(CSZY)牌]
各型号活塞环、活塞
配套情况:为一汽重庆发动机厂、玉柴、一汽、上汽大众、重庆汽车发动机厂、上柴配套

★湖南长丰动力有限责任公司
地址:长沙市经济技术开发区漓湘路68 号
邮编:410100
电话:0731/82880702
传真:82880789
网址:www. cfhpt. com
电子信箱:cfdlhr@ 163. com
法定代表人:钟新农
负责人:赵升洲
单位人数:300
质量体系:ISO/TS 16949
产品情况:(猎豹牌)
1.5L 增压发动机、1.5L 直喷增压发动机、1.5L 自然吸气发动机、1.2L 增压发动机、2.0L 直喷增压发动机
☞ 详细情况请参阅彩色宣传版面

★长沙双叶汽车部件有限公司
地址:长沙市长沙县东十一路南段十八号
邮编:410100
电话:0731/88702298
传真:88702295
网址:www. futabasangyo. com
电子信箱:caiwu@ changsha – futaba. com. cn
法定代表人:中村元彦
产品情况:主要生产汽车骨架和排气管、油箱等

★长沙熙迈机械制造有限公司
地址:长沙市星沙开发区盼盼路 8 号
邮编:410100
电话:0731/85477557
传真:85477556
网址:www. csximai. com
电子信箱:betty. xie@ csximai. com
法定代表人:MARCHIANDO NICOLA
产品情况:缸体、缸盖、上缸盖罩、下缸体、飞轮壳、变速器壳体、油底壳等零部件的加工

★长沙酉诚凸轮轴制造有限公司
地址:长沙市宁乡经济开发区新康大道旁
邮编:410600
电话:0731/87803501、87809969
传真:87809970
网址:www. csyoucheng. com
电子信箱:hhyc2007@ 163. com
法定代表人:欧俊华
单位人数:100
质量体系:ISO/TS 16949
产品情况:汽油、柴油发动机用冷激合金铸铁凸轮轴毛坯,具有年产 200 多万支凸轮轴毛坯的生产能力
出口情况:出口日本、美国等多个国家和地区,并销往中国台湾地区

★湖南江滨机器(集团)有限责任公司
地址:湖南省湘潭市板塘铺
邮编:411102
电话:0731/55560356、55580680
传真:55579683
网址:www. jbpiston. com
电子信箱:jiangbinxs@ vip. sina. com
法定代表人:金铭
负责人:邹晓丽
单位人数:1200
质量体系:ISO/TS 16949、ISO 14001
产品情况:(江滨牌)
发动机活塞,年产 500 万只
配套及出口情况:与潍柴、玉柴、重庆康明斯、南京依维柯、一汽锡柴、扬柴、洛拖、晋柴、渭柴、华柴等国内 20 余家企业合作;远销欧美、东南亚等地区

★湖南威斯特汽车零配件有限公司
地址:湖南省湘潭市高新区德国工业园
邮编:411104
电话:0731/52865680
传真:52865679
电子信箱:hnvast@ vip. sina. com
法定代表人:成国斌
质量体系:ISO/TS 16949
产品情况:汽车尾气净化及排气系统

★株洲湘火炬机械制造有限责任公司
地址:湖南省株洲市芦淞区董家塅高科园创业一路

邮编:412002
电话:0731/22266719、22266718
传真:22266720、22266708
网址:www.torchpistonpin.com
电子信箱:torchpistonpin@163.com
法定代表人:丁迎东
质量体系:ISO/TS 16949、QS 9000
产品情况:(工人牌)
活塞销;年生产能力为1000万只商用车活塞销和1000万只乘用车活塞销
配套及出口情况:与玉柴、锡柴、潍柴、大柴、朝柴等20多家主机厂配套;出口北美洲、欧洲、东南亚、俄罗斯等国家和地区

★常德东鼎动力机械有限公司
地址:湖南省常德市鼎城区灌溪镇百家坪居委会三组
邮编:415106
电话:13875192338
电子信箱:xsb@dd-dl.com
法定代表人:高克松
质量体系:ISO 9001
产品情况:汽缸盖、汽缸体、曲轴、中缸

★湖南鑫源缸套有限责任公司
地址:湖南省津市市蔡家河
邮编:415400
电话:0736/4209713、13786644597
网址:www.hncylinder.com
电子信箱:hnxy@vip.163.com
法定代表人:李昌俊
单位人数:1200
质量体系:ISO 9001
产品情况:内燃机汽缸套

★湖南恒裕汽车零部件有限公司
地址:湖南省怀化市鸭嘴岩工业园怀黔路1号
邮编:418000
电话:0745/2828006、2828638
传真:2828949
电子信箱:ringgear@21cn.com
法定代表人:钱吉治
质量体系:ISO/TS 16949、ISO 9001
产品情况:(湘园牌)
飞轮总成、飞轮齿圈、信号感应齿圈、信号感应飞轮总成,具有年产飞轮齿圈200万件、飞轮总成50万件的生产能力
配套及出口情况:为重庆康明斯、重汽济南动力、重汽杭发、潍柴动力、潍柴华丰动力,潍柴道依茨、广西玉柴、云内(昆明、成都)动力、中国一拖、东风汽车公司等数十家主机厂配套;出口北美洲、东欧、日本、东南亚等国家和地区

★湖南天雁机械有限责任公司
地址:湖南省衡阳市石鼓区合江套路195号
邮编:421005
电话:0734/8532001
传真:8532003
网址:www.tyen.com.cn
法定代表人:黄毅
负责人:刘耀光
单位人数:1900
质量体系:ISO/TS 16949
产品情况:(江雁牌)
废气涡轮增压器、发动机进排气门、高铁冷却风机等发动机零部件
配套及出口情况:为广西玉柴、一汽锡柴、一汽大柴、潍柴、杭发、全柴、杨柴、云内、雷沃、新晨、长城、北汽福田等国内主要发动机企业配套;出口美国、德国、波兰、阿联酋、土耳其等国家

★南岳电控衡阳工业技术股份有限公司
地址:湖南省衡阳市雁峰区白沙洲10号信箱
邮编:421007
电话:0734/8497597、8497568
传真:8497600-307
网址:www.nydk.cn
电子信箱:nyc@nydk.cn
法定代表人:樊江
负责人:周志金
单位人数:1600
质量体系:ISO/TS 16949、ISO 14000
产品情况:(南岳牌)
高压喷油泵总成、喷油器总成、三对精密偶件和燃烧设备等
配套及出口情况:为一汽集团(锡柴、大柴)、玉柴、东风康明斯、潍柴、英国JCB、上海日野等公司配套;出口零配件主要为美国CUMMINS、CATERPILLAR、AMERICAMICRO等供货

★湖南机油泵股份有限公司
地址:湖南省衡东县城关镇北正街69号
邮编:421400
电话:0734/5223517、5239026
传真:5224853
网址:www.hnjyb.com
电子信箱:luolf@hnjyb.com
法定代表人:许仲秋
负责人:刘亚奇
单位人数:1100
质量体系:ISO/TS 16949、ISO 14001
产品情况:(湘江牌)
柴油机/汽油机机油泵、机械及电控变排量机油泵、燃油输油泵、变速器液压泵、冷却水泵、模块集成产品、硬齿面减速机、精密齿轮、高精度有色黑色铸件
配套及出口情况:国内客户有玉柴、潍柴、锡柴、大柴、上柴、重汽集团、北汽福田、奇瑞、一拖、雷沃、长城汽车、东风康明斯、福田康明斯、西安康明斯、重庆康明斯、一汽、上汽、神龙、江淮、广汽、江铃、长安汽车、吉利集团、华菱集团、东风小康、盛瑞传动、浙江青年集团等50多家主机厂;为康明斯(包括美国、英国、墨西哥、巴西和日本工厂)、美国卡特彼勒、意大利依维柯、德国道依茨、德国MTU、美国博格华纳、韩国双龙等供货

★湖南长丰汽车零部件有限责任公司
地址:湖南省永州市冷水滩区张家铺2号
邮编:425000
电话:0746/8456899、8456510
传真:8457056
电子信箱:glk@cfapchina.com
法定代表人:陈武德
质量体系:ISO/TS 16949
产品情况:汽车燃油箱、座椅骨架、副车架、防护栏、仪表板支架、排气管、消声器等汽车金属零部件以及部分小型冲压件
配套情况:为广汽三菱、北汽福田、东南汽车、江铃汽车、杭州纳智捷、厦门金龙、山东华泰等配套

广东省

★广州日锻汽门有限公司
地址:广州市经济技术开发区东区北片骏业路79号
邮编:510530
电话:020/82266139
传真:82266129
网址:www.niv.co.jp
电子信箱:gss@nittan.com.cn
法定代表人:小关诚也
质量体系:ISO/TS 16949、ISO 14001
产品情况:汽车气门

★考泰斯(广州)塑料技术有限公司
地址:广州市经济技术开发区东区连云路10号
邮编:510530
电话:020/32066318
传真:32066588
网址:www.textron.com.cn
电子信箱:yiwie.qin@kautex.textron.com
法定代表人:李论
产品情况:汽车发动机燃油系统(塑料燃油箱系统)

★广州安达精密工业股份有限公司
地址:广州市白云区太和镇广州高新技术产业开发区民营科技园科创路
邮编:510540
电话:020/28026103、28026213
网址:www.andachina.com
电子信箱:anda@andachina.com
法定代表人:刘军
质量体系:ISO/TS 16949、ISO 14001
产品情况:各种发动机轴瓦、衬套、止推片
配套情况:90%的产品为国内的一汽、东风、玉柴、潍柴、东风康明斯、通用、三菱、道依茨等主机厂配套

★广州市日森机械股份有限公司
地址:广州市天河区中山大道中231号
邮编:510660
电话:020/82306020、18922128790
传真:82316512
网址:www.risen.cn
电子信箱:lihao@risen.cn
法定代表人:何顺祥
单位人数:200
产品情况:(泰远牌)
液压配件(液压油缸,液压站、液压阀、液压泵等)、热交换产品(汽车散热器、油冷器、风冷却器等)
配套及出口情况:参与日本大金、珠海格力、华为(HUAWEI)等项目;远销100多个国家和地区

★东风本田发动机有限公司
地址:广州市黄埔区横沙广本路111号
邮编:510700
电话:020/62808222、62808223
传真:32387675
网址:www.dhec.com.cn
电子信箱:webmaster@dhec.com.cn
法定代表人:刘国元
质量体系:ISO 9001、ISO 14001
产品情况:发动机总成及缸体、缸盖、传动轴等零部件
配套及出口情况:产品主要用于广汽本田生产的系列乘用车型,同时还向东风本田汽车有限公司和本田汽车(中国)有限公司供应缸体、缸盖、传动轴等零部件;出口日本和泰国本田

★广州马勒滤清系统有限公司
地址:广州市花都汽车城东风大道东
邮编:510800
电话:020/86733388
传真:86733386
网址:www.cn.mahle.com
法定代表人:山下贵久
产品情况:空气滤清器、进气歧管、发动机罩板等汽车组件
配套情况:为东风日产、广汽本田等供货

★日立汽车系统部件(广州)有限公司
地址:广州市花都区花港大道63号
邮编:510800
电话:020/86876670
传真:86876671
网址:www.hitachi.com.cn
法定代表人:蒲生庆一
单位人数:550
质量体系:ISO/TS 16949
产品情况:可变气门正时控制系统(VTC)、低油耗及高动力性的活塞、机油泵、水泵等发动机用关键零部件
配套情况:为日产、本田、马自达、富士重工、三菱汽车及其他欧美汽车厂商配套

★广州市花都东捷实业有限公司
地址:广州市花都区花山镇平山民营工业园16号
邮编:510800
电话:020/86788883
传真:86788896
网址:www.dong-jie.com
电子信箱:info@dong-jie.com
法定代表人(负责人):黎国平
单位人数:300
质量体系:ISO/TS 16949
产品情况:汽车进排气歧管系列、消声器、减振器、凸缘、波纹管、制动分泵、摩托车车架、油箱和汽油罐系列
出口情况:远销北美洲、欧洲、大洋洲、东南亚等地区

★广州法雷奥发动机冷却有限公司
地址:广州市花都区红棉大道48号
邮编:510812
电话:020/36870218、36870073
网址:www.valeo.com.cn
电子信箱:minshu.lin.ext@valeo.com
法定代表人:Francois Marion
产品情况:车辆前端模块,主要包含主支架、主动进气格栅、防撞/吸能系统、热交换系统、风扇和照明系统等

★广州竞标新能源汽车部件股份有限公司
地址:广州市花都区花山镇华侨科技工业园龙腾路6号
邮编:510880
电话:020/86788286
传真:86788287
网址:www.campiu.com
电子信箱:sales@campiu.com
法定代表人:韩金红
质量体系:ISO/TS 16949
产品情况:汽车电喷燃油泵系列产品、新能源汽车电动水泵
配套情况:为东风日产、一汽集团等汽车厂家的OEM供应商

★日立汽车系统(广州)有限公司
地址:广州市增城区新塘镇创强路133号(增城经济技术开发区内)
邮编:511340
电话:020/66260999
传真:66260998
网址:www.hitachi.com.cn
法定代表人:蒲生庆一
产品情况:高压燃料泵、MPI喷射系统、制动控制系统、平衡轴等汽车关键零部件

★东海橡塑(广州)有限公司
地址:广州市经济技术开发区永和经济区新安路331号
邮编:511356
电话:020/32221291
传真:32221290
电子信箱:tongyao@trgtokai.com
法定代表人:铃木洋治
质量体系:ISO 14001、ISO/TS 16949
产品情况:汽车用电子控制燃油喷射系统和减振器

★电装(广州南沙)有限公司
地址:广州市南沙经济技术区黄阁镇市南大道33号
邮编:511455
电话:020/34685598
传真:34685590
网址:www.denso.com.cn
电子信箱:liaojianxiong@china.com
法定代表人:黑川英一
单位人数:2013
质量体系:ISO 14001、ISO/TS 16949
产品情况:汽车用发动机控制系统、滤清器(三滤)、喇叭、底盘控制系统及设备、模具
配套情况:为丰田、本田、大众、通用、马自达、铃木、现代等供货

★广汽丰田发动机有限公司
地址:广州市南沙区市南大道6号
邮编:511455
电话:020/39396688、39396699
传真:39396689
网址:www.gtec.com.cn
电子信箱:yingsi_chen@gtec.com.cn
法定代表人:小林一弘
单位人数:1500
产品情况:生产AZ、AR、NR、AR直喷四大系列发动机
配套情况:为中国大陆、中国台湾及日本、泰国等国家和地区的CAMRY(凯美瑞)、CAMRY HYBRID(凯美瑞混合动力)、RAV4、ALPHARD(VELLRIRE)、LEXUS ES、YARIS等车型提供配套

★高丘六和(广州)机械工业有限公司
地址:广州市南沙区黄阁镇黄阁中路28号
邮编:511455
电话:020/34972988
传真:34971988
网址:www.atl.com.cn
电子信箱:yudechun@atlg.com.cn
法定代表人:秋田宪宏
负责人:西山博幸
单位人数:216
质量体系:ISO 14001
产品情况:发动机部分(排气歧管、轴承盖、飞轮、涡轮壳等),制动部分(制动盘、转向节、支架等),驱动部分(差速器壳、泵体等),车身部分(侧门防撞钢梁、A防撞柱等)
配套情况:为丰田汽车配套

★广东法拉达汽车散热器有限公司
地址:广州市番禺区市桥街禺山西路南双玉工业区
邮编:511490
电话:020/39991826

传真:39991807、39991896
网址:www. kbjxr. com
电子信箱:kbjxr@ kbjxr. com
法定代表人:张建发
质量体系:ISO/TS 16949、ISO 14001
产品情况:(北极熊牌)
汽车散热器、暖风散热器、中冷器及其他汽车零部件
出口情况:远销北美洲、南美洲、亚洲、欧洲、非洲、大洋洲等60多个国家和地区,并销往中国香港、中国澳门、中国台湾地区

★广东鑫统仕车用热系统有限公司
地址:广东省清远市佛冈县汤塘镇联和村106国道旁
邮编:511675
电话:0763/4631728、36564850
传真:4632899
网址:www. tongshirad. com
电子信箱:service@ tongshirad. com
法定代表人:王周平
质量体系:ISO/TS 16949
产品情况:(TONGSHI牌)
轿车散热器、货车散热器、暖风散热器、冷凝器、中冷器等汽车制冷系统产品
出口情况:远销北美洲、拉丁美洲、中东、欧洲、东南亚等地区

★广东韶配动力机械有限公司
地址:广东省韶关市韶南大道六公里好彩路2号
邮编:512023
电话:0751/8261222
传真:8261211
网址:gdshaopei. cn
电子信箱:shaopei@ shaopei. cn
法定代表人:陈传华
质量体系:ISO/TS 16949
产品情况:各类发动机轴瓦、衬套、止推片、活塞环
配套情况:为多家主机厂配套

★东风本田汽车零部件有限公司
地址:广东省惠州市大亚湾西区龙山二路28号
邮编:516085
电话:0752/5200394
传真:5200640
电子信箱:webmaster@ dhac. com. cn
法定代表人:刘国元
质量体系:ISO 9002
产品情况:本田系列轿车发动机及底盘关键零部件,包括凸轮轴、连杆、曲轴、缸套、前后转向节、叉臂、前后制动盘等
配套及出口情况:为东风本田、广汽本田、本田汽车中国及海外公司生产的本田系列车型配套;出口欧洲

★深圳华盛过滤系统有限公司
地址:广东省深圳市宝安区龙华街道东环二路48号
邮编:518109
电话:0755/29025036、29025188
传真:29025029
电子信箱:1969652607@ qq. com
法定代表人:范阳辉
质量体系:ISO/TS 16949、QS 9000
产品情况:为汽车、工程机械等提供油水分离器、燃油滤清器、机油滤清器、空气滤清器及环保过滤器
出口情况:在美国、德国、马来西亚、西班牙、日本、韩国、澳大利亚、中国台湾地区等拥有多个合资、合作伙伴

★和瑞过滤器(深圳)有限公司
地址:广东省深圳市宝安区沙井街道后亭第三工业区73号
邮编:518125
电话:0755/33663288
传真:33663268
网址:www. heruifilter. com
电子信箱:herui@ towafilter. com
法定代表人:铃木博也
单位人数:350
质量体系:ISO/TS 16949、ISO 14001
产品情况:(FREX牌)
汽车过滤器(空调格等)
配套及出口情况:主要合作伙伴有马自达、日产、三菱、本田、曼、广汽等;远销日本、欧洲、美洲

★深圳益宝实业有限公司
地址:广东省深圳市宝安区沙井镇上南工业区黄埔路130号
邮编:518125
电话:0755/27296888
传真:27295902
电子信箱:sanyco@ szonline. net
法定代表人:吴疆宇
质量体系:ISO/TS 16949
产品情况:(LIGAO牌)
机油泵、水泵、摇臂、燃油管、进排气歧管、油底壳等铝合金及铸铁件
配套情况:为上汽、东安发动机、新晨动力、上汽通用、沈阳三菱、沈阳航天新光、福建华擎等主机厂配套

★三井金属(珠海)环境技术有限公司
地址:广东省珠海市南屏科技工业园屏西五路八号
邮编:519060
电话:0756/8915222
传真:8915228
电子信箱:info@ mkcz. cn
法定代表人:OKABE MASATO
质量体系:ISO 9001、ISO 14001
产品情况:供应各种汽车、摩托车、大型客货车尾气净化用以及通用发电机、发动机尾气净化用、臭气分解用、化学工业用和臭氧分解用等各种工业用催化剂
配套情况:为汽车厂、大长江、五羊-本田、新大洲本田、豪爵铃木、轻骑铃木、川崎光阳发动机供货

★东莞京滨汽车电喷装置有限公司
地址:广东省东莞市莞城区莞龙路段狮龙路莞城科技园
邮编:523119
电话:0769/22658260
传真:22655622
网址:www. keihin - kdg. cn
电子信箱:jingbin@ keihin - kdg. com
法定代表人:中坪仁
负责人:陈献
单位人数:1114
质量体系:ISO/TS 16949、ISO 14001
产品情况:(KEIHIN牌)
汽车用直喷燃油嘴、电子控制单元(ECU)、节气门阀体、进气歧管、汽车空调总成、废弃循环阀等汽车重要零部件
配套及出口情况:为广汽本田、东风本田、东风本田发动机、本田(中国)等供货;国外客户有日本京滨株式会社、京滨其他全球工厂、中国香港本田贸易公司

★东莞市箭冠汽车配件制造有限公司
地址:广东省东莞市茶山镇茶山工业园
邮编:523382
电话:0769/81860196、4008812323
传真:81860108
网址:www. janguan. com
电子信箱:pengtao@ 360arrow. com
法定代表人:张国京
质量体系:ISO/TS 16949
产品情况:(ARROW牌)
汽车机油滤清器、燃油(旋装)滤清器、汽车(PP、PU、环保型)空气滤清器、空调滤清器、欧美纸芯、油箱内汽油滤清器、汽车刮水片、汽车喇叭等产品
出口情况:远销德国、美国、加拿大、欧洲、澳大利亚、马来西亚等国家和地区,并销往中国香港、中国台湾地区

★东莞市富滤盛滤清器有限公司
地址:广东省东莞市寮步镇新旧围良平路80号
邮编:523410
电话:0769/81109511、8009009887
传真:81109433
网址:www. filtersun. cn
电子信箱:sales@ 3afilter. com
法定代表人:付锦林
质量体系:ISO/TS 16949、ISO 14000
产品情况:(富滤盛牌)
空气滤芯(铁盖、PU、PP、环保)、空调滤芯、机油滤芯、柴油滤芯、液压油滤芯、旋装滤清器、油水分离滤芯/总成、油气分离滤芯、精密滤芯、喷涂回收滤芯、净化过滤器、火花机用油滤芯、线切割用水滤芯、净化过滤器、异型滤清器等
配套及出口情况:为多家主机企业提供

配套和为多家国内外知名企业贴牌代工生产;出口美国、德国、芬兰、俄罗斯、乌克兰、土耳其、加拿大、澳大利亚、韩国、新加坡、泰国、马来西亚、越南、印度、印度尼西亚、伊朗、刚果金、尼日利亚等50多个国家和地区

★东莞吉旺汽车零件有限公司

地址:广东省东莞市长安镇乌沙第六工业大道海滨路31号
邮编:523806
电话:0769/86068933、86068936
传真:86068932
网址:www.coolmax-way.com
电子信箱:info@cryomaxcooling.com
法定代表人:刘彦狄
单位人数:300
质量体系:ISO/TS 16949、ISO 9001
产品情况:铝钎焊散热器(以大型铝制品为主)、中冷器、机油冷却器
出口情况:畅销欧洲、北美洲、南美洲、中东、东南亚

★湛江德利车辆部件有限公司

地址:广东省湛江市麻章区金康西路32号
邮编:524043
电话:0759/3320714、3150933
传真:3150935、3314374
网址:www.dekni.com
电子信箱:deni@dekni.com
法定代表人:李力
质量体系:ISO/TS 16949、ISO 14001
产品情况:(DENI牌)
摩托车及小型汽油机化油器,汽车零部件
配套情况:汽车零部件产品分别为澳大利亚德尔福、日产、西门子、北美洲福特、东风本田等多家主机厂配套

★湛江市华夏消声器有限公司

地址:广东省湛江市麻章区金川路55号
邮编:524094
电话:0759/2708218、2708208
传真:2708028
电子信箱:zjnfmp@163.com
法定代表人:麦进龙
质量体系:ISO/TS 16949
产品情况:(科特牌)
汽车排气系统消声器,年生产汽车排气系统消声器能力25万套
配套及出口情况:为海马一汽、郑州海马、东风日产、天津一汽丰田以及厦门金龙配套;出口美国、德国等欧美地区

★广东肇庆动力金属股份有限公司

地址:广东省肇庆市端州区玑东路5号
邮编:526020
电话:0758/2903875、2903373
传真:2903433
网址:www.gdzpa.com
电子信箱:sales@gdzpa.com
法定代表人:何韶
单位人数:1800
质量体系:ISO/TS 16949、ISO 14001
产品情况:主要从事汽车发动机铝合金缸盖、新能源带水套电动机外壳、车体铝合金底盘前/后桥支架
配套情况:为美国REMY、英国PROTEAN、上海电驱动、香港嘉瑞等配套新能源汽车电机外壳,为比亚迪、蔚来汽车成功开发出高强度、轻量化的中空底盘支架件

★广东派生智能科技股份有限公司

地址:广东省肇庆市鼎湖区新城北十区
邮编:526070
电话:0758/2694777
传真:7664108
网址:www.hongteo.com.cn
电子信箱:ht@hongteo.com.cn
法定代表人:张林
负责人:卢楚隆
单位人数:1094
质量体系:ISO/TS 16949、ISO 14001
产品情况:汽车发动机、变速器铝合金压铸件
配套情况:成为宝马、奔驰、福特、东风本田发动机、东风本田汽车、本田中国、长安福特、长安马自达、康明斯、菲亚特、克莱斯勒等国内外大型整车(整机)厂商的一级供应商

★怀集登云汽配股份有限公司

地址:广东省怀集县城登云亭
邮编:526400
电话:0758/5522482
传真:5523481
网址:www.huaijivalve.com
电子信箱:sales@huaijivalve.com
法定代表人:张弢
负责人:欧洪先
单位人数:1500
质量体系:ISO/TS 16949、ISO 14001
产品情况:(登云牌)
汽车发动机进排气门,产品覆盖重型车、轻型货车、大型客车、微车、轿车、混合动力汽车等
配套及出口情况:为重庆康明斯、东风康明斯、道依茨大柴、一汽锡柴、玉柴机器、潍柴动力、三一重工、扬州柴油机、东风朝柴、东安三菱、南京福特马自达、长安汽车、海马汽车、奇瑞汽车、江淮汽车、比亚迪汽车以及卡特彼勒、美国科勒等发动机厂配套;远销美国、意大利、英国、日本、巴西、阿根廷、墨西哥、中东、东南亚等国家和地区
☞详细情况请参阅彩色宣传版面

★广东四会实力连杆有限公司

地址:广东省四会市贞山大道中
邮编:526200
电话:0758/3324145
传真:3319124
网址:www.slconrod.com
电子信箱:slconrod@slconrod.com
法定代表人:周伟标
单位人数:800
质量体系:ISO/TS 16949、ISO 14001
产品情况:(实力牌)
发动机连杆总成和其他精密锻件;年生产能力:连杆总成800万条,其中胀断连杆500万条,各类精密锻件1万t
配套情况:主要客户包括玉柴机器、东风汽车、东风康明斯、福田康明斯、柳州康明斯、三一重工、上柴股份、约翰迪尔、新晨动力、比亚迪汽车、吉利汽车、东风小康、长城汽车、长安汽车、力帆汽车等

★法雷奥发动机冷却(佛山)有限公司

地址:广东省佛山市三水中心科技工业区B区56号地(F1)
邮编:528100
电话:0757/88347274、88301295
网址:www.valeo.com.cn
电子信箱:lisa-lifang.zhang@valeo.com
法定代表人:Francois Marion
产品情况:发动机冷却系统主要组件,包括风扇系统、钎焊散热器、冷凝器、中冷器、油冷器和机械装配式散热器

★昼田(佛山)汽车部件有限公司

地址:广东省佛山市南海区丹灶镇南海国家生态工业示范园区银海大道外资工业村8号
邮编:528200
电话:0757/85433202
电子信箱:liangjieli@hiruta-foshan.com
法定代表人:角南隆之
产品情况:悬架配件、发动机配件、变速器配件、汽车转向柱配件等汽车零部件

★佛山丰田纺织汽车零部件有限公司

地址:广东省佛山市南海区狮山镇南海科技工业园北区北园中路13号
邮编:528222
电话:0757/81203988
传真:81203963
网址:www.toyota-boshoku.com
法定代表人:KOIDE KAZUO
质量体系:ISO/TS 16949
产品情况:滤清器等单元部件
配套及出口情况:为广汽丰田配套;出口欧洲、美洲、日本等国家和地区

★佛山市和阳精密金属制品有限公司

地址:广东省佛山市南海区狮山科技工业园A区科技东路3号
邮编:528225
电话:0757/86693666
传真:86698996
网址:www.hoyangmt.com
电子信箱:sales@hoyangmt.com

法定代表人:杨财富
负责人:卢建和
单位人数:500
质量体系:ISO/TS 16949
产品情况:曲柄箱盖、发动机上盖、发动机进气歧管等汽车发动机配件、其他精密工业配件
配套及出口情况:发动机配件客户有本田 HONDA、美国 Caterpillar、欧洲的 Deutz 和 Volvo 等世界知名企业;发动机配件客户有本田 HONDA, 美国 Caterpillar,欧洲的 Deutz 和 Volvo 等世界知名企业;其他精密工业配件的客户有日本的 Nissan 集团,美国 Emerson,意大利 E – Mark 等世界知名企业

★广东海业实业有限公司
地址:广东省佛山市南海区狮山镇沙坑沙堤路 39 号
邮编:528225
电话:020/85279340
传真:38857932
网址:www. haiyefilter. com
电子信箱:service@ haiyefilter. cn
法定代表人:何绍华
产品情况:(海业牌)
机油滤清器、空调滤清器、空气滤清器、燃油滤清器

★佛山市豹王滤芯制造有限公司
地址:广东省佛山市南海区和顺镇官和路南 23 号
邮编:528241
电话:0757/85114888
传真:85114999
网址:www. filter – tora. com
电子信箱:service@ fstora. cn
法定代表人:陈汉财
质量体系:ISO/TS 16949、QS 9000
产品情况:(豹王牌)
主要生产滤清器、传动带、油封等产品
出口情况:远销美国、澳大利亚、南非、丹麦、中东、东南亚等国家和地区,并销往中国香港地区

★佛山市南海蕾特汽车配件有限公司
地址:广东省佛山市南海区里水镇河村西紫工业区
邮编:528244
电话:0757/85628650、85628651
传真:85628221
网址:www. ltcooling. com
电子信箱:sales@ ltcooling. com
法定代表人:李永能
质量体系:ISO/TS 16949
产品情况:汽车热交换器及相关件

★广东德力柴油机有限公司
地址:广东省佛山市顺德区容桂容里社区新发路 18 号
邮编:528306
电话:0757/26685032、26682296
传真:26689001
网址:www. gddelux. com
电子信箱:caixiangdong_dl@ 126. com
法定代表人:冯景祥
质量体系:ISO 9001
产品情况:(德力牌)
立式水冷单缸柴油机
出口情况:出口东南亚、欧洲、美洲等地区

★爱三(佛山)汽车部件有限公司
地址:广东省佛山市顺德区大良街道五沙新辉路 5 号
邮编:528333
电话:0757/22808200
传真:22800581
网址:www. aisan – afa. com. cn
电子信箱:aisan@ aisan – afa. com. cn
法定代表人:高城孝明
质量体系:ISO/TS 16949、ISO 14001
产品情况:汽车、摩托车用铸造毛坯件、电子控制燃油喷射系统、汽车关键零部件滤清器、发动机冷水管外壳及其他零部件、生产用刀具、工具及设备
配套情况:为广汽丰田、广汽丰田发动机等配套

★爱信精机(佛山)汽车零部件有限公司
地址:广东省佛山市顺德区大良街道五沙新辉路 7 号之二
邮编:528333
电话:0757/28620906
传真:28620900
网址:www. aisin – foshan. com
电子信箱:gonghui@ aisin – foshan. com
法定代表人:伊藤慎太郎
质量体系:ISO/TS 16949、ISO 14001
产品情况:(ASFA 牌)
发动机进气增压器、发动机排放控制装置、汽车用铸锻毛坯件制造、精冲模、精密性腔模、模具标准件
配套及出口情况:主要客户有 GTE(广汽丰田发动机)、GTAC(广汽乘用车)、DENSO(南沙电装)、AW(苏州)等;出口国外市场

★八千代工业(中山)有限公司
地址:广东省中山市火炬开发区集中新建区科技大道 28 号
邮编:528437
电话:0760/88290131
传真:85335639
网址:www. yachiyozs. com
电子信箱:test@ yzm – c. com
法定代表人:本木纯
单位人数:410
质量体系:ISO/TS 16949、ISO 14000
产品情况:树脂制燃料油箱和全开启自动天窗
配套情况:产品为广汽本田、中国本田、武汉东风本田、吉利汽车、江西五十铃配套

★东洋热交换器(中山)有限公司
地址:广东省中山市火炬开发区十涌路 14 号
邮编:528437
电话:0760/85338036、85338032
传真:85335189
电子信箱:qjj@ trz. com. cn
法定代表人:束正宇
质量体系:ISO 9000
产品情况:(TOYO 牌)
热交换器、中冷器;年生产能力 150 万台
配套情况:为广汽本田、四川一汽丰田、广州松下空调器、顺德美的空调配套

★佛山市丰富汽配有限公司
地址:广东省佛山市禅城区华宝南路 6 号
邮编:528510
电话:0757/82100086
传真:82100085
网址:www. yutakagiken. co. jp
电子信箱:caiyiqing@ fengfu – foshan. com
法定代表人:青岛隆男
质量体系:ISO 14000、ISO/TS 16949
产品情况:排气管、消声器、催化转换器等
配套情况:为广汽本田配套

★本田金属技术(佛山)有限公司
地址:广东省佛山市高明区沧江工业园三洲园区三和路
邮编:528511
电话:0757/88627996、88620169
传真:88627992
网址:www. hondaff. cn
电子信箱:admin@ hondaff. cn
法定代表人:高桥芳一
单位人数:530
质量体系:ISO 14001、ISO 9001
产品情况:具有年产支架 50 多万套、进气歧管座 40 多万台、转向节 17. 5 万套的生产能力
配套及出口情况:为东莞京滨汽车电喷装置、东风本田发动机、东风本田汽车、东风本田汽车零部件等配套;返销日本、出口美国

★江门长江活塞有限公司
地址:广东省江门市双龙天翔路 2 号
邮编:529000
电话:0750/3223192
传真:3223193
电子信箱:jmcjhsli@ 163. com
法定代表人:王永河
质量体系:ISO 9001
产品情况:活塞、活塞销及扣环、连杆、火花塞等配件
出口情况:远销 30 多个国家和地区

★富飞净化消声器(台山)有限公司
地址:广东省台山市台城南兴路 9 号
邮编:529200
电话:0750/5626558、5626516
传真:5626559
网址:www.liangfei.com.tw
电子信箱:fufei - exhaust@umail.hinet.net
法定代表人:萧素莲
质量体系:ISO 9002
产品情况:汽车及摩托车消声器、排气管、三元催化器、排气歧管

广　西

★南宁八菱科技股份有限公司
地址:南宁市高新工业园区科德路 1 号
邮编:530003
电话:0771/4516028
传真:4517203
网址:www.baling.com.cn
电子信箱:int.sales@baling.com.cn
法定代表人:顾瑜
质量体系:ISO/TS 16949
产品情况:管带式铜质或铝质热交换器产品
配套及出口情况:主要配套客户有一汽解放、一汽柳州特种汽车厂、东风柳汽、上汽通用五菱、长安汽车、奇瑞汽车、柳州工程机械、玉柴机器等;客户主要分布于美国、澳大利亚等全球市场

★广西科创机械股份有限公司
地址:广西玉林市玉州区岭塘工业园区
邮编:537000
电话:0775/3833396
传真:3835977
网址:www.gxkechuang.cn
电子信箱:kechuang@gxkechuang.cn
法定代表人:郭梅
单位人数:300
产品情况:发动机排气管、齿轮室、通用件等系列产品
配套情况:与玉柴、柳汽、三一、Dorman等国内外 20 余家客户配套

★玉林市成鑫机械有限责任公司
地址:广西玉林市塘步岭工业区 15 号
邮编:537002
电话:0775/2663755、2662800
传真:2660318
网址:www.yuchai.com
电子信箱:ylscxjx@163.com
法定代表人:郭德明
质量体系:ISO/TS 16949
产品情况:生产柴油机连杆、齿轮室盖板、工程机械配件产品,具有年产 130 万套连杆、25 万件盖板及 6 万件工程机械配件的能力
配套情况:配套玉柴股份

★广西玉柴动力股份有限公司
地址:广西玉林市玉柴工业园区
邮编:537002
电话:0775/3226108、3225610
网址:www.yuchai.com
电子信箱:20110800@qq.com
法定代表人:李汉阳
质量体系:ISO/TS 16949、ISO 14001
产品情况:具备年产多缸小缸径柴油机 30 万台的能力,适用于轻型货车、轻型客车、自卸货车、专用车、低速货车等

★广西玉林玉柴机器配件制造有限公司
地址:广西玉林市天桥路 168 号
邮编:537005
电话:0775/3223619
传真:3223320
网址:www.yuchai.com
法定代表人:顾瑜
单位人数:500
质量体系:ISO/TS 16949
产品情况:具有年产曲轴毛坯 100 万根、机体和缸盖 40 万台、油底壳 80 万件、排气管 5 万件、底盘类铸件 2 万 t,以及曲轴机加工 25 万根/年的生产能力,产品配套轻、中、重型柴油机
配套情况:主要客户有玉柴、南京依维柯、江铃汽车、福特、上汽通用五菱、道依茨、一汽、方盛车桥等

★ 广西玉柴机器股份有限公司
地址:广西玉林市玉柴大道 1 号
邮编:537005
电话:0775/3288000、3289000
网址:www.yuchai.com
电子信箱:sales@yuchai.cn
法定代表人:晏平
负责人:李天生
单位人数:9000
质量体系:ISO/TS 16949
产品情况:(玉柴牌)
涵盖 10 大平台 30 大系列 2000 多个品种产品,功率覆盖 20 ~ 2800kW,产品包括柴油机、气体机、混合动力系统、纯电动系统
配套情况:为东风商用车、东风柳汽、湖北三环、福田诸城、福田长沙、江淮股份、郑州宇通、苏州金龙、厦门金龙、厦门金旅、中通客车、扬州亚星、厦工、柳工、徐工、临工、福田农装等供货
☞ 详细情况请参阅彩色宣传版面

★广西华原过滤系统股份有限公司
地址:广西玉林市玉公公路坡塘段西侧玉柴工业园坡塘工业集中区
邮编:537005
电话:0775/3287075、3813333
传真:3813111、3813222
网址:www.watyuan.com
法定代表人:范阳辉
质量体系:ISO/TS 16949
产品情况:专业生产柴油机用的机油滤清器、柴油滤清器、空气滤清器等产品,年生产能力达 1600 万套

★广西奥特帕斯机械有限公司
地址:广西玉林市玉柴工业园上岭路
邮编:537500
电话:0775/2332905
电子信箱:gxautoparts@163.com
法定代表人:林孟良
产品情况:重型汽车发动机零配件飞轮壳、离合器壳等
配套情况:为广西玉柴股份有限公司配套

★广西金创汽车零部件制造有限公司
地址:广西玉林市陆川县米场工业区
邮编:537713
电话:0775/7027496、7027202
传真:7027251、3285278
网址:www.yuchai.com
法定代表人:陈世俊
单位人数:600
质量体系:ISO/TS 16949、QS 9000
产品情况:油底壳、离合器壳、飞轮壳、飞轮齿圈、前盖板、飞轮总成、汽缸盖罩、轴承盖、转向器、出水管总成、各类金属模具等
配套情况:为玉柴、昆明云内动力、柳机动力、玉柴、采埃孚、河池玉动车辆、贵港福达车辆等配套

★福达控股集团有限公司
地址:广西桂林市西城经济开发区鲁山路 18 号
邮编:541199
电话:0773/3662606、3681198
传真:3662609
网址:www.glfuda.com
法定代表人:黎福超
负责人:赵宏伟
单位人数:3200
质量体系:ISO/TS 16949、ISO 14001
产品情况:(福达牌)
主要产品有发动机曲轴、汽车离合器、汽车齿轮等
配套及出口情况:为东风、解放、陕汽集团、重汽、北汽、郑州日产、长城汽车、上汽通用五菱、福田、玉柴、东风康明斯、东风朝柴、上柴、昆明云内等近 50 家企业配套;出口日本、美国、德国、印尼、澳大利亚、巴西等多个国家

★柳州五菱柳机动力有限公司
地址:广西柳州市鸡喇路 16 号
邮编:545005
电话:0772/3150609、4008875051
传真:3150984
网址:www.wlfdj.com
电子信箱:zhouminghong@wuling.com.cn
法定代表人:文代志
质量体系:ISO/TS 16949、QS 9000

产品情况：（柳机牌）

功率覆盖15～180kW，产品包括汽油机、混合动力系统、纯电动系统，具备80万台/年的发动机装配能力；发动机缸体、汽缸盖、曲轴铸造毛坯业务，具备每年黑色100万件、有色45万件铸件的产能

配套情况：为上汽通用五菱、东风股份、北汽股份、北汽福田、上汽大通、江淮集团、山东时风等整车企业配套

★柳州市龙杰汽车配件有限责任公司

地址：广西柳州市阳和工业新区和祥路1号

邮编：545006

电话：0772/3591036

传真：3591061

网址：www.longjiechina.com

电子信箱：longjie_it@longjiechina.com

法定代表人：张良杰

单位人数：300

质量体系：ISO/TS 16949、ISO 14001

产品情况：旋压皮带轮、钣旋冲压件及隔热罩、减振器、张紧轮、惰轮、风扇轴和橡胶件等汽车零部件

配套情况：主要客户有上海汽车集团、上汽通用、南京汽车集团、柳州五菱动力、上汽通用五菱、广西玉柴机器、重庆渝安淮海动力、莱顿汽车部件（苏州）、东风柳汽、江铃福特、北汽福田、昆山三一动力、南阳飞龙汽车零部件、重庆宗申动力等汽车发动机生产厂家及机电行业

★柳州源创电喷技术有限公司

地址：广西柳州市鱼峰区洛维工业园洛园路16号

邮编：545006

电话：0772/2619018、13768870991

传真：2631578

网址：www.injector.com.cn

电子信箱：lz2619018@vip126.com

法定代表人：唐凤君

质量体系：ISO/TS 16949

产品情况：（龙头牌）

汽车、摩托车喷油器、甲醇喷射器及柴油车后处理SCR系统尿素喷射器等产品

配套情况：为伊朗的赛帕和霍德罗汽两大汽车厂配套，是吉利甲醇汽车唯一的甲醇喷射器供应商；摩托车喷油器系列产品已经配套新大洲本田、春风摩托和日本三国等；SCR系统中的尿素喷射器现在已进入玉柴等国内主流柴油机厂配套体系

★广西汽车集团有限公司

地址：广西柳州市河西路18号五菱大厦

邮编：545007

电话：0772/3750212

传真：3750018

网址：www.wuling.com.cn

电子信箱：lzwl@wuling.com.cn

法定代表人：韦宏文

负责人：袁智军

单位人数：14000

质量体系：ISO/TS 16949

产品情况：（五菱牌、五菱柳机牌）

微型车、乘用车零部件及发动机，主要产品为汽车四门两盖、车身底板及副车架，后桥、制动总成，汽车座椅、座舱系统、前后保险杠、消排系统等零部件产品；发动机产品涵盖0.6～3.5L排量轻微商用车、乘用车发动机系列

配套情况：为上汽通用五菱等配套

★重庆海特汽车排气系统公司柳州分公司

地址：广西柳州市柳南区河西小区基隆村委旁

邮编：545007

电话：0772/3705209

网址：www.cqhaite.net

法定代表人：秦瑞萍

产品情况：主要产品包括排气歧管、三元催化转化器（催化剂）、消声器

★柳州金鸿橡塑有限公司

地址：广西柳州市柳江县基隆开发区中杨路7号

邮编：545116

电话：0772/3252830、3252831

传真：3257900

电子信箱：jhxsgs@sohu.com

法定代表人：黄金德

质量体系：ISO/TS 16949

产品情况：汽车发动机悬置软垫（橡胶式、含液体阻尼）、汽车发动机油位计、橡胶杂件、塑料零件、汽车电动玻璃升降器、发动机曲轴油封和阀门油封、液压机械油封、工程机械驾驶室窗体等

配套情况：主要客户有上汽通用五菱、柳州五菱、柳州机械厂、一汽海马汽车、长丰汽车、东风柳汽、北汽福田、广西柳工机械、玉林玉柴工程机械、东风渝安汽车、一汽吉林等

重庆市

★上汽菲亚特红岩动力总成有限公司

地址：重庆市北部新区黄茅坪B07号地块

邮编：400021

电话：023/63212888、63212688

传真：63212600

网址：www.sfhengine.com

电子信箱：sales@sfhengine.com

法定代表人：蓝青松

负责人：沈晖

单位人数：1200

质量体系：ISO/TS 16949、ISO 14001

产品情况：（FPT牌）

CURSOR、NEF、F1三大系列，产品覆盖排量从2.3L到12.9L、最大功率从71kW（96HP）到353kW（480HP）、最大转矩从240Nm到2200Nm的各个系列柴油机

配套情况：为上汽依维柯红岩、宇通、CNH、申沃、金旅、南京依维柯配套

★重庆华恩实业有限公司

地址：重庆市江北区天澜大道11号30幢10－9

邮编：400023

电话：023/62305299、62304863

传真：62305820

电子信箱：huaen5299@tom.com

法定代表人：李政霖

质量体系：ISO/TS 16949

产品情况：年产暖风机50万台、散热器60万台、水阀80万台

配套情况：为长安铃木、上汽通用五菱、沈阳三电、昌河铃木、东南汽车、华晨金杯、东风柳汽、比亚迪汽车、嘉陵本田、江南汽车等配套

★重庆汇浦液压动力制造有限公司

地址：重庆市江北区港城西路129号

邮编：400026

电话：023/67092635

传真：67090757

网址：www.dahuipu.com

电子信箱：hp@dahuipu.com

法定代表人：陆奇文

质量体系：ISO/TS 16949

产品情况：1000～1500mL汽车发动机机油泵以及各种汽车发动机铝合金压铸件、装载机气液联合制动系统、70t矿车制动系统等

配套及出口情况：产品主供中国龙工、柳工、沃尔沃临工、卡特彼勒、厦工、成工、福田雷沃重工、宇通重工、东风小康、北汽银翔、华川电装、大阳、建设YAMAHA、巴西YAMAHA等国内外知名企业；出口东南亚、非洲、拉丁美洲、伊朗等20多个国家和地区

★重庆康明斯发动机有限公司

地址：重庆市沙坪坝区烈士墓壮志路100号

邮编：400031

电话：023/65335888、4008899990

传真：65315379

网址：www.cummins－cq.com

法定代表人：陈萍

质量体系：ISO/TS 16949、ISO 14001

产品情况：N、K、M、QSK系列柴油发动机

★四川银钢一通凸轮轴有限公司

地址：重庆市沙坪坝区井口镇南溪工业园

邮编：400033

电话：023/89053308、89053380

传真：89053360

网址：www.ygtl.com

电子信箱：ygqctulun@163.com

法定代表人：伍良前

质量体系:ISO/TS 16949
产品情况:热动力凸轮轴、曲轴等核心零部件及汽车变速器拨叉轴
配套情况:已成为宝马、克莱斯勒、本田、日产、雅马哈、铃木、比亚乔、百力通、东风、长安、TVS等企业供应商

★重庆金丰机械有限公司
地址:重庆市沙坪坝区新桥石壁山75号
邮编:400037
电话:023/65216375、65220729
电子信箱:378740655@qq.com
法定代表人:吴薇薇
质量体系:ISO/TS 16949、ISO 14001
产品情况:轿车三元催化转化器、摩托车制动盘、轿车排气管以及三元催化转化器凸缘盘
配套情况:为广汽本田、五羊－本田摩托配套,与日本YUTAKA技研、印尼YMI公司、美国SCYT公司、意大利HIA公司合作

★重庆华孚工业股份有限公司
地址:重庆市沙坪坝区凤天大道18号
邮编:400038
电话:023/65202728、65216044
传真:65219459
网址:www.huafu.com
电子信箱:huafu@hfgyoa.com
法定代表人:李庆安
质量体系:ISO/TS 16949、QS 9000
产品情况:(华孚牌)
已形成粉末冶金制品2万t、铝合金制品4000t、机油泵总成100万套、凸轮轴总成100万套、同步器总成100万套、摇臂总成100万件的年生产能力
配套情况:主要客户包括一汽轿车、天津一汽丰田发动机、天津内燃机、神龙、华晨、长安、长安铃木、长安福特、长安马自达、奇瑞、海马、上汽通用五菱、五菱柳机、上海汽车变速器、青山工业、东安动力、东安三菱、沈阳航天三菱、比亚迪、长城汽车、江铃汽车、华泰汽车、唐山爱信、德国舍弗勒集团、美国百力通、美国派克、美国SPX、日本旭日商社等众多国内外知名用户

★重庆宗申动力机械股份有限公司
地址:重庆市巴南区宗申工业园
邮编:400054
电话:023/66372609、66372523
传真:66372607、66372566
网址:www.zsengine.com
电子信箱:zsfdj@vip.163.com
法定代表人:左宗申
质量体系:ISO/TS 16949、ISO 14001
产品情况:(宗申牌)
摩托车发动机、通用汽油机及各类农林机械、专用动力及多燃料动力、柴油机、汽车发动机、汽车零部件;具备年产摩托车发动机500万台、通用汽油机300万台、柴油机和农林机械200万台、各类铝合金产品1000万件以及铝合金铸件2万t的生产能力
出口情况:出口欧美、中东、东南亚、非洲的70多个国家和地区

★重庆上方汽车配件有限责任公司
地址:重庆市经济技术开发区大石路3号
邮编:400060
电话:023/62766260
传真:62763500
法定代表人:顾长仁
质量体系:ISO 9001
产品情况:散热器、暖风机,摩托车散热器
配套情况:为长安汽车、长安铃木、重庆长安跨越、南京长安、河北长安、东风小康、奇瑞汽车、昌河汽车、哈飞汽车、北汽银翔等配套

★重庆汽车消声器有限责任公司
地址:重庆市九龙坡西彭工业园铝城大道82号
邮编:400080
电话:023/68439872、68425345
传真:68438500
网址:www.cqxsq.com.cn
电子信箱:cqxsq@cqxsq.com.cn
法定代表人:陈大金
质量体系:ISO 9001
产品情况:(LVSHENG牌)
消声器总成

★重庆佳利德汽车部件有限公司
地址:重庆市大渡口区建桥工业园镁桥路1号
邮编:400084
电话:023/68911675、68910107
传真:68920055、68921897
电子信箱:495579632@qq.com
法定代表人:陈培新
质量体系:ISO/TS 16949
产品情况:汽车曲轴,年产能力15万支
配套情况:为玉柴配套

★考泰斯(重庆)塑料技术有限公司
地址:重庆市北碚区施家梁镇同心路7号
邮编:400707
电话:023/68306155、68306900
传真:68306900
网址:www.textron.com.cn
电子信箱:shirley.zhou@kautex.textron.com
法定代表人:吴健华
产品情况:汽车塑料汽车燃油箱等产品

★重庆燃油喷射系统有限公司
地址:重庆市北部新区翠宁路6号
邮编:401120
电话:4001001333
传真:023/65294322
网址:www.ccqfsc.com
电子信箱:sc4642@126.com
法定代表人:胡伯康
负责人:马跃
单位人数:839
质量体系:ISO/TS 16949、ISO 14001
产品情况:(中国重汽牌、川渝牌、CY牌)
康明斯N、K、M11系列柴油发动机用PT燃油泵及PT喷油器总成及零部件,直列式P型燃油喷射泵及其喷油器总成及零部件,电控供油速率燃油喷射泵及其喷油器总成及零部件,轻、中、重型共轨燃油喷射系统及其零部件,SCR后处理系统集成及零部件等
配套及出口情况:客户有中国重汽集团济南动力、中国重汽集团杭州发动机、广西玉柴机器、美国康明斯、重庆康明斯发动机、美国德尔福、上海柴油机、天津雷沃动力、昆明云内动力、淄博柴油机、重庆科克发动机技术有限公司;出口欧美、东南亚地区

★佛吉亚排气控制技术(重庆)有限公司
地址:重庆市北部新区礼环北路10号5号库
邮编:401120
电话:023/88502779
网址:www.faurecia.com
电子信箱:coco.li@faurecia.com
法定代表人:王少波
质量体系:ISO 14001、ISO/TS 16949
产品情况:汽车排气消声系统
配套情况:为长安福特、长安马自达、长安汽车配套

★重庆陵川汽车零部件制造技术有限公司
地址:重庆市沙坪坝区井口工业园井盛路7号
邮编:401120
电话:023/65184891
电子信箱:cqlcqc@163.com
法定代表人:刘先华
质量体系:ISO/TS 16949
产品情况:车轮、排气系统和金属燃油箱
配套情况:为比亚迪、海马、长安、柳州五菱、长城、东风渝安等汽车主机厂配套

★嘉陵－本田发动机有限公司
地址:重庆市渝北区观月南路1号
邮编:401120
电话:023/62793100
传真:62808670
网址:www.jlhonda.com
电子信箱:sales@jlhonda.com
法定代表人:水野泰秀
单位人数:2500
质量体系:ISO 9001、ISO 14000
产品情况:(HONDA牌)
通用汽油机系列,WB、WL系列水泵
出口情况:出口欧洲、澳大利亚、日本、美国等90多个国家和地区

★重庆光大产业有限公司
地址:重庆市渝北区空港工业园区长翔路8号
邮编:401120
电话:023/67182666
传真:67182666-2801
网址:www.cqgdcy.com
电子信箱:gdxs@cqgdcy.com
法定代表人:刘世勇
质量体系:ISO/TS 16949、ISO 14001
产品情况:主要产品包括汽车安全带总成、汽车发动机飞轮总成、驱动盘总成、齿圈、信号盘、全车门铰链、倒车雷达、倒车影像、行车记录仪、360°全景影像、电动车窗开关、报警器等十余个系列百余类产品
配套及出口情况:为一汽、东风、上汽、长安、长安福特、东风日产、北汽、广汽、吉利、长城、奇瑞、众泰、比亚迪、重汽等50余家整车及发动机工厂提供配套服务;出口美国、德国、印度、韩国、英国、西班牙、土耳其等国际市场

★重庆海特汽车排气系统有限公司
地址:重庆市渝北区空港工业园区环港路9号
邮编:401120
电话:023/67183696
网址:www.cqhaite.net
法定代表人:秦瑞萍
产品情况:汽车和摩托车尾气治理和噪声控制用三元催化剂、催化转化器、净化器、消声器、排气歧管等机动车排气系统产品;具有年产300万L三元催化剂、300万套汽车消声器、300万套催化转化器的生产能力
配套情况:合作客户涵盖一汽集团、上汽集团、广汽集团、华晨汽车、东风汽车、沃尔沃重卡、日本大发、昌河铃木、长安汽车、上汽通用五菱、奇瑞汽车、吉利汽车、北汽集团、北汽福田、北汽银翔、长城汽车、比亚迪、力帆汽车、东风渝安等20多家汽车主机厂商

★重庆海特弘业催化剂有限公司
地址:重庆市渝北区空港工业园区环港路9号
邮编:401120
电话:023/67185062
网址:www.cqhaite.net
法定代表人:秦瑞萍
质量体系:ISO/TS 16949、ISO 14001
产品情况:环保催化剂

★马勒发动机零部件(重庆)有限公司
地址:重庆市渝北区两路镇汉渝路125号
邮编:401120
电话:023/67837700
传真:67837254
网址:www.cn.mahle.com
电子信箱:cncq@cn.mahle.com
法定代表人:JOACHIM FISCHER
质量体系:ISO/TS 16949、VDA 6.1
产品情况:(灯塔牌)
各型各类柴油机、汽油机活塞;活塞年生产能力达1500万只,产品品种达500余个
配套及出口情况:产品供重汽集团、一汽锡柴、一汽大柴、东风朝柴、玉柴、庆铃、江铃、北汽、长安、东安、柳微、天汽、嘉陵、嘉陵-本田、新大洲-本田、天津-本田、建设、建设-雅马哈、金城、力帆、宗申、隆鑫等全国40余个主要重型车、中型车、轻型车、农用车、轿车、微型车、摩托车和发动机生产厂家的装机配套以及国内维修市场;出口欧洲、美洲、日本、中东、东南亚等国家和地区

★天纳克陵川(重庆)排气系统有限公司
地址:重庆市北部新区经开园长福西路2号
邮编:401122
电话:023/67455585
传真:67455580
电子信箱:hchen1@tenneco.com
法定代表人:刘先华
负责人:李辉
单位人数:136
质量体系:ISO/TS 16949、ISO 14001
产品情况:总成焊接弯管等汽车排气系统装置,产能30万套
配套情况:为长安福特、长安马自达、长安铃木配套

★百力通(重庆)发动机有限公司
地址:重庆市北部新区经开园出口加工区3路10号
邮编:401122
电话:023/86116111
传真:86111468
电子信箱:ding.changyan@basco.com
法定代表人:MARC KEVIN LAWRENCE
质量体系:ISO 9000
产品情况:7.35kW和11.77kW单缸风冷四冲程通用型汽油机

★重庆瑞方渝美压铸有限公司
地址:重庆市南岸茶园玉马路83号
邮编:401123
电话:023/67683688、67683588
传真:67683588
网址:www.cqrfym.com
电子信箱:hr@refine-yumei.com
法定代表人:周道学
负责人:王先华
单位人数:400
质量体系:ISO/TS 16949
产品情况:发动机缸盖、缸体、轴承桥、支架、高硅壳体、链轮室盖等高压铝合金压铸件
配套情况:为大众、奥迪、奥地利TCG、采埃孚、利纳玛、博格华纳、朝柴、哈尔滨东安等供货

★曼胡默尔滤清器(重庆)有限公司
地址:重庆市江北区渝冠大道225号
邮编:401133
电话:023/88798287
网址:www.mann-hummel.com
电子信箱:yue.zhao@mann-hummel.com
法定代表人:Philip Schuster
产品情况:进气歧管、空滤系统和各类管件
配套情况:是乘用车主机厂长安福特和铃木的主要供应商

★诺玛科(重庆)汽车零部件有限公司
地址:重庆市江北区鱼复工业园长茂路9号
邮编:401133
电话:023/63466098
传真:63466191
网址:www.nemak.com
电子信箱:joanna.zou@nemak.com
法定代表人:Jose Ernesto Saenz Diaz
产品情况:主要生产汽车发动机缸体、变速器壳体
配套情况:客户包括长安福特、广汽菲亚特、北京奔驰等

★重庆大江杰信锻造有限公司
地址:重庆市巴南区鱼洞大江西路自编804号
邮编:401321
电话:023/66283909、66284822
传真:66283909
网址:www.cqdjjx.com
电子信箱:huyongyi@cqdjjx.com
法定代表人:单俊
质量体系:ISO/TS 16949、GJB/Z 9001
产品情况:生产重型、轻型、微型汽车及轿车发动机曲轴
配套及出口情况:与长安汽车、江铃汽车、天润曲轴、北汽福田、潍柴动力、陕西汉德车桥、一汽轿车发动机、保定长城、内江金鸿曲轴、成都飞亚曲轴、重庆神箭、荆州环宇、四川阳光等国内众多知名企业长期配套;出口美国、日本、韩国、意大利、印度、澳大利亚等国家

★重庆东京散热器有限公司
地址:重庆市九龙坡区西彭镇铝城大道82号
邮编:401326
电话:023/68437443
传真:68437410
网址:www.cq-ctr.com
电子信箱:ctr@cq-ctr.com
法定代表人:陈大金
质量体系:ISO/TS 16949、ISO 14001
产品情况:载货汽车及工程机械用散热器、中冷器、油冷器及其构成零部件
配套及出口情况:主要客户有庆铃汽车、江淮汽车、广汽日野、广州客车、神钢建机、日立建机、三一重工、徐工挖掘机、日本五十铃、印度尼西亚ADR公司

等;在泰国、印度尼西亚、马来西亚、智利等国家和中国台湾地区建立了海外技术援助处

★重庆金桥机器制造有限责任公司
地址:重庆市九龙坡区白市驿
邮编:401329
电话:023/65701910
传真:65701910
网址:www. cqjinqiao. cn
电子信箱:office@ cqjinqiao. cn
法定代表人:冯先伦
质量体系:ISO/TS 16949
产品情况:(金桥牌)
专业生产汽车配气凸轮轴、汽车喷油泵凸轮轴、摩托车凸轮轴
配套及出口情况:为重庆渝安、宗申、隆鑫、绵阳新晨等汽车、摩托车发动机公司配套;出口欧洲、东南亚等地区

★重庆鑫源动力制造有限公司
地址:重庆市九龙坡区含谷镇鑫源路8号
邮编:401329
电话:023/6573992、64666908
网址:www. shineray. com. cn
法定代表人:龚大兴
产品情况:主要生产465Q系列汽车用汽油发动机

★重庆华达汽车配件制造有限公司
地址:重庆市沙坪坝区西永镇香蕉园新村8号
邮编:401332
电话:023/65660666、65662380
传真:65661333
电子信箱:admin@ cqhuada. com
法定代表人:郭洪斌
质量体系:ISO/TS 16949
产品情况:(和众牌)
汽车燃油箱总成、汽车座椅骨架、汽车冲、焊结构件等
配套情况:为重庆庆铃、郑州日产、长安集团、东风渝安车辆、长安李尔内饰件、江西李尔内饰件、重庆宇通客车、重庆力帆汽车、郑州海马汽车等汽车整车及部件制造企业配套

★重庆文安机械有限公司
地址:重庆市合川区土场镇银翔大道133号
邮编:401533
电话:023/42416666、42410036
传真:42415519
网址:www. cqwenan. cn
电子信箱:cq@ wenanjx. com
法定代表人:文国富
单位人数:600
质量体系:ISO/TS 16949
产品情况:汽车缸盖及发动机相关核心部件
配套情况:成为北汽银翔、比速汽车、华晨鑫源、力帆汽车、广汽集团、渝安汽车、野马汽车、斯威汽车、北京汽车等发动机零部件的核心供应商,客户群体由自主品牌升级到合资品牌

★重庆海通机械制造有限公司
地址:重庆市永川区人民东路599号
邮编:402160
电话:023/49849599、49585555
传真:49849988
网址:www. htinv. com
电子信箱:help@ htinv. com
法定代表人:唐昭平
单位人数:550
质量体系:ISO/TS 16949
产品情况:具有年产汽车发动机飞轮齿圈总成300万套、齿圈350万件、张紧轮20万套、斜齿轮60万件的生产能力
配套情况:主要为重庆长安、长安铃木、力帆、东风渝安、绵阳新晨、云内动力、上汽小柴、上汽通用五菱、柳州五菱、东风朝柴、哈尔滨东安、保定长城、廊坊科森、江淮、奇瑞、无锡凯马、吉利、昌河铃木、比亚迪等20余家汽车发动机厂配套

★重庆西源凸轮轴有限公司
地址:重庆市永川区兴龙大道2589号
邮编:402160
电话:023/61130392、61130395
传真:61130400
网址:www. camchn. com
电子信箱:marketing@ camchn. com
法定代表人:陈焕顺
质量体系:ISO/TS 16949
产品情况:各种凸轮轴
配套情况:为长安汽车、日本雅马哈等配套

★重庆潍柴发动机有限公司
地址:重庆市江津区德感镇前进街
邮编:402262
电话:023/47858815
传真:47859767
电子信箱:cqweichai@ weichai. com
法定代表人:徐宏
质量体系:ISO/TS 16949、ISO 9000
产品情况:四大系列100多个柴油机产品,功率覆盖范围148~2400kW,形成了中、高速柴油机并举,横跨汽车、工程机械等多个应用领域
配套及出口情况:为潍柴、陕汽集团等配套;出口意大利、越南、埃及、巴基斯坦等10多个国家

★重庆江增机械有限公司
地址:重庆市江津区德感镇工业园区东方红街1号
邮编:402263
电话:023/47221234
传真:47852382
电子信箱:jtmail@ jtp. com. cn
法定代表人:周余伦
单位人数:120
质量体系:ISO/TS 16949
产品情况:J37、J44、J50、J56、J68、J92、J120、JTH130等径流增压器

★重庆都成荣锋机械制造有限公司
地址:重庆市板桥工业园区大道11号
邮编:402460
电话:023/46780996、18523915866
传真:46780996
网址:www. dcrf888. com
电子信箱:dcrf888@ 163. com
法定代表人:李刚
质量体系:IATF 16949
产品情况:微(轿)车发动机曲轴
配套情况:为重庆长安汽车、北汽银翔汽车、重庆鑫源动力配套

★重庆沃特尔粉末冶金有限公司
地址:重庆市铜梁区工业园区玉泉路11号
邮编:402560
电话:023/45436833
传真:45862999
电子信箱:office@ woteer. cn
法定代表人:章升光
负责人:郭志英
质量体系:ISO/TS 16949
产品情况:(沃特尔牌、WTR牌)
年产气门座圈2300万件、气门导管1500万件、气门锁夹2000万片、气门弹簧座1000万件
配套情况:为上汽通用五菱、比亚迪汽车、上海华普、新光华晨、北汽福田、绵阳新晨、潍柴动力、天津珀金斯、东风渝安、众泰汽车、华泰汽车、美国百力通、建设雅马哈等20多家主机厂配套

★重庆红旗缸盖制造有限公司
地址:重庆市璧山区特色工业园区
邮编:402760
电话:023/41639057、41639058
传真:41639059
网址:www. hqgg. com. cn
电子信箱:office@ hqgg. com. cn
法定代表人:袁熙淮
质量体系:ISO/TS 16949
产品情况:汽车发动机汽缸盖,年产40万件;进/排气歧管,年产20万件;曲轴箱体,年产2万件
配套情况:为长安汽车、东风渝安、重庆康明斯发动机、长城汽车、上汽集团、法国法雷奥、美国法雷奥、美国TSM、美国NSI公司等配套

★重庆三爱海陵实业有限责任公司
地址:重庆市涪陵区人民东路50号
邮编:408000
电话:023/85686608、85660000
传真:85686564
网址:www. cqsahl. com
电子信箱:cqsahl@ cqsahl. com
法定代表人:胡宜东

质量体系:ISO/TS 16949
产品情况:(海陵牌)
汽车、摩托车及小型通用汽、柴油发动机进/排气门、化油器;具备了年产各类型气门5000万只、化油器300万台的生产能力
配套及出口情况:为长安汽车、长安铃木、哈东安、天津一汽夏利内燃机、日本三菱重工、百力通(重庆)发动机、泰州雅马哈动力、锡柴、大柴、嘉陵、建设摩托等配套;部分产品出口美国、日本等国家,供主机装机

★重庆万力联兴实业(集团)有限公司
地址:重庆市石柱县万寿大道169号(南宾工业园)
邮编:409100
电话:023/73381555、73377875
电子信箱:hchen@cqwlg.com
法定代表人:张明健
质量体系:ISO/TS 16949
产品情况:车用电动燃油泵总成、全车锁机构总成、点火开关锁、锁芯总成、机械式节气门总成、发动机铝合金等汽车零部件
配套及出口情况:为长安集团、福特马自达、北汽、一汽海马、郑州海马、一汽吉林、长城汽车、昌河铃木、东风渝安、东南汽车、隆鑫机车等配套;出口东南亚、中东等地区

四川省

★成都天回气门导管制造有限公司
地址:成都市金牛高科技产业园北区隆安路
邮编:610083
电话:028/83586258、83588676
传真:83570381
网址:www.cd-tp.com
电子信箱:tpcompany@163.com
法定代表人:王文
单位人数:200
质量体系:ISO/TS 16949、QS 9000
产品情况:汽车发动机气门导管、气门摇臂和预燃烧室等
出口情况:90%以上出口欧美市场

★成都西菱动力科技股份有限公司
地址:成都市青羊工业集中发展区腾飞大道298号
邮编:610091
电话:028/87078358
传真:87074109
网址:www.xlqp.com
电子信箱:xsb@xlqp.com
法定代表人:魏晓林
质量体系:ISO/TS 16949
产品情况:汽车发动机主机配套连杆、减振皮带轮、凸轮轴等汽车零配件
配套及出口情况:主要客户有三菱、丰田、江淮、通用汽车、上汽通用五菱、一汽、一汽锡柴、长城汽车、比亚迪、海马汽车、福田、长安汽车、康明斯、卡特彼勒、帕金斯等;出口欧美、东南亚等地区

★四川航天长征装备制造有限公司
地址:成都市经济技术开发区(龙泉驿区)驿都中路189号
邮编:610100
电话:028/84801425、84803455
传真:84804618、84801906
电子信箱:marketc2@163.com
法定代表人:唐化新
质量体系:ISO/TS 16949
产品情况:硅油风扇离合器、水泵等20多种汽车发动机零配件

★佛吉亚(成都)排气控制技术有限公司
地址:成都市经济技术开发区成龙大道3段388号
邮编:610100
电话:028/65080801-8087
网址:www.faurecia.com
电子信箱:fengjiao.liu@faurecia.com
法定代表人:杨军
产品情况:三元催化器总成、前排气系统总成、柔性管总成、消声器总成等各种汽车用排气系统总成

★成都天兴山田车用部品有限公司
地址:成都市经济技术开发区世纪大道2号
邮编:610100
电话:028/84875358、84876350
传真:84879823
网址:www.chn-ytc.com
电子信箱:wangtao@chn-yamada.com
法定代表人:岸本一也
质量体系:ISO/TS 16949、ISO 14001
产品情况:具有年产油泵总成230万套,水泵总成160万套,转向器总成70万套,变速器40万套的能力
配套及出口情况:主要客户有东风本田、广汽本田、本田汽车中国、东风本田发动机、重庆长安铃木、江西昌河铃木、东风轻型发动机、五羊本田、广州摩托等;出口日本、美国、意大利等国家

★成都天纳克富晟汽车零部件有限公司
地址:成都市龙泉驿区经开区南四路366号
邮编:610100
电话:028/65316333
传真:65316339
网址:www.fawsn.com.cn
法定代表人:张涛
单位人数:210
产品情况:具备了年产80万套汽车排气系统总成(热端和冷端)的能力
配套情况:为一汽-大众新速腾、全新捷达、沃尔沃S60、XC60等车型配套排气系统

★成都陵川特种工业有限责任公司
地址:成都市龙泉驿区大面街道办事处陵川路1号
邮编:610110
电话:028/84633515、84633000
传真:84630546
网址:www.cdlcgy.com
电子信箱:167gsbgs@vip.sina.com
法定代表人:董志江
单位人数:1958
质量体系:ISO/TS 16949、QS 9000
产品情况:排气系统总成、排气歧管总成、净化器总成、车轮总成
配套情况:被长安公司、长安铃木公司评为优秀配套厂家

★成都陵川车用油箱有限公司
地址:成都市龙泉驿区大面镇
邮编:610110
电话:028/84632486、84632483
传真:84632485
电子信箱:cdlc2004@sina.com
法定代表人(负责人):刘先华
单位人数:300
质量体系:ISO/TS 16949
产品情况:(营星牌)
燃油箱
配套情况:为长安汽车、上汽通用五菱、重庆长安铃木、长城汽车、南京长安、东风汽车公司等配套

★成都正恒动力股份有限公司
地址:成都市新都工业东区聚合路69号
邮编:610500
电话:4000129020
网址:www.zhdl.com
电子信箱:jonathan@zhdl.com
法定代表人:刘帆
单位人数:2100
质量体系:IATF 16949、ISO 14000
产品情况:汽车发动机汽缸体,具有年产发动机缸体100万台的生产能力
配套及出口情况:国内客户有上汽集团、长安汽车、新晨动力、长城汽车、比亚迪汽车、奇瑞汽车、天津一汽、吉利汽车、沈阳金杯、江铃动力;海外客户有丰田大发、通用汽车、通用电气、韩国现代、菲亚特汽车

★成都万友滤机有限公司
地址:成都市新都区新都镇黄鹤路401号,侧门385号
邮编:610500
电话:028/83047617、83048290
传真:83048400、83047601
网址:www.ctr.com.cn
电子信箱:yyb@ctr.com.cn
法定代表人:江均
单位人数:300
质量体系:ISO/TS 16949、ISO 14001
产品情况:(CTR牌)
塑料进气歧管、空气滤清器、燃油

滤清器、机油滤清器、转向助力液过滤器、空调滤芯、空调风管、谐振器以及各种塑料零部件
配套情况:为长安福特、江铃股份、长安铃木、长安汽车、广汽本田、一汽-大众(成都)、上汽通用五菱等配套

★中国航发成都发动机有限公司
地址:成都市新都区蜀龙大道成发工业园
邮编:610503
电话:028/89358555
传真:89358585
网址:www. cegc. avic. com
电子信箱:cf_zcb@ 126. com
法定代表人:杨育武
质量体系:ISO 9001、GJB 9001B
产品情况:汽车发动机
出口情况:与美国 GE、PW、英国 RR 等企业建立了长期战略合作关系

★中汽成都配件有限公司
地址:成都市新都区新都工业园东区桂锦路 1480 号
邮编:610504
电话:028/83914588、83910595
传真:83910596
电子信箱:e. office@ zqcp. cn
法定代表人:夏朝嘉
质量体系:ISO/TS 16949、ISO 14001
产品情况:(金顶牌)
汽车发动机凸轮轴,年产 300 万支
配套情况:为上汽通用、一汽海马、哈尔滨东安三菱、东风悦达起亚、中国重汽、北汽福田、潍柴、锡柴、重庆康明斯、东风康明斯、西安康明斯、上汽通用五菱等配套

★成都银河动力股份有限公司
地址:成都市新都区龙桥镇
邮编:610505
电话:028/83068818、18782418383
传真:83068800
网址:www. yhdle. com
电子信箱:yhdl8818@ 163. com
法定代表人:齐振伟
单位人数:1000
质量体系:ISO/TS 16949
产品情况:(红石牌、东风牌)
各类汽缸套、铝活塞
配套及出口情况:为国内 50 余家主机厂供货(为重庆康明斯、玉柴机器、云内动力、洛拖集团、上柴、建设雅马哈、日本三菱、意大利依维柯等配套未核);出口美国、俄罗斯、日本、东南亚等国家和地区

★成都威特电喷有限责任公司
地址:成都市高新区起步区新达路 12 号
邮编:610599
电话:028/87838000
传真:87838004
电子信箱:info@ cdwit. com
法定代表人:陈荣平
产品情况:柴油机电喷系统、直喷汽油机电喷系统、汽车油 - 电混合动力系统

★成都安好精工机械股份有限公司
地址:成都市温江区海峡科技园兴新路 128 号
邮编:611130
电话:028/82693512、82693513
传真:82693514
网址:www. safine. cn
电子信箱:sales@ safine. cn
法定代表人:费永刚
质量体系:ISO 9001
产品情况:各类挺柱 130 余种,钢摇臂和铝合金摇臂 90 余种产品
出口情况:远销北美洲、拉丁美洲、欧洲、大洋洲等各大市场

★成都宁良实业有限公司
地址:四川省大邑县安仁镇迎宾东路东段
邮编:611330
电话:028/88315116、88315583
传真:68901854
网址:www. ningliang. com
电子信箱:ningliang@ ningliang. com
法定代表人:闵辉
质量体系:ISO/TS 16949
产品情况:(DT 牌、宁良牌)
机油、柴油、空气滤清器总成和部件,机油冷却过滤模块、带轮、节温器、消声器和铝合金压铸件等
配套情况:为昆明云内动力、成都云内动力、东风康明斯、常柴、扬柴、扬动、长安汽车、力帆汽车、成都王牌、一汽客车(成都)、贵州万达客车配套

★成都桐林铸造实业有限公司
地址:四川省大邑县新场镇桐林工业区
邮编:611337
电话:4000129020、13882225198
网址:www. tonglin. com
电子信箱:jonathan@ zhdl. com
法定代表人:刘帆
单位人数:1018
质量体系:ISO/TS 16949、ISO 14001
产品情况:发动机缸体和其他铸件,年铸造能力 10 万 t
配套情况:为上汽集团、长安汽车、吉利汽车、长城汽车、比亚迪汽车、通用汽车、新晨动力等配套

★四川红光汽车机电有限公司
地址:四川省郫都区望丛东路 19 号
邮编:611730
电话:028/87863645
传真:87887021、87887919
网址:www. schg. com. cn
电子信箱:sale@ schg. com. cn
法定代表人:骆开伦
单位人数:800
质量体系:ISO/TS 16949、ISO 14001
产品情况:(红光牌)
汽车和摩托车电喷节气门体
配套情况:为大陆集团、德尔福、联合电子、伟世通、长安集团(含长安铃木、长安福特)、东安三菱、奇瑞、上汽通用五菱、华晨集团、天津一汽、海马汽车、比亚迪、北汽福田、东南汽车、江淮汽车等配套

★中自环保科技股份有限公司
地址:成都市高新区古楠街 88 号
邮编:611731
电话:028/62825888、4008484456
传真:62825889
网址:www. sinocat. net
电子信箱:zzq@ sinocat. com. cn
法定代表人(负责人):陈启章
单位人数:284
质量体系:ISO/TS 16949
产品情况:汽油燃料发动机、柴油燃料发动机、CNG/LNG/LPG 燃料发动机等尾气净化催化(剂)器
配套情况:主要客户有日本铃木、雅马哈、五十铃、大柴道依茨、一汽、东风、广汽、玉柴、锡柴、潍柴、宇通、金龙等

★成都嘉陵华西光学精密机械有限公司
地址:成都市现代工业港北区港通北三路 663 号
邮编:611743
电话:028/86108118、86108008
传真:86108009、86108119
网址:www. cdhx. com. cn
电子信箱:hua. xi@ cdhx. com. cn
法定代表人:曾大舟
单位人数:270
质量体系:IATF 16949
产品情况:张紧轮、皮带轮、惰轮、风扇支架、真空泵等系列产品
配套及出口情况:长期为东风汽车、东风康明斯发动机、广西玉柴机器、上海柴油机、重庆长安汽车等国内知名发动机及汽车制造公司配套;先后与美国 Cummins 公司、德国 Stool 公司建立了长期合作的关系

★四川阳光机械集团有限公司
地址:四川省德阳市泰山北路三段 425 号
邮编:618000
电话:0838/2420421
传真:2421327
网址:www. chinasunray. com
电子信箱:sunray@ chinasunray. com
法定代表人:孙微
单位人数:520
质量体系:ISO/TS 16949
产品情况:[阳光(SUNREY)牌]
曲轴、连杆

★四川绵竹鑫坤机械制造有限责任公司
地址:四川省绵竹市江苏工业园南通路 1 号
邮编:618200

电话:0838/6602110
传真:6604896
网址:www.scxinkun.com
电子信箱:sales@scxinkun.com
法定代表人:周述军
质量体系:ISO/TS 16949
产品情况:汽车曲轴、连杆
配套情况:为欧美、福特、三菱、本田汽车曲轴、赛车连杆定点生产协作单位

★四川巴斯迪科新技术发展有限公司
地址:四川省青神县城西工业园区创业路4号
邮编:620400
电话:028/38860929、18990300606
传真:38824556
网址:www.bsdk.cn
电子信箱:scbsdk@163.com
法定代表人:魏长仲
单位人数:230
质量体系:ISO/TS 16949
产品情况:发动机减振皮带轮、风扇结合组、张紧轮、橡胶制品等零件
配套及出口情况:为长春一汽、北汽集团、吉利汽车、华晨汽车、众泰汽车、无锡开普等主机厂;主要外销俄罗斯、印度、越南、东南亚等10多个国家和地区

★绵阳富临精工机械股份有限公司

地址:四川省绵阳市涪城区高端装备制造产业园凤凰中路37号
邮编:621000
电话:0816/6800668
传真:6800660
网址:www.fulinpm.com
电子信箱:postmaster@fulinpm.com
法定代表人:曹勇
单位人数:1600
质量体系:ISO/TS 16949、ISO 14001、QS 9000
产品情况:气门挺柱、气门摇臂、VVT、VVL、自动张紧器、机油喷嘴、电子水泵、电子真空泵、新能源电控及总成、精密机械零件、锂电池正极材料、24GHz或77GHz毫米波雷达等
配套情况:客户涵盖奇瑞汽车、长城汽车、比亚迪、上汽股份、东风乘用车、一汽轿车、长安汽车、广汽、北汽、东风标致雪铁龙、上汽通用、上汽通用五菱、昌河铃木、广汽菲克、航天三菱等国内企业;海外主机市场客户包括科勒、北美通用、约翰迪尔、康明斯燃油、思达耐、霍德罗(IKCO)等国际知名公司;海外售后市场客户包括辉门、盖茨、R&B、AC德科、EUROCAMS、TOPLINE等全球知名品牌
☞ 详细情况请参阅彩色宣传版面

★绵阳市万欣汽车配件有限公司
地址:四川省绵阳市安州区花荄工业园
邮编:621000
电话:0816/4326999
传真:4326016
网址:www.wanxinauto.com
电子信箱:250735200@qq.com
法定代表人:王运金
质量体系:ISO/TS 16949
产品情况:(车欣牌)
发动机机油盘、发动机气门室罩盖、隔热罩、离合器隔板、汽车空气滤清器、制动踏板、加速踏板、汽车转向管柱及各型钣金冲压件等几百个品种
配套情况:主要客户有一汽海马、一汽海马发动机、广汽集团、哈东安动力、北汽集团、沈阳新光华晨汽车发动机、绵阳新晨动力机械、河北中兴汽车、长城汽车、比亚迪汽车、重庆力帆汽车、柳州五菱机械厂、保定长域内燃机等

★绵阳新华内燃机股份有限公司
地址:四川省绵阳市涪城区剑门路西段228号
邮编:621000
电话:0816/2370169
网址:www.xinhuaengine.com.cn
电子信箱:junwu.liang@xce.com.cn
法定代表人:杨明
产品情况:内燃机

★绵阳华力精工机械有限公司
地址:四川省绵阳市高新区防灾减灾工业园区
邮编:621000
电话:0816/2561170、13890183159
传真:2561573
电子信箱:295178042@qq.com
法定代表人:罗正贵
质量体系:ISO/TS 16949
产品情况:各型汽车发动机用液压挺柱、机械挺柱、活塞销、转向主销及其他精密机械产品
出口情况:远销欧洲、美国、日本、韩国、中东等地区

★绵阳新晨动力机械有限公司
地址:四川省绵阳市剑门路西段228号
邮编:621000
电话:0816/2370038
传真:2364007
网址:www.xce.com.cn
电子信箱:xce@xce.com.cn
法定代表人:王介峰
质量体系:ISO/TS 16949
产品情况:(剑门牌)
轻型汽油机、轻型柴油机、小排量发动机,用于轻/微型客车、SUV、MPV、皮卡、轻型货车、轿车等
配套情况:与宝马集团、东风、郑州日产等供货

★绵阳市天旋气门组件有限责任公司
地址:四川省绵阳市经济开发区塘汛南街155号
邮编:621000
电话:0816/2840034、2841274
传真:2840804
网址:www.tianxuan.cn
电子信箱:office@tianxuan.cn
法定代表人:章升谊
质量体系:ISO 9001
产品情况:(沃特尔牌、WTR牌)
内燃机气门旋转机构、气门弹簧座、气门锁夹、气门导管、气门座圈及其相关的气门系统组件
配套情况:独家配套潍柴、玉柴、淄柴、济柴、陕柴、河柴、上柴、宁动、广柴、镇江中船、安庆中船、上海菱重、中车通用、中车戚墅堰、中车大连等20多家柴油机厂,还配套上汽通用五菱、东风汽车、华晨汽车、江淮汽车、北汽福田、众泰汽车、美国百力通等多家汽油机厂

★绵阳华晨瑞安汽车零部件有限公司
地址:四川省绵阳市经开区机场东路8号
邮编:621000
电话:0816/6390571、6393198
传真:6390571
网址:www.myhcra.com
电子信箱:sales@myhcra.com
法定代表人:宗宇淙
产品情况:凸轮轴等汽车发动机关键零部件生产
配套情况:为三菱汽车、华晨汽车、莲花汽车、东南汽车、广汽集团、海马汽车、东风汽车、中国一汽、上汽集团等配套

★绵阳市宏发机械制造有限责任公司
地址:四川省绵阳市游仙区游仙西路70号
邮编:621000
电话:0816/2278564、6283115
传真:2295781
电子信箱:myhf@vip.163.com
法定代表人:王阳
质量体系:ISO 9001、ISO/TS 16949
产品情况:汽车用气门挺柱
出口情况:远销美国、加拿大、日本、英国、巴西、非洲30多个国家和地区,并销往中国台湾地区

★四川中胜实业集团有限公司
地址:四川省遂宁市创新工业园区南环路16号
邮编:629000
电话:0825/2316269
网址:www.zhongshengchina.com
电子信箱:admin@admin.com
法定代表人:谢荣芳
负责人:周世坤
单位人数:800
质量体系:ISO/TS 16949
产品情况:汽车零部件产品:止推片、连杆瓦、主轴瓦;整车产品:坤鼎客车

★四川飞亚动力科技股份有限公司
地址:四川省遂宁市大英县工业集中发展区马家坝滨江北路东段
邮编:629300
电话:0825/7811018、83626335
传真:7979797
网址:www. pacrank. com
电子信箱:fy. by@163. com
法定代表人:刘建华
质量体系:IATF 16949、ISO 14001
产品情况:(宝亚牌)
主导产品为中、高档轿车、皮卡车、越野车等时尚车型发动机曲轴和国外高档赛车连杆
配套及出口情况:为江淮、华晨、吉利、福田、长城、奇瑞、一汽轿车、长沙比亚迪、天津一汽内燃机等配套;"H"柄和"I"柄赛车连杆全部出口美国、英国、德国、意大利、澳大利亚、瑞典、挪威、芬兰、日本、韩国等国家

★四川南充康达汽车零部件集团有限公司
地址:四川省南充市顺庆区西华路二段133号
邮编:637000
电话:0817/2583839、2583772
传真:2583839
电子信箱:707139137@qq. com
法定代表人:段永红
质量体系:ISO/TS 16949
产品情况:年产中冷器2万台、水散热器5万台、三滤10万只
配套情况:为重汽集团、陕汽集团等配套

★南充市攀峰滤清器有限公司
地址:四川省南充市嘉陵区春江路16号
邮编:637005
电话:0817/3662559、13118274933
传真:3662558
电子信箱:scnl@sohu. com
法定代表人:朱亚伟
质量体系:ISO/TS 16949
产品情况:(攀峰牌)
重型车空气滤清器、机油滤清器、柴油滤清器、空气干燥筒、油水分离器、膨胀箱等
配套情况:为四川汽车制造厂、陕西汽车制造厂、厦门金龙、济南重型汽车制造厂、上海柴油机厂、北汽福田、德国克诺尔制动设备公司等配套

★四川三鑫南蕾气门座制造有限公司
地址:四川省南部县工业集中区梁家垭大道
邮编:637300
电话:0817/5522971
传真:5523496
网址:www. nanlei. com. cn
电子信箱:webmaster@nanlei. com. cn
法定代表人:王广章
质量体系:ISO/TS 16949、QS 9000
产品情况:(南蕾牌)
各型内燃机气门座、摇臂轴总成、气门导管和主轴承盖等,年生产缸盖15万片、缸体8万个、主轴承盖80万只、气门座1000万只、气门导管1000万只、摇臂轴部件总成60万套
配套及出口情况:为重庆康明斯、玉柴、锡柴、洛拖、北汽福田、天津珀金斯、东风南内、昆明云内、成都云内、绵阳新晨等主机厂配套;出口美国、欧盟、东南亚等国家和地区

★南充市元顺机械制造有限公司
地址:四川省南充市嘉陵区春江路二段
邮编:637919
电话:15528606666
法定代表人:唐元
产品情况:汽车燃油箱、储气筒液压油箱、各型水散热器等

★四川省岳池县恒立机械有限责任公司
地址:四川省广安市岳池县九龙镇城南工业园玉竹路7号
邮编:638000
电话:0826/5059888、18181833722
电子信箱:2820914607@qq. com
法定代表人:王应敏
质量体系:ISO 9001
产品情况:汽车、摩托车发动机缸体,铸钢件等

★内江金鸿曲轴有限公司
地址:四川省内江市市中区汉渝大道1558号
邮编:641000
电话:0832/2121185、2116908
传真:2107405、2102535
电子信箱:hongyx1997@163. com
法定代表人:李朝晖
负责人:田斌
单位人数:1420
质量体系:ISO/TS 16949
产品情况:(内齿牌)
轿车、轻型车、微车发动机曲轴,三大系列70余个品种,具有260万件/年的生产能力
配套情况:主要为长安、吉利、广汽乘用车、奇瑞、比亚迪、江淮、长城、东风渝安、东安动力、五菱柳机、新晨动力、成都成发、海马汽车、久保田等配套

★四川金德汽车配件制造有限公司
地址:四川省内江市市中区汉渝大道616号
邮编:641001
电话:0832/2201839
传真:2201125
电子信箱:1443659989@qq. com
法定代表人:周万和
质量体系:ISO 9000
产品情况:汽车发动机、内燃机进/排气门及汽缸套

★四川宇良车辆配件有限公司
地址:四川省资阳市雁江区城南大道1号附4号
邮编:641300
电话:028/26781681、26781008
传真:26781681、26781789
网址:www. scylgs. com
电子信箱:scylcl@yeah. net
法定代表人:杨碧
质量体系:ISO/TS 16949
产品情况:(天府牌)
汽车车厢,储气罐,齿轮室、水泵总成等汽车发动机零部件
配套情况:成为南骏、资阳机车厂、成都一汽、玉柴、云内、锡柴、成内等十余家大型企业的骨干配套企业

★四川中车玉柴发动机股份有限公司
地址:四川省资阳市雁江区临江镇大堰村4组
邮编:641301
电话:028/26281111、26383982
传真:26282225
电子信箱:13982948930@163. com. cn
法定代表人:吕本红
产品情况:汽车用柴油机
出口情况:出口中亚、东南亚、中非等地区

★自贡市川力科技股份有限公司
地址:四川省自贡市高新工业园区荣川路9号
邮编:643000
电话:0813/2608516、2609211
传真:2608856
网址:www. zgchuanli. com
电子信箱:sales@zgchuanli. com
法定代表人:施建国
质量体系:ISO/TS 16949、ISO 14000
产品情况:(川力牌)
各类机油泵、水泵及通机油泵
配套情况:与本田、宝马、百力通、比亚乔、富士重工、标致等国际知名企业有着长期良好的合作关系

★四川省宜宾普什汽车零部件有限公司
地址:四川省宜宾市翠屏区岷江西路150号
邮编:644007
电话:0831/3567160、3567165
传真:3567160、3567165
电子信箱:37753892@qq. com
法定代表人:郭兵
质量体系:ISO/TS 16949
产品情况:汽车发动机曲轴
配套情况:主要客户有江铃、一汽四环、东风、本田、绵阳新晨、比亚迪、吉利、北汽福田、东风裕隆、广汽吉奥、湖南长丰动力

★宜宾天工机械股份有限公司
地址:四川省宜宾市柏溪镇

邮编:644600
电话:0831/6258188
传真:6881456
网址:www.tiangongauto.com
电子信箱:ybtg@tiangongauto.com
法定代表人:魏常坤
质量体系:ISO/TS 16949、ISO 14001
产品情况:(天工牌)
汽车发动机挺杆、汽车发动机连续可变相位系统(VVT)、变速器零部件、摇臂、张紧器等,年生产能力8000万套
配套及出口情况:主要配套客户有一汽轿车、天津一汽丰田、长安福特、长安马自达、长安汽车、上汽通用五菱、奇瑞汽车、江淮汽车、一汽海马、北汽福田、长城汽车、天津一汽夏利、吉利汽车、华普汽车、新光华晨、绵阳新晨等;出口欧美和东南亚地区

★泸州北方化学工业有限公司
地址:四川省泸州市龙马潭区高坝
邮编:646003
电话:0830/2796688、2796856
传真:2796255
电子信箱:office@luzhou-north.com
法定代表人:邓维平
质量体系:GJB 9001B、GB/T 19001
产品情况:(双五牌)
微车油箱等
配套及出口情况:为长安汽车配套;远销20多个国家和地区

★四川恒威活塞环有限公司
地址:四川省泸州市高新技术产业开发区
邮编:646100
电话:0830/8192111、8171260
传真:8172411、3990780
电子信箱:hengweixsb@163.com
法定代表人:李金泽
质量体系:ISO/TS 16949
产品情况:(恒威牌、长沱牌)
活塞环,年产能力2000万片
配套情况:为潍柴、洛阳一拖、玉柴、朝柴、大柴、四川峨眉柴油机、云内成柴、马勒发动机零部件(重庆)公司、百力通(重庆)发动机公司、康明斯、重庆市凯米尔动力机械、重庆青山变速器、重庆长江轴承、重庆拓普柴油机、重庆长渝活塞配套

云南省

★昆明贵研催化剂有限责任公司
地址:昆明市高新技术产业开发区科高路669号
邮编:650106
电话:0871/68316322
传真:68316867
网址:www.spmcatalyst.com
电子信箱:spmc@spmcatalyst.com
法定代表人:潘再富
负责人:冯丰
产品情况:汽油机三效催化剂、柴油机催化剂、气体机催化剂

★云南西仪工业股份有限公司
地址:昆明市西山区海口200号信箱
邮编:650114
电话:0871/68598369、68598409
传真:68580724
网址:ynxygf.csgc.com.cn
电子信箱:lgxs@ynxygf.com
法定代表人:谢力
质量体系:ISO/TS 16949
产品情况:(西仪牌、XIYI牌)
471Q、B15D、BM1.5L等汽车发动机连杆
配套及出口情况:为长安、东安三菱、上汽集团、广汽集团、中国一汽、吉利集团、江铃集团等10多家主机厂定点配套;出口美国、日本

★昆明云内动力股份有限公司
地址:昆明市经开区经景路66号
邮编:650200
电话:0871/65625802
传真:65633176
网址:www.yunneidongli.com
电子信箱:gsb@yunneidongli.com
法定代表人:杨波
负责人:代云辉
单位人数:2637
质量体系:ISO/TS 16949
产品情况:(云内牌)
具有年产商用车柴油机40万台、乘用车柴油机20万台、非道路柴油机15万台的生产能力;柴油车用手动变速器和自动变速器
配套及出口情况:为上汽、北汽福田、东风、一汽集团、江淮、南京依维柯、四川现代、重汽王牌、力帆等多家商用车及乘用车企业配套;产品主机出口或随整车出口欧洲、南美洲、非洲、东南亚等地区
☞ 详细情况请参阅彩色宣传版面

★大理泰兴实业有限公司
地址:云南省大理市下关泰安路84号
邮编:671000
电话:0872/2120303、2125665
传真:2120304
电子信箱:txlylsbb5430@163.com
法定代表人:赵志强
质量体系:QS 9000、ISO/TS 16949
产品情况:(云岭牌)
内燃机铝活塞,年生产规模200万只

贵州省

★贵航汽车零部件公司永红散热器公司
地址:贵阳市小河区清水江路1号
邮编:550009
电话:0851/83838237、83836112
传真:83831872
电子信箱:465355596@qq.com
法定代表人:肖发全
质量体系:ISO/TS 16949、ISO 14001
产品情况:散热器、汽车中冷器、汽车油冷器、汽车暖风散热器、汽车蒸发器、摩托车水、油散热器、工程机械类散热器、工业及汽车冷凝器等
配套情况:为上汽大众、一汽-大众、南京依维柯、上汽商用车、上汽通用五菱、北京汽车、江铃汽车、湖南猎豹、长安汽车、力帆汽车、长城汽车、比亚迪、美国福特、哈雷摩托、意大利比亚乔摩托、艾默生网络能源、ASETEK等国内外公司原厂配套

陕西省

★陕西银河滤清器有限公司
地址:西安市咸阳凤溪路20号
邮编:710082
电话:029/88628243、84360585
传真:84360585
电子信箱:1972047656@qq.com
法定代表人:孟凡成
质量体系:ISO 9001
产品情况:汽车滤清器

★西安康明斯发动机有限公司
地址:西安市经济技术开发区泾渭工业园西金路18号
邮编:710200
电话:029/68932222
传真:68932022
网址:www.xcec.com.cn
电子信箱:svc05@cummins.com
法定代表人:袁宏明
质量体系:ISO/TS 16949
产品情况:主要生产ISM11、QSM11系列全电控柴油发动机,应用于重型货车、中高级客车等
配套情况:为陕汽集团、福田戴姆勒汽车、联合卡车、江淮汽车、同力重工、宇通重工、徐工集团、通运重工、陕西通力、三一重工、华菱重卡、金龙客车、宇通客车、安凯客车、中通客车等供货

★陕西德仕汽车部件集团有限责任公司
地址:西安市经济技术开发区泾渭工业园泾诚路中段8号
邮编:710201
电话:029/86957313
传真:86957366
网址:www.sqdsbj.com
电子信箱:deshibangongshi@sxqc.com
法定代表人:吕存孝
质量体系:ISO/TS 16949、GJB 9001
产品情况:生产汽车油箱、横梁、推力杆、支架、稳定杆、储气筒、橡塑件等产

品;零部件年配套能力达 15 万辆份

配套情况:为各重型商用车企业配套

★陕西北方动力有限责任公司

地址:陕西省宝鸡市陈仓区李家崖

邮编:721300

电话:0917/6296865、6239000

传真:6296065

网址:www. norincogroup. com. cn

电子信箱:gsbgs@ sndc. com. cn

法定代表人(负责人):张宏伟

单位人数:5400

质量体系:ISO/TS 16949、GJB 9001A

产品情况:(北动牌、北方动力牌、SNDC 牌)

主营业务为道依茨 413F/513 系列风冷发动机及发动机零部件,具有年产 413F/513 系列风冷柴油机 2000 台,系列泵滤 10000 套、曲轴 10000 根、凸轮轴 30000 根、箱体 15000 件,锻件毛坯 10000t,再制造发动机 500 台的综合生产能力

配套及出口情况:发动机曲轴箱主要配套重庆科克、无锡开普动力、无锡动力等公司;发动机凸轮轴主要配套重庆康明斯、山西柴油机等公司;发动机曲轴主要配套河北华北柴油机、德国 BF 公司;汽车冲压件、锻件、焊接件主要配套法士特集团、陕汽集团等公司;泵滤主要配套特种车辆,特种工程机械等;摩托车批量出口东南亚、西非、南美洲等国家和地区

★陕西嘉和华亨热系统有限公司

地址:陕西省岐山县蔡家坡经济开发区蔡五路南段 98 号

邮编:722405

电话:0917/8935518、8935528

传真:8935555

网址:www. shxhh. cn

法定代表人:李宝民

质量体系:ISO 9001

产品情况:(华亨牌)

汽车用铝制钎焊散热器、中冷器、冷凝器、蒸发器等

配套及出口情况:散热器配装在陕汽牌重型越野车上;出口亚洲、欧洲、美洲、非洲等地区十几个国家

青海省

★青海洁神装备制造集团有限公司

地址:西宁市青海生物科技产业园银羚大街 5 号

邮编:810021

电话:0971/6274014、18097114220

传真:6272292

电子信箱:jsqzzzxs@ 163. com

法定代表人:李光宪

质量体系:ISO 9001

产品情况:(QTP 牌、洁神牌)

东风公司 6BT、EQD180-10 等锻钢、球铁曲轴,东风朝柴 CY4150、LR6105、CY6102BQ 锻钢曲轴等

配套及出口情况:为朝柴、东风汽车公司、锡柴、哈飞汽车、长安汽车、潍柴、一拖、江拖、北内配套;出口东南亚、美国、欧洲

底盘零部件生产企业

•查询导引•

企业详细介绍

底盘零部件生产企业

☞ 企业如有变更,请与编辑部联系 ☎ 010/68426043、68420981

北京市

★北京京西重工有限公司
地址:北京市石景山区石景山路31号盛景国际大厦C座7层
邮编:100039
电话:010/57537313
传真:57537313
网址:www.bwigroup.com
法定代表人:蒋运安
单位人数:4200
质量体系:ISO/TS 16949
产品情况:(BWI牌)
磁流变减振器、主动式稳定杆、磁流变发动机悬置、被动式减振器、减振器模块、空气弹簧模块、制动角模块、真空助力器带主缸系统、鼓式制动器、制动钳、制动盘和制动鼓、转向节、防抱死装置、电子稳控系统等
配套情况:为奥迪、宝马、通用、捷豹、路虎、法拉利、一汽-大众等配套

★北京维艾迪汽车科技有限公司
地址:北京市经济技术开发区科创十三街26号
邮编:100176
电话:010/57915736、18910885458
网址:www.hn-cvt.com
电子信箱:wgb818@163.com
法定代表人:王国斌
产品情况:主营自动变速器、离合器等产品,覆盖传统汽车(含轿车、客车、货车)、新能源汽车等机械传动市场

★采埃孚汽车底盘系统(北京)有限公司
地址:北京市经济技术开发区兴海一街1号
邮编:100176
电话:010/67518981
传真:67518941
网址:www.zf.com
法定代表人:鲁本·本杰明
产品情况:汽车底盘零配件和汽车车桥系统的装配
配套情况:为北京奔驰配套

★北汽采埃孚(北京)汽车底盘系统公司
地址:北京市经济技术开发区兴海一街

1号
邮编:100176
电话:010/67518982
传真:67518940
网址:www.zf.com
法定代表人:李学军
产品情况:乘用轿车底盘模块装配产品等

★北京瑞韩恩梯恩汽车部件有限公司
地址:北京市通州区光机电一体化产业基地
邮编:101111
电话:010/69507324
网址:www.ntn.com.cn
电子信箱:cuifenghua17@hotmail.com
法定代表人:李宪泽
产品情况:(NTN牌)
等速万向节
配套情况:为北京现代配套

★北京岱摩斯变速器有限公司
地址:北京市通州区中关村科技园光机电一体化产业基地嘉创路2号
邮编:101111
电话:010/51652212
网址:www.hyundai-dymos.com
法定代表人:李宗胤
单位人数:723
质量体系:ISO/TS 16949
产品情况:主要生产手动挡变速器和汽车零部件,年产73万台变速器
配套情况:主要为北京现代、东风悦达起亚汽车配套,其配套的主要车型有索纳塔、伊兰特、途胜、悦动、名驭、领翔、御翔、瑞欧、雅绅特、赛拉图、智跑、狮跑、i30、K5、K2和远舰等轿车

★天纳克(北京)汽车减振器有限公司
地址:北京市通州区工业开发区梧桐路
邮编:101113
电话:010/80889287
电子信箱:mzou1@tenneco.com
法定代表人:任翊
质量体系:ISO/TS 16949、QS 9000
产品情况:(蒙诺牌)
汽车减振器
配套情况:为奥迪A6、一汽捷达、上汽桑塔纳、尼桑蓝鸟、丰田海狮、神龙富康、标致307、福特全顺、福特福克斯等产品配套

★北京日进汽车系统有限公司
地址:北京市平谷区兴谷工业开发区6号
邮编:101200
电话:010/69950805、69950789
传真:69950689
电子信箱:13391785550@163.com
法定代表人:宋浩诚
产品情况:制造制动器总成、驱动桥总成、变速器等
配套情况:为北京现代、东风悦达起亚配套

★北京永信发谷汽车部件有限公司
地址:北京市平谷区兴谷工业开发区M2-6号
邮编:101200
电话:010/69959810
传真:89991459
网址:www.ys-kr.com
法定代表人:李相又
产品情况:动力转向助力油泵、油压阀门间距调整器
配套情况:为北京现代、上汽通用、东风悦达起亚、长安福特、长安马自达、长城汽车等供货

★北京北汽兴华汽车弹簧有限公司
地址:北京市顺义区李桥镇张辛庄村北
邮编:101300
电话:010/89427716、89427707
传真:89427716
电子信箱:bqxh_2007@126.com
法定代表人:杜斌
产品情况:汽车板簧,年产40000t
配套情况:为北汽福田、北汽制造、长城汽车、河北中兴等汽车主机厂供货

★万都(北京)汽车底盘系统有限公司
地址:北京市密云经济技术开发区西统路
邮编:101509
电话:010/84580715、13910203903
传真:84580712
网址:www.mando.com
电子信箱:zhiwei.zhang@halla.com
法定代表人:崔秉洛
产品情况:主要生产和研发汽车制动系统、转向系统、悬架系统
配套情况:主要客户有北京现代、起亚汽车、上汽通用、长城汽车、长安汽车、沃尔沃汽车、宝马汽车、东风悦达起亚、奇瑞汽车、吉利汽车等

★北京市进联汽车刹车泵有限责任公司
地址:北京市房山区琉璃河地区平各庄
邮编:102403
电话:010/89381386、13381222870
传真:89383734
网址:www.bjjlgs.com
电子信箱:jinlianzhidong@126.com
法定代表人:张国玉
单位人数:350
质量体系:ISO/TS 16949、QS 9000
产品情况:汽车真空助力器、液压制动主缸、轮缸;离合器主缸、工作缸;感载比例阀等系列产品
配套情况:主要向比亚迪、吉利、夏利、力帆等国内汽车厂配套

天津市

★天津国际联合轮胎橡胶股份有限公司
地址:天津市河西区东江道50号
邮编:300220
电话:022/28041218
传真:28041353
网址:www.tutrictire.com
电子信箱:tutric@public.tpt.tj.cn
法定代表人:赵巍
质量体系:ISO 9001
产品情况:(天力牌)
装载机胎、自卸车胎、农业胎等工程轮胎、特种轮胎
出口情况:远销北美洲、南美洲、欧洲、大洋洲、中东、东南亚等30多个国家和地区

★天津丰田汽车锻造部件有限公司
地址:天津市东丽区经济开发区三经路三纬路
邮编:300300
电话:022/24995151
传真:24997373
网址:www.toyota.com.cn
电子信箱:linlu@ttfc.com.cn
法定代表人:柴川早人
质量体系:ISO/TS 16949、ISO 9001
产品情况:具有年产等速万向节用锻造毛坯年产120万台、曲轴锻造毛坯年产120万台、连杆锻造毛坯年产80万台的生产能力
配套情况:为天津一汽夏利配套

★天津丰津汽车传动部件有限公司
地址:天津市东丽区先锋东路81号
邮编:300300
电话:022/24997777
传真:24990338
网址:www.toyota.com.cn
电子信箱:songguiqin@tfap.com.cn
法定代表人:柴川早人
质量体系:ISO 9000、ISO 14001
产品情况:具有年产等速万向节91.7万台、前桥后桥合计131万台、传动轴9.3万台、差速器6万台的生产能力
配套情况:为天津一汽夏利、天津一汽丰田等配套

★东海橡塑模具(天津)有限公司
地址:天津市津南经济开发区聚英路6号
邮编:300350
电话:022/88518088
传真:88518266
网址:www.sumitomoriko.co.jp
电子信箱:xfhan@trmtokai.com.cn
法定代表人:渡边满
产品情况:汽车减振器和胶管

★环宇东海橡塑(天津)有限公司
地址:天津市津南区小站镇荣盛路2号
邮编:300353
电话:022/28611132、28611403
传真:88617022
电子信箱:tianjie@htrcn.com
法定代表人:渡边满
产品情况:汽车用减振器及相关产品

★天津双协机械工业有限公司
地址:天津市西青区中北镇营建支路夏利存车厂对过

邮编:300380
电话:022/58110000
传真:58110011
网址:www.futabasangyo.com
电子信箱:zsfan2008@126.com
法定代表人:长谷部知英
产品情况:制动器总成、专用高强度紧固件、冲压项目、车身钣金零部件、汽车用关键零部件

★捷太格特汽车部件(天津)有限公司
地址:天津市西青开发区兴华二支路16号
邮编:300385
电话:022/83989580
网址:www.jtekt.com.cn
电子信箱:account@toyoda-tatj.com.cn
法定代表人:立石修治
负责人:荒川秀雄
产品情况:(KOYO牌)
主要生产汽车驱动轴、转向机
配套情况:为丰田系列轿车配套

★普利司通(天津)轮胎有限公司
地址:天津市北辰区引河桥北铁道东
邮编:300400
电话:022/26881111、26881133
传真:26974024
网址:www.bridgestone.com.cn
电子信箱:bfxing@bridgestonetj.com
法定代表人:藤原朗裕
质量体系:ISO 9002、ISO 14001
产品情况:(普利司通牌)
乘用车、轻型载货汽车的中高档子午线轮胎,年产能力900万条
配套情况:为广汽本田的雅阁、奥德赛、飞度,天津一汽丰田的威驰,天津一汽夏利的威姿、雅酷,天津天津一汽华利的特锐,郑州日产的帕拉丁,长城赛弗等配套

★爱德克斯(天津)汽车零部件有限公司
地址:天津市高新技术产业园区北辰科技工业园华盛道26号
邮编:300402
电话:022/86993688
网址:www.advics.co.jp
电子信箱:liuna@advics-tj.com
法定代表人:今井隆好
产品情况:盘式制动器卡钳、制动助力器/制动总泵、驻车制动器
配套情况:为天津一汽丰田、天津丰津汽车传动部件、一汽轿车、东风汽车有限、东南(福建)汽车、天津一汽夏利汽车、爱德克斯(广州)汽车零部件等配套

★天津丰通汽车零部件装配有限公司
地址:天津市经济技术开发区
邮编:300457
电话:022/66230280
传真:66230277
电子信箱:ducheng@ttaa.toyotsu.net
法定代表人:中山弘挥
产品情况:汽车轮胎

★天津立中集团股份有限公司
地址:天津市经济技术开发区西区光华街58号
邮编:300457
电话:022/59889855、59889958
网址:www.lzwheel.com
电子信箱:haojiahui@lzwheel.com
法定代表人:臧永兴
质量体系:ISO/TS 16949、ISO 14001
产品情况:汽车、摩托车用铸锻毛坯件、铝合金车轮及相关配件

★勤威(天津)工业有限公司
地址:天津市经济技术开发区西区光华街55号
邮编:300462
电话:022/66320600
传真:66320620
电子信箱:zjc@cmi-tj.com
法定代表人:何明宪
质量体系:ISO/TS 16949、ISO 14001
产品情况:汽车制动盘等铸铁制品

★天津中星汽车零部件有限公司
地址:天津市经济技术开发区西区新业二街89号
邮编:300462
电话:022/59825980、59825981
传真:59825983
网址:www.chkk.co.jp
电子信箱:peng_hong@tzxcn.net
法定代表人:汪磊
单位人数:54
产品情况:汽车底盘产品(稳定杆、行李舱扭杆)
配套情况:为天津一汽丰田、天津一汽夏利配套

★天津艾达自动变速器有限公司
地址:天津市经济技术开发区西区新业六街9号
邮编:300462
电话:022/66320110
传真:66320133
网址:www.tianjin-aw.com.cn
法定代表人:尾崎和久
质量体系:ISO 14001
产品情况:为天津一汽丰田公司的产品皇冠以及锐志生产所需配套的FR 6速自动变速器
配套情况:为天津一汽丰田配套

★锦湖轮胎(天津)有限公司
地址:天津市经济开发区中南二街333号
邮编:300462
电话:022/59825555
网址:www.kumhotire.com.cn
电子信箱:ycli@kumhotire.com
法定代表人:赵载锡
质量体系:ISO/TS 16949、ISO 14001
产品情况:子午线轮胎,年产700万套

★天津天德减震器有限公司
地址:天津市滨海新区汉沽新开北路5号
邮编:300480
电话:022/25694611、25694471
传真:25692333
网址:www.tdssc.com
电子信箱:bgs@tdssc.com
法定代表人:谢毅
质量体系:ISO/TS 16949、ISO 14001
产品情况:(飞字牌)
轿车、微型车、轻型车和重型车减振器,年产能350万支
配套情况:主要为上汽通用、郑州日产、天津一汽、上汽通用五菱、长城汽车、吉利汽车、重庆力帆、哈飞、伊朗德塔米克斯、瑞典斯堪尼亚等国内外汽车厂家配套

★天津天海同步科技股份有限公司
地址:天津市静海经济开发区金海道5号
邮编:301600
电话:022/68681588、18622158160
传真:68688816
网址:www.tanhas.com
电子信箱:guanchanglei@tanhas.com
法定代表人:吴朝阳
质量体系:ISO/TS 16949、ISO 14001
产品情况:(天鸿牌)
行星传动总成、高精同步器总成、差速器、限滑差速器及相关产品,致力于新能源汽车超精传动产品
配套情况:主要客户有博格华纳、ZF、格特拉克、大众、唐山爱信、长安铃木、约翰迪尔、伊顿、纽荷兰、爱科、东风日产、长城汽车、吉利汽车、华泰汽车、盛瑞传动、北京汽车、科力远等

★天津北特汽车零部件有限公司
地址:天津市静海经济开发区中央大道16号
邮编:301600
电话:022/59591618
传真:59591617
网址:www.sh-beite.com
法定代表人:靳晓堂
产品情况:轿车高精度减振器活塞杆

★本特勒汽车系统(天津)有限公司
地址:天津市武清区大王古庄镇京滨工业园京滨大道18号
邮编:301712
电话:022/22242710
网址:www.benteler.com
法定代表人:施宏
产品情况:生产加工汽车相关零部件,包括驱动桥、控制臂等核心汽车零部件
配套情况:在国内的主要客户为北京奔驰

★万都(天津)汽车零部件有限公司
地址:天津市武清区逸仙科学工业园亨远路20号
邮编:301726
电话:022/82170666
传真:82102144
网址:www.mando.com

电子信箱:mingxia. zheng@ halla. com
法定代表人:金钟海
产品情况:制动钳、制动盘、转向节、轴承盖等汽车铸造件
配套情况:为北京现代、东风悦达起亚、上汽通用、长安汽车、哈飞汽车、奇瑞汽车、昌河汽车、庆铃集团等配套

★天津市金稳通车轮有限公司
地址:天津市蓟州区经济开发区龙泉路2号
邮编:301914
电话:022/59130288、13803067389
传真:59130288
电子信箱:jinwentong1@ 163. com
法定代表人:刘凤华
质量体系:ISO 9001
产品情况:(稳通牌、祥云王牌)
型钢钢圈、无内胎钢圈
配套及出口情况:为一汽、东风、山东、河北及东北地区多个车辆生产厂家提供配套产品;远销东南亚地区

河北省

★石家庄鹿鼎汽车部件有限公司
地址:河北省鹿泉市铜冶镇
邮编:050221
电话:0311/82130555、82130777
传真:82139998
电子信箱:info@ land - d. com
法定代表人:张建兵
质量体系:ISO/TS 16949
产品情况:(鹿鼎牌)
年生产挂车车轴20000余根、铸钢牵引座5000余台、各种冲压和铸造悬架5000余套

★石家庄佳信汽车制动系统有限公司
地址:河北省辛集市经济开发区工业路
邮编:052360
电话:0311/83213339、83222309
传真:83222309
网址:www. jxzd. com. cn
电子信箱:jxzd83216825@ 163. com
法定代表人:李建忠
单位人数:220
质量体系:ISO/TS 16949
产品情况:真空助力器(单膜片、双膜片、贯穿式、BA功能)、电动真空泵(活塞式、隔膜式、旋片式)、制动主缸(柱塞式、补偿孔式、中心阀式)、制动液油杯、橡胶件、冲压拉伸件
配套及出口情况:为国内众多知名汽车、新能源汽车提供配套;部分产品出口

★河北踏岳车桥有限公司
地址:河北省辛集市迎宾路北段
邮编:052360
电话:0311/83380520、13363866068
电子信箱:guozhihui168@ 126. com
法定代表人:赵怡民
产品情况:汽车车桥及车桥零部件
配套情况:为北汽福田、保定长城汽车、沈阳金杯车辆、海马汽车等配套

★格林恒业集团有限公司
地址:河北省衡水市桃城区格林科技园
邮编:053000
电话:0318/2989959、2989960
传真:2989961、2821234
电子信箱:gct68@ vip. 163. com
法定代表人:张克强
质量体系:ISO/TS 16949
产品情况:制动盘、制动鼓、制动钳体、钳体支架、转向节、曲轴、曲轴箱、缸体、飞轮、皮带轮、轮毂、离合器压盘等
配套及出口情况:客户主要有意大利菲亚特、德国宝马、美国通用、日本丰田等;远销北美洲、西欧等地区,出口量达80%以上

★河北春风铸造有限责任公司
地址:河北省衡水市冀州区冀新西路
邮编:053200
电话:0318/86138333
网址:www. chunfenggroup. com
电子信箱:cf@ chunfenggroup. com
法定代表人:王华锋
质量体系:ISO/TS 16949
产品情况:转向节、飞轮、制动盘、减速器壳体、制动蹄铁、制动钳体、桥壳、减速器壳、差速器壳体等铸件
配套情况:为一汽集团、北京奔驰、长城汽车、奇瑞汽车、美国通用、德国宝马等配套

★河北宇龙传动轴有限公司
地址:河北省安平县工业园东区
邮编:053600
电话:0318/7738999、7737999
传真:7737548
网址:www. ylcdz. com
电子信箱:yulong@ ylcdz. com
法定代表人:王晓叩
质量体系:ISO/TS 16949
产品情况:汽车传动轴,年产100万支以上
配套情况:为金杯、天津一汽夏利、奥拓、保定天马、保定大迪、新凯汽车、北汽福田、曙光汽车、吉奥汽车、长安客车、上海万丰汽车等配套

★河北程杰汽车转向机制造有限公司
地址:河北省安平县工业园东区纬一路28号
邮编:053600
电话:0318/7738888、7736118
传真:7738988
电子信箱:hbcjzxq@ 163. com
法定代表人:马理谦
质量体系:ISO/TS 16949
产品情况:(程杰牌)
具有年产商用车、乘用车转向机100万套,转向管柱50万套的生产能力
配套情况:为一汽集团、东风汽车公司、江淮汽车、沈阳金杯、北汽福田、山东轻骑、山东凯马、山东五征、山东时风等配套

★深州市恒泰汽车配件有限公司
地址:河北省深州市东沿湾工业区
邮编:053861
电话:0318/3588358
传真:3589788
网址:www. hebei - hengtai. com
电子信箱:hengtai@ hebei - hengtai. com
法定代表人:郗二魁
单位人数:220
质量体系:ISO/TS 16949
产品情况:聚氨酯、ABS、改性聚丙烯、高压聚乙烯、工程聚丙为主要原材料的多种性能的转向盘及各种性能的聚氨酯发泡制品和各种塑料制品
配套情况:与长安汽车、长安客车、长安轻型车、长安铃木、保定长城、北汽银翔、江淮汽车、江苏卡威、上海东方久乐、河北中兴、众泰汽车、北汽福田等多家公司建立了长期稳定的协作配套关系

★河北凯普达汽车部件制造有限公司
地址:河北省深州市高古庄镇高古庄村村南
邮编:053873
电话:0318/3465720
传真:3465720
网址:www. hebeikpd. com
法定代表人:高峰
单位人数:206
质量体系:ISO/TS 16949、ISO 9001
产品情况:年生产能力汽车驻车制动器50万台套;灰铁,球墨铸铁3500t
配套情况:和东风、北汽福田、一汽通用、中国重汽、江淮集团、沈阳金杯、中国一拖、福田雷沃重工、山东时风集团、一汽长齿、山东蒙沃变速器公司建立了良好的合作配套关系

★饶阳县京联机械制造有限公司
地址:河北省衡水市饶阳县五公镇工业开发区
邮编:053900
电话:0318/7461330、13932883986
传真:7463556
网址:www. ryjljx. com
电子信箱:bangongshi@ ryjinglian. com
法定代表人:靳墨林
质量体系:ISO/TS 16949
产品情况:汽车变速器零部件等
配套及出口情况:为约翰·迪尔、天拖、北京博格华纳传动器等企业配套;出口印度等国家

★巨鹿县育红重型汽车配件有限公司
地址:河北省巨鹿县城工业园区
邮编:055250
电话:0319/4361601、4006127321
网址:www. jlyhqp. com
电子信箱:jlyhqp@ 163. com

法定代表人:张会兴
单位人数:110
质量体系:ISO/TS 16949
产品情况:矿用自卸车的液压密封件、高低压线束、液压油缸、机械加工件、齿轮、底盘系列件等
配套情况:为北奔重汽、内蒙古北方重型汽车股份等生产厂家配套

★隆尧县四通汽车配件有限公司
地址:河北省隆尧县固城镇工业区10号
邮编:055350
电话:0319/6608888、6607777
传真:6788288
电子信箱:longyaositong@126.com
法定代表人:张心友
质量体系:ISO 9001
产品情况:(四通牌)
制动鼓、轮毂、制动蹄等
出口情况:远销欧美和东南亚

★河北百龙汽车配件股份有限公司
地址:河北省隆尧县固城镇工业园A3区2号
邮编:055350
电话:0319/6506688、6506658
传真:6506166
网址:www.hebeibailong.com
电子信箱:bailongzyb@163.com
法定代表人:张彦彬
单位人数:480
质量体系:ISO 9001
产品情况:(百龙牌)
年产汽车制动鼓、轮毂、制动盘5万余t
配套及出口情况:国内与北汽福田欧曼、东风德纳车桥、湖北三环车桥、柳州方盛车桥、汉德车桥等大型车桥企业建立配套合作关系;出口美国、加拿大、阿根廷、智利、巴西、德国、意大利、荷兰、俄罗斯、中东、南非、澳大利亚、新西兰、东南亚等国家和地区

★邢台众力汽车配套有限公司
地址:河北省邢台市新河县和谐路南侧、新兴街西侧
邮编:055650
电话:0319/4845873、13903193923
传真:4845077
电子信箱:zl@xtzhongli.com
法定代表人:郜存辉
质量体系:ISO/TS 16949
产品情况:主要生产汽车车桥零部件及各种轿车覆盖冲压件,年产能力60万台重型桥件,50万台中轻桥件
配套情况:主要为一汽解放、重汽桥箱、陕汽汉德、青岛青特、福田众力车桥、安徽华菱等国内大型汽车车桥厂配套

★沧州现代摩比斯汽车零部件有限公司
地址:河北省沧州市经济开发区现代路16号
邮编:061000
电话:0317/2138200
网址:cn.mobis.co.kr
电子信箱:5200005@gmobis.com
法定代表人:郑炫星
产品情况:主要生产和组装汽车底盘及驾驶舱等模块

★沧州纳川机械配件有限公司
地址:河北省沧州市沧东工业园区黄河路2号
邮编:061024
电话:0317/4906111、4906999
传真:4802729、4906888
网址:www.ncjx.net
电子信箱:liuzhenjun106@163.com
法定代表人:刘振军
质量体系:ISO 9001
产品情况:(东神牌)
轮毂盖、元宝梁、挡尘板(防尘罩)、后桥壳盖、挂车合页、后桥桥壳总成、油箱支架等
配套及出口情况:与东风集团德纳车桥、重汽集团客车、重汽集团零部件、山西大运重卡集团、山西中信车桥、成都三环车桥及沈阳海帝升等多家公司建立了长期合作关系;出口东南亚、欧洲、美洲等地区

★沧州市鑫业汽车配件有限公司
地址:河北省沧州市沧县皂坡工业区188号
邮编:061024
电话:0317/4800188、4808188
传真:4802055
网址:www.czxinye.com
电子信箱:xinyeqipei@163.com
法定代表人:刘金山
质量体系:QS 9000
产品情况:(鑫业牌)
一汽、东风、斯太尔、欧曼等系列元宝梁、散热器、雾灯支架、减振器支架、后桥壳盖、平衡轴盖、变速器上盖、制动盘、挡尘盘、保险杠、储气罐、脚踏板、挡泥板等
配套情况:为一汽集团、东风汽车公司、重汽集团配套

★北京北齿有限公司
地址:河北省黄骅市昌骅大街北汽产业园
邮编:061100
电话:0317/5606931、5606922
网址:www.chinabgc.cn
电子信箱:office@bgw.com.cn
法定代表人:谢华
单位人数:2060
质量体系:ISO/TS 16949、QS 9000
产品情况:轻型汽车变速器、分动器,重型变速器,汽车驱动桥齿轮,具有年产螺旋锥齿轮31万套、变速器10万台,分动器6万台的生产能力
出口情况:销往美国、俄罗斯、意大利、墨西哥等多个国家和地区

★河北宝旭科技有限公司
地址:河北省黄骅市开发区
邮编:061100
电话:0317/5982566
电子信箱:715156645@qq.com
法定代表人:张旭儒
质量体系:ISO 9001
产品情况:制动总成、换挡操纵器、驾驶室锁止机构、真空罐、各种车镜、车灯及各种汽配产品

★黄骅市津华制动部件有限公司
地址:河北省黄骅市齐家务镇刘庄
邮编:061104
电话:0317/5961287
电子信箱:qjf@jhzd.net
法定代表人:秦景举
质量体系:ISO/TS 16949
产品情况:(津华牌)
各种车系消声片、导向架、报警卡簧、固定夹等制动片附件系列产品

★河北士达齿轮有限责任公司
地址:河北省南皮县城北工业园区
邮编:061500
电话:0317/8565002、8565006
传真:8565004
电子信箱:hbsdclbgs@126.com
法定代表人:崔治军
质量体系:ISO 9001
产品情况:汽车变速器齿轮、农机齿轮等,年产能力500万件
配套情况:为一汽集团、莱动、陕西法士特齿轮、徐州美驰车桥、山东山工机械、山东山推集团等配套

★南皮县伟达五金制造有限公司
地址:河北省南皮县大树金开发区
邮编:061500
电话:0317/8796152、8798158
传真:8798158
网址:www.hbwdwj.com
电子信箱:czzbz@126.com
法定代表人:张宝柱
质量体系:ISO 9001
产品情况:制动片附件和制动系统冲压件
出口情况:出口欧洲、美国、中南美洲等国家和地区

★沧州龙翔机械有限公司
地址:河北省沧州市皂坡工业园
邮编:061724
电话:0317/4808898、18631776109
传真:4802720
网址:www.czslxjx.com
电子信箱:czlxjx@126.com
法定代表人:王彦明
负责人:王瑞峰
质量体系:ISO/TS 16949
产品情况:汽车车桥焊接件、底盘冲压件、车身件
配套情况:为北京福田戴姆勒、北奔重汽、大运汽车、陕西重汽、曙光集团、青特集团、英田集团等十几家著名企业配套

★沧州盛世伟业汽车附件有限公司

地址:河北省沧州市献县郭庄镇孔庄工业区
邮编:062254
电话:0317/2049866
传真:2049688
网址:www.ssqp.net
电子信箱:info@ssqcpi.com
法定代表人:高良军
质量体系:ISO/TS 16949
产品情况:各种类型、材质平衡块、车轮平衡块、气门嘴、胶条、胶片、车轮维修工具等轮胎用品
配套及出口情况:为一汽青岛、北汽福田、厦门金龙、金旅、苏州金龙、宇通、北京现代、合肥安凯、陕汽、正兴钢圈等汽车制造厂和车轮厂配套;远销德国、英国、西班牙、葡萄牙、智利、俄罗斯、美国、加拿大、日本、新加坡、印度尼西亚、南非、中东等国家和地区,并销往中国台湾地区

★河北双虎车业配件有限公司

地址:河北省河间市北石槽后羊店工业园
邮编:062453
电话:0317/3831187、13832700769
传真:3837137
网址:www.shcy168.cn
电子信箱:shcy168@126.com
法定代表人:孙玉增
质量体系:ISO 9001
产品情况:(双虎牌)
三轮摩托车、电动三轮车及电动汽车等车型的各类制动器
配套及出口情况:为福田重工、江苏宗申、山东大阳、江苏金彭、江苏跃进、河南双枪、河南力之星、河南隆鑫、比德文、山东力帆配套;出口越南、韩国、印度等国家

★河间市刘氏兄弟板簧附件有限公司

地址:河北省河间市米西路14号
邮编:062453
电话:0317/3821766、3829088
传真:3829988
网址:www.liushixiongdi.com
电子信箱:kefu@liushixiongdi.com
法定代表人:刘伟
单位人数:100
质量体系:ISO 9001
产品情况:(LS牌)
钢板弹簧、紧固件、U型螺栓等汽车板簧及附件
配套及出口情况:为一汽、沈阳金杯、山东凯马、北汽福田、山东时风、跃进、重汽、哈轻、长轻、上汽等十几个汽车厂配套;出口东南亚、中东等地区

★河北百吉汽车配件有限公司

地址:河北省河间市米各庄镇百吉路1号
邮编:062454
电话:0317/3802561、3802666
传真:3808888
网址:www.shachepian.net
电子信箱:hbfuao@163.com
法定代表人:田立敏
单位人数:200
质量体系:ISO 9001
产品情况:(百吉牌)
制动片、制动调整臂、制动蹄等
出口情况:远销东南亚、北美洲、南非等地区

★唐山高新技术产业园区长丰齿轮厂

地址:河北省唐山市高新技术开发区大庆道副104号
邮编:063000
电话:0315/3858787、1863157458
传真:3858759
电子信箱:fanshuq.66@163.com
法定代表人:范树全
质量体系:ISO 9001
产品情况:汽车变速器总成,变速器齿轮及齿轮轴
配套及出口情况:为大型国内齿轮厂配套;出口南非、中东、南美洲市场

★唐山通力齿轮有限公司

地址:河北省唐山市高新技术产业园区火炬路206号
邮编:063020
电话:0315/5925858、5925890
传真:5925868
网址:www.tcgear.com.cn
电子信箱:tsuf@tcgear.com.cn
法定代表人:邢宝昌
质量体系:ISO/TS 16949
产品情况:越野车和中高档SUV变速器;产能10万台
配套及出口情况:客户主要为北京汽车制造厂、郑州日产汽车、河北中兴汽车;每年向阿联酋、南非、马来西亚等国家出口200多万美元的汽车变速器总成

★唐山齿轮集团有限公司

地址:河北省唐山市开发区火炬路206号
邮编:063020
电话:0315/5929001、5929082
传真:5929119
网址:www.tscl.com.cn
法定代表人:邢宝昌
质量体系:ISO/TS 16949、ISO 9001
产品情况:汽车变速器及其零部件、分动器、专用汽车、工程齿轮、减速机等

★唐山龙润机械有限公司

地址:河北省唐山市丰润区林荫东路29号
邮编:063030
电话:0315/3226022
传真:3226021
网址:www.lrjx.net
电子信箱:admin@lrjx.net
法定代表人:邢宝昌
单位人数:180
质量体系:ISO/TS 16949
产品情况:轻型、微型、轿车变速器叉轴
配套情况:主要产品配套车型有天津丰田花冠、威驰、四川丰田考斯特、沈阳金杯(海狮、阁瑞斯)、郑州日产(SUV)、福建东南得利卡等

★唐山爱信齿轮有限责任公司

地址:河北省唐山市丰润区幸福道48号
邮编:063033
电话:0315/3086218、3086148
传真:3242352
电子信箱:syan@tagc.com.cn
法定代表人:伊藤慎太郎
质量体系:ISO/TS 16949、ISO 9001
产品情况:(TAGC牌)
FR型变速器:5M系列、038系列、035系列、G(Y)系列、R04系列;FF型变速器:F041A系列、C系列、037系列
配套情况:为天津一汽丰田、四川一汽丰田、华晨金杯、长城汽车、东南汽车、北京奔驰、郑州日产、北汽福田、东风柳汽、广汽三菱、北京汽车等供货

★唐山丞起汽车零部件有限公司

地址:河北省乐亭县富强街127号
邮编:063600
电话:0315/4690773、4690712
传真:4690713
电子信箱:tscq127@163.com
法定代表人:宋小玲
质量体系:ISO/TS 16949
产品情况:汽车变速器壳体、冲压件、汽车塑料燃油箱、发动机隔板、进气歧管等
配套情况:主要市场用户有一汽伊顿变速器、一汽哈尔滨变速器、长春汇锋汽车齿轮、山西大同齿轮集团、唐山爱信齿轮、浙江中马汽车变速器、哈东安汽车动力股份7家主机厂以及天津一汽夏利、保定长城华北汽车、郑州轻型汽车制造厂等5家汽车厂

★玉田县恒通弹簧减震器有限公司

地址:河北省唐山市玉田兴玉工业园区
邮编:064100
电话:0315/6106835
传真:6162286
网址:www.thtth.cn
电子信箱:htzsw@thtth.cn
法定代表人:周广权
单位人数:180
质量体系:ISO/TS 16949、ISO 9001
产品情况:(恒通牌)
汽车悬架弹簧、单体液压支柱复位拉簧、各种机械弹簧

★河北前锋机器有限责任公司

地址:河北省廊坊市建设南路319号
邮编:065000
电话:0316/2665858、2662186
传真:2666813
电子信箱:qfgs@qfgs.com.cn
法定代表人:杨国忠
质量体系:ISO/TS 16949、ISO 9001
产品情况:各类车用扭杆弹簧、稳定杆、推力杆等底盘零部件,专用车辆液压油缸等

配套情况:为华晨金杯、北方奔驰、长城、福田、曙光、金龙、金旅、一汽、上汽、东风、北汽、长安、宇通、江淮等20多家汽车主机厂配套

★卢卡斯伟利达廊重制动器有限公司
地址:河北省廊坊市经济技术开发区祥云道16号
邮编:065001
电话:0316/6073108
传真:6089981
网址:www.zf.com
法定代表人:刘文永
质量体系:ISO/TS 16949
产品情况:汽车制动器及相关产品

★布雷博惠联(廊坊)制动系统有限公司
地址:河北省廊坊市安次工业园安中路2号
邮编:065099
电话:0316/7161870、7161815
电子信箱:info@asimco-braking.com
法定代表人:董连伟
质量体系:ISO/TS 16949、ISO 14001
产品情况:(LF牌)
乘用车制动盘
配套情况:主要客户为一汽-大众、上汽大众、北京奔驰、一汽轿车等中高端乘用车厂

★香河旭明源汽车配件有限公司
地址:河北省廊坊市香河淑阳镇秀水街7号
邮编:065400
电话:0316/8580363、8338753
传真:8580802
电子信箱:zcjgd@126.com
法定代表人:孙占永
质量体系:ISO/TS 16949、ISO 14001
产品情况:汽车制动盘、蹄铁、铝制品、制动鼓等
出口情况:远销欧洲、美国

★香河凯华齿轮有限公司
地址:河北省廊坊市香河县经济开发区运河大道二号路
邮编:065400
电话:0316/8875658、8876665
传真:8871068
电子信箱:kh@hbkhchilun.com
法定代表人:李泽先
质量体系:ISO/TS 16949
产品情况:主要生产各类汽车同步器、汽车同步器粉末件、变速器齿轮、轴类及铁、铜基粉末冶金零部件
配套情况:主要客户包括天津一汽变速器、奇瑞汽车、浙江吉利汽车等

★香河海潮制件有限公司
地址:河北省廊坊市香河县五百户镇双安公路北侧
邮编:065404
电话:0316/8591968、8593858
传真:8593500
电子信箱:xhhc@vip.163.com
法定代表人:晋广志
产品情况:皮卡、SUV车架,年产能力达到10万台
配套情况:为保定长城、河北中兴、北京汽车制造厂、北汽福田、南海福田、郑州轻型、常州东风、山东华泰、浙江吉奥、四川华瑞集团等30多个厂家配套

★香河港龙汽车配件制造有限公司
地址:河北省香河县城南五百户镇
邮编:065404
电话:0316/8591241、8591777
传真:8591735
电子信箱:xhgl2010@126.com
法定代表人:晋宝营
产品情况:皮卡、SUV车架总成、副车架、保险杠、仪表台骨架、货厢、燃油箱等
配套情况:为北汽福田、南海福田、涿州新凯、广东福迪、江淮安驰、容城华泰、华泰鄂尔多斯等配套

★廊坊科森电器有限公司永清分公司
地址:河北省廊坊市永清县工业园区大良村南部,榕花路北头路西
邮编:065600
电话:0316/5189696
电子信箱:lfksyq@lfkokusan.net
法定代表人:孔召银
质量体系:ISO/TS 16949
产品情况:生产高品质的通机飞轮毛坯;产品经总公司销售到本田、雅马哈、川崎、洋马、BS、科勒等多家世界知名公司;为廊坊亚新科公司生产汽车制动泵体等

★廊坊腾跃机械部件有限公司
地址:河北省廊坊文安县赵各庄镇彭耳湾村
邮编:065800
电话:0316/5063733
网址:www.lftycl.com
电子信箱:13383663993@qq.com
法定代表人:蒋秀蓉
产品情况:东风EQ145、EQ140、EQ1061、EQ1060,北汽福田,五十铃,北京130,121、212,沈阳金杯海狮SY6480、长城皮卡系列等各种汽车、农业机械、工程机械后桥盆角齿轮、差速器总成等

★秦皇岛戴卡兴龙轮毂有限公司
地址:河北省秦皇岛市经济技术开发区黑龙江西道15号
邮编:066004
电话:0335/7078787、8016155
网址:www.xlwheels.com.cn
电子信箱:dxzzcwb@sohu.com
法定代表人:杨小禹
质量体系:ISO/TS 16949、ISO 14001
产品情况:年产高强度轻量化铸造铝合金轮毂380万只、锻造铝合金轮毂60万只

★秦皇岛立中车轮有限公司
地址:河北省秦皇岛市开发区金山北路15号
邮编:066004
电话:0335/5910205、5910333
网址:www.lzwheel.com
电子信箱:songmengjing@lzwheel.com
法定代表人:臧永兴
质量体系:ISO/TS 16949、ISO 14001
产品情况:主要生产13~24in的轿车、越野车和轻型货车铝合金车轮,年生产能力为80万只

★中信戴卡股份有限公司
地址:河北省秦皇岛经济技术开发区龙海道185号
邮编:066011
电话:0335/5358888
传真:5359999、5358564
网址:www.dicastal.com
电子信箱:sales@dicastal.com
法定代表人:武汉琦
负责人:徐佐
单位人数:2000
质量体系:ISO/TS 16949、VDA 6.1
产品情况:[戴卡(Dicastal)牌]
汽车铝合金轮毂
配套情况:为奔驰、宝马、奥迪、大众、标致-雪铁龙、雷诺-日产、菲亚特、通用、福特、克莱斯勒、丰田、本田、马自达、现代-起亚以及一汽、上汽、东风、广汽、北汽、长安等国外、国内主要整车制造商配套供货
☞ 详细情况请参阅彩色宣传版面

★保定市立中车轮制造有限公司
地址:河北省保定市七一东路948号
邮编:071000
电话:0312/5997627
网址:www.lzwheel.com
法定代表人:臧永兴
负责人:宋照义
单位人数:1850
质量体系:ISO/TS 16949、QS 9000
产品情况:(欧马牌、TG牌、AOEM牌)
低压铸造铝合金车轮,铸造旋压铝合金车轮,液态模锻铝合金车轮,低压铸造、重力铸造、液态锻造等车轮模具
配套及出口情况:主要客户有宝马、奥迪、菲亚特、通用、克莱斯勒、一汽、北汽、现代、马自达等;出口欧洲、美国、日本、韩国、俄罗斯

★保定市格瑞机械有限公司
地址:河北省保定市云杉路126号
邮编:071051
电话:0312/3336869、3336861
传真:3336868
网址:www.greatmachinery.com.cn
电子信箱:grjx126@126.com
法定代表人(负责人):王庆党
质量体系:ISO/TS 16949、ISO 14001

产品情况：（长城牌）
汽车转向、悬架类球铰链总成、一体式摆臂总成、换向器等，年产能力800万套
配套情况：为长城汽车、江淮汽车、比亚迪汽车、北汽福田、九龙汽车等配套

★安国市隆达汽车变速箱有限公司
地址：河北省安国市张乡工业区2号
邮编：071200
电话：0312/3405444、3405121
传真：3405121
网址：www.ldbsx.com
电子信箱：longda@ldbsx.com
法定代表人：张淑平
产品情况：（LONGDA牌）
汽车变速器总成及零部件

★保定建强制动软管有限公司
地址：河北省保定市高阳县于堤工业区春强街4号
邮编：071500
电话：0312/5659815、5659825
传真：5659869
网址：www.cn-jq.com
电子信箱：hebeijianqiang@126.com
法定代表人：张建强
质量体系：ISO/TS 16949
产品情况：（建强牌、CHAOQIANG牌）
汽车、摩托车制动软管及总成
配套情况：为大长江集团、济南轻骑铃木、钱江集团等配套

★保定维德汽车铸件有限公司
地址：河北省徐水县复兴西路
邮编：072550
电话：0312/8555777、4000312025
网址：www.bdweide.com
电子信箱：yuliyazhang@bdweide.com
法定代表人：李秋来
单位人数：700
质量体系：ISO/TS 16949
产品情况：中、重型汽车变速器壳体、离合器壳体、变速器上盖、电动机壳体等灰铁、球铁铸件产品
配套情况：为法士特、重汽、天津中德、伊顿及其核心配套生产厂家提供配套服务

★保定万驰传动系统制造有限公司
地址：河北省定兴新国道南大街18号
邮编：072650
电话：0312/6829888、4001138899
传真：6829888
网址：bdwanchi.com
电子信箱：yutao2007hj@163.com
法定代表人：李建国
单位人数：800
质量体系：ISO/TS 16949
产品情况：年达产180万套球笼半轴总成及部件、后桥半轴、后桥桥壳等汽车传动系统产品
配套及出口情况：与长城、上汽通用五菱、东风小康、中车集团、华晨金杯、福田、广汽长丰、广汽吉奥、曙光车桥、北汽、合肥美桥（中美合资）等企业形成了长期稳定合作关系；远销美国、俄罗斯、澳大利亚、中东、非洲等国家和地区

★耐世特凌云驱动系统（涿州）有限公司
地址：河北省涿州市松林店三义路
邮编：072761
电话：0312/3676551、3676588
网址：www.dsly.cn
电子信箱：hym@dsly.com.cn
法定代表人：李军
质量体系：ISO/TS 16949、ISO 14001
产品情况：汽车用等速半轴及其零件
配套情况：为一汽集团、上汽大众、天津一汽、一汽-大众、长安铃木、昌河铃木、奇瑞汽车、保定长城等供货

山西省

★双喜轮胎工业股份有限公司
地址：太原市清徐县凤仪街9号
邮编：030400
电话：0351/5796799、5796950
传真：5796798
电子信箱：dhtcwc@163.com
法定代表人：武文奎
质量体系：ISO/TS 16949
产品情况：（中轮牌、双喜牌、龙城牌、同辉牌）
工程机械轮胎、载货汽车轮胎、工业车辆轮胎、农业轮胎、轿车轮胎等
配套及出口情况：为一汽集团、东风汽车、重汽集团、一汽通用红塔等配套；远销北美洲、南美洲、东南亚、中东等全球50余个国家和地区

★榆次液压有限公司
地址：山西省晋中市榆次区经纬路256号
邮编：030600
电话：0354/2426159、2426077
传真：2426077
电子信箱：yuciyeya@126.com
法定代表人：张学雷
质量体系：ISO 9000
产品情况：主要产品有高性能液压元件（叶片泵、齿轮泵、液压阀、液压缸、蓄能器等）、各类液压系统和复杂内腔的液压铸件
配套及出口情况：为一汽集团、东风汽车公司、洛拖、宝钢、首钢、吉化、南化、厦工、成工、徐工等厂家配套液压元件及系统产品；出口欧洲、日本、东南亚、中东等国家和地区

★中国重汽集团大同齿轮有限公司
地址：山西省大同市云州街99号
邮编：037305
电话：0352/7696321、4006080819
传真：7696111、2416444
网址：www.dcgroup.com.cn
电子信箱：dcgroup@sinotruk.com
法定代表人：武正河
单位人数：1800
质量体系：ISO/TS 16949、ISO 14001
产品情况：具有年产轻、中、重型商用汽车及客车变速器22万台，汽车发动机齿轮150万件，工程机械齿轮60万件的能力
配套及出口情况：为东风公司、福田欧曼、宇通客车等国内数十家主机厂供货；商用汽车变速器配装整车和CKD出口到东南亚、中东、非洲、南美洲、俄罗斯等地区和国家；发动机齿轮和工程机械齿轮主要为美国康明斯公司，德国曼、奔驰，美国迪尔公司、纽荷兰公司、爱科公司和英国杰西博公司供货

★襄汾县恒泰制动器有限公司
地址：山西省襄汾县南辛店乡南临夏线18号
邮编：041505
电话：0357/3681388、18535762020
传真：3681468
电子信箱：hengtai@vip.163.com
法定代表人：李世荣
质量体系：ISO 9001
产品情况：载货汽车、轿车、轻型客车等车型的制动盘、制动鼓、轮毂，年产能力5万t
配套及出口情况：为国内汽车制造厂配套；远销美国、德国、加拿大、意大利、墨西哥、以色列、韩国等国家；为美国、德国、意大利的汽车制造公司直接配套

★山西建邦集团铸造有限公司
地址：山西省侯马市张村工业园
邮编：043000
电话：0357/4062267
传真：4062266
电子信箱：359068879@qq.com
法定代表人：吴晓年
质量体系：ISO 9001
产品情况：（JB牌）
制动鼓等

★山西汤荣机械制造股份有限公司
地址：山西省侯马市风雷街168号
邮编：043013
电话：0357/4092233、4092035
传真：4092013
网址：www.cnsxtr.com
电子信箱：trgzjh@163.com
法定代表人：曹全青
单位人数：980
质量体系：ISO/TS 16949
产品情况：（实优牌）
制动鼓、制动蹄、制动底板、轮毂等
配套及出口情况：是东风、陕汽、福田、上汽红岩等重型货车厂家战略合作伙伴；大中客车市场中是三龙一通指定制动鼓独家供货；销售网络辐射北美洲、南美洲、欧洲、大洋洲、中东、非洲等国家和地区

★中信机电车桥有限责任公司
地址：山西省绛县大交镇续鲁

邮编:043608
电话:0359/6885090、13934387640
传真:6888226
网址:www.zhxcq.com.cn
电子信箱:jyglb6884193@163.com
法定代表人(负责人):陈坚
单位人数:1689
质量体系:ISO/TS 16949
产品情况:(晋南牌)
汽车车桥、离合器、扭杆弹簧、转向节及前轴等;具有年生产重桥10万台,离合器8万台,系列扭杆弹簧8万套的能力
配套情况:为一汽、东风集团、北汽集团、陕汽集团、安徽江淮、郑州宇通、南京依维柯、重庆重汽、三一重工、金龙公司、广西玉柴、北方奔驰等企业配套

★山西华恩机械制造有限公司
地址:山西省临猗县东环南路279号
邮编:044100
电话:0359/4068125、4068115
传真:4068115
电子信箱:huaen@vip.163.com
法定代表人:张彦志
单位人数:1000
质量体系:ISO/TS 16949、ISO 9000
产品情况:汽车变速器外壳、上盖、离合器壳、发动机进气歧管、柴油机分动箱等,黑色铸件年产能力3万t、铝合金铸件年产4000t
配套及出口情况:国内供应厂家有陕西法士特、上海纽荷兰、广西玉柴、山东潍柴、徐州工程机械等大型企业;出口美国卡特彼勒、约翰迪尔、纽荷兰、爱科等国际跨国公司

★太重榆液长治液压有限公司
地址:山西省长治市屯留县康庄工业园区
邮编:046100
电话:0355/6028016、6028090
传真:6028016
网址:www.changye.net
电子信箱:cywuliu@163.com
法定代表人(负责人):李朝阳
质量体系:ISO/TS 16949
产品情况:(CHANGZIYEYA牌)
汽车转向泵等
配套及出口情况:为东风康明斯、广西玉柴动力、山推股份、雷沃动力、北汽福田、重汽大齿、陕西法士特、柳州采埃孚等配套;出口美国、意大利、新加坡等20多个国家和地区

内蒙古

★内蒙古一机集团北方实业有限公司
地址:内蒙古包头市青山区民主路
邮编:014032
电话:0472/3118472、3635808
网址:www.nmgyj.com
电子信箱:beifangshiye8348@126.com
法定代表人:柴鹏
质量体系:ISO 9001
产品情况:(北实牌)
重型汽车制动器、离合器、车轮、车架及各类冲压结构件
配套情况:主要为北奔重汽等配套

★内蒙古宏达压铸有限责任公司
地址:内蒙古兴安盟科右前旗工业园区都林街北侧4-21号
邮编:137700
电话:0482/8390735、8390633
传真:8390633
网址:www.yazhunm.com.cn
电子信箱:nmghdyz@126.com
法定代表人:宋国宏
质量体系:ISO/TS 16949、ISO 14001
产品情况:(内压牌)
变速器前壳体、中间壳体、后壳体、离合器壳体、变速器壳体、防护罩、发电机支架、坐垫骨架、曲后油封支座、同步链罩壳、120上盖等压铸产品
配套情况:是一汽-大众、上汽大众、大众汽车(大连)发动机、重汽集团、重汽大同齿轮的定点配套供应商

辽宁省

★沈阳金亚汽车传动轴有限公司
地址:沈阳市经济技术开发区花海路
邮编:110027
电话:024/88201915、88201810
传真:88214828
电子信箱:mendy.jiang@dana.com
法定代表人:涂胜国
质量体系:ISO/TS 16949、QS 9000
产品情况:轻型、中型车传动轴总成、后桥半轴、桥管及单件
配套情况:为东南汽车、福建台亚、华晨金杯、河北中兴等配套

★沈阳上汽汽车变速器有限公司
地址:沈阳市经济技术开发区开发大路8号
邮编:110027
电话:024/25378900、25378910
网址:www.brilliance-auto.com
电子信箱:nanx@sagw.com
法定代表人:钱向阳
产品情况:主要生产汽车变速器及零部件
出口情况:远销东南亚

★沈阳一东四环离合器有限责任公司
地址:沈阳市皇姑区元江街6号
邮编:110031
电话:024/86871364、67788135
传真:86871364、86750452
电子信箱:5680759@qq.com
法定代表人:孟庆洪
质量体系:ISO/TS 16949
产品情况:(四环牌)
汽车离合器
配套情况:为沈阳航天三菱、江淮汽车配套

★普利司通(沈阳)钢丝帘线有限公司
地址:沈阳市经济技术开发区十一号路4号
邮编:110035
电话:024/25378700
传真:25378701
网址:www.bridgestone.com.cn
电子信箱:fu.ruifang@bridgestoness.com
法定代表人:水田和则
产品情况:(普利司通牌)
客车及载货汽车用全钢丝载重子午线轮胎

★沈阳金杯华集汽车部件有限公司
地址:沈阳市东陵区榆林大街6-18号
邮编:110045
电话:024/88217011
传真:88217016
网址:www.hfhuaji.com
电子信箱:rgz33@sina.com
法定代表人:张素红
质量体系:QS 9000
产品情况:(里牌)
真空助力器及制动总泵
配套情况:与金旅客车、中兴汽车等十几家整车厂建立了长期直供的合作伙伴关系

★沈阳平和法雷奥汽车传动系统有限公司
地址:沈阳市大东区大古城街31号
邮编:110122
电话:024/31301802、31301708
网址:www.valeo.com.cn
电子信箱:jiayuan.he@vph.com
法定代表人:许万大
单位人数:240
产品情况:离合器、飞轮、传动系及其部件

★采埃孚伦福德汽车系统沈阳有限公司
地址:沈阳市经济技术开发区开发大路8甲3号
邮编:110141
电话:024/25348116
传真:25370930
网址:www.zf.com
法定代表人:本杰明·卢斯
质量体系:ISO/TS 16949
产品情况:(采埃孚伦福德牌)
乘用车底盘、前后桥及其附件、汽车变速器换挡系统及其附件、汽车电子装置和零件、新能源汽车电动发动机
配套情况:为华晨宝马配套

★普利司通(沈阳)轮胎有限公司
地址:沈阳市经济技术开发区沈西六东路53号
邮编:110141
电话:024/29356470
传真:25813757
网址:www.bridgestone.com.cn
电子信箱:wang.liyan@bridgestonesy.com

法定代表人:早川弘昭
质量体系:ISO/TS 16949、ISO 14001
产品情况:(BS 牌)
载货汽车、巴士用全钢丝载重子午线轮胎
配套情况:为一汽集团配套

★沈阳金杯恒隆汽车转向系统有限公司
地址:沈阳市经济技术开发区云海路 15 号
邮编:110141
电话:024/25377031、25377162
传真:25377035
网址:www. chl. com. cn
电子信箱:jbhlrl@ 163. com
法定代表人:谢耀煌
质量体系:ISO/TS 16949
产品情况:具备 40 万台齿轮齿条液压助力转向系统和 20 万台电动助力转向系统制造能力
配套情况:主要配套客户有华晨金杯、华晨中华、丹东曙光、苏州金龙、厦门侨隆、南京金龙、河北御捷等

★中车集团沈阳汽车车桥制造有限公司
地址:沈阳市于洪区洪汇路 226 号
邮编:110141
电话:024/25523628、85820088
法定代表人:孙毓卿
质量体系:ISO/TS 16949
产品情况:(沈舟牌)
轻型汽车车桥、机加工件(差速器壳、主减速壳、轴承座、转向节、转向臂、球支撑、琵琶式桥壳、拉杆等)
配套及出口情况:为沈阳华晨金杯、河北中兴、北京汽车、厦门金龙、江苏九龙、一汽通用等整车装配厂供货;部分产品出口

★本特勒汽车系统(沈阳)有限公司
地址:沈阳市经济技术开发区开发二十五号路 123 号
邮编:110143
电话:024/31142588
传真:31142509
网址:www. benteler. com
法定代表人:施宏
产品情况:生产加工汽车相关零部件,包括驱动桥核心汽车零部件
配套情况:国内的主要客户为宝马

★沈阳都瑞轮毂有限公司
地址:沈阳市经济技术开发区中央大街 18 甲 1 - 2 号
邮编:110144
电话:024/31081555、31083509
传真:25812619
网址:www. brilliance - auto. com
法定代表人:卢朝晖
质量体系:VDA 6. 1、ISO/TS 16949
产品情况:12 ~ 24in 汽车铝合金轮毂;具备年产 180 万只铝合金轮毂的能力

★万都(沈阳)汽车零部件有限公司
地址:沈阳市大东区东跃街 6 号
邮编:110161
电话:024/31365946、31532777
网址:www. mando. com
电子信箱:yue. luo@ halla. com
法定代表人:沈相德
产品情况:主要生产汽车底盘零部件产品
配套情况:主要客户是上汽通用、中华汽车、北京现代、起亚汽车、奇瑞汽车、长城汽车、一汽集团等

★辽宁忠相铝业有限公司
地址:辽宁省辽阳市辽阳经济开发区滨河北街 16 号
邮编:111000
电话:0419/2283333、2358888
传真:2283333
网址:www. lnzxly. com
电子信箱:sales@ zhongxiangalu. cn
法定代表人:周凤亮
质量体系:ISO/TS 16949、ISO 14001
产品情况:主导产品为商用各类高中档货车、客车、商务车及国防、消防、安全等特种功能车辆使用的高强铝合金车轮和凸缘轴头,年产能 500 万只

★蒂森克虏伯富奥辽阳弹簧有限公司
地址:辽宁省辽阳市双胜路 168 号
邮编:111000
电话:0419/2190976
传真:2190710
网址:www. fawer. com. cn
法定代表人:甘先国
质量体系:ISO/TS 16949、ISO 14001
产品情况:螺旋弹簧、稳定杆、扭杆等,具有年产 700 万只螺旋弹簧、300 万只稳定杆、38 万只扭杆的生产能力
配套及出口情况:为长春一汽轿车、一汽-大众、上汽大众、华晨宝马、北京奔驰、重庆长安福特、长安马自达、神龙、江淮汽车、长城汽车、华晨汽车、上汽通用等知名厂家提供全系列高级品牌车的悬架配件;出口亚太、东南亚、土耳其等国家和地区

★鞍山太阳锻造实业有限公司
地址:辽宁省鞍山市千山区衡业街 9 号
邮编:114016
电话:0412/8212836、13464336188
传真:8230544
电子信箱:664089631@ qq. com
法定代表人:魏诚同
单位人数:500
质量体系:ISO/TS 16949、ISO 9001
产品情况:汽车前轴、悬架件等,汽车前轴年产能力 40 万支以上
配套情况:被一汽解放授予质量优胜奖、中国重汽集团授予配套产品优秀供方、东风车桥公司授予开发贡献奖等多项荣誉

★辽宁衡业汽车新材股份有限公司
地址:辽宁省鞍山市千山区衡业街 1 号
邮编:114045
电话:0412/8468958
传真:8468948
网址:www. hywheel. com
电子信箱:hy@ hywheel. com
法定代表人:刘井野
质量体系:ISO 14001、ISO/TS 16949
产品情况:(衡牌)
汽车轮辋型钢、挡圈型钢、汽车轮辐、弹性挡圈、滚行车轮、型钢车轮等
配套及出口情况:为一汽集团、东风汽车、中国重汽、宇通客车、中通客车、亚星客车等配套;出口美国、英国、墨西哥、日本、韩国、印度、越南、印度尼西亚等国家

★营口金霖实业有限公司
地址:辽宁省营口市仙人岛能源化工区中小企业园中纬路 21 号
邮编:115200
电话:0417/7849599、7849699
传真:7843989、7848499
网址:www. ybauto. com
电子信箱:ybauto@ 126. com
法定代表人:张学霖
单位人数:500
质量体系:ISO/TS 16949
产品情况:(永金牌)
各种国产乘用车、商用车及新能源汽车液压制动泵、离合泵、真空助力器等产品
配套及出口情况:为华晨金杯、一汽通用等多家主机厂配套;出口多个国家

★大连捷太格特创新汽车部件有限公司
地址:辽宁省大连市经济技术开发区 48 号
邮编:116001
电话:0411/87338553
网址:www. jtekt. co. jp
电子信箱:jdi@ toyoda - di. com
法定代表人:立石修治
产品情况:(捷太格特牌)
减振皮带轮
配套情况:为北美洲丰田、一汽丰田、哈尔滨东安、上海汽车供货

★大连正达车轮有限公司
地址:辽宁省大连市甘井子区新水泥路 79 号
邮编:116039
电话:0411/86425588、86427788
传真:86427788
网址:www. zdwheel. com
电子信箱:zd@ zdwheel. com
法定代表人:李元建
单位人数:380
质量体系:ISO 9001
产品情况:挡圈型钢年产量 5 万 t,轮辋型钢年产量超过 10 万 t
出口情况:出口东南亚、大洋洲、欧洲、美洲等地区

★瓦房店宏达等速万向节制造有限公司
地址:辽宁省瓦房店市北共济大街一段一号

邮编:116300
电话:0411/39117201、13644981099
传真:85517999、85504389
电子信箱:zwzwhccww@163.com
法定代表人:魏俊峰
负责人:秦林强
单位人数:300
质量体系:ISO/TS 16949、ISO 9001
产品情况:球笼式等速万向节和传动轴总成
配套情况:为一汽 CA141K2T5 型 4×4 越野货车、北汽霸道、南汽军车、江南奥拓、吉利(美日、优利欧、自由舰)轿车、徐工集团工程车等配套

★大连瑞谷科技有限公司
地址:辽宁省瓦房店市兴工大街1号
邮编:116300
电话:0411/85570057
传真:85570057
网址:www.dlruigu.cn
电子信箱:bangongshi@dlruigu.cn
法定代表人:姜瑞
单位人数:300
质量体系:ISO/TS 16949、ISO 14001
产品情况:汽车转向器、转向油泵,年生产能力50万套
配套及出口情况:为一汽通用、华晨金杯、长安客车、江淮汽车、瓦轴、洛轴、铁马集团、大连机车轴承厂、斯凯孚、舍弗勒、铁姆肯、恩斯克、恩梯恩等大型、特大型、和国际化公司配套;远销欧洲、美洲、亚洲等多个国家和地区

★大连创新齿轮箱制造有限公司
地址:辽宁省瓦房店市复州城镇新城街三段三号
邮编:116314
电话:0411/85102288、85101438
传真:85102855
网址:www.gearbox.cc
电子信箱:cxcxsg@163.com
法定代表人:高成名
质量体系:ISO/TS 16949、ISO 14001
产品情况:(CXC 牌)
汽车变速器齿轮、汽车轮边减速器齿轮等产品为主
配套情况:为一汽解放无锡柴油机厂、道依茨一汽(大连)柴油机、潍柴动力、东风朝柴、中国重汽杭州发动机和济南动力配套

★美特·捷成汽车系统(大连)有限公司
地址:辽宁省大连市经济技术开发区港兴大街39号12-A
邮编:116600
电话:0411/66779810、66779808
传真:66779800
电子信箱:info@mitec-jebsen.com
法定代表人:詹森
产品情况:汽车驱动平衡轴

★大连海纳新能源汽车零部件制造公司
地址:辽宁省大连市经济技术开发区铁山东路98-13-9
邮编:116600
电话:0411/88014588
传真:88014688
网址:www.dl-hn.cn
法定代表人(负责人):王志伟
单位人数:105
质量体系:ISO/TS 16949
产品情况:转向助力油泵(乘用车、商用车),电子辅助真空泵(乘用车、商用车、纯电动汽车)
配套及出口情况:为东南汽车、厦门金龙、湖南长丰、北京华泰等多家主机厂配套;部分产品直接或间接远销东南亚及欧洲等地区

★克诺尔制动系统(大连)有限公司
地址:辽宁省大连市经济技术开发区48号地汽车零部件工业园
邮编:116620
电话:0411/87964386
传真:87545950
网址:www.knorr-bremse.com.cn
电子信箱:tinghai.fang@knorr-bremse.com
法定代表人:徐保平
质量体系:ISO/TS 16949、ISO 14001
产品情况:全系列空压机、脚制动阀、手制动阀、踏板、制动器、气压盘式制动器以及其他商用车辆制动件

★大连衡得商用车部件有限公司
地址:辽宁省大连市经济技术开发区48号地汽车零部件工业园
邮编:116620
电话:0411/87964386
传真:87545950
网址:www.knorr-bremse.com.cn
电子信箱:recruit.dalian@knorr-bremse.com
法定代表人:徐保平
质量体系:ISO/TS 16949、ISO 14001
产品情况:(衡得牌)
硅油减振器

★大连创新零部件制造公司
地址:辽宁省大连市开发区48号地创新零部件工业园
邮编:116620
电话:0411/87586888、87586869
传真:87338555、87338500
网址:www.innovation-dalian.com
电子信箱:contact@innovation-dalian.com
法定代表人:于波
单位人数:2400
质量体系:ISO/TS 16949、ISO 14001
产品情况:商用车及乘用车零部件、电动汽车的研发及制造等
配套情况:为德国道依茨、美国康明斯、德国克诺尔、一汽大柴、美国水星、美国伊顿配套

★丹东曙光重型车桥有限责任公司
地址:辽宁省丹东市振安区曙光路50号
邮编:118001
电话:0415/4139353
网址:www.sgautomotive.com
法定代表人:祖海
质量体系:ISO/TS 16949、QS 9000
产品情况:(曙光牌)
车桥及零部件
配套情况:为丹东黄海、福田欧V客车、福田欧曼重型货车、厦门金龙、北奔重汽、美国德纳等配套

★丹东市通泰汽车部件有限公司
地址:辽宁省丹东市五龙背镇孙家村3组
邮编:118005
电话:0415/4101727、4109528
传真:4109328
电子信箱:dd4101727@126.com
法定代表人:唐英靖
质量体系:ISO 9001
产品情况:汽车底盘润滑系统及轻型汽车车架
配套情况:为丹东曙光车桥、长城汽车、保定长城华北汽车、保定大迪等配套生产约40种规格的轻型汽车车架

★辽宁通达轴业有限公司
地址:辽宁省凤城市凤山路123号
邮编:118100
电话:0415/3516879、8123754
传真:3516879
网址:www.tongdaaxle.com
电子信箱:tongda@tongdaaxle.com
法定代表人:杨鑫
单位人数:480
质量体系:ISO/TS 16949、ISO 9001
产品情况:(TONGDA 牌)
全浮式、半浮式后桥半轴
配套及出口情况:为北奔重汽、东风德纳车桥、安徽安凯、福田曙光车桥、济南重汽、中车集团沈阳7407厂、青岛众力车桥等配套;远销全球数十个国家和地区

★凤城市曙光汽车半轴有限责任公司
地址:辽宁省凤城市凤山路242号
邮编:118100
电话:0415/8153013、8180140
传真:8153011、8153000
电子信箱:fcsgbz@163.com
法定代表人:宋辉峰
质量体系:ISO/TS 16949、QS 9000
产品情况:轻、中、重型汽车后桥半轴,轿车及轻型车转向节、半轴套管、驱动桥主齿凸缘等
配套情况:为一汽集团、东风汽车公司、南京汽车集团、北京奔驰、五十铃配套

★凤城市万丰增压器有限公司
地址:辽宁省凤城市现代产业园区B区5号
邮编:118110
电话:0415/3512199、13842521730
传真:3512188
网址:www.wanfengturbo.com

电子信箱:alan@ wanfengturbo. com
法定代表人:李贵丹
质量体系:ISO/TS 16949
产品情况:增压器

★锦州立德减振器有限公司
地址:辽宁省锦州市经济技术开发区渤海大街8-1号
邮编:121007
电话:0416/3588542、3579016
传真:3588546
网址:www. wandeauto. com
电子信箱:wu. j@ wonderauto. com. cn
法定代表人:梁海林
质量体系:ISO/TS 16949、ISO 14000
产品情况:(万得牌)
　　减振器以及与减振器相关的产品如螺旋弹簧,模具加工,冲压件制造,活塞杆制造,减振器用内外钢管制造等
配套及出口情况:为哈飞汽车、吉林汽车、金杯汽车、曙光汽车、长城汽车、中兴汽车、吉利汽车、扬子汽车、东风汽车等10余家汽车生产厂配套;远销欧洲、美洲和东南亚等地区

★锦州万友机械部件有限公司
地址:辽宁省锦州市经济技术开发区西海工业园区万得工业园
邮编:121007
电话:0416/3588530、3588544
网址:www. wonderwy. com
电子信箱:wanyou@ wonderauto. com. cn
法定代表人:曾庆东
质量体系:ISO/TS 16949、ISO 14001
产品情况:汽车减振器用活塞杆、汽车起动机、发电机用电机轴、气弹簧、农机用油缸杆
配套及出口情况:为阿文美驰、万都、巴西Cofap、天纳克、比亚迪等供货;远销欧美、南非、印度等国家和地区

★朝阳汽车转向器有限公司
地址:辽宁省朝阳市海河路五段87号
邮编:122000
电话:0421/3907316、3393335
传真:3907302
网址:www. cyasg. com
电子信箱:chaoyangqczxq@ 163. com
法定代表人:武志国
负责人:赵庄
单位人数:130
质量体系:ISO/TS 16949
产品情况:循环球式汽车转向器
配套情况:为江淮、东风、唐骏欧铃、凯马、大运、时风、金杯、黄海、亚星、恒通、申沃、创隆等数十家国内汽车企业配套

★朝阳浪马轮胎有限责任公司
地址:辽宁省朝阳市龙城区向阳路1号
邮编:122009
电话:0421/3621991、3621992
传真:3621989
网址:www. lmtyre. com
电子信箱:lmsale@ lmtyre. com
法定代表人:李庆文
单位人数:1600
质量体系:ISO/TS 16949、ISO 14001
产品情况:(路力士牌、新马牌、Longmarch牌、Roadlux牌)
　　全钢丝载重子午线轮胎,年产能力280万套
配套及出口情况:为东风汽车公司、一汽集团公司、北方奔驰公司、中国石油、中海物流等大型企业直接配套;出口美国、加拿大、英国等世界五大洲90多个国家和地区

★朝阳飞马装备制造有限公司
地址:辽宁省朝阳市喀左县北公营子大街24号
邮编:122304
电话:0421/4164509、4167377
传真:4162582
网址:www. trailer - master. com
电子信箱:liujing@ trailermaster. com
法定代表人:杨乃义
质量体系:QS 9000
产品情况:汽车制动鼓、轮毂、制动盘

★朝阳飞马车辆设备股份公司
地址:辽宁省喀左县公营子工业园区
邮编:122304
电话:0421/7098000、18940541000
网址:www. trailer - master. com
电子信箱:yaorunqin@ trailer - master. com
法定代表人:汪兆海
单位人数:2150
质量体系:ISO/TS 16949、QS 9000
产品情况:重型商用车制动鼓、轮毂和制动盘
出口情况:出口美国、英国、意大利、德国、法国、澳大利亚、荷兰、东南亚等40多个国家和地区

★九通新型摩擦材料朝阳股份有限公司
地址:辽宁省朝阳市凌源工业园区
邮编:122500
电话:0421/6858277、6858308
传真:6858697
网址:www. lnjiutong. com
电子信箱:jt6858277@ 163. com
法定代表人:闫久龙
质量体系:ISO/TS 16949
产品情况:盘式制动片、毂式制动片、汽车离合器总成等

★一汽凌源汽车车架制造有限公司
地址:辽宁省凌源市城北街北段91-2号
邮编:122500
电话:0421/6952016、6952484
传真:6952062
电子信箱:kyl1216@ 126. com
法定代表人(负责人):王岩春
单位人数:435
质量体系:ISO/TS 16949、ISO 9001
产品情况:轻、中、重型汽车车架总成及散件
配套情况:主要供应北汽福田欧曼重型汽车厂、北京欧马可轻型汽车厂、包头北奔重型汽车、陕西重型汽车、太原长安重型汽车、沈阳金杯车辆等国内知名汽车生产企业

★阜新北星液压有限公司
地址:辽宁省阜新高新技术产业开发区盛开路22号
邮编:123000
电话:0418/2167111、2168111
传真:2585207
网址:www. bx - yy. com. cn
电子信箱:bxyy@ 163. com
法定代表人:李毅
质量体系:ISO 9001
产品情况:高压齿轮油泵、齿轮电动机
配套情况:为一汽六厂、一汽专用车、长春恒力、金优、沈阳铭晨、绥中改装、四平奋进、内蒙古亿阳、凌源鸿凌、中集集团、北京和田、福田重机、大迪汽车、天马汽车、山东东岳、泰山五岳、江淮扬天等配套

★阜新恒百达机械有限公司
地址:辽宁省阜新市经济开发区沙海街77号
邮编:123000
电话:0418/6643888、6643898
传真:6643886
网址:www. fxhbdjx. com
电子信箱:ssf621218@ 163. com
法定代表人:邵淑芬
质量体系:ISO/TS 16949
产品情况:液压齿轮泵、汽车转向泵支架、汽车冲压件
配套情况:高中压液压齿轮泵目前已为北京和田汽车、四平奋进专用汽车、唐山冀东专用车等多家自卸车改装厂配套;汽车冲压件已为北汽福田(汽车发动机支架)、阜新德尔集团(汽车转向泵支架)配套

★辽宁太克液压机械有限公司
地址:辽宁省阜新市细河区四合镇
邮编:123000
电话:0418/2982777
传真:2982777
网址:www. lntkyyjx. com
电子信箱:lntaike@ 163. com
法定代表人:王帅
负责人:王树军
单位人数:50
质量体系:ISO/TS 16949、ISO 9001
产品情况:年产100万台液压泵,具备年产20万台液压泵及5万t铸件的生产能力
配套情况:为长春一汽发动机、一汽锡柴、东风朝柴、山东光明机械、大连叉车、青岛台励福等众多厂商配套

★阜新德尔汽车部件股份有限公司
地址:辽宁省阜新市经济开发区E路55号
邮编:123004
电话:0418/3333377

网址:www. fzb. com. cn
电子信箱:fzb@ dare - auto. com
法定代表人:李毅
质量体系:ISO/TS 16949
产品情况:汽车转向泵、齿轮泵、变速器油泵、电动助力转向系统(EPS)电动机、电液泵(EHPS)、无钥匙进入及起动系统(PEPS)等
配套情况:产品配套于上汽通用五菱、与上汽、一汽、东风、北汽、比亚迪、吉利、江铃、江淮、华晨、海马、力帆、广西玉柴、云内动力、长丰、南骏、大运、王牌等国内主要自主品牌主机厂商建立了长期稳定的合作关系,并进入福特(江铃福特)、通用(上汽通用五菱)、依维柯(上汽依维柯、南京依维柯)、日产(郑州日产汽车有限公司)、马自达(一汽轿车的马自达系列车型)、康明斯(东风康明斯)、采埃孚(上海采埃孚转向系统有限公司)等外资或合资品牌的供应商体系

吉林省

★一汽东机工减振器有限公司

地址:长春市汽车经济技术开发区腾飞大路1966号
邮编:130001
电话:0431/85751219、85751205
传真:85783653
网址:www. faw - tokico. com
电子信箱:master@ faw - tokico. com
法定代表人:赵玉林
质量体系:ISO/TS 16949、VDA 6.1
产品情况:汽车减振器
配套及出口情况:为一汽集团、一汽-大众、一汽轿车、广汽本田、一汽丰田、奇瑞汽车、一汽海马、华晨金杯等14个整车厂配套;出口美国、新加坡、俄罗斯、中东地区

★长春市国源实业有限责任公司

地址:长春市创业大街3098号
邮编:130011
电话:0431/85752222
传真:85763999
电子信箱:guoyuan9000@ 163. com
法定代表人:高鹏
质量体系:ISO/TS 16949、VDA 6.1
产品情况:(国源牌)
汽车齿轮,中、重型货车底盘
配套情况:主要客户包括一汽-大众、一汽轿车、一汽解放以及一些汽车零部件制造厂等

★一汽解放汽车有限公司变速箱分公司

地址:长春市绿园区东风大街1398号
邮编:130011
电话:0431/85904716、85904087
传真:85901422、85904006
网址:www. fawbsx. com
电子信箱:tyc_bsx@ faw. com. cn
法定代表人:倪牟淳
单位人数:1000
质量体系:ISO/TS 16949、ISO 14001
产品情况:中重型载货汽车、客车变速器、混合动力客车用的AMT变速器
配套情况:为一汽解放货车厂、一汽解放青岛汽车厂、一汽解放内蒙古分公司、长春一汽轻型车厂、一汽专用车、江淮汽车、一汽客车底盘厂、一汽客车无锡汽车厂、黄海汽车、烟台舒驰客车、重庆恒通客车、安凯汽车、厦门金龙、北汽福田北京客车分公司、中通客车、巴西伊顿、美国伊顿等公司配套

★富奥威泰克汽车底盘系统有限公司

地址:长春市绿园区支农大街3336号
邮编:130011
电话:0431/85774218
传真:85982446
网址:www. fawer. com. cn
电子信箱:li. wei@ towerinternational. com
法定代表人:祖学忠
质量体系:ISO/TS 16949、ISO 14001
产品情况:汽车底盘焊接总成、模块装配和车身结构件等
配套情况:为一汽-大众、一汽轿车、大众一汽平台零部件、天津一汽丰田、一汽丰田(长春)发动机、天津一汽丰田发动机、蒂森克虏伯富奥汽车转向柱长春公司、长春博泽汽车部件、伟巴斯特车顶系统(长春)公司、天津一汽夏利等配套

★长春一汽富晟集团有限公司

地址:长春市汽车产业开发区振兴路593号
邮编:130011
电话:0431/81968609、85909595
传真:81155302、85902777
网址:www. fawsn. com. cn
法定代表人:王玉明
单位人数:5028
产品情况:汽车内外饰产品、汽车电子、转向助力系统、排气系统、起动机、发电机、制动系统、大众平台CAN/LIN网关模块、备件物流等
配套情况:配套市场覆盖一汽-大众、一汽轿车、天津一汽、一汽解放、一汽轻型车、北汽集团等一汽集团市场及东北市场

★大众一汽平台零部件有限公司

地址:长春市高新技术开发区光谷大街3999号
邮编:130012
电话:0431/85787915、85787959
传真:85787911
电子信箱:faw - vwpf@ faw. com. cn
法定代表人:穆乐岳
产品情况:轿车前轴模块、后轴模块、左/右前悬架模块、制动器踏板总成、离合器踏板总成等,包括悬架、制动、转向系统、前桥和后桥等汽车关键底盘零部件

★天合富奥汽车安全系统长春有限公司

地址:长春市高新技术开发区硅谷大街4579号
邮编:130012
电话:0431/85542609
网址:www. zf. com
法定代表人:王晓平
质量体系:ISO/TS 16949、ISO 14001
产品情况:转向盘系统、安全气囊系统和气囊袋切割缝纫、制动盘系统
配套情况:主要客户有包括一汽轿车、一汽-大众、一汽丰田、上汽集团、上汽大众、北京奔驰、华晨宝马、华晨、南京福特、重庆福特、沃尔沃、广汽、广汽菲克、奇瑞等18家客户

★长春特必克世立汽车零部件有限公司

地址:长春市高新区华光街1899号
邮编:130012
电话:0431/87053183、87053172
传真:87053187
网址:www. cctbk. com
电子信箱:tbkcmx001@ 163. com
法定代表人:岸高明
单位人数:100
质量体系:ISO/TS 16949、ISO 14001
产品情况:载货汽车、客车用鼓式、盘式制动摩擦片
配套情况:为一汽解放公司配套,配套车型为J5P、J6系列、300桥、奥威、捍威车等,还为福田汽车、江淮汽车、华菱汽车、北方奔驰、东风柳汽、配套无石棉鼓式刹车片,为万安科技集团、武汉元丰公司、隆中控股公司、江苏恒力集团、供盘式摩擦制动块

★吉林东光奥威汽车制动系统有限公司

地址:长春市高新区卫明街999号
邮编:130012
电话:0431/85157011、85157026
电子信箱:chong. wang@ jabf. cn
法定代表人:姜涛
质量体系:ISO/TS 16949、QS 9000
产品情况:(奥威牌)
以真空助力器、制动主缸、压力调节阀、储液罐、盘式制动器、鼓式制动器为主的6大系列100多个品种的制动系产品
配套及出口情况:为一汽-大众、一汽轿车、神龙公司、东风日产、上汽通用五菱、长安铃木、沈阳华晨、天津一汽夏利、奇瑞、长城、吉利、海马、哈飞等国内30多家整车厂的众多车型批量供货;远销美国、伊朗等国家

★富奥汽车零部件公司传动轴分公司

地址:长春市西新经济技术开发区富奥大路599A号
邮编:130013
电话:0431/85127700
传真:85127700
网址:www. fawer. com. cn
法定代表人:郭世仁
质量体系:ISO/TS 16949、VDA 6.1

产品情况:轻、中、重型商用车和客车传动轴、转向传动轴、转向助力泵等
配套情况:为一汽集团配套,同时为长城汽车、双环汽车、河北中兴、北奔重汽、重汽集团、宇通客车、武汉客车底盘、工程机械类厂家等供货

★富奥汽车零部件公司底盘结构件分公司
地址:长春市西新经济技术开发区富奥大路599C号
邮编:130013
电话:0431/85122193
传真:85122193
网址:www.fawer.com.cn
电子信箱:wangyunqi@fawer.com.cn
法定代表人:马昆
质量体系:ISO/TS 16949
产品情况:平衡悬架系列、凸轮系列、扭杆系列、铸锻件支架系列等产品

★长春富奥万安制动控制系统有限公司
地址:长春市西新经济技术开发区富奥大路599D号
邮编:130013
电话:0431/85122156、85122161
传真:85122155
网址:www.vie.com.cn
法定代表人:甘先国
产品情况:组合踏板总成、变速操纵系统、空气处理单元、各类气阀、制动卡钳、制动器、真空助力器带制动主缸总成、制动盘等产品
配套情况:为一汽及其关联公司配套

★采埃孚富奥底盘技术(长春)有限公司
地址:长春市东南湖大路5000号
邮编:130033
电话:0431/85800808
传真:85800908
网址:www.fawer.com.cn、www.zf.com
法定代表人:祖学忠
质量体系:ISO/TS 16949
产品情况:为乘用车配套的前后桥系统提供装配业务,生产控制臂、稳定杆连接杆、差速器壳体等底盘零部件
配套情况:为一汽-大众、一汽解放、一汽客车底盘配套

★蒂森克虏伯富奥汽车转向柱长春公司
地址:长春市经济技术开发区昆山路4477号
邮编:130033
电话:0431/87056330
传真:85878910
网址:www.fawer.com.cn
电子信箱:haopeng.ding@thyssenkrupp.com
法定代表人:盖德杜勒
质量体系:QS 9000、ISO 9001
产品情况:汽车转向柱(捷达转向柱总成、解放系列货车转向柱,奥迪轿车系列、奔驰、长城等)
配套情况:为一汽-大众、一汽解放、大众奥迪、北京奔驰、天津一汽夏利、一汽轿车、北京汽车、长城汽车、雷诺三星等供货

★天合富奥商用车转向器长春有限公司
地址:长春市经济开发区东南湖大路4789号
邮编:130033
电话:0431/87053602
传真:87053533
网址:www.zf.com
法定代表人:王晓平
质量体系:ISO/TS 16949、ISO 9001
产品情况:(FAWER牌、TRW牌)
商用车动力转向器产品
配套情况:为一汽解放、北奔重汽、柳州特种车厂等配套

★一汽光洋转向装置有限公司
地址:长春市汽车经济技术开发区西湖大路8399号
邮编:130033
电话:0431/82025231、82025232
传真:82025238
网址:www.fawkoyo.com
电子信箱:zhangqi@fawkoyo.com
法定代表人:祖学忠
质量体系:VDA 6.1、ISO/TS 16949
产品情况:(FAW-KYO牌)
电动助力转向系统等转向器总成产品
配套情况:为一汽-大众、一汽轿车、一汽海马、天津一汽、长城汽车、华晨汽车等厂家等配套

★凯世曼铸造长春有限公司
地址:长春市经济技术开发区中山大街5555号
邮编:130052
电话:0431/82912263、18946565655
传真:82919774
电子信箱:fu.chenggang@ksmcastings.cn
法定代表人:包云鹏
质量体系:ISO/TS 16949、VDA 6.1
产品情况:丰田轿车转向器、一汽-大众奥迪发动机右支架、一汽-大众捷达变速器壳体、奥迪发动机悬置左支架、宝来变速器支架、东安发动机离合器壳体、捷达转向器壳体等,年产量7300t
配套情况:为一汽-大众、哈尔滨东安发动机、一汽海马动力、一汽光洋转向装置和大众一汽发动机(大连)公司配套

★一汽富维汽车零部件公司车轮分公司
地址:长春市宽城区青年路3458号
邮编:130052
电话:0431/85805550、85805320
传真:85805324、85805579
电子信箱:wamgmh-clgs@faw.com.cn
法定代表人:部然
质量体系:ISO/TS 16949、VDA 6.1
产品情况:(FAW牌)
型钢、滚型、旋压三大系列钢车轮,年产将达到400万件/套
配套情况:为一汽-大众、上汽大众等配套滚型车轮;为宇通客车、杭州日产等30多家豪华大客车、重型货车企业配套中重无内胎车轮

★长春北特汽车零部件有限公司
地址:长春市汽车产业开发区丙二街与乙六路交汇处
邮编:130061
电话:0431/85982271
传真:85982276
网址:www.sh-beite.com
法定代表人:靳晓堂
产品情况:电动转向柱零部件、转向器零部件、减振器零部件

★一汽解放汽车有限公司车桥分公司
地址:长春市汽车产业开发区东风大街83号
邮编:130061
电话:0431/85732805
网址:www.fawjiefang.com.cn
电子信箱:1271718961@qq.com
法定代表人:倪牟淳
产品情况:Φ485贯通中后桥、Φ498大单级桥、Φ300轮边减速桥等自主三大桥
出口情况:远销俄罗斯、美国、韩国、印度等海外市场

★长春一汽富晟特必克制动有限公司
地址:长春市朝阳经济开发区育民路2899号
邮编:130103
电话:0431/81961789
网址:www.fawsn.com.cn
电子信箱:linmeng312@163.com
法定代表人:张昕
质量体系:ISO/TS 16949、ISO 14000
产品情况:(解放牌)
制动盘总成、制动器总成、制动鼓总成、突缘总成、半轴、控制臂总成、轴承座总成等1200余种零部件
配套情况:主要为一汽解放车桥分公司、一汽客车、一汽轻型车厂、长春解放汽车底盘有限公司等主机厂提供产品

★锦湖轮胎(长春)有限公司
地址:长春市朝阳区高新区锦湖大路677号
邮编:130103
电话:0431/87050755
网址:www.kumhotire.com.cn
电子信箱:songnn@kumhotire.com
法定代表人:赵载锡
产品情况:(锦湖牌)
轿车轮胎

★长春市汇锋汽车齿轮股份有限公司
地址:长春市朝阳区经济开发区育民路888号
邮编:130103
电话:0431/85025880、85011228
传真:85025881、85023222
电子信箱:huifengxiaoshou@hfgear.com

目 录 CONTENTS

中国优秀零部件及设备供应商推荐

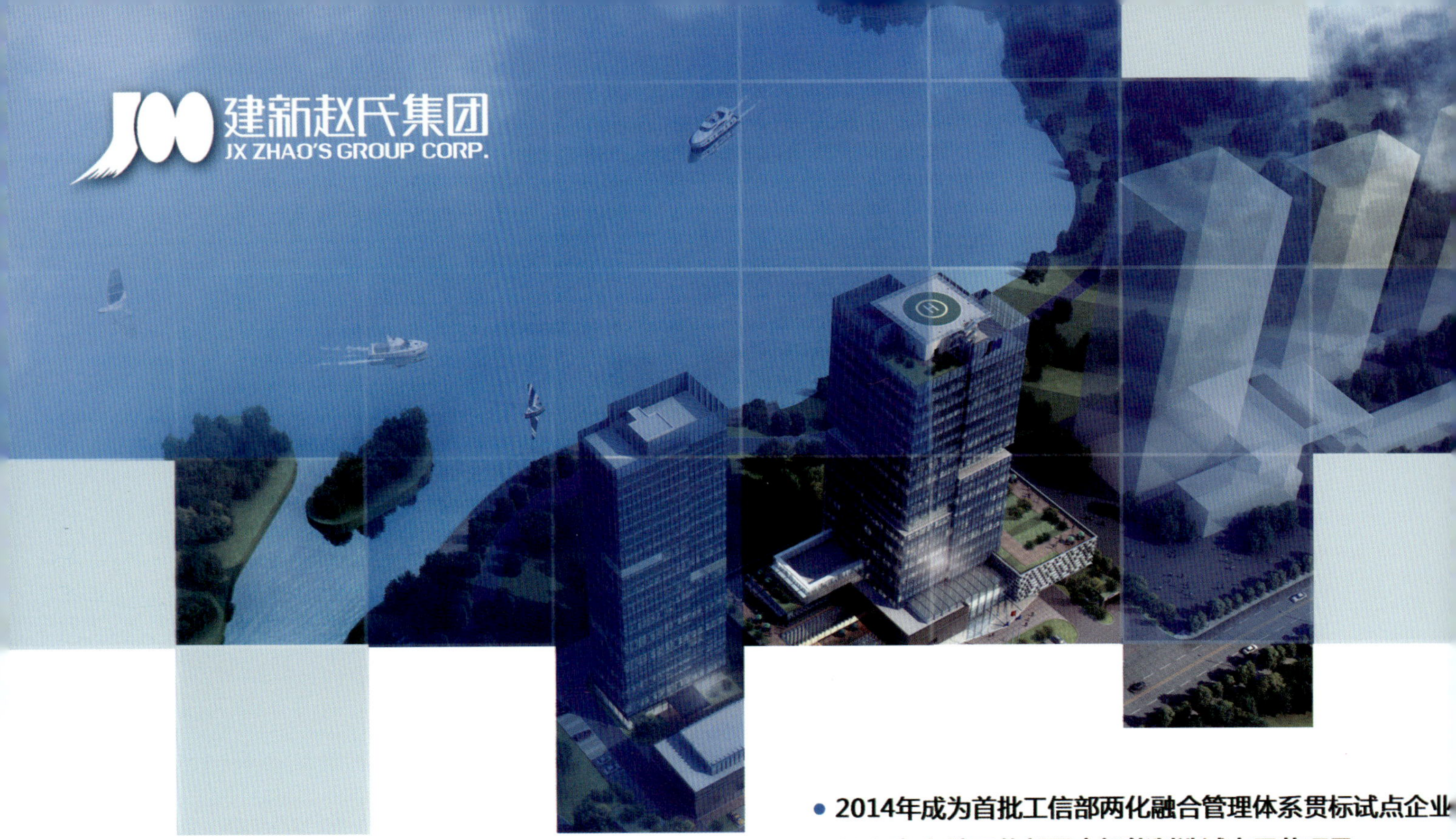

建新赵氏集团
JX ZHAO'S GROUP CORP.

- 2014年成为首批工信部两化融合管理体系贯标试点企业
- 2017年入选工信部国家智能制造试点示范项目
- 2017年通过CNAS国家级实验室认可

Company Profile 关于我们

建新赵氏集团有限公司创建于1984年，位于东海之滨的宁波宁海县，是国家级高新技术企业，建有省级企业工程技术中心、院士工作站与博士后工作站。

公司主要研发生产汽车整车密封条、橡胶金属减振件、底盘件、铝压铸、胶管、亮条和天窗总成等产品，产品主要配套于一汽-大众、上汽大众、上汽通用、神龙汽车等汽车厂家，并出口美国通用、克莱斯勒、德国大众、奥迪等，2017年公司销售收入达38亿元。

公司推行以技术创新开拓市场的营销理念，不断提升自主创新能力。严格质量管理，追求卓越品质，先后通过了ISO9001、ISO14001、OHSAS18001及IATF16949管理体系。

关注建新赵氏集团微信公众号
可获取更多企业资讯

World Class R&D Advanced Automotive Components Supplier

成为世界级科研领先的汽车零部件提供商

Core Business
核心业务

整车密封条/橡胶金属减振件/铝压铸/底盘系统装置/胶管/天窗总成

Company Layout
公司布局

中国/美国底特律/德国慕尼黑/日本东京都

Main Customers
主要客户

一汽-大众/上汽大众/神龙汽车/德国大众/奥迪/上汽通用/长安福特/广汽菲亚特/菲亚特克莱斯勒/斯柯达/蔚来汽车/宝沃/吉利/车和家

Enterprise Honor
企业荣誉

浙江省国家高新技术企业百强；
一汽-大众：优秀开发奖、优秀质量奖、优秀国产化奖、优秀成本控制供应商；
上汽大众配件供应商优秀企业；
神龙公司战略供应商；通用中国优秀供应商
华晨售后满意度奖；
FCA优秀供应商质量奖；
德国宝沃质量贡献奖

Contact Information
联系方式

地址：浙江省宁海县科技园区科园北路281
邮编：315600
总机：0574-59975000
邮箱：jxhr@jianxin.com

长春峰泰汽车胶业有限公司

长春峰泰汽车胶业有限公司（以下简称“公司”）是研发及生产各种汽车滤清器胶黏剂的专业制造商，也是国内汽车制造行业的二级配套供应商。公司具有一整套先进的生产设备及检测仪器。本公司产品经CTI华测检测中心检测，确认为不含对人体有害物质，是真正的环保型胶黏剂。

公司主要产品为聚氨酯系列。主要应用于汽车空气滤芯、机油滤芯、柴油滤芯、汽油滤芯、空调滤芯及工业滤芯的黏结与密封。公司自主研发生产的KB-398、KB-396聚氨酯胶黏剂、PUR聚氨酯组合料性能已达到国际同类产品水平，并填补了国内空白。产品经一汽技术检测中心认可，并由德国曼牌滤清器公司确认合格。公司以产品创新、质量求实、管理高效、服务一流为宗旨，竭诚为国内外新老用户提供优质的产品和一流的服务。

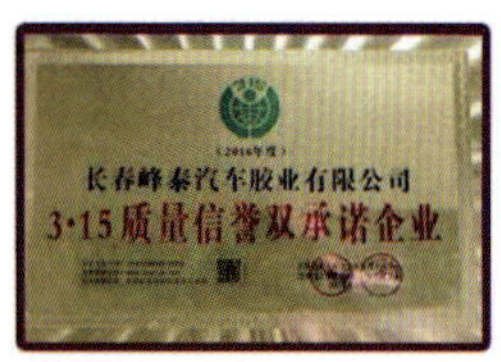

主要产品 Products

聚氨酯组合料

产品牌号	特征及用途
ZT-505 ZT-506 ZT-507 ZT-508	浇注型聚氨酯双组分组合料，是高性能空气滤清器密封弹性体专用材料。 密封性能优良、耐油、耐水解、耐热、耐低温、无毒、无污染。 本产品适用范围广泛，目前已应用于劳斯莱斯、迈巴赫、宾利、奔驰、宝马、兰博基尼、玛莎拉蒂、阿斯顿马丁、雷克萨斯、奥迪、林肯、凯迪拉克等豪华轿车及高性能跑车。 同时也应用于大众、丰田、本田、马自达等德系、日系及国产各种高中低端车型。

胶黏剂系列

产品牌号	特征及用途
ZT-305 ZT-308 ZT-401 KB-396 KB-398 B-398	本产品系列为多用途常温快固型胶黏剂。 产品无毒、无味、无污染、耐油、耐高低温、耐冲击、固化时间短，黏结强度高。 本产品系列普遍适用于机油滤清器、柴油滤清器、汽油滤清器、空调滤清器、工业滤清器及空气滤清器、纸（无纺布）与金属之间的黏结。也可用于50A安全滤芯无纺布与PP塑料的黏结固定。 同时也广泛适用于金属、橡胶、塑料、木材、陶瓷、皮革的黏结。
FT-606	机油滤芯用环保胶片

ZT-507制品

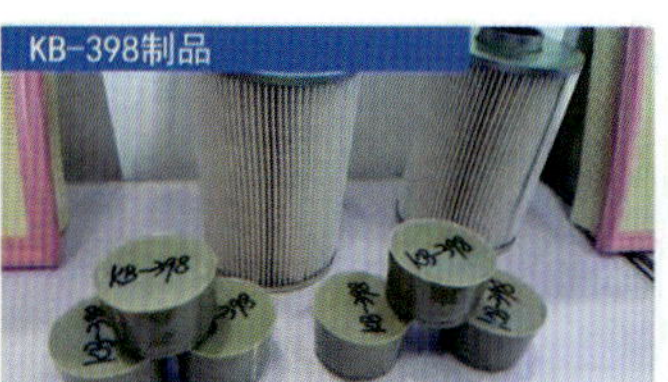
KB-398制品

DSC先进的生产设备

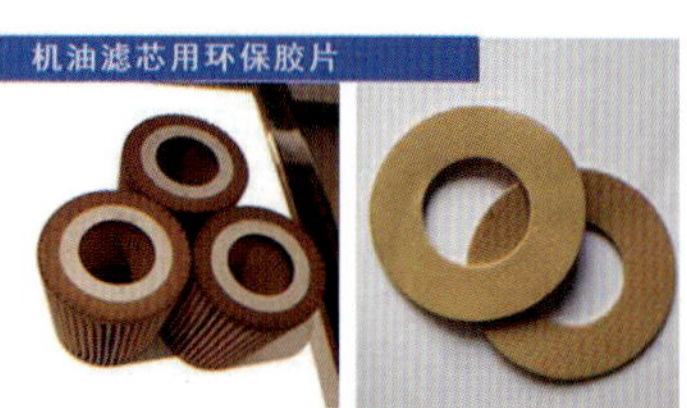
机油滤芯用环保胶片

ZT-506A制品

DSC库房一角

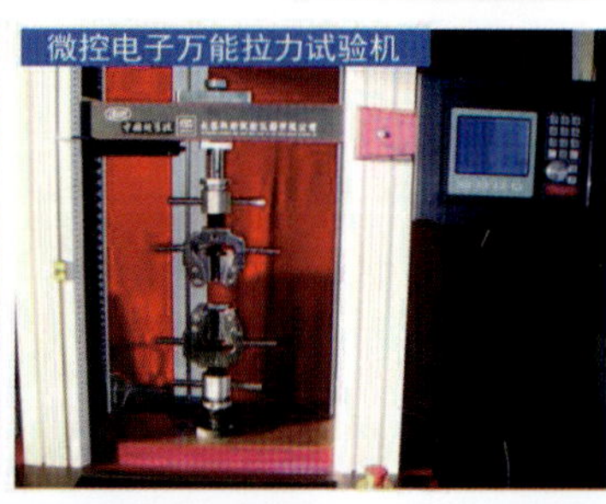
微控电子万能拉力试验机

长春峰泰汽车胶业有限公司

地　址：长春市二道区三道镇香水村

联系人：冯先生

传　真：0431-84526887

E-mail：junshan.feng@ccfengtai.com

手　机：13314311712

网　址：www.ccfengtai.com

QQ邮箱：2441505269@qq.com

公主岭市远达实业有限公司

Gongzhuling Yuanda Industrial Co.,Ltd.

公主岭市远达实业有限公司（简称“远达”）始建于1997年，公司两个厂区共占地面积36000 m²，现有生产厂房12000 m²。

远达公司目前拥有员工120人，其中管理人员15人、专业技术人员15人。远达不但有从事气门芯生产40年以上经验丰富行业专家，也有拥有高学历能与国际先进技术接轨的高科技人才。人才成就企业，企业造就人才！

远达的宗旨是：品质第一，顾客至上；服务市场。用我们的专业服务为您创造更大的效益及更高的知名度！服务不止于顾客认可，更要追求客户成功！

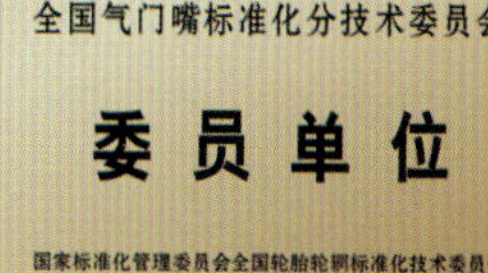

主要产品

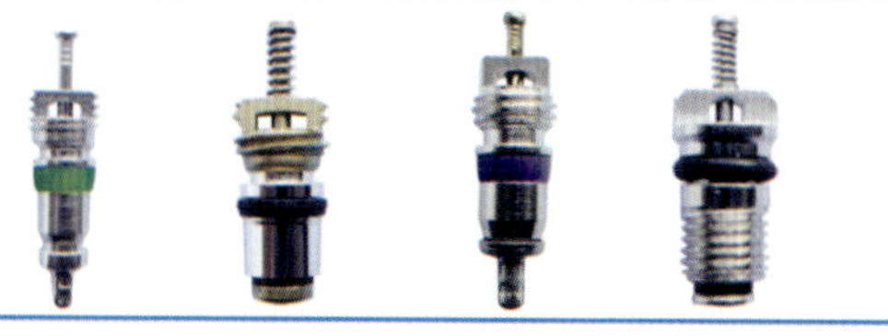

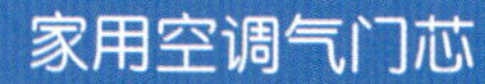

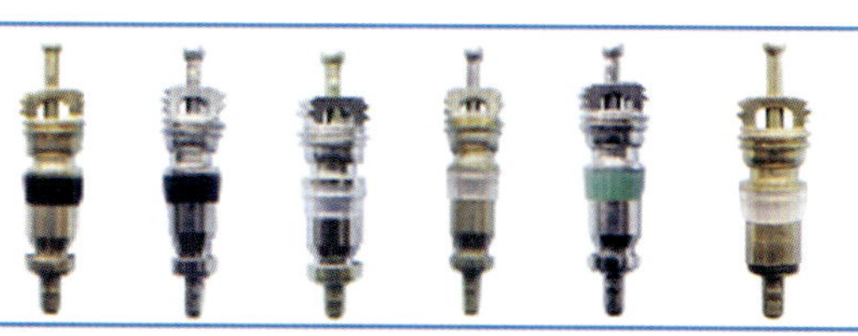

汽车轮胎气门芯

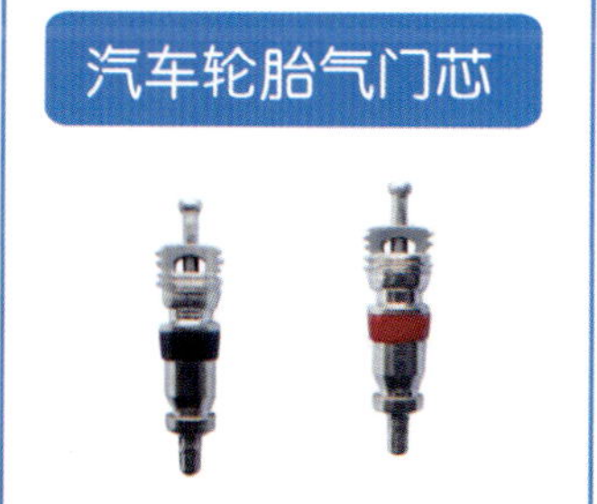

汽车空调充注阀

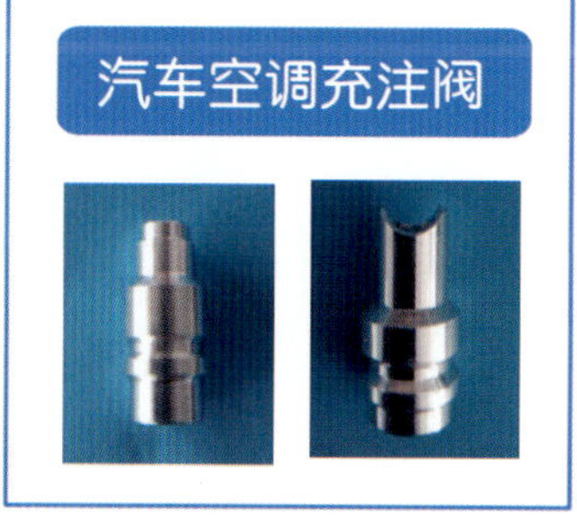

2005年引进了国际最先进的德国HUTT公司全自动装配机2台，从而节约了人力资源，提高了生产效率，稳定了产品质量。

2008年公司组织技术人员对德国设备技术进行了消化吸收，进行自主开发全自动装配机7台，不同型号的汽车空调气门芯产品专机专用更能满足客户对产品的品质要求。

电话 /0434-6276355　传真 /0434-6276377　邮箱 /gzlyuanda@chinaydsy.com

加特可（广州）自动变速箱有限公司

公司简介 〉〉〉

加特可株式会社（以下简称加特可，总部：日本静冈县富士市，注册资金：299 亿 3530 万日元）是汽车用变速器 AT · CVT 的专业制造厂商，自前身日产汽车工厂创立以来已有 74 年的历史，其中 AT 生产达 50 余年，CVT 生产也已经 21 年，截至 2017 年 3 月，累计生产 AT · CVT 达 1 亿台。其中，在无级自动变速器 CVT 领域，加特可作为世界首家单一生产 CVT 累计达 4000 万台的制造厂商，同时也是一家拥有从微小型车到 3.5L 大型车用 CVT 全系列产品的制造厂商，一直占据 CVT 全球市场约一半的份额。

加特可（广州）自动变速箱有限公司（以下简称加特可广州）是加特可为了向世界上最大的汽车市场——中国市场供应产品，2007 年在广州独资设立的生产据点，2009 年开始量产，目前员工超过 2000 人，年产能超过 100 万台，除了生产外，还具有研发、市场调查、品质保证、销售等职能，建立起了能够快速应对中国市场需求的体制。目前，加特可广州主要生产“Jatco CVT7”“Jatco CVT8”“Jatco CVT7 W/R”等加特可最新重点产品，截至 2018 年 11 月，加特可广州累计生产 CVT 超过 600 万台。

极致造物

加特可广州延用集团特有的“JEPS（JATCO Excellent Production System）”生产方式，秉承日本惯有的精密严谨，把从原料采购、加工、组装、检查到出货的所有工序整合到一条生产线上，在品质、成本、交货期等方面都以世界第一的生产制造为目标，在现状与目标差距上无限改善与变革，持续提升生产制造的水平。为了生产出符合中国市场需求，超越客户期待价值的高品质产品，2012 年加特可广州设立了品质技术中心，该中心集合开发、市场品质保证、采购、供应商品质保证等机能为一身，与生产紧密协作，全力支持产品生产。2015 年，加特可广州率先在加特可集团内量产了拥有世界最大变速比幅 8.7 的“Jatco CVT7W/R”，其高燃油性能满足市场多种需求。

匠心育人

加特可广州把“人才”比作“人财”，将人财的开发和培养一直作为公司发展的重要战略之一。通过对人财采取

分库开发培养，提升了人财现地化率。同时，加特可广州还建立起覆盖全员，满足各层级、各职种的全方位培训体系，实现了传帮带、高端技能传承。除了完善的人财开发和培训体系，加特可广州还为人财提供了加特可特有的实践体系，通过各部门紧密的跨部门团队活动，进而快速解决业务或者和经营管理上至关重要的课题，提升员工课题解决及课题分解的能力，达成公司经营计划，将员工的发展与企业发展融为一体，让员工与企业共同成长。

深耕技术

加特可广州不做简单的技术拷贝，为让技术在中国生根，加特可广州极力推行自动变速器 CVT 国产化，降低产品成本，满足中国市场对 CVT 的需求。自 2007 年企业成立以来，在实施国产化的道路上稳健经营，几年来企业规模不断扩大，国产化水平不断提高，目前公司产品国产化率达 85% 以上。为配合国家环境保护政策，加特可广州大胆进行技术创新、降低油耗，使国内 CVT 的燃油经济性能提高了 10% ～ 13%，为推动中国汽车行业节能减排以及国家环境保护政策的贯彻落实发挥了积极的示范作用。

信赖有加

加特可广州以“优秀企业市民”为准则，积极地履行社会责任。以环境、教育、社会福祉这三个领域为中心，通过开展植树造林、清扫等环保活动，积极为地区社会做贡献，同时通过组织员工献爱心、支援贫困山区儿童教育等活动，致力于关爱社会弱势群体，积极主动地为解决社会问题采取措施，力求成为当地居民所喜爱的企业。加特可广州值得信赖的魅力企业形象得到社会广泛认可。通过多年不断的管理及创新，加特可广州先后被省、市、行业内外的诸多单位授予多个荣誉称号。

未来，加特可广州将在现有的基础上进一步加快打造魅力企业工作，在经营现地化、人财现地化和技术现地化方面继续精研，通过自身卓越的品牌技术能力和市场业绩，以及兼顾优越的环保性能和动力性能的高品质的自动变速器，为中国汽车行业的发展贡献力量。

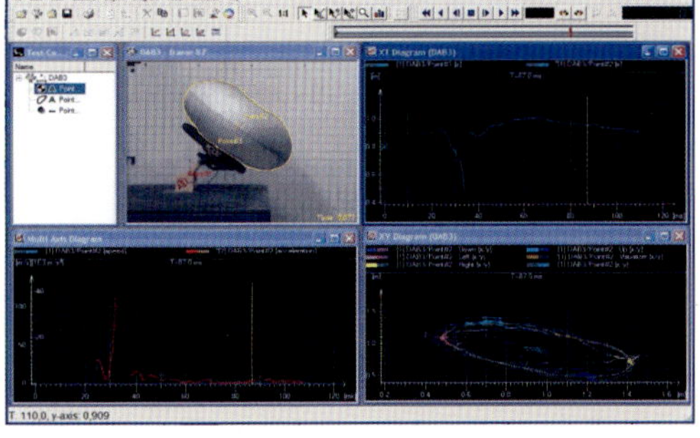

国家汽车质量监督检验中心(北京)

国家汽车质量监督检验中心(北京顺义)(以下简称中心)由国家质量监督检验检疫总局批准筹建(国质检【2009】61号);北京市产品质量监督检验院在北京市质量技术监督局领导下,积极联合北京及周边地区汽车检测优势资源,并通过市政府立项投资建设高水平实验室,打造功能齐全、设施完善的独立、公正、科学、权威的第三方汽车专业检测研究机构。

中心占地总面积14.3万m^2,建设用地面积9.5万m^2,规划总面积12.3万m^2,一期建设7.8万m^2,建有碰撞安全实验室、零部件实验室、整车性能实验室、排放节能实验室、灯光电器实验室、电磁兼容实验室、材料与用品实验室、油品实验室、仿真分析实验室、新能源实验室、缺陷工程分析实验室,拥有先进设备300多台/套。中心检测能力覆盖174个产品,2419个参数,具备汽车及相关产品强制性检验能力。

主要包括:

碰撞安全:

碰撞安全实验室具备检测能力4项,可进行3.5t以下车辆的正面、正面偏置、侧面、追尾、翻滚等多种类型实验,可实现时速120km的单车碰撞,时速80km的车车正对碰、偏置对碰等。

行人保护:腿部冲击试验,头型冲击试验。

整车性能:

包括整车动力性、经济性、制动、噪声、操纵稳定性、行驶平顺性和可靠性等试验项目;

具备国家强制性检测项目要求的整车基本性能检测,如侧倾、淋雨密闭性、侧后防护、尺寸及质量参数等,同时具备整车基本性能等研发与验证试验能力。

节能环保与新能源:

具备轻型车辆机动车污染物排放限值的试验能力;

具备对关键部件噪声测量、分析的试验研发能力;

具备轻型车辆曲轴箱污染物、排放耐久、车载故障诊断系统等的试验能力;

具备电动汽车、动力电池及配套设施检测研究能力。

零部件:

中心建立涵盖车辆底盘、车身、电气、附件等主要总成和零件的试验检测能力和环境技术条件。主要包括:座椅、头枕、安全带、内饰材料、后视镜、门锁、门铰链、轮胎、燃油箱、制动软管、暖风机、遮阳板、电喇叭、玻璃升降器、风窗洗涤器、刮水器、减振器、传动轴、驱动桥、V型带等产品的性能和耐久试验。

其他:

具备整车及车载电子电器设备的电磁兼容实验研究和检测能力;

具备结构仿真和汽车导航等模拟分析与检测能力;

具备车内空气质量与车内材料有害物的检测能力;

具备汽柴油、润滑油检测能力;

具备部分汽车专业计量校准能力。

地址:北京市顺义区顺兴路9号　　电话:010-57521131　　传真:010-57521181

绵阳富临精工机械股份有限公司
MIANYANG FULIN PRECISION MACHINING CO., LTD.
精工·品质 精益求精 / 严格监控 / 永续改进 / 创造满意
Keep Improving / Strict Supervision / Continual Improvement / Create Satisfaction

公司基本情况 /

成立时间：1997年

注册资本：4.97亿元

员工总数：1600人

公司性质：股份有限公司（公司简称：富临精工，2015年3月创业板上市，股票代码：300432）

注册地址：四川省绵阳市高端装备制造产业园凤凰中路37号

经营范围：汽车零部件、锂电池正极材料、研发、制造、销售

主要产品：气门挺柱、气门摇臂、VVT、VVL、自动张紧器、机油喷嘴、电子水泵、电子真空泵、新能源电控系统及总成、精密机械零件、锂电池正极材料。

产业布局 /

- 绵阳富临精工 中国绵阳
- 成都富临精工 中国成都
- 襄阳富临精工 中国襄阳
- 湖南升华科技 中国株洲
- 江西升华科技 中国宜昌
- 法国富临精工 法国里昂

主营结构 /

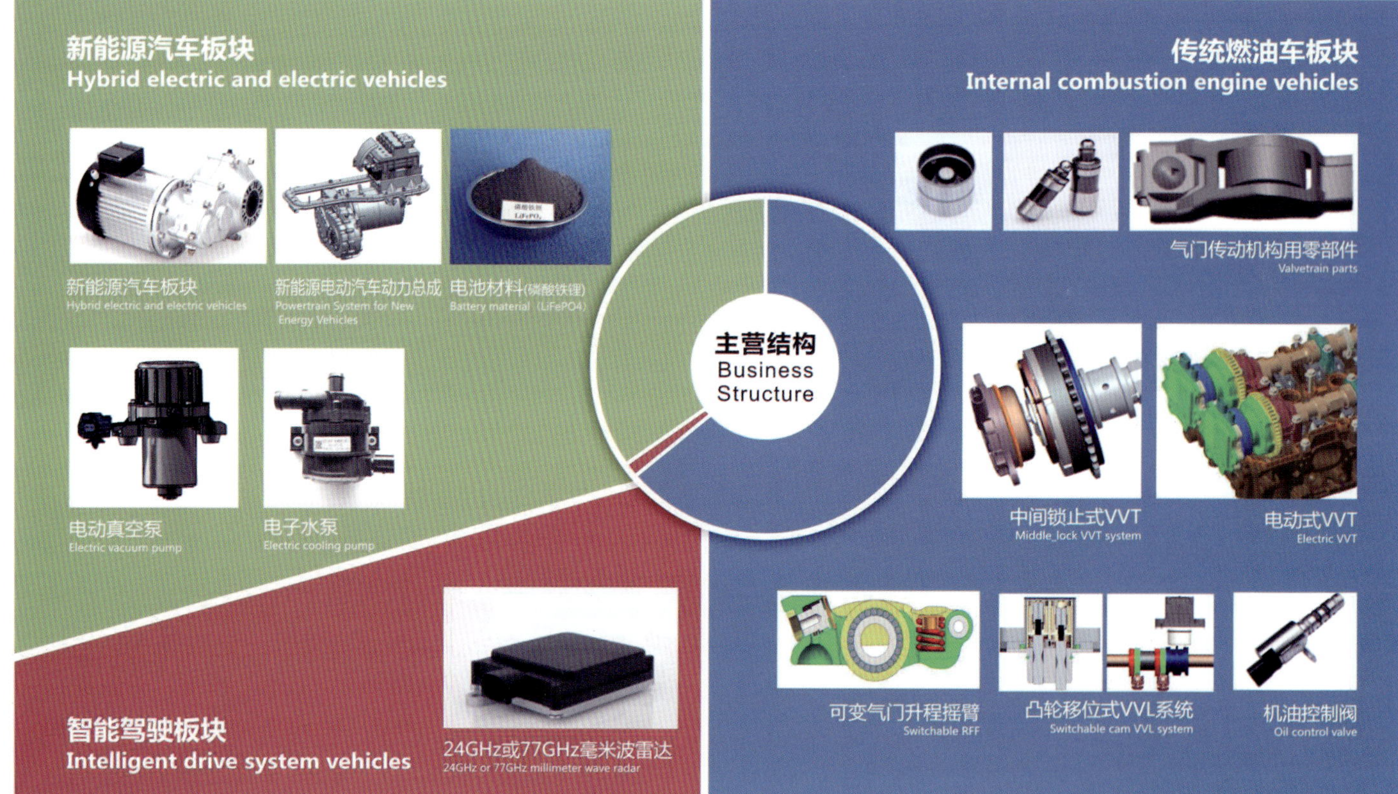

地址：中国四川省绵阳市涪城区高端装备制造产业园凤凰中路37号　邮编：621000　电话：+86-816-6800668　传真：+86-816-6800660
网址：http://www.fulinpm.com　邮箱：postmaster@fulinpm.com

LinControl
菱电电控

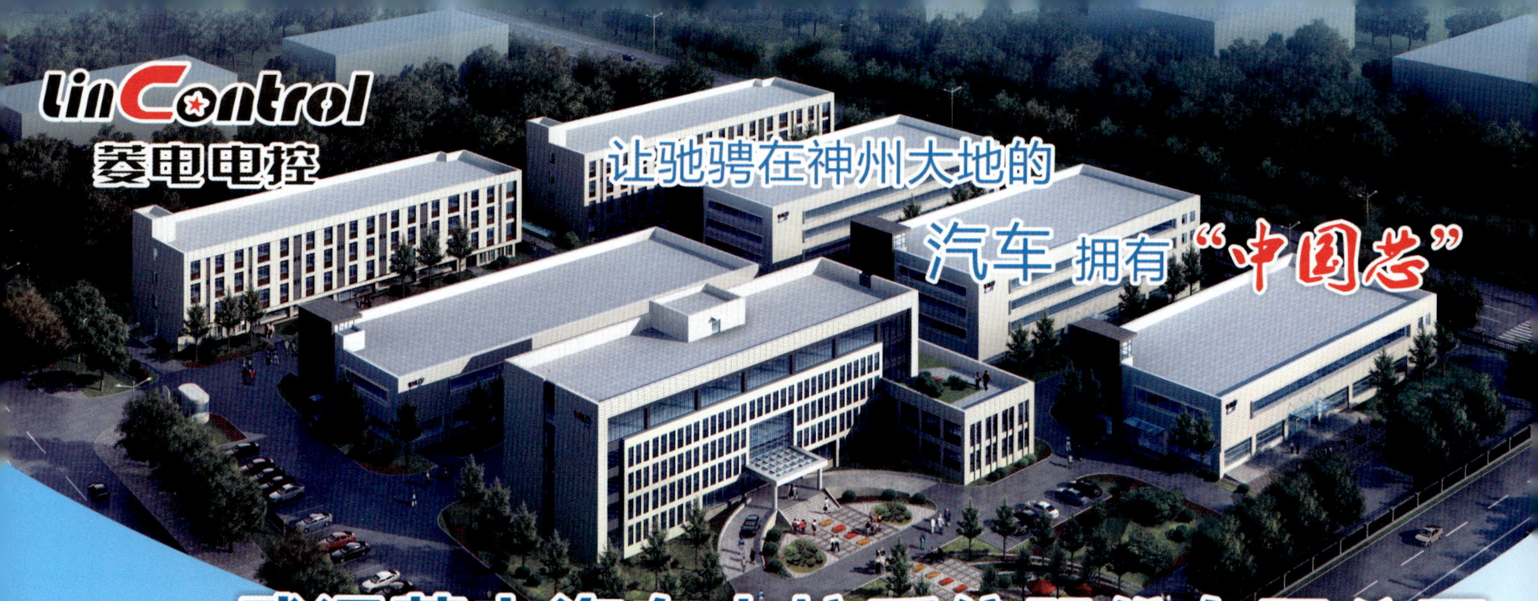

武汉菱电汽车电控系统股份有限公司

WUHAN LINCONTROL AUTOMOTIVE ELECTRONICS CO., LTD

ABOUTUS 公司简介

武汉菱电汽车电控系统股份有限公司成立于2005年，是专业从事电子产品的研发、生产的高新技术企业，是中国领先的汽车电子控制技术、系统集成提供商。

公司秉承自主创新的理念，一直专注于汽车发动机管理系统（EMS）的研发和技术积累，拥有完全自主知识产权的汽车发动机管理系统开发平台，并在此平台基础上形成汽油发动机管理系统、柴油发动机管理系统、替代能源发动机管理系统、混合动力发动机管理系统，公司为整车制造厂商提供先进的发动机管理系统技术、产品和服务的全方位解决方案。

公司先后承担了多项国家"863计划"、国家"产业振兴和技术改造"、国家"工业强基工程"、国家"创新基金"等项目的研究任务。取得国家专利及软件著作权多项。公司研发的发动机管理系统已为国内多家汽车、发动机生产企业配套，获得了良好的声誉。

公司自主研发,拥有自主知识产权，以质量求生存，以创新求发展，以诚信求市场，将不懈努力完善客户服服务,为民族汽车工业的发展做出自己的贡献。

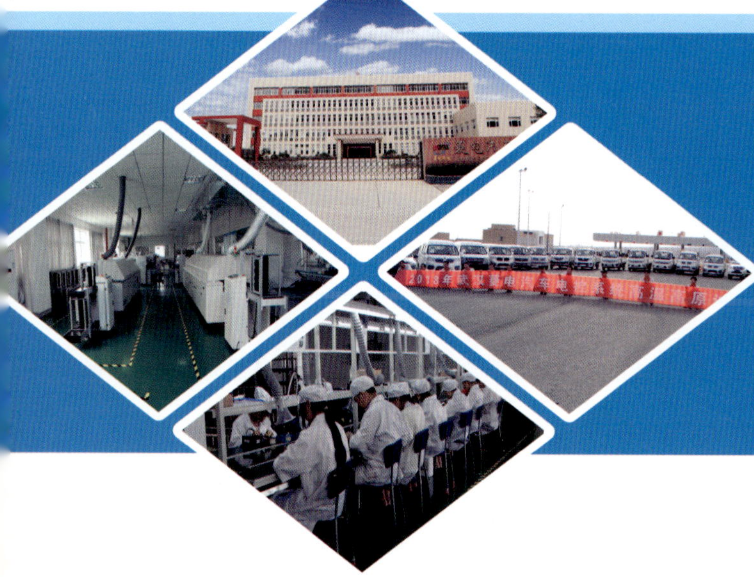

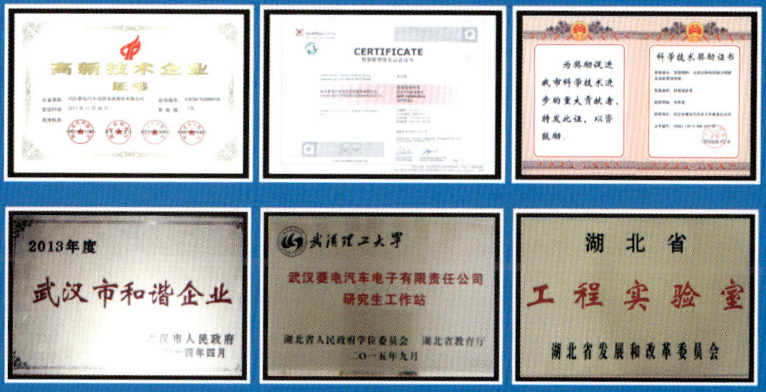

联系我们 Contact us

地址：武汉市东西湖区金银湖街清水路特8号

电话：027-81821900　传真：027-81822580

网址：www.lincontrol.com　邮箱：whldqc@163.com

骆驼集团——中克骆瑞新能源科技有限公司

中克骆瑞新能源科技有限公司(简称“中克骆瑞”)系国内车用电池上市企业骆驼集团股份有限公司与克罗地亚超跑电动车企业 Rimac Automobili 成立的合资公司，主要从事新能源汽车驱动系统、电池管理系统、汽车电子等领域的研发、制造、销售、服务。中克骆瑞专注于提供技术领先型的新能源汽车动力系统解决方案，助力新能源汽车产业发展。公司产品主要用于新能源驱动的乘用车、商用车和专用车。目前已经启动一期项目建设，投产后形成年产 5 万套新能源汽车驱动系统总成的生产能力。

世界顶级电驱动技术国内首发-MOTA140

- 核心技术源自世界电动跑车方案。
- 针对中国市场需求，专门进行优化定制。
- 达到世界领先水平的性能及效率。
- 可衍生成为不同版本产品，满足不同需求、适应多种车型。
- 强大的国际技术团队支持。

功率最高可达 145kW

功率密度可达 4 kW / kg

转矩最高可达 300N•m

地址：湖北自贸区（襄阳片区）新星路2号

邮编：441058　　电话：0710-3318185

邮箱：sales@camel-rimac.com　　网址：www.chinacamel.com

骆驼集团——襄阳宇清电驱动科技有限公司

襄阳宇清电驱动科技有限公司为骆驼集团子公司。主营业务为新能源汽车电驱动系统的关键零部件研发、制造、销售；同时兼顾工业领域的通用和特种电动机的研发、制造和销售。公司是行业内较早进入新能源汽车领域、较早启动新能源汽车驱动系统研究的企业之一。

电机产品

TZ210XS系列永磁同步电机

TZ260XS系列永磁同步电机

电机/变速箱总成

TZ290XS系列永磁同步电机

TZ400XS系列永磁同步电机

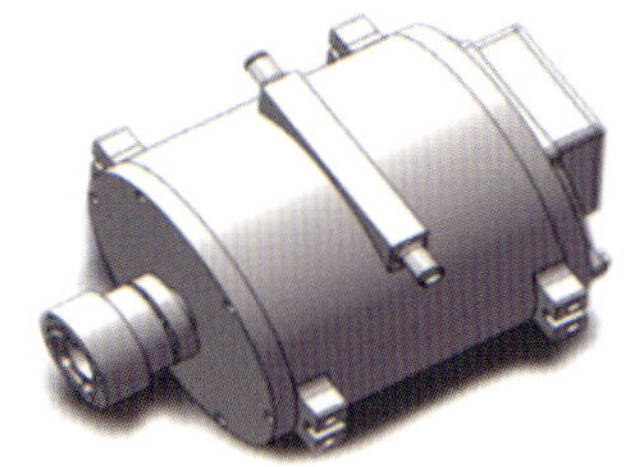
12000rpm高速电机

客户信息

客车

江西凯马百路佳

东风天翼纯电动客车

中沃汽车

南京金龙客车

宇通观景纯电动客车

重庆恒通纯电动客车

物流车

山东凯马5042 纯电动物流车

山东唐骏T1 纯电动物流车

山东凯马5030 纯电动厢式运输车

金华青5080 纯电动物流车

随州恒天5041 纯电动物流车

东风5041 纯电动厢式运输车

专用车

东风生态钩臂环卫车

机场牵引车

东风特种车自卸式垃圾车

东风生态纯电动邮政专用车

地址：湖北自贸区（襄阳片区）新星路2号

邮编：441058　　电话：0710-3318185

邮箱：sales@camel-rimac.com　　网址：www.chinacamel.com

公司简介 >>>

宁波培源汽车配件制造有限公司是一家专业生产汽车减振器实心活塞杆、空心活塞杆、高铁列车减振器活塞杆、汽车减振器外筒总成、内油管、减振器冲压件、机械加工件、液压翻转系统活塞杆、汽车变速器转子等产品的民营股份制企业。

公司创建于 1996 年，占地面积 96000 m²，建筑面积 78000 m²，现有员工 1300 余人。

近年来，公司不断强化内部管理，紧跟国际步伐，于 2000 年通过 QS9000:1998 认证，2009 年获得 TS16949:2009 质量体系认证。公司坚持“精益求精、品质至上、持续改进、追求卓越”的质量方针，以一流的服务为客户提供优质的产品，收到国内外客户的一致好评。公司目前主要配套企业有 SGM、ZF、DAEWOO、BILSTEIN、TENNCO 等；配套车型主要有 GM、BENZ、BMW、AUDI、TOYOTA、HONDA、FORD、NISSAN 等。

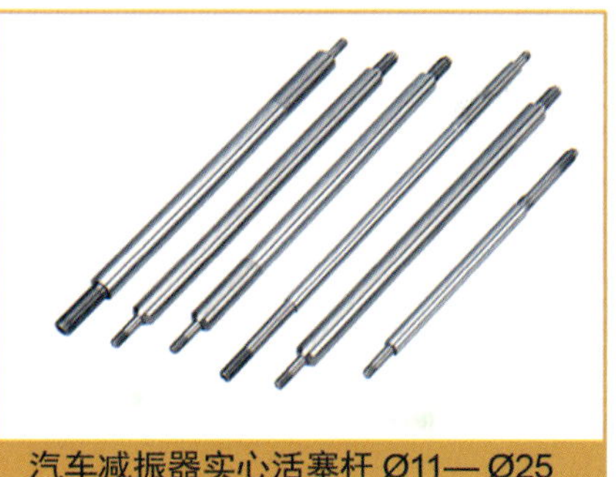

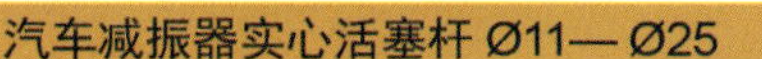

汽车减振器实心活塞杆 Ø11—Ø25

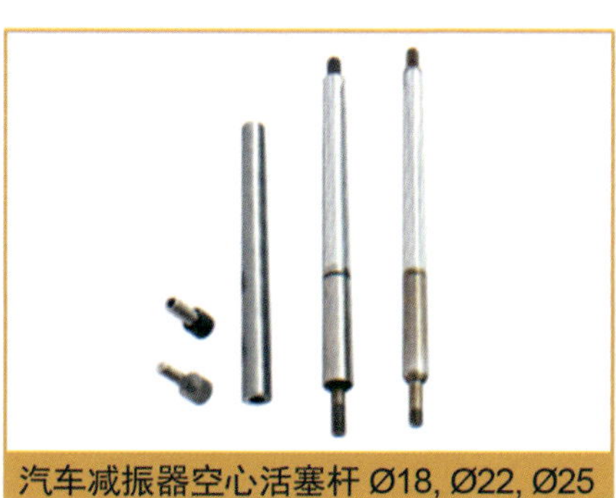

汽车减振器空心活塞杆 Ø18, Ø22, Ø25

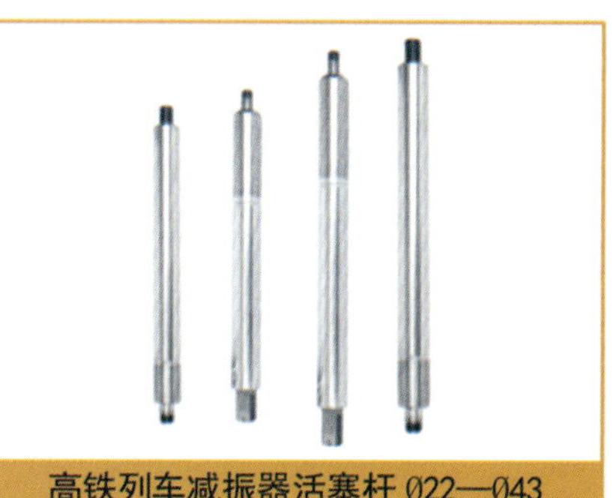

高铁列车减振器活塞杆 Ø22—Ø43

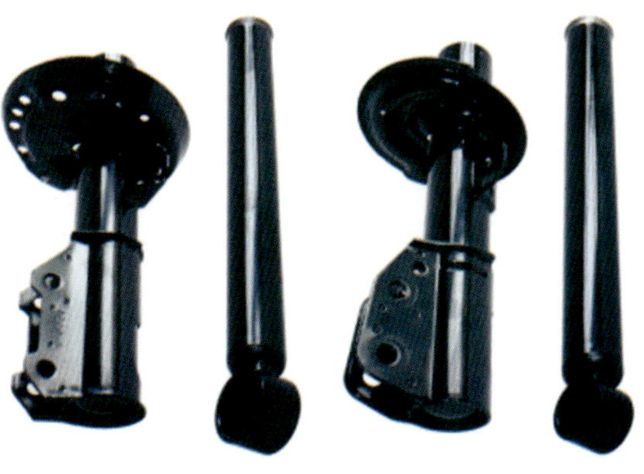

汽车减振器外筒

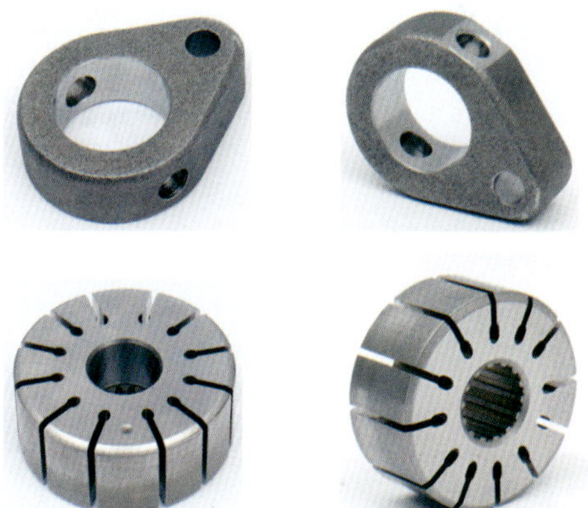

变速箱转轮子

信义制动®
XINYI BRAKE

微信公众平台

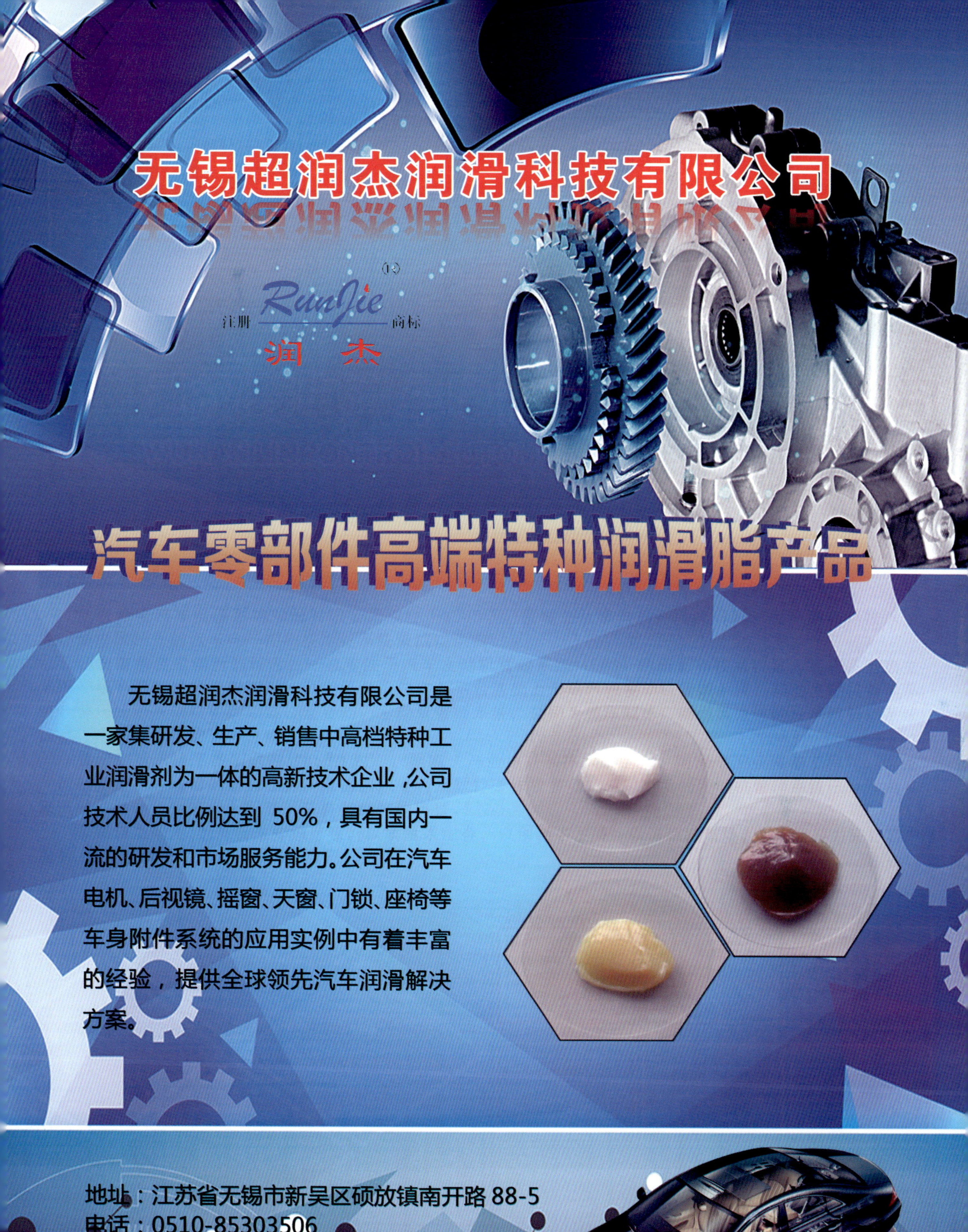

无锡超润杰润滑科技有限公司
RunJie
注册 商标
润 杰
汽车零部件高端特种润滑脂产品
无锡超润杰润滑科技有限公司是一家集研发、生产、销售中高档特种工业润滑剂为一体的高新技术企业，公司技术人员比例达到 50%，具有国内一流的研发和市场服务能力。公司在汽车电机、后视镜、摇窗、天窗、门锁、座椅等车身附件系统的应用实例中有着丰富的经验，提供全球领先汽车润滑解决方案。
地址：江苏省无锡市新吴区硕放镇南开路 88-5
电话：0510-85303506
传真：0510-85250283
网址：www.crunjie.com

A390 片料

A390 铸棒

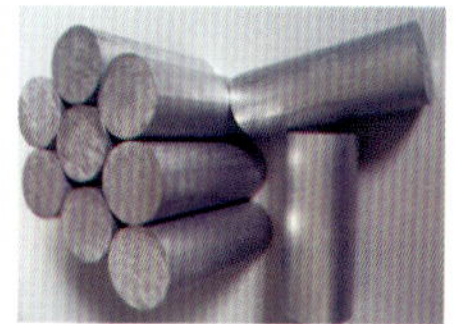
AHS－2 挤压棒

轨道交通制动盘

涡旋盘

转子

斜盘

活塞

泰伦特生物工程股份有限公司总经理汪纪洋

泰伦特生物工程股份有限公司

泰伦特生物工程股份有限公司(以下简称“泰伦特”),是中国金属表面处理工程行业的系统化解决方案服务商。作为中国较早成立的金属表面处理工程类产品制造企业，自创立以来，一直致力于环保型金属加工工艺品及工艺溶液循环再生利用的研究、开发和生产，是全国同行业内首家通过 AS9100 航空航天和国防组织质量管理体系认证的国家级高新技术企业，荣膺天津市技术领先企业和科技小巨人企业称号。产品系列包括：金属加工润滑系列、金属防护系列、工艺清洁系列、表面处理系列、生物水处理系列、设备维护品系列和工艺溶液循环再生利用系列，全系列产品的集成供应服务体系已为万余家工业企业提供了系统解决方案。

泰伦特依靠定制化研发、生产、营销的精益化经营模式，凭借服务于万余家企业的现场经验，推出“一对一客户服务管理系统”，为企业量身定制个性化产品及专业的解决方案，五十余家直属分公司销售团队遍布全国，企业资源市场保持领先地位，是各行业和权威媒体公认的领导品牌，是国际金属加工液十大品牌之一。

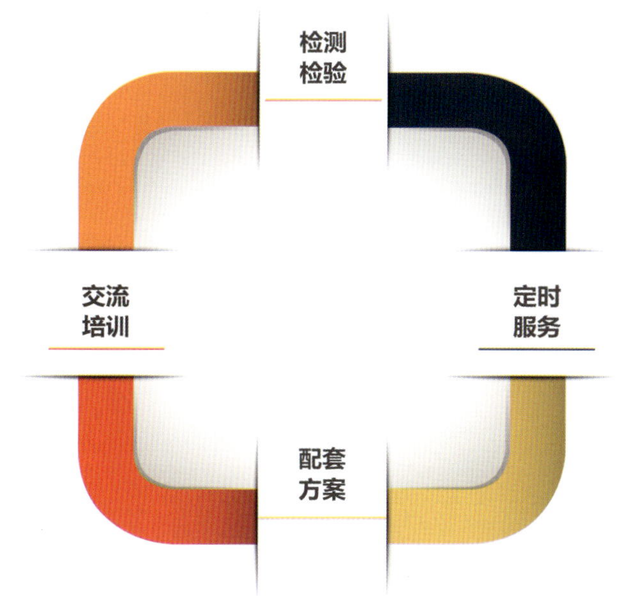

泰伦特金属加工工艺的管理服务及解决方案：

通过集成化的产品供应体系和系统化的成本控制方案，泰伦特为企业提供专业化解决方案。从现场维护与培训，质量控制与检测，工艺溶液循环再生利用等各个方面，为企业最大限度提高生产效率，降低使用成本，实现经营和发展的共赢。

质量管理：

对系列金属加工工艺进行全过程跟进管理，包括选型、检测、添加、维护、循环再生利用等。

超值服务：

企业员工产品使用培训，技术资源与渠道资源共享，工艺持续优化。

我们的伙伴：

泰伦特是美国波音公司、欧洲空中客车工业公司的核心配套企业的优秀供应商，同时也是中国航空航天和汽车行业的优秀服务商，这标志着泰伦特产品应用在高端行业的领军地位已经形成。

泰伦特，建立在共同价值观基础上的承担社会责任的公司，并承诺将公司所有业务的未来发展建立在一系列明确表明公司道德标准和负责精神的价值观和准则之上。职业化、专业化、崇尚正直、责任感、以身作则和恪守商业道德规范，尊重企业所有员工，持续关注安全和环境保护，为中国经济的腾飞和发展做出贡献。

法定代表人:张远
负责人:马东飞
单位人数:1100
质量体系:ISO/TS 16949、QS 9000
产品情况:(汇锋牌)
中重型车后桥齿轮和差减总成,现已形成年产30万套桥齿轮、3万台减速器总成的生产能力,年产值3.2亿元
配套情况:为一汽集团(一汽客车、一汽车桥、一汽长轻、一汽伊顿、一汽哈齿)、东风汽车公司、青岛青特集团、北汽福田、中信机电车桥、丹东曙光车桥、北奔重汽等配套

★吉林大华机械制造有限公司
地址:长春市高新技术产业开发区超然街2555号
邮编:130103
电话:0431/85157888、85157979
传真:85157809
网址:www.dahuajl.com
电子信箱:dahua@dahuajl.com
法定代表人:姬剑锷
单位人数:1000
质量体系:ISO/TS 16949、VDA 6.1
产品情况:(吉华牌)
生产齿圈、飞轮齿圈总成(摩擦离合器主动盘)、曲轴减振器、鼓式制动器为主的四大类共计约600余种产品
配套情况:是通用、大众、戴姆勒、菲亚特、三菱、雷诺、福特、一汽、上汽、东风汽车等国际、国内著名汽车生产商的供应商

★东北工业集团有限公司
地址:长春市高新区超然街2555号
邮编:130103
电话:0431/85157778
传真:85172269
网址:www.dgjt.com
法定代表人:于中赤
负责人:姜涛
单位人数:9000
质量体系:ISO/TS 16949
产品情况:(蓬翔牌、奥威牌、吉华牌、一东牌)
汽车零部件覆盖汽车接收系统(鲨鱼鳍天线等)、转向管柱开关系统、转向系统(转向节)、行驶系统(车桥)、制动系统(助力器、制动钳)、传动系统(离合器、传动轴)、电控系统、发动机部件(发动机连杆、飞轮齿圈总成、齿圈)、车身及附件(汽车镜)、照明系统(前照灯、后尾灯)、其他核心零部件(液压件、液压举升机构)
配套及出口情况:为一汽、东风、上汽、长安、北汽、广汽、奇瑞、吉利、长城、江淮、比亚迪、海马、华晨等国内汽车企业;以及丰田、标致、铃木、日产、现代、本田、通用、福特、戴姆勒、大众、法雷奥、雷诺、菲亚特等国际知名汽车企业配套;出口欧美地区

★长春一东离合器股份有限公司
地址:长春市高新区超然街2555号
邮编:130103
电话:0431/85158661
传真:85174241
网址:www.ccyd.com.cn
电子信箱:yichengzhou@126.com
法定代表人:于中赤
质量体系:ISO/TS 16949、ISO 14001
产品情况:(一东牌)
汽车离合器,年产260万套;重型车驾驶室液压翻转机构,年产200万套
配套及出口情况:为一汽解放、一汽解放青岛、上汽依维柯红岩商用车、安徽华菱汽车、北奔重汽(包头北奔)、成都大运运城分公司、一汽解放无锡柴油机、东风柳汽、哈尔滨东安、重庆长安、五菱柳机、福田汽车、长城汽车、沈阳新光、四川绵阳配套;出口汽车离合器,年出口量20万套

★长春一汽富晟德尔汽车部件有限公司
地址:长春市净月开发区福祉大路1685号
邮编:130112
电话:0431/81297737
传真:84520244
网址:www.fawsn.com.cn
电子信箱:lsl@fzbfs.com
法定代表人:张昕
单位人数:114
质量体系:QS 9000、ISO/TS 16949
产品情况:主要研制汽车动力转向油泵和汽车动力转向油罐总成;具备转向泵30万台、转向罐60万台的年生产能力
配套情况:主要客户为一汽解放、一汽青岛汽车厂、无锡柴油机厂、大连柴油机厂、柳州特种车厂、四川专用车厂、新疆汽车厂、哈尔滨轻型车厂、保定中兴汽车厂等企业,是一汽集团军车、出口车生产的指定独家供货商

★长春解放汽车底盘有限公司
地址:长春市绿园区西新工业园开源大街
邮编:130112
电话:0431/87095601
传真:87096999
网址:www.qichedipan.cn
电子信箱:ccjfdp@126.com
法定代表人:金建平
质量体系:ISO/TS 16949、ISO 9001
产品情况:(解放牌)
为国内商用车制造商提供的主要产品有制动毂、减速器壳、差速器壳等零部件
配套及出口情况:为一汽集团、徐州美弛等主机厂配套;部分产品远销美国、德国、韩国等国家

★长春市建邦汽车零部件有限公司
地址:吉林省九台市卡伦镇经济开发区卡伦湖大街87号
邮编:130507
电话:0431/82555699、82555677
传真:82555699
电子信箱:jianbang677@163.com
法定代表人:冯建国
质量体系:ISO/TS 16949
产品情况:(建邦牌)
生产商用车多个系列百余种型号的推力杆总成及汽车用橡胶零部件
配套情况:为一汽解放、北京福田戴姆勒、陕西同力重工、东风柳汽、济南重汽、上汽依维柯红岩等汽车厂的长期合作伙伴

★伊通满族自治县车身部件厂
地址:吉林省伊通满族自治县东营开发区666号
邮编:130700
电话:0434/4255555、4250000
传真:4229203
电子信箱:18504408888@139.com
法定代表人:周云权
质量体系:ISO 9001
产品情况:车轮,年产100万套
配套及出口情况:为全国十几家汽车制造厂配套;出口东南亚多个国家和地区

★吉林万丰奥威汽轮有限公司
地址:吉林市高新区深东路2600号
邮编:132013
电话:0432/65152622
网址:www.wfjt.com
电子信箱:wenping.liu@wfjt.com
法定代表人:陈滨
产品情况:汽车铝合金车轮及零部件
配套情况:为一汽-大众、华晨宝马、北京现代等众多汽车生产企业配套

★吉林北方捷凯传动轴有限公司
地址:吉林省吉林市龙潭区宁波路16号
邮编:132021
电话:0432/63031373
传真:63036929
电子信箱:xz@jilin-erae.com
法定代表人:姜涛
质量体系:ISO/TS 16949、ISO 14001
产品情况:轿车用等速万向节传动轴及其零部件产品
配套及出口情况:是一汽-大众和天津一汽夏利的A级供应商,并为北汽股份、上海纳铁福等市场配套供货;出口美国、南非、马来西亚、欧洲等国家和地区

★吉林圆方机械集团有限公司
地址:吉林省桦甸市经济开发区全兴大街1999号
邮编:132400
电话:0432/66272315、66249166
网址:www.jlyfgroup.com
电子信箱:happy200308@163.com
法定代表人:钟景旭
单位人数:718
质量体系:ISO/TS 16949、ISO 14001
产品情况:(银桥牌)
已形成年生产半轴220万件、轴管80万件和2万t铸件的生产能力
配套情况:主要客户有一汽集团、东风德纳、中国重汽、安徽华菱、安徽安凯、

郑州宇通、三一重工、南京依维柯、青特集团、山东蓬翔、广东富华、广西方盛、丹东曙光、德纳(无锡)、约翰迪尔(天津)、沃尔沃(中国)等国内外企业

★恒巨铝业(白山)有限公司
地址:吉林省白山市八道江区白山大街666号
邮编:134300
电话:0439/5116951、5116982
传真:5116444
法定代表人:钱曾琼
单位人数:300
质量体系:ISO/TS 16949
产品情况:铝车轮,年产70万件
配套情况:为一汽佳宝配套,配套量50%;为一汽轿车马自达配套,配套量50%;为奇瑞QQ配套,配套量10%;为奇瑞旗云配套,配套量20%;为一汽轿车奔腾配套,配套量为25%

★四平市方向机械有限公司
地址:吉林省四平市铁东区长发路369号
邮编:136001
电话:0434/3523899、3518000
传真:3515057、3513577
网址:www.spfxj.com
电子信箱:spfxj@vip.163.com
法定代表人:张世权
质量体系:ISO/TS 16949、VDA 6.1
产品情况:生产汽车用各种动力转向器总成、轿车用滑柱筒及转向节总成
配套情况:主要为一汽解放、一汽轿车、一汽-大众、青汽等全国30余家汽车制造厂配套

★吉林省诚毅车桥悬挂制造集团有限公司
地址:吉林省辽源市东丰县工业集中区
邮编:136300
电话:0437/6224399、13904374095
传真:6224399
电子信箱:62111@163.com
法定代表人:王学
质量体系:ISO/TS 16949
产品情况:(凌燕牌)
　　具备年生重型货车平衡悬架总成4万套以上,高强球铁、铸钢件1万t的能力
配套情况:为北汽集团、一汽集团、宇通重工、大运汽车、安凯车桥等10多家大型汽车企业配套

黑龙江省

★哈尔滨顺源机械制造有限公司
地址:哈尔滨市平房区松花路41号
邮编:150060
电话:0451/82136278、82136228
传真:82136238
电子信箱:shunyuancaiwu@126.com
法定代表人:唐宏伟
质量体系:ISO/TS 16949
产品情况:汽车、拖拉机、工程机械、矿山机械齿轮
配套情况:为中车集团、长城汽车、曙光集团、北汽福田等配套

★哈尔滨一汽变速箱股份有限公司
地址:哈尔滨市道里区城乡路280号
邮编:150070
电话:0451/86773333
传真:86773216
网址:www.mingjungroup.com
电子信箱:xsb@fawhc.com
法定代表人:李时钰
质量体系:ISO/TS 16949
产品情况:(哈齿牌)
　　重型、中型、轻型变速器总成,轻型螺旋伞齿轮、中重型螺旋伞齿轮、直伞齿轮、主从动圆柱齿轮等后桥齿轮,5t、8t、12t取力器总成
配套情况:主要供给济南重汽、汉德车桥、北方奔驰和湖桥等国内知名厂家

★黑龙江富锦凯马车轮制造有限公司
地址:黑龙江省富锦市工业园区
邮编:154000
电话:0454/2346090、18945409101
传真:2346090
电子信箱:jfm5070@126.com
法定代表人:王忠
质量体系:ISO/TS 16949
产品情况:12in、13in、14in、15in、16in轮毂;年综合生产能力为150万只各种轮毂
配套及出口情况:主要为一汽、一拖、海山机械等配套;远销美国和俄罗斯

★牡丹江伯瑞克金属制品有限公司
地址:黑龙江省牡丹江市文化街9号
邮编:157011
电话:0453/6593006、6598235
传真:6592793
电子信箱:mdjbryco@163.com
法定代表人:商世权
质量体系:ISO/TS 16949、QS 9000
产品情况:离合器分离轴承、自动变速器中的钢片
配套及出口情况:为多家汽车发动机厂和汽车变速器厂的配套;出口美国

★桦林佳通轮胎有限公司
地址:黑龙江省牡丹江市郊区桦林镇
邮编:157032
电话:0453/6304048、6306973
传真:6304100
电子信箱:gm-hl@giti.com
法定代表人:李怀靖
质量体系:ISO/TS 16949、ISO 9001
产品情况:汽车轮胎外胎,年产684万条

上海市

★上海华谊集团股份有限公司
地址:上海市静安区常德路809号
邮编:200040
电话:021/23530000
网址:www.shhuayi.com
法定代表人:刘训峰
负责人:王霞
质量体系:ISO/TS 16949、ISO 14001
产品情况:(回力牌、双钱牌、飞虎牌等)
　　全钢子午线汽车轮胎,涂料等精细化工品,先进材料等
配套情况:为中集集团、郑州宇通、厦门金龙、沃尔沃等30余家汽车制造厂配套

★上海交运集团股份有限公司
地址:上海市恒丰路288号
邮编:200070
电话:021/62116009、32109588
传真:63173388
网址:www.cnsjy.com
电子信箱:jygf@sh163.net
法定代表人:张仁良
质量体系:ISO/TS 16949、QS 9000
产品情况:自动变速器总成换挡机构总成,车身中小冲压焊接总成等
配套情况:为上汽通用、上汽大众、一汽-大众等厂商配套

★洛德机械(上海)有限公司
地址:中国(上海)自由贸易试验区日樱北路333号
邮编:200120
电话:021/31330800
传真:31330900
电子信箱:marketing.china@lord.com
法定代表人:GARETH MC ALLISTER
质量体系:ISO 9001
产品情况:重型货车发动机悬置、压路机钢轮减振器为代表的橡胶金属复合减振产品

★蒂森克虏伯普利斯坦零部件上海公司
地址:上海市浦东新区苗桥路268号
邮编:200121
电话:021/60202310、60204688
网址:www.thyssenkrupp.com.cn
电子信箱:bingqin.wu@thyssenkrupp.com
法定代表人:RAINER HEUPEL
产品情况:产品覆盖转向管柱、转向机、转向轴、冷锻件、电动助力转向系统以及减振器

★上海汇众汽车制造有限公司
地址:中国(上海)自由贸易试验区浦东南路1493号
邮编:200122
电话:021/58201188
传真:58204570
网址:www.shac.com.cn
电子信箱:xujing@shac.com.cn
法定代表人:张海涛
质量体系:ISO/TS 16949、QS 9000
产品情况:(汇众牌)

各类乘用车底盘,产品覆盖 A0 级车~C 级轿车、SUV、MPV
配套情况:是上汽大众、上汽通用和上汽乘用车各款轿车底盘系统的骨干配套供应商

★友发铝业(上海)有限公司
地址:上海市莘庄工业区申富路 611 号
邮编:201108
电话:021/64896655
传真:64894455
电子信箱:account_yhi@ yhias. com
法定代表人:郑添和
产品情况:铝合金轮辋
出口情况:远销欧洲、中东、亚洲、大洋洲

★上海汇众萨克斯减振器有限公司

地址:上海市莘庄工业区申旺路 280 号
邮编:201108
电话:021/51795188
传真:54422102
网址:www. zf. com
法定代表人:Rolf Heinz Rüger
单位人数:810
质量体系:ISO/TS 16949
产品情况:(Sachs 牌)
汽车减振器支柱、减振器、减振支柱总成等产品
配套情况:为上汽大众、一汽-大众、华晨宝马、北京奔驰、福建奔驰、上汽通用、长安福特、神龙、长安标致雪铁龙、北京现代、东风悦达起亚、本田、长城、奇瑞、上汽、北汽等主机厂配套
☞ 详细情况请参阅彩色宣传版面

★萨克斯汽车零部件系统上海有限公司
地址:上海市闵行区元江路 4440 号
邮编:201111
电话:021/24169544、24169416
传真:24169401
网址:www. zf. com
电子信箱:lei. zhang@ zf. com
法定代表人:Georg Peter Franz Memmel
产品情况:商用车减振器及总成、商用车离合器等
配套情况:为长春客车厂、大众和奥迪集团、上汽通用、北京奔驰、一汽集团、东风日产乘用车、重汽集团、金龙客车等配套

★上海万捷汽车控制系统有限公司
地址:上海市浦东新区川沙镇大路 211 号
邮编:201200
电话:021/58596559
传真:58591115
网址:www. vie. com. cn
法定代表人:陈锋
产品情况:ABS 制动防抱死系统

★上海浦东有祥汽配制造有限公司
地址:上海市浦东新区机场镇施新路 1133 号
邮编:201200
电话:021/68968999
传真:68965599
电子信箱:yhap_02@ online. sh. cn
法定代表人:周仕统
质量体系:ISO 9001
产品情况:悬架系统、转向系统

★上海欧雷法弹簧有限公司
地址:上海市浦东新区川南奉公路 3655 弄 1 号
邮编:201202
电话:021/68961012
传真:68960855
电子信箱:michael. zhou@ sogefigroup. com
法定代表人:汤银霞
质量体系:ISO/TS 16949、ISO 14001
产品情况:悬架螺旋弹簧,年产 100 万件;扭杆、稳定杆,年产各 80 万件
配套情况:为神龙汽车、东南汽车、江铃、万通、郑州日产、广汽三菱配套

★上海蒂森克虏伯汇众汽车零部件公司
地址:上海市浦东新区金桥申江路 1900 号
邮编:201206
电话:021/61602199
网址:www. thyssenkrupp. com. cn
电子信箱:jia. gu2@ thyssenkrupp. com
法定代表人:GUIDO DURRER
质量体系:ISO/TS 16949
产品情况:汽车转向管柱、组装式发动机凸轮轴,年产转向柱能力达 100 万件
配套情况:为上汽大众、一汽-大众、长安福特、长安马自达、马自达日本、上汽通用、东风日产、上海汇众等配套

★上海明岐铝业有限公司
地址:上海市浦东新区曹路镇顾高公路 3181 号
邮编:201209
电话:021/58631240
传真:58631240
电子信箱:tianyimei@ sina. com
法定代表人:张明岐
质量体系:ISO/TS 16949
产品情况:铝合金轮毂

★万向钱潮(上海)汽车系统有限公司
地址:上海市南汇工业园区汇成路 1200 号
邮编:201300
电话:021/60210999
传真:60210988
网址:www. wxqc. com. cn
电子信箱:mailtoall@ wxqcsh. com
法定代表人:潘文标
质量体系:ISO/TS 16949、ISO 9001
产品情况:制动卡钳、集成式后卡钳、制动盘、制动角总成模块等系列产品
配套情况:主要客户包括比亚迪、上汽通用五菱、华晨等

★上海瑞展实业发展有限责任公司
地址:上海市南汇区工业园区陶桥路 28 号
邮编:201300
电话:021/33895151、13636528917
传真:33895109
网址:www. ruizhangear. com
电子信箱:ruizhangear@ gmail. com
法定代表人:徐桥亮
质量体系:ISO/TS 16949
产品情况:(RZG 牌)
传动轴后桥弧齿锥齿轮
出口情况:主要出口美国、韩国、印度、日本、德国

★泰乐玛汽车制动系统(上海)有限公司

地址:上海市南汇工业园区园中路 533 号 9 号工厂
邮编:201300
电话:021/68015801
传真:68015807
网址:www. telmachina. com
法定代表人:陈耀哲
单位人数:94
质量体系:IATF 16949
产品情况:(Telma 牌)
电涡流缓速器
配套及出口情况:为国内外客车、货车配套使用;出口法国、德国、英国、美国、马来西亚等国家,并销往中国台湾地区
☞ 详细情况请参阅彩色宣传版面

★上海神汇汽车转向器有限公司
地址:上海市南汇区康桥东路 888 号
邮编:201315
电话:021/58135253
传真:58135089
电子信箱:shenhuigear@ online. sh. cn
法定代表人:王茂华
质量体系:ISO/TS 16949
产品情况:主要生产汽车转向器、汽车齿轮及齿条以及铁框箱等汽车零部件和汽车运输附件
配套情况:为神龙汽车、比亚迪汽车等配套

★上海纳铁福传动系统有限公司
地址:上海市浦东新区康桥工业区康沈路 900 号
邮编:201315
电话:021/58121690
传真:58120975
网址:www. saicgroup. com
电子信箱:service@ shhadc. com. cn
法定代表人:张海涛
质量体系:ISO/TS 16949
产品情况:等速传动轴、十字万向节传动轴、十字万向节、偏心轴、精锻件
配套及出口情况:为上汽大众、上汽通

用、上汽汽车、一汽-大众、天津一汽丰田等多家知名主机厂供货;出口欧美和日本主要汽车集团

★约斯特(上海)汽车部件有限公司
地址:上海市浦东新区康桥东路1159弄81号
邮编:201319
电话:021/68183333
传真:68183300
网址:www. jost - china. com
电子信箱:cruz. gao@ jost - china. com
法定代表人:Lars Brorsen
产品情况:年生产超过10万副用于半挂车的支腿和牵引销产品
出口情况:主要出口欧洲、美洲、南非、澳大利亚

★爱思帝达耐时上海驱动系统有限公司
地址:上海市奉贤区陈桥路1399号
邮编:201401
电话:021/67109075
传真:37565209
网址:esc. exedy. com
电子信箱:cashier@ exedy - sh. com
法定代表人:松田雅之
质量体系:ISO/TS 16949
产品情况:(爱思帝牌)
手动离合器上使用的干式摩擦材料,自动变速器用的液力变矩器
配套情况:为上汽通用、奇瑞汽车、北京汽车动力总成、浙江吉利变速器、比亚迪汽车、丰田汽车(常熟)零部件、天津艾达自动变速器、加特可(广州)自动变速器、现代派沃泰自动变速器(山东)、哈尔滨东安汽车发动机等供货

★采埃孚商用车底盘技术上海有限公司
地址:上海市奉贤区环城北路1088号
邮编:201401
电话:021/67588600
传真:67588500
网址:www. zf. com
法定代表人:Joachim Hermann Holzner
产品情况:主要产品为空气悬架系统,各类推力杆,稳定杆连杆,独立悬架球铰链,控制臂,各类转向拉杆,免维护转向球铰链等

★上海采埃孚伦福德底盘技术有限公司
地址:上海市奉贤区环城北路1088号
邮编:201401
电话:021/67588888
传真:67588999
网址:www. zf. com
法定代表人:沈荣根
产品情况:主要生产乘用车底盘用转向横拉杆、控制臂、球铰链、稳定连接杆、转向节及轮毂等零部件

★恩斯克华纳变速器零部件上海有限公司
地址:上海市奉贤区环城西路2518号
邮编:201401
电话:021/33655757
传真:33655252
网址:www. nsk. com. cn
法定代表人:新井稔
质量体系:ISO/TS 16949、ISO 14001
产品情况:变速器零部件

★奥托立夫(中国)汽车方向盘有限公司
地址:上海市综合工业开发区M16地块
邮编:201401
电话:021/67107660
传真:67106845
电子信箱:yuming. wang@ autoliv. com
法定代表人:程翠香
质量体系:ISO 9001
产品情况:汽车转向盘系统及其相关零部件

★上海海立铸造有限公司
地址:上海市金山区金廊公路7225号
邮编:201500
电话:021/57319182、57381034
传真:57321183
网址:www. highly. cc
法定代表人:郑敏
质量体系:ISO/TS 16949、ISO 14001
产品情况:制冷压缩机零件(汽缸、曲轴、上下缸盖等)、汽车零部件的铸造件以及曲轴、活塞、缸盖、汽缸等机械加工件

★上海长特锻造有限公司
地址:上海市金山区枫泾镇兴塔工业区兴桂路28号D幢
邮编:201501
电话:021/67361222
传真:67361333
网址:www. forgecte. cn
电子信箱:shanghaichangte@ 163. com
法定代表人:林长秋
质量体系:ISO/TS 16949
产品情况:汽车内、外星轮、球笼、转向节臂、轮毂单元及发动机连杆、曲轴等其他各类型锻件
配套及出口情况:为上汽、大众、通用、奔驰、宝马、长春一汽等配套;部分产品出口欧美等海外市场

★上海耘奇汽车部件有限公司
地址:上海市金山区漕泾镇展业路15号15幢
邮编:201507
电话:021/67251520、67251392
传真:67251505
网址:www. yunqiparts. com
电子信箱:sales@ yunqiparts. com
法定代表人:张立武
单位人数:80
质量体系:ISO/TS 16949
产品情况:悬置软垫总成、悬架衬套、控制臂隔振块、传动轴中间支架等产品;年产衬套200万个,顶胶100万个,悬置30万个

★上海方科汽车部件有限公司
地址:上海市金山区亭卫公路平业路99号
邮编:201507
电话:021/67256611
传真:67256825
网址:www. fangleautoparts. com
电子信箱:fanglesh@ mw - sw. com
法定代表人:陈晖明
质量体系:ISO/TS 16949
产品情况:转向盘、变速杆球形把手、车位限位器、座椅、座套、铝合金及皮制汽车用品
配套情况:为OEM客户配套木壳转向盘

★上海正源汽车附件有限公司
地址:上海市松江高新技术园区欣玉路528号
邮编:201600
电话:021/57736149、57736147
传真:57736336
网址:www. sh - zhengyuan. com
电子信箱:sh - zhengyuan@ 163. com
法定代表人:吴诚源
单位人数:37
质量体系:ISO/TS 16949、ISO 14001
产品情况:汽车用液力变矩器
配套情况:已和吉利集团、北汽银翔、上汽通用五菱等国内汽车厂家配套

★上海耀源精机有限公司
地址:上海市松江区泗泾镇九干路158号
邮编:201601
电话:021/57617579、57617973
传真:57617972
网址:www. yaoyuansh. com
电子信箱:yaoyuan@ yaoyuansh. com
法定代表人:张守玲
质量体系:ISO/TS 16949、QS 9000
产品情况:汽车球笼式等速万向节传动轴各部件及总成等
配套情况:主机厂客户包括东风乘用车、中国台湾裕隆纳智捷、比亚迪、美国的Polaris、John Deer、Bush Hog以及法国的Bellier Automobile等

★上海昭和汽车配件有限公司
地址:上海市松江出口加工区南乐路1395号
邮编:201611
电话:021/57748158
传真:57748091
网址:www. showa1. com. cn
电子信箱:recruit@ showa1. com. cn
法定代表人:宫岛慎一
单位人数:802
质量体系:ISO/TS 16949、ISO 14001
产品情况:(SHOWA牌)
气弹簧、减振器

配套及出口情况：为本田、铃木、日产、大发、三菱、富士重工、马自达、广汽本田、郑州日产、东风日产、昌河铃木、中国台湾福特、巴西本田供货；出口日本、巴西

★上海恩梯恩精密机电有限公司
地址：上海市松江区松江工业区南乐路1666号
邮编：201611
电话：021/57075111、57075118
网址：www.ntn.com.cn
电子信箱：xianrui_zheng@ntn.sh.cn
法定代表人：安井将祐
质量体系：ISO/TS 16949
产品情况：轴承、各种专用轴承，等速万向节用部品
配套及出口情况：为广汽本田配套；产品90%外销，主要销往日本、美国、欧洲等国家和地区

★上海一阳五金制造有限公司
地址：上海市松江区松江进出口加工区民益路46号
邮编：201612
电话：021/67687015、57687726
传真：57686487
电子信箱：arays@arays.com.cn
法定代表人（负责人）：钟玉明
单位人数：278
质量体系：ISO/TS 16949、ISO 14001
产品情况：（ARAYS牌）
轿车铝合金轮辋，车轮用五金配件
配套情况：与北汽福田、江西江铃、意大利MOMO、美国MAMBA、英国WOLFACE、日本共丰等国内外众多知名企业合作

★达耐时工业（上海）有限公司
地址：上海市松江出口加工区茸翔路350号
邮编：201613
电话：021/57748388
传真：57748389
网址：www.dxchina.com.cn
法定代表人：秋田幸治
质量体系：ISO/TS 16949
产品情况：自动变速器用离合器总成、摩擦片、手动变速器用同步环等
配套情况：为奔驰、通用大宇、现代汽车、上汽通用、天津艾达自动变速器、韩国威亚株式会社、浙江吉利变速器等供货

★上海联谊汽车零部件有限公司
地址：上海市嘉定区安亭镇园耀路128号
邮编：201702
电话：021/59766708、59569900
传真：59765003
网址：www.slyac.com
电子信箱：jiangjianping@suait.com.cn
法定代表人：贾梁
质量体系：QS 9000、ISO/TS 16949
产品情况：主导产品涵盖发动机冷却系统、液压转向系统、离合器液压操纵系统、制动系统、传动系统等系列产品，已形成年产1200万套（件）零部件的能力
配套及出口情况：主要客户有上汽大众、上汽通用、一汽-大众、上汽股份、长安铃木、芜湖奇瑞、江淮汽车、固特异等；部分产品出口

★上海萨克斯动力总成部件系统有限公司
地址：上海市青浦区华新镇纪鹤路3189号
邮编：201708
电话：021/59796666、59796599
传真：59795141
网址：www.zf.com
电子信箱：service@zf.com
法定代表人：马振刚
质量体系：ISO/TS 16949
产品情况：（SACHS牌、LUOTUO牌）
乘用车液力变矩器和离合器等
配套情况：离合器产品为上汽大众、上汽通用、一汽集团、一汽-大众、东风标致雪铁龙、江铃汽车、沈阳航天三菱、奇瑞汽车、沈阳新光华晨、绵阳新晨动力等国内整车及发动机厂配套，轿车冲压件液力变矩器为上汽通用配套

★采埃孚传动系统零部件上海有限公司
地址：上海市青浦区华志路1139号
邮编：201708
电话：021/67002410
传真：67002485
网址：www.zf.com
法定代表人：LöFFELMANN VOLKER
产品情况：从事乘用车双质量飞轮（DMF）、工程机械液力变矩器（ITC）的研发、生产、销售以及机械式自动变速器（AMT）的标定业务

★上海怡飞柯精密机械有限公司
地址：上海市青浦区工业园区天一路388号
邮编：201712
电话：021/59228626
传真：59228631
电子信箱：songjm@e－fic.com.cn
法定代表人：渊本敏彦
质量体系：ISO/TS 16949、ISO 9001
产品情况：驱动轴、齿轮、壳体、托架等
配套情况：为久保田/苏州、纳博特斯克/上海、洋马/无锡、美国久保田（KMA、KIE）、美诺精密压铸/上海、川崎精密机械/苏州、BOSCH、日商有色/PMG、逢都富琉、派克丹尼逊、海德堡、小松、神钢建机、日产汽车、奔驰、奥迪、沃尔沃、BOMAG、柳工、三一等供货

★上海中瑞·富士离合器有限公司
地址：上海市青浦区沈巷镇沈太路600号
邮编：201714
电话：021/59831819
传真：59831820
电子信箱：cfs－pc@fcc－net.cn
法定代表人：市川丰纪
质量体系：ISO 9000
产品情况：（富士牌）
摩托车、汽车用离合器
配套情况：为新大洲本田、五羊本田、雅马哈、川崎、铃木、哈雷、宝马、福特等摩托车企业供货

★宁波双林汽车部件股份有限公司
地址：上海市青浦区北盈路202号
邮编：201799
电话：021/69237995
传真：83518939
网址：www.shuanglin.com
电子信箱：sales@shuanglin.com
法定代表人：邬建斌
质量体系：ISO/TS 16949
产品情况：汽车饰件、机电电子、轮毂轴承、自动变速器、新能源汽车动力系统、并涉足汽车智能驾驶领域
配套情况：主要合作客户有福特、丰田、大众、东风、长安、上汽通用五菱、吉利等国内外知名汽车厂商，同时配套佛吉亚、博泽、奥拓立夫、天合、法雷奥、李尔、博世、麦格纳、博格华纳等百强汽车零部件巨头

★本特勒汽车零部件（上海）有限公司
地址：上海市城北路4089号
邮编：201800
电话：021/39761093
网址：www.benteler.com
电子信箱：wen.han@benteler.com
法定代表人：施宏
产品情况：生产加工汽车相关零部件，包括驱动桥、控制臂等核心汽车零部件
配套情况：为上汽大众以及包括上汽通用及一汽-大众等国内主要主机厂配套

★上海三立汇众汽车零部件有限公司
地址：上海市嘉定区安亭镇园国路409号
邮编：201800
电话：021/69574058
传真：69574038
网址：www.slworld.com
电子信箱：hepengxuan@slworld.com
法定代表人：李之光
质量体系：ISO/TS 16949
产品情况：轿车驻车制动操纵机构、踏板操纵机构、换挡机构及相关产品
配套情况：主要客户有现代、起亚、通用、上汽、奇瑞、北汽

★上海科曼车辆部件系统股份有限公司
地址：上海市嘉定区新伺路1399号
邮编：201800
电话：021/31169123
传真：31169273
网址：www.komman.com
电子信箱：komman@komman.com

法定代表人:李贤波
质量体系:ISO/TS 16949、ISO 14001
产品情况:商用车空气悬架系统,具备年产各类型空气悬架 20000 台套的生产能力
配套情况:为上汽集团、苏州金龙、福田欧辉客车、江汽集团(安凯 & 江淮)、北奔重汽、中国重汽等汽车企业配套

★上海大众液压技术有限公司
地址:上海市嘉定区马陆镇宝安公路 2633 号
邮编:201801
电话:021/59108888
传真:59108666
电子信箱:sdh@ sdh - hyd. com
法定代表人:叶众道
质量体系:ISO 9001
产品情况:(大众牌)
年产高品质齿轮泵 30 多万台

★上海瑞尔实业有限公司
地址:上海市嘉定区安亭大众工业园区一区米泉南路 625 号
邮编:201805
电话:021/69979222、59571515
传真:59571616
网址:www. sh - real. com
电子信箱:sales@ sh - real. com
法定代表人:李健军
质量体系:ISO/TS 16949、VDA 6. 1
产品情况:汽车 ABS 控制器阀体、车轮装饰盖、车身防擦条、门槛饰板、制动总泵缸体、空气悬架系统总成及其他功能性铝合金铸件等
配套情况:为宝马、奔驰、奥迪等全球近 50 家世界主流汽车主机厂配套

★天合汽车零部件(上海)有限公司
地址:上海市嘉定区安亭镇百安路 188 号
邮编:201805
电话:021/59571711
传真:59502567
网址:www. zf. com
法定代表人:PER THOMAS NEJMAN
产品情况:制动盘、电子辅助系统和转向系统

★大众汽车变速器(上海)有限公司
地址:上海市嘉定区昌吉路 29 号
邮编:201805
电话:021/67083888
网址:www. vwatd. com. cn
法定代表人:Jörg Johannes Müller
质量体系:ISO 9001、ISO 14001
产品情况:主要产品为手动变速器
配套及出口情况:主要客户为上汽大众、一汽-大众、一汽轿车;远销德国和波兰

★西尔勒变速器系统(上海)有限公司
地址:上海市嘉定区北和公路 255 号 4 号楼
邮编:201807
电话:021/39968559、39968555
传真:39968555 - 800
电子信箱:nancy. min@ silachina. com
法定代表人:Edoardo Brero
产品情况:变速器

★上海汽车变速器有限公司
地址:上海市嘉定区汇旺路 600 号
邮编:201807
电话:021/69088757
传真:69086666
网址:www. sagw. com
电子信箱:csc@ sagw. com
法定代表人:王晓秋
单位人数:7000
质量体系:ISO/TS 16949、QS 9000
产品情况:主要生产配套各类乘用车、商用车、新能源汽车变速器以及关键零部件
配套情况:已成为上汽通用、上汽大众、上汽通用五菱、上海汽车、东风日产、东风汽车、众泰汽车、北汽汽车、美国通用、美国福特等国内外知名汽车集团的变速器总成及关键零部件 OEM 供应商和重要的战略合作伙伴

★上海采埃孚变速器有限公司
地址:上海市嘉定区汇旺路 649 号
邮编:201807
电话:021/67089888、67089870
网址:www. zf. com
法定代表人:钱向阳
质量体系:ISO/TS 16949
产品情况:乘用车的自动变速器和相关产品及其零部件
配套情况:为上汽大众配套

★上海镁镁合金压铸有限公司
地址:上海市嘉定区安亭镇泰顺路 777 号
邮编:201814
电话:021/59502388
传真:59502399
网址:www. meridian - mag. com
电子信箱:smmpbd@ meridian - mag. com
法定代表人:张海涛
质量体系:ISO/TS 16949
产品情况:汽车及摩托车用镁合金压铸件,包括变速器壳体、壳盖、转向柱支架、仪表板支架、座位框架等
配套情况:为上汽大众、上汽通用、南京依维柯、南京春兰、一汽集团、一汽-大众、东风汽车公司、北京奔驰、上柴、玉柴、杭发等配套

★上海本特勒汇众汽车零部件有限公司
地址:上海市嘉定区园汽路 1299 号
邮编:201814
电话:021/39917666
传真:39917166
网址:www. benteler. com
法定代表人:施宏
质量体系:ISO/TS 16949、ISO 14001
产品情况:主要生产副车架、控制臂、后桥等车身件,以及 A 柱、B 柱、保险杠等结构件
配套情况:主要客户有上汽大众、长安马自达、上海汇众等

★优立昂上海汽车零部件科技有限公司
地址:上海市嘉定区工业园区北和公路 1339 号
邮编:201815
电话:021/39966818、39538186
传真:39538189
电子信箱:sh. union@ vip. 163. com
法定代表人:曾伟
质量体系:ISO/TS 16949
产品情况:转向拉杆、外球头、悬架球头、转向柱总成、转向中间轴总成、转向器总成,转向柱支架、三角臂及其他机械冲压、焊接结构件

★上海上汽马瑞利动力总成有限公司
地址:上海市嘉定区兴荣路 388 号
邮编:201815
电话:021/39915010、39915000
传真:39915258
网址:www. magnetimarelli. com. cn
电子信箱:hyde. zhang@ smmpwt. com. cn
法定代表人:钱向阳
产品情况:主要产品为手自动变速器用电控液压件

★上海北特科技股份有限公司
地址:上海市嘉定区高石路 2488 号
邮编:201816
电话:021/39900006、39900770
传真:39900887
网址:www. sh - beite. com
法定代表人:靳坤
单位人数:260
质量体系:ISO/TS 16949、ISO 14001
产品情况:具备 5 万余 t 转向器、减振器等零部件的年生产能力
配套情况:为一汽-大众、上汽大众、上汽通用、一汽轿车、一汽丰田、广汽丰田、广汽本田、东风标致、东风日产、奇瑞汽车、吉利汽车、比亚迪汽车、北京现代、长安福特、江淮汽车、长城汽车、长安铃木、华晨汽车、海马汽车等配套

★博世华域转向系统有限公司
地址:上海市嘉定区永盛路 2001 号
邮编:201821
电话:021/67079000
传真:67079087
网址:www. boschhuayu - steering. com
法定代表人:CHRISTIAN MIRKO SOBOTTKA
质量体系:ISO/TS 16949、ISO 14001
产品情况:平行轴式电动助力转向系统(EPSapa)、双齿轮式电动助力转向系统(EPSdp)、管柱式电动助力转向系统(EPSc)、液压助力转向系统(HPS)和

相关零部件等
配套及出口情况：客户主要涵盖了大众、通用、吉利、上汽乘用车、奔驰、捷豹路虎等40家整车厂；部分产品出口9个国家和地区

★上海汽车制动系统有限公司
地址：上海市嘉定区招贤路385号
邮编：201821
电话：021/39163000
传真：39163333
网址：hc－sabs. com
电子信箱：zhaopin@ sabs. com
法定代表人：张海涛
负责人：蔡增伟
单位人数：1300
质量体系：ISO/TS 16949
产品情况：EPB电子驻车系统、制动卡钳、真空助力器ACU、制动软管
配套情况：是上海汽车、上汽大众、上汽通用、一汽-大众、长安福特、北京奔驰、华晨宝马等知名整车企业的核心供应商

★上海嘉仕久企业发展有限公司
地址：上海市崇明区城桥镇秀山路518号
邮编：202150
电话：021/69607000、69607002
传真：69607003
网址：www. sh－jsj. com
电子信箱：shjsjsh@ 126. com
法定代表人：祁斌
质量体系：ISO/TS 16949
产品情况：（嘉仕久牌）
汽车转向节，年产能180多万件
配套情况：与一汽青岛、北汽福田、江淮汽车、华菱汽车、东风德纳、上汽依维柯红岩、杭州汇丰、重庆力帆、万安集团、北汽福田等配套

江苏省

★南京戴卡华舜轮毂有限公司
地址：南京市浦口区浦珠中路298号
邮编：210032
电话：025/58873654
传真：58854124
网址：www. sinowheels. com
电子信箱：sales@ sinowheels. com
法定代表人：周世敏
质量体系：ISO/TS 16949、ISO 14001
产品情况：汽车铝合金轮毂
出口情况：远销美国、大洋洲、日本等国家和地区

★博世华域转向系统(南京)有限公司
地址：南京市经济技术开发区炼西路1号
邮编：210033
电话：025/66815881
传真：66815891
网址：www. boschhuayu－steering. com
法定代表人：邱琪
产品情况：平行轴式电动助力转向系统(EPSapa)、双齿轮式电动助力转向系统(EPSdp)、管柱式电动助力转向系统(EPSc)、液压助力转向系统(HPS)和相关零部件等
配套情况：主要客户有沃尔沃、长安福特、奇瑞捷豹路虎、华晨宝马、北京奔驰等

★南京轴承有限公司
地址：南京市雨花经济开发区凤仪路28号
邮编：210039
电话：025/85417495
传真：85417189
网址：www. njjnzc. com
电子信箱：njjnzc@ njjzc. com
法定代表人：卢小强
质量体系：ISO/TS 16949、ISO 14001
产品情况：（精宁牌）
汽车离合器分离轴承系列，年产800万套；深沟球轴承、圆锥滚子轴承
配套及出口情况：为一汽、东风、上汽、福田、江淮、重汽、陕汽、柳汽、南维柯、广汽、华菱、北奔、红岩、金龙、宇通、大运、航天泰特、三一重工、中联重科、长安、昌铃、五菱、江铃、华晨金杯、东南、吉利、长城、比亚迪、奇瑞等国内各大汽车公司以及陕西法士特、重庆青山、格特拉克、唐山爱信、浙江中马、浙江万里扬、株洲欧格瑞、唐山通力等变速器厂和长春一东、桂林福达、湖北三环、苏汽配、重庆爱思帝等离合器公司配套；远销欧洲、中东、南美洲、东南亚地区

★布雷博(南京)制动系统有限公司
地址：南京市江宁经济技术开发区西京路28号
邮编：211100
电话：025/52733110、52733107
网址：www. brembo. com
电子信箱：lizzie_ding@ brembo. cn
法定代表人：Stephane Denis Jean Paul Rolland
质量体系：ISO/TS 16949、ISO 14001
产品情况：制动器模块化总成、制动钳总成、鼓式制动器总成、制动盘、制动鼓、制动泵缸总成、离合器泵缸总成
配套情况：为华晨宝马、北京奔驰、福建戴姆勒、上汽大众、上汽通用、日本三菱、长安福特、上汽乘用车、南京依维柯、南京跃进配套

★南京东华传动轴有限公司
地址：南京市江宁经济技术开发区通淮街2号
邮编：211106
电话：025/69693015
电子信箱：nds@ saicdh. com
法定代表人：殷勇
质量体系：ISO/TS 16949、ISO 14001
产品情况：（东华牌）
主要生产商用车传动轴总成、农业装备传动轴总成、全地形车(ATV)传动轴总成、工程机械传动轴总成及各类传动零件等；具备年产40万套传动轴总成的生产能力
配套及出口情况：主要客户有南京依维柯、洛阳一拖、福田雷沃重工、BRP、GKN、中国龙工等；出口德国、意大利、加拿大、美国等国家

★南京东华智能转向系统有限公司
地址：南京市江宁区经济技术开发区秦淮路71号
邮编：211106
电话：13915915569、13814525685
传真：025/68576526
网址：www. njzxq. com
电子信箱：huajun@ saicdh. com
法定代表人：芦勇
质量体系：ISO/TS 16949、ISO 14001
产品情况：（东华牌）
循环球式转向器、齿轮齿条式转向器、可溃电助力式转向管柱总成、液压助力转阀等
配套及出口情况：主要客户为上汽通用五菱、北京汽车、南京依维柯、依维柯跃进品牌、北汽福田等汽车厂商；出口韩国

★南京法雷奥离合器有限公司
地址：南京市江宁区广利路88号
邮编：211153
电话：025/86912345、18251924873
网址：www. valeo. com. cn
电子信箱：jianman. li. jv@ valeo. com
法定代表人：FRANCOIS ANTOINE JACQUES MARION
单位人数：550
质量体系：ISO/TS 16949、ISO 14001
产品情况：离合器、双离合器、双质量飞轮和刚性飞轮以及液力转矩转换器，适用于国内各种轿车，微型车，轻、中和重型车的配套需要
配套情况：主要客户有奇瑞、日产尼桑、标致、上汽大众、一汽-大众、神龙、比亚迪、起亚现代、北京现代、上汽通用、北美通用、中国重汽、东风、南京依维柯、上海依维柯红岩

★南京创捷和信汽车零部件有限公司
地址：南京市溧水经济开发区中兴东路5号
邮编：211200
电话：025/52613555、56213549
网址：www. nj－cv. com. cn
法定代表人：边永杰
质量体系：ISO/TS 16949
产品情况：客车车桥系列——低地板门式前后桥、前转向桥、随动转向桥、后驱动桥等；货车车桥系列——中/后驱动桥、车轴等

★南京吉茂汽车零件有限公司
地址:南京市高淳经济开发区凤山路78号
邮编:211316
电话:025/68618600
传真:68162062
网址:www.cryomaxcooling.com
电子信箱:info@cryomaxcooling.com
法定代表人:刘彦狄
产品情况:主要从事汽车的双离合器变速器(DCT)、电控机械变速器(AMT)以及上述零部件的关键零件、部件、模具研发生产以及其他汽车零部件、模具等产品生产

★仪征跃进车桥有限责任公司
地址:江苏省仪征市大庆南路32号
邮编:211400
电话:0514/83452987
传真:83452283
电子信箱:42555378@qq.com
法定代表人:肖锋
单位人数:700
质量体系:ISO/TS 16949
产品情况:前后桥总成、车轴

★仪征上汽通程汽车悬架有限公司
地址:江苏省仪征市汽车工业园荣威大道880号
邮编:211400
电话:0514/85819912
传真:85819916
网址:www.shangqitongchengauto.com
电子信箱:wang_943208@sina.com
法定代表人:周项兴
质量体系:ISO/TS 16949
产品情况:专业生产汽车悬架产品
配套及出口情况:为南京依维柯、江淮汽车、长丰猎豹、苏州金龙等多家国内知名汽车制造厂提供配套汽车悬架产品,并同时为多家新能源汽车及空气悬架生产企业提供导向臂产品配套服务;出口欧美及东南亚市场

★江苏联升汽车部件有限公司
地址:江苏省盱眙县经济开发区梅花大道6号
邮编:211700
电话:0517/88296859、88299212
传真:88295292
电子信箱:liansheng2000@126.com
法定代表人:陈招文
质量体系:ISO/TS 16949
产品情况:间隙手动调整臂、间隙自动调整臂、凸轮轴等系列产品
配套及出口情况:主要客户有包头北奔重汽车桥、安凯曙光车桥、一汽集团、东风汽车、济南重汽、青岛青特众力车桥、金华青年、湖北三环集团、安徽华菱集团等;远销美国、巴西、欧洲、非洲、俄罗斯、中东等国家和地区

★南京锦湖轮胎有限公司
地址:南京市浦口经济开发区春羽路8号
邮编:211800
电话:025/85319999
网址:www.kumhotire.com.cn
法定代表人:赵载锡
质量体系:QS 9000、ISO/TS 16949
产品情况:(锦湖牌)
子午线轮胎的年生产能力超过1200多万条
配套情况:为北京现代、东风悦达起亚、奇瑞汽车、华晨金杯、一汽轿车、哈飞汽车、长安汽车、吉利汽车等配套

★镇江市宝华半挂车配件有限公司
地址:江苏省镇江市京口工业园区金鼎路33号
邮编:212006
电话:0511/88838888、88808888
传真:88822448
网址:www.zjbaohua.com
电子信箱:051188838888@189.cn
法定代表人:童财宝
单位人数:450
质量体系:ISO/TS 16949
产品情况:(宝明牌)
专业生产半挂车鞍式牵引座、悬架系统、支承装置和挂车车桥等半挂车配件
配套及出口情况:为全国多家挂车企业配套;远销美国、中东、南美洲、东南亚、澳大利亚等国家和地区

★凯迩必机械工业(镇江)有限公司
地址:江苏省镇江市新区丁卯纬3路38号
邮编:212009
电话:0511/88891008、85580302
传真:88886848
网址:www.kyb.co.jp
电子信箱:kimzhr@kybzj.com
法定代表人:郭卯应
质量体系:ISO 9001、ISO/TS 16949
产品情况:汽车减振器
配套情况:为东风日产、天津一汽丰田、北京奔驰、东南汽车等配套

★镇江华瑞液压机械有限公司
地址:江苏省镇江市丹徒区谷阳镇三山湖山路79号
邮编:212143
电话:0511/85117922、13861394371
传真:85910333
网址:www.hr1971.com
法定代表人:陈薇
质量体系:ISO 9001
产品情况:多路换向阀、限速阀、负荷传感有限流量控制阀、单路稳定分流阀、平衡阀、振动阀、行走制动阀、单回路外力制动阀、转换阀等各类液压阀;年生产能力达到40余万台(件)
配套及出口情况:为众多知名企业的战略合作伙伴;随主机远销日本、东南亚、欧洲、南美洲等国家和地区

★大亚车轮制造有限公司
地址:江苏省丹阳市经济技术开发区大亚产业园大亚路006号
邮编:212300
电话:0511/86967105、86969105
传真:86982228、86969103
网址:www.darewheel.com
法定代表人:陈晓龙
质量体系:ISO/TS 16949、ISO 14001
产品情况:主要产品为12～28英寸规格的铝合金车轮
配套及出口情况:是通用、菲亚特·克莱斯勒、比亚迪·戴姆勒、长城汽车、日本三菱等海内外知名品牌车企配套供货商;远销美国、日本、丹麦、意大利等国家

★吉凯恩(丹阳)工业有限公司
地址:江苏省丹阳市经济技术开发区机械工业园
邮编:212310
电话:0511/86234291
网址:www.gknchina.com
电子信箱:terry.wang@gkn.com
法定代表人:孙立宇
产品情况:农用机械的车轴、轮毂、车辆底盘、列车间的挂钩、液压悬架、连接头、转矩弹簧、特殊车轴、扭矩车轴

★江苏赛格汽车部件有限公司
地址:江苏省丹阳市后巷镇开发区
邮编:212312
电话:0511/86312386、86325650
传真:86325071
电子信箱:401862741@qq.com
法定代表人:王建芳
质量体系:ISO/TS 16949
产品情况:汽车制动系统的卡钳、钳体、支架、汽车转向节和前后内轮毂等
配套情况:为吉利汽车、赛帕汽车、江苏卡威、江苏新天洋等整车厂配套

★江苏罗伯特汽车配件有限公司
地址:江苏省丹阳市新桥镇金桥工业区
邮编:212322
电话:0511/86355555、86362555
传真:86362999
电子信箱:robot@cn-robot.com
法定代表人:陈玉峰
质量体系:ISO/TS 16949、ISO 9001
产品情况:工程车配件、气制动阀、气制动系统元件、储气筒、工程机械灯具、塑料件
配套情况:与徐工集团、三一重工、山推等重型机械厂家供货

★江苏梅花机械有限公司
地址:江苏省丹阳市南郊区凤凰工业园华苑路1号
邮编:212342
电话:0511/86198308

传真:86845520
网址:www. dymhjx. com
电子信箱:mh@ dymhjx. com
法定代表人:韦梅芳
质量体系:ISO/TS 16949
产品情况:(黎民牌)
新能源汽车真空泵及其他汽车真空泵
配套情况:为江铃、保定长城、福田等汽车整车厂及国内外市场供货

★常州飞天齿轮有限公司
地址:江苏省常州市钟楼开发区桂花路32号
邮编:213023
电话:0519/88815637、88819082
传真:85111282、88822742
网址:www. changchi. com
电子信箱:tech@ changchi. com
法定代表人:王国庆
单位人数:400
质量体系:ISO 9001
产品情况:(常州牌、常飞牌)
具有年生产各类齿轮、轴280万件的生产能力

★常州市金凌达汽车零部件有限公司
地址:江苏省常州市新北区薛家镇吕墅东路36号
邮编:213125
电话:15995048686
传真:0519/85955835
网址:www. china – suspensionparts. com
电子信箱:sales@ china – suspensionparts. com
法定代表人:景鑫
质量体系:ISO/TS 16949
产品情况:横拉杆球头、拉杆、横拉杆总成、中心拉杆、直拉杆、转向主动臂、转向从动臂、上下球头、平衡杆、直轴等
出口情况:出口南美洲、东欧、东南亚、中东地区

★江苏骏宇汽配有限公司
地址:江苏省常州市武进区湟里镇湟东南路18号
邮编:213155
电话:0519/68020279、83760688
传真:83765116
网址:www. junyu – cn. com
电子信箱:info@ junyu – cn. com
法定代表人:万阿香
质量体系:ISO 9001
产品情况:(骏宇牌)
JY168系列储能弹簧制动气室、前后桥制动气室、动力转向油罐、储气筒、稳定杆、直拉杆臂、左右转向节臂、防尘罩等
配套情况:为一汽集团、郑州宇通、厦门金龙、常州依维柯、扬州亚星、南汽、安徽安凯、东风德纳、青岛青特集团等配套

★常州超宇机械制造有限公司
地址:江苏省常州市武进区前黄镇丁舍
邮编:213172
电话:0519/86518387、86595715
传真:86268969、86595716
网址:www. cft – cz. com
电子信箱:info@ cft – cz. com
法定代表人:王洪法
质量体系:ISO/TS 16949
产品情况:(CFT牌)
球笼式等速万向节和内外球笼冷锻毛坯
出口情况:远销美国、日本、韩国、智利等国家

★上齿集团有限公司
地址:江苏省溧阳市天目湖工业园区溪缘路6号
邮编:213333
电话:0519/83101142、88301189
传真:88301184、88301197
电子信箱:sales@ jssc. com. cn
法定代表人:张焰庆
单位人数:400
质量体系:ISO/TS 16949、ISO 9001
产品情况:(上溧牌)
已具备年生产螺旋锥齿80万套、圆锥齿轮20万只、减速机1200台的能力
配套及出口情况:客户包括重庆庆铃、江淮车桥、江西江铃、安凯车桥、东风柳汽、方盛车桥等企业;远销美国、意大利、土耳其、德国等国际市场

★小仓离合机(无锡)有限公司
地址:江苏省无锡市新区辛金路116–1号
邮编:214027
电话:0510/82137719
传真:82137729
网址:www. oguraclutch. co. jp
电子信箱:ocw – 1@ oguraclutch – wx. com
法定代表人:小仓康宏
产品情况:生产汽车空调用离合器

★无锡英特帕普威孚液压有限责任公司
地址:江苏省无锡市城南路202号
邮编:214028
电话:0510/85368055、85360619
传真:85368255
电子信箱:yan. jiang@ interpump. net. cn
法定代表人:MASTROSTEFANO PAOLO
质量体系:ISO/TS 16949、ISO 9001
产品情况:取力器、高压齿轮泵、柱塞泵、液压阀等
配套及出口情况:为依维柯、沃尔沃、斯堪尼亚、雷诺、伊顿、采埃孚、MASCOTT、三菱、艾里逊等配套;远销北美洲、欧洲、印度等国家和地区

★无锡仓佑汽车配件有限公司
地址:江苏省无锡市国家高新技术产业开发区锡梅路69号
邮编:214028
电话:0510/88156188
传真:68866680
网址:www. tsangyow. com. cn
电子信箱:wendy. liu@ tsangyow. com. cn
法定代表人:苏祈泽
质量体系:ISO/TS 16949、ISO 14001
产品情况:汽车变速器零组件的精密加工,并定做铸铁件、轴类、冲压件、铝铸件、锻件、组装件产品
配套情况:主要客户有Valeo、奇瑞汽车、Delphi、Borgwarner、Exedy、Punch等

★普利司通(无锡)轮胎有限公司
地址:江苏省无锡市国家高新技术产业开发区新梅路67号
邮编:214028
电话:0510/85322288
传真:85322199
网址:www. bridgestone. com. cn
电子信箱:bswx@ brisgestonewx. com
法定代表人:平光昌弥
产品情况:(普利司通牌)
轿车用子午线轮胎

★相信制动系统(无锡)有限公司
地址:江苏省无锡市新区锡锦路18号
邮编:214028
电话:0510/85322092
传真:85322093
网址:www. sangsin. cn
电子信箱:hanhan8850@ hotmail. com
法定代表人:金孝一
单位人数:95
质量体系:ISO/TS 16949、QS 9000
产品情况:(SB牌)
制动器总成等汽车关键零部件
配套情况:为现代、起亚、通用-大宇、雷诺-三星等配套

★无锡凯迩必拓普减震器有限公司
地址:江苏省无锡市新区新加坡工业园锡坤北路2号
邮编:214028
电话:0510/85280118、85250585
传真:85280616
网址:www. kyb. co. jp
电子信箱:fengli@ kybwuxi. com. cn
法定代表人:郭卯应
质量体系:ISO 9001
产品情况:汽车、摩托车减振器
配套及出口情况:为国内外摩托车整车厂配套;年出口120万台套

★江苏金润汽车传动科技有限公司
地址:江苏省无锡市惠山区风电科技产业园畅惠路6–11号
邮编:214100
电话:0510/83588650
传真:85405377
电子信箱:wuyy@ jinrun. co

法定代表人:李涛
负责人:薛殿伦
单位人数:100
质量体系:ISO/TS 16949
产品情况:自动变速器电液控制模块、液压阀板、汽车零部件及非标设备

★青志(无锡)粉末铸锻有限公司
地址:江苏省无锡市锡山经济开发区华发路11号
邮编:214101
电话:0510/88709662、13914109174
传真:88700619
电子信箱:592434031@ qq. com
法定代表人:刘政庆
质量体系:ISO 9001
产品情况:发动机时规链条齿轮、动力辅助转向泵、变速器行星齿轮毂架、同步齿轮、ABS侦测环、转子、皮带轮、阀门座、摇臂座、机车零件、电动工具零件、气动工具零件、空调压缩机零件等
出口情况:出口德国、法国、荷兰、瑞典、英国、美国、日本、韩国、泰国、新加坡、越南、印度尼西亚、印度、马来西亚、巴西、南非等国家

★无锡和大精密齿轮有限公司
地址:江苏省无锡市安镇镇锡沪路查桥东段27号
邮编:214104
电话:0510/88716057、88712493
传真:88712485
网址:www. wxhota. com
电子信箱:hota@ wxhota. com
法定代表人:林炎辉
质量体系:ISO/TS 16949、QS 9000
产品情况:汽车、摩托车传动齿轮及轴类零件以及其他特殊精密齿轮部件
出口情况:出口美国、日本、加拿大、新加坡

★无锡市万旋金属制品有限公司
地址:江苏省无锡市锡山区鹅湖镇通湖路12号
邮编:214105
电话:0510/88784887
传真:88787228
网址:www. wanxuan. cn
电子信箱:czj@ wanxuan. com
法定代表人:许惠琴
质量体系:ISO/TS 16949、ISO 9001
产品情况:(万旋牌)
已形成年生产铝合金摩托车轮毂200万件、铝合金汽车轮毂160万件的年生产能力
配套及出口情况:为重庆力帆、北方易初、广东大阳、南京金城、北京汽车等摩托车、汽车生产厂家配套;远销印度尼西亚、马来西亚、越南、菲律宾、印度、巴基斯坦、美国、俄罗斯、秘鲁等国家

★无锡摩比斯汽车零部件有限公司
地址:江苏省无锡市新科技开发区新荣路15号
邮编:214112
电话:0510/88553600、85080602
网址:cn. mobis. co. kr
电子信箱:5600031@ gmobis. com
法定代表人:郑夏承
产品情况:汽车驱动桥总成、制动器总成、柴油机燃油泵、等速万向节、减振器、柴油车机外排放控制装置、汽车用铸锻毛坯件、电子专用设备、测试仪器、电动助力转向系统、转向机、电子控制制动防抱死系统等产品
配套情况:主要为韩国现代与韩国起亚两家汽车公司提供汽车零部件

★无锡裕昌汽车部件工业有限公司
地址:江苏省无锡市滨湖区华庄街道高运路131号
邮编:214124
电话:0510/85615101
传真:85610335
网址:www. yusho - pkb. com
电子信箱:sale@ yusho - pkb. com
法定代表人:吴德堃
质量体系:ISO/TS 16949、ISO 14001
产品情况:驻车制动、行车制动、翻转机构产品
配套情况:主要客户有日产、长城、本田、丰田、铃木、江淮、中兴、东风乘用车、五十铃、英伦帝华、东风裕隆

★无锡法斯特管业有限公司
地址:江苏省无锡市钱桥镇新街103号
邮编:214151
电话:0510/83236000、83235918
传真:83238822
电子信箱:sjsp@ sujia. biz
法定代表人:龚育才
质量体系:ISO 14000、ISO/TS 16949
产品情况:[FASTUBE(法斯特)牌、苏嘉牌]
年产传动轴用钢管3万t、车架用管2万t、其他汽车用钢管(排气管、减振器管)2万t、机械及电气用管40万t
配套及出口情况:为上汽、丰田、一汽、东风、日产、江淮、比亚迪、奇瑞、柳汽、北汽等配套;出口油气用管、汽车用管

★无锡戴卡轮毂制造有限公司
地址:江苏省无锡市惠山区玉祁工业园
邮编:214183
电话:0510/83896020、83888666
传真:83889222
电子信箱:jxly83896018@ 163. com
法定代表人:戴润
产品情况:低压铸造汽车铝合金轮毂

★无锡中策减震器有限公司
地址:江苏省无锡市惠山区玉祁街道芙蓉村
邮编:214183
电话:0510/83880072、83880926
传真:83898072
电子信箱:zcjz@ public1. wx. js. cn
法定代表人:顾末珍
质量体系:ISO/TS 16949、VDA 6.1
产品情况:(锡震牌)
橡胶金属减振器、金属波形膨胀节和沥青阻尼材料三大类;具有年产2000万只橡胶金属减振器和4000t阻尼材料的能力
配套情况:为一汽-大众、上汽大众、上汽通用、长安汽车、一汽轿车、南京依维柯、神龙汽车、奇瑞汽车等配套

★无锡晶华汽车制动器有限公司
地址:江苏省无锡市惠山经济开发区洛社配套区
邮编:214187
电话:0510/83308932、82259966
传真:83308361
网址:www. wxjhjt. com
电子信箱:wuxijinghua@ foxmail. com
法定代表人:马慕琴
质量体系:ISO/TS 16949、ISO 9001
产品情况:汽车制动器和电动车前后桥

★ 江苏通用科技股份有限公司
地址:江苏省无锡市东港镇创业产业园金港大道旁
邮编:214196
电话:0510/66868926、4006858183
网址:www. ty - tyre. com
电子信箱:jstongyong@ ty - tyre. com
法定代表人:顾萃
产品情况:(千里马牌、赤兔马牌、骐马牌、通运牌、喜达通牌)
全钢子午线轮胎
☞详细情况请参阅彩色宣传版面

★江阴市天一气门芯有限公司
地址:江苏省江阴市华士镇穿山路61号
邮编:214421
电话:0510/86218585、13771589678
传真:86218581
网址:www. tianyi - qmx. com
电子信箱:info@ tianyi - qmx. com
法定代表人:唐建兰
单位人数:450
质量体系:ISO/TS 16949、ISO 9002
产品情况:各种型号气门芯和系列气门嘴,年产气门芯2亿支,气门嘴5000万套
出口情况:产品70%以上远销美国、欧洲、东南亚等国际市场

★江阴市创新气门嘴有限公司
地址:江苏省江阴市华士镇曙新村巷门头62号
邮编:214421
电话:0510/86219873、86213271

传真:86204926
电子信箱:cx@ sanliang. com
法定代表人:徐进良
质量体系:ISO/TS 16949、ISO 14001
产品情况:(三良牌)
各种型号规格的气门嘴、气门芯
配套及出口情况:为佳通轮胎、杭州中策橡胶、贵州轮胎股份、建大橡胶中国、正兴车轮集团、厦门日上车轮集团配套;出口美国、德国、巴西、俄罗斯、印度、韩国、泰国等30多个国家和地区

★江阴方辰汽车零部件有限公司
地址:江苏省江阴市周庄镇玉门西路18号
邮编:214423
电话:0510/86900175、18915218988
传真:86900175
电子信箱:info@ fangchengroup. com
法定代表人:朱丽艳
质量体系:ISO 9000
产品情况:专业生产汽车减振缓冲块与防尘罩修理包套装

★江阴全华丰精锻有限公司
地址:江苏省江阴市城东街道山观石山路98号
邮编:214437
电话:0510/86131327、86131573
传真:86992737
网址:www. china - qhf. com
电子信箱:zhchh@ china - qhf. com
法定代表人:周栋
单位人数:170
质量体系:ISO/TS 16949
产品情况:(QHF牌)
汽车差速器行星、半轴齿轮等各种直锥齿轮,摩托车起动棘、齿轮,气门弹簧座及端面类异性件等
配套及出口情况:棘、齿轮,气门弹簧座主要与铃木技术企业江门大长江、济南铃木、本田技术企业新大洲本田、五羊本田等摩托企业配套;锥齿轮主要与长安汽车、长城汽车、北京汽车、广汽、金杯汽车配套;出口印度、日本、意大利等国家

★无锡市联信离合器有限公司
地址:江苏省江阴市申港镇镇澄路1201号
邮编:214443
电话:0510/86687537、86687538
传真:86685200
网址:www. wjclutch. com
电子信箱:wjclutch@ 163. com
法定代表人:陆渝波
质量体系:ISO 9001
产品情况:(万嘉牌)
离合器从动盘总成、压盘总成及其变形产品
配套及出口情况:为扬柴、北汽福田、柳工集团、常林集团等配套;出口北美洲、南美洲、非洲、亚洲、澳大利亚等国家和地区

★庆昌科技(江阴)有限公司
地址:江苏省江阴市经济开发区石庄园区花港西路32号
邮编:214446
电话:0510/88458333、88458337
传真:88458339
网址:www. kcwiper. com
电子信箱:702095286@ qq. com
法定代表人:孙一镐
质量体系:ISO/TS 16949、QS 9000
产品情况:高档刮水片、驻车制动、行车制动、转向液油罐
配套情况:与北京现代、起亚悦达等汽车公司有着长期合作

★江苏恒力制动器制造有限公司
地址:江苏省靖江市经济开发区城南园区苏源热电路
邮编:214500
电话:0523/84622969
传真:84243988
网址:www. js - hengli. com
电子信箱:webmaster@ js - hengli. com
法定代表人:徐旗钊
质量体系:QS 9000
产品情况:(恒力牌)
各类鼓式制动器、16.5~22.5in气压盘式制动器总成、各类转向管柱、汽车转向装置总成及各种型号的凸轮轴、调整臂、支架、气室、推力杆、限位支架、气室支架、角转向器等
配套情况:为一汽、东风、江淮、安凯、东风柳汽、广西方盛、江铃、北汽福田、上汽依维柯、华菱、徐州美驰、宇通客车、金龙客车、中通客车、黄海客车等配套

★江苏恒义汽配制造有限公司
地址:江苏省靖江市开发区中洲西路6号
邮编:214500
电话:0523/88973001、88971002
传真:84855280
电子信箱:hengyi@ jshygf. com. cn
法定代表人:陈竞宏
质量体系:ISO/TS 16949、ISO 9001
产品情况:(恒义牌)
主要产品有各类差速器壳、前支架、隔圈、中间摇臂、转向臂、主减速器壳、油封座、转子架以及变速器零部件共100多系列400多个品种
配套情况:为陕汽集团、一汽山东汽车改装厂、重汽集团、北奔重汽、徐工集团、安凯集团等配套

★江苏恒明汽车配件制造有限公司
地址:江苏省靖江市斜桥镇大觉花宋路8号
邮编:214512
电话:0523/84248780、18752680886
传真:84248988
电子信箱:cai@ js - hm. com
法定代表人:蔡建国
质量体系:ISO/TS 16949
产品情况:(恒明牌)
各种车型的制动调整臂总成、转向节臂、凸轮轴等主要产品
配套情况:长期为陕汽重型货车、恒力公司、一汽四环、广西方盛、东风汽车公司、柳汽、湖北车桥、卢卡斯美驰、江淮、安凯、丹东黄海等数十家主机厂配套

★江苏格尔顿传动有限公司
地址:江苏省江阴市开发区靖江园区沿江高等级公路北
邮编:214521
电话:0523/84818853、84813078
传真:84833540
电子信箱:gldxzb@ 163. com
法定代表人:孙乙钦
单位人数:420
质量体系:ISO/TS 16949、QS 9000
产品情况:(格尔顿牌)
汽车传动轴、转向传动管柱、电子加速踏板、电磁驱动器总成等
配套情况:传动轴总成为厦门金龙、宇通客车、苏州金龙配套,转向管柱总成为北汽福田、陕汽、奇瑞配套

★苏州永信发谷汽车部件有限公司
地址:江苏省苏州市泰山路77号
邮编:215000
电话:0512/66901601
传真:66321590
网址:www. ys - kr. com
法定代表人:李相又
产品情况:汽车转向助力泵
配套情况:与北京现代、上汽通用、东风悦达起亚、长安汽车、长城汽车等20多个知名汽车厂家合作

★苏州优科豪马轮胎有限公司
地址:江苏省苏州市高新区华侨路158号
邮编:215011
电话:0512/68181008
传真:68181007
网址:www. yokohama. com. cn
电子信箱:chengzhao@ cszy. yokohamatire. com
法定代表人:富冈圣
产品情况:(YOKOHAMA牌)
货车、客车用子午线轮胎

★采埃孚传动技术(苏州)有限公司
地址:江苏省苏州市工业园区百合街18号
邮编:215021
电话:0512/67166559
传真:67166357
网址:www. zf. com
法定代表人:ANDREAS MOSER
质量体系:ISO/TS 16949
产品情况:(ZF牌)
客车传动和底盘系统产品,包括变速器、车桥(包括悬架)、转向系统以及

部分采埃孚萨克斯客车离合器、减振器
配套情况：为厦门金龙、苏州金龙、苏州金旅、安凯汽车等配套

★乔治费歇尔金属成型科技苏州有限公司
地址：江苏省苏州市工业园区长阳街
邮编：215021
电话：0512/62836333
传真：62836062
网址：www.georgfischer.com
电子信箱：julan.li@georgfischer.com
法定代表人：CARLOS EDUARDO VASTO
质量体系：ISO/TS 16949、ISO 9001
产品情况：为车辆底盘、传动系统和车身提供铸造零件
配套情况：为奇瑞汽车、长城汽车等配套

★麦特达因（苏州）汽车部件有限公司
地址：江苏省苏州市工业园区青丘街178号
邮编：215021
电话：0512/87171600
传真：87171608
电子信箱：tracyhu@metaldyne.com
法定代表人：STEVEN ANDREW KRAUSE
产品情况：铝压铸件、减振器总成、粉末金属件、粉末金属锻造与加工
配套情况：为长安福特、长安马自达、奇瑞汽车、神龙汽车、通用汽车、上汽通用、福田康明斯、克虏伯等配套

★博世汽车部件（苏州）有限公司
地址：江苏省苏州市工业园区星龙街455号
邮编：215021
电话：0512/67673682
传真：62655200
网址：www.bosch.com.cn
电子信箱：jingfang.jiang@cn.bosch.com
法定代表人：YUDONG CHEN
负责人：Bentz Manfred
单位人数：796
质量体系：ISO/TS 16949
产品情况：（Bosch 牌）
防抱死制动系统 ABS、牵引力控制系统 TCS、电子稳定程序 ESP、轮速传感器、安全气囊电子控制单元及其他传感器等
配套及出口情况：为乘用车及轻型商用车提供配套产品及服务；出口亚洲、欧洲、美洲

★苏州东风汽车离合器有限公司
地址：江苏省苏州工业园区葑亭大道588号
邮编：215024
电话：0512/65333193、13914091608
网址：www.dfclutch.com
电子信箱：szjc－xiejun@dfl.com.cn
法定代表人：龚正平
质量体系：ISO/TS 16949
产品情况：（圆菱牌）
离合器
配套及出口情况：为东风汽车有限、一汽解放、东风康明斯发动机、解放大连柴油机、东风朝阳柴油机、解放无锡柴油机、东风杭汽、厦门金龙、徐工、安徽安凯、重庆红岩、郑州宇通、北汽福田、扬州亚星等配套；出口美国、乌克兰、土耳其、埃及、印度、加纳等国家

★曙光制动器（苏州）有限公司
地址：江苏省苏州市工业园区长阳街汀兰巷168号
邮编：215126
电话：0512/62831755、62831577
传真：62831580
网址：www.akebono－brake.co.jp
电子信箱：qian.yueqin@akebono－brake.com
法定代表人：佐竹辰也
产品情况：制动器总成、制动摩擦片

★东机工汽车部件（苏州）有限公司
地址：江苏省苏州市工业园区星龙街177号
邮编：215126
电话：0512/62833400
传真：62833513
网址：www.hitachi.com.cn
法定代表人：蒲生庆一
质量体系：ISO/TS 16949
产品情况：（TOKICO 牌）
前后盘式制动器、真空助力器及制动主缸总成、独立悬架减振器及普通减振器
配套及出口情况：为东风日产、广汽丰田、一汽轿车、东南汽车、昌河铃木等配套；出口北美福特、日本日产及韩国雷诺三星

★苏州源成铝制品制造有限公司
地址：江苏省苏州市高新区出口加工区
邮编：215129
电话：0512/88876985
传真：88876995、88876996
电子信箱：qianlei@rostawheels.com.cn
法定代表人：蔡礼文
产品情况：铝合金汽车轮辋，年产能力200万件以上
配套及出口情况：为美国通用、福特、克莱斯勒、日本铃木、马自达、本田等配套；出口欧洲、美洲、日本

★万都底盘部件（苏州）有限公司
地址：江苏省苏州市高新区马运路328号
邮编：215129
电话：0512/66659888
传真：66653022
网址：www.mando.com
电子信箱：mando@halla.com
法定代表人：朴太圭
质量体系：QS 9000
产品情况：防抱死制动装置（ABS），转向器、转向柱、中间轴等转向系统产品
配套情况：为北京现代、东风悦达起亚、上汽通用、长安汽车、哈飞汽车、奇瑞汽车、昌河汽车、庆铃汽车等配套

★克诺尔车辆设备（苏州）有限公司
地址：江苏省苏州高新区浒关开发区石阳路69号
邮编：215151
电话：0512/66165666
传真：66165817
网址：www.knorr－bremse.cn
法定代表人：多明哥·曼狄塔
产品情况：商用车辆制动系统产品

★苏州东风精冲工程有限公司
地址：江苏省苏州市高新区新亭路18号
邮编：215151
电话：0512/68756103
网址：www.dffbsz.com
电子信箱：dffbskb@dfl.com.cn
法定代表人：王勇
质量体系：ISO/TS 16949、OHSAS 18001
产品情况：汽车变速器操纵机构、汽车座椅部件、精冲零部件及精冲模具
配套情况：主要客户有神龙汽车、格特拉克、东风日产、法国雷诺、PSA 等

★苏州绿控传动科技股份有限公司
地址：江苏省苏州市吴江经济技术开发区交通南路1268号
邮编：215200
电话：0512/88812100
传真：88812027
网址：www.lvkon.com
电子信箱：lkcd@lvkon.com
法定代表人（负责人）：李磊
单位人数：618
产品情况：汽车 AMT 自动变速器、新能源汽车驱动电动机、纯电动及混合动力汽车动力总成
配套情况：已为中通客车、北汽福田、宇通客车、厦门金龙、苏州金龙、金旅客车、安凯客车、黄海客车、申龙客车、亚星客车、上饶客车等国内40余家客车企业，以及中国一汽、东风汽车、中国重汽、陕汽重卡、江淮汽车等20余家货车企业批量供货

★苏州苏万万向节有限公司
地址：江苏省苏州市吴江区交通路4279号
邮编：215200
电话：0512/63453946、13913712392
传真：63454482、63455302
网址：www.sz－suwan.com
电子信箱：lujinming@sz－suwan.com
法定代表人：王春林
单位人数：280
质量体系：ISO 14001、ISO 9001
产品情况：汽车万向节、工程机械万向节、传动轴及各类联轴器
配套情况：为南京南汽传动轴、徐州美

驰车桥、山推股份、徐工科技、常林股份、上海彭浦厂、宝鸡石油机械、四川宏华石油设备、重庆齿轮箱、中石化江汉石油管理局第四机械厂供货

★富士和机械工业(昆山)有限公司
地址:江苏省昆山市经济技术开发区南河路988号
邮编:215300
电话:0512/57715858
传真:57715859
网址:www.fjw.com.cn
电子信箱:sales@fjw.com.cn
法定代表人:宗成志
负责人:廖政景
质量体系:ISO/TS 16949、ISO 14001
产品情况:制动盘、制动鼓、转向节、轮毂、排气歧管、主减速器、差速器、飞轮、涡轮壳等
配套情况:为美国福特、伊顿、上汽通用五菱、东风汽车公司、东风日产乘用车、上海汇众、上海德尔福、天津一汽丰田、艾默生电器、霍尼韦尔、北京奔驰、广汽三菱、郑州日产配套

★远轻铝业(中国)有限公司
地址:江苏省昆山市经济技术开发区远轻路118号
邮编:215300
电话:0512/57152300、57152272
传真:57710007
网址:www.enkei.co.jp
电子信箱:sales@enkei.cn
法定代表人:铃木顺一
质量体系:ISO/TS 16949
产品情况:(ENKEI牌)
年产铝合金轮毂330万只、涡轮增压器壳体350万套、发动机汽缸盖20万套
配套情况:为东风日产、广汽本田、东风本田、霍尼韦尔、博格华纳、康明斯、FIT、MHI、雅马哈、铃木等配套

★欧凯普底盘配件(昆山)有限公司
地址:江苏省昆山市昆山开发区环娄路218号
邮编:215300
电话:0512/57030678
传真:57971898
网址:www.ocap.cn
电子信箱:info@ocap.cn
法定代表人:IVANO GIORDANO
质量体系:ISO/TS 16949、ISO 9001
产品情况:汽车底盘配件

★昆山六丰机械工业有限公司
地址:江苏省昆山市庆丰西路179号
邮编:215300
电话:0512/57312278
传真:57325042
电子信箱:mliu@liufeng.com.cn
法定代表人:宗成志
负责人:宗绪惠
单位人数:2000
质量体系:ISO/TS 16949、VDA 6.1
产品情况:(豪马牌)
汽车铝合金轮毂
配套情况:为上汽大众、一汽-大众、上汽通用、江铃汽车、华晨金杯等国内知名企业配套

★昆山因诺泰克汽车零部件有限公司
地址:江苏省昆山市正仪镇长阳路81号
邮编:215300
电话:0512/36826885
传真:36823955
网址:www.mubea.com
电子信箱:comercial@inauxa.es
法定代表人:Andrzej Wojcikowski
产品情况:主要生产汽车底盘耦合杆
配套情况:主要的客户为上汽大众、一汽-大众、上汽通用等

★正新橡胶(中国)有限公司
地址:江苏省昆山市陆家镇合丰路8号
邮编:215301
电话:4008280080
网址:www.maxxis.com.cn
电子信箱:4008280080@mail.cst.com.cn
法定代表人:罗才仁
质量体系:ISO/TS 16949、QS 9000
产品情况:[玛吉斯(MAXXIS)牌]
轿车子午线轮胎,客车斜交轮胎
配套情况:与上汽通用、上汽大众、上海汽车、长安福特、福建戴姆勒、东风日产、东南汽车等知名汽车厂商合作提供配套轮胎

★固铂(昆山)轮胎有限公司
地址:江苏省昆山市经济技术开发区日本工业园区百灵路168号
邮编:215331
电话:0512/57727666、57727616
传真:57727665
电子信箱:swwu@coopertire.com
法定代表人:杨洵
产品情况:乘用车子午线轮胎

★昆山正大新成精密锻造有限公司
地址:江苏省昆山市开发区云雀路405号
邮编:215331
电话:0512/57671757
传真:57870880、57670964
网址:www.aapico.cn
电子信箱:aapicokunshan@aapico.com
法定代表人:叶瑞泉
质量体系:ISO/TS 16949、ISO 9001
产品情况:汽车发动机连杆、同步器齿环、倒挡拨叉、换挡摇臂、汽车空调压缩机齿轮、制动系统凸缘以及空气断路器内部动静接触块等
配套情况:为德尔福、上汽通用五菱、长安福特、长安马自达、上海汽车、云内动力、WABCO、奇瑞等汽车主机厂及施耐德电器公司配套

★昆山帝标汽配有限公司
地址:江苏省昆山市陆家镇金阳东路8号
邮编:215331
电话:0512/81868899
传真:81868288
网址:www.atech-ks.com
电子信箱:sales@atech-ks.com
法定代表人:宜辅廷
质量体系:ISO/TS 16949
产品情况:控制臂、球接头

★福缔汽车(太仓)有限公司
地址:江苏省太仓经济开发区广州东路188号
邮编:215400
电话:0512/53739600
网址:www.valeo.com.cn
电子信箱:anna.du@valeo.com
法定代表人:Kristian Axel Ziegenbein
产品情况:离合器液压控制系统,塑料件

★舍弗勒(中国)有限公司
地址:江苏省太仓经济开发区舍弗勒路1-3号
邮编:215400
电话:0512/53958000、53959640
网址:www.schaeffler.cn
电子信箱:luoga@schaeffler.com
法定代表人:张艺林
产品情况:(INA牌、LUK牌、FAG牌)
汽车工业应用中的超越皮带轮、变速器换挡定位销等;轮毂轴承、离合器、双质量飞轮和离合器释放系统

★慕贝尔汽车部件(太仓)有限公司
地址:江苏省太仓市常州路5号
邮编:215400
电话:0512/53950900
传真:53950920
网址:www.mubea.com
电子信箱:info.mubea.taicang@mubea.com
法定代表人:Andrzej Wojcikowski
质量体系:ISO/TS 16949
产品情况:(MUBEA牌)
弹簧卡箍、悬架弹簧、碟形弹簧、皮带张紧轮
配套情况:为上汽大众、一汽-大众、上汽通用、韩国现代、日本日产、MBL等配套

★太仓卡兰平汽车零部件有限公司
地址:江苏省太仓市南京路88号
邮编:215400
电话:0512/53578996
传真:53566757
网址:www.kern-liebers.com.cn
电子信箱:kltc@kern-liebers.com.cn
法定代表人:UDO SCHNELL
质量体系:ISO/TS 16949、ISO 14001

产品情况:主要生产用于球铰链、球头、转向臂、控制臂卡圈等汽车悬架转向系统配件
配套情况:是上海伦福德集团、天合集团、采埃孚集团的独家供应商

★克恩-里伯斯(太仓)有限公司
地址:江苏省太仓市南京路 88 号
邮编:215400
电话:0512/53578996
传真:53578997
网址:www. kern - liebers. com. cn
电子信箱:kltc@ kern - liebers. com. cn
法定代表人:UDO SCHNELL
质量体系:ISO/TS 16949、ISO 9001
产品情况:汽车底盘卡环

★江兴(太仓)金属制品有限公司
地址:江苏省太仓市陆渡郑和中路
邮编:215412
电话:0512/53450111
传真:53450113
电子信箱:sales@ ch - forging. com. cn
法定代表人:江木山
质量体系:ISO/TS 16949、QS 9000
产品情况:前轮转动主件、齿轮、锥齿轮、BJ 内轮、DOJ 内轮、传动承座、磁极、传动接头、排挡齿轮、起动齿轮、各类轴件等

★合兴集团汽车电子(太仓)有限公司
地址:江苏省太仓市广州东路 117 号
邮编:215413
电话:0512/33066711
网址:www. cwb. com. cn
法定代表人:陈文葆
产品情况:汽车电器电子、电子连接器,终端低压电器及配件

★太平洋汽车部件科技(常熟)有限公司
地址:江苏省常熟经济技术开发区万福路 7 号
邮编:215500
电话:0512/52019512
传真:52019511
网址:www. pacific - ind. co. jp
电子信箱:xueyanhong@ ptc. pacific - ind. cn
法定代表人:白田隆幸
产品情况:TPMS 以及汽车零部件

★华丰橡胶(中国)有限公司
地址:江苏省常熟市长江路 1 号
邮编:215500
电话:0512/52811788
传真:52813323
电子信箱:hfc. fnce@ durotire. com. cn
法定代表人:蔡孟翰
质量体系:ISO 9001
产品情况:汽车轮胎

★大陆汽车系统(常熟)有限公司
地址:江苏省常熟市东南经济开发区东南大道 58 号
邮编:215500
电话:0512/52358808
传真:52358808
网址:www. conti - online. com
电子信箱:continental@ continental - corporation. com
法定代表人:霍斌
产品情况:生产制动钳、助力器、电子驻车制动钳、鼓式制动器和电动注塑单元等产品

★欧德克斯机械工业(常熟)有限公司
地址:江苏省常熟市东南经济开发区庐山路 101 号
邮编:215500
电话:0512/52306925、52836992
传真:52836993
网址:www. otics. co. jp
电子信箱:lcc@ otics. com. cn
法定代表人:小田井博茂
产品情况:平衡轴、摇臂、皮带张紧器等减振部件
配套情况:为广汽丰田、天津一汽丰田、长春丰田供货

★丰田汽车(常熟)零部件有限公司
地址:江苏省常熟市高新技术产业开发区黄浦江路 56 号
邮编:215500
电话:13801578584
网址:www. toyota. com. cn
电子信箱:liu_hua@ tmcap. com. cn
法定代表人:矢势弘一
产品情况:主要生产无级变速器、混合动力变速驱动桥,年产能 46 万台

★住友橡胶(常熟)有限公司
地址:江苏省常熟经济开发区沿江工业区
邮编:215513
电话:0512/52695000
传真:52695022
电子信箱:yt_cao@ dunlop. com. cn
法定代表人:山田直树
质量体系:ISO/TS 16949、ISO 14001
产品情况:(邓禄普牌)
轿车以及货车、客车的子午线轮胎
配套情况:为天津一汽丰田、东风日产乘用车等配套

★本特勒汽车系统(常熟)有限公司
地址:江苏省常熟市东周路 3 号
邮编:215513
电话:0512/52023006
网址:www. benteler. com
法定代表人:施宏
产品情况:生产加工汽车关键零部件驱动桥总成等
配套情况:为观致汽车、奇瑞汽车等客户配套

★常熟瑞利汽车部件有限公司
地址:江苏省常熟市经济技术开发区观致路 8 号
邮编:215537
电话:0512/82366888
传真:52199912
网址:www. juili. com. tw
电子信箱:general@ juili. com. tw
法定代表人:吴明灿
质量体系:ISO/TS 16949、ISO 14001
产品情况:主要生产汽车部件(底盘)
配套及出口情况:主要客户包括东风汽车集团、武汉神龙、上海汽车、东南汽车、奇瑞量子汽车等;以远销欧美、东南亚地区为主

★常熟美桥汽车传动系统制造有限公司
地址:江苏省常熟市经济技术开发区通联路 16 号
邮编:215537
电话:0512/52256076
电子信箱:webmaster@ hefeiaam. com
法定代表人:DONALD LEONARD JOSEPH
负责人:DAVID MARSHALL MORSE
单位人数:80
质量体系:ISO/TS 16949、ISO 14001
产品情况:前后桥、后驱动模组、取力器、驱动轴等高精度传动与驱动系统产品
配套情况:为国内外主机厂配套

★通伊欧轮胎张家港有限公司
地址:江苏省张家港市扬子江国际化学工业园东海路 58 号
邮编:215600
电话:0512/35007100
传真:35007203
网址:www. toyo - rubber. co. jp
电子信箱:hr@ toyotiresz. com
法定代表人:宫崎祐次
产品情况:(TOYO 牌)
轿车用和轻型货车用轮胎

★安固(张家港)橡胶工业有限公司
地址:江苏省张家港市凤凰镇港口街道
邮编:215612
电话:0512/58480156、58485307
传真:58480582、58488331
电子信箱:huanghuiping@ goodtire. com. cn
法定代表人:洪宗魁
质量体系:ISO 9001
产品情况:(安固牌)
丁基内胎、垫带、翻新胎
配套及出口情况:为米其林、普利司通、上海轮胎厂配套;出口丁基内胎、垫带

★南港张家港保税区橡胶工业有限公司
地址:江苏省张家港市保税区上海路
邮编:215634
电话:0512/58320228
传真:58320229
电子信箱:620101@ nankang. com. tw
法定代表人:张昌平
质量体系:ISO/TS 16949、ISO 14001

产品情况:轮胎

★江苏盛昌隆联合科技有限公司
地址:江苏省徐州市铜山区驿城村长安路西、黄河路南1#厂房2-3层
邮编:221000
电话:0516/87795333、18012000891
传真:87790333
电子信箱:534097886@qq.com
法定代表人:张铮
质量体系:ISO/TS 16949
产品情况:汽车ABS防抱死防滑系统和无石棉低金属制动衬片

★徐州光环传动轴制造有限公司
地址:江苏省徐州经济开发区荆山路
邮编:221004
电话:0516/87560620、87560600
传真:87560620
电子信箱:ghxiaoxie@163.com
法定代表人:吴建设
质量体系:ISO/TS 16949、ISO 9001
产品情况:传动轴

★徐州徐工轮胎有限公司
地址:江苏省徐州市矿山路21号
邮编:221005
电话:0516/87608316、87608260
电子信箱:1226739890@qq.com
法定代表人:谢凤开
产品情况:(徐工牌、甲字牌、丰收牌)载货汽车轮胎、轿车轮胎
配套及出口情况:为工程机械、农业机械、汽车制造厂配套;远销美国、西欧、澳大利亚、新西兰等国家和地区

★徐州美驰车桥有限公司
地址:江苏省徐州市铜山新区珠江路9号
邮编:221116
电话:0516/83911088
传真:83911188
网址:www.xzmeritor.com.cn
电子信箱:wenjun.xing@meritor.com
法定代表人:Kenneth James Hogan
质量体系:ISO/TS 16949、ISO 14001
产品情况:工程机械车桥、公交车及长途客车车桥和货车车桥等产品
配套及出口情况:主要客户有郑州宇通、苏州金龙、厦门金龙、厦门金旅、中通客车、桂林大宇、安凯、沃尔沃、江淮汽车、上汽依维柯红岩、福田雷沃、徐工等;国外客户主要有日本五十铃、日本日野等汽车公司

★事坦登(徐州)有限公司
地址:江苏省徐州市经济开发区鲲鹏北路89号
邮编:221600
电话:021/80120158
网址:www.standens.cn
电子信箱:sales@standens.cn
法定代表人:James Edward Hacking
质量体系:ISO/TS 16949、ISO 14001
产品情况:叶片板簧、车载悬架、拖车车轴、农机配件

★连云港北方变速器有限责任公司
地址:江苏省连云港市经济技术开发区昆仑山路10号
邮编:222047
电话:0518/86087856
传真:86086856、86086888
电子信箱:bbscb@163.com
法定代表人:蔡元京
单位人数:500
质量体系:ISO/TS 16949、QS 9000
产品情况:轻型货车、微型车、经济型轿车以及非公路型特种车变速器产品和各类轴、盘类齿轮、箱体产品生产加工以及悬式绝缘子锻件镀锌和热处理类件的加工处理
配套情况:为铃木系列发动机配套

★连云港市艾伦钢铁有限公司
地址:江苏省连云港市东海县桃林经济开发区
邮编:222334
电话:0518/87674168、87677777
传真:87672371
电子信箱:18032138@qq.com
法定代表人:马广群
质量体系:ISO 9001
产品情况:(艾伦牌、魁星牌)各种汽车车轮
出口情况:出口加拿大、澳大利亚、秘鲁、东南亚等国家和地区,并销往中国香港、中国台湾地区

★江苏珀然股份有限公司
地址:江苏省连云港市灌南县人民西路10号
邮编:223500
电话:0518/83886156、83886152
传真:83886152
网址:www.pomlead.com
电子信箱:wheel@pomlead.com
法定代表人:彭桂云
质量体系:IATF 16949、ISO 9001
产品情况:重型货车、客车、挂车、危险运输车等各种商用车、轿车的高强度轻量化锻造铝合金车轮及轻量化锻造铝合金部件;规划年产能350万件
配套情况:是一汽、东风、比亚迪等国内外30多家大中型汽车厂的供应商

★江苏新创雄铝制品有限公司
地址:江苏省泗阳县东经济开发区九江路北首
邮编:223700
电话:0527/80709068、80709056
传真:80709077
电子信箱:liuchunxia@cnwheel.com
法定代表人:韩宏伟
质量体系:ISO/TS 16949
产品情况:超轻量化复合式铝合金轮毂
出口情况:远销北美洲、日本、欧洲等国家和地区

★江苏宇威汽车零部件有限公司
地址:江苏省盐城市亭湖开发区南机场路6号
邮编:224000
电话:0515/88876377、13770046388
传真:88875377
网址:www.jsuyuwei.com
电子信箱:xu.wenkai5168@163.com
法定代表人:许国中
质量体系:ISO 9001、ISO 14001
产品情况:各种车型离合器从动盘总成、后盘总成、制动片、制动蹄及各种针刺无纺布
出口情况:远销日本、韩国、美国、东南亚、中东等国家和地区

★盐城市天驰汽配有限公司
地址:江苏省盐城市盐都区潘黄镇仰徐工业园
邮编:224001
电话:0515/88444988、88394888
传真:88444222
电子信箱:brake@tianchiautopart.com
法定代表人:张种如
产品情况:制动蹄、制动衬片、制动片

★江苏顺驰汽车部件有限公司
地址:江苏省盐城市亭湖经济开发区南映村九组(18)
邮编:224002
电话:0515/88899128、15961979699
传真:88899238
电子信箱:shunchi_china@163.com
法定代表人:耿长凯
质量体系:ISO 9001
产品情况:(威特牌)
离合器从动盘总成、压盘总成、制动片、制动蹄

★江苏飞驰股份有限公司
地址:江苏省盐城市开放大道158号
邮编:224003
电话:0515/88554298、88550277
传真:88156688
网址:www.china-feichi.com
电子信箱:feichi@china-feichi.com
法定代表人:陆安杰
质量体系:ISO 9001、ISO 14001
产品情况:(飞驰牌)
具备年产1000万条自行车胎、500万条摩托车胎和50万套特种工业轮胎的生产能力
配套及出口情况:为金城、嘉陵、春兰摩托车配套;出口国外市场

★江苏名豪汽车零部件有限公司
地址:江苏省盐城市亭湖区新洋经济区新洋路66号
邮编:224003
电话:0515/83351599、83351612

传真:83351609、83351566
网址:www. mensch. cn
电子信箱:chensy@ mensch. cn
法定代表人:蔡正益
质量体系:ISO/TS 16949、ISO 14001
产品情况:离合器从动盘总成、离合器压盖总成、分离轴承等
配套情况:客户有长安福特、长安铃木、长安马自达、北京现代、北汽、比亚迪、昌河铃木、长城汽车、东风本田、东风标致、东风柳汽、东风日产、东风雪铁龙、东风悦达起亚、东南汽车、福田、广汽本田、哈飞、海南马自达、红旗、华晨宝马、华晨金杯、中华、吉利、江淮、江铃陆风、南汽、奇瑞、三菱、上汽大众、天津一汽、一汽奥迪、上汽通用凯迪拉克、一汽-大众、一汽丰田、一汽马自达、郑州日产、宝马、克莱斯勒、日产、雪佛兰、斯柯达、欧宝、路虎、雷克萨斯

★江苏马斯盾制动系统有限公司
地址:江苏省盐城市亭湖区全创路10号
邮编:224052
电话:0515/88328395
网址:www. masten. com. cn
电子信箱:info@ masten. com. cn
法定代表人:严昕
产品情况:制动气室和汽车弹簧

★盐城恒昌汽车配件有限公司
地址:江苏省盐城市大丰区刘庄镇三圩建业路2号
邮编:224100
电话:0515/83662049
电子信箱:hcjt@ hcjtqpnj. com
法定代表人:季顺中
质量体系:ISO 9001
产品情况:(云马牌、驰王牌)
各种系列离合器成品花键盘毂、各种汽车制动自动调整臂等
配套情况:为一汽、东风、西湖、三环等企业配套

★沪强企业(盐城)有限公司
地址:江苏省建湖县经济开发区永兴路688号
邮编:224700
电话:0515/86251998
传真:86251999
网址:www. nhc. com. tw
电子信箱:jhhq6251998@ 163. com
法定代表人:王友芳
产品情况:制动器总成、盘式制动器、配线总成、油箱开关及其他汽车零部件、摩托车零部件

★江苏苏美达铝业有限公司
地址:江苏省扬州市高新技术产业开发区安桥路17号5幢
邮编:225000
电话:0514/82222128、18852785805
传真:82222128
电子信箱:chenxj@ sumec. com. cn
法定代表人:李炜
质量体系:ISO/TS 16949
产品情况:具有年产汽车铝合金轮毂500万件的生产能力
配套及出口情况:为国内很多汽车主机厂企业配套;远销东南亚、南美洲、印度、欧美等地区

★扬州安行机电科技有限公司
地址:江苏省扬州市经济技术开发区金山路122号
邮编:225009
电话:0514/87817601
传真:82222808
网址:www. axjdkj. com
电子信箱:yzanxing@ 163. com
法定代表人:聂柯
质量体系:ISO/TS 16949
产品情况:电液缓速器,广泛应用于客车、货车及其他类型车辆的辅助制动系统
配套情况:已与綦江齿轮传动、扬州亚星、上海申龙、北汽福田、北方华德、徐工集团等企业建立了良好的合作关系

★扬州市洪泉实业有限公司
地址:江苏省扬州市江都外资工业园舜天路
邮编:225200
电话:0514/86977807、86977767
网址:www. yzhqsy. com
法定代表人:俞洪泉
质量体系:ISO/TS 16949
产品情况:主要产品有缓速器、车架、冲压件、辊压件等

★扬州立德粉末冶金股份有限公司
地址:江苏省扬州市江都区沿江开发区兴港路
邮编:225211
电话:0514/86739718
电子信箱:sale@ pm – leader. com
法定代表人:葛莲
质量体系:ISO/TS 16949
产品情况:汽车减振器粉末冶金零件;生产各种粉末冶金零件4000万只
配套情况:为汽车、摩托车、电动工具等厂家配套

★江苏明星减震器有限公司
地址:江苏省泰州市九龙工业园区
邮编:225312
电话:0523/86266918、86265388
传真:86268268
网址:www. js – star. com
电子信箱:mingxing@ js – star. com
法定代表人:于桂华
单位人数:1100
质量体系:ISO/TS 16949
产品情况:(君友牌)
汽车、摩托车减振器
配套及出口情况:为新大洲本田、大长江、轻骑铃木等配套;远销欧洲、印度等国家和地区

★江苏罡阳转向系统有限公司
地址:江苏省泰州市海陵区罡杨镇天罡路101号
邮编:225318
电话:0523/80765101、80765555
传真:80765099
网址:www. cngangyang. com
电子信箱:wangch@ cngangyang. com
法定代表人:宋海兵
质量体系:ISO/TS 16949
产品情况:(罡阳牌)
具备年产能各类转向器200万台套,并形成了循环球动力转向器、电动转向器(EPS)、全液压转向器、汽车底盘零件和电控系统5大产品系列;汽车凸缘轴、摩托车曲轴等轴类零部件,轴类零部件板块具备年产能1500万套;具备年产各类压铸件和机加工件10000t生产能力
配套及出口情况:为一汽、东风、陕汽、北汽、江淮、上汽、重汽、三一、徐工、宇通、金龙、吉利、大长江、五羊本田等重要供应商;是陕汽通家、吉利康迪、比德文、江铃、力帆、道爵、大阳、瑞驰、丽驰、五征、凯马等新能源企业的核心供应商;汽车零部件板块远销美国、俄罗斯、印度等10多个国家和地区;轴类零部件远销美国、日本、德国、意大利、印度、巴西、越南、印尼、马来西亚、巴基斯坦等20多个国家

★江苏罡阳股份有限公司
地址:江苏省泰州市海陵区罡杨镇天罡路1号
邮编:225318
电话:0523/80765003
传真:80765088
网址:www. cngangyang. com
电子信箱:zhousf@ cngangyang. com
法定代表人:陈杰
质量体系:ISO/TS 16949、QS 9000
产品情况:(罡阳牌)
具备年产各类曲轴总成1200万套、机油泵320万套、各类转向系统50万套、垂臂100万只、吊耳100万只、钢板销200万只的生产能力
配套及出口情况:汽车动力转向器为陕西重汽、北汽福田、一汽、东风、济南重汽、安徽华菱、郑州宇通、苏州金龙、东风柳汽、上海汇众等国内知名企业配套;空调压缩机偏心轴销往苏州艾默生公司;曲轴产品成为大长江集团等国内主要摩托车企业青睐产品和本田、雅马哈、铃木在中国的首选产品;曲轴产品远销20多个国家和地区,空调压缩机偏心轴远销美国总部、泰国、印度等,通用机曲轴直销美国德克姆赛公司

★江苏追日汽车同步器有限公司
地址:江苏省泰州市刁铺镇
邮编:225323
电话:0523/86172000、86172201
传真:86170454
电子信箱:zr@ jszrtbq. com
法定代表人:赵孝民
质量体系:ISO 9002
产品情况:(追日牌)
同步器
配套情况:为一汽、东风汽车公司等配套

★江苏华彤减震器制造有限公司
地址:江苏省泰州市姜堰区顾高工业园区
邮编:225500
电话:0523/88573001、88573005
传真:88573666
电子信箱:autoparts. ht@ hotmail. com
法定代表人:左成龙
质量体系:ISO/TS 16949
产品情况:具备年产汽车减振器100万支及空气弹簧50万支的能力

★江苏太平洋精锻科技股份有限公司
地址:江苏省泰州市姜堰区双登大道198号
邮编:225500
电话:0523/80512685
传真:80512000
网址:www. ppforging. com
电子信箱:ppf@ ppforging. com
法定代表人:夏汉关
质量体系:ISO/TS 16949、ISO 14001
产品情况:汽车差速器半轴齿轮和行星齿轮、汽车变速器结合齿齿轮
配套情况:与大众汽车、通用汽车、福特汽车、丰田、宝马、奔驰汽车等公司众多车型配套精锻齿轮

★泰州市兴华齿轮制造有限公司
地址:江苏省泰州市北郊华港镇(里华)
邮编:225516
电话:0523/88751023、80640066
传真:88751024
网址:www. tzdwl. cn
电子信箱:tzxh@ tzdwl. cn
法定代表人:潘春林
单位人数:168
质量体系:ISO 9001
产品情况:(德维力牌)
精锻直伞锥齿轮;各类汽车、低速货车、机动三轮车、拖拉机差速器齿轮,半挂车支腿直伞齿轮,螺旋千斤顶伞齿轮等;年生产能力500多万件
配套情况:为上汽集团、奇瑞汽车等配套

★江苏飞船股份有限公司
地址:江苏省泰州市姜堰区华港镇岳古路一号
邮编:225516
电话:0523/88751234、88751237
传真:88751899、88751233
网址:www. airshipgear. com
电子信箱:sales@ airshipgear. com
法定代表人:王欣林
单位人数:1100
质量体系:ISO/TS 16949、ISO 14001
产品情况:(飞船牌)
精锻直伞齿轮年产量2000万件,螺伞齿轮年产量80万套,汽车双桥圆柱齿轮年产量50万套
配套及出口情况:为轿车、客车、微型车、货车、工程机械等行业主机厂配套;出口美国、意大利、巴西、德国、日本等国家

★江苏苏美达车轮有限公司
地址:江苏省扬州市宝应县安宜工业园宝胜路8号
邮编:225800
电话:0514/80896288
传真:80896289
法定代表人:张新林
质量体系:ISO/TS 16949、ISO 14000
产品情况:汽车铝合金轮毂,年产能达120万只以上
出口情况:出口欧美、日本、韩国、南非、中东等20多个国家和地区

★武藏精密汽车零部件(南通)有限公司
地址:江苏省南通市南通经济开发区新兴路南东方大道西332号
邮编:226000
电话:0513/51085688
网址:www. musashi. co. jp
电子信箱:min_lu@ ntmusashi. com
法定代表人:大塚智久
产品情况:汽车变速器和发动机的零部件、汽车高强度紧固件的设计等

★南通环球转向器制造有限公司
地址:江苏省南通市经济技术开发区
邮编:226016
电话:0513/85918988、13328048988
传真:85918988
电子信箱:nthqzxq@ 163. com
法定代表人:陈忠
质量体系:ISO/TS 16949
产品情况:(环球牌)
NT66－NT125系列各种车型整体式动力转向器总成,ZLD7276系列半整体式动力转向器总成,ZL40、50装载机液压助力转向器总成,各种规格循环球齿扇、齿条式机械转向器,换向器以及恒流阀、DF32. 2C多路阀等液压件产品;具有年生产各类转向器总成20万台的能力

★江苏黄海汽配股份有限公司
地址:江苏省南通市如东县芳泉路218号
邮编:226400
电话:0513/84514967、84118558
网址:www. hhauto. com
电子信箱:rdhhqp@ 163. com
法定代表人:郭金梅
质量体系:ISO/TS 16949、ISO 14001
产品情况:液压制动阀、离合器总、分泵、发动机主要部件、液压元器件等
配套及出口情况:为各大主机厂配套;出口欧美、日本、东南亚等国家和地区

★江苏东南汽车配件有限公司
地址:江苏省如皋市城北街道仁寿路98号
邮编:226503
电话:0513/87507928、13806275736
网址:www. dnqipei. com
电子信箱:zgdnqp@ 163. com
法定代表人:张英田
产品情况:专业生产各类汽车车桥配件,年生产能力30万套
出口情况:长期与东南亚、非洲、欧洲多个国家商家保持良好的合作关系

★江苏汤臣汽车零部件有限公司
地址:江苏省如皋市江安镇镇南路8号
邮编:226534
电话:0513/87950188、87950326
传真:87950188
网址:www. tclbj. com
电子信箱:2420346890@ qq. com
法定代表人:吴华锋
单位人数:365
质量体系:ISO/TS 16949、ISO 14001
产品情况:(汤臣牌)
载重汽车与公路客车制动器总成及其主要零部件(制动底板、制动蹄成、制动凸轮轴、气室支架等)、底盘组件、悬架系统与转向系统支承结构件、车桥精密传动件等产品
配套及出口情况:重点配套单位有采埃孚(ZF)、Voith Turbo、东风德纳、一汽解放、北方奔驰、陕西重汽、陕西汉德、东风柳汽、方盛车桥、北汽福田、三一重工等国内外知名企业;出口日本(日野)、韩国(现代)、沙特阿拉伯、古巴、朝鲜、伊朗、越南、印度等国家

★江苏骆氏减震件有限公司
地址:江苏省海安经济开发区221省道与和谐路交汇处
邮编:226600
电话:0513/80812210
网址:www. luoshi. com
电子信箱:lyq@ luoshi. com
法定代表人:骆联盟
产品情况:减振件

浙江省

★杭州优科豪马轮胎有限公司
地址:杭州市经济技术开发区白杨街道3号大街55号
邮编:310005

电话:0571/86725885
传真:86725753
网址:www. yokohama. com. cn
电子信箱:wuzhangqiong@ cn. yokohamatire. com
法定代表人:速见健
产品情况:（YOKOHAMA 牌）
轿车子午线轮胎
配套情况:为广汽本田、广汽丰田、长安铃木供货

★中策橡胶集团有限公司
地址:杭州市下沙经济开发区 1 号大街 1 号
邮编:310008
电话:4008889870
网址:www. chaoyang. com
法定代表人:沈金荣
单位人数:25000
质量体系:ISO/TS 16949、ISO 14001
产品情况:（朝阳牌）
年产 1300 万套全钢子午线轮胎、2800 万套轿车子午线轮胎、500 万套斜交轮胎、8500 万套自行车胎和电动车胎、1500 万套摩托车胎、20 万条橡胶履带
配套情况:为北奔重汽等配套

★浙江世宝控股集团有限公司
地址:杭州市经济技术开发区 17 号大街 6 号
邮编:310018
电话:0571/28025690
传真:28025691
网址:www. shibaogroup. com
电子信箱:yzc1225@ 163. com
法定代表人:张世忠
负责人:张宝义
单位人数:1800
质量体系:ISO/TS 16949、VDA 6. 3
产品情况:（世宝牌）
电动助力转向系统、齿轮齿条转向器、循环球转向器、转向节、转向垂臂、转向助力油缸、精密铸件
配套及出口情况:为一汽（解放、轿车、夏利、吉轻）、东风（柳汽、小康、越野车、股份）、江淮、德国戴姆勒、福田戴姆勒、北汽、昌河铃木、长安马自达、四川现代、中国重汽、伊朗 SAIPA、奇瑞、吉利、众泰、力帆等配套;出口德国、伊朗、俄罗斯

★杭州杭城摩擦材料有限公司
地址:杭州市下沙经济技术开发区 M18-1-4
邮编:310018
电话:0571/86725888
传真:86725966
电子信箱:hfmc@ hfmc. cn
法定代表人:张晓平
单位人数:210
质量体系:ISO/TS 16949
产品情况:（飞雁牌）
汽车用制动片（盘片、制动鼓、蹄总成）;新能源汽车节能电动机
配套及出口情况:制动片产品为上汽大众、一汽-大众、上汽通用、比亚迪等汽车厂和天合汽车制动、布雷博南京制动、亚太制动、万安科技、力邦合信等制动器公司配套;新能源汽车节能电机为郑州宇通、厦门金龙、苏州金龙、吉利、比亚迪等新能源汽车整车配套;远销欧洲、美洲等多个国家和地区

★杭州汽车部件有限公司
地址:杭州市转塘镇象山工业区
邮编:310024
电话:0571/87094877、87093966
传真:87090219
网址:www. hzap. cn
电子信箱:ap@ hzap. cn
法定代表人:宋骏
质量体系:ISO/TS 16949、ISO 9002
产品情况:各类汽车钢板弹簧、紧固件、悬架系统配件等
配套及出口情况:为东风杭州汽车等配套;远销美国、德国、法国、英国、意大利、澳大利亚、加拿大、荷兰、比利时、西班牙、埃及、马来西亚、新加坡、芬兰、沙特阿拉伯、阿联酋、约旦、尼日利亚、叙利亚、南非、韩国等国家,并销往中国台湾地区

★杭州德意万向节有限公司
地址:杭州市滨江区长河街道长江路 399 号
邮编:310052
电话:0571/86602051、86602080
传真:86602059
网址:www. hzdeyi. com
电子信箱:hzdywx@ 163. com
法定代表人:王芳
质量体系:ISO/TS 16949
产品情况:（意王牌、YW 牌）
万向节十字轴总成、汽车轴承滚针
配套情况:为东风汽车集团、中国重汽集团、陕西汽车集团等配套

★杭州杭万制动器科技有限公司
地址:杭州市滨江区长河街道长一村花园周 371 号
邮编:310052
电话:0571/86602160、87111916
电子信箱:478496455@ qq. com
法定代表人:华永良
产品情况:具有年产摩擦材料（汽车用鼓式制动器衬片）2 万 t、汽车用盘式制动器衬片 20 万套、万向节十字轴总成 300 万套、汽车轴承 300 万套、离合器从动盘及压板总成 30 万套、汽车齿轮 10 万件的生产能力

★浙江杭万汽车零部件实业有限公司
地址:杭州市滨江区长河街道长一社区花园周 371 号
邮编:310052
电话:0571/87966617、87111923
传真:87111900
电子信箱:cgq@ zjhangwan. com
法定代表人:夏梅芳
质量体系:ISO/TS 16949、ISO 9002
产品情况:（杭万牌）
汽车用鼓式制动器衬片、盘式制动器衬片、万向节十字轴、圆锥滚子轴承、汽车齿轮离合器从动盘总成、汽车用调整臂等产品,具有年生产汽车用鼓式制动器衬片 2 万 t、盘式制动器衬片 20 万套、汽车用调整臂 60 万套的生产能力
配套及出口情况:为多家主机厂配套;出口国外市场

★万通智控科技股份有限公司
地址:杭州市余杭区临平振兴东路 12 号
邮编:311100
电话:0571/89361220、86226853
传真:89361285
网址:www. hamaton. com
电子信箱:marketing@ hamaton. com. cn
法定代表人:张健儿
质量体系:ISO/TS 16949
产品情况:[恒迈特（HAMATON）牌]
TPMS 胎压监测系统、轮胎气门嘴、轮胎车轮汽保工具
配套情况:是上汽通用、大众、北汽、广汽、长安等诸多知名主机厂的配套

★浙江铁流离合器股份有限公司
地址:杭州市余杭区东湖北路 958 号
邮编:311103
电话:0571/86183099、86183077
传真:86183055、86183156
电子信箱:xsb@ chinaclutch. com
法定代表人:国宁
质量体系:QS 9000、ISO/TS 16949
产品情况:（铁流牌、德萨牌）
汽车离合器总成
配套及出口情况:是东风汽车集团销售成员之一、一汽集团和北内集团配件定点生产供应商;在为昆明云内、成都云内、厦门金龙、苏州金龙、金旅客车、青年汽车、江淮汽车、北汽福田、合力叉车等发动机厂家进行配套的基础上,又同扬柴股份、桂林玉柴机械、常柴、长安、柳微和锡柴等配套单位进行合作;远销美国、南美洲、南非、日本、东南亚、欧洲、中东等近 50 个国家和地区

★杭州金士顿实业有限公司
地址:杭州市余杭区余杭经济开发区兴起路 480 号
邮编:311106
电话:0571/89366828
网址:www. justoneshox. com
电子信箱:sales@ justoneshox. com
法定代表人:梁琥
质量体系:ISO/TS 16949
产品情况:车辆悬架用减振器、车辆非

悬架用减振器、沙滩车和休闲车用减振器、改装车用减振器、支撑杆气弹簧、减振器零件

★杭州正强万向节有限公司
地址:杭州市萧山区犁头金工业区
邮编:311201
电话:0571/82392329、82367178
传真:82367420
网址:www. zhengqiang. com
电子信箱:xuzq@ zhengqiang. com
法定代表人:许正庆
单位人数:515
质量体系:ISO/TS 16949、ISO 14001
产品情况:(正强牌)
　　十字轴万向节总成,年产量 1250 万套
配套及出口情况:为一汽、东风、南京驰力配套;出口十字轴万向节总成 990 万套

★浙江万向精工有限公司
地址:杭州市萧山经济技术开发区建设一路 78 号
邮编:311202
电话:0571/82833832、82837668
传真:82835780
电子信箱:wxjg@ wanxiang. com. cn
法定代表人:潘文标
质量体系:ISO/TS 16949、ISO 14001
产品情况:(万向 WANXIANG 牌、WGC 牌)
　　汽车轮毂轴承单元系列(第一、二、三代,带 ABS 电子速度传感器),ABS 汽车电子防抱死制动系统产品,汽车安全气囊产品
配套及出口情况:产品替代进口进入大众、通用、福特等国际国内主流汽车厂配套;远销美国、欧洲、东南亚、中东等 40 多个国家和地区

★杭州康新轴承制造有限公司
地址:杭州市萧山区蜀山街道桥头陈康新工业园
邮编:311203
电话:0571/82681833、82702811
传真:82681811、82393555
网址:www. cnkxb. com
电子信箱:sales@ cnkxb. com
法定代表人:汤甘诗
质量体系:ISO/TS 16949
产品情况:汽车离合器分离轴承、汽车发动机张紧轮和张紧器
配套及出口情况:部分产品为 OEM 配套;远销多个国家和地区

★杭州前进齿轮箱集团股份有限公司
地址:杭州市萧山区萧金路 45 号
邮编:311203
电话:0571/82673888
传真:82675966
网址:www. chinaadvance. com
电子信箱:sales@ chinaadvance. com
法定代表人:冯光
单位人数:2000
质量体系:ISO 9001、ISO 14001
产品情况:(前进牌、ADVANCE 牌)
　　工程机械变速器及驱动轿、汽车变速器、粉末冶金制品、大型精密齿轮等
配套及出口情况:为一汽集团、南京依维柯、东风汽车公司、青汽等配套;远销 47 个国家和地区

★ 浙江亚太机电股份有限公司

地址:杭州市萧山区蜀山街道亚太路 1399 号
邮编:311203
电话:0571/82761888
传真:82761666
网址:www. chinaapg. com
电子信箱:yrgf@ apg. cn
法定代表人(负责人):黄伟中
单位人数:1250
质量体系:ISO/TS 16949、OHSAS 18001
产品情况:(湘湖牌、APG 牌)
　　主导产品为汽车制动系统、自适应巡航系统(ACC)、自动紧急制动系统(AEB)、车道偏离系统(LDWS)、前方避撞预警系统(FCWS)等智能驾驶产品
配套及出口情况:配套用户有一汽-大众、一汽轿车、上汽大众、上汽通用、上汽通用五菱、东风汽车、神龙汽车、东风日产、郑州日产、北汽集团、江铃汽车、奇瑞汽车、长安汽车、江淮汽车等;自营出口美洲、欧洲、中东等国家和地区
☞ 详细情况请参阅彩色宣传版面

★杭州亚太埃伯恩汽车部件有限公司
地址:杭州市萧山区亚太路 1399 号
邮编:311203
电话:0571/82766109
传真:82766109
网址:www. apg - fte. com
电子信箱:apg - fte@ vip. sina. com
法定代表人:施正堂
单位人数:40
质量体系:ISO/TS 16949、ISO 14000
产品情况:轿车制动轮缸总成、离合器液压系统等产品
配套情况:为一汽-大众、上汽大众、上海汇众、奇瑞、神龙汽车等企业配套

★浙江万向系统有限公司
地址:杭州市萧山经济技术开发区
邮编:311215
电话:0571/22809909、82833197
传真:82832686
电子信箱:wanghuajun@ xt. wxqc. cn
法定代表人:李平一
质量体系:ISO/TS 16949、ISO 14001
产品情况:汽车前悬架总成、后悬架总成、后轴总成、盘式制动器总成、鼓式制动器总成、真空助力器总泵总成、离合器、总泵、分泵、比例阀、制动片等产品,以及球墨铸铁的铸造;现已形成年产前后副车架 50 万台套、转向节带盘式制动器总成 100 万辆份、后支架带盘式制动器总成 100 万辆份、后支架带鼓式制动器总成 100 万辆份、真空助力器总成 50 万辆份、制动总泵 50 万辆份、制动分泵 250 万辆份、车桥总成 20 万辆份、制动片 200 万辆份、气制动器总成 50 万只、铸件 5 万 t 的年生产能力
配套情况:为上海德尔福、一汽海马、神龙汽车、长丰汽车、长安汽车、上汽通用五菱、哈飞汽车、昌河汽车、长城汽车、丹东曙光、吉利汽车、江西五十铃、江淮汽车、一汽天津、北汽福田等配套

★浙江万向马瑞利减震器有限公司
地址:杭州市萧山经济技术开发区创业路 8 号
邮编:311215
电话:0571/22861398
传真:22861395
网址:www. wxqc. com. cn
电子信箱:wxmm@ zjwxmm. com
法定代表人:李平一
质量体系:ISO/TS 16949、ISO 14001
产品情况:主要生产乘用车、商用车减振器及支柱总成、半角模块
配套情况:为神龙汽车、广汽菲克、昌河汽车等供货

★万向钱潮传动轴有限公司
地址:杭州市萧山经济技术开发区建设一路 888 号
邮编:311215
电话:0571/82861267、82861286
电子信箱:wcdz@ xs. hz. zj. cn
法定代表人:顾福祥
质量体系:ISO/TS 16949、ISO 14001
产品情况:[钱潮(QC)牌]
　　传动轴总成、电涡流缓速器、转向管柱等汽车零部件产品
配套及出口情况:为各大主机厂配套;业务额的35%出口美国、意大利、荷兰、伊朗等 10 多个国家和地区

★浙江万传汽车零部件制造有限公司
地址:杭州市萧山区宁围
邮编:311215
电话:0571/82875828、82601778
传真:82875827
网址:www. hzwcqp. com
电子信箱:web@ hzwcqp. com
法定代表人:孟福江
质量体系:ISO/TS 16949
产品情况:(万传牌)
　　专业生产万向节十字轴总成、冶金十字包(SWC、SWL、SWZ、SWP)、翼型万向节、差速器十字轴

★万向钱潮股份有限公司等速驱动轴厂
地址:杭州市萧山区宁围镇

邮编:311215
电话:0571/82832999、82603915
传真:82602718
电子信箱:wxjx@ wanxiang. com. cn
法定代表人:潘文标
质量体系:ISO/TS 16949、QS 9000
产品情况:（钱潮牌）
各种球笼式等速万向节、等速驱动轴总成,已形成年产950万支等速驱动轴的生产能力
配套及出口情况:已进入宝马、通用、福特、现代、上汽、一汽、海马、长丰、比亚迪、奇瑞、长安、昌河、沈阳金杯等主机配套市场;出口欧美、大洋洲、日本、韩国等国家和地区

★杭州力亿轴承有限公司
地址:杭州市萧山区宁围镇73021部队富裕路
邮编:311215
电话:0571/82869576
传真:82604692
网址:www. hzly – bearing. com
电子信箱:hzly_bearing@ 163. com
法定代表人:孙锋
质量体系:ISO/TS 16949、ISO 9001
产品情况:汽车轮毂单元轴承

★杭州天宝汽车零部件有限公司
地址:杭州市萧山区宁围镇二桥村桥园路10号
邮编:311215
电话:0571/83864112、22919293
传真:82863388
网址:www. autocvj. com
电子信箱:tbj@ autocvj. com
法定代表人:陆天喜
质量体系:ISO/TS 16949
产品情况:具有年产等速万向节100万套、驱动轴总成30万套的生产能力
配套及出口情况:主要客户群为中国万向集团、瑞典SKF集团等;远销欧美、中东、东南亚等地区

★杭州通绿机械有限公司
地址:杭州市萧山区钱江农场
邮编:311215
电话:0571/82838686、82605858
传真:82863837
电子信箱:cn – tlp@ cn – tlp. com
法定代表人:傅小青
质量体系:ISO/TS 16949
产品情况:等速驱动轴总成

★杭州正友汽车部件有限公司
地址:杭州市萧山区桥南开发区高新八路100号
邮编:311215
电话:0571/82877115、82604572
传真:82604572
电子信箱:zhengyouujoint@ 163. com
法定代表人:陈雅珍
产品情况:万向节总成

★万向钱潮股份有限公司
地址:杭州市萧山区万向路
邮编:311215
电话:0571/82832999
传真:82602132
网址:www. wxqc. com. cn
电子信箱:wxqc@ wanxiang. com. cn
法定代表人:管大源
负责人:李平一
单位人数:11452
质量体系:ISO/TS 16949、ISO 14001
产品情况:（钱潮牌）
万向节、轮毂单元、轴承、汽车底盘及悬架系统、制动系统、传动系统、排气系统、燃油箱、工程机械零部件等汽车系统零部件及总成
配套及出口情况:国内主要客户有上汽大众、上汽通用、上汽乘用车、上汽通用五菱、一汽轿车、神龙汽车、奥迪、东风悦达起亚、华晨宝马;国外主要客户有通用、福特、马自达等;出口国外市场

★杭州永超机械有限公司
地址:杭州市萧山区振宁路22号
邮编:311215
电话:0571/82871666
传真:82876870
电子信箱:605493648@ qq. com
法定代表人:丁水土
产品情况:万向节

★杭州瑞利佳合汽车零部件有限公司
地址:杭州市萧山区江东开发区青六北路951号
邮编:311222
电话:0571/57179668
传真:57179667
网址:www. juili. com. tw
电子信箱:pso – hua@ juili. com. tw
法定代表人:吴明灿
质量体系:ISO/TS 16949、ISO 14001
产品情况:主要生产汽车部件(底盘)
配套及出口情况:主要客户包括东风汽车集团、武汉神龙、上海汽车、东南汽车等;以远销欧美、东南亚地区为主

★杭州依维柯汽车传动技术有限公司
地址:杭州市萧山经济技术开发区鸿兴路99号
邮编:311231
电话:0571/82859888
传真:82672380
网址:www. haveco. com. cn
电子信箱:info@ haveco. com. cn
法定代表人:黄旭盛
单位人数:1200
质量体系:ISO/TS 16949、GB/T 24001
产品情况:主导产品有双离合器轿车自动变速器、菲亚特C系列、H系列汽车变速器等
配套情况:为广汽菲克、广汽乘用车、一汽集团、南京依维柯、奇瑞汽车、力帆汽车、海马汽车、川汽野马、众泰汽车、东风小康、北汽银翔等客户配套

★采埃孚传动技术(杭州)有限公司
地址:杭州市萧山经济开发区高新八路18号
邮编:311231
电话:0571/22892002
传真:22896673
网址:www. zf. com
法定代表人:Andreas Moser
产品情况:重型货车及中轻型商用车变速器、客车变速器和车桥

★杭州四通泵业有限公司
地址:杭州市萧山区进化镇方山工业区
邮编:311241
电话:0571/82452822、82452833
传真:82452811
网址:www. hzstby. com
电子信箱:2690625250@ qq. com
法定代表人:傅柏权
单位人数:110
质量体系:ISO 9001
产品情况:（SITONG牌）
东风、斯太尔、解放汽车用气制动零部件,离合器助力器系统等共50余种产品
配套情况:为国内重型汽车、工程机械等生产厂家配套

★杭州迈特汽车配件有限公司
地址:杭州市萧山区瓜沥镇三岔路村
邮编:311243
电话:0571/57163396、13805715099
传真:83510532
网址:www. cngnt. com
电子信箱:maite_zgx@ 163. com
法定代表人:郑国兴
单位人数:180
质量体系:ISO/TS 16949
产品情况:产能将达到800万套三叉总成、300万套球笼车削加工、1000万套冷挤和温挤压毛坯
配套情况:为纳铁福、浙江万向集团配套

★杭州新世纪万向节有限公司
地址:杭州市萧山区党山镇解放村
邮编:311245
电话:0571/82535999、82539706
传真:82535998
网址:www. xsjbearing. com
电子信箱:web@ xsjbering. com
法定代表人:倪张土
质量体系:ISO 9001
产品情况:（818牌）
万向节、传动轴、接叉等
出口情况:远销欧洲、美洲、亚洲等地区

★浙江万达汽车方向机股份有限公司
地址:杭州市萧山区闻堰镇湘山路28号

邮编:311258
电话:0571/82302288
网址:www. wanda - zj. com
电子信箱:wd@ wanda - zj. com
法定代表人:陈伟
质量体系:ISO/TS 16949、ISO 14001
产品情况:(循环牌)
管柱式电动转向器、电动可调转向管柱、齿轮齿条转向器、液压助力转向器、转向管柱等转向系统产品
配套情况:配套德国大众、美国英格索兰、上汽通用五菱、江铃汽车股份、奇瑞汽车、浙江吉利控股、上汽大众、一汽-大众、浙江众泰汽车、庆铃汽车、湖南长丰猎豹等国内外大中型汽车公司厂商

★浙江金固股份有限公司
地址:浙江省富阳市富春街道公园西路1181号
邮编:311400
电话:0571/63260000
传真:63369981
网址:www. jgwheel. com
电子信箱:jghr@ jgwheel. com
法定代表人:孙锋峰
质量体系:ISO/TS 16949、QS 9000
产品情况:(金固牌)
无内胎货/客车车轮、乘用车车轮、拖车车轮、农用车车轮等,年产能可达2500万套
配套及出口情况:是通用、大众、福特等高端汽车生产商的一级供应商;远销欧洲、美洲、东南亚等地区

★杭州华东转向节有限公司
地址:浙江省富阳市劳动路58号
邮编:311400
电话:0571/63365836、63330528
传真:63367860
网址:www. hdzxj. com
电子信箱:hzhdzxj@ 163. com
法定代表人:董江明
质量体系:ISO 9001
产品情况:1 ~ 10t 叉车半轴、1 ~ 32t 叉车货叉总成、叉车门架上横梁、叉车主销、从微型车到大吨位汽车后桥半轴、汽车制动凸轮轴及其他汽车零部件、各种锻压件等
配套及出口情况:为杭叉、合力、上海龙工、江淮重工、凯傲宝骊、安庆车桥厂、安簧、合叉、美科斯、友高、尤恩等各大主机厂及零配件企业配套;远销欧洲、美洲市场

★杭州兴发弹簧有限公司
地址:浙江省富阳市银湖街道杜墓工业园
邮编:311402
电话:0571/63427085、63426666
传真:63426398
网址:www. xfspring. com
电子信箱:manager@ xfspring. com
法定代表人:邵承玉
单位人数:320
质量体系:ISO/TS 16949、ISO 14000
产品情况:(富春牌)
汽车悬架弹簧、汽车离合器弹簧、双离合器弹簧、液力变矩器弹簧、双质量飞轮弹簧、门铰链弹簧等,年生产能力8000万件
配套情况:为多家全球500强企业配套

★浙江欧力达液压机械有限公司
地址:杭州市富阳区场口镇百丈畈路1号
邮编:311411
电话:0571/63128092、63139610
传真:63373019
电子信箱:webmaster@ lidayy. com
法定代表人:张桂荣
质量体系:ISO/TS 16949
产品情况:(力达牌)
QC系列气弹簧、液压产品、液压油缸、减振器等
出口情况:远销意大利等欧洲市场

★杭州富涌机械有限公司
地址:杭州市富阳区场口镇场口新区百丈畈7号路5号
邮编:311411
电话:0571/63572267
传真:63572263
网址:www. zj - wantong. com
电子信箱:fy@ autopartswell. com
法定代表人:华建国
质量体系:QS 9000
产品情况:传动轴、转向传动装置、万向节总成及联轴器等系列产品
配套及出口情况:为东风杭州汽车公司等10多家主机厂配套;部分产品出口欧美及东南亚市场

★杭州冠雁汽车零部件实业有限公司
地址:浙江省桐庐县经济开发区凤翔路18号
邮编:311508
电话:0571/69870996、69870997
传真:69870999
电子信箱:gy@ gyqp. cn
法定代表人:周才林
质量体系:ISO/TS 16949
产品情况:(冠雁牌)
制动片、离合器、万向节等汽车零部件

★浙江勤创机械有限公司
地址:浙江省诸暨市枫桥镇工业区
邮编:311800
电话:0575/87413999、15988282598
传真:87425198
法定代表人:金勤意
产品情况:空气干燥机系列、弹簧制动缸系列、离合器助力器系列、空气制动阀系列、手动泵系列
出口情况:远销东南亚、中东、欧美

★全兴精工集团有限公司
地址:浙江省诸暨市江龙工业园区兆山路16号
邮编:311800
电话:0575/87616662、89079199
网址:www. china - quanxing. com
电子信箱:tjx@ zjquanxing. com
法定代表人:何文华
单位人数:3000
质量体系:IATF 16949、ISO 14001
产品情况:主要生产转向油泵、齿轮泵、高压泵、变量泵、转向器总成、新能源电动机泵及电子打气泵等;具备年产500万台转向助力泵、年产80万台转向器总成、年产30万台新能源电机泵EHPS的制造能力
配套情况:已为德国戴姆勒奔驰、美国纳威司达、俄罗斯卡玛斯、美国佩卡、美国耐世特、玉柴机器、潍柴动力、东风康明斯、一汽锡柴、云内动力、东风朝柴、郑州宇通、一汽青岛、陕西重型汽车、北汽福田、安徽江淮汽车、中国重汽集团、四川现代汽车、东风商用车、解放重卡、中通客车、厦门金龙、苏州金龙、比亚迪客车、浙江吉利、众泰控股等128家主机厂配套合作

★浙江安驰机械有限公司
地址:浙江省诸暨市望云西路30号
邮编:311800
电话:0575/87101617、87103255
传真:87101816、87101513
电子信箱:anchichina@ tom. com
法定代表人:吕响亮
质量体系:ISO 9001
产品情况:(诸暨牌)
凸轮轴、蹄铁、半轴
出口情况:部分产品出口

★绍兴铁安汽配制造有限公司
地址:浙江省诸暨市店口镇华佳路58号
邮编:311802
电话:0575/87608686、15715826977
传真:87608687
网址:www. taqpchina. com
电子信箱:tiean@ zj - tiean. com
法定代表人:詹洋
质量体系:ISO 9001
产品情况:(安卡牌)
汽车制动自动调整臂、驻车制动调整臂,产品主要运用于各类农用车、中重型货车、工程机械车等商用车上
配套及出口情况:为北汽福田欧曼、江淮等国内大型整车厂指定配套;远销欧洲、美洲、东南亚

★浙江龙勇制动科技有限公司
地址:浙江省诸暨市城东浣东街道廿里牌工业区
邮编:311811
电话:0575/87431965
传真:87436158

网址:www. zjlongyong. com
电子信箱:zjlongyong@ 163. com
法定代表人:李正龙
产品情况:(龙勇牌)
工程机械、中重型货车、半挂车的制动系统阀门产品
配套及出口情况:拥有卡特彼勒、康明斯、沃尔沃、德尔福、科勒、江纳克、珀金斯、斗山,柳工、厦工、临工、成工、徐工、三一重工、中联重科;潍柴、道依茨大柴、上柴、江淮、金龙、福田、雷沃动力、亚星公司等国内外知名大企业客户群;出口欧美、澳大利亚、中东等国家和地区

★浙江东星科技有限公司
地址:浙江省诸暨市枫桥工业区
邮编:311811
电话:0575/87438768、87047968
传真:87439235
电子信箱:dx@ zjdfzx. com
法定代表人:屠程鑫
质量体系:ISO/TS 16949、ISO 9001
产品情况:(东方之星牌)
制动阀、继动阀、弹簧制动气室、手控阀等半挂车,中、重型汽车制动配件
配套及出口情况:和大中型半挂车制造企业(梁山通亚、华宇、扬嘉、安徽开乐、河北昌骅、唐山亚特、卡玛斯、张家口大地、湖北随州、汉阳特种、江苏银宝、一汽四平、山西榆次)等40多家企业定点配套;出口欧洲、美国、南美洲、南非、东南亚、中东等国家和地区

★浙江越安科技有限公司
地址:浙江省诸暨市枫桥镇海角寺
邮编:311811
电话:0575/87435528
传真:87431041
电子信箱:aaron@ china - yuean. com
法定代表人:屠新灿
质量体系:ISO 9001
产品情况:(越安牌)
弹簧制动气室、空气干燥器、继动阀、制动总泵等半挂车、重型车配件
配套及出口情况:为东风、中集、苏州金龙、江淮汽车厂等20多家汽车制造商整车配套;部分产品出口东南亚、中东、南美洲地区

★浙江剑灵机械有限公司
地址:浙江省诸暨市枫桥镇兴业路117号
邮编:311811
电话:0575/87659829、87438487
传真:87439178
电子信箱:zjfyfm0575@ 126. com
法定代表人:高雪娟
质量体系:ISO 9001
产品情况:(工联牌、江鄂牌)
手控阀、制动总泵、继动阀、离合器助力器、空气干燥器、弹簧制动室等汽车配件

★浙江双祥汽配制造有限公司
地址:浙江省诸暨市凤桥工业园区
邮编:311811
电话:0575/87433158、13858523551
传真:87433000
网址:www. cn - sx. com
电子信箱:info@ cn - sx. com
法定代表人:何月祥
单位人数:100
质量体系:ISO/TS 16949
产品情况:各种挂车、半挂车弹簧制动气室、干燥器;年产量达到500000套制动室
配套及出口情况:为东风汽车公司、亚星客车、南京汽车集团、安凯汽车、苏州金龙、江淮汽车等配套;远销南美洲、中东、东南亚、西欧、南非等国家和地区

★浙江枫叶机械有限公司
地址:浙江省诸暨市店口镇工业园区(潭头村)
邮编:311814
电话:0575/87768336、87066058
传真:87068872
电子信箱:fengye@ fengyegroup. com
法定代表人:傅芳英
负责人:汤仕尧
单位人数:186
质量体系:ISO/TS 16949、ISO 9001
产品情况:(枫叶牌)
汽车转向助力泵、汽车冷却水泵、机油泵
配套情况:为7个整车厂和汽车发动机厂配套

★诸暨市镭迪机械有限公司
地址:浙江省诸暨市江藻镇江藻村
邮编:311822
电话:0575/87653736、13967570992
传真:87659537
电子信箱:sales@ leidiparts. com
法定代表人:王迪蔚
质量体系:ISO 9001
产品情况:重型货车离合器助力器、真空制动助力器、调压阀、比例阀、按钮阀、气接头等
配套及出口情况:为国内外几十家汽车生产厂家定点配套;出口美国、欧洲、中南美洲、土耳其、巴西、伊朗、沙特阿拉伯、泰国等国家和地区

★浙江格雷特科技股份有限公司
地址:浙江省诸暨市店口工业区雁中路108号
邮编:311835
电话:0575/87657375、13735207999
传真:87659537
网址:www. zjwansheng. com
电子信箱:sales1@ zjwansheng. com
法定代表人:陈伟平
质量体系:ISO 9001
产品情况:各类中兴皮卡车配件,离合器助力器、真空增压器、制动助力器、调压阀、比例阀、按钮阀、气接头
配套及出口情况:为国内外几十家汽车生产厂家定点配套;出口美国、欧洲、中南美洲、东南亚、土耳其、巴西、伊朗、沙特阿拉伯等国家和地区

★浙江中伟实业集团有限公司
地址:浙江省诸暨市店口镇工业区
邮编:311835
电话:0575/87659028、87659008
传真:87659028
网址:www. chinazhongwei. com
法定代表人:陈仲伟
质量体系:ISO 9001、ISO 14001
产品情况:(中伟牌)
汽车拖拉机制动元件、离合器液压部件、动力转向油泵、齿轮油泵、液压气控阀类及各种液压管件7大系列
配套情况:为一汽集团、东风汽车公司、陕汽、洛阳拖拉机等配套

★浙江诸暨万宝机械有限公司
地址:浙江省诸暨市店口镇万安科技园区
邮编:311835
电话:0575/87658208、87650100
传真:87651912、87660566
网址:www. vie. com. cn
电子信箱:wanbao@ vie. com. cn
法定代表人:朱哲剑
质量体系:ISO/TS 16949、ISO 14001
产品情况:(万安牌)
液压盘制动器、真空助力器带制动总泵、离合器总分泵、比例阀等产品
配套情况:为上汽通用五菱、东风柳汽、江淮汽车、奇瑞汽车、力帆汽车、北汽福田、长城汽车、众泰汽车、广州汽车等国内知名乘用车企业配套

★浙江万安泵业有限公司
地址:浙江省诸暨市店口镇万安科技园区
邮编:311835
电话:0575/87659180、87659183
传真:87659181、87662166
电子信箱:waby@ vie. com. cn
法定代表人:陈锋
质量体系:QS 9000、ISO 9001
产品情况:(恒隆万安牌)
汽车动力转向泵
配套情况:为30多家主机厂配套

★浙江万安科技股份有限公司
地址:浙江省诸暨市店口镇万安科技园区
邮编:311835
电话:0575/87660333、87605592
传真:87653237
网址:www. vie. com. cn
法定代表人(负责人):陈锋
单位人数:2384
质量体系:ISO/TS 16949、ISO 14001
产品情况:(万安牌、VE牌)
主导产品有汽车制动系统、离合器

操纵系统、电子控制系统、底盘前后悬架模块系统、汽车工程塑料以及新能源汽车关键部件等多类产品
配套及出口情况:为一汽、东风、陕汽集团、北汽福田、南依维柯、中集车辆、江淮汽车、奇瑞汽车、华晨汽车、长城汽车、上汽通用五菱、郑州宇通、厦门金龙、厦门金旅、苏州金龙等国内主机厂配套;出口美洲、欧洲、澳大利亚及东南亚地区

★诸暨市长荣机械有限公司
地址:浙江省诸暨市店口镇雁中路188号
邮编:311835
电话:0575/87668612、18657533922
传真:87667309
网址:www.zjcrjx.com
电子信箱:chinachangrong@vip.163.com
法定代表人:冯文英
质量体系:ISO/TS 16949、ISO 9001
产品情况:(长荣牌)
系列汽车底盘管用接头、液压接头和汽车气压抽动软管总成等产品
配套及出口情况:为东风汽车公司配套;远销亚洲、欧洲、美洲、非洲等地区

★绍兴创举汽车同步器齿环有限公司
地址:浙江省绍兴市东湖镇前赵工贸园
邮编:312003
电话:0575/88752200、88649625
传真:88607797、88604017
电子信箱:13605758881@139.com
法定代表人:周鹏程
质量体系:ISO 9001
产品情况:(东洲牌)
机械式汽车同步器齿环和铜制品;具有年产同步器齿环350万件,铜制品500t的生产能力
配套及出口情况:为知名厂家配套;出口欧洲、大洋洲、巴基斯坦、越南、马来西亚、印度尼西亚、菲律宾等国家和地区

★浙江展望股份有限公司
地址:浙江省绍兴县杨汛桥镇
邮编:312028
电话:0575/84501080、84509333
传真:84501017
电子信箱:johnzw1220@126.com
法定代表人:费国杨
质量体系:ISO/TS 16949
产品情况:[展望(ZW)牌]
汽车十字轴万向节、工程机械万向节、等速器十字轴等零部件
配套及出口情况:国内100%主机配套;远销欧洲、美国、巴西、日本、俄罗斯、印度等20多个国家和地区

★绍兴驰达汽车配件制造有限公司
地址:浙江省绍兴市柯桥区镜水南路388号
邮编:312030
电话:0575/84311988、84312066
网址:www.sxchida.com
电子信箱:pjs@sxchida.com
法定代表人:潘建绍
质量体系:ISO/TS 16949
产品情况:(驰达牌)
制动调整臂、制动凸轮轴等,年产销量300余万套
配套及出口情况:为东风汽车集团、江淮汽车、上汽南京跃进汽车、江铃汽车、安徽华菱汽车、北汽福田、湖南中联重科、湖南三一重工、青特车桥等配套;远销欧美、中东等地区

★索密克汽车配件有限公司
地址:浙江省绍兴市柯岩街道丁巷
邮编:312030
电话:0575/84311990
传真:84313372
网址:www.somic.com.cn
电子信箱:sx@somic.com.cn
法定代表人:沈幼生
质量体系:ISO/TS 16949、ISO 14001
产品情况:(SOMIC牌)
汽车转向拉杆、齿条拉杆、独立悬架摆臂、球头、稳定杆等总成
配套情况:为一汽、上汽、广汽、东风、长安汽车集团公司等150多家整车厂的配套供应商

★绍兴华兴汽车零部件有限公司
地址:浙江省绍兴县柯岩街道路南工业区澄湾路
邮编:312030
电话:0575/84311666、84310000
传真:84314626
网址:www.sxhuaxing.com
电子信箱:chifang@sxhuaxing.com
法定代表人:杜张华
质量体系:ISO 9001
产品情况:(驰方牌)
各种车型制动调整臂和凸轮轴
出口情况:出口美国、哥伦比亚、土耳其、中东、墨西哥、巴西、俄罗斯等20多个国家和地区

★绍兴金江机械有限公司
地址:浙江省绍兴市袍江新区越英北路218号
邮编:312085
电话:0575/88157918、88157900
传真:88157918、88157901
网址:www.sxjinjiang.com
电子信箱:xiaoshou@sxjinjiang.com
法定代表人:周楠林
质量体系:ISO/TS 16949、ISO 14001
产品情况:汽车转向拉杆总成、独立悬架主销座总成、悬架摆臂总成、转向节臂及悬臂轴等零部件
配套及出口情况:为东风商用车、东风德纳车桥、江铃汽车、江淮汽车、南京依维柯、金杯汽车、浙江吉利、北汽福田、北方奔驰、厦门金龙、苏州金龙、宇通客车、中通客车、浙江青年、申沃、广汽日野、丹东黄海、安徽华菱、洛阳一拖、杭叉箱桥公司等配套;出口美国、英国、意大利、加拿大、东南亚等国家和地区

★浙江优联汽车轴承有限公司
地址:浙江省嵊州市三江业园新一路
邮编:312400
电话:0575/83268206、83268200
传真:83268202
电子信箱:unifar@unifar.com.cn
法定代表人:张一民
质量体系:ISO/TS 16949
产品情况:汽车离合器分离轴承、张紧轮轴承及惰轮和汽车单向发电机皮带轮
配套及出口情况:近50%的产品供OEM & OES;出口韩国、东南亚、英国、美国、巴西、意大利等国家和地区

★浙江万丰奥威汽轮股份有限公司
地址:浙江省新昌工业区
邮编:312500
电话:0575/86298219、86297500
传真:86297218
网址:www.wfaw.com.cn
电子信箱:wfaw@wfjt.com
法定代表人:陈爱莲
质量体系:ISO/TS 16949、QS 9000
产品情况:(ZCW牌)
汽车、摩托车铝合金车轮,环保涂覆、镁合金材料;已具备年3500万件的铝轮产能
配套及出口情况:是宝马、奔驰、路虎、通用、福特、大众、大发、现代等体系的优秀配套商;出口美国、日本、德国、法国、俄国、韩国、巴西等30多个国家和地区

★万丰奥特控股集团有限公司
地址:浙江省新昌县万丰科技园
邮编:312500
电话:0575/86298888
传真:86297550
网址:www.wfjt.com
电子信箱:wfjt@wfjt.com
法定代表人:陈爱莲
质量体系:ISO/TS 16949、VDA 6.1
产品情况:(ZCW牌、万丰牌)
汽车、摩托车铝合金车轮、镁合金车轮、进气歧管以及有色合金铸造自动化装备单元
配套情况:是大众、丰田、宝马、菲亚特、福特、通用、尼桑、标致等一级供应商

★汇大机械制造(湖州)有限公司
地址:浙江省湖州市织里镇阿祥路555号
邮编:313000
电话:0572/3152987
网址:www.huidajx.com

电子信箱:huidafm@ huidajx. com
法定代表人:沈燕青
产品情况:主要从事轿车发动机系统、变速器系统、转向机系统的核心零部件制造
配套情况:为上汽通用等10多家国内外知名汽车公司配套

★浙江伏牛钢板弹簧有限公司
地址:浙江省湖州市菱湖镇西庄桥埦
邮编:313018
电话:0572/3301025、4008910682
传真:3301005
电子信箱:sale@ funiuchina. com
法定代表人(负责人):盛军
单位人数:244
质量体系:ISO/TS 16949、ISO 14001
产品情况:汽车钢板弹簧,年产能力7万余t
配套及出口情况:为10多家整车企业配套;出口多个国家和地区

★浙江凯迪汽车部件工业有限公司
地址:浙江省长兴县经济技术开发区C区中央大道2288号
邮编:313100
电话:0572/6129255、6210605
传真:6129233
电子信箱:sales@ autokdd. com
法定代表人:熊玲莉
质量体系:ISO 9001、ISO/TS 16949
产品情况:年产球笼300万只、传动轴60万只、轮毂单元80万套
出口情况:出口美洲、欧洲、非洲、亚洲50多个国家和地区

★浙江玛斯特汽配有限公司
地址:浙江省湖州市长兴经济开发区莘桥路188号
邮编:313100
电话:0577/6618008、13906870735
传真:6517777
网址:www. masite. com
电子信箱:masite@ vip. 163. com
法定代表人:周成水
质量体系:ISO/TS 16949
产品情况:专业生产汽车悬架扭杆弹簧总成、汽车横向稳定杆等
配套情况:为东风风行、江淮汽车、上海华普、沈阳金杯、长丰扬子等主机厂配套

★均胜汽车安全系统(长兴)有限公司
地址:浙江省湖州市长兴县午山岗农科所
邮编:313104
电话:0572/6321777
传真:6129569
电子信箱:tian. tang@ cn. takata. com
法定代表人:范琦
产品情况:汽车安全气囊
出口情况:以出口为主

★小仓离合机(长兴)有限公司
地址:浙江省长兴县林城镇工业集中区友好路7号
邮编:313112
电话:0572/6621007
网址:www. oguraclutch. co. jp
电子信箱:w - zong@ oguraclutch - cx. com
法定代表人:小仓康宏
产品情况:离合器、制动器、增压器、油雾分离器及其零部件

★湖州亿兴汽车零部件有限公司
地址:浙江省长兴县国家级经济开发区南高路118号
邮编:313199
电话:0572/6128865、6122968
传真:6122766
电子信箱:510300027@ qq. com
法定代表人:蒋清萍
质量体系:ISO/TS 16949
产品情况:汽车底盘关键零部件及车身配件
配套及出口情况:为一汽集团、吉利帝豪等配套;出口国外市场

★浙江昌达汽车零部件制造有限公司
地址:浙江省德清县经济开发区长虹东街309号
邮编:313200
电话:0572/8427698
传真:8433916
网址:www. zjchangda. com. cn
电子信箱:zjcd. 2006@ 163. com
法定代表人:沈洪泉
质量体系:ISO/TS 16949、ISO 9001
产品情况:(昌达牌、顺意牌)
汽车用制动器衬片、重型车制动蹄总成、离合器总成
配套及出口情况:被10多家车轴厂和主机厂却认为定点生产厂家,同时是上海公交、长沙公交等公交公司定点供应商;远销20多个国家和地区

★浙江福尔玛汽车部件有限公司
地址:浙江省德清县莫干山经济开发区硅谷路33号
邮编:313200
电话:0572/8281333、13588097824
传真:88813536
网址:www. fuerma. cn
电子信箱:sales@ fuerma. cn
法定代表人:王祖福
质量体系:ISO/TS 16949
产品情况:(Fuerma牌)
专业生产半挂车车桥、叉车转向桥、拖车轴、自卸车举升机等产品
出口情况:主要客户遍及东南亚、大洋洲、中东

★浙江永联汽车配件有限公司
地址:浙江省德清经济开发区永平北路55号
邮编:313299
电话:0572/8823017、13655825584
传真:8823008
网址:www. zjyl. net
电子信箱:yonglian001@ zjyl. net
法定代表人:祝春华
产品情况:专业生产各类汽车钢板板簧和U形螺栓
出口情况:出口德国、法国、意大利、美国、英国、俄罗斯、澳大利亚、马来西亚、新加坡、韩国、南非、埃及、叙利亚、阿尔及利亚、芬兰、阿联酋等国家,出口额已达到总销售额的80%

★浙江路得坦摩汽车部件股份有限公司
地址:浙江省湖州市安吉经济技术开发区
邮编:313300
电话:0572/5015000
传真:5015899
网址:www. roadtamer. com
法定代表人(负责人):陈必君
单位人数:420
质量体系:ISO/TS 16949、ISO 14000
产品情况:(FDI牌、roadtamer牌)
汽车减振器、气弹簧和助力缸
配套及出口情况:为德国SAF、德国威巴克、美国PACCAR、美国CVG、伊朗公司、VOLVO、UD、TATA - DAEWOO、江淮汽车、上海汇众萨克斯等国际知名公司提供OEM配套;远销欧洲、南美洲、中东、俄罗斯、东南亚等国家和地区的售后市场和改装市场

★浙江万康机械(集团)有限公司
地址:浙江省湖州市安吉县经济开发区塘浦工业园区
邮编:313300
电话:0571/5665998、5665996
传真:5665997
网址:www. wkjx. com
电子信箱:wankang@ wkjx. com
法定代表人:倪永康
质量体系:ISO/TS 16949
产品情况:(万康牌)
生产各类汽车万向节总成,年产量500万套
出口情况:远销美国、西欧、南美洲、中东等国家和地区

★浙江天瑞汽车零部件有限公司
地址:浙江省嘉兴市秀洲工业区中山西路加创路1758号
邮编:314000
电话:0573/83570080
传真:82799795
网址:www. teenray. com
电子信箱:sales@ teenray. com
法定代表人:竺成国
质量体系:ISO/TS 16949
产品情况:汽车底盘关键零部件
出口情况:产品全部出口,客户遍及欧美、中东、东南亚

★嘉兴四通车轮股份有限公司
地址:浙江省嘉兴市大桥镇工业园步焦路 528 号
邮编:314001
电话:0573/82572779、82572855
传真:82572990
网址:www.sitongtechnic.com
电子信箱:master@cnruitong.com
法定代表人:张建荣
质量体系:ISO/TS 16949
产品情况:(瑞通牌)
各类铝合金锻造车轮、钢制工程车车轮、钢制汽车车轮和液压油泵
配套及出口情况:为杭州日产柴、广汽日野、重汽特种车、上海汇众、东风柳汽、一汽柳特、青年客车、烟台舒驰、陕汽欧舒特、日立建机、福田重工等多家汽车、工程车生产厂家配套;出口欧洲、南美洲、北美洲、东南亚、中东、非洲等地区

★东海橡塑(嘉兴)有限公司
地址:浙江省嘉兴市经济开发区岗山路 500 号
邮编:314003
电话:0573/82210000、82210793
传真:82211656
网址:www.trjtokai.com
电子信箱:zhaopin@trjtokai.com
法定代表人:松冈勉
质量体系:ISO/TS 16949
产品情况:汽车用减振器等产品
配套及出口情况:主要客户为在中国投资生产的日系汽车厂家,如丰田、本田、日产、马自达、铃木、三菱等客户;部分产品远销日本、美国等国家

★嘉兴锋牌轮毂有限公司
地址:浙江省嘉兴市南湖区亚澳路 725 号
邮编:314006
电话:0573/82583278、82583208
传真:82583388
电子信箱:fengpaiwheel@163.com
法定代表人:高秋菁
负责人:洪建军
单位人数:185
质量体系:ISO/TS 16949
产品情况:(峰牌)
汽车钢圈、工程车钢圈,年钢圈生产能力 100 万套
配套及出口情况:为徐工集团、南京跃进集团、南京依维柯、东风裕隆商用车、汉阳特种车厂、泰安航天特种车辆及军工企业配套;远销美国、欧洲、东南亚等国家和地区

★嘉兴敏惠汽车零部件有限公司
地址:浙江省嘉兴市南湖区亚太工业园区亚中路 1 号
邮编:314006
电话:0573/83686700
传真:82583123
网址:www.minthgroup.com
法定代表人:吴思毅
产品情况:汽车关键零部件、制动器总成、驱动桥总成等

★嘉兴盛鼎机械有限公司
地址:浙江省嘉兴市南湖区新篁工业园区
邮编:314008
电话:0573/83851150、89992682
传真:83143553
网址:cn.chinasand.cc
电子信箱:sales@chinasand.cc
法定代表人:盛中林
单位人数:100
质量体系:ISO/TS 16949
产品情况:制动气室、离合器助力器等几大类,盘式制动气室和鼓式制动气室等各种规格的双膜片式和活塞式的弹簧制动气室
出口情况:远销英国、德国、波兰、西班牙等十几个欧洲国家和地区

★嘉兴嘉嘉汽车零部件制造有限公司
地址:浙江省嘉兴市秀洲区新塍镇凤舞路 172 号
邮编:314015
电话:0573/83411876
传真:83411871
网址:www.cn-absorber.com
电子信箱:web@cn-absorber.com
法定代表人:吴建忠
单位人数:60
质量体系:ISO 9000
产品情况:(DIG 牌)
汽车减振器
配套情况:为东风杭汽、东风柳汽、东风日产柴、东风云南汽车、苏州金龙、亚星商务车、亚星客车、南京春兰汽车、徐州重型机械厂、安徽安凯汽车、上海客车厂、丹东黄海、厦门金旅、上海汇众、陕西汽车制造总厂、郑州日产、江淮汽车厂、东风新疆汽车厂等配套

★嘉兴润通汽车配件有限公司
地址:浙江省嘉兴市秀洲区桃园路 288 号
邮编:314031
电话:0573/82759371、82759372
传真:82759373
网址:www.rhctgl.com
电子信箱:weiyong.mao@rhctgl.com
法定代表人:田磊
质量体系:ISO/TS 16949
产品情况:制动系统气室、调节臂及相关配件

★承田汽车配件工业(浙江)有限公司
地址:浙江省嘉兴市嘉善县罗星街道灵秀路 50 号
邮编:314100
电话:0573/84595666
传真:84830267
网址:www.shoda-tw.com
电子信箱:sales@shoda.com.cn
法定代表人:何宗宪
质量体系:ISO 9001
产品情况:汽车自动变速器齿轮组件、行星架总成、制动器总成、各类齿轮箱变速齿轮、减速机精密齿轮、电动工具齿轮、电动车差速器总成、油电混合电动车传动轴等齿轮产品
配套情况:主要合作伙伴有北汽集团、北汽动力总成等

★浙江佰事瑞帕瓦传动有限公司
地址:浙江省嘉善县姚庄经济开发区
邮编:314117
电话:0573/89110470、84777638
传真:84777018
电子信箱:sale@zjsdqp.com
法定代表人:埃米利奥·努涅斯·贝萨雷斯
质量体系:ISO 9001
产品情况:具有年产各类汽车取力器 30000 台、各类传动轴 20000 套、各类液压传动绞盘 1000 套、起升机构 400 套的生产能力

★浙江峰立传动技术有限公司
地址:浙江省嘉善县姚庄镇茜泾路 155 号
邮编:314117
电话:0573/84775380、84601322
传真:84778798
网址:www.jsfengli.com
电子信箱:13957346323@jsfengli.com
法定代表人:盛锦贤
质量体系:ISO 9001
产品情况:汽车取力器总成,年产 5 万余台
配套情况:为各大汽车改装厂、专用车制造公司、变速器厂等配套

★德西福格汽车配件(平湖)有限公司
地址:浙江省嘉兴市平湖经济开发区新群路 2558 号
邮编:314200
电话:0573/85072558
传真:85072552
网址:www.hirschvogel.com
电子信箱:hac@hirschvogel.com
法定代表人:弗兰克迈克尔阿尼西兹
质量体系:ISO/TS 16949
产品情况:轴、轮毂、共轨、喷油器体、铝转向节、外圈、铝车轮支架、行星轮支架
配套情况:为大众、宝马、戴姆勒、博世、舍弗勒、采埃孚、长城、北汽配套

★浙江欧迪恩传动科技股份有限公司
地址:浙江省平湖经济开发区昌盛路 1000 号
邮编:314200
电话:0573/85076666、85072638
网址:www.odmaxle.com
电子信箱:1111@odmaxle.com
法定代表人:李秀蓉
质量体系:ISO/TS 16949

产品情况：（ODM 牌）

球笼式等速万向节年生产能力达到 800 万只，前轮驱动轴总成年生产能力已超过 400 万套

配套及出口情况：为奇瑞、昌河、五菱、江铃、起亚等汽车厂以及各种沙滩车、电动车厂配套；营销网络已遍及全球五大洲 100 多个国家和地区

★浙江三维大通精锻科技有限公司

地址：浙江省海盐县沈荡镇工业园区
邮编：314311
电话：0573/86722165、86722166
传真：86722232
网址：www. coldextrusion. com
电子信箱：hylj@ coldextrusion. com
法定代表人：刘生良
质量体系：ISO/TS 16949
产品情况：柴油发动机各类油泵油嘴、汽车传动系统、变速器系统、制动系统、流体液压系统、工程机械以及电动机电器等各种配件
配套情况：已与世界 500 强企业——日本电装、加拿大麦格纳、美国盖茨、美国派克汉尼汾等海内外知名企业建立了长期的合作关系

★海宁佳盛汽车零部件有限公司

地址：浙江省海宁市长安镇修川北路东侧
邮编：314408
电话：0573/87489178
传真：87489168
网址：www. nfcauto. com
电子信箱：sales@ niceflourish. com
法定代表人：CAO ZHENG
质量体系：ISO/TS 16949
产品情况：双列球角接触轮毂轴承系列、双列圆锥滚子轴承系列等

★浙江龙华汽配制造有限公司

地址：浙江省海宁市农业开发区中堤路 9 号
邮编：314423
电话：0573/87968715、87968717
传真：87968716
网址：www. longhua. biz
电子信箱：root@ longhua. biz
法定代表人：陈铭康
质量体系：ISO/TS 16949
产品情况：（龙华牌）

汽车离合器膜片弹簧等产品，年生产能力约 600 万片

配套及出口情况：为长春一东离合器、中国重汽集团济南港信零部件、上海萨克斯动力总成、南京法雷奥离合器配套；出口欧洲、美洲、东南亚等 30 多个国家和地区

★桐乡辰宇机械有限公司

地址：浙江省桐乡市龙翔街道工业区和顺路
邮编：314504
电话：0573/88791010、88792255
电子信箱：116749358@ qq. com
法定代表人：沈志祥
质量体系：ISO/TS 16949
产品情况：［CY（辰宇）牌］

汽车制动气室、储能弹簧制动室、各种阀类产品；年生产能力 60 万台套

配套及出口情况：与国内主要汽车厂家配套；远销美洲、大洋洲、欧洲、东南亚地区

★宁波卓越圣龙工业技术有限公司

地址：浙江省宁波市鄞州区投资创业中心金达路 789 号
邮编：315000
电话：0574/83097837
传真：83097996
网址：www. shenglongsr. com
电子信箱：wy. fan@ shenglongsr. com
法定代表人：李立庭
质量体系：ISO/TS 16949、ISO 14001
产品情况：汽车铝合金轮毂

★宁波乐驰汽车部件有限公司

地址：浙江省宁波市瞻岐镇鄞州经济开发区永安路 55 号
邮编：315000
电话：0574/87677588、18668832064
传真：87628488
网址：www. nbthc. com
电子信箱：bryant@ nbthc. com
法定代表人：沈海平
质量体系：ISO/TS 16949、ISO 9001
产品情况：（派斯马克牌、PCMK 牌）

年均生产能力：5 万台牵引座、2 万根车轴、2 万套轻型美式机械悬架、2 千套空气悬架、1.5 万套提升系统、8 万只牵引销、25 万套扭力杆

配套及出口情况：与中集车辆集团、塞夫华兰德公司等建立了长期良好的业务关系；出口欧洲、非洲、亚洲十几个国家和地区

★浙江金波减震器制造有限公司

地址：浙江省宁波市江北区夏家工业区振甬路 181 号
邮编：315021
电话：0574/87635959
传真：87627011
网址：www. jinbo88. com
电子信箱：sales@ jinbo88. sina. net
法定代表人：柳平波
质量体系：ISO/TS 16949
产品情况：（金波牌）

汽车减振器

出口情况：主要出口北美洲、南美洲、欧洲、中东、非洲市场

★宁波嘉隆工业有限公司

地址：浙江省宁波市江北区振甬路 89 号南门
邮编：315021
电话：0574/87633188、87638368
传真：87633388
网址：www. cn－jialong. com
电子信箱：feiminsale02@ cn－jialong. com
法定代表人：徐敏
单位人数：1800
质量体系：ISO/TS 16949
产品情况：（飞敏牌）

等速驱动轴总成和等速万向节

★宁波豪锋思科汽配有限公司

地址：浙江省宁波市江北区北海路 150 弄 38 号
邮编：315032
电话：0574/87561638、87577696
传真：87561891、87227946
电子信箱：liyx@ haofeng－ind. com
法定代表人：李云祥
质量体系：ISO 9001
产品情况：气门嘴芯及其工具、车轮配件、附件及其装配维修工具
配套及出口情况：为多家汽车厂、车轮厂、汽车底盘厂配套；90% 以上的产品出口欧洲、美洲等 20 多个国家和地区

★宁波汇众汽车车桥制造有限公司

地址：浙江省宁波市江北区通惠路 366 号
邮编：315033
电话：0574/27962222
传真：27962200
网址：www. nbhzcq. com
法定代表人：阳春启
质量体系：ISO/TS 16949、ISO 14001
产品情况：主要承接上海汽车、上汽大通、南京依维柯、江淮汽车、江铃汽车、吉利汽车、东南汽车、奇瑞汽车等各款汽车前后桥悬架总成、转向节、扭杆等产品
配套情况：获得上汽大通、江淮汽车等优秀供应商称号

★宁波通达精密铸造有限公司

地址：浙江省宁波市鄞州区云龙镇荷花桥工业区
邮编：315135
电话：0574/88345758
传真：88474088
网址：www. nbtdcasting. com
电子信箱：sales@ nbtdcasting. com
法定代表人：王志通
质量体系：ISO/TS 16949、QS 9000
产品情况：专业生产各类碳钢、合金钢、球墨铸铁、灰铁、铝和不锈钢等材质的精密铸造件，产品种类 10000 余种，年产量 15000t 以上
出口情况：远销美国、加拿大、澳大利亚、英国、法国、葡萄牙、马来西亚、新加坡等国家，并销往中国香港地区

★宁波优适捷传动件有限公司

地址：浙江省宁波市鄞州区云龙工业区云丽路 128 号

邮编:315137
电话:0574/88345679、88067662
传真:88474809
网址:www.usj.com.cn
电子信箱:usj@usj.com.cn
法定代表人:许建红
质量体系:ISO/TS 16949
产品情况:(优适捷牌)
球接、球关节轴承、拉杆连杆、控制臂、转向节、副车架、后轴等
配套及出口情况:直接与广汽、众泰、知豆电动汽车、北方奔驰、中国重汽、约翰迪尔、康斯博格、东风ZF、谷合传动、中联重科等专业客户配套;间接与美国通用、美国福特、北汽福田、一汽、东风等汽车厂配套;批量出口美国、德国、日本、西班牙、东南亚等市场

★宁波培源汽车配件制造有限公司

地址:浙江省宁波市鄞州区姜山镇蔡郎桥姜丽路126号
邮编:315136
电话:0574/88475171
传真:88475688
网址:www.peiyuan.com.cn
电子信箱:samyu@peiyuan.com.cn
法定代表人:俞培君
单位人数:1300
质量体系:ISO/TS 16949、QS 9000
产品情况:专业生产汽车减振器各类配件、实心活塞杆、空心活塞杆、高铁减振器活塞杆、液压翻转系统活塞杆、汽车减振器外筒总成、内油管、减振器冲压件等产品
配套情况:目前主要配套企业有SGM、ZF、DAEWOO、BILSTEIN、TENNCO等
☞ 详细情况请参阅彩色宣传版面

★宁波纬尚汽车零部件有限公司
地址:浙江省宁波市鄞州区云龙镇工业园区
邮编:315137
电话:0574/87936989、88493996
传真:83089128
网址:www.nbvs.com.cn
电子信箱:hxaxle@sina.cn
法定代表人:叶祥宝
质量体系:ISO/TS 16949
产品情况:(V-SHINE牌)
汽车驱动轴总成,具备年产180万套总成的产能
配套及出口情况:约70%配套国内OEM整车厂;产品30%出口欧美市场,为各类汽车主机、维修市场配套

★浙江六和轻机械有限公司
地址:浙江省宁波市鄞州滨海投资创业中心合兴路345号
邮编:315145
电话:0574/88422022、88023058
传真:88021618
电子信箱:sales@baodywheel.com
法定代表人:宗绪惠
负责人:张建宇
单位人数:1500
质量体系:ISO/TS 16949、ISO 14001
产品情况:主要经营汽车零部件、轮毂、轮圈、汽车装饰、车辆零部件、机械配件的制造、加工

★宁波英达皇汽车轮毂有限公司
地址:浙江省宁波市鄞州区鄞江镇沿山村
邮编:315158
电话:0574/88039776、88039508
传真:88435094
法定代表人:边绿杨
单位人数:900
质量体系:ISO/TS 16949
产品情况:(英达皇牌)
各类汽车轮辋、辐板钢轮、辐条钢轮
配套及出口情况:为国内外数家整车厂家配套;远销美国、欧洲、加拿大、日本、韩国、东南亚等10多个国家和地区

★宁波华盛汽车部件有限公司
地址:浙江省宁波市鄞州区姜山科技园区明曙路3号
邮编:315191
电话:0574/55226188、55226195
网址:www.nbhsqp.com
电子信箱:huashengnb@126.com
法定代表人:陈江波
质量体系:ISO/TS 16949、ISO 14001
产品情况:重型货车、豪华大客车、大型运输专用车、工程车、特种车辆的驾驶室、前桥转向、后桥、悬架装置、齿轮箱、推力杆等多个系列汽车零部件产品
配套情况:主要客户有陕重汽、中国重汽、汉德车轿、珠海广通、宇通客车、中通客车等

★浙江立群汽车配件制造有限公司
地址:浙江省宁波市镇海区镇海临俞工业区河周路2号
邮编:315207
电话:0574/86369967、86369968
传真:86362411
网址:www.autopartsslq.com
电子信箱:whj@cnlqco.com
法定代表人:贺增
质量体系:ISO/TS 16949
产品情况:(立群牌、润群牌)
汽车万向节、转向器总成及传动轴配件等
配套及出口情况:为主机厂配套;远销海外市场

★慈溪宏康汽车零部件有限公司
地址:浙江省慈溪市周巷镇云柯大道999号
邮编:315300
电话:0574/63458967、63458722
传真:63458171
电子信箱:hongkangsales@163.com
法定代表人:陆迪
质量体系:ISO/TS 16949
产品情况:汽车用前驱及四驱等速万向节总成及其零部件
出口情况:远销欧美、大洋洲、日本等国家和地区,并销往中国台湾地区

★宁波普泽机电有限公司
地址:浙江省慈溪市崇寿镇绿色园区绿园二路1号
邮编:315301
电话:0574/63206318
传真:63212928
网址:www.nbpuze.com
电子信箱:sales@nbpuze.com
法定代表人:陆泽平
质量体系:ISO 9001
产品情况:工程机械汽车单向器、传动轴、齿轮等精密零件,汽车工程机械起动机

★浙江向隆机械有限公司
地址:浙江省慈溪市龙山镇滨海工业区灵绪路88号
邮编:315311
电话:0574/56570599
传真:56570595
网址:www.cn-sps.com
电子信箱:sale@cn-sps.com
法定代表人:徐敏
单位人数:650
质量体系:ISO/TS 16949
产品情况:(SPS牌、万向牌)
具有年产等速驱动轴350万套、万向节120万只、传动轴20万支
配套及出口情况:主要客户有庞巴迪、北极星、约翰迪尔,春风动力等;在乘用车领域,已成功为一汽轿车、广汽乘用车、长安铃木、长城汽车、江铃汽车、海马汽车、众泰汽车、华泰汽车等整车厂配套;远销欧洲、美国等OEM市场

★宁波三钻工业有限公司
地址:浙江省慈溪市胜山镇工业开发区
邮编:315323
电话:0574/63529020、63544789
传真:63549671
网址:www.china-freewheel.com
电子信箱:szqq@public.cx.nbptt.zj.cn
法定代表人:孙龙学
单位人数:550
质量体系:ISO/TS 16949
产品情况:三柱槽壳、筒形壳、凸缘、半轴、星形套、沙滩车球笼、工程机械和矿山机械精密锻件等
配套及出口情况:为一汽-大众、上汽大众、一汽海马、奇瑞汽车、北京现代、沈阳金杯、天津一汽夏利、广汽本田等配套;出口美国、意大利、印度、韩国、俄罗

斯等国家

★浙江恒威汽车部件有限公司
地址:浙江省慈溪市龙山镇慈东滨海经济开发区灵绪二路 288 号
邮编:315331
电话:0574/56122820
传真:56122737、56122848
网址:www. hzautoparts. com
电子信箱:zidd@ hzautoparts. com
法定代表人:应晓东
质量体系:ISO/TS 16949、ISO 9001
产品情况:汽车钢车轮、汽车冲压类零部件
配套及出口情况:和国内多家汽车主机厂有良好的合作关系;远销美国、加拿大、俄罗斯、意大利、南非、澳大利亚等国家

★万都(宁波)汽车零部件有限公司
地址:浙江省慈溪市杭州海湾新区滨海二路 718 号
邮编:315336
电话:0574/63868686
传真:63991688
网址:www. mando. com
电子信箱:yingjun. zheng@ halla. com
法定代表人:郑京浩
产品情况:汽车制动部件、减振部件和转向部件等
配套情况:主要客户是吉利汽车、沃尔沃汽车、北京现代、起亚汽车、通用汽车、江淮汽车、力帆汽车

★浙江安统汽车部件有限公司
地址:浙江省余姚市三七市镇安捷西路 8 号
邮编:315400
电话:0574/62935772、62920057
传真:62937401
电子信箱:antongwujin@ sina. com
法定代表人:李仪平
质量体系:ISO/TS 16949、ISO 9001
产品情况:制动主缸、轮缸,离合器总泵、分泵

★宁波安捷制动器有限公司
地址:浙江省余姚市三七市镇安捷东路 103 号
邮编:315412
电话:0574/62935678、62935712
传真:62936268
网址:www. anjie. com
电子信箱:brake@ anjie. com
法定代表人:张柏青
质量体系:ISO/TS 16949、QS 9000
产品情况:(安捷牌)

液压制动主缸 + 助力器、制动轮缸、制动钳、离合器主缸、离合器轮缸、摩擦片、气、液制动阀类
配套及出口情况:为江铃、美国福特(TRANSIT)、江淮、TCM、合力、杭叉、德国林德、意大利欧姆、韩国现代重工、斗山机械、日本小松、菲亚特、纽荷兰等汽车、叉车、工程车配套;出口欧洲、日本市场

★宁波卡西可减震器制造有限公司
地址:浙江省奉化市江口工业区聚银路 26 号
邮编:315500
电话:0574/28587778、13185907555
传真:28587779
网址:www. kasico. cn
电子信箱:oversea@ kasico. cn
法定代表人:王建海
质量体系:ISO/TS 16949
产品情况:轿车减振器、货车减振器、转向机减振器、发动机减振器、皮带轮减振器等 3000 多个各类减振系统
配套及出口情况:为北汽福田、吉利集团等配套;远销欧洲、俄罗斯、南美洲、北美洲等国家和地区

★爱科汽车零部件制造(宁波)有限公司
地址:浙江省宁波市奉化区汇丰路 628 号
邮编:315500
电话:0574/88585908
传真:88584980
电子信箱:jane. zhou@ alko – tech. com
法定代表人:艾曼·卡梅尔
产品情况:汽车减振器、工业用减振装置、气弹簧等

★宁波力品格工业机械有限公司
地址:浙江省宁波市奉化区岳林街道东郊开发区柏香路 188 号
邮编:315528
电话:0574/88768901、13805831903
传真:88767666
网址:www. chinayanghai. com
电子信箱:web@ fhyanghai. com
法定代表人:王祖雷
质量体系:ISO/TS 16949
产品情况:[力品格(LIPINGE)牌]

各种减振器、支撑气弹簧、可控气弹簧以及中、高档汽车用活塞杆
出口情况:与美国 BARNES & MTD、瑞典沃尔沃、波兰 SOLARIS、日本 YANMAR、法国 NEOPOST & AUTOMAX 公司合作

★宁波沃特汽车部件有限公司
地址:浙江省宁海县深圳南溪
邮编:315614
电话:0574/65289989、65289996
传真:65289995
网址:www. nbwote. com
电子信箱:shuangshui@ nbwote. com
法定代表人:张杭水
单位人数:400
质量体系:ISO/TS 16949、ISO 9001
产品情况:汽车底盘控制臂类、汽车副车架类、散热器类、减振类、摩托车油箱等冲压焊接总成部件
配套情况:与一汽-大众、上海汇众、富奥伟世通、新大洲本田、长城汽车、宁波托普、湖北雷迪特、比亚迪汽车等国内外著名厂商建立了长期合作的伙伴关系

★宁波赛德森减振系统有限公司
地址:浙江省宁波市象山县城东工业园万隆路 628 号
邮编:315700
电话:0574/65783888、65783838
传真:65783888、65783818
网址:www. nbsds. com. cn
电子信箱:qjw@ nbsds. com. cn
法定代表人:仇建文
质量体系:ISO/TS 16949、ISO 14001
产品情况:具备年产橡胶减振器 100 万套、硅油减振器 50 万件的能力

★宁波市三浪滑润元件有限公司
地址:浙江省象山县工业园区蓬莱路 309 号
邮编:315700
电话:0574/59181588、4001088036
传真:65780289
网址:www. sanlang. com
电子信箱:sales@ sanlang. com
法定代表人:胡铁凡
质量体系:ISO/TS 16949
产品情况:[三浪(SANLANG)牌]

汽车底盘集中润滑装置、润滑泵、集中润滑控制器、分配器、加油器、压力开关等汽车电子产品

★宁波奥威尔轮毂有限公司
地址:浙江省宁波出口加工区天山路 11 号
邮编:315800
电话:0574/86806918
网址:www. wfjt. com
电子信箱:aoweier88@ 163. com
法定代表人:陈滨
产品情况:汽车铝合金轮毂

★宁波泛亚汽车部件有限公司
地址:浙江省宁波市北仑区春晓观海路 71 号
邮编:315800
电话:0574/86988778、86988799
传真:8698787
网址:www. fanyaind. com
电子信箱:buddy@ fanyaind. com
法定代表人:陈叙尧
产品情况:汽车液压悬置减振器、橡胶金属减振器、弹性体支撑、中心支撑、减振器支撑顶胶、减振器总成、精密压铸件等汽车零部件
出口情况:远销美国、德国、东南亚

★宁波拓普集团股份有限公司
地址:浙江省宁波市北仑区黄山西路 215 号
邮编:315800

电话:0574/86800850
传真:86800877
网址:www.tuopu.com
电子信箱:tuopu@tuopu.com
法定代表人:邬建树
负责人:王斌
单位人数:5448
质量体系:ISO/TS 16949、ISO 14001
产品情况:[拓普(TUOPU)牌]
　　汽车减振系列、内饰系列、底盘系列(副车架、控制臂、转向节)及电子系列(电子传感器、电子真空泵 EVP)四大类产品
配套情况:成为宝马、奔驰、奥迪、保时捷、大众、克莱斯勒、通用、福特、吉利等汽车制造商的全球供应商

★浙江吉利变速器有限公司
地址:浙江省宁波市北仑区经济开发区
邮编:315800
电话:0574/86853005、86853058
法定代表人:余瑾
质量体系:ISO 9000
产品情况:手动变速器(年产20万台),自动变速器(年产1万台),手动/自动轿车变速前驱动桥
配套情况:为吉利汽车临海、路桥、华普、美日、湘潭、兰州六大基地配套

★宁波万航实业有限公司
地址:浙江省宁波市北仑区沿山河北路21号
邮编:315806
电话:0574/86236660
传真:86112878、86112876
网址:www.wonhparts.com
电子信箱:wonh@wonhparts.com
法定代表人:朱雪马
质量体系:ISO/TS 16949、ISO 14001
产品情况:[万航(WONH)牌]
　　等速驱动轴、球笼式等速万向节、ATV驱动轴、传动轴、玻璃升降器等5大系列产品
配套及出口情况:为北汽集团、长城股份、吉利汽车、力帆汽车、众泰集团、广汽集团等配套;产品40%销售给欧美国际大型汽配采购集团,40%销往其他国际市场

★宁波宏协股份有限公司
地址:浙江省宁波市北仑区霞浦工业区浦堤南路2号
邮编:315807
电话:0574/86906600
传真:86906500
网址:www.hongxie.com
电子信箱:xiaoshou@hongxie.com
法定代表人:胡群浩
产品情况:离合器总成、离合器控制机构、飞轮减振器等传动部件;车身装饰件、车身结构件、车身功能件等车身部件
配套及出口情况:传动部件主要客户有一汽、北汽、吉利、广汽、东风、奇瑞、力帆、华晨、野马汽车等;车身部件主要客户有大众、福特、通用、日产、丰田、本田、神龙、路虎、吉利、长城、长安、比亚迪、柳汽、北汽、卡特彼勒等;出口欧美市场

★宁波珈多利机械有限公司
地址:浙江省宁波市北仑区南海路61号
邮编:315899
电话:0574/55009900、55009901
传真:86805399
网址:www.nbjdl.net
法定代表人:黄元乡
单位人数:190
质量体系:ISO/TS 16949
产品情况:月产半轴60000只、传动轴30000只、防尘套50000只

★浙江名震减震器研发有限公司
地址:浙江省临海市杜桥南工业发展区
邮编:317015
电话:0576/89392029、89392023
传真:89392020
网址:www.zjmingzhen.com
电子信箱:sales@qilichina.com
法定代表人:应道德
质量体系:ISO/TS 16949
产品情况:(名震牌)
　　各种轿车、摩托车、电动车、沙滩车等前后减振器
出口情况:远销东南亚、中东、欧洲、美洲、非洲等地区

★浙江胜隆弹簧有限公司
地址:浙江省临海市杜桥镇南工业发展区东海第二大道27号附东盛路30号
邮编:317016
电话:0576/89116987
传真:89116989
网址:www.zjstth.com
电子信箱:tzstth@163.com
法定代表人:张文兵
质量体系:ISO/TS 16949
产品情况:汽车悬架弹簧,摩托车及电动车减振弹簧等

★浙江世泰实业有限公司
地址:浙江省三门县海游镇朝阳路13号
邮编:317100
电话:0576/83368288、89331191
传真:83368287
网址:www.shitai.com.cn
电子信箱:sales@shitai.com.cn
法定代表人:陈建会
质量体系:ISO/TS 16949、QS 9000
产品情况:(世泰牌)
　　发动机悬置减振器、底盘系统总成件、橡胶减振器、聚氨酯缓冲块、塑料件、橡胶密封条等产品
配套及出口情况:为上汽通用五菱、河北中兴、华晨、东风、北京汽车等配套;出口欧洲、美洲、亚太地区

★三门通顺铆钉有限公司
地址:浙江省三门县珠岙镇珠坎路8-9号
邮编:317101
电话:0576/83112001、4001812828
传真:83110913
网址:www.maoding.com
电子信箱:zsw@maoding.com
法定代表人:郑士旺
单位人数:150
质量体系:ISO/TS 16949
产品情况:(TSMD牌)
　　汽车离合器总成、压板总成、制动碲及制动片系列铆钉、限位销和离合器盘毂
配套及出口情况:主要成为法雷奥 VALEO、萨克斯 SACHS、舍弗勒 LUK、伊顿 Eaton 等全球性知名企业配套战略合作供应商;远销欧美、非洲、东南亚、中东等30多个国家和地区

★ 西格迈股份有限公司
地址:浙江省三门县浦坝港镇沿海工业城
邮编:317108
电话:0576/83582888、83581111
传真:83581999
网址:www.xgmjt.com
电子信箱:info@xgmjt.com
法定代表人:蒋欣洋
质量体系:ISO 14001、ISO/TS 16949、OHSAS 18001
产品情况:汽车减振器、汽车悬架总成、橡胶减振件、摩托车制动盘
出口情况:出口欧洲、美洲、亚洲、大洋洲、非洲50余个国家和地区
☞ 详细情况请参阅彩色宣传版面

★浙江天台优派特智能冲压有限公司
地址:浙江省天台县赤城街道下抱园村
邮编:317200
电话:0576/83987330、83937511
传真:83937521
法定代表人:丁舒鸣
质量体系:QS 9000、ISO 9000
产品情况:(优派特牌)
　　汽车空气压缩机

★浙江凯斯特液压有限公司
地址:浙江省仙居县安洲街道高新园区西三路
邮编:317300
电话:0576/87725018、89378160
传真:87725068
网址:www.kstyy.com
电子信箱:kstyy@kstyy.com
法定代表人:沈花妹
质量体系:ISO 9001
产品情况:DSG06 系列低噪声高压齿轮

泵、C101/102 与 KP 系列自卸车液压泵等
出口情况：出口中东、南美洲、东南亚、欧美等地区

★浙江利福德机械有限公司
地址：浙江省温岭市石塘镇工业园区
邮编：317500
电话：0576/86785858
传真：86785566
网址：www.zjlfd.cn
电子信箱：ceo@zjlfd.cn
法定代表人：洪巧云
质量体系：ISO 9001
产品情况：（日宇牌）
汽车前悬架摆臂、托架总成等
出口情况：出口欧洲、东南亚

★中马集团有限公司
地址：浙江省温岭市太平街道岙底胡路48 号
邮编：317500
电话：0576/86051718
传真：86051511
网址：www.chinazomax.com
电子信箱：zomax@chinazomax.com
法定代表人：吴良行
质量体系：ISO 9001、ISO/TS 16949
产品情况：（ZOMAX 牌）
汽车变速器，汽车、摩托车零部件
出口情况：远销欧美、东南亚、中东 30 多个国家和地区

★浙江大液汽车零部件有限公司
地址：浙江省温岭市东部新区金塘北路2 号中小企业孵化园 B 区 2 号科研厂房
邮编：317505
电话：0576/86837168
传真：86837198
网址：www.cnzjdy.com
电子信箱：sales7@cnzjdy.com
法定代表人：江津红
单位人数：150
质量体系：ISO/TS 16949
产品情况：载货汽车、轻型客车、轿车及新能源汽车的转向助力泵及其零配件
出口情况：远销欧洲、美洲、中东、非洲、东南亚

★浙江申林汽车部件有限公司
地址：浙江省温岭市箬横镇白马路 1 号
邮编：317507
电话：0576/88418610、88418608
传真：86828512
网址：www.shinyauto.com
电子信箱：sh.lin@china.com
法定代表人：陈素琴
单位人数：800
质量体系：ISO/TS 16949、ISO 14001
产品情况：主要生产轿车发动机零部件、变速器的换挡系统和操作系统零部件；已具备年产发动机、变速器等汽车零部件 300 万台套，汽车减振器年产 150 万支的生产能力
配套及出口情况：是一汽-大众、上汽通用、上汽大众、上海汽车变速器有限公司、大众汽车变速器（上海）有限公司、上海采埃孚变速器有限公司、格特拉克（江西）传动系统有限公司、无锡铁姆肯、一汽轿车、苏州博世和无锡康斯博格等企业的定点配套单位；远销欧洲、美洲、东南亚等地区

★浙江罗保机械有限公司
地址：浙江省温岭市箬横镇人民南路东
邮编：317507
电话：0576/86818558、13606865363
传真：86815428
网址：www.tzluobao.com
电子信箱：sales@tzluobao.com
法定代表人：金素清
质量体系：ISO 9001
产品情况：各种锥齿轮等
配套及出口情况：与福田、东方红、常州东风等国内外 80 多家大中型企业配套；远销中东地区

★ 浙江中马传动股份有限公司

地址：浙江省温岭市石塘镇上马工业区春晖路 19 号
邮编：317513
电话：0576/86146508、86146516
传真：86146115
网址：www.zomaxcd.com
电子信箱：zmqb@chinazomax.com
法定代表人：吴江
负责人：刘青林
单位人数：1100
质量体系：ISO/TS 16949、ISO 14001
产品情况：（ZOMAX 牌）
汽车变速器、汽车齿轮、摩托车齿轮
配套及出口情况：主要为长城、中兴、福田、麦格纳、万都、TRW、博格华纳、YAMAHA、SUZUKI、HONDA 等客户供货；五羊本田、株洲雅马哈等摩托车厂家配套；出口美国、韩国、墨西哥、加拿大等国家
☞ 详细情况请参阅彩色宣传版面

★浙江大发齿轮有限公司
地址：浙江省温岭市东部新区千禧路24 街
邮编：317523
电话：0576/86869986、86495555
传真：86835988
网址：www.tzdf.com
电子信箱：tzdf@tzdf.com
法定代表人：林明高
单位人数：500
质量体系：ISO/TS 16949
产品情况：（大发牌）
汽车、摩托车等变速器用齿轮
配套情况：为上海汽车变速器、柳州上汽、山东上汽、吉利变速器、三阳摩托、金城铃木等配套

★浙江跃岭股份有限公司
地址：浙江省温岭市泽国镇杭温南路326 号
邮编：317523
电话：0576/86448228
传真：86443368
网址：www.yueling.com.cn
电子信箱：wheels@yueling.com.cn
法定代表人：林仙明
质量体系：ISO/TS 16949、QS 9000
产品情况：（跃岭牌）
主导产品包括汽车铝合金车轮和摩托车铝合金车轮
出口情况：出口国外市场

★浙江工交机械股份有限公司
地址：浙江省台州市玉环滨港工业城富港路 49 号
邮编：317600
电话：0576/87135888、87135327
传真：87135301
网址：www.gong-jiao.com
电子信箱：sales@gong-jiao.com
法定代表人：林雪泉
质量体系：ISO/TS 16949
产品情况：（工交牌）
主要生产转向拉杆球销、轴向内接头、横球销、控制臂球销等底盘零部件
配套情况：是德国采埃孚集团、美国天合集团、长城等全球 500 强企业的优质配套供应商

★玉环东风汽车配件有限公司
地址：浙江省玉环经济开发区芦北大道200 号
邮编：317600
电话：0576/87221190、13706861078
传真：87227510
网址：www.yhdf.com
电子信箱：dongfeng@yhdf.com
法定代表人：汪杨雄
质量体系：IATF 16949
产品情况：主导产品有发动机零部件、前桥、后桥、底盘、减速器、转向节配件及紧固件、U 形螺栓等 8 大系列
配套情况：为柳州特种汽车、柳州五菱汽车、东风柳州汽车等配套

★隆中控股集团股份有限公司
地址：浙江省玉环市城北工业区
邮编：317600
电话：0576/87202128、87202887
传真：87201499
网址：www.longzhong.com
电子信箱：master@longzhong.com
法定代表人：陈绪丰
负责人：陈剑峰
单位人数：480

质量体系:ISO/TS 16949、ISO 14001
产品情况:(隆中牌)
汽车制动间隙自动调整臂、汽车盘式制动器、发动机气门挺柱、水泵及发动机零部件
配套情况:为宇通客车、东风车桥、厦门金旅、一汽车桥、重汽集团、东风汽车、江淮汽车等配套

★浙江方向汽车零部件股份有限公司
地址:浙江省玉环市楚门镇直塘
邮编:317600
电话:0576/89902066、89902070
传真:87420339
网址:www. mw-sw. com
电子信箱:berry@ fangleautoparts. com
法定代表人:林振毅
单位人数:900
质量体系:ISO/TS 16949、ISO 14001
产品情况:(F牌、木王牌)
汽车转向盘总成、换挡手柄总成、扶手箱总成、镁铝合金压铸件、汽车仪表、汽车电子开关等汽车内饰件产品
配套情况:为上汽通用、上汽通用五菱、日产全球、一汽丰田、长安马自达、宇通客车、长城汽车等公司配套

★浙江正奥汽配有限公司
地址:浙江省玉环市大麦屿对台贸易加工区
邮编:317600
电话:0576/87373918、87373912
传真:87373911
电子信箱:za@ 317602. com
法定代表人:王仁锦
质量体系:ISO/TS 16949
产品情况:(正奥牌)
专业生产奥迪、红旗、帕萨特、宝马、奔驰、沃尔沃、马自达、起亚等系列的前轮控制臂
配套及出口情况:为一汽轿车、上海英伦帝华汽车部件配套;远销德国等欧美国家和地区

★台州万洲机械股份有限公司
地址:浙江省玉环市大麦屿普青工业区
邮编:317600
电话:0576/87352777
传真:87235520
网址:www. wzbrake. com
电子信箱:sales@ wzbrake. com
法定代表人:黄仙德
质量体系:ISO/TS 16949
产品情况:(万洲牌)
制动卡钳、卡钳支架、卡钳活塞和其配套螺栓类产品
配套及出口情况:与柳州五菱、比亚迪、亚太、伯特利、万都、万向、中博、华昌、万安等多家国内知名汽车厂商建立了长期合作伙伴关系;远销北美洲、欧洲、中东地区

★浙江双环传动机械股份有限公司
地址:浙江省玉环市机电产业功能区盛园路1号
邮编:317600
电话:0571/81671023、81671018
传真:81671028
电子信箱:ys@ gearsnet. com
法定代表人:吴长鸿
质量体系:ISO/TS 16949、ISO 14001
产品情况:汽车及摩托车齿轮,齿轮散件年产量超过6000万件
配套情况:成为包括博格华纳、采埃孚、康明斯、约翰迪尔、伊顿、博世以及上汽、一汽、重汽等国内外知名企业的供应商

★浙江格力威机械股份有限公司
地址:浙江省玉环市机电工业园
邮编:317600
电话:0576/81758801、87283347
传真:87205633
电子信箱:web@ glwjx. com
法定代表人:董服明
质量体系:ISO 9000
产品情况:横直拉杆总成、球头总成、钢板销、轮胎螺栓、大小螺母等,年产能力1000万套

★玉环锐利机械有限公司
地址:浙江省玉环市机电工业园白岩村A-17号
邮编:317600
电话:0576/87259555、87259518
传真:87280167
网址:www. suspension-parts. com
电子信箱:sales@ suspension-parts. com
法定代表人:陈守忠
质量体系:QS 9000
产品情况:(STEEL牌)
汽车悬架球头、连杆、控制臂等汽车底盘和转向部件;年生产能力超过1000万套
出口情况:出口美国、墨西哥、巴西、阿根廷、巴拿马、德国、法国、丹麦、意大利、英国、土耳其、俄罗斯、波兰、日本、泰国、马来西亚、阿联酋、伊朗、菲律宾、印度尼西亚、南非、也门等国家

★玉环凯凌机械集团股份有限公司
地址:浙江省玉环市机电工业园区
邮编:317600
电话:0576/87259990、87132651
传真:87259980、87259993
网址:www. kailingcn. com
电子信箱:sale@ kailingcn. com
法定代表人:叶文英
质量体系:ISO/TS 16949
产品情况:(凯凌牌)
具有年产摩托车制动器300万台的生产能力、自行车制动器80万套的生产能力、微型汽车制动器10万套的生产能力、各类铝铸造3000t的生产能力
配套及出口情况:为豪爵铃木、轻骑铃木、金城铃木、建设雅马哈、林海雅马哈、轻骑标致、宗申比亚乔、宗申、力帆、隆鑫、洛阳北易等重点摩托车厂配套;出口美国、欧洲、韩国、印度、东南亚地区

★浙江耐士伦机械有限公司
地址:浙江省玉环市机电工业园区
邮编:317600
电话:0576/87298876、87298868
传真:87298866
网址:www. nessral. cn
电子信箱:nessral@ nessral. cn
法定代表人:徐时聪
质量体系:ISO/TS 16949
产品情况:(耐士伦牌)
主导产品为商用车发动机风扇电磁离合器、后置客车发动机冷却传动机构带电磁离合器、乘用车制动系统零部件、电动机转轴等
配套及出口情况:为东风汽车公司、江淮汽车、华菱汽车、郑州宇通、苏州金龙等配套;远销国外市场

★浙江滨海汽车零部件股份有限公司
地址:浙江省玉环市机电工业园区12A
邮编:317600
电话:0576/87264209、87256126
传真:87256123
电子信箱:sales@ bhqp. com
法定代表人:王宇
质量体系:ISO/TS 16949
产品情况:汽车变速器配件、里程表二级传动装置
配套情况:为陕西法士特齿轮、綦江齿轮传动、上汽依维柯红岩、北奔重汽重庆变速器分公司等配套

★玉环县金峰实业有限公司
地址:浙江省玉环市开发区金海大道79号
邮编:317600
电话:0576/87282097、87283295
传真:87280299
电子信箱:zjjf80767707@ 126. com
法定代表人:郑剑峰
质量体系:ISO 9002
产品情况:制动主缸总成、制动主缸带真空助力器总成、感载比例阀、转向拉杆、端接头、前悬架压杆总成、前轴摆臂总成、制动器总成、管接头等
配套情况:为长安汽车、长安铃木、哈飞汽车、昌河汽车等配套

★玉环远豪机械有限公司
地址:浙江省玉环市坎门街道里澳南沙工业区
邮编:317600
电话:0576/87279432、87218929
传真:87235501
网址:www. yushengqp. com

电子信箱:info@ yushengqp. com
法定代表人:周加平
质量体系:ISO 9001
产品情况:(誉胜牌)
底盘件系列:悬架球头、拉杆球头、平衡杆球头、拉杆、中拉杆、摆臂、曲轴皮带轮、主副帮肱及各种机械加工
出口情况:出口中东、美洲、东南亚、土耳其、尼日利亚等国家和地区

★浙江宏珂科技股份有限公司
地址:浙江省玉环市坎门科技工业园
邮编:317600
电话:0576/87200796
传真:87235356
网址:www. yhhkjx. com
电子信箱:sales@ yhhkjx. com
法定代表人:谈中伟
产品情况:(宏珂牌)
专业生产各类重型货车、拖挂车制动间隙手动调整臂及自动调整臂
出口情况:主要出口北美洲、欧洲等高端市场,为主机市场及售后市场的一线品牌定点生产配套

★台州金纳车桥有限公司
地址:浙江省玉环市芦浦镇漩港工业区
邮编:317600
电话:0576/89926623
传真:87281882
网址:www. jinnaaxle. net
电子信箱:xsb@ jinnaaxle. cn
法定代表人:梁世恭
质量体系:ISO/TS 16949
产品情况:全系列沙滩车前后桥变速器总成、特种新能源电动汽车变速器总成,年产 12 万台套、100 多种规格

★浙江鑫溢机械股份有限公司
地址:浙江省玉环市芦浦镇漩门工业城
邮编:317600
电话:0576/87283698、81716008
传真:87283689
网址:www. cn - xinyi. com
电子信箱:zhanfeijian@ 126. com
法定代表人:郑庆平
单位人数:200
质量体系:ISO/TS 16949
产品情况:汽车离合器部件及变速器、轿车配件等
配套情况:为一汽集团、东风汽车公司、重汽集团等配套

★浙江双辉剑机械有限公司
地址:浙江省玉环市汽摩工业园东区
邮编:317600
电话:0576/89900399、89900376
传真:87509153
网址:www. shjok. com
电子信箱:shj@ shjok. com
法定代表人:陈庆顺
质量体系:ISO/TS 16949
产品情况:(双辉剑牌)
电动助力转向系统(EPS)、制动离合踏版、控制臂、横直拉杆总成、横拉杆球头、真空助力器等系列产品
配套及出口情况:主要配套客户有长安汽车(河北、南京长安)、北汽、奇瑞汽车、华泰汽车、东南汽车、哈飞汽车、力帆汽车、众泰汽车等厂家;远销拉丁美洲、东南亚、中东、北非等地区

★浙江谷氏机械股份有限公司
地址:浙江省玉环市汽摩工业园区
邮编:317600
电话:0576/87204988
传真:87204999
网址:www. cngushi. com
电子信箱:web@ cngushi. com
法定代表人:谷利平
质量体系:ISO/TS 16949
产品情况:(谷氏牌)
悬架球头、拉杆球头、控制臂、横拉杆、拉杆总成、主邦肱、副邦肱、连接杆、稳定杆等汽车底盘悬架部件
出口情况:主要销往亚洲、欧洲、北美洲

★浙江迪尔制动器有限公司
地址:浙江省玉环市汽摩工业园区
邮编:317600
电话:0576/87256160、13967647688
传真:87239900
电子信箱:diero@ diero. com
法定代表人:朱刚
质量体系:ISO/TS 16949
产品情况:(迪尔荣牌)
真空助力器、横拉杆球头、直拉杆等
配套及出口情况:为上汽通用五菱配套;远销东南亚、中东、北美洲、中南美洲等地区

★浙江奥缔机械股份有限公司
地址:浙江省玉环市汽摩工业园区
邮编:317600
电话:0576/87286058、87286157
传真:87286087
网址:www. cn - aodi. com
电子信箱:info@ tzanjie. com
法定代表人:黄美长
质量体系:ISO/TS 16949
产品情况:汽车制动间隙自动调整臂系列产品
配套情况:为北奔重汽、一汽解放、安凯汽车、陕汽汉德车桥、北汽福田、东风杭汽等配套

★浙江鑫泽机械有限公司
地址:浙江省玉环市汽摩工业园区
邮编:317600
电话:0576/87287202、87284999
传真:87234022
网址:www. cnxinze. com
电子信箱:xinze@ cnxinze. com
法定代表人:陈其满
质量体系:ISO/TS 16949
产品情况:(鑫泽牌)
紧固件(高强度螺栓、轮胎螺栓)、连杆总成、转向球头、拉杆、传动系统配件等
配套及出口情况:为无锡柴油机厂、无锡动力工程、无锡四达动力集团等 10 多家企业配套;远销欧洲、美洲、澳大利亚、东南亚、中东等国家和地区

★浙江万邦汽车动力系统股份有限公司
地址:浙江省玉环市汽摩工业园区
邮编:317600
电话:0576/89902904
传真:87277338
网址:www. wanbangm. com
电子信箱:wanbang@ wanbangm. com
法定代表人:陈春木
单位人数:300
质量体系:ISO/TS 16949
产品情况:(WANBANG 牌)
汽车变速器、液力变矩器、双质量飞轮、双离合器、发电机齿轮等零部件
配套情况:是法雷奥、萨克斯、伊顿、爱思帝、LUK 等供应商

★浙江汇丰汽车零部件股份有限公司
地址:浙江省玉环市汽摩配工业园兴园路 1 号
邮编:317600
电话:0576/87221874、87313999
传真:87229522
网址:www. huifeng - zj. com
电子信箱:info@ huifeng - zj. com
法定代表人:董服友
单位人数:1000
质量体系:ISO/TS 16949、ISO 14001
产品情况:(HF 牌)
汽车的转向机、转向管柱、制动器、助力器、管接等零部件
配套及出口情况:合作的客户主要有上汽大众、博世集团、大陆集团、蒂森克虏伯集团等跨国企业;远销国外市场

★台州金泰精锻科技股份有限公司
地址:浙江省玉环市汽摩工业园区园区大道
邮编:317600
电话:0576/87226633
传真:87283037
网址:www. kt - f. cn
电子信箱:info@ kt - f. cn
法定代表人:冀梅云
质量体系:ISO 9001
产品情况:国内外各类车型的内外球笼(钟形壳、筒形壳、保持架、星形套),传动轴、轮毂、齿轮、花键轴、国标/非国标高强度螺母、凸缘螺母、接头螺母及不规则形状的汽车零件等
配套情况:为一汽、重汽等国内厂家,丰田、本田、三菱、日产、铃木、五十铃、

现代、起亚、奔驰等直接或间接供货

★台州宏利汽车零部件有限公司
地址:浙江省玉环市汽摩配工业园区
邮编:317600
电话:0576/87317777
传真:87277218
网址:www. honglee. cn
电子信箱:lee@ honglee. cn
法定代表人:李秀蓉
质量体系:ISO/TS 16949
产品情况:(LEE 牌)
　　汽车球笼式等速万向节、驱动轴总成
出口情况:远销美洲、大洋洲、东南亚、中东等地区的 20 多个国家和地区

★浙江正裕工业股份有限公司
地址:浙江省玉环市双港路 38 - 88 号
邮编:317600
电话:0576/87278888
传真:87278889
网址:www. addchina. com
电子信箱:sales@ addchina. com
法定代表人:郑念辉
质量体系:ISO/TS 16949
产品情况:(正裕牌)
　　汽车悬架系统减振器

★玉环迪奥机械制造有限公司
地址:浙江省玉环市玉城街道前塘垟村
邮编:317600
电话:0576/87216100
传真:87217200
电子信箱:emma_gong@ tzdiao. com
法定代表人:曾勇强
质量体系:ISO 9001
产品情况:汽车前后悬架摆臂总成、托架总成、元宝梁总成、后桥总成等
出口情况:远销欧美和东南亚地区

★浙江登福机械有限公司
地址:浙江省玉环市珠港镇城北工业区
邮编:317600
电话:0576/87209162
传真:87207369
网址:www. yhczd. com
电子信箱:master@ yhczd. com
法定代表人:陈忠登
质量体系:ISO/TS 16949、ISO 9001
产品情况:斯太尔半轴套管、HOWO 套管、焊接 16T 套管产品及齿轮、轴套、连杆、曲轴、心轴、高强度螺栓等配件
配套情况:为陕汽、东风汽车公司等配套

★台州德力奥汽车部件制造有限公司
地址:浙江省玉环经济开发区(芦浦漩门)
邮编:317602
电话:0576/87251728
传真:87252880
网址:www. deliao. com
电子信箱:deliao@ deliao. com
法定代表人:李祖良
质量体系:ISO/TS 16949
产品情况:(星德隆牌)
　　主要生产前后悬臂、拉杆球头、连接杆、推力杆总成等汽车底盘系列产品
配套及出口情况:为铃木、五十铃、五菱、众泰、力帆、昌河、广汽、北汽、海马转向机厂等主机厂配套;远销北美洲、欧洲等国际市场

★浙江宏森汽车底盘有限公司
地址:浙江省玉环市机电工业园区
邮编:317602
电话:0576/87280750、87210821
传真:87210831、87232681
网址:www. honssion. com
电子信箱:honssion@ honssion. com
法定代表人:余通平
单位人数:280
质量体系:ISO/TS 16949
产品情况:(HONSSION 牌、HSN 牌)
　　各种转向及悬架系统部件,包括拉杆球头、拉杆总成、摆臂、稳定杆等;适用于欧系、日系及美系各种车型,产品超过 5000 种,还生产部分泵类部件,日产能力超过 3.5 万只

★玉环郑氏机械有限责任公司
地址:浙江省玉环市解放塘路 172 号
邮编:317602
电话:0576/87513228、87513068
传真:87514000
电子信箱:zhedahong@ zjzhs. cn
法定代表人:郑建青
质量体系:ISO/TS 16949
产品情况:制动部件和控制臂,控制臂年产能 60 万套
配套情况:50% 产品为国内外原厂配套;主要客户有 GOMET、DORMAN、BBP、DEXTER AXLE、SUSPA、APG(杭州亚太)、杭州万向、万安集团、上海制动器厂、一汽、东风等公司

★台州山源汽车零部件有限公司
地址:浙江省玉环市坎门科技工业园区
邮编:317602
电话:0576/87509333、87509139
传真:87509369
网址:www. tzshyu. com
电子信箱:tzshyu@ vip. sina. com
法定代表人:郑景山
质量体系:ISO/TS 16949
产品情况:(TZSHYU 牌)
　　盘式制动器系统零部件、发动机零部件、变速器零部件、汽车车门铰链等
配套情况:是中国重型汽车集团公司的指定供应商

★浙江德利众机械制造有限公司
地址:浙江省玉环市坎门科技工业园区
邮编:317602
电话:0576/89811107、89811106
网址:www. dlz. com. cn
电子信箱:info@ dlz. com. cn
法定代表人:刘根燕
单位人数:500
质量体系:ISO 9001
产品情况:(DLZ 牌)
　　悬架球头、拉杆球头、胶套、平衡杆、汽车悬架控制臂、汽车中间连杆等相关汽车转向及悬架零件
配套及出口情况:为全世界 100 多个国家的汽车零件分销商,品牌商和主机厂提供汽车转向与悬架零件的供应链服务;出口中南美洲、东南亚、欧洲等地区

★浙江红箭橡塑股份有限公司
地址:浙江省玉环市坎门双龙汽配城
邮编:317602
电话:0576/87568585、13305767118
传真:87508485
电子信箱:xry_wgd1@ vip. 163. com
法定代表人:许容毅
质量体系:ISO/TS 16949
产品情况:(红箭牌、RRT 牌)
　　各类汽车控制臂、液压悬置减振器、橡胶金属减振器、悬臂衬套、防尘罩等;具有年产 200 万件橡胶减振器及年产 100 万件汽车橡胶制品的生产能力
配套及出口情况:为一汽-大众、上汽大众、上汽通用、德尔福等配套;出口美国、德国、法国等国家

★玉环市威龙汽车部件股份有限公司
地址:浙江省玉环市坎门水龙工业区富康路 3 号
邮编:317602
电话:0576/87578800、87553259
传真:87556277
电子信箱:yhweilong@ 126. com
法定代表人:曾水金
质量体系:ISO/TS 16949、ISO 9001
产品情况:凸缘、十字轴、轴承座、油封座圈、差速器壳等
配套情况:为一汽集团、安凯福田曙光车桥、安凯汽车、华菱汽车、方盛实业、川汽、汉德车桥、畅丰车桥、武夷汽车、青特众力车桥、一汽哈轻厂等 16 家主机厂配套

★浙江金宏汽车部件有限公司
地址:浙江省玉环市坎门镇工业区
邮编:317602
电话:0576/87560686
传真:87564523
网址:www. zj - jinhong. com
电子信箱:office@ zj - jinhong. com
法定代表人:陈守川
质量体系:ISO/TS 16949、ISO 9001
产品情况:(金宏牌)
　　汽车橡胶减振系列、气室隔膜系列、橡胶密封、橡胶模压、放水阀、排气

制动阀、制动灯开关、安全阀、单向阀等零部件
配套及出口情况:为一汽集团及属下8个分公司、一汽红塔、浙江万安、柳州特种车配套;远销欧美、中东等20多个国家和地区

★浙江中兴减震器制造有限公司
地址:浙江省玉环市汽摩工业园区
邮编:317602
电话:0576/87257589、4001852228
传真:87203995、87203996
网址:www.zxshock.cn
电子信箱:leo@zxshock.cn
法定代表人:李孙琴
单位人数:1000
质量体系:ISO/TS 16949、ISO 14001
产品情况:(LEE牌、WOODROW牌、振鑫牌)
汽车悬架总成、汽车减振器等产品
配套及出口情况:为广汽集团、华晨集团、长丰猎豹集团、日本丰田大发株式会社(隶属日本丰田集团)、北汽集团、华泰汽车、力帆汽车等汽车集团提供整车配套或全球售后件服务;远销中东、美国、韩国等国家和地区

★浙江骆氏减震件股份有限公司
地址:浙江省玉环市汽摩工业园区
邮编:317602
电话:0576/87277025
网址:www.luoshi.com
电子信箱:dlx@luoshi.com
法定代表人:骆联盟
质量体系:ISO/TS 16949
产品情况:(骆氏牌)
发动机悬置、隔振块系列、底盘衬套、排气管吊耳等汽车用橡胶金属减振件
配套情况:为一汽集团、上汽集团、东风汽车集团、北汽集团、广汽集团、一汽-大众、上汽大众、德国大众、宝马汽车、菲亚特、上汽通用、福特、丰田、奇瑞、吉利等主机厂均长期配套

★玉环天利汽配实业有限公司
地址:浙江省玉环市汽摩工业园区
邮编:317602
电话:0576/87277308、87277307
传真:87277309
电子信箱:yhqp@yhqp.cn
法定代表人:李德进
质量体系:ISO/TS 16949
产品情况:(里航牌)
球笼式等速万向节、传动轴总成

★浙江华邦机械有限公司
地址:浙江省玉环市汽摩配工业园区
邮编:317602
电话:0576/87253700
传真:87264999
网址:www.huabang.cn
电子信箱:sales@bsgs.cc
法定代表人:颜邦寿
质量体系:IATF 16949
产品情况:汽车转向横直拉杆总成、变速操纵总成、转向柱管总成、控制臂总成、电子加速踏板总成系列和汽车、摩托车铝锻零部件,铝合金锻打、机加工零部件
配套情况:是上汽、长城汽车、江淮汽车、众泰汽车、长安汽车、一汽集团、北汽、东风柳汽、东风裕隆、力帆摩托、春风动力、鑫源摩托、隆鑫摩托、宗申摩托等优秀配套供应商

★浙江凯名瑞汽车部件有限公司
地址:浙江省玉环市绕城路168号
邮编:317602
电话:0576/87566638
传真:87566637
网址:www.tzcamry.com
电子信箱:y.hzp@163.com
法定代表人:周建国
质量体系:ISO/TS 16949
产品情况:汽车转向系统零部件,主要产品有球销、球壳、球杆、平衡杆、球头总成等

★浙江伟茂传动机械有限公司
地址:浙江省玉环市玉城街道汽摩产业功能区
邮编:317602
电话:0576/87555490、87552089
传真:87569767
电子信箱:gearchn@gmail.com
法定代表人(负责人):蔡贺根
单位人数:300
质量体系:ISO/TS 16949
产品情况:重型汽车、微型汽车、各种摩托车齿轮及其相应配件,具有年产各种配件100多万套的生产能力
配套情况:为包头北奔、上汽依维柯红岩商务车、中国人民解放军总参第一O三工厂、湖南长青机器厂、济南轻骑发动机、重庆北奔变速器公司等配套

★浙江金辉机械有限公司
地址:浙江省玉环市珠港镇榴岛大道(坎门)348号
邮编:317602
电话:0576/87566757、87566787
传真:87566775
电子信箱:jhg@jinhuimachine.cn
法定代表人:郭健辉
质量体系:ISO/TS 16949
产品情况:[金煌(splendid)牌]
汽车动力转向泵及其他配套零部件

★台州大川机电有限公司
地址:浙江省玉环市珠港镇坎门东风工业区
邮编:317604
电话:0576/87552466、87578800
传真:87553003
电子信箱:dcjidian@126.com
法定代表人:苏大宣
质量体系:ISO/TS 16949
产品情况:(玉轿牌)
变速器顶盖总成、变速器附件、变速操纵机构总成、变速操纵手柄总成、汽缸盖、选换挡继动摇臂及支架总成、离合器操纵机构、汽车管接头及高强度螺栓等系列产品
配套情况:为东风汽车公司、一汽集团、南京汽车集团等配套

★台州巨泰汽车配件有限公司
地址:浙江省台州市椒江区疏港大道腾云路509号
邮编:317605
电话:0576/89082790、89082789
传真:89082799
网址:www.bik.com.cn
电子信箱:bik@bik.com.cn
法定代表人:陈建祥
质量体系:QS 9000、ISO 9002
产品情况:(BIK牌)
等速万向节、半轴总成、转向器、转向助力泵等

★浙江童氏汽车部件股份有限公司
地址:浙江省玉环市沙门滨港工业城
邮编:317606
电话:0576/87219577
传真:87219577
网址:www.cn-tsbj.com
电子信箱:sharon.lin@cn-tsbj.com
法定代表人:童服仁
质量体系:ISO/TS 16949
产品情况:(TSBJ牌)
拉杆、球杆、球壳、球销、平衡杆、球头等转向系统零部件

★玉环县南洋机械制造有限公司
地址:浙江省玉环市沙门镇滨港工业城
邮编:317607
电话:0576/87283048、87573888
传真:87283032
网址:www.cnnanyang.com
电子信箱:nanyang@cnnanyang.com
法定代表人:王增国
质量体系:ISO/TS 16949、ISO 14001
产品情况:拨叉轴、里程表主被动齿轮、输出凸缘类及自动变速器配件等
配套及出口情况:为一汽集团、南汽集团、上海汽车变速器、江西五十铃、格特拉克传动系统、江铃集团协和传动系统、株洲齿轮、杭州依维柯变速器、山东临工桥箱、杭州前进、柳州汽车等知名厂家配套;出口北美洲、欧洲、东南亚等地区

★浙江利中实业有限公司
地址:浙江省玉环市经济技术开发区漩

门工业城明珠大道
邮编:317608
电话:0576/89901888、89901887
传真:89901889
网址:www. lizhong. com
电子信箱:oem@ lizhong. com
法定代表人:张力中
单位人数:300
质量体系:ISO/TS 16949
产品情况:(利众牌)
前悬臂总成、横直拉杆总成、球头、前梁总成、储液罐等汽车底盘件系列产品
配套情况:为上汽通用五菱、长安、昌河、北汽、东风股份、东风小康、奇瑞、一汽吉林、华泰现代、浙江众泰、河北双环等配套

★浙江利中汽车底盘件有限公司
地址:浙江省玉环市经济开发区金海大道210号
邮编:317608
电话:0576/89901808、89901803
传真:89901809
网址:www. lizhong. com
电子信箱:sales@ zjlizhong. com
法定代表人:姜胜利
单位人数:600
质量体系:ISO/TS 16949
产品情况:汽车底盘转向件、悬架件及球笼、驱动轴总成等,供应国内中高级轿车配件市场
出口情况:主要出口北美洲、欧洲等高端市场

★浙江天元科技股份有限公司
地址:浙江省玉环市经济开发区漩城路52号
邮编:317608
电话:4001151099
传真:0576/89918666、89918633
网址:www. cnyhty. com
电子信箱:tianyuan@ cnyhty. com
法定代表人:郑小平
单位人数:580
质量体系:IATF 16949、ISO 14001
产品情况:手/自动调整臂、曼配件、盘式配件、变速器配件、车门铰链、蹄铁、车轮螺栓等;年生产重型车、客车、半挂车调整臂总成,400 万件;年生产曼配件、盘式配件等1500万套
配套情况:为中国重汽、陕汽汉德、北汽福田、东风柳汽、德国 BPW、三一重工、中联重科、华菱汽车、深圳中集、徐州美驰、广东富华、江铃汽车、青特集团、方盛车桥、湖北三环、山东蓬翔、上海德纳等各大主机厂配套

★台州奥星纳机械有限公司
地址:浙江省玉环市漩港工业区
邮编:317608
电话:0576/87227681、87236217
传真:87232328
网址:www. assp. net. cn
电子信箱:sales@ assp. net. cn
法定代表人:梁世海
质量体系:ISO/TS 16949
产品情况:(ASSP 牌)
拉杆球头、悬架球头、横拉杆、拉杆总成、主邦汰、副邦汰、控制臂总成、三角臂总成、连接杆等
配套及出口情况:为国内外 OEM 配套;远销欧洲、美洲

★浙江振华精锻齿轮股份有限公司
地址:浙江省玉环市干江工业区
邮编:317610
电话:0576/87455555、87451038
传真:87452888
网址:www. cn - xinwang. com
电子信箱:web@ cn - xinwang. com
法定代表人:詹加旺
质量体系:ISO/TS 16949
产品情况:(信旺牌)
汽车后桥差速器齿轮、空调压缩泵齿轮及各种伞齿,年制造能力可达250万台套
配套及出口情况:为山东时风、巨力集团等配套;部分产品出口美国及东南亚

★浙江德纳福精工机械科技有限公司
地址:浙江省玉环市玉城街道县机电产业功能区
邮编:318000
电话:0576/87235083
传真:87235073
网址:www. jiachangcn. com
电子信箱:info@ jiachangcn. com
法定代表人(负责人):周加昌
质量体系:ISO 9001
产品情况:年产摩托车轴承(钢碗)300万套、摩托车转向器上下联板 60 万套、汽车传动轴 10 万套、各种联轴器 5 万套
配套及出口情况:为各名牌主机厂配套;出口欧洲、俄罗斯、中东等国家和地区

★浙江宏鑫科技有限公司
地址:浙江省台州市黄岩区食品工业三期
邮编:318020
电话:0576/84161816、84161817
传真:84280501
网址:www. hxwheel. com
电子信箱:ysr@ hxtwheel. com
法定代表人:王文志
质量体系:ISO/TS 16949
产品情况:锻造铝合金轮辋
出口情况:远销北美洲、欧洲、澳大利亚等国家和地区

★浙江丰立智能科技股份有限公司
地址:浙江省台州市黄岩院桥镇高洋村
邮编:318025
电话:0576/84841111、4001188999
传真:84183518
网址:www. cn - fore. com
电子信箱:fore@ cn - fore. com
法定代表人:王友利
质量体系:ISO/TS 16949、ISO 14001
产品情况:(FORE 牌)
螺旋锥齿轮、直斜柱齿轮、工业级气动工具、粉末冶金零部件等
配套情况:是德国博世、德国麦太保、日本日立工机、日本牧田、美国史丹利-百得、中捷、东成等世界知名厂商的优秀供应商

★浙江亚铝车轮有限公司
地址:浙江省台州市路桥区南山工业区
邮编:318053
电话:0576/82361616、82361515
传真:82361616
网址:www. zjyalv. com
电子信箱:yalv@ zjyalv. com
法定代表人:丁忠富
质量体系:ISO/TS 16949
产品情况:汽车铝合金车轮
出口情况:出口南美洲、欧美、美国、中东、非洲等国家和地区

★浙江今飞凯达轮毂股份有限公司
地址:浙江省金华市环城西路938号
邮编:321000
电话:0579/82523261、82523262
传真:82523293
网址:www. jfkd. com. cn
电子信箱:jinfei@ jinfei. cn
法定代表人:葛炳灶
质量体系:ISO/TS 16949、ISO 14001
产品情况:(今飞牌)
各种汽车铝合金轮毂
配套及出口情况:与一汽-大众、北京奔驰、一汽轿车、神龙汽车、海南马自达等主机厂配套;远销美国、日本、英国、东南亚、中东等十几个国家和地区

★今飞控股集团有限公司
地址:浙江省金华市环城西路938号
邮编:321000
电话:0579/82523262
传真:82523293
网址:www. jinfei. cn
电子信箱:jeifei@ jinfei. cn
法定代表人(负责人):葛炳灶
质量体系:ISO/TS 16949、ISO 14001
产品情况:(今飞牌、金蜂牌)
汽车轮毂、摩托车轮毂和电动车轮毂;具有年产 1200 万件摩托车轮毂、1000 万件汽车轮毂、300 万件电动车轮的生产规模
配套及出口情况:为印度英雄、百佳吉、日本本田、铃木、雅马哈,法国标致,意大利比亚乔,奥地利 KTM、一汽-大众、北京奔驰、一汽轿车、神龙汽车、铃木汽车、雅马哈、爱玛、雅迪、绿源、小鸟等知

名厂家配套,并与中国台湾地区、韩国、以色列等客户合作;远销北美洲、欧洲、日本、俄罗斯、东南亚、中东等10多个国家和地区

★浙江大众齿轮有限公司

地址:浙江省金华市金东区低丘缓坡综合开发园金武街456号
邮编:321000
电话:0579/82165818
传真:82371258
网址:www.dazhonggear.com
电子信箱:dz198@dazhonggear.com
法定代表人:朱宝强
质量体系:ISO/TS 16949
产品情况:汽车变速器及齿轮、齿轴及同步器等配件
配套情况:为东风集团、中国一汽、中国重汽等主机厂配套

★金华汤齿齿轮箱有限公司

地址:浙江省金华市大黄山工业区
邮编:321007
电话:0579/82271341、82271938
电子信箱:tc0579@163.com
法定代表人:郑福明
质量体系:ISO/TS 16949
产品情况:(汤齿牌)
2~8t系列汽车变速器、后桥主从动锥齿轮及各类齿轴零件
配套及出口情况:为东风汽车股份有限公司、东风客车底盘厂、金龙客车联合、一汽解放青岛汽车制造厂、江苏亚星奔驰客车、亚星客车、南京跃进客车底盘厂、湖南汽车车桥厂、重庆力帆汽车、四川东风嘉泰汽车、北汽福田、四川资阳南骏车辆等50多家企业配套;出口越南、泰国、哈萨克斯坦、土库曼斯坦、美国、新加坡、马来西亚等国家

★浙江吉峰齿轮有限公司

地址:浙江省金华市环城南路东段清盈街6号
邮编:321015
电话:0579/89177896、89177899
传真:82160476
网址:zjjifeng.com
电子信箱:zjgear@126.com
法定代表人:戴红素
质量体系:ISO/TS 16949、ISO 9001
产品情况:(彦亭牌)
汽车变速器齿轮
配套情况:通过了重汽集团公司的认可

★浙江东风齿轮有限公司

地址:浙江省金华市工业园区白沙路151号
邮编:321016
电话:0579/89150818、4007112509
传真:82270862
网址:www.dfgear.com
电子信箱:df@dfgear.com
法定代表人:郭金林
质量体系:ISO/TS 16949
产品情况:(金东牌)
重型汽车、中型汽车、轻微型汽车变速器及齿轮,具有年产汽车变速器20万台和齿轮300万件的能力;电动车用电机轴
配套情况:与国内一汽、东风、北汽、南汽(依维柯)、重汽、时风、五征、江淮等大型整车厂配套

★金华市柳备汽配有限公司

地址:浙江省金华市城北工业园区桃源路958号
邮编:321019
电话:0579/82422090
网址:www.liubeiautoparts.com
电子信箱:sales5@liubeiautoparts.com
法定代表人:傅戌梅
质量体系:ISO/TS 16949、ISO 9001
产品情况:制动系统(制动片、制动盘、制动卡钳、制动缸)和排气系统(消声器、三路催化剂)
出口情况:出口东南亚、南非、北美洲、欧洲等地区

★金华市新华齿轮有限公司

地址:浙江省金华市白龙桥洞溪工业园
邮编:321025
电话:0579/82206933、82206381
传真:82206711
网址:www.xhcl.com
电子信箱:xinhua@xhcl.com
法定代表人:吴新华
质量体系:ISO/TS 16949
产品情况:具有年产100万台套汽车变速器齿轮的能力
出口情况:远销美国、英国、非洲、东南亚等国家和地区

★浙江万里扬股份有限公司

地址:浙江省金华市宾虹西路3999号
邮编:321025
电话:0579/82216779、82216776
传真:82216780
网址:www.zjwly.com
电子信箱:hcr@zjwly.com
法定代表人:黄河清
质量体系:IATF 16949、ISO 14001
产品情况:(万里扬牌)
乘用车变速器、商用车变速器、新能源驱动系统以及汽车内饰件(包括汽车主副仪表板、转向盘、门板、内饰附件和保险杠等)等汽车零部件
配套情况:乘用车变速器主要为吉利、奇瑞、比亚迪、众泰、东风小康、北汽集团、海马、汉腾、力帆、野马等主流汽车厂提供配套;商用车变速器主要为北汽福田、东风汽车、中国重汽、一汽集团、江铃汽车、宇通客车和现代汽车等主流汽车厂提供变速器配套服务;汽车内饰件主要为华晨宝马、北京奔驰、华晨雷诺、奇瑞汽车、汉腾汽车、长安汽车、北京摩比斯、北京汽车、一汽吉林 和华晨汽车等主流汽车厂提供配套

★金华浩翔汽配有限公司

地址:浙江省金华市婺城区临江区块西溪街以东、彩虹路以北
邮编:321025
电话:0579/82210129
传真:82220616
网址:www.jhhaoxiang.com
电子信箱:xiafeng129@sohu.com
法定代表人:杨良群
单位人数:300
质量体系:ISO/TS 16949
产品情况:(夏风牌)
汽车前后制动盘、制动鼓
配套情况:主要配套于萧山万向制动系统、东风裕隆、华晨汽车、海南马自达、一汽轿车、东风柳汽、北汽股份、上汽通用五菱、重庆力帆、奇瑞汽车等企业

★浙江曙光实业有限公司

地址:浙江省武义县泉溪工业区
邮编:321200
电话:0579/89093383、89093366
传真:89093355
网址:www.pdwgroup.com
电子信箱:sales@pdwgroup.com
法定代表人:颜关伟
质量体系:ISO/TS 16949
产品情况:(PDW牌、卡瓦利牌、爱尔通牌)
汽车轮毂及轮胎、摩托车轮毂及配件等

★浙江奥通铝轮有限公司

地址:浙江省武义县桐琴工业园纬六东路7号
邮编:321300
电话:0579/89093166
传真:87918981
网址:www.automwheel.com
电子信箱:info@automwheel.com
法定代表人:李金东
负责人:程瑾
单位人数:900
质量体系:ISO/TS 16949
产品情况:(奥通牌)
汽车铝合金轮毂
出口情况:远销美国、加拿大、日本、澳大利亚、欧洲、中东、亚洲

★浙江泰龙科技有限公司

地址:浙江省永康市锡山路27号
邮编:321300
电话:0579/87228227、87228296
网址:www.tai-long.com
电子信箱:jasper@tai-long.com
法定代表人:黄伟锋
单位人数:1600
质量体系:ISO/TS 16949

产品情况：（泰龙牌）
汽车铝合金轮毂，汽车、摩托车汽缸盖
配套及出口情况：为大众、福特、奇瑞、众泰、雅马哈、大长江、钱江等配套；远销海外市场

★浙江庆大橡胶有限公司
地址：浙江省永康市城西新区花城东路288号
邮编：321302
电话：0579/87277108、87277388
传真：87277700
网址：www.qindtire.com
电子信箱：qind@qindtire.com
法定代表人：李文庆
质量体系：ISO/TS 16949
产品情况：（QIND牌）
专业生产各种规格橡胶轮胎和空气弹簧
出口情况：远销欧美

★浙江巨久轮毂有限公司
地址：浙江省磐山县尖山镇磐安工业园区环城南路78号
邮编：322300
电话：0579/84793533、84799888
传真：84793533
电子信箱：sales@cnjujiu.com
法定代表人(负责人)：林慎驹
单位人数：300
质量体系：ISO/TS 16949
产品情况：（巨久牌）
铝合金轮毂
出口情况：远销北美洲、日本、韩国、俄罗斯、东南亚、中东、南美洲、新西兰、非洲等10多个国家和地区

★浙江德明汽车部件有限公司
地址：浙江省丽水市南城经济开发区大沅街92号
邮编：323000
电话：0578/2976666、2976669
传真：2976688
网址：www.adiou.cn
电子信箱：admin@adiou.cn
法定代表人：周士森
单位人数：240
质量体系：ISO 9001
产品情况：汽车控制臂等
出口情况：远销东南亚、欧洲、美洲、中东、非洲等地区

★浙江精科汽车零部件有限公司
地址：浙江省衢州市经济开发区东港3路36号
邮编：324002
电话：0570/3688001、3688016
传真：3688029
网址：www.zjtoso.cn
电子信箱：info@zjtoso.cn
法定代表人：陈春王
单位人数：300
质量体系：ISO/TS 16949、ISO 14001
产品情况：专业生产汽车底盘制动系统的五大部件：汽车液压盘式制动器、汽车真空助力器、制动主缸、制动总成、比例阀等5大汽车核心产品
配套及出口情况：已成为长安集团、长安铃木、昌河铃木、东风集团、东风小康、吉林一汽等厂家的主要供应商；为美国北极星工业公司提供主厂配件

★浙江宏普轮毂制造有限公司
地址：浙江省衢州市衢江经济开发区龙翔路16号
邮编：324005
电话：15988572759
电子信箱：1346680285@qq.com
法定代表人：何林海
质量体系：ISO/TS 16949
产品情况：具有年产150万套汽车铝合金轮毂产品的生产能力

★浙江科力车辆控制系统有限公司
地址：浙江省江山市经济开发区
邮编：324100
电话：0570/4333488、4332288
传真：4333468、4333499
网址：www.pener.net
电子信箱：sales@pener.net
法定代表人：张利君
质量体系：ISO/TS 16949
产品情况：（百能牌）
具有年产气制动阀400万只，离合器分泵、总泵60万套，驾驶室翻转机构30万套，汽车水泵50万台的生产能力
配套及出口情况：是上汽依维柯红岩、三一重工、陕西重汽、华晨金杯、东风柳汽、江淮汽车、青年客车、丹东黄海、安凯客车、泰安航天、万里扬变速器等知名汽车品牌及汽车传动总成的零部件供应商；出口美国、欧洲、中南美洲、俄罗斯、中东、东南亚等国家和地区

★浙江迪澳汽车配件有限公司
地址：浙江省江山市淤头镇淤头岗
邮编：324111
电话：0570/4721398、4722398
传真：4721338
法定代表人：王利通
质量体系：ISO/TS 16949
产品情况：气制动阀、离合器助力器、离合器主缸、自动调整臂等

★温州市宏嘉亮实业有限公司
地址：浙江省温州市龙湾区温州大道827号
邮编：325000
电话：0577/86581897、86581895
传真：86581895
电子信箱：yadi@wzyadi.com
法定代表人：徐洪武
质量体系：ISO/TS 16949
产品情况：（德瑞泰牌）
各车型的驾驶室举升缸、举升泵和离合器轮缸等

★温州市春盛汽车零部件有限公司
地址：浙江省温州市潘桥新桐西路68号
邮编：325000
电话：0577/86288090、86288070
传真：86288070
法定代表人：曹春松
产品情况：（CHUNSHENG牌）
大型汽车变速器盖、顶盖和各种零件

★温州冠盛汽车零部件集团股份有限公司
地址：浙江省温州市瓯海高新技术产业园区高翔路1号
邮编：325006
电话：0577/86291871、86291825
传真：86291781、86291308
网址：www.gsp.cn
电子信箱：chenxiaoli@gsp.cn
法定代表人：周家儒
质量体系：ISO/TS 16949、ISO 14001
产品情况：（GS·P牌）
球笼式等速万向节、传动轴总成、轮毂轴承单元、橡胶件、减振器等关键汽车零部件
出口情况：已进入跨国公司全球汽配采购体系，在海外120多个国家和地区建立起了营销网络

★浙江奔腾智能制动系统有限公司
地址：浙江省温州市龙湾区金岙工业区南洋大道
邮编：325011
电话：0577/86557777、88989333
传真：88989855
网址：www.btqp.net
电子信箱：bt@btqp.net
法定代表人：葛建孟
产品情况：汽车制动主缸、制动轮缸、离合器主缸和离合器轮缸等系列产品
出口情况：远销欧洲、北美洲、东南亚、中东等几十个国家和地区

★浙江安固汽车配件有限公司
地址：浙江省瑞安市飞云镇华明路333号
邮编：325200
电话：0577/65607899、65602379
传真：65602658
网址：www.chinaangu.com
电子信箱：info@chinaangu.com
法定代表人：贾建光
质量体系：ISO/TS 16949
产品情况：（安固牌）
弹簧制动气室、制动阀、手控阀、继动阀、排气制动阀、离合器助力器、真空泵等系列产品
配套及出口情况：为一汽集团、东风汽车公司、中国重汽集团、北汽福田等大型整车厂配套；出口欧美、东南亚、中东

等地区

★瑞立集团瑞安汽车零部件有限公司
地址:浙江省瑞安市经济开发区大道2666号瑞立工业园
邮编:325200
电话:0577/65609900、65005000
传真:65609000、65609031
网址:www.sorl.com.cn
电子信箱:linxf588@126.com
法定代表人:张晓平
产品情况:汽车制动组件、液压制动组件、汽车电器、转向助力泵、汽车ABS系统

★温州仁义达汽车配件有限公司
地址:浙江省瑞安市经济开发区发展区新埠路501号
邮编:325200
电话:0577/65139199、65518099
传真:65159268
网址:www.asbrake.cn
电子信箱:hong.hc@renyi-brake.com
法定代表人:薛建设
质量体系:ISO/TS 16949
产品情况:(仁义牌)
年生产汽车盘式片200万套
出口情况:远销南美洲、中东、东南亚等国际市场

★ 瑞立集团有限公司

地址:浙江省瑞安市经济开发区开发区大道2666号
邮编:325200
电话:0577/65609900
传真:65609000
网址:www.sorl.com.cn
电子信箱:sorlzp@126.com
法定代表人:张晓平
负责人:陈康进
单位人数:3549
质量体系:ISO/TS 16949
产品情况:(SORL牌)
汽车气制动系统、液压制动系统、转向系统、汽车电器
配套及出口情况:为上汽、一汽、东风、宇通、比亚迪等60多家国内汽车制造厂提供产品配套;出口100多个国家与地区
☞ 详细情况请参阅彩色宣传版面

★浙江方泰汽车配件有限公司
地址:浙江省瑞安市塘下镇罗凤北工业区登峰路
邮编:325200
电话:0577/65292171、65296111
传真:65276668
网址:www.china-goodway.com
电子信箱:chinagoodway@vip.163.com
法定代表人:方朝豹
质量体系:ISO/TS 16949
产品情况:专业生产汽车悬架控制臂、球头、拉杆等系列产品
出口情况:远销东南亚、南美洲、欧洲等地区

★迅达汽车工业股份有限公司
地址:浙江省瑞安市鲍田工业园区
邮编:325204
电话:0577/65203788、58815991
传真:65206445
电子信箱:xd@chinaxunda.cn
法定代表人:潘高杰
质量体系:ISO/TS 16949
产品情况:(创迅牌)
年产同步器200万件、铁基粉末冶金零件700万件、标准件3000t
配套情况:为上汽集团、一汽集团、长安汽车、青山公司、长安铃木、上汽依维柯红岩、比亚迪汽车等配套

★浙江银星汽车配件有限公司
地址:浙江省瑞安市北工业区新旺路18号
邮编:325204
电话:0577/66072880、66072883
传真:66080652
网址:www.wzyinxing.com
电子信箱:zhejiangyinxing@126.com
法定代表人:朱其鸿
单位人数:200
质量体系:ISO/TS 16949
产品情况:汽车重、轻、微型货车和轿车的制动、离合器、加速踏板总成、转向管柱、操纵机构总成、发动机冲压配件、门铰链、前机盖铰链、手动玻璃升降器总成、电动玻璃升降器总成
配套情况:为江淮汽车、奇瑞汽车、一汽通用红塔云南、江西五十铃等配套

★浙江华信汽车零部件有限公司
地址:浙江省瑞安市国际汽摩配产业基地北区
邮编:325204
电话:0577/65325888、25885587
传真:25887688
网址:www.lukaiclutch.com
电子信箱:admin@vasure.com
法定代表人:郑更生
质量体系:ISO/TS 16949
产品情况:(GENGSHENG牌)
汽车离合器系列产品
配套及出口情况:20%产品供于国内的主机厂配套;60%的产品远销北美洲、欧洲、非洲、南美洲、中东等70多个国家和地区

★温州力邦企业有限公司
地址:浙江省瑞安市塘下镇鲍田环镇东路999号
邮编:325204
电话:0577/65382803、65377767
传真:65354500
电子信箱:lbn@chinalbn.com
法定代表人:郑培雷
质量体系:ISO/TS 16949
产品情况:(L·B·N牌)
汽车制动器及汽车制动泵,摩托车制动器
配套及出口情况:汽车制动器及汽车制动泵主要与奇瑞、比亚迪、吉利、东风、昌铃、北汽、曙光、丹东曙光、荣成华泰等主机厂配套;摩托车制动器主要与重庆建设、宗申、恒胜、力帆、隆鑫、广东海利、三雅、奔马民隆等集团公司配套;部分产品出口欧美地区

★浙江恒力制动阀有限公司
地址:浙江省瑞安市塘下镇韩田工业区凤凰西路59号
邮编:325204
电话:0577/65358198、65383820
传真:65368598
网址:www.hlbrake.com
电子信箱:jane@hlbrake.com
法定代表人:王国贤
质量体系:ISO/TS 16949
产品情况:(恒力牌)
空气干燥器总成、多回路保护阀、串联制动阀、手控阀、继动阀、ABS电磁阀、后弹簧储能气室以及离合器助力器等
配套及出口情况:为东风汽车、北汽福田、四川现代、南京依维柯、力帆骏马等国内10余家汽车制造厂整车配套;出口欧洲、美洲、非洲、中东、东南亚等国家和地区

★浙江稳达减振器有限公司
地址:浙江省瑞安市塘下镇汽摩配产业基地
邮编:325204
电话:0577/25610888、25658272
传真:25610777
网址:www.wenli.com.cn
电子信箱:wenda@wenli.com.cn
法定代表人:岑慎洪
质量体系:ISO/TS 16949
产品情况:(稳立牌、WOLB牌)
汽车减振器,年生产能力超600万支
配套及出口情况:为华晨金杯配套;出口东南亚、中东、欧美等50多个国家和地区

★浙江铃丰科技有限公司
地址:浙江省瑞安市塘下镇汽摩配工业园区
邮编:325204
电话:0577/58801602、65393000
传真:65380833
电子信箱:fine0915@126.com
法定代表人:杨光荣
质量体系:ISO/TS 16949
产品情况:(FENGLING牌)
汽车离合器、从动盘、真空助力器

以及各种汽车制动器冲压件
配套及出口情况：为多家主机厂配套；70%以上产品远销欧洲、中东、东南亚等地区

★浙江森森汽车零部件有限公司
地址：浙江省瑞安市塘下镇鲍一工业区
邮编：325205
电话：0577/65212883、66002311
传真：65216989
网址：www.sensen.cn
电子信箱：trde@isensen.com
法定代表人：戴丁新
质量体系：ISO/TS 16949
产品情况：（森森牌）
各类汽车减振器，年产能力700万支
配套情况：为一汽集团、东风汽车公司、四川资阳南骏汽车、山东时风集团等配套

★浙江朝日减振器有限公司
地址：浙江省瑞安市莘塍镇东新工业园
邮编：325206
电话：0577/65188183、65188182
传真：65193958
网址：www.zrshocks.com
电子信箱：zrshocks@163.com
法定代表人：张朝晖
质量体系：ISO 9001
产品情况：生产近5000多款规格的汽车减振器

★温州天和汽车部件有限公司
地址：浙江省瑞安市阁巷高新技术园区围一路
邮编：325207
电话：0577/66853511、66853516
传真：66853535
网址：www.zjthe.com
电子信箱：tianhe@zjthe.com
法定代表人：陈建成
质量体系：ISO/TS 16949、ISO 14001
产品情况：（天和牌）
专业从事以换挡拨叉、齿轮、拨叉轴、拨头、导块等换挡机构为主的各种汽车、拖拉机等变速器系列零部件
配套及出口情况：主要均为世界500强企业——美国约翰迪尔、美国金牛、美国EMERSON、德国采埃孚（ZF）、德国KNORR、德国EDSCHA、德国TRVC、德国WITTE、德国ALKO、加拿大PANGEO、加拿大FNG、加拿大NORTRAK及国内的陕西法士特齿轮、北京齿轮总厂、约翰迪尔（天津）产品研究开发公司、约翰迪尔天拖、北方车辆集团、唐齿集团、一汽集团、上汽集团等企业；远销美国、德国、墨西哥、日本、西班牙、瑞士、芬兰、加拿大、俄罗斯、伊朗等国家

★瑞安市龙虎锻造有限公司
地址：浙江省瑞安市锦湖街道潘岱工业区
邮编：325216
电话：0577/65091561、65090088
传真：65921288
电子信箱：forging_ruian@chinalonghu.com
法定代表人：吴寿顺
质量体系：ISO/TS 16949、QS 9000
产品情况：汽车底盘凸缘类、叉类零件，轻型车辆转向节类零件，汽车门铰链和发动机气门摇臂以及球壳、接头、拉杆等四大类产品的模锻坯件
配套情况：为金杯、东南得利卡、富利卡、长城皮卡、松花江、昌河、五菱、奥拓、桑塔纳、东风、南京等车型配套

★瑞安市建鑫机械制造有限公司
地址：浙江省瑞安市潘岱前垟工业区
邮编：325216
电话：0577/65095061、13906870834
传真：65092148
网址：www.rajianxin.com
电子信箱：jx@rajianxin.com
法定代表人：张建文
单位人数：200
质量体系：ISO 9001、ISO/TS 16949
产品情况：主要产品有拖车芯轴、扭力臂、齿轮拨叉、半挂车部件、商用车部件、工程机械部件等
出口情况：出口美国、德国、英国、意大利、中东、东南亚等国家和地区

★浙江力邦合信智能制动系统股份有限公司
地址：浙江省温州市平阳县万全工业园区兴隆路111号
邮编：325400
电话：0577/63558888
传真：63551588
网址：www.cnlbn.com
电子信箱：info@cnlbn.com
法定代表人：韩忠华
单位人数：900
质量体系：ISO/TS 16949
产品情况：汽车盘式制动系统、电子驻车制动系统、智能制动系统等
配套情况：为吉利汽车、比亚迪汽车、昌河铃木、华晨汽车、东风汽车、北汽汽车、长安汽车、长城汽车、开瑞微车等厂商配套

★浙江亚之星汽车部件有限公司
地址：浙江省温州市平阳县万全镇郑楼标准厂房创业路8号
邮编：325400
电话：0577/63039999、13758780768
传真：63039888
网址：www.zj-gold.com
电子信箱：sales@zj-gold.com
法定代表人：陈万里
单位人数：1300
质量体系：IATF 16949、ISO 14001
产品情况：[戈尔德（GOLD）牌]
主要产品有双筒式减振器、单筒式减振器、减振器悬架总成、空气弹簧减振器等，产品分8大类共1万余品种，覆盖了国内外4000余款车型
出口情况：远销美洲、欧洲、俄罗斯、东南亚等国家和地区

★浙江吉尚汽车部件有限公司
地址：浙江省温州市平阳郑楼标准工业园区
邮编：325409
电话：0577/63588777、63587777
传真：63585666
网址：www.chinanaiba.com
电子信箱：naiba@chinanaiba.com
法定代表人：戴丽璋
质量体系：ISO/TS 16949
产品情况：（耐霸牌）
汽车液压制动主缸、轮缸，离合器主缸、工作缸，液压分离轴承及真空助力器等汽车液压产品
配套及出口情况：为汽车厂提供OEM配套；远销欧美等20多个国家和地区

★浙江中昌汽车零部件有限公司
地址：浙江省乐清市柳市黄华工业区
邮编：325605
电话：0577/61672666
传真：62652058
网址：www.cnzhongchang.com
电子信箱：master@cnzhonchang.com
法定代表人：张忠清
质量体系：ISO/TS 16949
产品情况：汽车制动器、真空助力器、液压制动主缸和比例阀等
配套情况：为长安、哈飞、昌河、郑州海马等主要汽车厂商定点配套

★温州市东启汽车零部件制造有限公司
地址：浙江省温州市洞头县杨文工业区A-1号
邮编：325700
电话：0577/63471728、63483837
传真：63471738
网址：www.djp.cn
电子信箱：sale@djp.cn
法定代表人：陈集
质量体系：ISO/TS 16949、ISO 14001
产品情况：（djp牌）
汽车制动主缸、制动轮缸、离合器主缸、离合器工作缸、卡钳、真空助力器、比例阀、拖车连接器、冷却水泵等产品
配套及出口情况：为伊朗起亚标致汽车公司、美国特种车厂、比亚迪汽车、吉利汽车、江淮汽车、奥拓汽车公司等国内外各大整车企业及OEM客户配套；主要销往南北美洲、中东、东南亚、非洲、欧洲等30多个国家和地区

安徽省

★合肥车桥有限责任公司
地址：合肥市瑶海区铜陵路305号

邮编:230011
电话:0551/62293666、62293780
传真:62293700
电子信箱:hfcq@ hfcq. com
法定代表人:王东国
质量体系:ISO/TS 16949
产品情况:(JAC 牌)
　　汽车前后桥、轿车悬架
配套情况:为江淮汽车配套

★合肥华集汽车部件有限公司
地址:合肥市蜀山新产业园山湖路 4 号
邮编:230031
电话:0551/62327888
传真:62156987
网址:www. hfhuaji. com
电子信箱:sales01@ hfhuaji. com
法定代表人:韩晓峰
质量体系:ISO/TS 16949、QS 9000
产品情况:(里牌)
　　真空助力器和制动主缸,主要为各种型号的轿车、旅行车、SUV 和 MPV 配套,同时兼顾国内外高、中、低档各种车型的售后市场

★合肥力威汽车油泵有限公司
地址:合肥市庐阳区庐阳产业园汲桥路 53 号
邮编:230041
电话:0551/65550618
传真:65554934
网址:www. hfliwei. com
电子信箱:liwei@ hfliwei. com
法定代表人:黄友福
质量体系:ISO/TS 16949
产品情况:(天力牌)
　　齿轮式汽车转向油泵等
配套及出口情况:为一汽、东风、重汽集团、江淮汽车、北汽福田、金龙、宇通、上客、黄海、常客、安凯、北方奔驰、徐重、常林、柳工、洛建、路通、青岛专汽、济南特车、浦沅、四川长起、泰安专汽、泰安航天、安徽合力、日本 TCM、韩国斗山大宇、中国台湾台励福、杭叉、上柴、锡柴、玉柴、潍柴、东风康明斯、渭柴、重庆康明斯、北内、昌河等汽车、柴油机和工程机械制造企业配套;出口欧洲、亚洲、美洲

★合肥美桥汽车传动及底盘系统有限公司
地址:合肥市包河区包河工业园上海路 9 号
邮编:230051
电话:0551/62271370、62962268
传真:62271359
网址:www. hefeiaam. com
电子信箱:webmaster@ hefeiaam. com
法定代表人:王东国
单位人数:1300
质量体系:ISO/TS 16949、ISO 14001
产品情况:具备年产 40 万台商用车桥、12 万台乘用车整体式车桥、12 万套轿车悬架、2 万台四驱 SUV 用分动器和主减速器总成的生产能力
配套情况:为江淮、福田、上汽、宇通、厦门金龙、厦门金旅、苏州金龙、南京金龙、吉利、华泰、江铃、奇瑞、沃尔沃、东风以及北汽等汽车制造厂商提供产品服务

★安徽安凯福田曙光车桥有限公司
地址:合肥市包河区葛淝路 97 号
邮编:230051
电话:0551/62297774、62297777
传真:62297774、62297763
网址:www. akcq. com
电子信箱:cheqiao@ ankai. com
法定代表人:查保应
质量体系:ISO/TS 16949
产品情况:8 ~ 13 吨级中/大型客车后驱动桥,9. 5 ~ 16 吨级重/中型载货汽车后驱动桥及贯通驱动桥,4. 2 ~ 6. 5 吨级中/大型客车前转向桥,4. 5 ~ 7. 5 吨级重/中型载货车前转向桥等
配套情况:为福田欧曼重型货车、江淮重型货车、福田诸城汽车、东风柳汽重型货车、南汽凌野重型货车、华菱重型货车、安凯客车、江淮客车、欧 V 客车、扬州亚星客车、厦门金旅、中通客车等供货

★安徽安凯金达机械制造有限公司
地址:合肥市葛淝路 97 号
邮编:230051
电话:0551/62297626、4008751566
传真:62297627
网址:www. akjixie. com
电子信箱:3078500648@ qq. com
法定代表人:王军
质量体系:IATF 16949
产品情况:新能源电动机、重型货车平衡桥、驾驶室翻转机构、客车骨架焊接、客车舱门等产品
配套情况:为江汽、安凯、福田、欧曼、大运、长安、力帆、集瑞等主机企业提供产品

★合肥宏圆机械有限公司
地址:合肥市高新区金桂路 18 号
邮编:230088
电话:0551/65329667、17756073155
传真:65328577 - 8802
电子信箱:356088856@ qq. com
法定代表人:李长贵
质量体系:ISO/TS 16949
产品情况:JAC 横梁、吊耳、挡泥板等

★安徽宝能机械有限公司
地址:合肥市经济技术开发区方兴大道 666 号青鸾路 29 号
邮编:230601
电话:0551/63848918
传真:63848919
电子信箱:297245456@ qq. com
法定代表人:黄方权
单位人数:300
质量体系:ISO/TS 16949
产品情况:上中下支架总成、变速器操纵杆、驻车制动器总成、制动及离合器踏板总成、开度限制器组件、汽车门铰链等
配套情况:为昌河汽车、比亚迪汽车、华泰汽车等配套

★安徽佳通轮胎有限公司
地址:合肥市经济技术开发区始信路 8 号
邮编:230601
电话:0551/63896275、63895205
网址:www. giti. com
电子信箱:181521411@ qq. com
法定代表人:陈应毅
质量体系:ISO/TS 16949
产品情况:轮胎

★安徽万安汽车零部件有限公司
地址:安徽省长丰县岗集镇
邮编:231137
电话:0551/66778863、63673552
传真:66773069
网址:www. vie. com. cn
法定代表人:陈黎慕
单位人数:300
质量体系:ISO/TS 16949
产品情况:气制动阀类系列产品、空气干燥器、液压盘式制动器、汽车底盘悬架系统和汽车工程塑料产品等
配套情况:为江淮汽车、奇瑞汽车、安凯客车、华菱汽车等知名企业配套

★合肥万向钱潮汽车零部件有限公司
地址:合肥市合淮公路岗集镇金岗大道东侧
邮编:231137
电话:0551/66771122
传真:66771663
电子信箱:hfgc@ wxj. wxqc. com
法定代表人:顾福祥
产品情况:各类汽车传动轴、模块集成产品等

★合肥江淮铸造有限责任公司
地址:合肥市长丰县岗集镇
邮编:231139
电话:0551/66770328、66773166
传真:66770326
网址:www. jacjhzz. com
电子信箱:jaccasting@ 163. com
法定代表人:李明
负责人:叶天汉
单位人数:800
质量体系:ISO/TS 16949
产品情况:汽车发动机缸体、缸盖,中、重型货车前、后桥系列等上千种铸件,具备年产 10 万 t 铸件的生产能力

★大陆马牌轮胎(中国)有限公司
地址:合肥市高新区南岗科技园大别山

路 1588 号
邮编:231283
电话:0551/62796335
网址:www. conti – online. com
电子信箱:xiaoting. chen@ conti. cn
法定代表人:Ferdinand Hoyos
产品情况:(马牌)
子午线汽车轮胎、摩托车、自行车以及其他两轮装备的两轮轮胎
出口情况:出口亚洲市场

★合肥宽信机电有限公司
地址:合肥市合马路合肥青年工业园
邮编:231602
电话:0551/67317123、67317122
传真:67317322、67317123
网址:www. hfkuanxin. com
电子信箱:kxlisihai@ 163. com
法定代表人:李世海
质量体系:ISO/TS 16949
产品情况:重型汽车桥、桥壳总成、差速器壳、后轮毂、前轮毂、平衡轴总成、平衡悬架等产品
配套情况:为江淮重型货车、东风重型货车、安凯客车、福田重型货车、安徽华菱、陕汽重型货车、北奔重汽、三一重工、徐州集团、日立建机、合力叉车、TCM 叉车等配套

★安徽江淮车轮有限公司
地址:安徽省蚌埠市大庆一路 61 号
邮编:233010
电话:0552/4928652、4928711
传真:4928855、4928652
电子信箱:qy@ jiang – huai. com
法定代表人:杜乃英
负责人:杜浩
单位人数:500
质量体系:ISO/TS 16949、QS 9000
产品情况:乘用车钢制车轮、商用车钢制车轮、工程机械钢制车轮、农林机械钢制车轮等 7 大系列 1000 多个品种
配套及出口情况:是福田汽车、长安汽车、奇瑞汽车、中国重汽、江铃控股、美国佩卡、中集汽车、中国台湾中华等 10 多家国内外整车企业的一级供应商;远销欧洲、北美洲、南美洲、大洋洲、亚洲、非洲等 40 多个国家和地区

★安徽省华茂汽车附件制造有限公司
地址:安徽省蚌埠市怀远县经济开发区乳泉大道 37 号
邮编:233400
电话:0552/8011600、8018310
传真:8018310
网址:www. ahhm. com. cn
电子信箱:ahhm@ 163. net
法定代表人:许平强
质量体系:ISO/TS 16949
产品情况:车架、汽车副梁、前锁紧机构总成、铰链总成、钢板销、加速踏板总成、离合踏板总成、座椅调角器、铸造加工系列汽车零部件
配套情况:为江淮、福田、长安等主机厂配套

★北泰汽车底盘系统(安徽)有限公司
地址:安徽省蚌埠市当涂路 1188 号
邮编:233499
电话:0552/4922616、13966083967
传真:4922993
网址:www. norstarcn. com
电子信箱:1433103083@ qq. com
法定代表人:钱曾琼
单位人数:2000
质量体系:ISO/TS 16949、ISO 14001
产品情况:(NORST 牌)
制动蹄片、控制臂拉杆、转向拉杆、稳定拉杆、减振器、制动器、底盘冲压件等
配套及出口情况:与克莱斯勒、通用、福特、大众、别克、东风、北汽、北京现代、江淮汽车、奇瑞、长城汽车、金龙客车、德尔福、辉门、泰明顿、天合、京西重工、AC 德科等厂家建立长期战略合作关系;在欧洲、北美设有仓储物流工厂,并在底特律建有产品研发中心

★阜阳市鼎铭汽车配件制造有限公司
地址:安徽省阜阳市颍泉区工业园繁华路 355 号
邮编:236000
电话:0558/2264584、13956811767
传真:2263704
电子信箱:fyqp688@ 163. com
法定代表人:刘新强
质量体系:ISO/TS 16949
产品情况:三踏板系列产品及第三横梁系列产品
配套情况:为江淮汽车配套

★安徽星瑞齿轮传动有限公司
地址:安徽省六安市经济开发区皋城东路
邮编:237006
电话:0564/3311213
网址:www. ahxrcl. com
电子信箱:ahxrcl@ ahxrcl. com
法定代表人:项兴初
负责人:陶诚
单位人数:1800
质量体系:ISO/TS 16949、ISO 14001
产品情况:(六齿牌)
汽车变速器总成、E 系列新能源汽车传动箱等
配套情况:为江淮、江铃、福田、华泰、奇瑞、合力叉车、上海纽荷兰农机等配套

★六安市振华汽车变速箱有限公司
地址:安徽省六安市裕安区私营经济园家园路
邮编:237008
电话:0564/3266279、3309926
传真:3266259
电子信箱:laxxb@ luan. gov. cn
法定代表人:余学平
质量体系:ISO/TS 16949
产品情况:生产各种型号变速器、分动器、前后桥
配套情况:为五征集团、江淮集团、合力叉车集团、中国一拖集团、中国衡拖集团、广西五菱集团、中国龙工集团等配套

★六安江淮永达机械制造有限公司
地址:安徽省六安市开发区皋城东路北侧
邮编:237161
电话:0564/3697611、3697612
传真:3697610
网址:www. jhydcl. com
电子信箱:yongdajx@ 126. com
法定代表人(负责人):李全
质量体系:ISO/TS 16949、GB/T 24001
产品情况:电动工具零部件、纺织机械零部件、电动车零部件、汽车零部件、齿轮润滑泵及各类行星齿轮减速器
配套及出口情况:为整机厂家配套;远销亚洲、欧洲、美洲

★安徽丰汇车业配件有限公司
地址:安徽省六安市霍山县经济开发区世林路
邮编:237200
电话:0564/5223299、5223488
传真:5223633
电子信箱:393123864@ qq. com
法定代表人:张家荣
质量体系:ISO/TS 16949
产品情况:汽车制动器、鼓式制动器总成、盘式制动器总成、汽车制动系等

★安徽奥丰汽车配件有限公司
地址:安徽省滁州市琅琊经济开发区城东工业园长江西路 305 号
邮编:239000
电话:0550/2182888
传真:2182288
网址:www. ahaofeng. com
电子信箱:xry_aol@ vip. 163. com
法定代表人(负责人):何静芳
单位人数:288
质量体系:ISO/TS 16949
产品情况:具有年产 2000 万件橡胶减振器及年产 2000 万件汽车橡胶制品的生产能力
出口情况:畅销俄罗斯、德国、美国、巴西、乌克兰、马来西亚、迪拜等市场

★安徽省诚恒汽车部件有限公司
地址:安徽省滁州市清流东路 1467 号
邮编:239000
电话:0550/6828883、6828889
传真:6828886
网址:www. cnahch. com
电子信箱:sales001@ cnahch. com
法定代表人:李云奇
单位人数:150

质量体系:ISO/TS 16949
产品情况:曲轴减振皮带轮
出口情况:业务遍及全球20多个国家

★安徽德鸿机件制造有限公司
地址:安徽省滁州市来安工业新区B区
邮编:239200
电话:0550/5686118、5685838
传真:5685822
网址:www.ahdehong.com
电子信箱:dehong@wzdehong.com
法定代表人:戴小军
单位人数:300
质量体系:ISO/TS 16949
产品情况:汽车驾驶室液压翻转系统(手动液压泵、电动液压泵、液压换向阀、液压油缸、液压转向助力缸、液压锁等)总成
配套及出口情况:为北奔重汽等配套;远销欧洲、非洲、南美洲、中东、东南亚等30多个国家和地区

★芜湖黄燕实业有限公司
地址:安徽省芜湖市金山路61号
邮编:241000
电话:0553/5650355、5650365
传真:5650366
电子信箱:46311098@qq.com
法定代表人:倪勤松
质量体系:ISO/TS 16949
产品情况:铝合金轮毂

★芜湖恒隆汽车转向系统有限公司
地址:安徽省芜湖市经济技术开发区凤鸣湖北路龙山隧道北200米
邮编:241000
电话:0553/5935125、5936142
传真:5935100、5849593
电子信箱:787162717@qq.com
法定代表人:夏义军
质量体系:ISO/TS 16949
产品情况:汽车动力转向系统,电动、电液转向系统,动力转向器年产能力65万台(套)
配套情况:为奇瑞汽车配套

★芜湖众发汽车制动泵有限公司
地址:安徽省芜湖市芜湖县新芜经济开发区经东路2199号
邮编:241000
电话:0553/5716708、5716910
传真:5716909
电子信箱:1237663@qq.com
法定代表人:王礼业
质量体系:ISO/TS 16949、ISO 9001
产品情况:制动主缸、轮缸,离合器主缸、轮缸,真空助力器、汽车底盘冲压件;制动主缸年产量约150万只,制动轮缸年产量约300万只
配套及出口情况:主要为长安汽车、一汽红塔、东风汽车、奇瑞汽车、比亚迪汽车等主机厂配套;远销欧洲、美洲、东南亚

★芜湖玉泰汽车制动有限公司
地址:安徽省芜湖县机械工业园
邮编:241000
电话:0553/8768881、8768681
传真:8768685
电子信箱:sales@yutaibrake.com
法定代表人:董建峰
质量体系:ISO/TS 16949
产品情况:制动主缸、制动轮缸、离合器主缸、离合器轮缸等系列产品

★芜湖盛力科技股份有限公司
地址:安徽省芜湖高新技术产业开发区西山路17号
邮编:241002
电话:0553/3026186、3026188
传真:3026111
网址:www.slzd.com
电子信箱:wuhu@slzd.com
法定代表人:张武江
质量体系:ISO/TS 16949、QS 9000
产品情况:(安湖牌)
汽车及工程机械气制动元器件、真空助力器和液压制动元器件
配套情况:为重汽集团、江淮汽车等配套

★芜湖世特瑞转向系统有限公司
地址:安徽省芜湖市经济技术开发区龙山路18号
邮编:241006
电话:0553/5952915
网址:www.whstl.cn
法定代表人:张世权
质量体系:ISO/TS 16949
产品情况:具备年产30万台套液压助力转向器总成、20万台套机械转向器总成、15万套转向管柱带中间轴总成的生产能力
配套情况:配套主机厂有奇瑞汽车、海马汽车、众泰控股、浙江永源汽车、广汽吉奥;并已与比亚迪、北汽等主机厂达成了合作意向

★芜湖普威技研有限公司
地址:安徽省芜湖市经济技术开发区裕安路10号
邮编:241006
电话:0553/5922939、13956207290
传真:5922973
网址:www.whpuwei.com
法定代表人:何自富
质量体系:ISO/TS 16949
产品情况:汽车脚踏板、仪表板横梁、车身件、底盘件、新能源汽车蓄电池包等汽车零部件
配套情况:业务遍及奇瑞、凯翼、观致、吉利、马自达、北汽、众泰等主流自主汽车品牌及新能源汽车厂商

★芜湖天佑汽车技术有限公司
地址:安徽省芜湖市经济技术开发区凤鸣湖北路2号
邮编:241009
电话:0553/5699001、5699011
传真:5695888
网址:www.atlindustry.com
电子信箱:zhangaihong@atlindustry.com
法定代表人:高秉军
质量体系:ISO/TS 16949
产品情况:汽车减振器,具备年生产汽车减振器275万支的生产能力
配套情况:为奇瑞公司等配套

★芜湖伯特利汽车安全系统股份有限公司
地址:安徽省芜湖市经济技术开发区泰山路19号
邮编:241009
电话:0553/5669308
网址:www.btl-auto.com
电子信箱:wbtl-jubao@btl-auto.com
法定代表人:袁永彬
质量体系:ISO/TS 16949、ISO 14001
产品情况:(WBTL牌)
各种乘用车与商用车前后盘式制动器、后鼓式制动器、后综合驻车制动器(IPB)、后盘带鼓制动器(DIH)、制动主缸、真空助力器、铸铝转向节
配套及出口情况:主要客户有奇瑞汽车、长安汽车、上汽通用、大众汽车、吉利汽车、北京汽车、力帆汽车、宇通客车、金龙客车、江淮汽车、广州汽车、比亚迪、东风小康等;国外主要客户有通用汽车、沃尔沃汽车、福特汽车、乌克兰汽车集团、美国卡莱等

★顺达(芜湖)汽车饰件有限公司
地址:安徽省芜湖市经济技术开发区银湖北路239号
邮编:241009
电话:0553/5846456、2221806
传真:5846446、2221805
网址:www.whshundags.com
电子信箱:shundags2016@vip.163.com
法定代表人:郎玉山
单位人数:98
质量体系:ISO/TS 16949
产品情况:镁合金骨架转向盘和汽车仿桃木饰件,年产转向盘60万只、桃木内饰件8万套
配套情况:为奇瑞、吉利、力帆、东风、江铃汽车配套

★芜湖华亨汽车部件有限公司
地址:安徽省芜湖市经济技术开发区银湖北路30-2号
邮编:241009
电话:0553/5846222、5847222
传真:5846522
网址:www.whhuaheng.cn
电子信箱:sales@whhuaheng.com
法定代表人(负责人):姚瑞华
质量体系:ISO/TS 16949
产品情况:轿车、微型车、轻型车真空助

力器带主缸总成系列产品,具备年生产30万台套的能力
配套情况:为南京依维柯、上汽依维柯、奇瑞、江淮、宇通等主机厂配套

★芜湖飞驰汽车零部件技术有限公司
地址:安徽省芜湖市鸠江经济开发区富强路65号
邮编:241009
电话:0553/8241978
传真:8242593
网址:www. whfeichi. com
电子信箱:info@ whfeichi. com
法定代表人:马向阳
单位人数:132
质量体系:ISO/TS 16949
产品情况:研发、生产、销售以汽车车轮为主的金属零部件

★耐世特凌云驱动系统(芜湖)有限公司
地址:安徽省芜湖市经济技术开发区淮海路18号
邮编:241019
电话:0553/5935801、5936656
传真:5935222
电子信箱:wei. sun3@ nexteerly. com
法定代表人:李军
质量体系:ISO/TS 16949、ISO 14001
产品情况:等速万向节前驱动轴
配套情况:是奇瑞汽车、广汽菲克、东风汽车有限、东风日产乘用车、神龙汽车等主机厂重要的配套企业

★芜湖南大汽车工业有限公司
地址:安徽省芜湖市经济技术开发区工业大道988号
邮编:241100
电话:0553/8765299、8765399
传真:8765188
网址:www. nanda. cn
电子信箱:nandagy@ 126. com
法定代表人:陈超伟
质量体系:ISO/TS 16949
产品情况:球头、横拉杆、后拉杆、控制臂等汽车悬架部件
出口情况:出口亚洲等地区

★芜湖禾田汽车工业有限公司
地址:安徽省芜湖市芜湖县新芜经济开发区工业大道1258号
邮编:241100
电话:0553/8767892、8767891
传真:8767890
电子信箱:sale@ hetian168. com
法定代表人:潘海斌
质量体系:ISO/TS 16949
产品情况:发动机液压悬置减振器、变速器悬置减振器、减振器橡胶隔振块、橡胶金属衬套、铝锻控制臂、铁锻控制臂、锻铝转向节等5000多个品种各类别的产品
出口情况:远销欧洲、北美洲、南美洲等地区

★芜湖佳先传动轴有限公司
地址:安徽省芜湖市新芜经济开发区东区西次五路1288号
邮编:241100
电话:0553/8791888、8791738
网址:www. cnjxa. com
电子信箱:tzjiaxian@ vip. 163. com
法定代表人:郑建坤
单位人数:400
质量体系:ISO/TS 16949、ISO 14001
产品情况:年产超过360万只球笼和60万根传动轴总成
出口情况:远销美洲、欧洲、非洲、东南亚等50多个国家和地区

★ 芜湖大捷离合器有限公司

地址:安徽省芜湖市新芜经济开发区纬二路2188号
邮编:241100
电话:0553/8767488、8767937
传真:8767599、8767692
网址:www. dajieclutch. com
电子信箱:alangao@ 139. com
法定代表人:张毓奇
质量体系:ISO/TS 16949、ISO 9001
产品情况:(大捷牌)
年生产能力达离合器盖总成120万套和从动盘总成150万套
配套情况:客户包括吉利汽车、奇瑞汽车、东风汽车、北汽银翔、广汽吉奥、力帆汽车、众泰汽车、全柴、常柴等
☞ 详细情况请参阅彩色宣传版面

★芜湖中升汽车转向节制造有限公司
地址:安徽省芜湖县机械工业园
邮编:241100
电话:0553/8767578、8767579
传真:8767575、8767975
网址:www. chinasteeringknuckle. com
电子信箱:web@ chinasteeringknuckle. com
法定代表人:唐建木
产品情况:生产轿车、微型车、农用车等转向节
出口情况:出口中南美洲、中东等地区

★芜湖泰吉机械有限公司
地址:安徽省芜湖县机械工业园区
邮编:241100
电话:0553/8768193、13500522000
传真:8768173
网址:www. chinatjjx. com
电子信箱:tjjx. 2008@ 163. com
法定代表人:叶建亚
质量体系:ISO/TS 16949
产品情况:(泰吉牌)
汽车、摩托车制动钳部件,年生产能力120万辆份
配套情况:为20多家大型生产企业配套

★芜湖禾丰离合器有限公司
地址:安徽省芜湖县机械工业园区
邮编:241100
电话:0553/8768656、8768527
传真:8767706、8768650
网址:www. hefengchina. com
电子信箱:auto@ hefengchina. com
法定代表人:谢素琴
质量体系:ISO/TS 16949
产品情况:(GSTPD 牌)
汽车离合器
出口情况:远销欧洲、美洲、南美洲、中东、东南亚等地区

★安徽骆氏升泰汽车零部件有限公司
地址:安徽省芜湖县芜湖机械工业园区工业大道1156号
邮编:241100
电话:0553/8767633、8768137
传真:8767833
网址:www. luoshi. com
法定代表人:梁俊峰
单位人数:200
质量体系:ISO 9001
产品情况:(骆氏牌)
汽车控制臂等
出口情况:远销欧洲、北美洲等地区

★安徽德孚转向系统股份有限公司
地址:安徽省芜湖县新芜经济开发区纬四路东88号
邮编:241100
电话:0553/2591889
传真:8128757
网址:www. defuah. com
电子信箱:xiuming_li@ defupse. com
法定代表人:刘世斌
质量体系:ISO/TS 16949、ISO 14001
产品情况:(德孚牌)
汽车转向助力系统、新能源汽车用电液转向助力系统

★芜湖汇丰机械工业有限公司
地址:安徽省芜湖市芜湖县新芜经济开发区经东路1818号
邮编:241199
电话:0553/2335888、18755357788
网址:www. whhfjx. com
电子信箱:1466058414@ qq. com
法定代表人:庄祖辉
产品情况:专业生产各种车型控制臂、胶套等底盘件
出口情况:远销东南亚、欧美等地区

★安徽贵达汽车部件有限公司
地址:安徽省芜湖市新芜经济开发区南次一路2368号
邮编:241199
电话:0553/8127618、18010737565
网址:www. gdbrakes. com
电子信箱:anhuiguida@ 163. com
法定代表人:林和平

产品情况：生产制动蹄铁和刚背
出口情况：远销多个国家和地区

★施密特汽车管件(安徽)有限公司
地址：安徽省宣城市宁国经济技术开发区
邮编：242000
电话：0563/2185062
传真：4181880-6404
网址：www.zhongdinggroup.com
电子信箱：fengkai@zhongdinggroup.com
法定代表人：马小鹏
质量体系：ISO/TS 16949
产品情况：中、高档轿车汽车转向系统油缸、转向管柱和汽车用减振器套筒产品
配套情况：已开发包括采埃孚、MANDO、TRW、蒂森克虏伯、新航、荆州恒隆等在内的重要主机厂和汽车制造厂家客户

★安徽迪尔荣机械有限公司
地址：安徽省广德县经济开发区太极大道800号
邮编：242200
电话：0563/6969588、13967647688
传真：6969585
网址：www.diero.com.cn
电子信箱：suspension@zj-diero.com
法定代表人：李孙斌
产品情况：重型货车及大客车转向球头和拉杆总成
配套及出口情况：是陕西重汽、青特众力、湖北三环车桥厂、华泰圣达菲、上汽通用五菱等多家配套单位的优秀供应商；远销欧美、中东、东南亚等20多个国家和地区

★安徽优合科技股份有限公司
地址：安徽省宣城市广德县经济开发区国华路
邮编：242200
电话：0563/2220383
传真：2220382
网址：www.auherkeji.com
电子信箱：info@auher.com
法定代表人：卢军
单位人数：300
质量体系：ISO/TS 16949
产品情况：铝合金车轮，年轮毂产量达到100万件
出口情况：远销美国、俄罗斯、东南亚、中东、日本和韩国等几十个国家和地区

★安徽盛隆铸业有限公司
地址：安徽省宁国市河沥园区
邮编：242300
电话：0563/4251955
传真：4251978
网址：www.vie.com.cn
法定代表人：齐金龙
质量体系：ISO/TS 16949
产品情况：汽车制动主轮缸、感载比例阀、离合器主轮缸、空气增压器、离合器助力器、动力转向油泵壳体、液压盘式制动器钳体、支架、转向节、轮毂、气压盘式制动器钳体、支架、自动调整臂等汽车零部件铸件
配套情况：为一汽、东风、江淮、宇通、金龙、申沃、上汽通用五菱、吉利、奇瑞、比亚迪、力帆等全国众多主机厂家配套

★宁国飞鹰汽车零部件股份有限公司
地址：安徽省宁国市经济开发区外环西路128号
邮编：242300
电话：0563/4189999、4186208
传真：4186211
网址：www.ng-feiying.com
电子信箱：feiyinggufen@126.com
法定代表人：孙奇春
质量体系：ISO/TS 16949
产品情况：(飞鹰牌)
汽车用制动器衬片和离合器及压盘总成
配套及出口情况：为陕汽配套，并给上海、南昌、成都、昆明等城市公交汽车系统配套；畅销中东、南美洲、北美洲等20多个国家和地区

★马鞍山动力传动机械有限责任公司
地址：安徽省马鞍山市经济技术开发区湖西南路159号
邮编：243041
电话：0555/2202258
电子信箱：richmc@163.com
法定代表人：郎正彪
质量体系：ISO 9001、ISO 14001
产品情况：汽车传动轴、减速器、联轴器
配套及出口情况：为江淮汽车、奇瑞汽车、安徽星马等配套；出口德国、意大利、美国、中东、东南亚等国家和地区

★铜陵万象汽车零部件有限公司
地址：安徽省铜陵市金桥工业园
邮编：244121
电话：0562/8293119、13705629889
传真：8293119
电子信箱：1603103759@qq.com
法定代表人：张翠华
质量体系：ISO 9001
产品情况：铸造消失模，各类汽车、农用机械、工程机械变速壳体及变速器总成，各种规格的阀门、管件等；年生产各类铸件及机械加工产品10000多t
配套情况：变速壳体为中国重汽、东风汽车等国内大型汽车及汽车零部件专业生产企业的定点配套

★黄山菲英汽车零部件有限公司
地址：安徽省黄山市经济开发区百川路82号
邮编：245000
电话：0559/2168188、4001884498
传真：2168199
网址：www.hz-feiying.com
法定代表人：杜孟子
质量体系：ISO/TS 16949
产品情况：(Toughpro 菲英牌)
各种国产、进口中重型汽车用制动器衬片、汽车离合器从动盘总成和压盘总成；具备年产汽车制动器衬片3500万片、离合器总成50万件的生产能力

★绩溪县徽洋车桥有限责任公司
地址：安徽省绩溪县红星工业园区祥云路16号
邮编：245300
电话：0563/8153368、8168240
传真：8168240
电子信箱：787163637@qq.com
法定代表人：胡子淑
质量体系：ISO 9001
产品情况：年产五十铃前后桥总成15000台，130转向前驱桥1800台，五十铃转向前驱桥500台，1058气制动桥1200台，1069前后桥1000台

★安徽明雁齿轮有限公司
地址：安徽省绩溪县生态工业园区清凉峰路
邮编：245300
电话：0563/8164301
传真：8160701
网址：www.chinamingyan.com
电子信箱：web@chinamingyan.com
法定代表人：胡少名
质量体系：ISO 9001
产品情况：汽车与工程机械齿轮、变速器

★安徽省小小科技股份有限公司
地址：安徽省绩溪县生态工业园区霞间路1号
邮编：245300
电话：0563/8162760、8158208
传真：8166203
电子信箱：web@chinaxxkj.com
法定代表人：许道益
单位人数：560
质量体系：ISO/TS 16949
产品情况：汽车同步器精锻件、高精度齿轮和大规格链条套筒
配套及出口情况：为东风、解放、奇瑞、福田、比亚迪等大中型汽车主机厂和变速器同步器厂家专业配套；远销欧洲、美洲市场

★昌辉汽车转向系统(黄山)有限公司
地址：安徽省黄山市休宁溪口
邮编：245436
电话：0559/7588807、13855912708
传真：7581269
网址：www.changhui.com
电子信箱：ch11@changhui.com
法定代表人：王进丁
产品情况：汽车电动助力转向系统

(EPS)、电动液压转向助力系统(EHPS)等产品;市场应用目标主要为中高级轿车、微型汽车、新能源电动车、载重汽车和客车配套

★安徽安簧机械股份有限公司
地址:安徽省安庆市经济技术开发区3.9平方公里工业园
邮编:246005
电话:0556/5305705、5305715
传真:5305695
网址:www.aqbh.com
电子信箱:aqbh@aqbh.com
法定代表人:黄乐明
质量体系:IATF 16949
产品情况:(安簧牌、百协牌)
汽车板簧及弹性元件、汽车转向节、发动机活塞等精密锻件、叉车前后桥等
配套及出口情况:为江淮汽车集团、上汽依维柯、奇瑞、金杯、长城、华菱、金龙、亚奔、北汽等公司配套;活塞锻件出口美国市场

★安庆安簧汽车零部件有限公司
地址:安徽省安庆市经济技术开发区3.9平方公里工业园
邮编:246005
电话:0556/5305715
传真:5305720
网址:www.aqbh.com
电子信箱:xs@aqbh.com
法定代表人(负责人):黄乐明
质量体系:ISO/TS 16949
产品情况:重、中、轻、微型车板簧和空气悬架导向簧、推力杆及汽车横向稳定杆等弹性元件;年产钢板弹簧4万t
配套情况:是江淮、跃进、奇瑞、金杯、依维柯、长城、金龙、亚奔、华菱、安凯、扬天等汽车集团公司骨干配套单位

★安徽福斯特汽车部件有限公司
地址:安徽省安庆市怀宁县经济开发区工业园三期
邮编:246100
电话:0556/8862999
传真:8862010
网址:www.faster-wheel.com
电子信箱:zg03@faster-wheel.com
法定代表人:信伟
质量体系:ISO/TS 16949
产品情况:汽车铝合金轮毂

★安徽岳塑汽车工业股份有限公司
地址:安徽省岳西县经济开发区
邮编:246600
电话:0556/2184588、5695918
传真:2182888
网址:www.ahys.cc
电子信箱:web@ahyxxs.com
法定代表人:储岳清
质量体系:ISO/TS 16949
产品情况:(岳塑牌)
汽车变速操纵机构总成、汽车橡胶塑料板簧衬套与垫片等
配套情况:为江淮汽车、奇瑞汽车、厦门金龙、北汽福田等汽车公司配套

★安徽东星汽车部件有限公司
地址:安徽省枞阳县横埠镇汽车零部件工业园
邮编:246725
电话:0556/2028200-8008
传真:2028278
网址:www.eastar-group.cn
电子信箱:wqf@eastar-group.cn
法定代表人:邬全法
质量体系:ISO/TS 16949
产品情况:汽车底盘模块总成、汽车橡胶减振件、衬套、冲压件、金属表面处理、涂装

★安徽汇泰车轮有限公司
地址:安徽省枞阳县汽车零部件工业园
邮编:246725
电话:18156929191
网址:www.huitai-wheel.com
电子信箱:2656885921@qq.com
法定代表人:陈芝强
质量体系:ISO/TS 16949、ISO 9001
产品情况:钢制车轮
配套情况:主要为江淮商务车、轿车配套

福建省

★爱德克斯(福州)汽车零部件有限公司
地址:福州市闽侯县青口投资区祥谦镇辅翼村
邮编:350112
电话:0591/22776628
传真:22776627
网址:www.aisin.co.jp
电子信箱:ads@advics-fz.com
法定代表人:今井隆好
产品情况:汽车防抱死制动系统(ABS,ESC),电子稳定系统等汽车制动零部件

★正道汽车配件(福州)有限公司
地址:福州市闽侯县青口投资区
邮编:350119
电话:0591/87013608、87013612
传真:87013616
电子信箱:rightway@rightway-cn.com
法定代表人:郭建廷
质量体系:ISO/TS 16949
产品情况:活塞、涨断式连杆、稳定杆、转向拉杆、摆臂球头、转向横拉杆及控制臂

★福州福享汽车工业有限公司
地址:福州市闽侯县青口投资区宏溪路2号
邮编:350119
电话:0591/87015027、87015011
传真:87015002
网址:www.fushiang.com
电子信箱:fsm.business@fushiang.com
法定代表人:简荣华
单位人数:800
质量体系:ISO/TS 16949
产品情况:主要产品为汽车车身零件(挡泥板、前大梁等车身结构件)、底盘零件(车架等)及电动车电池箱
配套情况:主要客户有东南汽车、福建奔驰、宁德时代新能源、广汽菲克、郑州日产、通用汽车、沃尔沃汽车等

★福州六和机械有限公司
地址:福州市闽侯县青口镇白水路
邮编:350119
电话:0591/38205818
传真:22772230
网址:www.flm.com.cn
电子信箱:flm@liufeng.com.cn
法定代表人:宗成志
单位人数:1180
质量体系:ISO/TS 16949
产品情况:(LIOHO牌)
前轴总成、制动盘、轮毂、制动鼓、转向节、卡钳、支架、叉臂、变速器泵体、涡轮壳、排气歧管、飞轮等产品

★本特勒汽车系统(福州)有限公司
地址:福州市闽侯县青口镇青口投资区新城路
邮编:350119
电话:0591/22796969
传真:22797676
网址:www.benteler.com
电子信箱:christie.chen@benteler.cn
法定代表人:施宏
产品情况:驱动桥总成
配套情况:为福建奔驰汽车工业有限公司配套

★福建东碧汽车零件有限公司
地址:福州市闽侯县青口镇投资区
邮编:350119
电话:0591/22768398
传真:22768258
电子信箱:coahrlang@126.com
法定代表人:竹内一郎
质量体系:ISO 9000、ISO 14001
产品情况:汽车钢轮毂、铝轮毂等
配套及出口情况:为东南汽车、丰田、日产、本田等供货;出口日本、美国,并销往中国台湾地区

★福建台亚汽车工业有限公司
地址:福州市闽侯县青口镇投资区
邮编:350119
电话:0591/87013399、22778850
传真:22766227
电子信箱:zhao.chen@dana.com

法定代表人：CAMPBELL MICHAEL ANDREW
质量体系：ISO/TS 16949、ISO 14001
产品情况：微、轻型汽车后桥总成及齿轮、差速器壳、主减速器壳、轴管等零部件
配套及出口情况：主要客户有东南汽车、上汽通用、东风柳汽、郑州日产、厦门金龙、浙江铁牛汽车、北京奔驰、华晨金杯；远销泰国、大洋洲等国家和地区

★丰生（福州）制动器有限公司
地址：福州市闽侯县青口镇投资区
邮编：350119
电话：0591/87013868－2225
传真：22770855
电子信箱：m－caiwu@ hosei. com. cn
法定代表人：畔柳俊男
质量体系：ISO/TS 16949
产品情况：汽车制动器及其配件
配套情况：为东南汽车配套

★福清市永裕来齿轮有限公司
地址：福建省福清市洪宽工业园区洪铨路
邮编：350300
电话：0591/85223474、85296692
传真：85211487、85292383
网址：www. yyl－gear. com
电子信箱：info@ yyl－gear. com
法定代表人：林爱光
质量体系：ISO 9001
产品情况：（YYL 牌）
盆角齿产品

★福建佳通轮胎有限公司
地址：福建省莆田市秀屿区莂石红埔工业区
邮编：351146
电话：0594/5898385、5898395
传真：5898688
电子信箱：liu. yunqin@ giti. com
法定代表人：李怀靖
质量体系：ISO/TS 16949
产品情况：汽车轮胎外胎，年产 934.98 万条

★厦门日上车轮集团股份有限公司
地址：福建省厦门市集美区杏林北路 30 号
邮编：361021
电话：0592/6666888
传真：6256607
网址：www. sunrisewheel. com
电子信箱：800@ sunrisewheel. com
法定代表人：吴子文
质量体系：ISO/TS 16949
产品情况：（日上牌）
无内胎钢圈与型钢钢圈

★协富光洋（厦门）机械工业有限公司
地址：福建省厦门市海沧区新阳工业区西园路 88 号
邮编：361022
电话：0592/6804380
传真：6804382
网址：www. sfk－xiamen. com
法定代表人：SEGAWA HARUHIKO
单位人数：325
质量体系：ISO/TS 16949、ISO 14001
产品情况：（SFK 牌）
齿轮齿条式液压动力转向器、齿轮齿条式机械转向器、电动转向系统、转向管柱等
配套情况：主要客户有厦门捷太格特、天津一汽丰田、广汽丰田、神龙汽车、一汽海马、广汽本田、东风裕隆、长安马自达、长安汽车、观致汽车、长安铃木、广汽三菱、吉利汽车、东风日产、郑州日产、东南汽车、广汽长丰、长安标致雪铁龙、广汽乘用车、东风本田、北汽银翔、力帆汽车

★厦门白马橡塑金属工业有限公司
地址：福建省厦门市集美区董任路 8 号
邮编：361022
电话：0592/6076575、13295926087
传真：6076576
网址：www. whitehorsevalves. com
电子信箱：zenglp168@ 163. com
法定代表人：孙可德
质量体系：QS 9000
产品情况：（W. H 牌）
各式轮胎内胎配套用气门嘴

★厦门正新橡胶工业有限公司
地址：福建省厦门市集美区杏林西滨路 15 号
邮编：361022
电话：0592/6211606
传真：6214649
网址：www. xcs. com. cn
电子信箱：xcsp@ mail. xcs. com. cn
法定代表人：陈秀雄
单位人数：30000
质量体系：QS 9000、ISO/TS 16949
产品情况：（正新牌、CST 牌）
摩托车轮胎、轿车轮胎、货车轮胎、大客车轮胎、拖车轮胎、ATV 轮胎、卡丁车轮胎等
出口情况：销售网络遍布 140 多个国家

★捷太格特转向系统（厦门）有限公司
地址：福建省厦门市海沧区新阳工业区西园路 90 号
邮编：361026
电话：0592/6530888
网址：www. jtekt. com. cn
法定代表人：TATEISHI SHUJI
负责人：高木义寿
质量体系：IATF 16949、ISO 14001
产品情况：主要生产各种车辆用电动助力转向器
配套情况：被一汽丰田、广汽丰田、东风日产、吉利汽车等国内外整车厂广泛采用

★厦门正新海燕轮胎有限公司
地址：福建省厦门市海沧新阳工业区西园路 15 号
邮编：361026
电话：0592/6885333
电子信箱：cstpj@ mail. xcs. com. cn
法定代表人：陈秀雄
质量体系：ISO/TS 16949
产品情况：（海燕牌）
全钢、半钢子午线轮胎及其他轮胎
出口情况：远销国外市场

★厦门永裕机械工业有限公司
地址：福建省厦门市同安区同安工业集中区思明园 5 号
邮编：361100
电话：0592/5932999
传真：5930299
网址：www. yusin. com
电子信箱：yusin@ yusin. com
法定代表人：纪经得
质量体系：ISO/TS 16949
产品情况：汽车液压制动主缸、制动轮缸，离合器主缸、离合器轮缸，盘式制动器总成，鼓式制动器总成以及橡塑产品
出口情况：主要销往美国、欧洲、墨西哥、东南亚、马来西亚、日本等国家和地区的售后市场

★泉州鲤城福辉汽车配件有限公司
地址：福建省泉州市鲤城江南高新园区福辉大厦
邮编：362000
电话：0595/22478130、22467716
传真：22467557
网址：www. qzfuhui. com
电子信箱：fuhui@ qzfuhui. com
法定代表人：许英英
质量体系：ISO/TS 16949、ISO 14001
产品情况：年生产、销售 100 万根制动凸轮轴及调整臂、平衡梁轴及其他销轴类产品
配套情况：为一汽集团、东风汽车公司、厦门金龙、苏州金龙等配套

★泉州银泉汽车配件工业有限公司
地址：福建省泉州市鲤城南环路中段 998 号
邮编：362000
电话：0595/22410093、22410095
传真：22450093
网址：www. fjyq. com. cn
电子信箱：udpd@ fjyq. com. cn
法定代表人：吴地球
质量体系：ISO 9001
产品情况：汽车钢板弹簧、U 形螺栓等，年产能力达 8000t 以上
出口情况：产品 75% 以上远销东南亚、中东

★泉州恒劲机械有限公司
地址：福建省泉州市树兜工业区奇树路

59、61号
邮编:362000
电话:0595/22411111、22456868
传真:22422999
网址:www. china－hengjing. com
电子信箱:hj@ china－hengjing. com
法定代表人:蒋长铭
单位人数:200
质量体系:ISO/TS 16949、ISO 14001
产品情况:(QJC牌)
制动凸轮轴、调整臂、轴头、制动支架等汽车、半挂车底盘件配件,及挖掘机斗齿、齿座、驱动齿块、链轨节等锻造系列产品
配套情况:为一汽、庆铃、中国重汽、陕汽、ArvinMeritor等配套

★建新橡胶(福建)有限公司
地址:福建省晋江市灵源街道小浯塘工业区
邮编:362200
电话:0595/88198255、88183185
传真:88198115、88198185
电子信箱:sales@ jianxin. cn
法定代表人:蔡庆火
质量体系:ISO 9001
产品情况:(建新牌)
汽车丁基胶内胎和天然胶内胎、汽车垫带;摩托车、电动车、自行车内胎等
出口情况:出口欧洲、美洲、东南亚等地区

★晋江市凤竹五金机械配件制造有限公司
地址:福建省晋江市内坑镇工业区
邮编:362200
电话:0595/85685739、85660739
传真:85651739
电子信箱:290587756@ qq. com
法定代表人:李志刚
质量体系:ISO 9001
产品情况:(凤竹牌、力顿牌、凤盛牌、万里路牌、索力牌、赛迪牌、万红牌)
精锻制动调整臂、汽车橡胶、聚氨酯扭力胶芯和推力杆总成
出口情况:远销东南亚地区

★晋江市明辉汽车配件制造有限公司
地址:福建省晋江市五里科技工业园区
邮编:362200
电话:0595/85625579、85752366
传真:85629679
法定代表人:张明辉
质量体系:ISO 9001
产品情况:(明丰牌)
轮胎螺栓、转向节主销修理包、横拉杆及接头总成、转向节主销、前钢板销、传动轴支架总成、万向节十字轴等

★福建征途汽车部件制造有限公司
地址:福建省晋江市西园街道赖厝高新科技工业区
邮编:362200
电话:0595/85683631、4008744855
传真:85696282
网址:www. zhengtu. com
电子信箱:zhengtu@ pub2. qz. fj. cn
法定代表人:赖育林
质量体系:ISO 9001
产品情况:(顺途牌、征途牌、索密克牌)
各类车型的球头系列产品、转向拉杆总成、修理包、控制臂体、底盘配件等部件
配套情况:为北汽福田配套

★晋江市通兴汽车部件制造有限公司
地址:福建省晋江市西园街道王厝工业区15号
邮编:362200
电话:0595/85655688、85655788
传真:85681984
网址:www. txqp. cn
电子信箱:85655688. qz. cn@ 163. com
法定代表人:洪通彪
质量体系:ISO 9001
产品情况:(通兴牌、通鑫牌、恒泰牌)
轮胎螺栓、汽车紧固件、汽车配件
配套情况:为一汽集团轻型车厂配套

★晋江蓝翔汽配有限公司
地址:福建省晋江市永和镇周坑村工业区
邮编:362235
电话:0595/88086868
传真:88089868
电子信箱:1174746868@ qq. com
法定代表人:蔡文艺
产品情况:斯太尔0125万向节、斯太尔0082万向节、东风153万向节

★晋江市航万汽车部件有限公司
地址:福建省晋江市内坑镇工业区
邮编:362260
电话:0595/85358777、85179688
传真:85179699
网址:www. qgwx. com
电子信箱:qgwx688@ sina. com
法定代表人:林秀莲
单位人数:500
质量体系:ISO 9001
产品情况:(泉工牌、万象牌、乡阳牌、泉力王牌)
万向节十字轴总成、差速器十字轴、扭力胶芯等汽车配件

★蓬浦钢圈发展有限公司
地址:福建省晋江经济开发区五里工业园区
邮编:362261
电话:0595/85700200、15959875955
传真:85727139
电子信箱:pengpu@ pengpu. net
法定代表人:许永乐
质量体系:ISO 9001
产品情况:汽车钢圈,重、中、轻型汽车车轮等
出口情况:出口东南亚、中东等地区

★泉州凤顺汽车零部件有限公司
地址:福建省晋江市内坑工业区
邮编:362268
电话:0595/68585555、18759917555
传真:68588555、68585977
电子信箱:fensun@ fensun. com. cn
法定代表人:李国清
质量体系:ISO/TS 16949
产品情况:[培力(PL)牌、力顿(LIDUN)牌、索力(SUOLI)牌]
多种车型的半轴、U形螺栓、扭力胶芯、轮胎螺栓、钢板销等
出口情况:远销海外30多个国家

★晋江市连盛液压机械有限公司
地址:福建省晋江市泉州出口加工区
邮编:362271
电话:0595/85585006、85597006
网址:www. lianshengcs. com
电子信箱:liansheng@ sjliansheng. com
法定代表人:肖宗礼
单位人数:800
质量体系:ISO/TS 16949
产品情况:(连盛牌)
齿轮油泵、汽车转向泵、液压马达、液压油缸、液压阀等,变速器及齿轮零部件,转向驱动桥等
配套及出口情况:为一汽集团、北汽福田、重汽集团等配套;远销东南亚、中东、非洲、欧洲等国际市场

★泉州市鸿星汽车配件有限公司
地址:福建省南安市霞美镇滨江工业区14号
邮编:362300
电话:0595/82899777
电子信箱:hongxing@ fjhongxing. com
法定代表人:吴鸿浦
质量体系:ISO 9001
产品情况:(鸿星牌)
汽车传动轴总成、凸缘、凸缘叉、伸缩叉、传动花键轴、制动凸轮轴等
配套及出口情况:为多家车桥厂、变速器生产厂家配套;远销欧洲、中东、东南亚等10多个国家和地区

★福建明佳机械科技股份有限公司
地址:福建省南安市滨江机械装备制造基地
邮编:362302
电话:0595/86769999、86750803
传真:86758877
网址:www. cnacr. com
电子信箱:acr@ cnacr. com
法定代表人:黄衍国
单位人数:500
质量体系:ISO/TS 16949
产品情况:(ACR牌)
汽车减振器、发动机橡胶减振垫、

扭力胶芯、推力杆总成
配套情况:为东风柳州、日本五十铃、南京徐工、包头北奔、广汽日野、厦门厦工等配套

★福建申利卡铝业发展有限公司
地址:福建省南安市仓苍镇高新技术园
邮编:362304
电话:0595/86155888
网址:www.shlkwheel.com
电子信箱:slkwheel@slkwheel.com
法定代表人:吴金彻
产品情况:汽车铝合金轮毂,年产能250万件

★福建龙翌合金有限公司
地址:福建省石狮市外北环路港塘村段鹏龙工业大厦
邮编:362700
电话:0595/88950588、15106001688
传真:83081268
网址:www.wzlhq.com
电子信箱:2008wzlhq@163.com
法定代表人:王聪哲
质量体系:ISO/TS 16949
产品情况:(福胜牌、万众牌)
离合器从动盘及压盘总成
配套及出口情况:为陕汽集团、厦门金龙、大运重型货车等配套;出口东南亚、中东等地区

★正兴车轮集团有限公司
地址:福建省漳州市北环路1608号
邮编:363000
电话:0596/2600308、2600063
传真:2600926
网址:www.zenixauto.com
电子信箱:rf.nian@zenixauto.com
法定代表人:赖建辉
单位人数:3300
质量体系:ISO/TS 16949
产品情况:(正兴牌)
各型汽车车轮,车轮年生产能力1500万套
配套及出口情况:为印度塔塔、日野、普利司通、邓普禄、大宇、中国重汽、重庆红岩、北奔重汽、郑州宇通、金龙客车、江淮、一汽客车、福田汽车等国内外90多家大、中型汽车厂配套;远销日本、韩国、印度、东南亚、欧洲、非洲、美洲等30多个国家和地区

★福建利龙汽配锻造有限公司
地址:福建省漳州市南靖县丰田开发区
邮编:363000
电话:0596/7672108、7672971
传真:7672107
电子信箱:fjlilongforging@163.com
法定代表人:庄春文
质量体系:ISO/TS 16949
产品情况:拉杆球头、悬架球头、正、副邦肽、控制臂、中心拉杆、转向轴、连杆、轮毂、下联板、推力杆、转向臂等

★福建三田汽车零部件有限公司
地址:福建省诏安县深桥工业园北区
邮编:363500
电话:0596/6096588
传真:6096688
网址:www.samtin.hk
电子信箱:stuyu@samtin.hk
法定代表人:郑师窕
产品情况:(TIANXIN牌)
转向节主销、汽车离合器轴承和转向拉杆总成

★福建永行车轮科技股份有限公司
地址:福建省漳州市南靖县龙山镇马山工业园
邮编:363602
电话:0596/6035626、15659044786
传真:6035628
网址:www.autoparts-suppliers.com
电子信箱:yx@china-chelun.com
法定代表人:庄火成
产品情况:钢圈
出口情况:远销美国、欧洲、东南亚等国家和地区

★华安正兴车轮有限公司
地址:福建省漳州市华安县丰山镇工业区九龙工业园
邮编:363801
电话:0596/7287301、2601110
网址:www.zenixauto.com
法定代表人:赖建辉
产品情况:锻造铝合金车轮
配套及出口情况:为宇通、中国重汽、江淮、安凯、南京金龙、苏州金龙、厦门金龙、集瑞联合重工、安徽华菱、东风、江西凯马百路佳客车等配套;远销韩国、北美洲等国外市场

★长泰冠佳工贸有限公司
地址:福建省漳州市长泰县兴泰工业园区
邮编:363900
电话:0596/8317328
传真:8317329
法定代表人:王聪荣
质量体系:ISO/TS 16949
产品情况:各种车型底盘零部件、转向盘杆

★漳州常山品兴汽配有限公司
地址:福建省漳州市常山华侨农场工业区7号
邮编:363900
电话:0596/8629189
传真:8627481
网址:www.pinsin.cn
电子信箱:pinsin-auto@163.com
法定代表人:许世益
质量体系:ISO/TS 16949
产品情况:(品兴牌)
制动主缸、制动轮缸、离合器主缸、离合器轮缸、液压助力器,比例阀等;具备年产量100万套的生产能力
出口情况:远销欧美、中东、东南亚等地区,并销往中国台湾地区

★龙岩市万腾车桥制造有限公司
地址:福建省龙岩市新罗区工业西路68号
邮编:364000
电话:0597/3371222、4001899530
传真:2267888
网址:www.fjwtcq.net
电子信箱:cgb@fjwtcq.com
法定代表人:庄树仁
质量体系:ISO/TS 16949
产品情况:(万腾牌)
汽车、农用车、工程机械前后驱动桥,前转向驱动桥总成

★龙岩市中林工业有限公司
地址:福建省龙岩市新罗区工业西路68号(龙州工业园)
邮编:364000
电话:0597/2268688、2295777
传真:2268686
网址:www.ly-zhonglin.com
电子信箱:zm2717@ly-zhonglin.com
法定代表人:朱敏
质量体系:ISO 9001
产品情况:(中林牌)
汽车钢板弹簧
配套及出口情况:为三一等配套;出口亚太、中东、非洲等地区

★龙岩成龙机械有限公司
地址:福建省龙岩市永定县莲花工业园区
邮编:364101
电话:0597/5639588
电子信箱:cljx@163.com
法定代表人:张和敞
质量体系:ISO/TS 16949
产品情况:(金晟龙牌)
平衡悬架,年产5万台
配套情况:为多家知名汽车制造厂指定配套装车

江西省

★江西江铃集团车桥齿轮有限责任公司
地址:南昌市青云谱区昌南工业园金鹰路30号
邮编:330001
电话:0791/87081626、87081612
传真:87081629
网址:www.jxjlqc.com
电子信箱:672702042@qq.com
法定代表人:赖长发
质量体系:ISO/TS 16949
产品情况:汽车螺伞齿轮年生产能力达45万套,主要配套于MPV、SUV、中高端皮卡和轻型货车
出口情况:远销国外市场

★格特拉克(江西)传动系统有限公司
地址:南昌市经济技术开发区梅林大街169号
邮编:330013
电话:0791/88555000
传真:88555100
网址:www.getrag.com.cn
电子信箱:getrag@getrag.com.cn
法定代表人:Stephan Weng
负责人:蔡迪霓
单位人数:4700
质量体系:ISO/TS 16949、ISO 14001
产品情况:手动变速器、双离合变速器、混合动力变速器、eDRiVE等
配套情况:为美国福特、美国通用、江铃汽车、双环汽车、长安铃木、北汽福田、华晨汽车、海马汽车、奇瑞汽车、东风汽车、东南汽车、郑州日产、吉利汽车、东风柳汽、东风裕隆、长城汽车、广汽日野、广汽集团、长丰汽车、吉奥汽车、江淮汽车、江铃控股、宝腾汽车、中兴汽车、曙光汽车集团、中华汽车、哈东安、沈阳三菱、豪爵摩托等供货

★南昌齿轮有限责任公司
地址:南昌市经济技术开发区蛟桥
邮编:330044
电话:0791/87081626、83876888
传真:83876686
电子信箱:office@ncgear.com.cn
法定代表人(负责人):陈华军
单位人数:1347
质量体系:ISO/TS 16949、ISO 14001
产品情况:(金刚石牌、南齿牌)
各种齿轮、齿轮箱、锻件和盾构刀具
配套情况:为江铃汽车、南京汽车集团、长城汽车、河北中兴、洛阳一拖等配套

★江西远成汽车技术股份有限公司
地址:南昌市新建县望城新区璜溪大道168号
邮编:330100
电话:0791/83671922、4008883937
传真:83671977
网址:www.yuanchenggufen.com
电子信箱:jx-yuancheng@jx-yuancheng.com
法定代表人:王远青
单位人数:1100
质量体系:ISO/TS 16949
产品情况:(昌力牌)
具有年产3万套汽车空气悬架、20万t汽车钢板弹簧、12000t汽车紧固件、2000t工装模具和专用设备的年生产能力
配套及出口情况:与上汽红岩、大运集团、北汽福田、东风商用车、东风旅行车、江铃汽车等知名整车企业达成长期合作关系;远销欧美、东南亚等地区

★江西远成汽车配件有限公司
地址:南昌市新建区望城新区物华路259号
邮编:330103
电话:0791/83671066
网址:www.yuanchenggufen.com
法定代表人:王远青
产品情况:汽车钢板弹簧

★江西省欧泰诗汽车部件有限公司
地址:南昌市南昌县小蓝经济开发区富山五路1230号
邮编:330200
电话:0791/85957886
传真:85957733
网址:www.outaishi.com
电子信箱:sales@outaishi.com
法定代表人:蒋建飞
质量体系:ISO/TS 16949
产品情况:专业生产国产、进口汽车离合器总成及制动片
配套及出口情况:为广西集团、陕汽重卡、一汽夏利配套;远销欧洲、美国、中东、南洋等20多个国家和地区

★江西江铃集团深铃汽车零部件有限公司
地址:南昌市小蓝经济开发区富山二路128号
邮编:330200
电话:0791/85988796、85983618
传真:5988790
电子信箱:yunyun163@163.com
法定代表人:李洪
产品情况:汽车制动系统、包括汽车制动主缸总成和制动轮缸总成、汽车盘式制动器总成、汽车离合器主缸总成和离合器轮缸总成以及其他汽车零部件
配套情况:为江铃汽车、庆铃汽车、福田汽车、长城汽车等配套

★江西汽车钢板弹簧有限公司
地址:江西省宜春市高安市高安新世纪工业园龙工大道
邮编:330800
电话:0795/5289200、5289768
传真:5289768
电子信箱:jxbhxs@126.com
法定代表人:邓健
质量体系:ISO/TS 16949
产品情况:(瑞洲牌)
汽车钢板弹簧
配套及出口情况:与奇瑞汽车、长安汽车、华菱汽车、昌河汽车、江铃轻型货车及比亚迪汽车工业有限公司等国内知名厂家配套;远销欧美、东南亚以及中东地区

★江西赣齿传动机械有限公司
地址:江西省新干县城南工业园区
邮编:331300
电话:0796/2621259、15079609936
传真:2682856
网址:www.jxgc-gears.com
电子信箱:info@jxgc-gears.com
法定代表人:李雄斌
质量体系:ISO/TS 16949
产品情况:(赣齿牌)
专业生产汽车变速器总成及变速器齿轮
配套及出口情况:为多家主机厂配套;出口中东、南非等多个国家和地区

★景德镇正德制动系统有限公司
地址:江西省景德镇市瓷都大道高新区正佳路1号
邮编:333000
电话:0798/8380008、8386111
传真:8382899
网址:www.zdbrake.com
电子信箱:zd@zdbrake.com
法定代表人:骆建德
产品情况:汽车制动钳、转向节、盘式制动器、鼓式制动器

★江西创元汽车零部件有限公司
地址:江西省景德镇市高新区瓷都大道(高新区梧桐大道南侧)
邮编:333000
电话:0798/8383378、13807980963
电子信箱:345936518@qq.com
法定代表人:陈青俊
产品情况:(创元牌)
球头、拉杆、橡胶制品等1100多种汽车底盘零部件
出口情况:远销欧洲、美洲、中东、东南亚等几十个国家和地区

★江西万向昌河汽车底盘系统有限公司
地址:江西省景德镇市高新技术开发区
邮编:333039
电话:0798/8466181、8466184
传真:8441888
电子信箱:750559978@qq.com
法定代表人:李平一
质量体系:ISO/TS 16949
产品情况:减振器、转向节、制动器、轮毂单元、轮毂轴承等汽车前悬架系统、制动系统、传动系统产品
配套情况:为昌河汽车配套

★江西天岳汽车电器有限公司
地址:江西省宜春市经济技术开发区
邮编:336000
电话:0795/2197239
传真:2197210
网址:www.tian-yue.com
电子信箱:zjty@vip.163.com
法定代表人:陈振勉
质量体系:ISO/TS 16949
产品情况:(天岳牌)
汽车转向管柱、转向伸缩轴总成、散热风扇总成

★江西省安源万向实业有限公司
地址:江西省萍乡市经济开发区萍安北路

邮编:337000
电话:0799/6337570
传真:6325388
网址:www. jx－xzy. com
电子信箱:aw@ jx－xzy. com
法定代表人:谢良
质量体系:ISO/TS 16949
产品情况:（XZY 牌）
　　汽车十字轴、转向节主销、后桥差速器等锻造件
配套及出口情况:客户有包头北奔重型汽车、安徽安凯福田曙光车桥、陕西汉德、济南重汽、山东蓬翔汽车、郑州宇通精益达、合肥美桥、青岛青特众力车桥、丹东曙光车桥、安徽华菱、一汽解放、广西方盛车桥等多家大型知名汽车企业;产品随客车出口俄罗斯、巴西、阿根廷、南非、马来西亚等国家

★格特拉克江西传动系统公司赣州工厂
地址:江西省赣州市经济技术开发区迎宾大道 38 号
邮编:341000
电话:0797/8069000
传真:8166288
网址:www. getrag. com. cn
电子信箱:ganzhou@ getrag. com. cn
法定代表人:Stephan Weng
单位人数:1300
质量体系:ISO/TS 16949、ISO 14001
产品情况:汽车中、高档变速器
配套情况:主要与美国福特、长安汽车、江铃汽车、北汽集团、东风集团、广汽集团、奇瑞汽车、吉利汽车、东风柳汽、东南汽车、长城汽车、一汽集团、江淮汽车、华晨汽车、猎豹汽车、观致汽车、郑州日产等诸多国内外知名汽车品牌制造商保持着良好的合作关系

★赣州经纬科技股份有限公司
地址:江西省赣州市沙河工业园
邮编:341000
电话:0797/8163128
传真:8163101
网址:www. jwautoparts. com
电子信箱:houwk@ jwautoparts. com
法定代表人:冯幸平
质量体系:ISO/TS 16949
产品情况:年生产变速器总成、散件 30 万台,新能源汽车动力总成及新能源汽车变速器
配套情况:主要客户有华晨汽车、长丰猎豹、北汽福田、五菱汽车、比亚迪汽车、汉腾汽车、韩国现代汽车和南京越博、中科深江等

★赣州群星机械有限公司
地址:江西省赣州市沙河工业园三二三国道北侧
邮编:341000
电话:0797/8189776、8189788
传真:8189776
电子信箱:gzqxjx@ gzqxjx. com
法定代表人:胡德平
质量体系:ISO/TS 16949、QS 9000
产品情况:同步器、变速器齿轮、叉轴

★赣州五环机器有限责任公司
地址:江西省赣州市经济技术开发区金岭 1 路 83 号
邮编:341009
电话:0797/8371690、8371693
传真:8371678
电子信箱:871612331@ qq. com
法定代表人:王安海
质量体系:ISO 9001
产品情况:叉车变速器总成、叉车驱动桥、电动车减速桥、小型挖掘机行走减速箱、汽车变速器连接凸缘、叉车前桥和汽车变速器连接凸缘、取力器等
配套及出口情况:为合力叉车、杭州叉车、斗山工程机械、凯傲宝骊、山河智能、广西柳工、玉柴机器、北京现代、杭州友高、中国一拖、克拉克、TCM、北京现代等国外主机厂配套;出口美国、韩国、印度、西班牙、南非等国家和地区

★江西省广蓝传动科技股份有限公司
地址:江西省兴国县经济开发区新区
邮编:342400
电话:0797/5342616、5342619
传真:5342619
网址:www. jxxgbc. com
电子信箱:jxgxbc@ 163. com
法定代表人:李金平
单位人数:370
质量体系:ISO/TS 16949
产品情况:（国兴牌、贡江牌）
　　具备年产精密铸件 10000t,铝合金压铸件 6000t,换挡拨叉、拨叉轴及组件 600 万套生产能力
配套情况:主要为德国采埃孚、德国格特拉克(江西)传动系统、北京汽车、上海华菱汽车、奇瑞汽车、比亚迪汽车、江淮汽车、浙江万里扬、株洲欧格瑞等 20 多家公司配套

★江西江铃底盘股份有限公司
地址:江西省抚州市临川区金柅大道 168 号
邮编:344000
电话:0794/8623193、8221374
传真:8222182
网址:www. jlchassis. com
电子信箱:zhul@ jlchassis. com
法定代表人:黄平辉
质量体系:ISO/TS 16949、ISO 14001
产品情况:具有年产 0.5～8.0t 各类轻型车驱动桥总成,3.0～6.0t 工程车驱动桥总成 40 万台套的生产能力
配套情况:主要为江铃汽车、北汽福田、郑州日产、东风汽车、一汽红塔、广汽日野、厦门金龙等企业配套

山东省

★济南汇九齿轮有限公司
地址:济南市平阴县孝直镇
邮编:250001
电话:0531/87719999、87866666
传真:87716742
网址:www. huijiu. net
电子信箱:huijiu@ huijiu. net
法定代表人:韩刚
质量体系:ISO/TS 16949
产品情况:齿轮
配套及出口情况:为重汽集团济南桥箱、安徽安凯福田曙光车桥、一汽山东汽车改装厂车桥厂、北方奔驰车桥公司、南京依维柯车桥分公司、陕西重汽汉德车桥、潍柴动力、潍柴道依茨、湖南机油泵、济南柴油机、广东大长江集团、济南轻骑铃木、重庆望江铃木、济南轻骑发动机、长春长铃汽油机、重庆力帆、宗申、隆鑫等配套;出口欧美及东亚地区

★济南液压泵有限责任公司
地址:济南市中区文庄路 22 号
邮编:250022
电话:0531/87169808、87169700
传真:87169701
电子信箱:yyb－bgs@ jnyyb. cn
法定代表人:苏传麟
质量体系:ISO 9001
产品情况:（泉城牌）
　　液压齿轮油泵、齿轮马达和多路阀
配套情况:为柳工、临工、徐工、厦工、山工、斗山、福田雷沃、中联重科、三一重工等 40 多家主机厂配套

★博世汽车转向系统(济南)有限公司
地址:济南市历城区遥墙镇临港开发区机场路 4647 号
邮编:250107
电话:0531/81628888、81628811
传真:81628999
电子信箱:revy. wu@ bosch. com
法定代表人:Stefan Grosch
产品情况:商用车的电动液压循环球转向机及相关产品和零部件

★中国重汽集团济南桥箱有限公司
地址:济南市高新区孙村镇西顿邱
邮编:250117
电话:0531/85587369、58068396
传真:85588046、85588047
电子信箱:qiaoxiang@ sinotruk. com
法定代表人:邹忠厚
质量体系:ISO/TS 16949、ISO 9000
产品情况:（CNHTC 牌）
　　中重型货车、大中型客车车桥、离合器总成及铸钢桥壳,曲轴、连杆等锻件

★济南中森机械制造有限公司
地址:济南市章丘区明水经济开发区赭

山工业园
邮编:250200
电话:0531/83270388、83270324
传真:83270366、83270328
网址:www. znsn. cn
电子信箱:zs@ znsn. cn
法定代表人:崔健
质量体系:ISO/TS 16949、ISO 9001
产品情况:汽车半轴套管、平衡轴壳、铸造横梁、变速器主轴、输入轴、凸缘、电子式燃油传感器及汽车电器接插件等产品
配套情况:为中国重汽、东风集团、陕汽集团、重庆红岩、潍柴动力等重型汽车主机及部件生产企业配套

★济南威成汽车零部件有限公司
地址:济南市章丘区明水镇经济开发区赭山工业园内
邮编:250200
电话:0531/58902601、58902781
传真:83269839
网址:www. jnweicheng. com
电子信箱:18663738278@ 163. com
法定代表人:崔凯
单位人数:150
质量体系:ISO/TS 16949、ISO 9001
产品情况:ABS 齿圈、气制动阀类等产品
配套情况:已与数十家汽车厂和汽车改装厂形成了长期供货关系

★济南第二汽车配件有限公司
地址:济南市长清区平安北路
邮编:250306
电话:0531/87412088、87402128
传真:87412322
电子信箱:cqeqp@ sina. com
法定代表人:张玉新
质量体系:ISO/TS 16949、ISO 9001
产品情况:(平安牌)
斯太尔制动蹄铁总成、轮毂、制动鼓、轮边减速器总成、差速器壳、转向拉杆、左右支架等
配套情况:为重汽集团、青岛青特集团、一汽山东汽车改装厂、广西方盛车桥厂、陕汽汉德车桥、安徽安凯、北汽福田、曙光车桥等10多家企业配套

★山东海诺机械有限公司
地址:山东省德州市齐河县经济开发区纬四路北
邮编:251100
电话:0534/8991666、8997086
传真:8991888
网址:www. sdhainuojixie. com
法定代表人:赵琳
单位人数:300
质量体系:IATF 16949
产品情况:(MEICHI 牌)
货车驱动桥总成、车桥及车桥铸造毛坯等
配套及出口情况:与国内各重型货车生产企业如一汽解放、东风重工、上汽依维柯红岩、方盛车桥、汉德车桥、蓬翔汽车、华菱汽车等配套;已与 DANA、EQI、KTW、JOHN DEERE、JLG、NACCO 等公司建立了长期战略合作关系

★鲁银集团禹城粉末冶金制品有限公司
地址:山东省禹城市高新区鲁银工业园
邮编:251200
电话:0534/2128089、2128501
传真:2128096
电子信箱:lyfmyjz@ 163. com
法定代表人:刘世民
质量体系:ISO/TS 16949
产品情况:汽车同步器齿毂,年产 100 万套;铁基粉末冶金件,年产 3000t

★山东贞元汽车车轮有限公司
地址:山东省聊城市高新区黄河路 66 号
邮编:252000
电话:0635/8536666、5058586
法定代表人:胡爱君
产品情况:商用汽车车轮
配套情况:与中国重汽集团、中国一汽签订战略合作协议

★茌平信发铝制品有限公司
地址:山东省茌平县热电工业园西园区
邮编:252100
电话:0635/7100994、7100988
传真:7100987
网址:www. xinfawheels. com
电子信箱:info@ xinfawheels. com
法定代表人:孙谱
质量体系:ISO/TS 16949
产品情况:年生产能力 200 万只铝合金车轮
出口情况:远销美国、欧洲、日本、中东、亚洲等国家和地区

★德州齿轮有限公司
地址:山东省德州市德城区大学西路 1956 号
邮编:253018
电话:0534/2312666、2312610
传真:2329388
网址:www. dzcl. com
电子信箱:dzclgs@ 126. com
法定代表人:李政
质量体系:GB/T 19001、ISO/TS 16949
产品情况:具有年产各种圆柱齿轮 260 万只,各类汽车变速器、取力器等齿轮传动箱 3 万台的能力
配套情况:与中国重汽、北京齿轮总厂、三一重工、长城汽车、一汽哈齿、徐工集团、福田汽车和山东临工桥箱公司、天津中德、宝雅新能源汽车、富路车业公司等企业建立了长期的战略伙伴关系

★山东金麒麟股份有限公司
地址:山东省乐陵市阜乐路 999 号
邮编:253600
电话:0534/81173866、4008127698
网址:www. chinabrake. com
电子信箱:xiaoshou@ chinabrake. com
法定代表人:孙鹏
负责人:孙忠义
单位人数:2000
质量体系:IATF 16949、ISO 14001
产品情况:(LPB 牌、LJP 牌)
主要生产汽车制动片、制动盘,覆盖国内几乎全部乘用车车型和大部分商用车车型
配套及出口情况:为一汽、北汽、长安、东风、现代、华晨、吉利、比亚迪等配套;产品 80% 以上出口全球 70 多个国家和地区,是世界诸多大型汽车零部件销售公司的长期合作伙伴

★山东托福汽车配件有限公司
地址:山东省淄博市高新技术产业开发区外商工业园嘉禾路 1 号
邮编:255000
电话:0533/3153999、3599686
传真:6216668
网址:www. gh - autoparts. com
电子信箱:ghsales@ 163169. net
法定代表人:魏华
质量体系:ISO 9000
产品情况:(晨曦牌)
制动盘、制动鼓、制动片、制动轮缸、制动蹄、消声器
出口情况:90% 的产品出口美国、加拿大、欧洲、中东等国家和地区

★山东宏马工程机械有限公司
地址:山东省淄博市博山区八陡镇增福村
邮编:255200
电话:0533/4515789、4517998
传真:4515789
电子信箱:2245519936@ qq. com
法定代表人:马宗祥
质量体系:ISO/TS 16949、QS 9000
产品情况:板簧

★山东宏马汽车部件集团有限公司
地址:山东省淄博市博山区博沂路石炭坞 1 号
邮编:255201
电话:0533/4517996、15725720807
传真:4517966
网址:www. hongma. com. cn
电子信箱:hongma@ hongmagroup. com
法定代表人(负责人):马宗祥
单位人数:1000
质量体系:QS 9000、ISO/TS 16949
产品情况:(宏马牌)
汽车制动鼓、轮毂、制动盘、抛物线变截面板簧、轻型货车驱动桥总成等汽车零部件产品
出口情况:远销欧洲、美洲、东南亚等地区

★山东特种工业集团有限公司
地址:山东省淄博市博山区石炭坞
邮编:255201
电话:0533/4520732、4520751
传真:4508802
网址:www.norincogroup.com.cn
电子信箱:sjflsws@163.com
法定代表人:李晓颖
质量体系:ISO/TS 16949、ISO 9001
产品情况:各型号焊接方轴管、整体挂车车轴等

★淄博富华汽车配件有限公司
地址:山东省淄博市博山区白塔镇小店村
邮编:255202
电话:0533/4689519、18953358166
传真:4689516
网址:www.zibofuhua.com
法定代表人:宋本超
单位人数:100
质量体系:ISO 9002
产品情况:汽车钢板弹簧、制动凸轮轴、精锻件、单点悬架等,年生产能力板簧1万t,锻打件1万t,制动凸轮轴12万条,单点悬架年产6000套
配套情况:被多个厂家评为A类供应商

★淄博博山国家汽车配件厂
地址:山东省淄博市博山区大海眼东路
邮编:255202
电话:0533/4689000、4699111
传真:4689111
电子信箱:973164207@qq.com
法定代表人:李春玲
质量体系:ISO/TS 16949
产品情况:(神鸽牌)
各种汽车板簧
配套及出口情况:为重汽集团、山东巨力、石家庄天同、石家庄双环、营口挂车、保定大迪、中客、新凯、天马等配套;出口越南、澳大利亚等国家

★淄博亚辰汽车板簧有限公司
地址:山东省淄博市博山区颜北路549号
邮编:255202
电话:0533/4681909、13561603355
传真:4681648
电子信箱:1659649077@qq.com
法定代表人:高坊舟
质量体系:ISO 9001
产品情况:(白塔牌)
商用车(轻型货车、中型货车、重型货车)用多片板簧,轴承载能力0.5~20t中档营运客车、商务车用少片钢板弹簧,渐变刚度钢板弹簧等
配套及出口情况:为中国重汽集团济南卡车公司、济南商用车公司、济宁商用车公司、济南特种车公司等多家主机厂配套;随整车出口多个国家和地区

★桓台县鸿润汽车配件有限公司
地址:山东省淄博市桓台县周家经济开发区
邮编:256411
电话:0533/8483676
传真:8482646
法定代表人:高希会
质量体系:ISO 9001
产品情况:年产汽车半轴套管(轴头)50万件、铸钢件1500t、各类特殊铸件600t
配套及出口情况:为汽车车桥厂配套;远销美国、德国、日本、意大利、澳大利亚、加拿大

★山东陆宇司通车轮有限公司
地址:山东省东营市东营区南一路7号
邮编:257081
电话:0546/8022158、8022157
传真:8022157
网址:www.luistone.cn
电子信箱:lystbgs@sw-group.com.cn
法定代表人:王景林
单位人数:1500
质量体系:IATF 16949、ISO 9001
产品情况:铝合金车轮,年产能力700万只
配套情况:和广汽集团、凯马汽车、重庆嘉川汽车等企业产品配套生产轮毂

★山东正宇车轮集团有限公司
地址:山东省东营市广饶县西水工业园
邮编:257330
电话:0546/6497166、15954623088
网址:www.zhengyuwheel.com
电子信箱:zhengyu@zhengyuwheel.com
法定代表人:徐东亮
质量体系:ISO/TS 16949、ISO 9001
产品情况:(盾驰牌、东轮牌、金铂正宇牌、正宇金锻牌、ZERONEAL牌等)
无内胎钢制轮、有内胎钢制轮、铝镁合金车轮
配套及出口情况:为知名专业汽车制造厂商配套;远销欧美、日本、韩国、东南亚、中东、非洲等多个国家和地区

★山东宏盛橡胶有限公司
地址:山东省东营市大王工业园
邮编:257335
电话:0546/6892888
传真:6892666
网址:www.hstyre.com
电子信箱:hongsheng@hstyre.com
法定代表人:张友尧
质量体系:ISO/TS 16949
产品情况:(华盛牌、金鑫牌、台通牌、KAPSEN牌)
商用车轮胎、乘用车轮胎等
出口情况:出口欧洲、美洲、东南亚、中东地区

★山东信义汽车零部件制造有限公司
地址:山东省东营市大王经济技术开发区
邮编:257335
电话:0546/6873989、6873689
传真:6873689
电子信箱:lxlsmail@163.com
法定代表人:李宗昌
质量体系:ISO/TS 16949
产品情况:各类汽车转向机、制动片钢背、蹄铁和制动器及其他冲压件;年产钢背、蹄铁5000万件,制动器底板总成300万件
出口情况:远销南美洲、欧洲、中东等国家和地区

★山东汇丰汽车配件有限公司
地址:山东省东营市大王经济技术开发区
邮编:257335
电话:0546/7082708、7727288
电子信箱:cwb@hufs-auto.com
法定代表人:刘华锋
质量体系:ISO/TS 16949、ISO 9001
产品情况:等速万向节传动轴总成、球笼式等速万向节(RF型、UF型)交叉滚道式等速万向节、双偏置式等速万向节、三枢轴式等速万向节等10多个车型、1000多个品种规格的产品
配套情况:是大众、奥迪、本田、福特、通用、马自达、日产、丰田、雷诺、雪铁龙等著名企业车型等速万向节传动轴总成的首选零配件供应商

★山东金山汽配有限公司
地址:山东省东营市大王经济开发区
邮编:257335
电话:0546/6875599、6895980
传真:6895102
电子信箱:jinshangroup@163.com
法定代表人:尤学永
质量体系:ISO/TS 16949、ISO 14001
产品情况:(轮盘牌、旺迪牌、滨工牌)
具备年生产制动盘1500万件、陶瓷制动片1500万套、工程轮胎10万套的生产能力
配套情况:为中国重汽、上汽大众、昌河铃木、广西柳工等汽车、工程车生产企业配套

★东营万迪诺制动系统有限公司
地址:山东省东营市大王经济开发区
邮编:257335
电话:0546/6878468
网址:www.winset.com.cn
电子信箱:sale@winset.com.cn
法定代表人:赵光斌
质量体系:ISO/TS 16949
产品情况:(万迪诺牌)
汽车零部件铸造及加工

★山东皓宇橡胶有限公司
地址:山东省东营市大王经济开发区
邮编:257335
电话:0546/6882076、6883985
传真:6881588
网址:www.haoyuxiangjiao.cn
电子信箱:haoyuxiangjiao@163.com

法定代表人:李广华
单位人数:1200
质量体系:ISO/TS 16949、ISO 14000
产品情况:(犇牛牌)
全钢载重汽车子午线轮胎,年生产能力160万条

★山东恒宇科技有限公司
地址:山东省东营市广饶县大王工业园
邮编:257335
电话:0546/6851526、6872366
传真:6872266、6851427
电子信箱:wangfen@ hengyugroup. com
法定代表人:李来伟
质量体系:ISO 9001、ISO/TS 16949
产品情况:专业生产各种型号的半钢子午线轮胎和全钢载重子午线轮胎

★山东哈迪斯机车配件有限公司
地址:山东省东营市广饶县大王镇31号路以南,团结路以西
邮编:257335
电话:0546/6095929、13854698629
网址:www. hadeschina. com
电子信箱:hdsjc2017@ 163. com
法定代表人:王学江
质量体系:ISO/TS 16949、ISO 14000
产品情况:空气弹簧减振配件、车轮、轻量化集装箱、轻量化汽车部件等

★山东省双王橡胶有限公司
地址:山东省东营市广饶县大王镇高新经济开发区
邮编:257335
电话:0546/6891778、4000049888
传真:6893169
网址:www. shuangwanggroup. com
电子信箱:sdswjtbgs@ 163. com
法定代表人:张清光
单位人数:535
质量体系:ISO/TS 16949、ISO 9001
产品情况:(双王牌、路易通牌)
年产半钢子午胎1200万条,铝合金车轮900万只,原油加工及深加工能力500万t

★信义集团公司
地址:山东省东营市广饶县大王镇经济开发区
邮编:257335
电话:0546/6879998
传真:6881189
网址:www. chinaxinyi. cc
电子信箱:xinyi6881189@ 126. com
法定代表人:李广辉
质量体系:ISO/TS 16949、ISO 14001
产品情况:(信义牌)
主要产品有汽车制动片、制动盘、制动器、消声器、三元催化器、脱硝催化剂等;已形成年产制动片3000万套、制动盘500万套、消声器100万件的生产能力
配套及出口情况:为中国重汽、首钢重汽、上汽大众、一汽-大众、福特汽车、北京现代、长城汽车、奇瑞汽车等汽车生产商、装配厂主机配套;出口70多个国家和地区

★ 东营信义制动系统有限公司

地址:山东省东营市广饶县大王经济开发区
邮编:257335
电话:0546/6080691、4000546900
法定代表人:刘福祥
网址:www. xinyiauto. com
质量体系:ISO/TS 16949、ISO 14001、VDA 6.1、QS 9000
产品情况:(信义牌)
制动片、制动盘等
配套情况:为国内外20余家主机厂、200多个车型主机配套
☞ 详细情况请参阅彩色宣传版面

★山东国风橡塑有限公司
地址:山东省广饶县大王镇东工业园
邮编:257335
电话:0546/6881466、4000971677
传真:6882356
电子信箱:498420479@ qq. com
法定代表人:李崇欣
质量体系:ISO/TS 16949
产品情况:高性能半钢子午胎、载重胎、工程胎、轻型货车胎等
出口情况:出口10多个国家

★ 山东恒丰橡塑有限公司

地址:山东省东营市广饶县大王镇经济开发区
邮编:257335
电话:0546/6891565
网址:www. hengfengchina. com
电子信箱:sales@ hengfengtires. com
法定代表人:李圣法
质量体系:ISO 9001、ISO/TS 16949
产品情况:(凯驰蓝德牌、海福莱牌、欧威森牌、双丰牌)
全钢子午胎、再生胶、胶管、氧气管、螺旋管、PVC管、织布、纺织品、摩托车内外胎
出口情况:出口欧洲、美洲、非洲、中东、东南亚等100个国家和地区
☞ 详细情况请参阅彩色宣传版面

★东营金凯汽车配件有限公司
地址:山东省广饶县大王镇六股路村
邮编:257335
电话:0546/6851626、13864719988
传真:6851626
电子信箱:13794719988@ 126. com
法定代表人:朱永明
质量体系:ISO/TS 16949、ISO 14001
产品情况:汽车制动盘、制动鼓、制动片等汽车制动系统零部件
配套及出口情况:为主机厂配套;出口欧美等国家和地区

★东营市华侨橡塑有限责任公司
地址:山东省东营市广饶县大王经济开发区
邮编:257336
电话:0546/6892998、6893527
传真:6891017
电子信箱:13465469166@ 126. com
法定代表人:李云章
质量体系:ISO 9001
产品情况:(迪高牌、超王牌、捷源牌)
轮胎、胶管

★盛泰集团有限公司
地址:山东省东营市广饶县西水工业区
邮编:257336
电话:0546/6497767、4006003131
传真:6506016
网址:www. shengtaigroup. com
电子信箱:3a@ shengtaigroup. cn
法定代表人:宋文奇
单位人数:4000
质量体系:ISO/TS 16949、ISO 14001
产品情况:(三A牌、海豚牌)
具有全钢载重子午胎300万套、高性能半钢子午胎600万套、车轮200万套的年产能力
出口情况:远销美国、加拿大、中东、东南亚等30多个国家和地区

★ 兴源轮胎集团有限公司

地址:山东省东营市广饶县西水工业区
邮编:257336
电话:0546/6506839、6506660
传真:6506568、6497311
网址:www. xingyuangroup. com
电子信箱:eva@ xingyuangroup. com
法定代表人:宋文广
单位人数:5000
质量体系:ISO/TS 16949、ISO 14001
产品情况:[华鲁(HILO)牌、国宝牌、安耐特牌、强威牌、广大牌、兴源牌]
全钢载重子午胎
配套及出口情况:为一汽、东风、包钢、龙工、柳工、柳汽等配套;远销中东、非洲、东南亚、拉丁美洲等80多个国家和地区,并销往中国香港、中国澳门地区
☞ 详细情况请参阅彩色宣传版面

★永正汽车配件有限公司
地址:山东省东营市广饶县西水工业园
邮编:257336
电话:0546/6507226
传真:6507226
网址:www. yzwheel. cn
电子信箱:yzwheel@ yzwheel. cn
法定代表人:徐金华
质量体系:ISO/TS 16949

产品情况:无内胎车轮和型钢车轮

★山东镁卡车轮有限公司
地址:山东省东营市广饶县西水工业园
邮编:257336
电话:0546/7792669、7792018
传真:7792669
网址:www.meikawheel.com
电子信箱:sales001@meikawheel.com
法定代表人:印树平
产品情况:主要生产货车、客车、挂车、罐车等商用车,以及轿车领域的高强度轻量化锻造铝合金车轮

★山东华盛橡胶有限公司
地址:山东省广饶县稻庄工业园
邮编:257336
电话:0546/7799599、4006253888
传真:7799566、7799577
网址:www.hstyre.com
电子信箱:hongsheng@hstyre.com
法定代表人:张树林
单位人数:6000
质量体系:IATF 16949、ISO 14001
产品情况:[华盛牌、金鑫牌、台通牌、KAPSEN 牌、FULLTURE 牌、KONSTRUKTA 牌、HABILEAD(海倍德)牌]
商用车轮胎、乘用车轮胎;已具备年产全钢子午线轮胎 500 万条,半钢子午线轮胎 2400 万条,输送带 3000 万 m^2 的生产能力
出口情况:远销国外多个国家和地区

★山东正诺集团有限公司
地址:山东省东营市广饶县稻庄高效生态经济园
邮编:257341
电话:0546/7793955
电子信箱:sdznjx@126.com
法定代表人:商好峰
质量体系:ISO/TS 16949
产品情况:汽车高性能制动盘、制动鼓为主导产品

★东营宝丰汽车配件有限公司
地址:山东省东营市垦利县经济开发区胜兴路 66 号
邮编:257500
电话:0546/2881009、2776888
网址:www.frictionchina.com
电子信箱:dongyingbaofeng@163.com
法定代表人:田式国
质量体系:ISO/TS 16949、ISO 14001
产品情况:(BAOFENG 牌)
汽车盘鼓式制动器总成、制动钳、制动盘、制动片等汽车零部件
出口情况:远销北美洲与西欧

★山东万达宝通轮胎有限公司
地址:山东省东营市垦利经济开发区
邮编:257506
电话:0546/2896767
网址:www.bototyre.com
法定代表人:尚永峰
单位人数:3000
质量体系:ISO/TS 16949、ISO 14001
产品情况:已拥有年产 300 万条全钢载重胎、1500 万条半钢子午胎、10 万条工程机械轮胎的生产能力
配套及出口情况:与一汽集团、陕西汽车控股集团、北汽福田集团等众多汽车厂商进行合作;远销全球 162 个国家和地区

★潍坊市瑞沃汽车部件有限公司
地址:山东省潍坊市北宫西街友爱路 2298-8 号
邮编:261021
电话:0536/8385779、8324779
传真:8372636
电子信箱:ruiwoqc@163.com
法定代表人:罗志玲
质量体系:ISO/TS 16949
产品情况:专业生产汽车转向机总成、转向管柱总成及零部件,现具备年产汽车转向器 25 万台的生产能力
配套情况:主要为北汽福田、黑豹、唐骏欧铃、比德文等汽车公司配套

★山东安驰轮胎有限公司
地址:山东省诸城市经济开发区横二路北侧
邮编:261041
电话:0536/6433266、6343833
传真:6433266
电子信箱:shandonganchi@163.com
法定代表人:于风相
产品情况:汽车轮胎

★大铁(潍坊)汽车工业有限公司
地址:山东省潍坊市符山镇官路村
邮编:261055
电话:0536/8113051、8113052
传真:8113004
电子信箱:liuaaaaaa@163.com
法定代表人:严景镇
质量体系:ISO/TS 16949
产品情况:制动主缸、制动轮缸、制动盘

★潍坊埃锐制动系统有限公司
地址:山东省潍坊市经济开发区泰祥街 6 号
邮编:261061
电话:0536/5175818、4008053610
传真:8669567
网址:www.airuibrake.com
电子信箱:airuisales@airuibrake.com
法定代表人:周元学
质量体系:ISO/TS 16949
产品情况:年产制动器总成 200 万套,电磁、液压、机械式车桥总成 5 万根及各种冲压件、汽车底盘件
配套及出口情况:为一汽-大众的合格供应商;出口欧美、大洋洲多个国家和地区

★盛瑞传动股份有限公司
地址:山东省潍坊市高新区潍安路以东,盛瑞街 518 号
邮编:261205
电话:0536/5605025
传真:5605000
网址:www.shengrui.cn
电子信箱:shengrui@shengrui.cn
法定代表人(负责人):刘祥伍
单位人数:2100
质量体系:ISO/TS 16949、ISO 9001
产品情况:(盛瑞牌)
主要从事高端自动变速器和重型柴油机零部件的研发、生产
配套情况:为潍柴动力、珀金斯动力、中国一拖等配套

★山东鲁达轿车配件股份有限公司
地址:山东省莱州市经济技术开发区朱旺前路 258 号
邮编:261400
电话:0535/3077852、3073885
传真:3077983、3073879
网址:www.ludachina.com
电子信箱:disc@ludachina.com
法定代表人:刘国志
质量体系:ISO/TS 16949、QS 9000
产品情况:(鲁达牌、奥开牌)
制动盘、制动鼓、制动片、制动蹄片;年产制动盘(鼓)1000 万件,制动片(蹄片)500 万套
配套情况:为奇瑞、长城等 4 家汽车公司配套

★莱州新安达汽车零部件有限公司
地址:山东省莱州市开发区玉泰东路 118 号
邮编:261400
电话:0535/2290149
传真:2291149
网址:www.china-anda.com
电子信箱:xinanda@vip.163.com
法定代表人:潘国胜
质量体系:ISO/TS 16949、QS 9000
产品情况:空气干燥器、变速器箱体、发动机缸盖、机油冷却器、进出水管等铸造件
配套及出口情况:为中国重汽、东风汽车、陕汽集团、福田戴姆勒、康明斯发动机、天津雷沃等国内各大汽车厂以及北京佩特来、意大利 SCM、德国威克诺森、日本 FUKOKU、英国 Lister Petter 等公司配套;出口欧洲

★莱州华汽机械有限公司
地址:山东省莱州市云峰北路 3589 号
邮编:261400
电话:0535/2260666、2280509
传真:2211464
网址:www.brakedisc.cn
电子信箱:sales@brakedisc.cn
法定代表人:楼志刚

单位人数:1000
质量体系:ISO/TS 16949
产品情况:汽车制动盘、制动毂、制动片
配套情况:为浙江亚太配套

★莱州金狮汽车配件有限公司
地址:山东省莱州市土山镇龙环前路506号
邮编:261413
电话:0535/2229298、18663883396
传真:2291288
网址:www.gl-autoparts.com
电子信箱:sales@gl-autoparts.com
法定代表人:尹秋艳
单位人数:500
质量体系:ISO/TS 16949
产品情况:货车盘、轿车盘、制动片
出口情况:全部出口欧洲

★莱州鲁源汽车配件有限公司
地址:山东省莱州市土山镇龙潭路298号
邮编:261413
电话:0535/2836757
传真:2332616
电子信箱:haoxin_song@163.com
法定代表人:于建国
负责人:胡金胜
单位人数:1200
质量体系:ISO/TS 16949
产品情况:汽车制动盘、制动鼓;年生产能力达300多万片
配套及出口情况:为南方天合、长安、奇瑞、吉利、柳汽配套;远销美国、加拿大、欧洲等国家和地区

★莱州鸿源台钳制造有限公司
地址:山东省莱州市平里店镇
邮编:261414
电话:0535/2616865、2615562
传真:2615563
网址:www.laizhouhongyuanvise.com
电子信箱:lzhybv@public.ytptt.sd.cn
法定代表人:王纬
质量体系:ISO/TS 16949、ISO 14001
产品情况:制动鼓、轮毂、球铁铸件等
出口情况:远销美国、加拿大、墨西哥、澳大利亚、英国、俄罗斯、德国等国家

★莱州三力汽车配件有限公司
地址:山东省莱州市朱桥镇驻地
邮编:261419
电话:0535/3455880、3455896
传真:3455886
网址:www.sanliauto.com
电子信箱:info@sanliauto.com
法定代表人:杨丽燕
单位人数:2500
质量体系:ISO/TS 16949
产品情况:(三力牌)
汽车制动盘、制动鼓等
配套及出口情况:制动盘已给国内多种车型提供配套;主要出口欧洲、北美洲、南美洲、中东、南非、大洋洲等地区

★山东高天金属制造有限公司
地址:山东省高密市醴泉大街969号
邮编:261500
电话:0536/2322140、2323704
传真:2323630、2323704
网址:www.gaotian.com
电子信箱:sales@gaotian.com
法定代表人:冯林
质量体系:ISO/TS 16949
产品情况:(高天牌)
轮胎气门嘴、气门芯等;年产多个系列的近百种规格的各类气门嘴2亿多套,年产气门嘴用铜材8000t
出口情况:出口美国、马来西亚、阿根廷、土耳其、欧洲、美洲、南非等国家和地区

★山东红光橡胶科技有限公司
地址:山东省高密市咸家工业区红光大道西首
邮编:261528
电话:0536/2721115、13853690696
传真:2726111
网址:www.hgairspring.cn
电子信箱:vonlin@jtdtyre.com
法定代表人:刘斌
质量体系:ISO 9001
产品情况:生产各种型号空气弹簧、空气悬架、汽车爆胎应急装置产品、工业轮胎、工程轮胎、实心轮胎、农业轮胎、农业子午轮胎
配套及出口情况:为多家知名的汽车制造商配套;远销美国、欧盟等国家和地区

★山东通力车轮有限公司
地址:山东省诸城市龙都街道驻地
邮编:262200
电话:0536/6447438、6447427
传真:6447438、6448551
电子信箱:tonglicaiwu@126.com
法定代表人:胡方森
质量体系:ISO/TS 16949
产品情况:[诸龙(ZHULONG)牌]
乘用车、商用车、摩托车、工程机械车车轮,现年综合产能600万只
配套及出口情况:进入北汽控股、北汽福田、上汽通用五菱、长安集团、东风汽车、中国重汽、陕汽、凯马汽车、沈阳金杯、山东五征、福迪汽车等国内知名主机厂家的配套体系;出口俄罗斯、英国、东南亚、南非等多个国家和地区

★诸城市义和车桥有限公司
地址:山东省诸城市泰薛路王家铁钩村段南侧
邮编:262200
电话:0536/6046238、6569700
传真:6110875
网址:www.yihecheqiao.com
电子信箱:2736363344@qq.com
法定代表人:陈忠义
单位人数:670
质量体系:ISO/TS 16949
产品情况:各种商用车桥(前桥、后桥总成)、乘用车桥(麦弗逊式独立悬架、双横臂式独立悬架等)、锻造前轴、各种转向拉杆、U形螺栓;电动车前/后桥等产品
配套及出口情况:主要配套北汽福田、中国重汽、一汽、东风、陕汽、北方奔驰、南京依维柯、江淮、长安等十几家国内主要汽车生产厂家;远销美国、荷兰、加拿大等国家

★通伊欧轮胎(诸城)有限公司
地址:山东省诸城市昌城镇芦河北路301号
邮编:262216
电话:0536/6338271、6336010
传真:6335965
电子信箱:hysui@toyo-tlz.com.cn
法定代表人:井村洋次
产品情况:(TOYO牌)
货车和客车全钢子午线轮胎

★山东泸河集团有限公司
地址:山东省诸城市昌城镇泸河工业区
邮编:262216
电话:0536/6336020、6336003
传真:6401038
网址:www.luhe.com
电子信箱:ben_liu911@hotmail.com
法定代表人:许传弟
单位人数:2000
质量体系:ISO/TS 16949
产品情况:(泸河牌)
主导产品有全钢子午胎、半钢子午胎、斜交胎和橡胶机械等
配套及出口情况:主要配套厂家有北汽福田、江淮汽车、山东凯马、沈阳金杯、四川现代、一汽红塔等;与50多位外商和30多个国内代理公司建立了长期稳定的合作关系

★山东三工橡胶有限公司
地址:山东省诸城市皇华镇驻地
邮编:262229
电话:0536/6581728、6581388
传真:6581388、6581728
电子信箱:18253627677@163.com
法定代表人:金学宝
质量体系:ISO/TS 16949
产品情况:(三工牌)
全钢子午胎和斜交载重、轻型货车、农用车、摩托车、电动车用6大系列共200多个规格
出口情况:出口30多个国家和地区

★诸城市曙光车桥有限责任公司
地址:山东省诸城市经济开发区西首
邮编:262233

电话:0536/6079288
传真:6438410
法定代表人:赵福岩
质量体系:ISO/TS 16949
产品情况:黄海、曙光全系列车桥及半轴、齿轮、制动器、转向节、拨叉、差速器等

★日照市北业制动泵有限公司
地址:山东省日照市五莲县松柏工业园
邮编:262302
电话:0633/5511305、4006121711
传真:5511711
电子信箱:byhr2013@163.com
法定代表人:臧福运
质量体系:ISO/TS 16949
产品情况:汽车制动系统
配套情况:为20余家主机厂配套

★山东英豪实业有限公司
地址:山东省青州市309国道378公里处
邮编:262500
电话:0536/3550078、13793679538
网址:www.yinghaoshiye.com
电子信箱:694237798@qq.com
法定代表人:刘英
质量体系:ISO/TS 16949
产品情况:主要生产汽车横直拉杆总成、传动轴总成以及十字轴等各种汽车零部件200余种
配套情况:主要配套单位有美国爱科、韩国乐星大同公司、雷沃阿波斯、中国一拖、常发集团

★潍坊市正丰汽车配件有限公司
地址:山东省青州市高柳镇阳河工业园
邮编:262500
电话:18853613510、18865466789
传真:3598000
网址:gb.zfbrakes.com
电子信箱:qzzfgm@163.com
法定代表人:赵冬
质量体系:ISO/TS 16949
产品情况:(正丰牌、驰远牌、艾博客牌)
具有年产2500万片钢背、300万套制动片、300万套蹄铁、100万套制动蹄和300万只制动盘、制动鼓的规模
配套及出口情况:供应国内主机客户和售后市场;出口欧洲、美国、中东、马来西亚、南非、韩国等国家和地区

★山东云洲车轮有限公司
地址:山东省青州市经济开发区昭德北路与纽约路交叉口
邮编:262500
电话:0536/6136766、4008918887
传真:6136768
网址:www.yun-zhou.com
电子信箱:xiaoshou@yun-zhou.com
法定代表人:李春国
质量体系:ISO/TS 16949
产品情况:(云洲牌)
产品涵盖乘用车车轮、商用车车轮、工程车车轮、电动汽车车桥、大型拉伸配件、冲压配件等
配套情况:主要配套单位有上汽集团、江淮集团、凯马集团、德国克拉斯、美国卡特彼勒、唐骏欧铃等120多家装载机厂家及大金马摩托、昌时车业、雷丁电动汽车等厂家

★青州市建富齿轮有限公司
地址:山东省青州市昭德北路899号
邮编:262500
电话:0536/3295306、3295301
传真:3295303
网址:www.jianfugear.com
电子信箱:1439072565@qq.com
法定代表人:张建富
质量体系:ISO/TS 16949、QS 9000
产品情况:(JIANFU牌)
汽车车桥弧齿轮,年产各种齿轮150万套
配套情况:为中国重汽集团、安凯汽车集团、一汽、东风、北汽福田等配套

★寿光市泰丰汽车底盘制造有限公司
地址:山东省寿光市洛城街道留吕工业园
邮编:262734
电话:0536/5636988、5675088
传真:5631149
网址:www.taifengdp.com
电子信箱:taifeng@taifengnet.com
法定代表人:张风太
质量体系:ISO/TS 16949
产品情况:汽车底盘,主要为重型货车、轻型货车、矿车、自卸车、客车、新能源汽车、特种车等车型进行配套
配套情况:被北汽福田、南京徐工、中通客车、申沃客车、中航爱维克、中航军用特种车等多家知名主机厂多次被评为优秀供应商

★潍坊市跃龙橡胶有限公司
地址:山东省寿光市台头镇
邮编:262735
电话:0536/2230223
传真:5519456
网址:www.yuelonggroup.net
电子信箱:info@yuelonggroup.net
法定代表人:刘新刚
单位人数:8500
质量体系:ISO 9001
产品情况:(跃龙牌)
全钢货车子午线轮胎、半钢乘用车子午线轮胎
配套及出口情况:与北汽福田、中国重汽、时风集团等多家企业配套;远销德国、美国、日本等全球130多个国家和地区

★山东银宝轮胎集团有限公司
地址:山东省寿光市台头镇工业园
邮编:262735
电话:0536/2154888、4008166678
传真:2154888
网址:www.yinbaotyre.com
法定代表人:刘永华
质量体系:ISO 9001、ISO 10012
产品情况:(银宝牌)
全钢载重子午线轮胎、轿车轮胎、工程机械轮胎、农业轮胎、特种轮胎等
配套及出口情况:为中国重汽、北汽福田、陕西重汽、广汽日野、中联重科、日本川崎重工、小松机械等配套;出口欧洲、美洲、大洋洲、中东等地区

★烟台市清泉特钢锻造制品有限公司
地址:山东省烟台市高新园区博斯纳路南首
邮编:264000
电话:0535/6758067、3942670
传真:6758031、6758067
网址:www.ytduanzao.com
电子信箱:info@yt-qingte.com
法定代表人:张源建
负责人:张立强
质量体系:ISO/TS 16949、ISO 14001
产品情况:(清泉寨牌)
汽车前桥、前轴、平衡轴总成、差速器壳、连杆及各种锻件毛坯和机加工产品
配套及出口情况:主要为陕西汉德车桥、青特集团、山东蓬翔汽车(原山东汽车改装厂)、北方奔驰重型汽车、青岛海通车桥、北京众力福田车桥、安徽安凯金达汽车部件、烟台杰瑞集团、烟台艾迪精密机械等公司配套;国外客户包括北美洲的卡特彼勒、特雷克斯等

★烟台宏田汽车零部件股份有限公司
地址:山东省烟台市牟平区姜格庄东海底国防路东
邮编:264000
电话:0535/6576008
网址:www.hongtianco.com
电子信箱:juling@ytmasterparts.com
法定代表人:马惠泽
质量体系:ISO/TS 16949、QS 9000
产品情况:汽车制动盘、制动鼓
出口情况:出口欧洲、美国等地区

★烟台爱科机械设备有限公司
地址:山东省烟台市莱山区盛泉工业园广场北路1号
邮编:264003
电话:0535/6727778、6727797
传真:6727797
网址:www.al-ko-yt.com
电子信箱:lianxia.du@al-ko.cn
法定代表人:哈拉尔德·希勒
质量体系:ISO 9001
产品情况:重型车桥、车轴、钢板悬架、空气悬架、小型挂车底盘

★烟台胜地汽车零部件制造有限公司
地址:山东省烟台市经济技术开发区泰山路80号
邮编:264006
电话:0532/85761111、0535/6383326
传真:0532/85768370
网址:www.winhere.com.cn
电子信箱:autoparts@winhere.com.cn
法定代表人:姜国强
质量体系:IATF 16949
产品情况:(Winhere牌)
主要产品为制动盘、制动鼓,年产超过4800万片
配套及出口情况:配套长城汽车、比亚迪、BWI、万向、江淮、长安等公司;出口美国、德国、英国、日本、荷兰、印度等国家

★烟台鸿安实业有限公司
地址:山东省烟台市开发区鸿安工业园
邮编:264006
电话:0535/6951779、6950875
网址:www.hongangroup.com.cn
电子信箱:zyf7159@163.com
法定代表人:谢双
单位人数:300
质量体系:ISO/TS 16949
产品情况:汽车转向泵
配套情况:主要配套厂家有江淮、吉利、现代华泰、重庆力帆、长安汽车、东风、柳州汽车、吉奥、一汽红塔、北汽福田、比亚迪、华晨、北汽等

★烟台海德智能装备有限公司
地址:山东省烟台市牟平区南关大街878号
邮编:264100
电话:0535/4710169、4710181
传真:4710166
电子信箱:wangwj6@qq.com
法定代表人:宋豪杰
质量体系:ISO/TS 16949
产品情况:汽车动力转向泵

★三角轮胎股份有限公司
地址:山东省威海市青岛中路56号
邮编:264200
电话:0631/5322983、4000631096
传真:5321246
网址:www.triangle.com.cn
电子信箱:triangle@public.whptt.sd.cn
法定代表人:丁木
单位人数:5300
质量体系:ISO/TS 16949
产品情况:(三角牌)
商用车轮胎、乘用车轮胎、斜交工程胎、子午工程胎和巨胎等;目前年产能力2200万套
配套及出口情况:为中国重汽、中国一汽、东风汽车、金龙汽车、宇通汽车、中通汽车、一汽轿车、上汽通用五菱、郑州日产、长安铃木、江铃汽车等50多家汽车制造商和山东临工、卡特彼勒(青州)、厦门厦工、山东德工等20多家工程机械制造商提供配套;远销全球180多个国家和地区,并在北美洲、欧洲、俄罗斯、印度等地设立了分支机构;与卡特彼勒、特雷克斯、斗山、现代、沃尔沃等公司建立全球合作

★威海万丰奥威汽轮有限公司
地址:山东省威海市高新技术开发区火炬路218号
邮编:264209
电话:0631/5621989
传真:5621989
网址:www.wfjt.com
电子信箱:weihaiwanfeng@163.com
法定代表人:董瑞平
质量体系:ISO/TS 16949
产品情况:(ZCW牌)
汽车铝合金车轮,年产200万件
配套情况:与神龙汽车、奇瑞汽车、郑州日产、江淮汽车等合作,为德国DBV、ROD等配套

★腾森橡胶轮胎(威海)有限公司
地址:山东省威海市经济技术开发区腾森路1号
邮编:264209
电话:0631/3856681、4000079599
传真:3852211
网址:www.timsun.com.cn
电子信箱:yxb08@timsun.cn
法定代表人:马光明
单位人数:900
质量体系:ISO/TS 16949、ISO 14001
产品情况:(腾森牌、奥利森牌、朗森牌)
丁基内胎,摩托车、电动车轮胎,具备年产高档摩托车轮胎800余万套生产能力

★荣成市黄海离合器有限公司
地址:山东省荣成市黎明南路601号
邮编:264300
电话:0631/7551286
传真:7551286
网址:www.hhclutch.cn
电子信箱:rcqp@public.whptt.sd.cn
法定代表人:盛建涛
质量体系:ISO/TS 16949
产品情况:(黄海牌)
重型汽车离合器总成系列:HHML430(拉式离合器)、DS430、DS395、DS350、DS325、DS300、DS275膜片弹簧离合器总成;轻型汽车离合器总成系列:DS240、122、210、DS255膜片弹簧离合器总成,131、480、2310、1305-2、475、375Q螺旋弹簧离合器总成等
配套情况:与中国重汽、北汽福田、北奔重汽、上汽依维柯红岩、大运汽车、临工桥箱、常柴、扬柴、莱动、云内、无锡四达、全柴、天拖迪尔、宁波迪尔、一拖、福田雷沃重工、上海纽荷兰、清江拖拉机、江苏悦达、常州威格特、常州东风农机等厂家长期配套

★ 浦林成山(山东)轮胎有限公司

地址:山东省荣成市南山北路98号
邮编:264300
电话:4006188899
网址:www.prinxchengshan.com
电子信箱:yuwang@prinxchengshan.com
法定代表人:车宏志
单位人数:5000
质量体系:IATF 16949、ISO 14001
产品情况:[浦林(Prinx)牌、成山(Chengshan)牌、澳通(Austone)牌、富神(Fortune)牌]
产品涵盖乘用、商用、工业、农业及部分特种车辆轮胎
配套及出口情况:为中国重汽、中国一汽、江铃汽车、庆铃汽车、上汽红岩、东风柳汽等配套;出口130个国家和地区
☞ 详细情况请参阅彩色宣传版面

★成山集团有限公司
地址:山东省荣成市南山北路98号
邮编:264300
电话:0631/7523999
传真:7523888
网址:www.chengshan.com
电子信箱:chengshan@chengshan.com
法定代表人:车宏志
单位人数:8000
质量体系:ISO/TS 16949、VDA 6.1
产品情况:(成山牌)
各种车用子午线轮胎、斜交轮胎
配套情况:为30多家汽车制造商配套

★文登市三峰轮胎有限公司
地址:山东省文登市龙山路148号
邮编:264400
电话:0631/8086998、8358698
传真:8358798
网址:www.sanfengchina.cn
电子信箱:sanfeng@sanfengchina.cn
法定代表人:刘玉明
质量体系:ISO 9000、ISO 14000
产品情况:(三峰牌)
微、轻、中型货车、客车轮胎、农业轮胎、工程机械轮胎、特种轮胎等100多个规格品种
出口情况:远销东南亚、欧洲、美洲等20多个国家和地区

★山东双力板簧有限公司
地址:山东省文登市高村镇兴高路10号
邮编:264408
电话:0631/8761078
传真:8767199
网址:www.shuanglibanhuang.com
电子信箱:i59878@126.com

法定代表人:周建勇
负责人:周晓军
单位人数:700
质量体系:ISO/TS 16949
产品情况:各种汽车板簧,年产 5 万 t;弹簧扁钢,年产 15 万 t
配套及出口情况:为北汽配套;出口菲律宾、新加坡等国家

★山东文峰集团有限公司
地址:山东省威海市临港区汪疃镇西永兴路 11-8 号
邮编:264417
电话:0631/8561096、8563369
传真:8561096、8578988
电子信箱:wenfengmiaomu@ sina. com
法定代表人:张宁
质量体系:QS 9000、ISO 9001
产品情况:(文峰牌)
汽车半轴、半轴套管、前后桥壳总成等
配套情况:为一汽集团、东风汽车公司配套

★山东日信工业有限公司
地址:山东省乳山市金岭经济技术开发区
邮编:264500
电话:0631/6681246
传真:6681358
电子信箱:yumingyan@ sd-nissin. com
法定代表人:高寺有三
负责人:佐野一也
质量体系:ISO/TS 16949
产品情况:制动系统、汽车制动器及配件,汽车发动机支架及底座

★烟台美丰机械有限公司
地址:山东省海阳市盘石店镇工业园
邮编:265112
电话:0535/3642518、4006683777
网址:www. meifeng. tm
电子信箱:info@ mefine. cn
法定代表人(负责人):王勇
单位人数:600
质量体系:ISO/TS 16949、ISO 14001
产品情况:(磐石牌、途朗宝牌)
汽车制动盘、制动鼓,年生产力达到 900 万件
配套及出口情况:为上汽、东风、福田配套;远销亚洲、美洲、欧洲、中东地区

★烟台乐泰汽车配件有限公司
地址:山东省烟台市栖霞经济开发区吉林路
邮编:265323
电话:0535/5573602
传真:5573600
网址:www. letec-automotive. com
电子信箱:sales@ letec-automotive. com
法定代表人:王欣光
质量体系:ISO/TS 16949
产品情况:汽车制动盘、制动鼓和汽车发动机飞轮总成
出口情况:主要产品 600 余种型号全部出口欧洲市场

★山东玲珑轮胎股份有限公司
地址:山东省招远市金龙路 777 号
邮编:265400
电话:0535/3600036、4001133999
网址:www. linglong. cn
电子信箱:linglong_xs@ linglong. cn
法定代表人:王锋
单位人数:12000
质量体系:ISO/TS 16949、VDA 6.1
产品情况:(玲珑牌、山玲牌、利奥牌)
轿车轮胎、货车和客车轮胎、特种轮胎等
配套及出口情况:成为中国一汽、陕西重汽、东风汽车、北汽福田、重庆红岩、上汽通用五菱、济南重汽、厦门金龙等国内 60 多家主机厂的主要供应商;远销全球 180 多个国家和地区

★山东上汽汽车变速器有限公司
地址:山东省烟台市福山高新区永达街 969 号
邮编:265500
电话:0535/63122607
传真:2609090
电子信箱:liangfangl@ sagw. com
法定代表人:钱向阳
质量体系:ISO/TS 16949
产品情况:汽车横置变速器总成和各类汽车变速器部件
配套情况:为上汽通用、上汽通用东岳等配套

★博世华域转向系统(烟台)有限公司
地址:山东省烟台市福山区永达街 1000 号
邮编:265500
电话:0535/3803055
传真:3803055
网址:www. boschhuayu-steering. com
法定代表人:邱琪
产品情况:液压助力转向系统、转向管柱、转向阀组、中间轴以及双齿轮式电动助力转向系统、管柱式电动助力转向系统等相关零部件产品
配套情况:主要客户有上汽通用(烟台东岳、沈阳北盛及青岛五菱)、一汽-大众、华晨宝马、长城、北汽等国内知名整车厂

★蓬莱天日汽车部件有限公司
地址:山东省蓬莱市经济开发区哈尔滨路 7 号
邮编:265607
电话:0535/5622989、5617781
传真:5979799
网址:www. plsuns. com
电子信箱:info@ plsuns. com
法定代表人:孙瑶
单位人数:400
质量体系:ISO/TS 16949、QS 9000
产品情况:重型货车使用的推力杆和聚氨酯接头
配套及出口情况:为大多数重型货车厂家配套;出口美国、澳大利亚、日本、韩国、印度、印度尼西亚、以色列等国家

★蓬莱万寿机械有限公司
地址:山东省蓬莱市经济开发区金创路 58 号
邮编:265607
电话:0535/3358015、3358018
网址:www. wanshoujx. com
电子信箱:wanshou@ wanshoujx. com
法定代表人:杨东洲
质量体系:ISO/TS 16949、ISO 14001
产品情况:系列无缝钢管整体式驱动桥壳、整体铸造桥壳、新型汽车制动鼓、轮毂总成,系列悬架总成、差减壳总成及工程机械驱动桥配件等
配套情况:为国内厂家配套

★蓬莱北驰车轮有限公司
地址:山东省蓬莱市经济开发区金创路 22 号
邮编:265609
电话:0535/3543586、3543582
传真:3543589
网址:www. bc-cl. cn
电子信箱:office@ bc-cl. cn
法定代表人:胡孝伟
产品情况:车轮及旋压轮辐等产品
配套情况:为北奔重汽配套

★山东隆基机械股份有限公司
地址:山东省龙口市开发区工业园烟潍路 120-8 东 60 米隆基工贸
邮编:265700
电话:0535/8842175
传真:8881899
网址:www. sdljjx. com. cn
法定代表人:张海燕
单位人数:2000
质量体系:ISO/TS 16949、ISO 14000
产品情况:(隆基牌)
制动盘、制动毂、轮毂、制动钳、制动片产品
配套及出口情况:为济南重汽、陕西汉德、北方奔驰、广西柳汽、安凯福田、郑州宇通、奇瑞、吉利、比亚迪、重庆长安、通用五菱等配套;远销欧美、中东、大洋洲、非洲及东南亚等近 50 个国家和地区,与 BREMBO 公司、ADVANCE 公司、BPI 公司、GPC 公司、PE 公司、TRW 公司等国际知名零部件连锁经销商建立了长期合作伙伴关系,并实现为马来西亚的第一、第二汽车厂的 OEM 配套

★隆基集团有限公司
地址:山东省龙口市龙口经济开发区
邮编:265700
电话:0535/8886888、8841746

传真:8842886
网址:www. longjigroup. cn
电子信箱:office - zb@ longjigroup. cn
法定代表人:张乔敏
单位人数:3000
质量体系:ISO/TS 16949、ISO 14000
产品情况:汽车制动盘、制动毂、轮毂、制动片、制动钳及气泵、水泵、机油泵
配套及出口情况:为一汽、东风、重汽、陕汽、北奔、宇通、奇瑞、吉利、比亚迪、长安、通用等知名品牌汽车厂配套;远销欧美、中东、大洋洲、非洲及东南亚等50多个国家和地区

★龙口富元机械有限公司
地址:山东省龙口市东江高新区
邮编:265701
电话:0535/3463708、8950011
传真:3463709
网址:www. cnbrakecn. com
电子信箱:longkoufuyuan@ 163. com
法定代表人:张海波
质量体系:ISO/TS 16949
产品情况:汽车制动盘、制动鼓
出口情况:远销美洲、南非、中东、韩国、东南亚、英国、比利时等国家和地区

★龙口奇正汽车配件制造有限公司
地址:山东省龙口市开发区
邮编:265703
电话:0535/3128117、3128179
传真:3128123
网址:www. lktlc. com
电子信箱:lktlc@ vip. sina. com
法定代表人:姜训卫
质量体系:ISO/TS 16949
产品情况:汽车制动盘、制动鼓
出口情况:出口国外市场

★山东裕东汽车零部件有限公司
地址:山东省龙口市龙港开发区
邮编:265703
电话:0535/8881272、8863329
传真:8863328
网址:www. sd - yd. com
电子信箱:sales@ sd - yd. com
法定代表人:孙振林
质量体系:ISO/TS 16949、ISO 9001
产品情况:(裕东牌)
汽车制动盘、制动鼓,年产各类制动盘、鼓近1000万件
出口情况:远销欧洲、美洲、中东、亚太等全球20多个国家和地区

★龙口兴隆轮胎有限公司
地址:山东省龙口市中村镇兴隆庄
邮编:265703
电话:0535/8868215、8861036
传真:8862768
电子信箱:26236354@ qq. com
法定代表人:邹志顺
质量体系:ISO 9001
产品情况:(龙林牌、龙达牌)
工程轮胎、工业轮胎、无内胎轮胎、中型载重轮胎、轻型载重轮胎、微型载重轮胎和农用轮胎7大系列;年生产能力可达50万套
出口情况:出口美国、菲律宾、印度尼西亚、巴拿马等10多个国家

★山东旭鑫机械股份有限公司
地址:山东省龙口市石良镇驻地
邮编:265707
电话:0535/8762620
传真:8762166
网址:www. sd - xuxin. cn
法定代表人:朱广旭
质量体系:ISO/TS 16949
产品情况:(金珠牌)
汽车制动鼓、轮毂、制动盘、悬架件及其他汽车零部件铸件;年产铸件能力达到6.5万t
配套及出口情况:为一汽解放青岛汽车厂、北汽福田汽车、安徽华菱、泰州神力车桥等厂家配套;部分产品出口美国、日本、韩国等国家和地区

★龙口金正机械有限公司
地址:山东省龙口市徐福镇浩源工业园
邮编:265713
电话:0535/3456888、3452666
传真:3451999
网址:www. brakerotor. cc
电子信箱:webmaster@ brakerotor. cc
法定代表人:郑凯
单位人数:1500
质量体系:ISO/TS 16949
产品情况:汽车制动盘、制动毂、水泵、油泵、气泵等零部件
配套及出口情况:为美国克莱斯勒、通用配套;主要出口美洲、欧洲、韩国、日本、加拿大、南非、西欧等国家和地区,并销往中国台湾地区

★兴民智通(集团)股份有限公司
地址:山东省龙口市经济开发区
邮编:265716
电话:0535/8880188
传真:8886708
网址:www. xingmin. com
电子信箱:master@ xingmin. com
法定代表人:高赫男
质量体系:IATF 16949、ISO 14001
产品情况:(兴民牌)
乘用车钢制车轮、轻型货车钢制车轮、重型货车钢制车轮、拖车钢制车轮、农林机械钢制车轮、雪地轮6大系列1000多个品种,年产销钢制车轮超过1000万件;智能网联汽车硬件及数据服务
配套及出口情况:是福田汽车、长安汽车、北京汽车等10多家国内外整车企业的一级供应商;远销40多个国家和地区

★龙口海盟机械有限公司
地址:山东省龙口市经济开发区
邮编:265716
电话:0535/8887366、8887188
传真:8880266
网址:www. haimeng. com
电子信箱:sales@ haimeng. com
法定代表人(负责人):王晓光
单位人数:2642
质量体系:ISO/TS 16949、QS 9000
产品情况:(海盟牌)
制动盘、制动鼓、制动蹄、轮毂和车桥等
出口情况:主要出口美国、欧洲等30多个国家和地区

★龙口中宇汽车风扇离合器有限公司
地址:山东省龙口市北马镇大陈家
邮编:265717
电话:0535/3127379
传真:8981143
网址:www. fanclutch. cn
电子信箱:longkouzhongyu@ 163. com
法定代表人:王学亮
质量体系:ISO/TS1694
产品情况:电磁风扇离合器、无刷式电磁风扇离合器、热双金属片温度控制开关、汽车助力真空泵、燃油输油泵、硅油风扇离合器、空调电磁离合器、旋压皮带轮等产品
配套情况:为潍柴、福田、一汽、依维柯、玉柴、云内、尼奥普兰、郑州宇通、意大利菲亚特、俄罗斯ZMZ、美国FDP等国内外汽车厂、发动机厂定点配套

★青岛恒达轮胎有限公司
地址:山东省平度市前楼工业园
邮编:266000
电话:0532/68972391、8631888
传真:68972391 86312666
网址:www. hengdatyre. com
电子信箱:marina@ hongchityre. com
法定代表人:周晓辉
质量体系:ISO 9001
产品情况:(FOREVER牌、HENGTAR牌、HONGCHI牌)
斜交工程机械轮胎、工业轮胎、农业轮胎、载重轮胎、轻型载重轮胎、港口胎;年综合生产能力为轮胎200万套
出口情况:远销欧洲、中东、北美洲、东南亚、大洋洲、非洲等地区

★青岛金盛集团有限公司
地址:山东省青岛市重庆中路971-3号
邮编:266000
电话:0532/84838678、85521639
传真:85521999
网址:www. qingdaojinsheng. cn
电子信箱:jsjt@ qdjsjt. com
法定代表人:房利
单位人数:600
质量体系:ISO 2000、ISO/TS 16949

产品情况：(金口牌)
各类轻、中、重型豪华汽车驾驶员座椅，悬置梁总成，前翻及后悬开启机构，商用车全车焊接件，各类轻、中、重型汽车传动轴，各种铸锻件、塑料橡胶制品
配套及出口情况：为一汽集团、东风汽车等配套；出口美国、日本、韩国，并销往中国香港地区

★青岛帅潮实业有限公司
地址：山东省青岛市娄山路1号
邮编：266043
电话：0532/84832999、84831717
电子信箱：admin@ shuaichao. com
法定代表人：成焕亮
质量体系：ISO/TS 16949
产品情况：各种重、中、轻型汽车钢板弹簧为主导产品
配套及出口情况：为一汽集团青岛汽车厂、北京欧曼重型汽车厂、中国重汽集团、陕西重汽集团、北汽福田诸城汽车厂等供货；远销美国、韩国、菲律宾、澳大利亚、俄罗斯等多个国家

★赛轮集团股份有限公司
地址：山东省青岛市市北区郑州路橡胶谷43号B栋
邮编：266045
电话：4006608329
网址：www. sailuntyre. com
电子信箱：sl@ sailuntire. com
法定代表人：袁仲雪
单位人数：11000
质量体系：ISO/TS 16949、ISO 14001
产品情况：(SAILUN 牌)
已拥有全钢子午线轮胎超540万条、半钢子午线轮胎逾4000万条、非公路轮胎6万t以上的年生产能力
出口情况：远销欧洲、美洲、亚洲、非洲等100多个国家和地区

★光明轮胎集团有限公司
地址：山东省青岛市秦岭路海韵东方605
邮编：266060
电话：0532/86311999、80821115
传真：86311777、80821111
电子信箱：guangmingtyre@ hotmail. com
法定代表人：郑本福
质量体系：ISO 9001
产品情况：(河山牌、超音速牌、光明使者牌、游子神牌)
工程轮胎、载货汽车全钢子午轮胎、微型汽车斜交轮胎等
出口情况：远销亚洲、非洲、欧洲、大洋洲、美洲等30多个国家和地区

★青岛福临轮胎有限公司
地址：山东省青岛市市南区闽江路2号国华大厦B座11层
邮编：266071
电话：0532/85936928、85936925
传真：85936969
网址：www. fullruntyre. com
电子信箱：fullrun@ fullruntyre. com
法定代表人：刘自金
质量体系：ISO 9001
产品情况：(FULLRUN/福临牌、AUTOGRIP/奥特瑞普牌、FULLWAY/福威牌、ANTYRE/爱客牌、TURNPIKE/途凯乐牌等)
轮胎
出口情况：产品90%出口，远销150多个国家和地区

★青岛国人机械有限公司
地址：山东省即墨市烟青路1591号
邮编：266100
电话：0532/87508976
传真：87501829
网址：www. gren. com
电子信箱：machinery@ gren. com
法定代表人：韩剑非
质量体系：ISO/TS 16949
产品情况：汽车制动器、鼓，制动摩擦片、散热器等汽车零配件及焊接建筑构件等

★青岛方正机械集团有限公司
地址：山东省青岛市李沧区大崂路1002号商会大厦10楼
邮编：266100
电话：0532/80920827、17865325303
传真：80920827
网址：www. chinaqf. com
电子信箱：sales@ chinaqf. com
法定代表人：方修君
质量体系：ISO/TS 16949
产品情况：双联驱动桥橡胶悬架、双驱动桥系列、随动桥系列、挂车空气悬架、半挂车空气悬架、汽车专用车桥、弯管桥、驾驶室气囊减振器等产品
配套情况：为一汽集团、北汽福田、东风汽车公司等配套

★青岛海通车桥有限公司
地址：山东省青岛市李沧区瑞金路7号甲
邮编：266100
电话：0532/87896230
传真：87895211
网址：www. cheqiao. cn
电子信箱：bgs@ cheqiao. cn
法定代表人：王立福
负责人：张建华
单位人数：798
质量体系：ISO/TS 16949
产品情况：(HT 牌)
轻、中、重型载货汽车车桥总成
配套情况：为一汽解放青岛汽车厂、重汽集团、山东蓬翔、一汽解放车桥等公司配套

★齐鲁轮业有限公司
地址：山东省青岛市城阳区城西工业园
邮编：266109
电话：0532/88697122、88697168
传真：88697188
网址：www. qlwheel. com
电子信箱：qlwheel@ 126. com
法定代表人：刘井野
负责人：金晓雄
单位人数：400
质量体系：ISO/TS 16949、ISO 9001
产品情况：型钢车轮(5°斜底车轮)和滚型车轮(15°深槽车轮)两大系列产品

★青岛青特众力车桥有限公司
地址：山东省青岛市城阳区正阳东路777号
邮编：266109
电话：0532/87766666、13969825836
网址：www. qtcheqiao. com
法定代表人：纪建奕
质量体系：ISO/TS 16949
产品情况：(青特牌)
驱动车桥总成及零部件
配套情况：为北京福田戴姆勒欧曼、一汽解放青岛汽车有限公司等国内各大汽车厂家配套

★青岛黄海橡胶有限公司
地址：山东省青岛市城阳区锦盛一路86号
邮编：266111
电话：0532/68016296、68016117
传真：68016038、68016117
电子信箱：hhlt6078@ 126. com
法定代表人：张晓新
质量体系：ISO 9001
产品情况：(黄海牌、力霸牌、路通达牌、海奥牌)
各种规格全钢子午胎和半钢子午胎

★青岛天赢智能工业股份有限公司
地址：山东省即墨市环秀街道办事处西山前正阳街2号
邮编：266200
电话：0532/87528111
传真：87528000
网址：www. mds - china. com
电子信箱：9327451@ qq. com
法定代表人：田清桐
质量体系：ISO/TS 16949
产品情况：乘用车底盘悬架和转向系统组装产品、新能源汽车底盘产品等

★青岛丰宝汽车离合器有限公司
地址：山东省即墨市大信镇丰宝路1号
邮编：266229
电话：0532/82537999、82530998
传真：82530999
电子信箱：qdfengbaoxs@ 126. com
法定代表人：刘太亮
质量体系：ISO/TS 16949
产品情况：(丰宝牌)
一汽解放系列、东风系列和重汽系

列等车用离合器总成,汽车离合器年生产量 120 万套以上
配套及出口情况:被西安陕汽、北汽欧曼、济南泰安专用汽车厂、中通客车厂等多家汽车生产厂商指定配套;随多家汽车生产商的车辆出口,远销多个国家和地区

★青岛森麒麟轮胎股份有限公司
地址:山东省即墨市天山三路 5 号
邮编:266229
电话:0532/68968612
网址:www.senturytire.com.cn
电子信箱:zhengquan@senturytire.com
法定代表人:秦龙
质量体系:IATF 16949、ISO 14001
产品情况:[森麒麟(SENTURY)牌、路航(LANDSAIL)牌、德林特(DELINTE)牌]
具备年产 1200 万条半钢子午线轮胎的生产能力
配套及出口情况:为吉利汽车、北汽汽车、奇瑞汽车、观致汽车、江淮汽车、华晨金杯、华晨中华、华晨鑫源、北汽银翔、众泰汽车、力帆汽车、吉利知豆、南京金龙等汽车厂家的主要供应商;客户网络遍布美洲、欧洲、亚太及非洲等区域,产品远销 150 多个国家和地区

★ 双星集团有限责任公司
地址:山东省青岛市黄岛区两河路 666 号
邮编:266400
电话:4000176666
网址:www.doublestartyre.com
法定代表人:柴永森
质量体系:ISO/TS 16949
产品情况:(双星牌)
全钢载重子午胎、半钢子午胎、斜交载重轮胎、轻型农用车轮胎、工程轮胎、内胎垫带、特种轮胎等
配套及出口情况:是中国一汽、东风汽车、中国重汽、福田汽车、陕汽、中集集团、江淮汽车、长安汽车、五征汽车等几十家国内著名汽车生产厂家的主要供应商;出口欧美、非洲、东南亚、中东等 140 多个国家和地区
☞ 详细情况请参阅彩色宣传版面

★青岛精益精锻齿轮有限公司
地址:山东省胶州市滨州路 5 号
邮编:266300
电话:0532/82292395、82298535
传真:82290996
电子信箱:985444843@qq.com
法定代表人:赵勤明
质量体系:ISO 9001
产品情况:(一心牌)
精锻行星齿轮、半轴齿轮、锥齿轮以及各种精密锻件
配套及出口情况:主要为一汽集团、一汽哈尔滨轻型车厂、福田雷沃重工、山东工程机械厂、台励福叉车(青岛)公司、山东时风等配套;部分产品出口欧洲、美洲地区

★青岛道安工贸股份有限公司
地址:山东省胶南市黄山镇
邮编:266424
电话:0532/86760666、83125831
传真:58862001
电子信箱:1272279501@qq.com
法定代表人:丁顺斌
质量体系:ISO 9001
产品情况:丁基内胎

★青岛聚蚨源机电有限公司
地址:山东省青岛市黄岛区东元路 1898 号
邮编:266431
电话:0532/87136677、82136669
传真:82187788
电子信箱:qdjfyjd22@126.com
法定代表人:孙肖华
质量体系:ISO/TS 16949、ISO 9001
产品情况:制动鼓、轮毂、制动盘、泵阀、箱体等铸造产品
出口情况:出口俄罗斯、加拿大、意大利、美国等欧美国家

★青岛盛博机电有限公司
地址:山东省青岛市胶南临港开发区
邮编:266431
电话:0532/87192501、83191939
传真:83191962
网址:www.brakepads.cn
电子信箱:sale1@brakepads.cn
法定代表人:杜效德
质量体系:ISO/TS 16949、ISO 14001
产品情况:(VQDX 牌)
研发制造各类汽车、柴油车的制动片及制动系统
出口情况:出口北美洲、南美洲、西欧、东欧、东亚、东南亚、中东、非洲等地区,并销往中国香港、中国澳门、中国台湾地区

★青岛华瑞汽车零部件股份有限公司
地址:山东省青岛市经济技术开发区富源工业园(茂山路 868 号)
邮编:266510
电话:0532/58718950、15806525260
传真:58718957
网址:www.hrap.cn
电子信箱:qdhrqc@126.com
法定代表人:刁玉臣
单位人数:660
质量体系:ISO/TS 16949
产品情况:制动器类:多种型号的液压盘式、气压鼓式和气压盘式制动器总成;离合器类:多种型号的农业装备用离合器;车桥类:多种汽车用前桥总成,拖拉机、收割机驱动桥总成;散件类:多种汽车、工程机械、农业装备用的行星架、轴承座、差速器壳体、板材件;摩擦材料类:多种型号的气压盘式制动块、油压盘式制动块和油压鼓式制动蹄总成
配套及出口情况:为一汽集团、东风汽车公司、上汽通用、北汽福田等配套;部分产品远销欧美及澳大利亚

★威伯科汽车控制系统(中国)有限公司
地址:山东省青岛市经济技术开发区渭河路 917 号
邮编:266510
电话:0532/86861000
传真:86837899
网址:www.wabco-auto.com
电子信箱:xiaoxiao.gu@wabco-auto.com
法定代表人:于素杰
质量体系:ISO/TS 16949
产品情况:空气压缩机、空气干燥器、四回路保护阀、空气处理单元、制动阀、继动阀、自动感载阀、挂车控制阀、离合器主缸、离合器助力缸、制动气室、制动器、防抱死制动系统、空气悬架、电子控制制动系统等

★青岛创兴齿轮有限公司
地址:山东省平度市经济技术开发区海州路 109 号
邮编:266700
电话:0532/88306811、84355715
传真:84355716、88306812
网址:www.qdfeihua.com
电子信箱:info@qdfeihua.com
法定代表人:王明旭
质量体系:ISO 9000
产品情况:(飞华牌)
已形成年产齿轮等产品 100 万件(套),柴油机连杆及配件 5 万套、工程机械桥总成及破碎锤机芯 1 万台套的生产能力
配套及出口情况:主要配套厂家有淄博柴油机、济南柴油机、东风公司、北汽福田、长城汽车、时风集团、山东常林集团等;出口意大利、西班牙等国家

★青岛新海威齿轮有限公司
地址:山东省青岛市平度同和工业园通达路中段
邮编:266700
电话:0532/88396262、87310022
传真:88396262
网址:www.nhwgear.com
电子信箱:1362309985@qq.com
法定代表人:何洪朋
产品情况:后桥盆角齿轮、拖拉机盆角齿轮及装载机盆角齿;具有年产 6 万台的生产能力
配套情况:与多家知名汽车生产厂家建立长期合作关系

★山东泰金精锻股份有限公司
地址:山东省莱芜市高新区汇源大街 001 号

邮编:271100
电话:0634/8661166、8671123
传真:8671123
网址:www. tigold. com. cn
电子信箱:tigold@ tigold. com. cn
法定代表人:杨洪信
质量体系:ISO/TS 16949
产品情况:各类车用轴类零件等产品
配套情况:主要配套于天津一汽、哈飞、格特拉克、奇瑞、长城、北汽、浙江中马、浙江双环、神龙、华泰、兵器集团和唐山爱信等厂家

★山东丰润机械制造有限公司
地址:山东省莱芜市高新区汶阳工业园长江大街75号
邮编:271100
电话:0634/5620977、5660557
传真:5620557
电子信箱:frcaiwubu@ 163. com
法定代表人:焦守法
单位人数:1200
质量体系:ISO/TS 16949
产品情况:年产汽车齿轮80万套、轻型货车配件50万件、变速器5万台
配套情况:主要合作伙伴有沃尔沃、中国重汽、青特集团、陕西重汽、畅丰车桥、北奔重汽、曙光集团、湖北三环、一汽蓬翔、一汽、安凯车桥

★山东汇金股份有限公司
地址:山东省莱芜市口镇
邮编:271114
电话:0634/5788902
网址:www. huijinfoundry. com
电子信箱:cg@ sdhuijin. com
法定代表人:李兆霞
质量体系:IATF 16949、ISO 14001
产品情况:(TUSIKOU牌)
主要生产前后桥总成、转向节、主减速器总成等乘用车零部件、商用车零部件、工程机械/农业装备零部件等,年铸造生产能力6万t
配套情况:主要为通用北美、通用中国、福特北美、福特中国、上汽、广汽、纳铁福(SDS)、GKN美国、沃尔沃美国、德纳北美、德纳无锡、卡罗拉中国、卡拉罗国际、赛麦道依茨法尔(SDF)、美国爱科、三菱重工、美国瀚瑞森、美国西屋、中国中铁和美国江森自控等国内外知名企业配套

★山东泰山轮胎有限公司
地址:山东省肥城市泰西大街1号
邮编:271600
电话:0538/3269341、3269992
传真:3269678、3260511
网址:www. taishantyre. com
电子信箱:tstyre@ 126. com
法定代表人:武朋
单位人数:1023
质量体系:ISO 9001、ISO 14001
产品情况:(泰山牌)
载重轻卡汽车轮胎、农用拖拉机轮胎、工程机械轮胎、全钢巨型工程机械轮胎、特型轮胎、农用子午胎等6大系列500多个品种规格
配套及出口情况:为北汽福田、徐工起重机械、重庆重汽、北奔重汽、宝鸡华山车辆厂、常林工程机械、成都工程机械、佳木斯约翰迪尔、天津约翰迪尔、洛阳一拖等配套;出口30多个国家和地区

★济宁骏达机械制造有限公司
地址:山东省济宁市太白楼东路23号
邮编:272035
电话:0537/2353798、2353766
传真:2317934
电子信箱:sales@ jiningwheel. com
法定代表人:苗翠波
质量体系:ISO/TS 16949、ISO 14001
产品情况:(JC牌)
各种规格的钢制车轮,年产能力150万套
配套情况:为一汽集团、南京汽车集团、东风汽车公司、中集集团、重汽集团、宇通客车、安凯客车、江淮汽车、金龙客车、北京华德尼奥普兰、中国一拖集团、上海纽荷兰、北汽福田、山工集团、徐工集团等配套

★山东金固汽车零部件有限公司
地址:山东省济宁市高新区诗仙路333号
邮编:272073
电话:0537/7977979
传真:797797
网址:www. jgwheel. com
法定代表人:曾德俊
产品情况:各型汽车钢制车轮

★山东环宇车轮有限公司
地址:山东省兖州经济开发区北外环路
邮编:272114
电话:0537/3839888
传真:3839666
网址:www. sdhycl. cn
电子信箱:hyc1888@ sina. com
法定代表人:刘学东
单位人数:800
质量体系:ISO/TS 16949、GB/T 28001
产品情况:日产型钢车轮10000只,滚形车轮5000只,年产量500多万只的生产能力
配套情况:为陕汽集团、重汽集团、福田汽车等配套

★山东顺安达汽车科技股份有限公司
地址:山东省梁山县梁山镇工业园区
邮编:272600
电话:0537/7736856、86070067
电子信箱:mabcc@ lssad. com
法定代表人:梁吉生
质量体系:ISO 9001、ISO/TS 16949
产品情况:汽车电子控制系统、商用汽车ABS/EBS、继动阀、制动气室等产品
配套及出口情况:为国内汽车专用车厂进行配套;远销巴西、印度、土耳其、伊朗等国家

★山东正阳机械股份有限公司
地址:山东省梁山县徐集工业园区
邮编:272600
电话:0537/7702666、13406294205
传真:7666689
网址:www. zygcpj. com
电子信箱:lgj@ zygcpj. com
法定代表人:吴桂花
质量体系:ISO 9001、ISO 140001
产品情况:(正阳牌)
主要生产半挂车悬架系统、车桥系列产品,年产车桥60000根、悬架60000套
出口情况:出口北美洲、南美洲、中东、东南亚、非洲等地区的32个国家

★山东赛强机械制造股份有限公司
地址:山东省梁山县拳铺镇工业园区
邮编:272600
电话:13705325534、13563709082
传真:0537/7768033
网址:www. segems. cn
电子信箱:info@ segems. cn
法定代表人:曹务军
质量体系:ISO 9001
产品情况:(赛强牌)
牵引座、牵引销、悬架系统、半挂支承装置、储气筒、集装箱转锁、工具箱、紧绳器、备胎支架等多个品种的产品,另外定做各种规格的挂车配件及冲压件
出口情况:部分产品出口

★山东金盛车桥制造有限公司
地址:山东省梁山县拳铺镇工业园区
邮编:272613
电话:0537/7763998、7763996
传真:7666366
网址:www. jinshengcheqiao. com
电子信箱:js - axle@ 163. com
法定代表人:孙文学
质量体系:ISO/TS 16949
产品情况:(金盛桥牌)
具有年产半挂车车轴6万只、悬架总成5万套的生产能力
配套情况:为挂车生产企业、汽车生产企业配套

★江铃集团山东华岳车辆部件有限公司
地址:山东省梁山县拳铺镇泰福路1号
邮编:272613
电话:0537/7769156、4001061899
传真:7767558
网址:www. jlhuayue. com
电子信箱:jlhysn@ 163. com
法定代表人:赖长发
质量体系:ISO/TS 16949

产品情况:(梁山东岳牌)
半挂车车轴、悬架、支腿、牵引座等零部件,具备年产车轴15万支,悬架、支腿、牵引座等零部件20万套的生产能力
配套及出口情况:和中集集团、中国重汽、东风集团、一汽等多个集团所属专用车企业建立了长期供货关系;远销中东、非洲、拉丁美洲等多个国家和地区

★山东蒙沃变速器有限公司
地址:山东省平邑县财源大道北首
邮编:273300
电话:0539/4086216、4211637
传真:4232161
电子信箱:sdlgqx@163.com
法定代表人:王东
质量体系:QS 9000、ISO 9001
产品情况:[蒙沃(MENWO)牌]
微型、轻型汽车变速器
配套情况:为福田、一汽、东风、江淮、长安、奇瑞等国内主要汽车制造商等配套

★山东湖西王集团铸业有限公司
地址:山东省单县湖西北路1号
邮编:274300
电话:0530/6108968、6108996
传真:6108910
网址:www.sdhxw.com
电子信箱:info@huxiifoundry.com
法定代表人:朱启军
质量体系:ISO/TS 16949
产品情况:(湖西王牌)
支架、行星架、过桥箱、轴承座、轮边、轮毂、制动鼓、变速器壳、泵壳、桥壳、传动套、缓冲底座、机器人底座、制动压力盘、支撑盘等70余种零部件
配套及出口情况:主要为国外客户的中国工厂、中国重汽、陕汽、三一重工、方盛车桥、肯维车桥等国内一流的客户;客户主要分布欧美、日本等发达国家,拥有美国CAT(卡特)、美国Meritor(美驰)、美国DANA(德纳)、美国CNH(凯斯纽荷兰)、美国AGCO(爱科)、美国ATI、德国ZF(采埃孚)、德国克拉斯、日本安川电机等世界一流的知名客户

★山东省三利轮胎制造有限公司
地址:山东省曹县昆仑山路北段路西
邮编:274400
电话:0530/3231972、3232888
网址:www.sanlityre.com
电子信箱:sanli@sanlitire.com
法定代表人:安军
单位人数:1100
质量体系:ISO/TS 16949
产品情况:[三立牌、BEARWAY(百威)牌、MARSWAY(马士威)牌、GREENTOUR(景途)牌等]
半钢子午线轮胎、载重汽车轮胎、轻型货车轮胎、农用轮胎、中小工程轮胎、巨型工程机械轮胎等;有年产各种轮胎1000万套生产能力
配套及出口情况:与一汽通用云南红塔、东风汽车、北汽福田、长安跨越、江淮汽车等配套;出口中东、南北美洲、非洲、东南亚等30多个国家和地区

★郓城县亿万汽车配件制造有限公司
地址:山东省郓城县工业园188号
邮编:274700
电话:0530/3937777、6156678
传真:6156678
网址:www.yiwan-wheel.com
电子信箱:gaosheng@yiwan-wheel.com
法定代表人:刘成亮
单位人数:500
质量体系:ISO 9001、ISO/TS 16949
产品情况:轮毂、轮辋、轮辐等重型汽车产品
出口情况:远销日本、韩国、东南亚等国家和地区

★山东蒙凌工程机械股份有限公司
地址:山东省临沂市河东区
邮编:276025
电话:0539/8830506、8830005
传真:8830110
网址:www.menglinggroup.com
电子信箱:mengling@menglinggroup.com
法定代表人:邵明允
质量体系:ISO/TS 16949、ISO 14001
产品情况:(蒙凌牌)
年产不同牌号的铸钢、铸铁、球墨铸铁等工程机械配件及铸钢汽车桥壳20余万t,主要产品有重型汽车桥壳、装载机驱动桥壳及变速器壳体等近百个品种
配套情况:为柳工、厦工、徐工、临工、龙工、常林、杭齿、川齿、福田、华菱、安凯、汉德等国内10余家大型工程机械企业及重型汽车生产企业定点供货

★临沂市第三汽车配件厂
地址:山东省临沂市李官乡驻地
邮编:276033
电话:0539/8051106
电子信箱:1789282837@qq.com
法定代表人:高培祥
质量体系:ISO 9001
产品情况:(临龙牌)
汽车转向器、拉杆

★山东众力液压技术股份有限公司
地址:山东省沂水县经济开发区
邮编:276400
电话:0539/2251405、2218788
传真:2238166
电子信箱:zlyeya@126.com
法定代表人:秦洪明
单位人数:286
质量体系:ISO/TS 16949
产品情况:重型汽车液压缸及放大架、环保设备液压缸等系列产品
配套及出口情况:与中集、重汽、一汽、东风、东岳、五岳等企业建立了良好的合作关系;出口韩国、俄罗斯等国家

★现代岱摩斯汽车传动系统日照有限公司
地址:山东省日照市开发区上海路496号
邮编:276803
电话:0633/2167100
网址:www.hyundai-dymos.com
法定代表人:李宗胤
产品情况:主要生产手动变速器、主减速器、后驱动桥、电子式副变速器等产品
配套情况:主要供应北京现代、东风悦达起亚

★金马工业集团股份有限公司
地址:山东省日照市东港区上海路399号
邮编:276826
电话:0633/8325225、8326225
传真:8785887
网址:www.sdjinma.net
电子信箱:sdjinma@sdjinma.net
法定代表人:马祖斌
单位人数:2500
质量体系:IATF 16949、ISO 14001
产品情况:汽车转向机活塞、曲轴、凸缘、轮毂、控制臂、拉杆球壳、拨叉、球座、车钩、尾钩等
出口情况:畅销欧洲、亚洲、美洲等40多个国家和地区

★山东丰源轮胎制造股份有限公司
地址:山东省枣庄市峄城区经济开发区南环路1号
邮编:277300
电话:0632/8029911
网址:www.fytire.com
法定代表人:王中江
产品情况:汽车轮胎

河南省

★郑州奥特科技有限公司
地址:郑州市高新技术开发区合欢街96号
邮编:450001
电话:0371/67853161、4006836862
网址:www.autol.net
电子信箱:sales@autol.net
法定代表人:赵大平
质量体系:ISO 9001
产品情况:商用车集中润滑解决方案等
出口情况:出口30多个国家和地区

★郑州精益达汽车零部件有限公司
地址:郑州市经济技术开发区第八大街69号
邮编:450016
电话:0371/85330811
网址:www.molead.com
电子信箱:jyd@molead.com
法定代表人:张宝锋

质量体系:ISO/TS 16949、ISO 14001
产品情况:车桥、悬架、消声器、车用空调、电子产品、线束、座椅、边窗、舱门、仪表台、行李架、内饰件总成、车载卫生间、原子灰等20余种产品
配套及出口情况:为宇通客车配套;产品随整车远销古巴、俄罗斯、伊朗、沙特阿拉伯等国家,并销往中国香港、中国澳门地区

★河南昌通高新有限公司
地址:河南省巩义市工业示范区
邮编:451252
电话:4006222868
传真:0371/64136538
网址:www.cn－changtong.com
电子信箱:ctgaoxin@126.com
法定代表人:李超朋
质量体系:ISO/TS 16949
产品情况:(昌通牌)
已形成年产汽车钢板弹簧50000t、汽车制动阀400万套
配套及出口情况:汽车板簧为黔南农用运输车制造厂EQ140SD180T、SD150T配套,汽车板簧为玉动车辆有限公司EQ140HCA配套,汽车板簧为河池车辆厂EQ140HCA配套;远销俄罗斯、波兰、丹麦、南非、泰国等国家

★郑州新华重型机器有限公司
地址:河南省中牟县姚家镇工业园区10号
邮编:451468
电话:0371/62360608、62360612
传真:62385381
网址:www.zzxhzj.com
电子信箱:sales@rollingmills.cn
法定代表人:景朝峰
质量体系:ISO 9001
产品情况:(景瑞牌)
汽车板簧
配套及出口情况:为中集集团、北京环达、青岛胜狮、天津劳尔、扬州盛达、扬天汽车、北京威腾等OEM配套供应JRX301、JRX402、JRX405、JRX408、JTG-25等半挂、全挂车系列板簧,以及JRD1390-10、JRD1390-12、JRD1390-13、JRD1690-7、JRD1690-12等半挂车系列板簧,JRD14(16)90-12等全挂车系列汽车板簧;出口欧美、非洲、东盟等国际市场

★郑州华威齿轮有限公司
地址:河南省新密市嵩山大道289号
邮编:452370
电话:0371/69992168
传真:69995599
网址:www.zzhwcl.com
电子信箱:hwclyxb@163.com
法定代表人:王志林
质量体系:ISO/TS 16949、ISO 9001
产品情况:(华威牌)
生产CUV、SUV、皮卡等汽车和轿车齿轮,生产能力50万套
配套情况:为保定长城、华晨金杯、广汽长丰、广汽吉奥等配套

★豫北转向系统股份有限公司
地址:河南省新乡市和平大道322号
邮编:453003
电话:0373/5088737
传真:5088703
网址:www.yubei－steering.com.cn
电子信箱:yb103scb@163.com
法定代表人:高海军
单位人数:2300
质量体系:ISO/TS 16949、GB/T 28001
产品情况:(翼环牌)
各类动力转向系统,包括循环球动力转向器、齿轮齿条动力转向器、电动助力转向系统
配套及出口情况:国内主要配套一汽、东风、长安汽车、长安福特、北汽、江铃、庆铃、吉利、长城、江淮、宇通等大型汽车公司;同时通过了福特、通用、菲亚特、五十铃等国外著名汽车公司的配套体系审核;主要出口美国、印度、俄罗斯、土耳其、巴西、日本、韩国等国家和地区

★河南泰稳减振器有限公司
地址:河南省长垣县起重工业园区华豫大道
邮编:453400
电话:0373/8718888
传真:8717777
电子信箱:taiwen888@126.com
法定代表人:高社云
质量体系:ISO 9001
产品情况:(泰稳牌)
s20、s25、s30、s40、s50、s65等系列汽车减振器
配套及出口情况:为一汽集团、宇通集团、沈阳金杯、广西五菱集团、重汽集团等国内20多家企业配套;出口越南、老挝等国家

★河南省华腾实业发展有限公司
地址:河南省长垣县起重工业园区纬四路
邮编:453400
电话:0373/8927745、18837330000
传真:8954888
电子信箱:htsyfzgs@163.com
法定代表人:石通三
质量体系:ISO/TS 16949
产品情况:(豪晟牌)
汽车减振器及其他零部件;年产各类汽车减振器280万支
配套及出口情况:为一汽、东风、红岩、北方奔驰、铁马、哈飞、长城等知名企业配套;远销中东、东南亚、非洲、欧美等地区

★河南万向系统制动器有限公司
地址:河南省原阳县城关镇府君庙街15号
邮编:453500
电话:0373/7294888、7295909
传真:7295906
电子信箱:henanwanxiang@126.com
法定代表人:李平一
质量体系:ISO/TS 16949、QS 9000
产品情况:(JIXING牌)
重、中、轻、微、轿车及工程车6大系列制动器总成,具有年产鼓式制动器160万只、钳盘式制动器35万只、气制动器50万只、各种轮缸250万只、球墨铸件7000t的生产能力
配套情况:为一汽集团、东风汽车公司、北汽福田、长安、昌河、松花江、奥拓、比亚迪、天津一汽夏利、东南汽车等主机厂配套

★河南星光机械有限公司
地址:河南省原阳县福宁集工业园区
邮编:453500
电话:0373/7321588、7321528
传真:7321968
网址:www.hnxgjx.com.cn
电子信箱:xgfj888@126.com
法定代表人:李争波
单位人数:140
质量体系:ISO/TS 16949
产品情况:制动卡钳总成、制动盘、制动鼓、转向节等

★河南广瑞汽车部件股份有限公司
地址:河南省辉县市产业集聚区城西工业园
邮编:453600
电话:0373/6232590、6232587
传真:6294685、6235917
网址:www.hnhqp.com
电子信箱:hngrgf@hngrgf.com
法定代表人:郭发印
单位人数:2000
质量体系:ISO/TS 16949
产品情况:球墨铸铁汽车零部件、高强高韧汽车动力转向器壳体总成,年产180万套
配套及出口情况:为一汽、东风、一拖等配套;部分出口欧美市场

★欧玛(中国)汽车部件有限公司
地址:河南省辉县市城西工业区西外环路东
邮编:453600
电话:18738321485、13903733428
电子信箱:omrc@sina.com
法定代表人:Marco Bonometti
质量体系:ISO/TS 16949
产品情况:汽车、工程机械及农用机械的驱动桥与联动桥的铸造和机械精加工,同时可生产5t以下包含ADI在内的各种牌号的球磨铸铁和灰铁铸件
配套情况:为约翰·迪尔、凯斯·纽荷兰、爱科、小松、卡特彼勒、菲亚特、北奔重汽、洛阳一拖、陕西重汽等配套

★新乡博世泰尔齿轮有限公司
地址:河南省获嘉县南干道
邮编:453800
电话:0373/5962565、5962559
传真:5962581
电子信箱:1446432715@ qq. com
法定代表人:韩书霞
质量体系:ISO/TS 16949
产品情况:齿轮

★焦作金箍制动器股份有限公司
地址:河南省焦作市博爱县发展大道东段1688号
邮编:454000
电话:0391/2088888、2085555
传真:2086666、2087777
网址:www. jzbrakes. com
电子信箱:jzjgzdq@ 126. com
法定代表人:段京丽
质量体系:ISO 9001
产品情况:(金箍牌)
汽车防抱死系统(ABS)、工业制动器、盘式制动器
配套及出口情况:为洛阳福赛特汽车、无锡神州客车、安徽江淮扬天汽车、山西文水县晋凤挂车等配套;年出口工业制动器、石油泥浆泵等600多万美元

★风神轮胎股份有限公司
地址:河南省焦作市焦东南路48号
邮编:454003
电话:0391/3914869、4006592669
传真:3999095、3933952
网址:www. aeolustyre. com
电子信箱:office@ aeolustyre. com
法定代表人:白忻平
质量体系:ISO/TS 16949、ISO 14001
产品情况:(风神牌、风力牌、河南牌)
年产工程机械轮胎80多万套;年产卡客车轮胎700万套
配套及出口情况:是柳工、龙工、厦工等国内工程机械车辆生产巨头的战略供应商,是东风商用车公司主要轮胎战略供应商;畅销全球140多个国家和地区

★宏源精工车轮股份有限公司
地址:河南省安阳市开发区东外环光明路南段
邮编:455000
电话:0372/3382689、3382663
传真:2569983
电子信箱:15993843030@ 139. com
法定代表人:黄洪亮
质量体系:ISO 9001、ISO 14001
产品情况:(宏源牌)
汽车挡圈型钢、轮辋钢、汽车挡圈等
配套及出口情况:为江淮汽车、东风公司、正兴、日上配套汽车车轮挡圈;出口美国、英国、印度、南非

★安阳市安强车业有限责任公司
地址:河南省安阳市安林路天盛工业园
邮编:455004
电话:0372/3937197、3151866
传真:3924959
电子信箱:anyangchelun@ 126. com
法定代表人:宋庆岗
质量体系:ISO 9001
产品情况:(安强牌、鼎神牌)
钢圈、轮辐
配套情况:为一汽、东风、四川、山东、石家庄、天津等车辆生产厂家配套

★汤阴县汽车零部件有限公司
地址:河南省汤阴县人民路东段
邮编:456150
电话:0372/6208338、6217234
传真:6217234
电子信箱:tyqclbj@ 126. com
法定代表人:杨宏连
质量体系:ISO/TS 16949、ISO 9001
产品情况:(宏连牌)
环保型汽车用制动器衬片、制动蹄、鞍式牵引座、牵引销、悬架等,年产值4000万元
配套情况:为陕汽集团、北奔重汽、北汽福田、湖南车桥等供货

★河南环燕轮胎股份有限公司
地址:河南省鹤壁市浚县黄河路南段
邮编:456250
电话:0392/5522527、4000392116
传真:5529001
网址:www. huanyan. com
电子信箱:hnhywww@ 126. com
法定代表人:乔康存
单位人数:500
质量体系:ISO 9001
产品情况:(环燕牌、神农牌、川云牌)
农业轮式机械系列、工程轮式机械系列、电动摩托车系列、轻型载重半钢子午线系列轮胎

★林州市鼎鑫镁业科技有限公司
地址:河南省林州市产业聚集区鲁班大道东段
邮编:456500
电话:13938683366、18638656797
网址:www. dxmag. cn
电子信箱:13938683366@ 163. com
法定代表人:李雅婷
产品情况:镁合金汽车车轮,已形成50万只产能

★安阳市天瑞车桥有限公司
地址:河南省林州市史家河工业园
邮编:456592
电话:13603461052
网址:www. aytrcq. com
电子信箱:13603461052@ 163. com
法定代表人:郭家铭
质量体系:ISO/TS 16949、GB/T 28001
产品情况:主要生产铸造后桥壳、减速器壳、差速器壳、轴承座等产品300余种
配套情况:为东风德纳、四川现代、中联重科等国内知名企业配套

★河南龙鼎铸业股份有限公司
地址:河南省林州市姚村镇大柳滩村东
邮编:456592
电话:0372/6500103、6500888
传真:6500105
电子信箱:ldcaiwuke@ 163. com
法定代表人:李卫平
质量体系:ISO 9001、ISO 9002
产品情况:制动盘、轮毂、制动毂、制动钳体、支架、转向节等汽车配件和机械零部件
配套及出口情况:为南方天合、河南万向、重庆三友、东风、布雷博(南京)制动器配套;出口欧洲、美洲、日本、澳大利亚等国家和地区

★许昌中汽传动轴有限公司
地址:河南省许昌市西环北路魏都民营科技园西区
邮编:461000
电话:0374/3181096、3186296
传真:3186018
电子信箱:xu - zhongqi@ 163. com
法定代表人:张利媛
质量体系:ISO/TS 16949、ISO 9001
产品情况:传动轴总成,38个系列2000多个品种

★ 许昌远东传动轴股份有限公司

地址:河南省许昌市北郊尚集镇
邮编:461111
电话:0374/5654034、5651328
传真:5651320
网址:www. xcyuandong. com
电子信箱:yodon@ yodonchina. com
法定代表人(负责人):刘延生
单位人数:1960
质量体系:ISO/TS 16949、QS 9000
产品情况:(许传牌、许汽传牌)
具备年产600万套非等速传动轴的生产能力,产品涵盖轻型、中型、重型和工程机械四大系列12000多个品种
配套情况:拥有北汽集团、北方奔驰、陕西重汽、东风柳汽、上汽通用五菱、江淮汽车、大运汽车、安徽华菱、江西江铃、长安汽车、长城汽车、郑州日产、宇通集团、徐州重型、广西柳工、厦工股份、山东临工、三一集团、中联重科、三江航天、泰安航天等一大批知名客户
☞ 详细情况请参阅彩色宣传版面

★长葛市定达实业有限公司
地址:河南省长葛市钟繇大道北段西侧
邮编:461500

电话:0374/6222898、6217885
传真:6210793
电子信箱:dingda888@163.com
法定代表人:朱广旭
质量体系:ISO/TS 16949
产品情况:离合器片、压盘、制动蹄、飞轮、轮毂、支架
配套情况:与郑州宇通客车、北方奔驰重型汽车、陕西汉德车桥、东风德纳车桥、广西玉柴机器等合作

★许昌市天源祥达汽车部件有限公司
地址:河南省长葛市后河工业区14号
邮编:461503
电话:0374/6615866、13503893218
传真:6611886
网址:www.xcxdqp.com
电子信箱:xiangdaqp@126.com
法定代表人:王春亭
质量体系:ISO 9001
产品情况:(祥达牌)
板簧座、钢板支架、悬架总成、轴间差速器壳、一轴盖、轴承座等汽车底盘配件

★禹州市天奇汽车配件有限公司
地址:河南省禹州市火龙镇西王庄
邮编:461690
电话:13733656187
传真:0374/8637222
网址:www.hnyztq.com
电子信箱:tqqp2000@126.com
法定代表人:陈天奇
单位人数:200
质量体系:ISO/TS 16949
产品情况:(天奇牌)
已形成年生产机动车后桥壳5万套,吊耳、支架30万套的能力
配套情况:是时风集团、五征集团、北汽福田、凯马集团等的专业供货厂家

★驻马店中集华骏铸造有限公司
地址:河南省驻马店市雪松路西段
邮编:463000
电话:0396/3678811、3678877
传真:3678866
网址:www.hjfoundry.com
电子信箱:cimchjzz@cimc.com
法定代表人:李志敏
质量体系:ISO/TS 16949、OHSAS 18001
产品情况:加工能力为年产200万套轮毂、制动鼓成品及各类汽车底盘零件
配套情况:为一汽、东风、重汽、富华、汉德等配套

★驻马店市新创业管桩附件有限公司
地址:河南省驻马店市中原大道与淮河大道交叉口东北角
邮编:463001
电话:0396/3830777
传真:3813888
电子信箱:zmdxcy_rsin@163.com
法定代表人:林容
质量体系:ISO/TS 16949
产品情况:汽车制动鼓、轮毂等
配套情况:主要客户有一汽解放、北汽福田、山东青特、广东富合、富华、华劲、特耐得、永力泰、江苏镇江宝华、浙江双臣、郑州安联等国内知名企业

★神马集团橡胶轮胎有限责任公司
地址:河南省平顶山市湛河区荆山路18号
邮编:467001
电话:0375/4857200
传真:4857202
电子信箱:smlt4857200@126.com
法定代表人(负责人):孙福忠
质量体系:ISO/TS 16949、ISO 9000
产品情况:各种汽车内外轮胎

★凯迈(洛阳)机电有限公司
地址:河南省洛阳市涧西区丽春路
邮编:471003
电话:0379/63382348、68615020
传真:63382166
网址:www.lynf.cn
电子信箱:bangongshi@camame.cn
法定代表人:张克俭
单位人数:500
质量体系:ISO/TS 16949、ISO 14001
产品情况:(南峰牌)
电涡流缓速器、发动机智能冷却系统(ATS)等
出口情况:远销20多个国家和地区

★洛阳华冠齿轮股份有限公司
地址:河南省洛阳市孟津县朝阳镇
邮编:471131
电话:0379/67877126
传真:67877126
网址:www.lyhgcl.com
电子信箱:lyghxsb@163.com
法定代表人:梅利红
质量体系:ISO/TS 16949
产品情况:(冠华牌)
高精度圆锥伞齿轮、圆柱斜齿轮、圆柱直齿轮、螺旋锥齿轮(盆角齿轮)、差速器总成、异型锻件等产品
配套及出口情况:配套中国重汽、陕汽、北汽福田、东风德纳、一汽解放、柳汽、方盛、卡特比勒、美驰等国内知名大型企业40余家;出口德国、意大利、美国等国家

★洛阳鸿拓重型齿轮箱有限公司
地址:河南省洛阳市洛新工业区双湘南路
邮编:471822
电话:0379/65190757、65190763
传真:65190757
电子信箱:lgchilun@163.com
法定代表人:吉辛波
质量体系:ISO 9001
产品情况:特种弧齿锥齿轮
配套情况:为西航、哈飞汽车、重齿、太重等供货

★三门峡戴卡轮毂制造有限公司
地址:河南省三门峡市宋会南路10号
邮编:472000
电话:0398/2916771、2916422
传真:2917154、2861275
电子信箱:smx@smxwheel.com
法定代表人:曹士强
质量体系:ISO/TS 16949、ISO 14001
产品情况:铝合金汽车轮毂,年生产能力为400万只
配套及出口情况:为上汽通用、上汽大众、一汽-大众、天津一汽、长安福特、长安马自达、华泰现代、上汽通用五菱、美国通用、美国AR等供货;出口北美洲、欧洲市场

★南阳淅减汽车减振器有限公司
地址:河南省淅川县西坪头工业园区
邮编:474450
电话:0377/69219869、69219883
网址:www.cijan.com.cn
电子信箱:linglinjie@xicjzq.cn
法定代表人:赵志军
负责人:赵浩然
单位人数:1780
质量体系:ISO/TS 16949、QS 9000
产品情况:(丹江牌)
具有年产2000万支汽车减振器、20万套汽车弧齿的生产能力
配套情况:主要为一汽大众、上汽-大众、东风日产、神龙汽车、宇通客车、中车集团等40多家汽车厂配套

★西峡县西泵特种铸造有限公司
地址:河南省西峡县民营生态工业园
邮编:474500
电话:0377/65107128、65107123
传真:65107123
电子信箱:xizhugsb@126.com
法定代表人:孙耀忠
质量体系:ISO/TS 16949、ISO 14001
产品情况:排气歧管等
配套情况:为一汽-大众、上汽大众、一汽锡柴、一汽大柴、北汽福田、沈阳航天三菱、广西玉柴、东安动力、天津一汽夏利、奇瑞汽车等配套

★南召县和平制动器有限公司
地址:河南省南召县城东滨河路8号
邮编:474650
电话:0377/66922555、66921123
传真:66922111
网址:www.heping-auto.com
电子信箱:sales@heping-auto.com
法定代表人:刘连忠
单位人数:280
质量体系:ISO/TS 16949
产品情况:盘式制动器、轮毂、轴承座
配套情况:为长城汽车公司的主要配套

厂家

★开封瑞利工业有限公司
地址:河南省开封经济技术开发区杏花营工业园区魏都路西段
邮编:475000
电话:0378/3688188
传真:3688189
网址:www.juili.com.tw
电子信箱:pso-hua@juili.com.tw
法定代表人:吴明灿
质量体系:ISO/TS 16949、ISO 14001
产品情况:主要生产汽车部件(底盘)
配套及出口情况:主要客户包括东风汽车集团、武汉神龙、上海汽车、东南汽车等;以远销欧美、东南亚地区为主

湖北省

★武汉富拉司特汽车零部件有限公司
地址:武汉市东西湖区径河五路6号
邮编:430040
电话:027/83090850
传真:83090851
网址:www.n-plast.co.jp
电子信箱:63934265@qq.com
法定代表人:广濑信
质量体系:ISO/TS 16949
产品情况:汽车转向盘和安全气囊等产品
配套情况:为本田、日产和东风汽车等供货

★武汉协和齿环有限公司
地址:武汉市经济技术开发区创业三路38号
邮编:430056
电话:027/84892690、84899871
传真:84892686、84890552
网址:www.wuhankyowa.com
电子信箱:whkyowa@wuhankyowa.com
法定代表人:汪磊
质量体系:ISO/TS 16949、ISO 14001
产品情况:(WHKYOWA牌)
汽车变速器用精锻同步器齿环
配套及出口情况:是上海汽车、长城汽车、奇瑞汽车、比亚迪、唐山爱信(日本丰田汽车集团)、格特拉克、神龙汽车、吉利汽车、日系整车在中国的同步器齿环唯一战略合作供应商(丰田、铃木、三菱、日产)等40余家主机厂及大型汽车制造公司的优秀供应商;齿环产品常年销往日本(日本日产、五十铃、日野汽车集团)、德国等海外市场

★武汉泛洲机械制造有限公司
地址:武汉市经济技术开发区锦龙路8号
邮编:430056
电话:027/84897210
传真:84897211
网址:www.whfanzhou.com
电子信箱:fanzhou@whfanzhou.com
法定代表人:汪磊
单位人数:1200
质量体系:ISO/TS 16949
产品情况:汽车精密冲压零部件、汽车变速器同步器齿环、高强度耐磨铜合金材料
配套情况:为一汽-大众、上汽通用、吉利汽车、长安汽车、神龙汽车、长城汽车、比亚迪、奇瑞汽车等30余家客户配套

★武汉敏惠汽车零部件有限公司
地址:武汉市经济技术开发区民营科技园南区8号厂房
邮编:430056
电话:027/84229115
传真:67457900
网址:www.minthgroup.com
法定代表人:陈海挺
产品情况:汽车关键零部件,驱动桥总成、汽车装饰件、装饰条、专用高强度紧固件及系列产品、排气系统产品、汽车门框以及其他汽车零部件

★武汉万宝井汽车部件有限公司
地址:武汉市经济技术开发区全力二路9号
邮编:430056
电话:027/84212400
传真:84212201
网址:www.yorozu-corp.co.jp
电子信箱:wybmts@ybm-yorozu.com.cn
法定代表人:林宏德
产品情况:汽车驱动桥和车厢关联零部件及其模具、夹具
配套情况:为东风日产、广汽本田配套

★铭祥汽车工业(武汉)有限公司
地址:武汉市经济技术开发区珠山湖大道139号
邮编:430056
电话:027/84472688-656
电子信箱:wynwyn@minghsiang.com
法定代表人:陈财利
质量体系:ISO 9001
产品情况:转向盘及塑料制品

★约斯特(中国)汽车部件有限公司
地址:武汉市经济技术开发区后官湖大道550号
邮编:430058
电话:027/84874881
传真:84874889
网址:www.jost-china.com
电子信箱:jane.zhu@jost-china.com
法定代表人:Lars Brorsen
产品情况:生产用于牵引车和半挂车的牵引座产品
配套及出口情况:为部分重型车、牵引车企业配套;出口欧洲、美洲、南非、澳大利亚

★湖北东峻实业集团有限公司
地址:武汉市经济技术开发区后官湖大道88号
邮编:430058
电话:027/84220762
传真:84956066
网址:www.dongjungroup.com.cn
电子信箱:dongjun@dongjungroup.com.cn
法定代表人:张崇峻
质量体系:ISO/TS 16949
产品情况:(杰星牌、湛卢牌、雷迪特牌)
汽车动力转向系统、冷却系统、汽车电子产品、铸造件等产品
配套情况:已成为东风、神龙、日产、长城、本田、福田、江淮、比亚迪、力帆、三一重工、宇通等多家汽车企业的主要供应商

★湖北东风钢板弹簧有限公司
地址:武汉市蔡甸区张湾街
邮编:430117
电话:027/84912090
传真:84912088
网址:www.hb-df.com
电子信箱:office@hb-df.com
法定代表人(负责人):陈义民
质量体系:ISO/TS 16949
产品情况:(金璜泰牌)
各种类型汽车钢板弹簧
配套及出口情况:为东风汽车有限、北汽福田、上汽通用五菱、湖北三环集团、湖北世纪中远集团、十堰先骐汽车零部件等配套;远销意大利、法国、阿联酋等国家

★武汉元丰汽车零部件有限公司
地址:武汉市东湖新技术开发区光谷大道299号
邮编:430205
电话:027/81889177、84297656
传真:81650458
网址:www.youfin.cn
电子信箱:admin@youfin.cn
法定代表人:张望善
质量体系:ISO/TS 16949、ISO 14001
产品情况:(元丰牌)
各型液压盘式制动器和气压盘式制动器,及电子驻车液压盘式制动器(EPB)
配套情况:为东风汽车、江淮汽车、上汽通用五菱、长城汽车、陕汽集团、吉利汽车、郑州宇通、金龙汽车配套

★武汉元丰汽车电控系统有限公司
地址:武汉市东湖新技术开发区光谷大道299号
邮编:430205
电话:027/81889177-8264
网址:www.youfin.cn
电子信箱:ec@youfin.cn
法定代表人:吴学军
质量体系:ISO/TS 16949、ISO 14001
产品情况:(元丰牌)

具有年产 50 万套 ABS/ESC 的生产能力

★博世华域转向系统(武汉)有限公司
地址:武汉市江夏区金港新区通用大道66 号
邮编:430208
电话:027/59106600
传真:59106601
网址:www. boschhuayu - steering. com
法定代表人:邱琪
质量体系:OHSAS 18001
产品情况:管柱式电动助力转向系统(EPSc)、双齿轮式电动助力转向系统(EPSdp)以及液压助力转向系统(HPS)和相关零部件等
配套情况:主要客户为上汽通用(武汉)、东风神龙、上汽大众(长沙)、长安福特、上汽通用五菱、沃尔沃中国、一汽-大众(成都)等国内知名整车厂

★湖北星星轮毂有限公司
地址:湖北省天门市经济开发区接官路155 号
邮编:431700
电话:0728/5343008、5343389
传真:5343018
网址:www. hbxxlg. com
电子信箱:404242499@ qq. com
法定代表人:陈日鸿
质量体系:ISO/TS 16949
产品情况:铝合金轮毂及其他汽车零部件
配套情况:主要为东风汽车、重庆力帆、郑州日产、重庆庆铃、中兴汽车、绵阳华瑞、常州东风、四川汽车等主机厂配套

★湖北风祥汽车悬架弹簧有限公司
地址:湖北省荆门市钟祥市黄庄街 18 号
邮编:431900
电话:0724/4265807、4285056
传真:4265807
电子信箱:postmaster@ dfzxas. com. cn
法定代表人(负责人):万应和
质量体系:ISO/TS 16949、QS 9000
产品情况:汽车钢板弹簧
配套情况:为东风轻型车、江铃全顺、湖南车桥、江淮底盘、南京汽车集团、厦门金旅等配套

★湖北东风捷祥汽车减振器股份有限公司
地址:湖北省钟祥市经济技术开发区西环路 75 号
邮编:431900
电话:0724/4225668
传真:4225698
电子信箱:4225668@ qq. com
法定代表人(负责人):林坚殊
质量体系:ISO/TS 16949、QS 9000
产品情况:汽车减振器、减振弹簧、球头、盘式制动片、轮毂等
配套及出口情况:为多家 OEM 厂家配套;远销美国、西欧. 南非、中东. 越南、泰国、新加坡. 荷兰、西班牙等国家和地区

★钟祥市金祥汽车半轴有限公司
地址:湖北省钟祥市双河镇
邮编:431913
电话:0724/4836503
传真:4836539
网址:www. kingxa. com
电子信箱:kingxa@ kingxa. com
法定代表人:代子祥
质量体系:ISO/TS 16949、ISO 9001
产品情况:(金祥牌)
具备年产系列汽车半轴 100 万支的生产能力
配套及出口情况:主要同东风、解放、北汽福田、中联重科、金龙汽车、时风、五征、南骏等主机配套,与全国 20 余家大型车桥企业建立了长期稳固的业务关系,年配套量 55 万支;随东风、福田等整车出口世界多个国家和地区

★湖北亚川汽车齿轮集团有限公司
地址:湖北省云梦县城关建设西路 89 号
邮编:432500
电话:0712/4325962、4330186
传真:4330119
法定代表人:郑赛毅
质量体系:ISO/TS 16949
产品情况:(轻菱牌)
取力器、分动器、发动机齿轮、后桥主从动齿轮、贯通桥齿轮等
配套及出口情况:为一汽集团、东风汽车、中国重汽、柳州五菱等 45 家企业配套,部分产品供军车配套及东风康明斯发动机等发动机公司配套;部分产品出口欧美国家

★湖北八宜汽车零部件有限公司
地址:湖北省仙桃市汉沙东路 181 号
邮编:433000
电话:0728/2811980、2814215
传真:2814218
网址:hbbayi. com
电子信箱:hubei81@ yeah. net
法定代表人:周明武
单位人数:980
质量体系:ISO/TS 16949
产品情况:车架总成、拉杆总成、车身冲压零部件等系列;其中车架总成、拉杆总成系列年生产能力可达 30 万辆份
配套情况:为东风商用车、东风股份公司、东风乘用车公司配套

★潜江市东方汽车零部件有限公司
地址:湖北省潜江市园林科技工业园袁光大道
邮编:433100
电话:0728/6480455
电子信箱:hbqjdq@ hbqjdq. com
法定代表人:邹家华
质量体系:ISO/TS 16949、ISO 9002
产品情况:制动器总成、发动机支架总成等产品
配套及出口情况:为东风汽车有限商用车公司、东风汽车股份、东风康明斯发动机、神龙汽车、东风柳州汽车、北汽福田、苏州金龙、郑州宇通客车等主机厂配套生产汽车零部件;部分产品随主机出口

★湖北恒隆汽车系统集团有限公司
地址:湖北省荆州市技术开发区东方大道与沙岑路交汇处
邮编:434000
电话:0716/8304756、13627167189
传真:8304736、8304739
网址:www. chl. com. cn
电子信箱:287905971@ qq. com
法定代表人:陈涵霖
质量体系:ISO 9002、ISO/TS 16949
产品情况:(恒隆牌、久隆牌)
已形成各类汽车转向器 750 万台套的生产能力和系统配套能力
配套及出口情况:为一汽-大众、一汽解放、神龙汽车、东风汽车、北汽福田、华晨金杯、陕西重汽、中国重汽、上汽通用五菱、江铃福特、奇瑞汽车、比亚迪汽车、长安汽车等厂商配套;国际市场上进入美国克莱斯勒、菲亚特、福特、通用、沃尔沃、AVTOVAZ 等知名汽车厂商配套体系

★沙市久隆汽车动力转向器有限公司
地址:湖北省荆州市沙市区沙岑路与东方大道交汇处
邮编:434000
电话:0716/8321643
网址:www. chl. com. cn
电子信箱:xiafeng@ chl. com. cn
法定代表人:陈涵霖
质量体系:ISO/TS 16949
产品情况:(久隆牌)
已具备年产 100 万台循环球转向器生产能力
配套情况:为一汽解放汽车、北汽福田、一汽青岛汽车、广汽日野、江淮汽车、东风商用汽车、上汽依维柯、陕西重汽、三一重工、克莱斯勒、印度通用供货

★荆州荆福汽车零部件有限公司
地址:湖北省荆州市沙市区西湖路 98 号
邮编:434000
电话:0716/8263931、8181225
传真:8520119
网址:www. jzjingfu. com
电子信箱:info@ jzjingfu. com
法定代表人:侯福财
单位人数:400
质量体系:ISO/TS 16949、ISO 14001
产品情况:内球头、外球头、拉杆总成、副邦肱、转向摇臂、控制臂等
配套及出口情况:主机配套客户为北方

奔驰、大洋洲 Holden、湖北三环、三一重工、柳汽、福特等;出口北美洲、中南美洲、中东、东南亚、非洲、欧洲、大洋洲等地区

★荆州恒隆汽车零部件制造有限公司
地址:湖北省荆州市玉桥经济技术开发区恒隆路1号
邮编:434000
电话:0716/8327850、4127678
传真:8327850
网址:www.chl.com.cn
电子信箱:1063827250@qq.com
法定代表人:陈涵霖
质量体系:IATF 16949、ISO 14001
产品情况:主要覆盖电动转向系统及液压转向系统两大系统产品,具备年产各类转向系统650万台(套)的生产能力
配套情况:为一汽-大众、北美通用、华晨金杯、神龙、奇瑞、东南、海马等国内外40多家汽车主机厂配套

★湖北车桥有限公司
地址:湖北省公安县青吉工业园
邮编:434300
电话:0716/5226671、5225925
传真:5228925-2
网址:www.hbaxle.com
电子信箱:marketing@hbaxle.com
法定代表人:卢娅妮
单位人数:680
质量体系:ISO/TS 16949、QS 9000
产品情况:(博盈牌)
具备年产汽车主从动锥齿轮50万套、主减速器总成30万台,各类轻、中、重冲焊桥壳30万根和40万台汽车前后桥总成的生产能力
配套情况:与江西江铃汽车集团实现了制造工艺上的合作,与重庆庆铃汽车集团实行了质量管理上的合作

★荆州市恒丰制动系统有限公司
地址:湖北省荆州市公安县孱陵创业园
邮编:434300
电话:0716/5156106、5151212
传真:5151212
网址:www.jzhf.cn
电子信箱:jzhf@jzhf.cn
法定代表人:罗小峰
质量体系:ISO/TS 16949、ISO 9001
产品情况:各类汽车制动器、前后轮毂、螺旋主被齿轮毛坯

★湖北荆江源车桥有限责任公司
地址:湖北省荆州市公安县夹竹园镇齐居寺
邮编:434300
电话:0716/5252581、5252578
传真:5252525
电子信箱:jjycqyingxiao@163.com
法定代表人:周世平
单位人数:160
质量体系:ISO 9002、ISO/TS 16949
产品情况:年产各类汽车前后桥总成8万台套及汽车半轴20万支
配套情况:为东风特种商用车公司、四川银河汽车、一汽通用红塔、云南力帆、江淮汽车、山东时风汽车、陕汽集团、徐工集团、厦门金龙等供货

★湖北金驰机器股份有限公司
地址:湖北省石首市江北工业园(新厂镇建设路)
邮编:434400
电话:0716/7612822、7612869
传真:7612186
网址:www.hbjcjq.com
电子信箱:hbjinchi@126.com
法定代表人:杨太平
质量体系:ISO/TS 16949
产品情况:(金驰牌)
年产销能力汽车储气筒60万只以上,汽车制动室10万只,汽车制动阀类5万套
配套情况:为东风股份、福田、宇通、中通、深圳中集、现代、长安等国内世界知名的主机厂配套

★浙江方正(湖北)汽车零部件有限公司
地址:湖北省石首市绣林办事处开发大道
邮编:434400
电话:0716/7819198、7815128
传真:7819199
电子信箱:lip.cheng@fdm.com.cn
法定代表人:张敏
质量体系:ISO/TS 16949、QS 9000
产品情况:(银盾牌、四联牌)
年产汽车制动阀80万套、电动刮水器80万套、微电机80万只
配套及出口情况:为东风汽车公司、神龙汽车、天津一汽、一汽集团、陕汽集团、重汽集团、北汽福田等配套;出口美国、法国、德国、意大利、印度等国家

★湖北冶钢汽车弹簧有限公司
地址:湖北省黄石市黄石大道199号
邮编:435001
电话:0714/3293179、3293156
传真:3293155
网址:www.hbygth.net
电子信箱:ygth199@163.com
法定代表人:王美娟
质量体系:ISO/TS 16949、ISO 9001
产品情况:汽车悬架弹簧

★湖北三环离合器有限公司
地址:湖北省黄石市磁湖路165号
邮编:435002
电话:0714/6359741、6350281
传真:6353585、6353466
网址:www.triringclutch.com
电子信箱:zhuji@triringclutch.com
法定代表人(负责人):常定军
单位人数:580
质量体系:QS 9000、ISO/TS 16949
产品情况:(三环牌)
汽车离合器、双质量飞轮等
配套及出口情况:是一汽、东风、江淮、长安、神龙、玉柴、上柴、潍柴、福田、奇瑞、柳机等三十余家主机厂的独家和主要配套商;出口西亚、欧洲、东南亚、南美洲等地区

★湖北神风汽车弹簧有限公司
地址:湖北省蕲春县九棵松工业区8号
邮编:435317
电话:0713/7648636
传真:7648596
电子信箱:sf@chinasfth.com
法定代表人:吴礼林
质量体系:ISO/TS 16949
产品情况:(鄂簧牌)
各类等截面、变截面和渐变刚度板簧
配套及出口情况:为东风汽车公司、东风柳汽、江淮商用车、江淮专用车、武汉市公用客车厂、柳州五菱等几家大型汽车厂配套;随整车出口到俄罗斯、东南亚等国家

★湖北鄂钢驰久钢板弹簧有限公司
地址:湖北省鄂州市经济开发区旭光大道18号
邮编:436043
电话:0711/3616311
电子信箱:eglsc@126.com
法定代表人:郭伦佑
质量体系:ISO/TS 16949
产品情况:(鄂钢牌)
汽车钢板弹簧
配套及出口情况:为东风公司、长安重汽、长安客车、欧洲农用车配套;远销美国、东南亚等国家和地区,并销往中国台湾地区

★湖北故联实业股份有限公司
地址:湖北省咸宁市长江工业园
邮编:437000
电话:0715/8386599、15374581899
传真:8386597
网址:www.gulianjd.com
电子信箱:sales@gulianjd.com
法定代表人:于乔
产品情况:汽车自动调整臂,具备年产30万套汽车调整臂的生产能力
配套及出口情况:已被荆州车桥、湖南中联重科车桥、湖北车桥、厦门金旅等车桥厂家列入配套供应商目录;远销俄罗斯等国家

★湖北三环汽车方向机有限公司
地址:湖北省咸宁市永安东路9-10号
邮编:437000
电话:0715/8899203
传真:8899200
网址:www.forni.com.cn

电子信箱:hbfn2002@163.com
法定代表人:雷森林
单位人数:873
质量体系:ISO/TS 16949、ISO 14001
产品情况:(飞宁牌)
各类转向器、转向系零部件,具有年产各类转向器130万台的能力
配套及出口情况:为东风、一汽集团、重汽集团、上汽集团、长安集团、北汽福田、徐工集团、三一汽车、江铃汽车、大运汽车、金旅汽车、中通客车、力帆汽车等30多家整车厂配套;国际客户主要有印度塔塔汽车、印度利兰汽车、印度马恒达汽车、印度AMW汽车、印度爱莎汽车、伊朗霍德罗汽车等

★湖北北辰汽车转向系统有限公司
地址:湖北省咸宁市长江工业园区金桂大道18号
邮编:437100
电话:0715/8152288、8152266
网址:www.northstars.cn
电子信箱:webmaster@northstars.cn
法定代表人:张崇峻
质量体系:ISO/TS 16949
产品情况:汽车动力转向系统
配套情况:是东风商用车的主要供应商之一

★湖北力美制动元件有限公司
地址:湖北省麻城市宋埠镇宋埠大道299号
邮编:438307
电话:0713/2067160
传真:2062267
网址:www.hblmzd.cn
电子信箱:411490057@qq.com
法定代表人:丁周炎
质量体系:ISO/TS 16949、ISO 9001
产品情况:(力美牌)
各种汽车制动阀、制动器、制动泵和容器类产品
配套及出口情况:为一汽、东风、东风德纳,江淮、北汽福田等20多个主机厂配套;部分产品随主机出口

★襄阳加泰尔汽车部件制造有限公司
地址:湖北省襄阳市春园东路
邮编:441000
电话:0710/3381966
网址:www.ctlautoparts.com
电子信箱:sales@ctlautoparts.com
法定代表人:石振萍
质量体系:ISO/TS 16949
产品情况:生产带轮速传感器的汽车轮毂单元和汽车轴承等汽车零部件及相关产品
出口情况:远销加拿大、美国、德国、墨西哥等国家

★湖北远成鄂弓汽车悬架弹簧有限公司
地址:湖北省襄阳市高新技术开发区日产工业园区信息路3号
邮编:441000
电话:0710/3396602、3390796
传真:3396601、3396602
网址:www.yuanchenggufen.com
电子信箱:380195834@qq.com
法定代表人:张彦妮
质量体系:ISO 9002
产品情况:(鄂弹牌)
汽车钢板弹簧及空气悬架弹簧导向臂,年产能力5万t
配套情况:为东风汽车公司配套

★湖北新火炬科技有限公司
地址:湖北省襄阳市高新技术产业开发区汽车工业园新光路七号
邮编:441004
电话:0710/2305856、3332288
传真:2305856、3332725
电子信箱:ntp@ntp－china.com
法定代表人:吴少伟
质量体系:ISO/TS 16949、QS 9000
产品情况:(NTP牌)
主要研发生产汽车轮毂轴承、乘用车轮毂轴承单元
出口情况:远销美国、加拿大、德国、法国、意大利等国家

★东风德纳车桥有限公司
地址:湖北省襄阳市中原西路1号
邮编:441004
电话:0710/3720000
传真:3482500
网址:www.ddac.com.cn
电子信箱:oversea.sales@ddac.com.cn
法定代表人:Antonio Valencia
单位人数:4600
质量体系:ISO/TS 16949
产品情况:具有年生产车桥总成80万根,主从动齿轮65万套的能力
配套情况:为东风汽车公司,宇通客车、厦门金龙等大型客车和货车整车、底盘生产企业提供6~12m客车系列车桥总成及轻、中、重型货车、农用车系列车桥总成

★湖北江山重工有限责任公司
地址:湖北省襄阳市樊城区追日路5号
邮编:441005
电话:0710/3347668
传真:3347678
电子信箱:jszgxcb@163.com
法定代表人:高旸
质量体系:ISO/TS 16949、ISO 14001
产品情况:专用汽车、数控机床等整机产品和液压组件、汽车变速器等核心总成

★湖北飞龙摩擦密封材料股份有限公司
地址:湖北省枣阳市新华路78号
邮编:441200
电话:0710/6352088、6312393
传真:6321825
网址:www.feiroen.com
电子信箱:flgsb@hubeifeilong.com
法定代表人:兰永忠
单位人数:1000
质量体系:ISO/TS 16949
产品情况:(隆中牌)
汽车用鼓式制动片、盘式制动片、制动蹄总成、气压盘式制动器等4大类产品,已形成年产无石棉鼓式制动片3万t、盘式制动片500万套、制动蹄总成300万套、气压盘式制动器3万只的生产能力
配套及出口情况:为东风、一汽、中国重汽、福田、江淮、柳工、陕汽等20多个全国知名厂家配套;出口欧美、非洲、东南亚、中东等十几个国家和地区

★湖北三环铸造股份有限公司
地址:湖北省随州市交通大道1116号
邮编:441300
电话:0722/3580280
传真:3828066
网址:www.hbshzz.cn
电子信箱:zhuzao@triring.cn
法定代表人:余高洋
负责人:谢来旺
单位人数:1200
质量体系:ISO/TS 16949
产品情况:(楚威牌)
桥壳、轮毂、制动鼓、减速器壳、差速器壳等各类汽车底盘零部件和工程机械零部件
配套及出口情况:拥有东风德纳、东风柳汽、徐工科技、陕西汉德、济南重汽等32家国内客户;拥有印度塔塔、印度爱莎、美国AAM、美国AXLETEK 4家国际客户

★湖北神马齿轮制造有限公司
地址:湖北省随州市涢水南路9号
邮编:441300
电话:0722/3813470、3815486
传真:3811482
网址:www.hbsmcl.com
电子信箱:bgs@hbsmcl.com
法定代表人:谢爱国
产品情况:汽车变速器,工程车变速器副箱齿轮、取力器总成、工程机械齿轮、螺伞等
配套情况:主供东风变速器、三江集团等

★南漳县鹏程汽车零部件有限责任公司
地址:湖北省南漳县经济开发区涌泉机电工业园
邮编:441500
电话:0710/5241823、13907274471
传真:5241823
电子信箱:1482413297@qq.com
法定代表人:贾鸿举
质量体系:ISO 9000

产品情况:汽车轮缸、制动轮缸、制动气室
配套情况:为东风汽车、湖南车桥、晋南车桥、湖北三环、东风车桥配套

★湖北三环制动器有限公司
地址:湖北省谷城县城关镇过山口街48号
邮编:441700
电话:0710/7338249、7232476
电子信箱:cheqiao@ triring. cn
法定代表人:张金刚
产品情况:制动蹄、制动片

★湖北三环车桥有限公司
地址:湖北省谷城县城关镇后街34号
邮编:441700
电话:0710/7232476、4001110710
传真:7234069
网址:www. zggccq. cn
电子信箱:cheqiao@ triring. cn
法定代表人(负责人):陶德文
单位人数:2700
质量体系:ISO/TS 16949
产品情况:(三环牌)
年产各类汽车前轴、曲轴、铁路货车钩尾框等锻件100万件、车桥总成40万台(套)
配套情况:为一汽、东风、北汽福田、中国重汽、陕西重汽、江淮汽车、日野(中国)、印度塔塔、印度利兰、伊朗VAMCO、戴姆勒公司等配套

★湖北三环锻造有限公司
地址:湖北省襄阳市谷城县发展大道8号
邮编:441700
电话:0710/7232310
传真:7241753
网址:www. hbshdz. cn
电子信箱:hbshdz@ 263. net
法定代表人:张运军
质量体系:IATF 16949、ISO 14001
产品情况:(东银牌)
各类汽车转向节、转向节臂、凸缘等
配套及出口情况:同汉德车桥、东风德纳、宇通客车、济南重汽、中国一汽、柳汽、安凯车桥、包头北奔、方盛车桥、江淮汽车、中国南车等20多个国内主机厂建立了战略合作伙伴关系;汽车转向节、转向臂等产品出口到美国、德国、荷兰、韩国、印度、墨西哥

★苏州仁和老河口汽车股份有限公司
地址:湖北省老河口市仁和路173号
邮编:441800
电话:0710/8224899
传真:8231111
网址:www. churun. com. cn
电子信箱:lhkrh@ 163. com
法定代表人:李启群
质量体系:ISO/TS 16949
产品情况:(仁和牌)
汽车制动间隙自动调整臂
配套及出口情况:产品被大量使用于东风系列、解放系列载重车以及苏州金龙、厦门金龙、北方奔驰、郑州宇通等豪华客车;出口伊朗、俄罗斯、古巴等国家

★老河口楚润科技(集团)有限公司
地址:湖北省老河口市洪山咀楚润路1号
邮编:441814
电话:15717859253
传真:0710/8511115
网址:www. churun. com. cn
电子信箱:churun2009@ 163. com
法定代表人:李国际
质量体系:ISO/TS 16949
产品情况:(仁和牌、鑫威牌)
汽车制动间隙自动调整臂、镁合金成型产品、铁型覆砂铸造的发动机摇臂、转向机壳体、飞轮及摇臂轴、球头、球窝等
配套情况:合作伙伴有东风汽车、金龙客车、福田汽车、宇通客车、康明斯发动机、海沃(中国)机械等

★湖北华阳汽车制动器有限公司
地址:湖北省十堰市车城南路32-1号
邮编:442000
电话:0719/8876107、8876109
传真:8876111
网址:www. syhuayang. com
电子信箱:cl@ hybiansu. com
法定代表人:李文清
单位人数:74
质量体系:ISO/TS 16949、ISO 9001
产品情况:商用车制动器总成及其零部件,年产能力35万只
配套情况:是东风汽车公司重、中、轻型商用车制动器的主要供应商

★东风汽车零部件(集团)有限公司
地址:湖北省十堰市车城西路9号
邮编:442000
电话:0719/8202425
传真:8221521
网址:www. dfpcgroup. com
电子信箱:tanhp@ dfl. com. cn
法定代表人:陈兴林
负责人:博世
单位人数:18000
质量体系:ISO/TS 16949
产品情况:悬架承载系统、气制动系统、转向系统、发动机热系统、车身内饰系统、进气及燃油滤清模块、汽车电子控制模块、仪表传感元件、电动机、紧固件、车轮、空压机、油水泵、精密铸造、粉末冶金和有色铸件等主体业务
配套情况:主要客户有东风商用车、神龙汽车、东风日产、东风本田、东风悦达起亚、东风乘用车、东风股份、东风康明斯、东风裕隆、郑州日产、郑州宇通、中国重汽、陕西重汽、苏州金龙、中国一汽、北汽福田、上汽通用五菱、一汽丰田、广汽丰田、一汽-大众、吉利汽车、长安汽车、奇瑞、比亚迪、潍柴动力、玉柴股份等

★东风汽车泵业有限公司
地址:湖北省十堰市工业新区风神大道36号
邮编:442000
电话:0719/8224508、8225516
传真:8224508
网址:www. dfbygs. com
电子信箱:dfby - gsb@ dfl. com. cn
法定代表人:韩力
质量体系:ISO/TS 16949、QS 9000
产品情况:重中轻型汽车和轿车用空气压缩机、机油泵、水泵、离合器主缸、离合器轮缸、转向直拉杆、燃油管件和其他底盘零部件,年产能力35万套

★十堰精密新动力科技股份有限公司
地址:湖北省十堰市龙门大道9号十堰精密工业园
邮编:442000
电话:0719/8313000
传真:8315666
网址:www. jmzzsy. com
电子信箱:mail@ jmzzsy. com
法定代表人:吕钧
单位人数:400
质量体系:ISO/TS 16949
产品情况:汽车中、后桥减速器总成及零件,平衡悬架总成及零件,新能源电子桥等
配套及出口情况:与东风汽车、山东时风集团、湖南车桥厂、南方重汽、三一重工、中联重科、北汽福田等国内知名汽车企业合作;远销伊朗、马来西亚、巴基斯坦、阿联酋等国家和地区

★星源(十堰)悬架有限公司
地址:湖北省十堰市茅箭区北京中路38号
邮编:442000
电话:0719/8126315、8126318
传真:8126318
电子信箱:xyxjzgb@ 163. com
法定代表人:谢平
质量体系:ISO/TS 16949
产品情况:汽车平衡悬架、挂车悬架、空气悬架系统总成以及浮动桥、推力杆总成
配套情况:与中集车辆(集团)、集瑞联合重工、东风汽车有限、河南天骏、陕汽榆林东方有限公司等国内知名厂家建立了良好合作关系

★十堰市金骥汽车部件有限公司
地址:湖北省十堰市张湾工业新区凯迪拉克大街18号
邮编:442000
电话:0719/8208908
传真:8286106
电子信箱:1654381130@ qq. com

法定代表人:李国和
质量体系:ISO 9001
产品情况:商用车车架、车桥,车架年生产能力达3万台

★东风汽车动力零部件有限公司
地址:湖北省十堰市张湾区四川路9号
邮编:442002
电话:0719/8238324
电子信箱:dfdlgsb@163.com
法定代表人:卢永刚
产品情况:以汽车动力、传动、制动系统零部件设计、制造为主

★襄阳江凯汽车变速器有限公司
地址:湖北省襄阳市高新开发区富康大道27号
邮编:442002
电话:0710/5103006、5103088
网址:www.xfjiangkai.cn
电子信箱:54810721@qq.com
法定代表人:李忠奇
质量体系:ISO/TS 16949
产品情况:生产变速器花键轴、齿轮等零件
配套情况:为东风汽车公司配套

★东科克诺尔商用车制动技术有限公司
地址:湖北省十堰市花果街道放马坪路40号
邮编:442003
电话:0719/8208818
传真:8249504
网址:www.knorr-bremse.cn
董事长:徐保平
产品情况:商用车制动系统产品

★东风(十堰)汽车制动件有限公司
地址:湖北省十堰市花果街放马坪28号
邮编:442003
电话:0719/8248224、8248847
传真:8541277
网址:www.dfzdj.net
电子信箱:scb@dfzdj.cn
法定代表人:岳胜桥
质量体系:ISO/TS 16949
产品情况:硅油风扇离合器、离合器助力器、空气干燥器、电涡流缓速器、皮带张紧轮及各种汽车用制动阀等
配套及出口情况:为东风汽车有限公司、东风康明斯发动机、常州柴油机等国内部分整车厂和发动机厂家配套;远销欧洲,与德国奔驰、宝马轿车配套

★十堰市华迪汽车零部件有限公司
地址:湖北省十堰市张湾区凯迪拉克大街20号
邮编:442003
电话:0719/8232875
传真:8286056
法定代表人(负责人):程超
质量体系:ISO/TS 16949
产品情况:(华迪牌)
空气干燥器、制动器、车门限位器及汽车冲压件
配套情况:为东风汽车有限、东风康明斯发动机等国内部分整车厂和发动机厂家配套

★十堰同创传动技术有限公司
地址:湖北省十堰市东风大道78号
邮编:442012
电话:0719/8797200
传真:8782710
网址:www.tcsync.com.cn
电子信箱:tcsync@163.com
法定代表人:万贤毅
质量体系:ISO/TS 16949、ISO 9001
产品情况:主要生产汽车变速器同步器齿环、齿座、滑套、锥毂及粉末冶金齿座、同步环等
配套情况:为一汽、东风、中国重汽变速器、中国重汽大同齿轮、綦江齿轮传动、上汽变速器厂、六安星瑞齿轮厂及格特拉克、日本达耐时公司在内的国内外30多家企业配套

★东风(十堰)天业科技发展有限公司
地址:湖北省十堰市白浪经济开发区
邮编:442013
电话:0719/8018704
电子信箱:dongshucheqiao@163.com
法定代表人:康晓东
质量体系:ISO 9000
产品情况:各型前后桥总成
配套情况:为东风南充汽车、东风襄樊专用汽车、陕汽宝鸡华山工程车辆等配套

★十堰巨名好特汽车备件制造有限公司
地址:湖北省十堰市高新技术开发区龙门工业园龙门大道5号
邮编:442013
电话:0719/8314555、8314518
传真:8314999
电子信箱:1147212117@qq.com
法定代表人:胡旺甫
质量体系:ISO 9001
产品情况:离合器从动盘、压盘总成、飞轮总成、离合器助力器、泵阀、橡胶衬套总成等
配套情况:为东风、解放、乘龙、斯太尔、上汽依维柯红岩、陕汽、春兰、欧曼、富康、大众等配套

★十堰市湖桥实业有限公司
地址:湖北省十堰市吉林路56号
邮编:442013
电话:0719/8319575、8319498
传真:8301306
电子信箱:935702454@qq.com
法定代表人:胡玮
质量体系:ISO/TS 16949、ISO 9001
产品情况:(湖桥牌)
差减壳、双桥、减速器总成、主从动齿轮、支架、半轴套管、十字轴、转向节等
配套情况:为东风汽车有限公司多家专业厂配套

★十堰瑞程传动轴有限公司
地址:湖北省十堰市经济技术开发区东环路265号
邮编:442013
电话:0719/8761266、8761260
传真:8761267
电子信箱:shiyan-ruicheng@163.com
法定代表人:雷军
质量体系:ISO/TS 16949、GB/T 28001
产品情况:(瑞程牌)
汽车传动轴、矿山车辆传动轴及工程机械联轴器等产品
配套及出口情况:主要与东风公司、三环专汽、上汽红岩、江铃汽车、山东凯马汽车、山东山工集团、同力重工等企业配套;部分产品出口东南亚

★湖北万联达汽车科技股份有限公司
地址:湖北省十堰市经济开发区白浪中路164号
邮编:442013
电话:0719/8315238、8315988
传真:8315238
电子信箱:wld888@163.com
法定代表人:陈洪
质量体系:ISO/TS 16949、ISO 9001
产品情况:传动轴总成、转向拉杆总成、转向垂臂总成、销轴等转向系统配件;散热器、冷凝器等热交换器配件
配套情况:为东风汽车、湖北三环专用车、东风德纳车桥、成都王牌汽车、云南力帆汽车、陕西宝鸡华山汽车、江淮汽车等30余家企业配套

★湖北车神汽配实业有限公司
地址:湖北省十堰市经济开发区车神路6号
邮编:442013
电话:0719/8312811、8303880
传真:8303881
电子信箱:ming690422@163.com
法定代表人:吕自伟
质量体系:ISO 9001
产品情况:(车神牌)
汽车离合器压盘、从动盘系列,助力器、制动系列产品等
配套及出口情况:与多家大型汽车及配件生产厂建立友好合作关系;出口东南亚地区

★东风十堰汽车液压动力有限公司
地址:湖北省十堰市经济开发区龙门大道26号
邮编:442013
电话:0719/8251189
传真:8287238
网址:www.dfyydl.com

电子信箱:dongye@ vip.163.com
法定代表人:卢永刚
质量体系:ISO/TS 16949
产品情况:电动、手动汽车驾驶室翻转升降机构及动力转向器、手动油泵总成、电动泵、油缸总成、油管、助力器等
配套及出口情况:为东风公司、济南重汽、北汽福田、三一重工、上汽集团、航天集团等20余家汽车主机厂配套;与印度马恒达、塔塔公司,日本五十铃、双日公司、井关株式会社交流合作;已获得德国戴姆勒临时供应商代码

★东风汽车底盘系统有限公司

地址:湖北省十堰市广东路2号
邮编:442042
电话:0719/8200163、8219174
传真:8211038
网址:www.dongfengwheel.com
电子信箱:178144788@ qq.com
法定代表人:叶征吾
质量体系:ISO/TS 16949、ISO 14001
产品情况:(东风牌)
主要生产汽车车轮,发动机旋压皮带轮及冲压件产品;钢制车轮年生产能力为1140万套,发动机旋压皮带轮生产能力1000万只
配套情况:为东风汽车公司、奇瑞汽车、长安汽车等十几个主机厂配套

★东风(十堰)汽车钢板弹簧有限公司

地址:湖北省十堰市张湾工业园风神大道17号
邮编:442046
电话:0719/8232225、13971936068
网址:www.hbxiongteng.com
法定代表人:陈洪安
质量体系:ISO/TS 16949、ISO 14000
产品情况:汽车钢板弹簧
配套情况:为整车企业配套

★东风(十堰)有色铸件有限公司

地址:湖北省十堰市花果放马坪路40号
邮编:442062
电话:0719/8208881、8246201
传真:8208881
网址:www.dfnfc.com
电子信箱:dfyszj@ dfnfc.com
法定代表人:薄振芳
单位人数:540
质量体系:ISO/TS 16949、GB/T 24001
产品情况:离合器壳体、变速器壳体、机油冷却器座总成、油底壳、阀体曲轴后油封座等铝、镁合金压铸件
配套情况:主要客户有东风商用车、神龙汽车、东风康明斯发动机、东风乘用车、东风日产乘用车、宁波圣龙汽车动力系统、上汽菲亚特红岩动力总成、陕西法士特齿轮、西安康明斯发动机、广西康明斯工业动力、康明斯全球采购、克莱斯勒

★东风电子科技公司汽车制动系统公司

地址:湖北省十堰市花果放马坪路40号
邮编:442062
电话:0719/8246404、8235030
传真:8235511
电子信箱:fen.qin@ knorr-bremse.com
法定代表人:谢世锋
质量体系:ISO/TS 16949
产品情况:汽车制动系产品(串联阀、感载阀、继动阀、气压式防抱死制动系统ABS等商用车气压制动元件),各类发动机燃油泵、机油滤清器座、发动机ECU冷却器及发动机排气制动产品
配套情况:为东风商用车、陕西重汽、北汽福田、北奔重型、上海依维柯红岩、华菱重卡、厦门金龙、金旅等国内知名整车厂配套

★湖北星源科技有限公司

地址:湖北省十堰市房县东城工业区
邮编:442100
电话:0719/3244335
传真:3224574
法定代表人:谢平
质量体系:ISO/TS 16949
产品情况:平衡悬架、挂车悬架、空气悬架系统总成以及推力杆总成
配套情况:为东风汽车有限公司配套

★十堰法雷诺动力科技有限公司

地址:湖北省十堰市白浪东路67号
邮编:442300
电话:0719/8315266、18986878311
传真:8311900
电子信箱:490698913@ qq.com
法定代表人:张军
负责人:张苏
质量体系:ISO/TS 16949
产品情况:汽车离合器面片、汽车从动盘总成、汽车压盘总成,具有年产高端汽车离合器面片100万片、汽车从动盘总成20万套、汽车压盘总成20万套的能力
配套及出口情况:为东风汽车、陕汽、一汽等重型货车配套;部分系列产品出口俄罗斯、南非、伊朗、土耳其及东南亚地区

★湖北华阳汽车变速系统股份有限公司

地址:湖北省十堰市郧县城关镇大桥南路2号
邮编:442500
电话:0719/7300066
传真:7300068
网址:www.hybiansu.com
电子信箱:hybs@ hybiansu.com
法定代表人:陈伦宏
单位人数:384
质量体系:ISO/TS 16949、ISO 14001
产品情况:汽车拨叉系列
配套情况:为东风载重车、东风轻型车、康明斯发动机、东风各改装车厂、湖北三环、长安汽车、一汽长春齿轮、益阳齿轮、湖南三一汽车、广东韶关齿轮、山西大同齿轮等厂家配套

★十堰凯琦铸造有限公司

地址:湖北省十堰市郧县经济开发区长岭大道22号
邮编:442500
电话:0719/7228521
传真:7228551
网址:www.hbxiongteng.com
法定代表人:陈洪安
质量体系:ISO/TS 16949、QS 9000
产品情况:汽车制动蹄、制动底板、制动盘、制动鼓、轮毂、转向器壳体、平衡桥支架、离合器压盘等8大系列
配套及出口情况:主要客户有东风德纳车桥、广西方盛车桥、陕汽汉德车桥、美驰华阳制动器、内蒙古北方奔驰等;出口印度、伊朗、日本等国家

★郧西县神风实业有限公司

地址:湖北省十堰市郧西县城关镇工业园区
邮编:442600
电话:0719/6227419、13707286617
传真:6227419
网址:www.hbshenfeng.com
电子信箱:hbshenfeng@ 163.com
法定代表人:童立鹏
负责人:陈伟
单位人数:240
质量体系:ISO/TS 16949
产品情况:东风系列各种车型汽车底盘零件,驾驶室悬置系统零件,发动机悬置系统零件,钢板弹簧装置零件等系列汽车零部件;年生产能力机加工汽车零部件500万件,铸铁12000t,铸钢3000t
配套情况:为东风商用车、东风汽车股份、东风设备制造厂、东风创普、厦门金龙等配套

★湖北省丹江口丹传汽车传动轴有限公司

地址:湖北省丹江口市丹江大道495号
邮编:442700
电话:0719/5213600
传真:5221068
网址:www.danchuan.com.cn
电子信箱:scb@ danchuan.com.cn
法定代表人:肖江
质量体系:ISO/TS 16949、ISO 14001
产品情况:具有年产汽车传动轴60万套、铸钢桥30000套、铸钢件10000t、精密铸造件5000t、汽车零件800万件的生产能力
配套情况:为东风汽车公司、宇通客车、北汽福田等配套

★湖北神力锻造有限责任公司

地址:湖北省丹江口市新港大道15号
邮编:442700
电话:0719/5228849、5239696

传真:5228849、5221715
网址:www. dfsl. com. cn
电子信箱:tianxiaobo@ dfcv. com. cn
法定代表人:张朝敏
质量体系:ISO/TS 16949、ISO 14001
产品情况:中、重型货车和大型客车等商用车前轴与大功率发动机曲轴毛坯
配套情况:为东风汽车、重汽集团、沃尔沃等配套

★远安永安车桥有限责任公司
地址:湖北省远安县鸣凤镇解放路313号
邮编:444200
电话:0717/3812932
传真:3812932
网址:www. yacq. com
电子信箱:hbyacq@ 163. com
法定代表人:简开贵
单位人数:480
质量体系:ISO/TS 16949
产品情况:中、重型汽车车桥总成及车桥配件,车桥年生产能力10万台
配套及出口情况:为北汽福田诸城汽车厂、长沙汽车厂、东风柳汽、东风德纳车桥、五征汽车厂等国内知名汽车主机厂配套汽车车桥及车桥零部件;车桥随主机厂整车出口亚洲、非洲、欧美等地区

★湖北航特科技有限责任公司
地址:湖北省荆门高新区常青路1号
邮编:448035
电话:0724/6075001、6075005
传真:2499104
法定代表人:陈阳陵
质量体系:ISO/TS 16949、ISO 14001
产品情况:催化器、制动器
出口情况:出口美国、日本、德国、捷克、匈牙利、俄罗斯、韩国、意大利、法国、印度、东南亚等国家和地区

★湖北航特装备制造股份有限公司
地址:湖北省荆门市高新区常青路1号
邮编:448035
电话:0724/6075001、6075000
传真:6075003
网址:www. hangte. cn
电子信箱:sales@ hangte. cn
法定代表人:肖为
质量体系:ISO/TS 16949、ISO 14000
产品情况:摩托车盘式液压制动器,汽车转向器等铝合金铸件以及汽车摩托车等专用催化剂、催化器
配套及出口情况:为本田、铃木、雅马哈在中国的合资企业、大长江、轻骑、嘉陵、建设、新大洲、金城、隆鑫等配套;出口美国、日本、韩国、捷克、德国、意大利和印度等

湖南省

★湖南易通汽车配件科技发展有限公司
地址:长沙市经济技术开发区黄花工业园
邮编:410137
电话:0731/86398049
传真:86398049
电子信箱:yike@ yikeauto. com
法定代表人:韦耀文
质量体系:ISO/TS 16949
产品情况:(易科牌)
钢板弹簧、减振器、空气悬架等系列悬架产品
配套及出口情况:主要与中联重科、三一重工、湖南猎豹、东风汽车、陕汽、华菱汽车、北汽福田、广汽日野、奇瑞汽车、江淮汽车、韩国大宇、美国佩卡等国内外知名汽车厂家配套;远销美国、德国、俄罗斯、澳大利亚等国家

★中航飞机起落架有限责任公司
地址:长沙市望城县宝粮路128号
邮编:410200
电话:0731/82719778、82719775
传真:82719770
法定代表人:杨如军
质量体系:GJB 9001A
产品情况:系列油缸、泵阀、橡塑制品、悬架系统、减振器、连杆、传动轴等
配套情况:为北汽福田、北京现代、陕汽、重汽、杭叉、合力宝叉、青岛台励福、大叉等配套

★湖南容大智能变速器股份有限公司
地址:长沙市岳麓区杜容路68号
邮编:410205
电话:0731/88337965、4001580731
传真:88337991
网址:www. icvt. com
电子信箱:rundar@ icvt. com
法定代表人:王刚
单位人数:400
质量体系:ISO/TS 16949
产品情况:无级自动变速器(CVT)、新能源汽车自动变速器、汽车电控单元
配套情况:与海马M3、力帆320、力帆520、力帆620,众泰5008、众泰2008,川汽F99等7个车型配套,为东风日产、奇瑞、力帆汽车等客户开发混合动力传动模块

★株洲齿轮有限责任公司
地址:湖南省株洲市天元区明日路10号
邮编:412000
电话:0731/22521021
电子信箱:xiaosgs@ chinese - gear. com
法定代表人:丁迎东
质量体系:ISO/TS 16949、QS 9000
产品情况:(株齿牌)
年产螺伞齿轮120万套、精锻齿轮1000万件、过桥箱齿轮30万套、变速器齿轮800万套、轿车变速器30万台、分动器及行星传动总成8万台套;新能源汽车减速器
配套情况:为一汽集团、陕汽集团、重汽集团、北汽福田、北奔重汽、潍柴动力、力帆汽车、华晨金杯、东风汽车公司、重庆重汽、宇通客车、奇瑞汽车、安凯车桥、一汽海马,吉利汽车等配套

★株洲易力达机电有限公司
地址:湖南省株洲市芦淞区董家塅高科园航空路100号
邮编:412002
电话:0731/28579269、28554901
网址:www. nfelite. com
电子信箱:elite_eps@ 163. com
法定代表人:许仲秋
质量体系:ISO/TS 16949
产品情况:(易力达牌)
电动助力转向器(EPS),生产能力达200万套以上
配套及出口情况:为一汽、长安、东风、北汽福田、昌河铃木、一汽海马、东南汽车、力帆汽车、哈飞汽车等多家汽车厂批量配套,与奇瑞汽车、长城汽车、江淮汽车、众泰汽车、北汽控股等建立了合作关系;出口美国、法国、比利时、捷克、伊朗

★株洲汽车零部件实业有限公司
地址:湖南省株洲市石峰区龙头铺
邮编:412006
电话:0731/28700174、28701575
传真:28705999
电子信箱:sf@ zzlbj. com
法定代表人:唐卫
质量体系:ISO 9001
产品情况:(石峰牌)
传动轴总成、制动器、伸缩套、二轴盖、三轴盖、变速器上盖等
配套及出口情况:为陕西汽车制造厂、汉阳特种汽车厂、湖南三湘客车厂、长沙汽车制造厂、长沙中联重科等配套;出口美国、越南等国家

★益阳康益机械发展有限公司
地址:湖南省益阳市高新区梅林路康益园区
邮编:413000
电话:0737/4219398
传真:4219388
网址:www. yiyang - gears. com. cn
电子信箱:sales@ yiyang - gears. com. cn
法定代表人:吴永六
单位人数:500
质量体系:ISO 9001、ISO 14001
产品情况:(益隆牌)
轻型汽车变速器年生产能力为50000台
配套及出口情况:为东风汽车集团、江淮汽车集团、一汽红塔、重庆长安等大型企业配套;出口北美洲、东南亚、西亚等地区

★湖南飞桥汽车板簧有限公司
地址:湖南省常德市德山北路制玻巷
邮编:415001

电话:0736/7308906、7318231
传真:7308775
电子信箱:hnfqbh@126.com
法定代表人:蔡玉平
质量体系:ISO 9001
产品情况:(FEIQIAO 牌)
汽车钢板弹簧、U 形螺栓、轮胎螺栓、钢圈等,年产能力 6 万 t

★衡阳风顺车桥有限公司
地址:湖南省衡阳市华新开发区长丰大道 18 号
邮编:421001
电话:0734/8117366、8117389
传真:8117399
电子信箱:642614759@qq.com
法定代表人:钟新农
质量体系:ISO/TS 16949
产品情况:汽车车桥、悬架、变速器、分动器等
配套情况:为广汽三菱、长丰扬子、河北中兴、南海福迪、北汽福田、石家庄双环等配套

★湖南凌风车架有限责任公司
地址:湖南省衡阳市雁峰区罗金桥二号
邮编:421008
电话:0734/8414315、8475706
传真:8414315
电子信箱:ifgs@lingfeng.cn
法定代表人:唐高国
负责人:徐向东
单位人数:820
质量体系:ISO/TS 16949、ISO 9001
产品情况:SUV、皮卡系列车架,年产能力 10 万台;中、轻型汽车前轴,年产能力 10 万根
配套情况:为广汽三菱、北汽福田、安徽扬子、浙江吉奥、南海福迪、绵阳华瑞、东风车桥等配套

广东省

★ 广州市西合汽车电子装备有限公司

地址:广州市番禺区南村镇骏拓工业园 2 栋
邮编:510060
电话:020/34698210、39218750
传真:39218751
网址:www.sivco.com.cn
电子信箱:sivco_sale@163.com
法定代表人(负责人):郭涛
质量体系:ISO/TS 16949
产品情况:(SIVCO 牌)
商用车 ABS、TPMS、EBS
配套情况:为中国重汽、北奔、大运、东风、中集等主机厂配套
☞ 详细情况请参阅彩色宣传版面

★广州新确汽车配件有限公司
地址:广州市花都区汽车城车城大道南 19 号
邮编:510080
电话:020/86733858
传真:86733857
网址:www.suncall.co.jp
电子信箱:wen-mh@suncall-gc.com.cn
法定代表人:杉村和俊
产品情况:(SUNCALL 牌)
发动机气门弹簧、变速器齿轮

★爱德克斯(广州)汽车零部件有限公司
地址:广州市南沙区黄阁镇阁中路第 28 号
邮编:510245
电话:020/34970988、13416372826
网址:www.advics.co.jp
电子信箱:ou_minshan@advics-gz.cn
法定代表人:今井隆好
产品情况:汽车制动系统及零部件
配套情况:为丰田供货

★广州友井汽车配件有限公司
地址:广州市花都区汽车城消防支队旁
邮编:510445
电话:020/37312498、37312418
传真:37312438
电子信箱:gzyoujing@163.com
法定代表人:周秘
质量体系:ISO 9001
产品情况:日系汽车转向拉杆球头系列、悬架球头系列、平衡杆球头系列

★ 加特可(广州)自动变速箱有限公司

地址:广州市高新技术产业开发区科学城荔红二路 8 号
邮编:510530
电话:020/82267038
传真:82267002
网址:www.jatcochina.com
电子信箱:admin@jatcochina.com
法定代表人(负责人):秋山佳信
单位人数:2000
产品情况:主要生产 Jatco CVT7、Jatco CVT8、Jatco CVT7 W/R 等重点产品
配套情况:主要客户有东风日产乘用车、郑州日产、雷诺北京、东风裕隆
☞ 详细情况请参阅彩色宣传版面

★广州恩梯恩裕隆传动系统有限公司
地址:广州市经济技术开发区东区骏达路 11 号
邮编:510530
电话:020/82266458
网址:www.ntn.com.cn
法定代表人:尾迫功
质量体系:QS 9000、ISO 14001
产品情况:等速万向节
配套情况:为东风日产、一汽轿车、广汽三菱、北京现代、东南汽车、上汽通用、东风裕隆、长安福特等供货

★广州日正弹簧有限公司
地址:广州市经济技术开发区开发大道 1820 号
邮编:510530
电话:020/82266136
传真:82266187
电子信箱:15379@nus.com.cn
法定代表人:榎本英人
质量体系:ISO/TS 16949、ISO 14001
产品情况:汽车用减振弹簧和稳定杆
配套情况:为广汽丰田、广汽本田、东风日产乘用车、广州昭和汽车配件、东风本田、长安福特等供货

★广州溢滔钱潮减震科技股份有限公司
地址:广州市白云区太和镇工业区建业中路 9 号
邮编:510540
电话:020/62834180
传真:62834182
网址:www.ytairspring.com
电子信箱:sales1@ytairspring.com
法定代表人:庞学东
质量体系:ISO/TS 16949、ISO 14001
产品情况:空气弹簧、电子复合减振、空气悬架、电子气泵产品
配套情况:主要合作伙伴有江淮汽车、宇通客车、东风汽车、广汽日野、陕汽重卡、东风柳汽、东风李尔、广汽研究院等

★广州瑞立科密汽车电子股份有限公司
地址:广州市萝岗区科学城南翔支路 1 号
邮编:510663
电话:020/32057001、4009685880
传真:32057002、82260136
网址:www.kormee.com
电子信箱:kormee@kormee.com
法定代表人(负责人):黄万义
质量体系:ISO/TS 16949、ISO 14001
产品情况:(科密牌、KORMEE 牌)
汽车电子控制系统、汽车防抱死制动系统(ABS)、电控制动系统(EBS)及电涡流缓速器等产品
配套及出口情况:为一汽集团、东风汽车、北汽福田、中国重汽、陕汽重卡、江淮汽车、上汽依维柯红岩、宇通客车、厦门金龙、厦门金旅、中通客车、中集车辆等 100 多家整车;远销巴西、印度、土耳其、伊朗等国家

★广东中博汽车零部件有限公司
地址:广州市经济技术开发区永和经济区禾丰一街 10 号
邮编:510730
电话:020/32225666
传真:32225166
电子信箱:recruitment@cipe-gz.com
法定代表人:赵宇珣
质量体系:ISO/TS 16949、VDA 6.1
产品情况:(ASIMCO 牌)

真空助力器、鼓式制动器、盘式制动器及其零部件
配套情况:为神龙富康、江铃全顺、长沙众泰、东风、长城、比亚迪、吉利等汽车主机客户配套制动系统

★广州昭和汽车零部件有限公司
地址:广州市经济技术开发区东区宏明路6号
邮编:510760
电话:020/82268289、82268480
传真:82269091
网址:www. gzshowa. com
电子信箱:mishu@ gzshowa. com
法定代表人:松村哲也
质量体系:ISO 9001、ISO 14001
产品情况:(SHOWA 牌)
汽车减振器、汽车转向器及其零部件
配套及出口情况:主要客户为广汽本田、东风本田、东风本田发动机、广汽三菱、本田汽车(中国)等;向西欧、日本、东南亚等国家和地区出口

★广州优尼精密有限公司
地址:广州市花都区花港大道77号A栋
邮编:510800
电话:020/36866668
传真:36867968
网址:www. unipres. com. cn
电子信箱:uppg - hr@ unipres. com. cn
法定代表人:熊智斌
产品情况:自动变速器及其精密零部件、制造汽车用精锻毛坯件、精密冲压半成品

★广州六和桐生机械有限公司
地址:广州市花都区汽车城东风大道8号
邮编:510800
电话:020/86733000
传真:86733228
网址:www. lioho. com
电子信箱:oycuichsn - klc@ liufeng. com. cn
法定代表人:宗绪顺
产品情况:(KIRIU 牌)
汽车制动、转向、发动机零组件,前后驱动轴总成等
配套及出口情况:主要为东风日产、一汽海马、广州日立压缩机等主机厂配套;出口日本和东南亚

★广州万宝井汽车部件有限公司
地址:广州市花都区新华镇汽车城东风大道28号
邮编:510800
电话:020/86733222、86733788
传真:86733111
网址:www. yorozu - corp. co. jp
电子信箱:chenshy@ ybm - yorozu. com. cn
法定代表人:林宏德
产品情况:驱动桥总成及相关部件
配套情况:为东风日产、长安铃木、丰田配套

★广州珠江轮胎有限公司
地址:广州市花都区炭步镇
邮编:510828
电话:020/86748188、86748183
传真:86748039
电子信箱:gzpr@ 21cn. com
法定代表人:吴南洋
质量体系:ISO 9001
产品情况:[珠江牌、顺通(SUNSTONE)牌、力格(REGAL)牌、骑士(RANGER)牌、方元牌、易通牌]
具有100万套斜交胎及200万套子午胎的年产能
出口情况:部分产品出口

★ 万力轮胎股份有限公司

地址:广州市从化区鳌头镇万力路3号
邮编:510940
电话:020/37967826
传真:87880991
网址:www. wanlitire. com
电子信箱:wanli@ wanlitire. cn
法定代表人(负责人):李小云
质量体系:IATF 16949
产品情况:(万力牌、万里星牌、钻石牌、SUNNY 牌、APTANY 牌)
各种汽车子午线轮胎
配套及出口情况:与23家厂商和84款车型配套(为东风雪铁龙/标致、东风乘用车、郑州日产、江淮汽车、一汽轿车、广汽传祺、广汽本田等26个整车厂82个车型进行配套);2018年海外销量800万条(畅销全球150多个国家和地区,主要出口市场为美国、英国、澳大利亚、比利时、荷兰等国家)
☞ 详细情况请参阅彩色宣传版面

★广州市特耐得车轴有限公司
地址:广州市增城区石滩镇仙塘工业区
邮编:511330
电话:020/32993880、32993807
传真:32993998
网址:www. tndaxle. com
电子信箱:sales01@ tndaxle. com
法定代表人:陈柏兴
产品情况:车轴、悬架

★广州曙光制动器有限公司
地址:广州市经济技术开发区禾丰一街8号
邮编:511356
电话:020/82986818
传真:82986820
网址:www. akebono - brake. co. jp
电子信箱:zhang. minqin@ akebono - brake. com
法定代表人:村上和雄
质量体系:ISO/TS 16949
产品情况:盘式、鼓式制动器

★东洋橡塑(广州)有限公司
地址:广州市经济开发区永和经济区
邮编:511356
电话:020/82986828
传真:82986838
网址:www. toyo - rubber. co. jp
电子信箱:renmingjun@ toyo - ag. com
法定代表人:井村洋次
质量体系:ISO/TS 16949、ISO 14001
产品情况:(TOYO 牌)
汽车减振器、等速万向节、特种密封材料等
配套情况:为广汽本田、广汽丰田、东风乘用车、日产等配套

★广州中精汽车部件有限公司
地址:广州市南沙开发区黄阁镇汽配园
邮编:511455
电话:020/34973666
传真:34973601
电子信箱:shiyifan@ cmwg. cn
法定代表人:北爪元哉
质量体系:ISO 9000
产品情况:铝轮辋及车轮总成,年产100万个
配套及出口情况:为广汽丰田配套;部分铝轮圈出口

★广州双叶汽车部件有限公司
地址:广州市南沙区黄阁镇黄阁中路22号
邮编:511455
电话:020/34973700、13711326284
传真:34973708
网址:www. futabasangyo. com
电子信箱:oujianwen@ gfap. com. cn
法定代表人:深津博茂
质量体系:ISO 14001
产品情况:制动器总成、驱动桥总成、电子控制燃油系统、汽车冲模及相关零部件
配套情况:为广汽丰田配套

★韶能集团韶关宏大齿轮有限公司
地址:广东省韶关市沐溪工业园沐溪三路
邮编:512028
电话:0751/8172004
传真:8172005
网址:www. sg - gear. com
电子信箱:hdcl@ sg - gear. com
法定代表人:陈传华
单位人数:1080
质量体系:ISO/TS 16949、ISO 14001
产品情况:主要产品为汽车变速器总成及其零部件、离合器零件、工程机械齿轮、电动叉车后桥等
配套情况:变速器总成主要客户有东风汽车、长安客车、江淮汽车、广汽日野、常州黄海、厦门金龙、扬州亚星、云南力帆等

★韶关市富日钢机械有限公司
地址:广东省韶关市曲江区马坝大道北

128号
邮编:512100
电话:0751/6691777、6691666
传真:6683860
网址:www.zxchelun.com
电子信箱:sgzx@zxchelun.com
法定代表人:柴业平
质量体系:ISO/TS 16949、ISO 9001
产品情况:一体成型德式车轴,单点悬架、德式悬架、美式悬架等产品、支承装置(支腿)、牵引座(鞍座)、牵引销、集装箱锁具和板簧等半挂车零部件
配套及出口情况:为广汽日野、挂车厂等多家汽车生产厂家配套;出口欧美、东南亚等30多个国家和地区

★韶关市正星车轮有限公司
地址:广东省韶关市曲江区马坝大道北128号
邮编:512100
电话:0751/6911866
网址:www.zxchelun.com
电子信箱:179296768@qq.ocm
法定代表人:高鑫
单位人数:1200
质量体系:ISO/TS 16949、ISO 9001
产品情况:(正星牌)
汽车车轮、挂车及挂车配件、精密铸造及精加工
配套及出口情况:为广汽日野、挂车厂等多家汽车生产厂家配套的战略合作伙伴;出口欧美、东南亚等30多个国家和地区

★广东柳菱宏通实业有限公司
地址:广东省梅州市梅江区八一大道73号
邮编:514016
电话:0753/2350583、2357173
传真:2351587
电子信箱:mzgear@126.com
法定代表人:胡志远
质量体系:ISO/TS 16949
产品情况:(MEIGONG牌)
各种微/中/重型汽车、工程机械变速器齿轮、驱动桥螺旋锥齿轮、差速器齿轮、堆高机变速器齿轮、摩托车变速器齿轮等
配套及出口情况:为上汽通用五菱、东风汽车、厦门工程机械、山东台励福和中国台湾台励福、沈阳金杯、江西江铃、杭州友嘉、五羊本田等主机厂配套;批量出口海外市场

★BPW(梅州)车轴有限公司
地址:广东省梅州市梅县城东
邮编:514743
电话:0753/2651883
传真:2651889
网址:www.bpw.cn
电子信箱:bpwchina@bpw.cn
法定代表人:克里斯坚·彼得·苛兹
产品情况:BPW刚性悬架车轴、空气悬架车轴及车轴关联零部件

★长丰汽车(惠州)有限公司
地址:广东省惠州市仲恺大道388号
邮编:516006
电话:0752/2616981、2616996
传真:2616933
电子信箱:793091447@qq.com
法定代表人:唐建新
质量体系:ISO 9001
产品情况:(LIEBAO牌)
汽车动力转向器

★普利司通(惠州)轮胎有限公司
地址:广东省惠州市惠澳大道惠南高新科技产业园惠泰路1号
邮编:516025
电话:0752/2056688
传真:2056677
网址:www.bridgestone.com.cn
电子信箱:zhong.sheng@bridgestonehz.com
法定代表人:近藤大策
产品情况:(普利司通牌)
载货汽车、巴士用全钢丝子午线轮胎
出口情况:出口蒙古

★深圳市凯卓立液压设备股份有限公司
地址:广东省深圳市南山区西丽镇茶光路深圳集成电路设计应用产业园513室
邮编:518055
电话:0755/26517000、4000905550
传真:26517900
网址:www.cadrolift.com
电子信箱:sale@cadrolift.cn
法定代表人:王泽黎
质量体系:ISO 9001
产品情况:(凯卓立牌)
各式车载液压起重尾板、自卸车密闭式车盖系统、各型厢式车翼开系统、残疾人车轮椅升降系统、可控液压支撑平衡系统、流动演出车辆舞台扩展系统、野战用伸缩方舱控制系统等
出口情况:远销美洲、欧洲、东南亚、大洋洲、中东、非洲等地区

★秩父精密产业(深圳)有限公司
地址:广东省深圳市南山区登良路恒裕中心A座405B
邮编:518067
电话:0755/26816269、26815439
传真:26815445
电子信箱:caiwu@chi-chi-bu.com
法定代表人:黑泽文武
质量体系:ISO/TS 16949、ISO 9002
产品情况:轴类产品及各种精密件
配套情况:为广汽本田配套

★深圳市特尔佳科技股份有限公司
地址:广东省深圳市龙华新区观澜高新技术产业园特尔佳厂区
邮编:518110
电话:0755/26513588、4008801700
传真:26519166
网址:www.terca.cn
电子信箱:tech@terca.cn
法定代表人:连松育
质量体系:ISO/TS 16949、QS 9000
产品情况:电涡流缓速器、液力缓速器
出口情况:出口泰国、智利、菲律宾、韩国、越南、澳大利亚、意大利、加纳、古巴、土耳其、阿曼等国家和地区

★华越汽车制动技术(深圳)有限公司
地址:广东省深圳市宝安区沙井街道办新二红巷工业路42号20栋
邮编:518125
电话:0755/27286788、13823383340
传真:27286488
电子信箱:sales@vaueo.com
法定代表人:俞士妙
质量体系:ISO 9001
产品情况:汽车电涡流缓速器主机及其控制系统

★力派尔(珠海)汽车配件有限公司
地址:广东省珠海市金湾区三灶镇青湾工业区青湾二路6号
邮编:519040
电话:0756/3862200、7632000
网址:www.lprautoparts.cn
电子信箱:leon.lee@lprautoparts.cn
法定代表人:LUCIANO ARICI
质量体系:ISO/TS 16949
产品情况:(LPR牌)
盘式制动片、鼓式制动蹄、制动卡钳、制动盘、制动鼓、简易套装、水泵、制动泵、制动软管、球笼等
配套情况:为菲亚特、雷诺、福特、菲罗多、霍尼韦尔等配套

★珠海华粤传动科技有限公司
地址:广东省珠海市南屏镇洪湾工业区兴湾七路1号
邮编:519060
电话:0756/8819200、6299000
传真:8819218、8819209
网址:www.cncclutch.com
电子信箱:cncoem@cncclutch.com
法定代表人(负责人):倪川
单位人数:300
质量体系:ISO/TS 16949、ISO 9001
产品情况:(华粤牌)
汽车离合器、从动盘总成
配套及出口情况:为上汽通用、上汽通用五菱、上汽大众、一汽-大众、一汽海马、海马轿车、北汽集团、奇瑞汽车、比亚迪汽车等主机厂配套;约40%的产品出口德国、法国、英国、美国、秘鲁、印度等国家和地区

★东莞恩斯克转向器有限公司
地址:广东省东莞市城区莞龙路段狮龙路莞城科技园

邮编:523119
电话:0769/22620960
传真:23162867
网址:www.cn.nsk.com
法定代表人:织户宏昌
质量体系:ISO/TS 16949、ISO 14001
产品情况:电动助力转向器(EPS)等
配套情况:为日系、欧美系及国内20余家汽车厂配套

★秩父精密工业(东莞)有限公司
地址:广东省东莞市塘厦镇科苑城青峰南路六号
邮编:523718
电话:0769/86856111、13923459211
传真:86859303
网址:www.dgchichibu.com
电子信箱:dannyyao@chi-chi-bu.com
法定代表人:马广暹
单位人数:1000
产品情况:各种精密轴类产品和铝制品
出口情况:远销欧洲、日本、新加坡、马来西亚、韩国等国家和地区

★东莞双叶金属制品有限公司
地址:广东省东莞市大岭山镇科技工业园
邮编:523816
电话:0769/89202500
传真:89202528
网址:www.futabasangyo.com
电子信箱:account1@dfmp.com.cn
法定代表人:寺本隆二
产品情况:汽车用车身零部件、制动器总成、燃油控制系统、底架、汽车发动机排放控制装置,汽车模具等

★东莞金洲齿轮机械有限公司
地址:广东省东莞市沙田镇西太隆工业区
邮编:523992
电话:0769/88688001
传真:88803225
电子信箱:dgjzcl@163.com
法定代表人:王勇
单位人数:140
质量体系:ISO/TS 16949
产品情况:各种螺旋锥齿轮等
配套及出口情况:为广西方盛、安徽安凯、南京创捷、南京依维柯、合肥车桥等中大型企业配套服务;国内的宇通、青年、安凯、金龙、金旅、福田、江淮、金杯、瑞风等客车或乘用车均在大量使用金洲齿轮;出口美国、德国、英国等国家

★肇庆骏鸿实业有限公司
地址:广东省肇庆市高新工业区临江工业园
邮编:526238
电话:0758/3130187、3132818
传真:3130186
电子信箱:junhongcwb2008@163.com
法定代表人:林丛海
质量体系:ISO/TS 16949
产品情况:(新迪牌、JHJ牌)
　半钢子午线轮胎
配套及出口情况:与北汽福田等多家汽车公司OEM配套;出口美国、南美洲、欧洲、中东等国家和地区

★爱德克斯(云浮)汽车零部件有限公司
地址:广东省云浮市云安区都杨镇鸿雅南路3号
邮编:527500
电话:0776/8457080
传真:8457081
网址:www.aisin.co.jp
电子信箱:chen_jiali@advics-yf.cn
法定代表人:今井隆好
产品情况:制动助力器、盘式制动钳
配套情况:为丰田供货

★河谷(佛山)智能装备股份有限公司
地址:广东省佛山市禅城区经济开发区罗格园内禅秀路
邮编:528000
电话:0757/82011888
传真:82817096
电子信箱:info@herg.com.cn
法定代表人:姚燕业
质量体系:ISO 9001
产品情况:(HERG牌)
　汽车底盘集中润滑系统
配套及出口情况:为厦门金旅、中通、宇通、飞驰、金龙等客车厂配套;出口美国、德国、日本、印度、巴西、土耳其等国家

★佛山市永力泰车轴有限公司
地址:广东省佛山市三水工业园区E区1号F1、F2
邮编:528031
电话:0757/88311386、88311383
传真:88311322
网址:www.ltcmc.com
电子信箱:sales@ltcmc.com
法定代表人:刘红伯
质量体系:ISO/TS 16949
产品情况:(L1牌)
　美式车轴、德式车轴、串联悬架、单点悬架、刚性悬架、空气悬架、支腿、牵引座和牵引销等各种拖车配件,具有年产半挂车车轴15万根、各种悬架5万余套的生产能力

★佛山优达佳汽配有限公司
地址:广东省佛山市禅城区华宝路16号
邮编:528041
电话:0757/82100388
传真:82100380
网址:www.yutakagiken.co.jp
电子信箱:chen_zihao@yutaka.com.cn
法定代表人:青岛隆男
产品情况:(YUTAKA牌)
　汽车用液力变矩器
配套情况:为本田配套

★佛山富士离合器有限公司
地址:广东省佛山市南海区丹灶镇国家生态工业示范园区核心区
邮编:528200
电话:0757/85415195、85415200
法定代表人:谷川昌志
质量体系:ISO 14001
产品情况:离合器
配套情况:为广汽本田、武汉东风本田、本田(中国)等配套

★佛山捷贝汽车配件有限公司
地址:广东省佛山市南海区丹灶镇生态路8号南海国家生态工业示范园区
邮编:528216
电话:0757/85407111
传真:85407110
网址:www.hitachi.com.cn
法定代表人:小野田弘文
产品情况:(HITACHI牌)
　汽车制动器总成及其部件、摩托车的盘式制动器及其零件
配套情况:为本田、日产、马自达供货

★中南铝车轮制造(佛山)有限公司
地址:广东省佛山市南海区狮山镇长虹岭工业园长兴西路3号
邮编:528225
电话:0757/85765833
传真:85778849
网址:www.znlwheel.com
电子信箱:pub@znlwheel.com
法定代表人:梁权辉
质量体系:ISO/TS 16949、ISO 9001
产品情况:(ZNL牌、FNZ牌)
　铝合金汽车轮、铝合金摩托车轮;设计年产能为400万只高端OEM铝合金汽车轮
配套及出口情况:合作伙伴有长安福特、长安马自达、一汽-大众、福建奔驰、东风日产、广汽丰田、长安铃木、广汽本田、东风小康、江铃汽车、长安汽车、长安商用、标致、陆风汽车、新龙马、福田汽车、北汽银翔、豪爵、广州天马、五羊-本田、嘉陵本田、建设·雅马哈、厦门厦杏、零点等;为美国哈雷摩托、美国北极星摩托、英国凯旋摩托、日本雅马哈等核心供应商

★广东帝盟汽车零部件有限公司
地址:广东省佛山市南海区官窑永和开发区1号
邮编:528237
电话:0757/81002219、18928648619
传真:81854228
网址:www.gddkm.com
电子信箱:sales@gddkm.com
法定代表人:邓钟培
质量体系:ISO/TS 16949

产品情况：（JD 牌）
动力转向器系列产品
配套及出口情况：为北汽制造厂配套陆霸越野车转向系统，为天津一汽夏利配套轿车转向系统；出口美国、意大利、乌克兰、俄罗斯、东南亚、中东等国家和地区

★本田汽车零部件制造有限公司
地址：广东省佛山市南海区南海科技工业园本田路 1 号
邮编：528237
电话：0757/81198888、13927701691
传真：81198889
网址：www.chamhonda.cn
电子信箱：huandong_lin@cham-honda.com.cn
法定代表人：YASUHIDE MIZUNO
产品情况：变速器、曲轴、连杆等零部件

★广东富华机械集团有限公司
地址：广东省佛山市顺德区勒流街道港口中路 9 号
邮编：528322
电话：0757/22191082、22191371
网址：www.fuwa.cn
电子信箱：sh@fuwa.cn、cjh@fuwa.cn
法定代表人：吴志强
质量体系：ISO/TS 16949、ISO 14001
产品情况：（Fuwa 牌）
涵盖半挂车桥、货车桥、客车桥、工程桥、冷藏集装箱、支腿、悬架系统、鞍座、牵引销、摩擦片、调节臂、气室等产品
出口情况：远销 70 多个国家和地区

★捷太格特（佛山）汽车部件有限公司
地址：广东省佛山市顺德区大良街道五沙新辉路 2 号
邮编：528333
电话：0757/22325883
网址：www.jtekt.com.cn
法定代表人：立石修治
负责人：高木义寿
质量体系：ISO 14001
产品情况：主要从事液压助力转向器的相关零部件的生产，包括 P/S 配管、油壶、油泵等
配套情况：为广汽丰田配套

★中山富拉司特工业有限公司
地址：广东省中山市火炬高技术产业开发区集中新建区科技大道 30 号
邮编：528437
电话：0760/88287700、88287726
传真：85316212
网址：www.n-plast.co.jp
电子信箱：jiangfei-zheng@c-plast.com.cn
法定代表人：広瀬信
质量体系：ISO/TS 16949、ISO 14001
产品情况：汽车安全气囊、转向盘、出风口、面板、其他产品
配套情况：为广汽本田、东风日产等配套

★中山日信工业有限公司
地址：广东省中山市火炬高技术开发区建业路 34 号
邮编：528437
电话：0760/23895999
传真：85338331
电子信箱：sales@nbz.net.cn
法定代表人：高寺有三
质量体系：ISO/TS 16949、ISO 14001
产品情况：ABS、VSA、真空助力器、制动钳等制动系统的零部件
配套情况：为广汽本田、东风本田等配套

★武藏精密汽车零部件（中山）有限公司
地址：广东省中山市火炬高技术开发区沿江东四路 40-42 号
邮编：528437
电话：0760/85336689
传真：85337689
网址：www.musashi.co.jp
法定代表人：大塚智久
质量体系：ISO 9000
产品情况：汽车转向与悬架系统零部件
配套情况：为广汽本田、东风本田、本田汽车（中国）、东风本田发动机、东风本田汽车零部件、广州昭和汽车零部件配套

★广东何氏协力机械制造股份有限公司
地址：广东省佛山市高明区杨梅镇
邮编：528515
电话：0757/88853222、88853898
传真：88853000
网址：www.hos-unite.com
电子信箱：sales@hos-unite.com
法定代表人：何炽峰
质量体系：ISO/TS 16949、ISO 9001
产品情况：（何氏牌）
重载车辆车轴总成和悬架系统；具备年产 50000 条 8～20t 车轴总成的能力

★江门市兴江转向器有限公司
地址：广东省江门市蓬江区西环路 465 号
邮编：529030
电话：0750/2632732、2632606
传真：2632730、2632612
网址：www.xingjiang.com
电子信箱：xingjiang@xingjiang.com
法定代表人：肖文佳
质量体系：ISO/TS 16949
产品情况：汽车动力转向器
配套情况：为 70 多家客车、货车、工程车汽车厂家专业配套（为陕汽集团、东风柳汽、重汽集团、宇通客车、厦门金龙、徐州重工、中联等配套）

★广东富华重工制造有限公司
地址：广东省台山市三台大道北一号
邮编：529200
电话：0750/5966984、5966985
传真：5966980
网址：www.fuwa.cn
法定代表人：吴志强
质量体系：ISO/TS 16949、ISO 14001
产品情况：具有年产挂车桥 80 万支、货车及客车前桥 50 万支、货车及客车驱动桥 50 万支、工程桥 5 万支、悬架、制动器零部件各 30 万套、盘式制动器 20 万套、摩擦片 900 万片的生产能力

★广东迪生力汽配股份有限公司
地址：广东省台山市西湖外商投资示范区国际路 1 号
邮编：529200
电话：0750/5588101
传真：5588074
网址：www.dcenti.cn
电子信箱：dcenti@vip.163.com
法定代表人：赵瑞贞
质量体系：ISO/TS 16949
产品情况：铝合金轮毂
出口情况：远销 20 多个国家

★江门市恒威汽车动力转向器有限公司
地址：广东省恩平市恩城江南南安大块朗
邮编：529400
电话：13702718613
网址：www.autopower.cn
电子信箱：fsgmhwqc@126.com
法定代表人：岑润洪
质量体系：ISO 9001
产品情况：汽车转向器及配套件
配套及出口情况：为北汽制造、华泰汽车、一汽通用云南、广东福迪、金程自动车工业、北京福田环保动力、众泰汽车、杭州永源汽车部件、华晨绵阳华瑞汽车配套；出口俄罗斯、埃及、伊朗、南非等国家

★鹤山市捷仕克汽车配件有限公司
地址：广东省鹤山市共和镇工业东区共建路 22 号
邮编：529728
电话：0750/8318224、8303822
传真：8303922
网址：www.gck.com
电子信箱：sales@gck.cn
法定代表人：詹益湖
质量体系：QS 9000、ISO 9002
产品情况：（GCK 牌）
汽车传动轴、等速万向节总成及其零部件

广　西

★桂林星火机械制造有限公司
地址：广西桂林市七里店路 1 号
邮编：541004
电话：0773/2125686、2125668
传真：5812716

电子信箱:007glxh@163.com
法定代表人:李岩
质量体系:ISO/TS 16949、ISO 9001
产品情况:(星火牌)
锁销式和滑块式汽车同步器,具有年产120万件的生产能力
配套及出口情况:为东风公司、浙江东风齿轮、益阳兴隆变速器、韶关宏大齿轮、株洲齿轮、山东临沂临工汽车桥箱等汽车变速器生产企业配套;出口美国、欧洲、南美洲等国家和地区

★桂林南方橡胶(集团)公司
地址:广西桂林市七星路36号
邮编:541004
电话:0773/5815653
传真:5815652
电子信箱:nfxjyx@163.com
法定代表人:蒋家华
质量体系:ISO/TS 16949
产品情况:汽车及摩托车轮胎

★中国化工橡胶桂林有限公司
地址:广西桂林市七星区横塘路80号
邮编:541004
电话:0773/8658058、8658127
传真:8658059
网址:www.gllt.chemchina.com
电子信箱:glxj@rubber.chemchina.com
法定代表人:郭保华
质量体系:ISO/TS 16949、ISO 14001
产品情况:(火炬牌、卓成牌、凯途牌、驰原牌等)
全钢、斜交巨型工程轮胎、工程机械轮胎、载重汽车轮胎等
出口情况:出口全球50多个国家和地区

★广西鸣新底盘部件有限公司
地址:广西桂林市铁山工业园铁山路18号
邮编:541004
电话:0773/5615920、5616818
电子信箱:glwx@vip.163.com
法定代表人:陈中敢
质量体系:ISO/TS 16949
产品情况:钢制车轮、制动器总成、汽车转向拉杆总成、控制臂总成
配套情况:主要客户有上汽通用五菱、福特、东风汽车、海马汽车、一汽、三一、桂林大宇等

★广西方盛实业股份有限公司
地址:广西柳州市屏山大道286号
邮编:545005
电话:0772/3281676
传真:3820545
网址:www.gxfssy.com
电子信箱:fszp@gxfssy.com
法定代表人:张劲松
单位人数:4000
质量体系:ISO/TS 16949
产品情况:(福狮牌)
专用车、车桥、汽车底盘和冲压件、内外饰件、座椅、锻件、电器等
配套及出口情况:与东风汽车、东风柳汽、上汽通用五菱、柳工、一汽解放、一汽柳特、北汽福田、宇通客车、金龙客车等配套;部分产品出口美国、俄罗斯、越南等国家

★方盛车桥(柳州)有限公司
地址:广西柳州市阳和工业新区C－18号
邮编:545006
电话:0772/3120504
传真:3134086
电子信箱:cqxsb@tom.com
法定代表人:张劲松
产品情况:客运车用桥,前桥从3～9t、后桥从4.5～16t,主要有7t、8t、9.5t、440、452、低地板前后桥、独立悬架前桥、驱动转向桥等多平台多系列产品
配套情况:为多家中重型商用车主机厂车桥供货

★广西华力集团有限公司
地址:广西柳州市阳和工业新区阳旭路9号
邮编:545006
电话:0772/2082608、3113196
传真:3113196
电子信箱:35565747@qq.com
法定代表人:刘容在
质量体系:ISO 9001
产品情况:(华力重工牌、克雷拉牌、圣特记牌)
公路机械及工程机械、汽车零部件、汽车减振器等产品
出口情况:出口俄罗斯、印度、马来西亚、澳大利亚、巴西等10多个国家

★采埃孚柳州驱动桥有限公司
地址:广西柳州市和平路143号
邮编:545007
电话:0772/3691588
传真:3691519
网址:www.zf.com
法定代表人:曾光安
产品情况:驱动桥及其零部件

★柳州采埃孚机械有限公司
地址:广西柳州市和平路143号
邮编:545007
电话:0772/3691588
传真:3691519
网址:www.lzzf.com
电子信箱:wenhong.huang@zf.com
法定代表人:曾光安
产品情况:(ZF牌)
变速器、驱动桥及其零部件

★吉凯恩动力机械(柳州)有限公司
地址:广西柳州市柳太路7号
邮编:545007
电话:0772/3915378
网址:www.gknchina.com
电子信箱:alex.ling@gkn.com
法定代表人:Paul John Spear Wyatt
质量体系:ISO/TS 16949、ISO 14001
产品情况:矿用、港机、工程、叉车车轮及双联万向节
出口情况:出口澳大利亚、英国、荷兰、美国、日本、韩国等国家

★柳州长虹航天技术有限公司
地址:广西柳州市柳北区柳长路611号
邮编:545012
电话:0772/2542258、2542263
传真:2542488、2542258
电子信箱:fengwei923@163.com
法定代表人:唐卫国
质量体系:ISO/TS 16949
产品情况:汽车前桥总成、汽车真空助力器、汽车制动主缸、汽车电器、NJP型全自动胶囊充填机等

★柳州上汽汽车变速器有限公司
地址:广西柳州市阳和工业新区工业园B－20－2、B－21－2号
邮编:545036
电话:0772/3726312、13877256067
电子信箱:sagwlzrlzy@163.com
法定代表人:钱向阳
负责人:金健
单位人数:210
质量体系:ISO/TS 16949
产品情况:汽车变速器
配套及出口情况:为上汽通用五菱等西南地区的整车生产企业配套;出口拉丁美洲、印度、东南亚

★柳州克雷拉减振器有限公司
地址:广西柳州市阳和工业新区阳旭路9号
邮编:545036
电话:0772/3143790
传真:3116285
网址:www.keleila.cn
电子信箱:lzkllyf@163.com
法定代表人:胡朝红
单位人数:270
质量体系:ISO/TS 16949、QS 9000
产品情况:(克雷拉牌)
各类汽车减振器
配套情况:为上汽通用五菱、东风柳汽、北汽福田、长丰猎豹、一汽佳宝、哈飞集团等20多家主机厂配套

★柳州方盛精密锻造有限公司
地址:广西柳江县拉堡镇莲塘
邮编:545100
电话:0772/7213831
传真:7215106
电子信箱:fangsheng@ctiwt.com
法定代表人:张劲松
质量体系:ISO 9001
产品情况:汽车前轴、后桥壳体、连通轴等

配套情况:为东风柳汽、上汽通用五菱等配套

★柳州双吉机械有限公司
地址:广西柳州市新兴工业园四方北二路1号
邮编:545112
电话:0772/3256705、7220881
传真:3256705
网址:www.lzsjm.com
电子信箱:sales@lzsjm.com
法定代表人:李桂成
质量体系:ISO/TS 16949
产品情况:(桂成牌)
自卸车用KRM系列液压油缸举升系统、套筒式液压油缸、工程机械油缸、预应力液压千斤顶和油缸零配件等
出口情况:出口阿联酋、印度尼西亚、越南、澳大利亚、美国等国家和地区

海南省

★海南瑞利工业有限公司
地址:海口市南海大道168号(海口保税区内)
邮编:570216
电话:0898/36383888
网址:www.juili.com.tw
电子信箱:pso-hua@juili.com.tw
法定代表人:吴明灿
质量体系:ISO/TS 16949、ISO 14001
产品情况:主要生产汽车部件(底盘)
配套及出口情况:主要客户包括东风汽车集团、武汉神龙、上海汽车、东南汽车等;以远销欧美、东南亚地区为主

重庆市

★重庆铁马变速箱有限公司
地址:重庆市九龙坡区杨家坪正街43号
邮编:400020
电话:023/68062239
网址:www.bbtgearbox.com.cn
电子信箱:xsgs@bbtgearbox.com.cn
法定代表人:杨林
单位人数:700
质量体系:ISO/TS 16949、GJB 9001A
产品情况:(北方奔驰牌)
重型汽车变速器、大型客车变速器、分动器和取力器等
配套情况:为北奔、福田、红岩、宇通、金龙、金旅、安凯、长起、中联等20多家重型汽车、大型客车和专用汽车企业配套

★重庆清平机械有限责任公司
地址:重庆市江北区南桥寺4227信箱
邮编:400021
电话:023/86067436、86067365
传真:86067368
网址:www.cqqp.com
电子信箱:cqqp489@163.com
法定代表人:张先智
质量体系:ISO 9001、GJB 9001B
产品情况:(清平牌、QP牌)
高精度特种齿轮及齿轮箱等,广泛用于汽摩等领域;具备年产齿轮800万只、齿轮箱2.5万台的生产能力

★重庆大帝重工机械有限公司
地址:重庆市江北区港城东路99号
邮编:400026
电话:023/67716970、67716991
传真:67716992
电子信箱:cqdftd@sina.cn
法定代表人(负责人):尧忠平
单位人数:577
质量体系:ISO/TS 16949
产品情况:汽车太阳轮、行星轮、汽车半轴、贯通轴、齿轮及各种锻件,年生产锻件10万t

★本特勒汽车系统(重庆)有限公司
地址:重庆市江北区海尔路886号
邮编:400026
电话:023/67768201
传真:67768114
网址:www.benteler.com
法定代表人:施宏
产品情况:生产加工汽车底盘件以及车身结构件等

★重庆聚兴交通工业(集团)有限公司
地址:重庆市九龙坡区九龙工业园C区聚业路113号
邮编:400039
电话:023/65765659
传真:68601654
网址:www.chinajuxing.com.cn
电子信箱:cqjuxing1234@126.com
法定代表人:张洛
单位人数:1200
质量体系:ISO/TS 16949、ISO 14001
产品情况:(JX牌、起飞牌)
气门摇臂、换挡拨叉、变速器毂、摇臂轴、拨叉轴、汽车变速器、单向器、传动齿轮、蜗轮蜗杆、高精减速电动机小模数齿轮、各类模锻毛坯等
配套情况:为广东大长江、五羊-本田、钱江摩托、济南轻骑铃木、嘉陵-本田、新大洲-本田、洛阳北方易初、重庆力帆、庆铃汽车、长安汽车、中国台湾光阳、中国台湾三阳、中国嘉陵、建设、隆鑫、宗申、广汽日野、北奔重汽等配套

★重庆天谛倍进机电制造有限公司
地址:重庆市石桥铺区高庙村张坪社198号
邮编:400039
电话:023/68631744、13368111662
传真:68621616
电子信箱:13368111662@163.com
法定代表人:马奇备
质量体系:ISO 9001
产品情况:汽车、摩托车离合器
配套及出口情况:为长安汽车、长安跨越、重庆力帆、重庆宗申发动机、山西淮海汽车发动机、上汽配套;出口越南、东南亚、伊朗等国家和地区

★重庆富川机电有限公司
地址:重庆市九龙坡区白市驿镇白盛路71号
邮编:400050
电话:023/65702059
传真:65708211
网址:www.futran.cn
电子信箱:futran@futran.cn
法定代表人:傅传明
质量体系:ISO/TS 16949
产品情况:专业生产齿轮及机电零配件
配套情况:已成功进入美国英格索兰、意大利比亚乔、日本FCC、德国采埃孚、瑞典沃尔沃、美国德纳、五羊本田、大长江、望江铃木等世界五百强和国内大中型合资企业的供应商体系;远销欧洲、美洲、亚洲、非洲四大洲十余个国家和地区

★重庆佳通轮胎有限公司
地址:重庆市九龙坡区中梁山玉清寺街道华玉路888号
邮编:400052
电话:023/65268549、65266100
传真:65266800
电子信箱:gm-cq@giti.com
法定代表人:陈应毅
质量体系:ISO/TS 16949
产品情况:全钢丝载重子午线轮胎

★重庆川渝精工机械配件开发有限公司
地址:重庆市巴南区花溪工业园区
邮编:400054
电话:023/62575018、62581051
网址:www.cy-jg.com
电子信箱:yxgs@cy-jg.com
法定代表人:高同大
质量体系:ISO/TS 16949、ISO 9001
产品情况:(精工牌、锐克牌)
三(四)轮摩托车后桥、倒挡器、变速器、传动轴,电动车后桥及四驱系统,全地形车后桥及四驱系统,微型四轮车等小排量车后桥及变速器总成
配套情况:为日本本田、雅马哈以及全国多家摩托车制造厂、汽车厂配套

★重庆神箭汽车传动件有限责任公司
地址:重庆市南岸区牡丹路1号
邮编:400055
电话:023/62555350
传真:62555411
电子信箱:baoyu@gearsnet.com
法定代表人:耿帅
质量体系:ISO 9001
产品情况:青山、法士特变速器、分动

器、取力器的齿轮及轴
配套情况：为青山工业、奇瑞汽车、苏州齿轮等配套

★爱思帝（重庆）驱动系统有限公司
地址：重庆市北部新区龙景路4号
邮编：400060
电话：023/62900350、62811516
传真：62900348
网址：www.exc.exedy.com
电子信箱：clctch@exedy.com.cn
法定代表人：吉永彻也
质量体系：ISO/TS 16949、ISO 14001
产品情况：（EXEDY牌）
汽车离合器、飞轮减振器
配套情况：为长安集团、东风本田、东风日产、一汽轿车、比亚迪、庆铃汽车、东安发动机等整车和发动机厂配套

★重庆齐信汽车零部件有限公司
地址：重庆市南岸区江桥路6号
邮编：400067
电话：023/62750343
传真：62752595
网址：www.cqqixin.cn
电子信箱：chongqingqixin@163.com
法定代表人：肖忠毅
单位人数：1200
质量体系：ISO/TS 16949
产品情况：主要生产微型车、轻型车、轿车的转向节、半轴、后桥壳焊接总成、连接凸缘、齿轮等5大系列100余种产品
配套情况：为上汽通用五菱、柳州五菱工业、长安、长安福特、广汽、北汽、东风小康、奇瑞、郑州日产、南方天合等汽车主机厂及零部件公司配套

★重庆聚翼车桥制造有限公司
地址：重庆市大足区双桥经开区通桥镇
邮编：400900
电话：023/85312988、85312989
网址：www.cqjycq.cn
法定代表人：周岳
单位人数：178
产品情况：汽车驱动桥总成、汽车鼓式制动片，主要用于载货车及重型矿用车

★贝卡尔特（重庆）钢帘线有限公司
地址：重庆市双桥经济技术开发区鞍贝路5号
邮编：400900
电话：023/43386000、43386002
传真：43386111
电子信箱：ying1.liu@bekaert.com
法定代表人：宋昊
产品情况：（贝卡尔特牌）
轮胎钢帘线

★重庆新高远实业有限公司
地址：重庆市双桥区南路塔水桥
邮编：400900
电话：023/43330159、43330588
传真：43336779
电子信箱：gaoyuanqp@188.com
法定代表人：谭光辉
质量体系：ISO/TS 16949
产品情况：取力器总成、差速器十字轴、半轴、贯通轴、液压件等底盘件

★纳铁福传动系统（重庆）有限公司
地址：重庆市北部新区翠谷街1号
邮编：401120
电话：023/86856000
电子信箱：gdc06@sina.com
法定代表人：谢光
产品情况：各种汽车传动轴

★重庆中南铝合金轮毂有限公司
地址：重庆市北部新区汽车园金开大道2003号
邮编：401120
电话：023/67193001
网址：www.znlwheel.com
法定代表人：梁权辉
质量体系：ISO/TS 16949、ISO 14001
产品情况：主要生产汽车铝合金车轮，年产能力为220万件左右
配套及出口情况：主要供应长安福特、长安、长安铃木、一汽-大众、江铃陆风、东风渝安、奇瑞等国内知名的汽车主机厂；出口德国、日本、泰国、菲律宾，并销往中国台湾地区

★重庆耐德中意减振器有限责任公司
地址：重庆市渝北区长安工业园长空路306号
邮编：401120
电话：023/67180918、67187111
传真：67180900
网址：www.edshock.com
电子信箱：huangzhen@naide.cn
法定代表人：李东
单位人数：146
质量体系：QS 9000、ISO/TS 16949
产品情况：（耐德牌、华意牌、华美牌、华科牌）
汽车减振器
配套情况：为华晨汽车、吉利汽车、长安汽车、奇瑞汽车、哈飞汽车、上汽通用五菱、安徽安凯客车、重庆恒通客车等配套

★重庆红岩方大汽车悬架有限公司
地址：重庆市渝北区国家农业科技园区金果大道308号
邮编：401120
电话：023/67468800、67468877
传真：67468818
网址：www.hexiefangda.com
电子信箱：office@leafspring.cn
法定代表人：郑文峰
质量体系：ISO/TS 16949
产品情况：（红岩牌）
具备年产能钢板弹簧14.1万t，稳定杆6万件，悬举600只，空气悬架3000套
配套及出口情况：为中国重汽、上汽依维柯红岩、陕西重汽、北奔重汽、北汽福田、广汽日野、安徽华菱等重型货车和中型货车重庆五十铃配套；为郑州宇通、厦门金龙、苏州金龙、厦门金旅、欧V客车、重庆恒通、安徽安凯等客车配套；出口德国、意大利、英国、爱尔兰、土耳其、澳大利亚、新加坡、马来西亚等国家

★重庆驰骋轻型汽车部件股份有限公司
地址：重庆市渝北区回兴街道宝桐二路39号
邮编：401120
电话：023/67457394、67457391
传真：67457391、67457398
网址：www.cqchicheng.com
电子信箱：cqcc_kfb@163.net
法定代表人（负责人）：戚守柱
单位人数：620
质量体系：ISO/TS 16949、QS 9000
产品情况：微车和轿车的前后副车架（前梁托架）、侧尾后内蒙皮、前悬架总成、后轴总成、稳定杆及多种车身覆盖件
配套情况：为长安汽车、昌河汽车、哈飞汽车等配套

★本特勒建安汽车系统（重庆）有限公司
地址：重庆市渝北区两江新区礼盛路
邮编：401120
电话：18725760784
网址：www.benteler.com
电子信箱：haimei.liu@benteler.com
法定代表人：龙思源
产品情况：汽车底盘模块、底盘零部件

★克诺尔商用车系统（重庆）有限公司
地址：重庆市北部新区经开园长福西路10号11栋
邮编：401122
电话：023/89015888
传真：89015955
网址：www.knorr-bremse.com.cn
电子信箱：cq-hr.ckg@knorr-bremse.com
法定代表人：徐保平
质量体系：ISO/TS 16949
产品情况：商用车阀类产品（制动、底盘和变速器控制阀、空气处理阀），空气干燥器和离合器伺服系统产品

★重庆卡福汽车制动转向系统有限公司
地址：重庆市渝北区金开大道长福西路10号
邮编：401122
电话：023/89053665、89053661
传真：89053666
网址：www.cqcaff.com

电子信箱:xsgs@ cqcaff. com
法定代表人:罗玉红
负责人:马国华
单位人数:800
质量体系:ISO/TS 16949、ISO 14001
产品情况:(CAFF 牌)
商用车转向类产品、乘用车悬架及车架类产品、液压制动类产品
配套情况:主要客户有陕汽集团、上汽依维柯红岩、中国重汽、庆铃、长安汽车集团、北汽股份、北方奔驰、郑州宇通、北汽福田、上汽通用五菱、东南汽车、长安铃木和江铃控股等

★重庆渝江压铸有限公司
地址:重庆市北部新区大竹林街道天山大道东段 1 号
邮编:401123
电话:023/67682938
传真:67682938
网址:www. cq - yj. com
电子信箱:cq - yj@ cq - yj. cn
法定代表人:周道学
单位人数:5600
质量体系:ISO/TS 16949
产品情况:具有年产 7 万余 t 铝合金压铸产品的生产能力和机械加工年产达 8000 余万件各类铝合金零件的生产能力

★华域大陆汽车制动系统重庆有限公司
地址:重庆市江北区鱼嘴镇永和路 39 号鱼复工业开发区管委会大楼 6 楼 609 室
邮编:401133
电话:023/88560350
网址:www. continental - automotive. cn
电子信箱:dan03. chen@ chbsc - cq. com
法定代表人:Matthias Ivo Matic
产品情况:主要有制动钳、真空助力器、电子驻车系统等产品
配套情况:客户包括长安、长安福特、北京现代、上汽通用五菱等主机厂

★重庆万都汽车零部件有限公司
地址:重庆市渝北区龙兴镇支援路 1 号
邮编:401135
电话:023/88728474
网址:www. mando. com
法定代表人:沈相德
产品情况:制动、转向及悬架装置和系统等底盘零部件

★重庆江达铝合金轮圈有限公司
地址:重庆市九龙坡区西彭镇白彭路 66 号附 6 号 1 号厂房
邮编:401326
电话:023/65810005
电子信箱:jade@ jadewheels. com
法定代表人(负责人):龚大胜
质量体系:ISO/TS 16949
产品情况:铝轮

★重庆中奥离合器制造有限公司
地址:重庆市合川区合阳办金尊街 340 号
邮编:401329
电话:023/42885663
电子信箱:cqzadh@ 163. com
法定代表人:盛利
质量体系:ISO/TS 16949
产品情况:(渝中奥牌)
各种车型的换挡操纵器,选、换挡软轴系列,手柄球及挡位铭牌系列,防尘压板,油门拉线,熄火拉线,驻车制动拉索,离合器拉线,驻车拉索,K14B、YY5 发动机支架及微车差、减速器壳,载重货车、客车、特种车辆变速器行星框架等产品

★重庆杜克高压密封件有限公司
地址:重庆市九龙坡区金凤镇凤笙路 15 号附 3 号
邮编:401329
电话:023/89086167
传真:89088760
网址:www. dukeseal. com
电子信箱:marketing@ dukeseal. com
法定代表人:杜中云
负责人:杜长春
单位人数:500
质量体系:ISO/TS 16949、QS 9000
产品情况:(杜克牌)
斯太尔车桥、轮毂及主减速器油封,乘用车、商用车动力转向器油封,奔驰车桥油封
配套情况:为中国重汽、北汽福田、红岩汽车、华菱汽车、豫北机械、四平转向机、恒隆集团、南京汽车等配套

★重庆传动轴股份有限公司
地址:重庆市铜梁工业园区蒲吕镇龙云路 26 号
邮编:401331
电话:023/45660280、65636137
网址:www. cqcdz. com
电子信箱:cqcdz201@ 163. com
法定代表人:段全
质量体系:ISO/TS 16949
产品情况:(华华牌)
重、中、轻、微及专用汽车传动轴
配套及出口情况:为庆铃、长安、重汽、东风汽车公司、陕汽集团、一汽集团、福田公司、资阳南骏等 100 多家单位配套;出口东南亚、中东、欧洲等地区

★重庆零一精密机械有限公司
地址:重庆市南岸区茶园新城区长江工业园江溪路 7 号
邮编:401336
电话:023/62871367、62871770
传真:62871367
电子信箱:office@ cq01. cn
法定代表人:陈启鸿
质量体系:ISO 9001
产品情况:汽车减振器活塞杆、汽车摇臂轴、电动机轴等轴类零部件
配套及出口情况:为日本、韩国、德国、美国及中国知名整机企业和跨国公司配套;出口日本、韩国、德国、美国,并销往中国台湾地区

★綦江长风齿轮(集团)有限公司
地址:重庆市綦江区古南镇桥河春光村
邮编:401420
电话:023/48662468、48663372
传真:48662238、48663372
电子信箱:cfcl111@ 126. com
法定代表人:周庆龙
单位人数:1000
质量体系:ISO/TS 16949
产品情况:年产重型汽车齿轮、桥齿轮 120 万件以上,中重型弧锥齿轮 15 万套以及各型汽车零件锻件逾万 t
配套情况:为中国重汽、一汽车桥、汉德车桥、安凯车桥、东风汽车公司、上汽依维柯红岩等配套

★綦江大力神齿轮有限公司
地址:重庆市綦江区綦江工业园区 A 区
邮编:401420
电话:023/48622210
传真:48670636
电子信箱:market@ dlscl. com
法定代表人:苏定跃
负责人:王伟
单位人数:158
质量体系:ISO/TS 16949
产品情况:(大力神牌)
各类客车、货车变速器齿轮、轴及其零部件,各类货车桥箱齿轮、轮边齿轮、齿圈及轴类零部件,各类汽车发动机齿轮
配套情况:与国内多家大型主机厂配套

★重庆荆江汽车半轴股份有限公司
地址:重庆市綦江区古南金福一路 3 号
邮编:401421
电话:023/48641483、48642179
传真:48663760
网址:www. cqjjbz. com
电子信箱:630165539@ qq. com
法定代表人:周世平
单位人数:285
质量体系:ISO/TS 16949
产品情况:(綦铃牌)
汽车半轴
配套及出口情况:已为庆铃汽车、江西江铃底盘、郑州日产汽车、长城汽车、四川一汽丰田、德纳管理(上海)、福建台亚汽车、陕西汉德车桥、中国重汽集团、包头北奔重型汽车、安凯福田曙光车桥、三一重工、东风柳州汽车、方盛车桥(柳州)等国内多家企业配套;部分产品出口亚洲、欧美等地区

★綦江齿轮传动有限公司
地址:重庆市綦江区桥河

邮编:401421
电话:023/48609892、48609422
传真:48609001
网址:www.qjgt.com
电子信箱:sales@qjgt.com
法定代表人:兰盈照
质量体系:IATF 16949
产品情况:(綦江牌)
已形成年产10万台客车变速器和10万台货车变速器、12万套螺伞齿轮的生产能力;产品适用于客车、货车、专用车、特种车、改装车以及新能源、混合动力系统
出口情况:产品随整车以及散件出口美国、加拿大、西班牙、东南亚等20余个国家和地区

★重庆市渝电汽车弹簧有限公司
地址:重庆市永川区凤凰湖工业园区(大安工业园内)
邮编:402160
电话:023/49839555、49839346
传真:49433133、49839555
网址:www.ydth.com
电子信箱:ozx@ydth.com
法定代表人:欧祖孝
质量体系:ISO/TS 16949
产品情况:(山峡牌)
汽车变截面钢板弹簧、导向臂、汽车空气悬架、单点悬架、机械悬架和弹簧扁钢
配套及出口情况:为上汽依维柯红岩(金刚)、斯太尔(王)、铁马、奔驰、沃尔沃、金龙、金旅、宇通、江淮、杭汽、大宇、安凯、广骏、东风、解放等配套;出口德国、法国、意大利、西班牙、俄罗斯、土耳其等多个国家和地区

★重庆创精温锻成型有限公司
地址:重庆市江津区双福工业园区
邮编:402247
电话:023/47261421、47261405
传真:47261431
网址:www.cqchuangjing.com
电子信箱:cqcjwd@163.com
法定代表人:胡活
质量体系:ISO/TS 16949
产品情况:精锻结合齿轮、锥齿轮、齿轴、AT花键齿、同步环、轮毂等
配套情况:为主要自主品牌汽车,以及丰田等外资品牌汽车供货

★重庆齿轮箱有限责任公司
地址:重庆市江津区东方红工业区
邮编:402263
电话:023/47211108、47211468
传真:47211011
网址:www.chongchi.com
电子信箱:cngpower@chongchi.com
法定代表人:汪彤
单位人数:2000
质量体系:ISO 9001、ISO 14001
产品情况:(重齿牌)
硬齿面齿轮传动系统及联轴节、减振器研制
出口情况:远销全球40多个国家和地区

★重庆红宇精密工业有限责任公司
地址:重庆市璧山红宇大道9号
邮编:402760
电话:023/45585000
传真:45511555
网址:www.hongyu.com
电子信箱:info@hongyu.com
法定代表人:王绍慧
单位人数:2000
产品情况:液力变矩器和自动变速器油泵等
出口情况:出口国外市场

★南方天合底盘系统有限公司
地址:重庆市璧山区璧城镇红宇大道9-1号
邮编:402760
电话:023/45587510
传真:45587509
网址:www.zf.com
法定代表人:高军
质量体系:ISO/TS 16949
产品情况:(川宇牌)
汽车底盘系统、制动器总成、总泵带真空助力器总成、动力转向器及其关联产品(含上述产品的零部件)
配套情况:为长安汽车、长安铃木、长安福特、长安马自达、重庆庆铃、昌河汽车、哈飞汽车、北汽福田、奇瑞汽车、一汽集团、东风汽车公司、上汽通用五菱等配套

★重庆蓝黛动力传动机械股份有限公司
地址:重庆市璧山区璧泉街道剑山路100号
邮编:402760
电话:023/41410185、41410199
传真:41410197
网址:www.cqld.com
电子信箱:xiaoshou@cqld.com
法定代表人:朱堂福
质量体系:ISO/TS 16949
产品情况:乘用车变速器齿轮及壳体等零部件、变速器总成、摩托车主副轴组件
配套及出口情况:是吉利汽车、奇瑞汽车、力帆股份、众泰汽车等多家知名乘用车企业动力传动部件供应商;部分产品出口中东地区、印度

★重庆龙润汽车转向器有限公司
地址:重庆市璧山工业园铁山路22号
邮编:402761
电话:023/41476888、41461888
传真:41478666
电子信箱:cqlongrun@163.com
法定代表人:龙冯刚
质量体系:ISO/TS 16949
产品情况:具有年产转向器260万台套、转向柱200万台套、EPS电子管柱40万套、转向横拉杆60万台套的生产能力
配套情况:为上汽通用五菱、长安汽车、东风小康、一汽汽车、哈飞汽车、昌河汽车、奇瑞汽车、海马汽车、力帆汽车、北汽汽车、日本丰田等生产厂家的重要合作伙伴

★重庆市星极齿轮有限责任公司
地址:重庆市璧山区青杠街道三溪路99号
邮编:402761
电话:023/41786823、41786821
传真:41786823
网址:www.xjcl.cn
电子信箱:xingjichilun@126.com
法定代表人:邱前远
单位人数:340
质量体系:ISO/TS 16949
产品情况:成套微型轿车变速器齿轮、齿毂和发动机齿轮,电动汽车及混合电动汽车变速器成套齿轮
配套情况:重要客户有长城汽车、比亚迪汽车、上汽、上汽通用、广汽乘用车、长安汽车青山公司、华晨汽车等

★重庆青山工业有限责任公司
地址:重庆市璧山区青杠经济技术开发区
邮编:402761
电话:023/41819111、8008072122
传真:41819666
网址:www.tsingshan.cn
电子信箱:tsingshan@tsingshan.cn
负责人:周开荃
单位人数:3000
质量体系:ISO/TS 16949、GB/T 24001、GB/T 28001
产品情况:(青山牌)
主要产品为后驱、前驱手动变速器,AMT、DCT自动变速器,新能源(混合动力、纯电动)变速器总成和关键零部件
配套情况:为长安汽车、上汽集团、一汽集团、东风汽车公司、海马、江淮、哈飞汽车等配套
☞ 详细情况请参阅彩色宣传版面

★重庆市璧山顺山机械有限公司
地址:重庆市璧山区青杠镇开发区
邮编:402761
电话:023/41782306、13983777232
传真:41782818
电子信箱:shunshanjixie@163.com
法定代表人:曾顺虹
质量体系:ISO/TS 16949
产品情况:具有年产同步器总成500多万套,齿轮、齿轮轴350万件的生产能力

配套情况：为重庆青山工业、上海汽车变速器（包括柳州上汽变速器、山东烟台上汽变速器）、长安汽车（集团）金陵汽车零部件、连云港北方变速器、哈尔滨东安等配套

★重庆重汽远东传动轴有限责任公司
地址：重庆市双桥区敬业大道 20 号
邮编：404100
电话：023/43382713
传真：43383113
网址：www. hycdz. com. cn
电子信箱：office@ hycdz. cn
法定代表人：赵贺
质量体系：ISO/TS 16949
产品情况：（红岩牌、斯太尔牌）
为各类汽车、工程机械等传动轴总成、制动器、端面啮合齿传动轴、取力器传动轴、EQ140 传动轴、EQ153 传动轴
配套情况：是重庆红岩汽车的定点配套企业，同时也是斯太尔汽车和军车定点配套厂家

★重庆万丰奥威铝轮有限公司
地址：重庆市涪陵区清溪镇平原三社
邮编：408013
电话：023/72715286、72715217
网址：www. wfjt. com
电子信箱：yan. li@ wfjt. com
法定代表人：董瑞平
产品情况：汽车铝合金轮毂

四川省

★成都九鼎科技（集团）有限公司
地址：成都市龙泉驿区航天北路 118 号
邮编：610100
电话：028/84800572
传真：84808232
网址：www. nine - ding. com
电子信箱：9ding@ 21cn. com
法定代表人：肖辛忠
负责人：孙涛
单位人数：900
质量体系：ISO/TS 16949
产品情况：（鼎盛、D 牌）
汽车减振器
配套情况：与一汽，北汽、广汽，长城，华晨、东风、上汽通用五菱、江铃、江淮、郑州日产等 20 余家汽车主机厂建立了长期稳定的配套关系

★成都金固车轮有限公司
地址：成都市龙泉驿区经济技术开发区汽车城大道 99 号
邮编：610100
电话：028/84645808
传真：84645800
网址：www. jgwheel. com
法定代表人：金佳彦
产品情况：汽车轮毂

★成都宁兴汽车弹簧有限公司
地址：成都市经济技术开发区（柏合镇）城柏街 1111 号
邮编：610105
电话：13558763746
电子信箱：nxsprin@ 163. com
法定代表人：胡绍田
质量体系：ISO/TS 16949
产品情况：各种汽车悬架螺旋弹簧年产 800 万支
配套情况：为长安铃木、长安汽车、南京长安、昌河汽车、江铃陆风、吉利、奇瑞、陕飞、哈飞、东风小康等品牌汽车提供一次或二次配套

★成都永华富士离合器有限公司
地址：成都市经济技术开发区（龙泉驿区）龙安路 206 号
邮编：610106
电话：028/84600049、84600321
传真：84600025
电子信箱：liulu@ fcc - chengdu. com
法定代表人：中谷繁
质量体系：ISO 9001、ISO 14001
产品情况：汽车、摩托车离合器
出口情况：出口美国、英国、东南亚等国家和地区

★成都宁江昭和汽车零部件有限公司
地址：成都市龙泉驿区柏合镇合志西路 18 号（园区 3 号门）
邮编：610106
电话：028/82858981
网址：www. cnshowa. com
电子信箱：cns@ cnshowa. com
法定代表人：唐旭东
质量体系：ISO/TS 16949、ISO 14001
产品情况：摩托车减振器 80 万支、汽车减振器 120 万支、汽车电子助力转向器 15 万支
配套情况：为长安铃木、长安汽车、昌河铃木、长安马自达、嘉陵工业股份、雅马哈、宗申等配套

★成都联创精密机械有限公司
地址：成都市龙泉驿区车城大道 555 号
邮编：610106
电话：028/65988190
网址：www. leacree. cn
电子信箱：info@ leacree. com
法定代表人：蒋斌
质量体系：ISO/TS 16949
产品情况：（LEACREE 牌、CETA 牌）
汽车减振器、空气悬架总成等产品

★四川宁江山川机械有限责任公司
地址：成都市外东十陵镇蜀王大道
邮编：610106
电话：028/84611788、84611409
传真：84600226
网址：www. ningda. com. cn
电子信箱：scnj@ ningda. com. cn
法定代表人：唐旭东
质量体系：ISO/TS 16949、QS 9000
产品情况：（宁达牌、山川牌）
具备年产各种汽车减振器 1000 万支、焊管 3 万 t 的能力
配套及出口情况：产品覆盖重庆长安、长安铃木、昌河铃木、东风乘用车、东风柳汽、东风雪铁龙、上汽通用五菱、一汽轿车、长城汽车、江淮汽车、华泰汽车、东风日产等主流乘用车市场和一汽解放、中国重汽、陕西重汽、东风柳汽、华菱重汽、北汽福田、红岩汽车、北方奔驰等商用车市场；出口美国、伊朗、巴基斯坦等国家

★四川望锦机械有限公司
地址：成都市双流区九江双羽高新产业园 A 区
邮编：610200
电话：028/85754518、85754522
网址：www. wjshy. com
电子信箱：wj@ wjshy. com
法定代表人：李永红
质量体系：ISO/TS 16949
产品情况：（望锦牌）
主要产品包括转向拉杆、连接杆、前悬控制臂等汽车球铰总成部件
配套情况：为 60 多家 OEM 和系统模块顾客提供 200 多种产品，与上汽通用、长安、广汽、吉利、北汽等汽车厂商及 TRW、博世华域、捷太格特、耐世特等模块厂商建立了稳定的合作关系

★四川村田机械制造股份有限公司
地址：成都市双流区协和街道华府大道二段 1158 号
邮编：610213
电话：028/61906253、61906009
传真：6190249
网址：www. sccmmc. com
电子信箱：sccmmc@ sccmmc. com
法定代表人：简兴福
质量体系：ISO 9001
产品情况：（村田牌）
各型齿轮、工业减速器、重型汽车同步器总成、变速器轴、拨叉、制动阀、干燥器、放水阀、螺母等配件，各种机械零件
出口情况：与德国 NPS、英国 AAF、美国 WAGNER、JEVCO、GE、法国 WARNER 公司合作

★成都市合一优品汽车配件有限公司
地址：成都市环保产业园金堂县淮口镇金履街
邮编：610404
电话：028/84007007
法定代表人：赵小欧
产品情况：具备年产控制臂 200 万只、球头拉杆 100 万只的研发和生产能力

★四川永合汽车离合器有限公司
地址：成都市新都区新繁镇外东大石桥

邮编:610501
电话:028/83083256、83093043
传真:83083256
电子信箱:398062367@ qq. com
法定代表人:李伟
质量体系:ISO/TS 16949
产品情况:(YONGHE 牌)
专业生产斯太尔、奔驰、红岩、东风、解放、太脱拉等国内外汽车离合器总成
配套情况:为重汽集团下属济南商用车、徐州重型机械厂、泰山五岳专用汽车、三一汽车等单位配套

★成都明皓机械制造有限公司
地址:成都市新都区新繁镇正南街 15 号
邮编:610501
电话:028/83081116、83081083
传真:83080006
电子信箱:cd. mh@ 163. com
法定代表人:周玉民
质量体系:ISO 9001
产品情况:各种型号制动器总成、变速器轴盖、盖总成、副变速器壳及轴盖等总成
配套情况:为株洲齿轮、浙江彪马集团、重庆大江汽车零部件、重庆嘉卡变速器、重庆綦江齿轮、南充齿轮等配套

★四川金雕离合器有限公司
地址:成都市新繁外南街 136 号
邮编:610501
电话:028/83080042、83081846
传真:83080843、83093335
网址:www. jindiao. com
电子信箱:office@ jindiao. com
法定代表人:罗宗舜
质量体系:ISO 9001
产品情况:(金雕牌、华都牌)
汽车离合器从动盘总成、离合器总成
配套及出口情况:为重汽集团配套;远销美国、加拿大、古巴、意大利、南非、德国等国家

★成都奥兴汽配制造有限公司
地址:成都市郫都区郫筒镇何公路 116 号
邮编:611230
电话:028/82353020、82353110
电子信箱:wxl@ cdaxjt. com
法定代表人:张全熙
质量体系:ISO/TS 16949、ISO 9001
产品情况:汽车变速器壳等,具有年产 250 万套的生产能力

★成都兴光工业科技有限责任公司
地址:成都市郫都区何公路 116 号
邮编:611730
电话:028/82353020、82353110
电子信箱:wxl@ cdaxjt. com
法定代表人:张全熙
负责人:曾小静
单位人数:800
质量体系:GB/T 19001、ISO/TS 16949
产品情况:(兴光牌)
微车各型变速器壳体、延伸箱体、换挡箱、汽车调速器油泵壳体、滤清器座总成、汽缸盖罩及各类铝合金压铸件等
配套情况:为一汽集团、东风汽车公司、上汽集团、长安汽车等配套

★四川都江机械有限责任公司
地址:四川省都江堰市经济开发区泰兴大道 11 号
邮编:611830
电话:028/68814077、68814088
传真:68814100、68814088
网址:www. duji. com. cn
电子信箱:office@ duji. com. cn
法定代表人:姚国平
质量体系:ISO/TS 16949
产品情况:(都机牌)
6 ~ 8m 高档中型客车桥和高档轻型货车桥
配套及出口情况:为一汽丰田、郑州宇通、一汽客车、重庆恒通、东风股份、江淮汽车、重庆长安等 20 多个企业供货;出口印度、伊朗及土耳其等海外市场

★四川华庆机械有限责任公司
地址:四川省彭州市长江路 159 号
邮编:611930
电话:028/83452000、83452149
传真:83451216
电子信箱:office@ schq. cn
法定代表人:向家云
质量体系:ISO 9001
产品情况:(CHANGQING 牌)
传动轴、数控线切割机床等
出口情况:出口日本、东南亚、中东、欧洲、美洲等国家和地区

★成都红岩方大汽车悬架有限公司
地址:四川省彭州市蒙阳镇外南街
邮编:611934
电话:028/83829276、83820318
传真:83829276
电子信箱:chengduhongyan@ 126. com
法定代表人:王有志
质量体系:ISO/TS 16949
产品情况:钢板弹簧总成

★四川川南减震器集团有限公司
地址:四川省犍为县玉津镇铜高村 9 号
邮编:614400
电话:0833/4262186、4263333
传真:4262359
网址:www. cnabsorber. cn
电子信箱:webmaster@ cnabsorber. cn
法定代表人:陈仁华
单位人数:1660
质量体系:ISO/TS 16949、ISO 14001
产品情况:(川南牌)
各型摩托车、电动车及汽车减振器
配套及出口情况:主要客户有本田全球采购(包括日本本田、印尼本田、泰国本田、马来西亚本田等海外本田)、五羊本田、新大洲本田、豪爵、标致、钱江、隆鑫、嘉陵、雅迪、爱玛、奇瑞等;出口 40 多个国家和地区

★四川省富邦钒钛制动鼓有限公司
地址:四川省攀枝花市仁和区南山循环经济发展区迤资园区
邮编:617000
电话:0812/3862009、3862081
电子信箱:373543030@ qq. com
法定代表人(负责人):陈国
单位人数:2000
质量体系:ISO/TS 16949
产品情况:钒钛制动鼓、制动盘、制动蹄、轮毂等重型汽车零部件产品

★攀枝花市润莹齿轮有限责任公司
地址:四川省攀枝花市仁和区南山循环经济发展区橄榄坪园
邮编:617061
电话:0812/2902305、2901848
电子信箱:1332581305@ qq. com
法定代表人:杨猛
产品情况:齿轮

★德阳川德交通机械有限公司
地址:四川省德阳市青云山路南段 18 号
邮编:618000
电话:0838/2800281、2800404
传真:2800172
电子信箱:dychuande@ 126. com
法定代表人:陈元林
质量体系:ISO 9001
产品情况:(川德牌)
汽车车架、汽车车轮、汽车货厢等
配套情况:主要客户有成都大运、绵阳金林、成都王牌、重庆长安跨越、广西钦州机械、广西福达、云南红塔等企业

★中车集团四川丹齿零部件有限公司
地址:四川省丹棱县外北街 1 号
邮编:620020
电话:028/37201411
传真:37202287
网址:www. chonche - dc. com
电子信箱:421185349@ qq. com
法定代表人:冯建国
单位人数:386
质量体系:ISO/TS 16949
产品情况:(丹齿牌)
汽车后桥主减速齿轮、变速器齿轮、发动机正时齿轮以及通用精密传动齿轮等
配套情况:主要为上汽通用五菱、吉利、奇瑞、重庆长安、北汽福田、一汽夏利、比亚迪、法士特、欧瑞格传动等著名自主品牌汽车、新能源汽车配套

★四川绵阳三力股份有限公司
地址:四川省绵阳市涪金路 379 号

邮编:621000
电话:0816/5085000
电子信箱:info@ sanli - m. com
法定代表人(负责人):税尚伟
单位人数:520
质量体系:ISO/TS 16949
产品情况:汽车转向系统及其零部件
配套及出口情况:主要客户有神龙汽车、四川丰田汽车、长安铃木汽车、长安汽车、上汽通用五菱、上海德尔福等;出口欧洲、北美洲、澳大利亚、韩国、日本

★四川绵阳华驰方向机有限公司
地址:四川省绵阳市高新区三堆路13号
邮编:621000
电话:0816/2533050、2535061
传真:2535060、2538892
网址:www. mysteering. com
电子信箱:ceo@ mysteering. com
法定代表人:陈忠辅
单位人数:400
质量体系:ISO/TS 16949、QS 9000
产品情况:(克野牌)
多种规格的循环球机械、动力转向器,齿轮齿条机械、动力转向器系列产品以及转向传动轴系列产品
配套及出口情况:为东风汽车公司、长安汽车、一汽通用红塔云南、北汽福田等配套;随整车出口

★四川绵阳德鑫机械有限公司
地址:四川省绵阳市国家高新技术开发区(新区)永兴镇
邮编:621006
电话:0816/2570396、2570038
传真:2570578
网址:www. dxjx. cn
电子信箱:scmy@ dxjx. cn
法定代表人:马德新
单位人数:160
质量体系:ISO/TS 16949、ISO 14001
产品情况:(DX 牌)
汽车转向传动轴(管柱)总成,年生产能力达80万套以上
配套情况:主要客户有东风商用车、东风股份、一汽解放、一汽解放青岛、陕西重型汽车、宝鸡华山工程车辆、东风柳汽、安徽华菱、江淮汽车、四川现代汽车、四川南骏汽车集团、保定长安客车、四川野马、成都大运、江铃重型、三一重工等国内数十家汽车制造公司

★鸿凯双泰(四川)零部件有限公司
地址:四川省三台县潼川镇南河路231号
邮编:621100
电话:0816/5221163
传真:5224470
电子信箱:ssw@ vastvictory - st. com
法定代表人:宋成义
单位人数:650
质量体系:ISO/TS 16949、QS 9000
产品情况:摩托车、汽车车轮及其他零部件
配套情况:为雅马哈、嘉陵本田、新大洲本田、济南轻骑铃木、铃木大长江、林海雅马哈等摩托车制造商配套

★四川名齿齿轮制造股份有限公司
地址:四川省雅安市工业园区
邮编:625100
电话:0835/3222759、3222919
传真:3222759、3222919
网址:www. scmccl. com
电子信箱:scmccl@ 163. com
法定代表人:李巨川
质量体系:ISO/TS 16949
产品情况:各类重、中、轻、微型汽车和工程机械差速器行星半轴齿轮、中桥主从动圆柱齿轮
配套情况:为中国重汽集团、东风汽车、陕西汉德车桥、上汽依维柯红岩、广西柳工集团、龙工(控股)集团、徐工集团、厦工集团等几十家大型主机厂配套

★四川联茂机械制造有限公司
地址:四川省雅安市工业园区卫干路1号
邮编:625100
电话:0835/3222368
传真:3220942
网址:www. lianmaojx. com
电子信箱:lmjxyxb@ 163. com
法定代表人:熊久荣
单位人数:290
质量体系:ISO/TS 16949
产品情况:重型汽车、轻型汽车、微型汽车、工程机械驱动桥半轴、贯通轴(驱动轴)、凸缘、啮合套、差速器十字轴、空心轴、精锻件等产品
配套情况:主要与北方奔驰、汉德车桥、中国重汽、柳工、上汽依维柯红岩、安凯福田曙光车桥、安徽华菱、采埃孚北奔变速器、江西江铃底盘、四川建安车桥、爱科(常州)农业机械、菲亚特动力科技管理等公司配套

★四川建安工业有限责任公司
地址:四川省雅安市经开区滨河东路6号
邮编:625100
电话:0835/2635502、2635399
网址:www. ja - auto. com
电子信箱:info@ ja - auto. com
法定代表人:龙思源
质量体系:ISO/TS 16949、ISO 14001
产品情况:(JIANAN 牌)
已形成年产微型汽车后桥150万套/年、轻型汽车驱动桥23万套/年、轿车悬架80万套/年、齿轮200万套/年的生产能力
配套及出口情况:主要供应长安集团、上汽集团、一汽集团、东风集团、奇瑞集团以及吉利汽车、江淮汽车、浙江众泰、川汽野马、郑州海马、资阳南骏、绵阳华润、绵阳华鑫等微型汽车、轻型汽车及轿车生产厂家;出口美国、东南亚等国家和地区

★四川君格机械制造有限公司
地址:四川省遂宁市安居区工业集中发展区演化寺机械工业园
邮编:629000
电话:0825/8666900、8666656
传真:8666680、8666886
电子信箱:1184708528@ qq. com
法定代表人:韩全明
质量体系:ISO/TS 16949
产品情况:轮辋、轮毂及与附件等

★四川重汽王牌兴城液压件有限公司
地址:四川省南充市顺庆区西华路二段163号
邮编:637000
电话:0817/2582386、2582129
传真:2582285
电子信箱:zqxc5577@ 126. com
法定代表人:靳文生
质量体系:ISO 9001
产品情况:(海乐牌)
轻、中、重型货车系列液压油缸,汽车零部件系列产品等
配套情况:为重庆力帆、成工、成都王牌配套

★四川营山五四机械有限责任公司
地址:四川省营山县工业集中区
邮编:637700
电话:0817/5060083、8221153
传真:8222452
电子信箱:YSWS0018@ 163. COM
法定代表人:陈健
质量体系:ISO/TS 16949
产品情况:皮卡及五十铃等车厢、车架,越野车冲压件、轿车组件等
配套情况:为长安、庆铃、力帆、北汽福田等配套

★四川广安光前集团有限公司
地址:四川省广安市广安区前锋工业园区
邮编:638019
电话:0826/2810199、2810326
传真:2810058
网址:www. scguangqian. net
电子信箱:guangqianjituan@ 163. com
法定代表人:蒋洪建
单位人数:1500
质量体系:ISO/TS 16949
产品情况:汽车变速器箱体系列、发动机系列、汽车泵体系列等产品,集模具制造、压力铸造、精机加工为一体
配套情况:配套上汽、铃木等国内外知名汽车制造商

★四川华玉车辆板簧有限公司
地址:四川省内江市乐贤工业集中发展区
邮编:641000
电话:0832/2195078、2222666
网址:www. schybh. com

电子信箱:schybh@163.com
法定代表人:贺鹏飞
单位人数:150
质量体系:ISO/TS 16949
产品情况:(华玉牌)
汽车钢板弹簧
配套及出口情况:为力帆骏马振兴车辆、中国重汽成都王牌商用车、成都大运汽车集团等主机厂配套;远销英国、美国、日本、韩国、俄罗斯、泰国和沙特阿拉伯等国家

★四川现代岱摩斯汽车系统有限公司
地址:四川省资阳市经济开发区城南新区现代大道2-1号
邮编:641399
电话:028/26901208
网址:www.hyundai-dymos.com
法定代表人:李宗胤
产品情况:主要制造汽车变速器、驱动桥和座椅等,年产零部件可供应3万~6万台商用车,乘用车车桥年产能达到30万根
配套情况:为国内多家知名整车企业批量供货

★隆昌山川精密焊管有限责任公司
地址:四川省隆昌市
邮编:642177
电话:0832/3896273、3896471
传真:3891622、3891818
网址:www.jmhg.cn
电子信箱:sckyb1965@sina.com
法定代表人:吕凤静
单位人数:900
质量体系:ISO/TS 16949、ISO 14001
产品情况:(山川牌)
各型汽车结构用管和轿、微、重等各类车型减振器产品;具有年产10万t电焊冷拔精密管(其中:优质焊管7万t,冷拔精密焊管3万t)、600万支减振器和年产100万支后背支撑杆的生产能力
配套情况:精密焊管产品拥有一汽东机工、东风公司、长安公司、博世公司、德尔福公司、上海纳铁福、上海汇众、上海萨克斯、广州昭和、宁江昭和、上海昭和等国际国内客户,减振器产品拥有中国长安、中国一汽、中国重汽等国内著名整车配套

★宜宾三江机械有限责任公司
地址:四川省宜宾市岷江北路72号
邮编:644007
电话:0831/3522004
传真:3522570、3522180
电子信箱:sjjx@sjjx.cn
法定代表人:白锦春
负责人:肖学锋
单位人数:800
质量体系:ISO/TS 16949
产品情况:(SANJIANG牌)
中重型载货汽车及客车传动、制动配件:空气干燥器、各种制动阀、调节阀、弹簧制动气室;轮胎充放气系统附件;汽车离合器、变速、加速操纵机构;汽车悬架及其他系统附件等
配套情况:为北奔重汽配套

★泸州长江机械有限公司
地址:四川省泸州市江阳区酒谷大道4段18号
邮编:646000
电话:0830/8961304
传真:8961304
网址:www.cjmp.com.cn
电子信箱:chenjing@cjmp.com.cn
法定代表人:张勇
质量体系:ISO/TS 16949、VDA 6.1
产品情况:汽车同步器齿环,具备年产齿环2000万件产能
配套及出口情况:为一汽集团、上汽集团、东风汽车、长安集团、中国重汽、法士特公司等客户长期配套;为德国、英国、日本等国家的企业批量供货

云南省

★昆明方大春鹰板簧有限公司
地址:昆明市五华区普吉路200号
邮编:650101
电话:0871/65397188、65397166
传真:65397167、65397189
网址:www.kmchunying.com
电子信箱:kmcy@kmchunying.com
法定代表人:黄正
单位人数:400
质量体系:ISO/TS 16949、ISO 14001
产品情况:(春鹰牌)
重、中、轻、微型和变截面等系列钢板弹簧
配套及出口情况:为东风柳汽、柳州五菱、一汽通用红塔云南、云南力帆骏马、东风云南、万达客车、达州汽车、楚雄华力汽车机械制造公司等配套;出口东南亚

★曲靖重型机械制造有限公司
地址:云南省曲靖市经济技术开发区西城工业园区
邮编:655000
电话:0874/3140934、3144410
传真:3145574
网址:www.cnqjzj.com
电子信箱:qjzj@188.com
法定代表人:马永升
单位人数:505
质量体系:ISO 9001
产品情况:年产6万套轻型汽车车架总成及配件

贵州省

★贵州轮胎股份有限公司
地址:贵阳市云岩区百花大道41号
邮编:550008
电话:0851/84767260、84767316
传真:84764248
网址:www.gztyre.com
电子信箱:dmc@gztire.com
法定代表人:马世春
单位人数:7312
质量体系:ISO/TS 16949
产品情况:(前进牌、大力士牌)
汽车斜交轮胎、全钢载重子午线轮胎、工程机械轮胎、农业机械轮胎、林业机械轮胎、工业车辆轮胎、矿用轮胎和实心轮胎
出口情况:出口美国、英国、意大利、南非等70多个国家

★中航力源液压股份有限公司
地址:贵阳市新添寨北衙路501号
邮编:550018
电话:0851/86320202、86321765
传真:86321001
网址:www.zhlyyy.com
法定代表人:张正原
负责人:李杨
质量体系:ISO 9001
产品情况:高压柱塞泵、马达等产品;为工程机械、工业机械等行业的液压系统配套
出口情况:出口北美洲、南美洲、欧洲、东南亚、南亚、中东等地区

★贵州新安航空机械有限责任公司
地址:贵州省安顺市经济技术开发区南二环路6号
邮编:561003
电话:0851/33391590、33461209
传真:33390126
电子信箱:ghxac@163.com
法定代表人:林涛
质量体系:ISO/TS 16949
产品情况:汽车电磁阀、双向阀、止回阀、真空执行器、制动主缸、离合器总泵、压力调节阀等
配套情况:为上汽大众、一汽-大众、奇瑞汽车、吉利汽车等配套

★贵州群建精密机械有限公司
地址:贵州省遵义市大连路江南航天高科技工业园区
邮编:563003
电话:0851/28612343、28612173
传真:28612325、28636247
电子信箱:qj3247@sina.com
法定代表人:母庚礼
质量体系:ISO/TS 16949、QS 9000
产品情况:高精度齿轮、传动部件,大中型塑料模具及塑件

陕西省

★西安博华机电股份有限公司
地址:西安市高新技术产业开发区东区

邮编:710043
电话:029/82681125、82683943
传真:82683943
电子信箱:master@ xianbohua. com
法定代表人:王振平
质量体系:ISO 9001
产品情况:气压ABS系统、电涡流缓速器、液压ABS系统、汽车行驶记录仪、SRII车辆尾部标志板、ULC车身反光标识及车身反光标识

★西安合力汽车配件有限公司
地址:西安市户县蒋村镇叶寨工业园
邮编:710065
电话:029/84900281、84900359
传真:84900281
电子信箱:xiliandeng@ 163. com
法定代表人:叶少腾
质量体系:ISO 9001
产品情况:变速器汽缸系列、制动鼓、转向节、制动器配件和出口管件
配套情况:主要客户为美国市政公司和国内的汽车产业龙头企业

★西安航天远征流体控制股份有限公司
地址:西安市长安区飞天路289号
邮编:710100
电话:029/85207814、85207576
传真:85614459
网址:www. xahtyz. com
电子信箱:425501385@ qq. com
法定代表人:闫福杭
质量体系:ISO/TS 16949、ISO 14001
产品情况:自动变速器高速电磁阀、重型车变速器换挡系统总成、重型汽车制动系统总成、专用汽车配件系列、汽车发动机燃气控制系统(一级减压器总成,双燃料车减压器总成)
配套情况:与陕汽集团等多家企业建立良好的战略合作关系

★陕西法士特汽车传动集团有限责任公司
地址:西安市高新区西部大道129号
邮编:710119
电话:029/88889413、4008899901
网址:www. chinafastgear. com
电子信箱:fastgear@ fastgroup. cn
法定代表人:严鉴铂
质量体系:ISO/TS 16949、ISO 14001
产品情况:(法士特牌)
已形成年产销汽车变速器100万台、齿轮5000万只和汽车锻件10万t的综合生产能力;纯电动汽车传动系统等
配套及出口情况:产品被一汽、东风、重汽、陕汽、北汽福田等60余家主机厂的上千种车型选为定点配套产品;出口美国、澳大利亚、东欧、南美洲、东南亚、中东等10多个国家和地区

★西安双特智能传动有限公司
地址:西安市高新区西部大道171号
邮编:710119
电话:029/88600362、89287035
传真:88889563
网址:www. xafcit. com
电子信箱:xafc@ xafcit. com
法定代表人:THOMAS JOSEPH BLUTH
产品情况:重型液力自动变速器等
配套情况:主要合作伙伴有宇通客车、海格客车、金龙客车、金旅客车、亚星客车、福田欧辉、中国一汽、陕汽商用、北奔重卡、东风汽车、江淮、青特集团、潍柴动力、玉柴、西安康明斯、一汽锡柴、上柴动力、福田康明斯等

★陕西万安汽车零部件有限公司
地址:西安市泾渭工业园泾渭新城泾渭中路36号经发创新工业园
邮编:710200
电话:029/86068389
传真:86068389
网址:www. vie. com. cn
法定代表人:陈锋
产品情况:弹簧制动缸等
配套情况:为陕重汽等配套

★陕西汉德车桥有限公司
地址:陕西省宝鸡市高新开发区国家高新技术产业开发区
邮编:710201
电话:029/8742418
电子信箱:hdcqhr@ 163. com
法定代表人:袁宏明
质量体系:ISO/TS 16949
产品情况:(汉德牌)
4.2~25t转向前轴、10~45t双级减速驱动桥、6~13t单级减速驱动桥、5~18t转向驱动前桥、7.5~13t挂车桥、3~13t电驱动桥;涵盖重、中型货车桥、电动车桥、工程车桥、客车桥四大系列
配套及出口情况:与陕汽集团、东风商用车、上海汇众、安徽华菱、郑州宇通等重型汽车及客车制造企业合作;出口欧洲、亚洲、北美洲等10多个国家和地区

★陕西蓝通传动轴有限公司
地址:西安市蓝田工业园文姬路延伸段
邮编:710500
电话:029/82721355
传真:82721355
网址:www. ltcdz. com
法定代表人:王琳琳
负责人:徐勇
质量体系:ISO/TS 16949
产品情况:各类汽车传动轴总成,产品分为6大系列:军车系列:SX2150K,SX2190,SX2110,SX2153,SX2300等;重型车系列:德龙,奥龙,斯太尔;中型车系列:东风EQ1090,EQ1141,CA1090;轻型车系列:NJ1040,BJ1040,BJ2020;微型车系列:SX1010;工程机械系列;具有年产传动轴30万套以上生产能力

★陕西延长石油西北橡胶有限责任公司
地址:陕西省咸阳市秦都区西华路1号
邮编:712023
电话:029/33622786、33622642
传真:33623927
网址:www. kdrubber. com
电子信箱:fagaichu@ 163. com
法定代表人:张冬阳
单位人数:3500
质量体系:ISO 9001、GJB 9001A
产品情况:(双西牌)
主要产品有子午线轮胎、胶管、胶布制品、橡胶制品、板材、密封件、天然胶等7大系列,用于汽车等行业
出口情况:远销北美洲、欧盟、中东、澳大利亚、北非等国际市场

★陕西华兴汽车制动科技有限公司
地址:陕西省兴平市西城区48号信箱044分箱
邮编:713106
电话:029/38249406、38249176
传真:32849970
网址:www. sxhxzd. com
电子信箱:kaifa. xiaoshou@ 163. com
法定代表人:马小刚
质量体系:ISO/TS 16949、ISO 14001
产品情况:(华兴牌)
制动器、制动鼓、制动盘、精密锻造产品
配套情况:轿车产品主要市场客户有一汽-大众、上汽大众、上海汇众、芜湖奇瑞、比亚迪;微型车产品主要市场客户有北汽集团、昌铃公司、河北长安、海马郑州、陕汽通家、重庆鑫源、长安跨越等;SUV及客车产品市客户有广汽长丰、郑州宇通、上海科曼;轻型货车市场客户有东风汽车公司

★宝鸡瑞泰尔汽车零部件有限公司
地址:陕西省岐山县曹家镇
邮编:722408
电话:0917/8742942、8744555
传真:8742869
网址:www. bjrtr. com
电子信箱:bjrtr1@ 163. com
法定代表人:李小东
质量体系:ISO/TS 16949、GJB 9001
产品情况:(瑞泰尔牌)
膜片离合器总成、离合器压盘及盖总成、发动机支架、后板簧前支架、牵引装置总成等各种重型汽车零部件的铸造、机加工
配套情况:为陕西重汽、陕西法士特、陕西三鸣汽车零部件、陕西欧舒特、陕西汉德车桥、陕西德仕汽车零部件等公司配套

★宝鸡法士特齿轮有限责任公司
地址:陕西省宝鸡市国家高新技术开发区虢镇科技园
邮编:722409

电话:0917/8730780、8730628
法定代表人:谭旭光
产品情况:汽车变速器、齿轮、锻件

★陕西燎原液压股份有限公司
地址:陕西省汉中市城固县汉江路十八号
邮编:723200
电话:0916/7206043、7207071
传真:7207027
电子信箱:lwsign@163.com
法定代表人:马军谋
质量体系:ISO 9001
产品情况:(燎原牌)
各类油缸、泵阀,年产能力150万套;各类橡塑制品,年产能力500万件
配套情况:为东风汽车公司、北京重型汽车厂、重汽集团、陕汽集团、重庆重汽、青岛专用汽车制造厂、柳汽配套

★陕西东铭车辆系统股份有限公司
地址:陕西省铜川市新区南部工业园区樱园路8号
邮编:727031
电话:0919/2801113、2801118
网址:www.sxdfcq.com
电子信箱:sqtcddc@163.com
法定代表人:周相强
单位人数:800
质量体系:ISO/TS 16949
产品情况:(路遥牌)
轻微型汽车驱动桥、电动汽车车桥、汽车齿轮;具备年产新能源电动车桥20万套、特种电动车1000辆、重型汽车零部件4万t的生产能力
配套情况:主要为昌河、东风小康、陕汽集团、法士特、比亚迪、河北中兴、奇瑞汽车、众泰、哈飞、长安、北汽福田等配套

宁　夏

★银川佳通轮胎有限公司
地址:银川市西夏区北京西路79号
邮编:750004
电话:0951/2966967、2966868
传真:2966429、3015691
电子信箱:wangqiyi@giti.com
法定代表人:李怀靖
质量体系:ISO/TS 16949
产品情况:轮胎

★佳通轮胎银川长城有限公司
地址:银川市北京西路79号
邮编:750021
电话:0951/2966821、2966868
传真:2966897
电子信箱:wangqiyi@giti.com
法定代表人:李怀靖
质量体系:ISO 9001
产品情况:轮胎

甘肃省

★甘肃远成汽车悬架弹簧有限公司
地址:甘肃省兰州新区纬五路
邮编:730300
电话:0931/2146110
网址:www.yuanchenggufen.com
法定代表人:裘有强
产品情况:专业生产汽车钢板弹簧、空气悬架系列等系列产品

新　疆

★新疆斯拓汽车零部件制造有限公司
地址:乌鲁木齐市头屯河区金屯路19号
邮编:830023
电话:0991/3966777
电子信箱:st@csituo.com
法定代表人:武文江
质量体系:ISO/TS 16949
产品情况:汽车减振器,涵盖了日韩系列、欧美系列、中国系列等常用车系
出口情况:远销中亚、亚太、中东、南美洲、欧洲等地区

★双钱集团(新疆)昆仑轮胎有限公司
地址:乌鲁木齐市米东北路7880号
邮编:831400
电话:0991/6659446
传真:6659446
网址:www.china-kunlun.com
电子信箱:xjkunluntyre@163.com
法定代表人:武立民
单位人数:2000
质量体系:ISO/TS 16949、ISO 14001
产品情况:(昆仑牌、新力牌)
具备年产100万条全钢载重子午线轮胎和120万套斜交工程胎的能力
出口情况:远销东南亚及周边中亚国家

车身零部件生产企业

•查询导引•

企业详细介绍

车身零部件生产企业

☞ 企业如有变更,请与编辑部联系 ☎ 010/68426043、68420981

北京市

★北京海纳川汽车部件股份有限公司
地址:北京市东三环南路 25 号北京汽车大厦 12 - 13 层
邮编:100021
电话:010/63173722
传真:63132253
网址:www.bhap.com.cn
电子信箱:hnc@bhap.com.cn
法定代表人:蔡速平
负责人:陈宝
单位人数:10000
质量体系:ISO/TS 16949
产品情况:产品覆盖汽车内外饰系统、汽车座椅系统、汽车电子系统、汽车热交换系统、汽车底盘及其他系统 5 大系列
配套及出口情况:为北汽、一汽、上汽、华晨、江淮、长安、奇瑞、陕汽、长城、中国重汽等国内 20 多家大型汽车企业配套;汽车天窗系列产品在北美洲、欧洲、亚洲都有广泛的业务,为全球领先的汽车制造商进行配套和服务

★埃贝赫汽车技术(北京)有限公司
地址:北京市经济技术开发区科创二街新城工业园 B1 - 1 厂房
邮编:100023
电话:010/67892686
传真:67892636
网址:www.eberspaecher.cn
电子信箱:preheater@eberspaecher.com
法定代表人:乌维·萨斯
质量体系:ISO/TS 16949
产品情况:(埃贝赫牌)
燃油加热器及电加热器、PTC 加热器、客车空调系统
配套情况:PTC 加热器为 Valeo 配套,配套量为 300k/年

★北京吉信气弹簧制品有限公司
地址:北京市海淀区中关村东路 89 号恒兴大厦 11C
邮编:100080
电话:010/62639735
传真:62529544
电子信箱:citiben@263.com
法定代表人:沙玲
质量体系:ISO/TS 16949、QS 9000
产品情况:(吉信牌)
减振弹簧、支撑杆、调节杆等气弹簧系列产品,年产量 100 万只
配套情况:为北京北方尼奥普兰、桂林大宇、华晨金杯、南京依维柯配套

★北京市福斯特汽车装饰件厂
地址:北京市朝阳区望京湖光中街 8 号
邮编:100102
电话:010/64738672
传真:64724113
电子信箱:fstcwk@163.com
法定代表人:王燕春
质量体系:QS 9000
产品情况:成型地毯、顶衬、门板、后搁板等
配套情况:为北京现代供货

★北京威卡威汽车零部件股份有限公司
地址:北京市大兴区西红门镇兴创国际中心 S 座 17 层
邮编:100162
电话:010/60276313
传真:60279917
网址:www.beijing-wkw.com
法定代表人:李璟瑜
单位人数:8000
产品情况:汽车外饰件:行李架、天窗框、侧梁饰条、车门框饰条、三角窗饰板、车门外饰条、B 柱饰板、C 柱饰板、前风窗饰条、翼子板、车轮眉;汽车内饰件:音响装饰条、烟灰盒盖板、中控台内饰件、门把手装饰框等
配套情况:为奥迪、大众、麦迪、速腾、途观、帕萨特、一汽奔腾、宝马、奔驰、凯迪拉克、别克君威等几十款中高档乘用车车型配套

★比泽尔制冷技术(中国)有限公司
地址:北京市北京经济技术开发区经海四路 20 号
邮编:100176
电话:010/67819000、67819092
网址:www.bitzer.cn
电子信箱:bai.jinrui@bitzer.cn

法定代表人:克里斯蒂安·威勒
产品情况:车辆空调制冷压缩机

★福耀集团北京福通安全玻璃有限公司
地址:北京市通州区张家湾镇皇木场村东88号
邮编:101113
电话:010/61502777
网址:www.fuyaogroup.com
电子信箱:peng.wang@fuyaogroup.com
法定代表人:曹德旺
产品情况:加工轿车夹层玻璃、轿车钢化玻璃
配套情况:客户包括北京奔驰、北京现代、北汽福田、天津一汽丰田,天津夏利、长城汽车、中兴汽车、郑州日产、郑州宇通等

★北京高山汽车空调有限公司
地址:北京市平谷区新城北部产业用地M2-2区2号
邮编:101200
电话:010/69956569
电子信箱:zhangtao@kohsan.asia
法定代表人:高政民
产品情况:主要生产塑料制品、空气滤清器及汽车空调系统的零部件

★北京敏实汽车零部件有限公司
地址:北京市平谷区新城北部产业用地M2-2区5号
邮编:101200
电话:010/52597304、61993856
电子信箱:zhang.tianhe@minthgroup.com
法定代表人:颜振辉
产品情况:汽车装饰件等
配套情况:主要客户为北京现代、北京长安等

★伟巴斯特东熙汽车配件北京有限公司
地址:北京市平谷区兴谷工业开发区M2-5区1号
邮编:101200
电话:010/69958786、69958784
传真:69958785
电子信箱:info@webastochina.com
法定代表人:慎镛湖
质量体系:ISO/TS 16949、ISO 14001
产品情况:主要生产汽车天窗
配套情况:主要为北京现代90%的车型供货

★北京安道拓汽车部件有限公司
地址:北京市顺义区林河工业开发区林河南大街路南
邮编:101300
电话:010/89407755
传真:89407551
电子信箱:serena.cheng@adient.com
法定代表人:赵跃华
产品情况:汽车座椅及车门板等汽车内饰件,年产50万辆份
配套情况:为北京奔驰、北京现代、北汽福田等供货

★延锋海纳川汽车饰件系统有限公司
地址:北京市顺义区林河工业开发区顺通路55号
邮编:101300
电话:010/89407766
传真:89407277
电子信箱:zhiyin.m@yfai.com
法定代表人:王卫中
质量体系:ISO/TS 16949
产品情况:(延锋牌)
座舱系统、内饰系统、外饰系统、座椅系统和转向盘、遮阳板及内饰电子产品等
配套情况:为北京现代、北汽福田、北京奔驰等整车制造商配套

★翰昂汽车零部件(北京)有限公司
地址:北京市顺义区南彩镇彩园工业区彩祥西路6号
邮编:101300
电话:010/89478080
传真:89473408
电子信箱:finance@vccb.com
法定代表人:李仁荣
质量体系:ISO/TS 16949、ISO 14001
产品情况:(Visteon 牌)
汽车空调、汽车散热器及相关配套产品
配套情况:为北京现代、华泰汽车、东风悦达起亚、长安汽车等配套

★北京北汽光华杰通汽车部件有限公司
地址:北京市顺义区南法信镇东支路南法信段1号
邮编:101300
电话:010/89407755、69472972
传真:69472003
电子信箱:serena.cheng@adient.com
法定代表人:董京平
产品情况:各类汽车座椅发泡产品及座椅头枕生产总成
配套情况:为北京江森汽车部件、北京光华荣昌汽车部件、保定信诚汽车发展公司等厂家配套

★北京李尔岱摩斯汽车系统有限公司
地址:北京市顺义区仁和镇河南村村委会南500米
邮编:101300
电话:010/89491121
传真:89491211
网址:www.hyundai-dymos.com
法定代表人:KIM JONG HO
质量体系:ISO/TS 16949、ISO 14001
产品情况:汽车座椅及内饰件,目前年产60万台座椅
配套情况:为北京现代配套

★北京现代摩比斯汽车零部件有限公司
地址:北京市顺义区双河路59号
邮编:101300
电话:010/89448860
网址:cn.mobis.co.kr
法定代表人:章裕成
产品情况:生产三大核心模组及保险杠
配套情况:为北京现代汽车生产的车种直接供应模组

★ 北京平和富奥汽车部件有限公司

地址:北京市顺义区南彩镇彩祥西路1号
邮编:101399
电话:010/60400017
电子信箱:bjphfa@yeah.net
法定代表人:朱国宏
质量体系:IATF 16949、ISO 14001、OHSAS 18001
产品情况:主要生产汽车车门锁及门铰链
配套情况:目前合作的整车厂主要包括北京现代、北汽集团等
☞ 详细情况请参阅彩色宣传版面

★北京北汽大世汽车系统有限公司
地址:北京市顺义区印刷产业基地中心路16号
邮编:101399
电话:010/61435005
电子信箱:hanqs@bbdas.com.cn
法定代表人:周焰明
产品情况:汽车座椅
配套情况:主要配套对象是北京现代汽车有限公司

★北京世东凌云科技有限公司
地址:北京市怀柔区凤翔科技开发区二园11号
邮编:101401
电话:010/61677911
传真:61678011
电子信箱:liuxueyun1128@126.com
法定代表人:牟月辉
单位人数:245
质量体系:ISO/TS 16949
产品情况:汽车装饰件和密封件,年产能力50万套
配套情况:为北京现代、上汽通用、延锋伟世通、哈飞汽车、北京韩一汽车饰件等配套

★北京新泉志和汽车饰件系统有限公司
地址:北京市怀柔区雁栖经济开发区雁栖北三街7号
邮编:101407
电话:010/69646911
网址:www.xinquan.cn
电子信箱:1303202014@qq.com
法定代表人:唐志华
单位人数:100
产品情况:生产汽车零部件
配套情况:与福田汽车、宝沃汽车、北京汽车、戴姆勒汽车等大中型商用车汽车企业也建立了长期稳定的合作

★北京北方凌云悬置系统科技有限公司
地址:北京市怀柔区雁栖开发区北三街

16 号
邮编:101407
电话:010/69667120
传真:69667125
电子信箱:hzlnf@163.com
法定代表人:李喜增
负责人:韩志文
单位人数:58
质量体系:ISO/TS 16949、ISO 14001
产品情况:驾驶室悬置系统
配套情况:主要为北京福田戴姆勒汽车、包头北奔重型汽车、山西大运汽车、三一重工股份等多个主机厂研发生产驾驶室悬置系统产品

★大世(北京)汽车附件有限公司
地址:北京市密云区经济开发区科技路C9-1号
邮编:101500
电话:010/69075111、69076732
传真:69076309
电子信箱:dasgkr@163.com
法定代表人:李始炯
产品情况:汽车座椅滑道

★北京嘉朋机械有限公司
地址:北京市昌平区马池口镇白浮5号
邮编:102200
电话:010/60774470
网址:www.jiapeng.com.cn
电子信箱:jiapeng@jiapeng.com.cn
法定代表人:刘雪品
单位人数:166
质量体系:ISO 9001、ISO/TS 16949
产品情况:重型货车、商用车等各种车辆的外观件,复合材料板簧
配套及出口情况:被多家车厂指定为其OEM板簧供应厂家;出口欧洲、南美洲、非洲、中东等地区

★北京赛德车门制造有限公司
地址:北京市昌平区南口镇西大桥南路6号工业园
邮编:102202
电话:010/60241923、13801170486
传真:60241923
网址:www.sadedoor.com
电子信箱:info@sadedoor.com
法定代表人:陈际争
单位人数:300
质量体系:ISO/TS 16949
产品情况:市公交客车、旅游客车、团体客车、机场摆渡车等乘客门总成
配套情况:为北京客车总厂、丹东黄海客车、天津客车总厂、厦门金旅、广州五十铃客车、宇通客车、北奔重汽、南京依维柯等供货

★北京光华荣昌汽车部件有限公司
地址:北京市昌平区流村镇工业园区
邮编:102204
电话:010/89774862、89774865
网址:www.bjghrc.com
电子信箱:info@bjghrc.com
法定代表人:赵月强
质量体系:ISO/TS 16949
产品情况:汽车座椅、后视镜及空气悬架电控系统
配套情况:主要客户有一汽-大众、福田汽车、北京汽车、长安汽车、吉利汽车、众泰汽车、一汽、中国重汽、东风汽车、江淮汽车等

★北京中用汽车配件有限公司
地址:北京市房山区良乡东阎村南
邮编:102488
电话:010/61351199、61351133
传真:61351777
电子信箱:info@zhongyong.cn
法定代表人:崔学海
质量体系:ISO/TS 16949、ISO 9002
产品情况:汽车内饰件、吸音隔热复合垫、车用地垫、密封件以及车用胶管等

★北京海纳川长鹏汽车部件有限公司
地址:北京市大兴区采育经济开发区采和路9号
邮编:102606
电话:010/80278300、80278307
传真:80273760
电子信箱:admin@bhcp.com.cn
法定代表人:杜斌
产品情况:汽车NVH系统(消声隔热系统)、汽车地毯、汽车顶棚、汽车行李舱、汽车PU发泡、EPP发泡等系列产品

★北京海纳川协众汽车空调有限公司
地址:北京市大兴区采育镇北京采育经济开发区育隆大街11号
邮编:102606
电话:010/80278449、80278450
电子信箱:13810122596@163.com
法定代表人:许小江
产品情况:汽车空调系列产品,设计产能30万辆份
配套情况:为北汽乘用车事业部、北汽福田、北汽有限、长城汽车、中兴汽车、重汽、天津一汽等配套

★北京北汽光华汽车部件有限公司
地址:北京市大兴区采育镇采育经济开发区育英街32号院1-6号楼
邮编:102606
电话:010/69471965、13901186545
电子信箱:1231wangbing@sina.com
法定代表人:董京平
产品情况:汽车座椅发泡产品及座椅头枕生产总成等

★北京北汽模塑科技有限公司
地址:北京市大兴区采育镇经济开发区育政街1号
邮编:102606
电话:010/80278488
电子信箱:yaojinmei@bbmpt.com.cn
法定代表人:陈宝
产品情况:汽车零部件、内外饰件

天津市

★天津市益中汽车安全带厂
地址:天津市西青经济开发区大寺工业园鸿泽路5号
邮编:300051
电话:022/23883301、23883312
传真:23883301
网址:www.tjyz.com
电子信箱:tjyz@tjyz.com
法定代表人:苑久润
质量体系:ISO/TS 16949、QS 9000
产品情况:(益中牌)
汽车安全带,年产能力800万条
配套情况:为天津一汽夏利、神龙汽车、奇瑞汽车、哈飞汽车、长城汽车、长安汽车、一汽通用红塔云南、厦门金龙、北奔重汽、长安铃木、江铃汽车、跃进轻型汽车、福田汽车、宇通客车、丹东曙光专用车、重汽济南公司、广汽三菱等供货

★天津电装空调管路有限公司
地址:天津市西青经济开发区
邮编:300100
电话:022/83963738
传真:83963739
网址:www.denso.com
法定代表人:大矢修三
单位人数:895
质量体系:ISO 9001
产品情况:汽车空调软管、配管、热水管、内配管
配套情况:主要为花冠、皇冠、霸道、陆地巡洋舰、锐志、大发、铃木、红旗、奥迪、凯迪拉克等系列车型配套空调配件

★天津华丰汽车装饰有限公司
地址:天津市南开区长江道543号
邮编:300110
电话:022/27365984
传真:27363263
网址:www.toyota-boshoku.com
法定代表人:江辉
质量体系:ISO 9002、ISO 14000
产品情况:座椅及顶棚、遮阳板、车门内饰板、行李舱隔板等内外饰件
配套情况:为天津一汽丰田(威驰、花冠、皇冠、锐志、卡罗拉、RAV4等车型的座椅及顶棚、地毯、遮阳板、车门内饰板、行李舱隔板等内饰件产品)、天津一汽夏利汽车配套

★天津国华塑胶有限公司
地址:天津市河北区金钟河大街
邮编:300240
电话:022/26332462、26325979
传真:26332463

电子信箱:187364243@ qq. com
法定代表人:陈辉
产品情况:汽车保险杠、仪表板、内饰件
配套情况:为天津一汽夏利配套

★天津耀皮玻璃有限公司
地址:天津市滨海新区大港北围堤路1168号
邮编:300271
电话:022/63203102
传真:63203101
网址:www. sypglass. com
电子信箱:lizhen@ sypglass. com
法定代表人:柴楠
质量体系:ISO 9001
产品情况:高等级汽车玻璃原片

★天津新明纤维树脂制品有限公司
地址:天津市东丽经济开发区一经路39号
邮编:300300
电话:022/24996786、24998828
传真:24996938
电子信箱:hanhui@ tjshinmei. com
法定代表人:平山谕
质量体系:ISO 9001
产品情况:汽车内/外装饰零部件

★东海化成(天津)汽车部品有限公司
地址:天津市津南经济开发区聚英路6号
邮编:300350
电话:022/58790768
网址:www. tokai－rika. co. jp
电子信箱:rong99215@ 126. com
法定代表人:水上勇夫
质量体系:ISO/TS 16949、ISO 14001
产品情况:头枕、座椅扶手、车门扶手、仪表周围控制板、储物盖等汽车内饰件产品
配套情况:主要客户有天津丰田合成、天津英泰汽车饰件、成都丰田纺汽车部件、长城股份天津博信分公司

★天津井上华翔汽车零部件有限公司
地址:天津市津南区八里台津南电子工业开拓二支路8号
邮编:300350
电话:022/58830381
传真:58830377
网址:www. inoac. co. jp
电子信箱:zhangli@ ihx. com. cn
法定代表人:舒荣启
产品情况:中高级汽车仪表板(搪塑、注塑等)、门内饰板、汽车扰流板等汽车内外饰件
配套情况:为天津一汽丰田、四川一汽丰田、昌河铃木、上汽大众、东风日产配套

★天津津信汽车塑料制品有限公司
地址:天津市西青区杨柳青镇二经路93号
邮编:300380
电话:022/27950369、27950856
传真:27950856
电子信箱:jxpjcp@ aliyun. com
法定代表人:罗炜
质量体系:ISO/TS 16949、ISO 9002
产品情况:仪表板、保险杠、门内饰板、聚氨酯发泡仪表板等塑料、发泡制品,注塑产品年产能力150余万件,发泡产品年产能力20余万套
配套情况:为天津一汽夏利、华晨金杯、北汽福田等配套汽车仪表板、保险杠、门内饰板等塑料制品

★天津电装空调有限公司
地址:天津市西青区杨柳青镇前桑园
邮编:300380
电话:022/27994779
传真:27994347
网址:www. denso. com. cn
法定代表人:饭田康博
单位人数:186
质量体系:ISO 14000、ISO/TS 16949
产品情况:汽车空调器系统、热交换器产品及相关零部件
配套情况:为丰田、通用、大众、一汽等汽车厂家配套

★电装(天津)空调部件有限公司
地址:天津市西青经济开发区赛达二大道15号
邮编:300385
电话:022/23889288
网址:www. denso. com. cn
法定代表人:饭田康博
单位人数:1101
质量体系:ISO/TS 16949
产品情况:汽车空调用的蒸发器、冷凝器以及散热器
配套情况:为天津一汽丰田、一汽-大众、上汽通用等汽车厂家配套

★天津三电汽车空调有限公司
地址:天津市西青经济开发区赛达二大道8号
邮编:300385
电话:022/23889988
传真:23889986
网址:www. china－tsac. com
电子信箱:wangyi@ china－tsac. com
法定代表人:Nakayama Rai
质量体系:ISO/TS 16949、QS 9000
产品情况:(SANDEN牌)
生产能力汽车热交换器320万台/年、汽车空调系统100万套/年
配套及出口情况:为一汽集团、一汽-大众、神龙汽车、奇瑞汽车、天津一汽夏利等配套;部分产品出口

★天津富奥电装空调有限公司
地址:天津市西青经济开发区赛达世纪大道22号
邮编:300385
电话:022/23889188
传真:23889199
网址:www. denso. com. cn
法定代表人:甘先国
单位人数:775
质量体系:ISO/TS 16949
产品情况:(DENSO牌)
汽车用空调一体单元(热交换器除外)、电动风扇、冷凝器、模具、生产和检验设备、工具的制造、装配;冷却模块(冷凝器、散热器、电动风扇等装配成的模块产品)、汽车用A/C系统的配套组装
配套情况:为天津一汽丰田的皇冠轿车、花冠轿车、锐志轿车,四川一汽丰田的普拉多吉普车和陆地巡洋舰吉普车,一汽-大众奥迪C6轿车,一汽新型红旗轿车和上汽通用凯迪拉克轿车配套

★高田(天津)汽配制造有限公司
地址:天津市西青区经济开发区赛达三大道10号
邮编:300385
电话:022/58967888
传真:58967887
电子信箱:yanan. huang@ cn. takata. com
法定代表人:葛征宇
产品情况:汽车安全气囊、安全带、NASI2等汽车安全装置及其零配件
配套及出口情况:主要供应广汽本田、东风汽车、郑州日产和长丰汽车等国内客户;远销德国等国家

★久田(天津)汽车配件有限公司
地址:天津市北辰区华盛道61号华北集团外资园
邮编:300402
电话:022/86993854、86995881
传真:86995883
电子信箱:zhao@ hisada－tj. com
法定代表人:原田英二朗
质量体系:ISO 9001
产品情况:车门立柱、下框、头枕等

★天津丰铁汽车部件有限公司
地址:天津市科技园区南区
邮编:300402
电话:022/26991001
传真:26991004
电子信箱:ujing@ ttap. com. cn
法定代表人:岩濑次郎
产品情况:汽摩配件、车身及附件

★天津日板安全玻璃有限公司
地址:天津市滨海新区大港北围堤路炼油厂西侧
邮编:300450
电话:022/63203001
网址:www. nsg. com
电子信箱:chang. man@ nsg. com
法定代表人:立元克典
产品情况:(NSG牌)
汽车用玻璃的加工
配套情况:为丰田汽车配套

★格拉默车辆内饰(天津)有限公司
地址:天津市经济技术开发区
邮编:300457
电话:022/66299955
网址:www.grammer.com
电子信箱:lili.meng@grammer.com
法定代表人:蔡伯刚
产品情况:内饰件、座椅

★爱信(天津)车身零部件有限公司
地址:天津市经济技术开发区睦宁路91号
邮编:300457
电话:022/58686226、58686289
传真:58686276、58686270
电子信箱:sp@aisin-tianjin.com
法定代表人:伊藤慎太郎
质量体系:ISO/TS 16949、ISO 14001
产品情况:门锁、门铰链、玻璃升降器、限位器、门框嵌条、天窗玻璃、把手
配套情况:为天津一汽丰田、广汽丰田配套

★天津丰爱汽车座椅部件有限公司
地址:天津市经济技术开发区泰丰路135号
邮编:300457
电话:022/66231808
传真:66231811
网址:www.toyota-boshoku.com
法定代表人:伊藤慎太郎
质量体系:ISO 14001
产品情况:汽车座椅骨架、调角器、滑轨以及汽车冲压件、焊接件、涂装件等
配套情况:为天津一汽丰田配套

★天津英泰汽车饰件有限公司
地址:天津市经济开发区第十一大街61号
邮编:300457
电话:022/66231188
传真:66231000
网址:www.toyota-boshoku.com
法定代表人:小出一夫
质量体系:ISO 9001
产品情况:(INTEX牌)
汽车座椅、顶棚、地毯、车门内饰板和行李舱内饰板等汽车用内外饰产品
配套情况:为天津一汽丰田配套

★天津信泰汽车零部件有限公司
地址:天津市经济开发区第十一大街9号
邮编:300457
电话:022/25299535
传真:25299537
网址:www.minthgroup.com
法定代表人:鲍立春
产品情况:汽车外饰件、密封件、车身结构件
配套情况:为天津一汽丰田、郑州日产、北京奔驰等配套

★天津三联工业技术玻璃有限责任公司
地址:天津市宁河县宁河镇南
邮编:301504
电话:022/69419618
传真:69419105
网址:www.tjsanlian.com
电子信箱:bangongshi@tjsanlian88.cn
法定代表人:闫渤
质量体系:ISO/TS 16949
产品情况:专业生产汽车用安全玻璃,年产能力30万套
配套及出口情况:为天汽等配套;部分产品出口

★宝沃佛吉亚天津汽车部件系统有限公司
地址:天津市新技术产业园区武清开发区泉明路8号7号厂房
邮编:301700
电话:022/22997300
电子信箱:chang.qu@faurecia.com
法定代表人:魏林和
产品情况:汽车座椅

河北省

★河北通用玻璃工业有限公司
地址:河北省邢台市柏乡县
邮编:050041
电话:0311/86827952
传真:86827952
网址:www.tyglass.com
电子信箱:ty088@126.com
法定代表人:张建军
质量体系:VDA 6.1、QS 9000
产品情况:各种汽车玻璃,年销售收入1000万元
配套情况:为长城汽车、宇通客车等十几家整车生产厂配套

★东方久乐汽车安全气囊有限公司
地址:河北省新乐市南环路132号
邮编:050700
电话:0311/88582666
传真:88582591
网址:www.eastjoylong.net
电子信箱:dfjl@eastjoylong.net
法定代表人:李玉民
质量体系:IATF 16949、ISO 14001
产品情况:(东方久乐牌)
其主导产品为汽车安全气囊系统及其关联零部件,其中不仅包括安全气囊系统的核心部件——电子控制单元(ACU)、电点火具、气体发生器,还包括转向盘、时钟弹簧、线束、罩盖、气袋、安全带等被动安全系统的相关部件
配套情况:为奇瑞汽车、吉利汽车、天津一汽华利、江淮汽车、北汽等配套

★衡水金轮塑业科技股份有限公司
地址:河北省衡水市武邑县武小路13号
邮编:053400
电话:0318/5736328、15933186503
传真:5736707
网址:www.hb-jlsy.com
电子信箱:jlsy@hb-jlsy.com
法定代表人:靳柱山
单位人数:300
质量体系:ISO 9001
产品情况:(金轮牌)
空调器外壳、仪表板、保险杠、过滤器、挡泥板等汽车配件

★邢台泓睿汽车配件制造有限公司
地址:河北省邢台市威县开发区银海路北邻
邮编:054700
电话:0319/6113456、13363791666
传真:6113456
法定代表人:吴翠英
质量体系:ISO/TS 16949、ISO 9001
产品情况:顶棚、地毯、机盖内衬、叶子板内衬、行李舱盖内饰、立柱饰板、发动机下护板等内饰相关产品

★邢台华威汽车内饰有限公司
地址:河北省邢台市威县七级镇
邮编:054701
电话:0319/6273128、6273129
传真:6273058
电子信箱:xthw0319@vip.sina.com
法定代表人:王胜君
质量体系:ISO/TS 16949、ISO 14001
产品情况:(兆达牌)
地毯、顶棚、隔热垫、遮阳板、侧围护板、隔音垫、转向盘等产品
配套情况:为长春一汽、北京轻汽、江铃五十铃汽车、安徽江淮汽车、北汽福田、保定长城华北汽车、山东五征集团、奇瑞汽车等二十几个汽车生产厂家配套

★河北隆昌汽车零部件股份有限公司
地址:河北省隆尧县东良乡周村
邮编:055350
电话:0319/6558898、8238678
传真:6558888
电子信箱:hblccw@163.com
法定代表人:殷彦彬
质量体系:ISO 9001
产品情况:气弹簧

★沧州三星微特电机有限责任公司
地址:河北省南皮县城西环南路9号
邮编:061500
电话:0317/8851013、13315774222
传真:8854573
电子信箱:tzq@czsanxing.com
法定代表人:陶锴
质量体系:ISO 9001、ISO/TS 16949
产品情况:(水晶牌、神风牌)
汽车刮水器、暖风除霜器、暖风散热器
出口情况:随国内客车配套出口

★新南风加热制冷(沧州)有限公司
地址:河北省沧州市南皮县乌马营镇乌马营工业区
邮编:061503
电话:0317/8619999、8618555

传真:8616410
电子信箱:sunny. liu@ newnanfeng. com
法定代表人:曹琼州
质量体系:ISO/TS 16949
产品情况:(南风牌)
车用除霜器、加热器、空气滤清器等
配套情况:为厦门金龙、宇通客车、丹东黄海、扬州亚星、上海申沃、安徽安凯等配套

★河北安吉宏业机械股份有限公司
地址:河北省泊头市南仓街461号
邮编:062150
电话:0317/8262212、8262822
传真:8262299
网址:www. hbhongye. com
电子信箱:hbhy@ hbhongye. com
法定代表人:冉兴
质量体系:IATF 16949、GJB 9001B
产品情况:车用水冷加热器、风冷加热器、电加热器、燃气加热器、尾气加热器、除霜器、散热器、各种风机、各种散热水箱以及无刷发电机、无刷水泵、电磁泵、PTC发热体等小型电气产品
配套及出口情况:为宇通客车、金龙客车、中通客车、北汽福田、比亚迪等汽车的主流供应商;远销欧洲、美洲、日本、韩国等多个国家和地区

★泊头市华兴汽车部件有限责任公司
地址:河北省泊头市西环工业区
邮编:062150
电话:0317/8195171
传真:8292238
网址:www. hxaqd. com
电子信箱:botouhuaxinggongsi@ 163. com
法定代表人:于景兴
质量体系:ISO/TS 16949、ISO 9001
产品情况:汽车安全带、三元催化系列、冲压件系列

★廊坊市金色时光科技发展有限公司
地址:河北省廊坊市新开路194号
邮编:065000
电话:0316/6083393
传真:6083394
网址:www. aew - group. com
电子信箱:admin@ aew - group. com
法定代表人:张海涛
质量体系:ISO/TS 16949、ISO 9001
产品情况:(AEW牌、舒安牌)
汽车座椅加热系统产品

★捷温汽车系统(中国)有限公司
地址:河北省廊坊市经济技术开发区金源道3号
邮编:065001
电话:0316/6071100
传真:6071260
网址:www. wet - group. com
电子信箱:info@ wet - group. com
法定代表人:SILVANO AZZOPARDI
质量体系:ISO/TS 16949、QS 9000
产品情况:汽车座椅加热器、座椅温度技术、转向盘加热、温度控制器、汽车线缆加工技术等
配套及出口情况:为宝马、奥迪供货;出口欧洲、日本、北美洲

★廊坊全兴希尔思交通器材有限公司
地址:河北省廊坊市经济技术开发区祥云道南11号
邮编:065001
电话:0316/6066689
电子信箱:lijiaze@ sears - gsk. com. cn
法定代表人:安东尼 克里夫顿
质量体系:ISO/TS 16949、ISO 14000
产品情况:座椅及零部件
出口情况:出口欧洲、美洲

★共和兴塑胶(廊坊)有限公司
地址:河北省廊坊市开发区祥云道11号
邮编:065001
电话:0316/6076612、6076689
网址:www. kyowa - gsk. com
法定代表人:中村直义
单位人数:330
产品情况:汽车内饰件用人造革(座椅、门板、遮阳板、仪表盘等)
配套情况:为天津一汽丰田、广汽丰田、广汽本田、东风日产、上汽通用、北京现代等配套

★三河世原汽车科技有限公司
地址:河北省三河市燕郊镇神威北大街378号
邮编:065201
电话:0316/3385040、17610361638
法定代表人:金文基
产品情况:生产13种轿车车身覆盖件,具备年产85万台汽车车体覆盖件生产能力
配套情况:为北京现代汽车公司配套

★廊坊市全振汽车配件有限公司
地址:河北省廊坊市大城县新城区东环路
邮编:065900
电话:0316/5560088、5560468
传真:5573766
电子信箱:lfqzscb@ lfquanzhen. cn
法定代表人:陈振国
质量体系:ISO/TS 16949、ISO 14001
产品情况:汽车成型地毯、玻璃钢制品、隔音隔热垫、车顶内饰等
配套情况:为一汽集团、长安公司、哈飞、江淮、昌铃、北汽福田、中兴等国内外知名汽车制造厂家,以及斗山工程机械、克拉克、台励福、海斯特、西班牙奥萨、合力、江淮银联重工等著名工程机械公司供应配套

★秦皇岛燕大汽车零部件制造有限公司
地址:河北省秦皇岛市开发区雪山路6号
邮编:066000
电话:0335/8501626、8501635
传真:8501628
电子信箱:info@ qhdbip. com
法定代表人:杨一鸣
质量体系:ISO/TS 16949、QS 9000
产品情况:BTC213吉普车前门角窗总成及后门玻璃滑道梁总成、夏利电动玻璃升降器、解放151平头货车车门框总成、汽车转向器连杆、哈飞锐意车架总成
配套情况:为一汽集团、青岛汽车厂、北京奔驰、天津一汽夏利、哈飞汽车配套

★旭硝子汽车玻璃(中国)有限公司
地址:河北省秦皇岛市经济技术开发区秦皇西大街108号
邮编:066004
电话:0335/5910000
传真:5910888
网址:www. agc. co. jp
电子信箱:zhizhen. li@ agc. com
法定代表人:大谷启之
质量体系:ISO/TS 16949、ISO 14000
产品情况:(海燕牌)
汽车用平、弯钢化玻璃及夹层玻璃等的制造与销售,年产120万辆套,年销售收入10028.2万元
配套及出口情况:为丰田、本田、通用、克莱斯勒、福特、大众等国际知名公司在中国的主要供应商,并为一汽集团、东风集团、上汽集团、南汽集团等众多国内大型汽车集团配套;出口日本、韩国

★保定宏协承汽车部件有限公司
地址:河北省保定市风能街115号
邮编:071023
电话:0312/5909828
传真:5909829
网址:www. hongxie. com
电子信箱:peng. zh@ 163. com
法定代表人:虞佩凤
质量体系:ISO/TS 16949
产品情况:门框、上线防撞梁、亮饰条等产品

★涿州市盛弘机械有限责任公司
地址:河北省涿州市豆庄乡东兴隆庄村
邮编:072750
电话:0312/3956393、18714091196
传真:3956362、3985226
网址:www. shenghongjixie. net
电子信箱:panwenying2009@ 163. com
法定代表人:李建国
质量体系:ISO/TS 16949
产品情况:汽车车门窗框、保险杠、防撞梁、车门外饰板、车门滑道、天窗滑轨、挡风板、玻璃滑轨、流水檐等辊压件;车门铰链及限位器;大中小冲压件、组焊件等汽车车身零部件
配套情况:为奔驰、日产、东风汽车、丰田汽车、金杯汽车、长城汽车、北京汽车、华晨金杯、长安商用车等配套

★ 凌云工业股份有限公司

地址:河北省涿州市松林店
邮编:072761
电话:0312/3676616、3952100
传真:3951234
法定代表人:赵延成
网址:www. lingyun. com. cn
产品情况:(凌云牌、亚大牌)
高强度、轻量化汽车安全防撞系统部件和车身结构部件,低渗透、低排放汽车尼龙管路系统和汽车橡胶管路系统,汽车等速万向节前驱动轴,各种类型的市政工程管道及其配件系统等
配套情况:国内市场与上汽通用、上汽大众、一汽-大众、北京奔驰、长安汽车、奇瑞汽车、吉利汽车、北汽、广汽传祺、上汽通用五菱、东风汽车、华晨汽车、长城汽车等合作;国际市场与奔驰、奥迪、宝马、丰田等国际高端品牌客户实现战略合作;下辖70多家分子公司,分布于德国、墨西哥、北美洲、日本、印度尼西亚以及国内30多个省市和地区,其中与瑞士、美国、韩国等合资成立20家中外合资公司
☞ 详细情况请参阅彩色宣传版面

辽宁省

★沈阳马勒汽车热系统有限公司
地址:沈阳市大东区轩畅路3号
邮编:110000
电话:024/82569964
网址:www. cn. mahle. com
电子信箱:zhe. lin@ smts - co. com
法定代表人:高文华
产品情况:汽车空调总成、发动机冷却模块及其零部件
配套情况:主要供给上汽通用、北京奔驰、华晨宝马等整车厂

★沈阳丰田纺织汽车部件有限公司
地址:沈阳市沈阳经济技术开发区开发二十一号路166号
邮编:110023
电话:024/31562255
传真:31562277
网址:www. toyota - boshoku. com
法定代表人:小出一夫
产品情况:汽车门板、顶棚等汽车内外饰品
配套情况:主要客户有华晨宝马

★延锋彼欧沈阳汽车外饰系统有限公司
地址:沈阳市经济技术开发区开发二十二号路186号
邮编:110027
电话:024/85907510
网址:www. yfpo. com
电子信箱:jchen47@ yfpo. com
法定代表人:谢斌
产品情况:汽车外饰零部件
配套情况:为华晨宝马汽车配套

★劳士领汽车配件(沈阳)有限公司
地址:沈阳市经济技术开发区开发二十二号路306号
邮编:110027
电话:024/31853100
网址:www. roechling. com
电子信箱:niki. jiang@ roechling - automotive. cn
法定代表人:Neidinger Gerhard Erich Reinhold
产品情况:汽车发动机舱件、汽车底部护板、通风格栅、风道等
配套情况:主要客户是华晨宝马汽车有限公司

★沈阳三电汽车空调有限公司
地址:沈阳市大东区东基工业园区正新路16-1号
邮编:110045
电话:024/88261611、13644044606
传真:88261700
网址:www. sanden. co. jp
电子信箱:yangwei@ sanden - china. com. cn
法定代表人:谷云龙
产品情况:汽车空调系统、蒸发器、冷凝器等
配套及出口情况:为上汽通用北盛、华晨金杯、北奔重汽配套;出口伊朗,并销往中国台湾地区

★沈阳金杯广振汽车部件有限公司
地址:沈阳市经济技术开发区开发大路10号街12号
邮编:110141
电话:024/25396261
传真:25396263
电子信箱:gysun@ kwangjin - kr. com
法定代表人:郑基范
质量体系:ISO/TS 16949
产品情况:电动、手动玻璃升降器
配套情况:为汽车制造厂配套

★沈阳李尔汽车座椅内饰系统有限公司
地址:沈阳市经济技术开发区开发大路6甲2号
邮编:110141
电话:024/62781625
网址:www. lear. com
电子信箱:hcheng@ lear. com
法定代表人:Carsten Pfuhl
产品情况:车辆用座椅、内饰件、组合仪表板及相关零部件
配套情况:为华晨宝马配套

★沈阳福达汽车零部件有限公司
地址:沈阳市浑南新区高科路12号
邮编:110179
电话:024/23787038、23787037
网址:www. syfuda. com
电子信箱:office@ syfuda. com
法定代表人:李晖明
单位人数:200
质量体系:ISO/TS 16949、VDA 6.1
产品情况:汽车门窗框、前后保险杠、各类导轨、仪表板横梁等以及各种滚压成型、滚压弯曲类零件,各种中小金属冲压件及焊装件,年产能力30万台套
配套情况:为长城汽车、一汽哈尔滨轻型车、安徽长丰扬子、哈飞汽车配套

★辽阳艺蒙织毯有限公司
地址:辽宁省辽阳市太子河区兰塘路166号
邮编:111000
电话:0419/2390732、2390888
传真:2390028、2390988
网址:www. ymzt. com
电子信箱:ymzt@ ymzt. com
法定代表人:褚乃博
单位人数:280
质量体系:ISO/TS 16949
产品情况:汽车内饰用顶棚呢、汽车成型毯、后衣帽架用毯、行李舱用毯、汽车脚踏垫等
配套情况:产品已装配到宝马、奥迪、捷达、红旗、五十铃多功能商务车、福特全顺商务面包车、金杯系列面包车中华等近30个车型

★辽宁金兴汽车内饰有限公司
地址:辽宁省辽阳市振兴路158号
邮编:111000
电话:0419/3305196、3990823
网址:www. china - jx. com. cn
电子信箱:lyjxqc@ 126. com
法定代表人:顾勇亭
单位人数:1500
质量体系:ISO/TS 16949、ISO 14001
产品情况:汽车仪表板、车门饰板、组合通道盒、转向盘、立柱板、顶棚、地毯等内饰产品
配套情况:是一汽-大众、一汽轿车、一汽解放、一汽夏利、一汽吉轻、一汽哈轻、哈飞汽车、华晨金杯、金杯汽车、丹东黄海、安徽奇瑞、重庆长安、重庆力帆、德国宝马、意大利菲亚特、德国奔驰等的定点供应商;模具工厂是一汽-大众、德国宝马的定点供应商

★盟和(大连)汽车配件有限公司
地址:辽宁省大连市保税区IIIB-9-3
邮编:116600
电话:0411/87647870
传真:87624446
网址:www. meiwasangyo. co. jp
电子信箱:dlmh - rs@ drppc. com
法定代表人:汤泽伊知郎
产品情况:汽车内部的装饰配件,包括行李舱盖板、车顶、车门内饰及脚踏地

毯等产品

★东风河西大连汽车饰件系统有限公司
地址:辽宁省大连市大连保税区南港路4号
邮编:116600
电话:0411/39251333、87616956
传真:39251066
网址:www.kasai.co.jp
电子信箱:klzhang@dk-dl.cn
法定代表人:游国清
产品情况:汽车内外饰件
配套情况:主要为东风日产乘用车大连工厂提供配套

★京滨大洋冷暖工业(大连)有限公司
地址:辽宁省大连市经济技术开发区31区
邮编:116600
电话:0411/87301071、87301073
传真:87301075
网址:www.keihin-tch.cn
电子信箱:sales@grandocean-showa.com
法定代表人:高山雄介
负责人:奥田伸之
单位人数:458
质量体系:QS 9000、ISO/TS 16949
产品情况:(大洋昭和牌)
汽车冷凝器、蒸发器
配套情况:主要客户有一汽-大众、上汽大众、广汽本田、本田中国、东莞京滨汽车电喷装置、长安福特

★富士客车空调(大连)有限公司
地址:辽宁省大连市经济技术开发区淮河西三路5号
邮编:116600
电话:0411/87300866
传真:87300896
电子信箱:momowuwen1230@126.com
法定代表人:张亚明
质量体系:ISO 9001
产品情况:客车空调系统及零部件

★旭硝子特种玻璃(大连)有限公司
地址:辽宁省大连市经济技术开发区铁山西路5号
邮编:116600
电话:0411/87614190
传真:87614197
网址:www.agc-flatglass.cn
电子信箱:xiaona.li@agc.com
法定代表人:赵彬
产品情况:汽车用、各种工业用途的透明浮法玻璃

★丹东黄海汽车配件制造有限责任公司
地址:辽宁省丹东市振兴区集环路12号
邮编:118008
电话:0415/6221313、6272478
传真:6227247
电子信箱:hhseat@126.com
法定代表人:梁洪平
质量体系:ISO/TS 16949
产品情况:汽车座椅、储气筒、消声器尾管及扶手管、前罩、中罩、仪表台等内饰件和汽车橡胶件,年产汽车座椅40万席、内饰件2万台套
配套及出口情况:为众多国内主流整车企业配套;远销10多个国家和地区

★锦州锦恒汽车安全系统股份有限公司
地址:辽宁省锦州市经济技术开发区渤海大街4段16号
邮编:121007
电话:0416/3575012、3575100
传真:3585717
电子信箱:tanggaowa@jinhengairbag.com
法定代表人:赵成明
质量体系:ISO/TS 16949、ISO 14001
产品情况:(锦恒牌)
汽车安全气囊、安全带
配套及出口情况:为上汽大众、一汽、东风、天汽、哈飞汽车、北京汽车、海南汽车、上汽通用五菱、奇瑞汽车、长城汽车、力帆汽车、长安汽车、吉利汽车、华晨汽车、中兴汽车、日产汽车、东南汽车、长丰汽车、江淮汽车、众泰汽车等20多个主机厂的80多个车型配套安全气囊;出口国外市场

吉林省

★长春一汽富维汽车零部件股份有限公司
地址:长春市东风南街1399号
邮编:130011
电话:0431/85765337
传真:85765338
网址:www.fawfw.com.cn
电子信箱:cyz_shgf@faw.com.cn
法定代表人:张丕杰
质量体系:ISO/TS 16949
产品情况:汽车座椅、仪表板、门板、座椅骨架、保险杠、格栅、后视镜、汽车滤清器、汽车照明装置、汽车冲压产品、车轮总成、汽车电子等汽车零部件
配套情况:为一汽集团内一汽解放、一汽轿车、一汽-大众、一汽客车、一汽丰田、一汽吉林汽车、一汽通用、天津一汽夏利等整车企业配套,也是国内外多家知名整车企业的战略合作伙伴

★一汽-法雷奥汽车空调有限公司
地址:长春市绿园区东风大街5508号
邮编:130011
电话:0431/85982777
网址:www.valeo.com.cn
法定代表人:李振磐
质量体系:ISO/TS 16949、ISO 14001
产品情况:冷凝器、蒸发器和汽车空调总成等
配套情况:主要OEM客户是一汽-大众、一汽轿车、一汽解放、一汽吉林、天津一汽夏利、上汽大众、一汽-大众成都工厂、郑州日产、保定长城等

★佛吉亚(长春)汽车部件系统有限公司
地址:长春市高新技术产业开发区光谷大街3946号
邮编:130012
电话:0431/85527000、85022925
传真:85550010、88965965
网址:www.faurecia.com
电子信箱:aimee.zhao@faurecia.com
法定代表人:许鲁
质量体系:ISO/TS 16949、ISO 14001
产品情况:高档汽车仪表板、门板及座椅等
配套情况:为一汽-大众的奥迪系列配套

★长春英利汽车工业有限公司
地址:长春市高新开发区卓越大街2379号
邮编:130012
电话:0431/87030801
传真:87030806
网址:www.engley.com
电子信箱:yangxue@engley.net
法定代表人:林启彬
质量体系:ISO/TS 16949、ISO 14001
产品情况:长短玻纤增强塑料件、车身金属冲压件、滚压件及仪表板骨架总成焊接零件
配套情况:为一汽-大众、一汽轿车、北京奔驰、华晨宝马、上汽大众、一汽丰田、上汽通用、富豪、天津一汽、北京汽车、华晨汽车、长城汽车、广汽集团、上汽集团、吉利汽车、长安标致雪铁龙、观致汽车、奇瑞捷豹路虎等国内各大整车制造企业配套

★一汽富维东阳汽车塑料零部件有限公司
地址:长春市高新区光谷大街2555号
邮编:130012
电话:0431/85886515
传真:85886523
网址:www.fawtyg.com
电子信箱:genghn@fawtyg.com
法定代表人:陈培玉
单位人数:1000
产品情况:为一汽轿车公司供应马自达系列、奔腾系列、红旗系列产品保险杠及侧裙板产品;为一汽-大众公司供应奥迪系列、迈腾、CC、宝来、高尔夫等中、高端车型保险杠产品
配套情况:为一汽、一汽-大众、一汽轿车等配套

★长春盖尔瑞孚艾斯曼汽车零部件公司
地址:长春市高新区硅谷大街5000号
邮编:130012
电话:0431/85886618、85806743
传真:85886616
网址:www.gearchief.com
电子信箱:focus@gearchief.com
法定代表人:霍朝军
质量体系:ISO/TS 16949

产品情况:真皮、聚氨酯、桃木等系列换挡手柄,驻车制动手柄护套等内饰产品
配套情况:是一汽-大众、上汽大众、北京奔驰、武汉神龙、上汽汽车、一汽轿车、天津一汽等 OEM 车厂的配套供应商

★长春佛吉亚旭阳汽车内饰系统有限公司
地址:长春市光谷大街 3946 号
邮编:130012
电话:0431/85527000
电子信箱:yang. bai@ faurecia. com
法定代表人:许明哲
单位人数:300
质量体系:ISO/TS 16949、ISO 14001
产品情况:为一汽-大众公司奥迪 C6 配套仪表板、门板、上框架、杂物箱等
配套情况:为一汽-大众配套

★格拉默车辆内饰(长春)有限公司
地址:长春市净月高新技术产业开发区生态东街 3088 号
邮编:130012
电话:0431/84667875-2982
网址:www. grammer. com
电子信箱:flora. xu@ grammer. com
法定代表人:Peter-Thomas Buesing
产品情况:头枕、扶手、中控台等
配套情况:为奥迪、宝马、迈腾、速腾、大众、宝来、高尔夫供货

★长春正海汽车内饰件有限公司
地址:长春市汽车产业开发区捷达大路 1677 号
邮编:130013
电话:0431/85737275、85737296
传真:85730677
电子信箱:lishuang@ zhenghai. com
法定代表人:郭焕祥
产品情况:内饰顶棚等汽车内饰件产品
配套情况:为一汽集团红旗、奔腾,一汽-大众奥迪 A6、奥迪 C6/B7、捷达、宝来、迈腾,神龙公司富康、爱丽舍、标致 307、标致 206,上汽通用乐风、乐骋,奇瑞公司奇瑞系列,吉利美日、金刚、远景,天津威姿和威乐,沈阳华晨阁瑞斯等 21 家汽车厂 60 多种车型配套内饰顶棚,并为奥迪 C6 等车型配套座椅后护板,为奥迪、奇瑞等系列车型配套免玻纤 DVD 等产品

★长春均胜汽车零部件有限公司
地址:长春市汽车产业开发区西湖大路 8699 号
邮编:130013
电话:0431/85737801、85737368
电子信箱:zj. wang@ joyson. cn
法定代表人:张盛红
质量体系:ISO 14001、ISO/TS 16949
产品情况:风窗洗涤系统、发动机进气系统及内外饰功能件
配套情况:国内主要客户是一汽-大众、一汽轿车等,另外还与格拉默、佛吉亚等 ODM 配套

★长春霍富汽车锁有限公司
地址:长春市汽车经济技术开发区长虹大路 899 号
邮编:130013
电话:0431/85985001
传真:85985002
网址:www. huf-group. com
电子信箱:cc_info@ huf-group. com
法定代表人:兰远红
产品情况:汽车锁具

★长春富维安道拓汽车内饰有限公司
地址:长春市汽车经济技术开发区首善大街 1062 号
邮编:130022
电话:0431/85739288
传真:85739277
电子信箱:13649571@ qq. com
法定代表人:江辉
产品情况:汽车座椅及内外饰件

★长春新泉志和汽车饰件有限公司
地址:长春市汽车经济技术开发区首善大街 1588 号
邮编:130022
电话:0431/85734213
网址:www. xinquan. cn
电子信箱:luyinjie@ xinquan. cn
法定代表人:唐志华
产品情况:汽车内外饰件及模具
配套情况:主要服务一汽、华晨等主要客户

★长春德而塔富维安道拓高新科技公司
地址:长春市经济技术开发区武汉路 1808 号
邮编:130031
电话:0431/87062065、87062085
传真:87062071
电子信箱:webmaster@ ccdfj. com
法定代表人:藤田昭
单位人数:180
质量体系:ISO/TS 16949、ISO 14000
产品情况:汽车座椅

★长春奥托立夫汽车安全系统有限公司
地址:长春市经济技术开发区常德路 1831 号
邮编:130033
电话:0431/89107200
网址:www. autoliv. com
电子信箱:wei. peng@ autoliv. com
法定代表人:程翠香
产品情况:主要产品为安全带、安全气囊等
配套情况:为一汽-大众、一汽轿车、上汽大众、华晨宝马、北京奔驰、长城汽车等配套

★长春富维安道拓汽车饰件系统有限公司
地址:长春市经济技术开发区东南湖大路 4736 号
邮编:130033
电话:0431/88700000、88700123
网址:www. fawayadient. com
电子信箱:yuchen. jiang@ adient. com
法定代表人:陈培玉
单位人数:7300
质量体系:ISO/TS 16949、ISO 14001
产品情况:汽车座椅、仪表板、副仪表板、门板、顶棚及饰件产品
配套情况:主要客户有一汽-大众、一汽轿车、一汽解放、一汽吉林、一汽夏利、济南重汽、陕西通家、北汽等主机厂

★长春华众延锋彼欧汽车外饰有限公司
地址:长春市经济技术开发区东南湖大路 5001 号
邮编:130033
电话:0431/87066279、87066267
传真:87066300
电子信箱:cgc. receptionist@ hz-yfpo. com
法定代表人:周敏峰
单位人数:450
产品情况:汽车保险杠及门下护板
配套情况:主要为一汽-大众等客户配套供货

★福耀集团长春有限公司
地址:长春市经济技术开发区浦东路 4499 号
邮编:130033
电话:0431/84659288、84605201
传真:84659223
网址:www. fuyaogroup. com
电子信箱:jingyuan. lv01@ fuyaogroup. com
法定代表人:曹德旺
质量体系:ISO/TS 16949、ISO 9001
产品情况:汽车玻璃
配套情况:为一汽-大众、一汽轿车、天津一汽丰田、天津一汽夏利、哈飞汽车、华晨金杯、北京现代、北京奔驰、北汽福田、长城汽车、宇通客车等配套

★长春博泽汽车部件有限公司
地址:长春市经济技术开发区温州街 1177 号
邮编:130033
电话:0431/84991000、84991003
传真:84991100
网址:www. brose. com
电子信箱:changchun@ brose. com
法定代表人:尹世现
质量体系:ISO/TS 16949
产品情况:车门系统、玻璃升降器、座椅系统、门锁、冷却风扇总成
配套情况:客户有一汽-大众、北京奔驰、华晨宝马、长城、丰田、日产、一汽、上汽大众

★法雷奥压缩机(长春)有限公司
地址:长春市经济开发区海安路 1243 号
邮编:130033

电话:0431/84992006
网址:www. valeo. com. cn
电子信箱:liyang. sun@ valeo. com
法定代表人:弗朗索瓦·安托万·雅克·马里恩
质量体系:ISO/TS 16949、ISO 9001
产品情况:(Valeo 牌)
空调压缩机
配套情况:主要客户有一汽轿车、日产中国、东风日产、北京奔驰、雷诺三星、福建戴姆勒、奇瑞、华晨宝马

★长春力得汽车工程塑料制品有限公司
地址:长春市经济开发区岭东路 1888 号
邮编:130033
电话:0431/84669793
电子信箱:chl12309@ 163. com
法定代表人:丁兴贤
质量体系:ISO/TS 16949、VDA 6. 1
产品情况:汽车塑料保险杆、塑料内饰
配套情况:为一汽-大众、一汽轿车、一汽海马、天津一汽丰田等配套

★长春旭阳工业(集团)股份有限公司
地址:长春市净月高新技术产业开发区千朋路 888 号
邮编:130033
电话:0431/89118018
网址:www. xuyanggroup. com
电子信箱:xuyang@ xuyanggroup. com
法定代表人:许明哲
单位人数:2800
质量体系:VDA 6. 1、QS 9000
产品情况:主要包括汽车座椅及仪表板系列、汽车地毯等隔音降噪系列、门板等内饰件系列、高分子材料及橡胶密封条系列
配套情况:主要客户为一汽-大众、一汽轿车、一汽解放、奔驰、宝马、沃尔沃、丰田、广汽等企业

★长春旭阳富维安道拓汽车座椅骨架公司
地址:长春市净月开发区千朋路 388 号
邮编:130033
电话:0431/85078180、85876885
传真:85078298
网址:www. xuyangcfaa. com
电子信箱:jq. li@ xuyangcfaa. com
法定代表人:许明哲
单位人数:928
质量体系:ISO/TS 16949
产品情况:主导产品为轿车、货车座椅骨架总成、座椅总成、仪表板骨架总成、各类汽车冲压件及零部件表面处理
配套情况:客户为一汽-大众、一汽轿车、一汽解放、富维 - 安道拓、长春李尔、长春佛吉亚旭阳座椅、上海西德科东昌、一汽吉林汽车、中兴公司长春分公司等多家企业

★长春旭阳佛吉亚毯业有限公司
地址:长春市净月开发区千朋路 800 号
邮编:130033
电话:0431/88608105
电子信箱:sunshuying0731@ 163. com
法定代表人:冯浩
质量体系:ISO/TS 16949
产品情况:地毯总成、行李舱地毯及护面、外轮罩护面及毯胚织造制品
配套情况:配套奥迪 B8、Q3、CC、高尔夫、迈腾、速腾、马自达、J61、J71 等车型

★长春佛吉亚旭阳汽车座椅有限公司
地址:长春市云友路 999 号
邮编:130033
电话:0431/89851911
网址:www. xuyanggroup. com
电子信箱:xuyang@ xuyanggroup. com
法定代表人:许明哲
质量体系:ISO/TS 16949、ISO 14001
产品情况:奥迪 Q5、高尔夫 A6、迈腾 CC、奥迪 A6L、速腾、迈腾、奥迪 A4、宝来等汽车座椅骨架总成
配套情况:为一汽-大众等配套

★长春一汽富晟李尔汽车座椅系统有限公司

地址:长春市绿园区汽车产业开发区丰越大路 2222 号
邮编:130041
电话:0431/89277290
网址:www. fawsnlear. com
法定代表人:张昕
产品情况:各类汽车座椅及内饰产品
配套情况:为一汽-大众、一汽轿车配套
☞ 详细情况请参阅彩色宣传版面

★一汽富晟四维尔汽车零部件有限公司
地址:长春市硅谷大街 8858 号
邮编:130061
电话:0431/81909088
传真:81909088
网址:www. fawsn. com. cn
电子信箱:fawsnswell@ . fsachina. com
法定代表人:迟守利
质量体系:ISO/TS 16949、ISO 14001
产品情况:主要生产各类汽车标牌、装饰条、门扣手、扰流板、出风口、散热器格栅以及车轮盖等塑料注塑电镀涂装类内外装饰件
配套情况:主要客户包括一汽-大众、一汽轿车、沈阳华晨、天津一汽、一汽通用、一汽吉林、哈飞汽车、沈阳通用、北京汽车等国内外著名的汽车行业

★福耀(长春)巴士玻璃有限公司
地址:长春市朝阳经济开发区丙二十路以北、丙十七路以东
邮编:130100
电话:0431/84605070、84659288
传真:84659223
电子信箱:jingyuan. lv01@ fuyaogroup. com
法定代表人:曹德旺
质量体系:ISO/TS 16949
产品情况:汽车用玻璃密封件、汽车安全玻璃
配套情况:是一汽解放、一汽客车、广汽日野、丹东曙光等多家汽车厂的供应商

★长春高新汽车饰件有限公司
地址:长春市朝阳区经济开发区育民路 1666 号
邮编:130103
电话:0431/85026666、85027777
传真:85024555
电子信箱:gaoxin@ ccgaoxin. com
法定代表人:王晓光
质量体系:VDA 6. 1、QS 9000
产品情况:汽车塑料电镀件,主要有散热器面罩总成和后牌照板等

★长春市华维汽车零部件有限公司
地址:长春市朝阳区经济开发区育民路 2488 号
邮编:130103
电话:0431/85025555
传真:85029128
网址:www. cchuawei. net
电子信箱:cchwgs@ aliyun. com
法定代表人:李维华
单位人数:385
质量体系:ISO/TS 16949
产品情况:主要生产汽车钣金件即大型车身表面冲压零部件、四门两盖和整车面漆车身
配套情况:主要客户为一汽-大众、一汽轿车;配套车型有奥迪、迈腾、速腾、高尔夫、新宝来、捷达、马自达

★长春敏实汽车零部件有限公司
地址:长春市工业经济开发区丙 1 路
邮编:130103
电话:0431/86781635
传真:86781633
网址:www. minthgroup. com
法定代表人:鲍立春
产品情况:主要生产汽车车窗装饰条、密封条等外饰件
配套情况:为一汽-大众、一汽轿车供应汽车外饰产品

★吉林省东风化工有限责任公司
地址:吉林省吉林市龙潭区黎明路 145 号
邮编:132021
电话:0432/63039363、63039089
传真:63039089
网址:www. jldongfeng. cn
电子信箱:ewchem@ jldongfeng. cn
法定代表人:张银
单位人数:251
质量体系:ISO/TS 16949、QS 9000
产品情况:以生产经营汽车 SMC 汽车零部件、GMT 汽车零部件、手糊玻璃钢汽车零部件、汽车金属冲压件、汽车三元催化器、碳纤维电热品等为主

配套及出口情况：为一汽-大众、上汽大众、一轿、解放公司、一汽客车等主机厂配套产品；部分产品已出口

★舒兰市通用机械有限责任公司
地址：吉林省舒兰市舒兰大街1128号
邮编：132600
电话：0432/68258860、68258880
传真：68223654
电子信箱：jlsltyqg@163.com
法定代表人：乔国章
质量体系：ISO/TS 16949、QS 9000
产品情况：车门窗框、滑道、流水槽等辊压件，踏板总成，车厢
配套情况：为一汽轿车、一汽吉林、一汽哈尔滨轻型车厂、一汽青岛汽车制造厂、北汽福田、沈阳金杯配套

★和龙双昊高新技术有限公司
地址：吉林省延边朝鲜族自治州和龙市工业集中区双昊大路1号
邮编：133500
电话：15844326966
传真：0433/4247979
网址：www.hlsunhoo.com
电子信箱：info@hlsunhoo.com
法定代表人：徐敏武
质量体系：ISO/TS 16949
产品情况：汽车空调关键部件储液干燥器（储液器）、液气分离器、过冷器、压力开关、电动机、空调管路、膨胀阀等
配套情况：主要目标客户包括一汽、上汽、通用、福特、长安、奇瑞等

★吉林省恒辉集团有限公司
地址：吉林省公主岭市102国道998公里处
邮编：136100
电话：0434/6278888、6279599
传真：6279599
电子信箱：henghuijituan@vip.sina.com
法定代表人：张金凯
质量体系：ISO 9001
产品情况：气动、电动刮水器、电动洗涤器、遮阳（雨）帘、气门芯等
出口情况：随机车远销马来西亚、南非、古巴、委内瑞拉、越南、加纳、土库曼斯坦等10多个国家

★吉林省港德汽车内饰件制造有限公司
地址：吉林省公主岭市东四长路999公里
邮编：136100
电话：0434/6279586、6279990
传真：6279584
电子信箱：582477804@qq.com
法定代表人：刘盛国
质量体系：ISO/TS 16949
产品情况：轿车隔音隔热内饰隔音产品，供货能力为成型隔音垫50万辆份/年、纤维毡500t/年
配套情况：为奥迪、捷达、宝来、马自达、威志、中华、海狮等多种车型批量配套隔音垫（包括门内板、包裹架、内顶棚、行李舱内饰等）

★ 公主岭市远达实业有限公司
地址：吉林省公主岭市东顺街8号
邮编：136100
电话：0434/6276355
传真：6276377
电子信箱：gzlyuanda@chinaydsy.com
法定代表人：袁博
单位人数：120
产品情况：主要生产汽车空调气门芯、汽车轮胎气门芯、汽车空调充注阀等
☞ 详细情况请参阅彩色宣传版面

★公主岭华翔汽车顶棚系统有限公司
地址：吉林省公主岭市经济开发区华翔大街1号
邮编：136102
电话：0434/6813323、6810681
传真：6810681
电子信箱：zhangenxu@gzlahx.com
法定代表人：赵志强
质量体系：ISO 9001
产品情况：汽车内顶棚等
配套情况：为一汽集团、一汽-大众、一汽轿车等配套

★白城尼特固汽车部件有限公司
地址：吉林省白城市工业园区辽河路377号
邮编：137000
电话：0436/3687289、3687287
传真：3687279
电子信箱：970872815@qq.com
法定代表人：王焱
质量体系：ISO/TS 16949
产品情况：汽车铰链、冲压件
配套情况：为长安福特、长安马自达配套

黑龙江省

★哈尔滨齐塑汽车饰件有限公司
地址：哈尔滨市经开区哈平路集中区新疆东路6号
邮编：150060
电话：0451/86810573、86811967
传真：86810532
网址：www.hqisu.cn
电子信箱：hqisu_mehr@163.com
法定代表人：赵荣贵
单位人数：230
质量体系：ISO/TS 16949、GB/T 24001
产品情况：汽车塑料内、外饰件
配套情况：为长安福特、一汽-大众、长安汽车、哈飞、哈轻等多家公司提供了优质的整车配套塑料件、内外饰塑料制品

★哈尔滨松花江汽车内饰件有限责任公司
地址：哈尔滨市平房经济技术开发区渤海路32号
邮编：150060
电话：0451/86589910、86589958
网址：www.shjseat.cn
电子信箱：shjseat@126.com
法定代表人：张亚学
质量体系：ISO/TS 16949
产品情况：汽车座椅和汽车内饰顶棚、地板垫、内饰护板等10余种内饰产品
配套情况：为一汽吉林佳宝、森雅、V70等配套汽车座椅和内饰件产品

★哈尔滨哈轻塑胶有限公司
地址：哈尔滨市道里区通达街469号
邮编：150076
电话：0451/84601127、84825371
传真：84602878
网址：www.hqsjgs.com
电子信箱：hqsjxsk@126.com
法定代表人：刘军
质量体系：ISO/TS 16949、ISO 9001
产品情况：（安宜牌）
汽车塑料内外饰件（前格栅、保险杠、仪表盘、前门内板等）
配套情况：是法国佛吉亚、东安动力等公司重要供应商

★牡丹江富通汽车空调有限公司
地址：黑龙江省牡丹江市西十二条路
邮编：157003
电话：0453/6173012、6173050
传真：6421779
网址：www.fotonac.com
电子信箱：fotonac@fotonac.com
法定代表人：丁涛
单位人数：521
质量体系：ISO/TS 16949、QS 9000
产品情况：V－5系列、SP系列、FM10G（S）系列汽车空调压缩机
配套及出口情况：为一汽-大众、一汽轿股、天汽、海汽、一汽青岛、东风贝洱、日产、上汽五菱、福特－江铃、华晨金杯、奇瑞、长安、吉利等20多个车厂的配套；出口北美洲、东欧、日本、韩国和中东地区

上海市

★浙江金海环境技术股份有限公司
地址：上海市徐汇区零陵路899号飞洲国际大厦16楼A座
邮编：200030
电话：021/54891220、0575/87847722
传真：021/54891281
网址：www.goldensea.cn
电子信箱：jhhj@goldensea.cn
法定代表人：丁宏广
负责人：丁伊可
单位人数：1200
质量体系：ISO/TS 16949、ISO 14001
产品情况：（GOLDENSEA牌、金海牌）

各类空调过滤材料、过滤网及空气过滤器、风扇、注塑件、模具等
配套及出口情况：为通用、神龙、福特、日产、马自达、铃木、现代、一汽、海马、长城、奇瑞、北奔、陕汽等配套；出口东南亚及欧美等地区

★华域汽车系统股份有限公司
地址：上海市威海路489号
邮编：200041
电话：021/22016988、22011701
传真：22016999
网址：www.huayu-auto.com
法定代表人：陈虹
负责人：张海涛
产品情况：内外饰件、金属成型与模具、功能件、电子电器件、热加工件、新能源等

★上海天合汽车安全系统有限公司
地址：上海市嘉定区安亭镇园耀路168号
邮编：200052
电话：021/61422000、61422184
传真：61422001
网址：www.zf.com
电子信箱：linling.zhu@trw.com
法定代表人：宋宁华
质量体系：VDA 6.1、QS 9000
产品情况：安全带、安全气囊、转向盘系统及相关零部件
配套情况：为上汽大众、上汽通用、上汽制造、长安福特、长安马自达、一汽-大众、北京奔驰、华晨宝马、奇瑞汽车等企业供货

★上海申达股份有限公司
地址：上海市江宁路1500号申达国际大厦
邮编：200052
电话：021/62328282
网址：www.cnshenda.com.cn
电子信箱：600626@sh-shenda.com
法定代表人：姚明华
质量体系：ISO/TS 16949、ISO 14001
产品情况：汽车地毯、内饰面料、安全带等汽车纺织内饰产品
配套情况：为上汽大众、上汽通用、一汽-大众、东风汽车公司、广汽本田等配套

★上海双桦汽车零部件股份有限公司
地址：上海市奉贤区柘林镇科工路788号
邮编：200122
电话：021/33618953
电子信箱：merry@shuanghuash.com
法定代表人：郑平
质量体系：ISO/TS 16949、ISO 9001
产品情况：（双桦牌）
蒸发器、冷凝器、油冷器、暖风、中冷器等汽车空调关键零部件
配套情况：通过35家汽车空调系统总成企业为上海汽车、奇瑞汽车、长城汽车、长安汽车、东风汽车、重汽集团等整车厂配套

★上海新力机器厂有限公司
地址：上海市浦东新区浦三路540号
邮编：200125
电话：021/34902002
电子信箱：shxlmpxs@163.com
法定代表人：尤登飞
质量体系：QS 9000、ISO 9002
产品情况：（飞菱牌）
各类车用管片式热交换器、冷凝器、汽车空调总成等
配套情况：产品被广泛应用于金杯轻型客车、金龙大客车、上海巴士申沃客车、上海世博巴士公交车、戴姆勒-奔驰商务车等

★伊顿盛士达汽车流体连接器上海公司
地址：上海市浦东新区外高桥保税区爱都路388号
邮编：200131
电话：021/50460606
传真：50463596
网址：www.senstargroup.com
电子信箱：info@yiming.cn
法定代表人：辛长宝
质量体系：ISO/TS 16949
产品情况：主要生产汽车空调管和转向动力管
配套情况：主要客户有上汽大众和一汽-大众

★上海丰田纺汽车部件有限公司
地址：上海市浦东新区外高桥保税区新灵路218号
邮编：200131
电话：021/50463237
传真：50463137
网址：www.toyota-boshoku.com
法定代表人：庄志强
质量体系：ISO 9001
产品情况：汽车安全带及内饰件
配套情况：为丰田汽车配套

★上海恩坦华汽车门系统有限公司
地址：上海市外高桥保税区富特中路401号
邮编：200131
电话：021/50462288
传真：32557272
电子信箱：lxie@intevaproducts.com
法定代表人：LON A OFFENBACHER
质量体系：ISO/TS 16949、ISO 14001
产品情况：汽车内门板系统、门锁及门锁执行器
配套情况：为上汽大众、上汽通用、上海汽车、华晨金杯、奇瑞汽车、广汽三菱配套

★贺尔碧格（上海）有限公司
地址：上海市闵行区漕河泾新兴技术开发区贺阔路39号
邮编：200233
电话：021/64850855
传真：64850958
电子信箱：info-hoesha@hoerbiger.com
法定代表人：杨祖旺
质量体系：ISO/TS 16949、ISO 9001
产品情况：汽车压缩机

★延锋汽车饰件系统有限公司
地址：上海市柳州路399号
邮编：200235
电话：021/33381000
传真：33381999
网址：www.yanfengco.com
电子信箱：info@yanfengco.com
法定代表人：张海涛
负责人：贺明康
单位人数：65000
质量体系：IATF 16949
产品情况：（延锋牌）
专注于汽车内外饰、座椅、电子及被动安全领域
配套及出口情况：为上汽大众、上汽通用、上海汽车、神龙汽车、东风日产、长安福特、长安马自达、北京现代、奇瑞汽车、北汽福田、北京汽车、江淮汽车、华晨汽车、克莱斯勒等配套；出口汽车内外饰、座椅、电子及被动安全产品

★上海天原集团胜德塑料有限公司
地址：上海市闵行区龙吴路4747号
邮编：200241
电话：021/64341039、64340889
传真：62530585
网址：www.tyshengde.com
电子信箱：scb@tyshengde.com
法定代表人：王伟其
质量体系：ISO/TS 16949、ISO 14001
产品情况：仪表板及其配件、门板、散热器隔栅、轮罩、储液罐、油管等汽车塑料件
配套情况：为上汽通用、上汽大众、一汽集团、重庆福特、北汽福田、奇瑞汽车等供货

★圣戈班韩格拉斯世固锐特玻璃上海公司
地址：上海市闵行经济技术开发区文井路18号
邮编：200245
电话：021/64630016、23517666
传真：64630061
电子信箱：limin.tao@saint.gobain.com
法定代表人：JAVIER GIMENO
质量体系：ISO/TS 16949
产品情况：夹层玻璃、前风窗玻璃、钢化玻璃、侧窗和后窗玻璃及天窗、小客车玻璃、工程汽车玻璃
配套情况：为韩国起亚、神龙汽车、一汽轿车等配套

★圣戈班安全玻璃（上海）有限公司
地址：上海市闵行经济技术开发区文井路45号

邮编:200245
电话:021/23517666
电子信箱:marketing@ sgh - china. com
法定代表人:JAVIER GIMENO
质量体系:ISO/TS 16949、VDA 6.1
产品情况:汽车玻璃模块化总成
配套情况:为上汽大众(Polo、帕萨特、桑塔纳)、上汽通用别克君威、东风标致307配套

★上海法雷奥汽车电机雨刮系统有限公司
地址:上海市闵行区剑川路2281号
邮编:200245
电话:021/64626150、64302183
网址:www. valeo. com. cn
电子信箱:zhengwei. he@ valeo. com
法定代表人:FRANCOIS ANTOINE JACQUES MARION
单位人数:555
质量体系:ISO/TS 16949、VDA 6.1
产品情况:刮水系统及其配件(电动机、刮杆、刮片以及传动装置等)
配套情况:为上汽大众、上汽通用、一汽集团、一汽-大众、长安福特、长安马自达、奇瑞汽车、华晨宝马、上海汽车、福建戴克、华晨金杯、一汽海马、广汽三菱等供货

★上海爱德夏机械有限公司
地址:上海市闸北区江扬南路2号
邮编:200434
电话:021/26101300
传真:56881727、56881031
电子信箱:ylu@ edscha. com. cn
法定代表人:Torsten Greiner
单位人数:500
质量体系:ISO/TS 16949、VDA 6.1
产品情况:车辆门铰链、前后盖铰链、车门限位器、驻车制动器、油箱扣盖等
配套及出口情况:客户包括大众汽车、上汽通用、一汽-大众、天津一汽丰田、沈阳华晨金杯、长安福特、北京奔驰、神龙汽车等;国外客户有CTC(马自达汽车有限公司)、Edscha - OHI(日本丰田汽车公司)、墨西哥通用汽车、巴西通用汽车、伦敦出租车等

★西德科东昌汽车座椅技术有限公司
地址:上海市宝山城市工业园区丰翔路1658号
邮编:200444
电话:021/36161600
传真:36161606
网址:www. sitech - dongchang. com
电子信箱:info@ sitech - dongchang. com
法定代表人:THOMAS HEGEL GUNTHER
质量体系:ISO/TS 16949
产品情况:汽车座椅及座椅零部件
配套情况:为上汽大众、一汽-大众等供货

★上海霍富汽车锁具有限公司
地址:上海市宝山区宝山城市工业园区园泰路396号
邮编:200444
电话:021/36161956
传真:36161933
网址:www. huf - group. com
电子信箱:info@ huf - sh. com
法定代表人:THOMAS EUGEN TOMAKIDI
质量体系:ISO/TS 16949、ISO 14001
产品情况:汽车锁
配套及出口情况:为大众、通用、菲亚特、标致、上汽荣威、东风柳汽、江淮汽车等配套;出口北美洲、韩国、伊朗

★上海明济车用空调压缩机有限公司
地址:上海市金山区朱泾工业园新顺路68号
邮编:200540
电话:021/33861382、18939889631
传真:33861382
网址:www. shmjkt. com
电子信箱:hj@ shmjkt. com
法定代表人:黄运军
产品情况:内外控变排量汽车空调压缩机
出口情况:远销东南亚、中东、中南美洲、北美洲、大洋洲,并销往中国香港、中国台湾地区

★上海胜僖汽车配件有限公司
地址:上海市闵行区浦江镇鲁南路201号
邮编:201100
电话:021/64917717
传真:64917679
网址:www. sh - shengxi. com
电子信箱:wangjiang@ sh - shengxi. com
法定代表人:胜本僖一
质量体系:ISO/TS 16949、ISO 14001
产品情况:后视镜、制动片、活塞、座椅头枕等压铸配件

★上海陈立实业有限公司
地址:上海市沪闵路3458弄66号
邮编:201108
电话:021/64893831
传真:34074196
网址:www. chenli. com. cn
电子信箱:webmaster@ chenli. com. cn
法定代表人:厉美萍
单位人数:500
质量体系:ISO 9001、ISO 14001
产品情况:汽车内饰件、散热器、燃油箱及车用进出风管,贯流、轴流、离心叶轮等空调配件
配套及出口情况:与一汽海马、昌河汽车、上汽通用、海尔集团、海信集团等建立长期合作关系;水管、高精度风叶远销美国、德国、日本

★空调国际(上海)有限公司
地址:上海市闵行区莘庄工业区春光路108号
邮编:201108
电话:021/54422590、13901897947
传真:54425926
网址:www. ai - thermal. com
法定代表人:REJIE SAMUEL
质量体系:ISO/TS 16949
产品情况:主要生产传统动力和新能源乘用车和商务车的空调系统及冷却系统——HVAC、制冷管路、冷凝器,同时生产汽车热交换器、风道及空调控制器

★伟巴斯特车顶供暖系统上海有限公司
地址:上海市闵行区银都路466弄33号
邮编:201108
电话:021/33577000
传真:33577071、33577072
网址:www. webasto. cn
电子信箱:steven. zhu@ webasto. com
法定代表人:Freddy Geeraerds
质量体系:ISO/TS 16949、ISO 14001
产品情况:汽车天窗、供暖系统
配套情况:为上汽大众、一汽-大众、一汽轿车、上汽通用、奇瑞汽车、东风悦达起亚、江铃控股、吉利汽车等配套

★上海加冷松芝汽车空调股份有限公司
地址:上海市莘庄工业区华宁路4999号
邮编:201108
电话:021/54424998、4007001118
传真:54422478
网址:www. shsongz. com. cn
电子信箱:sales@ shsongz. com
法定代表人:CHEN HUAN XIONG
质量体系:ISO/TS 16949、ISO 14001
产品情况:(SONGZ牌)
大中型客车空调、乘用车及轻型客车空调、冷冻冷藏车空调及车用空调零部件,燃料电池车前置冷却模块、纯电动汽车乘员舱和蓄电池的综合热管理系统等
配套及出口情况:批量配套长安汽车、东南汽车、依维柯、金龙、金旅、东风汽车、江淮汽车、奇瑞汽车、福田汽车等多个厂家;空调换热器芯体和系统批量出口亚洲、北美洲,并销往中国台湾地区

★久乐宇信上海汽车安全系统有限公司
地址:上海市浦东新区张江高科东区庆达路219号
邮编:201201
电话:021/68416211 - 8821
网址:www. eastjoylong. net
电子信箱:lihg@ ejl - wss. com
法定代表人:李博
质量体系:ISO/TS 16949
产品情况:主要产品为预紧式汽车安全带、锁扣和高度调节器
配套情况:已同国内数家大型主机厂达成合作

★上海东方久乐汽车安全气囊有限公司
地址:上海市浦东新区张江高科技产业园区东区庆达路219号

邮编:201201
电话:021/58972808
传真:58976993
网址:www. eastjoylong. net
电子信箱:dfjl@ eastjoylong. net
法定代表人:李博
质量体系:ISO/TS 16949、ISO 14001
产品情况:(东方久乐牌)
汽车安全气囊及其配件
配套情况:为奇瑞汽车配套

★上海耀皮玻璃集团股份有限公司
地址:中国(上海)自由贸易试验区张东路1388号4-5幢
邮编:201203
电话:021/61633599
网址:www. nsg. com
电子信箱:office@ sypglass. com
法定代表人:赵健
质量体系:ISO/TS 16949、ISO 14001
产品情况:(耀皮牌)
钢化玻璃、夹层玻璃

★上海汽车空调配件股份有限公司
地址:上海市浦东新区北蔡莲溪路1188号
邮编:201204
电话:021/58912477
传真:58436398
网址:www. saaa. com. cn
电子信箱:dongxh@ saaa. com. cn
法定代表人:张朝晖
单位人数:600
质量体系:ISO/TS 16949、VDA 6.1
产品情况:汽车用空调管路总成、发动机吸油管、动力转向管等
配套及出口情况:主要客户有上汽通用、上汽大众、一汽-大众、奥迪、神龙、福特、上海汽车、奇瑞等汽车厂和Delphi、Behr等系统供应商;远销欧洲、美国、加拿大、日本、瑞典、泰国、韩国等国际市场

★上海华新汽车橡塑制品有限公司
地址:上海市浦东新区沪南公路1768号
邮编:201204
电话:021/58918999、58913287
传真:58918999
电子信箱:zonghe@ huaxinxs. com
法定代表人:周敏峰
质量体系:ISO/TS 16949
产品情况:主要产品有汽车空调器壳体总成、汽车蓄电池壳体总成,汽车天窗总成,汽车电子总成以及各种车型空调器的橡胶件和密封件等产品
配套情况:主要客户有上海爱斯达克汽车空调系统、上海江森自控国际蓄电池、英纳法汽车天窗(上海)有限公司

★上海爱斯达克汽车空调系统有限公司
地址:上海市浦东新区沪南路1768号
邮编:201204
电话:021/38663000、38663051
电子信箱:qijing. shi@ sdaac. com
法定代表人:张建功
质量体系:ISO/TS 16949、ISO 14001
产品情况:(爱斯牌、爱维牌)
HVAC系统,管片式、管带式和平行流式冷凝器,层叠式蒸发器、暖风和其他热交换零件;具备年产120多万套汽车空调系统的生产能力
配套情况:主要OEM客户是上汽通用、上汽大众、一汽-大众、重庆五十铃、武汉神龙、长安铃木、昌河铃木等

★上海岱美汽车内饰件股份有限公司
地址:上海市浦东新区莲溪路1299号
邮编:201204
电话:021/58917962
网址:www. daimay. com
电子信箱:daimay@ daimay. com
法定代表人:姜银台
单位人数:3000
质量体系:ISO/TS 16949、ISO 14001
产品情况:遮阳板、座椅及头枕、转向盘和顶棚中央控制器等
配套情况:客户包括通用、福特、克莱斯勒、大众、标致雪铁龙、三菱扶桑等国外主流整车厂商,以及上汽、一汽、东风、奇瑞、长城等国内优势汽车企业

★上海三电汽车空调有限公司
地址:上海市浦东新区金穗路1900号
邮编:201206
电话:021/38984500
传真:58996866
网址:www. sanden. co. jp
电子信箱:inquiry@ sanden - shanghai. com
法定代表人:宣乐
质量体系:ISO/TS 16949
产品情况:(三电牌)
SD6V、SD7V变排量斜盘式压缩机,涡旋式压缩机(车用空调压缩机)
配套情况:为一汽-大众、神龙汽车、广汽本田、上海德尔福、芜湖博耐尔等配套

★上海延锋金桥汽车饰件系统有限公司
地址:上海市浦东新区巨峰路2166号
邮编:201206
电话:021/38613000、38613290
传真:38613222
电子信箱:info@ mail. yf. sh. cn
法定代表人:袁新华
质量体系:ISO/TS 16949、ISO 9001
产品情况:(延锋牌)
座舱系统、仪表板、门内外饰件及其他汽车内饰产品
配套情况:为上汽通用、华晨金杯配套

★上海马勒热系统有限公司
地址:上海市浦东新区陇桥路355号
邮编:201206
电话:021/38522999
传真:58546100
网址:www. cn. mahle. com
电子信箱:hr. sbts@ sbts - co. com
法定代表人:高文华
质量体系:ISO/TS 16949、ISO 14001
产品情况:空调及冷却模块、冷凝器、蒸发器、暖风、中冷器等热系统全系列产品
配套及出口情况:为上汽通用、上汽大众、北京奔驰、长安福特、长安马自达、伟世通、一汽轿车、一汽-大众、华晨金杯、华晨宝马、上汽汽车、东南汽车、福建戴姆勒等配套;远销泰国、日本、韩国、印度

★三菱重工汽车空调系统上海有限公司
地址:上海市浦东新区秦桥路211号浦发金桥工业城金桥出口加工区71号
邮编:201206
电话:021/58996686
网址:www. mhi. com. cn
法定代表人:原口义典
质量体系:ISO/TS 16949、ISO 9001
产品情况:空调压缩机、空调总成、冷凝器、热保护器、风扇组件、控制面板

★上海海立电器有限公司
地址:中国(上海)自由贸易试验区云桥路1051号
邮编:201206
电话:021/58548888、50554560
传真:58998184
网址:www. shec. com. cn
电子信箱:lixc@ shec. com. cn
法定代表人:董鑑华
质量体系:ISO 9001、ISO 14001
产品情况:(海立牌、HIGHLY牌)
家用和商用空调压缩机

★上海浦东亚成汽车配件有限公司
地址:上海市浦东新区顾曹路288号
邮编:201209
电话:021/58631542、58630808
传真:58631383
电子信箱:shulihuahua@ 163. com
法定代表人:陈树雄
负责人:陈丽莉
单位人数:120
质量体系:ISO/TS 16949、QS 9000
产品情况:(冷堡牌、提登牌)
生产汽车铜、铝冷热交换器、空调器、冷藏器、冷冻器、暖风散热器及其配件
配套情况:为北汽福田、厦门金龙、华晨金杯、中顺汽车等配套

★上海赛科利汽车模具技术应用有限公司
地址:上海市浦东新区金穗路775号
邮编:201209
电话:021/31089888
传真:50212950
网址:www. ssdt. com. cn

电子信箱:sales@ ssdt. com. cn
法定代表人:张海涛
单位人数:2000
质量体系:ISO/TS 16949、ISO 14001
产品情况:为国内外多家知名整车厂提供了侧围、翼子板、铝板前盖、四门两盖、前后地板等大型车身覆盖件和结构件模具
配套情况:为国内外多家知名整车厂提供了侧围、翼子板、铝板前盖、四门两盖、前后地板等大型车身覆盖件和结构件模具

★上海埃驰汽车零部件有限公司
地址:上海市浦东新区曹路镇上川路289号
邮编:201219
电话:021/50219926、50219125
传真:50219926
电子信箱:jtao@ lear. com
法定代表人:陈翊
质量体系:ISO/TS 16949
产品情况:各种汽车座椅蒙面总成、门板等,塑料注塑模具
配套情况:为上汽通用配套

★上海海泰汽配有限公司
地址:上海市南汇区南汇工业园区宣黄路139号
邮编:201314
电话:021/58185818、58189122
传真:58182220、58183078
电子信箱:webmaster@ sh - putai. com
法定代表人:徐兆山
单位人数:1300
质量体系:ISO/TS 16949、VDA 6.1
产品情况:堵件(密封盖)、内外饰件、发动机罩盖、支架、车轮轴饰盖等各系列1000余种产品
配套情况:主要客户包括上汽通用、上汽大众、上汽集团、一汽-大众、奇瑞汽车、北美通用

★上海通领汽车科技股份有限公司
地址:上海市浦东新区古爱路228号
邮编:201314
电话:021/50888999
网址:www. tongling. com
法定代表人:项春潮
负责人:江德生
产品情况:汽车门板饰条总成、汽车仪表板饰条总成、汽车中央控制台总成等
配套情况:为通用汽车、大众汽车、美国大众、上海汽车、上汽通用、上汽大众、一汽-大众、长安福特、神龙汽车、东风日产、长安汽车等配套

★延锋安道拓座椅有限公司
地址:上海市浦东新区康桥工业区康安路669号
邮编:201315
电话:021/68079000
传真:68121919
网址:www. yfjci. com
法定代表人:贾健旭
质量体系:ISO/TS 16949、VDA 6.1
产品情况:(延锋牌)
座椅总成及零部件
配套情况:为上汽集团、上汽大众、上汽通用、捷豹、路虎、沃尔沃、上汽通用五菱、长安标致雪铁龙、江淮、长安汽车、上汽大通、长城汽车、北京奔驰、宝马、东风雷诺、长安马自达、东风本田、神龙汽车、东风日产、众泰汽车、长安福特、福田汽车、南京依维柯、东风乘用车、奇瑞汽车、吉利汽车、东风悦达起亚、北京汽车、东风汽车等配套

★上海耀皮康桥汽车玻璃有限公司
地址:上海市浦东新区康桥工业区康柳路55号
邮编:201315
电话:021/68193000
传真:68194622
网址:www. sypglass. com
电子信箱:xma@ syp. sfhglass. com
法定代表人:柴楠
质量体系:ISO/TS 16949、ISO 14001
产品情况:(耀皮牌)
各类汽车前风窗、车门、侧窗、后风窗玻璃
配套情况:为上汽通用、上汽大众、上汽商用、上汽乘用、东风悦达起亚、南汽、福建东南等国内诸多汽车厂家及大洋洲通用、大洋洲福特、法国标致雪铁龙等国际汽车厂商的合格供应商

★延锋百利得上海汽车安全系统有限公司
地址:上海市浦东新区康桥工业区秀浦路426号
邮编:201315
电话:021/38118111
传真:68060333
电子信箱:jzhou@ yfkey. com
法定代表人:贾健旭
质量体系:ISO/TS 16949、ISO 14001
产品情况:安全气囊模块、转向盘、安全带等
配套情况:为上汽大众、上汽通用、上汽股份、上汽通用五菱、一汽-大众、一汽集团、长安福特、长安马自达、长安铃木、北京现代、北京奔驰、郑州日产、上海汇众、江淮汽车、奇瑞汽车、北汽福田、神龙汽车等配套

★格拉默车辆内饰(上海)有限公司
地址:上海市浦东新区康桥镇康桥路868号
邮编:201315
电话:021/80231899
网址:www. grammer. com
电子信箱:info@ grammer. com
法定代表人:JENS OEHLENSCHLAEGER
产品情况:主要生产座椅系统和汽车内饰(中央控制台、座椅扶手、座椅头枕)等其他汽车关键零部件
配套及出口情况:为上汽通用、上汽大众、上海汽车、福建奔驰、沃尔沃、捷豹路虎等配套;出口欧洲、北美洲等地区

★上海飞利环球汽车零部件有限公司
地址:上海市浦东新区周浦镇沪南公路3690号
邮编:201318
电话:021/68189165、68066866
传真:68066793
网址:www. feilihuanqiu. com
电子信箱:flhq@ wzhqnsj. com
法定代表人:张晨毅
质量体系:ISO/TS 16949、ISO 14001
产品情况:发动机罩盖、双组分吸音棉毡、直立棉毡、复合棉毡、PP毛毡、轻质泡棉、发动机舱隔音垫、前围隔音垫、汽车地毯总成、汽车衣帽架总成、行李舱地毯总成、备胎盖板总成等
配套情况:客户有上汽大众、上汽通用、上汽乘用车、上汽大通、上汽通用五菱、德国大众、一汽-大众、一汽轿车、武汉神龙、东风集团、东风柳汽、东风裕隆、沃尔沃、中国吉利、华晨宝马、华晨汽车、福建戴姆勒、北京奔驰、广汽本田、广汽丰田、昆山丰田、广汽集团、保定长城、奇瑞路虎、奇瑞汽车、江淮汽车、华泰汽车、江铃汽车等合资及自主品牌

★上海宏宝汽配有限公司
地址:上海市奉贤区头桥镇奉新公路3961号
邮编:201409
电话:021/57552000、57553002
传真:57556564
电子信箱:cw - shb@ 126. com
法定代表人:范华弟
质量体系:ISO/TS 16949、VDA 6.1
产品情况:汽车用玻璃升降器总成;车门限位器总成;精密机加工产品系列
配套情况:主要顾客有上汽大众、安徽奇瑞、浙江吉利、天津一汽夏利、湖南长丰汽车、上海实业交通、武汉博泽、上海恩坦华等

★上海宏昌汽配有限公司
地址:上海市奉贤区头桥镇新奉公路4313号
邮编:201409
电话:021/57554735、57556198
传真:57554866
网址:www. sh - hongchang. com
电子信箱:office@ sh - hongchang. com
法定代表人:张忠远
质量体系:ISO/TS 16949
产品情况:发动机及中央通道隔热罩、车门铰链及限位器总成、汽车座椅部件和其他冲压零部件数百种
配套及出口情况:为上汽大众(A级供应商)、一汽-大众、上汽通用、上汽通用

五菱、安徽奇瑞、南京菲亚特、上汽汽车(南京MG名爵)、广汽集团等知名汽车主机厂的一级配套企业,以及知名的汽车配件供应商佛吉亚(包括上海、南京、长春、重庆等),并进入了北美通用(GM)等国际顶级汽车厂商的全球采购系统;进入了北美通用(GM)等国际顶级汽车厂商的全球采购系统

★上海申驰实业有限公司
地址:上海市奉贤区奉城镇启民村258号
邮编:201411
电话:021/57528188、57528088
传真:57529766
网址:www.sh-shenchi.com
电子信箱:shendan@shenchi88.com
法定代表人:沈丹
质量体系:ISO/TS 16949
产品情况:座椅骨架、座椅滑槽、座椅仰卧器、座椅靠背、大小锁扣等数百种冲压件和电焊/铆接组装件,同时还涉及汽车安全气囊、汽车天窗等相关汽车零件产品

★上海精新汽车配件有限公司
地址:上海市奉拓公路3333号
邮编:201414
电话:021/69003960
传真:54322128
网址:www.jxautoparts.com
电子信箱:jxpurchase@163.com
法定代表人:董宗德
产品情况:主要生产各种车型的散热器、蒸发器、冷凝器、暖风水箱等系列产品

★上海霍费贝特汽车部件有限公司
地址:上海市金山区干巷镇和平村
邮编:201515
电话:021/57206087、57208190
传真:57202722
电子信箱:yinxian.li@gam.com.cn
法定代表人:夏道余
质量体系:ISO/TS 16949
产品情况:汽车后视镜、仪表板、操纵机构和供油系统的注塑件
配套情况:为西门子(上海)、西门子VDO(芜湖)、上海梅克朗汽车镜、上海干巷汽车镜集团汽配分公司等配套

★上海干巷汽车镜有限公司
地址:上海市金山区干巷镇朱吕公路4000号
邮编:201518
电话:021/57200225
传真:57202622
网址:www.gam.com.cn
电子信箱:ho@gam.com.cn
法定代表人:夏道余
质量体系:ISO/TS 16949、ISO 14001
产品情况:(蝴蝶牌)
　　各类汽车后视镜总成、轿车换挡操纵器总成、轿车变速器拨叉总成等
配套情况:为上汽大众、上汽通用、一汽-大众、神龙汽车、一汽集团、东风汽车公司、南京汽车集团等配套

★麦格纳汽车镜像(上海)有限公司
地址:上海市金山区金张公路2998号
邮编:201518
电话:021/57200231
传真:57205487
电子信箱:sale@czqiujing.com
法定代表人:FREDERICK YEUNG SHAN KAO
单位人数:450
质量体系:ISO/TS 16949
产品情况:(求精牌)
　　内外后视镜
配套情况:为上汽大众、上汽通用、神龙汽车、天津一汽丰田、长安福特、长安马自达、东风日产乘用车、华晨金杯等配套

★上海梅克朗汽车镜有限公司
地址:上海市金山区吕向和平工业区漾平路8号
邮编:201518
电话:021/57202689
网址:www.mekra-lang.com.cn
电子信箱:sheng@mekra-lang.com.cn
法定代表人:朱亚群
质量体系:ISO/TS 16949、QS 9000
产品情况:商用车后视镜系统和各种后视镜镜片

★上海吕巷汽车零部件有限公司
地址:上海市金山区吕巷镇干巷第二工业园区张泾路885号
邮编:201518
电话:021/57206333、57206600
传真:57203300、57200033
网址:www.zs-auto.net
电子信箱:shangwubu@shlx-auto.com
法定代表人:朱玉观
质量体系:QS 9000、ISO/TS 16949
产品情况:各种型号汽车后视镜,年单班后视镜生产能力达250万台套;转向灯、转向器及线束,年生产能力可达600万件
配套情况:主要客户有一汽轿车、一汽海马、长城汽车、江西昌河铃木、合肥昌河汽车、江淮汽车、安徽华菱汽车

★上海三井复合塑料有限公司
地址:上海市松江区松江工业区俞塘路511号
邮编:201600
电话:021/57741111
传真:57740055
网址:www.shmpc.com.cn
法定代表人:户泽靖
质量体系:ISO/TS 16949、ISO 9001
产品情况:汽车发动机舱零件、内外饰塑料件
配套情况:为上汽集团、上汽大众、丰田、本田、马自达、上汽通用等配套

★上海汽车地毯总厂有限公司

地址:上海市松江区松蒸公路189号
邮编:201600
电话:021/67727091
传真:67727989
网址:www.sccp-sj.com
电子信箱:public@sccp-sj.com
法定代表人(负责人):万玉峰
单位人数:428
质量体系:ISO/TS 16949
产品情况:(SCCP牌)
　　轿车地毯、衣帽架、行李舱内饰、隔音机、汽车地毯、行李舱产品专用生产线
配套情况:为上汽大众、上汽通用、一汽-大众、华晨宝马、吉利汽车、江淮汽车等供货
☞ 详细情况请参阅彩色宣传版面

★上海鑫毅交通工业有限公司
地址:上海市松江区车墩镇车新公路368号
邮编:201611
电话:021/57609090
传真:57609595
网址:www.simyi.com
电子信箱:simyi@simyi.com
法定代表人:黄星文
质量体系:ISO/TS 16949、ISO 14001
产品情况:(鑫毅牌)
　　机盖、翼子板、车门、行李舱盖、保险杠等汽车车身覆盖件及其模具、冶具、检具

★上海威乐汽车空调器有限公司
地址:上海市九亭久富经济开发区威乐路1号
邮编:201615
电话:021/67627299、67627162
传真:67690962
网址:www.sh-velle.com
电子信箱:sales01@sh-velle.com
法定代表人:周建生
单位人数:500
质量体系:ISO/TS 16949
产品情况:(威乐牌)
　　电动涡旋压缩机、传统车压缩机、蒸发器、冷凝器、膨胀阀、控制器&拉索、管路等
配套情况:为吉利汽车配套

★上海现代摩比斯汽车零部件有限公司
地址:上海市松江高科技园区九泾路1011号
邮编:201615
电话:021/67696769
网址:cn.mobis.co.kr

法定代表人:梁英得
质量体系:ISO 14001
产品情况:安全气囊,委托生产 HANDSFREE、DVD、CDC、KEYLESS 等产品

★上海毓恬冠佳汽车零部件有限公司
地址:上海市青浦工业园区崧煌路580号
邮编:201703
电话:021/59868966
传真:69758136
网址:www.mobitech.com.cn
电子信箱:sh-base@mobitech.com.cn
法定代表人:吴军
单位人数:1000
质量体系:ISO/TS 16949
产品情况:汽车天窗

★上海耀华大中新材料有限公司
地址:上海市青浦区沪青平公路3828号118号
邮编:201703
电话:021/69750900
传真:69751381
电子信箱:zhudeping@ydam.com.cn
法定代表人:徐忠龙
质量体系:ISO/TS 16949
产品情况:底部护板、导流板、前端模块、备胎仓、座椅骨架、天窗板、尾门、载货汽车面板、保险杠、行李架托板等汽车复合材料制品
配套情况:为上汽通用、上海申沃、一汽、东风柳汽、洛阳福赛特、南汽、重庆奥拓、沈阳金杯等配套

★高田(上海)汽配制造有限公司
地址:上海市青浦工业区崧泽大道8000号
邮编:201707
电话:021/69212880
传真:69212886
网址:www.takata.com
法定代表人:Kristofer Todd Sherbine
质量体系:ISO/TS 16949、ISO 17025
产品情况:(TAKATA 牌)
汽车安全气囊、安全带、转向盘、气囊气体发生器等汽车安全装置及其零配件
配套及出口情况:为广汽本田、东风汽车、郑州日产和广汽三菱等供货;出口东南亚、欧洲、美洲

★上海新朋实业股份有限公司
地址:上海市青浦区华新镇华隆路1698号
邮编:201708
电话:021/31275888
传真:31166532
网址:www.xinpeng.com
电子信箱:hr@xinpeng.com
法定代表人:宋琳
质量体系:ISO/TS 16949、ISO 9001
产品情况:汽车的四门两盖、车厢覆盖件等汽车零部件产品

★上海三盾汽车饰件有限公司
地址:上海市青浦区华新镇纪鹤路3188号
邮编:201708
电话:021/59790588
传真:59791298
网址:www.sdautoparts.com
电子信箱:sandun_sh@163.com
法定代表人:朱冬芬
单位人数:180
质量体系:ISO/TS 16949、VDA 6.1
产品情况:主要产品包括气辅拉手、中间扶手、车门内饰、各种转向盘、骨架和表皮二次注塑、门板、手套箱植绒、副仪表板植绒、ABCD 柱植绒、密封条植绒
配套情况:为大众、通用、日产、沃尔沃、长城等主机厂间接和直接开发配套产品

★上海和达汽车配件有限公司
地址:上海市青浦区青赵公路5458号
邮编:201712
电话:021/59222665
传真:59220463
网址:www.heda.cn
电子信箱:wuxiafeng@heda.cn
法定代表人:于铁军
质量体系:ISO/TS 16949、VDA 6.1
产品情况:汽车仪表板横梁模块系列、汽车侧门防撞梁系列、车身辊压件系列、车身前后保险杠等产品
配套情况:与上汽大众、一汽-大众、上海汽车、上汽通用、长城汽车、长安福特、广汽丰田、东风神龙、奇瑞汽车等多家主机厂配套,并通过延锋伟世通与佛吉亚与国内外主机厂实现二次配套

★上海泖峰汽车塑料有限公司
地址:上海市青浦区练塘镇练新路261号
邮编:201715
电话:021/59251221、13361809505
传真:59253480
电子信箱:shhmf@163.com
法定代表人:俞小明
质量体系:ISO/TS 16949
产品情况:六层油箱、仪表台总成、门膜、内饰件、前后保险杠等
配套情况:为上汽大众、上汽通用、一汽-大众、一汽集团、奇瑞、神龙、海马、五菱、吉利、北汽福田、保定长城、力帆、华晨等主机厂配套

★上海万超汽车天窗有限公司
地址:上海市嘉定北工业区新和路789号
邮编:201800
电话:021/39538330、39538328
传真:39538606
电子信箱:1577639659@qq.com
法定代表人:贾公棋
质量体系:ISO/TS 16949、QS 9000
产品情况:(万超牌)
汽车天窗、汽车点火锁等
配套情况:主要顾客有一汽解放、济南重汽、东风柳汽、上汽通用五菱、昌河、沈阳华晨金杯、比亚迪汽车、海马汽车、浙江众泰汽车、长沙众泰汽车、江铃汽车、北京福田、东风日产、武汉东风、南京徐工、北汽银翔等20多家汽车制造公司

★延锋汽车座舱系统(上海)有限公司
地址:上海市安亭工业区墨玉路540号
邮编:201805
电话:021/39582000
传真:59578979
法定代表人:袁新华
质量体系:ISO 9001、ISO 14001
产品情况:汽车仪表板、门内板、立柱、副仪表板及座舱系统等

★上海博泽汽车部件有限公司
地址:上海市安亭工业园区塔山路585号
邮编:201805
电话:021/69979015、69979170
网址:www.brose.com
电子信箱:shiyaqin@shbrose.com
法定代表人:Kurt Sauernheimer
质量体系:ISO/TS 16949、ISO 14001
产品情况:车门系统、玻璃升降器、座椅系统、冷却风扇总成
配套情况:主要客户有上汽大众、上汽通用、上汽集团、长安福特、江森自控、德尔福、上海贝洱热系统

★延锋彼欧汽车外饰系统有限公司
地址:上海市嘉定工业区安亭镇墨玉路540号
邮编:201805
电话:021/39186000
传真:39186767
网址:www.yfpo.com
电子信箱:rzrong1@yfpo.com
法定代表人:贾健旭
产品情况:保险杠、保险杠总成模块、防擦条、门槛、翼子板以及其他汽车外饰零部件
配套情况:为上汽通用、上汽大众、上汽乘用车、长安福特、长安马自达、沃尔沃、神龙汽车、东风雷诺、东风风神、北京汽车、广汽乘用车、奇瑞捷豹路虎等配套

★上海新安汽车隔音毡有限公司
地址:上海市嘉定区安亭镇宝安公路5355号
邮编:201805
电话:021/59565307
传真:39570368
网址:www.xinansh.com
电子信箱:renke@xinansh.com
法定代表人:查勤兴
质量体系:VDA 6.1、QS 9000
产品情况:各类隔音毡、隔音垫
配套情况:为桑塔纳 B2、桑塔纳 2000、帕萨特 B5、POLO A04、GOL 和一汽-大

众 BORA A4 配套各类隔音毡、隔音垫

★上海恒安空调设备有限公司
地址:上海市嘉定区安亭镇墨玉南路869号
邮编:201805
电话:021/59560118、59560100
电子信箱:hengan@ shhengan. com
法定代表人:吕友帮
质量体系:ISO/TS 16949、VDA 6.1
产品情况:空调系统、蒸发器、冷凝器、暖风机和暖风水阀
配套及出口情况:汽车空调为上汽大众、一汽轿车、湖南长丰、北汽福田、哈飞汽车、吉利汽车等配套;出口美国和欧洲

★上海华特企业集团股份有限公司
地址:上海市嘉定区安亭镇园国路1388号
邮编:201805
电话:021/69574264
传真:69574262
网址:www. sh - huate. com
电子信箱:shcwj@ tom. com
法定代表人:陈阳
质量体系:ISO/TS 16949、ISO 14001
产品情况:具备年产200万套整车隔音隔振垫,100万套行李舱地毯总成,100万套汽车座椅泡沫总成,200万件真空成型轮罩,10000t EVA/EPDM/TPO板材及200万套车用地毯复合材料的供货能力
配套情况:为上汽大众、上汽通用、天津一汽丰田、南京汽车集团、一汽海马等配套

★佛吉亚(上海)汽车部件系统有限公司
地址:上海市嘉定区安亭镇园亭路58号厂房B区
邮编:201805
电话:021/69576576
网址:www. faurecia. com
电子信箱:zhihui. xiao@ faurecia. com
法定代表人:François, Claude Tardif
产品情况:汽车座椅骨架(产品有电动、手动、前排、后排座椅骨架)
配套情况:为上汽大众 PASSAT 领驭、途观、新 POLO,通用别克君威、君越、雪佛兰科鲁兹,东风标致系列,东风雪铁龙系列配套

★上海英提尔交运汽车零部件有限公司
地址:上海市嘉定园国路955号
邮编:201814
电话:021/69574666
传真:69574311
网址:www. intier - jiaoyun. com
法定代表人:孙新毅
产品情况:产品包括上汽大众的 Santana 系列座椅骨架总成、Passat 座椅骨架总成、Lavida 座椅骨架总成、Polo 座椅骨架总成、斯柯达 FABIA NF 后座骨架、TOURAN TAXI 骨架、MQB 平台系列车型座椅骨架,上汽通用的别克系列轿车座椅骨架总成、201 翻转机构,广汽菲克 K4 座椅骨架、福建奔驰 VS20 座椅骨架等
配套情况:为上汽大众、上汽通用、福建奔驰供货

★上海福耀客车玻璃有限公司
地址:上海市嘉定区安亭镇园汽路1258号
邮编:201814
电话:021/31156938
网址:www. fuyaogroup. com
电子信箱:qiongfei. yang01@ fuyaogroup. com
法定代表人:曹德旺
产品情况:[福耀(FUYAO)牌]
　　汽车安全玻璃,主要立足于国内外汽车玻璃 OEM 市场和维修市场
配套情况:为韩国大宇、苏州金龙、上海申龙等大型客车及工程机械车厂家提供优质配套玻璃

★上海奥托立夫汽车安全系统有限公司
地址:上海市嘉定工业区北和公路1000号
邮编:201821
电话:021/69928122、69928120
网址:www. autoliv. com
电子信箱:helen. zeng@ autoliv. com
法定代表人:程翠香
质量体系:ISO/TS 16949、ISO 14001
产品情况:安全气囊

★韩华高新材料(上海)有限公司
地址:上海市嘉定工业区兴荣路1201号
邮编:201821
电话:021/39963996
传真:39963911
网址:www. hanwha. com
电子信箱:cf. jin@ hanwha. com
法定代表人:崔佑锡
产品情况:上汽通用、凯越前、后防撞杆,上汽大众、桑塔纳、帕萨特隔音板,上汽通用备胎罩
配套情况:为上汽大众、上汽通用配套

★上海久真汽车配件有限公司
地址:上海市金山区干巷张泾工业区张泾路258号
邮编:201824
电话:021/57203433、57203311
电子信箱:375830921@ qq. com
法定代表人:马美芳
质量体系:ISO 9001
产品情况:汽车后视镜总成、后视镜镜片等产品
配套情况:为上汽通用、比亚迪汽车等配套

★吉尧汽车零配件(上海)有限公司
地址:上海市宝山区杨泰路196号1幢374D
邮编:201901
电话:021/63639250、63634776
传真:32051393
网址:www. fortunef. com
电子信箱:jieyao@ fortunef. com
法定代表人:冯民
质量体系:ISO 9001
产品情况:(JY 牌)
　　厢式车后门锁机械、埋藏式侧门锁、门铰链、门挂钩、门封条、不锈钢厢包角、铝型材以及软篷车滑轮、搭扣、轨道、车厢内护板、捆紧装置、拉紧器冷冻机、汽车尾板、厢板等
出口情况:出口产值8000万元

★上海航空发动机制造有限公司
地址:上海市宝山区富联路1058号
邮编:201906
电话:021/36042798
传真:56651482
电子信箱:fazhan@ shanghai - ae. com
法定代表人:李鸣
质量体系:VDA 6.1、QS 9000
产品情况:中高档轿车车身结构件
配套情况:为上汽大众、上汽通用配套

★华域三电汽车空调有限公司
地址:上海市浦东新区胜利路1118号
邮编:201906
电话:021/63869900
传真:63840914
网址:www. sanden. co. jp
电子信箱:webmaster@ ssb. com. cn
法定代表人:张海涛
负责人:高文华
单位人数:1400
质量体系:ISO/TS 16949、ISO 14001
产品情况:(易通牌、SSB 牌)
　　汽车空调压缩机及汽车空调模块、发动机冷却系统及元件等系列产品
配套及出口情况:乘用车主要配套上汽大众、上汽通用、一汽-大众、神龙公司、东风本田、上海汽车、长城汽车、沃尔沃等,商用车主要配套一汽集团、上汽大通、北汽股份、南京依维柯、北汽福田等;出口30多个国家和地区

★上海利用锁具有限公司
地址:上海市宝山区城银路888号
邮编:201908
电话:021/36160366
网址:www. lylock. com
电子信箱:mail@ lylock. com
法定代表人:邹人娴
单位人数:250
质量体系:VDA 6.1、QS 9000
产品情况:(马牌、利用牌)
　　汽车锁产品机械式车门锁以及集控式车门锁,前后盖锁及座椅锁系列
配套及出口情况:主要客户包括上汽大众、上汽通用、上海汽车集团、长城汽车、重庆力帆、上海延锋江森座椅、延锋江森座椅(马来西亚)股份有限公司;

出口菲律宾、马来西亚、欧美等国家和地区

★上海申视汽车新技术有限公司
地址:上海市宝山区杨南路1558弄50号
邮编:201908
电话:021/66864951、13564332726
传真:66864980
网址:www.shshenshi.com
电子信箱:shshenshi@163.com
法定代表人:乐宁生
单位人数:180
质量体系:ISO/TS 16949
产品情况:大客车外后视镜和小客车后视镜镜片
配套及出口情况:是目前国内主要的大客车整车生产厂家的配套商,也是为通用、福特等汽车配套车用镜片的主要出口供货商;为通用、福特等汽车配套车用镜片的主要出口供货商

★上海四维尔沪渝汽车零部件有限公司
地址:上海市青浦区华新工业园区
邮编:291708
电话:021/60342604、18367433900
传真:69780639
网址:www.swellchina.com
电子信箱:ljfxyz-3320940125@163.com
法定代表人:罗旭强
产品情况:汽车侧裙、尾翼、扰流板、保险杠等内外饰件
配套情况:为一汽-大众佛山工厂车型配套

江苏省

★佛吉亚(南京)汽车部件系统有限公司
地址:南京市江宁经济技术开发区科建路328号
邮编:210008
电话:025/69567550
网址:www.faurecia.com
电子信箱:lu.lus.sun@faurecia.com
法定代表人:许鲁
产品情况:汽车仪表盘及门板
配套及出口情况:为长安福特、上汽大众、奇瑞、日本日产供货;出口业务占50%以上

★江苏乾安环境科技有限公司
地址:南京市鼓楼区热河南路130号
邮编:210011
电话:025/84700323
电子信箱:1962602698@qq.com
法定代表人:孙瑜
产品情况:空气过滤系统、汽车空调过滤系统

★南京奥特佳新能源科技有限公司
地址:南京市秦淮区大明路103号
邮编:210022
电话:025/52602600
传真:52600072
网址:www.aotecar.com
电子信箱:atc@aotecar.com
法定代表人:丁涛
负责人:钱永贵
单位人数:650
质量体系:ISO/TS 16949
产品情况:(奥特佳牌、ATC牌)
涡旋式商用压缩机、涡旋式电动压缩机、外控变排量压缩机、减振器
配套情况:为比亚迪汽车、奇瑞汽车、天津一汽、哈飞汽车、北汽福田、华晨金杯、依维柯、力帆汽车、上汽通用五菱等配套

★南京台兴汽车零部件制造有限公司
地址:南京市溧水区团山东路9号
邮编:210037
电话:025/56613060
传真:85504832
电子信箱:hywrun@126.com
法定代表人:沈德华
质量体系:ISO/TS 16949
产品情况:(金星牌)
汽车及摩托车标牌、后视镜、遮阳板、空调出风口、客货车顶窗、转向盘、汽车装饰条、安全带、汽车轮毂盖、仪表盘、仪器仪表标牌等
配套情况:为一汽-大众、上汽大众、上汽通用、南京汽车集团、神龙汽车、东风汽车公司、亚星商用车、厦门金龙、上汽通用五菱、东南汽车、上汽仪征、南京金城、天津本田、洛阳易初、山东华日、无锡轻骑等配套

★南京西百客汽车空调股份有限公司
地址:南京市雨花台区龙藏大道1-2号
邮编:210039
电话:025/68128819、85691919
传真:68128803
网址:www.spancold.com
电子信箱:xbk@spancold.com
法定代表人:刘敢
产品情况:产品涵盖旅行客车空调、城市公交空调和轨道车辆空调三大类
配套情况:为国内外多家客车公司、公交公司、轨道车辆公司和城市地铁公司提供专业配套

★南京奥特泰克汽车零部件有限公司
地址:南京市江宁高新开发区至道路南京新宏洋工业园
邮编:211100
电话:025/84188356
传真:84188390
网址:www.tianyanggroup.net
电子信箱:cl.wu@tianyanggroup.net
法定代表人:吴全强
产品情况:[AUTOTEK(奥泰克)牌]
汽车天窗以及其他汽车零部件

★南京延锋安道拓座椅有限公司
地址:南京市江宁经济技术开发区殷富街400号1幢
邮编:211100
电话:025/87186501、87136698
电子信箱:zhengfang.huang@adient.com
法定代表人:茅海峰
产品情况:汽车座椅总成
配套情况:为上汽大众南京分公司、上汽乘用车、南京依维柯、众泰公司等配套

★南京协众汽车空调集团有限公司
地址:南京市江宁区科学园科宁路389号
邮编:211100
电话:025/66608666
传真:52161988
网址:www.njxiezhong.com
电子信箱:njxz@njxiezhong.com
法定代表人:陈存友
产品情况:具备年产200万套汽车空调的生产能力,主要配套新能源汽车、轿车等车型
配套情况:主要客户有北汽、一汽、吉利、神龙汽车、东风集团、广汽、华晨、长安、丹东曙光等

★南京百灵汽车电气机械有限公司
地址:南京市汤山高新技术产业园上峰谭寺路11号
邮编:211130
电话:025/84144266、84144267
传真:84144268
网址:www.bailing.cc
电子信箱:bailing@bailing.cc
法定代表人:任国银
质量体系:IATF 16949
产品情况:汽车空调平行流冷凝器、管带式冷凝器、平行流蒸发器、管带式蒸发器、层叠式蒸发器、纯铝暖风水箱等系列产品
出口情况:远销欧洲、北美洲、非洲、东南亚等地区

★江苏万顺新富瑞科技有限公司
地址:江苏省镇江市句容市边城镇光明中小企业科创园8-1号
邮编:211164
电话:0511/87619223、87619202
传真:87619226
网址:www.xfrglass.com
电子信箱:474229173@qq.com
法定代表人:梁中奎
质量体系:ISO 9001
产品情况:汽车调光玻璃、汽车风窗玻璃、汽车除雾除霜玻璃等

★延锋彼欧仪征汽车外饰系统有限公司
地址:江苏省扬州市(仪征)汽车工业园屹丰大道77号
邮编:211400
电话:0514/83023606

网址:www. yfpo. com
电子信箱:fding2@ yfpo. com
法定代表人:谢斌
产品情况:汽车外饰件等

★仪征耀皮汽车玻璃有限公司
地址:江苏省仪征经济开发区闽泰大道1号
邮编:211415
电话:0514/80862756、18012335288
传真:80862760
网址:www. sypglass. com
电子信箱:baocx@ sypglass. com
法定代表人:EDDIE CHAI
质量体系:ISO/TS 16949
产品情况:年生产能力100万套汽车玻璃
配套情况:主要为上汽大众、上汽通用、东风悦达起亚等及国内外多家汽车厂配套

★江苏苏美达德隆汽车部件股份有限公司
地址:南京市六合区雄州工业园高雄路1号
邮编:211500
电话:025/68553000 – 806
传真:68553000 – 830
电子信箱:myzylx@ 126. com
法定代表人:朱亮
质量体系:ISO/TS 16949、ISO 9001
产品情况:汽车、摩托车锻件、车门铰链等
配套及出口情况:合作伙伴有奔驰、福特、通用、菲亚特、上汽大众、南京汽车集团、金城摩托、大长江集团等;出口美国、德国、西班牙、印度尼西亚、韩国等国家

★金湖县通达客车门业有限公司
地址:江苏省金湖县戴楼镇工业集中区
邮编:211600
电话:0517/86882802、13901404598
传真:86990543
电子信箱:tongdamenbon@ 126. com
法定代表人:马建保
质量体系:ISO 9001
产品情况:(金钱牛牌)
客车自动门及控制系统
配套情况:部分产品已成为名牌客车的指定配套产品

★南京丽德塑料有限责任公司
地址:南京市浦口区珠江镇五里工业园1号
邮编:211800
电话:025/58257977、58257948
传真:58257909、58257902
电子信箱:295962949@ qq. com
法定代表人:林明德
质量体系:ISO/TS 16949
产品情况:汽车副水箱、汽车仪表板、高架板、门护板、内饰件
配套情况:为东风柳汽、一汽通用红塔云南、厦门金龙、江淮瑞风、比亚迪电动车、JCB英国、河北中兴、长春军星专用车厂等配套

★恩坦华汽车零部件(镇江)有限公司
地址:江苏省镇江市丁卯开发区四平山路300号
邮编:212009
电话:0511/88885999、13952866633
传真:88885111
电子信箱:nhan@ intevaproducts. com
法定代表人:郑欣
质量体系:ISO/TS 16949
产品情况:装配制造维修轿车和货车用车窗玻璃升降器及其部件、门锁装置及其部件、驻车制动装置、传动装置和换向器箱等
配套情况:主要客户有印度福特、澳大利亚福特、长安福特、日本马自达、海南马自达、韩国现代、上汽大众、一汽-大众、武汉神龙、沈阳金杯、奇瑞、江淮等

★江苏江洲汽车部件有限公司
地址:江苏省扬中市环城东路199号
邮编:212200
电话:0511/88368808、88368088
传真:88327390、85157378
网址:www. jzns. cn
电子信箱:jfg@ jzns. cn
法定代表人:蒋丰根
单位人数:200
质量体系:ISO/TS 16949、ISO 9001
产品情况:(江洲牌)
注塑件、吸塑件、顶棚、地毯、车门内饰板及各种塑料卡扣
配套情况:为一汽-大众、上汽大众、上汽通用、天津一汽丰田、长安铃木、重庆力帆、比亚迪汽车等配套

★江苏新达能汽车部件有限公司
地址:江苏省扬中市西来桥镇中兴路10号
邮编:212221
电话:0511/88564906、88137730
传真:88566228
电子信箱:daneng@ xindaneng. com
法定代表人:陈金虎
质量体系:ISO/TS 16949
产品情况:安全带总成及零配件,年产能力达200万套以上
配套及出口情况:为华晨金杯、陕西重汽、上汽依维柯、东风柳汽、常州东风、华泰现代、江铃汽车、江淮现代、东安黑豹、上海汇众、广汽长丰、苏州金龙等企业配套;出口安全带美国、日本、印度、欧盟、非洲、南美洲地区5万套以上

★必加利(丹阳)汽车装饰部件有限公司
地址:江苏省丹阳经济开发区通港西路68号16栋
邮编:212300
电话:0511/86997075
传真:86997076
网址:www. hikarikk. co. jp
电子信箱:shuhh@ hikarikk – china. com
法定代表人:高木香子
质量体系:IATF 16949
产品情况:采用丝印、压制、成型加工的显示和装饰零部件以及其他零部件的制造销售

★江苏畅通车业发展有限公司
地址:江苏省丹阳市开发区兰陵路
邮编:212300
电话:0511/86926606、86926611
传真:86926606
网址:www. jsdy. com
电子信箱:info@ jsdy. com
法定代表人:李明
单位人数:500
质量体系:ISO/TS 16949
产品情况:汽车内饰件、各类汽车座椅、乘用车防撞缓冲梁、车用导轨、导槽等多系列产品
配套及出口情况:为上汽股份、海马汽车、海马郑州、宇通客车、丹东黄海、苏州金龙、北汽福田等配套;出口美国、澳大利亚、俄罗斯、巴西、巴基斯坦等国家,并销往中国台湾地区

★希格玛精密机械(江苏)有限公司
地址:江苏省丹阳经济开发区齐梁北路118号
邮编:212314
电话:0511/86077003
传真:86077030
网址:www. sigma – k. net
电子信箱:xujun@ sigma – k. net
法定代表人:下中利孝
质量体系:IATF 16949
产品情况:汽车发动机、安全气囊、刮水器、自动变速器等精密部件的制造和销售
配套及出口情况:为丰田、本田、福特、马自达、现代等配套;出口北美洲、欧洲等地区

★丹阳市飞越车辆附件有限公司
地址:江苏省丹阳市访仙镇独山村
邮编:212321
电话:0511/86462088、86788279
传真:86785668
网址:www. jsdyfy. com
电子信箱:jsdyfy@ 126. com
法定代表人:杨正炳
质量体系:ISO/TS 16949
产品情况:客车用空调出风口系列,顶灯、通道灯系列;行李架支腿系列;安全顶窗、换气扇、换气天窗系列;轮罩系列;车用应急控制阀、吊环、安全锤系列;校车停车指示牌系列;车用锁具、拉手系列;车用急救箱系列;聚氨酯自结皮发泡系列等内饰件
配套及出口情况:为中通客车、宇通客车等配套;出口欧洲、南美洲、东南亚、

中东等地区

★江苏锐光车业有限公司
地址:江苏省丹阳市丹北镇新桥村一组
邮编:212322
电话:0511/88035889、88035968
传真:88035608
电子信箱:rgcyguobo@263. net
法定代表人:李洪清
质量体系:ISO/TS 16949
产品情况:汽车内/外饰件和整车车身钣金件,各类商品冲压模、夹具和检具
配套及出口情况:主要客户有北汽、东风股份、江淮安驰、滁州扬子等;部分产品出口

★江苏新昌汽车部件有限公司
地址:江苏省丹阳市新桥外资工业园002号
邮编:212322
电话:0511/86308686、86308680
传真:86352928
电子信箱:xsb_xc@jsxch. com
法定代表人:王琴芳
单位人数:350
质量体系:ISO/TS 16949、QS 9000
产品情况:暖风机、车门板、内饰板、风罩、保险杠等
配套情况:为江淮汽车、一汽轻型车、比亚迪汽车、重庆力帆乘用车、上汽集团、韩国现代、安凯客车等配套

★丹阳市永昌车辆部件有限公司
地址:江苏省丹阳市新桥镇
邮编:212322
电话:0511/86306823、86357031
传真:86306825、86306821
网址:www. china - yongchang. com
电子信箱:web@china - yongchang. com
法定代表人:范钧恩
质量体系:ISO/TS 16949
产品情况:汽车内外饰件、工程车消声器、电子电气、机械零部件
配套情况:与北汽福田、厦门金龙、厦门金旅、三一集团、中联重科、山河智能、沈阳金杯等企业长期合作

★江苏天洋集团有限公司
地址:江苏省丹阳市新桥镇工业园区
邮编:212322
电话:0511/86308188
传真:86386088
网址:www. tianyanggroup. net
电子信箱:cy. shi@tianyanggroup. net
法定代表人:吴全强
质量体系:ISO/TS 16949、ISO 14001
产品情况:(江天牌)
注塑、吹塑和压制件,钣金件:重型、轻型、微型货车驾驶室、车厢、车架、底盘以及手动、自动天窗等内外饰件
配套情况:为南京汽车集团、南京IVECO公司等配套

★江苏吉祥车业有限公司
地址:江苏省丹阳市新桥镇上游路上游桥北
邮编:212322
电话:0511/86387418
传真:86366990
电子信箱:export@jx918. com
法定代表人:郭祥富
质量体系:ISO/TS 16949
产品情况:(永祥牌)
灯具系列、化妆镜系列、汽车遮阳板系列、保险杠系列
配套情况:为中兴汽车、一汽轿车、沈阳金杯、长城汽车、江淮汽车、意大利易兰普客车等配套

★江苏晨宇车业有限公司
地址:江苏省丹阳市新桥镇为民西路9号
邮编:212322
电话:0511/86357339、86306000
传真:86357369
网址:www. cn - chenyu. com
电子信箱:info@cn - chenyu. com
法定代表人:张亚军
质量体系:ISO/TS 16949
产品情况:汽车空调冷凝器、蒸发器、汽车整套取暖装置及配件、汽车发动机散热器、新能源汽车空调

★丹阳金城配件有限公司
地址:江苏省丹阳市新桥镇姚家弄工业园
邮编:212322
电话:0511/86360300、86308566
传真:86359944、86308566
网址:www. jincheng - cn. com
电子信箱:jincheng - cn@vip. 163. com
法定代表人:孙明桂
单位人数:500
质量体系:ISO/TS 16949、ISO 14001
产品情况:汽车智能天窗、汽车内外装饰件及汽车灯具
配套情况:主要为江淮汽车、北京华泰、广汽吉奥、绵阳华瑞、江苏九龙等配套

★丹阳市佳通车辆配件有限公司
地址:江苏省丹阳市新桥镇中心工业园
邮编:212322
电话:0511/86308633、13451951297
传真:86308633
电子信箱:441399779@qq. com
法定代表人:蒋小凤
质量体系:ISO/TS 16949、ISO 9001
产品情况:(佳通牌)
北方奔驰外饰件,其他轻、重型载货汽车、皮卡、SUV内外饰件,年产量6.5万台套
配套情况:为北奔重汽等配套

★丹阳市新华隆汽配有限公司
地址:江苏省丹阳市丹北镇(新桥)中心北路
邮编:212323
电话:0511/86381883、13806103906
传真:86371883
网址:www. hlqp. com
电子信箱:18950471@qq. com
法定代表人:姚刚
质量体系:ISO/TS 16949
产品情况:(龙辉牌)
各型货车仪表台、车门板等塑料内外饰件
配套情况:已与山东凯马、山东唐骏欧铃、四川现代、湖南同心、南骏汽车、江淮汽车、湖北三环汽车、郑和车身、东风专汽、北京汽车制造厂等厂家配套汽车仪表台、车门护板

★丹阳市华升汽车部件有限公司
地址:江苏省丹阳市界牌武阳开发区
邮编:212323
电话:0511/86387998、86366388
传真:86382378
网址:www. jshsgs. com
电子信箱:cjh@jshsgs. com
法定代表人:陈歆
质量体系:ISO/TS 16949
产品情况:(索威牌)
汽车灯具、倒车镜
配套情况:产品98%与国内各大主机厂配套

★江苏菱威汽车配件有限公司
地址:江苏省丹阳市界牌镇
邮编:212323
电话:0511/86365566、86388804
传真:86367030
网址:www. jslingwei. com
电子信箱:web@jslingwei. com
法定代表人:蒋志金
质量体系:ISO 9001
产品情况:汽车灯具、塑件、钣金件、SUV车身
配套及出口情况:与国内多家主机厂配套;出口日本、韩国、泰国、中东等国家和地区

★江苏五洲塑件有限公司
地址:江苏省丹阳市界牌镇
邮编:212323
电话:0511/86366661、18805291666
传真:86382172
网址:www. wuzhouautoparts. com
电子信箱:pengli@wuzhouautoparts. com
法定代表人:苏淑玲
质量体系:QS 9000、ISO 9001
产品情况:主要产品为汽车前照灯、尾灯、前/后雾灯、行李舱灯、转向灯、中网、前后保险杠、叶子板内衬、倒车镜、发动机挡泥板、饰条等系列
配套及出口情况:为本田、丰田、通用等配套;远销中东、东南亚、欧洲、非洲等地区,并销往中国台湾地区

★江苏新明鑫汽车灯具有限公司
地址:江苏省丹阳市界牌镇
邮编:212323
电话:0511/86375226、86367100
传真:86366300
网址:www. cnmingxin. com
电子信箱:mingxin@ cnmingxin. com
法定代表人:刘桂明
质量体系:ISO 9002
产品情况:专业生产各种汽车灯具、塑料灯框面罩、仪表台、内装饰件和冲压件等产品

★丹阳市北奔汽车部件有限公司
地址:江苏省丹阳市界牌镇
邮编:212323
电话:0511/86381119、13912821488
传真:86381119
电子信箱:beiben@ 126. com
法定代表人:张建云
质量体系:ISO/TS 16949
产品情况:车灯、信号灯、后视镜、遮阳板、冲压覆盖件、保险杠等
出口情况:远销中东、东南亚、欧洲、非洲、北美洲等地区,并销往中国台湾地区

★江苏明兴汽车部件有限公司
地址:江苏省丹阳市界牌镇北大街678号
邮编:212323
电话:0511/86378588
传真:86384876
网址:www. js - mingxing. com
电子信箱:info@ js - mingxing. com
法定代表人:张银凤
单位人数:140
质量体系:ISO/TS 16949
产品情况:(明兴牌)
仪表台、车门装饰板及装饰件
配套情况:与成都大运集团、江淮专用车、杭桂公司、江苏英田公司、山东五征公司等大型汽车生产厂家相配套

★丹阳镇威汽配有限公司
地址:江苏省丹阳市界牌镇大成桥工业区
邮编:212323
电话:0511/86366701、8008286026
传真:86380700
网址:www. wiperupc. com
电子信箱:charlie@ wiperupc. com
法定代表人:张传枝
单位人数:550
质量体系:ISO/TS 16949
产品情况:(佰视佳牌)
汽车刮水器
出口情况:远销北美洲、欧洲、日本、南美洲等国家和地区

★江苏日昌汽配有限公司
地址:江苏省丹阳市界牌镇大成桥工业区
邮编:212323
电话:0511/86367962、86388960
传真:86382607
网址:www. chinarichang. com
电子信箱:rc@ chinarichang. com
法定代表人:陈福民
质量体系:ISO/TS 16949
产品情况:(日昌牌)
汽车灯具、内外饰件等
配套情况:为沈阳金杯配套

★江苏德翔聚氨酯座椅有限公司
地址:江苏省丹阳市界牌镇德翔路8号
邮编:212323
电话:0511/85167311、85167305
传真:86387527
网址:www. jsdexiang. net
电子信箱:dexiang@ jsdexiang. cn
法定代表人:朱国跃
质量体系:ISO/TS 16949、QS 9000
产品情况:汽车内饰件、汽车塑件、汽车座椅、摩托车鞍座及各类聚氨酯产品
出口情况:出口东南亚、欧洲、美洲等20多个国家和地区

★江苏恒昌镜业有限公司
地址:江苏省丹阳市界牌镇工业园
邮编:212323
电话:0511/88019890、88018856
传真:86377000
网址:www. hengchangjs. com
电子信箱:sales@ hengchangjs. com
法定代表人:江菊美
质量体系:ISO 9001
产品情况:汽车后视镜

★丹阳市红峰塑业有限公司
地址:江苏省丹阳市界牌镇红烛工业区
邮编:212323
电话:0511/86387078、86385856
传真:86385056
网址:www. hongfeng - cn. com
电子信箱:web@ hongfeng - cn. com
法定代表人:张光红
单位人数:288
质量体系:ISO 9001
产品情况:(红峰牌)
汽车灯具、仪表台、保险杠、后视镜、中网等塑料件

★江苏天和汽配有限公司
地址:江苏省丹阳市界牌镇南首武阳工业园
邮编:212323
电话:0511/86387403、13236366108
传真:86387008
网址:www. dyxxzs. com
电子信箱:jpczp@ 163. com
法定代表人:杨玉茹
单位人数:102
质量体系:ISO/TS 16949
产品情况:(冬旭牌)
汽车塑件(以汽车前后保险杠、汽车中网、导流罩、发动机护板等为主),汽车后视镜(产品涵盖家轿类内外后视镜、轻型货车类内外后视镜、客车内外后视镜),汽车灯具(汽车前组合灯、后组合灯、汽车前后雾灯、汽车内饰灯等)
配套情况:为吉利汽车、武汉东风新星汽车厂、江西朝日集团等数家国内汽车厂配套

★江苏俊鑫汽配有限公司
地址:江苏省丹阳市界牌镇武阳开发区
邮编:212323
电话:0511/86381351、13852939922
传真:86388758
网址:www. longling. cn
电子信箱:info@ longling. cn
法定代表人:徐俊
质量体系:ISO 9001
产品情况:货车后视镜、日系货车后视镜、欧系货车后视镜
配套及出口情况:为江铃、一汽、东风、长城等汽车厂配套;出口欧洲、中东、东南亚等地区

★丹阳市辉达塑件有限公司
地址:江苏省丹阳市界牌镇旭日路
邮编:212323
电话:0511/86387860、13905292077
传真:86388444
电子信箱:info@ huidasujian. com
法定代表人:戴忠明
质量体系:ISO 9001
产品情况:(辉达牌)
汽车后视镜、轮盖、中网、保险杠、灯具等
出口情况:出口美国、日本等国家,并销往中国台湾地区

★丹阳市长福交通器材有限公司
地址:江苏省丹阳市界牌镇中心北路西侧
邮编:212323
电话:0511/86370060、86388038
传真:86371710
电子信箱:2850880582@ qq. com
法定代表人:彭琴
质量体系:ISO 9001、QS 9000
产品情况:前照灯、尾灯、雾灯、前中网、格栅、前后保险杠、倒车镜、叶子衬板、发动机护罩等
出口情况:远销加拿大、中东、东南亚、欧洲、非洲等国家和地区,并销往中国台湾地区

★江苏东兴汽车饰件有限公司
地址:江苏省丹阳市界牌镇中新区工业园
邮编:212323
电话:0511/86382168、83756778
网址:www. bmtruck. com. cn
电子信箱:info@ bmtruck. com. cn
法定代表人:李国平
质量体系:ISO 9001

产品情况:（明镜牌）
　　平头货车汽车保险杠、仪表板、灯具、轮罩、外侧板、后视镜、杂物箱体、左右车门总成、暖风机总成、鼓风机总成、转向盘总成等
配套及出口情况:为东风汽车公司、厦门金龙配套;出口新加坡、马来西亚

★江苏江龙科技发展有限公司
地址:江苏省丹阳市新桥镇中兴北路
邮编:212323
电话:0511/86385282
传真:86385298
网址:jlong. cn
电子信箱:jianglong－@163. com
法定代表人:蒋腊美
单位人数:180
质量体系:ISO/TS 16949
产品情况:（江龙牌）
　　汽车内饰系统(仪表板系统、车门护板系统、立柱护板系统等)、外饰系统(前后保险杠系统、散热器格栅总成、侧踏板等)和车灯照明系统(前照灯、组合尾灯、车内照明等)
配套情况:与江淮汽车、野马汽车、东风汽车、福田汽车、北汽集团、四川现代、四川南骏、山东凯马、大运汽车、山东时风、雷丁汽车等汽车主机厂配套

★镇江市宇鹏车业有限公司
地址:江苏省镇江市东门外界牌镇中工业园区
邮编:212323
电话:0511/86368800
传真:86366678
网址:www. zjyupeng. cn
电子信箱:info@ zjyupeng. cn
法定代表人:顾祥斌
质量体系:ISO 9001
产品情况:（宇鹏牌）
　　汽车后视镜、灯具、塑料件
出口情况:灯具的塑件远销非洲、南亚市场

★丹阳市光华汽车内饰件有限公司
地址:江苏省丹阳市窦庄工业园区迎宾大道西侧
邮编:212325
电话:0511/86410466
传真:86410466
网址:www. jswenguang. com
法定代表人:张建蓉
单位人数:300
质量体系:ISO/TS 16949
产品情况:汽车风道行李架、通风窗、出风口、前后顶、包层柱、各种车用内饰件
配套情况:主要客户有郑州宇通、苏州金龙、厦门金龙、厦门金旅、海马汽车、柳州五菱、江淮汽车、长城汽车、福田汽车、中通客车、南京依维柯等

★江苏文光车辆附件有限公司
地址:江苏省丹阳市窦庄工业园永兴路2号
邮编:212325
电话:0511/86418118
传真:86416096
网址:www. jswenguang. com
电子信箱:info@ jswenguang. com
法定代表人:张文学
单位人数:1000
质量体系:ISO/TS 16949
产品情况:车灯、内饰件、汽车模具
配套情况:为宇通客车、金龙客车、合肥现代、南京依维柯、东风日产、上汽大众、一汽-大众、一汽轿车、江淮客车、长城汽车、阿尔文美驰、北汽福田、五菱汽车、厦门金旅、东风汽车公司、中通客车、一汽海马、福耀集团等配套

★镇江跃龙汽车有限公司
地址:江苏省镇江市句容宝华经济开发区
邮编:212415
电话:0511/80784100
传真:80784113
网址:www. tianyanggroup. net
电子信箱:wt. xia@ tianyanggeoup. net
法定代表人:王海忠
质量体系:ISO/TS 16949、ISO 14000
产品情况:注塑、吹塑和压制件,钣金件:轻型货车、微型货车驾驶室、车厢、车架、底盘以及手动、自动天窗等内外饰件
配套情况:与上汽集团南京依维柯公司等国内众多大中型企业配套

★句容联泰机电有限公司
地址:江苏省句容市黄梅镇工业园
邮编:212426
电话:0511/87382288
传真:87382345
网址:www. yopin. cc
电子信箱:hilger26@ hotmail. com
法定代表人:吴嘉容
质量体系:ISO/TS 16949
产品情况:汽车中控锁、电动窗、电动机、开关、玻璃升降器
配套及出口情况:直接或间接为主机厂配套中控锁(长安、五菱、富利卡、风行、标致、猎豹)、电动玻璃升降器(五菱、风行、猎豹、起亚、瑞风);远销30多个国家

★句容市东升汽车附件有限公司
地址:江苏省句容市后白工业园区
邮编:212444
电话:0511/87401266
传真:87401288
网址:www. jrds. com. cn
电子信箱:jrds@ jrds. com. cn
法定代表人:朱洪保
质量体系:ISO 9001
产品情况:（茅山牌）
　　汽车门锁总成、门铰链及汽车附件
配套情况:为杭州飞碟、金龙、安凯、三迪、东风汽车公司、一汽客车、南京依维柯等配套

★常州市亚丰汽车配件制造有限公司
地址:江苏省常州市天宁区弘智路9号
邮编:213000
电话:0519/85500702、85572626
传真:85502837
网址:www. czyafeng. cn
电子信箱:czyafeng123@ 163. com
法定代表人:沈文涛
质量体系:ISO 9001
产品情况:灯具系列产品、汽车保险杠等汽车内外饰件以及房车内饰改装
配套情况:为北汽福田、厦门金旅、厦门金龙、河北中兴、天津天汽美亚、少林客车、一汽通用红塔云南、吉利汽车、沈阳金杯、重庆建设等配套

★常州宏利模塑技术有限公司
地址:江苏省常州市新北区孟河工业园
邮编:213000
电话:0519/83245321
传真:83240597
网址:www. kllamps. com
电子信箱:cate. yun@ gmail. com
法定代表人:祁岳芳
产品情况:保险杠

★常州市明宇交通器材有限公司
地址:江苏省常州市新北区孟河镇小河工业园富平路10号
邮编:213000
电话:0519/81080882、81080883
传真:83507008、83243008
网址:www. czmingyu. com
电子信箱:mingyu@ vip. 163. com
法定代表人:姚小明
质量体系:ISO/TS 16949、ISO 14000
产品情况:（永昊牌）
　　汽车灯具、后视镜
配套及出口情况:为国内大众、上汽、神龙、东风、北汽、奇瑞、吉利、长安等20多款车型配套系列灯具;出口美国、东南亚

★江苏昊邦智能控制系统股份有限公司
地址:江苏省常州市钟楼区龙城大道2219号
邮编:213012
电话:0519/8880755、68880766
传真:83268556
网址:www. hbcn. com. cn
电子信箱:info@ hbcn. com. cn
法定代表人:樊夕珍
质量体系:ISO/TS 16949
产品情况:（HAOB牌）
　　工程汽车座椅及其座椅配件
配套及出口情况:为徐工、三一重工、临

工、中联重科、福田、日野、北奔等多个大品牌企业配套座椅；座椅配件主要为中国台湾 GSK 集团配套，并成为 GSK 的长期战略合作伙伴；远销海外市场

★江苏新泉汽车饰件股份有限公司

地址：江苏省常州市新北区黄河西路555号
邮编：213022
电话：0519/88198555
传真：86359390
网址：www. xinquan. cn
法定代表人：唐志华
质量体系：ISO/TS 16949、ISO 14001
产品情况：汽车内、外饰件系统零部件及模具
配套及出口情况：与一汽-大众、上海汽车、奇瑞汽车、吉利汽车、广汽菲克、宝沃汽车、上汽大众等乘用车配套，和一汽解放、东风汽车、福田戴姆勒、中国重汽、陕重汽等大中型商用车汽车企业也建立了长期稳定的合作关系；远销日本、荷兰、缅甸、马来西亚、越南、肯尼亚、巴基斯坦等国家

★常州市盛士达汽车空调有限公司

地址：江苏省常州市新北区金江沙路18号
邮编：213022
电话：0519/85173006
网址：www. senstargroup. com
法定代表人：辛长宝
单位人数：900
质量体系：ISO/TS 16949、ISO 14001
产品情况：主要产品包括汽车空调管总成、汽车动力转向管总成、涡轮增压管总成、自动变速器管路总成等
配套情况：主要客户有一汽-大众、神龙汽车、本田、丰田、雷诺、起亚、铃木、马自达、郑州日产、东风日产、上汽大众、菲亚特、三菱、上汽通用、上汽乘用车、广州电装、华晨汽车、吉普、北京奔驰、长安福特、吉利汽车、长城汽车等40多家知名公司

★常州华阳万联汽车附件有限公司

地址：江苏省常州市钟楼经济开发区合欢路54号
邮编：213024
电话：0519/83909533、13585320579
传真：83906322
网址：www. jsczhy. cn
电子信箱：suzen_tan@ jsczhy. com
法定代表人：岳逸德
质量体系：ISO/TS 16949
产品情况：（其大牌）

主要生产经营汽车座椅滑轨、升降机构、调角器、旋转机构、减振器、座椅骨架等6大类112个品种

配套及出口情况：国内为神龙富康轿车、江淮瑞风商务车、奇瑞轿车系列、北汽陆霸、福田、欧曼重型货车、依维柯汽车新跃进货车系列、扬州亚星集团的大中型客车、郑州宇通大中型客车定点配套；为英国、美国、日本等客户配套座椅骨架和滑轨

★常州市鸿协安全玻璃有限公司

地址：江苏省常州市横林镇312国道饮马桥东
邮编：213101
电话：0519/88785028、88786988
传真：88785998、88787118
网址：www. hongxie - cn. com
电子信箱：master@ hongxie - cn. com
法定代表人：林宏欣
质量体系：IATF 16949、ISO 9001
产品情况：汽车安全玻璃等

★常州市宇达汽车配件有限公司

地址：江苏省常州市武进区焦溪镇
邮编：213116
电话：0519/88902223、88900899
传真：88908265
电子信箱：lbp@ wjxingyu. com
法定代表人：刘国平
单位人数：75
质量体系：ISO 9001
产品情况：（XINGYU 牌）

主要生产行李舱锁、车门锁、碰珠锁、旋盖锁、舱门锁，内外门把手，手套箱锁，油箱盖锁以及类似的零部件，产品年生产能力几十万套

配套情况：为扬州亚星、桂林大宇、郑州宇通、常州客车、东风客车、苏州金龙等配套

★常州长江玻璃有限公司

地址：江苏省常州市新北区顺园路35号
邮编：213125
电话：0519/86606928
传真：86603342
电子信箱：info@ cnsafeglass. com
法定代表人：万焕春
单位人数：500
质量体系：ISO/TS 16949
产品情况：（长江牌）

钢化、夹层、中空汽车安全玻璃

配套情况：为郑州宇通、苏州金龙、厦门金旅、厦门金龙、西安西沃、上海申沃、金华尼奥普兰、北京尼奥普兰、丹东黄海、中通客车、江淮安凯、江淮合客、北汽福田、扬州亚星、江西百路佳等配套

★江苏环俊交通科技有限公司

地址：江苏省常州市新北区春江镇魏村杨元工业区
邮编：213127
电话：0519/85716668、85715520
传真：85716520
网址：www. ltcy. cn
电子信箱：czltcy@ 163. com
法定代表人：郭美玉
产品情况：汽车座椅、赛车座椅、商务车座椅及相关配套产品
配套及出口情况：为多家主机厂配套；远销美国、加拿大等多个国家和地区

★江苏浩峰汽车附件有限公司

地址：江苏省常州市新北区孟河镇白兔村
邮编：213129
电话：0519/83481568、0511/86466189
传真：83482568
网址：www. js - haofeng. com
电子信箱：shengliuying@ 126. com
法定代表人：朱建方
质量体系：ISO/TS 16949
产品情况：生产汽车空调蒸发风机，冷凝风机，鼓风机，暖风机，冷凝器，水箱散热器风机，玻璃升降器，玻璃洗涤器，汽车电缆线和摩托车车灯；年配套国内外知名品牌车用空调智能调速模块、干燥筒、膨胀阀零部件12000余万件
配套及出口情况：配套客户覆盖江苏超力集团，西门子电器、韩国斗源集团、上海德尔福、一汽法雷奥、上汽集团等；出口中东、欧美地区

★常州市澍普曼车辆部件有限公司

地址：江苏省常州市新北区孟河镇斜桥村委袁家埭29号
邮编：213129
电话：0519/83248970
传真：85788258
电子信箱：514730953@ qq. com
法定代表人：朱亚琴
产品情况：灯具、保险杠、中网、雾灯、倒车镜等外饰件
出口情况：远销美国、欧洲等国家和地区，并销往中国台湾地区

★常州海拓汽车部件有限公司

地址：江苏省常州市西夏墅镇工业园区银山路8号
邮编：213135
电话：0519/83438123、83439668
传真：83439558、83438557
网址：www. haituo. cn
电子信箱：sale@ haituo. cn
法定代表人：徐建国
质量体系：ISO 9001
产品情况：空气滤清器，汽车车灯、保险杠、保险杠支架、中网、后视镜、发动机舱盖、叶子板等车身部件，刮水水壶、附水壶、发动机风扇、水箱风扇、风扇电动机、集风罩、发动机护板等冷却系统
出口情况：远销中东、非洲、南美洲、北美洲、东欧和东南亚等市场

★常州顺扬车辆配件有限公司

地址：江苏省常州市新北区孟河镇
邮编：213138
电话：0519/83500867
传真：83508867
网址：www. czshunyang. com
电子信箱：shunyang1971@ 163. com
法定代表人：曹顺勤

产品情况:汽车冲压覆盖件及外饰件
配套情况:为国内外多家汽车主机厂供应配件

★常州群星车业有限公司
地址:江苏省常州市新北区孟河镇
邮编:213138
电话:0519/83998209、83243179
传真:83247687
网址:www.qunxingauto.com
电子信箱:qxpq@qunxingauto.com
法定代表人:虞银娟
产品情况:汽车灯具、保险杠、倒车镜等全车塑件,产品主要适用于日产尼桑系列、广汽本田、东风本田系列、马自达系列各车型
出口情况:远销海外市场

★常州市瑞悦车业有限公司
地址:江苏省常州市新北区孟河镇环镇北路211号
邮编:213138
电话:0519/85088588、85088088
传真:83244868
电子信箱:zhousy@fumanchina.com
法定代表人:孟瑞章
单位人数:280
质量体系:QS 9000、ISO 9001
产品情况:汽车保险杠、门板、仪表台等塑料件、灯具、内外后视镜等,年生产能力30万台套
配套情况:为一汽、东风汽车公司、上汽、江铃、福田、南汽、长城、扬子、万丰等20多家汽车主机厂配套

★常州市东晨车辆部件有限公司
地址:江苏省常州市新北区孟河镇环镇北路225-227号
邮编:213138
电话:0519/83500888
传真:83500111
网址:www.czdongchen.com
电子信箱:dongchen-cn@vip.163.com
法定代表人:徐国峰
质量体系:ISO/TS 16949
产品情况:(霞叶牌)
汽车安全带、汽车灯具、后视镜、内装饰塑件等

★常州亨达车业部件有限公司
地址:江苏省常州市新北区孟河镇小河九龙村
邮编:213138
电话:0519/83510953、83248706
传真:83241702
电子信箱:zjh@hengdachepei.com
法定代表人:朱建华
质量体系:ISO 9001、ISO 14001
产品情况:(一帆顺牌)
汽车车灯、保险杠、机盖、翼子板、散热器总成、电动机、内外饰件等
出口情况:出口中东、非洲、南美洲、欧洲、东南亚地区

★常州市瀚翔汽车部件有限公司
地址:江苏省常州市新北区孟河镇小河汽摩三路3号
邮编:213138
电话:0519/83501279
传真:83245248
电子信箱:hansion@vip.163.com
法定代表人:陈健
单位人数:90
质量体系:ISO/TS 16949
产品情况:汽车车灯、车镜、中网、保险杠、散热器总成、内外饰件等系列产品
出口情况:远销中东、东南亚、非洲、南美洲、欧美等几十个国家和地区

★常州市飞拓模塑有限公司
地址:江苏省常州市新北区通江工业园望江路98号
邮编:213138
电话:0519/83246008、83247008
传真:83249008、83243298
网址:www.czfeituo.com
电子信箱:feituo@cn-feituo.com
法定代表人:钱为明
质量体系:ISO/TS 16949、ISO 14001
产品情况:(飞拓牌)
汽车车灯、车镜、中网、保险杠、自外饰件等产品,具有年产100万台套汽车灯具、塑件、内外饰件的生产能力
出口情况:远销中东、东南亚、非洲、南美洲、欧美等地区

★常州市天佐车业有限公司
地址:江苏省常州市新北区小河工业开发区富平路26号
邮编:213138
电话:0519/83244950、83244958
传真:83244499
网址:www.cntianzuo.com
电子信箱:info@tianzuocn.com
法定代表人:顾昌平
单位人数:100
质量体系:QS 9000、ISO 9000
产品情况:(天佐牌)
保险杠覆盖件等中、高档轿车注塑模具及塑料配件
配套情况:为一汽集团、一汽轿车、山东华泰现代、沈阳中顺、安徽华阳等配套

★江苏巨豪车业股份有限公司
地址:江苏省常州市新北区小河环镇北路
邮编:213138
电话:0519/89627769
传真:83510213
网址:www.jhautolamp.com
电子信箱:sales@jh-autolamp.com
法定代表人:张亚强
产品情况:汽车灯具、汽车仪表台、塑料装饰、汽车钣金等4大汽车零部件系列产品

★江苏先昌电能部件有限公司
地址:江苏省常州市新北区小河镇富民路7号
邮编:213138
电话:0519/83501888
传真:83503581
电子信箱:ldy@jsxch.com
法定代表人:李德忠
质量体系:ISO/TS 16949
产品情况:换气顶窗、安全顶窗、行李架、座椅、护栏、灯具、空调风道及风嘴、各类轮罩、内饰覆盖件、装饰条等

★常州市凯凌车配有限公司
地址:江苏省常州市新北区小河镇工业园区
邮编:213138
电话:0519/83241731、13616121833
传真:83508113
网址:www.klchepei.com
电子信箱:czkailing@gmail.com
法定代表人:恽文英
质量体系:ISO/TS 16949
产品情况:(凯视牌)
豪华客车后视镜及多种汽车塑件
配套及出口情况:为国内数十家知名客车企业配套;出口东南亚、欧洲、美洲、非洲等地区

★常州市曙光车业有限公司
地址:江苏省常州市新北区孟河镇望江路18号
邮编:213139
电话:0519/83501198
传真:83501898
网址:www.sgcy.com.cn
电子信箱:info@sgcy.com.cn
法定代表人:巢纪方
质量体系:ISO/TS 16949、ISO 9001
产品情况:(知音牌)
仪表板、门板、挡泥板、格栅和遮阳罩等各类汽车内、外饰产品
配套情况:为中国重汽、陕西重汽、东风商用车、山西大运、上汽依维柯红岩、安徽华菱等10多家国内大型整车制造商

★常州神鹰碳塑复合材料有限公司
地址:江苏省常州市武进经济开发区锦华路5号
邮编:213145
电话:0519/86553039
传真:86556884
网址:www.tskplastic.com
电子信箱:sales@cztsk.com
法定代表人:张国良
质量体系:ISO/TS 16949、ISO 9001
产品情况:塑胶成型制品包括:汽车仪表板总成、汽车保险杠、汽车空调管道等汽车零部件以及工业液压油箱、农机类塑料部件等;碳纤维制品包括:碳纤维汽车零部件、碳纤维传动轴、碳纤维无人机等

配套及出口情况：主要客户包括上汽、三菱、众泰、海马、厦门金龙、金旅、北京汽车、起亚、黄海汽车、Siemens、Saint - gobain、faurecia、W. E. T、Ingersoll Rand 、日本 Kubota、Hitachi、Matoba、YANMAR、美国 BOSCH（博世）、CAT（卡特）、SPX、A123 等；出口日本、美国、菲律宾、中东等国家和地区

★江苏创云环保科技有限公司
地址：江苏省常州市武进区锦程路 18 号
邮编：213145
电话：0519/80957288、4009901728
传真：80957018
网址：www. jsccloud. com
电子信箱：qianjiali@ flon. com. cn
法定代表人：钱松
质量体系：ISO 9001、ISO 14000
产品情况：汽车空调滤芯等

★常州博万达汽车安全设备有限公司
地址：江苏省常州市武进高新区龙惠路 7 号
邮编：213166
电话：0519/86531252、86532000
传真：86538998
网址：www. czbwd. com
电子信箱：czbwd@ czbwd. com
法定代表人：周玉娟
质量体系：ISO/TS 16949
产品情况：（博万达之星牌）
　　预张紧汽车安全带、限力安全带等汽车安全带、儿童安全带、儿童座椅等
配套及出口情况：为沈阳华晨金杯、一汽通用红塔、北京汽车制造厂、北汽福田、厦门金龙、苏州金龙、济南重型货车、沃尔沃、三一重工、马可波罗、重庆北奔重汽配套；出口南非、俄罗斯、澳大利亚、美国、马来西亚、智利

★江苏金鹏汽车座椅有限公司
地址：江苏省常州市金坛区丹凤路 15 号
邮编：213200
电话：0519/82896688、82888528
传真：82895555
网址：www. chengpeng. com
电子信箱：sale@ chengpeng. com
法定代表人：严乔成
单位人数：250
质量体系：ISO/TS 16949
产品情况：（成鹏牌）
　　乘客座椅、商务座椅、驾驶员座椅、导游座椅、城市客车座椅、救护车座椅、工程车座椅、座椅部件
配套及出口情况：与西安沃尔沃、扬州亚星、北京尼奥普兰、聊城中通勃发、辽宁丹东黄海、上海汇众、南京长安、合肥昌河、景德镇长安等各汽车制造商配套；出口土耳其、澳大利亚、俄罗斯、南美洲、巴西、加拿大、美国、墨西哥、英国、德国、法国、摩洛哥、孟加拉国等国家和地区，并销往中国台湾地区

★江苏源力汽车内饰件有限公司
地址：江苏省常州市金坛区金城镇白塔工业集中区金宜路 1 号
邮编：213214
电话：0519/82869898、13961111377
传真：82865078
电子信箱：jiangsuyuanli@ 163. com
法定代表人：姚卫军
质量体系：ISO/TS 16949
产品情况：（源源牌）
　　重型货车内饰、轻型货车内饰、轿车内饰、PVC + 车硬质聚氨酯材料、发动机隔热隔音件、注塑件等产品

★江苏力乐汽车部件股份有限公司
地址：江苏省溧阳市绸缪镇建设南路 1 号
邮编：213324
电话：0519/68699917、87820082
传真：68695000
网址：www. lile. com. cn
电子信箱：info@ lile. com. cn
法定代表人：马金保
单位人数：800
质量体系：ISO/TS 16949
产品情况：（力乐牌）
　　年生产汽车座椅调角器、滑轨等能力达 3000 万套
配套及出口情况：为一汽-大众、奇瑞、哈飞、华晨、长城、北汽福田、比亚迪、东风、江淮、上汽通用五菱、昌河铃木、东南三菱、双环等配套；远销中东、南亚、西亚等地区

★江苏九久交通设施有限公司
地址：江苏省溧阳市社渚镇工业园区 58 号
邮编：213341
电话：0519/87527568、87568222
传真：87526636
网址：www. jsjiujiu. cn
电子信箱：info@ jsetf. com
法定代表人：虞建成
单位人数：128
质量体系：ISO/TS 16949
产品情况：汽车简易两点式安全带、自锁两点式安全带、紧急锁止三点式安全带、预警式安全带、公英制滚针特种轴承和钢套等产品
配套及出口情况：与国内众多大中型汽车制造厂配套；出口欧美、亚洲等十几个国家和地区

★佛吉亚（无锡）座椅部件有限公司
地址：江苏省无锡国家高新技术产业开发区 B28 - b 地块
邮编：214028
电话：0510/88159688
传真：88157756
网址：www. faurecia. com
电子信箱：tracy. shen@ faurecia. com
法定代表人：马川
质量体系：ISO/TS 16949、ISO 14001
产品情况：汽车座椅调节装置
配套情况：为标致雪铁龙、大众、铃木、日产、福特、奥迪、奇瑞等供货

★无锡理昌科技有限公司
地址：江苏省无锡市长江路 38 号
邮编：214028
电话：0510/81815105
网址：www. tokai - rika. co. jp
电子信箱：z. zhu@ trcw. com. cn
法定代表人：奚志雄
产品情况：汽车用安全带、婴儿座椅、模具及其他汽车零配件

★市光（无锡）汽车零部件有限公司
地址：江苏省无锡市国家高新技术产业开发区 B 区 B7 - A 号地块
邮编：214028
电话：0510/85330855
传真：85330897
网址：www. ichikoh. com
电子信箱：yuping. zhao@ valeo. com
法定代表人：ORDOOBADI ALI
质量体系：ISO/TS 16949
产品情况：汽车后视镜、防炫室内镜
配套情况：为日产、丰田供货

★荣理研（无锡）科技有限公司
地址：江苏省无锡市新梅路 71 号
邮编：214028
电话：0510/85323111
传真：85323033
网址：www. nchr. com. cn
电子信箱：yzh@ sakaerikenwx. com. cn
法定代表人：冈野刚久
负责人：三井功性
质量体系：ISO/TS 16949
产品情况：后视镜

★无锡佳龙换热器股份有限公司
地址：江苏省无锡市滨湖区马山生物医药工业园霞光里 5 号
邮编：214092
电话：0510/85999888、85992288
传真：85990150、85993388
网址：www. wxjl. cn
电子信箱：sales@ wxjlcooler. com
法定代表人：鲁文龙
单位人数：400
质量体系：ISO/TS 16949、ISO 14001
产品情况：铝制板翅式换热器和管翅式换热器，换热器年生产能力达 3600t 以上（约 20 万台）
出口情况：远销德国、意大利、英国、法国、俄罗斯、美国、加拿大、巴西、澳大利亚、土耳其、印度、印度尼西亚、泰国、马来西亚、日本、韩国等多个国家和地区

★有信制造（无锡）有限公司
地址：江苏省无锡市高新技术产业开发区锡协路 B11 号厂房
邮编：214112
电话：0510/68003000、68003080

传真:68003008
网址:www. u - shin - ltd. com
电子信箱:ning. fang@ g - ushin. com
法定代表人:HONG WEI BAO
产品情况:汽车安全系统(遥控器、锁车架、锁、中央门锁系统、驾驶杆锁、插锁和手柄)

★无锡藤昌科技有限公司
地址:江苏省无锡市国家高新技术产业开发区 B32 - A 号地块
邮编:214112
电话:0510/81152901、88157180
传真:88157915
电子信箱:zhangdw@ tosho. com. cn
法定代表人:奚志雄
产品情况:座椅滑槽

★无锡海特铝业有限公司
地址:江苏省无锡市滨湖区周新东路72 号
邮编:214121
电话:0510/85069506
传真:85061423
网址:www. hatal. com. cn
电子信箱:yijian. fan@ hatal. com. cn
法定代表人:周福海
单位人数:300
质量体系:ISO/TS 16949
产品情况:(海德鲁牌)
汽车热交换系统用精密冷拔铝管、压板接头、支架型材,汽车空调系统膨胀阀体型材,储液器冷挤压铝材,汽车减振系统用铝管,制动系统 ABS 棒料,悬架件锻造用铝棒等
配套情况:为德尔福、法雷奥、日本电装、美国伟世通等配套

★无锡明芳汽车部件工业有限公司
地址:江苏省无锡经济开发区高运路 129 号
邮编:214131
电话:0510/85601661、85602712
传真:85602713
电子信箱:business@ xmf. cc
法定代表人:奚志雄
单位人数:650
质量体系:ISO/TS 16949、ISO 14001
产品情况:具备年产 20 万台汽车电动天窗、20 万台玻璃升降机、50 万台车门铰链、100 万台门锁扣等生产能力
配套及出口情况:为上汽通用、东风日产、郑州日产、长安福特、长安马自达、长安铃木、浙江吉利、山东华泰、长城汽车、长丰汽车等国内外汽车 OEM 工厂配套;出口欧洲和北美洲工厂

★无锡大昌机械工业有限公司
地址:江苏省无锡市滨湖经济开发区高运路 135 号
邮编:214131
电话:0510/85611198
传真:85611098
网址:www. mitsui - kinzoku. co. jp
电子信箱:tlh@ xdc. com. cn
法定代表人:阿部仓真
质量体系:ISO 9000、ISO/TS 16949
产品情况:汽车零部件、汽车门锁、制位杆、发动机罩锁
配套及出口情况:为东风日产和长安福特供货;出口日本、美国

★无锡井上华光汽车部件有限公司
地址:江苏省无锡市惠山区杨市镇
邮编:214154
电话:0510/83550915、83559077
传真:83557415
网址:www. inoac. co. jp
电子信箱:zhang. xiayan@ wxhg. com. cn
法定代表人:三轮健二郎
质量体系:QS 9000、ISO/TS 16949
产品情况:(IHA 牌)
Jetta 顶部饰条、奇瑞顶部饰条、富康顶部饰条、奇瑞车内饰条、Bora 车内饰条、Audi 车门下面饰条、桑塔纳 2000 型承玻璃饰条、桑塔纳 2000 型车窗饰条、桑塔纳 2000 型车内饰条、威驰前窗饰条、东方之子玻璃周围饰条、东方之子顶部饰条、MPV 座椅挂钩等
配套及出口情况:为一汽-大众、上汽大众、天津一汽丰田、奇瑞汽车等配套;出口日本、韩国、泰国

★无锡华光汽车部件集团有限公司
地址:江苏省无锡市洛社镇藕杨路 18 号
邮编:214154
电话:0510/83551633、83559976
传真:83552596
网址:www. jswxhg. com
法定代表人:薄铸栋
单位人数:2000
质量体系:ISO 14001、ISO/TS 16949
产品情况:乘用车金属件、乘用车非金属件、乘用车座椅悬架类、汽车踏板
配套及出口情况:产品覆盖奥迪、大众、标致 - 雪铁龙、通用、丰田、日产等合资品牌企业和奇瑞、江淮等民族品牌企业;出口欧美日韩等国

★无锡市振华汽车部件股份有限公司
地址:江苏省无锡市胡埭镇振胡路 92 号
邮编:214161
电话:0510/85592426、85592554
传真:85592399
电子信箱:1091942602@ qq. com
法定代表人:钱犇
质量体系:ISO/TS 16949、GB/T 24001
产品情况:汽车车身冲压件、焊接件
配套情况:为上汽大众、上汽通用、上海汽车、神龙汽车、裕隆汽车、观致汽车、上柴动力、联合汽车电子等国内汽车公司配套

★无锡双鸟科技股份有限公司
地址:江苏省无锡市惠山区石塘湾工业园区
邮编:214185
电话:0510/83263888、83268508
传真:83262944、83262491
网址:www. autocompressor. cn
电子信箱:sales@ autocompressor. cn
法定代表人:蒋志峰
质量体系:ISO/TS 16949
产品情况:汽车空调压缩机系列、工程机械空调系列、层叠式蒸发器系列、平行流冷凝器系列、汽车空调用胶管等五大系列近 200 种汽车零部件产品
出口情况:远销欧洲、美洲、中东、东南亚等地区

★世泰仕塑料有限公司
地址:江苏省江阴市月城镇双泾协统工业园
邮编:214400
电话:0510/86596009、80127901
传真:86596002
电子信箱:market@ xieno. cn
法定代表人:Andreas Gerhard Becker
质量体系:QS 9000、ISO/TS 16949
产品情况:货车复合材料部件(各种汽车外用顶盖、保险杠、前面板、两侧板、车门板、后举门等 SMC、RTM 制品及 SMC 片材)
配套情况:为一汽长春、一汽青岛、一汽柳特、一汽红塔、一汽成都、一汽海南、南京依维柯、江铃汽车、河北中兴、重庆长安、中国重汽、山工集团等配套

★江苏裕华汽车零部件有限公司
地址:江苏省江阴市青阳镇工业园区圣杨路 11 号
邮编:214401
电话:0510/86517668
传真:86506228
电子信箱:sales@ jy - yuhua. com
法定代表人:谢放
单位人数:1000
质量体系:ISO/TS 16949、QS 9000
产品情况:(怡程牌)
乘用车(轿车、SUV、MPV)座椅系列、商用车(重型货车、轻型货车、皮卡、中高档客车)座椅系列、汽车仪表台、成型地垫等系列产品;具有年生产各类汽车座椅 60 万台套、汽车仪表板 10 万台套、成型地垫 6 万套的能力
配套情况:为一汽、北汽福田、陕西重汽、华泰汽车、东风柳汽、上汽等配套

★格拉默车辆座椅(江苏)有限公司
地址:江苏省江阴市青阳镇振阳路 25 号
邮编:214401
电话:0510/66287887
网址:www. grammer. com
电子信箱:sally. yuan@ grammer. com
法定代表人:ULrich ALexander Selig
产品情况:车辆座椅、车辆座椅功能件(滑轨、调角器)及其他汽车座椅零部件

★江阴协统汽车附件有限公司
地址:江苏省江阴市月城镇双泾村月双路9号-11号
邮编:214404
电话:0510/86592969
传真:86593807
网址:www.jsxietong.com
电子信箱:shen.hongdi@jsxietong.com
法定代表人:钱德洪
质量体系:ISO/TS 16949、ISO 18000
产品情况:(协统牌)
各类汽车内外饰件;年生产各种内饰件基材120万m^2、各种附件80万件(套)、装配气动压制成型机80台、热固性聚氨酯内饰件15万件(套)
配套情况:为一汽长春、一汽青岛汽车厂、一汽柳特、北方奔驰、一汽成都、东风柳汽、海南马自达、南汽依维柯、江铃全顺、中国重汽、山工集团、临工金利等不同车型定点配套

★江南模塑科技股份有限公司
地址:江苏省江阴市周庄镇长青路8号
邮编:214423
电话:0510/86222318
传真:86222380
网址:www.000700.com
电子信箱:msgm@000700.com
法定代表人:曹克波
单位人数:2387
质量体系:VDA 6.1、QS 9000
产品情况:保险杠、仪表板、扰流板、防擦条、门槛条等汽车内外饰件产品,塑料制品、模具、模塑高科技产品
配套情况:已成为华晨宝马、北京奔驰、上汽通用、上汽大众、捷豹路虎、沃尔沃、北京现代、神龙汽车等众多知名品牌公司的定点厂商

★江苏奥派交通装备股份有限公司
地址:江苏省江阴市周庄镇科技工业园区欧洲工业园
邮编:214423
电话:0510/86901928
传真:86901958
电子信箱:info@jyops.com
法定代表人:黄伟忠
质量体系:ISO/TS 16949、ISO 9001
产品情况:汽车保险杠、车门装饰板、轮眉、中网等装饰件及发动机护板、散热器架

★江阴模塑集团有限公司
地址:江苏省江阴市澄江中路282号
邮编:214434
电话:0510/86401458、86221229
传真:86401459
网址:www.jymosu.com
电子信箱:manager@jymosu.com
法定代表人:曹明芳
单位人数:8000
质量体系:VDA 6.1、QS 9000
产品情况:汽车外饰件、内饰件、模具开发制造及电镀件等
配套情况:为上汽大众、上汽通用等配套

★靖江市华通机电设备制造有限公司
地址:江苏省靖江市开发区富阳路与兴业路交叉口
邮编:214500
电话:0523/82054922、84862619
传真:84862619
电子信箱:jjhuatong@126.com
法定代表人:徐毅
产品情况:汽车内饰顶棚,汽车护板,汽车地毯,蒸发器盖、罩和隔热垫

★ 皓月汽车安全系统技术股份有限公司

地址:江苏省靖江市东兴镇南路14号
邮编:214533
电话:0523/80501016
传真:84680015
网址:www.haoyue.com
电子信箱:haoyue@haoyue.com
法定代表人(负责人):姚明成
质量体系:IATF 16949、ISO 14001、OHSAS 18001、ISO 10012
产品情况:(皓月牌)
智能汽车车门开闭系统、中控一体式平台化汽车门锁、拉索、铰链等汽车零部件
配套及出口情况:与上汽集团、上汽大众、上汽通用、东风公司、神龙、华晨金杯、江铃、北汽福田、长城、长安、江淮、南汽、弗吉亚、庆铃、中国重汽、中兴、李尔、郑州日产等全国大型主机厂配套;出口泰国、美国、加拿大等国家
☞ 详细情况请参阅彩色宣传版面

★苏州红荔汽车零部件有限公司
地址:江苏省苏州市吴中区经济开发区越湖路999号
邮编:215000
电话:0512/65619875
传真:65259811
网址:www.hongliauto.com
电子信箱:zhao@hongliauto.com
法定代表人:赵明
单位人数:300
质量体系:ISO/TS 16949
产品情况:(红荔牌)
汽车座椅骨架、汽车安全气囊支架、空气净化系列及五金冲压件等
配套情况:为FAURECIA、TRW、FEDDERS、FU GE DRIVES、INTIER等公司配套

★苏州新智机电工业有限公司
地址:江苏省苏州市木渎镇木胥西路66-66号
邮编:215101
电话:0512/66517385、66517392
传真:66517991
网址:www.szxinzhi.com
电子信箱:xinzhi@szxinzhi.com
法定代表人:李江
质量体系:ISO/TS 16949、ISO 14001
产品情况:汽车空调变排量压缩机用控制阀、电磁离合器、转矩限制器,汽车发动机用碳罐电磁阀等汽车零部件
配套及出口情况:为奥迪、别克君威、别克GL8、帕萨特、捷达、福特嘉年华、福特蒙迪欧、日产、雪佛兰SPARK、马自达3、马自达6、一汽海马323、标致307,途胜、比亚迪F3、沃尔沃S40、欧蓝德、夏利、奇瑞、吉利、千里马、长安雨燕、江铃系列、长城系列等配套;出口日本、东南亚、大洋洲、欧洲、北美洲、中东等国家和地区

★旭硝子汽车玻璃(苏州)有限公司
地址:江苏省苏州市工业园区望江路158号
邮编:215121
电话:0512/62852501
传真:62852502
网址:www.agc.co.jp
电子信箱:rongze.xu@agc.com
法定代表人:松冈浩之
产品情况:(AGC牌)
汽车级浮法玻璃

★苏州新同创汽车空调有限公司
地址:江苏省苏州市工业园区唯亭镇亭融街15号
邮编:215122
电话:0512/65357818
传真:65354030
网址:www.ntcac.com
电子信箱:sales@ntcac.com
法定代表人:荀书斌
负责人:张宏强
单位人数:300
质量体系:ISO/TS 16949
产品情况:(NTCAC牌)
适用于6~13.7m公交、客运的JLR、LDT、KQZN等系列空调;适用于6~12m纯电动客车的D系列纯电动空调;适用于4~6m轻型客车、专用车的常规及纯电动系列空调
配套及出口情况:为苏州金龙等配套;远销东南亚、中东、非洲、俄罗斯、东欧、大洋洲、美洲等60多个国家和地区

★特瑞科汽车系统(苏州)有限公司
地址:江苏省苏州工业园区杏林街57号
邮编:215126
电话:0512/62831688、62831618
传真:62831600
网址:www.tricoproducts.com
电子信箱:amy.fei@tricoproducts.com.cn

法定代表人:DAVID WILLIAM PARKER
质量体系:ISO/TS 16949、ISO 9001
产品情况:刮水器
配套情况:为北京奔驰、南京汽车集团、上汽通用等配套

★饰而杰汽车制品(苏州)有限公司
地址:江苏省苏州市工业园区出口加工区B区
邮编:215126
电话:0512/62622000
传真:62622050
电子信箱:suzhou. casher@ srgglobal. com
法定代表人:David Edward Prater
质量体系:ISO/TS 16949、ISO 9001
产品情况:(SR牌)
散热格栅、开关座、油漆、灯和照明部件等

★苏州工业园区雅式汽车零部件有限公司
地址:江苏省苏州市工业园区胜浦分区兴浦路109号
邮编:215126
电话:0512/62826678、62826679
传真:62826680
电子信箱:simon_chen@ arsale - sz. com
法定代表人:查昕
负责人:黄熙
单位人数:100
质量体系:ISO/TS 16949、ISO 9001
产品情况:商用车乘客座椅及配件
出口情况:远销中东、俄罗斯、东南亚、美洲等国家和地区

★太航常青汽车安全系统苏州股份公司
地址:江苏省苏州市相城区漕湖大道79号
邮编:215131
电话:18015517253
网址:www. cnzhcq. com
电子信箱:guoziyang@ thcq. com
法定代表人:郭萍
单位人数:600
质量体系:ISO/TS 16949
产品情况:安全气囊、转向盘、新能源汽车被动安全系统;具有年产150万套安全气囊总成和转向盘总成的生产能力
配套情况:客户包括中国一汽、北京汽车、江淮汽车、江淮大众、猎豹汽车、银翔汽车、东风汽车、依维柯、众泰汽车、昌河汽车、福田汽车、云度汽车等20多家国内汽车厂商

★苏州华瑞汽车部件有限公司
地址:江苏省苏州市吴江区经济技术开发区龙桥路699号
邮编:215200
电话:0512/63317088
传真:63030868
网址:www. chinahuarui. net
电子信箱:mkt@ chinahuarui. net
法定代表人:池万兴
单位人数:70
质量体系:ISO/TS 16949
产品情况:空调压缩机轴总成、空调压缩机部件以及其他部件
配套及出口情况:配套东风乘用车、东风商务车、一汽、北汽福田、沃尔沃、现代、奇瑞、大运、华泰、TATA、GM知名汽车制造商,另一部分产品供德尔福、法雷奥、马勒、东风贝洱、协众、新电、首钢福田、松芝空调、杰信电装、GPD、FOUR SEASONS、BOSCH、AAP等客户;远销德国、意大利、印度、韩国、埃及等几十个国家

★苏州中成新能源科技股份有限公司
地址:江苏省苏州市吴江区江兴东路同里段
邮编:215217
电话:0512/63310006
传真:63310008
网址:www. zcparts. com
电子信箱:sales@ zcparts. com
法定代表人:戴长春
单位人数:580
质量体系:ISO/TS 16949
产品情况:汽车空调压缩机(含电动汽车压缩机),日生产能力为5600台
配套情况:主要配套东风乘用车、东风商用车、一汽、北汽福田、沃尔沃、现代、江淮、奇瑞、北奔、陕汽、大运、三一重工、柳汽、华泰、TATA、GM等知名汽车制造商,有一部分产品供德尔福、法雷奥、马勒贝洱、东风贝洱、东风派恩、协众、新电、首钢福田、松芝空调、杰信电装、GPD、FOUR SEASONS、BOSCH、APP等客户

★昆山麦格纳汽车系统有限公司
地址:江苏省昆山市出口加工区A区第三大道8号
邮编:215300
电话:0512/57332700
传真:57332772
电子信箱:magna. ksn@ magnaclosures. com
法定代表人:FREDERICK YEUNG SHAN KAO
产品情况:汽车门锁-侧门系统
出口情况:出口欧洲、南美洲

★长亨汽配工业(昆山)有限公司
地址:江苏省昆山市玉山镇江浦路489号
邮编:215300
电话:0512/57590791、57590793
传真:57590762
网址:www. bumpers. com. tw
电子信箱:393116672@ qq. com
法定代表人:林泉亨
质量体系:ISO/TS 16949、QS 9000
产品情况:保险杠、翼子板、中网、车身饰条、内饰板等汽车注塑零部件
出口情况:出口欧洲、美洲、亚洲、非洲、大洋洲,并销往中国台湾地区

★ 苏州飞宇精密科技股份有限公司

地址:江苏省昆山市玉山镇玉杨路888号
邮编:215316
电话:0512/57772341
传真:57895256
网址:www. fy - mold. com
电子信箱:andrew. ni@ fl - mold. com
法定代表人:乐勇
质量体系:ISO/TS 16949、ISO 9001
产品情况:汽车天窗、发动机隔热罩等金属零件
配套及出口情况:主要产品用于宝马、奥迪、兰博基尼、奔驰、福特、大众等汽车;出口德国、匈牙利、捷克、波兰、美国、墨西哥、荷兰、韩国、法国
☞ 详细情况请参阅彩色宣传版面

★昆山丰田纺汽车部件有限公司
地址:江苏省昆山市经济开发区庆丰西路333号
邮编:215301
电话:0512/57308309
传真:57308365
网址:www. toyota - boshoku. com
法定代表人:庄志强
产品情况:门板和车内饰件
配套情况:为丰田、通用、日产供货

★昆山佳利亚汽车零部件有限公司
地址:江苏省昆山市玉山镇模具区益胜路168号
邮编:215316
电话:0512/36683118、13913253107
传真:36683118
电子信箱:234230509@ qq. com
法定代表人:吴秀芹
质量体系:ISO/TS 16949、ISO 9001
产品情况:汽车安全带
配套情况:为一汽集团公司、东风汽车公司等国内大型企业配套

★丰田工业电装空调压缩机昆山有限公司
地址:江苏省昆山开发区星辉路355号
邮编:215333
电话:0512/57630770
传真:57630771
网址:www. denso. com. cn
法定代表人:松田裕昭
单位人数:596
产品情况:汽车空调用压缩机

★台新纤维制品(苏州)有限公司
地址:江苏省太仓市洛阳路57号
邮编:215400
电话:0512/53564751、53720621
传真:53564775
电子信箱:xiangrong. gai@ shinih. com
法定代表人:吴钦勇
质量体系:ISO 9001
产品情况:地毯、行李舱毯、轮盖毯、顶

棚毯等汽车内装材料

★太仓博泽汽车部件有限公司
地址：江苏省太仓经济技术开发区广州东路 188 号
邮编：215413
电话：0512/53679340
网址：www.brose.co
电子信箱：yingyi.zhao@brose.com
法定代表人：于海彬
产品情况：座椅导轨、车门系统、玻璃升降器
配套情况：客户有奇瑞捷豹路虎、长安福特、吉利沃尔沃

★凯毅德汽车系统（常熟）有限公司
地址：江苏省常熟市东南经济开发区黄山路鑫杭工业园
邮编：215500
电话：0512/52308900
传真：52305900
网址：www.kiekert.com
电子信箱：namkeen.xiao@kiekert.com
法定代表人：KARL LAMBERTZ
产品情况：门锁系统、机电一体化系统、汽车门锁相关的电子系统和门板模块

★马勒压缩机（苏州）有限公司
地址：江苏省常熟市东南经济开发区马勒路 1 号
邮编：215500
电话：0512/81881166
传真：62839892
网址：www.cn.mahle.com
法定代表人：SCOTT ALLEN KITKOWSKI
产品情况：汽车空调压缩机

★常熟市汽车饰件股份有限公司
地址：江苏省常熟市海虞北路 288 号
邮编：215500
电话：0512/52330050
传真：52330234
电子信箱：caip@caip.com.cn
法定代表人：罗小春
单位人数：500
质量体系：ISO/TS 16949、QS 9000
产品情况：（CAIP 牌）
轿车门内护板总成、后窗饰板总成及其他内饰零部件
配套情况：为一汽-大众、上汽通用、奇瑞汽车、北京奔驰、神龙汽车、上汽汽车、上汽大众等汽车厂配套

★江苏皮尔金顿耀皮玻璃有限公司
地址：江苏省常熟经济开发区兴港路
邮编：215536
电话：0512/52297000
传真：52297582
网址：www.sypglass.com
电子信箱：luye@sypglass.com
法定代表人：柴楠
质量体系：ISO 9001、ISO 14001
产品情况：高端汽车玻璃原片等

★江苏中翼汽车新材料科技有限公司
地址：江苏省常熟市东南经济开发区
邮编：215542
电话：0512/52578268、52578958
传真：52578938
网址：www.zyqc.com.cn
电子信箱：zhongyi@zyqc.com.cn
法定代表人：王柏兴
质量体系：ISO/TS 16949、ISO 14001
产品情况：轻质合金材料、汽车转向盘及安全气囊等产品
配套情况：为上汽通用五菱、吉利汽车、日产汽车、一汽-大众、上汽大众、上汽集团、永源汽车、九龙汽车、比亚迪汽车、长城汽车、东风汽车股份、昌河汽车、福迪汽车、众泰汽车、Johnson Controls、ZF 等配套

★张家港孚冈汽车部件有限公司
地址：江苏省张家港经济开发区中房路 2 号
邮编：215600
电话：0512/58288100
传真：58239008
网址：www.fuganggroup.com
电子信箱：info@fuganggroup.com
法定代表人：谢志刚
单位人数：100
质量体系：ISO/TS 16949、ISO 14001
产品情况：中央闭锁器、后行李舱开启机构、后视镜起动机构、油箱开启机构等产品
配套情况：为上汽大众、一汽-大众、上汽通用等整车厂配套

★张家港市常兴机电有限公司
地址：江苏省张家港市杨舍镇长兴路 16 号
邮编：215600
电话：0512/58236007、58150952
传真：58237880、58150952
电子信箱：sales@frankness.net.cn
法定代表人：王水战
单位人数：102
质量体系：ISO/TS 16949、QS 9000
产品情况：汽车玻璃升降器、中央集控闭锁器等
配套情况：为东风日产、奇瑞、哈飞、江淮、中兴、双环、广汽三菱、长城、福汽、南汽等配套

★江苏英瑞世家实业有限公司
地址：江苏省张家港市后塍镇镇山东路 1 号
邮编：215631
电话：0512/58788512、58788518
传真：58289528
网址：www.erasky.cn
电子信箱：zjb@yingrui.cn
法定代表人：毛瑞元
质量体系：ISO/TS 16949
产品情况：汽车内外饰件（注塑件为准）
配套情况：为上汽大众、通用别克、武汉神龙、一汽-大众、北京现代、东风悦达、东风标致、奔驰等配套

★丰田合成（张家港）科技有限公司
地址：江苏省张家港保税区中华路 111 号、113 号
邮编：215634
电话：0512/58389351
传真：58389358
网址：www.toyoda-gosei.com
电子信箱：chenke@tgp.com.cn
法定代表人：福井博规
质量体系：ISO 14001、ISO/TS 16949
产品情况：汽车转向盘、安全气囊等汽车内外装零部件
配套情况：为广汽丰田、四川一汽丰田供货

★江苏大同海德世车门系统有限公司
地址：江苏省盐城经济技术开发区新园路 31 号
邮编：224000
电话：0515/80891333、88148888
传真：88187833
网址：www.hi-lex.co.jp
电子信箱：jyf010203@163.com
法定代表人：宋学性
产品情况：汽车玻璃升降器
配套情况：为东风悦达起亚汽车有限公司配套

★扬州市邗江扬子汽车内饰件有限公司
地址：江苏省扬州市北郊公道镇
邮编：225000
电话：0514/87391425、13852720733
传真：87391425
网址：www.yangzi.com.cn
电子信箱：zkun0807@126.com
法定代表人：丁韧
质量体系：ISO/TS 16949、QS 9000
产品情况：汽车、工程机械内外饰件
配套情况：货车配套用户包括陕西重汽、济南重汽、北方奔驰、北汽福田、东风柳汽、上海汇众、一拖彪马、四川红岩、山西大运等；客车配套用户包括厦门金龙、苏州金龙、厦门金旅、郑州宇通、亚星客车、金华、北方尼奥普兰、安徽凯斯鲍尔、东风客车、西沃客车、烟台舒驰等；乘用车配套客户包括福建奔驰、江淮瑞风、东风风行等

★扬州杰信电装空调有限公司
地址：江苏省扬州市江都区外资工业园舜天路 99 号
邮编：225200
电话：0514/86880677、86880673
传真：86974101
网址：www.denso.com
电子信箱：cwk@yzdmyj.com.cn
法定代表人：陈芝强
质量体系：ISO/TS 16949
产品情况：客车空调、管片式蒸发器和

冷凝器芯体

★扬州杰信车用空调有限公司
地址:江苏省扬州市江都区外资工业园舜天路99号
邮编:225200
电话:0514/86979162、18936261977
电子信箱:denso_ jiexin@ jiexin. net
法定代表人:陈芝强
单位人数:356
质量体系:ISO/TS 16949
产品情况:(杰信牌)
车用空调及车用暖风、工程机械空调及暖风、冷冻冷藏装置,年产客车空调、小型空调及暖风20万台套
配套情况:为厦门金龙、东风汽车公司、合肥客车、扬州江淮宏运客车、杭州江淮信腾等配套

★扬州市欣辉汽车附件有限公司
地址:江苏省扬州市江都区永安工业园
邮编:225200
电话:0514/86152800、13813162592
传真:86152800
网址:www. yzxinhui. net
电子信箱:jdqcfj@ 163. com
法定代表人:伊辉
质量体系:ISO 9001
产品情况:(永吉牌)
年产各类驾驶室总成4万台
配套情况:为福田雷沃、上海纽荷兰、美国爱科、奇瑞重工等国内知名企业配套

★扬州市江都区洪业汽车部件有限公司
地址:江苏省扬州市江都外资工业园舜天路
邮编:225200
电话:0514/86977047、80916372
网址:www. yzhqsy. com
电子信箱:shanjun13579@ 163. com
法定代表人:樊万顺
产品情况:座椅、线束、锁具、后视镜等

★江苏精达车辆附件制造有限公司
地址:江苏省扬州市江都区浦头镇江灵路南首
邮编:225218
电话:0514/86421246、86421023
传真:86422019
网址:www. jdqdj. com
电子信箱:jdqdj@ sina. cn
法定代表人:赵永东
单位人数:96
质量体系:ISO 9001
产品情况:具备年生产各种气动件、汽缸、油缸90万套,延伸产品总成8万套
配套情况:为郑州宇通、南京汽车制造厂、亚星集团圣达特种车辆厂、厦门金龙、东风汽车特种车辆厂、桂林大宇等配套

★英泰集团有限公司
地址:江苏省扬州市江都区小纪英泰工业园
邮编:225241
电话:0514/86591118、4001092666
传真:80808283、86591317
网址:www. yingtaigroup. com
电子信箱:yt0099@ 163. com
法定代表人:马祥根
单位人数:1200
质量体系:ISO 9001
产品情况:(英泰牌)
高档汽车饰件、各种工程机械及汽车用散热器、锂离子电池等
出口情况:畅销几十个国家和地区

★扬州神舟汽车内饰件有限公司
地址:江苏省扬州市江都区小纪镇宗村宜武路1号
邮编:225245
电话:0514/86631138、86636916
传真:86631037
网址:www. cnshiyun. com
电子信箱:webmaster@ cnshiyun. com
法定代表人:徐斌
质量体系:ISO/TS 16949、ISO 9001
产品情况:(时运牌)
客车内饰件、车身覆盖件和工程车驾驶室总成等3大系列1000多个产品,年产量达20万台套
配套情况:为郑州宇通、苏州金龙、厦门金龙、上海申龙、北汽福田、中通客车、江铃五十铃、江淮客车等国内知名的大型汽车厂家和福田重工、三一重工、中联重科、玉柴重工、上海龙工、中国柳工等著名的工程机械生产企业配套

★泰州劲松股份有限公司
地址:江苏省泰州市海阳路40号
邮编:225300
电话:0523/82848888、82848033
传真:82848083
电子信箱:office@ hope - invest. com
法定代表人:宣白云
质量体系:ISO/TS 16949、QS 9000
产品情况:座舱系统(含仪表板总成)、内饰系统(含门内板、门柱内饰)、外饰系统(含涂装外装饰件)等,年产能力90万台(套)
配套情况:为上汽大众、奇瑞汽车、上汽通用、昌河汽车、北汽福田、上海汇众等配套

★泰州市韩新汽车配件有限公司
地址:江苏省泰州市经济开发区民营科技园建设路
邮编:225300
电话:0523/82906319、13967580300
传真:82096110
网址:www. hanxinauto. com. cn
电子信箱:sales@ hanxinauto. com. cn
法定代表人:王国伟
单位人数:500
质量体系:ISO/TS 16949、QS 9000
产品情况:汽车内饰件、汽车塑料件、各类保温材料等
配套情况:为三星、现代、起亚、双龙、海尔、格力等10多家大型公司配套

★江苏德福来汽车部件有限公司
地址:江苏省泰兴市城东高新技术产业园区
邮编:225400
电话:0523/82811986、18652388966
传真:82800688
网址:www. dflbj. com
电子信箱:web@ dflbj. com
法定代表人:许俊生
负责人:郝家军
产品情况:汽车天窗、车用玻璃包边、遮阳板、三角窗、侧窗、内外水切密封条、车顶水沟装饰条、汽车风窗玻璃包边外加工等
配套情况:现与长安铃木、上汽集团、重庆力帆、北汽福田、厦门金龙、华晨中华、华泰汽车等主机厂建立了一级供应关系

★江苏炳凯富汽车零部件制造有限公司
地址:江苏省泰兴市黄桥工业园区胜利路10号
邮编:225411
电话:0523/87122231、13917819388
传真:87122050
网址:www. bkfcooling. com
电子信箱:dannysong2008@ 163. com
法定代表人:宋永通
单位人数:200
质量体系:ISO/TS 16949
产品情况:平行流冷凝器和层叠式蒸发器

★扬州天元座椅有限公司
地址:江苏省扬州市北郊天山镇工业园区
邮编:225653
电话:0514/84222012、84226318
传真:84224417
电子信箱:master@ tychair. com
法定代表人:潘正元
产品情况:各种工程机械座椅、农业机械座椅、客车/货车驾驶座椅、轻型客车座椅等各类座椅;具备年产20万套座椅的生产能力
配套情况:为南京长安、宇通重工、徐工、临工、常林、三一重机等主机厂配套

★江苏昌明车身制造有限公司
地址:江苏省宝应县城南工业园兴园二路
邮编:225800
电话:0514/88916699、88236118
传真:88236118、88221388
电子信箱:boyzcj@ sina. com
法定代表人:张洪昌
质量体系:ISO 9001
产品情况:(清水口牌)
重、中、轻型商用车驾驶室,汽车钣

金件、覆盖件、内饰件,汽车暖风机,汽车座椅等配件的生产

★江苏科达车业有限公司

地址:江苏省宝应县开发区金湾路206号
邮编:225800
电话:0514/88264656
传真:88266067
网址:www. kedacy. com
电子信箱:jskeda@ jskdcy. com
法定代表人:张洪贵
质量体系:ISO/TS 16949、ISO 14001
产品情况:(盈科牌)
汽车内外装饰件、模塑制品件,年产能力100万台套以上
配套情况:为一汽集团、长安汽车、长城汽车、江铃汽车、北汽集团等配套

★江苏奥顿车业有限公司

地址:江苏省宝应经济开发区东阳路201号
邮编:225801
电话:0514/88310858
网址:www. aodun. cn
电子信箱:xs@ aodun. cn
法定代表人:邵新生
质量体系:ISO/TS 16949
产品情况:(奥顿牌)
主要生产销售适用于奥迪A6L、C5A6、Q5、A4B8、A4B7、A4B6、100、速腾、迈腾、CC、奔腾B70、B50、宝来、高尔夫、世纪星、奇瑞等全车钣金件
配套及出口情况:与中国、欧洲、美洲、韩国及中东等地区的知名公司建立了良好的长期合作关系

★江苏锋驰汽车车身制造有限公司

地址:江苏省宝应县黄塍镇工业集中区中区朝阳路
邮编:225807
电话:0514/88603588、88608938
传真:88601999
网址:www. jsfcauto. cn
电子信箱:jfmilan@ sina. com
法定代表人:吉沐兴
质量体系:ISO 9001
产品情况:汽车覆盖件的模具、驾驶室
配套情况:为多家汽车、工程机械厂家配套驾驶室,如中国重汽、北奔重型货车、东风汽车、徐工、小松等国内外知名主机厂

★江苏亚如捷车业有限公司

地址:江苏省宝应县望直港镇耿耿工业园区兴港大道6号
邮编:225811
电话:0514/80897090、80897780
传真:88317777
网址:www. jsyrj. com
电子信箱:mailzhouhui@ 163. com
法定代表人:苏如忠
产品情况:专业制作汽车驾驶室、钣金件、覆盖件、玻璃钢制品等汽车零配件
配套情况:与厦门金龙、江淮汽车、常熟华东汽车等多家公司合作配套生产

★扬州市德尔玛车业有限公司

地址:江苏省宝应县望直港镇工业集中区创业路
邮编:225811
电话:0514/88326888、13605255898
传真:88326528
法定代表人:房兆选
产品情况:挡泥板、车门、行李舱盖、散热器支架、前杠支架、护栏等汽车覆盖件

★扬州市宇联车身有限公司

地址:江苏省扬州市宝应县望直港工业园区
邮编:225811
电话:0514/88321668、89082180
电子信箱:1070805099@ qq. com
法定代表人:杨庆虎
质量体系:ISO/TS 16949
产品情况:侧围总成、底板、工具箱盖板、车门壳等驾驶室钣金件及驾驶室总成

★南通冠东模塑股份有限公司

地址:江苏省海门市滨江街道福州路179号
邮编:226100
电话:0513/81260160、68189828
网址:www. gdcd. com
电子信箱:market@ gdcd. com
法定代表人:郑新平
单位人数:1200
质量体系:ISO/TS 16949、ISO 14001
产品情况:汽车车灯配件、汽车内外饰件、汽车功能件等精密模具、精密注塑件及线束
配套情况:高光注塑件产品直接供给捷豹路虎、上汽大众、上汽集团和通用汽车等知名整车生产厂商,其他模具、注塑件和线束则主要供给小糸车灯、法雷奥(VALEO)、海拉(Hella)、伟世通(Visteon)和联合汽车电子等一流汽车配件厂商,进而间接应用于宝马、奔驰、凯迪拉克、奥迪、沃尔沃、克莱斯勒、大众、福特、别克、斯柯达、雪佛兰、东风标致、马自达、广汽本田、东风汽车、海马汽车、长安汽车、江铃汽车、长城汽车等国内外著名汽车品牌

★康奈可海门车用空调压缩机有限公司

地址:江苏省海门市滨江街道珠海路353号
邮编:226100
电话:0513/81232323、17715023580
网址:www. calsonickansei. co. jp
电子信箱:xiaoxiao_ peng@ ck - mail. com
法定代表人:山西政博
质量体系:ISO/TS 16949、ISO 9001
产品情况:汽车空调压缩机
配套情况:为东风日产的骐达、玛驰和骊威等车型供货

★江苏铁锚玻璃股份有限公司

地址:江苏省南通市海安县长江西路128号
邮编:226600
电话:0513/88813003、88814008
传真:88789678
网址:www. tiemao. cn
电子信箱:tmbl@ tiemao. cn
法定代表人:吴赍华
单位人数:2000
质量体系:ISO/TS 16949、ISO 9001
产品情况:(铁锚牌)
轨道交通车辆玻璃和汽车安全玻璃
配套情况:为一汽解放、东风、北汽福田、重汽集团、南京依维柯、上汽通用五菱等配套

浙江省

★杭州梵隆方向盘有限公司

地址:杭州市萧山区新塘街道城东涝湖村
邮编:311201
电话:0571/22866522、22866520
传真:22866508
网址:www. yourfellow. cn
电子信箱:sale@ yourfellow. cn
法定代表人:陈欣
质量体系:ISO/TS 16949、ISO 14001
产品情况:(梵隆FELLOW牌)
年产能力:PU转向盘或PU内饰件100万件,注塑转向盘或注塑内、外内饰件60万件
配套情况:为江淮、厦门金龙、金旅、五征、华泰特拉卡、陕汽、桂林大宇、苏州金龙、跃进、依维柯、上海汇众、申沃、北汽福田、金杯、一汽、东风、上汽依维柯红岩、西安西沃、日本洋马、小松等国内外知名企业配套

★浙江远翅控股集团有限公司

地址:杭州市萧山区新街镇山末址村
邮编:311217
电话:0571/82613923、82619801
传真:82618000
电子信箱:yuanchi@ vip. 163. com
法定代表人:严绮云
质量体系:ISO/TS 16949
产品情况:(远翅牌)
年产汽车仪表板总成44万套、汽车保险杠56万只、汽车转向盘10万只、其他汽车塑料件110万件
配套情况:为上汽通用五菱、重庆长安、昌河铃木配套

★杭州祥和实业有限公司

地址:浙江省富阳市东洲工业功能区八号路8号
邮编:311401

电话:0571/63409900、63461200
传真:63462401
网址:www.hzxianghe.com
电子信箱:hzfyxhkt@163.com
法定代表人:何平
质量体系:ISO/TS 16949、ISO 9001
产品情况:客车空调、乘用车、新能源汽车空调系统等汽车空调配件
出口情况:出口法国、哥斯达黎加、塞尔维亚等国家

★光启技术股份有限公司
地址:浙江省桐庐县富春江镇机械工业区
邮编:311504
电话:0571/64667288、64667888
传真:64651988
网址:www.longsheng988.com
电子信箱:longsheng@longsheng988.com
法定代表人:刘若鹏
负责人:郑玉英
单位人数:800
质量体系:ISO/TS 16949
产品情况:(龙生牌)
滑轨、调角器和其他零部件座椅、靠背、座盒等20多个系列共100余个品种
配套情况:与中国汽车座椅领域多家知名厂商建立稳定的合作关系,并为国内众多著名汽车企业提供配套产品

★浙江敏特汽车空调有限公司
地址:浙江省嵊州市三江工业区江二路28号
邮编:312400
电话:0575/83367036
传真:83344307
网址:www.shminte.com
电子信箱:info@shminte.com
法定代表人:吴一清
质量体系:ISO/TS 16949
产品情况:产品类型主要包括H形热力膨胀阀和F形热力膨胀阀两大类
配套及出口情况:与上汽通用五菱、上汽、长安、柳汽、北汽、吉利等众多主机厂配套;远销美国、欧洲、拉丁美洲、东南亚等国家和地区

★浙江新龙实业有限公司
地址:浙江省新昌县七星街道5楼2号
邮编:312500
电话:0575/86296968、86296628
传真:86296628
电子信箱:xinlong@zjxlindustry.com
法定代表人:吴岳民
质量体系:ISO/TS 16949、QS 9000
产品情况:(新龙牌)
空调管组件

★浙江中宝实业控股股份有限公司
地址:浙江省新昌县省级高新技术产业园区(南岩)
邮编:312500
电话:0575/86299666、86299200
传真:86299156
电子信箱:wuxy@myzbao.com
法定代表人:吴良定
质量体系:ISO/TS 16949
产品情况:(中宝牌)
汽车塑件、精密钣金结构件、制冷元器件等
配套及出口情况:为神龙汽车、华晨金杯、长安汽车、上汽通用五菱、昌河汽车、哈飞汽车、北汽福田、杭州东风等配套;远销美国、日本、欧盟、东南亚、中东等30多个国家及地区

★浙江三花智能控制股份有限公司
地址:浙江省新昌县七星街道下礼泉
邮编:312599
电话:0575/86255360、86255656
网址:www.zjshc.com
电子信箱:baoxg@zjshc.com
法定代表人:张亚波
质量体系:ISO 9001、ISO 14001
产品情况:(三花牌)
汽车膨胀阀、电磁阀和换向阀等制冷空调控件元件和零部件
配套情况:已成为松下、大金、三菱、东芝、日立、富士通、LG、三星、开利、特灵、约克、格力、美的、海尔等世界著名制冷、空调主机厂的战略供方和合作伙伴

★浙江瑞虹机电股份有限公司
地址:浙江省长兴县林城经济开发区瑞虹路1号
邮编:313112
电话:0572/6871822
传真:6873999
网址:www.zjruihong.cn
电子信箱:sales@zjruihg.com
法定代表人:李明勇
质量体系:ISO/TS 16949
产品情况:主要产品有各类汽车空调电动机端盖、各类汽车空调压缩机离合器线圈壳体、压缩机活塞等

★浙江金禾成汽车空调有限公司
地址:浙江省德清县经济开发区丰庆街598号
邮编:313200
电话:0572/8823988
传真:8823268
网址:www.hrxchina.com
电子信箱:peter@hrxchina.com
法定代表人:刘万信
单位人数:350
质量体系:ISO/TS 16949
产品情况:汽车蒸发器、冷凝器和干燥瓶等
配套及出口情况:OE客户有北汽福田、众泰汽车、山东唐骏等,售后市场客户包括贝洱、三电等;远销美洲、欧洲、东南亚、中东、非洲等国际市场

★嘉兴村上汽车配件有限公司
地址:浙江省嘉兴市经济开发区昌盛东路1432号
邮编:314000
电话:0573/83912006、83912001
传真:83912018
网址:www.murakami-kaimeido.co.jp
电子信箱:huangfang@jxmic.com
法定代表人:前田健太
产品情况:车用后视镜
配套情况:为丰田、本田、日产、长安福特等供货

★浙江蓝特光学股份有限公司
地址:浙江省嘉兴市洪合镇洪福路1108号
邮编:314023
电话:0573/83382809
传真:83349898
网址:www.lante.com.cn
电子信箱:sales@lante.com.cn
法定代表人:徐云明
单位人数:1000
质量体系:ISO/TS 16949、ISO 14001
产品情况:汽车后视镜、LOGO投影灯、车载镜头等产品
出口情况:远销亚洲、欧洲、北美洲等地区

★康脉精机科技(嘉兴)有限公司
地址:浙江省嘉善县之江路101号
邮编:314100
电话:0573/84755069、18858335838
传真:84755076
网址:www.crownmag.com
电子信箱:haisong@crownmag.com
法定代表人:赵宝安
负责人:赵海松
质量体系:ISO/TS 16949
产品情况:柱塞泵的配油盘、回程盘、齿轮泵的前后侧板,汽车空压机的阀板及阀板总成,汽车门锁以及汽车配件等各种精冲件
配套及出口情况:产品全部为Sauer-Danfoss、TDK、Parker、valeo ITT、White、富通、华翔等国内外知名企业配套;90%的产品出口国外

★宜兰汽车配件制造(平湖)有限公司
地址:浙江省平湖市经济开发区新兴二路1199号
邮编:314200
电话:0573/85078999、85078992
传真:85078900
网址:www.top-elan.com
电子信箱:elan@top-elan.com
法定代表人:陈铿胜
质量体系:ISO/TS 16949、ISO 14001
产品情况:(宜兰牌)
内饰氛围灯系列、LED光电系列、内外饰系列、改装车系列等
配套情况:为上汽通用、长安福特、长安马自达、东风日产乘用车、一汽海马、东

南汽车、奇瑞汽车、神龙汽车、江铃陆风等配套

★宁波井上华翔汽车零部件有限公司
地址:浙江省宁波市江北区洪塘镇投资工业园C区长兴路525号
邮编:315033
电话:0574/83006100
网址:www.inoac.co.jp
电子信箱:yangfan@ihx.com.cn
法定代表人:三轮健二郎
产品情况:(NBHX牌)
汽车内饰件产品,如汽车仪表板(搪塑、注塑)、门内饰板及其他塑料配件
配套情况:为天津丰田、上汽大众、东风日产和东南奔驰等配套

★宁波昌祺塑料有限公司
地址:浙江省宁波市江北区金山路727号江北投资创业园
邮编:315033
电话:0574/56202668、56202888
传真:56202666
网址:www.nbcq.cn
电子信箱:office@nbcq.cn
法定代表人:李敖琪
质量体系:ISO 9001
产品情况:(昌祺牌)
汽车保险杠、挡泥板、物流用的叉车塑料托盘等

★宁波普瑞均胜汽车电子有限公司
地址:浙江省宁波市高新区冬青路555号1栋
邮编:315040
电话:0574/87182683
网址:www.preh.com
电子信箱:jintao.wang@preh.cn
法定代表人:王剑峰
质量体系:ISO/TS 16949、ISO 14001
产品情况:(Preh牌)
年产空调控制器16万套、多功能转向盘开关32万套、空调控制模块260万套
配套及出口情况:空调控制器用户有一汽-大众、上汽大众;多功能转向盘开关用户有上汽大众;空调控制模块用户有通用汽车(全球);年出口空调控制模块160万套

★宁波新露聚氨酯实业有限公司
地址:浙江省宁波市鄞州区五乡工业园区五乡北路2号
邮编:315111
电话:0574/88332643
传真:88331718
网址:www.nbxinlu.com
电子信箱:nbxinlu@nbxinlu.com
法定代表人:石国良
质量体系:ISO 9001
产品情况:赛车椅、吉普车椅等
出口情况:与北美洲、欧洲客户建立了长期的贸易合作关系

★宁波溢泰汽配有限公司
地址:浙江省宁波市鄞州经济开发区瞻望路55号D座
邮编:315145
电话:0574/88003711
传真:88003713
网址:www.edaauto.com
电子信箱:kelvin@edaauto.com
法定代表人:江金文
产品情况:汽车玻璃升降器

★宁波帅特龙集团有限公司
地址:浙江省宁波市明州工业园区洞桥镇元贞桥
邮编:315157
电话:0574/89201616
传真:89201600
网址:www.nbstl.cn
电子信箱:isales@nbstl.cn
法定代表人:吴志光
质量体系:ISO/TS 16949、ISO 14001
产品情况:电子换挡控制器总成、烟灰盒总成、外门手柄总成、内门手柄总成、顶棚拉手总成、饮料杯架总成、储物盒总成、遮阳帘总成等系列产品
配套情况:为德国奥迪、一汽轿车、一汽-大众、上汽大众、上汽通用、广汽本田、天津一汽丰田、上海汽车、长城汽车、北京现代、奇瑞汽车、江淮汽车等配套

★宁波明望汽车饰件有限公司
地址:浙江省宁波市高桥古庵开发区
邮编:315175
电话:0574/88449118
传真:88449187
网址:www.nb－mw.com
电子信箱:mingwang@vip.163.com
法定代表人:毛明光
质量体系:ISO 9002
产品情况:汽车内外饰件、汽车座椅、转向盘及仪表台
配套情况:主要配套厂家产品有:金杯海狮客车极地之光内饰板及旋转翻动座椅,柳汽6t平车高架控制板、遮阳板,南汽依维柯双排顶棚,同时为青汽、福汽、杭汽、江淮汽车厂、金龙旅行车、江苏悦达汽车等厂家配套

★浙江吉俱泰汽车内饰有限公司
地址:浙江省宁波杭州湾新区兴慈二路350弄9号
邮编:315211
电话:0574/58962568
电子信箱:jjt09@zj－jjt.com
法定代表人:黄道祝
产品情况:汽车座椅、座椅部件
配套情况:为吉利帝豪配套座椅

★宁波新泉汽车饰件系统有限公司
地址:浙江省慈溪市杭州湾新区兴慈二路338号
邮编:315300
电话:0574/63936401
网址:www.xinquan.cn
电子信箱:luoque@xinquan.com
法定代表人:唐志华
单位人数:100
产品情况:主要生产仪表板、门护板等汽车饰件

★宁波华德汽车零部件有限公司
地址:浙江省慈溪市横河梅园88号
邮编:315318
电话:0574/63253888、13486017439
传真:63253999
网址:www.chinahuade.com
电子信箱:huade@chinahuade.com
法定代表人:胡华强
质量体系:ISO/TS 16949、QS 9000
产品情况:汽车塑料内外饰件、电器开关
配套情况:为一汽集团、一汽-大众、东风汽车、神龙汽车、上汽通用、上汽大众配套

★宁波四维尔汽车零部件有限公司
地址:浙江省慈溪市杭州湾经济开发区
邮编:315333
电话:0574/63536183、63530788
传真:63530988
网址:www.swellchina.com
电子信箱:swellmade@swellchina.com
法定代表人:罗旭强
产品情况:汽车内外装饰件、汽车标牌等
配套情况:为北美三大汽车集团、德国大众、德国奥迪、沃尔沃、雪铁龙、一汽集团、一汽-大众、上汽大众、上汽通用、东风公司、神龙公司等配套

★宁波邦盛汽车零部件有限公司
地址:浙江省慈溪市杭州湾经济开发区
邮编:315336
电话:0574/63905320、13586666061
传真:63905306
网址:www.swellchina.com
电子信箱:swellbs@swellchina.com
法定代表人:罗旭强
产品情况:汽车刮水器

★慈溪市振惠转向器后视镜有限公司
地址:浙江省慈溪市杭州湾新区金溪路三站
邮编:315336
电话:0574/63073885、13906745700
传真:63073868
电子信箱:wzh－cixi@vip.sina.com
法定代表人(负责人):裘尧庆
单位人数:204
质量体系:ISO/TS 16949

产品情况:[振惠(ZHENHUI)牌]
汽车电动后视镜及其电动转向器、内视镜
配套及出口情况:为长丰猎豹、东风日产、郑州日产、北汽福田、长春一汽、华泰公司等配套;远销美国、巴西、西班牙、马来西亚,并销往中国台湾地区

★延锋彼欧宁波汽车外饰系统有限公司
地址:浙江省宁波市杭州湾新区滨海六路 180 号
邮编:315336
电话:0574/82373737
传真:82373711
网址:www. yfpo. com
电子信箱:sxu13@ yfpo. com
法定代表人:谢斌
产品情况:汽车外饰零部件

★宁波鑫星汽车部件有限公司
地址:浙江省余姚市高新技术开发区南区磨刀桥路 57 号
邮编:315400
电话:0574/62705248
传真:62714418
网址:www. xinxing - china. com
电子信箱:sales@ xinxing - china. com
法定代表人:徐荣南
质量体系:IATF 16949
产品情况:(鑫星牌)
汽车标牌、格栅、后牌照灯盖、塑料紧固件等汽车内、外装饰件及电镀装饰件
配套及出口情况:已成为长安汽车、长安福特、长丰猎豹、长安铃木、上汽大众、上汽通用五菱、现代汽车、长城汽车、东风汽车、庆铃汽车等几十家知名企业的定点配套厂家;出口美国、法国、西班牙、德国等国家

★神通科技集团股份有限公司
地址:浙江省余姚市兰江街道工业园区谭家岭西路 788 号
邮编:315408
电话:0574/62599806
传真:62599898
网址:www. shentong - china. com
电子信箱:wenwen. zhang@ shentong - china. com
法定代表人:方立锋
质量体系:ISO/TS 16949、ISO 14001
产品情况:汽车内、外饰件系统塑料件,动力系统塑料件,座椅系统塑料件,包括汽车副仪表板总成、手套箱总成、门拉手总成、出风口、A/B/C 柱、进风口格栅、车轮装饰罩、座椅抽屉总成、发动机塑料进气歧管、发动机舱盖等
配套情况:主要客户有一汽-大众、上汽通用、上汽大众、北京奔驰、神龙、天津丰田、海南马自达、吉利,以及北美通用、德国大众等

★宁波乾方汽车配件有限公司
地址:浙江省奉化市江口三横开发区南渡路 69 号
邮编:315511
电话:0574/88637846、59552828
传真:59552786 、88630456
网址:www. qianfang. com. cn
电子信箱:sales@ qianfang - cn. com
法定代表人:胡伟国
质量体系:ISO/TS 16949
产品情况:(乾方牌)
汽车门铰链、车门限位器、冲压件、机加工件等
配套情况:为吉利汽车、江淮汽车、金龙客车、金旅客车、青年汽车、桂林大宇、宇通客车、三一集团、南京依维柯、东风杭汽、广州五十铃等配套

★宁海县金凌海裕汽车部件有限公司
地址:浙江省宁波市宁海县桃源街道金山三路 18 号
邮编:315615
电话:0574/83551865
传真:83551868
网址:www. nb - jinling. com
电子信箱:nbjinling@ 163. com
法定代表人:金海峰
质量体系:ISO 9001
产品情况:汽车烟灰盒总成、顶棚拉手总成、门内外手柄总成等汽车内外饰件
配套情况:为北京现代、长城汽车、沈阳金杯、北汽福田、众泰汽车等配套

★宁波新华泰模塑电器有限公司
地址:浙江省宁波市象山县西周镇工业园区昌明路 220 号
邮编:315721
电话:0574/65876613、18858218211
传真:65872333
网址:www. huataiinc. com
电子信箱:sales2@ huataiinc. com
法定代表人:朱照华
单位人数:318
质量体系:ISO/TS 16949、ISO 9001
产品情况:产品主要有汽车内饰件、遮阳板、汽辅拉手、空调风道、高精度的模具、排气管等
配套及出口情况:一级配套一汽丰田、北汽、宝沃汽车;二级供应宝马、东风日产、上汽通用、长安福特、一汽-大众、沃尔沃、吉利等主机厂家;远销美国、欧洲等国家和地区

★宁波华翔电子股份有限公司
地址:浙江省宁波市象山县西周镇象西开发区
邮编:315722
电话:0574/65837888
网址:www. nbhx. com. cn
电子信箱:hxtzb@ nbhx. com. cn
法定代表人:周晓峰
单位人数:5000
产品情况:汽车内外饰件、汽车底盘附件、汽车电器及空调配件、汽车发动机附件、汽车消声器等
配套情况:为上汽大众、上海汽车、一汽-大众、上汽通用、天津一汽丰田等国内汽车制造商配套

★宁波恒富汽车部件发展有限公司
地址:浙江省象山县西周镇象西工业园区
邮编:315722
电话:0574/65831118、65839898
传真:65832126、65837863
网址:www. china - hengfu. com
电子信箱:zkaij@ china - hengfu. com
法定代表人:张春富
质量体系:ISO/TS 16949
产品情况:(恒富牌)
汽车空调壳体、空调电动机壳体、控制面板、暖风水阀、线束、空调叶轮、油泵支架、绝缘拉杆等
配套及出口情况:与比亚迪汽车、库柏电气、科世达华阳、博泽电机、博世集团、天纳克中国、北汽、日本电装等建立了稳定的合作伙伴关系;远销欧美等地区

★宁波东昊汽车部件有限公司
地址:浙江省宁波市北仑大浦河北路 2 号
邮编:315800
电话:0574/86141777、86122220
传真:86142211
网址:www. cnds. cc
电子信箱:sc01@ cnds. cc
法定代表人:柯云岳
单位人数:700
质量体系:ISO/TS 16949、ISO 14001
产品情况:出风口、内拉手、储物盒、烟灰缸、杯托等系列汽车内饰功能件、喷涂产品、精密模具
配套情况:为长安福特、神龙、上汽、吉利、长安、奇瑞、延锋、佛吉亚等大型企业提供模具及汽车内饰部件等配套

★宁波纽特汽车配件有限公司
地址:浙江省宁波市北仑区大港二路 68 号
邮编:315800
电话:0574/86868755 - 2303
传真:86868757
网址:www. newtech4x4suv. com
电子信箱:sales9@ strona - outdoor. com
法定代表人:李淑惠
质量体系:ISO/TS 16949
产品情况:各种材质的防撞杆、车顶行李架、车顶行李舱、自行车架、扰流板、备胎盖等
配套及出口情况:为德国大众、大洋洲福特/马自达、大洋洲日产、美国通用、美国福特等配套;主要外销欧美、中东、中南美洲、加勒比等地区

★宁波信泰机械有限公司
地址:浙江省宁波市北仑区大港工业城

大港六路8号
邮编:315800
电话:0574/86856303
传真:86801089
网址:www. minthgroup. com
法定代表人:陈海挺
产品情况:主要产品有饰条类、饰件类、门框及门系统零部件类、窗框类、三角窗、玻璃导轨等

★宁波继峰汽车零部件股份有限公司
地址:浙江省宁波市北仑区大碶璎珞河路17号
邮编:315800
电话:0574/86168228
传真:86813075
网址:www. nb - jf. com
电子信箱:xianwei. shao@ nb - jf. com
法定代表人:王义平
单位人数:1000
质量体系:ISO/TS 16949、ISO 14001
产品情况:汽车座椅头枕总成、中间扶手总成、门扶手总成及头枕支杆等四大系列共200余种产品
配套情况:主要客户有宝马、奥迪、大众、福特、长城等主机厂及江森、李尔、佛吉亚等座椅厂

★宁波裕民机械工业有限公司
地址:浙江省宁波市小港经济技术开发区义成路78号
邮编:315803
电话:0574/26850555、26850567
传真:26850500
网址:www. yumin - co. com
电子信箱:wangtt@ yumin - co. com
法定代表人:宗宇淙
单位人数:545
质量体系:ISO/TS 16949、VDA 6.1
产品情况:汽车天窗导轨附件、车门滑轨系统、内外水切密封装饰条、后视镜、室内镜、前制动器、车身附件等
配套情况:为宝马、奔驰、奥迪、捷豹路虎、大众、斯柯达、通用、雪佛兰、凯迪拉克、福特、沃尔沃、日产、雪铁龙标致、华晨汽车、长城汽车、比亚迪汽车、上汽、北汽、东风汽车、长安汽车等众多知名汽车品牌提供配套服务

★宁波出口加工区提爱思泉盟内饰公司
地址:浙江省宁波出口加工区天山路5号(北仑大矸)
邮编:315806
电话:0574/26877577、26877589
传真:26877588
网址:www. tstech. co. jp
电子信箱:xueli_weng@ ningbots. com. cn
法定代表人:间濑恒一
质量体系:ISO/TS 16949
产品情况:座椅、车门、转向盘等汽车内饰件、汽车座椅套
配套及出口情况:主要客户有TRI-MONT MFG. INC.;出口日本、美国、加拿大等国家

★宁波保税区提爱思泉盟汽车内饰公司
地址:浙江省宁波市保税区南区庐山西路167-9号-2
邮编:315806
电话:0574/86825999、26877589
传真:86825998
网址:www. tstech. co. jp
电子信箱:huan_huang@ ningbots. com. cn
法定代表人:间濑恒一
质量体系:ISO/TS 16949
产品情况:汽车座椅表皮的裁断、缝制加工等汽车内饰件的生产
配套情况:主要客户有武汉提爱思全兴汽车零部件有限公司

★宁波宏协承汽车部件有限公司
地址:浙江省宁波市北仑区小港街道陈山西路88号
邮编:315822
电话:0574/86962686、86802999
传真:86829666
网址:www. hongxie. com
电子信箱:sales@ hongxie. com
法定代表人:胡宏
质量体系:ISO/TS 16949、QS 9000
产品情况:(东菱牌)
静态密封装饰系统、门框及滑动系统、被动安全防御系统及其系列产品
配套及出口情况:客户包括大众、福特、通用、日产、丰田、长城、长安、吉利、比亚迪、柳汽、东南、北汽、金龙汽车、日本久保田、卡特彼勒等国内外主机厂;部分出口欧洲、北美洲、南美洲及中东地区,服务国外售后市场

★浙江天成自控股份有限公司
地址:浙江省天台县西工业园区上宅
邮编:317200
电话:0576/83737917、83737726
传真:83737597
电子信箱:ttcbr@ china - tc. com
法定代表人:陈邦锐
质量体系:ISO 14000
产品情况:客车、货车驾驶员座椅、工程机械座椅、农业机械座椅、跑车座椅等四大类共210多个产品
配套及出口情况:为龙工、山工、柳工、宇通、金龙、金华尼奥普兰等50多家国内大型主机厂配套;出口美国、英国、意大利、加拿大、澳大利亚、新加坡、荷兰等20多个国家

★台州法雷奥温岭汽车零部件有限公司
地址:浙江省温岭市城东街道振业路6号
邮编:317500
电话:0576/81690000、81690025
网址:www. valeo. com. cn
电子信箱:ying1. chen@ valeo. com
法定代表人:弗朗索瓦·马里恩
单位人数:1200
质量体系:ISO/TS 16949、QS 9000
产品情况:(VALEO牌)
汽车刮水器系统及其配件(电动机、刮杆、刮片以及传动装置等)
配套及出口情况:主要客户为日产/东风日产/郑州日产、上汽/上汽通用、武汉神龙、一汽/一汽-大众、金杯华晨、保定中兴、保定长城、郑州日产、南京依维柯、芜湖奇瑞、合肥江淮、南昌江铃、重庆铃木等;远销欧美等地区

★浙江鑫凯汽车零部件有限公司
地址:浙江省温岭市东部新区金塘北路22号
邮编:317500
电话:0576/86223617
传真:86112481
网址:www. zjxinkai. com
法定代表人:卢均德
质量体系:ISO/TS 16949
产品情况:(鑫凯牌)
汽车风窗洗涤器总成、汽车空调风管、发动机进气管、汽车防尘罩、军用水壶、微电机、喷嘴、汽车风扇等
配套情况:为郑州日产、比亚迪、东风小康、北汽福田、东风康奈、上汽通用、沃尔沃等主机厂一级供应商

★浙江真奇汽车零部件有限公司
地址:浙江省温岭市石桥头镇土坦头工业区
邮编:317515
电话:0576/86288027、86280188
传真:86289088
网址:www. washerpumps. com
电子信箱:market@ washerpumps. com
法定代表人:杨国庆
质量体系:ISO/TS 16949
产品情况:风窗玻璃电动洗涤器总成及其电动机
配套及出口情况:为法雷奥、北汽股份、东风汽车、长安汽车、上汽通用五菱、东风雷诺、比亚迪汽车等10多家OEM提供配套;出口美洲、东欧、东南亚、中东等地区,并销往中国台湾地区

★温岭市恒发空调部件有限公司
地址:浙江省温岭市泽国水仓工业区后仓路228号
邮编:317523
电话:0576/86451188、86451877
传真:86451260
电子信箱:wlhfliu@ 126. com
法定代表人:金耿
质量体系:ISO 9001
产品情况:空调截止阀、球阀、止回阀,各类管接件、储液器、消声器、过滤器等
出口情况:远销北美洲、南美洲、大洋洲、东南亚、西亚、北非

★浙江天环机械有限公司
地址:浙江省玉环市机电产业工业园区东海大道
邮编:317600
电话:0576/87223067
传真:87222315
网址:www.tianhuan.com
电子信箱:info@tainhuan.com
法定代表人:张玉平
质量体系:ISO 9001
产品情况:汽车悬架控制臂、微型车及商务车汽车空调、摩托车、电动自行车用液压制动盘
配套及出口情况:直接、间接与主机厂实施定点配套服务;出口欧洲、美洲等地区

★浙江裕鼎科技有限公司
地址:浙江省台州市椒江区海洋广场1幢1303
邮编:318000
电话:0576/88068568、13058715528
网址:www.yk-parts.com
电子信箱:yuking@yk-parts.com
法定代表人:赵慧
产品情况:汽车空调压缩机及汽车空调配件
出口情况:出口北美洲、南美洲、欧洲、东南亚、中东等地区

★浙江永峰塑业有限公司
地址:浙江省临海市沿江镇上金村
邮编:318013
电话:0576/85725725、85077333
传真:85075111
网址:www.yongfengchina.com
电子信箱:yongfeng800@163.com
法定代表人:王云定
质量体系:ISO/TS 16949
产品情况:(永峰牌)
汽车内/外饰件、保险杠、油壶、仪表台及汽车塑料件
配套情况:为北汽福田、丹东黄海、广汽吉奥、江淮汽车、长城汽车、广东福迪配套

★新立科技股份有限公司
地址:浙江省台州市黄岩区澄江街道新江路128号
邮编:318020
电话:0576/84298888
传真:84298881
网址:www.sailing-china.cn
电子信箱:sales@china-sailing.com
法定代表人:黄伟军
单位人数:1000
质量体系:ISO/TS 16949、ISO 14001
产品情况:汽车塑料内外饰件、汽车电子产品及注塑模具
配套及出口情况:主要为长城、吉利、沃尔沃、上汽通用、宝马、现代、丰田、克莱斯勒、蔚来、知豆、威马汽车等十多家汽车厂提供汽车零部件配套服务;为伟巴斯特、英纳法、延锋、中国台湾全兴(GSK)、安道拓等汽车零部件供应商提供高品质的汽车内外饰件模具及产品

★浙江亨达塑料模具有限公司
地址:浙江省台州市黄岩西城模具城
邮编:318020
电话:0576/84229918、13606826687
电子信箱:china.mould@vip.163.com
法定代表人:胡善明
质量体系:ISO 9001
产品情况:汽车内外饰件、倒车镜等模具
配套及出口情况:客户有长城、麦格纳、安通林、艾默生、东芝开利等;50%的模具远销欧美、日本等国家和地区

★浙江俏宇机车部件有限公司
地址:浙江省台州市路桥区横街海滨大道
邮编:318056
电话:0576/82620888、82622228
传真:82620881
网址:www.cnqiaoyu.com
电子信箱:info@cnqiaoyu.com
法定代表人:杨桂明
单位人数:400
质量体系:ISO 9001
产品情况:(俏宇牌)
摩托车、汽车后视镜,各种镜片(凹凸镜片或异形镜片)
配套及出口情况:为吉利汽车、钱江集团、济南轻骑、轻骑铃木、大阳、嘉陵集团、豪剑集团、华南集团等配套;出口欧洲、东南亚等地区

★道明光学股份有限公司
地址:浙江省永康市象珠镇象珠工业区3号迎宾大道1号
邮编:321313
电话:0579/87311111
传真:87312889
网址:www.chinadaoming.com
电子信箱:stock@chinadaoming.com
法定代表人:胡智彪
质量体系:ISO 9001、ISO 14001
产品情况:(DM牌)
车辆尾部标志板、车身标识、车辆反射器、车牌、三角牌(反光材料)
出口情况:远销全球主要的国家和地区

★浙江东峰制冷配件有限公司
地址:浙江省东阳市歌山路339号
邮编:322100
电话:0579/86558222、86019960
传真:86558666、86558000
电子信箱:jimmy@dyrc.com.cn
法定代表人:陈尚进
质量体系:ISO/TS 16949
产品情况:(东峰牌)
制冷管路,为汽车空调、商用空调及冷冻冷藏设备配套的系列产品

★浙江新劲空调设备有限公司
地址:浙江省龙泉市回归工程广源街82号
邮编:323700
电话:0578/7218359、7218573
传真:7215579
网址:www.lqxj.com
电子信箱:zjlqxj@vip.163.com
法定代表人:范爱松
质量体系:ISO/TS 16949、ISO 14001
产品情况:(新劲牌)
膨胀阀、新能源控制部件
配套及出口情况:配套于国外的福特、卡特彼勒、沃尔沃重型货车、佩卡、悍马;国内的吉利、广汽、通用五菱、四川现代、东风、众泰、北汽幻速、北汽福田等汽车厂家;畅销欧洲、美洲、日本、韩国、东南亚、中东、大洋洲等国家和地区的售后市场

★浙江双荣汽车空调制造有限公司
地址:浙江省龙泉市金沙新区广济街86号
邮编:323700
电话:0578/7690263
传真:7122588
网址:www.zjsrkt.com
电子信箱:sales@zjsrkt.com
法定代表人:徐建华
质量体系:ISO 9001、ISO 14001
产品情况:各种车型的汽车空调管路总成及管接头,年产量达1000万件
配套及出口情况:为多家国内主机厂配套;远销美国、欧洲、南美洲等国家和地区

★浙江创新汽车空调有限公司
地址:浙江省龙泉市开发区广通街83号
邮编:323700
电话:0578/7218591
传真:7218052
网址:www.zjlqcx.com
电子信箱:sales@zjlqcx.com
法定代表人:叶伟锋
质量体系:ISO/TS 16949、ISO 9001
产品情况:(创新牌)
汽车空调平行流冷凝器、管带式冷凝器和层叠式蒸发器、散热器、干燥瓶、膨胀阀等
出口情况:在美国、阿联酋、巴西均设有分公司

★浙江松信汽车空调有限公司
地址:浙江省龙泉市工业园区回归工程松溪弄C地块
邮编:323704
电话:0578/7690099、7242222
传真:7690066
网址:www.songxin.cn
电子信箱:sales@songxin.cn
法定代表人:李信伟
质量体系:ISO/TS 16949、ISO 14001

产品情况：（松信牌）
汽车空调冷凝器、蒸发器1500多个品种，年生产能力达130万台套
配套及出口情况：为国内外整车一级、二级配套；远销美国、南美洲、东南亚、中东等国家和地区

★浙江龙腾空调有限公司
地址：浙江省龙泉市经济开发区低丘缓坡综合区块4－03地块
邮编：323799
电话：0578/7218603、13905785118
传真：7218604
网址：www.lontium.cc
电子信箱：lqlt7218603@163.com
法定代表人：郭国奇
质量体系：IATF 16949、ISO 14001
产品情况：汽车空调管路、空调零部件及新能源汽车电动系统总成
配套及出口情况：为宇通客车、北汽福田、北汽威旺、吉利帝豪、上汽五菱、奇瑞、依维柯、皮卡、力帆、集瑞货车等厂家配套；远销中东、非洲、东南亚等地区

★浙江奔克汽车部件有限公司
地址：浙江省丽水市经济开发区绿谷大道337号
邮编：323800
电话：0578/2928888、2928883
网址：www.chinabenke.com
电子信箱：sinobenke@163.com
法定代表人：蔡碎弟
质量体系：ISO 9001、ISO/TS 16949
产品情况：（奔克牌）
汽车冲压、五金、塑胶、电镀、吸塑、注塑等内外饰零部件
配套及出口情况：为多家知名品牌车厂提供OEM生产服务；出口20多个国家

★浙江爽凯汽车空调有限公司
地址：浙江省青田县港头工业区
邮编：323903
电话：0578/6071931、6073777
传真：6071927
网址：www.zjshuangkai.com
电子信箱：zjsk@zjshuangkai.com
法定代表人：戴成锵
质量体系：ISO/TS 16949
产品情况：（爽凯牌）
汽车空调蒸发器（层叠式蒸发器、管带式蒸发器）和冷凝器（平行流冷凝器、管带式冷凝器）以及暖风水箱
配套及出口情况：主要配套客户包括美国AI、沈阳SANDEN、巴西FORD、重庆赛特、福州泰全（东南汽车）等；为美国GM公司FISKER车型、韩国LANOS（俄罗斯工厂）、福特FICSTA、东风小康、长安之星、五菱之光车型、一汽佳宝、徐工工程车等配套；远销北美洲、南美洲、欧洲、亚洲、大洋洲、非洲等30个国家和地区

★温州市环球汽车衬垫有限公司
地址：浙江省温州市瓯海区郭溪镇三溪工业园新棣路15号
邮编：325000
电话：0577/88412875、88418980
传真：88425188
网址：www.feili.com.cn
电子信箱：admin@wzhq.net
法定代表人：张兴俊
质量体系：ISO/TS 16949、ISO 14001
产品情况：（飞利牌）
汽车内饰件、整车隔音隔热垫
配套情况：为上汽大众、上汽通用、一汽-大众、武汉神龙、广汽本田、福建奔驰、华晨宝马、芜湖奇瑞、合肥江淮、吉利汽车等30多家主机厂的紧密合作伙伴

★浙江达利仕实业有限公司
地址：浙江省温州市瓯海区娄桥工业区荣泰路2号
邮编：325016
电话：0577/86288868、86281095
传真：86288828、86283320
网址：www.cn－dls.com
电子信箱：sales@cn－dls.com
法定代表人：林俞
质量体系：ISO/TS 16949
产品情况：（DLS牌）
自行车锁、摩托车锁、汽车锁、汽车附件等产品
配套及出口情况：与近10家世界500强企业建立了长期稳定的国际贸易关系；远销欧洲、美洲、大洋洲、亚洲等几十个国家与地区

★温州市东风通用机电厂
地址：浙江省温州市炬光园中路2号
邮编：325029
电话：0577/89615188
传真：89612988
网址：www.wzdf.com
电子信箱：master@wzdf.com
法定代表人：戴瑞发
单位人数：600
质量体系：ISO/TS 16949
产品情况：（鹿城牌）
各种汽车门锁、遥控中控锁、带点火开关的转向锁和汽车锁芯、车门内外把手、组合开关、洗涤器、储液罐、转向盘等产品
配套及出口情况：主要客户有上汽通用五菱、长安汽车、昌河铃木、长安铃木、昌河汽车、上海汽车、北京汽车、华泰汽车、比亚迪汽车、东风汽车公司等；出口欧洲等地区

★温州市丽豹汽车配件有限公司
地址：浙江省温州市瓯海区丽岙镇泊岙工业区
邮编：325060
电话：0577/85382628、85389928
传真：85382638
网址：www.chinalibao.com
电子信箱：info@chinalibao.com
法定代表人：丁章锐
质量体系：ISO/TS 16949
产品情况：（丽豹牌）
挡泥板、中央扶手箱、车顶行李架、侧门踏板、前后护杠、发动机下护板、改装中网、休息脚垫等
配套及出口情况：为江淮、一汽马自达、比亚迪、一汽奔腾、吉利、长安福特、长安马自达、广汽丰田等十几个汽车主机厂OEM配件供应商；远销北美洲、南美洲、东欧、中东、东南亚等近50个国家和地区

★浙江兆翔车业股份有限公司
地址：浙江省温州市瓯海仙岩竹溪工业区
邮编：325062
电话：0577/85318888、85315555
传真：85303444、85315000
网址：www.sinozx.com
电子信箱：master@sinozx.com
法定代表人：吴瑞华
质量体系：ISO 9001、ISO 17025
产品情况：（富翔牌）
汽车、摩托车后视镜，摩托车把套、手柄、装饰件、龙头、风窗玻璃、防盗锁等配件
出口情况：出口非洲、中东、印度尼西亚、马来西亚等国家和地区

★瑞安市威佰科汽车零部件有限公司
地址：浙江省瑞安市飞云新区宋家埭工业区民心路
邮编：325200
电话：0577/65109798、65667598
网址：www.wbacc.cn
电子信箱：wbacc@rakeno.com
法定代表人：朱文成
质量体系：ISO 9000
产品情况：（WBACC牌）
汽车空气干燥器、汽车干燥器总成、空气干燥筒、汽车滤清器、汽车净化滤芯、空气干燥罐等

★浙江中特力制锁有限公司
地址：浙江省瑞安市经济开发区安阳南路58号
邮编：325200
电话：0577/65351367、65608686
传真：65358088
电子信箱：fn@zhongteli.cn
法定代表人：陈其泉
质量体系：ISO/TS 16949
产品情况：（中正牌）
客车门锁、微型车门锁、工程车门锁和点火开关
配套及出口情况：为金龙客车、宇通客车、金华青年、北汽福田、长安汽车、吉奥汽车、上海华普、众泰汽车、玉柴集团、柳工等主机厂配套；标致、雷诺系列

点火开关进入欧洲中高档市场及中东主机厂

★浙江华尔达热导技术股份有限公司

地址:浙江省瑞安市经济开发区大道688号
邮编:325200
电话:0577/58809816、58809818
传真:25668855
网址:www.automan.cn
电子信箱:liguang@huaerda.cn
法定代表人:陈智
质量体系:ISO/TS 16949
产品情况:层叠式蒸发器、平行流蒸发器、顶置式蒸发器、平行流冷凝器、中冷器、油冷器和散热器等
配套及出口情况:为上汽通用五菱、长安汽车、长城汽车、奇瑞、吉利、重庆力帆等配套;外贸配套客户有美国UAC、欧洲NISSENS、FOUR-SEASONS、NRF、新加坡三电等

★浙江银宏汽摩附件有限公司

地址:浙江省瑞安市经济开发区发展区开发六路388号
邮编:325200
电话:0577/65152826
传真:65152800
网址:www.yinhong.com
电子信箱:master@yinhong.com
法定代表人:王银喜
质量体系:ISO 9002
产品情况:(YINHONG牌)
汽车及摩托车防盗锁、汽车雾灯、后视镜、报警器、球型门锁及其他汽车附件
出口情况:出口欧洲、美国、东南亚、非洲等10多个国家和地区

★浙江万里安全器材制造有限公司

地址:浙江省瑞安市经济开发区开发三路488号
邮编:325200
电话:0577/59887000、58807766
传真:58802309
电子信箱:zjwl@valuesafer.com
法定代表人:彭震
质量体系:ISO/TS 16949
产品情况:[万里安泰(Wanliantai)牌、汽车挚友(Autofriend)牌]
汽车安全带,年产300多万条
配套及出口情况:为一汽集团、东风汽车公司、重汽集团、青岛汽车厂、成都王牌等配套;远销欧洲、美洲、非洲、中东、东南亚市场

★鑫田集团有限公司

地址:浙江省瑞安市韩田工业区飞凤北路2号
邮编:325204
电话:0577/65358883、65376873
传真:65353348
电子信箱:xintian@chinaxintian.com
法定代表人(负责人):林昌贤
单位人数:713
质量体系:ISO/TS 16949、VDA 6.1
产品情况:汽车空调系统:冷凝器、蒸发器、管路;汽车发动机用铜、铝散热器;仪表、传感器;电子倒车雷达;全车线束;电子风扇总成;电动后视镜;开关电器及各类摩托车套锁、化油器等
配套及出口情况:为一汽、东风汽车公司、上汽等10多家大型主机厂配套;远销欧洲、美洲、亚洲、非洲等20多个国家和地区

★浙江万德远机车部件有限公司

地址:浙江省瑞安市塘下新方工业区颖新大街96－108号
邮编:325204
电话:0577/65390588、65350410
传真:65363738
电子信箱:cynthia@wandeyuan.com
法定代表人:王国光
质量体系:ISO/TS 16949
产品情况:(万德远牌)
汽车刮水器(电动机、传动杆、臂片),车窗升降器总成、小型直流电动机等
配套及出口情况:是东风汽车、长安汽车、俄罗斯BAZ,伊朗SAIPA等国内外知名汽车厂商的配套供应商;远销德国、法国、美国、韩国、意大利、巴西、俄罗斯、印度等30余个国家

★浙江雷牌机件有限公司

地址:浙江省瑞安市塘下镇汽摩配工业园区
邮编:325204
电话:0577/65355555
传真:65367877
网址:www.leipai.com
电子信箱:leipai@leipai.com
法定代表人:陈惊雷
单位人数:600
质量体系:ISO/TS 16949、ISO 14001
产品情况:(雷牌)
具备年生产汽车锁具2万套,摩托车锁具400多万套,电动车锁具150万套,锁具配件1000多万套的生产能力
配套及出口情况:为本田制锁、力帆、宗申、隆鑫、嘉陵、轻骑、吉利汽车等配套;部分产品远销东南亚、中东、南美洲、非洲等地区,并销往中国台湾地区

★温州世联汽车门系统有限公司

地址:浙江省瑞安市塘下镇新坊工业区强新路5号
邮编:325204
电话:0577/66816507
传真:65362700
网址:www.xhsalient.com
电子信箱:sales－0002@xhsalient.com
法定代表人:陈子宜
产品情况:轿车中控门锁、机盖锁、尾箱锁、锁机马达
配套情况:为重庆力帆、新感觉、常州阳光、山崎等多家主机厂配套

★浙江正东机车部件有限公司

地址:浙江省瑞安市塘下镇新坊经济技术开发区
邮编:325204
电话:0577/65363188、65369902
传真:85801811、65362397
网址:www.chinazhengdong.com
电子信箱:zd@chinazhengdong.com
法定代表人:王兴明
质量体系:ISO/TS 16949
产品情况:(正东牌)
汽车锁具、摩托车锁具
配套及出口情况:摩配与建设雅马哈、韩国大林、TVS、重庆建设、北方易初、广州五羊、隆鑫、力帆等国内外十几家知名企业集团建立了定点配套关系;汽配与中国一汽、东风柳汽、吉利、比亚迪、湖北三环、力帆、川汽、法国标致等十几家大型汽车主机厂建立了友好的协作关系;远销欧美、亚非等20多个国家和地区

★浙江龙纪汽车零部件股份有限公司

地址:浙江省瑞安市南滨街道江南大道669号
邮编:325206
电话:0577/66751161、65103777
传真:65366981
电子信箱:yuzhonghe168@163.com
法定代表人:余忠核
质量体系:ISO/TS 16949、ISO 14001
产品情况:主要产品有车用行李架系列、车身铝饰条系列、防撞梁(铝)系列、防撞杆系列、车门铰链系列、电动踏板等6大系列产品
配套情况:主要为上汽通用、一汽-大众、通用五菱、上汽、一汽解放、众泰、陕汽、汉腾、君马、北汽等近20家大中型整车厂配套

★温州安利车辆部件有限公司

地址:浙江省瑞安市汀田镇北凤渎工业区
邮编:325206
电话:0577/65103388
传真:65103088
网址:www.anli86.com
电子信箱:13958816806@126.com
法定代表人:叶其龙
质量体系:ISO/TS 16949
产品情况:(桑罗特牌)
货车驾驶室翻转机构总成,驾驶室锁止机构总成,制动、离合组合踏板总成及电子加速踏板总成
配套情况:主要客户有重汽集团济南轻型货车部、中国重汽集团成都商用车、中国重汽集团福建海西汽车、沈阳金杯车辆、一汽红塔汽车、山东时风商用

车等

★浙江雷力汽车零部件有限公司
地址:浙江省温州市平阳榆垟工业园区
邮编:325400
电话:0577/63793998、63793978
传真:63791758
网址:www.leili.com.cn
电子信箱:autoparts@leili.com.cn
法定代表人:杨介元
单位人数:160
质量体系:ISO/TS 16949
产品情况:(雷力牌)
　　汽车风窗电动刮水器和客车门锁
配套及出口情况:为扬州亚星客车、金华青年汽车、湖南中车时代电动汽车、厦门金龙旅行车、重庆穗通实业、四川现代汽车、东风襄阳旅行车、一汽客车大连客车厂等配套;出口东南亚、欧洲、南美洲、北美洲等地区

安徽省

★安徽江南机械有限责任公司
地址:合肥市玉兰大道一号
邮编:230031
电话:0551/65841002
传真:65841868
网址:www.ahjn.com
电子信箱:jiangnan@ahjn.com
法定代表人:司晶璟
单位人数:400
质量体系:ISO/TS 16949、ISO 14000
产品情况:汽车踏板、行李舱铰链、滑移门支架、备胎固定器、防撞杆、前罩锁扣及机械工具类产品;具有年产120万辆/份轿车铰链类组件、50万辆/份滑移门支架、50万套汽车踏板和30万套车用备胎固定器等产品的生产能力
配套及出口情况:为上汽通用、一汽-大众、神龙、上汽集团、江铃福特、江淮、安徽奇瑞等汽车厂家配套;部分产品出口美国

★合肥华瑞汽车零部件有限公司
地址:合肥市包河区工业园延安路9号
邮编:230051
电话:0551/63358707、63358709
电子信箱:hefeihuarui@163.com
法定代表人:葛传英
质量体系:ISO/TS 16949
产品情况:主要产品有汽车横梁、冲压覆盖件、底盘悬架件、金加工件等
配套情况:为江淮汽车、安徽安凯、安徽安凯金达工贸、安徽汇金汽车零件等配套

★合肥达因汽车空调股份有限公司
地址:合肥市高新区柏堰科技园石楠路7号
邮编:230088
电话:0551/62722668、4001885598
传真:62722671、62722679
网址:www.chinadyne.com
电子信箱:xieyunhua@chinadyne.net
法定代表人:谢文良
单位人数:350
质量体系:ISO/TS 16949
产品情况:(达因牌)
　　汽车空调压缩机
出口情况:海外市场覆盖北美洲、中南美洲、欧洲、亚洲等

★合肥宏协承汽车部件有限公司
地址:合肥市高新区南岗科技园长宁大道(北段)与湖光西路交口东北角3号厂房
邮编:230088
电话:0551/68667085、68667087
网址:www.hongxie.com
电子信箱:hfliuyin@hxbj.com
法定代表人:虞佩凤
产品情况:专业生产汽车门框、装饰密封件

★合肥汇通控股股份有限公司
地址:合肥市经济技术开发区汤口路99号
邮编:230601
电话:0551/63845666
传真:63845666、63845777
网址:www.conver.com.cn
电子信箱:hftx_zjb@163.com
法定代表人(负责人):陈王保
质量体系:ISO/TS 16949、ISO 14001
产品情况:电镀格栅、标牌、车轮护罩、车门扶手、副仪表板及仪表板装饰件、转向盘真皮缝制、变速操纵机构装饰等装饰件;加热器壳体总成、顶蒸发器总成、电子风扇总成、洗涤器壶总成等汽车功能件;前机盖隔热隔音垫、前舱隔热垫、前挡板减振垫、A、B、C、D柱减振垫、翼子板减振垫等汽车NVH产品
配套情况:为江淮、奇瑞、大众、长城、昌河、安凯等配套

★安徽江淮松芝空调有限公司
地址:合肥市经济技术开发区紫石路2869号
邮编:230601
电话:0551/66183969、7116275
网址:www.shsongz.com.cn
电子信箱:xuxiaomei@ahjhsz.com
法定代表人:陈志平
质量体系:ISO 9001、ISO/TS 16949
产品情况:轿车、SUV、商务车、货车等用多种汽车空调,散热器、中冷器、油冷器等多种热交换器

★合肥云鹤安道拓汽车座椅有限公司
地址:合肥市经济技术开发区紫石路北、莲花路西
邮编:230601
电话:0551/63840337、68892362
电子信箱:jing.h.lin@adient.com
法定代表人:Peter Ewald Heift
产品情况:汽车座椅总成、骨架、发泡、面套以及各类改装座椅总成

★安徽金诚汽车装饰设计开发有限公司
地址:合肥市双凤经济开发区鹤翔湖路88号
邮编:231131
电话:0551/66391241、66391242
网址:www.ahjincheng.com.cn
电子信箱:jczs@ahjincheng.com.cn
法定代表人:孟先锋
质量体系:IATF 16949
产品情况:主要从事客车内外饰件的系统设计、开发和生产制造,且具备整车试制能力,产品覆盖汽车内饰件(前后顶、风道、行李架等)和仪表台
配套情况:主要合作伙伴有福田欧辉客车、安凯客车、厦门金龙旅行车、珠海银龙客车、一汽客车、宇通客车

★安徽金诚复合材料有限公司
地址:合肥市双凤开发区魏武路8号
邮编:231131
电话:0551/66391234、66391188
传真:66391288
网址:www.jincen-cn.com
电子信箱:jincen-cn@jincen-cn.com
法定代表人:艾迁
单位人数:400
质量体系:IATF 16949、ISO 14001
产品情况:汽车内外饰件、车载卫生间、车载冰柜
配套及出口情况:主要合作伙伴有安徽江淮、安凯股份、厦门金龙、苏州金龙、宇通客车、西安沃尔沃、北汽福田、厦门金旅、中通博发、丹东黄海、星马股份等;部分产品出口德国、韩国、乌克兰、澳大利亚、东南亚等国家和地区

★合肥同大江淮汽车车身有限公司
地址:安徽省巢湖市庐江县同大镇魏荡村
邮编:231533
电话:0551/87901036、87902662
传真:87901036
电子信箱:11359698@qq.com
法定代表人:王德龙
产品情况:车身附件加工

★安徽天祥空调科技有限公司
地址:安徽省滁州市全椒经济开发区
邮编:239058
电话:0550/5258666
传真:5298616
网址:www.accauto.com.cn
电子信箱:acc@accauto.com.cn
法定代表人:骆宣佐
质量体系:ISO/TS 16949
产品情况:各种车型汽车空调冷凝器、蒸发器、散热器、汽车机油冷却器和中冷器等几大系列产品
配套及出口情况:为一汽、东风、上汽等汽车空调系统主机厂配套;出口欧洲、

北美洲和东南亚地区

★芜湖新泉汽车饰件系统有限公司
地址:安徽省芜湖经济技术开发区凤鸣湖北路30号
邮编:241000
电话:0553/5935512
网址:www.xinquan.cn
电子信箱:503674310@qq.com
法定代表人:唐志华
产品情况:仪表板、门饰板等汽车内饰件产品,年产汽车仪表板60万套
配套情况:为奇瑞等知名汽车制造公司配套

★麦凯瑞(芜湖)汽车外饰有限公司
地址:安徽省芜湖市经济技术开发区
邮编:241000
电话:0553/5659088
电子信箱:xiuhui.wang@magna.com
法定代表人:NICHOLAS JAMES MORGAN
质量体系:ISO/TS 16949
产品情况:年产奇瑞保险杠24.2万件、奇瑞车门内护板2万件,年产能可达30万台套
配套情况:为奇瑞汽车配套

★芜湖市鸿通汽车零部件有限公司
地址:安徽省芜湖市经济技术开发区武夷山路10号
邮编:241000
电话:0553/5961777
传真:2221708
网址:www.hongtongauto.com
电子信箱:hongtong@hongtong.com
法定代表人:姚建力
质量体系:ISO/TS 16949
产品情况:车门铰链、冲压件、发动机罩铰链、滑动移门铰链、油箱口盖、轿车保险杠、卡箍、空调类冲压件、尾门铰链、注塑件、橡胶件、支架、钢丝弹簧件等
配套情况:与神龙汽车、奇瑞汽车、华晨金杯、厦门金龙客车等配套

★芜湖长鹏汽车零部件有限公司
地址:安徽省芜湖市鸠江经济开发区鸠兹大道北侧
邮编:241000
电话:0553/5841409、5968165
传真:5968145
电子信箱:wuhuchangpeng_bg@163.com
法定代表人:储岳清
质量体系:ISO 9001
产品情况:汽车内饰件

★芜湖奕安汽车空调有限公司
地址:安徽省芜湖县机械工业园主干道与纬四路交叉口
邮编:241001
电话:0553/8768288
传真:8768279
电子信箱:896745713@qq.com
法定代表人:陈奕丞
质量体系:ISO 9001
产品情况:汽车空调冷凝器、蒸发器等

★芜湖正海汽车内饰件有限公司
地址:安徽省芜湖市鸠江经济开发区祥晖路1号
邮编:241008
电话:0553/2307882
电子信箱:wuhu@zhenghai.com
法定代表人:郭焕祥
产品情况:汽车内饰件、工程塑料制品、聚氨酯材料及制品
配套情况:为一汽集团红旗、奔腾,一汽-大众奥迪A6、奥迪C6/B7、捷达、宝来、迈腾,神龙公司富康、爱丽舍、标致307、206,上汽通用乐风、乐骋,奇瑞公司奇瑞系列,吉利美日、金刚、远景,天津威姿和威乐,沈阳华晨阁瑞斯等21家汽车厂60多种车型配套内饰顶棚,并为奥迪C6等车型配套座椅后护板,为奥迪、奇瑞等系列车型配套免玻纤DVD等产品

★芜湖恒信汽车内饰制造有限公司
地址:安徽省芜湖市经济技术开发区凤鸣湖北路26号
邮编:241009
电话:0553/5842035-8000
传真:5843473
网址:www.anhuihx.com
电子信箱:hxyingxiao@anhuihx.com
法定代表人:赵玉秀
质量体系:ISO/TS 16949
产品情况:汽车前端模块系列产品、汽车仪表板、门护板等内饰件产品
配套情况:主要客户有中航爱维客、江淮、奇瑞、吉利、东风等

★芜湖莫森泰克汽车科技股份有限公司
地址:安徽省芜湖市经济技术开发区凤鸣湖路12号
邮编:241009
电话:0553/5962360、5962379
传真:5962378
网址:www.motiontec.cn
电子信箱:motiontec@motiontec.cn
法定代表人:周玉成
质量体系:ISO/TS 16949
产品情况:汽车天窗、玻璃升降器、电动滑门、电动尾门等开闭件及配套电子控制器(ECU)
配套及出口情况:客户涵盖上汽通用五菱、一汽-大众、奇瑞、观致、吉利、东风、江铃、北汽等众多主机厂;远销俄罗斯、伊朗、埃及等多个国家和地区

★博耐尔汽车电气系统有限公司
地址:安徽省芜湖市经济技术开发区凤鸣湖南路2-8号
邮编:241009
电话:0553/5991841、5998021
传真:5998235
网址:www.bonaire.cn
电子信箱:bnhr@bonaire.cn
法定代表人:何自富
质量体系:IATF 16949、ISO 14001
产品情况:汽车空调系统和发动机热管理系统及其零部件;新能源汽车空调和电池热管理领域
配套及出口情况:为奇瑞、吉利、众泰、华泰等多家汽车主机厂的汽车零部件供应商;出口美国和南美洲、东欧、北非、中东、东南亚的十几个国家

★信义汽车部件(芜湖)有限公司
地址:安徽省芜湖市经济技术开发区信义路2号
邮编:241009
电话:0553/5899999、5895829
传真:5906888
电子信箱:wh.bjcw02@xinyiglass.com
法定代表人:李圣根
质量体系:ISO/TS 16949
产品情况:汽车安全玻璃、特种密封材料、特种玻璃及其他汽车零部件

★铜陵华源汽车内饰材料有限公司
地址:安徽省铜陵市经济技术开发区泰山大道南段289号
邮编:244061
电话:0562/2658864、2658665
传真:2658515
网址:www.hyns.com.cn
电子信箱:web@hyns.com.cn
法定代表人:薛行远
单位人数:300
质量体系:ISO/TS 16949
产品情况:(华源牌)
可年生产汽车内装饰材料(麻毡板)6000t,汽车内装饰零件30万件
配套情况:麻纤维板产品配套于江淮货车、中国重汽、陕西重汽、黄海客车、金龙客车、江淮客车、奇瑞轿车、华晨轿车、上汽大众轿车、上汽通用轿车;汽车内饰零件配套于丹东黄海客车、江淮客车

★华信博伟(安徽)车辆部件有限公司
地址:安徽省安庆市怀宁工业园创新路8号
邮编:246121
电话:0556/5155555
传真:5156666
电子信箱:hxbw_hk_1@163.com
法定代表人:陶龙生
质量体系:ISO/TS 16949、ISO 14001
产品情况:汽车内饰顶棚、行李舱内饰板、地毯、遮阳板及消声隔热垫等
配套情况:主要客户有江淮汽车、奇瑞汽车、徐工、众泰、华菱、吉利、福田、依维柯

★安徽江山机械有限公司
地址:安徽省岳西县莲云经济开发区莲塘路15号
邮编:246600

电话:4008700060
传真:0556/2185777
网址:www.ahjsjx.cn
电子信箱:ahjsjxgs@sina.com
法定代表人:余晓彬
质量体系:ISO/TS 16949
产品情况:铝合金脚踏板、塑料装饰板、一体塑料脚踏板总成、铝合金油泵壳体、汽车刮水器、重型货车挡泥板、微型货车保险杠等
配套情况:主要为安徽江淮汽车轻(重)型商用车公司、陕西重型汽车、陕西宝鸡华山工程车辆、安徽江淮安驰汽车、扬州江淮轻型汽车、青州江淮汽车等国内知名企业配套

★安徽省优拓汽车配件制造有限公司
地址:安徽省池州市经济技术开发区金安园区梧桐路79号
邮编:247099
电话:0566/2561888、1579648946
网址:www.youtowiper.com
电子信箱:info@youtoparts.com
法定代表人:殷小恒
产品情况:汽车智能刮水器、冬季刮雪刮片、无骨刮水片、有骨刮水片等
出口情况:远销日本、西欧、北美洲、俄罗斯、韩国、东南亚等国家和地区

福建省

★福州康信机电制造有限公司
地址:福州市闽侯县铁岭工业园一区九号中路八号
邮编:350003
电话:0591/22070791、28087765
传真:22628633
网址:www.conssincorp.com
电子信箱:sales@conssincorp.com
法定代表人:林川
产品情况:车锁

★福州市华联汽车配件有限公司
地址:福州市鼓山镇福兴投资区福光路61号
邮编:350014
电话:0591/83623628、83623138
传真:83623324
网址:www.hl1988.com
电子信箱:info@hl1988.com
法定代表人:陈辉
质量体系:ISO 9001、QS 9000
产品情况:仪表板总成、前后保险杠、中网、内饰件、风道件、挡泥板、导流板等各种汽车零部件
配套情况:为一汽夏利、一汽华利、一汽长春、一汽青岛、东风悦达起亚、浙江吉利、福建东南、陕西比亚迪等企业配套

★福建星联汽车配件开发有限公司
地址:福州市闽侯县青口投资区祥谦镇辅翼村
邮编:350112
电话:0591/83738885
电子信箱:admin@fjxl.com.cn
法定代表人:李岩峰
产品情况:汽车内饰配件(如汽车仪表板、门板、上护罩等)

★福州和胜汽车配件有限公司
地址:福建省闽侯县青口镇投资区
邮编:350119
电话:0591/22765066、22768985
传真:22760315
电子信箱:sale@hersheen.com
法定代表人:刘金德
质量体系:ISO/TS 16949、QS 9000
产品情况:地毯、顶棚、隔音、隔热、吸塑、真空成型以及热压塑料件、内饰件等
配套情况:为东南汽车、东风日产、华晨金杯、郑州日产、东风柳汽等配套

★福州联泓交通器材有限公司
地址:福州市闽侯县青口投资区
邮编:350119
电话:0591/22762833
传真:22762883
网址:www.lianhong.com.cn
电子信箱:ms@lianhong.com.cn
法定代表人:杨登宏
负责人:邓吉雄
质量体系:ISO/TS 16949、ISO 14001
产品情况:汽车座椅、顶棚及内饰件(抬头显示器、衣帽架等)
配套情况:合作伙伴有福建奔驰、东南汽车、东风裕隆、云度汽车、敏安汽车、五菱汽车、知豆汽车、长城汽车、上汽大通、长安马自达、长丰汽车、名爵、宇通集团、华颂、东风汽车、广汽三菱、合众汽车、江铃汽车、宝骏汽车、中欧汽车等

★福州泰昌汽车座椅开发有限公司
地址:福州市闽侯县青口镇吉山村
邮编:350119
电话:0591/87015219、87015205
电子信箱:zhangzuxiong@tse-c.com.cn
法定代表人:小野纯生
产品情况:汽车座椅制品

★福州福光橡塑有限公司
地址:福建省闽侯县青口投资区
邮编:350199
电话:0591/22772890、22769756
传真:22769754
电子信箱:zw@fukwang.com
法定代表人:三桥涉
质量体系:ISO/TS 16949、QS 9000
产品情况:车体产品包括门框密封、车门防水衬条、车窗玻璃导槽、车窗内外水切条、风窗密封条、发动机罩密封条、后盖密封条等
配套情况:为东风日产(天籁、阳光、蓝鸟、轩逸、俊逸)、广汽本田(飞度、奥德赛),东南汽车(得利卡、富利卡、菱帅),长安福特(蒙迪欧-致胜、福克斯)等配套

★福建省万达汽车玻璃工业有限公司
地址:福建省福清市福耀工业区Ⅰ区
邮编:350301
电话:0591/85383777、13799336060
传真:85363983
网址:www.fuyaogroup.com
电子信箱:wenxi.xue@fuyaogroup.com
法定代表人:曹德旺
质量体系:ISO/TS 16949
产品情况:汽车安全玻璃,主要服务于出口维修市场
出口情况:远销北美洲、大洋洲、东南亚、欧洲等市场;主要出口配套客户包括英国宝马、路虎、VOLVO、俄罗斯大众、现代、北美通用、北美克莱斯勒、大洋洲 HOLDEN、伟巴斯特、FRITZ 等国外汽车制造厂

★福耀玻璃工业集团股份有限公司
地址:福建省福清市福耀工业区Ⅱ
邮编:350301
电话:0591/85383777
传真:85363983
网址:www.fuyaogroup.com
电子信箱:fysales@fuyaogroup.com
法定代表人:曹德旺
质量体系:ISO/TS 16949、VDA 6.1
产品情况:[福耀(FY)牌]
　　汽车前风窗玻璃、后风窗玻璃、侧窗玻璃、三角窗玻璃、防弹玻璃
配套及出口情况:为一汽集团、一汽-大众、华晨金杯、神龙汽车、北京奔驰、上汽大众、长城汽车、上汽通用五菱、郑州宇通、广汽本田、长安汽车、长安铃木、长安福特、长安马自达配套;在美国、俄罗斯、德国、日本、韩国等9个国家和地区建立现代化生产基地

★福建宏协承汽车部件有限公司
地址:福建省福清市融侨经济技术开发区光电科技园
邮编:350301
电话:0591/85363937
传真:85363050
网址:www.hongxie.com
电子信箱:378462963@qq.com
法定代表人:胡宏
产品情况:专业生产汽车门框、装饰密封件

★格拉默座椅(厦门)有限公司
地址:福建省厦门市思明区胜骏广场404室
邮编:361000
电话:13806073713
网址:www.grammer.com
电子信箱:leo.chen@grammer.com
法定代表人:JOSEF TRETTENBACH

产品情况:汽车、机车和工程车辆座椅(内含座椅调角器)及零部件
出口情况:出口日本、韩国,并销往中国台湾、中国香港地区

★厦门健秀镜业有限公司
地址:福建省厦门市集美北部工业区95-99号
邮编:361021
电话:0592/6680180
传真:6684868
网址:www.ksource.com.cn
电子信箱:ksource@ksource.com.cn
法定代表人:庄健培
质量体系:ISO/TS 16949、ISO 14001
产品情况:汽车、摩托车后视镜、电子室内镜、防炫室内镜

★厦门金龙汽车座椅有限公司
地址:福建省厦门市集美区铁山路186号
邮编:361022
电话:0592/6661680、15259286366
网址:www.autoseat.com.cn
电子信箱:jw@autoseat.com.cn
法定代表人:周方明
质量体系:ISO/TS 16949
产品情况:大、中型客车系列座椅,轻型客车、MPV系列座椅,公交车系列、重型货车整套座椅和礼宾车座椅,并可提供救护车、采血车、警务车等特殊车型的座椅,具有年产50万位座椅的生产能力
配套及出口情况:配套厦门金龙客车、厦门金旅客车、福建龙马汽车、安徽华菱重型货车等主机厂;远销东南亚、南非、埃及、欧洲等国家和地区

★厦门松芝汽车空调有限公司
地址:福建省厦门市集美灌南工业区莲上路17-29号
邮编:361023
电话:0592/7559261
传真:7559262
网址:www.shsongz.com.cn
法定代表人:CHEN HUAN XIONG
质量体系:ISO/TS 16949
产品情况:各类车辆空调器
配套及出口情况:主要为厦门金龙、苏州金龙供货;远销海外

★厦门金龙汽车车身有限公司
地址:福建省厦门市集美区灌口镇灌口中路169号
邮编:361023
电话:0592/6379576
传真:5621910
网址:www.xmgdab.com
电子信箱:xmgdab@126.com
法定代表人:谢思瑜
质量体系:ISO/TS 16949
产品情况:汽车车身制造、汽车配件加工、车身冲压模具制造、工装夹检具制造等
配套情况:为北汽福田、厦门金旅、沈阳中顺、长城汽车、一汽通用红塔云南等十几家知名汽车厂配套

★厦门金龙汽车空调有限公司
地址:福建省厦门市集美区金龙路805-809号
邮编:361023
电话:0592/6378662
传真:6378665
网址:www.xmjlkt.com
电子信箱:postmaster@xmjlkt.com
法定代表人:丁明彬
负责人:杨洲
单位人数:300
质量体系:ISO/TS 16949、ISO 14001
产品情况:(金龙空调牌)
各系列大、中、轻型客车空调、节能环保型空调、纯电动空调、校车空调及各类型换热器产品

★厦门富可汽车配件有限公司
地址:福建省厦门市同安工业集中区思明园311号
邮编:361100
电话:0592/7236057、7236056
传真:7236055
网址:www.fukewiper.com
电子信箱:fuke@fukewiper.cn
法定代表人:王书屋
质量体系:ISO/TS 16949
产品情况:(CARALL牌)
汽车刮水片、汽车喇叭、行车记录仪等
出口情况:远销欧美、中东、非洲、东南亚等国家和地区

★美途汽配实业(厦门)有限公司
地址:福建省厦门市同安区城东洪塘路182号
邮编:361100
电话:0592/6039191、4001105758
网址:www.meto.com.cn
电子信箱:china@meto.com.cn
法定代表人:吴升柱
单位人数:200
质量体系:ISO/TS 16949
产品情况:(METO牌)
汽车刮水器
出口情况:远销欧洲、北美洲、俄罗斯、东南亚等30多个国家和地区

★泉州国胜汽车部件实业有限公司
地址:福建省泉州市鲤城区浮桥王宫工业区国胜大厦
邮编:362000
电话:0595/22484621、22411801
传真:22484620
网址:www.qzguosheng.com
电子信箱:glb@guoshengco.com
法定代表人:傅美华
质量体系:ISO/TS 16949、QS 9000
产品情况:(KS牌)
具有年产200万件安全带、20万件三元催化转化器、100万件三角警告牌的生产能力
配套及出口情况:为北京奔驰、一汽海马、南京依维柯、江铃汽车、江淮汽车、上汽通用五菱、厦门金旅、厦门金龙、奇瑞汽车、北汽福田、广汽三菱、昌河汽车、东风汽车公司、一汽解放青岛、陕汽集团、重汽集团等配套;远销美国、法国、东南亚等国家和地区

★龙海市九龙座椅有限公司
地址:福建省漳州市龙池开发区白礁工业园
邮编:363107
电话:0596/6863706、6863718
网址:www.lhjlzy.com
电子信箱:jlzy2@sanloong.com
法定代表人:赖雪凤
产品情况:专业从事各种客车座椅生产
配套情况:主要客户包括厦门金龙、厦门金旅、南京金龙、比亚迪客车、福田汽车、五菱汽车等国内知名客车厂

★中科动力(福建)汽车部件有限公司
地址:福建省永安市埔岭汽车工业园66号
邮编:366000
电话:0598/5133888、18650983770
网址:www.corepower.cn
电子信箱:3395652633@qq.com
法定代表人:陈洵和
产品情况:儿童安全汽车座椅、汽车座椅等

江西省

★江西新电汽车空调系统有限公司
地址:南昌市小蓝工业园汇仁大道399号
邮编:330000
电话:0791/85982026
传真:85982028
电子信箱:huhs@jxxindian.com
法定代表人:罗秀莲
质量体系:ISO/TS 16949、ISO 14001
产品情况:(新电牌)
NHR、TFR、SUV、重型货车、轻型客车、微车、轿车等汽车空调系统及热交换器
配套情况:为江铃汽车、北汽福田、一汽海马、上汽通用五菱、昌河汽车、长城汽车、南京长安等配套

★翰昂汽车零部件(南昌)有限公司
地址:南昌市小蓝经济开发区工业一路300号
邮编:330200
电话:0791/85986663、85986684
传真:85986658
电子信箱:wzhao1@hanonsystems.com
法定代表人:Min Suk Sung
质量体系:ISO/TS 16949、ISO 14000

产品情况:汽车空调系统、空调管路
配套情况:为江铃汽车、长安福特、长安马自达、北京奔驰配套

★江西行新汽车科技有限公司
地址:南昌市小蓝经济开发区金沙南一路 188 号
邮编:330200
电话:0791/85777077、85777088
传真:4008266163 - 06857
网址:www. jxxxc. com
电子信箱:xxqc@ jxxxc. cn
法定代表人:张进舟
质量体系:ISO/TS 16949、ISO 9001
产品情况:(行新牌)
汽车仪表板、保险杠、转向盘、内外饰件、坐垫等,年生产转向盘 200 万台套,内外饰件 100 万台套
配套情况:为江铃汽车、跃进汽车、上汽通用五菱、北奔重汽、青年客车、北汽福田、陕汽集团、广州羊城、力帆汽车、川汽、河北长安等配套

山东省

★山东统亚模塑科技实业有限公司
地址:济南市高新区科航路 1999 号
邮编:250104
电话:0531/87176888、88661978
传真:88688068
网址:www. sdtyp. com
电子信箱:591778416@ qq. com
法定代表人:朱庆凯
质量体系:ISO/TS 16949、ISO 14000
产品情况:汽车膨胀水箱、内外饰件及其他汽车配件
配套情况:主要客户有重汽、一汽、华泰、曼胡默尔、采埃孚、浪潮集团、积成电子、TOTO 等知名企业

★济南鲁新金属制品有限公司
地址:山东省章丘市城东工业园三涧大道
邮编:250200
电话:0531/61330003、61330005
网址:www. yatonggroup. com
电子信箱:hanyong@ yatonggroup. com
法定代表人:焦召明
单位人数:140
质量体系:ISO/TS 16949
产品情况:中国重汽 N07 车型(A7)的驾驶室连接板、流水槽、翼子板;斯太尔车身车门内板;车架连接板、大小横梁;HOWO 保险杠总成、长短地板、轮罩、油缸支架等;HOKA 保险杠总成、工具箱总成;浩瀚车型高顶顶盖;唐骏欧铃保险杠、前围中板、地板前横梁、地板、下框架等
配套情况:为中国重汽集团及山东唐骏欧铃汽车公司提供一级配套

★山东通盛制冷设备有限公司
地址:山东省聊城市凤凰工业园纬一路 33 号
邮编:252000
电话:0635/8579160、8579188
网址:www. sdtongsun. com. cn
电子信箱:sales@ sdtongsun. com. cn
法定代表人:郭元栋
产品情况:客车空调、工程车空调、冷藏机组和汽车电子

★山东三岭汽车内饰有限公司
地址:山东省德州市宁津县经济开发区
邮编:253400
电话:0534/5861052
传真:5864289
网址:www. sdslgroup. com
电子信箱:saslqc@ 126. com
法定代表人:倪桂龙
单位人数:410
质量体系:ISO/TS 16949
产品情况:(倪岭牌)
主导产品有 STR 系列、STRW 系列、HOWO 系列、黄河王子系列、德龙 F2000 系列、A7 系列、T7 系列、T5G 系列等重型货车以及重汽轻型货车等汽车驾驶室内饰件
配套情况:与中国重汽、陕西重汽、上汽依维柯、湖南三一、安徽集瑞重工、山西大运、内蒙古华泰等厂家配套

★山东重达汽车配件有限公司
地址:山东省宁津县时集开发区
邮编:253400
电话:0534/5917977、13905440182
电子信箱:510211755@ qq. com
法定代表人:刘世凤
质量体系:ISO/TS 16949
产品情况:汽车内饰件

★山东丰达汽车内饰有限公司
地址:山东省宁津县正阳路工业园区 49 号
邮编:253400
电话:0534/5211368、13505446299
传真:5215028
电子信箱:sdfengda66@ 163. com
法定代表人:李向军
质量体系:ISO 9001、ISO 14001
产品情况:(丰达牌)
汽车消声隔热衬垫,大型冲压拉伸件
配套情况:为一汽、天津丰田、沈阳金杯、厦门金龙、武汉万通、华泰圣达菲、南汽名爵等公司的重要配套

★金晶(集团)有限公司
地址:山东省淄博市高新技术开发区宝石镇王庄
邮编:255200
电话:0533/3584605、4166333
网址:www. cnggg. cn
电子信箱:sales@ cnggg. cn
法定代表人:王刚
质量体系:ISO 9002、ISO 14001
产品情况:汽车玻璃等
出口情况:远销欧美、日本、韩国、东南亚、大洋洲、中东等 100 多个国家和地区

★山东黑山玻璃集团有限公司
地址:山东省淄博市博山区八陡黑山前 384 号
邮编:255203
电话:0533/4590696、4590600
网址:www. heishanglass. com
电子信箱:lee@ heishanglass. com
法定代表人:韩祥军
单位人数:1580
质量体系:ISO 9001、ISO 14001
产品情况:(CREST 牌)
汽车玻璃配光镜系列等
出口情况:远销欧盟、美国、澳大利亚、中东、南非等 60 多个国家和地区

★山东旭日汽车饰件有限公司
地址:山东省日照市五莲县城富强路 1 号
邮编:262300
电话:0633/3926808
电子信箱:aohangcwb@ 126. com
法定代表人:胡宗瑞
质量体系:ISO 9002
产品情况:(旭祥牌)
主要生产汽车、农用车保险杠、仪表板、灯具、内饰件等产品
配套情况:主要为北汽福田、一汽金杯、轻骑、奥峰、时风、巨力、双力、聚宝、五征等 50 多个厂家配套

★烟台首钢丰田工业空调压缩机有限公司
地址:山东省烟台经济技术开发区珠江路 20 号
邮编:264000
电话:0535/3389988、0512/57630770
网址:www. denso. com. cn
电子信箱:jiang_yu@ yst. toyota - industries. com
法定代表人:林喜峰
单位人数:974
产品情况:乘用汽车、工程机械、农业机械空调用压缩机及其零部件

★烟台正海合泰科技股份有限公司
地址:山东省烟台市福山高新区祥福街 57 号
邮编:264000
电话:0535/6303726、6303916
传真:6303579
网址:www. zhenghai. com
电子信箱:zongheguanlibu@ zhenghai. com
法定代表人:秘波海
质量体系:ISO/TS 16949
产品情况:汽车顶棚类、地毯类、天窗遮阳板类、轮胎护罩类、座椅后护板类、免玻纤 DVD 类、蓄电池护罩类、聚氨酯类部件等汽车内饰产品
配套情况:为一汽集团红旗、奔腾,一

汽-大众奥迪 A6、奥迪 C6/B7、捷达、宝来、迈腾，神龙公司富康、爱丽舍、标致307、206，上汽通用乐风、乐骋，奇瑞公司奇瑞系列，吉利美日、金刚、远景，天津威姿和威乐，沈阳华晨阁瑞斯等 21 家汽车厂 60 多种车型配套内饰顶棚，并为奥迪 C6 等车型配套座椅后护板，为奥迪、奇瑞等系列车型配套免玻纤 DVD 等产品

★烟台三环锁业集团股份有限公司
地址：山东省烟台市芝罘区
邮编：264001
电话：0535/6254401、6834132
网址：www. tri – circle. com
法定代表人：张书亮
产品情况：锁具
出口情况：畅销世界 180 多个国家和地区

★山东只楚民营科技园股份有限公司
地址：山东省烟台市（芝罘）科技工业园汇宾路 8 – 2 号
邮编：264002
电话：0535/6877161
传真：6877162
网址：www. zcmykj. com
电子信箱：zzh@ zcmykj. com
法定代表人：阎成伟
质量体系：ISO/TS 16949、QS 9000
产品情况：汽车饰件产品，包括中、高档轿车门板总成、仪表板、座椅总成、保险杠、顶棚、地毯、安全带护板、汽车组合灯饰等系列品种；具有年产 55 万辆份汽车饰件的生产能力
配套情况：为一汽集团、一汽-大众、上汽通用、长城汽车、一汽海马等国内 14 家汽车厂配套

★只楚名盛汽车饰件表面处理有限公司
地址：山东省烟台市芝罘科技工业园东岳路 7 号
邮编：264002
电话：0535/6857516、6857508
传真：6857507
电子信箱：zcms18@ 163. com
法定代表人：荣宝良
单位人数：107
质量体系：ISO/TS 16949
产品情况：汽车内饰件、仪表板
配套情况：为上汽通用、上汽通用东岳、上汽大众等配套

★烟台汽车内饰总公司
地址：山东省烟台市芝罘区烟福路 2 号
邮编：264002
电话：0535/6510443、6529616
传真：6510494
网址：www. qcns. cn
电子信箱：yt@ qcns. cn
法定代表人：李伟
质量体系：ISO/TS 16949
产品情况：为部分大型汽车厂家配套的车用门内饰板、高架箱、高回弹坐垫、头枕、内饰织物及复合面料、高回弹冷熟化聚酯组合料、PP 木粉板、汽车复合地毯、门板插接件、车用顶棚、遮阳板、注塑零部件等汽车内饰材料、内饰件
配套情况：与一汽集团、一汽-大众、东风集团、神龙汽车、西安秦川、河北等多家汽车主机厂配套；与美国阿尔文美驰、中国台湾联成金属制造厂、意大利迪斯泰克公司、上海实业交通电器、韩国汽车内饰件有关企业结成了经济技术或技术合作伙伴关系

★烟台首钢电装有限公司
地址：山东省烟台市经济技术开发区嘉陵江路 88 号
邮编：264006
电话：0535/3979000
网址：www. denso. com
法定代表人：林喜峰
单位人数：266
质量体系：ISO/TS 16949
产品情况：工程机械空调系统，大客车、中型客车空调系统，冷藏车空调系统
配套及出口情况：为 20 多家汽车生产厂商配套；出口日本、印度尼西亚、菲律宾等国家

★烟台霍富汽车锁有限公司
地址：山东省烟台市经济技术开发区五指山路 9 号
邮编：264006
电话：0535/3411811、6378608
网址：www. huf – group. com
电子信箱：info_yt@ huf – group. com
法定代表人：Thomas Tomakidi
质量体系：ISO/TS 16949
产品情况：（HUF 牌）
汽车进入认证系统、驾驶者识别认证系统、无钥匙进入系统、门把手系统、电动行李舱系统、机械锁系统
配套及出口情况：为一汽-大众、长安福特、武汉神龙、北京现代、北京奔驰、一汽丰田、奇瑞汽车等配套；出口国外市场

★烟台首钢东星集团有限公司
地址：山东省烟台市经济技术开发区珠江路 20 号
邮编：264006
电话：0535/6375234
传真：6371341
网址：www. dongxing – group. com. cn
电子信箱：webmaster@ dongxing – group. com. cn
法定代表人（负责人）：林喜峰
单位人数：4000
质量体系：QS 9000、ISO 9001
产品情况：（东星牌）
车用空调、高性能钕铁硼永磁材料、车用粉末冶金零部件、冲压产品等
配套情况：为美国卡特彼勒、GE、丰田、本田、索尼、松下、安川、德国贝洱、法国法雷奥、韩国现代、三星、LG、斗山机械、东洋机电、一汽集团、上汽集团、广汽集团、北汽福田等供货

★山东鸿祥汽车内饰件股份有限公司
地址：山东省威海市张村工业园昌华路 66 号
邮编：264203
电话：0631/5753079
传真：5753077
网址：www. yrtg. com
法定代表人：杨立强
质量体系：ISO 9001
产品情况：各种高档汽车内装饰用顶棚布、地毯、衣帽架装饰布、行李舱装饰用布等；年生产能力 3000 万 m^2
配套情况：广泛应用于一汽-大众、上汽通用、福特、长安、沃尔沃、马自达、长城、比亚迪、奇瑞、江淮、长丰、东南、柳汽五菱等

★威海邦德散热系统股份有限公司
地址：山东省威海市环翠区桥头镇兴达路 5 号
邮编：264212
电话：0631/5520788、5520999
电子信箱：yujingjing@ shbd. cn
法定代表人：吴国良
质量体系：ISO/TS 16949
产品情况：（邦德牌）
冷凝器、蒸发器、散热器、中冷器、油冷器、储液器、压板管路、微通道扁管等部件
出口情况：为加拿大、韩国、俄罗斯、中国台北、中国香港、泰国、美国、荷兰、德国、波兰、印度、意大利等众多企业进行配套及售后服务

★明池玻璃股份有限公司
地址：山东省文登市小观镇明池路 3 号
邮编：264402
电话：0631/8855777、8969777
传真：8853999
网址：www. ming – chi. com
电子信箱：factory@ ming – chi. com
法定代表人：杨通权
质量体系：ISO/TS 16949
产品情况：汽车安全玻璃

★山东康泰实业有限公司
地址：山东省招远市金城路 389 号
邮编：265400
电话：0535/8213750、4006582511
网址：www. kangtaigroup. com
电子信箱：ktbgs@ kangtaigroup. com
法定代表人：康炳元
单位人数：1100
质量体系：IATF 16949、ISO 14001
产品情况：（荣康牌）
主要生产汽车座椅、悬架、后桥、控

制臂等产品
配套情况:为中誉奔驰、通用东岳和通用五菱配套

★烟台鲁新汽车零部件有限公司
地址:山东省蓬莱市经济开发区新港街道777号
邮编:265609
电话:0535/5757599
网址:www.yatonggroup.com
电子信箱:jinglian@yatonggroup.com
法定代表人:焦召明
单位人数:140
产品情况:钢铁冷冲压制品、车身件、保险杠及横梁

★龙口市宏兴机械车辆配套有限公司
地址:山东省龙口市市府驻地牟黄路南
邮编:265700
电话:0535/8660868
传真:8660876
网址:www.hongxingchanye.com.cn
电子信箱:manager@hongxingchanye.com.cn
法定代表人:逄丽娟
负责人:孙波
质量体系:ISO/TS 16949、QS 9000
产品情况:(宏兴牌)
重型货车横梁、衬梁、尾梁、支架等件;隔热垫、地板垫、寒区车挡板等各种密封、隔热、保温材料;隔热吸音垫系列、钣金件及焊接件等系列产品
配套情况:与中国重汽、北方奔驰、一汽红塔高唐、聊城中通客车等汽车公司配套

★龙口泰进机械有限公司
地址:山东省龙口市北马唐家泊1号
邮编:265702
电话:0535/8918196、8911357
传真:8918885
网址:www.lktaijin.com
电子信箱:taijin1357@163.com
法定代表人:王兰涛
单位人数:300
质量体系:ISO/TS 16949
产品情况:(龙升牌)
电动玻璃升降器、手动玻璃升降器、加速踏板支架、货箱锁等车身附件
配套情况:为北汽福田、北汽新能源、中国重汽、江淮、东风股份、长安、比亚迪、奇瑞、通用五菱、吉利新大洋、河北中兴、厦门金龙等40多家汽车厂配套

★青岛新泉汽车饰件有限公司
地址:山东省青岛市即墨区石泉二路10号
邮编:266200
电话:0532/68020937
网址:www.xinquan.cn
电子信箱:457408409@qq.com
法定代表人:唐志华
产品情况:汽车组合仪表台(不含计量仪器仪表生产)、玻璃升降器、汽车门板、汽车顶棚、汽车座椅、汽车座椅调角器、汽车仪表板及仪表板模具
配套情况:主要服务一汽解放、一汽-大众、北汽福田等主要客户

★佛吉亚(青岛)排气系统有限公司
地址:山东省青岛市即墨区青岛汽车产业新城大众一路以南、营流路以西B区
邮编:266510
电话:0532/86838000-8026
传真:83186555
网址:www.faurecia.com
电子信箱:juan.rong@faurecia.com
法定代表人:江永玮
质量体系:ISO/TS 16949、ISO 14001
产品情况:汽车座椅、前舱模块、隔音毯、门内板、前端模块和排气系统作为全球性的汽车零部件供应商
配套情况:为美国现代、东风悦达起亚、威亚、神龙、福特、奇瑞等供货

★青岛吉尔希移动控制配件有限公司
地址:山东省青岛市经济技术开发区昆仑山路600号
邮编:266555
电话:0532/55581011
传真:55581051
网址:www.grcontrols.com
电子信箱:info@grcontrols.com
法定代表人:詹姆斯·布雷德伯里
产品情况:汽车座椅、汽车车身、拉线、五金产品

河南省

★日立化成工业郑州汽车配件有限公司
地址:郑州市经济技术开发区第二十一大街22号航海东路1405号中信广场412室
邮编:450016
电话:0371/55057000
传真:55057001
网址:www.hitachi.com.cn
法定代表人:越智敬人
产品情况:汽车用高性能复合树脂成型部件,轻量化树脂组装成型部件,金属模具及以上产品所需零部件

★郑州东风李尔泰新汽车座椅有限公司
地址:郑州市经济技术开发区第十九大街东、经南八北二路南
邮编:450016
电话:0371/55155774
电子信箱:wfzhao@leardfm.com
法定代表人:罗元红
产品情况:汽车座椅总成
配套情况:为东风日产乘用车公司郑州工厂配套

★河南大井星光汽车零部件制造有限公司
地址:郑州市中原区须水工贸园区
邮编:450042
电话:0371/67813811
传真:67813111
电子信箱:admim@actoxa.com
法定代表人:马皓生
负责人:谭耘
质量体系:ISO/TS 16949
产品情况:汽车门锁、发动机罩锁等汽车零部件
配套情况:为东风汽车有限、郑州日产汽车、东风汽车股份、株式会社大井制作所供货

★郑州市金根汽车零部件有限公司
地址:河南省荥阳市郑源路1号
邮编:450100
电话:0371/64970991、64600026
传真:64970993
网址:www.jingen.com
电子信箱:zhw@jingen.com
法定代表人:周宏伟
单位人数:450
质量体系:ISO/TS 16949
产品情况:(金根牌)
聚氨酯软化仪表台、各档客车座椅、客车空调、汽车内饰件、汽车注塑件、汽车线束、汽车仪表、灯具
配套情况:是河南少林、郑州宇通、洛阳凌宇、东风旅行车、重庆恒通、万山特种车、烟台鹏驰汽车附件、深圳五洲龙等汽车主机厂家主要配套商

★郑州泰新汽车内饰件有限公司
地址:河南省中牟县与东风路交叉口向南500米路东
邮编:451450
电话:0371/60868966
传真:60868966
网址:www.zztaixin.com
电子信箱:wxxu@zztaixin.com
法定代表人:中山太郎
产品情况:主要生产各类汽车座椅、汽车内饰件、冲压件及对外承接模具、焊接夹具、检具等
配套情况:主要包括郑州日产皮卡、帕拉丁、NV200、帅客;东风日产逍客、奇骏;东风启辰;奇瑞汽车D50、R50、MV50、K50、K60等汽车专用座椅

★河南新科隆电器有限公司
地址:河南省新乡市科隆大道甲1号
邮编:453001
电话:0373/5068992
网址:www.hnxkldq.com
电子信箱:hnkl.dq@hnkl.cn
法定代表人:程清丰
质量体系:ISO 9001
产品情况:蒸发器、冷凝器等

★豫新汽车热管理科技有限公司
地址:河南省新乡市建设中路168号
邮编:453049

电话:0373/3862912、15903871811
传真:3862912
网址:www. yx - kt. com
电子信箱:yx2912@ 126. com
法定代表人:张世良
质量体系:ISO/TS 16949
产品情况:(豫新牌)
大型和中型客车、货车、特种车用空调系统
配套情况:为东风日产、神龙汽车、上汽荣威、上汽通用五菱、哈飞、昌河、众泰、宇通客车、北方华德尼奥普兰、黄海客车、少林客车、盐城中威、扬州亚星、柳工、厦工、中联重科、徐工、三一重工、福田雷沃重工、东风柳汽、青岛一汽、宇通重工、集瑞重工配套

★河南平原光电有限公司
地址:河南省焦作市工业路1号
邮编:454001
电话:0391/2623896、2609258
网址:www. norincogroup. com. cn
电子信箱:pygdkjyxgs@ 126. com
法定代表人:郭海星
质量体系:ISO/TS 16949
产品情况:汽车后视镜

★河南环宇玻璃科技股份有限公司
地址:河南省许昌县蒋李集镇寇庄工业区
邮编:461107
电话:0374/5733866、5733166
传真:5733000
网址:www. hyglass. net
电子信箱:bgs@ hyglass. net
法定代表人:寇保成
质量体系:IATF 16949
产品情况:各类安全玻璃
配套及出口情况:为宇通集团、一拖集团、雷沃重工、江淮汽车、徐工集团、山东临工、柳工、时风集团、道依茨、艾克、纽荷兰、现代重工等企业配套;出口美洲、非洲、中东、东南亚等30多个国家和地区

★中国洛阳浮法玻璃集团有限责任公司
地址:河南省洛阳市唐宫中路9号
邮编:471009
电话:0379/63908575、63908617
传真:63908617
网址:www. clfg. com
电子信箱:clfg@ clfg. com
法定代表人:彭寿
产品情况:汽车玻璃

★洛阳雅程科贸有限公司
地址:河南省洛阳市洛龙区洛龙路农科院东300米
邮编:471022
电话:0379/65511569、18937936513
传真:65511569
网址:www. lyyacheng. com
电子信箱:yachengkemao@ 163. com
法定代表人:张雅程
质量体系:ISO 9001
产品情况:(雅程牌)
重型货车、工程机械、农业机械座椅总成及配件,具备年产40万套座椅总成及座椅附件的生产能力
配套及出口情况:为100多个主机生产厂家配套;间接出口多个国家和地区

★河南北方星光机电有限责任公司
地址:河南省邓州市古城路001号
邮编:474150
电话:0377/62286236、62286809
传真:62287000
电子信箱:zhangjun@ hnbfxg. com
法定代表人:史德仁
质量体系:ISO/TS 16949、VDA 6.1
产品情况:汽车门锁及操纵联接件为主导产品
配套情况:为一汽集团、一汽-大众、神龙汽车等配套

★开封河西汽车饰件有限公司
地址:河南省开封市开发区汉兴路以南、六大街以东
邮编:475000
电话:0378/23381957、23381555
网址:www. kasai. co. jp
电子信箱:zhousuyun@ kasai - group. com
法定代表人:徐晓平
产品情况:中、高档汽车内外饰件
配套情况:主要客户有郑州日产

湖北省

★武汉艾帕克汽车配件有限公司
地址:武汉市东西湖区将军路街办事处银潭路12号
邮编:430040
电话:027/83941716
电子信箱:wapaccw@ wapac. com. cn
法定代表人:宫崎幸一
产品情况:汽车钣金零部件,提供车身骨架零配件
配套情况:为东风本田配套,主要提供CRV、思域等车型配件

★武汉汉联汽车配件有限公司
地址:武汉经济技术开发区沌阳街新民村特1号
邮编:430056
电话:027/84259187、84253549
传真:84259227
电子信箱:95345851@ qq. com
法定代表人:龚磊
质量体系:QS 9000、ISO 9001
产品情况:汽车保险杠、内外饰件、各种塑料件、模具
配套情况:为上汽大众、一汽-大众、神龙汽车配套

★兴桥高分子材料科技有限公司
地址:武汉市汉阳区车城东路309号
邮编:430056
电话:027/84473613
法定代表人:李仲武
产品情况:座椅

★东风彼欧汽车外饰系统有限公司
地址:武汉市经济技术开发区22MB地块商务服务中心(车城东路39号302室)
邮编:430056
电话:027/84219572
网址:www. yfpo. com
电子信箱:wanglei@ dfpo. com. cn
法定代表人:廖圣寿
产品情况:汽车塑料外饰系统和零部件(保险杠、门槛、塑料翼子板、塑料尾门等)

★武汉武耀安全玻璃股份有限公司
地址:武汉市经济技术开发区车城东路164号
邮编:430056
电话:027/84892112、84258383
传真:84892085
网址:www. wypglass. com
电子信箱:wyp@ wypglass. com
法定代表人:雷炫
质量体系:ISO/TS 16949、ISO 14001
产品情况:(WYP牌)
各种汽车用安全玻璃及其总成系统
配套及出口情况:为雷诺、标致、雪铁龙、日产、本田等配套;出口欧美等地区

★武汉李尔云鹤汽车内饰系统有限公司
地址:武汉市经济技术开发区沌阳大街82号
邮编:430056
电话:027/84304567
网址:www. lear. com
电子信箱:swang07@ lear. com
法定代表人:戈国标
产品情况:汽车座椅

★武汉东环车身系统有限公司
地址:武汉市经济技术开发区枫树三路38号
邮编:430056
电话:027/84305948
传真:84305990
网址:www. wdacs. com
电子信箱:market@ wdacs. com
法定代表人:陈弘
质量体系:ISO/TS 16949、GB/T 24001
产品情况:电动(含防夹)/手动玻璃升降器、驻车制动操纵杆以及中小型冲压焊接零部件
配套情况:为神龙汽车、长城汽车、长安汽车、东风乘用车、东风商用车、东风股份、东风柳汽、东风日产、奇瑞汽车、北

汽福田、江铃汽车、上汽大通、华菱汽车、北汽银翔、东风小康、众泰汽车等配套

★东风马勒热系统有限公司
地址:武汉市经济技术开发区枫树五路
邮编:430056
电话:027/84281025、84281055
传真:84281052
网址:www. cn. mahle. com
电子信箱:yuyang. lei@ dbts. cn
法定代表人:陈兴林
质量体系:IATF 16949、OHSAS 18001
产品情况:汽车散热器、中冷器、冷却模块、冷却风扇、冷凝器、空调系统、硅油风扇离合器、尾气再循环冷却器、电池冷却板等,覆盖乘用车、商用车两大系列
配套情况:主要客户有一汽解放、陕西重汽、东风商用车、福田戴姆勒、上汽依维柯红岩、东风股份、郑州日产、神龙汽车、长安标致雪铁龙、东风日产乘用车、东风乘用车、东风本田、福建奔驰、潍柴、东风康明斯、上汽菲亚特红岩动力、日本日产柴、英国本田、沃尔沃商用车等国内外客户

★东风博泽汽车系统有限公司
地址:武汉市经济技术开发区民营科技工业园2路
邮编:430056
电话:027/84467900、84790450
传真:84215112
网址:www. brose. com
电子信箱:df@ dongfeng - brose. com. cn
法定代表人:陈兴林
质量体系:ISO/TS 16949、ISO 14001
产品情况:玻璃升降器、座椅系统、车门系统
配套情况:客户有神龙汽车、长安福特、吉利、奇瑞、广汽菲克、福建戴姆勒、比亚迪、李尔、雷诺、东风格特拉克

★武汉提爱思全兴汽车零部件有限公司
地址:武汉市经济技术开发区万家湖路187号
邮编:430056
电话:027/84236388
传真:84236597
网址:www. tstech. co. jp
电子信箱:xiaolei. hu@ ts - gsk. com
法定代表人:陈镇发
质量体系:ISO/TS 16949、ISO 14000
产品情况:汽车座椅、门内饰板等汽车零部件
配套情况:为东风本田配套

★湖北三环汽车工程塑料有限公司
地址:武汉市经济技术开发区珠山湖大道111号
邮编:430056
电话:027/84893021、84891325
传真:84891325
法定代表人(负责人):郝勇
质量体系:ISO/TS 16949
产品情况:神龙、众泰仪表板总成,年产99738只;众泰保险杠,年产7991件

★日精仪器武汉有限公司
地址:武汉市蔡甸区后官湖大道258号
邮编:430058
电话:027/84895388
传真:84953237
网址:www. nippon - seiki. co. jp
电子信箱:huli@ wh - ns. cn
法定代表人:高田博俊
产品情况:汽车仪表等

★武汉中人瑞众汽车零部件产业有限公司
地址:武汉市东湖开发区关南工业园关南路18号
邮编:430073
电话:027/87561777、87413216
传真:87561777
网址:www. zrrz. com
电子信箱:b. zhang@ zrrz. com
法定代表人:李庆新
质量体系:ISO/TS 16949、QS 9000
产品情况:车身件、底盘件、结构件等汽车零部件的冲压、焊接、装配;年加工钢材量达3.5万t
配套及出口情况:为神龙、一汽-大众、上汽大众、东风日产等多家国内汽车厂家配套;批量零部件供应全球市场

★武汉总和汽车零部件有限公司
地址:武汉市汉南区纱帽街兴三路200号
邮编:430090
电话:020/32223258
传真:32223259
网址:www. tstech. co. jp
法定代表人:橧原和彦
产品情况:头枕等汽车座椅零部件
配套情况:主要客户有武汉提爱思全兴汽车配件有限公司

★武汉广佳汽车饰件有限公司
地址:武汉市汉南区薇湖路516号
邮编:430090
电话:027/84856999
传真:84785678
网址:www. hirosawa. com. cn
法定代表人:余泽民
产品情况:汽车内饰件
配套情况:主要客户为东风本田、东风日产、东风标致、东风雪铁龙、福特、沃尔沃、郑州日产、通用等著名车企

★佛吉亚全兴(武汉)汽车座椅有限公司
地址:武汉市常福工业示范园常禄大道37号地
邮编:430100
电话:027/84470266、84212193
传真:84213601
网址:www. faurecia. com
电子信箱:junjun. yu@ faurecia. com
法定代表人:陈镇发
质量体系:ISO 9001
产品情况:汽车座椅
配套情况:为神龙汽车、东风日产配套

★武汉耀皮康桥汽车玻璃有限公司
地址:武汉市江夏区经济开发区金港新区通用大道18号
邮编:430208
电话:027/86697658
传真:86699890
网址:www. sypglass. com
电子信箱:jun. li@ sypglass. com
法定代表人:柴楠
产品情况:年生产能力100万套汽车玻璃

★湖北三江航天江河橡塑有限公司
地址:湖北省孝感市长征路95号
邮编:432000
电话:0712/2951782、2951777
传真:2322285
法定代表人:李方朔
质量体系:ISO/TS 16949
产品情况:门护板、仪表台、保险杠、空调风道等各种汽车内外塑料饰件

★均胜汽车安全系统(荆州)有限公司
地址:湖北省荆州市开发区深圳大道88号
邮编:434000
电话:0716/8882880
传真:8882880 - 8008
网址:www. takata. com
电子信箱:xingyu. liao@ cn. joysonsafety. com
法定代表人:范琦
产品情况:汽车安全气囊、安全带

★法雷奥汽车空调湖北有限公司
地址:湖北省荆州市沙市区江津西路285号
邮编:434000
电话:0716/8253230、8251611
网址:www. valeo. com. cn
电子信箱:qiqin. zhang@ valeo. com
法定代表人:张劲松
产品情况:汽车空调系统、空调总成、蒸发器、控制盒、过滤器和电动机总成等

★湖北美标汽车制冷系统有限公司
地址:湖北省荆州市沙市区太岳路25号
邮编:434007
电话:0716/8253166、8270318
传真:8510528
网址:www. mbac. com. cn
电子信箱:mbac1@ mbac. com. cn
法定代表人:陈能卯
负责人:郭琨
单位人数:500
质量体系:ISO/TS 16949、ISO 14001
产品情况:(MB牌)
具备年产60万台汽车空调蒸发

器、冷凝器、30 万套汽车空调系统及 50 万套汽车空调管路的产能
配套情况:已经为一汽解放、一汽青岛、东风股份、安徽华菱、成都王牌、山西大运、济宁重汽、厦门金旅、安徽奇瑞、Valeo 等国内众多知名厂家批量供货

★湖北崇高科工有限公司
地址:湖北省崇阳县天城镇工业园区
邮编:437500
电话:0715/3688503、3303265
电子信箱:hbcgkg@ 163. com
法定代表人:龙云刚
产品情况:汽车内饰零部件

★襄阳广佳汽车饰件有限公司
地址:湖北省襄阳市高新区深圳工业园苏州大道 1 号光明国际园区
邮编:441000
电话:0710/2399712
传真:2399721
网址:www. hirosawa. com. cn
法定代表人:黄建中
产品情况:主营业务为汽车内饰件之注塑成型及表面喷涂、曲面印刷等
配套情况:主要配套服务乘用车有襄阳东风日产天籁、楼兰及英菲尼迪等

★航宇救生装备有限公司
地址:湖北省襄阳市高新区新华路 104 号
邮编:441003
电话:0710/3101446、3224145
传真:3224010
电子信箱:ali@ china - ali. com
法定代表人:马永胜
质量体系:ISO/TS 16949
产品情况:(汉江牌)
汽车门锁、锁芯及钥匙、行李包锁
配套情况:为天津一汽夏利、吉利汽车、长安汽车、上汽通用五菱、厦门金龙、西沃、安凯客车、五十铃配套

★湖北中航精机科技有限公司
地址:湖北省襄阳市高新区追日路 8 号
邮编:441003
电话:0710/3345433
传真:3345024
网址:www. hapm. cn
电子信箱:auto@ hapm. cn
法定代表人:雷自力
质量体系:IATF 16949、ISO 14001
产品情况:具备年产 550 万辆份轿车座椅调角器、轿车座椅滑轨 100 万辆份、变速器拨叉 30 万辆套、座椅骨架集成 40 万座、高调器 120 万件、各类精冲制品 1.5 亿件以及大型连续精冲模具 80 副的生产能力
出口情况:出口澳大利亚、伊朗、马来西亚、泰国、阿根廷等国家

★东风河西襄阳汽车饰件系统有限公司
地址:湖北省襄阳市高新区天籁大道 15 号
邮编:441007
电话:0710/3318327
网址:www. kasai. co. jp
电子信箱:qxie@ dfyf. com
法定代表人:游国清
产品情况:主要生产汽车门内饰板、软内饰等汽车饰件系统产品
配套情况:主要的客户为东风汽车、神龙汽车、东风日产、东风本田、东风汽车股份和南京名爵等汽车公司

★湖北新华光信息材料有限公司
地址:湖北省襄阳市长虹北路 67 号
邮编:441057
电话:0710/3349999
传真:3341939
网址:www. hbnhg. com
电子信箱:hbnhg678@ hbnhg. com
法定代表人:张百锋
单位人数:610
质量体系:ISO/TS 16949、ISO 14001
产品情况:机械设备、玻璃
出口情况:出口欧洲、美洲、亚洲等地区

★东风(十堰)林泓汽车配套件有限公司
地址:湖北省十堰市张湾区红卫工业新区凯迪拉克大街 28 号
邮编:442000
电话:0719/8223478、8222458
传真:8223776、8222458
网址:www. dflhgs. com
电子信箱:guanlibu@ dflhgs. com
法定代表人:陆啸龙
单位人数:318
质量体系:ISO/TS 16949、ISO 14001
产品情况:汽车用内外后视镜、塑料零部件、金属结构件产品
配套及出口情况:主要为东风商用车、东风汽车股份、东风柳州汽车、神龙汽车、东风汽车集团乘用车公司、东风本田汽车、广汽本田等 40 余家整车企业服务;产品随整车已实现大批量出口

★湖北三环车身系统有限公司
地址:湖北省十堰市车城南路 23 号
邮编:442001
电话:0719/8872228
传真:8893641
网址:www. triring. cn
电子信箱:cheshen@ triring. cn
法定代表人:高红卫
质量体系:ISO/TS 16949、ISO 14001
产品情况:汽车驾驶室总成、玻璃升降器总成和车身系统冲压零部件
配套情况:为东风汽车、神龙汽车、三环十通、汉阳特种汽车制造厂、四川嘉泰、美驰华阳公司等主机厂配套

★东风(十堰)车身部件有限责任公司
地址:湖北省十堰市张湾区贵州路 23 号
邮编:442001
电话:0719/8238886、18671900033
网址:www. dfcpcs. com
电子信箱:zhaoz@ dfcpcs. com
法定代表人:王义斌
负责人:谈政
单位人数:509
质量体系:ISO/TS 16949、ISO 14001
产品情况:主要产品有汽车保险杠、踏板支架、玻璃升降器、仪表梁总成、工具箱、备胎架以及汽车车身中大型冲压件、焊接零(合)件等总成产品
配套情况:客户有东风实业、陕西重汽、比亚迪、斯威汽车、四川现代、金杯、长安汽车、北汽银翔、广汽菲克、启辰、广汽传祺、众泰汽车、一汽-大众、北京汽车、长城汽车、中国重汽、江淮汽车、上汽集团、吉利汽车

★十堰市鑫亚车身部件有限公司
地址:湖北省十堰市贵州路 37 号
邮编:442001
电话:0719/8239130、8207751
传真:8260344、8239130
电子信箱:875086007@ qq. com
法定代表人:李天祥
质量体系:ISO 9001
产品情况:定点生产东风汽车公司车身零部件,年产 15 万辆份,此外还具有年产 5000 辆汽车车身总成和 2000 台驱动桥的生产能力
配套情况:为东风汽车公司配套

★东风 - 派恩汽车铝热交换器有限公司
地址:湖北省十堰市经济技术开发区江家山路 3 号
邮编:442002
电话:0719/8522425、8520633
传真:8363269
网址:www. paninco. com. cn
电子信箱:paninco@ paninco. com. cn
法定代表人:韩力
质量体系:ISO/TS 16949
产品情况:重型货车、轻型货车、轿车、军车等车型系列环保型空调,冷凝器芯体、蒸发器芯体、暖风芯子、HVAC、管路、线束
配套情况:为东风商用车、东风汽车股份、东风康明斯发动机、东风日产柴、陕汽集团、东风特汽(十堰)客车、东风客车底盘、安徽华菱、吉利汽车等配套

★东风银轮十堰汽车热交换器有限公司
地址:湖北省十堰市张湾区车城街办镜潭路 16 号
邮编:442002
电话:0719/8243774、8244488
传真:8521337、8239657
网址:www. dfm - flying. com
电子信箱:dfflying@ dongfeng. net
法定代表人:张红
单位人数:650
质量体系:ISO/TS 16949、ISO 14001
产品情况:(正翔牌、Flying 牌)

汽车暖风机、汽车空调、增压器连接管、动力转向泵等
配套及出口情况：为东风公司主机厂（商用车公司、股份公司、神龙公司、客车公司、客车底盘公司、专用车公司、云南汽车公司、杭州日产柴公司、杭州汽车公司、东风渝安）、重庆力帆、钦州机械、北汽福田、重庆长安、宝鸡车辆等配套；部分产品出口美国、法国、印度尼西亚

★十堰市十金汽车部件有限责任公司
地址：湖北省十堰市马家河路9号
邮编：442012
电话：0719/8783359
传真：8782419
电子信箱：582856167@ qq. com
法定代表人：王新刚
质量体系：ISO/TS 16949、ISO 9001
产品情况：汽车车厢、车架、消声器、进气管等
配套情况：为东风公司配套

★十堰方鼎汽车车身有限公司
地址：湖北省十堰市白浪高新技术产业开发区中观路89号
邮编：442013
电话：0719/8303267、8317220
传真：8303268
电子信箱：258408931@ qq. com
法定代表人：张金荣
质量体系：ISO/TS 16949、ISO 9000
产品情况：（武当星牌）
重、中、轻型汽车，农用车系列车身、内饰、冲压件
配套情况：为东风专用汽车底盘厂、东风嘉泰汽车公司等配套

★东风延锋十堰汽车饰件系统有限公司
地址：湖北省十堰市武当路68号
邮编：442047
电话：0719/8237934、8236948
传真：8237142
电子信箱：xinling@ dfl. com. cn
法定代表人：钱怡
质量体系：ISO/TS 16949、ISO 14001
产品情况：商用车及乘用车仪表板、门护板、保险杠等各类饰件
配套情况：为东风装车原装配套

★东风（十堰）汽车部件有限公司
地址：湖北省十堰市六里坪工业园
邮编：442176
电话：0719/5714053、5711567
传真：5713204
电子信箱：hedongfang668@ vip. 163. com
法定代表人：王义斌
质量体系：ISO/TS 16949、ISO 9001
产品情况：大型冲压件，年产200万件；轿车车身，年产50000辆份

★福耀玻璃（湖北）有限公司
地址：湖北省荆门市高新技术产业开发区交通大道
邮编：448124
电话：0724/8686888
网址：www. fuyaogroup. com
电子信箱：yan. zhao@ fuyaogroup. com
法定代表人：曹德旺
质量体系：ISO/TS 16949
产品情况：[福耀（FUYAO）牌]
汽车玻璃，主要为华中地区各大汽车厂配套
配套情况：为神龙汽车、东风本田、东风乘用车、东风商用车、东风渝安、江淮汽车、奇瑞汽车、昌河汽车、江铃汽车、北汽株洲等厂家配套

湖南省

★长沙广汽东阳汽车零部件有限公司
地址：长沙市经济技术开发区风树路277号
邮编：410100
电话：0731/88702509
电子信箱：gaty@ csgaty. com
法定代表人：张平秀
产品情况：汽车保险杠、外饰件及扰流板
配套情况：为广汽菲克、广汽三菱配套

★湖南长平车身制造有限公司
地址：长沙市长沙县榔梨镇
邮编：410129
电话：0731/86802338、86800038
传真：86806806、86808253
网址：www. cp – china. com
电子信箱：hn6808253@ 163. com
法定代表人：孔应祥
单位人数：368
质量体系：ISO/TS 16949
产品情况：汽车零部件冲压、焊接组装、喷涂及汽车驾驶室总成设计与制造
配套情况：为上汽依维柯红岩商用车、陕汽集团长沙环通汽车、三一集团、中联重科等主机厂配套

★湖南长沙榔梨汽车车身制造有限公司
地址：长沙市长沙县榔梨镇康狮岭
邮编：410129
电话：0731/86806988、86802290
传真：86802478
电子信箱：caoguoxing@ vip. sina. com
法定代表人：曹国兴
质量体系：ISO 9001
产品情况：汽车车身
配套情况：为东风公司、陕汽集团配套

★长沙新泉汽车饰件系统有限公司
地址：湖南省浏阳市高新技术产业开发区永泰路21号
邮编：410323
电话：0731/83699552
网址：www. xinquan. cn
电子信箱：shenqifeng@ xinquan. cn
法定代表人：唐志华
产品情况：汽车组合仪表、保险杠、仪表台、玻璃升降器、汽车门板、汽车顶棚、座椅及座椅调角器等汽车零部件

★株洲时代新材料科技股份有限公司
地址：湖南省株洲市天元区海天路18号
邮编：412007
电话：0731/28491684、28445089
网址：www. trp. com. cn
电子信箱：tmt@ teg. cn
法定代表人：杨首一
质量体系：ISO/TS 16949、QS 9000
产品情况：推力杆、转向拉杆、发动机悬置等减振产品；车身修饰件、精密注塑件等轻量化产品；消声片、地毯、顶棚等产品

★恒立实业发展集团股份有限公司
地址：湖南省岳阳市岳阳楼区冷水铺路冷水铺居委会10幢301
邮编：414000
电话：0730/8245109
传真：8221311
电子信箱：fx2919@ 163. com
法定代表人：马伟进
质量体系：ISO/TS 16949、VDA 6. 1
产品情况：汽车空调装置，年产大型客车空调5000套、中轻型客车空调2万套、轿车空调40万套
配套情况：为上汽大众桑塔纳、一汽红旗、金杯海狮、广汽三菱、江淮万都、宇通汽车、厦门金龙、北汽福田、中联重科等配套

★华达汽车空调（湖南）有限公司
地址：湖南省娄底市娄星区乐坪大道
邮编：417000
电话：0738/8871861、8871041
网址：www. valeo. com. cn
电子信箱：hzcldpf@ 163. com
法定代表人：曹志惠
单位人数：234
质量体系：ISO/TS 16949
产品情况：（HZ牌）
温控系统压缩机
配套情况：为一汽集团、东风汽车公司、重庆五十铃、郑州日产、东南汽车、风神汽车等配套

★邵阳通达汽车零部件制造有限公司
地址：湖南省邵阳市宝庆西路443号
邮编：422000
电话：0739/5324654
传真：5324473
网址：www. sytd. net
电子信箱：sytd@ vip. 163. com
法定代表人：王邵军
单位人数：280
质量体系：ISO/TS 16949
产品情况：[SHAOLING（邵零）牌]
主要生产汽车支撑气弹簧、汽车座

椅调角器、各类机加工零部件以及汽车发动机配件
配套情况:为上汽通用五菱、一汽海马、神龙汽车、郑州宇通、厦门金龙等供货

★湖南长丰汽车空调有限公司
地址:湖南省永州市猎豹汽车配套招商工业园
邮编:425000
电话:0746/8453968、18974609153
传真:8453998
网址:www.cfkt.com.cn
电子信箱:28002952@qq.com
法定代表人(负责人):骆国荣
单位人数:108
质量体系:ISO/TS 16949
产品情况:各种汽车空调系统及其零部件,各项夹具、模具、检具和设备
配套情况:以猎豹系列轻型越野车及轿车为主导车型配套生产车用空调产品

★湖南长丰汽车内装饰有限公司
地址:湖南省永州市冷水滩区猎豹北路65号
邮编:425100
电话:0746/8457021、18074613666
传真:8457435
网址:www.hncfai.com
电子信箱:hncfai@hncfai.com
法定代表人:洪伟涵
质量体系:ISO/TS 16949、ISO 14001
产品情况:汽车地毯、门内饰板、隔音隔热垫、遮阳板等汽车内装饰件
配套情况:为广汽三菱、东风公司轻型车、东南汽车等配套

广东省

★广州维高集团有限公司
地址:广州市白云区神山镇神山大道8号
邮编:510460
电话:020/36418228
传真:36418008
网址:www.vigogroup.com
电子信箱:qhb@vigogroup.com
法定代表人:许悦松
单位人数:1432
质量体系:ISO/TS 16949
产品情况:外饰件、内饰件、座椅零部件、门板件、模具等
配套情况:为广汽本田、广汽丰田、广汽乘用车、广汽日野、本田(中国)、江森自控、广州樱泰、广州电装、发尔特克、广州提爱思、五羊本田、建设雅马哈、新大洲本田、江门大长江、中国嘉陵、广州大阳、轻骑铃木等配套

★广州广爱兴汽车零部件有限公司
地址:广州市经济技术开发区东区骏业路261号
邮编:510530
电话:020/82265138
传真:82265118
网址:www.tstech.co.jp
电子信箱:caixueqing@g-tsk.com
法定代表人:张平秀
质量体系:ISO/TS 16949
产品情况:汽车门内饰板、遮阳板、开关饰板总成等
配套情况:主要客户有广汽本田等

★四维尔丸井广州汽车零部件有限公司
地址:广州市萝岗区东区骏功路15号
邮编:510530
电话:020/62959018
传真:62959019
网址:www.swellmarui.com
电子信箱:sales@swellmarui.com
法定代表人:赤见秀雄
负责人:郑静涛
质量体系:ISO/TS 16949、ISO 14001
产品情况:汽车标牌、散热器格栅、车轮盖、装饰条、门把手等内外饰件
配套情况:为广汽本田、本田汽车(中国)、本田汽车用品(广东)、东风日产乘用车、日产投资(中国)、东风阳光汽车服务、天津一汽丰田、广汽丰田、长春丰越汽车、丰田通商(上海)、一汽海马、广汽三菱等供货

★ 广汽零部件有限公司
地址:广州市广州大道中998号圣丰广场
邮编:510620
电话:020/83882608
传真:83858481
网址:www.gac-component.com
电子信箱:gaccyyb@gac-component.com
法定代表人:李进
负责人:李曲明
单位人数:17000
质量体系:ISO 9001、ISO/TS 16949
产品情况:座椅、内外室、车身冲焊、底盘动力、电气、空调系统总成及其相关产品等
配套及出口情况:为广汽本田、广汽丰田、东风本田(武汉)、东风日产乘用车、一汽海马等供货;出口美国、德国、日本、东南亚等国家和地区
☞ 详细情况请参阅彩色宣传版面

★广州三叶电机有限公司
地址:广州市经济技术开发区东区联广路263号
邮编:510730
电话:020/32020168
传真:32020600
网址:www.mitsuba.cn
电子信箱:gzmitsubams@126.com
法定代表人:多田巧
单位人数:1280
质量体系:ISO 9001
产品情况:(MITSUBA 牌)
汽车刮水器总成、玻璃升降器电动机、清洗器总成、刮水臂及胶条、继电器、喇叭等
配套及出口情况:主要客户有广汽本田、东风本田、本田汽车(中国)、东风日产乘用车、郑州日产、长安马自达、广汽乘用车、广汽三菱、重庆长安铃木、广州今仙电机、重庆海德世拉索系统集团等;出口汽车刮水器总成、刮水器刮臂及胶条、清洗器总成、摩托车起动机等产品

★康奈可汽车科技(广州)有限公司
地址:广州市花都区汽车城东风大道18号
邮编:510800
电话:020/86733188、66852899
网址:www.calsonickansei.co.jp
电子信箱:wenwen_huang@ck-mail.com
法定代表人:山西政博
质量体系:ISO/TS 16949、ISO 14001
产品情况:(Kangnaike 牌)
驾驶座舱模块(CPM)

★广州艾司克汽车内饰有限公司
地址:广州市花都区汽车城东风大道东
邮编:510800
电话:020/86709156、86709160
传真:86709160
电子信箱:hehuizi2004@126.com
法定代表人:三上正彦
产品情况:汽车顶棚、汽车内饰件
配套情况:为本田配套

★广州富士机工汽车部件有限公司
地址:广州市花都区汽车城东风大道东
邮编:510800
电话:020/86733685
传真:86733690
电子信箱:renruihong070813@126.com
法定代表人:岩桥德雄
单位人数:180
质量体系:ISO/TS 16949、ISO 14001
产品情况:调角器总成、滑槽总成、管组件焊接铆接等汽车座椅产品,年产量能力50万台
配套及出口情况:为广州泰李汽车座椅、上海延锋江座椅、广州东风江森座椅、武汉提爱思全兴汽车零部件、东风日产、广汽本田等配套;出口印度尼西亚、英国,并销往中国台湾地区

★阿尔发(广州)汽车配件有限公司
地址:广州市花都区汽车城东风大道西
邮编:510800
电话:020/86733318
传真:86733300
网址:www.alphagz.com
电子信箱:y-liang@alphagz.com
法定代表人:入泽昭
单位人数:876
质量体系:ISO/TS 16949、ISO 14001
产品情况:汽车门内外拉手、发动机锁等相关产品

配套情况:为东风日产乘用车配套

★广州河西汽车内饰件有限公司
地址:广州市花都区汽车城东风大道以东
邮编:510800
电话:020/61971666
传真:61971661、61971662
网址:www. kasai. co. jp
电子信箱:yangtanghia@ kasai - group. com
法定代表人:山道昇一
产品情况:门内饰板、后装板、后遮阳板等
配套情况:为东风日产、郑州日产、广汽丰田、广汽本田、东风本田配套

★广州枝华后视镜制造有限公司
地址:广州市花都区新华街镜湖大道与雅瑶中路交汇处
邮编:510800
电话:020/61812362
传真:61812369
网址:www. gzzhihua. com
电子信箱:sales@ gzzhihua. com
法定代表人:朱粤华
质量体系:ISO 9001
产品情况:汽车、摩托车后视镜
配套及出口情况:为大长江集团、大阳摩托车等全国50多家摩托车生产企业提供后视镜及风窗玻璃;远销意大利、美国、日本、韩国、中东、东南亚等国家和地区

★广州今仙电机有限公司
地址:广州市花都区花山镇华侨科技工业园
邮编:510880
电话:020/86948778
传真:86943899
网址:www. imasen. co. jp
法定代表人:森诚一
产品情况:汽车手动、电动座椅调节器、车灯、玻璃升降器、模具、夹具等
配套情况:为广汽本田、东风本田、东风日产、昌河铃木的座椅制造商等供货

★广州爱机汽车配件有限公司
地址:广州市花都区花山镇龙辉工业路5号
邮编:510880
电话:020/86948151
传真:86948152
网址:www. ghapii. com. cn
电子信箱:hr@ ghapii. com. cn
法定代表人:萩原茂
负责人:矢田浩
单位人数:790
质量体系:ISO/TS 16949、ISO 14001
产品情况:车身部件加工、模具加工
配套情况:为广汽本田、本田汽车(中国)、东风日产乘用车、广汽三菱、柳州五菱、广州小鹏汽车科技公司配套

★广州精益汽车空调有限公司
地址:广州市花都区花山镇平山民营工业园5-7号
邮编:510880
电话:020/86789018、86789036
传真:86789023
网址:www. jingyikt. com
电子信箱:manager@ jingyikt. com
法定代表人:欧阳卫民
单位人数:500
质量体系:ISO/TS 16949
产品情况:6~14m客车空调,冷藏车空调,电动客车空调机,压缩机、线束、铜管等汽车空调零部件

★广州泰李汽车座椅有限公司
地址:广州市花都区汽车城东风大道东
邮编:510880
电话:020/86733996、86733558
传真:86733553、86733318
电子信箱:cjli@ tacle. com. cn
法定代表人:中山太郎
质量体系:ISO/TS 16949
产品情况:汽车座椅及其他零部件
配套情况:为东风日产乘用车配套

★广州中新延锋彼欧汽车外饰件有限公司
地址:广州市增城区中新镇中福北路3号
邮编:511300
电话:020/39183083
网址:www. yfpo. com
电子信箱:chenkh@ zxyfpo. com
法定代表人:毛成光
产品情况:保险杠总成、门槛总成、防擦条总成、格栅总成、扰流板、车轮饰罩等汽车外饰零部件

★广东海德世拉索系统有限公司
地址:广州市增城区新塘镇新祥路7号
邮编:511340
电话:020/82686600
传真:82683300
网址:www. hi - lex. co. jp
电子信箱:385256444@ qq. com
法定代表人:寺浦实
产品情况:各类型汽车玻璃升降器、控制操纵线及民用控制操纵线
配套及出口情况:主要为广汽本田、丰田、日产等知名汽车厂配套;出口日本、东南亚、北美洲地区

★广州福耀玻璃有限公司
地址:广州市增城区新塘镇新耀南路1号
邮编:511340
电话:020/32876066、32876068
电子信箱:jie. tan@ fuyaogroup. com
法定代表人:曹德旺
产品情况:[福耀(FUYAO)牌]
汽车玻璃生产与销售,主要服务于华南地区及海外OEM市场

★广州奥托立夫汽车安全系统有限公司
地址:广州市经济技术开发区永和经济开发区新业路66号
邮编:511356
电话:020/32223333、32224861
传真:32223326
网址:www. autoliv. com
电子信箱:carmen. ou@ autoliv. com
法定代表人:程翠香
质量体系:ISO/TS 16949
产品情况:汽车安全带和安全气囊

★广州庆成金属工业有限公司
地址:广州市经济技术开发区永和经济开发区新庄三路9号
邮编:511356
电话:020/82978558-160
传真:82978658
电子信箱:mzhang@ mail. qc4i. com
法定代表人:杨殿铎
单位人数:600
质量体系:ISO/TS 16949、ISO 9001
产品情况:汽车外覆盖件、结构件及电子、电动机、电器行业的模、夹、检具与冲压焊接件
配套情况:产品主要是供给本田、全球福特、日产、广汽、海马、江铃、东风裕隆等国内外的各大车厂

★槌屋(广州)汽车配件有限公司
地址:广州市经济技术开发区永和经济开发区永盛路5号
邮编:511356
电话:020/82986900
传真:82986731
网址:www. tsuchiya - group. com. cn
电子信箱:wei_hu@ tsuchiya - group. com. cn
法定代表人:大原鉱一
产品情况:汽车组合仪表等关键装饰件、汽车标识、汽车用保护装饰膜

★广州林骏汽车内饰件有限公司
地址:广州市经济技术开发区永和经济区新安路333号
邮编:511356
电话:020/32223100
传真:32221819
电子信箱:zy_fan@ linjun. com. cn
法定代表人:李曲明
质量体系:ISO 9001、ISO 14001
产品情况:汽车成型地毯等汽车饰件产品
配套情况:为广汽本田、天津一汽丰田、东风日产乘用车等配套

★广州敏惠汽车零部件有限公司
地址:广州市经济开发区永和开发区永顺大道西四号
邮编:511356
电话:020/32221166
传真:32221165
网址:www. minthgroup. com
法定代表人:高桥久次郎

产品情况:车门框、挡风条、座椅滑轨等

★广州电装有限公司
地址:广州市增城区永宁街创强路171号
邮编:511358
电话:020/82980288
传真:82980008
网址:www.denso.com.cn
法定代表人:饭田康博
单位人数:1742
质量体系:ISO/TS 16949、ISO 9001
产品情况:HVAC空调单元总成、冷凝器、电动风扇、散热器等
配套情况:为广汽丰田、广汽本田、东风本田、长安铃木、广汽乘用车等配套

★广州提爱思汽车内饰系统有限公司
地址:广州市增城区永宁街创强路173号
邮编:511358
电话:020/82704792、82705009
传真:82705304
网址:www.tstech.co.jp
电子信箱:316320187@qq.com
法定代表人:张平秀
质量体系:ISO 9001、ISO 14001
产品情况:雅阁、歌诗图、奥德赛、凌派和锋范等汽车座椅
配套情况:主要客户为广汽本田和本田中国

★广州安道拓汽车座椅有限公司
地址:广州市番禺区化龙镇现代产业园龙秀路3号
邮编:511434
电话:020/22937562、22937538
电子信箱:alice.li@adient.com
法定代表人:陈和平
单位人数:900
质量体系:ISO/TS 16949、ISO 14001
产品情况:主要有座椅总成、座椅骨架、机械零件、焊接工程
配套情况:主要客户有广汽本田、广汽乘用车、广汽丰田

★阿斯莫(广州)微电机有限公司
地址:广州市南沙区黄阁镇市南大道33号
邮编:511455
电话:020/34972888
传真:34971313
网址:www.denso.com
法定代表人:前田圣司
单位人数:249
产品情况:车辆刮水器、风窗洗涤器、电动后太阳挡
配套情况:为广汽丰田供货

★丰爱(广州)汽车座椅部件有限公司
地址:广州市南沙区黄阁镇乌洲山北路1号
邮编:511455
电话:020/34682662
传真:34682275
网址:www.toyota-boshoku.com
法定代表人:伊藤慎太郎
质量体系:ISO 9000
产品情况:汽车座椅骨架冲压件、座椅骨架以及机能部品
配套情况:为丰田汽车配套

★广州樱泰汽车饰件有限公司
地址:广州市南沙区黄阁镇乌洲山北路3号
邮编:511455
电话:020/34683060
传真:34683063
网址:www.toyota-boshoku.com
电子信箱:watouwei@gz-intex.com
法定代表人:小出一夫
质量体系:ISO 14001、ISO/TS 16949
产品情况:汽车内饰件
配套情况:为广汽丰田配套

★松下·万宝(广州)压缩机有限公司
地址:广州市番禺区钟村万宝基地万宝北街36号
邮编:511495
电话:020/84778123、22870088
传真:34712140
网址:pwapcgz.panasonic.cn
电子信箱:xuyanting@cn.panasonic.com
法定代表人:王松
单位人数:5000
质量体系:ISO/TS 16949、ISO 14001
产品情况:(Panasonic牌)
汽车空调用旋转式压缩机,用于新能源汽车等领域

★清远爱机汽车配件有限公司
地址:广东省清远市高新区银盏工业园嘉福工业区
邮编:511542
电话:0763/3697788
传真:3697799
网址:www.qhapii.com.cn
电子信箱:wujunhong@qhapii.com.cn
法定代表人:萩原茂
质量体系:ISO 14001、ISO/TS 16949
产品情况:主要生产汽车骨架零配件和汽车的模具、夹具和检具
配套情况:为广汽本田配套

★惠州东风易进工业有限公司
地址:广东省惠州市大亚湾东风车城
邮编:516085
电话:0752/3050788、5201521
网址:www.yi-j.com
电子信箱:dfyzwdz@163.com
法定代表人:张秋文
质量体系:ISO 14001
产品情况:汽车仪表板总成及相关零部件、组合仪表、油箱浮筒及相关零部件、内外装饰件及相关零部件、安全气囊及相关零部件、空调系统及相关零部件、热交换系统及相关零部件、排气系统及相关零部件、悬架系统及相关零部件、汽车电子通信系统及相关零部件,其他汽车相关原材料及零部件以及以上各相关之设备及模、夹、检、治工具等
配套及出口情况:为东风日产,东风风神,东南汽车等配套;出口多个国家和地区

★河源丰田纺织汽车部件有限公司
地址:广东省河源市高新区滨江大道南381号
邮编:517000
电话:0762/3600980
传真:3601226
网址:www.toyota-boshoku.com
法定代表人:庄志强
产品情况:汽车座椅面套及其他内饰件

★广东劲达电装冷链设备有限公司
地址:广东省河源市明珠开发区力王大道1号
邮编:517000
电话:0762/2288888
传真:2288889
网址:www.denso.com.cn
法定代表人:袁旭东
单位人数:160
产品情况:客车空调系统、冷藏车用制冷机组、冷库冷冻机组、热交换器、五金制品等

★信义汽车玻璃(深圳)有限公司
地址:广东省深圳市横岗镇228工业区信义路
邮编:518115
电话:0755/28631181、28650998
传真:28630993
网址:www.xinyiglass.com
电子信箱:office@xinyiglass.com
法定代表人:李贤义
产品情况:汽车玻璃等

★泰祥汽车配件(深圳)有限公司
地址:广东省深圳市龙岗区坪地镇富坪中路8号
邮编:518117
电话:0755/89941868
传真:89941864
网址:www.bosch-aa.com.cn
电子信箱:jianfang.peng@cn.bosch.com
法定代表人:Johannes Ulrich Thiele
质量体系:ISO 9001、ISO/TS 16949
产品情况:空调部件、刮水器和电子部件

★广东三井汽车配件有限公司
地址:广东省珠海市金湾区三灶科技工业园永辉路2号
邮编:519040
电话:0756/7767526、7767730
传真:7767028、7767038
网址:www.mcg.net.cn
电子信箱:postmaster@mcg.net.cn
法定代表人:阿部仓真

质量体系:ISO 9001
产品情况:汽车中央门锁、玻璃升降机和电动天窗等
配套及出口情况:为丰田、本田、日产等配套;出口北美洲、东南亚

★珠海华尚汽车玻璃工业有限公司
地址:广东省珠海市三灶科技园琴石工业区
邮编:519040
电话:0756/7622972、7622973
传真:7622888
网址:www. bsgautoglass. net
电子信箱:sales@ bsgautoglass. net
法定代表人:周增广
质量体系:ISO/TS 16949、ISO 14001
产品情况:汽车玻璃、窗框

★揭阳市美度实业有限公司
地址:广东省揭阳市榕城区梅云镇吉荣路长善大道
邮编:522000
电话:0663/8808999、4000081200
传真:8809666、8480963
网址:www. mi - do. cn
电子信箱:md@ mi - do. cn
法定代表人:林伟涛
质量体系:ISO 9000
产品情况:(MIDO 牌)
散热器、冷凝器、暖风器和中冷器

★小仓离合机(东莞)有限公司
地址:广东省东莞市石碣镇科技工业园
邮编:523290
电话:0769/86361603
传真:86324531
网址:www. oguraclutch. co. jp
电子信箱:ocd - kaikei5@ oguraclutch. com. cn
法定代表人:小仓康宏
质量体系:ISO/TS 16949
产品情况:汽车空调用离合器
配套情况:为松下万宝(广州)压缩机、华达杰克赛尔、重庆建设车用空调器等配套

★东莞市索霏亚汽车配件有限公司
地址:广东省东莞市石排镇福隆第二工业区 2 路
邮编:523330
电话:0769/86525887、18566182014
传真:86525887
网址:www. mita - sfy. com
电子信箱:surefire001@ 126. com
法定代表人:刘菲
质量体系:ITAF 16949
产品情况:汽车刮水器
配套情况:主要客户有日本丰田、本田售后市场

★东莞山多力汽车配件有限公司
地址:广东省东莞市企石镇永发工业区
邮编:523511
电话:0769/86722101
传真:86722197
网址:www. sandolly. com. cn
电子信箱:vip@ sandolly. com
法定代表人:黄世贤
质量体系:ISO/TS 16949、QS 9000
产品情况:(SANDOLLY 牌)
汽车刮水器及臂片
配套情况:为比亚迪、吉利远景、江铃全顺、陆风风尚、迷迪、明爵 MG3、普力马、丘比特、三一重工、威乐、威姿、新奥拓、宝骏、中华酷宝、中兴无限、悦翔等配套

★东莞奔迅汽车玻璃有限公司
地址:广东省东莞市虎门镇路东村
邮编:523926
电话:0769/85260396
传真:85238935
网址:www. bensonautomobileglass. com
电子信箱:harold @ bensonautomobileglass. com
法定代表人:李贤义
产品情况:汽车安全玻璃等

★丽声实业(东莞)有限公司
地址:广东省东莞市虎门镇大宁社区宁江路 2 号
邮编:523930
电话:0769/86232324、86232333
传真:86232303
电子信箱:zhouguifen@ rhythm. com. hk
法定代表人:细川修
产品情况:汽车车载时钟、监视照相机、汽车仪表盘、LED 照明、外观加饰精密注塑产品等

★深圳奔迅汽车玻璃有限公司
地址:广东省东莞市虎门镇路东村
邮编:523935
电话:0769/85260396、28631558
传真:85238935
网址:www. bensonautomobileglass. com
电子信箱:allen@ bensonautomobileglass. com
法定代表人:李圣根
质量体系:ISO/TS 16949、QS 9000
产品情况:前风窗夹层玻璃、单双弯边窗钢化玻璃、后风窗深弯压模钢化玻璃、整体铸塑包边汽车玻璃及仪表数据显示前风窗夹层玻璃等
配套及出口情况:汽车玻璃整车配套能力 150 万台/年;远销美洲、欧洲、澳大利亚、中东、东南亚等 50 多个国家和地区

★东莞港湾汽车玻璃有限公司
地址:广东省东莞市虎门镇新湾宏业北路
邮编:523938
电话:18676933753、13929475909
网址:www. dkg. com. cn
电子信箱:sales@ dkg. com. hk
法定代表人:李永鸿
质量体系:ISO 9001
产品情况:小汽车、货车、大客车等用汽车安全玻璃
出口情况:95% 的产品出口海外市场

★久和模具(东莞)有限公司
地址:广东省东莞市厚街镇溪头东村工业区
邮编:523952
电话:0769/85924302、85924303
传真:85924301
网址:www. geoho. com. tw
电子信箱:xiang1975@ yeah. net
法定代表人:林俊福
产品情况:汽车车身覆盖件、内饰件模具及各种冷冲模具

★东莞佳立汽车饰件有限公司
地址:广东省东莞市厚街镇科技工业园东业路(广泽一厂 B 栋)
邮编:523960
电话:0769/89088066
传真:89088066
网址:www. hirosawa. com. cn
法定代表人:余泽民
产品情况:汽车内饰件及相关模具

★东莞广泽汽车饰件有限公司
地址:广东省东莞市厚街镇桥头第三工业园
邮编:523960
电话:0769/89278888
传真:89088097
网址:www. hirosawa. com. cn
电子信箱:info@ hirosawa. com. cn
法定代表人:余泽民
负责人:黄建中
质量体系:ISO/TS 16949、ISO 14001
产品情况:汽车仪表盘、饰板、转向盘,摩托车挡板等汽车内饰件之注塑成型及表面喷涂、曲面印刷等
配套及出口情况:为广汽本田、东风日产乘用车、一汽海马、郑州日产、东南汽车、长安汽车、北京奔驰、华晨金杯、武汉万通、广西柳汽等配套;部分产品远销日本、美洲、欧洲、非洲等国家和地区

★佛山佛吉亚旭阳内饰系统有限公司
地址:广东省佛山市南海区狮山镇联奥路 3 - 1 号
邮编:528200
电话:0757/63865289、63865283
网址:www. xuyanggroup. com
电子信箱:xiaoting. liu@ faurecia. com
法定代表人:许明哲
质量体系:ISO/TS 16949
产品情况:汽车门内板、仪表板、中央控制台等汽车内饰产品
配套情况:为一汽-大众、广汽菲克配套

★盟和(佛山)汽车配件有限公司
地址:广东省佛山市南海区丹灶镇南海工业园区朝阳路 18 号

邮编:528216
电话:0757/85433800
传真:85433806
网址:www. meiwasangyo. co. jp
电子信箱:l - qiaofen@ meiwafs. com. cn
法定代表人:汤泽伊知郎
产品情况:汽车内部的装饰配件,包括行李舱盖板、车顶、车门内饰及脚踏地毯等产品
配套及出口情况:主要向广汽本田、丰田、日产三大汽车整车公司供货;出口欧洲、美洲

★旭硝子汽车玻璃(佛山)有限公司
地址:广东省佛山市南海区南海科技工业园松夏C区华沙路
邮编:528225
电话:0757/85888000
传真:81202806
网址:www. agc. co. jp
电子信箱:huifang. liu@ agc. com
法定代表人:松冈浩之
产品情况:汽车用加工玻璃(夹层玻璃、钢化玻璃)的制造与销售,年产100万套汽车玻璃
配套情况:为宝马、大众、丰田、本田、日产等配套

★佛山市富晟四维尔汽车零部件有限公司
地址:广东省佛山市南海区狮山镇红沙工业区
邮编:528225
电话:0757/85862640、85862641
传真:85862641
网址:www. swellchina. com
电子信箱:ouyangwenjuan@ fsachina. com
法定代表人:迟守利
产品情况:主要生产汽车用散热器格栅总成、装饰条、标牌、字牌等

★广东发尔特克汽车用品有限公司
地址:广东省佛山市南海区狮山镇小塘三环西工业园区
邮编:528225
电话:0757/86667291、86667686
传真:86631899
网址:www. faltec. co. jp、www. tpr. co. jp
电子信箱:huangyuping@ faltec - acc. com. cn
法定代表人:TAKANO HIROSHI
产品情况:根据日产车型设计、生产及销售OEM部件以及各种内外高级饰品、电装用品等

★爱信精机(佛山)车身零部件有限公司
地址:广东省佛山市南海区狮山镇小塘三环西路A区5号
邮编:528225
电话:0757/86650000
网址:www. asfb. cn
电子信箱:admin@ aisin - foshan. com
法定代表人:伊藤慎太郎
质量体系:ISO/TS 16949
产品情况:天窗、座椅电动机、门把手、门中柱、行李架等车身零部件
配套及出口情况:主要顾客为广汽丰田、广州丰爱、天津丰爱、广州樱泰;出口国外市场

★佛山市南海元祥汽车空调配件有限公司
地址:广东省佛山市南海区里水镇新联工业区赤坎路3号
邮编:528244
电话:0757/85604018
电子信箱:auto@ ushine. net. cn
法定代表人:温宏枢
质量体系:ISO/TS 16949、ISO 9001
产品情况:汽车用空调冷凝器
出口情况:远销欧洲、美洲

★广东顺德太昌客车空调有限公司
地址:广东省佛山市顺德区大良凤翔工业区顺翔路20号
邮编:528300
电话:4000113198
传真:0757/28666993
网址:www. sdtaichang. com
电子信箱:862131910@ qq. com
法定代表人:苏顺兴
单位人数:520
质量体系:ISO 9001
产品情况:客车空调
配套及出口情况:为全国几十家客车企业配套;出口欧洲、美洲、澳大利亚等国家和地区

★广东麦格纳汽车镜像有限公司
地址:广东省佛山市顺德区容桂容港路9号
邮编:528303
电话:0757/26383751、29292901
传真:26623575
电子信箱:office. magnadzh@ vip. 163. com
法定代表人:FREDERICK YEUNG SHAN KAO
质量体系:ISO/TS 16949、VDA 6. 1
产品情况:内外后视镜以及车顶灯、内外门把手、侧三角窗、车窗玻璃导轨等,年产各类后视镜能力达270万台套
配套情况:为广汽本田、东风本田、广汽丰田、奇瑞汽车、长城汽车、哈飞、神龙、庆铃、江铃、长安铃木、昌河、华晨金杯、北汽福田、广汽三菱、河北中兴、江淮、一汽海马、一汽-大众、一汽集团、北京奔驰、比亚迪等配套

★丰田合成(佛山)橡塑有限公司
地址:广东省佛山市顺德区大良街道顺番公路五沙段5号
邮编:528333
电话:0757/22801260
传真:22801261
网址:www. toyoda - gosei. com
电子信箱:tgr_0691@ tgfoshan. com. cn
法定代表人:福井博规
质量体系:ISO 14001、ISO/TS 16949
产品情况:汽车门窗密封条、EPDM风窗玻璃密封条、车门框装饰件、行李舱密封条
配套情况:为丰田汽车、本田汽车、东风本田配套

★佛山东海理化汽车部件有限公司
地址:广东省佛山市顺德区大良顺番公路五沙段10号顺德工业园
邮编:528333
电话:0757/22803921、22803929
传真:22320198
网址:www. tokai - rika. co. jp
电子信箱:liliuxue@ trcf. com. cn
法定代表人:堀田正人
质量体系:ISO 14001
产品情况:(著牌)
汽车安全锁等汽车安全防护配件
配套情况:为广汽丰田配套

★本田制锁(广东)有限公司
地址:广东省中山市小榄镇广田路8号
邮编:528415
电话:0760/22268898
传真:22268893
网址:www. hondalockgd. cn
法定代表人:高桥登
单位人数:1760
产品情况:汽车锁总成、后视镜、门把手、门锁机构、ABS轮速传感器、电动发动机锁、一键起动开关、转矩传感器、尾箱锁开关、物箱锁、内视镜、天线盖等;摩托车锁总成等
配套及出口情况:国内客户有广汽本田、东风本田、本田中国、东风本田发动机、五羊 - 本田、新大洲本田、嘉陵本田、东风柳汽、浙江吉利等;海外客户有Honda Lock Mfg. Co. , Ltd. , HL-A Co. , Inc. , Honda Lock Thai Co. , Ltd. , PT. Honda Lock Indonesia, Honda Lock VietNam Co. , Ltd. , Honda Lock exico, S. A. de C. V. , Sandhar Technologies Ltd.

★伟福科技工业(中山)有限公司
地址:广东省中山市火炬开发区火炬大道16号
邮编:528437
电话:0760/85335336
传真:85335007
网址:www. ftech - zs. com. cn
电子信箱:postmaster@ ftz. com. cn
法定代表人:飞田茂晴
负责人:前崎二郎
单位人数:914
质量体系:ISO/TS 16949、ISO 9000
产品情况:车架、连杆、玻璃升降器、踏板等
配套情况:主要客户有广汽本田、本田中国、东风本田(广州)、东风本田(武汉)、日产中国投资有限公司、东风日产

★中山实化成塑料有限公司
地址:广东省中山市坦洲镇第三工业区龙塘二路8号
邮编:528467
电话:0760/86637223、87131173
传真:86637265
法定代表人:生本尚久
产品情况:塑料部件、座椅、空调风管、汽车相关用品

★江门市宏力后视镜实业有限公司
地址:广东省江门市高新技术开发区东升路139号
邮编:529000
电话:0750/3869916、3869926
传真:3869933
网址:www. jmsl. cn
电子信箱:vinsonyu@ china – shongli. com
法定代表人:肖景辉
质量体系:IATF 16949
产品情况:汽车后视镜
配套情况:配套重汽集团、东风商用、湖南三一重工、山东临工等知名汽车生产企业

★开平春明汽车座椅有限公司
地址:广东省开平市长沙街道办事处金山西路一巷10号一座
邮编:529300
电话:0750/2029018、2029033
传真:2029020
网址:www. kpchunming. com
电子信箱:kpchunshan@ 163. com
法定代表人:周志豪
质量体系:ISO/TS 16949、ISO 9001
产品情况:(春山牌)
公交车钢塑座椅等汽车座椅
出口情况:远销30多个国家和地区

广　西

★广西旺峰机械科技有限公司
地址:广西玉林市玉公公路东侧(玉柴工业园段)
邮编:537000
电话:0775/2829277、13907750055
传真:2829277
电子信箱:13907750055@ qq. com
法定代表人:陈元彩
产品情况:防撞胶条、挡泥板

★桂林皮尔金顿安全玻璃有限公司
地址:广西桂林市高新技术产业开发区九号区
邮编:541004
电话:0773/5616006
电子信箱:xiaorong. liu@ cn. nsg. com
法定代表人:TATEMOTO KATSUNORI
产品情况:钢化玻璃、夹层玻璃
配套及出口情况:为东风日产、广汽本田、上汽通用五菱、柳汽、重庆长安、江西昌河、广汽三菱配套;出口北美洲、欧洲

★柳州市方鑫汽车装饰件有限公司
地址:广西柳州市西江路北二巷39号
邮编:545000
电话:0772/3160996、3163268
传真:3591699
电子信箱:gmo@ lzfx. com. cn
法定代表人:杨开沈
质量体系:ISO/TS 16949
产品情况:汽车饰件、发动机塑料进气歧管、凸轮轴罩盖、汽缸罩盖、三通管、离合器壳底盖等
配套情况:主要客户有上汽通用、东风柳汽、广西柳工机械、一汽柳州特种汽车厂、东风渝安车辆、广西玉柴机器

★柳州五菱宝马利汽车空调有限公司
地址:广西柳州市马厂路1号白露工业园A区
邮编:545002
电话:0772/2025601、2025888
传真:2029666
电子信箱:wulingbml@ 163. com
法定代表人:韦明凤
质量体系:ISO/TS 16949
产品情况:具有年产各类优质汽车空调系统80万台套,冷凝器/蒸发器芯体200万台、空调管路80万套、全铝质散热器30万台的年生产能力
配套情况:是上汽通用五菱、北汽福田、奇瑞汽车、东风渝安、成都神钢、成都成工等国内著名汽车和工程机械企业的重要供应商

★柳州柳新汽车冲压件有限公司
地址:广西柳州市下屏山大道286号
邮编:545005
电话:0772/3283249、3250451
传真:3252564、3250451
网址:www. lxco. com. cn
电子信箱:lxco@ lxco. com. cn
法定代表人:毛卫国
单位人数:1000
质量体系:ISO/TS 16949
产品情况:中、重吨位载重车平头商用车驾驶室系列;东风风行菱智、景逸乘用车车身系列;已具备年产10万台商用车车身、40万台乘用车车身的生产能力
配套情况:为东风柳汽配套

★柳州远翅塑料有限公司
地址:广西柳州市阳和工业新区和润路1号
邮编:545006
电话:0772/3591001
传真:3591001
电子信箱:yuanchi_liuyuan@ vip. 163. com
法定代表人:严绮云
质量体系:ISO/TS 16949、QS 9000
产品情况:仪表板总成、门内板、转向盘、汽车前后保险杠总成、扰流板等整车内、外饰件等
配套情况:为上汽通用五菱、延锋伟世通、柳州五菱、柳工、柳汽等汽车主机厂配套

★柳州易舟汽车空调有限公司
地址:广西柳州市阳和工业新区阳泰路东3号
邮编:545006
电话:0772/3591302、3591333
传真:3591163
网址:www. yi – zhou. com
电子信箱:yizhou@ yi – zhou. com
法定代表人:鲍山钟
质量体系:ISO/TS 16949
产品情况:(易舟牌)
涡旋式汽车空调压缩机和车用空调,中小型电动汽车空调蒸发器(冷凝器)总成
配套情况:为江淮、众泰、北汽、上汽通用五菱等10多家知名企业配套

★广西易德科技有限责任有限公司
地址:广西柳州市柳南区河西工业园欣悦路8号
邮编:545007
电话:0772/2398733、2398703
传真:2398720
电子信箱:qinmei@ gxyide. com
法定代表人:饶平
质量体系:ISO 14000、ISO 9001
产品情况:汽车空调系统、汽车装饰件等产品
配套情况:主要客户有上汽通用五菱

★柳州市腾龙汽车配件制造有限公司
地址:广西柳州市石烂路7号
邮编:545007
电话:0772/3653906、3996990
传真:3652987
电子信箱:ltlcwk@ 163. com
法定代表人:曾宇
质量体系:ISO/TS 16949
产品情况:LZW、大宇客车车门铰链,年产35万件

★广西柳拖车辆有限公司
地址:广西柳州市新兴工业园创业南路
邮编:545112
电话:0772/3269102、3269086
传真:3269011
电子信箱:liutuocheliang@ 163. com
法定代表人:吴春兰
质量体系:ISO 9001
产品情况:轮式拖拉机、驾驶室、车架、车厢、副梁,新能源电动车车身等

重庆市

★重庆平伟科技(集团)有限公司
地址:重庆市江北区港城南路13号

邮编:400020
电话:023/86856650
传真:86856600
网址:www. pwjt. com
电子信箱:marketing@ pwjt. com
法定代表人:杜平
产品情况:前后底板、门柱总成、脚踏板、后墙板、前悬吊梁、汽车车门等金属冲压与焊接件
配套及出口情况:为广东华冠、武汉恒冠、长安汽车、长安铃木、长安福特、长安马自达等配套;出口欧洲、美洲、东南亚,并销往中国香港、中国台湾地区

★重庆天人工业(集团)有限公司
地址:重庆市江北区唐家沱港城工业园C区
邮编:400026
电话:023/67783888
传真:67783999
网址:www. skyman. com. cn
电子信箱:skyman@ skyman. com. cn
法定代表人:龚正
单位人数:600
质量体系:ISO/TS 16949、ISO 14001
产品情况:车身冲压件、车身结构件、底盘结构件总成、CCB 及座椅骨总成等冲焊产品
配套情况:为福特、铃木、马自达、长城汽车、日产汽车、长安等配套

★重庆光能汽车配件有限公司
地址:重庆市九龙坡区石桥铺高庙村张坪社 27 号
邮编:400039
电话:023/68602627、68626564
传真:68606098
网址:www. guangneng. com. cn
电子信箱:sales@ guangneng. com. cn
法定代表人:徐光伦
质量体系:ISO/TS 16949、ISO 14001
产品情况:汽车塑料内外饰件和功能件
配套情况:是重庆长安福特、长安马自达、长安铃木、上汽依维柯红岩、重庆铁马汽车集团、重庆庆铃汽车公司等汽车制造厂的供应商

★重庆建设车用空调器有限责任公司
地址:重庆市九龙坡区华建支路 1 号
邮编:400052
电话:023/68719234、68127010
传真:68801807
网址:www. jscomp. com. cn
电子信箱:jsyx296@ 126. com
法定代表人:范爱军
负责人:张向东
单位人数:900
质量体系:ISO/TS 16949、QS 9000
产品情况:(建设牌、JSS 牌)
具备年产车用空调压缩机 300 万台的生产能力
配套及出口情况:产品被长安公司、长安铃木、长安福特(哈飞工厂)、长城汽车、江淮汽车、吉利汽车、昌河铃木、东风神龙、东风日产等国内知名主机厂采用;出口法国标致、墨西哥日产、伊朗 SAIPA、马来西亚 Proton 等国外主机厂

★重庆宏美制冷设备有限公司
地址:重庆市北碚区童家溪镇同兴横街 47 号
邮编:400709
电话:023/68327606、68327602
传真:68278589、68278566
网址:www. cqhomer. com
电子信箱:office@ cqhomer. com
法定代表人:周虹
单位人数:200
质量体系:ISO/TS 16949
产品情况:汽车散热器、冷凝器、蒸发器、暖风机芯、中冷器和摩托车油冷器
配套及出口情况:主机客户包括长安集团、金杯汽车、北汽福田、东风渝安和其他整车制造商;产品 30% 以上销往欧洲、美国、澳大利亚等国家和地区

★重庆万盛福耀玻璃有限公司
地址:重庆市万盛经济技术开发区西城大道 590 号
邮编:400802
电话:13996483869
电子信箱:chenlan. li@ fuyaogroup. com
法定代表人:曹德旺
产品情况:[福耀(FUYAO)牌]
汽车玻璃生产与销售,主要服务于西南维修市场

★重庆安通林拓普车顶系统有限公司
地址:重庆市北部新区花朝工业园一期 B 区 A2 栋
邮编:401120
电话:023/67455975、67455969
传真:67457188
电子信箱:qrpeng@ antolin - tuopu. com
法定代表人:Ernesto Antolin Arribas
质量体系:ISO 9001
产品情况:汽车顶棚系统
配套情况:为长安福特、长安马自达等供货

★延锋汽车饰件系统重庆有限公司
地址:重庆市北部新区金开大道 1999 号
邮编:401120
电话:023/67457210、63568005
传真:67457208
网址:www. yanfengco. com
电子信箱:280137576@ qq. com
法定代表人:袁新华
质量体系:ISO/TS 16949、ISO 14001
产品情况:(延锋牌)
汽车座舱系统、内饰系统
配套情况:为长安福特、长安马自达、长安铃木、广汽三菱等配套

★重庆延锋彼欧富维汽车外饰有限公司
地址:重庆市北部新区金开大道 1999 号
邮编:401120
电话:023/67457281
网址:www. yfpo. com
电子信箱:xxiao1@ yfpo. com
法定代表人:王卫中
单位人数:128
质量体系:ISO/TS 16949、ISO 14001
产品情况:主要产品有长安福特蒙迪欧、长安福特翼虎尾门饰板、长安铃木维特拉前后保险杠、长安铃木锋驭前后保以及长安铃木雨燕前后保险杠
配套情况:是长安福特、长安铃木的供应商

★南方英特空调有限公司
地址:重庆市渝北区高堡湖路 1 号
邮编:401120
电话:023/61213106
传真:61212555
网址:www. s - ai. com. cn
电子信箱:office@ s - ai. com. cn
法定代表人:高军
负责人:周建国
单位人数:770
质量体系:ISO/TS 16949、ISO 14001
产品情况:(SAI 牌)
主要从事车用空调系统、热交换器系统、新能源热管理系统产品及其配套零部件开发、制造
配套情况:为长安汽车、长安福特、长安马自达、长安铃木、长安标致雪铁龙、广汽集团、一汽集团和北汽集团等提供产品配套

★重庆长泰汽车零部件有限公司
地址:重庆市渝北区科技产业园区兴科四路
邮编:401120
电话:023/67457880
传真:67457900
网址:www. minthgroup. com
法定代表人:赵锋
质量体系:ISO/TS 16949、VDA 6. 1
产品情况:各种密封装饰件、饰条、车身结构件
配套情况:为长安福特、长安马自达、长安铃木、四川一汽丰田、长安汽车、一汽海马等配套

★重庆远翅塑料有限公司
地址:重庆市渝北区空港开发区尚科路 18 号
邮编:401120
电话:023/67181363
电子信箱:yuanchi_chongyuan@ vip. 163. com
法定代表人:李江波
质量体系:ISO/TS 16949
产品情况:汽车全塑料仪表板、保险杠等汽车塑料件

★重庆三电汽车空调有限公司
地址:重庆市北部新区出口加工区2路4号
邮编:401122
电话:023/86961257、88720679
网址:www.cqsanden.com
电子信箱:xin.yang@cqhuaen.com
法定代表人:中山罗伟
单位人数:902
产品情况:汽车空调、暖风系统及热交换器、冷凝器、散热器产品

★福耀玻璃(重庆)有限公司
地址:重庆市北部新区经开园翠宁路1号
邮编:401122
电话:023/67193750、67193888
网址:www.fuyaogroup.com
电子信箱:ping.song@fuyaogroup.com
法定代表人:曹德旺
产品情况:[福耀(FUYAO)牌]
汽车玻璃,辐射西南市场
配套情况:为长安、长安福特、长安铃木、庆铃、柳汽、四川丰田、上汽通用五菱、力帆汽车等各大汽车厂配套

★重庆宏协承汽车部件有限公司
地址:重庆市北部新区云竹路29号
邮编:401122
电话:023/67190032、61790079
传真:67190028
网址:www.hongxie.com
法定代表人:胡宏
质量体系:ISO/TS 16949
产品情况:专业生产汽车门框、装饰密封件

★重庆超力高科技股份有限公司
地址:重庆市经济技术开发区汽车工业园金开大道2001号
邮编:401122
电话:023/89110278
网址:www.sinocl.com
电子信箱:chaoli@sinocl.com
法定代表人:陈苏红
质量体系:ISO/TS 16949、ISO 14001
产品情况:(超力牌)
汽车空调、冷却模块总成、冷凝器、蒸发器、油冷器、中冷器、散热器、压缩机等
配套情况:与上汽通用五菱、上汽通用、吉利汽车、上汽大众、东风日产、通用乌兹别克斯坦及康奈可、三菱重工、东风贝洱、法雷奥、TITANX、博格思众等国内外汽车制造商及一级零部件供应商建立合作关系,并先后被长安汽车、吉利汽车、上汽依维柯红岩等厂商授予优秀供应商称号

★重庆延锋安道拓汽车部件系统有限公司
地址:重庆市渝北区工业园长福西路4号
邮编:401122
电话:023/89185771、86001988
传真:86000002
电子信箱:houchen.1.wang@adient.com
法定代表人:汪武扬
质量体系:ISO/TS 16949
产品情况:座椅总成

★重庆瀚能汽车零部件有限公司
地址:重庆市渝北区龙兴镇迎龙大道19号
邮编:401135
电话:023/86019549
电子信箱:zuo@hanonsystems.com
法定代表人:林炳烈
产品情况:汽车空调

★利富高(重庆)精密树脂制品有限公司
地址:重庆市长寿经济技术开发区龙山路2号
邮编:401221
电话:023/40766158
网址:www.nifco.co.jp
电子信箱:admin@cqnifco.com
法定代表人:崔炫惇
产品情况:空气导管、仪表镶盘、通道扶手、装饰条及其他紧固件类汽车内部零部件
配套情况:供货于重庆现代汽车公司及其他汽车公司

★重庆博泽汽车部件有限公司
地址:重庆市沙坪坝区兴旺路63号
邮编:401331
电话:023/65919094、65919111
传真:65919007
网址:www.brose.de
电子信箱:lili.he@brose.com
法定代表人:REZA RAY MIRZAEI
产品情况:玻璃升降器、车门和门锁系统、座椅系统、空调鼓风机、冷却风扇总成
配套情况:客户有长安福特、沃尔沃、一汽-大众、长安李尔、伟世通、法雷奥、贝洱、佛吉亚、南方英特、江森自控

四川省

★成都一汽富维延锋彼欧汽车外饰公司
地址:成都市经济技术开发区(龙泉驿区)南二路198号
邮编:610100
电话:028/88427799
传真:88427800
网址:www.yfpo.com
法定代表人:刘洪敏
产品情况:汽车保险杠等
配套情况:已成为成都地区一汽-大众和沃尔沃两大汽车厂保险杠产品的独家供应商,每年为客户提供70万套轿车保险杠总成

★成都市富晟四维尔汽车零部件有限公司
地址:成都市龙泉驿经济开发区
邮编:610100
电话:028/65316165
传真:65316166
网址:www.swellchina.com
法定代表人:迟守利
产品情况:主要以汽车格栅及标牌的制造和开发为主

★成都航天模塑股份有限公司
地址:成都市龙泉驿区航天北路118号
邮编:610100
电话:028/84805888
传真:84850143
网址:www.ccsmp.com
电子信箱:ifo@ccsmp.com
法定代表人:彭建清
质量体系:ISO/TS 16949、ISO 14001
产品情况:内饰系统(保险杠、仪表板、门板、植绒手套箱等),外饰系统(保险杠、车身下装饰件、扰流板、防擦条、轮罩、高光外饰板等),发动机塑料部件(进气歧管、大众EA211平台压力管和平台油轨、缸盖罩盖等),注塑模具
配套情况:为一汽-大众、神龙汽车、一汽丰田、东风本田、北汽福田、海马轿车、江淮汽车等国内大型汽车制造厂配套

★成都丰田纺汽车部件有限公司
地址:成都市龙泉驿区经开区南三路336号
邮编:610100
电话:028/88435070
传真:88435090
网址:www.toyota-boshoku.com
电子信箱:chengdufengtianfang@163.com
法定代表人:李秀柱
产品情况:汽车座椅及内外饰件
配套情况:为四川一汽丰田汽车有限公司配套,专供普拉多越野车和柯斯达客车的座椅及内饰件

★成都马勒汽车热系统有限公司
地址:成都市龙泉驿区星光中路18号
邮编:610199
电话:028/62978660
网址:www.cn.mahle.com
电子信箱:ting.wu@sbts-co.com
法定代表人:高文华
产品情况:生产汽车空调模块、发动机冷却系统以及零部件

★成都科德宝宝翎滤清器有限公司
地址:成都市新都区新工大道639号
邮编:610500
电话:028/85114124
网址:www.freudenberg-filter.com
法定代表人:Dr. Joerg Sievert
产品情况:汽车空气过滤器等

★成都银利汽车零部件有限公司
地址:成都市新都区大丰街道办事处通力路7号
邮编:610504

电话:028/83918636
传真:83918861
电子信箱:cdylqc@ 126. com
法定代表人(负责人):祝开三
单位人数:600
质量体系:ISO/TS 16949
产品情况:(银利牌)
汽车外饰类汽车顶行李架系列、排气装饰件、上车踏板、备胎罩等,汽车内饰类换挡手柄、迎宾门槛装饰条、遮物帘,铝合金压铸件悬置支架,发动机支架
配套情况:为重庆五十铃、长安铃木、昌河汽车、汉江、江南奥拓、野马等配套

★信义节能玻璃(四川)有限公司
地址:四川省德阳市岷山路三段33号
邮编:618000
电话:0838/2696010、2696666
网址:www. xinyiglass. com
电子信箱:lc@ xinyiglass. com
法定代表人:李圣根
产品情况:汽车玻璃等

★四川富士电机有限公司
地址:四川省射洪县经济开发区河东大道中段6号
邮编:629200
电话:0825/6982409、6981559
传真:6983173
网址:www. scfsdj. com
电子信箱:zhb@ scfj. mail. sohu. net
法定代表人:范成志
单位人数:558
质量体系:ISO/TS 16949
产品情况:汽车刮水器、汽车玻璃升降器、汽车散热器风扇总成等产品,年产量达150多万台/套
配套情况:为长安汽车公司(含重庆、北京、南京、河北、合肥、哈尔滨等分公司)、上汽通用五菱汽车公司、中国重汽(成都、福建)汽车公司、四川现代汽车公司、东风汽车集团公司、江铃汽车公司、华晨汽车公司等配套各型车用刮水器、玻璃升降器、散热器风扇总成

★四川天喜车用空调股份有限公司
地址:四川省南充市顺庆区潆华工业集中区华生东路1号
邮编:637000
电话:0817/2121199
传真:2161718
网址:www. tianxiac. com
电子信箱:export@ Tianxiac. com
法定代表人:胡邦洪
产品情况:大中型客车空调

贵州省

★贵州华烽电器有限公司
地址:贵阳市经济技术开发区长江路121号
邮编:550006
电话:0851/8236380
传真:8236389
网址:www. hfec. com. cn
电子信箱:xsb@ gzhfdq. cn
法定代表人(负责人):任应华
单位人数:1241
质量体系:ISO/TS 16949
产品情况:汽车风窗玻璃洗涤器和汽车中央电器
配套情况:为一汽集团、一汽-大众、上汽大众、奇瑞汽车、神龙汽车、一汽海马、柳州五菱、广汽三菱、金华尼奥普兰等配套

★贵州华昌汽车电器有限公司
地址:贵阳市小河经济技术开发区清水江路218号
邮编:550009
电话:0851/88657885
传真:83842724
电子信箱:gzhc@ gzhc. sina. net
法定代表人:谭润清
单位人数:363
质量体系:ISO/TS 16949
产品情况:锁匙总体、内外门把手、加油口盖等,年产200万套锁匙总体及内外门把手
配套情况:为上汽大众、神龙汽车、广汽集团、海马汽车、一汽集团、比亚迪汽车、东风乘用车、长安集团、吉利汽车、长城汽车、力帆汽车等配套

★贵州华阳汽车零部件有限公司
地址:贵阳市小河经济技术开发区清水江路323号
邮编:550009
电话:0851/88657801、88657811
电子信箱:xiaofang@ mhc. cn
法定代表人:陈智
质量体系:ISO/TS 16949、QS 9000
产品情况:燃油加油口盖锁、电动门锁、座椅锁、门把手
配套及出口情况:为广汽本田、上汽大众、长安铃木、长安汽车配套;出口日本、美国等国家

★贵州贵航汽车零部件股份有限公司
地址:贵阳市小河区珠江路166号
邮编:550009
电话:0851/83803760
传真:83803931
网址:www. gzghgf. com
电子信箱:gaco@ gaco. avic. com
法定代表人:唐海滨
质量体系:ISO/TS 16949、VDA 6. 1
产品情况:密封件、组合开关、电动窗开关、特种开关、锁匙总体、门把手、刮水器、玻璃升降器、铝质散热器、滤清器、中冷器、暖风器、汽车空调座椅天窗冲压件和焊接件、汽车开关控制电路、工程机械冷却系统、工业空调冷凝器等
配套情况:为上汽大众、一汽-大众、一汽轿车、一汽集团、东风汽车公司、神龙汽车、广汽本田、一汽通用红塔云南、长安汽车、上汽通用五菱、昌河、天津一汽夏利、天汽、重汽集团、南京依维柯、嘉陵、建设、新大洲等配套

★贵阳万江航空机电有限公司
地址:贵阳市新添大道北段170号
邮编:550018
电话:0851/86310328、86303408
传真:86310456
网址:www. wjec. cn
电子信箱:mail@ wjec. cn
法定代表人:杨建
质量体系:ISO/TS 16949、ISO 14001
产品情况:(贵万江牌)
刮水器、玻璃升降器系列产品,年产刮水器250万套、升降器200万件
配套及出口情况:是一汽-大众、上汽大众、上汽通用、武汉神龙、东风日产等合资品牌汽车企业和上汽、吉利、奇瑞、江淮、海马、东风、一汽等自主品牌汽车企业的核心供应商,以及博世、法雷奥、东洋、辉门等国际知名汽车雨刮企业的合作伙伴;远销伊朗

陕西省

★西安北方秦川集团有限公司
地址:西安市新城区幸福中路37号
邮编:710043
电话:029/83127015、83127276
传真:83127036
电子信箱:bfqc@ xabfqc. cn
法定代表人:李永钊
质量体系:GJB 9001A
产品情况:汽车座椅等汽车配套件

★艾尔希庆华(西安)汽车有限公司
地址:西安市高新区科技路48号创业广场大厦B0103室
邮编:710068
电话:029/62895066、62895006
传真:62895099
电子信箱:bing. lv@ arcqinghua. com
法定代表人:MICHAEL EDWARD GOODIN
质量体系:ISO/TS 16949
产品情况:汽车安全气囊用的气体发生器

★西安庆安电气控制有限责任公司
地址:西安市莲湖区沣镐东路140号
邮编:710077
电话:029/84282506、84257413
传真:84257393
电子信箱:liufengchang@ diankonggongsi. com
法定代表人:高喜安
质量体系:ISO 9001
产品情况:越野吉普车、轿车、微型车等

系列电动刮水器及风窗清洗液储液罐，年产 10 万台

配套情况：为北汽制造（勇士、骑士等）、重庆跨越（轻型货车）、比亚迪汽车（F3）配套

★西安伊思灵华泰汽车座椅有限公司

地址：西安市临潼区渭水七路 4568 号
邮编：710077
电话：029/84273516
网址：www. isriht. com
电子信箱：isrihuatai@ isriht. com
法定代表人：杨赞
质量体系：ISO/TS 16949、ISO 14001
产品情况：（华泰牌）

各类汽车座椅、工程用车座椅及汽车零部件

配套情况：为一汽解放、陕重汽、北奔重型货车、上汽依维柯、南京依维柯、苏州金龙、宇通客车、青年客车、西沃客车、安凯客车、三一重工、广西玉柴、中联重科、斗山工程机械等用户合作开发并配套座椅

★中化近代环保化工（西安）有限公司

地址：西安市经济技术开发区泾河工业园泾渭南路 36 号
邮编：710201
电话：029/86030038、86033368
传真：86033990
网址：www. jincool. com
电子信箱：jincool@ sinochem. com
法定代表人：王军祥
质量体系：ISO/TS 16949
产品情况：（金冷牌）

从事臭氧层消耗物质（ODS）环保替代物 HFC-134a、HFC-125 及相关有机氟产品、催化剂开发和生产

配套情况：与国内 80% 以上的主流汽车建立了稳定的配套合作关系

★陕西泰德汽车空调有限公司

地址：西安市经济技术开发区泾渭工业园泾高南路中段 16 号
邮编：710201
电话：029/86968568
网址：www. sxtdkt. com
电子信箱：tdkthr@ 163. com
法定代表人：校甲国
产品情况：重型货车、微型车、工程机械车辆、SUV 等多个系列的高品质空调系统

配套及出口情况：主要为陕西重型汽车、长沙众泰汽车、北汽新能源、东风越野车、重庆力帆汽车、中国重汽济南商用车、中航爱维客、宝鸡华山工程车辆、江铃汽车、陕汽通家、山西大运等国内知名厂家配套空调系统产品；产品配套出口到中东、非洲等多个国家

★天合东方西安安全气囊气体发生器公司

地址：西安市经济技术开发区泾渭新城渭华路北段 3 号
邮编：710201
电话：029/86057895
传真：86057866
网址：www. zf. com
法定代表人：Andreas Weller
产品情况：安全气囊气体发生器

电子电器零部件生产企业

• 查询导引 •

企业详细介绍

电子电器零部件生产企业

☞ 企业如有变更,请与编辑部联系　☎ 010/68426043、68420981

北京市

★北京合众思壮科技股份有限公司
地址:北京市朝阳区酒仙桥路恒通商务园 B10 楼 3 层
邮编:100015
电话:010/58275000、4008101757
传真:58275100
网址:www.unistrong.com
电子信箱:unistrong@unistrong.com
法定代表人:郭信平
质量体系:ISO 9001
产品情况:(集思宝牌)
业务市场主要分为北斗移动互联和北斗高精度两大应用
出口情况:远销 90 多个国家和地区

★北京图新经纬导航系统有限公司
地址:北京市朝阳区太阳宫中路 12A 太阳宫大厦 902
邮编:100028
电话:010/65667779
传真:65679071
网址:www.navisystem.com.cn
法定代表人:程鹏
产品情况:电子导航地图

★北京耐威科技股份有限公司
地址:北京市西城区裕民路 18 号北环中心 26 层
邮编:100029
电话:010/59702088
传真:59702066
网址:www.navgnss.com
电子信箱:navgnss@navgnss.com
法定代表人:杨云春
产品情况:惯性导航系统、卫星导航、组合导航等产品

★北京市北灯汽车灯具有限公司
地址:北京市西城区陶然亭路 12 号
邮编:100054
电话:010/63567275
传真:63523689
电子信箱:beideng2012@126.com
法定代表人:徐桦
产品情况:汽车灯具

★神州畅游导航科技(北京)有限公司
地址:北京市中关村科技园丰台园星火路 1 号昌宁大厦 16 层
邮编:100070
电话:010/63791050、63749858
网址:www.cygps.com
电子信箱:jeffhu@cygps.com
法定代表人:胡军伟
单位人数:200
质量体系:ISO 9001
产品情况:智慧环卫车载终端等产品

★华能卫通科技(北京)有限公司
地址:北京市海淀区中关村南大街九号理工科技大厦 9 层
邮编:100081
电话:010/68948649、82967742
传真:68948626
网址:www.hi-tone.com.cn
电子信箱:helz@hi-tone.com.cn
法定代表人:何玉坤
质量体系:ISO 9001
产品情况:卫星定位导航仪(手持/车载)、GPS 数据采集器、GPS 车辆监控调

度系统集成

★北京长城电子装备有限责任公司
地址:北京市海淀区学院南路30号
邮编:100082
电话:010/62253344
传真:62250376
网址:www.bgwr.com.cn
电子信箱:bgwr@china.com
法定代表人:张纥
单位人数:600
质量体系:ISO 9001
产品情况:汽车音响等汽车电子产品、工程塑料制品和环保系列产品

★北京中恒兴业科技集团有限公司
地址:北京市海淀区上地信息路22号实创大厦B-8层
邮编:100085
电话:010/82782822
传真:82780009
网址:www.zhonghengxingye.com
电子信箱:bjzhlq@126.com
法定代表人:秦亚良
产品情况:(DEC牌)
电子狗、行车记录仪、GPS导航仪、车载蓝牙、车载空气净化器、车载电源等

★北京兴科迪科技有限公司
地址:北京市海淀区茶棚路2号
邮编:100091
电话:010/88855635、18601922838
网址:www.sincodest.com
电子信箱:sales@sincodest.com
法定代表人:白云飞
单位人数:200
质量体系:ISO/TS 16949、ISO 14001
产品情况:车载麦克风、车载蓝牙免提系统、汽车自动防炫目内视镜、汽车胎压监测系统、汽车智能内后视镜、汽车多功能外后视镜、车载感应开关、车载雷达、无线通信模块、车载多功能天线等
配套及出口情况:成为德国奥迪、德国大众、一汽奥迪、一汽-大众、一汽轿车、北京奔驰、上汽大众、奇瑞汽车、北汽股份、上汽集团、长安汽车、一汽马自达、长城汽车、吉利汽车、集瑞联合等全球知名品牌的合作伙伴;与欧美、中东、南美洲、印度等国家和地区的商会建立了合作关系

★北京四维图新科技股份有限公司
地址:北京市海淀区永丰路与北清路交会处东南四维图新大厦A座3-13层
邮编:100094
电话:010/82306399、4008100880
传真:82306158
网址:www.navinfo.com
电子信箱:info@navinfo.com
法定代表人:吴劲风
负责人:孙玉国
单位人数:1500
质量体系:ISO/TS 16949
产品情况:(四维图新牌)
是数字地图内容、车联网和动态交通信息服务、基于位置的大数据垂直应用服务提供商
配套情况:数字地图获得宝马、大众、奔驰、通用、沃尔沃、福特、上汽、丰田、日产、现代、标致等主流车厂的订单;车联网服务云平台已经或即将为丰田、奥迪、大众、沃尔沃、长城等国内外主流车厂的车联网项目提供服务

★北京北斗星通导航技术股份有限公司
地址:北京市海淀区中关村永丰高新技术产业基地丰贤东路7号北斗星通大厦
邮编:100094
电话:010/69939966
传真:69939100
网址:www.bdstar.com
电子信箱:bdstar@bdstar.com
法定代表人:周儒欣
单位人数:4500
质量体系:ISO 9001
产品情况:车载导航信息娱乐系统、全液晶仪表(数字仪表)、抬头显示器(HUD)、车载智能联网及终端产品(T-BOX)等汽车电子产品;汽车电子电器测试与验证的工程服务、汽车电子电器的软件开发服务、高级驾驶辅助系统、车载信息娱乐系统及相关业务等汽车工程服务
配套情况:为宝马、奔驰、大众等国际知名汽车厂商提供汽车电子电器测试与验证服务

★北京锐意泰克汽车电子有限公司
地址:北京市经济技术开发区景园北街2号38-2
邮编:100094
电话:010/67802285、67817998
传真:67817276
电子信箱:info@troitec.com
法定代表人:王林军
产品情况:ECU、进气温度压力传感器、电子加速踏板等零部件
配套情况:为奇瑞汽车、一汽四环发动机、天津一汽夏利、通宝汽车、东风渝安、哈飞汽车、江苏常发、重庆力帆、金华青年、上海汇众、长城汽车、长安汽车、天汽美亚、沈阳金杯、一汽海马、吉奥汽车、一汽佳宝、吉利汽车、郑州日产、河北中兴等供货

★北京星网宇达科技股份有限公司
地址:北京市海淀区远大路金源时代商务中心2号楼A座5C
邮编:100097
电话:4000268699
传真:010/88861465
网址:www.starneto.com
电子信箱:zy@starneto.com
法定代表人:迟家升
产品情况:车载动中通等北斗导航产品

★北京博曼迪汽车科技有限公司
地址:北京市房山区窦店镇广茂路35号
邮编:100142
电话:010/80361891、80361892
传真:80358273
网址:www.bmdbj.com
法定代表人:汪海波
质量体系:ISO/TS 16949
产品情况:汽油燃料发动机管理系统、柴油燃料发动机管理系统、新能源发动机管理系统、智能车载多功能多媒体等

★易图通科技(北京)有限公司
地址:北京市丰台区南四环西路128号院1号楼东配5层
邮编:100160
电话:010/63711098
传真:63710896
网址:www.emapgo.com.cn
电子信箱:yun.liu@emapgo.com.cn
法定代表人:王志勋
质量体系:IATF 16949
产品情况:(易图通牌)
导航电子地图,广泛应用于车载导航、位置服务(LBS)、GIS应用、智能交通、网络地图、车辆监控、移动定位、物流管理、Telematics应用等诸多领域
配套情况:客户包括东风裕隆、比亚迪、吉利、长城汽车、江淮汽车、华晨汽车、上汽大众、一汽-大众、神龙汽车、东风日产、东风本田、一汽丰田、沃尔沃、克莱斯勒、法拉利、斯巴鲁等近20家车厂

★北京伟航新技术开发有限公司
地址:北京市北京经济技术开发区宏达北路10号4087室
邮编:100176
电话:010/58700055
电子信箱:8077077@qq.com
法定代表人:夏燕江
质量体系:ISO 9001
产品情况:(Way-on牌)
汽车行驶记录仪和GPS车载终端
配套情况:为北京公交集团、宇通客车、北京巴士旅游汽车运输公司、湖北长途客运公司、北京凯立达长途客运公司、云南昆明交通集团、北京公交八方达长途客运公司、金龙客车等供货

★天合导航通信技术有限公司
地址:北京市亦庄经济技术开发区锦绣街6号航天科技园A座10层
邮编:100176
电话:010/68199400、68199476
传真:68199401
电子信箱:tianhe@tianhechina.com
法定代表人:李凉海
质量体系:ISO 9001、ISO 14001
产品情况:汽车安全驾驶导航仪、车载多媒体导航影音系统、汽车行驶记录仪

★北方导航控制技术股份有限公司
地址:北京市亦庄经济技术开发区科创十五街2号

邮编:100176
电话:010/58089788
网址:www. norincogroup. com. cn
法定代表人:苏立航
单位人数:720
产品情况:电连接器、压力容器、专用汽车等

★北京华力创通科技股份有限公司
地址:北京市海淀区东北旺西路8号院(中关村软件园)乙18号
邮编:100193
电话:010/82966300
传真:82803295
网址:www. hwacreate. com. cn
电子信箱:info@ hwacreate. com. cn
法定代表人:高小离
质量体系:ISO 9001
产品情况:北斗/GPS兼容定位模块、北斗/GPS兼容型卫星导航模拟器

★北京佩特来电器有限公司
地址:北京市通州区宋庄镇小堡村南
邮编:101118
电话:010/69596333
传真:80856297
电子信箱:marketing@ prestolite - bj. com
法定代表人:张云龙
质量体系:ISO/TS 16949、ISO 14001
产品情况:车用起动机、发电机和新能源驱动电动机;具备年产发电机200万台、起动机100万台的生产能力
出口情况:在印度和俄罗斯设立分公司

★北京顺恒达汽车电子股份有限公司
地址:北京市通州区永乐经济开发区恒业八街6号院13号1至4层101
邮编:101118
电话:010/69597544、69597358
传真:69595524
电子信箱:cw@ shunhengda. com
法定代表人:董军
质量体系:ISO/TS 16949、QS 9000
产品情况:(SHD牌)
汽车电动、手动玻璃升降器、中控锁、电动窗自动关闭器、一键起动控制器、电动开关、防夹电动升降器、遥控器、防盗器等汽车电器产品;年产升降器300万只、其他电器100万套
配套情况:为长安铃木、沈阳金杯、江铃汽车、江铃陆风、北汽福田、比亚迪汽车、昌河铃木等配套

★北方海拉车灯有限公司
地址:北京市顺义区林河大街32号
邮编:101300
电话:010/58411188
电子信箱:tiancong. wang@ hella - bhap. com
法定代表人:王发浩
单位人数:350
质量体系:ISO 14001、ISO/TS 16949
产品情况:(海拉牌)
商用车及特种车辆用工作灯、前照灯、信号灯、警示灯、内饰灯以及电子电器产品
配套及出口情况:为多家国内外知名主机厂开发并配套生产各种车型灯具,并且已经与多数全球汽车制造商建立了战略性合作伙伴关系;部分产品远销美国

★北京三立车灯有限公司
地址:北京市顺义区林河大街32号
邮编:101300
电话:010/89448511、13120325000
传真:89476938
电子信箱:liuguanqun@ slword. com
法定代表人:李成雨
质量体系:ISO/TS 16949、ISO 14001
产品情况:汽车灯具(前照灯、后尾灯、室内灯、高位制动灯、雾灯等)
配套情况:为北京现代、福田汽车、北京奔驰配套

★北京林河仪表有限公司
地址:北京市顺义区赵全营镇兆丰工业区A区
邮编:101322
电话:010/60434616、66185419
电子信箱:liyumei_love@ 126. com
法定代表人:姜亦庆
质量体系:QS 9000、ISO 9001
产品情况:(越野牌)
具有年产汽车仪表30万台套、汽车电器及各种车用传感器70万套的生产能力
配套情况:为北汽制造、北汽福田、郑州中收等配套

★北京福斯汽车电线有限公司
地址:北京市怀柔区北京雁栖经济开发区雁栖大街39号
邮编:101407
电话:010/61667047、61667841
传真:61667794、61665861
电子信箱:business@ bj - force. com
法定代表人(负责人):霍焰
质量体系:ISO/TS 16949、ISO 14001
产品情况:[福斯(ORCE)牌]
汽车电线电缆
配套情况:为大众、奥迪、福特、日产、通用、马自达、沃尔沃等众多国际品牌和一汽、东风、长安、长城等国内品牌配套

★北京斯普乐电线电缆有限公司
地址:北京市怀柔区雁栖经济开发区雁东二路58号
邮编:101407
电话:010/61665369
传真:61667272
网址:www. spl - cable. com
电子信箱:master@ spl - cable. com
法定代表人:刘万峰
质量体系:ISO/TS 16949
产品情况:各种汽车电线
配套情况:为一汽集团、天汽、北汽控股等配套

★北京帝格线束有限责任公司
地址:北京市怀柔区雁栖镇下庄村甲418号
邮编:101407
电话:010/61641454
传真:61642936
电子信箱:61641000@ 163. com
法定代表人:朱春山
质量体系:ISO/TS 16949
产品情况:汽车线束
配套情况:为北汽福田、北京汽车制造厂、河北中兴汽车、天马汽车集团公司等主机厂配套线束产品

★北京裕罗电器装配有限公司
地址:北京市密云区经济开发区B区科技路13号
邮编:101500
电话:010/69076801 - 106
传真:69075212
网址:www. yura. co. kr
电子信箱:huoguiling@ yura. co. kr
法定代表人:严大烈
质量体系:ISO/TS 16949
产品情况:汽车线束、火花塞、点火线圈、预热塞等

★高德软件有限公司
地址:北京市昌平区科技园区昌盛路18号B1座1-5层
邮编:102200
电话:010/84107000、4008100080
传真:84107777
网址:www. autonavi. com
电子信箱:fu. wang@ alibaba - inc. com
法定代表人:韦东
质量体系:ISO 9001
产品情况:AUTONAVI导航地理信息系统,汽车自主导航电子地图

★北京奥特易电子科技有限责任公司
地址:北京市门头沟区莲石湖西路98号院7号楼602
邮编:102300
电话:010/62214810、69806585
网址:www. autoeasy. cn
电子信箱:ate@ autoeasy. cn
法定代表人:孙滕谌
单位人数:100
质量体系:ISO/TS 16949
产品情况:(奥特易牌)
产品包括自动防夹感应器及控制系统、雨量感应器及自动刮水控制系统、汽车自动除雾系统及环境光感应器及自动灯光控制系统等
配套情况:汽车零部件主要供应给北汽、一汽、长城、北京现代等国内外知名汽车厂家

★北京八大处奥博科技发展有限公司
地址:北京市房山区阎村镇张庄工业区8号
邮编:102412
电话:010/60303832、60303850

传真:60303833
电子信箱:bdcaobo@ vip. 163. com
法定代表人:杜伟
产品情况:(BADACHU 牌)
汽车各类电子控制器、汽车行驶记录仪、熄火电磁阀、电控气断油缸等 30 多个大类,70 多个品种;具有年生产 200 万件套产品的能力
配套情况:为一汽解放、一汽解放青岛、锡柴、大柴、一汽通用红塔云南、北汽福田、北京欧曼重型汽车厂、珀金斯动力、北汽福田环保动力、北京客车厂、天津天津一汽华利、丹东黄海、沈汽、一汽吉轻、一汽哈尔滨轻型车厂等配套

★北京台裕汽车电机工业制造有限公司
地址:北京市房山区长阳镇公议庄村888 号
邮编:102445
电话:010/60358229、60358230
传真:60358122、60358133
电子信箱:13701068649@ 163. com
法定代表人:林正太
质量体系:ISO 9001
产品情况:(TXC 牌)
起动机、发电机、汽车空调压缩机等
出口情况:远销欧洲、美洲、亚洲

★北京海纳川航盛汽车电子有限公司
地址:北京市大兴区采育镇北京采育经济开发区育隆大街 1 号
邮编:102606
电话:010/53321843
电子信箱:houwei@ hnc - hsae. com
法定代表人:许小江
产品情况:汽车前装影音娱乐系统、智能导航及多媒体系统、车身控制集成系统、智能交通及防盗系统等汽车前装电子产品和物联网(车载远程信息服务系统)的终端产品
配套情况:与包括北汽、福田、现代、长城、长安等重要汽车产业客户合作

★北京慨尔康科技发展有限公司
地址:北京市大兴区生物医药基地永大路 23 号
邮编:102629
电话:010/61253333、61253311
传真:61253322
网址:www. krkkj. com
电子信箱:xs_krk@ 163. com
法定代表人:石少杰
负责人:石力强
单位人数:320
质量体系:ISO/TS 16949
产品情况:(KRK 牌、实强牌)
年产能力:点火线圈 800 万只、电子节气门 120 万只、高压线总成 220 万套、传感器 300 万只
配套情况:配套于长安汽车、北汽集团、一汽海马、比亚迪汽车、吉利汽车、奥易克斯等 40 余家主机厂和电喷系统公司

天津市

★天津通信广播集团有限公司
地址:天津市河北区新大路 185 号
邮编:300140
电话:022/26237449、26237222
电子信箱:tcboffice@ tcb. com. cn
法定代表人:李琦
质量体系:ISO 9001
产品情况:GPS 车载定位器等
出口情况:出口荷兰、西班牙等国家

★天津斯巴克瑞汽车电子股份有限公司
地址:天津市河西区梅江道 4 号
邮编:300221
电话:022/28261762、28261772
传真:88250416
网址:www. ignition - coil. com
电子信箱:manager@ sparktronic. cn
法定代表人:孙卫东
质量体系:ISO/TS 16949、ISO 14001
产品情况:(泰可发牌、TOEC 牌)
主要包括汽车、混合动力、摩托车等各种机械的点火线圈以及点火线圈检测设备、各种点火线圈零部件、减速器、控制臂、传感器等多种产品
配套及出口情况:与长春一汽、天津一汽、沈阳华晨、东风汽车、玉柴机器、比亚迪汽车、吉利四川商用车、中国重汽、俄罗斯 LADA、乌兹别克斯坦大宇汽车、印度 TATA、印度 Mahindra 等中外企业保持着良好的合作;出口北美洲、南美洲、欧洲、大洋洲、东南亚、中东、非洲等 30 多个国家和地区,并销往中国台湾地区、中国香港地区

★天津中发华冠机械有限公司
地址:天津市河西区郁江道 65 号
邮编:300221
电话:022/88253342
传真:88251640
网址:www. chkk. co. jp
电子信箱:zfhg@ vip. com
法定代表人:横井康弘
单位人数:143
质量体系:ISO 9002
产品情况:汽车用拉索和里程表软轴
配套情况:为天津一汽夏利、天津一汽丰田配套

★天津新韩精机有限公司
地址:天津市大港经济技术开发区
邮编:300270
电话:022/59715003、59715004
传真:59715100
电子信箱:18622459391@ 163. com
法定代表人:安应洙
质量体系:ISO/TS 16949
产品情况:车载多媒体影音系统

★槌屋(天津)汽车配件有限公司
地址:天津市西青经济开发区赛达二大道 13 号
邮编:300285
电话:022/23882121
传真:23882122
网址:www. tsuchiya - group. com. cn
电子信箱:baohaiman@ tsuchiyatj. com. cn
法定代表人:大原鉱一
产品情况:汽车组合仪表汽车关键零部件

★天津穗积电材有限公司
地址:天津市东丽经济开发区二纬路 18 号
邮编:300300
电话:022/24994454、24994457
传真:24994453
网址:www. tjhozumi. com
电子信箱:yingye@ tjhozumi. com
法定代表人:穗积实
质量体系:ISO 14001、ISO 9001
产品情况:汽车用灯泡灯头及荧光灯用灯头

★天津电装电机有限公司
地址:天津市东丽开发区六经路 3 号
邮编:300300
电话:022/58885600
传真:58885618
网址:www. denso. com. cn
法定代表人:海老原次郎
单位人数:1447
产品情况:发电机、起重机、传感器在内的汽车电子控制装置及零部件产品
配套情况:丰田系为最大用户,占约 60% 的份额;本田系占约 30%,其他包括长安铃木、北京现代、福建奔驰等约占其余的 10% 份额

★天津耐迪实业有限公司
地址:天津市东丽区无瑕街新袁庄村
邮编:300301
电话:022/84366211
传真:84366220
网址:www. nedec. com
电子信箱:mbx1895@ sohu. com
法定代表人:黄绫雄
质量体系:ISO/TS 16949
产品情况:控制器外壳、电控装置外壳、汽车水泵外壳

★天津市新阳汽车电子有限公司
地址:天津市津南区八里台工业园丰泽四大道 14 号
邮编:300350
电话:022/88566605
传真:88823123
网址:www. sunautocn. com
电子信箱:auto@ sunautocn. com
法定代表人(负责人):任增春
质量体系:ISO/TS 16949、ISO 14001
产品情况:天然气发动机点火线圈,汽油机点火线圈,点火模块、阻燃高压线、绝缘胶套等点火部件,传感器 4 大系列汽车电喷系统电子部件产品
配套及出口情况:为一汽、东风、福田、玉柴、中国重汽、中通客车等全国知名

汽车制造商提供点火线圈产品的配套业务,并成为奔驰、宝马、奥迪、凯迪拉克等众多国际知名品牌全球售后市场汽车点火线圈产品的知名制造商和供应商;远销多个国家和地区

★天津津河电工有限公司

地址:天津市西青经济开发区中北工业园南园海光路13号
邮编:300380
电话:022/27396830
传真:27396850
网址:www.tjjhdg.com
电子信箱:jinhe@tjjhdg.com
法定代表人:孟君奎
质量体系:ISO/TS 16949、ISO 9001
产品情况:汽车自动空调线束、安全气囊旋转连接器、线束、插接件、保险盒等汽车电装部品
配套及出口情况:为天津一汽丰田等配套;部分产品出口

★图尔克(天津)传感器有限公司

地址:天津市西青经济开发区兴华四支路18号
邮编:300381
电话:4006510025
网址:www.turck.com.cn
电子信箱:4006510025@turck.com
法定代表人:甘先国
质量体系:ISO 9000
产品情况:各类传感器、工业现场总线、处理器控制开关及监控装置

★宜科(天津)电子有限公司

地址:天津市西青经济开发区赛达四支路12号
邮编:300385
电话:022/23888288、4006084005
传真:23788399
网址:www.elco-holding.com.cn
电子信箱:sales@elco.cn
法定代表人:张鑫
质量体系:ISO 9000
产品情况:传感器与低压产品、编码器、I/O系统、追溯与识别、安全继电器等安全产品、连接系统等

★天津阿斯莫汽车微电机有限公司

地址:天津市西青经济开发区赛达四支路2号
邮编:300385
电话:022/83961808
传真:83961718
网址:www.denso.com.cn
法定代表人:梶田宜孝
单位人数:860
产品情况:汽车刮水器系统、洗涤器系统、冷却风扇电动机、空调电动机及摇窗电动机等产品
配套情况:为天津一汽丰田、四川丰田、广汽丰田、广汽本田、北京现代、长安铃木、长安福特、上汽通用、东风悦达起亚及长春一汽丰越等汽车微电机产品的主要供货厂家之一

★天津松下电子部品有限公司

地址:天津市西青经济开发区兴华五支路1号
邮编:300385
电话:022/83983138、83983088
传真:83983178
网址:panasonic.cn
电子信箱:dusonghua@cn.panasonic.com
法定代表人:重田光俊
质量体系:ISO 14001、ISO 9002
产品情况:片式电阻器、回转传感器、热敏传感器、防抖动传感器、石墨散热片
出口情况:70%的产品出口欧洲、美洲、大洋洲、东南亚、日本,并销往中国香港、中国台湾地区

★天津市飞乐汽车照明有限公司

地址:天津市西青区中北工业园辰星路11号
邮编:300393
电话:022/27985577
传真:27985202
网址:www.tjfeile.com
电子信箱:tjfeile@tjfeile.com
法定代表人:陈再亮
单位人数:500
质量体系:ISO/TS 16949、ISO 14001
产品情况:汽车前照灯、后组合灯、雾灯、制动灯、转向灯、室内灯等汽车照明系统设备及汽车电器
配套情况:为一汽轿车、广汽本田、本田中国、东风本田、天津一汽夏利、一汽吉林、华晨金杯、中华汽车、广汽中兴、江铃五十铃、一汽解放、陕汽集团、北汽福田诸城奥铃汽车厂、一汽青岛等供货

★豪圣电机(天津)有限公司

地址:天津港保税区(空港)西三道99号
邮编:300456
电话:022/84909161
电子信箱:hslee1838@163.com
法定代表人:JUNG JIN GUN
产品情况:主要产品为多种汽车用电动机

★天津摩比斯汽车零部件有限公司

地址:天津市经济技术开发区第九大街12号
邮编:300457
电话:022/25291100、25299010
网址:cn.mobis.co.kr
电子信箱:5701546@gmobis.com
法定代表人:文京镐
质量体系:ISO/TS 16949、ISO 14001
产品情况:汽车电子控制系统、安全气囊控制单元及其他汽车电子设备
配套及出口情况:向现代汽车集团、北京现代汽车供货;出口欧美、亚洲等地区

★天津矢崎汽车配件有限公司

地址:天津市经济技术开发区洞庭路138号
邮编:300457
电话:022/25323538
传真:25323535、25325875
网址:www.yazaki-china.com
电子信箱:tjyrs.wang@tjy-yazaki.com.cn
法定代表人:川井崇
质量体系:QS 9000、ISO 14001
产品情况:汽车线束
配套情况:为郑州日产、丰田汽车配套

★天津津住汽车线束有限公司

地址:天津市经济技术开发区洞庭路21号
邮编:300457
电话:022/87912668
传真:87911908
网址:www.sws.co.jp
电子信箱:duijiaoxian@163.com
法定代表人:牧户政己
产品情况:汽车线束
配套及出口情况:为天津一汽夏利、天津一汽丰田、天津一汽丰田发动机、一汽海马、华晨金杯、昌河汽车、广汽三菱、北京奔驰、哈飞汽车、丰田(日本)、大发(日本)配套;出口日本

★天津杰士电池有限公司

地址:天津市经济技术开发区黄海路189号
邮编:300457
电话:022/25325681-90
传真:25328527
网址:www.gs-battery.com.cn
电子信箱:ttyoem@gs-battery.com.cn
法定代表人:酒见升久
质量体系:ISO/TS 16949、ISO 14001
产品情况:(统一牌)
汽车蓄电池、摩托车蓄电池等
配套情况:为丰田、福特、通用、日产、马自达、华晨金杯、东南汽车、天津一汽夏利、广汽本田、嘉陵、宗申、雅马哈、光阳等国内外企业配套

★天津东海理化汽车部件有限公司

地址:天津市经济技术开发区黄海路200号
邮编:300457
电话:022/25320790
传真:25322643
电子信箱:pingli.huang@trct.com.cn
法定代表人:堀田正人
单位人数:614
质量体系:ISO/TS 16949、ISO 14001
产品情况:汽车组合开关、中央控制板总成、自动窗开关、螺旋线缆 分总成,门锁系统,换挡装置及各种小开关等
配套情况:为天津一汽丰田、天津一汽夏利、北京奔驰等配套

★天津斯坦雷电气有限公司

地址:天津市经济技术开发区南海路140号
邮编:300457
电话:022/65179797、25321345

传真:25320173
网址:www. stanley. co. jp
电子信箱:lf@ stanleytj. com. cn
法定代表人:米谷光弘
质量体系:ISO/TS 16949、ISO 14001
产品情况:(STANLE 牌)
各种汽车灯具、汽车用灯泡、发光二极管、冷阴极管荧光灯等各种光源的制造
配套情况:为一汽丰田、东风日产、马自达、三菱、福特等在中国投资的日系厂商提供汽车灯具的配套

★电装(天津)车身零部件有限公司
地址:天津市经济技术开发区逸仙科学工业园翠溪道2号
邮编:300457
电话:022/82172680
传真:82172683
网址:www. denso. com. cn
电子信箱:baoyan_han@ dtbp. denso. com. cn
法定代表人:金敬燮
单位人数:116
产品情况:主要产品是汽车仪表盘、传感器等
配套情况:为北京现代、东风悦达起亚汽车配套

★天津博顿电子有限公司
地址:天津市武清区徐官屯工业区泰源路4号
邮编:301700
电话:022/29370813、13902180460
网址:www. bodungroup. com. cn
电子信箱:202955542@ qq. com
法定代表人:吴宝忠
质量体系:ISO 14001、ISO/TS 16949
产品情况:汽车多媒体产品(扬声器、车载功放 AMP、音效提升模块 ADAE、主动降噪 ANC 等),汽车节能环保(智能进气格栅 AGS、主动进气格栅 GCM、前端模块 FEM),汽车车身电控系统(车身控制器、电动座椅器控制器、空调/热管理控制器等),新能源汽车电控系列(整车控制器、电源管理系统、低速行人警示器等)
配套及出口情况:与 30 多家国内外知名汽车制造商进行深入合作,其中包括上汽集团、通用五菱、长安、吉利、广汽、东风、柳汽、北汽、长城等;外资品牌包括广汽丰田、沃尔沃、雷诺、郑州日产等;远销欧美等地区

河北省

★康明斯天远(河北)科技有限公司
地址:石家庄市高新技术开发区黄河大道227号
邮编:050035
电话:0311/85906818
传真:67790919
网址:www. cummins. com. cn
法定代表人:韩晓明
产品情况:合作开发车用和非公路用发动机远程控制解决方案

★河北美泰电子科技有限公司
地址:石家庄市昌盛大街21号
邮编:050299
电话:0311/83933866、83933867
传真:83933866
网址:www. mtmems. com
电子信箱:gen. pan@ mtmems. com
法定代表人:杨拥军
质量体系:ISO/TS 16949、GJB 9001B
产品情况:MEMS 惯性器件与系统、汽车 MEMS 传感器、射频(RF)MEMS 器件、光 MEMS 器件、MEMS 热式燃气表等5大类25个系列核心产品

★河北江津五金制品股份有限公司
地址:河北省南皮县东环工业园
邮编:061500
电话:0317/8662908、8771888
传真:8862758
网址:www. hbjjwj. com
电子信箱:hbjjwj@ vip. 163. com
法定代表人(负责人):杨文志
单位人数:536
质量体系:ISO/TS 16949、ISO 14001
产品情况:左、右后翼子板角板、上框、2号支架、离合器支架总成,脚踏板总成,驻车操纵杆总成等100余种产品
配套情况:主要客户有长城汽车、天津一汽等

★河北骏兴五金制造有限公司
地址:河北省南皮县冯家口镇大树金工业区
邮编:061500
电话:0317/8796468
传真:8797736
电子信箱:chj@ hbjxwj. com
法定代表人:尹平
产品情况:主要生产开关电源外壳、模块电源外壳、重型汽车电动机

★河北金利通汽车配件有限公司
地址:河北省河间市新区建设大街1号
邮编:062450
电话:0317/3627111、3611988
电子信箱:jinlitongjituan@ 163. com
法定代表人:槐铁牛
产品情况:汽车起动机、发电机
配套情况:与保时捷、法拉利、路虎、奔驰、宝马、奥迪、本田等品牌配套合作

★河北江轮机电有限公司
地址:河北省河间市新区江轮工业园
邮编:062450
电话:0317/3601234、3616789
传真:3611234
网址:www. jianglun. com
电子信箱:sale@ jianglun. com
法定代表人:袁建江
单位人数:350
质量体系:ISO/TS 16949
产品情况:起动机、发电机及配件、汽车压缩机等
配套及出口情况:部分产品已和多个发动机生产厂家配套;出口美国、中东等国家和地区

★河北长立汽车配件有限公司
地址:河北省河间市时村乡经济技术开发区
邮编:062453
电话:0317/3678918
传真:3678916
网址:www. starter - china. com
电子信箱:hbcl666@ starter - china. com
法定代表人:侯立冬
质量体系:ISO 9001
产品情况:汽车起动机、发电机
出口情况:出口日本和东南亚

★廊坊耐迪机电有限公司
地址:河北省廊坊市安次区东沽港镇廊东路69号
邮编:065000
电话:0316/2891641
传真:2891640
网址:www. nedec. com
电子信箱:nedec@ nedec. com
法定代表人:黄绫雄
产品情况:新型电子元器件、汽车发动机零部件、模具等
出口情况:主要销往韩国、欧美地区

★廊坊科森电器有限公司
地址:河北省廊坊市经济技术开发区耀华道25号
邮编:065001
电话:0316/6066188、6066088
传真:6072345
电子信箱:403116991@ qq. com
法定代表人:吉川力夫
质量体系:ISO/TS 16949、ISO 14001
产品情况:摩托车用电装品,飞轮总成、点火器及电压调节器等通用汽油机用电装品,铸造产品及深加工、汽车用起动机
配套情况:为大长江、上海天合、轻骑铃木、轻骑发动机、泰州雅马哈、嘉陵本田、重庆宗申、南京金城、佛山比亚乔、洛阳北易配套,并与意大利比亚乔、法国标致、日本 DBS、美国本田、美国科勒、西班牙德比等建立了合作关系

★廊坊莱尼线束系统有限公司
地址:河北省三河市区102国道北侧密三路东北外环路南侧岩峰大街1号
邮编:065200
电话:0316/3725000、3725001
传真:3725098
网址:www. leoni. com
电子信箱:jie. geng@ leoni - bhap. com
法定代表人:许小江
质量体系:IATF 16949、ISO 14001

产品情况:汽车线束

★三河因派克汽车部件有限公司
地址:河北省三河市燕郊开发区北环路北侧大道养生堂东侧
邮编:065201
电话:010/61597232、3313455
传真:61597232-189
电子信箱:minbeom. kang@ infac. com
法定代表人:崔五吉
产品情况:拉线类(年可生产各种汽车拉线500万条)、电磁阀类、开关类、真空阀类、天线及连接线等汽车部件和产品
配套及出口情况:主要为北京现代、东风悦达起亚、现代摩比斯、上海马勒、天津马勒、山东威亚和哈尔滨变速器等配套;主要为美国克莱斯勒和韩国现代起亚的产品配套

★廊坊科森电器有限公司汽车马达分公司
地址:河北省廊坊经济技术开发区耀华道25号
邮编:065600
电话:0316/6066023
传真:6658896
电子信箱:lfksyq@ lfkokusan. net
法定代表人:汪立明
产品情况:ABS防抱死制动系统用电动机、ESC车体稳定系统用电动机、EPS转向助力系统电动机
配套情况:主要客户分别为TRW集团和日立集团

★河北东三星新能源科技有限公司
地址:河北省大城县东阜摩配科技产业园区
邮编:065901
电话:0316/5810192
传真:5813789
网址:www. hbsanxing. com
电子信箱:sanxing@ hbsanxing. com
法定代表人:田文昶
产品情况:起动用铅酸蓄电池、摩托车用铅酸蓄电池、汽车蓄电池、电动车用铅酸蓄电池及小型阀控密封铅酸蓄电池

★中国船舶重工集团动力股份有限公司
地址:河北省保定市富昌路8号
邮编:071057
电话:0312/3208556
传真:3208550
网址:www. china - csicpower. com. cn
电子信箱:ff@ sail. com. cn
法定代表人:何纪武
负责人:刘宝生
单位人数:6659
质量体系:ISO/TS 16949、QS 9000
产品情况:(风帆牌)
汽车起动铅酸蓄电池,工业用储能铅酸蓄电池
配套及出口情况:为一汽-大众、上汽大众、上汽通用、北京现代、东风汽车、长安汽车等配套;远销澳大利亚、中东地区、匈牙利、安哥拉等国家

★ 风帆有限责任公司

地址:河北省保定市富昌路8号
邮编:071057
电话:0312/3208556、4001600482
传真:3208550
网址:www. sail. com. cn
电子信箱:ff@ sail. com. cn
法定代表人:李勇
质量体系:IATF 16949、ISO 14001、ISO 18001
产品情况:(风帆牌)
汽车电池、工业储能电池、动力电池等,具备近2000万只起动用铅蓄电池和300万只AGM、EFB电池年生产能力
配套及出口情况:为一汽-大众、上汽大众、上汽通用、北京现代、东风汽车、长安汽车等配套,是奥迪A6、帕萨特领驭、别克荣御以及奔驰、宝马AGM电池国内独家供应商;出口30多个国家和地区
☞ 详细情况请参阅彩色宣传版面

★容城来福灯泡有限公司
地址:河北省容城县县城东四公里津保公路南侧
邮编:071700
电话:0312/5613165、5608639
传真:5611652
网址:www. lifelamp. com. cn
电子信箱:xiaoshou@ lifelamp. com. cn
法定代表人:杨利亚
质量体系:IATF 16949
产品情况:(LIFE牌)
汽车照明产品、汽车灯泡、年产量1.2亿只
配套及出口情况:与一汽、东风商用车、东风日产、天津丰田、广汽丰田、北汽福田、北汽集团、保定长城、上汽通用五菱、一汽轿车、奇瑞、比亚迪等汽车公司配套;出口日本、印度尼西亚、泰国;为日产、丰田、本田、铃木、五十铃、富士重工、三菱等著名汽车公司配套

★保定中硕蓄电池有限公司
地址:河北省保定市徐水荆塘铺南
邮编:072550
电话:0312/8761111、8776666
传真:8565968
网址:www. zsxdc. com
电子信箱:zsxdc1111@ 163. com
法定代表人:王岸东
单位人数:800
质量体系:ISO 9001
产品情况:(中硕牌、ZS牌)
起动型铅酸蓄电池,动力型牵引用铅酸蓄电池(即电动汽车、电动自行车、电动摩托车、电动三轮车、叉车、汽船、船舶等动力蓄电池)等
出口情况:部分产品通过边贸打入了蒙古、越南及乌兹别克斯坦等中亚地区

内蒙古

★内蒙古一机集团宏远电器股份有限公司
地址:内蒙古包头市稀土高新区青工南路5号
邮编:014030
电话:0472/5913010
网址:www. nmgyj. com
电子信箱:nmyjhy@ 126. com
法定代表人:张耀
质量体系:ISO 9001
产品情况:军用装甲车辆电子控制产品与军用电动机、工程车辆用监测显示器等电子产品和几十种电缆、北方奔驰货车的驾驶员室倾翻装置和备胎支架等

辽宁省

★沈阳东北蓄电池有限公司
地址:沈阳市经济技术开发区浑河20街39号
邮编:110027
电话:024/25875578、25858196
传真:25858196
电子信箱:807116381@ qq. com
法定代表人:付辉
质量体系:QS 9000、ISO 9001
产品情况:(东北牌)
蓄电池,生产能力160万kVAh
配套情况:为一汽集团、华晨金杯、丹东黄海、南京依维柯、陕汽集团、宇通客车、重汽集团等配套

★沈阳法雷奥车灯有限公司
地址:沈阳市大东区大古城街29号
邮编:110122
电话:024/31402088、31404551
网址:www. valeo. com. cn
电子信箱:763732700@ qq. com
法定代表人:弗朗索瓦·安托万·雅克·马里恩
单位人数:500
产品情况:应用了卤素前照灯、氙气前照灯和LED前照灯技术的前照灯和尾灯

★沈阳兴华航空科技有限公司
地址:沈阳市经济技术开发区开发大路30号
邮编:110144
电话:024/85818036、85818960
传真:85818127
电子信箱:xhkj@ 163. com
法定代表人:李治
质量体系:GJB/Z 9001B、AS 9001C
产品情况:主要产品有各种型别的工业电连接器、集成化电缆组件、汽车用各种电器组件等;产品主要面向新能源电动汽车领域

★沈阳新阳光机电科技有限公司
地址:沈阳市沈北新区辉山大街 123 - 24 号
邮编:110164
电话:024/24501390、24532719
传真:24533127
网址:www.smest.com
电子信箱:smest@163.com
法定代表人:付电明
质量体系:ISO 9001
产品情况:无轨电车、有轨电车电气设备,各种电源、专用变频器、高性能客车和军用荧光灯逆变器等
出口情况:出口亚洲、美国、欧洲等多个国家和地区

★莱尼线束系统(铁岭)有限公司
地址:辽宁省铁岭市台湾工业园园一街 1288 号
邮编:112000
电话:024/72267501
网址:www.leoni.com
电子信箱:carrie.li@leoni.com
法定代表人:吕乐明
质量体系:IATF 16949、ISO 14001
产品情况:汽车线束

★鞍山亚赛电磁设备有限公司
地址:辽宁省鞍山市高新区千山路318 号
邮编:114044
电话:0412/5217021、5829089
传真:5217021
电子信箱:whmys@126.com
法定代表人:王慧民
质量体系:ISO 9001
产品情况:汽车喇叭

★ 营口阿部配线有限公司

地址:中国(辽宁)自由贸易试验区营口市西市区西飞街 19 号
邮编:115004
电话:0417/4814540、4806063
传真:4814584
网址:www.ykyah.com
电子信箱:zhanghui@ykyah.com
法定代表人:阿部正之
单位人数:700
质量体系:ISO/TS 16949、ISO 14001、OHSAS 18001
产品情况:汽车灯光控制系统线束、汽车车身辅助控制线束、汽车安全控制系统线束、汽车电子控制系统线束,新能源汽车整车线束
配套情况:为丰田、日产、大众、通用、福特、沃尔沃、尼桑、中国一汽集团等配套
☞ 详细情况请参阅彩色宣传版面

★大连原田工业有限公司
地址:辽宁省大连市经济技术开发区金马路101 号
邮编:116000
电话:0411/87612111
传真:87612117、87628654
网址:www.harada.cn
电子信箱:info@harada.com.cn
法定代表人:原田章二
质量体系:ISO/TS 16949、ISO 14001
产品情况:汽车天线、中继导线、车内电视天线、各种机器用棒状天线、天线部品、各种电动控制器、不锈钢管、各种电线、电线束等
配套及出口情况:为广汽本田、东风本田、天津一汽丰田、郑州日产、南京福特供货;出口日本、北美洲、欧洲、东南亚

★大连松下汽车电子系统有限公司
地址:辽宁省大连市甘井子区虹港路 300 号
邮编:116033
电话:0411/86304354
传真:86304347
网址:www.panasonic.com.cn
法定代表人:刘国臣
单位人数:2919
质量体系:ISO 14001、ISO 9001
产品情况:(Panasonic 牌)
　　车载电子产品、信息娱乐系统,包括音响、导航、ECU、电子钥匙等产品
配套及出口情况:国内市场 OEM 销售占有率达到了 13%;产品约 64% 出口海外

★大连阿尔派电子有限公司
地址:辽宁省大连市金州经济开发区迎宾路 2 号
邮编:116100
电话:0411/87698716
传真:87675820
网址:www.alpine.com
法定代表人:元川康司
质量体系:ISO/TS 16949、ISO 14001
产品情况:汽车通信导航设备、汽车音响
配套及出口情况:为广汽本田配套;出口美国、欧洲、日本等国家和地区

★锦祥照明系统(大连)有限公司
地址:辽宁省大连市经济技术开发区铁山东三路 51 号
邮编:116600
电话:0411/39225200、39225215
传真:39225280
网址:www.zkw-group.com
电子信箱:info@zkwchina.cn
法定代表人:张安龙
产品情况:前照灯、车内照明和附属照明产品

★辽宁承业汽车零部件制造有限公司
地址:辽宁省凤城市凤凰城区承业路9 号
邮编:118100
电话:0415/3518633、3518555
传真:3518885
网址:www.lncy.net.cn
电子信箱:yxb@lncy.net.cn
法定代表人:王芳
单位人数:200
质量体系:IATF 16949
产品情况:商用车用起动机、发电机以配套,另外出口后市场以轿车起动机、发电机 Valeo、LADA、ISUZU 全系产品为主
配套情况:主要为道依茨一汽大连柴油机、一汽锡柴、潍柴动力、东风朝柴动力等车用柴油机配套

★辽宁启明汽车电器有限公司
地址:辽宁省锦州经济技术开发区威海街 100
邮编:121000
电话:0416/7988689
电子信箱:qining@alternatorandstarter.com
法定代表人:丁卫红
质量体系:ISO/TS 16949、ISO 9001
产品情况:汽车用发电机及其零部件
配套情况:为道依茨(大连)、东风朝柴、合肥朝柴等配套

★锦州海科汽车电子有限公司
地址:辽宁省锦州市开发区渤海大街 4 段 15 号
邮编:121000
电话:0416/2662963
电子信箱:zhengli_20070905@126.com
法定代表人:王艳红
质量体系:ISO/TS 16949
产品情况:汽车用混合集成电路、汽车发电控制芯片、车辆电驱动控制系统
配套情况:汽车发电控制芯片产品为锦州汉拿电机公司等国内发电机生产厂供货

★锦州华一旋压技术有限公司
地址:辽宁省锦州市松山新区黄海大街 8 号
邮编:121003
电话:0416/3317588、3317599
传真:3317588
电子信箱:ssh@jzqp.com
法定代表人:沈守华
质量体系:ISO/TS 16949、ISO 9001
产品情况:汽车发电机旋压带轮,汽车用助力泵、水泵、空调旋压带轮、汽车起动机永磁定子等
配套情况:为各大汽车主机厂配套

★锦州东佑精工有限公司
地址:辽宁省锦州市经济技术开发区渤海大街 4 - 15 号
邮编:121007
电话:0416/7915388、7915355
传真:7915377
网址:www.jzdwp.com
电子信箱:jzdwp@jzdwp.com
法定代表人:朴真用
质量体系:ISO/TS 16949
产品情况:(东佑精工牌)
　　汽车发电机用调节器和整流桥,具有年产 960 万套的生产能
配套及出口情况:为锦州汉拿电机配套;远销欧洲、韩国、东南亚等国家和

地区

★锦州韩华电装有限公司
地址:辽宁省锦州市经济技术开发区渤海大街四段2号
邮编:121007
电话:0416/2933839、2930056
网址:www.jzhhdz.cn
电子信箱:hhdz_sales@163.com
法定代表人:朴真用
单位人数:280
质量体系:ISO/TS 16949、ISO 14001
产品情况:汽车起动机电枢、发电机转子、油泵电动机电枢等
配套情况:主要客户有锦州汉拿电机、沈阳玄潭汽车部件、联合汽车电子、马勒电驱动、俄罗斯PRAMO公司、BOSCH、DELPHI等

★ 锦州万得汽车集团有限公司
地址:辽宁省锦州市经济技术开发区西海大街万得工业园
邮编:121007
电话:0416/3799983、3799970
传真:3799983
网址:www.wonderauto.com.cn
电子信箱:wonder@wonderauto.com.cn
法定代表人:曾庆东
单位人数:8500
产品情况:汽车电器系统(发电机、起动机、驱动电动机、电控助力转向系统),汽车主被动安全系统(安全气囊、安全带、ESC、ACC、TPMS、LDW),汽车悬架系统(减振器活塞杆及减振器总成),发动机配气系统(发动机气门、挺柱等)
配套及出口情况:主要客户有长城、众泰、奇瑞、上汽通用五菱、东南汽车、东风、吉利、中华、上汽大众、北汽、江淮、东风悦达企业、北京现代、神龙、一汽-大众、比亚迪、长安、中国重汽、中兴、郑州日产、长安铃木、江铃、一汽海马、东风裕隆、华泰、天津一汽、昌河、金旅、一汽、东风小康、福田、汉腾、金龙客车、广汽乘用车、知豆、东安动力、云内动力等;客户遍及美国、墨西哥、巴西、南非、印度、澳大利亚、泰国、韩国、俄罗斯、伊朗、欧洲等国家和地区
☞ 详细情况请参阅彩色宣传版面

★锦州汉拿电机有限公司
地址:辽宁省锦州市滨海新区天山路1段4号
邮编:121013
电话:0416/3880061
传真:3880059
电子信箱:sales@jheeco.com
法定代表人:刘勇东
质量体系:ISO/TS 16949、ISO 14001
产品情况:(JHECO牌)
汽车用发电机、起动机
配套情况:为一汽集团、天津一汽夏利、奇瑞汽车、北京现代、东风悦达起亚、华晨金杯等40多家企业配套

★锦州瑞龙实业集团有限公司
地址:辽宁省锦州市锦义公路190号
邮编:121017
电话:0416/4185652、4188970
传真:4189388
网址:www.ruilong.net
电子信箱:master@ruilong.net
法定代表人:陈国瑞
单位人数:300
质量体系:ISO/TS 16949
产品情况:汽车电器产品等
配套情况:为知名汽车制造厂商配套

吉林省

★长春富维伟世通汽车电子有限公司
地址:长春市汽车产业开发区自立街395号
邮编:130011
电话:0431/85124004、85742866
传真:85742949
网址:www.ccvfae.com
电子信箱:ylei3@visteon-jv.com
法定代表人:陈培玉
单位人数:118
质量体系:ISO/TS 16949
产品情况:(GUOTENG牌)
VFAE未来座舱产品、车载信息娱乐系统、胎压监测模块及传感器、网关控制模块、平视显示系统、多功能组合仪表、车身控制模块、电子钟、点火线圈、报警指示灯等
配套情况:主要客户有一汽轿车、一汽-大众、上汽大众等;配套的车型主要有红旗H7、迈腾B7L、迈腾CC、新帕萨特、高尔夫、速腾、宝来、捷达等

★长春一汽富维海拉车灯有限公司
地址:长春市西新经济技术开发区西湖大路8577号
邮编:130011
电话:0431/81950066
网址:www.fawfw.com.cn
法定代表人:陈培玉
单位人数:470
质量体系:ISO/TS 16949
产品情况:汽车前照灯、尾灯、雾灯、侧转向灯等各类车灯产品
配套情况:为一汽-大众等配套

★一汽富晟李尔汽车电器电子有限公司
地址:长春市高新技术产业开发区蔚山路5123号
邮编:130012
电话:0431/87062768
传真:87062753
网址:www.fawsn.com.cn
法定代表人:王玉明
单位人数:650
产品情况:整车线束、发动机线束、车门控制器、胎压传感器、座椅控制器、以及混合动力产品等
配套情况:为一汽-大众、一汽轿车、一汽红旗等一汽集团企业和周边市场提供

★博世汽车部件(长春)有限公司
地址:长春市高新区超越大街2616-2号
邮编:130012
电话:0431/81950866
传真:81950880
网址:www.fawsn.com.cn
法定代表人:DR. ROTH NORMANN GERHARD
产品情况:主要产品包括刮水系统总成、摇窗电动机、辅助水泵等

★长春一汽延锋伟世通电子有限公司
地址:长春市高新区高新路4370号1号厂房3区域
邮编:130012
电话:0431/81873183
电子信箱:yding3@yfve.com.cn
法定代表人:王延军
质量体系:VDA 6.1、QS 9000
产品情况:(天宝牌)
各类汽车音响、闪光器、刮水器控制器等汽车电子产品
配套情况:为一汽集团、一汽-大众、一汽轿车等配套

★长春春原汽车电线有限公司
地址:长春市开运街1244号
邮编:130012
电话:0431/85952987、85922948
传真:85929913
电子信箱:hushaosong63@126.com
法定代表人:孙玉德
质量体系:ISO/TS 16949
产品情况:汽车电线束
配套情况:为韩国现代起亚汽车厂、保定长城汽车厂、哈尔滨哈飞汽车厂生产汽车配套电线束

★长春百思特汽车零部件有限公司
地址:长春市汽车经济技术开发区长虹大路1188号
邮编:130013
电话:0431/81703922
传真:85730163
网址:www.cc-best.net
电子信箱:cc_best@188.com
法定代表人:徐伟华
质量体系:ISO/TS 16949
产品情况:注塑件、挤出件、电器件
配套情况:为一汽解放、一汽吉林汽车、长春海拉车灯、北京海拉车灯、威海威嘉电器、海尔滨弘瑞电器等全国30余家汽车及零部件厂配套

★长春住电汽车线束有限公司
地址:长春市高新区繁荣路5599号
邮编:130015
电话:0431/5921434、88570732
传真:5921649

网址:www. sws. co. jp
电子信箱:ying. wang@ cseb. com. cn
法定代表人:冯德汉
单位人数:2200
质量体系:ISO/TS 16949
产品情况:主要产品为各种汽车电线束,目前生产的线束产品为 BoraA5、GolfA5、MX 等车型电线束
配套情况:为一汽-大众速腾、高尔夫 A6、新宝来、迈腾、迈腾 CC 等配套

★长春捷翼汽车零部件有限公司
地址:长春市高新开发区顺达路 957 号一层
邮编:130022
电话:13843165543
电子信箱:843963801@ qq. com
法定代表人(负责人):夏淑分
产品情况:主要生产汽车线束,高压线束,新能源充电产品,高压产品,电子电器保护装置,功能性内饰产品
配套情况:主要是面向一汽-大众三地四厂进行产品配套,具有满足一汽-大众年产整车 100 万辆的配套能力,主要产品类型涵盖 Audi 及 VW 的零部件产品的蓄电池线束、发动机线束、功能性内饰件产品

★富奥汽车零部件公司电子电器分公司
地址:长春市经济技术开发区浦东路 2258 号
邮编:130031
电话:0431/84612050、84612955
传真:84610936
网址:www. fawer. com. cn
电子信箱:dianqi@ fawer. com. cn
法定代表人:葛延翔
质量体系:ISO/TS 16949
产品情况:发动机控制单元 ECU、变速器控制单元 TCU、轮胎压力智能监测系统(TPMS)、遥控门锁(RKE)、车身控制单元 BCM、电动窗控制开关、电子加速踏板、新能源汽车电池封装、熔断器盒、整车线束等

★盈佳科技(长春)有限公司
地址:长春市经济技术开发区东南湖大路 2899 号
邮编:130033
电话:0431/84678888、84678896
传真:84678889
电子信箱:zhangdan0703@ 126. com
法定代表人:周荣昌
质量体系:ISO/TS 16949、QS 9000
产品情况:主要产品有汽车中央控制门锁、电动玻璃升降器、门板模块系统、BCM、PEPS、防盗报警器、发动机 IMMO 控制器、后视镜控制模块、汽车影像技术(倒车摄像头、AVM、LDWS、DVR、HUD)、汽车毫米波雷达技术(BSD、ACC、FCWS)、胎压监测系统(TPMS)、汽车油箱盖开启闭锁器和行李舱盖开启闭锁器等一系列相关电子产品
配套情况:主要客户有奥迪、一汽-大众、一汽轿车、一汽吉林、天津一汽、长城汽车、上汽大众、奇瑞汽车、广汽长丰、吉利汽车、野马汽车等

★长春海拉车灯有限公司
地址:长春市经济技术开发区昆山路 593 号
邮编:130033
电话:0431/85078114
网址:www. hella. cn
电子信箱:info@ hella. cn
法定代表人:Wolfgang Beuck
单位人数:790
质量体系:VDA 6. 1、QS 9000
产品情况:(海拉牌)
前灯、尾灯、小灯等各种汽车灯具;具有年产前灯 240 万只、尾灯 150 万只的产能
配套及出口情况:主要为一汽-大众、一汽轿车、华晨宝马、沈阳金杯、上汽大众、东风日产、通用、福特、神龙汽车、吉利、奇瑞、菲亚特等大型汽车厂家配套生产汽车车灯;部分车灯产品出口日本

★世倍特汽车电子(长春)有限公司
地址:长春市经济技术开发区武汉大街 1981 号
邮编:130033
电话:0431/84684040、84684000
网址:www. continental - automotive. cn
法定代表人:汤恩
产品情况:摩托车及非汽车类机动车船的发动机电子控制系统及其相关的电子、电气、机械和机械电子产品部件

★大陆汽车电子(长春)有限公司
地址:长春市经济技术开发区武汉路 1981 号
邮编:130033
电话:0431/84684000
传真:84613761
网址:www. continental - automotive. cn
法定代表人:汤恩
单位人数:2000
质量体系:ISO 14001、ISO/TS 16949
产品情况:汽车电子产品系列、汽车传感器系列、燃油导轨系列
配套及出口情况:为一汽、一汽-大众、上汽大众、上汽通用、广汽本田、本田中国、上汽通用五菱、长安福特、长安铃木、华晨金杯、奇瑞等供货;近 30% 的份额出口德国、日本(本田、铃木、日产、丰田)、韩国(通用大宇、现代起亚、雷诺三星)、俄罗斯、马来西亚

★长春市夸克普精汽车电子有限责任公司
地址:长春市经济技术开发区自由大路 8888 号
邮编:130033
电话:0431/84650482、89659381
传真:84650482
网址:www. hxbest. com
电子信箱:hxxs@ hxbest. com
法定代表人:刘淑芹
单位人数:200
质量体系:ISO/TS 16949
产品情况:具有汽车座椅加热垫单班生产能力 3200 片/班;汽车座椅加热垫年生产能力 260 万片/年
配套情况:为福特、马自达、路霸、圣达菲、红旗、长城、中华、奇瑞、猎豹、比亚迪等配套

★长春日用友捷汽车电气有限公司
地址:长春市经济开发区威海路 2007 号
邮编:130033
电话:0431/84600611
传真:81173855
网址:www. shry. net
法定代表人:何伟
质量体系:QS 9000、ISO/TS 16949
产品情况:(顺达牌)
汽车散热器风扇总成和冷凝器风扇总成及汽车空调鼓风机与特殊交、直流微电动机

★莱尼线束系统(长春)有限公司
地址:长春市经济开发区东环路 10110 号
邮编:130036
电话:0431/85828121、81985215
传真:85807970
网址:www. leoni. com
电子信箱:yaming. zhao@ leoni. com
法定代表人:吕乐明
质量体系:ISO/TS 16949
产品情况:发动机线束
配套情况:为奥迪 C6 配套

★长春海德世汽车拉索有限公司
地址:长春市高新开发区超群街 2723 号
邮编:130103
电话:0431/89685686、89685711
传真:89685993
网址:www. hi - lex. co. jp
电子信箱:cchlhr@ hi - lex. com. cn
法定代表人:张屏
产品情况:汽车拉索、玻璃升降器
配套及出口情况:为广汽本田、东风本田、东风乘用车、一汽轿车、一汽-大众、天津一汽丰田、四川一汽丰田、一汽海马、长安集团、长安福特、长安铃木、庆铃汽车、华晨汽车、比亚迪汽车、长城汽车、吉利汽车等数十家国内汽车主机厂配套;远销日本、美国、英国等国家

★吉林小糸东光车灯有限公司
地址:吉林省吉林市高新技术产业开发区香山路 101 号
邮编:132013
电话:0432/66576863、66576808
电子信箱:dgruibao@ 126. com
法定代表人:冯继平
质量体系:ISO/TS 16949
产品情况:汽车灯具,年生产能力 50 万辆以上
配套情况:主要为一汽-大众的奥迪 Q5、GOLF A6、奥迪 B8PA、奥迪 B8 轿车系列配套;与一汽轿车的奔腾 B50、

B70F、X80、B50F、新马自达6、马自达睿翼、马自达阿特兹轿车系列配套;与沈阳华晨H530轿车系列配套;与北京长安睿骋、悦翔V5、CS75轿车下列配套;与沈阳通用科鲁兹、新科鲁兹轿车配套

★吉林航盛电子有限公司
地址:吉林省吉林市高新区深东路3100号
邮编:132013
电话:0432/65128656、65128583
传真:65128654
网址:www.hanosonic.com
电子信箱:hanosonic@hangsheng.com.cn
法定代表人:杨洪
质量体系:ISO/TS 16949、ISO 14001
产品情况:(航盛宏宇HSHY牌)
扬声器、功放、低音箱、报警器以及相关衍生产品
配套情况:与一汽-大众、上汽大众、捷克大众、通用欧宝、菲亚特、福田汽车、宇通客车、华晨、奇瑞、东风股份、东风日产、三一重工等众多知名汽车制造商长期合作

★吉林市吉达软轴有限公司
地址:吉林市龙潭区阿拉底管理区友谊街23-1-575号
邮编:132227
电话:0432/63019232、63019388
传真:63019858
电子信箱:719847286@qq.com
法定代表人:裴光勋
质量体系:ISO/TS 16949、ISO 9002
产品情况:各种汽车软轴拉索,年产能力200万件
配套情况:为一汽解放、一汽吉林轻型车厂、一汽通用红塔云南、一汽哈尔滨轻型车厂、一汽长春轻型车厂、一汽客车、一汽专用车、比亚迪汽车、天津一汽夏利、比亚迪汽车等厂家配套

★辽源市鹰力汽车电器有限公司
地址:吉林省辽源市东辽县白泉镇金岗小街
邮编:136600
电话:0437/5891002
电子信箱:baijie@163.com
法定代表人:白洁
单位人数:1200
质量体系:ISO/TS 16949
产品情况:(EAGLEPOWER牌)
汽车发电机及其组件二极管、整流桥、调节器、定子、转子等产品
配套及出口情况:为大柴、一发、斯太尔、491等型号的发动机配套;主要出口欧美市场

★白城鑫红钻股份有限公司
地址:吉林省白城工业园区辽河路377号
邮编:137000
电话:0436/3238688、3320774
传真:3670634
电子信箱:1430781265@qq.com
法定代表人:王义
单位人数:451
质量体系:ISO/TS 16949、VDA 6.1
产品情况:(红钻牌)
智能化玻璃升降器、玻璃升降器、中央接线器、继电器、组合开关等汽车零部件,年综合生产能力达到80万辆
配套情况:为一汽集团、一汽-大众、神龙汽车、青岛汽车、青岛颐中汽车、哈飞汽车配套

★白城金事达电气有限公司
地址:吉林省白城市经济开发区恒维路177号
邮编:137000
电话:0436/3609040、3679786
传真:3667676
网址:www.jinshida.cn
电子信箱:01076240523@qq.com
法定代表人(负责人):兰德洪
单位人数:450
质量体系:ISO/TS 16949、QS 9000
产品情况:汽柴油电控发动机线束、仪表线束、变速器线束、电动车线束、喷油器线束、混合动力汽车线束、高压点火线束等系列
配套情况:为一汽集团、一汽丰田发动机、康明斯、福田汽车、宇通客车、华晨汽车、苏州金龙、重汽集团等配套

黑龙江省

★哈尔滨金溢科技有限公司
地址:哈尔滨市开发区哈平路集中区黄海路25号
邮编:150036
电话:0451/86819333、86818333
传真:86818644
网址:www.chinajy8.com
电子信箱:hrbjyxsb@163.com
法定代表人:张少武
质量体系:ISO/TS 16949
产品情况:(金溢牌)
汽车喇叭,年生产能力500万只;起动电源系列
配套情况:为一汽通用、哈飞、长安汽车、华晨金杯、北汽福田等配套

★哈尔滨威帝电子股份有限公司
地址:哈尔滨市经开区哈平路集中区哈平西路11号
邮编:150060
电话:0451/87101777、87101888
传真:87100888
网址:www.viti.net.cn
电子信箱:viti@viti.net.cn
法定代表人:陈振华
质量体系:ISO/TS 16949
产品情况:汽车CAN总线、汽车云总线、汽车仪表、汽车行驶记录仪、传感器、ECU控制单元等几十种不同产品
配套情况:与金龙客车、宇通客车等企业建立了长期合作关系

★哈尔滨万宇科技股份有限公司
地址:哈尔滨市开发区哈平路集中区渤海路2号
邮编:150060
电话:0451/86810836
传真:86810840
网址:www.wanyu.com
电子信箱:hxsb@wanyu.com
法定代表人(负责人):万喻
单位人数:200
质量体系:ISO/TS 16949、ISO 14001
产品情况:汽车电脑稳频喇叭
配套情况:为上汽通用、宝马、长安福特、长安马自达、福特亚太、北盛汽车、华晨宝马、广汽本田、神龙汽车、南京依维柯、南京名爵、北京汽车、奇瑞汽车、中兴汽车、长城汽车、哈飞汽车、大众集团、一汽轿车、宇通汽车、比亚迪、上海商用汽车等配套

★哈尔滨泰富电气有限公司
地址:哈尔滨市开发区哈平西路9号
邮编:150060
电话:0451/86116782、86116780
传真:86116799
电子信箱:1075154730@qq.com
法定代表人:杨天夫
质量体系:ISO 9001
产品情况:直线电动机及自动化集成装置

★哈尔滨东安志阳汽车电气有限公司
地址:哈尔滨市平房经济技术开发区温州路9-1段
邮编:150060
电话:0451/86782600、86782654
传真:86782653
电子信箱:donganzhiyang@163.com
法定代表人:杨世民
质量体系:ISO/TS 16949、QS 9000
产品情况:汽车点火线圈、电喷系统中曲轴位置传感器、碳罐电磁阀、节气门位置传感器等

★航天科技控股集团股份有限公司
地址:哈尔滨市平房区哈平西路45号
邮编:150060
电话:15901545343
电子信箱:1751823635@qq.com
法定代表人:袁宁
质量体系:GJB 9001B、ISO 14000
产品情况:北斗应用及车联网工业物联网、航天应用产品、汽车电子等

★黑龙江天有为电子有限责任公司
地址:黑龙江省绥化市经济开发区兴绥路9号
邮编:152000
电话:0455/8396602
传真:8396620
网址:www.hljtyw.cn
电子信箱:hljtyw_jsbxm@163.com
法定代表人:王文博
单位人数:1800

质量体系:ISO/TS 16949
产品情况:汽车组合仪表及配套产品
配套情况:为五菱、哈飞、华晨、沈汽、福田、哈轻、夏利、吉利、吉轻等国内多家汽车主机厂配套,并为韩国大宇、起亚等国外高档车配套组合仪表

上海市

★上海实业交通电器有限公司
地址:上海市徐汇区漕溪北路 400 号
邮编:200030
电话:021/61545000
传真:64384862
电子信箱:stec@ stec – cn. com
法定代表人:周郎辉
质量体系:ISO/TS 16949、ISO 14001
产品情况:(声佳牌)
　　年产防盗系统 42 万套、电动玻璃升降器 215 万门、电喇叭 427 万只
配套及出口情况:汽车电机、汽车电器、汽车电子电器产品已为上汽大众、上汽通用、上海汽车、上汽通用五菱、一汽集团、一汽-大众、东风汽车、郑州日产、广汽本田、奇瑞、长安汽车、华晨金杯、北盛通用、长丰汽车、南京汽车、南京依维柯、江西五十铃等国内著名的汽车公司配套;远销北美洲、欧洲、日本、东南亚等 30 多个国家和地区

★上海凯伦电子技术有限公司
地址:上海市普陀区中山北路 2130 号万千大厦 22 楼
邮编:200061
电话:021/52902938
传真:62834177
网址:www. canrun. com. cn
电子信箱:market@ canrun. com. cn
法定代表人:陆鸿海
质量体系:ISO 9001
产品情况:城市公交车辆自动化配置产品(车内显示屏、车载监控系统等)
出口情况:远销东南亚、欧美等地区,并销往中国香港、中国澳门地区

★东风电子科技股份有限公司
地址:上海市普陀区中山北路 2000 号中期大厦 22 层
邮编:200063
电话:021/62033003
传真:62032133
网址:www. detc. com. cn
电子信箱:postmaster@ detc. com. cn
法定代表人:陈兴林
负责人:江川
单位人数:3327
质量体系:ISO/TS 16949
产品情况:汽车仪表系统、饰件系统、制动系统(含 ABS 气压防抱死制动系统)、供油系统产品、GPS 车载导航系统部件及车身控制系统等汽车电子系统产品;汽车、摩托车及其他领域的传感器及其他部件产品、塑料零件、有色金属压铸件
配套情况:为东风股份、神龙、北汽福田欧曼重型汽车厂、陕汽集团、潍柴动力、厦门金龙、东风商用车、东风日产乘用车、东风本田、东风康明斯、东风风神、玉柴、广汽本田、郑州日产等配套

★上海日用友捷汽车电气有限公司
地址:上海市嘉定区马陆镇育绿路 260 号
邮编:200080
电话:021/31275988
传真:31273335
网址:www. shry. net
电子信箱:admin@ shry. net
法定代表人:何伟
质量体系:ISO/TS 16949、ISO 14001
产品情况:(顺达牌)
　　汽车散热器风扇总成、冷凝器风扇总成、汽车空调鼓风机与特殊交、直流微电动机
配套情况:为上汽大众、上汽通用、一汽-大众、长安福特、东风日产、长安汽车、长安马自达、马自达日本、奇瑞捷豹路虎、吉利沃尔沃、上汽乘用车、华晨宝马、长城汽车、北汽乘用车配套

★上海伟世通汽车电子系统有限公司
地址:中国(上海)自由贸易试验区康桥东路 1268 号
邮编:200120
电话:021/38119700
电子信箱:xgu6@ visteon. com
法定代表人:江川
产品情况:汽车仪表总成和汽车电子装置

★上海三智汽配实业有限公司
地址:上海市浦东新区峨山路 91 弄 28 号
邮编:200127
电话:021/58739950、58736452
传真:58759921、58392993
电子信箱:sanzhi@ online. sh. cn
法定代表人:沈宇
质量体系:ISO/TS 16949、VDA 6. 1
产品情况:蓄电池线束总成、烟灰盒总成、塑料件、内饰品、发动机塑料件、热压件、橡胶密封件
配套情况:为上汽大众、上汽通用、一汽-大众、上汽股份、烟台东岳、奇瑞汽车、华晨金杯等配套

★高田汽车电子(上海)有限公司
地址:上海市浦东新区外高桥保税区韩城路 17 号 71 号厂房 A 栋
邮编:200131
电话:021/38556288、69212880
传真:38556299
电子信箱:hrsh@ takata. com
法定代表人:葛征宇
产品情况:车用安全电子产品、座椅重量传感器等
配套情况:为一汽轿车、上汽集团、吉利汽车配套

★上海新跃联汇电子科技有限公司
地址:上海市田林路 130 号 78 幢
邮编:200233
电话:021/60822000、60839577
传真:60822333
网址:www. aeroxy. com
电子信箱:weizhang. liu@ shxylh. com
法定代表人:刘付成
质量体系:IATF 16949、ISO 14001
产品情况:(XINYUE 牌)
　　汽车位置传感器、精密导塑传感器等产品
配套情况:为博世(德国)、联合汽车电子、恒隆集团、株洲易力达配套

★上海仪电汽车电子系统有限公司
地址:上海市徐汇区桂林路 406 号 1 号楼 10 楼
邮编:200233
电话:021/62523309
传真:62408263
网址:www. aes. inesa. com
电子信箱:aes@ aes. inesa. com
法定代表人:顾德庆
负责人:欧阳葵
产品情况:汽车电子电器、汽车照明模块、汽车仪表及空调控制器、汽车线束等汽车零部件

★上海航天汽车机电股份有限公司
地址:上海市徐汇区漕溪路 222 号航天大厦
邮编:200235
电话:021/64828990
传真:64518393
网址:www. ht – saae. com
电子信箱:saae@ saae – ch. com
法定代表人:张建功
质量体系:ISO/TS 16949、VDA 6. 1
产品情况:(SAAE 牌)
　　空调、传感器、电动机、控制器等汽车电子系统产品
配套情况:为上汽大众(帕萨特、桑塔纳 3000)、一汽-大众宝来、比亚迪 F3、福莱尔、奇瑞 QQ、东方之子、上汽通用别克、一汽海马、金龙中型客车、一汽红旗、江铃皮卡、长城皮卡、田野皮卡、金杯轻型客车等配套

★上海松下半导体有限公司
地址:上海市徐汇区漕溪路 258 弄 25 号
邮编:200235
电话:021/64821608、13801816197
传真:64829206
网址:panasonic. cn
电子信箱:lihong01@ cn. panasonic. com
法定代表人:顾德庆
质量体系:ISO 14001
产品情况:汽车影音系统半导体集成电路等产品
配套及出口情况:供应给松下在中国的投资企业;主要产品除返销日本,还远销新加坡、马来西亚、美国等国家

★上海海能汽车电子有限公司
地址:上海市嘉定区恒定路518号
邮编:200240
电话:021/69931222
电子信箱:qiwenjuan@ sh – henergy. com
法定代表人:张敏
产品情况:主要产品为发动机ECU控制器(天然气、柴油机、排气后处理),商用车新能源电动力系统(纯电动、并联式混合动力等),AMT机械自动变速器(常规动力、混动动力),上下游工具(CAN标定工具、PC诊断仪、手机诊断仪、EOL下线检测工具)
配套情况:主要用户有广西玉柴、东风、柳汽、宇通、福田、中通、厦门金龙、上海申龙、苏州金龙、厦门金旅、安凯、济南豪沃、青年汽车、丹东黄海、珠海广通、广汽客车、重庆恒通、武汉扬子江、江淮客车、万象等

★上海浦成传感器有限公司
地址:上海市普陀区兰溪路808号
邮编:200333
电话:021/52803871
传真:52819468
网址:www. pucheng. com. cn
电子信箱:root@ pucheng. com. cn
法定代表人:张谦
质量体系:ISO/TS 16949
产品情况:(PUCHENG牌)
氧传感器、轮速传感器、制动报警传感器等传感器
配套及出口情况:为汽车发电机厂配套;远销北美洲、欧洲、南美洲、中东等地区

★上海金亭汽车线束有限公司
地址:上海市宝山区城市工业园区山连路168号
邮编:200444
电话:021/36160606
传真:36160101
网址:www. sjahl. com. cn
电子信箱:sjahl@ sjahl. com
法定代表人:莫思铭
单位人数:2800
质量体系:ISO/TS 16949、ISO 14001
产品情况:(JAH牌)
高级汽车线束、电子线束、组合仪表等
配套情况:主要为上汽通用、上汽大众、沃尔沃汽车等著名汽车厂商以及康明斯、延锋安道拓、佛吉亚等著名汽车零部件厂商专业生产高级汽车线束、组合仪表、研制开发先进的电器装置

★上海沃巴弗电子科技有限公司
地址:上海市闵行区莲花南路2129弄118号
邮编:201100
电话:021/54298109、54293326
传真:54280203
网址:www. volboff. cn
电子信箱:sales@ volboff. cn
法定代表人:白宇
单位人数:200
质量体系:ISO 9001、ISO/TS 16949
产品情况:电子加速踏板、电子节气门,汽车位置传感器、多指合金电刷、基片等汽车电子产品

★上海德首实业有限公司
地址:上海市中春路500号南大工业园
邮编:201100
电话:021/62888828、54177772
传真:54177775
电子信箱:sale@ deso. com. cn
法定代表人:虞娇蓉
质量体系:ISO 9001、ISO 14001
产品情况:(DESO牌)
驻车传感器、报警器、轮胎压力监视系统、车载DVD/LCD、中控锁等
出口情况:出口欧洲、中东、东南亚、非洲、南美洲、北美洲、澳大利亚、韩国、印度等国家和地区

★上海航空电器有限公司
地址:上海市闵行区中春路6629号
邮编:201101
电话:021/61867331、61867000
网址:www. sae118. com
电子信箱:sae@ sae118. com
法定代表人:蒲毅
单位人数:1100
质量体系:ISO 9001
产品情况:汽车发动机和变速器精密零部件、胎压监测系统、车载逆变电源和通用继电器等
配套及出口情况:主要客户有沃尔玛、大众集团、通用汽车、通用电气、施耐德等;远销国外多个国家和地区

★上海好光传感器有限公司
地址:上海市闵行区中春路7335号
邮编:201101
电话:021/64784536、64784427
传真:64784759、64784536
网址:www. shhggs. com
电子信箱:sales@ shhggs. com
法定代表人:顾建乡
质量体系:ISO/TS 16949、ISO 9001
产品情况:各类ABS轮速传感器、凸轮曲轴传感器和其他车用传感器
配套及出口情况:为国内外知名的汽车传感器配套;远销欧美市场

★迪克斯汽车电器(上海)有限公司
地址:上海市闵行区联曹路568号
邮编:201102
电话:021/54802121、54803131
传真:54809292
网址:www. dixie. com. cn
电子信箱:service@ dixie. com. cn
法定代表人:SHAOWEI WANG
质量体系:ISO/TS 16949
产品情况:发电机、起动机及其电磁开关、转子、定子、炭刷架、单向器等零部件,年生产能力达到整机100万台、各类零部件120万套
配套及出口情况:为厦门金龙、安凯客车、江苏亚星、丹东黄海、上柴配套;出口北美洲、欧洲、东南亚等地区,并销往中国台湾地区

★贝洱海拉温控系统(上海)有限公司
地址:上海市闵行区莘庄工业区光中路868号
邮编:201108
电话:021/33291888
传真:33291999
网址:www. bhtc. com
电子信箱:china@ bhtc. com
法定代表人:Thomas Schulte
单位人数:468
质量体系:ISO/TS 16949
产品情况:汽车空调系统控制设备和元件、智能化汽车冷却系统电子控制元件
配套及出口情况:为途观、高尔夫、帕萨特、迈腾、朗逸等大众系列车型供货;随Epsilon、Delta平台出口通用全球各地工厂

★上海日精仪器有限公司
地址:上海市莘庄工业区春光路288号
邮编:201108
电话:021/54420803、34073441
传真:54422801
网址:www. shns. cn
电子信箱:dy – fc@ shns. cn
法定代表人:高田博俊
负责人:吉原正博
单位人数:760
产品情况:(SHNS牌)
摩托车仪表、汽车仪表、空调遥控器、油量传感器等
配套情况:为广汽本田、上汽通用、奇瑞捷豹路虎、东风日产乘用车、本田汽车(中国)、神龙汽车、东风本田、一汽轿车、长安福特、长安马自达、天津一汽丰田,以及大长江、新大洲本田、五羊本田广州、新大洲本田天津分公司、济南轻骑铃木、常州豪爵铃木、重庆建设雅马哈、江苏林海雅马哈、株洲南方雅马哈、雅马哈发动机商贸(上海)有限公司等摩托车及发动机公司供货

★上海海拉电子有限公司
地址:上海市浦东新区建业路411号
邮编:201201
电话:021/61606888
传真:58382594
网址:www. hella. cn
电子信箱:info@ hellash. com
法定代表人:ZOLTAN NEMETH
单位人数:1611
质量体系:ISO 9001
产品情况:(HELLA牌)
车身控制模块、舒适控制单元(无钥匙进入和一键起动系统)等汽车电子产品;记忆座椅模块、加速踏板传感器、真空泵、前照灯水平调节系统和清洗系统、中央锁定执行器、空调系统执行器、

发动机舱内执行器等传感器和执行器；真空泵、供电电子器件——直流/直流转换器、燃油泵控制模块、电池管理、二氧化碳减排智能解决方案等能源管理部件
配套情况：客户覆盖了国内外的主要汽车制造商和车身系统制造商

★马夸特开关(上海)有限公司
地址：上海市浦东新区庆达路650号
邮编：201201
电话：021/58973302
传真：58972399
网址：www.marquardt.com
电子信箱：chenyun.wang@marquardt.com.cn
法定代表人：KARL MUELLER
质量体系：ISO/TS 16949
产品情况：电子转向管柱锁、一键起动开关、窗提升开关、多功能转向盘开关、传感器及控制系统

★东方久乐汽车电子上海股份有限公司
地址：上海市浦东新区张江高科技产业园区东区庆达路219号
邮编：201201
电话：021/58978200
传真：50491388
网址：www.eastjoylong.net
电子信箱：jldz@eastjoylong.net
法定代表人：王勇
质量体系：ISO/TS 16949
产品情况：(东方久乐牌)
主导产品为汽车安全气囊系统电子控制单元(ACU)、外围传感器(SIS)、防夹控制器(APM、车身控制器(BCM)、助力控制器(EPS)、换挡控制器(SCU)
配套情况：为国内近20家主机厂的40余个车型进行产品开发与配套

★上海浦东车灯有限公司
地址：上海市浦东新区机场镇远航路662号
邮编：201202
电话：021/68969938、68969616
传真：68969720
电子信箱：fanjm8@163.com
法定代表人：吴建祥
质量体系：QS 9000、VDA 6.1
产品情况：(海光牌、双猫牌)
各类机动车灯具及饰件，年产能力150万只
配套情况：与上汽大众、东风、江西五十铃、广州羊城、陕西汉江等数十家整车厂配套

★上海法雷奥汽车电器系统有限公司
地址：上海市浦东新区华东路5101号
邮编：201203
电话：021/20626000
网址：www.valeo.com.cn
电子信箱：xiaohui.jiang@valeo.com
法定代表人：FRANCOIS MARION
单位人数：1800
质量体系：ISO/TS 16949、ISO 14001
产品情况：交流发电机、起动机、加强型起动机和混合动力系统(12V和48V皮带传动起动发电机，以及其他高压驱动电动机)
配套情况：主要客户有上汽通用、上汽大众、上汽通用(沈阳)北盛、上海汽车、东风悦达起亚、南汽集团、一汽海马、长城汽车、一汽轿车、北京奔驰、上汽通用五菱、比亚迪、一汽-大众、一汽吉林、神龙汽车、江铃汽车、奇瑞汽车、长安福特、长安马自达、东风小康、天津一汽夏利、北京现代、江淮汽车、东风日产、重庆长安、重庆康明斯、哈东安、潍柴、上柴等

★上海本安仪表系统有限公司
地址：上海市浦东新区金桥出口加工区金沪路1099号
邮编：201206
电话：021/60897558、4000902281
传真：50328061
网址：www.isinstruments.com
电子信箱：pangy@isinstruments.com
法定代表人：沈锦仁
质量体系：ISO/TS 16949
产品情况：汽车总线数据记录及诊断分析系统、汽车行驶记录仪、车联网智能终端产品，新能源客车远程监控系统等
配套情况：为北汽福田、宇通客车、厦门金旅、桂林大宇、安徽安凯、重汽集团、陕汽集团等配套行驶记录仪

★联合汽车电子有限公司
地址：上海市浦东新区金桥工业城榕桥路555号
邮编：201206
电话：021/61688888
传真：58995244
网址：www.uaes.com
电子信箱：uaes@uaes.com
法定代表人：陈志鑫
负责人：熊伟铭
单位人数：7837
质量体系：ISO/TS 16949
产品情况：汽油发动机管理系统、变速器控制系统、车身电子、混合动力和电力驱动控制系统
配套情况：为一汽集团、一汽-大众、哈航集团、吉林吉轻、一汽夏利、上汽通用(东岳)、上汽大众、上汽通用、奇瑞汽车、吉利汽车、合肥昌河、昌河铃木、华晨汽车、上汽通用(北盛)、北汽福田、河北长城、东风汽车(襄樊)、长安铃木、长安福特、长安集团、神龙汽车、上汽通用五菱、一汽海马、东风汽车(广州)、东南汽车、比亚迪等配套
☞ 详细情况请参阅彩色宣传版面

★上海航天汽车机电公司汽车电子分公司
地址：中国(上海)自由贸易试验区金吉路568号3幢
邮编：201206
电话：021/58343880、18717999522
传真：58341778
网址：www.ht-saae.com
法定代表人：韩伟巍
质量体系：ISO/TS 16949、ISO 14001
产品情况：汽车空调蒸发风机、冷凝风机、离合器液压泵、轮速传感器、温度传感器、里程表传感器、汽车中央电器、熔断丝盒等产品
配套情况：主要客户包括上汽大众、一汽-大众、汇众、长城汽车、一汽吉林、奇瑞汽车、华晨金杯、东风汽车、东风柳汽、华普国润、江铃控股、华泰汽车、吉利汽车、印度通用、上汽通用、上海汽车集团、联合汽车电子、武汉神龙等

★依必安派特电机(上海)有限公司
地址：上海市南汇工业园宣中路289号
邮编：201300
电话：021/20307300
传真：58189023
网址：www.ebmpapst.com.cn
法定代表人：Thomas Wagner
质量体系：ISO/TS 16949
产品情况：电动机

★上海逸航汽车零部件有限公司
地址：上海市南汇区航头镇航帆路5号
邮编：201316
电话：021/58225421
传真：58222259
网址：www.shyihang.com
电子信箱：yihang@shyihang.com
法定代表人：王继光
质量体系：ISO/TS 16949
产品情况：调速模块、传感器、充电模块、汽车开关、汽车线束、座椅网格、座椅腰托、内饰灯等
配套情况：与延锋内饰、延锋江森、延锋百利得等子公司建立了良好合作关系

★上海东风康斯博格莫尔斯控制系统公司
地址：上海市南汇区康桥东路1288号
邮编：201319
电话：021/58138827、58134411
传真：58134433、58133320
电子信箱：stmdfs@stmdf.com
法定代表人：JON GERHARD MUNTHE
单位人数：390
质量体系：ISO/TS 16949、QS 9000
产品情况：推拉索、拉索、控制器、踏板及油气管等
配套及出口情况：为神龙汽车、东风汽车、一汽、金龙客车、郑州宇通、上海申沃、江淮、北汽福田等配套；出口美国、日本、英国、德国、瑞典等国家

★上海泰尔富电气有限公司
地址：上海市南汇祝桥临空经济功能区金亮路57号
邮编：201323
电话：021/60971899、60976366

传真:60971898
电子信箱:nini. ma@ techfull - sh. com
法定代表人:杨天夫
产品情况:各类汽车电动机

★上海泰好电子科技有限公司
地址:上海市浦东新区祝桥镇金亮路83号
邮编:201323
电话:021/68106330
传真:68101323
网址:www. shtaihao. com
电子信箱:taihao@ shtaihao. com
法定代表人:吴银虎
质量体系:ISO/TS 16949
产品情况:汽车轮胎气压监视系统
配套情况:为上汽大众供货

★上海慕盛实业有限公司
地址:上海市奉贤区沪杭公路732号
邮编:201400
电话:021/57437262、57437261
传真:57437264
电子信箱:dinlf@ musheng. sh. cn
法定代表人:谢悦
产品情况:汽车线路板、电子产品

★先锋高科技(上海)有限公司
地址:上海市工业综合开发区环城北路1号
邮编:201401
电话:021/67104188
电子信箱:ying_zhu@ intl. pioneer. co. jp
法定代表人:矶政之
产品情况:(Pioneer 牌)
大容量数字式光盘存储器产品和车用多功能 DVD 产品及相关零部件

★上海西恩迪蓄电池有限公司
地址:上海市奉贤区星火开发区莲都路55号
邮编:201419
电话:021/37111222、4006783721
传真:57503533
网址:www. cdtechno. com. cn
电子信箱:supportchina@ cdtechno. com
法定代表人:Armand Francis Lauzon Jr
质量体系:ISO 14001、ISO 9001
产品情况:(LIBERTYTM 牌)
蓄电池
配套情况:与 LUCENT、APC - MGE、EMERSON、KEHUA、KSTAR 等知名公司建立密切合作关系

★上海阳明汽车部件有限公司
地址:上海市金山区枫泾工业园区环东一路502号
邮编:201501
电话:021/67356616
传真:67355811
网址:www. ymchina. com
电子信箱:sales@ sh. ymchina. com
法定代表人:吕超
质量体系:ISO/TS 16949、ISO 14001
产品情况:(阳明牌)
全车电器开关,产品全面覆盖乘用车、商用车领域
配套及出口情况:产品原装配套于上汽通用、上汽通用五菱、上海汽车、北京汽车、吉利汽车、宇通客车、中国重汽等十几个整车厂;部分产品自营出口 30 多个国家和地区

★上海嘉尔成汽车部件有限公司
地址:上海市金山区枫泾工业园区钱明东路152号
邮编:201501
电话:021/67355555、67355000
传真:67355777
网址:www. cnjec. com
电子信箱:sales@ cnjec. com
法定代表人:张式勇
质量体系:ISO/TS 16949
产品情况:汽车、摩托车点火线圈,年产各种点火线圈 100 多万只
配套及出口情况:为摩托车、汽车发动机生产厂配套;远销美国、欧洲、中东、东南亚等国家和地区

★上海中鹏岳博实业发展有限公司
地址:上海市金山区山阳镇金康东路3888号
邮编:201508
电话:021/57243333
传真:57245959
网址:www. champon. com. cn
电子信箱:sales@ champon. com. cn
法定代表人:戴万岳
单位人数:230
质量体系:ISO/TS 16949、ISO 9001
产品情况:(中鹏牌)
年生产能力转向器 500 万只、折叠器 30 万只、微电机 1000 万只、各类冲压五金件
配套及出口情况:主要为国内 20 多家汽车主机厂配套;出口伊朗、美国、意大利、马来西亚、巴西、俄罗斯、土耳其、印度、罗马尼亚等国家,并销往中国台湾地区

★上海克拉电子有限公司
地址:上海市松江区泗泾镇高新技术开发区陈泾路565号
邮编:201601
电话:021/57628686、13916898815
网址:www. ske. com. cn
电子信箱:skemgr@ ske. com. cn
法定代表人:梯奥道·海尔曼
质量体系:ISO/TS 16949、QS 9000
产品情况:新能源电动车系统预充电电阻器、车用空调/冷却风扇调速模块、(芯片)车用空调风机调速电阻、车用冷却风扇调速电阻、(瓷骨架)车用空调风机调速电阻、车用抗干扰阻尼电阻等

★上海旺尔达实业有限公司
地址:上海市松江区新浜镇
邮编:201605
电话:021/31395728
传真:67891155
网址:www. wanrda. com
法定代表人:池海波
产品情况:(旺尔达牌)
燃油泵、燃油泵总成、机油散热器、水通、水管、节温器总成等
出口情况:出口欧洲、美洲、亚洲等其他周边国家和地区

★上海卓兴模具有限公司
地址:上海市松江区新桥镇申港路125号6幢5层
邮编:201611
电话:021/67649371
电子信箱:sh - cwb@ cwb. com. cn
法定代表人:陈文葆
产品情况:汽车多媒体、车灯、内饰、发动机系统等汽车零配件

★美特斯工业系统(中国)有限公司
地址:上海市松江区春林路18号1幢1、2、4、5层
邮编:201612
电话:021/54271122
网址:www. mtschina. com
电子信箱:info@ mtschina. com
法定代表人:David Walter Saylor
质量体系:ISO 9001
产品情况:(MTS 牌)
力学性能测试、模拟系统、位移传感器等
配套情况:为奔驰、丰田、通用、福特、大众、一汽集团、东风汽车公司、上汽大众、上汽通用等供货

★格罗特(上海)车灯系统有限公司
地址:上海市松江新桥镇新润路485号
邮编:201612
电话:021/57749633
网址:www. grote. com
电子信箱:mike. zhang@ grote. com
法定代表人:William Dominic Grote
产品情况:各类车灯、各种车用线束、各种线束用塑料接插件、各种注塑件等产品

★富通集团(上海)电线有限公司
地址:上海市松江工业区美能达路318号
邮编:201613
电话:021/57742000
传真:57741552
网址:www. hitachi. com. cn
法定代表人:徐建忠
质量体系:ISO/TS 16949、ISO 14001
产品情况:用于空调、汽车装备、各种电动机的漆包线、用于电子器材的可弯曲扁平电缆

★上海特殊陶业有限公司
地址:上海市松江工业区松胜路736号
邮编:201613
电话:021/67740987
网址:www. ngkntk. com. cn

电子信箱:sales@ ngkntk. com. cn
法定代表人:松井徹
质量体系:ISO/TS 16949、ISO 14001
产品情况:汽车配件(火花塞、预热塞);精密陶瓷(切削工具、陶瓷封装基板、多层印刷线路板)

★上海东洋电装有限公司
地址:上海市松江区荣乐东路1988号
邮编:201613
电话:021/57741332
传真:57741346
网址:www. toyo – denso. co. jp
电子信箱:stee@ citiz. net
法定代表人:小出洁
质量体系:ISO/TS 16949
产品情况:汽车各类开关、线束、点火模块、点火线圈等各类电装产品

★欧科佳(上海)汽车电子设备有限公司
地址:上海市松江高科技园区九泾路128号5号楼A座
邮编:201615
电话:021/37639808、4001060565
传真:37633360
网址:www. actia. com. cn
电子信箱:yijuan. lv@ actia. com. cn
法定代表人:张小平
质量体系:ISO/TS 16949
产品情况:总线智能仪表、组合仪表等汽车电子产品,车联网智能客车管理系统、睿视行车载视频信息点播系统、智能车载行驶记录系统等车联网产品,汽车诊断系统等产品
配套情况:为郑州宇通、厦门金龙、厦门金旅、苏州金龙、中通客车、青年客车、安凯客车、黄海客车、上海申沃、重庆恒通等40多家及武汉神龙、长安标致雪铁龙、长安汽车、吉利汽车、奇瑞汽车、广汽乘用车、上汽通用、上汽乘用车、北汽控股、东风乘用车、江淮汽车等公司配套

★上海徕木电子股份有限公司
地址:上海市松江区洞泾镇洞薛路651弄88号
邮编:201615
电话:021/67679075、67679077
传真:67627615
网址:www. laimu. com. cn
电子信箱:zhushanghai@ laimu. com. cn
法定代表人:朱新爱
质量体系:ISO/TS 16949
产品情况:汽车电子设备连接器等精密电子元件及组件

★上海海华传感器有限公司
地址:上海市松江区洞泾镇洞舟路459号14幢
邮编:201619
电话:021/59102329
传真:59102132
网址:www. hhsensor. com
电子信箱:postmaster@ hhsensor. com
法定代表人:杨永才
质量体系:IATF 16949、QS 9000
产品情况:压力传感器、液位传感器、速度传感器、温度传感器和加热器
配套情况:为上汽大众、上汽通用、上汽股份、一汽-大众、奇瑞汽车、北京德尔福万源发动机管理系统、长安伟世通发动机控制系统、上海弗列加滤清器、上海永红汽车零部件、上海曼·胡默尔滤清器、重庆力帆、四川绵阳、吉利汽车、钱江摩托、立峰集团、豪进集团等供货

★上海中欧国际企业集团有限公司
地址:上海市松江区洞泾镇莘砖公路3888号
邮编:201619
电话:021/57678580、57678995
传真:57678586
网址:www. zhongou. com
法定代表人:吴国琳
质量体系:ISO/TS 16949、ISO 14001
产品情况:豪华奔驰房车、商务车、商旅车制造,汽车零部件(驾驶室液压翻转器系列、传动系统零部件、刮水器总成系列、玻璃升降器总成系列、车门锁总成系列、暖风电动机、车用开关、电子风扇)制造等
配套情况:为一汽集团、重汽集团等配套

★上海熊猫线缆股份有限公司
地址:上海市松江区洞泾镇张泾路505号
邮编:201619
电话:021/57675838、57675847
传真:57675848
网址:www. pandawire. cn
电子信箱:Webmaster@ pandawire. cn
法定代表人:钱汉新
质量体系:ISO/TS 16949、ISO 14001
产品情况:(熊猫牌)
　　塑料绝缘电线电缆
配套情况:是上汽大众、一汽-大众、上海贝尔、上海三菱电梯、江苏春兰、青岛海尔等著名企业的合作伙伴

★上海保隆汽车科技股份有限公司
地址:上海市松江区沈砖公路5500号
邮编:201619
电话:021/57690000、31273333
传真:57690035
网址:www. baolong. biz
电子信箱:sbic@ baolong. biz
法定代表人:陈洪凌
质量体系:ISO/TS 16949、ISO 14001
产品情况:(威乐牌、TOPSEAL牌、DigiTire牌)
　　汽车电子类的轮胎压力监测系统、压力传感器、光雨量传感器、360环视系统等,汽车轻量化结构件类的仪表梁、扭力梁、副车架等,通用部件类的气门嘴、平衡块、排气尾管、空气弹簧等
配套及出口情况:是美国福特、美国通用、美国丰田、上海汽车、上汽通用、中国一汽、海马汽车等国内外知名汽车厂的合格供应商;畅销欧美、澳大利亚、东南亚等80多个国家和地区

★日立汽车系统制造(上海)有限公司
地址:上海市青浦区北青公路7975号3号厂房
邮编:201700
电话:021/59701234
传真:59701991
网址:www. hitachi. com. cn
法定代表人:蒲生庆一
产品情况:汽车起动机及其部件、汽车发电机及其部件以及其他汽车部件

★日立汽车系统部件(上海)有限公司
地址:上海市青浦区北青公路8228号青浦出口加工区二区8号
邮编:201707
电话:021/59701234
传真:59701991
网址:www. hitachi. com. cn
法定代表人:蒲生庆一
产品情况:汽车起动机及其部件、汽车发电机及其部件以及其他汽车部件
出口情况:大部分产品远销欧洲、美洲

★上海航盛实业有限公司
地址:上海市嘉定区谢春路1111号
邮编:201800
电话:021/69922158、69922157
传真:69922150
电子信箱:market@ hangsheng – sh. com
法定代表人:蔡俊平
质量体系:ISO/TS 16949
产品情况:(HSAE牌、BRAINY牌)
　　DVD、VCD等娱乐系统、GPS系统、倒车监视系统、行车记录仪等安全系统、智能交通管理系统、客运管理系统和物流管理系统等
配套及出口情况:与宇通客车、苏州金龙、厦门金龙、江淮汽车、金旅客车、中通客车、安凯客车、青年尼奥普兰、东风汽车、东风柳汽、北汽福田、中国重汽、北奔重卡、上汽集团等建立长期合作关系;远销北美洲、南亚、中东、俄罗斯、日本等国际市场

★上海鼎杰电子有限公司
地址:上海市嘉定区宝安公路2760号
邮编:201801
电话:021/69156266
传真:69156314
电子信箱:fengyan@ fairsun. com
法定代表人:洪鼎杰
质量体系:ISO/TS 16949、ISO 14001
产品情况:(Fairsun牌)
　　汽车转向开关、继电器、点火线圈、车锁、车用电子调节器及汽车灯具等
配套及出口情况:为北奔重汽、重庆铁马等配套;为美国、德国、日本、中东地区等业界领先的厂商提供配套产品

★上海博泽电机有限公司
地址:上海市嘉定区马陆镇嘉新公路

1266 号
邮编:201801
电话:021/39574708、60957888
网址:www. brose. com
电子信箱:yan. shen2@ brose. com
法定代表人:Reza Ray Mirzaei
质量体系:ISO/TS 16949、ISO 14001
产品情况:冷却风扇总成、玻璃升降器电动机、空调鼓风机、EBS 电动机、座椅电动机、变速器执行电动机
配套情况:客户有一汽-大众、长城、东风汽车、神龙汽车、上海实业交通、大陆、法雷奥、贝洱、天合、德尔福

★上海匡立汽车零部件有限公司
地址:上海市嘉定区南翔镇纬五路 66 号
邮编:201802
电话:021/69175025
网址:www. kuangliap. com
电子信箱:xianwxy1216@ 163. com
法定代表人:姚锐
产品情况:点火线圈、氧传感器、喷油嘴等汽车发动机管理系统零部件
出口情况:产品已销往欧洲、北美洲、南美洲、东南亚、非洲国家和地区

★上海沪工汽车电器有限公司
地址:上海市嘉定区黄渡工业园区谢春路 1288 号
邮编:201804
电话:021/69592666
传真:69595229、69592860
网址:www. hg - china. com
电子信箱:shgae@ hg - china. com
法定代表人:邱伟平
负责人:邱忠成
单位人数:580
质量体系:ISO/TS 16949、ISO 14001
产品情况:(沪工牌)
专业生产各类汽车熔断丝盒、汽车控制器、汽车执行器、汽车继电器、汽车开关、汽车门锁执行等产品
配套情况:为上汽大众、一汽-大众、上汽通用、沈阳华晨、一汽集团、一汽海马、哈飞汽车、北汽福田、江淮汽车、安徽奇瑞、江西昌河、昌河铃木等厂家配套

★上海合璧电子电器有限公司
地址:上海市嘉定区安亭镇安晓路 318 号
邮编:201805
电话:021/59505466
传真:59505477
网址:www. hoppy. com. cn
电子信箱:lh1@ hoppy. com. cn
法定代表人:詹其力
质量体系:ISO/TS 16949、ISO 14000
产品情况:端子台、熔断丝座、开关、插座、灯座、空调排水器等零组件;线束加工及电装合组立;精密模具设计、制造,线切割加工及热硬化性、热可塑性成形产品

★上海楹裕电子有限公司
地址:上海市嘉定区安亭镇大众工业园区园业路 68 号
邮编:201805
电话:021/69576066、69576326
传真:39578106
网址:shyingyu. com
电子信箱:sales@ shyingyu. com
法定代表人:徐菊香
质量体系:ISO/TS 16949、ISO 14001
产品情况:线束、连接器、注塑件、各类组装件
出口情况:直接出口北美洲约占 30%,欧洲约占 20%,日本约占 10%,其他间接出口约 30%

★上海李尔实业交通汽车部件有限公司
地址:上海市嘉定区安亭镇园区路 268 号 6 幢
邮编:201805
电话:021/59508000、31272118
传真:59508884
电子信箱:mxu02@ lear. com
法定代表人:肖允
质量体系:ISO/TS 16949
产品情况:线束、开关、gm 遥控发射器、rke 射频、电子报警模块、起止开关等
配套及出口情况:为上汽通用、上汽大众等配套;部分产品远销北美洲等国际市场

★上海硕大电子科技有限公司
地址:上海市嘉定区安亭镇园区路 388 号
邮编:201805
电话:021/69574222、69574111
传真:69574333
网址:www. sogreat. cn
电子信箱:office@ sogreat. cn
法定代表人:陈洪进
质量体系:ISO/TS 16949
产品情况:专业从事汽车点火线圈、汽车传感器、电磁阀线圈、喷油嘴线圈以及其他结构或工艺类似的磁电产品和部件的生产

★上海天义汽车电器有限公司
地址:上海市嘉定区安亭镇园区路 799 号 2 栋 5 楼
邮编:201805
电话:021/59567376、59578004
网址:www. auto - relay. net
电子信箱:david@ auto - relay. net
法定代表人:戴盛宇
单位人数:1800
质量体系:ISO/TS 16949、ISO 14001
产品情况:直流接触器、车用继电器、高电流的应急开关系列;产品配套于汽车、充电桩市场和新能源市场等
配套及出口情况:国内客户有华为、艾默森、徐工、柳工、一汽-大众、神龙富康、江淮汽车、江铃汽车、宇通客车等;有超过 19 个配套国际客户,涵盖美国、德国、意大利、法国、西班牙、俄罗斯等国家

★莱尼电气系统(上海)有限公司
地址:上海市嘉定区嘉松北路 1288 号
邮编:201806
电话:021/39939960
传真:39939500
网址:www. leoni. com
电子信箱:dongmei. liu@ leoni. com
法定代表人:吕乐明
质量体系:IATF 16949、ISO 14001
产品情况:线束
配套情况:为梅赛德斯-奔驰(北京、福建)、上汽通用、上汽大众、上海汽车等供货

★上海王力电子电器有限公司
地址:上海市嘉定区曹安公路 16 号桥解放岛路 1 号
邮编:201812
电话:021/39117568
传真:39117568 - 8031
网址:www. orteksh. com
电子信箱:mail@ orteksh. com
法定代表人:张宪钦
质量体系:ISO/TS 16949、ISO 9001
产品情况:(ORTEK 牌)
车载音响、蓝牙功能车载音响、扬声器、天线、电喇叭、车载仪表、电动车音响仪表等
配套及出口情况:已广泛与神钢、久保田、住友、斗山、现代、徐工、临工、柳工、龙工等厂家配套;远销日本、欧美、东南亚等国家和地区

★昌辉(上海)汽车零部件有限公司
地址:上海市嘉定区安亭汽车城百安公路 1558 号
邮编:201814
电话:021/39501788、39501818
网址:www. changhui. com
电子信箱:chlbj01@ changhui. com
法定代表人:王进丁
质量体系:ISO/TS 16949、ISO 14001
产品情况:(昌辉牌)
泊车辅助系统、倒车雷达、BCM、车载摄像头、各种汽车传感器等;汽车开关、全车锁、车门把手、EGR 阀等;汽车电动助力转向系统(EPS)、电动液压转向助力系统(EHPS)等;汽车发电机、起动机、电子扇(风扇电动机)等
配套及出口情况:主要为国内 20 多家汽车主机厂原装配套;出口海外 50 多个国家和地区

★上海科世达-华阳汽车电器有限公司
地址:上海市嘉定区安亭镇园高路 77 号
邮编:201814
电话:021/59570077
传真:59578294
网址:www. kostal. com
电子信箱:xihua. shen@ kostal. com
法定代表人:ANDREAS KOSTAL
质量体系:ISO/TS 16949、VDA 6.1
产品情况:(KOSTAL 牌)
组合开关、电动窗开关及门模块、

雨量灯光传感器、无钥匙进入与起动、座椅调节开关及记忆模块、仪表板开关、车身控制模块
配套及出口情况：为上汽大众、上汽通用、一汽-大众、长安福特、一汽轿车、中华、东风标致、东风雪铁龙、日本马自达、奇瑞等配套；出口日本、德国、爱尔兰、意大利、巴西、西班牙、韩国等国家

★安波福电气系统有限公司
地址：上海市嘉定区安亭镇园国路60号
邮编：201814
电话：021/39585001、59563300
传真：69573663、69573785
网址：www.delphi.com
电子信箱：majdiabulaban@delphiauto.com
法定代表人：Majdi Bader Abulaban
负责人：吴开源
单位人数：3000
质量体系：ISO/TS 16949、VDA 6.1
产品情况：线束总成、车用薄壁导线、高压点火线、接插件和端子等
配套情况：为上汽大众、上汽通用、一汽-大众等配套

★上海福太隆汽车电子科技有限公司
地址：上海市嘉定区安亭镇园耀路55号1幢2层
邮编：201814
电话：021/69573749、69573767
传真：69573070、69573640
网址：www.sh-ftl.com.cn
电子信箱：huangjinyan@shftl.com.cn
法定代表人：陈金玉
负责人：王文忠
质量体系：ISO/TS 16949
产品情况：汽车空调控制器、空调风门电动机等汽车电子产品
配套情况：为一汽-大众、一汽夏利、上汽大众、上汽、奇瑞汽车、长城汽车、海马等配套

★ 上海昌辉投资管理（集团）有限公司

地址：上海市嘉定区安亭中国国际汽车城百安路1558号
邮编：201814
电话：021/69573088
传真：69573555
网址：www.changhui.com
法定代表人（负责人）：王进丁
单位人数：1650
质量体系：IATF 16949、ISO 26262
产品情况：（昌辉牌）
专注于汽车组合开关、汽车锁总成、全车开关、电动助力转向系统等行业产品
☞ 详细情况请参阅彩色宣传版面

★天合汽车科技（上海）有限公司
地址：上海市众百路289号
邮编：201814
电话：021/67075725
传真：39575811
网址：www.zf.com
电子信箱：tony.huang@trw.com
法定代表人：Andreas Weller
产品情况：电子助动转向系统，分别有管柱式传动电子助力转向系统和皮带式传动电子助力转向系统

★上海海洧汽车电子有限公司
地址：上海市嘉定工业区北和公路1650号7幢2层B区
邮编：201815
电话：021/69150389、69150379
传真：69150379、69150389-816
网址：www.shhi-way.com
电子信箱：hi-way@shhi-way.com
法定代表人：许光辉
产品情况：主要产品有点火线圈系列产品
出口情况：主要销往欧洲、北美洲、南美洲、亚洲等地区

★大陆泰密克汽车系统（上海）有限公司
地址：上海市嘉定工业区兴贤路600号
邮编：201815
电话：021/39163711、39163700
传真：69527270、69527280
网址：www.continental-corporation.cn
电子信箱：jinling.jiang@continental-corporation.com
法定代表人：汤恩
质量体系：ISO/TS 16949、ISO 14001
产品情况：EBS电子控制模块、仪表与人机界面、车身与安全等零部件
配套情况：为上汽大众配套

★ 华域视觉科技（上海）有限公司

地址：上海市嘉定区叶城路767号
邮编：201821
电话：021/67085999
传真：67085189
网址：www.hascovision.com
电子信箱：admin@hascovision.com
法定代表人：张海涛
负责人：郭肇基
单位人数：1020
质量体系：ISO 14001、QS 9000、VDA 6.4、ISO/TS 16949、GB/T 28001等
产品情况：（SK牌）
专业生产销售各种汽车电子照明灯具，数百个品种
配套及出口情况：主要为长安集团、广汽集团、一汽集团、上汽股份、上汽大通、上汽大众、上汽通用、东风集团等主机厂配套；已有40多种产品出口美国、加拿大、日本、巴西、印度、泰国、捷克、南非等国际市场
☞ 详细情况请参阅彩色宣传版面

★上海鹰击汽车部件有限公司
地址：上海市嘉定区新徕路398号
邮编：201815
电话：021/69913705、69913706
传真：69913705、69913706
网址：www.engeam.com
电子信箱：sales@engeam.com
法定代表人：张彧
质量体系：ISO/TS 16949
产品情况：各类汽车组合开关、座椅调节开关、接触类开关、换挡显示器、控制器及汽车内饰件
配套情况：主要客户有上汽集团、北汽、江铃汽车等

★上海德科电子仪表有限公司
地址：上海市崇明区东冉路218号
邮编：202178
电话：021/31116050
传真：31116097
网址：www.sde-cn.com
电子信箱：sde@sde-cn.com
法定代表人：于忠杰
负责人：龚敢峰
质量体系：ISO/TS 16949
产品情况：（SDE牌）
汽车组合仪表、空调控制器、传感器、车身控制器等汽车电子
配套及出口情况：为上汽大众、上汽通用、一汽-大众、上海汽车、海马、长安、长城、吉利等配套；已经成为通用韩国大宇、印度通用、泰国通用、泰国五十铃、澳大利亚五十铃等国外著名汽车企业的主要供应商

江苏省

★延锋伟世通电子科技（南京）有限公司
地址：南京市江宁区秣陵街道苏源大道19号（江宁开发区）
邮编：210008
电话：025/81069000、81069274
电子信箱：ygeng@yfve.com.cn
法定代表人：王卫东
负责人：尹玉涛
产品情况：业务覆盖信息控制系统、音响娱乐系统、区域控制器系统及BMS电池管理系统四大模块；具体产品包括车载收音音响、导航、娱乐系统、功放、仪表、时钟、多功能显示模块、空调控制器、中控电子、车身控制模块、遥控钥匙、电池管理系统、新能源汽车电子等多类产品的控制软件
配套情况：主要客户包括上汽、长安马自达、上汽通用五菱、华晨宝马、北汽、江淮、东南、吉利、江铃等

★南京三维汽车电器有限公司
地址：南京市高新开发区小柳工业园
邮编：210031
电话：025/58493505、58490409

传真:58490105
网址:www. njsw. com. cn
电子信箱:njsw@ njswqcdq. cn
法定代表人:高照华
质量体系:ISO/TS 16949
产品情况:(SW 牌)
火花塞、高压点火线、点火线圈等
配套情况:与菲亚特、上汽集团、广汽集团、东风集团、江淮汽车、南京金城、重庆隆鑫、重庆力帆、广州飞肯、广东富兴、金华康柏瑞特、浙江白杨、浙江嘉恒、江苏苏美达、盐城博尔特等主机厂配套

★南京瑞安电气有限公司
地址:南京市雨花经济开发区龙腾南路28 号
邮编:210039
电话:025/68731001
网址:www. csdqc. icoc. cc
电子信箱:njreception@ ruef. cn
法定代表人:郑鹏
单位人数:175
质量体系:ISO/TS 16949
产品情况:主要生产车用燃油泵初滤器、汽车用电磁阀、塑料件等汽车零部件
配套情况:是德尔福、博世、大陆电子、伟世通、IMI 集团、一汽-大众、上汽大众等全球供应商

★南京双环电器股份有限公司
地址:南京市经济开发区恒竞路 23 号
邮编:210046
电话:025/85307752、85325649
传真:85575030
网址:www. shuanghuan. cn
电子信箱:shuanghuan@ shuanghuan. cn
法定代表人:魏钦志
质量体系:ISO/TS 16949
产品情况:(驾宁牌)
温度传感器和温控开关、压力传感器及压力报警开关、转速传感器及车速里程表传感器、油量传感器、电热塞、空气加热器、火焰预热装置、汽车组合开关和电气控制开关、电压调节器、闪光器及其他电器
配套情况:为北汽福田(欧曼汽车厂、欧Ⅴ客车、雷沃重工、雷沃动力、奥铃汽车、环保动力)、重汽集团、玉柴机器、玉柴动力、玉柴重工、扬柴、全柴、朝柴、常柴、常发、莱动等供货

★南京奥联汽车电子电器股份有限公司
地址:南京市江宁区秣陵街道东善桥工业集中区德邦路 16 号
邮编:211153
电话:025/52741688
传真:52745405
网址:www. njaolian. com
电子信箱:mail@ njaolian. com
法定代表人:刘军胜
单位人数:700
质量体系:ISO/TS 16949、ISO 14001
产品情况:车用空调控制器、电子加速踏板总成、换挡操纵器总成、柴油机低温起动系统、电子节气门、SCR 排放控制系统、AMT 传动系统、车用线束以及塑料模具设计、制造、注塑等
配套情况:为上汽通用、一汽-大众、一汽丰田、一汽夏利、长安福特、长安马自达、上汽商用车、一汽解放、一汽轿车、中国重汽、东风汽车、上海德尔福、玉柴、潍柴等 50 余家厂商配套

★南京胜捷电机制造有限公司
地址:南京市溧水区洪蓝镇谭村 1 号
邮编:211221
电话:025/68815888、57432222
传真:68815882
网址:www. simco. com. cn
电子信箱:info@ simco. com. cn
法定代表人:肖杰
质量体系:ISO/TS 16949、QS 9000
产品情况:汽车空调电动机和散热器风机
配套情况:主要配套厂家有上汽通用五菱(独家配套供应商,年配套量 150 万台)、比亚迪汽车(80% 份额,年配套量 70 万台)、长城汽车(70% 份额,年配套 22 万台)、哈飞汽车(80% 份额,年配套量 25 万台)、众泰汽车(独家供应商,年配套 5 万台)、长丰汽车(独家供应商,年配套量 5.5 万台)、江铃陆风(年配套 2 万台)、中兴汽车(年配套 5 万台);空调电子扇的年配套量 50 万台,鼓风机马达为上海德尔福、广州电装的供应商;水箱散热电子扇已进入重庆长安轿车配套体系

★镇江尚沃电子有限公司
地址:江苏省镇江市丹徒新区瑞山东路99 号
邮编:212000
电话:0511/84566236
传真:84566216
电子信箱:32112167099 6804@ 126. com
法定代表人:季静
质量体系:ISO 9001、ISO 14001
产品情况:汽车 LED 灯、卤素灯、氙气灯、航标灯
出口情况:出口美国、欧洲、日本、俄罗斯、南美洲等国家和地区

★镇江震东电光源有限公司
地址:江苏省镇江市京口工业园区金阳大道 1 号
邮编:212006
电话:0511/85585522、85585552
传真:85585539
电子信箱:jianqianghu@ vip. sina. com
法定代表人:胡建强
质量体系:ISO 9001、ISO 14001
产品情况:(震东牌、SINLETE 牌、金乃特牌、秦明牌)
汽车、摩托车灯泡
配套及出口情况:主要供应海拉、北汽福田、陕汽、大长江、力帆、绿源、新日、爱玛等汽车、摩托车、电动车等主机厂、灯具厂;远销东南亚、南美洲、欧美等地区

★ 特耐斯(镇江)电碳有限公司
地址:江苏省镇江市新区丁卯经七南路
邮编:212009
电话:0511/88889350
传真:88889475
网址:www. cn – tris. com
电子信箱:yyb@ cn – tris. com
法定代表人:桑建平
单位人数:267
质量体系:ISO 14000、ISO/TS 16949
产品情况:(TRIS 牌)
汽车用直流电动机碳刷(起动电动机、发电机、燃油泵、暖风机、散热风机、座椅摇窗电动机等),刷架总成,碳换向器以及其他碳制品
配套情况:为天津电装 & 阿斯莫、长沙博世、索恩格(中国)、上海法雷奥、大连电产、博格华纳、华生电机、厦门建松、湖北神电、上海联合电子、上海日用友捷等国内外知名厂商配套
☞ 详细情况请参阅彩色宣传版面

★江苏擎天车业科技有限公司
地址:江苏省丹阳市丹北镇金桥村工业园
邮编:212300
电话:0511/88159888、88159998
传真:88159966
电子信箱:dyqt123456@ 163. com
法定代表人:彭爱堂
质量体系:ISO/TS 16949
产品情况:(SHIHONG 牌)
车灯

★江苏锐新汽配有限公司
地址:江苏省丹阳市丹北镇新桥金桥村
邮编:212300
电话:0511/86379878、15252932251
法定代表人:陈民强
产品情况:灯具和塑料件

★江苏超力电器有限公司
地址:江苏省丹阳市访仙镇访高路 59 号
邮编:212321
电话:0511/86462594
传真:86462968
电子信箱:chaoli@ chaoli – electric. com
法定代表人:沈中泉
单位人数:230
质量体系:ISO/TS 16949、VDA 6. 1
产品情况:(超力牌、盛隆牌)
汽车永磁直流电动机、无刷电动机、空调用蒸发风机、冷凝风机、散热器风机、电动助力转向系统 EPS 用无刷电

动机及控制、车门电动玻璃升降器总成、风窗洗涤器、客车用电涡流缓速器、燃油加热器等,年产150多万台(套)
配套及出口情况:为一汽海马、金杯海狮、中华轿车、南京依维柯、厦门金龙、重庆长安、昌河、柳州五菱、宇通客车、张家港牡丹、东风悦达起亚、广汽三菱、华泰特拉卡、法雷奥、德尔福等配套;出口美国、瑞典、加拿大、日本、韩国等国家

★帝宝交通器材(丹阳)有限公司
地址:江苏省丹阳市丹北镇新桥姚家弄工业园
邮编:212322
电话:0511/88039866-2101
传真:88039899
网址:www.dydepoautolamp.com
电子信箱:depo2101@dydepoautolamp.com
法定代表人:许叙珹
负责人:万久年
单位人数:300
质量体系:ISO/TS 16949
产品情况:(DB帝宝牌)
　　汽车灯具,配套生产能力达35万套/年
配套情况:为上汽大众、神龙汽车、南京依维柯、北京奔驰、吉利汽车、长城汽车等配套

★江苏新通达电子科技股份有限公司
地址:江苏省丹阳市丹北镇新巷村1号
邮编:212322
电话:0511/86361886、86361889
传真:86352106
网址:www.tongdajs.com
电子信箱:web@tongdajs.com
法定代表人:徐锁璋
单位人数:400
质量体系:ISO/TS 16949、ISO 14001
产品情况:以汽车仪表、传感器、控制器、车载网络和车用多媒体为主导
配套情况:主要服务于一汽-大众、江淮大众、福特(商用车全球)、美国新能源、上汽、东风乘用车、广汽丰田、广汽、郑州日产、吉利、北汽宝沃、北汽福田、江铃福特、东风柳汽、上汽通用五菱、江淮、长城、奇瑞、力帆等国内外知名汽车厂

★江苏秦龙汽车科技有限公司
地址:江苏省丹阳市丹北镇姚家弄工业园区
邮编:212322
电话:0511/86053661、15162962007
传真:86357366
网址:www.js-qinlong.com
电子信箱:terribler1@163.com
法定代表人:陈邦林
负责人:秦岳
质量体系:ISO/TS 16949
产品情况:(秦龙牌)
　　年产可配套50万台整车灯具、塑料件
配套情况:服务的主要客户有北汽银翔、奇瑞集团、郑州日产、中国重汽、北奔重汽、陕汽重卡、福田汽车、一汽通用、徐工集团等

★江苏洪昌科技股份有限公司
地址:江苏省丹阳市新桥镇
邮编:212322
电话:0511/86351690、86362087
传真:86351600
网址:www.jshongchang.cn
电子信箱:hongchang8@vip.163.com
法定代表人:崔洪昌
单位人数:600
质量体系:ISO/TS 16949、QS 9000
产品情况:汽车灯具、内饰件、保险杠产品、汽车冲压件
配套及出口情况:是苏州金龙、东风渝安、吉利汽车、厦门金龙、株洲北汽、中国重汽集团、韩国大宇、宇通客车等国内10多家知名汽车厂家的供应商;灯具产品远销俄罗斯、韩国等国家

★江苏远洋车灯有限公司
地址:江苏省丹阳市新桥镇
邮编:212322
电话:0511/86356780
传真:86356780
网址:www.jsyycd.com
电子信箱:653042250@qq.com
法定代表人:周建国
质量体系:ISO/TS 16949
产品情况:(远航牌)
　　汽车灯具、仪表台、饰件等
配套及出口情况:为郑州宇通、厦门金龙、上海申沃、上海申龙、航天客车等20多家主机厂配套;远销海外

★丹阳谊善车灯设备制造有限公司
地址:江苏省丹阳市新桥镇东环路1号
邮编:212322
电话:0511/86308888
传真:86352831
电子信箱:yishan@jsyishan.cn
法定代表人:郭志强
单位人数:180
质量体系:ISO/TS 16949
产品情况:汽车灯具
配套及出口情况:为吉利汽车、韩国摩比斯、东风汽车公司、北汽、长城汽车、上汽依维柯红岩、中兴汽车、众泰汽车、菲亚特等主机厂和全球采购公司配套;出口意大利、韩国、马来西亚、伊朗等国家

★江苏尚通汽车配件有限公司
地址:江苏省丹阳市新桥镇工业园
邮编:212322
电话:0511/86377037、86372789
传真:86389268
网址:www.srumto.com
电子信箱:service@srumto.com
法定代表人:彭小平
单位人数:300
质量体系:ISO/TS 16949
产品情况:汽车前组合灯、后组合灯、前(后)雾灯、内饰灯、保险杠和其他塑料件产品
配套及出口情况:配套客户有江淮汽车、众泰汽车、长安汽车、长城汽车等多家企业;远销欧美、中南美洲、中东、东南亚等地区

★丹阳市东港灯具有限公司
地址:江苏省丹阳市界牌镇
邮编:212323
电话:0511/86365288、86365266
传真:86387615
网址:www.donggangl amp.com
电子信箱:donggang@dongganglamp.com
法定代表人:肖正清
质量体系:ISO/TS 16949
产品情况:(丹港牌)
　　汽车灯具、仪表台、保险杠、装饰件、倒车镜、安全天窗等
配套及出口情况:客车用产品覆盖厦门金龙联合汽车、厦门金旅、金龙联合(苏州)、安徽安凯、安徽江淮客车、东风特汽(十堰)客车、保定长安客车、柳州五菱汽车工业、东风有限东风客车公司等80余家知名大中型客车企业;出口澳大利亚、西班牙、印度尼西亚、巴西、墨西哥、哥伦比亚、韩国、印度、马来西亚、新加坡、泰国、越南、肯尼亚、阿根廷、智利、埃及、中东、南非、秘鲁等国家,并销往中国香港地区

★江苏天聚灯业有限公司
地址:江苏省丹阳市界牌镇安乐工业园
邮编:212323
电话:0511/85167883、13861389369
传真:86389383
网址:www.cntianju.com
电子信箱:don.leo@cntianju.com
法定代表人:李金龙
质量体系:ISO/TS 16949、ISO 9001
产品情况:汽车及摩托车内饰、前照灯、尾灯、雾灯、保险杠等配件
配套及出口情况:与大众、通用、马自达、北京海拉、江淮、北汽福田等合作;远销美国、英国、法国、中东等国家和地区

★江苏九宙车辆部件有限公司
地址:江苏省丹阳市界牌镇城中城9号
邮编:212323
电话:0511/86211999
传真:85168877
网址:www.cnjsjz.com
电子信箱:zhouchao56@hotmail.com
法定代表人:周超
产品情况:汽车灯具、汽车雾灯

★江苏红光汽车配件有限公司
地址:江苏省丹阳市界牌镇红光工业区
邮编:212323
电话:0511/86378888、86388532
传真:86366328
电子信箱:758039945@ qq. com
法定代表人:张玉林
单位人数:200
质量体系:ISO/TS 16949
产品情况:(芬发牌)
各种汽车灯具、汽车覆盖件;开发汽车配件模具
配套及出口情况:与厦门金旅、厦门金龙、苏州金龙、丹东黄海、重庆恒通、江淮客车、东风汽车、一汽(成都)、安凯、保定长安、浙江吉奥、河北大迪、四川汽车工业集团、河北中兴等70余家客车企业配套;出口澳大利亚、西班牙、印度尼西亚、马来西亚、日本、韩国、新加坡、泰国、越南、中东、印度、巴西等国家,并销往中国台湾地区

★江苏格铃汽配有限公司
地址:江苏省丹阳市界牌镇界中武阳工业园
邮编:212323
电话:0511/86388612、18912811820
网址:www. cngeling. cn
电子信箱:geling@ cngeling. cn
法定代表人:徐金龙
质量体系:ISO/TS 16949、ISO 9001
产品情况:(格铃牌)
汽车车灯、后视镜、保险杠、机盖、翼子板、中网、内外饰件等
配套及出口情况:与江铃、五十铃、一汽集团、东风汽车公司等配套;出口欧洲、美洲、中东、东南亚等地区

★江苏振兴车灯有限公司
地址:江苏省丹阳市界牌镇武阳工业园
邮编:212323
电话:0511/86388302
传真:86369166
电子信箱:info@ danzhen. cn
法定代表人:杨杏美
单位人数:185
质量体系:ISO/TS 16949、ISO 9001
产品情况:(丹振牌)
汽车灯具、前后保险杠、车门内饰板、仪表板等塑料件
配套情况:为北汽福田、东安黑豹、山东时风、华源凯马、柳工、徐工等配套

★江苏新凯鑫车业有限公司
地址:江苏省丹阳市界牌镇张家桥西路18号
邮编:212323
电话:0511/86375186、18051286588
传真:86369858
网址:www. kxautoparts. com
电子信箱:info@ kxautoparts. com
法定代表人:徐鑫
质量体系:ISO 9001
产品情况:(雲凯牌)
D-MAX、五十铃、三菱、丰田、尼桑等日系皮卡、货车以及国内货车、轿车、豪华大客车、中型客车等灯具及饰件
出口情况:远销中东、东南亚、欧洲、非洲、美洲等地区

★江苏常诚汽车部件有限公司
地址:江苏省丹阳市新桥镇外资工业园001号
邮编:212323
电话:0511/86055858、86055835
传真:86355879
电子信箱:changchengchedeng@ 163. com
法定代表人:王美娣
质量体系:ISO/TS 16949
产品情况:汽车灯具
配套情况:为一汽集团、东风汽车、北汽福田、南汽集团、江淮汽车、奇瑞汽车、上汽大众、上汽通用、美国通用等配套

★江苏路通电器有限公司
地址:江苏省丹阳市导墅镇里庄镇北路33号
邮编:212363
电话:0511/86672901、86672952
传真:86676103
网址:www. lutong. com. cn
电子信箱:lujian@ lutong. com. cn
法定代表人:路玉明
质量体系:ISO 9001
产品情况:直流接触器、直流电动机控制器、电控总成、电容切换交流接触器、谐波抑制器、电动车辆用电源开关、转向开关、主令开关、电源插接器、电阻器、司机座椅等产品
出口情况:部分产品出口

★常州奔马汽车科技有限公司
地址:江苏省常州市新北区奔牛镇祁家村周龙庄
邮编:213000
电话:0519/83132985、13382855808
传真:83132985
电子信箱:16437771@ qq. com
法定代表人:陈锁平
质量体系:ISO 9001
产品情况:(奔发牌)
汽车减速型起动机及相关配件;年生产力达到50多万套
配套情况:为多家柴油机,汽油机厂配套

★江苏新华陵汽车电器有限公司
地址:江苏省常州市天宁区中吴大道1485号
邮编:213001
电话:0519/86643816、86698198
传真:86643840
网址:www. czhualing. com
电子信箱:wzp@ czhualing. com
法定代表人:吴志平
质量体系:QS 9000、ISO 9001
产品情况:(超灵牌)
货车、皮卡车、商务车、中/小客车及特种车用组合开关、点火开关、车用电器和全车锁
配套情况:为北汽福田、南汽集团、一汽红塔、东风公司、郑州日产、众泰汽车、安徽江淮、江铃汽车等整车厂原装配套和新产品研发协作企业

★新誉轨道交通科技有限公司
地址:江苏省常州市武进区姚关镇钱家工业园
邮编:213001
电话:0519/88389830、88776088
传真:88770888
电子信箱:nug@ newunited. com
法定代表人:周立成
质量体系:ISO 9000
产品情况:车辆用永磁电动机、油泵及各种小型直流电动机
出口情况:出口欧洲、美洲、非洲、东南亚等地区

★常州市东南电器电机股份有限公司
地址:江苏省常州市天宁区丽华北路13号
邮编:213004
电话:0519/88812542
传真:88812542
网址:www. dongdian - group. com. cn
电子信箱:caodaliang@ dongdian - group. com. cn
法定代表人:周祖贻
单位人数:450
质量体系:ISO/TS 16949
产品情况:主要产品包括摩托车起动电机、汽车电子水泵、汽车电子真空泵、电动车轮毂电动机、轮椅车电动机及控制器等
配套及出口情况:是大长江(豪爵)、轻骑铃木、新大洲本田、北方易初、南京金城、中国台湾光阳、中国台湾三阳等著名摩托车生产厂家的优秀配套;与比亚迪、奇瑞、上汽、广汽、北汽、江淮、金龙、吉利等汽车厂家建立了合作关系;远销美国、德国、瑞士、日本等欧美及东南亚市场,是日本铃木公司的全球采购基地

★江苏雷利电机股份有限公司
地址:江苏省常州市武进区钱家塘路19号
邮编:213011
电话:0519/88770606、88771763
传真:88775000
网址:www. czleili. com
电子信箱:webmaster@ leiligroup. com
法定代表人:苏建国
质量体系:ISO/TS 16949、ISO 9001
产品情况:(宏利牌)
微型步进电动机、同步电动机、直流有刷电动机、直流无刷电动机、微型水泵等多种电动机产品

配套情况：水泵件为 KAUTEX 配套，30000 套/月；点烟器为 CASCO 配套，30000 套/月

★常州必能信汽车电器有限公司
地址：江苏省常州市新闸工业园新龙路 27 号
邮编：213012
电话：0519/83266885、83250011
传真：83263150
网址：www. belesen. com
电子信箱：autoparts@ belesen. com
法定代表人：许学俭
质量体系：ISO/TS 16949、ISO 14001
产品情况：汽车高压点火线圈总成、点火线橡胶护套、高压阻尼点火线
配套情况：合作伙伴有一汽-大众、东风汽车公司、奇瑞汽车、中国台湾光阳机车等

★常州士林三叶电机有限公司
地址：江苏省常州新区电子园新四路 9 号
邮编：213013
电话：0519/85485925
传真：85485928
网址：www. mitsuba. co. jp
电子信箱：hong. gao@ csmc. net. cn
法定代表人：罗春田
产品情况：主要生产摩托车用超速离合器、起动机及磁石发电机等产品

★莱尼电气线缆（中国）有限公司
地址：江苏省常州市新北区长江北路 6 号
邮编：213022
电话：0519/89887405、89887000
传真：85124727
网址：www. leoni. com
电子信箱：claire. wu@ leoni. com
法定代表人：JERRY CUMMINS
质量体系：ISO/TS 16949、VDA 6. 1
产品情况：汽车线束
配套情况：为通用汽车、欧宝等配套

★常州富兴机电有限公司
地址：江苏省常州市新北区昆仑路 69 号
邮编：213022
电话：0519/85132957
传真：85132956
网址：www. fullingmotor. com
电子信箱：info@ fullingmotor. com
法定代表人：王宇飞
质量体系：ISO/TS 16949、ISO 14001
产品情况：专业生产各类混合式步进电动机、直流无刷电动机及相关的驱动器，年生产各类电动机 200 万台以上，产品广泛应用于自动化、汽车等领域
出口情况：远销美国、德国、瑞士、意大利、法国、俄罗斯等 30 多个国家和地区

★大茂伟瑞柯车灯有限公司
地址：江苏省常州市新北区泰山路 228 号
邮编：213022
电话：0519/85111180、85111179
电子信箱：hotline@ varroctyc. com
法定代表人：Tarang Jain
单位人数：600
质量体系：ISO/TS 16949、QS 9000
产品情况：汽车、机车灯具
配套情况：为长安福特、长安马自达、一汽海马、河北中兴、郑州日产、奇瑞汽车、江铃汽车、常州光阳、株洲建设雅马哈、南京金城、广州大长江、广州五羊本田、上海新大洲本田、济南轻骑等配套

★常州星宇车灯股份有限公司
地址：江苏省常州市新区秦岭路 182 号
邮编：213022
电话：0519/85115588
传真：85113616
网址：www. xingyu – lighting. com
电子信箱：xingyu@ xyl. cn
法定代表人（负责人）：周晓萍
单位人数：150
质量体系：ISO/TS 16949、ISO 14001
产品情况：汽车车灯，具有年产各类车灯 2500 万只的生产制造能力
配套情况：为一汽集团（一汽-大众、一汽轿车、一汽丰田、一汽夏利、一汽海马、一汽解放、一汽丰越、一汽吉林汽车）、上汽大众、上汽通用、奇瑞汽车、东风日产、广汽乘用车、神龙汽车等公司配套

★常州高博能源材料有限公司
地址：江苏省常州市综合保税区北海路 8 号
邮编：213022
电话：0519/85765677、85765127
传真：85962087
电子信箱：julie. zhu@ lithiumwerks. com
法定代表人：Geir Lolleng
产品情况：锂离子电池

★常州东洋建苍电机有限公司
地址：江苏省常州新北区衡山路 19 号
邮编：213022
电话：0519/68868952、85101631
传真：85111700
电子信箱：toyo – ctj@ 163. com
法定代表人：余南贤
质量体系：QS 9000、ISO 9001
产品情况：手把开关、线束、制动开关及挡位开关等

★常州联德电子有限公司
地址：江苏省常州西太湖科技产业园果香路 56 号
邮编：213023
电话：0519/83906551、15061938617
传真：83906557
网址：www. lambdasensor. cn
电子信箱：sales@ lambdasensor. cn
法定代表人：冯江涛
产品情况：氧传感器、固体氧化物燃料电池

★日本电产凯宇汽车电器江苏有限公司
地址：江苏省常州市戚墅堰经济开发区东方东路 156 号
邮编：213025
电话：0519/88411620
传真：88411276
网址：www. nidec – kaiyu. com
电子信箱：qxy_88@ 163. com
法定代表人：甲斐照幸
质量体系：ISO 9001、ISO/TS 16949
产品情况：（洛凯牌）
　　汽车电动助力转向系统（EPS）电动机、热交换系统的散热器冷却风扇（发动机电子扇、空调冷凝器电子扇）、空调蒸发风机、电控机械式自动变速器（AMT）电动机、踏板电动机、电动真空泵电动机；后续将要陆续量产的产品有无刷电子制动电动机、无刷空调电动压缩机电动机、无刷电子风扇、无刷空调蒸发风机、无刷电子油泵电动机、无刷 DCT 电动机等
配套情况：主要配套汽车品牌有上汽（上汽乘用车、上汽大通、上汽通用五菱）、江铃（江铃股份、陆风）、北汽（北汽股份、北汽银翔、昌河、昌河铃木）、长安、吉利、比亚迪、东风（东风乘用车、东风小康）、东风日产、奇瑞、江淮、众泰、猎豹、天津一汽、东南、华晨、北汽福田、厦门金龙等

★森萨塔科技（常州）有限公司
地址：江苏省常州市新北区创新大道 18 号
邮编：213031
电话：0519/85161121
传真：85161233
网址：www. sensata. com
电子信箱：jobs. china@ sensata. com
法定代表人：CHANG JING
负责人：杜峰
产品情况：为汽车和空调市场客户提供专业的传感器和控制器产品和服务

★汉得利（常州）电子股份有限公司
地址：江苏省常州市新区黄河西路 199 号
邮编：213032
电话：4001100878、13806118293
网址：www. bestargroups. com
电子信箱：tao@ be – star. com
法定代表人：吴逸飞
单位人数：600
质量体系：ISO/TS 16949、ISO 14001
产品情况：主要产品包括传感器、扬声器、蜂鸣器、微型麦克风、受话器、陶瓷元器件等
配套及出口情况：为宝马、奔驰、法拉利、别克、奥迪等多款高端车型生产配套产品；出口北美洲、欧洲、东南亚等地区

★常州合杰电机有限公司
地址：江苏省常州市武进区遥观镇通济工业区华昌路 87 号

邮编:213100
电话:0519/88712769、15961126767
传真:88712373
电子信箱:hejie_motor@ 163. com
法定代表人:韩正国
质量体系:ISO 9001
产品情况:(合杰牌)
全系列步进电动机、各系列直流无刷电动机、开关磁阻电动机、新能源汽车驱动电动机
出口情况:出口 10 多个国家和地区

★常州市凯程精密汽车部件有限公司
地址:江苏省常州市武进区横林镇江村东路 4 号
邮编:213101
电话:0519/67898510、18918297889
传真:88491333
网址:www. kcprecision. cn
电子信箱:sales1606@ kcprecision. cn
法定代表人:周殊程
质量体系:ISO/TS 16949
产品情况:汽车电动尾门、电子冷却水泵等汽车产品

★常州市松泽电器有限公司
地址:江苏省常州市武进经济开发区果香路 9 号
邮编:213104
电话:0519/69698616
网址:www. czszdq. com
电子信箱:czszdq@ 126. com
法定代表人:顾千虎
单位人数:150
质量体系:ISO/TS 16949
产品情况:(松泽牌)
汽车起动电动机、电磁开关、单向器、定子总成、转子总成等配套部件
配套及出口情况:服务于潍柴、重汽、康明斯、一汽、玉柴、云内、全柴、莱动、朝柴等国内所有柴油发动机;远销欧洲、美洲市场

★江苏新科科技有限公司
地址:江苏省常州市武进区洛阳镇东都西路 59 号
邮编:213104
电话:0519/88580600、88797500
传真:88791696
电子信箱:yyq@ shinco. com
法定代表人:薛泽孟
质量体系:ISO 14001、ISO 9001
产品情况:(新科牌)
车载导航仪等

★江苏江南电机有限公司
地址:江苏省常州市横山桥
邮编:213119
电话:0519/88610058、88603333
传真:88605288
网址:www. jnmotor. com
电子信箱:jnmotor@ 163. com
法定代表人:梅一峰
质量体系:QS 9000
产品情况:具有电枢 100 万只、起动机 60 万台、发电机 20 万台的年生产能力
配套及出口情况:为锡柴、一拖、常发、常柴、莱动等多家主机厂配套;远销欧美及东南亚市场

★江苏日盈电子股份有限公司
地址:江苏省常州市武进区横山桥镇芳茂村
邮编:213119
电话:0519/68850588
网址:www. riyingcorp. com
电子信箱:riying@ riyingcorp. com
法定代表人:是蓉珠
质量体系:ISO/TS 16949
产品情况:(日盈牌)
汽车电子、汽车洗涤系统、电线束系统、接插件
配套情况:客户包含奥迪、大众、通用、沃尔沃、大长江、铃木、雅马哈、本田等众多知名品牌

★常州市裕成富通电机有限公司
地址:江苏省常州市武进区奔牛镇工业集中区南区
邮编:213131
电话:0519/83211321、83127267
传真:83219338
网址:www. yuchengcz. com
电子信箱:yuchengcz@ yuchengcz. com
法定代表人:徐国荣
单位人数:1600
质量体系:ISO 9001、QS 9000
产品情况:(裕成牌)
电动自行车用轮毂电动机、摩托车起动电动机和汽车电动机
配套及出口情况:主要客户有爱玛电动车、雅迪电动车、山东澳柯玛等国内厂商;部分产品远销美国、欧盟、东南亚等国家和地区

★常州秀田车辆部件有限公司
地址:江苏省常州市小河工业开发区沿江路
邮编:213138
电话:0519/83248616
传真:83246026
网址:www. xt - cd. com
电子信箱:qjp@ xt - cd. com
法定代表人:钱建平
质量体系:ISO 9001
产品情况:(秀田牌)
车辆灯具、塑件研究开发与制造

★常州九鼎车业股份有限公司
地址:江苏省常州市新北区高新技术开发区
邮编:213138
电话:0519/83246678、83506528
传真:83245528
网址:www. cn - jiuding. com
电子信箱:sales@ cn - jiuding. com
法定代表人:吕纪坤
质量体系:ISO/TS 16949
产品情况:(九鼎牌)
汽车灯具
配套及出口情况:为上汽大众、重庆福特、北京奔驰、陆虎捷豹、印尼丰田、印尼本田等配套;出口欧美 20 余个国家

★江苏永明汽车部件有限公司
地址:江苏省常州市新北区孟河镇晨风路 9 号
邮编:213138
电话:0519/83502558、83502058
传真:83241520
网址:www. czyongming. com
电子信箱:ycm@ czyongming. com
法定代表人:叶长明
质量体系:ISO 9001
产品情况:(明祥牌)
生产汽车、半挂车专用车灯具、注塑(铁制)挡泥板、仪表台、保险杠、中网,年生产汽车、挂车灯具、挡泥板 100 万余台套
配套及出口情况:为数百家挂车厂定点配套;半圆挡泥板出口中东、北美洲、东南亚

★常州市五一灯具有限公司
地址:江苏省常州市新北区孟河镇汤家一路 8 号
邮编:213138
电话:0519/83241245
传真:83241141
网址:www. cn - wy. com
电子信箱:contact@ cn - wy. com
法定代表人:汪华生
质量体系:ISO/TS 16949
产品情况:主要产品有各种乘用车、商用车的全套系列灯具、后视镜、软(硬)吸塑仪表台、内顶装饰件、大小应急出口天窗等,有 100 万台套的年生产能力
配套及出口情况:乘用车产品主要为北汽、广汽、众泰、吉利新大洋、吉利康迪、重庆力帆、江淮、北京华泰、瑞驰、道爵、敏实、雷丁、河南奔马、宝雅和速派奇等主机厂配套;客车产品主要为厦门金旅、厦门金龙、福田欧辉、江淮、现代、大宇、比亚迪、柳州五菱、一汽、东风、黄海客车、青年尼奥普兰、河南少林等主机厂配套;货车产品主要为北汽福田、中国重汽、湖北齐星、吉瑞重卡、江淮、一汽川专等主机厂配套;工程机械产品类主要为三一重工、柳工、长江起重机等主机厂配套;出口欧洲、美洲、大洋洲、南亚、东南亚、非洲等地区

★常州良盛车业有限公司
地址:江苏省常州市新北区小河通江工业园区
邮编:213138

电话:0519/83241364、13961257518
传真:83246112
电子信箱:cbl66@ 163. com
法定代表人:贾玉琴
质量体系:ISO 9001、ISO/TS 16949
产品情况:(LUOLIYA 牌)
汽车灯具、车灯、保险杠、五金件等
配套情况:为中国重汽、北汽福田、重庆力帆、江淮汽车等多家大中型企业配套

★常州求真灯业有限公司
地址:江苏省常州市新北区小河镇环镇北路
邮编:213138
电话:0519/83242019、83510019
传真:83510218
电子信箱:market@ qiuzhen. net
法定代表人:孙永洪
质量体系:ISO 9001
产品情况:(求真牌)
汽车灯具、后视镜、保险杠、塑料装饰件

★常州市黄河车灯有限公司
地址:江苏省常州市新北区小河镇环镇北路18号
邮编:213138
电话:0519/83241075、83503629
传真:83248711
网址:www. jsczhh. com
电子信箱:jsczhh@ jsczhh. com
法定代表人:吴金根
单位人数:125
质量体系:ISO/TS 16949
产品情况:车灯,铝合金燃油箱,挡泥板、膨胀水箱等汽车内外装饰件
配套情况:为中国重汽集团、一汽集团、东风汽车、陕汽集团、上汽依维柯红岩集团、北汽福田、北方奔驰等重型汽车生产厂家配套

★常州市南挂车辆部件有限公司
地址:江苏省常州市新北区孟河镇工业区
邮编:213139
电话:0519/83550298、83550590
传真:83550198、85257170
网址:www. nangua - cn. com
电子信箱:nangua@ nangua - cn. com
法定代表人:王正明
质量体系:ISO 9001
产品情况:(南挂牌)
汽车灯具、挡泥罩、汽车线及其附件产品
配套情况:主要配套厂家有中集车辆(CIMC 深圳、扬州通华、山东、青岛中集等)、阜阳开乐、东风商用车等

★常州市宇征车辆电器有限公司
地址:江苏省常州市武进区东安工业集中区
邮编:213155
电话:0519/83731036、83738568
传真:83735369
网址:www. yuzheng. cn
电子信箱:yuzheng@ yuzheng. cn
法定代表人:戴俊
质量体系:ISO/TS 16949、ISO 14001
产品情况:(宇征牌)
具有年产电磁开关360万只、继电器60万只的产能
配套及出口情况:产品主要配套上海法雷奥、北京佩特来、成都华川、东风电气、博世、康明斯、中国台湾士林、北汽飞驰、常州天发、广汽强华、美国卡特比勒、美国SPX等国内外知名主机企业;远销海外市场

★江苏恒力电机集团股份有限公司
地址:江苏省常州市武进经济开发区祥云路18号
邮编:213161
电话:0519/86553365、86553373
传真:86552468
电子信箱:jshengdian@ jshengdian. com
法定代表人:周新
质量体系:ISO/TS 16949、QS 9000
产品情况:(武电牌)
起动机、发电机,年产能力200万台
配套情况:为锡柴、扬动、上柴、扬柴、常柴等60多家主机厂配套

★常州市武进惠丰金属制品有限公司
地址:江苏省常州市牛塘镇湖滨北路202号
邮编:213163
电话:0519/86381528、81192888
传真:81192111
网址:www. czhfjs. com
电子信箱:1131466990@ qq. com
法定代表人:张志萍
质量体系:ISO 9001、ISO 14001
产品情况:(惠丰牌)
各类单向器及轴;单向器年产量达10万多套
配套及出口情况:为12个主机厂配套;远销欧洲和东南亚

★常州市百信以拓汽车电器系统有限公司
地址:江苏省常州市武进经发区西太湖大道19号
邮编:213163
电话:0519/86390677、86390626
传真:86390683
电子信箱:test@ qq. com
法定代表人:杨征宇
质量体系:ISO/TS 16949、ISO 9001
产品情况:(百信牌)
减速起动机、电磁开关、单向离合器、含油衬套
配套情况:为多家大型起动机生产厂配套

★常州易控汽车电子股份有限公司
地址:江苏省常州市科教城科技三号楼D座3楼
邮编:213164
电话:0519/89605000
传真:89605007
网址:www. ectek. com. cn
电子信箱:service@ ectek. com. cn
法定代表人:李进
产品情况:满足国四及以上排放要求的车用柴油机电控系统(含后处理系统)、新能源汽车动力控制、燃料电池控制及关键零部件开发的研发和定型
配套情况:产品在一汽、东风、中车、玉柴、云内、陕汽、锡柴、大柴、常柴、全柴、雷沃、北油、重油、南岳电控等多家客户得到认可与批量应用

★安费诺(常州)高端连接器有限公司
地址:江苏省常州市武进高新技术开发区凤栖路6号
邮编:213164
电话:0519/88311899、18112312688
网址:www. amphenol. com
电子信箱:grace. zheng@ amphenol - tcs. com
法定代表人:Richard Adam Norwitt
产品情况:高密度、高端连接器

★江苏朗恩斯科技股份有限公司
地址:江苏省常州市武进西太湖产业园祥云路5号
邮编:213164
电话:0519/88163758、81085122
传真:81085122
网址:www. cn - lance. net
电子信箱:info@ lance. ltd
法定代表人:孙辉
质量体系:ISO/TS 16949、ISO 9001
产品情况:汽车车灯、LED模组、车灯调光器、后视镜转向器产品
配套情况:为标致、东风、起亚等汽车品牌合作

★江苏天发动力科技有限公司
地址:江苏省常州市武进区牛塘卢西工业园1-11号
邮编:213168
电话:0519/86355685、86355686
传真:86355860
网址:www. changweichina. com
电子信箱:changwei@ changweichina. com
法定代表人:裴亚军
质量体系:ISO/TS 16949、ISO 14001
产品情况:(常威牌)
轿车用永磁行星减速起动机、清洁型柴油轿车用行星减速起动机等各类起动机
配套情况:与吉利集团、力帆汽车、华泰现代、海马汽车、青年汽车、华晨汽车、江铃汽车、东风汽车、中国一拖集团等国内著名的发动机厂商OEM配套

★常州市武起常乐电机有限公司
地址:江苏省常州市礼嘉工业园
邮编:213176
电话:0519/88316558、88230207
传真:88230205
网址:www. changlestarter. com
电子信箱:lucy@ changlemotor. com
法定代表人:鲍方
单位人数:112
质量体系:ISO/TS 16949、ISO 14001
产品情况:(常乐牌)
车用电动机,低速电动汽车电动机及控制器

★常州市荣茂汽车电器有限公司
地址:江苏省常州市武进区雪堰镇王允村
邮编:213178
电话:0519/86200865
传真:86205610
电子信箱:czrongmao@ 126. com
法定代表人:许泽荣
质量体系:ISO 9001
产品情况:汽车电枢、汽车起动机、汽车绞盘电动机、定子、线圈等
配套及出口情况:为多家知名企业配套;出口国外多家知名企业

★江苏金榆科技集团有限公司
地址:江苏省常州市金坛区金城镇丹阳门北路张角山 10 号
邮编:213200
电话:0519/82872879、82850115
传真:82853344、82872877
电子信箱:jyjhlby@ aliyun. com
法定代表人:刘柏榆
质量体系:ISO/TS 16949、ISO 14001
产品情况:(金低牌、金互牌、金榆牌)
汽车传感器、防抱死控制系统 ABS、ABS 线束、ABS 电磁阀、汽车行驶记录仪、轮胎压力检测系统 TPMS、互感器、轮速传感器等
配套情况:为四川客车、江淮汽车、九龙客车、上汽大众、一汽解放等配套

★江苏凯灵汽车电器有限公司
地址:江苏省金坛市经济开发区金胜路 8 号
邮编:213200
电话:0519/82317989
传真:82311285
网址:www. js - kailing. com
电子信箱:jskldq@ 126. com
法定代表人:徐福芳
单位人数:260
质量体系:ISO/TS 16949、QS 9000
产品情况:(凯灵牌)
200 万台 JK 系列汽车组合开关、300 万只 DL 系列电喇叭、100 万套汽车门锁点火锁及百余种汽车电器零配件的年生产能力
配套情况:主要客户有一汽、东风、奇瑞、江淮、长安、重汽、福田等数十家汽车制造厂

★康奈可科技(无锡)有限公司
地址:江苏省无锡市出口加工区 J4 号地块
邮编:214028
电话:0510/66617200、66617212
网址:www. calsonickansei. co. jp
电子信箱:yuqian_sun@ ck - mail. com
法定代表人:山西政博
质量体系:ISO/TS 16949、ISO 14001
产品情况:空调用马达执行器、鼓风马达、仪表用步进马达
出口情况:产品 100% 出口

★无锡电装汽车部件有限公司
地址:江苏省无锡市国家高新技术产业开发区梅育路 97 号
邮编:214028
电话:0510/88156611
传真:88153250
网址:www. denso. com. cn
法定代表人:向井康
单位人数:740
质量体系:ISO/TS 16949、VDA 6. 1
产品情况:点火线圈
配套情况:为丰田、本田、马自达等厂商配套

★电装天电子(无锡)有限公司
地址:江苏省无锡市国家高新技术产业开发区新华路 19 号
邮编:214028
电话:0510/88662288、88662688
传真:88662233
网址:www. fujitsu. com
电子信箱:wxfujitsu@ vip. 163. com
法定代表人:深津顺康
单位人数:1344
质量体系:ISO/TS 16949
产品情况:汽车导航仪等车载电子设备

★无锡阿尔卑斯电子有限公司
地址:江苏省无锡市新加坡工业园行创 4 路 5 号
邮编:214028
电话:0510/85281211
传真:85280311
网址:www. alps. com
电子信箱:yanyan. qiang@ cn. alps. com
法定代表人:今井正志
质量体系:ISO/TS 16949、ISO 14001
产品情况:(ALPS 牌)
电子开关、数码通信储存卡连接器等

★无锡晶晟科技股份有限公司
地址:江苏省无锡市新区汉江路 9 号
邮编:214028
电话:0510/85229588、18168898790
传真:85226658
网址:www. wxjewel. com
法定代表人:冯建昌
质量体系:ISO/TS 16949、ISO 14001
产品情况:(晶晟牌)
各类车载电磁线圈和电磁阀、车用传感器、电子加速踏板等产品
配套情况:与国内外著名汽车制造商建立紧密的合作关系

★艾默林汽车活动组件(无锡)有限公司
地址:江苏省无锡市新区新锦路 2 号
邮编:214028
电话:0510/68783588
传真:68783595
网址:www. aml - systems. com
电子信箱:shiwu. tang@ aml - systems. com
法定代表人:GOUDIGAN DENIS PAUL ANDRE
产品情况:汽车前照灯调光执行器、拉线式调节器、自适应型光照明系统和弯道辅助照明调节器等
配套情况:客户涵盖大多知名汽车品牌(包括宝马、奥迪、大众、福特、通用、长城等)及国内外车灯品牌(法雷奥、星宇、长城汽车车灯、小糸、海拉、马瑞利、伟瑞柯车灯等)

★无锡创维彩登科技有限公司
地址:江苏省无锡市滨湖区胡埭工业园西拓区科创四路 8 号
邮编:214073
电话:0510/85130078
传真:85130378
网址:www. tridentchina. com
电子信箱:manager@ tridentchina. com
法定代表人:刘国路
质量体系:ISO/TS 16949、QS 9000
产品情况:汽车收放机、倒车雷达、GPS 导航、汽车发动机整车线束、智能后视镜等,汽车音响年产能 20 万台,汽车整车线束产能达到 20 万套以上
配套情况:为一汽、江苏友谊汽车、北汽福田、北奔重汽、广汽三菱、奇瑞汽车、长城汽车、上海万丰等配套

★无锡法雷奥汽车零配件系统有限公司
地址:江苏省无锡市锡山经济技术开发区春晖东路 28 号
邮编:214101
电话:0510/81132101、68559520
网址:www. valeo. com. cn
电子信箱:valeo@ valeo. com
法定代表人:FRANCOIS ANTOINE JACQUES MARION
单位人数:153
产品情况:用于发动机的传感器、执行器以及控制器

★无锡金阳电机有限公司
地址:江苏省无锡市沪宁高速九号道口玉祁镇
邮编:214183
电话:0510/83887209、83882811
传真:83881108

电子信箱:245906762@ qq. com
法定代表人:陈彬生
质量体系:ISO 9001
产品情况:(金阳牌)

汽车起动机、起动机电枢、定子、线圈、电磁开关等;主要系列有博世、法雷奥、福特、日野、日立、日本电装、三菱等,适用于奔驰、宝马、雷诺、标致、雪铁龙、欧宝、福特、丰田、五十铃、三菱、现代等车型

配套及出口情况:为哈尔滨东安、柳州五菱等几家主机发动机厂配套;出口美国、东南亚、欧洲等国家和地区

★无锡市闽仙汽车电器有限公司

地址:江苏省无锡市惠山经济开发区玉祁配套区祁达路6号
邮编:214183
电话:0510/83890666
传真:83897859
网址:www. minxian. com
电子信箱:mx@ minxian. com
法定代表人:叶龙贵
质量体系:ISO/TS 16949
产品情况:(闽仙牌)

具备年产起动机和发电机各110万台的能力

配套及出口情况:为无锡柴油机厂、新昌柴油机厂、云内动力、全柴动力、玉柴动力等配套;远销日本、东南亚、东欧等国家和地区

★无锡神速汽车电器有限公司

地址:江苏省无锡市惠山区玉祁镇玉东开发区
邮编:214183
电话:0510/83880034
传真:83880655
电子信箱:chinashensu@ 126. com
法定代表人:刘梅娣
质量体系:ISO/TS 16949
产品情况:(神速牌)

汽车内燃机、拖拉机配套用起动机和发电机

配套情况:为上海柴油机、浙江新柴、潍柴华丰、南通柴油机、无锡动力、无锡锡联柴油机、上海东风研究所、扬州亚星客车厂、南京公交车辆厂、盐城中威客车厂等公司配套,并为上海、江苏、浙江、广东、山东、江西、河南、河北、天津、辽宁、吉林、四川等城市公交公司提供配套产品及服务

★宜兴市宏宇汽车电器有限公司

地址:江苏省宜兴市周铁镇百合花路8号
邮编:214263
电话:0510/87571713、13606155123
传真:87570992
网址:www. jshyec. com
电子信箱:web@ jshyec. com
法定代表人:徐进
单位人数:100
质量体系:ISO/TS 16949
产品情况:年产能力:高压阻尼线总成50万套,各种型号摩托车抗干扰抑制器、屏蔽火花塞帽500万件
配套情况:客户有遵义长征、株洲湘火炬、一汽备品、宗申电器、重庆力华、重庆三木、重庆瑜欣、重庆吉力

★无锡共成控制线有限公司

地址:江苏省江阴市长泾镇共青路17号
邮编:214411
电话:0510/86316051、86316052
传真:86304048
网址:www. wks - cn. com
电子信箱:wys@ wks - cn. com
法定代表人:李文义
质量体系:ISO/TS 16949
产品情况:主要生产汽车、自行车、农林机械等车辆用控制拉索及相关配件;年产套管5000万m,拉线8000万条,铝合金产品1000万件
配套及出口情况:为上汽大众、一汽-大众、长安福特、长安马自达、一汽海马等配套;与全球汽车零部件百强企业麦格纳、日立、博泽、松下、安通林、恩坦华等配套

★中臻工业有限公司

地址:江苏省江阴市长泾镇云顾路
邮编:214411
电话:0510/86313083、86304888
传真:86313000、86308388
网址:www. zhong - zhen. com
电子信箱:info@ chinaxsj. com
法定代表人:李东升
质量体系:ISO/TS 16949、ISO 14001
产品情况:(新索王牌、金索王牌、索王牌、劲索王牌)

控制拉索总成、三套管,双丝管等、全自动数控金属绕管机、拉索行业非标件

配套情况:已成为通用、福特、雷诺、铃木、青年莲花等世界知名品牌的配套厂商

★江苏富天江电子电器有限公司

地址:江苏省靖江市开发区江洲路8号
邮编:214500
电话:0523/84807819、84807828
传真:84807818
电子信箱:fgls@ fgls. com. cn
法定代表人:饭岛洋
质量体系:ISO 9001、ISO 14001
产品情况:各种直流无刷电动机和交流变频电动机及相关电子元器件,拥有年产各类电动机500万台的生产能力

★江苏晨阳电光源有限公司

地址:江苏省靖江市公所桥街71号
邮编:214527
电话:0523/84611162、84611096
传真:84613710
网址:www. cydgy. com
电子信箱:cy_dgy84611162@ 163. com
法定代表人:沈谦益
负责人:袁秋明
单位人数:500
质量体系:ISO 9001
产品情况:(晨阳牌)

道路机动车辆用灯泡、LED道路照明、LED室内照明、LED景观照明、LED机动车灯

配套及出口情况:为浙江嘉利、重庆秦川、上海小糸、南宁燎旺、重庆金科等国内主机厂配套;出口巴西、阿根廷、德国、美国等国家

★苏州住立精工有限公司

地址:江苏省苏州市工业园区星龙街汀兰巷48号
邮编:215000
电话:0512/62831110
传真:62831112
电子信箱:sales@ jinggongah. com
法定代表人:蔡上民
质量体系:ISO/TS 16949
产品情况:主要从事半导体用引线架、电子部品用引线架的生产

★苏州工业园区福特斯汽车电子有限公司

地址:江苏省苏州市工业园区中新科技城展业路2号
邮编:215000
电话:0512/87187777
传真:82175006
网址:www. volkse. com
电子信箱:info@ volkse. com
法定代表人:陈荣浪
质量体系:ISO/TS 16949
产品情况:(Volkse牌)

汽车、摩托车氧传感器

配套及出口情况:为多家汽车制造商、电喷摩托车系统厂家配套;出口欧美和东南亚

★苏州市永固电子有限公司

地址:江苏省苏州市相城区太平工业园振太路27号
邮编:215007
电话:0512/65328891、65328892
传真:65328893
电子信箱:szyonggu@ 163. com
法定代表人:陆伟
质量体系:ISO 9001
产品情况:(永固牌)

汽车风机、各类电子产品、各类冶具及机械加工

配套情况:为十几家知名企业配套

★共成(苏州)交通器材有限公司

地址:江苏省苏州市工业园区苏虹西路289号
邮编:215021
电话:0512/68733001

传真:68733185
网址:www. wks - cn. com
法定代表人:李文义
产品情况:汽车用控制线

★苏州驶安特汽车电子有限公司
地址:江苏省苏州市工业园区杨泰路娄葑创投工业坊36栋
邮编:215021
电话:0512/62805858
传真:67900173
网址:www. sate. com. cn
电子信箱:sate@ sate. com. cn
法定代表人:窦晓东
质量体系:ISO/TS 16949、ISO 9001
产品情况:TPMS 等汽车功能性电子产品
配套情况:为国内外轿车、客车、货车、摩托车、工程机械等各类车辆的生产企业提供 OEM 用 TPMS 组件或全套产品

★艾克希汽车线束电子(苏州)有限公司
地址:江苏省苏州工业园区星龙街428号苏春工业坊13C,13D
邮编:215024
电话:0512/62652025
网址:www. pkcgroup. cn
电子信箱:sophia. wang@ enics. com
法定代表人:PETRI ILMARI HELIN
产品情况:商用车及其他交通运输设备用线束、电气盒、专用线缆和其他相关零部件

★苏州汽车电器制造有限公司
地址:江苏省苏州市虎丘路66号
邮编:215100
电话:0512/65576698
传真:65577066
电子信箱:daiguangwei@ auto - electric. cn
法定代表人(负责人):戴光炜
单位人数:180
质量体系:ISO/TS 16949、QS 9000
产品情况:(里程牌)
车用仪表线路板、转向灯线路板、各类数显式电子钟、车用控制器盒等
配套情况:为东风汽车公司、一汽集团、重汽集团、上汽、南京汽车集团、北汽集团、郑州宇通、金龙等配套

★有信制造(苏州)有限公司
地址:江苏省苏州市工业园区唯亭工业园金达路12号
邮编:215121
电话:0512/62752018
传真:62752218
网址:www. u - shin - ltd. com
电子信箱:pin. liu@ g - ushin. com
法定代表人:HONG WEI BAO
产品情况:汽车用空调控制其类组合仪表、车锁控制系统、制动器控制系统等汽车电子设备系统及相关汽车零部件
配套情况:为昌河铃木、长安铃木、重庆长安供货

★苏州丰安机电有限公司
地址:江苏省苏州市工业园区跨塘镇至和东路8号
邮编:215122
电话:0512/62749127、62749105
传真:62742889
电子信箱:944637837@ qq. com
法定代表人:李东朝
质量体系:ISO/TS 16949
产品情况:汽车用模具、汽车电子装置系统(车身电子控制系统)、汽车关键零部件(电动助力转向系统)、汽车用仪表盘开关、汽车用锁具及上述产品的相关零部件、电子调节装置、接插件以及相关模具和零部件

★苏州工业园区安固电器有限公司
地址:江苏省苏州市工业园区东旺路6号
邮编:215123
电话:0512/62653559、62653699
传真:67414881
网址:www. angu. com
电子信箱:angu@ angu. com
法定代表人:陈峰
单位人数:600
质量体系:IATF 16949、QS 9000
产品情况:(AG 牌)
汽车高速电动机换向器产品
出口情况:产品55%出口美洲、欧洲、东南亚,并销往中国香港、中国台湾地区

★苏州瑞延电子科技有限公司
地址:江苏省苏州市吴中郭巷善兴路185号
邮编:215124
电话:0512/69381829、65966881
传真:65966885
电子信箱:liyan@ szseoyonelec. cn
法定代表人:申載日
产品情况:汽车用组合开关、车窗升降开关及其他各类开关、锁匙总体、电子控制系统及相关零部件
配套及出口情况:为北京现代、东风悦达起亚、上汽大众、烟台通用供货;部分产品出口

★爱乐联接(苏州)有限公司
地址:江苏省苏州工业园区长阳街9号P厂房
邮编:215126
电话:0512/62991800
传真:62991840
网址:www. eracontact. com
电子信箱:sales@ era - ct. com
法定代表人:Erich Aichele
质量体系:ISO/TS 16949、ISO 14001
产品情况:(BREMI 牌)
线束、铝制蓄电池线、火花塞、电动汽车高压线束
配套情况:为奥迪、宝马、大众、本特利、ROLLS-ROYCE 等企业配套

★安波福电子(苏州)有限公司
地址:江苏省苏州市工业园区长阳街123号
邮编:215126
电话:0512/62831888、62638888
传真:62836306
电子信箱:recruit. sz@ delphi. com
法定代表人:王展
质量体系:VDA 6. 1、QS 9000
产品情况:音响、动力总成及安全系统等多种高科技汽车电子设备
配套情况:为上汽大众、上汽通用、一汽集团、一汽-大众配套

★日立汽车系统(苏州)有限公司
地址:江苏省苏州市工业园区星龙街255号
邮编:215126
电话:0512/62833600
传真:62833700
网址:www. hitachi. com. cn
电子信箱:hapsuhr@ hapsu. hitachi. com. cn
法定代表人:蒲生庆一
质量体系:QS 9000、ISO/TS 16949
产品情况:高效率发动机控制系统及其关联部件、汽车电子控制产品

★伟创力电子电气(苏州)有限公司
地址:江苏省苏州市工业园兴浦路333号现代工业坊2号厂房
邮编:215126
电话:0512/62871500
传真:62871501
电子信箱:eva. tang@ flex. com
法定代表人:MANNY MARIMUTHU
质量体系:ISO/TS 16949、ISO 14001
产品情况:电子液压控制设备(电磁阀)、电子产品、线束
配套情况:为克莱斯勒、福特、通用汽车配套

★埃比电子传感器(苏州)有限公司
地址:江苏省苏州高新区华山路158-24号
邮编:215129
电话:0512/66611004
网址:www. abelektronik. cn
电子信箱:cathy. chen@ abelektronik. com
法定代表人:Evan Meyer Slavitt
产品情况:生产车身电子控制系统等汽车电子装置,传感器等新型电子元器件及相关产品
配套情况:与宝马、奔驰、大众、波音等有良好的合作关系,解决其在传感器方面的需求

★苏州斯坦雷电气有限公司
地址:江苏省苏州市高新区枫桥华枫路158-70A
邮编:215129

电话:0512/66616450
传真:66616449
网址:www. stanley. co. jp
电子信箱:min_zhang@ sz - stanley. com. cn
法定代表人:米谷光弘
产品情况:汽车照明系统零部件

★苏州仪元科技有限公司
地址:江苏省苏州市高新区嵩山路143号
邮编:215129
电话:0512/66900980、66900981
传真:65118341
网址:www. sie. com. cn
电子信箱:wangchunxiao@ sie. com. cn
法定代表人:王尚勇
产品情况:(XINGLIAN牌)
柔性印制线路板、接插连接器、开关

★必赛斯汽车科技(苏州)有限公司
地址:江苏省苏州市相城区华元路18号
邮编:215131
电话:0512/65801702
传真:65801701
网址:www. zf. com
法定代表人:王来春
产品情况:汽车组合开关、点火锁开关、雨量/灯光传感器、后视镜开关、窗提升开关、告警灯开关等各类车用开关

★苏州上声电子股份有限公司
地址:江苏省苏州市相城区元和科技园中创路333号
邮编:215133
电话:0512/65795888
传真:65795999
网址:www. chinasonavox. com
电子信箱:123135536@ qq. com
法定代表人:周建明
质量体系:ISO/TS 16949、ISO 14000
产品情况:汽车扬声器及相关的电子产品等
配套情况:为上汽大众、南京依维柯、上汽通用、北京奔驰、江铃汽车、长安汽车、天津一汽夏利、法国雷诺、意大利菲亚特等配套

★海特汽车科技(苏州)有限公司
地址:江苏省苏州市相城区渭塘镇渭中路81号清华大学苏州汽车科创园2号楼
邮编:215134
电话:0512/86865481
网址:www. kait. com. cn
法定代表人:郑海法
产品情况:汽车电动机驱动控制器产品,产品广泛应用于汽车转向系统、热系统及新能源汽车等

★苏州住电汽车电子线业有限公司
地址:江苏省苏州市相城区黄埭镇潘阳工业园春丰路88号
邮编:215143
电话:0512/65715596
传真:65715598
网址:www. sws. co. jp
电子信箱:jing - zhao@ gate. sws. co. jp
法定代表人:丸山哲二
质量体系:ISO 14001
产品情况:超耐热、无卤素汽车专用线缆

★苏州住电装有限公司
地址:江苏省苏州市相城区潘阳工业园春秋路15号
邮编:215143
电话:0512/65710060、65718111
传真:65710065、65710035
网址:www. sdm - s. com
电子信箱:pei - ding@ gate. sws. co. jp
法定代表人:牧户政己
单位人数:4500
质量体系:ISO 9001、ISO 14001
产品情况:汽车线束、机电用线束
配套情况:为日本丰田、日本本田、日本马自达、美国通用供货

★苏州长风航空电子有限公司
地址:江苏省苏州市高新区建林路379号
邮编:215151
电话:0512/69586114、69586512
传真:69586517
电子信箱:minpin171_sy@ 126. com
法定代表人:李伟
产品情况:汽车显示系统、智能电器系统(PEPSEPN智能刮水器)

★崇德碳技术(苏州)有限公司
地址:江苏省苏州市吴江区经济技术开发区潘龙路389号
邮编:215200
电话:0512/63198098
网址:www. schunkchina. com
电子信箱:scc@ schunkchina. com
法定代表人:DR. ARNO PETER ROTH
产品情况:炭刷及刷握

★苏州波特尼电气系统有限公司
地址:江苏省苏州市吴江区芦墟镇新区
邮编:215211
电话:0512/63259861、63259873
传真:63259867
网址:www. sws. co. jp
电子信箱:guxiaying@ sbn. com. cn
法定代表人:奥利弗·沙赫特
质量体系:ISO/TS 16949、ISO 14001
产品情况:电子线束、组合仪表、车用电子设备系统
配套情况:为德国大众、上汽大众供货

★昆山哈特曼汽车电子有限公司
地址:江苏省昆山经济开发区三巷路409号
邮编:215300
电话:17751229892
传真:0512/36651501
电子信箱:selina. huang@ hartmann - exact. cn
法定代表人:DIRK MUELLER
产品情况:汽车发动机和底盘电子控制系统及关键零部件、电子控制式悬架系统、变速器电控单元(TCU)、电子控制单元(ECU)、乘客安全装置、混合动力和电力车辆的传感器、传感器系统、执行器、开关及子系统等汽车机电一体化系统及零部件

★欧司朗彩显特种光源(昆山)有限公司
地址:江苏省昆山开发区综合保税区外河泾路199号6号房2楼
邮编:215300
电话:0512/83632600、83632609
传真:83632500
网址:www. osram. com. cn
电子信箱:beidi. chen@ osram. com
法定代表人:GUNNAR SVEN EBERHARDT
产品情况:(OSRAM牌)
特种光源产品、各类灯具

★昆山中发六和机械有限公司
地址:江苏省昆山市出口加工区B区中央大道288号
邮编:215300
电话:0512/57717202、57713120
传真:57717701
网址:www. chkk. co. jp
电子信箱:zhuang - cf@ kclm. com. cn
法定代表人:宗绪顺
单位人数:288
产品情况:汽车用控制线缆
出口情况:产品全部出口日本、美国

★昆山市中亿智胜电子科技有限公司
地址:江苏省昆山市登云路268号国家科技企业孵化器609室
邮编:215300
电话:0512/36915108、18915742908
传真:36915108
网址:www. zyzs - tech. com
电子信箱:sales@ zyzs - tech. com
法定代表人:张国民
产品情况:智能集成控制系统(主要应用商务改装车、房车、特种车)、无线影音独立随选系统(主要应用大客车等)、车载中控平台(主要应用乘用车、新能源车、货车)

★帝宝交通器材(昆山)有限公司
地址:江苏省昆山市虹桥路1185号
邮编:215300
电话:0512/57755678
传真:57755658
电子信箱:depo@ vip. 163. com
法定代表人:许叙轩
产品情况:汽车灯具
配套情况:为一汽海马、东南汽车、厦门金龙、一汽通用红塔云南、东风柳汽、江西五十铃、长城汽车、克莱斯勒等供货

★昆山凯迪汽车电器有限公司
地址:江苏省昆山市青阳支路 100 号
邮编:215300
电话:0512/55122888、55162303
传真:55161599
网址:www. cadic. com. cn
电子信箱:cadic@ cadic. com. cn
法定代表人:厉自强
单位人数:370
质量体系:ISO/TS 16949
产品情况:(Cadic 牌)
汽车点火线圈等,年产能 600 万只
出口情况:90% 的产品出口,出口欧洲、美洲、东南亚

★江苏正通电子股份有限公司
地址:江苏省昆山市新镇路 10 号
邮编:215300
电话:0512/36885550、36881881
传真:36885551
网址:www. zento. cn
电子信箱:zento@ zento. cn
法定代表人:黄道铭
质量体系:ISO/TS 16949、ISO 14001
产品情况:车用开关、接插件、线束、精密塑料件、钣金件、镶件等产品
配套情况:成为数家知名企业的车用部件与零配件供应商

★同致电子科技(昆山)有限公司
地址:江苏省昆山市玉山镇晨丰路 8 号
邮编:215300
电话:0512/57268188
传真:57268185
网址:www. tungthih. com
电子信箱:cj. zhan_sh@ tungthih. com. cn
法定代表人:陈信忠
产品情况:主要生产倒车雷达、车用摄像头、车身控制系统、胎压侦测系统、智能车内后视镜、自动泊车系统等汽车专业电子产品
配套情况:为上汽通用、上汽大众、东风日产、奇瑞等国内外多家汽车生产厂家的配套

★昆山三多乐电子有限公司
地址:江苏省昆山市张浦镇滨江北路 358 号
邮编:215300
电话:0512/82089008
传真:82089000
网址:www. ks - santohno. com
法定代表人:张宏伟
单位人数:190
质量体系:ISO/TS 16949、ISO 14001
产品情况:汽车注塑零部件等
配套情况:与知名大企业建立了长期友好合作关系,如 RICOH、KOITO、丰田等

★苏州超达汽车配件有限公司
地址:江苏省昆山市民营科技工业园区利尔路 199 号
邮编:215316
电话:0577/86362551、13906656239
传真:86783577
网址:www. chinachaoda. com
电子信箱:sales@ chinachaoda. com
法定代表人:周再权
质量体系:ISO/TS 16949
产品情况:(超达牌)
组合开关、点火开关、加油口盖、电喇叭、翘板开关等
配套及出口情况:为重庆力帆、依维柯、长安、东风、陕汽集团、江淮汽车、北汽福田、时风、五征、黑豹等主机厂配套;远销东南亚、南美洲、中东、北美洲、欧洲

★苏州奥佩克汽车部件有限公司
地址:江苏省昆山市玉山镇环庆路 2615 号
邮编:215316
电话:0512/86160118、13310244182
传真:86160078
网址:www. aopec. cn
电子信箱:wfd@ aopec. cn
法定代表人:汪泽生
质量体系:ISO 9001
产品情况:电池隔离器、BMS 系统、电池充电器、车用继电器等汽车电子产品

★泰科电子(昆山)有限公司
地址:江苏省昆山市出口加工区 B 区中央大道 389 号
邮编:215321
电话:0512/57443999
传真:57445000
电子信箱:jennifer. jin@ te. com
法定代表人:李健
质量体系:QS 9000、ISO 9001
产品情况:连接器及电缆组件、汽车线束

★江苏火凤凰线缆系统技术股份有限公司
地址:江苏省昆山市张浦镇振新东路 535 号
邮编:215321
电话:0512/57274111
传真:57274000
网址:www. f - phoenix. com
电子信箱:phoenix@ f - phoenix. com
法定代表人:蔡瑞孟
单位人数:110
质量体系:ISO/TS 16949、ISO 9001
产品情况:车用总线系列线缆,电子电动机引出系列线缆,汽车传感器系列线缆等

★仁仁电机有限公司
地址:江苏省昆山市南港镇增光路 1 号
邮编:215326
电话:0512/57421126
传真:57423540
电子信箱:jinjin_auto_cw@ 163. com
法定代表人:胡幼敏
质量体系:ISO 9000
产品情况:(LIKW 牌)
汽车、机车类发电机、起动电动机总成及零部件
配套情况:为上汽通用、长安福特、长安马自达等配套

★昆山元茂电子科技有限公司
地址:江苏省昆山市经济开发区金沙江路 88 号
邮编:215334
电话:0512/57721888 - 252339
传真:57151080
电子信箱:543592970@ qq. com
法定代表人:杨其玓
产品情况:双面板及多层印刷电路板

★太仓阿尔派电子有限公司
地址:江苏省太仓经济开发区广州西路 1 号
邮编:215400
电话:0512/53568111
传真:53568112
网址:www. alpine. com
电子信箱:aota@ alpine. com. cn
法定代表人:元川康司
质量体系:ISO 9001
产品情况:(ALPINE 牌)
汽车通信导航设备及汽车音响
配套及出口情况:为福特、克莱斯勒、奔驰、宝马、本田等配套;出口日本、泰国、马来西亚、美国、德国、墨西哥等国家

★凡甲电子苏州有限公司
地址:江苏省太仓市沙溪镇长富工业园区
邮编:215400
电话:0512/53290598
传真:53290599
网址:www. otop. com. tw
电子信箱:sales@ otop. com. tw
法定代表人:游万益
质量体系:ISO/TS 16949、ISO 14001
产品情况:各种电子连接器及其零组件

★苏州扬信德汽车零部件有限公司
地址:江苏省太仓市双凤镇维新村温州工业园
邮编:215400
电话:0512/53557777
传真:53435866
网址:www. yasid. com. cn
法定代表人:戴新弟
质量体系:ISO/TS 16949
产品情况:(扬信德牌、森森牌)
专业生产汽车组合开关、点火开关、翘板开关、电动燃油泵
配套及出口情况:与中国一汽旗下 4 大公司、长安、东风、陕西重汽、福田汽车等 26 家汽车生产厂家配套;远销美国、德国、英国、澳大利亚、意大利、南非、巴西、墨西哥、阿根廷、土耳其、东南亚等国家和地区,并销往中国台湾地区

★江苏车视杰电子有限公司
地址:江苏省太仓市中市南路1号
邮编:215400
电话:0512/68380637、13913575630
网址:www. jeacar. com
电子信箱:beibei5201104@163. com
法定代表人:罗健刚
质量体系:ISO/TS 16949、ISO 14001
产品情况:(JEACAR牌)
主要生产汽车多媒体影音导航系列产品:蓝牙、车载DVD、GPS、无碟多媒体、倒车后视、移动数字电视、实时路况信息导航与动态信息服务系统

★马勒电驱动(太仓)有限公司
地址:江苏省太仓市双凤镇瓯江路11号
邮编:215415
电话:0512/81607758
网址:www. letrika. com
电子信箱:julia. a. zhu@cn. mahle. com
法定代表人:BREZIGAR MATJAZ
产品情况:起动机、发电机、直流电动机、交流电动机及控制系统等

★苏州东南碳制品有限公司
地址:江苏省太仓市双凤镇温州工业园
邮编:215416
电话:0512/81611111、81611888
传真:81611112
电子信箱:donon@donon. com. cn
法定代表人:朱约辉
单位人数:563
质量体系:ISO/TS 16949、ISO 9001
产品情况:炭刷、炭刷架,年产1.6亿只炭刷和1600万套炭刷架总成
配套及出口情况:是日本本田、日本五十铃、欧洲依斯克拉、一汽-大众、东风、重汽等国内外知名企业的主要供应商;远销美国、日本、欧洲、东南亚等国家和地区

★常熟住电装汽车部品有限公司
地址:江苏省常熟市东南经济开发区东南大道86号
邮编:215500
电话:0512/51937588
传真:51937577
网址:www. sws. co. jp
法定代表人:西条英二
产品情况:汽车电子系统零部件(线束用连接器)及模具

★常熟林芝电子技术有限公司
地址:江苏省常熟市方桥路18号正发工业园
邮编:215500
电话:0512/52842666、52849153
网址:www. leeshr. com
电子信箱:sale@leeshr. com
法定代表人:何正安
单位人数:130
质量体系:ISO/TS 16949
产品情况:(林芝牌)
各规格汽车卤素灯泡及LED
配套及出口情况:为国内外厂家OEM配套;大多数产品出口到包括欧洲及美国在内的数十个国家和地区

★柏科(常熟)电机有限公司
地址:江苏省常熟市海虞镇人民北路虞泰路2号
邮编:215500
电话:0512/52840501、52840502
传真:52848378
网址:www. pico. com. cn
电子信箱:luisteng@pico. com. cn
法定代表人:滕国平
单位人数:150
质量体系:ISO/TS 16949、ISO 9001
产品情况:年生产再制造汽车电动机30万台,主要产品有通用车上的发电机及起动机,有Delco系列、Ford系列;日本车上用的发电机及起动机,有三菱系列、日本电装系列及各种欧洲车上用的发电机及起动机

★奕东电子(常熟)有限公司
地址:江苏省常熟市董浜镇工业集中区
邮编:215535
电话:0512/52681999
传真:52684188
网址:www. yidong. com. cn
电子信箱:zym@yidong. com. cn
法定代表人:饶辉志
质量体系:ISO/TS 16949、ISO 14001
产品情况:主要产品有液晶显示屏端子、混合集成电路端子、各类连接器端子、集成电路引线框架、通信用铁壳类产品、各类手持设备配件、汽车电子金属配件、液晶显示模块铁框、LED导光板、背光源、精密模具等
出口情况:远销日本、德国、新加坡等国家,并销往中国香港、中国台湾地区

★常熟银羊电子有限公司
地址:江苏省常熟市支塘镇任阳中兴北路2号
邮编:215539
电话:0512/52585949
传真:52581500
网址:www. china - yinyang. com
电子信箱:sales@china - yinyang. com
法定代表人:陈必亮
单位人数:580
质量体系:ISO 14001、ISO/TS 16949
产品情况:(银羊牌)
汽车点火线圈、回扫变压器、LED照明产品等
出口情况:产品以外销为主

★日立汽车系统(常熟)有限公司
地址:江苏省常熟市尚湖镇鸳鸯桥工业园
邮编:215551
电话:0512/52429277
传真:52429276
网址:www. hitachi. com. cn
电子信箱:shenjing@hanshin - ele. cn
法定代表人:蒲生庆一
产品情况:点火线圈,可年产点火装置400万只
配套情况:为丰田、尼桑、马自达、通用、福特等供货

★天合汽车安全技术(张家港)有限公司
地址:江苏省张家港市港城大道1089号
邮编:215600
电话:0512/88838888
网址:www. zf. com
法定代表人:ANDREAS WELLER
产品情况:制动器总成、总泵带真空助力器总成、乘员安全系统及其关联产品(含上述产品的零部件)

★江苏天宝汽车电子有限公司
地址:江苏省徐州经济技术开发区凤凰大道19号
邮编:221000
电话:0516/80567200、80567691
传真:87731170
网址:www. toppower. com
电子信箱:scao@yfve. com. cn
法定代表人:贾健旭
质量体系:ISO/TS 16949、ISO 14001
产品情况:CD机、导航、车载收音机、汽车报警器
配套及出口情况:为国内上汽大众、上汽通用、上汽乘用车、奇瑞等多家整车厂配套;出口美洲、欧洲等地区

★徐州华夏电子有限公司
地址:江苏省徐州市同山新区钱江路1号
邮编:221003
电话:0516/83658312
传真:83701992、87371001
电子信箱:yq@hxh. js. cn
法定代表人:窦月涛
质量体系:ISO/TS 16949
产品情况:汽车接插件、电子线束、汽车天线、精密五金冲压件、注塑件等
配套及出口情况:为上汽通用、上汽大众、一汽-大众、奇瑞、福特等配套;出口欧洲、东南亚等地区

★徐州翔跃电子有限公司
地址:江苏省徐州市金山桥开发区庙山路11号
邮编:221004
电话:0516/85539800
传真:85539805
网址:www. wi - tek. com. cn
电子信箱:wi - tek@vip. 163. com
法定代表人:梁金中
质量体系:ISO/TS 16949
产品情况:电压调节器及车用整流桥等

★江苏云意电气股份有限公司
地址:江苏省徐州市铜山区黄山路26号

邮编:221116
电话:0516/83913026
传真:83507801
网址:www. yunyi - china. com
电子信箱:yunyixz@ yunyi - china. cn
法定代表人:付红玲
质量体系:ISO/TS 16949、ISO 14001
产品情况:车用整流器和调节器等汽车电子产品

★淮海机电科技股份有限公司
地址:江苏省徐州市铜山新区北京南路166号
邮编:221116
电话:0516/61210569、85756761
传真:85853335、83916079
电子信箱:hhzyjd@ hhzyjd. com
法定代表人:蔡文华
质量体系:ISO 9001
产品情况:电动车电动机、微型直流电动机、汽车空调用电动机、汽车用冷凝扇和吹风机等系列产品
配套及出口情况:为主要汽车厂、电动自行车厂配套;出口美国、东南亚、澳大利亚

★江苏奥尼克电气股份有限公司
地址:江苏省徐州市徐州工业园区大吴锦程工业园6号
邮编:221132
电话:0516/87238998、87239268
网址:www. autonic. cn
电子信箱:sale1@ autonic. cn
法定代表人:张晓民
单位人数:120
质量体系:ISO/TS 16949、ISO 14001
产品情况:(ANC牌)
汽车整流桥、电子调节器,年产量100万套
出口情况:出口汽车整流桥、电子调节器70万套

★大陆汽车电子(连云港)有限公司
地址:江苏省连云港经济技术开发区
邮编:222006
电话:0518/81157875
网址:www. continental - automotive. cn
电子信箱:xinyun. wu@ continental - corporation. com
法定代表人:马场璋
质量体系:ISO/TS 16949、ISO 14001
产品情况:ABS防滑制动系统传感器、传感器线圈、电源装置及其他车用传感器、汽车用主动与被动式安全系统产品
配套及出口情况:国内主要供应广汽本田、东风日产、上汽大众、上汽通用、长安沃尔沃、一汽-大众、长安铃木、北京奔驰、武汉神龙等厂商;70%以上的产品外销北美洲、欧洲、日本等国家和地区

★江苏摩比斯汽车零部件有限公司
地址:江苏省盐城市亭湖区开放大道18号
邮编:224002
电话:0515/87013888、88278000
网址:cn. mobis. co. kr
电子信箱:5507948@ gmobis. com
法定代表人:李炳琎
质量体系:ISO/TS 16949、ISO 14001
产品情况:主要有发动机模块、驾驶舱模块、底盘模块等事业,汽车仪表台发泡及骨架、汽车水晶前照灯、汽车音响等部品产品
配套情况:为东风悦达起亚、北京现代、俄罗斯现代、克莱斯勒整车厂配套

★江苏江扬线缆有限公司
地址:江苏省扬州市科技园路1号
邮编:225009
电话:0514/87963175
传真:82122661
网址:www. jsjyxl. com. cn
电子信箱:2180395811@ qq. com
法定代表人:丁文权
质量体系:ISO/TS 16949、ISO 14001
产品情况:(江扬牌)
汽车用弹簧线缆、环保阻燃型新能源车用线缆、ABS电缆、耐高温导线、高频数据电缆,电动车辆等新能源车辆用电缆等数十种新产品
配套情况:为宇通客车、厦门金龙、重庆长安、东南汽车、长城汽车、江铃汽车、奇瑞汽车、北京汽车、东风裕隆、郑州日产等整车企业配套

★江苏尚扬电子科技有限公司
地址:江苏省扬州市维扬路19号
邮编:225009
电话:0514/85100593
法定代表人:刘思诚
质量体系:ISO/TS 16949、ISO 9001
产品情况:车载液晶显示器、车载影音娱乐系统、车载卫星智能导航系统及车载多媒体系统等
配套及出口情况:为国内外各著名汽车厂配套;远销亚洲、欧洲以及美洲市场

★江苏奥力威传感高科股份有限公司
地址:江苏省扬州市邗江工业园祥园路8号
邮编:225127
电话:0514/85881520、85881628
传真:85881563
电子信箱:shaquan@ yos. net. cn
法定代表人:李宏庆
质量体系:ISO/TS 16949、VDA 6.1
产品情况:汽车油位传感器、电阻片、凸缘、注塑产品、吹塑产品

★扬州阿波罗蓄电池有限公司
地址:江苏省扬州市扬子江南路18号
邮编:225131
电话:0514/87528888、4008283868
传真:87528999
网址:www. chinacamel. com
电子信箱:apollo@ apollo - battery. com
法定代表人:阮佳飞
质量体系:ISO/TS 16949、ISO 14001
产品情况:(DF牌)
起动用铅酸蓄电池,年设计产能750万只
配套及出口情况:为卡特彼勒、亚星集团、吉利集团、上海华普汽车、安徽安凯客车、江淮客车、马恒达·盐拖、江苏沃得集团、常林集团、爱科农机等配套;出口欧洲、大洋洲、北美洲、中东、非洲等地区

★日清纺大陆精密机械(扬州)有限公司
地址:江苏省扬州市江都区和路仙城工业园
邮编:225200
电话:0514/80919550
网址:www. continental - automotive. cn
电子信箱:caimeng@ ncmy - yangzhou. com. cn
法定代表人:马场璋
产品情况:汽车EBS阀块项目

★江苏亚泰机电有限公司
地址:江苏省扬州市江都区丁沟镇振兴东路28号
邮编:225236
电话:0514/86381259、86181838
传真:86383505、86181935
网址:www. yataijd. com
电子信箱:yatai888@ vip. sina. com
法定代表人:王兴林
质量体系:ISO/TS 16949
产品情况:汽车空调冷凝风机、蒸发风机、暖风机及各种直流电动机,目前年生产能力100万台套
配套及出口情况:为中国重汽、东风汽车、北汽福田、北方奔驰、陕汽、南汽、郑州日产、江淮汽车、众泰轿车、力帆轿车等配套;部分产品出口美国、澳大利亚、意大利等国家

★江苏瑞翔电器有限公司
地址:江苏省扬州市江都区樊川镇科技园区
邮编:225251
电话:0514/85183067、13805258092
传真:85183068
电子信箱:ruixiangcoo@ 163. com
法定代表人:付昌权
质量体系:ISO/TS 16949
产品情况:(瑞昱翔牌、RXCOMMUTATOR牌)
电动机换向器和电动机集电环
配套及出口情况:是国内知名企业的配套厂商;部分产品出口海外市场

★泰兴市永诚车灯塑件有限公司
地址:江苏省泰兴市城区工业园

邮编:225400
电话:0523/80731827、80731858
传真:80731877
电子信箱:cuiling. zhang@ welltenust. com. cn
法定代表人:张振兴
质量体系:ISO/TS 16949
产品情况:(碧辉牌)
汽车灯具、塑料件、汽车内外后视镜,具备年产灯具、后视镜、塑料件各50万台套的生产能力
配套情况:主要客户有重庆庆铃、南京依维柯、上汽大众、一汽-大众、东风悦达起亚、东风柳汽、上汽商用车等

★ 江苏海龙电器有限公司

地址:江苏省泰州市姜堰经济开发区鸡鸣西路196号
邮编:225500
电话:0523/88819198
传真:88818178
网址:www. hailongvvt. com
电子信箱:sales@ hailongvvt. com
法定代表人(负责人):朱圣明
单位人数:280
质量体系:ISO/TS 16949
产品情况:电磁阀、驱动器等发动机用电器零部件
配套及出口情况:与国内各大汽车制造商达成长期稳定的合作关系,如吉利、柳汽、五菱柳机、神龙、东风小康、重庆鑫源、比亚迪、北汽银翔、众泰、新晨动力、上汽集团;远销英国、伊朗、马来西亚等国家
☞ 详细情况请参阅彩色宣传版面

★江苏金丰机电有限公司

地址:江苏省高邮市武安开发区周庄路1号
邮编:225600
电话:0514/84545883、84541523
传真:84541220
电子信箱:genfo@ genfo. net
法定代表人:陶加山
质量体系:ISO 9001
产品情况:(金丰牌)
无刷电动机智能控制器
出口情况:远销日本、德国、意大利、印度等国家

★江苏兴龙金属制品股份有限公司

地址:江苏省兴化市戴南镇董北
邮编:225700
电话:0523/83781572、83781571
传真:83782808
网址:www. cnxinglong. com
电子信箱:sales@ cnxinglong. com
法定代表人:张宝
质量体系:ISO 9001、ISO/TS 16949
产品情况:(兴龙牌)
车用控制索拉筋线等
配套及出口情况:为一汽集团、东风汽车公司、上汽大众、柳微、扬客、沈阳金杯等配套;70%的产品出口海外,远销美国、英国、意大利、德国、韩国、西班牙、澳大利亚等国家

★扬州五岳电器有限公司

地址:江苏省宝应县淮江大道2号软件信息产业园D座
邮编:225800
电话:0514/88986588、88266777
传真:88986599、88276665
网址:www. wuyuetech. com
电子信箱:pepicn@ 126. com
法定代表人:陈艳
质量体系:ISO/TS 16949
产品情况:热保护器温控器、恒温器、过载保护器以及温度传感器
配套情况:为威灵、三星、小天鹅、欧司朗、松下、飞利浦、九阳、好孩子、德国大众等公司配套

★南通友星机电工业有限公司

地址:江苏省南通市工农路388号
邮编:226007
电话:0513/83566812、85281348
传真:83588191
网址:www. yxae. net
电子信箱:kf@ unistar – nt. com
法定代表人:朱卫强
质量体系:ISO/TS 16949、QS 9000
产品情况:主要产品为汽车连接器,接插件总成附件等;新能源汽车接插件
配套情况:主要为全顺、江铃轻卡及皮卡、北汽福田、保定长城、浙江吉利及比亚迪配套

★南通友星线束有限公司

地址:江苏省南通市经济技术开发区科兴路11号
邮编:226009
电话:0513/85929068
传真:85929067
电子信箱:market@ unistar – cn. com
法定代表人(负责人):潘晓林
单位人数:600
质量体系:ISO/TS 16949
产品情况:(友星牌)
汽车线束接插件;年产全车线束40万套

★江苏埃尔贝勒汽车电子有限公司

地址:江苏省南通市经济技术开发区新东路9号电子工业园8号楼
邮编:226009
电话:0513/81523386、4008801790
传真:81523385
网址:www. bjairblue. com
电子信箱:airblue@ airbluesensor. com
法定代表人:黄龙辉
质量体系:ISO/TS 16949
产品情况:汽车氧传感器以及摩托车氧传感器

★南通大地电气股份有限公司

地址:江苏省南通市港闸区永和路8号
邮编:226011
电话:0513/89028375、89028305
传真:85670979
电子信箱:ntdadi@ ntgec. com
法定代表人:蒋明泉
质量体系:ISO/TS 16949、ISO 14001
产品情况:(DD牌)
为商用汽车、家用轿车、工程机械、发动机、农业园林机械及新能源车配套电线束
配套情况:客户包括北汽福田、北汽股份、三一重工、久保田农机、洋马农机、潍柴动力、上柴动力、GGP园林机械等

★南通市金菱电器有限公司

地址:江苏省通州市三余镇人民中路18号
邮编:226331
电话:0513/86918280
传真:86918296
电子信箱:jinling@ jin – ling. cn
法定代表人:钱永球
单位人数:40
质量体系:ISO/TS 16949
产品情况:(金菱牌)
各种炭刷、电刷、换向器
配套及出口情况:为许多知名企业配套;出口美国、欧洲、越南、巴西、土耳其、印度等国家和地区,并销往中国台湾地区

★南通联科汽车零部件股份有限公司

地址:江苏省南通市海安工业园
邮编:226600
电话:0513/88897556、13962921086
传真:88897556
网址:www. lkmotor. com
电子信箱:lkmotor888@ 163. com
法定代表人:毛兆清
质量体系:ISO/TS 16949、ISO 9001
产品情况:汽车电动玻璃升降器电动机、天窗电动机、座椅电动机等车用电动机
配套及出口情况:为多款车型配套;远销欧洲、北美洲、中东、印度、俄罗斯等国家和地区

★南通超盾机电科技有限公司

地址:江苏省如皋市城北街道起凤西路9号
邮编:226500
电话:0513/87503990
网址:www. auto – motor. cn
电子信箱:oem@ chaodun. com
法定代表人:陈海东
质量体系:ISO 9000、QS 9000
产品情况:(创合生牌)
汽车前窗清洁系统、刮水器电动机、空调暖风电动机、洗涤器总成、机械

直流电动机等

浙江省

★杭州人人集团有限公司
地址:杭州市拱墅区八丈井东路 17 号
邮编:310004
电话:0571/85370373、85372124
传真:85370370
网址:www. renren. com. cn
电子信箱:market@ renren. com. cn
法定代表人:郭长才
单位人数:380
质量体系:ISO/TS 16949、ISO 14001
产品情况:(人人牌)
组合开关、点火开关锁芯组总成、点烟器、继电器、翘板开关、电源总开关、熔断器、电缆线等产品
配套及出口情况:为一汽、东风(乘用车、商用车)、广汽本田、神龙、华晨金杯、南京依维柯、江铃、跃进、上汽通用五菱、济汽、江淮、哈飞等配套;出口日本、美国等国家

★浙江三花汽车零部件有限公司
地址:杭州市经济技术开发区 12 号大街 301 号
邮编:310018
电话:0571/87555255
传真:87559200
网址:www. sanhuaautomotive. com
电子信箱:auto - marketing@ sanhuagroup. com
法定代表人:张亚波
负责人:史初良
单位人数:1600
质量体系:ISO/TS 16949、ISO 14001
产品情况:(三花牌)
主要生产膨胀阀、储液器、调温阀、控制器等
配套情况:主要供应马勒、法雷奥、豫新、比亚迪等知名集团企业

★杭州矢崎配件有限公司
地址:杭州市经济技术开发区 12 号大街杭州出口加工区
邮编:310018
电话:0571/86714298、86737120
传真:86714328
网址:www. yazaki - china. com
电子信箱:hzyhrd3@ hzy - yazaki. com. cn
法定代表人:松浦邦雄
质量体系:ISO 9001、ISO 14001
产品情况:(YAZAKI 牌)
汽车用电线、仪表、组合开关、中央电气控制器、接插件等零配件
配套情况:为本田、丰田、三菱等汽车厂商配套

★摩菲伊肯控制技术(杭州)有限公司
地址:杭州市经济技术开发区 23 号大街 77 号
邮编:310018
电话:0571/87886060
网址:www. fwmurphy. com
电子信箱:sxu@ econtrols. com
法定代表人:Laura Weissler Guglielmo
质量体系:ISO/TS 16949、ISO 9001
产品情况:发动机整机控制系统

★杭州新星光电有限公司
地址:杭州市江干区九华路 1 号
邮编:310019
电话:0571/87751555
网址:www. chinaxinxing. cn
电子信箱:xxgd@ chinaxinxing. cn
法定代表人(负责人):季石安
单位人数:1000
质量体系:ISO/TS 16949
产品情况:车载影音视听设备、车载无线通信以及导航定位系统、车载多功能控制系统、车载数字激光音响机芯、车载近红外微光/远红外热成像安全辅助驾驶系统等产品
配套情况:为丰田凯美瑞、大众领驭、新 CR-V、本田思域、奥迪 A4 等车型配套

★浙江杰斯特电器有限公司
地址:杭州市余杭区迎宾路 355 号金鑫大厦 21 楼
邮编:310053
电话:0571/87177601、4006158883
传真:87177610
网址:www. zjjust. com
电子信箱:root@ zjjust. com
法定代表人:许仁贤
质量体系:ISO/TS 16949、QS 9000
产品情况:(西湖牌、杰斯特牌)
主要产品有汽车用干荷式及密封免维护蓄电池
出口情况:远销 100 多个国家和地区

★杭州金日汽车零部件有限公司
地址:杭州市余杭区经济开发区望梅路
邮编:311100
电话:0571/26238588
传真:26238599
网址:www. qxpautomirror. com
电子信箱:hzgoldensun888@ aliyun. com
法定代表人:唐晓洪
单位人数:500
产品情况:(kinfor 品牌)
电子风扇、散热器、冷凝器、仪表板、发电机、起动机、导流板、前挡格栅、车盖、轮眉等产品
出口情况:远销美国、欧洲、中东、非洲、东南亚等国家和地区,并销往中国台湾地区

★杭州南华汽车配件有限公司
地址:杭州市余杭区瓶窑凤都工业园区国辅路 4 号
邮编:311115
电话:0571/88534618
传真:88533277
网址:www. hznanhua. com
电子信箱:hznanhua@ vip. 163. com
法定代表人:吴建华
质量体系:ISO/TS 16949
产品情况:ND3 型新能源双螺杆车载气源系统、臂架泵车分动箱、混凝土搅拌车减速机、汽车专用高阻燃环保型电线、汽车整车线束、新能源汽车高压线总成、工程机械线束、汽车组合开关等产品
配套情况:是北京公交、长春公交、济南公交、杭州公交、南宁公交、广州公交等国内众多公共交通公司指定产品,是三一重工股份有限公司和一汽集团客车有限公司优秀供应商

★阿斯莫(杭州萧山)微电机有限公司
地址:杭州市萧山区江东工业园区江东三路 7277 号
邮编:311222
电话:0571/82981005
传真:82981519
网址:www. denso. com. cn
法定代表人:前田圣司
单位人数:666
产品情况:汽车用小型电动机和相关零部件

★杭州恩斯克汽车零部件有限公司
地址:杭州市萧山区闻堰镇亚太路 1833 号
邮编:311258
电话:0571/82314818
传真:82486656
网址:www. cn. nsk. com
法定代表人:织户宏昌
质量体系:ISO/TS 16949、ISO 14001
产品情况:电控转向系统及电动助力转向系统
配套及出口情况:主要客户有俄罗斯 VW、印度 VW、南非 VW、上海 VW、一汽 VW、巴西 VW、阿根廷 VW、日产、铃木;出口俄罗斯、印度、南非

★杭州广安汽车电器有限公司
地址:浙江省富阳市鹿山工业园区裕阳路 6 号
邮编:311407
电话:0571/23231012、23231060
网址:www. guangan. com
电子信箱:sale@ guangan. com
法定代表人:臧竞之
质量体系:ISO/TS 16949、ISO 14001
产品情况:汽车空调控制器、汽车风门电动机、汽车空调 ECU、汽车传感器、汽车电控盒、汽车仪表、汽车调速模块等
配套情况:主要为通用汽车、福特汽车、东风日产、四川现代、日本五十铃、一汽轿车、东风汽车、江淮汽车、长城汽车、江铃汽车、奇瑞汽车、吉利汽车等厂家配套

★浙江康盛股份有限公司
地址:浙江省淳安县千岛湖镇康盛路268号
邮编:311700
电话:0571/65021818
传真:64836560
网址:www. kasun. cn
电子信箱:kszjb@ kasun. cn
法定代表人:陈汉康
单位人数:10000
质量体系:ISO/TS 16949、ISO 14001
产品情况:交流双诱导永磁同步电动机、氢燃料电池等

★露笑集团有限公司
地址:浙江省诸暨市陶朱街道展诚大道8号
邮编:311800
电话:0575/89072688
传真:89072698
网址:www. roshowgroup. com
电子信箱:roshow@ roshowgroup. com
法定代表人:鲁小均
质量体系:ISO/TS 16949、ISO 14001
产品情况:(露笑牌)
各类电磁线产品、新能源汽车驱动电动机、涡旋压缩机、车用网络控制系统、汽车数字仪表等
出口情况:远销国外市场

★浙江汽车仪表有限公司
地址:浙江省绍兴市袍江工业区洋江东路
邮编:312000
电话:0575/88207186、88207136
传真:88207158
网址:www. qcyb. com
电子信箱:zqybxsb@ 163. com
法定代表人:马敏杰
单位人数:550
质量体系:ISO/TS 16949
产品情况:(诞海牌)
汽车组合仪表、传感器,具有年产汽车组合仪表100万套的生产能力
配套情况:为一汽集团、东风汽车、长城汽车、通用红塔、金龙客车、华泰等国内汽车厂配套

★绍兴伟光电子电器有限公司
地址:浙江省绍兴市阳明北路689号
邮编:312000
电话:0575/88966889
法定代表人:朱渭林
质量体系:ISO 9000
产品情况:汽车灯、LED汽车灯等
出口情况:远销美国、澳大利亚、南非、欧洲等十几个国家和地区

★延锋伟世通怡东汽车仪表有限公司
地址:浙江省绍兴市柯桥经济开发区曙光路56号
邮编:312030
电话:0575/84090121、84317359
传真:84091103、84090358
网址:sby. com. cn
电子信箱:yfvbc - hr@ 163. com
法定代表人:陆克坚
负责人:王卫东
单位人数:1300
质量体系:ISO/TS 16949、ISO 14001
产品情况:(经纬牌、怡东牌)
各类汽车仪表、汽车电器
配套及出口情况:主要客户有一汽、东风、重汽、北京现代、湖南长丰、长安福特、武汉神龙、北轻、江铃等国内主要汽车制造厂;部分产品远销海外

★浙江春晖智能控制股份有限公司
地址:浙江省上虞市经济开发区
邮编:312300
电话:0575/82158555
传真:82158515
电子信箱:zjchunhui@ zjchunhui. com
法定代表人:杨广宇
产品情况:(春晖牌)
四通电磁换向阀、汽车空调膨胀阀、电子膨胀阀、双流量电磁阀、天然气调压计量站、燃气调压器切断阀、水路模块阀组、CNG & LNG控制阀、ABS液压调节器等

★浙江大东吴汽车电机股份有限公司
地址:浙江省湖州市湖织大道2599号
邮编:313000
电话:0572/2568072、2569066
传真:2569066
网址:www. ddwaem. com
电子信箱:dj@ dadongwu. com
法定代表人:吴淑英
质量体系:ISO/TS 16949
产品情况:(大东吴牌)
汽车发电机,年产20万台;起动机,年产10万台
配套情况:为扬柴、珀金斯(福田)、成发集团、保定长城、昆明云内、江淮等配套

★浙江安美德汽车配件有限公司
地址:浙江省湖州市腊山路288号
邮编:313000
电话:0572/2352270、2280588
传真:2280268
电子信箱:add_office@ 163. com
法定代表人:黄会平
质量体系:ISO/TS 16949
产品情况:(安美德牌)
汽车发电机

★浙江德宏汽车电子电器股份有限公司
地址:浙江省湖州市南太湖大道1888号
邮编:313000
电话:0572/2756127、2103112
传真:2105906
网址:www. dehong. com. cn
电子信箱:sales@ dehong. com. cn
法定代表人:张宁
质量体系:ISO/TS 16949、VDA 6. 1
产品情况:(申湖牌)
汽车交流发电机等
配套及出口情况:主要客户有江铃汽车、道依茨一汽、福田发动机厂、福田康明斯、中国重汽、保定长城、东风朝柴、庆铃汽车、江淮汽车、绵阳新晨、成都成发、云内动力、潍柴动力、玉柴、常柴、郑州日产、一汽四环、天津雷沃、东风轻发等;出口美国

★浙江江森自控电池有限公司
地址:浙江省湖州市长兴经济开发区城南工业区一号
邮编:313199
电话:0572/6962067
网址:www. johnsoncontrol. com
电子信箱:jessica. xu@ jci. com
法定代表人:杨时丰
产品情况:设计年产能800万只/年高容量全密封免维护铅酸蓄电池,适用于汽车、工程车、农用车、柴油机、柴油车、发动机等领域

★嘉兴海拉灯具有限公司
地址:浙江省嘉兴市经济开发区开禧路1188号
邮编:314000
电话:0573/89899000
网址:www. hella. cn
法定代表人:艾斯瓦伦 · 拉曼
单位人数:767
质量体系:ISO/TS 16949
产品情况:汽车前照灯、尾灯、雾灯等各类车灯产品
配套情况:为上汽大众、上汽通用、北美通用、尼桑、雷诺、奇瑞捷豹路虎、沃尔沃、标致雪铁龙、比亚迪、吉利等厂商配套

★嘉兴泽美汽车配件有限公司
地址:浙江省嘉兴市经济开发区南陶浜路45号
邮编:314033
电话:0573/82218582
传真:82227301
网址:www. zm. com. br
电子信箱:sales@ jxzm. com. uy
法定代表人:卡洛斯 · 赛西奥 · 泽
产品情况:汽车发动机点火控制系统以及相关车用零部件;年生产规模可达120万件

★浙江优普生精密电子有限公司
地址:浙江省嘉善经济开发区城西分区金秀路108号
邮编:314100
电话:0573/84062988、84062991
传真:84062889
网址:www. upsan. com. cn
电子信箱:upsan@ 126. com

法定代表人:蔡溪圳
质量体系:ISO 9001
产品情况:隔磁套、不锈钢管、衬套等
配套情况:与国际知名企业通用电气、大桥、艾默生、富士康、安费诺、欧姆龙、泰尔茂等建立了良好的合作关系

★浙江朗德电子科技有限公司
地址:浙江省嘉兴市嘉善县世纪大道3088号科创中心6栋3层
邮编:314199
电话:0573/89101625、89101626
传真:8910620
网址:www.rockerstone.com
电子信箱:info@rockerstone.com
法定代表人:陈磊
产品情况:汽车动力总成领域终端产品的工业化生产,包括氧传感器、曲轴位置传感器、凸轮轴位置传感器、ABS轮速传感器、进气温度/压力传感器、机油压力传感器等

★浙江赛亿汽车部件制造有限公司
地址:浙江省平湖经济开发区兴平四路1288号
邮编:314200
电话:0573/85225222、85225028
传真:85225038
网址:www.xior.cn
电子信箱:xior@xior.cn
法定代表人:徐映
质量体系:ISO/TS 16949
产品情况:[中驰(ZHONGCHI)牌]
汽车各种传感器、机油压力报警开关、温控开关、节温器、断油电磁阀等
配套及出口情况:为玉柴、日本久保田、上海纽荷兰、英国Lister Peter、柳州五菱、雷沃动力、宇通、潍柴、上柴、哈尔滨东安、云内动力等国内外大中轻型汽车、发动机制造厂配套;远销美国、英国、德国、法国、墨西哥、日本、马来西亚、新加坡、印度尼西亚、土耳其等国家

★嘉兴海棠电子有限公司
地址:浙江省嘉兴市海盐县武原镇盐东村精工路1号
邮编:314304
电话:0573/86038856、86589312
传真:86851317
网址:www.htwww.com
电子信箱:sales@haitangcables.com
法定代表人:姚洪
质量体系:ISO 9001
产品情况:电线、电缆、LAN电缆、报警电缆、电源电缆和扬声器电缆
出口情况:远销美国、英国、德国、澳大利亚、加拿大、东南亚等国家和地区,并销往中国香港地区

★嘉兴市光泰照明有限公司
地址:浙江省海盐县沈荡工业园区
邮编:314311
电话:0573/86720723、86722160
网址:www.gt-light.com
电子信箱:sales@gt-light.com
法定代表人:朱忠明
质量体系:ISO 9001
产品情况:(GuangTai牌、GRANT牌)
金属卤化物灯、卤素灯、封闭灯、LED灯及各类灯具
出口情况:远销美国、加拿大、日本、意大利、俄罗斯、德国等30多个国家和地区

★宁波高新区晶派科技有限公司
地址:浙江省宁波市高新区冬青路507号7层
邮编:315000
电话:0574/83888392、15824276682
传真:83888394
网址:www.mirrortronic.cn
电子信箱:sheng3204492@163.com
法定代表人:唐伟伟
产品情况:智能防炫目内后视系统、DVR行车记录仪、定速巡航等汽车电子产品

★浙江三荣电机有限公司
地址:浙江省宁波市江北区洪塘中路259号
邮编:315000
电话:0574/87588888、87588306
传真:87588196、87588988
网址:www.chinasanrong.com
电子信箱:sanrong@sanrong.com.cn
法定代表人:陈荣来
质量体系:ISO 9001
产品情况:(三荣牌)
汽车起动机、发电机及牵引电动机,年产能达500万台
配套及出口情况:为宁波生命力电器、浙江润华机电等配套;油泵电动机、绞盘电动机远销美国、大洋洲、东南亚、英国、法国等国家和地区

★宁波精华电子科技股份有限公司
地址:浙江省宁波市鄞州区首南街道茶亭庵村
邮编:315000
电话:0574/55006886、55006917
传真:55005666
网址:www.jinghuacn.net
电子信箱:sales@jinghuacn.net
法定代表人:康晴
质量体系:IATF 16949、ISO 14001
产品情况:汽车用前照灯调节器、步进调节器、风门执行器、LED模组及各类执行器PCBA
配套及出口情况:是福特、通用、长安、标致、起亚、奇瑞、长城、北汽、比亚迪、吉利、力帆、江铃、东南、江淮、众泰、东风等二级供应商和长期合作伙伴;出口印度、泰国、伊朗、巴西等国家,并销往中国台湾地区

★宁波恒帅微电机有限公司
地址:浙江省宁波市江北科技创业园区C区通宁路399号
邮编:315032
电话:0574/87585866、87561268
传真:87585898
电子信箱:hengsuav@mail.nbptt.zj.cn
法定代表人:许宁宁
质量体系:ISO 9000
产品情况:汽车风扇电动机、风窗电动洗涤泵、喷水嘴、电子循环泵、前照灯泵、前照灯清洗喷嘴等

★宁波海通汽车配件股份有限公司
地址:浙江省宁波市江北区康庄南路499号
邮编:315032
电话:0574/87561749、13805896456
传真:87584277
网址:www.ht-pulley.com
电子信箱:haitong6@163.com
法定代表人:陆君
质量体系:IATF 16949、ISO 14001
产品情况:各类加工带轮(皮带轮、单向轮、减振轮、中间轮、平衡轮)、凸缘类加工件、轴类加工件、不锈钢精密加工件

★宁波均胜汽车电子股份有限公司
地址:浙江省宁波市高新区清逸路99号
邮编:315040
电话:0574/89076620
网址:www.joyson.cn
电子信箱:inform@joyson.cn
法定代表人:王剑峰
质量体系:ISO/TS 16949、ISO 14001
产品情况:智能驾驶系统、汽车安全系统、新能源汽车动力管理系统以及高端汽车功能件总成等
配套情况:成为宝马、奔驰、奥迪、大众、通用和福特等汽车制造商的A级供应商,并屡获保时捷、大众、通用等汽车制造商优秀供应商奖

★宁波家琦电子有限公司
地址:浙江省宁波市鄞州工业园区下应北路359号
邮编:315105
电话:0574/88495212、88239532
传真:88495343
电子信箱:jiaqi@jiaqi.net
法定代表人:陈歌玲
质量体系:ISO/TS 16949
产品情况:起动机、发电机、分电器、点火线圈、传感器、调节器、点火模块
配套及出口情况:为上汽通用五菱、东安动力、吉利汽车等配套;出口欧美等地区

★宁波新思创机电科技股份有限公司
地址:浙江省宁波市鄞州区洞桥镇洞北路36号
邮编:315105

电话:0574/86829500、82819905
传真:88235866
网址:www. strongteck. com
电子信箱:shanna@ strongteck. com
法定代表人:徐永纪
单位人数:200
质量体系:ISO/TS 16949、ISO 9001
产品情况:汽车传感器、电子电气控制器和汽车电磁阀类产品
配套及出口情况:与柳汽、广汽、北汽等众多知名汽车制造厂商建立长期稳定合作关系;与德国的 Febi 公司、美国的 Dorman 公司、德国的农机 Claas 公司、美国知名汽车零部件商 Autozone,加拿大 Spectra 等合作

★宁波高发汽车控制系统股份有限公司

地址:浙江省宁波市鄞州投资创业中心下应北路 717 号
邮编:315105
电话:0574/88413428、88413438
传真:88413377
网址:www. gaofacable. com
电子信箱:js@ gaofacable. com
法定代表人:钱高法
质量体系:ISO/TS 16949
产品情况:变速操纵器及软轴、电子加速踏板、汽车拉索、电磁风扇离合器
配套及出口情况:为一汽-大众、上汽大众、吉利、比亚迪、上汽通用五菱、郑州宇通、厦门金龙、中国重汽、江淮汽车等 30 多家汽车厂定点配套;出口德国大众、美国通用等欧美公司

★宁波汽车软轴软管有限公司

地址:浙江省宁波市东钱湖工业园区宝源路 1 - 2 号
邮编:315121
电话:0574/88327772
传真:88327782
网址:www. nbcable. com
电子信箱:nbcable@ nbcable. com
法定代表人:郑海华
单位人数:1600
质量体系:ISO/TS 16949、VDA 6. 1
产品情况:(鹏程牌)

汽车控制拉索总成、操纵机构总成、电子加速踏板总成、电子驻车系统

配套情况:为一汽集团、上汽集团、上汽通用、东风汽车公司、北汽集团、南京汽车集团、江淮、江铃、广汽本田、奇瑞汽车、华晨中华、昌河铃木、郑州日产、法国法雷奥、美国通用、美国 TDM、德国欧宝、加拿大 Flexngate 等配套

★宁波科高电声有限公司

地址:浙江省宁波市鄞州区瞻岐镇合一村、卢一村
邮编:315145
电话:0574/88230001、88230460
传真:88230068
网址:www. xiangyangchina. com
电子信箱:kegao@ xiangyagnchina. com
法定代表人:高建华
质量体系:ISO 9001
产品情况:扬声器配件,包括盆架、铝压铸、蹄铁、后罩、汽车音响网罩等
配套及出口情况:与国际众多知名名牌配套;远销欧洲、美洲、东南亚等 30 多个国家和地区

★宁波市海曙雪利曼电子仪表有限公司

地址:浙江省宁波市高桥工业区陆家庄
邮编:315175
电话:0574/88446845
传真:88446268
网址:www. xueliman. com
电子信箱:tlh@ xueliman. com
法定代表人:童卫明
单位人数:258
质量体系:ISO/TS 16949
产品情况:(雪利曼牌)

主要从事汽车 CAN 总线、汽车仪表、传感器、汽车记录仪等汽车电器的研发、生产

配套及出口情况:为宇通客车、厦门金龙、厦门金旅、绍兴金龙、中通客车、桂林大宇、安凯客车、上海申沃、一汽无锡客车、北汽福田欧曼重型货车、上汽依维柯红岩商用车、上海汇众、安徽华菱、洛阳彪马等配套;出口美国、伊朗及东南亚

★宁波恒特汽车零部件有限公司

地址:浙江省宁波市鄞州区古林镇葑水港工业区望兴路 19 号
邮编:315176
电话:0574/88427838
传真:88428177
网址:www. nb - hengte. com
电子信箱:sales@ nb - hengte. com
法定代表人:屠岳明
质量体系:ISO/TS 16949
产品情况:(HUAXIANG 牌)

已具备年产 2000 万套汽车玻璃窗升降器用电动机及 200 万套车窗智能控制器的生产能力

配套及出口情况:为一汽-大众、神龙汽车、吉利汽车、奇瑞汽车、通用、长安等多家汽车厂配套;远销欧美、中东、东南亚等地区

★华瑞电器股份有限公司

地址:浙江省宁波市鄞州区姜山镇科技园区
邮编:315191
电话:0574/88098059、88458338
传真:88454256
网址:www. china - commutator. com
电子信箱:sales@ hrdq. cn
法定代表人:孙瑞良
单位人数:2000
质量体系:ISO/TS 16949、ISO 14001
产品情况:(华瑞牌)

换向器

出口情况:畅销欧洲、美洲、日本、韩国,并远销中国香港、中国台湾地区

★宁波阿尔卑斯电子有限公司

地址:浙江省宁波市镇海区蛟川街道金元路 299 号
邮编:315221
电话:0574/86599700、86831226
传真:86599716
网址:www. alps. com
电子信箱:jiayan. huang@ cn. alps. com
法定代表人:今井正志
质量体系:ISO/TS 16949、ISO 14001
产品情况:硬盘驱动器磁头、轻触开关和音频、视频磁头,其中轻触开关月产 1 亿个,各类磁头月产 200 万个
出口情况:出口日本

★宁波纽时达火花塞有限公司

地址:浙江省慈溪市坎墩工业园区
邮编:315303
电话:0574/63288200、63288230
传真:63287204
网址:www. chinanst. com
电子信箱:nstsp@ vip. 163. com
法定代表人:郑鑫权
质量体系:ISO/TS 16949
产品情况:(纽时达牌)

火花塞,年生产能力达 5000 万只

配套及出口情况:为多家发动机制造厂配套;远销欧洲、美洲、东南亚、大洋洲、中东等地区

★宁波兴慈热动电器有限公司

地址:浙江省慈溪市坎墩街道永安西路 398 号
邮编:315303
电话:0574/63288244
传真:63282338
网址:www. xingci. com
电子信箱:sales@ xingci. com
法定代表人:施长泉
单位人数:253
质量体系:ISO/TS 16949
产品情况:(兴慈牌)

各类调温器、电热塞、空气加热器、水温传感器、油压报警器、火焰预热塞、电动熄火控制器、水箱盖等汽车发动机配件

配套及出口情况:主要与长安、上汽、神龙、东风柳汽、绵阳宝马、柳州五菱、长丰猎豹、北汽银翔、力帆、东安三菱、一汽轿车、索格菲、玉柴、上柴、新柴等 60 多家主机厂定点配套;出口日本、俄罗斯、美国、德国等国家

★宁波志华电子有限公司

地址:浙江省慈溪市掌起镇 329 国道北首掌起工业区
邮编:315313
电话:0574/63972530、63972533

传真:63972534
网址:www. jiulin. com
电子信箱:sales@ jiulin. com
法定代表人:杨志华
质量体系:ISO/TS 16949
产品情况:汽机车防盗警报器、扬声器配件(T形铁、U形铁)、汽机车零配件等

★宁波福尔达智能科技有限公司
地址:浙江省慈溪市道林镇道林大道1493-1569号
邮编:315321
电话:0574/63511308
传真:63516588
网址:www. fuerda-china. com
电子信箱:fuerda@ fuerda-china. com
法定代表人:陈金玉
质量体系:ISO/TS 16949、ISO 14001
产品情况:各款中高端乘用车智能电子集成控制系统(空调控制器总成、伺服电动机、车身智能集成控制系统BCM、无钥匙进入智能集成控制系统PEPS、轮胎防爆预警系统TPMS),照明系统(顶灯控制模块等),关键功能件(空调出风口总成、拉手总成、眼镜盒总成、烟灰缸总成、杂物盒总成等)等
配套情况:为一汽-大众、上汽大众、上汽通用、北京奔驰、福建奔驰、广汽丰田、一汽丰田、美国福特、一汽集团、一汽轿车、天津夏利、长城、华晨、奇瑞、江淮等配套

★宁波浩华智能科技有限公司
地址:浙江省慈溪市新浦镇新浦江路27号
邮编:315322
电话:0574/63575282、63572961
传真:63575025、63575282
网址:www. haohua. biz
电子信箱:13606880989@ 139. com
法定代表人:徐织眯
质量体系:ISO/TS 16949、ISO 14001
产品情况:(浩华牌)
汽车、摩托车控制拉索(软轴)零部件
配套情况:国内外许多大集团公司常年采用本公司的产品,如日本TSK公司、美国泰利福公司、沃尔沃、日本大和兴业、上汽通用、上海泰利福、重庆利时德、十堰达峰等

★宁波贝尔达控制拉索有限公司
地址:浙江省慈溪市胜山工业区
邮编:315323
电话:0574/23631777、63549505
传真:63547858
网址:www. berda. com. cn
电子信箱:berda@ berda. com. cn
法定代表人:陈巨青
单位人数:100
质量体系:ISO/TS 16949
产品情况:(贝尔达牌)
汽车拉索,年产1200万套;火花塞,年产360万套
配套情况:为长安汽车配套

★宁波东隆光电科技有限公司
地址:浙江省慈溪市庵东工业区
邮编:315327
电话:0574/63932310
网址:www. dlteck. com
电子信箱:young. ying@ dlteck. com
法定代表人:应园
质量体系:ISO/TS 16949
产品情况:汽车HID氙气灯、安定器、氙气灯套装、双光透镜灯套装、AMP接头、解码器、HID包装盒等

★车王电子(宁波)有限公司
地址:浙江省余姚市经济开发区A区远东工业城内CN6地块
邮编:315400
电话:0574/62760669
传真:62700583
网址:www. more. com. tw
电子信箱:info@ mobiletron. com
法定代表人:蔡裕成
单位人数:700
质量体系:IATF 16949、ISO 14001
产品情况:(MORE牌)
电压调整器、整流器、电子点火模组、发电机、分电盘、后视镜、车用摄像头、无线胎压监测系统、夜视系统

★宁波松乐继电器有限公司
地址:浙江省余姚市浙江远东工业城A区CW7
邮编:315400
电话:0574/62717777、62762658
传真:62721978
网址:www. songle. com
电子信箱:sale@ songle. com
法定代表人:褚士陆
质量体系:ISO 9001
产品情况:各种继电器
配套及出口情况:为国内外众多汽车电器等生产厂商配套;畅销海外市场

★宁波唯尔电器有限公司
地址:浙江省余姚市西环南路565号
邮编:315408
电话:0574/62599999、62593088
传真:62598888
网址:www. nbwell. com
电子信箱:andy@ nbwell. com
法定代表人:俞国麟
质量体系:ISO 9001
产品情况:PVC胶粒、PVC及橡皮绝缘电线电缆、电源线、延长线、绕线盘、转换插座、小型灯具等产品
出口情况:出口北美洲、欧洲、澳大利亚、韩国、日本;为美国GE(通用电气)、HOMEDEPOT、COSTCO、沃尔玛、开玛等供货

★浙江达可尔汽车电子科技有限公司
地址:浙江省余姚市马渚工业开发区渚北东路82号
邮编:315450
电话:0574/62450813
传真:62450813
网址:www. yuanzhou. com
电子信箱:sales@ yuanzhou. com
法定代表人:谢百年
质量体系:ISO/TS 16949
产品情况:(远州牌)
发电机、起动机;具有年产发电机300万台、起动机150万台、ISG电动机5万台、EV电动机5万台的生产能力
配套及出口情况:为各大汽车主机厂配套;远销俄罗斯、印度、德国、美国等国家

★宁波正耀汽车电器有限公司
地址:浙江省余姚市马渚镇马云路1号
邮编:315450
电话:0574/62465403、62465393
网址:www. yyae. com. cn
电子信箱:sales@ yyae. com. cn
法定代表人:陈正土
质量体系:ISO/TS 16949、ISO 14001
产品情况:(YY牌)
年产电器插接器、熔断器盒、中央配电盒及其他线束附件产品约3亿件
配套情况:为一汽集团、东风汽车公司、北汽福田、沈阳金杯、奇瑞汽车、江淮汽车、东南汽车、长安、长城汽车、比亚迪汽车等配套

★宁波庆昌镒万汽车配件有限公司
地址:浙江省余姚市牟山镇工业园区180号
邮编:315456
电话:0574/62890285
传真:62890280
网址:www. keauto. cn
电子信箱:emilyxu@ keauto. cn
法定代表人:孙一镐
质量体系:ISO/TS 16949
产品情况:节气门拉索、车门拉索、制动拉索、座椅拉索、摇窗器拉索、加油口盖拉索等汽车用各种控制拉索

★杭州海湖实业有限公司
地址:浙江省余姚市临山镇湖堤工业区
邮编:315461
电话:0571/88999299、4001130069
传真:88994566
网址:www. sealake. com
电子信箱:sealake@ sealake. com
法定代表人:赵佳飞
质量体系:ISO 9001
产品情况:汽车及摩托车蓄电池

★宁波天瑞电器有限公司
地址:浙江省余姚市泗门镇工业园区

邮编:315470
电话:0574/62132798、62132758
传真:62131720、62132222
网址:www. cntianli. com
电子信箱:sale1@ cntianli. com
法定代表人:沈建立
质量体系:ISO 9000、ISO 14000
产品情况:各种汽车电器及附件、聚光灯、应急灯等

★宁波雷自达电器有限公司
地址:浙江省余姚市低塘街道历山村兴业路1号
邮编:315490
电话:0574/62258896、62227999
传真:62258899
网址:www. lezd. com
电子信箱:sales@ lezd. com
法定代表人:柴仙凤
质量体系:ISO 9001
产品情况:(LEZD 牌)
汽车起动机及其配件、交流发电机;已形成年产 100 万起动机的生产能力
出口情况:出口北美洲、亚洲、大洋洲等地区

★浙江阳明汽车部件有限公司
地址:浙江省余姚市低塘街道新堰东路88号
邮编:315490
电话:0574/62288889
传真:62265577
网址:www. ymchina. com
电子信箱:sales@ ymchina. com
法定代表人:吕光聪
质量体系:ISO/TS 16949、ISO 14000
产品情况:(阳明牌)
全车电器开关,产品全面覆盖乘用车、商用车领域
配套及出口情况:产品原装配套于上汽通用、上汽通用五菱、上海汽车、北京汽车、吉利汽车、宇通客车、中国重汽等十几个整车厂;部分产品自营出口 30 多个国家和地区

★宁波圆合汽车空调有限公司
地址:浙江省奉化市西坞街道聚源路2号
邮编:315505
电话:0574/88540555
传真:88534218
网址:www. qcktbj. com
电子信箱:web@ qcktbj. com
法定代表人:李德锋
质量体系:IATF 16949、ISO 9001
产品情况:汽车空调电磁离合器及部件
配套及出口情况:产品终端用于通用、大众、丰田、本田、三菱、吉利、比亚迪等国内外知名品牌汽车;远销美国、韩国等国家

★星宇电子(宁波)有限公司
地址:浙江省宁波市方桥工业区恒丰路西
邮编:315514
电话:0574/88846983、87029557
传真:88846999
网址:www. xingyunb. com
电子信箱:webmaster@ xyelectron. com
法定代表人:陈志娣
质量体系:ISO 9001
产品情况:电磁线圈和特种电磁阀等
配套情况:为国际上的众多知名品牌配套

★宁波太平洋电控系统有限公司
地址:浙江省宁波市北仑区进港路600号
邮编:315800
电话:0574/86966522、86966503
传真:86966526
网址:www. ppforging. com
电子信箱:nbdk@ nbdk. ppforging. com
法定代表人:夏汉关
产品情况:汽车发动机进排气正时系统(VVT、DVVT)、可变升程控制系统(VVL)、涡轮增压泵阀和变速器控制阀等产品
配套情况:配套于海马汽车、吉利汽车、江淮汽车、北汽汽车等众多车型

★宁波韵升汽车电机系统有限公司
地址:浙江省宁波市北仑区小港街道安居路26号
邮编:315801
电话:0574/27952520
传真:27952517、27952518
网址:www. ysae. cn
电子信箱:ysae@ ysweb. com
法定代表人:竺晓东
单位人数:200
质量体系:ISO/TS 16949
产品情况:发电机和起动机,年产发电机 100 万台、起动机 50 万台
配套及出口情况:为多家整车厂的供应商配套;远销美国、英国、德国、东南亚等国家和地区

★浙江探陆泽车灯有限公司
地址:浙江省临海市靖江南路158号东昌工业园
邮编:317099
电话:15267699522、18602025399
网址:www. taluuze. com
法定代表人:李达标
产品情况:汽车改装前照灯及相关产品

★浙江远邦动力科技股份有限公司
地址:浙江省仙居县永安工业集聚区丰溪中路20号
邮编:317317
电话:0576/87728888
传真:87828000
网址:www. taitech. cn
电子信箱:taitech2008@ gmail. com
法定代表人:尹冬明
单位人数:200
质量体系:ISO/TS 16949
产品情况:各系列单向器总成,年生产能力达 300 万只

★温岭市达昌电器股份有限公司
地址:浙江省温岭市城西街道九龙大道1053号
邮编:317500
电话:0576/86997602、86997603
传真:86138788
网址:www. chinadachang. com
电子信箱:wzfb@ hotmail. com
法定代表人:王志方
质量体系:ISO/TS 16949
产品情况:换向器(整流子)
出口情况:远销欧美、亚洲,并销往中国台湾地区

★玉环市海通汽车部件股份有限公司
地址:浙江省玉环市经济开发区风屿西路20号
邮编:317600
电话:0576/87207585、80716088
传真:87283026
网址:www. yhhtqc. com. cn
电子信箱:yhhtqc@ yhhtqc. com
法定代表人:王炳方
单位人数:200
质量体系:ISO/TS 16949
产品情况:(海锋牌)
专业生产助力泵泵芯、液压叶片泵泵芯、盘式制动器配件
配套及出口情况:为一汽、万安集团、瑞立集团、阜新德尔、恒隆万安、德国威伯科等供货;远销东南亚、中东、欧洲、非洲、美洲

★浙江环方汽车电器有限公司
地址:浙江省玉环市坎门红旗工业区
邮编:317602
电话:0576/87565158、87553791
传真:87556116
网址:www. huanfang. com
电子信箱:lzguo@ huanfang. com
法定代表人:庄道芳
质量体系:ISO/TS 16949
产品情况:(环方牌)
电磁开关、继电器、电磁阀等,已形成年产 1100 万只电磁开关,150 万只继电器的生产能力
配套及出口情况:主要配套于天津电装、锦州汉拿、成都华川电装、博世、依斯克拉、长沙日立、雷米、长沙汽电、常州天发动力、芜湖杰诺瑞、广汽集团、常州小松等;部分产品远销欧洲、北美洲等地区

★玉环普天单向器有限公司
地址:浙江省玉环市坎门科技工业园区
邮编:317602

电话:0576/87509806
传真:87509811
网址:www. putian - cn. com
电子信箱:yanfu_chen@ putian - cn. com
法定代表人:黄文达
单位人数:1000
质量体系:ISO/TS 16949、ISO 14000
产品情况:(普天牌)
　　已实现单向器年产量 1200 万只,单件齿轮、星轮 800 万只,P 轴 300 万只
配套情况:主要客户有德国博世、天津电装、华川电装、长沙日立、美国雷米、锦州汉拿、北京佩特莱等公司,并已成为德国博世全球采购的优选供应商及依斯克拉全球重型汽车指定配套商

★浙江水晶光电科技股份有限公司
地址:浙江省台州市椒江区星星电子产业区 A5 栋(洪家厂区)
邮编:318015
电话:0576/88677977
传真:88038298
网址:www. crystal - optech. com
电子信箱:sale@ crystal - optech. com
法定代表人:林敏
产品情况:HUD 抬头显示系统:C-HUD、后装 W-HUD、W-HUD

★长鹰信质科技股份有限公司
地址:浙江省台州市椒江区前所街道信质路 28 号
邮编:318016
电话:0576/88928188
传真:88926198
网址:www. chinaxinzhi. com
电子信箱:xz@ chinaxinzhi. com
法定代表人(负责人):尹巍
单位人数:1800
质量体系:ISO/TS 16949、ISO 14001
产品情况:(信质牌)
　　汽车发电机定子、汽车发电机定子总成、汽车微特电动机转子、电动车转子、电动工具电动机转子、三相稀土永磁同步电动机、VVT(汽车可变气门正时系统)等
配套情况:为法雷奥、博世、日立等国内外众多大型电机电器厂商提供专业配套服务

★浙江龙鼎车业有限公司
地址:浙江省台州市黄岩北城大桥路 719 号
邮编:318020
电话:0576/84051655、18767621788
传真:84082667
网址:cn. longdingautolamp. com
电子信箱:vicky@ longdingautolamp. com
法定代表人:何米增
质量体系:ISO/TS 16949、ISO 9001
产品情况:专业生产 LED 天使眼改装前照灯总成、LED 改装尾灯,主要供 4S 店精品市场,涵盖丰田、本田、大众、日产、别克、起亚等国内外热销车型

★浙江天翀车灯集团有限公司
地址:浙江省台州市黄岩区新前镇工业区
邮编:318027
电话:0576/84350888、84350588
传真:84350889
网址:www. tchong. com
电子信箱:techarm@ vip. 163. com
法定代表人:范家秋
质量体系:ISO/TS 16949、QS 9000
产品情况:各种汽车灯具、汽车电子及各种模具
配套情况:为一汽集团、上汽集团、北汽集团、东风集团、华晨集团、奇瑞汽车、江淮汽车、长城汽车、哈飞汽车、厦门金龙等配套

★浙江海威电器股份有限公司
地址:浙江省台州市路桥区卖芝桥 888 - 8 号科技园区
邮编:318050
电话:0576/82425333
传真:89207270
网址:www. chinahaiwei. com
电子信箱:sales@ chinahaiwei. com
法定代表人:王海勇
质量体系:ISO/TS 16949
产品情况:本田、丰田系列汽车起动机、发电机、风扇电动机、鼓风机、助力转向电动机(EPS 电动机)以及摩托车起动电动机等
配套及出口情况:与国内多家主机厂长期配套;远销欧洲、中东、美国、德国、加拿大、马来西亚、伊朗等国家和地区,并销往中国台湾地区

★光宝智能科技浙江有限公司
地址:浙江省兰溪市江南高新工业园致远路 85 号
邮编:321100
电话:0579/83851188
电子信箱:51315799@ qq. com
法定代表人:章元虎
质量体系:ISO 9001
产品情况:御光保汽车智能液晶板系列产品

★浙江永博汽车零部件有限公司
地址:浙江省兰溪市同济路 333 号
邮编:321100
电话:0579/83855777
传真:83855778
网址:www. yongbochina. com
电子信箱:aunit2011@ hotmail. com
法定代表人:章小兵
质量体系:ISO/TS 16949
产品情况:交流发电机
出口情况:出口欧美售后市场

★浙江正统电源有限公司
地址:浙江省兰溪市经济开发区创业大道 28 - 30 号
邮编:321103
电话:0579/88988005
传真:88988007
法定代表人(负责人):陈国林
单位人数:500
质量体系:ISO/TS 16949
产品情况:(正统牌)
　　蓄电池,年产 100 万 KVA;蓄电池极板、充电器
配套情况:为山东凯马汽车厂、吉利控股集团、陕汽供货

★巨江电源科技有限公司
地址:浙江省兰溪市游埠工业园区
邮编:321106
电话:0579/88132915、4001002193
网址:www. chinajeje. com
电子信箱:bobchen@ chinajeje. com
法定代表人:王栋
质量体系:ISO/TS 16949、ISO 9001
产品情况:汽车铅酸蓄电池

★浙江康王工贸有限公司
地址:浙江省武义县百花山工业区兰花路 18 号
邮编:321200
电话:0579/87616919、87616981
传真:87616915
网址:www. cnkonwa. com
电子信箱:sherryzou@ cnkonwa. com
法定代表人:王平
质量体系:ISO 9001
产品情况:(康王 KONWAKONWA 牌、康也 KONYE 牌)
　　手动电动剪式千斤顶和拖车千斤顶,拖车杆等产品
出口情况:远销欧美、澳大利亚、日本、中东等国家和地区

★永康市群泰机电有限公司
地址:浙江省永康市经济开发区九鼎路 579 号三号厂房
邮编:321300
电话:0579/89206182、15958465999
网址:www. altqt. com
电子信箱:chinaquntai@ altqt. com
法定代表人:郁璐鹏
质量体系:ISO 9001
产品情况:专业生产加工汽车发电机、汽车发电机配件等产品

★浙江捷虎汽车电器有限公司
地址:浙江省永康市西城烈桥工业区正大路 109 号
邮编:321300
电话:0579/87277809
传真:87277819
网址:www. chinajiehu. com. cn
电子信箱:sales@ chinajiehu. com. cn
法定代表人:颜振静
质量体系:ISO/TS 16949
产品情况:(捷虎牌)

各种发电机

★浙江省永康市康福特实业有限公司
地址:浙江省永康市花街工业区二期
邮编:321302
电话:0579/87062228、87065288
传真:87065688
电子信箱:web@ china - kft. com
法定代表人:胡子亮
质量体系:ISO 9001
产品情况:[康福特(KFT)牌]
汽车起动机单向器、输出轴等
配套及出口情况:为江苏、浙江、福建、山东、江西、河北等多家起动机厂配套;出口美国及东南亚

★永康市灵山电机有限公司
地址:浙江省永康市石柱工业园区
邮编:321304
电话:0579/87358521、87355879
传真:87355884
网址:www. cnlingshan. com
电子信箱:lingshan@ cnlingshan. com
法定代表人:严绍雄
质量体系:ISO/TS 16949
产品情况:(灵山牌)
具有年产汽车发电机 100 万台的生产能力
出口情况:出口欧洲、北美洲、韩国、巴西、东南亚、中东等国家和地区

★康灵集团有限公司
地址:浙江省永康市石柱镇
邮编:321304
电话:0579/87350388、87350038
网址:www. kangling. com
电子信箱:03@ kangling. com
法定代表人:严绍康
单位人数:400
质量体系:ISO/TS 16949
产品情况:(灵山湖牌)
年产汽车单向器 360 万套
配套及出口情况:为博世、法雷奥、伊斯克拉、中国台湾扬生、上海法雷奥、泉州艺达等国内外知名企业配套;远销欧美等 40 多个国家和地区

★浙江博星电子有限公司
地址:浙江省缙云县城大桥南路 317 号
邮编:321400
电话:0578/3130998、3130978
传真:3135978
网址:www. zjboxing. com
电子信箱:zjboxing@ 126. com
法定代表人:周立敏
质量体系:ISO/TS 16949、ISO 9001
产品情况:车用整流桥、整流管、晶闸管、模块及电力半导体器件、管芯
配套及出口情况:为国内 50 余家企业配套;远销欧美、非洲、东南亚等地区

★浙江固驰电子有限公司
地址:浙江省缙云县新建镇洋山工业区
邮编:321402
电话:0578/3175778、8008570307
网址:www. guerte. com
电子信箱:guerte@ guerte. com
法定代表人:范涛
质量体系:ISO 9001
产品情况:(固尔特牌)
ZQ 系列整流管芯、CELL 芯片、5-200A 单三相整流桥、电力半导体模块等
出口情况:出口韩国、俄罗斯、美国、加拿大、德国等国家和地区

★浙江朕炜电器有限公司
地址:浙江省东阳市白云街道甑山路 8 号
邮编:322100
电话:0579/86880592、86883217
传真:86880592
电子信箱:dyzjzhenwei@ 163. com
法定代表人:楼甜甜
质量体系:ISO/TS 16949
产品情况:汽车点火线圈、汽车点火模块
配套及出口情况:为长安汽车、哈尔滨东安动力等配套;远销多个国家和地区

★浙江联宜电机有限公司
地址:浙江省东阳市横店影视城工业大道 196 号
邮编:322118
电话:0579/86622113
传真:86630757
网址:www. linix. com. cn
电子信箱:001@ linix. com. cn
法定代表人:许晓华
单位人数:1500
质量体系:ISO 9001、ISO 14001
产品情况:(LINIX 牌)
交流、永磁直流、无刷、步进、伺服电动机等微特电动机和电动推杆执行器,平行轴、蜗轮、行星齿轮减速器,电动机驱动及代步车等专业控制器以及老年人代步车、清扫车等终端产品
出口情况:主要客户遍布北美洲、欧洲、东南亚等地区的 40 多个国家

★浙江磐安广信通讯材料有限公司
地址:浙江省磐安县安文工业园区九峰路 33 号
邮编:322300
电话:0579/84664799、84888777
传真:84664699
电子信箱:9495dym@ 163. com
法定代表人:郑旭阳
质量体系:ISO 9001
产品情况:超声波传感器、倒车雷达

★浙江嘉利(丽水)工业股份有限公司
地址:浙江省丽水市经济技术开发区丽沙路 1 号
邮编:323000
电话:0578/2698020、2698123
传真:2698000
电子信箱:lishuijiali@ vip. 163. com
法定代表人:黄玉琦
质量体系:ISO/TS 16949
产品情况:汽车及摩托车灯具总成,已具备年产两轮车灯具 500 万套、汽车灯具 150 万套的生产能力
配套情况:为一汽集团、东风汽车公司、重汽集团、奇瑞汽车、长安汽车、哈飞汽车、昌河汽车、本田、铃木、雅马哈等主机厂配套

★丽水市信毅单向器有限公司
地址:浙江省丽水市水阁工业区枫岭街 3 号
邮编:323000
电话:0578/2138142、2959829
传真:2178119
网址:www. zpsf. cn
电子信箱:lschm@ zpsf. cn
法定代表人:陈萌
质量体系:ISO/TS 16949
产品情况:(赛普神飞牌)
汽车起动机单向离合器系列,产品分别用于奔驰、宝马、福特、奥迪、雪佛兰、丰田、本田、铃木、日产、现代、起亚等车型;具有年产单向器 2000 万套的生产能力
配套情况:主要客户有上海博世、美国 WAI、成都华川、锦州汉拿、北汽飞驰、北京佩特莱、泉州艺达、无锡苏盛等公司

★浙江方正电机股份有限公司
地址:浙江省丽水市莲都区水阁工业区石牛路 73 号
邮编:323010
电话:0578/2171041
传真:2131854、2202854
网址:www. fdm. com. cn
电子信箱:service@ fdm. com. cn
法定代表人:张敏
单位人数:1576
质量体系:ISO 9001、ISO 14001
产品情况:[方德(FDM)牌]
微电机及控制器,节能与新能源汽车驱动总成,汽车控制系统
配套及出口情况:是通用汽车、一汽-大众、万向电动汽车、美国江森公司的战略合作伙伴;远销欧美、中东、东南亚等地区

★乐清市红星辰电子有限公司
地址:浙江省乐清市天成工业园区
邮编:325000
电话:0577/62307272、62306555
传真:62307271
网址:www. zchase. com
电子信箱:hsq@ hxtelec. com
法定代表人:赵章财
产品情况:电连接器、接插件和端子、FFC/FPC 高频电缆连接器等系列产品

★浙江星普汽车配件有限公司
地址:浙江省温州市滨海经济技术开发区金海园区海工大道851号
邮编:325000
电话:0577/28777766、28777789
传真:28777755
网址:www.cn-spd.com
电子信箱:cnspd@cn-spd.com
法定代表人:赵良江
质量体系:ISO/TS 16949
产品情况:汽车中央电器控制装置、CAN总线控制器、汽车继电器、电子闪光器、控制器、电源总开关、门灯开关、组合开关、翘板开关、调光开关、玻璃升降开关等
配套情况:为陕西重汽、中国重汽、北方奔驰、北京华德尼奥普兰、青年汽车、唐骏欧铃、山西大运、江淮汽车、沃尔沃重型货车等多家整车厂的合格供应商

★ 温州天球电器有限公司

地址:浙江省温州市高翔工业区创新路4号
邮编:325000
电话:0577/86188139
传真:86186586、86185973
网址:www.wztianqiu.com
电子信箱:ysx@wztianqiu.com
法定代表人:陈笑冰
质量体系:IATF 16949、OHSAS 18001、ISO 14001
产品情况:主要产品有汽车用各种电动、手动玻璃门窗升降器,电动门窗组合开关,仪表开关以及后视镜开关、遥控中央门锁、点烟器等
配套及出口情况:主要配套厂家有一汽、东风、上汽通用五菱、北汽、长城、夏利、庆铃、江淮、海马、福田等;部分出口东南亚、中东和欧洲等地区
☞详细情况请参阅彩色宣传版面

★浙江新亚电子科技有限公司
地址:浙江省温州市经济技术开发区温州大道620号
邮编:325000
电话:0577/86522888、86528380
传真:86528922
网址:www.xinya-wz.com
电子信箱:leitong@xinya-wz.com
法定代表人:黄大荣
质量体系:IATF 16949、ISO 14001
产品情况:汽车线束、非标连接器等
配套及出口情况:主要客户有大众、奥迪、博世等;部分产品出口

★温州市胜威汽车冷暖机设备有限公司
地址:浙江省温州市经济技术开发区滨海园区丁香路527号
邮编:325007
电话:0577/88781797、13362796666
传真:88781799
电子信箱:stc.wz@163.com
法定代表人:尹定和
质量体系:ISO/TS 16949
产品情况:(松台牌)
汽车冷暖风机和汽车调温器系列产品
配套情况:为重汽集团(豪沃、斯太尔)、陕汽集团、上汽依维柯红岩、北奔重汽、北汽福田等重型车及工程机械厂配套

★汇润电气有限公司
地址:浙江省温州市滨海经济技术开发区第五大道368号
邮编:325011
电话:0577/86808281、86808060
传真:86580580
电子信箱:hg_cwb@achr.cn
法定代表人:鲍永乐
质量体系:ISO/TS 16949
产品情况:(OXSEN牌)
汽车电动燃油泵、输油泵总成和氧传感器
配套及出口情况:配套客户有南京依维柯、郑州日产、上海汇众、一汽-大众、东风朝柴、潍柴动力、吉奥汽车等;90%的产品出口北美洲、欧洲、中东、非洲

★温州欧博电气有限公司
地址:浙江省温州市滨海经济技术开发区金海二道425号
邮编:325011
电话:0577/86589188
传真:86589189
网址:www.rb-electric.tw
电子信箱:sale2@rb-electric.tw
法定代表人:陈志林
质量体系:ISO/TS 16949
产品情况:(铃恩牌、虹牌)
汽车电动机、燃油泵、燃油泵总成、节气门阀体电动机、燃油泵配件等
配套及出口情况:为主机厂配套;远销欧美及东南亚地区

★浙江正泰汽车科技有限公司
地址:浙江省温州市经济技术开发区滨海二十一路338号
邮编:325011
电话:0577/56576777
传真:56576777
网址:www.chintautoparts.com
电子信箱:autotech@chint.com
法定代表人:南存辉
质量体系:ISO/TS 16949
产品情况:(CHNT牌)
汽车继电器、喇叭、开关、电子、传感器五大系列产品
配套及出口情况:主要服务中国一汽、东风、北汽、陕汽、奇瑞、长城、力帆、青年、金龙客车、黄海客车、尼奥普兰、约翰迪尔、巴西ZM公司、Doosan公司等上百家国内外知名企业;远销欧洲、北美洲、南美洲、中东、东南亚等地区

★浙江明冠实业有限公司
地址:浙江省温州市经济开发区金海园区金海一道433号
邮编:325011
电话:0577/85857899、85857877
传真:85857875
网址:www.machage.net
电子信箱:xia135@163.com
法定代表人:郑小晚
质量体系:ISO/TS 16949
产品情况:组合开关、点火开关、汽车电子产品、汽车用各类锁具
配套及出口情况:配套的OEM公司有尼桑、卢卡斯等;远销五大洲

★浙江超达汽车配件有限公司
地址:浙江省温州市瓯海经济开发区大鹏路3号
邮编:325014
电话:0577/86362551
传真:86783577
网址:www.chinachaoda.com
电子信箱:sales@chinachaoda.com
法定代表人:周再权
质量体系:ISO/TS 16949
产品情况:(超达牌)
组合开关、全车锁、点火开关、加油口盖、电喇叭、翘板开关、传感器等
配套及出口情况:为重庆力帆、依维柯、长安、东风、陕汽集团、江淮汽车、北汽福田、时风、五征、黑豹等主机厂配套;远销东南亚、南美洲、中东、北美洲、欧洲

★浙江万超电器有限公司
地址:浙江省温州市瓯海区瞿溪街道瓯海大道2898号
邮编:325016
电话:0577/86261629、86269629
传真:86266886
网址:www.wanchao.com.cn
电子信箱:info@wanchao.com.cn
法定代表人:贾永光
质量体系:ISO/TS 16949
产品情况:(万超牌)
无钥匙进入及启动系统、电动驻车装置总成、组合开关、点火开关、电气电器开关、PEPS控制器、电子转向锁(ESCL)、智能钥匙一键启动开关、天线、BCM控制器、TPMS控制器、TPMS传感器等
配套情况:是中国一汽、上汽通用五菱、东风柳汽、东风小康、长城汽车、猎豹汽车、比亚迪汽车、中国重汽、北汽银翔、重庆力帆等国内知名汽车厂家的合格供应商

★温州长江汽车电子有限公司
地址:浙江省温州市经济技术开发区滨海园区二道289号

邮编:325025
电话:0577/86529609、86528827
传真:86527583
网址:www. cncaea. cn
电子信箱:caea@ cncaea. cn
法定代表人:诸毅
质量体系:ISO/TS 16949、QS 9000
产品情况:业务覆盖汽车空调控制系统、娱乐控制系统、车身电子控制模块及各类电子电器开关
配套情况:主要为美国通用、德国大众、德国奥迪、上汽通用、一汽-大众、上汽大众、一汽轿车、上海汽车、长安汽车、奇瑞汽车、长城汽车等国内外著名整车制造商提供优质产品与服务

★浙江高鹏汽车电器有限公司
地址:浙江省温州市经济技术开发区海城街道华山路28号
邮编:325025
电话:0577/85228235、85228236
传真:85222055
网址:www. chinagaopeng. net
电子信箱:info@ chinagaopeng. net
法定代表人:黄高朋
质量体系:ISO/TS 16949
产品情况:(高鹏牌)
刮水电动机总成、暖风电动机总成、挡位灯开关、车门内外拉手等系列产品
配套及出口情况:与北汽福田、五征集团、时风集团等多家企业提供装车配套、二次配套等;远销欧美、巴基斯坦、韩国、东南亚、中东等多个国家和地区

★温州市奥立达电器有限公司
地址:浙江省温州市南郊工业园洛河路7号
邮编:325028
电话:0577/56710099
传真:56710005
网址:www. autoleader. cn
电子信箱:qanen@ wz. zj. cn
法定代表人:厉自强
质量体系:ISO 9001
产品情况:汽车发电机调节器、整流器、高压阻尼线和电容器
出口情况:远销欧洲、美洲等50多个国家和地区

★浙江品之恒汽车配件有限公司
地址:浙江省温州市瑞安经济开发区阁巷新区江南大道139号24幢
邮编:325062
电话:0577/85325685、13388575685
传真:85325696
网址:www. wzpinheng. com
电子信箱:13388575685@ 139. com
法定代表人:周希盛
产品情况:汽车转向柱集成开关系统产品(组合开关、点火开关)
配套情况:成为苏州金龙、厦门金龙、厦门金旅、北汽福田、中通客车、陕西重汽、济南重汽、三一重工等国内各大客、货车企业的一级或二级供应商,并在中华、奇瑞轿车等相关车型上得到了批量应用

★浙江人禾电子有限公司
地址:浙江省乐清市柳市镇象阳工业区德宇路
邮编:325103
电话:0577/61988777、15805772573
传真:61988711
网址:www. r－hi. cn
法定代表人:杨从稷
质量体系:ISO 9001
产品情况:(RHI牌)
PVC浸塑系列有接线端子护套、线束用接插件软护套、末端保护套、电池正负极保护套、线缆护套、五金类保护套等,新能源事业部的产品有电池连接铜排以及护套、接线端子以及护套、电瓶夹以及护套
出口情况:电池出口欧美、大洋洲、新加坡等国家和地区,并销往中国台湾地区

★温州市沪泰电子线缆有限公司
地址:浙江省永嘉县乌牛镇工业区
邮编:325103
电话:0577/67397218、67301776
传真:67397058
网址:www. china－hutai. com
电子信箱:hutai@ china－hutai. com
法定代表人:孙永南
质量体系:ISO 9001
产品情况:汽车连接线
配套情况:为国内外大中型企业配套

★瑞安市亚星汽车配件有限公司
地址:浙江省瑞安市东山经济开发区上东路818号
邮编:325200
电话:0577/65625263
传真:65600134
网址:www. cnyxqp. com
电子信箱:ruianyaxing@ china. com
法定代表人:陈传茂
单位人数:200
质量体系:ISO/TS 16949
产品情况:(MAOYI牌)
刮水器系列配套产品、客车自动外摆式门泵、双内摆式门泵、行李舱盖泵、客车大功率交流发电机,电动车直流永磁无刷电动机、直流他励电动机等系列驱动电动机
配套及出口情况:为苏州金龙、厦门大金龙、厦门小金龙、金华青年、安徽安凯、丹东黄海、聊城中通、郑州宇通、牡丹、友谊、合肥江淮、河南少林、长安胜利、亚星奔驰、成都一汽客车厂、重庆客车厂、江西萍乡客车厂、云南美的客车厂等30多家企业配套;远销欧美、澳大利亚、俄罗斯、乌克兰、印度、东南亚、中东、北非等国家和地区

★浙江汉博汽车传感器有限公司
地址:浙江省瑞安市东山经济开发区上东路901号
邮编:325200
电话:0577/66683101、65187005
传真:66683101
网址:www. aborn. cn
电子信箱:sales3@ aborn. cn
法定代表人:叶信兴
质量体系:ISO/TS 16949、ISO 14001
产品情况:(ABORN牌)
ABS传感器、曲轴位置传感器、凸轮轴位置传感器,年产能达600万只
配套及出口情况:20%为整车厂二次配套;80%产品为美国、德国、英国、巴西等国际知名公司贴牌生产

★浙江辉波蕾汽车部件有限公司
地址:浙江省瑞安市国际汽摩配工业园区双榕路(罗凤)
邮编:325200
电话:0577/25615588、25615589
传真:25615587
网址:www. vbrig. com
电子信箱:brad@ vbrig. com
法定代表人:周成伍
产品情况:(VBRLG牌)
汽车点火线圈、继电器、电子闪光器、点火开关等
出口情况:远销欧洲、大洋洲、东南亚、中东等地区

★瑞安市红旗换向器有限公司
地址:浙江省瑞安市锦湖街道进星村礁石工业区建西路2号
邮编:325200
电话:0577/65666959、65675893
传真:65660004
网址:www. cn－redflag. com
电子信箱:webmaster@ red－flag. cn
法定代表人:陈进福
单位人数:350
质量体系:ISO/TS 16949
产品情况:(HJ牌)
生产各种直流电动机和串激电动机用换向器
配套及出口情况:为许多知名企业配套;远销美国、德国、英国、意大利、越南等国家,并销往中国台湾地区

★浙江卓进电器有限公司
地址:浙江省瑞安市锦湖西呑东路56号
邮编:325200
电话:0577/65666581、65667612
传真:65667619
电子信箱:webmaster@ chinazhuojin. com
法定代表人:吴卓进
质量体系:ISO/TS 16949、VDA 6.1
产品情况:(卓进牌、卓人牌)
刮水器、汽车暖风机、柴油发动机

停油电磁铁以及微型电动机(按摩电动机、车库门电动机)等
配套及出口情况:为北汽福田、上柴动力、新柴动力、诸暨凯达等主机厂配套;出口美国、泰国等国家

★利达机电有限公司
地址:浙江省瑞安市经济开发区大道685号
邮编:325200
电话:0577/65155986、65152188
传真:65155988
网址:www.lida-rq.com
电子信箱:master@lida-rq.com
法定代表人:夏克清
质量体系:ISO/TS 16949、ISO 14001
产品情况:(利达牌)
电动机换向器(整流子)、电动工具开关
出口情况:远销日本、东南亚、北美洲、巴西等国家和地区

★华尔达集团有限公司
地址:浙江省瑞安市经济开发区大道688号
邮编:325200
电话:0577/25660858、65156077
传真:65156066
网址:www.huaerda.com
电子信箱:abcd688@tom.com
法定代表人:叶挺宁
质量体系:ISO 9001
产品情况:(金泰牌)
各种规格型号漆包线

★浙江博德汽车电子股份有限公司
地址:浙江省瑞安市经济开发区大道688号
邮编:325200
电话:0577/25660888、25662020
传真:25662222、25661166
电子信箱:bddhh@zjbode.com
法定代表人:王荣弟
质量体系:ISO/TS 16949
产品情况:发动机电子控制单元ECU、氧传感器、节气门位置传感器、爆震传感器、进气温度传感器、压力调节器、碳罐控制阀、水温传感器、空气流量计、燃油泵总成、节气门阀体、步进电动机、点火线圈、供油导轨、喷油器、线束等

★浙江恒光汽车部件有限公司
地址:浙江省瑞安市经济开发区导航路1989号
邮编:325200
电话:0577/65139006
传真:65514666
网址:www.henkoparts.com
电子信箱:info@henkoparts.com
法定代表人:陈锦翔
质量体系:ISO 9001、ISO 14001
产品情况:(恒光牌)
喷油嘴、汽车空气流量传感器、电动燃油泵及总成、电子泵等电喷系统配件及柴油车尾气后处理系统(SCR)配件
出口情况:出口美国、巴西、加拿大、俄罗斯、墨西哥、德国、英国、韩国、澳大利亚等10多个国家

★瑞安市超声电器有限公司
地址:浙江省瑞安市经济开发区发展区上东路818号
邮编:325200
电话:0577/58818877、65664425
网址:www.csdqc.icoc.cc
电子信箱:hr@ruef.cn
法定代表人:项风华
质量体系:ISO/TS 16949
产品情况:汽车电磁阀,汽车电喷系统附件,卡扣、接头等汽车配件
配套情况:为大陆集团、德尔福、大众等知名汽车企业配套

★浙江长城换向器有限公司
地址:浙江省瑞安市经济开发区开发大道511号
邮编:325200
电话:0577/65156888、65156788
传真:65156688
网址:www.chinacgw.cn
电子信箱:cgw@chinacgw.cn
法定代表人:徐建设
单位人数:500
质量体系:ISO/TS 16949、ISO 14000
产品情况:(GW牌、CGW牌)
换向器,年产能力1.2亿只
出口情况:远销欧洲、美洲、大洋洲、非洲、东南亚(日本、韩国等)等国家和地区,并销往中国香港、中国台湾地区

★温州华隆汽车电子有限公司
地址:浙江省瑞安市经济开发区上东路1311号
邮编:325200
电话:0577/65517668、65510983
传真:65517838
网址:www.hllb.com
电子信箱:master@hllb.com
法定代表人:林朝楚
质量体系:ISO/TS 16949
产品情况:(华隆路宝牌)
调节器、分电器、燃油泵、电动车控制器
配套情况:为美国机械中心、日本装配、中国台湾NC维修配套

★浙江利丰电器股份有限公司
地址:浙江省瑞安市经济开发区毓蒙路998号
邮编:325200
电话:0577/65607533、65607519
传真:65607508
网址:www.chinalifeng.net
电子信箱:lifeng996@chinalifeng.net
法定代表人:张仕分
质量体系:ISO/TS 16949
产品情况:(利丰牌)
钩型、槽型、平面型先进2000多个规格的电动机换向器和集电环,年产能力1亿只
出口情况:产品70%以上远销美国、英国、日本等十几个国家和地区,并销往中国香港、中国台湾地区

★浙江佳固电器有限公司
地址:浙江省瑞安市潘岱街道谢呑村
邮编:325200
电话:0577/65098829、65667568
传真:65668139
网址:www.chinajiagu.com
电子信箱:jiagu@wz.zj.cn
法定代表人:何邦云
质量体系:ISO 9001
产品情况:换向器,年产能力8000万只
出口情况:远销美国、日本、韩国、印度等国家

★瑞安市天瑞换向器有限公司
地址:浙江省瑞安市潘岱芦浦工业区
邮编:325200
电话:0577/65099298、65067555
传真:65099198
网址:www.tianrui-china.cn
电子信箱:tianrui@tianrui-china.cn
法定代表人:陈瑞晚
质量体系:ISO/TS 16949
产品情况:各类直流电动机,串激电动机用的槽型、构形、平面型换向器(整流子)
出口情况:远销欧洲、美洲、东南亚

★浙江凯硕汽车电子有限公司
地址:浙江省瑞安市塘下镇北工业园区时代路431号
邮编:325200
电话:0577/66070902、65299555
传真:66070903
网址:www.zjksu.com
电子信箱:zjkaishuo@163.com
法定代表人:陈步斌
质量体系:ISO/TS 16949
产品情况:汽车点火线圈、汽车电子控制器、进气压力传感器
出口情况:部分产品出口欧洲、美洲、中东、非洲等国际市场

★浙江海卓汽车零部件有限公司
地址:浙江省瑞安市塘下镇场桥镇前路29号
邮编:325200
电话:0577/65293266、13736912751
传真:65267447
电子信箱:export2@husauto.com
法定代表人:周志勇
产品情况:汽车、摩托喇叭、电池卡盘、

继电器、点火开关、灯座、熔断丝、手电筒、点烟器等车载电器

★安固集团有限公司
地址:浙江省瑞安市沿江西路 509 号
邮编:325200
电话:0577/65672862、65663846
传真:65665949、65669925
网址:www. angugroup. com
电子信箱:angu@ angu. com
法定代表人:陈辉
单位人数:1200
质量体系:ISO/TS 16949、ISO 14001
产品情况:(AG 牌)
电动机换向器(整流子)产品
配套及出口情况:被日本牧田、韩国 LG 评为优秀供应商;出口海外市场

★浙江瑞翔机电科技股份有限公司
地址:浙江省丽水市庆元县江滨路北门工业园区 2 号
邮编:325204
电话:0578/6227777、66085562
电子信箱:ruixiang@ vip. 163. com
法定代表人:戴绍国
质量体系:ISO/TS 16949
产品情况:(RUIXIANG 牌)
散热器风扇电动机、汽车玻璃升降器电动机、汽车空气悬架打气泵电动机

★浙江晶钻电子科技有限公司
地址:浙江省丽水市水阁工业区绿谷大道 370 号
邮编:325204
电话:05782826868、18205885878
网址:www. jingzuan. com
电子信箱:trade@ jingzuan. com
法定代表人:张成况
质量体系:ISO/TS 16949
产品情况:(晶钻牌)
汽车电气喇叭、倒车可视雷达、TPMS 等系列产品
配套及出口情况:为国内厂家配套;远销美洲、欧洲、东南亚、非洲等地区

★浙江亚伯兰电器有限公司
地址:浙江省瑞安市北工业区万景路 588 号
邮编:325204
电话:0577/58879778、58879768
传真:58879766
网址:www. yabailan. cn
电子信箱:yabailanxsb@ 163. com
法定代表人:王上聚
单位人数:300
质量体系:ISO/TS 16949
产品情况:(亚伯兰牌)
主要致力于汽车各类电器开关、喇叭、空调娱乐面板、触摸屏等产品
配套及出口情况:主要用户为北汽、众泰、东风小康、比亚迪、沃尔沃等国内外知名主机制造商;远销欧美、中东、东南亚等地区

★浙江松田汽车电机系统股份有限公司
地址:浙江省瑞安市北工业园区大南山北路 88 号
邮编:325204
电话:0577/65321888、25628888
传真:65335333
网址:www. chinasongtian. com
电子信箱:chief@ chinasongtian. com
法定代表人:戴丁松
质量体系:ISO/TS 16949、ISO 14001
产品情况:(松田牌)
散热器风扇、电动玻璃升降器、空调鼓风机总成、刮水器电动机总成、起动机等
出口情况:出口欧洲、美洲、中东等地区

★浙江胜王传感科技有限公司
地址:浙江省瑞安市塘下韩田飞凤中路 101 – 123 号
邮编:325204
电话:0577/65383985、13967769251
传真:65369988
网址:www. cenwan. com
电子信箱:master@ cenwan. com
法定代表人(负责人):陈晓胜
单位人数:100
质量体系:IATF 16949
产品情况:(胜王牌)
主要产品有压力传感器、位置传感器、温度传感器、液位传感器、速度传感器、雷达传感器、图像传感器等 20 多个系列,共 1 万余品种,覆盖了国内外 4000 余款车型
配套及出口情况:为知名的工程车和重型货车的生产厂家 OEM 配套;远销 50 多个国家和地区

★浙江新特立汽车电器有限公司
地址:浙江省瑞安市塘下花园工业区
邮编:325204
电话:0577/65377828
传真:65369208
网址:www. sintly. com
电子信箱:master@ zjxinteli. com
法定代表人:韩一荣
质量体系:ISO/TS 16949、ISO 9001
产品情况:(SINTLY 牌、XARIN 牌)
主要以重型车为主,生产各种汽车用减速型继电器、磁力开关、电磁式电源开关、各种车用电器开关 300 余种产品
配套及出口情况:与国内外知名主机厂、起动机厂家长期合作;部分产品远销中东和欧美国家

★浙江远征汽摩附件有限公司
地址:浙江省瑞安市塘下罗凤北工业区凤都二路 185 号
邮编:325204
电话:0577/58906668、58906667
网址:www. yzheng. com
电子信箱:vlandwholesale@ hotmail. com
法定代表人:王永火
质量体系:ISO/TS 16949、ISO 9001
产品情况:(远征牌、VLAND 牌)
改装 LED 车灯、保险杠等汽车附件

★浙江创佳汽车部件有限公司
地址:浙江省瑞安市塘下罗凤北工业区万景路 728 号
邮编:325204
电话:0577/65532984、65188220
传真:65173969
网址:www. chuangjiagroup. com. cn
电子信箱:kjc. wz@ 163. com
法定代表人:陈继开
质量体系:ISO/TS 16949
产品情况:汽车电子、电器开关、点火锁开关,汽车门锁系统、车门铰链、电动玻璃升降器、刮水器总成及柴油机起动熄火控制器等,具有年产各类产品 100 万套的生产能力
配套及出口情况:与江淮汽车、上汽南京跃进、北汽福田、川汽等十几家汽车制造公司建立了良好的配套关系;出口欧洲、美洲、东南亚、中东等地区

★浙江杰程机车部件有限公司
地址:浙江省瑞安市塘下镇陈宅工业区
邮编:325204
电话:0577/58850588、13587504390
传真:65395777
电子信箱:jc@ chinajiecheng. com
法定代表人:陈锡洪
质量体系:ISO 9001
产品情况:(杰程牌、欧奔牌、力天牌)
汽车点火开关,年产量达到 800 万套
配套及出口情况:为重庆宗申、力帆等多家摩托车主机厂配套;出口美国、德国、印度、土耳其、巴基斯坦、巴西、马来西亚、埃及等国家

★浙江三宁电器有限公司
地址:浙江省瑞安市塘下镇韩田工业区凤凰西路 68 号
邮编:325204
电话:0577/65352427、65375870
传真:65368468
网址:www. zhejiangsanning. com
电子信箱:alisa@ zjsanning. com. cn
法定代表人:陈其西
单位人数:300
质量体系:ISO/TS 16949
产品情况:(三宁牌)
汽车起动机、电动机、空气热转换器等系列产品
出口情况:远销东南亚、东亚、中东、非洲、欧美等国家和地区

★浙江天岳汽车电器有限公司
地址:浙江省瑞安市塘下镇韩田沿河北

路3号
邮编:325204
电话:13868359983、13587488396
传真:0577/65356126
网址:www.tian-yue.com
电子信箱:zjty@vip.163.com
法定代表人:舒畅
质量体系:ISO/TS 16949
产品情况:(天岳牌)
汽车电动门锁系列、点火开关系列、组合开关系列三大类产品
配套及出口情况:现有客户有一汽通用轻型商用车、长城汽车、北京汽车制造厂、上汽依维柯红岩商用车、曙光汽车集团、中兴汽车、吉奥汽车、石家庄双环汽车;远销欧美、东南亚、中东地区

★浙江优陆汽车配件有限公司
地址:浙江省瑞安市塘下镇汽摩配工业园区
邮编:325204
电话:0577/65208284、65350229
传真:65387158
电子信箱:sales@airflowmeter.cn
法定代表人:陈国春
质量体系:ISO/TS 16949
产品情况:(奥神牌)
汽车空气流量器、刮水器电动机、暖风电动机、轿车传感器、张紧器等

★瑞安市阳宇机动车零部件有限公司
地址:浙江省瑞安市塘下镇吴岙新街107号
邮编:325204
电话:0577/65365566
传真:65390935
网址:www.rayangyu.com
电子信箱:zora@rayangyu.com
法定代表人:钟锦考
质量体系:ISO/TS 16949
产品情况:(YANGYU牌)
汽车节气门位置传感器、怠速控制器、废气再循环阀、节气门体
配套及出口情况:为国内外汽车厂OEM配套;出口欧美等地区

★浙江汇正车业有限公司
地址:浙江省瑞安市塘下镇赵宅工业区三华路12号
邮编:325204
电话:0577/65399622、65399633
传真:65372003
网址:www.huizen.com.cn
电子信箱:huizen@huizen.com.cn
法定代表人:陈金焕
单位人数:100
产品情况:汽车LED前照灯、HID氙气灯、电子点火器及稳压器等
出口情况:远销欧洲、南美洲、日本、东南亚、中东、非洲等国家和地区

★浙江松松汽车电器有限公司
地址:浙江省瑞安市塘下镇肇平垟中村
邮编:325204
电话:0577/65326668、65326669
传真:65326667
电子信箱:2945800165@qq.com
法定代表人:虞名川
质量体系:ISO/TS 16949
产品情况:(松松牌)
汽车组合开关、点火开关、刮水器电动机等产品
配套及出口情况:与山东时风集团、航天成功、力帆时骏等配套;出口国外市场

★瑞安市三华车业有限公司
地址:浙江省瑞安市塘下总府壹号2幢2601
邮编:325204
电话:0577/65356000、65399622
传真:65372003
网址:www.sanhua.com.cn
电子信箱:291646868@qq.com
法定代表人:陈传平
单位人数:300
质量体系:ISO 9001
产品情况:[三华(SANHUA)牌]
汽车氙气灯、LED灯、摩托车配件等
出口情况:出口南美洲、北美洲、欧洲、中东、东南亚等20多个国家和地区

★南洋汽摩集团有限公司
地址:浙江省瑞安市新坊工业区
邮编:325204
电话:0577/65379949、65378695
传真:65360495
网址:www.nanyangchina.com
电子信箱:trade@nanyangchina.com
法定代表人:徐艾
单位人数:1400
质量体系:ISO/TS 16949
产品情况:(南洋·星球牌、HONT牌、SNMOO牌)
汽车组合开关、汽车用铜、铝制散热器、汽车中冷器、等速万向节(球笼)、汽车暖风机、大客车前独立悬架系统、摩托车套锁及数控精密加工中心
配套及出口情况:与北汽福田、沈阳金杯、陕西欧舒特、安凯公司、一汽青岛、江门大长江、新大洲本田、轻骑铃木、重庆嘉陵、重庆宗申、雅马哈、五羊本田等配套;出口欧洲、南美洲、非洲、中东、东南亚等地区

★胜华波集团有限公司
地址:浙江省瑞安市新坊工业区
邮编:325204
电话:0577/65389888、65363881
网址:www.china-shb.com
电子信箱:shbxk@chinashb.com
法定代表人:王上胜
单位人数:2600
质量体系:ISO/TS 16949、ISO 14001
产品情况:(胜华波牌)
汽车电动刮水器总成、汽车座椅电动机、发电机、玻璃升降器、其他车用电器、化油器、电动天窗,座椅弯管件、轴类HDM及蜗杆等金属件,传感器等各类汽车电动机及零部件
配套及出口情况:为一汽、东风、上汽、北汽、奇瑞汽车、华晨汽车、长安汽车、吉利汽车、江淮汽车、比亚迪汽车、中国重汽、哈飞汽车、昌河汽车、江铃汽车、福田汽车、长城汽车、长丰汽车、上汽通用五菱、东风柳汽、海马汽车等国内知名企业配套;国外市场主要有北美洲、欧洲、澳大利亚和东南亚;主要客户有佛吉亚、麦格纳、凯斯乐、江森、李尔等,配套(OEM)车型有北美三大公司通用、福特、克莱斯勒,欧洲的大众、雪铁龙、标致雷诺等

★温州百岸汽车零部件有限公司
地址:浙江省瑞安市中北工业开发区吉祥路1号
邮编:325204
电话:0577/66070560、13025068688
网址:www.baiancn.com
电子信箱:ash@asbaparts.com
法定代表人:蔡丰勇
产品情况:气流传感器、压力传感器、进气阀

★浙江科威汽车配件有限公司
地址:浙江省温州经济技术开发区滨海三道4299号
邮编:325204
电话:0577/86806757、13868462662
传真:86802297
电子信箱:info@keweichina.com
法定代表人:陈孝坤
质量体系:ISO 9002
产品情况:(昂峰牌)
汽车继电器、点火线圈、控制器、传感器等

★瑞安市科丰电子科技有限公司
地址:浙江省温州市瑞安市塘下镇罗凤西路588号
邮编:325204
电话:0577/58883999、13967727733
传真:58883399
网址:www.chinakf.cn
电子信箱:kefengauto@chinakf.cn
法定代表人:金中军
质量体系:ISO 9001
产品情况:(科丰牌)
里程表传感器、曲轴位置传感器、凸轮轴位置传感器、爆震传感器、进气压力传感器、温度传感器、节气门位置传感器、ABS传感器、机油压力传感器、水温传感器等
配套及出口情况:与国内一汽集团、潍

柴集团、玉柴集团、东风汽车、众泰汽车、SAIPA 等主机厂配套；与国外多个世界 500 强公司建立了长期稳定的合作供应关系

★浙江瑞鹏电机股份有限公司
地址：浙江省瑞安市经济开发区飞云新区下厂村
邮编：325206
电话：0577/65510000、13356153396
传真：65512222
网址：www.chinaruipeng.com
电子信箱：sales2@chinaruipeng.com
法定代表人：林建光
质量体系：ISO/TS 16949、VDA 6.1
产品情况：[瑞鹏(RPSY)牌]
　主要产品有行星减速电机、汽车刮水系统、汽车空调电动机、永磁直流电动机、汽车车门电动机及商用电动机等
配套及出口情况：为一汽集团、重汽集团、一汽通用、长安集团、东风集团、陕汽重型、广汽吉奥等 20 余家汽车企业的主机厂配套；部分产品出口欧美、中东等 20 余个国家和地区

★瑞安市博宇电器有限公司
地址：浙江省瑞安市锦湖街道礁石工业区 1 路 7 号
邮编：325207
电话：0577/65576299
传真：65576199
网址：www.boreyu.com
电子信箱：boreyu188@163.com
法定代表人：杨建旺
质量体系：ISO/TS 16949
产品情况：（博宇牌）
　换向器
出口情况：远销欧洲、美洲、东南亚

★瑞安市瑞鑫电器有限公司
地址：浙江省瑞安市经济开发区飞云新区华顺路 289 号
邮编：325207
电话：0577/65671991、65669995
传真：65661995
网址：www.rx-dq.com
电子信箱：rx@rx-dq.com
法定代表人：张瑞国
单位人数：300
质量体系：ISO/TS 16949、ISO 9001
产品情况：汽车、摩托车电动机炭刷架和其他配件，年产电动机炭刷架 5000 万只
配套及出口情况：为德国博世、日本日立、本田、美国佩特莱等全球知名汽车、摩托车电机制造商配套；电动工具电机碳刷架为德国博世、日本牧田、日立、利优比、中国香港 TTI 等世界知名电动工具制造商配套；远销日本、欧洲、北美洲等国家和地区，并销往中国台湾地区

★平阳琳瑞汽车电器股份有限公司
地址：浙江省平阳县滨海新区阳屿路 26 号
邮编：325400
电话：0577/63791358
传真：63793178
网址：www.wzlinrui.com
电子信箱：linrui@wzlinrui.com
法定代表人：陈凤灶
单位人数：82
质量体系：ISO/TS 16949
产品情况：（劲松牌）
　空调风机及暖风机、散热器、除霜器、加热器等系列配套产品
配套及出口情况：为青年汽车金华亚曼车辆、柳州五菱工业、安徽安凯车辆等配套；远销俄罗斯、东南亚、非洲、北美洲、中东等国家和地区

★飞鹏车辆配件有限公司
地址：浙江省平阳县宋桥镇孙楼工业区
邮编：325400
电话：0577/58118876、58118860
传真：63775990、63775986
网址：www.globalfeipeng.com
电子信箱：sales@globalfeipeng.com
法定代表人：叶鹏
质量体系：ISO/TS 16949、ISO 14001
产品情况：（飞鹏牌）
　大功率刮水器总成、大功率整体式交流发电机与多速电磁风扇离合器，年生产能力均达 20 万台套以上，同时生产各种其他汽车配件
配套及出口情况：与国内金龙、宇通、安凯、中通、上汽通用等 30 多家主机厂配套；出口印度、新西兰、泰国、波兰、以色列、埃及、西班牙、土耳其、巴西、新加坡、德国等 20 多个国家，并销往中国台湾地区

★温州沪宏汽车电器有限公司
地址：浙江省平阳县郑楼万全工业区万盛路 1 号
邮编：325409
电话：0577/63176228、63176226
传真：63176229
网址：www.wzhuhong.com
电子信箱：master@wzhuhong.com
法定代表人：王爱和
单位人数：25
质量体系：ISO 9001
产品情况：汽车刮水电动机、暖风电动机、洗涤器系列产品
配套及出口情况：为山东时风集团、山东五征集团、东风汽车、北汽福田等配套；远销俄罗斯、美国、印度、中东等国家和地区

★浙江顺加汽车配件有限公司
地址：浙江省平阳县万全轻工基地机械园经三路 1 号
邮编：325499
电话：0577/63839999、13506569656
网址：www.seineca.com
法定代表人：蔡星原
单位人数：300
质量体系：ISO/TS 16949、ISO 9001
产品情况：（SEINECA 顺加牌）
　主要生产 ABS 制动传感器、曲轴位置传感器、节气门传感器、进气压力传感器、车速传感器、爆震传感器、凸轮轴传感器等汽车传感器产品
出口情况：远销北美洲、南美洲、中东、非洲等地区

★浙江利未机电科技有限公司
地址：浙江省温州市平阳县滨海新区阳屿路万洋众创城 F09-13
邮编：325499
电话：13906875335、13587528082
传真：0577/58186669
网址：www.liwei-motor.com
电子信箱：zhejianglevi@163.com
法定代表人：薛春海
产品情况：汽车电动玻璃升降器电动机、遮阳篷电动机、刮水器电动机、客车门泵电动机、工程车油泵电动机、推杆电动机等系列电气传动产品，年产配套能力 100 万只
配套及出口情况：已配套依维柯、江淮、宇通；远销美国、意大利等国家

★国威科技有限公司
地址：浙江省乐清市经济技术开发区中心大道
邮编：325600
电话：0577/62666999、27859888
传真：62666680
网址：www.kuwe.com.cn
电子信箱：business@kuwe.com.cn
法定代表人：陈俐
质量体系：ISO/TS 16949、QS 9000
产品情况：（V-HAND 牌）
　汽车车身控制器(BCM)、汽车 CD、收音机、无钥匙门禁系统(PKE)、遥控中控(RKE)、可视倒车雷达(带蓝牙)(RPA)、组合开关、转向锁、全车锁芯、全车小开关、门锁机构等系列产品
配套及出口情况：为一汽-大众、上汽大众、上海汽车、一汽集团、一汽海马、东风集团、长安汽车、现代华泰、华晨汽车、奇瑞汽车、东南汽车、上汽通用五菱、天津一汽夏利、吉利汽车、长安铃木、哈飞公司、昌河铃木、长城汽车、比亚迪公司、江铃控股等全国数十家大型汽车厂配套；并与美国 MTD、日本铃木、德国大众、伊朗德塔米克斯等国际大公司建立合作关系；与美国 MTD、日本铃木、德国大众、伊朗德塔米克斯等国际大公司建立合作关系

★金谷汽车部件有限公司
地址：浙江省乐清市经济开发区纬二十路 278 号
邮编：325600

电话:0577/62995178、62991135
传真:62981134
网址:www. gvei. cc
电子信箱:gvei@ gvei. cc
法定代表人:陈丽洁
质量体系:ISO 9001、ISO/TS 16949
产品情况:汽车插件、ECU、线束等
配套情况:已获得多家知名主机厂认可

★温州益能电器有限公司
地址:浙江省乐清市磐石镇重石工业区重石新路 47 号
邮编:325602
电话:0577/62843679、62845785
传真:62849785
网址:www. yn – china. com
电子信箱:webmaster@ yn – china. com
法定代表人:葛相益
质量体系:ISO/TS 16949
产品情况:塑件、端子、护套、线束,汽车专用复合型针座及模具
配套及出口情况:为一汽集团、东风汽车公司、奇瑞汽车、吉利汽车、江淮汽车、哈飞汽车、天海集团等配套;远销日本、韩国、东南亚、欧洲等国家和地区

★浙江美硕电气科技股份有限公司
地址:浙江省乐清市磐石镇重石工业园区
邮编:325602
电话:0577/62518886、62518811
传真:62518821
网址:www. msrelay. cn
电子信箱:sales@ msrelay. com
法定代表人:黄晓湖
质量体系:ISO 9001、ISO/TS 16949
产品情况:汽车继电器等

★白象电机有限公司
地址:浙江省乐清市温州大桥工业园内
邮编:325603
电话:0577/62866559、62882297
传真:62888865
网址:www. china – wiper. com
电子信箱:w. e@ china – wiper. com
法定代表人:蒋瀛
质量体系:ISO/TS 16949、ISO 14001
产品情况:(白象牌、异特牌)
汽车、工程车、摩托车、特种车刮水器以及各种刮水器电动机和直流电动机
配套及出口情况:为各大主机厂配套;出口欧洲、美洲、澳大利亚、日本、韩国、中东、东南亚等地区

★浙江威想电器有限公司
地址:浙江省乐清市柳市新光工业区西岙路 18 号
邮编:325604
电话:0577/61716688、62796666
传真:61716588
网址:www. yqwx. cn
电子信箱:yqwx@ yqwx. cn
法定代表人:陈仁连
单位人数:150
质量体系:IATF 16949
产品情况:生产汽车电动机用炭刷、刷架、机壳等配件,年生产能力达 5 亿只
配套及出口情况:为美国礼恩派集团、广汽零部件等国内外知名电机厂商提供专业配套;远销亚洲、北美洲、欧洲等地区

★浙江南峰电气有限公司
地址:浙江省乐清市柳市镇象阳工业区正顺北路
邮编:325604
电话:0577/62797256、62776658
传真:62797257
网址:www. kingnan. com
电子信箱:king@ kingnan. com
法定代表人:施慧玉
质量体系:ISO/TS 16949
产品情况:专业生产中等负载和大负载直流接触器,适用于牵引车、汽车空调等系统电控电路的开关控制

★温州东南碳制品有限公司
地址:浙江省乐清市柳市镇新光工业园新光大道 148 号
邮编:325604
电话:0577/62798282、4000078811
传真:62793222
网址:www. donon. cn
电子信箱:donon@ donon. cn
法定代表人:朱亦辉
质量体系:ISO 9001
产品情况:(DONON 牌)
电动机用炭刷和刷架总成,炭刷年产量 1 亿多只,刷架总成年产量 2000 多万套
配套及出口情况:为日本本田、日本五十铃、欧洲依思克拉、一汽-大众、东风、重汽、美国惠尔浦、海尔、美的等国内外知名企业的主要供应商;远销美国、日本、欧洲、东南亚等国家和地区

★神奇电碳集团有限公司
地址:浙江省乐清市七里港工业区
邮编:325605
电话:0577/62670000、62671111
传真:62671208
网址:www. sunki. cn
电子信箱:sunki@ sunki. cn
法定代表人:虞春生
单位人数:1000
质量体系:QS 9000、ISO 9001
产品情况:(SUNKL 牌)
汽车、摩托车用电刷及其刷架总成、电动工具电刷、工业牵引电刷、电动机滑环及高纯石墨、石墨密封环等
出口情况:远销 40 多个国家与地区

★温州意华接插件股份有限公司
地址:浙江省乐清市翁垟街道后西工业区
邮编:325606
电话:0577/62811899、62810299
传真:62815159
网址:www. czt. cn
电子信箱:sales@ czt. com. cn
法定代表人:陈献孟
质量体系:ISO/TS 16949、ISO 14001
产品情况:汽车电子连接线束等配套产品

★浙江泰康电子有限公司
地址:浙江省乐清市翁垟镇祥安北路
邮编:325606
电话:0577/62812222、62815559
传真:62812318
网址:www. taiking. cn
电子信箱:taiking@ taiking. cn
法定代表人:陈金澄
单位人数:700
质量体系:ISO/TS 16949、VDA 6. 1
产品情况:(TAIKING 牌)
开关、电连接器、装饰件、机加工件等产品
配套及出口情况:为上汽大众、上汽通用、一汽、美国通用、美国福特、奥托立夫、法国弗吉亚、日本久保田、吉利、长城、奇瑞等公司配套;出口海外市场

★乐清市星火汽车电子有限公司
地址:浙江省乐清市淡溪第二工业区
邮编:325608
电话:0577/62396888
传真:62396777
网址:www. xinghuo. com
电子信箱:xinghuo@ xinghuo. com
法定代表人:夏宣林
单位人数:300
质量体系:IATF 16949、ISO 14001
产品情况:汽车电器开关、线束连接器、电子钟、传感器、中央控制模块、微动开关及各类插座等
配套情况:为上海德科电子仪表、浙江恒科电子、浙江新星光电、广州霍尼韦尔摩擦材料、延锋伟世通怡东汽车仪表、哈尔滨航天科技控股集团、深圳万德仕电子、广州国光电器集团等企业配套

★浙江安欣电业有限公司
地址:浙江省乐清市虹桥镇四都工业区
邮编:325608
电话:0577/61302612、61302675
传真:61302676
电子信箱:sales02@ zj – ax. com
法定代表人:黄安
质量体系:ISO 9001、ISO 14001
产品情况:汽车及摩托车系列连接器、压接端子、橡胶件、轻触开关、电源开关
出口情况:出口欧洲、东南亚等地区

★浙江大明电子有限公司
地址:浙江省乐清市虹桥镇西工业区 M –

1 号
邮编:325608
电话:0577/62316688
传真:62316788
网址:www. daming. com
电子信箱:daming@ daming. com
法定代表人:周明明
单位人数:1200
质量体系:ISO/TS 16949
产品情况:(大明牌)
年产开关 500 万套、空调面板 150 万套、收放机面板 200 万套
配套及出口情况:主要客户长安集团、上汽、江淮汽车、比亚迪、华晨汽车、北汽、广汽长丰、沈阳三电、延锋伟世通、空调国际、长城汽车、江铃控股、武汉申龙、吉利等客户;国外主要客户有日本铃木、韩国斗源、韩国起亚、伊朗 SPCO

★钻宝电子有限公司
地址:浙江省乐清市虹桥镇溪西工业园区
邮编:325608
电话:0577/62337888
传真:62335588
网址:www. zuanbao. com
电子信箱:sales@ zuanbao. com
法定代表人:包秀峰
单位人数:800
质量体系:ISO 9001、ISO 14001
产品情况:(钻宝牌、ZUANBAO 牌)
电子元件(插座、连接器类)、发电机(励磁、永磁)、风力发电机(配套照明 LED)等
出口情况:出口欧洲、美洲、东南亚等地区

★温州奥海电气有限公司
地址:浙江省乐清市虹桥镇信岙工业区信达路 5 号
邮编:325608
电话:0577/62302381
传真:62302382
网址:www. chinaaohai. cn
电子信箱:sale1@ chinaaohai. com
法定代表人:赖海潮
质量体系:ISO/TS 16949
产品情况:车用端子、接插件、保险盒、针座、软护套、防水塞以及各类型异形件等
出口情况:出口东南亚、欧洲、南北美洲等地区

★浙江致威电子科技有限公司
地址:浙江省乐清市虹桥镇幸福东路 1077 号
邮编:325608
电话:0577/62337777
传真:62337333
网址:www. zwelec. com
电子信箱:zsx@ zwelec. com
法定代表人:赵顺荣
单位人数:400
质量体系:ISO/TS 16949、ISO 14001
产品情况:汽车熔断丝盒总成、新能源汽车 AC 和 DCDC 车载充电接口、随车充电器等汽车电子电力分配与电源管理系列产品
配套情况:为上汽通用、上汽通用五菱、上汽集团、福特、马自达、一汽-大众、众泰汽车、北京汽车、吉利汽车、沃尔沃等配套

★浙江合兴电子元件有限公司
地址:浙江省乐清市虹桥镇幸福东路 1098 号
邮编:325608
电话:0577/62312253
传真:62313682
网址:www. cwb. com. cn
电子信箱:cwb@ cwb. com. cn
法定代表人:陈文义
质量体系:ISO/TS 16949
产品情况:汽车线束、传感器部件、汽车连接器产品
配套及出口情况:产品分别在上汽通用、上汽大众、一汽-大众、长安等汽车上大量使用;与大陆、德尔福、博世、伟世通等国际知名企业建立了良好的合作伙伴关系

★合兴汽车电子股份有限公司
地址:浙江省乐清市虹桥镇幸福东路 1098 号
邮编:325608
电话:0577/62335511
传真:62335522
网址:www. cwb. com. cn
电子信箱:cwb@ cwb. com. cn
法定代表人:陈文葆
单位人数:2900
质量体系:ISO/TS 16949、ISO 14001
产品情况:(CWB 牌)
汽车电器电子、电子连接器和终端低压电器配件
配套及出口情况:主要客户有上汽通用、长城汽车、中华汽车、联合汽车电子、博世、大陆等;在北美洲、欧洲、亚洲都设有公司和营销办事处

★浙江程逸汽车电器有限公司
地址:浙江省乐清市清江镇南塘三江工业区
邮编:325608
电话:0577/62368299、62362300
传真:62358299
网址:www. cyelec. com. cn
电子信箱:cyelec@ 163. com
法定代表人:周晓霞
质量体系:ISO/TS 16949、QS 9000
产品情况:各种前照灯调节器、空调风量开关及 AC 开关、电动窗开关、电动座椅开关、组合开关、线束、灯具等各类汽车电器开关
配套情况:为湖北中生、湖北法雷奥、湖北开特、长安汽车配套

★浙江康信汽车电器有限公司
地址:浙江省乐清市石帆镇朴湖工业区
邮编:325608
电话:0577/61380777、61381711
传真:61381700
网址:www. kxeswitch. com
电子信箱:info@ conshion. com
法定代表人:倪月菊
质量体系:ISO/TS 16949
产品情况:(KXE 牌)
汽车开关、汽车继电器、汽车控制模块、汽车连接器、车速传感器、汽车中控锁、汽车喷水电动机、汽车熔断丝等系列产品
出口情况:远销欧美、中东、东南亚等 100 多个国家及地区

★浙江科锋汽车电器有限公司
地址:浙江省苍南县灵溪镇苍南工业区建兴东路
邮编:325800
电话:0577/68005188、65182009
传真:65261608、68005118
网址:www. kefon. com
电子信箱:cl@ kefon. com
法定代表人:蔡力
质量体系:ISO/TS 16949、QS 9000
产品情况:(科峰牌)
交流电动机、驾驶室举升电动机、玻璃升降器、刮水器连动杆、组合开关、水泵等
配套情况:为福田、奇瑞、上汽通用五菱、重汽配套

安徽省

★合肥蓝海电子科技有限公司
地址:合肥市长丰县双凤经济开发区梅冲湖路 31 号
邮编:230001
电话:0551/66395860、66395870
传真:66395860
网址:www. lanhaihf. com
电子信箱:sales@ lanhaihf. com
法定代表人:许光
产品情况:燃油传感器、尿素传感器、雨量传感器、压力传感器、液位传感器、转速传感器、速度传感器、货车用三卡油箱盖等商用车用系列传感器
配套及出口情况:终端客户有一汽、东风、北汽福田、陕西重汽、宇通汽车、苏州金龙、厦门金龙、江淮汽车等;国外市场有 VOLVO,IVECO,DAF MAN

★合肥诚辉电子有限公司
地址:合肥市高新区香樟大道 168 号科技实业园 C2 栋
邮编:230018
电话:0551/65370435、65370436
传真:65370439

网址:www.lcdch.com
电子信箱:lcd-ch@163.com
法定代表人:杜浩
质量体系:ISO/TS 16949、ISO 14001
产品情况:(诚辉牌)
LCD、LED、LCM,TFT:3.5英寸、5英寸、7英寸、10.1英寸、12.3英寸;用于汽车及摩托车的液晶仪表显示器等

★安徽通宇电子有限责任公司
地址:合肥市高新技术产业开发区机电产业园丰乐河路
邮编:230088
电话:0551/65367560、18956096560
传真:65318237
网址:www.tongyudz.com
电子信箱:tongyudianzi@vip.163.com
法定代表人:邵晋辉
质量体系:ISO/TS 16949
产品情况:汽车车身控制系统包含车身控制器、智能接线盒、电动座椅控制单元、后视镜控制单元、发动机防盗控制单元、遥控钥匙、座椅调节开关等;汽车智能中控系统包含汽车通信信息娱乐系统(telematics);汽车主动安全辅助系统(ADAS系统)包含前视防撞预警、车道偏离报警系统、360°全景行车系统、胎压报警系统、前装行车记录仪等
配套情况:与一汽、江淮、东风、华晨、比亚迪、戴姆勒等国内整车厂商建立了良好的合作关系

★合肥佳讯精密机械制造有限公司
地址:合肥市高新区皖水路252号
邮编:230088
电话:0551/65393746
传真:65393746
电子信箱:sales@jiasun.net
法定代表人:张淑萍
负责人:张华伟
质量体系:ISO/TS 16949、ISO 14001
产品情况:汽车发电机超越皮带轮产品

★合肥晟泰克汽车电子有限公司
地址:合肥市经济技术开发区合掌路27号
邮编:230601
电话:0551/65735707
传真:65735701
网址:www.hfstk.com
电子信箱:stk@hfstk.com
法定代表人:许永华
质量体系:IATF 16949、ISO 14001
产品情况:倒车雷达、控制器、里程表传感器、泊车辅助系统、胎压监测系统、汽车转向防盗装置、传感器、摄像头、新能源电子等汽车电子产品
配套情况:为江淮、奇瑞、吉利、日产、东风、上汽、北汽、众泰等主机厂配套

★合肥创佳汽车电器有限公司
地址:合肥市经济技术开发区始信路118号
邮编:230601
电话:0551/63825602
传真:63825602
法定代表人:陈继开
质量体系:ISO/TS 16949
产品情况:刮水器总成、电动玻璃升降器总成、洗涤器总成以及各型继电器、组合开关、汽车门锁、车门铰链、熄火控制器、点火锁等
配套情况:为安徽江淮、山东五征、江苏英田、南京跃进、江苏英田、川汽集团等十几家汽车制造厂定点配套

★安徽森力汽车电子有限公司
地址:合肥市经济技术开发区紫云路与蓬莱路交叉口
邮编:230601
电话:0551/67109768、67109801
传真:67109780
网址:www.ahsenli.com.cn
电子信箱:344439438@qq.com
法定代表人:翟平
负责人:翟敏
单位人数:200
质量体系:ISO/TS 16949、OHSAS 18001
产品情况:汽车收音机系列、导航功能的MP5、360全景、行驶记录仪、倒车后视摄像头、流媒体后视镜等6大类、40多个产品
配套情况:为江淮、奇瑞、合肥昌河、浙江众泰等多个汽车制造厂配套

★合肥邦立电子股份有限公司
地址:合肥市高新区柏堰科技园香蒲路3号
邮编:231202
电话:0551/63846506、17749718117
传真:65328714
网址:www.hfbldz.com
电子信箱:k_y_o@163.com
法定代表人:方锡邦
质量体系:ISO/TS 16949、ISO 9001
产品情况:(工大邦立牌)
燃油传感器、ABS轮速传感器、汽车车身控制器、车内换气控制系统、汽车天线放大器、EGR位置传感器、汽车挡位传感器、整车线束等8大系列产品
配套情况:为东风汽车、北汽福田、江淮汽车、华菱汽车、奇瑞汽车等国内知名企业配套

★安徽昊方机电股份有限公司
地址:安徽省蚌埠市高新技术开发区长青南路1288号
邮编:233010
电话:0552/2155999
网址:www.hofo-em.com
电子信箱:general@hofo-em.com
法定代表人:杜朝晖
负责人:李军
单位人数:2097
质量体系:ISO/TS 16949、ISO 14001
产品情况:(HOFO牌)
具有年产580万套汽车空调电磁离合器的生产能力
出口情况:远销欧美、日本等市场;与法国法雷奥、美国德尔福、韩国汉拿等国际采购巨头有深层次合作

★安徽祈艾特电子科技股份有限公司
地址:安徽省蚌埠市高新区兴旺路558号
邮编:233010
电话:0552/4116116、4111176
传真:4116117
网址:www.saihua.net.cn
电子信箱:bbshdz@163.com
法定代表人:吴凤静
质量体系:ISO/TS 16949
产品情况:主导产品为汽车点火控制电路、点火控制模块、点火控制线圈3大类,共计100多个品种
出口情况:远销北美洲、东南亚,并销往中国台湾地区

★蚌埠市双环电子集团股份有限公司
地址:安徽省蚌埠市兴中路818号
邮编:233010
电话:0552/4078010、3059588
传真:4078882、3063777
网址:www.doublecircle.com
电子信箱:sales1@doublecircle.com
法定代表人:李福喜
质量体系:ISO/TS 16949、ISO 14001
产品情况:(双环牌)
各类电阻器、电感器、继电器等电子元件以及PDU、BDU等汽车电子产品,产品应用于汽车电子、新能源、充电桩、电动汽车等领域
配套情况:汽车电阻为上汽大众和美国通用汽车配套

★安徽湛蓝光电科技有限公司
地址:安徽省宿州市经济技术开发区金江三路南侧
邮编:234000
电话:0557/3239383、4008220032
传真:3239308
网址:www.ledazure.cn
电子信箱:info@ledazure.com
法定代表人:江向东
质量体系:ISO/TS 16949
产品情况:具有年产LED灯珠2亿颗,LED汽车用灯30万只的生产能力

★安徽赛宇汽车部件有限公司
地址:安徽省淮北市濉溪县濉芜现代产业园区
邮编:235000
电话:0561/6863868
传真:6863568
网址:www.china-salion.com
电子信箱:plugwire05@china-salion.com
法定代表人:陈隐慧
产品情况:专业生产各类汽车高压线总

成及相关高压线零部件
出口情况：远销欧洲、亚洲、俄罗斯、中东、南美洲、北美洲等国家和地区

★安徽省天富电子(集团)有限公司
地址：安徽省天长市永福东路 888 号
邮编：239300
电话：0550/2392255、2382188
传真：7811216、7813999
网址：www. tianfu. cc
电子信箱：tianfu@ tianfu. cc
法定代表人：赵士明
单位人数：900
质量体系：ISO 9001
产品情况：汽车干式点火线圈等

★天长市天峰机电科技有限公司
地址：安徽省天长市金集汽车配件产业园
邮编：239352
电话：0550/7949977、7949988
传真：7949638、7949666
网址：www. tianfengjidian. com
电子信箱：kefu@ tianfengjidian. com
法定代表人：冯善琴
质量体系：ISO 9001
产品情况：各类起动电动机及配件
配套及出口情况：适用及配套国内主要柴油机厂家如上柴、淮柴、宣工、扬柴、重发、杭发的起动电动机 20 多个品种；出口欧洲、美洲及东南亚地区

★芜湖奇峰操控索有限公司
地址：安徽省芜湖经济技术开发区富达工业园 3 - 2 厂房
邮编：241000
电话：0553/5848068、5961299
传真：5848068
网址：www. hbzhengao. com
电子信箱：18900533530@ 126. com
法定代表人：乔虹
产品情况：汽车操控索及其他汽车零部件

★大陆汽车车身电子系统芜湖有限公司
地址：安徽省芜湖经济开发区天柱山路 18 号
邮编：241000
电话：0553/7539802、5654243
网址：www. continental - automotive. cn
电子信箱：jiaojiaoli@ continental. com. cn
法定代表人：汤恩
产品情况：汽车仪表零部件、装饰、采暖、通风和空调控制单元、中控辅助显示、彩色抬头显示器、功能型注塑部件等

★芜湖杰诺瑞汽车电器系统有限公司
地址：安徽省芜湖市鸠江区永昌路 79 号
邮编：241000
电话：0553/8298942、8298969
传真：8298990
网址：www. whgnr. com
电子信箱：dongzhixiong@ whgnr. com
法定代表人：曾庆平
单位人数：380
质量体系：ISO/TS 16949、ISO 14001
产品情况：汽车起动机、发电机和新能源驱动电动机及控制器系统
配套及出口情况：主要顾客有奇瑞、上汽通用五菱、江淮、云内动力、北汽福田、福泰动力、AVTOVAZ 等诸多客户；发电机批量出口东欧、美国、大洋洲、韩国等售后市场

★ 芜湖博康机电有限公司

地址：安徽省芜湖市鸠江经济开发区徽州路 82 号
邮编：241000
电话：0553/5312859
传真：5870926
网址：www. wuhubokang. com
电子信箱：commercial01. bkjd@ bokang-group. com
法定代表人：朱忠民
单位人数：400
质量体系：IATF 16949、ISO 9001
产品情况：生产汽车零部件线束、新能源汽车线束、汽车塑料饰品、汽车电动座椅开关等汽车零部件(配套)产品；年大约生产 1000 万根各类汽车零部件线束
配套情况：终端客户包括奔驰、东风标致、奇瑞、奇瑞捷豹路虎、众泰汽车、沃尔沃汽车、郑州日产、奇瑞新能源、吉利汽车、长城汽车、大众汽车、长丰猎豹、海马汽车、长安汽车、东风汽车、蔚来汽车、上汽通用、上汽大通、一汽、北京汽车等
☞ 详细情况请参阅彩色宣传版面

★芜湖天海电装有限公司
地址：安徽省芜湖市弋江区高新技术开发区
邮编：241000
电话：0553/3021688
法定代表人：张景堂
质量体系：ISO/TS 16949、QS 9000
产品情况：连接器系统、电线束系统、汽车电子系统
配套情况：配套奇瑞、上汽、众泰等厂家

★芜湖法雷奥汽车照明系统有限公司
地址：安徽省芜湖经济开发区凤鸣湖北路
邮编：241006
电话：0553/5613333、5613359
网址：www. valeo. com. cn
电子信箱：xiaoli1. huang@ valeo. com
法定代表人：Francois，Antoine，Jacques MARION
单位人数：300
产品情况：前照灯和尾灯，包括卤素前照灯、氙气前照灯和 LED 前照灯

★昌辉汽车电气系统(安徽)有限公司
地址：安徽省芜湖市鸠江经济开发区万春西路 158 号
邮编：241007
电话：0553/5968920
传真：5968910
网址：www. changhui. com
电子信箱：chwhxs@ changhui. com
法定代表人：王进丁
质量体系：ISO/TS 16949
产品情况：汽车车身控制器、汽车电子传感器、汽车智能开关、汽车车窗智能防夹系统等汽车电子产品

★ 芜湖瑞昌电气系统有限公司

地址：安徽省芜湖市经济技术开发区凤鸣湖北路 36 号
邮编：241009
电话：0553/5312770
传真：5317378
电子信箱：xulingmei@ kwelec. com
法定代表人：张建仁
单位人数：300
产品情况：设计产能为年生产汽车电线束 50 万套
配套情况：主要客户是奇瑞汽车，并给集瑞联合重工、万向电动车批量供货
☞ 详细情况请参阅彩色宣传版面

★芜湖精诺汽车电器有限公司
地址：安徽省芜湖市经济技术开发区淮海路 15 号
邮编：241009
电话：0553/5936708
传真：5936700
法定代表人(负责人)：陆耀平
质量体系：ISO/TS 16949
产品情况：风扇电动机总成、散热器风扇总成、鼓风电动机总成、新能源车用电子水泵及旋转变压器等
配套及出口情况：为奇瑞、比亚迪、华晨、江淮、华泰、昌河、双环等国内主流汽车厂家的众多车型配套；出口欧美等地区

★大陆汽车电子(芜湖)有限公司
地址：安徽省芜湖市经济技术开发区银湖北路 27 号
邮编：241009
电话：0553/5654243
网址：www. conti - online. com
法定代表人：Gregoire Cuny
质量体系：ISO/TS 16949
产品情况：组合仪表、供油系统、节气门体、怠速稳定控制阀、废气控制阀、行驶记录仪、传感器等
配套及出口情况：为一汽集团、上汽集团、华晨集团、广汽集团、中国重汽、陕汽、奇瑞、江淮、吉利、长城、神龙汽车、上汽大众、一汽-大众、上汽通用、上汽通用五菱、北京现代、北京奔驰、北汽福田、北奔重汽、华晨宝马、南汽、长安铃木、长安福特等供货；出口 10 多个国

家,供应包括通用大宇、日本铃木等国外用户

★埃泰克汽车电子(芜湖)有限公司
地址:安徽省芜湖市经济技术开发区银湖北路48号
邮编:241009
电话:0553/5663258
传真:5663221
网址:www. atech – automotive. com
电子信箱:xuanqiang. shu@ atech – automotive. com
法定代表人:Chen Zejian
单位人数:360
质量体系:ISO/TS 16949、ISO 14001
产品情况:(ATECH 牌)
车身控制器(BCM)、新能源汽车电子产品(ISG/BMS)、车载音响产品(前装/后装)、车载信息服务产品、PEPS、车载空气净化器、遥控钥匙、空调控制器、汽车传感器、空挡开关等高技术含量的汽车电子产品
配套情况:目前配套的客户包括奇瑞、长安、北汽、众泰、长城、力帆等国内各大主机厂

★宁国金鑫电机有限公司
地址:安徽省宁国市染坊路28号
邮编:242300
电话:0563/4182998
传真:4180555
网址:www. ngjinxin. com
电子信箱:ahngdjzc@ 163. com
法定代表人:王金龙
质量体系:ISO/TS 16949
产品情况:发电机及转子、定子
配套及出口情况:为奇瑞、吉利、比亚迪、北汽集团配套;远销美国、欧洲等国家和地区

★马鞍山立信电气有限公司
地址:安徽省马鞍山市经济技术开发区红旗南路6号
邮编:243000
电话:0555/6111878、8323277
电子信箱:lixintech@ 126. com
法定代表人:徐振斌
质量体系:ISO 9001
产品情况:(立信牌)
LSB 系列速度表示器、LMF 系列脉冲分配器、LB 系列直流荧光灯逆变器、LMS 系列中央车窗门锁控制装置等汽车电子产品
配套及出口情况:为华菱重型货车、三菱、五十铃等配套;部分产品出口

★黄山市瑞兴汽车电子有限公司
地址:安徽省黄山市黄山经济开发区梅林大道87号
邮编:245200
电话:0559/2592297、2588657
传真:2595506
网址:www. rxaes. com
电子信箱:rxaes@ rxaes. com
法定代表人:何千道
质量体系:ISO/TS 16949、ISO 14001
产品情况:(瑞兴牌)
传感器、转向柱组合开关、电动窗开关、前照灯开关、警告灯开关、制动灯开关、倒车灯开关、中央控制盒及汽车控制模块等电子电器产品
配套及出口情况:为领克、吉利、宝沃、比亚迪、江铃、北汽、长安、华晨、众泰、力帆和潍柴等中高端汽车主机厂的配套;部分产品已远销美国、俄罗斯、加拿大等国家

★昌辉汽车电器(黄山)股份公司
地址:安徽省黄山市休宁县溪口
邮编:245436
电话:0559/7581086
传真:7581269
网址:www. changhui. com
电子信箱:chhs@ changhui. com
法定代表人:王进丁
质量体系:ISO/TS 16949、ISO 14001
产品情况:(CHANGHUI 牌)
主要产品包括汽车组合开关、全车功能开关、点火锁及车锁、门把手总成、EGR 废气再循环系统等
配套及出口情况:主要为通用、福特、大众、戴姆勒和长城、奇瑞、江淮等国内外40多家知名汽车主机厂配套;产品自营出口海外20多个国家和地区

★安徽迅启蓄电池有限公司
地址:安徽省安庆市迅启工业园
邮编:246600
电话:0556/2182100、2172392
传真:2186790、2186792
网址:www. xunqi. com
电子信箱:sales@ ahxqdy. com
法定代表人:储立政
质量体系:ISO 9001
产品情况:(迅启牌)
专业生产铅酸蓄电池
配套及出口情况:为江淮重工、安凯、合客、华菱汽车、南汽股份、长安、合力叉车、TCM 叉车、杭州叉车、大连叉车等汽车、叉车厂家配套;出口韩国、日本、俄罗斯、新加坡、欧盟等国家和地区

福建省

★福州佳新创辉机电有限公司
地址:福州市金山开发区金塘路11号
邮编:350002
电话:0591/83056181、83058536
传真:83748949
网址:www. jiaxin – soqi. com
电子信箱:sales_01@ jiaxin – soqi. com
法定代表人:黄义勇
产品情况:系列发电机及相关水泵等
配套情况:客户包括百利通、科勒等知名企业

★福州丹诺西诚电子科技有限公司
地址:福州市鼓楼区铜盘软件大道89号福州软件园C区19号楼
邮编:350003
电话:0591/87863115、83712495
传真:83717147
网址:www. xcfz. cn
电子信箱:fzxcdz@ xcfz. cn
法定代表人:陈颖
单位人数:270
质量体系:ISO/TS 16949、VDA 6. 1
产品情况:(西诚牌)
汽车灯具、开关、对光控制系统、汽车空调控制器、挡位指示器等汽车电子电器零部件
配套及出口情况:为通用、福特天合、伟世通、德尔福、江森自控等配套;远销美国、巴西、印度

★福建源光电装有限公司
地址:福州市仓山区白湖亭仓山科技园2区4号
邮编:350007
电话:0591/83449234、63382550
传真:83447804
网址:www. sws. co. jp
电子信箱:1538836582@ qq. com
法定代表人:王来春
质量体系:ISO 9001
产品情况:(JK 牌)
汽车电子装置制造(汽车发动机控制系统、车身电子控制系统等系列)等
配套及出口情况:为日产轿车配套;产品全部出口

★福建源光线束电器有限公司
地址:福州市闽侯县青口镇吉山路晨鸿泰实业有限公司内
邮编:350007
电话:0591/22799095
传真:22799089
网址:www. thbjk. com
电子信箱:fjygzxb@ 163. com
法定代表人:张景堂
质量体系:ISO/TS 16949
产品情况:线束
配套情况:主要客户有东南(福建)汽车、厦门金龙、厦门金龙旅行车、福建新龙马汽车、福耀集团(福建)等

★福州住电装有限公司
地址:福州市仓山区金山工业集中区福湾工业园5号地
邮编:350008
电话:0591/88000505
传真:88000512
网址:www. sws. co. jp
电子信箱:fzws2007@ 163. com
法定代表人:加藤裕司

产品情况：汽车线束（电线组合件）及汽车电线
出口情况：100%出口日本

★福州大通机电有限公司
地址：福州市江滨东大道77号
邮编：350015
电话：0591/83655014、83617575
传真：83660592
网址：fzdt. gcdt. net
电子信箱：liuchun@ gcdt. net
法定代表人：韩孝煌
质量体系：ISO/TS 16949、ISO 14001
产品情况：（武夷牌）
聚氨酯漆包线等产品

★飞毛腿（福建）电子有限公司
地址：福州市马尾区江滨东大道98号（自贸试验区内）
邮编：350015
电话：0591/63158888、4006856888
传真：87307773
网址：www. scudcn. com
电子信箱：coso@ scudgroup. com
法定代表人：冯明竹
质量体系：ISO 9001、ISO 14001
产品情况：动力锂离子电池、汽车定位终端、车载播放器、车载LCD等产品
出口情况：远销美国、日本、韩国、新加坡、南非、尼日利亚、荷兰、法国等十几个国家与地区

★福州万德电气有限公司
地址：福州市开发区长安投资区长洋路120号
邮编：350017
电话：0591/83998899
传真：83998666
网址：www. wonderfz. com
电子信箱：wonder@ wonderfz. com
法定代表人：余壮飞
单位人数：1600
质量体系：ISO 9001、ISO 14001
产品情况：（WONDER牌）
主要生产电动机、水泵、铸件等产品
出口情况：有10多个世界500强客户，在80多个国家和地区拥有100多个优质客户

★福州优利机械有限公司
地址：福州市闽侯县甘蔗街道闽侯经济技术开发区
邮编：350101
电话：0591/38260061
传真：38260063
网址：www. youlimco. cn
电子信箱：lfp1963@ sohu. com
法定代表人：李发平
产品情况：发电机外壳、起动机外壳及其他汽车电器配件
出口情况：远销美国、日本、东南亚等国家和地区，并销往中国台湾地区

★福州耐力电机有限公司
地址：福州市闽侯县青口投资区东福路
邮编：350119
电话：0591/22785160
网址：www. valeo. com. cn
电子信箱：weiwen_zheng@ fniles. com
法定代表人：秋山胜司
单位人数：63
产品情况：车用电子和电器开关
配套情况：为东风日产（全车系、全系列产品）、广汽本田（雅阁-转向盘开关、天窗开关等），东风本田（思域-天窗开关、CRV-天窗开关），长安铃木（天语-刮水器开关、门锁开关等），郑州日产（NV200-组合开关、后视镜调整开关等，皮卡-组合开关、电动窗开关等），东南汽车（DE/C1-制动灯开关），上汽通用（凯迪拉克-触摸板开关、别克新君越-触摸板开关）吉利TIER1 吉具泰（帝豪-电动座椅开关）供货

★福州泰全电机有限公司
地址：福州市闽侯县青口镇千家山工业区
邮编：350119
电话：0591/22765233
传真：22761126
电子信箱：fi@ taigene. com. cn
法定代表人：钟双麟
单位人数：700
质量体系：ISO/TS 16949、ISO 14001
产品情况：汽车及摩托车用电动机、汽车空调及鼓风机、蒸发器、温度调节器、压缩机、储液干燥器、冷媒管等配件
配套情况：为蒂森克虏伯（TKP）、天合汽车集团（TRW）、苏州耐世特（NEXTEER）、法国法雷奥集团（VALEO）、东南汽车（SEM）协力厂配套

★福州小糸大亿车灯有限公司
地址：福州市闽侯县青口镇投资工业区
邮编：350119
电话：0591/38202525、22765266
传真：22767466
网址：www. koito. co. jp
电子信箱：ln－cai@ tayih. com
法定代表人：三原弘志
质量体系：ISO/TS 16949、ISO 14001
产品情况：汽车用照明灯具（前照灯、后灯及其他标示灯）
配套情况：为东南（福建）汽车、东风汽车有限、广汽丰田汽车、五羊－本田摩托（广州）等供货

★莆田市三箭塑胶五金有限公司
地址：福建省莆田市荔城区黄石镇
邮编：351144
电话：0594/2177222
传真：2176368
网址：www. caspauto. com
电子信箱：casp@ caspauto. com
法定代表人：张琼花
质量体系：ISO 9000
产品情况：（CASP牌）
汽车车灯及相关配件

★福建省仙游电机股份有限公司
地址：福建省仙游县鲤城街道南大路96号
邮编：351200
电话：0594/8292455、8292457
传真：8292456
电子信箱：xydj－mz@ 163. com
法定代表人：叶羽纺
单位人数：320
质量体系：ISO/TS 16949
产品情况：（闽中牌）
无刷发电机和减速起动机，具备年产50万台各类汽车发电机的生产能力
配套及出口情况：主要与一汽集团、东风集团、福田集团、南汽、江淮、玉柴、朝柴、扬柴、云内、全柴、常柴、莱动、如柴等20多个主机厂家的各种型号发动机配套；批量出口美国、日本、东南亚等国家和地区

★福建南平太阳电缆股份有限公司
地址：福建省南平市工业路102号
邮编：353000
电话：0599/8736222、4008502300
传真：8735870、8735172
网址：www. npcable. com
电子信箱：tydl@ suncable. cn
法定代表人：李云孝
单位人数：1690
质量体系：ISO 9001、ISO 14001
产品情况：（太阳牌）
汽车线等

★福建万达电机有限公司
地址：福建省福安市电机电器工业区兴达路239号
邮编：355000
电话：0591/6376877、6379446
传真：6379999
网址：www. wonder－cn. com
电子信箱：wonder@ dayu－casting. com
法定代表人：余壮飞
质量体系：ISO 9001、ISO 14001
产品情况：[万德（WONDER）牌]
各种电动机
出口情况：出口美国、德国、澳大利亚、荷兰、英国、意大利、加拿大、中东、东南亚等国家和地区

★福建爱邦电器有限公司
地址：福建省福鼎市太姥山镇文渡工业园区金潮路3号
邮编：355209
电话：0593/7250007、7250266
传真：7590199、7250866
网址：www. iiib. biz
电子信箱：aibang8813@ 163. com
法定代表人：戴红卫

产品情况:汽车、摩托车用电线连接器、熔断丝盒、保险片、线束、灯具等

★普力生(厦门)机电有限公司
地址:福建省厦门市集美区杏林广兴南路9号
邮编:360122
电话:0592/6212074、6215436
传真:6212814
网址:www.plassen.com.cn
电子信箱:apple@plassen.com.cn
法定代表人:陈荣达
质量体系:ISO/TS 16949
产品情况:摩托车数显仪表、摩托车步进电动机仪表、摩托车机械仪表、沙滩车电子仪表、卡丁车电子仪表、高尔夫球车电子仪表、汽车电子仪表、发电机电子仪表、电动车控制系统、油量计等

★厦门宏发电声股份有限公司
地址:福建省厦门市集美北部工业区孙坂南路90－101号
邮编:361021
电话:0592/6106688、4006001502
传真:6106678、6686063
网址:cn.hongfa.com
电子信箱:marketing@hongfa.com
法定代表人:郭满金
质量体系:ISO/TS 16949
产品情况:(宏发牌)
继电器、低压电器、高低压成套设备、电容器、精密零件及自动化设备等

★厦门金龙汽车电器有限公司
地址:福建省厦门市集美区灌口南路593号503单元
邮编:361023
电话:0592/6025080
传真:6025080
网址:www.gmee.cn
电子信箱:cheny@gmee.cn
法定代表人:李艳
单位人数:200
质量体系:ISO 9001
产品情况:(金龙牌)
汽车线束、UL电子线束等
配套情况:为金龙客车配套

★海拉(厦门)汽车电子有限公司
地址:福建省厦门市海沧出口加工区海景东二路36号
邮编:361026
电话:0592/3162888
传真:3163028
网址:www.hella.cn
法定代表人:KRASEMANN MARY-ANNE GISELA IRMGARD
单位人数:244
质量体系:ISO/TS 16949
产品情况:(宏发牌、海宏赛牌)
汽车继电器
配套及出口情况:主要面向大众、奥迪、戴姆勒、福特、通用、克莱斯勒等世界知名汽车制造商;出口欧洲、美洲、亚洲地区

★厦门盈趣汽车电子有限公司
地址:福建省厦门市海沧区后祥西路1号
邮编:361026
电话:0592/7766398、7766033
传真:7770510
网址:www.likego.com
电子信箱:sales@likego.com
法定代表人:林松华
质量体系:ISO/TS 16949、ISO 14001
产品情况:电子防炫目内后视镜、流媒体后视镜、高清行车影像记录仪、新能源电动车VCU等多款高端智能车载产品
配套及出口情况:为海马汽车、吉利汽车、众泰汽车、长安福特、日产汽车、江淮汽车等国内主机厂车厂提供汽车智能电子产品;出口东南亚、中东、欧美等国际市场

★厦门锐阳电子有限公司
地址:福建省厦门市海沧区中沧东路9号1号楼3层
邮编:361026
电话:0592/5181087、18030116171
传真:5189677
网址:www.lkk－ae.com
电子信箱:lkk@lkk－ae.com
法定代表人:洪银治
质量体系:ISO/TS 16949
产品情况:(LKK牌)
继电器、变压器线圈、LED驱动电路及其他一些电子元器件
出口情况:出口海外市场

★海拉(厦门)电气有限公司
地址:福建省厦门市火炬高新区集成路1446号厂房第一层
邮编:361026
电话:0592/3380001
传真:3163028
网址:www.hella.cn
法定代表人:Mary－Anne Gisela Irmgard Krasemann
质量体系:ISO/TS 16949
产品情况:汽车继电器及其他汽车电子控制产品,主要有S2、Micro等型号的继电器及油位传感器
配套情况:主要客户有上汽大众、一汽-大众、上汽通用、现代汽车等整车厂,并成为德尔福汽车线束、汕头YAZAKI等汽车配件一级供应商

★吉门保险丝制造(厦门)有限公司
地址:福建省厦门市海沧区(东孚)山边中路89号
邮编:361027
电话:0592/6315555、6197168
传真:6197161、5748436
网址:www.zeeman.cn
电子信箱:sales@zeeman.cn
法定代表人:郑金池
质量体系:ISO/TS 16949
产品情况:(吉门牌)
熔断丝
配套情况:为一汽-大众配套

★东太利(厦门)电子有限公司
地址:福建省厦门市同安区环东海域美溪道同安园1号1123室
邮编:361100
电话:13625005645
电子信箱:1157390587@qq.com
法定代表人:高振硕
产品情况:(征服者牌)
汽车雷达安全警示器、GPS卫星定位雷达、智能型导航雷达和电子狗安全警示器
出口情况:出口欧洲、美洲,并销往中国香港、中国澳门、中国台湾地区

★厦门歌乐电子企业有限公司
地址:福建省厦门市同安区城东工业区榕泉路15号
邮编:361100
电话:0592/7132350
传真:7132650
网址:www.clarion.com
电子信箱:hr@clarion.com.cn
法定代表人:KIMURA TOSHIYA
单位人数:300
质量体系:IATF 16949、ISO 14001
产品情况:(CLARION牌)
车用机芯、汽车音响整机
配套情况:为上汽通用、本田、海马、长城、标致、雪铁龙等配套

★厦门达真电机有限公司
地址:福建省厦门市同安区洪塘头一路142号
邮编:361100
电话:0592/6023839、7392011
传真:6022091
网址:www.xmdazhen.com
电子信箱:sales@xmdazhen.com
法定代表人:陈红岩
质量体系:ISO 9001、ISO 14001
产品情况:(达真牌)
微电机、磁感应组件及冲压零件
出口情况:远销日本、韩国、美国、墨西哥、以色列、印度、俄罗斯、印度尼西亚、马来西亚等国家,并销往中国台湾、中国香港地区

★厦门捷欧汽车电子有限公司
地址:福建省厦门市同安区环东海域美溪道湖里工业园21号三楼
邮编:361100
电话:0592/5329229、18150100360
传真:5328329
电子信箱:biny_850214@163.com

法定代表人(负责人):许江东
质量体系:ISO/TS 16949
产品情况:电子加速踏板、车灯随动系统、电动车换挡杆及各种传感器等汽车电子产品

★泉州市名品电子股份有限公司
地址:福建省泉州市经济技术开发区清濛园区 D-05(A)号地块
邮编:362000
电话:0591/22418798、22418768
传真:22418767
网址:www. minpn. com
电子信箱:sale1@ minpn. com
法定代表人:颜凌峰
质量体系:ISO/TS 16949
产品情况:倒车雷达系统、倒车可视系统、行车记录产品、HUD 抬头显示系统、汽车盲区监测(并道辅助 BSM)系统、TPMA 胎压检测系统、自动泊车系统(APA)、PEPS 一键起动系统等汽车电子产品
配套及出口情况:为东南汽车、厦门金龙、福汽新龙马、猎豹汽车、众泰汽车、汉腾汽车量产供货;出口东南亚、俄罗斯、中东、欧美等国家和地区,并销往中国台湾地区

★福建艺达电驱动股份有限公司
地址:福建省泉州市经济技术开发区玉狮路 20 号
邮编:362005
电话:0595/22463588、8008585226
传真:22463587、22491392
网址:www. yida. cc
电子信箱:yida@ yida - co. com
法定代表人:陈孙艺
质量体系:ISO/TS 16949、ISO 14001
产品情况:(金笛牌)
新能源驱动电动机、喇叭、发电机、起动机
配套情况:为一汽集团、锡柴等配套

★晋江豪发工业有限公司
地址:福建省晋江市安东园开发区
邮编:362261
电话:0595/85721550、85721919
传真:85788136
电子信箱:xyy168@ vip. sina. com
法定代表人:许永裕
质量体系:ISO 9001、ISO 14001
产品情况:(DSK 牌、TSK 牌)
汽车拉线
出口情况:出口东南亚、南美洲、中东、非洲等地区

★南安市诗来福汽车电机制造有限公司
地址:福建省南安市码头仙美留安工业区
邮编:362312
电话:0595/86452988、86460276
传真:86460275
网址:www. slfdj. net
电子信箱:slfdj@ slfdj. net
法定代表人:李志辉
质量体系:ISO 9001
产品情况:(诗来福牌)
专业生产汽车交流发电机及其配件,具有年产 40 万台发电机的生产能力
配套情况:为北奔重汽、德国曼底盘、沃尔沃客车、北方尼奥普兰、凯斯鲍尔、桂林大宇、厦门金龙、郑州宇通、中通客车、广通、扬子、扬州亚星、少林客车、海门客车、江淮汽车、合肥客车、友谊客车、华新客车、牡丹客车、浙江飞蝶客车、上海客车等配套

★福建省闽华电源股份有限公司
地址:福建省安溪县经济开发区龙桥工业园
邮编:362442
电话:0595/23235550、23013823
传真:23235321、23205603
网址:www. chinaminhua. com
电子信箱:mhsecurities@ aliyun. com
法定代表人:谢文坚
单位人数:2000
质量体系:ISO 9001、ISO 14001
产品情况:(闽华牌)
高容量密封型免维护无镉铅酸蓄电池及铅酸蓄电池极板
出口情况:出口东南亚、中东,并销往中国香港、中国台湾地区

★漳州市利利普电子科技有限公司
地址:福建省漳州市蓝田工业开发区福歧北路 26 号
邮编:363005
电话:0596/2109323、13723745254
传真:2109611
电子信箱:sales@ lilliput. com. cn
法定代表人:陈荣世
质量体系:ISO 9002
产品情况:(LILLIPUT 牌)
车载液晶监视器、车载电脑、车载 GPS 导航仪、车载触摸显示器、车载 DVD、汽车后视系统、车载液晶电视等
出口情况:远销东南亚、中东、俄罗斯、欧洲、美洲

★漳州矢崎汽车配件有限公司
地址:福建省漳州市龙文区梧桥北路 6 号
邮编:363007
电话:0596/2101353
传真:2101592
网址:www. yazaki - china. com
电子信箱:zzyrsk@ yazaki. com. cn
法定代表人:稲冈恭治
产品情况:(Yazaki 牌)
主要生产汽车用组立电线

★漳州市华威电源科技有限公司
地址:福建省漳州市云霄县列屿镇工业集中区
邮编:363309
电话:0596/8991888
传真:8998999 - 1888
网址:www. huawei - battery. com
电子信箱:HW@ huawei - battery. com
法定代表人:柯志民
质量体系:ISO 9001、ISO 14001
产品情况:电动车电池、汽车电池、储能电池及配套塑料五金制品
出口情况:远销欧洲、北美洲、东南亚、中东、南美洲等 130 多个国家和地区

江西省

★江西江铃秦川电器有限公司
地址:南昌市南昌县小蓝工业园富山大道
邮编:330200
电话:0791/85989666、85989218
传真:85989366
电子信箱:13870076078@ 163. com
法定代表人(负责人):吴志涛
单位人数:80
质量体系:ISO/TS 16949、QS 9000
产品情况:汽车线束、主要产品为五十铃 N 系列和 T 系列车型全车线束
配套情况:为江铃汽车配套

★佛吉亚好帮手电子科技有限公司
地址:江西省丰城市高新园区
邮编:331100
电话:0795/7156666、4008307916
网址:www. faureciacoagent. com
法定代表人:LI Jingcheng
质量体系:ISO/TS 16949、ISO 14001
产品情况:车载娱乐、车载导航、驾驶安全、车身电子、车联网信息及塑胶五金部件等汽车智能电子系统与塑胶五金部件
配套情况:为一汽、长安、奇瑞、吉利、江淮、长城、海马、广汽长丰、众泰、广汽吉奥、曙光、众泰、汇众、江铃、福迪、厦门金龙、东风渝安、重庆金冠、重庆迪马、南京依维柯等汽车厂家配套

★江西浩风电器有限公司
地址:江西省宜春市经济开发区工业 1 路 A1 - 9
邮编:336000
电话:0795/3668811、13970508811
传真:3668788
电子信箱:ehaofeng@ 126. com
法定代表人:赵永安
质量体系:ISO/TS 16949、ISO 9001
产品情况:水温传感器、温控开关、机油压力开关、燃油泵总成、玻璃升降器、汽车用管路等
配套情况:为北汽集团配套

★江西奥沃森新能源有限公司
地址:江西省赣州市上犹县黄埠工业园北区
邮编:341214

电话:0797/8577111、8577333
传真:8577555
网址:www. jxoursun. com
电子信箱:gnxs01@ jxoursun. com
法定代表人:熊建文
产品情况:免维护蓄电池
配套及出口情况:是金龙、众泰、福田、吉利、中联重科等多家知名企业的主要供应商;远销中东、亚洲、非洲、欧美等地区

★江西住电电装有限公司
地址:江西省吉安市吉州区工业园
邮编:343000
电话:0796/68251717、15970245876
传真:68251722
网址:www. sws. co. jp
电子信箱:1606939268@ qq. com
法定代表人:松冈充彦
产品情况:汽车线束、电装产品
配套及出口情况:为日本丰田、本田等世界知名厂商供货;出口日本

山东省

★山东鲁得贝车灯股份有限公司
地址:济南市高新技术开发区开拓路777号
邮编:250101
电话:0531/88879699、88879719
传真:88879680、88879689
网址:www. ldb. com. cn
电子信箱:service@ ldb. com. cn
法定代表人:李育正
单位人数:400
质量体系:ISO/TS 16949、ISO 14001
产品情况:(鲁得贝牌)
汽车灯具、后视镜及锁具,年产能力500万只车灯
配套情况:为一汽集团、东风汽车公司、重汽集团、重庆重汽、陕西汽车制造厂、跃进汽车、北汽福田、奇瑞轿车、尼奥普兰、哈飞、西安秦川、比亚迪汽车等供货

★大陆汽车电子(济南)有限公司
地址:济南市历城区机场路4307号
邮编:250107
电话:0531/85837700
网址:www. continental - automotive. cn
电子信箱:xin. lei@ continental - corporation. com
法定代表人:Juergen Heim
产品情况:商用汽车仪表、车身控制器、传感器等产品

★聊城汇创电机有限公司
地址:山东省聊城市经济开发区辽河路295号
邮编:252000
电话:13287567899
传真:0635/2998002
网址:www. lchuichuang. com
电子信箱:lc - huichuang@ 163. com
法定代表人:程星海
质量体系:ISO/TS 16949
产品情况:(慧创牌)
减速起动机及其零部件、电动汽车用开关磁阻电动机、永磁无刷直流电动机、轮毂电动机等;主要适配于潍柴、重汽、杭发、东风康明斯、重庆康明斯、西安康明斯、福田康明斯、东风雷诺、上柴、大柴、玉柴、朝柴、锡柴、淄柴、常柴、南汽、五十铃、道依茨、沃尔沃、斯堪尼亚、荷兰达夫、德国曼、梅赛德斯奔驰等系列发动机和货车
出口情况:出口俄罗斯、西班牙、英国、德国、美国、加拿大、韩国、巴西、阿根廷、印度、沙特阿拉伯、伊朗、巴基斯坦、哈萨克斯坦、南非、越南、柬埔寨等多个国家和地区

★聊城杰孚电机有限公司
地址:山东省临清市东环路南首路东
邮编:252600
电话:0635/2419188、15806359718
传真:2419788
网址:www. lcjf. com
电子信箱:437972546@ qq. com
法定代表人:李世东
质量体系:ISO/TS 16949
产品情况:(杰孚牌)
单缸、两缸、三缸、四缸、六缸汽车起动机和发电机;年产起动机40万台,发电机6万台,曲轴10万条
配套及出口情况:为玉柴、潍柴、中国一拖、南昌恒天动力、莱动、常发等配套;部分产品出口澳大利亚、东南亚等国家和地区

★聊城恒大电机有限公司
地址:山东省临清市康庄工业园
邮编:252656
电话:0635/2719666、13506352630
传真:2716009
电子信箱:lchddj888@ 126. com
法定代表人:丁尚保
质量体系:ISO/TS 16949
产品情况:各种车用交流发电机及电机配件

★山东风帆电机有限公司
地址:山东省高唐县经济技术开发区风帆路
邮编:252800
电话:0635/3991795、13963593526
传真:2960088
网址:www. sdffdj. com
电子信箱:fengfandj@ 126. com
法定代表人:姚桂芳
质量体系:ISO/TS 16949
产品情况:(风帆牌)
汽车用交流发电机、减速起动机、转向器、无刷交流发电机、新能源汽车驱动电动机等
配套情况:被多家车辆厂及内燃机厂采用

★山东泉海汽车科技有限公司
地址:山东省高唐县政通西路
邮编:252800
电话:0635/2139588
传真:2137988
网址:www. shandongquanhai. com
电子信箱:shandongquanhai@ sina. com
法定代表人:车成明
单位人数:400
产品情况:车载GPS多媒体导航系统、车载音响、组合仪表、车用线束、车用电器、车用喇叭、倒车后视监控系统等产品
配套情况:与一汽通用云南红塔汽车制造厂、一汽通用哈尔滨商用汽车、沈阳华晨金杯车辆、聊城中通客车、陕西重型汽车、中国重汽集团五个公司、山东唐骏欧铃、时风集团、福田雷沃国际重工、力帆骏马车辆、德州富路电动轿车、河北御捷电动轿车、临沂大阳电动车公司配套

★淄博永泰电机有限公司
地址:山东省淄博市淄川区磁村镇工业园
邮编:255192
电话:0533/5558099、5559099
传真:5554511、5559262
网址:www. zbytdj. com
电子信箱:zbytdj@ sina. com
法定代表人:于成龙
质量体系:ISO/TS 16949
产品情况:(永泰牌)
发电机和电动汽车用直流电动机,年生产能力50万台
配套及出口情况:为东风朝柴、锡柴四达、江苏扬动、华源莱动、北汽福田等十几个主机厂配套;出口东南亚、拉丁美洲等地区

★山东山博电机集团有限公司
地址:山东省淄博市博山区北山路76号
邮编:255200
电话:0533/2641888、2641000
传真:2641030
电子信箱:shanbomotor@ 163. com
法定代表人:李仲敏
质量体系:ISO 9001
产品情况:(山牌)
控制微电机、车辆电动机、交流电动机、精密齿轮传动装置等产品
出口情况:大批电机产品出口亚洲、非洲、欧洲、美洲、大洋洲等50多个国家和地区

★山东省博兴县开元车辆配件有限公司
地址:山东省博兴县经济开发区富源路639号
邮编:256500
电话:0543/2126377、0532/68971246

传真:0543/2126377、0532/68971246
网址:www.freedream4x4.com
电子信箱:sale01@kaiyuan4x4.com
法定代表人:张心明
质量体系:ISO/TS 16949、ISO 9001
产品情况:专业生产保险杠、龙门架、踏板、行李架、(镀铝、镀锌、不锈钢三大系列)汽车消声器、三元催化器等汽车配件,年生产能力20余万套
配套及出口情况:为江淮汽车、河北中兴、郑州日产、长春一汽、东风凯马、保定长城、保定恒天、天汽美亚、沈阳华晨、山西成功、江西江铃、四川华瑞等汽车制造商配套;出口俄罗斯、中东、南亚、北美洲、南美洲等国家和地区

★潍坊万隆电气股份有限公司
地址:山东省潍坊市高新技术开发区银枫路9号
邮编:261061
电话:0536/8865380、4000678988
传真:8865381
网址:www.wanlongdianqi.com
电子信箱:wanlongdianqi@163.com
法定代表人:刘林
质量体系:ISO 9001、ISO/TS 16949
产品情况:各种车用起动机、车用电器控制系统、新能源汽车电动机/控制器、工业机器人等
配套情况:为北汽福田、福田雷沃重工、天津帕金斯、无锡锡柴、安徽全柴动力、山东华源莱动、潍柴华丰动力、潍柴集团扬柴、洛阳柴油机厂、华东柴油机、山东时风集团、荣成海山集团等配套

★山东泰瑞汽车机械电器有限公司
地址:山东省诸城市舜王街道政府驻地
邮编:262214
电话:0536/6489167
传真:6489161
网址:www.shandongtairuiqiche.com
电子信箱:tairuigongsi@163.net
法定代表人(负责人):张波
单位人数:1300
质量体系:ISO/TS 16949
产品情况:(泰瑞牌)
汽车车身、汽车灯具、汽车电子仪表、货厢等产品
配套情况:为北汽福田、济南重汽、烟台东岳、柳州五菱等国内重要汽车生产企业配套

★诸城市新东方汽车仪表有限责任公司
地址:山东省诸城市舜王街道办事处民营工业园
邮编:262233
电话:0536/6079172、6079168
传真:6079172
网址:www.zcxdf.com
电子信箱:zcxdfxs@126.com
法定代表人:臧家兰
单位人数:54
质量体系:ISO/TS 16949
产品情况:(DONGTIAN 牌)
汽车CAN总线仪表、整车控制器,组合仪表、电动车仪表,助力泵控制器等电控及电驱系统产品,扬声器、车载MP3、多媒体系统等信息娱乐系统,电子油门踏板、门窗控制模块系列、轮胎温压检测模块TPM5、带记忆控制模块、PKE遥控锁门、窗,行李舱、PKE无钥匙起动、车速里程传感器、车身控制器BCM、光照强度传感器、雨量传感器、电子里程传感器、电阻绕线式燃油传感器、干簧管燃油传感器、转速传感器等车身控制、安全及传感器
配套情况:为北汽福田、山东凯马、山东唐骏欧铃等配套

★大韩电子(烟台)有限公司
地址:山东省烟台市福山高新技术产业区永达街
邮编:264000
电话:0535/6307137、6307138
传真:6307135
电子信箱:rui.shang@deychina.com
法定代表人(负责人):李英秀
质量体系:ISO/TS 16949、ISO 14001
产品情况:汽车信号传输线束,年产15万套
配套情况:为美国通用、韩国大宇、双龙、现代等配套

★烟台利时德拉索系统有限公司
地址:山东省烟台市芝罘区环海路89号
邮编:264002
电话:0535/6877215
传真:6846289
网址:www.hi-lex.co.jp
电子信箱:yaqin@cn.hi-lex.com
法定代表人:寺浦实
产品情况:用于各种汽车、农用机械、建筑机械和办公设备的电线电缆及相关部件产品
配套情况:为丰田、马自达供货

★三立(烟台)车灯有限公司
地址:山东省烟台市福山区永达路
邮编:264006
电话:0535/6438511
传真:6438510
网址:www.sl.co.kr
电子信箱:zhangxingyang@slworld.com
法定代表人:金秉完
质量体系:ISO/TS 16949、ISO 14001
产品情况:前照灯、尾灯、雾灯等
配套情况:主要客户有通用、现代、上汽、奇瑞

★威海新光电碳制品有限公司
地址:山东省威海市高技术产业开发区初村镇驾山路73号
邮编:264200
电话:0631/5711058、5711055
传真:5711008
电子信箱:rqgmdt@163.com
法定代表人:金坤明
质量体系:ISO/TS 16949
产品情况:(GUANGMING 牌)
汽车电动机用炭刷,年产炭刷15000万块,各类刷架总成及组件800万套

★威海泓泰电子科技有限公司
地址:山东省威海市工业新区温州路59号
邮编:264200
电话:0631/5583830、5331536
传真:5331901、5583676
网址:www.wh-hongtai.com
电子信箱:wh-htdz@126.com
法定代表人:王德京
质量体系:ISO/TS 16949
产品情况:汽车电子线束
配套情况:已多年为江西昌河铃木汽车(包括景德镇工厂和九江工厂)、华泰汽车、斗山工程机械、中通客车等客户配套供应线束

★威海爱思特传感技术有限公司
地址:山东省威海市高技术开发区双岛湾科技城电子信息与智能制造产业园11栋369-8号
邮编:264209
电话:0631/5651833、5705788
传真:3657679
网址:www.st4u.cn
电子信箱:sales@st4u.cn
法定代表人:严宗学
产品情况:泊车辅助系统等超声波传感器及传感器应用设备

★威海威嘉电气有限责任公司
地址:山东省威海市高新技术产业开发区火炬路197号
邮编:264209
电话:0631/5625505、5625511
传真:5625506
网址:www.sdwje.com
电子信箱:wje@sdwje.com
法定代表人:张惠修
单位人数:200
质量体系:ISO/TS 16949、QS 9000
产品情况:轿车电线束、货车电线束、重型机械、SUV电线束、发动机电线束(柴油、汽油)、安全气囊电线束等
配套情况:为一汽青岛汽车厂、一汽轿车、东风汽车公司发动机厂、韩国大宇重工业烟台公司等配套

★东洋机电(中国)有限公司
地址:山东省烟台市福山高新技术产业区福海路1003号
邮编:265500
电话:0535/6980035
传真:6980012
网址:www.dy.co.kr

法定代表人:曹秉昊
质量体系:ISO/TS 16949、ISO 14001
产品情况:液压油缸、汽车微电机、高尔夫球车、汽车洗车机等
配套情况:液压油缸供多家国内外知名工程机械厂家;汽车电动机供多家国内外知名汽车整车及配件厂

★烟台矢崎汽车配件有限公司
地址:山东省烟台市福山高新技术产业区永达街886号
邮编:265500
电话:0535/6329901
传真:6329919
网址:www. yazaki - china. com
法定代表人:川井崇
质量体系:ISO 9001、ISO 14001
产品情况:汽车用线束
配套及出口情况:为日本丰田、铃木配套;产品100%出口日本

★烟台日用友捷汽车电气有限公司
地址:山东省烟台市福山区明泉路56号
邮编:265508
电话:0535/2138318
网址:www. shry. net
法定代表人:何伟
质量体系:QS 9000、ISO/TS 16949
产品情况:用于汽车座椅调节器及玻璃升降器的电动执行元件、汽车新型发动机的冷却风扇总成和鼓风机、汽车电子组件等

★莱尼电气系统(蓬莱)有限公司
地址:山东省蓬莱市刘家沟镇工业园
邮编:265608
电话:0535/3353719、5967978
传真:5967978
网址:www. leoni. com
电子信箱:shan. jiang@ leoni. com
法定代表人:吕乐明
质量体系:IATF 16949
产品情况:汽车线束
配套情况:为韩国双龙、韩国通用供货

★青岛理研电线电缆有限公司
地址:山东省青岛市城阳区惜福镇三元集团工业园
邮编:266000
电话:0532/87931677、87931616
传真:87931662
网址:www. qdsanyuan. com
电子信箱:riken - qd@ 163. com
法定代表人:张杰民
质量体系:ISO 9001、ISO 14001
产品情况:汽车线等电线电缆和插头电源线

★青岛三元摩拓泰电子有限公司
地址:山东省青岛市城阳区
邮编:266100
电话:0532/87931877
传真:87931703
网址:www. qdsanyuan. com
电子信箱:bo. wang@ qdsanyuan. com
法定代表人:刘庆平
产品情况:汽车车身电子、汽车安全电子

★青岛悠进电装有限公司
地址:山东省青岛市城阳区惜福镇铁骑山路62号三元工业园
邮编:266106
电话:0532/87931876
传真:87931701
网址:www. qdsanyuan. com
电子信箱:yjsunxianbin@ 126. com
法定代表人:刘庆平
质量体系:ISO/TS 16949、ISO 14001
产品情况:已具备300万套汽车整车线束的年生产能力
配套情况:主要客户有上汽通用五菱、北汽、一汽、陕汽、美国通用汽车、韩国现代起亚汽车、李尔、美国德纳、伟巴斯特等

★马勒贝洱热系统(青岛)有限公司
地址:山东省青岛市城阳区上马街道
邮编:266112
电话:0532/87011757
传真:87812656
网址:www. cn. mahle. com
电子信箱:di. wang@ cn. mahle. com
法定代表人:Wolfgang Humbeck
产品情况:汽车发动机热控电子系统的开发与生产以及生产相关的温度控制装制、汽车电子控制系统的输入输出部件

★辉门迪瓦(青岛)汽车零部件有限公司
地址:山东省青岛经济技术开发区通河路269号
邮编:266510
电话:0532/86860618
网址:www. federalmogul. com
电子信箱:may. chen@ federalmogul. com
法定代表人:成音
产品情况:主要生产火花塞、刮水器、系统保护产品

★青岛莱特电器有限公司
地址:山东省青岛市保税港区上海路12号(B)
邮编:266555
电话:0532/85724781、86766952
传真:85723242
电子信箱:316910687@ qq. com
法定代表人:李强
质量体系:ISO 9001
产品情况:(莱特牌)
汽车灯泡
出口情况:远销40多个国家;是美国GE公司的合作伙伴

★青岛松下电子部品(保税区)有限公司
地址:山东省青岛市保税区东京路49号
邮编:266555
电话:0532/58887999、58887709
网址:panasonic. cn
电子信箱:hanxiai@ cn. panasonic. com
法定代表人:佐藤敦司
质量体系:ISO 14001、ISO/TS 16949
产品情况:转向开关、组合开关、舵角传感器、遥控车钥匙等电子元件及模具部件
出口情况:出口日本、韩国、欧洲、美国等国家和地区

★莱尼电气系统(济宁)有限公司
地址:山东省济宁市高新区黄屯第七工业园
邮编:272104
电话:0537/5040200、5040213
传真:5040700
网址:www. leoni. com
电子信箱:fanhua. yuan@ leoni. com
法定代表人:吕乐明
质量体系:ISO/TS 16949、ISO 14001
产品情况:汽车线束
配套及出口情况:为通用、奔驰、沃尔沃供货;出口韩国

★陆博汽车电子(曲阜)有限公司
地址:山东省曲阜经济开发区天博路1号
邮编:273100
电话:0537/4676669
网址:www. continental - automotive. cn
电子信箱:zhangliang@ road - broad. com
法定代表人:Thomas Jauch
产品情况:防抱死制动系统车轮传感器以及发动机转速传感器和线路组件

★曲阜天博汽车零部件制造有限公司
地址:山东省曲阜市经济开发区发展大道58号
邮编:273100
电话:0537/4436203、4436301
网址:www. qftemb. com
电子信箱:sales@ qftenb. com
法定代表人:吕新民
质量体系:ISO/TS 16949
产品情况:主要产品有节温器、温度传感器、机油压力报警器、PCV阀、倒车灯开关、制动灯开关、空挡开关、ETM、TPMS胎压传感器、热敏开关等产品
配套及出口情况:为上汽通用、一汽-大众、上汽大众、长安福特、神龙汽车、广汽丰田、广汽本田等90多家主机厂配套;批量出口英国、法国、美国等30多个国家和地区

★临沂高新区鸿图电子有限公司
地址:山东省临沂市国家高新区创新大厦B座
邮编:276017
电话:13573993254、15216587766
网址:www. lyhongtu. com. cn
电子信箱:archer@ lyhongtu. com. cn

法定代表人:许齐放
质量体系:ISO 9001
产品情况:(鸿图牌)
制动报警传感器、ABS 轮速传感器、车速传感器、制动附件套装等汽车电子传感器
配套及出口情况:被广泛用于奔驰、宝马、大众、捷豹路虎、保时捷、欧宝、凌志、标志等车系;远销欧美、亚洲、中东等多个国家和地区

河南省

★郑州天迈科技有限公司
地址:郑州市高新区莲花街316号10号楼
邮编:450001
电话:0371/65943808、4006001276
传真:65926209
网址:www. tiamaes. cn
电子信箱:xsb@ tiamaes. com
法定代表人:郭建国
质量体系:ISO/TS 16949、ISO 14001
产品情况:车载终端类、车载视频监控调度终端、行车记录仪、客流调查器、车载 LED 屏(头、腰、尾、内)、节站器、LED 全彩车尾屏、报站器
出口情况:远销海外

★郑州依波贝尔电子有限公司
地址:郑州市农业路经五路国际企业中心 A 座 905 室
邮编:450002
电话:0371/5377669
传真:63399432
法定代表人:王朋飞
产品情况:车载 GPS、手持 GPS 系统

★郑州文光车辆附件有限公司
地址:郑州市经济技术开发区第十七大街东经南五路南
邮编:450016
电话:0371/55631866
传真:55631899
网址:www. jswenguang. com
法定代表人:张文学
产品情况:汽车车灯、内装饰件、精密冲压件、模具
配套情况:主要客户有郑州海马、郑州宇通

★郑州跃博汽车电器有限公司
地址:河南省登封市中岳办事处东十里铺
邮编:452470
电话:0371/62800883、62800818
传真:62800600
网址:www. yueboo. cn
电子信箱:yb007@ vip. 163. com
法定代表人:张石峰
单位人数:500
质量体系:ISO/TS 16949
产品情况:能够配合客户进行整车电器架构设计及 CAN/LIN 的应用,开发智能电器盒、独立 BCM、系统控制模块、功能开关、全车线束等高品质产品
配套情况:为上汽通用五菱、昌河铃木、郑州日产、长安汽车、哈飞汽车、华泰汽车、众泰汽车、华晨金杯、力帆汽车、比亚迪、宇通、金龙、东风、奇瑞、江铃、比亚迪、长城汽车、一汽、重汽、双环、江铃汽车、三一重工、福田等 40 多家汽车制造企业配套

★新乡市荣泰电器有限公司
地址:河南省新乡市高新技术开发区创业园
邮编:453000
电话:0373/3520526
传真:3520626
网址:www. rongtaigs. com
电子信箱:rtdq@ 263. net
法定代表人:刘双成
质量体系:ISO/TS 16949
产品情况:专业从事中央电器控制盒、CAN-BUS 总线仪表、控制器、整车线束的研发、生产
配套情况:为许多汽车生产厂家配套

★新乡市亚洲电源股份有限公司
地址:河南省新乡市国家化学与物理电源产业园北二环路 2 号
邮编:453000
电话:0373/5808666、13569821777
传真:5830696
电子信箱:zhuowei1997@ 126. com
法定代表人:侯世众
质量体系:ISO/TS 16949、ISO 9001
产品情况:免维护蓄电池,观光旅游车、电动三轮车、电力自行车专用电池

★新乡辉簧弹簧有限公司
地址:河南省辉县市学院路北段路西
邮编:453600
电话:0373/2025552、17656153719
网址:www. hxspring. com
电子信箱:wenjm@ hxspring. com
法定代表人:元银贵
质量体系:ISO/TS 16949
产品情况:(五岳牌、辉簧牌)
汽车和摩托车电动机电器扁弹簧、平面涡卷簧、圆柱簧、卡簧和各类异形簧
配套及出口情况:为德国博世(长沙)公司、日立(长沙)公司、北京佩特来、上海迪克斯、东风电气公司、神电公司、深圳泰祥(中国台湾)、航宇救生、无锡神力等配套;出口美国、日本、韩国、东南亚等国家和地区

★台前县龙泉汽车电器有限公司
地址:河南省台前县马楼工业区
邮编:457600
电话:0393/2829088、2829366
传真:2829188
电子信箱:79133813@ qq. com
法定代表人:徐龙海
质量体系:ISO 9001
产品情况:(龙泉王牌)
汽车蓄电池、电子调节器、继电器、喇叭、电磁阀、各种车用开关

★鹤壁市恒泰电器有限公司
地址:河南省鹤壁市春雷路南段 25 号
邮编:458000
电话:0392/2679502、2691122
传真:2659236
电子信箱:hbliujun2008@ sina. com
法定代表人:刘小梅
质量体系:ISO/TS 16949
产品情况:汽车插接件、中央配电盒、熔断丝盒、汽车线束总成、ABS 线束、汽车用低压电线、电缆等
配套情况:为中国重汽集团、陕汽集团、郑州宇通集团、东风、重庆北汽集团、苏州金龙集团等配套

★河南天海电器有限公司
地址:河南省鹤壁市经济技术开发区松江路 003 号
邮编:458000
电话:0392/3314522
网址:www. thb. com. cn
电子信箱:sale@ thb. com. cn
法定代表人:张景堂
质量体系:ISO/TS 16949、ISO 14001
产品情况:汽车用连接器、电器熔断丝盒、汽车电子产品、电线束、线束专用设备、新能源汽车动力系统产品
配套及出口情况:主要合作伙伴有奥迪、大众、通用、上汽集团、一汽、沃尔沃、福特、上汽通用、中华、郑州日产、北汽集团、猎豹汽车、东风、上汽通用五菱、长城汽车、众泰汽车、东南汽车、长安汽车、奇瑞汽车、吉利汽车、比亚迪汽车、江淮汽车、宇通等;出口美国、德国、意大利、西班牙、澳大利亚、韩国等国家

★鹤壁天海电线有限公司
地址:河南省鹤壁市淇滨开发区淇滨大道 215 号
邮编:458000
电话:0392/3314522、3226115
传真:3335171
电子信箱:sale@ thb. com. cn
法定代表人:张景堂
质量体系:ISO/TS 16949
产品情况:德标、日标、国标、美标汽车电线的各种规格

★鹤壁欧派克电气有限公司
地址:河南省鹤壁国家经济技术开发区东海路 539 号
邮编:458030
电话:0392/2655555、3333168
传真:3333111
网址:www. hbopk. com
电子信箱:hbopk@ vip. 163. com

法定代表人:池保军
质量体系:ISO/TS 16949
产品情况:插接器、熔断丝盒、熔断器、线束等
配套情况:主要配套长城汽车、五菱汽车、陕西重汽、一汽、北汽、宇通以及新能源汽车等国内车厂

★洛阳黄河软轴控制器股份有限公司
地址:河南省洛阳市高新区侯天路1号
邮编:471003
电话:0379/64322464、64337997
传真:64319114、64324750
网址:www.hhrz.com
电子信箱:lyhhrz@163.com
法定代表人:杨长儒
质量体系:ISO/TS 16949、QS 9000
产品情况:(RKC牌)
主要产品有LJ软轴控制器系列和ME电子操控系列两大类
配套及出口情况:为一汽、东风、北汽福田、华德尼奥普兰、重庆恒通、宇通重工、三一、福田雷沃、山工、柳工、徐工、成工、山东临工、厦工、中国一拖、约翰迪尔佳联、武汉船舶重工等上百家大型主机厂配套;出口东南亚、非洲、欧美等地区

★开封日津汽车线束有限公司
地址:河南省开封市开封经济技术开发区杏花营工业园区宋城路西段
邮编:475000
电话:0378/3688606、23669605
传真:3688606
网址:www.sws.co.jp
电子信箱:cping9999@2008.sina.com
法定代表人:张世甲
产品情况:汽车线束及其零部件

★开封住成电装有限公司
地址:河南省开封市开封新区魏都路西段
邮编:475000
电话:0371/23381063、23381152
传真:23380935
网址:www.sws.co.jp
电子信箱:li-xiaoli@hzc-china.com
法定代表人:绪方佳幸
产品情况:为东风日产主力车型(如奇骏、逍客、轩逸、TIIDA、骊威等)研发、生产汽车线束
配套及出口情况:为东风日产等配套;出口菲律宾、日本

湖北省

★武汉斯坦雷电气有限公司
地址:武汉市东西湖开发区革新路366号
邮编:430040
电话:027/83265953
网址:www.stanley.co.jp
电子信箱:chentong@stanleywh.com
法定代表人:富永伸治
产品情况:汽车灯具、电子产品、模具

★三叶士林电机(武汉)有限公司
地址:武汉市东西湖区径河街吴北路513号
邮编:430040
电话:027/83249606
传真:83088055
网址:www.mitsuba.co.jp
电子信箱:xing.wang@mscwh.com
法定代表人:多田巧
产品情况:汽车冷却风扇电动机、刮水器系统、起动机、燃料泵、汽车电子控制系统、其他汽车电装品以及其配套零部件
配套情况:为东风汽车配套

★荷贝克电源系统(武汉)有限公司
地址:武汉市东西湖区吴家山新城十三路3号
邮编:430040
电话:027/83266826
传真:83266831
网址:www.hoppecke.com.cn
电子信箱:hoppecke_wh@hoppecke.com.cn
法定代表人:马克措纳
单位人数:500
质量体系:ISO 9001、ISO 14001
产品情况:铅酸蓄电池和VRLA(阀控式)铅酸蓄电池以及镍镉蓄电池

★武汉菱电汽车电控系统股份有限公司

地址:武汉市东西湖区金银湖街清水路特8号
邮编:430048
电话:027/81821900、81821977
传真:81822580
网址:www.lincontrol.com
电子信箱:whldqc@163.com
法定代表人:王和平
质量体系:ISO/TS 16949
产品情况:汽油发动机管理系统、柴油发动机管理系统、替代能源发动机管理系统、混合动力发动机管理系统等
配套情况:为福田汽车等国内多家汽车、发动机企业配套
☞ 详细情况请参阅彩色宣传版面

★湖北天运汽车电器系统有限公司
地址:武汉市沌口经济技术开发区普天高科产业园15栋
邮编:430056
电话:027/84477105、15727073143
传真:84253601
网址:www.hbtianyun.com
电子信箱:hbty@hbtianyun.com
法定代表人:马运凡
质量体系:ISO/TS 16949、QS 9000
产品情况:换挡用电磁阀等换挡系列、门灯开关等开关系列、车身控制器等控制器系列、门把手灯等LED系列及其他产品
配套情况:为东风商用车、东风汽车股份、陕西重汽、北京现代、东风悦达起亚、集瑞联合、东风裕隆、三一重工等国内知名汽车厂商配套

★武汉长光电源有限公司
地址:武汉市经济技术开发区车城大道172号
邮编:430056
电话:027/84891319、84891322
网址:www.cgb.com.cn
电子信箱:sales@cgbbattery.com
法定代表人:郑海东
质量体系:ISO 9001、ISO 14001
产品情况:(卫新牌)
阀控式铅酸蓄电池
出口情况:部分产品出口

★法雷奥市光(中国)车灯有限公司
地址:武汉市经济技术开发区创业路41号
邮编:430056
电话:027/59408208、59423014
网址:www.valeo.com.cn
电子信箱:yulu.xiao@valeo.com
负责人:关勇
单位人数:1700
质量体系:QS 9000、ISO 9001
产品情况:前照灯和尾灯,包括卤素前照灯、氙气前照灯和LED前照灯
配套情况:主要客户有神龙公司、一汽-大众、一汽-大众奥迪、东风日产、上汽通用、上汽大众、北京奔驰、华晨宝马、吉利、东风本田、奇瑞量子汽车、江淮汽车

★武汉东江菲特科技股份有限公司
地址:武汉市经济技术开发区创业四路47号
邮编:430056
电话:027/84211729、13871090511
传真:84212495
网址:www.wh-dongjiang.com
电子信箱:dj@wh-dongjiang.com
法定代表人:张在波
质量体系:ISO/TS 16949
产品情况:电磁阀、液压换压阀、底盘阀等汽车阀类产品
配套及出口情况:为神龙汽车、东风汽车公司、北汽福田、江淮汽车等大型汽车制造厂配套;成功进入欧美原装市场(OEM)

★东风富士汤姆森调温器有限公司
地址:武汉市经济技术开发区沌口街枫树二路51号
邮编:430056
电话:027/84281596
网址:www.dftc.com.cn
电子信箱:sales@dftc.com.cn

法定代表人：韩力
质量体系：ISO/TS 16949
产品情况：调温器、温控开关、热动元件、散热器盖等
配套及出口情况：为通用、大众、康明斯、福特、丰田、本田、雪铁龙、铃木、五十铃等知名汽车厂家在华的合资厂配套；远销北美洲、南美洲、欧洲

★武汉银泰科技电源股份有限公司
地址：武汉市经济技术开发区沌口小区特2号
邮编：430056
电话：027/84220888、84220443
传真：84258573
网址：www. intepower. com
电子信箱：group@ intepower. com
法定代表人：耿皓
质量体系：ISO 14001、ISO 9001
产品情况：储能阀控式铅酸蓄电池、燃料电池、锂离子18650电池组、锂亚硫酰氯电池等
出口情况：出口亚洲、欧洲、非洲、美洲等国家和地区

★湖北三环汽车电器有限公司
地址：武汉市经济技术开发区沌阳大道371号
邮编：430056
电话：027/84899516、84893044
网址：www. triring - zs. com
电子信箱：jszx@ triring - zs. com
法定代表人：王汉荣
单位人数：1700
质量体系：ISO/TS 16949、ISO 14001
产品情况：（中生牌）
喇叭、开关、车锁、电子、车阀等
配套及出口情况：与东风、一汽、神龙、东风日产、吉利、奇瑞、江淮、长安、沃尔沃、上汽通用五菱、比亚迪、江铃、长城、长丰、力帆、众泰、北汽、中国重汽、陕西重汽、重庆红岩等主机制造商建立了长期稳定的供求关系；远销欧洲、韩国、伊朗、印度、越南、埃及等国家和地区，并销往中国台湾地区

★艾菲发动机零件（武汉）有限公司
地址：武汉市经济技术开发区全力南路60号
邮编：430056
电话：027/84294943、84294931
传真：84222940
网址：www. efiautomotive. com. cn
电子信箱：contact@ efiautomotive. com
法定代表人：Patrick THOLLIN
单位人数：300
产品情况：（electricfil 牌）
动力系统传感器、动力系统促动器、动力系统机电模块、电池管理模块、点火系统
配套情况：为德国大众全球（大众墨西哥发动机厂、大众大连发动机、大众上海发动机等）、美国福特、上汽通用、澳大利亚HOLDEN、奇瑞汽车等汽车整车厂及零配件厂配套

★武汉诚盛电子有限公司
地址：武汉市经济技术开发区万家湖路189号
邮编：430056
电话：027/84236588
传真：84236577
网址：www. whcs. com. cn
电子信箱：gxb@ whcs. com. cn
法定代表人：闵烨
质量体系：ISO/TS 16949
产品情况：汽车钟、汽车灯具、继电器、车载多功能显示器、注塑件、喷涂件、非金属电镀件等产品
配套情况：为神龙汽车、江铃汽车、东风日产乘用车、东南汽车、奇瑞汽车等汽车厂配套，并通过法国标致、雪铁龙集团全球采购供应商资格审核

★武汉正奥莱尼汽车线束有限公司
地址：武汉市经济技术开发区珠山湖大道40号
邮编：430056
电话：027/84212612、84755366
传真：84213997
网址：www. leoni - zhengao. com
电子信箱：htlsd05@ 163. com
法定代表人：吕乐明
单位人数：800
产品情况：主要经营产品为轿车整车线束、蓄电池电缆、空调线束以及其他小线束
配套情况：主要客户有东风乘用车、神龙汽车、长安标致雪铁龙、东风贝洱、友德、航盛等

★湖北开特汽车电子电器系统股份公司
地址：武汉市武昌区白沙洲堤后街52号
邮编：430064
电话：027/50752905
网址：www. kait. com. cn
电子信箱：service@ kait. com. cn
法定代表人：张崇峻
质量体系：ISO/TS 16949
产品情况：传感器、功率模块、执行器、控制器等
配套情况：为东风汽车公司、东风标致雪铁龙、一汽-大众、长安汽车、吉利汽车、奇瑞汽车、江淮汽车等配套

★湖北泓盈传感技术有限公司
地址：武汉市关山一路1号光谷软件园恒隆大楼一楼
邮编：430073
电话：027/87570168
传真：87570151
电子信箱：sales@ usisensor. com
法定代表人：吴其洲
负责人：张其军
质量体系：ISO/TS 16949
产品情况：汽车专用线束、扭力传感器、压力传感器
配套情况：为一汽集团、长安汽车、哈飞汽车、奇瑞汽车、吉利汽车、京华客车、东风、金杯、北汽福田、海南马自达、中兴、东南、五菱、英格索兰、复盛机械等配套

★广州三叶电机（武汉）有限公司
地址：武汉市汉南区纱帽街幸福工业园
邮编：430090
电话：027/84398895
传真：84398895
网址：www. mitsuba. co. jp
电子信箱：luojuan_wh@ mitsuba. cn
法定代表人：顾伟成
产品情况：汽车用的车窗电动机、前后刮水电动机、小型电动机、前后刮水总成、玻璃清洗器及喇叭等汽车零部件

★艾圣特传感系统（武汉）有限公司
地址：武汉市汉南区兴城大道499号
邮编：430090
电话：027/84749039
网址：www. kait. com. cn
电子信箱：management@ ascent - e. com
法定代表人：郑海法
产品情况：电子传感器及控制模块等产品，产品广泛应用于汽车动力总成系统、传动系统、制动系统、ESC电子稳定系统

★武汉奥泽电子有限公司
地址：武汉市经济开发区（汉南区）纱帽街兴城大道499号
邮编：430090
电话：027/50728839
网址：www. kait. com. cn
法定代表人：郑海法
产品情况：调速模块、空调控制面板、BCM车身控制器、PEPS控制器、逆变器、天窗车窗控制器等控制器类产品

★武汉汉升汽车传感系统有限责任公司
地址：武汉市蔡甸区大集天鹅湖大道122号
邮编：430113
电话：027/69165122
传真：69164942
网址：www. whhansheng. com
电子信箱：sales@ whhansheng. com
法定代表人：王平
质量体系：ISO/TS 16949
产品情况：（汉升牌）
水温感应塞、机油压力传感器、车速传感器、油量传感器、油（气）压报警器等汽车仪表传感器、电子调节器、刮水器总成、桥式整流器、继电器及JK开关等各类汽车小型电器
配套情况：为一汽大柴、一汽锡柴、扬柴、玉柴、朝柴、东风汽车公司、北汽福

田、延锋伟世通(绍兴)仪表公司、上海德科等全国大中型柴油机及汽车仪表专业生产厂家配套

★武汉光庭科技有限公司
地址:武汉市东源新技术开发区凤凰山产业园凤凰园三路1号
邮编:430200
电话:027/87613871、87613872
网址:www.kotei.com.cn
电子信箱:yujiex@kotei.com
法定代表人:朱敦尧
质量体系:ISO 9001
产品情况:车载导航娱乐系统、图形化液晶仪表、车载通信系统等

★武汉住电电装有限公司
地址:武汉市东湖新技术开发区关山一路武汉汽车电子产业园
邮编:430223
电话:027/81691193、81691196
传真:81691190
网址:www.sws.co.jp
电子信箱:lijun@whsw.net.cn
法定代表人:加藤裕司
质量体系:ISO 9001
产品情况:汽车线束
配套情况:为东风本田配套

★湖北孝感华中车灯有限公司
地址:湖北省孝感市长征路199号
邮编:432000
电话:0712/2322183、2322144
传真:2322163
网址:www.hbhzcd.com
电子信箱:hzcd@hzcd.com.cn
法定代表人:陈德安
单位人数:300
质量体系:ISO/TS 16949、QS 9000
产品情况:(华中牌)
具有年产120万套各种中、高档汽车灯具的研制和生产能力
配套情况:为重庆长安、重庆长安铃木、河北长安、南京长安、北京长安、陕西重型汽车、东风渝安(小康)汽车、福建东南汽车、华晨鑫源汽车、保定长安客车、广汽中兴汽车的骨干配套企业

★湖北华中光电科技有限公司
地址:湖北省孝感市长征路199号
邮编:432000
电话:0712/2873901、2873868
传真:2323238
网址:www.hb238.com
电子信箱:238@hb238.com.cn
法定代表人:陈海波
单位人数:1300
质量体系:IATF 16949
产品情况:汽车灯具等
配套情况:主要配套于上汽通用、长安福特、重庆长安、东风本田、神龙汽车、吉利汽车等公司

★湖北汉光科技股份有限公司
地址:湖北省孝感市长征路257号
邮编:432000
电话:0712/2684404、2687755
传真:2682222
网址:www.ourhg.com
电子信箱:01@ourhg.com
法定代表人:梅祖军
质量体系:ISO 9001
产品情况:(汉光牌、三工牌)
汽车卤钨灯、封闭式汽车前照灯、节能灯、LED灯、PAR灯、彩色聚光灯等
出口情况:远销欧美、日本、韩国、东南亚、印度等国家和地区,并销往中国香港、中国澳门、中国台湾地区

★湖北汉光照明股份有限公司
地址:湖北省孝感市孝汉大道29号
邮编:432000
电话:0712/2682345
电子信箱:17@ourhg.com
法定代表人:杨尚荣
质量体系:ISO 9001
产品情况:(三工牌、汉光牌)
汽车灯
出口情况:部分产品出口

★孝感矢崎汽车部件有限公司
地址:湖北省孝感市孝汉大道纵四路8号
邮编:432000
电话:0712/2107770
网址:www.yazaki-china.com
法定代表人:内山裕司
产品情况:车用线束
配套情况:为东风本田、东风日产配套

★孝感市瑞莱特汽车照明有限公司
地址:湖北省孝感市国家高新技术产业开发区孝天工业园文昌大道39号
邮编:432100
电话:0712/2584985
传真:2584984
网址:www.realight.cn
电子信箱:info@realight.cn
法定代表人:段庆华
质量体系:ISO 9001
产品情况:(REALIGHT牌)
氙气灯系列、蓝钻之光系列、增亮系列及组合灯系列等产品

★孝感爱创立电线有限公司
地址:湖北省孝感市开发区孝汉大道纵四路8号
邮编:432100
电话:0712/2369965
传真:2369956
法定代表人:吴升豪
质量体系:ISO 9001
产品情况:汽车用电线
出口情况:远销日本、美国和欧洲等国家和地区

★湖北小糸车灯有限公司
地址:湖北省孝感市孝感国家高新技术开发区文昌路特1号
邮编:432100
电话:0712/2108700、2108716
传真:2108710
网址:www.koito.co.jp
电子信箱:ding-yanzhi@hkoito.com.cn
法定代表人:有马健司
产品情况:汽车灯具

★开特电子云梦有限公司
地址:湖北省云梦县经济开发区(南环路40号)
邮编:432599
电话:0712/4225805
网址:www.kait.com.cn
电子信箱:2933995942@qq.com
法定代表人:郑海法
产品情况:主要产品为NTC温度传感器产品

★湖北烨和电子科技有限公司
地址:湖北省孝昌县经济开发区城南工业园站前二路八号
邮编:432900
电话:0712/4767777
传真:4777999
网址:www.auto-part.com.cn
电子信箱:service@mail.pntronic.com
法定代表人:代幼富
质量体系:ISO/TS 16949、ISO 9001
产品情况:各式贴片二极管、各式车用整流二极管、车用调节器专用集成电路、各式车用发电机电压调节器与整流器及车用交流发电机等产品
出口情况:远销美国、德国、俄罗斯、印度、巴西等10多个国家,并销往中国台湾、中国香港地区

★荆州市神明汽配有限公司
地址:湖北省荆州市沙市区十号路关沮工业园109号
邮编:434000
电话:0716/8107906、8509498
电子信箱:ap@jzshenming.com
法定代表人:郑存奎
质量体系:ISO/TS 16949、ISO 9001
产品情况:发电机、起动机的电盖、驱盖、转子铁芯片、导向角、齿轮、机壳、中盖、罩盖等

★雷米电机湖北有限公司
地址:湖北省荆州市开发东方大道
邮编:434002
电话:0716/8882000
传真:8255523、8257483
法定代表人:Stefan Demmerle
质量体系:ISO/TS 16949、QS 9000
产品情况:发电机
配套及出口情况:是神龙公司、一汽-大众、柳州机械、东安动力、奇瑞汽车等国

内知名汽车及其发动机厂商的独家或主要供应商;向北美及欧洲等地出口产品

★湖北神电汽车电机有限公司
地址:湖北省荆州市东方大道
邮编:434021
电话:0719/8316610
电子信箱:hseit@ suhu. net
法定代表人:汪滨
质量体系:ISO 9001、QS 9000
产品情况:汽车电动机制造

★亮锐科技(湖北)有限公司
地址:湖北省松滋市飞利浦路17号
邮编:434200
电话:0716/6222921、6665286
传真:6223921
电子信箱:william. l@ lumileds. com
法定代表人:单军
质量体系:ISO 9001
产品情况:各种型号灯具
配套情况:为上汽大众、一汽轿车、东风汽车公司、北京奔驰、天津一汽夏利、神龙汽车、上汽通用五菱、长安汽车、昌河汽车、哈飞汽车、南京依维柯配套

★睿信汽车电器(荆州)有限公司
地址:湖北省荆州开发区深圳大道78号
邮编:434400
电话:0716/8812178、8812159
传真:8812160
网址:www. broadauto. com
电子信箱:fuxx@ broadauto. com
法定代表人:付晓祥
质量体系:IATF 16949
产品情况:(博得牌)
　　汽车起动机和发电机
出口情况:产品85%出口北美洲、欧洲、中东、东南亚等地区

★湖北亿州微特电机有限公司
地址:湖北省黄冈市新港大道138号
邮编:438000
电话:0713/8121568
传真:8823060
电子信箱:535464545@ qq. com
法定代表人:肖翔
质量体系:ISO/TS 16949、ISO 14001
产品情况:(ESOUL牌)
　　直流永磁盘式电动机、汽车散热器风扇、汽车冷凝器风扇、电动自行车轮毂、电动四轮车轮毂
配套及出口情况:为美国卡迪拉克、天津一汽夏利、长安汽车配套;出口美国、欧洲、南美洲、大洋洲、非洲、东南亚

★东风电驱动系统有限公司
地址:湖北省襄阳市大庆东路227号
邮编:441001
电话:0710/3405507、4006355287
传真:3763862
网址:www. dfyb. com
电子信箱:267888888@ qq,com
法定代表人:江川
质量体系:ISO/TS 16949、ISO 14001
产品情况:(东风牌)
　　空心线圈式仪表机芯及驱动、步进电动机类仪表机芯及驱动、CAN总线仪表、TFT－LCD平板液晶显示仪表、车用传感器、整车控制器(VECU)、车身控制器(BCM)、汽车行驶记录仪(VDR)、整车网络系统
配套情况:是东风(重、中、轻、微型商用车、客车)、东风康明斯发动机、北汽福田、陕西重汽、安徽华菱、东风柳汽、北方奔驰、潍柴动力、玉柴机器等国内知名厂家的主要供应商

★东风汽车电气有限公司
地址:湖北省襄阳市高新区春园西路2号
邮编:441002
电话:0710/3601288、3601618
传真:3601087
电子信箱:dfdqscb@ dfl. com. cn
法定代表人:韩力
质量体系:ISO/TS 16949
产品情况:主导产品减速式起动机、大功率发电机及新能源汽车用电驱动电机覆盖东风系列所有商用车车型以及东风品牌新能源电动车车型
配套情况:为东风康明斯、东风发动机厂、玉柴、中国重汽、上柴等国内主要发动机厂配套

★康奈可(襄阳)汽车电子科技有限公司
地址:湖北省襄阳市高新区新星路11号
邮编:441004
电话:0710/3314388
网址:www. calsonickansei. co. jp
电子信箱:fang_yu@ ck－mail. com
法定代表人:山西政博
质量体系:ISO/TS 16949、ISO 14001
产品情况:汽车驾驶舱模块、前端模块、仪表板、空调总成、排气管总成(前中后段)、散热器支架、电动机风扇总成

★湖北环宇车灯有限公司
地址:湖北省襄阳市襄城区虎头山路1号
邮编:441022
电话:0710/3605394、3604974
网址:www. hycdcn. com
电子信箱:dengju@ triing. cn
法定代表人:丁智勇
单位人数:400
质量体系:IATF 16949
产品情况:(环宇牌)
　　各种商用车、乘用车灯具(防炫目前照灯等),年产能力60万辆份
配套情况:主要为东风柳汽、东风商用、东风股份、四川现代、陕重汽、安徽华菱、上汽红岩、山西大运、三环、北方奔驰等系列商用车配套,同时为东风自主品牌乘用车、上海商用车、华泰汽车、华晨集团、长江汽车等乘用车配套

★骆驼集团股份有限公司
地址:湖北省襄阳市高新区汉江北路65号
邮编:441057
电话:0710/3344082、3344102
传真:3344151
网址:www. chinacamel. com
电子信箱:camel@ chinacamel. com
法定代表人:刘国本
质量体系:ISO/TS 16949、ISO 14001
产品情况:(骆驼牌)
　　铅酸蓄电池、纯铅薄极板电池、动力锂离子电池等
配套及出口情况:已成为国内各主要轿车与商用车生产企业的优秀供应商,主要配套单位已达60多家;远销欧洲、美洲、非洲、东南亚等地区

★随州市盛星机械有限公司
地址:湖北省随州市北郊星光工业园
邮编:441300
电话:0722/3316508、13886884859
传真:3313268
网址:www. shengxing－hb. com
电子信箱:taiyuan7832@ 163. com
法定代表人:包艳玲
单位人数:500
质量体系:ISO 9001
产品情况:各类汽车起动机、发电机、汽车车桥系列零配件等
配套情况:为东风汽车电气、东风变速器、湖北神电电气、东风德纳车桥、长春富奥依斯克拉电气等配套

★湖北华龙车灯有限公司
地址:湖北省随州市交通大道K130号
邮编:441300
电话:0722/3587308、3587309
传真:3587300
电子信箱:hbhlcd@ vip. 163. com
法定代表人:徐骞
质量体系:ISO/TS 16949
产品情况:(华鸿牌)
　　年产各类乘用车、商用车灯具1000余万只
配套情况:为东风汽车有限公司、东风汽车股份、神龙汽车、东风乘用车、一汽、中国重汽、上汽依维柯红岩商用车、陕汽集团、三一重工等国内大型整车厂配套

★湖北新飞翔电子科技有限公司
地址:湖北省老河口市红山嘴
邮编:441800
电话:0710/8512330、8511474
传真:8512990、8511474
法定代表人:陆晓斌
质量体系:ISO/TS 16949
产品情况:(飞翔牌)
　　东风系列电磁阀、分电器、闪光器、蜂鸣器
配套情况:为东风汽车公司、神龙汽车、北汽福田配套

★湖北美瑞特空调系统有限公司
地址:湖北省十堰市经济开发区科技园路2号
邮编:442000
电话:0719/8316822、8255756
网址:hbmrt. net
电子信箱:mrtcw@163. com
法定代表人:林伟
质量体系:ISO/TS 16949
产品情况:汽车空调系统产品(包括汽车空调、暖风机、鼓风机、冷凝器、蒸发器等)的研发、制造
配套情况:为东风商用车公司配套

★十堰达峰软轴有限公司
地址:湖北省十堰市黑龙江路6号
邮编:442012
电话:0719/8781126、8785486
传真:8781127
网址:www. dfruanzhou. com
电子信箱:dafeng@ sydfrz. com
法定代表人:乔虹
质量体系:ISO/TS 16949、ISO 14001
产品情况:主导产品有怠速加速操纵器系列、加速传动操纵器系列、离合器操纵索系列、熄火操纵索系列、发动机舱盖拉索系列、驻车制动钢丝绳总成系列、变速操纵线系列、里程表软轴、玻璃升降器软轴、门锁拉线系列、换挡器操纵机构系列等
配套情况:配套东风汽车、柳州五菱、神龙、东风日产、长城、广汽、奇瑞、长安、比亚迪、江淮、东风本田、黄海客车等汽车集团公司

★湖北正奥汽车附件集团有限公司
地址:湖北省十堰市茅箭区东风大道9号
邮编:442012
电话:0719/8784741、8797291
传真:8784135
网址:www. hbzhengao. com
电子信箱:zhengao@ hbzhengao. com
法定代表人:陈正土
质量体系:ISO/TS 16949、ISO 14001
产品情况:主导产品有汽车电线束系列;汽车橡塑密封条系列;汽车操纵软轴、软管;汽车链条等金属制品系列,共四大类2000余种
配套情况:主要为东风商用车、神龙、东风乘用车、三一重工、奇瑞汽车、北汽福田、比亚迪汽车、江淮汽车、东风渝安、长城汽车、东风日产、广汽集团、重庆力帆、重庆长安等配套

★十堰东风三立车灯有限公司
地址:湖北省十堰市白浪东路51号
邮编:442013
电话:0719/8303517
传真:8303510
网址:www. slworld. com
电子信箱:dfsl_zhukaiyue@163. com
法定代表人:罗元红
质量体系:ISO/TS 16949
产品情况:前照灯、尾灯、雾灯等
配套情况:主要客户是东风汽车

湖南省

★博世汽车部件(长沙)有限公司
地址:长沙市经济技术开发区漓湘中路26号
邮编:410100
电话:0731/82929203、82929110
传真:82929018
网址:www. bosch. com. cn
电子信箱:yunbo. lu@ cn. bosch. com
法定代表人:Straub Bernhard Heinrich
质量体系:ISO 9001
产品情况:(BOSCH牌)
主要产品包括汽车稳定系统和制动防抱死系统用的起动机、发电机冷却风扇、举窗电动机、座椅电动机、空调鼓风电动机及风机、刮水电动机、刮水系统、刮水片、起动/停止系统、起动机和发电机等
配套情况:为一汽集团、一汽轿车、上汽大众、南京汽车集团、东风汽车、神龙汽车、大柴、南京依维柯、锡柴、北京奔驰、重汽集团、江铃汽车、重庆康明斯、四川绵阳、沈阳新光等配套

★长沙汽电汽车零部件有限公司
地址:长沙市星沙经济技术开发区盼盼路29号
邮编:410100
电话:0731/82798410、82798489
传真:82798412
网址:www. csqidian. com
电子信箱:zengjie@ csaep. com
法定代表人:尹建弘
质量体系:ISO/TS 16949
产品情况:主要生产起动机、发电机、点火线圈、分电器、微电机、电子调节器、空调离合器等总成及零件
配套及出口情况:长期供应上汽大众、一汽-大众、南京依维柯、潍柴动力、玉林柴油机厂、大连柴油机厂、神龙富康等主机厂;出口美国、欧洲、以色列、伊朗、韩国等国家和地区

★湖南海福来科技有限公司
地址:长沙市雨花区环保科技产业园振华路199号
邮编:410116
电话:0731/84412036
传真:84124669
网址:www. hifuly. com
电子信箱:ld2008fafa@126. com
法定代表人:周耀
产品情况:点火线圈

★长沙沙电电气股份有限公司
地址:长沙市金霞经济开发区中青路1318号佳海工业园二期C3栋
邮编:410200
电话:0731/86671665、4007507566
传真:86671665
网址:www. shatien. com
电子信箱:s1@ shatien. com
法定代表人:王雪波
质量体系:ISO/TS 16949
产品情况:起动机、发电机、点火线圈
出口情况:远销美洲、欧洲、亚洲、大洋洲等地区

★湖南航天磁电有限责任公司
地址:长沙市望城经济开发区金星北路1106号湖南航天科技工业城
邮编:410200
电话:0731/88448217、88448201
传真:88448186
网址:www. spacemagnet. com
电子信箱:business@ spacemagnets. com
法定代表人:王永森
单位人数:800
质量体系:ISO/TS 16949、ISO 14001
产品情况:高档永磁铁氧体电动机瓦磁、扬声器环磁、稀土永磁等,应用领域涉及汽车等

★日立汽车系统(长沙)有限公司
地址:长沙市高新技术产业开发区桐梓坡西路218号
邮编:410205
电话:0731/88948988
传真:88948997
网址:www. hitachi. com. cn
法定代表人:蒲生庆一
产品情况:电气组件、电子节气阀、小型电动机等汽车设备系统产品

★长沙博大机械零部件有限公司
地址:湖南省浏阳高新技术产业开发区永福路7号
邮编:410323
电话:0731/83207899、83207903
传真:83207896
电子信箱:cwb@ csboda. com. cn
法定代表人:蒋剑锋
质量体系:ISO/TS 16949、ISO 14001
产品情况:起动机外壳、发电机外壳、调速器外壳、蓝驱系统零部件、汽车空调压缩机零部件、新能源汽车零部件、模具类、高压开关部件、五金冲压件等

★湘潭迅东机电科技有限公司
地址:湖南省湘潭市九华经济开发区标致路3号
邮编:411100
电话:0731/55889666、55882031
传真:55889888
电子信箱:xundong@ vip. 163. com
法定代表人:龙华
质量体系:QS 9000、ISO/TS 16949
产品情况:汽车玻璃升降器、电动机、车门锁机、开关等系列汽车零部件

★湘潭长电汽车电器有限公司
地址:湖南省湘乡市东郊工业园
邮编:411400
电话:0731/56298758
传真:56298778
网址:www.xtcdgs.com
电子信箱:sales@xtcdgs.com
法定代表人:易长庚
质量体系:ISO/TS 16949
产品情况:各种车用、船用、工程机械用起动机、发电机和新能源驱动电动机
出口情况:远销美国、巴西、墨西哥、俄罗斯、阿联酋、意大利、德国等20多个国家和地区,并销往中国台湾地区

★株洲湘火炬火花塞有限责任公司
地址:湖南省株洲高新区南部工业园4B区
邮编:412001
电话:0731/28450013
传真:28450227
网址:www.torchsparkplug.com
电子信箱:wangmin@cntorch.com
法定代表人:丁迎东
负责人:陈光云
单位人数:1100
质量体系:ISO/TS 16949、ISO 14001
产品情况:(火炬牌)
火花塞、点火线圈、高压线、水封件
配套情况:为上汽通用、长安福特、一汽轿车、长安汽车、沈阳三菱、东安三菱、奇瑞汽车、江淮汽车、吉利汽车、绵阳新晨、大长江集团、钱江、雅马哈、百利通、科勒、富士、TTI等知名汽车、摩托车及小型汽油机生产厂家配套

★株洲湘火炬汽车灯具有限责任公司
地址:湖南省株洲市渌口湘火炬工业园黄河南路268号
邮编:412007
电话:0731/22882346、22881311
传真:22881231
电子信箱:haixia@torch-lite.com
法定代表人:呼惟明
质量体系:ISO/TS 16949、QS 9000
产品情况:(DGI牌、泰普牌)
汽车灯具、后视镜、汽车线束及其附件产品,年产能力5000万件
配套情况:为中集车辆、陕汽集团、重汽集团、广汽三菱、东风越野车、东风特种车身厂、十堰正和车身、北汽福田、江南汽车、江铃陆风、柳工股份、山推股份、中联重科、杭叉股份、合叉股份等配套

★株洲悠进电装有限公司
地址:湖南省株洲县渌口镇湾塘工业园
邮编:412199
电话:0731/22108821、22108820
电子信箱:zhuzhouyoujin@126.com
法定代表人:张杰民
质量体系:ISO/TS 16949、ISO 14001
产品情况:汽车线束总成及其他汽车零部件,具备年生产50多万套汽车线束的能力

★湖南特种电机有限责任公司
地址:湖南省沅江市南嘴镇
邮编:413100
电话:0737/2288545、2286058
传真:2286958
电子信箱:htdj@htmotor.com
法定代表人:向前
质量体系:ISO 9001
产品情况:电动机

★湖南科力尔电机股份有限公司
地址:湖南省祁阳县黎家坪镇南正北路49号
邮编:426181
电话:0746/3819830、3826996
传真:3815578
网址:www.kelimotor.com
电子信箱:stock@kelimotor.com
法定代表人:聂鹏举
质量体系:ISO 9001、ISO 14001
产品情况:单相罩极异步电动机、单相串激电动机、步进电动机、贯流风机、外转子电动机、直流无刷电动机、齿轮减速电动机等7大系列产品
出口情况:出口美国、德国、意大利、西班牙、波兰、澳大利亚、土耳其、叙利亚等国家

广东省

★广州杰赛科技股份有限公司
地址:广州市海珠区新港中路381号杰赛科技总部大厦
邮编:510310
电话:020/84118000、84119755
传真:84284508
网址:www.chinagci.com
电子信箱:marketing@chinagci.com
法定代表人:朱海江
质量体系:ISO 9001、ISO 14001
产品情况:[杰赛(JIESAI)牌]
车载移动音频视频传输系统等产品

★广州市睿星汽车配件有限公司
地址:广州市白云区鹤边大彭岭七横路29号F7二栋
邮编:510440
电话:13652895968
传真:020/61069107
网址:www.reasonindustrial.com
法定代表人:张清
质量体系:ISO/TS 16949
产品情况:汽车迎宾灯、投影灯

★广州市奥迪诗音响科技有限公司
地址:广州市白云区均禾街石马奥迪诗工业园
邮编:510440
电话:020/36409111、36409222
传真:36409999
网址:www.adst.cc
电子信箱:ads@adst.cc
法定代表人:赵志伟
质量体系:ISO 9001
产品情况:[奥迪诗(ADS)牌]
汽车音响等
出口情况:远销30多个国家和地区

★广州斯坦雷电气有限公司
地址:广州市经济技术开发区东区骏业路138号
邮编:510530
电话:020/82266668、82266602
传真:82266206
网址:www.stanley.co.jp
电子信箱:linweilan@stanleygz.com
法定代表人:黄旭盛
质量体系:ISO 14001
产品情况:汽车及摩托车用灯具等
配套情况:为广汽本田配套灯具

★广州丰泰美华电缆有限公司
地址:广州市科学城开达路2号
邮编:510530
电话:020/82180888
传真:82180222
网址:www.gzfengtai.com
电子信箱:cxb@gzfengtai.com
法定代表人:蔡白桦
质量体系:ISO 9001
产品情况:汽车低压电线等产品

★广州市完美科技有限公司
地址:广州市白云区钟落潭镇长腰岭三队石榴路17号
邮编:510550
电话:020/86264858、13316252668
传真:87412212
网址:www.perfect-autolight.com
电子信箱:sales@perfect-autolight.com
法定代表人:李爱红
质量体系:ISO 9001
产品情况:大功率LED灯珠封装和车用工作灯、长条灯

★广州飞歌汽车音响有限公司
地址:广州市高新技术产业开发区(广州科学城)南翔三路11号二、三栋
邮编:510660
电话:020/66677998
传真:66677998
网址:www.flyaudio.cn
电子信箱:ec@flyaudio.cn
法定代表人:关忠强
质量体系:ISO/TS 16949、ISO 14001
产品情况:专业从事车载导航娱乐系统的研发、制造,为整车企业提供汽车电子解决方案
配套情况:为长安福特、北京现代、广汽

丰田、斯巴鲁、东南汽车、比亚迪、北汽幻速、东风风神、吉利帝豪等配套

★广州敏视数码科技有限公司
地址:广州市天河区陂路以西黄州工业区6栋1楼
邮编:510660
电话:020/66670988
传真:66670977
网址:www. sharpvision. cn
电子信箱:sales@ stonkam. com
法定代表人:石锡敏
单位人数:350
质量体系:ISO/TS 16949
产品情况:智能摄像机、数字液晶显示器、高清系统、无线传输系统、车载硬盘录像机系统、高清电子后视镜系统、360°全景系统以及高级驾驶辅助系统(ADAS)等高科技产品
出口情况:远销美国、英国、德国、法国、日本等150多个国家和地区,出口率高达99%

★欧姆龙(广州)汽车电子有限公司
地址:广州市高新技术科技产业开发区科学城南翔一路52号
邮编:510663
电话:020/82075366
传真:82075386
网址:www. omron. com. cn
电子信箱:g_mei@ gc. omron. com. cn
法定代表人:和田克弘
质量体系:ISO/TS 16949
产品情况:(OMRON牌)
电动车窗开关、直流/交流转换器、遥控钥匙(Keyless)、智能防盗钥匙(IMMOBI)、插座、LFI、座位记忆开关、电子驻车开关、转向盘控制开关、起动停止开关等

★广州恒利达电路有限公司
地址:广州市黄埔区南岗镇庙头工业区第二栋
邮编:510730
电话:020/82087388、82087250
传真:82087148
电子信箱:marketing@ gzhenglida. com
法定代表人:向柏林
质量体系:ISO/TS 16949
产品情况:车载视听、GPS导航

★广州市佛达信号设备有限公司
地址:广州市花都汽车城东风大道西侧联城路5号
邮编:510800
电话:020/86733871
传真:86733872
网址:www. forda - led. com
电子信箱:info@ forda - led. com
法定代表人:董金陵
质量体系:ISO/TS 16949
产品情况:LED信号灯、LED警示灯、LED工作灯、LED前照灯、LED前雾灯
出口情况:远销英国、法国、德国、意大利、澳大利亚、中东、美国等20多个国家和地区

★广东雷腾智能光电有限公司
地址:广州市花都区风神大道南岭西路雷腾工业园
邮编:510800
电话:020/28003729、28003728
传真:28003727
网址:www. rayton. cc
电子信箱:jiajing. liu@ rayton. cc
法定代表人:刘树菁
产品情况:(雷盈牌、RTD牌)
LED汽车灯、LED摩托车灯,主要应用于车用组装厂汽配及摩配市场
出口情况:远销至以美国为首的北美市场、以巴西为首的南美市场、以埃及为主的北非市场、以英国、法国、德国、西班牙为主体的欧洲市场以及马来半岛、越南、菲律宾为主的东南亚市场,产品应用于30多个国家和地区

★法雷奥舒适驾驶辅助系统广州有限公司
地址:广州市花都区汽车产业基地内高新路一号自编101号
邮编:510800
电话:020/89683222、35560714
网址:www. valeo. com. cn
电子信箱:fengzhu. cai@ valeo. com
法定代表人:Francois,Antoine,Jacques MARION
单位人数:570
产品情况:各种开关,用于车门或货车的组合开关、挡位开关以及转向盘开关等
配套情况:为东风日产(全车系、全系列产品)、广汽本田(雅阁-转向盘开关、天窗开关等),东风本田(思域-天窗开关、CRV-天窗开关),长安铃木(天语-刮水器开关、门锁开关等),郑州日产(NV200-组合开关、后视镜调整开关等,皮卡-组合开关、电动窗开关等),东南汽车(DE/C1-制动灯开关),SGM(凯迪拉克-触摸板开关、别克新君越-触摸板开关),吉利TIER1 吉具泰(帝豪-电动座椅开关)配套

★康奈可(广州)汽车电子有限公司
地址:广州市花都区汽车城东风大道西
邮编:510800
电话:020/66852899
传真:86733266
网址:www. calsonickansei. co. jp
电子信箱:wenwen_huang@ ck - mail. com
法定代表人:山西政博
质量体系:ISO/TS 16949、ISO 14001
产品情况:(康奈可牌)
CKGC空调制品(HVAC)、CKGC内装制品(INST)、CKGC排气制品(EXH)

★广州市众科电器有限公司
地址:广州市花都区新华街汽车城东风大道以东
邮编:510800
电话:020/86732395、86732353
传真:86732399
网址:www. sws. co. jp
电子信箱:gzk@ gzk - china. com
法定代表人:梅建平
产品情况:汽车电线束
配套情况:为东风日产、东风柳汽等多家汽车公司配套

★马瑞利汽车电子(广州)有限公司
地址:广州市花都区永利路2号整幢
邮编:510800
电话:020/28113333
网址:www. magnetimarelli. com
电子信箱:beiting. xie@ magnetimarelli. com
法定代表人:HEINRICH GERHARD SCHURING
质量体系:ISO/TS 16949、ISO 9002
产品情况:汽车仪表、车身电脑及控制系统、多媒体导航系统、远程信息控制系统

★广州市诺思赛光电科技有限公司
地址:广州市华都区新华街红棉大道68号珠宝城B区6、7号厂房
邮编:510800
电话:020/86878066、86878062
传真:86878061
电子信箱:info@ hid - nssc. com
法定代表人:杨坤
质量体系:ISO 9001、ISO 14001
产品情况:宝马天使眼、日行灯、尾灯灯系、安定器、泪眼

★广州纽威光电科技有限公司
地址:广州市花都区花山第二工业区龙南路6号
邮编:510880
电话:020/37705050
传真:87040715
网址:www. okhid. com
电子信箱:okhid4@ okhid. com
法定代表人:陈卫
产品情况:汽车氙气灯、LED工作灯等
出口情况:出口全球几十个国家和地区

★广州从化科昂诗汽车配件有限公司
地址:广州市从化区明珠工业园工业南路7号
邮编:510931
电话:020/37965001
传真:37965000
网址:www. g - tekt. jp
电子信箱:hch@ c - ks. com. cn
法定代表人:MIYAZAKI KOICHI
质量体系:ISO 9001、ISO 14000
产品情况:汽车关键零部件(含组合仪表)

配套情况：为丰田、本田、日产、日野供货

★ 广州市信征汽车零件有限公司

地址：广州市经济技术开发区永和经济区新业路46号自编22栋
邮编：511356
电话：020/32223128
网址：www.sincer.com.cn
电子信箱：sales@sincer.com.cn
法定代表人：马源清
质量体系：IATF 16949、ISO 9001
产品情况：各类汽车线束、汽车座椅加热系统、汽车座椅通风加热系统、汽车座椅乘员感应器（SBR）、汽车座椅调节开关、汽车座椅温度控制ECU以及电动机控制器
☞ 详细情况请参阅彩色宣传版面

★广州小糸车灯有限公司
地址：广州市番禺区石楼镇岳溪村跨国产业基地B01区
邮编：511447
电话：020/39307000
传真：39307020
网址：www.koito.co.jp
电子信箱：li－jiming@gkoito.com
法定代表人：有马健司
产品情况：汽车灯具
配套情况：为广汽本田、广汽丰田、东风日产乘用车等配套

★广州塔祈巴那电器有限公司
地址：广州市番禺区石楼镇岳溪村跨国产业园
邮编：511447
电话：020/84656600
传真：84656601
网址：www.tachibana.com.cn
电子信箱：accoungt.gz.@tachibana.com.cn
法定代表人：松本浩二
质量体系：ISO/TS 16949、ISO 14001
产品情况：PVC发热线与PVC电线、硅橡胶发热线与硅橡胶电线、各种铝箔加热器、车载加热坐垫
出口情况：出口日本、东南亚、美国、欧洲、澳大利亚等国家和地区

★广东奥迪威传感科技股份有限公司
地址：广州市番禺区沙头街银平路3街4号
邮编：511490
电话：020/84802041
传真：84665207
网址：www.audiowell.com
电子信箱：inquire@audiowell.com
法定代表人：张曙光
质量体系：ISO 9001、ISO 14001
产品情况：（AUDIOWELL牌）
　　超声波传感器、蜂鸣器和超声波雾化片
出口情况：远销东欧、北美洲、中东、非洲、中南美洲、亚洲、西欧、澳大利亚等国家和地区

★广东金华达电子有限公司
地址：广东省梅州市经济开发区东升工业园AD2区
邮编：514341
电话：0753/2228018
传真：2110818
电子信箱：kingwoodmz@163.com
法定代表人：刘跃子
质量体系：ISO 9001
产品情况：（金华达牌）
　　汽车氙气灯
出口情况：远销60多个国家和地区

★广东井得电机有限公司
地址：广东省五华县转水镇枫林村188号
邮编：514479
电话：0753/4888888
传真：4888168、4888999
电子信箱：kane0833@126.com
法定代表人：黄明智
质量体系：ISO/TS 16949
产品情况：（莲花牌）
　　重型汽车、工程机械、柴油发电机组用起动机和发电机
配套及出口情况：为上柴、潍柴、重庆康明斯、重汽杭发、河北华北柴油机、南通柴油机、无锡动力工程、北方动力等配套；出口欧洲、美洲、东南亚等20多个国家和地区

★广汽强华（梅州）汽车零部件有限公司
地址：广东省梅州市梅县畲江镇广州（梅州）产业转移工业园
邮编：514779
电话：0753/2321738、2321778
传真：2316798
网址：www.gacqh.com
电子信箱：sales@gacqh.com
法定代表人：李云辉
质量体系：ISO/TS 16949
产品情况：（强华牌）
　　商用车、乘用车发电机和起动机，年设计生产能力200万台（套）
配套情况：为重庆康明斯、中国重汽、潍柴动力、广西玉柴、洛阳一拖、河柴、无锡动力、杭州发动机等企业配套

★汕头东京电子有限公司
地址：广东省汕头市龙湖区练江中路工业厂房
邮编：515041
电话：0754/88178567
传真：88464492
电子信箱：zhangfuzhen@tokyoparts.com.cn
法定代表人：手嶋博幸
单位人数：1000
质量体系：ISO/TS 16949
产品情况：车载空调用伺服电动机、汽车转向系统及车把手周边的各种开关
配套情况：产品主要用于本田、丰田及日产汽车等

★汕头经济特区矢崎汽车部件有限公司
地址：广东省汕头市汕头经济特区龙湖工业区万吉北一街3号
邮编：515041
电话：0754/88265924
传真：88267031
网址：www.yazaki－china.com
电子信箱：ivy－0528@yazaki.com.cn
法定代表人：石川隆
产品情况：汽车组合线束、机电组合线束
配套及出口情况：为美国克莱斯勒、日本日产、富士重工、本田、广汽本田配套；出口美国、日本

★华南矢崎（汕头）汽车配件有限公司
地址：广东省汕头市濠江区滨海街道上头居委海缆路上段
邮编：515098
电话：0754/87882122
传真：87882322
网址：www.yazaki－china.com
法定代表人：石川隆
产品情况：汽车用电线组束及电子产品

★汕头市金茂电光源实业有限公司
地址：广东省汕头市潮阳区谷饶镇横山路口
邮编：515159
电话：0754/87621122
传真：87621187
网址：www.jinmaolamp.com
电子信箱：info@jinmaolamp.com
法定代表人：陈锦茂
单位人数：400
质量体系：ISO 9001
产品情况：（金茂牌）
　　主要品种有各种规格品种的汽车、摩托车卤素灯，前照灯，转向灯、制动灯，仪表灯及其他特种灯泡，年产能力8000万只
出口情况：大部分产品远销欧洲、中东、中南亚、南美洲

★广东骑光车灯工业有限公司
地址：广东省汕头市澄海区澄华街道泰安路
邮编：515800
电话：0754/85862811
传真：85869617
电子信箱：qgpcd@163.com
法定代表人：蔡锦辉
质量体系：ISO 9001
产品情况：（骑光牌）
　　汽车及摩托车灯具、塑料覆盖件、

五金配件
配套情况:为广州大运、广州大阳、广州日雅、广东大冶等供货

★惠州住金锻造有限公司
地址:广东省惠州市大亚湾区西区石化大道西30号
邮编:516000
电话:0752/5109668
电子信箱:wendycwq@ hsfc. com. cn
法定代表人:NOBUTAKA TANIMOTO
产品情况:汽车配束线及相关产品
配套情况:为广汽丰田配套

★惠州市凯越电子股份有限公司
地址:广东省惠州市水口镇水口大道洛塘2区1-2号
邮编:516000
电话:0752/5780999
传真:5708078
网址:www. kaiyuegroup. com. cn
电子信箱:yangdong@ kaiyuegroup. com. cn
法定代表人:邹小亮
负责人:李明选
单位人数:1300
质量体系:ISO/TS 16949
产品情况:(图音牌、KYCHN 牌、路特仕牌、凯越中国牌)
智能语音导航等产品
配套及出口情况:和江铃、一汽等主流车厂达成紧密合作关系;远销东南亚、中东、南美洲、东欧等地区

★广东德赛集团有限公司
地址:广东省惠州市江北云山西路12号德赛大厦
邮编:516003
电话:0752/2833888
传真:2833999
网址:www. desay. com. cn
电子信箱:market@ chinadesay. com
法定代表人:姜捷
质量体系:ISO/TS 16949、ISO 9001
产品情况:(DESAY 牌)
新能源电池、汽车电子、北斗导航技术、IC 设计等

★惠州市华阳多媒体电子有限公司
地址:广东省惠州市东江高新科技产业园上霞北路1号华阳工业园B区4号楼
邮编:516005
电话:0752/5300888
传真:5300666
网址:www. adayome. com
电子信箱:web@ adayome. com
法定代表人:李道勇
质量体系:ISO/TS 16949、ISO 14001
产品情况:汽车抬头显示(HUD)、车载影音、车载导航(北斗、GPS、GLONASS)、车载无线充电、车载翻转机构、空调控制系统、胎压检测系统(TPMS)、驾驶辅助系统(全景泊车、倒车影像、偏道报警等)、车载空气净化器、车身控制单元等产品

★惠州华阳通用电子有限公司
地址:广东省惠州市东江高新科技产业园霞北路1号华阳工业园A区
邮编:516005
电话:4008877883
网址:www. foryouge. com
电子信箱:sales@ foryouge. com. cn
法定代表人:曾仁武
负责人:韩继军
单位人数:2400
质量体系:ISO/TS 16949、ISO 14001
产品情况:(FORYOU 牌)
主要生产车载信息娱乐系统、北斗/GPS/GLONASS(单模或双模)、车载互联系统、空调控制系统、胎压监测系统(TPMS)、车载仪表、驾驶辅助系统(全景环视、倒车影像、偏道报警等)、车载空气净化器、车身控制单元等产品
配套及出口情况:为一汽、广汽三菱、东南汽车、长城汽车等,国外三菱、丰田、福特、现代、建伍、飞利浦、Audiovox、德尔福等配套;产品已行销世界80多个国家和地区

★惠州市正牌科电有限公司
地址:广东省惠州市惠城区小金口金石七路288号
邮编:516006
电话:0752/5828888
传真:2835129
电子信箱:sales@ ttc9. com
法定代表人:何朝辉
质量体系:ISO/TS 16949、ISO 14001
产品情况:连接器、数字编码器及电子开关等,年产量6亿只
出口情况:远销多个国家和地区

★惠州市德赛西威汽车电子股份有限公司
地址:广东省惠州市仲恺高新区和畅5路西103号
邮编:516006
电话:0752/2655888
传真:2655999
网址:www. desaysv. com
电子信箱:service. fm@ desay - svautomotive. com
法定代表人:TAN CHOON LIM
单位人数:1300
质量体系:ISO/TS 16949、ISO 14001
产品情况:(德赛西威牌、SVAUTO 牌)
车载信息娱乐系统、空调控制器、驾驶信息显示系统、显示模组与系统、车身控制模块以及智能驾驶辅助系统等产品
配套情况:为一汽-大众、上汽大众、上汽通用、一汽轿车、北京现代、福田汽车、奇瑞、吉利、神龙、海马、长城、广汽、马自达、沃尔沃、卡特彼勒等国内外主要整车及工程机械厂商配套

★信华精机有限公司
地址:广东省惠州市仲恺高新区惠风西四路1号
邮编:516006
电话:0752/2635338
传真:2635268
网址:www. shinwa. com. cn
电子信箱:yexug@ shinwa. com. cn
法定代表人:寺田明彦
质量体系:ISO/TS 16949、ISO 14001
产品情况:车用汽车音响CD机芯、DVD机芯;车载蓝牙、数字广播、WiFi等车载影音娱乐系统专用模块;ADAS系统专用车载镜头、安防镜头类产品;(锂)电池管理系统;精密镀膜加工
配套情况:向 HLDS、CONTINENTAL、德赛西威、HUAWEI、VISTEON、DELPHI、TOPPOWER、航盛、SONY、JVC KENWOOD、PHILIPS 等著名公司长期提供产品

★惠州市华阳集团股份有限公司
地址:广东省惠州市东江高新科技产业园上霞北路1号华阳工业园A区
邮编:516007
电话:0752/2556666
传真:2556888
网址:www. foryougroup. com
电子信箱:sales@ foryougroup. com
法定代表人:邹淦荣
产品情况:(FORYOU 牌、ADAYO 牌)
抬头显示、行车记录仪、信息娱乐系统、车载无线充电、高级驾驶员辅助系统、360°全景泊车辅助、雷达、胎压监测系统、车内空气净化器、T-BOX、车载高清摄像头、液晶数字仪表、空调控制系统、流媒体后视镜等汽车智能驾驶舱系统集成产品

★惠州住润电子装备有限公司
地址:广东省惠州市惠城区汝湖镇虾村
邮编:516021
电话:0752/2806026、2866408
传真:2806379
网址:www. sws. co. jp
电子信箱:hongping - liao@ gate. sws. co. jp
法定代表人:松冈充彦
质量体系:ISO 9001、ISO 14001
产品情况:主要生产汽车用电线束及关联部件
配套情况:为丰田汽车等配套

★惠州住润汽车部品有限公司
地址:广东省惠州市小金口镇九龙高新科技工业园
邮编:516023
电话:0752/2783887、2783897
传真:2783900
网址:www. sws. co. jp
电子信箱:qian - chen2@ gate. sws. co. jp

法定代表人:西条英二
质量体系:ISO/TS 16949、ISO 14001
产品情况:汽车用零部件以及汽车线束相关联产品

★惠州住润电装有限公司
地址:广东省惠州市小金口镇九龙高新科技工业园
邮编:516023
电话:0752/2820000
传真:2821526
网址:hzr - sws. com
电子信箱:hzr@ hzr. net. cn
法定代表人:服部启一
负责人:稻叶让
单位人数:5000
质量体系:ISO/TS 16949、ISO 14001
产品情况:汽车和摩托车专用线束和其他汽车电子设备
配套及出口情况:主要客户有广汽本田、东风本田发动机、广汽丰田、广汽克莱斯勒·菲亚特、日本本田、日本日产、美国本田等世界著名汽车生产厂商;出口日本、美国

★惠州住润汽车线业有限公司
地址:广东省惠州市小金口镇九龙高新科技工业园
邮编:516023
电话:0752/2821600、2821621
传真:2821625
网址:www. sws. co. jp
法定代表人:难波创一郎
质量体系:ISO/TS 16949、ISO 14001
产品情况:主要产品有汽车发动机电控装置专用电线,汽车安全气囊及装置电控专用电线,汽车电子产品之汽车专用电线、汽车用胶管和粗电线

★惠州古河汽配有限公司
地址:广东省惠州市小金口镇三角滩
邮编:516023
电话:0752/2821458、2821099
传真:2821100
电子信箱:service@ faph. net. cn
法定代表人:田中数人
质量体系:ISO/TS 16949
产品情况:各类汽车配件及其附属产品
配套情况:为本田、丰田、马自达、铃木、五十铃等供货

★惠州住电电装有限公司
地址:广东省惠州市大亚湾西区第一工业园
邮编:516083
电话:0752/5288388、13414647303
传真:5189338
网址:www. sws. co. jp
电子信箱:cailian - gu@ gata. sws. co. jp
法定代表人:长野友明
产品情况:汽车电子装置(含发动机控制系统、底盘控制系统、车身电子控制系统),汽车关键零部件(组合仪表)
配套情况:为东风日产各车型供货

★惠州住成电装有限公司
地址:广东省惠州市大亚湾新寮东风车城
邮编:516085
电话:0752/5202835、5202836
传真:5201822
网址:www. sws. co. jp
电子信箱:zou - siting@ hzc - china. com
法定代表人:绪方佳幸
产品情况:汽车线束
配套情况:为东风日产(骐达、颐达、逍客、轩逸、骊威、骏逸等车型)配套

★深圳市凯振电子有限公司
地址:广东省惠州市惠阳区新圩镇新联村黄竹场凯振工业园
邮编:516200
电话:0752/3336868
传真:3595951
网址:www. kaizhen. com
法定代表人:王益民
质量体系:ISO/TS 16949、ISO 9001
产品情况:(凯振牌、伯爵牌)
汽车影音 GPS 导航系列等

★广龙电子部件(惠州)有限公司
地址:广东省惠州市陈江镇陈江大道中21号
邮编:516229
电话:0752/3897988
传真:3897986
网址:www. shinchin - sci. com
法定代表人:洪永清
质量体系:ISO 9001
产品情况:电子开关

★惠州市世纪佳华电子科技有限公司
地址:广东省惠州市惠城区水口茂森28工业区
邮编:516255
电话:0752/2300767
网址:www. saxwal. cn
电子信箱:cnsales@ saxwal. net
法定代表人:王伟
产品情况:奔驰 C/GLC 中控、奥迪 A4L/A5 中控屏、大众 MQB 中控屏、SAXWAL 车联网平台、奥迪 Q7 中控屏、奥迪 3G + 屏幕
配套情况:为奔驰、奥迪、大众配套

★深圳市瑞联高科通讯有限公司
地址:广东省深圳市宝安区宝田工业区56栋A座
邮编:518000
电话:0755/85270833
传真:85270833
网址:www. szrmt. com. cn
电子信箱:2851399000@ qq. com
法定代表人:方向龙
单位人数:110
产品情况:智能导航、智能穿戴、行车记录仪等产品研发

★深圳市灿晶电子科技有限公司
地址:广东省深圳市宝安区福永镇和平村智鹏工业园
邮编:518000
电话:0755/29707300
传真:29707389
网址:www. canjing. net
电子信箱:canjing@ canjing. net
法定代表人:庄灶城
产品情况:(灿晶牌)
便携式多媒体播放器、车载显示器等数码影音系统、智能行车记录仪和车载 LED 日行灯产品
出口情况:出口西欧、北美洲、东南亚

★深圳市卓派电子科技有限公司
地址:广东省深圳市宝安区固戍航城大道华创达工业园 A 栋西区 5 - 6 楼
邮编:518000
电话:0755/29553601、29553602
传真:27835916
网址:www. zhuopai. com
电子信箱:zpsales@ zhuopai. com
法定代表人:汤光勇
质量体系:ISO 9001
产品情况:(ZHUOPA 牌)
车载多媒体播放器、车载头枕 DVD 播放器、外挂式头枕 DVD 播放器、通用型行车记录仪、后视镜行车记录仪、车载蓝牙、吸顶式 DVD、CARPAD 系列等车载产品
配套及出口情况:合作著名企业有深圳比亚迪汽车公司、安徽芜湖奇瑞汽车厂、沈阳华晨金杯汽车公司等;畅销美国、日本、俄罗斯、欧洲、中东、拉丁美洲等60多个国家和地区

★深圳市赛格导航科技股份有限公司
地址:广东省深圳市南山区科技园南区T-2栋B座6层
邮编:518000
电话:0755/26719988
网址:www. chinagps. cc
电子信箱:2251562777@ qq. com
法定代表人(负责人):张家同
单位人数:5000
质量体系:QS 9000、ISO/TS 16949
产品情况:(CHINAGPS 牌、赛格车圣牌、金证卡尔牌)
前装级 BCM 汽车车身控制模块、车联网整体解决方案(T-BOX、APP、平台软件、外包运营)、智能信息娱乐系统、ADAS 主动安全、气动控制、自动空调控制、DCU 防夹控制等产品和技术的应用与开发
配套情况:为海马汽车、猎豹汽车、上汽通用五菱、知豆汽车、东风柳汽、江铃特种、北汽新能源、厦门金龙、玉柴重工、中联重科等汽车厂提供产品研发和配

套量产

★深圳市中聚泰光电科技有限公司
地址:广东省深圳市光明新区公明镇长圳村长凤路379号生金科技园三楼
邮编:518001
电话:0755/29687865、13828710029
传真:29874389
网址:www.sunet-sz.com
电子信箱:cherry@sunet-sz.com
法定代表人:张艳萍
质量体系:ISO/TS 16949
产品情况:FAKRA、射频同轴、控制模块
配套情况:为诺基亚、MOTO、宝马、大众、GE、奔驰、日产等供货

★深圳市京华电子股份有限公司
地址:广东省深圳市福田区华发北路1号京华大院4栋3楼
邮编:518031
电话:0755/83350504
传真:83351507
网址:www.jingwah.com
电子信箱:szjingwah@163.com
法定代表人:王国庆
单位人数:4000
质量体系:ISO/TS 16949
产品情况:[京华(JW)牌]
导航仪、车载音响等汽车电子产品
出口情况:远销美国、加拿大、日本、韩国、德国、俄罗斯等国家

★深圳市凯立德科技股份有限公司
地址:广东省深圳市深南大道6023号创建大厦26楼
邮编:518042
电话:0755/82882889、83250929
传真:83434619
网址:www.careland.com.cn
电子信箱:kefu@careland.com.cn
法定代表人:蔡友良
单位人数:443
质量体系:ISO 9001
产品情况:电子地图、导航系统和车载智能终端产品及服务

★深圳市合正汽车电子有限公司
地址:广东省深圳市龙岗区深港中海信科技园C区
邮编:518052
电话:0755/33905668
网址:www.hzcarpc.com.cn
电子信箱:huanghua@hztycar.com
法定代表人:罗剑平
产品情况:智能车载信息娱乐系统

★深圳市为佳常凌科技有限公司
地址:广东省深圳市宝安区宝源路互联网产业基地A区5栋2楼
邮编:518054
电话:0755/27789109
传真:27789109
网址:www.weigav.com
电子信箱:alex@weigav.com
法定代表人:包训常
质量体系:ISO 9001
产品情况:(WEIGAV为佳牌、FULUZHE福路者牌)
4G智能云镜、行车记录仪、胎压监测系统、云电子狗、智能导航仪等
出口情况:远销海外市场

★深圳市华宝电子科技有限公司
地址:广东省深圳市南山区登良路南油天安工业村1栋8楼C、D
邮编:518054
电话:0755/26455800、26458800
传真:26066918
网址:www.sinohb.com
电子信箱:cs@sinohb.com
法定代表人:庄少华
单位人数:300
质量体系:ISO 9000
产品情况:汽车行驶记录仪、车载GPS监控系统、车载视频终端(DVR)、车载信息屏等安全电子产品
配套情况:产品配套丰田、上汽、金龙、江淮等众多汽车制造厂

★深圳市飞音科技有限公司
地址:广东省深圳市南山区西丽湖路4221号
邮编:518055
电话:0755/83434059
传真:83434061
网址:www.samwell-tec.com
电子信箱:webmaster@samwell-tec.com
法定代表人:张东明
产品情况:车用级别的音响、综合信息显示、导航娱乐、汽车仪表、车身控制模块及CAN总线等汽车电子产品
配套情况:为东风日产、一汽-大众、上汽大众、东风标致雪铁龙、奇瑞、吉利、长安标致雪铁龙、长安铃木、北汽、华晨、柳汽等配套

★深圳市路畅科技股份有限公司
地址:广东省深圳市南山区海天一路11号5栋C座9楼
邮编:518057
电话:4008821826
网址:www.roadrover.cn
电子信箱:sales@roadrover.cn
法定代表人:郭秀梅
负责人:张宗涛
产品情况:(畅新牌、LC牌、畅安牌、畅安S牌、畅云牌)
北斗/GPS双模车载导航产品、汽车智能驾驶舱及车联网产品
配套情况:为奔驰、宝马、大众、通用、奥迪、福特、三菱、比亚迪、长城等配套

★深圳市力辉电机有限公司
地址:广东省深圳市南山区沙河西路深圳湾科技生态园一区2栋B座4楼
邮编:518057
电话:0755/36899898
传真:36882799
网址:www.power-motor.cn
电子信箱:info.power@power-motor.com
法定代表人:闫鲲
质量体系:ISO/TS 16949、ISO 14001
产品情况:微电机

★深圳市美赛达科技股份有限公司
地址:广东省深圳市南山区高新产业园北区清华信息港科研楼8楼
邮编:518067
电话:0755/86281053、4008791888
传真:86281036
网址:www.mesada.com.cn
电子信箱:sales@mesada.com.cn
法定代表人:庄亮
单位人数:1300
产品情况:车载终端设备、LBS语音云导航软件、车联网运营平台

★深圳市健科电子有限公司
地址:广东省深圳市盐田区北山道北山工业区3栋6楼
邮编:518081
电话:0755/25214880
传真:25227666
网址:www.ignition-module.com
电子信箱:sales@ignition-module.com
法定代表人:黄卫华
质量体系:ISO/TS 16949
产品情况:汽车点火模块、传感器、BLDC微电机控制器以及新能源汽车控制模块等多种汽车电子产品
出口情况:出口美国、欧洲等国家和地区

★深圳市帝硕科技有限公司
地址:广东省深圳市宝安区新安街道海秀路2021号荣超滨海大厦A座21楼
邮编:518100
电话:0755/29640504
网址:www.szdsus.com
电子信箱:dsus@szdsus.com
法定代表人:吴界平
产品情况:车载影音多媒体系统、车载DVD、汽车GPS导航、倒车后视安全产品、行车记录仪、行车记录导航仪、SMART LINK手机无线传屏娱乐系统、手机导航无线投影系统、ADAS智能安全行车辅助驾驶系统等汽车影音系统及行车安全系统产品
出口情况:出口美国、欧洲、东南亚、日本

★深圳市方易通科技有限公司
地址:广东省深圳市宝安28区大宝路49-1号金富来大厦一楼

邮编:518101
电话:0755/27821170
传真:27857103
网址:www. fyttek. com
法定代表人:彭仙娜
单位人数:240
产品情况:车载多媒体导航系统

★深圳市恒驱电机股份有限公司
地址:广东省深圳市宝安区福永街道新田社区新田大道71-1号A栋
邮编:518102
电话:0755/29169191、4000755631
传真:29169007
网址:www. hengdrive. com
电子信箱:sales@ hengdrive. com
法定代表人:张建文
单位人数:320
质量体系:ISO/TS 16949、ISO 14001
产品情况:汽车、电动车等直流无刷电动机
配套及出口情况:为上汽华域、小糸、福特、沃尔沃、安道拓、延锋、比亚迪、东风、宇通、开沃、博世、三电、马勒、法雷奥等汽车部件客户提供合作研发和批量配套;在美国、加拿大、德国、英国、法国、意大利、日本、韩国、印度等地都有签约代理商

★深圳市宝凌电子股份有限公司
地址:广东省深圳市宝安区西乡宝凌路8号
邮编:518102
电话:0755/27955115、27955331
传真:27955330
网址:www. carradio. com. cn
电子信箱:liyan@ carradio. com. cn
法定代表人:曹晓龙
单位人数:920
质量体系:ISO/TS 16949、QS 9000
产品情况:收音机平台、智能多媒体主机、智能液晶仪表、车载终端T-BOX、HUD辅助信息显示、360全景+ADAS+雷达融合、行车记录仪、车载USB充电等产品系列,具有年产百万台的生产能力
配套情况:合作伙伴有一汽-大众、上汽通用五菱、奇瑞、昌河铃木、吉利、宝骏汽车、北京汽车、东南汽车、一汽、福田汽车、华晨金杯、中国重汽、福建新龙马、南京依维柯、东风雪铁龙、厦门金龙、陕汽重卡等

★深圳市联和安业科技有限公司
地址:广东省深圳市宝安区西乡宝民二路伟信达大厦1003
邮编:518102
电话:0755/61139168
传真:61139139
网址:www. gps118. net
电子信箱:kefu@ gps118. net
法定代表人:王雪青
质量体系:ISO 9001
产品情况:(AMWELL星安牌)
为客户提供优质的位置综合信息服务、整体解决方案、GNSS系列终端产品及系统平台的研发、生产
配套情况:与比亚迪等合作

★深圳市通致科技有限公司
地址:广东省深圳市宝安区西乡大道300号金源商务大厦A座202室
邮编:518102
电话:0755/88831200、88821300
网址:www. tomwin. net
电子信箱:sales@ tomwin. net
法定代表人:黄振山
产品情况:车载导航定位系统、汽车DVD多媒体导航方案

★ 深圳市航盛电子股份有限公司

地址:广东省深圳市宝安区福永福园一路航盛工业园
邮编:518103
电话:0755/66858888
网址:www. hangsheng. com. cn
法定代表人:李军
负责人:杨洪
单位人数:4000
质量体系:QS 9000、VDA 6.1、ISO/TS 16949、ISO 14001
产品情况:(HSAE牌)
生产智能网联汽车信息系统、智能驾驶辅助系统、新能源汽车控制系统等产品,市场覆盖率超过90%,市场占有率达25%
配套及出口情况:为东风、日产、大众、一汽、广本等配套;出口日本、德国、美国
☞ 详细情况请参阅彩色宣传版面

★深圳市歌美迪电子技术发展有限公司
地址:广东省深圳市宝安区福永街道凤凰第一工业区凤兴巷1号厂房2栋7楼、9楼
邮编:518103
电话:0755/29806722、29806922
传真:29806522
网址:www. germid. com. cn
电子信箱:398779193@ qq. com
法定代表人:潘磊
质量体系:IATF 16949
产品情况:WinCE导航系统,安卓导航系统、行车记录系统、倒车可视系统、CANBUS汽车信息系统、自动防炫、手动防炫、倒车雷达探测、温度指南针显示、测速雷达等
配套及出口情况:在前装市场为丰田、福特、尼桑、现代、通用等汽车厂OEM配套;后装市场领域远销北美洲、南美洲、欧洲、大洋洲、中东、日本等国家和地区

★天派电子(深圳)有限公司
地址:广东省深圳市宝安区福永新和新兴工业6区A1栋
邮编:518103
电话:0755/61501541、88699799
传真:61501501
网址:www. skypine. cn
电子信箱:sales@ skypine. com
法定代表人:郭信平
单位人数:2000
质量体系:ISO/TS 16949、ISO 14000
产品情况:(天派牌)
车载DVD、车载GPS导航、车载数字电视、车载PC等
配套情况:与众多国际知名品牌公司建立了长期战略合作关系

★深圳市航盛电路科技股份有限公司
地址:广东省深圳市宝安区福永镇和平村福园一路航盛工业园C2、B2栋
邮编:518103
电话:0755/33921666
传真:33259118
网址:www. hangshengpcb. com
电子信箱:mkt@ hangshengpcb. com
法定代表人:肖锦鸿
质量体系:ISO/TS 16949、ISO 14001
产品情况:高密度双面及多层线路板,广泛应用汽车电子、航空电子等领域

★深圳市德众尚杰汽车电子有限公司
地址:广东省深圳市宝安区福永镇怀德翠岗第五工业区41A栋6楼
邮编:518103
电话:0755/27331134、4001003227
传真:61573116
网址:www. vwvdo. com
电子信箱:2850613913@ qq. com
法定代表人:程卫兵
质量体系:ISO/TS 16949
产品情况:大众智能车载导航系统、汽车导航影音
配套及出口情况:为北京大众集团、山东大众集团配套;远销美国、欧洲、俄罗斯、加拿大、南美洲、大洋洲、东南亚

★法雷奥汽车内部控制(深圳)有限公司
地址:广东省深圳市宝安区福永镇怀德村翠岗六区第四幢北方骏亿工业园
邮编:518103
电话:0755/36885222
网址:www. valeo. com. cn
电子信箱:hong. cheng@ valeo. com
法定代表人:FRANCOIS ANTOINE JACQUES MARION
单位人数:1550
产品情况:用于泊车辅助的传感器及其系统、人机界面、控制单元以及助力电子等

★深圳航畅科技有限公司
地址:广东省深圳市宝安区福永镇桥头社区立新路2号天创客产业园东座A1栋2楼
邮编:518103
电话:4008701231
网址:www. ainavigps. com
电子信箱:ainavigps@ 163. com
法定代表人:段旺昌
质量体系:ISO/TS 16949
产品情况:汽车内置导航信息系统的生产
配套情况:为宝马、奔驰、奥迪、大众、日产等配套

★深圳市兆威机电股份有限公司
地址:广东省深圳市宝安区燕罗街道燕川社区燕湖路62号办公楼101
邮编:518103
电话:0755/27322645
传真:27323949
网址:www. zwgear. com
电子信箱:sales@ szzhaowei. net
法定代表人:李海周
质量体系:ISO/TS 16949、ISO 14001
产品情况:SUV汽车尾门电动推杆齿轮箱方案、自动转向盘调节机构齿轮箱(EPS电动助力转向系统)、安全保护头枕齿轮箱、电子驻车制动系统齿轮箱(EPB)、新能源汽车智能充电桩齿轮箱方案、汽车离合器门阀电动机齿轮箱等齿轮传动机构产品
配套情况:为比亚迪汽车、德国博世、长城汽车等配套

★深圳斯坦雷电气有限公司
地址:广东省深圳市宝安区沙井街道垦岗泰丰工业区建安路16号
邮编:518104
电话:0755/29755074
传真:29755077
网址:www. stanley. co. jp
电子信箱:account@ stanleyelec - ssz. com
法定代表人:米谷光弘
质量体系:ISO 14001、ISO/TS 16949
产品情况:(SANDEN牌)
电子元件、汽车用电子零件及汽车用照明灯具部件等产品
配套情况:为广汽本田、东风本田等配套

★积架宝威汽车配件(深圳)有限公司
地址:广东省深圳市宝安区沙井街道沙四居委会高新科技园B栋
邮编:518104
电话:0755/81768399
传真:81768366
网址:www. jaeger - poway. com
电子信箱:info@ jaeger - poway. com
法定代表人:黄有光
质量体系:ISO/TS 16949、ISO 9001
产品情况:(积架宝威牌、JAEGERPOWAY牌)
汽车连接线、插头及插座等

★深圳市东仪电子有限公司
地址:广东省深圳市宝安区沙井街道沙一万安路长兴高新技术工业园16栋一层西侧及第三层
邮编:518104
电话:0755/81773309、13538248693
传真:81773992
网址:www. chinatoyi. net
电子信箱:chinatoyi@ 21cn. com
法定代表人:肖东平
质量体系:ISO/TS 16949、ISO 9001
产品情况:(TOYI牌)
主动式汽车智能电子减振系统、汽车组合数字电子仪表、ABS汽车防抱制动系统,ABS系统综合功能测试仪

★古河电工(深圳)有限公司
地址:广东省深圳市宝安区沙井街道辛养社区西部工业园A2厂房三楼
邮编:518104
电话:0755/33848011
传真:33845105
网址:www. furukawa. co. jp
电子信箱:huangqiuling@ fesz. com. cn
法定代表人:坂本健太郎
产品情况:汽车线束、电子零部件的生产与销售
配套情况:主要的客户为中国的日资汽车企业

★深圳东明机电股份有限公司
地址:广东省深圳市宝安区沙井西部工业区帝堂路东胜工业园
邮编:518104
电话:0755/33862888
传真:33668318
网址:www. dsmotor. com
电子信箱:dsmotor@ dsmotor. com
法定代表人:谢伟
单位人数:1000
产品情况:无刷电动机、特种电动机、齿轮电动机、伺服驱动电动机、重型电动机、新能源汽车机械电动机等

★精亮科技(深圳)有限公司
地址:广东省深圳市宝安区松岗街道沙浦社区洋涌工业区5路1号
邮编:518105
电话:0755/26999328
传真:26999300
网址:www. measurement - ltd. com
电子信箱:jessica. yang@ ml - ltd. com
法定代表人:陈嘉恒
产品情况:(Accutire牌、Park - Zone牌、Accutape牌)
传感器产品

★深圳市安泰珂电子有限公司
地址:广东省深圳市宝安区松岗镇沙浦一村蒙拓励路1号B栋3楼
邮编:518105
电话:0755/27067689
网址:www. antenk. com. cn
电子信箱:sales@ antenk. com
法定代表人:杨国利
单位人数:200
质量体系:ISO 9001、ISO 14001
产品情况:(ANTENK牌)
主要有板对板连接器、线对板连接器、线对线连接器、I/O连接器、接线端子等系列产品,产品广泛用于汽车、各类精密仪器、仪表等
出口情况:产品70%以上外销出口,出口美国、韩国、德国、英国、意大利、印度、以色列、俄罗斯、伊朗、新西兰、东欧、东南亚、南美洲等国家和地区,并销往中国香港、中国台湾地区

★深圳市万至达电机制造有限公司
地址:广东省深圳市光明新区公明镇马山头第四工业区110栋
邮编:518106
电话:0755/29886108、29886208
传真:29886508
网址:www. wanzhida. cn
电子信箱:wzd@ wanzhida. cn
法定代表人:张用万
质量体系:ISO/TS 16949
产品情况:产品包括直流有刷电动机、空心杯电动机、减速电动机、无刷电动机、步进电动机及其他电动机
出口情况:远销美国、欧洲、日本、韩国和东南亚等国家和地区

★深圳市杰成电子有限公司
地址:广东省深圳市光明新区公明街道长圳社区长凤路450号C栋二楼
邮编:518107
电话:0755/27169160
电子信箱:sales@ jensor. com
法定代表人:金杰
质量体系:ISO 9001
产品情况:(JENSOR牌)
车载影音专车专用机、导航系统
出口情况:远销美洲、欧洲、中东、东南亚、俄罗斯等多个国家和地区

★深圳市拓邦锂电池有限公司
地址:广东省深圳市宝安区石岩梨园工业园拓邦工业园
邮编:518108
电话:0755/81765047
传真:81765047
网址:www. topbandbattery. com
电子信箱:topband@ topband. com. cn
法定代表人:武永强
质量体系:ISO/TS 16949
产品情况:(Topband牌)
新能源汽车动力电池、储能系统等

★伟力驱动技术(深圳)有限公司
地址:广东省深圳市石岩镇镇宝工业区

5 栋 5 楼
邮编:518108
电话:0755/86106536、86106692
传真:86106236、27658036
网址:www. vid. wellgain. com
电子信箱:lw@ vidmotion. com
法定代表人:吴慧文
质量体系:ISO/TS 16949、ISO 9001
产品情况:VID29 系列仪表步进电动机等微型电动机产品

★深圳市百盛兴业科技有限公司
地址:广东省深圳市龙华新区大浪浪口顺城基工业园 1 栋 2－3 楼
邮编:518109
电话:0755/27042170、61110728
传真:61110763
电子信箱:sales@ luview. cn
法定代表人:胡启院
质量体系:ISO 9001、ISO/TS 16949
产品情况:汽车后视系统、车载摄像头、车载显示器、车载录像机等
出口情况:远销美国、英国、德国、法国、澳大利亚、俄罗斯、荷兰、南非、巴西、以色列、新西兰、马来西亚等国家和地区,并销往中国香港、中国台湾地区

★深圳市索行电子科技有限公司
地址:广东省深圳市平湖镇上木古新河路 30 号(清联同创工业园)
邮编:518109
电话:0755/81486861、4009699591
传真:81486860
网址:www. szsohang. com
电子信箱:sohang88@ 163. com
法定代表人:苏业林
质量体系:ISO/TS 16949、ISO 9001
产品情况:车载大屏导航、智能后视镜、智能电动尾门等多元化产品

★深圳市哥斯拉汽车电子有限公司
地址:广东省深圳市龙华新区观澜街道新田维业诚工业园 D 栋 5 楼
邮编:518110
电话:15013572891
网址:www. gesila－china. com
法定代表人:黄志强
产品情况:大屏车载 DVD 影音导航的研发、生产

★深圳南方德尔汽车电子有限公司
地址:广东省深圳市龙华新区观澜新城社区竹园工业园(观澜大道 69 号)
邮编:518110
电话:0755/33500533
传真:33500733
网址:www. fzbauto. com
电子信箱:rszp@ fzb. com. cn
法定代表人:李毅
质量体系:ISO/TS 16949、ISO 14001
产品情况:主要为车厂和一级供应商提供一键启动 PEPS、车身控制 BCM、胎压监测 TPMS、摄像头环视系统 AVM、雨量光线传感器 RLS、电子油泵 EOP 控制器、电子液压助力转向 EHPS 控制器、启停油泵 SSP 控制器、电子水泵 EWP 控制器等产品
配套情况:被评为江铃汽车优质供应商

★深圳市索菱实业股份有限公司
地址:广东省深圳市南山区深南大道 9678 号大冲商务中心 1 栋 2 号楼 B 座 28 楼
邮编:518110
电话:0755/86702766、4008803363
传真:86562511
网址:www. szsoling. com
电子信箱:soling@ szsoling. com
法定代表人(负责人):肖行亦
单位人数:1800
质量体系:ISO/TS 16949
产品情况:[索菱(SOLING)牌、索莱特牌、DHD 牌、妙士酷牌]

CID 系统产品,利用无线通信、移动网络和卫星导航技术为用户提供专业的汽车卫星导航定位、无线通信、信息娱乐、安防监控和汽车移动互联网等服务
配套及出口情况:为一汽马自达、广汽丰田、广汽三菱、东风乘用车、上汽通用、华晨汽车、浙江吉利、众泰汽车、上海海马、江淮安驰、大连中升集团、庞大汽贸集团、富士通天、浙江元通等汽车厂家和汽车经销商提供专业配套服务;出口欧洲、美洲、东南亚等 60 多个国家和地区

★捷温电子(深圳)有限公司
地址:广东省深圳市龙岗区坂田吉华路 466 号新天下华赛工业厂区 1 号厂房 1 楼
邮编:518112
电话:0755/28297651、28297668
传真:28297668
网址:www. wet－group. com
电子信箱:jessie. li@ gentherm. com
法定代表人:SILVANO AZZOPARDI
产品情况:带有加热和制冷功能的温控座椅系统,转向盘加热系统、杯架和储物盒制冷制热系统,以及与这些产品配套的电子和线束
配套情况:主要客户有奔驰、宝马、大众、通用、福特、丰田、本田、起亚等

★深圳市宏电技术股份有限公司
地址:广东省深圳市龙岗区布澜路中海信科技园总部经济中心 14－16 层
邮编:518112
电话:0755/88864288
传真:83404677
网址:www. hongdian. com
法定代表人:左绍舟
质量体系:ISO 9001
产品情况:车载录像机、车载视频行驶记录仪、软件平台、车载摄像机、车载配件

★深圳市中通福瑞电子科技有限公司
地址:广东省深圳市龙华新区大浪英泰工业区 E 区 D 栋
邮编:518112
电话:0755/33929186、33929186
网址:www. carit. com. cn
法定代表人:吴晓飞
单位人数:200
质量体系:ISO 9001、ISO/TS 16949
产品情况:产品覆盖汽车影音、数字移动影院、车载娱乐、导航几大领域
配套情况:为大众、丰田、本田、别克、现代、起亚等配套

★双亿新大电子(深圳)有限公司
地址:广东省深圳市龙岗区横岗西坑西湖工业区 25 号
邮编:518115
电话:0755/84712071、84712072
传真:84712076
网址:www. e－newgrand. com
电子信箱:13005437730@ 163. com
法定代表人:胡春吉
质量体系:ISO/TS 16949、ISO 14001
产品情况:安全气囊专用时钟弹簧、螺旋电缆、点火线、柔性扁平电线(FFC)、圆头扁平线(RFC)、连接端子以及各种开关按键等

★深圳市麦思美汽车电子有限公司
地址:广东省深圳市龙岗区坪地街道埔仔路 26 号杰科产业园 2 栋 4 楼
邮编:518117
电话:0755/23156669
网址:www. maxmade－ae. cn
电子信箱:ytang@ maxmade－ae. cn
法定代表人:郑剑波
单位人数:700
产品情况:车载导航影音系统

★莱嘉光电(深圳)有限公司
地址:广东省深圳市宝安区沙井镇芙蓉大道芙蓉工业区西区 B 入口
邮编:518125
电话:0755/81760608
传真:27295508
网址:www. lightingguard. com
电子信箱:kai@ hongbright. com
法定代表人:张洪亮
质量体系:ISO/TS 16949
产品情况:汽车前照灯 LED 透镜组,产品应用于乘用车、货车、客车、工程车的车头灯、雾灯、日行灯及车前部照明等领域

★东昌电机(深圳)有限公司
地址:广东省深圳市宝安区沙井镇洪田金源工业区

邮编:518125
电话:0755/29547668、29547718
传真:29547698
网址:www. dongchangmotor. com. cn
电子信箱:songcq@ dcmod. com
法定代表人:莫仕东
质量体系:ISO/TS 16949
产品情况:盘式电动机、直流伺服电动机、直流无刷电动机、直流永磁电动机、串激电动机、感应电动机、罩极电动机等系列分马力电动机

★深圳市凯中精密技术股份有限公司
地址:广东省深圳市宝安区沙井镇新桥芙蓉工业区
邮编:518125
电话:0755/27255619
传真:27255617
网址:www. kaizhong. com
电子信箱:sales@ kaizhong. com
法定代表人:张浩宇
质量体系:ISO/TS 16949、ISO 14001
产品情况:(凯中牌)
换向器、集电环、连接器等精密零部件

★深圳市艾丽声电子有限公司
地址:广东省深圳市宝安区黄田创建路恒昌荣高新产业园10栋3-4楼
邮编:518126
电话:0755/29962166、29962288
传真:29962211
网址:www. alenson. com
电子信箱:info@ alenson. com
法定代表人:宋增荣
质量体系:ISO 9001
产品情况:柴油机起动电源、水泵控制保护器、电动汽车充电桩等产品
出口情况:远销欧洲、美洲、东南亚、中东、非洲多个国家和地区

★深圳市臻善智能科技有限公司
地址:广东省深圳市宝安区西乡航城大道航城创新创业园A3栋512-518
邮编:518126
电话:0755/83227839
网址:www. verytek. com
电子信箱:sales@ verytek. com
法定代表人:黄冰心
产品情况:车载DVD、影音导航等车载智能电子产品

★艾礼富电子(深圳)有限公司
地址:广东省深圳市宝安区西乡镇鹤洲恒丰工业城
邮编:518126
电话:0755/27325533
传真:27325779
网址:www. aleph-cn. com
法定代表人:熊基凯
质量体系:IATF 16949、ISO 14001
产品情况:磁簧开关、磁簧继电器、光电传感器、液位传感器、接近传感器等,并承接各类精密电子的电镀业务

★深圳市五株科技股份有限公司
地址:广东省深圳市宝安区西乡镇黄田钟屋工业区
邮编:518128
电话:0755/27508988
传真:27518812
网址:www. topcb. com. cn
电子信箱:marketing. szsm@ topcb. com. cn
法定代表人:蔡志浩
质量体系:ISO/TS 16949、ISO 14001
产品情况:各种精密双面、高多层、HDI、各类快样板、金属基板、FPC电路板、软硬结合板等

★深圳市著牌实业股份有限公司
地址:广东省深圳市坪山新区碧岭沙坑二路15号
邮编:518131
电话:0755/28196308
网址:www. zhupai. com
电子信箱:szzhupai@ 126. com
法定代表人:吴远彪
质量体系:ISO/TS 16949
产品情况:行车记录仪、汽车应急启动电源、汽车门锁闭锁器等车身附件及电子控制系统
配套情况:为上汽、奇瑞、长安、东风、北汽、长城、中兴、海南马自达、比亚迪、吉利、陕西重汽以及印度TATA、俄罗斯通用伏尔加等进行配套或OEM二次配套服务

★深圳市永志高电子有限公司
地址:广东省深圳市光明新区公明街道塘尾社区南明路祥发声工业园4栋
邮编:518132
电话:0755/27199377、27197456
传真:27199177、4000611885
网址:www. lingshenggps. com
电子信箱:listen-dvd@ 163. com
法定代表人:陈志东
单位人数:50
产品情况:(凌盛牌)
汽车导航影音

★深圳市众越创汽车电子有限公司
地址:广东省深圳市宝安区石岩街道洲石路旭兴达工业区A2栋3楼西
邮编:518168
电话:0755/27655943
传真:27655943
网址:www. zycchina. net
法定代表人:朱军平
质量体系:ISO 9001
产品情况:(众越创牌)
汽车DVD导航一体机产品
出口情况:出口东亚、西欧、东欧

★旭程电子(深圳)有限公司
地址:广东省深圳市龙岗区横岗镇荷坳金源工业区
邮编:518172
电话:0755/89767089、89767800
传真:89767319
网址:www. xcfuse. com
电子信箱:yewu@ xcfuse. com
法定代表人:黄奇波
单位人数:700
质量体系:ISO/TS 16949、ISO 9001
产品情况:全系列熔断丝管、插片式熔断丝、熔断丝座、KSD系列温控开关、FSD系列微型温控器开关、汽车温控器等电子元器件

★珠海市深九鼎光电科技有限公司
地址:广东省珠海市香洲区福永路11号深九鼎科技园
邮编:519000
电话:0756/8995398
传真:8995396
网址:www. szsjd. com
电子信箱:sales@ szsjd. com
法定代表人:吴峰
质量体系:ISO 9001
产品情况:彩色液晶显示屏模组、CMOS高清摄像头模组等
出口情况:远销俄罗斯、中东、南美洲、欧洲、亚洲、北美洲等海外市场

★珠海共电有限公司
地址:广东省珠海市香洲区工业北区兴华路176号
邮编:519000
电话:0756/2267003、2267144
传真:2267006
法定代表人:太越俊达
质量体系:ISO 9001、ISO 14001
产品情况:继电器、OA机器零配件、注塑品等

★珠海藤仓电装有限公司
地址:广东省珠海市吉大石花西路161号
邮编:519015
电话:0756/3331111
传真:3331430
电子信箱:zxw@ fzl. com. cn
法定代表人:星公彦
质量体系:ISO/TS 16949、QS 9000
产品情况:汽车线束及其短路盒、熔断丝盒、接插件、胶夹、密封圈等橡胶塑料配件

★贤丰控股股份有限公司
地址:广东省珠海市金湾区三灶科技工业园
邮编:519040
电话:0756/7512333
传真:7512008
网址:www. ronsen. com. cn
电子信箱:sale@ ronsen. com. cn

法定代表人:陈文才
质量体系:ISO/TS 16949、ISO 14000
产品情况:漆包线

★采埃孚电子(珠海)有限公司
地址:广东省珠海市珠海大道东段北侧南屏科技工业园绿园路1号
邮编:519060
电话:0756/8910688
传真:8910699
网址:www.zf.com
法定代表人:RINGO SCHEITHAUER
产品情况:汽车模块以及适用于汽车、家电和工业用途的开关、传感器等电子零部件

★珠海凯邦电机制造有限公司
地址:广东省珠海市斗门区龙山二路西6号
邮编:519110
电话:0756/5790438
传真:5790323
电子信箱:kbscb@gree.com.cn
法定代表人:文辉
质量体系:ISO 14001、ISO 9001
产品情况:微特电动机

★东莞市捷和光电股份有限公司
地址:广东省东莞市清溪镇荔横路捷和光电工业园
邮编:523000
电话:0769/86989991
传真:86989556
网址:www.jahurd.com
电子信箱:seles@jahurd.com
法定代表人:黄孟杰
质量体系:ISO/TS 16949
产品情况:LED 汽车灯

★东莞金的精密五金有限公司
地址:广东省东莞市石碣镇科技西路捷成工业园A栋
邮编:523000
电话:0769/81339198
传真:81339190
法定代表人:盛晓东
质量体系:IATF 16949、ISO 14001
产品情况:汽车端子、连接器端子等精密注塑产品

★万宝至马达(东莞)有限公司
地址:广东省东莞市莞龙路段狮龙路莞城科技园
邮编:523119
电话:0769/89299888
传真:22255272
网址:www.mabuchimotor.cn
法定代表人:权大勇
产品情况:小型电动机等产品,用于汽车等行业

★广东咏华实业有限公司
地址:广东省东莞市东城区温塘中路383号联益工业园
邮编:523121
电话:0769/26620333、13922514432
传真:26620222
电子信箱:caiwu@winweal.com
法定代表人:桂锋
质量体系:ISO 9001、ISO 14000
产品情况:汽车电子产品

★东莞市赛歌汽车零配件有限公司
地址:广东省东莞市望牛墩镇东兴路东兴工业区
邮编:523196
电话:0769/88512205、88512207
传真:88512202
网址:www.seger.com.cn
法定代表人:塞利姆·巴依卡勒
质量体系:ISO/TS 16949
产品情况:(赛歌牌)
各种汽车电、气喇叭
配套及出口情况:为25家著名汽车整车生产厂家如(奔驰、福特、德国欧宝、丰田、英国本田、克莱斯勒、三菱及雷诺等)提供OEM配套服务;远销50个国家和地区

★东莞精刻电子有限公司
地址:广东省东莞市松山湖北部工业城中小科技企业创业园
邮编:523331
电话:0769/22899151、22899153
传真:22899154、22899155
网址:www.denso.com.cn
电子信箱:lanyifeng@jeco.cn
法定代表人:横川治道
产品情况:汽车组合仪表
配套情况:为广汽丰田、天津一汽丰田配套

★东莞市领业电子有限公司
地址:广东省东莞市寮步镇西溪村育新街2号
邮编:523400
电话:0769/81191770
传真:22660439
网址:www.dgjwp.com
电子信箱:lingye@dgjwp.com
法定代表人:袁转弟
质量体系:ISO 9001
产品情况:汽车线束、连接器和端子等产品,适用于传统汽车及新能源汽车防盗器、倒车雷达、中控锁、摩托车防盗器、汽车DVD音响、车载GPS导航

★东莞友华通信配件有限公司
地址:广东省东莞市寮步镇富竹山村
邮编:523406
电话:0769/22982285、83326171
传真:22982295
网址:www.yokowo.co.jp
电子信箱:yijing@cn.yokowo.com
法定代表人:佐藤昌明
质量体系:ISO/TS 16949、ISO 9001
产品情况:车载通信天线

★东莞友华汽车配件有限公司
地址:广东省东莞市寮步镇富竹山村
邮编:523406
电话:0769/83326172
传真:83326158
网址:www.yokowo.co.jp
电子信箱:jh_zhao@yokowo.com.cn
法定代表人:佐藤昌明
产品情况:电动机天线、电子锁、GPS天线、汽车微型天线等
出口情况:产品100%外销

★东莞美福电子有限公司
地址:广东省东莞市东坑镇初坑大地工业园C栋
邮编:523455
电话:0769/83382952
传真:83382953
网址:www.mateford.com.cn
电子信箱:dg_mateford@mateford.com
法定代表人:陈清琦
质量体系:ISO 9001、IATF 16949
产品情况:(MateFord牌、美科电阻牌)
年生产(一般品和特殊品)电阻器共达50亿只,产品主要用于Monitor、UPS及IT产业、光电产业、汽车产业等
配套及出口情况:客户有AUDI、BENZ、BMW、比亚迪、吉利、大众、珠海银隆等;远销德国、意大利、泰国、印度等国家

★东莞歌乐东方电子有限公司
地址:广东省东莞市东坑镇东坑大道南骏达工业区
邮编:523455
电话:0769/83387001
传真:83385604
网址:www.clarion.com
电子信箱:jleung@clarionchina.com
法定代表人:川岛达也
单位人数:3000
质量体系:ISO/TS 16949、ISO 14001
产品情况:(Clarion牌)
汽车音响、导航系统及车载电脑
配套及出口情况:为东南汽车、风神汽车、神龙汽车、郑州日产、奇瑞汽车、昌河铃木、一汽海南、华晨金杯、上汽通用等配套;为日产、铃木、五十铃、现代、富士、大发、三菱、本田、阿尔法、绅宝、菲亚特等汽车生产商供货

★广东欧华电子有限公司
地址:广东省东莞市横沥镇西城科技园2期A13栋
邮编:523460
电话:0769/88971888、4008808282
电子信箱:szcwowa@126.com
法定代表人:徐鹏
产品情况:(欧华牌)

4G 云导航

★东莞市新泰汽车配件有限公司
地址:广东省东莞市横沥镇三江工业区89栋
邮编:523477
电话:0769/85187015、85152586
传真:85151586
网址:www.gdnewtop.com
电子信箱:info@gdnewtop.com
法定代表人:李万红
质量体系:ISO 9001
产品情况:汽车开关(电动门窗开关、电动后视镜折叠开关、电动尾门开关、转向盘开关,前照灯开关,雾灯开关,天窗开关,紧急停车警示开关,除霜开关,电动座椅开关,加热开关等),整车线束及其他电子线束

★东莞汇和电子有限公司
地址:广东省东莞市大朗镇富民南路69号
邮编:523590
电话:0769/88602989
传真:88602990
网址:www.huiho.com
电子信箱:alan@huiho.com
法定代表人:余丽瑜
单位人数:450
质量体系:ISO 9001、ISO 14001
产品情况:电路板等,涵盖汽车等领域
出口情况:远销美洲、欧洲和亚洲市场

★古河汽车配件(东莞)有限公司
地址:广东省东莞市清溪镇青湖工业园
邮编:523660
电话:0769/87295600
传真:87295700
网址:www.furukawa.co.jp
电子信箱:xiaofei.he@furukawaelectric.com
法定代表人:西邑元男
产品情况:汽车用的低压电线等线束
配套及出口情况:为丰田、本田供货;出口日本

★广东科维北斗电子股份有限公司
地址:广东省东莞市凤岗镇黄洞村东深二路28号科维科技园
邮编:523690
电话:0769/81286983、4006789489
传真:81286338
网址:www.kovan.cn
电子信箱:kovan001@kovan.cn
法定代表人:陆培仁
质量体系:ISO/TS 16949、ISO 14001
产品情况:[KOVAN(科维)牌]
车载影音导航系统、车载北斗—GPS双模式卫星导航系统、车载3G网络应用(车联网)、车载手机互联互动、A5智能后视镜、胎压监测系统等汽车多媒体智能娱乐信息系统产品
出口情况:远销欧洲、美洲、中东、东南亚等50多个国家和地区

★东莞市艺展电子有限公司
地址:广东省东莞市凤岗玉泉工业区兴园路6号
邮编:523696
电话:0769/89176388、82699298
传真:82699255
网址:www.yessun.cn
电子信箱:sales@yessun.cn
法定代表人:朱海清
单位人数:600
质量体系:ISO/TS 16949、ISO 9001
产品情况:(JYT牌)
DVD大屏机、DVD传统机、智能后视镜、行车记录仪、车载控制器等
配套及出口情况:为北汽、一汽、华晨、东风、上汽、吉利等知名汽车厂配套;远销东南亚、中东、俄罗斯、北美洲等20多个国家和地区,远销中国台湾地区

★东莞市卡卡电子科技有限公司
地址:广东省东莞市塘厦镇石潭埔管理区环市东路395号
邮编:523717
电话:0769/38928866、4000130518
网址:www.blackview.com.cn
电子信箱:service@blackview.com.cn
法定代表人:卞学新
质量体系:ISO/TS 16949
产品情况:(凌度牌)
产品涵盖智能行车电脑、行车录像仪、车载导航、防碰撞预警系统、夜视系统、防盗预警系统等,涉及汽车安全、汽车智能辅驾、汽车娱乐、IOV等领域

★三友联众集团股份有限公司
地址:广东省东莞市塘厦镇莆心湖中心二路27号
邮编:523719
电话:0769/85911599、15016948238
传真:85914553
网址:www.sanyourelay.com
电子信箱:symmc01@sanyourelay.com
法定代表人:宋朝阳
单位人数:1000
质量体系:IATF 16949、ISO 14001
产品情况:涵盖了磁保持继电器、通用功率继电器、汽车继电器、新能源继电器、通信继电器五大类

★东莞正扬电子机械有限公司
地址:广东省东莞市黄江镇东环三街1号
邮编:523750
电话:0769/83533290
传真:82300910
网址:www.kusauto.com
电子信箱:info@kusauto.com
法定代表人:顾纯萍
质量体系:ISO/TS 16949、ISO 14001
产品情况:油位传感器、尿素传感器、尿素箱及仪表
配套及出口情况:主要终端客户有奔驰、沃尔沃、德国曼、斯堪尼亚、依维柯、雷诺、帕卡、东风、一汽解放、重汽、福田、陕汽、日野、现代、卡特彼勒、约翰迪尔、CNH、小松、日立、三一、徐工等国际知名公司;远销欧洲、北美洲、亚洲、南美洲、大洋洲、非洲的主要国家和地区

★广东远峰电子科技股份有限公司
地址:广东省东莞市松山湖高新技术产业开发区工业东路18号
邮编:523808
电话:0769/81238998
网址:www.yftech.com
电子信箱:2692107701@qq.com
法定代表人:杨军凯
产品情况:从事于专业的嵌入式产品设计,涵盖汽车电子、可穿戴类消费电子产品

★东莞阿尔卑斯电子有限公司
地址:广东省东莞市长安镇乌沙李屋兴发南路新星工业园
邮编:523857
电话:0769/85536840、13711828684
传真:85335776
网址:www.alps.com
电子信箱:lingxia.li@cn.alps.com
法定代表人:今井正志
质量体系:ISO/TS 16949、ISO 14001
产品情况:(ALPS牌)
空调控制面板、电子智能钥匙

★东莞市鑫亚低碳设备科技有限公司
地址:广东省东莞市长安镇上角红棉路6号
邮编:523878
电话:0769/82380213、82380215
传真:85331810
网址:www.world-xinya.com
电子信箱:webmaster@world-xinya.com
法定代表人:刘永萍
质量体系:ISO/TS 16949
产品情况:HID车灯线束,HID车灯配件,LED车灯线束及配件,汽车线束、车载氢氧机、360度环形火花塞、轮胎胎压监测系统等
配套及出口情况:供货至克莱斯勒、上汽大众、德国奥迪、福特汽车、东南汽车、日产帕拉丁、宇通大巴等;远销欧美、亚洲等地区

★东莞亚生特电器有限公司
地址:广东省东莞市虎门镇北栅西坊工业区1街5号
邮编:523925
电话:0769/85555718
传真:85157309
网址:www.yacenter.net
电子信箱:sales@yacenter.net
法定代表人:杨志明
质量体系:ISO/TS 16949

产品情况:汽车音响线束、防盗线束、车镜线束、转向机线束、HID 线束、OBD 诊断系列、电动座椅、制动系统线束等汽配线束
出口情况:远销日本、欧美等国家和地区

★东莞市维峰五金电子有限公司
地址:广东省东莞市虎门镇路东管理区长兴路1号
邮编:523932
电话:0769/85358920
传真:85358915
网址:www.wcon-china.com
电子信箱:sales@wc.com
法定代表人:李文化
单位人数:600
质量体系:ISO/TS 16949、ISO 14001
产品情况:线对板类精密连接器及线缆组合
配套及出口情况:主要客户有比亚迪等;产品70%以上出口欧美国家

★东莞创奕电子科技有限公司
地址:广东省东莞市厚街镇厚街科技工业城工业中路3号
邮编:523960
电话:0769/82588890、82589666
法定代表人:余泽民
产品情况:HUD、T-box、Airbag、ECU、TPMS、DVR 等汽车电子产品
出口情况:在北美洲、欧洲、墨西哥有办事处和分公司,远销欧洲、美国、大洋洲、中东、马来西亚等国家和地区,并销往中国台湾地区

★肇庆市长青蓄电池有限公司
地址:广东省肇庆市端州一路
邮编:526060
电话:0758/2771760
法定代表人:范团民
产品情况:铅酸蓄电池
出口情况:远销东南亚、中东、大洋洲、南美洲等地区

★肇庆宏丰电子有限公司
地址:广东省肇庆市黄岗镇河旁河苑公园
邮编:526060
电话:0758/2701811、2722556
传真:2701856
网址:www.zqhf.com
电子信箱:zqhf2005@163.com
法定代表人:暴宏志
质量体系:ISO/TS 16949、ISO 9001
产品情况:车载收放机、DVD、3G、GPS、倒车后视、ESP(车辆稳定电动系统)、电子加速踏板、电子节气门等汽车电子产品,年生产能力达50万台/套
配套情况:为一汽解放、一汽青岛汽车厂、一汽成都分厂、沈阳金杯、广东福迪汽车等国内知名汽车企业配套

★佛山电器照明股份有限公司
地址:广东省佛山市禅城区汾江北路64号
邮编:528000
电话:0757/82807006
传真:82807092、82824747
网址:www.chinafsl.com
电子信箱:guanwen.liang@chinafsl.com
法定代表人:何勇
负责人:刘醒明
单位人数:9209
质量体系:ISO 9001
产品情况:(FSL 牌)
汽车、摩托车、电动车类照明灯泡、LED 灯具
配套及出口情况:为奇瑞、金杯、福田、东风、吉利、昌河、洛阳第一拖拉机厂、五征、红塔、力帆、大长江配套;40%左右的产品出口110多个国家和地区

★市光法雷奥佛山汽车照明系统有限公司
地址:广东省佛山市禅城区张槎镇华宝南路7号
邮编:528000
电话:0757/88036584、18520902062
网址:www.valeo.com.cn
电子信箱:junling-shadow.hu@valeo.com
法定代表人:Francois,Antoine,Jacques MARION
单位人数:1100
质量体系:ISO 14001、OHSAS 18001
产品情况:(法雷奥牌)
前照灯和尾灯,包括卤素前照灯、氙气前照灯和 LED 前照灯
配套及出口情况:主要客户有广汽丰田、天津一汽、尼桑、东方日产、ICHIKOH;60%的产品远销日本、泰国、西班牙等国家和地区

★佛山市尤尼电池有限公司
地址:广东省佛山市佛罗路36号
邮编:528000
电话:0757/82823738、82813598
传真:82813135
网址:www.unionbattery.com.cn
电子信箱:fsunion@163.com
法定代表人:彭滨
质量体系:ISO 9001
产品情况:[UNION(友联)牌、VOLTA(沃塔)牌]
阀控式密封铅酸蓄电池
出口情况:60%以上出口至海外

★佛山华永科技有限公司
地址:广东省佛山市张槎镇城西工业区古新路1号
邮编:528051
电话:0757/82965808、82965818
传真:82965799
网址:www.tricore.com.tw
法定代表人:黄田中
质量体系:ISO/TS 16949、ISO 14001
产品情况:微小电动机、电磁阀、触发线圈、变压器、微动开关等

★广东好帮手电子科技股份有限公司
地址:广东省佛山市三水区西南工业园C区
邮编:528133
电话:0757/86166666、4001515999
传真:87820000-9999
网址:www.coagent.cn
电子信箱:sshbs@163.net
法定代表人:卢婉红
质量体系:ISO/TS 16949
产品情况:[卡仕达(CASKA)牌、科骏达(KOGND)牌]
车载娱乐、车载导航、驾驶安全、车身电子、车联网信息及塑胶五金部件等汽车智能电子系统与塑胶五金部件
配套及出口情况:为长安、江淮、一汽、奇瑞、吉利、长城、海马、广汽长丰、松下、电装、马自达等配套;远销南美洲、北美洲、欧洲、中东、东南亚、南亚、非洲、大洋洲等地区

★广东卡仕达电子科技有限公司
地址:广东省佛山市三水区西南工业园C区
邮编:528133
电话:0757/86166666、86166888
传真:87820000
网址:www.caska.cn
法定代表人:陈建策
产品情况:车载导航影音产品、"智能云"系列产品

★马瑞利汽车照明系统(佛山)有限公司
地址:广东省佛山市南海区丹灶镇南海国家生态工业示范园区凤凰大道16号
邮编:528200
电话:0757/85130641、85130888
传真:85130800
网址:www.magnetimarelli.com
电子信箱:miffy.lu@al-lighting.com
法定代表人:Ermanno Ferrari
产品情况:汽车前照灯与尾灯系统

★广东华日照明有限公司
地址:广东省佛山市南海区狮山科技工业园A区
邮编:528200
电话:0757/86696611、86696612
传真:86696800
网址:www.huarilighting.com
电子信箱:webmaster@huarilighting.com
法定代表人:李江华
质量体系:ISO 9001、ISO 14001
产品情况:(HR 牌)
汽车 HID 氙气灯、高低压卤素灯等

★本田汽车用品(广东)有限公司
地址:广东省佛山市南海区狮山镇小塘三环西工业区
邮编:528222

电话:0757/86636622、86636559
网址:www. honda - access. cn
电子信箱:hondaaccess@ hac - c. com
法定代表人:YASUHIDE MIZUNO
产品情况:本田系列车型外装、内装、电装用品,包含智能导航互联系统、智能行车记录仪、太阳能无线胎压检测器、智能车载空气净化器、儿童安全座椅等
配套情况:为广汽本田、东风本田等配套

★广东雪莱特光电科技股份有限公司
地址:广东省佛山市南海区狮山工业科技工业园A区
邮编:528225
电话:0757/86695216
传真:86695225
网址:www. cnlight. com
电子信箱:marketing@ cnlight. com
法定代表人:柴国生
单位人数:2000
质量体系:ISO/TS 16949、ISO 9001
产品情况:汽车灯具、充电桩等
出口情况:远销美国、日本、韩国、英国、俄罗斯、印度、澳大利亚等几十个国家和地区,并销往中国台湾地区

★佛山克莱汽车照明股份有限公司
地址:广东省佛山市南海区狮山科技工业园A区
邮编:528225
电话:0757/86693838
传真:86692669
网址:www. fskl. com. cn
电子信箱:poli@ autotech. net. cn
法定代表人:何孝文
单位人数:600
质量体系:ISO/TS 16949
产品情况:(EAGLEYE牌、鹰牌、宝丽牌、克莱牌、威歌牌)
照明灯、指示灯、防雾灯具、喇叭、熔断丝、熔断丝座、卡箍、三角反光牌
出口情况:远销欧洲、美洲、日本、韩国等国家和地区

★佛山市善为汽车电器有限公司
地址:广东省佛山市南海区狮山科技工业园C区骏业南路8号
邮编:528225
电话:0757/88035965
传真:88035963
网址:www. fssunway. com
电子信箱:sales@ fssunway. com
法定代表人:柴学谦
质量体系:ISO/TS 16949
产品情况:(善为牌)
雾灯和自动灯泡

★广东新创力实业有限公司
地址:广东省佛山市南海区大沥镇盐步广佛路平地段88号华创商业广场A座8楼
邮编:528231
电话:0757/81103986、4008837603
网址:www. chinasuoer. cn
电子信箱:2880058570@ qq. com
法定代表人:梁译
质量体系:ISO 9001
产品情况:(SOUER牌)
车载影音产品
出口情况:客户遍布100多个国家和地区

★佛山市塔孚汽车照明有限公司
地址:广东省佛山市南海区狮山镇松岗松夏工业园日田园A座
邮编:528234
电话:0757/81807121、81807120
网址:www. tuffplus. cn
电子信箱:manager@ tuffplus. cn
法定代表人:柯敏
质量体系:ISO/TS 16949
产品情况:(TUFF PLUS牌)
吉普牧马人前照灯、福特猛禽越野灯、汽车LED灯泡、哈雷摩托车前照灯、路虎卫士专用改装灯
出口情况:产品80%以上出口西欧、北欧、美国、加拿大、澳大利亚等40多个国家和地区

★佛山市王氏车灯制造有限公司
地址:广东省佛山市南海区狮山科技工业园(北园)
邮编:528251
电话:0757/86788266、86769499
传真:86703036
电子信箱:sales@ wslamp. com
法定代表人:王越民
质量体系:ISO 9001
产品情况:(王氏牌)
汽车前照灯总成,HID雾灯和射灯
出口情况:出口欧洲、美洲

★广东瑞图万方科技股份有限公司
地址:广东省佛山市顺德高新区(容桂)科技产业园建业中路7号
邮编:528305
电话:0757/29218888
传真:28812609
网址:www. ritu. cn
电子信箱:liwei@ ritucom. com
法定代表人:柳宗伟
质量体系:ISO 9001
产品情况:(道道通牌)
道道通导航电子地图及软件产品,车联网服务平台、盲人导航软件等导航应用扩展产品,智能停车应用等行业信息服务
配套情况:主要合作伙伴有奔驰、本田、福特、三菱、斯巴鲁、长城汽车、东南汽车、长安汽车、吉利汽车、奇瑞汽车、东风汽车、江淮汽车、广汽传祺、北汽、陕汽重型、中国重汽、福田汽车、力帆等

★广东威捷极光汽车灯具有限公司
地址:广东省佛山市顺德区杏坛镇新科技工业园3路2号
邮编:528325
电话:0757/27380248、27389862
传真:27381748
网址:www. winjetauto. com
电子信箱:sales - 8@ winjetauto. com
法定代表人:罗醒文
质量体系:ISO/TS 16949
产品情况:(威捷牌)
汽车灯具
出口情况:远销美国、欧洲等国家和地区

★佛山顺德矢崎汽车配件有限公司
地址:广东省佛山市顺德区均安镇智安中路3号
邮编:528329
电话:0757/28600320
网址:www. yazaki - china. com
电子信箱:qiang_li@ fsy - yazaki. com. cn
法定代表人:石川隆
产品情况:(Yazaki牌)
车用线束
配套情况:为广汽本田、广汽丰田配套

★广东菲柯特电子科技有限公司
地址:广东省中山市火炬开发区创业路16号第19栋厂房第3、4层
邮编:528437
电话:0760/23696957
传真:23895808
网址:www. cn - victor. com. cn
电子信箱:export@ cn. victor. com. cn
法定代表人:高平
质量体系:ISO 9001、ISO/TS 16949
产品情况:主要从事汽车TPMS胎压监测仪、汽车倒车雷达、汽车防盗器、汽车DVR等电子产品的研发、制造
出口情况:远销欧美、东南亚等地区

★有信制造(中山)有限公司
地址:广东省中山市火炬开发区茂南路10号
邮编:528437
电话:0760/85336668
传真:85336669
网址:www. u - shin - ltd. com
电子信箱:admin@ u - shin. net. cn
法定代表人:Hong Wei Bao
质量体系:ISO/TS 16949、ISO 14001
产品情况:汽车专用锁系列、汽车空调控制面板、各种汽车开关等产品
配套情况:为长安铃木、广汽本田、东风本田、一汽轿车、长丰汽车、长安福特、长安马自达等知名厂家供货

★车展交通器材(台山)有限公司
地址:广东省台山市工业园长兴路7号
邮编:529200
电话:0750/5627677

传真:5627676
网址:www. car - show. com. tw
电子信箱:sales@ tscar - show. com
法定代表人:陈黄月妹
质量体系:ISO/TS 16949、ISO 9001
产品情况:汽车转向灯开关、发动机点火开关总成、车门锁、继电器、闪光器、油压阀、熔断丝、连接器、线束、垫片、端子、电器控制设备及其他配件、模具等

★ 广东和宇传感器有限公司

地址:广东省江门市新会区会城西门路圭峰高科技村北安北路 11 号
邮编:529100
电话:0750/6318360
网址:www. chinakangyu. com. cn
电子信箱:guoji. ou@ heyusensor. com
法定代表人:李炳蔚
负责人:阮炳权
单位人数:120
质量体系:ISO 9001、IATF 16949
产品情况:(和宇牌)
　　发动机机油压力传感器、柴油发动机高压共轨压力传感器、变速器用压力传感器、空调冷媒压力传感器、燃气汽车用压力传感器传感器等各类车用压力传感器
配套情况:为玉柴、康明斯、辽阳新风、重庆凯瑞燃气(铃木吉利配套)等配套
☞ 详细情况请参阅彩色宣传版面

★广东意希诺科技有限公司

地址:广东省开平市翠山湖新区城南一路 5 号
邮编:529353
电话:0750/2882555、2880222
传真:2880230
网址:www. nitl. net
电子信箱:autoparts@ yibon. com. cn
法定代表人:侯元界
质量体系:IATF 16949
产品情况:主要研发生产燃油计量阀、SCV 控制阀、DRV 控制阀,汽车各种传感器、汽车点火线圈等燃油共轨系统零部件
出口情况:远销东南亚、中东、北美洲、欧美、非洲等地区

★广明源光科技股份有限公司

地址:广东省鹤山市共和镇新兴路 328 号
邮编:529728
电话:0750/8309168、4001681998
传真:8309198
网址:www. gmyok. com
电子信箱:kefu@ gmyok. com
法定代表人:洪燕南
单位人数:1600
产品情况:(广明源牌、COMYAN 牌)
　　卤素灯、前照灯、雾灯、信号灯
出口情况:远销欧美等几十个国家和地区

广　西

★南宁燎旺车灯股份有限公司

地址:南宁市振华路 26 号
邮编:530001
电话:0771/5636531、3392089
传真:5623099
网址:www. lwcd. com. cn
电子信箱:lwrlzyb@ lwcd. com. cn
法定代表人:旷林昌
质量体系:QS 9000、ISO 9002
产品情况:(瞭望牌)
　　生产各种中、高档汽车、摩托车灯具,年生产能力达 150 万台套以上
配套情况:为长安汽车、上汽通用五菱、东风柳汽、中国嘉陵、昌河汽车、昌河铃木、柳州工程机械、大宇客车等配套

★广西玉柴博耐特电器有限公司

地址:广西玉林市经济开发区东区二环东路 33 号
邮编:537000
电话:0775/2666508
传真:2663618
网址:www. yuchai. com
法定代表人:郭德明
质量体系:ISO/TS 16949
产品情况:汽车发电机、起动机以及相关汽车电器,产品广泛用于各类中、高档载重货车、客车(含独立式非独立式汽车空调)、农用车等;具有年产汽车用发电机 40 万台和减速起动机 5 万台的生产能力
配套情况:为玉柴等配套

★柳州航盛科技有限公司

地址:广西柳州市马厂路一号白露工业基地
邮编:545002
电话:0772/3163131
网址:www. hangsheng. com. cn
法定代表人:杨洪
产品情况:车载汽车电子、组合仪表、扬声器系统、控制开关等汽车电子产品

★柳州方盛电气系统有限公司

地址:广西柳州市阳和工业新区工业园 C - 18 号
邮编:545006
电话:0772/8852706、8852021
电子信箱:liangfeng@ deren. com
法定代表人:邱建民
质量体系:ISO/TS 16949
产品情况:汽车线束
配套情况:为东风柳汽、上汽通用五菱、柳工挖掘机、柳工装载机、柳工叉车配套

★柳州市双飞汽车电器配件制造有限公司

地址:广西柳州市柳石路新兴工业园 27 号
邮编:545112
电话:0772/7507268
传真:7507278
网址:www. lzsfdq. com
电子信箱:scb@ lzsfdq. com
法定代表人:苏进
质量体系:ISO/TS 16949、QS 9000
产品情况:整车线束、接插件、电线、后装产品
配套情况:为上汽通用配套

★柳州悠进电装有限公司

地址:广西柳州市柳东新区
邮编:545600
电话:0772/2562165、2562085
传真:2562585
网址:www. qdsanyuan. com
电子信箱:1947752969@ qq. com
法定代表人:张杰民
产品情况:汽车线束、电线电缆、注塑产品、汽车电器控制总成等;具备年产 100 万套整车线束的生产能力
配套情况:主要客户为上汽通用五菱及广西周边汽车主机厂

★柳州天海盟立电器有限公司

地址:广西柳州市柳东新区官塘工业园 B 区 5 栋 3 楼
邮编:545616
电话:0772/3592119
电子信箱:jwchnly408@ 126. com
法定代表人:张景堂
产品情况:接插器(件)、保险盒、可熔式保险片、汽车中央配电装置

重庆市

★重庆祥盛实业发展有限公司

地址:重庆市江北区南桥寺村 18 号
邮编:400021
电话:023/60310270、67650337
传真:67669821
电子信箱:a67651011@ cta. cq. cn
法定代表人:吴江
质量体系:ISO/TS 16949、QS 9000
产品情况:汽车灯具、后视镜、全车拉手、内外装饰件、车用电器,已形成年产汽车零部件 100 万套的能力
配套情况:为长安汽车、江铃控股、陕汽制造、长安福特、长安马自达、延锋伟世通(重庆)汽车饰件系统等多家企业配套

★重庆金美通信有限责任公司

地址:重庆市沙坪坝区小杨公桥 51 号
邮编:400030
电话:023/65319556、61705320
传真:65319559、65358532
网址:www. jinmeicom. com
电子信箱:glb@ jinmeicom. com
法定代表人:肖宏
单位人数:700

产品情况:汽车电子产品

★重庆三信电子股份有限公司
地址:重庆市九龙坡区创新大道68号
邮编:400041
电话:023/68460555
传真:68460055
电子信箱:yzh59@126.com
法定代表人:邱宏
质量体系:ISO 9001
产品情况:汽车胎压监测系统(TPMS)、防盗器(RKE)、机油压力传感器
配套情况:为嘉陵-本田、建设-雅马哈、轻骑-铃木、大长江、望江-铃木、嘉陵、金城、钱江、大阳、轻骑、力帆、宗申、隆鑫、银钢、比亚乔、众星、精通天马、春风摩托等配套

★重庆吉力芸峰实业(集团)有限公司
地址:重庆市巴南区李家陀陈家湾三村40号
邮编:400054
电话:023/65570560
传真:62570560
网址:www.jl-dz.com
电子信箱:china@jl-dz.com
法定代表人:向明升
质量体系:ISO/TS 16949
产品情况:起动机、磁电机、发电机、电路控制系统等
配套及出口情况:与30余家摩托车厂配套;出口日本、美国、德国、韩国、意大利、俄罗斯、巴西、印度尼西亚、伊朗、越南、巴基斯坦、土耳其等国家

★巩诚电装(重庆)有限公司
地址:重庆市经济技术开发区南坪白鹤路55号
邮编:400060
电话:023/62817109
传真:62817114
网址:www.denso.com.cn
电子信箱:changrong_huang@gcdn.denso.com.cn
法定代表人:向井康
质量体系:ISO 9001、ISO 14001
产品情况:摩托车点火控制单元(电子电气用品、磁电机、点火器、放大器等)

★重庆集诚汽车电子有限责任公司
地址:重庆市南岸区江溪路11号11-3号A3第3层
邮编:400060
电话:023/88511791、88511787
传真:88511790
网址:www.cjae.com.cn
电子信箱:cjae@cjae.com.cn
法定代表人:欧黎
负责人:陈伟
单位人数:296
质量体系:ISO/TS 16949
产品情况:各型车用传感器、车用EDU功率驱动组件及ECU电子控制组件
配套情况:为长安汽车、一汽轿车、海马汽车、昌河汽车、力帆汽车、吉利汽车等配套

★重庆津住汽车线束有限公司
地址:重庆市北部新区金开大道1995号
邮编:401120
电话:023/86002266、86002288
传真:86002288
网址:www.sws.co.jp
电子信箱:29108279@qq.com
法定代表人:仁木敏彦
质量体系:ISO/TS 16949
产品情况:汽车线束
配套情况:为重庆长安铃木、江西昌河铃木配套

★重庆海德世拉索系统(集团)有限公司
地址:重庆市北部新区云端街6号
邮编:401120
电话:023/67410818
传真:67410899
网址:www.hi-lex.com.cn
电子信箱:hr@hi-lex.com.cn
法定代表人:寺浦实
质量体系:ISO/TS 16949、ISO 14001
产品情况:主要生产汽车控制拉索、玻璃升降器、门模板、电动后背门开闭系统、电动侧滑门开闭系统、充电口盖系统、电动油箱盖系统等产品
配套及出口情况:主要为广汽本田、东风本田、长安汽车、一汽轿车、一汽-大众、上汽通用、上汽大众、华晨宝马、长安福特、东风日产、东风柳汽、一汽丰田、广汽丰田、四川一汽丰田、长安铃木、庆铃汽车、长城汽车、吉利汽车等数十家国内汽车主机厂配套;远销日本、美国、英国等国家

★重庆深渝电子有限公司
地址:重庆市渝北区回兴街道服装城大道83号
邮编:401120
电话:023/67159768、67378878
电子信箱:ycw85@163.com
法定代表人:尹德馨
质量体系:ISO/TS 16949、QS 9000
产品情况:(波宇牌)
MP3汽车播放器、带USB接口汽车播放器、汽车行驶记录仪、汽车倒车雷达、蓝牙车载产品等与各类机动车配套的汽车音响产品、汽车电子产品和汽车通信产品
配套情况:为长安铃木、庆铃、重庆力帆、重庆宇通客车、重庆重汽等配套

★北斗星通(重庆)汽车电子有限公司
地址:重庆市渝北区回兴街道服装城大道83号
邮编:401120
电话:023/67378878、67196757
传真:67378876
网址:www.cqbdstar.com
法定代表人:张锋
产品情况:为汽车的前装市场和后装市场提供汽车导航产品、汽车音影娱乐产品、车身控制产品、抬头显示器(HUD)、车载智能联网及终端产品(T-BOX)及基于北斗导航平台上的运营服务等

★桑德科技(重庆)有限公司
地址:重庆市渝北区回兴镇霓裳大道11号
邮编:401120
电话:023/67188866、4000033589
网址:www.cq-sound.com
法定代表人:王长征
产品情况:车载音响机芯、整机及导航等系列
配套情况:配套产品包括奇瑞的旗云系列MP5影音导航产品,长安铃木的新奥拓YC5机型,长安奔奔A102、B211,印尼尼桑公司的X-Trial和XGEAR,东风风神S30车型(H30车型)的DVD影音导航,庆铃汽车700P车型,江铃的N351车型等车载DVD及MP5导航产品

★重庆瑞阳科技股份有限公司
地址:重庆市渝北区空港工业园茂林路99号
邮编:401120
电话:023/89139175、88654724
网址:www.cqrykj.com
电子信箱:cqry@cqrykj.com
法定代表人:姜国清
质量体系:ISO/TS 16949、QS 9000
产品情况:汽车空调控制器总成、BCM等智能控制系列汽车零部件;电动车电动机、控制器、后桥等动力集成控制系统总成及电动整车套件
配套情况:与国内东风、金杯、成功、北汽等厂商在新能源汽车上进行了广泛而深入的合作

★重庆长安志阳汽车电气有限责任公司
地址:重庆市渝北区双凤桥街道飞宏路5号
邮编:401120
电话:023/88663048、86001008
传真:86001001
网址:www.cachiyeung.com
电子信箱:admin@cachiyeung.com
法定代表人:王成
负责人:陈伟
单位人数:262
质量体系:ISO/TS 16949、QS 9000
产品情况:主要生产点火线圈、阀类(碳罐电磁阀、ECRV阀、三通阀、PCV阀、单向阀等)、传感器(凸轮轴位置传感器、曲轴位置传感器、进气歧管温度压力传感器等)三大类环保产品
配套及出口情况:为长安汽车、长安铃

木、长安福特、重庆渝安淮海、深圳比亚迪汽车、奇瑞汽车、天津锐意泰克、北京阳光泰克、柳州五菱等多家汽车主机厂配套;远销美国、法国、德国、伊朗、巴基斯坦、印度

★重庆华宇实业有限责任公司
地址:重庆市北部新区人和天龙路
邮编:401121
电话:023/86852173、67639682
传真:67639681
电子信箱:hybgs@ sunki. cn
法定代表人:虞春生
质量体系:ISO/TS 16949
产品情况:(华宇牌)
摩托车起动机、汽车空调电动机、电动工具电动机等微特电动机
配套情况:为嘉陵、建设、力帆、轻骑、长安汽车、一汽集团、哈飞汽车等配套

★重庆秦川实业(集团)股份有限公司
地址:重庆市北部新区经开园翠晴路2号
邮编:401122
电话:023/67196666
传真:67196899
电子信箱:wuxiaohui@ qinchuan. cn
法定代表人:琚克刚
质量体系:ISO/TS 16949、ISO 14001
产品情况:(QINCHUAN 牌)
整车灯具、线束、消声器及尾气净化装置和汽车开关
配套情况:为长安汽车、江铃汽车、长安福特、上汽依维柯红岩、奇瑞汽车、吉利汽车等整车制造企业及德尔福派克等国际大型零部件制造企业配套

★华域视觉科技(重庆)有限公司
地址:重庆市经济技术开发区汇金路2号
邮编:401122
电话:023/67465411、67465400
传真:67465400
电子信箱:627363844@ qq. com
法定代表人:郭肇基
产品情况:汽车灯具及零部件
配套情况:为长安铃木、长安福特、长安五工厂、四川一汽丰田、南京福特等配套

★联合汽车电子(重庆)有限公司
地址:重庆市渝北区经开园云枣路3号
邮编:401122
电话:023/67257188、67257088
传真:67196778
电子信箱:yixin. wang@ uaescq. com
法定代表人:熊伟铭
质量体系:ISO/TS 16949、ISO 14001
产品情况:汽车、摩托车发动机控制系统
配套情况:为长安股份、长安福特、长安福特、长安马自达及国内其他汽车OEM厂和摩托车企业配套

★重庆矢崎仪表有限公司
地址:重庆市江北区鱼嘴镇长惠路24号
邮编:401123
电话:023/86208888
传真:88752091
网址:www. cqyazaki. com. cn
电子信箱:cqyazaki@ cqyazaki. com. cn
法定代表人:张本焱
单位人数:720
质量体系:ISO/TS 16949、ISO 14001
产品情况:汽车组合仪表、汽车多功能显示器、汽车时钟等,具备年生300万台汽车组合仪表的能力
配套及出口情况:为中国丰田、沃尔沃、标致、三菱、五十铃等供货;并是重庆庆铃、神龙汽车、上海汽车、长城汽车、重庆力帆汽车、吉利汽车、东风柳汽、郑州日产、潍柴汽车的核心供应商;出口日本(丰田、三菱)

★重庆平江实业有限责任公司
地址:重庆市渝北区龙山路68号
邮编:401147
电话:023/67660380、67656664
传真:67660404、67669616
电子信箱:cqpingjiang@ 163. com
法定代表人:邹强
质量体系:ISO/TS 16949
产品情况:汽车电喷燃油泵及总成、汽车系列电动机、ABS电动机及总成;具有年产燃油泵芯200万只、燃油泵总成100万台(套)、电动机及电动机总成200万台(套)的生产能力
配套情况:为长安汽车、长安跨越汽车、渝安汽车、奇瑞汽车、比亚迪汽车、长城汽车、力帆汽车、吉奥汽车等主机厂配套

★重庆中冈电器有限公司
地址:重庆市南岸区牡丹路26号1栋
邮编:401336
电话:023/62452235、13668046926
传真:62452235
网址:www. cnzonko. com
电子信箱:zonko@ 163. com
法定代表人:王浩
单位人数:300
质量体系:ISO 9001
产品情况:监控电源适配器、手机充电器、胎压监测仪、车载空气净化器等系列产品

★重庆市爱华机电有限公司
地址:重庆市江津区双福新区同创路8号
邮编:402247
电话:023/47268234、47268219
网址:www. cqaihua. net
电子信箱:254483756@ qq. com
法定代表人:邹筱翠
单位人数:700
质量体系:ISO/TS 16949、ISO 14001
产品情况:主要生产摩托车系列起动电机,汽车电动机、直流电动机
配套及出口情况:主要客户有广东大长江集团、新大洲本田、望江铃木、广州五羊本田、重庆建设雅马哈、株洲建设雅马哈、广东大运、南京富天汽车零部件有限公司、增城奔马、中国嘉陵、隆鑫、浙江钱江摩托股份有限公司、力帆、银翔等公司;国外客户有印度TVS – Lucas、印度巴格拉、印度马恒达,印度英雄、日本铃木株式会社、日本富士重工、韩国世元、美国Cooper电器有限公司等

★重庆龙文机械设备有限公司
地址:重庆市江津区珞璜工业园区大道12号
邮编:402283
电话:023/61062656、61062610
传真:61065159
网址:www. cqlongwen. cn
电子信箱:roy777@ sohu. com
法定代表人:刘钰伦
质量体系:ISO/TS 16949
产品情况:各种汽车、摩托车起动电机齿轮轴、汽车行星驱动轴、通机曲轴齿轮、汽车摇窗电动机蜗杆、蜗轮轴
配套情况:拥有嘉陵股份(集团)、一汽集团、重庆力帆集团、重庆长安集团、重庆长安福特、成都华川电装、北京佩特来电器、襄樊东风电气、迪克斯汽车电器(上海)、无锡闽仙汽车电器、辽宁承业汽车零部件、芜湖杰诺瑞汽车电器系统、日本电产凯宇汽车电器(江苏)、康明斯、锦州汉拿电机等一大批长期稳定的合作客户

四川省

★四川极道电装实业有限公司
地址:成都市现代工业区港北区港泰大道300号
邮编:610039
电话:028/87720888
传真:87985898
网址:www. scjddz. com
电子信箱:jidao@ tfol. com
法定代表人:周志文
质量体系:ISO/TS 16949
产品情况:(极道牌)
汽车及通用动力起动机、发电机

★成都中电锦江信息产业有限公司
地址:成都市建设北路三段168号
邮编:610051
电话:028/84395351、84394232
传真:84394353
网址:www. jec784. com
电子信箱:jec784@ 163. com
法定代表人:孙伟彪
单位人数:2200
质量体系:ISO 9001
产品情况:军、民用地面雷达等电子系

统工程产品

★成都凯天电子股份有限公司
地址:成都市青羊区黄田坝
邮编:610091
电话:028/87409888、87400309
网址:www.caic - china.com
电子信箱:info@ caic - china.com
法定代表人:陈铁燕
质量体系:GB/T 19001、GJB 9001B
产品情况:仪表及传感器、燃油增压泵
配套情况:为重汽集团、重庆重汽、陕汽集团、北奔重汽、安凯客车、亚星商用车、吉利汽车、昌河汽车、庆铃汽车、重庆铁马、玉柴发动机、东风康明斯、哈飞汽车、长安铃木等配套

★成都长迪传感技术有限公司
地址:成都市龙泉驿区航天南路8号
邮编:610100
电话:028/88431370
传真:88431686
网址:www.cdchangdi.net
电子信箱:cd@ evertek.sina.net
法定代表人:杨和荣
质量体系:ISO/TS 16949
产品情况:(EVERTEK 牌)
产品包括汽车 ABS 轮速传感器、发动机传感器、传感器线束、轮毂轴承端盖四大系列300多个品种
配套情况:与一汽、东风、上汽、北汽、吉利、比亚迪、奇瑞等国内10余家大中型汽车公司及 ABS 电控系统生产商配套

★成都天兴仪表(集团)有限公司
地址:成都市龙泉驿区经济开发区车城大道南三段333号
邮编:610100
电话:028/84613723、84613731
电子信箱:314246958@ qq.com
法定代表人:李道友
质量体系:ISO/TS 16949
产品情况:(天兴牌)
汽车仪表、摩托车仪表;电动燃油泵、传感器等车用部品
配套及出口情况:与中国各名牌主机厂配套;出口欧美、日本、东南亚等国家和地区

★成都日用友捷汽车电气有限公司
地址:成都市龙泉驿区柏合镇歇凉关路1088号
邮编:610105
电话:028/88425120
网址:www.shry.net
法定代表人:何伟
质量体系:ISO 9001、ISO/TS 16949
产品情况:用于汽车座椅调节器及玻璃升降器的电动执行元件,汽车新型发动机的冷却风扇总成和鼓风机、汽车电子组件

★成都华川电装有限责任公司
地址:成都市龙泉驿区柏合镇合灵路7号
邮编:610106
电话:028/84612431、84600334
传真:84600676
网址:www.chcd.com.cn
电子信箱:gsbgs@ chcd.com.cn
法定代表人:耿辉雄
单位人数:1200
质量体系:ISO/TS 16949、ISO 14001
产品情况:主要产品有三大类:一是传统汽车电动机,主要包括汽车交流发电机、起动电动机、刮水器总成、(散热器/冷凝器)风扇总成;二是节能和新能源电动机,主要包括高效发电机、起停电动机、转向助力电动机、智能刮水器、智能风扇、轻量化电动机以及48V I-BSG电动、低速电动车用电动机、纯电动驱动电动机等;三是电动机集成相关产品,主要包括车用自动门梯系统、输变电领域电动机系统等
配套及出口情况:主要为长安公司、长安福特、长安铃木、上海汽车、广州汽车、奇瑞汽车、海马汽车、昌河铃木、金杯汽车、哈飞汽车、一汽天津华利等用户的轿车和微车配套;远销美国、法国、波兰、巴西、墨西哥、日本、印度等国家和地区,与美国水星、印度 TVS、法雷奥集团、美国库柏、意大利比亚乔、意大利隆巴迪、日本昭和、韩国现代等10余家海外客户建立了战略合作伙伴关系

★四川泛华航空仪表电器有限公司
地址:成都市新都工业东区兴业路389号
邮编:610500
电话:028/61791699
电子信箱:fanhua@ avicfanhua.com.cn
法定代表人:张建勇
质量体系:ISO 14001、OHSAS 18001
产品情况:(航电牌)
发动机电点火系统(点火装置、点火电缆、点火电嘴),高压电感式点火系统(第一代),低压电容式点火系统(第二代),高能电容式点火系统(第三代),变能变频自适应点火系统(第四代)
配套情况:为江淮、力帆、渝安、保定长城、一汽通用红塔云南、哈飞、昌河、江铃、济重、陕重等10多家企业配套

★乐山东风汽车电器有限公司
地址:四川省乐山市高新区迎宾大道9号附7号
邮编:614000
电话:0833/2596888
传真:2596777
网址:www.ls - dongfeng.com.cn
电子信箱:lsdf@ ls - dongfeng.com.cn
法定代表人:唐仕俊
单位人数:130
质量体系:ISO 9001
产品情况:汽车起动机、发电机,摩托车起动机
出口情况:远销美国、加拿大、英国、德国等国家

★四川华丰企业集团有限公司
地址:四川省绵阳市跃进路36号
邮编:621000
电话:0816/2330318
传真:2332716
网址:www.huafeng796.com
电子信箱:liliangxiong@ huafeng796.com
法定代表人:陈炼
质量体系:ISO/TS 16949、ISO 14001
产品情况:(华丰牌)
燃油汽车连接器、电动汽车连接器等产品
配套及出口情况:为北京奔驰、一汽轿车配套;远销美国、德国、英国、法国、俄罗斯、芬兰、荷兰、日本、印度等国家

★四川力扬工业有限公司
地址:四川省遂宁市安居区演化寺工业园
邮编:629011
电话:0825/8668161
网址:www.liyangpower.com
电子信箱:869517564@ qq.com
法定代表人:范炯流
单位人数:500
质量体系:ISO/TS 16949
产品情况:主导产品为干荷摩托车蓄电池、干荷免维护摩托车蓄电池、免维护摩托车电池,汽车蓄电池,电动车电池等6大系列百多种规格型号
出口情况:出口北美洲、西欧

★遂宁市奕东电子有限公司
地址:四川省遂宁市经济开发区德泉路微电子产业园二期C栋厂房
邮编:629099
电话:0825/5821001
传真:5800008
网址:www.yidong.com.cn
法定代表人:邓玉泉
质量体系:ISO/TS 16949、ISO 14001
产品情况:LCD 端子、背光源导光板、FPC 柔性线路板、连接器及铁框、补强钢片、模具制造、电镀等

★四川圣锦高新科技股份有限公司
地址:四川省广安市邻水县经济开发区二区圣锦路
邮编:638500
电话:18111398852
传真:0826/3267951
网址:www.scsjin.cn
电子信箱:scsj - xszx19@ cqsjqp.cn
法定代表人:喻文才
质量体系:ISO/TS 16949、ISO 4001
产品情况:汽车散热器风扇总成、汽车冷凝风扇总成、汽车顶置蒸发风机总成、汽车鼓风电动机总成、汽车 EPS 转向助力电动机总成、无刷电动机、电磁水泵等

配套情况：客户为上汽通用五菱、东风柳汽、东风日产、长安跨越、长安汽车、吉利汽车、江淮汽车、福田汽车、力帆汽车、北汽银翔、潍柴汽车、东风小康、南方英特、南宁八菱、柳州宝马利、扬州嘉和、重庆松芝、四川赛特等知名企业

★华蓥市正大汽配有限公司
地址：四川省华蓥市广华大道机电工业园区
邮编：638600
电话：0826/4826888、15284930777
传真：4826666
电子信箱：zdjhk01@126.com
法定代表人：邓政
产品情况：汽车灯具及配件生产线，产汽车灯具50万套以上

★自贡市江阳磁材有限责任公司
地址：四川省富顺县晨光工业园区
邮编：643200
电话：0813/7296655、7296666
传真：7296665
网址：www.joint-mag.com
电子信箱：sale@jiang-yang.cn
法定代表人：邓清荣
单位人数：500
质量体系：ISO 9001
产品情况：（恒达牌）
摩托车磁电机磁瓦、摩托车起动电动机磁瓦、汽车起动电动机磁瓦、汽车玻璃升降器电动机磁瓦、汽车转向助力电动机磁瓦、汽车刮水器电动机磁瓦、汽车风扇电动机磁瓦、汽车座椅电动机磁瓦，汽车油泵电动机磁瓦、电动工具类磁瓦（永磁氧铁磁瓦）

★宜宾金川电子有限责任公司
地址：四川省宜宾市临港经济开发区港园路西段63号
邮编：644005
电话：0831/3620101、3620102
传真：3620814、3620899
网址：www.jc-elec.com.cn
电子信箱：jc-xs@jc-elec.com.cn
法定代表人：董维忠
质量体系：ISO 9001
产品情况：（金川牌）
具有年产永磁铁氧体料粉1万t、永磁铁氧体元件2万t，软磁铁氧体料粉1.2万t、软磁铁氧体元件1万t的规模
配套及出口情况：是大众、通用、华为、中兴、长虹等企业配套供应商；远销欧美、东南亚等地区，并销往中国台湾地区

贵州省

★贵航汽车零部件有限公司华阳电器公司
地址：贵阳市小河区盘江南路20号
邮编：550006
电话：0851/83831231、83842733
传真：83806482
电子信箱：hydq@ghhydq.cn
法定代表人：张凌云
质量体系：ISO/TS 16949
产品情况：（探星牌）
组合开关、电动窗开关、特种开关
配套情况：为通用、一汽、神龙、海马、长城、南汽、哈飞、济重、陕汽等20多家主机厂配套

★贵阳航空电机有限公司
地址：贵阳市小河区
邮编：550009
电话：0851/83841093、83833320
传真：83834270、83842246
电子信箱：gy185fj@163.com
法定代表人：陈文毕
质量体系：ISO 9001
产品情况：汽车起动机、发电机，年产能力60万台以上
配套及出口情况：为北内云豹、厦门金龙、江淮客车、江苏牡丹等厂家配套1.1~2.0kW外齿合减速式和行星减速式起动机；部分产品出口

★贵州雅光电子科技股份有限公司
地址：贵阳市国家高新技术开发区金阳园区都匀路12号
邮编：550025
电话：0851/88118860、88118863
传真：88163939、88202455
网址：www.elton.com.cn
电子信箱：745922702@qq.com
法定代表人：席建军
质量体系：ISO/TS 16949
产品情况：汽车专用雪崩型、普通型整流二极管、整流组件和半导体功率模块等电子器件产品
配套及出口情况：已为美国通用汽车、长安汽车、东风电器、比亚迪、金龙客车、工程机械等配套；出口国外市场

★贵州天义技术有限公司
地址：贵州省遵义市隋阳路33号
邮编：563002
电话：0851/28416979、28416819
传真：28416989
网址：www.tyauto.com.cn
法定代表人：董康
质量体系：ISO/TS 16949、VDA 6.1
产品情况：汽车电磁继电器及控制器
配套及出口情况：为上汽大众、一汽-大众、神龙汽车、一汽轿车、江铃五十铃、郑州日产、德国大众等配套；远销欧美国际市场和亚太经济贸易地区

陕西省

★陕西凌云科技有限责任公司
地址：西安市高新区长安科技产业园创汇路19号
邮编：710119
电话：029/85692598、85691047
传真：85691064
网址：www.lingyungroup.com.cn
电子信箱：lykj@lingyungroup.com.cn
法定代表人：黎明
质量体系：ISO 9001
产品情况：车载信息娱乐系统、车载液晶电视、嵌入式地理信息系统、ARM主板、车辆监控系统、汽车音响等

★陕西凌华电子有限公司
地址：陕西省宝鸡市峪泉南路1号
邮编：721006
电话：0917/3312988
传真：3312788
网址：www.linghua.net
电子信箱：lh@linghua.net
法定代表人：周永义
质量体系：ISO 9001、ISO 14001
产品情况：GPS车载监控机、北斗车载监控机、汽车行驶记录仪等

★陕西凌云电器集团有限公司
地址：陕西省宝鸡市峪泉南路1号
邮编：721006
电话：0917/3604488、3314488
传真：3314247
电子信箱：765@lingyungroup.com.cn
法定代表人：李中健
质量体系：ISO 9000
产品情况：（凌云牌）
电子高频组件、汽车视听电子、车载导航信息娱乐系统、车辆监控调度系统、车载移动数字电视机顶盒、铅酸蓄电池、车用警灯警报器等
配套及出口情况：为北奔重汽配套；出口欧洲、亚洲、非洲等多个地区

★陕西凌云蓄电池有限公司
地址：陕西省宝鸡市高新开发区汽车工业园陕六路8号
邮编：721304
电话：0917/2798188、4001001691
传真：2798158、2798159
网址：www.lyxdc.cn
电子信箱：lingyunxudianchi@yeah.net
法定代表人：全勇
质量体系：ISO/TS 16949、GJB 9001B
产品情况：（凌云牌）
汽车起动型铅酸蓄电池等
配套及出口情况：为陕汽集团、北奔重汽、重汽集团、上汽依维柯红岩、华菱重卡、苏州金龙、宇通客车、中通客车、申龙客车、三一重工、徐工、大运汽车、山东时风集团、中联重科、集瑞重工、北汽乘用车、力帆汽车等厂家配套；出口美国、俄罗斯、澳大利亚、伊朗等十几个国家和地区

通用件和相关工业产品生产企业

• 查询导引 •

企业详细介绍

通用件和相关工业产品生产企业

☞ 企业如有变更,请与编辑部联系　☎ 010/68426043、68420981

北京市

★ 中国石油天然气股份有限公司润滑油分公司

地址:北京市朝阳区太阳宫金星园 8 号 A 座 17 层
邮编:100028
电话:4008103000、8008103001
传真:010/63592230
网址:kunlunlube. cnpc. com. cn
法定代表人:肖宏伟
质量体系:ISO 14001、ISO/TS 16949、OHSAS 18001
产品情况:(昆仑牌)

内燃机润滑油、工业齿轮油、液压油、润滑脂、变速器油、防冻液、制动液、摩托车油、金属加工液、船用油及润滑油添加剂等

配套及出口情况:为一汽集团、上汽集团、东风汽车公司、江淮汽车、哈飞汽车、吉利汽车、中国重汽、徐工集团、龙工集团、临工集团、宗申摩托、建设摩托、力帆摩托等多家汽车及设备 OEM 生产厂商配套;远销海外市场

☞ 详细情况请参阅彩色宣传版面

★北京天山新材料技术股份有限公司

地址:北京市石景山区八大处高科技园区双园路 5 号
邮编:100041
电话:010/88795588
传真:68865252
网址:www. tonsan. com
电子信箱:overseas@ tonsan. com
法定代表人:蔡志伟
质量体系:ISO/TS 16949、ISO 14001
产品情况:(可赛新牌)

厌氧胶、硅橡胶、聚氨酯、改性硅烷酯、环氧修补剂和瞬干胶等工程胶黏剂产品类型,主要包括螺栓锁固剂、管螺纹密封剂、圆柱固持剂、厌氧型/硅橡胶平面密封剂、铸造修补剂、耐磨/耐腐蚀修补剂、机床导轨涂层、橡胶修补等

配套情况:为东安航天三菱、长安铃木、长安汽车、上柴、锡柴、朝柴、上汽通用五菱、长城、吉利、比亚迪、上齿、唐齿爱

信、安凯、美驰、汉德、川汽、青特、山汽改、一汽、东风、中通、福田、金龙等配套

★北京长城孚泰润滑油有限责任公司
地址:北京市大兴区瀛海镇东一村
邮编:100067
电话:010/69271203
电子信箱:441838355@ qq. com
法定代表人:王聚会
产品情况:(中美 - 孚王牌、中英 - 壳王牌、嘉迪仕牌、孚霸牌)
车用油、汽车养护用品

★北京白菊汽车零部件有限公司
地址:北京市丰台区科学城海鹰路9号2号楼226室(园区)
邮编:100071
电话:010/63778189、13240933096
电子信箱:364918745@ qq. com
法定代表人:寇红艳
质量体系:ISO/TS 16949
产品情况:以汽车零部件注塑、焊接、组装为主,兼营其他产品配套部件
配套情况:为北京现代、北京奔驰、北汽福田、东风悦达起亚等供货

★北京孚美特润滑油有限公司
地址:北京市大兴区瀛海千倾堂东街10号
邮编:100076
电话:010/69288891、13681413895
网址:www. chinaformat. com. cn
电子信箱:chinaformat@ 163. com
法定代表人:王燕春
质量体系:ISO 9001
产品情况:(孚美特牌)
润滑油、润滑脂、防冻液等,年产能力8万t

★ 中国铝业集团有限公司

地址:北京市海淀区西直门北大街62号
邮编:100082
电话:010/82298767
传真:82298553
网址:www. chinalco. com. cn
电子信箱:zl_zhang@ chalco. com. cn
法定代表人:葛红林
负责人:余德辉
质量体系:IATF 16949
产品情况:拥有完整的汽车板材、型材、锻件及零部件的生产线,联合开发了乘用车全铝车身、客车全铝车身、铝挂车等轻量化车身总成,可为汽车行业提供轻量化材料选型、结构设计、成型分析、连接技术、表面处理技术等"一揽子"解决方案
配套情况:和一汽、东风、长安、吉利、上汽通用、蔚来汽车、成都客车等汽车公司建立了良好的合作关系,通过了相关汽车公司的认证
☞ 详细情况请参阅彩色宣传版面

★ 中国石化润滑油有限公司

地址:北京市海淀区安宁庄西路6号
邮编:100085
电话:4008109886
网址:www. sinolube. com
法定代表人:宋云昌
质量体系:ISO/TS 16949
产品情况:(长城牌、金吉星牌)
长城润滑油、金吉星汽机油等,其研发生产的21大类2000多种产品被广泛应用于航天、航空、汽车、机械、冶金等领域
出口情况:在东南亚、大洋洲、欧洲、南美洲、非洲等60多个国家和地区设有经销网络
☞ 详细情况请参阅彩色宣传版面

★中材科技股份有限公司
地址:北京市海淀区板井路69号商务中心写字楼12Fa
邮编:100097
电话:010/88433966 - 200
传真:88437712
网址:www. sinomatech. com
电子信箱:sinoma@ sinomatech. com
法定代表人:薛忠民
质量体系:ISO 9001
产品情况:汽车用复合材料等
出口情况:出口美国、日本、英国、荷兰、东南亚等国家和地区

★北京凡士通空气弹簧有限公司
地址:北京市北京经济技术开发区经海二路27号院1号楼6层608室
邮编:100176
电话:010/67892106
传真:67892108
电子信箱:wuxudong@ fsipasia. com
法定代表人:克雷格·托马斯·施耐德
质量体系:ISO/TS 16949、ISO 9001
产品情况:膜式、自闭式、套筒式及囊式空气弹簧
配套情况:被国内50多家客车整车厂和底盘厂采用

★北京利富高塑料制品有限公司
地址:北京市北京经济技术开发区泰河一街7号
邮编:100176
电话:010/87126000、87126020
传真:87126050
网址:www. nifco. co. jp
电子信箱:binlu@ bjnifco. com
法定代表人:崔炫惇
质量体系:ISO/TS 16949、ISO 14001
产品情况:汽车内饰塑料产品
配套情况:为北京现代汽车配套

★新光凯乐汽车冷成型件股份有限公司
地址:北京市通州区金桥科技产业基地环科中路12号
邮编:101102
电话:010/60506892
网址:www. singukeller. com
电子信箱:info@ singukeller. com
法定代表人:史蒂芬·古特
产品情况:汽车冷成型件及其他精密黑色金属制成品
配套情况:为扬柴、福田、常柴等配套

★北京利迪欣科技发展有限公司
地址:北京市通州区漷县工业区漷兴四街
邮编:101112
电话:010/80589966、80588000
传真:80582233、80581992
电子信箱:chinalidi@ vip. 163. com
法定代表人:张军
产品情况:(LIDI牌)
车用化工系列产品(主要包括:制动液、发动机润滑油、防冻液、齿轮油、抗磨液压油、液力传动油、润滑脂等)
配套及出口情况:为一汽-大众、一汽解放、一汽轿车、沈阳金杯、北汽福田、双环汽车、长城汽车等十几家汽车制造厂装车配套;远销美国、西欧、哈萨克斯坦、朝鲜、越南等国家和地区

★北京同创汽车部件有限公司
地址:北京市平谷区兴谷开发区11号
邮编:101200
电话:010/69956071
传真:69956290
电子信箱:260802487@ qq. com
法定代表人:郝明
质量体系:ISO/TS 16949
产品情况:汽车橡胶密封件,已具备每年40万套的生产配套能力
配套情况:主要供应北京现代汽车等知名公司

★北京星宇车科技有限公司
地址:北京市平谷区兴谷路28号
邮编:101200
电话:010/69958500
传真:69958518
电子信箱:13520064919@ 139. com
法定代表人:李命根
质量体系:ISO/TS 16949
产品情况:汽车冲压件
配套情况:为北京现代配套

★北京和承阿仁艾汽车配件有限公司
地址:北京市平谷区兴谷开发区平瑞街19号
邮编:101299
电话:010/89986221
传真:89986002
电子信箱:anguoyin@ hsrna. com
法定代表人:秋宗玖
产品情况:生产和加工汽车专用高强度紧固件、密封件、软管及其他汽车零部件
配套情况:为北京现代汽车、北京奔驰

汽车、一汽轿车、上汽通用、北京现代摩比斯、美国克莱斯勒、北京奔驰等配套

★雷迅汽车配件(北京)有限公司
地址:北京市顺义区林河开发区林河街28号
邮编:101300
电话:010/89451710
网址:www.lisi-automotive.com
电子信箱:wang.liyan@lisi-automotive.com
法定代表人:胡安卡洛斯
质量体系:ISO/TS 16949
产品情况:金属和塑料紧固件、连接件制品

★北京韩太汽车部件有限公司
地址:北京市顺义区仁和镇顺通路21号3幢
邮编:101300
电话:010/89401107、89401108
传真:89401109
电子信箱:jinjingji1984@aliyun.com
法定代表人:权赫祥
质量体系:ISO/TS 16949、ISO 9000
产品情况:汽车零部件

★金刚化工(北京)有限公司
地址:北京市顺义区顺通路51号
邮编:101300
电话:010/89498181、15910886788
传真:89498144
网址:www.kcc.cpooo.com
电子信箱:zwj771@kccworld.co.kr
法定代表人:金镇薰
产品情况:汽车用漆等
配套情况:为北京现代汽车、江苏悦达汽车和江淮汽车等项目配套供应汽车用漆

★北京蓝星清洗有限公司
地址:北京市顺义区空港工业B区安祥路5号
邮编:101318
电话:010/80483053、4006876540
传真:80483230
网址:www.bjlxqx.chemchina.com
电子信箱:gaoxiawei@bluestar.chemchina.com
法定代表人:王建军
质量体系:ISO/TS 16949、ISO 14001
产品情况:汽车发动机冷却液、汽车玻璃清洗剂、润滑油、汽车养护用品等精细化工产品
配套情况:为奇瑞汽车、北汽福田、比亚迪汽车、东风本田、郑州日产、常林股份、中联重科、中通客车等乘用车和商用车厂家配套

★北京恒源天桥粉末冶金有限公司
地址:北京市怀柔区雁栖经济开发区雁栖路3号
邮编:101400
电话:010/61667255、61667637
传真:61667255
网址:www.hytqpm.com
电子信箱:xs@hytqpm.com
法定代表人:薛玉檩
单位人数:100
质量体系:ISO/TS 16949
产品情况:粉末冶金中空凸轮轴、粉末冶金含油轴承、金属烧结过滤元件及器件等粉末冶金零部件
配套情况:主要供应给北汽、一汽、长城、北京现代等国内外知名汽车厂家

★北京天元奥特橡塑有限公司
地址:北京市怀柔区杨宋镇北凤翔科技开发区12号
邮编:101400
电话:010/61676028
传真:61676028、61676528
网址:www.tyat.com.cn
电子信箱:tyatbgs@126.com
法定代表人:刘志远
质量体系:ISO/TS 16949、ISO 14000
产品情况:汽车胶管、橡胶减振密封制品(发动机悬置、橡胶空气弹簧、V形推力杆、O形密封圈、各类油封等)、注塑制品、吹塑制品、塑料挤出胶管及汽车用导静电拖带等产品
配套情况:为一汽集团(一汽解放、青岛汽车厂)、东风集团(东风有限、东风股份、东风乘用车、东风朝柴)、北汽福田集团(C2轿车、欧曼、欧玛可、诸诚奥铃工厂、长沙工厂、南海工厂、欧V客车)、北京现代、中国重汽集团(卡车公司、商用车公司、特种车公司、青岛专汽公司)、江淮汽车、陕西重汽(含长沙环通公司)、北方奔驰(包头、蓬莱、重庆)、上海乘用车、上汽通用、一汽轿车、奇瑞汽车、郑州宇通、成都王牌、厦门金龙、安徽华菱、淄博汽车等配套

★赛龙(北京)汽车部件有限公司
地址:北京市密云区工业开发区科技路69号
邮编:101500
电话:010/69076303
传真:69076307
电子信箱:mmyh1978@163.com
法定代表人:徐仁锡
产品情况:专业从事汽车制动片生产
配套情况:国内主要客户包括:北京现代(北京MANDO、无锡MOBIS)、一汽丰田(天津Advics)、上汽通用(苏州BOSCH、上海BWI)、上汽大众(上海制动系统、美国TRW)、一汽-大众(上海制动系统、美国TRW)

★韩华高新材料(北京)有限公司
地址:北京市昌平区中关村科技园东区利祥路4号
邮编:102200
电话:010/60735588-238
传真:60735459
网址:www.hanwha.com
电子信箱:cl.xiao@hanwha.com
法定代表人(负责人):姜熙俊
质量体系:ISO/TS 16949、QS 9000
产品情况:(韩华牌)
以GMT、EPP为原料,生产汽车零部件
配套情况:已经成为北京现代、东风悦达起亚、上汽大众、上汽通用、一汽-大众、北京奔驰等大型整车厂的供应商

★北京迪普首泰高新技术开发有限公司
地址:北京市门头沟区石龙工业开发区华园路2号
邮编:102300
电话:010/69808548
传真:69806084
电子信箱:zhangyan8330@163.com
法定代表人:石根
质量体系:ISO/TS 16949、ISO 14000
产品情况:冷却水管、燃油管、空调管、模压件等橡胶制品
配套情况:为一汽集团、一汽-大众等汽车厂家配套

★北京特森特能源科技有限公司
地址:北京市房山区琉璃河工业区
邮编:102403
电话:010/89381002、4008909980
传真:89381090
网址:www.cntst.com
电子信箱:admin@cntst.com
法定代表人:郑瑞卿
质量体系:ISO/TS 16949
产品情况:[特斯特(TESITE)牌]
内燃机润滑油、车辆齿轮油、工业齿轮油、液压油、润滑脂、防冻液、制动液、金属加工液等

★北京高盟新材料股份有限公司
地址:北京市房山区燕山东流水工业区14号
邮编:102502
电话:010/81334710、13661025221
网址:www.co-mens.com
电子信箱:ljyljy2006@163.com
法定代表人:何宇飞
质量体系:ISO 9001、ISO 14001
产品情况:胶黏剂

★北京聚菱燕塑料有限公司
地址:北京市房山区燕山岗南路2号
邮编:102599
电话:010/69336661
电子信箱:jly@jly-plastic.com.cn
法定代表人:李刚
质量体系:ISO/TS 16949
产品情况:(聚菱燕牌)
汽车用PP共混合金材料,年产2000t
配套情况:为天津一汽丰田、广汽丰田、

东风本田、广汽本田、东风日产乘用车、郑州日产、长安铃木、昌河铃木、长安汽车、华晨金杯、广汽三菱、北京奔驰、柳州五菱、株洲雅马哈、新大洲本田、四川一汽丰田等配套

★北京嘉禾兴产润滑油有限公司

地址:北京市大兴区庞各庄工业开发区西区田园路22号
邮编:102601
电话:010/89283339、89283072
传真:89283332
网址:www.richanjiahe.com
电子信箱:richanjiahe@126.com
法定代表人:孙全和
产品情况:(MIZUHO牌)
润滑油
配套情况:为广汽本田、天津一汽丰田等配套

★北京钰林化工有限公司

地址:北京市大兴区安定镇安定中街2号
邮编:102607
电话:010/89245331、80228026
传真:89245331
电子信箱:bjyulin@163.com
法定代表人:时锋林
质量体系:ISO 9001、ISO 14001
产品情况:(钰林牌)
集高端水性客车漆研发、生产、涂装工艺设计、喷涂于一体
配套情况:与北汽福田客车有限公司等合作

★统一石油化工有限公司

地址:北京市大兴区芦城开发区创新路1号
邮编:102612
电话:010/61238888
传真:61200181
网址:www.tongyioil.com
电子信箱:tongyi@tybj.com
法定代表人:霍振祥
质量体系:ISO/TS 16949、ISO 14001
产品情况:(统一牌)
汽车、摩托车、工程机械及工业用润滑油及润滑脂、制动油、不冻液、汽车护理品等
配套情况:为一汽集团、东风汽车公司、东风日产乘用车、东风柳汽、上汽通用五菱、哈飞汽车、北奔重汽、华泰现代、川汽集团、陕汽集团、北汽福田、长城汽车、河北中兴、少林客车、湖北三环、哈东安、潍柴、大柴、锡柴、华北柴油机等厂家的装车、售后服务用油配套

★北京第三纺织机械有限公司

地址:北京市大兴区工业开发区广兴大街2号
邮编:102628
电话:010/63437906、63437040
传真:63437040
网址:www.bj-sfj.com
电子信箱:bjsfj@bj-sfj.com
法定代表人:韩增章
质量体系:ISO/TS 16949
产品情况:(晶花牌、风飒牌)
气弹簧、汽车专用轴连轴承、风扇驱动装置总成、喷油泵传动轴总成、张紧轮支架总成、正时皮带张紧轮等汽车发动机零部件
配套情况:气弹簧为一汽解放、一汽轿车、天津一汽、江铃陆风、长城汽车、奇瑞汽车、江淮汽车配套;汽车水泵轴连轴承为爱信宏达汽车零部件、华纳圣龙、合肥凯创汽车零部件、西峡水泵、哈东安机电、比亚迪汽车等配套;正时皮带张紧轮、过渡轮合件为江铃汽车、北汽福田配套;张紧轮为大柴配套,喷油泵传动轴总成为大柴、锡柴配套

天津市

★天津太平洋汽车部件有限公司

地址:天津市空港经济区西十道99号
邮编:300089
电话:022/24893730
传真:24893733
网址:www.pacific-ind.co.jp
电子信箱:hankui@tpa.com.cn
法定代表人:森义男
产品情况:汽车冲压产品
配套情况:为天津一汽丰田等配套

★天津贝鲁斯管业有限公司

地址:天津市天津港保税区海滨十三路136号
邮编:300110
电话:022/66270858、66270866
传真:25760955
电子信箱:bellows2009@163.com
法定代表人:庄司洋路
产品情况:排气管、软管、汽车感应器部件、导管、滤网、给油管、冲压件、软管、密闭性阀门等

★天津市津冠润滑脂有限公司

地址:天津市河东区十一经路河东金融大厦13层
邮编:300171
电话:022/24380518、4000020002
传真:24132788
网址:www.jinguancn.com
电子信箱:liuchen@jinguancn.com
法定代表人:彭继民
质量体系:ISO 9001
产品情况:车用润滑脂、轴承润滑脂、冶金润滑脂、通用类工程机械润滑脂、特种脂、金属防护脂等

★天津新伟祥工业有限公司

地址:天津市武清区上马台镇金发路2号
邮编:300190
电话:022/82289920
传真:82289731
网址:www.nws.cn
电子信箱:nws@nws.cn
法定代表人:陈友三
质量体系:ISO/TS 16949、ISO 14001
产品情况:主导产品为涡轮增压器用涡轮壳、中间壳以及排气管系列产品,涵盖灰铸铁、球墨铸铁、蠕墨铸铁、合金铸铁及铸钢等全系材质
配套及出口情况:成功地使用在戴姆勒、宝马、奥迪、大众、福特、通用、雷诺、标致-雪铁龙、丰田、沃尔沃等国际知名汽车品牌上,并获得了客户的普遍认可;远销美国、欧洲、日本等国家和地区

★三友(天津)高分子技术有限公司

地址:天津市河西区泰山路6号
邮编:300211
电话:022/28262143、28262757
传真:28261570
网址:www.sanyoutj.com.cn
电子信箱:sanyou@sanyoutj.com.cn
法定代表人:徐桥华
负责人:李士学
单位人数:126
质量体系:ISO/TS 16949、ISO 9001
产品情况:汽车制造用涂装胶、焊装胶、指压密封胶、丁基密封胶带、消声(防振)胶片、补强胶片、防(减)振胶片、点焊密封胶带、裙边胶、原子灰、常温固化密封胶、环保万能胶以及电子产品用胶等,年产汽车胶8000t
配套情况:供应的客户涵盖欧、美、日在华合资品牌和国产品牌:大众、通用、丰田、日产、本田、铃木、马自达、夏利、北汽、五菱、长安、比亚迪、中兴、宇通、黄海、金龙等数十家汽车厂

★天津鹏翎集团股份有限公司

地址:天津市滨海新区中塘工业区葛万公路1703号
邮编:300270
电话:022/63269287、63269748
传真:63269741
网址:www.pengling.cn
电子信箱:office@pengling.cn
法定代表人:张洪起
负责人:张宝新
单位人数:1000
质量体系:ISO/TS 16949、QS 9000
产品情况:(鹏翎牌)
汽车冷却管路总成、燃油管路总成、空调管路总成、助力转向管路总成、涡轮增压管路总成、天窗排水管路、模压管路总成等
配套及出口情况:主要客户有一汽-大众、上汽大众、上汽大众动力、华晨金杯、江淮汽车、上汽通用五菱、长城汽车等;出口俄罗斯、英国、德国、美国、日本、泰国、马来西亚

★天津滨海新区大港天力胶管有限公司
地址:天津市滨海新区大港中塘镇洋闸
邮编:300273
电话:022/63139051、63136691
传真:63138566
电子信箱:tjtljg@ tjtljg. com
法定代表人:贾炳顺
质量体系:QS 9000、ISO 9002
产品情况:车用油管、水管、真空软管、真空线束及各种橡胶制品
配套情况:为天津一汽夏利、安徽长丰扬子、比亚迪汽车、广州宝龙、秦皇岛金程自动车、天津专用汽车厂、东风荣成汽车、江南汽车、北汽福田、安徽通宝汽车、吉利豪情、吉利发动机、长春东北汽车装配厂、北内集团总公司内燃机二厂、芜湖渝灵发动机、奇瑞汽车等供货

★天津丰田合成有限公司
地址:天津市东丽经济技术开发区丽北路4号
邮编:300300
电话:022/24990427、24993847
传真:24994647
电子信箱:liujun@ tianjintg. com. cn
法定代表人:福井博规
质量体系:ISO/TS 16949、ISO 14001
产品情况:汽车用制动软管总成、等速万向节防尘罩、发动机缸盖橡胶衬垫、空气滤清器软管分总成等
配套情况:为天津一汽丰田、广汽本田、重庆长安配套

★天津井上高分子材料制品有限公司
地址:天津市东丽经济开发区四纬路30号
邮编:300300
电话:022/58238500
传真:58238666
网址:www. inoac - tip. com
电子信箱:tipinoac@ inoacchina. com
法定代表人:于漭
单位人数:220
质量体系:ISO/TS 16949、ISO 14001
产品情况:(井上牌)
海绵复合品(表皮+底布)、软质海绵加工、硬质海绵发泡成型品(EA)等

★天津市旷达汽车内饰件有限公司
地址:天津市津南经济开发区(双港)重庆街6号
邮编:300350
电话:022/28593488、28573602
传真:28593178
网址:www. kuangdacn. com
电子信箱:tianjin@ kuangda. com
法定代表人:沈介良
质量体系:ISO/TS 16949
产品情况:车座装饰面料
配套情况:主要为一汽夏利、长城汽车、现代汽车等华北地区各大汽车主机厂提供前期开发、销售、仓储和售后服务工作

★东海橡塑(天津)有限公司
地址:天津市津南区津南经济开发小区
邮编:300350
电话:022/28512121
传真:28397064
网址:www. sumitomoriko. co. jp
电子信箱:yuanyuan. zhao@ trttokai. com. cn
法定代表人:渡边满
质量体系:ISO/TS 16949、ISO 14001
产品情况:汽车用防振橡胶、胶管、CD音响防振隔片
配套及出口情况:为丰田、电装、日产、本田、马自达配套;出口日本、美国、泰国

★天津市润生塑胶制品有限公司
地址:天津市津南区双港镇李楼道
邮编:300350
电话:022/28592170、28592106
传真:28592782
电子信箱:qc@ chemilon. com
法定代表人:刘根友
质量体系:ISO/TS 16949、ISO 14001
产品情况:(佳美龙牌、润生牌)
EPP成型件、IXPE及相关制品
配套及出口情况:为长城汽车、一汽、一汽轿车等配套EPP成型件9000t,为长城、一汽、奇瑞、丰田等配套XPE、IXPE及相关制品10000t;出口欧洲、美洲、澳大利亚等国家和地区

★天津市环宇橡塑股份有限公司
地址:天津市津南区小站工业区二号路1号
邮编:300353
电话:022/88617022、28611403
传真:28618056
网址:www. chinahuanyu. com. cn
电子信箱:sales@ chinahuanyu. com. cn
法定代表人:张永山
质量体系:ISO/TS 16949、ISO 14001
产品情况:汽车驱动轴、转向机防尘类橡塑零部件及发动机高压点火线产品
配套及出口情况:主要客户有一汽-大众、美国福特、美国通用、马自达汽车、东风日产汽车、天津一汽夏利、上海汽车、一汽轿车、海马汽车、长城汽车、奇瑞汽车、长安汽车、东风汽车、昌河汽车、比亚迪汽车、江淮汽车、北京汽车、吉利控股、力帆汽车、神龙汽车、长丰猎豹汽车、金杯汽车、上汽通用五菱等;出口美国、日本、西欧、韩国等国家和地区

★天津市天宇胶管股份有限公司
地址:天津市津南区小站镇会馆村
邮编:300353
电话:022/88613388、18902182999
传真:88633155
电子信箱:ajgzhe@ 163. com
法定代表人:李强
质量体系:ISO 9001
产品情况:汽车胶管、油管及汽车用橡胶制品
配套情况:与国内汽车、发动机、摩托车、暖风机厂家建立了长期配套关系

★利富高(天津)精密树脂制品有限公司
地址:天津市新技术产业园区华苑产业区(环外)海泰华科五路5号
邮编:300384
电话:022/58288288、58288206
传真:58288288
网址:www. nifco. co. jp
电子信箱:financial - act@ ntj - nifco. com
法定代表人:山本利行
质量体系:ISO/TS 16949
产品情况:汽车、摩托车零配件、非金属制品模具
配套情况:为一汽丰田和一汽丰田属下各配套协力工厂及华北地区的其他汽车主机厂供货

★井上(天津)汽车部件有限公司
地址:天津市西青经济开发区赛达二支路2号
邮编:300385
电话:022/58817780
传真:58817786
法定代表人:井上雅弘
产品情况:汽车部品的表面处理和树脂注塑成型

★天津志水鹏映塑料有限公司
地址:天津市西青经济开发区赛达三支路29号
邮编:300385
电话:022/23963172
传真:23963712
网址:www. denso. com. cn
电子信箱:lijizhong@ tskpla. com. cn
法定代表人:黑田泰人
单位人数:143
产品情况:注塑产品加工及组装(汽车空调塑料零部件)

★天津三国有限公司
地址:天津市西青经济开发区兴华二支路
邮编:300385
电话:022/23973920
传真:23972281
网址:www. mikuni. com. cn
电子信箱:zhoushiying@ mikuni - tj. com. cn
法定代表人:半田和久
产品情况:以摩托车化油器及汽车零件生产为主,并涉及其他领域的精密机械加工、冲压及表面处理业务

★天津日进塑料有限公司
地址:天津市北辰科技园区华盛道61号
邮编:300402
电话:022/58833966

传真:58833960、58833973
电子信箱:haozhihua@ tj. enissin. com
法定代表人:长田和德
质量体系:ISO/TS 16949、ISO 14001
产品情况:汽车专用塑料产品

★天津勤美达工业有限公司
地址:天津市塘沽开发区塘汉公路0-10号
邮编:300451
电话:022/25211445
传真:25212977
电子信箱:zjc@ cmi - tj. com
法定代表人:何明宪
质量体系:ISO/TS 16949
产品情况:汽车铸件

★电装天(天津)精密电子有限公司
地址:天津市经济技术开发区第十大街59号南侧厂房
邮编:300457
电话:022/25327211
传真:25325326
网址:www. denso - ten. com
法定代表人:渡边孝行
单位人数:239
产品情况:车用树脂部件的成型与加工

★阪东机带(天津)有限公司
地址:天津市经济技术开发区海通街37号
邮编:300457
电话:022/66237077、66237075
传真:66237036
网址:www. bando - belt. com
法定代表人:三木基史
单位人数:130
质量体系:ISO/TS 16949、ISO 14001
产品情况:主要产品为用于汽车发动机、汽车空调、摩托车的各种传动皮带
配套情况:为日本丰田、本田、日产、三菱、铃木、美国通用、德国大众、北京现代等配套

★天津六合镁制品有限公司
地址:天津市经济技术开发区黄海路268号
邮编:300457
电话:022/59816478、18622595922
传真:66230018
网址:www. tjlhm. net
电子信箱:lhm@ lhtj. com
法定代表人:王斌
质量体系:ISO/TS 16949、ISO 9001
产品情况:为国内、外知名客户配套镁、铝合金汽车零部件(转向盘骨架、安全带芯轴、驻车制动支架、转向柱支架、汽车座椅骨架、仪表盘支架、变速器壳体等)及其他工业零部件产品
配套情况:配套车型主要覆盖通用、福特、大众、日产、尼桑、五十铃、名爵、神龙、标致、长城、吉利、克莱斯勒、Proton、大发、现代、菲亚特等

★罗曼胶带技术(天津)有限公司
地址:天津市经济技术开发区睦宁路231号
邮编:300457
电话:022/25328808
传真:66237086
网址:www. lohmann - lttt. com. cn
电子信箱:info. locn@ lohmann - tapes. com
法定代表人:MARTIN SCHILCHER
质量体系:ISO/TS 16949、ISO 9001
产品情况:各种胶带

★天津沛衡五金弹簧有限公司
地址:天津市经济开发区洞庭路169号
邮编:300457
电话:022/66237259、66237239
传真:66237235、66237238
网址:www. tjpeiheng. com
电子信箱:lipan@ tjpeiheng. com
法定代表人:陈朝阳
质量体系:ISO/TS 16949、ISO 14000
产品情况:(立洲牌)
各种发动机气门弹簧、减振弹簧、离合器弹簧、扭杆弹簧、汽车座椅弹簧等和各种弹性冲压件
配套情况:为国内几十家大中型企业提供配套,主要客户包括丰田汽车、天津一汽等厂商

★天津汇丰汽车部件有限公司
地址:天津市经济技术开发区西区新业七街19号
邮编:300462
电话:022/66320950
传真:66320956
电子信箱:hfcw805@ 126. com
法定代表人:俞伟萍
质量体系:ISO/TS 16949、ISO 14001
产品情况:汽车制动软管,年配套生产能力50万辆

★天津山口汽车紧固件制造有限公司
地址:天津市经济技术开发区西区中南三街87号
邮编:300462
电话:022/66331900、4000016606
电子信箱:chuna@ shankou. com. cn
法定代表人:杨平贵
质量体系:ISO/TS 16949、ISO 14001
产品情况:汽车天窗、座椅、空调、发动机与变速器、底盘与制动器、车灯、车身系列紧固件,和精密器械与非标系列紧固件以及新能源汽车动力蓄电池极柱系列产品

★天津新确汽车配件有限公司
地址:天津市经济技术开发区泰华路78号
邮编:300470
电话:022/59901879、59901955
网址:www. suncall. co. jp
电子信箱:liu - ss@ suncall - tc. com
法定代表人:杉村和俊
产品情况:齿圈及卡销弹簧

★天津日石润滑油脂有限公司
地址:天津市滨海新区汉沽化工街5号
邮编:300480
电话:4006811806
传真:022/67161288
网址:www. tjnisseki. com
法定代表人:宋云昌
质量体系:ISO 9001、ISO 9002
产品情况:车用润滑油
配套情况:为东风本田、广汽本田、三菱、东风日产乘用车、新大洲本田、重汽集团、日立建机、五十铃、神钢建机、丰田、雅马哈、洋马农机等供货

★鲜一瑞科汽车配件(天津)有限公司
地址:天津市静海经济开发区北区3号路西面南侧
邮编:301600
电话:022/59583555
传真:59583500
网址:www. sunilsfsintec. com
电子信箱:info@ sunilsfsintec. com
法定代表人:金志勋
质量体系:ISO/TS 16949、ISO 14001
产品情况:工具、模具、汽车零部件、配件及五金件
配套情况:主要客户有北京现代摩比斯、东风悦达起亚、斗山、长城汽车、海马汽车、吉利汽车、丰田汽车、天合汽车、高田汽车等

★天津市凯诺实业有限公司
地址:天津市静海开发区新区广海道19号
邮编:301605
电话:022/68772455、68773298
传真:68775285、68775282
网址:www. tjbchg. com
电子信箱:tjbc@ tjbchg. com
法定代表人:张宝成
单位人数:1000
质量体系:ISO/TS 16949、ISO 9001
产品情况:(TJBC牌)
各式不锈钢管束总成、喉箍
配套及出口情况:为中国重汽集团、北汽集团、北汽福田、长安客车、长安福特、力帆汽车、潍柴动力等上百家国内重点主机生产企业的认证供应商;远销德国、美国、意大利、加拿大、荷兰、法国、瑞典、日本、新加坡、泰国、马来西亚等国家

★天津大强钢铁有限公司
地址:天津市静海县西翟庄镇西翟庄村
邮编:301611
电话:022/68373072、400060708
传真:68373072
网址:www. tjdaqiang. com
电子信箱:admin@ tjdaqiang. com
法定代表人:桑永凤
单位人数:1300

质量体系:ISO 9001
产品情况:(大强牌)
弹簧扁钢、带钢、犁铧钢、低氧铜盘条和低松弛预应力钢绞线等

★天津日进汽车系统有限公司
地址:天津市武清经济开发区泉达路西侧12号
邮编:301700
电话:022/82955001、82192555
传真:82170213
电子信箱:315193008@qq.com
法定代表人:严东秀
产品情况:轮毂轴承
配套情况:为通用、宝马、起亚、奇瑞配套

★欧利生涂料(天津)有限公司
地址:天津市武清开发区新源道9号
邮编:301700
电话:022/82101701
传真:82101703
电子信箱:ly_zhang@tjorigin.com
法定代表人:高木克征
质量体系:ISO 9001
产品情况:涂料

★天津提爱思塑料制品有限公司
地址:天津市武清区王庆坨镇大范口村
邮编:301700
电话:022/29517917、29517924
传真:29517913
网址:www.tiaisi.com
法定代表人:王永博
单位人数:210
质量体系:ISO/TS 16949、ISO 14001
产品情况:汽车塑料零部件
配套情况:与天津一汽丰田、新大洲本田摩托、天津丰田合成、长城汽车、天津阿斯化学、天津一汽夏利、天津约翰迪尔工程机械长期合作

★天津创真金属科技有限公司
地址:天津市武清区上马台镇工业园区北宝路东
邮编:301701
电话:022/82284308、82284309
传真:82284307
网址:www.tjczgs.com
法定代表人:于铁生
质量体系:ISO 9000、ISO 14001
产品情况:金属零件的热处理加工和热处理设备的制造

★保光(天津)汽车零部件有限公司
地址:天津市武清区大王古经济区京滨工业园古旺路1号
邮编:301712
电话:022/22194677、22194577
传真:22198077
网址:www.bkt.asia
电子信箱:qiaorui@bkt.asia
法定代表人:金柄勳
质量体系:ISO/TS 16949、ISO 14001
产品情况:PVC 焊缝密封胶、密封胶涂料等

★天津鑫悦汽车零部件有限公司
地址:天津市武清区大王古开发区古旺路7号
邮编:301712
电话:022/22190300
电子信箱:674347366@qq.com
法定代表人:任宗林
产品情况:汽车零部件、橡胶配件、模具、塑料制品

★天津平和机工汽车部件有限公司
地址:天津市武清区逸仙科学工业园亨远路19号
邮编:301712
电话:022/82167010、82167026
电子信箱:lubaoli@ph.co.kr
法定代表人:李昌周
质量体系:ISO/TS 16949
产品情况:精密冲压件、铝合金铸造件、管件、节气阀滑轮等

★ 泰伦特生物工程股份有限公司
地址:天津市天辰经济技术开发区高端装备制造产业园区山河路6号
邮编:311215
电话:022/26982872、26982885
传真:26974998
网址:www.tj-talent.com
电子信箱:marketing@tj-talent.com
法定代表人:马宝行
负责人:汪纪洋
质量体系:ISO 9001、ISO 14001
产品情况:产品系列包括金属加工润滑系列、金属防护系列、工艺清洁系列、表面处理系列、生物水处理系列、设备维护品系列和工艺溶液循环再生利用系列
配套情况:主要合作伙伴有奇瑞汽车、江铃汽车、东风汽车、现代汽车、起亚汽车、丰田汽车、玉柴集团、立中集团、中信戴卡等
☞ 详细情况请参阅彩色宣传版面

河北省

★安耐驰能源科技股份有限公司
地址:石家庄市经济技术开发区创业路20号
邮编:050018
电话:0311/89699386、4000601610
网址:www.annaichi.net
电子信箱:yonglong878@163.com
法定代表人:杨盼
质量体系:ISO 9001
产品情况:(安耐驰合成型牌、安耐驰精驰牌、耐驰牌)
汽车、摩托车等用润滑油
配套情况:已取得 VOLVO、大众等国际著名汽车发动机厂家认证

★ 河钢集团有限公司
地址:石家庄市体育南大街385号
邮编:050023
电话:4006010666
传真:0311/66508565
网址:www.hbisco.com
电子信箱:hbgtgf@hbisco.com
法定代表人:于勇
负责人:彭兆丰
单位人数:140000
质量体系:GB/T 19001
产品情况:(HBIS牌)
热轧酸洗卷/板、冷轧卷/板、热镀锌卷/板、汽车用特殊钢棒线材
配套及出口情况:汽车板产品已通过菲亚特、上汽、北汽、吉利、长城等18家主机厂认证;特殊钢产品已通过宝马、奔驰、奥迪、大众、丰田等30余家主机厂认证;产品出口美国、英国、德国等20多个国家和地区
☞ 详细情况请参阅彩色宣传版面

★石家庄泰明顿摩擦材料有限公司
地址:石家庄市高新区黄河大道150号
邮编:050035
电话:0311/85967455、85962993
传真:85962411
网址:www.tmdfriction.com
电子信箱:chenfeng@tmdfriction.com.cn
法定代表人:Christoph Rabe
质量体系:ISO/TS 16949
产品情况:汽车用制动片
配套情况:为一汽-大众、上汽大众、神龙汽车、南京依维柯、重汽集团等配套

★石家庄市中海石油化工有限公司
地址:石家庄新华区石闫路兴北街8号
邮编:050041
电话:0311/87763384
传真:87726898
网址:www.zhonghaishihua.com
电子信箱:zhonghaishihua001@126.com
法定代表人:刘灵霄
质量体系:ISO 9001
产品情况:(中海牌、北空牌、浩天牌等)
特种润滑油、润滑脂、高级制动液、防冻液以及军用特种润滑油、润滑脂等系列产品

★河北伟新锻造有限公司
地址:石家庄市高新技术产业开发区东区大西帐村南
邮编:050801
电话:0311/85384552、85384596
传真:85384008
网址:www.sjzwx.net

电子信箱:wxdz@188.com
法定代表人:李树伟
质量体系:ISO 9001、ISO/TS 16949
产品情况:转向轴锻件、轴承座锻件、连杆锻件、齿轮轴锻件、曲轴锻件、缸体锻件、转向节锻件、传动轴锻件等汽车锻件
出口情况:出口日本、韩国、澳大利亚等国家

★石家庄市宏森熔炼铸造有限公司
地址:石家庄市藁城区兴安镇武家庄
邮编:052160
电话:0311/88901111、88908777
传真:88901222、88908881
网址:www.sjzhs.com
电子信箱:a@sjzhs.com
法定代表人:武长庆
质量体系:ISO 9001、ISO/TS 16949
产品情况:专业生产优质铸造生铁、球墨铸铁、高纯生铁、灰铁和球墨铸件及精密铸件

★石家庄柯林滤纸有限公司
地址:河北省晋州市沧石路南白滩桥西侧
邮编:052260
电话:0311/84359595、84359109
传真:84369566、84359595
网址:www.sjzkelin.com
电子信箱:kelin@sjzkelin.com
法定代表人:董佳畅
质量体系:ISO 9001
产品情况:(柯林牌、东滤牌)
滤纸、无纺布、滤清器,适用于摩托车、汽车、工程机械、内燃机、电子等领域
配套及出口情况:为主机厂配套;出口亚洲、非洲、欧洲、美洲部分国家和地区

★晋州市安达汽车配件有限公司
地址:河北省晋州市总十庄镇工业区南
邮编:052260
电话:0311/84304188、13513381008
传真:84300192
电子信箱:adqp@caren.cn
法定代表人:冯建章
质量体系:ISO/TS 16949
产品情况:汽车(水管、油管、电喷管、真空制动胶管等)、尼龙管(单层、复合层)、动力转向管、高压油管、橡胶模压制品、地毯、顶棚、塑料装饰件、消声板等内饰件及部分冲压件和汽车减振、悬置、密封等橡胶模压制品
配套情况:为长安集团、众泰汽车、东风小康、奇瑞汽车、比亚迪汽车、上汽通用五菱、南京长安、北汽福田、上海尚翔汽车配件等20多家汽车厂提供配套产品

★河北阿木森滤纸有限公司
地址:河北省辛集市位伯工业区
邮编:052360
电话:0311/83312259、83382383
传真:83312269
网址:www.amslz.com
电子信箱:ams@amslz.com
法定代表人:王士远
单位人数:380
质量体系:ISO 9001
产品情况:(阿木森牌)
汽车用滤纸等产品
出口情况:出口日本、欧洲、中东、东南亚、美洲等几十个国家和地区

★河北普泰机械制造有限公司
地址:河北省衡水市广川开发区
邮编:053000
电话:0318/4439979、4438979
传真:4439919
网址:www.zg-yz.com
电子信箱:zg@zg-yz.com
法定代表人:冯炳章
单位人数:23
质量体系:ISO 9001
产品情况:生产各种碳素钢、合金钢、耐腐耐磨钢铸钢件
配套及出口情况:为中集集团、重汽集团、北汽福田、中通集团、中国兵器集团等配套;部分产品出口

★河北易德利橡胶制品有限责任公司
地址:河北省衡水市冀州区魏屯开发区魏齐路108号
邮编:053000
电话:0318/8973888、15350829066
传真:8974266
网址:www.ydlxj.com
电子信箱:yidelixiangjiao@163.com
法定代表人:苏秀平
单位人数:328
质量体系:ISO/TS 16949、ISO 9001
产品情况:(易德利牌、梅花牌)
制动软管等

★河北亚太塑料制品有限公司
地址:河北省衡水市经济开发北区滏阳三路
邮编:053000
电话:0318/2212865、2102558
网址:www.yataiguanye.com
电子信箱:yt@yataigongsi.com
法定代表人:张铁柱
单位人数:89
质量体系:ISO/TS 16949、ISO 9001
产品情况:(亚大牌)
主要生产尼龙管、高压树脂管、螺形管、七芯线、测压管、喷涂软管、加气软管等各种管子系列产品
配套情况:主要配套中国一汽、东风公司、济南重汽、青汽、中集集团、华菱汽车、北汽福田、三一重工、华联重科等厂家

★河北金星科技有限公司
地址:河北省衡水市冀州区长安东路800号
邮编:053200
电话:0318/5821698、8638566
传真:8638599
网址:www.jxrubber.com
电子信箱:info2@jxrubber.com
法定代表人:解立勇
单位人数:110
质量体系:ISO/TS 16949
产品情况:(金星牌)
液压制动软管及总成、真空制动软管、汽车空调软管、ATV制动管等橡胶软管
出口情况:远销北美洲、亚太、中东、欧洲等十几个国家和地区

★衡水京特制动科技有限公司
地址:河北省衡水市冀州区金鸡南大街1069号
邮编:053299
电话:0318/7080204、8973658
传真:7080596
网址:www.jzanc.com
电子信箱:sales@jzanc.com
法定代表人:解文宝
质量体系:ISO 9001
产品情况:制动片、液压制动软管、气压制动软管
出口情况:远销欧美、中东、东南亚等地区

★河北赛欧橡塑制品有限公司
地址:河北省衡水市景县温城工业区
邮编:053500
电话:0318/4239888、4239666
传真:4239666
电子信箱:silhose@163.com
法定代表人:贾浩峰
质量体系:ISO/TS 16949
产品情况:各类汽车专用硅胶管产品

★河北华特汽车部件有限公司
地址:河北省景县城西开发区
邮编:053500
电话:0318/8058721、8058712
传真:4312496
网址:www.cnhwat.com
电子信箱:13313189169@vip.163.com
法定代表人:宋立华
单位人数:430
质量体系:ISO/TS 16949
产品情况:尼龙压力管、制动管、树脂增强软管、汽车排气管、消声器、汽车中冷器进出气管、金属软管、伸缩管、碳钢及不锈钢弯管;汽车电子加速踏板总成;卡箍、支架、底盘横梁、三角臂、车身连接件、发动机支承、托架总成等冲压件;空气悬架总成;定子、转子、加速机构总成等橡胶塑料制品
配套情况:为中国重汽、北汽福田、东风汽车、集瑞重工、大运汽车、东风朝阳柴油机等多家知名企业配套

★河北三丰橡塑制品有限公司
地址:河北省景县景安大街西首
邮编:053500
电话:0318/4318688、4318699
传真:4318622
电子信箱:jixing_hbsf@ hbsfxs. com
法定代表人:王印国
质量体系:ISO/TS 16949、ISO 9001
产品情况:(吉星牌)
客车和货车用动力转向油管、离合器油管、金属软管、尼龙管、举升翻转油管等
配套情况:主要配套客户包括宇通客车、厦门金龙旅行车、北汽福田、比亚迪、陕西重汽、江淮、济宁重汽、包头北奔等

★河北宏广橡塑金属制品有限公司
地址:河北省景县开发区西苑路
邮编:053500
电话:0318/4222511、4312287
传真:4220046
网址:www. hbhongguang. com
电子信箱:overseas@ hbhongguang. com
法定代表人:张爱良
质量体系:ISO 9001、ISO 14001
产品情况:(宏广牌)
主要生产尼龙管、树脂管、橡胶管、金属软管等8大系列数百个品种,年生产各种尼龙树脂制品1000t以上
配套情况:为长春一汽、上汽大众、沈阳金杯、中国重汽等企业配套

★河北国威新材料科技有限公司
地址:河北省衡水市安平县工业园东区纬二路22号
邮编:053600
电话:0318/7515958、7882001
传真:7515918
网址:www. np - fp. cn
电子信箱:info@ zmlz. com
法定代表人:张迅
单位人数:150
质量体系:ISO 9001、ISO 14001
产品情况:(正明牌)
汽车滤清器专用固化、非固化滤纸及特种纸
出口情况:远销欧美、日本、韩国、俄罗斯、意大利等30多个国家和地区

★安平县金城滤纸有限公司
地址:河北省衡水市安平县徐疃工业区
邮编:053600
电话:0318/7660566、15075888881
传真:7616233
网址:www. jinchengfilterpaper. com
电子信箱:sales@ jinchengfilterpaper. com
法定代表人:刘建芳
质量体系:ISO 9001
产品情况:(五环牌)
主要生产空气滤纸、机油滤纸、燃油滤纸等
出口情况:远销北美洲、中东、东亚、东南亚、非洲等市场

★河北盛达密封件有限公司
地址:河北省威县汽车工业产业聚集区188号(亚湖)
邮编:054704
电话:0319/6398888、15175909999
传真:6392368
网址:www. hbsdqpjt. com
电子信箱:hebsd@ aliyun. com
法定代表人:任俊兰
单位人数:588
质量体系:ISO/TS 16949
产品情况:(宏磊牌)
主要有密封件、橡胶制品、胶管、内饰、铝窗、空滤等7大类产品
配套及出口情况:与长安、日产、北方奔驰、金龙、宇通等几十家汽车主机厂配套;出口欧美、大洋洲、中东、非洲及亚洲周边等40多个国家和地区

★威县永盛汽车配件制造有限公司
地址:河北省邢台市威县鸭窝经济技术开发区
邮编:054704
电话:0319/6390888、6392566
传真:6391000
网址:www. hbysqp. com
电子信箱:ysxiaoshou888@ 163. com
法定代表人:朱士磊
单位人数:368
质量体系:ISO/TS 16949
产品情况:(汇鑫牌)
年生产三元乙丙橡胶密封件1350万m
配套情况:为一汽集团等76家企业配套

★河北省清河县国通车业部件有限公司
地址:河北省清河县大寨村北工业区
邮编:054800
电话:0319/8182858、8139978
传真:8284358
电子信箱:guotong@ hbguotong. com
法定代表人:王石双
质量体系:ISO 9001
产品情况:(驰尔乐牌)
机动车辆密封条、汽车及摩托车拉线(操纵钢索)

★清河县三联橡塑制品有限公司
地址:河北省清河县科技园区浦江街91号
邮编:054800
电话:0319/8167999、8167616
传真:8167066
网址:www. sanlianxiangsu. cn
电子信箱:sanlianxiangsu@ 126. com
法定代表人:段金堂
质量体系:ISO 9001
产品情况:(三联牌)
生产各种材质的密封条
出口情况:出口美国、韩国、法国、澳大利亚、加拿大、日本、意大利等国家

★河北新锐密封件有限公司
地址:河北省清河县小屯汽摩工业园区
邮编:054800
电话:0319/8032777、8016777
传真:8032669
网址:www. xinruirubber. com
电子信箱:hbxr@ xinruirubber. com
法定代表人:宋梅雪
产品情况:车窗密封条、胶管、螺旋保护套等汽车配件
出口情况:出口印度、东南亚、南非、欧美、日本、法国、澳大利亚等国家和地区,并销往中国台湾地区

★河北星源密封件集团有限公司
地址:河北省邢台市清河三羊西街城关工贸区
邮编:054800
电话:0319/8051259
传真:8050913
电子信箱:xycaiwubu@ 126. com
法定代表人(负责人):马如其
单位人数:450
质量体系:ISO/TS 16949
产品情况:(奇星牌)
密封条、胶管、注塑件、模压件等

★河北新华汽车零部件集团有限公司
地址:河北省清河县城西王二庄开发区
邮编:054802
电话:0319/8031065、8176216
传真:8137777
网址:www. hbxhjt. com
电子信箱:xinhua@ hbxhjt. com
法定代表人:张月娥
负责人:伊佳斌
单位人数:1050
质量体系:ISO/TS 16949、QS 9000
产品情况:(爱征牌)
生产车辆门窗橡胶、塑料密封件,年产能力2680万m
配套情况:为一汽集团、上汽通用五菱、哈飞汽车、三菱、昌河汽车、亚星商用车、宇通客车、长城汽车、北汽福田等配套

★河北永昌车辆部件科技有限公司
地址:河北省清河县挥公大道8号
邮编:054802
电话:0319/8354000
传真:8354444
网址:www. hbycmfj. com
电子信箱:zjl@ hbycmfj. com
法定代表人:程朝文
单位人数:200
质量体系:ISO/TS 16949
产品情况:年产密封条1200万m,密封件160万套
配套情况:为国内外60多家大中型汽

车厂家配套

★河北万龙密封科技有限公司
地址:河北省清河县小屯工业区
邮编:054802
电话:13363821853
网址:www. wl - jt. com
电子信箱:info@ wl - jt. com
法定代表人:郭子朝
质量体系:ISO/TS 16949、ISO 9001
产品情况:橡胶软管及车用密封件等
出口情况:远销日本、美国、法国、伊朗、巴西等国家

★河北技奥胶件有限公司
地址:河北省清河县小屯工业园区
邮编:054802
电话:0319/8030999、18631967895
传真:8030238
网址:www. hbjiao. com
电子信箱:ja@ hbjiao. com
法定代表人:宋香桥
单位人数:260
质量体系:ISO/TS 16949
产品情况:主要产品包括橡胶密封条、三元乙丙密封条、汽车密封条、车门密封条、汽车内饰条、发泡密封条、门窗密封条、机械密封条、硅胶密封条、PVC 密封条、阻燃密封条、防火膨胀密封条、橡胶密封件、聚氨酯 PU 发泡等
配套情况:已成为重庆力帆、陕西重汽、浙江永源飞碟、十堰正和、河北拓达车门厂(郑州宇通、金龙、黄河、大宇)等知名企业的优质供应商和诚信合作伙伴

★河北华密橡胶科技股份有限公司
地址:河北省邢台市任县经济开发区
邮编:055150
电话:0319/7609668、7609666
传真:7609988
网址:www. hmxj. com
电子信箱:business@ hmxj. com
法定代表人:李藏稳
质量体系:ISO/TS 16949、ISO 14001
产品情况:主要产品有动、静、往复、旋转密封件及衬套、隔振块、发动机悬置等各种减振件
配套及出口情况:与一汽、东风、北京现代、保定长城、北方重型、丹东曙光、华泰汽车、山西大运、三一重工等多家汽车企业建立密切关系;远销德国、英国、美国、俄罗斯等数十个国家

★邢台市龙滨橡塑制品有限公司
地址:河北省邢台市任县东刘闸开发区1号
邮编:055153
电话:0319/7639666、7570660
传真:7565368
电子信箱:zhaozhanbin1@ 163. com
法定代表人:赵占彬
质量体系:ISO/TS 16949
产品情况:(耐实牌)
　　缓冲胶套、油封等橡胶塑料制品,汽车底盘件
出口情况:部分产品远销北美洲、欧洲、东南亚、俄罗斯等 30 多个国家和地区

★巨鹿县宏伟密封电器配件有限公司
地址:河北省邢台市巨鹿县城西大寨工业区
邮编:055250
电话:0319/3791517、3791518
传真:3791520
网址:www. hwmf. com
电子信箱:3176136089@ qq. com
法定代表人:杨敬敏
单位人数:100
质量体系:ISO 9001
产品情况:油封和密封件,有 1500 多种橡胶系列
出口情况:出口东南亚、欧洲、美国、南美洲、中东、非洲等国家和地区

★河北琦睿特橡塑制品有限公司
地址:河北省宁晋县营台开发区
邮编:055550
电话:0319/5496989、4000319586
传真:5496899
网址:www. hbqrt. com
电子信箱:info@ hbqrt. com
法定代表人:薄世为
产品情况:汽车空调管、橡胶油管、水管、内燃机车胶管,针织胶管、缠绕胶管、夹布胶管、编织胶管等系列
配套及出口情况:与多家知名企业建立了友好的合作关系;部分出口美国、日本及东南亚地区

★新河县华兴机械制造有限公司
地址:河北省新河县北环路 5 号
邮编:055650
电话:0319/4782360
传真:4782373、4845875
网址:www. xhhxgs. com
电子信箱:root@ xhhxqp. com
法定代表人:郜云峰
单位人数:500
质量体系:ISO 9001
产品情况:(旺通牌)
　　汽车用底盘悬架冲压件、拉伸组合件、轿车前摆臂、发动机主横梁、油封座圈、转向节主销、后桥壳盖、防尘盘、调整垫片等产品
配套情况:已与中国一汽集团、长城汽车、东风汽车、北汽、中联重科集团、江淮汽车、大江信达公司等各大汽车厂家建立了合作配套关系

★邯郸钢铁集团有限责任公司
地址:河北省邯郸市复兴路 232 号
邮编:056000
电话:0310/6072141
传真:4041978
网址:www. hgjt. com. cn
电子信箱:admin@ mail. hgjt. cn
法定代表人:郭景瑞
负责人:许斌
单位人数:23000
产品情况:热轧卷板,广泛应用于汽车、建筑、机械、压力容器等制造行业
出口情况:出口欧美等国家和地区

★沧州名晟汽车零部件有限公司
地址:河北省沧州高新区中小企业科技创业园 19A 号厂房
邮编:061001
电话:0317/5501289
传真:5501288
网址:www. bt - ql. net
电子信箱:cangzhoumingsheng@ 126. com
法定代表人:席浩程
单位人数:100
质量体系:ISO 9001
产品情况:(清岚牌)
　　汽车拉索上面所需的五金冲压配件
配套及出口情况:主要应用于广汽本田、广汽丰田、东风日产、上汽大众、上汽通用、长安、长城、奇瑞、江淮等轿车;出口日本、欧洲、美洲

★河北沧州文达汽车配件有限公司
地址:河北省黄骅市滕庄子工业园区 1 号
邮编:061100
电话:0317/5478888
传真:5479888
网址:www. wendacn. com
电子信箱:sale@ wendacn. com
法定代表人:杨志刚
单位人数:50
质量体系:ISO/TS 16949
产品情况:一汽、东风、重汽系列车型冲压件、紧固件
配套情况:为一汽集团(中型货车采购部、专用车厂)、重汽集团济南卡车公司、一汽山东汽车改装厂、陕汽集团卡车公司及汉德车桥、徐州美驰车桥等主机厂配套

★海兴县越达弹簧制造有限公司
地址:河北省海兴县赵毛陶镇吕吴工业园区
邮编:061201
电话:0317/6556058、6555556
传真:6556678
网址:www. yuedatanhuang. com. cn
电子信箱:yuedatanhuang@ 163. com
法定代表人(负责人):吴保树
质量体系:ISO/TS 16949
产品情况:汽车座椅弹簧、铁线、发泡钢丝、焊接骨架、冲压件、电子电器弹簧
配套情况:主要客户有长城汽车、长安汽车、北京现代、东风悦达起亚、北京汽车、一汽丰田、LG 电子、三星电子等

★沧州惠邦机电产品制造有限责任公司
地址:河北省南皮县惠邦路
邮编:061500
电话:0317/8861193、8861192
传真:8861190
网址:www.orbon.com.cn
电子信箱:orbon@orbon.com.cn
法定代表人:叶光昱
质量体系:ISO/TS 16949、ISO 14001
产品情况:钣金件、冲压件、铜排等,广泛应用于新能源汽车、汽车、工程机械等领域
配套情况:为德国 SIEMENS、美国 MOTOROLA、法国 SCHNEIDER(施耐德)、瑞士 ABB、韩国 SAMSUNG(含有中国本土工厂及其海外工厂)、一汽-大众、重汽集团等配套

★沧州鑫利达五金制造有限责任公司
地址:河北省南皮县经济开发区
邮编:061500
电话:0317/8566598、8566585
传真:8566589
网址:www.czxinlida.com
电子信箱:zhaoxin@cangzhouxinlida.com
法定代表人:赵新
单位人数:200
质量体系:ISO/TS 16949
产品情况:生产各种规格的汽车制动卡簧、消声片、制动片附件
出口情况:部分产品出口

★河北康奥电力汽配有限公司
地址:河北省河间市瀛洲经济开发区
邮编:062450
电话:0317/3603260、3619788
传真:3616788
网址:www.kangao.com.cn
电子信箱:hebei@kangao.com.cn
法定代表人:杨福仲
质量体系:ISO 9001
产品情况:(福重牌)
汽车钢板 U 形螺栓、汽车工具、紧固件、液压管接头、螺母等
出口情况:出口中东、欧美、南美洲、东南亚等 50 多个国家和地区

★ 河钢集团唐钢公司

地址:河北省唐山市路北区滨河路 9 号
邮编:063000
电话:0315/2702409
网址:www.tangsteel.com.cn
法定代表人:王兰玉
产品情况:高强汽车板、热轧薄板、冷轧薄板、镀锌板、彩涂板、中厚板、不锈钢、棒材、线材、型材等产品
出口情况:远销欧洲、美洲、非洲、东南亚等 150 多个国家和地区
☞ 详细情况请参阅彩色宣传版面

★唐山爱信佳工汽车零部件有限公司
地址:河北省唐山市高新技术开发区卫国北路 297 号
邮编:063020
电话:0315/3856391
传真:3852112
网址:www.aisin.co.jp
电子信箱:553676023@qq.com
法定代表人:过健三
产品情况:汽车制动器制动片、汽车变速器摩擦材料
配套情况:为丰田汽车配套

★京环兴宇唐山橡塑环保科技有限公司
地址:河北省玉田县城北马头山橡胶工业园区
邮编:064100
电话:0315/6166836、6164980
网址:www.tsxyxs.com
电子信箱:jhxyxs@foxmail.com
法定代表人:郑广宇
单位人数:300
质量体系:ISO 9001、ISO 14001
产品情况:(兴宇牌、京环兴宇牌)
年产胶粉 8 万 t,再生胶 10 万 t,各种型号汽车、农用车、工程车内胎 400 余万条
配套及出口情况:是中策橡胶集团的 A 级供应商,是三角轮胎、黄海轮胎、双喜轮胎、山东临工、新东岳集团等国内知名企业的优质合作伙伴;远销欧洲、印度、东南亚及非洲地区

★迁西奥帝爱机械铸造有限公司
地址:河北省唐山市迁西县新集镇东岗村北
邮编:064300
电话:0315/5995658、13930588962
传真:5995658
网址:www.adicast.cn
电子信箱:hebeiyouli888@163.com
法定代表人:谭晓强
产品情况:高附加值 ADI 及 CADI 铸件产品;主要用于汽车、铁路等行业

★廊坊舒畅汽车零部件有限公司
地址:河北省廊坊市开发区丁香道 1 号
邮编:065001
电话:0316/2579081
传真:2579086
网址:www.chinaust.com
法定代表人:赵延成
单位人数:200
质量体系:ISO/TS 16949
产品情况:汽车燃油系统接头、汽车注塑件等相关产品

★依工汽车零部件(廊坊)有限公司
地址:河北省廊坊市经济技术开发区朗森汽车产业园
邮编:065001
电话:0316/6070851
传真:6070344
电子信箱:redapple.369@163.com
法定代表人:SUNDARAM NAGARAJAN
产品情况:空调出风口、控制面板等注塑件产品

★河北长安塑胶有限公司
地址:河北省霸州市堂二里镇北崔家堡村北
邮编:065701
电话:0316/7492081、7492075
传真:7492057
网址:www.cncasj.com
电子信箱:casj@cn-casj.com
法定代表人:王吉生
质量体系:ISO 9001、ISO 14001
产品情况:(兴钢牌)
主要生产各种高、中档 PVC 人造革及 PU 合成革,包括汽车内饰专用革等

★霸州市汇行汽车零部件有限公司
地址:河北省霸州市王圪达村
邮编:065701
电话:0316/7432109
传真:7432407
网址:www.bzhhsj.com
电子信箱:cuishuhui@bzhhsj.com
法定代表人:崔树会
单位人数:90
质量体系:QS 9000
产品情况:挡泥板、发动机底护板、发电机导热罩、保护盖、转向轴护盖、下型板、衬板等塑料制品
配套情况:配套厂家有一汽集团、沈阳汽车制造厂、北京汽车制造厂、北人集团、山东聊城中通控股、福耀集团、旭硝子汽车玻璃(中国)公司、山西利虎玻璃工业、江西消防车辆制造厂、东风汽车集团等

★秦皇岛长城玻璃工业有限公司
地址:河北省秦皇岛市海港区西港北路 57 号
邮编:066000
电话:0335/3860641、7666899
传真:3849796
网址:www.glassgreatwall.com
电子信箱:develop@glassgreatwall.com
法定代表人:朱新生
质量体系:ISO 9002
产品情况:汽车配光镜等

★秦皇岛燕大国海不锈钢业有限公司
地址:河北省秦皇岛经济技术开发区三期雪山路 8 号
邮编:066004
电话:0335/8500555、8500333
传真:8501152
网址:www.yandaguohai.com
电子信箱:sales@yandaguohai.com
法定代表人:朱金彪

质量体系：ISO 9001
产品情况：汽车应用针织网
出口情况：出口亚太、欧洲、美洲、南非等20多个国家和地区

★保定市诺博橡胶制品有限公司
地址：河北省保定市徐水区大王店产业园经一路东侧
邮编：071000
电话：0312/8655865、13315216168
网址：www. nuobo. net
电子信箱：nuoboxiaoshou@ 163. com
法定代表人：郑春来
单位人数：2400
质量体系：ISO/TS 16949、ISO 9001
产品情况：橡胶减振产品、发动机悬置和汽车密封条产品

★安国市前进无纺布有限公司
地址：河北省安国市祁州工业城鑫康路2号
邮编：071200
电话：0312/3550577、3536876
传真：3554878
网址：www. qjwf. com
电子信箱：263358939@ qq. com
法定代表人：王文朋
产品情况：（LIFENG 牌）
　无纺布
出口情况：产品出口率达到80%，远销中东、欧美等十几个国家和地区

★阔丹凌云汽车胶管有限公司
地址：河北省涿州市开发区朝阳路205号
邮编：072750
电话：0312/5520800、5520801
传真：5520899
网址：www. codan－lingyun. com. cn
电子信箱：zhanglifeng@ lygf. com
法定代表人：王何阳
质量体系：ISO/TS 16949、ISO 14001
产品情况：汽车空调软管、空调管总成、动力转向软管及总成、油冷却软管及总成、水冷却软管及总成、燃油管、钢丝编织软管、钢丝编织管总成、消防呼吸管等橡胶相关产品
配套情况：在国内与长安福特、上汽通用、长城、吉利、比亚迪等众多主流汽车品牌协作多年

★河北亚大汽车塑料制品有限公司
地址：河北省涿州市开发区工业园区朝阳路207号
邮编：072761
电话：0312/7128805
传真：7128874
网址：www. chinaust. com
电子信箱：chinaust@ chinaust. cn
法定代表人：赵延成
负责人：夏雷鸣
单位人数：550
质量体系：ISO/TS 16949、ISO 14000
产品情况：尼龙11压力管，广泛用于汽车工业的气制动管路、液压制动管路、燃油输配、真空助力、真空控制管路等系统
配套及出口情况：除了为桑塔纳、奥迪、依维柯、切诺基、标致、太脱拉、斯太尔、捷达、雪铁龙和高尔夫等进口车型配套外，还广泛用于东风、解放、红岩和黄河等国产车型上；出口PA11管总成

★定州市四新工业有限公司
地址：河北省定州市定曲路桥西3号
邮编：073000
电话：0312/2354752、2358202
传真：2352863
网址：www. sixincasting. com
电子信箱：sixin@ sixincasting. com
法定代表人：刘成群
质量体系：ISO/TS 16949、ISO 9001
产品情况：（四新牌）
　年产铸钢件2000t、不锈钢及有色金属铸件800t、汽车拨叉100万套
配套及出口情况：主要用户有宝马、韩国起亚、一汽轿车、解放汽车等；不锈钢铸件全部出口欧洲、美国

★定州市孟生球铁有限公司
地址：河北省定州市西城区韩家洼
邮编：073000
电话：0312/2379478
传真：2379654
网址：www. dzmengsheng. com
电子信箱：hr@ dzmengsheng. com
法定代表人：周孟生
单位人数：400
质量体系：ISO/TS 16949
产品情况：生产汽车离合器、动力转向器、制动器等各种球墨铸铁件、合金铸铁件和灰铸铁件
配套及出口情况：作为二级供应商为一汽-大众、上汽大众、上海汽车集团、北京现代、比亚迪、尼桑、奇瑞、吉利、江铃、东风康明斯等提供产品配套服务；远销美国、德国等国家

★南皮县凯宇五金制造有限公司
地址：河北省南皮县莲花池工业区
邮编：61503
电话：0317/8622198、8623222
传真：8621210
电子信箱：web@ npkaiyu. cn
法定代表人：邓希来
产品情况：冲压件、塑料制品、钣金加工、机械制造、电子元器件等

山西省

★山西太钢不锈钢股份有限公司
地址：太原市尖草坪街2号
邮编：030003
电话：0351/2132615
传真：3134170
网址：tgbx. tisco. com. cn
电子信箱：webmanager@ tisco. com. cn
法定代表人：张志方
产品情况：（太钢牌）
　不锈钢、冷轧硅钢、碳钢热轧卷板、合金模具钢、军工钢等，不锈钢、不锈复合板、高牌号冷轧硅钢、电磁纯铁、高强度汽车大梁钢、花纹板、焊瓶钢
配套及出口情况：为中国重汽、北汽福田、陕汽、北奔重汽配套；与全球80多个国家和地区开展了经贸合作

★山西东华机械电子有限公司
地址：山西省大同市西花园河西路三条四号
邮编：037036
电话：0352/5362645、5362611
传真：5362660
网址：www. dhjx690. com
电子信箱：dhfg@ dhjx690. com
法定代表人：郭仲峰
单位人数：721
产品情况：主营特种车辆改装、大板方舱、涡轮增压器铸件等产品

★山西通达汽车制动材料制造有限公司
地址：山西省侯马市经济开发区合欢街33号
邮编：043012
电话：0357/4078995、4078996
电子信箱：ylsxtd@ 163. com
法定代表人：贾刚
质量体系：ISO/TS 16949
产品情况：各类轿车制动片，年产盘式片190万套、鼓式片190万套

★国营山西锻造厂
地址：山西省翼城县南梁镇庄里村
邮编：043514
电话：0359/6553228、6553269
传真：6553366、6553272
电子信箱：5439@ sxdzc. com
法定代表人：雷顺京
质量体系：ISO/TS 16949、GJB 9001B
产品情况：系列汽车前轴、曲轴、转向节锻件；系列阀体锻件；军品履带车辆锻件等

★山西银光华盛镁业股份有限公司
地址：山西省闻喜县姚村工业园区中路1号
邮编：043800
电话：0359/7468048、13834577888
传真：7468020
网址：www. yg－mg. com
法定代表人：任龙太
产品情况：镁合金汽车轮毂等，拥有年产原生镁锭10万t、镁合金3万t、镁深加工产品2万t的生产能力

★山西金宇粉末冶金有限公司
地址：山西省临猗县城郇阳西街439号

邮编:044100
电话:0359/4022080、4023607
传真:4022019
网址:www.jy2718.com
电子信箱:root@jy2718.com
法定代表人:刘和气
质量体系:ISO/TS 16949、ISO 9001
产品情况:粉末冶金制品、摩擦材料

内蒙古

★包头钢铁(集团)有限责任公司
地址:内蒙古包头市河西工业区
邮编:014010
电话:0472/2189021、2180140
网址:www.btsteel.com
法定代表人:魏栓师
产品情况:冷轧(碳素/低碳)钢板和钢带、冷轧深冲压钢、高质量汽车用钢等
配套情况:应用于奇瑞、青岛一汽等汽车驾驶室侧围内门和侧围内饰

★内蒙古北工重型机电设备制造有限公司
地址:内蒙古包头市稀土高新区北重路1号
邮编:014030
电话:0472/2209718、2209701
传真:2209033
电子信箱:734348551@qq.com
法定代表人:芦晓民
质量体系:ISO 9000
产品情况:齿轮、装配件、非标件等

★内蒙古一机集团路通弹簧有限公司
地址:内蒙古包头市青山区110国道731公里处北
邮编:014032
电话:0472/3627060、3117869
传真:3117869
网址:www.nmgyj.com
电子信箱:ltth@nmgyj.com
法定代表人:宁金柱
产品情况:具有年产铁路车辆弹簧3万辆份,汽车钢板弹簧1.5万t的生产能力

★内蒙古一机集团富成锻造有限责任公司
地址:内蒙古包头市青山区民主路北
邮编:014032
电话:0472/3117310、3118114
传真:3117728
网址:www.yjfcdz.com
电子信箱:fucheng@yjfcdz.com
法定代表人:刘万荣
单位人数:800
质量体系:ISO/TS 16949、ISO 14000
产品情况:年产锻件10万t
配套情况:与大柴、锡柴、朝柴等主要发动机生产厂家建立了稳定的合作关系

★内蒙古一机集团力克橡塑制品有限公司
地址:内蒙古包头市青山区民主路北
邮编:014032
电话:0472/3118647、3117095
传真:3117813
网址:www.nmgyj.com
电子信箱:lkxsgs@163.com
法定代表人:杨治国
质量体系:ISO 9001
产品情况:北方奔驰重型汽车橡胶制品,北方特雷克斯矿用自卸车橡胶制品,阿特拉斯液压挖掘机橡胶制品,山东华泰特拉卡、圣达菲汽车橡胶制品,美国科勒公司发电机、发动机橡胶减振器,德国DT公司重型汽车橡胶配件;各类工程车实心轮胎,挂胶履带板、履带销,车辆密封、减振等橡胶减振制品;各种异形金属与橡胶黏结的减振器,工程车辆用挂胶履带板
配套及出口情况:配套北方奔驰重型汽车、北方重型车辆股份、山东华泰汽车;出口美国、欧洲

辽宁省

★沈阳华晨东兴汽车零部件有限公司
地址:沈阳市浑南新区南屏东路26-2号
邮编:110026
电话:024/31950235
电子信箱:xhb208@126.com
法定代表人:刘汝庚
质量体系:ISO/TS 16949
产品情况:中小型金属冲压件、焊接件
配套情况:为沈阳华晨金杯和华晨中华配套中小型汽车冲压件、焊接件

★沈阳三丰橡胶有限公司
地址:沈阳市经济技术开发区二十五号路36号
邮编:110027
电话:024/89255775、15840089746
传真:89255750
网址:www.triprorubber.com
电子信箱:tripro@triprorubber.com
法定代表人:黎海林
质量体系:ISO 9001
产品情况:混炼胶、橡胶制品;混炼胶应用于密封件,胶管、输送带、轮胎、汽车等多个领域
出口情况:出口印度、新加坡、加拿大、澳大利亚、南美洲等国家和地区

★沈阳第四橡胶(厂)有限公司
地址:沈阳市经济技术开发区十三号路68号
邮编:110027
电话:024/25804401、25804559
网址:www.fysxs.com
电子信箱:sxskfzx@163.com
法定代表人:江南
单位人数:700
质量体系:ISO 9001
产品情况:(飞宇牌)
高压钢丝胶管及总成、胶布及制品、混炼胶、橡胶模压制品、橡胶板棒型材、胶黏剂等
出口情况:远销欧盟、泰国、印度尼西亚等国家和地区

★沈阳奥吉娜化工有限公司
地址:沈阳市于洪区青海西路108号
邮编:110027
电话:024/25201501、25201067
传真:25201480、25201156
网址:www.original.com.cn
电子信箱:ty@original.com.cn
法定代表人:魏国平
质量体系:ISO/TS 16949、QS 9000
产品情况:(奥吉娜牌)
工业用油、工业润滑脂、发动机油、自动变速器油及齿轮油、防冻液、助力转向油、其他辅助油液、制动液、液压油等
配套情况:为华晨宝马、奇瑞汽车、天津一汽、长城皮卡、北汽欧曼、福莱尔、三菱发动机、新光发动机、朝柴等配套

★沈阳防锈包装材料有限责任公司
地址:沈阳市于洪区鸭绿江街51-1号
邮编:110032
电话:024/86617056、86611516
网址:www.chinavci.com
电子信箱:china_vci@163.com
法定代表人:刘洪文
质量体系:ISO 9001、ISO 14001
产品情况:(沈防牌)
气相防锈纸、气相防锈膜、气相防锈剂、气相防锈缓冲材料、复合包装材料、真空包装材料、防锈油、水基防锈清洗液等
配套及出口情况:为宝钢、太钢、鞍钢、沈阳机床、一汽-大众、BMW、东风汽车有限公司、中原内配等供货;出口美国、意大利、土耳其、新加坡、日本、韩国等20多个国家

★沈阳帕卡濑精有限总公司
地址:沈阳市大东区小什字街21号
邮编:110042
电话:024/84314501、84314512
传真:84314509、84314510
网址:www.syparker.com
电子信箱:wulijun@syparker.com
法定代表人:邢军
质量体系:VDA 6.1、QS 9000
产品情况:脱脂剂、磷化剂、钝化剂、高压清洗剂、除锈剂、防锈油、防腐蜡等
出口情况:部分产品远销日本、韩国、马来西亚等国家

★沈阳华晨金东实业发展有限公司
地址:沈阳市大东区东望街39号
邮编:110044
电话:024/31666557、31665982
法定代表人:杨惠群

产品情况：汽车零部件冲压、焊接、中小总成制作

★沈阳远程摩擦密封材料有限公司
地址：沈阳市经济技术开发区北三路22号
邮编：110100
电话：024/86722458、86871365
传真：86865162
网址：www. syycmc. com
电子信箱：fannyshenyang@ 163. com
法定代表人：赵艳晶
单位人数：70
质量体系：ISO 9001
产品情况：各种高、中档制动片，离合器片、树脂制动带等
配套及出口情况：与国内外著名汽车制造厂配套；出口俄罗斯、澳大利亚、加拿大、埃及、伊朗、阿联酋、叙利亚、约旦、乌拉圭、菲律宾、印度尼西亚等国家

★阿诺德紧固件(沈阳)有限公司
地址：沈阳市欧盟经济开发区建设路119－2号
邮编：110122
电话：024/88790633
传真：88790999
网址：www. arnold－cn. com
电子信箱：info@ arnold－fastening. com
法定代表人：瑞恩·哈博斯托克
产品情况：（TAPTITE2000牌、duo-Taptite牌、Remform牌、KT牌）
自攻螺栓、公制螺栓等

★沈阳恩斯克有限公司
地址：沈阳市经济技术开发区15号街5号
邮编：110141
电话：024/25505017
传真：25505017－5200
网址：www. cn. nsk. com
法定代表人：织户宏昌
质量体系：ISO/TS 16949、ISO 14001
产品情况：高、中档数控机床和加工中心轴承，高速线材，板材轧机轴承，振动值Z4以下低噪声轴承，各类轴承的P2、P4级轴承及其相关零部件

★慕贝尔汽车部件(沈阳)有限公司
地址：沈阳市经济技术开发区22号190号
邮编：110141
电话：024/85719600
传真：85719602
网址：www. mubea. com
电子信箱：yijie. liang@ mubea. com
法定代表人：Andrzej Wojcikowski
产品情况：弹簧及其他零部件产品

★沈阳双福机械股份有限公司
地址：沈阳市经济技术开发区沧海路4号
邮编：110141
电话：024/62241756
传真：62241766
电子信箱：50947595@ qq. com
法定代表人：袁忠春
质量体系：ISO/TS 16949
产品情况：汽车车身及底盘的冲压、焊接、辊压件，年产5万套
配套情况：为一汽集团、长城汽车、扬子汽车、沈阳航天三菱发动机等配套

★沈阳东亿机械制造有限公司
地址：沈阳市经济开发区沈辽路6号街
邮编：110141
电话：024/89357995
传真：89357996
网址：www. china－dongyi. com
电子信箱：dongyi@ china. com
法定代表人：逄型伟
单位人数：160
质量体系：ISO/TS 16949
产品情况：整车用高强度紧固件，发动机、内燃机用高强度紧固件，钢结构用高强度螺栓，重型汽车车轮螺栓，高压电器用紧固件、冲压件等

★沈阳福特润滑油科技有限公司
地址：沈阳市法库辽河经济开发区
邮编：110400
电话：024/87151903、4006115100
传真：87151969
电子信箱：309052315@ qq. com
法定代表人：张朋
质量体系：ISO/TS 16949
产品情况：（吉诺牌）
车用润滑油、工业润滑油、电器润滑油、切削液、防冻液和钙基脂、锂基脂等
配套及出口情况：为一汽集团配套；远销日本、韩国、朝鲜、新加坡、泰国等国家

★富奥辽宁汽车弹簧有限公司
地址：辽宁省辽阳市太子河区干渠路82号
邮编：111000
电话：0419/3679111、3679222
传真：3679189
网址：www. fawlt. com
法定代表人：甘先国
负责人：张宁
质量体系：ISO/TS 16949、QS 9000
产品情况：（向阳牌）
多种叠片簧、渐变刚度弹簧、少片变截面弹簧、双曲率半径及平直段的汽车钢板弹簧和空气悬架导向臂弹簧
配套及出口情况：为一汽解放、北奔重汽、安徽华菱、郑州宇通、青岛汽车、华晨金杯、吉林轻型等国内知名整车厂配套；部分产品出口美国、英国、法国、韩国、意大利等国家

★辽宁润迪汽车环保科技股份有限公司
地址：辽宁省辽阳市太子河区干渠路86号
邮编：111000
电话：0419/2389888
传真：2385599
网址：www. lnrundi. com
电子信箱：rundi@ lnrudi. com
法定代表人：邹建波
质量体系：ISO/TS 16949、ISO 14001
产品情况：润滑油、机动车制动液、发动机冷却液和车用尿素溶液等产品
配套情况：为一汽股份、东风股份、重庆长安、长安福特、华晨汽车、长城汽车、河北中兴、广汽三菱、昌河铃木、北汽集团、东风小康、江铃汽车等四十余家整车主机厂配套

★辽阳康达塑胶树脂有限公司
地址：辽宁省辽阳市宏伟区西线公路13－5号
邮编：111003
电话：0419/5308768、5313218
传真：5308518
电子信箱：kangda－ly@ 163. com
法定代表人：曹汉平
产品情况：（康达牌）
汽车保险杠、仪表板及各种内外饰件的专用树脂材料、管道料
配套情况：为一汽-大众、天津一汽夏利、华晨金杯、长安汽车、一汽集团、南京汽车集团、天津一汽华利、哈飞汽车等配套

★铁岭助驰橡胶密封制品有限公司
地址：辽宁省铁岭市经济开发区橡塑工业园区
邮编：112000
电话：024/72691011、18604108877
传真：72691082
网址：www. tlzcmf. com
电子信箱：tlzcmf@ 126. com
法定代表人：赵向东
质量体系：ISO 9001
产品情况：（助弛牌）
O形橡胶密封圈、旋转轴唇型橡胶密封圈、往复运动橡胶密封圈、汽车液压制动皮碗、汽车制动皮膜等橡胶密封制品
配套情况：为一汽集团、华晨金杯等配套

★铁岭市机械橡胶密封件有限公司
地址：辽宁省铁岭市铁岭县凡河镇红光村
邮编：112000
电话：024/78890807、79090006
传真：78890808
网址：www. qianshengsealing. com
电子信箱：sales@ qianshengsealing. com
法定代表人：王宏军
质量体系：QS 9000、ISO 9001
产品情况：（乾昇密封牌）
油封、O形圈、各种唇形密封圈、橡胶金属复合弹簧、橡胶减振器、胶管、橡胶织物膜片、低阻导电橡胶膜片、各种工程塑料及各种橡胶杂品等

★铁岭华晨橡塑制品有限公司
地址：辽宁省铁岭市银州区汇工街78号

邮编:112000
电话:024/74560404、74166109
传真:74166108
网址:www. brilliance - auto. com
电子信箱:qyglb@ tlhcxs. com
法定代表人:曲建伟
质量体系:ISO/TS 16949、QS 9000
产品情况:(TB 牌)
　　具有年生产 8000 万件个塑料件、各类密封条 800 万 m、涂装保险杠 30 万件、模压制品 700t 的生产能力
配套情况:为华晨金杯、沈阳金杯、长城汽车、河北中兴、中顺汽车、上汽乘用车、一汽集团、东风汽车有限公司、石家庄双环、丹东黄海等配套

★哥俩好新材料股份有限公司
地址:辽宁省抚顺市哥俩好工业园区 15 - 18 号
邮编:113217
电话:024/55261146、4006302333
传真:55262508
网址:www. geliahao. com. cn
电子信箱:geliahao@ vip. 163. com
法定代表人:佟明星
质量体系:ISO 9002、ISO 14001
产品情况:(哥俩好牌)
　　胶黏剂、涂料、合成树脂、汽车用化学品四大系列
出口情况:远销俄罗斯、东南亚

★鞍钢股份有限公司
地址:辽宁省鞍山市铁西区
邮编:114014
电话:0412/8417273
传真:6723080
网址:www. ansteel. com. cn
电子信箱:ag6723090@ 163. com
法定代表人:王义栋
产品情况:汽车用钢
配套情况:与蒂森克虏伯、维苏威、通用电气等世界级企业有着长期的战略合作,是德国大众、宝马,美国通用汽车、韩国 STX 等众多国际知名企业的全球供货商

★ 鞍钢神钢冷轧高强汽车钢板有限公司

地址:辽宁省鞍山市铁西区环钢路 1 号
邮编:114021
电话:0412/6757588
传真:6757591
网址:www. ahk - jv. com
电子信箱:zheng. yiqi@ ahk - jv. com
法定代表人:王义栋
负责人:王植
产品情况:主导产品定位于 590MPa 及以上级别的冷轧高强汽车钢板
☞ 详细情况请参阅彩色宣传版面

★辽宁海华科技股份有限公司
地址:辽宁省鞍山市千山区鞍山路 309 号
邮编:114229
电话:0412/3545937、3545450
传真:3545192
网址:www. ashh. com. cn
电子信箱:anshanhaihua@ 163. com
法定代表人:李治生
负责人:李治辉
质量体系:ISO 9001、ISO 14001
产品情况:(海华牌)
　　润滑油、润滑脂;年生产能力 10 万 t(精品润滑油 6 万 t、精品润滑脂 4 万 t)

★营口福斯油品有限公司
地址:辽宁省营口市西市区嘉晨大道 10 号
邮编:115000
电话:0417/3360000
传真:3362666
网址:www. fuchs. com. cn
电子信箱:ai. dan@ fuchs. com. cn
法定代表人:克劳斯 · 哈铁格
质量体系:ISO/TS 16949、VDA 6. 1
产品情况:机油
配套情况:为北京奔驰、上汽大众、一汽-大众、上汽通用、东南汽车、奇瑞汽车、吉利汽车等提供汽车发动机初装油、售后服务用油及齿轮油等产品

★特浦朗克化工(营口)有限公司
地址:辽宁省营口市西市区民兴河一街 77 号
邮编:115000
电话:0417/3297722
传真:3297729
网址:www. tl - oil. com
法定代表人:吴枫
质量体系:ISO 9001
产品情况:(特浦朗克牌)
　　润滑油

★营口银河镁铝合金有限公司
地址:辽宁省营口市站前区工业街向阳楼里 22 号
邮编:115001
电话:0417/3351198、13304076988
传真:3351198
网址:www. mgsheet. com
电子信箱:yinhemeilv@ 163. com
法定代表人:周鹤龄
产品情况:镁合金薄板、低频半连续铸造高净化镁合金板坯

★辽宁三特石油化工有限公司
地址:辽宁省营口市旗口工业区
邮编:115113
电话:0417/5044766、4000883338
传真:5043449
网址:www. lnsqty. com. cn
电子信箱:lnsqty@ 163. com
法定代表人:王海祥
单位人数:179
质量体系:ISO 9001
产品情况:(三特牌)
　　机动车制动液、防冻液、齿轮油、润滑脂等特种油品
配套情况:被一汽集团青岛汽车厂、沈阳金杯、郑州日产、北汽福田欧曼重型汽车厂、丹东黄海、江南奥拓、山东黑豹等主机厂定为原厂装车用油及售后服务用油

★大连安达汽车零部件有限公司
地址:辽宁省大连市甘井子区红旗街道岔鞍居民委
邮编:116021
电话:0411/84280269
传真:84280269
网址:www. daliananda. com
电子信箱:dad@ daliananda. com
法定代表人:赵丰
质量体系:ISO/TS 16949
产品情况:专业从事商用货车橡胶减振软垫、反作用杆、推力杆、各种橡胶密封件制造、发动机、飞轮壳、缸盖罩等铝件的铸造及加工
配套及出口情况:是一汽集团(一汽解放、一汽青岛、一汽解放柳州特种汽车有限公司、一汽解放汽车有限公司成都分公司、一汽奥迪传动轴、无锡柴油机厂、大连柴油机厂、山东唐骏殴铃、长春四环发动机制造有限公司、一汽客车底盘、丹东曙光)的 A 级供应商;出口德国等国家

★百炼(大连)铸造有限公司
地址:辽宁省大连市旅顺口区龙头镇龙头村
邮编:116051
电话:0411/86281563
传真:86281564
网址:www. lebelier. com
电子信箱:zhen. su@ lebelier. cn
法定代表人:弗雷德里克 · 瓦勒杜
产品情况:为汽车行业生产优质铝合金铸造安全件

★大连三环复合材料技术开发股份公司
地址:辽宁省大连市普湾新区三十里堡临港工业区
邮编:116103
电话:0411/39952624、4008108666
传真:39952608
网址:www. dlsh. cn
电子信箱:sh@ dlsh. cn
法定代表人:魏东
质量体系:ISO 9001
产品情况:(FZ 牌)
　　减摩耐磨自润滑复合材料及轴承产品
出口情况:出口美洲、欧洲、东南亚等地区

★东北特殊钢集团股份有限公司
地址:辽宁省大连市金洲新区大连登沙河临港工业区河滨南路18号
邮编:116105
电话:0411/62693075、62693148
网址:www.dtgroup.cn
电子信箱:scjyb_tangwc@dtsteel.com
法定代表人:龚盛
质量体系:ISO/TS 16949、ISO 14001
产品情况:不锈钢长型材、轴承钢、工模具钢、汽车用钢等
出口情况:远销美国、德国、意大利、日本、韩国、印度、澳大利亚、新加坡等36个国家和地区

★东海软管(大连)有限公司
地址:辽宁省普兰店市海湾工业区海湾路25号
邮编:116200
电话:0411/83159001
传真:83159080
网址:www.trdtokai.com
电子信箱:trdtokai@trdtokai.com
法定代表人:铃木洋治
单位人数:800
质量体系:ISO/TS 16949、ISO 14001
产品情况:汽车用单层、双层、补强线胶管等
配套及出口情况:产品广泛地应用于日本以及中国国内的合资项目,如丰田、本田、日产、马自达、三菱、富士重工、铃木、日野自动车等;产品49%返销住友理工,45%销往美国

★瓦房店轴承集团有限责任公司
地址:辽宁省瓦房店市北共济街一段1号
邮编:116300
电话:0411/39116205、8009151168
传真:39118799、39118819
网址:www.zwz-bearing.com
电子信箱:zongjianying@yeah.net
法定代表人:孟伟
单位人数:11000
质量体系:ISO 9000、ISO 14001
产品情况:(ZWZ牌)
重大技术装备配套轴承、汽车车辆轴承、精密机床及精密滚珠丝杠、精密大型锻件等
出口情况:远销100多个国家和地区

★鞍钢蒂森克虏伯汽车钢有限公司
地址:辽宁省大连市经济技术开发区钢铁路68号
邮编:116600
电话:0411/87518888
传真:87516006
网址:www.tagal.cn
电子信箱:sales@tagal.com.cn
法定代表人:王义栋
质量体系:ISO/TS 16949
产品情况:热镀锌及合金化钢板材和带材产品以及镀锌镁、镀铝硅钢板材和带材产品

★斯凯孚大连轴承与精密技术产品公司
地址:辽宁省大连市经济技术开发区淮河中路87号
邮编:116600
电话:0411/39219083、39219000
传真:39219001
网址:www.skf.com.cn
电子信箱:karen.yu@skf.com
法定代表人:Werner Hoffmann
质量体系:ISO 9001、ISO 14001
产品情况:球面滚子轴承、圆柱滚子轴承、圆锥滚子轴承、深沟球轴承、角接触轴承、球面滚子推力轴承、回转支承轴承及鹦鹉螺轴承等

★光洋轴承大连有限公司
地址:辽宁省大连市出口加工区IIA-2号
邮编:116620
电话:0411/87310972
网址:www.jtekt.com.cn
电子信箱:kdc17@koyo-dalian.com
法定代表人:立石修治
负责人:吉冈宏
质量体系:ISO 9002、ISO 14001
产品情况:主要从事微型、小径、小型球轴承的生产
出口情况:产品以出口为主,90%销往日本、印度尼西亚、泰国等国家

★大连光洋瓦轴汽车轴承有限公司
地址:辽宁省大连市经济技术开发区双D港辽河东路96号
邮编:116620
电话:0411/87407272、87407353
传真:87407373
电子信箱:koyo-zwz@koyo-zwz.com
法定代表人:孟伟
负责人:柏木勇二
单位人数:200
质量体系:ISO/TS 16949、QS 9000
产品情况:(Koyo-ZWZ牌)
汽车轮毂轴承及轴承单元
配套情况:为上汽大众、天津一汽丰田、沈阳宝马、东南汽车、中国台湾国瑞等配套

★大连瑞腾冲压有限公司
地址:辽宁省大连市经济技术开发区淮河西路19号
邮编:116699
电话:0411/87188783
传真:87621570
网址:www.dlruiteng.com
电子信箱:xrt761220@163.com
法定代表人:崔晶莹
单位人数:60
质量体系:ISO 9001、ISO 14001
产品情况:专业生产EPS助力转向电动机用钢壳、汽车发动机用信号轮、电子枪用金属冲压零件、锂离子电池外壳等各类精密冲压产品
配套情况:主要客户有大连三叶、上海三叶、三协、伟联、汤姆森、天津力神、三星等

★本溪钢铁集团有限责任公司
地址:辽宁省本溪市环山路36号
邮编:117022
电话:024/42843889
传真:42842074
网址:www.bxsteel.com
电子信箱:gmgsfjl3@bxsteel.com
法定代表人:陈继壮
负责人:汪澍
单位人数:80000
质量体系:ISO/TS 16949、ISO 14001
产品情况:(本钢牌)
冷轧汽车板等
配套及出口情况:为一汽集团、东风汽车公司、中国重汽、洛拖、陕汽齿轮等配套;已通过通用、丰田等国际知名企业全球认证

★锦州市凌河缸垫有限公司
地址:辽宁省锦州市太和区松坡里291号
邮编:121003
电话:0416/3920167、3920161
电子信箱:jzlhgd@163.com
法定代表人:孙鹏
质量体系:QS 9000
产品情况:(凌河牌)
内燃机缸垫、安全气囊壳体等
配套情况:为江铃汽车、北汽福田、朝柴、保定长城内燃机等配套

★锦州秀亭制管有限公司
地址:辽宁省锦州市太和区千山南路3号
邮编:121013
电话:0416/7988818、7988866
传真:7988819、7988866
网址:www.cnxtg.com
电子信箱:guokuo@cnxtg.com
法定代表人:马兆荣
单位人数:120
质量体系:ISO/TS 16949、ISO 9001
产品情况:不锈钢汽车EGR管(不锈钢平管、不锈钢凹槽管、不锈钢扁管及不锈钢U形管),不锈钢温控器管等;各种管材年生产能力达1000t
出口情况:产品70%出口美国、英国、德国、西班牙、丹麦、瑞典、日本等国家和地区

★兴城市粉末冶金有限公司
地址:辽宁省兴城市铁北路1号
邮编:125106
电话:0429/3911602、3911621
传真:5432525
网址:www.sumeierauto.com
电子信箱:xcpm@xcpm.com
法定代表人:苏泉涌
单位人数:450

质量体系:ISO/TS 16949
产品情况:(泉涌牌)
主导产品为粉末冶金制品、精锻齿轮产品和汽车同步器产品
配套情况:主要客户有长春一汽解放、长春一汽实业零部件、赣州群星机械、天津天海同步科技、新乡博世泰尔、株洲齿轮、南京巨星汽配等

吉林省

★一汽铸造有限公司特种铸造厂
地址:长春市东风大街68号
邮编:130011
电话:0431/82023951
网址:www.faw-foundry.com.cn
电子信箱:978699963@qq.com
法定代表人:张喜龙
质量体系:ISO/TS 16949、VDA 6.1
产品情况:生产球铁、铸铁、铸钢、耐热钢及多种合金钢材质的产品和各种复杂构造的高科技含量铸件
配套情况:为一汽集团重、中、轿、轻等各类车型配套生产铸件200余种

★一汽锻造(吉林)有限公司
地址:长春市东风大街83号
邮编:130011
电话:0431/85907786
传真:85901775
网址:www.faw.com.cn
电子信箱:dzcb_dz@faw.com.cn
法定代表人:马顺龙
质量体系:ISO/TS 16949
产品情况:(一汽牌)
各类车型的发动机、底盘、变速器三大总成锻件产品
配套情况:主要为一汽集团及国内外其他整车市场配套

★长春一汽联合压铸有限公司
地址:长春市二道区东风大街153-1号
邮编:130011
电话:0431/85984110
传真:85981428
网址:www.faw-cfu.com
电子信箱:yingxiao@faw-cfu.com
法定代表人:谢金标
质量体系:QS 9000、VDA 6.1
产品情况:铝合金压铸件
配套情况:主要为一汽集团、一汽-大众、MOTOROLA公司、哈东安有限公司等配套

★长春吉利轴承集团有限公司
地址:长春市绿园区春城大街68号
邮编:130011
电话:0431/87600040
传真:87696707
电子信箱:1921548441@qq.com
法定代表人:侯经雨
单位人数:860
质量体系:ISO/TS 16949
产品情况:(JIZ牌)
圆锥滚子轴承、圆柱滚子轴承、滚针轴承、深沟球轴承等200多个型号,年产能力600万套
配套情况:为一汽、东风等多家主机厂装车配套

★长春一汽实业递宏鑫汽车部件有限公司
地址:长春市绿园区春城大街81号
邮编:130011
电话:0431/85900346、85769046
传真:85754466
网址:www.yqsydhx.com
电子信箱:mail@yqsydhx.com
法定代表人:赵晓林
质量体系:ISO/TS 16949
产品情况:汽车冲压零件、机加工零件、模具制造、各种工装夹具、焊接零件总成等产品
配套情况:为一汽-大众、一汽轿车、一汽解放、一汽吉林轻型车厂、一汽通用、一汽富奥等配套

★长春富奥东睦粉末冶金有限公司
地址:长春市绿园区东风大街越野路
邮编:130011
电话:0431/85906373
传真:85906373
网址:www.fawer.com.cn
电子信箱:zh_fa@faw.com.cn
法定代表人:曹阳
质量体系:ISO/TS 16949
产品情况:粉末冶金制品
配套情况:为一汽车集团各分公司、子公司配套

★长春大东集团有限公司
地址:长春市汽车经济技术开发区凯达北街555号
邮编:130011
电话:0431/85776912
传真:85776667
网址:www.dadongcn.com
电子信箱:info@dadongcn.com
法定代表人:张耀俊
质量体系:ISO/TS 16949
产品情况:主要产品包括汽车空心/实心稳定杆、汽车动力转向高低压油管、工程机械高压油管、离合器管、发动机涡轮增压管、发动机冷却水管
配套情况:主要客户为一汽-大众、大众一汽(大连)发动机、一汽轿车、北汽福田等

★一汽富晟长泰汽车塑料制品有限公司
地址:长春市高新技术产业开发区超越大街2616号
邮编:130012
电话:0431/81806339
网址:www.fawsn.com.cn
法定代表人:王志仁
单位人数:220
产品情况:汽车塑料制品
配套情况:主要客户有一汽-大众、一汽解放、一汽轿车、一汽吉轻、一汽通用、一汽客车等多家汽车及零部件公司,是一汽-大众公司的A级供应商

★长春依多科化工有限公司
地址:长春市高新技术产业开发区创新路808号
邮编:130012
电话:0431/85080800
传真:85080808
网址:www.eftec.com
电子信箱:lotus.bao@eftec.com.cn
法定代表人:RENE BERRI
质量体系:ISO/TS 16949
产品情况:(EFBOND牌、TOGOCOLL牌、EFCOAT EFSLAM牌)
聚氨酯黏结剂、密封胶、丙烯酸酯涂料、PVC密封胶、涂料
配套情况:为一汽-大众、一汽轿车、一汽解放、天津一汽丰田、通用汽车、奇瑞汽车等供货

★长春亚大汽车零件制造有限公司
地址:长春市高新技术产业开发区达新路797号
邮编:130012
电话:0431/85170404
传真:85103267
网址:www.chinaust.com
电子信箱:sales.cc@chinaust.com
法定代表人:赵延成
质量体系:ISO/TS 16949、VDA 6.1
产品情况:主要生产尼龙11管路及总成,广泛应用于汽车的燃油输送和燃气输送系统、气制动和液压制动系统、动力转向系统、引进机床设备的油气控制系统、装配线的气动系统等方面
配套情况:是一汽-大众、一汽轿车、一汽解放的合作伙伴,为一汽奥迪、捷达、货车、轻型客车、大客车、各种变形车配套

★劳士领汽车配件(长春)有限公司
地址:长春市汽车产业开发区高尔夫路222号
邮编:130013
电话:0431/85742011
网址:www.roechling.com
电子信箱:shanshan.zhang@roechlingautomotive.cn
法定代表人:Gerhard Neidinger
质量体系:ISO/TS 16949
产品情况:汽车进气歧管、油轨、压力管、清洗液罐、风扇、底盘护板、轮毂罩、通风格栅、门内护板、导流槽等
配套情况:主要客户有一汽-大众、上汽大众、宝马、奔驰、福特、沃尔沃、一汽等

★长春爱尔铃克铃尔有限公司
地址:长春市经济技术开发区锦州路118号
邮编:130033
电话:0431/85878500
传真:85878509
网址:www.elringklinger.de
电子信箱:info.cn@elringklinger.com
法定代表人:沃尔夫
质量体系:ISO/TS 16949、ISO 14001
产品情况:[爱尔铃(Elring)牌]
　　汽车发动机汽缸垫片、其他平面垫片、隔热罩、气门室罩盖、金属橡胶垫片及橡胶垫片
配套及出口情况:为一汽-大众、上汽大众、一汽集团、上汽通用、东风康明斯、长安福特、哈尔滨三菱、沈阳三菱、沈阳新光、上海齿轮厂、神龙公司、南京依维柯、杭州依维柯、西亚特、潍坊道依茨、奇瑞、天津珀金斯、江西江铃、大连柴油机、上海柴油机、无锡柴油机、广西玉柴等供货;出口德国、美国、韩国、中东等国家和地区

★长春德联化工有限公司
地址:长春市经济技术开发区昆山路4518号
邮编:130033
电话:0431/85888101
传真:85888111
网址:www.delian.cn
法定代表人:徐咸大
质量体系:ISO/TS 16949、ISO 14001
产品情况:防冻液、制动液、汽油清净剂、动力转向油、齿轮油、润滑油、制冷剂、玻璃胶、增强阻尼垫、玻璃水等
配套情况:为一汽-大众、一汽轿车、北京奔驰、华晨宝马、北奔重汽、哈飞汽车、河北中兴等配套

★长春通利铝合金科技有限公司
地址:长春市经济技术开发区世纪大街4000号
邮编:130033
电话:0431/84853878
传真:84853899
网址:www.tongli.ccmn.cn
电子信箱:weitao@cast.touotsu.net
法定代表人:筒井亮作
质量体系:ISO 9001
产品情况:各种铸造铝合金锭以及铝合金溶汤

★长春旭阳汽车橡塑制品有限公司
地址:长春市净月经济开发区千朋路600号
邮编:130033
电话:0431/88608007
网址:www.xuyanggroup.com
电子信箱:xsbgs8017@126.com
法定代表人:刘铁成
质量体系:ISO/TS 16949、QS 9000
产品情况:PVC/ABS汽车仪表板表皮,PVC汽车门板表皮,PVC/PPF、PVC/PEF复合片材、TFO汽车仪表板表皮、门板表皮、脚垫等内饰产品
配套情况:为一汽富维安道拓、东风友联、北京延锋、柳汽、宇通等配套

★长春旭阳天倬汽车零部件有限公司
地址:长春市净月经济开发区千朋路888号
邮编:130033
电话:0431/81685613、81685615
网址:www.xuyanggroup.com
电子信箱:louise_ls@163.com
法定代表人:王国峰
质量体系:ISO/TS 16949
产品情况:汽车金属冲压零部件及高精密多工位级进模具

★长春晨虹旭阳塑胶制品有限公司
地址:长春市净月开发区千朋路600号
邮编:130033
电话:0431/88608033
网址:www.xuyanggroup.com
电子信箱:caiwu@chaho.com.cn
法定代表人:任向征
产品情况:PVC膜、PVC革、PVC改性膜以及其复合制品,主要用于车辆仪表板、门板、裙板、顶板、遮阳板、地板、座椅等汽车内装饰方面

★长春中势旭阳橡胶有限公司
地址:长春市净月开发区旭阳工业园
邮编:130033
电话:0431/81967090
网址:www.xuyanggroup.com
电子信箱:ccxr1226limo@126.com
法定代表人:张立珠
产品情况:轿车门窗复合密封条、发动机橡胶悬置以及密封减振等模压制品
配套情况:为一汽-大众、一汽解放、北汽福田等多家汽车厂配套

★长春一汽四环本合石油化工有限公司
地址:长春市经济技术开发区和平大街2491号
邮编:130062
电话:0431/87987889、87981877
传真:87959917
网址:www.benhe.com.cn
电子信箱:bhrhy@qq.com
法定代表人:王晓杰
质量体系:IATF 16949、ISO 9001
产品情况:(本合牌)
　　柴机油、汽机油、天然气专用机油、轻/重负荷齿轮油、ATF/CVTF/DCTF自动变速器油、(抗磨)液压油、液力传动油、制动油、液力缓速器油、润滑脂、防冻液、车用SCR尿素溶液;年产量1万~2万t
配套情况:为中国第一汽车集团有限公司配套

★长春旷达汽车内饰件有限公司
地址:长春市朝阳经济开发区旷达路1111号
邮编:130103
电话:0431/85038888、85030888
传真:85036611
网址:www.kuangdacn.com
电子信箱:kuangda@kuangda.com
法定代表人:沈介良
质量体系:ISO/TS 16949、ISO 14001
产品情况:为一汽-大众、一汽轿车、一汽解放等主机厂提供前期开发、复合、裁剪和售后服务工作,主要服务车型有:捷达、宝来、开迪、速腾、迈腾、新宝来、高尔夫A6、奔腾、解放货车等
配套情况:为一汽-大众、一汽轿车、一汽解放等配套;同时也是德国大众A级别供应商

★长春市富锋冲压件有限公司
地址:长春市朝阳科技工业园区
邮编:130103
电话:0431/85031199
传真:85035069
网址:www.cfg.com.cn
电子信箱:ccffmf@cffmf.sina.net
法定代表人:王玉亮
质量体系:ISO/TS 16949
产品情况:轿车白车身冲压件和隔热板两大品种
配套情况:主要客户有一汽-大众、上汽大众、一汽轿车、奥迪、德国大众、克莱斯勒、长城汽车、丰田汽车

★本特勒长瑞汽车系统(长春)有限公司
地址:长春市朝阳区经济开发区育民路588号
邮编:130103
电话:0431/85858400
传真:81878409
网址:www.benteler.com
法定代表人:施宏
质量体系:ISO/TS 16949
产品情况:汽车结构件、底盘件
配套情况:为一汽-大众、上汽大众、华晨宝马、丰田等配套

★长春一汽备品资源有限公司
地址:长春市经济技术开发区净月大街1096号
邮编:130117
电话:0431/84521715、84521716
传真:84521716
电子信箱:yqbpzy@126.com
法定代表人:王俊凯
质量体系:ISO 9001
产品情况:(一汽金马牌、一汽三精牌)
　　润滑油、润滑脂、防冻液、制动液、齿轮油、汽车美容系列产品
配套情况:为一汽集团配套

★ 长春峰泰汽车胶业有限公司

地址:长春市二道区三道镇香水村
邮编:130123
电话:0431/84547488、13314311712
网址:www. ccfengtai. com
电子信箱:junshan. feng@ ccfengtai. com
法定代表人:冯俊山
质量体系:ISO/TS 16949、ISO 14001
产品情况:各种汽车滤清器胶黏剂
配套情况:供应曼胡默尔滤清器、长春科德宝·宝翎滤清器、长春索菲玛滤清器、淄博永华滤清器、北京安恒滤清器、新乡平原滤清器、天津利顺达滤清器、河北亿利橡塑集团等 30 多个滤清器制造商

☞ 详细情况请参阅彩色宣传版面

★长春一汽实业合成材料有限公司

地址:长春市农安县农安镇水源路
邮编:130200
电话:0431/83236577
传真:83224325
网址:www. cchc. com. cn
电子信箱:hecheng@ vip. 163. com
法定代表人:夏海春
质量体系:ISO/TS 16949
产品情况:(CHC 牌)
阻尼板、黏性擦布、密封胶
配套情况:为一汽-大众、一汽轿车、沈阳华晨、北京现代、天津一汽丰田、河北长城、中兴汽车、北汽福田等配套

★富奥汽车零部件公司紧固件分公司

地址:吉林省吉林市船营区新生街 67 号
邮编:132012
电话:0432/65082540、65082371
传真:65082508
网址:www. fawerjgj. cn
法定代表人:张鹏飞
质量体系:ISO/TS 16949
产品情况:(吉标牌)
主导产品有车轮螺栓、防松螺栓、缸盖螺栓、连杆螺栓、焊接螺母、自锁螺母、凸缘螺母、组合螺栓、偏心螺栓等各类紧固件、标准件和非标异形件
配套情况:是一汽-大众、上汽大众、一汽轿车、一汽解放、长城汽车、北汽集团等多家企业的 A 级供应商

★吉化集团吉林市星云化工有限公司

地址:吉林省吉林市龙潭区黎明路东盛路 6 号
邮编:132021
电话:0432/65117270、15143287001
网址:www. xingyunchem. com
电子信箱:1311276862@ qq. com
法定代表人:于广臣
单位人数:1800
质量体系:ISO 9001
产品情况:(星云军牌、吉星娇子牌)
车用润滑油、防冻液、油品添加剂、催化剂、工业清洗剂等
配套及出口情况:为一汽集团配套;出口日本、韩国、伊朗、尼日利亚、意大利、巴基斯坦、新加坡等国家

★吉药控股集团股份有限公司

地址:吉林省通化市二道江区铁厂镇
邮编:134006
电话:0435/3751886、3751425
传真:3751886
网址:www. thslhg. com
电子信箱:shuanglong@ thslhg. com
法定代表人:孙军
质量体系:ISO 9001
产品情况:(雪珠牌)
国防化工用沉淀法白炭黑
出口情况:出口欧洲、东南亚地区

★公主岭轴承有限责任公司

地址:吉林省公主岭市工业大街 1128 号
邮编:136100
电话:0434/6868651、6868661
传真:6868650
网址:www. zgz. asia
电子信箱:zgzbearing@ 163. com
法定代表人:崔晓明
单位人数:1100
质量体系:ISO/TS 16949、QS 9000
产品情况:(ZGZ 牌)
深沟球轴承、滚针轴承、圆锥滚子轴承、推力滚子轴承、推力球轴承、角接触轴承、短圆柱轴承 7 大系列 1000 多种规格的标准、非标准轴承
配套及出口情况:为一汽集团、东风汽车公司、中国重汽等配套;部分产品出口东南亚及欧美国家

★辽源市通工机械有限公司

地址:吉林省辽源市开发区向阳工业园区
邮编:136200
电话:0437/3513888、13904370343
传真:3512897
电子信箱:lytg@ 126. com
法定代表人:刘长林
质量体系:ISO 9001
产品情况:各类黑色、有色、非金属选矿选煤用的破碎机、振动筛、给料机、皮带运输机、球磨机、分级机、旋流器、搅拌槽、浮选机、磁选机、浓缩机、拆带、内滤、外滤、永磁过滤、选煤机、掘进机、各种减速机等

黑龙江省

★哈尔滨轴承制造有限公司

地址:哈尔滨市香坊区红旗大街 14 号
邮编:150036
电话:0451/55666780、87902448
网址:www. hrb. asia
电子信箱:tangwz@ hrb. asia
法定代表人:路海清
质量体系:ISO/TS 16949、ISO 14001
产品情况:(HRB 牌)
各类轴承
配套情况:为一汽集团配套

★哈尔滨天龙润滑油有限公司

地址:哈尔滨市道外区哈同公路九公里处
邮编:150056
电话:0451/82408094、4000405077
电子信箱:1260275342@ qq. com
法定代表人:韩宪忠
质量体系:ISO 9001
产品情况:(鑫奥牌牌、弗仑特牌、飞润牌)
主要生产润滑油、润滑脂、防冻液产品包含 20 多个系列 300 多个品种,年生产能力 50000t

★哈尔滨百润油品集团有限公司

地址:哈尔滨市道外区先锋路 7 号
邮编:150056
电话:0451/82461104、82432375
传真:82468822
电子信箱:bairunyouzhi@ 126. com
法定代表人:徐继洲
质量体系:ISO 9001
产品情况:(洲际牌、百润牌)
润滑油、润滑脂及特种油
配套及出口情况:被哈尔滨轴承集团,哈尔滨三大动力、十大军工企业定为配套专用油;远销朝鲜、俄罗斯等国家

★黑龙江鑫达企业集团有限公司

地址:哈尔滨市哈南工业新区哈南一路 9 号
邮编:150060
电话:0451/87371111、86528888
传真:86526699、84346611
网址:www. xdholding. com
电子信箱:chinaxd@ chinaxd. net
法定代表人:马庆维
负责人:代汝军
单位人数:1185
质量体系:ISO/TS 16949、ISO 14001
产品情况:通用塑料:聚丙烯复合材料、ABS 复合材料,工程塑料:尼龙复合材料,塑料合金:PC/ABS 合金、PP/PE 合金,生物塑料:聚乳酸符合材料
出口情况:出口亚洲、非洲、美洲

★东北轻合金有限责任公司

地址:哈尔滨市平房区新疆三道街副 9 号
邮编:150060
电话:0451/86565555、86802672
传真:86802288、86802680
网址:www. nela. com. cn
电子信箱:sale@ nela. com. cn
法定代表人:范云强
产品情况:(天鹅牌)
铝、镁及其合金板、带、箔、管、棒、型、线、粉材、锻件等产品
出口情况:出口欧美、日本、韩国、东南亚等 16 个国家和地区

★哈尔滨千秋实业有限公司
地址：哈尔滨市平房区平房路238号
邮编：150066
电话：0451/86520228、86507551
传真：86507018
电子信箱：825045396@qq.com
法定代表人：倪千富
质量体系：ISO 9001
产品情况：哈航集团配套生产汽车零部件、汽车冲压件、汽车锻压机、各种焊接件
配套情况：为哈航集团配套

★哈尔滨紫杉油脂有限公司
地址：哈尔滨市阿城区双丰科技园
邮编：150313
电话：4000666447
网址：www.yewoil.cn
电子信箱：yew_oil@163.com
法定代表人：杨淑芬
质量体系：ISO 9001
产品情况：（紫杉牌）
工业润滑油、商用车润滑油
出口情况：出口俄罗斯

★黑龙江省泰兴机械制造厂
地址：黑龙江省泰来县城内
邮编：162401
电话：0452/8225470、8225701
传真：8229027
电子信箱：txjxzzc@163.com
法定代表人：许伟
质量体系：ISO 9001
产品情况：铸锻产品、结构件等

★黑龙江长海润滑油有限公司
地址：黑龙江省大庆市肇东四街南74号
邮编：163000
电话：0455/7947777、7714079
传真：7713346
电子信箱：zhongbeishihua@avl.com.cn
法定代表人：陈营权
质量体系：ISO 9001
产品情况：润滑油
配套情况：为一汽集团、大柴配套

★大庆高新区引航石油化工有限公司
地址：黑龙江省大庆市高新区新发街8号
邮编：163316
电话：0459/6816529
网址：www.yhsh.cn
电子信箱：yinhangshihua_hr@126.com
法定代表人：周忠诚
质量体系：ISO 9001
产品情况：（旗舰牌、尖兵牌、奇兵牌、运霸牌、逐路牌、冰驰牌、氢洁牌等）
汽车润滑油、工程机械润滑油、摩托车润滑油、工业润滑油、润滑脂、防冻液、制动液、汽车养护品等
配套情况：通过康明斯、奔驰、沃尔沃等国际知名汽车发动机制造商的原厂认证

上海市

★上海德润宝特种润滑剂有限公司
地址：上海市浦东新区江东路1726弄149号办公楼
邮编：200041
电话：021/60936188
传真：60936205
网址：www.petrofer.com.cn
电子信箱：info@petrofer.com.cn
法定代表人：CONSTANTIN M. FISCHER
质量体系：ISO/TS 16949、VDA 6.1
产品情况：水溶性金属切削液、优质切削油、热处理淬火介质、压铸脱模剂、清洗剂、工业润滑油

★上海申达无纺布制造有限公司
地址：上海市曹杨路930号205－207室
邮编：200042
电话：021/52668778、52668662
传真：52669992
电子信箱：sdwfb_123@163.com
法定代表人：王俊
质量体系：ISO 9001
产品情况：各类工业用、车用无纺布
配套及出口情况：主要服务于上汽大众、海马汽车、一汽解放、东风柳汽、江铃全顺等主机厂；出口意大利

★上海旷达篷垫汽车内饰件有限公司
地址：上海市黄浦区丽园路700号111室D
邮编：200070
电话：021/50171008
传真：63539859
电子信箱：feng.xu@kuangdacn.com
法定代表人：沈介良
质量体系：ISO/TS 16949
产品情况：汽车座椅织物面套等汽车内饰件
配套情况：为上汽集团下属整车制造企业配套

★上海上标集团紧固件有限公司
地址：上海市静安区俞泾港路11号525室
邮编：200071
电话：021/69151901
传真：69151915
网址：www.china－sfc.com
电子信箱：sfc4153@china－sfc.com
法定代表人：杨伏来
质量体系：ISO/TS 16949
产品情况：各类标准件、紧固件，并根据用户需要定制非标产品及异形件
配套及出口情况：为上汽大众、上汽通用、厦门金龙配套；远销北美洲、南美洲、大洋洲、欧洲、南非、中东等地区

★上海汽车粉末冶金有限公司
地址：上海市宝山区蕴川路5475号467室
邮编：200072
电话：021/56053288
传真：56954785
电子信箱：sapm@shautopm.com.cn
法定代表人：赵益强
单位人数：400
质量体系：ISO/TS 16949、VDA 6.1
产品情况：汽车粉末冶金零件
配套情况：主要客户有上汽大众、一汽-大众、上汽通用、上海汽车集团、奇瑞汽车、东风汽车有限公司、东风悦达起亚、长城汽车、哈飞汽车

★中国石化上海高桥石油化工有限公司
地址：上海市利津路78号
邮编：200129
电话：021/58711001
传真：58712207
网址：sgpc.sinopec.com
电子信箱：gpcc@sinogpc.com
法定代表人：张建平
质量体系：ISO/TS 16949
产品情况：汽油、柴油、润滑油等石油化工产品
配套情况：为上汽大众配套

★邦迪管路系统（上海）有限公司
地址：上海市外高桥保税区华京路409号邦迪34号厂房
邮编：200131
电话：021/50460699
传真：50460699
电子信箱：dyu@cn.tiauto.com
法定代表人：鲍建生
产品情况：流体运载管路系统和部件
配套情况：为上汽通用、上汽大众、东南汽车配套

★上海高桥加德士润滑油有限公司
地址：上海市浦东新区浦北路3759弄97号
邮编：200137
电话：021/58614383
传真：58610163
电子信箱：lf.zhao@gqcaltex.com
法定代表人：施雷
质量体系：ISO/TS 16949、ISO 9001
产品情况：（加德士牌）
车用油、工业用油、船舶用油三大类中高级润滑油
配套情况：为上汽通用配套

★圣戈班高功能塑料（上海）有限公司
地址：上海市闵行经济技术开发区昆阳路1468号
邮编：200245
电话：021/54721568
网址：www.plastics.saint－gobain.com
电子信箱：joe.qiao@saint－gobain.com
法定代表人：JAVIER GIMENO
质量体系：ISO/TS 16949、ISO 14001
产品情况：（TYGON牌、SYNFLEX牌、SANI-TECH牌、CHEMFLUOR牌、FURON牌）
塑料发泡材料、薄膜及玻纤织物覆

氟塑料产品、高功能塑料轴承和密封制品及塑料软管

★ 上海荣南科技有限公司

地址:上海市徐汇区古美路1528号A4幢9层
邮编:200233
电话:021/54451508
传真:54451506
网址:www.zhongnan.com
电子信箱:info@ zhongnan.com
法定代表人:金涛
质量体系:IATF 16949、ISO 14001
产品情况:主要产品为整车密封条、天窗密封条、整车密封件、防夹条和双色注塑件

☞ 详细情况请参阅彩色宣传版面

★上海安美特铝业有限公司

地址:上海市宝山城市工业园区振园路258号
邮编:200444
电话:4008207596
传真:021/36162213
网址:www.anometal.com
电子信箱:sales@ anometal.com
法定代表人:FAN LEE
质量体系:ISO 9001、ISO 14001
产品情况:预氧化铝卷材,包括镜面铝板、拉丝铝板、喷砂铝板、氧化铝单板等

★上海三环弹簧有限公司

地址:上海市宝山区合兆路677号
邮编:200940
电话:021/51212800、51212919
网址:www.shsanhuan.com
电子信箱:shsanhuan@ 163.com
法定代表人:汪磊
质量体系:ISO/TS 16949、ISO 14001
产品情况:异形弹簧、夹箍及汽车安全带涡卷弹簧,年生产能力超过1.8亿件
配套情况:为上汽大众、上汽通用、一汽-大众、奇瑞汽车、长安福特、长安马自达等配套

★宝钢特钢有限公司

地址:上海市宝山区水产路1269号
邮编:200940
电话:021/26032522、26032603
传真:5667086
网址:www.baosteel - specialsteel.com
电子信箱:429956@ baosteel.com
法定代表人:胡达新
质量体系:ISO 9001
产品情况:汽车用钢
配套情况:为上汽大众、上汽通用、一汽-大众、北京奔驰、江铃汽车、南京依维柯、重汽集团、神龙汽车配套

★上海富驰高科技股份有限公司

地址:上海市宝山区逸仙路4318号
邮编:200940
电话:021/56445609、56445177
传真:56444890、56447490
网址:www.future - sh.com
电子信箱:marketa@ future - sh.com.cn
法定代表人:钟伟
质量体系:ISO/TS 16949、ISO 14001
产品情况:专业金属注射成型(MIM)和陶瓷注射成型(CIM)产品

★上海达克罗涂复工业有限公司

地址:上海市宝山区罗店镇市一东路9号(近潘泾路)
邮编:201098
电话:021/51082228
传真:56655969
网址:www.sh - dacromet.com
电子信箱:dacromet@ sh - dacromet.com.cn
法定代表人:董瑞平
质量体系:ISO/TS 16949、ISO 9002
产品情况:主要从事汽车零部件等表面环保涂层的加工生产

★上海锦湖日丽塑料有限公司

地址:上海市闵行区华漕镇纪高路1399号
邮编:201107
电话:021/62969608
传真:62969622
网址:www.kumhosunny.com
电子信箱:ksmarketing@ kumhosunny.com
法定代表人:辛敏琦
质量体系:ISO/TS 16949、ISO 14001
产品情况:塑料改性、工程塑料合金、树脂混配着色造粒以及热塑性弹性体

★上海百固金属制品有限公司

地址:上海市闵行区华漕镇纪鹤公路1069号2号楼1楼
邮编:201107
电话:021/60739348
传真:60829421
网址:www.panglory - china.com
电子信箱:pangloryindustries@ qq.com
法定代表人:梁文山
质量体系:ISO 9001
产品情况:各类货车捆绑带类、货车及拖车零配件、吊带索具产品、防摔落产品等高级产品
出口情况:主要市场为欧美、东欧、拉丁美洲、中东

★上海依多科化工有限公司

地址:上海市光华路521号
邮编:201108
电话:021/64891122
传真:64891199
网址:www.eftec.com
法定代表人:René Berri
产品情况:汽车用涂料、密封产品及车用防护蜡

★巴斯夫上海涂料有限公司

地址:上海市闵行区沪闵路颛桥光华路521号
邮编:201108
电话:021/64895250、20393248
传真:64890510
网址:www.basf.com
电子信箱:joessie.zhao@ basf.com
法定代表人:Peter Alexander Fischer
质量体系:ISO 9001
产品情况:汽车涂料
配套情况:为上汽大众、一汽-大众、上汽通用、厦门金龙配套

★上海杰事杰新材料集团股份有限公司

地址:上海市闵行区北松路800号
邮编:201109
电话:021/64900066
传真:64906922
网址:www.geniuscn.com
电子信箱:shanghai@ geniuscn.com
法定代表人:杨桂生
质量体系:ISO/TS 16949、QS 9000
产品情况:PP、ABS、PA、PC系列改性工程塑料、蓄电池用PE隔板
配套情况:是北京现代、东风悦达起亚、神龙汽车、东南汽车、大众、通用、马自达、福特、奇瑞汽车、比亚迪汽车、松下、博世、德力西的工程塑料供应商和合作伙伴

★上海凯众材料科技股份有限公司

地址:上海市浦东新区建业路813号
邮编:201201
电话:021/58386588
网址:www.carthane.com
电子信箱:info@ carthane.com
法定代表人:杨颖韬
质量体系:ISO/TS 16949、ISO 14001
产品情况:(Carthane牌、Vulkdlkm牌)
轿车零部件(缓冲止位块、防尘罩及塑料件、塑料踏板总成)、高性能聚氨酯弹性体和其他特殊聚氨酯产品
配套及出口情况:主要客户包括上汽大众、一汽-大众、上汽通用等国内主要轿车生产厂和通用全球、福特、大众欧洲、保时捷、马自达、铃木等国外主流汽车厂并广泛用于上汽乘用车、吉利汽车、上汽通用五菱、奇瑞汽车、北汽和南京依维柯等厂家;出口北美洲、欧洲、日本、韩国等国家和地区

★上海康达化工新材料股份有限公司

地址:上海市浦东新区庆达路655号
邮编:201201
电话:021/68918998、13681903662
网址:www.shkdchem.com
法定代表人:蒋华
产品情况:结构胶黏剂等,主要应用于汽摩配件、电动机等多个领域

★约翰威尔弹簧(上海)有限公司
地址:上海市浦东新区张江高科园东区东胜路 38 号 A－3 楼
邮编:201201
电话:021/50326638
传真:58995312
电子信箱:fin01@ jwsprings. com
法定代表人:FREDRIK MIKAEL ANDERSSON
质量体系:ISO/TS 16949
产品情况:各类弹簧

★诺信(中国)有限公司
地址:上海市浦东新区张江高科园区郭守敬路 137 号
邮编:201203
电话:021/38669166
传真:38669199
网址:www. nordson. com
电子信箱:joan. yang@ nordson. com
法定代表人:JOSEPH STOCKUNAS
质量体系:ISO 9001
产品情况:黏合剂及粉末、油漆精密喷涂设备等

★上海日轮汽车配件有限公司
地址:上海市浦东新区北蔡镇新陈路 825 号
邮编:201204
电话:021/50910799
传真:58442427
网址:www. nichirinchina. com
电子信箱:sungangc@ online. sh. cn
法定代表人:朱宝家
质量体系:ISO/TS 16949
产品情况:(NICHIRIN 牌、日轮牌)
汽车空调用橡胶软管、汽车空调软管总成、汽车液压制动管总成、摩托车液压制动管总成、汽车动力转向装置管总成
配套及出口情况:为广汽本田、东风本田、本田(中国)、东风日产乘用车、广州电装、烟台电装、上汽通用、上汽大众、一汽-大众等供货;出口 10 多个国家和地区

★斯凯孚(上海)轴承有限公司
地址:上海市浦东新区新金桥路 999 号
邮编:201206
电话:021/50325655、50312360
传真:50311412
网址:www. skf. com. cn
电子信箱:li. yuan. zhang@ skf. com
法定代表人:WERNER JUERGEN DIETRICH HOFFMANN
质量体系:ISO/TS 16949、ISO 14001
产品情况:外径 32 ~ 62mm 的深沟球轴承

★上海飞特亚空气过滤有限公司
地址:上海市浦东新区沪南公路 9601 号
邮编:201300
电话:021/68014653、58003069
传真:68015072
网址:www. shfiltrair. com
电子信箱:shfty@ shfiltrair. com
法定代表人:张小年
质量体系:ISO 9001
产品情况:空气过滤系列产品
配套及出口情况:主要用于上汽大众、上汽通用、比亚迪、东风日产等企业;出口挪威、西班牙等多个国家,并销往中国香港地区

★上海富国橡塑工业有限公司
地址:上海市南汇区芦潮港农场深水港经济园区
邮编:201309
电话:021/58252100
传真:58252102、58252024
法定代表人:早乙女昇
质量体系:ISO/TS 16949
产品情况:橡胶产品(轮胎、天然橡胶除外)、硅橡胶产品、树脂产品及金属产品
出口情况:出口美国、日本、泰国

★上海凯密特尔化学品有限公司
地址:上海市浦东新区康桥工业区康安路 628 号
邮编:201315
电话:021/58120929、58122940
传真:58121062
网址:www. chemetall. com
电子信箱:xujingbing@ chemetall. com. cn
法定代表人:JUERGEN HERZOG
负责人:邓如海
质量体系:ISO/TS 16949、VDA 6. 1
产品情况:金属表面处理系列、漆雾凝聚剂系列化学品
配套情况:为上汽大众、一汽-大众、长安福特、长安马自达、攀枝花钢铁集团、奇瑞轿车、宝钢、武汉钢铁集团、吉利汽车、上汽集团、江淮汽车等供货

★摩根热陶瓷(上海)有限公司
地址:上海市浦东新区康桥工业园区康安路 18 号
邮编:201315
电话:021/68122200
传真:68123529
网址:www. morgantechina. com. cn
电子信箱:tc. chinasales@ morganplc. com
法定代表人:殷骏
产品情况:纤维散棉、纤维纸、纤维毯、纤维模块等纤维防火隔热材料

★上海菲特尔莫古复合材料有限公司
地址:上海市浦东新区周浦智慧产业园建林路 301 号
邮编:201318
电话:021/31119854
网址:www. federalmogul. com
电子信箱:hong. xu@ federalmogul. com
法定代表人:马振刚
产品情况:轴瓦材料

★上海元禾汽车零件有限公司
地址:上海市奉贤区奉城镇奉陆路 88 号
邮编:201400
电话:021/31776170、31776178
传真:31776178
网址:www. yuanhemotor. com
电子信箱:server@ yuanhemotor. com
法定代表人:张伯生
单位人数:100
质量体系:ISO/TS 16949
产品情况:配件冲压、焊接、机械加工、模具制造

★上海三达汽车配件有限公司
地址:上海市奉贤区奉浦陈桥路 1839 号
邮编:201401
电话:021/67106143
传真:67107772
网址:www. shsanda. com
电子信箱:shsanda@ shsanda. com
法定代表人:沈荣根
质量体系:ISO/TS 16949
产品情况:(HAITONG 牌)
汽车管路管件
配套及出口情况:为大众、通用、现代、戴姆勒等公司提供汽车及发动机管件,已连续多年成为上汽大众、一汽-大众、大众一汽(大连)公司的 A 级供应商;远销北美洲、日本、欧洲等国家和地区

★上海井上高分子制品有限公司
地址:上海市奉贤区新寺镇工业园区
邮编:201401
电话:021/57492777
传真:57490833
网址:www. inoac. co. jp
电子信箱:caiwu@ svimail. cn
法定代表人:赤松政雄
质量体系:ISO 9001、QS 9000
产品情况:发泡乙醚通用产品、发泡酯通用产品、低燃烧性系列、消声材料(Calmflex)系列、密封发泡聚氨酯(Sealflex)、热层压产品、抗菌发泡聚氨酯等

★上海四明橡塑制品有限公司
地址:上海市奉贤区钱桥镇经济园区前桥路 298 号
邮编:201407
电话:021/57597267
传真:57595400
网址:www. shanghaisimingrubber. com
电子信箱:email-1@ shanghaisimingrubber. com
法定代表人:蒋四明
质量体系:VDA 6. 1、QS 9000
产品情况:汽车散热器和暖风器高性能橡胶密封垫
配套情况:为上汽大众、上汽通用、东风汽车公司、一汽集团等配套

★日轮橡塑工业(上海)有限公司
地址:上海市奉贤区青村镇钱桥路333号2幢
邮编:201407
电话:021/57599272
传真:57599293
网址:www.nichirin.co.jp
电子信箱:quanlingfeng@nichirinsh.com
法定代表人:森川良一
产品情况:橡胶制动软管,月产量15~20万根
出口情况:产品全部出口日本

★上海金力泰化工股份有限公司
地址:上海市化工区楚工路139号
邮编:201417
电话:021/31156999
传真:31156068
网址:www.knt.cn
法定代表人:潘恺
单位人数:360
质量体系:ISO/TS 16949、ISO 14001
产品情况:(KNT牌)
阴极电泳漆、阳极电泳漆、汽车面漆、高性能陶瓷涂料
配套情况:为吉利远景、江铃风尚、江铃宝典、五菱之星、东风渝安、长安之星、福田蒙派克、福田欧曼、福田奥铃、长城赛弗、江淮康铃、江淮格尔发、陕汽德御等配套

★晨光科慕氟材料(上海)有限公司
地址:上海市化学工业区奉贤分区苍工路1058号
邮编:201417
电话:021/57448086
传真:57442868
网址:www.chemourscg.com
电子信箱:hhcgdp@chemourscg.com
法定代表人:李嘉
质量体系:ISO 9001、ISO 14001
产品情况:氟橡胶产品,用于汽车、航空、能源等领域

★上海特强汽车紧固件有限公司
地址:上海市奉贤区星火开发区民乐路251号
邮编:201419
电话:021/57503499
传真:57503498
网址:www.shtq.com
电子信箱:lzw@shtq.com
法定代表人:坂田润一
负责人:中原敏幸
单位人数:254
质量体系:ISO/TS 16949
产品情况:(TQ牌)
汽车用高强度螺栓,年生产能力15000t
配套情况:主要客户有广汽本田、东风本田发动机、东风本田、本田汽车(中国)、神龙汽车(标致和雪铁龙)、东风康明斯等

★上海东风汽车专用件有限公司
地址:上海市浦东新区星火开发区阳明路199号
邮编:201419
电话:021/57503751
传真:57502122
法定代表人:焦军华
质量体系:ISO/TS 16949
产品情况:汽车紧固件
配套情况:为神龙汽车、东风汽车公司、上汽通用五菱等配套

★上海新上橡汽车胶管有限公司
地址:上海市金山区亭林镇亭华路119号
邮编:201505
电话:021/60471581、60471589
传真:60471593
网址:www.xinshangxiang.com
电子信箱:shangxiang8888@163.com
法定代表人:吕建春
质量体系:ISO/TS 16949
产品情况:(浦江牌)
冷却水胶管、动力转向油管、燃油胶管及其他橡胶件
配套情况:直接或间接地为新桑塔纳、朗逸、帕萨特、斯柯、途观、捷达、宝来、迈腾、奥迪、别克、赛欧、依维柯、荣威、MG等国内著名车型配套

★臼井汽车零部件(上海)有限公司
地址:上海市金山工业区金流路118号
邮编:201506
电话:021/67328899、13917459835
网址:www.usui.co.jp
电子信箱:yeqingtang@usui.co.jp
法定代表人:张福荣
质量体系:ISO/TS 16949
产品情况:欧Ⅱ系列高压油管

★上海天普汽车零部件有限公司
地址:上海市金山工业区亭卫公路4555号
邮编:201506
电话:021/67276408、15901654021
传真:67276163
电子信箱:417083542@qq.com
法定代表人:尤建义
产品情况:汽车油系橡胶管路及总成

★上海华峰铝业股份有限公司
地址:上海市金山区月工路1111号
邮编:201506
电话:021/67276665、67271999
传真:67270000、67276852
网址:www.huafeng.com
电子信箱:hfneimao@huafeng.com
法定代表人:陈国桢
产品情况:主要产品包括热传输领域内各系列、各牌号及各种规格状态的铝合金板带箔材料,主要应用于汽车冷却系统、空调系统及新能源汽车动力蓄电池壳等领域
配套及出口情况:主要客户有德国马勒、日本电装、韩国翰昂等全球顶级汽配供应商;远销欧美、日本、韩国等多个国家和地区

★上海华峰超纤材料股份有限公司
地址:上海市金山区亭卫南路888号
邮编:201508
电话:021/31108666、57243140
传真:31106839
网址:microfibre.huafeng.com
电子信箱:chengming2003@126.com
法定代表人:尤小平
质量体系:ISO/TS 16949、ISO 14001
产品情况:超细纤维合成革,用于汽车内饰领域

★上海东培企业有限公司
地址:上海市松江工业区荣乐东路1555号
邮编:201600
电话:021/57744698
传真:57744695
电子信箱:s3719@tpi.tw
法定代表人:陈成
质量体系:ISO 9001、ISO 14001
产品情况:径向滚珠轴承

★上海西川密封件有限公司
地址:上海市松江工业区玉树路1216号
邮编:201600
电话:021/57734608
传真:57734606
网址:www.nishikawa-rbr.co.jp
电子信箱:renshi@nishikawa.com.cn
法定代表人:小川秀树
产品情况:汽车密封件
配套及出口情况:为丰田、本田、尼桑、铃木、福特、马自达等配套;出口日本、韩国、墨西哥、欧洲等国家和地区

★上海松发合金材料有限公司
地址:上海市松江新浜工业园区红牡丹路155号
邮编:201605
电话:021/67891177、57892977
传真:67891183
网址:www.china-songfa.com
电子信箱:sales@china-songfa.com
法定代表人:赵章林
质量体系:ISO 9001、ISO 14000
产品情况:(SONGFA牌)
生产银合金触点、线材、片材年产能为50t,铜钢等金属复合材料年产能1万余t
出口情况:远销美国、欧洲、俄罗斯、日本、菲律宾等国家和地区

★上海松江三键精细化工有限公司
地址:上海市松江区车墩镇车亭公路689号
邮编:201611
电话:021/57608838
传真:57608068

网址:www. threebond. com. cn
法定代表人:菱山康二
产品情况:厌氧、瞬干、导电、环氧、紫外、硅胶、清洗润滑等40多个系列1600多个品种的黏结密封剂

★亚罗弗橡塑科技(上海)有限公司
地址:上海市松江工业区民益路251号
邮编:201612
电话:021/57686198
传真:57686693
网址:www. aeroflex. com. cn
电子信箱:qunj@ aeroflex. co. th
法定代表人:陈汉洲
质量体系:ISO 9001、ISO 14001
产品情况:(AEROFLEX牌)
亚罗弗丁腈橡胶-DI等闭泡弹性绝热保温材料,用于发动机及空调设备系统等

★帝伯三徕拓橡塑制品(上海)有限公司
地址:上海市松江区新桥镇新格路625号
邮编:201612
电话:021/57687272
传真:67687153
网址:www. tpr. co. jp
电子信箱:yangxk@ tpr - sl. com
法定代表人:丸山茂
质量体系:ISO 9001
产品情况:(TPR SUNLIGHT牌)
汽车、电动机、液压机器等工业用橡胶产品

★上海比迪工业铝型材配件有限公司
地址:上海市松江区新桥镇新庙三路600号
邮编:201612
电话:021/67630551、4009219619
传真:67637225
网址:www. aps. com. cn
电子信箱:xjw118@ 126. com
法定代表人:薛建伟
产品情况:APS工业铝型材及配件系列产品,用于汽车检具等产品

★陶氏有机硅(上海)有限公司
地址:上海市荣乐东路448号
邮编:201613
电话:021/37741000
法定代表人:李坤志
产品情况:乳液、密封胶、黏合剂

★上海奈那卡斯汽车铸件有限公司
地址:上海市松江工业区东宝路8号
邮编:201613
电话:021/57741010
传真:57741320
网址:www. dynacast. com
电子信箱:china@ dynacast. com
法定代表人:DAVID JOHN ANGELL
质量体系:ISO/TS 16949
产品情况:铝、锌合金精密压铸件

★汉升密封科技(上海)有限公司
地址:上海市松江工业区江田东路205号
邮编:201613
电话:021/57747878、8008208616
传真:51685279
网址:www. seal. com. tw
电子信箱:sales@ escort. com. cn
法定代表人:范秀忠
质量体系:ISO/TS 16949、ISO 14001
产品情况:橡胶平垫圈、O形圈、密封件修理盒等
出口情况:远销欧美市场

★旺卓橡塑科技(上海)有限公司
地址:上海市松江区大昆工业园区中德路218号
邮编:201614
电话:021/57646570、4000888525
传真:51685781
网址:www. sh - wangzhuo. com
电子信箱:yujh512@ sina. com
法定代表人:虞建华
质量体系:ISO/TS 16949、ISO 14001
产品情况:(WangZhuo牌、旺卓牌)
密封条、密封垫片、保温隔热材料、降噪消声材料等开发与生产
出口情况:远销美国、德国、新加坡、韩国、日本等国家

★上海昭和高分子有限公司
地址:上海市青浦工业园区崧泽大道8333号
邮编:201700
电话:021/69212122、62175222
传真:69212129
网址:www. sshp. com. cn
法定代表人(负责人):邱佳
质量体系:ISO 9001、ISO 14000
产品情况:乙烯基酯树脂、酚醛树脂和不涉及安全生产许可证的功能性树脂、树脂复合材料、胶黏剂和高性能涂料及其中间体

★胡默尔连接器系统(上海)有限公司
地址:上海市青浦工业园区外青松公路5398号
邮编:201700
电话:021/63758551
传真:63758553
网址:www. hummel. com. cn
电子信箱:info. hcs. cn@ hummel - group. com
法定代表人:Holger Anton Hummel
质量体系:ISO 9001
产品情况:电缆接线用各种旋紧件、接插件、软管、自动化元器件

★上海福之来汽车标准件有限公司
地址:上海市青浦区老朱青路185号
邮编:201700
电话:021/39720206、13651960598
传真:59728934
网址:www. shfzl. com
电子信箱:shihongjin@ shfzl. com
法定代表人:顾宝祥
单位人数:150
质量体系:ISO/TS 16949
产品情况:螺钉、高强度螺栓、组合件等
配套情况:为上汽大众、一汽-大众、奇瑞汽车、上汽乘用车分公司、东风悦达起亚、上海德尔福空调、上海汇众、上海飞众汽车配件厂等配套

★上海安字实业有限公司
地址:上海市青浦区赵巷镇赵重公路139号
邮编:201703
电话:021/63772845、63368100
传真:63369800、63368108
网址:www. anzizx. cn
电子信箱:anzi - dns@ anzizx. cn
法定代表人:浦勤跃
质量体系:ISO/TS 16949、ISO 14001
产品情况:(上海安字牌)
各种铆钉
配套及出口情况:为比亚迪、延锋江森、通用、大众供货;远销欧洲、美洲、亚洲、大洋洲等30多个国家和地区

★上海普利特复合材料股份有限公司
地址:上海市青浦区工业园区新业路558号
邮编:201707
电话:021/69210096
传真:51685255
网址:www. pret. com. cn
电子信箱:sales@ pret. com. cn
法定代表人:周文
单位人数:100
质量体系:ISO/TS 16949、VDA 6. 1
产品情况:(普利特牌)
汽车用改性塑料产品
配套情况:和大众、宝马、福特、长城、奇瑞等众多国、内外汽车制造商建立了战略伙伴关系,并成为延锋伟世通、佛吉亚、江森等众多汽车零部件企业的主要合作伙伴和优秀供应商

★上海亚大汽车塑料制品有限公司
地址:上海市青浦区华新镇华志路1488号
邮编:201708
电话:021/69788013
传真:69788001
网址:www. chinaust. com. cn
电子信箱:chinaust@ vip. sina. com
法定代表人:赵延成
质量体系:ISO 9001、ISO 14001
产品情况:汽车用单、多层尼龙燃油管及总成,尼龙制动管及总成,天窗排水管、通气管、空调管及总成,发动机冷却水管等产品,产品广泛应用于汽车燃油、制动、车身、发动机等系统
配套情况:为上汽大众、上汽通用、上海汽车、奇瑞、亚普等主机厂和零部件厂

的首选配套和主要供应商

★博戈橡胶金属(上海)有限公司
地址:上海市青浦区工业园区天辰路1818号
邮编:201712
电话:021/59227666、59227662
传真:59227699
网址:www.boge-world.com
电子信箱:chunjie.pan@boge-rubber-plastics.com
法定代表人:TORSTEN BREMER
负责人:于永韦
单位人数:810
质量体系:ISO/TS 16949、VDA 6.1
产品情况:减振橡胶金属产品及汽车塑料功能产品
配套情况:为上汽大众、上汽通用等配套

★上海底特精密紧固件股份有限公司
地址:上海市青浦区久业路89号
邮编:201799
电话:021/60570389
传真:60570388
网址:www.shanghaidite.com
电子信箱:info@shanghaidite.com
法定代表人:杨大泓
质量体系:ISO/TS 16949
产品情况:(施必牢牌、DTFLOCK牌)
施必牢高精度防松防脱紧固件、工具、量具、检测设备
配套情况:客户包括一汽、东风、宇通、金龙、上汽、重汽、陕汽、上柴、大柴、福田重工、三一重工、振华港机、长春客车厂、宝鸡石油机械厂等50多家大型国企单位

★上海宝钢阿赛洛激光拼焊有限公司
地址:上海市安亭百安路1369号
邮编:201800
电话:021/69573658、69573900
传真:69573950
网址:www.baosteel-arcelor.com
电子信箱:linjun@baosteel-arcelor.com
法定代表人:曲红涛
质量体系:ISO/TS 16949
产品情况:为汽车制造企业生产激光拼焊板、产品范围覆盖直线焊、折线焊和曲线焊
配套情况:主要客户有上汽大众、上汽通用等

★卓越紧固系统(上海)有限公司
地址:上海市嘉定工业区(北区)兴文路1051号
邮编:201800
电话:021/33517729、33517713
传真:33517638
网址:www.shbc.com.cn
电子信箱:gaowei@shbc.com.cn
法定代表人:李林宏
质量体系:ISO/TS 16949、ISO 14001
产品情况:汽车、摩托车等行业的高强度螺栓、精密螺钉、螺母、垫片及其他精密异形产品

★上海红阳密封件有限公司
地址:上海市嘉定区宝安公路2990号
邮编:201801
电话:021/59157953
传真:59157953
电子信箱:shcw59154776@163.com
法定代表人:翁志江
质量体系:ISO/TS 16949、VDA 6.1
产品情况:汽车门窗密封件等,年产量500万m
配套情况:为上汽大众、一汽-大众、江铃汽车、奇瑞汽车、昌河汽车等配套

★上海帕卡兴产化工有限公司
地址:上海市嘉定区马陆开发区宝安公路2765号
邮编:201801
电话:021/69156888、69152234
传真:69156294
网址:www.shpi-chem.com
法定代表人:林兴国
质量体系:ISO/TS 16949、VDA 6.1
产品情况:金属表面防腐、乳化型冷轧油、钢板防锈油、溶剂稀释型防锈油、防锈蜡(油)、轧制润滑油(剂)等
配套情况:得到宝钢集团、鞍钢集团、马钢集团、上汽集团、一汽集团、广汽集团、东风集团、江淮汽车等知名企业的高度评价

★康迪泰克(上海)橡塑技术有限公司
地址:上海市嘉定区马陆镇沪宜公路1785号
邮编:201801
电话:021/59151134
传真:59159475
网址:www.contitech.cn
电子信箱:kate.sun@ptg.contitech.cn
法定代表人:Frank Stuenkel
质量体系:ISO/TS 16949、ISO 14001
产品情况:汽车用橡胶同步带、切割带、多楔带、工业带及摩托车带等
配套情况:为大众汽车、通用汽车供货

★上海利富高塑料制品有限公司
地址:上海市嘉定区马陆镇申霞路305号
邮编:201801
电话:021/59903030
传真:59903966
网址:www.nifco.co.jp
电子信箱:wkzhang@nifco.com.cn
法定代表人:山本利行
质量体系:ISO 14001、ISO/TS 16949
产品情况:汽车及其他各种塑料零部件
配套情况:为丰田、本田、日产、通用汽车等日系和欧美的大型汽车厂商配套

★易士登工业金属制造(上海)有限公司
地址:上海市浏翔公路2248弄20号
邮编:201801
电话:021/69152508
传真:69152622
电子信箱:lujing@easternindustrialchina.com.cn
法定代表人:John L Sullivan III
质量体系:ISO/TS 16949
产品情况:锁具等汽车零部件及其他相关产品
出口情况:在美国、加拿大、墨西哥设有多家子公司

★上海天洋热熔粘接材料股份有限公司
地址:上海市嘉定区南翔惠平路505号
邮编:201802
电话:021/69122667、69122664
传真:69122663
网址:www.hotmelt.com.cn
电子信箱:tianyuan@hotmelt.com.cn
法定代表人:李哲龙
质量体系:ISO 9001
产品情况:(JCC牌)
热熔胶网膜、胶膜、胶粉和胶粒,广泛应用于汽车内饰、汽车配件及汽车过滤材料等领域

★福斯润滑油(中国)有限公司
地址:上海市嘉定区南翔镇高科技园区嘉绣路888号
邮编:201802
电话:021/39122000
传真:39122100
网址:www.fuchs.com.cn
法定代表人:KLAUS HARTIG
单位人数:394
质量体系:ISO/TS 16949、ISO 14001
产品情况:汽车润滑油、润滑脂等
配套情况:先后为北京奔驰、福建奔驰、沈阳宝马、一汽-大众、上汽大众、上汽通用、江铃福特、华晨汽车、比亚迪汽车、东南汽车、奇瑞汽车、吉利集团、约翰迪尔、杰西博JCB等著名汽车公司提供汽车发动机初装油、售后服务用油及齿轮油等产品,也为这些公司提供生产加工用金属加工油液及设备用油

★上海兴盛密封垫有限公司
地址:上海市嘉定区黄渡工业园区杨林路702号
邮编:201804
电话:021/69597259
传真:69597252
网址:www.shanghai-gasket.com.cn
电子信箱:xingsheng@shanghai-gasket.com
法定代表人:中曾根淳一
质量体系:ISO/TS 16949、ISO 14000
产品情况:各种汽车、摩托车发动机用密封垫、汽车自动变速器阀板垫片、车用空调压缩机垫片及其他工业用密封

垫产品
配套情况:主要用户包括通用汽车、福特汽车、大众汽车、上海汽车、丰田汽车、铃木汽车、马自达汽车、东安三菱、BorgWarner、WABCO、三电贝洱、电装、德尔福、铃木摩托、本田摩托、雅马哈摩托、中国中车等在内的汽车、摩托车、整机、零部件企业

★上海圣德曼铸造有限公司
地址:上海市嘉定区安亭昌吉路120号
邮编:201805
电话:021/59579841
传真:59573565
网址:www.sandmann.cn
电子信箱:md@sandmann.cn
法定代表人:马振刚
负责人:倪冠曹
单位人数:800
质量体系:ISO/TS 16949、ISO 14001
产品情况:(AA牌)
主要生产汽车制动器壳体、支架、曲轴、排气管、轴承盖、转向节等铸件,年生产能力8.04万t
配套及出口情况:为上汽大众、上汽通用、博格华纳、霍尼韦尔等供货;远销欧洲、美洲、日本

★上海众安电器塑料有限公司
地址:上海市嘉定区安亭镇和静路24号北
邮编:201805
电话:021/59576334、59577334
传真:57590373
电子信箱:wxbthb@126.com
法定代表人:张景堂
质量体系:VDA 6.1、QS 9000
产品情况:汽车用电线扎紧带、各类塑料支架、线束紧固夹头、发动机水泵叶轮、摇窗机手柄、外视镜内饰、护套及聚氨酯海绵垫块等
配套情况:为上汽大众、上汽仪征、东风悦达起亚、长安汽车、江西昌河、沈阳华晨等多家主机厂供货

★上海洋杰汽车配件有限公司
地址:上海市嘉定区安亭镇上海国际汽车城零部件配套工业园区于塘路688号
邮编:201805
电话:021/59562500、39578008
传真:59563038
电子信箱:caiwu@shyj.com
法定代表人:沈文彪
质量体系:VDA 6.1、QS 9000
产品情况:冲压件等汽车配件
配套情况:为上汽大众配套

★上海申达川岛染整有限公司
地址:上海市嘉定区安亭镇园国路1188号
邮编:201805
电话:021/69574099
传真:69573956
网址:www.toyota-boshoku.com
法定代表人:姚明华
产品情况:汽车内饰面料等

★上海众大汽车配件有限公司
地址:上海市嘉定区安亭镇园国路1488号
邮编:201805
电话:021/69573232
传真:69573790
电子信箱:baoyuew@shanghaitn.com.cn
法定代表人:赵旭东
质量体系:ISO/TS 16949、VDA 6.1
产品情况:上海帕萨特轿车小冲压件
配套情况:为上汽大众配套

★上海众浩汽车配件有限公司
地址:上海市嘉定区安亭镇园海路555号
邮编:201805
电话:021/59563311、59563733
传真:59563623-1017
网址:www.shzhap.com
电子信箱:webmaster@shzhap.com
法定代表人:薛明浩
单位人数:400
质量体系:ISO/TS 16949
产品情况:汽车冲压零部件和焊接产品
配套及出口情况:主要客户有上汽大众、上海汽车、采埃孚、上海天合等多家汽车行业的主机厂及其配套企业;远销新加坡、美国、德国、匈牙利、以色列等多个国家

★东昊石油集团有限公司
地址:上海市嘉定工业区嘉唐公路980号
邮编:201807
电话:021/54412970
传真:59549635
网址:www.dhogroup.com
法定代表人:闵春光
质量体系:ISO/TS 16949、ISO 14001
产品情况:润滑油、液力传动油、发动机节能、护理剂、自动排挡液、防冻液、制动液等

★东来涂料技术(上海)股份有限公司
地址:上海市嘉定区嘉定工业区北区新和路1221号
邮编:201807
电话:021/39538597、39538598
传真:39538501
电子信箱:gloriazhang@onwingscn.com
法定代表人:朱忠敏
质量体系:ISO/TS 16949、ISO 14001
产品情况:(高飞漆牌、onwings牌)
汽车低温修补漆、汽车原厂漆、塑料件漆、电脑调色修补漆
配套情况:为大众、通用、丰田等供货

★艾仕得涂料系统(上海)有限公司
地址:上海市嘉定区胜辛北路3199号
邮编:201807
电话:021/39118278
网址:www.axaltacs.com
法定代表人:吴春平
产品情况:涂料

★道森橡塑制品(上海)有限公司
地址:上海市嘉定区兴荣路785号
邮编:201807
电话:021/33517979
传真:33517575
网址:www.james-dawson.com
电子信箱:sales@james-dawson.com
法定代表人:Paul Jeremy Edwards
产品情况:硅胶管、涡轮增压管、中冷管、水冷管、回油管

★川岛织物(上海)有限公司
地址:上海市嘉定区徐行镇徐潘路258号
邮编:201808
电话:021/39534043
传真:39533338
网址:www.toyota-boshoku.com
法定代表人:伊豆原康之
产品情况:汽车坐垫面料等工业用特种纺织品

★上海新光化工有限公司
地址:上海市嘉定区华亭霜竹路588号
邮编:201811
电话:021/59975628、59975517
传真:59973951
网址:www.shxinguang.com
电子信箱:sales@shxinguang.com
法定代表人:蒋清华
质量体系:ISO 9001、ISO 14001
产品情况:(铁锚牌)
工程类特种聚氨酯胶黏剂、改性酚醛类、丙烯酸酯类、氯丁类、高分子液态密封胶等10大系列100多个品种的胶黏剂、密封剂
配套情况:为一汽集团配套

★上海球明标准件有限公司
地址:上海市嘉定区浏翔公路6798号
邮编:201811
电话:021/59974579、59972996
传真:59970251
网址:www.sqm88.com
电子信箱:sqm@sqm88.com
法定代表人:周曰球
单位人数:380
质量体系:ISO/TS 16949、ISO 14000
产品情况:汽车专用簧片螺母、弹性件、冷冲件、弹性圆柱销、垫片及铰链总成等
配套情况:主要一级配套客户有上汽通用全国工厂、上汽、北汽、一汽、长城、奇瑞捷豹路虎、宝马;主要二次配套客有延锋全国各工厂、延锋江森座椅、彼欧、德尔福、麦格纳、佛吉亚、埃驰、安通林、三电贝洱、丰田纺织、宁波华翔

★弗兰科希管件系统(上海)有限公司
地址:上海市嘉定区安亭镇百安公路537号1区

邮编:201814
电话:021/69573800
传真:69573805
网址:www. fraenkische. com
法定代表人:OTTO FRIEDRICH KIRCHNER
质量体系:ISO/TS 16949
产品情况:汽车用塑料油管、水管、气管及电缆保护管
配套情况:向联合电子、大陆电子、德尔福、博世、李尔、莱尼等国际知名的汽车工业一线供应商供货

★斯凯孚(上海)汽车技术有限公司
地址:上海市嘉定区安亭镇园国路328号
邮编:201814
电话:021/69574300
传真:69574320
网址:www. skf. com. cn
电子信箱:tianyu. lu@ skf. com
法定代表人:WERNER JÜRGEN DIETRICH HOFFMANN
产品情况:轿车轮毂轴承单元(第一、第二代和第三代)以及变速器圆锥滚子轴承、轿车离合器分离轴承、前悬架轴承、张紧轮轴承、转向机轴承
配套情况:为上汽大众、一汽-大众、上汽通用、重庆福特、武汉神龙、芜湖奇瑞、沈阳华晨以及其他全球知名汽车制造商配套

★超捷紧固系统(上海)股份有限公司
地址:上海市嘉定区澄浏中路丰硕路100弄39号
邮编:201818
电话:021/59907000
传真:59907111
电子信箱:bai_yy@ shchaojie. com. cn
法定代表人:宋广东
质量体系:ISO/TS 16949
产品情况:汽车紧固件、连接件、非标异型件等产品

★上海三和汽车橡塑件有限公司
地址:上海市嘉定区嘉戬公路立新路5号
邮编:201818
电话:021/59511035、59512847
传真:59511355
电子信箱:wangpeizhen@ vip. 163. com
法定代表人:林连松
质量体系:ISO/TS 16949、VDA 6.1
产品情况:门槛密封条、门槛外饰板饰条、光亮侧框流水条、压条、非光亮侧框流水条、车顶饰条、车门玻璃内外挡水条、风窗玻璃密封胶条、玻璃导槽等,月生产能力8万台套,为电子及接插件配套的PVC包装管,月生产能力150万件
配套情况:为上汽大众、上汽通用、长安福特、长安马自达、奇瑞汽车、上汽集团等供货

★浙江通驰油封科技有限公司
地址:上海市嘉定区定边路35号605室(老东方汽配城三期)
邮编:201824
电话:0572/3626893
传真:3626893
网址:www. tongchiseal. com
法定代表人:董波
质量体系:ISO/TS 16949
产品情况:气门室垫、油底壳垫、密封胶、汽缸垫、进排气垫、气门油封、旋转油封、凸缘油封类

★宝钢新日铁汽车板有限公司
地址:上海市宝山钢铁股份有限公司厂区内纬五路冷轧综合楼
邮编:201900
电话:021/26643519、26643528
传真:26643880
电子信箱:yuxw@ baosteel. com
法定代表人:姚林龙
产品情况:汽车钢板

★上海中国弹簧制造有限公司
地址:上海市宝山区蕴川路291号
邮编:201901
电话:021/51212800
网址:www. chinaspring. com. cn
电子信箱:recruit@ chinaspring. com. cn
法定代表人:马振刚
质量体系:ISO/TS 16949
产品情况:(三环牌)
汽车悬架弹簧、发动机气门弹簧、稳定杆、模具弹簧、异形弹簧、碟形弹簧、热卷弹簧、机车弹簧、各类冲压件、精密弹簧及其他各类弹簧
配套情况:与多家国际汽车厂商配套

★上海宝陆汽配型钢有限公司
地址:上海市宝山区富联二路518号-1
邮编:201906
电话:021/56022610
传真:56026041
电子信箱:baolu@ guomai. sh. cn
法定代表人:陆正良
质量体系:ISO/TS 16949、VDA 6.1
产品情况:铝板、圆钢和薄钢板冷冲压汽车零部件
配套情况:为上汽大众桑塔纳系列车型、帕萨特、奇瑞汽车、上汽华克配套

★宝山钢铁股份有限公司
地址:上海市宝山区富锦路885号宝钢指挥中心
邮编:201999
电话:021/26647000
传真:26646999
网址:www. baosteel. com
电子信箱:ir@ baosteel. com
法定代表人:邹继新
负责人:侯安贵
质量体系:ISO 9001、QS 9000
产品情况:汽车用高强钢等

★上海向明轴承股份有限公司
地址:上海市崇明区城桥镇东门路156号
邮编:202150
电话:021/69611080
传真:69611187
电子信箱:xmbearing@ vip. sohu. com
法定代表人:郁建忠
质量体系:ISO/TS 16949
产品情况:(XM牌)
汽车用水泵轴连轴承,汽车风扇支架轴承和精密机床主轴承,年产轴承700万套
配套及出口情况:为上汽大众桑塔纳、东风汽车康明斯、南京跃进依维柯及上海柴油机公司等配套;55%的产品远销美国、英国、西班牙、韩国等国家

★上海运良锻造实业有限公司
地址:上海市崇明区工业园区秀山路1号
邮编:202150
电话:021/39621028、39621058
传真:39621058
电子信箱:yunliangqiye@ 126. com
法定代表人:陆贤
质量体系:ISO/TS 16949
产品情况:形成年产模锻件50000t的生产能力
配套及出口情况:主要客户有福特汽车、上汽大众、上汽通用、一汽-大众、上海汇众、奇瑞汽车及美国特斯拉汽车等国内外汽车制造商;出口日本、美国、德国、印度等国家

江苏省

★南京晨光集团有限责任公司
地址:南京市正学路1号
邮编:210006
电话:025/52822220、52822667
传真:52828157
电子信箱:cacgg@ cacgg. com
法定代表人:胡建军
质量体系:ISO 9001
产品情况:(三力牌)
专用汽车、柔性管件(金属软管和波纹补偿器等)、压力容器等
配套及出口情况:为重汽集团、江淮汽车、贵州红湖机械、东风汽车公司、上汽通用、北汽福田、一汽集团等配套;部分产品出口

★南京宏光汽车附件有限公司
地址:南京市秦淮区双桥新村
邮编:210022
电话:025/52623513
传真:52622511
电子信箱:hongguangqifu@ 163. com
法定代表人:田力
单位人数:70
质量体系:ISO/TS 16949

产品情况:锁栓、锁舌、制动爪、框架等
配套情况:主要客户包括南京宏光－奥托立夫汽车安全装备、长春宏光－奥托立夫汽车安全装备、长春奥托立夫贸鸿汽车安全系统、长春英利汽车部件、上海天合汽车安全系统、上海延锋百利得汽车安全系统等公司

★南京利德东方橡塑科技有限公司
地址:南京市栖霞区迈皋桥创业园7号
邮编:210028
电话:025/83130816、4009007425
网址:www.nj7425.chemchina.com
电子信箱:xx1@nj7425.com
法定代表人:杨舒媛
质量体系:ISO/TS 16949、ISO 14000
产品情况:(利德东方牌、ORLETE牌、7425牌)
汽车制动软管、空调软管、动力转向管及油管、水管、气管等,汽车用油封、O形圈等
配套及出口情况:为解放、东风、大众、标致、雪铁龙、通用、菲亚特、依维柯、马自达、日产、铃木、奇瑞、江铃、江淮、长安等引进车型和国产的轿车、轻型车、微轿、载重车、大客车、摩托车配套;出口美国、日本、东南亚等国家和地区

★南京金三力橡塑有限公司
地址:南京市高新技术开发区龙泰路6号
邮编:210032
电话:025/58000118
网址:www.njrubber.com
电子信箱:info@njrp.com.cn
法定代表人:王国伟
质量体系:ISO/TS 16949、ISO 14001
产品情况:(三力牌、NJRP牌)
汽车、家电等工业用的密封和减振橡胶制品
配套情况:为博世集团、伍德沃德控制器、三菱电机、住友电工、马勒集团、通用汽车、派克－欧哈尔公司、上汽大众、南京汽车集团、康明斯滤清系统、上海东风泰利福莫尔斯控制系统、南京依维柯、哈尔滨北方特种车辆、太原重型机械集团等供货

★南京汽车锻造有限公司
地址:南京市栖霞区西岗
邮编:210033
电话:025/58120000、58120078
传真:58120099、58120077
网址:www.njforge.com
电子信箱:njforge@njforge.com
法定代表人:王尤佳
单位人数:550
质量体系:ISO/TS 16949、GB/T 24001
产品情况:以生产汽车、工程机械、船用绑扎锻件为主
配套情况:主要客户有卡特彼勒、上海汽车、上汽大众、上汽通用、上海纳铁福、中国重汽、南京依维柯、德国ELBE、意大利Tenaris等

★江苏龙蟠科技股份有限公司
地址:南京市经济开发区恒通大道6号
邮编:210038
电话:025/85804868、85804818
传真:85804898
网址:www.lopal.com.cn
电子信箱:zhaoshang@lopal.com.cn
法定代表人(负责人):石俊峰
质量体系:ISO/TS 16949、ISO 14001
产品情况:(龙蟠牌、可兰素牌、3ECARE牌)
车用汽油机油、柴油机油、3ECARE汽车养护品、车辆齿轮油、液压油、防冻液、制动液、润滑脂、摩托车油、工程机械润滑油、工业润滑油等
配套情况:为北汽、广汽、江淮、合力、宇通、东风、一汽、金龙、中联重科、上柴、锡柴、雷沃、潍柴、扬柴等国内60多家企业配套

★南京金杉汽车工程塑料有限责任公司
地址:南京市雨花经济开发区青年路8号
邮编:210039
电话:025/86664605
传真:86660194
网址:www.js－engplastics.com
电子信箱:market@js－engplastics.com
法定代表人:吴锡忠
质量体系:ISO/TS 16949
产品情况:汽车工程塑料,主要应用于汽车内外饰部件的制造与生产
配套及出口情况:产品覆盖上汽大众、上汽通用、上汽、华晨中华、天津一汽、福建奔驰、奇瑞、吉利等数十家主机厂几百种车型的内外饰等上千个项目;出口乌克兰

★江苏长江涂料有限公司
地址:南京市化学工业园园区西路157号
邮编:210047
电话:4001107888
网址:www.cjtl.com
法定代表人(负责人):张卫中
产品情况:乳胶漆、防腐漆、汽车漆

★舍弗勒(南京)有限公司
地址:南京市江宁经济开发区建衡路88号
邮编:211100
电话:025/87738777、81061777
网址:www.schaeffler.cn
电子信箱:info_china@schaeffler.com
法定代表人:YILIN ZHANG
产品情况:主要产品为精密轴承和精密传动部件

★南京奥普织物有限公司
地址:南京市江宁经济开发区清水亭西路209号
邮编:211102
电话:025/57919959、57919999
传真:52781333
网址:www.njaopo.com
电子信箱:2891999@njaopo.com
法定代表人:郑海南
质量体系:ISO/TS 16949
产品情况:汽车座椅面料、内饰面料,年产各种面料200万m
配套及出口情况:主要客户有上汽集团、吉利汽车、昌河铃木、比亚迪汽车、海马汽车、奇瑞汽车、东南汽车、广汽本田、大发汽车、依维柯汽车、华晨汽车、宇通客车、金龙客车、安凯客车等;出口客车面料至巴西、阿根廷、马来西亚等国家

★南京金牛机械制造股份有限公司
地址:南京市高淳县龙井路8号
邮编:211300
电话:025/57339543
传真:56816099
网址:www.njjncn.com
电子信箱:njjncn@njjncn.com
法定代表人:易小平
质量体系:ISO/TS 16949
产品情况:(飞钻牌)
高精度粉末冶金产品
配套情况:与许多国内外客户建立了长期合作关系

★仪征海天铝业有限公司
地址:江苏省仪征市汽车工业园联众路16号
邮编:211400
电话:0514/83583012
网址:www.yz－htly.com
电子信箱:chq192@aliyun.com
法定代表人:汪卫
质量体系:ISO 9001、ISO/TS 16949
产品情况:专业生产铝管、铝棒、铝型材、无缝铝管、单双金属翅片管,用于汽车等行业
出口情况:远销国外

★南京晨灿机械制造有限公司
地址:南京市六合区竹镇镇工业园区
邮编:211501
电话:025/57683888、13776511759
传真:57683666
电子信箱:57680239@163.com
法定代表人:夏祖寒
质量体系:ISO 9001
产品情况:各种锻件毛坯、汽车水泵轮毂等
配套及出口情况:为中国石油天然气集团公司一级供应商;远销美国、德国、日本、韩国、西班牙、澳大利亚等国家

★南京优仁有色金属有限公司
地址:南京市六合经济开发区龙池街道新港湾路35号
邮编:211507
电话:025/57138980、57138982
传真:57138901、57138669

网址:www. tubemaster. com. cn
电子信箱:xiaoshou@ tubemaster. com. cn
法定代表人:陈小波
质量体系:ISO/TS 16949
产品情况:高频焊接散热管
出口情况:畅销国外市场

★江苏澳芙特传动带有限公司
地址:江苏省淮安市盱眙县经济开发区金源路 19 号
邮编:211700
电话:0517/88290218
传真:88292550
电子信箱:wjx806@ 126. com
法定代表人:杨静
质量体系:ISO/TS 16949
产品情况:(Ophte 牌)
汽车同步带、多楔带、切割 V 带、包布 V 带
出口情况:90% 以上的产品出口欧洲、北美洲、中美洲、南美洲、大洋洲的国家和地区

★镇江立达纤维工业有限责任公司
地址:江苏省镇江市宗泽路 18 号
邮编:212003
电话:0511/88827463、88818238
传真:88823392
网址:www. e – lida. com
电子信箱:sales@ e – lida. com
法定代表人:施舒拉
质量体系:ISO/TS 16949、QS 9000
产品情况:(哈维斯牌)
主要产品有树脂毡系列、无氨阻燃毡、环保型树脂毡、MP 毡、PP、PET 纤维毡、各类汽车内饰模压成型件、空调器隔音垫系列;可年产阻燃吸音棉毡 800 万 m^2,年产各类汽车模压成型件 60 万套
配套情况:为北方、扬州亚星、三江雷诺、中大集团、上汽通用等配套

★镇江飞亚轴承有限责任公司
地址:江苏省镇江市朱方路三茅宫
邮编:212005
电话:0511/85623531、85623814
传真:85622581
网址:www. fyb – bearing. cn
电子信箱:fyb – n@ fyb – bearing. cn
法定代表人:康顺杰
单位人数:700
质量体系:ISO/TS 16949
产品情况:(FYB 牌)
滚针轴承、圆柱滚子轴承、汽车离合器分离轴承、汽车同步器钢环、推力轴承、滚轮轴承、组合轴承等
配套及出口情况:主要配套的客户有现代、福特、丰田、铃木、长安、一汽、东风汽车、重汽、比亚迪、长城、奇瑞、吉利等;近 40% 的产品销往欧美、东南亚各国

★镇江市标力紧固件有限公司
地址:江苏省镇江市谏壁镇莺歌桥东首
邮编:212006
电话:0511/83364249、83362396
传真:83364249
网址:www. zjblgs. com
电子信箱:biaoligs@ 163. com
法定代表人:朱玉琴
单位人数:200
质量体系:ISO/TS 16949
产品情况:(标力牌)
六角螺栓、螺母、铆钉,高强度螺栓、螺母及各种凸缘面螺栓、螺母等,年生产能力 2.5 亿件
配套情况:为上汽集团、中国重汽、江淮汽车集团、常柴股份、跃进汽车集团等配套

★江苏钱潮轴承有限公司
地址:江苏省镇江市丹徒区辛丰镇钱潮路 1 号
邮编:212142
电话:0511/88908001、3520001
传真:3520015、3520017
电子信箱:2968035xulei@ 163. com
法定代表人:陈伟军
质量体系:QS 9000、ISO 9000
产品情况:深沟球轴承、离合器、主销轴承,主要应用于汽车的离合器、主销、传动轴、发动机张紧轮和电动机主轴等
配套及出口情况:为一汽、东风、南汽、南齿、哈飞等配套;远销国外市场

★江苏常新密封材料有限公司
地址:江苏省扬中市经济技术开发区港茂路 658 号
邮编:212215
电话:0511/88322772、88366910
传真:88324768
网址:www. changxin – seal. com
电子信箱:lk5077@ changxinseal. com
法定代表人:夏丽君
质量体系:ISO 9001、ISO 14001
产品情况:(江岛牌、XINSU 牌)
聚四氟乙烯,聚醚醚酮,PVDF、PFA、FPM 等有机氟橡胶产品,碳素石墨、柔性石墨密封件及填料,PP、POM、PA、PE、PMMA、PVC 等工程塑料

★江苏奇一科技有限公司
地址:江苏省丹阳市经济开发区长湾西路 9 号
邮编:212314
电话:0511/88012838、88012901
传真:88012811
网址:www. china – qiyi. com
电子信箱:server@ china – qiyi. com
法定代表人:朱华平
质量体系:IATF 16949、ISO 14001
产品情况:纳米粉体增强 HDPE 降噪阻尼片材、高填充降噪阻尼隔热片材、轿车用内嵌可发膨胀片、环保型复合结构发泡聚丙烯(FPP)板材、聚乳酸(PLA)全生物降解材料等高分子复合材料;座椅塑料件、调角旋钮、顶腰器手柄、调角器护板、杂物盒等汽车饰件

★江苏普锐科技发展有限公司
地址:江苏省丹阳市界北村工业规划区
邮编:212323
电话:0511/86369388、86377002
传真:86365666
网址:www. cnfuao. com
电子信箱:cwb@ cnfuao. com
法定代表人:吴泽云
质量体系:ISO/TS 16949、ISO 14001
产品情况:(漠锐牌)
汽车塑件,提供塑件表面处理,塑件电镀服务

★江苏万奔汽车配件有限公司
地址:江苏省丹阳市陵口镇
邮编:212353
电话:0511/86662109、86664191
传真:86666577
网址:www. wanben. com
电子信箱:wanben888@ 163. com
法定代表人:张华
质量体系:ISO 9002、ISO/TS 16949
产品情况:(万奔牌)
各类汽车密封条等产品
配套情况:为南京依维柯、郑州宇通、厦门金龙、长城汽车、一汽海马、华晨金杯等配套

★江苏欧朗汽车管路系统有限公司
地址:江苏省常州市新区河海西路 398 号
邮编:213000
电话:0519/88299742
传真:85104639
网址:www. obosaa. com
电子信箱:olsales@ obosaa. com
法定代表人:周太平
质量体系:ISO/TS 16949
产品情况:专业生产汽车流体管件,产品涉及新能源管、发动机管、压差管、水管等
配套情况:产品一级或二级配套于大众、上汽、丰田、克莱斯勒、吉利、北汽、博世、马勒等国内外主流整车和系统厂商

★常州常松金属复合材料有限公司
地址:江苏省常州市钟楼经济开发区星港路 65 号
邮编:213000
电话:0519/86751241、83970186
传真:83976836、86754175
电子信箱:sales@ czchangsong. com
法定代表人:杨建如
单位人数:1100
质量体系:ISO/TS 16949、ISO 9001
产品情况:(常松牌)
金属复合材料、涂镀材料

配套情况：为常柴、玉柴、江铃、一拖（洛阳）柴油机、长安汽车、北汽福田、锡柴等配套

★常州海川卓越密封材料有限公司
地址：江苏省常州市钟楼区龙城大道2188号新闸科技工业园
邮编：213003
电话：0519/68880138、68880137
传真：68880133、68880131
网址：www. hokseal. com
电子信箱：info@ hokseal. com
法定代表人：张敬敬
质量体系：ISO/TS 16949
产品情况：发动机曲轴油封、阀杆油封、防水圈、变速器油封、减振制品、汽车底盘系列及橡胶杂件等产品

★常州三和塑胶有限公司
地址：江苏省常州市武进高新区凤鸣路22号
邮编：213004
电话：0519/86226500、86226501
传真：86226511、86226522
网址：www. sanhe – foam. cn
电子信箱：info@ sanhe – foam. cn
法定代表人：陈解建
质量体系：ISO/TS 16949、ISO 9001
产品情况：NBR/PVC、EPDM/CR、PE、EVA4大类10大发泡系列产品
出口情况：远销北美洲、欧洲、日本、中东、东南亚等20多个国家和地区

★中海油常州环保涂料有限公司
地址：江苏省常州市玉龙中路2号
邮编：213014
电话：0519/83282371
传真：83976775
网址：www. zhonghaituliao. com
电子信箱：zhonghaituliao@ 163. com
法定代表人：王留方
质量体系：ISO 9001
产品情况：（阿沃德牌）
汽车涂料等

★小松（常州）铸造有限公司
地址：江苏省常州市中吴大道682号
邮编：213018
电话：0519/88259933
传真：88828168
电子信箱：shenxiaoya@ komatsu. com
法定代表人：保川高司
产品情况：汽车、柴油机等配套铸铁件，年产2.4万t

★霓达摩尔科技（常州）有限公司
地址：江苏省常州市国家高新技术产业开发区顺园路21号
邮编：213022
电话：0519/88222802、88222800
传真：88222807
电子信箱：sales@ cn – nittamoore. com
法定代表人：井上一美
产品情况：工程机械用树脂液压软管及接头、商用车（货车、客车）中空气制动器和空气悬架系统用树脂软管及快插接头、乘用车（小轿车）用树脂燃料管系列NITTAMOORE品牌产品

★常州光洋轴承股份有限公司
地址：江苏省常州市新北区汉江路52号
邮编：213022
电话：0519/85158888、86808888
传真：85150888
网址：www. nrb. com. cn
电子信箱：sales@ nrb. com. cn
法定代表人：程上楠
质量体系：ISO/TS 16949、ISO 14001
产品情况：（NRB牌）
滚针轴承、滚子轴承、离合器分离轴承与轮毂轴承，主要运用于汽车变速器、离合器、重型货车车桥和轮毂等重要总成
配套情况：客户包括一汽、东风、上汽、长安、重汽、奇瑞等整车集团和陕西法士特、綦江齿轮、上海汽车变速器、重庆青山等国内最大的重型货车、客车、轿车、微型车变速器主机厂配套，同时延伸至采埃孚、伊顿、爱信（唐山）、格特拉克（江西）等国际知名变速器主机厂

★常州东风轴承有限公司
地址：江苏省常州市新北区黄河西路198号
邮编：213022
电话：0519/85910541、85910030
传真：85910131
网址：www. df – bearing. com
电子信箱：info@ df – bearing. com
法定代表人：黄志仁
单位人数：405
质量体系：ISO/TS 16949、ISO 14001
产品情况：（DFB牌）
具备年产滚针轴承5000万套，滚针8亿支，短圆柱滚子轴承200万套，汽车离合器分离轴承250万套、汽车用衬套400万件、调心垫片400万件的生产能力
配套情况：为主要汽车变速器厂、摩托车发动机厂、电动工具厂等配套

★常州华狮化工有限公司
地址：江苏省常州市新北区泰山路217号
邮编：213022
电话：0519/85158068
传真：85158066
网址：www. czhuashi. com
电子信箱：info@ czhuashi. com
法定代表人：黄勤力
质量体系：ISO/TS 16949、ISO 14001
产品情况：（华狮牌）
汽车轮毂漆、仿电镀效果漆、各类机壳塑胶漆、高亮度（PU）聚氨酯漆、紫外线（UV）光固化漆、水性环保漆涂料等

★宝顿电子机械股份有限公司
地址：江苏省常州市新北区新竹二路18号
邮编：213022
电话：0519/85186396
网址：www. baoduncoltd. com
电子信箱：lingwenya@ baoduncoltd. com
法定代表人：辛志伟
质量体系：ISO/TS 16949、ISO 14001
产品情况：主要生产各种汽车管路和管路接头
配套及出口情况：为上汽大众、一汽-大众、东风日产、郑州日产、一汽轿车、上海采埃孚、上汽通用、上汽汽车、武汉神龙、长安马自达、奇瑞、华晨汽车、江淮、长城、海马等近40家汽车厂提供汽车空调管、动力转向管、发动机油管、燃油管及涡轮增压管等汽车流体管路配套业务；拥有日本JCS、俄罗斯大众、捷克大众、韩国三星、德国大众、墨西哥加特可、法国PSA等客户

★常州市盛士达汽车流体连接器有限公司
地址：江苏省常州市新北区新竹路18号
邮编：213022
电话：0519/85489130、85489118
传真：85489161、85489125
网址：www. senstargroup. com
电子信箱：info@ senstarfluid. com
法定代表人：辛志伟
质量体系：ISO/TS 16949
产品情况：主要生产各种汽车管路和管路接头
配套情况：主要客户有日产、海南马自达、神龙、长城皮卡、江淮瑞风、奇瑞、DELPHI、MAGNA集团和VALEO集团等

★恩梯恩阿爱必（常州）有限公司
地址：江苏省常州市新北区春江镇胜利路31号
邮编：213034
电话：0519/68195888
网址：www. ntn. com. cn
法定代表人：沢津桥寿久
质量体系：ISO/TS 16949
产品情况：（NTN牌）
汽车发动机用摇臂轴承
配套情况：为日本本田、日本日进、一汽等公司配套

★江苏龙城精锻有限公司
地址：江苏省常州市武进高新区龙域西路26号
邮编：213100
电话：0519/68027800
传真：89626713
网址：www. longchengforging. com
电子信箱：contact@ longchengforging. com
法定代表人：庄龙兴
负责人：庄建兴
单位人数：1800
质量体系：ISO/TS 16949、ISO 14001

产品情况:汽车发电机精锻爪极、汽车发电机转子、汽车发电机轴、汽车发电机皮带轮、柴油高压共轨燃油喷射系统精锻件等汽车零件
配套及出口情况:汽车发电机爪极主要配套与法雷奥集团、佩特来电器、雷米国际、日本电装、日本泽藤、伊斯克拉、英格索兰各大跨国汽配生产商;海外销售额超过50%

★常州杰安轴承制造有限公司
地址:江苏省常州市武进区遥观镇通济工业区华昌路87号
邮编:213102
电话:0519/86553625、13961465611
传真:83606067
网址:www.czjan.com
电子信箱:info@czjan.com
法定代表人:汪利杰
单位人数:100
质量体系:ISO/TS 16949
产品情况:各种型号滚针轴承
出口情况:远销欧美、东南亚及中东等地区

★常州市武滚轴承有限公司
地址:江苏省常州市新北区丽园路88号
邮编:213125
电话:0519/85951209
传真:85950807
网址:www.wugun.cn
电子信箱:office@wugun.cn
法定代表人:刘有光
单位人数:230
质量体系:ISO/TS 16949
产品情况:各种汽车变速器(MT、AMT、AT、DCT、CVT),汽车动力转向器、电动转向器等用滚针轴承、圆柱滚子轴承、轴套等各类专用精密轴承和精密零件;年产轴承能力3000万套

★托普拉精密紧固件(常州)有限公司
地址:江苏省常州市新北区玉龙北路568号
邮编:213127
电话:0519/89883650
传真:89883225
网址:www.topura-cn.com
电子信箱:top@topura-cn.com
法定代表人:川上新吾
产品情况:(TOPURA牌)
高强度精密紧固件、精密金属部品、模具
配套情况:为日系汽车生产商(日产、本田、丰田、铃木等)供货

★常州君斯特车辆部件有限公司
地址:江苏省常州市新北区孟河镇
邮编:213138
电话:0519/83246890
传真:83248928
网址:www.cz-jianya.com.cn
电子信箱:2850143852@qq.com
法定代表人:潘宇峰
产品情况:摩托车塑料配件、福特车型的塑料车身售后件、JEEP车型的塑料车身售后件

★普利司通(常州)汽车配件有限公司
地址:江苏省常州市新北区天山路78号
邮编:213139
电话:0519/85922910、85922901
传真:85922902
网址:www.bridgestone.com.cn
电子信箱:bsbcap@126.com
法定代表人:家中诚
产品情况:汽车防振橡胶件
配套情况:为天津一汽丰田、广州日产等配套

★常州苏特轴承制造有限公司
地址:江苏省常州市武进经济开发区禾香路11号
邮编:213149
电话:0519/83661214、83663652
传真:83660196
网址:www.sutebearing.com
电子信箱:wyx@hx-zc.com
法定代表人:蒋亚电
质量体系:ISO/TS 16949、ISO 14001
产品情况:连杆用滚针保持架组件、超越离合器、实体套圈滚针轴承、圆柱滚子轴承、向心滚针保持架组件、推力平面轴承、标准及修正线滚针
配套及出口情况:与重庆宗申、重庆力帆、重庆隆鑫、济南轻骑、博世、日立等数百家大中型企业配套;出口欧洲、美洲、非洲、亚洲等20多个国家和地区

★常州腾龙汽车零部件股份有限公司
地址:江苏省常州市武进经济开发区延政西路腾龙路15号
邮编:213149
电话:0519/69692888
传真:69690996
电子信箱:gh@cztl.cn
法定代表人(负责人):蒋学真
单位人数:600
质量体系:ISO/TS 16949
产品情况:汽车用各种散热器铝管、蒸发器铝管和空调管组件、汽车热交换系统空调管路总成、汽车热交换系统连接管、汽车热交换系统附件、汽车传感器等
配套及出口情况:产品直接或间接配套于宝马、奔驰、大众、福特、通用、雪铁龙、标致、本田等国际主流品牌汽车及长城、奇瑞、通用五菱、吉利、上汽、长安、比亚迪等国内主要车企;出口北美洲、南美洲、欧洲、日本、东南亚等国家和地区

★江苏南方轴承股份有限公司
地址:江苏省常州市武进区高新技术产业开发区龙翔路9号
邮编:213161
电话:0519/86552111、89810195
传真:86565058、86564735
网址:www.nf-bearings.com
电子信箱:sales@nf-bearings.com
法定代表人:史建伟
质量体系:ISO/TS 16949、ISO 14001
产品情况:滚针轴承和超越离合器
配套及出口情况:为法雷奥、博世、西门子、麦格纳等世界著名汽车零部件生产商批量供货,并为本田、铃木、雅马哈、大长江等知名摩托车生产厂家配套;出口美国、英国、法国、德国、意大利、西班牙、加拿大、韩国、日本、泰国、印度等国家,并销往中国台湾地区

★江苏容天乐机械股份有限公司
地址:江苏省常州市武进区湖塘镇武鸣南路81号
邮编:213161
电话:0519/86528566、86536798
传真:86536398
网址:www.wjt-bearing.com
电子信箱:jsrtl@jsrtl.com
法定代表人:吴伯勤
质量体系:ISO/TS 16949、QS 9000
产品情况:(容天乐牌)
2000余个品种的各类滚针、短圆柱和水泵系列轴承
配套及出口情况:为一汽集团、东风汽车公司、长安汽车、奇瑞汽车、江淮汽车、航天三菱、哈航、重汽集团、江铃、上汽通用五菱等各大汽车主机厂及轻骑、建设、隆鑫、宗申、力帆等各大摩托车厂配套;出口意大利、俄罗斯、美国、韩国等10多个国家

★斯泰必鲁斯(江苏)有限公司
地址:江苏省常州市武进高新技术产业开发区龙翔路8号
邮编:213164
电话:0519/86623500
传真:86623550
网址:www.stabilus.com/cn
电子信箱:info@cn.stabilus.com
法定代表人:WILHELM BROHL
产品情况:各类气弹簧件、充气减振器和液压挺杆等,应用于各种高档车辆

★常州市民力轴承股份有限公司
地址:江苏省常州市武进高新技术产业开发区南区西湖路15号
邮编:213164
电话:0519/86559388、86568869
传真:86551183
网址:minli-cn.com
法定代表人:许民强
质量体系:ISO/TS 16949、ISO 9001
产品情况:(CWN牌)
各类滚针轴承、冲压外圈滚针离合器、圆柱滚子轴承、支承滚轮、螺栓滚

轮、四点接触球和滚子组合轴承
出口情况:远销东南亚、欧美、韩国等国家和地区,并销往中国香港、中国台湾地区

★森瑞(常州)橡塑制品有限公司
地址:江苏省常州市武进高新区西湖路8号津通工业园15B
邮编:213164
电话:0519/86226080
传真:86226085
网址:www. sinclair - rush. com. cn
电子信箱:dwang@ sinclair - rush. com. cn
法定代表人:Bradford M. Philip
产品情况:防护帽、手柄套系列及塑胶(PVC)和泡沫橡胶管等

★常州市吉马摩擦材料有限公司
地址:江苏省常州市武进高新技术开发区龙惠路18号
邮编:213166
电话:0519/86488022
传真:86488022
电子信箱:info@ geema. net
法定代表人:徐敬芳
质量体系:ISO/TS 16949、ISO 9001
产品情况:无石棉盘式制动片
出口情况:出口北美洲、欧洲市场

★旷达科技集团股份有限公司
地址:江苏省常州市武进区雪堰镇旷达路1号
邮编:213179
电话:0519/86541888、86547329
传真:86540888、86543841
网址:www. kuangdacn. com
法定代表人:沈介良
单位人数:2600
质量体系:ISO/TS 16949、ISO 14001
产品情况:(旷达牌)
汽车内饰面料、生态合成革主要应用于汽车座椅、车顶、门板、扶手、行李架等内部装饰
配套及出口情况:主要配套客户有一汽-大众、上汽大众、上汽通用、上汽集团、广汽本田等主机厂;同时获得大众、通用全球供应商资格;部分产品远销欧洲、美洲

★旷达汽车饰件有限公司
地址:江苏省常州市武进区雪堰镇旷达路1号
邮编:213179
电话:0519/86547329、86543304
传真:86543841
网址:www. kuangdacn. com
法定代表人:沈介良
产品情况:(旷达牌)
主要从事汽车内饰面料的复合加工、销售和汽车座套、汽车坐垫的研发、生产,年产各种汽车座套200万台套
配套情况:汽车坐垫已批量供应大众、奥迪等汽车主机厂4S店

★常州朗博密封科技股份有限公司
地址:江苏省常州市金坛区金东工业园区金博路1号
邮编:213221
电话:0519/82300248
传真:82300268
网址:www. jmp - seal. com
电子信箱:master@ jmp - seal. com
法定代表人:戚建国
质量体系:ISO/TS 16949、ISO 14001
产品情况:(JMP牌)
车用O形圈及垫圈、轮毂组件、油封、轴封等产品
配套情况:主要客户为华域三电、南京奥特佳、重庆建设摩托、上汽通用有限公司武汉分公司、上海汽车集团股份有限公司等国内知名汽车用压缩机及空调系统生产企业

★常州市利来密封件有限公司
地址:江苏省常州市金坛区水北镇望家墩
邮编:213221
电话:0519/82551031、82559031
传真:82553812
网址:www. nhkseal. cn
电子信箱:ll@ nhkseal. cn
法定代表人:潘田荣
单位人数:300
质量体系:ISO/TS 16949、ISO 9001
产品情况:(NHK牌)
汽车发动机、汽车空调及管路、摩托车发动机及整车、电动工具等用各种橡胶密封制品和其他机械用橡胶制品
配套及出口情况:为国内外100多家骨干企业配套;约25%的产品直接或间接出口美国、日本、韩国、欧盟等发达国家和地区

★瑞菲艾伦(无锡)汽车部件有限公司
地址:江苏省无锡市新区硕放镇香楠路11号厂房
邮编:214000
电话:0510/81129512
网址:www. reflexallen. com
电子信箱:allen. wuxi@ reflexallen. com
法定代表人:GIBELLINI RENZO
质量体系:ISO/TS 16949、ISO 14001
产品情况:汽车制动器总成及关键零部件如空气制动尼龙管,空气制动螺旋线束,ABS/EBS螺旋线束,预成型快速接插管件,尿素管等
配套情况:已与国内商用车行业的重要生产商——重汽、中集集团、一汽、三一、宇通、康明斯、日野、庆铃等建立稳定的业务往来

★无锡新得宝金属软管有限公司
地址:江苏省无锡市扬名高新技术产业园C区17号
邮编:214024
电话:0510/85401864、85407480
传真:85411472
网址:www. xdbrg. com
电子信箱:yyang@ xdbrg. com
法定代表人:王纪民
单位人数:140
质量体系:ISO/TS 16949
产品情况:(新得宝牌)
汽车排气管用波纹管(挠性节)、不锈钢金属软管、不锈钢波纹管
配套及出口情况:为上汽通用、上汽股份、上汽通用五菱、一汽、北汽股份、长城、江淮、奇瑞、吉利、海马、华晨、东风、江铃等汽车厂家配套;出口北美洲、欧洲市场;金属软管、波纹管配套美国UTC集团旗下的设备制造公司

★博尔豪夫(无锡)紧固件有限公司
地址:江苏省无锡市高新技术产业开发区宝德工业园20-22号地块
邮编:214028
电话:0510/88651616
传真:88651615
网址:www. boellhoff. com
电子信箱:sales@ bollhoff - china. com
法定代表人:AMMER SVEN
质量体系:ISO/TS 16949、ISO 9001
产品情况:(SNAPLOC牌)
螺纹套等汽车紧固件

★三樱(无锡)汽车部件有限公司
地址:江苏省无锡市国家高新技术产业开发区新梅路80号
邮编:214028
电话:0510/85322771
传真:85322775
电子信箱:qianw@ sanoh - wx. com
法定代表人:永井邦和
质量体系:ISO/TS 16949、ISO 14001
产品情况:车用五金件、涂层板以及工程塑料、汽车制动管等
配套情况:汽车制动管为上汽大众、广汽本田、东风日产乘用车、天津一汽丰田、东风本田等配套

★无锡市万力粘合材料股份有限公司
地址:江苏省无锡市新区长江南路17号-17
邮编:214028
电话:0510/85345357-830
传真:85347822
电子信箱:liupinshen@ wlnh. net
法定代表人:周其平
质量体系:ISO 14001
产品情况:PUR热熔胶、EVA热熔胶、热熔压敏胶、聚烯烃热熔胶、水基胶、双组分聚氨酯胶等环保型胶黏剂
配套及出口情况:客户覆盖全国大部分地区;部分产品远销欧美、加拿大、日本等十几个国家和地区

★光洋汽车配件(无锡)有限公司
地址:江苏省无锡市新区国家高技术产业开发区 B6 - A
邮编:214028
电话:0510/85330909
网址:www. jtekt. com. cn
法定代表人:立石修治
负责人:徐子钢
产品情况:(KOYO 牌)
主要生产各种精密轴承,如单列球轴承(转向器、变速器用)单列圆锥滚子轴承(差速器、变速器用)、双列圆锥滚子轴承(车辆行走系统用)水泵轴承

★精密烧结合金(无锡)有限公司
地址:江苏省无锡市新吴区新梅路 86 号
邮编:214028
电话:0510/85322101、8827563
传真:85322312
网址:www. wuxipsp. com. cn
电子信箱:info@ wuxipsp. com. cn
法定代表人:井上洋一
负责人:吉田庆三
单位人数:476
质量体系:ISO/TS 16949、ISO 14001
产品情况:发动机零部件(气门座、链齿轮、发动机可变凸轮时机机构)、变速器零部件(无级变速传动零件、无级变速器油泵零件)、减振器零部件(减振器活塞、减振器底座)、其他零部件(座椅安全带导动板等)
配套情况:为广汽丰田、广州南沙电装、天津一汽丰田、一汽丰田(长春)供货

★铁姆肯(无锡)轴承有限公司
地址:江苏省无锡市新区锡锦路 8 号
邮编:214061
电话:0510/85201111
传真:85203223
网址:www. timken. com
电子信箱:liang. qian@ timken. com
法定代表人:郁澜
质量体系:ISO/TS 16949、ISO 9001
产品情况:圆锥滚子轴承、滚子轴承、深沟球轴承

★光洋滚针轴承(无锡)有限公司
地址:江苏省无锡市滨湖区胡埭镇翔鸽路 32 号
邮编:214072
电话:0510/68789913
网址:www. jtekt. com. cn
法定代表人:立石修治
负责人:折部浩史
质量体系:ISO/TS 16949、ISO 14001
产品情况:主要为汽车以及工业客户提供高质量高精度的滚针轴承
配套及出口情况:为上汽大众、上汽通用配套;出口欧洲、美洲

★无锡恩福油封有限公司
地址:江苏省无锡市锡山经济开发区凤威路 280 号
邮编:214101
电话:0510/88217107、13701511007
传真:88204773
电子信箱:liumin@ nok - freudenberg. com
法定代表人:土居清志
负责人:黄鸣曦
质量体系:ISO/TS 16949、ISO 9001
产品情况:各种油封制品、O 形密封圈、保护罩、防尘罩、减振橡胶以及其他工业用橡胶制品
出口情况:远销英国、日本、伊朗、以色列等国家

★无锡市宇新机械有限公司
地址:江苏省无锡市锡山区大成路 1101 号
邮编:214105
电话:0510/85860652、85860425
传真:85865715
网址:www. wuxiyuxin. com
电子信箱:sale@ wuxiyuxin. com
法定代表人:夏秋石
单位人数:300
质量体系:IATF 16949、ISO 9001
产品情况:高强度紧固件、精密冲压件等
配套及出口情况:重要合作伙伴有一汽锡柴、威孚高科、江铃汽车、江淮汽车、江苏常柴等;出口美国、德国、芬兰、日本等 10 多个国家

★江苏亚太轻合金科技股份有限公司
地址:江苏省无锡市新吴区坊兴路 8 号
邮编:214111
电话:0510/88271111
传真:88276010
网址:www. yatal. com
电子信箱:sales@ yatal. com
法定代表人:周福海
单位人数:750
质量体系:ISO/TS 16949、ISO 14001
产品情况:汽车用精密铝管、专用型材和高精度棒材等汽车铝挤压材及其他工业铝挤压材;为汽车热交换系统配套铝管和各种接头型材

★无锡市美峰橡胶制品制造有限公司
地址:江苏省无锡市新区梅村街道群兴路 9 号
邮编:214112
电话:0510/83102752
传真:83102654
网址:www. meifengrubber. com
电子信箱:office@ meifengrubber. com
法定代表人:曹新
质量体系:ISO/TS 16949、ISO 14001
产品情况:(美峰牌)
各类橡胶密封制品
配套情况:为一汽集团、锡柴、朝柴、杭发等配套

★无锡华利达金属制品有限公司
地址:江苏省无锡市鹅湖镇翰林路 88 号
邮编:214116
电话:0510/88753397、88753297
传真:88751297
网址:www. wxhldjs. com
电子信箱:sales@ wxhldjs. com
法定代表人:浦卫芬
质量体系:ISO/TS 16949
产品情况:汽车排气系统减振软管(不锈钢波纹管),不锈钢链条和机械零部件的制造及加工
配套及出口情况:主要客户有威孚力达、柳汽、红湖、达峰等 20 多家客户,主要给奇瑞、长安、北汽、力帆、江淮、五菱等配套;产品 50% 出口欧美及东南亚地区

★ 无锡超润杰润滑科技有限公司

地址:江苏省无锡市新区南开路 88 - 5
邮编:214142
电话:0510/85303506
传真:85250283
网址:www. crunjie. com
电子信箱:crunjie@ 163. com
法定代表人:许华平
产品情况:生产中高档特种工业润滑剂,在汽车电动机、后视镜、摇窗、门锁、座椅等车身附件系统的应用实例中有丰富的经验
☞ 详细情况请参阅彩色宣传版面

★江苏中通汽车内饰材料有限公司
地址:江苏省无锡市新区硕放镇
邮编:214143
电话:0510/85303338、85250038
传真:85250020、85305338
电子信箱:sales@ jszhongtong. com
法定代表人:黄小裕
质量体系:ISO 9002
产品情况:PVC 地垫革、门护板表皮、侧围顶棚革、座椅人造革、ABS 改性仪表板表皮、ABS 板材及其复合板、其他塑料制件
配套情况:为一汽、东风、金龙、丰田、西沃、南汽等 200 多家汽车制造厂及其配套厂供货

★无锡双象超纤材料股份有限公司
地址:江苏省无锡市新区鸿山镇后宅中路 188 号
邮编:214145
电话:0510/88993888、88993883
传真:88997888、88993882
网址:www. sxcxgf. com
电子信箱:sxpvc@ sxcxgf. com
法定代表人:唐炳泉
质量体系:ISO 9001、ISO 14001
产品情况:具备年产 PVC 人造革 2500 万 m^2、PU 合成革 1400 万 m^2、超细纤维

超真皮革 300 万 m^2、塑料薄膜 10000t 的生产能力
出口情况：远销美国、德国、意大利、日本、俄罗斯、韩国、印度、澳大利亚等 50 多个国家

★银邦金属复合材料股份有限公司
地址：江苏省无锡市新吴区鸿山街道（后宅）鸿山路 99 号
邮编：214145
电话：0510/88998588、88990938
传真：88998688
网址：cn - yinbang. com
电子信箱：sales@ cn - yinbang. com
法定代表人：沈健生
单位人数：850
产品情况：铝合金复合材料、铝基多金属复合材料；产品广泛应用于汽车热交换、工程机械等领域
配套情况：与国际一线的主机厂商建立合作，共同服务于特斯拉、BMW、奔驰、GE、中车、卡特彼勒、GE 等品牌

★无锡爱西匹钢芯有限公司
地址：江苏省无锡市惠山区钱桥南西漳
邮编：214152
电话：0510/83233699、83233269
传真：83233699
电子信箱：guoyabo@ wuxiacp. com
法定代表人：唐岳生
质量体系：ISO 9001
产品情况：（京运牌、ACP 牌）
滚剪、压钢芯年产 2000 万 m，冲切钢芯年产 2000 万 m
配套及出口情况：铝带为重庆嘉轩等配套，滚剪/压钢芯为贵州红阳、北京万源、上海申雅等配套，冲切钢芯为上海红阳、淮安申雅、合肥晨阳配套；年出口滚剪/压钢芯、冲切钢芯 80 万 m

★无锡光洋轴承有限公司
地址：江苏省无锡市滨湖区胡埭镇翔鸽路 30 号
邮编：214160
电话：0510/85161901
网址：www. jtekt. com. cn
电子信箱：wkb60@ wkb. com. cn
法定代表人：立石修治
负责人：折部浩史
产品情况：（KOYO 牌）
微型轴承、小口径球轴承、小口径滚针轴承、精密小型轴承、单向联轴器、汽车专用轴承及轴承部件；此外还生产轴承的清洗设备、研磨设备、装配设备及设备零部件
出口情况：远销日本、东南亚等国家和地区

★无锡市巨龙塑化有限公司
地址：江苏省无锡市滨湖区胡埭工业园联合路 12 号
邮编：214161
电话：0510/83700441、83702495
传真：83027755
网址：www. wuxijulong. com
电子信箱：wxjl@ wuxijulong. com
法定代表人：吴海祥
单位人数：250
质量体系：ISO 9002
产品情况：（巨龙牌）
各类塑料周转箱、物流箱及塑料托盘、特种产品塑料包装箱、汽车（电动车）塑料配件与工程塑料制品四大类
配套情况：为上汽大众、长春一汽、南京依维柯、雅马哈等配套

★无锡罗尔胶带制品有限公司
地址：江苏省无锡市滨湖区胡埭镇坝头
邮编：214161
电话：0510/85590896
传真：85596996
网址：www. rollbelt. com
电子信箱：sales@ rollbelt. com
法定代表人：沈逸平
质量体系：ISO 9001
产品情况：橡胶 V 带、橡胶同步带、橡胶多楔带、橡胶高速平面皮带（无缝带）、输送带等橡胶传动带

★无锡朴业橡塑有限公司
地址：江苏省无锡市惠山区西漳工业园区牌楼村西昌路 1 号
邮编：214171
电话：0510/68866118、68867762
传真：83758937
电子信箱：erin@ puii. cn
法定代表人：王朴生
质量体系：ISO/TS 16949、ISO 14001
产品情况：橡胶零配件、脚垫、橡胶制品、模具等
出口情况：远销荷兰、德国、英国、美国、日本、韩国等国家

★无锡精拓高分子科技有限公司
地址：江苏省无锡市惠山区堰桥工业园渡水桥东路 2 号
邮编：214174
电话：0510/83380609
传真：83393966
电子信箱：jingtuo - cn@ 163. com
法定代表人：程飞
质量体系：ISO 9001、ISO 14001
产品情况：（精拓牌）
厌氧胶、硅酮密封胶、室温硫化硅橡胶、瞬干胶、丙烯酸酯 AB 胶等多个系列产品，广泛应用于电子电器、工程机械、汽车及摩托车配件、机械制造等行业
出口情况：远销海外市场

★无锡市贝尔特胶带有限公司
地址：江苏省无锡市惠山区惠萃路 87 号
邮编：214176
电话：0510/83704314、83623338
传真：83704835、83622889
网址：www. wuxibelt. cn
电子信箱：master@ wuxibelt. com
法定代表人：朱国有
质量体系：ISO/TS 16949、ISO 14001
产品情况：（绿象牌）
各种汽车传动带
配套情况：为汽车主机厂配套

★大安正太轴承无锡有限公司
地址：江苏省无锡市惠山经济开发区惠畅路 82 号
邮编：214177
电话：13013630016
电子信箱：394694968@ qq. com
法定代表人：王国华
质量体系：ISO/TS 16949
产品情况：汽车滚针轴承
配套情况：为一汽集团、东风公司、一汽-大众等配套

★无锡市奔达密封件有限公司
地址：江苏省无锡市惠山区金惠路 802 号
邮编：214177
电话：0510/83761814、83761245
传真：83620585
网址：www. wuxibenda. com
电子信箱：benda@ wuxibenda. com
法定代表人：赵志军
质量体系：ISO/TS 16949
产品情况：（奔达牌）
各种密封材料、密封垫片、汽缸垫和发动机大修包等；年产密封垫片 3000 万片
配套及出口情况：为锡柴、潍柴、云内动力、雷沃动力等柴油机生产商配套；出口美国、日本、中东、东南亚、南美洲、非洲等国家和地区

★隆意汽车配件制造（无锡）有限公司
地址：江苏省无锡市惠山区玉祁街道武玉路 14 号
邮编：214183
电话：0510/83585770
传真：83587370
网址：www. longiscrew. com
电子信箱：sales@ longiscrew. com
法定代表人：陈进吉
质量体系：IATF 16949、ISO 14001
产品情况：汽车螺栓、螺母、扣件等
配套情况：为东风裕隆、东风日产、裕隆日产、郑州日产、康奈克、东风易进、市光工业、椿本集团、德尔福、伊朗赛帕、法雷奥、伟世通、江森自控等供货

★路路达润滑油（无锡）有限公司
地址：江苏省无锡市惠山区洛社镇石塘湾工业园区
邮编：214185
电话：0510/68753888、15961776361
传真：68868066
电子信箱：lurodatousu@ 163. com
法定代表人：狄卫一

质量体系:ISO 9001、ISO 14000
产品情况:(路路达牌)
车用润滑油、摩托车用油、工程机械用油、工业用润滑油、附属用油

★无锡富莱克波纹管有限公司
地址:江苏省无锡市锡山经济开发区芙蓉一路18号
邮编:214192
电话:0510/83801018
传真:83801019
电子信箱:pzhang@ flexider. cn
法定代表人:徐欢
产品情况:膨胀节、伸缩节、补偿器、排气软管、管道支吊架、波纹管、金属软管、车用挠性节

★无锡市二橡胶股份有限公司
地址:江苏省无锡市锡山经济开发区芙蓉东一路99号
邮编:214193
电话:0510/83789007、83788267
传真:83789008
网址:www. wxrb2. com
电子信箱:wra@ wra - wuai. com
法定代表人:王一华
单位人数:1210
质量体系:ISO/TS 16949、ISO 9001
产品情况:(五爱牌)
冷却水管、油管、暖风管、空滤管、通气管、真空管、中冷器管、盘管汽车橡胶软管
配套情况:为上汽大众、上海汽车、一汽-大众、北京汽车、沃尔沃汽车、宇通客车、金龙客车等20多家汽车制造厂供货

★无锡仁爱精密带钢有限公司
地址:江苏省无锡市锡山区锡北镇张泾周家阁一路8号
邮编:214194
电话:0510/83798777、83795111
传真:83792577
网址:www. wxradg. com
电子信箱:shiyipei@ vip. qq. com
法定代表人:曹伍龙
产品情况:主要生产冷轧特种带钢与热处理带钢
☞ 详细情况请参阅彩色宣传版面

★无锡锡州机械有限公司
地址:江苏省无锡市锡北镇锡港西路69号
邮编:214194
电话:0510/83797788
传真:83792041、83791338
电子信箱:wqm@ wxxizhou. com
法定代表人:王本初
质量体系:ISO/TS 16949、ISO 9001
产品情况:发动机零部件、加热设备系统
配套情况:为无锡威孚、北京亚新科天纬油泵油嘴、南京威孚金宁等配套

★无锡市万丰橡胶厂
地址:江苏省无锡市锡山区东湖塘新材料产业园
邮编:214196
电话:0510/88764127、88350127
传真:88768940、88353127
电子信箱:wxwanfeng@ vip. 163. com
法定代表人:尤万民
质量体系:ISO 9001
产品情况:汽车橡胶隔膜、汽车橡胶组件

★无锡鹏德汽车配件有限公司
地址:江苏省宜兴市和桥镇和闸路698号
邮编:214211
电话:0510/87871999、87889698
传真:87816655、87801570
网址:www. autocarfittings. com
电子信箱:zgqp@ autocarfittings. com
法定代表人:谈伟光
单位人数:280
质量体系:ISO/TS 16949、ISO 14000
产品情况:(鹏德牌)
排气系统零部件、车身系统零部件;年生产汽车冲压件及机加工能力2800万件(套)
配套及出口情况:主要客户有南京依维柯、长城、奇瑞等汽车主机厂,佛吉亚、克康、天纳克、埃贝赫、保隆、泰乐玛、奇昊等大型国际知名汽车零部件跨国公司及小天鹅通用电器、日本百事德机械等,是大众、通用、福特、现代、丰田、本田、克莱斯勒、标致、马自达等汽车的二级配套商;部分产品出口日本、巴西、泰国、南非、欧美等国家和地区

★江阴韩一钢铁有限公司
地址:江苏省江阴市夏港开发区长达路56号
邮编:214400
电话:0510/86031660、86031661
传真:86031662
网址:www. hanilsteelchina. com
电子信箱:admin@ hanilsteelchina. com. cn
法定代表人:严正宪
质量体系:ISO/TS 16949
产品情况:汽车高压油管、汽车排气系统的消声器及减振器用管

★江阴机械制造有限公司
地址:江苏省江阴市月城镇月翔路8号
邮编:214400
电话:0510/86883279、86878628
传真:86897535
电子信箱:szy@ jymw. com. cn
法定代表人:陈龙
质量体系:ISO/TS 16949、QS 9000
产品情况:涡轮壳、压气机壳、中间壳等

★无锡沃尔德轴承有限公司
地址:江苏省江阴市青阳工业园振阳路100号
邮编:214401
电话:0510/82711966、82791933
传真:86557065
网址:www. wd - bearing. com
电子信箱:sales@ wd - bearing. com
法定代表人:巢玉
质量体系:ISO/TS 16949、ISO 14001
产品情况:精密深沟球轴承、精密圆柱滚子轴承、精密圆锥滚子轴承、汽车水泵轴承、汽车轮毂轴承

★无锡共成金属有限公司
地址:江苏省江阴市长泾镇兴园路96号
邮编:214411
电话:0510/86316071、86316072
传真:86316075
网址:www. wks - cn. com
电子信箱:wks@ wks - cn. cn
法定代表人:李文义
质量体系:ISO/TS 16949、ISO 14001
产品情况:铝合金压铸及精密加工部件,产品以汽车、机床部件及电动机壳体为主
配套情况:主要客户有久保田、中发(丰田)、松下、共立、三洋、五十铃等

★无锡瑞昌精密铸造有限公司
地址:江苏省江阴市顾山镇锡张路88号
邮编:214413
电话:0510/86326577、13001520571
网址:www. wxrcjz. com
电子信箱:hyang. g@ wxrcjz. com
法定代表人:王飞鸿
质量体系:ISO/TS 16949、ISO 9001
产品情况:涡轮叶轮以及其他精铸件

★江阴市三良工业汽车配件有限公司
地址:江苏省江阴市华士红星路539号
邮编:214421
电话:0510/86206328、68972699
传真:86203938
网址:www. rubbersl. com
电子信箱:sanliang@ rubbersl. com
法定代表人:徐建雄
单位人数:1100
质量体系:ISO 9001
产品情况:各种汽车轮胎用垫带及各种混炼胶,具有年产各种轮胎垫带1200万条、混炼胶10万t/年的生产能力
配套及出口情况:已成为上海轮胎橡胶集团、韩泰轮胎、佳通轮胎、建大轮胎、贵阳轮胎、安基轮胎等国内外知名品牌的稳定配套单位;远销韩国、美国、中东等国家和地区

★江阴延利汽车饰件股份有限公司
地址:江苏省江阴市周庄镇世纪大道北段388号
邮编:214423

电话:0510/86903915、86239615
传真:86225986
网址:www. jyylsj. com
电子信箱:yanli@ ylsl. net
法定代表人:庄鸣
质量体系:ISO/TS 16949、QS 9000
产品情况:汽车用麻纤维、竹纤维复合板系列、汽车内饰系列、汽车外装饰条和防撞条系列及高性能无甲醛天然植物纤维复合材料等
配套及出口情况:为上汽大众、一汽轿车、上汽通用、长安福特、东风股份、武汉神龙、北京现代、海南汽车、沈阳金杯、比亚迪、吉利、奇瑞、长城等主机厂配套;远销印度尼西亚、美国、意大利等国家,并销往中国香港地区

★ 中信泰富特钢集团有限公司

地址:江苏省江阴市长山大道1号
邮编:214429
电话:0510/80675555
传真:80675555
网址:www. citicsteel. com
法定代表人:俞亚鹏
负责人:钱刚
产品情况:拥有合金钢棒材、特种中厚板材、特种无缝钢管、特冶锻造、合金钢线材、连铸合金圆坯六大产品群以及调质材、银亮材、汽车零部件、磨球等深加工产品系列
出口情况:远销美国、日本、欧盟、东南亚等60多个国家和地区
☞ 详细情况请参阅彩色宣传版面

★ 江阴兴澄特种钢铁有限公司

地址:江苏省江阴市滨江东路297号
邮编:214432
电话:0510/86193388
传真:86286492、86191400
电子信箱:sales@ cp - ssteel. com
法定代表人:俞亚鹏
质量体系:ISO/TS 16949、QS 9000
产品情况:(兴澄牌)
汽车齿轮钢、轴承钢、弹簧钢等
☞ 详细情况请参阅彩色宣传版面

★威茨曼金属制品(江阴)有限公司

地址:江苏省江阴市临港街道苏港路218号
邮编:214442
电话:0510/86033352、86032801
传真:86033102
网址:www. witzenmann. com
电子信箱:info - prc@ witzenmann. com
法定代表人:Dr Gerhard Floeck
质量体系:ISO/TS 16949
产品情况:汽车用金属波纹管等

★江阴申桦密封件有限公司

地址:江苏省江阴市申港镇申新路59号
邮编:214443
电话:0510/86687188
传真:86687189
网址:www. essonseals. com
电子信箱:cn@ essonseals. com
法定代表人:游舒溶
质量体系:ISO/TS 16949、ISO 14001
产品情况:金属橡胶接合件、橡胶金属衬垫、橡胶伸缩管及防尘套、O形环和油封等

★江苏富仕隆紧固件有限公司

地址:江苏省靖江市城南工业园兴业路99号
邮编:214500
电话:0523/84913811、84913806
传真:84913822
网址:www. fastfix - rivet. com
电子信箱:factory@ rivet - china. com
法定代表人:王焰
质量体系:ISO/TS 16949
产品情况:铆钉

★华达汽车科技股份有限公司

地址:江苏省靖江市江平路51号
邮编:214500
电话:0523/84598399、84598389
传真:84591558
网址:www. hdqckj. com
电子信箱:hdqp@ vip. 163. com
法定代表人:陈竞宏
质量体系:ISO/TS 16949、ISO 14001
产品情况:主要生产各类轿车金属管制件、大型冲压拉伸件、隔热板系列、焊接总成件计2000多个品种及模具、检具、焊接夹具等工装制造产品
配套情况:为一汽-大众、上汽通用、上汽大众、广汽本田、东风本田、东风日产、广汽丰田、东风悦达起亚、江淮汽车、奇瑞汽车等大型轿车企业配套

★苏州工业园区富事达塑业有限责任公司

地址:江苏省苏州市工业园区通园路198号
邮编:215002
电话:0512/65249604、4009282100
传真:62889532
网址:www. first - plastic. com
电子信箱:sale01@ first - plastic. com
法定代表人:包建成
质量体系:ISO/TS 16949、ISO 14001
产品情况:物流包装容器、内衬、大型围板箱为主的全系列产品
配套情况:与德尔福电子、延峰江森、派克电器、通用汽车、LG电子、三星电子、沈阳金杯、柳州五菱、长安福特、奇瑞汽车、西门子电器、佳能、樱花电器、东风本田汽车(武汉)、广汽本田、天津一汽丰田等建立长期合作伙伴关系

★科德宝·宝翎无纺布(苏州)有限公司

地址:江苏省苏州市高新区滨河路1588号
邮编:215011
电话:0512/68251586
网址:www. micronair. com. cn
电子信箱:info - cn@ freudenberg - filter. com
法定代表人:希夫特
质量体系:ISO/TS 16949、ISO 14000
产品情况:(Viledon牌、MicronAir牌)
机油滤清器、空气滤清器、空调滤清器

★劳士领工程塑料(苏州)有限公司

地址:江苏省苏州工业园区长阳街448号
邮编:215024
电话:0512/62652899
传真:62652699
网址:www. roechling. com
电子信箱:accouts@ roechling - suzhou. com
法定代表人:SCHMIDT EUGEN
产品情况:汽车工程塑料等

★苏州石川制铁有限公司

地址:江苏省苏州市吴中经济开发区天灵路10 - 12号
邮编:215104
电话:0512/65639067、68561763
传真:65289949
网址:www. cn - siim. com
电子信箱:sales@ cn - siim. com
法定代表人:盐谷外司
质量体系:ISO 9001、ISO/TS 16949
产品情况:汽车铸件产品、阀门铸件产品及通用零件产品,年产铸件7万t
配套及出口情况:为日本丰田、康明斯柴油发动机、日立金属、丹麦AVK、SPIRAX工程(中国)、美国HONEYWELL涡轮增压系统供货;产品70%出口

★苏州中央可锻有限公司

地址:江苏省苏州市吴中区旺山工业园天鹅荡路28号
邮编:215104
电话:0512/66566100、66566833
传真:66566800
网址:www. chuokatan. cn
电子信箱:yu@ chuokatan. cn
法定代表人:武山直民
质量体系:ISO 9001
产品情况:工业机器人部件、货车用部件等的球墨铸铁铸造加工及销售;具备年产铸件5000t的生产能力和精密加工8000t和精密加工8000t零部件的加工能力
配套情况:为上海纳博特斯克、广汽日野、小松工程机械、凯迩必液压、恒立、常州现代供货

★欧瑞康巴尔查斯涂层(苏州)有限公司

地址:江苏省苏州市工业园区长阳街9号
邮编:215120
电话:0512/67620369

传真:67620359
网址:www. oerlikon. com/balzers/cn
电子信箱:info. balzers. cn@ oerlikon. com
法定代表人:MARCDESRAYAUD
产品情况:热处理和薄膜解决方案涂层

★苏州春兴精工股份有限公司
地址:江苏省苏州市工业园区唯亭镇金陵东路120号
邮编:215121
电话:0512/62625333、62625301
传真:62625325
网址:www. chunxing - group. com
电子信箱:sales - cx@ chunxing - group. com
法定代表人:袁静
单位人数:2400
质量体系:ISO/TS 16949、ISO 14000
产品情况:汽车等精密铝合金结构件

★苏州日进塑料有限公司
地址:江苏省苏州市工业园区(娄封北区扬泰路)创投工业坊56号
邮编:215122
电话:0512/65935111
传真:65935122
电子信箱:yu@ sz. enissin. com
法定代表人:长田和德
质量体系:ISO/TS 16949、ISO 14001
产品情况:汽车用精密塑料零部件及其模具制作

★哈金森工业橡胶制品(苏州)有限公司
地址:江苏省苏州市工业园区唯亭镇葑亭大道721号
邮编:215122
电话:0512/85188298
传真:88181175
电子信箱:xiongxiong. lu@ hutchinson - suzhou. cn
法定代表人:ERIC ANTOLIN
产品情况:传动带、输送带
出口情况:出口亚洲市场

★苏州金枪新材料股份有限公司
地址:江苏省苏州市工业园区星湖街218号生物纳米园A4楼305室
邮编:215123
电话:0512/66019908
传真:62608906
网址:www. jqxcl. com
法定代表人:曹建强
质量体系:ISO 9001、ISO 14001
产品情况:(金枪牌、华飞牌、迪马牌)
产品涵盖PUR热熔胶、MS胶、有机硅、溶剂、水性、聚氨酯、环氧、丙烯酸等八大类300多种

★大同精密金属(苏州)有限公司
地址:江苏省苏州市工业园区青丘街246号
邮编:215126
电话:0512/62833531
传真:62833003
网址:www. dpmsz. cn
电子信箱:daido@ dpmsz. cn
法定代表人:立木志津夫
质量体系:ISO/TS 16949、ISO 14001
产品情况:(Daido牌)
轴瓦、轴套、止推片等发动机、变速器、减振器及其他汽车相关部品
配套情况:为本田、日产、三菱、五十铃、福特、广汽、长安、吉利、云南西仪、JATCO、KYB、东机工等国内外知名企业配套

★艾迪尔彩登夹具(苏州)有限公司
地址:江苏省苏州市工业园区星龙街428号苏春工业坊16单元
邮编:215126
电话:0512/87178660、87178699
传真:62838665
电子信箱:bbai@ idealtridon. com
法定代表人:MICHAEL HARRY REESE
产品情况:(彩登牌)
卡箍及密封产品

★盖茨优霓塔传动系统(苏州)有限公司
地址:江苏省苏州市工业园区钟园路128号
邮编:215126
电话:0512/62836886
网址:www. gates. cn
电子信箱:guptmarketing@ gates. com
法定代表人:沈威
质量体系:ISO/TS 16949
产品情况:(Gater牌)
汽车及工业传动带、摩托车变速带、汽车附件等
配套情况:为一汽-大众、上汽通用、广汽本田、神龙汽车、江铃福特、上海德尔福等配套

★苏州井上橡塑有限公司
地址:江苏省苏州市吴中经济开发区河东工业园尹中路198号
邮编:215128
电话:0512/65976711、65873611
传真:65976713
网址:www. inoac. co. jp
电子信箱:yishengyan@ inoacchina. com
法定代表人:内藤真兵
质量体系:ISO/TS 16949、ISO 9001
产品情况:橡胶的模具注塑挤出产品(以汽车零部件为主)
配套情况:为宝马、丰田、尼桑供货

★苏州三之星机带科技有限公司
地址:江苏省苏州市高新区联港路277号
邮编:215129
电话:0512/66658860、66658880
传真:66658886
网址:www. mitsuboshi. co. jp
电子信箱:xuwei@ mitsuboshi. net. cn
法定代表人:又场敬司
产品情况:高性能汽车专用传送带及办公设备所用的精密橡胶制品,年生产规模可达950万根机带
配套情况:为广汽本田、德国大众供货

★苏州轴承厂股份有限公司
地址:江苏省苏州市高新区鹿山路35号
邮编:215129
电话:0512/66657360、66657350
传真:66657355
网址:www. sbfcn. com
电子信箱:sales@ sbfcn. com
法定代表人:朱志浩
质量体系:IATF 16949、ISO 14001
产品情况:(中华牌、SZZH牌)
冲压外圈滚针轴承、冲压外圈滚针离合器、圆柱滚子轴承、圆柱滚子离合器和球轴承组件、推力轴承、滚轮轴承、直线运动滚子导轨支承和滚动体等;具有年产滚针轴承8000万套、滚针20亿支的生产能力
配套及出口情况:为东风汽车公司、一汽集团、松下、海尔、博世、伟世通等配套;远销欧洲、北美洲、南美洲、日本、韩国、印度、马来西亚等国家和地区

★创迈精密金属成型(苏州)有限公司
地址:江苏省苏州市高新区塔园路369-9号
邮编:215129
电话:0512/66626188
电子信箱:sales@ transmatic. com. cn
法定代表人:帕特里克·杰·汤普森
负责人:马锐
质量体系:ISO/TS 16949、ISO 14001
产品情况:汽车工业中制动系统、传动系统、变速器、离合器、传感器等用精密金属拉伸冲压产品

★自润轴承(苏州)有限公司
地址:江苏省苏州市高新区湘江路1111号
邮编:215129
电话:0512/66670228
传真:66671251
网址:www. oiles. cn
法定代表人:中岛孝之
单位人数:220
质量体系:ISO/TS 16949、ISO 14001
产品情况:无油滑动轴承系列(转向块、齿条支撑套、导向座、排气管密封环、铰链衬套)、自润塑料推力轴承、球碗轴承、压缩机主轴轴承、张紧轮轴承

★爱尔铃克铃尔汽车部件中国有限公司
地址:江苏省苏州市工业园区高新区鹿山路660号
邮编:215129
电话:0512/85667745、85556721
传真:85666712
网址:www. elringklinger. de
电子信箱:info. cn@ elringklinger. com

法定代表人:STEFAN FRANZ WALTER WOLF
质量体系:ISO/TS 16949、ISO 14001
产品情况:车用铝制热隔板

★苏州恩斯克轴承有限公司
地址:江苏省苏州市苏州新区泰山路22号
邮编:215129
电话:0512/66655666
传真:66659138
网址:www.cn.nsk.com
法定代表人:织户宏昌
质量体系:ISO/TS 16949、ISO 14001
产品情况:圆锥滚子轴承,月产250万套
出口情况:出口国外市场

★苏州西诺泛斯橡胶制品有限公司
地址:江苏省苏州市新区泰山路向街2号
邮编:215129
电话:0512/69372623
网址:www.sinofas.com
电子信箱:sinofas@sinofas.com
法定代表人:ANDRE ABERGEL
质量体系:ISO/TS 16949、ISO 9001
产品情况:橡胶产品和橡胶金属产品,广泛应用于汽车、重型机械等行业
配套情况:与奔驰、宝马、奥迪、雪铁龙、大众、通用等建立长期合作关系

★普莱斯冲压部件(苏州)有限公司
地址:江苏省苏州市新区旺米街101号
邮编:215129
电话:0512/68789330
网址:www.presskogyo.co.jp
电子信箱:guying@pkm-s.com
法定代表人:中山隆史
产品情况:汽车底盘部件以及相关模具和治具

★舍弗勒摩擦产品(苏州)有限公司
地址:江苏省苏州市高新区浒关工业园道安路36号
邮编:215151
电话:0512/68088908、53958369
传真:68241328
网址:www.schaeffler.cn
电子信箱:zhanggih@schaeffler.com
法定代表人:YILIN ZHANG
质量体系:ISO/TS 16949、ISO 14001
产品情况:(LuK牌、雷贝斯托牌)
汽车离合器摩擦产品、汽车变速器部件及汽车制造模具、工业摩擦产品、用于制造离合器摩擦片的纱线,年产量为2000万片摩擦片
配套及出口情况:为大众、宝马、奥迪等供货;40%产品出口欧洲、北美洲、南美洲、非洲、亚洲

★苏州金诚轴承有限公司
地址:江苏省苏州市高新区浒关工业园青花路29号
邮编:215151
电话:0512/67239518
传真:67239022
电子信箱:sales@sjbbearing.com
法定代表人(负责人):李良其
单位人数:400
质量体系:ISO/TS 16949、ISO 9001
产品情况:(汉森牌)
滚针、滚珠轴承、滚珠平面推力轴承、汽车空压机械专用轴承
配套及出口情况:为一汽法雷奥、华达、江铃汽车、一汽-大众、东风、东南、北京奔驰、日产、菲亚特配套;远销欧洲、美国、日本、新加坡,并销往中国台湾地区

★天纳克汽车工业(苏州)有限公司
地址:江苏省苏州市高新区石阳路22号
邮编:215151
电话:0512/66160001
传真:66160135
网址:www.tenneco.com
电子信箱:sding1@tenneco.com
法定代表人:僧伟利
负责人:印新泉
单位人数:500
质量体系:ISO/TS 16949
产品情况:主要生产悬架衬套、排气管吊耳及减振器上支撑等汽车橡胶类零部件
配套及出口情况:客户几乎涵盖了所有主流汽车品牌,产品远销欧洲、北美洲、南美洲、南非以及东南亚等地区

★苏州苏信特钢有限公司
地址:江苏省苏州市高新区通安镇钢成路28号
邮编:215153
电话:0512/88877777
传真:66727232
网址:www.sugang.com.cn
法定代表人(负责人):刘家善
产品情况:汽车发动机用钢、非调质钢、齿轮钢、不锈钢和页岩气用钢等绿色环保钢材为主的特色系列产品

★苏州东吾丰机械科技有限公司
地址:江苏省苏州市相城区望亭镇锦阳路66号
邮编:215155
电话:0512/66701453、13912771759
传真:66704653
网址:www.szdwf.com
法定代表人:董文静
单位人数:100
质量体系:ISO/TS 16949、ISO 9001
产品情况:生产产品为紧固件(螺钉、螺栓)和精密机加工零部件

★苏州新豪轴承股份有限公司
地址:江苏省苏州市吴中区胥口镇石中路188号
邮编:215156
电话:0512/66245070、66244291
网址:www.xinhaobearing.com
电子信箱:libo@xinhaobearing.com
法定代表人:黄伟达
单位人数:110
质量体系:ISO/TS 16949、QS 9000
产品情况:主要生产销售各类向心滚针轴承和推力滚针轴承、单项轴承、平面推力轴承、冲压圈轴承等系列产品及其零件
配套情况:主要客户有上海三电贝洱汽车空调、上海汽车齿轮总厂、上汽大众、一汽-大众、比亚迪、上汽通用、奇瑞汽车、三菱、长安等国内外知名企业

★苏州华特时代碳纤维有限公司

地址:江苏省苏州市高新区济慈路150号1幢
邮编:215163
电话:13309699336
电子信箱:caishaolei@ch-auto.com
法定代表人:王克坚
负责人:熊飞
产品情况:碳纤维与复合材料汽车零部件
☞详细情况请参阅彩色宣传版面

★日立电线(苏州)有限公司
地址:江苏省苏州市吴中区胥口镇胥江工业园时进路558号
邮编:215164
电话:0512/66210777、66213333
传真:66216788、66216667
网址:www.hitachi.com.cn
电子信箱:info.hcsz@hitachi-cable.co.jp
法定代表人:大塚真弘
质量体系:ISO 9001、ISO 14001
产品情况:精密生产仪器内部使用的电线、电缆,用于汽车等行业

★苏州三电精密零件有限公司
地址:江苏省苏州市吴江区汾湖高新技术产业开发区金字路509号
邮编:215211
电话:0512/82079990
传真:82079885
网址:www.sanden.co.jp
电子信箱:yangxiaoyan@sanden-china.com.cn
法定代表人:高文华
产品情况:汽车、摩托车用精铸毛坯件

★瑞纳智绝缘材料(苏州)有限公司
地址:江苏省吴江市震泽镇梅新路169号
邮编:215231
电话:0512/81557150、81557766
网址:www.relats.com
电子信箱:jzhou@relats.com
法定代表人:培瑞·瑞纳智·卡萨斯
产品情况:耐高温型隔热密封件及电缆、可吸音及机械保护套管、以玻璃纤

维为基底的可伸缩性电热绝缘套管

★库博标准汽车配件(昆山)有限公司
地址:江苏省昆山市经济技术开发区杜鹃路99号
邮编:215300
电话:0512/86178820-8011
传真:86178821
电子信箱:helen.chen@cooperstandard.com
法定代表人:RAMSEY CHANGOO
质量体系:ISO 9001
产品情况:减振器、汽车专用紧固件
出口情况:出口亚洲

★丰田工业(昆山)有限公司
地址:江苏省昆山市经济技术开发区三巷路408号
邮编:215300
电话:0512/55217161
传真:57364170
电子信箱:daiyu-wang@tik.toyota-industries.com
法定代表人:宗成志
质量体系:ISO 9001、ISO 14001
产品情况:汽车高性能高精度铸铁件
配套情况:为丰田汽车、日本丰田自动织机、上汽通用、沈阳三菱、四川华晨、林德叉车等供货

★昆山中和弹簧有限公司
地址:江苏省昆山市开发区雄鹰路176号
邮编:215300
电话:0512/36691668、36691677
传真:36691658
网址:www.chkk.co.jp
电子信箱:chen_yj@kchs.com.cn
法定代表人:宗绪顺
产品情况:精密弹簧、悬架弹簧、控制拉索等汽车零部件
出口情况:出口日本

★劳士领汽车配件(昆山)有限公司
地址:江苏省昆山市玉山镇山淞路18号
邮编:215300
电话:0512/36639615
网址:www.roechling.com
电子信箱:info@roechling-kunshan.com
法定代表人:GERHARD ERICH REINHOLD NEIDINGER
产品情况:进气歧管、通风格栅、副水箱、转向油壶、加热管、门板等
配套情况:主要客户有上汽大众、长安福特、上汽通用、上汽、广汽菲克等

★江苏普华力拓摩擦材料有限公司
地址:江苏省昆山市玉山镇迎宾中路1277号
邮编:215300
电话:0512/55257777、50120306
传真:55257666
网址:www.powerlotos.com
电子信箱:powerlotos@powerlotos.com
法定代表人:施希文
质量体系:ISO/TS 16949、ISO 14001
产品情况:(普华力拓牌)
盘式制动片,年产制动片能力达300万套
出口情况:出口欧洲、美国、加拿大、巴西、中东、东南亚等国家和地区

★星光树脂制品(昆山)有限公司
地址:江苏省昆山市周市镇陆杨迎宾西路2号
邮编:215300
电话:0512/57641220
传真:57641211
网址:www.starlite.cn
电子信箱:xingguang@starlite.cn
法定代表人:西鄉隆志
质量体系:ISO/TS 16949、ISO 14001
产品情况:合成树脂制品及其他相关产品、合成树脂制品原料的深加工产品、合成树脂成型模具、精密模具及其相关金属制品、酚醛树脂等工程塑料及塑料合金的新材料和用此类 新材料生产的相关产品

★博富科技股份有限公司
地址:江苏省昆山市张浦镇德新路2号
邮编:215321
电话:0512/82622888
传真:50368561
网址:www.bfttech.com
法定代表人:邢宇
产品情况:普通改性材料、天然植物纤维增强材料、低VOC环保改性材料以及独创的纳米抗菌材料

★艾瑞森表面技术(苏州)股份有限公司
地址:江苏省昆山市陆家镇集福路388号
邮编:215331
电话:0512/36830678、4007059580
传真:36830677
网址:www.arison.com.cn
电子信箱:market@arison.com.cn
法定代表人:毛昌海
质量体系:ISO/TS 16949、ISO 9001
产品情况:硬膜涂层、表面处理

★书元机械企业(昆山)有限公司
地址:江苏省昆山市花桥镇蓬青路366号
邮编:215332
电话:0512/57601666
传真:57601280
电子信箱:gm8051@kok-xhina.com
法定代表人:许张梅琳
单位人数:1800
质量体系:ISO/TS 16949、ISO 9001
产品情况:(KOK牌)
油封、油环、机械油封、气门油封、防尘套、衬套、发动机垫片、活塞油封等
配套情况:为新大洲本田、广州天马、青岛海尔等配套

★捷通磨擦材料(昆山)有限公司
地址:江苏省昆山市花桥镇新生路38号
邮编:215332
电话:0512/57601664、57601751
传真:57602034
网址:www.awswebs.com
电子信箱:allways@awsauto.com
法定代表人:杨武铉
质量体系:ISO/TS 16949
产品情况:离合器片、摩擦材料
配套及出口情况:与东风神龙,芜湖奇瑞配套;远销欧美、东南亚、非洲、南美洲等地区

★璋全五金制品(昆山)有限公司
地址:江苏省昆山市经济开发区洪湖路1188号
邮编:215333
电话:0512/57618800
传真:50317500
网址:www.steelonechina.com
电子信箱:steelonechina@qq.com
法定代表人:云财福
质量体系:ISO/TS 16949
产品情况:汽车零部件制造、特殊管件加工等

★昆山恩斯克有限公司
地址:江苏省昆山市经济技术开发区黄浦江中路258号
邮编:215335
电话:0512/57715654
传真:57715689
网址:www.cn.nsk.com
法定代表人:织户宏昌
质量体系:ISO/TS 16949、ISO 14000
产品情况:单列球轴承和汽车专用轴承

★旭日塑料制品(昆山)有限公司
地址:江苏省昆山市经济技术开发区盛希路20号
邮编:215335
电话:0512/57636958
网址:www.asahiplastic.com
电子信箱:caiwu@asahiplastic.com
法定代表人:杉浦武
质量体系:ISO 9001、ISO 14001
产品情况:塑料制品,加工组装电动工具,树脂模具的设计、制作

★昆山茂顺密封件工业有限公司
地址:江苏省昆山市周市镇横长泾路510号
邮编:215337
电话:0512/57661139、13951184228
传真:57665827、57664409
网址:www.ksnak.com
电子信箱:sales@nak.com.cn
法定代表人:许春堂
质量体系:ISO/TS 16949、QS 9000
产品情况:汽车、摩托车油封及其他橡胶制品

★裕克施乐塑料制品(太仓)有限公司
地址:江苏省太仓经济开发区广州东路9号
邮编:215400
电话:0512/53201504、53593608
传真:53201516
网址:www.oechsler.com
电子信箱:info@oechsler.com
法定代表人:郭利科
产品情况:非金属制品的模具设计、制造;生产塑料制品、电子产品、陶瓷制品、汽摩配件等

★和承汽车配件(太仓)有限公司
地址:江苏省太仓市北京路86号
邮编:215400
电话:0512/53568025、53872819
传真:53572790、53872899
电子信箱:0407440473@qq.com
法定代表人:权泰坤
单位人数:580
质量体系:ISO/TS 16949
产品情况:汽车用密封条,高低压管类,年产密封条900万根、管类500万根
配套情况:为北京现代、东风悦达起亚、上汽汇众、德尔福、奇瑞汽车配套

★欧皮特传动系统(太仓)有限公司
地址:江苏省太仓市城厢镇人民路东侧宁波路161号
邮编:215400
电话:0512/53587288
传真:53587299
电子信箱:b.yan@optibelt.com.cn
法定代表人:REINHOLD MUEHLBEYER
产品情况:传动带等

★太仓克恩－里伯斯纺织元件有限公司
地址:江苏省太仓市南京路88号
邮编:215400
电话:0512/53578996
传真:53580949
网址:www.kern－liebers.com.cn
电子信箱:info@kern－liebers.com.cn
法定代表人:UDO SCHNELL
质量体系:ISO/TS 16949、ISO 14001
产品情况:各种高品质的弹簧产品、精密冲压件产品、卡式弹簧等产品

★苏州温橡特种橡胶有限公司
地址:江苏省太仓市经济开发区北京路188号
邮编:215414
电话:0512/81616666、81602828
传真:81609666、81616667
电子信箱:wx81602828@126.com
法定代表人:陈爱兰
质量体系:ISO/TS 16949、QS 9000
产品情况:(温橡牌)
　　普通橡胶、硅橡胶两大系列橡胶汽配产品1000多个品种
配套及出口情况:为东风汽车公司、潍柴、东风康明斯B、C系列柴油机、重汽集团、潍柴动力等配套;出口美国、澳大利亚、加拿大、日本、韩国等国家

★康迪泰克(中国)橡塑技术有限公司
地址:江苏省常熟市东南经济开发区久隆路18号
邮编:215500
电话:0512/52352891、52352859
传真:52352698
网址:www.contitech.cn
电子信箱:contitech.china@contitech.cn
法定代表人:KAI UWE FRUEHAUF
产品情况:汽车胶管及管路系统、商用车和轨道车辆空气弹簧、汽车发动机悬置部件
配套及出口情况:为全国各主要车辆生产商及康迪泰克在华的客户供货;出口韩国、日本等国家

★常熟恩斯克轴承有限公司
地址:江苏省常熟市东南开发区东南大道66号
邮编:215500
电话:0512/52301111
传真:52306011
网址:www.cn.nsk.com
电子信箱:wu－yue@nsk.com
法定代表人:织户宏昌
质量体系:ISO/TS 16949、ISO 14001
产品情况:(NSK牌)
　　生产和销售精密轴承及其相关零部件
配套情况:为丰田、大众供货

★常熟市标准件厂有限公司
地址:江苏省常熟市东南开发区新安江路
邮编:215500
电话:0512/52810064、52811688
传真:52811984
网址:www.china－dali.cn
电子信箱:csf@china－dali.cn
法定代表人:蒋永峰
单位人数:1120
质量体系:ISO/TS 16949、QS 9000
产品情况:(大力牌)
　　螺栓、螺钉、螺母、螺柱、组合件、非标异形件及精密零件
配套情况:为沃尔沃-雷诺、标致-雪铁龙、福特-马自达等国际汽车(集团)配套

★辉门(常熟)汽车部件有限公司
地址:江苏省常熟市高新区黄浦江路98号
邮编:215500
电话:0512/81583605
网址:www.federalmogul.com
电子信箱:janet.zhou@federalmogul.com
法定代表人:闫玲
产品情况:主要包括保护套管、弹性隔热罩、隔音罩等系统保护产品

★亚通汽车零部件(常熟)有限公司
地址:江苏省常熟市经济技术开发区观致路4号
邮编:215500
电话:0512/88808086
电子信箱:yatong@group.com
法定代表人:卜范智
产品情况:汽车零部件钣金制造和汽车轻量化高新复合材料的加工、生产、研发和改良
配套情况:主要客户包括上海汽车、上汽通用、中国重汽、一汽解放、长安汽车、北汽福田等

★日清纺赛龙(常熟)汽车部件有限公司
地址:江苏省常熟市东南经济开发区黄浦江路
邮编:215533
电话:0512/52358966
传真:52358968
网址:www.nisshinbo.co.jp
电子信箱:wuping@nscauto.com
法定代表人:石井靖二
产品情况:制动片、摩擦材料以及各类塑料材等汽车配套部品
配套情况:为丰田、现代、本田、日野、马自达、铃木、通用等知名汽车生产商供货

★常熟市迅达粉末冶金有限公司
地址:江苏省常熟市辛庄镇张桥东旺村张卫公路50号
邮编:215552
电话:0512/52468818、52468689
传真:52467898
网址:www.xdpm.com.cn
电子信箱:zhu.xinggen@xdpm.com.cn
法定代表人:朱杏根
质量体系:ISO/TS 16949、ISO 14001
产品情况:粉末冶金制品
配套及出口情况:为多家世界500强汽车及汽车零部件生产企业配套;远销日本、欧洲、美国、加拿大、东南亚等国家和地区

★利富高(江苏)精密树脂制品有限公司
地址:江苏省张家港经济开发区晨新路9号
邮编:215600
电话:0512/58799588
传真:58188200
网址:www.nifco.co.jp
电子信箱:zf.yao@njs－nifco.com
法定代表人:山本利行
质量体系:ISO 9001、ISO/TS 16949
产品情况:阻尼器等精密树脂制品等
出口情况:出口欧洲、美洲市场

★苏州金鸿顺汽车部件股份有限公司
地址:江苏省张家港市经济开发区长兴路30号
邮编:215600

电话:0512/58796199、55373883
传真:58796198
网址:www. jinhs. com
电子信箱:sc6207@ jinhs. com
法定代表人:洪建沧
质量体系:ISO/TS 16949
产品情况:(JHS 牌)
汽车零部件的冲压、焊接、ED、涂装加工;还从事高强度零件的工装设计、制造和加工,主要应用于汽车零部件
配套情况:主要客户有上汽大众、上汽汽车、上汽通用、广汽菲克、东风裕隆、大陆汽车、英国 CVG、德国 BENTELER、加拿大 COSMA、法国 Feurecia、福建东南汽车等

★张家港恩斯克精密机械有限公司
地址:江苏省张家港市经济开发区振兴路 34 号
邮编:215600
电话:0512/58676496
传真:58180970
网址:www. cn. nsk. com
法定代表人:织户宏昌
质量体系:ISO/TS 16949、ISO 14001
产品情况:(NSK 牌)
轴承及精密机械部件,产品主要供给汽车等领域使用

★ 江苏沙钢集团有限公司

地址:江苏省张家港市锦丰镇
邮编:215624
电话:0512/58568768
传真:58568252
网址:www. sha - steel. com
法定代表人:沈彬
产品情况:宽厚板、热轧卷板、冷轧卷板、高速线材、大盘卷线材、带肋钢筋、特钢大棒材等产品
出口情况:出口东亚、南亚、欧洲、美洲、大洋洲、非洲等 90 多个国家和地区
☞ 详细情况请参阅彩色宣传版面

★江苏立万精密制管有限公司
地址:江苏省张家港市金港镇江海中路
邮编:215632
电话:0512/58931799、56939086
传真:56939087
网址:www. jsliwan. com
电子信箱:gmb@ jsliwan. com
法定代表人:倪志红
质量体系:ISO/TS 16949、ISO 9001
产品情况:年生产电焊精密钢管可达 50000t,电焊冷拔精密管 20000t,精密无缝管 30000t,应用于汽车、摩托车等行业

★贝内克 - 长顺汽车内饰材料张家港公司
地址:江苏省张家港市金港镇南沙长阳路 1 号
邮编:215632
电话:0512/58376008、58376035
传真:58376010
电子信箱:xiaohua. fan@ benecke - changshun. com. cn
法定代表人:顾仁发
产品情况:Acella 系列 PVC 高档人造革(SEV)、Yorn 系列发泡薄膜(UEV),Yornlight 系列(PVC/PP)发泡复合薄膜、TEPEO 和 TEPEO2 高性能生态环保发泡表皮;广泛应用于汽车座椅、门板、仪表盘、扶手、嵌饰板等部位
配套情况:主要应用于宝马、奔驰、沃尔沃、奥迪、大众、通用、福特、荣威、雪铁龙等品牌下的几十种中高档车型

★江苏摩力顿纳米科技有限公司
地址:江苏省邳州市明珠工业园区 168 号
邮编:221300
电话:4001129877、18852222788
传真:0516/86585299
网址:www. moledn. com
电子信箱:usa@ moledn. com
法定代表人:吴其增
质量体系:ISO 9001、ISO 14001
产品情况:活性润滑油、润滑脂、防冻液、燃油添加剂、纳米复合润滑自修复剂等

★江苏沙钢集团淮钢特钢股份有限公司
地址:江苏省淮安市西安南路 188 号
邮编:223022
电话:0517/83036666
传真:83631344
网址:www. huaigang. com
法定代表人(负责人):陈少慧
单位人数:5000
质量体系:ISO 9001、ISO 14001
产品情况:年产弹簧钢、轴承钢、船用锚链钢、合金管坯钢、汽车用钢等优特钢 320 万 t

★江苏超越橡塑有限公司
地址:江苏省淮安市涟水工业新区西区
邮编:223400
电话:0517/82738111、82738088
传真:82738188
网址:www. surpassauto. com. cn
电子信箱:sales@ surpassauto. com. cn
法定代表人(负责人):李高亮
质量体系:ISO/TS 16949、ISO 9001
产品情况:汽车发动机液压悬置总成、变速器悬置总成、隔振块、减振衬套、控制臂及其衬套、防尘罩、缓冲块等汽车橡胶金属产品
配套及出口情况:为北京华泰汽车、广东福迪、江苏欧凯普等配套;出口欧洲、美国、日本、南美洲、非洲、东南亚等国家和地区

★利富高(盐城)精密树脂制品有限公司
地址:江苏省盐城市经济技术开发区乌江路 60 号
邮编:224007
电话:0515/80505216、80506080
网址:www. nifco. co. jp
电子信箱:yanwang@ nifcokorea. cn
法定代表人:崔炫惇
质量体系:ISO/TS 16949
产品情况:汽车塑料零件
配套情况:为 DYK 一级配件套厂商

★盐城耀之晋超精密汽车部件有限公司
地址:江苏省盐城市经济开发区湘江路 38 号
邮编:224007
电话:0515/68997089、69935889
传真:68997050
电子信箱:38278900@ qq. com
法定代表人:洪建凰
质量体系:ISO 9001
产品情况:汽车玻璃精密注塑成型产品、汽车轮毂、汽车脚垫和各式塑料件

★扬州麦斯通复合材料有限公司
地址:江苏省扬州市维扬经济开发区新谊路 7 号
邮编:225008
电话:0514/87875888、87878224
传真:87873999
网址:www. mtcpanel. com
电子信箱:yz. mtc@ mtcpanel. com
法定代表人:郭江程
单位人数:130
质量体系:ISO 9001
产品情况:冷藏保温厢板和干货厢板等
出口情况:远销新西兰、澳大利亚、美国、英国、法国、中东、中亚及非洲等 20 多个国家和地区,并销往中国香港地区

★扬州保来得科技实业有限公司
地址:江苏省扬州市经济技术开发区邗江南路 399 号
邮编:225127
电话:0514/85862606、4000001515
电子信箱:service@ mail. porite. com. cn
法定代表人:菊池真纪
质量体系:ISO/TS 16949
产品情况:(保来得牌、Porite 牌)
粉末冶金机械结构零件
配套情况:汽车发动机相关零件为一级配套,为神龙、大众、福特等配套;汽车变速器相关零件为二级配套,为通用、克莱斯勒等配套

★江苏万隆车业有限公司
地址:江苏省扬州市江都区龙川工业园区
邮编:225200
电话:0514/86526628、86526618
传真:86526622
电子信箱:cgs10000@ sina. com
法定代表人:樊华康
质量体系:ISO 9001
产品情况:摩托车车架及结构件、汽车

零配件、铝合金铬化线加工等；具有年生产汽车配件、摩托车车架及结构件、铝合金铬化100余万件的生产规模
出口情况：配套出口欧洲、美国、日本等国家和地区

★扬州市洪银汽配有限公司
地址：江苏省扬州市江都区樊川镇永安工业园区
邮编：225256
电话：0514/86626938、15805250789
网址：www.yzhqsy.com
法定代表人：赵传银
产品情况：铝仓门、铝型材等

★泰州鑫宇精工股份有限公司
地址：江苏省泰州市姜堰区经济开发区天目西路
邮编：225500
电话：0523/88338088、88338752
传真：88331364
网址：xinyu－tam.com
电子信箱：cxm@jinding.sina.net
法定代表人（负责人）：荆剑
单位人数：500
质量体系：ISO/TS 16949
产品情况：优质的不锈钢、碳钢、合金钢、铸件类的熔模铸件

★江苏弘鼎汽车零部件有限公司
地址：江苏省高邮市汤庄镇工业园区
邮编：225645
电话：0514/84712228、84716588
传真：84713988
网址：www.yzhd.cn
电子信箱：yzhd@yzhd.cn
法定代表人：汤才宝
质量体系：ISO 9001、ISO/TS 16949
产品情况：标准件（包括国标、非标件）；各类汽配件、液压件、铸造件等
配套情况：为机械、汽车、锻造等国内数十家企业配套

★日精工程塑料（南通）有限公司
地址：江苏省南通市经济技术开发区广州路东、民兴路南25号
邮编：226009
电话：0513/85981877
传真：85981867
网址：www.nippon－seiki.co.jp
电子信箱：s_zhou@nant－ns.com.cn
法定代表人：栃仓正美
产品情况：工程塑料等

★日立化成工业（南通）化工有限公司
地址：江苏省南通经济技术开发区通达路77号
邮编：226017
电话：0513/85925111
传真：85926141
网址：www.hitachi.com.cn
法定代表人：矢吹孝朗
产品情况：丙烯酸树脂、聚酯树脂、聚氨酯树脂、绝缘漆等精细化学品，广泛用于电子工业、汽车工业等产业

★江苏中柴动力机械有限公司
地址：江苏省南通市如东县经济开发区
邮编：226400
电话：0513/81960488、18606138868
传真：81960408
网址：www.jszcp.com
电子信箱：361346654@qq.com
法定代表人：徐杨
产品情况：非标铝铸件和柴油机活塞两部分铝合金铸件
出口情况：40%产品销往国外

★南通川林有色金属铸造有限公司
地址：江苏省南通市如东县掘港镇城南工业园区通洋路6号
邮编：226400
电话：0513/68126666、13906272681
传真：68126658
电子信箱：361346654@qq.com
法定代表人：管曹华
质量体系：ISO 9001
产品情况：有色金属零件铸造、CNC精加工、柴油机活塞等
出口情况：远销美国、法国、德国、日本、加拿大、西班牙、以色列、新加坡等国家

★南通锦辰制动系统有限公司
地址：江苏省南通市如东县洋口港经济开发区经一路
邮编：226413
电话：0513/84902661、84902663
传真：84902666
电子信箱：sales@gsbrakes.com
法定代表人：陈宏宾
质量体系：ISO/TS 16949
产品情况：可年生产盘式制动片600万套，鼓式制动片480万套

★江苏九鼎新材料股份有限公司
地址：江苏省如皋市中山东路1号
邮编：226500
电话：0513/80695000、80695019
网址：www.cjdg.com
电子信箱：cjdg@jiudinggroup.com
法定代表人：王文银
质量体系：ISO/TS 16949、ISO 14001
产品情况：（鼎牌）
玻璃钢汽车配件
出口情况：出口北美洲、欧洲、东南亚、日本、韩国等50多个国家和地区

★南通华东油压科技有限公司
地址：江苏省南通市白蒲镇工业园区
邮编：226511
电话：0513/88571063、13606275122
传真：88571178
电子信箱：liyj@hyzcn.com
法定代表人：丁洋
质量体系：ISO 9001
产品情况：（皋液牌）
液压铸件及其加工、液压元器件、液压机
配套及出口情况：主要用户有中联重科、三一重工、徐工、柳工、海特克、镇江液压件总厂、北京华德、上海液气、江苏金海、宁波华液、七洋液压、北部精机等；出口美国、欧洲、日本等国家和地区

★亚太轻合金（南通）科技有限公司
地址：江苏省海安经济开发区海防路29号
邮编：226600
电话：0513/88271111、18912852511
网址：www.aplah.com
电子信箱：ben.peng@aplah.com
法定代表人：周福海
质量体系：ISO/TS 16949、ISO 14001
产品情况：各种牌号精密冷拉圆管、多孔挤压扁管和各种挤压型材
配套情况：与三电、德尔福、大陆集团、博世、贝洱、电装、摩比斯、法雷奥合作

★海安县恒益滑动轴承有限公司
地址：江苏省海安县海安镇工业园区开元大道68号
邮编：226600
电话：0513/88789316、88789320
网址：www.hazc.com
电子信箱：lbd@hazc.com
法定代表人：卢镔
质量体系：ISO 9001
产品情况：滑动轴承
配套情况：为西门子SIEMENS VAI、达涅利Danieli、西马克SMS Siemag、美铝Alcoa、涿神有色金属、中国重型机械研究所、中色科技、华北铝业、上海重型机器厂、陕西压延设备厂、常州宝菱重工、二重等国内外知名企业长期供应商

★南通万达摩擦材料有限公司
地址：江苏省海安县海安镇隆政工园区
邮编：226600
电话：0513/88725298
传真：88802154
网址：www.chnnanmo.com
电子信箱：rocpeng@chnnanmo.com
法定代表人：彭国和
质量体系：ISO 14001、ISO/TS 16949
产品情况：（南摩牌）
商用车、乘用车以及工程机械等离合器摩擦片
配套及出口情况：已成为东风商用车指定离合片摩擦片；出口亚洲、非洲、欧美等多个国家和地区

浙江省

★杭州兴达特种橡胶有限公司
地址：杭州市莫干山路1418－6号（上城区工业园区）
邮编：310011
电话：0571/88176166
传真：88174522、88172991

网址:www. boomrubber. com
电子信箱:boom@ boomrubber. com
法定代表人:陈聪智
质量体系:ISO/TS 16949、ISO 14001
产品情况:橡胶异形管、套、塞、片、圈、垫、架等工业异形件,内镶各种骨架材料的密封圈、减振器、橡胶套以及各种橡胶金属件等
配套及出口情况:是福特、路虎、沃尔沃等数百家跨国企业的长期稳定供货合作伙伴;远销欧洲、美洲、大洋洲、日本、韩国、中东、东南亚等多个国家和地区

★杭州相良塑料有限公司
地址:杭州市江干区经济技术开发区4号大街3号
邮编:310018
电话:0571/86910132
传真:86910131
网址:www. sagara. cn
电子信箱:business@ sagara. cn
法定代表人:紫垣隆
质量体系:ISO 14001、ISO/TS 16949
产品情况:塑料、橡塑的注塑成型、模具设计与制造等业务

★杭州泰明顿摩擦材料有限公司
地址:杭州市江干区下沙经济技术开发区M16-1-3
邮编:310018
电话:0571/86923690
传真:86923697
网址:www. tmdfriction. com
电子信箱:info@ tmdfriction. com
法定代表人:Johann Christoph Rabe
质量体系:ISO/TS 16949
产品情况:轿车系列无石棉制动材料

★杭州光华橡塑有限公司
地址:杭州市经济技术开发区10号路
邮编:310018
电话:0571/86911298、86911268
传真:86911218
电子信箱:guanghua@ mail. hz. zj. cn
法定代表人:胡瑞芳
质量体系:ISO 9001、ISO 14001
产品情况:塑料波纹软、硬管,小型注塑件等
出口情况:出口日本、美国、欧洲、澳大利亚等国家和地区

★钱江弹簧(杭州)有限公司
地址:杭州市经济技术开发区22号大街78号
邮编:310018
电话:0571/86781887、86781828
传真:86721868
网址:www. qjspring. com
电子信箱:sale@ qjspring. com
法定代表人:张涌森
质量体系:ISO/TS 16949
产品情况:(钱江牌)

小轿车悬架弹簧、发动机气门弹簧、传动系统弹簧、执行系统弹簧、其他汽车零部件弹簧等

★杭州藤仓橡胶有限公司
地址:杭州市下沙经济技术开发区8号路M6-5-4
邮编:310018
电话:0571/86846303、86912036
传真:86912037
网址:www. hangzhoufujikura. com
法定代表人:高桥良尚
质量体系:ISO/TS 16949、ISO 14001
产品情况:膜片、密封垫、密封材、O形圈、防振橡胶LIM产品等高品质橡胶部品及合成部品

★杭州安耐特实业有限公司
地址:杭州市富阳场口工业园
邮编:311000
电话:0571/63131071、4008848988
传真:63558890
电子信箱:gm@ annat. com. cn
法定代表人:蔡晓洋
质量体系:ISO/TS 16949、ISO 9001
产品情况:(Annat牌)

汽车盘式制动片、鼓式制动片,年产能力300万套

★新亚润滑科技(杭州)股份有限公司
地址:杭州市富阳区富春街道金秋大道398号
邮编:311000
电话:0571/63478168
传真:63479458
网址:www. fyxinya. com
电子信箱:xinya@ fyxinya. com
法定代表人:陈凤贞
质量体系:ISO 9001、ISO 14001
产品情况:(爱润斯牌、法诺雅牌)

锂基脂、汽车脂、高温脂、特种脂、阻尼脂、塑胶齿轮脂及其他油脂,年生产能力1.5万t
配套及出口情况:与国内知名的韩泰轮胎、唐山钢铁集团、新余钢铁、浙江人本机电等公司合作;远销新加坡、马来西亚、印尼、印度、阿富汗、越南、非洲、德国、俄罗斯、巴基斯坦等国家

★杭州弹簧有限公司
地址:杭州市余杭区星桥北路76号
邮编:311100
电话:0571/86260850
传真:86260851
网址:www. hz-spring. net
电子信箱:hzthccn@ mail. hz. zj. cn
法定代表人(负责人):李和平
单位人数:280
质量体系:ISO/TS 16949、ISO 14001
产品情况:(兰菱牌)

气门弹簧、液压件弹簧、离合器弹簧、悬架弹簧、工业阀门弹簧、碟形弹簧、模具弹簧、截锥涡卷弹簧、电动工具弹簧、异形弹簧、压缩弹簧等
配套及出口情况:为上汽通用五菱、吉利汽车、中国重汽、潍柴汽车等配套;为韩国斗山、美国约翰迪尔、美国伊顿等年供货均在数百万件

★杭州东华链条集团有限公司
地址:杭州市余杭经济技术开发区昌达路1号
邮编:311102
电话:0571/85148188
传真:85040765
网址:www. dhchain. com
电子信箱:nxgs@ dhchain. com
法定代表人:鲁小林
质量体系:ISO/TS 16949、ISO 14001
产品情况:[东华(DONGHUA)牌、自强牌、盾牌]

链条、链轮、齿轮等多种传动产品
配套及出口情况:为江迪尔、纽荷兰、克拉斯、久保田、洋马等企业提供链条;50%以上的产品出口欧美、日本、东南亚等国家和地区

★浙江蓝翔轴承有限公司
地址:杭州市余杭区经济技术开发区宏达路12号
邮编:311102
电话:0571/86210077、86210829
传真:86210199
电子信箱:ldg@ lxb. com. cn
法定代表人:蓝德光
质量体系:ISO/TS 16949、ISO 14001
产品情况:(LXB牌)

静音电动机轴承、精密轴承、汽车轴承、摩托车轴承等
出口情况:远销美国、意大利、德国、埃及、中东等20多个国家和地区

★杭州西湖摩擦材料有限公司
地址:杭州市余杭经济开发区兴元路490号
邮编:311103
电话:0571/86183772
传真:86183187
网址:www. hxmbrake. com
电子信箱:sales@ hxmbrake. com
法定代表人(负责人):沈永生
质量体系:ISO/TS 16949
产品情况:(锐豹牌)

汽车制动器片(蹄),年产各类进口、国产汽车制动蹄总成、汽车制动器衬片1000多个品种、2000多个规格,年产量达2000万套件以上
出口情况:远销20多个国家和地区

★浙江华江科技股份有限公司
地址:杭州市余杭区塘栖镇塘旺街9号
邮编:311106
电话:0571/89022815、89022816
传真:86318686

网址:www. zjhjkj. com
电子信箱:zhb@ zjhjkj. com
法定代表人:周明海
单位人数:350
质量体系:ISO/TS 16949
产品情况:可年产 GMT、CMT 产品 1500 万 m^2 和 PU 发泡及各种复合材料 3000 万 m^2

★浙江科特汽配股份有限公司
地址:杭州市余杭区塘栖镇张家墩路 169 号
邮编:311106
电话:0571/86098131、86318193
传真:86318008、86098563
网址:www. zkt. cn
电子信箱:daily@ zkt. cn
法定代表人:倪松富
质量体系:ISO/TS 16949
产品情况:(旋球牌)
无石棉离合器面片
出口情况:远销日本、欧洲、北美洲、大洋洲等国家和地区

★浙江久运车辆部件有限公司
地址:杭州市莫干山路勾庄工业区勾运路 28 号或良运街 178 号
邮编:311112
电话:0571/57879199
传真:88746098、88172642
网址:www. jiuyunvp. com
电子信箱:jiuyun@ jiuyunvp. com
法定代表人:沈文芝
质量体系:ISO/TS 16949
产品情况:(久运牌)
汽车胶管、制品、履带等车用橡胶产品
配套及出口情况:为大众汽车、上汽集团、南京依维柯、通用汽车、玉柴重工、金旅客车、金龙汽车、宇通汽车、跃进集团、东风汽车、中国重汽等供货;部分产品出口欧美等地区

★杭州竞舟轴承有限公司
地址:杭州市余杭区良渚工业城
邮编:311113
电话:0571/88777665、88777186
传真:88776896
网址:www. jzbearing. com
电子信箱:15968177637@ 126. com
法定代表人:于文化
单位人数:600
质量体系:ISO/TS 16949、ISO 14001
产品情况:[竞舟(JZ)牌]
外径 42 ~ 320mm 的公英制圆锥滚子轴承、圆柱轴承和双列圆锥滚子轴承

★杭州永固汽车零部件有限公司
地址:杭州市萧山红垦农场红泰四路 168 号
邮编:311200
电话:0571/82619018
传真:82852998
网址:www. zjtoyou. com
电子信箱:market@ zjtoyou. com
法定代表人:莫云兴
质量体系:ISO/TS 16949
产品情况:(永固牌)
汽车轮毂轴承、汽车轮毂单元、变速器轴承、深沟球轴承等
配套情况:为日本松下、德国博世电动工具、杭州万向集团、英国 GMS 公司等配套

★杭州萧山红旗摩擦材料有限公司
地址:杭州市萧山区河上镇大桥工业区
邮编:311200
电话:0571/22869058
传真:22869057
网址:www. hqfriction. com
电子信箱:sale@ hqfriction. com
法定代表人:严秀文
质量体系:ISO 9001
产品情况:(萧摩牌)
年产各种摩擦片 2100 万片
配套及出口情况:为中国一拖、福田雷沃、龙工、临工、云洲科技等配套;35% 的产品出口海外市场,主要市场为欧洲、美洲、东南亚、中东和非洲

★浙江萧山固陵汽配有限公司
地址:杭州市萧山区萧绍东路 180 号
邮编:311201
电话:0571/82786658、82787973
网址:www. goaling. com
电子信箱:gl@ goaling. com
法定代表人:陈智勇
质量体系:IATF、ISO 9001
产品情况:(固陵牌)
载货汽车、客车、拖车轮胎螺栓、螺母、U 形螺栓、高强度标准件、汽车液压制动软管总成和各类接头、机械精密零件
配套及出口情况:合作伙伴有东风、解放、欧曼、金龙、宇通、依维柯、上汽汇众、斯太尔、黄海等;出口国外市场

★杭州之江有机硅化工有限公司
地址:杭州市萧山区所前镇孔湖村
邮编:311203
电话:0571/82392027、82392010
传真:82392312
网址:www. chinazhijiang. com
电子信箱:office@ chinazhijiang. com
法定代表人:何永富
质量体系:ISO 9001、ISO 14001
产品情况:(金鼠牌)
密封黏结剂、功能型涂料等化工新材料
出口情况:远销北美洲、南美洲、欧洲、东南亚、中东等地区

★钱潮轴承有限公司
地址:杭州市萧山经济开发区金一路 38 号
邮编:311215
电话:0571/82835379、82835781
传真:82834352
网址:www. wxqc. com. cn
电子信箱:wxtz@ zc. wxqc. cn
法定代表人:李平一
质量体系:ISO/TS 16949、ISO 14001
产品情况:(QC 牌)
圆锥滚子轴承、圆柱滚子轴承、球轴承、微型轴承、汽车水泵轴连轴承、超精密高速磨头主轴轴承、汽车水泵总成等系列产品
配套及出口情况:与通用、福特、大众、阿文美驰、DANA、ZF、TRW、BPW、现代、铁姆肯及国内一汽、东风、重汽、上汽、北方奔驰等主机厂形成长期战略合作;远销美国、加拿大、意大利、德国、澳大利亚、日本、中东等国家和地区

★杭州萧山鼎立机械有限公司
地址:杭州市萧山区宁围镇新安村桥园路 28 号
邮编:311215
电话:0571/22806017、22806772
传真:22806766
网址:www. steadyway. com
电子信箱:info@ steadyway. com
法定代表人:王飞
质量体系:ISO/TS 16949
产品情况:汽车轮毂单元

★杭州硕业轴承有限公司
地址:杭州市萧山区桥南开发区春潮路 55 号
邮编:311215
电话:0571/83780815、13967112282
传真:82618253
网址:www. sytrb. com
法定代表人:娄卫锋
产品情况:汽车轮毂轴承、轮毂单元、单列圆锥滚子轴承

★浙江丰波机电科技有限公司
地址:杭州市大江东产业集聚区
邮编:311221
电话:0571/82871588、82830578
传真:82690023、82767268
网址:www. sbfastener. com
电子信箱:info@ sbfastener. com
法定代表人:徐雅珍
质量体系:ISO/TS 16949
产品情况:轮毂单元、轮毂轴承,年产 200 多万套
出口情况:出口北美洲等海外市场

★杭州优科豪马橡胶制品有限公司
地址:杭州市萧山区江东本级区块前进工业园区三丰路 89 号
邮编:311227
电话:0571/56975288
网址:www. yokohama. com. cn
法定代表人:中泽和也

产品情况:汽车、建筑机械用胶管及其零部件、密封材料、电子封装材料和黏合剂相关产品

★杭州雷迪克节能科技股份有限公司
地址:杭州市萧山经济技术开发区桥南区春潮路89号
邮编:311231
电话:0571/22806188、22806161
传真:22806116
网址:www. radical. cn
电子信箱:info@ radical. cn
法定代表人:沈仁荣
质量体系:ISO/TS 16949、ISO 14001
产品情况:(RADLCAL牌)
轮毂轴承、轮毂轴承单元、圆锥轴承、张紧轮、离合器分离轴承和三球销万向节等6大类2000余个品种
出口情况:70%以上产品远销欧洲、美洲等地区

★爱克斯精密钢球(杭州)有限公司
地址:杭州市萧山经济技术开发区桥南区鸿达路189号
邮编:311231
电话:0571/22801288
传真:22801268
网址:www. aksball. cn
电子信箱:abc@ aksball. cn
法定代表人:杉本美则
单位人数:260
产品情况:精密轴承用精密钢球,产品主要用于汽车及家电类产品

★杭州钱江链传动有限公司
地址:杭州市萧山区钱农西路80号
邮编:311231
电话:0571/82875108、82875104
传真:82875194
网址:www. hzqjchain. com
电子信箱:info@ zjhql. com
法定代表人:汪水林
质量体系:ISO 9001
产品情况:(HQL牌、QJ牌、YF牌)
各类工业传动链、摩托车链、输送链、防尘防水油封链及异形链
出口情况:60%以上的产品远销海外

★浙江兆丰机电股份有限公司
地址:杭州市萧山经济技术开发区桥南区块兆丰路6号
邮编:311232
电话:0571/22803999、22801122
传真:22801188
网址:www. hzfb. com
电子信箱:info@ hzfb. com
法定代表人:孔爱祥
质量体系:ISO/TS 16949、QS 9000
产品情况:(HZF牌)
专业生产第一、二、三代汽车轮毂轴承单元及各类精密轴承
出口情况:远销美国、加拿大、德国、意大利、韩国等30多个国家和地区

★杭州萧山金盾粉末冶金有限公司
地址:杭州市萧山区瓜沥镇临港工业园区瓜港中路
邮编:311241
电话:13566045223
传真:0574/88056101
网址:www. jd - fmyj. com
电子信箱:nbxm@ qq. com
法定代表人:孙仲凡
质量体系:ISO 9001
产品情况:专业生产各类铁基粉末冶金结构件及含油轴承1000余种;年生产能力2000t
配套及出口情况:产品同主机厂(集团)配套;部分产品出口美国、日本、东南亚

★浙江龙头机械有限公司
地址:杭州市萧山区党山镇为民路
邮编:311245
电话:0571/82522681、82522683
传真:82521111
网址:www. zjlongtou. cn
电子信箱:1783276168@ qq. com
法定代表人:姚永灿
单位人数:200
质量体系:ISO 9001
产品情况:(美欧亚牌)
蜗轮减速机系列、汽车管件、高低压油管、铸造各类球铸、普铸产品等
配套及出口情况:为近百家整机企业配套;出口美洲、欧洲、亚洲地区

★浙江大铭汽车零部件有限公司
地址:杭州市萧山经济技术开发区
邮编:311253
电话:0571/82864738
网址:www. dmzc. com. cn
电子信箱:zjdm_bearing@ 126. com
法定代表人:赫建祥
质量体系:ISO/TS 16949、ISO 9001
产品情况:各类车用轮毂轴承和轮毂单元
配套及出口情况:为四川汽车、华泰汽车、力帆汽车、上汽通用五菱、绵阳金杯、长安汽车、郑州海马、北京汽车、广汽吉奥、众泰汽车等多家汽车厂配套;远销中东、欧美等发达国家和地区

★杭州丰磊实业有限公司
地址:杭州市萧山区进化镇岳联工业区
邮编:311253
电话:0571/82755098、82452935
电子信箱:qc@ adhesive. cc
法定代表人:陈林江
质量体系:ISO 9001
产品情况:硅酮密封胶、玻璃胶、耐候胶、灌封胶、厌氧胶、环氧胶、丙烯酸酯AB胶、白乳胶、PVC胶、无机胶、瞬干胶等
配套情况:为国内外多家专业厂配套

★杭州金泰胶带有限公司
地址:杭州市萧山区浦阳工业区浦工一路
邮编:311255
电话:0571/82324322、82652701
传真:82322568
网址:www. jintaibelt. com. cn
电子信箱:sales@ jintaibelt. com
法定代表人(负责人):汪金芳
质量体系:ISO/TS 16949、ISO 14000
产品情况:(KINGLAND牌、JINTAI牌、KLTB牌)
汽车风扇带、平面V带、多楔带、无级变速带、切割V带、平面联组带、齿形联组带、齿形变速带等各类橡胶传动带
出口情况:远销欧洲、美洲、中东、东南亚、非洲、大洋洲等几十个国家和地区

★浙江国泰萧星密封材料股份有限公司
地址:杭州市萧山区浦阳镇工业园区
邮编:311255
电话:0571/82326961、8008571506
传真:82321234、82325562
网址:www. zjcps. cn
电子信箱:info@ zjcps. cn
法定代表人:俞江帆
单位人数:630
质量体系:ISO 9001、ISO 14001
产品情况:(萧星牌)
各类编织填料(盘根)、柔性石墨制品、聚四氟乙烯制品、金属垫片及非金属垫片、无石棉密封制品、橡胶密封件及密封辅件等9大系列数万个品种的产品
出口情况:远销50多个国家和地区

★临安东方滑动轴承有限公司
地址:浙江省临安市太阳镇太阳大街207号
邮编:311314
电话:0571/63831388、63831188
网址:www. dfb - cn. com
电子信箱:dfb@ vip. 163. com
法定代表人:沈百仁
质量体系:ISO/TS 16949
产品情况:曲轴止推片、液压配件侧板产品
配套情况:为一汽集团、重型汽车集团、东风汽车公司、上汽集团等50家主机厂配套

★杭州优纳摩擦材料有限公司
地址:杭州市富阳区新登镇5号路
邮编:311400
电话:0571/63422890
网址:www. united - friction. com
电子信箱:info@ united - friction. com
法定代表人:陈忠
质量体系:IATF 16949
产品情况:客车用盘式制动器衬片、轿

车系列盘式制动器衬片等；已经形成汽车用盘式制动器衬片产品型号 2000 余种，年产 800 万套的生产能力
配套及出口情况：为国内客车制造厂如宇通、金龙、安凯、北奔等几乎所有的客车制造单位配套；出口德国、英国、意大利、法国、美国等欧美国家

★杭州富春弹簧有限公司
地址：杭州市富阳区银湖街道高桥工业区 88 号
邮编：311400
电话：0571/63426402、63427788
传真：63427398
网址：www. xfspring. com
电子信箱：manager@ xfspring. com
法定代表人：邵承玉
单位人数：320
质量体系：ISO/TS 16949、ISO 14000
产品情况：（富春牌）
0.1～20mm 冷卷弹簧，主要产品为汽车底盘系统（悬架弹簧、稳定杆）和动力传动系统（离合器、液力变矩器、双质量飞轮）等用汽车弹簧
出口情况：出口 15 个国家和地区

★杭州特种纸业有限公司
地址：浙江省富阳市鹿山街道上里工业区
邮编：311407
电话：0571/63488222
传真：63488497
网址：www. newstarpaper. cn
电子信箱：sales@ newstarpaper. cn
法定代表人：王建业
质量体系：ISO 9001、ISO 14001
产品情况：（新星牌）
空气滤纸、机油滤纸、柴油滤纸、机空滤纸、皱纹滤纸、旁通滤纸、高精度油水分离复合滤纸、固化纸等汽车滤纸系列

★杭州新华纸业有限公司
地址：浙江省桐庐县春江东路 1518 号
邮编：311500
电话：0571/69817615、69817677
传真：69817688
网址：www. xinhuapaper. com
电子信箱：webmaster@ xinhuapaper. com
法定代表人：徐阿娟
质量体系：ISO 9001
产品情况：热封型滤纸、内燃机工业滤纸、长纤维纸、打字蜡纸等 4 大系列 30 多个品种

★桐庐宇鑫汽配有限公司
地址：浙江省桐庐县横村工业区龙富路 288 号
邮编：311512
电话：0571/64672389、64672558
传真：64672568
网址：www. zgzjyx. cn
电子信箱：mccl@ hzmc. cn. com
法定代表人：王胜鑫
质量体系：ISO/TS 16949
产品情况：（宇鑫牌）
各种汽车、摩托车、工程机械等车用盘式制动片及摩擦材料；具备年产 300 万套的生产能力
配套及出口情况：为青年客车等多家客车厂及主机厂配套；远销欧美、中东、东南亚市场

★浙江菲达精工机械有限公司
地址：浙江省诸暨市次坞镇恒翔路 3 号
邮编：311800
电话：0575/89079560、87857959
传真：89079565
电子信箱：sales@ chinahenja. com
法定代表人：虞新才
质量体系：ISO 9001、ISO 14001
产品情况：汽车离合器分离轴承座等产品
出口情况：远销欧洲、北美洲、南美洲、大洋洲、中东

★浙江波士特机械有限公司
地址：浙江省诸暨市店口工业区
邮编：311800
电话：0575/87628883
传真：87616799
网址：www. zjbst. com
电子信箱：james@ zjbst. com
法定代表人：冯波
单位人数：300
质量体系：ISO/TS 16949、ISO 14001
产品情况：（BST 牌）
年可生产 1000 万套气制动软管铜管件和尼龙、橡胶软管
配套及出口情况：主要合作客户有东风商用车、陕重汽、陕西法士特汽车传动集团、一汽客车（大连）有限公司、克诺尔集团巴西公司；远销欧洲、美洲、东南亚、中东等地区

★浙江科达利实业有限公司
地址：浙江省诸暨市店口镇新湖支路 1 号
邮编：311800
电话：0575/87652213、87651588
传真：87655444
网址：www. kdlhose. com
电子信箱：kedali@ china. com
法定代表人：陈志源
单位人数：300
质量体系：ISO/TS 16949
产品情况：（科达利牌）
车用空调软管、液压制动软管、气压制动软管、动力转向软管、真空软管及总成系统
配套及出口情况：与江淮、北汽、南汽、一汽、上汽、东风、现代、奇瑞、吉利、华晨集团等主机厂配套；远销欧美、中东、东南亚等地区

★浙江金昌弹簧有限公司
地址：浙江省诸暨市望云西路 8 号
邮编：311800
电话：0575/87102555、87101268
传真：87103728
网址：www. zjspring. com
电子信箱：jinchang@ zjspring. com
法定代表人：金根生
单位人数：360
质量体系：ISO/TS 16949、ISO 14000
产品情况：压缩螺旋弹簧、拉簧、扭簧、卡簧、鼓形弹簧、宝塔形弹簧、碟簧、钢板弹簧、平面蜗卷弹簧、摇窗机弹簧、膜片弹簧、波形弹簧、模具弹簧、方扁钢弹簧、钢板宝塔弹簧，各类轿车、微型汽车悬架减振弹簧，摩托车前后减振弹簧、载货汽车气室制动弹簧等
配套及出口情况：成为中国一汽集团、东风汽车集团、北汽集团、上汽通用五菱、众泰汽车、吉利汽车、海马汽车、奇瑞汽车、江淮汽车、力帆汽车、华晨汽车、柳工集团、徐工集团、瑞立集团、万向集团等各大汽车主机厂和汽车零部件企业的一、二级供应商；远销 30 多个国家和地区

★诸暨市康宇弹簧有限公司
地址：浙江省诸暨市大唐镇雍宇路一号
邮编：311801
电话：0575/87747618、87742728
传真：87747718
网址：www. cnkangyu. com
电子信箱：sale1@ cnkangyu. com
法定代表人：寿永民
质量体系：ISO/TS 16949、ISO 14001
产品情况：（康宇牌）
轿车减振弹簧、重型机械、交通机械等系列弹簧
出口情况：远销马来西亚、美国、法国、保加利亚、柬埔寨、日本、俄罗斯等国家

★浙江三 A 弹簧有限公司
地址：浙江省诸暨市草塔镇府洲路 113 号
邮编：311812
电话：0575/87071568、87076108
传真：87071577
网址：www. 3asprings. com
电子信箱：sales@ 3asprings. com
法定代表人：金海宝
单位人数：220
质量体系：ISO/TS 16949、ISO 14001
产品情况：（三 A 牌、双金牌）
具有年生产 500 万只汽车悬架弹簧、100 万根汽车稳定杆、1000 万件汽油机及柴油机气门弹簧和 1000 万件其他品种弹性件的能力
配套情况：为安徽奇瑞、浙江吉利、长城汽车、比亚迪、浙江众泰等配套

★浙江伊思灵双第弹簧有限公司
地址：浙江省诸暨市经济开发区文种路 11 号

邮编:311812
电话:0575/87071688、87079986
传真:87073068
网址:www. globalspring. cn
电子信箱:spring@ isri - shuangdi. com
法定代表人:楼静先
质量体系:ISO/TS 16949、ISO 14001
产品情况:汽车悬架弹簧、离合器弹簧、阀弹簧、减振弹簧等各类汽车弹簧,机械密封件弹簧、发动机气门弹簧以及矩形截面模具弹簧,其他各类压簧、扭簧、拉簧、螺旋弹簧、异形弹簧、蝶形弹簧及弹性冲压件
配套及出口情况:为多家汽车零部件公司配套;远销欧洲、美洲、日本等国家和地区

★英科控股有限公司
地址:浙江省诸暨市王家井镇洋湖工业区
邮编:311813
电话:0575/87558399、87755399
传真:87756399、87334063
网址:www. incospring. com
电子信箱:kiki@ incospring. com
法定代表人:郦丹华
质量体系:ISO/TS 16949
产品情况:(英科牌)
主要生产各种压簧、拉簧、扭簧、碟簧、波簧、电梯板簧、矩形弹簧等弹簧及不锈钢冲压件
配套及出口情况:为路德坦摩汽车悬架、中兴减振器、江西巨晁实业等多家汽车零部件公司配套;远销欧洲、美洲、日本等国家和地区

★浙江荣英汽车零部件有限公司
地址:浙江省诸暨市店口工业区
邮编:311835
电话:0575/87630888
传真:87668222
网址:www. rongyingcn. com
电子信箱:rongying@ rongyingcn. com
法定代表人:朱迪荣
质量体系:ISO/TS 16949、ISO 9001
产品情况:(荣英牌)
生产规模年产活塞式弹簧制动气室及单/双膜片式和冲压件 300 多万套,压铸件 300 万套
配套及出口情况:为东风集团、神宇、华晨及数十家车桥厂以及富华集团挂车系列厂家的配套;远销美国、东南亚、南非、俄罗斯、中东等国家和地区

★诸暨市企成机电有限公司
地址:浙江省诸暨市店口工业区
邮编:311835
电话:0575/87655188、18258460888
传真:87657088
网址:www. qichengjt. com. cn
电子信箱:qichengjt88@ 126. com
法定代表人:吕秀娟
单位人数:400
质量体系:ISO 9001、QS 9000
产品情况:(企成牌)
主要生产 SF 系列无油润滑轴承、双金属轴承、JDB 固体镶嵌轴承、20 高锡轴承和翻边衬套等系列产品
配套及出口情况:与中国一汽集团、东风汽车等 20 多家企业配套;30% 的产品出口东南亚

★浙江金玉管业有限公司
地址:浙江省诸暨市店口金雁路 6 号
邮编:311835
电话:0575/87651839、87616005
传真:87616951
网址:www. pulishtong. com
法定代表人:陈仲根
产品情况:(YUEWANG 牌)
气压制动胶管、液压制动软管、尼龙管、东风自卸车液压管、工程机械液压管等

★浙江峰威机械有限公司
地址:浙江省诸暨市店口镇解放路 822 号
邮编:311835
电话:0575/87651792、87618982
传真:87662759
网址:www. zjfengwei. com
电子信箱:chinafengwei792@ 163. com
法定代表人:冯夫云
质量体系:ISO/TS 16949、ISO 9001
产品情况:(峰威牌)
主要生产横直拉杆球头总成、各种油管、阀门、油杯、底盘配件及各种卡箍等
配套及出口情况:与一汽、东风、柳工、福田、五菱等多家企业配套;远销东南亚、美国、中东

★浙江三叶机械有限公司
地址:浙江诸暨市店口工业区
邮编:311835
电话:0575/87659768、87617318
传真:87659768
网址:www. cnmingjie. com
电子信箱:chinasanye@ cnmingjie. com
法定代表人:俞校军
质量体系:ISO/TS 16949、ISO 14001
产品情况:(茗捷牌)
年生产气管铜接头、尼龙管、尼龙管总成及橡胶管总成各 2000 余万套
配套及出口情况:为多家主机企业配套;出口欧洲、东南亚、中东等地区

★浙江梅盛实业股份有限公司
地址:浙江省绍兴市钱清镇经济开发区西
邮编:312025
电话:0575/84513705、84056781
网址:www. meishenggroup. com
电子信箱:info@ meishenggroup. com
法定代表人:钱国春
质量体系:IATF 16949
产品情况:超细纤维、麂皮、贴面革等高端新材料,用于汽车内饰、汽车坐垫等
出口情况:远销意大利、美国等国家

★三力士股份有限公司
地址:浙江省绍兴市柯岩街道余渚工业园区
邮编:312031
电话:0575/84366806、13735333501
传真:84369624
网址:www. v - belt. com
电子信箱:3069839792@ qq. com
法定代表人:吴培生
产品情况:(三力士牌)
各种橡胶 V 带(包布 V 带、切割 V 带及特种传动 V 带)、多楔带、同步带及农机传动带、汽车传动带
出口情况:远销欧洲、美洲、亚洲、非洲 70 多个国家和地区

★浙江世纪华通集团股份有限公司
地址:浙江省绍兴市上虞区经济开发区北一路
邮编:312300
电话:0575/82218511、82148871
传真:82129700、82186126
网址:www. sjhuatong. com
电子信箱:sjhuatong@ sjhuatong. com
法定代表人:王苗通
质量体系:ISO/TS 16949
产品情况:汽车热交换系统塑料件、空调系统塑料件、车灯系统塑料件、内饰件、外饰件、座椅系统塑料件、安全系统塑料件、其他汽车塑料件、有色金属铸造件、金属冲压件等系列
配套情况:为上汽大众桑塔纳、帕萨特、POLO、斯柯达(晶锐、明锐、昊锐)、朗逸、途观;上汽通用新君威、新君越、英朗、新凯越、克鲁兹、乐风、乐骋、GL8、林荫大道;上海汽车荣威 550/750;一汽集团奥迪、新宝来;东风集团富康、标致 206/307、雪铁龙 C5、逍客;广汽本田雅阁、飞度、奥德赛等车型配套

★浙江创城汽车零部件有限公司
地址:浙江省绍兴市上虞区章镇工业园区
邮编:312363
电话:0575/82099778、13505857457
网址:www. ccxj. cc
电子信箱:sales@ ccxj. cc
法定代表人:金森君
质量体系:ISO/TS 16949
产品情况:汽车橡胶零部件,橡胶制品含底盘减振器类,缓冲块,密封件,车身附件类,线束护套,点火线圈及其他橡胶类产品

★浙江安格鲁传动系统有限公司
地址:浙江省绍兴市上虞区沥海工业园
邮编:312366
电话:0575/82691903、82691899
传真:82691901
网址:www. acron. com. cn

电子信箱:acron@ acron. com. cn
法定代表人:阮益谊
质量体系:ISO/TS 16949、ISO 9001
产品情况:汽车多楔带、时规带、V 带、工业(模压)多楔带、同步带、工业 V 带等六大类
配套情况:配套康明斯、卡马兹、比亚迪、长城、吉利、新晨动力等众多汽车厂商

★浙江省上虞市油封制造有限公司
地址:浙江省绍兴市上虞区小越镇下街路 118 号
邮编:312367
电话:0575/82031351、82031240
传真:82031998
网址:www. china - pqk. com
电子信箱:pqk@ china - pqk. com
法定代表人:黄惠坤
质量体系:ISO/TS 16949、ISO 9001
产品情况:橡胶密封件
配套及出口情况:为上汽大众、奇瑞、一汽集团、江西五十铃等国内 20 多家主机厂定点配套;远销美国、俄罗斯、德国、荷兰、巴西、澳大利亚、东南亚、中东等国家和地区

★浙江斯菱汽车轴承股份有限公司
地址:浙江省新昌县高新技术产业区
邮编:312500
电话:0575/86766248、86177888
传真:86177002
电子信箱:slbearing@ 126. com
法定代表人:姜岭
质量体系:ISO 9001
产品情况:汽车轴承

★新昌县开源汽车轴承有限公司
地址:浙江省新昌县高新技术园区
邮编:312500
电话:0575/86295308、86295777
传真:86297891
网址:www. zdbearings. com
电子信箱:xzd@ zdbearings. com
法定代表人:俞伟明
质量体系:ISO/TS 16949
产品情况:(XZD 牌)
专业生产汽车轮毂轴承、轮毂单元,年生产轮毂轴承 500 万套,轮毂单元 200 万套
出口情况:主要出口欧洲、美洲、非洲、东南亚、西亚等地区(包括德国、意大利、法国、波兰、土耳其、美国、加拿大、墨西哥、阿根廷、巴西、南非、印度、阿联酋等国家)

★浙江五洲新春集团股份有限公司
地址:浙江省新昌县七星街道泰坦大道 199 号
邮编:312500
电话:0575/86013666、86339555
传真:86013835
网址:www. xcc - zxz. com
电子信箱:xcc@ xcc - zxz. com
法定代表人:张峰
单位人数:2600
质量体系:ISO/TS 16949、ISO 14001
产品情况:(XCC 牌)
主要生产精密汽车轴承、轴连轴承和电动机轴承等,年产轴承 5000 万套、轴承套圈 2.2 亿套、优质轴承钢管 30000t
配套及出口情况:汽车轴承配套于尼桑、现代等品牌汽车;主要出口美国、日本、韩国、巴西等国家

★浙江美力科技股份有限公司
地址:浙江省新昌县新昌大道西路 1365 号
邮编:312500
电话:0575/86086086、86060535
传真:86060678
网址:www. china - springs. com
电子信箱:sales@ china - springs. com
法定代表人:章碧鸿
单位人数:500
质量体系:ISO/TS 16949
产品情况:(美力牌)
悬架系统弹簧、动力系统弹簧、车身及内饰弹簧、通用弹簧及其他弹簧产品

★浙江固耐橡塑科技有限公司
地址:浙江省湖州市方家山路 99 号
邮编:313000
电话:0572/2352222
网址:www. gngnk. com
电子信箱:news@ gngnk. com
法定代表人:胡乃达
单位人数:600
质量体系:ISO/TS 16949、VDA 6.1
产品情况:轴承橡胶密封件、汽车、摩托车用油封、汽车轮毂轴承油封、汽车水泵轴承油封、橡胶杂件等几大类产品

★谢德尔精密部件湖州有限公司
地址:浙江省湖州市吴兴区旄儿港路 2628 号
邮编:313005
电话:0572/2770010
网址:www. scherdel. com
电子信箱:fan. zhou@ scherdel. com
法定代表人:Olaf Korf
产品情况:紧固件产品及其他精密部件

★浙江德瑞摩擦材料有限公司
地址:浙江省湖州市织里太湖乡幻溇镇
邮编:313008
电话:0572/3220088、3737111
传真:3222222、3717000
网址:www. dualray. com
电子信箱:info@ dualray. com
法定代表人:钱博一
单位人数:150
质量体系:ISO/TS 16949
产品情况:各类汽车离合器面片
出口情况:远销欧洲、美洲、东南亚、中东等市场

★湖州双狮链传动有限公司
地址:浙江省湖州市双林镇阳道桥工业区
邮编:313012
电话:0572/3485628、3489088
传真:3489388
网址:www. shuangshi - chain. com
电子信箱:js@ shuangshi - chain. com
法定代表人:王怀宇
单位人数:500
质量体系:ISO/TS 16949
产品情况:(锐狮牌)
汽车发动机正时链、机油泵链、共轨泵链、平衡链、驱动链等,年产汽车及摩托车用链和各种工业及农机链条 1200 万 m 以上
配套及出口情况:为汽车发动机、摩托车、叉车等生产厂配套;远销欧美、东南亚 20 多个国家和地区

★浙江禾欣控股有限公司
地址:浙江省嘉兴市东方路 1568 号禾欣工业园
邮编:314000
电话:0573/82222929、82228699
传真:82228696
网址:www. hexin - puleather. com
电子信箱:hexin@ hexin - puleather. com
法定代表人:朱善忠
质量体系:ISO/TS 16949、ISO 14001
产品情况:(禾欣牌)
PU 合成革、超细纤维合成革、合成革布、浆料、色料
配套情况:与可乐丽株式会社、BAYER、BASF、STAL 等企业建立长期稳定的合作关系

★浙江嘉龙雕刻有限公司
地址:浙江省嘉兴市经济开发区塘汇工业园区平一路
邮编:314001
电话:0573/82225688、82225788
传真:82226988
网址:www. jialong. com
电子信箱:jialong@ jialong. com
法定代表人:龚宜明
质量体系:ISO 9001
产品情况:汽车内装纹理雕刻
配套情况:为上汽大众、一汽-大众、神龙汽车等配套

★嘉兴臼井鹤见精密管路系统有限公司
地址:浙江省嘉兴市经济开发区天带桥路 122 号
邮编:314001
电话:0573/82608060
传真:82608065
网址:www. usui. co. jp
法定代表人:渡边幸雄

产品情况:精密、高清洁度的不锈钢管等汽车用配管

★合克萨斯精工(嘉兴)有限公司
地址:浙江省嘉兴市经济开发区昌盛东路1002号
邮编:314003
电话:0573/83918251、83918255
传真:83918265
网址:www.owariseiki.co.jp
电子信箱:lihy@hexas.com.cn
法定代表人:长谷川裕恭
产品情况:汽车用高强度紧固件(螺栓、螺母等)
配套情况:为丰田、马自达供货

★浙江中达精密部件股份有限公司
地址:浙江省嘉兴市经济开发区正原路789号
邮编:314003
电话:0573/82221111
传真:82223333
网址:www.cob-bearing.com
电子信箱:cob@cob-bearing.com
法定代表人:张国强
质量体系:ISO/TS 16949、ISO 14001
产品情况:(COB牌)
固体润滑材料及滑动轴承
配套情况:为上汽、一汽、柳汽、徐工集团、玉柴机械、震雄集团等配套

★明新旭腾新材料股份有限公司
地址:浙江省嘉兴市南湖区嘉兴工业园明新路188号
邮编:314004
电话:0573/83285566、83286666
传真:83285568
电子信箱:sales@mingxinleather.com
法定代表人:庄君新
质量体系:ISO/TS 16949
产品情况:(民新皮业牌)
汽车内饰真皮,用于汽车座椅、转向盘、仪表板、门板等
配套情况:为菲亚特、帕拉丁等配套

★嘉兴市清河高力绝缘有限公司
地址:浙江省嘉兴市秀洲工业区福特路328号
邮编:314031
电话:0573/82792001、82790099
传真:82791711
网址:www.qinghe-material.com
电子信箱:qinghejy@vip.163.com
法定代表人:葛民
单位人数:160
质量体系:ISO/TS 16949、ISO 14001
产品情况:(祺阳牌)
B级、F级、H级和C级有溶剂绝缘漆、无溶剂绝缘树脂(胶),类似杜邦E1151系列的水溶性硅钢片漆
配套情况:为苏州金莱克、百得苏州公司、正泰集团等供货,并且成为杜邦绝缘系统指定供应商

★浙江长盛滑动轴承股份有限公司
地址:浙江省嘉善经济开发区鑫达路6号
邮编:314100
电话:0573/84184850
传真:84183450、84184307
网址:www.csb.com.cn
电子信箱:jwf@@csb.com.cn
法定代表人:孙志华
负责人:费国平
单位人数:750
质量体系:ISO/TS 16949
产品情况:(CSB牌)
无油轴承、自润滑轴承、复合轴承、滑动轴承
出口情况:50%左右的产品出口欧美、日本等20多个国家和地区

★浙江飞宇自动化科技有限公司
地址:浙江省嘉善县魏塘镇工业园区长盛路9号
邮编:314100
电话:0573/84032202
传真:84033000
网址:www.cfbearing.com
电子信箱:cfb@cfbearing.com
法定代表人:李四根
质量体系:ISO/TS 16949、ISO 9001
产品情况:滑动轴承
出口情况:远销西欧、美洲、东南亚的20多个国家和地区

★嘉善三星滑动轴承科技有限公司
地址:浙江省嘉善县干窑镇北亭耀路1号
邮编:314107
电话:0573/84615058
传真:84615977
网址:www.sanxingbearing.com
电子信箱:jssxb@vip.163.com
法定代表人:钱咬法
产品情况:无油润滑轴承用于减振器和汽车各滑动部位
出口情况:出口欧美、东南亚等地区

★嘉善恒远滑动轴承有限公司
地址:浙江省嘉善县大云镇卡帕路168号中德生态工业园B区5栋
邮编:314113
电话:0573/84351979、84515689
传真:84027072
网址:www.oilesbearing.com
电子信箱:pvb@oilesbearing.com
法定代表人:张建强
产品情况:滑动轴承,用于汽车等行业
出口情况:产品80%出口欧美国家,主要出口德国、挪威、意大利、瑞典、英国、西班牙、北美洲和中东地区

★浙江双飞无油轴承股份有限公司
地址:浙江省嘉善县宏伟北路18号
邮编:314115
电话:0573/84518018
网址:www.sf-bearing.com
电子信箱:sales@sf-bearing.com
法定代表人:周引春
质量体系:IATF 16949、ISO 14001
产品情况:(ZOB牌)
产品已经涵盖全系列滑动轴承:无油润滑轴承、水润滑轴承、镶嵌固体润滑轴承、边界润滑轴承、油润滑轴承、脂润滑轴承;产品广泛运用于汽车(乘用车、商用车、新能源汽车)、工程机械等行业
出口情况:产品45%以上出口德国、意大利、日本、美国、加拿大、韩国等40多个国家和地区,并销往中国台湾地区

★浙江容安机械有限公司
地址:浙江省嘉善县姚庄镇桃源路88号
邮编:314117
电话:0573/84775307、15157381390
传真:84775309
网址:www.rongan-brakes.com
电子信箱:sales@rongan-brakes.com
法定代表人:叶和彦
质量体系:ISO 9001
产品情况:摩托车、汽车(鼓式和碟式)制动片、离合器配重蹄块、离合器总成、机械制动片
配套及出口情况:已和国内一些知名摩托车主机厂配套;远销欧洲、美洲

★浙江冈新制管有限公司
地址:浙江省平湖经济开发区新群路1353号
邮编:314200
电话:0573/85639760、85639770
电子信箱:osc@okashinseikan.com
法定代表人:木下良夫
产品情况:汽车以及工业用管道

★帝柯精密零部件(平湖)有限公司
地址:浙江省嘉兴市平湖经济技术开发区宏建路2199号内5号厂房一层
邮编:314213
电话:0573/85851291
网址:www.dakoko.cn
电子信箱:info@dakoko.cn
法定代表人:塞巴斯蒂安马林
产品情况:主要生产各类精密机加工件和汽车零配件等

★嘉兴新悦标准件有限公司
地址:浙江省海盐县城西北路188号
邮编:314300
电话:0573/86966266、86978666
传真:86966266
电子信箱:xinyue@zj-xinyue.com
法定代表人:姜文国
质量体系:ISO 9001
产品情况:(新螺牌)
长螺杆
出口情况:出口美洲、亚洲、欧洲、日本、大洋洲等国家和地区

★桑德兰紧固件(浙江)有限公司
地址:浙江省海盐县武原镇桑德兰大道1号
邮编:314300
电话:0573/86161334、86161331
网址:www. sundram. com
电子信箱:sfz@ sundram. net. cn
法定代表人:Sampathkumar Moorthylyengar
质量体系:ISO/TS 16949、ISO 14001
产品情况:高强度标准与非标准螺栓、螺钉和数控加工产品

★海盐振达汽配有限公司
地址:浙江省海盐县核电产业园区庆丰南一路
邮编:314303
电话:0573/86400870、86400839
传真:86400400
网址:qinyanqipei. com
电子信箱:qinyan@ zdqipei. com. cn
法定代表人:马建平
质量体系:ISO/TS 16949、ISO 9001
产品情况:(秦燕牌)
制动片、汽车橡胶件、高强度螺栓、减振件、风扇带、油封等
配套情况:为重汽集团、陕汽集团、北汽福田、厦门金龙、潍柴、杭发、亚星商务车、上柴、郑州宇通、陕西汉德车桥、北奔重汽、辽宁五一八内燃机等配套

★海盐三马标准件有限公司
地址:浙江省海盐县于城镇八字村五金工业园333号
邮编:314306
电话:0573/86466158、86466183
传真:86466118
电子信箱:15157373546@163. com
法定代表人:马雪明
质量体系:ISO/TS 16949
产品情况:(SHM牌)
各类高强度螺栓、螺母及非标准特殊紧固件,年生产标准件3.5万t

★海盐猛凌汽车配件有限公司
地址:浙江省海盐县沈荡镇南
邮编:314311
电话:0573/86722201、86725198
传真:86720214
电子信箱:mlqp@ mlqp. cn
法定代表人:汪曙青
质量体系:ISO/TS 16949
产品情况:汽车起动机磁力开关外壳、静铁芯、动铁芯、汽车发电机爪级、皮带轮、异形冷挤压见及液态管件
配套及出口情况:为日立海立、卢卡斯-TVS、本特勒汇众、苏州友汇、中汽长电、长沙日立、上海大洋、上海德尔福、长春大洋等配套;美制、英制螺纹液压管件出口欧美等国家,磁力开关配件50%的产品出口日本、德国、印度,已进入日立、博世、印度卢卡斯等公司采购体系

★海宁市盛丰针织有限公司
地址:浙江省海宁市经济开发区石泾路32号
邮编:314400
电话:0573/87092998、87091133
传真:87092238
电子信箱:warp@ shengfeng. com. cn
法定代表人:冯国光
产品情况:汽车内饰面料等
出口情况:产品80%以上出口美国、日本、欧洲、东亚等国家和地区

★海宁市正扬轴承有限公司
地址:浙江省海宁市民兴路88号
邮编:314400
电话:0573/87269304、87269302
传真:87269309
网址:www. zyzbearing. com
电子信箱:zyz@ zyzbearing. com
法定代表人:岑绿荫
质量体系:ISO/TS 16949、GB/T 24001
产品情况:年产外径30~360mm的各类轴承1000余万套,为电动机、货车、汽车、工程机械等行业配套
配套及出口情况:主机配套伊顿、菲亚特、法雷奥、中国重机、施乐等国际知名公司;远销美国、德国、意大利、法国等国家

★浙江众腾汽车密封件有限公司
地址:浙江省海宁市长安镇德丰公路新德大桥南堍
邮编:314408
电话:0573/87258288
传真:87482233
网址:www. hnzhongteng. com
电子信箱:zokhnzt@163. com
法定代表人:张孝龙
质量体系:ISO/TS 16949
产品情况:汽车轮毂轴承单元密封件、ABS编码器、防尘盖、轮毂单元系列等高端橡胶密封件

★海宁奥通汽车零件有限公司
地址:浙江省海宁市长安镇顾家路29号
邮编:314408
电话:0573/87416602
传真:87416718
网址:www. atmgroup. com. cn
电子信箱:atmparts@126. com
法定代表人:傅阿新
质量体系:ISO/TS 16949
产品情况:汽车轮毂轴承总成
配套及出口情况:与多家汽车厂、车桥厂及制动器总成厂合作;主要进入北美洲的大型连锁汽配超市

★宏达高科控股股份有限公司
地址:浙江省海宁市许村镇建设路118号
邮编:314409
电话:0573/87550882、87566906
传真:87552681
网址:www. zjhongda. com. cn
电子信箱:cyj@ zjhongda. com. cn
法定代表人:沈国甫
质量体系:ISO/TS 16949、ISO 14001
产品情况:(宏达牌)
汽车内饰面料
配套及出口情况:为上汽大众、上汽通用、奔驰、宝马、上海汽车、一汽-大众、神龙汽车、北京现代、北京汽车、长城汽车、比亚迪、江淮汽车、吉利汽车、奇瑞汽车等大型汽车制造企业多款车型配套;出口美国、德国、日本等国家

★浙江万方安道拓纺织科技有限公司
地址:浙江省海宁市经编产业园吉恩仕大道2号
邮编:314419
电话:0573/87987777、87987781
传真:87987788、87987796
网址:www. zhejiangwanfang. com
电子信箱:wfdaniel@ zhejiangwanfang. com
法定代表人:毛伟华
质量体系:ISO/TS 16949、ISO 14001
产品情况:汽车内饰面料系列,适用于汽车内侧、顶棚和座椅等装饰
配套情况:主要客户有帝人、日产、本田、丰田、通用等公司

★爱柯迪股份有限公司
地址:浙江省宁波市江北投资工业园C区金山路588号
邮编:315020
电话:0574/87562111
网址:www. ikd - china. com
电子信箱:ikd@ ikd - china. com
法定代表人:张建成
质量体系:ISO/TS 16949、ISO 14001
产品情况:铝合金精密压铸件

★浙江摩多巴克斯科技股份有限公司

地址:浙江省宁波市江北区通惠路799号
邮编:315033
电话:0574/87562600、15726800888
网址:www. motorbacs. com
电子信箱:admin@ motorbacs. com
法定代表人:陆志伟
单位人数:300
质量体系:ISO/TS 16949
产品情况:(摩多巴克斯牌)
专业生产各类管成形产品(发动机水管、发动机油管、发动机管件,内高压成形工艺汽车底盘管梁,车架纵臂、车架管梁、管端成形、弯管件、管件加工),其中内高压成形管件总产能达600万套
配套情况:主要供货于长城、比亚迪、吉利、海马和五菱工业等主要主机厂
☞详细情况请参阅彩色宣传版面

★依工宁波电子元件紧固装置有限公司
地址:浙江省宁波市北仑坝头西路333号
邮编:315040
电话:0574/87901958、87901968
传真:87901978
电子信箱:valerie. gu@ trw. com
法定代表人:SUNDARAM NAGARAJAN
质量体系:ISO/TS 16949
产品情况:汽车紧固装置

★宁波正达机电有限公司
地址:浙江省宁波市江东区宁穿路498号
邮编:315040
电话:0574/87804793
传真:87800178
网址:www. nbchengda. com
法定代表人:朱月珠
单位人数:70
质量体系:ISO/TS 16949、QS 9000
产品情况:汽车零件、电子电动机零件等
配套及出口情况:是上海法雷奥、温岭法雷奥等企业的固定生产供货商;远销欧美等地区

★纽尚(宁波)汽车轴承制造有限公司
地址:浙江省宁波市鄞州区滨海投资创业中心祥云路183号
邮编:315105
电话:0574/28892115、28892105
传真:28892158、28892185
网址:www. newsun - bearings. com
电子信箱:bearings@ newsun - bearings. com
法定代表人:孙建新
质量体系:ISO/TS 16949
产品情况:汽车制动系统:液压离合器分离轴承、离合器总泵、分泵、机械离合器分离轴承;发动机系列:张紧轮、张紧轮轴承、惰轮、液压张紧轮、张紧器;轮毂系列:轮毂轴承、轮毂轴承单元及修理包

★宁波市鄞州亚大汽车管件有限公司
地址:浙江省宁波市鄞州区塘溪镇
邮编:315142
电话:0574/88402901、88315555
传真:88402555、88402222
网址:www. nnk. com. cn
电子信箱:nagoya@ nnk. com. cn
法定代表人:杜玉仙
质量体系:ISO/TS 16949
产品情况:汽车管件、空调管件及其他金属零配件
配套及出口情况:为一汽、东风、大众、通用、丰田等知名汽车厂商配套;产品全部返销日本,主要用户包括丰田、本田、日产等汽车厂商

★宁波翔龙金属制品有限公司
地址:浙江省宁波市海曙区高桥镇江南村
邮编:315173
电话:0574/88007577、88018678
传真:88018678
电子信箱:sales@ xlnb. cn
法定代表人:翁革军
质量体系:ISO 9001、ISO 14001
产品情况:汽车五金配件
出口情况:产品90%以上出口欧洲、美洲、日本、大洋洲等国家和地区

★东睦新材料集团股份有限公司
地址:浙江省宁波市鄞州工业园区(姜山)景江路8号
邮编:315191
电话:0574/87399810、87886179
传真:87831133
网址:www. pm - china. com
电子信箱:nbtm@ pm - china. com
法定代表人:芦德宝
负责人:朱志荣
单位人数:3000
质量体系:ISO/TS 16949、ISO 14001
产品情况:(NBTM牌)
　　粉末冶金零件,包括发动机正时带轮、链轮、气门阀座、气门导管、主轴承盖、油泵齿轮、变速器齿毂、转向助力泵转子和定子、ABS激励环、减振器活塞、导向器、底阀座等
配套及出口情况:为汽车发动机、变速器、减振器、油泵等制造厂供货;部分产品出口美国、日本、欧洲等国家和地区

★宁波裕江特种胶带有限公司
地址:浙江省宁波市天童北路702号
邮编:315192
电话:0574/87410350、8008301315
传真:87410330
网址:www. yujiangrubber. com
电子信箱:xs_yjh@ yujiangrubber. com
法定代表人:黄小明
质量体系:ISO/TS 16949、ISO 14001
产品情况:汽车同步带、V带、多楔带;年产传动带2000万条
配套及出口情况:为长安汽车、一汽锡柴、一汽大连柴油机、天津一汽华利、保定长城内燃机、奇瑞汽车、广西玉柴等配套;远销多个国家

★浙江正大弹簧有限公司
地址:浙江省宁波市镇海区中官路77号
邮编:315200
电话:0574/86178878
传真:86178978
网址:www. nbzdth. com
电子信箱:nbzdth@ 163. com
法定代表人:郑震球
单位人数:100
质量体系:ISO 9001
产品情况:(箭球牌)
　　各类气门弹簧、离合器弹簧、油泵弹簧、高低压开关弹簧等
出口情况:出口美国、欧洲、日本、东南亚、中东等国家和地区

★浙江中平粉末冶金有限公司
地址:浙江省宁波市镇海区蟹浦镇汇源路18号
邮编:315204
电话:0574/86508002
传真:86506002
网址:www. zhongping. com
电子信箱:gsb@ zhongping. com
法定代表人:郑平龙
单位人数:350
质量体系:ISO/TS 16949、ISO 14001
产品情况:(中平牌)
　　各种高中密度、高强度、高精度铁基粉末冶金结构件,含油轴承
配套情况:为格力、美的、日本昭和、三星、韩国LG、格兰仕、黄石东贝、钱江制冷、广州万宝、江苏白雪、东风等知名中外集团公司配套

★宁波达尔轴承有限公司
地址:浙江省宁波市镇海区骆驼街道方北路139号
邮编:315206
电话:0574/86553993、86556999
传真:86552444
电子信箱:luyiyun@ wtoo. com. cn
法定代表人:田建军
质量体系:ISO/TS 16949、ISO 14001
产品情况:(WTOO牌)
　　汽车ABS电动机轴承、EPS电动机轴承、发电机轴承、空调压缩机轴承、变速器球轴承、座椅电动机轴承等
配套及出口情况:为宝马、大众、通用、丰田、菲亚特、三菱、奇瑞、比亚迪、东南汽车、江铃、江淮汽车等配套;远销欧洲、美洲、日本等国家和地区

★浙江五环轴承集团有限公司
地址:浙江省慈溪市横河开发区
邮编:315300
电话:0574/63032966
传真:63833115
网址:www. nwhbearing. com
电子信箱:export@ nwhbearing. com
法定代表人:俞沛耀
质量体系:ISO 9001
产品情况:(NWH牌)
　　轴承
出口情况:出口美国、日本、德国、东南亚、中东等国家和地区,并销往中国台湾地区

★慈溪阿尔特新材料有限公司
地址:浙江省慈溪市宗汉街道新兴产业集群区新兴一路330号
邮编:315300
电话:0574/58969218
网址:www. cixihuili. com
法定代表人:赵渭敏
产品情况:铝合金铸件

★慈溪博格曼密封材料有限公司
地址:浙江省慈溪市浒山镇慈甬路787-817号
邮编:315302
电话:0574/63977258、63977275
法定代表人:WOLFGANG BOMMES
质量体系:ISO 9001
产品情况:膨胀石墨板材、填料环、金属缠绕垫片、高强石墨复合板材、高强石墨垫片、内燃机汽缸垫片、进排气管垫片、汽车消声器填料、橡胶塑件复合密封件、苎麻盘根、聚四氟乙烯盘根、芳纶盘根、碳素纤维盘根、膨胀石墨通用盘根等10多个品种;年生产膨胀石墨密封材料及制品能力为400t
出口情况:远销欧洲、美洲、日本、东南亚等10多个国家和地区

★慈溪市一桥汽车零部件有限公司
地址:浙江省慈溪市坎墩工业区华鹏路151号
邮编:315303
电话:0574/58989097、13806647579
传真:58989092
网址:www.cxyiqiao.cn
电子信箱:yiqiao_qp@163.com
法定代表人:严祖业
质量体系:ISO/TS 16949
产品情况:(一桥牌)
汽车燃油泵总成波纹管、冲压件、五金件、压铸件、塑料件以及新型电动汽车专用水泵等各种汽车配件
配套情况:主要产品一级配套有比亚迪;二级配套有上汽通用五菱、吉利、长安、伟世通、东南汽车、东风小康、力帆、奇瑞、江淮、昌河、佳宝、哈飞、长城等汽车主机厂

★慈溪市龙山汽配有限公司
地址:浙江省慈溪市龙山镇
邮编:315311
电话:0574/63973162、63973152
传真:63973159
网址:www.cn-longshan.com
电子信箱:sale@cnlongshan.com
法定代表人(负责人):金云康
单位人数:550
质量体系:ISO/TS 16949、ISO 14001
产品情况:以冲压、拉伸、冷挤压及五金加工为主
配套及出口情况:为法雷奥、博世、大陆、康明斯、上实交通、麦格纳、恩坦华、博泽等供货;远销北美洲、西欧、日本等国家和地区

★宁波中宏轴承集团有限公司
地址:浙江省慈溪市杭州湾新区滨海二路608号
邮编:315318
电话:0574/63198288
传真:63198888
网址:www.tybearing.com
电子信箱:jenny@zh-bearings.com
法定代表人:胡立江
单位人数:500
质量体系:ISO/TS 16949
产品情况:各类深沟球轴承、汽车水泵轴连轴承、UCP外球面轴承、七类滚针轴承及汽车水泵总成

★浙江金象轴承有限公司
地址:浙江省慈溪市横河工业开发区上房路3号
邮编:315318
电话:0574/63268988、63267273
传真:63265877
电子信箱:sales@jin-xiang.com
法定代表人:胡志强
质量体系:ISO 9001
产品情况:(FIGX牌)
各类微、小、中型深沟球轴承及非标轴承,年生产各类轴承5000余万套
配套及出口情况:为企业进行主机配套;远销美国、欧洲、日本等国家和地区

★宁波宏诺精密机械有限公司
地址:浙江省慈溪市周巷镇周西公路1118号
邮编:315324
电话:0574/23611918
传真:23611900
网址:www.high-know.com
电子信箱:high_know@163.com
法定代表人:干立军
质量体系:ISO 9001
产品情况:汽车轮毂单元
出口情况:出口美国、加拿大等国家

★宁波捷奥汽车零部件有限公司
地址:浙江省慈溪市庵东镇工业园区
邮编:315327
电话:0574/63478169、63479718
传真:63472678
网址:www.nbjieao.com
电子信箱:nbja@nbjieao.com
法定代表人:王素芸
单位人数:130
质量体系:ISO 9001
产品情况:锌、铝合金压铸件,具有年生产1500余t,600万件的锌/铝压铸件生产能力
配套及出口情况:为麦格纳唐纳利(上海)汽车系统、上海奔原汽车后视镜、宁波华翔汽车后视镜、浙江恒耀实业等配套;出口德国

★慈溪汇丽机电股份有限公司
地址:浙江省慈溪市匡堰镇工业开发区
邮编:315333
电话:13757405018
网址:www.cixihuili.com
电子信箱:trade@cixihuili.com
法定代表人:罗宇
单位人数:850
质量体系:ISO/TS 16949
产品情况:铸造和加工各类灰铸铁、球铁、合金铁、铸铝零件,包括变速器壳体、轴壳、取力器壳体、电动机部件、泵阀部件等
配套及出口情况:主要客户有GE、REGAL BELOIT、YASKAWA、BALDOR、TOSHIBA、EMERSON、ABB、CUMMINS、BOMBARDIER、SIEMENS等;出口美国、日本、德国、英国、瑞典、法国等国家

★宁波四维尔工业有限责任公司
地址:浙江省慈溪市匡堰镇樟树村
邮编:315333
电话:0574/63535499
传真:63530988
网址:www.swellchina.com
电子信箱:swell@swellchina.com
法定代表人:罗旭强
质量体系:ISO/TS 16949
产品情况:(四维尔牌)
主导产品汽车内外装饰件、汽车标牌和塑料表面处理
配套情况:为北美三大汽车集团、德国大众、德国奥迪、沃尔沃、雪铁龙、一汽集团、一汽-大众、上汽大众、上汽通用、东风公司、神龙公司等国内外知名汽车企业配套

★巴拉乐五金制造(宁波)有限公司
地址:浙江省慈溪市杭州湾新区滨海一路欧洲工业园A2-1
邮编:315336
电话:0574/63077691
网址:www.bralo.com
电子信箱:bralo.cn@bralo.com
法定代表人:BASILIO LOPEZ BRAVO
质量体系:ISO 9001
产品情况:抽芯铆钉、铆螺母、铆接工具

★宁波振华汽车零部件有限公司
地址:浙江省宁波杭州湾新区滨海二路237号
邮编:315336
电话:0577/58806969、13506577911
传真:65508021
网址:www.zh-chn.com
电子信箱:sale1@zh-chn.com
法定代表人:陈明华
质量体系:ISO/TS 16949
产品情况:生产各种标准和非标准紧固件及汽车异形冷镦零件
出口情况:远销多个国家和地区

★宁波丰茂远东橡胶有限公司
地址:浙江省余姚市远东工业城CE10-11
邮编:315400
电话:0574/62762222、62760368
传真:62760988
网址:www.fengmao.com
电子信箱:sales@fengmao.com
法定代表人:蒋春雷

质量体系:ISO/TS 16949、ISO 14001
产品情况:(丰茂牌)
汽车传动带、旋转轴唇形密封圈、硅胶管、张紧轮、模压制品
配套情况:为长安福特、一汽-大众、海马汽车、长安汽车、上汽通用五菱、比亚迪、奇瑞、吉利、铃木、力帆、华泰、东风日产、哈飞、昌河、一汽、东风、尼奥普兰等国内大型主机厂配套

★宁波欧迅传动系统有限公司
地址:浙江省余姚市远东工业城CE10-11
邮编:315400
电话:0574/62762225、22686622
传真:62760988
电子信箱:sales@ ocean-rubber. com
法定代表人:蒋春雷
质量体系:ISO/TS 16949
产品情况:(OCEAN牌)
汽车传动带、油封等
配套情况:为哈飞汽车、一汽杰克赛尔配套

★宁波安拓实业有限公司
地址:浙江省余姚市丈亭工业开发区3号
邮编:315410
电话:0574/56319999
传真:56313277
网址:www. china-anchor. com
电子信箱:anchor@ china-anchor. com
法定代表人:张金清
质量体系:IATF 16949
产品情况:[安拓(ARROW)牌]
各种膨胀螺栓、轮胎螺栓等
配套情况:与国内外很多厂商建立了二级配套关系

★宁波凯驰胶带有限公司
地址:浙江省余姚市牟山镇金牛中路65号
邮编:315456
电话:0574/62498188、62498908
传真:62497297、62496192
网址:www. gul-tz. com
电子信箱:kaichi@ gul-tz. com
法定代表人:胡志洪
单位人数:300
质量体系:ISO/TS 16949、ISO 14001
产品情况:橡胶同步带、多楔带、开口带和同步带轮,年产能力6000万条
出口情况:出口欧洲、美洲、东南亚,并销往中国香港、中国台湾地区

★宁波乔士橡塑有限公司
地址:浙江省余姚市泗门镇西郊工业园区同济路6号
邮编:315470
电话:0574/62165688、62155938
传真:62156588
网址:www. qsxs. com
电子信箱:info@ qsxs. com
法定代表人:诸先桥
单位人数:200
质量体系:ISO/TS 16949
产品情况:(QSXS牌)
专业生产商用车气制动气室橡胶隔膜及其他橡胶制品,乘用车液压制动储液罐(油杯)、控制阀体、真空单向阀及其他塑料制品;已形成年产气室橡胶隔膜1500万只、储液罐500万套的规模
配套情况:全部为OEM配套

★奉化市远东车辆部件有限公司
地址:浙江省奉化市岳林东路278号
邮编:315500
电话:0574/59557099
传真:88935669
网址:www. cn-hawks. com
电子信箱:hawks08@ 188. com
法定代表人:舒亮
单位人数:300
质量体系:ISO 9001
产品情况:铝合金铸件、铝制齿轮箱、铝制手柄、气动执行器、汽缸、空气过滤器、限位开关、电动气动定位器、电磁阀、脉冲阀、角座阀、蝶阀、球阀、直流电动机、行星齿轮电动机等
出口情况:远销欧洲市场

★宁波大洋实业发展有限公司
地址:浙江省宁波市宁海经济开发区跃龙路35号
邮编:315600
电话:0574/65550687、65207603
传真:65593799
网址:www. nb-dayang. cn
电子信箱:webmaster@ nb-dayang. cn
法定代表人:杨浩刚
质量体系:ISO 9001、ISO 14001
产品情况:(建邦牌)
汽车零部件、橡胶软管、工程机械混凝土输送高压橡胶软管、密封件、高级润滑锂基脂、精密铸造及高耐磨锰钢调质臂架管等
配套情况:为日本小松公司等配套

★宁波市天普橡胶科技有限公司
地址:浙江省宁波市宁海县新兴工业园C区金龙路5号
邮编:315600
电话:0574/65333986
传真:65332996
网址:www. nbtip. com
电子信箱:tip@ tipgroupm. com
法定代表人:尤建义
质量体系:ISO/TS 16949、ISO 14001
产品情况:橡胶管路,模压制品
配套情况:为全球日产、日本马自达、欧洲丰田、本田、神龙、大众、福特、通用等国际大型汽车厂OEM配套

★宁波永信汽车部件制造有限公司
地址:浙江省宁海科技园区竹泉路216号
邮编:315600
电话:0574/65292929
传真:65292666
网址:www. yongxingroup. com
电子信箱:webmaster@ yongxingroup. com
法定代表人:王兴德
质量体系:ISO/TS 16949、ISO 14001
产品情况:悬架系统部件、换挡操纵机构总成、汽车燃油蒸发污染物控制装置、转向系统零件以及各种汽车用橡塑零件
配套情况:为上汽大众、上海汽车、比亚迪汽车、哈飞汽车、沈阳华晨、上汽通用五菱、北汽福田、厦门金龙、江淮汽车、江铃汽车等国内主机厂一级配套

★ 建新赵氏集团有限公司
地址:浙江省宁海县科技园区科园北路281号
邮编:315600
电话:0574/59975000
网址:www. jianxin. com
电子信箱:jxhr@ jianxin. com
法定代表人(负责人):赵国行
质量体系:IATF 16949、ISO 14001、OHSAS 18001
产品情况:汽车整车密封条、橡胶金属减振件、底盘件、铝压铸、胶管、亮条、天窗总成等产品
配套及出口情况:主要客户有一汽-大众、上汽大众、上汽通用、神龙汽车、长安福特、广汽菲亚特、蔚来汽车、宝沃、吉利、车和家等;出口美国通用、克莱斯勒、德国大众、奥迪等
☞ 详细情况请参阅彩色宣传版面

★宁波捷豹集团有限公司
地址:浙江省宁海县梅林东路39号
邮编:315609
电话:0574/65292211
传真:65552333
网址:www. jiebaogroup. com
电子信箱:jb2014@ jiebaogroup. cn
法定代表人:陆兴宝
单位人数:800
质量体系:ISO/TS 16949、ISO 14001
产品情况:[捷豹(JB)牌]
为汽车振动控制系统、发动机进/排气系统、操纵系统、动力传动系统、电子控制系统、内/外饰系统等配套橡胶/塑料件总成及零部件
配套情况:为上汽大众等配套

★宁波市美亚达汽车部件制造有限公司
地址:浙江省宁海县梅林工业区
邮编:315609
电话:0574/65291980、13906845208
传真:65292556
网址:www. meiyada. com
电子信箱:nbmydxs@ cnool. net
法定代表人:葛春琴
负责人:吴能达

质量体系:ISO/TS 16949、ISO 14001
产品情况:汽车空气弹簧及弹性衬套、橡胶软管、油封、O 形密封圈等汽车橡胶零部件

★宁波兴亚橡塑有限公司
地址:浙江省宁海县梅林南路 8 号
邮编:315609
电话:0574/55872969、15957481383
网址:www. nbxingya. com
电子信箱:elena. zhou@ xingyarubber. com
法定代表人:陈伟官
质量体系:ISO 14001、ISO/TS 16949
产品情况:橡胶汽车配件(防尘罩、制动皮碗、车用线束护套、减振器、橡胶衬套、汽车制动气室橡胶隔膜等其他制动器零等)
出口情况:汽配产品远销美国、日本、英国等 10 多个国家和地区

★宁波无边橡塑有限公司
地址:浙江省宁波市宁海县西店镇海口村
邮编:315613
电话:0574/65175972、65175977
传真:65175999、65175995
电子信箱:nhwbmj@ mail. nbptt. zj. cn
法定代表人:蒋迎峰
质量体系:ISO/TS 16949、ISO 14001
产品情况:(WOB 牌)
气门油封、曲轴油封等以氟胶为原料橡胶密封产品
配套情况:为江铃汽车等配套

★康迪泰克传动系统(宁海)有限公司
地址:浙江省宁波市宁海县科技园区科三路
邮编:315615
电话:0574/65552357、65552335
传真:65552364
网址:www. contitech. cn
电子信箱:lxb@ jiebaogroup. com
法定代表人:PHILIP NELLES
负责人:Werner Weitz
单位人数:200
质量体系:ISO/TS 16949、ISO 14001
产品情况:生产汽车同步带、工业同步带、模压多楔带等产品
配套及出口情况:为上汽大众、一汽-大众、华晨宝马配套;出口国外市场

★浙江林氏汽车零部件有限公司
地址:浙江省象山县滨海工业园区金海大道 5 号
邮编:315712
电话:0574/25750488
传真:25750404
网址:www. linshichina. com
电子信箱:sale802@ linshichina. com
法定代表人:林峰帆
单位人数:200
质量体系:ISO/TS 16949
产品情况:汽车橡胶密封件、欧Ⅲ及以上柴油滤清器
配套情况:已成为博世、威孚集团、开普动力等知名汽车零部件集团的优秀供应商

★宁波诗兰姆汽车零部件有限公司
地址:浙江省宁波市象山县西周经济开发区
邮编:315722
电话:0574/65839258
传真:65839259
网址:www. schlemmer. com. cn
电子信箱:info@ schlemmer. com. cn
法定代表人:杨卫华
质量体系:ISO/TS 16949、ISO 14001
产品情况:年生产各类波纹管 4 亿 m,注塑件 13 亿件

★宁波菲力克汽配有限公司
地址:浙江省宁波市北仑区坝头西路 278 号
邮编:315800
电话:0574/26878071、13486079764
传真:26878072
网址:www. kinrom. com
电子信箱:lily@ kinrom. com
法定代表人:董菁荣
单位人数:500
质量体系:ISO/TS 16949、ISO 14001
产品情况:汽车波纹管、发动机用 EGR 管、进油管、回油管等

★宁波景升明诚汽车科技股份有限公司
地址:浙江省宁波市北仑区春晓工业园区海口河路 259 号
邮编:315800
电话:0574/88235599
传真:88235582
网址:www. kingsunchina. com
电子信箱:wdz@ kingsunchina. com
法定代表人:王德忠
质量体系:ISO/TS 16949
产品情况:轿车发动机悬置软垫、变速器悬置软垫、金属橡胶减振器、橡胶隔振垫、橡胶密封圈、工业橡胶制品
出口情况:出口欧洲、北美洲、东南亚等地区

★浙江润倍万灵润滑油有限公司
地址:浙江省宁波市北仑区霞浦云台山路 19 号
邮编:315807
电话:0574/86910023
传真:86910025
网址:www. lubyoil. com
电子信箱:luby@ lubyoil. com
法定代表人:张欣
质量体系:ISO 9001
产品情况:(润倍牌)
汽车用油、摩托车用油、工业用油、工程机械用油及润滑脂、制动油、不冻液、汽车护理品等

★宁波大榭开发区综研化学有限公司
地址:浙江省宁波市大榭开发区榭西工业区东湖路 7 号
邮编:315812
电话:0574/86768175、86764501
传真:86768176、86762483
网址:www. ningbo - soken. com
电子信箱:marketing@ ningbo - soken. com
法定代表人:小林晃司
负责人:中沢光彦
质量体系:ISO 9001、ISO 14001
产品情况:(综研牌)
生产高性能工业用胶带和胶黏剂,广泛应用于汽车等行业

★舟山市 7412 工厂
地址:浙江省舟山市定海区兴舟大道西段 508 号
邮编:316041
电话:0580/8807768
传真:2021001
网址:www. hj7412. com
电子信箱:hj7412@ hj7412. com
法定代表人:张成利
单位人数:650
质量体系:ISO/TS 16949
产品情况:[海锚(HAIMAO)牌]
高强度紧固件、非标紧固件和汽车配件
配套情况:为北京奔驰、上汽通用、一汽-大众、上汽大众、沃尔沃等全国 20 多家知名汽车厂、主机厂配套生产高强度紧固件、非标紧固件和异形件

★舟山市正源标准件有限公司
地址:浙江省舟山市普陀区沈家门海洋生物工业园区正源路 65 号
邮编:316100
电话:0580/3695887、3695787
传真:3696363
网址:www. zszyss. com
电子信箱:zy65@ zszyss. com
法定代表人:林仲岳
单位人数:260
质量体系:ISO 9001
产品情况:(正源牌)
汽车用异形螺栓系列等
出口情况:出口北美洲、欧洲、韩国、日本、东南亚,并销往中国台湾地区

★舟山华意汽车配件制造有限公司
地址:浙江省舟山市岱山经济开发区众兴路 39 号
邮编:316200
电话:0580/7368005
传真:7368089
网址:www. usb - belt. com
电子信箱:huayi@ huayi - qc. com
法定代表人:李辉
质量体系:ISO/TS 16949
产品情况:(千驰牌、USB 牌)
各种汽车同步带、多楔带、变速带、

切割式V带、平带等橡胶传动带系列
出口情况:远销中东、南美洲、欧洲、东南亚等地区

★浙江铁马科技股份有限公司
地址:浙江省临海市创业大道288号
邮编:317000
电话:0576/85198039、85198036
传真:85198038
网址:www.chinaironhorse.com
电子信箱:tmc@chinaironhorse.com
法定代表人:王秀芬
质量体系:ISO/TS 16949、ISO 14000
产品情况:(铁马牌)
汽车液压制动软管总成、气压制动软管总成、气压(尼龙)制动软管总成
配套情况:为东风、一汽、金龙客车、柳汽、申沃、尼奥普兰等数十家汽车集团公司批量配套

★浙江洋平机械股份有限公司
地址:浙江省临海市上盘镇北洋工业区5路3号
邮编:317015
电话:0576/89118288
传真:85528688
网址:www.yangping.cn
电子信箱:ddj@yangping.cn
法定代表人:董官灯
单位人数:300
质量体系:ISO/TS 16949
产品情况:铝合金、不锈钢、碳钢等金属类各种锻件、机械配件
出口情况:远销北美洲、西欧、亚太等地区

★浙江同兴金属锻件有限公司
地址:浙江省临海市杜桥镇东海第三大道2号
邮编:317016
电话:0576/85662548、85667500
传真:85661598
网址:www.zgtx.net
电子信箱:zgtx@vip.163.com
法定代表人:葛良兴
单位人数:150
质量体系:ISO/TS 16949
产品情况:汽车、摩托车等用铜、铝、钢材质精密模锻产品

★临海市金鑫汽车配件有限公司
地址:浙江省临海市杜桥镇环城北路
邮编:317016
电话:0576/85528051、85528288
传真:85528508
网址:www.jinxincar.com
电子信箱:2088@jinxincar.com
法定代表人:金吕仙
单位人数:150
质量体系:ISO/TS 16949
产品情况:螺母、螺栓、垫片、非标紧固件、销钉等

★台州吉谷胶业股份有限公司
地址:浙江省临海市沿江镇石牛工业区
邮编:317022
电话:0576/81101275
传真:81101275
网址:www.g-good.com.cn
电子信箱:tiant@g-good.com.cn
法定代表人:郑茹
质量体系:ISO 9001、ISO 14001
产品情况:各类塑料、金属等不同材质的胶黏剂,应用在设备制造、汽车装饰等领域

★临海市四通制管有限公司
地址:浙江省临海市江南塘渡工业区
邮编:317025
电话:0576/85938005、85938395
传真:85938025
网址:www.sitongyouguan.com
电子信箱:st@st166.com
法定代表人:王俊定
单位人数:200
质量体系:ISO/TS 16949
产品情况:(四通牌)
专业生产汽车各类油管及滤清器总成、汽车风扇叶
配套及出口情况:为广西玉柴、常柴、全柴、常州东风农机等柴油机厂配套;远销欧洲、东南亚等地区

★台州富聚胶带制造有限公司
地址:浙江省三门县枫坑工业区龙翔路10号
邮编:317100
电话:0576/83352213、83375555
传真:83352215
电子信箱:china-fjjd@china-fjjd.com
法定代表人:陈云华
质量体系:ISO/TS 16949
产品情况:(Fuju牌)
汽车V带(切边齿形带、多楔带、同步带)以及摩托车带、农机带、各类特种传动带,年设计生产能力为1亿条
出口情况:远销国外市场

★浙江三维橡胶制品股份有限公司
地址:浙江省三门县沙田洋经济开发区
邮编:317100
电话:0576/83518390
网址:www.three-v.com
电子信箱:sales@three-v.com
法定代表人:叶继跃
单位人数:1374
质量体系:ISO 9001、ISO 14001
产品情况:已经具备输送带年产2500万m^2、橡胶V带年产2亿Am、汽车V带年产500万条的生产能力
出口情况:出口欧洲、南美洲、北美洲、大洋洲、非洲、亚洲等几十个国家和地区

★浙江三特科技股份有限公司
地址:浙江省三门县上叶北山开发区
邮编:317100
电话:0576/83231202、15067654712
网址:zjsunte1.1688.com
电子信箱:deyun@asiabelts.com
法定代表人:陈基昌
质量体系:ISO 9001
产品情况:(得运牌、三特牌)
汽车及摩托车传动带:同步带、切边式V带、变速V带和多楔带
出口情况:出口多个国家和地区

★浙江台基摩擦材料有限公司
地址:浙江省三门县珠岙工业区坎头路9号
邮编:317101
电话:0576/83112079、4001111358
传真:83112088
网址:www.mocapian.com
电子信箱:taiji@mocapian.com
法定代表人:郑士洋
产品情况:年生产和销售摩擦片约1000万片
出口情况:大量出口欧美、中东、西亚、东南亚等地区

★浙江尊华胶带股份有限公司
地址:浙江省三门县高枧金湖洋经济开发区
邮编:317102
电话:0576/89311511、83118111
传真:83117199
网址:www.bantto.com
电子信箱:sales@bantto.com
法定代表人:郑素琴
单位人数:300
质量体系:ISO 9001、ISO 14001
产品情况:钢丝绳芯输送带、尼龙输送带、聚酯输送带、管状输送带、普通棉帆布输送带、耐热、耐高温带以及耐寒、耐油树洞带、一般用途难燃带等各种规格输送带及各种V带
出口情况:出口美洲、欧洲等30多个国家和地区,出口占总销售额的60%

★浙江凯欧传动带股份有限公司
地址:浙江省三门县高枧开发区
邮编:317102
电话:0576/83117118、83118388
传真:83119609、83117363
网址:www.kaioubelts.com
电子信箱:kaiou@126.com
法定代表人:叶继师
质量体系:ISO 9001、ISO 14001
产品情况:(凯欧牌)
硬线芯包布V带、汽车V带、汽车同步带、工业用同步带、多楔带、普通V带、窄V带、联组V带
配套及出口情况:为主机企业配套;出口欧洲、美洲、中东、南非、东南亚等地区

★浙江紫金港胶带有限公司
地址:浙江省三门县西区工业园区
邮编:317102
电话:0576/83117030、83119999
传真:83117777、83117179
网址:www.firstbelt.com
电子信箱:zijingang@firstbelt.com
法定代表人:郑有灿
质量体系:ISO/TS 16949
产品情况:(珠屏牌)
汽车V带、多楔带、同步带
配套情况:为玉柴、朝柴、中国重汽、长丰猎豹、金龙客车等主机厂配套

★浙江赛阳密封件有限公司
地址:浙江省仙居县城关镇迎晖路5号
邮编:317300
电话:0576/87819186、87819084
传真:87819177
网址:www.saiyang.cn
电子信箱:saiyang@vip.163.com
法定代表人:王真理
质量体系:ISO/TS 16949、VDA 6.1
产品情况:各种密封件;年产能力1800万m汽车密封条
配套情况:为一汽集团、东风汽车公司、南京汽车集团、哈飞汽车、昌河汽车、上汽通用五菱、长安汽车等配套

★浙江兴宇汽车零部件有限公司
地址:浙江省仙居县下洋底工业区
邮编:317300
电话:0576/87725689、87725876
传真:87725861
网址:www.xingyuseal.com
电子信箱:xyz@xing-ke.com
法定代表人:陈文杰
质量体系:QS 9000、ISO/TS 16949
产品情况:(兴科牌)
车用整车密封胶条系列(包括橡塑胶密封条、塑钢复合密封条、铝塑组合窗框总成等);金属滚压件系列(包括中滑门上、中、下导轨、门框总成等);新型密封产品系列(TPV、TPE、热塑性弹性体等);高档轿车亮饰条系列
配套及出口情况:与一汽集团、上汽集团、长安汽车(包括重庆长安、河北长安、南京长安、江西昌河、合肥昌河、哈飞)、沃尔沃汽车、帝豪汽车、吉利集团、北汽集团、东风小康、奇瑞汽车、比亚迪汽车、海马汽车、华泰汽车等十几家国内著名的主机厂配套协作;远销美洲、欧洲、东南亚等地区

★浙江仙通橡塑股份有限公司
地址:浙江省仙居县杨府
邮编:317306
电话:0576/87684158、87684191
传真:87684299
电子信箱:zjxt@xian-tong.com
法定代表人:李起富
质量体系:ISO/TS 16949、QS 9000
产品情况:橡胶、塑料及五金制品
配套情况:为上汽、五菱、哈飞汽车、一汽、长安、昌河、江淮、北汽、金杯、吉利等配套

★浙江宏鑫减震系统股份有限公司
地址:浙江省温岭市新河长屿羊毛衫聚集区
邮编:317500
电话:0576/86552845
传真:86553798
网址:www.z-hx.com
电子信箱:sale@hxmfj.com
法定代表人:章铭
单位人数:200
质量体系:QS 9000、ISO/TS 16949
产品情况:主要有汽车减压盖、发动机悬置控制臂衬套、稳定杆衬套
配套情况:为台州新界、浙江利欧股份、钱江股份等配套

★浙江发光橡胶密封件股份有限公司
地址:浙江省温岭市新河镇楼岙村
邮编:317502
电话:0576/86565258、86565268
传真:86565179
电子信箱:zjfgxj@qq.com
法定代表人:赵玲方
质量体系:ISO/TS 16949、QS 9000
产品情况:骨架油封、气门油封、减振器油封、制动皮碗等
配套情况:为广西玉柴、广西玉柴动力机械、亚新科天纬油泵油嘴、亚新科(衡阳)、江西汇尔油泵油嘴、马恒达(中国)拖拉机、合兴集团汽车电子、南京威孚金宁、北京佩特来电器配套

★浙江百利斯实业有限公司
地址:浙江省玉环市坎门街道双龙工业区
邮编:317600
电话:0576/81713502、81732668
传真:81732669
电子信箱:pallys@pallys.cc
法定代表人(负责人):章忠英
单位人数:220
质量体系:ISO/TS 16949、ISO 9001
产品情况:隔振块、发动机支承、控制臂、衬套、防尘罩等2000多种橡胶金属减振件
出口情况:远销欧洲、南美洲、印度尼西亚、中东、非洲、东南亚等国家和地区

★浙江圣固铸造有限公司
地址:浙江省玉环市清港镇凡宏村
邮编:317600
电话:0576/89903228、89903223
传真:87104296、87169878
电子信箱:sales@sangroove.com
法定代表人:金秋兰
质量体系:ISO/TS 16949、ISO 9001
产品情况:(圣固牌)
铸铁(灰铁、球铁、合金铸铁)、铸钢(碳钢、不锈钢、合金钢)以及精密机械工业加工业务;年产精铸不锈钢铸件1.5万t,铸铁件4万t

★浙江强力螺栓股份有限公司
地址:浙江省玉环市珠港镇双港路
邮编:317600
电话:0576/87222690、87224231
传真:87224221
网址:www.zjspl.com
电子信箱:zjspl@zjspl.com
法定代表人:周彩丽
质量体系:ISO/TS 16949、ISO 9001
产品情况:[潘力(PL)牌]
连杆螺栓、飞轮螺栓、汽缸盖螺栓、主轴承螺栓等
配套情况:为上海柴油机、奇瑞汽车、天津一汽夏利内燃机制造分公司、江淮汽车、宁波跃进汽车前桥、上海伦福德汽车等配套

★浙江山宝汽车部件有限公司
地址:浙江省玉环市坎门双龙工业区1号
邮编:317602
电话:0576/87553388
传真:87561975
网址:www.shanbao-group.com
电子信箱:zhejiangshanbao@163.com
法定代表人(负责人):侯爱琴
质量体系:ISO/TS 16949、ISO 14001
产品情况:各类汽车底盘、变速器等部位的非标高强度紧固件、拖钩总成、钢板吊耳、冲压件、焊接件等产品
配套情况:客户有江铃集团、庆铃集团、北汽集团、江淮汽车、广汽集团、比亚迪、意大利菲亚特、德国克诺尔、采埃孚等

★玉环精工机械制造有限公司
地址:浙江省玉环市大麦屿经济开发区
邮编:317604
电话:0576/87330988、87339368
传真:87339379
电子信箱:yhjinggong@126.com
法定代表人:徐克章
质量体系:ISO/TS 16949
产品情况:柴油、汽油内燃机连杆螺栓、高强度螺栓、螺母、轴、销、供油角度自动提前器
配套情况:为一汽大连柴油机厂、上汽通用五菱、陕汽通家集团、常州远东连杆集团等企业定点配套

★浙江赛特机械股份有限公司
地址:浙江省台州市玉环滨港工业城
邮编:317607
电话:0576/87166399
传真:87166999
网址:www.zjsaite.cn
电子信箱:info@zjsaite.cn
法定代表人:董西宛
单位人数:380

质量体系:ISO 9001
产品情况:(远特牌)
汽车轮胎螺母、螺栓年生产量600万套,各种非标高强度螺母、螺栓年生产量500万只,摩托车转向栓螺母年生产量1200万套,各种冲压件年生产量300万件
配套及出口情况:供全国主机厂家配套;部分出口国外

★浙江中通汽车零部件有限公司
地址:浙江省玉环市滨港工业城
邮编:317607
电话:0576/87210806、87165888
传真:87223686
电子信箱:sales@czzt.com.cn
法定代表人:赵秀东
质量体系:ISO/TS 16949、QS 9000
产品情况:(CZZT牌)
专业生产拖车、挂车、重型车等商用车轮毂、制动鼓紧固件
配套及出口情况:为中国知名商用车轮毂及车桥制造企业提供OEM配套;通过OEM的形式直接出口美国、欧洲及东南亚地区

★浙江崇富橡塑有限公司
地址:浙江省台州市经达路118号
邮编:318000
电话:0576/88889355、88883935
传真:88220895
网址:www.zj-jn.com
电子信箱:info@zj-jn.com
法定代表人:苏招富
质量体系:ISO/TS 16949
产品情况:汽车及摩托车油封、O形环、防尘罩、皮碗、减振衬套、减振块、各种空滤器接头等
配套情况:为万向、株洲雅马哈、奇瑞、马自达、江西昌河、长安汽车、天津一汽夏利、柳州五菱等公司供货

★浙江海特橡塑有限公司
地址:浙江省台州市经济开发区开发大道339号
邮编:318000
电话:0576/88165666、13957681263
传真:88165688
电子信箱:sales@haitexs.com
法定代表人:陈吉君
质量体系:ISO/TS 16949
产品情况:(海特牌)
汽车、摩托车、工程机械等用中、高档橡胶密封制品
配套情况:为西门子威迪欧、日本的铃木、本田、美国BBP制动系统、库柏电器、浙江亚太机电、宁波安捷制动器等配套

★浙江宏鼎汽摩配件股份有限公司
地址:浙江省台州市椒江区三甲街道青龙工业区188号
邮编:318014
电话:0576/88123111、88123222
传真:88120809
网址:www.zj-hongding.com
法定代表人:黄道敏
单位人数:260
质量体系:ISO/TS 16949、ISO 14001
产品情况:正时链罩、汽缸盖罩、离合器壳体、变速器壳体、油底壳、前罩壳等发动铸铝配件及机油泵总成
配套情况:主要客户有吉利汽车、江淮汽车、北汽集团、众泰汽车、北汽银翔、力帆汽车、川汽动力、五菱柳机、东风小康、山西淮海、华晨鑫源、长丰动力、全柴动力、玉柴机器、浙江康明斯、大农实业、万里扬变速器等大中型企业

★台州市东泰轴承有限公司
地址:浙江省台州市椒江区章安街道盈丰路119号
邮编:318050
电话:0576/89003181、89003182
传真:89003111
网址:www.yjbearings.com
电子信箱:export@yjbearings.com
法定代表人:缪洪波
质量体系:ISO/TS 16949
产品情况:(耀江牌)
低噪声深沟电动机轴承、精密低噪声轿车交流发电机轴承、双列角接触高性能环保空调压缩机轴承、汽车张紧轮轴承、汽车离合器分离轴承以及其他英制非标产品,年产各类轴承2000万套
配套及出口情况:与知名电动机厂、摩托车企业建立了长期业务关系;70%的产品出口美国、欧洲、东南亚等国家和地区

★浙江八环轴承股份有限公司
地址:浙江省台州市路桥区新安西街889号
邮编:318050
电话:0576/82415676
传真:82415672
网址:www.bahuan.com
电子信箱:bahuan@bahuan.com
法定代表人:戴学利
单位人数:700
质量体系:ISO/TS 16949、ISO 14001
产品情况:(八环牌)
摩托车轴承、汽车变速器球轴承、汽车张紧轮轴承、汽车减振器轴承、汽车空调压缩机轴承、通用机轴承、特种精密轴承、新能源汽车轴承、机器人轴承等
出口情况:进入了本田、大众、通用、盖茨、天纳克、莱顿、爱信、蒂森克虏伯、铃木、惠而浦等跨国公司的全球采购体系

★浙江精力轴承科技有限公司
地址:浙江省台州市路桥区峰江街道桥洋工业区7号
邮编:318054
电话:0576/82685535、15057226999
传真:82685858
网址:www.jlbearing.com
电子信箱:sales@jlbearing.com
法定代表人:蔡正力
单位人数:210
质量体系:ISO/TS 16949
产品情况:(RL牌)
专业生产各种中型及中小型公制、英制圆锥滚子轴承
出口情况:出口北美洲、欧洲等十几个工业发达国家

★浙江三进科技有限公司
地址:浙江省台州市路桥区峰江镇路西村
邮编:318054
电话:0576/82688028、82688026
传真:82688777
电子信箱:gq-yang@sanjin-casting.com
法定代表人:戴明西
质量体系:ISO/TS 16949、ISO 14001
产品情况:具备生产精密铝合金压铸毛坯15000t、重力、低压铸造毛坯5000t的能力

★金华市华尔汽车饰件有限公司
地址:浙江省兰溪市经济开发区雁州路99号
邮编:321100
电话:0579/88989966
传真:88989999
网址:www.cn-huar.com
法定代表人:林春雷
单位人数:205
质量体系:ISO/TS 16949
产品情况:主营汽车内饰面料生产
配套情况:为上汽通用、武汉神龙、沃尔沃、福特、一汽、奇瑞汽车、海马、长安铃木、长安汽车等多家汽车厂商配套

★浙江环新氟材料股份有限公司
地址:浙江省永康市花街镇杨公湾
邮编:321302
电话:0579/87271588、87271783
传真:87271589
网址:www.huanxinfluoro.com
电子信箱:huanxin@huanxinfluoro.com
法定代表人:方海滔
质量体系:ISO 9001、ISO 14001
产品情况:有机氟化学品、氟硅单体、氟硅橡胶、氟聚合物单体及树脂产品,用于汽车、密封材料等领域

★浙江科马摩擦材料股份有限公司
地址:浙江省松阳县西屏镇望松工业区瑞阳大道312号
邮编:323400
电话:0578/8068008、13777831083
传真:8069568
网址:www.kema.com.cn

电子信箱:zjkema0578@163.com
法定代表人:王宗和
质量体系:ISO/TS 16949、ISO 14001
产品情况:(科马牌)
汽车离合器面片,年产值1.6亿元
配套及出口情况:主要为一汽、东风、重汽、陕汽、天汽、欧曼、标致、雷诺、起亚等配套;部分产品出口伊朗、土耳其、韩国、巴西、墨西哥、泰国、美国、法国等国家

★浙江永和制冷股份有限公司
地址:浙江省衢州市世纪大道893号
邮编:324022
电话:0570/8886807、4009262699
传真:8888401
网址:www.qhyh.com
电子信箱:yonghe_gas@qhyh.com
法定代表人:童建国
质量体系:ISO 9001、ISO 14001
产品情况:(冰龙牌)
新型环保制冷剂等

★浙江环宇轴承有限公司
地址:浙江省常山县天马镇富足山工业区
邮编:324200
电话:0570/5689002、5125087
传真:5125038
电子信箱:huanbearing@hotmail.com
法定代表人:罗庆
质量体系:QS 9000
产品情况:(HUAN牌)
年产深沟球轴承车件500万套、成品轴承700万套

★中广核俊尔新材料有限公司
地址:浙江省温州市经济开发区高一路60号
邮编:325011
电话:0577/56818888-8046
传真:86581501
电子信箱:wzhw@juner.cn
法定代表人:王西坡
质量体系:ISO/TS 16949
产品情况:(俊尔牌)
改性尼龙、改性聚碳酸酯、改性聚酯、改性聚烯烃、特种工程塑料和热塑性弹性体
配套情况:改性PP系列为上汽大众(帕萨特、桑塔纳)、一汽-大众(宝来)配套,改性PA系列为奇瑞汽车(东方之子)、吉利汽车(金刚)配套,改性TPE系列为北京现代(伊兰特)配套,改性PC合金及聚酯系列为长城(赛弗)、长安福特(福克斯)、上汽通用五菱(五菱之光)配套

★浙江欧福密封件有限公司
地址:浙江省温州市瓯海经济开发区三溪工业园富豪路39号
邮编:325016
电话:0577/86362236
传真:86362237
电子信箱:oufu@oufu.com
法定代表人:胡志根
质量体系:ISO/TS 16949
产品情况:(欧福牌)
转向器密封件、空调压缩机油封、气门油封、变速器密封
配套情况:为东风康明斯、上柴、江西五十铃、广西玉柴、东风传动轴等配套

★温州市恒力弹簧制造有限公司
地址:浙江省温州市龙湾区永兴街道空港新区兴邦路21号
邮编:325024
电话:0577/86656222、86656907
传真:86656566
网址:www.wzspring.com
电子信箱:info@wzspring.com
法定代表人:李伟辉
质量体系:ISO/TS 16949
产品情况:各类汽车弹簧、摩托车弹簧、液压件弹簧、涡卷弹簧、电器弹簧、压缩机弹簧等
配套及出口情况:和国内许多大中型企业建立了良好的配套协作关系;出口美洲、欧洲、东南亚等国家和地区

★人本集团有限公司
地址:浙江省温州市经济技术开发区滨海五道456号
邮编:325025
电话:0577/86556100
网址:www.cugroup.com
电子信箱:service@cugroup.com
法定代表人:张童生
单位人数:18800
质量体系:VDA 6.1、QS 9000
产品情况:(C&U牌)
汽车轴承
配套及出口情况:为一汽集团、东风汽车公司、上汽大众、重庆宗申、大长江、钱江摩托、金城铃木等配套;在美国、日本和德国等地设有贸易公司

★浙江明泰标准件有限公司
地址:浙江省温州市龙湾区海城工业城招商路110号
邮编:325025
电话:0577/85221162、56906229
传真:85221365
电子信箱:wjg621002@126.com
法定代表人:陈金明
质量体系:ISO/TS 16949
产品情况:(明泰牌)
汽车、摩托车、空调用紧固件
配套情况:为本田、铃木、川崎、雅马哈、大长江、成都珠峰、重庆力帆、上汽通用五菱、上汽通用、一汽集团等配套

★浙江流遍机械润滑有限公司
地址:浙江省温州市永嘉县瓯北街道园区大道776号
邮编:325105
电话:0577/67352452、66995111
传真:66991879、67352180
网址:www.zjliubian.com
电子信箱:zjlb@zjliubian.com
法定代表人:柯周列
质量体系:ISO 9001
产品情况:(LIUBIAN牌、YONGJIA牌)
主要产品为机、电、液一体化润滑装置产品,与汽车底盘润滑系统配套
出口情况:出口美国、日本、韩国、东南亚等国家和地区

★温州方圆锻造有限公司
地址:浙江省瑞安市安阳镇潘岱前垟工业区
邮编:325200
电话:0577/65090620
传真:65092686
网址:www.fangyuanforging.com
电子信箱:fangyuan@fangyuanforging.com
法定代表人:林长秋
单位人数:50
质量体系:ISO/TS 16949
产品情况:(FY牌)
汽车转动轴叉、变速器拨叉、发动机连杆、轮毂轴承单元、制动系统下摆臂等
配套情况:为上汽大众、钱江集团、春兰集团、济南轻骑、海南新大洲、浙江万向集团等配套

★浙江力征汽摩部件有限公司
地址:浙江省瑞安市国际汽摩配产业基地兴罗路488号
邮编:325200
电话:0577/65326333、65326332
传真:65326331
电子信箱:xhp@cnlizheng.com
法定代表人:赵建朋
质量体系:ISO 9001、QS 9000
产品情况:汽车制动片

★新潮集团股份有限公司
地址:浙江省瑞安市隆山东路505号新潮大厦
邮编:325200
电话:0577/65475999
传真:65476999
网址:www.xinchaogroup.com
电子信箱:xc-office@zjnewtrend.com
法定代表人:项春潮
单位人数:308
质量体系:ISO/TS 16949、ISO 14001
产品情况:(新潮牌、御凤牌)
高档汽车面料、汽车内饰件、PVC硬片等
配套情况:汽车面料产品进入李尔公司的配套销售网络

★浙江双泰车辆配件有限公司
地址:浙江省瑞安市塘下鲍田工业区

邮编:325200
电话:0577/65219996、65219998
传真:65201062
电子信箱:info@ cnshuangtai. com
法定代表人:郑志祥
单位人数:160
质量体系:ISO/TS 16949
产品情况:螺栓、螺母、垫圈

★浙江正昌锻造股份有限公司
地址:浙江省瑞安市沿江西路501号
邮编:325200
电话:0577/58802050、58802019
传真:65663024、65662090
网址:www. zcforging. com
电子信箱:zcdz@ zcdz. cn
法定代表人:陈维
单位人数:300
质量体系:ISO/TS 16949、ISO 14001
产品情况:(正昌牌、ZCDZ牌)
拨叉精模锻件、连杆精模锻件等各类锻造件、机加工零部件;年产各类锻件18000余t,精加工件500万件
配套情况:与上汽集团、上汽大众、一汽集团、时代集团、上海汽车变速器、陕西法士特齿轮、韶关宏大齿轮、比亚迪汽车、宁波华晨汽车零部件、长城汽车、株洲建设南雅、英格索兰(吉林)工具、法国(北京、上海)施耐德、三一重工等企业配套

★瑞标集团有限公司
地址:浙江省瑞安市塘下国际汽摩配产业园区
邮编:325204
电话:0577/65338958
传真:65321828
网址:www. ruibiao. net
电子信箱:sales@ ruibiao. net
法定代表人(负责人):林德清
单位人数:2000
质量体系:ISO/TS 16949、ISO 14001
产品情况:(瑞标牌)
汽车、摩托车及动力机械标准件、非标准紧固件
配套及出口情况:为上汽、一汽、广汽、长安汽车、北京汽车、长安福特、长安铃木、江淮汽车、华晨汽车、奇瑞汽车、哈飞汽车、一汽夏利、一汽海马、比亚迪汽车、大长江集团、钱江摩托、嘉陵集团等80多家单位配套,综合市场占有率达60%;部分产品远销亚洲、欧洲、非洲等地区

★浙江光安标准件有限公司
地址:浙江省瑞安市塘下韩田工业区
邮编:325204
电话:0577/65391111、65392222
传真:65390888
网址:www. zjga. com. cn
电子信箱:fastenerworld@ hotmail. com
法定代表人:黄修珍
产品情况:标准件、非标准件

★中精集团有限公司
地址:浙江省瑞安市塘下镇曙光一路69号
邮编:325204
电话:0577/58813027、65323868
传真:65321758、66070178
网址:www. chinazhongjing. com
电子信箱:sales@ chinazhongjing. com
法定代表人:刘金妹
单位人数:400
质量体系:ISO/TS 16949
产品情况:精冲齿轮,凸缘冲压件、拉伸件,紧固件、底盘件(摆臂),座椅滑轨,调角器等
配套情况:产品供给一汽集团、长安汽车、上汽大众、东风汽车、雷诺、Schaeffler、GM、FIAT、BOSCH、DAYCO、ENSA、CONTITECH、MMM、Audi、ArvinMeritor等全球知名汽车厂及零部件厂商

★瑞安市华驰机车部件有限公司
地址:浙江省瑞安市塘下镇赵宅工业区
邮编:325204
电话:0561/6095685
传真:6095533
网址:www. wzhuachi. com
电子信箱:nncymichael@ 163. com
法定代表人:陈晓红
单位人数:70
质量体系:ISO 9001
产品情况:制动片、制动蹄及制动衬片
出口情况:出口南美洲、北美洲、欧洲、亚洲、非洲、中东等地区60多个国家

★浙江科硕紧固件有限公司
地址:浙江省温州市经济开发区5道333号
邮编:325204
电话:0577/65271089、65276089
传真:65273089
电子信箱:rq - ch@ 21cn. com
法定代表人:戴克华
质量体系:ISO/TS 16949、ISO 14001
产品情况:(RQ牌)
汽车及摩托车各类紧固件、冲压件、非标件等

★浙江力友汽车科技有限公司
地址:浙江省温州市塘下镇国际汽摩配产业园区
邮编:325204
电话:0577/65326161、65326168
传真:65350190
电子信箱:jituan@ cnyunding. com
法定代表人:杨玉微
质量体系:ISO/TS 16949、QS 9000
产品情况:汽车用冲压件及其总成、紧固件高强度螺栓螺母(标准件和非标件)、蜗杆传动式软管夹箍及U形螺栓4大类1000多个品种
配套情况:主要客户为一汽-大众、一汽丰田、一汽轿车、一汽解放、广西玉柴、格特拉克、陕汽集团、汉德车桥、重汽集团、约翰·迪尔天拖、北京康明斯、杭州依维柯汽车变速器、株洲欧格瑞传动、吉利集团、亚新科公司、珀金斯雷沃动力天津有限公司等主机厂

★浙江振宇实业有限公司
地址:浙江省瑞安市鲍田商业大街518号
邮编:325205
电话:0577/65200025、65220333
传真:65210001、65220025
电子信箱:sale@ cnzhenyu. com
法定代表人:杨玉林
质量体系:ISO/TS 16949
产品情况:(振宇牌)
汽车弹簧制动气室、紧固件、滤清器、发电机、起动机等

★浙江丰华标准件制造有限公司
地址:浙江省瑞安市海安镇海阳工业区42号
邮编:325205
电话:0577/65273088、65272088
传真:65271797
电子信箱:fh8808@ vip. 163. com
法定代表人:蔡丰清
质量体系:ISO/TS 16949
产品情况:(FH牌)
螺栓、螺母、螺钉、扣压件,定做各种非标准紧固件

★浙江铭泰汽车零部件有限公司
地址:浙江省瑞安市汀田镇文华路
邮编:325206
电话:0577/65115333、65118687
传真:65116678
网址:www. cnmingtai. com
电子信箱:info@ cnmingtai. com
法定代表人:陈瑜
质量体系:ISO/TS 16949
产品情况:(YDL牌、MGI牌)
各式制动蹄片,年产量100万套以上
出口情况:远销欧洲、美洲、中东、东南亚等地区

★云顶控股集团有限公司
地址:浙江省瑞安市国际汽摩配产业园区
邮编:325215
电话:0577/65350077、65326565
传真:65350190
网址:www. cnyunding. com
电子信箱:jituan@ cnyunding. com
法定代表人(负责人):阮玉理
单位人数:1000
质量体系:ISO/TS 16949、VDA 6.1
产品情况:中、重型汽车、专用汽车、标准件、紧固件、冲压件、蜗杆传动式软管夹箍和U形螺栓等
配套情况:为一汽集团、美国约翰迪尔、三一重工、中国重汽、北汽福田、广西玉

柴、陕西重型汽车、吉利汽车、陕汽汉德等60多家单位配套

★浙江云顶汽车冲压件有限公司
地址:浙江省瑞安市塘下镇市国际汽摩配工业园区
邮编:325215
电话:0577/65326168、65326565
传真:65326167
电子信箱:yunding@cnyunding.com
法定代表人:林德开
产品情况:汽车冲压件

★浙江跃进锻造有限公司
地址:浙江省瑞安市陶山镇工业区
邮编:325215
电话:0577/65475989、65479803
传真:65475008
网址:www.china-yuejin.com
电子信箱:yjdz@chinayuejin.com
法定代表人:吴建鑫
单位人数:564
质量体系:ISO/TS 16949、ISO 14001
产品情况:各种型号汽车配件及摩托车和锻件铝锻件铜锻件等有色金属及合金锻造机加工产品(如曲轴、连杆、变挡拔叉、起动蹬杆系列、摇臂、曲柄、减振器摇臂、精锻齿轮、起动轴、转向球头及一些标准件等)
配套情况:被采埃孚、本田、潍柴动力、玉柴集团等国内外知名主流汽车及配件企业指定为定点锻件机械加工生产基地;并为宝马摩托、意大利比亚乔、新大洲本田、五羊本田、嘉陵本田、马来西亚雅马哈、大长江集团、济南轻骑摩托车集团等高端客户长期配套

★浙江瑞得密封科技有限公司
地址:浙江省乐清市柳市镇环城东路15号
邮编:325604
电话:0577/62771407、62778822
传真:62760691
法定代表人:陈林
质量体系:ISO 9001
产品情况:各类Y形圈、C形圈、防尘垫、缓冲垫、O形圈、气源膜片、油封、杂件等橡胶密封件,年产量600万套
出口情况:出口泰国、马来西亚、菲律宾、东南亚、中东、欧洲、美洲等国家和地区

★乐清市长虹摩擦材料有限公司
地址:浙江省乐清市天成乡工业区
邮编:325608
电话:0577/62307700、62307711
传真:62307555
网址:www.chinachmc.com
电子信箱:chmc@chinachmc.com
法定代表人:徐宽状
质量体系:ISO 9001
产品情况:各种离合器摩擦片、离合器总成、离合器压盖、铜基、制动块、制动带等
出口情况:远销东南亚、欧洲、美洲等50多个国家和地区

★浙江伟望精密工业有限公司
地址:浙江省温州市洞头南塘工业区经三路
邮编:325799
电话:0577/21016888、21016999
传真:21016789
网址:www.zjww.com.cn
电子信箱:sales@zjww.com.cn
法定代表人:苏友蓉
产品情况:汽车制动总泵油壶系列、转向助力泵油壶系列、清洁水壶等系列,制动泵进油管接头、真空助力器活塞阀体、真空单向阀等汽车储液罐和制动系统塑料零部件
配套及出口情况:为福特全顺、东风风神、郑州海马、比亚迪、吉利、昌河铃木等汽车品牌提供原厂配套服务;并为多家台资汽车制动器厂商提供服务;远销欧洲、美国、中南美洲、中东、东南亚、非洲等国家和地区

★温州联益线束胶粘带有限公司
地址:浙江省温州市苍南县龙港镇新城发展路1-85号
邮编:325802
电话:0577/64456711
传真:64456710
网址:www.lyjnd.net
电子信箱:xsb@lyjnd.com
法定代表人:吴尚剑
质量体系:ISO/TS 16949、ISO 14001
产品情况:汽车电线束缠绕胶带系列产品
配套情况:产品广泛用于一汽-大众、上汽大众、上汽通用、上海汽车、奇瑞汽车、吉利汽车、长安汽车、长安福特等各种车型

安徽省

★合肥常青机械股份有限公司
地址:合肥市包河区常青街道东油路18号
邮编:230022
电话:0551/63442068
传真:63442168
网址:www.hfcqjx.com
法定代表人:吴应宏
单位人数:2000
质量体系:ISO/TS 16949
产品情况:汽车冲压及焊接零部件,可应用于乘用车、商用车、专用车等车辆驾驶室总成、发动机舱总成、四门两盖总成、底板总成、车架总成、保险杠总成
配套情况:与江淮汽车、福田戴姆勒汽车、奇瑞汽车、陕西重汽、东风商用车等知名厂商建立了良好稳定的合作关系

★安徽省合肥汽车锻件有限责任公司
地址:合肥市蜀山区环湖东路168号
邮编:230031
电话:0551/65311865、65367025
传真:65313657
电子信箱:2819832138@qq.com
法定代表人:陶善虎
质量体系:ISO 9002
产品情况:锻件、内燃机连杆、汽(叉)车半轴、前轴、转向类及半轴套管等

★安徽安利材料科技股份有限公司
地址:合肥市经济技术开发区桃花工业园拓展区
邮编:230093
电话:0551/68992815、68991746
传真:63858888、68991640
网址:www.chinapuleather.com
电子信箱:nmb@anli.cn
法定代表人:姚和平
单位人数:2500
质量体系:IATF 16949、ISO 14001
产品情况:具有年产生态功能性聚氨酯合成革8850万m、聚氨酯树脂7万t的能力,产品用于汽车内饰等领域

★臼井管路系统(合肥)有限公司
地址:合肥市经济技术开发区蓬莱路2353号
邮编:230601
电话:0551/68168800
传真:68168770
网址:www.usui.co.jp
电子信箱:nannanchen@usui.co.jp
法定代表人:水口茂
产品情况:制动管、燃料管、其他油压配管等

★安徽晨阳橡塑股份有限公司
地址:合肥市长丰县岗集镇206国道旁
邮编:231139
电话:0551/66773955、66773435
传真:66773955、66773435
电子信箱:446387532@qq.com
法定代表人:周相庭
负责人:周建敏
单位人数:309
质量体系:ISO/TS 16949
产品情况:密封条、吹塑件、注塑件、带钢滚压制品等

★合肥市远大轴承锻造有限公司
地址:合肥市肥西县上派镇合铜公路边
邮编:231200
电话:0551/68893666、18955129666
传真:68893166
网址:www.hfyuanda.com
电子信箱:zhenming.ma@163.com
法定代表人:马桢明
单位人数:160
质量体系:ISO/TS 16949、ISO 14001
产品情况:轴承套圈锻件、环形汽车配

件、齿轮锻件、异形锻件、轴承套圈车加工件
出口情况:远销欧洲、美国、日本、马来西亚等国家和地区

★会通新材料股份有限公司
地址:合肥市高新技术开发区柏堰工业园芦花路2号
邮编:231202
电话:0551/65771611、65771533
传真:65771627
网址:www. orinko. com. cn
法定代表人(负责人):李健益
质量体系:ISO/TS 16949、ISO 14001
产品情况:改性聚苯乙烯类、聚烯烃类、聚酯类、聚酰胺类四大改性塑料产品

★安庆市汇通汽车部件有限公司
地址:安徽省桐城市经济开发区同祥南路
邮编:231440
电话:0556/6567987、13705567050
传真:6567997
网址:ahhuitong. com
电子信箱:anqinghuitong@ 163. com
法定代表人:徐应权
质量体系:ISO 14001、ISO/TS 16949
产品情况:汽车悬架底盘系统、汽车推力杆、稳定杆、橡胶悬架、发动机悬置及橡胶聚氨酯弹性体等系列产品
配套情况:为东风商用车、福田欧曼、江淮汽车、华菱汽车、集瑞联合、大运汽车、江铃重汽和宇通客车、安凯客车、金龙客车、福田客车、比亚迪汽车、中国公路车辆、北京恒昌达利机械、上海科曼车辆等全国各大汽车生产企业配套

★安徽同丰橡塑工业有限公司
地址:安徽省桐城市范岗镇
邮编:231460
电话:0556/6012112
传真:6012211
电子信箱:29031220@ qq. com
法定代表人:项宗武
质量体系:ISO 14001、ISO/TS 16949
产品情况:滤清器用橡胶密封件及橡胶杂件

★安徽微威胶件集团有限公司
地址:安徽省桐城市范岗镇范青路
邮编:231460
电话:0556/6018988、6021289
传真:6010888
网址:www. china - ww. com
电子信箱:ww88888@ 188. com
法定代表人:李斌商
单位人数:260
质量体系:ISO/TS 16949、ISO 14001
产品情况:(微威牌)
胶管类、减振类、密封防尘类、线束保护类、其他类共五大系列汽车(工程机械)橡胶塑料零配件

★安徽省宏瑞泰达机械科技有限公司
地址:安徽省庐江县经济开发区城西新区纬一东路北侧
邮编:231500
电话:0551/87417987、87426969
传真:87417987
电子信箱:356169327@ qq. com
法定代表人:姚寿红
产品情况:模具制造、汽车配件、液压产品、铝铸件、塑料制品、机械设备

★安徽新南港汽车内饰件有限公司
地址:安徽省淮南市经济技术开发区振兴北路
邮编:232007
电话:0554/3315785
传真:3315746
电子信箱:tongqingxuan@ yfgm. com. cn
法定代表人:童庆宣
质量体系:ISO/TS 16949、QS 9000
产品情况:汽车工业用装饰布,具备年产300万m的生产能力
配套情况:为上汽大众、奇瑞、江淮等供货

★淮南钱潮轴承有限公司
地址:安徽省淮南市经济开发区(洛河)
邮编:232007
电话:0554/2793658、3315460
电子信箱:442015539@ qq. com
法定代表人:陈伟军
产品情况:中小型圆锥滚子轴承

★安徽中天石化股份有限公司
地址:安徽省宿松经济开发区兴业路27号
邮编:234000
电话:4008610298
网址:www. ahztsh. com
电子信箱:aqztoil@ 126. com
法定代表人:高晓谋
质量体系:ISO 9001
产品情况:(福满天牌、诺贝润牌)
润滑油、润滑脂
配套及出口情况:主要客户有江淮汽车、安凯客车、福田汽车、华菱星马、三一重工等;部分产品已随主机厂配套出口到俄罗斯、日本和沙特等国家

★阜阳轴承有限公司
地址:安徽省阜阳市经济技术开发区新阳大道59号
邮编:236023
电话:0558/2323391、2323393
传真:2323392、2323386
电子信箱:tcc@ fytcc. com
法定代表人:薛正堂
质量体系:ISO/TS 16949
产品情况:(TCC牌)
外径30~450mm的深沟球轴承、圆锥滚子轴承、圆柱滚子轴承、推力球轴承、外球面轴承、角接触球轴承、调心球轴承、调心滚子轴承及非标专用轴承;年生产能力2200多万套

★安徽霍山龙鑫金属科技有限公司
地址:安徽省六安市霍山经济开发区经三北路
邮编:237200
电话:0564/5223256、5223258
传真:5223258
电子信箱:10897671@ qq. com
法定代表人:华兴龙
质量体系:ISO 9001
产品情况:塑料件、铝合金压铸件加工等
配套情况:为多家汽车制造厂定点配套

★东风精密铸造有限公司
地址:合肥市巢湖经济开发区兴业大道男、下山路西
邮编:238000
电话:0551/82667526
传真:82667526
网址:www. dfic. com. cn
电子信箱:dfjz@ dfic. com. cn
法定代表人:陈兴林
质量体系:ISO/TS 16949、ISO 14001
产品情况:(和鼎牌)
商用车件(转向器支架、驾驶室悬置支架、前接梁、板簧支架、前下防护总成等),乘用车部分(后副车架、转向节、控制臂、发动机悬置支架、动力附件支架-发电机支架等);年精铸生产能力逾3万t
配套及出口情况:主要商用车客户包括东风商用车、郑州宇通、福田戴姆勒、江淮、东风康明斯;乘用车部分客户包括神龙汽车、长城汽车、奇瑞汽车、郑州日产、东风乘用车;海外及非汽车部分客户包括福田雷沃重工、约翰迪尔佳联等;出口翰迪尔、纳科、沃尔沃、西屋等公司

★安徽海德机械制造有限公司
地址:安徽省含山县清溪镇
邮编:238100
电话:0555/4922508、13856923883
传真:4921555
电子信箱:cecilia@ hiward. com. cn
法定代表人:贾光庆
质量体系:ISO 9001
产品情况:各类球墨铸铁件、灰铸铁件的生产及机加工以及圆压圆模切机械系列产品
出口情况:远销欧美

★安徽海立精密铸造有限公司
地址:安徽省马鞍山市含山县经济开发区内
邮编:238101
电话:0555/4959912、18056896105
网址:www. ahhl. cc
法定代表人:郑敏
单位人数:600

质量体系:ISO/TS 16949、ISO 14001
产品情况:差速器壳、转向节、支架、飞轮、制动卡钳等汽车零部件的研发、铸造与精密加工等
配套情况:主要客户有上海日立、格力凌达、苏州三星、上海萨克斯、圣德曼、NVCC、日本东芝等国内外知名企业

★芜湖春风新材料有限公司
地址:安徽省芜湖市长江大桥综合经济开发区新区
邮编:241000
电话:0553/2670160
传真:2670162
网址:www. mu – co2008. com
电子信箱:zhanbingx@ 163. com
法定代表人:金正北
产品情况:汽车内外饰及工程机械涂料

★芜湖跃飞新型吸音材料股份有限公司
地址:安徽省芜湖市高新技术产业开发区天井山路 21 号
邮编:241000
电话:0553/3022819、3022815
传真:3022816
电子信箱:whyfgs@ zgyuefei. com
法定代表人:王敏雪
单位人数:515
质量体系:ISO/TS 16949
产品情况:汽车隔音、隔热、保温材料、汽车内饰件生产和销售;主要产品有双组分吸音棉(PP、PET)、PET 纤维复合吸音棉、PET 纤维直立吸音棉、发泡聚乙烯隔音垫、等密度空气填充法地毯隔音隔热垫等多种吸音、隔音材料等
配套情况:主要客户是国内知名的整车制造企业,其中主要有华晨宝马、一汽-大众、一汽丰田、广汽本田、东风本田、马自达、广汽日产、通用五菱、长城汽车、奇瑞汽车、长安汽车、众泰汽车等国内知名整车制造商

★天人汽车底盘(芜湖)股份有限公司
地址:安徽省芜湖市鸠江经济开发区飞翔路 81 号 2 号厂房
邮编:241000
电话:0553/5968888
传真:5968666
网址:www. skyman. com. cn
电子信箱:skyman@ skyman. com. cn
法定代表人:龚量亮
产品情况:底盘冲压件等产品

★芜湖爱迪亚实业有限公司
地址:安徽省芜湖市鸠江区长江大桥综合经济开发区 71 号
邮编:241001
电话:0553/5868798
传真:5877158
电子信箱:whidea@ 163. com
法定代表人:陈华
质量体系:ISO/TS 16949
产品情况:汽车橡塑产品

★镁联科技(芜湖)有限公司
地址:安徽省芜湖市高新技术开发区金山中路 18 号
邮编:241002
电话:0553/5650166、15005536698
传真:5650169、5650158
网址:www. thixomag. com
电子信箱:sales@ thixomag. com
法定代表人:林玉麟
质量体系:ISO/TS 16949、QS 9000
产品情况:转向盘骨架、空调支架、发电机支架、汽车及航空座椅支架、各种壳体等

★震宇(芜湖)实业有限公司
地址:安徽省芜湖市经济技术开发区凤鸣湖南路 8 号
邮编:241006
电话:0553/7517776
网址:www. universalwuhu. com
法定代表人:古金銮
质量体系:ISO/TS 16949、ISO 14001
产品情况:汽车仪表、汽车供油、汽车发动机等精密塑胶零部件

★芜湖通和汽车管路系统股份有限公司
地址:安徽省芜湖市经济技术开发区衡山路 26 号
邮编:241009
电话:0553/5967565
传真:5967518
网址:www. whtonhe. com
电子信箱:tonhe@ whtonhe. com
法定代表人:张国忠
质量体系:ISO/TS 16949
产品情况:制动系统管路、发动机冷却、润滑管路、空调热交换管路、汽车液压管路、汽车燃油管路和新能源汽车管路系统等
配套情况:为奇瑞汽车配套

★斯凯孚密封系统(芜湖)有限公司
地址:安徽省芜湖市经济技术开发区裕安路 2 号
邮编:241009
电话:0553/5841298、2391888
传真:5841298
网址:www. skf. com. cn
电子信箱:yehong. yang@ skf. com
法定代表人:WERNER JÜRGEN DIETRICH HOFFMANN
质量体系:ISO 14001、OHSAS 18001
产品情况:油封(火花塞油封、发动机油封、减振器油封、轮毂油封等)及其他橡胶塑料密封件

★安徽省宏泰汽配实业有限公司
地址:安徽省芜湖市芜湖县机械工业园阳光大道 1518 号
邮编:241100
电话:0553/8767087、8768209
传真:8766087
电子信箱:435000116@ qq. com
法定代表人:陈刚强
质量体系:ISO/TS 16949、ISO 14001
产品情况:汽车制动片、制动蹄等,年产能力 150 万套

★芜湖强振汽车紧固件有限公司
地址:安徽省芜湖市新芜开发区工业大道 2598 号
邮编:241100
电话:0553/8768222
传真:8768220
网址:www. chinaqiangzhen. com
电子信箱:info@ chinaqiangzhen. com
法定代表人:戴其海
单位人数:350
质量体系:ISO/TS 16949
产品情况:高强度、耐高温、高精度类紧固件
配套情况:为奇瑞汽车、比亚迪、吉利、长城、重庆力帆、上汽、广汽、北汽、唐山爱信等 20 多家主机厂和零配件厂配套

★芜湖荣基密封系统有限公司
地址:安徽省芜湖县新芜经济开发区南次一路 1000 号
邮编:241100
电话:0553/8128339、8128338
传真:8128966
网址:www. esinna. com
电子信箱:info@ esinna. com
法定代表人:林忠琴
质量体系:ISO/TS 16949、ISO 14001
产品情况:各类车型的汽车发动机密封件,具备年产 500 万套的生产能力。主要产品包括:气缸垫(乘用车、重型车)、气门室盖垫、油底壳垫、进气垫、排气垫、油封
配套及出口情况:为国内外主机配套公司配套;远销欧洲、美洲、非洲、东南亚、中东等 60 多个国家和地区

★安徽中鼎精工技术有限公司
地址:安徽省宣城市经济技术开发区
邮编:242000
电话:0563/2290004、2290001
传真:2290000
网址:www. zhongdinggroup. com
电子信箱:zwp@ zhongdinggroup. com
法定代表人:夏鼎湖
质量体系:ISO/TS 16949、ISO 10012
产品情况:主要生产各类五金制品和金属冲压件
配套情况:已经或正在开发的客户有神龙汽车、海南马自达、北京万都、四川铃江昭和、凯纳雅玛、德国 ZF – BOGE、美国 TOWER、TENNECO 等

★安徽耀强精轮机械有限公司
地址:安徽省广德县广德经济开发区文正路

邮编:242200
电话:0563/6985988、13396863927
网址:www. yaoqiang. com
电子信箱:628yq@ 163. com
法定代表人:骆耀斌
质量体系:ISO/TS 16949
产品情况:(耀强牌、SAP 牌)
汽车发电机皮带轮、新型单向器皮带轮、曲轴减振皮带轮、转向泵轮、水泵轮、空调离合器皮带轮、张紧轮
出口情况:远销欧洲、美国、加拿大等国家和地区

★安徽日亮氟塑密封件有限公司
地址:安徽省宣城市广德县经济开发区德昌路 2 号
邮编:242200
电话:0563/6996087、6996088
传真:6996080
网址:www. chinaoilseal. com
电子信箱:sheen_oilseal@ hotmail. com
法定代表人:徐益森
单位人数:180
质量体系:ISO 14001、ISO/TS 16949
产品情况:(日亮牌)
油封
配套及出口情况:与潍柴、重汽、东风公司、一汽解放、法士特、上柴、全柴、洛拖、綦齿等配套;批量进入北美洲、南美洲、欧洲、中东、东南亚等国际市场

★安徽鑫威铝业有限公司
地址:安徽省宣城市广德县经济开发区临溪路西
邮编:242200
电话:0576/87578972
传真:87578982
电子信箱:1730122544@ qq. com
法定代表人:孔中美
产品情况:铝摆臂、铝锻件

★安徽中鼎胶管制品有限公司
地址:安徽省宁国经济技术开发区河沥园区毛湾路 9 号
邮编:242300
电话:0563/4182055
传真:4181880
网址:www. zhongdinggroup. com
电子信箱:guoyk@ zhongdinggroup. com
法定代表人:夏鼎湖
质量体系:ISO/TS 16949
产品情况:汽车发动机冷却胶管、汽车转向系统、汽车燃油用胶管、涡轮增压胶管、制动软管等各类产品
配套及出口情况:主要客户有上汽通用、美国通用、上汽大众、武汉神龙、郑州日产等众多国内外的主机厂;为曼胡默尔、德国采埃孚、霍尼韦尔、康迪泰克等国外主要汽车零部件供应商配套

★安徽中鼎流体系统有限公司
地址:安徽省宁国经济技术开发区河沥园区梅村路 1 号
邮编:242300
电话:0563/2165883、2165882
传真:4181880－6196
网址:www. zhongdinggroup. com
电子信箱:chendm@ zhongdinggroup. com
法定代表人:夏迎松
质量体系:ISO/TS 16949、ISO 14001
产品情况:中、高档轿车汽车动力转向系统油管总成产品
配套情况:已开发上汽通用、ZFSS、MANDO、DELPHI、TRW、豫北光洋、长城、长安、郑州日产、奇瑞、浙江青年、上汽大众等在内的主机厂和汽车制造厂家客户

★安徽中鼎减震橡胶技术有限公司
地址:安徽省宁国经济技术开发区中鼎工业园
邮编:242300
电话:0563/4185040
传真:4181880－6189
网址:www. zhongdinggroup. com
电子信箱:yxy@ zhongdinggroup. com
法定代表人:夏鼎湖
质量体系:ISO/TS 16949、ISO 14001
产品情况:各种衬套、充液悬置、发动机悬置、顶端连接板、变速器悬置、扭振减振器、各类减振件和底盘用橡胶件
配套情况:为汽车主机厂配套

★安徽中鼎控股(集团)股份有限公司
地址:安徽省宁国市经济技术开发区
邮编:242300
电话:0563/4181945
网址:www. zhongdinggroup. com
电子信箱:office@ zhongdinggroup. com
法定代表人:夏鼎湖
质量体系:ISO/TS 16949、ISO 14001
产品情况:(鼎湖牌)
主导产品是橡胶密封件和特种橡胶制品
配套及出口情况:为一汽集团、上汽大众、上汽通用、南京汽车集团、神龙汽车、郑州日产、江铃汽车、江淮汽车配套;出口国外市场

★宁国市正道橡塑零部件有限公司
地址:安徽省宁国市经济技术开发区钓鱼台路 15 号
邮编:242300
电话:0563/4186366、4177786
传真:4186355
网址:www. zhengdaoparts. com
电子信箱:sales@ zhengdaoparts. com
法定代表人:殷胜鸿
质量体系:ISO 9001、ISO/TS 16949
产品情况:橡胶件、塑料件、五金制品
出口情况:出口欧洲、美洲

★安徽泰达汽车零部件有限公司
地址:安徽省宁国市经济技术开发区河沥园区富宁北路
邮编:242300
电话:0563/4305688、4170488
传真:4310600
网址:www. ahtaida. com
电子信箱:hzh@ ahtaida. com
法定代表人:胡载辉
单位人数:118
质量体系:ISO/TS 16949、ISO 9001
产品情况:汽车线束耐磨耐热护套管、汽车洗涤系统橡胶水管、水处理膜编织支撑管、耐高温硅橡胶电线等产品

★安徽欧凯密封件有限公司
地址:安徽省宁国市经济开发区创新路
邮编:242300
电话:0563/4186806、4186807
传真:4186800
网址:www. ahokmfj. cpooo. com
电子信箱:okmfjxs@ 126. com
法定代表人:杨贵生
质量体系:ISO/TS 16949、ISO 9001
产品情况:气弹簧、减振器、油封、水封密封件

★德特威勒密封技术(安徽)有限公司
地址:安徽省宣城市宁国经济技术开发区
邮编:242300
电话:0563/2165800、2165281
网址:www. datwyler. com
电子信箱:sealing. cn@ datwyler. com
法定代表人:Torsten Maschke
产品情况:专业生产汽车制动系统用各类橡胶制品

★亚新科噪声与振动技术安徽有限公司
地址:安徽省宁国市中溪镇 2000 号
邮编:242344
电话:0563/4674815、4674800
传真:4674819、4674818
网址:www. asimco－ah. com. cn
电子信箱:johnw@ asimco. com. cn
法定代表人:汪滨
质量体系:ISO/TS 16949、ISO 14001
产品情况:年橡胶密封件生产能力达 8 亿件以上,千斤顶产品达 300 万台
配套及出口情况:国内主要客户有神龙、东风日产、华晨、上汽通用五菱、奇瑞、吉利、比亚迪、重庆庆铃、东风汽车等主机厂,还为 150 余家一级零部件供应商配套;国际客户有 BOSCH、TENNECO、GM、HONEYWELL、BENDIX、BOMBARDIER、MAYTAG、KNORR、EMERSON、DANA 等 30 余家国际化大公司;在美国、加拿大、比利时等国家建有 10 多个仓储中心

★安徽中鼎密封件股份有限公司
地址:安徽省宣城市宣南公路口
邮编:242399
电话:0563/4181800
网址:www. zhongdinggroup. com

电子信箱:zhouxuan@ zhongdinggroup. com
法定代表人:夏鼎湖
质量体系:ISO/TS 16949
产品情况:(鼎湖牌)
橡胶密封件和特种橡胶制品
配套及出口情况:为各大汽车主机厂配套;已加入欧美、日本等国际知名汽车公司的全球采购体系

★昌利锻造有限公司
地址:安徽省池州市青阳县经济开发区东河工业园
邮编:242800
电话:0577/59880302、59880306
传真:65095003、65090003
网址:www. xizheng. com
电子信箱:sale1@ xizheng. com
法定代表人:杨奎琦
质量体系:ISO/TS 16949
产品情况:年产各类模锻件约1200万件
配套及出口情况:为陕西法士特齿轮、美国伊顿货车/客车配件、德国采埃孚、日本爱心齿轮、长春一汽齿轮箱、重庆渝安汽车、三一重工等配套;远销美国、日本、意大利、印度、英国、法国、墨西哥、德国、巴西、瑞典、中东等国家和地区

★黄山奔马集团有限公司
地址:安徽省黄山市徽州区永佳大道92号
邮编:245061
电话:0559/3588200、3588779
传真:3588888
网址:www. benmagroup. com
电子信箱:404852561@ qq. com
法定代表人:邵新安
质量体系:ISO/TS 16949
产品情况:(HF牌)
汽车、摩托车离合器摩擦材料,主导产品有摩托车离合器片、分离蹄块
配套及出口情况:为多家摩托车离合器生产厂家配套;出口欧洲、美洲、东南亚

★昌辉表面处理(黄山)有限公司
地址:安徽省黄山市歙县循环经济园区纬一路2号
邮编:245200
电话:0559/5278568
网址:www. changhui. com
电子信箱:chgf063@ changhui. com
法定代表人:王进丁
产品情况:金属、非金属材料表面处理产品

★安徽省中力车辆制动系统制造有限公司
地址:安徽省安庆市开发区罗冲工业园南环路
邮编:246001
电话:0556/5176309、4001800290
传真:5695305
网址:www. aqzlql. com
电子信箱:aqzlql@ 163. com
法定代表人:张剑虹
质量体系:ISO/TS 16949、ISO 14001
产品情况:汽车制动片,年生产制动片能力达300多万套
出口情况:远销南美洲、北美洲、中东、大洋洲等国际市场

★安庆谢德尔汽车零部件有限公司
地址:安徽省安庆市经济技术开发区3.9平方公里工业园24号区
邮编:246005
电话:0556/5305980
传真:5305990
网址:www. scherdel. com
电子信箱:info@ asp. scherdel. com
法定代表人:潘一新
质量体系:ISO/TS 16949
产品情况:汽车用工程弹簧、螺旋弹簧、气门弹簧、压缩弹簧、发条弹簧
配套情况:螺旋弹簧为ATG、MAHLE、CYPR、NAMY、RKEN等配套;气门弹簧为上汽大众、大连大众、一汽-大众、福特、北汽、比亚迪、江淮、奇瑞等配套;压缩弹簧为博格华纳、TCG Unitech、比亚迪等配套;发条弹簧为博格华纳、依纳、HILITE等配套

★安庆帝伯功能塑料有限公司
地址:安徽省安庆市经济技术开发区7-5号区
邮编:246005
电话:0556/5520761
传真:5520761
网址:www. tpr. co. jp
电子信箱:zyp8369@ atp. com
法定代表人:曹立新
产品情况:高性能树脂密封环

★辉门环新(安庆)粉末冶金有限公司
地址:安徽省安庆市开发区3.9平方公里工业园24号区
邮编:246005
电话:0556/5037165
网址:www. federalmogul. com
电子信箱:hdp2601@ aqarn. com
法定代表人:潘一新
产品情况:汽车发动机的气门座圈导管、涡轮衬套等粉末冶金相关制品

★安徽利达汽车轴承制造有限公司
地址:安徽省潜山县综合经济开发区
邮编:246300
电话:0556/8933511
传真:8921939
网址:www. xldbearing. com
电子信箱:liu@ lidabearing. com
法定代表人:汪涛
质量体系:ISO 9001
产品情况:(XLD牌)
外球面轴承(UC、UEL、UB、UE、UK、UD、RB、SER系列)及带座轴承、不锈钢球面及带座轴承、七类和深沟球汽车非标轴承、电动机轴承
出口情况:畅销30多个国家和地区

福建省

★福州立洲弹簧有限公司
地址:福州市闽侯县祥谦工业区
邮编:350112
电话:0591/22278661
传真:22278675
网址:www. lizhou. com
电子信箱:bobo. li@ lizhou. com
法定代表人:王亮
质量体系:ISO/TS 16949
产品情况:(立洲牌、康山牌)
双质量飞轮弧形弹簧、植绒弹簧、离合器弹簧、油嘴油泵弹簧、发动机气门弹簧、制动器弹簧、前后稳定杆等
配套情况:为ABB、艾默生、西门子、一汽丰田、松下、索尼、比亚迪等知名厂商配套

★福州福裕橡塑工业有限公司
地址:福州市闽侯县青口投资区
邮编:350119
电话:0591/22761051、22761052
传真:22761050
网址:www. toyoda - gosei. com
电子信箱:fuyue@ pub5. fz. fj. cn
法定代表人:张盈泉
质量体系:ISO/TS 16949、ISO 14001
产品情况:密封条全系列产品:车门密封条、车门框密封条、车门玻璃导槽、行李舱密封条、发动机罩密封条等
配套情况:为日本丰田、天津一汽丰田、四川一汽丰田、日本本田、东风本田、东南(福建)、沈阳金杯配套

★福州富全橡胶有限公司
地址:福州市闽侯县青口投资区
邮编:350119
电话:0591/87013688
传真:22760018
网址:www. fupen. com
电子信箱:fupen@ pub3. fz. fj. cn
法定代表人:颜仲健
质量体系:ISO/TS 16949、ISO 14001
产品情况:(FFCR牌、FPR牌)
异形胶管、防振橡胶、高压油管、发泡橡胶等
配套情况:为东南汽车、长安福特马自达、东风裕隆、众泰汽车、福建新龙马、东风柳州汽、山西成功汽车、福建奔驰、一汽海南、江南汽车、浙江零跑科技、云度新能源、江门大长江、豪爵铃木、宁德时代新能源等配套

★颖明(福州)标准件企业有限公司
地址:福州市闽侯县青口镇东南汽车城
邮编:350119
电话:0591/22760101
传真:22760103

网址:www. ymhiten. com. tw
电子信箱:fym@ ymhiten. com. tw
法定代表人:刘文村
质量体系:ISO/TS 16949、ISO 14001
产品情况:各种汽车标准件

★爱沃特玛铪橡胶制品(福建)有限公司
地址:福建省福清市融侨经济技术开发区宏路镇大埔
邮编:350301
电话:0591/85382971、85379443
传真:85380949
网址:www. fjkansai. com
电子信箱:tianjin@ awimach. com
法定代表人:都筑康彦
质量体系:ISO/TS 16949、ISO 14001
产品情况:O 形圈等橡胶密封制品

★福建冠良汽车配件工业有限公司
地址:福建省福清市融侨开发区福玉路19 号
邮编:350301
电话:0591/85375258、85375356
传真:85375353
网址:www. guanlean. com
电子信箱:marketing@ guanlean. com
法定代表人:杨维庆
质量体系:ISO/TS 16949
产品情况:(冠良牌)
汽车盘式/鼓式制动片、离合器面片等
配套及出口情况:主要客户有上汽通用、上汽通用五菱、北汽福田、长安汽车、奇瑞汽车、比亚迪汽车、吉利汽车、浙江众泰、长城汽车、力帆汽车、重庆渝安、山东莱动、金旅客车、上海申龙、陕西重货、北方奔驰、金龙客车、黄海客车、宇通客车、东风、一汽、永力泰、湖南中联重科等;出口美洲、中东等地区

★福建优立盛油脂有限公司
地址:福建省福清市江阴经济开发区福隆路 2 号
邮编:350309
电话:0591/85617361
传真:85617360
网址:www. ulube. net
电子信箱:bcg@ universal - cn. cn
法定代表人:KONG POW LUM
质量体系:ISO 9001
产品情况:(优立盛牌)
车用润滑油、工业油、润滑脂等产品

★福州瑞利车辆部件制造有限公司
地址:福建省福清市城头镇
邮编:350314
电话:0591/87617038、87610427
传真:87616028
网址:www. reallybrakes. com
电子信箱:sales@ reallybrakes. com
法定代表人:饶俊伟
质量体系:ISO/TS 16949、ISO 9001
产品情况:制动片

★福州新信制动系统有限公司
地址:福建省福清市阳下镇洪宽工业村洪宽大道 13 号
邮编:350323
电话:0591/85192381、88516751
传真:85192391
网址:www. assuredbrake. com
电子信箱:sales@ assuredbrake. com
法定代表人:丸毛昭生
单位人数:266
质量体系:ISO/TS 16949、ISO 9001
产品情况:汽车、摩托车盘式制动片,汽车、摩托车鼓式制动片,重型工业机械制动片,工业机械用离合器片等
配套及出口情况:主要客户有一汽集团、东南汽车、郑州日产、长城汽车、东风柳汽、北汽福田、华晨金杯、众泰汽车、雅马哈、比亚乔、钱江摩托等;主要与 TOYOTA、NISSAN、SUZUKI、HONDA、MAZDA、GM、FORD 等全球知名汽车企业 OEM 配套

★福安市环球汽车配件有限公司
地址:福建省福安市高速路口右转弯300 米
邮编:355000
电话:0593/6381668、15860661891
传真:6562665
电子信箱:fang9168@ 163. com
法定代表人:郑炜
质量体系:ISO/TS 16949
产品情况:汽车鼓式制动蹄、盘式制动片、载货汽车用制动片
出口情况:90% 的产品出口欧洲、美洲、澳大利亚、中东、东南亚等 30 多个国家和地区

★厦门百吉机电有限公司
地址:福建省厦门市湖里区高殿怡盛工业大厦
邮编:361006
电话:0592/6021502、5625423
传真:5752071、6021623
网址:www. xmbaiji. cn
电子信箱:13906025660@ 139. com
法定代表人:李嘉生
单位人数:50
质量体系:ISO 9001、QS 9000
产品情况:(百吉牌)
车用密封条、内外装饰条、各种橡塑模压注塑杂件等
配套情况:为北方车辆厂、安凯客车、金龙联合、厦门金龙、宇通客车、昌河汽车等配套

★厦门立洲五金弹簧有限公司
地址:福建省厦门市前埔工业区前埔路496 - 500 号
邮编:361008
电话:0592/5024796、5024797
传真:5024298
网址:www. lizhou. com
电子信箱:mk14@ lizhou. com
法定代表人:李珊珊
质量体系:ISO/TS 16949、ISO 14001
产品情况:精密弹簧、弹性元器件与冲压件等
配套及出口情况:主要客户包括北京西门子、松下电器、灿坤实业、ABB、厦华电子、万利达电子、厦门进雄、厦门建松、厦杏等;出口欧美、东南亚地区

★厦门诺瑞特实业股份有限公司
地址:福建省厦门市湖里区港中路 1740 号
邮编:361011
电话:0592/5333710、7705539
传真:5332421
网址:www. san - dao. com. cn
电子信箱:xmsd@ san - dao. com. cn
法定代表人:郭毅荣
质量体系:ISO/TS 16949、ISO 14001
产品情况:(三道牌)
聚氨酯密封胶、汽车专用硅酮密封胶、汽车环保喷胶、厌氧胶、PVC 密封胶、汽车养护产品等一系列产品
配套情况:客户有上汽集团、中车集团、广汽集团、山东重工、郑州宇通、厦门金龙、厦门金旅、苏州金龙、桂林大宇、厦工集团、上海申沃客车等知名企业

★泛科轴承集团有限公司
地址:福建省厦门市集美北部工业区莲塘路 71 - 87 号
邮编:361021
电话:0592/6689011、86383655
传真:6689009、6689001
网址:www. fk - bearing. com
电子信箱:fk@ fk - bearing. com
法定代表人:洪竞敏
质量体系:ISO 9001、ISO 14001
产品情况:(FK 牌、FKT 牌、MSB 牌)
年产销带座轴承、关节轴承、方孔轴承、电动机轴承、中心支撑轴承及总成、汽车轴承修理包等各类轴承 2200 万套
出口情况:65% 的产品出口 65 个国家和地区

★厦门固特友橡胶股份有限公司
地址:福建省厦门市集美北部工业区天凤路 85 - 89 号
邮编:361021
电话:0592/6060080
传真:6101039
电子信箱:marking@ xmgoodwill. com
法定代表人:宋春福
单位人数:235
质量体系:ISO/TS 16949
产品情况:燃油管、供油管、溢油管、油泵油管、电喷管、散风器填充器、排水管、旁路软管、真空管、排气管、传动箱

通气管、PVC 管、二次补气管、ASV 管等
配套情况：为广汽三菱、东风柳汽、本田、林海股份、一汽海马、钱江摩托、雅马哈、隆鑫、华南飞鹰、东风裕隆配套

★厦门恒耀金属有限公司
地址：福建省厦门市集美区天凤路 77－83 号
邮编：361021
电话：0592/6298117、7118555
传真：6060197
电子信箱：kyx@ xmboltun. com
法定代表人：吴荣彬
质量体系：ISO/TS 16949、ISO 14000
产品情况：螺栓、模具等
配套情况：为东风日产、上汽大众、上汽通用等供货

★华懋(厦门)新材料科技股份有限公司
地址：福建省厦门市集美区后溪镇苏山路 69 号
邮编：361024
电话：0592/7795189、7795186
传真：6228318
网址：www. hmtnew. com
电子信箱：hmt_info@ hmtnew. com
法定代表人：张初全
质量体系：ISO/TS 16949
产品情况：汽车安全气囊布、汽车安全气囊袋/OPW、安全带、夹网布、防弹布等工业用布

★厦门市金汤橡塑有限公司
地址：福建省厦门市同安工业集中区马垵路 5 号
邮编：361100
电话：0592/5674359
传真：5742480
网址：www. kingtom. com. cn
电子信箱：joe@ kingtom. com. cn
法定代表人：李文金
单位人数：280
质量体系：ISO/TS 16949、ISO 9001
产品情况：［金汤(KINGTOM)牌］
　　汽车空气管橡胶制品、汽车线束橡胶制品、汽缸垫、汽车灯具等
出口情况：远销 20 多个国家和地区

★厦门传琪高分子材料有限公司
地址：福建省厦门市同安工业集中区同安园 283 号
邮编：361199
电话：0592/7213828、4008484081
传真：7213829
法定代表人：王浩
单位人数：80
产品情况：（CHANGE 牌）
　　橡胶、橡塑高分子发泡材料，广泛应用于航空、高铁、汽车等行业

★泉州昌隆汽车配件工业有限公司
地址：福建省泉州市金山新村北区 14 幢 103 室
邮编：362000
电话：0595/22384523、22387484
传真：22382166
网址：www. lidco. cn
电子信箱：lucky@ public. qz. fj. cn
法定代表人：洪珠玲
质量体系：ISO/TS 16949
产品情况：（昌隆牌、SSK 牌）
　　鼓式制动片、盘式制动片、蹄铁、离合器面片等
配套情况：为东风车桥、北方大巴、恒力制动器、厦门金龙、东风日产柴、东风杭汽、美驰华阳制动器、广西方盛车桥等大型汽车车桥生产厂家配套

★福建田中机械科技股份有限公司
地址：福建省泉州市鲤城区常泰街道五星社区
邮编：362000
电话：0595/22351186、22351187
传真：22459382
网址：www. tianzhongjx. com
电子信箱：tzmfcl@ vip. sina. com
法定代表人：黄志明
质量体系：ISO/TS 16949、ISO 9001
产品情况：（TAB 牌）
　　各种车型的扭力杆胶芯（套）、发动机胶垫、防尘套、备胎架、修理包及其他橡胶制品
配套情况：为北奔重汽、东风商用车配套

★泉州市奇盛汽车配件有限公司
地址：福建省泉州市鲤城区江南下店工业区
邮编：362000
电话：0595/22422585、22429756
传真：22472585
电子信箱：312878922@ qq. com
法定代表人：蒋奇平
质量体系：ISO/TS 16949
产品情况：（双人牌）
　　各种汽车高强度 U 形螺栓、中心螺栓、推杆螺栓、钢板销、轮胎螺栓、螺母、大王销、扭力胶心、转向节修理包、离合器分离杠杆总成等
配套情况：为东风汽车、北汽福田、杭州日产柴等配套

★福建省昌德胶业科技有限公司
地址：福建省泉州市鲤城区金龙街道高山工业区 D 幢
邮编：362000
电话：0595/22355888、26521889
传真：22478889、22444889
网址：www. chang－de. com
电子信箱：changde@ chang－de. com
法定代表人：吴培煌
质量体系：ISO 9001、ISO 14001
产品情况：（欣得力、威莱克、中华豚、翼尔盾牌）
　　密封胶、胶黏剂等产品

★泉州市德源轴承实业有限公司
地址：福建省泉州市洛江区河市镇溪浦工业区
邮编：362013
电话：0595/28022588、28022688
传真：28023366、28023388
网址：www. ldk－bearings. com
电子信箱：wxq@ ldk－bearings. com
法定代表人：林德庆
质量体系：ISO/TS 16949、GB/T 24001
产品情况：（LDK 牌）
　　各类高品质外球面带座轴承及杆端关节轴承
出口情况：远销 10 多个国家和地区

★福建省晋江市励精汽配有限公司
地址：福建省晋江市安东工业园区（安东园）
邮编：362200
电话：0595/85526611、85529955
传真：85532299
电子信箱：15960767722@ 163. com
法定代表人：孙愉后
质量体系：QS 9000、ISO 9001
产品情况：［励精（LJ）牌］
　　各种高强度载货汽车车轮螺栓
出口情况：畅销东南亚、欧美等地区，并销往中国台湾地区

★晋江市嘉景汽车配件有限公司
地址：福建省晋江市陈埭镇桂林工业区
邮编：362200
电话：0595/85122290
传真：85129290
网址：www. jiajingcn. com
电子信箱：jiajingqp888@ 163. com
法定代表人：林景阳
质量体系：ISO 9001
产品情况：（加劲牌、劲量牌、U 牌）
　　U 形螺栓
出口情况：部分产品出口

★晋江市成顺五金机械有限公司
地址：福建省晋江市五里工业园区新源路 12 号
邮编：362200
电话：0595/85685465、15980035731
传真：85685465、85658367
法定代表人：李建成
产品情况：（CHENGSHUN 牌）
　　汽车高强度紧固件、五金螺栓

★晋江市中德顺机械有限公司
地址：福建省晋江市安海北环工业区
邮编：362261
电话：0595/85705378
传真：85706378
网址：www. zdszz. cn
电子信箱：info@ zdszz. cn
法定代表人：苏良磁
单位人数：300
质量体系：ISO 9001、ISO 14001

产品情况：（中德顺牌）
机械、铸件制造、配件生产、机械钢结构件产品

★福建省华盖机械制造有限公司
地址：福建省南安市大霞美滨江机械装备制造基地金河大道 11 号
邮编：362302
电话：0595/22455257、4000768696
传真：22459696
网址：www.china-huagai.com
电子信箱：hg@china-huagai.com
法定代表人：吴国灿
单位人数：500
质量体系：ISO/TS 16949
产品情况：（华盖牌、新盖牌、AFB 牌）
各种汽车紧固件螺栓
配套及出口情况：为一汽山东改装厂、东风德纳车桥、青特众力车桥、山东临沂工程机械等厂家配套；远销巴西、韩国、澳大利亚、俄罗斯、东南亚、中东、非洲等国家和地区

★福建莱克石化有限公司
地址：福建省南安市梅山工业区
邮编：362321
电话：0595/86588901、4001619901
传真：86585036
网址：www.chinalaike.com
电子信箱：lgh@chinalaike.com
法定代表人：李振生
质量体系：ISO/TS 16949、ISO 14001
产品情况：（莱克牌）
莱克润滑油、901 汽车制动液、汽车养护品、莱克工业油等
配套及出口情况：为一汽集团、东风集团、中国重汽、上汽集团、北京公交、江淮汽车、金龙汽车等 40 多个国内汽车生产企业供货；获得奔驰、宝马、大众、通用、福特、康明斯、MAN 等国际发动机公司认可

★福建龙溪轴承（集团）股份有限公司
地址：福建省漳州市腾飞路 388 号
邮编：363000
电话：0596/2072156、2022320
传真：2051934
网址：www.ls.com.cn
电子信箱：ls@ls.com.cn
法定代表人：曾凡沛
质量体系：ISO/TS 16949、ISO 14001
产品情况：（LS 牌）
具备年产关节轴承 1500 万套、汽车圆锥滚子轴承和 AG 轴承 800 万套、齿轮 200 万件、变速器 1 万台套、免维护十字轴 260 万件、滚动功能部件 182 万套、轴套 2000 万件及针织机械设备 2 万台套的生产能力

★福建鑫展旺集团有限公司
地址：福建省漳州市芗城区新华北路嘉华大厦三楼北部
邮编：363020
电话：0596/2025555
网址：xinzhanwang.cn.china.cn
法定代表人：谢平展
产品情况：油漆、清漆、稀释剂、固化剂、环氧底漆、汽车涂料

★福建省永安轴承有限责任公司
地址：福建省永安市埔岭路 699 号
邮编：366000
电话：0598/3634197、3607100
传真：3634884、3607086
网址：www.yazc.com.cn
电子信箱：yazc@yazc.com.cn
法定代表人：吴扬灶
质量体系：ISO/TS 16949、ISO 14001
产品情况：[飞捷（FJ）牌]
公、英制圆锥滚子轴承、汽车轮毂轴承单元、圆柱滚子轴承、叉车门架轴承、深沟球轴承、AG 轴承、非标产品等
出口情况：远销美国、欧洲、大洋洲、南美洲、东南亚等国家和地区

江西省

★方大特钢科技股份有限公司
地址：南昌市高新技术产业开发区火炬大道 31 号
邮编：330012
电话：0791/88392848、88396314
传真：88392848
网址：www.fdssteels.com
法定代表人：谢飞鸣
负责人：尹爱国
单位人数：7362
产品情况：（长力牌、红岩牌、春鹰牌）
弹簧扁钢、汽车板簧、稳定杆、扭杆
配套及出口情况：与国内 10 多家主要汽车生产厂家板簧厂配套；远销 30 多个国家和地区

★南昌辉门密封件系统有限公司
地址：南昌市经济技术开发区金港路 1489 号
邮编：330013
电话：0791/88557084
网址：www.federalmogul.com
电子信箱：xinnian.wan@federalmogul.com
法定代表人：成音
质量体系：ISO/TS 16949、QS 9000
产品情况：（培英牌）
主要生产汽车发动机上的密封垫片及原辅材料
配套情况：为上汽通用、上汽、大众、福特等配套

★江西远成汽车紧固件有限公司
地址：南昌市新建区望城新区创业北路 66 号
邮编：330103
电话：0791/83671516
网址：www.yuanchenggufen.com
法定代表人：李剑勇
产品情况：（昌力牌）
主要生产与钢板弹簧配套的紧固件
配套情况：与长沙福田、东风控股等知名企业达成长期合作伙伴关系

★江西省金沙汽车股份有限公司
地址：南昌市小蓝工业园金沙大道 388 号
邮编：330200
电话：0791/82076096、87082820
传真：82076096
网址：www.jxkingsa.com
电子信箱：ncgysy@163.com
法定代表人：刘士江
质量体系：ISO 9001
产品情况：汽车配件

★江西富明弹簧制造有限公司
地址：南昌市小蓝工业园金沙一路南 168 号
邮编：330200
电话：0791/85950988、85950333
传真：85950966、85950980
电子信箱：jxfmsy@163.com
法定代表人：曹明
质量体系：ISO/TS 16949
产品情况：专业生产弹簧，主要用于汽车离合器、减振器、气门
配套及出口情况：主要配套国内外 OEM 主机市场；出口美国、加拿大、英国、德国、印度等国家

★瑞昌市人民冲压有限公司
地址：江西省瑞昌市人民北路 138 号
邮编：332200
电话：0792/4226625、4227292
传真：4221403
网址：www.rmcy.com
电子信箱：jjrmcy@vip.163.com
法定代表人：李雪虎
质量体系：ISO/TS 16949
产品情况：各类冲压件及焊合件，如碗形塞、防尘盖、支架等
配套及出口情况：为江铃陆风、成都发动机、保定长城皮卡、四川开维内燃机等配套；远销欧洲、美洲等地区

★江西景航航空锻铸有限公司
地址：江西省景德镇市陶瓷科技园唐英大道景航路一号
邮编：333039
电话：0798/2816917、2693160
传真：2816917
网址：www.jinghang.com.cn
电子信箱：jinhang@avic.com
法定代表人：万剑平
单位人数：550
质量体系：ISO/TS 16949、ISO 9001
产品情况：[景航（jinghang）牌]
普通碳钢、不锈钢、合金钢、铝合金、钛合金、镁合金等锻件；汽车安全带

压铸件、空调压缩机体等铸件；客车、轿车、微型车不锈钢车窗和窗框、消声器、散热器、保险杠、座椅等型材产品；锻模、精锻模、辊压模、冷冲模、铸模、压塑模、注射模等模具
配套情况：主要合作企业有沈飞、哈飞、西飞集团、成飞集团、洪都集团、昌飞集团、GE、西屋、DBT、昌河汽车、江淮汽车、江铃汽车等

★江西英龙橡胶科技股份有限公司
地址：江西省宜春市经济开发区工业北大道
邮编：336000
电话：0795/3576396、3556666
传真：3556666
电子信箱：ycylxj01@163.com
法定代表人：闻一龙
质量体系：ISO/TS 16949、QS 9000
产品情况：各类汽车软管、异形管及橡胶杂件
配套及出口情况：为一汽集团、东风、哈飞、昌河、江铃、上汽通用五菱、华泰现代、长沙中联重科、三一重工、丹东黄海、厦门金龙等配套；出口欧美和东南亚市场

★江西江锻重工有限公司
地址：江西省新余市分宜县城东工业园新城大道6号
邮编：336600
电话：0790/5887746、5899991
传真：5883604
网址：www.jxjdzg.com
电子信箱：tina@jxjdzg.com
法定代表人：袁根牙
质量体系：ISO/TS 16949
产品情况：各类型汽车转向节、发动机曲轴以及工程机械等锻压件
配套情况：是江铃汽车、辽宁曙光集团、浙江万向集团、广汽集团、北汽集团、神开股份、沈阳普利司通、江淮汽车等企业的主要供应商

★赣州禾盈通用零部件有限公司
地址：江西省赣州市章贡区沙河工业园金盆山路禾盈工业园
邮编：341000
电话：0797/8487089
传真：8487398
网址：www.heyingcn.com
法定代表人：尹剑锋
质量体系：ISO/TS 16949、ISO 9001
产品情况：汽车通用零部件产品包括汽车扣件、车灯开关、车用线束、天窗开关、阻尼齿轮、汽车铆钉、汽车用阻尼齿轮等

★江西元邦摩擦材料有限责任公司
地址：江西省定南县富田工业园富工一路5号
邮编：341900
电话：0797/4268355、4000822118
传真：4282592
电子信箱：568738033@qq.com
法定代表人：卢明宇
质量体系：ISO/TS 16949、ISO 9001
产品情况：（元邦牌）
生产汽车鼓式制动片和盘式制动片

山东省

★山东零公里润滑科技有限公司
地址：济南市天桥工业开发区蓝翔路1号
邮编：250032
电话：4006186016
传真：0531/85707670
网址：www.jnlgl.com
法定代表人：陆涛
质量体系：ISO 9001
产品情况：各种润滑油
配套情况：为一汽解放、天津一汽、重汽集团配套

★山东北方现代化学工业有限公司
地址：济南市天桥区新城庄1号
邮编：250033
电话：0531/85951021、85951026
传真：85951026
电子信箱：scyx_234@126.com
法定代表人：孙敏
质量体系：ISO/TS 16949、ISO 9001
产品情况：聚氨酯密封胶、胶黏剂、涂料、防护蜡、复合材料
出口情况：出口欧洲、美洲、亚洲

★济南北方泰和新材料有限公司
地址：济南市天桥区新黄路16号
邮编：250033
电话：0531/85878082、85953993
传真：85936134
网址：www.thdx.cn
电子信箱：jntaihe@sina.com
法定代表人：齐晓亮
质量体系：GB/T 19001、GJB 9001A
产品情况：各种胶黏剂及工程材料的研发、生产，年生产能力可达10000t以上

★济南泉利达润滑油有限公司
地址：济南市工业北路145－8号
邮编：250100
电话：0531/88960314、88272688
传真：88272688
电子信箱：jinaquanlida@163.com
法定代表人：王立泉
质量体系：ISO 9001
产品情况：（泉利达牌）
涵盖了车用油、工业用油、工程机械用油及其他各类机械润滑的需求

★斯凯孚济南轴承与精密技术产品公司
地址：济南市高新区春暄路2277号
邮编：250104
电话：0531/66892999
传真：66892600
网址：www.skf.com
电子信箱：jinan.admin@skf.com
法定代表人：WERNER HOFFMANN
产品情况：轴承

★济南赛邦石油化学有限公司
地址：济南市化工产业园纵四路东侧
邮编：250119
电话：0531/81260867、85700346
传真：85704722
电子信箱：729446157@qq.com
法定代表人：刘文友
质量体系：ISO 9001
产品情况：（赛邦牌、Sober牌）
润滑油
配套情况：与鲁能集团、华能集团、胜利油田、中国重汽、中国重工、山东高速、山东钢铁等大型工矿企业战略合作

★济南慧成铸造有限公司
地址：济南市章丘区福安路51号
邮编：250200
电话：0531/83116799
传真：83116711
网址：www.hc－foundry.com
电子信箱：huicheng@hc－foundry.com
法定代表人：刘燕岭
质量体系：IATF 16949、ISO 14001
产品情况：（慧成牌）
铝合金压铸件、重力铸造件、低压铸造件及机械加工件
出口情况：与美国、法国、德国、日本、韩国等国外知名汽车制造商建立了长期合作关系

★济南金麒麟刹车系统有限公司
地址：济南市济北经济开发区安顺街6号
邮编：251400
电话：0531/81173999、81173888
传真：81173899
电子信箱：guolx@chinabrake.com
法定代表人：孙鹏
质量体系：ISO/TS 16949、VDA 6.1
产品情况：制动片、制动块
出口情况：远销欧洲、美洲、亚洲等地区

★聊城万合工业制造有限公司
地址：山东省聊城市经济开发区辽河路
邮编：252022
电话：0635/8515571
传真：8512958
网址：www.lcwhgy.com
电子信箱：wangxiaojing2009@163.com
法定代表人（负责人）：张洪泉
单位人数：1200
质量体系：ISO/TS 16949、ISO 14001
产品情况：汽车空调、家用空调用微通道铝扁管、铝圆管
配套及出口情况：已成为长春一汽、东风、比亚迪、江西新电、南京协众、伟世

通全球公司、北汽福田、博耐尔、重庆超力、上海松芝、马勒、上汽大众汽车等主机厂商的A级配套企业，并且是三星、LG、丹佛斯、康迪泰克的全球配套商；与美国、俄罗斯、德国、日本、韩国、新加坡、新西兰、印度尼西亚、印度、埃及、泰国、墨西哥、菲律宾、孟加拉国、厄瓜多尔等多个国家开展国际贸易

★山东哈临集团有限公司
地址：山东省临清市东外环南首
邮编：252600
电话：0635/2556888、2555999
传真：2556777、2556918
网址：www. halinzc. com
电子信箱：hlb@ halinzc. com
法定代表人：马福庆
单位人数：200
质量体系：ISO 9001
产品情况：（HLB牌）
各种类型轴承，轴承年设计生产能达1000万套
配套及出口情况：为中国重汽、北汽福田、山东莱动等企业配套；出口欧盟、美洲、东南亚、中东等地区

★山东水星汽车部件集团股份有限公司
地址：山东省德州市武城工业园水星街1号
邮编：253300
电话：0534/6511636、6698395
传真：6551148、6698395
网址：www. sdsxjt. cn
电子信箱：shuixing188@ 163. com
法定代表人：杨延怀
单位人数：2100
质量体系：ISO/TS 16949、QS 9000
产品情况：橡塑密封件、橡胶件、塑料件、各类胶管、内饰件、汽车铝合金轮毂、玻璃升降器等
配套情况：为一汽集团、东风汽车公司、北京现代、北汽福田、天津一汽、重汽集团、沈阳金杯、哈飞、宇通等60多个汽车制造厂配套

★山东琪胜汽车零部件有限公司
地址：山东省武城县甲马营乡工业园
邮编：253307
电话：0534/6392999、6393777
传真：6399688
电子信箱：dexing988@ 163. com
法定代表人：黄桂玉
质量体系：ISO/TS 16949
产品情况：（德兴牌）
橡胶密封条、装饰条、橡胶件、橡胶管、硅胶管等、铝合金窗框、阻燃隔音海绵、玻璃钢发动机罩、玻璃钢装饰顶等
出口情况：出口日本、韩国等国家

★山东汽车弹簧厂有限公司
地址：山东省淄博市张店区崛起路17号
邮编：255030
电话：0533/2601600、2601608
传真：2601607
网址：www. sdspring. com
电子信箱：shiguang@ chnspring. com
法定代表人：王正红
质量体系：ISO/TS 16949、VDA 6.1
产品情况：（山川牌）
年产钢板弹簧5万t、轿车悬架弹簧300万件、发动机气门弹簧5000万件、稳定杆100万条
配套情况：为重汽集团、北汽福田、陕汽集团、江淮汽车、四川一汽丰田、一汽集团、东风汽车公司、奇瑞汽车、长安汽车、哈飞汽车等配套

★山东美陵化工设备股份有限公司
地址：山东省淄博市临淄区牛山998号
邮编：255430
电话：0533/7088006
传真：7088688
网址：www. sdmeiling. com. cn
电子信箱：shandongmeiling@ sina. com
法定代表人：刘效华
单位人数：1200
质量体系：ISO 9001、ISO 14001
产品情况：（美陵牌、美力达牌）
汽车零配件、高强度紧固件、重型锻件等

★邹平伟瑞制冷材料有限公司
地址：山东省邹平市长山镇工业园传洋路117号
邮编：256206
电话：0543/4818992、4857678
传真：4857678
网址：www. zpweirui. com
电子信箱：zwgweirui@ 126. com
法定代表人：刘翠华
质量体系：ISO/TS 16949
产品情况：专业生产汽车及家用空调用铝管产品
☞ 详细情况请参阅彩色宣传版面

★山东汽车弹簧厂淄博有限公司
地址：山东省淄博市桓台经济开发区和济路39号
邮编：256400
电话：0533/8526005、8526006
传真：8526005、8526006
网址：www. sdspring. com
电子信箱：zh@ sdzbspring. com
法定代表人：王正红
单位人数：115
质量体系：ISO/TS 16949
产品情况：汽车板簧
配套情况：为国内主流市场北汽福田、中国重汽、江淮汽车、中通客车、陕汽集团等配套

★山东仁丰特种材料股份有限公司
地址：山东省淄博市桓台县起凤镇南首仁丰路1号
邮编：256407
电话：0533/8698028、8698198
传真：8698028
网址：www. zbrenfeng. com
法定代表人：宋佃凤
质量体系：IATF 16949、ISO 14001
产品情况：空气过滤材料、柴油过滤材料、机油过滤材料、机油阻燃过滤纸、油水分离燃油滤纸等

★滨州双峰石墨密封材料有限公司
地址：山东省滨州市渤海五路744号
邮编：256615
电话：0543/3371125、3373912
传真：3371937
网址：www. bz - graphite. com
电子信箱：sales@ bz - graphite. com
法定代表人：李寿海
质量体系：ISO 9001
产品情况：（双峰牌）
柔性石墨卷材、板材、石墨带材、石墨线、石墨编织填料、石墨填料环、缠绕式垫片、包覆垫片、石墨金属复合板、石墨增强垫片、汽缸垫片等
配套及出口情况：为一汽集团、东风汽车公司等配套；出口美国、欧洲、日本、韩国、东南亚等国家和地区

★东营嘉扬精密金属有限公司
地址：山东省东营市胜利工业园天山路1049号
邮编：257067
电话：0546/8180516、8180515
传真：8180818、7788998
网址：www. cast - china. com
电子信箱：giayoung@ cast - china. com
法定代表人：魏智育
单位人数：1000
质量体系：ISO 9002
产品情况：精密铸件
出口情况：90%以上的产品出口欧洲、日本、美国、澳大利亚等国家和地区

★山东长欣化工有限公司
地址：山东省广饶县稻庄工业园
邮编：257300
电话：0546/6499119、6499998
传真：6490369、6499119
电子信箱：15963081616@ 139. com
法定代表人：孙西信
质量体系：ISO 9001
产品情况：通用油脂、车用油脂、工程机械用油脂、工业用油脂，年产2万多t

★东营科力汽配有限责任公司
地址：山东省东营市广饶县李鹊经济开发区
邮编：257333
电话：0546/6289097、4008630456
传真：6289008
网址：www. sdkeliauto. com

电子信箱:keli@ keligroup. com
法定代表人:赵献忠
单位人数:500
质量体系:ISO 9001
产品情况:(科力特牌)
汽车制动片
配套及出口情况:为奇瑞汽车、昌河汽车、哈飞汽车、长安汽车、一汽佳宝、北汽福田、比亚迪汽车等多家汽车公司配套;远销海外市场

★山东大王信义载重汽车配件有限公司
地址:山东省东营市大王经济技术开发区
邮编:257335
电话:0546/6873189、6879998
传真:6878889
网址:www. xinyizaizhong. cn
电子信箱:xinyizaizhong@ 126. com
法定代表人:张玉峰
单位人数:350
质量体系:ISO/TS 16949、ISO 14001
产品情况:重型汽车制动片、工程机械制动片、石油钻机制动片、作业机械制动片等系列产品;年产能力1800万片
配套及出口情况:为济南重汽集团、一汽山东改装厂、长春一汽集团、北汽福田、青特集团、江淮汽车、奔驰汽车、海通车桥、江苏正宇、义和车桥、上海龙工、厦门厦工、临沂临工等20多家主机厂、车桥厂及制动器厂配套;出口欧美、中东、亚洲等27个国家和地区

★东营市信义化工有限公司
地址:山东省东营市大王经济开发区
邮编:257335
电话:0546/6880799
传真:6880799
网址:www. xinyihg. com
电子信箱:xinyilipu@ 163. com
法定代表人:于连芹
质量体系:ISO 9001、ISO 14001
产品情况:(信义力普牌)
润滑油、防冻液、齿轮油、制动油、工业用油,清洗剂及油田助剂
配套情况:得到上汽大众、一汽的认可,具备年产5万t润滑油和2万t防冻液的能力

★山东祥泰金正新材料有限公司
地址:山东省东营市大王镇经济技术开发区
邮编:257335
电话:0546/6896999、6886099
传真:6896266
电子信箱:jinzhenshihua@ 163. com
法定代表人:卜凡仁
质量体系:ISO 9001
产品情况:(金正牌)
润滑油、润滑脂及石油化工产品
出口情况:远销朝鲜、东南亚、俄罗斯等国家和地区

★山东华星石油化工集团有限公司
地址:山东省东营市广饶县大王经济开发区
邮编:257335
电话:0546/6872660
传真:6873918、6872661
电子信箱:huaxing66@ 126. com
法定代表人:孙学义
质量体系:ISO 9002
产品情况:成品油系列、液化气、丙烯、硫黄、焦炭、MTBE等30多个品种
出口情况:出口美国、南非、印度、马来西亚、日本、韩国、澳大利亚等20多个国家

★东营海翼汽车配件有限公司
地址:山东省东营市广饶县稻庄镇高湾工业园
邮编:257336
电话:0546/7729302
传真:7729907
电子信箱:mdjmjc@ 126. com
法定代表人:徐忠军
质量体系:ISO/TS 16949
产品情况:制动蹄、蹄铁、制动片、衬片
出口情况:远销美国、加拿大、意大利、巴基斯坦等市场

★山东荣邦汽配有限公司
地址:山东省东营市广饶县西水工业园区
邮编:257336
电话:0546/6506996、6506626
传真:6506636
电子信箱:407539937@ qq. com
法定代表人:宋继斌
质量体系:ISO/TS 16949
产品情况:(索易牌)
具有年产盘式制动块1000万套,鼓式制动蹄总成200万套的能力
配套及出口情况:为国外标致,国内GM、奇瑞、长安、郑州海马、陕西通家、多家新能源OE制动件厂商等多家主机厂提供OEM配套合作;出口美洲、欧洲、中东、东南亚等地区

★东营博瑞制动系统有限公司
地址:山东省东营市东营经济开发区湖州路南首
邮编:257901
电话:0546/8955198
传真:8955198
网址:www. boruiauto. com
电子信箱:info@ boruiauto. com
法定代表人:张宏光
质量体系:ISO/TS 16949、ISO 14001
产品情况:盘式制动片、鼓式制动片、精冲钢背;设计年产1000万套制动片
配套情况:已为华晨汽车正式批量供货

★山东万友石化股份有限公司
地址:山东省潍坊市滨海经济技术开发区临港工业园
邮编:261011
电话:0536/2270777、2222123
网址:www. wanyoushiyou. com
电子信箱:375240158@ qq. com
法定代表人:刘凤霞
质量体系:ISO 9001
产品情况:(万友牌)
润滑油、润滑脂、防冻液等各类工业机械用油

★山东同大海岛新材料股份有限公司
地址:山东省昌邑市同大街522号
邮编:261300
电话:0536/7191960、7191936
网址:www. td300321. com
电子信箱:td@ td300321. com
法定代表人:孙俊成
单位人数:600
质量体系:IATF 16949、ISO 14001
产品情况:年产海岛超纤人工革系列产品1400万m,产品广泛用于汽车内饰等领域

★莱州亚通金属制品集团有限公司
地址:山东省莱州市开发区玉海街
邮编:261400
电话:0535/2715736、2175706
传真:2176239
网址:www. yatonggroup. com
电子信箱:yatong@ group. com
法定代表人:焦召明
质量体系:ISO/TS 16949、VDA 6. 1
产品情况:汽车零部件、模具、出口金属制品、标准件、现代物流包装器具制造等
配套情况:为上汽通用、上海延锋江森座椅、重汽济南、南汽罗孚等配套

★莱州长和粉末冶金有限公司
地址:山东省莱州市开发区云峰北路2188号
邮编:261411
电话:0535/2715506、2715516
传真:2715110
网址:www. pm - north. com
电子信箱:business001@ chpm. com. cn
法定代表人:姜淑婷
单位人数:600
质量体系:ISO/TS 16949
产品情况:(三全牌)
年产各种铁基、铜基粉末冶金零件4000t(5000万件)
配套及出口情况:为北内、北京奔驰、一汽集团、东风汽车公司、轻骑集团、常柴等配套;大量出口美国、加拿大、日本、西欧、南美洲等国家和地区

★金永和精工制造股份有限公司
地址:山东省高密市高新技术产业开发区月潭路5999号
邮编:261500
电话:0536/2210780、2306156

传真:2304757
网址:www. yonghecast. com
电子信箱:zss@ ginhoprecision. com
法定代表人:张绍森
质量体系:IATF 16949、ISO 14001
产品情况:主导产品是汽车发动机涡轮增压、高压共轨、废气再循环系统上用的各种精密配件
配套及出口情况:主要客户为博格华纳、福田康明斯、克莱斯勒、通用、宝马、大众、奥迪、标致、丰田、现代等汽车发动机制造公司;产品90%以上出口,远销东亚、欧洲、北美洲

★山东美晨生态环境股份有限公司
地址:山东省诸城市东外环北首
邮编:262200
电话:0536/6320058
传真:6320138
网址:www. meichen. cc
电子信箱:zhaopin@ meichen. cc
法定代表人:郑召伟
质量体系:ISO/TS 16949、ISO 9001
产品情况:(MCRP 牌)
系统集成悬架制品;发动机进气管、汽车空调通风管道、内饰件、外饰件、风窗洗涤器、防尘罩等工程塑料产品;动力总成悬置系统、底盘衬套、悬架衬套、稳定杆衬套、扭转减振器、散热器悬置系统、排气管吊耳、动力吸振器、推力杆、翼子板支架、限位块等多种品类的减振降噪弹性制品;汽车流体管路产品等

★诸城华日粉末冶金有限公司
地址:山东省诸城市经济开发区横五路北
邮编:262233
电话:0536/6218366
传真:6216152
电子信箱:cosco_zc@ 163. com
法定代表人:田岛义巳
质量体系:ISO/TS 16949
产品情况:粉末冶金制品

★山东高强紧固件有限公司
地址:山东省诸城市密州街道工业大道南路1号
邮编:262234
电话:0536/6550062、6062908
网址:www. jingujian. cc
电子信箱:gaoqiang@ jingujian. cc
法定代表人:董超义
质量体系:ISO/TS 16949、ISO 14001
产品情况:(鲁花牌)
汽车内燃机、工程机械用各种高强度紧固件及配件;钢结构用高强度大六角头螺栓连接副;钢结构用扭剪型螺栓连接副;GB、ISO、ANSI、DIN 等标准紧固件和各种异形紧固件
配套及出口情况:内燃机配件为潍柴动力、法国博杜安、无锡安泰动力、大柴、川柴、锡柴配套;汽车用紧固件为广州富华、青岛重力、安徽车桥厂、中国重汽、一汽解放、山汽改、宇通、济南富天配套;工程机械配件为山推、三一、徐工配套;出口美国、俄罗斯、加拿大、印度、伊朗等多个国家

★日照凯捷利汽车配件有限公司
地址:山东省日照市五莲县高泽工业园
邮编:262300
电话:0633/6153966、17763379330
传真:6153866
电子信箱:1532817984@ qq. com
法定代表人:朱淑斌
产品情况:汽车制动片钢背;具有超过20万的年生产能力

★山东华瑞丰机械有限公司
地址:山东省青州市猛山经济发展区
邮编:262505
电话:0536/2481019、13583607178
传真:2481009
网址:www. hrfauto. com
电子信箱:bufancun@ huaruifengauto. com
法定代表人:刁玉臣
单位人数:600
质量体系:ISO/TS 16949
产品情况:汽车制动片
配套及出口情况:主要客户有新疆金风科技、一汽集团、上汽集团、福田重工、通用五菱、长安汽车、金龙客车等;远销美国、加拿大、欧洲、东南亚、非洲等国家和地区

★山东中坤石油科技股份有限公司
地址:山东省临朐县东城开发区夏西路1585号
邮编:262600
电话:0536/3760001、3760002
传真:3710879
网址:www. zkpetro. com
电子信箱:zhongkunshiyou@ 163. com
法定代表人:林兆建
质量体系:ISO 9001
产品情况:(中坤牌)
防冻液、润滑油、润滑脂等
配套情况:与北汽福田、中通客车、一汽、重汽、潍柴动力、北京奔驰等汽车厂家达成合作意向

★山东横滨橡胶工业制品有限公司
地址:山东省临朐县辛寨镇驻地
邮编:262610
电话:0536/3440237、3343501
传真:3342597
网址:www. sdyokohama. net
电子信箱:2852135@ sina. com
法定代表人:王永堂
产品情况:橡胶输送带
出口情况:出口匈牙利、日本、韩国、澳大利亚等国家

★烟台春生滑动轴承有限公司
地址:山东省烟台市高新区经四路27号
邮编:264000
电话:0535/3942168、3942169
传真:3942179
网址:www. ytcszc. cn
电子信箱:chunshengslidingbearing@ hotmail. com
法定代表人:孙素霞
产品情况:片瓦、翻边瓦及各类卷制衬套
配套及出口情况:与潍柴、杭发、重汽、大柴、锡柴、东风康明斯、天津帕金斯、上柴、朝柴等国内外知名的主机厂配套;远销美国、欧美、非洲、东南亚及中东等海外售后市场;为意大利 IVECO、伊朗 KIA 等国外主机厂配套的产品已成功通过台架实验,现已进入批量生产

★烟台铁姆肯有限公司
地址:山东省烟台市青年路7号
邮编:264000
电话:0535/6242411
传真:6242950
法定代表人:易波
质量体系:ISO/TS 16949
产品情况:各种轴承

★烟台石川密封科技股份有限公司
地址:山东省烟台市芝罘科技工业园冰轮路5号
邮编:264002
电话:0535/6856527、6856509
传真:6536245、6858928
网址:www. ytsc. cn
电子信箱:ytsc@ ytsc. cn
法定代表人:曲志怀
单位人数:500
质量体系:IATF 16949、ISO 14001
产品情况:(樱花牌)
柴油机全金属气缸垫等各种密封板材、密封垫片、隔热罩
配套及出口情况:主要客户有江淮汽车、潍柴、一汽、长城汽车、大众、上柴、天津雷沃动力、江铃汽车、广西玉柴、奇瑞汽车、哈尔滨、长安汽车、天津一汽夏利、广汽乘用车、比亚迪汽车、长安马自达、长安铃木、北汽福田、济南轻骑铃木、东风、一汽马自达、东风有限、新晨动力、潍柴道依茨、上汽通用五菱、朝柴、红旗、柳州五菱、福田康明斯、长安商用车、上汽荣威、东风裕隆等;出口日本、韩国、澳大利亚、东南亚、中东等国家和地区,并销往中国台湾地区

★烟台安国特紧固件有限公司
地址:山东省烟台市莱山区盛泉东路2号
邮编:264003
电话:0535/2107111
传真:2107980、2107979
网址:www. agrati. com
电子信箱:info@ agrati. com

法定代表人:凯撒·阿尼巴莱·安哥拉提
质量体系:ISO/TS 16949
产品情况:汽车全车用紧固件

★烟台乐星汽车部件有限公司
地址:山东省烟台经济技术开发区中山街8号
邮编:264006
电话:0535/6955789、6955716
传真:6955726
网址:www.ytls.com.cn
电子信箱:yt_lexing@163.com
法定代表人:郭黎青
质量体系:ISO/TS 16949、ISO 9001
产品情况:机动车软管总成系列
配套情况:已成为韩国雷诺三星、现代起亚、通用大宇、美国R&B、意大利Imperial/Suzuki、英国LDV、中国台湾Rainbow/Yulon等国际知名公司的一级供应商

★烟台西蒙西轴承有限公司
地址:山东省烟台市经济技术开发区长江路181号
邮编:264006
电话:0535/6374732、6371085
传真:6372887
电子信箱:ytcmc@cmcbearing.com
法定代表人:牟秀松
负责人:穆玉彬
单位人数:830
质量体系:ISO/TS 16949、QS 9000
产品情况:主要产品为单双列圆锥滚子轴承,双列角接触球轴承和第二、三、四代汽车轮毂单元

★烟台福尔福密封垫板有限公司
地址:山东省烟台市经济开发区汽车工业园厦门大街8号
邮编:264006
电话:0535/6396128、6396138
传真:6396128
网址:www.fuerfu.com
电子信箱:frf@fuerfu.com
法定代表人:崔玉春
单位人数:180
质量体系:ISO/TS 16949
产品情况:(福尔福牌)
汽缸垫片,进气垫、排气垫、全车垫、隔热罩等系列产品

★烟台德邦科技有限公司
地址:山东省烟台市开发区开封路3-3号资源再生加工示范区
邮编:264006
电话:0535/3469927
网址:www.darbond.com
电子信箱:8978888888@qq.com
法定代表人:解海华
质量体系:ISO/TS 16949
产品情况:(德邦牌)
厌氧密封剂、硅酮密封剂、氰基丙烯酸酯瞬干胶、工业修补剂、聚氨酯密封剂、紫外光/可见光固化胶黏剂、环氧胶黏剂等

★威海三元塑胶科技有限公司
地址:山东省威海市环翠区
邮编:264200
电话:0631/5788828、5788827
传真:5788800
网址:www.qdsanyuan.com
电子信箱:xsy2010@vip.163.com
法定代表人:张杰民
产品情况:塑胶、橡胶制品、模具

★威海万丰镁业科技发展有限公司
地址:山东省威海市火炬高新技术产业开发区唐山路8号
邮编:264209
电话:0631/5625586、5666718
传真:5625526
网址:www.wfmg.cn
电子信箱:qinglan.wang@wfjt.com
法定代表人:朱训明
质量体系:ISO/TS 16949
产品情况:(WFMG牌)
专业从事轻合金材料、复合材料、轨道交通等零部件生产
配套及出口情况:国内供货于中国中铁、中兴通讯等;出口美国、德国、英国、意大利等国家;配套哈雷、宝马、凯旋、杜卡迪、法拉利等知名主机厂

★山东双连制动材料股份有限公司
地址:山东省乳山市经济开发区海城街8号
邮编:264500
电话:0631/6608099、6624667
传真:6633789
网址:www.brakechina.com
电子信箱:exportsales@brakechina.com
法定代表人:姜涛
质量体系:ISO/TS 16949
产品情况:(双连牌)
各类盘式制动片、鼓式制动片
配套及出口情况:是美国通用、福特和克莱斯勒三大汽车公司配套的原配供应商;远销北美洲、欧洲、澳大利亚、中东、南美洲等70多个国家和地区

★烟台润蚨祥油封有限公司
地址:山东省莱阳市经济开发区龙门西路587号
邮编:265200
电话:0535/3361586、3361368
传真:3361369、3361351
网址:www.rfx.cn
电子信箱:rfxchina@vip.163.com
法定代表人:杜杰
质量体系:ISO/TS 16949
产品情况:(润蚨祥牌)
橡胶油封、PTFE油封、聚氨酯高压油封等,年设计生产能力密封件10000万件、聚氨酯制品1000万件
配套及出口情况:为潍柴道依茨、大连道依茨、杭州采埃孚(ZF)、东风采埃孚(ZF)、上汽齿轮、一汽车桥、安凯车桥、方盛车桥、江淮汽车、金杯汽车、吉利汽车、奇瑞汽车、福田汽车、天津天德、河南淅川、浙江正裕、浙江稳达、宁江昭和、南方宁江、重庆中意、浙江中兴、江门豪爵、无锡拓普、江苏明星、斗山工程机械、襄樊加泰尔、纽尚轴承、浙江凯凌、江门兴江等厂家配套;远销美国、日本、德国、匈牙利、印度、韩国等国家

★山东莱阳市昌誉密封产品有限公司
地址:山东省莱阳市龙门西路57号
邮编:265200
电话:0535/3366261
传真:7335769
网址:www.lycy.com
电子信箱:sales@lycy.com
法定代表人:杜胜
质量体系:ISO/TS 16949、ISO 14001
产品情况:(昌誉牌、CHY牌)
各种类型的骨架油封及橡胶密封制品
配套及出口情况:是通用、福特、大众、马自达、舍弗勒、马勒、格特拉克及中国一汽、吉利、海马、比亚迪、奇瑞等知名公司的供应商;出口欧美、东南亚等多个国家和地区

★烟台海纳制动技术有限公司
地址:山东省烟台市福山区迎福路27号
邮编:265500
电话:4009966757
传真:0535/2130100
网址:www.hi-pad.com
电子信箱:an.jie@hi-pad.com
法定代表人:邵春生
质量体系:ISO/TS 16949、ISO 14001
产品情况:汽车盘式制动片
配套情况:配套的车型包括上汽通用五菱宝骏730/560/310/510,五菱宏光尊享型,一汽森雅R7,东风裕隆纳智捷5和U6

★烟台亚通汽车零部件有限公司
地址:山东省烟台市福山区永达街978号
邮编:265503
电话:0535/6304012
网址:www.yatonggroup.com
电子信箱:yinhongying@yatonggroup.com
法定代表人:焦召明
单位人数:272
质量体系:ISO/TS 16949
产品情况:汽车冲压件和焊接总成件
配套情况:为上汽通用及上汽集团提供一级配套

★烟台孚瑞克森汽车部件有限公司
地址:山东省蓬莱经济开发区昆明路81号
邮编:265607

电话:0535/3455733、3455727
电子信箱:249836520@ qq. com
法定代表人:董海辉
产品情况:汽车行业摩擦材料,与底盘各部件 OEM 配套
出口情况:产品 70% 销往国际市场,特别是欧美市场

★山东道恩高分子材料股份有限公司
地址:山东省龙口市振兴路北首道恩经济园工业园区
邮编:265700
电话:0535/8833988、8831129
传真:8833788
网址:www. dawnprene. com
电子信箱:liu. y@ chinadawn. cn
法定代表人:于晓宁
质量体系:ISO/TS 16949
产品情况:高分子复合材料、高档 TPV
配套及出口情况:为一汽、东风、重汽、江铃等配套;出口欧美、东南亚、南非等地区

★龙口市通达油管有限公司
地址:山东省龙口市经济开发区
邮编:265716
电话:0535/8880186、8880398
传真:8880186
电子信箱:zyfzszj@ vip. sina. com
法定代表人:赵玉凤
质量体系:ISO/TS 16949
产品情况:各种柴油机、汽油机油管、水管、气管、聚四氟乙烯油管、汽车消声器、三元催化器及改装系列产品

★山东力牌石油化学有限公司
地址:山东省青岛市崂山区海尔路 182 – 6 号财富大厦 7 楼
邮编:266000
电话:0532/88919702、4006852717
传真:88919525
网址:www. ch – esc. com
电子信箱:xingweiwei@ ch – esc. com
法定代表人:王治远
质量体系:ISO/TS 16949、ISO 14001
产品情况:[力(ESC)牌]
汽车润滑油、工业润滑油、润滑脂、摩托车油、防冻液等 400 多个品种

★青岛昌誉密封有限公司
地址:山东省青岛市青大工业园荣海四路
邮编:266000
电话:0532/55677218
传真:55677233
网址:www. lycy. com
法定代表人:杜胜
质量体系:ISO/TS 16949、ISO 14001
产品情况:(昌誉牌、CHY 牌)
各种类型的骨架油封及橡胶密封制品
配套情况:是通用、福特、大众、马自达、舍弗勒、马勒、格特拉克及中国一汽、吉利、海马、比亚迪、奇瑞等知名公司的供应商

★中车青岛四方车辆研究所有限公司
地址:山东省青岛市四方区瑞昌路 231 号
邮编:266031
电话:0532/86083101
传真:84992961
网址:www. srsri. com
电子信箱:shichangbu@ srsri. com
法定代表人:孔军
质量体系:ISO/TS 16949、ISO 14001
产品情况:空气弹簧、橡胶减振件等

★青岛泰德汽车轴承股份有限公司
地址:山东省青岛市李沧区兴华路 10 号
邮编:266041
电话:0532/84661787、84661769
传真:84661787
网址:www. qdtaide. com
电子信箱:dushiqiang@ qdtaide. com
法定代表人:张新生
质量体系:ISO/TS 16949、ISO 14001
产品情况:(泰德牌)
汽车空调压缩机电磁离合器轴承、汽车发动机张紧器轴承及单元和惰轮轴承及单元、汽车发动机智能风扇电磁离合器轴承、汽车硅油风扇轴承、汽车水泵轴连轴承、汽车发动机辅助装置用精密轴承等,年生产能力超过 1200 万套
配套及出口情况:为上汽、一汽、东风、通用、南汽、长安、奇瑞、吉利等配套;出口美洲、欧洲、日本、东南亚,并销往中国台湾地区

★青岛北海密封技术有限公司
地址:山东省青岛市大沙路 10 号
邮编:266042
电话:0532/84895000、84883775
传真:84897940、84866549
网址:www. beihaimifeng. com
电子信箱:beihai@ public. qd. sd. cn
法定代表人:陈学民
质量体系:ISO/TS 16949
产品情况:发动机油封、散热器密封圈、O 形圈、橡胶垫片、橡胶管、减振件以及各种硫化机等
配套情况:为玉柴、一拖、中国重汽等企业配套

★固恩治(青岛)工程橡胶有限公司
地址:山东省青岛市大沙路 17 号乙
邮编:266042
电话:0532/84862669、84873244
传真:84863410
电子信箱:wang. 2. yan@ contitech. cn
法定代表人:胡建伟
单位人数:400
质量体系:ISO/TS 16949、QS 9000
产品情况:(飞足牌)
车用 R134a 空调软管、异形软管、制动软管及总成等
配套情况:为神龙汽车、一汽集团、东风日产乘用车、长安福特、长安马自达、上汽通用五菱配套

★青岛信莱粉末冶金有限公司
地址:山东省青岛市高科园株洲路 139 号
邮编:266101
电话:0532/88605255、88605222
传真:88605261
电子信箱:qdxlpm@ qdxlpm. com
法定代表人:巩国志
质量体系:ISO/TS 16949、QS 9000
产品情况:汽车、摩托车、电动气动工具、家用电器用粉末冶金零件

★青岛路邦石油化工有限公司
地址:山东省青岛市崂山区深圳路 18 号
邮编:266101
电话:0532/58811866、13708971606
传真:58811850
电子信箱:ryx@ copton. com. cn
法定代表人:朱振华
质量体系:ISO/TS 16949
产品情况:(路邦牌、Roab 牌)
汽车及摩托车发动机润滑系统、燃油系统、电路系统、变速器系统、冷却系统和轴承润滑系统、工业设备维护等养护品

★青岛开世密封工业有限公司
地址:山东省青岛市崂山区枣山东路 121 号
邮编:266101
电话:0532/83753271、83713755
传真:83713756
网址:www. tks. cn
电子信箱:zhb@ tks. cn
法定代表人:周志伟
质量体系:IATF 16949、ISO 9001
产品情况:(TKS 牌)
油封、水封、O 形圈、气门导杆油封、混凝土泵活塞等橡塑制品

★青岛锦象链条制造有限公司
地址:山东省青岛市平度开发区厦门路 15 号
邮编:266101
电话:0532/83303588、84316666
传真:84316986
网址:www. chinachain. com. cn
电子信箱:jordanmjm@ 163. com
法定代表人:衣明飞
产品情况:(雄川松田牌)
微型汽车配件和摩托车配件
出口情况:畅销欧美、日本、韩国、东南亚

★青岛卡福莱汽车配件有限公司
地址:山东省青岛市城阳区玉皇岭工业园铁骑山路 377 号
邮编:266107
电话:0532/67731717、67731710

传真:67731719
网址:carflex. cn
电子信箱:info@ carflex. cn
法定代表人:张世阳
质量体系:ISO/TS 16949
产品情况:汽车制动管总成,空调管总成,动力转向管总成,油冷管总成,硬管总成及管路接头

★青岛天摩亚太汽车部件有限公司
地址:山东省青岛市高新技术产业区锦业路1号
邮编:266108
电话:0532/58895757
传真:58895758
网址:www. zf. com
法定代表人:GANESH RAJAGOPALAN
产品情况:制动片和其他汽车部件

★立洲(青岛)五金弹簧有限公司
地址:山东省青岛市城阳区棘洪滩街道后海西社区青大工业园
邮编:266111
电话:0532/81107366、81107367
传真:81107369
网址:www. lizhou. com
电子信箱:mk12@ lizhou. com
法定代表人:李珊珊
质量体系:ISO/TS 16949、ISO 14001
产品情况:专业从事各种精密弹簧及五金配件
配套情况:主要客户有三洋电机、松下电子、一汽丰田、荏原空调设备等

★青岛海力威新材料科技股份有限公司
地址:山东省青岛市城阳区河套街道上疃社区
邮编:266113
电话:0532/87922223、87922239
传真:87922123
网址:www. hilywill. com
电子信箱:commerce@ hilywill. com
法定代表人:张万明
质量体系:ISO/TS 16949、ISO 14001
产品情况:(环力牌、海力威牌)
橡胶密封制品、减振降噪橡胶制品及其他高分子材料类产品
配套及出口情况:为一汽集团、吉利汽车、北汽福田、一汽山汽改、玉柴、潍柴、扬柴、扬动、常柴、锡柴、全柴、莱动、曙光车桥等配套;远销美国、英国、中东、澳大利亚等国际市场

★青岛方冠摩擦材料有限公司
地址:山东省即墨市灵山工业园
邮编:266219
电话:0532/84531538
传真:84531089
网址:www. fulgoal. com. cn
电子信箱:hello5353@ 126. com
法定代表人:曲堂集
质量体系:ISO/TS 16949
产品情况:(方冠牌)
汽车制动片
配套情况:为一汽解放、福田戴姆勒汽车、东风柳汽、中国重汽、江淮汽车、鹏翔汽车、福田轻型货车系列等配套

★青岛三元德鑫塑胶科技有限公司
地址:山东省胶南市临港经济开发区青岛中路998号
邮编:266400
电话:0532/81731706、81731708
传真:81731700
网址:www. qdsanyuan. com
电子信箱:sysj2005@ vip. 163. com
法定代表人:张杰民
单位人数:300
质量体系:ISO/TS 16949、ISO 14001
产品情况:塑胶、橡胶制品及模具
配套情况:为圣度电子、美国 GE、烟台三立、海尔、海信等众多国内外知名企业提供产品配套服务

★青岛东方工业品(集团)有限公司
地址:山东省青岛市西海岸新区滨湖路77号
邮编:266423
电话:0532/82125998、82120388
传真:82125999
网址:www. xingyutyre. com
电子信箱:info@ xingyutyre. com
法定代表人:薛万孝
质量体系:ISO 9001、ISO 14001
产品情况:(星宇牌、东方牌、金沙滩牌)
工程车、叉车、沙滩车、高尔夫球车、载重货车、轻型货车、农用车、摩托车、人力车等系列内外轮胎、胶轮、聚氨酯发泡轮和橡胶发泡轮以及手推车、货仓车、物流车等系列产品和各种规格的橡胶制品、塑料制品、金属制品及轴承
出口情况:出口100多个国家

★青岛三祥科技股份有限公司
地址:山东省胶南市王台镇临港产业区
邮编:266425
电话:0532/83113613、83113609
传真:83113911
网址:www. sun - song. cn
电子信箱:info@ sun - song. cn
法定代表人:魏增祥
质量体系:ISO/TS 16949、ISO 14001
产品情况:制动管及总成、动力转向管及总成、空调管及总成、油冷器管、燃油管、水管等
配套及出口情况:为多家汽车制造厂及摩托车制造厂配套;远销北美洲、欧洲、东南亚等多个国家和地区

★青岛强龙电力石化配件有限公司
地址:山东省平度市经济技术开发区漓江路1号
邮编:266700
电话:0532/88381018、88384015
传真:88388270
网址:www. qd - qianglong. com
电子信箱:qianglong1018@ 126. com
法定代表人:王成强
质量体系:ISO 9001
产品情况:(泄停封牌、皇龙牌)
密封材料(柔性石墨卷材、板材、柔性石墨复合板、石棉板)和密封制品(垫片、盘根)
出口情况:远销30多个国家和地区

★青岛征和工业股份有限公司
地址:山东省平度市香港路112号
邮编:266705
电话:0532/83301763、83351108
网址:www. chohogroup. com
电子信箱:export@ chohogroup. com
法定代表人:金玉谟
质量体系:ISO/TS 16949、ISO 14001
产品情况:(CHOHO 牌、征和牌)
摩托车链条、汽车链条、工业链条、农机链条和链轮等
配套情况:为本田、铃木、雅马哈、大长江、吉利、比亚迪、江铃福特、一汽、昌河铃木、中国兵器集团等50多家企业配套

★莱芜永驰橡塑有限责任公司
地址:山东省莱芜市莱城区高庄镇沙埠村东
邮编:271100
电话:0634/6040103、6040102
传真:6040103
网址:www. laiwuyongchi. com
电子信箱:laiwuyongchi@ 163. com
法定代表人:李和生
单位人数:110
质量体系:ISO/TS 16949、QS 9000
产品情况:(永驰牌)
汽车V带、同步带、多楔带等
配套情况:为一汽集团、东风汽车公司等配套

★莱芜海天汽车配件有限公司
地址:山东省莱芜市钢城区里辛镇棋山工业园
邮编:271105
电话:0634/6842976、6842978
传真:6844177、6844266
网址:www. laiwuhaitian. com
电子信箱:1071181389@ qq. com
法定代表人:顾洪兴
产品情况:制动片及摩擦材料
配套及出口情况:为戴姆勒、克莱勒斯、上汽大众、上汽通用、长春一汽、天津一汽、南汽集团、北汽集团、厦门金龙、郑州日产、哈飞集团、吉利集团、奇瑞集团、上汽通用五菱、江铃汽车、江淮、华泰现代、长城汽车、长丰集团、中国重汽、北汽福田等国内外20余家汽车公司、50余种车型提供主机配套服务;远

销北美洲、西欧、中东等地区

★山东惠尔制革集团有限公司
地址:山东省泰安市宁阳县八仙桥经济技术开发区
邮编:271400
电话:0538/5637888
传真:5637699、5637888
网址:www.sdhezg.com
电子信箱:huierzg@126.com
法定代表人:王建军
单位人数:400
质量体系:ISO/TS 16949、ISO 14000
产品情况:人造革、注塑件以及塑膜
配套情况:为中国重汽集团、中国宇通集团、中国一汽集团、湖南亚太实业集团、金龙客车集团、福特公司、海马集团等配套

★山东星光实业有限公司
地址:山东省东平县工业园区
邮编:271500
电话:0538/2839577、13370613988
传真:2832277
网址:www.sd-starlights.com
电子信箱:sdxgsy@163.com
法定代表人:张尚生
质量体系:ISO 9001、ISO 14001
产品情况:塑料包装容器和工程塑料制品
配套情况:为东风商用车等大中型润滑油(脂)生产企业定点供货

★山东源根石油化工有限公司
地址:山东省济宁市国家高新技术产业开发区
邮编:272000
电话:0537/2613096
传真:2613096
网址:www.yuangensh.com
电子信箱:wangsp@yuangensh.com
法定代表人:姚连志
质量体系:ISO/TS 16949、ISO 14001
产品情况:(源根牌)
润滑油、润滑脂、防冻液、养护品等;具备年产各类润滑油、脂等产品35万t的能力
配套情况:与中国石化、台塑石化、韩国SK、美国路博润公司达成了战略合作伙伴关系

★济宁兴发弹簧有限公司
地址:山东省济宁市高新区第九工业园
邮编:272103
电话:0537/7972188、7972186
传真:7972186
网址:www.xfspring.com
电子信箱:manager@xfspring.com
法定代表人:邵承玉
质量体系:ISO/TS 16949
产品情况:热卷弹簧和高档汽车弹簧

★山东省梁山神力汽车配件有限公司
地址:山东省济宁市梁山县经济开发区公明路西段
邮编:272600
电话:0537/7365188、8323089
传真:7323944
网址:www.ls-sl.com
电子信箱:sdlssl@163.com
法定代表人:冯敬友
质量体系:ISO/TS 16949
产品情况:[梁山神力(SHENLI)牌]
鼓式汽车用制动器衬片、制动蹄及制动蹄总成、挂车车轴(车桥)
出口情况:出口美国、加拿大、澳大利亚、阿联酋、伊朗、南非等40多个国家和地区

★山东裕隆金和精密机械有限公司
地址:山东省曲阜经济开发区创业大道16号(发展大道东首)
邮编:273100
电话:0537/5052088
传真:5052098
网址:www.sdyljh.com
电子信箱:sdjhjmjx@126.com
法定代表人:燕国同
质量体系:ISO/TS 16949
产品情况:新能源汽车电机端盖、电动机壳、控制器壳、汽车自动变速器体、阀体及变矩器壳体、发动机缸体等铝合金关键零部件的压铸及精加工生产

★山东湖西王集团有限公司
地址:山东省单县湖西路北首
邮编:274300
电话:0530/6108996、6108997
传真:6108995、6108986
网址:www.sdhxw.com
电子信箱:zzm@sdhxw.com
法定代表人:朱启军
单位人数:1060
质量体系:QS 9000、IATF 16949
产品情况:(湖西王牌)
主要生产推力球轴承、汽车专用轴承及液压件三大系列
配套及出口情况:主要为美国伊顿、中国重汽、北汽福田、金杯汽车、汉德车桥、上汽红岩车桥、义和车桥、方盛车桥、三环车桥、时风集团、临工集团等60余家大中型企业配套;出口美国、日本、韩国、欧洲等国家和地区

★山东尚舜化工有限公司
地址:山东省单县经济技术开发区
邮编:274300
电话:0530/4681625、4681927
传真:4684121、4681609
电子信箱:xyl625625@163.com
法定代表人:徐均
质量体系:ISO 9001、ISO 14001
产品情况:(尚舜牌)
橡胶硫化促进剂、橡胶防老剂、防焦剂、橡胶不溶性硫黄以及橡胶助剂分散体系列产品,年产能力5.5万t
出口情况:出口欧洲、美洲、东南亚、非洲等40多个国家和地区

★临沂盖氏机械有限公司
地址:山东省临沂市工业园区大阳路与龙盛路交汇处路西
邮编:276017
电话:0539/8418778、8418948
传真:8418738
网址:www.cngaishi.com
电子信箱:admin@cngaishi.com
法定代表人:盖广柱
单位人数:600
质量体系:ISO/TS 16949
产品情况:年产盘式制动片600万套、钢背9000万片、鼓式制动片200万套、制动片模具600多套
出口情况:出口美国、加拿大、印度、哥伦比亚等国家

★山东合太恒科技股份有限公司
地址:山东省临沂市城北白沙埠镇
邮编:276035
电话:0539/8651085
传真:8652088
电子信箱:cherry5101@163.com
法定代表人:杨云铎
质量体系:ISO 9001
产品情况:可锻铸铁件、球墨铸铁件、灰口铸铁件,年铸造生产能力3万t
出口情况:出口美国、日本、法国、英国、土耳其、意大利、德国、瑞典、泰国、韩国、芬兰、俄罗斯、波兰、埃及、印度、南非等几十个国家

★临沂开元轴承有限公司
地址:山东省沂南县西外环与樱花路交汇处东200米
邮编:276300
电话:0539/3641049、3641035
网址:www.ym-bearing.cn
电子信箱:kyzcgg@163.com
法定代表人:张安喜
质量体系:ISO/TS 16949、QS 9000
产品情况:(沂蒙牌)
圆锥滚子轴承、圆柱滚子轴承、深沟球轴承、推力轴承及非标准系列等轴承
配套及出口情况:为一汽、东风、陕汽、福田、金龙客车、时风等国内100多个主机厂家配套;出口东欧、中东、南非、丹麦、韩国、印度、乌克兰等国家和地区

★山东驼风汽车科技股份有限公司
地址:山东省日照市东港区204国道东、山海三路南
邮编:276800
电话:0633/2273798
传真:2273799
网址:www.tofon.com.cn

电子信箱:sal@ tofon. com. cn
法定代表人:吴中增
质量体系:ISO/TS 16949
产品情况:[驼风(TOFON)牌]
发动机进气系统连接软管、冷却液循环水管、燃油胶管、汽车空气滤清器总成、高位进气管系列、发动机悬置软垫总成、橡塑材料 TPE/TPV 等产品
配套情况:是国内上汽、重汽、一汽、北汽、福田汽车等多家汽车公司的一级配套供应商

★日照三宝汽车配件有限公司
地址:山东省日照市经济技术开发区成都路和徐汇路交汇处
邮编:276800
电话:0633/2931674、2931686
传真:2931676
网址:www. sambomotors. com
电子信箱:yinhz@ sambomotors. com
法定代表人:蒋国焕
负责人:金永铁
单位人数:140
质量体系:ISO/TS 16949
产品情况:发动机真空泵管、加热管、水管、机油滤网、机油尺、油轨;变速器冷却管总成、油管路、变速器摇臂、门把手、车钥匙、燃料油注管等
配套情况:主要客户有北京现代、东风悦达起亚等

★ 日照钢铁控股集团有限公司
地址:山东省日照市滨海路 600 号
邮编:276806
电话:0633/6188060
网址:www. rizhaosteel. com
电子信箱:rzgt@ rizhaosteel. com
法定代表人:杜双华
质量体系:ISO/TS 16949
产品情况:板材(热轧卷板、冷成型卷板、开平及纵切定尺板、酸洗板、镀锌板)、型钢、棒材、线材等,副产品包括水泥、钢渣微粉、水渣微粉等
出口情况:产品出口 70 多个国家和地区,出口钢材 426.7 万 t
☞ 详细情况请参阅彩色宣传版面

★枣庄市天一实业有限公司
地址:山东省枣庄经济开发区西昌路 10 号
邮编:277000
电话:0632/3825888、13963202799
传真:3825886、3825878
网址:www. zztianyi. com
电子信箱:tysyco@ vip. 163. com
法定代表人:房敬东
质量体系:ISO 9001
产品情况:各类高中液压橡胶软管、汽车空调和制动胶管等;年产各类液压橡胶软管 1000 万 m
配套及出口情况:成为临工集团、徐工集团等大型集团公司的战略供应商;远销俄罗斯、土耳其、伊朗、迪拜、葡萄牙、韩国、巴西、南非等 10 多个国家和地区

河南省

★郑州优尼冲压有限公司
地址:郑州市经济技术开发区第 21 号大街 10 号
邮编:450016
电话:0371/55006888
传真:55001888
网址:www. unipres. com. cn
法定代表人:小泉哲也
产品情况:车身冲压件及模具
配套情况:为东风日产及郑州日产配套

★郑州白云实业有限公司
地址:河南省巩义市工业示范区
邮编:451252
电话:0371/64108787、64135616
传真:63871032、64108887
网址:www. zzbaiyun. com
电子信箱:zzbaiyun@ 163. com
法定代表人:李双宪
质量体系:ISO 9002、GJB 9001A
产品情况:(BY 牌)
载重车、公交车、客车鼓式制动片
配套及出口情况:为东风汽车公司、一汽集团、陕汽、宇通、湖桥等配套;出口美国、俄罗斯、巴西、印度、马来西亚、波兰、埃及等 10 多个国家

★河南方亿密封科技有限公司
地址:河南省新乡市长垣县人民路西段汽车产业园 141 号
邮编:453400
电话:0373/8950618
传真:8951764
网址:www. fy - top. com
电子信箱:ning. qin@ fy - top. com
法定代表人:张丙奎
产品情况:固态硅胶、液态硅胶产品以及塑料制品

★河南斯凯特汽车管路有限公司
地址:河南省原阳县工业园区原郑公路 2 号
邮编:453500
电话:0373/7522858、18937368852
传真:7522868
网址:www. hnskt. com
电子信箱:xxskt@ 163. com
法定代表人(负责人):毛彦伟
单位人数:150
质量体系:ISO/TS 16949
产品情况:(SKT 牌)
主要产品包括整车制动管路、供油硬管、燃油蒸汽排放硬管、离合器管路、加油通气管、尼龙燃油管、车用水管、空调管、动力转向管等汽车管路系统产品,年生产能力为 100 万台套
配套情况:目前主要客户为东风小康、比亚迪汽车、吉利汽车、海马汽车、郑州日产、奇瑞汽车、宇通客车、河北长安、小康动力、淮海动力、江麓荣大、吉利沃尔沃发动机等

★新乡市美斯威精密机器有限公司
地址:河南省辉县徐村经济开发区
邮编:453621
电话:0373/5986900
传真:5986998
网址:www. xxsmsw. com
电子信箱:xxmsw@ 163. com
法定代表人:刘仁德
质量体系:ISO/TS 16949
产品情况:主要从事灰铸铁,球墨铸铁,合金铸铁的生产,主营产品有转向节、排气管、制动器、钳体、箱体、泵体、飞轮、支架等

★河南欧迪艾铸造有限公司
地址:河南省鹤壁市淇县铁西区工业路 90 号
邮编:456750
电话:0392/7275525、7275238
传真:7221719
电子信箱:financial@ aoudi. cn
法定代表人:石淇生
质量体系:ISO/TS 16949
产品情况:铸造件
配套情况:为陕西汉德车桥、包头北奔重汽、东风德纳车桥、美国 CNH、美国 HOLLAND、意大利 VOITH 等供货

★濮阳市万泉化工有限公司
地址:河南省濮阳市黄河路西段
邮编:457000
电话:0393/4630398、4616858
传真:4634898、5388048
网址:www. chinawanquan. com
电子信箱:chinawanquan@ 163. com
法定代表人:任正义
质量体系:ISO/TS 16949、ISO 14001
产品情况:汽车用聚氨酯密封胶等化工产品
出口情况:出口多个国家和地区

★河南倍佳润滑科技股份有限公司
地址:河南省漯河经济技术开发区燕山路 64 号
邮编:462500
电话:0395/3371969、4006603916
传真:3388886
网址:www. cndpowerup. com
电子信箱:china@ cpubj. com
法定代表人:赵淑玲
质量体系:ISO 9001
产品情况:(CPU 牌、倍佳牌)
多功能边界润滑保护剂、触变性多功能油脂,全合成系列工业高级润滑油

★洛阳巨创轴承科技有限公司
地址:河南省洛阳市高新区侯天路 1 号
邮编:471003

电话:0379/64325000、64336166
传真:64336133
电子信箱:ttojuchuang@163.com
法定代表人:寇广龙
质量体系:ISO/TS 16949、GJB 9001B
产品情况:重型货车用各类轴承

★恩梯恩LYC(洛阳)精密轴承有限公司
地址:河南省洛阳市洛龙区洛龙科技园张衡街1号
邮编:471023
电话:0379/64984299
网址:www.ntnlyc.com
电子信箱:lycntn_swb@126.com
法定代表人:辻本崇
产品情况:高品质的二、三代轿车轮毂轴承单元及变速器用滚针轴承

★洛阳轴研科技股份有限公司
地址:河南省洛阳市吉林路1号
邮编:471039
电话:0379/64881546、86155361
传真:64366221、64367537
网址:www.zys.com.cn
电子信箱:gjjg@sinomach-pi.com
法定代表人:朱峰
质量体系:ISO 9001
产品情况:精密及特种轴承、高速机床主轴、轴承专用装备和检测仪器、轴承试验机以及轴承特种材料,应用于汽车与轨道交通、工程机械等各个领域

★洛阳LYC轴承有限公司
地址:河南省洛阳市涧西区建设路96号
邮编:471039
电话:0379/65181775、4006379000
传真:64986287、64986732
网址:www.lyc.cn
电子信箱:lyc@lyc.cn
法定代表人:王新莹
质量体系:ISO 14001、ISO/TS 16949
产品情况:(LYC牌)
汽车轴承
出口情况:在美国、印度、越南等国家设有子公司或办事处,产品出口美国、德国、意大利、澳大利亚、韩国、印度、越南等70多个国家和地区

★洛阳轻捷石油化工有限公司
地址:河南省偃师市高龙镇
邮编:471931
电话:0379/60118989、4009996882
传真:63620880、67548256
网址:www.lyqj.com
电子信箱:qingjieshihua@163.com
法定代表人:王鹏涛
质量体系:ISO 9001
产品情况:(轻捷牌)
汽车用油、摩托车用油、润滑脂、制动液和防冻液等,年生产能力10万t

★豫西工业集团有限公司
地址:河南省南阳市两相西路569号
邮编:473000
电话:0377/61168026、61168000
传真:61168222
网址:www.yxgyjt.com
电子信箱:zgbqyxjt@163.com
法定代表人:陈建华
单位人数:8000
质量体系:ISO/TS 16949、ISO 14001
产品情况:专用车、车用锻件

★南阳天一密封股份有限公司
地址:河南省内乡县产业集聚区长信路与德祥路交汇处东南角(中段)
邮编:474350
电话:0377/83813889
传真:653325419
网址:www.tymifeng.com
电子信箱:nytianmi@21cn.com
法定代表人:杨明祖
负责人:陈宇翔
单位人数:658
质量体系:ISO/TS 16949、QS 9000
产品情况:(天密牌)
各类密封板材及密封件
配套情况:为一汽集团、东风汽车公司、陕西法士特、上汽大众、上汽集团、中国一拖、东风康明斯、重庆康明斯、西安康明斯、天津珀金斯、中国核工业407厂、中国核工业408厂、南车集团、中国重汽、哈飞集团、长安公司、柳微、南汽集团、北汽福田、菲亚特、比亚迪、燕山石化、神华集团、大庆油田、泽普油田、中原油田、胜利油田、日本龙野、正星加油机、亚新科廊坊美联制动公司、南阳防爆电气、淅川减振器、西峡水泵等80多家企业配套

★开封铁塔橡胶(集团)有限公司
地址:河南省开封市市辖区周天路
邮编:475000
电话:0371/23978346、23978311
传真:23961155
网址:www.tieta.cn
电子信箱:kfttsales@163.com
法定代表人:魏建国
单位人数:1000
质量体系:ISO 9001、ISO 14001
产品情况:(铁塔牌)
各种橡胶输送带、V带、高压钢编管、夹布管、缠绕管、排、吸引胶管及其他橡胶制品
配套及出口情况:为上汽集团、扬柴、珀金斯(天津)、合肥全柴、中国一拖等配套;远销欧洲、亚洲、非洲等地区

★开封广佳汽车饰件有限公司
地址:河南省开封市新区陇海2路中段路北
邮编:475000
电话:0371/23321000
传真:23321000
网址:www.hirosawa.com.cn
法定代表人:张家祥
产品情况:汽车内饰件用主要塑料配件

★河南淮海精诚工业科技有限公司
地址:河南省夏邑县产业集聚区工业路西段南侧
邮编:476400
电话:0370/6582577、6581557
传真:6582057
电子信箱:feijinqiu@163.com
法定代表人:韩西武
质量体系:ISO/TS 16949、ISO 9001
产品情况:具有年产铸件10万t的生产加工能力
配套及出口情况:与一汽-大众、上汽大众、奇瑞等汽车厂家建立了业务合作关系;远销美国、加拿大、西欧、东南亚等国家和地区

湖北省

★武汉双虎涂料有限公司
地址:武汉市江南美装饰市场A区1号
邮编:430000
电话:027/82924329
传真:82924329
网址:www.whttc.net
电子信箱:117226969@qq.com
法定代表人:肖人程
质量体系:ISO 9002
产品情况:汽车涂料、建筑涂料、木器涂料、工业涂料、防腐涂料、特种涂料

★武汉荒井密封件制造有限公司
地址:武汉市江汉区江发路15号
邮编:430023
电话:027/83560225、83560229
传真:83560476
电子信箱:welcome_waos@sohu.com
法定代表人:渡边正则
质量体系:ISO/TS 16949、ISO 14001
产品情况:油封、O形圈、密封圈、阀门杆密封圈、簧片式气阀及其他橡胶产品
出口情况:返销日本

★英壳多多士润滑油武汉有限公司
地址:武汉市东西湖区张柏路205号
邮编:430040
电话:027/83838750、18672388000
网址:duoduoshi.net
电子信箱:sc@duoduoshi.cn
法定代表人:徐润英
质量体系:ISO 9001
产品情况:(胜帝牌)
产品覆盖了工业油、抗磨液压油、汽机油、柴机油、多多士、英壳多多士润滑油、武汉齿轮油、英壳多多士润滑油、汽车用油、工程机械用油及齿轮油、液压油、润滑脂、防冻液等众多石化产品

★武汉旷达汽车饰件有限公司
地址:武汉市汉阳经济技术开发区车城

大道204号
邮编:430056
电话:027/84893266、84237039
传真:84893266
网址:www.kuangdacn.com
法定代表人:沈介良
质量体系:ISO/TS 16949
产品情况:汽车座椅内饰面料、皮革制品的复合加工及座套、坐垫生产
配套情况:主要服务客户有东风汽车、神龙汽车、东风本田等

★东风嘉实多油品有限公司
地址:武汉市汉阳区芳草二路江城大道口沌口总部基地华中电子商务产业园C1、C2栋
邮编:430056
电话:027/84289643、4008885916
传真:84289614
网址:www.dfmcastrol.com
电子信箱:sales@dfmcastrol.com
法定代表人:卢锋
质量体系:ISO/TS 16949
产品情况:(劲达牌、佳驰牌、凌浚牌、全护牌)
发动机系统保护液等车用化工产品、车用润滑油、环保石油产品
配套情况:车用润滑油为东风汽车股份、郑州日产、安徽江淮、东风康明斯、东风朝柴、东风轻型发动机供货;发动机冷却液为东风商用车、东风汽车股份;东风越野车、神龙汽车、东风乘用车、广州汽车集团乘用车、东风小康汽车等供货

★武汉中新汽车零部件有限公司
地址:武汉市经济技术开发区14MC地块
邮编:430056
电话:027/84297798、84297612
传真:84297516
电子信箱:zhongxingplastic@136.com
法定代表人:朱怡共
产品情况:塑料件

★武汉邦迪管路系统有限公司
地址:武汉市经济技术开发区15号工业地
邮编:430056
电话:027/84896872、59403819
传真:84896803、84212325
网址:www.tiautomotive.com
电子信箱:jdu@cn.tiauto.com
法定代表人:SCHILD WAYNE AUSTIN
质量体系:ISO/TS 16949
产品情况:流体输送管路系统
配套情况:为神龙公司,东风日产、海南马自达、本田、通用、海南汽车厂、长丰猎豹、东风尼桑、柳州通用五菱等配套

★东风鸿泰武汉控股集团有限公司
地址:武汉市经济技术开发区车城东路39号
邮编:430056
电话:027/84258548、84258540
传真:84258548
电子信箱:moyingbin@dfhtkg.com.cn
法定代表人:潘成政
质量体系:ISO/TS 16949
产品情况:冲压与焊接零部件总成及模具、塑料及橡胶零部件、轮胎总成、前桥总成、空调总成等
配套情况:为神龙汽车、东风乘用车、东风裕隆、东风商用车、安徽奇瑞、上汽通用、东南汽车等整车制造企业配套生产多种零部件和总成

★辉门摩擦产品有限公司
地址:武汉市经济技术开发区创业三路
邮编:430056
电话:027/84953115
网址:www.wagnerbrake.cn
电子信箱:millie.xiong@federalmogul.com
法定代表人:王志杰
质量体系:ISO/TS 16949、QS 9000
产品情况:汽车无石棉摩擦材料及制动蹄
配套情况:为上汽大众、一汽集团、一汽-大众、神龙汽车、天津一汽夏利、江铃汽车、上汽通用、广汽本田等配套

★三樱(武汉)汽车部件有限公司
地址:武汉市经济技术开发区莲湖路11号
邮编:430056
电话:027/84231003、84298903
电子信箱:chenghl@sanoh-wx.com
法定代表人:永井邦和
产品情况:汽车制动油管及其他配管

★武汉华森塑胶有限公司
地址:武汉市经济技术开发区全力四路105号
邮编:430056
电话:027/84891117、84897842
传真:84892953
电子信箱:hspl@huasenplastic.com
法定代表人:唐小林
质量体系:ISO/TS 16949、ISO 14001
产品情况:泡沫塑料(EPP、EPS、PE、EVA、IXPE、PP、PVC、PU、PUR、EPDM、CR等),车门防水密封膜(板),吸音、隔音隔热衬垫,橡胶制品,注塑制品,吸塑制品,吹塑制品,阻尼材料,胶黏带、胶带制品,塑胶异型材,PVC密封胶、抗石击涂料

★湖北派克密封件有限公司
地址:武汉市沌口经济技术开发区后官湖大道537号
邮编:430064
电话:13995587158
网址:www.parkerhb.com
电子信箱:969767136@qq.com
法定代表人:王斌
质量体系:ISO/TS 16949、ISO 9001
产品情况:高分子橡胶密封件
配套情况:为上汽大众、天津一汽夏利、华晨金杯、北京奔驰、南京依维柯、柳州五菱、东风汽车公司、一汽集团等配套

★武汉百乐仕汽车精密配件有限公司
地址:武汉市汉南区纱帽街汉南大道1148号
邮编:430090
电话:027/84737830
传真:84737833
网址:www.piolax-info.com
法定代表人:岛津幸彦
产品情况:汽车用树脂和总成零件

★森织汽车内饰(武汉)有限公司
地址:武汉市蔡甸区博奇路1号
邮编:430100
电话:027/69813916、69813307
传真:69841778
网址:www.sageai.cn
电子信箱:marketing@wuhanboqi.com
法定代表人:李玉波
质量体系:ISO/TS 16949
产品情况:(博奇牌)
内装饰面料、座椅面料
配套情况:为比亚迪汽车、神龙汽车、奇瑞汽车等配套

★武汉丸顺汽车配件有限公司
地址:武汉市东湖新开发区流芳产业园光谷一路223号
邮编:430205
电话:027/87905906、87905963
传真:87905920
电子信箱:bwang@wh-wmax.com
法定代表人:松井恒夫
产品情况:汽车配件
配套情况:为东风本田等汽车公司配套

★武汉市必达机电实业有限公司
地址:武汉市东湖高新技术开发区庙山小区江夏大道35号
邮编:430223
电话:027/81800954
传真:81800954
电子信箱:zhaopin@whbida.com
法定代表人:毕伟
质量体系:ISO/TS 16949
产品情况:焊接总成件、汽车铰链和汽车门等汽车金属结构件
配套情况:为神龙汽车、佛吉亚(武汉)汽车座椅、标致雪铁龙、海斯坦普金属成功(武汉)公司、东风乘用车、武汉万兴、上汽大众、东风(武汉)汽车零部件、郑州日产、艾联(上海)汽车零部件配套

★武汉帕克橡塑制品有限公司
地址:武汉市阳逻经济开发区晶港路2号
邮编:430415
电话:027/89651005
传真:89651102
网址:www.whpark.com

电子信箱:whpk. leibin@263. net
法定代表人:雷斌
质量体系:ISO/TS 16949、QS 9000
产品情况:汽车用橡胶塑料制品的生产和加工
配套情况:是 Valeo、LEAR、博耐尔公司以及美的集团指定供应商

★湖北福星科技股份有限公司
地址:湖北省汉川市沉湖镇福星街一号
邮编:431608
电话:0712/8740098、8740068
传真:8740089
网址:www. chinafxkj. com
电子信箱:fxkj0926@ chinafxkj. com
法定代表人:谭少群
单位人数:6000
质量体系:ISO/TS 16949、ISO 9001
产品情况:(福星牌)
钢帘线、轮胎钢丝、钢丝绳、PC 钢绞线等
出口情况:出口 80 多个国家和地区

★湖北京山轻工机械股份有限公司
地址:湖北省京山县京山经济技术开发区新阳大道京山轻机工业园
邮编:431800
电话:0724/7337518、7363158
传真:7337558
网址:www. js - foundry. com
电子信箱:foundry@ jspackmach. com
法定代表人:方伟
质量体系:ISO/TS 16949
产品情况:产品涵盖卡钳体、卡钳支架、盘类、轮毂类、箱壳类、轴类等六大系列
配套情况:是东风汽车股份、神龙汽车、东风汽车有限公司各零部件子公司、东风风神汽车、东风康明斯发动机的供应商

★孝感中发六和汽车零部件有限公司
地址:湖北省孝感市经济开发区六合工业园
邮编:432000
电话:0712/2859933
传真:2899686
网址:www. chkk. co. jp
电子信箱:meijuan@ xz - ac. com
法定代表人:小出健太
单位人数:28
产品情况:底盘弹簧、精密弹簧等系列产品

★湖北茂鑫特种胶带有限公司
地址:湖北省广水市经济开发区 107 国道 3 号
邮编:432721
电话:0722/6429058、6429605
传真:6429255
网址:www. motorbelt. com
电子信箱:4147429058@ qq. com
法定代表人:徐丽萍
质量体系:ISO/TS 16949、QS 9000
产品情况:(茂鑫牌)
各种同步带、切边 V 带、多楔带
配套及出口情况:主要客户有一汽马自达、海马汽车(郑州)、东风朝阳朝柴动力、神龙汽车、恒天动力、广东科达机电、华晨汽车重庆鑫源动力、东风小康汽车渝安动力、北汽银翔汽车等;出口美国、澳大利亚、俄罗斯、马来西亚、泰国和伊朗

★仙桃市鼎鑫铸业有限公司
地址:湖北省仙桃市胡场镇汉沙大道特八号
邮编:433004
电话:0728/2812892
传真:2812892
网址:www. youfin. cn
电子信箱:1034789014@ qq. com
法定代表人:林学春
产品情况:各种牌号的灰铁、球铁、合金铸铁件等汽车零部件及其他高档铸件

★瑞阳汽车零部件(仙桃)有限公司
地址:湖北省仙桃市工业园瑞阳大道一号
邮编:433010
电话:0728/3251676、3251623
传真:3251627、3269001
电子信箱:shaohua. liu@ braxe. com
法定代表人:张泽伟
质量体系:ISO/TS 16949
产品情况:(FRICTION ONE 牌、摩擦 1 号牌)
汽车盘式和鼓式制动片、钢背、减振片、五金件等,年产盘式制动片 1200 万套、鼓式制动片 300 万套

★湖北联合方程式摩擦材料有限公司
地址:武汉市经济技术开发区新滩新区汉洪大道
邮编:433225
电话:0716/2693935、13807118781
传真:2693935
电子信箱:759608052@ qq. com
法定代表人:朱纹辉
产品情况:汽车用制动器衬片

★荆大(荆州)汽车配件股份有限公司
地址:湖北省荆州市高新技术开发区东方大道 127 号
邮编:434000
电话:0716/8257126、8257085
传真:8258648
网址:www. hbjingda. com
电子信箱:jingda@ hbjingda. com
法定代表人:王建国
质量体系:ISO 9001
产品情况:钢管表面镀锌管,镀锌 + 涂 PVF(聚氟乙烯)管,镀锌 + 涂尼龙(PA12)管,热涂锌铝合金 + 涂富铝环氧树脂(ALGAL)管
配套及出口情况:产品覆盖中国 90% 以上汽车制造厂家,包括:上汽大众、上汽通用五菱、一汽-大众、重庆长安、长安福特、长安马自达、长城汽车、长丰、江淮汽车、比亚迪汽车、奇瑞汽车、吉利汽车、海南马自达、东南汽车、五菱、夏利、众泰、金龙、江西五十铃等;远销美国、加拿大、墨西哥、巴西、英国、德国、西班牙、印度等国家和地区

★湖北金马汽车管路系统有限公司
地址:湖北省荆州市玉桥开发区恒隆路 5 号
邮编:434000
电话:0716/8333923
传真:8319752
法定代表人:孟庆春
质量体系:ISO/TS 16949
产品情况:汽车中冷器进排气管、动力转向管路、制动管路、复合轴承、双金属衬套、塑料支架等
配套情况:为东风汽车公司、柳汽、华晨金杯、一汽海马、奇瑞汽车、一汽-大众、东南汽车、神龙汽车、吉利汽车、湖南车辆厂等配套

★湖北鑫宝马弹簧有限公司
地址:湖北省江陵县江陵大道
邮编:434100
电话:0716/4738566、4727531
传真:4733509
网址:www. baoma - spring. com
电子信箱:hbbm@ vip. sina. com
法定代表人:马宝禄
质量体系:ISO/TS 16949、ISO 14001
产品情况:汽车离合器弹簧、发动机气阀弹簧和悬架弹簧
配套情况:直接供神龙汽车、东风商用车、东风乘用车、一汽-大众、上汽大众、长安福特等主机厂装配

★湖北沙市轴承总厂
地址:湖北省荆州市荆州区东环路 46 号
邮编:434100
电话:0716/8265504、8857180
传真:8264839
法定代表人:邓延珍
质量体系:ISO/TS 16949、ISO 9001
产品情况:汽车轴承,年产 6.71 万套

★湖北钱潮精密件有限公司
地址:湖北省石首市金平工业园万向园区
邮编:434400
电话:0716/7817677
电子信箱:158709570@ qq. com
法定代表人:顾福祥
质量体系:ISO/TS 16949、QS 9000
产品情况:钢球、滚柱、滚针、滚子、冷拔轴承钢和圆钢、汽车空调电磁离合器

★黄石赛福摩擦材料有限公司
地址:湖北省黄石市花园路 45 号
邮编:435000
电话:0714/6334214

传真:6335854
网址:www. saife. com. cn
电子信箱:saife@ saife. com
法定代表人:王三全
质量体系:ISO/TS 16949、ISO 9001
产品情况:(黄摩牌)
各类汽车、摩托车、工程机械等用摩擦材料
配套情况:主要为国内企业原装配套

★湖北新冶钢有限公司
地址:湖北省黄石市黄石大道316号
邮编:435001
电话:0714/6297888
传真:6297792
网址:www. citicsteel. com
法定代表人:俞亚鹏
质量体系:ISO/TS 16949
产品情况:轴承钢、汽车用钢、能源用钢、先进制造业用钢、国防装备用钢等

★黄石市钜晟重型汽车配件有限公司
地址:湖北省黄石市黄石港工业园区港湾大道05号
邮编:435002
电话:0714/6224810、4647988
传真:6220528
电子信箱:mokona8046@ 163. com
法定代表人:胡早宝
质量体系:ISO 9001、GB/T 19001
产品情况:汽车配件
配套及出口情况:为内蒙古北方重型汽车、首钢重型汽车、北京重型汽车、本溪重汽机械配套;部分产品随主机厂出口巴基斯坦、英国、蒙古、丹麦

★黄石哈特贝尔精密锻造有限公司
地址:湖北省黄石市下陆区沿湖路681号
邮编:435004
电话:0714/5314371、5314375
电子信箱:hsyxy@ 126. com
法定代表人:陈岩水
产品情况:轴承套圈毛坯锻件
出口情况:出口美国、加拿大、日本、韩国等国家

★利富高(湖北)精密树脂制品有限公司
地址:湖北省葛店经济开发区创业大道宝业工业园
邮编:436070
电话:0711/3700122
传真:3700123
网址:www. nifco. co. jp
电子信箱:hr1@ nhb－nifco. com
法定代表人:山本利行
质量体系:ISO/TS 16949
产品情况:汽车、摩托车零配件,滤清器,专用高强度紧固件

★湖北赤壁赛飞摩擦材料有限公司
地址:湖北省赤壁市经济开发区发展大道
邮编:437300
电话:0715/5886788
传真:5257283
网址:www. salfer. com. cn
电子信箱:lintre@ 139. com
法定代表人:郭东辉
产品情况:专业生产各类型汽车制动片,年产量1200万套

★湖北大帆汽车零部件有限公司
地址:湖北省麻城市黄金桥开发区
邮编:438300
电话:0713/2995218
传真:2995218
电子信箱:hubeidafan@ 163. com
法定代表人:宁立峥
质量体系:ISO/TS 16949
产品情况:(大凡牌)
各种汽车、工程机械等用膜片弹簧、碟形弹簧
配套及出口情况:为一汽、东风、重汽、陕汽等配套;出口欧美多个国家和地区

★东普雷(襄阳)汽车部件有限公司
地址:湖北省襄阳市高新产业开发区东风汽车大道82号
邮编:441000
电话:0710/3330711
网址:www. topre. com. cn
法定代表人(负责人):山城活博
单位人数:220
产品情况:主要从事汽车冲压零部件,汽车车身外板覆盖件模具及汽车夹具检具
配套情况:主要供应日产、本田等汽车厂商

★襄阳汽车轴承股份有限公司
地址:湖北省襄阳市高新区邓城大道97号
邮编:441000
电话:0710/3577888、3577999
传真:3564551、3564101
网址:www. zxy. com. cn
电子信箱:marketing@ zxy. com. cn
法定代表人:高小兵
单位人数:4500
质量体系:ISO/TS 16949、ISO 9001
产品情况:(ZXY牌)
重型、中型、轻型、微型、轿车等各种车型配套轴承,年生产能力7000万套
配套及出口情况:具备整车配套东风、解放、斯太尔、北方奔驰、江淮汽车、北汽福田、跃进、五十铃、宇通客车、比亚迪、广汽日野、东风柳汽等系列用轴承产品的能力;远销欧美和东南亚等地区

★湖北回天新材料股份有限公司
地址:湖北省襄阳市国家高新技术开发区航天路7号
邮编:441000
电话:0710/3626888
传真:3820881
网址:www. huitian. net. cn
电子信箱:htjy2009@ 163. com
法定代表人:章锋
质量体系:ISO/TS 16949、ISO 14001
产品情况:(回天牌、赛福特牌)
汽车及摩托车胶黏剂、合成制动液、防锈松动剂、清洗剂等
配套情况:为一汽集团、东风汽车公司、神龙汽车、广西玉柴、天津一汽夏利、南方摩托等配套

★新兴重工湖北三六一一机械有限公司
地址:湖北省襄阳市人民西路168号
邮编:441002
电话:0710/3117315
传真:3110290
网址:www. 3611. com. cn
电子信箱:3611czhb@ 163. com
法定代表人:邓先义
质量体系:ISO/TS 16949、ISO 9001
产品情况:轻合金汽车零部件、油料器材装备、应急救援特种装备等
配套情况:为神龙汽车、东汽商用车、玉柴、东风康明斯发动机等配套

★湖北天力奇新材料股份有限公司
地址:湖北省襄阳市高新区汽车工业园
邮编:441003
电话:0710/3224295、3223872
传真:3223872
电子信箱:hbtlqcwb@ 163. com
法定代表人:王剑锋
质量体系:ISO 9001
产品情况:汽车油封、减振垫、制动管、输油管等汽车用橡胶产品
配套情况:为东风汽车公司、康明斯发动机、北汽福田等服务

★湖北航鹏化学动力科技有限责任公司
地址:湖北省襄阳市清河路58号
邮编:441003
电话:0710/3219103、3219104
传真:3820378
网址:www. caschp. com
电子信箱:htscyxb@ 163. com
法定代表人:夏强
质量体系:ISO/TS 16949、GJB 9001B
产品情况:(航鹏牌)
主要从事汽车安全气囊气体发生器(含气体发生剂)、氧气发生器、非标自动化装备三大类产品的研发、生产
配套情况:为一汽集团、东风汽车公司、三菱、康明斯等配套

★湖北天鹅涂料股份有限公司
地址:湖北省襄阳市高新区上海路1号
邮编:441004
电话:0710/2393172
网址:www. hbstcl. cn
法定代表人:李凯丰
产品情况:油漆、合成树脂、化学助剂

★襄阳鹰牌荣华轴承有限公司
地址:湖北省襄阳市高新区新风路6号

邮编:441104
电话:0710/3381855、4000710833
传真:3381833
网址:www. ypbearing. com
电子信箱:ypbearing@ 163. com
法定代表人:殷肇晴
质量体系:ISO/TS 16949
产品情况:(鹰牌)
公制轴承、英制轴承、镀膜轴承、货车轮毂单元及非标轴承,年产各种 P6 级以上轴承 800 万套
配套及出口情况:直接为东风德纳车桥、合肥车桥、北汽福田、宇通客车、金龙客车、中联重科车桥公司(湖南车桥厂)、湖北车桥、湖北远安永安车桥、湖北三环车桥、西安汉德车桥等多家知名企业配套;远销欧美、中东、东南亚等地区

★枣阳兴亚摩擦材料有限公司
地址:湖北省枣阳市车站路 17 - 4 号
邮编:441202
电话:0710/6314652、6320578
传真:6314652
网址:www. xingyafm. com
电子信箱:mail@ xingyafm. com
法定代表人:檀毅
负责人:檀国
单位人数:468
质量体系:ISO/TS 16949、QS 9000
产品情况:(兴亚牌、英利达牌)
中、重、轻、客、微型汽车用制动器衬片及轿车前盘、后鼓制动蹄总成、制动片、摩擦材料、盘蹄总成
配套及出口情况:为主机厂配套;出口欧洲、美洲、非洲、中东、东南亚

★随州市万瑞汽车配件有限公司
地址:湖北省随州市高新技术产业园区文帝大道东
邮编:441300
电话:0722/3819628、3819728
传真:3819928
网址:www. hbwrqp. com
电子信箱:info@ hbwrqp. com
法定代表人:朱国荣
质量体系:ISO/TS 16949
产品情况:(WR 牌)
汽车塑料件产品研制改进、塑胶模具开发、塑料注射成型等

★湖北双虎机械有限公司
地址:湖北省谷城县城关镇过山口街
邮编:441700
电话:0710/7332823、7331985
传真:7332823
电子信箱:854572737@ qq. com
法定代表人:闫志明
质量体系:ISO 9000
产品情况:平衡悬架类铸件、汽车底盘类铸件、制动蹄、制动底板等

★湖北仁美镁业发展有限公司
地址:湖北省老河口市城东工业区
邮编:441800
电话:13986375194
传真:0710/8231111
网址:www. churun. com. cn
电子信箱:lhkrh@ 163. com
法定代表人:李启群
产品情况:变速器壳体、离合器壳体等配套件及部分摩托车配件,生产能力为 5000t/年镁合金产品

★十堰东风韩都油化有限公司
地址:湖北省十堰市大岭路 19 号
邮编:442008
电话:0719/8205297、13339860752
传真:8205267
电子信箱:xiaohu1001@ 126. com
法定代表人:杜加平
单位人数:70
质量体系:ISO/TS 16949
产品情况:汽车油漆

★十堰风神汽车橡塑制品有限公司
地址:湖北省十堰市汉江中路 26 号
邮编:442011
电话:0719/8618296、8618516
传真:8652859
网址:www. syxj. net
电子信箱:syxjc@ 163. com
法定代表人:丁艳峰
质量体系:ISO/TS 16949、ISO 9001
产品情况:(风神牌)
主要生产减振悬置类、胶管类、密封制品类和沥青阻尼片材等 3000 多个品种橡胶配件,年产能力 10000 万件
配套情况:橡胶件为东风汽车、东风有限商用车、东风日产配套

★湖北诺克橡塑密封科技有限公司
地址:湖北省十堰市茅箭区东风大道 9 号
邮编:442012
电话:0719/8784214、8784440
传真:8784440
网址:www. hbzhengao. com
电子信箱:hbrockmarket@ vip. 163. com
法定代表人:乔虹
质量体系:ISO/TS 16949、ISO 14001
产品情况:汽车橡塑密封条
配套情况:主要为神龙汽车、东风乘用车、江淮汽车、比亚迪汽车、力帆汽车、东风商用车等主机厂配套

★东风汽车公司(十堰)润滑油有限公司
地址:湖北省十堰市白浪中路 68 号
邮编:442013
电话:0719/8303333、8303325
电子信箱:1095051511@ qq. com
法定代表人:梁新林
质量体系:ISO 9001
产品情况:(东日牌)
为东风商用车等装车配套的冷却液(防冻防锈液)、润滑油等
配套情况:为东风商用车、东风康明斯装车、销售用润滑油品及冷却液 QEM 供应商

★东风(十堰)气缸垫有限公司
地址:湖北省十堰市红卫镜潭路 48 号
邮编:442021
电话:0719/8260168
传真:8260168、8521188
电子信箱:dfsyqgd@ 126. com
法定代表人:季旭东
质量体系:ISO/TS 16949、ISO 14001
产品情况:(盖特牌)
汽缸垫等密封垫片
配套及出口情况:为东风汽车公司发动机厂、东风康明斯发动机、东风德纳车桥、一汽锡柴、上汽通用五菱等配套;汽缸垫系列产品已出口美国、印度和东南亚等国家和地区

★十堰洪运轴承材料有限公司
地址:湖北省十堰市镜潭路 46 号
邮编:442021
电话:0719/8238687
传真:8241435
电子信箱:871223274@ qq. com
法定代表人:谢云彬
质量体系:ISO/TS 16949
产品情况:(东风牌)
铝基双金属轴瓦卷带材
配套情况:铝锡高锡产品和铝锡硅中锡产品(各 1000t/年)为东风公司、重庆东安、航天三菱等配套

★东风(十堰)汽车冲压件有限公司
地址:湖北省十堰市寺沟巷 2 号
邮编:442025
电话:0719/8227038
传真:8225085
电子信箱:dfcyjscb2012@ 163. com
法定代表人:谈政
质量体系:ISO/TS 16949、ISO 14000
产品情况:汽车冲压件、皮带张紧轮、操纵机构总成等
配套情况:客户有东风有限商用车、东风汽车股份、东风随州专汽、东风襄樊专汽

★东风汽车零部件集团东风粉末冶金公司
地址:湖北省丹江口市三官大道 26 号
邮编:442708
电话:0719/5520824
传真:5520824
网址:www. dfmpm. com. cn
电子信箱:fmyj - liyf@ dfl. com. cn
法定代表人:方明红
单位人数:200
质量体系:ISO/TS 16949、QS 9000
产品情况:年生产粉末冶金 3000t,配气机构总成部件 370 万件左右

★中南橡胶集团有限责任公司
地址:湖北省宜昌市伍家岗区共升路9号
邮编:443003
电话:0717/6370006、6370118
传真:6370388
电子信箱:znrubberzgb@126.com
法定代表人:杨杰
质量体系:ISO 9001
产品情况:(中字牌)
橡胶输送带、汽车配件、橡胶杂件等三大类500多种橡胶产品
配套及出口情况:为东风汽车公司、神龙汽车配套;出口欧洲、非洲、东南亚、中东等地区

湖南省

★长沙太平洋半谷汽车部件有限公司
地址:长沙市经济技术开发区泉塘街道东十一路68号
邮编:410100
电话:0731/82758459
传真:82758460
网址:www.pacific-ind.co.jp
法定代表人:森义男
产品情况:汽车冲压产品

★湖南湘江关西涂料有限公司
地址:长沙市经济开发区漓湘西路16号
邮编:410100
电话:0731/86246500
传真:86246888
网址:www.hnksac.com
电子信箱:hkp@hnksac.com
法定代表人:许愔
单位人数:1000
质量体系:ISO/TS 16949、ISO 14001
产品情况:汽车涂料
配套情况:主要为大众、本田、日产、福特、一汽、东风、长安等国内各大知名汽车厂近150条涂装生产线提供专业的产品和服务

★湖南博云汽车制动材料有限公司
地址:长沙市高新开发区麓松路500号
邮编:410205
电话:0731/88122751、88122792
传真:88115258
网址:www.boyunbrake.com
电子信箱:bykf@boyunbrake.com
法定代表人:廖翊
质量体系:IATF 16949
产品情况:制动片,年产1800多万套
配套情况:为一汽集团、东风汽车公司、长安汽车、上汽通用五菱、广汽三菱、昌河汽车、重汽集团等配套

★湖南博云新材料股份有限公司
地址:长沙市岳麓区高新技术产业开发区麓松路500号
邮编:410295
电话:0731/88122999、88122888
传真:88122777
网址:www.hnboyun.com.cn
电子信箱:hnboyun@hnboyun.com.cn
法定代表人:廖寄乔
单位人数:500
质量体系:ISO 9001、GJB 9001A
产品情况:汽车制动片

★益阳西流气缸垫有限公司
地址:湖南省益阳市高新区梅岭工业园梅林路272号
邮编:413000
电话:0737/4223416
传真:4222416
网址:www.yyqgd.com
电子信箱:xl@yyqgd.com
法定代表人:舒黄河
质量体系:ISO/TS 16949
产品情况:(西流牌)
目前复合型汽缸垫生产能力达到年产400万片,全金属汽缸垫生产能力达到年产100万片
配套情况:与东风康明斯、玉柴、全柴、柳机、五菱、绵阳新晨、奇瑞等多家主机厂建立了良好的配套及合作关系

★湖南橡塑密封件厂有限公司
地址:湖南省益阳市南县武圣宫镇建材路
邮编:413212
电话:0737/5811408、4000737581
传真:5812107
网址:www.hnbps.com
电子信箱:1224311256@qq.com
法定代表人:昌盛昌
质量体系:ISO 9001
产品情况:油封、O形密封圈、V带、杂件等系列产品

★湖南常德嘉达摩擦材料有限公司
地址:湖南省常德市临江路35号
邮编:415000
电话:0736/7289184、7281750
传真:7172098
网址:www.cnjiada.cn
电子信箱:jiada@cnjiada.cn
法定代表人:龚玉春
负责人:李江
质量体系:ISO/TS 16949、ISO 14001
产品情况:(得俏牌)
各种轿车、载重汽车无石棉盘式、鼓式制动片的专业公司,现有年产200多万套无石棉盘式制动片和5000t鼓式制动片生产能力
配套情况:为奇瑞汽车、一汽集团、上汽通用五菱、美国TRW-LVLB、吉利汽车、武汉万向、浙江亚太、万安集团、廊坊瑞达、广州中博、比亚迪汽车等配套

★华菱安赛乐米塔尔汽车板有限公司
地址:湖南省娄底市娄底经济开发区吉星北路88号
邮编:417000
电话:0738/8992015
网址:www.vamachina.com
法定代表人:成沛祥
产品情况:用于汽车行业的冷轧钢板、镀锌钢板产品和其他特殊钢制品

★湖南中航紧固系统有限公司
地址:湖南省衡阳市松木经济开发区上倪路19号
邮编:421000
电话:0734/8200999
传真:8200999
网址:www.shbc.com.cn
电子信箱:huwl@shbc.com.cn
法定代表人:李林宏
质量体系:ISO/TS 16949、ISO 14001
产品情况:汽车、摩托车等行业的高强度螺栓、精密螺钉、螺母、垫片及其他精密异形产品

★湖南文昌新材料科技股份有限公司

地址:湖南省娄底市万宝新区富厚街一号
邮编:417000
电话:0738/8321999
传真:8751066
网址:www.hwtcgroup.cn
电子信箱:marketing@hwtc.cc
法定代表人:李献清
单位人数:150
质量体系:ISO/TS 16949
产品情况:产品主要包括铝合金材料和铝合金零部件两大系列,其中零件系列包括汽车空调压缩机用斜盘、双向和单向活塞、动盘、静盘、转子和轨道车辆用铝基复合材料制动盘等
☞ 详细情况请参阅彩色宣传版面

广东省

★广州市广易实业有限公司
地址:广州市芳村大道中443号
邮编:510360
电话:020/81891948、81898528
传真:81893451
电子信箱:granye@granye.com
法定代表人:王衍琦
质量体系:ISO 9001
产品情况:(大力牌、广易牌、玉羊牌)
汽车、摩托车制动蹄块总成
配套及出口情况:为广州五羊-本田摩托车(广州)、江门大长江摩托车、番禺华南摩托车、广州摩托车集团、昌河铃木等配套;出口菲律宾、马来西亚、越南、中东、南美洲等国家和地区

★广州市世达密封实业有限公司
地址:广州市白云区机场路2721号
邮编:510425
电话:020/86082311、86111999

传真:86083390
网址:www. gz - star. com
电子信箱:gzstar@ gz - star. com
法定代表人:杨文平
质量体系:ISO/TS 16949、ISO 14001
产品情况:橡塑密封件、车用橡胶零部件
配套及出口情况:为日本鬼怒川橡胶工业株式会社、本田(中国)汽车、本田制锁(广东)、广州三叶电机、美国福特、欧洲威伯科、卡特彼勒、广汽本田、东风本田、柳州工程机械、广州昭和减振器、南京依维柯、惠州东风易进工业、惠州大金空调、香港保捷集团、TTI 公司等供货;出口日本、美国、欧洲等国家和地区,并销往中国台湾、中国香港地区

★广州三崎气缸垫有限公司
地址:广州市白云区龙归镇夏良永泰工业城
邮编:510445
电话:020/37314999、87425187
传真:87426756
网址:www. sakola. com
电子信箱:sq@ sakola. com
法定代表人:薛寿云
产品情况:(SAKOLA 牌)
汽缸垫、金属橡胶密封垫、动态骨架油封、橡胶密封件、修理包

★广州旷达汽车饰件有限公司
地址:广州市萝岗区东鹏大道 44 号
邮编:510510
电话:020/82266268 - 825
传真:82266360
网址:www. kuangdacn. com
电子信箱:guangzhou@ kuangda. com
法定代表人:沈介良
质量体系:ISO/TS 16949、ISO 14001
产品情况:汽车座椅面料、门护杠面料、顶棚面料;主要是为广州本田、东风日产、长安福特、长安铃木、海马汽车等主机厂提供
配套情况:为广汽本田、东风日产、长安福特、长安铃木、海马汽车等主机厂配套

★克恩里伯斯广州精密金属零件有限公司
地址:广州市萝岗区云埔工业区观达路 7 号 C 幢 1 楼
邮编:510530
电话:020/82210915、82212995
传真:82210105
网址:www. kern - liebers. com. cn
电子信箱:kl - guangzhou@ kern - liebers. com. cn
法定代表人:UDO SCHNELL
质量体系:ISO/TS 16949、ISO 14001
产品情况:扭力弹簧、重力弹簧、恒力弹簧以及起动弹簧

★金发科技股份有限公司
地址:广州市萝岗区科学城科丰路 33 号
邮编:510663
电话:020/66818888、66818881
传真:66848888
网址:www. kingfa. com. cn
电子信箱:service@ kingfa. com
法定代表人:袁志敏
质量体系:ISO/TS 16949
产品情况:(KINGFA 牌)
改性塑料
配套及出口情况:为大众、通用、福特、天津一汽丰田、三菱、标致、雪铁龙、华晨、奇瑞汽车等配套;远销 130 多个国家和地区

★广州彩虹五金弹簧有限公司
地址:广州市黄埔夏园工业中区第 6 - 7 栋
邮编:510730
电话:020/62801168
传真:62801198
网址:www. rainbow - spring. com. cn
电子信箱:sales@ rainbow - spring. com. cn
法定代表人:周妙嫦
质量体系:ISO/TS 16949、ISO 14001
产品情况:各种拉、压、卡、扭等弹簧,线成型、精密冲压件,拉杠、组装件及紧固件
出口情况:出口亚洲、北美洲、欧洲、中东、澳大利亚等 20 多个国家和地区

★广州奥图弹簧有限公司
地址:广州市经济技术开发区东区沧联小迳东路
邮编:510760
电话:020/82269332、38298993
传真:38298996
网址:www. autospring. cn
电子信箱:sales2@ autospring. cn
法定代表人:阮国源
质量体系:ISO/TS 16949、ISO 14001
产品情况:汽车弹簧和金属精密冲压产品

★广州三樱制管有限公司
地址:广州市经济技术开发区云埔工业区埔南路沧联工业园 D3 地块厂房 A
邮编:510760
电话:020/62952189
传真:82250082
电子信箱:zongwu@ gzsanoh. com
法定代表人:永井邦和
质量体系:ISO/TS 16949、ISO 14001
产品情况:汽车燃油管总成、ABS 制动油管、动力转向器回油管、排水管、发动机用 ATF 管等零部件
配套情况:为广汽本田、东风日产汽车、广汽三菱、本田中国配套

★广州优尼冲压有限公司
地址:广州市花都区花港大道 77 号
邮编:510800
电话:020/36867888
传真:36867966
网址:www. unipres. com. cn
电子信箱:admin@ unipres. com. cn
法定代表人:熊智斌
质量体系:ISO/TS 16949、ISO 14001
产品情况:(UNIPRES 牌)
主营汽车冲压部品及模具制造
配套及出口情况:主要客户有东风日产、东风雷诺及加特可;出口北美洲、南美洲、西欧、东亚

★广州西川密封件有限公司
地址:广州市花都区汽车城东风大道 10 号
邮编:510800
电话:020/86733255
传真:86733256
网址:www. nishikawa - rbr. co. jp
电子信箱:caiwu@ g - nishikawa. com. cn
法定代表人:小川秀树
产品情况:汽车类橡胶密封件产品
配套情况:为广汽本田、日产、马自达、福特等配套

★广州三池汽车配件有限公司
地址:广州市花都区汽车城东风大道东
邮编:510800
电话:020/86733758、86733720
传真:86733737
电子信箱:panbifang@ gz - mitsuike. com
法定代表人:安藤清
质量体系:ISO/TS 16949
产品情况:汽车车身冲压件
配套情况:为东风日产乘用车配套

★广州维金汽车零部件有限公司
地址:广州市从化明珠工业园大道北吉祥二路 11 号
邮编:510900
电话:020/87866788
传真:87866561
网址:www. vkairspring. com
电子信箱:info@ vkairspring. com
法定代表人:彭建蓉
质量体系:ISO/TS 16949、ISO 9001
产品情况:客车空气弹簧、重型货车空气弹簧、轻型车辆空气弹簧、驾驶室空气弹簧等,年生产量可达 70 万支
配套及出口情况:为一些大型汽车制造厂商配套;远销欧洲、美洲、大洋洲、东南亚等地区

★广州帕卡汽车零部件有限公司
地址:广州市从化区鳌头镇星业路 26 号
邮编:510900
电话:020/87910088
传真:87912349
网址:www. gpap. cn
法定代表人:张汉英
质量体系:ISO 9001、ISO 14001
产品情况:主要生产汽车隔音、隔热类产品
配套情况:为广汽本田、东风本田、本田

中国、广汽乘用车等厂家配套

★广州刚辉橡塑五金制品有限公司
地址:广州市从化区太平镇经济开发区福从路17号
邮编:510990
电话:020/37922222
传真:37922223
网址:www.kwongfai.com
电子信箱:kelvin@kwongfai.com.cn
法定代表人:许永贤
单位人数:700
质量体系:IATF 16949、ISO 14001
产品情况:橡胶塑胶制品

★广州市埃弗克汽车配件有限公司
地址:广州市从化太平镇屈洞工业园19号
邮编:510990
电话:020/372921119
网址:www.gzifk.com
电子信箱:ifk@gzifk.com
法定代表人:刘本初
质量体系:ISO/TS 16949
产品情况:(IFK牌)
汽车制动片
出口情况:远销欧洲、中东、南美洲、东南亚、北非

★广州市泰力高复合材料有限公司
地址:广州市经济技术开发区永和经济区田园东路3号
邮编:511300
电话:020/82246642
传真:82246642
网址:www.gzcc-technic.com
电子信箱:xsjl@gzcc-technic.com
法定代表人:麦华星
质量体系:ISO/TS 16949、ISO 14001
产品情况:吸音隔热材料,应用于汽车等领域

★广州市三泰汽车内饰材料有限公司
地址:广州市增城区经济技术开发区新祥路8号
邮编:511300
电话:020/82780055
传真:82780060
网址:www.ttt.com.cn
电子信箱:cwb@ttt.com.cn
法定代表人(负责人):欧阳业东
单位人数:160
质量体系:ISO/TS 16949、ISO 14001
产品情况:(3T牌、三泰牌)
整车内饰吸音、减振、隔热基材[包括汽车环保PP超细吸音棉、阻燃毛毡、针刺热压棉、PET棉、成型地毯、PU发泡前围、PU再生发泡、EPDM发泡衬垫(密封条)、不织布衬垫、VOC双面胶带、空调压缩机衬垫]等
配套情况:主要为广汽本田、东风日产、广汽丰田、广汽乘用车、广汽菲克、广汽三菱、广汽长丰、神龙、比亚迪、长城、五菱、北汽等国内外著名汽车厂配套

★广州华德汽车弹簧有限公司
地址:广州市增城区永宁街创业大道158号
邮编:511339
电话:020/32981918
传真:32981918-8069
网址:www.huadespring.com
电子信箱:manager@huadespring.com
法定代表人:龚瀚清
单位人数:954
质量体系:ISO/TS 16949、ISO 14001
产品情况:汽车悬架弹簧、气门弹簧、汽车横向稳定杆、汽车座椅骨架总成、扭杆-铰链总成、支撑杆及卡拉扭异型弹簧等汽车弹簧部件
配套情况:为广汽本田、广汽丰田、上汽通用、长安汽车、一汽海马等配套

★广州卫亚汽车零部件有限公司
地址:广州市增城区新塘镇创新大道23号
邮编:511340
电话:020/82880761、82880766
传真:82880760
电子信箱:hsywire@126.com
法定代表人:朱华明
质量体系:ISO/TS 16949、ISO 14000
产品情况:线成型、蛇簧、靠背、头枕弯管、扭杆、悬簧垫、座椅焊接骨架、腰托网格、汽车悬架弹簧、气门弹簧、摩托车减振弹簧、异形弹簧等
配套情况:为广汽本田、东风本田、标致雪铁龙、日产、上汽通用、比亚迪、吉利等配套,主机厂客户主要有上汽通用、深圳比亚迪、本田用品等;座椅类客户有日本总和、广州提爱思、广州佛吉亚、广州丸顺、今仙电机、武汉提爱思全兴、武汉佛吉亚全兴、武汉泰极江森、武汉万兴、重庆台兴;弹簧类客户有广西玉柴、广州阿尔发、江门大长江、株洲雅马哈、广东富华、苏州德尔福等

★广州内山工业有限公司
地址:广州市经济技术开发区永丰路10号
邮编:511356
电话:020/82986777
传真:82986620
电子信箱:958218675@qq.com
法定代表人:KENZO UCHIYAMA
质量体系:ISO/TS 16949
产品情况:汽车密封件、轴承密封件

★广州普利司通化工制品有限公司
地址:广州市经济技术开发区永和经济开发区黄旗山路18号
邮编:511356
电话:020/32223085
传真:32223081
网址:www.bridgestone.com.cn
法定代表人:张平秀
质量体系:ISO 14000、ISO/TS 16949
产品情况:汽车及摩托车等用各类聚氨酯泡沫制品,生产规模为45万台套/年
配套及出口情况:为广汽丰田、广汽本田、本田(中国)、东风日产配套;部分产品远销美国

★广州丸顺汽车配件有限公司
地址:广州市经济技术开发区永和经济区永盛路8号
邮编:511356
电话:020/32225188
传真:32225288
网址:www.gz-gmax.cn
电子信箱:g-max@gz-gmax.com
法定代表人:松井恒夫
单位人数:919
质量体系:ISO 9000
产品情况:汽车骨架零部件冲压制造、模具、检具、治具
配套情况:主要客户有广汽本田、东风本田、东风日产、广汽丰田、广汽三菱、广汽菲克、北京汽车等

★增城市初出日实业有限公司
地址:广州市增城区永宁街宁西下元村下元路2号
邮编:511358
电话:020/82962411
传真:82964063
网址:www.morningsun.com.hk
电子信箱:zcsun@morningsun.com.hk
法定代表人:邹伯荫
质量体系:ISO/TS 16949
产品情况:(初出日牌)
铝合金压铸及数控加工服务、汽车燃气系统及其零部件
配套情况:客户主要有一汽海马、东风柳汽及其他汽车厂等

★广州中新汽车零部件有限公司
地址:广州市增城区中新镇中福北路3号
邮编:511365
电话:020/82866382
传真:82868383
网址:www.gzzhongxin.com.cn
电子信箱:bgs@zhongxinplastic.com.cn
法定代表人:朱怡共
单位人数:2500
质量体系:ISO/TS 16949
产品情况:(新中牌)
汽车、摩托车零部件,内外饰件,年产量5336.68万件
配套及出口情况:主要为广汽本田、广汽丰田、东风日产、东风本田、东风本田发动机、本田中国、本田汽车用品、广汽乘用车、广汽日野、广汽菲克、海马汽车、五羊-本田摩托、GGP园林、佳能珠海、康奈可、广州樱泰、广州三叶电机、惠州东风易进、福州仕林电机等配套;年出口汽车零部件135万件

★申雅密封件(广州)有限公司
地址:广州市番禺区化龙镇龙秀路1号
邮编:511434
电话:020/34750042、34750310
传真:34750043、34750044
电子信箱:shmilyzhezhen@ 163. com
法定代表人:Ramsey Changoo
质量体系:ISO/TS 16949
产品情况:(申雅牌)
轿车车门框密封条、车窗导槽、前后盖密封条等
配套情况:为上汽大众、广汽本田、上汽通用、一汽海马等配套

★广州捷士多铝合金有限公司
地址:广州市南沙开发区黄阁镇丰田汽车城
邮编:511455
电话:020/34972088
传真:34972038
电子信箱:pkbingbing@ gast. com. cn
法定代表人:筒井亮作
质量体系:ISO 9000
产品情况:铝合金熔液和铝合金锭
配套情况:为广汽丰田配套

★广州 JFE 钢板有限公司
地址:广州市南沙开发区万顷沙工业园十六涌
邮编:511458
电话:020/84953388、84953330
传真:84953399
电子信箱:lijt@ gjss. com. cn
法定代表人:西马孝文
产品情况:热镀锌汽车用钢板,年产能力40万t

★清远市实创涂料科技有限公司
地址:广州市清远市源潭镇峡山工业园
邮编:511533
电话:0763/3299988
传真:3299388
网址:www. cnscc. cn
电子信箱:scc@ cnscc. cn
法定代表人:王俊鸿
质量体系:ISO/TS 16949、ISO 14001
产品情况:(思卡夫牌、优尼克牌、丸田牌、金丸田牌、吉尼思牌等)
汽车漆
配套情况:为知名汽车制造厂配套

★广东泰强化工实业有限公司
地址:广东省清远市高新技术产业开发区泰基工业城10号
邮编:511542
电话:0763/6861338
传真:6861333
网址:www. taiqiang. com
法定代表人:胡赞军
质量体系:ISO 9001、ISO 14001
产品情况:汽车真皮专用胶、汽车顶棚专用胶、汽车座椅专用胶、汽车专用手喷胶、环保水性喷胶、纳米净味喷胶、环保热熔胶等环保胶黏剂
出口情况:远销北美洲、东南亚、中东、欧洲、大洋洲等地区

★韶关东南轴承有限公司
地址:广东省韶关市西联镇莞韶产业园
邮编:512029
电话:0751/8109765、8109390
传真:8109948、8109441
网址:www. ib - bearing. com
电子信箱:sales@ ib - bearing. com
法定代表人:吴银来
单位人数:580
质量体系:ISO/TS 16949
产品情况:(IB 牌)
主要产品有第一、二、三代双列球汽车轮毂轴承,第一、二、三代双列滚子汽车轮毂轴承,汽车空调机压缩机电磁离合器轴承,汽车用张紧轮轴承,汽车离合器轴承等;具备800万套各类汽车轴承年生产能力
配套及出口情况:多个产品与国内外多家汽车主机厂配套;70%以上出口德国、美国、巴西等世界多个国家和地区

★广东省韶铸集团有限公司
地址:广东省韶关市北江区十里亭镇
邮编:512031
电话:0751/8832623、8832606
传真:8853784、8851553
电子信箱:szjt@ sffg. com. cn
法定代表人:沐清潞
负责人:单贺华
单位人数:2500
质量体系:ISO/TS 16949、ISO 14001
产品情况:(韶铸牌、双拳牌、宇航牌)
年产单重100t以下的铸钢件7万t、单重25kg以下的铸铁件6万t、单重4000kg以下锻件15000t、1.2亿套精锻轴承毛坯和汽车、摩托车零配件等精锻件
出口情况:出口美国、日本、韩国、欧洲、东南亚等世界各国,年出口额为4000多万美元

★兴宁华丰数码构件制造有限公司
地址:广东省兴宁市兴城205国道秀塘围工业区
邮编:514521
电话:0753/3238911
传真:2486800
电子信箱:hdken@ hdbelts. com
法定代表人(负责人):许伟新
质量体系:ISO/TS 16949
产品情况:(HDBelt 牌)
同步时规带、V带、多楔带等,年产各类传动带700万条
出口情况:远销美国、欧洲、韩国、东南亚、中东等国家和地区,并销往中国台湾地区

★惠州麦丰密封科技有限公司
地址:广东省惠州市大亚湾经济技术开发区西区原东风车城工业园
邮编:516000
电话:0752/5716166
传真:5716266
网址:www. mfc. com. tw
电子信箱:hfcac_6@ mail. mfc. com. tw
法定代表人:陈家维
产品情况:O形环及其他精密橡胶产品

★广东恒大新材料科技有限公司
地址:广东省惠州市龙丰都田工业区
邮编:516001
电话:0752/2372656、2371628
传真:2372654
网址:www. kafuter. cn
电子信箱:kafuter@ kafuter. cn
法定代表人:张国培
质量体系:ISO 9001
产品情况:(卡夫特牌、恒大牌)
紫外光固化(UV胶)系列、有机硅系列、改性丙烯酸酯AB胶系列、厌氧胶系列、环氧树脂系列、氰基丙烯酸酯系列、水性乳液聚合物(水性胶)系列和溶剂胶系列八大类

★友荣精密五金(惠州)有限公司
地址:广东省惠州市仲恺高新技术产业开发区盛华路1号
邮编:516006
电话:0752/5788789
传真:5788196
网址:www. yuei. com
电子信箱:yuei@ yuei. com
法定代表人:AZUMA MAKOTO
质量体系:ISO/TS 16949、ISO 14001
产品情况:高精度紧固螺钉、硬盘螺钉、自攻螺钉、防松涂胶螺钉、防水密封螺钉、头部喷涂螺钉等特殊用途螺钉以及精密轴销和其他紧固零件,年生产能力达到60亿颗以上
出口情况:远销日本、韩国、泰国、新加坡、马来西亚,并销往中国台湾、中国香港地区

★惠州市精工弹簧有限公司
地址:广东省惠州市汝湖镇东亚过沥村
邮编:516023
电话:0752/2796218、2800240
传真:2800974
网址:www. hzjinggong. cn
电子信箱:hzjg@ hzjinggong. cn
法定代表人:刘金福
质量体系:ISO 14001、ISO/TS 16949
产品情况:专业生产各种精密弹簧
出口情况:远销欧洲、美洲、日本等国家和地区,并销往中国香港、中国澳门、中国台湾地区

★惠州东风汽车零部件有限公司
地址:广东省惠州市大亚湾西区新寮东

风车城龙海一路98号
邮编:516085
电话:0752/5201181、5200611
传真:5200049
网址:www.huizhoudongfeng.com
电子信箱:198260246@163.com
法定代表人:张秋文
质量体系:ISO/TS 16949、ISO 9000
产品情况:汽车钣金件的冲压与焊接
配套情况:主要配套客户是东风日产及东风乘用车,江铃汽车等

★博罗裕升染织有限公司
地址:广东省博罗县平安镇平安第一工业区
邮编:516148
电话:0752/6363666、6363601
传真:6360033
网址:gb.ysdye.cn
电子信箱:xiangzhenhua138@163.com
法定代表人:向继东
质量体系:ISO 9001
产品情况:(福娃牌)
汽车座椅面料、织物坐垫等
出口情况:远销欧美、亚洲十几个国家和地区

★惠阳区施美克化工有限公司
地址:广东省惠州市惠阳区新圩镇
邮编:516225
电话:0752/3524788、4000752758
网址:www.semeka.cn
电子信箱:sales@semeka.cn
法定代表人:李同勇
质量体系:ISO 9001、ISO 14001
产品情况:(施美克牌)
汽车漆

★深圳市超美化工科技有限公司
地址:广东省深圳市福田区深南大道4001号时代金融中心28楼
邮编:518034
电话:4008305308
网址:www.jimmy－chem.com
电子信箱:sales@jimmy－tech.com
法定代表人:陈瑞文
质量体系:ISO 9001
产品情况:(JPLUS牌、JIMMY牌、OMRC牌)
汽车深化养护用品、汽油、柴油和醇醚等燃料的高性能多功能添加剂系列产品
配套情况:为上汽乘用车、上汽通用、吉利汽车等企业售后配套

★巨福五金塑料(深圳)有限公司
地址:广东省深圳市光明新区光明办事处光明工业区
邮编:518100
电话:0755/27403291、27405351
传真:27404171
网址:www.szjufu.com
电子信箱:susam@szjufu.com
法定代表人:徐咏杰
质量体系:ISO/TS 16949、ISO 14001
产品情况:汽车配件

★岩田螺丝(深圳)有限公司
地址:广东省深圳市宝安区松岗街道塘下涌社区同富裕工业园001-12号地
邮编:518105
电话:0755/27140442
传真:27140443
网址:www.iwatabolt.co.jp
电子信箱:390486998@qq.com
法定代表人:岩田忍
质量体系:ISO/TS 16949
产品情况:紧固件

★深圳艺晶五金塑胶实业有限公司
地址:广东省深圳市南山区西丽街道阳光社区松白路1008号
邮编:518108
电话:0755/27652222
传真:27657766
网址:www.artprecision.com
电子信箱:mktg@artprecision.com
法定代表人:马林枝
质量体系:ISO/TS 16949、ISO 14001
产品情况:精密五金冲压件、塑胶件、机加工件、OEM组装件
出口情况:远销欧美、日本、东南亚等国家和地区

★深圳航空标准件有限公司
地址:广东省深圳市宝安区大浪街道同富裕工业区第三功能区园富路
邮编:518109
电话:0755/61120833、61120888
传真:61120801
网址:www.shbc.com.cn
电子信箱:sales@shbc.com.cn
法定代表人:李林宏
质量体系:ISO/TS 16949、ISO 14001
产品情况:汽车、摩托车等行业的高强度螺栓、精密螺钉、螺母、垫片及其他精密异形产品
出口情况:远销美洲、欧洲、东南亚等地区

★深圳市合诚润滑材料有限公司
地址:广东省深圳市宝安区龙华街道民乐路粤通综合楼4楼401室
邮编:518109
电话:0755/28167635、29362793
传真:28167603
网址:www.hcrhy.com
电子信箱:hc@hcrhy.com
法定代表人:蓝秉理
质量体系:ISO/TS 16949、ISO 14001
产品情况:(弗克牌)
润滑油、润滑脂

★利宾来塑胶工业(深圳)有限公司
地址:广东省深圳市宝安区龙华镇清湖第二工业区
邮编:518109
电话:0755/28122828、28122898
传真:28122892
网址:nadfinlo.51pla.com
电子信箱:sales@nadfinlo.com.cn
法定代表人:施良桥
质量体系:ISO 9001
产品情况:散热器、油箱、空气管路等吹塑、滚塑产品

★深圳市华创威实业有限公司
地址:广东省深圳市龙岗区平湖镇鹅公岭求水岭工业区A5栋
邮编:518111
电话:0755/84012336、84012225
传真:84012202、84012478
网址:www.szwcw.com
电子信箱:wcw@szwcw.com
法定代表人:宋华
质量体系:ISO 9001、ISO/TS 16949
产品情况:树脂玻璃纤维套管、硅橡胶玻璃纤维(内纤外胶、内胶外纤)套管、聚丙烯酸酯玻璃纤维套管,耐高温特殊玻璃纤维套管、挤出纯硅橡胶软管、PET编织套管、无卤环保热收缩套管、PVC-聚氯乙烯套管
出口情况:远销欧美、东南亚等60多个国家和地区

★迈高精细高新材料(深圳)有限公司
地址:广东省深圳市龙岗区坪地道六联社区长山工业区11号
邮编:518117
电话:0755/28483508、18948182032
传真:28483555
网址:www.midgold.com.cn
电子信箱:sales@midgold.com.cn
法定代表人:辛宇
产品情况:甲基乙烯基硅橡胶、混炼胶、液体硅胶
配套及出口情况:主要客户有比亚迪等;远销东南亚

★维新制漆(深圳)有限公司
地址:广东省深圳市坪山区碧岭街道碧岭工业区秀明北路20号
邮编:518118
电话:0755/89932388
网址:www.vabc.cn
电子信箱:vabc@vabc.cn
法定代表人:叶凤英
产品情况:汽车涂料、重防腐涂料、塑胶漆、其他水性工业涂料等

★珠海格莱利摩擦材料有限公司
地址:广东省珠海市香洲区敬业路117号
邮编:519000
电话:4008518160

网址:www. zhglory. com
电子信箱:info@ zhglory. com. cn
法定代表人:刘翌辉
质量体系:ISO/TS 16949、QS 9000
产品情况:(CAC 牌、安世牌)
制动片、鼓式制动蹄总成、盘式制动块总成等
配套情况:为江铃、金杯、长城、奇瑞、长安、金龙等几十家汽车主机厂配套

★珠海嵘泰有色金属铸造有限公司
地址:广东省珠海市联港工业区双林片虹晖路 16 号
邮编:519045
电话:0756/7252832
传真:7252500
网址:www. rtco. com. cn
电子信箱:market@ rtco. com. cn
法定代表人:夏诚亮
质量体系:ISO/TS 16949、ISO 14001
产品情况:汽车制动系统、滤清系统精密压铸件

★珠海利澳汽车涂料有限公司
地址:广东省珠海市南水镇临港工业区新珠海大道 203 号
邮编:519050
电话:0756/3985380
传真:3985316
网址:www. zhleo. cn
电子信箱:zhliao007@ 126. com
法定代表人:孙庆滨
质量体系:ISO 9001
产品情况:汽车修补漆

★东莞宜安科技股份有限公司
地址:广东省东莞市清溪银泉工业区
邮编:523000
电话:0769/87737777
传真:87337777
网址:www. e－ande. com
电子信箱:sales@ e－ande. com
法定代表人:杨洁丹
质量体系:ISO/TS 16949、ISO 14001
产品情况:超薄、轻汽车车门等汽车精密结构件

★东莞海金杜门五金制品有限公司
地址:广东省东莞市南城宏图工业区
邮编:523080
电话:0769/88995599、21994567
传真:88995599－7137
网址:www. ht－group. com
电子信箱:anna. liu@ ht－group. com
法定代表人:莫大钧
质量体系:QS 9000、ISO 9001
产品情况:蜗杆传动管夹、环状带、卡箍等

★东莞广通化工制品有限公司
地址:广东省东莞市东城区梨川水围路 5 号
邮编:523108
电话:0769/22261628、18027000282
网址:www. dgbh. cn
电子信箱:gt@ dgbh. cn
法定代表人(负责人):祁卫
质量体系:ISO/TS 16949
产品情况:(黑马牌)
防水涂料、防腐涂料、原子灰、汽车涂料、混凝土防护涂料、水性环氧树脂、水性环氧固化剂等
配套情况:为宇通、金龙、依维柯等知名汽车制造厂,以及柳工、三一重工、中国龙工、中联重科等重工机械企业配套

★东莞市雄林新材料科技股份有限公司
地址:广东省东莞市道滘镇南丫村工业区
邮编:523170
电话:0769/81166017、82727059
网址:www. dgxionglin－tpufilm. com
电子信箱:cheneybst@ foxmail. com
法定代表人:何建雄
质量体系:ISO 9001、ISO 14001
产品情况:TPU 薄膜产品,用于无车缝产品、汽车内饰、车体贴膜等

★东莞彩龙五金弹簧制造有限公司
地址:广东省东莞市横沥镇神山工业城 20 号
邮编:523231
电话:0769/88028028－6681
传真:81163599
网址:www. kc1970. com
电子信箱:sales@ kc1970. com
法定代表人:冼顺成
单位人数:300
质量体系:ISO/TS 16949、ISO 14001
产品情况:精密弹簧、金属线成型、五金冲压、车削加工等
配套情况:为全球多家知名企业提供五金零件配套服务

★东莞市成铭胶粘剂有限公司
地址:广东省东莞市高埗镇冼沙三塘路成铭科技园
邮编:523275
电话:0769/86319710
传真:86320242
网址:www. cheng－ming. com
电子信箱:cm@ cheng－ming. com
法定代表人:陈铭
产品情况:专注于热熔胶、热熔压敏胶、水基胶、啫喱胶等环保产品的研究和创新,为客户提供整体黏结解决方案

★东莞利富高塑料制品有限公司
地址:广东省东莞市石龙镇黄洲方正大道
邮编:523326
电话:0769/86185767
传真:86185697
网址:www. nifco. co. jp
电子信箱:fjieying@ dgnifco. com. cn
法定代表人:山本利行
质量体系:ISO/TS 16949、ISO 14001
产品情况:汽车塑料配件
配套情况:为广汽丰田及其配套商、广汽本田及本田配套商、日产汽车及日产配套商等供货

★日立粉末冶金(东莞)有限公司
地址:广东省东莞市茶山镇茶山工业园
邮编:523380
电话:0769/86170638
传真:86170808
网址:www. hitachi. com. cn
电子信箱:f－ma@ hitachi－pmd. com. cn
法定代表人:山岸刚
产品情况:汽车、摩托车以及建筑机械用粉末冶金制品
配套及出口情况:为本田、丰田、LG、日产、松下、三星、铃木、赛格日立等配套;出口日本

★东莞井上高分子材料有限公司
地址:广东省东莞市茶山镇茶山工业园
邮编:523380
电话:0769/86176861
传真:86170268
网址:www. inoac. co. jp
电子信箱:nancy@ dip. inoac. com
法定代表人:赤松政雄
产品情况:聚氨酯海绵产品

★东莞井上橡塑加工有限公司
地址:广东省东莞市茶山镇超朗村韩边村
邮编:523380
电话:0769/86176861
传真:81863538
网址:www. inoac. co. jp
电子信箱:helen@ inoacchina. com
法定代表人:赤松政雄
产品情况:火焰复合产品、COVERPAD,加工软性氨甲酸酯

★东京端一电子(东莞)有限公司
地址:广东省东莞市寮步镇良边管理区胡屋村
邮编:523403
电话:0769/83211170
传真:83211171
网址:www. totan. co. jp
电子信箱:1105373832@ qq. com
法定代表人:氏神裕一
质量体系:ISO 9001、ISO 14001
产品情况:精密冲压件、嵌件成型产品、拉伸产品

★路鑫科技(东莞)有限公司
地址:广东省东莞市寮步镇向西工业区兴业路 30 号
邮编:523408
电话:0769/83266379、83282707
传真:23618358
网址:www. dg－luxin. com
电子信箱:penghao@ dg－luxin. com
法定代表人:熊文
质量体系:ISO 14001、ISO/TS 16949

产品情况：各种精密金属类零件

★东莞嘉骏橡塑制品有限公司
地址：广东省东莞市横沥镇山厦工业区
邮编：523460
电话：0769/83716631、83716621
传真：83716681
电子信箱：dgfacc@ optimum. com. hk
法定代表人：林㘫
质量体系：ISO/TS 16949、ISO 9001
产品情况：三元乙丙、丁晴、丁级及天然橡胶制品，应用于汽车等工业

★东莞捷讯橡胶有限公司
地址：广东省东莞市企石镇铁岗村红棉工业区
邮编：523517
电话：0769/86724555、18925568822
传真：86724588
网址：www. irilsr. com
电子信箱：dgtecw@ 163. com
法定代表人：陈燕燕
单位人数：500
质量体系：ISO/TS 16949、ISO 14001
产品情况：（IRILSR 牌）
硅胶汽车密封件、密封圈、连接器硅胶配件等
配套情况：汽配类的客户有泰科、德尔福（FCI）、美国 TESLA

★东莞桥头特比克汽车零件有限公司
地址：广东省东莞市桥头镇禾坑村第二工业区禾石路 8 号
邮编：523527
电话：0769/83439662、18664110110
传真：83439693
网址：www. tbkchina. com
电子信箱：jxytbk@ 163. com
法定代表人：三好次夫
质量体系：ISO/TS 16949
产品情况：年生产汽车鼓式制动摩擦片达到 300 万片
配套及出口情况：分别通过三一重工、华菱汽车、汉德车桥、重庆庆铃、无锡久保田等厂家的认可；产品 100% 出口

★东莞大和化成汽车零配件有限公司
地址：广东省东莞市桥头镇邓屋村联盛工业区
邮编：523533
电话：0769/83569204
网址：www. kojima – tns. co. jp
电子信箱：min_xiao@ daiwa – dac. cn
法定代表人：河合邦彦
产品情况：汽车关键零部件、紧固件

★东莞诚兴五金制品有限公司
地址：广东省东莞市凤岗镇雁田长塘大道 59 号
邮编：523701
电话：0769/87773010
传真：87775485
网址：www. shing – hing. com. hk
电子信箱：tim. ching@ shing – hing. com. hk
法定代表人：徐嘉鸿
产品情况：螺钉、螺栓、垫片、螺母、轴

★东莞百乐仕汽车精密配件有限公司
地址：广东省东莞市塘厦镇林村西湖工业区西富街 8 号
邮编：523711
电话：0769/87987779
传真：87987780
网址：www. piolax – info. com
法定代表人：铃木彻
质量体系：ISO/TS 16949、ISO 14001
产品情况：汽车用夹子、紧固件等树脂成形品
配套及出口情况：为日产、本田、丰田及其配套企业，通用、福特等欧美企业以及自主品牌的奇瑞、长城等配套；出口日本、美国、墨西哥、英国、泰国、韩国等国家

★东莞奈那卡斯精密压铸有限公司
地址：广东省东莞市大朗镇富民工业二园求富路区 88 号
邮编：523797
电话：0769/82220638
传真：82221408
网址：www. dynacast. com
电子信箱：ljdeng@ dynacast. com
法定代表人：大卫 · 安卓
质量体系：ISO/TS 16949、ISO 14001
产品情况：多滑块及传统锌、铝合金压铸产品

★东莞富国橡塑工业有限公司
地址：广东省东莞市大岭山镇湖畔工业园
邮编：523820
电话：0769/85656968
传真：85656966
电子信箱：lixiyong@ dgfukoku. com
法定代表人：小谷野由幸
产品情况：橡胶产品、硅胶产品、树脂产品及金属制品

★台扣利富高塑胶制品（东莞）有限公司
地址：广东省东莞市长安镇涌头小区海怡路 8 号
邮编：523846
电话：0769/85350205、85391205
传真：85391203
网址：www. nifco. co. jp
电子信箱：fi2@ tifcodg. com
法定代表人：山本泰士
质量体系：ISO/TS 16949、ISO 14001
产品情况：各式扣具

★东莞井上建上汽车部件有限公司
地址：广东省东莞市沙田镇穗丰年村
邮编：523996
电话：0769/88682171、13428422429
传真：88681993
网址：www. inoac. co. jp
电子信箱：yuanfenglian@ ihx. com. cn
法定代表人：河野培荣
质量体系：ISO/TS 16949
产品情况：汽车关键零部件（组合仪表）、汽车塑胶零配件、汽车塑胶注射模具、吹塑模具、汽车塑胶发泡海绵品（PU）零配件
配套情况：为广汽本田、东风日产、天津一汽丰田、东南汽车等配套

★东莞井上福坤五金橡塑有限公司
地址：广东省东莞市沙田镇齐沙村
邮编：523997
电话：0769/88804001、88804002
传真：88804002
网址：www. inoac. co. jp
电子信箱：lisa@ inoac. com. cn
法定代表人：村川尚则
质量体系：ISO/TS 16949
产品情况：橡胶注塑汽车零部件、橡胶件、护套、海绵等
配套情况：为广汽丰田、东风日产、本田配套

★东莞井上五金橡塑有限公司
地址：广东省东莞市沙田镇齐沙工业区井上村
邮编：523997
电话：0769/88863344
传真：88866544
网址：www. inoac. co. jp
电子信箱：dime – acc02@ inoacchina. com
法定代表人：村川尚则
质量体系：ISO 9002、ISO 14001
产品情况：辊轴、橡胶辊成型、聚氨酯加工、ENDUR 辊、辊涂处理、工业橡胶制品、模塑橡胶海绵、二次加工聚氨酯和 PORON、墨粉瓶吹塑的二次加工研磨切削造型
配套及出口情况：为佳能、兄弟、理光、本田、丰田等配套；出口北美洲、东南亚、欧洲、亚洲

★广东骏驰科技股份有限公司
地址：广东省肇庆市端州区桂园路 13 号
邮编：526020
电话：0758/2718555
传真：2721222
网址：www. junchi – china. com
电子信箱：yx@ junchi – china. com
法定代表人：刘前锋
单位人数：600
质量体系：ISO/TS 16949、ISO 14001
产品情况：管件（机油尺、吸油管、涡轮增压管、水管、气管、冷却水系统接头、加油管、机油输送管等），冲压件（油底壳、隔板等），连接件类，杆类等产品
配套情况：配套大众、通用、本田、日产等欧美和日系知名整车厂

★肇庆市高元电子有限公司
地址：广东省肇庆市端州大道大冲广场

南侧
邮编:526060
电话:0758/2721888、2703328
传真:2717088、2745202
网址:www. yamagen - hk. com
电子信箱:yamagen@ yamagen - hk. com
法定代表人:高山清志
质量体系:ISO/TS 16949、ISO 14001
产品情况:精密金属冲压件及其模具,产品主要用于汽车等行业
出口情况:出口率为90%

★广东鸿图科技股份有限公司
地址:广东省高要市金渡世纪大道168号
邮编:526108
电话:0758/8512923、8512898
传真:8512996
网址:www. ght - china. com
电子信箱:office@ ght - china. com
法定代表人:黎柏其
质量体系:ISO 14001、ISO/TS 16949
产品情况:铝合金压铸件年生产能力已达48000t
配套及出口情况:为日产、康明斯、克莱斯勒、东风本田、奇瑞汽车等配套;出口国外市场

★高丘六和(云浮)工业有限公司
地址:广东省云浮市云城区都杨镇佛山(云浮)产业转移工业园67号
邮编:527300
电话:0766/8298076
传真:8298077
网址:www. atl. com. cn
法定代表人:仁田野顺次
负责人:西岗孝
单位人数:569
产品情况:汽车用品铸件、锻造素材品生产
配套情况:主要客户有广汽丰田、一汽丰田、东风日产、广汽本田、东风本田、一汽马自达、长安铃木、梅赛德斯-奔驰、华晨宝马、上汽大众、一汽-大众、一汽-大众奥迪、一汽集团、东南汽车、三菱汽车、采埃孚、天合汽车等

★广东明杰零部件再制造有限公司
地址:广东省佛山市南海区丹灶镇博爱路10号(8号楼再制造车间)自编1号之一
邮编:528000
电话:0757/89989228、89961666
传真:88596808
网址:www. cmjr. cn
电子信箱:zjb@ vwinner. com
法定代表人:伍艳红
产品情况:各类铝锭铝合金制品、铜杆及铜五金制品、市政塑料管道、塑料制品、零部件产品等

★佛山名奥弹簧开发有限公司
地址:广东省佛山市禅城区港口路22号
邮编:528041
电话:0757/83831485、83831416
传真:83831696
网址:www. meioku. com. cn
电子信箱:yingxiaobu_123@ 163. com
法定代表人:招耀江
质量体系:IATF 16949
产品情况:发动机气门弹簧、汽车摩托车用的减振器弹簧、离合器弹簧、柴油机用的弹簧、电器弹簧、各种拉扭类异形弹簧
配套情况:主要为丰田汽车、本田汽车、日产汽车、马自达汽车、比亚迪汽车、江门大长江、广州豪进、广州大阳、重庆宗申、嘉陵本田配套

★饭田(佛山)橡塑有限公司
地址:广东省佛山市南海区丹灶镇丹横路日本中小企业工业园
邮编:528061
电话:0757/85399777
传真:85399776
网址:www. orotex. com. cn
电子信箱:gary. li@ orotex. com. cn
法定代表人:饭田耕介
单位人数:160
质量体系:ISO/TS 16949、ISO 14001
产品情况:橡胶(树脂)发泡隔音材、减振材、钢板补强(加固)材以及密封材料等
配套情况:配套的国内汽车厂商有广汽丰田、天津一汽丰田、四川一汽丰田、广汽三菱、华晨金杯、东风日产、上汽通用五菱、广汽乘用车、东风本田、长安福特等

★臼井汽车零部件(佛山)有限公司
地址:广东省佛山市南庄镇吉利工业园新源二路83号
邮编:528061
电话:0757/85399780
传真:85399782
网址:www. usui. co. jp
电子信箱:guicailuo@ usui. co. jp
法定代表人:水口茂
产品情况:制动油管、底盘集中配管、制动助力真空管、喷射油管等

★佛山市旷达汽车内饰材料有限公司
地址:广东省佛山市三水区白坭镇汇金工业园汇盈路2号
邮编:528100
电话:0757/87571288
传真:87573098
网址:www. kuangdacn. com
法定代表人:沈介良
产品情况:汽车用纺织品、海绵制品、皮革、座套、座椅、塑料件、窗帘及汽车内饰件
配套情况:主要配套客户包括一汽-大众、东风日产、海南马自达等汽车公司

★佛山依芙科汽车材料有限公司
地址:广东省佛山市三水中心科技工业区芦苞园A区4号2厂
邮编:528139
电话:0757/87266735
传真:87266775
网址:www. eftec. com
法定代表人:Rene Berri
产品情况:汽车用黏结剂、密封胶,隔音、降噪、防护涂料等

★广东德联集团股份有限公司
地址:广东省佛山市南海区狮山镇松岗虹岭二路386号
邮编:528200
电话:0757/63220217、63220226
传真:63220219
网址:www. delian. cn
电子信箱:delian@ delian. cn
法定代表人:徐咸大
质量体系:ISO/TS 16949、ISO 14001
产品情况:主营业务涵盖汽车精细化学品制造、汽车销售服务、汽车维护三大模块
配套情况:为上汽大众、一汽-大众、上汽通用、金杯通用、上汽集团、长安福特、长安汽车、华晨宝马、北京奔驰、北方奔驰、一汽轿车、哈飞汽车、保定中兴、奇瑞汽车、吉利汽车、比亚迪等国内大型汽车生产厂的定点配套生产厂和供应商

★广东赛特国际集团有限公司
地址:广东省佛山市南海区西樵文明路3号
邮编:528211
电话:0757/86888308
传真:86882913
电子信箱:790182712@ qq. com
法定代表人:黄维
质量体系:ISO 9001、ISO 14001
产品情况:汽车、摩托车用纺织产品

★广东时利和汽车实业集团有限公司
地址:广东省佛山市南海区狮山镇小塘三环西路
邮编:528222
电话:0757/86633868
传真:86651363
网址:www. tgpm. com. cn
电子信箱:tgpm@ tgpm. com. cn
法定代表人:徐桥华
产品情况:汽车油漆、汽车密封胶材料、汽车地毯、汽车纯正用品及汽车外装/内装/电装的零部件
配套情况:主要客户有广汽本田、广汽丰田、东风本田、东风日产、东风汽车、上汽通用等

★佛山市南海万能达精密元件有限公司
地址:广东省佛山市南海区狮山科技工业园C区骏业北路3号

邮编:528225
电话:0757/86691297、86690279
传真:86691203
电子信箱:wnd21@ 21cn. com
法定代表人:黄家炽
质量体系:ISO 9001
产品情况:各种金属材料的轴类和轴套类精密车削零件

★东普雷(佛山)汽车部件有限公司
地址:广东省佛山市南海区狮山镇南海科技工业园北园中路19号
邮编:528225
电话:0757/81208935
传真:81208930
网址:www. topre. com. cn
法定代表人(负责人):山城活博
单位人数:310
产品情况:汽车车身骨架冲压件
配套情况:主要客户为东风日产、广汽本田

★佛山市南海凯洋粉末冶金有限公司
地址:广东省佛山市南海区大沥颜峰工业区
邮编:528231
电话:0757/85502509、81188129
传真:85509000
网址:www. kaiyangfm. com
电子信箱:admin@ kaiyangfm. com
法定代表人:杨先作
质量体系:IATF 16949
产品情况:(凯洋牌)
　　铁基、铜基、不锈钢烧结件,粉末注射成型零件,电动工具齿轮箱等
出口情况:出口日本、韩国、西班牙、欧洲、美洲等国家和地区,并销往中国香港、中国台湾地区

★光洋六和(佛山)汽车配件有限公司
地址:广东省佛山市顺德区顺德工业园顺番公路五沙段12号
邮编:528300
电话:0757/22829700、22802035
传真:22829586
电子信箱:xiaoling@ klfap. com. cn
法定代表人:宫崎博之
质量体系:ISO/TS 16949
产品情况:精密轴承及各种主机轴承

★广东亿达汽车密封件股份有限公司
地址:广东省佛山市顺德区龙江镇大坝工业园E-05
邮编:528318
电话:0757/23883989、23883985
传真:23361832
网址:www. sdyida. com
电子信箱:sdyida@ sdyida. com
法定代表人:周文杰
单位人数:400
质量体系:QS 9000、ISO 9001
产品情况:(GOOD STAR牌)
　　旋转油封、往复油封、气门油封、O形圈等,年设计生产各型油封3000万件,其他密封件4500万件
配套及出口情况:为多家单位配套;远销美国、德国、韩国、阿根廷、埃及、沙特阿拉伯、印度尼西亚等26个国家

★广东志达精密管业制造有限公司
地址:广东省佛山市顺德区龙江镇龙江大坝工业园北华路E08之二地块
邮编:528318
电话:0757/23886958、23886997
传真:23886958
电子信箱:steelpipe@ zhida. com
法定代表人:罗立新
质量体系:ISO/TS 16949
产品情况:生产与汽车零部件制造配套使用的精密焊接钢管、电焊冷拔精密钢管、异形钢管以及钢管的深加工

★中山大桥化工集团有限公司
地址:广东省中山市东区中山六路6号
邮编:528403
电话:0760/88884388
传真:88884366
网址:www. daoqum. com. cn
法定代表人:刘树川
产品情况:汽车涂料、摩托车涂料等各类高性能专用涂料系列产品

★千代达电子制造(中山)有限公司
地址:广东省中山市火炬高技术产业开发区勤业路8号
邮编:528437
电话:0760/85592747
传真:85592747
电子信箱:zengyan@ ci - zn. com
法定代表人:蔡龙腾
产品情况:各种垫片、双面胶、吸音材、遮光体、绝缘件、缓冲件

★中山市赛福特汽车配件有限公司
地址:广东省中山市三乡镇平东工业区
邮编:528463
电话:0760/23387717、4008752118
传真:86688017
网址:www. safety - brake. com
电子信箱:sales@ safety - brake. com
法定代表人:卢华标
质量体系:ISO 9001
产品情况:(赛福特牌)
　　盘式和鼓式制动片
出口情况:出口北美洲、南美洲、南非、亚洲、中东等地区

★江门市本和机车配件实业有限公司
地址:广东省江门市丰裕路6号
邮编:529000
电话:0750/3902192、3905230
传真:3903186
网址:www. benheco. com
电子信箱:benhe@ benheco. com
法定代表人:冯剑锋
单位人数:300
质量体系:ISO 9001
产品情况:汽车、摩托车汽缸垫,橡胶板衬垫等
配套情况:配套江门大长江、重庆隆鑫、重庆宗申、浙江钱江、广州大阳等客户

★江门市鑫辉密封科技有限公司
地址:广东省江门市江海区高新技术开发区龙溪路114号
邮编:529040
电话:0750/3969352、3969301
网址:www. jmtck. com
电子信箱:cw@ jmtck. com
法定代表人:章宏清
单位人数:300
质量体系:ISO/TS 16949、ISO 14001
产品情况:油封、O形环、密封垫、油管、燃油管头、喷嘴套头、减振垫
出口情况:产品远销北美洲、欧美、中东等地区

★巴斯夫涂料(广东)有限公司
地址:广东省江门市江海区新乐三路81号
邮编:529060
电话:0750/3631088、3636975
传真:3633723、3633592
网址:www. basf. com
电子信箱:master@ yfhx. cn
法定代表人:Peter Alexander Fischer
质量体系:ISO/TS 16949、ISO 14001
产品情况:(银帆牌)
　　涂料、汽车漆及辅料
配套及出口情况:为合肥江淮客车、扬州江淮宏运客车、北汽福田欧V客车、湖北衡山汽车、广州五十铃客车、广汽集团广汽客车、一汽红塔、一汽四环、北京汽车制造厂、贵州航天汽车等配套;远销越南、缅甸、俄罗斯等国家,并销往中国香港、中国澳门地区

广　西

★柳州六和方盛机械有限公司
地址:广西柳州市阳和工业新区阳会路6号
邮编:545006
电话:0772/2625610、2618419
传真:2616815
电子信箱:lzlhfs - zgk@ 163. com
法定代表人:张劲松
产品情况:冲压及焊接件总成、汽车用容器总成

★广西轴承有限责任公司
地址:广西宜州市山谷路24号
邮编:546300
电话:0778/3212399
传真:3211074
电子信箱:13877866618@ 163. com
法定代表人:丁德操
质量体系:ISO 9001

产品情况:(YS 牌)
深沟球轴承、圆柱滚子轴承、汽车离合器分离轴承和圆锥滚子轴承
出口情况:远销欧洲、美洲、东南亚等34个国家和地区

重庆市

★重庆益弘工程塑料制品有限公司
地址:重庆市高新区二朗科技新城银杏路60号
邮编:400041
电话:023/61902900
传真:61902909、61902908
电子信箱:yihong@ yhpc. com. cn
法定代表人:胡曙炎
质量体系:ISO/TS 16949、ISO 14000
产品情况:(YHPC 牌)
汽车、摩托车、通用动力机械塑料零部件和特种产品包装箱等
配套情况:与长安、福特、铃木、丰田、哈飞、三菱、本田、大兴、建设、嘉陵、宗申等国内外20余家知名企业配套

★重庆庆铃塑料有限公司
地址:重庆市高新区科园二街56号
邮编:400041
电话:023/68620027
传真:68619814
网址:www. qlplastic. cn
电子信箱:qlplastic@ 163. com
法定代表人:郑琴
质量体系:ISO/TS 16949
产品情况:主要生产五十铃 N、T 系列轻型商用车、700P 系列中型商用车、F 系列、VC46 重型商用车及 U 系列多功能乘用车的大中型内、外饰塑料件

★重庆庆铃铸铝有限公司
地址:重庆市高新区科园二路54号
邮编:400041
电话:023/68613695
传真:68621159
网址:www. qlac. cn
电子信箱:qlal@ qingling. com. cn
法定代表人:徐松
产品情况:五十铃的 N、T 系列轻型商用车、F 系列重型商用车及 UC 多功能乘用车所需的高品质发动机、变速器铸铝毛坯零部件
出口情况:批量出口返销日本五十铃,并向欧美知名企业英国 JCB 公司出口

★重庆沪强汽车摩托车零部件有限公司
地址:重庆市南岸区沙灌窑鸡冠石
邮编:400060
电话:023/62504807
传真:62504813
网址:www. nhc. com. tw
法定代表人:王友芳
产品情况:主要生产各种规格拉索用外管及汽摩零配件
配套情况:为国内外各知名拉索厂配套,并使其拉索在本田、雅马哈、隆鑫、力帆、宗申等整车厂使用

★重庆长江电工工业集团有限公司
地址:重庆市南岸区茶园工业园
邮编:400069
电话:023/62489153、62489124
传真:62489555
网址:www. cjdgg. com
电子信箱:dzbgs@ cjdgg. com
法定代表人:张能
单位人数:2900
质量体系:ISO/TS 16949
产品情况:整车用高强度螺栓、车桥用高强度螺栓、制动器高强度螺栓及制动器导向销、减振器高强度螺栓系列等
配套及出口情况:为长安、上汽通用五菱、东风小康等配套;远销亚洲、非洲、拉丁美洲等地区

★重庆金固特新材料科技有限公司
地址:重庆市江北区欧式一条街数码大厦 A-9-4
邮编:401120
电话:13908322021
传真:023/61880861
网址:www. golute. com
电子信箱:golute@ golute. com. cn
法定代表人:苑建涛
质量体系:ISO 9001、ISO 14001
产品情况:(Golute 牌)
厌氧型密封剂、硅橡胶平面密封剂、瞬干胶、微孔浸渗剂、碗形塞固持密封剂、结构黏结剂、预涂螺纹锁固剂、工来清洗剂、促进剂、工业修补剂、UV 光敏胶等,广泛应用于汽车、摩托车、内燃机等领域
配套情况:为长安汽车、云内、杭发、哈飞汽车、玉柴等配套

★凌云西南工业有限公司
地址:重庆市江北区鱼嘴镇东风路146号
邮编:401120
电话:023/88215605、67745176
传真:67181010、67181717
电子信箱:daili@ cq-lingyun. com
法定代表人:张建忠
负责人:罗天学
质量体系:ISO/TS 16949、ISO 14001
产品情况:主要从事辊压、冲压模块化生产和(超)高强度材料冷成型等汽车零部件的生产
配套情况:与长安福特、长安股份、长安铃木、重庆庆铃、上汽依维柯红岩等汽车主机厂合作

★重庆恒伟林汽车零部件有限公司
地址:重庆市渝北区空港工业园区65号地块尚科路7号
邮编:401120
电话:023/67375888、4001111111
传真:67215781
网址:www. hwl. com. cn
电子信箱:sales@ hwl. com. cn
法定代表人:颜泽林
质量体系:ISO/TS 16949
产品情况:橡胶零部件,产品用于汽车整车、排气、减振、转向、电器线束、拉索、发动机等系统
配套及出口情况:主要为天津一汽丰田、广汽丰田、广汽本田、新大洲本田、上汽通用、上汽大众、东风雪铁龙、东风标致、东风日产、长安福特、长安马自达、一汽-大众、雅马哈、奔驰、法国雷诺、瑞典沃尔沃、英国铃木、英国丰田、德国宝马、德国福特等配套;远销欧洲、美洲、东南亚、日本

★重庆开泰汽车零部件有限公司
地址:重庆市渝北区空港经济开发区长安工业园创新路16号
邮编:401120
电话:023/86001079、86001045
传真:86001077
电子信箱:cqkt@ vip. 163. com
法定代表人:王帮昆
质量体系:ISO/TS 16949
产品情况:制动油管、燃油管、转向泵油管、水管等汽车管路系统,整车及发动机全套紧固件,同步带、多楔带、切割 V 带橡胶传动带,粉末冶金制品等
配套情况:为长安汽车下属的7个汽车公司、东风汽车公司、哈飞、吉利、力帆、比亚迪、江铃等10多家汽车厂配套

★重庆大江美利信压铸有限责任公司
地址:重庆市巴南区鱼洞镇大江工业园
邮编:401321
电话:023/66283015、66283180
传真:66283016
网址:www. djmillison. com
电子信箱:djmlx@ djmillison. com
法定代表人:余克飞
单位人数:2000
质量体系:ISO/TS 16949、ISO 14001
产品情况:汽车系列、通机系列等铝合金压铸机加零部件,包含缸体、汽缸盖罩、变速器壳体、支架、油底壳、转向轴壳等;具有年产5万 t 大型复杂高精度压铸产品的生产能力
配套情况:与标致雪铁龙、爱立信、道依茨、特斯拉、蒂森克虏伯、上汽通用和吉利等世界500强企业建立战略合作伙伴关系

★重庆大江渝强塑料制品有限公司
地址:重庆市巴南区渔洞镇大江工业园区
邮编:401321
电话:023/66283398、66288101
传真:66288726
电子信箱:zhangzy@ dandt. com
法定代表人:董文波
质量体系:ISO/TS 16949、ISO 14001

产品情况:(DandT 牌)
汽车及摩托车塑料件,年产奥拓件4万套、长安件1万套
配套情况:为长安汽车、长安铃木、株洲南方雅马哈、长安福特、长安马自达、嘉陵集团、建设集团、建设雅马哈、四川一汽丰田等配套

★重庆华辉涂料有限公司
地址:重庆市南岸区玉马路20号
邮编:401336
电话:023/62455872、62455873
传真:68605888
网址:www.huahuip.com
法定代表人:王平
质量体系:ISO/TS 16949、ISO 9001
产品情况:汽车漆、摩托车漆等油漆产品
配套情况:主要客户有渝安集团、东风渝安车辆、华晨汽车集团控股、重庆力帆汽车、重庆铁马、贵州航天成功汽车、重庆龙江汽车、重庆平伟科技(集团)、宗申产业集团、隆鑫控股、重庆新时代摩托车、广东比亚乔、嘉陵摩托、建设摩托、巴山摩托等

★重庆长江轴承股份有限公司
地址:重庆市南岸区蔷薇路11号
邮编:401336
电话:023/88069999、88069992
传真:88069666、88069995
网址:www.cjb.com.cn
电子信箱:master@cjb.com.cn
法定代表人:陈余
质量体系:IATF 16949、ISO 14001
产品情况:(CJB 牌)
高品质低噪声密封深沟球轴承、角接触球轴承、轮毂单元、圆锥滚子轴承及变形品种,具备年产5000万套轴承及3500万件汽车零部件的加工能力
配套情况:为通用、博格华纳、爱信精机、格特拉克、岱摩斯等主机企业服务

★日立化成工业(重庆)有限公司
地址:重庆市巴南区界石镇石桂大道18号5幢
邮编:401346
电话:023/66290808
传真:66290586
网址:www.hitachi.com.cn
法定代表人:严爱军
产品情况:汽车用高科技材料及其零部件

★重庆有研重冶新材料有限公司
地址:重庆市綦江区三江街道
邮编:401431
电话:023/48207600、48242058
传真:48207600
网址:www.gricy.com.cn
电子信箱:1311980098@qq.com
法定代表人:汪礼敏
质量体系:ISO 9001
产品情况:(川星牌)
有色金属、有色金属粉末、金属粉末制品、有色金属压延加工产品
出口情况:出口国外市场

★重庆标准件工业有限责任公司
地址:重庆市江津区双福街道祥福路9号
邮编:402247
电话:023/85578018、85576000
传真:85576000
网址:www.cqfic.com
电子信箱:cqfic@163.com
法定代表人:李林
单位人数:600
质量体系:ISO/TS 16949、ISO 14001
产品情况:(重标牌)
特种专用紧固件、非标异形件、钢结构紧固件,为汽车、摩托车、发动机、汽油机等行业配套

★重庆三峡油漆股份有限公司
地址:重庆市江津区德感工业园区
邮编:402260
电话:023/47262588、47262501
网址:www.sanxia.com
电子信箱:sxyq000565@163.com
法定代表人:高伟林
单位人数:800
质量体系:IATF 16949、ISO 14001
产品情况:(三峡牌)
汽车漆等

★重庆金海标准件有限公司
地址:重庆市江津市珞璜工业园B区金源路5号
邮编:402283
电话:023/47636555、47632250
传真:47632333
网址:www.cqjinhai.cn
电子信箱:jhsales@ruibiao.net
法定代表人:林海
单位人数:400
质量体系:ISO/TS 16949、ISO 14001
产品情况:标准件、非标件
配套情况:主要客户是长安集团、长安铃木、长安福特、南京长安马自达、光大等企业

★重庆江洲粉末冶金科技有限公司
地址:重庆市江津区德感镇正街339号
邮编:402284
电话:023/47833487、47833865
传真:47833487、47840038
网址:www.cqjzfm.com
电子信箱:cqjzfm@163.com
法定代表人:陈建中
质量体系:ISO/TS 16949
产品情况:(牛头牌)
摩托车各种从动齿轮及离合器总成,各种双联小齿轮,汽车同步器齿壳及组件,汽车各种链轮、带轮及电起动齿轮,电动车及减速机齿轮,各种型号量具、千分尺表架,空调压缩机粉末冶金零件
配套及出口情况:为嘉陵集团、华晨金杯等配套;摩托车产品随整机大量出口越南及东南亚、北美洲等地区,汽车、电动车产品随主机出口欧美地区

★重庆红宇摩擦制品有限公司
地址:重庆市璧城经济开发区
邮编:402760
电话:023/45587908
传真:45587901
网址:www.hongyufriction.com
电子信箱:sales@hongyufriction.com
法定代表人:唐志春
质量体系:ISO/TS 16949、ISO 14001
产品情况:(川宇牌)
盘式制动片、鼓式制动片,中重型车摩擦材料
配套及出口情况:为包括长安福特、长安铃木、上汽集团、一汽、东风汽车、长安、北汽集团、广汽集团、昌河铃木、长城汽车、奇瑞汽车、庆铃汽车、江铃汽车、力帆汽车、华泰汽车、众泰汽车等国内主要整车厂配套;是美国霍尼韦尔(Honeywell)、天合(TRW)等世界500强企业的OEM产品供应商

四川省

★中蓝晨光化工研究设计院有限公司
地址:成都市人民南路四段30号
邮编:610041
电话:028/85556475、85551955
网址:www.chengrand.net
电子信箱:marketing@chengrand.net
法定代表人:王联合
质量体系:ISO 9001
产品情况:有机硅及特种氟材料、改性塑料及助剂、特种纤维、树脂及其复合材料的科研生产、工程化研究及EPC、分析测试及信息等领域的服务
配套及出口情况:为陕汽集团、重庆重汽、长安汽车、贵州云雀等配套;出口德国、西班牙、意大利、以色列、土耳其、伊朗、马来西亚等国家,并销往中国台湾地区

★成都蒂森克虏伯富奥弹簧有限公司
地址:成都市经济技术开发区(龙泉驿)南一路229号
邮编:610100
电话:028/62806988、62806912
网址:www.thyssenkrupp.com.cn
电子信箱:tina.cai@thyssenkrupp.com
法定代表人:甘先国
产品情况:主要生产汽车弹簧和稳定杆

★劳士领汽车配件(成都)有限公司
地址:成都市经济技术开发区大连路38号
邮编:610100

电话:028/84858441
传真:84858443
网址:www.roechling.com
电子信箱:mengjia.fu@roechling-automotive.cn
法定代表人:GERHARD NEIDINGER
质量体系:ISO/TS 16949、ISO 14000
产品情况:汽车底护板、上/下导气管、可调式进气格栅、缓冲板、进气歧管、塑料门板以及平衡水壶等
配套情况:为一汽-大众、长安福特、沃尔沃、博泽配套

★成都宏鼎汽车零部件有限公司
地址:成都市龙泉驿经济技术开发区龙工南路1333号
邮编:610100
电话:028/85516660
网址:www.mingjungroup.com
电子信箱:741970867@qq.com
法定代表人:徐小文
产品情况:各类轿车冲压件、焊接合件
配套情况:主要客户为成都一汽-大众、一汽丰田、VOLVO公司等

★四川华德精工制造有限公司
地址:成都市蛟龙工业港双流园区水口路106号
邮编:610200
电话:028/85737389、85737226
传真:85737229
网址:www.cd-hd.com
电子信箱:hd666@126.com
法定代表人:李川
质量体系:ISO/TS 16949
产品情况:[华德(HEAD)牌]
橡胶密封制品、塑料制品、金属压铸制品、金属锻造制品等
配套及出口情况:配套于长安汽车、上汽集团、雅马哈摩托车、比亚迪汽车、美的集团、德昌集团、松下集团、明阳集团、国电联合动力、西部石油机械等知名主机厂;以OEM、ODM等方式出口欧美等国家

★成都盛帮密封件股份有限公司
地址:成都市双流区成双大道1077号
邮编:610200
电话:028/85774433
传真:85771133
网址:www.chsbs.com
电子信箱:sbs@chsbs.com
法定代表人:赖喜隆
单位人数:750
质量体系:ISO/TS 16949、ISO 14001
产品情况:汽车动力总成橡胶密封胶
配套及出口情况:为沈阳航天三菱、上海五龙、陕西法士特、吉利汽车、江铃汽车、重庆康明斯、绵阳新晨、东方电机、江淮汽车、珀金斯动力、江苏瑞能、沈阳双福、东风朝柴、北汽福田、北京北内、无锡凯马、保定长城、浙江万丰等上百家企业配套;产品80%以上出口欧洲、美洲、大洋洲及中东等地区

★成都天府垫片科技有限公司
地址:成都市双流区西南航空港经济技术开发区双华路三段123号
邮编:610200
电话:028/85875538
传真:85651433
网址:www.teamful.net
电子信箱:sales@teamful.net
法定代表人:王德芳
单位人数:300
质量体系:ISO/TS 16949
产品情况:(天府牌、JQ牌)
环保型无石棉密封材料、石墨密封材料及各种发动机密封垫片
配套情况:为云内动力、重庆隆鑫、重庆力帆、广州力擎、内江峨柴等配套

★成都托克密封件有限责任公司
地址:成都市双流区西南航空港经济开发区工业集中区腾飞四路478号
邮编:610200
电话:028/85744349、85744327
传真:85744327
网址:www.cdtk.com.cn
电子信箱:tomseal@126.com
法定代表人:苏东
质量体系:ISO/TS 16949
产品情况:各型油封、O形圈、皮碗等橡胶制品

★四川宣明节能环保科技有限公司
地址:成都市青白江区工业集中发展区同辉路898号
邮编:610300
电话:028/85552058、85568618
电子信箱:435993151@qq.com
法定代表人:张灵
质量体系:ISO 9001
产品情况:润滑油产品
配套情况:为一汽-大众、大运集团、上柴集团等公司建立长期合作关系

★成都俊马密封科技股份有限公司
地址:成都市新都区石板滩镇光明村光明路499号
邮编:610511
电话:028/83985161、83985024
网址:www.jmseal.com
电子信箱:jmsales@jmseal.com
法定代表人:马琼秀
质量体系:ISO/TS 16949
产品情况:(俊秀牌、密克牌)
专业生产内燃机密封材料和密封制品
配套及出口情况:为美国MTD、科勒公司、重庆宗申、隆鑫、嘉陵、润通等配套;远销欧美、中东、南美洲及东南亚地区

★成都金助汽车配件制造有限公司
地址:四川省彭州市丹景山镇伍柏村八组
邮编:611941
电话:028/83781089、83781390
电子信箱:jzzz88@sina.com
法定代表人:张莉
产品情况:汽车钢板弹簧用U形螺栓、轮胎螺栓、半轴螺栓、钢板中心螺栓、电力螺栓、钢板销、双头螺栓及各种高强度螺栓等

★绵阳诗兰姆汽车零部件有限公司
地址:四川省绵阳市安县界牌汽车零部件产业园5号厂房
邮编:622650
电话:0816/6155266
传真:6155267
网址:www.schlemmer.com.cn
电子信箱:info_mianyang@schlemmer.com.cn
法定代表人:毛明
产品情况:形成年产100万套金属冲压成型件、注塑成型件、挤塑成型件等各类汽车零部件的生产能力

★遂宁市正泰置业有限公司
地址:四川省遂宁市油房下街52号
邮编:629000
电话:0825/8888388
法定代表人:蔡景科
产品情况:汽车配件

★四川贝特尔橡胶科技有限公司
地址:四川省射洪县美丰工业园西部包装城
邮编:629200
电话:0825/6666688
传真:6662866
网址:www.beiteer.cn
法定代表人:赖凯
单位人数:200
质量体系:ISO/TS 16949
产品情况:主要产品有O形环、橡胶条、橡胶管、橡胶包铁件、橡胶包铝件、减振器(座)、化油器进气管以及各类橡胶制品
配套及出口情况:客户主要有浙江吉利汽车、海南马自达、安徽奇瑞汽车等国内知名汽车厂家;主要销往欧洲、美洲、大洋洲及中东地区;在中国台湾设有2家外贸销售公司

★四川川环科技股份有限公司
地址:四川省达州市大竹县东柳工业园区
邮编:635100
电话:0818/6923358
传真:6231544
网址:www.chuanhuan.com
电子信箱:linli@chuanhuan.com
法定代表人:文谟统
质量体系:IATF 16949、ISO 14001
产品情况:(川环牌)
燃油软管及总成、尼龙燃油管及总成、空调管及总成、动力转向管及总成、

涡轮增压管及总成、制动软管及总成、水管及总成、混合动力新能源汽车发动机燃料管路系统等
配套及出口情况：主要客户有福特、三菱、马自达、吉利、长安、上汽五菱等300多家客户，进入了福特、法雷奥、菲亚特、百力通、比亚乔等大集团的国际采购体系；远销美国、加拿大、日本、越南、印度、南非、意大利、克罗地亚等地区和国家

★四川鑫达企业集团有限公司
地址：四川省南充市顺庆区潆华工业园区潆华北路五段9号
邮编：637000
电话：0817/2976666
传真：2561011
网址：www.chinaxd.net
电子信箱：chinaxd@chinaxd.net
法定代表人：杨鑫
负责人：陈希刚
单位人数：694
质量体系：IATF 16949、ISO 9001
产品情况：（鑫达牌）
通用塑料：聚丙烯复合材料、ABS复合材料，工程塑料：尼龙复合材料，塑料合金：PC/ABS合金、PP/PE合金，生物塑料：聚乳酸符合材料

★四川省简阳汽车配件有限公司
地址：四川省简阳市建设中路62号
邮编：641400
电话：028/27020165
电子信箱：zmr@vip.sina.com.cn
法定代表人：张安
质量体系：ISO/TS 16949
产品情况：（天骄牌）
汽车管道接头，年产1000万件（套）
配套情况：为重汽集团、济南商用车、陕汽集团、东风汽车公司、安凯客车、川汽等配套

★四川省沱江汽车配件有限责任公司
地址：四川省乐至县乐蓬路142号
邮编：641500
电话：0832/23355365
电子信箱：tuojiang2007@126.com
法定代表人：司正荣
产品情况：汽车配件

贵州省

★贵州精忠橡塑实业有限公司
地址：贵阳市云岩区百花大道金关巷1号
邮编：550008
电话：0851/84762222、84765300
传真：84761565
网址：www.gzjzxs.com
电子信箱：jingzhongrubber@163.com
法定代表人：戴红景
质量体系：ISO/TS 16949
产品情况：（精忠牌）
各型国产及进口汽车制动缸橡胶皮碗、O形圈、防尘罩、胶套、缓冲块、发动机胶垫、汽车制动气室橡胶隔膜（皮膜）、真空助力器橡胶隔膜（膜片）、油封、汽车V带、汽车软管等
配套及出口情况：为一汽集团配套；远销美国、日本、东南亚等国际市场

★贵州红林航空动力控制科技有限公司
地址：贵阳市经济技术开发区松花江路111号
邮编：550009
电话：0851/83897143
传真：83896453
电子信箱：hanying143@126.com
法定代表人：吴贵江
负责人：丛春义
质量体系：ISO/TS 16949
产品情况：铝合金铸造
配套情况：目前主要客户有UTAS、WOODWARD、GE、MOOG、AVIO、HONEYWELL等公司

★贵州大众橡胶有限公司
地址：贵阳市白云区麦架镇白云北路876号纵支路41号
邮编：550014
电话：0851/84762930、84762731
传真：84760656、84762306
网址：www.autorubbers.cn
电子信箱：gzdz-wwg@126.com
法定代表人：庄诚君
单位人数：256
质量体系：ISO/TS 16949、ISO 14001
产品情况：（前进牌）
汽车传动V带、液压制动橡胶皮碗、制动气室橡胶隔膜等橡胶制品
配套及出口情况：为一汽集团、东风汽车公司、玉柴、潍柴、华晨汽车、万向集团、长城汽车、南方天合、威伯科等配套；远销欧美地区

★贵州安大航空锻造有限责任公司
地址：贵州省安顺市西秀区黄果树大街东段322号
邮编：561005
电话：0851/33393256、33393295
传真：33393676
电子信箱：develop@andaforging.com
法定代表人：单振
质量体系：ISO/TS 16949
产品情况：各类锻件、环轧件，产品广泛应用于汽车领域
出口情况：远销日本、美国、英国、以色列、加拿大、德国等国家

陕西省

★西安海红轴承总厂
地址：西安市经济技术开发区凤城二路45号
邮编：710016
电话：029/86513788
传真：86513788
电子信箱：hh86513788@163.com
法定代表人：付培军
质量体系：ISO 9001
产品情况：（HH牌）
轿车轮毂轴承、斯太尔重型汽车轴承等，汽车轮毂配件
出口情况：出口欧洲、美洲、东南亚等20多个国家和地区

★西安北方华山机电有限公司
地址：西安市新城区幸福中路123号
邮编：710043
电话：029/83202240、82622088
传真：83231000
网址：www.norincogroup.com.cn
电子信箱：webmaster@norincogroup.com.cn
法定代表人：孙守会
质量体系：ISO 9000
产品情况：汽车用双层卷焊钢管、PVS管及其他汽车专用管
配套情况：为长安汽车、一汽轿车配套

★西安华山精密制管有限公司
地址：西安市新城区幸福中路123号
邮编：710043
电话：029/83233635、83202788
传真：83285199
网址：www.huashanpt.com
电子信箱：xahuashan@vip.sin.com
法定代表人：黄顺清
单位人数：310
质量体系：ISO/TS 16949、ISO 14000
产品情况：主要产品为年产5000t的双层卷焊钢管；年产3000t表面镀锌、涂覆PVF的双层卷焊钢管的管材，年产1000万件的各种制动、燃油、动力转向、离合、空气等车用管路系统总成产品
配套及出口情况：与东风公司形成战略合作伙伴关系；远销北美洲、俄罗斯、中东等国家和地区

★陕西中航气弹簧有限责任公司
地址：西安市雁塔区高新一路25号创新大厦S509
邮编：710075
电话：029/88316479、89081316
传真：88321537、89081319
网址：www.zh-gasspring.com
电子信箱：zhonghang509@126.com
法定代表人：张晓冬
质量体系：GJB 9001B
产品情况：气弹簧、航空锁机构、油气悬架、减振装置和液压件等6大系列产品
出口情况：远销20多个国家和地区

★西安林产化学软木工厂
地址：西安市莲湖区土门坊7号

邮编:710077
电话:029/84241474、84241590
传真:84230043
电子信箱:xacork@163.com
法定代表人:刘永华
质量体系:ISO 9001
产品情况:(骊山牌、航空牌、西安牌)
密封垫产品
配套及出口情况:为长安汽车、哈尔滨东安、奇瑞汽车、华柴、陕汽集团等配套;出口亚太、欧洲、美洲等地区

★ 陕西万方汽车零部件有限公司

地址:西安市泾河工业园长庆东路11号
邮编:710201
电话:029/86096058、86096059
传真:86096013
网址:sxqc-wanfang.com
电子信箱:wfcwb@126.com
法定代表人:贾展耀
负责人:张成岗
单位人数:2046
质量体系:IATF 16949
产品情况:(泾渭牌)
重型汽车进/排气系、汽车线束、电子电器、驾驶悬置、制动系管路等结构件产品
配套情况:为陕汽集团配套
☞ 详细情况请参阅彩色宣传版面

★西北橡胶塑料研究设计院有限公司
地址:陕西省咸阳市秦都区西华路2号
邮编:712023
电话:029/33621344、33621036
传真:33621360
电子信箱:xby@fastrubber.com
法定代表人:乐贵强
质量体系:QS 9000、ISO 9001
产品情况:[发思达(FAST)牌]
橡胶密封制品、汽车配套橡胶件、橡胶板、材、管制品等

★陕西宝塔山油漆股份有限公司
地址:陕西省咸阳市兴平市兴渝路56号
邮编:713100
电话:029/38811111
网址:www.baotashan.com
法定代表人:李斌
产品情况:油漆、涂料、树脂等

★陕西奉航橡胶密封件有限责任公司
地址:陕西省兴平市金城路西段
邮编:713107
电话:029/38612527
传真:38624122
网址:www.shanxifenghang.com
电子信箱:fhxm8612527@126.com
法定代表人:王斌
单位人数:500
质量体系:ISO/TS 16949、ISO 9001
产品情况:(fh牌)
密封件、橡胶制品、铸造产品
配套及出口情况:主要用户有中国重汽、陕汽、陕西法士特、一汽解放、东风、安凯车桥、大同齿轮、北方动力、北奔车桥等国内重点企业;远销美国、德国、俄罗斯、东南亚等几十个国家和地区

★陕西方圆汽车标准件有限公司
地址:陕西省咸阳市三原县清河工业园
邮编:713800
电话:029/32252776、32252756
传真:32283407
网址:www.sqbgs.com
电子信箱:sqbgs@163.com
法定代表人:周相强
负责人:燕存露
单位人数:600
质量体系:ISO/TS 16949、ISO 9001
产品情况:(三园牌)
重型汽车高强度车轮螺栓总成、连杆螺栓总成、传动轴螺栓总成、飞轮螺栓总成、半轴螺栓总成等八大强力螺栓总成和螺纹直径为M6～M24,长度为12～300mm,强度为8.8～12.9级的汽车标准紧固件、专用紧固件和异形固件等
配套情况:是陕西重汽、中国重汽商用车、陕西汉德车桥、陕西法士特齿轮、陕西华山工程车辆等大型汽车集团和零部件企业的定点协作A类配套单位

★陕汽榆林金帝润滑油有限公司
地址:陕西省榆林市榆阳区麻黄梁工业集中区
邮编:719000
电话:0912/2252609、7157700
传真:7158000
网址:www.yldongfang.com
电子信箱:yulinjindi@163.com
法定代表人:贺孟涛
质量体系:ISO/TS 16949、ISO 14001
产品情况:(金帝牌)
乘用车润滑油、商用车润滑油、汽车附属润滑油、摩托车润滑油、工业润滑油、防冻液、润滑脂及特种润滑油等
配套情况:为陕汽、北奔重汽等配套

★宝鸡科达特种纸业有限责任公司
地址:陕西省宝鸡市岐山县蔡家坡经济技术开发区西三路005号
邮编:722405
电话:0917/8565320
传真:8565320
网址:www.baojikeda.com
电子信箱:sales@baojikeda.com
法定代表人:侯宗科
单位人数:1082
质量体系:ISO 9001、ISO 14001
产品情况:过滤用特种纸、工业用特种纸等

宁 夏

★宝塔实业股份有限公司
地址:银川市西夏区北京西路630号
邮编:750004
电话:4008781889
网址:shop-nxz.com.cn
电子信箱:nxz@nxz.com.cn
法定代表人:郑小将
质量体系:ISO/TS 16949、ISO 14001
产品情况:(NXZ牌)
推力球轴承、滚针与直线轴承、四点接触球轴承、组合轴承、推力滚子轴承、增压器轴承、整体偏心转臂轴承、机床主轴轴承、轧机专用轴承、双排滚子轴承、滑动轴承、外球面轴承、调心球轴承、滚针轴承、关节轴承、螺旋轴承、推力调心滚子轴承、调心滚子轴承、四列圆锥滚子轴承
配套及出口情况:为北奔重汽等配套;远销美国、英国、法国、俄国、德国、意大利等50多个国家和地区

甘肃省

★甘肃海林中科科技股份有限公司
地址:甘肃省天水市秦州区岷山路55号
邮编:741018
电话:0938/4906138、8383654
传真:8382799
网址:www.hlbearing.com
电子信箱:sales-md@hlbearings.com
法定代表人:何克鸿
质量体系:ISO/TS 16949
产品情况:[海林(HL)牌]
圆锥滚子轴承、圆柱滚子轴承、深沟球轴承及非标、专用轴承、轮毂轴承等
配套及出口情况:为全国各大工程机械、重型汽车、汽车变速器和车桥、机床、军工等企业配套;客户已覆盖世界各地30多个国家和地区

青海省

★西宁特殊钢股份有限公司
地址:西宁市柴达木西路52号
邮编:810005
电话:0971/5299565、5299959
传真:5217508
网址:www.xntg.com
电子信箱:xqpsd001@163.com
法定代表人:尹良求
质量体系:ISO 9001、ISO 14001
产品情况:汽车用钢等
配套情况:客户有东风商用车、东风德纳车桥、庆铃汽车、中国重汽、长城汽车、曙光汽车集团、法士特、三环集团等

★青海盐湖特立镁有限公司
地址：西宁经济技术开发区甘河工业园区西区
邮编：811600
电话：0971/2268173
传真：2268173
网址：www.qhyhgf.com
法定代表人：林占宏
产品情况：金属镁、镁合金、金属铝、铝合金产品加工、塑料产品加工；汽车配件、镁、铝产品

新　疆

★新疆福克油品股份有限公司
地址：乌鲁木齐市头屯河工业园区沙坪西街52号
邮编：830026
电话：0991/3712408、4000068303
网址：www.xjfk.com
电子信箱：3475965592@qq.com
法定代表人：涂登源
质量体系：ISO 9001、ISO 14001
产品情况：（福克牌、七喜牌、柏兰牌、木孜塔格牌、FK303 牌、迈驰牌）

节能润滑油、润滑脂、防冻液、合成型润滑油、制动液等产品，年产能力6万t
出口情况：远销中亚地区

新能源与智能网联零部件生产企业

·查询导引·

企业详细介绍

新能源与智能网联零部件生产企业

☞ 企业如有变更,请与编辑部联系 ☎ 010/68426043、68420981

北京市

★高通无线通信技术(中国)有限公司
地址:北京市东城区北三环东路36号环球贸易中心C栋601
邮编:100013
电话:010/57760777
网址:www.qualcomm.cn
电子信箱:dazhiw@qti.qualcomm.com
法定代表人:孟樸
产品情况:车载资讯系统:LTE调制解调器、ARM Cortex A7处理器、GNSS、Wi-Fi/蓝牙/DSRC;驾驶数据平台:骁龙820车用处理器、X12 LTE调制解调器、蜂窝V2X;车载娱乐信息平台:骁龙820A汽车级处理器、骁龙602A处理器等
配套情况:为奥迪、宝马、别克、凯迪拉克、雪佛兰、福特、本田、现代、林肯、奔驰、丰田、沃尔沃等国内外知名汽车厂商提供解决方案

★精进电动科技(北京)有限公司
地址:北京市朝阳区将台路5号普天实业科技园7座
邮编:100015
电话:010/85935151
网址:www.jjecn.com
法定代表人:余平
单位人数:1500
产品情况:电驱动系统解决方案:包括高功率密度水冷电动机、油冷电动机系统、机电耦合混合动力总成、新能源汽车专用变速器、减速器总成
配套情况:配套克莱斯勒、客车、菲斯科、长城华冠、吉利帝豪、依维柯等

★北方华创新能源锂电装备技术有限公司
地址:北京市朝阳区酒仙桥东路1号
邮编:100015
电话:010/64363680
传真:64363228
网址:www.sevenstar.com.cn
电子信箱:sales.nne@naura.com
法定代表人:金路
产品情况:锂离子电池制造设备和系统解决方案
出口情况:远销日本、德国、俄罗斯等国家

★北京车网互联科技有限公司
地址:北京市朝阳区酒仙桥路甲10号院106号楼荣之联大厦3层
邮编:100015
电话:010/58978999
传真:58978988
网址:www.carsmart.cn
法定代表人:程尧
质量体系:ISO 9001、ISO 27001
产品情况:以前沿的移动、定位、云计算、数据采集融合技术为工具的车载信息服务平台运营商

★智车优行科技(北京)有限公司
地址:北京市朝阳区东三环北路27号嘉铭中心B座2层
邮编:100020
电话:010/65869596
网址:www.singulato.com
电子信箱:bd@singulato.com
法定代表人:沈海寅
产品情况:新能源汽车、智能汽车系统、基于大数据与云计算的车联网服务和解决方案、创新技术产品

★北京图森未来科技有限公司
地址:北京市朝阳区光华路甲9号世贸商务楼5层
邮编:100020
电话:010/59427595
网址:www.tusimple.com
电子信箱:pr@tusimple.com
法定代表人:郭敏华
产品情况:自动驾驶技术研发与应用,提供计算机视觉为主的低成本、可商用自动驾驶解决方案

★北京中科慧眼科技有限公司
地址:北京市朝阳区四惠大厦3039－3044室
邮编:100023
电话:010/59231480

网址:www. smartereye. com
电子信箱:hr@ smartereye. com
法定代表人:姜安
产品情况:从事汽车自动驾驶系统及相关产品研发

★北京航天智科信息技术有限公司
地址:北京市朝阳区八里庄西里 98 号住邦 2000 三号楼 1002
邮编:100025
电话:010/85867598、85867388
传真:51260561
网址:www. asiot. com. cn
电子信箱:asiot2000@ 126. com
法定代表人:张博然
质量体系:ISO 9001
产品情况:北斗/GPS 车载终端、卫星定位行驶记录仪、便携式 3G 车载信息终端、车联网智能终端、车联网管理平台、GIS 地理信息开发等与卫星应用相关的多种综合信息服务产品

★北京智趣车联科技有限公司
地址:北京市朝阳区华腾世纪公园总部 D 栋 5F
邮编:100025
电话:4009691800
网址:www. goluk. com
电子信箱:bd@ goluk. com
法定代表人:方志军
产品情况:车联网视频监控解决方案、智能行车记录仪

★乐卡汽车智能科技(北京)有限公司
地址:北京市朝阳区姚家园路 105 号 3 号楼 7 层 801 室
邮编:100025
电话:010/50963477
网址:www. leauto. com
电子信箱:maxiaohan@ le. com
法定代表人:吴孟
产品情况:超级车机 pro、超级车机、互联车机、乐视云盒、超级 AP、乐视行车记录仪、乐视轻车机等硬件产品,乐车云、乐视车联 APP 等软件产品,以及 ecolink 手机车机互联和 V2X 等核心技术
配套情况:已经搭载乐视车联产品或服务的汽车公司有 FaradayFuture、阿斯顿马丁、比亚迪、东风乘用车、东风标致、北汽新能源等

★北京车联天下科技有限公司
地址:北京市朝阳区安定路 33 号化信大厦 A 座 15 层
邮编:100029
电话:010/84464565
网址:www. auto - link. com. cn
法定代表人:张晓冬
负责人:杨泓泽
产品情况:车载智能终端和车联网服务平台的系统集成化开发与服务

★国家电网有限公司
地址:北京市西城区西长安街 86 号
邮编:100031
电话:95598
网址:www. sgcc. com. cn
电子信箱:sgcc - info@ sgcc. com. cn
法定代表人:寇伟
产品情况:建设运营电网、电动汽车充电桩

★联通智网科技有限公司
地址:北京市西城区阜成门外大街 22 号外经贸大厦 18 层
邮编:100037
电话:18612687996
网址:www. cu - sc. com
电子信箱:renjh21@ chinaunicom. cn
法定代表人:辛克铎
产品情况:为行业提供以汽车联网和运营服务为核心的综合解决方案
配套情况:已经服务 63 个车厂,联网车辆数超过 3000 万,市场占有率超过 80%

★北京荣之联科技股份有限公司
地址:北京市海淀区北四环西路 56 号 10 层 1002 - 1
邮编:100038
电话:13691466832
网址:www. ronglian. com
电子信箱:wangying@ ronglian. com
法定代表人:王东辉
质量体系:ISO 9001
产品情况:是专业的数据中心解决方案和服务提供商
配套情况:主要客户包括广汽丰田、重庆长安、华晨宝马、佳通轮胎、宝钢集团等

★北京首钢自动化信息技术有限公司
地址:北京市石景山区石门路 1 号院 1 号楼
邮编:100041
电话:010/88293417、88291188
电子信箱:yuhaizhen@ sgai. com. cn
法定代表人:张宗先
质量体系:ISO 9001、ISO 14001
产品情况:电动汽车充电桩研发、生产制造、安装,充电站建设、充电运营及相关增值服务
配套情况:建设石景山区光伏超级充电站、首特绿能港充电站、中关村国际创客中心充电站

★北京易华录信息技术股份有限公司
地址:北京市石景山区阜石路 165 号中国华录大厦
邮编:100043
电话:010/52281111、4006101996
传真:52281188
网址:www. ehualu. com
法定代表人:韩建国
质量体系:ISO 9001、ISO 14001
产品情况:提供车辆安全性诊断基础平台,提供自动驾驶、V2X、安全辅助驾驶测试环境及测试报告,提供 4G/5G、DSRC、LET-V 通信技术研发测试环境

★北京九五智驾信息技术股份有限公司
地址:北京市海淀区上园村 3 号知行大厦九层 901 室
邮编:100044
电话:010/62695190
网址:www. yesway. cn
电子信箱:hanjuan@ yesway. c
法定代表人:朱文利
单位人数:366
产品情况:车联网行业网联产品及解决方案提供商、服务运营商,为全球车厂提供产品化,定制化的解决方案
配套情况:为奔驰、保时捷、福特、捷豹路虎、本田、宝马、大众、北汽等超过 15 个汽车品牌、20 余个合作伙伴,440 个车型的国际品牌,合资品牌和国内自主品牌的 300 多万用户提供了车联网服务

★北京地平线机器人技术研发有限公司
地址:北京市海淀区中关村大街 1 号 3 层 318
邮编:100044
电话:010/82609725 - 1000
网址:www. horizon. ai
电子信箱:bd@ horizon. ai
法定代表人:余凯
产品情况:高级别自动驾驶、360°视觉感知方案、激光雷达感知方案、众包高精地图采集与定位方案、高级驾驶辅助系统
配套情况:与奥迪、博世、比亚迪、长安、上汽等国内外一线 OEMs 和 Tier1s 建立了合作伙伴关系

★北京电擎科技股份有限公司
地址:北京市丰台区丰台科兴路 9 号 301
邮编:100070
电话:010/83616670
网址:www. bjept. com. cn
电子信箱:info@ bjept. com. cn
法定代表人:李建忠
产品情况:永磁同步电动机及其控制系统等电驱动系统核心部件
配套情况:与东风汽车公司、黄海客车、南京金龙客车、北方尼奥普兰客车等整车企业建立了紧密合作关系

★北京动力源科技股份有限公司
地址:北京市丰台区科技园区星火路 8 号
邮编:100070
电话:010/83682266、63783099
网址:www. dpc. com. cn
电子信箱:gyj@ dpc. com. cn
法定代表人:何振亚
质量体系:ISO 9001、ISO 14001
产品情况:电动车充电站设备暨充电柜、充电桩和充电监控系统,动力电池及储能电池管理系统等系列产品
出口情况:主要业务已经辐射美国、意大利、法国、俄罗斯、韩国、印度尼西亚、菲律宾、老挝、泰国、孟加拉、尼泊

尔、印度、斯里兰卡、沙特、埃塞俄比亚、加拿大、墨西哥、智利、巴西等几十个国家和地区

★北京佳朋创业科技有限公司
地址:北京市丰台区宋庄路 71 号院 3 号楼 4 层 505
邮编:100079
电话:010/67678367、67637858
传真:67625066
电子信箱:jiapengfuwu@ 126. com
法定代表人:刘燕
产品情况:新能源汽车整车控制器、汽车电动机控制器、DC-DC 电源变换器、车载空气压缩机、充电机等

★普天新能源有限责任公司
地址:北京市海淀区北二街 6 号中国普天大厦 1002
邮编:100080
电话:010/62418060
传真:62683209
网址:www. ptne. cn
电子信箱:ptne@ potevio. com
法定代表人:成暐
负责人:刘峰
产品情况:(Potevlo 中国普天牌)
充电桩、充电机、充电站监控管理系统、动力蓄电池等

★佐智汽车技术有限公司
地址:北京市海淀区彩和坊路 10 号 1 + 1 大厦 509 室
邮编:100080
电话:010/82602081、82602082
传真:82601570
网址:www. jointwyse. com
法定代表人:余杰
产品情况:自动驾驶系统集成

★北京聚速微波技术有限公司
地址:北京市海淀区海淀南路 13 号亿方大厦 810 室
邮编:100080
电话:010/82624935、82673594
网址:www. joospeed. com
法定代表人:王东峰
产品情况:汽车前向防撞预警雷达系统、盲点检测雷达系统、变道辅助雷达系统

★北京蓝吉新能源科技有限公司
地址:北京市海淀区北三环西路 66 号理工国际教育交流大厦 807 室
邮编:100081
电话:010/68945611 - 8073
传真:68948556
网址:www. bluegtech. com
电子信箱:info@ bluegtech. com
法定代表人:李然
产品情况:氢燃料电池发动机、DC/DC 氢燃料直流转换器、控制系统、氢燃料电池动力总成、高压储氢供气系统

★安泰科技股份有限公司
地址:北京市海淀区学院南路 76 号
邮编:100081
电话:010/62180969
传真:62182695
网址:www. atmcn. com
电子信箱:webmaster@ atmcn. com
法定代表人:李军风
负责人:毕林生
产品情况:新能源汽车用高性能稀土永磁制品
配套及出口情况:合作伙伴有丰田汽车、大众汽车等;销往 50 多个国家和地区

★北京理工华创电动车技术有限公司
地址:北京市海淀区中关村南大街 9 号理工科技大厦 702
邮编:100081
电话:010/68910955
传真:68944475
网址:www. huachuangev. com
电子信箱:huachuang@ huachuangev. com
法定代表人:林程
产品情况:整车控制器、功率转换集成控制器、分布式驱动系统控制器及电驱动与传动系统等产品

★北京大椽科技有限公司
地址:北京市海淀区中关村南大街乙 12 号天作国际 B 座 10 层
邮编:100081
电话:010/88556853、17611272922
网址:www. dachuantek. com
电子信箱:yansu@ dachuantek. com
法定代表人:王涛涛
产品情况:V2X 车路协同设备,360°全景环视系统(公交、货车、小汽车),ADAS 系统,车载四路视频监控系统,校车监控系统
配套情况:为华晨、长安配套

★中科创达软件股份有限公司
地址:北京市海淀区清华东路 9 号院 3 号楼创达大厦
邮编:100083
电话:010/62662686
网址:www. thundersoft. com
电子信箱:biz@ thundersoft. com
法定代表人:赵鸿飞
产品情况:信息娱乐系统、智能驾驶舱、智能车载系统关键技术

★北京深鉴智能科技有限公司
地址:北京市海淀区清华同方科技广场 D 座西楼 7 层
邮编:100083
电话:010/82371002
网址:deephi. com
电子信箱:dream@ deephi. tech
法定代表人:凯塔 · 科莱特 · 哈格皮恩
产品情况:研发的 ADAS 辅助驾驶系统——DPhiAuto 是基于 FPGA 的自动驾驶嵌入式 AI 计算平台,可以为辅助驾驶系统提供车辆检测、行人检测、车道检测、语义分割、交通识别、可行驶区域检测等深度学习算法功能,是一套针对环境感知技术打造的软硬件协同产品

★优智车联(北京)科技有限公司
地址:北京市海淀区双清路甲 79 号启迪之星 A204
邮编:100083
电话:010/62937280、400690590
网址:www. usmartdata. com
电子信箱:richardyang@ ubi - china. com
法定代表人:高阳
产品情况:优智车险云服务平台、智能车辆管理系统

★北京星云互联科技有限公司
地址:北京市海淀区学清路 8 号科技财富中心 B 座 705
邮编:100083
电话:010/82362687
网址:nebula - link. com
法定代表人:潘军
产品情况:V2X 车载设备和路侧系统

★大唐电信科技产业控股有限公司
地址:北京市海淀区学院路 40 号
邮编:100083
电话:010/62303003
网址:www. datanggroup. cn
电子信箱:webmaster@ datanggroup. cn
法定代表人:童国华
产品情况:LTE-V 车联网自组织通信设备

★大唐高鸿数据网络技术股份有限公司
地址:北京市海淀区学院路 40 号大唐电信集团综合楼 11 层
邮编:100083
电话:010/62303100
传真:62301900
网址:www. gohigh. com. cn
法定代表人:付景林
产品情况:车联网 LTE-V 技术

★北京富电科技有限公司
地址:北京市海淀区学院路甲 5 号 768 创意产业园 A 座西区 2 - 018
邮编:100083
电话:010/61199588、57105118
传真:61199699
网址:www. telluspowertech. cn
电子信箱:lihongquan@ xylife. com. cn
法定代表人:吕勤燕
产品情况:(小易充电牌)
充电站建设及运营(智能超级充电站、直流充电桩、交流充电桩、充电网络、开放平台)

★北京初速度科技有限公司
地址:北京市海淀区中关村东路 8 号东升大厦 A 座 501
邮编:100083

电话:010/82526609
网址:www. momenta. cn
电子信箱:contact@ momenta. ai
法定代表人:曹旭东
产品情况:产品包括不同级别的自动驾驶方案,以及衍生出的大数据服务

★北京主线科技有限公司
地址:北京市海淀区清华大学东门学研大厦B座10层1号院8号楼CG05－115号
邮编:100084
电话:010/62780727
网址:trunk. tech
电子信箱:business@ trunk. tech
法定代表人:张天雷
单位人数:20
产品情况:无人驾驶技术研发商,纯电动无人驾驶专用研发平台

★北京市商汤科技开发有限公司
地址:北京市海淀区中关村东路1号院3号楼7层710－712房间
邮编:100084
电话:4009005986
网址:www. sensetime. com
电子信箱:business@ sensetime. com
法定代表人:徐冰
产品情况:人脸识别、图像识别、文本识别、医疗影像识别、视频分析、无人驾驶和遥感等;涵盖智慧城市、智能手机、汽车等多个行业

★北京讯谷科技发展有限公司
地址:北京市海淀区中关村科技园4号楼101
邮编:100085
电话:13381174281、13391668769
网址:www. xungugps. com
电子信箱:584915800@ qq. com
法定代表人:李爱花
产品情况:油料监控智能GPS

★北京千方科技股份有限公司
地址:北京市海淀区东北旺西路8号中关村软件园27号院千方科技大厦B座
邮编:100085
电话:010/50821000
传真:50822000
网址:www. ctfo. com
法定代表人:夏曙东
单位人数:1000
产品情况:商用车智能车载终端前装市场大面积覆盖,交通信息服务累计服务一汽、上汽、马自达、沃尔沃等7家车厂,为百度、腾讯、搜狗、360等提供数据服务

★瑞萨电子(中国)有限公司
地址:北京市海淀区上地八街7号院7号楼1层101－T01
邮编:100085
电话:010/82351155
传真:82357679
网址:www. renesas. com
电子信箱:yi. shen. yh@ renesas. com
法定代表人:真冈朋光
产品情况:高级驾驶员辅助系统、汽车音响系统、车身、底盘和安全、混合动力电动汽车/电动汽车(HEV/EV)、汽车仪表、动力传动系统

★北京天隼图像技术有限公司
地址:北京市海淀区上地东路上地佳园23#606
邮编:100085
电话:010/62965845
传真:62965845
网址:www. falcon. com. cn
电子信箱:support@ falcon. com. cn
法定代表人:殷开爽
产品情况:专注于机器视觉硬件平台和机器视觉算法的开发与研究

★北京合众汇能科技有限公司
地址:北京市海淀区上地七街1号
邮编:100085
电话:010/82897371、4000885906
传真:82897347
网址:www. hccenergy. com
电子信箱:hccenergy@ 163. com
法定代表人:王大志
产品情况:超级电容器

★北京必创科技股份有限公司

地址:北京市海淀区上地七街1号汇众2号楼710室
邮编:100085
电话:010/82783640
传真:82784200
网址:www. beetech. cn
电子信箱:beetech@ beetech. cn
法定代表人(负责人):代啸宁
产品情况:主要生产发动机进气压力芯片
☞ 详细情况请参阅彩色宣传版面

★瑞萨半导体(北京)有限公司
地址:北京市海淀区上地信息产业基地8街7号
邮编:100085
电话:010/57525050
传真:57525002
网址:beijing. renesas. com
电子信箱:rsb－webmaster@ lm. renesas. com
法定代表人:福本好成
质量体系:ISO 14001、ISO/TS 16949
产品情况:半导体产品——MCU、MSIG、SCR-LM、SRAM的制造

★中电博域(北京)科技有限公司
地址:北京市海淀区上地信息路12号中关村发展大厦D座三层
邮编:100085
电话:010/62974190、4009317098
网址:www. cp－ee. com
电子信箱:info@ cp－ee. com
法定代表人:张静华
产品情况:产品包括各类别壁挂式、落地式交流充电桩、30～420kW直流大功率充电桩,同时提供优质的充电桩运营平台及移动端APP

★北京华盛源通科技有限公司
地址:北京市海淀区上地信息路1号金远见大楼3层305室
邮编:100085
电话:010/82318055、4000300809
传真:82318259
网址:www. huashengyuantong. com
电子信箱:sales@ huashengyuantong. com
法定代表人:杨重山
质量体系:ISO/TS 16949
产品情况:新能源汽车动力总成及控制系统(包括电动机驱动器、动力总成控制器、电池管理系统等)和电力电子实验设备(可回馈大功率智能馈电源、电力测功机等)等
配套情况:目前合作的企业有北京新能源、吉利汽车研究院、乐视超级汽车、东风汽车电子(襄阳)、潍柴动力新能源、江铃新能源汽车、北京国能电池、中科院深圳先进技术研究院、深圳航天科研院、江苏常隆客车厂、北京安弗森新能源等几十家优秀企业

★北醒(北京)光子科技有限公司
地址:北京市海淀区信息路甲28号10层A座10A
邮编:100085
电话:010/57456983
电子信箱:hexinghua@ benewake. com
法定代表人(负责人):李远
单位人数:80
产品情况:单点测距激光雷达TF02,微型激光雷达模组TFRMINI,固态激光雷达CE30
出口情况:现已登陆美国、欧洲和日本市场

★北京中云智车科技有限公司
地址:北京市海淀区北三环西路99号西海国际中心3号
邮编:100086
电话:17600640839
电子信箱:zhongyun_iv@ 163. com
法定代表人:关超文
产品情况:为特定场景无人驾驶车辆用户提供通用的智能底盘平台

★北京旷视科技有限公司
地址:北京市海淀区科学院南路2号融科资讯中心A座3层
邮编:100086
电话:4006700866
网址:www. megvii. com

电子信箱:business@ megvii. com
法定代表人(负责人):印奇
产品情况:研发的人脸识别技术、图像识别技术、智能视频云产品、智能传感器产品、智能机器人产品已经广泛应用于金融、手机、安防、物流、零售等领域

★北京中科寒武纪科技有限公司
地址:北京市海淀区知春路7号致真大厦D座11层
邮编:100086
电话:010/83030003
网址:www. cambricon. com
电子信箱:business@ cambricon. com
法定代表人:陈天石
产品情况:智能终端处理器IP、MLU智能云服务器芯片片、软件开发环境

★北京踏歌智行科技有限公司
地址:北京市海淀区西北旺东路10号院东区7号楼博彦大厦南区2楼
邮编:100088
电话:010/56380889
网址:www. i - tage. com
法定代表人:周华生
产品情况:商用车无人驾驶方案提供商
配套情况:为徐工、东风、江铃、上汽通用、交控等国国内外知名整车厂商配套

★北京兰天达汽车清洁燃料技术有限公司
地址:北京市海淀区长春桥路11号万柳亿城大厦C2座1201室
邮编:100089
电话:010/58816081
传真:58816086
网址:www. lantianda. com
电子信箱:office@ lantianda. com
法定代表人:徐焕恩
质量体系:ISO/TS 16949、ISO 9001
产品情况:(兰天达牌)
压缩天然气(CNG)和液化石油气(LPG)汽车供气系统、压缩天然气、液化石油气加气站成套设备
配套及出口情况:广泛配套于北汽福田、郑州宇通、陕西重汽、安徽华菱等数十家国内大中型客车及货车企业的天然气汽车上;部分产品出口哈萨克斯坦、委内瑞拉等多个国家

★北京小马智行科技有限公司
地址:北京市海淀区北清路68号院用友产业园西区1号楼B座2层
邮编:100094
电话:13261879688
网址:www. pony. ai
电子信箱:contacts@ pony. ai
法定代表人:李衡宇
产品情况:专注于自动驾驶解决方案,旗下产品Pony. ai基于雷达、光学雷达、GPS及电脑视觉等技术感测其环境,达到自动驾驶目的

★北京世纪高通科技有限公司
地址:北京市海淀区西北旺永丰路与北清路交汇处东南四维图新大厦A座
邮编:100094
电话:010/82306399
网址:www. cennavi. com. cn
电子信箱:cennavi - marketing@ cennavi. com. cn
法定代表人:程鹏
产品情况:研发的MineData位置大数据平台,聚焦于数据、算法和服务,可提供企业级位置智能方案,服务于数百家政府、车厂、企事业单位等
配套情况:为丰田、雷克萨斯、日产、英菲尼迪、本田、讴歌、宝马、奔驰、大众等厂商提供解决方案

★大唐电信科技股份有限公司
地址:北京市海淀区永嘉北路6号
邮编:100094
电话:010/58919000
传真:58919131
网址:www. datang. com
电子信箱:datang@ datang. com
法定代表人:黄志勤
产品情况:车载终端、OBD车载自动诊断系统

★北京联动天翼科技股份有限公司
地址:北京市海淀区中关村环保园紫雀路联动大楼
邮编:100095
电话:010/59530088
传真:59530099
网址:www. linkdata. com. cn
法定代表人:阎紫电
质量体系:ISO 9001、ISO 14001
产品情况:车用动力蓄电池等
出口情况:远销欧洲、大洋洲、东南亚、中东等地区

★北京乐驾科技有限公司
地址:北京市昌平区回龙观东大街338号回龙观创客广场
邮编:100096
电话:4006681106
网址:www. carrobot. com
电子信箱:carrobot@ carrobot. com
法定代表人:高始兴
产品情况:专注于HUD抬头显示+人机对话智能车载机器人的研发

★北京双髻鲨科技有限公司
地址:北京市海淀区西三旗泰华龙旗广场1号楼B座1503
邮编:100096
电话:13801221958
网址:www. shuangjisha. com
电子信箱:zymu@ shuangjisha. com
法定代表人:赵永宁
产品情况:双目立体视觉技术、商用车辅助驾驶系统

★北京车保宝科技有限公司
地址:北京市朝阳区慧忠里5号远大中心C座二层
邮编:100101
电话:010/84830010
网址:www. ucarbao. com
法定代表人:韩非愚
产品情况:汽车夜视系统、打令小宝等集智能硬件、车联网、产品运营服务解决方案于一体

★北京车和家信息技术有限责任公司
地址:北京市朝阳区阜通东大街1号院5号楼312707室
邮编:100102
电话:010/57425900、57425900
网址:www. chehejia. com
电子信箱:fengweili@ chehejia. com
法定代表人:李想
产品情况:通过先进的电动技术、智能驾驶技术和人机交互技术为用户提供全新的智能出行体验

★禾多科技(北京)有限公司
地址:北京市朝阳区顺白路12号比目鱼创业园B座301
邮编:100102
电话:010/84566500
网址:www. holomatic. cn
电子信箱:contact@ holomatic. com
法定代表人:倪凯
产品情况:人工智能技术和汽车工业技术的L3.5级别的自动驾驶解决方案:高速公路自动驾驶量产解决方案、智能代客泊车量产解决方案、轩辕平台

★北京亮道智能汽车技术有限公司
地址:北京市朝阳区望京广顺北大街33号院临1号楼
邮编:100102
电话:010/84463269
传真:84463269
网址:www. liangdao. ai
电子信箱:pr@ liangdao. ai
法定代表人:剧学铭
单位人数:60
产品情况:自动化真值建立系统、自动驾驶大数据产品、自动化测试验证工具链、限定场景下的激光雷达应用开发
出口情况:出口德国

★北京天海工业有限公司
地址:北京市通州区漷县镇漷县南四街1号
邮编:100121
电话:010/67383444、87391008
传真:67367022、67364070
网址:www. btic. cn
电子信箱:office@ btic. com. cn
法定代表人:李俊杰
负责人:张继恒
单位人数:2000
质量体系:ISO/TS 16949、ISO 14001
产品情况:(JP牌)
各种车用CNG钢瓶、LPG钢瓶等
出口情况:远销世界五大洲40多个国

家和地区

★北京远特科技股份有限公司
地址:北京市朝阳区高井文化园路 8 号东亿国际传媒产业园区三期 C 座
邮编:100124
电话:010/59230666
传真:58874999
网址:www. chinatsp. com
法定代表人:陈立雄
质量体系:IATF 16949
产品情况:智能车载多媒体终端、T-BOX、HUD、数字虚拟仪表、ADAS,为将来汽车实现智能驾驶和无人驾驶奠定必要的技术基础、平台基础和数据基础
配套情况:主要客户包括长安汽车、吉利汽车、中国一汽、广汽集团、长安铃木、马自达、陆风汽车、北京汽车等

★北京当升材料科技股份有限公司
地址:北京市丰台区南四环西路 188 号总部基地 18 区 21 号楼
邮编:100160
电话:010/52269500、52269644
传真:52269720
网址:www. easpring. com. cn
电子信箱:zjb@ easpring. com. cn
法定代表人:夏晓鸥
负责人:李建忠
单位人数:750
质量体系:ISO/TS 16949、ISO 14001
产品情况:锂电正极材料

★中航华源北京汽车智能科技有限公司
地址:北京市南四环西路 128 号总部基地诺德中心一号楼 6 层
邮编:100160
电话:010/56035898
传真:56036397
网址:www. c - aeb. com
电子信箱:cahyaeb@ 163. com
法定代表人:王玮
产品情况:自动驾驶智能汽车、汽车主动安全系统开发、CAHY-AEB 汽车高级驾驶辅助系统

★北京高陆通新能源科技有限公司
地址:北京市北京经济技术开发区经海三路 138 号
邮编:100176
电话:010/53779828、53779833
网址:www. gaolutong. cn
电子信箱:support@ gaolutong. com
法定代表人:张中阳
产品情况:小区定点式充电站、商业分布式充电站、地域集中式充电场站等

★北京合康新能科技股份有限公司
地址:北京市经济技术开发区博兴二路 3 号
邮编:100176
电话:010/59180000
传真:59180035
网址:www. hiconics. com
电子信箱:service@ hiconics. com
法定代表人(负责人):叶进吾
质量体系:ISO 9001
产品情况:(合康牌)
辅助电源系列、控制器系列、电控系列、AMT 系统、充电系列等新能源汽车系统及关键零部件

★北京电控爱思开科技有限公司
地址:北京市经济技术开发区经海四路 9 号
邮编:100176
电话:010/59290999
网址:besk. cn
法定代表人:原诚寅
产品情况:车用动力蓄电池
配套情况:主要配套北京新能源汽车股份有限公司 ES210、EV200 车型

★海博瑞德(北京)汽车技术有限公司
地址:北京市经济技术开发区亦庄东区经海二路 27 号院国投尚科大厦二号院 2 - 02 单元
邮编:100176
电话:010/57160960
传真:59768798
网址:www. hiboridd. com
电子信箱:hr@ hiboridd. com
法定代表人:袁涛
产品情况:节能汽油发动机控制管理系统(EMS)、CNG 燃气发动机控制管理系统、新一代发动机管理系统(32 位 EMS 及 TGDI EMS)、自动机械式变速器机构及控制器(AMT 及 TCU)、新能源汽车的电机及控制器(MCU)、整车控制器(VCU)、混合动力汽车动力总成控制系统、增程式电动汽车增程器控制系统等产品

★北京中瑞蓝科电动汽车技术有限公司
地址:北京市经济技术开发区中和街 9 号院
邮编:100176
电话:010/67872328
网址:www. sinoev. com. cn
电子信箱:administrator@ sinoev. com. cn
法定代表人:林伯实
质量体系:ISO/TS 16949、ISO 9001
产品情况:纯电动汽车电源总成系统、电驱动总成系统、整车控制总成系统及其关键零部件,覆盖大客车、专用车和乘用车

★北京中科三环高技术股份有限公司
地址:北京市海淀区中关村东路 66 号甲 1 号楼 27 层
邮编:100190
电话:010/82649988
传真:62533386
网址:www. san - huan. com. cn
电子信箱:zksh@ @ san - huan. com. cn
法定代表人:王震西
产品情况:(SANMAG 牌)
以烧结钕铁硼磁体、黏结钕铁硼磁体、软磁铁氧体为主要产品

★北京经纬恒润科技有限公司
地址:北京市海淀区西小口路 66 号东升科技园北领地 B1 号楼
邮编:100192
电话:010/64840808
传真:82263100
网址:www. hirain. com
电子信箱:market_dept@ hirain. com
法定代表人:吉英存
质量体系:GB/T 19001、ISO/TS 16949
产品情况:底盘与安全系统,车身及舒适域系统(无钥匙进入及起动系统、防夹天窗/车窗控制单元、汽车顶灯天窗控制器、氛围灯等),动力总成系统,车载信息系统,车载摄像头模块,传感器

★北京亿华通科技股份有限公司
地址:北京市海淀区西小口路 66 号中关村东升科技园 B - 6 号楼 C 座七层
邮编:100192
电话:010/62796418
网址:www. sinohytec. com
电子信箱:sinohytec@ autoht. com
法定代表人:张国强
产品情况:氢燃料电池发动机、燃料电池电压变换器、整车控制器等

★北京格灵深瞳信息技术有限公司
地址:北京市海淀区永泰庄北路 1 号天地邻枫 1 号楼 1 层 102 室
邮编:100192
电话:010/82556599
网址:www. deepglint. com
电子信箱:support@ falcon. com. cn
法定代表人:赵勇
产品情况:在智慧安防、智能零售、智慧银行和新能源领域为客户提供包含智能传感器、智能识别、智能云计算和服务机器人的综合智能解决方案和服务

★北京万集科技股份有限公司
地址:北京市海淀区中关村软件园 12 号楼万集空间
邮编:100193
电话:010/59766766
传真:58858966
网址:www. wanji. net. cn
电子信箱:mk_wanji@ 126. com
法定代表人:翟军
质量体系:ISO 9001
产品情况:汽车电子标识、激光雷达、ETC 系列、智能大数据

★北京亿马先锋汽车科技有限公司
地址:北京市亦庄经济开发区河西区兴海一街
邮编:101102
电话:010/87169767
传真:67832049
网址:www. emotoradvance. com
电子信箱:info@ emotoradvance. com

法定代表人:张清正
产品情况:纯电动汽车用电动机和控制器

★北京华商三优新能源科技有限公司
地址:北京市通州区经济开发区东区创益东路9号华商产业园
邮编:101106
电话:010/61511368、4006556620
电子信箱:hssy@ huashangsanyou. com
法定代表人(负责人):刘晓民
质量体系:ISO 9000
产品情况:交流充电、直流充电、整车换电、新能源设备、传统配电等全需求范围的新能源电动汽车配套充电设施和产品的设计、研发制造、建设和服务
配套情况:主要工程包括首都机场充电站工程、APEC 核心区充电站 EPC 工程、北京公交集团公交充电站工程、北京远郊区县出租车充电站 EPC 工程、北京高安屯、四惠、北土城、马家楼、航天桥换电站工程

★北京九州华海科技有限公司
地址:北京市经济技术开发区科创十三街29号院(天通泰)A座11层1101-03
邮编:101111
电话:010/84670398、4006856859
网址:www. ecucoder. com
电子信箱:sales@ ecucoder. com
法定代表人:丁文超
产品情况:纯电动整车控制器、混合动力整车控制器、动力域控制器、混合动力控制器、发动机管理系统、燃料电池控制器、高级驾驶员辅助系统、纯电动及传统变速器控制器、电动机控制器、车载智能计算平台、多域控制器、机器视觉控制器等
配套及出口情况:主要客户有上汽、一汽、东风、北汽、三一重工、麦格纳斯太尔等客户;出口伊朗等国家

★普瑞斯玛新能源科技有限公司
地址:北京市通州区张家湾工业开发区西南
邮编:101113
电话:010/69579998
传真:61506269
网址:www. prsmev. com
电子信箱:prsmev@ prsmev. com
法定代表人:张国喜
质量体系:ISO 9001、ISO 14001
产品情况:主要产品有 EVACP 壁挂落地一体式交流充电桩、EVDCP 壁挂式直流充电桩、一体式直流快速充电机与分体式直流快速充电机、锂电储能系统装置等

★中航复合材料有限责任公司
地址:北京市顺义区顺兴路航空产业园时骏南街
邮编:101300
电话:010/56515734、56515755
传真:56515858
网址:www. acc. avic. com
电子信箱:acc@ avic. com
法定代表人:曹正华
产品情况:全复合材料大客车车身,复合材料油罐、复合材料板簧、复合材料传动轴、复合材料发动机罩、轨道客车轻量化内外饰复合材料等产品

★北京华特时代电动汽车技术有限公司
地址:北京市顺义区仁和镇时骏北街3号院203号楼
邮编:101302
电话:010/80485511、18911098959
网址:www. huateelectric. com
电子信箱:daixiaoping@ ch - auto. com
法定代表人:王克坚
质量体系:IATF 16949、ISO 14001
产品情况:标准电池箱、可再充能量存储系统(RESS)等
配套情况:主要合作伙伴有北京长城华冠汽车公司

★北京亚澳博信通信技术有限公司
地址:北京市顺义区林河工业开发区林河大街21号
邮编:101320
电话:010/89496341、8008102021
传真:89496346
网址:www. bjasau. com
电子信箱:support@ asaupower. com. cn
法定代表人:于小冬
质量体系:ISO 9001、ISO 14001
产品情况:智能车载 DC/DC、车载充电机、充电桩机智能信息网管系统等,广泛用于新能源汽车等领域
出口情况:出口法国、俄罗斯、印度、南非、古巴、孟加拉国等国家

★北京国网普瑞特高压输电技术有限公司
地址:北京市昌平区科技园区超前路37号院16号楼6层608-609室
邮编:102200
电话:010/52613715、52613770
传真:52613716
电子信箱:wangaiguo1@ sgepri. sgcc. com. cn
法定代表人:刘剑欣
产品情况:交直流充电桩、直流充电机、交直流一体化充电设备、电池更换系统、充换电站运营监控系统、车载监控终端、移动检测平台、动力蓄电池检测与维护设备

★北大先行科技产业有限公司
地址:北京市昌平区科技园区创新路35号
邮编:102200
电话:010/69727775
传真:69727776
网址:www. pulead. com. cn
电子信箱:pulead@ pulead. com. cn
法定代表人:高力
质量体系:ISO 9001、ISO 14001
产品情况:锂离子电池材料、电动汽车动力蓄电池组、储能电池组等产品
出口情况:出口韩国,并销往中国台湾地区

★北京智行者科技有限公司
地址:北京市昌平区回龙观东大街338号创客广场 B416
邮编:102206
电话:010/80728832
传真:80728832
网址:www. idriverplus. com
电子信箱:public@ idriverplus. com
法定代表人:张德兆
产品情况:低速无人驾驶领域的蜗(Ω)系列产品,包括载人通勤车辆、无人物流配送车辆、无人作业车

★中信国安盟固利动力科技有限公司
地址:北京市昌平区白浮泉路18号
邮编:102299
电话:010/89743388、4006606280
传真:89747404
网址:www. mgldl. com. cn
电子信箱:market03@ mgldl. com. cn
法定代表人:冯全玉
产品情况:新能源汽车用锂离子动力电池、储能用锂离子电池及锂离子电池关键材料

★中信国安盟固利电源技术有限公司
地址:北京市昌平区科技园区白浮泉路18号
邮编:102299
电话:010/89708887
网址:www. mgl. com. cn
电子信箱:hanxun@ htmgl. com. cn
法定代表人:张溪
质量体系:ISO 9001、ISO 14001
产品情况:锂电池正极材料钴酸锂和锰酸锂,和动力锂离子二次电池

★北京国能电池科技股份有限公司
地址:北京市房山区城关镇顾八路房山工业园一区6号
邮编:102400
电话:010/56980000、4001165698
网址:www. nationalpower. com. cn
法定代表人(负责人):郭伟
质量体系:ISO/TS 16949、ISO 14001
产品情况:磷酸铁锂电池、锰酸锂系电池

★驭势科技(北京)有限公司
地址:北京市房山区弘安路85号
邮编:102400
电话:010/62051331
网址:www. uisee. com
电子信箱:winfuture@ uisee. com
法定代表人:吴甘沙
产品情况:自动驾驶技术、产品和服务

★北京上酉电缆有限公司
地址:北京市大兴区滨河坊2-1-101
邮编:102600
电话:010/51265801

网址:www. wiresandcablechina. com
电子信箱:sales@ sanew - cable. com
法定代表人:张科
质量体系:ISO 9001
产品情况:硅橡胶线、铁氟龙线、电动汽车高压屏蔽电缆、新能源汽车电线、电池线、电动机引接线、点烟器超柔线、信号线、高压电缆
配套及出口情况:客户包括天津松正、沈阳长足、北京中科院、精创线束、营口阿部、大连海密、大连深榕;出口泰国、美国、澳大利亚、西班牙、墨西哥、印度

★集盛星泰(北京)科技有限公司
地址:北京市大兴区黄村镇北京印刷产业基地海鑫路8号
邮编:102600
电话:010/61274357、61274367
传真:61272268
网址:spscap. com
电子信箱:info@ spscap. com
法定代表人:陈胜军
质量体系:ISO 9001、ISO/TS 16949
产品情况:超级电容单体、模组系列、储能系统等,用于新能源客车等领域
出口情况:出口23个国家和地区

★安弗森北京新能源汽车技术有限公司
地址:北京市经济技术开发区科创二街10号新瀛工业园A3 -2
邮编:102600
电话:010/67892561、4009191000
传真:67892761
网址:www. afsen. com. cn
电子信箱:afsentop@ 163. com
法定代表人:刘峰
质量体系:ISO/TS 16949、ISO 9001
产品情况:电动汽车用整车控制器、驱动电动机及电动机控制器、DC/DC电源变换器、DC/AC逆变器、集成式PDU、制动气泵、电动液压助力转向泵、车载水泵、智能出行车联网解决方案、空调控制器等
配套情况:客户有北京公交、天津公交、上海巴士集团、深圳公交集团、北汽福田、中国中车、比亚迪、南京金龙、厦门金龙、上海申龙等

★北京普莱德新能源电池科技有限公司
地址:北京市采育经济技术开发区采和路1号
邮编:102606
电话:010/80278688
传真:80278677
网址:www. pride - power. com
电子信箱:support@ pride - power. com
法定代表人:马仿列
质量体系:ISO/TS 16949、ISO 14001
产品情况:新能源动力电池系统、储能电池系统以及电池系统专用检测及维护设备

★能科科技股份有限公司
地址:北京市海淀区西北旺东路10号院区5号楼中关村互联网创新中心
邮编:2019W
电话:010/58741901
网址:www. nancal. com
电子信箱:marketing@ nancal. com
法定代表人:祖军
产品情况:充电桩等

天津市

★天津清智科技有限公司
地址:天津市东丽区华明高新技术产业园区弘程道15号
邮编:300302
电话:022/84908955
传真:84395995
网址:www. tsintel. net
电子信箱:wujin@ tsintel. cn
法定代表人:张磊
产品情况:商用车自动驾驶提供商,专注于驾驶辅助系统(ADAS)前装供应商和特定场景自动驾驶解决方案

★天津市松正电动汽车技术股份有限公司
地址:天津市空港经济区西十道1号
邮编:300308
电话:022/58218688 -8025
传真:58218666
网址:www. santroll. com
电子信箱:office@ tjcdj. com
法定代表人:孔昭松
单位人数:500
质量体系:ISO 9001、ISO/TS 16949
产品情况:纯电动商用车动力系统、混合动力公交车动力系统、混合动力及纯电动乘用车电动机定子及转子、电动叉车控制系统、商用车EPAS电动助力转向系统等

★天津经纬辉开光电股份有限公司
地址:天津市津南经济开发区(双港)旺港路12号
邮编:300350
电话:022/28590300、4007799738
网址:www. jwdc. cn
电子信箱:312744956@ qq. com
法定代表人:董树林
质量体系:ISO 9001
产品情况:(纬磁牌)
产品包括膜包线、漆包线、换位导线等系列电磁线共50余个品种
出口情况:远销东南亚、中东、非洲及欧美多个国家,并销往中国台湾地区

★天津普兰纳米科技有限公司
地址:天津市津南区北闸口镇高营路8号
邮编:300350
电话:022/59005996、15302199816
网址:www. plannano. com
电子信箱:sales@ plannano. com
法定代表人:解敏雨
质量体系:ISO/TS 16949、ISO 14000
产品情况:石墨烯、薄膜电极、钛酸锂、超级电容器、钛酸锂电池等

★天津市捷威动力工业有限公司
地址:天津市西青区汽车工业园开源路11号
邮编:300380
电话:022/58669000、4008011001
传真:58669111
网址:www. ejeve. com
法定代表人:郭春泰
质量体系:ISO 9001、ISO/TS 16949
产品情况:动力单体电芯、动力电池组产品
配套及出口情况:已配套长安、奇瑞、东风、众泰等主机厂;远销欧洲、北美洲、亚洲等地区

★天津布尔科技有限公司
地址:天津市西青区中北镇万卉路3号新城市中心B座
邮编:300380
电话:022/60633233
网址:www. tjbool. com
电子信箱:bool@ tjbool. com
法定代表人:闫方超
单位人数:100
质量体系:IATF 16949、ISO 9001
产品情况:智能网联汽车监测控制平台、汽车尾气排放诊断检测平台

★天津力神电池股份有限公司
地址:天津市滨海高新技术产业开发区海泰南道38号
邮编:300384
电话:022/23866002
传真:23866800、83710375
网址:www. lishen. com. cn
电子信箱:webmaster@ lishen. com. cn
法定代表人:秦兴才
质量体系:ISO 9001、ISO 14001
产品情况:(力神牌)
具有30亿Wh锂离子蓄电池的年生产能力,产品囊括了圆型、方型、聚合物电池、动力电池、光伏、超级电容器六大系列近千个型号
配套及出口情况:客户包括宇通、金龙、中通、江淮、现代、普天、华晨、东风、一汽、北汽、上汽、五洲龙、长安、吉利等;远销欧洲、北美洲、亚洲等地区

★天津巴莫科技股份有限公司
地址:天津市滨海高新技术产业园区(环外)海泰大道8号
邮编:300384
电话:022/83712755、83712762
传真:83711793
网址:www. bamo - tech. com
电子信箱:vo@ bamo - tech. com
法定代表人:陈要忠
单位人数:1000
产品情况:锂电池正极材料
出口情况:远销近40个国家和地区

★飞思卡尔半导体(中国)有限公司
地址:天津市西青经济开发区兴华路15号
邮编:300385
电话:022/85686000
传真:85686555
网址:www.freescale.com
电子信箱:jessie.zhang@nxp.com
法定代表人:张虎昌
产品情况:驾驶员辅助收发器、能源与电源管理、车载网络、MCU和MPU、媒体和音频、汽车安全门禁、传感器、智能电源驱动器、系统基础芯片等

★天津金牛电源材料有限责任公司
地址:天津市北辰区开发区双河道2号
邮编:300400
电话:022/26970782
传真:26970792
网址:www.tjjinniu.cn
电子信箱:tjjinniu@tjjinniu.com
法定代表人:李彩惠
质量体系:ISO 9001、ISO 14001
产品情况:锂离子电池用六氟磷酸锂与锂离子电解液

★中电力神集团有限公司
地址:天津市滨海高新技术产业开发区华科七路6号
邮编:300450
电话:022/23959517
电子信箱:cetczdls@126.com
法定代表人:周春林
单位人数:18000
质量体系:ISO 9001
产品情况:新能源汽车动力蓄电池等
出口情况:部分产品出口欧洲、美洲

★天津斯特兰能源科技有限公司
地址:天津市滨海新区汉沽黄山北路18号津滨科技创新工业园10号
邮编:300480
电话:022/24828360、24828361
传真:24828369
网址:www.stl-energy.com.cn
电子信箱:stl@stl-energy.com.cn
法定代表人:李士祥
质量体系:ISO 9001
产品情况:新型高安全性磷酸盐体系锂离子电池正极材料——磷酸铁锂($LiFePO_4$)

★天津中聚新能源科技有限公司
地址:天津市滨海新区汉沽黄山北路20号
邮编:300480
电话:022/67158000、4009001080
传真:67158722
网址:www.sinopolybattery.com
法定代表人:苗振国
产品情况:可生产40~400安培小时(Ah)不同规格的锂离子电池

河北省

★河北跃迪新能源科技集团有限公司
地址:石家庄市装备制造基地元氏区
邮编:050000
电话:0311/68105555、4006963566
传真:89650000
网址:www.cnyuedi.com
法定代表人:吕洪涛
产品情况:集团主要产品有纯电动汽车、纯电动客车、电动公交车、纯电动物流车、移动警务室、警用巡逻车、电动场地车和电动叉车及充电桩等13大系列,50余种产品

★石家庄通合电子科技股份有限公司
地址:石家庄市高新区漓江道350号
邮编:050035
电话:0311/86032617
网址:www.sjzthdz.com
电子信箱:investor@sjzthdz.com
法定代表人:马晓峰
单位人数:500
产品情况:(TonHe 牌)
电动汽车充换电站系统(充电桩)、电动汽车车载电源等
配套及出口情况:供货单位有中山新巴换电站,中国重汽、南京金龙、海格客车、曙光汽车、厦门金龙、宇通客车、沂星电动汽车、金旅客车、亚星汽车、南京依维柯、安凯客车、福田汽车、卡威汽车、悍马中国;远销海外

★先控捷联电气股份有限公司
地址:石家庄市高新区湘江道319号第14、15幢
邮编:050035
电话:0311/85903717、4006129189
传真:85903718
网址:www.scupower.com
电子信箱:zhangwei123@scupower.com
法定代表人:陈冀生
质量体系:ISO 9001、ISO 14001
产品情况:(先控牌)
直流充电桩、交流充电桩、分体式充电系统、车载充电机、储能电池、双向变流器、BMS管理单元、储能式UPS等多种产品系列
出口情况:产品覆盖全球50多个国家和地区

★河北国耀新能源科技有限公司
地址:石家庄市开发区昆仑大街56号副3号
邮编:050035
电话:0311/85381330
传真:85381320
网址:www.szguoyao.com
法定代表人:兰建克
质量体系:ISO 9001
产品情况:电动汽车充电模块、电动汽车直流充电机、系列车载充电机、系列车载DC/DC电源、电动汽车交流充电桩、一体式直流充电桩

★河北优控新能源科技有限公司
地址:石家庄市新华区西三庄街86号互联网大厦A座4楼
邮编:050070
电话:0311/85388087、15131450946
传真:87726757
网址:eco-ev.com
法定代表人:廖明
产品情况:新能源汽车整车控制器、自动变速器控制器、增程器控制器、电机控制器、自动驾驶域控制器等
配套及出口情况:与国内10多家知名汽车品牌厂商建立合作关系,如中汽研混合动力SUV车型开发、江铃汽车股混合动力HCU台架开发项目,山东五征集团纯电动物流车VCU开发,北汽集团TC275控制器HCU底层软件开发、长安商用车纯电动车控制系统开发、轮毂电机控制系统开发等;远销美国、欧洲、俄罗斯、东南亚等国家和地区

★风焱蓄电池有限公司
地址:河北省邢台市宁晋县大陆村镇工业园区
邮编:055551
电话:0319/5668444
网址:www.hbfengyan.cn
电子信箱:hbfengyan@tom.com
法定代表人:赵德山
质量体系:ISO 9001
产品情况:(风炎牌、新超霸牌)
主要产品有新能源电动轿车蓄电池、电动三轮车蓄电池、太阳能储能型蓄电池,并匹配各类型极板生产销售

★赛史品威奥(唐山)结构复合材料有限公司

地址:河北省唐山市丰润区林荫南路中国动车城
邮编:064000
电话:0315/5504000
传真:5594013
网址:www.csp-victall.com
电子信箱:sales@csp-victall.com
质量体系:IATF 16949、ISO 14001
产品情况:(CSP Victall 牌)
研发并生产拥有专利的高科技复合材料,以及复合材料制成的A级表面车体覆盖件、结构零部件、车底结构件、车体内饰件、空调系统的基座、建材和工业零部件等
配套情况:客户主要集中于包括新能源汽车、燃油企业在内的汽车生产企业
☞ 详细情况请参阅彩色宣传版面

★河北金星电源有限公司
地址:河北省沧州市金星工业园区
邮编:062650
电话:0317/4292668、8008036568
传真:4294488

网址：www.chinevenus.com
电子信箱：hbjxdy@126.com
法定代表人：张学礼
质量体系：ISO 9001
产品情况：电动车全系列铅酸蓄电池、小型阀控密封式铅酸蓄电池、固定性阀控密封式铅酸蓄电池等蓄电池系列产品

★康得复合材料有限责任公司
地址：河北省廊坊市安次区高新技术产业开发区凤翔路
邮编：065000
电话：0316/2786666
传真：2889560
网址：www.kangdecomposites.com
电子信箱：yanlei@kangdegroup.com
法定代表人：钟玉
产品情况：碳纤维复合材料，用于新能源电动汽车

★廊坊市永旺汽车部件有限公司
地址：河北省廊坊市广阳区光明西道234号
邮编：065000
电话：0316/2607893
网址：ywqcbj.1688.com
电子信箱：wjp11958@163.com
法定代表人：张永
质量体系：ISO/TS 16949、ISO 9001
产品情况：汽车整车高/低压线束总成、电池管理系统线束产品总成
配套及出口情况：主要客户有北汽新能源、福田欧辉、中通客车、北京公交集团等；远销日本、西欧、北美洲等

★河北安耐哲新能源技术有限公司
地址：河北省廊坊开发区金源道清华科技园1号4幢
邮编：065001
电话：0316/2225545
传真：2220945
网址：www.hbenergy.cn
电子信箱：info@hbenergy.cn
法定代表人：吕霄
产品情况：动力锂离子电池及电池材料
出口情况：出口多个国家和地区

★固安联孚新能源电子科技有限公司
地址：河北省固安县北开发区东方街13号
邮编：065500
电话：0316/5925366
传真：5925330
网址：www.lianfugroup.com
电子信箱：caoyinlin_lf@126.com
法定代表人：张根发
产品情况：具备年产2万辆新能源场地车的生产能力

★保定飞凌嵌入式技术有限公司
地址：河北省保定市向阳北大街2699号
邮编：071100
电话：0312/3102663、4006996866
网址：www.forlinx.com
电子信箱：sales@forlinx.com
法定代表人：于子海
质量体系：ISO 9001
产品情况：国网交、直流充电桩计费控制（嵌入式主控产品）

★河北奥冠电源有限责任公司
地址：河北省故城县夏庄开发区
邮编：253800
电话：0318/5661666
传真：5661666
网址：www.aoguan.com
电子信箱：aoguan@126.com
法定代表人：孟繁友
质量体系：ISO 9001、ISO 14001
产品情况：（奥冠牌）
电动汽车、太阳能风能发电、电动助力车、UPS等用途的动力型和储能胶体铅蓄电池
配套及出口情况：已与多家知名品牌电动汽车生产厂家、光伏公司合作；出口欧美、非洲、大洋洲、亚洲等地区

山西省

★山西汾西电子科技股份有限公司
地址：太原市万柏林区万柏林区和平北路131号
邮编：030027
电话：13753119297
传真：0351/6529325
网址：www.sxfxdz.com
电子信箱：13753119297@126.com
法定代表人：张志刚
质量体系：lSO 9001
产品情况：电动汽车充电桩等
出口情况：在俄罗斯、挪威、捷克、尼日利亚、印度、巴西、越南、塔吉克斯坦等国家进行了合作与市场开拓

★山西示范区美锦氢源科技发展有限公司
地址：山西综改示范区太原唐槐园区东大街8号
邮编：030082
电话：0351/5785922
网址：mjnycw@126.com
电子信箱：mjnycw@126.com
法定代表人：姚锦丽
产品情况：氢能源技术服务

★山西皇城相府中道能源有限公司
地址：山西省晋城市经济开发区金匠工业园区
邮编：048000
电话：0356/6965258
传真：2136158
网址：www.zdenergy.com
电子信箱：3264611981@qq.com
法定代表人：郭李占
质量体系：ISO 9001、ISO/TS 16949
产品情况：主要生产60260圆柱形高比能高容量锂离子动力电池和18650圆柱型系列电池、电动摩托车起动电池、电动自行车起动电池，新能源汽车电池模块

辽宁省

★沈阳金阳光电气有限公司
地址：沈阳市沈河区文萃路81－2号
邮编：110016
电话：024/24502383、86623048
网址：www.syjyg.com
电子信箱：317420059@qq.com
法定代表人：荣及峰
质量体系：ISO 9001
产品情况：主要生产城市电动汽车用全套电控系列产品：电动汽车制动能量回馈驱动调速系统、电动汽车智能快速充电站系统、电动汽车综合能量管理系统、电动汽车专用智能仪表系统、电动汽车专用电器部件系统
配套情况：主要合作伙伴有长春一汽、申沃客车、天津清源、宇通客车、中通客车、上汽集团、福田客车、恒通客车、济南重汽、南京金龙、沈飞客车、大连电车、中上汽车、上海公交、武汉公交、太原公交、青岛公交、兰州公交、济南公交、长春轻轨、三一重工、青年客车、哈尔滨电车、东风扬子江客车、百路佳客车等

★中汽动力沈阳有限公司
地址：沈阳市苏家屯区白松路22号
邮编：110101
电话：024/89101166、4000015180
传真：89812277
网址：www.cncge.cn
电子信箱：cge@cncge.cn
法定代表人：宋继刚
产品情况：气电混合动力总成、氢燃料混合动力总成、车用天然气发动机、单燃料船用发动机、双燃料船用发动机等

★沈阳兴华航空电器有限责任公司
地址：沈阳市经济技术开发区开发大路30号
邮编：110144
电话：024/85818036
传真：85818127
网址：www.hk117.cn
电子信箱：syxh117@163.com
法定代表人：曹贺伟
质量体系：GJB 9001B
产品情况：主要产品有电连接器、自动保护开关、微特电动机、线束产品等，广泛应用于航空、航天、电子、汽车、新能源等领域

★东软集团股份有限公司
地址：沈阳市浑南新区新秀街2号东软软件园
邮编：110179

电话:024/83667788
传真:23782700
网址:www. neusoft. com
电子信箱:service@ neusoft. com
法定代表人:刘积仁
质量体系:ISO 9001、ISO 14001
产品情况:汽车辅助驾驶

★ 沈阳美行科技有限公司

地址:沈阳市浑南新区沈阳国际软件园 E06
邮编:110169
电话:024/83780870
传真:83781580
网址:www. mxnavi. com
电子信箱:xiahong@ mxanvi. com
法定代表人:孙克文
负责人:赵永茂
单位人数:860
质量体系:ISO/TS 16949、ISO 9001
产品情况:车载导航软件、车联网平台、车载惯导定位方案、智能停车场系统等
配套情况:为马自达、江淮、吉利、华晨中华、北汽新能源配套
☞ 详细情况请参阅彩色宣传版面

★辽阳一汽普雷特科技有限公司
地址:辽宁省辽阳市辽阳县刘二堡镇高庄子村
邮编:111200
电话:0419/7477130、7477131
传真:7477131
电子信箱:18641930113@ 163. com
法定代表人:谢飞
产品情况:新能源汽车变速器总成、桥齿轮

★辽宁比科新能源股份有限公司
地址:辽宁省昌图工业园区比科产业园
邮编:112599
电话:024/79592222、79591555
网址:www. bico - energy. com
电子信箱:admin@ bico - energy. com
法定代表人:朱彬
单位人数:220
产品情况:新能源锂离子动力电池(组)、电池管理系统、电池总成系统等

★大连楼兰科技股份有限公司
地址:辽宁省大连高新技术产业园区汇贤园 7 号 11 层#11 - 01/02 室
邮编:116011
电话:0411/66889595、4008833695
网址:www. roiland. com
电子信箱:lacey. zhang@ roiland. com
法定代表人:田雨农
产品情况:车联网技术

★新源动力股份有限公司
地址:辽宁省大连市高新技术产业园区黄浦路 907 号
邮编:116085
电话:0411/84617000
传真:84753456
网址:www. fuelcell. com. cn
电子信箱:sunrise@ fuelcell. com. cn
法定代表人:祖似杰
单位人数:200
产品情况:(新源动力牌)
质子交换膜燃料电池及相关零部件

★辽宁思凯科技股份有限公司
地址:辽宁省丹东市江湾工业区 C 区黄海大街 14 号
邮编:118008
电话:0415/3144734、3123254
网址:www. china - sce. com
电子信箱:market@ chnsce. com
法定代表人:郑孚
质量体系:ISO 9001
产品情况:高能比纳米活性炭材料超级电容器等

★锦州凯美能源有限公司
地址:辽宁省锦州市凌河区重庆路 7 段 139 号
邮编:121000
电话:0416/3887775、3880853
传真:3886367
网址:www. kamcap. com
电子信箱:kamcap@ kamcap. com
法定代表人:才奇
产品情况:超级电容器
出口情况:出口欧美、日本、韩国等多个国家和地区

★锦州万得新能源汽车技术有限公司
地址:辽宁省锦州滨海新区汽车零部件园 1 号
邮编:121007
电话:0416/3595655
电子信箱:wangwei0908@ 163. com
法定代表人:许国顺
产品情况:电动高尔夫球车、电动观光车、电动沙滩车、电动场区内用车及电动自行车生产、销售

★辽宁百纳电气有限公司
地址:辽宁省朝阳市龙城区高新技术产业园区
邮编:122000
电话:0421/2654777、2724777
传真:2724555
网址:www. bainacap. com
电子信箱:baina@ bainacap. com
法定代表人:付旭涛
质量体系:ISO 9001、ISO 14001
产品情况:超级电容器,广泛用于新能源汽车等领域

吉林省

★长春丽明科技开发股份有限公司
地址:长春市高新区光谷大街 2388 号汽车电子产业园
邮编:130015
电话:0431/81961177 - 8011
传真:81961177 - 8011
网址:www. limingtech. com
电子信箱:limingservice@ limingtech. com
法定代表人:程传海
产品情况:车载信息娱乐导航系统、中控遥控系统、智能行李舱感应开启系统、智能安全辅助系统、智能辅助泊车系统、车载无线充电
配套情况:为一汽-大众、一汽技术中心、一汽吉林、一汽轿车、上汽集团、北京汽车、吉利集团、比亚迪汽车、启明信息、一汽富奥、比克新能源、庞大集团等知名企业配套

★吉林省寰旗科技股份有限公司
地址:长春市朝阳区建政路 815 号
邮编:130061
电话:0431/81033281、81033285
传真:81033287
网址:www. jlhuanqi. com
法定代表人:刘田影
质量体系:ISO 9001
产品情况:出租汽车监控调度平台、校车监控管理平台、营运车辆监管服务平台、两客一危监控管理平台、货运车辆监控管理平台、呼叫中心信息系统等

★启明信息技术股份有限公司
地址:长春市净月经济开发区百合街启明软件园
邮编:130122
电话:0431/85861717
传真:85861717
网址:www. qm. cn
电子信箱:service_qm@ faw. com. cn
法定代表人(负责人):吴建会
单位人数:1900
质量体系:ISO 9001
产品情况:汽车行业管理软件、车载信息系统、汽车电子控制系统、车道偏离警告系统(LDW)和软件解决方案等
配套情况:为一汽轿车供应导航等车载电子零部件

★吉林中聚新能源科技有限公司
地址:吉林省辽源市经济开发区友谊园区
邮编:136200
电话:0437/5018333
传真:5018321
网址:www. sinopolybattery. com
法定代表人:徐卫东
产品情况:生产锂离子电池及相关配套产品

黑龙江省

★哈尔滨工大华生电子有限公司
地址：哈尔滨市松北区中源大道 15199 号
邮编：150028
电话：0451/87166413、4008651685
传真：87166413 - 802
网址：www. sino - semi. com
电子信箱：master@ sino - semi. com
法定代表人：孙芳魁
产品情况：超视距夜视仪等

★哈尔滨九洲电气股份有限公司
地址：哈尔滨市松北区九洲路 609 号
邮编：150028
电话：0451/58771888、4001136933
传真：58771345
网址：www. jze. com. cn
电子信箱：wangyouwei@ jze. com. cn
法定代表人：李寅
负责人：赵晓红
单位人数：909
产品情况：动力型电动车专用蓄电池、交直流电动汽车充电桩等

★黑龙江特通电气股份有限公司
地址：哈尔滨市科技创新城巨宝一路 588 - 7 号
邮编：150029
电话：0451/51872100、51872101
传真：51872107
网址：www. tetongdq. com
电子信箱：xsb@ tetongdq. com
法定代表人：李国勇
单位人数：120
质量体系：ISO 9001、ISO 14001
产品情况：电池充放电设备等

★哈尔滨巨容新能源有限公司
地址：哈尔滨市迎宾集中区青山路 8 号
邮编：150078
电话：0451/87090105
传真：55578099
网址：www. jurong - newpower. com. cn
电子信箱：shichang@ jurong - newpower. com. cn
法定代表人：王东
产品情况：超级电容器及配套系列产品

★哈尔滨光宇电源股份有限公司
地址：哈尔滨市道里区迎宾路集中区太湖南路 8 号
邮编：150086
电话：0451/84346501
传真：84346500
网址：www. cncoslight. com
法定代表人：李延平
质量体系：ISO 9000、ISO 14000
产品情况：磷酸铁锂动力型电池等

上海市

★上海欧菲智能车联科技有限公司
地址：上海市嘉定区安亭镇墨玉南路 888 号 1701 室
邮编：200000
电话：15112690211
网址：www. o - film. com
法定代表人：蔡荣军
产品情况：触摸屏、影像模组、指纹识别模组

★得道车联网络科技（上海）有限公司
地址：上海市徐汇区番禺路 1028 号数娱大厦
邮编：200030
电话：021/64366082、64366016
网址：www. dedaotsp. cn
电子信箱：dedaotsp@ deren. com
法定代表人：邱建民
产品情况：车联网硬件终端、行业解决方案、数据分析模型、应用服务平台等

★斑马网络技术有限公司
地址：上海市徐汇区淮海西路 55 号申通信息广场 2 楼 D 座
邮编：200030
电话：4008218811
网址：www. hellobanma. com
电子信箱：enquiry@ hellobanma. com
法定代表人：胡晓明
产品情况：互联网汽车解决方案

★联发科软件（上海）有限公司
地址：上海市徐汇区瑞平路 275 号保利西岸 C 栋 20 楼
邮编：200030
电话：021/54519650
传真：34601089
网址：www. mediatek. cn
电子信箱：jun. ni@ mediatek. com
法定代表人：HAI WANG
产品情况：芯片整合系统解决方案：Autus 车载通信系统

★上海博泰悦臻电子设备制造有限公司
地址：上海市徐汇区天钥桥路 30 号美罗大厦 19 楼、20 楼、23 楼
邮编：200033
电话：021/34184898
网址：www. pateo. com. cn
电子信箱：info@ pateo. com. cn
法定代表人：应臻恺
产品情况：可以提供从主动安全、汽车电子、底层汽车软件、智能操作系统、应用软件、国内国际互联网汽车生态、手机互联

★上海西井信息科技有限公司
地址：上海市长宁区利西路 102 号 2 楼
邮编：200050
电话：021/33356855
网址：www. westwell - lab. com
电子信箱：hello@ westwell - lab. com
法定代表人：谭黎敏
产品情况：涵盖无人驾驶跨运车、无人驾驶新能源集卡和无人驾驶电动重卡三大项目

★德州仪器半导体技术（上海）有限公司
地址：上海市浦东新区世纪大道 1568 号中建大厦 32 层
邮编：200050
电话：021/23073288
网址：www. ti. com. cn
电子信箱：daisy - tao@ ti. com
法定代表人：胡煜华
产品情况：集成电路、半导体、电动机控制、传感器、电子元件等

★上海依威能源科技有限公司
地址：上海市西藏北路 199 号 3 楼
邮编：200070
电话：021/56982108、4001800910
网址：www. evpowergroup. com
电子信箱：cs@ evpowergroup. com
法定代表人：陈振雄
产品情况：为新能源汽车车主提供充电服务（充电桩、充电网络服务及运营）
配套情况：在北京、上海、广州、深圳、杭州、成都等 28 个城市建成充电站 3600 多家，与各大汽车厂商合作，诸如成为宝马 BMW 即时充电 ChargeNow 项目的充电服务供应商，与首汽分时租赁、EVCard 和首汽租车等租车公司合作，为万科物业、中国保利集团、碧桂园等提供充电桩建设、运营等全方位服务和方案

★华人运通（江苏）技术有限公司
地址：上海市杨浦区长阳路 668 号
邮编：200082
电话：021/65900095
网址：www. huarenyuntong. com
电子信箱：info@ reachev. com
法定代表人：丁磊
产品情况：新能源汽车、智能网联及共享交通系统的技术研发及产品开发

★上海上汽安悦充电科技有限公司
地址：上海市虹口区花园路 171 号 A3 栋上汽安悦大楼
邮编：200083
电话：4009219000
传真：021/36363686
网址：www. anyocharging. com
电子信箱：shuxiao@ saam. com. cn
法定代表人：蔡宾
产品情况：从事充电系统及终端网络投资建设、充电及租赁系统管理、停车场资源整合、电子支付、互联网金融及新能源汽车相关产业链等方面业务

★径卫视觉科技（上海）有限公司
地址：上海市杨浦区隆昌路 619 号城市

概念1号楼中区C216－217、221
邮编:200090
电话:021/55896781
网址:www.roadefend.com
法定代表人:王波
产品情况:基于人脸识别技术的汽车主动安全系统,专注于车辆主动安全驾驶辅助系统与大数据服务

★杰目科技(上海)有限公司
地址:上海市杨浦区黄兴路2218号1601室
邮编:200093
电话:15300942258
网址:www.chimei－motor.com
电子信箱:yutai_tien@chimei－motor.com
法定代表人:徐学贤
产品情况:iCam系列、驾驶行为侦测、车道偏移与前车防撞系统、抬头显示器、360°环景系统AVM、头灯自动点亮系统、CANBus及行车语音运用系列、镜头与ADAS模组系列、绿能充电系列、OE行车记录器

★科比德(上海)软件技术有限公司
地址:上海市浦东新区浦东大道2117号龙珠广场3楼A04室
邮编:200135
电话:021/61692019
网址:www.kpitchina.com
电子信箱:kpit_june@163.com
法定代表人:KISHOR PATIL
产品情况:高级辅助驾驶和无人驾驶、AUTOSAR与车内网络、车载娱乐平台(KIVI)

★上海移远通信技术股份有限公司
地址:上海市徐汇区虹梅路1801号B区701室
邮编:200233
电话:021/51086236
传真:5445 3668
网址:www.quectel.com
电子信箱:info@quectel.com
法定代表人:钱鹏鹤
产品情况:与高通共同推进C－V2X新技术,为自动驾驶铺路,提供LTE、WCDMA/HSPA、GSM/GPRS和GNSS模块产品

★钛马信息网络技术有限公司
地址:上海市徐汇区田林路200号华鑫天地2号楼二层
邮编:200233
电话:021/53890000
网址:www.timanetworks.com
法定代表人:叶志华
质量体系:ISO 9001、ISO 27001
产品情况:钛马车联网、新能源车企车联网平台、商用车企车联网平台、车载终端、车联网应用、乘用车企车联网平台

★安悦先锋汽车信息技术有限公司
地址:上海市虹漕路456号12号楼7楼
邮编:200233
电话:021/33323088
传真:33323111
网址:www.anyopioneer.com
电子信箱:ying_xu@intl.pioneer.co.jp
法定代表人:贾健旭
产品情况:汽车GPS导航影音系统、智能信息系统等产品和提供车载信息服务

★上海安吉星信息服务有限公司
地址:上海市徐汇区虹梅路1801号宏业大厦3/4层
邮编:200233
电话:4008201188
网址:www.onstar.com.cn
电子信箱:contactus@onstar.com.cn
法定代表人:王永清
负责人:戴安娜
产品情况:提供广泛的汽车安全信息服务,包括碰撞自动求助、路边救援协助、全音控免提电话、实时按需检测和全程音控领航等10多项
配套情况:为通用汽车、上汽集团、上汽通用汽车供货

★东软睿驰汽车技术(上海)有限公司
地址:上海市闵行区紫月路1000号
邮编:200241
电话:024/83660308
传真:23782700
网址:www.neusoft.com
法定代表人:王勇峰
产品情况:新能源汽车动力蓄电池系统、智能充电系统、高级辅助驾驶系统和无人驾驶、以及基于云计算和大数据平台的车联网等先进的技术和产品

★京滨电子装置研究开发上海有限公司
地址:上海市闵行区紫星路451号
邮编:200241
电话:021/34290099
传真:34293234
网址:www.keihin－crd.com
电子信箱:pxie@keihin－crd.com
法定代表人:阿部智也
负责人:铃木克昌
产品情况:电动车用控制系统(电动机驱动控制单元、电池管理系统)、燃油车发动机管理系统(管理电子控制单元)、燃料电池车用产品(燃料电池堆发电控制用电子控制单元、电池堆内阻检测电子控制单元)、摩托车发动机管理系统

★上海追日电气有限公司
地址:上海市普陀区武威路88弄9号
邮编:200331
电话:021/36395882、4000990605
网址:www.ssechina.com
电子信箱:info@ssechina.com
法定代表人:潘非
产品情况:智能型交流充电桩、电动汽车充放电及动力蓄电池总成等

★上海创程车联网络科技有限公司
地址:上海市长宁区金钟路658号
邮编:200335
电话:021/50282655、50282656
网址:www.cntransun.com
法定代表人:黄书平
产品情况:商用车汽车电子产品研发、车联网应用软件研发与信息服务的科技企业

★中颖电子股份有限公司
地址:上海市长宁区临空经济园区金钟路767弄3号
邮编:200335
电话:021/61219988
传真:61219989
网址:www.sinowealth.com
电子信箱:sales.sh@sinowealth.com
法定代表人:傅启明
单位人数:300
质量体系:ISO 9001
产品情况:锂电池管理单片机、锂电池电量监控等锂电池管理和保护产品

★上海为森车载传感技术有限公司
地址:上海市长宁区淞虹路207号明基商务广场D座7楼
邮编:200335
电话:021/58888011
网址:www.wissenstar.com
电子信箱:chenfb@wissenstar.com
法定代表人:叶辽宁
产品情况:专业从事车载安全感知系统与摄像模组开发、生产

★千寻位置网络有限公司
地址:上海市杨浦区国权北路1688弄38号湾谷科技园C5栋
邮编:200438
电话:021/80392666
网址:www.qxwz.com
电子信箱:service@qxwz.com
法定代表人:薛建国
产品情况:通过互联网技术进行大数据运算,为遍布全国的用户提供精准定位及延展服务

★上海海宝特种电源有限公司
地址:上海市闵行区中春路7001号第2幢3楼3016室
邮编:20110
电话:021/64193980
网址:www.hb－battery.com
电子信箱:hkszjt@126.com
法定代表人:沈维新
产品情况:(海宝牌)
电动车动力蓄电池

★上海易巴汽车动力系统有限公司
地址:上海市闵行区春光路88号A栋301室
邮编:201108
电话:021/64309775
传真:64309775
网址:www.sh-ebus.com
法定代表人:李付相
产品情况:主要产品有商用车智能驾驶系统、新能源汽车的纯电动动力系统和混合动力系统,传统汽车的AMT系统、控制器(VCU、TCU、CCU、BCU等)和ADAS产品

★上海极能客车动力系统有限公司
地址:上海市闵行区光中路188号
邮编:201108
电话:021/24160000、33571807
传真:24160416
网址:www.saicmotor.com
电子信箱:fengqi02@saicmotor.com
法定代表人:桂龙明
产品情况:混合动力和纯电动等新能源节能客车动力系统

★上海赢双电机有限公司
地址:上海市闵行区光中路639号
邮编:201108
电话:021/34202379
传真:34200075
网址:www.windouble.com.cn
电子信箱:sales@windouble.com.cn
法定代表人:蔡懿
质量体系:ISO 9001
产品情况:电动汽车等电驱动系统所需的高可靠性磁阻式旋变产品

★思源电气股份有限公司
地址:上海市闵行区华宁路3399号
邮编:201108
电话:021/61610502、61610977
传真:61610900
网址:www.sieyuan.com
电子信箱:webmaster@sieyuan.com
法定代表人:董增平
质量体系:ISO 9001、ISO 14001
产品情况:(Sieyuan牌)
输配电一次、二次设备
出口情况:服务亚洲、美洲、欧洲、非洲全球60多个国家和地区

★上海航天电源技术有限责任公司
地址:上海市闵行区三鲁公路719弄58号1幢第一层116室
邮编:201112
电话:021/67756490
电子信箱:lj@sapt.cc
法定代表人:朱凯
产品情况:新能源汽车动力蓄电池
配套情况:与上海申龙、上海万象大宇、南京金龙、江西凯马百路佳等客车企业开展新能源商用车动力蓄电池系统配套

★上海大郡动力控制技术有限公司
地址:上海市闵行区浦江镇康华路356号
邮编:201114
电话:021/34978900
传真:34978955
网址:www.dajuntech.com
电子信箱:qiuyj@dajuntech.com
法定代表人:秘波海
质量体系:ISO/TS 16949
产品情况:新能源汽车用电动机及其控制器,已形成年产10万台套系统总成的供货能力
配套情况:服务过北汽、广汽、东风等乘用车及金龙、中通、福田等商用车在内的40余家客户

★上海联孚新能源科技集团有限公司
地址:上海市浦东新区王桥路1003号
邮编:201200
电话:021/58381200
传真:58381202
网址:www.lianfugroup.com
电子信箱:lianfu_jthr@163.com
法定代表人:张根发
单位人数:1200
产品情况:已具备年产30万台新能源汽车专用电动机、30万台新能源整车控制器、4万台新能源整车生产能力
出口情况:远销德国、西班牙、比利时、墨西哥、荷兰等国际市场

★英伟达半导体(上海)有限公司
地址:上海市浦东新区科苑路399号张江创新园9号楼
邮编:201203
电话:021/61040800
传真:50275472
网址:www.nvidia.cn
电子信箱:sarahy@nvidia.com
法定代表人:KAREN BURNS
产品情况:NVIDIA AI平台:数据中心中训练深度神经网络的NVIDIA DGX、汽车中进行实时、低延迟交互从而实现更安全驾驶的NVIDIA DRIVE PX,高清地图绘制、高级驾驶员辅导系统等
配套情况:为丰田、梅赛德斯-奔驰、奥迪、沃尔沃和特斯拉等厂商配套

★上海奥威科技开发有限公司
地址:上海市浦东新区张江高科技园区郭守敬路188号
邮编:201203
电话:021/50802888
网址:www.aowei.com
电子信箱:aowei@aowei.com
法定代表人:华[illegible]
质量体系:ISO/TS 16949、ISO 14001
产品情况:超级电容器,广泛应用于超级电容电动城市客车、纯电动重型牵引车、电动游览车、混合动力汽车等

★上海派能能源科技股份有限公司
地址:上海市浦东新区张江高科技园区祖冲之路887弄73号
邮编:201203
电话:021/51317697
传真:51317698
网址:www.pylontech.com.cn
电子信箱:info@pylontech.com.cn
法定代表人:袁巍
质量体系:ISO 9001
产品情况:专注于磷酸铁锂电池,正极材料、电芯、电池管理系统

★华域汽车电动系统有限公司
地址:上海市浦东新区祝桥镇金闻路88号
邮编:201203
电话:021/20707777
传真:20707799
电子信箱:jiangleix@hasco-eds.com
法定代表人:张海涛
产品情况:永磁同步电动机PMSM、电力电子箱PEB及助力转向电动机EPS在内的多款新能源汽车核心零部件

★电装(上海)信息技术有限公司
地址:上海市张江高科技园区郭守敬路498号18301-18304室
邮编:201203
电话:021/51314061
传真:51314315
网址:www.densosoft.com.cn
法定代表人:林新之助
负责人:水谷高康
单位人数:128
产品情况:车载导航系统、数据通信模块、智能钥匙系统等车身相关的软件产品、V2X、行车管理系统、发动机控制系统、电子基盘等车载电子产品软件开发

★联创汽车电子有限公司
地址:上海市浦东新区金吉路33弄
邮编:201206
电话:021/60305000
传真:60305488
网址:www.dias.com.cn
法定代表人:祖似杰
质量体系:ISO/TS 16949
产品情况:智能驾驶决策控制器、电动助力转向系统、智能制动系统、车载智能终端T-BOX、胎压监测控制系统、增强现实抬头显示系统、驾驶员监测系统控制器、柴油发动机管理系统、新能源汽车电子控制、胎压监测的系统解决方案及零部件产品

★上海海立(集团)股份有限公司
地址:上海市浦东新区金桥出口加工区宁桥路888号
邮编:201206
电话:021/58547777
传真:50326960
网址:www.highly.cc

法定代表人:董鑑华
产品情况:新能源车用压缩机、电动机及驱动控制、以及冷暖关联产品

★上海海立新能源技术有限公司
地址:上海市浦东新区宁桥路888号
邮编:201206
电话:021/58996688
传真:58996169
电子信箱:lin@ shec. com. cn
法定代表人:郑建东
质量体系:ISO/TS 16949
产品情况:新能源汽车用电驱动一体式涡旋压缩机
配套情况:拥有客户40多家,为国内新能源汽车厂家配套

★上海良信电器股份有限公司
地址:上海市浦东新区申江南路2000号
邮编:201206
电话:021/68586699、4009902706
网址:www. sh - liangxin. com
电子信箱:liangxin@ sh - liangxin. com
法定代表人:任思龙
负责人:陈平
质量体系:ISO 9001、ISO 14001
产品情况:(Nader牌)
为部分充电桩厂商提供低压电器元件配套
配套及出口情况:京沪高速全程配套国家电网在沿线建成50座快充站;远销海外

★纵目科技(上海)股份有限公司
地址:上海市浦东新区祥科路111号腾飞科技楼3号楼8层
邮编:201210
电话:021/20708600
网址:www. zongmutech. com
电子信箱:info@ zongmutech. com
法定代表人:唐锐
产品情况:高级辅助驾驶系统产品
配套情况:为北汽集团、上汽集团、吉利汽车、奇瑞汽车、中国一汽、凯翼汽车、力帆汽车、猎豹汽车、野马汽车、宇通、江淮汽车配套

★上海智驾汽车科技有限公司
地址:上海市浦东新区张江高科盛夏路570号205室
邮编:201210
电话:021/50682789、18800368365
网址:www. maxieyetech. com
电子信箱:admin@ maxieyetech. com
法定代表人:周圣砚
产品情况:汽车高级辅助驾驶ADAS产品与自动驾驶系统开发
配套情况:为宇通客车、金龙客车、北京汽车配套

★上海琪埔维半导体有限公司
地址:上海市浦东新区张江高科盛夏路570号603室
邮编:201210
电话:13758358188
网址:www. chipways. com
电子信箱:sales@ chipways. com
法定代表人:秦岭
产品情况:汽车车用传感器芯片、汽车级微控制器芯片(MCU)、车联网V2X通信芯片以及汽车电池管理控制芯片(BMS)等一系列智能汽车通信控制系统及其芯片

★哲弗智能系统(上海)有限公司
地址:上海市浦东新区陶桥路488号4幢
邮编:201300
电话:021/20989080、4007006278
网址:en. zephyr - intelligent. com
电子信箱:info@ zephyr88. com
法定代表人:李飞
质量体系:IATF 16949、ISO 14001
产品情况:提供新能源汽车动力锂电池热失控主动安全+监测预警+被动安全的全面智慧安防闭环解决方案和智慧安全管理云平台

★上海蓝诺新能源技术有限公司
地址:上海市浦东新区秀浦路2388号8幢
邮编:201315
电话:021/61181183
传真:61183156
网址:www. azureve. com
电子信箱:public@ azureve. com
法定代表人:韩丽
产品情况:混合动力汽车控制系统和混合动力汽车锂电池
配套情况:合作伙伴有北汽集团、上汽集团、恒润科技、微宏动力等

★上海德朗能动力电池有限公司
地址:上海市奉贤区金钱公路3492号
邮编:201400
电话:021/57473666
网址:www. dlgbattery. cn
电子信箱:dlgsh@ dlgbattery. cn
法定代表人:吴江峰
质量体系:ISO 9001、ISO 14001
产品情况:(次世代牌、德朗能牌、DLG牌、德朗牌、DLG Power牌)
动力锂离子电池、电池控制系统等

★上海永铭电子股份有限公司
地址:上海市奉贤区南桥镇杨王工业园光村路258号
邮编:201400
电话:021/33617848
传真:33617128
网址:www. sh - ymin. com
电子信箱:zhyl@ sh - ymin. com
法定代表人:王永明
单位人数:500
质量体系:IATF 16949、ISO 14001
产品情况:电容器

★上海神力科技有限公司
地址:上海市奉浦工业综合开发区远东路777弄28号
邮编:201401
电话:021/37598699
网址:www. sl - power. com
电子信箱:marketing@ sl - power. com
法定代表人:张国强
产品情况:低温质子交换膜燃料电池、高温质子交换膜燃料电池、全钒液流储能电池系统、关键原材料等
配套及出口情况:同上汽集团、上汽大众、郑州宇通、北汽福田、中通客车、中国中车、上海申龙、苏州金龙、奇瑞汽车、长城汽车等整车厂合作;在美国加州、英国和韩国等国家和地区示范运行

★西屋港能企业(上海)股份有限公司
地址:上海市奉贤区肖南路518号
邮编:201401
电话:021/67155752、67156999
网址:www. whk. hk
电子信箱:whk@ whk. hk
法定代表人:黄根键
负责人:龚春其
质量体系:ISO 9001、ISO 14001
产品情况:专业从事新能源电动汽车充电设施和高低压成套开关设备、箱式变电站等输配电设备的研发设计、生产制造

★上海本菱涡旋压缩机有限公司
地址:上海市奉贤区金汇镇大叶公路5001号
邮编:201404
电话:021/57483303、57483231
网址:www. benling. cc
电子信箱:sales@ benling. cc
法定代表人:黄小林
产品情况:新能源汽车用电动涡旋压缩机

★威泊(上海)新能源科技有限公司
地址:上海市崇明区横沙乡富民支路58号8601室
邮编:201500
电话:021/61311590
网址:www. wiposh. cn
电子信箱:1613507697@ qq. com
法定代表人:刘跃进
产品情况:(路上充牌)
无线充电带、无线充电带控制器、无线充电带接收器、电流传导器、可充电轮胎、智能充电管理平台等产品

★上海康丘乐电子电器科技有限公司
地址:上海市金山区亭林镇南金公路6788号126室
邮编:201505
电话:021/62966661、62966692
传真:62966991
电子信箱:2824544224@ qq. com

法定代表人:侯瑜颖
质量体系:ISO 9001
产品情况:(Controller 牌)
串励电动机控制器,永磁同步电动机控制器,永磁无刷电动机控制器、加速器、车载 DC 转换器、组合仪表、新能源整车控制系统、车联网、智能设备等相关产品

★上海一电集团有限公司
地址:上海市金山区朱泾工业园区鸿安路 666 号
邮编:201599
电话:021/33521115、33521222
传真:37911260
网址:www. shfe. net. cn
电子信箱:yqczhuping@ 126. com
法定代表人:何大荣
质量体系:ISO 9001、ISO 14001
产品情况:(SHFE 牌)
汽车充电桩、新能源电池组、高低压成套设备等
出口情况:出口东南亚、中东、非洲等国家和地区

★上海展枭新能源科技有限公司
地址:上海市松江区车阳路 50 号文昌企业园 5 号楼
邮编:201600
电话:021/67769188
传真:33585302
网址:www. capenergycn. com
电子信箱:sales@ capenergycn. com
法定代表人:梁亚青
产品情况:锂离子电容器,用于城市交通(有轨电车、混合动力大客车、纯电动汽车等)领域

★上海精虹新能源科技有限公司
地址:上海市松江区小昆山工业区光华路 81 号
邮编:201600
电话:021/57860760、4001885118
传真:57860759
网址:www. eautopower. com
电子信箱:info@ eautopower. com
法定代表人:周耕
质量体系:ISO/TS 16949
产品情况:新能源汽车动力系统
配套情况:已配套国内多家成熟车企品牌,建立了长期稳定的合作关系,如长安、庆铃、江铃等整车企业

★上海鼎充新能源技术有限公司
地址:上海市松江区莘砖公路 518 号 24 幢 602 室 -1
邮编:201601
电话:021/31785850
网址:www. cdz360. com
电子信箱:dcxs@ cdz360. com
法定代表人:夏建中
质量体系:ISO 9001
产品情况:(鼎充牌)
主要经营交直流充电桩、新能源汽车充电站、电动汽车充电站整体解决方案、充电运营等产品和服务
配套及出口情况:为中国香港九龙巴士、海南航空、博鳌论坛、江苏、上海、陕西、四川、海南、山西、山东等众多公交、商旅提供整站建设和运营服务;配套奔驰、现代、九龙巴士、比亚迪、奇瑞、东风风神、东南汽车、黄海客车、通用电气汽车厂;出口以色列、白俄罗斯、保加利亚等国家,并销往中国香港地区

★上海鹰峰电子科技股份有限公司
地址:上海市松江区石湖荡工业园唐明路 258 号
邮编:201604
电话:021/57842298
传真:57847517
网址:www. eagtop. com
电子信箱:marker@ eagtop. com
法定代表人:洪英杰
质量体系:ISO/TS 16949
产品情况:薄膜电容器、电抗器、叠层母排、水冷散热器、相变热管散热器、电阻器等,用于新能源汽车等行业

★上海旦迪通信技术有限公司
地址:上海市松江区九亭镇金马路 158 号 2 楼
邮编:201615
电话:021/54793805、54793802
传真:57643095
网址:www. danditec. com
电子信箱:sky@ danditec. com
法定代表人:刘涛
产品情况:北斗/GPS 天线、北斗/GPS 高精度测绘天线、2G/3G/4G/wifi/蓝牙通信天线、汽车天线、卫星广播天线、其他多类别行业天线,以及北斗/GPS 模块、北斗高精度惯导模块、蓝牙/WIFI 模块、北斗 LNA 放大芯片、北斗 LNA 集成模块等产品
出口情况:远销印度、非洲、中东、中亚、东南亚地区

★上海循道新能源科技有限公司
地址:上海市松江区松汇西路 1799 号
邮编:201699
电话:021/31166669
电子信箱:hushengwei@ shxundao. com
法定代表人:余建东
产品情况:电动汽车交直流充电桩、一体式直流充电机、车载充电机、充换电站电池内外箱、充电连接器等系列产品
配套情况:主要客户有江淮汽车、广汽、吉利汽车、奇瑞汽车、知豆电动汽车、上汽集团、北汽新能源等企业

★上海恒动新能源有限公司
地址:上海市嘉定区安亭镇园区路 799 号
邮编:201800
电话:021/59595108
网址:www. evbattery. com. cn
电子信箱:info@ evbattery. com. cn
法定代表人:郑礼生
质量体系:ISO/TS 16949、ISO 14001
产品情况:锂二次动力电池材料、电池、系统及装备

★上海捷能汽车技术有限公司
地址:上海市张江高科技园区松涛路 563 号 1 号楼 516 室
邮编:201804
电话:021/61389931、6138800
法定代表人:王晓秋
产品情况:专注于混合动力和电动汽车的动力系统集成和控制集成开发

★凯晟动力技术(上海)股份有限公司
地址:上海市嘉定区安虹路 299 号主楼 5 层
邮编:201804
电话:021/59591916
传真:59591910
网址:www. kesens. com
电子信箱:kesens@ kesens. com
法定代表人:陈志贤
质量体系:ISO/TS 16949、OHSAS 18000
产品情况:汽油发动机电控单元(ECU)及其组件、自动机械变速器(AMT)控制单元(TCU)、新能源汽车动力控制系统、电动机控制单元(MCU)、燃气发动机控制系统、氧传感器和发动机执行机构等
配套情况:与标致雪铁龙汽车、起亚汽车、重庆力帆、华晨汽车、东风汽车、北汽集团、上汽通用五菱、五菱柳机,昌河铃木等客户建立了直接或间接的业务配套关系

★上海伊控动力系统有限公司
地址:上海市嘉定区安亭镇安拓路 56 弄 5 幢 3 单元 201 室
邮编:201804
电话:021/59592058
电子信箱:duanrenshi@ econpowersys. com
法定代表人:周用华
产品情况:以动力系统三电开发及退役动力蓄电池梯级利用为核心业务
配套情况:已与南京依维柯、上汽大众、上汽通用、安吉物流等公司建立了良好的合作关系

★上海蔚来汽车有限公司
地址:上海市嘉定区安拓路 56 弄 20 号幢
邮编:201804
电话:021/69082000
网址:www. nio. com
电子信箱:recruiting. china@ nio. com
法定代表人:秦力洪
单位人数:1800
产品情况:电动汽车整车及相关零部件的技术研发、开发、服务等

★上海捷新动力电池系统有限公司
地址:上海市嘉定区塔山路585号
邮编:201805
电话:021/60563522
传真:60563535
网址:www. saicmotor. com
电子信箱:hr@ shanghai - atbs. com
法定代表人:王晓秋
产品情况:车用动力蓄电池系统

★上海通宇高温线有限公司
地址:上海市沪宜公路5366号4号厂区
邮编:201806
电话:021/51047683、18964531050
传真:51047673
网址:www. tygwx. com
电子信箱:tygwx888@ 163. com
法定代表人(负责人):章和平
质量体系:ISO 9001
产品情况:铁氟龙电线、硅胶电线、高温电缆线、耐火线、新能源EV线以及各类专用线缆等,可广泛应用于航天、军工机械、汽车等行业

★上海电驱动股份有限公司
地址:上海市嘉定区恒裕路300号
邮编:201806
电话:021/31615888
传真:31615800
网址:www. chinaedrive. com
电子信箱:edrive@ chinaedrive. com
法定代表人(负责人):贡俊
单位人数:811
质量体系:ISO/TS 16949
产品情况:新能源汽车用电动机及控制器
配套情况:在一汽、奇瑞、长安、上汽、东风、吉利、江淮、华晨、长城、中华、广汽、中通、恒通、宇通、申沃、苏州金龙等国内整车中得到成功应用

★上海燃料电池汽车动力系统有限公司
地址:上海市嘉定区嘉松北路6755号
邮编:201814
电话:021/80258039、80258033
传真:80258031
网址:www. fcv - sh. com
法定代表人:唐海锋
质量体系:ISO/TS 16949
产品情况:新能源动力系统集成与控制、电动汽车动力底盘集成开发、电动汽车平台化嵌入式动力总成控制器、集成动力控制单元、远程监控车载模块、车用燃料电池发动系统集成、轮边驱动单元等产品

★上海卡耐新能源有限公司
地址:上海市嘉定工业区兴邦路398号
邮编:201815
电话:021/67077062、67077111
传真:67077060
电子信箱:sales@ catarc. ac. cn
法定代表人:于洪涛
质量体系:ISO/TS 16949、ISO 14001
产品情况:三元软包装锂离子电池、电池模块、电池模组、电池包系统、电池成组技术等

★上海中科深江电动车辆有限公司
地址:上海市嘉定区叶城路1631号
邮编:201821
电话:021/69950088
传真:59167178
网址:www. ucas - ev. cn
电子信箱:sales@ ucas - ev. cn
法定代表人:孙曦东
产品情况:B2B模式的车辆实时监控系统

江苏省

★南京泓凯动力系统科技有限公司
地址:南京市溧水经济开发区柘宁东路399号
邮编:201203
电话:025/68723482
网址:www. hk - power. cn
电子信箱:hr1@ hk - power. cn
法定代表人(负责人):狄小涛
产品情况:纯电动汽车驱动总成、纯电动物流车驱动总成等

★北方信息控制研究院集团有限公司
地址:南京市江宁区将军大道528号
邮编:210000
电话:025/52859999、52859002
传真:52859455
电子信箱:dgb528@ 126. com
法定代表人:柴玮岩
产品情况:北斗车辆管理系统、电动汽车热管理系统

★南京骏博特信息科技有限公司
地址:南京市秦淮区石门坎104号
邮编:210007
电话:025/83225950
电子信箱:jbt001@ njjbt. com
法定代表人:叶柏恒
产品情况:车载终端、新能源车联网智能平台等车载电子设备

★诚迈科技(南京)股份有限公司
地址:南京市雨花台区软件大道180号南海生物科技园A2幢
邮编:210012
电话:025/51887700
传真:51887711
网址:www. archermind. com
电子信箱:bd@ archermind. com
法定代表人:王继平
产品情况:基于Android、Linux等操作系统上的丰富研发经验,提供车载信息娱乐、后视镜、数字仪表等车载电子产品的软件技术服务及解决方案,有效减少客户的开发、调试和验证工期,加快产品的上市速度,提升产品的用户体验

★南京智行信息科技有限公司
地址:南京市安德门大街57号楚翘城2号楼8层
邮编:210019
电话:025/52213978
网址:www. zhixingit. com
法定代表人:洪卫星
产品情况:提供多种云计算和大数据的平台与方案,以及一系列的交通行业应用产品和服务

★南京越博动力系统股份有限公司
地址:南京市建邺区新城科技园国际人才港
邮编:210019
电话:025/52661983
传真:89635189
网址:www. yuebooemt. com
电子信箱:yueboo@ yuebooemt. com
法定代表人:李占江
负责人:高超
单位人数:700
产品情况:新能源汽车动力总成系统
配套情况:客户包括东风特汽、长安、一汽、金旅、陕汽、中通、大运等国内数十家知名新能源汽车整车制造商

★天泽信息产业股份有限公司
地址:南京市建邺区云龙山路80号
邮编:210019
电话:025/965180、4008007999
传真:84781688
网址:www. itrackstar. com
电子信箱:tianze@ tiza. com. cn
法定代表人:陈进
产品情况:车联网IT服务平台

★国电南京自动化股份有限公司
地址:南京市江宁开发区水阁路39号
邮编:210032
电话:025/51859232、4001600268
网址:www. sac - china. com
电子信箱:international@ sac - china. com
法定代表人:王凤蛟
负责人:经海林
产品情况:继电保护类产品、智能电网、充电桩等新能源相关产品和服务

★蔚隆(南京)汽车智能科技有限公司
地址:南京市经济技术开发区港城路2号
邮编:210038
电话:025/58353200、13524220988
传真:58353210
电子信箱:joe. qiu@ xtronics. co
法定代表人:郑显聪
产品情况:车载物联网、汽车电子及智能电子

★南京康尼新能源汽车零部件有限公司
地址:南京市经济技术开发区恒竞路 11 号
邮编:210038
电话:4008859017
网址:www.knn - nj.com
电子信箱:knn@ kn - nanjing.com
法定代表人:陈颖奇
产品情况:内充接口(线束)、外充接口(线束)、高压接口插件(线束)、维修开关、充电桩、车载高压配电盒及整车高压线束等

★南京乐金化学新能源电池有限公司
地址:南京市经济技术开发区恒通大道 79 号
邮编:210038
电话:025/58782000
法定代表人:金锺现
产品情况:主要产品为汽车动力蓄电池,包括 HEV(混合动力)、PHEV(插电式混合动力)、EV(纯电动)使用的锂聚合物电池

★乐金化学南京信息电子材料有限公司
地址:南京市经济技术开发区恒谊路 17 号
邮编:210038
电话:025/85603000 - 2224
传真:85603000 - 2217
电子信箱:liujinfeng@ lgchem.com
法定代表人:KOO HO NAM
产品情况:高容量/高安全性锂电池用三元正极材料、锂离子电池、几乎所有类型电池

★南京隼眼电子科技有限公司
地址:南京市江宁经济技术开发区秣周东路 9 号中国无线谷 A2 栋
邮编:211100
电话:025/87177300
传真:87177311
网址:www.ehawkeye.cn
电子信箱:info@ ehawkeye.net
法定代表人:施雪松
产品情况:智能车载信息系统、汽车安全辅助驾驶系统、自动驾驶系统

★南京能瑞电力科技有限公司
地址:南京市江宁区永宁路 9 号
邮编:211100
电话:025/68907839、4000605598
传真:68907838
网址:www.nengruidianli.com
电子信箱:njnengrui@ 163.com
法定代表人:孙金良
产品情况:电动汽车充电设备(含交流充电桩、直流充电机、智慧充电管理平台、储能及充电)、充电站整体解决方案、充电设施承建运营
配套情况:2014 北京 APEC 会议场馆电动车唯一指定充电机

★南京慧尔视智能科技有限公司
地址:南京市江宁区苏源大道 19 号九龙湖国际企业总部园 B1 座 7 层
邮编:211102
电话:025/84487706
网址:www.hurys.com
法定代表人:张军
产品情况:雷达智能感知在车联网、汽车安全、安防等新应用

★国电南瑞科技股份有限公司
地址:南京市江宁区诚信大道 19 号
邮编:211106
电话:4008288108
传真:025/58844337
网址:www.naritech.cn
电子信箱:qm@ sgepri.sgcc.com.cn
法定代表人:奚国富
质量体系:ISO 9001、ISO 14001
产品情况:(国电南瑞牌)
电动汽车充换电设备及系统

★江苏塔菲尔新能源科技股份有限公司
地址:南京市江宁区空港经济开发区蓝天路 249 号
邮编:211106
电话:025/86151899
传真:86151899
网址:www.tafel.com.cn
电子信箱:marketing@ tafel.com.cn
法定代表人:龙绘锦
产品情况:新能源锂离子动力电池和储能电池

★国电南瑞科技公司南京用电技术分公司
地址:南京市兴宁区诚信大道 19 号
邮编:211106
电话:025/81089387、4008288108
网址:www.naritech.cn
电子信箱:xushiming@ sgepri.sgcc.com.cn
法定代表人:徐石明
单位人数:281
质量体系:ISO 9001、ISO 14001
产品情况:电动汽车充电服务公共云平台、直流充电机、交流充电桩

★特变电工南京智能电气有限公司
地址:南京市江宁区开源路 298 号
邮编:211112
电话:025/66696315、66696326
传真:58150205
网址:www.tbeasmart.com
电子信箱:tbeasale - nj@ tbea.com
法定代表人:刘长胜
产品情况:全系列的新能源汽车充电产品(充电桩、充电机及相关元件)
配套情况:主要项目有新疆政府充电站、特变电工新疆总部充电站项目等

★江苏泽景汽车电子股份有限公司
地址:江苏省仪征市汽车园天越大道 15 号
邮编:211400
电话:0514/85719000
网址:www.zjautomotive.com
电子信箱:market@ zjautomotive.com
法定代表人:吕湘连
产品情况:风窗式 HUD 及汽车智能设备

★南京世博电控技术有限公司
地址:南京市六合经济开发区
邮编:211500
电话:025/83651866
传真:57506728
网址:www.weecu.cn
电子信箱:enquirechina@ sevcon.com
法定代表人:阮浩
产品情况:EMS、BMS、ECU、VCU、MCU、PDU、电动机,广泛用于传统汽车、新能源纯电动、增程式、混合动力等领域

★昌盛电气江苏有限公司
地址:江苏省盱眙经济开发区金源路
邮编:211700
电话:0517/88555599
电子信箱:493800537@ qq.com
法定代表人:徐克成
质量体系:ISO 9001、ISO 14001
产品情况:电动车、电动自行车用密封铅酸动力蓄电池

★安捷励电控技术南京有限公司
地址:南京市浦口区桥林街道兰花路 8 号负 7 楼 509 室
邮编:211806
电话:025/69640656
网址:www.agilitycontrols.com
法定代表人:王雪峰
质量体系:IATF 16949
产品情况:汽车电驱动控制系统

★力信(江苏)能源科技有限责任公司
地址:江苏省镇江新区大港大山路 2 号
邮编:212132
电话:0511/88361888、4001511091
网址:www.etrustpower.com
电子信箱:sales@ etrustpower.com
法定代表人:侯小贺
产品情况:年产磷酸铁锂及三元锂电池近 40 亿 Wh

★江苏永昌新能源科技有限公司
地址:江苏省丹阳市丹北镇后巷高桥
邮编:212300
电话:0511/86391768、86391758
传真:86391798
网址:www.jsyckj.com
电子信箱:jsyckj789@ 163.com
法定代表人:梅玉平
产品情况:锂离子电池相关产品

★苏州和钧新能源有限公司
地址:江苏省常州市高新技术产业园三亚路 2 号
邮编:213000
电话:0512/52866338
传真:52866336

电子信箱：cloudwu@ gcne. net
法定代表人：颜至贤
质量体系：ISO 9001、ISO 14001
产品情况：磷酸锂铁电芯及模块，用于电动大客车等

★坤泰车辆系统(常州)有限公司
地址：江苏省常州市戚墅堰轨道交通产业园8号楼北楼7层
邮编：213000
电话：0519/86789999
网址：www. kuntye. com
电子信箱：info@ kuntye. com
法定代表人：盛良兵
产品情况：动力总成、四驱系统、智慧底盘和智能驾驶等四大产品

★江苏伊思达电池有限公司
地址：江苏省常州市天宁经济开发区青洋北路68号
邮编：213000
电话：0519/83050818 - 5888
传真：85509199
网址：www. eastdye. com
电子信箱：eastdye@ eastdye. com. cn
法定代表人：恽中方
质量体系：ISO 9001、ISO 14001
产品情况：锰系圆柱形锂离子动力电池，用于电动自行车、电动汽车等领域

★江苏万帮德和新能源科技股份有限公司
地址：江苏省常州市武进国家高新技术产业开发区新雅路18号149室
邮编：213003
电话：0519/83331376
网址：www. wbnegroup. com
电子信箱：dh@ wanbangauto. com
法定代表人：邵丹薇
单位人数：300
产品情况：车载充电机、充电桩等交直流快慢充设备
配套情况：是北汽、广汽等11个车企新能源汽车的配套供应商

★江苏宏微科技股份有限公司
地址：江苏省常州市华山中路18号三晶科技园
邮编：213022
电话：0519/85166088 - 8083
传真：85162291
网址：www. macmicst. com
电子信箱：htian@ macmicst. com
法定代表人：赵善麒
质量体系：ISO 9001、ISO/TS 16949
产品情况：电动汽车用IGBT模块、电动汽车用MOSFET和IPMM模块

★常州洪都电动车有限公司
地址：江苏省常州市新北区奔牛镇工业园北区
邮编：213131
电话：0519/83127703、82918143
传真：83121196
网址：www. hongducz. com
电子信箱：hongdu@ hongducz. com
法定代表人：华秀玉
产品情况：(洪都牌)
高尔夫球车、旅游观光车、载货电动四轮车、休闲三轮车、特种三轮车和成体系的两轮车
出口情况：远销欧美、东南亚、东北亚等20多个国家和地区

★万帮充电设备有限公司
地址：江苏省常州市武进高新区龙惠路39号
邮编：213164
电话：4008280768
网址：www. starcharge. com
电子信箱：starcharge@ wanbangauto. com
法定代表人：丁锋
负责人：邵丹薇
产品情况：涵盖交直流设备、充电枪头、电源模块、智能电柜、换电设备等，为客户提供设备、平台、用户和数据运营服务，借助车辆销售、私人充电、公共充电、金融保险等业务打造用户充电全生命周期平台
配套情况：是全球近60家知名车企的战略合作伙伴，其中不仅包括奔驰、保时捷、宝马、捷豹路虎、大众等国际品牌，还包括比亚迪、北汽等国内车企

★江苏金坛绿能新能源科技有限公司
地址：江苏省常州市金坛区华城中路168号
邮编：213200
电话：0519/68068111
电子信箱：296700185@ qq. com
法定代表人：朱琛琦
产品情况：具备年产10万台套的新能源汽车核心零部件：电池PACK、电动机、电控等产品

★ 江苏上上电缆集团有限公司
地址：江苏省溧阳市上上路68号
邮编：213300
电话：0519/87308801、13915855798
网址：www. shangshang. com
电子信箱：284020767@ qq. com
法定代表人：丁山华
负责人：丁志鸿
单位人数：4000
质量体系：IATF 16949
产品情况：(上上牌)
车内高压软电缆、低压电缆、充电桩电缆等
配套情况：为金龙、长安、北汽、吉利等配套
☞ 详细情况请参阅彩色宣传版面

★中航锂电科技有限公司
地址：江苏省常州市金坛区尧塘镇岸头村委高沿村
邮编：213222
电话：0519/82906666
传真：82860087
网址：www. calbjs. com
法定代表人：刘静瑜
单位人数：4000
质量体系：IATF 16949
产品情况：专业从事新能源动力蓄电池、电源系统研发及生产

★无锡丰晟科技有限公司
地址：江苏省无锡市新区汉江路1号
邮编：214028
电话：0510/83483433、81815088
传真：85383400
电子信箱：info@ fullsave. cn
法定代表人：吴丛笑
质量体系：ISO/TS 16949、ISO 14001
产品情况：纯电动汽车动力蓄电池
配套情况：与包括南车集团、宇通、金龙、郑州日产在内的公司形成了完整的纯电动车产业链，并与无锡国联、ABB、SK、IBM等国内外著名企业建立了长期伙伴合作关系

★格林美(无锡)能源材料有限公司
地址：江苏省无锡市新吴区硕放振发路235号
邮编：214142
电话：0510/85253665
传真：85253662
网址：www. gemchina. com
电子信箱：wulifen@ gem. com. cn
法定代表人(负责人)：张翔
产品情况：车用锂离子电池三元正极材料

★烯晶碳能电子科技无锡有限公司
地址：江苏省无锡市惠山经济开发区中惠路518号9座
邮编：214177
电话：0510/81026568
传真：85518610 - 8006
网址：www. gmccchina. com
电子信箱：wei. sun@ hypcap. com
法定代表人：王俊华
单位人数：100
质量体系：IATF 16949、ISO 14001
产品情况：超级电容器

★远东福斯特新能源江苏有限公司
地址：江苏省宜兴市高塍镇远东大道8号
邮编：214214
电话：0510/87240212
网址：www. fe - first. com
电子信箱：87242500@ 600869. com
法定代表人：蒋承志
产品情况：新能源汽车动力蓄电池

★江苏中超控股股份有限公司
地址：江苏省宜兴市西郊工业园振丰东路999号
邮编：214242

电话:0510/87696777、87694777
传真:87693777
网址:www.zcdlgf.com
电子信箱:zccable@126.com
法定代表人:俞雷
负责人:张乃明
单位人数:1300
质量体系:ISO 9001、ISO 14001
产品情况:(冲超牌)
主要产品有500kV及以下环保型阻燃超高压交联电缆、500kV及以下资源节约型铝合金架空线、35kV及以下电线电缆等
出口情况:远销印度、越南、澳大利亚、阿曼、苏丹、坦桑尼亚、尼日利亚、肯尼亚、斯里兰卡、毛里求斯、南非、巴西、塞浦路斯等国家

★远东智慧能源股份有限公司
地址:江苏省宜兴市远东大道6号
邮编:214257
电话:0510/87249788
网址:www.600869.com
电子信箱:87249788@600869.com
法定代表人:蒋承志
产品情况:(远东牌)
智能分布式电源技术和产品、数码电芯、高性能动力锂电池组、新能源汽车产品与服务及互联网、物联网应用

★远东电缆有限公司
地址:江苏省宜兴市远东大道8号
邮编:214257
电话:0510/87242500、87241999
传真:87241518、87243200
网址:www.fe-cable.com
电子信箱:782980139@qq.com
法定代表人:张希兰
质量体系:ISO/TS 16949、ISO 14001
产品情况:新能源汽车用连接软电缆、新能源汽车用铝合金导体软电缆、公路车辆用低压电缆(电线)等线缆产品

★江阴中威电子有限公司
地址:江苏省江阴市周庄镇科技工业园云顾路511号
邮编:214423
电话:0510/86369628、86360095
传真:86369792、86369793
网址:www.junzl.com
电子信箱:kendy_yeung@junzl.com
法定代表人:卞娟娣
单位人数:800
产品情况:(JUNZL牌、君子兰牌)
年生产电解电容器20亿只,电容器引线30亿对,电容器铝壳20亿只

★江阴长仪集团有限公司
地址:江苏省江阴市新华路281号
邮编:214432
电话:0510/86256307、86256300
传真:86256357、86256309
网址:www.cyjt.cn
电子信箱:ci@cyjt.cn
法定代表人:陈建章
质量体系:ISO 9001、ISO 14001
产品情况:(CY牌)
电能计量仪表、用电信息采集系统、电动汽车充电设备和配电网自动化智能终端等产品

★江苏西比亚新能源科技有限公司
地址:江苏省江阴市镇澄路2504号
邮编:214441
电话:0510/86603888
传真:86601488
网址:www.cebea.com.cn
电子信箱:js.cebea@aliyun.com
法定代表人:毛玉龙
质量体系:ISO 9001
产品情况:主要生产电动汽车充电传导接口——充电插座
配套情况:同吉利康迪电动汽车集团、北汽银翔、东风裕隆、湖北楚风等7家有业务往来

★江苏旭顺东明云智能科技有限公司
地址:江苏省靖江市东兴镇通江路9号
邮编:214533
电话:0523/84681498、84680999
传真:84685298
电子信箱:dongming_js@vip.163.com
法定代表人(负责人):冷智银
单位人数:486
质量体系:ISO/TS 16949、QS 9000
产品情况:(旭顺牌)
平台化汽车车门中控闭合系统、车联网多媒体系统、前后双录高清行车影像记录仪系统、BCM控制器、无钥匙进入、一键起动等
配套情况:主要客户有江铃五十铃、江铃股份、北汽福田、重庆五十铃、上汽南京依维柯、上汽依维柯红岩、陕重汽、广汽、长丰猎豹、浙江众泰、苏州金龙、厦门金龙

★苏州安靠电源有限公司
地址:江苏省苏州工业园区岸芷街39号
邮编:215000
电话:0512/62805708、62805378
传真:62805718
网址:www.akbattery.cn
电子信箱:info@akbattery.com
法定代表人:许玉林
质量体系:ISO/TS 16949、ISO 14001
产品情况:动力锂电源系统,广泛应用到电动大客车、电动乘用车、电动物流车、电动摩托车、电动船、AGV、无人机、储能等领域
配套情况:主要客户有众泰汽车、力帆电动车、南京金龙、东风汽车等

★苏州威星能源科技有限公司
地址:江苏省苏州工业园区东富路1号东景工业坊51栋
邮编:215000
电话:0512/62653393
网址:www.pleiadesbm.com
电子信箱:sale@pleiadesbm.com
法定代表人:CARL EDWIN BERG
产品情况:磷酸铁锂(LFP)正极粉末的原材料研发、制备;电芯(能量型/功率型电芯、方形/圆柱型电芯)的开发、生产;标准化的电池模块;定制化电池系统(含电池管理及热管理)的设计、组装;纯电动/混合动力汽车和储能等领域的实际应用

★捷星新能源科技(苏州)有限公司
地址:江苏省苏州工业园区葑亭大道568号
邮编:215000
电话:0512/67990305
传真:67990315
电子信箱:info@fast-star.com.cn
法定代表人:彭华
产品情况:动力蓄电池系统集成、新能源汽车电动机电控系统、整车控制系统
配套情况:为一汽、东风、依维柯、金龙、申龙等整车汽车制造厂提供新能源汽车三大核心技术支持和产品配套

★江苏达胜高聚物股份有限公司
地址:江苏省苏州市吴江区黎里镇北厍社区厍西路1288号
邮编:215000
电话:0512/82859800
传真:82859808
网址:www.dasheng.com
电子信箱:dsgjw@dasheng.com
法定代表人:陈勇
产品情况:电动汽车(EV)线缆材料、PVC电缆材料等

★苏州工业园区多思达科技有限公司
地址:江苏省苏州工业园区浦田路128号2号楼三楼
邮编:215002
电话:0512/58432238、62531886
传真:62531887
电子信箱:dostar@dostarchina.com
法定代表人:宋高军
产品情况:电动汽车连接器及相关产品

★辉创电子科技(苏州)有限公司
地址:江苏省苏州市苏州新区湘江路457号
邮编:215011
电话:0512/66613837
传真:66610258
网址:www.whetron.com.cn
电子信箱:xiaoli.lu@whetron.com.cn
法定代表人:江世丰
质量体系:ISO/TS 16949、ISO 14001
产品情况:车道偏移警示系统LDWS、行车影音记录器DVR、抬头显示器、毫

米波盲区侦测系统、胎压检测系统TPMS、车侧安全眼；倒车雷达PAS、车用摄影头、环车鸟瞰影像系统、自动停车辅助系统；汽车防盗器、无钥匙起动PEPS、车辆入侵侦测（超音波式）、芯片防盗；多功能室内镜、发动机启动、遥控中控RKE、自动点灯系统、速控锁与后视镜收折；车身控制模块等电装零部件

配套及出口情况：为上汽集团、长安汽车、一汽集团、东风汽车、广汽集团、北汽集团、华晨汽车集团、吉利集团、一汽丰田、本田汽车、华晨金杯、东南汽车、一汽海马配套；是北美洲克莱斯勒、澳大利亚福特、中东丰田汽车等电装零部件供应商

★中材科技（苏州）有限公司

地址：江苏省苏州市工业园区长阳街68号
邮编：215021
电话：0512/88189375、88189366
传真：88189377、88189306
电子信箱：sales@ sinoma - sz. com
法定代表人：杨巍
质量体系：ISO/TS 16949、ISO 9001
产品情况：（Sinoma牌）
车用管制CNG气瓶、车用钢板拉深CNG气瓶、车用液化天然气气瓶LNG等
出口情况：出口中东、东南亚、中亚、东欧等地区

★苏州埃威特新能源科技有限公司

地址：江苏省苏州市工业园区东长路88号2.5产业园G2幢706
邮编：215100
电话：0512/67678857、67678896
传真：67678865
网址：www. avtnewenergy. com
电子信箱：info@ avtnewenergy. com
法定代表人：王松
产品情况：新能源汽车驱动电动机及电动机控制器、整车控制器、电池PACK、多合一的电控器件、AMT变速器及相关传动设备等产品

★苏州纳新新能源科技有限公司

地址：江苏省苏州市吴中经济开发区天鹅荡路2588号横泾工业坊三期1幢
邮编：215100
电话：0512/80816185
传真：80816181
网址：www. sinlion. com
电子信箱：sinlion@ sinlion. com
法定代表人：吴晓东
产品情况：能量型和功率型锂电池（电动乘用车动力蓄电池系统、商用车蓄电池系统）

★苏州工业园区和顺电气股份有限公司

地址：江苏省苏州工业园区和顺路8号
邮编：215122
电话：0512/62862622、62862616
传真：62862608
网址：www. cnheshun. com
电子信箱：shenjuan@ cnheshun. com
法定代表人：姚建华
质量体系：ISO 9001、ISO 14001
产品情况：（和顺牌）
直流充电机、交流充电桩等电动汽车充/换电站设备

★龙能科技（苏州）有限责任公司

地址：江苏省苏州工业园区华云路20号东坊产业园B区2号厂房
邮编：215123
电话：0512/62818888
传真：62650338
电子信箱：contact@ longpowers. com
法定代表人：丁孔贤
产品情况：高动力和高性能的锂离子电池材料及相关电池产品

★威泰能源（苏州）有限公司

地址：江苏省苏州工业园区娄葑东区东景工业坊48号
邮编：215123
电话：0512/62609224
网址：www. valence. com
电子信箱：grace. yu@ valence. com
法定代表人：GEIR LOLLENG
产品情况：锂离子电池、锂离子电池材料等

★苏州思必驰信息科技有限公司

地址：江苏省苏州工业园区新平街388号腾飞科技园14幢
邮编：215123
电话：0512/62997990
网址：cn. aispeech. com
电子信箱：aimee. peng@ aispeech. com
法定代表人（负责人）：高始兴
产品情况：智能车解决方案（提供一体化解决方案，适用于智能后视镜、智能车机、便携式导航仪）

★苏州安科新能源有限公司

地址：江苏省苏州市东富路8号东景工业坊9号厂房
邮编：215123
电话：18168990267
网址：www. safeconn. cn
电子信箱：nick. zou@ safeconn. cn
法定代表人：杨卫
产品情况：高压连接系统、安全防护系统、电池管理系统、充电变压系统等新能源汽车高压部件

★苏州瑞可达连接系统股份有限公司

地址：江苏省苏州市吴中区淞葭路998号
邮编：215124
电话：0512/89188688、13776081424
网址：www. recodeal. com
电子信箱：sales@ recodeal. com
法定代表人：吴世均
质量体系：ISO/TS 16949、GJB 9001B
产品情况：主要产品分为连接器类、线缆组件类、系统模块类等，广泛应用于数据通信、电动汽车等领域；其中连接器类主要包括高频连接器、低频连接器、光纤连接器、高压大电流工业连接器、高速连接器、光电传感器等，线缆组件类主要包括射频线缆组件、信号线缆组件、电源线缆组件、光缆组件、汽车线束等，系统模块类主要包括高压配电盒、电池保护盒、手动维护开关、多合一控制器、电动机控制器、远程监控模块等
出口情况：部分产品远销到美洲、欧洲、大洋洲和亚洲等地区

★上海拓芷电子科技有限公司

地址：江苏省苏州工业园区华云路1号东坊产业园C区5幢3楼
邮编：215125
电话：0512/62761857
网址：www. morninghan. com
法定代表人：张凯
单位人数：100
质量体系：ISO 9001
产品情况：新能源汽车中控及车联网解决方案
配套情况：为安凯客车、奇瑞、吉利、比亚迪等配套

★苏州智绿环保科技有限公司

地址：江苏省苏州工业园区兴浦路瑞恩巷2号
邮编：215126
电话：0512/69566053、69566052
传真：69566055
网址：www. chilye. com
电子信箱：info@ chilye. com
法定代表人：尹家彤
质量体系：ISO/TS 16949、ISO 9001
产品情况：动力蓄电池、驱动电动机、电控技术到整车制造、充换电设施整个新能源汽车产业链，包括高压连接器、充换电接口、高压配电单元、手动维修开关、高压线束总成、铜排母排等
出口情况：出口德国、英国、法国、西班牙、美国、加拿大、日本、韩国、澳大利亚等国家

★苏州松下半导体有限公司

地址：江苏省苏州市新区鹿山路666号
邮编：215129
电话：0512/66617787、66673103
传真：66673199
网址：panasonic. cn
电子信箱：qiuxuan@ cn. panasonic. com
法定代表人：小山一弘
质量体系：ISO 9001、ISO 14001
产品情况：（Panasonic牌）
半导体应用模块车载摄像头等新型电子元器件

★法泰电器(江苏)股份有限公司
地址:江苏省苏州市相城区康元路666号
邮编:215131
电话:0512/85888888、4008876008
传真:88886789
网址:www.fatai.com
电子信箱:pub@fatai.com
法定代表人:虞国荣
产品情况:(法泰牌)
充电站(桩)安全充电保护方案(能式断路器、塑壳式断路器、小型断路器、电源自动切换开关及电涌保护器及高低压电器成套设备)

★苏州和鑫电气股份有限公司
地址:江苏省苏州相城经济开发区朝阳工业坊(A3号标准厂房)
邮编:215131
电话:0512/62746210
网址:www.hexinee.com
法定代表人:胡岗
单位人数:600
质量体系:ISO 9001、ISO 14001
产品情况:混合动力汽车电动机系统、汽车发电制冷电动机系统、镍氢动力电池等
出口情况:产品90%以上出口北美洲、日本、欧洲市场

★健和兴科技(苏州)有限公司
地址:江苏省苏州市相城区澄云路88号
邮编:215133
电话:0512/65785885
传真:65787881
网址:kstinc.com.cn
法定代表人:郑克彬
质量体系:ISO/TS 16949
产品情况:(K.S牌)
汽车端子、汽车连接器、大电流连接器(用于电动车辆)

★苏州安智汽车零部件有限公司
地址:江苏省苏州市相城区渭塘镇渭中路81号
邮编:215134
电话:0512/65448846
网址:www.anzhi-auto.cn
电子信箱:yan.zhang@anzhi-auto.cn
法定代表人:郭健
产品情况:驾驶员辅助系统及相关主动安全系统

★苏州达思灵新能源科技有限公司
地址:江苏省苏州市相城经济开发区漕湖产业园朝阳工业坊A3厂房
邮编:215143
电话:0512/69572305
传真:69570218
网址:www.dsmgreenpower.com
电子信箱:xl.chen@dsmgreenpower.com
法定代表人:吴德平
负责人:陈香玲
质量体系:IATF 16949
产品情况:车载增程动力系统总成(增程器)、直流发电机等

★合普动力(江苏)有限公司
地址:江苏省苏州市吴江经济开发区云龙西路
邮编:215200
电话:0512/63088918
网址:www.gd-hepu.com
电子信箱:lihuiqing@gd-hepu.com
法定代表人:李显平
质量体系:ISO/TS 16949、ISO 14000
产品情况:规划年产电动客车电动机10万台,电动汽车电动机50万台

★怡利电子科技(江苏)有限公司
地址:江苏省苏州市吴江经济开发区锦湖路167号
邮编:215200
电话:0512/63404789
传真:63404533
网址:www.e-lead.com.tw
电子信箱:zhoulin@e-lead.com.cn
法定代表人:陈锡勋
质量体系:ISO/TS 16949、ISO 9001
产品情况:(E-LEAD牌)
车载通信音响装置、汽车导航、防盗系统、后座娱乐系统、HUD系列、ADAS安全防护系统、TPMS胎压监测、车联网服务

★苏州天浩汽车科技股份有限公司
地址:江苏省苏州市吴江区同里镇屯村东路181号
邮编:215216
电话:0512/63377777、63377666
传真:63377555
网址:www.tnho-auto.com
电子信箱:tianhao@lznfgas.com
法定代表人:郑坚
质量体系:ISO/TS 16949
产品情况:主营汽车OEM电子零部件等,主要产品有:以LZNF为品牌的汽油发动机管理系统(电子控制单元ECU、防盗控制系统、传感器、执行器等相关部件)、BCM、PEPS系统、远程信息处理系统TELEMATICS、CNG部件(电子控制单元ECU、点火提前器、仿真器和转换开关等)
出口情况:远销南美洲、中东、东南亚、非洲的多个国家和地区

★苏州清研微视电子科技有限公司
地址:江苏省苏州市吴江区交通南路1268号
邮编:215222
电话:0512/63936898
传真:63936866
网址:www.t-mv.com
电子信箱:tmservice@tsari.tsinghua.edu.cn
法定代表人:张伟
质量体系:ISO 9001
产品情况:汽车智能安全技术和车联网技术、车载机器视觉、行车参数实时获取与动态分析、多功能辅助驾驶、智能化决策、远程信息处理与监控平台等核心技术

★苏州智华汽车电子有限公司
地址:江苏省苏州市吴江区经济技术开发区交通路1268号
邮编:215299
电话:0512/88812699
传真:88812601
网址:www.invo.cn
电子信箱:admin@invo.cn
法定代表人:邓博
质量体系:ISO/TS 16949、ISO 9001
产品情况:汽车智能驾驶辅助系统的研发和生产
配套情况:为宇通客车、安凯客车、金龙客车、陕汽重卡、广汽集团、北汽银翔、长安汽车、日产、吉利汽车、众泰汽车、中国一汽、上汽通用五菱配套

★昆山利尔电气实业有限公司
地址:江苏省昆山市城北路1255号
邮编:215300
电话:0512/57931515、57757588
传真:57757555
网址:www.lear.com.cn
法定代表人:黄海峰
质量体系:ISO/TS 16949
产品情况:汽车用各类型传感器以及新能源汽车——超级电容和电动汽车ECU控制系统
配套情况:是美国通用、德国大众、一汽-大众、上汽大众、上汽通用、北京现代、北京奔驰、一汽轿车、哈飞集团等国内外40余家国内久汽车主机厂的供应商

★柯昆(昆山)自动化有限公司
地址:江苏省昆山市高新区机器人产业园元丰路232号
邮编:215300
电话:0512/36821000
网址:www.comau.com
电子信箱:kitty.wang@comau.com
法定代表人:SERENA SANSONETTI
产品情况:机器人设计与制造、机械加工中心、生产制造自动化系统

★苏州中氢能源科技有限公司
地址:江苏省昆山市巴城学院路828号浦东软件园昆山园1号楼
邮编:215311
电话:0512/50191690
传真:50191690
网址:www.chinahydrogen.com.cn
电子信箱:ch01@chinahydrogen.com.cn
法定代表人:邓庆华

产品情况:氢能源技术和产品:燃料电池堆、燃料电池堆系统、燃料电池部件、燃料电池测试平台

★昆山国力电子科技股份有限公司
地址:江苏省昆山市西湖路 28 号
邮编:215333
电话:0512/36872111、36872110
传真:36872122
网址:www.glvac.cn
电子信箱:e-sales@glvac.cn
法定代表人:尹剑平
质量体系:ISO/TS 16949、ISO 14001
产品情况:高压直流接触器,用于新能源汽车、充电桩等

★科力美汽车动力电池有限公司
地址:江苏省常熟高新技术产业开发区东南大道 969 号
邮编:215500
电话:0512/52212228-2290
传真:52350278
网址:www.cpab.net.cn
电子信箱:sales@cpab.net.cn
法定代表人:钟发平
负责人:丸地敏
单位人数:263
质量体系:ISO 14001、OHSAS 18001
产品情况:汽车镍氢动力电池模块/模块组

★新中源丰田汽车能源系统有限公司
地址:江苏省常熟市高新技术产业开发区东南大道 929 号
邮编:215500
电话:0512/52900588
网址:www.toyota.com.cn
电子信箱:xiaoli_wang@staes.cn
法定代表人:曹芳
产品情况:主要生产搭载于丰田卡罗拉、雷凌等混合动力车的电池箱系统

★苏州宇量电池有限公司
地址:江苏省常熟市高新技术产业开发区庐山路 158 号
邮编:215500
电话:0512/52789698
传真:52789109
网址:www.youlionbattery.com
电子信箱:youlionbattery@youlionbattery.com
法定代表人:毛焕宇
质量体系:ISO/TS 16949
产品情况:汽车动力锂电池和系统

★星恒电源股份有限公司
地址:江苏省苏州新区金沙江路 181 号
邮编:215500
电话:0512/68094266
传真:68418341
网址:www.xingheng.com.cn
电子信箱:info@xingheng.com.cn
法定代表人:冯笑
质量体系:ISO/TS 16949
产品情况:以锰酸锂为正极材料的动力锂电池的开发,生产和销售,年产能 30 亿 Wh

★江苏中利集团股份有限公司
地址:江苏省常熟东南开发区(沙家浜镇)常昆线 8 号
邮编:215542
电话:0512/52578888、52571188
传真:52572288
网址:www.zhongli.com
电子信箱:lujianhao@zhongli.com
法定代表人:王柏兴
质量体系:ISO 9001、ISO 14001
产品情况:新能源汽车电缆、充电桩电缆等
出口情况:产品销往 20 多个国家

★苏州科宝光电科技有限公司
地址:江苏省常熟市沙家浜镇常昆工业园南新路 7 号
邮编:215542
电话:0512/52579665、52579988
传真:52571665
网址:www.cableplus-sz.com
电子信箱:sales2@cableplus-sz.com
法定代表人:林松权
质量体系:ISO/TS 16949、ISO 14001
产品情况:(CPLUS 牌)
新能源汽车电缆等

★苏州雷目电子科技有限公司
地址:江苏省常熟市辛庄镇杨园杨中北路 10-1 号
邮编:215562
电话:18018609908
网址:www.suzhouleimu.com
电子信箱:info@suzhouleimu.com
法定代表人:朱本营
产品情况:高精度定位测速雷达、多车道流量监测雷达、户外停车位监测雷达

★江苏爱康科技股份有限公司
地址:江苏省张家港市经济开发区金塘西路
邮编:215600
电话:0512/82557666、4001017000
传真:82557443
网址:www.akcome.com
电子信箱:info@akcome.com
法定代表人:邹承慧
质量体系:ISO 14001
产品情况:新能源汽车充电桩等

★江苏索尔新能源科技股份有限公司
地址:江苏省张家港市塘桥新能源产业园光明路 12 号
邮编:215600
电话:0512/56739666、35027968
传真:56739600
电子信箱:sales@soul-battery.com
法定代表人:季伟源
质量体系:ISO/TS 16949、ISO 14001
产品情况:汽车动力蓄电池系统
配套情况:被东风、华晨、南汽、扬子江、龙华汽车、卡威汽车、黄海汽车等大型车企大批量使用

★江苏银河电子股份有限公司
地址:江苏省张家港市塘桥镇南环路 188 号
邮编:215611
电话:0512/58441519
传真:58441550
网址:www.yinhe.com
电子信箱:yinhe@yinhe.com
法定代表人:吴建明
负责人:张红
单位人数:2458
质量体系:ISO/TS 16949、ISO 14001
产品情况:(银河牌)
电动汽车智能充电机、新能源电动汽车电动涡旋压缩机、电动汽车动力蓄电池箱等精密钣金件
出口情况:出口全球多个国家和地区

★张家港友诚新能源科技股份有限公司
地址:江苏省张家港市塘桥镇妙桥永进路 999 号
邮编:215615
电话:0512/58435275、58439269
传真:58446503
网址:www.uchen.com.cn
电子信箱:china@uchen.com.cn
法定代表人:宋高军
负责人:戴建侠
单位人数:406
质量体系:IATF 16949、ISO 14001
产品情况:电动汽车传导式充电连接装置、纯电动汽车的充电连接器及相关汽车内部连接产品,具有超过 100 万套(电动汽车充电接口)和 2000 万个/年(电源连接器)生产能力
出口情况:出口英国

★江苏天鹏电源有限公司
地址:江苏省扬子江冶金工业园新兴产业园
邮编:215625
电话:0512/80159908、80159938
传真:80159936
网址:www.tenpower.cc
电子信箱:sales@tenpower.cc
法定代表人:CHEN KAI
质量体系:ISO 14001、ISO 9001
产品情况:主要生产用于电动汽车和电动工具用圆柱型锂离子电池及电池组
配套情况:已批量为东风、众泰等电动汽车主流厂家提供车用电池组

★张家港市国泰华荣化工新材料有限公司
地址:江苏省张家港市扬子江化学工业园南海路 9 号
邮编:215634

电话:0512/58780118、56357881
传真:58783699
网址:www.gthr.com.cn
电子信箱:market@gthr.com.cn
法定代表人:王一明
质量体系:ISO/TS 16949、ISO 14001
产品情况:(SHINESTAR 牌、HUARONG 牌)
锂离子电池电解液(包括一次锂电池电解液、二次锂离子电池电解液、动力蓄电池电解液和超级电容器电解液等)、硅烷偶联剂;30000t/年锂离子电池电解液、5000t/年硅烷偶联剂
出口情况:出口日本、美国、欧洲、澳大利亚,并销往中国台湾地区

★张家港富瑞特种装备股份有限公司
地址:江苏省张家港市晨新路19号
邮编:215637
电话:0512/58982158、4001300228
网址:www.furuise.com
电子信箱:office@furuise.com
法定代表人:邬品芳
单位人数:1600
质量体系:ISO 9001
产品情况:主导产品有再制造油改气汽车发动机、LNG液化成套装置、LNG、LNG/L-CNG汽车加气站、LNG车用供气系统、LNG储罐、低温液体运输车、低温液体罐式集装箱、系列低温阀门、真空绝热管、气体分离液化等高端能源装备
配套情况:与国内重型货车生产企业(中国重汽、一汽、东风等)、客车生产企业(宇通、金龙、中通、安凯、黄海等)及国内三大汽车发动机制造企业(玉柴、潍柴、上柴)建立战略性合作

★江苏楚汉新能源科技有限公司
地址:江苏省徐州市金山桥经济开发区荆山路55号
邮编:221000
电话:4009287676、18136026969
网址:www.chuhanenergy.com
电子信箱:amanda@chuhanenergy.com
法定代表人:张志成
产品情况:锂离子电池及电池模组

★江苏省精创电气股份有限公司
地址:江苏省徐州市铜山经济开发区黄山路1号
邮编:221116
电话:0516/68902999、4000675966
网址:www.e-elitech.com
电子信箱:cw@e-elitech.com
法定代表人:李超飞
质量体系:ISO/TS 16949、ISO 14001
产品情况:DC-DC变换器、车载充电机、车用空调控制器等新能源汽车产品

★连云港正道新能源有限公司
地址:江苏省连云港经济技术开发区黄海大道中德(连云港)中小企业产业合作区A1-1
邮编:222047
电话:0518/81155777
传真:81588282
网址:www.hkmotors.com
电子信箱:lyg_office@hkmotors.com
法定代表人:徐建国
产品情况:城市交通客车、城市物流车、出租车及其轿车等各类纯电动、增程电动等整车产品及动力蓄电池、电动机、电控和自动变速器系统等新能源关键零部件

★连云港正道新能源汽车系统集成公司
地址:江苏省连云港经济技术开发区黄海大道中德(连云港)中小企业产业合作区A1-2
邮编:222047
电话:0518/81155777
电子信箱:lyg_office@hkmotors.com
法定代表人:马明杰
产品情况:新能源汽车关键零部件

★江苏上淮动力有限公司
地址:江苏省淮安市经济技术开发区鸿海北路12号
邮编:223005
电话:0517/89959686
传真:89959686
网址:www.smapow.com
电子信箱:shdl@smapow.com
法定代表人:韩志玉
质量体系:IATF 16949
产品情况:新型高性能车用燃气发动机总成

★实联长宜淮安科技有限公司
地址:江苏省淮安市盐化工新区洪盐北路北段
邮编:223100
电话:0517/87616180
网址:www.sablfp.com
电子信箱:gd@ha.sablfp.com
法定代表人:林伯实
质量体系:ISO/TS 16949
产品情况:动力型、储能型等各种用途的三元锂、磷酸铁锂及钛酸锂电池
配套情况:主要客户有南京依维柯、凯盛集团、台湾太子汽车、台湾台塑集团、南通明诺科技、百路佳客车、宇通重工、上饶客车、中通客车和舒驰客车等

★江苏科球新能源汽车科技有限公司
地址:江苏省盐城市湖上冈镇产业园纬一路
邮编:224000
电话:15365793319
传真:0515/80660555
网址:www.yckeqiu.com
电子信箱:info@keqiu.com.cn
法定代表人:罗克秋
产品情况:电动扫地车、巡逻车、观光车、清运车、高压冲洗车、保洁车、特种改装车等系列电动车辆
出口情况:出口国外

★江苏绿城信息技术有限公司
地址:江苏省盐城市亭湖区南映路21号
邮编:224002
电话:0515/69931556、4008378365
网址:www.sinocharge.com
电子信箱:jslcxx2015@126.com
法定代表人:焦玉华
质量体系:ISO 9001
产品情况:(Sinocharge 牌)
电动汽车各类充电设备、包括直流快速充电机、交流充电桩、车载充电机等
配套及出口情况:主要合作伙伴有北汽新能源、高瞻电动车、众泰汽车、华晨汽车、一汽;远销欧美8个国家

★江苏中凌高科技股份有限公司
地址:江苏省扬州市蜀岗东路168号
邮编:225008
电话:0514/87852555
传真:87853555
网址:www.zhongling.com.cn
电子信箱:zl@zhongling.com.cn
法定代表人:纪刚
质量体系:ISO 9001、ISO 14001
产品情况:电动汽车充电站全站充电机等电动汽车智能充电系统
配套情况:为广西电力公司提供了首个电动汽车充电站全站充电机

★江苏特牛电源有限公司
地址:江苏省扬州市维扬经济开发区小官桥路20号
邮编:225008
电话:0514/85122287、4001181000
传真:85122289
网址:www.shek.cn
电子信箱:sales@shek.cn
法定代表人:俞扬
质量体系:ISO 9001
产品情况:(特牛牌、鼎充牌、任我充牌、双鸿牌)
电动汽车电动机、控制器试验电源、电动汽车锂电池测试和老化电源、新能源充电桩、充电电源、电动汽车充电站建设及运营
配套及出口情况:主要合作伙伴有奔驰、现代、九龙巴士、比亚迪、奇瑞、东风风神、东南汽车、黄海客车、通用电气(中国);远销东南亚、欧美市场

★江苏智航新能源有限公司
地址:江苏省泰州市新能源产业园龙园路213号
邮编:225300
电话:0523/89602213
传真:89605633

网址:www. zhnewenergy. com
电子信箱:jszh@ zhnewenergy. com
法定代表人:王唤
质量体系:ISO/TS 16949、ISO 14001
产品情况:动力型锂电池正极材料、锂电池、电池组等产品

★江苏春兰清洁能源研究院有限公司
地址:江苏省泰州市迎宾路 18 号
邮编:225300
电话:0523/86655620、86655640
传真:86668135
网址:energy. chunlan. com
电子信箱:cla@ chunlan. com
法定代表人:沈华平
质量体系:ISO 9001、ISO 14001
产品情况:动力锂离子电池、镍氢电池及能量管理系统

★江苏高德贝洱新能源汽车空调有限公司
地址:江苏省泰州市海陵区长兴路 168 号
邮编:225312
电话:0523/86266556
网址:www. goldenbell. net. cn
法定代表人:许采文
产品情况:新能源汽车空调、车用空调压缩机、汽车零部件

★长虹三杰新能源有限公司
地址:江苏省泰兴市黄桥工业园区兴园路 8 号
邮编:225400
电话:0523/87129166、17768627076
传真:87113099
网址:www. jssanjie. com
电子信箱:zhouzhi. jun@ jssan. jie. com
法定代表人:莫文伟
质量体系:IATF 16949、ISO 14001
产品情况:年产达 2. 5 亿 Ah 动力型锂离子电池

★泰兴市威泷新能源科技有限公司
地址:江苏省泰州市泰兴市黄桥镇胜利东路 13 号
邮编:225411
电话:0523/87227188、18705298599
网址:www. txswlkj. com
电子信箱:txswlkj@ 163. com
法定代表人:张权
产品情况:新能源汽车空调系统

★江苏双登富朗特新能源有限公司
地址:江苏省姜堰经济开发区天目西路 666 号
邮编:225500
电话:0523/88022200、88022206
传真:88521244 - 006
网址:www. jsfront. cn
法定代表人:周平
质量体系:ISO/TS 16949、ISO 14001
产品情况:(双登牌)
动力汽车用锂离子电池模块及管理系统
配套情况:为中国南车、中国北车、上汽通用、长城汽车、长安汽车、华晨汽车供货

★江苏华富储能新技术股份有限公司
地址:江苏省高邮经济开发区高邮市电池工业园
邮编:225600
电话:0514/85081977、4008872290
网址:www. huafubattery. com
电子信箱:sales_export@ cnhuafu. com
法定代表人:居春山
质量体系:ISO 9001、ISO 14000
产品情况:铅蓄电池、锂离子电池、储能系统、逆变系统产品

★江苏欧力特能源科技有限公司
地址:江苏省高邮市经济开发区北环路 88 号
邮编:225600
电话:0514/84433999、4001126006
传真:84472001
网址:www. oliter. com
电子信箱:yzolt@ 163. com
法定代表人:袁朝勇
质量体系:ISO 9001、ISO 14001
产品情况:储能电源、动力电源、磷酸铁锂电源等

★江苏艾利克储能设备科技有限公司
地址:江苏省高邮市高邮城南经济新区外环路北侧
邮编:225601
电话:0514/84581888、80957331
传真:84540003
网址:www. eric - china. com
电子信箱:rq2888@ 163. com
法定代表人:周翠
单位人数:160
产品情况:LNG 车载气瓶等

★中天储能科技有限公司
地址:江苏省南通经济技术开发区宏兴东路 36 号
邮编:226015
电话:0513/68121605、68121607
传真:68121601
网址:www. zttes. com
电子信箱:wangxueyan@ chinaztt. com
法定代表人:薛驰
质量体系:ISO 14001、ISO 9001
产品情况:新型锂离子动力电池和储能系统
出口情况:出口 40 多个国家

★江苏亨通电子线缆科技有限公司
地址:江苏省海门市经济技术开发区南海东路 518 号
邮编:226103
电话:0513/68189980
传真:68189999
网址:www. hengtonggroup. com
电子信箱:hmht@ htgd. com. cn
法定代表人:钱大海
质量体系:ISO 9002、QS 9000
产品情况:(亨通光电牌、葡萄牙阿尔卡布卡牌、印尼福士牌、南非阿伯代尔牌、西班牙萨拉戈萨牌)
汽车导线、耐热耐高温电线、屏蔽电缆、电动车新能源电缆、充电桩综合电缆、铝电缆等各种特种电缆产品
配套情况:与比亚迪长期合作

★江苏海四达电源股份有限公司
地址:江苏省启东市和平南路 306 号
邮编:226200
电话:0513/83355867、83319415
传真:83312306
网址:www. highstar - battery. net. cn
电子信箱:sales@ highstar. com
法定代表人:沈晓彦
质量体系:ISO/TS 16949、ISO 14001
产品情况:(海四达牌、HIGHSTAR 牌)
专业生产锂离子、氢镍、镉镍等二次电池产品
配套及出口情况:主要客户包括百得、宝时得、南京德朔、上海普泰等国内外一流电动工具厂商;常隆客车、上海空间电源、国网电科院等电动汽车和新能源储能领域客户;出口 40 多个国家和地区

★南通江海电容器股份有限公司
地址:江苏省南通市通州区平潮镇通扬南路 79 号
邮编:226361
电话:0513/86726012、4008891083
传真:86723859
网址:www. jianghai. com
电子信箱:sales@ jianghai. com
法定代表人:陈卫东
质量体系:GB/T 19001、GB/T 24001
产品情况:电解电容器、薄膜电容器、超级电容器等电容器及其材料、配件

★大唐恩智浦半导体有限公司
地址:江苏省南通市如东经济开发区井冈山路 99 号
邮编:226400
电话:0513/68926010
传真:68926999
网址:www. datangnxp. com
电子信箱:info@ datangnxp. com
法定代表人:李永华
产品情况:高级专用汽车电子 IC,用于新能源汽车、混合动力汽车电源管理和驱动等

浙江省

★浙江万马奔腾新能源产业有限公司
地址:杭州市天目山路 181 号天际大厦 11 楼
邮编:310007
电话:4000850006

传真:61067765
网址:www. wanma - cable. cn
电子信箱:wmxny@ zjwanma. com
法定代表人:姚伟国
负责人:施泽忠
产品情况:(万马牌)
交流充电、直流充电、车载便携、广告桩、整车换电、新能源设备、传统配电等全需求范围的新能源电动汽车配套充电设施和产品的设计、研发制造、建设和服务
配套情况:主要客户有宇通客车、申龙客车、上汽集团、广汽吉奥、吉利、北汽集团、长安、宝骐、众泰、知豆、康迪、时空电动车、长城、腾势、恒天集团、万向等

★杭州炽云科技有限公司
地址:杭州市西湖区西溪路525号B楼408室
邮编:310007
电话:18768113637
网址:www. fervcloud. com
电子信箱:castiel@ fervcloud. com
法定代表人:王云帆
产品情况:HUD产品,透明A柱产品、驾驶员疲劳检测系统、流媒体后视镜等汽车电子产品

★杭州中导科技开发有限公司
地址:杭州市天目山路160号国际花园B楼14层
邮编:310012
电话:0571/88211882、88211883
电子信箱:sales@ sunleads. com
法定代表人:叶文宇
质量体系:ISO 9001
产品情况:汽车行驶记录仪、车载终端设备、CAN智能模块T-BOX

★杭州协能科技股份有限公司
地址:杭州市西湖区古翠路80号浙江科技产业大厦8层
邮编:310012
电话:0571/89712811、87203999
传真:89712816
网址:www. bmser. com
电子信箱:wangsr@ bmser. com
法定代表人:周逊伟
质量体系:ISO 9001
产品情况:电动汽车、风光储能、后备电源三大系列电池管理系统

★西湖电子集团有限公司
地址:杭州市西湖区教工路一号
邮编:310012
电话:0571/88271157
网址:www. xhdzjt. com. cn
法定代表人:章国经
产品情况:新能源汽车充换电设备、车载智能中控、新能源汽车智能化安全运营管控系统、新能源汽车和充电设施

★杭州汇点新能源科技有限公司
地址:杭州市拱墅区杭行路666号万达广场B座1612室
邮编:310015
电话:0571/87973913
传真:87973913
网址:www. tr158. com
法定代表人:杜荷仙
产品情况:电动汽车充电桩

★浙江硕维新能源技术有限公司
地址:杭州市经济技术开发区20号大街566号1幢
邮编:310018
电话:0571/86898511
传真:86898523
网址:www. zonnet. cn
电子信箱:papillon0803@ outlook. com
法定代表人:刘洪炉
质量体系:ISO 9001
产品情况:电动汽车交直流充电桩、充换电设备、专用充电电缆、充电蓄电池、连接器、充电基础设施

★杭州欧镭激光技术有限公司
地址:杭州市江干区九环路37号2幢406室
邮编:310019
电话:0571/81601188
传真:81601155
电子信箱:gs@ greatstartools. com
法定代表人:张鸥
产品情况:激光投影显示模组、车用3D激光雷达、机器人用2D/3D激光雷达,移动测绘设备等

★杭州天丰电源股份有限公司
地址:杭州市拱墅区临半路118号
邮编:310022
电话:0571/88368608、88368618
传真:88368922
网址:www. wanmabattery. com
电子信箱:sales@ wanmabattery. com
法定代表人:陈刚
质量体系:ISO/TS 16949、ISO 14001
产品情况:汽车动力电池等(磷酸铁锂电池、三元电池、高倍率电池等)
配套情况:成功配套吉利知豆纯电动乘用车

★华立科技股份有限公司
地址:杭州市余杭区五常大道181号
邮编:310023
电话:0571/89300088、4008817000
传真:89300620
网址:www. holleymeter. com
电子信箱:metering@ holley. cn
法定代表人:程卫东
产品情况:(华立牌)
智慧能源管理、三相、单相远程费控智能电能表、物联网、智能电网等
出口情况:出口泰国、印度、乌兹别克斯坦、印度尼西亚50多个国家和地区

★杭州捷能科技有限公司
地址:杭州市余杭区五常大道181号华立科技园(H型大楼)东3楼
邮编:310023
电话:0571/85857721
传真:85857751
网址:www. general - power. com
电子信箱:marketing@ general - power. com
法定代表人:夏军
产品情况:电动汽车动力蓄电池系统

★浙江南都电源动力股份有限公司
地址:杭州市文二西路822号C座
邮编:310030
电话:0571/56975900
传真:56975688
网址:www. naradabattery. com. cn
电子信箱:ndgf@ narada. biz
法定代表人:王海光
质量体系:ISO 9001、ISO 14001
产品情况:(NARADA牌)
汽车动力锂电池、低速纯电动车用阀控电池等

★赛恩斯能源科技有限公司
地址:杭州市西湖区西园路3号1幢
邮编:310030
电话:0571/81958926、88958857
电子信箱:qingchenlyz@ 126. com
法定代表人:王鸿林
质量体系:ISO/TS 16949、ISO 14001
产品情况:专业从事磷酸铁锂电池系统技术研发、生产

★浙江拓峰科技股份有限公司
地址:杭州市西湖区西园七路6号1幢
邮编:310030
电话:0571/56832891
网址:www. tofine. com
电子信箱:caoliyuan@ tofine. com
法定代表人:徐赤
质量体系:ISO 9001
产品情况:拓峰RP系列高精度智能压力变送器、拓峰系列接口仪表
配套情况:主要客户有南京汽车

★浙江高泰昊能科技有限公司
地址:杭州市余杭区莫干山路1418-50号电子机械功能区2幢3-5楼
邮编:310030
电话:0571/85826623
传真:88909603
网址:www. qualtech. com. cn
电子信箱:gthn@ qualtech. com. cn
法定代表人:张伟峰
质量体系:ISO/TS 16949、ISO 9001
产品情况:电池管理系统、整车控制系统、高压配电箱和电池充换电站/储能站控制系统等

★深圳市大东车慧科技股份有限公司
地址:杭州市滨江区滨安路650号IX-WORK大厦A2202室
邮编:310051
电话:0571/87551786
网址:www.ddicar.com
电子信箱:marketing@ddicar.com
法定代表人:黄辉
产品情况:ACP平台、途途卡车、车载硬件(车载OBD智能终端设备)等
配套情况:为东风汽车、福田汽车等厂商提供车联网服务

★浙江亿咖通科技有限公司
地址:杭州市滨江区江陵路1760号
邮编:310051
电话:0571/85306934、4001115555
网址:www.ecarx.com.cn
电子信箱:liyachen@ecarx.com.cn
法定代表人:沈子瑜
单位人数:1500
产品情况:座舱智能化的技术与产品包括:4G/5G通信技术、信息娱乐主机的多媒体开发设计;座舱内部的核心技术包括:语音助理、自然语义识别引擎、云、芯片、智能穿戴设备;整车智能化的技术与产品:传感器、高精地图、摄像头、360°全景影像、行车记录仪、毫米波雷达
配套情况:服务于吉利、领克、沃尔沃、宝腾等品牌车企及其他广大车主

★盾安传感科技有限公司
地址:杭州市滨江区江陵路88号万轮科技园
邮编:310051
电话:0571/87113532
传真:87113505
网址:www.dunansensing.cn
电子信箱:info@dunan.cn
法定代表人:冯忠波
质量体系:ISO 9001
产品情况:业务涵盖MEMS传感器在汽车、暖通空调与制冷等多个领域的应用

★福瑞泰克智能系统有限公司
地址:杭州市滨江区阡陌路459号聚光中心A座16层
邮编:310051
电话:0571/89720999、18911789032
传真:89720900
网址:www.autofreetech.com
电子信箱:info@autofreetech.com
法定代表人:张林
质量体系:ISO 9001
产品情况:高级驾驶辅助系统(ADAS)

★浙江零跑科技有限公司
地址:杭州市滨江区物联网街451号芯图大厦2楼
邮编:310051
电话:0571/87235756
传真:87235723
网址:www.leapmotor.com
电子信箱:mt@leapmotor.com
法定代表人:朱江明
负责人:敬华
单位人数:450
产品情况:(零跑牌)
智能纯电动汽车零跑S01

★AW(杭州)信息技术有限公司
地址:杭州市滨江区长河路590号(东忠科技园1号楼)5F
邮编:310052
电话:0571/28995755
传真:28995754
网址:www.aw-hangzhou.cn
法定代表人:山口幸藏
负责人:有贺秀喜
单位人数:273
质量体系:ISO 9000
产品情况:负责承接车载软件的设计、评测及相关开发业务

★杭州杰能动力有限公司
地址:杭州市滨江区环兴路415号
邮编:310052
电话:0571/28086888
网址:www.genwell-power.com
电子信箱:jacksha@qq.com
法定代表人:金浙勇
质量体系:ISO/TS 16949
产品情况:电池管理系统、整车控制器、电动机、电动机控制器、车载DC/DC转换器、高压控制盒、车载充电机等

★杭州奥能电源设备有限公司
地址:杭州市滨江区东冠路611号5幢南侧
邮编:310053
电话:0571/88966622
网址:www.on-eps.com
电子信箱:onlypower@vip.163.com
法定代表人:陈虹
质量体系:ISO 9001
产品情况:(奥能电源牌)
电源系统和电动汽车直流快速充电桩、交流充电桩、监控及整流模块

★杭州中恒电气股份有限公司
地址:杭州市滨江区东信大道69号中恒大厦
邮编:310053
电话:0571/86698999、56532188
传真:86698777
网址:www.hzzh.com
电子信箱:zhengquan@hzzh.com
法定代表人:朱国锭
产品情况:(中恒牌)
新能源电动汽车充换电系统等产品
出口情况:出口亚洲、非洲、欧美、大洋洲等30多个国家和地区

★杭州快电新能源科技有限公司
地址:杭州市滨江区秋溢路500号乐通科技园1号楼
邮编:310056
电话:4009260702
网址:www.efastcharge.cn
电子信箱:yejun@efastcharge.cn
法定代表人:叶骏
质量体系:ISO 9001、ISO 14001
产品情况:电动汽车充换电系统(直、交流充电桩)、电力电源、储能装置

★杭州南都动力科技有限公司
地址:杭州市余杭经济开发区宏达路
邮编:311100
电话:0571/56975563
传真:56975868
网址:www.naradabattery.com.cn
电子信箱:nddl@narada.biz
法定代表人:卢晓阳
产品情况:具备年产1200MWh锂离子电池、3000MWh高能阀控蓄电池的生产能力

★浙江续航新能源科技有限公司
地址:杭州市余杭钱江经济开发区南公河路1号
邮编:311100
电话:0571/88572122、13588161832
传真:88562122
网址:www.ev-xh.com
电子信箱:xuhang@ev.com
法定代表人:葛尧仙
产品情况:非车载系列的直流充电桩、交流充电桩以及车载AC/DC充电机、DC/DC电源变换器等新能源产品

★中聚(杭州)新能源科技有限公司
地址:杭州市余杭经济技术开发区昌达路108号
邮编:311103
电话:0571/86175186
传真:89188882
网址:www.sinopolybattery.com
法定代表人:苗振国
质量体系:ISO/TS 16949、ISO 14001
产品情况:(Sinoploy牌)
电动汽车充放电系统、储能系统、电池系统产品
出口情况:出口英国、德国、澳大利亚、新西兰、马来西亚等国际市场

★浙江德洛电力设备股份有限公司
地址:杭州市余杭区仁和街道东山村二组
邮编:311107
电话:0571/88537840、85021200
传真:88537847
网址:www.zjdeluo.com
电子信箱:wd@hzdeluo.cn
法定代表人:范晓军
质量体系:ISO 9001、ISO 14001
产品情况:(德洛牌)

电力控制系统、电动汽车智能充电系统
配套及出口情况：主要合作伙伴有奔驰、宝马、保时捷；出口欧美、韩国，并远销中国台湾地区

★杭州远眺科技有限公司
地址：杭州市文一西路1326号（利尔达物联网科技园）1号楼7层
邮编：311121
电话：0571/86176875
传真：85852313
网址：www.yuantiaotech.com
电子信箱：support@yuantiaotech.com
法定代表人：夏莹杰
质量体系：ISO 9001
产品情况：交通大数据智能分析一体机

★杭州好好开车科技有限公司
地址：杭州市文一西路998号海创园7号楼1-4层
邮编：311121
电话：0571/26298310
网址：www.nicigo.com
法定代表人：何崇中
产品情况：基于ADAS的UBI汽车大数据

★杭州谱地新能源科技有限公司
地址：杭州市余杭区仓前镇龙潭路12号3楼
邮编：311121
电话：0571/88965202、88965203
传真：87634513
网址：www.puditech.com
电子信箱：shofees@vip.163.com
法定代表人：郑晓飞
产品情况：ADAS汽车智能辅助驾驶系统

★杭州兴能互联技术有限公司
地址：杭州市余杭区仓前街道龙潭路20号
邮编：311121
电话：0571/88691991、4006900768
网址：www.xingnengpower.com
法定代表人：魏冰
质量体系：ISO 9001
产品情况：直流充电桩、交流充电桩、车载充电机、大功率电源模块、充电站运营管理系统等
配套情况：与国内多家知名企业建立了长期战略合作伙伴关系

★杭州世创电子技术股份有限公司
地址：杭州市余杭区未来科技城龙泉路2号
邮编：311121
电话：0571/56080666、56861576
传真：56861587
网址：www.cnhzsc.com
电子信箱：sales@cnhzsc.com
法定代表人：陈涛
质量体系：ISO 9001、ISO 14001
产品情况：新能源汽车充电系统整体解决方案、电动汽车充电桩、配电自动化系统、智能配电设备、用户用电安全设备等

★万向一二三股份公司
地址：杭州市萧山经济技术开发区建设二路855号
邮编：311215
电话：0571/82837871
传真：82606587
网址：www.a123systems.com
电子信箱：wanxiang@wanxiang.com.cn
法定代表人：鲁伟鼎
质量体系：ISO/TS 16949
产品情况：（A123 Systems 牌）
　　高能量密度三元动力电池系列产品、高性能磷酸铁锂动力电池系列产品、高功率48V微混动力系统产品，累计产量1.08GW·h
配套及出口情况：主要客户有保时捷、捷豹路虎、上汽通用、广汽、长安、吉利、奇瑞、海马；出口26AH、20AH电芯，出口量为7万kW·h

★杭州东建能源科技有限公司
地址：杭州市党山镇群力工业园
邮编：311245
电话：0571/83520908、82531298
传真：83520928
网址：www.hang-dong.com
电子信箱：sales@hang-dong.com
法定代表人：高关友
质量体系：ISO 9001
产品情况：电芯、电动车蓄电池、磷酸铁锂电池等

★浙江万马股份有限公司
地址：浙江省临安市经济开发区南环路88号
邮编：311305
电话：0571/63759008
传真：63759008
网址：www.wanma-cable.cn
电子信箱：wmdl@wanmagroup.com
法定代表人：何若虚
单位人数：3000
质量体系：ISO/TS 16949、ISO 14001
产品情况：（万马牌）
　　电线电缆、高分子材料、特种线缆及新能源汽车充电设施（充电模块、车载充电机、交流充电桩-慢充、直流充电机-快充）

★浙江万马新能源有限公司
地址：浙江省临安市青山湖科技城市地街33号A幢
邮编：311305
电话：0571/88630605
传真：61078602
网址：www.wmxny.com
电子信箱：wmxny@wanmagroup.com
法定代表人：王唤
产品情况：（万马新能源牌）
　　电动汽车充电设备：交流慢充、广告桩、直流快速充电桩、车载便携充电机
配套情况：合作项目包括杭州城西银泰充电站、苏州汇金广场大客车专用充电站、北京紫草坞充电站等7家充电站；合作伙伴有宇通客车、申龙客车、上汽集团、广汽吉奥、吉利汽车、北汽集团、长安汽车、宝琪汽车、众泰汽车、知豆电动车、时空电动汽车、腾势汽车、长城汽车、杭州公交、苏州公交

★杭州富阳恒泰汽车电器有限公司
地址：浙江省富阳市经济技术开发区高新园区高尔夫路201号
邮编：311401
电话：0571/63432182、63167831
传真：63432710、63167833
网址：www.hzhengtai.com
电子信箱：hzhengtai@vip.163.com
法定代表人：张新校
单位人数：500
质量体系：ISO/TS 16949
产品情况：新能源汽车充电机AC/DC、电源转换器DC/DC，电动、自动空调控制器等
配套情况：为江淮汽车等配套

★浙江谷神能源科技股份有限公司
地址：杭州市淳安县千岛湖镇康盛路268号
邮编：311700
电话：0571/83893187
传真：83893187
网址：www.godsend-power.com
电子信箱：gmo@godsend-power.com
法定代表人：孙建平
质量体系：IATF 16949、ISO 14001
产品情况：锂离子电池及电池系统集成产品，产品广泛应用于新能源汽车等领域

★浙江泓源汽车集团有限公司
地址：浙江省诸暨市陶朱街道望云西路50号
邮编：311801
电话：0575/89007980
网址：www.hyiev.com
电子信箱：zhanghm@hyiev.com
法定代表人：邵国良
单位人数：450
质量体系：ISO 14001、ISO/TS 16949
产品情况：纯电动乘用车、纯电动SUV，中型客车和商用车、纯电动物流车、微型货车、轻型货车、高品质锂电城市低速车、锂电智能代步车，电池PACK成组、BMS电池管理系统、整车控制器、高压盒、DC-DC、充电机、充电桩等

★卧龙电气集团股份有限公司
地址：浙江省绍兴市上虞区经济开发区

邮编:312300
电话:0575/82176628
传真:82176718
网址:www. wolong. com. cn
电子信箱:mail@ wolong. com
法定代表人:陈建成
单位人数:15000
产品情况:(卧龙牌)
涵盖各类微特电动机及控制、低压电动机及控制、高压电动机及控制、电源电池及输变设备等40大系列3000多个品种

★卧龙控股集团有限公司
地址:浙江省绍兴市上虞区人民西路1801号
邮编:312300
电话:0575/82176528、4006025688
传真:82176718
网址:www. wolong. com
电子信箱:mail@ wolong. com
法定代表人:陈建成
单位人数:18000
质量体系:ISO 9001、ISO 14000
产品情况:(卧龙牌、灯塔牌)
三相交流永磁同步电动机、动力锂离子电池、电动车专用胶体(EVF)蓄电池、起动型免维护铅酸蓄电池等
出口情况:生产基地遍布奥地利努斯特瑙、斯皮尔伯格;英国伯明翰、哈德斯菲尔德、诺维奇、利兹市;德国诺登汉姆、门兴格拉德巴赫、尔茨海姆;塞尔维亚博尔、苏博蒂察;波兰塔尔努夫;意大利摩德纳

★浙江电咖汽车科技有限公司
地址:浙江省绍兴滨海新城沥海镇马欢路398号科创园A幢1403-1室
邮编:312366
电话:4009771777
网址:www. dearcc. cn
电子信箱:usercenter@ dearcc. cn
法定代表人:金迪
产品情况:EV10pro300智能互联新能源汽车

★浙江奥龙电源有限公司
地址:浙江省绍兴市上虞区杭州湾上虞工业园区纬三东路3号
邮编:312369
电话:0575/82739968、4009261998
传真:82739806
网址:www. zjgd. com
电子信箱:xs@ zjgd. com
法定代表人:董春光
质量体系:ISO 9001、ISO 14001
产品情况:(金龙牌、鑫奥龙牌、双龙牌)
电动助力车电池、电动道路车用电池、电动汽车用动力铅酸蓄电池、汽车起动用铅酸电池、摩托车起动用铅酸电池等铅酸蓄电池五大系列上百种型号产品
配套及出口情况:为广东大长江、浙江钱江摩托、洛阳北易大阳摩托车等国内知名摩托车企业配套;远销东南亚、欧洲、美洲等市场

★浙江遨优动力系统有限公司
地址:浙江省湖州市东浜路588号
邮编:313000
电话:0572/3560015、2988999
网址:www. aoyoupower. com
法定代表人:莫宁佳
质量体系:IATF 16949
产品情况:新能源汽车用锂离子动力电池

★微宏动力系统(湖州)有限公司
地址:浙江省湖州市红丰路2198号
邮编:313000
电话:0572/2756888
传真:2756889
网址:www. microvast. com
电子信箱:chenxx@ microvast. com. cn
法定代表人:李翔
质量体系:ISO/TS 16949、ISO 14001
产品情况:改性钛酸锂快速充电锂离子电池系统

★天能电池集团有限公司
地址:浙江省长兴县画溪工业功能区包桥路18号
邮编:313100
电话:0572/6176698、4008788188
传真:6058018
网址:www. cn - tn. com
电子信箱:95323926@ qq. com
法定代表人:张天任
产品情况:(天能牌)
电动车环保动力电池为主、集锂离子电池、风能太阳能储能电池以及再生铅资源回收、循环利用等新能源

★浙江天能能源科技股份有限公司
地址:浙江省长兴县画溪工业功能区包桥路18号
邮编:313100
电话:0572/6216019、6216050
网址:www. tn - ny. com
电子信箱:ben@ tiannenggroup. com
法定代表人:施利勇
质量体系:ISO 14001、ISO/TS 16949
产品情况:高能量、动力型先进锂离子电池为主及各种高性能、环保型镍氢电池
配套情况:与北汽、华晨、奇瑞、众泰、上汽、康迪车业等国内20余家汽车、电动自行车企业建立了战略合作关系

★浙江旭派电源有限公司
地址:浙江省长兴县经济开发区县前东街505号
邮编:313100
电话:0572/6325555、6210726
网址:www. xupai. com
电子信箱:109231199@ qq. com
法定代表人:张鑫泉
质量体系:ISO 9001、ISO 14001
产品情况:(旭派牌、振亚牌、金日超牌、盛名牌、博郎牌)
动力蓄电池、锂电池、储能电池、汽车起动电池、备用电源电池
出口情况:客户涵盖意大利、韩国、土耳其、印度、加拿大、巴西、孟加拉国、以色列、荷兰、法国、洪都拉斯、捷克、新西兰、斯洛文尼亚、英国、哥伦比亚、巴基斯坦、新加坡、丹麦、爱沙尼亚、瑞典、西班牙、美国、希腊等50多个国家

★浙江长兴铁鹰电气有限公司
地址:浙江省长兴县小浦郎山工业集中区
邮编:313100
电话:0572/6709889、6709906
传真:6701777
网址:www. tybattery. cn
法定代表人:王金都
质量体系:ISO 9001、ISO 14001
产品情况:电动车用蓄电池,产品广泛于电动自行车、电动三轮车、电动轿车、高尔夫球车、电动巡逻车、观光车、电动清洁车等领域
配套情况:配套浙江康迪、山东时风等国内电动汽车知名厂商

★浙江超威动力能源有限公司
地址:浙江省湖州市长兴县雉城镇雉州大道12号超威集团总部
邮编:313100
电话:0572/6115081
网址:www. cnchaowei. com
法定代表人:董益锋
产品情况:动力和储能电池:动力型锂电池、新型电池、先进材料等

★超威电源有限公司
地址:浙江省长兴县雉城镇新兴工业园区
邮编:313124
电话:0572/6115081、4008573778
传真:6054460
网址:www. cnchaowei. com
电子信箱:hzsly0572@ 163. com
法定代表人:周明明
质量体系:ISO/TS 16949
产品情况:(超威牌)
电动车用、电动道路车(电动汽车)用铅酸动力电池,太阳能、风能储能电池,新型动力锂电池

★浙江超威创元实业有限公司
地址:浙江省湖州市长兴县雉城镇雉洲大道12号
邮编:313124
电话:0572/6200170、6203335
网址:www. chaowei - lib. com
电子信箱:cwcy@ chaowei - lib. com
法定代表人:吴咸建

质量体系：ISO/TS 16949、ISO 14001
产品情况：主要产品为三元、磷酸铁锂、锰酸锂三大体系多个系列动力与储能用锂电池，广泛应用于电动自行车、电动汽车、电动摩托车等电动车辆
配套及出口情况：与南京金龙、国宏汽车、重庆中力等多家电动汽车厂家配套；出口东南亚、欧美等国外市场

★浙江力伴能源科技有限公司
地址：浙江省长兴县雉城镇明珠商务大厦 1201
邮编：313199
电话：0572/6618123、4000119898
传真：6617885、6618121
网址：www. zjliban. com
电子信箱：993223110@ qq. com
法定代表人：乔琴华
单位人数：2000
产品情况：动力用蓄电池、太阳能电池、锂电池、铅酸电池等

★闻泰科技股份有限公司
地址：浙江省嘉兴市南湖区亚中路 777 号
邮编：314000
电话：0573/89977888
网址：www. wingtech. com
法定代表人：张学政
产品情况：业务领域涵盖人工智能（AI）、物联网（IoT）、智能手机、平板电脑、智能硬件、笔记本电脑、汽车电子等智能终端设备；具备较强的软/硬件开发、专业测试等研发实力，包括车联网和汽车电子软硬件产品的研发设计和智能制造

★浙江新吉奥新能源汽车有限公司
地址：浙江省桐乡市同仁路 468 号
邮编：314500
电话：0573/88588078
传真：88588078
网址：www. daideauto. com
电子信箱：zxf@ newgonow. cn
法定代表人：陈君
产品情况：新能源物流车、新能源城市公交车及新能源关键零部件

★宁波维科电池股份有限公司
地址：浙江省宁波保税区西区港西大道 5 号
邮编：315000
电话：0574/86823151、13316988927
网址：www. vekenbattery. com
电子信箱：shtang@ mail. veken. com
法定代表人：陈良琴
质量体系：ISO/TS 16949、ISO 14001
产品情况：锂离子电池、铝壳电池、聚合物电池、动力蓄电池等

★宁波中车时代传感技术有限公司
地址：浙江省宁波市江北区振甬路 138 号
邮编：315021
电话：0574/87670188
传真：87662881
网址：www. nbteg. cn
法定代表人：刘大喜
质量体系：ISO 9001、ISO 14001
产品情况：电流、电压、温度、压力、速度、位移传感器为主的传感器与测量装置
出口情况：部分产品出口欧洲、北美洲、南美洲、东南亚等地区

★宁波永久磁业有限公司
地址：浙江省宁波市江北庄桥工业区康庄南路 518 号
邮编：315032
电话：0574/87581999－8805
传真：87580384、87581666
网址：www. pm－magnets. com
电子信箱：nbpm@ pm－magnets. com
法定代表人：任荷芬
单位人数：500
质量体系：ISO 9001
产品情况：专业生产中高端钕铁硼永磁材料及其制品

★宁波中车新能源科技有限公司
地址：浙江省宁波市鄞州区五乡西路 552 号
邮编：315112
电话：0574/55716111、4001867998
传真：55716216
网址：www. crrcgc. cc
电子信箱：info@ crrccap. com
法定代表人：傅冠生
质量体系：ISO/TS 16949、ISO 14001
产品情况：超级电容器复合材料、超级电容器电极、超级电容器单体、储能电源模组、系统集成等

★宁波杉杉股份有限公司
地址：浙江省宁波市望春工业园区云林中路 218 号
邮编：315177
电话：0574/88208375、88208337
传真：88208375
网址：www. ssgf. net
电子信箱：ssgf@ shanshan. com
法定代表人（负责人）：庄巍
单位人数：4433
质量体系：ISO 9001
产品情况：锂离子电池材料、锂离子电容、电池 PACK、充电桩建设及新能源汽车运营和能源管理服务等

★宁波三星医疗电气股份有限公司
地址：浙江省宁波市鄞州区姜山镇明光北路 1166 号
邮编：315191
电话：0574/88072121、4008225776
网址：www. sanxing. com
电子信箱：chenyongli@ mail. sanxing. com
法定代表人：郑坚江
质量体系：ISO 9001、ISO 14001
产品情况：（三星牌）
　　充电桩、智能计量、智能变电站、智能开关设备、电力箱和配网自动化设备
出口情况：拥有巴西、印尼两个海外研发制造基地，在全球 50 多个国家和地区开展营销渠道建设和战略合作项目

★宁波绅乐电子有限公司
地址：浙江省宁波市镇海区骆驼工业区汇水路 128 号
邮编：315201
电话：0574/86571980
传真：86571988
网址：www. sanowcaraudio. com
电子信箱：1092001185@ qq. com
法定代表人：郑志强
质量体系：ISO/TS 16949
产品情况：主导产品是针对电动汽车开发的大尺寸竖屏中控，G-BOX（T-BOX）及控制后台，智能无钥匙进入和一键起动系统
出口情况：产品 95% 出口美国、欧洲、东南亚、大洋洲等国家和地区

★宁波拉德驱动技术有限公司
地址：浙江省宁波市杭州湾新区兴慈二路西、滨海二路南
邮编：315336
电话：0574/63077337
网址：www. nbldmotor. com
法定代表人：唐香香
产品情况：主营业务有永磁无刷直流电动机和控制系统，电动机产品涵盖电动汽车空调压缩机电动机、电动汽车电动机等，年生产能力已达 20 万台（套）

★浙江佳贝思绿色能源有限公司
地址：浙江省余姚市北环东路 6 号
邮编：315400
电话：0574/58122560、58122555
传真：62655552
网址：www. gbsystem. com
电子信箱：roy@ gbsystem. com
法定代表人：闻人红雁
质量体系：ISO/TS 16949、ISO 14001
产品情况：（GBSystem 牌、佳贝思牌）
　　磷酸铁锂动力电池
出口情况：远销美国、澳大利亚、德国、俄罗斯、韩国、意大利、英国、捷克等国家

★宁波容百新能源科技股份有限公司
地址：浙江省余姚市城区谭家岭东路 39 号
邮编：315400
电话：0574/62730995
传真：62727888
网址：www. ronbaymat. com
电子信箱：sales@ ronbaymat. com
法定代表人：白厚善
质量体系：ISO 9001

产品情况:钴盐及正极前驱体(硫酸钴、氯化钴、碳酸钴、球形四氧化三钴)、锂离子电池正极材料(钴酸锂、镍钴锰酸锂、氢氧化镍钴锰)、锂离子电池等三大系列产品

★宁波维科新能源科技有限公司
地址:浙江省宁波保税西区港西大道5号
邮编:315800
电话:0574/55833763
网址:www. vekenner. com
法定代表人:陈良琴
产品情况:高品质方形铝壳电芯、软包聚合物电芯、BMS 和 PACK 一体化锂电池

★宁波海天驱动有限公司
地址:浙江省宁波市北仑区小港镇小浃江中路518号
邮编:315803
电话:0574/86188886
传真:86186912
网址:www. haitian. com
电子信箱:haitiandrive@ mail. haitian. com
法定代表人:张静章
产品情况:专业制造控制器、驱动器、伺服电动机、新能源动力系统、功能部件、伺服机械手、液压电动机、液压泵、液压组件等电气传动和液压传动领域零部件

★浙江钱江锂电科技有限公司
地址:浙江省温岭市锦屏大道169号
邮编:317500
电话:0576/89937225
网址:www. qjev. net
电子信箱:lithium@ qjev. net
法定代表人:樊巨
产品情况:锂离子电池

★温岭市九洲电机制造有限公司
地址:浙江省温岭市泽国镇文昌路188号
邮编:317523
电话:0576/86049956、13758695820
传真:86049959
网址:www. cnjzdj. com
电子信箱:dirk@ wljzdj. com
法定代表人:钟治平
质量体系:ISO 9001
产品情况:主要生产 QL、PX 等系列高压清洗机及各种直流无刷电动车电动机
出口情况:远销美国、法国、德国、印度、澳大利亚等国家

★航天彩虹无人机股份有限公司
地址:浙江省台州市经济开发区开发大道388号
邮编:318000
电话:0576/88169999、88169666
传真:88169555
网址:www. nykj. cc
电子信箱:nykj@ nykj. cc
法定代表人:李锋
质量体系:ISO 9001、ISO 14001
产品情况:主导产品电容器用聚丙烯电子薄膜和无人机整机产品

★新大洋机电集团有限公司
地址:浙江省台州市黄岩经济开发区拱新大道8号
邮编:318020
电话:0576/84068811、8008576488
传真:84068833
网址:www. xdy. com
电子信箱:sales@ xdy. com
法定代表人:鲍文光
质量体系:ISO/TS 16949、QS 9000
产品情况:(德洋牌)
　　电动车用无刷电动机、控制器、模具、塑件,摩托车配件,各类塑料模具

★金大智能技术股份有限公司
地址:浙江省金华市开发区夹溪路228号
邮编:321016
电话:0579/82270858、82270868
传真:82276966
网址:www. kingdaychina. com
电子信箱:sale@ kingdaychina. com
法定代表人:章小理
产品情况:具有年产60万辆电动车的生产能力

★浙江中科正方电子技术有限公司
地址:浙江省金华市婺城区龙潭路589号
邮编:321025
电话:0579/82258205、82258158
传真:82258165
网址:www. zkzf. com
电子信箱:zkzfdz@ 163. com
法定代表人:赵海波
质量体系:ISO/TS 16949
产品情况:车用网络控制系统、数字仪表、汽车车身监控平台、轮胎胎压监测系统及多媒体控制中心、汽车电子总线产品、彩色摄像头等
配套及出口情况:为北汽福田等国内10多家生产厂商配套;随新能源车出口西班牙、新加坡、哈萨克斯坦等国家,并销往中国香港地区

★横店集团东磁股份有限公司
地址:浙江省东阳市横店工业区
邮编:322118
电话:0579/86588868、86588399
传真:86588395
电子信箱:dmegc_office@ chinadmegc. com
法定代表人:何时金
质量体系:ISO 9001、ISO 14001
产品情况:(东磁牌)
　　主要生产磁瓦、喇叭磁钢、微波炉磁钢、磁粉芯、太阳能电池片、太阳能电池组件、碱性电池、硬质合金、锂离子动力电池等60大类上万种规格的产品
配套及出口情况:被德国博世、荷兰飞利浦、韩国三星、日本电产、美国库柏等国际知名企业评为最佳供应商;远销欧洲、美洲、韩国、日本、东南亚等60多个国家和地区

★浙江斯瑞特电子科技有限公司
地址:浙江省江山市双塔街道文教西路15号
邮编:324100
电话:0570/4691088
传真:4691288
网址:www. serighten. com
电子信箱:sales@ thrater. com
法定代表人:周水旺
产品情况:石墨烯储能器、超级电容器

★浙江护航防撞器制造有限公司
地址:浙江省衢州市常山县新都工业园区翁佳路18号
邮编:324299
电话:0570/5895263、4001180789
法定代表人:王振
产品情况:主要生产护航汽车主动防撞系统

★浙江利尔电气有限公司
地址:浙江省温州市滨海1道1577-2号
邮编:325000
电话:0577/88337377、88331502
传真:88347075、88347074
网址:www. lear. com. cn
电子信箱:lear@ lear. com. cn
法定代表人:黄海鸣
质量体系:ISO/TS 16949
产品情况:汽车用各类型传感器、新能源汽车超级电容、电动车 ECU 控制系统
配套情况:是美国通用、德国大众、一汽-大众、上汽大众、上汽通用、北京现代、北京奔驰、一汽轿车、哈飞集团等国内外40余家国内汽车主机厂的供应商

★浙江晨泰科技股份有限公司
地址:浙江省温州市龙湾区空港新区通海大道五道777号
邮编:325025
电话:0577/86581118、86585858
传真:86581116
网址:www. risesungroup. com
电子信箱:risesun@ risesunchina. com
法定代表人:项超
质量体系:ISO 9001、ISO 14001
产品情况:(晨泰牌)
　　电能计量仪表、电动汽车充电桩研发及生产基地、线上 APP + 充电网络 + 线下充电设备的 O2O 闭环
出口情况:出口越南、秘鲁、巴基斯坦等多个国家和地区

★浙江凯业新能源科技有限公司
地址:浙江省乐清市柳市镇新光工业区寺前路9号
邮编:325604
电话:0577/62512001、4008776826

传真:62512002
电子信箱:kaiye@ china. com
法定代表人:叶定志
产品情况:便携式充电器、直流充电插头、交流充电插座、交流充电连接器等

★乐清市八达光电科技股份有限公司
地址:浙江省乐清市经济开发区纬六路196号
邮编:325699
电话:0577/61763160、62790020
传真:61763161、61763987
网址:www. badagd. com
电子信箱:bada@ china - bada. net
法定代表人:刘滨峰
质量体系:ISO 9001、ISO/TS 16949
产品情况:主要为新能源汽车提供高控制装置,直流及交流充电总成,高压连接器,高压线束总成等系列产品及整车高压控制、传输、连接全套方案
配套情况:为北汽、长安、金龙、宇通、青年汽车、吉利、新大洋等十几家知名新能源车企服务

安徽省

★华霆(合肥)动力技术有限公司
地址:合肥市经开区蓬莱路1551号(蓬莱路与双龙路交口)峻凌电子内
邮编:230001
电话:0551/68778738
传真:68778750
网址:www. sinoev. com
法定代表人(负责人):周鹏
产品情况:新能源汽车动力系统总成及关键部件,包括蓄电池、电动机、减速装置、制动器和轮毂的一体化结构设计技术研究等

★安徽贵博新能科技有限公司
地址:合肥市高新区望江西路800号合肥创新产业园C4栋
邮编:230009
电话:0551/62589979
传真:62589978
网址:www. guibo. com. cn
电子信箱:gvb@ guibo. com. cn
法定代表人:孙路
质量体系:IATF 16949
产品情况:主要产品有电动交通电池管理系统(BMS)、电动交通车载充电机(OBC On Board Charge)、电动交通电池系统配电盒(BDU),并提供电池系统集成(PACK)、储能应用整体解决方案等服务

★安徽明天氢能科技股份有限公司
地址:合肥市望江西路529号
邮编:230009
电话:0564/3851960
网址:www. mth2. com
法定代表人:王朝云
产品情况:双极板、MEA、电堆、压缩机、氢气循环装置和燃料电池系统集成与控制等

★中盐安徽红四方锂电有限公司
地址:合肥市肥东县合肥循环经济示范园纬四路南侧
邮编:230011
电话:0551/64528173、4000869579
传真:64528290
网址:www. hsfld. com
电子信箱:hsflidian@ 163. com
法定代表人:蒋森
质量体系:ISO/TS 16949
产品情况:磷酸铁锂动力电池和电池装配
配套及出口情况:产品已广泛应用于安徽安凯、上海申龙、厦门金旅、淄博正华、巢湖广通、江苏友谊等大型客车企业的纯电动大客车;产品还批量销往山东唐骏、芜湖宝骐、普拉格等车企,用于装配纯电动物流车、垃圾清扫车、垃圾转运车、环卫洒水车等;部分产品远销海外

★合肥德电新能源汽车股份有限公司
地址:合肥市新站区珍珠路8号长百控股大厦A座11楼
邮编:230011
电话:0551/64412108
网址:www. c - e - cars. com
电子信箱:service@ c - e - cars. com
法定代表人:秦强
产品情况:电动汽车及关键零部件,包含新能源纯电动物流车、纯电动校车等新能源整车;增程器模块自由活塞式直线发电机、电动机、变频器、双向充电器等整车组件;电动车高速变速器等

★合肥国轩高科动力能源有限公司
地址:合肥市新站区岱河路599号
邮编:230012
电话:0551/62100300、62100973
传真:62100915
网址:www. hfgxgk. com
电子信箱:hr@ hfgxgk. com
法定代表人:王强
单位人数:2300
质量体系:ISO 9000、ISO/TS 16949
产品情况:主要产品为磷酸铁锂材料、电芯、动力电池组、BMS系统及储能型电池组
配套情况:与北汽、上汽、江淮IEV系列、奇瑞、众泰等国内主流整车企业供货

★合肥迅启蓄电池有限公司
地址:合肥市望江东路365号
邮编:230022
电话:0551/65710670、13956088601
网址:www. ahxunqi. com
电子信箱:hfxunqi@ 126. com
法定代表人:杨有款
产品情况:主要有电动叉车电池、电动道路车辆用铅酸蓄电池、电动汽车动力锂电池、电动汽车用动力电池、阀控式密封铅酸蓄电池、储能电池、有线充电桩和无线充电桩等10多个系列产品

★安徽力高新能源技术有限公司
地址:合肥市高新区望江西路800号C2栋南楼
邮编:230031
电话:0551/66105577、66105521
网址:www. ligoo. cn
电子信箱:info@ ligoo. cn
法定代表人:王翰超
质量体系:ISO/TS 16949
产品情况:电池管理(大中型车用BMS、轻型车用BMS)、电池成组(智能电池包)、电力驱动(交流异步电动机控制器、无刷直流电动机控制器)、充电设备(车载智能充电机、交/直流充电桩)等
出口情况:客户覆盖美国、日本、英国、法国、德国、意大利等全球46个国家和地区

★安徽易威斯新能源科技股份有限公司
地址:合肥市高新区创新大道96号
邮编:230088
电话:0551/63889199、4006698365
网址:www. evsge. com
电子信箱:evs@ evsge. com
法定代表人:曹雯钧
质量体系:ISO 9001、ISO 14001
产品情况:(易威斯牌)
　　直流充电桩、交流充电桩、其他充电桩产品(电动汽车配套充电设备、车载充电机、电动机、电控充电连接器等)
配套情况:主要客户有江淮汽车、北京汽车、奇瑞汽车、众泰汽车、合力汽车、金龙客车、昌河汽车

★阳光电源股份有限公司
地址:合肥市高新区习友路1699号
邮编:230088
电话:0551/65327878、65327877
网址:www. sungrowpower. com
电子信箱:info@ sungrowpower. com
法定代表人:曹仁贤
产品情况:电动机控制器等新能源汽车驱动系统产品

★安徽中科海奥电气股份有限公司
地址:合肥市高新区习友路2666号中科院合肥创新院4层
邮编:230088
电话:0551/65139007、4008558265
传真:65379402 - 816
网址:www. hiau - et. cn
电子信箱:2029632550@ qq. com
法定代表人:陈滋健
质量体系:ISO 9001
产品情况:电动汽车充电桩及相关元

件、充电机、电动乘用车和大客车用DC、DC转换器
配套情况:主要合作安徽高速香铺服务区、龙门寺服务区充电站工程、宏盛充电站、安庆火车站站前广场公交充电站工程等

★合肥思艾汽车科技有限公司
地址:合肥市蜀山区稻香路9号科技创业中心2F202
邮编:230088
电话:0551/68996197
网址:www.seyeauto.com
电子信箱:divineye@seyeauto.com
法定代表人:孙兴国
产品情况:商用车ADAS产品、乘用车ADAS产品
配套情况:为北京现代配套

★科大讯飞股份有限公司
地址:合肥市望江西路666号
邮编:230088
电话:4000199199
传真:0551/65331801、65331802
网址:www.iflytek.com
电子信箱:qifang@iflytek.com
法定代表人:刘庆峰
产品情况:具有语音合成、语音识别、口语评测、语言翻译、声纹识别、人脸识别、自然语言处理等智能语音与人工智能核心技术

★安徽亿诺新能源有限责任公司
地址:安徽省舒城县省级经济开发区
邮编:231300
电话:0564/2780777
传真:2780555
网址:www.ahynxny.com
电子信箱:1289126688@qq.com
法定代表人:李家梅
产品情况:镍氢和锂离子充电电池、电池组、电动摩托车、电动自行车等用动力蓄电池

★淮南市通霸蓄电池有限公司
地址:安徽省淮南市谢家集区合阜路北侧(工业园区)
邮编:232052
电话:0554/6664517、6647757
传真:6642230
网址:www.tong-ba.com
电子信箱:314602023@qq.com
法定代表人:左权
质量体系:ISO 9001、ISO 14001
产品情况:(TONGBA牌)
电动三轮车系列蓄电池、高尔夫车系列蓄电池、汽车用起动系列蓄电池等
出口情况:出口日本、韩国、欧盟等国家和地区,并销往中国台湾地区

★安徽千航新能源科技有限公司
地址:安徽省蚌埠市铜陵现代产业园梨园大道1号
邮编:233700
电话:0552/6091999、18955200911
传真:6648666
网址:www.ahqianhang.com
法定代表人:徐从本
质量体系:ISO 9001
产品情况:(千航牌)
电动摩托车锂电池、电动汽车锂电池组

★安徽轰达电源有限公司
地址:安徽省界首市田营工业区
邮编:236500
电话:0558/2858830、4737588
传真:4737588
电子信箱:753376745@qq.com
法定代表人:杨新明
质量体系:ISO 9001、ISO 14001
产品情况:碱性镉镍袋式蓄电池和阀控式密封铅酸蓄电池
出口情况:出口东南亚及中东地区

★安徽海容电源动力股份有限公司
地址:合肥市巢湖经济开发区花山机械工业园裕丰路西侧
邮编:238000
电话:0551/82627777
传真:82362789
网址:www.hazanpower.com
电子信箱:hazanpower@163.com
法定代表人:傅宪东
质量体系:ISO 9001、ISO 14001
产品情况:阀控式密封铅酸蓄电池,用于智能电网、电动汽车、储能电站等领域

★安徽旷能电池电源有限公司
地址:安徽省和县经济开发区太阳河东路
邮编:238200
电话:0555/5388999、4006852808
传真:5388868
网址:www.kndcdy.com
电子信箱:hxgslb@163.com
法定代表人:张兆英
质量体系:ISO 9001
产品情况:免维护蓄电池极板及电动车用密封铅酸动力蓄电池、胶体动力蓄电池等

★安徽省力霸动力锂电池科技有限公司
地址:安徽省滁州市来安县汊河经济开发区中山路6号
邮编:239200
电话:0550/5962086
传真:5965102
网址:www.libaldc.com
电子信箱:lxz-1688@163.com
法定代表人:许静
质量体系:ISO 9001
产品情况:(键源牌)
固态高分子聚合物锂离子电池、钴酸锂电池、改性锰酸锂电池、磷酸铁锂电池等,主要由于新能源电动汽车、低速电动车等
出口情况:出口非洲、欧洲等地区

★芜湖天弋能源科技有限公司
地址:安徽省芜湖市弋江区南纬一路中小企业创业园7栋(一期)
邮编:241000
电话:0553/2672266、2669318
传真:2672276
网址:www.etcbattery.com
电子信箱:sales@etcbattery.com
法定代表人:陶广
质量体系:ISO/TS 16949、ISO 14001
产品情况:可充电锂离子电池(含动力电池、储能电池、消费产品电池)的电芯、封装和系统整合

★奇瑞安川电驱动系统有限公司
地址:安徽省芜湖市弋江区中山南路717号高新区服务外包产业园2期3号楼12层
邮编:241003
电话:0553/5637641、5620923
电子信箱:hua.jin@mycheryyaskawa.com
法定代表人:高立新
产品情况:新能源汽车用电动机及控制器、车用电驱动系统的相关产品

★安徽中电兴发与鑫龙科技股份有限公司
地址:安徽省芜湖市经济开发区九华北路118号
邮编:241008
电话:0553/2398999、4001020888
传真:5312688
网址:www.ah-zdxl.com
电子信箱:xlmch16@126.com
法定代表人:束龙胜
质量体系:ISO 9001、ISO 14001
产品情况:(中电鑫龙牌、iChinaE牌、中电兴发牌、非凡牌)
无线充电机、预装式充电站、智能直流充电桩、直流充电模块、智能交流充电桩等

★安徽沃杰斯汽车科技有限公司
地址:安徽省芜湖市鸠江区西芜湖经济技术开发区东区清水河路西侧6号厂房
邮编:241009
电话:4009280288
传真:0553/2662966
网址:www.woden.net.cn
电子信箱:aggeus@woden.net.cn
法定代表人:黄大奎
质量体系:ISO/TS 16949
产品情况:智能电动踏板等汽车电子智能产品

★芜湖森思泰克智能科技有限公司
地址:安徽省芜湖市鸠江区经济开发区东区万春高新技术创业园
邮编:241060

电话:0553/5656088
传真:5656086
网址:www. whstsensor. com
电子信箱:info@ whstsensor. com
法定代表人:秦屹
质量体系:IATF 16949、ISO 14001
产品情况:专注于毫米波及激光雷达传感器智能应用产品

★安徽益佳通电池有限公司
地址:安徽省宣城经济技术开发区宝城路998号(益佳通产业园)
邮编:242000
电话:0563/2909388、2915192
传真:2915088
网址:www. yjtkj. com
电子信箱:3256995325@ qq. com
法定代表人:周德清
产品情况:汽车动力锂电池、锂电池模组、储能锂电池
配套情况:主要合作伙伴有安凯客车、知豆汽车、扬州亚星等

★安徽源光电器有限公司
地址:安徽省宁国市外环东路2号
邮编:242300
电话:0563/4180988
传真:4180818
网址:www. jkdq. com
电子信箱:jk0ffice@ jkdq. com
法定代表人:薛泽峰
单位人数:420
质量体系:ISO 9001
产品情况:生产电容器以及电光源产品
出口情况:远销北美洲、欧盟、中东、东南亚等地区

★安徽东方启辰信息技术有限公司
地址:安徽省宁国市港口生态工业园纬六路
邮编:242300
电话:0563/4210999
网址:www. iov - dfv. net
法定代表人:李东方
产品情况:(DFV 牌)
嵌入式大屏智能汽车互联网电脑系统、专车专用10英寸、12英寸安卓智能导航系列专利产品

★安徽铜峰电子股份有限公司
地址:安徽省铜陵市开发区翠湖三路铜峰工业园
邮编:244000
电话:0562/5883728
网址:www. tong - feng. com
电子信箱:tfbgs@ tong - feng. com
法定代表人:王哲阳
质量体系:ISO 9002
产品情况:交流电动机运转电容器、电力电子电容器、电容器用聚丙烯薄膜、电容器用聚酯薄膜、金属化镀膜、电池隔膜和汽车座椅等产品

出口情况:在美国、墨西哥和东南亚等地设立多家仓库

★安徽绿动能源有限公司
地址:安徽省太湖县经济开发区观音路318号
邮编:246400
电话:0556/5125551
网址:www. cpte. cn
法定代表人:黄凡
质量体系:ISO/TS 16949、ISO 9001
产品情况:(强力牌)
车用压缩天然气瓶
出口情况:出口意大利、巴西、伊朗、泰国、印度、乌兹别克斯坦等十几个国家

福建省

★中科睿联(福建)科技有限公司
地址:福建省福州市物联网中心
邮编:350015
电话:0591/88265621、13959365001
传真:83979010
网址:www. sino - siit. com
法定代表人:肖自友
产品情况:汽车电动机控制系统、汽车辅助驱动控制器等

★福建万润新能源科技有限公司
地址:福州市闽侯县高新区海西高新技术产业园创新园4号楼
邮编:350100
电话:0591/22891899
传真:22860722
网址:www. fjwanrun. com
法定代表人:陈志江
产品情况:整车控制器、电动机、电动机控制器、变速传动系统以及储能器等新能源汽车动力总成产品

★福建雪人股份有限公司
地址:福建省闽江口工业园洞山西路
邮编:350200
电话:0591/28701111
传真:28709222
网址:www. snowkey. com
电子信箱:info@ snowkey. com
法定代表人:林汝捷
质量体系:ISO 9001、ISO 14001
产品情况:氢燃料电池空气循环系统,应用于燃料电池汽车、燃料电池辅助电源组件和燃料电池实验室等方面
配套情况:为加拿大 Ballard、戴姆勒、克莱斯勒、美国通用、沃尔沃、丰田、本田等汽车生产商提供过燃料电池系统

★中能电气股份有限公司
地址:福建省福清市融侨经济开发区(宏路街道周店村)
邮编:350301
电话:0591/86550308、4000620666
传真:86550380
网址:www. ceepower. com
电子信箱:ceescb@ ceepower. com
法定代表人:陈添旭
质量体系:ISO 9001、ISO 14001
产品情况:汽车充电设施建设及运营、智能电网等
出口情况:出口美国、墨西哥、澳大利亚、日本、韩国、英国、沙特、印度、巴西等30多个国家和地区

★旭成(福建)科技股份有限公司
地址:福建省福清市阳下街道洪宽工业村洪宽三路
邮编:350323
电话:0591/62839666、62839888
传真:85190885
网址:www. xuchengkeji. com
法定代表人:刘峥
质量体系:ISO/TS 16949
产品情况:动力锂电池隔膜

★福建亚南电机有限公司
地址:福建省宁德市东侨经济开发区漳湾工业园疏港路6号
邮编:352100
电话:0593/2589505、2589501
传真:2589778
电子信箱:sales@ yanan - motor. com
法定代表人:郭健
质量体系:ISO 9001、ISO 14001
产品情况:(YANAN 牌)
新能源汽车电动机及驱动总成系统、新能源质子交换膜燃料电池发电设备等

★宁德新能源科技有限公司
地址:福建省宁德市蕉城区漳湾镇新港路1号
邮编:352100
电话:0593/2583888
传真:2583999
网址:www. atlbattery. com
电子信箱:ruanql@ atlbattery. com
法定代表人:左允文
产品情况:提供高质量可充电式锂离子电池的电芯、封装和系统整合产品,锂电产品家族既包括高能量密度、高功率电芯,又包括快充、异形电芯

★宁德时代新能源科技股份有限公司
地址:福建省宁德市蕉城区漳湾镇新港路1号
邮编:352106
电话:0593/2583668、4009180889
传真:2582663
网址:www. catlbattery. com
电子信箱:info@ catlbattery. com
法定代表人:周佳
产品情况:电动汽车及储能系统的锂离子电池、电动汽车电池模组、电动汽车电池系统、动力总成及电池管理系统(BMS)

★厦门首能科技有限公司
地址:福建省厦门火炬高新区(翔安)产业园区翔明路28号
邮编:361000
电话:0592/7292186
传真:7292369
网址:www.xmshouneng.com
电子信箱:1217648099@qq.com
法定代表人:林章铜
产品情况:高性能锂离子电池用电解液、正极材料等系列产品,具备年产5000t电解液和年产1000t正极材料的产能

★铨柯(厦门)电子科技有限公司
地址:福建省厦门市同安工业集中区思明园195号
邮编:361000
电话:0592/5790339、5790369
传真:5564224
网址:www.q-solutions.com.cn
电子信箱:info@qglobal.com.cn
法定代表人:乐可钦
质量体系:ISO/TS 16949、ISO 9001
产品情况:车载障碍探测系统(ODS)、影像行车泊车监控系统(IPS)、倒车雷达系统、后视镜显像系统、汽车电子防锈系统、美式拖车栓报警系统、前置式雷达系统等汽车障碍探测系统产品

★厦门云感科技有限公司
地址:福建省厦门市思明区洪文四里8号301A室
邮编:361000
电话:15359259933
电子信箱:604907276@qq.com
法定代表人:陈华云
产品情况:高级辅助驾驶软硬件方案提供商

★厦门钨业股份有限公司
地址:福建省厦门市展鸿路81号特房波特曼财富中心21层
邮编:361000
电话:0592/3351797、3351757
网址:www.cxtc.com
电子信箱:efax@cxtc.com
法定代表人:黄长庚
产品情况:锂电正极材料和镍氢电池负极材料(储氢合金)

★厦门科华恒盛股份有限公司
地址:福建省厦门市火炬高新区火炬园马垄路457号
邮编:361006
电话:0592/5160516
传真:5162166
网址:www.kehua.com.cn
电子信箱:linxian@kehua.com
法定代表人:陈成辉
质量体系:ISO 9001、ISO 14001
产品情况:(科华牌)
　　各种电源、电动汽车充电桩、云动力数据中心等
出口情况:服务于全球80多个国家和地区

★同致电子科技(厦门)有限公司
地址:福建省厦门市湖里工业区华盛路26号
邮编:361006
电话:0592/6036783
传真:6036766
网址:www.tungthih.com
电子信箱:ttd@tungthih.com.cn
法定代表人:陈信忠
质量体系:ISO/TS 16949、QS 9000
产品情况:(TTE牌)
　　超声波倒车辅助系统、自动泊车系统、防盗器、多功能型电子后视镜、车用摄像头CCD/CMOS、电子防炫后视镜、免钥匙进入系统、无线胎压侦测系统、多功能抬头显示器等
配套情况:为上汽大众、上汽通用、郑州日产、东风日产、北汽福田、江铃汽车、奇瑞汽车等配套

★厦门意行半导体科技有限公司
地址:福建省厦门软件园二期观日路22号A202
邮编:361008
电话:0592/3782500
传真:3782501
电子信箱:dm.liu@imsemi.com
法定代表人:陈晓东
产品情况:射频前端单片微波集成电路(MMIC)的研发和生产,用于车载雷达、智能交通等领域

★汉纳森(厦门)数据股份有限公司
地址:福建省厦门市软件园二期观日路28号之二501室
邮编:361008
电话:0592/3923861
网址:www.xmhns.com
电子信箱:hns@xmhns.com
法定代表人:王添辉
质量体系:ISO/TS 16949
产品情况:(汉纳森牌)
　　车用电源智能化管理系统、车用智能总线控制系统、一种智能配电系统、汉纳森云平台、云总线处理器等
配套情况:合作客户有福田汽车、东风汽车、上汽红岩、上海申龙、中通客车、比亚迪汽车、苏州金龙、金旅、中国重汽、南京金龙、北京公交等

★厦门法拉电子股份有限公司
地址:福建省厦门市海沧区新园路99号
邮编:361022
电话:0592/6208505、6208586
传真:6208777
网址:www.faratronic.com
电子信箱:vitawang@faratronic.com.cn
法定代表人:严春光
质量体系:ISO/TS 16949、ISO 14001
产品情况:年产45亿只薄膜电容器及2500t金属化膜

★厦门澳仕达电子有限公司
地址:福建省厦门市同安工业集中区思明园190号4楼
邮编:361100
电话:0592/7238321
电子信箱:xmautostar@hotmail.com
法定代表人:刘建诚
产品情况:汽车盲点辅助系统BSA、汽车防追尾雷达RCW、数字式超声波探头、汽车电子驻车系统EPB、汽车电子防锈装置ECOAT、工程车高压电力接近报警系统、自动泊车探头等产品

★厦门瑞忆科技有限公司
地址:福建省厦门市同安区西柯镇环东海域湖里园81号
邮编:361110
电话:4006392999
传真:0592/6681370
网址:new.conqueror.cn
电子信箱:sales@radarway.com.tw
法定代表人:高瑞忆
单位人数:500
产品情况:汽车雷达安全警示器、GPS卫星定位雷达、智能型导航雷达,安全警示器,影像记录器及车辆管理追踪器

★福建冠龙新能源汽车科技有限公司
地址:福建省漳州市角美文圃工业园
邮编:363107
电话:0596/6769323、6767319
电子信箱:zhenggx@fjglkj.com
法定代表人:刘水源
产品情况:专业从事新能源客车驱动总成开发、生产

★福建卫东新能源股份有限公司
地址:福建省龙岩市永定县高陂镇莲花工业园区
邮编:364100
电话:0597/5680903、23200020
传真:5639266
网址:www.wdnewenergy.com
电子信箱:fjwdxny@sina.com
法定代表人:李恒
产品情况:镍氢动力电池

★福建省长汀金龙稀土有限公司
地址:福建省龙岩市长汀县经济开发区工业新区
邮编:366300
电话:0597/3160681、3160606
传真:6832800
网址:www.gdre.com.cn
法定代表人:钟可祥
产品情况:主要从事稀土分离、稀土精深加工以及稀土功能材料的研发与应用

江西省

★江西京九电源科技有限公司
地址:南昌市小蓝经济开发区富山一路1388号
邮编:330200
电话:0791/85297195、15779574968
网址:www.kijo.com.cn
电子信箱:1725663085@qq.com
法定代表人:王顺保
质量体系:ISO/TS 16949、ISO 14000
产品情况:(京球牌)
阀控式密封铅酸蓄电池、电动车用动力蓄电池、起动电池、储能电池、铅酸蓄电池极板等
出口情况:远销东南亚、中东、非洲、欧美等地区

★江西恒动新能源有限公司
地址:南昌市临空经济区儒乐湖大街1001号
邮编:332300
电话:0791/82203830
电子信箱:info@jxevbattery.com.cn
法定代表人:王伟
质量体系:ISO/TS 16949、ISO 14001
产品情况:锂二次动力电池材料、电池、系统及装备

★九江天赐高新材料有限公司
地址:江西省九江市湖口县金砂湾工业园
邮编:332500
电话:0792/7181000、15856623333
传真:6380900
网址:www.tinci.com
电子信箱:wangxiaochen@tinci.com
法定代表人:徐三善
产品情况:锂离子电池材料等

★江西安驰新能源科技有限公司
地址:江西省上饶经济技术开发区兴业大道128号
邮编:334000
电话:0793/8829888
传真:8571899
网址:www.anchitech.com
法定代表人:温显来
产品情况:新能源汽车动力电池

★爱驰汽车有限公司
地址:江西省上饶经济技术开发区兴园西大道
邮编:334100
电话:021/55670363
网址:www.ai-ways.com
电子信箱:562917883@163.com
法定代表人:付强
负责人:谷峰
产品情况:(爱驰牌)
以驱动汽车行业进化为理念,致力于打造高品质、贴心、便捷的新能源车与出行服务

★江西捷控新能源科技有限公司
地址:江西省上饶经济技术开发区凤凰西大道299号
邮编:334199
电话:17770316170
电子信箱:jecon_huwq@163.com
法定代表人:徐晨阳
产品情况:主要产品为新能源汽车动力系统和控制系统
配套情况:与恒天百路佳、上饶博能客车、江铃汽车、河南锂动、上海大郡控制等著名汽车制造企业及电池、新能源电机企业开展技术合作

★江西特种电机股份有限公司
地址:江西省宜春市袁州区环城南路581号
邮编:336000
电话:0795/3272270
传真:3263554
网址:www.jiangte.com.cn
电子信箱:jtsales@263.net
法定代表人(负责人):朱军
单位人数:6000
质量体系:ISO/TS 16949、ISO 14001
产品情况:动力蓄电池的锂电池正极材料-富锂锰基,电动汽车驱动电动机及控制系统,以锂电池为动力的高尔夫球场电动车、助老助残电动车等产品

★江西江特电气集团有限公司
地址:江西省宜春市袁州区环城南路583号
邮编:336000
电话:0795/3285018、3285016
传真:3285015
网址:www.jiangte.net
电子信箱:jiangte@jiangte.net
法定代表人:卢顺民
单位人数:5000
质量体系:ISO 9000
产品情况:(江特牌)
电动汽车充电设备、电动汽车电驱动系统等

★江西正拓新能源科技股份有限公司
地址:江西省宜春市袁州区经济开发区春一路89号
邮编:336000
电话:0795/2183330、2181582
传真:2188004
网址:www.jxzeto.com
电子信箱:huangliqun@jxzeto.com
法定代表人:肖少贤
质量体系:ISO/TS 16949、ISO 14001
产品情况:锂电池石墨负极材料,主要应用于锂离子动力电池(EV/HEV/PHEV、电动工具、电动大客车等)、储能锂离子电池(储能电站、移动储能车、充电汽车等)等领域
配套情况:为比亚迪、力神、哈尔滨光宇、国轩高科等公司供货

★远东福斯特新能源有限公司
地址:江西省宜春市袁州区经济开发区经发大道39号福斯特工业园
邮编:336000
电话:4001018650、18307052638
网址:www.firstbattery.com
法定代表人:蒋承志
单位人数:2300
质量体系:ISO/TS 16949、ISO 14001
产品情况:锂离子动力电池
配套情况:与江铃、东风、众泰、奇瑞、陕汽通家等新能源汽车厂商配套销售超过4万组动力电池组

★江西江特锂电池材料有限公司
地址:江西省宜春市袁州区医药工业园朝霞路
邮编:336000
电话:0795/7092575、15607953695
传真:7092573
网址:www.jiangteld.cn
电子信箱:lidian@jiangte.com.cn
法定代表人:钟盛文
产品情况:主营锂离子电池用富锂锰基正极材料、三元系列正极材料、正极材料前驱体、电池组;具有年产正极材料2400t,年产前驱体3000t,年产电池组3000万Wh的生产能力

★江西长新电源有限公司
地址:江西省宜丰县工业园
邮编:336300
电话:4001818308、18979596688
网址:www.cx-sun.com
电子信箱:617994210@qq.com
法定代表人:袁文勇
产品情况:(长新牌)
电动助力车电池、UPS电池、电动汽车电池、摩托车起动蓄电池、储能电池等
配套情况:是超威动力、科士达科技、株冶集团等上市公司的重要合作伙伴

★江西振盟新能源有限公司
地址:江西省宜丰县绿色高效储能产业基地
邮编:336300
电话:0795/7133118、4001096168
传真:7290998
网址:www.zmxny.com
电子信箱:jxzmxny@163.com
法定代表人:楼志扬
产品情况:(振盟牌、擎天柱牌)
电动汽车电池

★江西赣锋锂业股份有限公司
地址:江西省新余市高新技术产业园区南源路608号
邮编:338015
电话:0795/4604680、6861197

网址:www. ganfenglithium. com
电子信箱:info@ ganfenglithium. com
法定代表人:李良彬
产品情况:锂铷铯和锂电新材料系列产品
出口情况:远销美国、日本、韩国、欧盟、东南亚国家和地区,并销往中国台湾地区

★新余市益立新能源科技发展有限公司
地址:江西省新余市下村工业基地大一路9号
邮编:338019
电话:0790/6852225
网址:www. xyyili. com
法定代表人:林益立
产品情况:电驱动汽车空调、电动机、电驱动压缩机

★孚能科技(赣州)有限公司
地址:江西省赣州开发区金岭西大道底端栖凤山路
邮编:341000
电话:0797/7329888、7329889
网址:www. farasis. com
电子信箱:xwpeng@ farasisenergy. com. cn
法定代表人:王瑀
质量体系:ISO 14001、ISO/TS 16949
产品情况:锂离子电池及模块系统、电池模块管理系统、充电系统等电动车储能及管理系统

山东省

★山东宝雅新能源汽车股份有限公司
地址:济南市高新区春晖路1888号
邮编:250100
电话:0531/55701011、55701028
电子信箱:bydongban@ 163. com
法定代表人:张建农
质量体系:ISO/TS 16949、ISO 9000
产品情况:小型电动汽车及电动汽车关键零部件
出口情况:出口东南亚、欧洲、美洲等50多个国家和地区

★德州锦城电装股份有限公司
地址:山东省德州市临邑县城区开元西大街富民路东侧
邮编:251507
电话:0534/5058598、13386319000
网址:www. dzjincheng. com
电子信箱:andy_yu@ hong - lin. com. cn
法定代表人(负责人):李建明
单位人数:1500
质量体系:ISO/TS 16949
产品情况:整车线束、新能源汽车充电管理系统、电池模组管理系统等核心领域的线束开发与配套
配套情况:为北京现代、重汽集团、北汽福田、华晨汽车、长城汽车、江淮汽车、江铃汽车、华泰汽车等主机厂提供整车线束开发与配套服务;为江淮朝柴、重汽动力、中国一拖、新晨动力、华源莱动、康明斯(中国)等发动机企业提供满足国4、国5要求的发动机与管理系统线束的开发与配套服务;为江铃新能源、智行鸿远等新能源汽车生产厂提供新能源汽车高低压系列线束设计与配套服务;为捷威动力、OE能源、波士顿、盟固利等新能源动力电池企业提供电池管理系统线束开发与配套服务;为汇通、吉利等汽车车载互联及多媒体产品系列提供专用线束配套业务

★山东上达稀土材料有限公司
地址:山东省冠县东外环工业园
邮编:252500
电话:0635/5873976、13806355728
传真:5289069
网址:cn. sdsdxt. com
法定代表人:周书台
质量体系:ISO 9001、ISO 14001
产品情况:高性能钕铁硼永磁材料,产品广泛用于电子信息、新能源汽车等领域

★山东奥冠新能源科技有限公司
地址:山东省德州市德州经济开发区
邮编:253000
电话:0534/2469788
网址:www. aoguan. com
电子信箱:sales@ allgrand - battery. com
法定代表人:孟祥辉
质量体系:ISO 9001、ISO 14001
产品情况:锂离子电池,涵盖光伏储能、电动汽车、电动助力车和UPS后备电源四大系列产品
出口情况:远销北美洲、欧洲、非洲、东南亚等世界60余个国家和地区

★汉格威新能源汽车电控制造有限公司
地址:山东省德州市平原县桃源大道
邮编:253100
电话:0534/7869888
传真:7869888
网址:www. hagerwin. com
电子信箱:service@ hagerwin. com
法定代表人:姜杰
产品情况:电池管理系统、电动机控制器、整车控制器、高压配电箱等

★山东联孚汽车电子有限公司
地址:山东省乐陵市德源北大街117号
邮编:253600
电话:0534/6848888
传真:6849999
网址:www. lianfugroup. com
电子信箱:762045250@ qq. com
法定代表人:张根发
产品情况:主要生产新能源汽车专用电动机和整车控制器

★乐陵市禾田电动车零部件有限公司
地址:山东省乐陵市乐德路北侧
邮编:253600
电话:0534/6877787
网址:www. tianhecheye. com
法定代表人:田双喜
产品情况:电动车零部件、增程器、电动车空调

★淄博国利新电源科技有限公司
地址:山东省淄博市高新区政通路135号高科技创业园D座613
邮编:255000
电话:0533/3582079
传真:3582079
网址:www. glxdy. com
电子信箱:guolixdy@ 163. com
法定代表人:林赛顺
质量体系:ISO/TS 16949、ISO 14001
产品情况:电容型镍氢动力电池等新能源汽车动力电池

★山东淄博迪生电源有限公司
地址:山东省淄博市淄川区松龄东路125号
邮编:255100
电话:0533/5286666、5287777
传真:5283333
网址:www. disondianchi. com
法定代表人:殷海鸣
质量体系:ISO 9001、GJB 9001A
产品情况:高温锂离子、镍氢、镉镍电池
出口情况:远销美国、德国、英国、大洋洲、新加坡、中东等国家和地区

★山东得普达电机股份有限公司
地址:山东省淄博开发区北路52号先进制造产业园3号
邮编:255200
电话:0533/6287981、6287984
传真:6287983
网址:www. zbdepuda. cn
电子信箱:depuda@ 163. com
法定代表人:王福杰
质量体系:ISO/TS 16949、ISO 9001
产品情况:电动车电动机、巡逻车电动机、高尔夫球车电动机、观光车电动机及其他电动车辆牵引电动机

★山东东岳未来氢能材料有限公司
地址:山东省淄博市桓台县唐山镇东岳氟硅材料产业园区
邮编:256401
电话:0533/8510210
网址:www. dongyuechem. com
电子信箱:zhouman@ dongyuechem. com
法定代表人:张建宏
产品情况:氢能材料、制氢膜材料、锂电池材料等

★山东裴森动力新能源有限公司
地址:山东省滨州市黄河12路以北渤海21路以西
邮编:256600

电话:0543/5082211
传真:5167070
网址:www. pse - battery. com. cn
电子信箱:info@ pse - battery. com. cn
法定代表人:崔吉奎
质量体系:ISO 9001、ISO 14001
产品情况:动力及储能方型铝壳、软包磷酸铁锂电池等,应用于新能源汽车等领域

★山东恒宇新能源有限公司
地址:山东省东营市东营区淮河路 1 号
邮编:257092
电话:0546/8655053、15965070088
电子信箱:hengyu@ energy. com
法定代表人:徐保惠
质量体系:ISO/TS 16949、ISO 14001
产品情况:(恒瑞牌)
　　生产动力锂电池(电动自行车电池、电动叉车电池、电动牵引车电池、电动汽车电池等)和电动自行车
出口情况:远销五大洲 100 多个国家和地区

★山东高佳新能源有限公司
地址:山东省东营市东营区峄城路 7 号
邮编:257100
电话:0546/7757058
网址:www. gaojialib. com
法定代表人:刘泽锟
质量体系:ISO 9000、ISO 14000
产品情况:具备年产 35 亿 Wh 高能锂离子动力电池、2 万 t 正极材料的生产规模,年回收 2 万 t 废旧锂电池
配套及出口情况:与大众、一汽、长安、奇瑞、东风日产、宇通、江淮、力帆、中通等国内外大型车企展开合作,并与山东沂星达成全面战略合作协议;营销网络覆盖欧洲、美洲、亚洲等 20 多个国家和地区

★潍柴西港新能源动力有限公司
地址:山东省潍坊市高新技术产业开发区福寿东街 197 号甲
邮编:261061
电话:0536/2297290、2297765
传真:8211003
网址:www. weichai. com
电子信箱:weicxgxxxt@ weichai. com
法定代表人:邵思东
产品情况:燃气发动机,应用于城市公交、公路客车、重型货车等领域

★山东久力工贸集团有限公司
地址:山东省日照市五莲县于里镇驻地
邮编:262300
电话:0633/5412369、5413888
传真:5413888
网址:www. sdjljt. cn
电子信箱:jl - sale@ sdjljt. cn
法定代表人:韦学忠
产品情况:起动用蓄电池、动力电池
配套情况:为五征集团、江淮汽车、一汽解放合作

★山东康洋电源有限公司
地址:山东省五莲县高泽工业基地
邮编:262300
电话:0633/5451168、5453589
传真:2956999
网址:www. chinacane. com
电子信箱:13455046458@ 163. com
法定代表人:冯启勇
单位人数:1360
质量体系:ISO 9001、ISO 14001
产品情况:已具备电动车蓄电池及极板各 2000 万套的年生产能力

★山东梅拉德能源动力科技有限公司
地址:山东省潍坊市昌乐 309 国道雷丁工业园
邮编:262499
电话:0536/6666666、4001005111
网址:www. levdeo. com
法定代表人:舒欣
产品情况:电动汽车整车及关键零部件

★山东威能环保电源科技股份有限公司
地址:山东省寿光市东城工业园
邮编:262700
电话:0536/5675088、17753650421
网址:www. winabattery. com
电子信箱:info@ winabattery. com
法定代表人:张风太
质量体系:GB/T 19001、ISO 9001
产品情况:(威能牌)
　　锂离子电芯、电控、电池组等
配套及出口情况:与中通客车、南京金龙、申沃客车、众泰、中国一汽、福田欧辉、沂星等长期合作;出口欧洲、美洲

★潍坊瑞驰汽车系统有限公司
地址:山东省潍坊市滨海经济技术开发区北海支路 002066 号
邮编:262737
电话:0536/2099200
传真:2099299
网址:www. wfrcauto. com
电子信箱:hr@ wfrcauto. com
法定代表人:李云众
质量体系:ISO/TS 16949
产品情况:(瑞驰斯特牌)
　　A00 级两门两座电动汽车、A0 级四门五座电动汽车、微面、微卡、MMPV 等 5 种量产车型,场地观光车和电动超级跑车等以及电控系统和电池管理系统等新能源汽车关键技术产品

★东方电子股份有限公司
地址:山东省烟台市机场路 2 号
邮编:264000
电话:0535/5520001、4001802998
传真:5520174
网址:www. dongfangelec. com
电子信箱:lina@ dongfang - china. com
法定代表人:丁振华
质量体系:ISO 9001、ISO 14001
产品情况:(东方牌)
　　新能源汽车能源供给相关产品、电源线缆、汽车工具包等(电力设备及智能电网的设备供应商)
出口情况:产品遍及东南亚、南亚、中东、非洲、欧洲等多个国家和地区

★烟台创为新能源科技有限公司
地址:山东省烟台市金沙江路 163 号
邮编:264000
电话:0535/2158386、2158936
传真:2158386
网址:www. chungway. com
电子信箱:huangdinglai@ chungway. com
法定代表人:张立磊
产品情况:电池箱自动专用灭火装置系统

★山东方硕电子科技股份有限公司
地址:山东省烟台市高新区经八路 17 号
邮编:264003
电话:4006703255
网址:www. fangshuochina. com
电子信箱:fangshuo@ chinafangshuo. net
法定代表人:戚志杰
产品情况:OBD 智能终端(车管家系列产品)、车载云端娱乐影音系统、智能安防终端(VPS、A5C 系列产品)以及与硬件相配套的手机 APP、云端服务平台、大数据分析平台等

★山东贝格新能源科技有限公司
地址:山东省烟台市莱山区明达西路 11 号
邮编:264003
电话:4001122019
网址:www. nevbg. com
电子信箱:nevbg@ aioute. com
法定代表人:王涛
产品情况:新能源汽车整车、智能网联汽车及核心零部件

★日立化成工业(烟台)有限公司
地址:山东省烟台经济技术开发区福州路 1 号
邮编:264006
电话:0535/6952777
传真:6952177
网址:www. hitachi. com. cn
法定代表人:严爱军
产品情况:锂离子电池用负极材料的制造,汽车部品密封圈的研磨加工

★烟台正海磁性材料股份有限公司
地址:山东省烟台经济技术开发区珠江路 22 号
邮编:264006
电话:0535/6383782、6385813
传真:6387449
网址:www. zhmag. com
电子信箱:marketing@ zhmag. com

法定代表人:秘波海
质量体系:ISO 9001、ISO 14001
产品情况:主要产品为高性能钕铁硼永磁材料,广泛应用于汽车等领域

★正海集团有限公司
地址:山东省烟台市开发区珠江路66号
邮编:264006
电话:0535/6397107
传真:6397107
网址:www. zhenghai. com
电子信箱:leifuyun@ zhenghai. com
法定代表人:秘波海
产品情况:新能源汽车驱动系统、顶棚和天窗遮阳板等汽车内饰产品、稀土永磁产品等

★威海世高光电子有限公司
地址:山东省威海市齐鲁大道附60-2号
邮编:264205
电话:0631/3635808
网址:www. shigaoguang. com
法定代表人:朴元羲
单位人数:750
质量体系:ISO/TS 16949、ISO 14001
产品情况:车载镜头等各种光学成像镜头、LED照明光学系统,用于行车记录仪、倒车影像、车载照明系统以及安防监控等

★山东新焦点龙盛汽车配件有限公司
地址:山东省龙口市诸由观镇小姜家村
邮编:265712
电话:0535/8582166、8581186
传真:8581230
网址:www. shanlong. com
电子信箱:market@ shanlong. com
法定代表人:黄运廷
质量体系:ISO 9001、ISO/TS 16949
产品情况:(山龙牌)
汽车充电电缆、汽车电瓶连接线、汽车、农用车和特种车线束总成、汽车应急电源、逆变器、电瓶测试仪等随车工具
出口情况:全部出口美国、欧洲、日本、大洋洲、南美洲、东南亚等国家和地区,并销往中国香港、中国台湾地区

★青岛华烁高科新能源技术有限公司
地址:山东省青岛市高新技术产业开发区秀园路1号
邮编:266000
电话:0532/88607099、13335062299
传真:88607066
网址:www. huashuochina. com
电子信箱:huashuogaoke@ huashuochina. com
法定代表人:郭黎青
产品情况:(华烁高科牌)
新能源电动汽车充电系统、车载充电系统、智能电网产品、智能物联网、互联网等

★青岛海信网络科技股份有限公司
地址:山东省青岛市市南区东海西路17号
邮编:266071
电话:0532/80873176、4006180811
网址:www. hisense - transtech. com. cn
法定代表人:陈维强
质量体系:ISO 9001
产品情况:主要从事智能车载终端、智慧公交解决方案、快速公交BRT智能系统解决方案、出租汽车服务管理信息系统解决方案等智能交通、公共安全、智慧城市行业整体解决方案、核心技术和产品的研究、开发和服务

★青岛特锐德电气股份有限公司
地址:山东省青岛市崂山区松岭路336号
邮编:266104
电话:0532/89083000
传真:89083066
网址:www. qdtgood. com
电子信箱:tgood@ qdtgood. com
法定代表人:于德翔
单位人数:6900
产品情况:(TGOOD牌)
新能源汽车充换电设备及相关产品、智能变电站、电动汽车群智能充电系统
出口情况:出口德国、澳大利亚、新加坡、墨西哥、阿联酋、南非、马来西亚、哥伦比亚、智利、哈萨克斯坦

★特来电新能源有限公司
地址:山东省青岛市崂山区松岭路336号
邮编:266104
电话:4001300001
网址:www. teld. cn
电子信箱:service@ teld. cn
法定代表人(负责人):郭永光
产品情况:新能源汽车充电网的建设、运营及互联网的增值服务(电动汽车群智能充电系统,充电网、车联网、互联网的三网融合的平台)
配套情况:与北汽新能源、长安汽车、东风电动汽车、宇通客车、金龙客车、海格客车、南京金龙、东南汽车、众泰汽车、江淮汽车、浙江时空等合作

★山东新能源电力设备有限公司
地址:山东省泰安市新泰市开发区国贸路
邮编:271200
电话:0538/7186666
电子信箱:sdkgcwxp@ 163. com
法定代表人:刘继林
质量体系:ISO 9001
产品情况:交直流充电桩、电动汽车交换电设施运行管理系统、电动汽车交换电服务网络、立体充电车库及各种电源逆变设备
出口情况:出口孟加拉国

★山东京瓷光能科技有限公司
地址:山东省曲阜市济宁学院北300米(文宣路66-6号)
邮编:273100
电话:4008797791
传真:0537/5051983
网址:www. sdjcse. com
法定代表人:李立华
质量体系:ISO 9001、ISO 14001
产品情况:锂离子动力电池、储能电池系统(PACK)

★山东圣阳电源股份有限公司
地址:山东省曲阜市圣阳路1号
邮编:273100
电话:0537/4438666、4412882
传真:4428475
网址:www. sacredsun. cn
电子信箱:sydy@ sacredsun. cn
法定代表人:宋斌
单位人数:2000
质量体系:GB/T 19001、ISO 9001
产品情况:(圣阳牌、ABT牌、赛耐克牌、方信牌)
铅蓄电池、锂离子电池、电源系统、新能源集成系统等电池电源产品

★山东衡远新能源科技有限公司
地址:山东省邹城市三兴路2799号
邮编:273500
电话:0537/5181809、4009685669
传真:5181800
网址:www. aforever. cn
电子信箱:aforever@ 188. com
法定代表人:金吉刚
质量体系:ISO/TS 16949、ISO 14001
产品情况:锂离子电池、汽车动力电池、新能源动力电池和电源系统研发、生产

★山东玉皇新能源科技有限公司
地址:山东省菏泽市中华东路888号
邮编:274000
电话:0530/5818833
传真:5818883
网址:www. sdyhne. com
法定代表人:王瑛
质量体系:ISO/TS 16949、ISO 14001
产品情况:动力电芯、动力电池系统和石墨烯

★山东德洋电子科技有限公司
地址:山东省临沂市沂南县澳柯玛大道西首
邮编:276300
电话:0539/3251300
传真:3251920
网址:dy. shuanglin. com
电子信箱:dy@ xdy. com
法定代表人:LEE CHUNG YONG
单位人数:500
质量体系:ISO 9001
产品情况:电动车电动机、智能控制器、整车管理系统(VMS)和电池管理系统(BMS)等

配套情况：为新日、绿源、雅迪、爱玛、泰美、捷安特、速派奇、富士达、澳柯玛等知名电动车制造商的优秀供方及合作伙伴

★**山东新大洋机电科技有限公司**
地址：山东省临沂市沂南县澳柯玛大道西首
邮编：276300
电话：0539/3310800
传真：3729777
网址：www. xdy. com
电子信箱：sd@ xdy. com
法定代表人：蒋阳川
质量体系：ISO 9001
产品情况：电动车用电动机和塑料件，具备年产电机 150 万台、塑料件 50 万套的综合生产能力

★**山东精工电子科技有限公司**
地址：山东省枣庄市高新区泰国工业园复元三路
邮编：277020
电话：0632/5199698、4008125699
传真：5199218
网址：www. goldencellbattery. cn
电子信箱：market@ goldencell. biz
法定代表人：温福君
质量体系：IATF 16949、ISO 14001
产品情况：主要产品有磷酸铁锂正极材料、三元锂离子电池、磷酸铁锂动力和储能电池及电池管理系统、超级电容器等
配套情况：主要客户包括中船重工、中通客车、美国通用电器(GE)、英国 PK、德国 BMZ、GLP、CGG、BPL 等国内外知名企业

★**山东嘉寓润峰新能源有限公司**
地址：山东省济宁市微山经济开发区润峰工业园
邮编：277600
电话：0537/8699997、4001888968
传真：8699916
网址：www. realforce. com. cn
电子信箱：sales@ realforce. com. cn
法定代表人：户长全
质量体系：ISO 9001、ISO/TS 16949
产品情况：锂离子动力电池、储能系统、移动电源的产品
出口情况：在美国、德国、日本、韩国等国设立销售分支机构

★**海特电子集团有限公司**
地址：山东省枣庄高新区复元五路西侧
邮编：277800
电话：0632/5296888、8599985
传真：5292918
网址：www. heterbattery. com
电子信箱：service1@ heterbattery. com
法定代表人：关成珍
质量体系：ISO 9001
产品情况：(友来牌)
锂离子电池、高能电池、动力电池及电池组，超级电容器
出口情况：远销德国、美国、加拿大等国家，并销往中国香港地区

河南省

★**郑州瑞能电气有限公司**
地址：郑州市高新技术开发区玉兰街 101 号
邮编：450001
电话：0371/67679638
传真：63766189
网址：www. zzrndq. com
电子信箱：marketing@ zzrunner. com
法定代表人：乔霞
质量体系：ISO 9001、ISO 14001
产品情况：飞轮储能装置、直流电能及采集子系统、智慧云计量统计管理子系统、热管热交换系统、蓄电池在线监测子系统等

★**河南护航实业股份有限公司**
地址：郑州市高新区长椿路 11 号国家大学科技园 1 号楼 12A 层
邮编：450001
电话：4006169928
传真：0371/61770273
网址：www. acs007. com
电子信箱：huhang@ acs007. com
法定代表人：曲保章
单位人数：150
质量体系：ISO/TS 16949
产品情况：汽车自动辅助驾驶方案提供、汽车自动防撞系统提供、汽车自动紧急制动系统(AEBS)产品

★**河南博纳威特电子科技有限公司**
地址：郑州市金水区东风路蓝堡湾 2 期 12 栋
邮编：450011
电话：0371/61875259
传真：63287934
网址：www. bnwt. cn
电子信箱：72726547@ qq. com
法定代表人：张利娟
产品情况：电动车充电管理系统、智能无线插座等

★**郑州中电新能源汽车有限公司**
地址：郑州市经济技术开发区航海东路 1356 号 617 室
邮编：450016
电话：0371/61270811
传真：61272066
电子信箱：354878084@ qq. com
法定代表人：李晓东
质量体系：ISO 9001
产品情况：(中电牌)
摩托车锌镍起动电池、汽车锌镍起停电池、电动汽车动力电池、电池管理系统、交/直流充电桩、车载/便携式充电机、高精度开关电源、电能计量装置远程校验及效能监测系统、系列化立体泊车位等产品

★**郑州欧源电气有限公司**
地址：郑州市巩义芝田开发区
邮编：451299
电话：4009988205
网址：www. zzoydq. com
法定代表人：常淑丛
单位人数：500
产品情况：(创奇牌)
专业生产免维护电动汽车电池

★**郑州比克新能源汽车有限公司**
地址：郑州市中牟县汽车产业园
邮编：451450
电话：4008709960
网址：www. bakauto. com. cn
电子信箱：zzbkyingxiao. list@ bak. com. cn
法定代表人：李向前
产品情况：产品涵盖纯电动乘用车、纯电动城市物流车和新能源特种专业车三大领域

★**河南新太行电源股份有限公司**
地址：河南省新乡市北外环东段太行工业园区
邮编：453000
电话：0373/5283716、4008606755
传真：5283758
网址：www. thdy. com
电子信箱：755@ thdy. com
法定代表人：程迪
质量体系：ISO 9001、ISO/TS 16949
产品情况：(太行牌)
拥有锂离子、铅酸、镉镍、铁镍、锌银蓄电池及电动汽车电源、电源管理系统、蓄电池专用设备等多系列产品
出口情况：远销欧美、中东、东南亚等地区

★**河南锂动电源有限公司**
地址：河南省新乡市化学与物理电源产业园创业路 1 号
邮编：453000
电话：0373/5862995、5862996
传真：5862926
网址：www. hnlddy. com
法定代表人：李长杰
质量体系：ISO/TS 16949、ISO 14001
产品情况：锂离子动力电池(方形、圆柱形、软包装三种)等产品
出口情况：远销荷兰、美国、加拿大、墨西哥、韩国、日本等国家

★**河南科隆集团有限公司**
地址：河南省新乡市科隆大道甲 1 号
邮编：453000
电话：0373/5068939、5068989
传真：3515618

网址:www. hnkl. com. cn
电子信箱:group@ hnkl. com. cn
法定代表人:程清丰
单位人数:8000
质量体系:ISO/TS 16949、ISO 14001
产品情况:(太行牌、科隆牌)
新能源产业:新能源材料、高性能动力电池、电源系统;制冷系统及配套产业:蒸发器、冷凝器;大型装备产业
出口情况:出口日本、韩国、美国、欧盟、俄国、印度等市场

★河南环宇集团有限公司
地址:河南省新乡市新辉路三里桥
邮编:453002
电话:0373/2512700、2688006
传真:2688012
电子信箱:admin3@ hyg. com. cn
法定代表人:李中东
质量体系:ISO 9001、ISO 14001
产品情况:锂离子电池、镍电池、铅酸电池、电池配件、电池材料
配套及出口情况:为美国百得、德国博世、中国香港 TTI、郑州日产、山东沂星等公司配套;出口欧洲、美洲、东南亚等30 多个国家和地区

★河南科隆新能源股份有限公司
地址:河南省新乡市科隆大道中段
邮编:453700
电话:0373/5068965、5068923、
传真:5068952
网址:www. kelongenergy. com
电子信箱:xny@ hnkl. cn
法定代表人:程迪
产品情况:镍氢、锂离子电池正极材料前驱体等
出口情况:出口日本、韩国、美国、欧盟、俄国、印度等市场

★多氟多化工股份有限公司
地址:河南省焦作市中站区焦克路 1 号多氟多科技大厦
邮编:454003
电话:0391/2802615
传真:2802980
网址:www. dfdchem. com
电子信箱:duofuduo@ dfdchem. com
法定代表人:李世江
单位人数:4000
产品情况:锂离子电池材料、新能源锂离子动力电池定制、新能源汽车

★多氟多新能源科技有限公司
地址:河南省焦作市工业产业集聚区西部园区新园路北侧标准化厂房区
邮编:454150
电话:0391/2956015
网址:www. dfdxny. com
电子信箱:service@ dfdxny. com
法定代表人:李云峰
质量体系:ISO/TS 16949、ISO 14001
产品情况:电动汽车动力总成、动力电池

★河南贝迪新能源制冷工业有限公司
地址:河南省济源市高新技术产业集聚区
邮编:454650
电话:0391/5575801、17639190011
传真:5575800、5575812
电子信箱:17639190011@ 139. com
法定代表人:郭党生
产品情况:新能源汽车空调(超低温热泵型纯电动汽车空调)

★济源市万洋绿色能源有限公司
地址:河南省济源市思礼镇思礼村北
邮编:459006
电话:0391/6766288、13838933090
传真:6765067
网址:www. wanyanggroup. cn
电子信箱:wanyanggroup@ 126. com
法定代表人:蒋玉良
质量体系:ISO 9001、ISO 14001
产品情况:电动车蓄电池极板生产和蓄电池组装

★许继电气股份有限公司
地址:河南省许昌市许继大道 1298 号
邮编:461000
电话:0374/3212400、3212286
网址:www. xjgc. com
电子信箱:wangshuai0272001@ aliyun. com
法定代表人:张旭升
质量体系:ISO 9001
产品情况:电动汽车智能充换电系统
配套及出口情况:主要合作北京、上海、南京、青岛等大中城市智能充换电示范工程等,京沪、京港澳、青银高速公路等城际快充站工程;远销东南亚、南亚、非洲、中东、南美洲等 30 多个国家和地区

★河南瑞尔智能电力设备有限公司
地址:河南省许昌市中原电气谷创业孵化园(许昌留学人员创业园)
邮编:461000
电话:0374/7386991、15203749311
传真:7386992
网址:www. realintel. net
电子信箱:hnruierzhineng@ 163. com
法定代表人:朱桂涛
单位人数:200
质量体系:ISO 9001
产品情况:高低压开关柜、箱式变电站、高低压电气成套设备、智能汽车充电桩等等

★河南力旋科技股份有限公司
地址:河南省长葛市黄河工业园区
邮编:461500
电话:0374/6123706
网址:www. hhlxtech. com
法定代表人:乔秋生
产品情况:动力锂电池、电池组、电池级单元、锂电池材料、充电器及零部件

★河南森源电气股份有限公司
地址:河南省长葛市魏武路南段西侧
邮编:461500
电话:0374/6108300、6108396
传真:6108369
网址:www. hnsyec. com
电子信箱:xsgs@ hnsyec. com
法定代表人:杨合岭
质量体系:ISO 9001、ISO 14001
产品情况:交、直流智能充电桩(站)等
出口情况:远销美洲、中亚、东南亚等 30 多个国家和地区

★平高集团有限公司
地址:河南省平顶山市南环路东 22 号
邮编:467001
电话:0375/3507888、4006700312
网址:www. pinggaogroup. com
电子信箱:sales@ pinggao. com
法定代表人:成卫
负责人:程利民
单位人数:9989
质量体系:ISO 9001
产品情况:(平高牌)
电动汽车智能直流充电机和交流充电桩等
出口情况:产品行销东欧、东南亚、中东、非洲、南美洲、大洋洲等 60 多个国家和地区

★中航锂电(洛阳)有限公司
地址:河南省洛阳市高新区滨河北路66 号
邮编:471000
电话:0379/80866969、8009192699
传真:60697684
网址:www. calb. cn
电子信箱:calbhr@ calb. cn
法定代表人:刘静瑜
质量体系:ISO/TS 16949、GJB 9001B
产品情况:锂离子动力电池、电池管理系统

★洛阳嘉盛电源科技有限公司
地址:河南省洛阳市高新区延光路火炬园 C 座 4 层
邮编:471000
电话:0379/65189966、4009993995
传真:65189977
网址:www. grasenpower. cn
电子信箱:salesb@ grasenpower. com
法定代表人(负责人):张家书
单位人数:400
质量体系:ISO 9001、ISO/TS 16949
产品情况:电动汽车车载充电机系列、大功率充电模块系列、直流/直流变换器(DC/DC)系列、直流充电桩系列等
配套情况:与宇通、中通客车合作

★洛阳硕力信新能源科技有限公司
地址:河南省洛阳市国家高新技术产业开发区青城路 2 号
邮编:471000

电话:0379/69968666、4001139896
网址:www. shuolex. com
电子信箱:shuolex@ 163. com
法定代表人:周凡
产品情况:(硕立信牌)
交流充电桩、一体式直流充电桩、电杆充电桩、分体式直流充电桩、移动式充电桩、智能群充系统、立体车库充电系统、充电站、充电监控管理系统等
配套情况:与宇通客车、少林客车、中通客车配套建桩

★中航光电科技股份有限公司
地址:河南省洛阳市涧西区周山路 10 号
邮编:471003
电话:0379/64323017、64323842
传真:64323761、64323042
网址:www. jonhon. cn
电子信箱:market@ jonhon. cn
法定代表人:郭泽义
质量体系:ISO/TS 16949、ISO 14001
产品情况:中高端光、电、流体连接技术与设备,广泛用于新能源汽车等领域
出口情况:远销欧洲、美国、以色列、澳大利亚、韩国、印度等 30 多个国家和地区

★凯迈(洛阳)测控有限公司
地址:河南省洛阳市解放路 105 号
邮编:471009
电话:0379/63385403、63387371
传真:63384972
网址:www. camamc. com
电子信箱:www@ zhuohang. com
法定代表人:尚海林
质量体系:ISO 9001、ISO 14001
产品情况:新能源超级电容等

★洛阳交运集团工业有限公司
地址:河南省洛阳市宜阳产业集聚区西庄工业园
邮编:471600
电话:0379/65210668、65210672
传真:65210777
网址:lyjygy. com
电子信箱:lyjygy@ 163. com
法定代表人:李佑生
单位人数:345
质量体系:ISO/TS 16949
产品情况:(一运牌)
汽车车架、电动汽车充电一体机、交流充电桩、充电站
配套情况:是宇通客车、少林客车、中通客车、西沃客车等多家大型企业的主要车架供应商

★南阳金冠电气有限公司
地址:河南省内乡县工业园区
邮编:473000
电话:0377/61638666
传真:61635555
网址:www. nyjinguan. com
电子信箱:nyjgdq@ 163. com
法定代表人:樊崇
产品情况:(金冠电气牌)
庭院式灯杆充电桩、路灯式充电桩、便携式智能充电线、多媒体型充电桩、分体式直流充电桩等、智慧城市充电网络云服务平台、移动互联智能 APP
出口情况:直接出口日本、意大利、俄罗斯、法国、东南亚等 30 多个国家和地区

★河南环宇赛尔新能源科技有限公司
地址:河南省新乡市新辉路三里桥
邮编:53002
电话:0373/2512700
电子信箱:admin3@ hyg. com. cn
法定代表人:程志杰
产品情况:新型动力和储能锂离子电池,二次电池
配套及出口情况:实现与东风、大宇、沂星等整车企业的深入合作;长期为德国博世、美国百得、中国香港 TTI、日本牧田等众多知名客户提供各种动力电池

湖北省

★赛伟科新能源科技(湖北)有限公司
地址:武汉市经济技术开发区后官湖大道 528 号
邮编:430056
电话:027/69376110
网址:www. sevcon. com
电子信箱:enquirechina@ sevcon. com
法定代表人:张峥嵘
产品情况:电动和混合动力汽车的电动机控制器及其配件,产品主要适用于动力汽车

★武汉力唯新能源科技有限公司
地址:武汉市经济技术开发区全力二路 101 号经开 · 智造 2045 创新谷 2 号厂房北三门
邮编:430056
电话:027/84396498
传真:84396186 - 8821
网址:whlevin. com
电子信箱:sales@ whlevin. com
法定代表人:杜昭辉
产品情况:锂电池组件及电池包系统

★武汉极目智能技术有限公司
地址:武汉市东湖高新区武大园二路 7 号武大航域楼一期 A2 - 6 楼
邮编:430070
电话:027/87003313
网址:www. jmadas. com
电子信箱:service@ jmadas. com
法定代表人:程建伟
产品情况:前装驾驶辅助系统、行业驾驶辅助系统、驾驶员监测系统、极目启行 ADAS APP

★武汉光庭信息技术股份有限公司
地址:武汉市东湖新技术开发区软件园中路 4 号光谷 E 城 2 号楼 8F
邮编:430073
电话:027/59598171、59598172
传真:87690695
网址:www. kotei - info. com
电子信箱:kotei@ kotei - navi. com. cn
法定代表人(负责人):朱敦尧
质量体系:ISO 9001
产品情况:车载导航、智能显示、通信互联、自动驾驶等汽车 IT 服务

★武汉杰目科技有限公司
地址:武汉市中南民族大学 16 号楼企业孵化器 621 室
邮编:430074
电话:027/87747202
网址:www. jenmv. com
电子信箱:business@ jenmv. com
法定代表人:张春生
产品情况:基于计算机视觉技术的智能交互系统研制与产业化

★武汉力兴(火炬)电源有限公司
地址:武汉市东湖高新技术开发区关东科技工业园 7 号
邮编:430074
电话:027/87561817
传真:87801891
网址:www. lisun. com
电子信箱:sales@ lisun. com
法定代表人:许斌
质量体系:ISO 14001、ISO 9001
产品情况:(力兴牌)
一次性锂电池、可充电锂电池(锂离子电池、聚合物电池、锂离子电池组)

★武汉梦芯科技有限公司
地址:武汉市东湖新技术开发区民族大道 39 号湖北测绘大厦 15 层
邮编:430074
电话:027/87871378
传真:87871378 - 8002
网址:www. wh - mx. com
电子信箱:info@ wh - mx. com
法定代表人:韩绍伟
产品情况:MXT2702 车规级多模多频高精度基带芯片、MXT906 系列厘米级高精度定位导航模块、MXT909 系列 GNSS/INS 组合导航模块、超小防水车载定位器等

★武汉力神动力电池系统科技有限公司
地址:武汉市江夏区大桥新区邢远长工业园 1 - 2 号楼
邮编:430200
电话:027/86698283 - 8000
传真:86695068
电子信箱:whls@ lishen. com. cn
法定代表人:吴宏照
质量体系:ISO/TS 16949、ISO 14001

产品情况:动力电池,具备动力电池PACK自主开发能力和6亿WH动力电池PACK生产能力

★武汉合康智能电气有限公司
地址:武汉市东湖高新开发区佛祖岭三路6号
邮编:430205
电话:027/81650667
传真:81650668
网址:www.hiconics.com
电子信箱:znsw@hiconics-zn.com
法定代表人:叶权海
产品情况:新能源电动汽车的智能充电桩的研发、生产,并提供新能源电动汽车的智能充电站及其重要设备系统的整体解决方案

★中冶南方(武汉)自动化有限公司
地址:武汉市东湖新技术开发区凤凰园一路9号
邮编:430205
电话:027/81999631、4008608070
网址:www.wisdriauto.com
电子信箱:44076@wisdri.com
法定代表人:王胜勇
产品情况:EV5系列电动控制器等

★武汉高德红外股份有限公司
地址:武汉市东湖开发区黄龙山南路6号
邮编:430205
电话:027/81298285、4008822866
网址:www.wuhan-guide.com
电子信箱:marketing@guide-infrared.com
法定代表人:黄立
质量体系:ISO 9001
产品情况:(GuideIR牌、MobIR牌、Thermo Pro牌)
红外热成像系统
出口情况:远销70多个国家和地区

★武汉合康动力技术有限公司
地址:武汉市东湖新技术开发区佛祖岭三路六号
邮编:430205
电话:027/81650283、0755/26600161
传真:81650772
网址:www.hiconics-dl.com
电子信箱:zhaoshushu@hiconics-dl.cn
法定代表人:刘文洲
产品情况:主营业务涉及新能源客车动力系统总成及关键零部件,系统包括纯电动及插电式混合动力系统总成,具有整车控制器、电动机及控制器、辅助电源和充电机等系列产品
配套情况:已与国内多家主流客车厂形成配套关系

★武汉电动汽车技术开发有限公司
地址:武汉市东湖新技术开发区流芳大道12号
邮编:430205
电话:027/87172725-8002/8006
网址:www.whevt.com
电子信箱:whevt@whevt.com
法定代表人:熊晓飞
产品情况:北斗/GPS系统产品研发、车辆工况监测平台研发、车辆安全系统平台研发、新能源汽车充电技术研发、汽车电子产品

★武汉蓝星科技股份有限公司
地址:武汉市东湖高新技术区东二产业园黄龙山西路
邮编:430223
电话:027/81616608
网址:www.hiinfo.cn
电子信箱:ccyu@hiinfo.cn
法定代表人:陶振跃
产品情况:智能座舱核心技术——车载智能LINUX操作系统底层方案及开发环境的提供

★立得空间信息技术股份有限公司
地址:武汉市东湖开发区华中科技大学科技园创新基地12栋
邮编:430223
电话:027/87492807、87492808
传真:87492852
网址:www.leador.com.cn
法定代表人:郭晟
产品情况:移动测量、智慧城市大数据及行业应用、物联网地图

★武汉理工通宇新源动力有限公司
地址:武汉市东湖开发区理工大学科技园
邮编:430223
电话:027/87922915、87926306
传真:87859189
网址:www.wutep.com
法定代表人:王勇源
质量体系:ISO/TS 16949
产品情况:主要从事电驱动自动变速器及新能源汽车动力总成的研发、生产和销售

★武汉惠强新能源材料科技有限公司
地址:武汉市黄陂区临空开发区惠强产业园
邮编:432200
电话:027/59707868、59707968
传真:59707768
网址:www.whhuiqiang.com
电子信箱:whhq88@126.com
法定代表人:王红兵
质量体系:ISO 9001、ISO 14001
产品情况:高强动力锂电池隔膜,具备年产2000万m^2生产能力

★湖北华声机电股份有限公司
地址:湖北省咸宁市咸安区经济开发区(凤凰工业园)
邮编:437000
电话:0715/8324688、8376679
传真:8312133
网址:www.hbhsjd.cn
电子信箱:1278637006@qq.com
法定代表人:成康
单位人数:60
质量体系:ISO 9001
产品情况:纯电动汽车用电动机和控制器

★湖北中能锂电科技有限公司
地址:湖北省咸宁市嘉鱼县鱼岳镇发展大道
邮编:437299
电话:0715/6345997、6345999
网址:www.cnznb.cn
电子信箱:527920141@qq.com
法定代表人:李剑
产品情况:动力汽车型锂离子电池以及磷酸锂铁材料等

★骆驼集团新能源电池有限公司
地址:湖北省襄阳市高新区无锡路18号
邮编:441000
电话:0710/3347337
网址:www.chinacamel.com
法定代表人:孙光忠
产品情况:动力型锂离子电池和储能用锂离子电池
配套情况:主要客户有东风扬子江、金龙客车、河北跃迪汽车、杭州电咖、山东凯马、江苏卡威、随州中天、随州程力、襄阳东润汽车、云南航天等汽车厂家

★湖北追日电气股份有限公司
地址:湖北省襄阳市高新区关羽路59号
邮编:441003
电话:4000990605
传真:0710/3063954
网址:www.ssechina.com
电子信箱:info@ssechina.com
法定代表人:陈建国
产品情况:电动汽车充电站、电动汽车充电桩/充电机等

★中兴新能源汽车有限责任公司
地址:湖北省襄阳市高新区邓城大道49号国际创新产业基地六号楼
邮编:441004
电话:13714389261
电子信箱:0228000325@zte.com
法定代表人:王翔
产品情况:新能源汽车大功率(3~60kW)无线充电系列产品

★襄阳宇清电驱动科技有限公司
地址:湖北省襄阳高新区汽车工业园新星路2号
邮编:441004
电话:0710/3333062、3332373
传真:3334529
网址:www.chinacamel.com
法定代表人:路明占
产品情况:已形成两大系列产品,包括高速异步电动机系列、永磁同步电动机系列以及与之相匹配的驱动控制系统;

产品覆盖 10 ~ 12m 公交车、中型客车、小型客车以及总质量 2 ~ 10t 的物流车、环卫车等
配套情况：目前已为申沃客车、东风襄阳旅行车、东风特种车、南京金龙、武汉扬子江、云南航天、北京新长征、新楚风、凯马汽车等十几家整车企业提供了批量配套

★湖北庆达科技有限责任公司
地址：湖北省襄阳市高新区追日路 15 号
邮编：441057
电话：0710/3058708、3058701
传真：3058718
网址：www. kindway. cn
电子信箱：huangag@ kindway. cn
法定代表人：葛懿
质量体系：ISO/TS 16949
产品情况：（庆达牌）
　　生产系列无刷电动机、特种电动机以及控制技术的产品、舵机制导舱段、抗高过载、抗高低温的特种产品专用芯片及高精度数字云台等产品

★ 中克骆瑞新能源科技有限公司

地址：湖北自贸区（襄阳片区）新星路 2 号
邮编：441058
电话：0710/3318185
网址：www. chinacamel. com
电子信箱：sales@ camel – rimac. com
法定代表人：夏诗忠
产品情况：新能源汽车驱动系统、电池管理系统、汽车电子等
☞ 详细情况请参阅彩色宣传版面

★湖北青山电动汽车动力总成有限公司
地址：湖北省襄阳市南漳涌泉工业园
邮编：441500
电话：0710/5311999
传真：5313996
电子信箱：hbqsdd@ 163. com
法定代表人：曹青山
质量体系：ISO 9001
产品情况：磷酸铁锂电池、电动机、汽车动力改造等产品

★湖北骆驼海峡新型蓄电池有限公司
地址：湖北省谷城县经济开发区胡家井村六组
邮编：441700
电话：0710/7335162、7335933
网址：www. chinacamel. com
电子信箱：13774166637@ 139. com
法定代表人：刘长来
质量体系：ISO/TS 16949、ISO 14001
产品情况：（骆驼牌）
　　以生产电动轿车、电动客车、电动观光游览车、高尔夫球车、电动叉车以及电动三轮车专用牵引型铅酸蓄电池为主

★宜昌力佳科技有限公司
地址：湖北省宜昌市猇亭区先锋路 19 号
邮编：443000
电话：0717/6736000、6533688
网址：www. szlijia. com
电子信箱：cn@ szlijia. com
法定代表人：王启明
质量体系：ISO 9001、ISO 14001
产品情况：锂锰一次性电池

★湖北晶福源电子科技有限公司
地址：湖北省荆门市东宝区长兴大道 9 号（东宝电子信息产业园 D16 栋）
邮编：448004
电话：0724/6077578
网址：www. jfy – tech. com
电子信箱：anlan – chen@ jfy – tech. com
法定代表人：陈恒华
质量体系：ISO 9001、ISO 14001
产品情况：DC/DC 变换器、直流充电桩及充电模块、车载充电机、UPS 不间断电源、通信电源等
出口情况：远销北美洲、欧盟、大洋洲在内的全球 50 多个国家和地区

湖南省

★湖南耐普恩科技有限公司
地址：长沙市经济技术开发区人民东路二段 189 号中部智谷产业园 4 栋 102
邮编：410016
电话：0731/85684698、85684798
传真：85684098
网址：www. nepuenergy. com
电子信箱：nepuenergy@ 163. com
法定代表人：黄浩宇
质量体系：ISO/TS 16949、ISO 14001
产品情况：超级电容器极片、单体到模组应用开发

★湖南瑞翔新材料股份有限公司
地址：长沙市经济技术开发区天华南路 11 号
邮编：410100
电话：0731/84064371、82951688
传真：84067706、82952052
网址：www. reshine. net
电子信箱：2217099323@ qq. com
法定代表人：胡家彦
产品情况：（瑞翔牌、reshine 牌）
　　专门从事锂离子电池正极材料的研发、生产
配套情况：成为深圳比克、天津力神、深圳邦凯、深圳比亚迪、TCL、东莞新能源等国内主要电池企业的供应商

★长沙巨力电子科技股份有限公司
地址：长沙市高新开发区麓谷大道 627 号
邮编：410200
电话：0731/88911783
传真：88911964
网址：www. hn – jlkj. com
法定代表人：耿占吉
产品情况：主要产品为新能源电池系统、BMS 远程监控电池管理系统

★湖南丰源业翔晶科新能源股份有限公司
地址：长沙市国家经济技术开发区漓湘西路 20 号
邮编：410200
电话：0731/84652871、84652881
传真：84652889
电子信箱：market@ king – co. com. cn
法定代表人：曾左
质量体系：ISO 9001、ISO/TS 16949
产品情况：锂离子电池和超级电容电池等动力电池、电池模块和电源系统及相关电池材料
出口情况：出口欧美、日本、韩国等国家和地区

★湖南华强电气股份有限公司
地址：长沙市高新开发区麓谷基地麓松路 669 号
邮编：410205
电话：0731/88796308
网址：www. vaqoung. com
法定代表人：罗岳华
产品情况：新能源客车空调、电动大客车空调、地铁空调、磁悬浮列车空调、车用空调压缩机

★湖南科霸汽车动力电池有限责任公司
地址：长沙市高新区麓谷工业园 348 号
邮编：410205
电话：0731/88796779
电子信箱：zengbo@ corun. com
法定代表人：谢红雨
产品情况：汽车动力电池及能量包
配套情况：客户包括丰田汽车、吉利汽车、佛山飞驰巴士、湖南南车巴士、上海青浦巴士、张家界黄龙洞旅游、宝峰湖旅游等

★湖南科力远新能源股份有限公司
地址：长沙市国家级高新技术产业开发区桐梓坡西路 348 号
邮编：410205
电话：0731/88983606、88983627
传真：88796798
网址：www. corun. com
法定代表人：钟发平
负责人：丸山弘美
单位人数：4000
质量体系：ISO 9000、ISO 14000
产品情况：从先进储能材料、先进电池、汽车动力电池能量包到油电混合动力汽车总成系统、电池回收系统、混合动力汽车运营的完整产业链
出口情况：出口美国、日本、欧洲等国家和地区

★妙盛动力科技有限公司
地址：长沙市宁乡经开区新康路 8 号

邮编:410205
电话:0731/85862822
传真:85862822
网址:www. cnmspower. com
电子信箱:admin@ melsenpower. com
法定代表人:蒋敬宇
产品情况:主要产品有锂离子动力电池、车储两用锂离子电池、混合动力锂离子电池、插电式混合动力锂离子电池、启停锂离子电池、起动锂离子电池

★长沙市途趣网络科技有限公司
地址:长沙市高新开发区文轩路27号麓谷企业广场A1栋1单元4楼
邮编:410206
电话:4008222788
网址:www. touchus. com
电子信箱:service@ touchus. com
法定代表人:罗理生
单位人数:200
产品情况:途趣互联网车载智能导航系统

★湖南长高高压开关集团股份公司
地址:长沙市望城区金星北路三段393号
邮编:410219
电话:0731/88585001、88585095
传真:88585000
网址:www. gykg. cn
电子信箱:cgjt@ changgaogroup. com
法定代表人:马晓
质量体系:ISO 9001、ISO 14001
产品情况:新能源汽车零配件、新能源汽车充电桩和汽车充电设备
出口情况:业务范围已遍布亚洲、欧洲、南美洲、非洲等多个国家

★湘电莱特电气有限公司
地址:湖南省湘潭市高新区茶园路3号
邮编:411100
电话:0731/58595662、52863886
传真:52863848
电子信箱:sales@ xele. com. cn
法定代表人:邓群
产品情况:电动机电控、驱动设备及零部件,电动车辆电动发电机及控制系统、增程器系统、整车控制及配套系统

★桑顿新能源科技有限公司
地址:湖南省湘潭市九华示范区白石西路(原奔驰西路)78号
邮编:411100
电话:0731/58551766
传真:58551766
网址:www. soundnewenergy. com
法定代表人:文一波
质量体系:ISO 9001、ISO 14001
产品情况:锂电池正极材料、前躯体、电芯生产,电池管理系统(BMS)、电池封装(PACK)等

★湘潭银河新能源有限公司
地址:湖南省湘潭市岳塘区书院东路38号
邮编:411100
电话:0731/58529399
传真:58528789
网址:www. yinhene. com
电子信箱:ghh2000@ 126. com
法定代表人:王萍
产品情况:大容量圆柱型磷酸铁锂动力电池及配套产品,新能源汽车用一体化永磁同步驱动电动机及控制器、交流异步电动机及控制器系列、辅助系统控制器、车用节能电动空调、一体化电动气泵及一体化电动助力泵系列产品,各种大功率新能源客车专用充电机及多路充电站等设备

★湖南宏迅亿安新能源科技有限公司
地址:湖南省株洲市天元区仙月环路899号新马动力创新园2.1期C研发厂房
邮编:412000
电话:0731/22335900、15111247914
网址:www. hnhxya. com
电子信箱:hr@ hnhxya. com
法定代表人:朱浩
产品情况:动力电池、电池管理系统、整车控制器等

★湖南升华科技股份有限公司
地址:湖南省醴陵市经济开发区
邮编:412200
电话:0731/23555233
网址:www. fulinpm. com
电子信箱:hr@ shenghuanhn. com
法定代表人:彭澎
单位人数:400
质量体系:ISO/TS 16949、ISO 14001
产品情况:主要产品为锂电池正极材料磷酸铁锂,广泛应用于电动汽车电池、通信基站储能电池等领域
配套情况:与深圳沃特玛、哈尔滨光宇、浙江南都、中航锂电等国内知名电池企业有深度合作,为东风汽车、南京金龙、厦门金龙、奇瑞万达、一汽客车、中通客车、九龙客车、广东五洲龙、上海瑞华、桂林客车、宇通客车、新乡新能、蜀都客车、山东沂星等新能源汽车提供电池材料

★湖南艾华集团股份有限公司
地址:湖南省益阳市桃花仑东路
邮编:413000
电话:0737/6184466、6183333
传真:6180539
网址:www. aihuaglobal. com
电子信箱:aihua@ aihuaglobal. com
法定代表人:艾立华
产品情况:铝电解电容器

★湖南贝特新能源科技有限公司
地址:湖南省岳阳县生态工业园金信路8号
邮编:414100
电话:0730/7649999
传真:7603333
网址:www. hncbet. com
电子信箱:liuya@ hncbet. com
法定代表人:王君林
产品情况:新能源电动汽车涡旋压缩机和空调系统

广东省

★广州文远知行科技有限公司
地址:广州市海珠区星岛环南路86号生物岛国际公寓C1栋
邮编:510000
电话:020/29093399
网址:www. jing－chi. com
电子信箱:contactus@ weride. ai
法定代表人:韩旭
产品情况:由人工智能驱动、以无人驾驶技术为核心,旨在打造面向中国市场的第四级别(L4)全自动驾驶系统

★广州通达汽车电气股份有限公司
地址:广州市西槎路聚龙工业区14栋4楼
邮编:510407
电话:020/36471360
网址:www. tongda. cc
电子信箱:tongda@ tongda. cc
法定代表人:陈丽娜
质量体系:ISO/TS 16949、ISO 14001
产品情况:新能源汽车直流无刷磁力泵、新能源车载远程终端,城市智慧交通管理云平台、车载信息屏、DSM驾驶员行为监控系统、多功能车载录像机(TH系列)等车载智能产品,后视镜、客车内/外饰灯等车载部件
配套及出口情况:主要客户有郑州宇通、厦门金龙、苏州金龙、安凯客车、中通客车、广汽客车等国内知名客车厂;出口亚洲、非洲、欧洲20多个国家和地区

★高新兴科技集团股份有限公司
地址:广州市黄埔区科学城开创大道2819号
邮编:510530
电话:020/32068888
传真:32032888
网址:www. gosuncn. com
电子信箱:market@ gosuncn. com
法定代表人:刘双广
产品情况:车联网通信产品和方案

★广州力柏能源科技有限公司
地址:广州市科学城开源大道11号科技企业加速器A1栋5层
邮编:510530
电话:020/32211936
传真:32211963
网址:www. lithiumforce. cn
电子信箱:xlcenjob@ lithiumforce. cn
法定代表人:李昶怡

质量体系:ISO/TS 16949、ISO 14001
产品情况:高质量锂离子动力电池和电池包
配套情况:是广汽、北汽、新大洋、南京金龙、舒驰、安凯、广客、山东昊宇、同捷超跑等的合作伙伴

★南方电网综合能源有限公司
地址:广州市天河区珠江新城华穗路6号大楼13-14层
邮编:510623
电话:020/38122715
传真:38122741
网址:ny.csg.cn
法定代表人:秦华
产品情况:新能源车充换电服务

★广州亚美信息科技有限公司
地址:广州市天河区高唐路227号时代E-park3栋
邮编:510630
电话:020/38986698
网址:www.iauto360.cn
法定代表人:江勇
产品情况:车联网解决方案

★捷西迪(广州)光学科技有限公司
地址:广州市高新技术产业开发区科学城科珠路202号
邮编:510660
电话:020/82082852、82075980
传真:82075931
网址:www.jcdo.com
电子信箱:jcd_service@jcdo.com
法定代表人:黄旭华
产品情况:ADAS用镜头、车载360°环视镜头、行车记录仪用镜头、电子后视镜镜头等

★上海贯裕能源科技有限公司
地址:广州市高新技术产业开发区科学城南云三路39号
邮编:510663
电话:020/22215111、13922162050
传真:22215111
电子信箱:hl.xia@zhuoxinlaw.com
法定代表人:杨向光
产品情况:可充锂离子电池及电池管理系统(BMS)等,用于新能源电动汽车等

★广州海格通信集团股份有限公司
地址:广州市科学城海云路88号
邮编:510663
电话:020/82085008
传真:82085008
网址:www.haige.com
法定代表人:杨海洲
单位人数:2000
产品情况:高精度定位地图、芯片

★广州飒特红外股份有限公司
地址:广州市经济技术开发区东江大道10号
邮编:510730
电话:020/82229980、82229981
传真:82229931、82229932
网址:www.sat.com.cn
电子信箱:market@sat.com.cn
法定代表人:吴继平
产品情况:夜驾辅助型、智能监控型等10大系列超过60种热像仪产品
出口情况:在法国、爱尔兰、英国分别设有研发、生产基地与销售中心,在30多个国家和地区拥有超过50家代理或分销商

★广州引力科视电子设备有限公司
地址:广州市经济技术开发区明珠路16号飞歌工业园
邮编:510730
电话:4008049998
传真:020/62246050
网址:www.goodview-gz.com
电子信箱:fly-audio@163.com
法定代表人:周辉
质量体系:ISO/TS 16949、ISO 9001
产品情况:安全行车记录智能后视镜

★广州天赐高新材料股份有限公司
地址:广州市黄埔区云埔工业区东诚片康达路8号
邮编:510760
电话:020/82251159、66601159
传真:82058669、82252996
网址:www.tinci.com
电子信箱:sales@tinci.com
法定代表人:徐金富
质量体系:ISO/TS 16949、ISO 14001
产品情况:锂离子电池电解液等
配套情况:与宝洁、联合利华、欧莱雅、蓝月亮、比亚迪、ATL、SONY、哈光宇、万向、沃特玛等国内外知名企业建立了合作关系

★广州市勘帝德电子科技有限公司
地址:广州市番禺区石基镇金山村华创动漫产业园C12栋二楼
邮编:511400
电话:4007778133
传真:020/87686643
网址:www.candid86.com
电子信箱:sales@candidelectronics.com
法定代表人:李标
质量体系:ISO 9001
产品情况:(Candid牌)
倒车影像系统、3D全景影像系统、微波雷达防撞系统及ADAS高级驾驶辅助系统等高科技产品
配套情况:为北汽福田配套、批量供货;作为供应商给广汽丰田、广汽本田、东风车厂、柳州五菱、现代汽车、神龙汽车等配套

★广州中海达卫星导航技术股份有限公司
地址:广州市番禺区番禺大道北555号天安节能科技园总部中心13号大楼
邮编:511400
电话:020/22883666、4006786690
传真:22883900
网址:www.zhdgps.com
电子信箱:wwh5240@126.com
法定代表人:廖定海
产品情况:高精度定位、高精度三维地图测绘

★广州益维电动汽车有限公司
地址:广州市番禺区南村镇兴业路28号
邮编:511442
电话:020/84566039
传真:34820607
网址:www.ev-cn.com
电子信箱:ev1405@163.com
法定代表人:李慧琪
质量体系:ISO 9000
产品情况:电池管理系统、智能充电机、移动电源、LX系列电动老爷车、YX系列电动游览车和QEV系列轻型电动汽车
出口情况:远销美国、非洲,并销往中国台湾地区

★广州优创电子有限公司
地址:广州市番禺区大龙街长沙路15号
邮编:511450
电话:020/39961750、39961753
传真:39961815
网址:www.ultronix.cn
电子信箱:market@ultronix.cn
法定代表人:谭小球
质量体系:ISO/TS 16949
产品情况:泊车辅助系统、车道变换辅助系统、车载摄像头、行车记录仪、360°环视系统、行车夜视系统等超声波传感技术与汽车泊车安全辅助应用产品
配套情况:与国内外14家OEM和OES客户建立了合作关系

★广州市融成锂能锂电池有限公司
地址:广州市南沙区榄核镇合沙村合沙路8号
邮编:511480
电话:020/39110552、13431905158
传真:39049748
网址:www.gzrcbattery.com
电子信箱:974141032@qq.com
法定代表人:曾毅
产品情况:汽车起动电源、储能电源等的锂离子电池

★广州鹏辉能源科技股份有限公司
地址:广州市番禺区沙湾镇市良路西村段912号
邮编:511483
电话:020/39196888
传真:39196767
网址:www.greatpower.net
电子信箱:info@greatpower.net

法定代表人:夏信德
质量体系:ISO 9001、ISO 14001
产品情况:主要生产聚合物锂离子、锂离子、镍氢等二次充电电池,锂铁、锂锰、锂亚硫酰氯、锌空等一次性电池

★众业达电气股份有限公司
地址:广东省汕头市衡山路62号
邮编:515041
电话:0754/88738831
传真:88695366
网址:www.zyd.cn
电子信箱:xy.fan@zyd.cn
法定代表人:吴开贤
产品情况:乘用车交直流充电桩、充电管理后台系统、预装式充电站以及手机端APP软件等完整充电网络开发运营

★广东五洲龙电源科技有限公司
地址:广东省揭阳市揭西县城河江大道汽车城
邮编:515400
电话:0663/8555338、8555333
传真:8555111、8555131
电子信箱:caiwu@wzldy.com
法定代表人:张景新
质量体系:ISO 9001、ISO 14001
产品情况:年生产锂离子电池3亿Ah,混合动力客车、纯电动客车及电动轿车等配套电池1万套

★广东猛狮新能源科技股份有限公司
地址:广东省汕头市澄海区莲河西路(华富工业区)
邮编:515800
电话:0754/85719789、85882888
传真:85885757、85853970
网址:www.dynavolt.net
电子信箱:sales@dynavolt.net
法定代表人:陈乐伍
质量体系:ISO 14001
产品情况:(MENSHY牌、DYNAVOLT牌)
锂电池、铅蓄电池、汽车电池、电动汽车电池等
出口情况:远销欧洲、美国等70多个国家和地区

★广东普盛新能源科技有限公司
地址:广东省汕头市澄海区莱美路岭海工业区
邮编:515899
电话:0754/85886668
网址:www.posung.net
法定代表人:李汉德
产品情况:新能源设备及汽车零配件、压缩机及配件、热泵及配件

★惠州市亿鹏能源科技有限公司
地址:广东省惠州市惠城区马安镇新湖工业区豪鹏工业园
邮编:516000
电话:0752/5807022、3260266
传真:5807022
网址:www.kyipeng.com
电子信箱:yiling@kyipeng.com
法定代表人:罗靖
单位人数:455
质量体系:ISO/TS 16949
产品情况:插电式混合动力汽车和纯电动汽车快充锂离子动力电池系统

★惠州市亿能电子有限公司
地址:广东省惠州市仲恺高新区惠风东二路40号
邮编:516000
电话:0752/2629948、2629667
网址:www.hzepower.com.cn
电子信箱:sd01@hzepower.com
法定代表人:石华辉
质量体系:ISO/TS 16949、ISO 14001
产品情况:电池管理系统及电池系统总成
配套情况:在长安、长城、江淮、北汽、广汽、金龙、东风、福田等国内汽车厂的乘用车和商用车中批量应用

★惠州市蓝微新源技术有限公司
地址:广东省惠州市仲恺高新技术产业开发区和畅五路西101号
邮编:516006
电话:0752/2629899
网址:www.desay.com
电子信箱:sales-bnet@desay.com
法定代表人:丁春平
产品情况:新能源汽车动力蓄电池系统(PACK)、电池管理系统(BMS)和储能系统(ESS System & BMS)

★惠州亿纬锂能股份有限公司
地址:广东省惠州市仲恺高新区惠风七路36号
邮编:516006
电话:0752/2606966
传真:2606033
网址:www.evebattery.com
电子信箱:sales@evebattery.com
法定代表人:刘金成
产品情况:生产各种规格的高性能锂一次及二次电池,包括聚合物锂离子电池、方形和柱形液态锂离子电池、锂离子动力与储能电池等
出口情况:远销美国、欧洲等国家和地区,并销往中国香港、中国台湾地区

★惠州博磊达新能源科技有限公司
地址:广东省惠州市大亚湾西区龙山七路博磊达科技园研发楼二楼
邮编:516083
电话:0752/5551668
传真:5551668
网址:www.bldne.com
电子信箱:bld@bldne.com
法定代表人:王燕
质量体系:ISO/TS 16949、OHSAS 18001
产品情况:超级电容器、钛酸锂电池、电容电池、新型动力电池和储能电池;电动汽车充/换电设备及运营设备;电源动力系统、储能系统

★深圳市凯路创新科技有限公司
地址:广东省深圳市宝安区固戍一路明金海工业区E栋3楼
邮编:518000
电话:0755/26460430、4000296826
传真:26460730
网址:www.klcxkj.com
法定代表人:周明望
产品情况:双口交流电动汽车充电桩、家用电动汽车充电桩

★深圳环宇达电池科技有限公司
地址:广东省深圳市宝安区石岩镇罗租第五工业区
邮编:518000
电话:0755/27632388、27632880
传真:27633268、27633364
网址:www.ptibattery.com
电子信箱:sales@ptibattery.com
法定代表人:王明均
单位人数:1000
质量体系:ISO 9001、ISO 14001
产品情况:各类锂离子电池,广泛应用于电动车等领域

★深圳市华星达信息技术有限公司
地址:广东省深圳市龙华新区东环一路第十工业区柏佳润工业园二楼
邮编:518000
电话:0755/23048256、13088831562
电子信箱:2843421512@qq.com
法定代表人:唐毅恒
产品情况:汽车金融风控定位终端、汽车行驶记录仪、新能源T-BOX车载终端等

★深圳市大地和电气股份有限公司
地址:广东省深圳市光明新区公明办事处塘家社区东江科技工业园J栋
邮编:518000
电话:0755/86330861、29892290
传真:86330856
网址:www.glelec.com
电子信箱:glelec_marketing@163.com
法定代表人:张渠
质量体系:ISO/TS 16949、ISO 9000
产品情况:新能源汽车用永磁同步电动机、交流异步电动机及其驱动控制系统
配套情况:与中通客车、厦门金龙、苏州金龙、东风柳汽、上汽通用五菱、东南汽车、河北御捷、一汽客车、保定长安、荣成华泰、中兴汽车、扬州亚星、珠海银隆、山东凯马、山西大运、山西成功、东风汽车、中国重汽、江西江玲、海马商务、南京金龙、浙江吉利、重庆瑞驰等大中型新能源汽车制造商建立了稳定的合作关系

★深圳市斯诺实业发展有限公司
地址:广东省深圳市南山区高新科技园北区宝深路109号国民技术大厦7楼
邮编:518000
电话:0755/86240410、27781042
传真:27579526、26665740
网址:www. szsinuo. com
电子信箱:baohaiyou@ szsinuo. com
法定代表人:鲍海友
质量体系:IATF 16949、ISO 14001
产品情况:锂离子电池负极材料

★深圳市聚电网络科技有限公司
地址:广东省深圳市南山区软件产业基地1栋B座1楼
邮编:518000
电话:0755/26406324、4008505185
传真:26406324
网址:www. ueee. cn
电子信箱:service@ ueee. cn
法定代表人:王宏晖
产品情况:囊括专业充电设施的研发生产、网络建设、充电运营服务、电动汽车售前售后等全产业链服务
配套情况:主要合作伙伴有北汽、腾势等汽车企业

★易充新能源(深圳)有限公司
地址:广东省深圳市南山区西丽街道南岗第一工业园第3栋
邮编:518000
电话:0755/26656876
传真:26656875
网址:www. echargingcn. com
电子信箱:sales@ echargingcn. com
法定代表人:钟团娟
产品情况:车载充电机、直流充电模块以及交直流充电桩;产品全面覆盖电动大客车,乘用车、低速电动车的车载和非车载充电,提供充电设施的完整解决方案

★深圳市金霆正通科技有限公司
地址:广东省深圳市南山区西丽街道学苑大道1001号南山智园C1栋6层
邮编:518000
电话:0755/86715256
传真:86715256
网址:www. jtzt - power. com
电子信箱:info@ jtzt - power. com
法定代表人:卫卓明
产品情况:高压直流远供电源系统、新能源汽车DC/DC转换器、AC/DC车载充电机,多合一控制柜、双向DC-DC、便携式充电机、大功率充电桩、LED电源等一系列产品

★深圳市山木新能源科技股份有限公司
地址:广东省深圳市坪山新区坑梓镇乌石路22号山木科技园
邮编:518000
电话:0755/84042755、84042756
传真:84042963
网址:www. mottcell. com
电子信箱:ganhuiguang@ mottcell. com
法定代表人:陆明军
单位人数:200
质量体系:ISO/TS 16949、ISO 14001
产品情况:锂离子电池(其中包括铁锂及三元动力锂电池)

★深圳市沃特玛电池有限公司
地址:广东省深圳市坪山新区兰景北路68号
邮编:518000
电话:0755/66837675、4008061333
传真:84630785
网址:www. optimumnanoenergy. com
电子信箱:general@ optimumchina. com
法定代表人:李瑶
负责人:李金林
单位人数:10000
质量体系:ISO/TS 16949、ISO 14001
产品情况:磷酸铁锂动力电池、汽车起动电源等
配套及出口情况:与一汽集团、东风汽车、山西大运、上海申龙、厦门金旅、中国重汽豪沃、九龙汽车等国内一流车企展开合作;远销40多个国家和地区

★深圳市贝特瑞新能源材料股份有限公司
地址:广东省深圳市光明新区公明办事处西田社区贝特瑞高新技术工业园
邮编:518016
电话:0755/26514655
传真:29892816
网址:www. btrchina. com
电子信箱:sales@ btrchina. com
法定代表人:贺雪琴
产品情况:锂离子电池负极材料
出口情况:出口日本、韩国、美国、法国、德国、加拿大、丹麦、印度等国家

★深圳市车元素实业有限公司
地址:广东省深圳市罗湖区红宝路京基100 D栋金龙大厦1725室
邮编:518022
电话:0755/25576766、25576866
传真:25576799
网址:www. cheyuansu. com. cn
电子信箱:admin@ cheyuansu. com. cn
法定代表人:李盛然
质量体系:ISO 9001
产品情况:主动安全预警设备、车联网大数据车队管理平台,ADAS防撞预警系统

★深圳市国电科技通信有限公司
地址:广东省深圳市福田区深南中路2050号华南电力大厦12层
邮编:518031
电话:0755/83046600
网址:www. sgitg. sgcc. com. cn
法定代表人:王祥
单位人数:350
质量体系:ISO 9001、ISO 14001
产品情况:电动汽车充电运管管理系统、电动汽车车联网平台(对外网站、手机APP)、电动汽车运营管理系统解决方案、电动汽车充换电设施产品(直流充电桩、交流充电桩、充换电站)

★天臣新能源(深圳)有限公司
地址:广东省深圳市福田区深南大道6011号
邮编:518038
电话:0755/82788237
网址:www. tesson. cn
法定代表人:盛司光
产品情况:锂离子电池、电池组件、动力电源及相关生产装备等产品

★深圳市快车道新能源发展有限公司
地址:广东省深圳市南山区关口二路智恒产业园8栋101
邮编:518052
电话:0755/86958185、86561431
传真:86958185
网址:www. evfreeway. com
电子信箱:2776689079@ qq. com
法定代表人:黄杨梓
产品情况:汽车智能液晶仪表、车身管理系统BCM、电池管理系统BMS等汽车电子产品
配套情况:是一汽、东风、长安、海马、世纪中远、三环、齐星、华菱、重汽、东润等数十家汽车主机厂的车型零部件供应商

★深圳市布谷鸟科技有限公司
地址:广东省深圳市南山区南头关口二路智恒产业园8栋5楼
邮编:518052
电话:0755/26787791
网址:www. cookoo. com. cn
电子信箱:feng@ cookoo. com. cn
法定代表人:焦见伟
产品情况:HMI汽车人机交互系统、T-BOX汽车数据通信系统、ADAS高级驾驶辅助系统、HUD系统等,中控多媒体及导航系统、中控液晶仪表系统、泊车环视系统、CarNetOS汽车人机交互操作系统、T-BOX远程通信与数据监控系统、CarNetBIOS汽车基础输入输出控制软件、CarNetAPP汽车应用程序集等

★深圳市创明新能源股份有限公司
地址:广东省深圳市南山区南头街道桃园路1号西海明珠花园F座11楼A27
邮编:518052
电话:0755/66859600
网址:www. cham. com. cn
电子信箱:info@ cham. com. cn

法定代表人:赵青
质量体系:ISO/TS 16949、ISO 14001
产品情况:锂电子动力电池、电池组等
配套情况:为吉利汽车、浙江豪情、南京金控、上海神龙、扬州亚星、珠海广通、陕汽通家、东风汽车、众泰汽车等供货

★深圳市英可瑞科技股份有限公司
地址:广东省深圳市南山区中山园路1001号国际E城E1栋11楼
邮编:518052
电话:0755/26586000、4001188829
网址:www.increase-cn.com
电子信箱:increase@szincrease.com
法定代表人:尹伟
质量体系:ISO 9001
产品情况:充电桩、电力电源、通信电源、大功率可并联逆变电源、汽车充电站用电源、电力UPS、EPS及其他特殊工业电源
配套情况:主要合作北京APEC会议中心充电站,首都国际机场充电站,上海公交充电站,南京公交充电站,苏州公交充电站,国家高速公路充电站等项目

★深圳市海盛信息科技有限公司
地址:广东省深圳市前海深港合作区前湾一路1号A栋201室
邮编:518052
电话:13510560302
电子信箱:3266875911@qq.com
法定代表人(负责人):康志峰
产品情况:汽车检测系统、汽车车载诊断系统、互联网汽车诊断系统、视频监控系统、防盗报警系统、智能管理系统、车载电子设备

★深圳博磊达新能源科技有限公司
地址:广东省深圳市南山区侨香路智慧广场A1栋23层
邮编:518053
电话:0755/86036206、26069758
传真:26765140
网址:www.bldne.com
电子信箱:chelseaqian@bldne.com
法定代表人:王荣安
质量体系:ISO 9001、ISO/TS 16949
产品情况:钛酸锂电池和超级电容器等

★深圳中聚电池有限公司
地址:广东省深圳市南山区登良路23号汉京国际8楼8F
邮编:518054
电话:0755/86271919
传真:86271909
网址:www.sinopolybattery.com
法定代表人:苗振国
产品情况:稀土锂离子电池及其应用产品

★深圳星行科技有限公司
地址:广东省深圳市南山区西丽湖路西丽山庄
邮编:518054
电话:0755/86391575
网址:www.roadstar.ai
电子信箱:info@roadstar.ai
法定代表人:佟显乔
产品情况:自动驾驶技术开发

★深圳市今朝时代股份有限公司
地址:广东省深圳市宝安区沙井街道新沙路安托山高科技园13栋
邮编:518055
电话:0755/33996111、4009992600
网址:www.tig-energy.com
电子信箱:info@tigstor.com
法定代表人:张俊峰
产品情况:(TIGSTOR品牌)
超级电容及高功率起·停储能系统产品,批量使用于节能与新能源汽车(电驱动与制动能量回馈系统)等领域

★深圳市前海中电新能源科技有限公司
地址:广东省深圳市宝安区石岩街道天宝路13号雅丽工业园1栋二层
邮编:518055
电话:0755/26610815
网址:www.ce-newpower.com
电子信箱:2185479376@qq.com
法定代表人:陈宗静
产品情况:电动汽车充电桩/站、变电站电源系统、机房工程、光伏发电、储能、电池化成检测、低压成套开关设备、电能质量解决方案及电力行业增值服务

★深圳市锐明技术股份有限公司
地址:广东省深圳市南山区学苑大道1001号南山智园B1栋21-23楼
邮编:518055
电话:0755/33601988
传真:33605005
网址:www.streamaxtech.com
电子信箱:info@streamax.com
法定代表人:赵志坚
单位人数:1000
质量体系:ISO 9001、ISO 14001
产品情况:提供商用车综合监控和智能化解决方案
出口情况:远销北美洲、欧洲、中东等地区

★深圳市中天安驰有限责任公司
地址:广东省深圳市南山区高新中一道长园新材料港2栋5层
邮编:518055
电话:0755/26600406
网址:www.aidriving.com
电子信箱:sales@aidriving.com
法定代表人:徐一新
产品情况:主要产品为包含智能驾驶辅助ADAS硬件产品和车联网云数据平台;已供货国内100多家主流4S店

★深圳市速腾聚创科技有限公司
地址:广东省深圳市南山区桃源街道留仙大道1213号众冠红花岭工业南区1区速腾科技楼
邮编:518055
电话:0755/86325830、18924223525
网址:www.robosense.ai
电子信箱:service@sz-sti.com
法定代表人(负责人):邱纯鑫
单位人数:200
产品情况:自动驾驶激光雷达

★深圳市金霆新能源技术有限公司
地址:广东省深圳市南山区学苑大道1001号南山智园C1栋6层
邮编:518055
电话:0755/26981333
传真:26982688
网址:www.jinting-solar.com
电子信箱:jtsolar@jinting-solar.com
法定代表人:卫卓明
质量体系:ISO 9001
产品情况:(金霆牌)
直流充电机、智能交流充电桩、电动汽车充电盒、直流充电机电源模块、车载充电机、车载DC/DC电源等汽车充电车载设备系统等

★深圳市美好幸福生活安全系统有限公司
地址:广东省深圳市南山区科发路金融基地1栋11楼
邮编:518057
电话:0755/86627775
传真:86627776
网址:www.adasleader.com
电子信箱:adasleader@adasleader.com
法定代表人:郑金瑞
产品情况:专注于图像认知、图像理解、深度学习、汽车电子、无人驾驶、高速互联网生态系统等高新科技领域的研究,并能为客户提供从技术到产品再到服务全流程、全方位的支持

★深圳前海智云谷科技有限公司
地址:广东省深圳市南山区朗山路16号华瀚科技A座201
邮编:518057
电话:0755/86528915、4008313992
网址:www.carpro.cn
电子信箱:carpro@carpro.cn
法定代表人:侍强
产品情况:CarPro智能HUD抬头显示设备等车联网智能硬件产品

★深圳科士达科技股份有限公司
地址:广东省深圳市南山区高新北区科技中二路软件园1栋4楼
邮编:518057
电话:0755/86168476
传真:86168482
网址:www.kstar.com.cn
电子信箱:sales@kstar.com
法定代表人:刘程宇
质量体系:ISO 9001、ISO 14001

产品情况:新能源汽车充电桩(交流充电桩、直流充电桩、直流充电模块、充电桩运营平台)等
出口情况:远销亚洲、欧洲、北美洲、非洲 80 多个主要国家和地区

★长园深瑞继保自动化有限公司
地址:广东省深圳市南山区高新技术产业园北区科技北一路 13 号
邮编:518057
电话:0755/33018888、4006788099
传真:33018889
网址:www. sznari. com
电子信箱:tanye@ sznari. com
法定代表人:许兰杭
质量体系:ISO 9001
产品情况:基于嵌入式系统的智能控制装置和实时计算机监控系统:PRS-757X 电动汽车充电桩、PRS-7586 系列动态无功补偿产品等
出口情况:远销亚洲、非洲、南美洲等

★深圳奥特迅电力设备股份有限公司
地址:广东省深圳市南山区高新技术产业园北区松坪山路 3 号奥特迅电力大厦
邮编:518057
电话:0755/26520500
传真:26615880、26615867
网址:www. atc - a. com
电子信箱:atcsz@ 163. net
法定代表人:廖晓霞
质量体系:ISO 9001
产品情况:(奥特迅牌)
矩阵式柔性充电堆、电动汽车一体化充电桩/充电机、系列电动汽车分体式充电桩/充电机、电动汽车交流充电桩、电动汽车充电站交钥匙工程等
配套情况:应用于第 26 届世界大学生运动会新能源汽车充电网络等重点项目

★云杉智慧新能源技术有限公司
地址:广东省深圳市南山区高新技术产业园区高新南六道迈科龙大厦 15 楼
邮编:518057
电话:4001118220
网址:www. win - sky. com. cn
电子信箱:ys@ win - sky. com. cn
法定代表人(负责人):徐征鹏
产品情况:(驾贝牌)
新能源充换电建设(建设充电桩、充电站等)和运营服务、快速充换电网络、新能源汽车分时租赁网约、智能运营服务体系提供消费与支付服务、停车充电服务、新能源物流车、客车服务、新能源汽车一站式销售体验中心
配套情况:建设宁波杉杉产业园充电站、天津体育中心充电站、深圳凤凰雁盟充电站等

★深圳市德赛电池科技股份有限公司
地址:广东省深圳市南山区高新科技园高新南一道德赛科技大厦东座 26 楼
邮编:518057
电话:0755/86299888
传真:86299889
网址:www. desay. com
电子信箱:ir@ desaybattery. com
法定代表人:刘其
质量体系:ISO 9000
产品情况:电动汽车电源管理系统、动力电池等产品

★深圳太空科技有限公司
地址:广东省深圳市南山区科技北区松坪山路 3 号奥特迅电力大厦
邮编:518057
电话:0755/26520500、82737552
传真:26615880、26615867
网址:www. atc - a. com
电子信箱:atcsz@ 163. net
法定代表人:倪泽望
质量体系:ISO 9001
产品情况:(奥特迅牌)
矩阵式柔性充电堆、电动汽车一体化充电桩/充电机、系列电动汽车分体式充电桩/充电机、电动汽车交流充电桩等
配套情况:应用于第 26 届世界大学生运动会新能源汽车充电网络等重点项目

★深圳市科陆电子科技股份有限公司
地址:广东省深圳市南山区科技园北区宝深路科陆大厦
邮编:518057
电话:0755/33309999
传真:26719679
网址:www. szclou. com
电子信箱:marketing@ szclou. com
法定代表人:饶陆华
产品情况:CL5231F 系列能量型箱式储能产品(磷酸铁锂储能专用电池)、电动汽车充电站、充电桩、电动汽车电动机控制器、车电网(全球互联网时代的车 + 桩 + 网综合平台运营服务)、车电网云平台
配套情况:主要客户有上汽通用五菱、江铃新能源、上海申龙客车、陕汽集团、东风特汽等

★深圳市科列技术股份有限公司
地址:广东省深圳市南山区科技园北区齐民道 2 号庆邦电子大厦 5、6 楼
邮编:518057
电话:0755/26654525
传真:26654525 - 8819
网址:www. klclear. com
电子信箱:liuzhixin@ klclear. com
法定代表人:张泱渊
产品情况:动力锂电池管理系统(BMS)

★深圳市金溢科技股份有限公司
地址:广东省深圳市南山区科苑路清华信息港研发楼 A 栋 12 层
邮编:518057
电话:0755/26030288
传真:33631693
网址:www. genvict. com
法定代表人:罗瑞发
产品情况:车联网专用通信设备 WBO1001 车载单元

★深圳市正宇电动汽车技术有限公司
地址:广东省深圳市龙华新区观澜国家高新科技园益鹏工业园 2 栋
邮编:518060
电话:0755/28051279
网址:www. zy - eds. com
电子信箱:service@ zy - eds. com
法定代表人:梅凌云
质量体系:ISO/TS 16949
产品情况:新能源汽车驱动电动机、电动机控制器、整车控制器等产品,为纯电动及混合动力车型提供驱动系统软硬件产品及整体解决方案和服务

★深圳前海辅驾宝车联网有限公司
地址:广东省深圳市南山区科园路 1004 号软件产业基地 5 栋 E 座 701
邮编:518062
电话:0755/86626588
传真:86385088
网址:www. fjb98. com
法定代表人:杨尧任
产品情况:汽车远程控制系统、夜视主动安全系统、ADAS、HUD、360° 全景等相关汽车安防类产品

★深圳佑驾创新科技有限公司
地址:广东省深圳市南山区高新南六道泰邦科技大厦 402
邮编:518063
电话:0755/33134838
网址:www. minieye. cc
电子信箱:contact@ minieye. cc
法定代表人:刘国清
产品情况:汽车 ADAS 驾驶辅助系统研发商

★深圳充电网科技有限公司
地址:广东省深圳市南山区高新南六路航盛科技大厦 12 楼
邮编:518063
电话:0755/86950122、4006105288
传真:26993278
网址:www. chargerlink. com
电子信箱:sales@ chargerlink. com
法定代表人:王振飞
产品情况:加装充电桩、充电网 APP,电动汽车微信充电解决方案、充电设施管理系统、智能车位、分时租赁解分时租赁、计费通信控制模块等
配套情况:充电网科技与皇冠假日酒

店、凯德 Mall、中海地产、民生银行、银泰百货、香格里拉酒店、招商证券等合作，配套车位加装充电桩的企业近 200 余家，滴滴代驾、宝马汽车等汽车厂合作

★深圳四海万联科技有限公司

地址：广东省深圳市南山区高新南一道 8 号创维大厦 A 座 1001 室
邮编：518063
电话：13902939568
网址：www. oneiotworld. com
电子信箱：info@ oneiotworld. com
法定代表人：万海涛
产品情况：车联网技术平台和车载智能终端 TCU/T-BOX、呼叫中心服务系统

★深圳市金宏威技术有限责任公司

地址：广东省深圳市南山区高新区高新南九道 9 号威新软件园 8 号楼 7 层
邮编：518063
电话：0755/26506655、4008880018
传真：26506655
网址：www. jhw. com. cn
电子信箱：linaoling@ jhw. com. cn
法定代表人：王桂兰
质量体系：ISO 9001、OHSAS 18001
产品情况：（金宏威牌）
交流充电桩、电动汽车非车载充电机、智能充电机综合控制与管理系统、非车载充电机充电模块等

★深圳市麦谷科技有限公司

地址：广东省深圳市南山区南海大道 3025 号创意大厦 4－5 楼
邮编：518067
电话：0755/86381929
传真：26810061
网址：www. mapgoo. net
法定代表人：周志文
产品情况：位置云平台 & 虚拟运营、物联网流量运营 & 车联网云服务、车联网金融风控 & 大数据综合运营

★深圳市盛弘电气股份有限公司

地址：广东省深圳市南山区松白路 1002 号
邮编：518068
电话：0755/86511588
网址：www. sinexcel. com
电子信箱：sales@ sinexcel. com
法定代表人：方兴
产品情况：（Sinexcel 牌）
新能源汽车充电设备及运维系统
配套及出口情况：为全国 43 个城市的建筑体提供电动汽车充电桩；出口亚洲、大洋洲、欧洲以及北美洲

★深圳欣锐科技股份有限公司

地址：广东省深圳市南山区学苑大道 1001 号南山智园 C1 栋 14 层
邮编：518071
电话：0755/86261588、4001806868
网址：www. shinry. com
电子信箱：evcs@ shinery. com
法定代表人：吴壬华
质量体系：IATF 16949、ISO 14001
产品情况：（SHINRY 牌）
新能源汽车 DC/DC 变换器、车载充电机、快速充电系统等
配套情况：主要合作伙伴有北汽集团、长安汽车、广汽集团、江淮汽车、奇瑞汽车、华泰汽车、华晨汽车、中国一汽、嘉远电动汽车、雁骏汽车、九龙汽车、亚星汽车、海德汽车、东风汽车、宇通客车、南京金龙、银隆客车、金龙客车、九龙汽车、比亚迪汽车、安凯客车、中国中车等

★深圳市创容新能源有限公司

地址：广东省深圳市宝安区松岗街道燕川社区燕川北部工业园研发中心 6 楼 7 楼
邮编：518100
电话：0755/29948883、29948998
传真：29948906
网址：www. csdcap. com
电子信箱：sales@ csdcap. com
法定代表人：郑清明
质量体系：ISO/TS 16949、ISO 14001
产品情况：薄膜电容器

★深圳市超思维电子股份有限公司

地址：广东省深圳市宝安区松岗罗田象山大道 268 号
邮编：518100
电话：0755/61189790、61130108
传真：61189794
网址：www. szcsw. cn
电子信箱：zhangjiawu@ szcsw. cn
法定代表人：张家斌
质量体系：ISO 9001、ISO/TS 16949
产品情况：储能电池管理系统（BMS）、动力电池管理系统（BMS）
配套情况：与卡威、猛狮科技、上饶客车、陕汽通家、河北御捷等达成战略合作关系

★深圳住美新能源连接系统股份有限公司

地址：广东省深圳市宝安区松岗沙浦围茅洲河工业区第 10 幢 C 座 101、202、412
邮编：518100
电话：0755/81734656
传真：81734658
电子信箱：zoom@ zoomsz. com
法定代表人：王红梅
质量体系：ISO/TS 16949
产品情况：EV 线束及连接线、EV 车用电线及充电线缆、EV 高性能连接器、EV 充电接口、EV 充电桩等新能源汽车互联产品
配套情况：为比亚迪 20 多款新能源车型提供配套产品

★深圳市智胜新电子技术有限公司

地址：广东省深圳市宝安区西乡固戍航城大道安乐工业区 B1 栋
邮编：518100
电话：0755/83526100
传真：83526199
网址：www. zste. com
电子信箱：zeasset@ zeasset. com
法定代表人：余秀娜
质量体系：IATF 16949、ISO 14001
产品情况：工业控制行业大型铝电解电容器（螺栓型、焊针型）、超级电容器（螺栓型、焊针型、引线型），用于电动汽车等领域

★深圳市冠力达电子有限公司

地址：广东省深圳市宝安区西乡街道学子路环宇工业园 C 栋
邮编：518100
电话：0755/29979729、4006127088
传真：61640001
网址：www. glida. cn
电子信箱：glida@ szglida. com
法定代表人：杨勇
产品情况：电动车用锂电池

★深圳创维汽车智能有限公司

地址：广东省深圳市宝安区石岩街道塘头路口创维科技工业园显示厂 8 楼
邮编：518100
电话：0755/86970336、86970313
网址：www. skyworthauto. com
法定代表人：张知
质量体系：IATF 16949、ISO 14000
产品情况：车载影音导航系列智能终端产品、行车辅助安全系统，车联网系统服务等
配套及出口情况：主要客户有江淮汽车、雷诺、东风悦达起亚、铃木、江铃汽车、南京金龙、长丰猎豹、长江电动车；远销欧盟、美国、日本、俄罗斯、东南亚、南美洲、中东等国家和地区

★深圳市三瑞电源有限公司

地址：广东省深圳市光明新区白花社区白花洞第一工业区一号路 B16
邮编：518100
电话：0755/81737203、81737205
传真：81737272
网址：www. sumry. com. cn
电子信箱：694845058@ qq. com
法定代表人：许兴权
质量体系：ISO 9001、ISO 14001
产品情况：电动汽车充电系统等（如充电桩模块）等
出口情况：远销亚洲、欧洲、北美洲、非洲多个主要国家和地区

★深圳市森派新能源科技有限公司

地址：广东省深圳市光明新区高新科技产业园区邦凯路 9 号邦凯科技工业园厂房 C 栋
邮编：518100

电话:0755/25310233、23245623
电子信箱:service@ szspai. com
法定代表人:唐南阳
产品情况:动力电池产品,主要应用于电动汽车动力电源、蓄能电源、起动电源、备用电源等领域

★深圳市康泰电气设备有限公司
地址:广东省深圳市光明新区冠城高新科技园 C 栋
邮编:518100
电话:0755/26513107、13728875459
传真:26513081
网址:www. szktdq. cn
法定代表人:彭康玉
单位人数:385
质量体系:ISO 9001
产品情况:1.5MWh 锂电池集装箱储能系统、JHC1000 多功能充电机、一体式直流充电桩等

★深圳市天骄科技开发有限公司
地址:广东省深圳市龙岗区葵涌街道三溪奔康工业区 A-5 栋 3 楼
邮编:518100
电话:0752/3265384、13682681959
传真:3265394
电子信箱:260896798@ qq. com
法定代表人:陈建山
质量体系:ISO 9001
产品情况:新型锂电池三元正极材料

★深圳市安和威电力科技股份有限公司
地址:广东省深圳市龙岗区同德社区吓坑二路 64 号第三工业区综合办公楼
邮编:518100
电话:0755/83145818、4008309038
传真:83146448
网址:www. szautoway. com
电子信箱:ahw@ szautoway. com
法定代表人:叶楚宇
质量体系:ISO 9001、ISO 14001
产品情况:电动汽车充/换电站及充/换电设备、电力、机电设备制造和建设,新能源汽车加电站(桩)的建设施工及部分设备供应
配套情况:合作伙伴有广州大金钟路充电站、海州物流园充电站、中山城轨充换电站、中山城南加电站等

★深圳市力通威电子科技有限公司
地址:广东省深圳市龙华大浪街道百富利工业园 C 栋
邮编:518100
电话:0755/81489958
传真:81489955
网址:www. lt - power. com
电子信箱:dora2@ 163. com
法定代表人:何祝军
单位人数:1000
质量体系:ISO 9001、ISO 14001
产品情况:锂电池保护模组、锂动力电池保护模组、单片机控制智能型锂动力电池均衡保护模组、电池管理系统(BMS)、锂电池终端应用产品 UPS、应急电源、汽车备用电源、电动车 BMS、移动电源等
出口情况:远销日本、韩国、东南亚、欧美、南美洲、非洲等国家和地区,并销往中国台湾、中国香港、中国澳门地区

★深圳市国新动力科技有限公司
地址:广东省深圳市龙华新区大浪街道安丰工业区二期 D 栋 2 楼
邮编:518100
电话:0755/33564799
网址:www. guoxin - power. com
电子信箱:sales_gxdl@ 163. com
法定代表人:裴国忠
质量体系:ISO/TS 16949
产品情况:电动汽车动力电池管理系统、电力能源存储管理系统、新型能源应用管理系统

★深圳市锐深科技有限公司
地址:广东省深圳市龙华新区龙观路 39 号龙城工业区 C 栋
邮编:518100
电话:0755/83177476、18813649916
传真:83176461
网址:www. racern. com
电子信箱:zm. hu@ racern. com
法定代表人:张岳期
产品情况:专业从事电池管理系统及其配套产品生产

★深圳聚吉星科技有限公司
地址:广东省深圳市坪山新区坪山街道六联社区锦龙大道路口宝山路东侧海科兴战略新兴产业园 C 栋 3 楼
邮编:518100
电话:0755/840629720、4008958820
网址:www. jugee. cn
电子信箱:leo@ jugee. cn
法定代表人:樊学军
产品情况:可充电智能电池系列产品

★深圳市汇川技术股份有限公司
地址:广东省深圳市宝安区宝城 70 区留仙二路鸿威工业园 E 栋
邮编:518101
电话:0755/29799595
传真:29619897
网址:www. inovance. cn
法定代表人:朱兴明
产品情况:服务于新能源汽车领域动力总成核心部件,包括各种电动机控制器、辅助动力系统等

★深圳市阿丹能量信息技术有限公司
地址:广东省深圳市宝安区西乡街道南昌社区泰华梧桐工业园大暑 7 栋 801
邮编:518101
电话:0755/29989555
网址:www. adan. cn
法定代表人(负责人):何照丹
产品情况:致力于智能网联新能源汽车核心零部件设计、研发,以及为共享汽车提供解决方案

★格林美股份有限公司
地址:广东省深圳市宝安新中心区兴华路南侧荣超滨海大厦 A 栋 20 层
邮编:518101
电话:0755/33386666
传真:33895777、33668590
网址:www. gemchina. com
电子信箱:info@ gem. com. cn
法定代表人:许开华
产品情况:动力电池材料循环再造,年生产锂离子电池用钴镍原料与正极材料 50000t 以上

★深圳极豆科技有限公司
地址:广东省深圳市西乡街道银田路 4 号华丰宝安智谷科技创新园 H 座 315-316
邮编:518102
电话:4006590500
网址:www. jidouauto. com
电子信箱:kefu@ jidouauto. com
法定代表人:汪奕菲
产品情况:智能车机、智能后视镜以及智能车载配件等产品

★深圳可立克科技股份有限公司
地址:广东省深圳市宝安区福永街道桥头村正中工业园 7 栋
邮编:518103
电话:0755/29918117
传真:29918005
网址:www. clickele. com
电子信箱:sales@ clickele. com
法定代表人:肖铿
质量体系:ISO/TS 16949、ISO 14001
产品情况:(CLiCK 牌)
磁性元件和电源:充电电源、消费类终端适配器、传统磁性元件、新能源磁性器件、AC/DC 车载充电器、DC/DC 电源、逆变器
出口情况:80% 产品远销欧美、大洋洲、南美洲及亚洲等地区

★深圳智眸科技有限公司
地址:广东省深圳市宝安区福永街道新田大道 335 号新田工业区 25 栋 3 楼 B 区
邮编:518103
电话:0755/22675493
网址:www. koodar. com
电子信箱:1049018605@ qq. com
法定代表人(负责人):顾梅玉
单位人数:50
产品情况:制造车规级前装双目等产品,主要应用于汽车高级辅助驾驶和自

动驾驶等市场

★深圳市大富科技股份有限公司
地址:广东省深圳市宝安区沙井蚝乡路沙井工业公司第三工业区
邮编:518104
电话:0755/29816880
传真:29816518
网址:www.tatfook.com
电子信箱:legal@tatfook.com
法定代表人:孙尚传
质量体系:ISO 9001、ISO 14000
产品情况:智能终端产品、新能源汽车电池、动力电池负极材料等

★深圳索瑞德电子有限公司
地址:广东省深圳市宝安区松岗镇潭头西部工业园区 B22 栋
邮编:518105
电话:0755/81495850、4006762755
传真:81495855
网址:www.soroups.com
电子信箱:sales@soroups.com
法定代表人:陈伟寰
质量体系:ISO 9001、ISO 14001
产品情况:(索瑞德牌)
新能源电动汽车交、直流充电桩等
出口情况:出口欧洲、北美洲、南美洲、非洲、中东、西亚、东南亚、大洋洲等国际市场

★深圳市英威腾电气股份有限公司
地址:广东省深圳市光明区马田街道松白路英威腾光明科技大厦 B 栋 6 楼
邮编:518106
电话:0755/23535777
传真:26499440
网址:www.invt.com.cn
电子信箱:imcsales@invt.com.cn
法定代表人(负责人):黄申力
单位人数:3000
产品情况:(INVT 品牌)
动力系统总成、主电动机控制器、辅助电动机控制器、驱动电动机、车载充电电源、充电桩
出口情况:远销海外 60 多个国家和地区

★力佳电源科技(深圳)股份有限公司
地址:广东省深圳市光明新区公明办事处合水口社区合水口新村西区一排 4 栋 306 室
邮编:518106
电话:1802909808、13682669842
网址:www.szlijia.com
电子信箱:sales@szlijia.com
法定代表人:王建
质量体系:ISO/TS 16949、ISO 14001
产品情况:锂微型电源,用于汽车遥控器等

★深圳市星源材质科技股份有限公司
地址:广东省深圳市光明新区公明办事处田园路北
邮编:518106
电话:0755/36800999
传真:36800998
网址:www.senior798.com
法定代表人:陈秀峰
质量体系:ISO/TS 16949、ISO 14001
产品情况:动力锂离子电池隔膜

★深圳江浩电子有限公司
地址:广东省深圳市光明新区公明街道经济发展总公司第六工业区四栋
邮编:518106
电话:0755/27156855、27155836
传真:27155826
网址:www.jianghao.com.cn
法定代表人:尹志华
单位人数:500
质量体系:ISO 9001、ISO 14001
产品情况:铝电解电容器

★深圳市蓝海华腾技术股份有限公司
地址:广东省深圳市光明区同观大道 7 号路科诺工业园科诺大厦
邮编:518107
电话:0755/26580810、4000801199
传真:26580821
网址:www.v-t.net.cn
电子信箱:lhht@v-t.net.cn
法定代表人:邱文渊
产品情况:中低压变频器、伺服驱动器、电动汽车电动机控制器、逆变器等电力电子产品

★深圳市瑞能实业股份有限公司
地址:广东省深圳市光明新区白花园路八佰工业园
邮编:518107
电话:0755/26703611、26703711
传真:21678812
网址:www.repower.cn
电子信箱:service@repower.cn
法定代表人:毛广甫
质量体系:ISO 9001
产品情况:动力电池测试系统、智能电池测试系统、高功率电池测试设备、组合动力电池高电压大电流配套组件,包括电池组能量管理和配套的充电装置
配套情况:承担着比亚迪、力神、ATL、光宇、博世集团、上汽集团、中航集团等众多厂家相关制造和检测设备的测试工作

★深圳市得润电子股份有限公司
地址:广东省深圳市光明新区光明街道三十三路 9 号得润电子工业园
邮编:518107
电话:0755/33260000
传真:33260333
网址:www.deren.com.cn
电子信箱:xiaoxiaoquan@deren.com
法定代表人:邱建民
质量体系:ISO 14001、ISO/TS 16949
产品情况:主营汽车电子及新能源汽车零部件业务,主要产品包括安全和报警产品、电源管理系统和车载充电模块产品、电子功率模块产品和车联网产品
配套情况:主要客户包括大众、宝马、奔驰、BMW、大众集团、菲亚特集团、标致雪铁龙集团等整车厂商,以及部分一线汽车零部件供应商

★深圳市中工巨能科技有限公司
地址:广东省深圳市宝安区石岩街道坑尾大道 33 号磁通工业园 3 楼
邮编:518108
电话:0755/86531178、86531378
传真:86531178-619
网址:www.chinajune.com
电子信箱:june@chinajune.com
法定代表人:林明
质量体系:ISO 9001、ISO/TS 16949
产品情况:电池管理系统、电池保护板、动力电池包、充电桩系统、大功率充电机等
配套情况:主要客户有金龙客车、五洲龙、航天神州等

★欣旺达电子股份有限公司
地址:广东省深圳市宝安区石岩街道石龙社区颐和路 2 号
邮编:518108
电话:0755/29516888
传真:29516999
网址:www.sunwoda.com
电子信箱:sunwoda@sunwoda.com
法定代表人(负责人):王威
单位人数:12442
质量体系:ISO 9001、ISO 14001
产品情况:电动汽车动力总成等
配套情况:与北汽福田等国内重点整车厂保持长期战略合作关系

★深圳市康灿新能源科技有限公司
地址:广东省深圳市宝安区石岩街道塘头大道宏发工业园 10 栋 2 楼
邮编:518108
电话:0755/29427789、15814468699
传真:82974056
网址:www.kcpowercar.com
电子信箱:3307013871@qq.com
法定代表人:吕申磊
产品情况:产品涵盖新能源汽车 DC-DC 变换器、DC-AC 车载逆变器,三合一辅驱动控制、三合一(PDU+DC+OBC)、移动充电设备、便携式充电机等一系列产品

★深圳英飞源技术有限公司
地址:广东省深圳市宝安区石岩街道塘头社区塘头 1 号路领亚工业园 1 号厂房一层
邮编:518108
电话:0755/86574800

传真:86574800
网址:www. infypower. com
电子信箱:fxq112y@ infypower. com
法定代表人:朱春辉
质量体系:ISO 9001
产品情况:充电模块、充电监控、充电管理系统、车载电源等

★深圳市蓝德汽车电源技术有限公司
地址:广东省深圳市宝安区石岩街道塘头一号路创维创新谷5号D栋301
邮编:518108
电话:0755/23272895、15889761081
网址:www. powercar. cc
电子信箱:xiaoliu. zhang@ powercar. cc
法定代表人:张涛
质量体系:ISO/TS 16949、ISO 9001
产品情况:新能源汽车DC/DC变换器、车载充电机、充电站(桩)等
配套情况:与国内主流车厂以及新能源企业建立起战略合作关系

★江苏吉泰科电气股份有限公司
地址:广东省深圳市宝安区石岩街道塘头一号路中运泰科科技工业园10栋6-9楼
邮编:518108
电话:0755/86379551、86392609
传真:86379550
网址:www. gtake. com. cn
电子信箱:gtake@ gtake. net
法定代表人:黄裕华
产品情况:新能源汽车电动机控制器

★深圳市车品逸科技有限公司
地址:广东省深圳市宝安区石岩镇应人石天宝路外贸工业区11栋1楼
邮编:518108
电话:4006111980
网址:www. cpyt. net
电子信箱:easyauto88@ 163. com
法定代表人:罗海成
产品情况:致力于汽车导航系统、行车安全类产品的研发工作,产品涉及专车专用智能影音娱乐导航系统、原车屏升级系统、智能行车安全系统OBD原车信息显示及故障诊断系统、车载互联网应用等
配套情况:为福特、本田、丰田、大众、现代、起亚、别克等配套

★深圳拓邦股份有限公司
地址:广东省深圳市宝安区石岩镇塘头大道拓邦工业园
邮编:518108
电话:0755/27651888
网址:www. topband. com. cn
电子信箱:topband@ topband. com. cn
法定代表人:武永强
单位人数:5000
质量体系:ISO/TS 16949、ISO 14001
产品情况:磷酸铁锂方形电芯、锂离子动力电池等

★深圳市兆新能源股份有限公司
地址:广东省深圳市南山区科技中二路软件园二期11栋6楼
邮编:518108
电话:0755/86922999、86922998
传真:86922988
网址:www. 7cf. com
电子信箱:international@ rainbowvc. com
法定代表人:张文
质量体系:ISO 9001、ISO 14001
产品情况:(7CF牌、可立美牌)
传统业务(包括精细化工、生物基降解材料)、新能源业务(包括新能源光伏发电、新能源汽车运营、新能源汽车充电桩、储能、智慧停车)等领域
出口情况:出口美国、日本、欧洲等70多个国家和地区

★茂硕电源科技股份有限公司
地址:广东省深圳市南山区西丽茂硕科技园
邮编:518108
电话:0755/27657000、4008890018
传真:27657908
网址:www. mosopower. com
电子信箱:wcx@ mosopower. com
法定代表人:顾永德
质量体系:ISO 9001、ISO 14001
产品情况:(茂硕电源牌)
智能充电桩、新能源汽车充电运营等
出口情况:远销美国、日本、韩国、新加坡、欧洲等国家,并销往中国香港、中国台湾地区

★深圳市菊水皇家科技有限公司
地址:广东省深圳市南山区西丽镇南岗第二工业园5栋6楼
邮编:518108
电话:0755/26932694
电子信箱:phfn@ 163. com
法定代表人:潘海锋
质量体系:ISO 9001
产品情况:(菊水皇家牌)
电动汽车充电模块、充电桩、锂电池PACK充放电测试柜、回馈式电池分容测试柜、交流/变频电源、交直流电源、交流恒流源等
出口情况:出口30多个国家

★深圳晶福源科技股份有限公司
地址:广东省深圳市南山区西丽镇松白路南岗第二工业区12栋
邮编:518108
电话:0755/29868497、4006364006
传真:26505986
网址:www. jfy - tech. com
电子信箱:support@ jfy - tech. com
法定代表人:陈恒留
质量体系:ISO 9001、ISO 14001
产品情况:(晶福源牌)
直流充电桩及充电模块、车载充电机、DC/DC变换器、锂电池管理系统(BMS)等
出口情况:远销北美洲、欧盟、大洋洲在内的全球60多个国家和地区

★深圳市格瑞普电池有限公司
地址:广东省深圳市龙华区大浪街道高峰社区华荣路格瑞普第1栋1层
邮编:518109
电话:0755/29043719、88376378
传真:88376585
网址:www. ace - pow. com
电子信箱:info@ gensace. com
法定代表人:刘森
产品情况:NIMH(镍氢电池)、LI-PO(锂聚合物电池)、LI-FE(锂铁)电池,用于电动自行车、电动汽车等领域

★深圳速锐得科技有限公司
地址:广东省深圳市龙华区大浪街道忠信路9号汇亿财富中心906室
邮编:518109
电话:0755/29734619、81703730
网址:www. threadcn. com
法定代表人:刘相
产品情况:汽车OBD、CANBUS总线的研发、车联网OBD产品制造及方案设计

★深圳市赢合科技股份有限公司
地址:广东省深圳市龙华新区大浪街道下横朗赢合产业园
邮编:518109
电话:0755/28032999
网址:www. yhwins. com
电子信箱:yinghekeji@ yhwins. com
法定代表人:王维东
产品情况:动力电池智能生产线等

★深圳市旭明电力技术有限公司
地址:广东省深圳市龙华新区观澜街道桂花社区观光路1193号旭明科技园
邮编:518110
电话:0755/27600587、27608008
传真:27600047、27600390
网址:www. chinaxum. com
法定代表人:刘荣军
质量体系:ISO 9000、ISO 14001
产品情况:高压、低压、箱变、变压器、消防的配电成套设备

★深圳康普盾科技股份有限公司
地址:广东省深圳市龙华新区观澜街道星花社区品顺路107号
邮编:518110
电话:0755/26658915、4001082919
传真:86612522
网址:www. compton. com. cn
电子信箱:project@ compton. com. cn
法定代表人:吴波

单位人数:150
质量体系:ISO 9001、ISO 14001
产品情况:(康普盾牌)
新能源电动汽车充电桩、配电产品、配线产品等

★广东天劲新能源科技股份有限公司
地址:广东省深圳市龙华新区观澜黎光社区诚光工业园
邮编:518110
电话:0755/29815105
传真:29062582
网址:www.teamgiant.cn
法定代表人:曾洪华
质量体系:ISO/TS 16949、ISO 14001
产品情况:新能源汽车动力电池系统整体解决方案(华南聚合物锂离子动力电池)
出口情况:远销欧洲、北美洲、南美洲、东南亚、韩国等30多个国家和地区,并销往中国台湾、中国香港地区

★深圳市中天协创科技发展有限公司
地址:广东省深圳市龙华新区观澜新城社区观澜大道73号泉源发工业区6号二楼
邮编:518110
电话:0755/83730122、13530400508
网址:www.ztxc.cc
电子信箱:ztxc@ztxc.cc
法定代表人:王凌云
质量体系:ISO 9001
产品情况:便捷式充电桩、交直流充电桩和充电柜等新能源电动车智能化充电设备
出口情况:出口东南亚及欧美地区

★深圳市聚马新能源汽车科技有限公司
地址:广东省深圳市龙岗区宝龙街道同乐社区南同大道5号B栋
邮编:518116
电话:0755/89386081
传真:89386082
网址:www.juma-eds.com
电子信箱:juma@jumaeds.com
法定代表人:李金峰
质量体系:IATF 16949
产品情况:新能源汽车电驱动系统、高压配电盒、高压线束等三电系统产品

★深圳市依思普林科技有限公司
地址:广东省深圳市龙岗区宝龙六路新中桥工业园C栋3楼
邮编:518116
电话:0755/28398381、18620362307
传真:28398386
网址:www.espiritek.com
电子信箱:weishao.zhang@espiritek.com
法定代表人:张杰夫
质量体系:ISO 9001、ISO/TS 16949
产品情况:物流车、乘用车及大中型客车用纯电动驱动电动机系统、整车控制器
配套情况:与金龙客车、众泰、江铃新能源、蓝海新能、大连华晨、上汽跃进、东风特汽、一汽吉林、成功汽车、福建新龙马、陕西通家、重庆华晨鑫源、陆地方舟、卡威契合、中植新能源、野马汽车、重庆恒通、南京环绿等多家车企建立客户合作关系及战略合作伙伴关系

★深圳市核达中远通电源技术股份公司
地址:广东省深圳市龙岗区龙岗街道宝龙工业区宝龙大道三路4号
邮编:518116
电话:0755/33599662、32886808
传真:33229850、33229851
网址:www.vapel.cn
电子信箱:info@vapel.com
法定代表人:罗厚斌
质量体系:ISO/TS 16949、ISO 14001
产品情况:(VAPEL牌)
电动车供电电源、电动汽车交直流智能充电桩、模组化全系列宽电压车载充电机、车载转换电源等
配套情况:是北汽福田、海马、宇通、长春一汽、长安汽车等企业的供应商

★雅士电业(深圳)有限公司
地址:广东省深圳市龙岗区龙岗镇杨田路龙岗村龙河工业区
邮编:518116
电话:0755/89905511
传真:89905733
网址:www.amchk.com
法定代表人:郑子威
质量体系:ISO 14000、ISO/TS 16949
产品情况:为车载电源和大功率充电解决方案提供商

★深圳市卓能新能源股份有限公司
地址:广东省深圳市龙岗区坪地国际低碳城银台高新产业园
邮编:518117
电话:0755/84072583
网址:www.szznp.com
电子信箱:web@szznp.com
法定代表人:黄国文
单位人数:3000
质量体系:ISO/TS 16949、ISO 14001
产品情况:锂离子电池及电动汽车电源系统
出口情况:远销欧洲、北美洲、东南亚等30多个国家和地区

★深圳华粤宝电池有限公司
地址:广东省深圳市坪山新区碧岭社区沙坑二路38号
邮编:518118
电话:0755/84686666
传真:84686256
网址:www.hyb-battery.com
电子信箱:marketing@hyb-battery.com
法定代表人:邓德强
产品情况:锂离子电芯、锂离子电池:方型、圆柱型、聚合物以及动力电池
出口情况:业务辐射欧美、韩国、新加坡、俄罗斯等国际市场,并销往中国台湾、中国香港地区

★深圳沃尔新能源电气科技股份有限公司
地址:广东省深圳市坪山新区兰景北路沃尔工业园
邮编:518118
电话:0755/28299389、28299598
传真:28299595
网址:www.woerxny.com
电子信箱:woerxny@woer.com
法定代表人:康树峰
质量体系:ISO/TS 16949、ISO 9001
产品情况:新能源领域线束、连接器、叠层母排、软连接、配电箱等产品
配套情况:合作伙伴有东风柳汽、长江汽车、国金汽车、御捷、江铃汽车、银隆新能源、五洲龙、奥新新能源、力帆新能源、中植汽车、比亚迪、亿纬锂能、华商三优、科大智能等

★深圳巴斯巴科技发展有限公司
地址:广东省深圳市坪山新区兰竹东路8号巴斯巴产业园
邮编:518118
电话:0755/89938488、13922885213
传真:22644353
网址:www.ebusbar.net
电子信箱:yingxiao88@ebusbar.net
法定代表人:林国军
单位人数:2500
质量体系:ISO/TS 16949、ISO 14001
产品情况:(巴斯巴牌)
充电连接器、电动汽车充电设备(充电桩)、电子母排、高压大电流连接器、电池连接系统专用母排、高压继电器、高压配电盒等整车控制器多合一列产品
配套情况:主要合作企业有比亚迪、北汽、长安、华晨客车、宝马、奔驰、大众、广汽等,目前和国内外80%的整车厂建立了合作关系

★深圳华一汽车科技有限公司
地址:广东省深圳市坪山新区坪山碧岭金碧路528号
邮编:518118
电话:0755/82023869
网址:www.itas-hk.com
电子信箱:itas@infotronic-int.com
法定代表人:余曦
质量体系:IATF 16949
产品情况:专注于研发汽车智能驾驶座舱、车联网、智能交通整体解决方案及相关产品,主要包括智能液晶仪表、车联网汽车系统、新能源汽车系统、汽车安全系统

★深圳市国创动力系统有限公司
地址:广东省深圳市坪山新区坪山街道六联社区锦龙大道路口宝山路

16 号海科兴战略新兴产业园
邮编:518118
电话:0755/82777879
传真:82557506
网址:innovapower. cn
电子信箱:info@ innovapower. cn
法定代表人:宋邦浩
产品情况:动力电池系统及动力总成,储能电源系统等产品

★深圳市民富沃能新能源汽车有限公司
地址:广东省深圳市坪山新区坪山竹坑社区工业区 9 栋
邮编:518118
电话:0755/66834288
电子信箱:zhongqiuli@ optimumchina. com
法定代表人:李金林
产品情况:纯电动公交车、环卫车等新能源车辆的销售、租赁、运营及充维服务;充电桩等
配套情况:与一汽集团、东风汽车、山西大运、上海申龙、厦门金旅、中国重汽豪沃、九龙汽车等国内主流厂商建立了战略合作伙伴关系

★深圳新宙邦科技股份有限公司
地址:广东省深圳市坪山新区沙坣同富裕工业区
邮编:518118
电话:0755/89923768
传真:89924533
网址:www. capchem. com
电子信箱:capchem@ capchem. com
法定代表人:覃九三
质量体系:IATF 16949、ISO 14001
产品情况:产品主要有锂电池化学品、电容器化学品、有机氟化学品、半导体化学品以及 LED 封装材料等系列
出口情况:批量出口日本、韩国、美国、巴西、欧洲等国家和地区

★ 深圳市比克电池有限公司
地址:广东省深圳市大鹏区葵涌街道比克工业园
邮编:518119
电话:0755/61886818
传真:89770062
网址:www. bak. com. cn
电子信箱:info@ bak. com. cn
法定代表人:李向前
单位人数:5000
质量体系:ISO/TS 16949、ISO 14001
产品情况:(比克牌)
　　圆柱、方型和聚合物电芯以及电池封装、电池解决方案等,主要应用于新能源汽车、消费类产品及后备储能等领域
配套及出口情况:服务全球十余家一线汽车制造商;出口欧洲、亚太地区、北美洲等地区
☞ 详细情况请参阅彩色宣传版面

★深圳市雄韬电源科技股份有限公司
地址:广东省深圳市大鹏新区大鹏镇同富工业区雄韬科技园
邮编:518120
电话:0755/66851118
传真:66850678
网址:www. senry - batt. com
电子信箱:sales@ vision - batt. com
法定代表人:王克田
质量体系:ISO 14000、ISO 9001
产品情况:密封铅酸蓄电池、锂离子电池(钴酸锂、锰酸锂、磷酸铁锂)
出口情况:远销欧洲、北美洲、大洋洲、南美洲、南非、印度、东盟各国

★深圳市若腾科技有限公司
地址:广东省深圳市宝安区沙井街道上南东路恒昌荣高新产业园 3 栋 6 - 7 楼
邮编:518125
电话:0755/23221390、13923788330
网址:www. szruoteng. com
电子信箱:ripple_li@ szruoteng. com
法定代表人:江斌
质量体系:ISO/TS 16949、ISO 14001
产品情况:主要从事开关磁阻电动机、汽车电尾门撑杆以及各种直流无刷电动机的研发和生产,产品广泛应用于新能源汽车部件等行业
出口情况:远销欧美、韩国等海外市场

★深圳安智杰科技有限公司
地址:广东省深圳市宝安区西乡街道宝田三路 24 栋
邮编:518126
电话:0755/83474671、83474672
网址:www. anngic. com
电子信箱:anngic@ anngic. com
法定代表人:张勇
产品情况:以毫米波雷达传感器为核心产品

★华为技术有限公司
地址:广东省深圳市龙岗区坂田华为基地
邮编:518129
电话:0755/28780808
传真:28560111
网址:www. huawei. com
电子信箱:corporate. comms@ huawei. com
法定代表人:赵明路
负责人:任正非
单位人数:180000
产品情况:(华为牌)
　　在多终端互联互通、车载操作系统开发、车机芯片开发、车联网评价体系标准建设等领域开展业务合作
配套情况:已经服务 50 个车厂、覆盖 10 万网联车

★深圳市国耀电子科技股份有限公司
地址:广东省深圳市龙岗区布吉坂田吉华路龙璧工业城十栋 5 ~6 层
邮编:518129
电话:0755/84192418、84192718
传真:84192618
网址:www. szguoyao. com
电子信箱:szmarket@ szguoyao. com
法定代表人:张耀南
质量体系:ISO 9001
产品情况:(GYE 牌)
　　电动汽车充电模块、电动汽车直流充电机、系列车载充电机、系列车载 DC/DC 电源、电动汽车交流充电桩、一体式直流充电桩

★深圳市中科久明新能源股份有限公司
地址:广东省深圳市龙岗区横岗镇红棉三路 242 号金圣涛工业园(原敏华工业城)三号厂房 3 楼
邮编:518129
电话:0755/89357673
传真:89357673
网址:www. szzkjm. com
电子信箱:szcas_xs@ 163. com
法定代表人:刘劲飞
产品情况:拥有动力类电池模组、储能类电池模组、BMS 电控系统三大主流产品
配套情况:与比亚迪、中航锂电、比克、慧通天下、亿纬等国内外知名电芯企业开展合作

★深圳市普恩科技有限公司
地址:广东省深圳市龙华区民治街道民兴路特区 1980 文化产业园二期 D 栋 507 - 508
邮编:518131
电话:0755/85286856
传真:85263186
网址:www. salens. cn
电子信箱:sales@ salens. cn
法定代表人:卢家富
产品情况:传感器及专用芯片等感应电子元件
出口情况:远销亚洲、欧洲、美洲部分地区

★深圳市越洋达科技有限公司
地址:广东省深圳市宝安区公明街道西田社区第三工业区 20 栋
邮编:518132
电话:0755/81735197、15602431289
传真:81735196
网址:www. owpsata. com
电子信箱:juilu@ owasata. com
法定代表人(负责人):刘有文
单位人数:300
质量体系:ISO/TS 16949、ISO 9001
产品情况:各类电连接器、新能源汽车连接器/连接线

★深圳天邦达科技有限公司
地址:广东省深圳市光明新区公明镇玉律第六工业区 26 栋

邮编:518132
电话:0755/29642889
传真:26526929
网址:www. tian－power. com
电子信箱:info@ tian－power. com
法定代表人:孙宝岗
质量体系:ISO/TS 16949、ISO 14001
产品情况:锂电池保护模组、电动汽车& 储能电池管理系统(BMS)
配套情况:与国内锂电池行业前十位的企业均有全面深入的合作,如德赛、力神、飞毛腿、光宇、ATL/NVT、超威、天能、南都、莱克等;直接或间接地成为华为、LG、Apple、联想、日产等国际一线品牌的供应商

★深圳市镭神智能系统有限公司
地址:广东省深圳市光明新区玉律根玉路汉海达科技创新园2栋8楼C区
邮编:518132
电话:0755/23242821
传真:23244316
网址:www. leishen－lidar. com
电子信箱:sales@ lslidar. com
法定代表人:胡小波
质量体系:ISO 9001
产品情况:激光导航避障雷达、激光成像雷达、激光防撞雷达、激光定高雷达、高精度三维激光扫描仪、激光位移传感器

★珠海丽亭智能科技有限公司
地址:广东省珠海市高新区科技创新海岸北围新沙五路168号
邮编:519000
电话:020/28810852
网址:www. serva－ts. cn
电子信箱:info@ ltsmart. com. cn
法定代表人:李罡
产品情况:智能停车机器人系统等

★银隆新能源股份有限公司
地址:广东省珠海市金湾区(青湾工业园)金湖路16号
邮编:519015
电话:4008361888
网址:www. zhyle. com
电子信箱:sale@ zhyle. com
法定代表人:赖信华
负责人:胡兆伟
产品情况:大容量、高功率锂离子动力电池、电动汽车动力总成和大功率锂离子储能电池

★珠海泰坦科技股份有限公司
地址:广东省珠海市石花西路60号泰坦科技园
邮编:519015
电话:0756/3325899、4006236008
网址:www. titans. com. cn
电子信箱:titans@ titans. com. cn
法定代表人:李欣青
单位人数:500
产品情况:电力电源产品系列、电动汽车充电产品系列、动力电池化成产品系列、电能储能产品系列等

★珠海驿联新能源汽车有限公司
地址:广东省珠海市石花西路60号泰坦科技园
邮编:519015
电话:4008129338
传真:0756/3325889
网址:www. ev－link. com. cn
电子信箱:info@ ev－link. com. cn
法定代表人:陈向军
产品情况:TEVC系列模块式整车充电系统、TCZ-J系列交流充电桩、TEV系列分箱式充电机、TCZ-Y系列直流户外一体化充电系统
配套情况:参与承办国内50多座充换电站工程如徐州公交充电站、莱西市充电站等

★珠海英博尔电气股份有限公司
地址:广东省珠海市高新区科技六路七号
邮编:519085
电话:0756/3396961、6860806
传真:6860881
网址:www. in－powercar. com
法定代表人:姜桂宾
产品情况:电动机控制器、车载充电机、DC-DC转换器、电子加速踏板等电动车辆关键零部件

★珠海全志科技股份有限公司
地址:广东省珠海市高新区唐家湾镇科技2路9号
邮编:519085
电话:0756/3818333
网址:www. allwinnertech. com
电子信箱:ir@ allwinnertech. com
法定代表人:张建辉
单位人数:900
产品情况:行车记录仪、智能后视镜、智能中控等车联网产品
配套情况:为吉利汽车、东南汽车、一汽、众泰汽车等厂商服务

★珠海鹏辉能源有限公司
地址:广东省珠海市斗门区新青科技工业园新青五路
邮编:519100
电话:0756/6333555
传真:3922218
网址:www. greatpower. net
电子信箱:li－ion@ greatpower. net
法定代表人:夏信德
质量体系:ISO 9001、ISO 14001
产品情况:主要生产聚合物锂离子、锂离子、镍氢等二次充电电池,锂铁、锂锰、锂亚硫酰氯、锌空等一次电池;产品广泛应用于新能源汽车动力电池、汽车启动电源等

★东莞力朗电池科技有限公司
地址:广东省东莞市清溪镇科技路401号
邮编:523000
电话:0769/39016600、39016600
传真:39016604
网址:www. plb. com. cn
电子信箱:sales@ plb. com. cn
法定代表人:韩永斌
产品情况:26650锂电芯、BMS电池管理系统、PACK及成品

★深圳市通天星科技有限公司
地址:广东省东莞市南城区天安数码城A1栋524室
邮编:523080
电话:0769/28823367
传真:28823357
网址:www. g－sky. cn
电子信箱:sales@ g－sky. cn
法定代表人:李永福
产品情况:GPS定位、3G视频软件、车载DVR运营系统、车辆联网系统、人员定位系统

★广东戈兰玛汽车系统有限公司
地址:广东省东莞市东城区桑园管理区龙樟路25号
邮编:523119
电话:0769/27287978、26626334
传真:27287708
网址:www. grandmark－hk. com
电子信箱:info@ grandmark－hk. com
法定代表人:陈汉雄
产品情况:机械式自动变速器(AMT)及零部件,混合动力、纯电动等新能源系统部件

★东莞市奕东电子有限公司
地址:广东省东莞市东城同沙科技园区
邮编:523129
电话:0769/22200329
传真:22294825
网址:www. yidong. com. cn
电子信箱:yidong@ yidong. com. cn
法定代表人:邓玉泉
质量体系:ISO/TS 16949、ISO 14001
产品情况:精密冲压件和塑胶件及其精密模具、各种表面处理、背光源、FPC及其补强板、圆形电芯盖帽、方形电芯盖板、新能源精密结构件等产品,产品广泛应用于新能源汽车、半导体等行业
配套情况:是TE、Molex、Amphenol、BYD、Kyocera等诸多优秀公司信赖的供应商

★广东合通建业科技股份有限公司
地址:广东省东莞市松山湖高新区新城路酷派天安云谷五楼
邮编:523520
电话:0769/81383999、4008393266
传真:81383993
网址:www. hetongpcb. com

法定代表人:陈子安
质量体系:ISO/TS 16949
产品情况:生产高精度、高密度的单面、双面、多层电路板以及 LED 灯条板、碳油板、铝基板及新能源汽车储能电池板、汽车中控板、汽车车灯板等新能源汽车板
配套情况:目前合作的客户有沃特玛、比亚迪等

★东莞劲威新能源科技有限公司
地址:广东省东莞市凤岗镇竹塘村红花园凤深大道 40 号三楼
邮编:523681
电话:0769/82850902
网址:www. jw2016. com
法定代表人:李拥军
产品情况:锂离子电池、石墨烯、碳纤维材料

★东莞市振华新能源科技有限公司
地址:广东省东莞市凤岗镇玉泉工业区兴园路 7 号
邮编:523696
电话:0769/82695120、82695588
传真:89330788
网址:www. sinowatt. com
电子信箱:sales@ sinowatt. com
法定代表人:陈刚
质量体系:ISO/TS 16949、ISO 14001
产品情况:圆柱动力电池单体和电池组(主要用于轻型电动车和小型静态储能)、大容量方型和圆柱动力电池单体和电池组(主要用于电动汽车和大型静态储能)

★东莞塔菲尔新能源科技有限公司
地址:广东省东莞市大朗象山工业园嘉源路 9 号
邮编:523700
电话:0769/81239661
传真:81239662
网址:www. tafel. com. cn
电子信箱:marketing@ tafel. com. cn
法定代表人:姚万浩
质量体系:ISO/TS 16949、ISO 14001
产品情况:新能源锂离子动力电池和储能电池

★东莞国耀新能源科技有限公司
地址:广东省东莞市黄江镇北岸工业区南
邮编:523750
电话:0769/83519266
传真:83519566
网址:www. szguoyao. com
法定代表人:张耀南
质量体系:ISO 9001
产品情况:电动汽车充电模块、电动汽车直流充电机、系列车载充电机、系列车载 DC/DC 电源、电动汽车交流充电桩、一体式直流充电桩

★富华德电子(东莞)有限公司
地址:广东省东莞市长安镇乌沙兴发南路新星工业园
邮编:523800
电话:0769/82286000、85323339
传真:85416401
网址:www. nanoforce. com. cn
电子信箱:ellisyiu@ nanoforce. com. cn
法定代表人:纪力荣
产品情况:超级电容及锂电池模组系统

★东莞市迈科新能源有限公司
地址:广东省东莞市大朗镇美景大道西 1888 号迈科工业园
邮编:523800
电话:0769/83197555、83015328
传真:83195372
网址:www. mcnair - tech. com
电子信箱:pub@ mcnair. com. cn
法定代表人:刘华础
单位人数:2500
质量体系:ISO 9001、ISO 14001
产品情况:聚合物锂离子电池、液态锂离子电池、动力储能电池等新能源汽车用动力电池产品

★易事特集团股份有限公司
地址:广东省东莞市松山湖高新技术产业开发区工业北路 6 号
邮编:523808
电话:0769/22897777、4007001660
传真:22898866
网址:www. eastups. com
电子信箱:info@ eastups. com
法定代表人:何佳
产品情况:(易事特牌)
　　电动汽车充电桩等
出口情况:出口全球 100 多个国家和地区

★东莞钜威动力技术有限公司
地址:广东省东莞市松山湖高新技术产业开发区工业北路 7 号力优科技中心 1 栋 3 楼 B 区
邮编:523808
电话:0769/23076060
传真:23076063
网址:www. powerwise - technology. com
电子信箱:pw@ powerwise - technology. com
法定代表人:刘鲁新
质量体系:ISO/TS 16949、ISO 9001
产品情况:电池管理系统(BMS)的研发、制造

★广东高标电子科技有限公司
地址:广东省东莞市松山湖高新技术产业开发区工业西路 3 号
邮编:523808
电话:0769/22899968、15989607285
传真:22898668
网址:www. gobao. cn
电子信箱:466297652@ qq. com
法定代表人:陈清付
单位人数:1000
质量体系:ISO 9001
产品情况:(高标牌)
　　电动车控制器,主要服务电动车品牌前 30 强的整车制造商

★东莞市创明电池技术有限公司
地址:广东省东莞市松山湖高新技术产业开发区工业西三路 9 号
邮编:523808
电话:0769/23836666
网址:www. cham. com. cn
电子信箱:info@ cham. com. cn
法定代表人:倪佳
质量体系:ISO/TS 16949、ISO 14001
产品情况:18650 圆柱形锂电子电池、电池组等
配套情况:为吉利汽车、浙江豪情、南京金控、上海神龙、扬州亚星、珠海广通、陕汽通家、东风汽车、众泰汽车等供货

★东莞新能源科技有限公司
地址:广东省东莞市松山湖科技产业园区北部工业区工业西路 1 号
邮编:523808
电话:0769/88989338
网址:www. atlbattery. com
电子信箱:ssl - reception@ atlbattery. com
法定代表人:范文正
质量体系:ISO 9001、ISO 14001
产品情况:可充电锂离子电池的电芯、封装和系统整合

★肇庆绿宝石电子科技股份有限公司
地址:广东省肇庆市端州区端州八路
邮编:526000
电话:0758/2862871
传真:2862870
网址:www. zq - beryl. com
电子信箱:master@ zq - beryl. com
法定代表人:刘泳澎
质量体系:ISO/TS 16949、ISO 9001
产品情况:铝电解电容器、固态电容器和超级电容

★广东风华高新科技股份有限公司
地址:广东省肇庆市风华路 18 号风华电子工业城
邮编:526040
电话:0758/2865325、2865248
传真:2865136、2865174
网址:www. china - fenghua. com
电子信箱:marketing@ china - fenghua. com
法定代表人:王广军
质量体系:ISO/TS 16949、ISO 14001
产品情况:车规叠层片式电感器、车规片式功率电感器、车规专用铝电解电容器、汽车用多层陶瓷电容器等新型电子元器件

★合普动力股份有限公司
地址:广东省肇庆市国家高新区迎宾大

道26号
邮编:526238
电话:0758/3623237、3623278
网址:www.gd-hepu.com
法定代表人:李显平
质量体系:ISO/TS 16949、ISO 14000
产品情况:永磁同步电动机、低压交流电动机、高压交流电动机等电动汽车用电动机
出口情况:远销欧洲、美洲、印度、中东、非洲、东南亚

★合普动力(广东)有限公司
地址:广东省肇庆市国家高新区迎宾大道26号
邮编:526238
电话:0758/3623278、3623237
网址:www.gd-hepu.com
电子信箱:evm@gd-hepu.com
法定代表人:李显平
质量体系:ISO/TS 16949、ISO 14000
产品情况:可年产电动客车电动机5万台,电动汽车电动机30万台

★广东国鸿氢能科技有限公司
地址:广东省云浮市云城区思劳镇佛山(云浮)产业转移工业园南区9号
邮编:527326
电话:0766/6931234、6931238
网址:www.sinosynergypower.com
电子信箱:andy.chen@sinosynergypower.com
法定代表人:马东生
产品情况:MP30车用燃料电池模块、MD30轻型车用燃料电池模块、HD85重型车用燃料电池模块等氢燃料电池

★佛山佛塑科技集团股份有限公司
地址:广东省佛山市禅城区汾江中路85号
邮编:528000
电话:0757/83988188
传真:83985216
网址:www.fspg.com.cn
电子信箱:dmb@fspg.com.cn
法定代表人:黄丙娣
负责人:柯明
单位人数:4000
产品情况:(汾江牌、鸿基牌、双象牌、双龙牌、HG牌)
锂离子电池隔膜、偏光膜和电工电容薄膜等新型聚合物材料

★广东道氏技术股份有限公司
地址:广东省佛山市禅城区季华四路意美家卫浴陶瓷世界30栋二楼14-17号
邮编:528000
电话:4008300661
传真:0757/82106833
网址:www.dowstone.com.cn
法定代表人:荣继华
产品情况:围绕氢燃料电池中的MEA研究、MEA制造和电堆制造三大领域进行布局,打造MEA的世界级研发中心,成品MEA将被用于电堆制造当中

★广东盛路通信科技股份有限公司
地址:广东省佛山市三水区西南工业园进业二路4号
邮编:528100
电话:0757/87744996
传真:87744997
网址:www.shenglu.com
电子信箱:marketing@shenglu.com
法定代表人:杨华
产品情况:产品以网络为载体,APP为控制,为车主提供一站式的人车互动体验,车载智能DA产品逐步拓展前装市场

★广东精进能源有限公司
地址:广东省佛山市顺德高新区(容桂)华天南一路6号
邮编:528300
电话:0757/28307929、28308210
传真:28305901
网址:www.aeenergy.com
电子信箱:joni@aeenergy.com
法定代表人:林从
单位人数:2000
产品情况:锂离子动力电池

★广东万锦科技股份有限公司
地址:广东省佛山市顺德区容桂镇容里街道建丰路7号
邮编:528300
电话:0757/29229924、13534373967
电子信箱:markhamtech@126.com
法定代表人:张国庆
产品情况:生产具有热管理功能的动力电池模组产品

★佛山市顺德区创格电子实业有限公司
地址:广东省佛山市顺德区容桂高新开发区新有东路7号
邮编:528306
电话:0757/28378933、28399722
传真:28370050
网址:www.cgegd.com
电子信箱:cge@cgegd.com
法定代表人:尤枝辉
单位人数:400
质量体系:ISO 9001、ISO 14001
产品情况:薄膜电容器

★中山市润烨新能源科技有限公司
地址:广东省中山市坦洲镇第三工业区前进四路
邮编:528400
电话:0760/86280511-8001
传真:86281919
网址:www.gdrunye.com
电子信箱:rytimon@gdryxs.com
法定代表人:胡兆芳
质量体系:ISO/TS 16949
产品情况:新能源汽车电池零部件、储能电池零部件
配套情况:为银隆新能源供货

★中山大洋电机股份有限公司
地址:广东省中山市西区沙朗第三工业区
邮编:528411
电话:0760/88555123、88555306
传真:88559031
网址:www.broad-ocean.com
电子信箱:bom@broad-ocean.com
法定代表人:鲁楚平
负责人:徐海明
单位人数:2318
质量体系:ISO/TS 16949、ISO 14001
产品情况:新能源汽车动力总成系统、氢燃料电池系统及氢能发动机系统以及车辆旋转电器
出口情况:产品远销五大洲40多个国家和地区

★中山联合光电科技股份有限公司
地址:广东省中山市火炬开发区益围路10号
邮编:528437
电话:0760/86138999
传真:86138111
网址:www.union-optech.com
电子信箱:marketing@union-optech.com
法定代表人:龚俊强
产品情况:车载成像系统

★中山市坤辰电池制造有限公司
地址:广东省中山市三角镇高平工业区福泽路17号
邮编:528445
电话:0760/23781287、18022023208
传真:23781286
网址:www.chinakunchen.com
电子信箱:kunchensale@163.com
法定代表人:梁添荣
产品情况:专业制造磷酸锂铁电池、三元锂,主要用于混合动力纯动力交通工具等

★广东领益智造股份有限公司
地址:广东省江门市龙湾路8号
邮编:529000
电话:0750/3506000、3503668
传真:3503666、3506002
网址:www.jpmf.com
电子信箱:zhao_yanmei@jpmf.com.cn
法定代表人:曾芳勤
质量体系:ISO/TS 16949、ISO 14001
产品情况:铁氧体永磁元件、铁氧体软磁元件,应用于汽车中微电机的铁氧体永磁元件
出口情况:远销日本、美国,并销往中国香港、中国台湾地区

★汉宇集团股份有限公司
地址:广东省江门市高新技术开发区清澜路336号

邮编:529040
电话:0750/3839000、3839522
传真:3839211、3839170
网址:www. idearhanyu. com
电子信箱:idearhanyu@ oceanhanyu. com
法定代表人:石华山
产品情况:充电桩、控制器等新能源汽车零部件

广　西

★广西三立科技发展有限公司
地址:南宁市高新区罗赖路9号南宁玉柴工程研究院内的A车间
邮编:530003
电话:0771/2796008、2796016
传真:2796008
电子信箱:glb@ dxsunlight. com
法定代表人:祝强
负责人:梁锋
质量体系:ISO/TS 16949
产品情况:新能源汽车动力总成、汽车电子维修检测设备、柴油机电子控制器、后处理控制器等
配套情况:新能源汽车动力总成产品与苏州金龙、广州客车、重庆恒通、厦门金龙、东风扬子江、东风商用车、四川南骏、长春华奥、中通客车、江淮客车等整车厂合作

★广西卓能新能源科技有限公司
地址:广西钦州市钦北区卓能大道一区卓能产业园
邮编:535000
电话:0777/5812222
网址:www. szznp. com
电子信箱:huangwenye@ szznp. com
法定代表人:黄延新
产品情况:锂离子动力电池、电池组

★广西安耐哲新材料科技有限公司
地址:广西玉林市陆川北部工业集中区
邮编:537000
电话:0775/3220062
传真:3220099
网址:www. hbenergy. cn
电子信箱:info@ anzfp. com
法定代表人:张秉祥
产品情况:动力锂离子电池及电池材料

★广西盛源行电子信息有限公司
地址:广西柳州市高新1路15号信息产业园B栋3－27号
邮编:545026
电话:0772/2819389
网址:www. gxsyh. com
法定代表人:谢世逸
单位人数:200
产品情况:整车物流智能监控系统(GPS+北斗)、车载GPS无线定位控制平台系统、汽车制造业物联管理信息化平台等软件
配套情况:合作伙伴包括上汽通用五菱、东风柳汽、柳州特种汽车厂等

重庆市

★重庆凯瑞电动汽车系统有限公司
地址:重庆市双桥经开区天星大道9号附1号
邮编:400900
电话:023/68662132、68662112
传真:68662112
电子信箱:sunguijun@ caeri. com. cn
法定代表人:万鑫铭
产品情况:产品覆盖纯电动及混合动力轿车、物流车、环卫车和客车的动力系统

★重庆科鑫三佳车辆技术有限公司
地址:重庆市北碚区云汉大道两江云计算中心科创中心G4区5楼
邮编:401120
电话:023/86885688
传真:86885399
网址:www. cosunjoy. com
法定代表人:刘林峰
产品情况:纯电动整车控制器、电动机控制器、电池包、EPS、纯铝底盘等

★重庆裕祥新能源电池有限公司
地址:重庆市渝北区双凤桥街道高堡湖东路5号
邮编:401120
电话:023/61815288、61815286
传真:61815288
网址:www. ysdianchi. com
电子信箱:xsb@ ysdianchi. com
法定代表人:施森树
质量体系:ISO 9001、ISO 14001
产品情况:电动道路车辆用铅蓄电池、电动助力车用密封铅蓄电池、阀控式免维护蓄电池、富液式免维护蓄电池等
配套情况:主要合作伙伴有五羊本田、力帆、宗申、轻骑铃木等

★重庆重客汽车电子有限公司
地址:重庆市南岸区江峡路8号
邮编:401336
电话:023/62803599
传真:62803977
网址:ckecs. com
电子信箱:nick. bai@ hotmail. com
法定代表人:柏凡淋
单位人数:120
质量体系:ISO/TS 16949、ISO 14001
产品情况:汽车发动机管理系统包含汽油系统、替代燃料系统、双燃料系统、混合动力系统,混合动力和纯电动汽车驱动控制系统包含整车管理、电动机管理、车联网解决方案等

★重庆万里新能源股份有限公司
地址:重庆市江津区双福街道创业大道2号
邮编:402246
电话:023/85551205、85567207
传真:85550913
网址:www. cqwanli. com
法定代表人:莫天泉
质量体系:ISO/TS 16949、ISO 14001
产品情况:(万里WANLI牌)
　　起动用免维护铅酸蓄电池和电动车用铅酸蓄电池
配套情况:为东风商用车、东风小康、长安汽车、力帆汽车、上汽依维柯红岩、庆铃汽车、恒通客车、北汽银翔等配套

★重庆创祥电源有限公司
地址:重庆市铜梁区东城街道办事处金山大道8号
邮编:402560
电话:023/45365445、4543836
网址:www. cqcxiang. com
电子信箱:atapx@ cqcxiang. com
法定代表人:谭海云
单位人数:200
产品情况:汽车、摩托车电池及电池极板,电动汽车和电动自行车用动力电池
配套情况:与德国宝马、比亚乔、新大洲本田、五羊本田、雅玛哈、轻骑标致、大长江、隆鑫、宗申、北方易初、建设、嘉陵等国内外知名企业真诚合作

四川省

★成都新能电庄科技股份有限公司
地址:中国(四川)自由贸易试验区成都高新区吉泰五路88号2栋20层3号
邮编:610015
电话:028/69186689
网址:www. dz. tt
电子信箱:569257071@ qq. com
法定代表人:朱滨彬
负责人:先越
产品情况:交流充电桩、直流充电桩、智能充电平台

★天齐锂业股份有限公司
地址:成都市高新区高朋东路10号1栋3楼
邮编:610041
电话:028/85336458
传真:85159451
网址:www. tianqilithium. com
法定代表人:蒋卫平
产品情况:动力锂离子电池及集成系统、锂电新材料

★成都兴能新材料股份有限公司
地址:成都市高新区天府大道北段966号天府国际金融中心4号楼5层
邮编:610041
电话:028/85252455
传真:85182556

网址:www.nem-cn.com
电子信箱:01942208263@qq.com
法定代表人:符兵
负责人:蒋文春
质量体系:ISO/TS 16949、ISO 14001
产品情况:锂电材料和电芯的研发、生产和销售,系统集成及行业服务,在国内拥有完整锂电产业链

★四川科陆新能电气有限公司
地址:成都市武侯区武科西四路99号
邮编:610046
电话:028/85875908、4009021988
网址:www.scclou.com
电子信箱:luyanli@scnee.com
法定代表人:鄢爱华
质量体系:ISO 9001、ISO 14001
产品情况:电动汽车充电模块、汇流箱、光伏逆变器、储能变流器、高压变频器、低压变频器、微电网系统等设备及成熟领先的解决方案

★四川西部资源控股股份有限公司
地址:成都市锦江区锦江工业开发区毕升路168号
邮编:610063
电话:028/85910202
网址:www.scxbzy.com
电子信箱:600139@scxbzy.com
法定代表人:段志平
产品情况:锂电池正负极材料、电解液、隔膜、锂电芯生产、新能源汽车高效节能电动机系统及新能源整车制造等

★成都四威功率电子科技有限公司
地址:成都市青羊区苏坡西路35号四威电子大厦三楼
邮编:610074
电话:028/87366900、87360581
传真:81702738
网址:www.cdswpe.com
法定代表人:郝继山
质量体系:ISO 9001、GJB 9001B
产品情况:高压电源、中频电源、直流电源、BMS动力电池管理系统等,广泛应用于导航、测控、新能源汽车等领域

★成都华气厚普机电设备股份有限公司
地址:成都市高新区康隆路555号
邮编:610091
电话:4000002005
网址:www.hqhop.com
电子信箱:hpgf@hqhop.com
法定代表人:江涛
产品情况:无触摸屏交流电桩、立式交流桩、60kW直流充电桩、120kW直流充电桩、新能源充装整体解决方案、加氢机等

★成都富临精工新能源动力有限公司
地址:成都市龙泉驿区柏合镇文柏大道882号
邮编:610105
电话:028/65087566
网址:www.fulinpm.com
法定代表人:阳宇
单位人数:100
产品情况:集新能源电驱动总成(含电动机、电动机控制器、减速器及一体机)的研发、生产于一体,主要产品为乘用车动力总成、商用车及物流车动力总成

★成都芝田高分子材料有限公司
地址:成都市青白江区工业集中发展区同旺路866号
邮编:610300
电话:028/83626866
传真:83626866
电子信箱:1115896419@qq.com
法定代表人:赵波
质量体系:ISO 9001、ISO 14001
产品情况:超级电容(包括单体、模组、系统)、锂离子电池隔膜、汽车动力电池隔膜、聚合物功能膜等产品

★华鼎国联动力电池有限公司
地址:成都市青白江区团结东路311号370栋1楼
邮编:610300
电话:028/89300518
电子信箱:yuandingkai@hdc-group.cn
法定代表人:熊思危
质量体系:IATF 16949
产品情况:锂离子动力电池和电池材料

★东方电气集团东风电机有限公司
地址:四川省乐山市五通桥区桥沟镇
邮编:614802
电话:0833/3251195、3250606
传真:3251408
电子信箱:dongfangxia668@163.com
法定代表人:杨晓冉
质量体系:ISO 9001、ISO 14001
产品情况:交流异步电动机、永磁同步电动机、永磁同步电动机控制器、交流异步电动机控制器、交流异步系统总成等新能源电动车驱动系统
出口情况:出口日本、美国、加拿大、古巴、德国、奥地利、土耳其、朝鲜、巴基斯坦、越南、缅甸、尼泊尔等30多个国家和地区

★四川瑞可达连接系统有限公司
地址:四川省绵阳市经开区塘汛镇文跃西路257号3号楼
邮编:621000
电话:0816/2842377、13320892557
传真:6333156
网址:www.recodeal.com
电子信箱:ally.li@recodeal.com
法定代表人:吴世均
质量体系:ISO/TS 16949、ISO 14001
产品情况:高频连接器、低频连接器、线缆组件、汽车线束和电动机控制器等

★四川省科学城帝威电气有限公司
地址:四川省绵阳市科创园区国家创新中心二期3-217-219
邮编:621000
电话:0816/2543937、4001155199
传真:2543937
网址:www.dwpower.cn
电子信箱:dwpower@126.com
法定代表人:李云
质量体系:ISO 9001
产品情况:(科学城帝威牌)
DZP-Y1系列智能交直流一体化电源系统、GZGW系列配电变压器中线电流治理补偿系统、GZGW智能交流配电管理系统、GT特种电源、DW新能源汽车充电智能管理系统、PLC控制系统和环保设备系统及其软硬件配套产品

云南省

★贵研铂业股份有限公司
地址:昆明市高新技术产业开发区科技路988号
邮编:650106
电话:0871/68329955
网址:www.sino-platinum.com.cn
电子信箱:office@ipm.com.cn
法定代表人:郭俊梅
质量体系:ISO 9001、GJB 9001A
产品情况:汽车尾气净化催化剂、燃料电池催化剂等贵金属特种功能材料

贵州省

★贵州贵安阳光新能源科技有限公司
地址:贵阳市贵安新区黔中大道电子信息孵化园
邮编:550001
电话:0851/88900300
网址:www.gzsnpower.com.cn
法定代表人:丁茗
单位人数:200
质量体系:ISO 9001、ISO/TS 16949
产品情况:具备日产100台车的模组电池PACK生产能力,年产能2亿Wh新能源汽车动力电池系统

★贵安新区新能电桩科技有限公司
地址:贵阳市贵安新区高端装备制造产业园9号楼
邮编:550003
电话:0851/83866966、69186689
网址:www.dz.tt
电子信箱:corp@dz.tt
法定代表人:先越
产品情况:电动汽车充电设备、电动汽车分时租赁与销售,储能与能源调度系统开发,能源交易结算等
配套情况:智能充电设施落地服务超过35个城市,电桩——贵安超级充电站等

★贵州航天电器股份有限公司
地址:贵阳市经济技术开发区红河路7号
邮编:550009
电话:0851/88697412 88697419
传真:88697000
网址:www.gzhtdq.com.cn
电子信箱:htdq@gzhtdq.com.cn
法定代表人:陈振宇
产品情况:主要产品有新能源汽车用连接器等

★贵州振华新材料股份有限公司
地址:贵阳市白云区高跨路1号(沙文生态科技产业园)
邮编:550016
电话:0851/84352855
传真:84351877
网址:www.zh-echem.com
电子信箱:zec@zh-echem.com
法定代表人:侯乔坤
质量体系:ISO/TS 16949、ISO 14001
产品情况:主要产品涵盖消费电子产品及电动汽车所用的锂离子电池正极材料领域,包括动力三元、钴酸锂、复合三元、钴镍锰酸锂三元、高锰多晶系列产品

★贵州瑞科新能源动力技术有限公司
地址:贵州省桐梓县娄山关高新区B区1楼
邮编:563200
电话:0851/23263358、18655369366
传真:23263358
电子信箱:xiaqing@foxmail.com
法定代表人:陈湘晖
产品情况:便携式、超静音发电机组以及插电式混合动力新能源汽车用增程器

陕西省

★西安迪威码半导体有限公司
地址:西安市高新区锦业一路宝德云谷B座1205室
邮编:518000
电话:029/88322505
传真:88322505
网址:www.divimath.com
电子信箱:info@divimath.com
法定代表人:CAIZHANG ZHOU
产品情况:夜视摄像头、全景摄像头、停车辅助、行车记录仪、智能车机等

★渭南宇动新能源科技有限公司
地址:西安市雁塔区团结南路32号中国航天科技军民融合创新中心15F
邮编:710021
电话:029/81773888
传真:81773888
网址:www.dfxny.com
电子信箱:info@dfxny.com
法定代表人:李涛
产品情况:镍氢/锂离子充电电池、动力电池及相关配套产品

★西安象德信息技术有限公司
地址:西安市高新区高新6路1幢1单元10401室710号房
邮编:710075
电话:029/62886306
电子信箱:sondit_hr@163.com
法定代表人:张焕颖
产品情况:民用雷达市场的开拓与创新,产品广泛应用于智慧交通、智慧城市、汽车主动安全驾驶等领域

★三星(中国)半导体有限公司
地址:西安市高新区泬河北路1999号
邮编:710119
电话:029/88875402
电子信箱:wei81.wang@samsung.com
法定代表人:LIM BAEK GYUN
产品情况:嵌入式通用闪存、嵌入式多媒体卡、四代超低功耗双倍数据率同步动态随机存储器、调制解调器、汽车图像传感器、嵌入式安全芯片等

★美光半导体(西安)有限责任公司
地址:西安市高新区信息大道西安出口加工区B区内
邮编:710119
电话:029/68916666
网址:www.micron.com
电子信箱:ninazhou@micron.com
法定代表人:朱文菊
产品情况:主要业务范围包括储存器集成电路测试和模块装配生产,已实现集成电路芯片测试产能每月超过1亿片、内存模块生产产能每月400万块的规模

★西安正昌电子股份有限公司
地址:西安市高新区草堂科技产业基地秦岭大道西2号科技企业加速器园区内9号楼10101
邮编:710304
电话:029/65660089、65660090
传真:65660095
网址:www.xazc.com
电子信箱:xazc029abs@163.com
法定代表人:韩琳
质量体系:ISO/TS 16949
产品情况:(内齿牌)

商用车制动防抱死系统(ABS),商用车驱动防滑系统(ASR),胎温胎压监测系统(TPMS),混合动力汽车制动力控制系统(HEV-ABS),商用车电子驻车制动系统(EPB),盲区监控系统(BAMS),先进驾驶辅助系统(ADAS),制动器温度监控及预警系统(BODS),转向防碰预警系统(SAWS),上坡辅助系统(HSA),制动片磨损检测系统(WMS),高度限位预警系统等

配套情况:为陕西重汽、一汽集团、中集车辆配套

★咸阳威力克能源有限公司
地址:陕西省咸阳市滨河南路西段
邮编:712046
电话:029/33685058、33685097
传真:33685055、33685099
电子信箱:jsb@voltix.com.cn
法定代表人:周松江
质量体系:ISO 9001、ISO 14001
产品情况:动力电池

★天臣新能源(渭南)有限公司
地址:陕西省渭南市高新区石泉路13号
邮编:714000
电话:0913/8133528
网址:www.tesson.cn
法定代表人:盛司光
产品情况:三元锂离子电池、汽车动力电池等

★陕西心网新能源科技有限公司
地址:陕西省汉中市铺镇工业园
邮编:723000
电话:4000064528
传真:0916/8180539
网址:www.zhuangwang-tech.com
电子信箱:317314801@qq.com
法定代表人:郑月芸
产品情况:交流充电桩、直流充电桩、交流充电连接器、便携式交流充电机等

宁　夏

★龙能科技(宁夏)有限责任公司
地址:宁夏宁东临河工业园A区中房物流园区
邮编:750002
电话:0951/3946977
网址:www.longpowers-nx.com
电子信箱:zhaopin@longpowers-nx.com
法定代表人:陆振荣
产品情况:锂离子动力电池、储能电池、储能电站及装置、动力及储能电池系统、电池管理系统等产品,形成年产3.5亿Ah高端锂离子电池的生产能力

甘肃省

★天水二一三电器有限公司
地址:甘肃省天水市秦州区赤峪路35号
邮编:741001
电话:0938/8362888、15374486213
网址:www.ts213.com.cn
法定代表人:何建文
质量体系:ISO 9001、ISO 14001
产品情况:(二一三牌)

新能源汽车行业专用直流接触器、交流接触器、微型断路器、剩余电流动作断路器、塑料外壳式断路器、熔断器、电涌保护器等

汽车用品及工具生产企业

·查询导引·

企业详细介绍

汽车用品及工具生产企业

☞ 企业如有变更,请与编辑部联系 ☎ 010/68426043、68420981

北京市

★北京联飞翔科技股份有限公司
地址:北京市东城区安定门外大街138号皇城国际A507室
邮编:100011
电话:010/64097448、64259668
传真:64097234
网址:www.unifly.com.cn
法定代表人:郑淑芬
质量体系:ISO/TS 16949、ISO 9000
产品情况:(联飞翔牌)
环保节能滤清器、长效低碳润滑油、低张力环保玻璃清洗剂、防冻冷却液等多种车用养护系列产品

★北京洪泰康洁汽车用品有限公司
地址:北京市丰台区刘家村126号
邮编:100070
电话:4000858516、13522088578
网址:www.ht266.com
法定代表人:陈艾娥
产品情况:汽车空调清洗剂等;进入大众、现代、宝马、奥迪、三菱等多家4S店

★东方河马(北京)科技有限公司
地址:北京市大兴区天贵街3号院6号楼一层101室
邮编:102600
电话:010/87611373
网址:www.hippo-cn.com
电子信箱:dongfanghema@163.com
法定代表人:雍小燕
产品情况:(HEMA牌)
车载饮水机

天津市

★澳皮王(天津)皮业有限公司
地址:天津市东丽经济技术开发区七经路8号
邮编:300300
电话:022/24992008
传真:24992558
电子信箱:mi.zl@auskin.com.cn
法定代表人:HU DAQUN
产品情况:(澳世家牌、吉羊牌)
羊毛皮汽车座套、转向盘套、头枕、靠背垫等

★天津佰安汽车用品有限公司
地址:天津市西青经济技术开发区赛达北二道19号
邮编:300381
电话:022/23979798
传真:23888779
网址:www.tjviam.com
法定代表人:松本隆司
质量体系:ISO 14001
产品情况:汽车脚踏垫以及行李舱垫
配套情况:主要客户有丰田、日产、三菱、斯巴鲁、马自达、凌志等

★天津生隆纤维材料股份有限公司
地址:天津市宝坻区牛道口产业功能区
邮编:301800
电话:022/22557992、22557996
电子信箱:396253940@qq.com
法定代表人:吴华伟
质量体系:ISO/TS 16949、ISO 14001
产品情况:椰棕材料汽车靠垫、汽车睡垫
出口情况:出口欧美和东亚地区

河北省

★承德润韩汽车零部件有限公司
地址:河北省承德市高新技术产业开发区东区
邮编:067000
电话:0314/2292028、2292016
传真:2292188
电子信箱:cdrh@cdrunhan.com
法定代表人:林来顺
负责人:陈伟宏
单位人数:280
质量体系:ISO/TS 16949
产品情况:(通润牌)
立式油压千斤顶、螺旋千斤顶及随车工具,年生产能力可达300万台套
配套及出口情况:为一汽-大众、北京现代、东风悦达起亚、华晨金杯、北汽福田、北奔重汽、长城汽车、山东时风等各大汽车厂配套生产千斤顶及随车工具;出口韩国(现代)、日本(FUSO)、英国(Landrover)、法国、德国、意大利、澳大利亚等10多个国家

吉林省

★长春一汽富晟汽车毯业有限公司
地址:长春市朝阳经济开发区甲三路
邮编:130061
电话:0431/89869018
传真:89869018
网址:www.fawsn.com.cn
法定代表人:王志仁
质量体系:ISO/TS 16949、ISO 9001
产品情况:主要经营产品包括汽车地毯、汽车脚垫、后行李舱地毯及左右侧护面产品、汽车橡塑、发泡制品、汽车玻璃钢模压件等7大系列530多个品种;已具备年产200万套汽车地毯、50万件汽车玻璃钢产品、1500万件注塑发泡产品的生产能力
配套情况:是中国第一汽车集团的核心供应商,是一汽-大众的A级供应商,是一汽轿车、四川一汽丰田长春丰越公司、一汽解放、一汽吉林汽车、天津一汽夏利、一汽通用轻型商用汽车、富维-江森自控的优秀供应商

★吉林恒昌科技股份有限公司
地址:吉林省吉林市高新区深圳街软件园88号
邮编:132013
电话:0432/65090188、65090177
传真:65090123
网址:www.jlhckj.com
电子信箱:yxb@jlhckj.com
法定代表人:吴志刚
质量体系:ISO/TS 16949、QS 9000
产品情况:(恒昌牌)
汽车外装饰贴膜、功能性贴膜
配套情况:为一汽集团、江铃汽车、丹东黄海、北汽福田、郑州日产等50多家汽车厂配套

上海市

★上海云峰小伙伴汽车服务有限公司
地址:上海市宝山区长江西路778号
邮编:200441
电话:021/51258621
传真:51258720
电子信箱:13601803700@163.com
法定代表人:何桂成
质量体系:ISO/TS 16949、QS 9000
产品情况:(小伙伴牌、通海牌)
车用遮阳帘、中央控制盒、车用急救锤、公交车乘客拉手柄、车(船)用蓄电池等
配套情况:为江铃汽车、郑州宇通、厦门金旅、中国重汽、陕西重卡、安徽安凯、南京依维柯、桂林大宇、丹东黄海、北汽福田、安徽江淮、无锡客车配套

★上海华汇机电有限公司
地址:上海市闵行区颛桥镇都会路189号
邮编:201109
电话:021/54468999
传真:54469088
网址:www.coido.com
电子信箱:huahui@coidokb.net
法定代表人:王名宪
单位人数:1500
质量体系:ISO/TS 16949、QS 9000
产品情况:(风王牌)
汽车轮胎充气泵、汽车用打蜡机、吸尘器、空气净化器、吹气机、手压打气筒、脚踏打气筒等

★上海康耐司信号设备有限公司
地址:上海市浦东新区合庆镇汇庆路286号
邮编:201201
电话:021/68919099
传真:58978236
电子信箱:374007529@qq.com
法定代表人:程其政
质量体系:ISO/TS 16949、ISO 9001
产品情况:LED光源汽车信号灯

★上海俊达汽车装饰有限公司
地址:上海市奉贤区邬桥镇大叶公路2189号
邮编:201402
电话:021/57405988
网址:www.junda-auto.com
电子信箱:junda@junda-auto.com
法定代表人:应文俊
单位人数:1200
质量体系:ISO 9001
产品情况:各类汽车坐垫、座套、腰靠、脚垫、转向盘等汽车装饰产品
出口情况:90%以上的产品出口欧洲、美洲、亚洲30多个国家和地区

★合朝电器(上海)有限公司
地址:上海市奉贤区青村镇钱桥工业区奉柘公路3510号
邮编:201407
电话:021/57599068
传真:57599263
网址:www.goodhope.com.hk
电子信箱:sales@goodhope.com.hk
法定代表人:黄宗联
质量体系:ISO/TS 16949
产品情况:快速补胎工具

★上海川方机电有限公司
地址:上海市金山区枫泾工业区环西一路108号
邮编:201501
电话:021/67356937
传真:67356939
网址:www.comeupwinch.com.cn
电子信箱:sales@comeupwinch.com.cn
法定代表人:蔡林福
质量体系:ISO 9001
产品情况:各类车用绞盘、ATV/UTV绞盘、液压绞盘
出口情况:畅销美国、英国、日本等十几个国家

★上海德联化工有限公司
地址:上海市嘉定区安亭镇方泰大众工业区三区泰涛路199号
邮编:201814
电话:021/59507558
传真:59506815
网址:www.delian.cn、www.shdelian.com
电子信箱:cs@shdelian.com
法定代表人:徐咸大
质量体系:ISO/TS 16949、ISO 14001
产品情况:防冻液、制动液、汽油清净剂、动力转向油、齿轮油、制冷剂、玻璃胶、增强阻尼垫、PVC涂料、玻璃水等
配套情况:主要客户有上汽大众、上汽通用、金杯汽车、上汽集团、奇瑞汽车、沃尔沃、观致、吉利汽车等

★富兰科华申汽车工具(上海)有限公司
地址:上海市嘉定区嘉松北路3815号
邮编:201814
电话:021/58599966、58592682
传真:58596243
电子信箱:zhang.ying@huashen-tools.com
法定代表人:Bulgarelli Roberto
质量体系:ISO/TS 16949
产品情况:随车工具、千斤顶、轮胎扳手、火花塞套筒、一字、十字双头旋具
配套情况:为上汽大众、华晨金杯、厦门金龙、东风悦达起亚、东风日产乘用车、一汽海马、吉利汽车、浙江万丰配套

★上海宝山千斤顶总厂有限公司
地址:上海市宝山区一二八纪念路928号713室
邮编:201900
电话:021/56797561
网址:www.baoshanqjd.com
电子信箱:380837945@qq.com
法定代表人:李军军
单位人数:265
质量体系:ISO/TS 16949、ISO 14001
产品情况:(钢城牌、中联牌、通润牌)
主要产品有QL系列螺旋千斤顶、QYL系列油压千斤顶、各类汽车配套千斤顶、随车工具、QT系列液压机械式汽车举升机及裁纸机等
配套情况:为上汽大众、上汽通用、东风悦达起亚、奇瑞汽车、吉利汽车、美国福特汽车等配套千斤顶及随车工具

江苏省

★江苏高标科技发展有限公司
地址:江苏省丹阳市界牌镇德祥路9号
邮编:212300
电话:0511/86055040、80767397
传真:86381849
网址:www.cn-gaobiao.com
电子信箱:zhangliang@cn-gaobiao.com
法定代表人:张虹
质量体系:ISO/TS 16949、ISO 9001
产品情况:(GBT牌、高标牌、狮吼牌、

CSE 牌）
开发品牌汽车全系外饰个性化升级改装产品，并提供整车升级系统化解决方案
出口情况：远销 20 多个国家和地区

★江苏鑫龙腾汽车部件有限公司
地址：江苏省常州市新北区孟河镇
邮编：212322
电话：0519/83867971、13506102700
传真：83867971
网址：www. czlongteng. com
电子信箱：sales@ czlongteng. com
法定代表人：杨帆
质量体系：ISO 9001
产品情况：侧踏板、行李架和护板等外饰改装件
配套情况：与国内汽车厂家及 4S 店配套

★常州市凯德汽车部件有限公司
地址：江苏省常州市西夏墅工业园银山路 3 号
邮编：213000
电话：0519/81195886
传真：81191801
网址：www. kindle4x4. com
电子信箱：order@ kd - autoparts. com
法定代表人：汤庆峰
质量体系：ISO/TS 16949
产品情况：汽车保险杠、内外饰件、中网、SUV 改装护杠、踏板、尾翼、镀铬塑料改装饰件等汽车内外饰件
出口情况：远销中东、东南亚、南美洲、欧美等几十个国家和地区

★江苏旷虎汽车用品有限公司
地址：江苏省常州市武进区雪堰镇旷达路 1 号
邮编：213100
电话：4001118868
网址：www. kuangdacn. com
法定代表人：吴凯
产品情况：（旷虎牌）
各种汽车坐垫、座套、行李舱垫、内饰脚垫等

★江苏云昊电子科技有限公司
地址：江苏省常州市新北区孟河镇通江工业园明阳路
邮编：213138
电话：0519/83500165、13951231169
网址：www. jsyunhao. com
电子信箱：175229215@ qq. com
法定代表人：常伟霞
产品情况：吹塑前后杠、脚踏板、行李架、行李舱、备胎架、挡泥板（胶）、轮眉、射灯架及用于轿车的门边踏板、发动机下护板、车门饰条等系列汽车外观件

★常州山由帝杉防护材料制造有限公司
地址：江苏省常州市武进经济开发区稻香西路 3 号
邮编：213149
电话：0519/86362801、86362820
传真：86362802
网址：www. sanyoudissan. com
电子信箱：sales@ sanyoudissan. com
法定代表人：王舟浩
质量体系：ISO 9001、ISO 14001
产品情况：汽车膜、建筑玻璃用功能膜和特种防护膜
出口情况：远销多个国家和地区

★常州安宝宝儿童座椅有限公司
地址：江苏省常州市武进区雪堰镇潘家旷达路 3 号
邮编：213179
电话：4006063200
网址：www. myanbaby. com
电子信箱：abb@ anbabe. com
法定代表人：殷雪松
单位人数：650
质量体系：ISO/TS 16949、ISO 14001
产品情况：儿童安全座椅
配套及出口情况：与英国的宝得适、日本的高田、美国的 Evenflo、西班牙 Babyauto 儿童安全座椅品牌等有多年良好的合作关系，并与一汽-大众达成战略合作；畅销欧洲、大洋洲、美国、日本等 60 多个国家和地区

★苏州工业园区安泽汶环保技术有限公司
地址：江苏省苏州市工业园区胜浦镇银胜路 136 号
邮编：215126
电话：0512/62811966、62811937
传真：62811900
网址：www. azurewind. com
电子信箱：azw@ azurewind. com
法定代表人：余习文
质量体系：ISO 9001
产品情况：除甲醛滤料、除异味滤料、臭氧分解滤料、空气净化器、车载空气净化器等产品

★光洋化学应用材料科技昆山有限公司
地址：江苏省昆山市经济技术开发区吴淞江南路 168 号
邮编：215300
电话：0512/57638858
传真：57636011
网址：www. solartech. com. cn
电子信箱：sale@ solartech. com. cn
法定代表人：马坚勇
单位人数：300
质量体系：ISO 9001
产品情况：汽车用尾气助剂、防冻液、制动液等汽车化学品

★昆山皇田汽车配件工业有限公司
地址：江苏省昆山市陆家镇金阳东路 369 号
邮编：215300
电话：0512/57876699
传真：57876600
电子信箱：kitty. duan@ macauto - group. com
法定代表人：周幼珊
质量体系：ISO/TS 16949
产品情况：汽车内饰窗帘、遮阳帘、卷帘
配套情况：为宝马、福特、通用、本田、三菱、现代、一汽集团等配套

★江苏中联地毯有限公司
地址：江苏省太仓市洛阳东路 81 号
邮编：215400
电话：0512/82705000、82705319
传真：82705656
网址：www. zhongliancarpet. com. cn
电子信箱：zlb@ zhongliancarpet. com. cn
法定代表人：万玉峰
质量体系：ISO/TS 16949
产品情况：（中联牌）
汽车针刺地毯及汽车成型地毯产品；年生产各类汽车针刺地毯 1800 万 m^2
配套情况：产品广泛应用于上汽大众、一汽-大众、上汽通用、东风雪铁龙、东风标致、东风本田、北京奔驰、华晨宝马、长安福特、广汽本田、广汽丰田等多种车型

★苏州新沣复合纤维制品有限公司
地址：江苏省太仓市板桥经济开发区发达路 11 号
邮编：215413
电话：0512/53441030、18051239117
网址：www. szsingform. com
电子信箱：amy@ singform. com
法定代表人：陈世文
质量体系：ISO/TS 16949、ISO 14001
产品情况：汽车脚垫

★张家港迪克汽车化学品有限公司
地址：江苏省张家港市江苏扬子江国际化学工业园华达路 90 号
邮编：215638
电话：0512/58670821
传真：58670823
网址：www. china - teec. com
电子信箱：teec@ china - teec. com
法定代表人：王兆银
质量体系：ISO/TS 16949、ISO 9001
产品情况：具备年生产制动液 10000t，防冻液 50000t，车窗清洗液 50000t 的能力
配套情况：为东风日产、天津丰田、东风本田、一汽海马、上汽通用五菱、华晨金杯、东风股份、长城汽车、郑州日产、河北长安、南京依维柯、金龙客车、三一重机、龙工集团、合肥日立挖掘机械等供货

★江苏艾文德悦达汽车内饰有限责任公司
地址：江苏省盐城市开发大道 666 号悦达纺织园内
邮编：224055
电话：0515/88583116
传真：88583115
电子信箱：info@ aundeyueda. com

法定代表人:凌良仲
质量体系:ISO/TS 16949
产品情况:纱线、织物及皮革类座椅套等

★扬州市联扬汽车装饰件有限公司
地址:江苏省扬州市广陵产业园董庄路19号
邮编:225000
电话:0514/87022388、87022363
传真:87235353
电子信箱:wth@ yzlyyc. com
法定代表人:谈技峰
质量体系:ISO 9001
产品情况:挡泥板、轮毂盖、牌照框、托架、螺母罩、进气管、灯具、排气管等

浙江省

★杭州利宝纺织机械有限公司
地址:杭州市萧山区蜀山街道赵家墩村71号
邮编:311203
电话:0571/82763628
传真:82761088
网址:www. hzlbfj. com
电子信箱:tang@ hzlbfj. com
法定代表人:於青梅
质量体系:ISO 9001
产品情况:(迪孚牌)
千斤顶

★杭州恒宏机械有限公司
地址:杭州市萧山区高新技术开发区
邮编:311232
电话:0571/82645688、4009260170
网址:www. hzjx. com. cn
电子信箱:jixiangzj@ hzjx. com. cn
法定代表人:王国忠
单位人数:138
质量体系:ISO 9001
产品情况:专用汽车、特种汽车及房车、拖车类电动支腿及其他机电和电子产品,专用汽车自动调平系统、车辆自动扩展装置等产品
配套及出口情况:已与美国的家得宝、卡斯特、Buyers、瑞玛士、DANZY 等国外公司建立起长期的业务协作关系,并与国内的中国电子科技集团公司第二十八研究所、上海航空特种车辆、南汽专用车等单位合作;出口欧洲、美洲

★杭州博远实业有限公司
地址:杭州市萧山区义桥镇罗幕村许贤工业园区
邮编:311256
电话:18658899969
网址:www. hzby. com
电子信箱:yuan@ hzby. com
法定代表人:姚元
质量体系:ISO 9000
产品情况:各类汽车椅套、坐垫及汽车内饰品
配套及出口情况:为汽车生产厂家配套;远销欧美、东南亚、非洲等几十个国家和地区

★杭州天铭科技股份有限公司
地址:浙江省富阳市东洲工业功能区五号路5号
邮编:311401
电话:0571/87191166、87191005
传真:87191088
电子信箱:yjb0718@ 126. com
法定代表人:张松
质量体系:ISO/TS 16949
产品情况:(T－MAX 为品牌)
车用绞盘和越野附件等产品
出口情况:远销欧洲、美洲、大洋、中东、东南亚、非洲等50多个国家和地区

★浙江何仕汽车工具有限公司
地址:浙江省诸暨市次坞高速路出口北100米
邮编:311814
电话:0575/87066108、87066088
传真:87066588
网址:www. heshitools. com
电子信箱:heshi@ heshitools. com
法定代表人:何建军
质量体系:ISO 9001、ISO 14001
产品情况:(NT 牌、KTG 牌、heshitools 牌)
工具箱、发动机专用工具,底盘专用工具,检测工具,制冷工具,轮胎护理工具等1000多种产品
出口情况:产品90%出口美国、欧洲、日本等国家和地区

★浙江天美汽车座套有限公司
地址:浙江省嘉兴市油车港日商开发区怡纺路83号
邮编:314000
电话:0573/82099999、82235198
电子信箱:tianmei@ tianmei. com
法定代表人:施美莲
质量体系:ISO/TS 16949
产品情况:汽车座套和坐垫;具有10万套/年的生产能力
配套情况:为江淮汽车配套

★浙江雅迪汽车真皮座套制造有限公司
地址:浙江省嘉兴市南湖区纺工路1948号
邮编:314050
电话:0573/82571218
法定代表人:陈跃
质量体系:ISO 9001
产品情况:汽车真皮座套

★浙江鑫鹿安防科技有限公司
地址:浙江省平湖市广陈镇广进路8号
邮编:314207
电话:0573/85827999、85827993
传真:85827990
网址:www. golddeer. net
电子信箱:frank@ golddeer. net
法定代表人:陈桂香
产品情况:特种车辆警灯、警示灯、LED警灯、大功率警报器、2004制式警车反光车徽车贴、刺针放气式路障、阻车路障、反光背心、防暴服、头盔、防暴盾牌等系列产品

★浙江诺倍驰纳米科技有限公司
地址:浙江省桐乡市梧桐街道环城南路1号三楼3031
邮编:314500
电话:0573/88188178
传真:88188508
网址:www. nps－china. com
电子信箱:info@ nps－china. com
法定代表人:徐方鸣
产品情况:发动机优化膜、变速器优化莫等纳米修复润滑剂产品

★桐乡金伟电子有限公司
地址:浙江省桐乡市中山东路158号
邮编:314500
电话:0573/88063309、88063329
传真:88061335
电子信箱:export@ mylarspeaker. com
法定代表人:杨胜洪
质量体系:ISO 9001
产品情况:(金伟牌)
电动千斤顶、电动扳手、充气泵等
出口情况:远销欧美、东南亚、中东等地区

★宁波环球娃娃婴童用品有限公司
地址:浙江省宁波市海曙区石碶街道光文路288号
邮编:315000
电话:0574/82820371、40082685000
网址:www. global－kids. cn
法定代表人:王中楠
质量体系:ISO/TS 16949
产品情况:儿童汽车安全座椅
配套及出口情况:为大众汽车集团、一汽集团、上汽集团、东风、通用汽车等供货;远销40多个国家和地区

★麦克英孚(宁波)婴童用品有限公司
地址:浙江省宁波市鄞州投资创业中心下应北路299号
邮编:315105
电话:0574/56160088
传真:56117978
网址:www. cnwinwin. com
电子信箱:babyfirst@ max－inf. com
法定代表人:徐立宏
质量体系:QS 9000、ISO 9001
产品情况:(宝贝第一牌、袋鼠爸爸牌、猫头鹰牌)
汽车儿童安全座椅
出口情况:远销50多个国家和地区

★宁波新宝工业有限公司
地址:浙江省慈溪市杭州湾新区金慈路
邮编:315336
电话:0574/23616603、63215790
传真:63213918、63213928

电子信箱:sypo@ sypo. com. cn
法定代表人:胡燕燕
质量体系:ISO 9001
产品情况:(SYPO 牌)
儿童安全座椅
出口情况:出口多个国家

★宁波尤利特汽车用品股份有限公司
地址:浙江省余姚市丰南工业区
邮编:315400
电话:0574/62481172、4006003718
传真:62410275
网址:www. unit168. com
电子信箱:4006003718@ qq. com
法定代表人:陈少军
质量体系:ISO 9001
产品情况:(尤利特牌、凌拓牌)
车用轮胎充气泵、车用吸尘器、汽保组套工具系列汽车用品
出口情况:远销欧美、东南亚等地区

★宁波永佳汽车零部件有限公司
地址:浙江省余姚市马渚镇马郎路 18 号
邮编:315453
电话:0574/62481377、62481588
传真:62481398
电子信箱:ding@ cn - yj. com
法定代表人:于莹
质量体系:ISO/TS 16949
产品情况:(永佳牌)
汽车及摩托车反射警示器、活动工具车、汽车配件

★宁波华盛电器有限公司
地址:浙江省余姚市泗门镇工业园区
邮编:315470
电话:0574/62129003
传真:62157188
网址:www. china - huasheng. com
电子信箱:sales@ china - huasheng. com
法定代表人:高先苗
质量体系:ISO 9001
产品情况:保温箱、保温桶、冷藏箱、配送箱、汽车应急电源、吸尘器、车用风扇、充气泵、打蜡机、充电器、灯具等
出口情况:出口欧洲、美洲、大洋洲、中东、东南亚等地区

★宁波贝安宝儿童用品有限公司
地址:浙江省余姚市低塘街道镇南路 17 号
邮编:315490
电话:0574/62280888、62280887
传真:62280890
网址:www. cnbeianbao. com
法定代表人:吴国土
产品情况:(贝安宝牌)
汽车儿童安全座椅

★宁波丰田纺织汽车部件有限公司
地址:浙江省宁波市保税区港西大道 9 号
邮编:315800
电话:0574/86820678
传真:86820916
网址:www. toyota - boshoku. com
法定代表人:庄志强
质量体系:ISO/TS 16949、ISO 14001
产品情况:汽车座椅套
配套情况:为日本丰田、韩国起亚供货

★宁波雷顿科技有限公司
地址:浙江省宁波市北仑保税西区新留学生创业园 6 楼
邮编:315800
电话:0574/86868795
网址:www. leyton. cn
电子信箱:leyton@ vip. 163. com
法定代表人:陈泽兴
质量体系:ISO/TS 16949
产品情况:GPS/GPRS(GPS/GSM)追踪防盗系统、双向远距离遥控防盗及起动、遥控汽车防盗、芯片防盗、倒车雷达、电动门锁
出口情况:出口日本、印度尼西亚、美国、大洋洲、东欧

★宁波骏达汽车配件制造有限公司
地址:浙江省宁波市北仑区大矸庐山西路 25 号
邮编:315806
电话:0574/86803002、86803019
传真:86803008、86803006
网址:www. nbjunda. com
电子信箱:junda@ nbjunda. com
法定代表人:王云波
质量体系:ISO 9001
产品情况:轮胎气门嘴、灯泡、护杠、中网、轮罩、转向盘、排气尾管、维修及美容工具等
配套及出口情况:与国外 OEM 配合,并与多家国际知名企业建立长期合作关系;出口美国、欧洲、大洋洲、东南亚、澳大利亚等国家和地区

★浙江三门维艾尔工业有限公司
地址:浙江省台州市三门县岭口工业区
邮编:317100
电话:0576/83100318、83100316
传真:83100168
网址:www. viair - china. com
电子信箱:jacky@ viair - china. com
法定代表人:俞鹏程
单位人数:600
质量体系:ISO 9001
产品情况:(Viair 牌)
各种汽车脚垫等
出口情况:出口欧洲、美国等国家和地区

★浙江省三门德慧工业有限公司
地址:浙江省台州市三门县高枧方下洋经济开发区
邮编:317102
电话:0576/83118608、83180798
传真:83117979
网址:www. cndehui. cn
电子信箱:4673012@ qq. com
法定代表人:姚振德
单位人数:520
质量体系:ISO 9001
产品情况:系列橡胶脚垫、注塑脚垫、地毯与 TPR 复合脚垫等

★浙江明丰汽车用品股份有限公司
地址:浙江省天台县八都工业园区
邮编:317200
电话:0576/83987818、83987888
传真:83987829
网址:www. manful. com
电子信箱:sales2@ manful. com
法定代表人:沈中明
单位人数:800
质量体系:ISO 9001、ISO 14001
产品情况:(明丰牌)
汽车及摩托车车罩等
出口情况:远销 80 多个国家和地区

★浙江利丰汽车用品有限公司
地址:浙江省天台县莪园工业区
邮编:317200
电话:0576/83937788、83937789
传真:83885799
网址:gb. zjlf. cc
电子信箱:lf02@ zjlf. cc
法定代表人:徐松舟
单位人数:300
质量体系:ISO 9001、ISO 14001
产品情况:(利丰牌)
坐垫、座椅、车罩、转向盘套、遮阳板等
出口情况:远销欧美、中东、亚洲等地区

★浙江省天台茂源汽车用品有限公司
地址:浙江省天台县三合工业园区(亭头)
邮编:317200
电话:0576/83089999
传真:83087869
网址:www. maoyuan - cn. com
电子信箱:maoyuancarmat@ vip. 163. com
法定代表人:章小云
质量体系:ISO 9000
产品情况:专业生产 PVC 汽车脚垫

★浙江鸿盛原汽车用品有限公司
地址:浙江省天台县上科山琼台路西工业区
邮编:317200
电话:0576/83779003
传真:83779001
网址:www. hongshengyuan. com
电子信箱:master@ hongshengyuan. com
法定代表人:王卫兵
质量体系:ISO/TS 16949
产品情况:汽车脚垫、汽车行李舱垫
出口情况:全部出口欧洲、美洲、亚洲等 30 多个国家和地区

★台州市贝斯特汽车用品科技有限公司
地址:浙江省天台县坦头镇东横工业区
邮编:317206
电话:0576/83728635
传真:83728111
网址:www. taizhoubest. com

电子信箱:best@ taizhoubest. com
法定代表人:潘明坪
质量体系:ISO 9001
产品情况:坐垫、座套、转向盘套、太阳挡、汽车车罩、脚垫等汽车用品和装饰品
出口情况:远销多个国家和地区

★浙江远程车饰股份有限公司
地址:浙江省天台县坦头镇东横上宅工业区
邮编:317206
电话:0576/83728009、83728799
传真:83728007
网址:www. zjyccs. com
电子信箱:sales@ zjyccs. com
法定代表人:徐梦飞
质量体系:ISO 9000、ISO 14000
产品情况:(凉嘟嘟牌、酷嘟嘟牌等)
汽车脚垫、遮阳挡、雷挡、转向盘套、坐垫等汽车配件
出口情况:远销国外30多个国家,主要在欧洲、美国、东南亚、拉丁美洲市场

★天台县飞达汽车用品有限公司
地址:浙江省天台县坦头镇工业区
邮编:317206
电话:0576/83710338、83711188
传真:83711988
电子信箱:feida@ vip. 163. com
法定代表人:裴照伟
产品情况:(飞达牌)
木珠、竹片、PU等坐垫、人造革、植绒、PP胶、PVC等转向盘套、太阳挡、车罩、座套、护肩套、腰靠等汽车装饰用品
出口情况:出口欧洲、美洲、大洋洲、中东、东南亚地区

★浙江天鸿汽车用品有限公司
地址:浙江省天台县坦头镇西工业区
邮编:317206
电话:0576/83723666、83723388
传真:83723688、83723788
网址:www. zjth. com
电子信箱:ctc@ zjth. com
法定代表人:陈统钗
质量体系:ISO/TS 16949、ISO 14001
产品情况:(天鸿牌)
汽车座椅套、坐垫、脚垫、太阳挡、转向盘、转向盘套、车罩等

★浙江煜华车饰有限公司
地址:浙江省仙居县横溪工业区工业路2-3号
邮编:317312
电话:0576/87068996
传真:87068168
网址:www. yuhua. cc
电子信箱:vincenthu@ vip. 163. com
法定代表人:张光宝
质量体系:ISO 9001
产品情况:汽车座套、脚垫、坐垫、转向盘套等汽车内装饰系列产品

★浙江承康机电制造有限公司
地址:浙江省温岭市高新科技园区胜潘路
邮编:317500
电话:0576/86120238、86120538
传真:86223710
网址:www. chengkang. com
电子信箱:ck@ chengkang. com
法定代表人:洪小云
质量体系:ISO 9001、ISO 14001
产品情况:(承康牌)
永磁直流微电动机、汽车打蜡机、真空吸尘器等环保型车用电动工具系列产品;年可生产汽车打蜡机100万台,各类电动机150万台
配套及出口情况:为美国沃尔玛公司供货;出口美国、日本、欧洲、澳大利亚、东南亚等10多个国家和地区

★浙江葆葆儿童用品有限公司
地址:浙江省玉环市芦浦镇漩港工业区
邮编:317608
电话:0576/87173088、87204627
传真:87204607、87491287
电子信箱:sales@ baobaocn. com
法定代表人:林冲
产品情况:(BAOBAO牌)
儿童汽车安全座椅等
出口情况:出口欧洲、澳大利亚、中东、东南亚

★浙江震亚汽车用品有限公司
地址:浙江省台州市黄岩区北城西工业园区翔光路19号
邮编:318020
电话:0576/84636999、4006727022
传真:84636997
网址:www. zhenyacar. cn
电子信箱:zytz@ zhenyacar. com
法定代表人:谢菊清
质量体系:ISO 9001、ISO 14001
产品情况:(3W牌、晟达牌)
主要产品有全TPE健康脚垫、PVC通用汽车脚垫,PVC可裁剪式脚垫,丝圈脚垫,汽车挡泥板,汽车内饰件,改装件,隐藏式后储物箱系列
配套情况:合作伙伴包括一汽-大众、上汽大众、神龙、广汽本田、广汽丰田、广汽三菱

★浙江感恩科技股份有限公司
地址:浙江省台州市黄岩区江口街道蟠龙路3号
邮编:318020
电话:0576/84178417、84161658
传真:84161515
网址:www. cnganen. com
电子信箱:info@ cnganen. com
法定代表人:郑辉
质量体系:ISO 9001
产品情况:儿童安全座椅
出口情况:远销欧亚、中东、南美等50个国家和地区

★金华市华南机械制造有限公司
地址:浙江省金华市工业园区始丰路998号
邮编:321025
电话:0579/82389888、82256321
传真:82386908
电子信箱:hn_machine@ 126. com
法定代表人:赵建德
质量体系:ISO 9000
产品情况:(雪神牌)
汽车防滑链
出口情况:远销美国、欧洲市场

★浙江润华机电有限公司
地址:浙江省金华市婺城区白龙桥镇金龙路1号
邮编:321025
电话:0579/83930168、83930516
传真:83930902、83930968
电子信箱:ceo@ runva. com
法定代表人:戴林吉
质量体系:ISO 9001
产品情况:(Runva牌)
手动绞盘、电动绞盘、液压绞盘与汽油机绞盘等,具有年产各类绞盘20万台的生产能力
出口情况:80%以上的产品出口北美洲、欧洲等50多个国家和地区

★浙江省浦江伯虎链条有限公司
地址:浙江省浦江县亚太大道565号
邮编:322200
电话:0579/84201120、84201118
传真:84201121、84201122
网址:www. bohu. com
电子信箱:zjpj@ bohu. com
法定代表人:郑小根
质量体系:ISO 9001
产品情况:[伯虎(BOHU)牌]
汽车防滑链、焊接链条、不锈钢链条等

★浙江瑞飞交通器材有限公司
地址:浙江省龙游县湖镇工业新区腾昌路1号
邮编:324000
电话:0570/7781168
传真:8859803
网址:www. ruifeichina. cn
电子信箱:market@ ruifeichina. com
法定代表人:陈永丰
单位人数:150
质量体系:ISO 9001
产品情况:安全三角警示牌、回复反射器、车载收纳套装、反光衣、反光饰品等交通安全器材产品

★浙江睿泰汽车零部件有限公司
地址:浙江省衢州市龙游城南开发区开源路43号
邮编:324400
电话:0570/7365777、7331760
传真:7331761
网址:www. outai. net

电子信箱:ds@ outai. net
法定代表人:何建东
质量体系:ISO 9001、ISO/TS 16949
产品情况:(欧泰牌、赫迪牌)
扶手箱、挡泥板、门槛条、车窗、后护板、加油口盖、外拉手、门碗、雾灯罩、中网饰条、尾灯罩、倒车镜盖、上窗饰条、后饰条、前饰条、门边条、前灯罩、尾灯罩、边灯框、消声器、车牌架、遮物帘、车衣、LED 产品等
出口情况:出口欧洲、美洲、中东等几十个国家和地区

★浙江利益安防有限公司
地址:浙江省温州市高新区集云山路38 号
邮编:325000
电话:0577/88342121、88339642
传真:88371226
网址:www. chinaflashes. com
电子信箱:liyi@ chinaflashes. com
法定代表人:钱若谷
质量体系:ISO 9001
产品情况:(利益牌)
警示灯具、警报器、防盗警用器材、扬声器等
配套及出口情况:为特种车辆厂及改装厂配套;远销美洲、亚洲、欧洲、非洲等地区

★浙江吉老大汽车用品有限公司
地址:浙江省温州市仙岩工业园群星路10 号
邮编:325000
电话:0577/85313666、85339816
传真:85313555 - 8806
网址:www. jilaoda. com
电子信箱:topcar@ vip. 163. com
法定代表人:孙光亮
负责人:孙光勉
单位人数:300
产品情况:(吉老大牌)
汽车芳香用品、汽车护理用品、汽车装饰用品
出口情况:远销欧洲、美洲、东南亚等40多个国家和地区

★浙江骑士佳音汽车用品有限公司
地址:浙江省温州市瓯海区南白象工业区陈湾1 号
邮编:325006
电话:0577/85390909、85398718
传真:85385127、85390312
网址:www. qishijiayin. com
电子信箱:qsjy@ qishijiayin. com
法定代表人:王肖萍
质量体系:ISO 9001
产品情况:汽车挡泥板、扶手箱、ABS 尾翼、前后保险杠、侧踏板、行李架、3D 立体桃木件、行李舱垫、白金不锈钢装饰件、换件中网、带灯镜盖及全套电镀装饰件等
出口情况:60% 以上产品出口美国、日本、欧洲、加拿大、俄罗斯、澳大利亚、中南美洲、中东、东南亚等国家和地区

★瑞安市盛尚汽车部件有限公司
地址:浙江省瑞安市南滨街道阁巷高新工业园区东三路
邮编:325200
电话:0577/58802277
传真:58802656
网址:www. fddz. com
电子信箱:zjl@ fddz. com
法定代表人:徐锦存
质量体系:ISO/TS 16949
产品情况:(安全卫仕牌、红色警戒牌、safeguard 牌)
汽车、摩托车防盗器,倒车雷达、自动关窗器、中控锁、HID 氙气灯、GPS 导航系统、GSM 手机防盗器等汽车安全类电子产品
出口情况:出口几十个国家和地区

★浙江苍南县金乡徽章厂有限公司
地址:浙江省苍南县金乡镇金灵路18 号
邮编:325805
电话:0577/64593243、64592947
传真:64593633
网址:www. china - badge. com
电子信箱:jxgxj@ 21cn. com
法定代表人:李时情
单位人数:452
质量体系:ISO 9001、ISO 14000
产品情况:摩托车、汽车标牌等产品
出口情况:远销亚洲、欧洲、北美洲等地区

安徽省

★安默凯尔婴童用品有限公司
地址:合肥市双凤开发区魏武路008 号
邮编:230000
电话:4008804297
网址:www. armocare. com
电子信箱:armocare@ armocare. com
法定代表人:艾民
产品情况:儿童安全座椅

★安徽金诚天骏汽车零部件制造有限公司
地址:合肥市双凤经济开发区魏武路8 号
邮编:231131
电话:0551/66391225
传真:66391345
网址:www. jincen - tm. com
电子信箱:info@ jincen - tm. com
法定代表人:艾迁
质量体系:ISO/TS 16949
产品情况:车载冰箱、冷柜、橱柜、车载卫生间,注塑成型的汽车零部件
配套及出口情况:为江淮汽车供货;车载卫生间产品出口世界多个国家和地区

★安徽南澳地毯有限公司
地址:安徽省淮南市谢家集区
邮编:232072
电话:0554/5623726、5623736
传真:5617908
网址:www. ahnanao. com
电子信箱:nanao@ ahnanao. com
法定代表人:黄博强
质量体系:ISO/TS 16949
产品情况:(八公山牌)
汽车内饰材料、民用地毯和地垫
配套及出口情况:为武汉神龙雪铁龙、标致系列、江淮瑞风、通用五菱、长安福特、广汽丰田、东风日产等配套;地垫出口欧美、日本等国家和地区

★圣和座套(蚌埠)有限公司
地址:安徽省蚌埠市怀远工业园区淮丰路南侧
邮编:233400
电话:0552/2217055
传真:2217058
网址:www. toyota - boshoku. com
法定代表人:山本和秀
产品情况:汽车座套
配套情况:终端客户有日本马自达、三菱等汽车公司

★安徽省阜阳市好希望工贸有限公司
地址:安徽省阜阳市经济技术开发区纬四路九期标准厂房
邮编:236000
电话:0558/2622267、13805683138
传真:2622267
网址:www. hxwcarseat. com
电子信箱:ahgoodhope@ 163. com
法定代表人:张峰
产品情况:主要生产儿童汽车安全座椅和汽车用安全座椅

★安徽中胶工业材料有限公司
地址:安徽省宣城市泾县开发区财富东路6 号
邮编:242500
电话:13921254822
网址:www. anhzj. com
法定代表人:汪加玉
产品情况:汽车黑膜、汽车改色膜、导热导电胶带、光学胶带(OCA)、亚克力泡棉胶带、绵纸胶带、PET 胶带、无基材胶带、集装箱贴膜等

★安徽青松工具有限公司
地址:安徽省岳西县温泉开发区长宁工业园
邮编:246620
电话:0556/2171299、2294028
传真:2181988
网址:www. qsgj. com
电子信箱:qsgj@ qsgj. com
法定代表人:储召才
质量体系:ISO/TS 16949、ISO 14001
产品情况:(青松牌)
汽车、叉车、摩托车专用工具及五金工具,年设计生产随车工具200 万套及五金工具250 万只
配套情况:为奇瑞、江淮、北汽福田、长城、比亚迪、江铃汽车、龙工叉车等多家单位配套

福建省

★密斯盾轮胎安全装置科技有限公司
地址:福州市仓山区科技园高盛路3号活力大厦六层
邮编:350018
电话:4000591400
传真:0591/87319976
网址:www.fjmr-d.com
电子信箱:fjmisidun@126.com
法定代表人:魏吓新
质量体系:ISO 9001
产品情况:(密斯盾牌)
汽车爆胎应急安全装置

★奥佳华智能健康科技集团股份有限公司
地址:福建省厦门市思明区前埔路168号
邮编:361008
电话:0592/3795700、3795235
电子信箱:trade@easepal.com.cn
法定代表人:邹剑寒
质量体系:ISO 9001
产品情况:(OGAWA奥佳华牌、Cozziat牌)
汽车按摩垫
出口情况:远销美国、加拿大、欧盟、日本、东南亚等主要国家和地区

★厦门华庆轻工制品有限公司
地址:福建省厦门市集美北部工业区井泉路125-129号
邮编:361021
电话:0592/5623805、15860758606
传真:5625208
电子信箱:sales@ctbc.com.tw
法定代表人:刘德新
产品情况:窗刷、汽车清洁用刷、雪刷及冰刮片、汽车香精等

★厦门美时美克空气净化有限公司
地址:福建省厦门市同安区西柯福明路288号
邮编:361100
电话:0592/5765217、4008598580
传真:5763508
网址:www.maxmac.com.cn
电子信箱:amke@vosson.com
法定代表人:陈鸿瑜
质量体系:ISO/TS 16949、ISO 14001
产品情况:空气净化器
配套情况:配套大众、长城、吉利等近20家乘用车整车厂,以及宇通、金龙等众多主流客车厂

★福建泉州市发达电子有限公司
地址:福建省泉州市江南高新技术电子信息产业园区
邮编:362000
电话:0595/22413888、22412261
传真:22413999
电子信箱:wh@fjwh.com
法定代表人:李天色
质量体系:ISO 9001
产品情况:汽车报警器等电子产品
出口情况:远销欧美、中东、南亚等地区

山东省

★烟台威力狮汽车服务用品有限公司
地址:山东省烟台市经济技术开发区广州路17号
邮编:264006
电话:0535/6105069、6937561
传真:6931560
电子信箱:wynn@mitgroup.com.cn
法定代表人:盖方
质量体系:ISO/TS 16949
产品情况:(威力狮牌、美丽狮牌)
汽车养护用品、美容产品

★青岛康普顿科技股份有限公司
地址:山东省青岛市深圳路18号
邮编:266101
电话:4001639006
传真:0532/58811820、58811821
网址:www.copton.com.cn
法定代表人:朱振华
负责人:王爱君
质量体系:ISO/TS 16949、ISO 14001
产品情况:[COPTON(康普顿)牌、Roab(路邦)牌]
润滑油和汽车养护用品
配套情况:被中国重汽、三一重工、中航黑豹、福田汽车、天津雷沃动力、广汽乘用车、一汽轿车、申沃客车、亚星客车、海尔空调、山水水泥、中煤集团等多家汽车及设备厂商确立为首选装车或服务用油

★青岛三洋皮革有限公司
地址:山东省胶州市马店工业园
邮编:266314
电话:0532/83222223、83222225
传真:83225630
电子信箱:daohuapang@163.com
法定代表人:郑大洛
质量体系:ISO/TS 16949、ISO 9001
产品情况:汽车坐垫、皮革
配套情况:为北京现代、东风悦达起亚、吉利汽车等配套

★青岛新东洋车辆用品有限公司
地址:山东省胶南市工业园珠山路以西,海滨6路以南
邮编:266400
电话:0532/86157656、85167296
传真:86157659
网址:www.occ21.com
电子信箱:lisafeng.occ@gmail.com
法定代表人:沈正燮
质量体系:ISO 9001、ISO 14001
产品情况:遮蔽膜、遮蔽膜卷、塑料单张膜、挡尘膜、汽车防护用品、座椅套等

河南省

★河南尼罗河实业有限公司
地址:河南省焦作市武陟县工业园区工业南路176号
邮编:454981
电话:0391/7268449、4006899666
网址:www.nile.com.cn
电子信箱:niluohe2@qq.com
法定代表人:段君瑞
产品情况:(尼罗河、辛帝牌)
专业从事汽车坐垫、汽车脚垫、车饰精品等汽车用品
出口情况:远销美洲、欧洲、东南亚、非洲的30多个国家和地区

湖北省

★武汉源兴汽车配件有限公司
地址:武汉市经济技术开发区车城东路309号
邮编:430056
电话:027/84473490
电子信箱:whyxglb@163.com
法定代表人:李育柔
质量体系:QS 9000、ISO 9000
产品情况:汽车椅套
配套情况:为武汉东风本田、神龙汽车、东风风神、东风日产、日产汽车、东南汽车、海马汽车、长安汽车等汽车厂商供应座椅皮套

★湖北超洁汽车用品有限公司
地址:湖北省随州市曾都区蒋家岗工业园
邮编:441300
电话:0722/7025088、7088519
传真:7025007
电子信箱:szgaoqin@163.com
法定代表人:张高勤
质量体系:ISO/TS 16949、ISO 9001
产品情况:(高勤牌)
汽车脚垫、3A特固汽车脚垫、柔韧之星汽车脚垫、TPE汽车脚垫、大包围行李舱垫、卡固行李舱垫、TPE行李舱垫、PE黑色行李舱垫、汽车护理用品、汽车塑料淋水器等系列产品

广东省

★广东所罗门实业有限公司
地址:广州市白云区田心友谊路尾汇富工业区A栋
邮编:510032
电话:020/22026130
电子信箱:solomon@solomon.cn
法定代表人:黄明
质量体系:ISO 9001
产品情况:(所罗门牌)
汽车远程监控遥控防盗器、智能钥匙、一键起动等产品

★广州瑞成电子科技有限公司
地址:广州市萝岗区神舟路885号A栋505室
邮编:510080
电话:020/62845068
传真:62845180
电子信箱:2853396082@qq.com
法定代表人:谢芝兰
质量体系:ISO/TS 16949
产品情况:GPS、倒车雷达、中控锁、车窗关闭器、数字轮胎压力计、光触媒空气清新器、车用电源逆变器、便携式轮胎充气机等

★广州靓影化工科技有限公司
地址:广州市从化经济开发区福从路12号(津晖产业园)
邮编:510940
电话:020/66816818、66816828
网址:www.gzliangying.com
法定代表人:王秀鹏
单位人数:600
产品情况:(靓影牌)
汽车美容清洁护理用品等

★广州保赐利化工有限公司
地址:广州市从化区经济技术开发区太源路11号
邮编:510990
电话:020/87879888、4007166558
传真:87879168、87817028
网址:www.botny.com
电子信箱:salesenquiry@botny.com
法定代表人:胡可荣
质量体系:ISO 9001、ISO 14001
产品情况:[BOTNY牌、ATM牌、NISSEI牌、狐狸(FOX-D)牌、派乐士(PARLUX)牌、已度明(ETOMAN)牌等]
各类汽车美容及维护产品

★增城市运豪五金塑料有限公司
地址:广州市增城区石滩镇沙庄街龙地村沿江西路18号
邮编:511328
电话:020/82915168
传真:82915968
电子信箱:luoyp@wan-ho.com
法定代表人:谭哲豪
产品情况:汽车彩绘

★广州市雄兵汽车电器有限公司
地址:广州市增城区经济技术开发区新塘镇新和北路36号
邮编:511340
电话:020/86073608
传真:86073580
网址:www.spacekey.com.cn
电子信箱:sales@spacekey.com.cn
法定代表人:彭明玉
质量体系:ISO/TS 16949
产品情况:(雄兵牌)
汽车智能钥匙(一键、远程起动系统)、专用型防盗器、中央控制门锁系统等
配套情况:为郑州日产、长城汽车配套

★广州德爱康纺织内饰制品有限公司
地址:广州市经济技术开发区永和经济区井泉一路3号
邮编:511356
电话:020/82980255、82970636
传真:82980216
网址:www.tstech.co.jp
电子信箱:nhelinda@163.com
法定代表人:张平秀
质量体系:ISO 9001、ISO 14001
产品情况:汽车座椅套
配套情况:主要客户有广州提爱思汽车内饰系统有限公司

★广州市标榜汽车用品实业有限公司
地址:广州市增城区中新镇创业东路2号
邮编:511365
电话:020/32968886
传真:32968000
网址:www.biaobang.cn
电子信箱:bbzm@biaobang.cn
法定代表人:邹尚宏
质量体系:ISO 9001、ISO 14001
产品情况:(标榜牌)
汽车清洁、美容及维护产品
出口情况:出口东欧、东南亚等地区

★广州市吉中汽车装饰有限公司
地址:广州市南沙区黄阁镇黄阁中路30号
邮编:511400
电话:020/31156100、31156101
传真:31150891
电子信箱:ylzhu@gzjizhong.com
法定代表人:罗积宗
质量体系:ISO/TS 16949
产品情况:真皮系列座套、仿皮系列座套、绒布/花色系列座套
配套情况:为奥迪、红旗、福特、桑塔纳、欧蓝德等多个汽车品牌配套

★广州梦都美地毯有限公司
地址:广州市番禺区清河东路梦都美工业园
邮编:511450
电话:020/34560070、34560001
传真:34560136、34560092
电子信箱:67132230@qq.com
法定代表人:王元一
产品情况:车辆用地毯、PVC地毯等

★广州市蓝彩实业有限公司
地址:广州市南沙区榄核镇民生路230号
邮编:511480
电话:020/86559020、86578096
网址:www.lancai-group.com
电子信箱:info@lancai-group.com
法定代表人:杨营升
质量体系:ISO 9001
产品情况:(蓝彩牌)
车身装饰彩条、交通安全标识等
配套及出口情况:车身装饰彩条主要配套于三菱、丰田、日产、东南汽车等企业;远销美国、中东等国家和地区

★广州市本真电子有限公司
地址:广州市番禺区旧水坑村开发路3号之一B座五楼
邮编:511483
电话:020/34833586、4000820823
网址:www.benzhendz.com
电子信箱:1529115236@qq.com
法定代表人:陆虹企
质量体系:ISO 9001
产品情况:(奇真牌、奇舰牌、泊泊乐牌、风火轮牌等)
奇真并线辅助系统、盲点监测系统、倒车雷达系统等
配套及出口情况:为一汽马自达车厂供货;远销欧洲、美洲、中东、东南亚

★深圳市日日晖实业有限公司
地址:广东省深圳市观澜君子布日日晖工业园
邮编:518000
电话:0755/29679228、29679328
传真:29679968、29679398
网址:www.ririhui.cn
法定代表人:方楚光
质量体系:ISO 9001、ISO 14001
产品情况:(多特威牌、DTW牌、多特赛牌、DTS牌、日日威牌、RRH牌、日日晖牌、比尔韦德牌)
汽车护理系列用品
出口情况:出口欧美、东南亚、中东、非洲等地区

★深圳市兆能科技有限公司
地址:广东省深圳市福田区梅林路58号中康公司生活区9栋首层104号
邮编:518002
电话:0755/83109495、13632798817
电子信箱:13632798817@139.com
法定代表人:郭子扬
产品情况:空气净化系统

★美固电子(深圳)有限公司
地址:广东省深圳市福田区福华一路卓越大厦15楼1507-1510室
邮编:518033
电话:0755/25607722、4000865166
网址:www.mobicool.com
电子信箱:cs.cn@dometic.com
法定代表人:钟启彬
质量体系:ISO/TS 16949、ISO 14001
产品情况:(MOBICOOL牌、MOBITRONIC牌、WAECO牌)
车用便携式冰箱、车载空调等
配套情况:为宝马、奔驰、路虎、曼和沃尔沃等提供嵌入式汽车冰箱

★深圳市豪恩电子科技股份有限公司
地址:广东省深圳市龙华大浪街道工业园路豪恩科技园
邮编:518109
电话:0755/28032222
传真:28032666

网址:www. long－horn. com
电子信箱:service@ long－horn. com
法定代表人:邓金波
质量体系:ISO/TS 16949、QS 9000
产品情况:主要产品有倒车雷达、摄像头、数字仪表、内后视镜、车机、胎压显示
配套情况:与上汽大众、一汽-大众、吉利汽车、上汽通用五菱、北汽福田、青年汽车、印尼本田等国内外众多汽车企业合作

★快美特汽车精品(深圳)有限公司
地址:广东省深圳市龙华街道东环二路工业开发区78号
邮编:518109
电话:0755/28129233、28129955
传真:28129235、28129944
网址:www. carmate. com. cn
电子信箱:renshi@ carmate. com. cn
法定代表人:村田隆昭
单位人数:580
质量体系:ISO 9001
产品情况:汽车香水、汽车化工、儿童座椅、汽车精品、DVD精品、翼诺车顶架、赛车精品

★深圳市华思旭科技有限公司
地址:广东省深圳市龙华新区大浪同胜科技大厦A座2楼
邮编:518109
电话:0755/89955266
传真:61673510
网址:www. car－ku. com
电子信箱:inquiry@ carku. com
法定代表人:雷云
质量体系:ISO 9001、ISO/TS 16949
产品情况:多功能汽车应急起动电源

★深圳市爱车屋汽车用品股份有限公司
地址:广东省深圳市龙华新区民治大道展滔科技大厦C座12层
邮编:518109
电话:0755/81798808、4006828328
传真:32907256
电子信箱:8906@ icaroom. com
法定代表人:李珩
质量体系:ISO 9001
产品情况:[爱车屋(ICAROOM)牌]
汽车坐垫、座椅套、车用香水、转向盘套、脚踏垫等
配套情况:与长城、比亚迪等品牌厂商达成战略合作

★深圳市路标汽车科技有限公司
地址:广东省深圳市龙岗区坂田岗头市场禾坪岗村新地路3号山海科技园D栋5楼
邮编:518112
电话:0755/28435101、4006400898
电子信箱:aws@ szleadway. com
法定代表人:程逢春
产品情况:[路标(LEADWAY)牌]
防盗器、倒车雷达、多媒体电子及智能化电子产品等
出口情况:远销欧洲、北美洲、东南亚等地区

★深圳市元征科技股份有限公司
地址:广东省深圳市龙岗区坂田街道五和大道北4012号元征工业园
邮编:518129
电话:0755/84528013、4000666666
传真:84528889
网址:www. cnlaunch. com
电子信箱:yizhi. liu@ cnlaunch. com
法定代表人:刘新
单位人数:460
质量体系:ISO/TS 16949、ISO 9000
产品情况:(电眼睛牌、LAUNCH牌)
汽车护理产品、汽车维修工具、诊断设备等

★深圳市名商实业有限公司
地址:广东省深圳市龙华新区明治向南商业大厦701室
邮编:518131
电话:0755/28078528、28078538
传真:28078755
网址:www. mingshang. com
电子信箱:sale118@ mingshang. com
法定代表人:江志洲
质量体系:ISO/TS 16949
产品情况:汽车摄像头、汽车显示器、公交智能系统、ADAS/HUD、其他车载系统等
配套及出口情况:与宇通、金龙、中通、安凯、江淮、福田、万达、五洲龙、比亚迪等知名汽车企业建立了长期战略合作伙伴关系;畅销美国、英国、俄罗斯、加拿大等国家和地区

★深圳市警豹电子科技有限公司
地址:广东省深圳市宝安区西乡九围洲石公路富源工业城C12栋3楼
邮编:518216
电话:0755/33679988、33670528
传真:33679958
电子信箱:carsky@ carsky. com. cn
法定代表人:杨尧任
质量体系:ISO 9001
产品情况:(车真宝牌)
GSM汽车防盗系统、GPS汽车防盗系统、汽车音响、汽车防盗器、倒车雷达、GPS导航
出口情况:出口欧洲、美洲、中东、非洲等30多个国家和地区

★珠海市金宜科环保材料有限公司
地址:广东省珠海市高栏港区精细化工区化联三路11号
邮编:519070
电话:4006281833
传真:0756/7792116
网址:www. kec－cn. com
电子信箱:fuwu@ kec－cn. com
法定代表人:黄靖山
质量体系:ISO/TS 16949
产品情况:(KEC牌)
主导产品有汽车底盘胶、汽车养护品、汽车无水冷却液
配套情况:合作的主机厂有一汽丰田、北京现代、吉利汽车、江淮汽车、比亚迪、广州传祺、一汽轿车等;合作的4S店集团有大连中升集团、北京嘉华集团、深圳鹏峰集团、广物汽贸集团、山东远通集团、山东润华集团、江苏润东集团、南京宝铁龙集团、安徽省汽贸集团、南宁广缘集团、湖南申湘集团等

★ 多美达(珠海)科技有限公司

地址:广东省珠海市金湾区三灶镇金湖路18号
邮编:519041
电话:4000865166
网址:www. dometic. com
电子信箱:cs. cn@ dometic. com
法定代表人:杨幸标
质量体系:ISO 9001、ISO 14001、ISO/TS 16949、SA 8000
产品情况:(DOMETIC多美达牌)
生产移动空调、车载冰箱、酒店冰箱、医疗冷链运输箱、房车和游艇配套等上千种移动制冷产品
☞ 详细情况请参阅彩色宣传版面

★广东好顺欧迪斯科技股份有限公司
地址:广东省肇庆市国家高新技术产业开发区迎宾大道12A号
邮编:526238
电话:0758/3603620、3626666
传真:3603868
网址:www. gdhaoshun. cn
电子信箱:hr@ gdhaoshun. cn
法定代表人:卢广开
质量体系:ISO/TS 16949、ISO 14001
产品情况:汽车环保节能产品、油品添加剂、汽车美容护理用品、前装深度保养产品、气雾剂产品及消毒类产品及其配套产品

★佛山市三水歌谷电器有限公司
地址:广东省佛山市三水区乐平中心科技工业园B区84号
邮编:528137
电话:0757/87363068、87363065
传真:87363067
网址:www. colku. cn
电子信箱:colku@ colku. cn
法定代表人:关耀干
产品情况:车载冰箱和车载空调以及直流变频压缩机,广泛适用于汽车、旅游房车、特种车等领域
出口情况:出口欧美60多个国家

★广东华钿勇士汽车用品有限公司
地址:广东省佛山市顺德区勒流龙眼工业区工业大道10号

邮编:528300
电话:0757/25636520、25638590
传真:25635918
电子信箱:731463597@ qq. com
法定代表人:洪伟添
质量体系:ISO/TS 16949
产品情况:汽车前后防撞杠、行李架、脚踏板、后爬梯、射灯架、备胎罩及其他汽车装饰件
配套及出口情况:国内配套有中兴汽车厂、江铃汽车厂以及全国银行防弹车前后护杠,经代理商自行配套有本田、丰田、三菱,日产系列;70% 销往全球 109 个国家,国外配套以色列丰田配件厂、伊朗丰田配件厂、美国本田附件厂、埃及现代附件厂、大洋洲越野车改装附件厂等

★广东赛威智能汽车电子股份有限公司
地址:广东省佛山市顺德区大良古鉴金翔路 1 号
邮编:528309
电话:4000560399、13827723316
传真:0757/22309930
网址:www. safeway. com. cn
电子信箱:safuwe@ safuwe. com
法定代表人:邓国君
质量体系:ISO 9001、ISO 14001
产品情况:倒车监视器、车载摄像头、智能报站器、车载线材等
配套及出口情况:是宇通、金龙、南车、比亚迪等客车制造行业龙头企业的标杆产品的指定供应商;出口荷兰、芬兰、丹麦、德国、英国、美国、加拿大等国家

★任我通汽车云智能科技股份有限公司
地址:广东省佛山市顺德区杏坛镇科技工业园科技四路 1 号
邮编:528325
电话:0757/27381807、4008828211
传真:27381802、27381806
网址:www. u - drive. cn
电子信箱:manager@ u - drive. cn
法定代表人:李文昶
单位人数:800
质量体系:ISO/TS 16949
产品情况:(super drive 成功路牌)
主要业务有前后护杠、电动踏板、智能电动尾门、电动座椅、大包围、排气、内饰等汽车内外饰件产品
配套及出口情况:为北京现代、广汽、华晨、江铃、东风标致、比亚迪等提供优质的配套服务;远销北美洲、东南亚等近百个国家和地区

★广东爱得乐集团有限公司
地址:广东省佛山市顺德区均安镇爱得乐工业城
邮编:528329
电话:0757/25383000、25383111
网址:www. adlo. net
电子信箱:adlo@ adlo. net
法定代表人:罗彦雄
单位人数:1000
产品情况:[爱得乐(ADLO)牌]
摩托车头盔、尾箱、防盗器等
出口情况:远销欧美、东南亚多个国家和地区

★广东莱雅化工有限公司
地址:广东省佛山市顺德区顺峰山工业区
邮编:528333
电话:0757/22325900、22322363
传真:22325993
网址:www. laya. com. cn
电子信箱:info@ laya. com. cn
法定代表人:梁伟明
质量体系:ISO 9001
产品情况:(宝士德牌)
玻璃除尘雾清、轮胎光亮剂、低温启动剂、汽车空调除臭剂等汽车养护用品

★中山市佐敦音响防盗设备有限公司
地址:广东省中山市东升镇同兴东路 25 号
邮编:528400
电话:0760/22228786
传真:22828129
网址:www. giordon. com
电子信箱:sales@ giordon. com
法定代表人:胡权辉
质量体系:ISO/TS 16949
产品情况:[GIORDON(佐敦)牌]
智能钥匙一键起动,伸手开锁,汽车胎压监测系统,单向、双向、液晶显示防盗器、倒车雷达、GPS 汽车导航监控系统等电子产品

★广东英得尔实业发展有限公司
地址:广东省中山市火炬开发区国家健康科技产业基地健康路 23 号
邮编:528400
电话:0760/88288668、4000820990
网址:www. indelb. cn
电子信箱:jena. jin@ indelb. cn
法定代表人:史杰君
产品情况:压缩机式车载冰箱
出口情况:畅销美国、德国等 66 个国家

★中山市非特永旺汽车用品有限公司
地址:广东省中山市南区渡头牛古埔工业小区
邮编:528400
电话:0760/88818278、4006328228
传真:88818278
网址:www. zsfeite. com. cn
电子信箱:zszx2006@ 163. com
法定代表人:詹四海
质量体系:ISO 9001
产品情况:(非特牌、车护宝牌)
汽车护理产品
配套情况:为吉利、东风雷诺、海南海马主机厂的指定供应商

★中山市贝奥斯金属制品有限公司
地址:广东省中山市小榄镇永宁工业大道南路永星工业村内
邮编:528400
电话:0760/22278615、22282059
传真:22278625、22281900
网址:www. piccar. com
电子信箱:sales@ beiaos. com
法定代表人:刘宛莲
质量体系:ISO/TS 16949、ISO 9001
产品情况:(PLC 牌、BEIAOS 牌)
防盗器、遥控器、中控锁、倒车雷达、排挡锁、喇叭
配套情况:为本田、五十铃、皮卡等多家知名整车企业配套防盗系列产品

★铁将军汽车电子股份有限公司
地址:广东省中山市东凤镇东阜路和平大道铁将军工业园
邮编:528425
电话:0760/22613886
网址:www. steel - mate. com
电子信箱:281888546@ qq. com
法定代表人:李安培
质量体系:ISO/TS 16949
产品情况:汽车、摩托车防盗报警器,汽车倒车雷达、行车录像仪、无钥匙进入与启动系统、行李舱自动开启、车载安全辅助系统、盲区并线辅助系统等电子产品
出口情况:远销欧美、东南亚等国家和地区;与多家欧美一流汽车公司建立合作关系

★中山富士化工有限公司
地址:广东省中山市火炬开发区世纪三路 2 号
邮编:528436
电话:0760/85596979
传真:85596999
网址:www. fujichem. com
电子信箱:angel@ fujichem. com
法定代表人:陈志威
质量体系:ISO 9001
产品情况:防虫剂、防潮剂、空气清新香座及塑料制品
出口情况:远销欧洲、东南亚、美洲等地区

★广州威迪仕汽车用品有限公司
地址:广东省江门市新会区
邮编:529100
电话:0750/6789192
传真:6789192
电子信箱:bkkhouseware@ gmail. com
法定代表人:赖生伟
单位人数:42
产品情况:WDS 水性金属防腐漆、隔音系列等产品

重庆市

★重庆宏帆栉杰塑料制品有限公司
地址:重庆市江北区石马河下花园20号
邮编:400021
电话:023/67650830
传真:67650204
法定代表人:王金
产品情况:具有年产各类车用坐垫80万套、树脂件1000t的生产规模
配套及出口情况:与嘉陵本田、建设雅马哈、延锋江森、广州TS、五羊本田、南方雅马哈、嘉陵工业、宗申集团等配套;出口日本、意大利

第四部分

汽车制造设备及模具生产企业

汽车制造设备及模具生产企业

·查询导引·

企业详细介绍

汽车制造设备及模具生产企业

☞ 企业如有变更,请与编辑部联系 ☎ 010/68426043、68420981

北京市

★北京沃尔德金刚石工具股份有限公司
地址:北京市朝阳区酒仙桥路东路1号院7号厂房7-12东五层H-03室
邮编:100015
电话:010/58411388
传真:58411388-8002
网址:www.worldiatools.com
电子信箱:marketing@worldiatools.com
法定代表人(负责人):陈继锋
质量体系:ISO 9001、ISO 14001
产品情况:超高精密钻石刀轮及其配套产品、高精密PCD/PCBN/CVDD切削刀具、CVD金刚石材料及制品、高端激光设备等
配套情况:与国内外汽车主机厂、汽配等领域知名企业形成长期稳定的合作关系

★北京机电院机床有限公司
地址:北京市朝阳区工体北路4号
邮编:100027
电话:010/85236930、85235273
传真:85236733、85235277
网址:www.bmeimt.com
电子信箱:service@bmeimt.com
法定代表人:邹春生
质量体系:ISO 9001
产品情况:五轴叶片加工中心、五轴叶轮加工中心、三/四轴立式加工中心、钻削中心、磨床及精密专机等

★北京星航机电装备有限公司
地址:北京市丰台区云岗东王佐北路9号
邮编:100074
电话:010/88539509、13301202212
传真:88536769
网址:www.hangtianxinghang.cn
法定代表人:李鹤鹏
单位人数:1500
产品情况:(星航牌)
数字焊机、电能质量、电动车充电管理系统、特种非标设备等一系列产品

★北京南航立科机械有限公司
地址:北京市经济技术开发区旧宫工业园区南区甲8号
邮编:100076
电话:010/87972860、87919717
传真:67988830
网址:www.bjnhlk.com
电子信箱:nhlk@bjnhlk.com
法定代表人:李庆来
质量体系:ISO 9001
产品情况:水平臂移动式坐标测量机系列及量产的桥移动式坐标测量机系列、龙门式坐标测量机系列等;年生产能力500台
配套情况:为南京长安汽车、郑州日产、广州风神、东风乘用车、北京现代、济南重汽供货

★北京数码大方科技股份有限公司
地址:北京市海淀区丰秀中路3号院9号楼
邮编:100094
电话:010/62490300
传真:62490301
网址:www.caxa.com
电子信箱:service@caxa.com
法定代表人:雷毅
产品情况:主要提供数字化设计(CAD)、数字化制造(MES)、产品全生命周期管理(PLM)和工业云服务平台的产品和服务
配套情况:与中国二重、北汽福田、丰田、霍尼韦尔等合作

★北京瑞科恒业喷涂技术有限公司
地址:北京市建国门外高碑店北路甲5号
邮编:100123
电话:010/85773201、85773202
网址:www.recco.com.cn
电子信箱:recco@gmail.com
法定代表人:臧毅
产品情况:涂装生产线自动化输供漆系统及智能涂装设备
配套情况:用户有一汽、东风、重汽、金杯、北轻、神龙、昌河等汽车制造厂家

★北京泰诚信测控技术股份有限公司
地址:北京市经济技术开发区兴海三街16号
邮编:100176
电话:010/53503801、4000535383
传真:53503807
网址:www.tcxmt.com
电子信箱:tcxxs02@tcxmt.com
法定代表人:陶发荀
单位人数:260
质量体系:ISO 9001
产品情况:为动力总成(发动机、变速器、车桥)装配提供工艺规划、设计、制造、安装调试及交付服务等整套数字化解决方案
配套情况:主要客户有本特勒、上汽通用五菱、长安汽车、上海汇众、奇瑞汽车、义和车桥、AAM、DANA、江淮、东风汽车、曙光汽车、沃尔沃、阿文美驰、中国重汽、宇通、一汽、上汽通用、众泰汽车、北京汽车、华泰汽车、江铃汽车、云内动力等企业

★安川首钢机器人有限公司
地址:北京市经济技术开发区永昌北路7号
邮编:100176
电话:010/67880541、67880544
传真:67880542、67882878
网址:www.ysr-motoman.cn
电子信箱:ysr@ysr-motoman.cn
法定代表人:小川昌宽
质量体系:ISO 9001
产品情况:机器人汽车风窗玻璃涂胶系统、汽车不见弧焊机器人系统、轿车悬架桥机器人焊接生产线、机器人点焊系统成套设备等
配套情况:为上海汇众汽车、一汽轿车等供货

★北京中戎华泰科技开发有限公司
地址:北京市亦庄经济技术开发区同济中路7号兴盛工业园5号楼
邮编:100176
电话:010/67862796
传真:67862496
网址:www.bjzrhtkj.com
电子信箱:zrht@bjzrhtkj.com
法定代表人:常铁山
质量体系:ISO 9001
产品情况:汽车焊接装备及生产线的设计制造、智能制造自动化系统集成
配套情况:主要客户包括北京奔驰、上汽大众、一汽-大众、一汽红旗、北京现代、京投集团等

★北京中科泛华测控技术有限公司
地址:北京市海淀区西小口路66号东升科技园·北领地A-5楼一层
邮编:100192
电话:010/82156688
传真:82156006
网址:www.pansino.com.cn
电子信箱:sales@pansino.com.cn
法定代表人:左毅
单位人数:260
质量体系:ISO 9001
产品情况:(泛华测控Pansino牌)
传感器测试系统(包括轮速、位置、压力、爆震、T-MAP等传感器)、仪表盘测试系统、ECU测试系统、点火线圈测试系统、车载ABS测试系统、发动机状态检测系统等
配套情况:为德尔福、马瑞利、大陆汽车、西门子VDO、霍尼韦尔、北汽福田、东风本田、上汽大众、上汽通用、长春一汽、重庆长安、泛亚汽车、伟世通、博世、博泽、玉柴、潍柴等供货

★北京博科测试系统股份有限公司
地址:北京市通州区马驹桥镇金桥科技园区景盛中街20号
邮编:101102
电话:010/60571288
传真:60571010
网址:www.bbkco.com.cn
电子信箱:sales@bbkco.com.cn
法定代表人:李景列
单位人数:130
质量体系:ISO 9001
产品情况:(博科牌)
汽车及其他领域的测试试验系统及相关设备
配套情况:用户包括一汽集团、上汽大众、上汽通用、北汽福田、四川现代等大型汽车生产企业

★北京比亚迪模具有限公司
地址:北京市通州区科创东五街1号
邮编:101111
电话:010/69508888
传真:69509999、67711363
电子信箱:bydbeijing@byd.com.cn
法定代表人:王传福
质量体系:QS 9000、ISO 9001
产品情况:(比亚迪牌)
汽车覆盖件及内板件模具、精冲模具、装焊夹具、冲压件检具等

★北京群菱能源科技有限公司
地址:北京市亦庄科创十三街汇龙森科技园33号楼B栋6层
邮编:101111
电话:010/56532098、56532099
网址:www.qunling.cc
电子信箱:innet@china.com
法定代表人:姚承勇
单位人数:160
质量体系:ISO 9001
产品情况:新能源检测及系统集成、高校电气实验室建设集成、电动汽车充电站检测及系统集成、电源测试设备研发与制造

★尼玛克焊接技术(北京)有限公司
地址:北京市通州区张家湾镇光华路16号
邮编:101113
电话:010/61567119、4007001254
传真:61567640
网址:www.nimak.cn
法定代表人:乐君浩
质量体系:ISO 9001
产品情况:已成为年生产手动焊钳3000台、机器人焊钳3000台、焊接控制柜2000台、固定式电阻焊机200台的生产能力
配套情况:是一汽-大众、北京奔驰、上汽大众、一汽红旗、华晨宝马、吉利汽车、东风汽车、观致汽车、北京现代、北汽福田、宝沃汽车、广汽本田、长城汽车、奇瑞汽车、中华汽车、沃尔沃、宇通客车、柳汽等众多知名车企的优质焊接装备供应商

★北京北一法康生产线有限公司
地址:北京市顺义区林河工业开发区双河大街16号
邮编:101300
电话:010/89452203
传真:89452230
网址:www.byjc-doerfer.com.cn
电子信箱:contact@byjc-fabricom.com.cn
法定代表人:修巍
质量体系:ISO 9001
产品情况:主要从事各类自动化装配生产线、加工生产线及各类非标、智能化设备的设计、制造、装配调试及服务工作
配套情况:主要客户有神龙汽车、一汽、北京汽车、德尔福、长安汽车、万向集团、采埃孚等

★北京北一机床股份有限公司
地址:北京市顺义区林河工业开发区双河大街16号
邮编:101300
电话:010/89496161
网址:www.byjc.com.cn
电子信箱:bysale@byjc.com.cn
法定代表人:王玮
质量体系:ISO 9001
产品情况:(北一牌)
重型机床产品的数控龙门镗铣床、数控落地镗、数控立车、导轨磨床;中型机床产品的数控铣床、数控磨床、数控车床、加工中心、车铣复合机床、激光雕刻、钻削中心、五轴联动叶片/叶轮加工中心、数控珩磨机、高精度外圆磨床、数控磨床、普通外圆磨床、专用磨床、超精加工机床、自动生产线、普通铣床、成套设备、功能部件等
出口情况:远销50多个国家和地区

★北一大隈(北京)机床有限公司
地址:北京市顺义区林河工业开发区双河大街16号
邮编:101300
电话:010/89498533、89498551
传真:89498518、89498561
网址:www.okuma-byjc.com
法定代表人:彭效润
产品情况:立式加工中心、数控车床、卧

式加工中心等
出口情况:远销 50 多个国家和地区

★北京东方昊为工业装备有限公司
地址:北京市顺义区马坡镇姚店村幸福西街 6 号
邮编:101300
电话:010/84720180、13911152168
传真:69407640
网址:www.howail.cn
电子信箱:dfhwgs@126.com
法定代表人:彭建国
单位人数:400
质量体系:ISO 9001
产品情况:喷砂(丸)设备、抛丸设备、喷漆烘干设备、化学前处理生产线、涂装生产线、电泳生产线、粉末静电喷涂生产线、除湿机及空调机组、空气净化设备、柔性大门输送设备等

★北京联合涂层技术有限公司
地址:北京市昌平区马池口工业区
邮编:102299
电话:010/52961188
传真:52961189
网址:www.united-coatings.com
电子信箱:info@united-coatings.com
法定代表人:贾鹏
质量体系:ISO 9001
产品情况:产品涉及热喷涂及冷喷涂的材料、设备、外围设备、系统工程及喷涂加工和开发等

★北京第二机床厂有限公司
地址:北京市房山区长阳镇万兴路 86-1 号
邮编:102444
电话:010/83212490
传真:83216483
网址:www.bemtw.com
电子信箱:export@bemtw.com
法定代表人:李笑声
质量体系:ISO 9001
产品情况:(北二牌)
数控磨床、专用磨床、发动机凸轮轴磨床等

★北京世茂机电科技有限公司
地址:北京市大兴开发区科苑路 15 号
邮编:102600
电话:010/60214861、60215175
传真:60214860
电子信箱:cw@bsm.com.cn
法定代表人:邱汉成
质量体系:ISO 9001
产品情况:冲压模具标准件
配套情况:为一汽-大众、东风汽车公司、哈飞汽车、华晨金杯、广汽本田供货

★北京奇步自动化控制设备有限公司
地址:北京市大兴区采育镇开发区
邮编:102606
电话:010/57151131、4007656878
传真:67829141
网址:www.acestep.com
电子信箱:bjqb@acestep.com
法定代表人:李奇
单位人数:90
质量体系:ISO 9001
产品情况:提供连杆自动化生产线、自动化标准模块(物流线、液压夹具、机器人及桁架、立体库等)及信息系统(控制系统、信息化集成、智能排产系统、MES 系统等)等产品

★北京永茂机电科技有限公司
地址:北京市大兴区生物工程与医药产业基地庆丰路 26 号
邮编:102609
电话:010/60279696、60279707
传真:60279090
电子信箱:lcheng1851@163.com
法定代表人:龙澄
质量体系:ISO 9001、ISO 14001
产品情况:汽车冲压模具、标准件
出口情况:远销日本、美国、泰国、东南亚、欧洲等多个国家及地区,并销往中国台湾地区

天津市

★ 大福(中国)自动化设备有限公司天津分公司

地址:天津市河西区吴家窑大街 57 号中海广场 12 层 1206 室
邮编:300074
电话:022/58181600
传真:58181650
网址:www.daifuku.com/cn
电子信箱:fang_liu.da2@ha.daifuku.co.jp
法定代表人:松田靖
质量体系:ISO 9000
产品情况:(DAIFUKU 牌)
各类生产线,包括焊装线、涂装线、编组线、总装线等;各种输送系统(设备)等,包括悬挂式、落地式、柔性线以及大型和重型输送设备等,年产值超过 4 亿元
配套及出口情况:为国内外各汽车整车制造厂、配件厂供货;年出口各类生产线 1000 万美元以上
☞ 详细情况请参阅彩色宣传版面

★天津第一机床总厂
地址:天津市河东区津塘路 146 号
邮编:300170
电话:022/24390723、24932536
传真:24390644
网址:www.tmtw.com
电子信箱:sales@tmtw.com
法定代表人:杜鸿起
质量体系:ISO 9001
产品情况:(津一牌)
数控插齿机、铣齿机、磨齿机、滚动检查机、研齿机、倒棱机、倒角机、磨刀机等
出口情况:出口德国、美国、捷克、西班牙、土耳其、阿根廷、印度等 20 多个国家,并销往中国台湾地区

★天津汽车模具股份有限公司
地址:天津市空港经济区航天路 77 号
邮编:300308
电话:022/24890729、24890530
传真:24896985
网址:www.tqm.com.cn
电子信箱:tqm@tqm.com.cn
法定代表人:常世平
单位人数:2951
质量体系:ISO 9001
产品情况:模具设计、制造;冲压件加工、铆焊加工;汽车车身及其工艺装备设计、制造
配套及出口情况:为奇瑞汽车、华晨金杯、长城汽车、北京汽车、上汽通用、上汽大众、一汽-大众、北京奔驰、天津丰田、广汽丰田、广汽本田、神龙汽车、长安铃木、长安汽车、上汽通用五菱、北京现代、北汽福田、东南汽车等配套;客户遍及全球 20 多个国家,主要有福特、通用、菲亚特、标致雪铁龙、沃尔沃、雷诺、路虎、大众、奥迪、奔驰、印度铃木、TATA、KUKA 等

★天津精诚机床股份有限公司
地址:天津市津南区八里台工业园丰泽 3 大道 4 号
邮编:300350
电话:022/24981179、24981172
传真:24981170
网址:www.tj-jcmt.com
电子信箱:jingcheng@tj-jcmt.com
法定代表人:冷杰
单位人数:220
质量体系:ISO 9001
产品情况:汽车后桥齿轮(铣齿、拉齿、研齿)数控加工机床系列,汽车变速器、同步器齿轮(倒角、倒棱)数控加工机床系列 等数控齿轮加工机床
出口情况:出口德国、美国、芬兰、意大利、日本、韩国等十几个国家和地区

★天津赛象科技股份有限公司
地址:天津市华苑新技术产业园区(环外)海泰发展四道九号
邮编:300384
电话:022/23788188、23788185
传真:23788199
网址:www.chinarpm.com
电子信箱:info@tst-group.com
法定代表人:张晓辰
质量体系:ISO 9001
产品情况:(赛象牌)
子午线轮胎生产设备
出口情况:出口法国、美国、德国、日本、英国、意大利、印度等世界著名轮胎

公司

★津伦(天津)精密机械股份有限公司
地址:天津市新技术产业园区华苑产业区鑫茂科技园 C1 一层 D 单元
邮编:300384
电话:022/23315666、83710016
传真:23329088
网址:www.keenland.net
电子信箱:info@keenland.net
法定代表人:陈钢毅
单位人数:50
质量体系:ISO 9001、ISO 14001
产品情况:(津伦牌)
气密检测设备、含浸加工设备、数字化全自动生产线、随行夹具、汽车焊装夹具、检具、伺服全自动打胶机、拧紧机、压装机等;动力电池 PACK 线
配套及出口情况:为株式会社中央发明研究所、东莞三峰精密技术、南京长安马自达发动机、成都天兴山田车部用品、吉利汽车、法雷奥(长春)压缩机、天津一汽夏利、力神迈尔斯动力电池系统、北京光华荣昌汽车部件等公司供货;远销日本、澳大利亚等国家

★天津耐迪模具有限公司
地址:天津市西青经济开发区赛达四支路
邮编:300385
电话:022/23889285
传真:23889289
网址:www.nedec.com
电子信箱:huang811230@163.com
法定代表人:黄世畯
产品情况:主要以压铸模具为主

★天津七所高科技有限公司
地址:天津市北辰科技园区高新大道 64 号
邮编:300402
电话:022/86993577、86993513
传真:86993522
电子信箱:51world@163.com
法定代表人:陈建萍
质量体系:ISO 9001
产品情况:(陆华牌)
焊接设备和焊装生产线、涂装生产线
配套及出口情况:与一汽、东风、上汽、长安、奇瑞、海尔、美的、格力、新飞、LG、三菱等上百家知名大型企业集团合作;远销欧洲、亚洲、非洲、拉丁美洲等 10 多个国家和地区

★德曼(天津)精密零件有限公司
地址:天津市新技术产业园区北辰科技工业园华盛道 69 号
邮编:300402
电话:022/86993651
传真:86993650
网址:www.kern-liebers.com.cn
电子信箱:meng.zhou@d-metal.com.cn
法定代表人:Dr. Udo Schnell
产品情况:主要生产各类精密夹具、模具、弹性元件、弹簧等

★天津银宝山新科技有限公司
地址:天津市经济技术开发区第十三大街 46 号
邮编:300457
电话:022/66237560、662375556
传真:66237180
电子信箱:xingna.qin@silverbasis.com
法定代表人:李杰
质量体系:ISO/TS 16949
产品情况:中大型汽车塑胶模具
出口情况:80% 的模具出口欧美等发达国家

★丰田一汽(天津)模具有限公司
地址:天津市经济技术开发区黄海路 228 号
邮编:300457
电话:022/66230888
传真:66237144
网址:www.toyota.com.cn
电子信箱:lujing@tftd.com.cn
法定代表人:磯部利行
质量体系:ISO 9001
产品情况:汽车用大型冲压模具

★川崎机器人(天津)有限公司
地址:天津市经济技术开发区信环西路 19 号 6 号楼 1/2 层
邮编:300457
电话:022/59831888
传真:59831889
网址:www.kawasakirobot.cn
法定代表人:矶部正史
质量体系:ISO 9001
产品情况:小到中型通用机器人、大型通用机器人、超大型通用机器人、大型码垛机器人、喷涂机器人及成套单元、高速分拣机器人、点焊机器人

★长野福田(天津)仪器仪表有限公司
地址:天津市开发区第九大街 80 号丰华工业园 7 号厂区
邮编:300457
电话:4008139900、4000191915
网址:www.fukuda-tj.com.cn
电子信箱:sales@fukuda-tj.com.cn
法定代表人:陈乃克
质量体系:ISO 9001
产品情况:(NKS 牌)
机械压力表、数字压力表、压力校准仪器、压力传感器、压力变送器、机械式温度计、电子式温度测量、流量计等
出口情况:出口欧盟、美国、中东等国家和地区

★天津市天二锻压机床有限公司
地址:天津市宝坻区新开口公里北侧
邮编:301815
电话:022/29610777、29611176
传真:29611094
电子信箱:736783403@qq.com
法定代表人:周永存
质量体系:ISO 9001
产品情况:(双顶牌)
Y30、Y41 单柱系列、Y31 双柱系列、Y32 四柱系列、Y40 精密校直系列等各种型号液压机床

河北省

★河北东风锻压机械有限公司
地址:河北省宁晋县晶龙街 502 号
邮编:055550
电话:0319/5885765、5805178
传真:5885761、5892646
电子信箱:sales@dongfengpress.com
法定代表人:陈志勇
质量体系:ISO 9001
产品情况:产品体系涵盖从 2.5~8000t 的液压机,标准产品主要有 YD41 单柱系列、YD32 四柱系列、YD27 单动拉伸系列、YD71 复合材料系列、YD34 船舶液压机、YD45 龙门校直系列共 16 大类 300 多个品种
出口情况:出口日本、以色列、泰国、委内瑞拉等国际市场

★河北科润机电设备制造有限公司
地址:河北省泊头市工业开发区 168 号
邮编:062150
电话:0317/5566598
传真:5566586
网址:www.hbkrjd.com.cn
法定代表人:高龙
单位人数:300
产品情况:除尘设备、工量具、汽车模具、机电设备
出口情况:远销中东、东南亚等多个国家和地区

★沧州精隆重型机械制造有限公司
地址:河北省泊头市交河工业区
邮编:062150
电话:0317/8258559、13833741772
传真:8383533
网址:www.sqlbj.com
电子信箱:13833741772@163.com
法定代表人:张金厂
质量体系:ISO 9001
产品情况:铸铁平台、焊接平台、球墨铸件,铸钢件等产品

★精达河北机床制造有限公司
地址:河北省泊头市经济技术开发区 4 号路数控产业园
邮编:062150
电话:0317/8290955、8199387
网址:www.btjdlj.com
电子信箱:btjdlj@vip.163.com
法定代表人:刘秀茹
单位人数:400
产品情况:数控机床产品、通用机床产

品、工量具产品
出口情况:远销10多个国家和地区

★河北兴林车身制造集团有限公司
地址:河北省沧州市泊头经济开发区
邮编:062150
电话:0317/8386999、8262222
传真:8184999
网址:www.hbxinglin.com
电子信箱:xinglin@vip.sina.com
法定代表人:张美英
质量体系:ISO 9001
产品情况:涵盖汽车模具设计制造、汽车轻量化研发、整车车身设计、样车试制、汽车冲压零部件生产
配套及出口情况:为一汽-大众、日本H-ONE、西班牙MATRICI、长安马自达、雷诺、沃尔沃、一汽轿车、上汽集团、东风乘用车、长城汽车、奇瑞汽车、江淮汽车、吉利汽车等众多国内外知名企业值得信赖的合作伙伴;出口欧洲、北美洲以及日本

★唐山松下产业机器有限公司
地址:河北省唐山市高新技术开发区内
邮编:063020
电话:0315/3206055
传真:3206018
网址:www.tsmi.com.cn
电子信箱:wangjianqiang@tsmi.cn
法定代表人:杜献平
负责人:池谷启司
单位人数:600
质量体系:ISO 9001、ISO 14001
产品情况:(Panasonic牌)
电焊机、切割机、机器人及激光焊接系统等
出口情况:出口美国、韩国、日本、印度、东南亚、沙特阿拉伯等国家和地区

★唐山开元自动焊接装备有限公司
地址:河北省唐山市高新区火炬路189号
邮编:063020
电话:0315/3859606
传真:3859644
网址:www.autoweld.com.cn
电子信箱:info@autoweld.com.cn
法定代表人:柳铮
单位人数:1500
产品情况:(KAIYUAN牌)
切割与弧焊系统、智能制造系统、数字化车间的设计、制造

★廊坊市北方天宇机电技术有限公司
地址:河北省廊坊市广阳区新华路193号
邮编:065000
电话:0316/2202918、2202893
传真:2202919
网址:www.lftianyu.cn
电子信箱:langfanggzj@sina.com
法定代表人:魏俊
产品情况:非标装备及生产线,涉及车用动力系统、汽车轮毂制造等领域

★河北朗威汽车零部件有限公司
地址:河北省霸州市煎茶铺经济技术开发区
邮编:065700
电话:0316/7195139
传真:7412368
网址:www.hblangwei.com
电子信箱:9999@hblangwei.com
法定代表人:张青海
产品情况:塑胶模、注塑产品、汽车覆盖件模具和汽车冷冲压模具、汽车散热器等高端精密塑胶和五金模具产品
出口情况:远销美国、墨西哥、俄罗斯、马来西亚、菲律宾、非洲、中东等20多个国家和地区

★秦皇岛方华埃西姆机械有限公司
地址:河北省秦皇岛市经济技术开发区海河道2号
邮编:066004
电话:0335/8518200
传真:8518400
网址:www.fanghua-secm.com
电子信箱:fsm@fsmautomation.com
法定代表人:周超
产品情况:辊压、拉弯、冲压设备,为欧美日汽车零部件供应商提供从型材辊压到拉弯及后序加工等成套工艺装备
出口情况:出口欧洲、美洲、日本等国家和地区

★承德华远自动化设备有限公司
地址:河北省承德市高新技术产业开发区东区
邮编:067000
电话:0314/2121697、13931421452
网址:www.huayuanautomation.com
电子信箱:guixiuxin@126.com
法定代表人:柴世铎
质量体系:ISO 9001
产品情况:汽车总装物流自动化系统、汽车焊装物流自动化系统、汽车涂装物流自动化系统
配套及出口情况:为大众、通用、神龙、华晨等供货;出口欧洲

★保定市巨龙微波能设备有限公司
地址:河北省保定市高开区风能街华光路555号
邮编:071000
电话:0312/5920023、5920028
传真:5883170
网址:www.bdjulong.com.cn
电子信箱:julong@bdjulong.com.cn
法定代表人:王海燕
质量体系:ISO 9001
产品情况:(巨龙牌)
汽车密封条单挤出生产线、汽车密封条复合生产线等产品
配套及出口情况:是奔驰、宝马、法拉利、奥迪、丰田、韩国现代等世界顶级集团公司的定点供应商,为其在世界各地的工厂提供设备;出口日本、韩国、墨西哥、印度、印度尼西亚、泰国、美国、土耳其等国家和地区

★保定向阳航空精密机械有限公司
地址:河北省保定市乐凯北大街与隆兴西路交叉口西行500米路南向阳产业园
邮编:071051
电话:0312/6785808、6785860
传真:6785799
网址:www.xiangyang.com.cn
电子信箱:bdxy@xiangyang.com.cn
法定代表人:单英杰
负责人:芦迎春
质量体系:ISO 9001
产品情况:组合夹具、柔性夹具、精密平口钳、金属带锯床、模具及模具标准件等
出口情况:远销美国、加拿大、英国、法国、德国、意大利、瑞典、荷兰、丹麦等国家

山西省

★太原工具厂有限责任公司
地址:太原市尖草坪区丰源路18号
邮编:030008
电话:0351/3572225、3180792
传真:3180723
电子信箱:413516641@qq.com
法定代表人:冯亚军
质量体系:ISO 9001
产品情况:(太牌)
拉削刀具、齿轮刀具、孔加工刀具、螺纹刀具、铣削刀具及硬质合金可转位刀具,广泛应用于汽车行业、机床行业等

内蒙古

★内蒙古一机集团瑞特精密工模具公司
地址:内蒙古包头市青山区民主路
邮编:014032
电话:0472/3117338、3117645
网址:www.nmgyj.com
电子信箱:no.8@nmgyj.com
法定代表人:陈钧
质量体系:ISO 9001
产品情况:以冷冲模具、热铸模具、玻璃钢模具、大型高精度冲模为主
配套情况:为一汽、东风、江铃全顺、神龙富康、郑州日产、沈阳金杯海狮、上海科勒、江西昌河等厂家承制了大中型模具的设计与制造

辽宁省

★沈阳三丰电气有限公司
地址:沈阳市苏家屯区雪莲街10甲
邮编:110102
电话:024/23736484、23731661
传真:23736484
网址:www. sanfengelec. com
电子信箱:sfdq@ sanfengelec. com
法定代表人:周俊峰
质量体系:ISO 9001
产品情况:汽车充电器、立体车库等电气产品、工业自动化产品的生产
配套情况:为北京奔驰、华晨宝马、奥迪、大众、天津一汽丰田、一汽解放、一汽轿车、比亚迪、北奔重汽、华晨金杯、上汽通用、厦门金龙、长安福特、柳州汽车、一汽富奥、弗吉尼亚等供货

★ 沈阳林敏智能检测设备有限公司
地址:沈阳市皇姑区文储路100号
邮编:110013
电话:024/86589061
传真:86678702
网址:www. lm - test. com
电子信箱:lm@ lm - test. com
法定代表人:廖敏
产品情况:主要从事车轮跳动及动平衡在线检测设备的开发,主要产品包括在线式全自动平衡机、在线式全自动跳动谐波仪、在线式全自动跳动平衡一体机、手动跳动谐波仪、手动立式平衡机等
配套情况:产品已装备了包括中信戴卡、立中集团、浙江万丰、中南铝、秦皇岛兴龙轮毂、盟威戴卡、无锡戴卡、三门峡戴卡、长沙戴卡、重庆戴卡等国内主流轮毂制造企业
☞ 详细情况请参阅彩色宣传版面

★沈阳二四五厂有限责任公司
地址:沈阳市沈北新区八达路5号
邮编:110122
电话:024/86294000、15840270998
传真:86863610
电子信箱:306277712@ qq. com
法定代表人:王珂
质量体系:ISO 9001
产品情况:轮胎拆装机、自动镗制动鼓机、制动鼓盘切削机、液压举升机、镗磨缸机、电脑动平衡机系列等
出口情况:远销美国、加拿大、澳大利亚、埃及、东南亚等国家和地区

★沈阳恩斯克精密机器有限公司
地址:沈阳市经济技术开发区15号街7号
邮编:110141
电话:024/25505017
传真:25326082
网址:www. cn. nsk. com
法定代表人:织户宏昌
质量体系:ISO 9001、ISO 14001
产品情况:精密滚珠丝杠和直线导轨、高档数控机床关键零部件

★沈阳金杯汽车模具制造有限公司
地址:沈阳市于洪区沈大路83号
邮编:110141
电话:024/25316210
传真:25315539
网址:www. jbzz. com
电子信箱:jbmjc@ jbzz. com
法定代表人:王利军
质量体系:ISO 9001
产品情况:冷冲压模具、锻模、各种冷冲压件、机械加工零部件
出口情况:远销美国、加拿大、德国、意大利、日本等国家

★沈阳机床股份有限公司
地址:沈阳市经济技术开发区开发大路17甲1号
邮编:110142
电话:024/25199999
传真:25878001
网址:www. smtcl. com
电子信箱:s1_sales@ smtcl. com
法定代表人:赵彪
质量体系:ISO 9001
产品情况:(沈一机牌、中捷牌)
　　各种型号卧式镗床、落地铣镗床、数控铣镗床、立卧加工中心、柔性制造单元及各种专用机床等产品
出口情况:远销60多个国家和地区

★沈阳新松机器人自动化股份有限公司
地址:沈阳市浑南新区金辉街16号
邮编:110168
电话:4008008666、4001057999
网址:www. siasun. com
电子信箱:market@ siasun. com
法定代表人:曲道奎
质量体系:ISO 9001
产品情况:关节机器人(弧焊机器人、电焊机器人、垂直多关节机器人、水平多关节机器人、搬运机器人),直角坐标机器人(搬运机械手、搬运机器人、激光加工机器人、研磨抛光机器人、切割机器人、注塑机械手)
出口情况:出口孟加拉国、墨西哥、印度、俄罗斯、加拿大等国家

★营口锻压机床有限责任公司
地址:辽宁省营口市西市区滨海路南98号
邮编:115001
电话:0417/3850666、3841944
传真:3857037
网址:www. ykdy. com
电子信箱:ykdy@ ykdy. com
法定代表人:宋勇
单位人数:400
质量体系:ISO 9001
产品情况:(YINGDUAN牌)
　　16~2500t的25个系列160种规格的机械压力机

★大连智云新能源装备技术有限公司
地址:辽宁省大连普兰店经济开发区海湾社区
邮编:116011
电话:0411/39168757、39168668
传真:39168689
电子信箱:zxs15040603931@ 163. com
法定代表人:张绍辉
产品情况:切削冷却液集中过滤处理系统、工业专用清洗机、单机用过滤装置等

★亿达日平机床有限公司
地址:辽宁省大连市甘井子区软件园路11号
邮编:116023
电话:0411/84752375、84687628
传真:84687608
网址:www. ynccn. com
电子信箱:ync@ ynccn. com
法定代表人:上垣雅裕
质量体系:ISO 9001、ISO 14001
产品情况:(YNC牌)
　　主导产品有高精度组合机床、加工中心单元及由它们组成的高效率、柔性化、智能化、自动化的生产线
配套及出口情况:主要客户有东风本田、东风商用车、东风乘用车、重庆长安、福建新龙马、广汽本田、广汽乘用车、海马汽车、吉利汽车、江铃汽车、天津一汽夏利、重汽济南商用车、东风康明斯等;远销印度、日本、韩国、泰国等国家

★大连捷云自动化有限公司
地址:辽宁省大连市甘井子区生态科技城春田园C4楼4层
邮编:116031
电话:0411/83638191、13998628979
传真:83638190
网址:gefyun. cn
电子信箱:gefyun@ 126. com
法定代表人:张绍辉
产品情况:汽车动力总成(发动机、变速器、驱动桥)的装配、汽车零部件(增压器、水泵、油泵、动力转向、安全气囊传感器及电动汽车马达等)装配等

★大连智云自动化装备股份有限公司
地址:辽宁省大连市甘井子区营日路32号-1
邮编:116036
电话:0411/86705656
传真:86705333
网址:www. zhiyun - cn. com
电子信箱:zhiyun@ zhiyun - cn. com
法定代表人(负责人):师利全
单位人数:330

质量体系:ISO 9001
产品情况:(ZHIYUN 牌)
自动检测设备、自动装配设备、物流搬运设备、清洗过滤设备、专用切削加工设备
配套情况:装配线供广西玉柴机器、东风康明斯发动机,自动测漏机供上汽通用五菱、东风本田发动机,自动压装机供沈阳航天三菱汽车发动机、江铃汽车,自动涂胶机供北汽福田康明斯发动机、东风日产发动机,清洗机供昆明云内动力、上海日野发动机,冷却液集中处理系统供天津雷沃动力、蒙古欧意德发动机

★大连华工创新科技股份有限公司
地址:辽宁省大连市甘井子区姚北路25-18号
邮编:116037
电话:0411/39525022、39525021
传真:39525009
电子信箱:hgcx@vip.163.com
法定代表人:韩旭
质量体系:ISO 9001
产品情况:隔热铝型材注胶设备、发泡密封条涂胶设备、浇注密封垫圈设备、板材刷胶生产线
配套及出口情况:与巴斯夫建立合作伙伴关系;出口中美洲、北美洲、非洲、亚洲等20多个国家和地区

★大连因代克斯机床有限公司
地址:辽宁省大连市长兴路17号
邮编:116600
电话:0411/87619788
传真:87628877
网址:www.index-werke.de
电子信箱:danijel.pankovic@index-traub.com
法定代表人:迪尔克·普鲁斯特
质量体系:ISO 9001
产品情况:TNA 系列机床

★丰田工机(大连)有限公司
地址:辽宁省大连经济技术开发区福安街2号
邮编:116600
电话:0411/87334601、4006504601
传真:87334602
网址:www.toyoda.com.cn、www.jtekt.co.jp
电子信箱:parts@toyoda.com.cn
法定代表人:加藤伸仁
产品情况:(KOYODA 牌)
量产型立式加工单元(e640V)等机床,广泛应用于汽车零部件、工程机械等领域
配套情况:为天津一汽丰田发动机、长春一汽丰田发动机、广汽丰田汽车、哈尔滨东安发动机、哈尔滨东安动力、东风朝阳柴油机、大连柴油机、东风本田、东风日产、东风汽车、重庆秦安机电、潍柴动力、丹东五一八内燃机、无锡利纳马、天津雷沃动力等配套

★盘起工业(大连)有限公司
地址:辽宁省大连市经济技术开发区锦州街5号
邮编:116600
电话:0411/87613087、8009151787
传真:87613050
网址:www.punch.com.cn
电子信箱:service@punch.com.cn
法定代表人:川崎丈二
单位人数:2850
质量体系:ISO 9001、ISO 14001
产品情况:冲压模具零部件、塑料模具零部件、汽车模具零部件、FA 工厂自动化零件及客户定制零件等
出口情况:远销日本、欧洲、美洲

★山崎马扎克机床(辽宁)有限公司
地址:辽宁省大连市经济技术开发区铁山东路1号
邮编:116600
电话:0411/87963555、87963506
传真:87963599
电子信箱:xin_zhang@cn.mazak.com
法定代表人:山崎智久
产品情况:立、卧式数控车床,世界标准激光加工机等中高档机床设备

★中京金刚工具(大连)有限公司
地址:辽宁省大连市经济技术开发区铁山中路49号
邮编:116600
电话:0411/87337070
传真:87337171
网址:www.chukyo.com.cn
电子信箱:taohuajian@chukyo.com.cn
法定代表人:川濑幸久
产品情况:PCD 刀具(聚晶金刚石刀具)和 PCBN 刀具(聚晶立方氮化硼刀具)等
出口情况:远销日本、东南亚、欧洲、美洲等国家和地区

★大连机床集团有限责任公司
地址:辽宁省大连市开发区双D港辽河东路100号
邮编:116620
电话:0411/87582182、87582183
网址:www.dmtg.com
电子信箱:web_admin@dmtg.com
法定代表人:陈永开
质量体系:ISO 9001
产品情况:(DMTG 牌)
主要产品包括高速精密车床、数控车床及车铣中心、立卧式加工中心及龙门加工中心、组合机床及柔性自动线、数控功能部件等
出口情况:远销100多个国家和地区

★锦州万得机械装备有限公司
地址:辽宁省锦州市经济技术开发区西海国际工业园
邮编:121007
电话:0416/3588535、3571539
传真:3575588
网址:www.wanderme.com
电子信箱:li.h@wonderauto.com.cn
法定代表人:裴庆军
质量体系:ISO 9001
产品情况:(WONDER 牌)
车轮装配线、减振器设备、微裂纹电镀生产线及其他设备
配套及出口情况:与国内90%以上的规模减振器生产企业保持着合作关系,与国内90%以上的重型货车车轮装配企业保持着合作关系与20%的轿车车轮装配企业合作;远销美国、阿根廷、哥伦比亚、南非、伊朗等多个国家和地区

吉林省

★长春一汽蓝迪自动化工程有限公司
地址:长春市汽车经济技术开发区创业大街1959号
邮编:130011
电话:0431/85903345、4001688886
传真:85902960
网址:www.faw-landi.com
电子信箱:jyb_ld@faw.com.cn
法定代表人:刘世新
产品情况:前处理设备、电泳设备、各种喷漆室、烘干设备、机器人弧焊、点焊工作站
配套情况:被纳入一汽-大众、天津一汽丰田的设备供应商采购平台

★长春汇凯科技有限公司
地址:长春市高新区越达路1118号
邮编:130012
电话:0431/89589688、4009651118
传真:89246688
网址:www.cchkt.com
电子信箱:hksales@ccss.com.cn
法定代表人:马敬春
质量体系:ISO 9001
产品情况:自动校直机、校圆机、精密伺服压装机、智能装配线
配套情况:为国内500多家相关企业提供近千台自动及半自动校直校正设备

★一汽模具制造有限公司
地址:长春市汽车经济技术开发区捷达大路1999号
邮编:130013
电话:0431/85901462、85905946
传真:85905984、85905953
网址:www.fawtd.com
电子信箱:bgs_cz@faw.com.cn
法定代表人:薛耀
质量体系:ISO/TS 16949、ISO 14001
产品情况:汽车车身覆盖件模具、自动化焊装线、检具等汽车车身制造工艺装备及汽车车身冲压件、焊接总成等

配套及出口情况:为日本丰田、德国大众、一汽-大众、一汽轿车配套;远销欧洲、亚洲、非洲、美洲

★海拉精密模具(长春)有限公司
地址:长春市经济技术开发区金川街745号
邮编:130033
电话:0431/85078736、85078963
传真:84643057
网址:www. hella. cn
法定代表人:张建民
单位人数:186
产品情况:精密车灯注塑模具,年产120多套精密车灯模具
出口情况:产品70%出口海拉集团世界各地的子公司

★长春一汽宏鼎汽车股份有限公司
地址:长春市宽城区青年路3458号
邮编:130052
电话:0431/85805122
传真:85805151
网址:www. mingjungroup. com
电子信箱:hoedim@ 163. com
法定代表人:李时钰
质量体系:ISO/TS 16949、ISO 14001
产品情况:组合机床、专用机床、自动线、非标设备和各种通用部件、数控设备、铸造产品、风扇离合器
配套情况:为一汽-大众、一汽解放、一汽夏利、上汽通用、山东黑豹汽车、湖南长丰猎豹汽车等国内众多汽车厂家提供了总装设备、汽车零部件、机加设备及非标设备安装、调试工程服务及装备产品的设计制造

黑龙江省

★哈尔滨量具刃具集团有限责任公司
地址:哈尔滨市香坊区和平路44号
邮编:150040
电话:0451/86792591、82648853
传真:82623555、82607698
网址:www. links - china. com
电子信箱:links@ links - china. com
法定代表人:由海燕
单位人数:3588
质量体系:ISO 9001
产品情况:(连环牌)
精密量仪、数控刀具及工具系统、数控机床、通用量具和标准刃具
出口情况:出口欧洲、美洲、东南亚等30多个国家和地区

★普威特涂层(哈尔滨)有限公司
地址:哈尔滨市开发区哈平路集中区机电工业园内同江路8号
邮编:150069
电话:0451/86786201、13349412508
传真:86786202
网址:www. pvtvacuum. com
电子信箱:pvthrb@ pvtvacuum. com
法定代表人:加百利
产品情况:提供高质量涂层加工服务
配套情况:主要客户有哈东安汽车动力、哈东安汽车发动机、哈尔滨量具刃具集团、哈尔滨第一工具、一汽集团、牡丹江工具有限公司等

★哈尔滨天源石化工程有限责任公司
地址:哈尔滨市南岗区嵩山路9号
邮编:150090
电话:0451/87007711、87006388
传真:87006622
电子信箱:hrbguli2008@ 163. com
法定代表人:戴世锋
质量体系:ISO 9001
产品情况:汽车LPG、CNG加气机及其他加气站系统

★哈尔滨岛田大鹏工业股份有限公司
地址:哈尔滨市利民经济技术开发区珠海路
邮编:150525
电话:0451/55582918、55582919
传真:55582900
电子信箱:daotian2001@ 163. com
法定代表人:李鹏堂
质量体系:ISO 9001、ISO 14001
产品情况:清洗机、清洗剂
出口情况:返销日本

★齐齐哈尔二机床(集团)有限责任公司
地址:黑龙江省齐齐哈尔市永安大街239号
邮编:161005
电话:0452/2472445、2475931
网址:www. q2jc. com. cn
电子信箱:q2jichuang@ 163. com
法定代表人:杨平
单位人数:5002
质量体系:ISO 9001
产品情况:(齐二牌)
重点生产数控落地铣镗床系列产品、数控龙门镗铣床系列产品、数控立式车床系列产品、数控铣床及加工中心、机械压力机及自动锻压设备,以及大型数控缠绕机、五轴联动混联机床、数控龙门高速铝锭复合加工生产线等大型数控专机
配套及出口情况:为中国一重、中国二重、太原重工、中信重工、上电集团、哈电集团、东电集团、包一机、长治清华机械厂、首都航天、上海航天、成飞、渤海船厂、中国船舶、武昌造船厂、461厂、471厂、上海临港、宝钢集团、首都钢铁、中钢集团、鞍钢、一汽集团、东风汽车、广东福迪、吉利汽车、北汽福田、西南铝业、南南铝业等重点企业提供了700余台大型装备;大重型数控产品已成功打入欧洲、美洲、东亚、南亚等国外市场

上海市

★上海第三机床厂
地址:上海市徐汇区斜土路1171号
邮编:200030
电话:021/57823612
电子信箱:office@ h3mt. com
法定代表人:徐宏
质量体系:ISO 9001
产品情况:(上海牌、世纪牌、江宁牌、三高牌、SYJ牌、实益牌、沪东牌、H5牌等)
数控铣床加工中心、磨床、数控外圆磨床、曲线磨床、卧式车床、各种齿轮机床等四大类金属切削机床以及相关专业设备
出口情况:远销欧洲、美国、日本、东南亚等国家和地区

★上海机床工具(集团)有限公司
地址:上海市静安区奉贤路218号
邮编:200041
电话:021/66293302
传真:62176636
电子信箱:xue_ming88@ sina. com
法定代表人:张小兵
质量体系:ISO/TS 16949、VDA 6.1
产品情况:各种金切机床、锻压设备、数控车、铣、镗、磨床,在汽车等很多领域应用

★上海工具厂有限公司
地址:上海市军工路1060号
邮编:200093
电话:021/65386538
网址:www. stwc. cn
电子信箱:siptcy@ online. sh. cn
法定代表人:萧伟锋
质量体系:ISO 9001
产品情况:(上工牌)
金属切削刀具
出口情况:远销60多个国家和地区

★蒂森克虏伯汽车系统技术上海有限公司
地址:上海市浦东新区高翔路526号1幢
邮编:200137
电话:021/20522600
网址:www. thyssenkrupp. com
电子信箱:systemengineering. cn@ thyssenkrupp. com
法定代表人:YING LING MANASEK
产品情况:发动机安装系统及其设备、发动机测试系统及其设备,白车身、车身部件、样品车身和其他用于汽车制造装备,汽车模具
配套情况:客户包括上汽大众、一汽-大众、观致汽车、长安福特、长城汽车等

★爱路华机电技术(上海)有限公司
地址:上海市漕河泾新兴技术开发区桂箐路69号24号厂房第1.2层
邮编:200233

电话:021/64855028
传真:64850119
网址:cn. erowa. com
电子信箱:info@ erowa. cn
法定代表人:汉斯·汉迪根
质量体系:VDA 6.1、QS 9000
产品情况:工夹具系统是机床和工件间的接口、测量系统用于偏移值数据测定和品质控制、装载系统中的机器人可用于工件交换、所有软件产品可控制生产机床,属于数据传输系统

★上海协博精密模具有限公司
地址:上海市松江区新桥新界路4号
邮编:200233
电话:021/57646008、57643237
传真:57641977
电子信箱:gao@ superiormold. com. cn
法定代表人:吴幸昌
质量体系:ISO 9001
产品情况:专业从事各种塑料射出成型模具的加工制造以及塑料产品射出成型的加工制造
出口情况:远销美国、日本、德国、法国等国家

★圣戈班磨料磨具(上海)有限公司
地址:上海市闵行经济开发区北斗路198号
邮编:200245
电话:021/34056188、64307002
电子信箱:abrasive@ saint - gobain. com
法定代表人:JAVIER GIMENO
质量体系:QS 9000
产品情况:磨料磨具等

★上海申克机械有限公司
地址:上海市宝山区丰翔路1111号
邮编:200444
电话:4008809308
传真:021/66897391
网址:www. schenck. cn
电子信箱:sales. rotec@ schenck. cn
法定代表人:Peter Stefan Bartholomaeus Legner
质量体系:ISO 9000
产品情况:(SCHENCK、申克牌)
曲轴平衡机、传动轴平衡机、制动盘立式平衡机、新能源汽车自动平衡机
配套及出口情况:为一汽集团(解放、大柴、一汽二发、海马)、东风汽车公司、上汽集团、大众(一汽-大众、上汽大众)、通用(上汽通用、上汽通用五菱、上汽通用东岳动力)、奇瑞汽车、潍柴、重汽集团等配套;出口东南亚、美国、澳大利亚等国家和地区

★上海屹丰汽车模具制造有限公司
地址:上海市宝山工业园区罗宁路1168号
邮编:200949
电话:021/33851689
传真:33850999
网址:www. yifeng - mould. com
法定代表人:张文瑾
产品情况:汽车零部件及覆盖件模具
配套情况:为奔驰、宝马、大众、通用、上海汽车、长城汽车、北京汽车、北汽福田、东风裕隆等主机厂一级零部件及覆盖件模具供应商

★上海紫燕模具工业有限公司
地址:上海市闵行区北松公路1383号
邮编:201100
电话:021/50315031、64099909
传真:50315666、64098864
网址:www. chinamolder. com
电子信箱:info@ chinamolder. com
法定代表人:唐继锋
质量体系:ISO 9001
产品情况:大中型精密注塑模、冷冲模
配套及出口情况:客户包括上汽大众、上汽通用、一汽-大众、北美福特、上海汽车、东风汽车、华晨汽车等;出口美洲、欧洲等地区

★上海瀚氏科技集团有限公司
地址:上海市闵行区友东路355号
邮编:201100
电话:021/54886185、54886080
传真:54886090
电子信箱:linyq@ hanmouldgroup. com
法定代表人:张荣福
单位人数:780
质量体系:ISO/TS 16949、QS 9000
产品情况:注塑模具、检具、保险杠、副仪表板、杂物箱、门板注塑件、座椅配件、仪表板等汽车内外饰件
配套及出口情况:为上汽大众、上汽通用、奇瑞汽车、北京现代、重庆福特等主机厂提供配套产品,并为上海延锋伟世通汽车饰件系统、上海延锋江森座椅、上海麦格纳·唐纳利汽车系统、上海新大洲本田摩托车、上海曼·胡默尔滤清器等供货;远销欧洲、美洲等地区;主要客户有瑞典 Husqvarna、博世、欧科 AQUA、宝适 BOS、法国 PLASTOHM、法雷奥、芬兰 FIBOX、德国 DURA

★上海井上模塑开发有限公司
地址:上海市闵行区合川路3071号
邮编:201103
电话:021/54885514
传真:54880440
网址:www. inoac. co. jp
电子信箱:xufei_sie@ 163. com
法定代表人:河野培荣
产品情况:设计汽车产品、生产销售注塑、吹塑、发泡、橡胶的模具以及检具
配套情况:为丰田供货

★上海科伟达超声波科技有限公司
地址:上海市闵行区银春路719号
邮编:201109
电话:021/54465066
传真:64140929
电子信箱:shichangbu@ myyueqiang. com
法定代表人:陆献忠
质量体系:ISO 9001
产品情况:(科伟达牌)
超声波清洗机、全自动机械臂、超声波塑焊机,用于汽车发动机、零部件的清洗

★欣阳精密模具(上海)有限公司
地址:上海市浦东新区王桥工业区利枝路279号
邮编:201201
电话:021/58388000、58382202
传真:58383000
电子信箱:yaoqing. zhang@ sdaletech. com
法定代表人:邱武厚
质量体系:ISO 9001
产品情况:精密模具

★上海佐竹冷热控制技术有限公司
地址:上海市浦东新区陈春路108号
邮编:201204
电话:021/58434466
传真:68921472
网址:www. sh - satake. com
电子信箱:yechen@ sh - satake. com
法定代表人:郭越悦
质量体系:ISO 9001
产品情况:设计制造高技术的冰箱、空调及冷冻等类产品的环境试验室、性能试验设备及其控制软件
配套情况:为长春一汽杰克赛尔汽车空调、重庆建设车用空调器、东风康明斯发动机、湖北法雷奥汽车空调、泛亚汽车技术中心、华达杰克赛尔汽车空调、江西新电汽车空调、联合汽车电子、麦克斯汽车空调、牡丹江富通汽车空调、上海德尔福汽车空调、上海日用-友捷、上海双桦汽车空调、上海协合汽车空调、苏州新同创汽车空调、天合上海公司、天津电装汽车空调、天津三电汽车空调、芜湖博耐尔、豫新汽车空调、岳阳恒立等配套

★肯纳金属(上海)有限公司
地址:上海市浦东新区金桥出口加工区金豫路750号
邮编:201206
电话:021/38608288
传真:58342200
网址:www. kennametal. com
电子信箱:k - cn. service@ kennametal. com
法定代表人:曹晔
产品情况:刀具、刀具系统和工程服务
配套情况:在中国市场为16家汽车制造商提供整体化的解决方案,为至少60家汽车零部件商提供刀具服务,在曲轴加工领域占70%市场份额

★多米诺标识科技有限公司
地址:上海市浦东新区金桥出口加工区

云桥路 1150 号
邮编:201206
电话:4008216818
网址:www. domino. com. cn
电子信箱:marketing@ domino. com. cn
法定代表人:项敏
质量体系:ISO 9001
产品情况:(DOMINO 牌)
多米诺喷码机
出口情况:出口欧洲、美洲等 120 多个国家和地区

★上海米开罗那机电技术有限公司
地址:上海市浦东新区康桥工业区康桥东路 1388 号 4A 厂房
邮编:201315
电话:021/67290813、67290852
网址:www. mikrouna. com
电子信箱:hid@ mikrouna. com
法定代表人:万新军
质量体系:ISO/TS 16949、ISO 9001
产品情况:汽车氙气灯生产线、汽车氙气灯及配套的电子镇流器等

★上海 ABB 工程有限公司
地址:上海市浦东创业路 369 弄 5 号
邮编:201319
电话:021/61056666、8008209696
网址:www. abb. com. cn
电子信箱:robotics@ cn. abb. com
法定代表人:顾纯元
质量体系:ISO 9001、ISO 14001
产品情况:(ABB 牌)
ABB 机器人自动化解决方案,包括动力总成、冲压自动化、白车身和涂装自动化在内的四大系统生产、涂装线
配套情况:主要为中国重汽、上汽大众、上汽通用、上海汇众、一汽-大众、一汽解放、一汽轿车、一汽海马、东风公司、北京奔驰、神龙汽车、吉利汽车、陕西重汽、瑞典沃尔沃、日本日产、本特勒、海斯坦普、博泽、上汽通用五菱、一汽解放无锡柴油机厂、一汽解放大连柴油机等供货

★上海千缘汽车车身模具有限公司
地址:上海市浦东新区康桥东路 1111 号
邮编:201319
电话:021/58138856、68183598
网址:www. qymold. com
电子信箱:qianyuan@ qymold. com
法定代表人:许子林
质量体系:ISO/TS 16949、ISO 9001
产品情况:各类汽车大中型覆盖件冷冲压模具(包括高级轿车车身外板件模具、检具及主模型和冲压件)
配套情况:承担福特、通用、奔驰、宝马、克莱斯勒等公司项目

★上海善能机械有限公司
地址:上海市浦东新区康桥东路 889 号
邮编:201319
电话:021/58133990、58133322
传真:58133388、58132299
电子信箱:sales@ sunnensh. com
法定代表人:FREDERICK CHRISTOPHER MILTENBERGER
产品情况:(SUNNEN 牌)
各种规格的珩磨机床、发动机再制造设备、磨料、工具、测量仪表、切削液等辅件

★上海通用电焊机股份有限公司
地址:上海市浦东新区申江南路 3888 号
邮编:201321
电话:021/51377777、51377070
传真:51377072
网址:www. sh - tayor. com
电子信箱:tayor@ tayor. cn
法定代表人:陈永强
质量体系:ISO 9001
产品情况:(TAYOR 牌)
汽车制造专用焊接设备等
配套情况:主要客户有海南马自达等

★上海明兴开城超音波科技有限公司
地址:上海市奉贤区南桥镇张翁庙路 199 号
邮编:201400
电话:021/33659273、33659219
传真:33659373
网址:www. minghsing. com. cn
电子信箱:zjc@ minghsing. com. cn
法定代表人:钟建成
质量体系:ISO 9001
产品情况:超声波清洗机、低压水喷射清洗机、高压水喷射清洗机、高压水去毛刺机;气体密封性试漏机;自动装配线;干燥固化炉等各种工业清洗设备
配套情况:成为国内外多家跨国公司清洗设备指定供应商,如博世汽车、一汽-大众汽车、通用汽车、博格华纳、威伯科、GKN、美国康宁、美国爱科、霍尼韦尔等

★马勒汽车技术(中国)有限公司
地址:上海市奉贤区上海市工业综合开发区环城北路 1299 号 9 幢 1 层 A 部位
邮编:201401
电话:021/67589994
电子信箱:huhui. shen@ cn. mahle. com
法定代表人:Michael Karl Frick
产品情况:设计和生产工装、模具和专用设备,生产滤清系统产品(燃油滤清器,机油滤清器和空气滤清器)、发动机周边系统及相应的工程样件

★德马格起重机械(上海)有限公司
地址:上海市奉贤区庄行镇欧洲工业园区叶庄公路 125 号
邮编:201415
电话:021/60259029
传真:57464558
网址:www. demagcranes. com. cn
电子信箱:marketing. cn@ demagcranes. com
法定代表人:陈浩
质量体系:ISO/TS 16949、VDA 6. 1
产品情况:(精工牌、飞力牌)
标准起重机、环链电动葫芦、钢丝绳电动葫芦 DH 型、轻型起重机 KBK 型

★上海晓奥享荣汽车工业装备有限公司
地址:上海市松江高新技术产业园申徐路 66 号
邮编:201612
电话:021/31166766
传真:31166799
网址:www. chinajig. com
电子信箱:sales@ chinajig. com
法定代表人:田永鑫
质量体系:ISO 9001
产品情况:机器人七轴导轨、气动滑台、变位机、桁架式机器人等
配套及出口情况:主要客户包括一汽集团、上汽集团、长安汽车集团、东风集团、广汽集团、北汽集团、华晨汽车集团、江铃汽车、长城汽车、吉利汽车、奇瑞汽车、比亚迪汽车、力帆汽车等企业;部分产品远销国外

★丰汉电子(上海)有限公司
地址:上海市松江区新桥镇申港路 3799 号 1 幢
邮编:201612
电话:021/67671641、67671642
传真:57675070
网址:www. ytk - e. com. cn
电子信箱:service@ ytk - e. com. cn
法定代表人:盛田丰一
质量体系:ISO 9001、ISO 14001
产品情况:主要产品包括用于压铸行业的机器人镶嵌机械手、取出机械手、喷涂装置以及有关制品冷却、切边、清洗、刻字、输送和离型剂稀释压送的周边装置;用于铸造行业的浇铸机器人系统;用于制品加工的机器人图像识别以及自动搬运系统;用于各类电气控制的控制柜和配电柜

★好富顿(上海)高级工业介质有限公司
地址:上海市松江工业区江田东路 188 号
邮编:201613
电话:021/67742570
传真:67742579
网址:www. houghtonintl. com
电子信箱:wongns@ houghton. com. cn
法定代表人:Koh Boon Chai
质量体系:ISO 9001、ISO 14001
产品情况:切削液系列

★库卡机器人(上海)有限公司
地址:上海市松江区昆港公路 889 号
邮编:201614
电话:021/57072688
传真:57072605

网址:www. kuka - robotics. cn
电子信箱:info@ kuka - robotics. cn
法定代表人:TILL ALEXANDER KARL REUTER
产品情况:工业机器人(货盘堆垛机器人、洁净室机器人、龙门架机器人、高精度机器人、铸造机器人、冲压连线机器人、SCARA 机器人、机器人系统、控制系统、电弧焊机器人、架装式机器人、Jet 机器人、获得 ATEX 认证的防爆机器人、行业解决方案、线性滑轨)

★库卡柔性系统制造(上海)有限公司
地址:上海市松江区文翔路 4399 号
邮编:201616
电话:021/61799208
传真:61799203
网址:www. kuka - systems. com
电子信箱:info@ kuka - systems. cn
法定代表人:JIANGBING WANG
单位人数:100
产品情况:(Kuka 牌)
库卡机器人集成、冲压自动化连线、白车身焊接线、机器人柔性包边、机器人焊接单元、分总成总装及汽车总装等
出口情况:是欧洲、北美洲、南美洲及亚洲的主要汽车配件及综合市场的主要供应商

★奎克(中国)化学有限公司
地址:上海市青浦工业园区天盈路 619 号
邮编:201700
电话:021/39201628、39201666
网址:www. quakerchem. com
电子信箱:gus@ quakerchem. com
法定代表人:Dieter Theo Laininger
产品情况:金属扎制液和金属加工液,QUAKERCOOL370KLG 高性能重负荷级切削液

★上海沪工焊接集团股份有限公司
地址:上海市青浦区外青松路 7177 号
邮编:201700
电话:021/51215999
传真:59713132
网址:www. hugong. com
电子信箱:hugong@ hugong. com
法定代表人:舒宏瑞
质量体系:ISO 9001
产品情况:(沪工牌、沪工之星牌)
弧焊设备、数控切割设备、机器人系统和激光切割设备
出口情况:远销全球 100 多个国家和地区

★上海山田刀具有限公司
地址:上海市青浦区青东农场西庆路 61 - 6 号
邮编:201701
电话:021/69208966
传真:69209362、69209361
电子信箱:sanlei@ shanlei. com
法定代表人:杨晓飞
质量体系:ISO 9001
产品情况:(三磊牌)
聚晶金刚石、聚晶立方氮化硼、天然金刚石等机床加工的切削刀具
出口情况:出口美国、德国、意大利、法国、俄罗斯、东欧、中东地区

★上海精元机械有限公司
地址:上海市青浦区徐泾镇盈港东路 1369 号
邮编:201702
电话:021/59766998、59767088
传真:59767067
网址:www. seyen. cn
法定代表人:陈应毅
单位人数:200
质量体系:ISO 9001
产品情况:(佳通牌)
全钢一次法成型机、半钢成型机、密炼机、液压硫化机、小角度裁断机等轮胎生产设备
配套及出口情况:合作客户有佳通集团、倍耐力轮胎、库珀建大、泰丰轮胎、三角集团、荣成轮胎、杭州中策、昆山建大等;销往欧洲、亚洲的一些国家

★上海纳微涂层有限公司
地址:上海市青浦工业园区外青松公路 5399 号 A1 厂房
邮编:201707
电话:021/69211890、69212526
传真:69211682
电子信箱:nawei@ nawei. com. cn
法定代表人:唐啸鸣
产品情况:刀具、模具涂层

★坦能清洁系统设备(上海)有限公司
地址:上海市青浦区白鹤镇漕盈路 3777 号 1 幢
邮编:201712
电话:021/69225333、67008000
传真:69225262
电子信箱:qiqi_2005@ 126. com
法定代表人:Thomas Allan Stueve
产品情况:清洁设备

★上海岸本模具制造有限公司
地址:上海市青浦区朱家角镇工业园区 901 弄 25 号 2 栋
邮编:201713
电话:021/59248346、59247110
传真:59248347
网址:www. kishimoto. com. cn
电子信箱:chen@ kishimotocom. cn
法定代表人:岸本学
单位人数:80
质量体系:ISO/TS 16949、ISO 14001
产品情况:金属冲压模具,金属冲压、装配及焊接等
配套情况:为东陶机器(上海)、河村电子(上海)、杭州神林电子、杭芝机电、岸本工业株式会社(日本)、上海石田电子衡器、上海村田机械等供货

★杜尔涂装系统工程(上海)有限公司
地址:上海市青浦工业园区盈顺路 665 号
邮编:201799
电话:021/39791000
传真:62194519
网址:www. durr - china. com
电子信箱:general@ durr. com. cn
法定代表人:Reiner Schmid
产品情况:油漆车间设备部件

★上海埃福梯自动化输送技术有限公司
地址:上海市嘉定区外冈镇沪宜公路 5825 号
邮编:201800
电话:021/39507200、39507203
传真:39507203
网址:www. aft. de
电子信箱:aft@ aft. sh. cn
法定代表人:张士顺
质量体系:VDA 6. 1、QS 9000
产品情况:(马牌、利用牌)
物料输送成套设备
出口情况:出口日本、英国、东南亚、欧洲、美洲等国家和地区

★上海名古屋精密工具股份有限公司
地址:上海市嘉定区马陆镇宝安公路 2988 号
邮编:201801
电话:021/59155664、59157664
传真:59157662、59107181
网址:www. snstc. com
电子信箱:caiwu@ snstc. om
法定代表人:孙国庆
质量体系:ISO 9001
产品情况:非标刀具、量具
出口情况:80% 以上的产品远销国外

★亿森(上海)模具有限公司
地址:上海市嘉定区北和公路 268 号
邮编:201803
电话:021/33517796、33517660
网址:www. yesunsh. com
电子信箱:jinsenmoju@ vip. 163. com
法定代表人:黄金森
单位人数:650
质量体系:ISO/TS 16949
产品情况:汽车覆盖件专业模具设计开发制造
配套及出口情况:是国内外主机厂、零部件厂的主要模检具供应商;出口模具占 50% 以上

★上海和光模具有限公司
地址:上海市嘉定区安亭镇方园路 700 号
邮编:201805
电话:021/39508617
传真:39508717
电子信箱:key@ shwakogien. com

法定代表人:杉浦和三郎
质量体系:ISO 9001
产品情况:汽车用模具及治具的开发设计、制造
配套情况:为天津一汽丰田、东风日产乘用车、广汽本田等配套

★美诺精密压铸(上海)有限公司
地址:上海市嘉定区安亭镇嘉安公路3939号
邮编:201805
电话:021/59563939
传真:59563989
网址:www.mpds.com.cn
法定代表人:杉本润
产品情况:铝合金压铸模具的设计制造、铝合金汽车零部件的开发和制造

★上海天永智能装备股份有限公司

地址:上海市嘉定区汇贤路500号
邮编:201806
电话:021/50675508、50675528
传真:50675578
网址:www.ty-industries.com
电子信箱:sales@ty-industries.com
法定代表人:荣俊林
产品情况:主要从事智能型自动化生产线和智能型自动化装备的研发、设计、生产、装配等,并为各类用户提供智能化装备的综合系统总体解决方案
配套情况:与上汽集团、一汽集团、北汽集团、广汽集团、长安集团、东风集团、江铃集团、大众、福特、奔驰福田戴姆勒、日产、玉柴、马自达、长城、海马、吉利、力帆、依维柯、菲亚特、德尔福、法雷奥、法士特、美国伊顿等大型企业保持良好的合作
☞ 详细情况请参阅彩色宣传版面

★上海杜卡汽车设备有限公司
地址:上海市嘉定区安亭镇新源路58号10F
邮编:201805
电话:021/39197435
网址:www.doocar.com
电子信箱:dc@doocar.cn
法定代表人:王怀起
质量体系:ISO 9001
产品情况:汽车钣喷维修工具、设备,工业用液压元器件及系统集成等
配套及出口情况:用户遍及上汽通用(别克、雪弗兰、凯迪拉克)、上汽大众、一汽-大众、福特汽车、广汽本田、北京汽车(联合品牌)、北京现代、比亚迪汽车、奇瑞汽车、上海汽车(荣威)、南汽罗孚、菲亚特汽车、东南汽车、海马汽车、奔驰汽车、宝马汽车、沃尔沃汽车、劳斯莱斯汽车、华晨中华、悦达起亚、欧宝汽车、东风标致、神龙富康、东风日产、长城汽车等品牌4S店;远销俄罗斯、乌克兰、乌兹别克斯坦、哈萨克斯坦、以色列、南非、澳大利亚、加拿大、泰国、越南、印度尼西亚等国家,并销往中国香港地区

★上海晨昌精密模具有限公司
地址:上海市嘉定区安亭汽车城百安路1558号
邮编:201814
电话:021/69573088-8891、8568
传真:69573966
网址:www.changhui.com
电子信箱:chmj01@changhui.com
法定代表人:王进丁
质量体系:IATF 16949
产品情况:各种高精密、多工位级进模具

★磨致机械(上海)有限公司
地址:上海市嘉定区安亭镇泰顺路1128号
邮编:201814
电话:021/39587333
传真:39587338
网址:www.grinding.cn
电子信箱:info@grinding.cn
法定代表人:Juergen Schock
产品情况:[保宁(BLOHM)牌、琼格(JUNG)牌、肖特(SCHAUDT)牌、米克罗莎(MIKROSA)牌、瓦尔特(WALTER)牌、瑞士的美盖勒(MAEGERLE)牌、斯图特(STUDER)牌、伊瓦格(EWAG)牌]

K-PCompact精密数控平面磨床和K-33数控万能内外圆磨床等平面及成型磨,内外圆磨和工具磨机床

★上海梅达焊接设备有限公司
地址:上海市宝山区富联路1293号
邮编:201906
电话:021/58382707
传真:58384377、58387301
网址:www.shmedar.com.cn
电子信箱:sales@shmedar.com.cn
法定代表人:俞超明
质量体系:ISO 9001
产品情况:焊接变压器、微机型电阻焊焊接控制器和各类电阻焊焊接设备,主要用于汽车行业
配套情况:是上汽通用、上汽大众、武汉雪铁龙等大型汽车集团的焊接设备主要供应商

★上海发那科机器人有限公司
地址:上海市宝山区富联路1500号
邮编:201906
电话:021/50327700
传真:50327711
网址:www.shanghai-fanuc.com.cn
法定代表人:稻叶善治
质量体系:ISO 9001
产品情况:工业机器人(点焊、弧焊、装配、码垛、材料加工、拾取及包装、机床上下料、喷涂及涂装)产品系列多达240种,负重0.5~1350kg,广泛应用在装配、搬运、焊接、铸造、喷涂、码垛等不同生产环节
配套情况:是德国大众公司指定的两家机器人供应商之一 ,是本田公司指定两家机器人供应商之一,日产汽车公司焊装车间唯一的指定供应商

江苏省

★小原(南京)机电有限公司
地址:南京市江宁经济技术开发区仁杰路28号
邮编:211100
电话:025/52106195、52104395
传真:52104305
电子信箱:changq@obara.com.cn
法定代表人:周泽健
质量体系:ISO/TS 16949
产品情况:汽车焊接设备

★南京爱维斯物流装备制造有限公司
地址:南京市江宁经济技术开发区苏源大道118号
邮编:211100
电话:025/52140476、52140354
传真:52140351
网址:www.njaivis.com
电子信箱:sales@aivisrack.com
法定代表人:陈前
单位人数:400
质量体系:ISO 9001、ISO 14001
产品情况:汽配制造物流器具等
配套及出口情况:为本田、江淮汽车、五十铃、东风日产乘用车、上汽集团、雅马哈、大众、宇通客车、三一集团、华瑞集团、中远集装箱运输公司、环宇集团等供货;出口亚洲、非洲、拉丁美洲

★南京科润工业介质股份有限公司
地址:南京市江宁区秦淮路31号
邮编:211100
电话:4008818101
传真:025/52101342
网址:www.njkerun.com
电子信箱:mk@njkerun.com
法定代表人:聂晓霖
质量体系:ISO 9001、ISO 14001
产品情况:[科润(KERUN)牌、普润(PURUN)牌]

热处理淬火介质(水溶性淬火剂、淬火油)、清洗剂、防锈剂、切削液、切削油、发黑剂、防渗碳涂料、冷墩油、磷化剂等金属加工介质
配套及出口情况:为东风汽车公司、比亚迪汽车、重汽集团、宝钢集团、万向等配套;出口东南亚地区

★沛鑫史宾纳数控机床(南京)有限公司
地址:南京市江宁区滨江开发区翔凤路11号

邮编:211103
电话:025/52646800、51199983
传真:52646808
电子信箱:867800746@ qq. com
法定代表人:林玉霜
质量体系:ISO 9001
产品情况:各种数控机床
配套情况:为上汽大众、一汽集团、东风汽车公司、南京依维柯、江铃汽车、长城汽车、万向集团等配套

★南京二机齿轮机床有限公司
地址:南京市江宁区科学园醴泉路29号
邮编:211103
电话:025/52215949、52215948
传真:52250733、52303545
网址:www. nmt2. com
电子信箱:sales@ nmt2. com
法定代表人:尹仁华
质量体系:ISO 9001
产品情况:(金菱牌)
数控齿轮加工机床
配套情况:为一汽-大众、北方重工、时风集团、奇瑞汽车、双环传动、法士特等数十家大型企业提供批量设备,成为100多家企业的供货商

★苏州阿福机器人有限公司
地址:南京市江宁区淳化街道虎啸路2号
邮编:211122
电话:025/87187078
传真:87187078
网址:www. amtf - auto. com
电子信箱:sales@ amtf - auto. com
法定代表人:林中尉
单位人数:100
产品情况:工业机器人、汽车AMT自动变速器系统(含变速器电控单元TCU、电动换挡器、电动离合器、电动加速踏板控制器、电子操纵杆总成)、新能源动力总成

★南京屹丰汽车部件有限公司
地址:南京市江宁区空港工业园将军大道656号
邮编:211151
电话:025/58094008、52397691
传真:58094008
网址:www. yifeng - mould. com
电子信箱:njyf_dnn@ 163. com
法定代表人:张文瑾
产品情况:汽车零部件及覆盖件模具
配套情况:为奔驰、宝马、大众、通用、上海汽车、长城汽车、北京汽车、北汽福田、东风裕隆等主机厂一级零部件及覆盖件模具供应商

★南京工艺装备制造有限公司
地址:南京市江宁滨江开发区盛安大道717号
邮编:211161
电话:025/86586207
电子信箱:jm@ njyigong. com
法定代表人:汪爱清
质量体系:ISO 9001、ISO 14001
产品情况:滚珠丝杠副、滚动导轨副、滚动导套副、滚动花键副、数控精密十字工作台、数控超高压水射流切割机、三维电脑雕铣机等数控装置与设备

★江苏舜天新盈轻工业有限公司
地址:南京市溧水开发区秦淮北路8号
邮编:211200
电话:025/56619963、56619962
传真:56213379
网址:www. newwin. com. cn
电子信箱:sophia@ saintygroup. com
法定代表人:曹德平
质量体系:ISO/TS 16949、ISO 14001
产品情况:电泳涂装加工、轻工业制造及出口产品包装,企业为名爵MG3系列和MGTF系列轿车前后副支架等7个零部件做表面涂装
配套情况:为上汽、奇瑞、福特马自达、上汽大众等汽车零部件定点电泳供货商和上汽大众发泡密封定点供应商

★南京大地水刀股份有限公司
地址:南京市高淳县经济开发区茅山路39号
邮编:211300
电话:025/57324298、4006004298
传真:57324297
网址:www. dardiwaterjet. com
电子信箱:sales@ dardiwaterjet. com
法定代表人:陈波
质量体系:ISO 9001
产品情况:超高压平面水切割机系统、超高压空间水切割机系统、超高压水清洗系统
出口情况:远销美国、加拿大、中东、东南亚等30多个国家和地区

★扬州屹丰汽车部件有限公司
地址:江苏省仪征市汽车工业园屹丰大道999号
邮编:211400
电话:0514/85777686
网址:www. yifeng - mould. com
电子信箱:yzyf_lh@ 163. com
法定代表人:张文瑾
产品情况:汽车零部件及覆盖件模具
配套情况:为奔驰、宝马、大众、通用、上海汽车、长城汽车、北京汽车、北汽福田、东风裕隆等主机厂一级零部件及覆盖件模具供应商

★镇江东联仓储设备有限公司
地址:江苏省镇江市新区大港银河路57号
邮编:212132
电话:0511/85581250、85582335
网址:www. otlsystems. com
电子信箱:terence. so@ otlsystems. com
法定代表人:陈洲
单位人数:500
质量体系:ISO 9001
产品情况:(OTL牌)
可调式托盘货架、汽车车身件(零配件)货架系统等物流管理业务
出口情况:出口工业货架、汽车配件等,年出口3000t

★沃得精机(中国)有限公司
地址:江苏省丹阳市丹北镇埤城镇南
邮编:212311
电话:0511/86333855、86333622
传真:86342956、86342767
网址:www. worldjj. com. cn
电子信箱:sales@ worldjj. com. cn
法定代表人:邵建军
单位人数:2500
质量体系:ISO 9001、ISO 14001
产品情况:机械压力机、数控冲、剪板机、折弯机、油压机等金属成型锻压设备
出口情况:远销东南亚、南美洲、欧洲、南非等地区

★丹阳市荣飞自动化设备有限公司
地址:江苏省丹阳市新桥镇晨阳路南端18号
邮编:212322
电话:0511/86357408、13806101569
网址:www. cnrongfei. com
电子信箱:lrf1569@ 163. com
法定代表人:何雪萍
产品情况:汽车车灯装配设备
配套情况:已经为40多家车灯厂家供应过设备

★江苏文光模具技术有限公司
地址:江苏省丹阳市窦庄工业园区迎宾大道
邮编:212325
电话:0511/86412662
传真:86419368
网址:www. jswenguang. com
法定代表人:张文学
单位人数:300
质量体系:ISO/TS 16949
产品情况:注塑模具、冲压模具,同时可对汽车玻璃升降器、门锁、天窗、发动机、排气管、汽车门内板、汽车底盘等精密冲压和包塑件提供设计、开发和生产
配套情况:主要客户有麦格纳(MAGNA)、凯意德(KIEKERT)、恩坦华(INTEVA)、上海阿文美驰、上实交通、镇江阿文美驰、墨西哥ARM、德尔福等

★江苏亚威创科源激光装备有限公司
地址:江苏省无锡市国家高新技术产业开发区岷山路1号
邮编:213000
电话:0510/81815708、68556000
传真:81001279

网址:www. ckylaser. com
电子信箱:j. yan@ ckylaser. com
法定代表人:朱鹏程
质量体系:ISO 9001
产品情况:激光打标机、三维激光切割机、平面激光切割机、激光熔覆系统、激光焊接系统等

★江苏新泉模具有限公司
地址:江苏省常州市新北区黄河西路555号
邮编:213001
电话:0519/85173937
网址:www. xinquan. cn
法定代表人:唐志华
单位人数:150
产品情况:模具、汽车零部件

★江苏骠马智能装备股份有限公司
地址:江苏省常州市天宁区青龙东路601号
邮编:213017
电话:0519/85500908、85508008
传真:85506118、85501024
电子信箱:czpm@ piaoma. net
法定代表人:季松林
质量体系:ISO 9001
产品情况:涂装设备
配套情况:为上汽集团、南京汽车集团、长安汽车、一汽-大众、上汽大众、上汽通用、广汽本田、广汽丰田、北京现代、广汽三菱、江南模塑、宁波华翔、徐工科技、三一重工、ABB、DURR、EISENMANN等供货

★钴领(常州)刀具有限公司
地址:江苏省常州市新北区峨眉山路19号
邮编:213022
电话:0519/85109713
传真:85104832
网址:www. guhringchina. com
电子信箱:info@ guhringchina. com
法定代表人:李永峰
质量体系:ISO/TS 16949
产品情况:各类金属加工刀具
配套及出口情况:刀具外包项目有沈阳宝马、上汽通用五菱、天津施洛特、上海交运、南京名爵、现代威亚等;与广大国内用户如一汽、东风、长安、奇瑞、长城、重汽、江淮等建立了稳定的合作关系;与大众、奔驰、宝马、通用、福特、菲亚特、博世、德尔福、空客等国外知名品牌有着良好的合作

★常州美翔超声波设备有限公司
地址:江苏省常州市新北区金沙江路2号
邮编:213022
电话:0519/85126720、85126721
传真:85126723
网址:www. meisonics. com
电子信箱:liujifeng@ meisonics. com
法定代表人:高杰
产品情况:超声波焊接设备、超声波切割设备、热板焊接设备、热铆焊接设备以及冲孔焊接设备等
配套及出口情况:是江森、佛吉亚集团全球指定超声波焊接设备供应商;返销欧洲

★常州华威模具有限公司
地址:江苏省常州市新北区秦岭路155号
邮编:213022
电话:0519/85166000、85166323
传真:85166677
网址:www. huawei - global. com
电子信箱:sales@ huawei - global. com
法定代表人:严全良
质量体系:ISO 9001
产品情况:各种精密、大型塑模具
出口情况:出口德国、法国、意大利、澳大利亚、日本、韩国、泰国、印度、巴西、马来西亚等国家

★常州市远东塑料科技股份有限公司
地址:江苏省常州市钟楼开发区水杉路61号
邮编:213023
电话:0519/83275353、83270918
传真:83273999
网址:www. czyd. com
电子信箱:info@ czyd. com
法定代表人(负责人):朱志峰
质量体系:ISO 9001、ISO 14001
产品情况:(远东牌)
包装用聚酯捆扎带、汽车零件托盘等
出口情况:出口美洲、欧洲、亚洲等多个国家和地区

★瑞顾克斯(常州)机械制造有限公司
地址:江苏省常州市新北区创业路16号粤海工业园3C
邮编:213033
电话:0519/89880190、85602351
传真:89880191
网址:www. rix - cz. com
电子信箱:huajy@ rix - cz. com
法定代表人(负责人):藤田诚
单位人数:60
产品情况:(RIX牌)
汽车、电子、半导体等行业精密高压、低压清洗装置、高压柱塞泵单元
配套情况:汽车行业有电装、丰田汽车、爱信AW、利优比压铸、高丘六和、爱德克斯、普利司通、三菱电机、东风日产、成都天兴山田、重庆渝江等;半导体行业有日本电产、罗姆半导体、松下等

★常州市武进涂装设备制造厂有限公司
地址:江苏省常州市武进区横山桥镇工业园
邮编:213119
电话:0519/88601531
网址:www. cztz. com
电子信箱:lp@ cztz. com
法定代表人:杨宏毅
质量体系:ISO 9001
产品情况:涂装设备
配套情况:为天津一汽丰田、东风悦达起亚、长安福特、长安马自达、广汽本田、北京现代等配套

★常州市大众涂装设备有限公司
地址:江苏省常州市武进区横山桥镇省庄
邮编:213119
电话:0519/88611118
传真:88601824
网址:www. czdztz. com
电子信箱:wjdazhong@ aliyun. com
法定代表人:杨可兴
产品情况:各种类型的涂装生产线及非标设备设计、制造、安装、调试于一体
配套及出口情况:参与了长安铃木、华晨宝马、一汽丰田、广汽丰田等公司多条大中型汽车涂装线的施工;出口日本丰田工厂和丰田海外工厂、日本高岗工厂、日本东京工厂、日本大阪工厂、加拿大工厂

★常州市宇鹏涂装设备有限公司
地址:江苏省常州市新北区安家镇安宁路49号
邮编:213126
电话:0519/85971303、85974692
传真:85971190
电子信箱:yptz@ yptz. com
法定代表人:陆小虎
质量体系:ISO 9001
产品情况:汽车设备涂装设备、机械设备涂装设备和汽车电泳涂装线等
配套情况:先后承建了一汽集团、东风汽车、长安集团、东风集团、哈轻厂、昌河汽车、扬州客车厂、沈飞日野、郑州日产、东南汽车、安凯汽车集团、湖南长丰、长春长岭、重庆力帆、北京奔驰、日立建机、三一重工、小松山推、吉利集团等大型企业建设的涂装项目

★江苏苏德涂层有限公司
地址:江苏省常州市新北区西夏墅镇微山湖路38号
邮编:213135
电话:0519/83435511、83434502
传真:83435500
电子信箱:sude@ sudecoating. com
法定代表人:高洁
产品情况:可提供TiN、AlTiN、TiAlN、AlCrN、AlTiCrN、TiSiN、CrN等各类单层或复合纳米涂层,应用于工具、模具制造、汽车制造等行业

★常州克迈特数控科技有限公司
地址:江苏省常州市武进经济开发区菱香路18号
邮编:213149

电话:0519/68858800
传真:68858900
网址:www.cnkemt.com
电子信箱:sales@cnkemt.com
法定代表人:张峰
质量体系:ISO 9001
产品情况:主要产品包括中小型排刀、刀塔车床、高速多轴玻璃精雕机、纵切式车削中心及立式、卧式、五轴系列加工中心数控机床等;业务范围覆盖汽车、摩托车等领域

★江苏新瑞重工科技有限公司
地址:江苏省常州市武进高新区凤栖路20号
邮编:213166
电话:0519/86226200、4008285508
传真:88385508
网址:www.shinri.cn
电子信箱:sales@shinri.cn
法定代表人:周立成
产品情况:(新瑞重工牌、宁夏长城牌、江苏多棱牌)

立式加工中心、卧式加工中心、卧式数控车床、立式数控车床、龙门数控镗铣床/加工中心/五面体/五轴联动、落地数控镗铣床/加工中心、铣端面钻中心孔机床、钻床、柔性制造单元和柔性制造系统等
出口情况:远销美国、加拿大、英国、德国、俄罗斯、巴西、埃及、韩国、越南、新加坡、巴基斯坦、印度等国家

★无锡富瑞德测控仪器股份有限公司
地址:江苏省无锡市锡山开发区蓉通路75号
邮编:214000
电话:4006118609
传真:0510/88264901
网址:www.wxfriedrich.com
电子信箱:sales@wxfriedrich.com
法定代表人:周丰伟
质量体系:ISO 9001
产品情况:(WUXI-FRIEDRICH牌)

专用检具、量仪、自动测量机、测量仪器,主要为汽车发动机、变速器、压缩机、摩托车、电子器件等加工制造业提供在线检测规划和制造配套
配套情况:为上汽大众、上汽通用、格特拉克(江西)传动系统、上汽通用东岳动力总成、大众变速器(上海)、上海汽车变速器、东风汽车、东风康明斯发动机、神龙汽车、一汽无锡柴、一汽大柴、一汽海马等提供包括整条零件加工线量检具或自动测量设备的设计与制造

★无锡威华电焊机制造有限公司
地址:江苏省无锡市无锡新区坊前锡贤路27号
邮编:214011
电话:0510/82443197、82442537
传真:82441814、82443197
网址:www.wxwhhj.com
电子信箱:weihua@wxwhhj.com
法定代表人:张荣南
质量体系:ISO 9001
产品情况:各类焊接设备
出口情况:远销东南亚、中东、日本、印度等国家和地区

★伟盈精密模具(无锡)有限公司
地址:江苏省无锡市高新技术开发区新华路8号
邮编:214028
电话:0510/85344868
传真:85344368
网址:www.wellgainwuxi.cn
电子信箱:wxsales@wellgain.com
法定代表人:吴太和
质量体系:ISO/TS 16949、ISO 14001
产品情况:模具设计及制造(精密模具制造)、精密注塑成型、压铸(铝,锌等合金)下阶段镁压铸、金属冲压
出口情况:远销欧美及日本等几十个国家和地区

★瓦尔特(无锡)有限公司
地址:江苏省无锡市新区新畅南路3号
邮编:214028
电话:0510/85372199
传真:82441380
网址:www.walter-ag.com
电子信箱:service.cn@walter-tools.com
法定代表人:KWOK KERN KUM
产品情况:硬质合金可转位刀具,包括车、铣、钻、扩、镗各类刀具及刀具附具

★科威信(无锡)洗净科技有限公司
地址:江苏省无锡市锡山区安镇胶阳路2929号
邮编:214105
电话:0510/88786861、13771524852
传真:88781573
网址:www.wxkws.com
电子信箱:cleaning@wxkws.com
法定代表人:方言卓
质量体系:ISO 9001
产品情况:[科威信(keweison)牌、博思杜尔(Bosduer)牌]

环保型工业清洗设备、清洗剂
出口情况:环保真空碳氢清洗机出口

★白山机工(无锡)机械有限公司
地址:江苏省无锡市新区梅村工业园锡达路230号
邮编:214112
电话:0510/88552180、88552181
传真:88550097
网址:www.hakusankiko.com.cn
电子信箱:wuxi@hakusankiko.com.cn
法定代表人:秋田竹男
质量体系:ISO 9001、ISO 14001
产品情况:切屑输送、机床切削液冷却过滤净化设备,用于内燃机、汽车等制造行业

★无锡沃尔得精密工业有限公司
地址:江苏省无锡市胡埭工业园冬青路18号
邮编:214131
电话:0510/85603396、4008563396
传真:85613396
网址:www.wuxiworld.com
电子信箱:market@wuxiworld.com
法定代表人:朱兵
质量体系:ISO 9001
产品情况:油冷机、风冷却器、工业冷水机、电气柜冷却机、热交换器、发动机温度保障系统等
出口情况:远销美国、加拿大、俄罗斯、印度、韩国、荷兰、日本、土耳其、东南亚等国家和地区

★无锡诺飞高新技术有限公司
地址:江苏省无锡市新区鸿山街道鸿祥路32号
邮编:214145
电话:0510/85440008
传真:85440018
网址:www.nofailure.cn
电子信箱:jiawei.cao@nofailure.cn
法定代表人:曹嘉伟
单位人数:130
质量体系:ISO/TS 16949
产品情况:汽车零部件冲压、汽车零部件模具、模具备件的设计和生产

★无锡曙光模具有限公司
地址:江苏省无锡市新区鸿山镇机光电工业园鸿达路106号
邮编:214145
电话:0510/82403952
传真:82414974
网址:www.wuxi-dawn.com
电子信箱:ren_yong@wuxi-dawn.com
法定代表人:曹曙峰
单位人数:600
质量体系:ISO/TS 16949、ISO 14001
产品情况:(曙光牌)

汽车底盘、车身、排气系统等各类冲压模具及精密多工位级进模具
配套及出口情况:主要客户有上汽通用、上汽大众、上海汇众、克莱斯勒、阿文美驰、弗吉亚、安德鲁、本特勒、通用电器、格兰富、麦格纳、博世等;出口北美洲、欧洲

★无锡市阳通机械设备有限公司
地址:江苏省无锡市惠山区阳山镇
邮编:214155
电话:0510/83691941、83691884
传真:83691881
网址:www.yangtong.com
电子信箱:yt@yangtong.com
法定代表人:夏伟
质量体系:ISO 9000

产品情况：成套焊接装备、数控切割设备、钢结构生产线、清理涂装设备等
出口情况：远销东南亚、中东、欧美等地区

★无锡市科巨机械制造有限公司
地址：江苏省无锡市滨湖区胡埭镇鸿翔村环镇西路
邮编：214161
电话：0510/85593458、85590929
传真：85590456
网址：www. wxkeju. com
电子信箱：sales@ wxkeju. com
法定代表人：闵建国
质量体系：ISO 9001
产品情况：制冷设备
配套及出口情况：为中国重汽、华锐重工等企业服务；出口其他国家

★无锡蓝力智能装备有限公司
地址：江苏省无锡市堰桥镇堰玉路98号
邮编：214174
电话：0510/68915900、83741195
传真：83570667
网址：www. wxlanli. com
电子信箱：wxlanli@ 163. com
法定代表人：胡杰
质量体系：ISO 9001、ISO 14001
产品情况：（蓝力牌）
YS71系列玻璃钢制品液压机（四柱式、框架式）、YL96系列汽车内饰件成型液压机、汽车变速器装配流水线压机等液压机
配套及出口情况：主要客户有一汽集团、东风汽车公司、长安汽车、庆铃汽车、重庆建设雅马哈、林海雅马哈、泰州春兰、上汽大众、万向钱潮、锡柴等配套；远销欧洲、美洲、俄罗斯、东南亚、中东地区

★ 无锡惠发特精密机械有限公司

地址：江苏省无锡市惠山区堰桥工业园堰桥路3号
邮编：214174
电话：0510/83743574
传真：83743574
网址：www. wuxihuifate. com
电子信箱：wuxihuifate@ 126. com
法定代表人：谢小贤
质量体系：ISO 9001、ISO 14001
产品情况：为汽车、摩托车减振器行业设计制造自动化装配流水线，减振器复原阀、减振器压缩阀自动装配线、衰减力试验台等减振器制造的设备
配套情况：产品主要配套日本昭和、宁江昭和；为无锡凯迩必拓普减振公司出口意大利比亚集团、法国标致公司提供前叉部件及总成
☞ 详细情况请参阅彩色宣传版面

★天奇自动化工程股份有限公司
地址：江苏省无锡市惠山区洛社镇洛藕路288号
邮编：214187
电话：0510/83311836、83313751
传真：83313751
网址：www. chinaconveyor. com
电子信箱：002009@ jsmiracle. com
法定代表人：黄斌
质量体系：ISO 9000
产品情况：汽车总装物流自动化系统、汽车焊装物流自动化系统、车身储存物流自动化系统、汽车涂装物流自动化系统等
配套及出口情况：为一汽-大众、一汽红旗、一汽解放、神龙汽车、上汽集团、广汽本田、长安铃木、长安福特、长安马自达、奇瑞汽车、吉利汽车等国内著名企业提供汽车制造装配成套自动化生产系统，被通用、大众、福特、丰田、本田、日产、铃木、现代等汽车公司纳入其全球采购体系；出口东南亚、日本、马来西亚、印度、泰国、越南等国家和地区

★无锡海菲焊接设备有限公司
地址：江苏省无锡市江阴市月城镇水韵路28号
邮编：214404
电话：0510/66066839
网址：www. jshaifei. com
法定代表人：郭天水
质量体系：ISO 9001
产品情况：智能化电阻焊、机器人集成、激光自动化焊接设备、工艺装备以及自动化生产线
配套情况：主要客户有北汽福田

★江苏天骄汽车配套有限公司
地址：江苏省靖江市江平路新丰段7号
邮编：214500
电话：0523/84368888、84369999
传真：84366999
网址：www. jjtianjiao. com
电子信箱：jjtj@ vip. 163. com
法定代表人：刘巧明
质量体系：ISO 9001
产品情况：（天骄牌）
模具制造、塑料成型及粉末金属表面涂装
配套情况：为广汽丰田、上汽大众、奇瑞、东风悦达起亚、合力股份、华晨金杯等配套

★靖江三鹏模具科技股份有限公司
地址：江苏省靖江市经济开发区靖城镇工业园区纬三路
邮编：214521
电话：0523/88971595、13812397799
传真：88971582
网址：www. jjspmj. com
电子信箱：sanpeng@ jjspmj. com
法定代表人：李伯松
单位人数：260
质量体系：ISO/TS 16949、ISO 9001
产品情况：各类汽车模具；重型货车、轿车离合器配件，发动机支架总成、脚踏板总成、底盘零部件、双质量飞轮等汽车零部件
配套情况：主要客户有上汽大众、上汽通用、江苏悦达、韩国东熙、韩国瑞进、上海萨克斯、德国采埃孚、湖北三环、重庆EXEDY、桂林福达等

★星弧涂层新材料科技苏州股份有限公司
地址：江苏省苏州市工业园区唯亭星华产业园5号厂房
邮编：215121
电话：0512/62870909、62870910
传真：62870907
网址：www. stararc - coating. com
电子信箱：sales@ stararc - coating. com
法定代表人：钱涛
产品情况：提供气相沉积涂层服务和相关设备

★苏州阿诺精密切削技术有限公司
地址：江苏省苏州市工业园区科智路9号
邮编：215122
电话：0512/60877709、62877712
传真：62561293
网址：www. ahno - tool. com
电子信箱：yuncui. fan@ ahno - tool. com
法定代表人：柯亚仕
质量体系：ISO 9001
产品情况：从事各类高品质精密金属切削刀具的制造和修磨服务
配套情况：汽车制造业的销售额大约占60%，客户有一汽-大众、上汽大众、长安、通用、福特汽车等

★苏州苏净安发空调有限公司
地址：江苏省苏州市工业园区中新科技城唯新路2号
邮编：215122
电话：0512/68257900、4008591686
网址：www. aimfar. com. cn
电子信箱：jf@ aimfar. com. cn
法定代表人：胡增
质量体系：ISO 9001
产品情况：汽车涂装线空调器制造商、厂房供暖通风与空气调节系统工程服务配套商
配套及出口情况：为一汽集团、东风汽车公司、上汽集团、长安集团、北汽集团、奇瑞汽车、长城汽车、吉利汽车、比亚迪汽车、宇通客车、金龙客车、徐工集团、中联重科等大中型汽车厂配套；远销巴西、南非、苏丹、韩国、越南、伊朗、斯里兰卡等国家，并销往中国香港、中国澳门地区

★江苏汇博机器人技术股份有限公司
地址：江苏省苏州工业园区金鸡湖大道99号苏州纳米科技城NW-09号楼

邮编:215123
电话:0512/87171377、18606218512
传真:87171377－2003
电子信箱:market@ bsrobot. com. cn
法定代表人:孔繁河
质量体系:ISO 9001
产品情况:教学机器人、柔性制造系统、工业机器人、智能移动及特种机器人

★苏州富莱克精密工具有限公司
地址:江苏省苏州市苏州工业园区胜浦镇吴浦路36号
邮编:215126
电话:0512/62822351
网址:www. fulaike. com. cn
法定代表人:周瑞华
质量体系:ISO 9001
产品情况:硬质合金钻头、铣刀、绞刀等非标合金刀具

★苏州通锦精密工业股份有限公司
地址:江苏省苏州市高新区建林路411号
邮编:215129
电话:0512/33333358、68416781
传真:68416978
网址:www. sztongjin. com
电子信箱:sales@ sztongjin. com
法定代表人:罗宿
质量体系:ISO 9001、ISO 14001
产品情况:伺服电动缸、智能伺服压装机、第七轴机器人,主要客户包括新能源电动机行业、汽车零部件制造行业

★苏州市和科达超声设备有限公司
地址:江苏省苏州市相城区黄桥镇兴旺路和科达工业园
邮编:215132
电话:0512/65781623、65780203
传真:65781823
网址:www. hekeda. net
电子信箱:suzhoua@ hekeda. net
法定代表人:龙小明
单位人数:1000
质量体系:ISO 9001
产品情况:(和科达牌)
超声波清洗机、碳氢清洗机、高压喷淋机等清洗设备
出口情况:部分产品出口

★苏州益群模具有限公司
地址:江苏省苏州市浒关镇浒连路68号
邮编:215151
电话:0512/69202558、69202556
传真:69202559
电子信箱:yiqun@ yiqunmould. com
法定代表人:葛益军
质量体系:ISO 9002
产品情况:注塑模具、橡胶模具及压铸模具、检具
配套情况:为上汽大众、通用、神龙汽车等配套

★苏州纽康特液压升降机械有限公司
地址:江苏省苏州市相城区望亭镇问渡路16号
邮编:215155
电话:0512/65386588、65381124
传真:65381182
网址:www. newcount. com. cn
电子信箱:sales@ newcount. com. cn
法定代表人:马福兴
质量体系:ISO 9001
产品情况:(纽康特牌)
高空作业平台,货物举升平台和各种特殊形式的升降台产品
出口情况:出口欧洲、美洲等地区

★苏州东菱振动试验仪器有限公司
地址:江苏省苏州市高新区科技城龙山路2号东菱科技园
邮编:215163
电话:0512/66652225
传真:66655669
网址:www. testunit. com
电子信箱:xiaoshou@ donglingtech. com
法定代表人:王孝忠
质量体系:ISO 9001
产品情况:各种汽车测试与试验设备,动力总成测试设备
出口情况:远销美国、德国、法国、英国、韩国、日本等40多个国家和地区

★苏州天准科技股份有限公司
地址:江苏省苏州市高新区科技城培源路5号
邮编:215163
电话:4008852280
网址:www. tztek. com
电子信箱:sales@ tztek. com
法定代表人:徐一华
质量体系:ISO 9001
产品情况:精密测量仪器、机器视觉产品、自动化解决方案、机器人与云服务等产品

★苏州明志科技有限公司
地址:江苏省苏州市吴江区同里镇同肖西路1999号
邮编:215217
电话:0512/63329988
网址:www. mingzhi－tech. com
电子信箱:info@ mingzhi－tech. com
法定代表人:邱壑
质量体系:ISO 9001
产品情况:铝合金铸造设备、模具以及相关系统,铝镁合金铸件
配套情况:为一汽轿车、云内动力、采埃孚、福依特配套

★苏州信能精密机械有限公司
地址:江苏省吴江横扇镇菀坪安湖村
邮编:215223
电话:0512/63392098、63397906
传真:63397905
电子信箱:szlugong@ vip. 163. com
法定代表人:刘忠
产品情况:(鲈工牌)
珩磨机、珩磨工具,广泛应用于航空、航天、汽车、摩托车等领域
配套及出口情况:服务于中航工业西飞国际、中船重工红江机器厂、西安航空动力、三一重工、奇瑞汽车、比亚迪汽车、凤阳液压(183厂)、中国兵器装备建设机器厂、中国运载火箭研究院、中国航天5院、日本本田、德国博世、日本电装、韩国现代等一大批国内外知名企业;远销美国、日本、俄罗斯、韩国、意大利、新加坡等国家

★江苏荣腾精密组件科技股份有限公司
地址:江苏省昆山市城北大道红杨路东盛路318号
邮编:215300
电话:0512/57789406、36880510
传真:57789407
网址:www. rontem. com
电子信箱:sales@ rontem. com
法定代表人:顾卫东
单位人数:160
质量体系:ISO/TS 16949
产品情况:各类电动机铁芯(汽车电动机、空调压缩机、水泵等)、汽车电器、电表及变压器铁芯高速冲级进模,电动机冲片复合模及转子铝压铸模

★牧野机床(中国)有限公司
地址:江苏省昆山市玉山镇牧野路2号
邮编:215316
电话:0512/57778000
传真:57779900
网址:www. makino. com. cn
电子信箱:info@ makino. com. cn
法定代表人:梁永聪
负责人:朱良
单位人数:326
质量体系:ISO 9001、ISO 14001
产品情况:(牧野牌)
三轴及以上联动的数控机床、数控系统、伺服装置及零部件和相关产品的研究开发,机器相关应用软件的开发生产

★昆山崇粲机械有限公司
地址:江苏省昆山市周市新镇新浦路东999号
邮编:215337
电话:0512/57667999、55129681
传真:55122808
网址:www. ksccjx. com
电子信箱:ksccjx2@ 163. com
法定代表人:林奕志
产品情况:专业从事以汽车零件工装夹治检具、冷冲模具及各种试验自动化非标设备设计制作、奈维精密回转型空油压夹头制造
配套及出口情况:为上汽、通用、大众、

雷诺、福特等制作了内外饰、钣金零部件检具、夹具等产品;国外客户占 70%

★昆山拿雅纳精密模具有限公司
地址:江苏省昆山市千灯镇宏洋路 88 号 10 栋
邮编:215341
电话:0512/82602801
传真:82602806
网址:layana. com. cn
电子信箱:cn01@ layana. com
法定代表人:赖银柱
质量体系:IATF 16949
产品情况:汽车模具设计、精密零件生产等

★苏州力得士磨具有限公司
地址:江苏省昆山市淀山湖镇新乐路 915 号
邮编:215345
电话:0512/57487028、15950925571
传真:57487138
电子信箱:117420267@ qq. com
法定代表人:袁玉平
产品情况:抛光材料类产品
配套情况:与长城汽车、现代汽车、史丹利工具、东城机电等客户建立长期稳定的合作关系

★爱科空气处理技术(苏州)有限公司
地址:江苏省太仓市经济开发区青岛西路 5 号
邮编:215400
电话:0512/53996666
传真:53996669
网址:www. al - ko. cn
电子信箱:info. cn@ al - ko. cn
法定代表人:STEFAN WILLY KOBER
产品情况:空气处理系统产品,爱科 AT 系列机组适用于整装车间、制造和喷涂车间、汽车零部件制造商等需求大风量的场合
配套情况:主要客户有沈阳宝马、上汽大众、北京奔驰、长春一汽奥迪、法国标致、英国罗浮、德国保时捷、日本尼桑、瑞典沃尔沃

★巨浪凯龙机床(太仓)有限公司
地址:江苏省太仓港经济技术开发区新区发达路 1 - 1 号
邮编:215413
电话:0512/53670800、53670801
传真:53670808
网址:www. chiron. de
电子信箱:info@ chiron - china. com
法定代表人:MARKUS IVO FLIK
产品情况:数控立式加工中心

★江苏迎阳无纺机械有限公司
地址:江苏省常熟市支塘镇任阳工业园迎阳大道 5 号
邮编:215539
电话:0512/52584272、52588888
传真:52588372、52583880
网址:www. yingyang. cn
电子信箱:webmaster@ yingyang. cn
法定代表人:范伟
质量体系:ISO 9001
产品情况:(迎阳牌)
　　汽车内饰生产线等
出口情况:远销德国、俄罗斯、波兰、美国、南美洲、中东、东南亚等 66 多个国家

★张家港华丰重型设备制造有限公司
地址:江苏省张家港市经济开发区
邮编:215600
电话:0512/58686628、58698361
传真:58686638
网址:www. kingswel. com. cn
电子信箱:hfsecretary@ kingswel. com
法定代表人:张英华
质量体系:ISO 9001
产品情况:(王牌)
　　专业从事吹塑加工设备
出口情况:远销欧洲、美国、日本、东南亚、中东、俄罗斯等国家和地区

★张家港市超声电气有限公司
地址:江苏省张家港市金港大道 1001 号
邮编:215618
电话:0512/58591345、58596000
传真:58592295
网址:www. zjgsdcs. com
电子信箱:sales@ zjgsdcs. com
法定代表人:陈宏
单位人数:100
质量体系:ISO 9001
产品情况:(声达牌)
　　各类自动化精密清洗机、自动超声波清洗机、自动硅片脱胶/清洗机,自动硅料清洗机、其他非标清洗机,其他自动化设备等
出口情况:远销国外市场

★江苏港星方能超声洗净科技有限公司
地址:江苏省张家港市经济开发区东南大道 3 号
邮编:215618
电话:0512/58591451、58595611
传真:58598108
网址:www. gangxing. com
电子信箱:zhuzz@ gangxing. com
法定代表人:宋正贤
质量体系:ISO 9001
产品情况:(港星牌)
　　超声波清洗机和塑料焊接机
配套及出口情况:为上海日立电器、上汽通用、天津松下、天津摩托罗拉、联合电子、上海纳铁福传动轴、加西贝拉压缩机、常熟白雪集团、浙江万向、中国鹰翔集团、美国杜邦、江苏昆山三丽电镀、无锡威孚、南京金宁、南京 898 厂、浙江海宁天通配套;远销日本和欧洲

★张家港力勤机械有限公司
地址:江苏省张家港市锦丰镇三兴经济开发区
邮编:215624
电话:0512/58578986、18906248978
传真:58536299
网址:www. zsim. com
电子信箱:liqin@ zsim. com
法定代表人:龚凯
质量体系:ISO 9001
产品情况:汽车内饰件发泡生产线等系列聚氨酯发泡设备

★和和机械(张家港)有限公司
地址:江苏省张家港市南丰镇海新北路 2 号
邮编:215628
电话:0512/58621380
传真:58620007
网址:www. soco. com. cn
电子信箱:patrick@ soco. cn
法定代表人:黄陈金玉
质量体系:ISO 9001
产品情况:(和和牌)
　　切管机、弯管机、激光切割机、激光切管机、管子倒角机以及管端成型机等四大系列共 60 多种机型产品
出口情况:出口欧洲、美洲、东南亚

★科泰科技(张家港)机械有限公司
地址:江苏省张家港市南丰镇兴园路
邮编:215628
电话:0512/58903600、58902263
传真:58902261
网址:www. coreteccn. com
电子信箱:shihua@ coretec - cn. com
法定代表人:名张凤海
产品情况:为发动机加工线、装配线、铸造线设计与制造装配压装设备、试漏检测设备、拧紧设备
配套情况:为东风日产、东风本田、东安三菱、东风雷诺、广汽本田、广汽传祺、长安福特马自达、长安铃木、昌河铃木等著名厂家提供了大量的成功案例

★徐州达一锻压设备有限公司
地址:江苏省徐州市鼓楼工业园
邮编:221007
电话:0516/85771077、85771369
传真:85882077
网址:www. xzdy. net
电子信箱:dydy998@ 126. com
法定代表人:高建辉
负责人:马金娥
质量体系:ISO 9001
产品情况:40 ~ 15000t 液压机产品
出口情况:出口亚洲、大洋洲、美洲、非洲等 20 余个国家和地区

★江苏长虹智能装备股份有限公司
地址:江苏省盐城市亭湖区环保大道 6 号
邮编:224000

电话:0515/68663128、68660530
传真:68666889
网址:www.echanghong.com
电子信箱:changhong@echanghong.com
法定代表人:仇洪根
单位人数:600
质量体系:ISO 9001、ISO 14001
产品情况:(长虹牌)
专业从事汽车、工程机械的涂装、总装、焊装生产线的设计、制造、安装、调试和售后服务
配套情况:曾为北汽福田诸城车辆厂、吉利集团、广汽吉奥建立涂装或总装生产线

★江苏中宝机械科技有限公司
地址:江苏省盐城市盐都区大纵湖镇义丰工业集中区中宝路1号
邮编:224000
电话:0515/88588029、18005107888
网址:www.zbjx.cn
电子信箱:18005107888@163.com
法定代表人:王林
单位人数:200
质量体系:ISO 14001
产品情况:(中宝牌)
承揽涂装设备、环保机械、化纤机械、电镀机械、电热电器等产品整套工程的设计、制作、安装、调试
配套情况:广泛应用于湖北福田汽车、安徽江淮乘用车、滁州扬子客车、通用集团太原专用车、山西长治清华机械厂等国内外100多家大型集团公司

★江苏坤泰机械有限公司
地址:江苏省盐城市冈中振冈工业区
邮编:224042
电话:0515/88869412、4001100806
传真:88866569
网址:www.cnkuntai.com
电子信箱:kt@cnkuntai.com
法定代表人:陆顺勇
质量体系:ISO 9001、ISO 14001
产品情况:(坤泰牌)
复合机械、裁断机械等

★扬州琼花涂装工程技术有限公司
地址:江苏省扬州市邗江区方巷工业园峰明大道15号
邮编:225000
电话:0514/87314737、87387141
传真:87320650
网址:www.qhhb.com.cn
电子信箱:yzqhtz@126.com
法定代表人:严峰
质量体系:ISO 9000
产品情况:(琼花牌)
汽车涂装环保设备等
配套情况:为日本雅马哈、韩国现代、中国香港亚美集团、泰国四环集团、加拿大庞巴迪－鲍尔、宗申集团、一汽集团、三江雷诺、重庆江南汽车、徐工集团、南京金城集团、江淮动力、北汽福田等配套

★江苏振世达汽车模具有限公司
地址:江苏省扬州市江都区丁沟镇振兴东路27号
邮编:225000
电话:0514/86388888、86381888
传真:86387777
网址:www.zhenshida.com
电子信箱:zsd@zmc.cc
法定代表人:黄振荣
质量体系:ISO 9001
产品情况:主营汽车覆盖件模具,兼营汽车冲压件,为汽车、客车及工程机械制造企业提供钣金焊装、涂装、装潢、总装及客车、豪华客车四大工艺交钥匙工程,劳务加工承包服务
配套情况:为上汽、江淮、奇瑞、亚星商务车、大宇、徐工、临工、山工、柳工、卡特、五征集团等汽车、工程机械企业配套

★扬州市海力精密机械制造有限公司
地址:江苏省扬州市西区盘古工业园区
邮编:225009
电话:0514/83838366、13805270716
传真:83838399
网址:www.hailijixie.com
电子信箱:cpcp@hailijixie.com
法定代表人:曾同祥
质量体系:ISO 9001
产品情况:(CPCP牌)
全自动机械式粉末成型压机和精整机等
配套情况:宁波东睦、重庆华孚、东磁集团、日本浦和、保来得、厦门东金电子、中国香港裕丰、株硬集团、自贡科瑞特、飞达集团、长江工具等众多著名企业都成为海力的合作伙伴

★扬州捷迈锻压机械有限公司
地址:江苏省扬州市邗江经济开发区吉安路206号
邮编:225127
电话:0514/87313408、87848132
传真:87848132
电子信箱:18762324578@163.com
法定代表人:倪建成
质量体系:ISO 9001
产品情况:(捷迈牌)
2000t及以下闭式单点、双点、四点机械压力机,5000t及以下液压机及金属板材加工自动化生产线;广泛用于汽车制造等行业
出口情况:远销东南亚、非洲、中东、南美洲等地区

★扬力集团股份有限公司
地址:江苏省扬州市经济开发区扬子江中路499号
邮编:225127
电话:0514/87848251、4000553999
传真:87848290、87846480
网址:www.yangli.com
电子信箱:yll@yangli.com
法定代表人:林国富
质量体系:ISO 9001
产品情况:(扬力牌)
冲压、锻造、钣金等各类中高端金属成形装备及自动化装备
出口情况:出口欧洲、美洲、东南亚等几十个国家和地区

★扬州锻压机床股份有限公司
地址:江苏省扬州市邗江经济开发区华钢路1号
邮编:225128
电话:0514/87849888、80362361
传真:87849136
网址:www.duanya.com.cn
电子信箱:sales@yadonpress.com
法定代表人:OEMER AKYAZICI
质量体系:ISO 9001
产品情况:(YADON牌)
开式/闭式压力机、单/双/四点压力机、多连杆压力机、重型压力机、伺服压力机、高速冲床、热模锻、冷挤压机、粉末压机、精整机、精冲机、级进模/多工位压力机冲压线、单机/多机连线冲压生产线、锻压成套设备等
出口情况:出口30多个国家地区

★扬州斯普莱机械制造有限公司
地址:江苏省扬州市江都区仙城工业园
邮编:225200
电话:0514/86854388、86854288
网址:www.spl.cn
电子信箱:spl@spl.cn
法定代表人:潘立峰
质量体系:ISO 9000、ISO 14001
产品情况:涂装工程系统、喷烤漆房系统、环保节能热洁炉系统、智能静电喷塑系统

★扬州市邮谊工具制造有限公司
地址:江苏省高邮市海潮东路东侧
邮编:225600
电话:0514/84495666、84499919
传真:84499668
网址:www.yzyouyi.com
电子信箱:yzyouyi@vip.163.com
法定代表人:周启付
质量体系:ISO 9001
产品情况:(邮谊牌)
各种高品质标准、异形、螺旋拉刀、非标拉刀,高精度齿轮滚刀、链轮滚刀、矩形镶片等各类滚刀以及各类量、验具

★南通常测机电设备有限公司
地址:江苏省南通市港闸区黄海路618号
邮编:226006
电话:0513/85630288、85636555
传真:85636558

电子信箱:zag@ qdceqi. com
法定代表人:赵爱国
质量体系:ISO 9001
产品情况:发动机测功机和台架、汽车尾气排放测试设备、汽车及零部件检测设备、测试设备辅助装置
配套情况:为潍柴动力、江铃 VM 发动机、一汽锡柴、常州亚美柯动力、奇瑞、常发、重庆长安铃木、比亚迪、上汽、重汽杭发等供货

★南通电熔爆科技股份有限公司
地址:江苏省南通市任港路 35 号
邮编:226006
电话:0513/83549136、83549119
传真:83549108
网址:www. china - drb. com
电子信箱:china_drb@ 163. com
法定代表人:唐峰峰
质量体系:ISO 9000
产品情况:电熔爆机床、模具等
配套情况:客户有美国通用电气、宝钢股份、安徽海螺集团等

★南通秦海机械有限公司
地址:江苏省南通市江通路 30 号
邮编:226011
电话:0513/85667501、18012449851
传真:85669930、85667501 - 233
电子信箱:jyli@ sinotec. cn
法定代表人:李学康
质量体系:ISO/TS 16949
产品情况:精密铸件、模具

浙江省

★史陶比尔杭州精密机械电子有限公司
地址:杭州市经济技术开发区围垦街 123 号
邮编:310018
电话:4006670066
传真:0571/86912577
网址:www. staubli. com. cn
电子信箱:robots. cn@ who - needs - spam. staubli. com
法定代表人:Patrick Iltis
质量体系:ISO 9001
产品情况:全系列 TX、RX 系列机器人,4 轴 SCARA 机器人,6 轴机械手

★杭州鼎盛科技股份有限公司
地址:杭州市余杭区仁和街道临港路 11 号 4 - 1,4 - 2
邮编:311112
电话:0571/88752761
传真:88752765
网址:www. dingshengkeji. com
电子信箱:dingshengkeji@ dingshengkeji. com
法定代表人:黄晓媛
质量体系:ISO 9001
产品情况:光电检测及智能化仪表、机动车灯具检测设备
配套情况:为一汽集团、东风汽车公司、南京汽车集团、江苏冠东车灯、上海钻石车灯分公司、上海辉碟车镜、上海盈田车镜、浙江车灯、浙江嘉利工业、湖南株洲湘火炬汽车灯具、重庆隆鑫集团等配套

★杭州高品自动化设备有限公司
地址:杭州市余杭区仓前街道龙潭路 2 号世导科技园 1 号楼
邮编:311121
电话:0571/8396510、18969098818
网址:www. gaopinauto. com
电子信箱:info@ goupauto. com
法定代表人(负责人):张志刚
单位人数:300
质量体系:ISO 9001
产品情况:涡轮增压器装配线及检测设备、冷却器和 EGR 阀装配线及检测设备、车桥装配及检测设备和齿轮箱装配及检测设备、EPS 装配线及检测设备、真空泵装配线和油泵及平衡轴测试台架、液压泵装配线及检测设备等非标装配及检测设备
配套及出口情况:客户有博格华纳(BorgWarner)、爱科(AGCO)、博世力士乐(Bosch Rexroth)、采埃孚(ZF)、佛吉亚(FAURECIA)、恩斯克(NSK)、麦格纳(Magna)等国内外知名企业;远销海外

★杭州凯尔达机器人科技股份有限公司
地址:杭州市萧山经济技术开发区红垦农场垦辉五路 6 号
邮编:311215
电话:0571/82765555
传真:83789557
网址:www. robotweld. cn
电子信箱:robot@ kaierda. cn
法定代表人:侯润石
质量体系:ISO 9001
产品情况:焊接、切割、搬运的各类机器人工作站/生产线以及机器人专用的焊接电源、变位机、行走轨道、接触传感等配套设备

★杭州友佳精密机械有限公司
地址:杭州市萧山经济技术开发区市心北路 120 号
邮编:311215
电话:0571/82831393
传真:82832353
电子信箱:feeler@ public. xs. hz. zj. cn
法定代表人:朱昱维
质量体系:ISO 9001、ISO 14000
产品情况:立式、卧式加工中心系列,龙门型五面五轴加工中心系列,CNC 车床系列,柔性制造系统(FMS),数控线切割机,电子加工设备等

★赛德克金属表面处理技术杭州有限公司
地址:杭州市萧山区红垦农场红泰五路 70 号
邮编:311232
电话:0571/82696469
传真:82696395
网址:www. surtecchina. com
电子信箱:alanyip@ cn. surtec. com
法定代表人:Dr. Karsten Grünke
产品情况:针对清洗、酸洗、电镀、钝化、铝阳极化、防蚀、除漆六大范围,专业研发、生产制造、行销高附加值的产品与工艺并提供相关完善的技术服务
出口情况:远销韩国、东南亚市场,并销往中国台湾地区

★杭州先临三维科技股份有限公司
地址:杭州市萧山区闻堰街道湘滨路 1398 号
邮编:311258
电话:0571/82999589、4000799666
传真:82999510
网址:www. shining3d. com
电子信箱:cnsales@ shining3d. com
法定代表人:李诚
质量体系:ISO 9001、ISO 14001
产品情况:三维数字化与 3D 打印,提供包括快速三维测绘、逆向设计、快速模具 RTM、快速原型 SLA、快速铸造 QC、三维检测和制造工艺开发等综合服务方案
出口情况:远销美洲、欧洲、东南亚、中东、澳大利亚等 50 多个国家和地区

★浙江鸿森机械有限公司
地址:浙江省诸暨市阮市镇董公开发区
邮编:311802
电话:0575/87696107、87607883
传真:87698985
网址:www. zjhsjx. com
电子信箱:hongsen6@ zjhsjx. com
法定代表人:金莲子
单位人数:300
质量体系:ISO 9001、ISO 14001
产品情况:(鸿森牌)
　　制冷空调用各类阀门,年生产能力 1500 万件
配套及出口情况:与国内知名空调制冷企业建立长期业务合作关系;出口美国、韩国、南非、中东、大洋洲等国家和地区

★浙江万丰科技开发股份有限公司
地址:浙江省嵊州三江街道官河南 999 号万丰锦源高科产业园
邮编:312400
电话:0575/89388668、89388669
传真:89388669
网址:www. wfauto. com. cn
电子信箱:wfjx@ wfjt. com
法定代表人:吴锦华
质量体系:ISO 9000

产品情况：主营高端智能装备制造、机器人及自动化系统集成、轻量化精密零部件等相关业务
出口情况：出口澳大利亚、俄罗斯、马来西亚等国家

★浙江湖磨抛光磨具制造有限公司
地址：浙江省湖州市双林镇工业功能区（倪家滩村）
邮编：313012
电话：0572/3625702、3620565
传真：3620565
网址：www.chinahumo.com
电子信箱：chinahumo@163.com
法定代表人：许金凤
质量体系：ISO 9001
产品情况：（湖磨牌）
抛光磨具、抛光机械、抛光液
出口情况：远销美国、日本、澳大利亚、新加坡、马来西亚、土耳其、荷兰等50多个国家和地区

★浙江恒立数控科技股份有限公司
地址：浙江省德清县武康镇逸仙路265号
邮编：313200
电话：0572/8832000、8832001
传真：8832222
网址：www.zjhlcnc.com
电子信箱：sales@zjhlcnc.com
法定代表人：赵刚
质量体系：ISO 9001、ISO 14001
产品情况：汽车外覆板冲压成形自动化系统、专业在线机器人、高精度全自动金属板材剪切装备、工业在线自动化检测体系、电力电工自动化装备
配套及出口情况：为东风汽车、上海宝钢等供货；远销日本、韩国、印度、伊朗、埃及、沙特阿拉伯、阿联酋、南非、德国、意大利、荷兰、西班牙、土耳其、俄罗斯、克罗地亚、巴西、墨西哥等30多个国家和地区

★浙江精勇精锻机械有限公司
地址：浙江省嘉善县惠民街道成功路9号
邮编：314100
电话：0573/84631858
传真：84632555
网址：www.jdmcl.com.tw
电子信箱：jxjyjd@126.com
法定代表人：陈炯亨
单位人数：80
质量体系：ISO 9001
产品情况：（精锻牌）
冷温热模锻机，热锻有FP、FPG、HCP系列，冷锻有JKP系列
配套及出口情况：中频炉为中国台湾应达、无锡应达配套；切断机为中国台湾桂全配套；热处理炉为三永电炉配套；全系列产品出口

★嘉兴屹丰汽车部件有限公司
地址：浙江省嘉兴市平湖市独山港镇海河路1888号
邮编：314203
电话：0573/85656950、85626951
传真：85656936
网址：www.yifeng-mould.com
电子信箱：641467757@qq.com
法定代表人：张文瑾
产品情况：汽车零部件及覆盖件模具
配套情况：为奔驰、宝马、大众、通用、上海汽车、长城汽车、北京汽车、北汽福田、东风裕隆等主机厂一级零部件及覆盖件模具供应商

★宁波德业科技股份有限公司
地址：浙江省宁波市北仑区汽配园区甬江南路26-28号
邮编：315000
电话：0574/86222335
传真：86222338、86229938
网址：www.deye.com.cn
电子信箱：it@deye.com.cn
法定代表人：张和君
单位人数：2500
质量体系：ISO/TS 16949
产品情况：（德业牌）
大型精密模具、钣金模具；保险杠、仪表板、汽车空调、大型工程注塑、钣金件、紧固件等汽车零部件；汽油发动机控制单元、电动助力转向控制系统、汽车空调控制单元、车身电子控制（总线）系统、汽车直流变频冰箱驱动单元、发动机台架测试系统、汽车转毂测试系统等电子零部件；蒸发器、冷凝器；塑料制品
出口情况：出口加拿大、美国、南美洲、英国、德国、法国、俄罗斯、韩国、日本、新加坡、澳大利亚、南非等国家和地区

★宁波米勒模具制造有限公司
地址：浙江省宁波市江北区（创业园C区）长兴路525号
邮编：315033
电话：0574/83006285
传真：83006233
网址：www.nbml.com.cn
电子信箱：pengjiao@nbml.com.cn
法定代表人：林福青
质量体系：ISO/TS 16949、ISO 14001
产品情况：高、中档小汽车饰件模具
配套情况：为上汽大众、上汽通用、一汽-大众配套内饰件模具（如Santna3000项目的中内通道，中央通道加长件、手制动柄、踏脚板；GOL项目中央通道、中央通道加长件、A柱内饰、门内饰板；Passat lingyu、Polo、Touran、ModelXA等项目的中央通道；奥迪A4双色胡桃木内饰件模、IMD模具、橡塑铡窗玻璃注塑成型模、植物木皮热压成型模等）

★宁波宝捷模具有限公司
地址：浙江省宁波市鄞州区东吴镇镇南路76号
邮编：315113
电话：0574/88489174、15957891758
网址：www.baojiemould.com
电子信箱：xgl@baojiemould.com
法定代表人：徐高林
单位人数：80
产品情况：汽车五金模具
配套情况：终端客户有长城汽车、一汽-大众、上汽大众、奥迪、宝马、吉利汽车、通用、沃尔沃、东风汽车、东风标致、长安汽车、路虎等

★宁波南方塑料模具有限公司
地址：浙江省宁波市鄞州区集士港工业园区联丰中路与集横路交叉口
邮编：315171
电话：0574/28865505、13454702999
传真：28865501
网址：www.southmold.com
电子信箱：wu@southmold.com
法定代表人：孟培红
质量体系：ISO 9001
产品情况：大中型汽车塑料模具，涵盖保险杠、格栅、仪表盘、门板、ABC柱、中央通道等车体关键部位
配套及出口情况：为奇瑞汽车配套；远销日本、美国、荷兰、瑞典、比利时、法国、西班牙、意大利、德国等国外市场

★金丰（中国）机械工业有限公司
地址：浙江省宁波市镇海经济开发区金丰路66号
邮编：315221
电话：0574/86310251、86302303
传真：86302303
网址：www.chinfong.com.cn
电子信箱：sales@chinfong.com.cn
法定代表人：张於正
质量体系：ISO 9001
产品情况：热压、冷精锻、冷冲压等各种机械式压力机

★宁波屹丰汽车部件有限公司
地址：浙江省宁波市杭州湾经济开发区滨海六路136号
邮编：315336
电话：0574/82371236、82371232
传真：82371232
网址：www.yifeng-mould.com
法定代表人：张文瑾
产品情况：汽车零部件及覆盖件模具
配套情况：为奔驰、宝马、大众、通用、上海汽车、长城汽车、北京汽车、北汽福田、东风裕隆等主机厂一级零部件及覆盖件模具供应商

★宁波宇润电器有限公司
地址：浙江省余姚市泗门镇工业区同济路8号
邮编：315470
电话：4006693113、18868941901
传真：0574/62156367

网址:www. nbyr. com
电子信箱:w@ nbyr. com
法定代表人:应潮忠
质量体系:ISO 9001
产品情况:[宇润(Yurun)牌]
各类模具、各类铝压铸件、橡胶塑料产品
出口情况:为挪威 Plasto、Glamox、意大利 Camozzi、瑞典沃尔沃、墨西哥 MAG 等供货

★宁波方正汽车模具股份有限公司
地址:浙江省宁波市宁海梅桥工业园区三省中路 1 号
邮编:315600
电话:0574/65331671、65333081
传真:83551677
电子信箱:cwb@ fzmould. com
法定代表人:方永杰
质量体系:ISO 9000
产品情况:大型汽车注塑、吹塑、精密及发泡模具
配套情况:成为国际知名汽车品牌奔驰、宝马、奥迪、大众、通用、本田等公司的核心模具供应商

★宁波跃飞模具有限公司
地址:浙江省宁海县新兴工业园区 C 区
邮编:315600
电话:0574/65332668、65332667
传真:65332666、65332690
网址:www. yfmould. com
电子信箱:sales@ yfmould. com
法定代表人:张德标
质量体系:ISO 9001
产品情况:(佳佳牌)
年生产能力为 450 ~ 600 套大、中型注塑模具
配套及出口情况:为国内外众多知名大公司提供优质的模具服务;出口法国、意大利、西班牙、美国、加拿大、墨西哥、巴西、澳大利亚、德国、韩国、日本、伊朗、泰国、印度、葡萄牙等国家

★宁波合力模具科技股份有限公司
地址:浙江省象山县工业园区西谷路 358 号
邮编:315700
电话:0574/65724681
传真:65724167
网址:www. helimould. com
电子信箱:sales@ helimould. com
法定代表人:施良才
质量体系:ISO 9001、ISO 14001
产品情况:大型压铸模具、低压铸造模具、重力铸造模具、各种造型线、冷热(壳)芯盒模具、热成型冲压模具
配套情况:为上海乾通汽车附件、一汽铸造、东风汽车公司、哈尔滨东安动力、北汽福田、天津一汽丰田汽车发动机、沈阳航天三菱汽车发动机、山西三联铸造、东风本田、江淮汽车、天津一汽夏利、六和铸造、上汽通用东岳动力总成、玉柴等供货

★宁波海天精工股份有限公司
地址:浙江省宁波经济技术开发区大港工业城黄山路 235 号
邮编:315800
电话:0574/86182525
传真:86182518
网址:www. haitian. com
法定代表人:张静章
单位人数:1500
质量体系:ISO 9001
产品情况:(海天牌)
主导产包括龙门镗铣、卧式加工中心、数控车削中心、大型卧式镗铣床、数控床等 5 大系列、200 多个品种;广泛服务在汽车、模具、柴油机等行业

★宁波力劲科技有限公司
地址:浙江省宁波市北仑区沿山河北路 18 号
邮编:315806
电话:0574/86116588
传真:86116598
电子信箱:lknblk@ lknblk. com
法定代表人:钟玉明
产品情况:热室压铸机、冷室压铸机、镁合金压铸机、精密注塑机、周边设备及加工中心

★宁波海工集团公司
地址:浙江省宁波市北仑柴桥
邮编:315834
电话:0574/86062209、86062811
传真:86062210、86062811
网址:www. nbhaigong. com. cn
电子信箱:webmaster@ nbhaigong. com. cn
法定代表人:李一平
单位人数:600
质量体系:ISO 9001、GB/T 24001
产品情况:精密卧式珩磨机,四轴互研机等,广泛应用于汽车、摩托车、油泵油嘴等行业中小孔径的精密加工
出口情况:远销北美洲(加拿大)、东亚(韩国)、东南亚(越南、泰国、缅甸、马来西亚)、南亚(印度、巴基斯坦)、俄罗斯、哈萨克斯坦等国家和地区

★浙江巨龙自动化设备股份有限公司
地址:浙江省三门县沙田洋开发区巨龙科技园
邮编:317100
电话:0576/83373277、83373050
网址:www. eastjl. com
电子信箱:jl@ eastjl. com
法定代表人:陈昭明
质量体系:ISO 9001
产品情况:(巨龙牌)
流水线装配线、新能源汽车电机设备、起动机转子(定子)设备、感应电动机转子(定子)设备、微电子转子(定子)设备、无刷电动机设备、封焊设备、其他设备等
出口情况:出口伊朗、越南、韩国、美国、日本等国家

★浙江百纳橡塑设备有限公司
地址:浙江省仙居县经济开发区永安区块春晖东路 18 号
邮编:317300
电话:0576/87685299、87685300
传真:87685311
网址:www. zjbaina. com
电子信箱:xxw5832@ zjbaina. com
法定代表人:项军伟
单位人数:300
质量体系:ISO 9001
产品情况:刮水器胶条挤出生产线等橡塑挤出成套流水线及汽车空调管等橡胶制品
配套及出口情况:为国内外 1000 多家知名生产(橡胶制品)企业提供装备及技术支持,并保持长期合作伙伴关系;远销德国、美国、意大利、瑞典、俄罗斯、日本、土耳其、匈牙利、印度等 40 多个国家

★温岭市装配设备成套有限公司
地址:浙江省温岭市城西工业区上林路 68 号
邮编:317500
电话:0576/86161091、86161081
传真:86161220
电子信箱:yuanxq@ rimei. cn
法定代表人:元小秋
质量体系:ISO 9001
产品情况:起动机装配线等转配线
配套及出口情况:主要客户有上汽集团、广汽本田、东风汽车、一汽集团、天汽集团、上海法雷奥、柳州五菱、重庆长安、安徽江淮、沈阳金杯、南京依维柯、丹东曙光、合肥车桥、北方奔驰、万向集团、浙江亚太、浙江万达、钱江集团、星星集团等;出口欧洲、俄罗斯、波兰、中东、伊朗、沙特阿拉伯、南美洲、巴西、越南、印度等国家和地区

★浙江普威特涂层有限公司
地址:浙江省温岭市工业城三号路东侧,九龙大道北侧
邮编:317500
电话:0576/86909009、86999488
传真:86999488
网址:www. pvtvacuum. com
电子信箱:pvtzj@ vip. sina. com
法定代表人:夏国荣
产品情况:刀具、模具及零部件超硬涂层加工

★浙江坤鸿机械设备有限公司
地址:浙江省玉环市大麦屿经济开发区普青工业区
邮编:317604

电话:0576/89911322、89911323
传真:89911326
电子信箱:sales@ chinakinom
法定代表人:黄陈才
质量体系:ISO 9001
产品情况:(铱科轮牌)
CK 系列数控机床、汽车及摩托车配件

★浙江中亚实业有限公司
地址:浙江省台州市黄岩北城开发区拱新大道 30 号
邮编:318020
电话:0576/84229881、4006057608
传真:84229195
网址:www. chinazhongya. com
电子信箱:lin@ chinazhongya. com
法定代表人:林汝才
单位人数:300
质量体系:ISO 9001
产品情况:汽车及摩托车车灯、内外饰件等塑料模具
配套及出口情况:为东风雪铁龙、比亚迪、中华汽车、长城汽车、雷诺等供货;出口欧美、中东、非洲、东南亚等 30 多个国家和地区

★浙江伟基模业有限公司
地址:浙江省台州市黄岩北城开发区庆丰大道 15 号
邮编:318020
电话:0576/84019999、84089772
传真:84089789
网址:www. weijimould. com
电子信箱:weiji@ weijimould. com
法定代表人:郑正江
单位人数:300
质量体系:VDA 6.4、ISO 9001
产品情况:汽车车灯模具
配套及出口情况:与上海小糸、全球法雷奥集团、东风三立、常州星宇、常州大茂伟世通、昆山帝宝等 10 余家知名车灯企业合作;出口印度、伊朗

★滨海模塑集团有限公司
地址:浙江省台州市黄岩黄椒路 131－8 号
邮编:318020
电话:0576/84275608
网址:www. binhaichina. com
电子信箱:binhai@ binhaichina. com
法定代表人:牟能杰
质量体系:ISO/TS 16949
产品情况:大、中型汽车注塑模具
配套情况:与通用汽车、大众汽车、中国重汽、铃木汽车、东风汽车、奇瑞汽车、宾利汽车等众多国内外厂商合作

★台州市黄岩茂荣塑模有限公司
地址:浙江省台州市黄岩庆丰大道 41 号
邮编:318020
电话:0576/84027277、84299203
传真:84027277
网址:www. mamold. com
电子信箱:sale@ mamold. com
法定代表人:郑智仁
质量体系:ISO 9001
产品情况:汽车注塑模具、电镀汽车配件、车身件、内饰件、标牌小件
配套及出口情况:得到了通用、日产、马自达、奇瑞、比亚迪等大型汽车公司的认可;远销欧美、南非、亚洲等国家和地区

★台州市黄岩星泰塑料模具有限公司
地址:浙江省台州市黄岩区北城经济开发区惠民路 12 号
邮编:318020
电话:0576/84081886、84081818
传真:84081234
网址:www. chinaxingtai. com
电子信箱:market@ chinaxingtai. com
法定代表人:胡卫民
质量体系:ISO/TS 16949
产品情况:保险杠、双色模、仪表板、门板等大中型汽车注塑模具,具有年产各种大中型模具 300 余套和整车塑料饰件 2 万套的生产能力
配套及出口情况:在国内汽车领域的合作伙伴有北京奔驰、华晨宝马、一汽集团、上汽集团、北汽集团、福特、铃木等;海外市场有奔驰、宝马、奥迪、丰田、日产、铃木、通用、福特等;出口日本、美国、欧洲、泰国,并销往中国台湾地区

★浙江模具厂有限公司
地址:浙江省台州市黄岩区大桥路 626 号
邮编:318020
电话:0576/84112368、84080188
传真:84111094
网址:www. zjmold. com
电子信箱:sales@ zjmold. com
法定代表人:解珍妮
质量体系:ISO/TS 16949、ISO 14001
产品情况:(正国牌)
汽车及摩托车塑料件模具及配件
配套情况:为丰田、广汽、上汽、奇瑞、华晨、北汽、南京依维柯、哈飞等汽车厂,雅马哈、钱江等摩托车厂提供直接配套

★陶氏模具集团有限公司
地址:浙江省台州市黄岩区二环西路 356 号
邮编:318020
电话:0576/84111000
传真:84112778、84112968
网址:www. taoshimould. com
电子信箱:tsjt@ taoshimould. com
法定代表人:陶永忠
单位人数:480
质量体系:ISO 9001、ISO/TS 16949
产品情况:汽车内外饰件模具
配套及出口情况:为宾利、宝马、奔驰、大众、奥迪、路虎、福特、法雷奥、大宇、雷洛、丰田、本田、LG、格力、海信、康佳、长虹、熊猫等多家中外著名公司的配套;远销日本、美国、法国、加拿大、意大利、西班牙、新加坡、埃及、印度等国家和地区

★浙江黄岩冲模有限公司
地址:浙江省台州市黄岩区西城工业区圣堂路 26 号
邮编:318020
电话:0576/84227084、84112306
传真:84036220
网址:www. china－die. com
电子信箱:hch. zh@ china－die. com
法定代表人:黄良国
单位人数:400
质量体系:VDA 6.4、ISO 9001
产品情况:汽车冲压模具,检具等
配套及出口情况:是福特、大众、通用等客户的指定模、检具供应商;远销欧美、南美洲、东南亚等地区

★浙江赛豪实业有限公司
地址:浙江省台州市黄岩区西工业园区北院大道 36 号
邮编:318020
电话:0576/84062888、84062833
传真:84051089
网址:www. saihao. com
电子信箱:saihao@ china. com
法定代表人:虞伟炳
质量体系:ISO 9001
产品情况:(赛豪牌)
汽车车灯模具、门板模具、塑料内外饰件模具、保险杠模具、仪表台模具、后视镜模具
出口情况:产品 90% 以上出口德国、法国、日本、美国,并销往中国台湾地区

★浙江嘉仁模具有限公司
地址:浙江省台州市黄岩西城模具城
邮编:318020
电话:0576/84025826
传真:84025828、84081582
网址:www. jiarenmould. com
电子信箱:jr－shen@ 163. com
法定代表人:陶南苑
单位人数:165
质量体系:ISO 9001
产品情况:汽车前后保险杠、仪表板、内外饰件等塑料模具及塑料件
配套及出口情况:为东南汽车、一汽集团、江铃汽车、长安福特、长安马自达、长安汽车、哈飞汽车、上汽大众、奇瑞汽车、上汽通用五菱等配套;出口美国、日本、欧洲、埃及等国家和地区

★浙江万豪模塑股份有限公司
地址:浙江省台州市黄岩新前锦川路 220 号
邮编:318020
电话:0576/84125556、84125558

传真:84293008
网址:www. whmould. com
电子信箱:mould@ whmould. com
法定代表人:陈星亮
质量体系:ISO/TS 16949
产品情况:主要注塑模具有汽车保险杠、中网格栅、仪表板、门护板、立柱护板、门槛装饰板、车灯等高端 OEM 汽车模具
配套及出口情况:模具产品配套奔驰、宝马、沃尔沃、丰田、本田、广汽本田、乌兹通用、上汽通用、福特汽车、起亚汽车、标致汽车、一汽轿车、一汽红旗、天津一汽、东风裕隆、五菱、吉利、长城、北汽、众泰等知名汽车企业;远销欧洲、美洲、东南亚地区

★浙江凯华模具有限公司
地址:浙江省台州市黄岩新前模具新城乐华路 301 号
邮编:318020
电话:0576/84025727、83586727
传真:84025929、83586758
网址:www. china - kaihua. com
电子信箱:mould@ china - kaihua. com
法定代表人:梁正华
质量体系:ISO/TS 16949
产品情况:(KAIHUA 牌)
汽车外饰系统模具、内饰系统模具以及冷却系统模具、其他汽车模具等
配套及出口情况:为法雷奥、法国哈金森、中国台湾东阳事业集团、哈飞汽车、大众汽车等配套;出口欧洲、美洲、非洲、中东、东南亚等 30 多个国家和地区

★浙江嘉泰激光科技股份有限公司
地址:浙江省温州市经济技术开发区金海三道 467 号
邮编:325000
电话:0577/89982888、4001870000
传真:88605158
网址:www. cn - laser. com
电子信箱:jt@ cn - laser. com
法定代表人:郑宣成
质量体系:ISO 9001
产品情况:激光切割机、激光打标机、CO_2 三维动态激光雕刻机,激光焊接机,激光点焊机等
出口情况:远销美国、俄罗斯、韩国、新加坡、泰国、越南、印度等国家

★温州市德嘉滤清器设备有限公司
地址:浙江省温州市瓯海区仙岩镇霞林工业区莘一路
邮编:325035
电话:0577/86681742、86698118
传真:86687881
电子信箱:master@ cndejia. com
法定代表人:叶俊杰
产品情况:(德嘉牌)
粗、中、高效过滤器设备和汽车三滤、液压滤芯、水处理滤芯制造设备
出口情况:出口欧洲、美洲、东南亚

安徽省

★安徽巨一自动化装备有限公司
地址:合肥市包河工业区上海路东大连路北
邮编:230022
电话:0551/62249988
传真:62249996
网址:www. jee - cn. com
法定代表人:林巨广
单位人数:400
产品情况:业务涵盖汽车及其关键组成部件智能制造成套装备和新能源汽车电驱动系统等,为汽车白车身、发动机与变速器的装配和测试以及军工、工程机械、家电等一般行业用户提供完善的自动化系统交钥匙
配套情况:广泛应用于一汽、东风汽车、长城汽车、中国重汽、神龙汽车、宇通重工、陕汽、北汽福田、中国一机、意大利卡拉罗、美国美驰、柳工、柳汽、长安汽车、奇瑞汽车、江淮汽车、星马汽车、安凯客车等企业

★合肥海德数控液压设备有限公司
地址:合肥市经济技术开发区民营科技园齐云路 22 号
邮编:230601
电话:0551/63821828、63823717
传真:63821658
网址:www. hfhaide. com. cn
电子信箱:haide@ hfhaide. com. cn
法定代表人:许海平
负责人:陈刚
质量体系:ISO 9001
产品情况:SHP25 系列车门包边液压机、SHP96 系列汽车内饰件专用液压机、汽车覆盖件冲压成型生产线、弹体挤压成型液压机、HL 系列内饰件生产线等汽车行业用液压机床
配套及出口情况:为一汽集团、东风汽车、东南汽车集团配套;远销欧美

★合肥合锻智能制造股份有限公司
地址:合肥市经济技术开发区紫云路 123 号
邮编:230601
电话:0551/65134522、65160109
传真:65139633
网址:www. hfpress. com
电子信箱:market@ hfpress. com
法定代表人:严建文
质量体系:ISO 9001、OHSAS 18001
产品情况:(华德牌)
液压机、机械压力机、色选机等各类高精专机床
出口情况:TZV 等系列液压机出口

★安徽省振华科技工业有限公司
地址:安徽省芜湖市鸠江区二坝镇雍南社区
邮编:238312
电话:0553/5861133、5862233
传真:5865500、5869968
网址:www. zhmould. com
电子信箱:sales@ zhmould. com
法定代表人:汪家武
质量体系:ISO 9001
产品情况:模具推杆(顶针)、推管(司筒)、导柱、导套、冲针等锌、铬达克罗和无铬达克罗涂层、电泳、渗锌等涂覆产品生产加工
出口情况:出口东南亚

★安徽鲲鹏装备模具制造有限公司
地址:安徽省滁州市南京北路 459 号
邮编:239200
电话:0550/3306666、3161356
传真:3162222
网址:www. ckpem. com
电子信箱:yzem@ vip. 163. com
法定代表人:宗海啸
单位人数:400
质量体系:ISO 9001
产品情况:汽车内饰成型设备、汽车座椅发泡设备等产品
出口情况:出口德国、意大利、波黑、印度、阿根廷、南非、巴基斯坦等 40 多个国家和地区

★埃夫特智能装备股份有限公司
地址:安徽省芜湖市鸠江区万春东路96 号
邮编:241007
电话:0553/5670600、4000528877
网址:www. efort. com. cn
电子信箱:sales@ efort. com. cn
法定代表人:许礼进
质量体系:ISO 9001
产品情况:工业机器人与成套系统,非标自动化设备

★安徽瑞祥工业有限公司
地址:安徽省芜湖经济技术开发区汽经一路
邮编:241009
电话:0553/5652568
传真:5652520
网址:www. ahrxgy. com
电子信箱:ahrxgy@ ahrxgy. com
法定代表人:柴震
单位人数:290
质量体系:VDA 6.4
产品情况:汽车焊装夹具、汽车自动化柔性生产线制造及智能机器人集成于一体
配套情况:主要客户有大众南京工厂、奇瑞捷豹路虎、日本日产、郑州日产、丰田、法国标致、广汽本田、广汽乘用车、北京汽车、吉利汽车、奇瑞汽车、广汽三菱、福特、东风风行、东风柳汽、沃尔沃、福田汽车、长安汽车、江淮汽车、江铃汽车、中兴汽车、东风日产柴、三一重工、

车和家等

★瑞鹄汽车模具股份有限公司
地址:安徽省芜湖市经济开发区银湖北路22号
邮编:241009
电话:0553/7517588、5623236
传真:5623209
网址:www.rayhoo.net
电子信箱:wangcd@rayhoo.net
法定代表人:柴震
质量体系:ISO 9000
产品情况:SE分析,汽车主模型、模具、夹具、检具等工装设备的设计制作,汽车小批量白车身与焊接总成件的生产制造以及工装的安装调试等服务环节

★安徽宁国中鼎模具制造有限公司
地址:安徽省宁国经济技术开发区中鼎工业园
邮编:242300
电话:0563/4182121、4178758
网址:www.zhongdinggroup.com
电子信箱:yangdj@zhongdinggroup.com
法定代表人:夏鼎湖
质量体系:ISO 9001、ISO 14000
产品情况:专业制造橡塑制品产品模具,年生产模具能力达14000余套
配套及出口情况:为一汽、上汽大众、上汽通用、南汽集团、神龙公司、郑州日产、东风日产、一汽海马、奇瑞汽车、吉利汽车、重庆长安、比亚迪、江西江铃、广汽本田、安徽江汽等国内主要汽车生产厂配套;出口美国通用、福特、克莱斯勒、日本本田、三菱等国际知名汽车公司

★安徽安宁智能科技有限公司
地址:安徽省宁国市经济开发区河沥园区青山路99号
邮编:242300
电话:0563/4301656、4304668
传真:4302885
网址:www.annnin.com
电子信箱:support@annnin.com
法定代表人:江武
产品情况:汽车检具、铝波纹管等产品

★昌辉精密模具(黄山)有限公司
地址:安徽省黄山市休宁溪口
邮编:245436
电话:0559/7588333、15755996851
传真:7588732
网址:www.changhui.com
电子信箱:chgf028@changhui.com
法定代表人:王进丁
产品情况:精密模具及零件

★安庆安帝技益精机有限公司
地址:安徽省安庆市经济技术开发区迎宾大道16号区
邮编:246005
电话:0556/5305600、5305608
传真:5305600
网址:www.tpr.co.jp
电子信箱:zb8545@atge.com.cn
法定代表人:刘铜庆
产品情况:设备机械、工夹具

福建省

★福州福耀模具科技有限公司
地址:福州市福耀工业区
邮编:350301
电话:0591/853837777、62813715
传真:85363983
电子信箱:huimin.chen@triplexgroup.cn
法定代表人:曹德旺
产品情况:汽车玻璃模具

★厦门金鹭特种合金有限公司
地址:福建省厦门市湖里区兴隆路69号
邮编:361006
电话:0592/6022590、2650640
传真:6022396
网址:www.gesac.com.cn
电子信箱:gesac@cxtc.com
法定代表人:吴其山
产品情况:(金鹭牌)
钨粉、碳化钨粉、硬质合金、切削刀具等钨系列产品

★厦门禾豪精密机械有限公司
地址:福建省厦门市同安工业集中区建材园98号
邮编:361100
电话:0592/6739222、4008850096
传真:5758710
电子信箱:xmhehao@163.com
法定代表人:卓金专
质量体系:ISO 9001
产品情况:(禾豪牌)
橡胶自动拆边机、橡胶分离机、橡胶切条机、橡胶模具硫化机、橡胶制品等
出口情况:出口欧洲、美洲等地区

★嘉泰数控科技股份公司
地址:福建省泉州市洛江区双阳西环路朝阳片区嘉泰产业园
邮编:362000
电话:0595/22890777、22388381
传真:22397381
电子信箱:jiatai_yxzx@163.com
法定代表人:苏亚帅
质量体系:ISO 9001
产品情况:数控机床整机、数控床身、分度盘、数控设备核心控制系统、钣金等精密机械产品

★泉州市泰达车轮设备有限公司
地址:福建省南安市水头镇海联创业园
邮编:362300
电话:0595/86001918
传真:86001919
电子信箱:578083184@qq.com
法定代表人:许家地
产品情况:车轮设备

★福建宏茂科技有限公司
地址:福建省南安市东田向阳埔科技园
邮编:362303
电话:0595/86295555、13805962118
传真:86297777
电子信箱:hm@hongchina.com
法定代表人:洪清德
质量体系:ISO 9001、ISO 14000
产品情况:数控机床

山东省

★济南二机床集团有限公司
地址:济南市机床二厂路2号
邮编:250022
电话:0531/87964326、81616111
传真:87118787
网址:www.jiermt.com
电子信箱:info@jiermt.com
法定代表人:张志刚
质量体系:ISO 9001
产品情况:锻压设备、数控金切机床、自动化设备、铸造机械、数控切割设备等
出口情况:远销60多个国家和地区

★济南易恒技术有限公司
地址:济南市高新区飞跃大道信息通信产业园
邮编:250100
电话:0531/88061988、88062988
传真:88061999
网址:www.sdyiheng.com
电子信箱:scb@jnyiheng.com
法定代表人:杨书桐
质量体系:ISO 9000、ISO 14001
产品情况:在线移动式加注设备、全系列轮毂单元装配线、等速驱动轴装配线等生产线专机
配套及出口情况:为一汽集团、东风汽车公司、天汽、中国重汽、吉利汽车、北汽福田、奇瑞汽车、江铃汽车、华晨金杯等配套;出口多个国家

★山东小鸭精工机械有限公司
地址:济南市工业南路51号
邮编:250100
电话:0531/83122739
传真:83122736
网址:www.xiaoyatooling.com
电子信箱:xymj@xiaoyatooling.com
法定代表人:邢照斌
单位人数:400
质量体系:ISO/TS 16949、ISO 9001
产品情况:专业从事汽车模具、汽车零部件、车轮模具、智能化车轮生产线、高端数控专用设备的研发制造
配套情况:是中国重汽、一汽、东风等国内主要汽车制造商的合格供应商

★济南中正金码科技有限公司
地址:济南市高新区新泺大街 1166 号奥盛大厦 3 号楼 7 层
邮编:250101
电话:4009992511、18769716106
传真:0531/88870900
网址:www. kinmark. com
电子信箱:mail@ kinmark. com
法定代表人:许刚
质量体系:ISO 9001
产品情况:(金未来牌)
　　气动打标机、刻划打标机、压号机及激光打标机等 4 大系列 20 多个品种
配套情况:主要客户有一汽集团、东风汽车公司、一汽-大众、上汽通用、北京奔驰、广汽本田、天津一汽丰田、北京现代、华晨宝马、北汽福田、江淮汽车

★华明电力装备股份有限公司
地址:济南市天辰大街 389 号
邮编:250101
电话:0531/82685253
网址:www. fincm. com
电子信箱:xuqiaolan@ huaming. com
法定代表人:肖毅
产品情况:光机电一体化数控成套加工设备等
配套及出口情况:为中国重汽、中国一重、陕西重汽、洛轴等企业供货;出口 40 多个国家和地区

★济南金易恒科技发展有限公司
地址:济南市工业南路 4 号
邮编:250132
电话:0531/88359328、88359327
传真:66593751
网址:www. jinyiheng. cn
电子信箱:jyhmark@ 163. com
法定代表人:郑海
质量体系:ISO 9001
产品情况:(金易恒牌)
　　多种智能标记机、加注机、涂胶机等
出口情况:销往中国香港、中国台湾地区

★山东华云机电科技有限公司
地址:济南市明水经济开发区圣福路 2999 号
邮编:250200
电话:0531/88876555、4000662698
传真:88878560
网址:www. huawin. com
电子信箱:huawin@ huawin. com
法定代表人:赵显华
质量体系:ISO 9001
产品情况:多系列的高端豪克能制造装备,并广泛应用于汽车等领域
配套情况:主要用户有一汽、东风等汽车企业

★济南第一机床有限公司
地址:济南市章丘区潘王路 20333 号
邮编:250200
电话:0531/85052206、87110416
传真:87110496
网址:www. jfmt. com. cn
电子信箱:jfmt@ jfmt. com. cn
法定代表人:王德兴
负责人:李明业
单位人数:2300
质量体系:ISO 9001
产品情况:轮毂机床,制动盘机床,中、高档数控车床/车削中心、立/卧式加工中心,数控镗铣床,复合数控机床,自动化产品,高速数控锯床,高速数控立式车削中心,普通车床等
出口情况:用户遍布全球五大洲

★山东凯帝斯工业系统有限公司
地址:山东省德州市经济技术开发区晶华大道
邮编:253082
电话:4000660534
传真:0534/2369012
网址:www. cnkts. com. cn
电子信箱:dzzthy@ 163. com
法定代表人:刘桂莲
质量体系:ISO 9001
产品情况:汽车零部件及整车的专业试验检测设备
配套及出口情况:上海采埃孚转向系统、上海航天汽车机电股份、豫北转向系统等国内知名零部件制造、整车厂等采用了凯帝斯专业汽车试验设备;远销伊朗、日本、美国等国家

★滨州博海精工机械有限公司
地址:山东省滨州市渤海二十一路 569 号
邮编:256606
电话:0543/3288728、3288779
传真:3289188
电子信箱:bhjj@ bhpiston. com
法定代表人:林风华
产品情况:全自动活塞铸造机、全自动活塞生产线、全自动检测机异形销孔镗床、组合镗床、自动装环机、自动硬氧线、镶环/内冷探伤机、异形销孔连杆镗床、缸套铸造及机加设备

★山东万通模具有限公司
地址:山东省广饶县经济开发区广凯路 10 号
邮编:257300
电话:0546/6927060、6928181
传真:6925705
网址:www. wtmould. com
电子信箱:sd@ wtmould. com
法定代表人:李强
单位人数:460
质量体系:ISO 9001、ISO 14001
产品情况:(万通牌)
　　全钢子午线轮胎活络模具、半钢子午线轮胎活络模具、轮胎侧板模具、活字块模具等轮胎模具

★潍坊宏盛铸造机械有限公司
地址:山东省诸城市北外环路 534 号
邮编:262200
电话:0536/6480897
传真:6480899
网址:www. hongshengzhuji. cn
电子信箱:hongshengzhuji@ 163. com
法定代表人:丁炳仁
质量体系:ISO 9001
产品情况:抛(喷)丸清理设备
配套及出口情况:为一汽等配套;出口东南亚、非洲等地区

★山东盛跃自动化装备有限公司
地址:山东省青州市东夏镇东夏南路 358 号
邮编:262514
电话:0536/3511068
传真:3513756
电子信箱:13306369729@ 163. com
法定代表人:张晓华
产品情况:汽车防冻剂、金属清洗剂、高效研磨液、切削液、电火花加工液等产品

★烟台屹丰汽车模具有限公司
地址:山东省烟台市芝罘科技工业园冰轮路 23 号
邮编:264000
电话:0535/6853675、6853705
传真:6853712
网址:www. yifeng - mould. com
电子信箱:yt - zs@ yifeng - mould. com
法定代表人:张文瑾
产品情况:汽车零部件及覆盖件模具
配套情况:为奔驰、宝马、大众、通用、上海汽车、长城汽车、北京汽车、北汽福田、东风裕隆等主机厂一级零部件及覆盖件模具供应商

★烟台泰利汽车模具股份有限公司
地址:山东省烟台市高新区创业路 42 号
邮编:264003
电话:0535/5521008、5521057
传真:5521020
网址:www. yt - taili. com
电子信箱:info@ yt - taili. com
法定代表人:孙军强
单位人数:240
质量体系:IATF 16949
产品情况:汽车车身开发快速试制、汽车覆盖件模具开发制造、汽车冲焊件开发制造以及汽车模具 3D 打印柔性制造技术及装备等高端智能装备技术研发与制造
配套及出口情况:成为一汽轿车、一汽解放青岛汽车、东风越野、华泰汽车冲焊件一级配套供应商,成为上汽通用汽车车身开发快速试制配套供应商;出口

日本、欧洲

★烟台霍富模具有限公司
地址:山东省烟台市经济技术开发区广州路2号
邮编:264006
电话:0535/6952676、6952009
传真:6952679
网址:www. huf - group. com
电子信箱:receptionist@ ythuf - tools. com
法定代表人:赫尔
产品情况:精密模具和专用生产检测设备

★飞迈(烟台)机械有限公司
地址:山东省烟台市福山高新区永福园路886号
邮编:265500
电话:0535/6300139
传真:6300136
电子信箱:sales@ vmi. com. cn
法定代表人:哈姆·沃特曼
质量体系:ISO 9001
产品情况:橡胶生产、轮胎部件制造、轮胎成型、轮胎硫化与轮胎检测等设备

★青岛冠宇工业设备有限公司
地址:山东省青岛市青山路624号
邮编:266000
电话:0532/87638980
传真:87898122
网址:www. qdguanyu. com
电子信箱:3580@ qdguanyu. com
法定代表人:单伟
产品情况:(冠宇牌)
仓储货架、塑料托盘、工位器具、物流容器、线棒柔性系统、塑料零件盒等
配套及出口情况:被国内外知名企业通用汽车、艾默生电机、三菱重工、松下电器、三洋电机、澳柯玛开利、浦项不锈钢、辉门(青岛)、庆昕塑料、海尔、海信、澳柯玛、南车集团、青岛一汽、美菱集团、美的集团、重汽集团、中国石化等上百家企业选用;远销50多个国家

★青岛鑫三元塑胶科技集团有限公司
地址:山东省青岛市城阳区惜福镇街道铁骑山路66号三元工业园2号楼
邮编:266100
电话:0532/87931726
网址:www. qdsanyuan. com
电子信箱:xu_xue_jun@ 163. com
法定代表人:张杰民
单位人数:150
质量体系:ISO/TS 16949、ISO 14001
产品情况:注塑模具、SMC压制模具及冲压模具
配套及出口情况:为三星电子、圣度电子和海信等知名企业供货;出口周边多个国家

★青岛麦科三维测控技术股份有限公司
地址:山东省青岛市九水东路320号李沧科技工业基地
邮编:266100
电话:0532/87602068、4008120012
传真:87602020
网址:www. metro - 3d. com
电子信箱:info@ metro - 3d. com
法定代表人:王杰
质量体系:ISO 9001
产品情况:Swift系列手动和数控测量机、Enjoy系列移动桥式测量机、View大型半桥式测量机、Discovery系列大型龙门式测量机、Greenwich固定桥式测量机
配套及出口情况:为SMC、Phase、Avision、ArvinMeritor、玉柴集团、上汽集团、宝钢集团、长城汽车、潍柴集团、圣龙集团、华液供货;出口意大利、缅甸等国家,并销往中国台湾地区

★青岛海泰自动化仪表有限公司
地址:山东省青岛市崂山区深圳路17号西门A座2楼号
邮编:266101
电话:0532/88706060、88706069
传真:84891445
网址:www. qd - hitech. com
电子信箱:hitech@ hitechqd. com
法定代表人:陈芸芳
质量体系:ISO 9001
产品情况:(轻翼牌)
各类电子、电磁、机械计数器和计时器、编码器、传感器、继电器,各类汽车电器试验台、发动机台架试验台、盘式测功机、燃油检测试验台
出口情况:大量出口美国、德国、日本、澳大利亚等国际市场

★海克斯康测量技术(青岛)有限公司
地址:山东省青岛市株洲路188号
邮编:266101
电话:0532/80895188、4006580400
传真:80895030
网址:www. hexagonmetrology. com. cn
电子信箱:info. cn@ hexagonmetrology. com
法定代表人:Norbert Hanke
质量体系:ISO 9001
产品情况:桥式三坐标测量机、超高精度三坐标测量机、悬臂式三坐标测量机、龙门式三坐标测量机、车间型三坐标测量机、关节臂三坐标测量机

★青岛英联精密模具有限公司
地址:山东省青岛市城阳区青大工业园
邮编:266111
电话:0532/87906600
网址:www. toyota - boshoku. com
电子信箱:youfeng@ injelic. com. cn
法定代表人:黄晓东
产品情况:树脂成型模具、塑料件
配套情况:主要客户有烟台通用、广汽日野、天津丰田、长安福特、奔驰、大众、北京现代、吉利、新都理光等

★青岛永隆机床制造有限公司
地址:山东省即墨市闫家岭工业园
邮编:266228
电话:0532/82519998、82519298
传真:82519998
网址:www. qdyonglong. cn
电子信箱:info@ qdyonglong. cn
法定代表人:阎瑞祥
质量体系:ISO 9001
产品情况:落地车床、卧式车床、端面车床、重型卧式车床、重型落地车床以及立式车床

★青岛双星橡塑机械有限公司
地址:山东省青岛市黄岛区董家口经济区港兴大道88号双星智能装备产业园
邮编:266400
电话:0532/86163764、55731033
网址:www. doublestar. cc
电子信箱:info@ doublestar. cc
法定代表人:李勇
质量体系:ISO 9001、ISO 14001
产品情况:橡胶装备、环保装备、铸造装备、轮胎模具
出口情况:远销澳大利亚、俄罗斯、泰国、新加坡等十几个国家和地区

★普威特涂层(青岛)有限公司
地址:山东省青岛市黄岛区(开发区)青龙河58号C楼一层
邮编:266555
电话:0532/80985860、80982860
传真:80988561
网址:www. pvtvacuum. com
电子信箱:pvtqd@ pvtvacuum. com
法定代表人:加百利·赫伯特
产品情况:提供高质量涂层加工服务

★山东滕州建哈机械化工有限公司
地址:山东省滕州市新世纪民营区腾飞东路1299号
邮编:277500
电话:0632/5566000、4000048266
传真:5566007
网址:www. jianha. com
电子信箱:webmaster@ jianha. com
法定代表人:张亚辉
单位人数:210
质量体系:ISO 9001
产品情况:(建哈牌)
数控立式车床及制动鼓镗床、数控多孔钻床、四柱导向液压机、多功能压力机、液压投铆机、冷铆钳等系列产品
出口情况:出口韩国、俄罗斯、印度等国家

河南省

★新乡日升数控轴承装备股份有限公司
地址:河南省新乡市文岩路2号

邮编:453000
电话:0373/5805777
传真:5835088
网址:www. xxrs. com
电子信箱:xxrs169@ 163. com
法定代表人:王世保
产品情况:数控轴承专用设备
配套及出口情况:为哈轴集团、瓦轴集团、洛轴集团、万向集团、慈兴集团、人本集团、摩士集团等配套;出口日本、印度、越南等国家

★安阳锻压机械工业有限公司
地址:河南省安阳市开发区长江大道26号
邮编:455000
电话:0372/5973147、5923102
传真:5923102
网址:www. ayduanya. com
电子信箱:aydy@ ayduanya. com
法定代表人:刘巍
质量体系:ISO 9001
产品情况:数控全液压模锻锤、电液锤、电液动力头、空气锤、大型热锻液压机、装取料机、锻造操作机、液压铆接机和金属屑压块机等
出口情况:远销德国、美国、法国、英国、俄罗斯、印度、越南等66个国家和地区

★安阳莱工科技有限公司
地址:河南省安阳市开发区长江大道301号
邮编:455000
电话:0372/2977949、13526142911
传真:2977949
网址:www. aydzz. com
电子信箱:2925596@ 163. com
法定代表人:刘国青
质量体系:ISO 9001
产品情况:(RABBIT牌)
　　高速磨削电主轴、数控铣削主轴、加工中心电主轴、数控车床主轴、雕刻机主轴、平面磨床主轴、木工机床主轴等
出口情况:出口日本、韩国、美国、欧洲等国际著名轴承公司

★安阳鑫盛机床股份有限公司
地址:河南省安阳市开发区弦歌大道西段
邮编:455000
电话:0372/2118811、2118882
传真:2118868
网址:www. ayxsjc. com
电子信箱:ayjcjtdzsw@ 163. com
法定代表人:吕安相
质量体系:ISO 9001、ISO 14001
产品情况:(安机牌)
　　普通卧式车床、重型车床、经济型数控车床、全功能数控车床、立式数控车床、管螺纹车床、深孔镗床、球面车床、数控重型卧式车床、立式加工中心、车铣复合加工中心和自动生产线等10多个系列

★鹤壁海昌专用设备有限公司
地址:河南省鹤壁市淇滨区松江路003号
邮编:458030
电话:0392/3357155、4006669321
传真:3313264－26
网址:www. thbhc. com. cn
电子信箱:sales@ thbhc. com. cn
法定代表人:张景堂
质量体系:VDA 6.4
产品情况:全自动下线压接机、台式端子压接机、压接模具、导线剪剥机、拉力试验机、端子剖面工作室、线束组装流水线、线束检测系统等线束加工、检测设备产品,广泛应用于汽车等产业
出口情况:远销美国、墨西哥、巴西、埃及、俄罗斯、意大利等10多个国家和地区;与德尔福、莱尼、李尔、住电等众多国际知名汽车线束制造企业建立紧密合作关系

★三门峡豫西机床有限公司
地址:河南省三门峡工业园
邮编:472000
电话:0398/3804947、3803668
传真:3811248、3803668
网址:www. yxjcc. com
电子信箱:yxjcxsc06@ 163. com
法定代表人:张炜东
负责人:张宇
单位人数:1250
质量体系:ISO 9001
产品情况:(豫西牌)
　　立、卧式单、双轴半自动车床,数控车床,组合机床和专用机床,广泛用于汽车、农用车、拖拉机等行业
配套情况:立式数控车床供一汽底盘厂、一汽轻型车厂、东风车桥,立式组合机床供陕汽、中国重汽,中间驱动双头数控车床供哈飞汽车、重庆红岩汽车,数控凸轮铣床供青岛众力车桥、柳汽、广东富华,转向节加工机床供北奔重汽、山西汤荣等公司

★三门峡中原量仪股份有限公司
地址:河南省三门峡市湖滨工业园区河堤北路东段
邮编:472000
电话:0398/2288850、2288866
传真:2288996
网址:www. cnzyly. com
电子信箱:smxzyly1965@ 163. com
法定代表人:郭胜利
质量体系:ISO 9001
产品情况:(中字牌)
　　汽车和摩托车零件加工检测仪、空调压缩机零件检测仪等
配套及出口情况:为包括北京现代、上汽通用、一汽、东风、格力电器、美的空调等著名品牌在内的4000多家国内用户服务的同时,还为包括美国通用、德国奔驰在内的众多国外著名企业服务;远销日本、朝鲜、印度、东南亚、非洲、罗马尼亚、荷兰、美国、澳大利亚等几十个国家和地区

湖北省

★武汉市祥龙摩擦材料有限责任公司
地址:武汉市东西湖区吴家山东吴大道新城十一路18号
邮编:430040
电话:027/83379180、83379181
网址:www. xianglong－fm. com
电子信箱:1157646736@ qq. com
法定代表人:朱有娣
单位人数:300
质量体系:ISO 9001
产品情况:各种汽车制动蹄片、离合器从动盘专用设备及检测设备生产流水线、模具
出口情况:远销北美洲(加拿大、美国、墨西哥)、南美洲(巴西、委内瑞拉、厄瓜多尔、秘鲁、玻利维亚、智利)、欧洲(意大利、德国、波兰)、中东(埃及、伊朗、沙特阿拉伯、叙利亚、也门、阿尔及利亚、摩洛哥)、印度、马来西亚、印度尼西亚等37个国家和地区

★武汉萨普科技股份有限公司
地址:武汉市经济技术开发区全力二路101号经开智造2045创新谷1号厂房
邮编:430056
电话:027/84650747
传真:84650747
网址:www. sapw. com. cn
电子信箱:sales@ sapw. com. cn
法定代表人:蒋晓冬
产品情况:汽车空调系统的设计开发、工业级3D打印SLS/SLA/FDM等多种快速成型工艺制作
配套情况:主要用户有东风汽车、江淮汽车、苏州奥杰、东风贝洱、艾斯达克等汽车企业、整车设计公司、汽车零部件企业

★东风模具冲压技术有限公司
地址:武汉市经济技术开发区神龙大道69号
邮编:430056
电话:027/84303922、84893124
传真:84792950
网址:www. df－ds. cn
电子信箱:dfds@ df－ds. cn
法定代表人:杨立群
单位人数:2028
质量体系:ISO/TS 16949、ISO 14001
产品情况:商用车整车及乘用车整车模具及零件

★武汉瑞威特机械有限公司
地址:武汉市汉南区幸福工业园

邮编:430065
电话:027/88167291、84733950
传真:84733947
网址:www. wh - rivet. com
电子信箱:jiguozhu@ foxmail. com
法定代表人:唐千否
质量体系:ISO 9001、ISO/TS 16949
产品情况:(瑞威特牌、RIVET 牌)
各类液压铆压设备、气动铆压设备、气液增压铆压设备、机械式冲铆设备以及各类智能化铆压自动生产线
配套及出口情况:为汽车零部件企业配套;远销欧美、中东及东南亚地区

★武汉楚天工业激光设备有限公司
地址:武汉市东湖开发区光谷大道 3 号未来之光
邮编:430074
电话:4009606856
网址:www. ct - laser. com
电子信箱:ctlaser@ ct - laser. com
法定代表人:孙文
单位人数:1000
质量体系:ISO 9001
产品情况:激光焊接机、激光打标机、激光切割机、激光打孔机、激光太阳能设备
配套及出口情况:与国内多家汽车零部件和整车制造商合作将激光技术成功应用于滤清器、安全气囊、液压挺杆、火花塞、汽车碟圈、变速器等汽车部件的制造上;远销美国、英国、德国、马来西亚、韩国等 20 多个国家

★武汉三工光电设备制造有限公司
地址:武汉市东湖新技术开发区黄龙山北路 4 号
邮编:430079
电话:027/59722666
传真:59722966
网址:www. sunic. com. cn
电子信箱:info@ sunic. com. cn
法定代表人:何成鹏
质量体系:ISO 9001
产品情况:(ARGUS 牌)
激光划片机、全自动串焊机、全自动排版机、电池分选机、组件测试仪、EL 缺陷检测仪;动态 CO_2 激光打标机、导光板激光打点机、光纤激光打标机、半导体激光打标机、绿光激光打标机、紫外激光打标机;激光雕刻机、激光切割机、激光膜切割机;红外激光器、紫外激光器、绿光激光器;激光调阻机、陶瓷激光划片机等
出口情况:远销美国、日本、韩国、印度、巴基斯坦、乌克兰、俄罗斯、土耳其、波兰、叙利亚、苏丹,并销往中国台湾、中国香港地区

★武汉法利莱切焊系统工程有限公司
地址:武汉市东湖高新技术开发区华中科技大学科技园华工激光产业园
邮编:430205
电话:027/87180200
电子信箱:farleyinfo@ hglaser. com
法定代表人:邓家科
产品情况:激光切割机、激光焊接机、白车身激光加工设备、等离子切割机等
出口情况:远销大洋洲、美国、英国、德国、俄罗斯、印度等国家和地区

★华工科技产业股份有限公司
地址:武汉市东湖高新技术开发区华中科技大学科技园华工科技本部大楼
邮编:430223
电话:027/87180120、87180139
网址:www. hgtech. com. cn
电子信箱:hrd@ hgtech. com. cn
法定代表人:马新强
产品情况:激光智能装备、传感器等
配套情况:拥有上汽、一汽、东风等 100 余家国内外知名客户

★武汉华工激光工程有限责任公司
地址:武汉市东湖高新技术开发区华中科技大学科技园华工科技激光产业园
邮编:430223
电话:027/87180200、4008888866
传真:87180210
网址:www. hglaser. com
电子信箱:info@ hglaser. com
法定代表人:马新强
质量体系:ISO 9000
产品情况:(华工激光牌、FARLEY · LASERLAB 牌)
光纤激光器、半导体激光器、高功率气体激光器、全功率系列的激光切割机、激光焊接机、激光打标机、激光打孔机、激光调阻机、激光精微细细加工系统、激光毛化成套设备、激光热处理系统、精细等离子切割设备
出口情况:出口澳大利亚、美国、英国、德国、俄罗斯、印度等国家

★武汉嘉铭激光股份有限公司
地址:武汉市东湖新技术开发区华师园北路 16 号
邮编:430223
电话:027/87925586、87925585
传真:87925611
网址:www. gemminglaser. com
电子信箱:whjm@ vip. 163. com
法定代表人:张爱萍
质量体系:ISO 9001
产品情况:(嘉铭牌)
激光标记机、气动打标机、标牌压印机等
出口情况:出口德国、美国、韩国、马来西亚、印度尼西亚、南非等多个国家

★武汉华夏精冲技术有限公司
地址:武汉市阳逻经济开发区工业园
邮编:430415
电话:027/89620492、89620553
传真:89620499
网址:www. hxfb. com. cn
电子信箱:hr@ hxfb. com. cn
法定代表人:许勇
质量体系:ISO/TS 16949
产品情况:(HFB 牌)
精冲零件、精冲模具及精冲设备
配套情况:是一汽、比亚迪、东风康明斯、神龙汽车、长安福特等汽车及其零部件厂商的长期供应商

★湖北精川智能装备股份有限公司
地址:湖北省荆州市开发区深圳大道 58 号
邮编:434000
电话:0716/8303006、8304218
传真:8333606
网址:www. jcznzb. com
电子信箱:admin@ jcznzb. com
法定代表人:周海平
单位人数:220
质量体系:ISO 9001
产品情况:以汽车制动系统装配线、汽车桥及传动系统装配线、工程机械桥及传动驱动系统装配线、发动机系统装配线为主
配套情况:为包括美国卡特彼勒、博世、康明斯、美国爱科、中国重汽、天合系统、布雷博、雷米电机、柳州五菱、亚太机电、万安科技以及陕汽汉德等近百家汽车及零部件制造商提供业内领先的装配线

★湖北三环锻压设备有限公司
地址:湖北省黄石市经济技术开发区金山大道 158 号
邮编:435000
电话:0714/6330461、6330179
传真:6333212
网址:www. hsdy. com. cn
电子信箱:sales@ hsdy. com. cn
法定代表人:薛凌翔
单位人数:1860
质量体系:ISO 9001
产品情况:数控折弯机、数控剪板机、数控转塔冲床、激光切割机、数控冷镦机、精锻机、肋骨冷弯机、高能螺旋压力机、开卷校平线等
出口情况:出口欧洲、大洋洲、东南亚、南北美洲、中东、北非等 50 多个国家和地区

★华工法利莱切焊系统工程有限公司
地址:湖北省鄂州市葛店开发区创业大道西侧 A 区
邮编:436003
电话:027/87180277、4008888866
传真:87180210
网址:www. farleylaserlab. cn
电子信箱:farleyinfo@ hglaser. com
法定代表人:邓家科
质量体系:ISO 14001
产品情况:激光切焊设备、等离子切割

设备等,设计汽车制造等领域

★湖北鄂丰模具有限公司
地址:湖北省鄂州市鄂州经济开发区创业大道 6 号
邮编:436070
电话:027/59370266、59370566
传真:59370299
网址:www. efeng. com
电子信箱:market@ efeng. com
法定代表人:陈为群
质量体系:ISO 9001
产品情况:塑料管件模具及大口径管道接头成套注塑装备
出口情况:出口欧洲、美洲、非洲及亚洲等 30 多个国家和地区

★湖北银轮起重机械股份有限公司
地址:湖北省赤壁市河北大道 419 号
邮编:437399
电话:0715/5350607、5350236
传真:5353382
电子信箱:xsgs@ hbyinlun. com
法定代表人:许绪武
质量体系:ISO 9001
产品情况:各种起重机
出口情况:出口东南亚、中东、非洲、欧洲、美洲、巴西、俄罗斯等国家和地区

★老河口普正机械有限公司
地址:湖北省老河口市洪山咀楚润路 1 号
邮编:441814
电话:0710/8512937、8224899
传真:8512937
网址:www. churun. com. cn
电子信箱:lhkrh@ 163. com
法定代表人:李启群
产品情况:冶金设备、汽车焊装夹具、大型非标设备等,年生产构件能力 5000t
配套情况:与武船、武重、武汉中正化工、江山重工、宜昌 403、华工科技、博亚机械、新兴联机械等合作

★湖北十堰先锋模具股份有限公司
地址:湖北省十堰市高新技术产业开发区滨河东路 66 号
邮编:442013
电话:0719/8301883、8301886
传真:8301880、8301883
电子信箱:zhu. liping@ xfmj. com
法定代表人:付晓亮
产品情况:主营汽车覆盖件模具等大中型冲压模具的设计、制造
配套及出口情况:已为宝马、奔驰、沃尔沃、路虎、大众、福特、神龙、日产、海斯坦普等知名汽车和零部件公司提供了数以千计的模具;产品已出口到美国、德国、法国、英国、西班牙、日本等国家

★东风专用设备科技有限公司
地址:湖北省十堰市镜潭路 46 号
邮编:442021
电话:0719/8261350、8238348
传真:8239868
网址:www. dfzysb. com
电子信箱:master@ dfzysb. com
法定代表人:张群
单位人数:400
质量体系:ISO 9001、ISO 14001
产品情况:(东银牌)
　　各种搬运、装配、检测设备和机器人等
配套情况:为东风本田、东风日产、重庆长安、长安福特、神龙汽车、东风商用车、玉柴机器等多家国内知名公司提供产品

★东风汽车有限公司设备制造厂
地址:湖北省十堰市朝阳北路
邮编:442022
电话:0719/8223546、8269061
传真:8224161、8221576
网址:www. dfl. com. cn
电子信箱:heqianchao@ dfl. com. cn
法定代表人:王强
质量体系:QS 9000、ISO 9000
产品情况:专用机床及其自动线、柔性加工设备、可控转矩转角螺纹拧紧设备、焊装设备、专用夹具、辅具等工艺装备和汽车零部件

★东风汽车模具有限公司
地址:湖北省十堰市东岳路 100 号
邮编:442025
电话:0719/8221425、8223325
传真:8224527
网址:www. df - dmc. com
电子信箱:glb@ df - dmc. com
法定代表人:李建华
单位人数:840
质量体系:ISO/TS 16949、ISO 14001
产品情况:冷冲模、汽车主模型、检验夹具、汽车零部件、模具标准件等
配套及出口情况:为东风汽车公司、神龙汽车、东风本田、江铃、庆铃汽车、四川一汽丰田、上汽大众、通用、奇瑞汽车等 10 多家汽车公司配套;出口日本、美国

湖南省

★长沙长泰机器人有限公司
地址:长沙市雨花区振华路智庭园 2 栋
邮编:410007
电话:0731/89928216
传真:89928216
网址:www. ctrrobotics. com
电子信箱:admin@ chaintreis. com
法定代表人:杨漾
质量体系:ISO 9001
产品情况:机器人柔性焊接生产线、全过程铸造生产线、桁架机械手、智能物流生产线等多门类产品
配套及出口情况:客户包括上汽通用、东风本田、东风汽车、吉利汽车、玉柴股份、东风电气、重庆机电、中车、三一重工、山推股份等国内多家知名装备制造企业;智能物流生产线产品出口亚太及中亚地区

★长沙一派数控股份有限公司
地址:长沙市经济技术开发区天华南路 9 号
邮编:410100
电话:0731/84021538
传真:84021534
网址:www. epochnc. com
电子信箱:epoch@ epochnc. com
法定代表人(负责人):朱更红
质量体系:ISO 9001
产品情况:(一派牌)
　　专用数控机床及全自动活塞生产线,直线伺服电动机、驱动器及其延伸产品

★湖南顶立科技有限公司
地址:长沙市长沙县暮云经济开发区顶立科技园
邮编:410118
电话:0731/82819666、4006770098
传真:82861388
网址:www. chinaacme. net
电子信箱:sales@ sinoacme. cn
法定代表人:戴煜
质量体系:ISO 9000、ISO 14001
产品情况:铁铜基粉末冶金设备、动力电池材料设备、钨钼材料及硬质合金设备、真空热处理设备、雾化制粉设备、碳及碳化硅复合材料系列设备等

★湖南海捷精密工业有限公司
地址:长沙市麓谷谷苑路 186 号湖南大学科技园
邮编:410205
电话:0731/88822540、88821324
传真:88822540
网址:www. hdhjjg. com
电子信箱:hdhjgs@ 163. com
法定代表人:肖贤辉
单位人数:160
质量体系:ISO/TS 16949、ISO 9000
产品情况:数控工具磨床、曲轴磨床、凸轮轴磨床、外圆磨床、研磨机等系列

★宇环数控机床股份有限公司
地址:长沙市浏阳制造产业基地(浏阳高新区)永阳路 9 号
邮编:410323
电话:0731/83201588、4008320220
传真:83201588
网址:www. yh - cn. com
电子信箱:yh@ yh - cn. com
法定代表人(负责人):许世雄
单位人数:200
质量体系:ISO 9001

产品情况:数控磨床、数控研磨抛光机和智能装备系列产品

★湘潭屹丰模具制造有限公司
地址:湖南省湘潭市高新区双马街道双马8号路9号
邮编:411100
电话:0731/55888801、55885199
传真:58391502
网址:www. yifeng - mould. com
法定代表人:张文瑾
产品情况:汽车零部件及覆盖件模具
配套情况:为奔驰、宝马、大众、通用、上海汽车、长城汽车、北京汽车、北汽福田、东风裕隆等主机厂一级零部件及覆盖件模具供应商

★湖南精正设备制造有限公司
地址:湖南省湘潭市南岭路6号
邮编:411100
电话:0731/58613888、13975278570
传真:52338587
网址:www. jzsb. com
电子信箱:china@ jzsb. com
法定代表人:颜剑
质量体系:ISO 9001
产品情况:高压发泡机、双履带连续发泡生产线、多工位汽车座椅环形发泡生产线为代表的各类制品生产线,原料预混、储存输送系统,弹性体浇注机等系列设备
配套及出口情况:为一汽-大众、郑州宇通、奇瑞、现代、美国江森、美国李尔、天津津能、哈尔滨热电、河南天丰等配套;出口德国、意大利、韩国、美国等11个国家

★株洲钻石切削刀具股份有限公司
地址:湖南省株洲市天元区黄河南路
邮编:412007
电话:0731/22881757
传真:22887878、22885420
网址:www. zccct. com
电子信箱:zccct@ zccct. com
法定代表人:李屏
质量体系:ISO 9001、ISO 14001
产品情况:(钻石牌)
高精度车削、铣削、镗削、钻削、切断切槽和螺纹铰削加工的数控刀片及配套刀具、硬质合金整体刀具及工具系统
出口情况:海外销售网覆盖全球70多个国家

★益阳橡胶塑料机械集团有限公司
地址:湖南省益阳市会龙路180号
邮编:413000
电话:0737/6205878、6205839
传真:4298888、6203088
网址:www. chinamixing. com
电子信箱:group@ chinamixing. com
法定代表人:蔡挺
质量体系:ISO 9001、ISO 14001
产品情况:密炼机、轮胎硫化机、子午胎成型机、双螺杆挤出机、平板硫化机组、鼓式硫化机等成套设备
出口情况:主导产品出口日本、美国、意大利、新西兰、南非、巴西、泰国等40多个国家和地区

广东省

★广州随尔汽车科技有限公司
地址:广州市白云区太和镇龙归南岭村龙岗路28号之一
邮编:510445
电话:020/28178308、4009633373
网址:www. seal - rp. cn
电子信箱:sealcm@ vip. 163. com
法定代表人:刘亚明
质量体系:ISO/TS 16949、ISO 14001
产品情况:模型、部件汽车造型设计、汽车模型制作
配套情况:主要客户有长城、北汽、广汽、广汽丰田、奇瑞汽车、上汽大众、力帆汽车、广汽本田、中兴汽车、福田汽车、东风汽车、陆风汽车、海马汽车、东南汽车、天津一汽、东风日产、野马汽车、众泰汽车、北京汽车、上汽通用五菱、江铃汽车、吉利汽车、江淮汽车等

★广州明珞汽车装备有限公司
地址:广州市高新技术产业开发区科学城开源大道11号C3栋首层A单元、二层
邮编:510530
电话:020/66356688
传真:66356699
网址:www. minotech. cn
电子信箱:sales@ minotech. cn
法定代表人:姚维兵
单位人数:540
质量体系:ISO 9001
产品情况:汽车白车身自动化焊接生产线、动力总成及新能源装备、电气自动化及机器人系统应用

★广州艾帕克汽车配件有限公司
地址:广州市经济技术开发区东区骏业路172号
邮编:510530
电话:020/82266490、82986960
网址:www. apac. com. cn
电子信箱:info@ apac. com. cn
法定代表人(负责人):宫崎幸一
产品情况:汽车关键零部件(含组合仪表)、车身骨架制品、精冲模、精密型腔模、模具标准件、模具、夹具
配套情况:主要客户有广汽本田、中国本田、广汽丰田、东风日产、广汽三菱、爱信精机、福建奔驰、北汽

★广州三兴精密模具塑料工程有限公司
地址:广州市经济技术开发区东区开创大道701号
邮编:510530
电话:020/82264470
传真:82264217
网址:www. first - engr. com
电子信箱:sales@ sdaletech. com
法定代表人:Chan Tung Sing
质量体系:ISO/TS 16949、ISO 14001
产品情况:集精密模具、喷涂、激光、注塑生产、加工及提供相关技术服务于一体
配套情况:为神龙汽车、东风汽车公司、法雷奥、德尔福、玛格纳、阿文美驰、英提尔等配套

★广州松兴电气股份有限公司
地址:广州市经济技术开发区云骏路2号
邮编:510530
电话:020/82266898
传真:82266182
网址:www. songxing. com
电子信箱:sales@ songxing. com
法定代表人(负责人):刘国瑛
单位人数:120
质量体系:ISO 9001
产品情况:电阻焊设备、激光焊接系统、机器人焊接系统、焊接控制系统

★广州致远电子有限公司
地址:广州市天河区车坡路黄洲工业区7栋2楼
邮编:510660
电话:020/28872342、4008884005
传真:28267891
网址:www. zlg. cn
电子信箱:support@ zlg. cn
法定代表人:周立功
质量体系:ISO 9001、ISO 14001
产品情况:CAN总线分析仪与记录仪等

★本田生产技术(中国)有限公司
地址:广州市经济技术开发区东区联广路231号
邮编:510730
电话:020/32066301
网址:www. honda. com. cn
法定代表人:山本创一
产品情况:模具、夹具、高效焊接生产设备、精冲模、精密型腔模、模具标准件、精密数控机床等产品

★广州东阳立松模具制造有限公司
地址:广州市经济技术开发区秀丽小区丽江街2号
邮编:510730
电话:020/82099988
传真:82098433、82098609
电子信箱:tygt@ tyg - tmw. com
法定代表人:吴明聪
质量体系:ISO 9001
产品情况:大中型汽车内外饰件的塑料模具

出口情况：出口美国、加拿大、日本、法国、瑞典、土耳其等国家

★广州市加杰机械设备有限公司
地址：广州市花都区汽车城花港大道60号
邮编：510760
电话：020/36860788
传真：36865898
网址：www. gzjaj. com
电子信箱：gzjaj@ gzjaj. com
法定代表人：向德志
单位人数：150
质量体系：ISO 9001
产品情况：专业设计制造汽车外饰件自动喷漆生产线，包括前处理、涂装、烘干到输送自动化、净化及环境保护等成套设备以及电泳、喷粉自动涂装生产线
配套情况：同日产、柳州五菱、本田、敏实、福耀、日立、美的、志高等国内外优秀客户形成了长期合作的伙伴关系

★康奈可（广州）汽车模具制造有限公司
地址：广州市花都区东风大道
邮编：510800
电话：020/66852899、66803328
传真：86733110
网址：www. calsonickansei. co. jp
电子信箱：liping_guo@ ck - mail. com
法定代表人：山西政博
质量体系：ISO 14001
产品情况：大型汽车注塑模

★广州玖和模具有限公司
地址：广州市花都区花都汽车城东风大道东
邮编：510800
电话：020/22972261、22972262
传真：22972260
网址：www. geoho. com. tw
电子信箱：sales@ geoho. com. tw
法定代表人：林俊福
产品情况：汽车车身覆盖件内饰件模具及各种冷冲模具
配套及出口情况：主要客户有东风日产、奇瑞汽车、柳州五菱、保定长城、广州优尼冲压、广州三池、广州爱机、广州双叶；出口印度、美国、墨西哥、西班牙

★广州麦迪水谷汽车模具有限公司
地址：广州市花都区汽车产业基地赤坭园区经三路西侧1号
邮编：510800
电话：020/86704230
传真：86704229
电子信箱：kaikei1@ gzmaity. com. cn
法定代表人：刘雪艳
产品情况：冲压及模具设计、制作

★广州屹丰模具制造有限公司
地址：广州市花都区新华街汽车城沿江大道16号
邮编：510800
电话：020/86738112
传真：86738220
网址：www. yifeng - mould. com
法定代表人：张文瑾
产品情况：汽车零部件及覆盖件模具
配套情况：为奔驰、宝马、大众、通用、上海汽车、长城汽车、北京汽车、北汽福田、东风裕隆等主机厂一级零部件及覆盖件模具供应商

★广州亨龙智能装备股份有限公司
地址：广州市从化经济开发区丰盈路9号
邮编：510990
电话：020/87815075、4000883325
传真：87813346
网址：www. heronwelder. com
电子信箱：bill@ heronwelder. com
法定代表人：邹春芽
单位人数：300
质量体系：ISO 9001
产品情况：全系列电阻焊机及金属连接智能装备
配套情况：主要客户有北汽集团、广汽集团、一汽轿车、一汽、福田、东风乘用车、上汽通用、上汽大众、上汽通用五菱、长城汽车、奇瑞、广汽日野、比亚迪、北京奔驰、一汽海马等

★广州宁武科技股份有限公司
地址：广州市永和经济开发区春分路9号
邮编：511356
电话：020/32980700
传真：32980722
网址：www. neive. com. cn
电子信箱：info@ neive. com. cn
法定代表人：张民
产品情况：各类汽车生产用检查治具、工装夹具及其维修改造、CMM测量等

★广州市型腔模具制造有限公司
地址：广州市番禺区沙湾镇振业街42号
邮编：511400
电话：020/84419488
网址：www. gzmould. com
电子信箱：trade@ gzmould. com
法定代表人：马广兴
质量体系：ISO 9001
产品情况：大型压铸模具

★广州广汽荻原模具冲压有限公司
地址：广州市番禺区化龙镇金荷一路2号
邮编：511434
电话：020/83970316、83970318
网址：www. gzgaog. com
电子信箱：fuxiaoling@ gzgaog. com
法定代表人：龚翰清
单位人数：1500
产品情况：汽车车身冲压焊接零部件、汽车车身外覆盖件冲压模具、汽车夹具、检具
配套情况：为广汽乘用车、广汽本田、广汽三菱、广汽丰田、广汽菲克的多款车型配套生产

★巨轮智能装备股份有限公司
地址：广东省揭东县经济开发区龙港路中段
邮编：515500
电话：0663/3269366
传真：3269266
网址：www. greatoo. com
电子信箱：greatoo@ greatoo. com
法定代表人：吴潮忠
质量体系：ISO 9001
产品情况：（吉阳牌）
子午线轮胎活络模具、轮胎二半模具、巨型工程车胎活络模具、多种型号的液压式轮胎硫化机、轻载和重载工业机器人、精密机床等
配套及出口情况：被美国固特异、英国邓录普、法国米其林、日本普利司通、意大利皮列里等国际轮胎巨头列入全球采购供应体系；远销美国、欧洲、东南亚、南美洲等国家和地区

★伟业精密科技（惠州）有限公司
地址：广东省惠州市仲恺高新区陈江镇五一工业园
邮编：516000
电话：0752/5839388、5839389
传真：5839338、5839339
网址：www. hzweiye. com
电子信箱：wy@ hzweiye. com
法定代表人：邓桂荣
质量体系：ISO/TS 16949、ISO 9001
产品情况：专业从事各种精密模具制造及精密五金制造；广泛应用于汽车工业、电子电器、新能源等领域

★惠州市美林模具有限公司
地址：广东省惠州市博罗县园洲镇丰平乡工业区
邮编：516123
电话：0752/5711688
传真：5711680
网址：www. meilinmould. com
电子信箱：ml006. xia@ 163. com
法定代表人：周美秀
质量体系：ISO/TS 16949、ISO 14001
产品情况：年生产汽车五金模具450余套
配套情况：为本田、日产、丰田提供各类专业汽车配件模具

★深圳市倍诺通讯技术有限公司
地址：广东省深圳市福田保税区英达利科技园C栋601A
邮编：518000
电话：0755/88834168、13902910455
传真：83849549
网址：www. nb315. com
电子信箱：benow@ nb315. com
法定代表人：韩伟
质量体系：ISO 9001
产品情况：（倍诺牌）
信息多媒体防伪、智慧云平台等

★三多乐精密注塑(深圳)有限公司
地址:广东省深圳市龙华区龙华街道油松第十工业区民欢路11号
邮编:518000
电话:0755/28172809、13823164530
网址:www.santohno.com.cn
法定代表人:张宏伟
单位人数:570
质量体系:ISO/TS 16949、ISO 14001
产品情况:精密齿轮、塑胶齿轮减速器、机能组装品、精密模具、精密插件成形品等产品
配套情况:为理光、施乐、西门子、麦格纳、斑马、广州小糸等世界五百强企业的优秀供应商

★中茂电子(深圳)有限公司
地址:广东省深圳市南山区登良路南油天安工业村4号厂房8F
邮编:518052
电话:0755/26644598
传真:26419620
网址:www.chroma.com.cn
电子信箱:info@chromaate.com
法定代表人:黄钦明
产品情况:为客户提供电力电子、新能源电动车、电池测试、led/照明等自动测试解决方案

★深圳众为兴技术股份有限公司
地址:广东省深圳市南山区艺园路马家龙田厦IC产业园5楼
邮编:518052
电话:0755/26722719、13828845315
传真:26722718
网址:www.adtechcn.com
电子信箱:tech@adtechcn.com
法定代表人:曾逸
单位人数:500
质量体系:ISO 9001
产品情况:运动控制、电动机驱动、数控应用和工业机器人四大产品
出口情况:远销欧美、中东、东南亚等103个国家和地区,并销往中国香港、中国台湾地区

★深圳光韵达光电科技股份有限公司
地址:广东省深圳市南山区高新区北区朗山路13号清华紫光信息港C座1层
邮编:518057
电话:0755/26981000
传真:26981500
网址:www.sunshine-laser.com
电子信箱:shenzhen@sunshine-laser.com
法定代表人:侯若洪
产品情况:增材制造(3D打印)、激光三维电路(3D-LDS)、精密激光模板、柔性电路板激光成型、精密激光钻孔、硬脆性材料激光加工、金属与非金属精密部件个性化设计与制造、测试治具、自动化测试设备、激光光源及关键零部件制造等

★大族激光科技产业集团股份有限公司
地址:广东省深圳市南山区深南大道9988号大族科技中心大厦
邮编:518057
电话:0755/86161000、4006664000
传真:86161088
网址:www.hanslaser.com
电子信箱:hans@hanslaser.com
法定代表人:高云峰
单位人数:1000
质量体系:ISO 9001、ISO 14001
产品情况:(大族牌)
中高功率激光切割机、激光焊接机、自动化生产线、激光器与数控系统
出口情况:在海外设立10多个分支机构

★深圳市千旺达模具有限公司
地址:广东省深圳市宝安区西乡街道牛排村2号5栋
邮编:518100
电话:0755/27777926、18923421850
传真:27777926
网址:www.szqwd.com
电子信箱:szybmodel@163.com
法定代表人:黄彬
产品情况:专业从事摩托车和汽车主体模型、汽车零部件、汽车仪表板、汽车灯罩等汽车相关部件等快速成型样件制作
配套情况:汽车零配件样件来往厂商:奔驰技术中心、东风、福田等公司

★深圳市科伟达超声波设备有限公司
地址:广东省深圳市宝安区大浪街道办上横朗科伟达科技工业园
邮编:518101
电话:0755/28070333、28070666
传真:28070066
电子信箱:kwd@chinakwd.com
法定代表人:周耀尚
质量体系:ISO 9001
产品情况:超声波精密清洗设备等
出口情况:出口日本、美国、欧盟、东南亚等国家和地区

★深圳市中天超硬工具股份有限公司
地址:广东省深圳市宝安区新安67区留仙一路甲岸科技园2栋
邮编:518101
电话:0755/26073999
网址:www.juntec.com
电子信箱:office@juntec.com
法定代表人:刘敏
产品情况:聚晶金刚石刀具、立方氮化硼刀具、硬质合金(钨钢)刀具、天然金刚石刀具和盾构工程刀具ShieldTools五大系列刀具产品及盾构用泡沫剂及油脂产品

★深圳市柳溪机械设备有限公司
地址:广东省深圳市宝安桃花源科技创新园
邮编:518102
电话:0755/27960058
传真:27697719
网址:www.liush.com
电子信箱:market@liush.com
法定代表人(负责人):熊立斌
单位人数:700
质量体系:ISO 9001
产品情况:提供涂装前处理、烘干固化、油漆喷涂、粉末喷涂、电泳、氧化、机器人及自动化输送和控制等成套设备
出口情况:远销日本、韩国、俄罗斯、越南、印度、马来西亚、坦桑尼亚等国家

★日东电子发展(深圳)有限公司
地址:广东省深圳市宝安区福永街道白石厦东区新塘日东工业园
邮编:518103
电话:0755/27393551
传真:27396321
网址:www.suneastfz.com
电子信箱:marketfz@suneast.com.cn
法定代表人:林晓新
质量体系:ISO 9001
产品情况:[日东(Suneast)牌]
汽车零部件装备、自动化物流系统、自动化生产线系统、环保超声波清洗设备并承接五金塑胶、钣金加工等业务
配套情况:汽车分动箱总成装配线为重庆北奔重汽变速器配套,轮胎输送线、座椅输送线以及仪表总成输送线为上汽通用(沈阳)北盛汽车配套,轮胎输送线、座椅输送线、仪表输送线以及副车架生产线为上汽集团(荣威550)配套,发动机组装线为玉柴配套,涡轮增压器生产为延锋伟世通配套

★维克多精密工业(深圳)有限公司
地址:广东省深圳市宝安区福永镇桥头村富桥工业区三区龙辉工业城2栋
邮编:518103
电话:0755/27347095、27347096
传真:27335860
电子信箱:mail@vem-ltd.com
法定代表人:Marc Christopher Weinmann
产品情况:模具

★深圳东洋旺和实业有限公司
地址:广东省深圳市宝安区沙井镇和二鸿奔工业区
邮编:518104
电话:0755/27224484、27224576
传真:27306400、27224495
电子信箱:yinshl@szowh.net
法定代表人:新田良弥
产品情况:冲压、电镀、热处理、锻造、挤压成型、烧结、机电产品、各类小零件、精密继电器

★思瑞测量技术(深圳)有限公司
地址:广东省深圳市宝安区福永街道和平社区和泰工业区和丰工业园第6栋
邮编:518105
电话:0755/29718601、4008800268
传真:29710135
网址:www.serein.com.cn
电子信箱:sales@serein.com.cn
法定代表人:NORBERT HANKE
质量体系:ISO 9001
产品情况:精密坐标测量机,影像测量仪,测高仪等专业计量设备与仪器
配套及出口情况:为汽车整车及零部件企业供货;出口韩国

★深圳市鹏准模具有限公司
地址:广东省深圳市宝安区松岗大道6号
邮编:518105
电话:0755/27337745
传真:81461047
网址:cn.acuwaymold.com
电子信箱:info@acuwaymold.com
法定代表人:罗繁
单位人数:500
质量体系:ISO 9001
产品情况:汽车出风口组件、内饰件、控制面板、顶棚照明及控制、ABC柱、安全气囊总成、手套箱总成、杯架、烟灰缸、座椅调节器、内外门把手、变速器组件、格栅、车灯、冷却及空气管理系统等汽车模具

★深圳市时代高科技设备股份有限公司
地址:广东省深圳市宝安区塘头第三工业区13栋
邮编:518108
电话:0755/27745666、13636388018
传真:27704518
网址:www.sztime.com.cn
电子信箱:sdgk@time-cn.org
法定代表人:田汉溶
质量体系:ISO 9001、ISO 14001
产品情况:动力电池全自动真空干燥设备(隧道式/单机组合式)、智能柔性自动化物流线、模组机器人、高端智能化清洗设备等自动化装备

★深圳市光大激光科技股份有限公司
地址:广东省深圳市龙华新区大浪街道华宁路颐丰华工业区14栋
邮编:518109
电话:0755/83126666、83119999
传真:83107533
网址:www.gdlaser.cn
电子信箱:gd@gdlaser.cn
法定代表人:何林
质量体系:ISO 9001
产品情况:激光设备(激光打标、激光焊接、激光精密切割、钣金切割),量测设备(尺寸检测、外观检测及其他相关检测),自动化设备(电子行业、汽车行业、新能源行业等),其他设备(CNC、注塑设备,抛光、贴膜、包装等设备)
出口情况:远销20多个国家和地区

★双叶金属制品(深圳)有限公司
地址:广东省深圳市宝安区观澜街道观光路观城社区银星工业园内1号
邮编:518110
电话:0755/27990090
传真:29037578
网址:www.futabasangyo.com
电子信箱:liulijiao@futabasz.com.cn
法定代表人:池田健一
产品情况:汽车部件、溶接设备治具等产品
配套情况:为深圳富士施乐、重庆长安、日本双叶产业株式会社供货

★ 深圳市翼来科技有限公司

地址:广东省深圳市龙华区福城街道桔塘社区新塘村8号源创园陆号A3栋302
邮编:518110
电话:0755/21057607、18664326902
网址:www.szyilai168.com
电子信箱:szyilai168@163.com
法定代表人:陈链
产品情况:专业从事BMS(电池管理系统)测试、电池PACK测试、VCU(整车控制器)测试、MCU(电动机控制器)测试、ECU(电子控制单元)测试、BCM(车身控制器)测试、汽车胎压测试、仪表板测试、汽车摄像头测试、倒车雷达测试、倒车影像测试等汽车电子产品测试设备及自动化产线研发生产
☞ 详细情况请参阅彩色宣传版面

★深圳骏腾发自动焊接装备股份有限公司
地址:广东省深圳市光明新区光明街道观光路3009号留学人员创业园
邮编:518118
电话:0755/89718785、13923818869
网址:juntengfa.net
电子信箱:527606019@qq.com
法定代表人:刘学明
质量体系:ISO 9001
产品情况:(HORSE牌)
全系列电阻焊机及自动焊接专用设备,用于汽车制造等行业
配套及出口情况:客户有法雷奥、艾美特、奇瑞汽车、比亚迪汽车、保定长城汽车股份、东风汽车制造(深圳分公司)、长春阿文美驰汽车配件、湖北神风汽车配件、重庆利时得汽车配件、内蒙古一机汽车配件、深圳爱默生电器威格机电等;远销英国、加拿大及东南亚

★深圳市佳士科技股份有限公司
地址:广东省深圳市坪山新区青兰一路3号
邮编:518118
电话:0755/29651666、36908068
传真:27364308
网址:www.jasic.com.cn
电子信箱:jasicmarket@jasic.com.cn
法定代表人:潘磊
质量体系:ISO 9001
产品情况:(佳士牌)
逆变焊机、切割机、直流手工弧焊机、直流脉冲氩弧焊机、交直流方波焊机、数字化脉冲MIG焊机、逆变埋弧焊机以及各类内燃弧焊机、自动化焊接和切割设备等;为汽车等多行业提供设备
出口情况:出口东南亚、欧洲、美洲、中东市场,并销往中国香港、中国澳门、中国台湾地区

★震雄工业园(深圳)有限公司
地址:广东省深圳市坪山新区坑梓街道人民中路31号
邮编:518122
电话:0755/84139999
网址:www.chenhsong.com.hk
电子信箱:xujuan@chenhsong.com.hk
法定代表人:蒋丽苑
质量体系:ISO 9001、ISO 14001
产品情况:注塑机,适用于农业、汽车等领域
出口情况:部分产品出口

★深圳市劲拓自动化设备股份有限公司
地址:广东省深圳市宝安区西乡鹤州工业区北八路劲拓自动化工业园
邮编:518126
电话:0755/29586211
传真:29586336
网址:www.jt-ele.com
电子信箱:shenzhen@jt-ele.com
法定代表人:吴限
产品情况:(JT牌、劲拓牌)
智能焊接机器人、航空智能装备、智能机器视觉设备、高速点胶机、涂覆机等

★广东莞绿环保工程有限公司
地址:广东省东莞市东莞道滘华科城11座6号
邮编:523182
电话:0769/22889705
传真:22880755
网址:www.dgglhb.cn
电子信箱:dgglhb@163.com
法定代表人:张玉岩
产品情况:专业从事废水污染防治,用于能源电池行业废水处理等

★东莞高森五金制品(东莞)有限公司
地址:广东省东莞市高埗镇低涌村第三工业区
邮编:523273
电话:0769/88704541
传真:88704571
网址:www.takamori.com.cn

电子信箱:kin. guo. quan@ cntakamori. cn
法定代表人:原直昭
质量体系:ISO/TS 16949
产品情况:汽车微电机用金属冲压件、冲压模具

★东莞耐迪电子有限公司
地址:广东省东莞市茶山镇下朗村富财工业区二栋一楼
邮编:523375
电话:0769/86863101
传真:86863100
网址:www. nedec. com
电子信箱:nedec@ nedec. com
法定代表人:黄世畯
产品情况:高精度汽车部件的模具设计和加工制造
出口情况:全部出口日本、美国等国家

★东莞市中泰模具股份有限公司
地址:广东省东莞市横沥镇村头村桃子工业园
邮编:523400
电话:0769/87069046、87069006
传真:88971200
网址:www. vision - tool. com
电子信箱:marketing@ vision - tool. com. cn
法定代表人:姚小春
产品情况:五金模具、检具制造、冲压件

★广东鸿宝科技有限公司
地址:广东省东莞市寮步镇泉塘社区曲岭二路3号
邮编:523400
电话:0769/38809666、4000999088
传真:22088589
网址:www. honbro. com
电子信箱:honbro@ honbro. com
法定代表人:喻世民
质量体系:ISO 9001
产品情况:(HONBRO 牌)
锂电池自动化生产设备

★东莞龙和松汽车配件有限公司
地址:广东省东莞市桥头镇邓屋村联盛工业区1号1幢
邮编:523533
电话:0769/81036711
电子信箱:tujinzhen@ lhs - dg. com. cn
法定代表人:陈中贤
产品情况:以生产汽车、3C 产品射出模具及汽车用检具为主
配套情况:主要客户有长安福特、天津TOYOTA、东风日产、广汽丰田、东南汽车、富士康等

★东莞市新力光表面处理科技有限公司
地址:广东省东莞市塘厦镇石马社区明珠路8号新力光科技工业园
邮编:523700
电话:0769/89086333、87980830
传真:89177566、82016943
网址:www. xinliguang. com
电子信箱:xlg@ xinliguang. com
法定代表人:董亿祥
单位人数:500
质量体系:ISO 9001
产品情况:(新力光牌)
汽车行业涂装和电泳设备等

★东莞赫升机电有限公司
地址:广东省东莞市塘厦镇林村宏业北路99号
邮编:523711
电话:0769/82095588
传真:82095588
网址:www. allfirst. com. tw
电子信箱:allfirst@ allfirst. com. tw
法定代表人:陈启文
质量体系:ISO/TS 16949、ISO 14001
产品情况:(风劲霸牌)
制造 AC/DC 空压机/打气泵、串激式空压机、感应式空压机和汽车打蜡机

★东莞丰裕电机有限公司
地址:广东省东莞市塘厦镇清湖头管理区
邮编:523726
电话:0769/87902888
传真:87941888
网址:www. fungyu. com. hk
电子信箱:fungyu@ fungyu. com. hk
法定代表人:郑锡辉
单位人数:1000
质量体系:ISO 9001
产品情况:(FUNG YU 牌)
汽车、摩托车涂装设备等表面处理设备
配套及出口情况:荣誉客户有比亚迪、东风、宝马、奔驰、大众、丰田、本田、沃尔沃、三菱等;出口东南亚、中东、欧洲、非洲、北美洲、南美洲等地区,并销往中国香港地区

★普威特涂层(东莞)有限公司
地址:广东省东莞市大朗镇佛子凹村佛富路2号
邮编:523781
电话:0769/81129900
传真:81129901
网址:www. pvtvacuum. com
电子信箱:pvtdg@ vip. sina. com
法定代表人:加百利·赫伯特
产品情况:提供高质量涂层加工服务

★广东劲胜智能集团股份有限公司
地址:广东省东莞市长安镇上角管理区振安西路307号
邮编:523878
电话:0769/82888188
网址:www. januscn. com
电子信箱:humaofa@ januscn. com
法定代表人:王九全
产品情况:钻攻中心机、玻璃精雕机、3D 热弯机、零件加工中心机、模具加工中心机、龙门加工中心机等设备,适用于汽车、模具和机床行业

★肇庆市丰驰精密金属制品有限公司
地址:广东省肇庆市端州一路二桥高速公路入口处北侧
邮编:526040
电话:0758/2839761、2839503
传真:6193398
网址:www. zqfcjm. com
电子信箱:fcpmsales@ 163. com
法定代表人:张长权
单位人数:605
质量体系:ISO/TS 16949、ISO 14001
产品情况:铝合金零部件以及整体模具/模具配件、工装夹检具
配套情况:主要一级配套客户有广汽乘用车、广汽丰田、广汽本田、东风日产、东风本田汽车(武汉)、东风本田发动机(广州)、天津一汽丰田、江铃汽车、武汉东风乘用车 、长城汽车、美国车桥、华为技术 、中国中车(高铁动车组)等国内外世界500强知名企业

★佛山市金银河智能装备股份有限公司
地址:广东省佛山市三水区西南街道宝云路6号
邮编:528100
电话:0757/87323320、87323321
传真:87323323
网址:www. goldenyh. com
电子信箱:goldenyh@ chinagmk. com
法定代表人:张启发
质量体系:IATF 16949
产品情况:浆料连续法自动生产线等锂离子电池行业装备

★佛山日进塑料有限公司
地址:广东省佛山市南海区丹灶镇南海国家生态工业示范园区银海大道外资工业村3号
邮编:528216
电话:0757/85433701
传真:85433710
电子信箱:huanghuifen@ fs. enissin. com
法定代表人:长田和德
质量体系:ISO/TS 16949、ISO 14001
产品情况:注塑成型及模具加工

★佛山市南海奔达模具有限公司
地址:广东省佛山市南海区松岗松夏工业园工业大道西
邮编:528234
电话:0757/85206006
传真:85206038
网址:www. fsdiecasting. com
电子信箱:superband@ 188. com
法定代表人:简伟文
单位人数:600
产品情况:铝合金压铸件和各类型铸造模具,年产能达4000余t

★高木汽车部件(佛山)有限公司
地址:广东省佛山市南海松岗松夏工业

园创业南路
邮编:528247
电话:0757/85235690
传真:85235691
网址:www. tap - foshan. com. cn
电子信箱:master@ tap - foshan. com. cn
法定代表人:高木章裕
产品情况:汽车用非金属部件的精密模具以及相关产品
配套情况:为本田、丰田、日产等日系汽车厂商供货

★佛山市顺德区震德塑料机械有限公司
地址:广东省佛山市顺德区大良红岗工业区
邮编:528300
电话:0757/22338666、22338790
传真:22636255、22635870
网址:www. chende. com
电子信箱:chende@ chende. com
法定代表人:蒋震远
单位人数:1000
质量体系:ISO 9001
产品情况:(CH 震雄牌)
电脑全自动精密注塑机
出口情况:远销美国、英国、法国、意大利、越南等国家

★广东科龙模具有限公司
地址:广东省佛山市顺德区容桂容港路11 号
邮编:528303
电话:0757/28362326、28362368
传真:28362305
网址:www. kelonmould. com
电子信箱:mujuywb@ hisense. com
法定代表人:鲁韶磊
质量体系:ISO 9001、ISO 14001
产品情况:各类大中型冲压、注塑、吸塑发泡模具
配套及出口情况:主要的国内客户有海信、广汽本田、东风汽车等;主要国际客户有 Arcelik、Whirlpool、IKEA、Renault、Franke、Dawlance、Emersun 等

★佛山市顺德区赛锐工具有限公司
地址:广东省佛山市顺德区伦教街道新成路郑敬诒学校西门
邮编:528308
电话:0757/27883748、27739189
传真:27739132
网址:www. surrey. com. cn
电子信箱:info@ surrey. com. cn
法定代表人:何平
质量体系:ISO 9001
产品情况:(润祥牌、Surrey 牌)
各类金刚石刀具、硬质合金刀具
出口情况:远销瑞典、英国、法国、西班牙、俄罗斯、德国、意大利、中东、南非、泰国、澳大利亚、日本、加拿大、美国、巴西

★佛山顶锋日嘉模具有限公司
地址:广东省佛山市顺德区大良街道顺番公路五沙段 37 号
邮编:528333
电话:0757/28666115
网址:www. summit - nikka. com
电子信箱:info@ summit - nikka. com
法定代表人:长田富行
产品情况:工模具钢、汽车模具、并提供相应的热处理和机械加工服务

★中山三诚精密有限公司
地址:广东省中山市坦洲镇第三工业区
邮编:528400
电话:0760/86788033
传真:86280989
网址:www. zssansei. cn
电子信箱:zs. pcd103@ sansei. cn
法定代表人:雷建球
质量体系:ISO/TS 16949、ISO 14001
产品情况:(SANSEI 牌)
精密齿轮模具及塑胶齿轮等
配套情况:主要客户有三菱、丰田、本田、日产、马自达等跨国著名企业

★中山市三锐压铸有限公司
地址:广东省中山市坦洲镇沙坦南路21 号 8 - 10 栋
邮编:528467
电话:0760/86218802、86218801
传真:86212006
网址:www. gdsanrui. com
电子信箱:sanrui@ gdsanrui. com
法定代表人:何诚
质量体系:ISO 9001
产品情况:模具设计制造、铝合金压铸、表面处理、精密机械加工
配套情况:是国内多家知名企业的配套生产厂家

广　西

★桂林正菱第二机床有限责任公司
地址:广西桂林市环城西一路 31 号
邮编:541002
电话:0773/3904711、3905846
传真:3904839
网址:www. gl2mt. com
电子信箱:glzl_machine@ 163. com
法定代表人:闭大宁
质量体系:ISO 9001
产品情况:数控立式铣镗床、数控龙门动柱式钻床、单柱端面铣床、数控立式钻床、摇臂钻床
出口情况:出口欧洲、美洲、东南亚等 50 多个国家和地区

★柳州福臻车体实业有限公司
地址:广西柳州市阳和工业新区工业园C - 24 号
邮编:545005
电话:0772/8852072、8857709
传真:8857997
电子信箱:lzfzct@ 163. com
法定代表人:张劲松
质量体系:ISO 9001
产品情况:各类汽车覆盖件数模开发(逆向 - 正向)、模具及检具、各类汽车底盘零件冷冲压模具
配套情况:主要客户有东风柳汽、上汽通用五菱、海马(郑州)、上海华普汽车模具、一汽柳州特种汽车厂、吉利集团、江淮汽车、奇瑞汽车、长城汽车、陕西重汽、长安汽车、北汽福田、中兴汽车、南骏汽车集团等

★柳州广菱汽车技术有限公司
地址:广西柳州市新和路 15 号
邮编:545007
电话:0772/3750845
传真:3750841
电子信箱:lhwhr@ wuling. com. cn
法定代表人:文代志
单位人数:500
质量体系:ISO/TS 16949
产品情况:汽车中高端模具及汽车外覆盖件总成等

重庆市

★重庆曙光涂装工业有限公司
地址:重庆市沙坪坝区大杨公桥 37 - 70 - 5 号
邮编:400030
电话:023/65303338
传真:65303779
网址:www. cqsgtz. com
电子信箱:cqsgtz@ vip. sina. com
法定代表人:李吉
质量体系:ISO 9001
产品情况:(曙光牌)
为广大客户提供涂装成套生产线及涂装、环保设备的设计、制造、安装、改造的专业化整体服务
配套及出口情况:为长安汽车、庆铃汽车、重庆客车总厂、四川建安工业、重庆旭光化工等公司提供油漆类涂装生产线;为四川长虹、四川通达电器提供粉末类涂装生产线;为中国航天科技集团公司的特种车辆提供成套涂装生产线;为国营一六七、二一六厂的提供兵装设备涂装生产线等;为越南 TMT 汽车公司、巴基斯坦卡拉昆仑汽车公司、越南合江机电公司建造了轻型货车及微车阴极电泳生产线,为哥伦比亚、苏丹等国建造了涂装设备和生产线

★重庆迪佳科技股份有限公司
地址:重庆市沙坪坝区歌乐山镇黄花园
邮编:400036
电话:023/65502663、65502636
传真:65500181
网址:www. cqdijia. com

电子信箱:cqdijia@ 163. com
法定代表人:王成
质量体系:ISO/TS 16949
产品情况:工业气动标记打印机、动平衡设备故障诊断仪器、汽车摩托车产品性能试验设备等

★重庆凯瑞汽车试验设备开发有限公司
地址:重庆市北部新区金渝大道 9 号
邮编:400039
电话:13983623137、13983017234
传真:023/68828953
网址:www. cqsysb. com
电子信箱:ted@ caeri. com. cn
法定代表人:王志伟
质量体系:ISO 9001
产品情况:汽车试验设备
配套情况:主要客户包括福特、丰田、马自达、东风、一汽、长城汽车、中国重汽、比亚迪汽车、北汽集团、江淮、华菱汽车、红岩汽车等

★重庆数码模车身模具有限公司
地址:重庆市大渡口区建桥工业园建桥大道 1 号
邮编:400084
电话:023/61554601、61554600
传真:61554617
网址:www. digidie. com
电子信箱:finance11. cq@ eva – chongqing. com
法定代表人:易爱玉
质量体系:ISO/TS 16949
产品情况:车身冲压模具
配套情况:为长安汽车、东风渝安、奇瑞汽车、长安铃木、江淮汽车、吉利汽车等配套

★川崎(重庆)机器人工程有限公司
地址:重庆市北碚区水土高新技术产业园云汉大道 301 号
邮编:400700
电话:023/63173088
网址:www. kawasakirobot. cn
法定代表人:矶部正史
产品情况:集机器人本体制造和机器人系统集成为一体

★普威特涂层(重庆)有限公司
地址:重庆市北碚区蔡家岗镇嘉德大道 99 号 26 幢
邮编:400707
电话:023/68328399
传真:68358909
网址:www. pvtvacuum. com
电子信箱:pvtcq@ pvtvacuum. com
法定代表人:Dr. – Ing. Herbert Gabriel
产品情况:提供高质量涂层加工服务

★重庆平伟汽车科技股份有限公司
地址:重庆市两江新区礼嘉镇礼洁路 20 号
邮编:401122
电话:023/86064666
网址:www. pwjt. com
电子信箱:yangjie@ pwtooling. com
法定代表人:侯昌元
产品情况:汽车外覆盖件模具、高强度钢板模具和多工位模具

★伊斯沃(重庆)精密机械有限公司
地址:重庆市渝北区花卉园东路 36 号富贵花园二楼
邮编:401147
电话:023/67610571、67607455
传真:67610577
网址:www. eastward. com. cn
电子信箱:canada@ eastward. com. cn
法定代表人:黄小涵
质量体系:ISO 9001
产品情况:(ESW 牌)
ESW-35178 系列气动打标机系统,ESW-DP50、ESW-FB20 系列激光打标机系统
配套情况:为上汽大众、上汽通用、神龙汽车、南京依维柯、嘉陵本田、建设雅马哈等主要汽车、摩托车、汽车配件厂家供货

★ 重庆长安民生物流股份有限公司

地址:重庆市渝北区金开大道 1881 号
邮编:401122
电话:023/88795959、88795600
网址:www. camsl. com
电子信箱:02388795959@ camsl. com
法定代表人:谢世康
单位人数:8000
产品情况:主要有六大业务板块:整车物流、零部件物流、供应链物流、国际货运、流通加工和新生态业务
配套情况:主要客户除长安系外,还与一汽、东风、吉利、威马、知豆、南京金龙、宝钢、沙伯基础、舍佛勒、双汇、博世、伟巴斯特、米其林、固特异等国内外近千家汽车制造商、原材料供应商及零部件供应商建立了长期合作关系
☞ 详细情况请参阅彩色宣传版面

★重庆江东机械有限责任公司
地址:重庆市万州区五桥百安大道 1008 号
邮编:404020
电话:023/58555108、58555228
传真:58555389
网址:www. cqjdc. com
电子信箱:cqjdjxxzb@ 163. com
法定代表人:李永革
单位人数:1000
质量体系:ISO/TS 16949
产品情况:(江东牌)
液压成形设备及成套生产线、汽车连杆、铸件
配套及出口情况:为长安、力帆、奇瑞汽车、江淮、吉利等配套;出口德国、日本、韩国、埃及等 20 多个国家和地区

四川省

★四川宸宇涂装工程有限公司
地址:成都市双流区九江镇光华工业园
邮编:610046
电话:028/85750935、85750185
传真:85750535
法定代表人:张觉天
质量体系:ISO 9001
产品情况:(宸宇牌)
各类涂装设备、承建涂装工程
配套情况:为西藏珠峰摩托车、万友车辆配件厂等配套

★成都焊研科技有限责任公司
地址:成都市东三环二段龙潭工业集中发展区航天路 18 号
邮编:610052
电话:4001006164
传真:028/84216701
网址:www. swelder. com
电子信箱:hykj@ swelder. com
法定代表人:杨光
单位人数:500
质量体系:ISO/TS 16949
产品情况:焊接生产线、焊接机器人集成、各类直缝焊机、环缝焊机等自动焊接设备;汽车行业焊接设备有重型车、微型车、越野车后桥生产线,挂车桥焊接生产线,圆形、方形铝油箱焊接生产线,钢储气筒焊接生产线,汽车减振器自动焊接成套设备等
配套情况:为广东富华车桥、一汽解放车桥、济南重汽车桥、东风德纳车桥、柳州五菱车桥、四川建安车桥等供货

★成都宏明双新科技股份有限公司
地址:成都市青羊区工业集中发展区腾飞大道 265 号
邮编:610091
电话:028/87335511、87072927
传真:87073539
网址:www. cnhomin. com
电子信箱:hs@ hm – sx. com
法定代表人:魏竞
质量体系:ISO/TS 16949、QS 9000
产品情况:主要产品包含汽车发动机进排气系统的阀门、电子安全防盗器等

★四川成飞集成科技股份有限公司
地址:成都市日月大道 666 号附 1 号
邮编:610091
电话:028/87455121、87455322
传真:87455111
网址:www. cac – citc. com
电子信箱:office@ cac – citc. cn
法定代表人:石晓卿
单位人数:2500
产品情况:中、高档轿车的侧围、顶盖、车门、翼子板等,大型、高档次的外覆盖件模具

★成都飞机工业(集团)有限责任公司
地址:成都市青羊区黄田坝纬一路 88 号
邮编:610092
电话:028/87405114、87407236
传真:87405990
电子信箱:tigger@ oa. cac. com
法定代表人:宋承志
产品情况:(成飞牌)
汽车模具、天然气汽车减压调节器、重型汽车等装备部件的锻造和加工

★爱佩仪中测(成都)精密仪器有限公司
地址:成都市龙泉经开区南一路 333 号
邮编:610101
电话:028/84644033、84644031
传真:84644034
网址:www. apizc. com
电子信箱:sales@ apizc. com
法定代表人:刘锦潮
质量体系:ISO 9001
产品情况:水平臂三维测量划线机及三维测量、划线、切削、数字成像、激光扫描、极柱坐标测量、肖氏硬度计等系列化产品,广泛用于汽车、摩托车、模具等领域
出口情况:出口东南亚

★成都工具研究所有限公司
地址:成都市新都工业大道东段 601 号
邮编:610500
电话:028/83243828、83240704
传真:83932220
网址:www. ctri. com. cn
电子信箱:ctri@ chinatool. net
法定代表人:商宏谟
单位人数:543
质量体系:ISO 9001、ISO 14001
产品情况:硬质合金石油管螺纹刀具、数控刀具、超硬刀具、孔加工刀具、轴承刀具、汽车刀具、齿轮量仪系列、激光干涉仪系列、主动量仪、工位量仪及 PVD、CVD、PCVD 涂层技术与服务、QPQ 盐浴复合处理技术与装备等

★成都成量工具集团有限公司
地址:成都市新都区绕城大道南一段 199 号
邮编:610500
电话:028/83059888、83059899
网址:www. chinachengliang. com
电子信箱:cl@ chinachengliang. com
法定代表人:朱书林
负责人:潘凡伟
单位人数:2000
质量体系:ISO 9001、ISO 14001
产品情况:(川牌)
通用量具、通用刃具、数控刀具、硬质合金刀片、数控专用机床、仪器以及汽摩检具
配套及出口情况:为东风本田、跃进汽车、庆铃汽车、长安汽车、神龙汽车、奇瑞汽车、四川一汽丰田、上汽大众、东风汽车、一汽-大众、比亚迪汽车、江淮汽车、江铃汽车、上海汇众、陕汽、玉柴、柳州汽车等供货;远销美国、德国、俄罗斯等 10 余个国家和地区

★爱发科东方真空(成都)有限公司
地址:成都市高新西区百草路 1189 号
邮编:611731
电话:028/87980138、87980126
传真:87980139
网址:www. ulvac - cdoi. com
电子信箱:sales@ ucd. com. cn
法定代表人(负责人):张果
单位人数:400
质量体系:ISO 9001
产品情况:真空箱在线泄漏检测装置、充氦回收装置、冷媒充注装置、防爆型充注机、超高真空排气台、真空阀门、EBA 系列间接式蒸发镀膜装置、EWA 系列真空卷绕式镀膜装置、车灯镀膜设备、高压氦检、氦浓度计、检漏仪、离子泵等
出口情况:出口美国、日本、墨西哥、印度、泰国、巴西、印度尼西亚、韩国等几十个国家和地区

★四川普什宁江机床有限公司
地址:四川省都江堰市永安大道南一段 179 号
邮编:611830
电话:028/87132411
网址:www. ningjiang. com
电子信箱:njsd@ ningjiang. com
法定代表人:张子涛
质量体系:ISO 9001、ISO 14001
产品情况:(宁江牌)
卧式加工中心及柔性制造系统、坐标镗床及坐标磨床、数控车床及自动车床、小模数精密及数控滚齿机床、专用机床及生产线等

★四川长征机床集团有限公司
地址:四川省自贡市贡井区建设路 284 号
邮编:643020
电话:0813/3301270
传真:3301476
电子信箱:cx@ cczmt. com
法定代表人:仝捷
质量体系:ISO 9001、ISO 14001
产品情况:各类加工中心、数控机床、大型数控专用加工设备和普通铣床
出口情况:出口欧洲、美洲等地区

★四川省宜宾普什模具有限公司
地址:四川省宜宾市岷江西路 150 号
邮编:644007
电话:0831/3566364
传真:3565588
网址:www. pushmold. com
电子信箱:ca@ pushmold. com
法定代表人:杨明
单位人数:270
质量体系:ISO/TS 16949、ISO 14001
产品情况:主要从事多型腔、高精密塑料模具,注塑系统的开发、设计和制造

云南省

★沈机集团昆明机床股份有限公司
地址:昆明市茨坝路 23 号
邮编:650203
电话:0871/66166627、4006916000
传真:66166288、66166597
网址:www. kmtcl. com. cn
电子信箱:eileen126@ gmail. com
法定代表人:王鹤
负责人:彭梁锋
单位人数:1755
产品情况:(昆机牌)
卧式镗床、坐标镗床、加工中心、仿型铣床、精密检测设备、位移传感器、电脑绣花机、全可控涡节能压缩机、智能电器和激光快捷成型机

★云南 CY 集团有限公司
地址:昆明市国家经济技术开发区昆岭路 14 号
邮编:650217
电话:4006140999
网址:www. cy - ymtw. com
电子信箱:cy_sales@ smtcl. com
法定代表人:王松
单位人数:1761
质量体系:ISO 9001
产品情况:CY 系列普车、数控机床、加工中心、数控立车、车铣复合中心产品
出口情况:远销 70 多个国家和地区

贵州省

★贵州西南工具(集团)有限公司
地址:贵阳市国家经济技术开发区清水江路 218 号
邮编:550009
电话:0851/88314006、88314008
传真:83834807
电子信箱:swt@ swt. com. cn
法定代表人:凌志鸿
质量体系:ISO 9001、ISO 14001
产品情况:(SWT 牌)
硬质合金刀具、量具、机床附件、精密零部件、机床设备
出口情况:出口欧洲、北非、中亚、西亚、南亚、东南亚、韩国、日本、大洋洲、北美洲等国家和地区

★贵阳险峰机床有限责任公司
地址:贵州省惠水县高镇
邮编:550601
电话:0854/6328013、6328061
传真:6328052
电子信箱:2809890284@ qq. com

法定代表人:谭卫
质量体系:ISO 9001、ISO 10012
产品情况:轧辊磨床、导轨磨床、无心磨床、大型外圆磨床、压力辊锻机、楔横轧机、轧环机及各种专用机械设备;年产数控轧辊磨床60多台、数控无心磨床30台、普通无心磨床600台的生产能力

陕西省

★西安益翔航电科技有限公司
地址:西安市高新区创汇路8号
邮编:710048
电话:029/88880159、88880151
传真:88880120
电子信箱:xayxhd@ sina. com
法定代表人:于爱平
产品情况:(格林·益翔牌)
制动与传动试验设备制造及制动与传动部件试验鉴定

★西安增材制造国家研究院有限公司
地址:西安市雁塔区雁翔路99号交大曲江校区西五楼
邮编:710054
电话:029/83395062、85791828
传真:83395063
网址:www. china - rpm. com
电子信箱:3d@ china - rpm. com
法定代表人:卢秉恒
产品情况:各种型号的激光快速成型设备、快速模具设备及逆向工程设备,同时从事快速原型制作、快速模具制造、快速铸造及逆向工程服务并提供快速制造技术整体解决方案(相关设备及工艺等),适用于汽车、摩托车行业

★西安北村精密机械有限公司
地址:西安市高新技术产业开发区上林苑三路16号
邮编:710075
电话:029/88452325
传真:88450115
网址:www. xaknc. com
电子信箱:xknc@ xknc. net
法定代表人:赵滨
质量体系:ISO 9001
产品情况:(XKNC牌)
小型精密数控机床、纵切车床及小型立式加工中心等

★西安爱德华测量设备股份有限公司
地址:西安市高新区锦业路69号C区22号
邮编:710077
电话:029/81881570、81881109
传真:81881087
网址:www. china - aeh. com
电子信箱:sale@ china - aeh. com
法定代表人:宋建忠
质量体系:ISO 9001
产品情况:(爱德华牌)
桥式三坐标测量机、超高精度三坐标测量机、龙门式三坐标测量机、复合式三坐标测量机
出口情况:出口桥式坐标测量机、龙门式测量机、影像机、悬臂机等产品

★西安迅湃快速充电技术有限公司
地址:西安市高新区创汇路30号
邮编:710119
电话:029/88352955、15398016753
传真:88311182
网址:www. stropower. com
电子信箱:info@ stropower. com
法定代表人:蔡晓
产品情况:动力电池模拟电源和动力电池测试系统等新能源汽车关键零部件测试设备
配套情况:主要客户有一汽-大众、比亚迪汽车、吉利汽车、广汽集团、上汽集团、宁德时代、天能集团、奇达动力等

★秦川机床工具集团股份公司
地址:陕西省宝鸡市姜谭路22号
邮编:721009
电话:0917/3670665
传真:3390960
网址:www. qinchuan. com
电子信箱:qinchuan@ qinchuan. com
法定代表人:龙兴元
质量体系:ISO/TS 16949
产品情况:(秦川 QINCHUAN 牌)
齿轮磨床、螺纹磨床、外圆磨床(曲轴磨、球面磨、车轴磨)、滚齿机、通用数控车床及加工中心、龙门式车铣镗磨复合加工中心、塑料机械(中空机、木塑设备)、精密高效拉床等高端数控装备、数控复杂刀具;高档数控系统、滚动功能部件、汽车零部件、特种齿轮箱、机器人关节减速器、螺杆转子副、精密齿轮、精密仪器仪表、精密铸件等零部件产品
配套及出口情况:为重庆金辰机械、重庆明鑫机械、东风汽车变速器、东风汽车、重庆齿轮箱、长沙中南传动机械厂、成都发动机集团、成都成工工程机械、綦江齿轮、重庆秋田齿轮、重庆华陵工业、湖北襄樊江山汽车变速器、湖南机油泵、建设摩托、三江航天集团、贵州群建齿轮、柳州采埃孚、湘潭钢铁集团等供货;出口美国、韩国、日本、东南亚等20多个国家和地区

★宝鸡忠诚机床股份有限公司
地址:陕西省宝鸡市东高新区高新一路2号
邮编:721013
电话:0917/3566909、4001199196
传真:3566932
网址:www. bjmtw. com
电子信箱:sales@ bjmtw. com
法定代表人:李强
单位人数:3500
质量体系:ISO 9001
产品情况:(忠诚牌)
各类柔性车削加工制造单元、复合车铣中心、车削中心、加工中心、数控车床、数控铣床、普通车床等
出口情况:出口美国、德国、俄罗斯、印度、墨西哥等50多个国家

★陕西渭河工模具有限公司
地址:陕西省宝鸡市岐山县蔡家坡经济技术开发区
邮编:722405
电话:0917/8583501
传真:8583593
网址:www. weihetools. com. cn
电子信箱:weihe702bgs@ 163. com
法定代表人:牛军旗
质量体系:ISO 9001
产品情况:(雪菱牌、丰利牌)
小模数精密传动类、小规格刀具类、级进冷冲模具类、液压智能夹具类产品
出口情况:出口15个国家和地区

★汉川数控机床股份公司
地址:陕西省汉中市汉台区
邮编:723003
电话:0916/2262360、2262361
传真:2266147、2262373
网址:www. cnhlmt. com
电子信箱:hlmt@ cnhlmt. com
法定代表人:李金泉
质量体系:ISO 9001、GJB 9001B
产品情况:(汉川牌)
卧式铣镗床系列、卧式数控铣镗床系列、立式数控铣床/加工中心、卧式数控铣床/加工中心、龙门式数控铣床/加工中心、刨台式铣镗加工中心、落地式铣镗加工中心、数控立式车床、高速雕铣机、数控电火花成形机床等
出口情况:远销美国、德国、意大利、日本、澳大利亚、阿根廷、加拿大、巴西等国家

★陕西汉江机床有限公司
地址:陕西省汉中市河东店镇
邮编:723003
电话:0916/2298013、2298123
传真:2296207
网址:www. hjmtc. cn
电子信箱:1678559285@ qq. com
法定代表人:赵甲宝
质量体系:ISO 9001
产品情况:精密螺纹磨床、加工中心、精密测量仪器、CNC精密机床和滚动功能部件等
出口情况:远销欧美、俄罗斯、东南亚、中东、拉丁美洲地区

宁　夏

★宁夏小巨人机床有限公司
地址:银川市金凤区宁安大街65号

邮编:750002
电话:0951/5672462、5672333
传真:5672436
电子信箱:lgm@ lgmazak. com. cn
法定代表人:山崎智久
质量体系:ISO 9000
产品情况:(LGMAZAK 牌)
立式加工中心系列、数控车床系列、车削中心系列;年产数控机床 2000 台左右
配套情况:为奇瑞汽车、广汽本田、哈东安、长城汽车、肇庆本田、惠州本田、马勒(南京、重庆、营口)、上海纳铁福、成都天兴山田、一汽集团(一汽铸造、一汽装备、一汽光洋、吉林通用、一汽长春齿轮厂)等配套,配套量达 400 多台

★宁夏银川大河数控机床有限公司
地址:银川市经济技术开发区济民东路 72 号
邮编:750021
电话:0951/2053333、2053332
传真:2053334、2053314
网址:www. nxdahe. com. cn
电子信箱:1424463357@ qq. com
法定代表人:张宏军
质量体系:ISO 9001
产品情况:(大河牌)
立、卧式加工中心,数控铣床,数控珩磨机床,数控组合专用机床和立式钻床
出口情况:部分产品出口美国、匈牙利等国家

甘肃省

★天水锻压机床(集团)有限公司
地址:甘肃省天水市麦积区渭滨北路 58 号
邮编:741020
电话:0938/2616873、2621183
传真:2615085
网址:www. tsdyc. com
电子信箱:tsdyjcc@ 126. com
法定代表人:杨正法
质量体系:ISO 9001
产品情况:(TSD 牌)
剪板机、折弯机、液压机、卷板机和 JCOE 大口径直缝埋弧焊管成套设备

第五部分

中国摩托车生产企业

摩托车生产企业

• 查询导引 •

摩托车生产企业

☞ 企业如有变更,请与编辑部联系 ☎ 010/68426043、68420981

天津市

★宝岛车业集团有限公司
地址:天津市西青区辛口工业园区8号
邮编:300380
电话:4008439988
网址:www. bodocn. com
电子信箱:admin@ bodocn. cn
法定代表人:李建国
质量体系:ISO 9001
产品情况:(宝岛牌)
电动两轮摩托车、电动正三轮摩托车等

河北省

★河北银翔群豪三轮摩托车有限公司
地址:河北省藁城市彭家庄群豪工业园
邮编:052160
电话:0311/88107028
传真:88113999
电子信箱:heb_xf@ 126. com
法定代表人:彭东秀
质量体系:ISO 9001
产品情况:(先风牌)
正三轮摩托车
出口情况:出口东南亚、非洲、南美洲等地区

★任丘市双庆广田摩托车有限公司
地址:河北省任丘市城东杨各庄力帆工业园
邮编:062550
电话:0317/2836555、2836711
传真:2836777
电子信箱:rqlifan@ 126. com
法定代表人:曹军锋
质量体系:ISO 9001
产品情况:[嘉冠(JG)牌、华骏HJ牌、双庆牌]
正三轮摩托车

★河北珠峰大江三轮摩托车有限公司
地址:河北省任丘市长丰工业区
邮编:062552
电话:0317/3369777、3369333
传真:3369345
网址:www. dajiangmotor. cn
法定代表人:王铁舵
质量体系:ISO 9001、ISO 14001
产品情况:(大江牌)
正三轮摩托车、三轮电动车等
出口情况:出口埃及、摩洛哥、东南亚、俄罗斯、尼日利亚等国家和地区

★河北恒胜金河摩托车有限公司
地址:河北省任丘市吕公堡镇金桥工业区
邮编:062555
电话:13400172828、13503172062
传真:0317/2832998
网址:www. hbhsjh. com
电子信箱:jinhemotuo@ 126. com
法定代表人:陈秋苓
单位人数:480
产品情况:(恒胜牌、金河星牌)
正三轮摩托车、电动车
出口情况:远销印度尼西亚、摩洛哥、伊拉克、尼日利亚等国家

★河北兴邦车业股份有限公司
地址:河北省任丘市长丰电动车产业集聚区兴邦大道6号
邮编:062560
电话:0317/2969281、2969222
传真:2969282
电子信箱:hbxbkj@ 163. com
法定代表人:赵建国
质量体系:ISO 9001
产品情况:(兴邦牌)
电动客运三轮车、CNG天然气三轮车、太阳能电动客运三轮车、城市保洁车、城市物流车
出口情况:出口孟加拉国、印度、菲律宾、越南、尼泊尔、印度尼西亚、埃及、坦桑尼亚、肯尼亚、巴勒斯坦等20多个国家

★河北新世纪川田机车科技有限公司
地址:河北省任丘市梁召镇娄子工业区
邮编:062561
电话:0317/3318220、3318088
网址:www. chuantianmotor. com
电子信箱:xyl6683@ 126. com
法定代表人:吕栓柱
单位人数:300
质量体系:ISO 9001
产品情况:(白洋淀牌、川田牌、新世纪牌)
具有年产三轮摩托车及三轮电动车15万台的生产能力

上海市

★上海本菱摩托车制造有限公司
地址:上海市奉贤区金汇镇大叶公路5001号
邮编:201404
电话:021/57483303、57483320
传真:57483274
电子信箱:hhuang@ benling. cc
法定代表人:黄小林

质量体系:ISO 9001
产品情况:(本菱牌、双菱牌)
摩托车,摩托车发动机,化油器、车架、塑料件等摩托车配件

★上海建设摩托车科技有限公司
地址:上海市奉贤区光明经济小区A区385号
邮编:201406
电话:021/33617970、33617029
传真:33617970
法定代表人:石钱
产品情况:(麟龙牌)
摩托车

★上海嘉陵车业有限公司
地址:上海市青浦区嘉松中路1888号
邮编:201708
电话:021/69790777、69791188
传真:69791111
电子信箱:marketing@shjialing.com
法定代表人:仓义鸿
质量体系:ISO 9001
产品情况:(嘉欣牌、嘉陵牌)
跨骑式、踏板式、弯梁式、太子式摩托车,电动车,助力车
出口情况:远销法国、英国、美国、德国、波兰、墨西哥、瑞士、南非、马来西亚、韩国、菲律宾等30多个国家

★新大洲本田摩托有限公司
地址:上海市青浦区嘉松中路188号
邮编:201708
电话:021/59799999
传真:69796668
网址:www.honda-sundiro.com
电子信箱:mwu@honda-sundiro.com
法定代表人:赵序宏
单位人数:3800
质量体系:ISO 9001、ISO 14001
产品情况:[新大洲-本田牌、本田(HONDA)牌、新大洲牌]
具备年生产整车、发动机100万台的能力
出口情况:出口45个国家和地区

江苏省

★金城集团有限公司
地址:南京市白下区龙蟠中路218号
邮编:210002
电话:025/51815402、51815259
网址:www.jincheng.com
电子信箱:jc@jincheng.com
法定代表人:李晓义
质量体系:ISO 9001、ISO 14001
产品情况:(金城牌、银光牌、SUZUKI牌)
军用方舱、半挂车、罐式车、环卫车、摩托车、电动车、工程机械、轨道交通车辆、混合动力汽车零部件等
出口情况:远销70多个国家和地区

★南京金城机械有限公司
地址:南京市江宁区湖熟镇瑞泽路518号
邮编:210002
电话:025/51833080、4008621626
传真:84603816
网址:www.jcmtxs.com
法定代表人:田爱军
质量体系:ISO 9001
产品情况:摩托车

★南京三叶金鹰摩托车有限公司
地址:南京市溧水经济开发区中兴东路15号
邮编:211200
电话:025/68811555
传真:68811552
网址:www.vmoto.com
电子信箱:info@vmoto.com
法定代表人:周宇明
产品情况:(标本牌)
两轮摩托车

★常州豪爵铃木摩托车有限公司
地址:江苏省常州市黄河西路888号
邮编:213000
电话:0519/83688999
传真:82088990
电子信箱:123@haojue-uzuki.com
法定代表人:伊藤正义
产品情况:[铃木(SUZUKI)牌、豪爵牌]
两轮摩托车

★金翌车业有限公司
地址:江苏省常州市钟楼区宣盛路4号
邮编:213016
电话:0519/83972111、83976111
传真:83292118
网址:www.jinyigroup.com.cn
电子信箱:jycy@jinyigroup.com.cn
法定代表人:薛丹
质量体系:ISO 9001、ISO 14001
产品情况:(金翌牌、大力神牌、金福牌、金洪牌、金狮牌、洛黄川牌、福莱特牌、南鹰牌、格爵三阳牌、莱宝驰牌、双枪牌、三叶雅马王牌、中豪牌、航爵牌、宇锋牌、众好牌)
具备年产两轮摩托车120万辆、两轮电动车120万辆、三轮电动车35万辆、三轮摩托车20万辆、四轮电动车5万辆的生产能力
出口情况:远销国外市场

★常州光阳摩托车有限公司
地址:江苏省常州市新北区汉江路380号
邮编:213022
电话:0519/85100697、4001802990
传真:85102167
网址:www.kymco.com.cn
电子信箱:service@kymco.com.cn
法定代表人:都战平
质量体系:ISO 9001
产品情况:(常光牌)
踏板车、骑式车、弯梁车等两轮摩托车,电动两轮摩托车

★江苏世纪兰翔摩托车有限公司
地址:江苏省常州市新北区黄河中路8号
邮编:213022
电话:0519/69996222、85107382
传真:85135872
网址:www.lxjcmotor.com
电子信箱:info@lxjcmotor.com
法定代表人:王琦琏
质量体系:ISO 9000
产品情况:(金潮牌、劲可牌)
跨骑式、踏板式两轮摩托车,三轮摩托车,电动两轮、三轮助力车,燃油助力车,沙滩车,卡丁车等
出口情况:出口10个国家和地区

★常州山崎摩托车有限公司
地址:江苏省常州市新北区河海西路389号
邮编:213032
电话:0519/85087887、85087588
传真:83355999
电子信箱:boss@yamasakimotor.com
法定代表人:张南刚
产品情况:(山崎牌)
两轮、三轮、四轮摩托车,电动车,残疾人车
出口情况:远销欧洲、美洲、东南亚

★江苏绿能电动车科技有限公司
地址:江苏省常州市武进区横山桥五一村委盛家村158号
邮编:213100
电话:0519/88662124、4001878686
网址:www.lvneng.com
电子信箱:xuxiaoying@126.com
法定代表人:刘晓
质量体系:ISO 9001
产品情况:电动摩托车

★金翌宇锋车业有限公司
地址:江苏省常州市武进区湟里镇村前村
邮编:213154
电话:0519/83765811
电子信箱:903234920@qq.com
法定代表人:薛建南
产品情况:(航爵牌、宇锋牌)
两轮摩托车、电动正三轮摩托车
出口情况:出口海外多个国家和地区

★江苏三鑫摩托车有限公司
地址:江苏省常州市武进区南夏墅街道新常漕公路恽家段
邮编:213161
电话:0519/86463962、86227794
传真:86463960
网址:www.sacinmotor.com
电子信箱:janes.luo@skyteam.cn
法定代表人:陈锐
质量体系:ISO 9001
产品情况:(三鑫牌)
两轮摩托车、正三轮摩托车、正三轮轻便摩托车
出口情况:出口日本、美国等国家

★无锡小刀电动科技股份有限公司
地址：江苏省无锡市锡山区东港镇创业路56号
邮编：214000
电话：0510/88866966
网址：www.xdebike.com
电子信箱：xdebike@126.com
法定代表人：孙继江
产品情况：（小刀牌）
电动两轮摩托车

★江苏金捷摩托制造有限公司
地址：江苏省无锡市新吴区硕放镇振发路239号
邮编：214000
电话：0510/88263010、88209010
传真：88261020
网址：www.ducasu.com
电子信箱：sales@greenfond.com
法定代表人：范丽英
质量体系：ISO 9001
产品情况：（JIEDA牌）
形成年产摩托车30万辆的生产能力
出口情况：出口越南、伊朗等30多个国家和地区

★江苏新日电动车股份有限公司
地址：江苏省无锡市锡山大道501号
邮编：214100
电话：0510/88530707、4008886999
网址：www.xinri.com
电子信箱：sunshine@xinri.com
法定代表人：张崇舜
产品情况：（新日牌）
电动两轮摩托车、电动三轮车、电动四轮车、电动双排2座/4座物流车、电动4座/6座警车等
出口情况：出口欧美和东南亚的70多个国家和地区

★江苏林芝山阳集团有限公司
地址：江苏省无锡市锡山经济开发区团结北路
邮编：214101
电话：0510/88266560、88266556
传真：88266589
网址：www.lzsy.com
电子信箱：lzsy03@lzsy.com
法定代表人：许静芝
单位人数：600
质量体系：ISO 9002
产品情况：（新宝牌、山洋牌、喜力牌）
两轮、三轮摩托车，踏板摩托车，越野摩托车，电动车等
出口情况：远销印度尼西亚、越南等国家

★江苏新陵摩托车制造有限公司
地址：江苏省无锡市安镇新世纪工业园
邮编：214104
电话：0510/88715388
传真：88715388
网址：www.cnxinling.com
电子信箱：sales@ebikexinling.com
法定代表人：钱赟
质量体系：ISO 9001、ISO 14001
产品情况：（新陵牌、哈里威牌、高铭牌）
电动车、摩托车、三轮车、混合动力车等产品
出口情况：出口亚洲、东南亚、非洲、南美洲、中东、欧洲、北美洲等70多个国家和地区

★雅迪科技集团有限公司
地址：江苏省无锡市锡山区安镇街道大成工业园东盛路
邮编：214104
电话：0510/88101697、4009001212
网址：www.yadea.com.cn
电子信箱：sales@yadea.com.cn
法定代表人：董经贵
产品情况：（雅迪牌）
电动自行车、电动摩托车及其零配件
出口情况：出口美国、德国等66个国家

★江苏国威摩托车有限公司
地址：江苏省无锡市锡山区安镇镇查桥新世纪工业园
邮编：214104
电话：0510/88712609、88713799
传真：88710666
网址：www.guoweimotor.com
电子信箱：sales@guoweimotor.com
法定代表人：靳六妹
质量体系：ISO 9001、ISO 14001
产品情况：（国威牌）
摩托车、电动车、三轮车、助力车等，已形成摩托车年生产能力15万辆、电动车年生产能力20万辆、三轮车生产能力5万辆
出口情况：出口欧洲、南美洲、中东、非洲等国家和地区

★江苏宝雕机动车有限公司
地址：江苏省无锡市锡山区吼山大道5号
邮编：214104
电话：0510/88715566、88719535
传真：88716600
网址：www.bdmotor.com
法定代表人：岳红
质量体系：ISO 9001
产品情况：（宝雕牌、量速牌、坤豪牌、天翼虎牌）
骑式车、踏板车、电动车、两轮轻便摩托车，具有年产20万台摩托车整车的生产能力
出口情况：畅销欧洲、美洲、非洲、东南亚

★新蕾车业无锡有限公司
地址：江苏省无锡市锡山区羊尖机械装备产业园A区园大路10号
邮编：214105
电话：0510/88718221、4008288328
传真：88718220
网址：www.xlddc.cn、www.xlddc.com
电子信箱：sales@xlddc.com
法定代表人：万里江
产品情况：（新蕾牌）
豪华车、简易车、锂电车、电动三轮车、电动两轮摩托车、特种车等

★江苏爱玛车业科技有限公司
地址：江苏省无锡市锡山区羊尖镇工业园区
邮编：214107
电话：0510/68555707
网址：www.aimatech.com
电子信箱：lizhoufang@aimatech.com
法定代表人：张剑
产品情况：（爱玛牌）
电动两轮摩托车

★江苏新世纪机车科技有限公司
地址：江苏省无锡市锡山区廊下村
邮编：214108
电话：0510/88330166、88330636
传真：88330688
网址：www.sinski.com
电子信箱：center@sinski.com
法定代表人：张文宝
质量体系：ISO 9001、ISO 14001
产品情况：（新世纪牌、豪发牌、SINSKI牌）
踏板式、跨骑式、弯梁式摩托车、电动车、助力车、三轮摩托车、发动机等
出口情况：远销日本、美国、中美洲、南美洲、东南亚、中东等30多个国家和地区，并已在菲律宾、马来西亚、墨西哥等国组建了CKD合资和技术合作工厂

★江苏新豪科技机车有限公司
地址：江苏省无锡市新区坊前路2号
邮编：214111
电话：0510/88277922、88272999
传真：88277922、88277622
电子信箱：tonyxgm@hotmail.com
法定代表人：孙草
质量体系：ISO 9001、ISO 14001
产品情况：（爱立新牌、嘉隆牌、豪雅牌）
ALX125、150、250、HY50、125、JL125、150、250等系列两轮摩托车

★江苏新禧南爵机车有限公司
地址：江苏省无锡市新区梅村新锦路与锡勤路路口
邮编：214111
电话：0510/88231230、88231680
传真：88231428
电子信箱：aijunda@halimotor.com
法定代表人：虞国兴
质量体系：ISO 9001
产品情况：（南爵牌）
两轮摩托车、踏板车、电动车

★江苏雄风机车有限公司
地址：江苏省无锡市锡北镇泾达南路33号
邮编：214191

电话:0510/83793812、83799800
传真:83795075
电子信箱:563900403@ qq. com
法定代表人:周庭
质量体系:ISO 9001
产品情况:(光洋·雄风牌、华夏牌、雅得牌)
三轮残疾人机动轮椅车、老年休闲车;已具备年产20000辆三轮残疾人机动轮椅车的生产能力

★江苏创新摩托车制造有限公司
地址:江苏省无锡市锡山区锡北镇泾新路9号
邮编:214192
电话:0510/68866666、68885555
传真:68885555
网址:www. creativemotor. com
电子信箱:568890298@ qq. com
法定代表人:泮丽琴
单位人数:600
质量体系:ISO 9001
产品情况:(创新牌、菲鹰牌、嘉吉牌、天本牌、飞翎牌、华田牌)
两轮摩托车等
出口情况:远销欧洲、南美洲、南非、东南亚等国家和地区

★江苏大隆建豪新能源工业有限公司
地址:江苏省无锡市锡山区锡北镇张泾泾新路22号
邮编:214194
电话:0510/88711294、88719279
传真:88719593
网址:jian - hao. com
电子信箱:372966397@ qq. com
法定代表人:姚东存
产品情况:(建豪牌、双本牌、易主牌)
踏板车、骑式车等两轮摩托车

★无锡千里马车业制造有限公司
地址:江苏省无锡市红豆工业城42号楼
邮编:214199
电话:0510/66868808、66868802
电子信箱:jshrxny@ 163. com
法定代表人:虞翠英
质量体系:ISO 9001、ISO 14001
产品情况:(千里马牌、赤兔马牌、欧豹牌)
摩托车、电动车、两轮轻便摩托车
出口情况:出口泰国、越南、尼日利亚等国家

★江苏宗申车业有限公司
地址:江苏省徐州市金山桥经济技术开发区江苏宗申产业园
邮编:221000
电话:4006212198
网址:www. jszsddc. com
电子信箱:jszongshen@ 163. com
法定代表人:贾雨
质量体系:ISO 9001、ISO 14000
产品情况:(宗申牌)
正三轮摩托车、电动正三轮摩托车
出口情况:出口美国、法国、印度尼西亚、越南、韩国、柬埔寨等国家

★江苏跃进摩托车制造有限责任公司
地址:江苏省徐州市张集工业园
邮编:221000
电话:0516/80267779、4001126669
传真:80267778
网址:www. jsyuejin. com
电子信箱:18012044457@ 189. com
法定代表人:张树芳
质量体系:ISO 9001
产品情况:(迅迪牌、跃进牌)
三轮摩托车、电动三轮车、两轮摩托车
出口情况:出口东南亚地区

★江苏淮海新能源车辆有限公司
地址:江苏省徐州高新技术产业开发区长安路2号
邮编:221006
电话:0516/66662755、4006299859
网址:www. hhxnycl. com
电子信箱:42409292@ qq. com
法定代表人:江波
产品情况:(淮海牌)
正三轮摩托车、电动正三轮摩托车、两轮摩托车

★江苏金彭车业有限公司
地址:江苏省徐州市工业园区徐州大道东段
邮编:221011
电话:0516/87810759、4007056689
网址:www. jpddc. com
电子信箱:sales@ electric - tricycle. com
法定代表人:鹿守光
产品情况:(金彭牌)
电动三轮车、电动两轮车、电动四轮车、电动叉车以及摩托三轮车等产品
出口情况:出口美国、德国、印度、印度尼西亚、菲律宾、巴基斯坦、南非等多个国家和地区

★江苏林海雅马哈摩托有限公司
地址:江苏省泰州市九龙镇龙园路296号
邮编:225300
电话:0523/86555338
传真:86555348
电子信箱:lh@ linhaigroup. com
法定代表人:黄文军
质量体系:ISO 9002、ISO 14001
产品情况:(林海·雅马哈牌、林海牌)
两轮摩托车、摩托车发动机

★林海股份有限公司
地址:江苏省泰州市迎春西路199号
邮编:225300
电话:0523/86551888
传真:86551403
网址:www. linhaigroup. com
电子信箱:lh@ linhaigroup. com
法定代表人:刘群
质量体系:ISO 9001
产品情况:(林海牌、林海·雅马哈牌)
摩托车发动机、小型汽油机、摩托车、助力车、林业机械、消防机械等;具有年产摩托车发动机60万台、摩托车40万辆、林业机械及消防机械10万台套的生产能力

★江苏林海动力机械集团有限公司
地址:江苏省泰州市迎春西路199号
邮编:225310
电话:0523/86551888、86553305
传真:86551403、86601839
网址:www. linhaigroup. com
电子信箱:lh@ linhaigroup. com
法定代表人:孙峰
质量体系:ISO 9001、ISO 14001
产品情况:(林海牌、林海·雅马哈牌)
ATV、CUV等特种车辆、通用发动机、摩托车、摩托车发动机及电动车;低速电动汽车等
出口情况:远销海外

★江苏三迪机车制造有限公司
地址:江苏省泰兴市经济开发区高新技术产业园振兴路66号
邮编:225400
电话:0523/87605222、87605111
网址:www. sandicn. com
电子信箱:jiangsusandi@ sina. com
法定代表人:吕保华
质量体系:ISO/TS 16949
产品情况:(三迪牌)
专用汽车、新能源车辆、车用发动机、环卫装备
出口情况:远销东南亚、中东、非洲、南美洲、欧美等地区

浙江省

★浙江春风动力股份有限公司
地址:杭州市余杭经济开发区五洲路116号
邮编:311100
电话:0571/86155555
传真:89265555
网址:www. cfmoto. com
电子信箱:cfmoto@ cfmoto. com
法定代表人:赖国贵
单位人数:1200
质量体系:ISO 9001
产品情况:(春风牌)
水冷发动机、摩托车、全地形车(ATV)、轻型多功能车(UTV)等
出口情况:出口欧洲、美洲、澳大利亚、非洲等国家和地区

★立峰集团有限公司
地址:浙江省嘉善县经济开发区长江路28号
邮编:314100
电话:0573/89116222、85385588
网址:www. regal - raptor. com
电子信箱:xs@ regal - raptor. com

法定代表人:张锋
质量体系:ISO 9001
产品情况:(大地鹰王牌、凯一路牌)
spyder 巡航车系列、公务警用车系列、欧式跑车系列、尊贵太子车系列摩托车
出口情况:远销美国、欧洲等国家和地区

★宁波东方凌云车辆制造有限公司
地址:浙江省宁波市海曙区古林镇张家潭村
邮编:315176
电话:0574/87334776
电子信箱:sales@ xunlongmotor. com
法定代表人:严冲华
质量体系:ISO 9001
产品情况:(迅龙牌、东方牌、鹏城牌)
50mL、90mL、100mL、125mL、150mL、250mL 等七个系列的各式摩托车、踏板车
出口情况:远销东南亚、欧洲等地区

★慈溪金轮机车制造有限公司
地址:浙江省慈溪市宗汉金轮工业开发区
邮编:315301
电话:0574/58998876、58998881
电子信箱:kingringmotor@ 163. com
法定代表人:陆杰波
质量体系:ISO 9001
产品情况:(凌治牌、立田牌、金轮牌、鑫轮牌、晶鹰牌)
跨骑车、踏板车、三轮车、电动车、沙滩车、发动机

★宁波三江爵康摩托车有限公司
地址:浙江省余姚市朗霞街道朝阳路209 号
邮编:315480
电话:0574/58225667、15867270791
传真:58225666
电子信箱:dykon@ dykon. com. cn
法定代表人:陈益波
质量体系:ISO 9000
产品情况:(爵康牌)
50 ~ 250mL 排量的摩托车
出口情况:出口美国、欧盟、韩国、墨西哥、巴西、阿根廷等国家和地区

★浙江钱江摩托股份有限公司
地址:浙江省温岭市经济开发区
邮编:317500
电话:0576/86139140、4007000555
传真:86212392
网址:www. qjmotor. com
电子信箱:office@ qjmotor. com
法定代表人:余瑾
质量体系:ISO 9001
产品情况:(钱江牌、贝纳利 Benelli 牌、Keeway 牌、KSR 牌)
产品涵盖 110mL 普通代步车到 1130mL 高档大排量赛车等全系列摩托车
出口情况:远销 130 个国家和地区

★浙江绿驹车业有限公司
地址:浙江省温岭市新河镇屏上工业园区
邮编:317502
电话:0576/86531111
传真:86518796
网址:www. lv - ju. com
电子信箱:info@ lv - ju. com
法定代表人:瞿国夫
产品情况:(绿驹牌)
电动两轮摩托车等

★中能机车集团有限公司
地址:浙江省台州市椒江区台州湾循环经济产业集聚区海秀路 99 号
邮编:318000
电话:0576/82435412
网址:www. zhongneng. com
电子信箱:znenmotor@ 163. com
法定代表人:陈华能
单位人数:1000
质量体系:ISO 9001、ISO 14001
产品情况:(摩登牌、摩途威牌、中能牌、佛斯弟牌、富先达牌)
具备年产发动机 60 万台,电动摩托车 30 万台,燃油摩托车 50 万台的生产能力

★巨能摩托车科技有限公司
地址:浙江省台州市经济开发区滨海工业园区甲南大道 2689 号
邮编:318000
电话:0576/82739972、4008264567
网址:www. jnen. cn
电子信箱:jnen@ jnen. cn
法定代表人:王振宇
质量体系:ISO 9001、ISO 14001
产品情况:(巨能牌)
具有年产各类整车 40 万台、摩托车发动机/ATV 发动机 50 万台、摩托车/电动车塑件 500 万套的生产能力
出口情况:远销德国、美国、俄罗斯、墨西哥、波兰等海外 30 多个国家

★浙江劲野机动车工业有限公司
地址:浙江省台州市滨海经济开发区海昌路
邮编:318014
电话:0576/88299999、88659999
传真:88969999
电子信箱:397899999@ qq. com
法定代表人:靳亭配
质量体系:ISO 9001
产品情况:(广雅牌、豪霸牌、劲浪牌、铃田牌、启达牌等)
两轮摩托车

★台州市椒江之威摩托车制造有限公司
地址:浙江省台州市椒江区洪家钗洋工业区
邮编:318015
电话:0576/89089678、89089679
传真:89089668
网址:www. zhiweimoto. com
电子信箱:webmaster@ zhiweimoto. com
法定代表人:李更华
单位人数:830
质量体系:ISO 9001
产品情况:[望雅摩托牌、之威牌、神骑牌、先风牌、万强(WQ)牌、骥达牌]
踏板车、骑式车;具备年产 26 万辆摩托车整车、30 万台发动机的生产能力

★台州市王野机车有限责任公司
地址:浙江省台州市黄岩区北城街道马鞍山村
邮编:318020
电话:0576/84067911
网址:www. wangye. com. cn
电子信箱:sales@ wangyemotor. com
法定代表人:王华正
产品情况:(越本牌)
两轮摩托车、两轮轻便摩托车

★浙江黄岩三叶集团有限公司
地址:浙江省台州市黄岩区西城新堂路38 号
邮编:318020
电话:0576/84237601
传真:84215444
网址:www. sanyegroup. com. cn
电子信箱:moto@ china - snow. com
法定代表人:叶尤宝
质量体系:ISO 9002
产品情况:(狮龙牌)
摩托车、电动两轮摩托车、发动机、摩托车配件、模具等
出口情况:出口韩国、意大利、中亚等国家和地区

★浙江宏运达摩托车有限公司
地址:浙江省台州市黄岩区新前街道工业区
邮编:318020
电话:0576/82466978、84238966
电子信箱:wangye@ wangye. com. cn
法定代表人:张文祥
质量体系:ISO 9001、ISO 14001
产品情况:(国美牌、乐士牌、名雅牌、琪盛牌、三本牌等)
踏板式、跨骑式摩托车,发动机、两轮摩托车、正三轮摩托车
出口情况:远销美国、英国、韩国、墨西哥、巴拉圭等 100 多个国家和地区

★本州车业集团有限公司
地址:浙江省台州市黄岩新前镇工业区
邮编:318020
电话:0576/84357288、84716005
传真:84358998
网址:www. benzhougroup. com
电子信箱:bcc@ benzhougroup. com
法定代表人:童国斌
单位人数:1000
质量体系:ISO 9001
产品情况:(义鹰牌)
踏板式、弯梁式、骑式摩托车,电动摩托车,发动机

出口情况：远销东南亚、欧洲、北美洲、拉丁美洲等地区

★浙江创台车业有限公司
地址：浙江省台州市黄岩区江口街道草坦路村
邮编：318050
电话：0576/84729968
电子信箱：sales@ chuangtaimoto. com
法定代表人：张德祥
质量体系：ISO 9001
产品情况：（川铃牌、永源牌）
骑式、踏板式摩托车、沙滩车、卡丁车、助力车、电动车
出口情况：远销 100 多个国家和地区，在美国、波多黎各等地设有分公司

★浙江天本车业有限公司
地址：浙江省台州市路桥区金清镇金清大道
邮编：318050
电话：0576/82865165
法定代表人：李新法
产品情况：（天本牌）
两轮摩托车、电动两轮摩托车

★浙江森铃摩托车有限公司
地址：浙江省台州市路桥区辽洋村
邮编：318050
电话：0576/82369899
传真：82369899
网址：www. zjslmt. com
电子信箱：zjslmt@ 126. com
法定代表人：陈灵祝
产品情况：（富通牌、剑风牌、晶雅牌、五本牌、银钢游侠牌、印雅牌、重雅牌）
踏板摩托车、两轮轻便摩托车

★浙江永源摩托车制造有限公司
地址：浙江省台州市路桥区路南永源工业区
邮编：318050
电话：0576/89226332、82448666
传真：89226339
网址：www. jonway. cc
电子信箱：wg@ jonway. com
法定代表人：杨素华
产品情况：（古思特牌、永源牌）
两轮摩托车、两轮轻便摩托车等
出口情况：远销 80 个国家

★台州市森隆摩托车制造有限公司
地址：浙江省台州市路桥区路桥街道辽洋村
邮编：318050
电话：0576/82354503、82353776
传真：82353776
网址：gb. senlongmotor. com
电子信箱：senlongmotor@ 163. com
法定代表人：郑雪青
单位人数：500
质量体系：ISO 9001
产品情况：（乙本牌）
以 50 ~ 250mL 踏板、骑士、电动车等系列摩托车为主，年生产能力整车 30 万辆
出口情况：出口欧洲、美洲、非洲、东南亚等地区

★浙江日雅摩托车有限公司
地址：浙江省台州市路桥区路桥新安南街 689 号
邮编：318050
电话：0576/82521651、82511978
传真：82550978
网址：www. chinariya. com
电子信箱：info@ chinariya. com
法定代表人：黄小敏
单位人数：350
质量体系：ISO 9001
产品情况：（日雅牌、战雅牌、天鹰牌、炫耀牌、弘州牌、重崎牌）
排量 50 ~ 300mL 的骑式车、踏板车、电动车和小型越野车
出口情况：40% 的产品出口欧洲、北美洲、中东、非洲、中美洲、南美洲、东南亚等地区

★浙江吉铭实业有限公司
地址：浙江省台州市路桥区螺洋灵山西街 588 号
邮编：318050
电话：0576/82520336、13736577752
传真：82520335
网址：www. geelymotor. cn
电子信箱：geelymoto@ 163. com
法定代表人：梁维斌
质量体系：ISO 9001
产品情况：（吉利牌、吉铭牌）
专门生产踏板式摩托车、吉利和吉铭牌骑式车等产品
出口情况：主要以出口为主，出口美国、欧洲、东南亚等国家和地区

★浙江嘉爵摩托车制造有限公司
地址：浙江省台州市路桥区卖芝桥东路 888 - 18 号
邮编：318050
电话：0576/89116171、18758648088
传真：82401176
网址：www. jiajue. com
电子信箱：business@ jiajue. com
法定代表人：蔡卫民
质量体系：ISO 9000
产品情况：（嘉爵牌、金鼎牌）
具有年产 30 万辆摩托车、100 万辆电动自行车和 50 万台发动机
出口情况：出口欧洲、美国、南美洲、非洲、东南亚等 200 多个国家和地区

★浙江天鹰机车有限公司
地址：浙江省台州市路桥区新桥镇新大街 211 号
邮编：318055
电话：0576/80275001
电子信箱：dfl@ eastdragon - china. com
法定代表人：张文祥
质量体系：ISO 9001
产品情况：（天鹰牌、新本牌）
50mL、80mL、100mL、125mL、150mL、250mL 等排量摩托车；具备年产 30 万辆摩托车和 30 万台发动机生产能力
出口情况：出口遍及亚洲、欧洲、美洲等地区近 40 个国家

★绿佳车业科技股份有限公司
地址：浙江省台州市临海杜桥镇南工业发展区
邮编：318057
电话：4001827777
传真：0576/82617999
网址：www. zj - lvjia. com
电子信箱：zjlvjia@ zj - lvjia. com
法定代表人：王云龙
产品情况：（绿佳牌）
产品覆盖豪华电动摩托车、电动自行车、电动三轮车、电动四轮车

★立马车业集团有限公司
地址：浙江省台州市路桥区蓬街工业园区
邮编：318057
电话：4008818777
网址：www. shanghailima. com
电子信箱：790299300@ qq. com
法定代表人：罗华列
单位人数：4000
产品情况：（立马牌）
电动两轮摩托车

★浙江弘州摩托车有限公司
地址：浙江省临海市江南街道汇丰北路 8 号
邮编：318058
电话：0576/82608013、85116996
传真：82608013
电子信箱：linky@ timbanmotor. com
法定代表人：李新法
质量体系：ISO 9001
产品情况：（天鹰 TY 牌）
摩托车及其发动机、电动车、ATV 车
出口情况：远销东南亚、非洲、欧洲、美洲、日本、韩国等国家和地区

★浙江顺骐车业有限公司
地址：浙江省台州市椒江区滨海工业园区聚明路 301 号
邮编：318058
电话：0576/82968000、82608010
网址：www. zjs7. com
电子信箱：james@ zjhuatian. com
法定代表人：黄元东
单位人数：200
质量体系：ISO 9001
产品情况：（华田牌、嘉吉牌、飞翎牌）
50 ~ 250mL 系列摩托车及配套发动机
出口情况：远销美国、德国、意大利、捷克、奥地利等 20 多个国家和地区

★金浪科技有限公司
地址：浙江省台州市路桥区金清镇环西二路 259 号

邮编:318058
电话:0576/82712783、82899157
传真:82712783
网址:www. jinlang. com. cn
电子信箱:jinlangmyd@ 126. com
法定代表人:吴华聪
单位人数:400
质量体系:ISO 9001
产品情况:(金浪牌、迅达牌、大力神牌)
两轮轻便摩托车、两轮摩托车
出口情况:远销亚洲、欧洲、美洲等 30 多个国家和地区

★浙江绿源电动车有限公司
地址:浙江省金华市开发区工业园石城街 168 号
邮编:321016
电话:0579/82272030、4008877505
网址:www. luyuan. cn
电子信箱:zhouridong@ luyuan. cn
法定代表人:倪捷
产品情况:(绿源牌)
电动摩托车等

★浙江阿波罗摩托车制造有限公司
地址:浙江省武义县泉溪镇金岩山工业区
邮编:321200
电话:0579/87720888、87720886
传真:87720707
网址:www. apollovehicle. com
电子信箱:apollo@ apollovehicle. com
法定代表人:应儿
产品情况:(行星牌)
两轮摩托车、两轮轻便摩托车
出口情况:远销欧洲、美国、加拿大、澳大利亚、非洲、东南亚地区

★浙江长铃川豹摩托车有限公司
地址:浙江省永康市城西新区花城东路 189 号
邮编:321300
电话:0579/89265591、89265586
传真:87433388
法定代表人:徐雄峰
产品情况:(长铃牌、川豹 CB 牌)
三轮摩托车、两轮摩托车

★浙江星月车业有限公司
地址:浙江省永康市东城街道黄棠工业区
邮编:321307
电话:4001579766、4001579866
传真:0579/87270031
网址:www. xingyue. com
电子信箱:13506790360@ 139. com
法定代表人:胡婷婷
质量体系:ISO 9001
产品情况:(星月牌)
摩托车、沙滩车、消防摩托车等

★浙江涛涛车业股份有限公司
地址:浙江省丽水市缙云县新碧工业园区新民路 6 号
邮编:321400
电话:0578/3185851、3185852
传真:3185853
网址:www. taotaoatv. com
电子信箱:sales03@ taotaogroup. com
法定代表人:曹马涛
质量体系:ISO 9001
产品情况:全地型车、摩托车、卡丁车、高尔夫球车、电动车、助力车、非公路用两轮摩托车及发动机
出口情况:在美国、加拿大、俄罗斯、迪拜等地设立公司

福建省

★厦门厦杏摩托有限公司
地址:福建省厦门市集美区西滨路 99 号
邮编:361022
电话:0592/6211166、6211159
传真:6213965
网址:www. xsmt. com
电子信箱:service@ xsmt. com
法定代表人:吴清源
质量体系:ISO 9002
产品情况:(厦杏三阳牌)
中华系列、中华狼系列、HUSKY、中华战马及警车系列、风速系列、悍将系列、GR 系列、JET POWER、CROX 及魅力系列等 30 多个系列摩托车
出口情况:出口欧洲、美洲、日本、韩国、非洲、印度、东南亚等 80 多个国家和地区

★福建省晋江市三力机车有限公司
地址:福建省晋江市五里科技工业区
邮编:362263
电话:0595/85739829、85739870
传真:85739863
网址:www. sanli - engine. com
电子信箱:wlsanli2015@ 126. com
法定代表人:陈金山
质量体系:ISO 9001、ISO 14000
产品情况:(苏司克牌、豪福牌、三力力牌)
具备年生产各类摩托车 40 万台,发动机、汽油机、柴油机等动力机械 100 万台,大、中、小型园林机械 40 万台的生产能力
出口情况:出口西欧、北美洲等地区

山东省

★济南轻骑摩托车有限公司
地址:济南市历下区和平路 34 号
邮编:250014
电话:0531/86599882
传真:86599889
网址:www. qingqi. com. cn
电子信箱:jnqq@ qingqi. com. cn
法定代表人:向敏智
质量体系:ISO 9001
产品情况:(轻骑牌、标致牌、达飞尔牌、先锋牌)
跨骑式、踏板式、弯梁式摩托车,运动休闲车,电动车,三轮车,摩托车发动机
出口情况:出口欧洲、美国市场

★济南大隆机车工业有限公司
地址:济南市济阳县济北大道 9 号
邮编:250100
电话:0531/88062345、13953181809
传真:88906003
电子信箱:xh667788@ 163. com
法定代表人:王为
质量体系:ISO 9001
产品情况:(日建牌、大龙牌、金马牌、豪门牌、蒙德王牌、神鹰牌、木兰牌、世纪风牌、先锋牌、雄鹰牌)
两轮、三轮摩托车,正三轮摩托车
出口情况:出口欧洲、美洲、亚洲等 30 多个国家和地区

★济南轻骑铃木摩托车有限公司
地址:济南市高新技术开发区孙村片区科创路 1999 号
邮编:250101
电话:0531/85030666、85030777
传真:88876862
网址:www. qssuzuki. com. cn
电子信箱:qsfuwu@ jnsuzuki. cn
法定代表人:宋乐刚
质量体系:ISO 9001
产品情况:(轻骑·铃木牌)
两轮摩托车
出口情况:出口摩托车

★济南轻骑标致摩托车有限公司
地址:济南市高新技术开发区孙村片区科航路 1988 号
邮编:250104
电话:4007667029、4007667076
网址:www. peugeotscooters. com. cn
电子信箱:aftersales@ jnqqpm. com
法定代表人:刘旭东
质量体系:ISO 9001
产品情况:[标致(PEUGEOT)牌、轻骑牌]
两轮摩托车

★山东重骑摩托车(集团)厂
地址:济南市市中区党家庄镇西
邮编:250116
电话:0531/87807238
传真:87807238
网址:www. sdzqjt. cn
电子信箱:sdzqjt2013@ 163. com
法定代表人:时克生
质量体系:ISO/TS 16949、ISO 9001
产品情况:(重骑牌)
两轮、三轮摩托车,警用摩托车,两轮轻便摩托车,正三轮摩托车

★山东时风(集团)有限责任公司
地址:山东省高唐县时风路 1 号
邮编:252800
电话:0635/3953153、3959771

网址:www. shifeng. com. cn
法定代表人:刘成强
质量体系:ISO 9001、ISO 14000
产品情况:(时风牌)
电动正三轮摩托车
出口情况:远销美国、墨西哥、阿尔巴尼亚等 50 多个国家

★雷沃重工股份有限公司
地址:山东省潍坊市坊子区北海南路192 号
邮编:262200
电话:0536/7602065
网址:www. lovol. com. cn
电子信箱:ftgsdsb@ 163. com
法定代表人:王桂民
质量体系:ISO 9000
产品情况:(福田五星牌)
正三轮摩托车、电动正三轮摩托车等
出口情况:远销欧洲、非洲、南亚、东南亚等地区

★比德文控股集团有限公司
地址:山东省潍坊市昌乐比德文路比德文产业园
邮编:262404
电话:0536/68568850、4006583111
网址:www. byvin. cn
电子信箱:gggxb@ byvin. cn
法定代表人:李国欣
产品情况:(比德文牌)
电动两轮摩托车、电动正三轮摩托车、正三轮摩托车

★青州大金马摩托车有限公司
地址:山东省青州市经济开发区东京路3081 号
邮编:262500
电话:0536/3524635、3524086
传真:3295102
电子信箱:djinma@ 163. com
法定代表人:崔峰
质量体系:ISO 9001
产品情况:(金马牌)
斗式重型载货三轮摩托车、保温厢式重型三轮摩托车、客货两用车、助残车、老年车等

★山东寿光万龙实业有限公司
地址:山东省寿光市东城工业园
邮编:262705
电话:0536/5660951、5678791
网址:www. cn - wanlong. cn
电子信箱:caiwu - 1@ wan11on. com
法定代表人:王鑫
单位人数:1500
质量体系:ISO/TS 16949
产品情况:(川野牌)
汽车模具、汽车车身、汽车车架、摩托车、电动车、汽车塑料配件、农业装备及工程车驾驶室
配套情况:为长安、华泰现代、北方奔驰、中国重汽、北汽福田、五征集团、时风集团等众多重型货车、轻型货车、乘用车生产厂家配套汽车车身、车架等产品;为日本富士、长安福特、一汽红塔、奇瑞、北汽福田等国内外汽车厂家设计加工过高档轿车、汽车车身模具

★山东中铃车辆制造有限公司
地址:山东省泰安市宁阳县城南外环路华阳大街中段 768 号
邮编:271400
电话:0538/5611888
电子信箱:sdhg11888@ 163. com
法定代表人:王明东
质量体系:ISO 9001
产品情况:(恒阔牌、英鹤牌、真爱牌、中翎牌)
电动正三轮摩托车、电动两轮摩托车等

★山东北易车业有限公司
地址:山东省临沂市工业园区大阳路中段东侧
邮编:276006
电话:0539/8520129、8520200
网址:www. sdbeiyi. cn
电子信箱:sdbycyyxgs@ 126. com
法定代表人:贾丙余
单位人数:500
质量体系:ISO 9001、ISO 14001
产品情况:(大阳牌)
货运车、老年车、助残车、旅游观光车、休闲娱乐车、全包三轮客车和半包货车等各种三轮摩托车、三轮电动车

★山东巴士新能源车业有限公司
地址:山东省沂南县经济开发区澳柯玛大道东段
邮编:276300
电话:4006172818
网址:www. jindipc. com
电子信箱:jindipc999@ sina. com
法定代表人:陈振伟
质量体系:ISO 9001
产品情况:(海宝牌、金迪牌)
正三轮摩托车、电动正三轮摩托车

★山东先锋摩托车有限公司
地址:山东省日照市东港区海曲东路 36 号
邮编:276800
电话:0633/8265396、84567516
传真:8265080
网址:www. xfmotor. com. cn
电子信箱:xfmotor@ xfmotor. com. cn
法定代表人:张彦涛
单位人数:400
质量体系:ISO 9001
产品情况:(先锋牌)
摩托车整车(两轮、三轮)
出口情况:出口世界多个国家和地区

河南省

★河南丰收新能源车辆有限公司
地址:河南省新乡市北环路西段丰收工业园
邮编:453000
电话:4000373300
传真:0373/2191100
网址:www. fengshou8888. com
电子信箱:125600917@ qq. com
法定代表人:武清绪
质量体系:ISO 9001、ISO 14001
产品情况:(丰收牌)
大功率电动载货三轮车、电动四轮观光车和电动四轮运输车

★河南新鸽摩托车有限公司
地址:河南省新乡市北干道新鸽工业区
邮编:453002
电话:0373/2666088、4006592115
电子信箱:xinge111111@ 126. com
法定代表人:尚勤芳
质量体系:ISO 9001、ISO 14001
产品情况:(新鸽牌)
正三轮摩托车、老年三轮摩托车、助残三轮摩托车、半封闭三轮摩托车、全封闭三轮摩托车

★河南力之星三轮摩托车制造有限公司
地址:河南省新乡市北环路西段 188 号
邮编:453002
电话:0373/2695333、4000373500
网址:www. hnlzx. cn
电子信箱:info@ zipstar. cn
法定代表人:李文玉
单位人数:1000
质量体系:ISO 9001、ISO 14001
产品情况:[力之星(ZIPSTAR)牌]
三轮摩托车、三轮电动车

★河南富源鑫洋车业有限公司
地址:河南省新乡市北环路西段
邮编:453200
电话:0373/5272030、4007173731
传真:2191883
电子信箱:13525016390@ 163. com
法定代表人:李秀梅
质量体系:ISO 9001、ISO 14001
产品情况:(富鑫洋牌、大义牌、鑫合力牌)
电动三轮摩托车、电动三轮车、电动平板车、半封闭电动三轮车、电动场地观光车

★河南嘉陵三轮摩托车有限公司
地址:河南省孟州市西逯工业区
邮编:454791
电话:0391/8398880、13949665055
传真:8398854
电子信箱:hnjlzhb@ 163. com
法定代表人:张本江
质量体系:ISO 9001、ISO 14001
产品情况:(嘉陵牌)
正三轮摩托车、老年车

★长葛市鸿舟车业有限公司
地址:河南省长葛市区钟繇大道北段
邮编:461500

电话:0374/6227999、6227613
传真:6227789、6218559
电子信箱:hongyan888@163.com
法定代表人:王书枝
质量体系:ISO 9001
产品情况:(鸿舟牌、大爱天下牌)
三轮客/货车、助残车、特种三轮车、电动正三轮摩托车等
出口情况:远销瑞士、罗马尼亚、几内亚、印度尼西亚、柬埔寨、孟加拉国、阿根廷、巴西、印度、菲律宾、尼日利亚、乌兹别克斯坦、哈萨克斯坦、塞尔维亚等国家

★舞阳新和车业有限公司
地址:河南省漯河市舞阳县舞泉镇南环路东段
邮编:462000
电话:0395/7332001、18503996366
传真:7332008
电子信箱:wyxh-aoxing@163.com
法定代表人:王新军
质量体系:ISO 9001、ISO 10012
产品情况:[长洪(CH)牌、长江牌]
HD125、150、250 系列摩托车,长江125、750 系列摩托车,125、150、250 摩托车发动机,125、250、150、750 摩托车零部件
出口情况:出口洪都 125 系列摩托车、长江 750 系列摩托车

★河南力帆树民车业有限公司
地址:河南省平顶山市叶县产业集聚区
邮编:467200
电话:0375/8053568、13569580632
传真:8096758
网址:www.lifancheye.com
电子信箱:mail@lifan.com
法定代表人:马可
产品情况:(力帆牌)
电动正三轮摩托车、正三轮摩托车,设计年产 20 万辆三轮摩托车和 15 万辆新能源车辆

★河南隆鑫机车有限公司
地址:河南省叶县文化路东段隆鑫工业园
邮编:467200
电话:0375/2311888、4008040377
传真:2311888
网址:www.henanloncin.com
法定代表人:曾长飞
单位人数:1300
质量体系:ISO 14000、ISO 9001
产品情况:(隆鑫牌)
正三轮摩托车、老年车、全封闭、半封闭、助残、工程等三轮摩托车
出口情况:出口东南亚、非洲等多个国家和地区

★河南北摩车业有限公司
地址:河南省洛阳市西工区中迈红东方19 楼东
邮编:471000
电话:0379/61115551
网址:www.hnbmcy.com
电子信箱:ysmotuo@126.com
法定代表人:仝进峰
质量体系:ISO 9001
产品情况:(宝雕翔 BDX 牌)
三轮摩托车、电动三轮车、摩托车零部件等
出口情况:出口东南亚、非洲、欧美等国家和地区

★洛阳金翌车业有限公司
地址:河南省偃师市岳滩产业集聚区
邮编:471000
电话:0379/69202777、69202999
传真:67616675
电子信箱:2374855200@qq.com
法定代表人:张鹏飞
质量体系:ISO 9001
产品情况:(玉河牌、中飞牌、中豪牌、宗乔牌、莱宝驰牌、福莱特牌)
具备年产 10 万台三轮摩托车、电动三轮车的生产能力
出口情况:远销沙特、伊拉克、印度尼西亚等 10 多个国家和地区

★洛阳北方企业集团有限公司
地址:河南省洛阳市涧西区徐家营
邮编:471031
电话:0379/65111111、8008831891
传真:64937738
网址:www.lybq.cn
电子信箱:ljmoto@126.com
法定代表人:张宏
负责人:陈光
单位人数:4500
质量体系:ISO 9001
产品情况:(洛嘉牌、大阳牌)
弯梁、踏板、骑式系列摩托车、两轮轻便摩托车、正三轮摩托车、两轮摩托车、电动正三轮摩托车、电动两轮摩托车
出口情况:远销 80 多个国家和地区

★洛阳北方易初摩托车有限公司
地址:河南省洛阳市涧西区徐家营洛宜路
邮编:471031
电话:0379/64937335、65118335
传真:64937591、64937179
网址:www.dayangmotorcycle.com
电子信箱:dym@dayang-motorcycle.com
法定代表人:张宏
单位人数:2800
质量体系:ISO 9001
产品情况:(大阳牌)
50~200mL 正三轮摩托车、两轮摩托车;具备年生产 50~200mL 大阳摩托100 万辆、发动机 120 万台和大阳三轮车 60 万辆、大阳电动车 50 万辆的生产能力
出口情况:远销 80 多个国家和地区

★洛阳大志三轮摩托车有限公司
地址:河南省洛阳市偃师市岳滩工业园
邮编:471921
电话:0379/69662710、69662719
传真:69662671
网址:www.luoyangdazhi.com
电子信箱:dayunsp@126.com
法定代表人:高林涛
单位人数:800
质量体系:ISO 9001
产品情况:(大志牌、劲隆牌)
电动正三轮摩托车

★洛阳北易三轮摩托车有限公司
地址:河南省洛阳市岳滩工业区
邮编:471921
电话:0379/65101668、65070909
传真:67616589
网址:www.dayangsanlun.cn
电子信箱:web@dayangsanlun.com
法定代表人:周笑三
单位人数:800
质量体系:ISO 9001
产品情况:(大阳牌)
50~250mL 的正三轮摩托车、老年休闲车、电动三轮车等
出口情况:远销多个国家和地区

★洛阳珠峰华鹰三轮摩托车有限公司
地址:河南省偃师市产业集聚区(岳滩镇赵庄寨村)
邮编:471921
电话:0379/67621191、67611149
传真:67616593、67628766
电子信箱:xuyanfang001@126.com
法定代表人:张耀卿
质量体系:ISO 9001
产品情况:(华鹰牌、耀隆牌、珠峰牌)
正三轮摩托车、电动正三轮摩托车

★洛阳北方大河三轮摩托车有限公司
地址:河南省偃师市岳滩镇
邮编:471921
电话:0379/67619558、15290578882
网址:www.lydhmt.com
电子信箱:1183045184@qq.com
法定代表人:张建伟
单位人数:400
质量体系:ISO 9001
产品情况:(大河牌、大阳牌、洛嘉牌、东方红牌)
正三轮摩托车、三轮助力车

★洛阳盛江红强摩托车有限公司
地址:河南省偃师市岳滩镇产业集聚区
邮编:471921
电话:0379/69202628
电子信箱:346849829@qq.com
法定代表人:李红强
产品情况:(长江牌)
三轮摩托车、电动正三轮摩托车、两轮摩托车、电动两轮摩托车

湖南省

★株洲建设雅马哈摩托车有限公司
地址:湖南省株洲市芦淞区董家塅

邮编:412002
电话:0731/28550344
传真:28557019
网址:www. zzyamaha - motor. cn
电子信箱:gx180604@ autoinfo. gov. cn
法定代表人:吕红献
质量体系:ISO 9001、ISO 14001
产品情况:[雅马哈(YAMAHA)牌]
踏板摩托车、两轮摩托车等

★中国航发湖南南方宇航工业有限公司
地址:湖南省株洲市芦淞区董家塅建国路1号
邮编:412002
电话:0731/28559011、28553132
传真:28559001
网址:www. chinasatc. com
电子信箱:nfyh@ chinasatc. com
法定代表人:彭天祥
质量体系:ISO/TS 16949、ISO 14001
产品情况:(南方牌、南雅牌)
摩托车及摩托车发动机

广东省

★广州智诚实业有限公司
地址:广州市越秀区永泰路54号金晖楼首层
邮编:510095
电话:020/84423888
传真:84475816
网址:www. gzmotors. com
电子信箱:master@ gzmotors. com
法定代表人:严壮立
单位人数:202
产品情况:(五羊牌、五羊-本田牌)
摩托车、发动机、汽车及摩托车零部件

★广州大运机车有限公司
地址:广州市花都区三东大道12号
邮编:510800
电话:020/86965966、36891006
传真:86965966、86965655
电子信箱:397462745@ qq. com
法定代表人:远勤山
质量体系:ISO 9001
产品情况:(大阳牌、大运牌、风驰牌)
跨骑式、踏板式、弯梁式摩托车,三轮摩托车,沙滩车,摩托车发动机、两轮摩托车
出口情况:远销亚洲、欧洲、美洲、非洲等地区

★广州大运摩托车有限公司
地址:广州市花都区新华街永发大道12号
邮编:510800
电话:020/86965966、4008890303
网址:www. gzdayang. com
电子信箱:office@ gzdayang. com
法定代表人:远勤山
单位人数:2000
质量体系:ISO 9001、ISO 14001
产品情况:(大运牌、风驰牌)
具有年产150万辆整车和200万台发动机的生产能力
出口情况:出口亚洲、欧洲、美洲、非洲多个国家和地区

★广州三雅摩托车有限公司
地址:广州市从化区城郊街新开埔顶
邮编:510920
电话:020/87916128、4007003838
传真:87911823
网址:www. sanyamotor. com
电子信箱:overseas@ sanyamotor. com
法定代表人:李榕炘
质量体系:ISO 9001、ISO 14001
产品情况:(三雅牌、SANYA牌)
摩托车和电动车
出口情况:出口遍及60多个国家和地区

★广州天马集团天马摩托车有限公司
地址:广州市从化区从樟路3号
邮编:510925
电话:020/87982688
网址:www. ktm. cn
电子信箱:sale@ ktm. cn
法定代表人:刘维嘉
质量体系:ISO 9001、ISO 14000
产品情况:(天马TIANMA牌、KTM牌)
50~250mL排量的骑式、弯梁、踏板车系列摩托车
出口情况:远销欧洲、美洲、非洲、东南亚、中东等地区

★广州松铃工业有限公司
地址:广州市从化区明珠工业园宝聚路1-2号
邮编:510931
电话:020/87866173、13660137066
传真:37928102
网址:www. sonlink - motor. com
电子信箱:sarah@ sonlink - motor. com
法定代表人:吴乐辉
单位人数:600
产品情况:(松铃牌)
正三轮摩托车,具有年生产摩托车30万台,发动机40万台的能力
出口情况:远销南美洲、中东、欧亚、非洲等多个国家和地区

★广州金城摩托车科技有限公司
地址:广州市从化区鳌头镇岭南村
邮编:510940
电话:020/22695988、22695970
电子信箱:412852767@ qq. com
法定代表人:汪占祥
产品情况:(金城牌)
两轮摩托车

★康超集团广州摩托车制造有限公司
地址:广州市增城石滩镇上塘村石三公路北侧
邮编:511325
电话:020/32803816、32803800
传真:32803848
电子信箱:chang1804@ 163. com
法定代表人:吕清波
质量体系:ISO 9000
产品情况:(洪雅牌、雅奇牌、冠军牌)
跨骑式、踏板式、弯梁式摩托车,越野车等摩托车,摩托车发动机
出口情况:出口非洲、南美洲、欧洲、亚洲等地区

★广州飞肯摩托车有限公司
地址:广州市增城区石滩镇新城大道8号
邮编:511330
电话:020/32896222、32899666
传真:32896205
网址:www. fekonmotor. com
电子信箱:fekon888@ 126. com
法定代表人:刘凯
质量体系:ISO 9001、ISO 14001
产品情况:(飞肯牌)
汽油三轮车、电动三轮车和新能源电动四轮汽车、电动两轮摩托车
出口情况:出口中东、南美洲、非洲等多个国家和地区

★广州市丰豪摩托车实业有限公司
地址:广州市增城区仙村镇荔新公路旁下碧潭村口
邮编:511335
电话:020/22864307、22864315
传真:22864323
电子信箱:809026189@ qq. com
法定代表人:冯润权
质量体系:ISO 9001
产品情况:(丰豪牌、豪日牌)
摩托车整车、发动机

★增城市奔马实业有限公司
地址:广州市增城区新塘镇新塘大道东45号
邮编:511340
电话:020/61723018、61723007
传真:61723333
网址:www. sanlg - motor. com. cn
电子信箱:sanlg@ sanlg - motor. com. cn
法定代表人:钟志洪
质量体系:ISO 9001
产品情况:(广日牌、三铃牌)
骑式、踏板、弯梁摩托车,沙滩车,两轮轻便摩托车,两轮摩托车,电动两轮摩托车
出口情况:远销南美洲、中东、欧洲、亚洲等地区

★广州豪进摩托车股份有限公司
地址:广州市增城新塘镇荔新公路豪进工业园
邮编:511340
电话:020/82799999
传真:82799058
网址:www. haojin. com. cn
电子信箱:marketing@ haojin. com. cn
法定代表人:吴龙斌

负责人:刘国杰
质量体系:ISO 9001
产品情况:(凌肯牌、豪进牌)
骑式车、踏板车、弯梁车、沙滩车、两轮摩托车,电动正三轮摩托车、电动两轮摩托车等
出口情况:远销世界五大洲 60 多个国家和地区

★五羊-本田摩托(广州)有限公司
地址:广州市增城区新塘镇永和新新六路 1 号
邮编:511356
电话:020/32989888
网址:www.wuyang-honda.com
电子信箱:yangyang798@wuyang-honda.com
法定代表人:陈茂善
质量体系:ISO 9001、ISO 14001
产品情况:[五羊-本田牌、本田(HONDA)牌、五羊牌]
骑式车、踏板车、弯梁车、新能源摩托车等
出口情况:出口的国家和地区近 50 个

★广州五羊摩托有限公司
地址:广州市番禺区南村镇永大工业园内
邮编:511443
电话:020/61912218、61912258
传真:61912200、61912255
网址:www.wuyangmotor.com
电子信箱:wuyang@wuyangmotor.com
法定代表人:梁君
单位人数:500
质量体系:ISO 9000、ISO 14001
产品情况:(五羊牌)
覆盖排量 50~250mL 的摩托车;已形成年产 50 万台发动机和 50 万辆整车的综合生产能力
出口情况:远销欧洲、东南亚、南美洲、非洲等多个国家和地区

★广州市华烨电瓶车科技有限公司
地址:广州市南沙区榄核镇民生路 113-3,华纳工业园内
邮编:511480
电话:020/22867999、22867838
传真:22867868
网址:www.huaye-ecar.com
电子信箱:syqmotor@qq.com
法定代表人:黄永东
单位人数:300
质量体系:ISO/TS 16949
产品情况:(飞鹰牌、FYM 牌)
专业生产两轮及四轮电动车系列产品;具有年产四轮电动车 12000 台、两轮摩托车 120000 台的生产能力
出口情况:畅销 50 多个国家

★广东大联统摩托车有限公司
地址:广东省清远市清新区太和镇井塘村海州
邮编:511800
电话:0763/5850788、5851131
传真:5851103、5850788
电子信箱:2862279859@qq.com
法定代表人:袁远
质量体系:ISO 9001
产品情况:(联统牌)
摩托车和发动机,电动两轮和正三轮摩托车
出口情况:远销德国、英国、波兰、匈牙利、法国、荷兰、俄罗斯、美国、哥伦比亚、菲律宾、马来西亚、澳大利亚、新西兰等 50 多个国家

★广东富兴摩托车实业有限公司
地址:广东省兴宁市纺织路 88 号
邮编:514500
电话:0753/3351259、3351662
传真:3329668、3333668
网址:www.haobaomotor.com
电子信箱:haobao@haobaomotor.com
法定代表人:徐毅坚
单位人数:300
质量体系:ISO 9001
产品情况:(豪豹牌)
摩托车及发动机

★惠州玛骐摩托车有限公司
地址:广东省惠州市惠阳区良井麦科特科技工业园
邮编:516265
电话:0752/3650180、3650328
传真:3650888
电子信箱:mctco@163.com
法定代表人:胡志彪
质量体系:ISO 9001
产品情况:(麦科特牌、玛骐牌)
具备年产发动机 40 万台和整车 30 万辆的生产能力
出口情况:与越南、柬埔寨、斯里兰卡、印度尼西亚、美国、日本、南美洲、中东、非洲等几十个国家建立了贸易联系

★珠海珠江车业有限公司
地址:广东省珠海市金湾区小林联港工业区双林片区创业北路 1 号
邮编:519045
电话:0756/3980665、3980666
传真:3980699
网址:www.zjmt.com
电子信箱:zhzjcy@zjmt.com
法定代表人:简兆华
质量体系:ISO 9001
产品情况:(珠江牌)
摩托车、摩托车发动机及其零配件
出口情况:远销非洲、亚洲、南美洲、东欧等 20 多个国家和地区

★东莞市大裕摩托车有限公司
地址:广东省东莞市中堂镇北王路袁家涌路段
邮编:523223
电话:0769/88121110、88883627
传真:88880688
电子信箱:305014258@qq.com
法定代表人:姬启道
质量体系:ISO 9001
产品情况:(本铃牌、尊隆牌)
骑式车、踏板车、弯梁车等

★东莞市台铃车业有限公司
地址:广东省东莞市大岭山镇百花洞村凤凰路 92 号
邮编:523828
电话:4000589988
传真:0769/38922980
网址:www.tailg.com.cn
法定代表人:孙金銮
质量体系:ISO 9001、ISO 14001
产品情况:(台铃牌)
电动自行车与电动摩托车,年产能逾 400 万辆
出口情况:远销欧美等 70 多个国家和地区

★宗申·比亚乔佛山摩托车企业有限公司
地址:广东省佛山市禅城区张槎城西工业区朗宝西路 51 号
邮编:528000
电话:0757/82309253
传真:82309520
网址:www.piaggio.com.cn
电子信箱:sales@piaggio.com.cn
法定代表人:胡显源
产品情况:(宗申·比亚乔牌、力之星牌、宗申·艾普瑞利亚牌、宗申牌、比亚乔牌)
骑式、踏板式摩托车

★佛山市佛斯弟摩托车制造有限公司
地址:广东省佛山市三水区芦苞镇懿龙路 5 号
邮编:528000
电话:0757/88353958、88353980
电子信箱:fosti@fosti.com.cn
法定代表人:王雯
质量体系:ISO 9001
产品情况:(富先达牌、佛斯弟牌)
骑式、踏板、弯梁系列摩托车,摩托车发动机
出口情况:远销欧洲、美洲、非洲、中东等 20 多个国家和地区

★广东大福摩托车有限公司
地址:广东省佛山市南海区大沥镇长虹岭工业园
邮编:528231
电话:13702991098
传真:0757/85552708
网址:www.dafumoto.com
电子信箱:daifo@126.com
法定代表人:胡英强
质量体系:ISO 9001、ISO 14001
产品情况:(豪达牌、大福牌、双健牌)
两轮、三轮摩托车,正三轮摩托车,电动两轮摩托车
出口情况:远销中东、南亚等地区

★广东嘉纳仕科技实业有限公司
地址:广东省佛山市顺德区北滘镇西海

北围工业区8号
邮编:528311
电话:0757/26670945、26603888
传真:26670952
电子信箱:galaxy@ yinhemotor. com. cn
法定代表人:庞浩泉
质量体系:ISO 9001、ISO 14001
产品情况:(银河牌、豹王牌、嘉纳仕牌)
两轮摩托车、三轮摩托车和摩托车发动机
出口情况:出口美洲、欧洲、非洲、东南亚等地区

★江门市中港宝田摩托车实业有限公司
地址:广东省江门市高新技术产业开发区兴业路36号
邮编:529000
电话:0750/3226999、3868555
传真:3230233
电子信箱:120812296@ qq. com
法定代表人:庾永曦
质量体系:ISO 9001
产品情况:(宝田牌)
两轮摩托车、两轮轻便摩托车
出口情况:出口亚洲、南北美洲、欧洲、非洲等100多个国家和地区

★广东大冶摩托车技术有限公司
地址:广东省江门市江海区金瓯路188号
邮编:529000
电话:0750/3883333
传真:3883148、3883003
网址:www. tayomotor. com
电子信箱:xsb01@ tayomotor. com
法定代表人:景文玲
单位人数:1600
质量体系:ISO 9001、ISO 14001
产品情况:(豪江牌、升仕牌、启典牌、夏朋牌)
骑式车、踏板车、弯梁车等中小排量摩托车
出口情况:出口欧洲、东南亚、南美洲等地区

★江门市华龙摩托车有限公司
地址:广东省江门市蓬江区棠下镇富棠南路15号厂区
邮编:529000
电话:0750/3598586、3598366
传真:3598996
网址:www. hualongmotorcycle. cn
电子信箱:hualongmoto2008@ 163. com
法定代表人:李伟才
单位人数:200
质量体系:ISO 9001
产品情况:(奔野牌)
100mL、125mL、150mL等排量跨骑式、踏板式、弯梁式、越野系列摩托车、两轮摩托车、正三轮摩托车

★江门市长华凯特威摩托车有限公司
地址:广东省江门市棠下镇富棠二路8号
邮编:529000
电话:0750/3599133、3579778
网址:www. huasha - motor. com
电子信箱:729377360@ qq. com
法定代表人:陈永泰
质量体系:ISO 9001
产品情况:[华鲨(HUASHA)牌、JINYEE牌、HUALONG牌]
骑式摩托车、踏板摩托车、三轮摩托车、越野车、沙滩车、电动自行车、电动摩托车等
出口情况:远销南美洲、中东、俄罗斯、非洲等30多个国家和地区

★江门轻骑华南摩托车有限公司
地址:广东省江门市西环路群星后门山
邮编:529000
电话:0750/3280191
电子信箱:jiangmenqingqi@ yeah. net
法定代表人:曹心诚
质量体系:ISO 9000
产品情况:(轻骑牌、马隆牌)
踏板式、骑式摩托车,警车,发动机,两轮摩托车

★江门市迪豪摩托车有限公司
地址:广东省江门市宏达工业区建达北路7号
邮编:529030
电话:0750/3283586、3283585
传真:3217172
网址:www. dihaomotor. com
电子信箱:sales01@ dihaomotor. com
法定代表人:黄爱国
质量体系:ISO 9001、ISO 14001
产品情况:(豪天牌、火鸟牌)
骑式、弯梁式、踏板式摩托车及发动机、两轮轻便摩托车
出口情况:远销欧洲、中东、非洲、南美洲、东南亚等地区

★江门市大长江集团有限公司
地址:广东省江门市建达北路5号
邮编:529030
电话:0750/3288999
传真:3221636
网址:www. haojue. com
电子信箱:sale@ haojue. com
法定代表人:王大威
单位人数:10000
质量体系:ISO 14001
产品情况:(SUZUKI牌、豪爵牌)
豪爵系列骑式车、铃木系列骑式车、踏板车、弯梁车、警车、两轮摩托车
出口情况:出口80多个国家和地区

★江门市珠峰摩托车有限公司
地址:广东省江门市蓬江区杜阮南路7号骑龙山工业区
邮编:529075
电话:0750/3399950、3399939
传真:3399905
网址:www. newzf - ky. com
电子信箱:949582095@ qq. com
法定代表人:陈黎阳
单位人数:300
产品情况:(凯亚迪牌、珠峰牌、华鹰牌)
年产摩托车可达20万台,发动机20万台

★轻骑集团江门光速摩托车有限公司
地址:广东省江门市蓬江区凤飞云工业区A-1号
邮编:529075
电话:0750/3656887、4006386669
传真:3658653
网址:www. gs - suzuki. cn
电子信箱:jmgs - qw@ gs - suzuki. com
法定代表人:宿明新
质量体系:ISO 9001、ISO 14001
产品情况:(光速牌、凯剑牌)
涵盖重型街跑、弯梁系、跨骑系、街跑系、踏板系五大系列、30多个车款

★江门市长华集团有限公司
地址:广东省江门市蓬江区棠下镇富棠二路22号
邮编:529085
电话:0750/3599133
传真:3599122
网址:www. motorchanghua. com
法定代表人:陈细池
单位人数:400
质量体系:ISO 9001
产品情况:(三野MISNO牌、萝馬MONMA牌、田洋TANYAN牌、嘉迈GAMY牌、圣火神SHUOS牌)
中小排量两轮摩托车、三轮摩托车及电动摩托车
出口情况:远销欧洲、中东、非洲、南美洲、东南亚等地区

★江门气派摩托车有限公司
地址:广东省江门市新会区今洲开发区
邮编:529141
电话:0750/8263689、82633933
网址:www. qipaimotor. com
电子信箱:qipaimotor@ qipaimotor. com
法定代表人:谭镜池
单位人数:1000
质量体系:ISO 9001、ISO 14001
产品情况:(轰轰烈牌、力帆牌、气派牌、大力神牌、中豪牌)
骑式、踏板式、弯梁式、太子系列摩托车,摩托车发动机
出口情况:出口83个国家和地区

★鹤山国机南联摩托车工业有限公司
地址:广东省鹤山市沙坪镇雁前路1950号
邮编:529700
电话:0750/8826310
网址:www. senkemotor. com
电子信箱:senke@ 21cn. com
法定代表人:张小凤
质量体系:ISO 9001、ISO 14000
产品情况:(森科牌、哈里牌、SENKO牌)
50~250mL的骑式车、踏板车、儿

童车、沙滩车、两轮摩托车等
出口情况:出口东南亚、南美洲、中东、非洲、欧洲等60多个国家和地区

★江门鸿雅科技有限公司
地址:广东省江门市鹤山沙坪石湖路893号
邮编:529799
电话:18688556709
网址:www.hongya-motor.com
电子信箱:yifeng@hongya-motor.com
法定代表人:雷小虎
产品情况:(鸿雅牌、鸿怡牌)
两轮摩托车,具备年产20万台发动机、50万辆电动摩托车、30万辆摩托车的生产能力

广　西

★广西银钢南益制造有限公司
地址:南宁市东盟经济园区武华大道18号
邮编:530105
电话:0771/6301828、8008790008
传真:6301828
网址:www.nanyimotorcycles.net
法定代表人:潘德芬
产品情况:(南益牌)
两轮摩托车、三轮摩托车、电动车

重庆市

★重庆嘉陵嘉鹏工业有限公司
地址:重庆市井口工业园区
邮编:400033
电话:023/65189504、8008076007
网址:www.jiapeng.cn
电子信箱:jialing@public.cta.cq.cn
法定代表人:舒元勋
质量体系:ISO 9001
产品情况:(嘉陵牌、嘉鹏牌)
100~250mL系列摩托车、踏板车、发动机、通用机械等
出口情况:畅销10多个国家和地区

★重庆望江摩托车制造有限公司
地址:重庆市沙坪坝区井口镇兰溪经济园40号
邮编:400033
电话:023/65150111、4008899625
网址:www.wonjan.cn
电子信箱:marketing@wonjan.com
法定代表人:叶红兵
单位人数:500
质量体系:ISO 9001
产品情况:(天地游侠牌、望江牌、望龙牌、望江-SUZUKI牌)
骑式、弯梁、踏板摩托车,警用摩托车等,具备年产摩托车50万辆、发动机60万台的能力
出口情况:远销南美洲、中东、东南亚等30多个国家和地区

★重庆环松科技工业有限公司
地址:重庆市长寿区晏家工业园区
邮编:400052
电话:023/61020580、61020582
传真:61020581
电子信箱:cristina@hsunmotor.com
法定代表人:李松
产品情况:(环松牌)
摩托车、两轮摩托车、摩托艇、沙滩车、雪地车、发动机、通用机械等
出口情况:远销北美洲、南美洲、欧洲、非洲、东南亚、大洋洲等地区

★隆鑫通用动力股份有限公司
地址:重庆市九龙坡区九龙工业园C区聚业路116号隆鑫C区
邮编:400052
电话:023/89067516、4006369980
传真:89028051
网址:www.loncinindustries.com
电子信箱:service@loncinindustries.com
法定代表人:高勇
单位人数:9000
产品情况:(隆鑫牌、劲隆牌)
两轮摩托车、发动机、新能源机车及汽车零部件等

★重庆建设·雅马哈摩托车有限公司
地址:重庆市九龙坡区九龙园区B区华成路1号
邮编:400052
电话:023/86901000、4008767600
网址:www.jym.com.cn
电子信箱:jymaster@yamaha-motor.com.cn
法定代表人:吕红献
质量体系:ISO 9001、ISO 14001
产品情况:(建设-雅马哈牌、劲豹牌、劲龙牌、风帆牌、天剑牌)
天剑YBR125、天剑王YBR250,天戟YBR125E,劲悍YBR125SP,劲龙JYM250太子车,劲飚JYM200城市跑车,劲豹JYM150,劲虎JYM150摩托车,TT-R50儿童越野车、劲龙JYM250J、JYM150J公安车、公务车等
出口情况:出口欧洲、美国、加拿大、菲律宾等国家和地区

★重庆赛科龙摩托车制造有限公司
地址:重庆市巴南区炒油场宗申工业园
邮编:400054
电话:023/66372945、66372941
电子信箱:service@zongshen.cn
法定代表人:杨明发
产品情况:(力之星牌)
LZX125-36、LZX125T-15等型摩托车

★重庆长铃中德机车工业有限公司
地址:重庆市巴南区花溪工业园
邮编:400054
电话:023/62855411、62858667
网址:www.hailingmotor.com
电子信箱:sale@hailingmotor.com
法定代表人:曾广敏
质量体系:ISO 9001
产品情况:(海陵牌、海渝牌)
两轮、三轮摩托车,正三轮摩托车,两轮轻便摩托车

★重庆建设汽车系统股份有限公司
地址:重庆市巴南区花溪工业园建设大道1号
邮编:400054
电话:023/66297133
网址:www.jianshe.com.cn
电子信箱:js_xc@jianshe.com.cn
法定代表人:吕红献
质量体系:ISO 9001
产品情况:(建隆牌、帅雅牌、建设牌、重庆牌)
骑式车、弯梁车、踏板车、太子车、ATV、电动摩托车、正三轮摩托车、两轮摩托车;汽车空调压缩机
配套及出口情况:汽车空调压缩机畅销长安汽车、法国标致、东风日产、长安铃木、长城汽车等知名企业;远销27个国家和地区

★重庆航天巴山摩托车制造有限公司
地址:重庆市巴南区康超路1号
邮编:400054
电话:023/89090611、13452111199
传真:89090611、89808383
网址:www.chinabashan.com
电子信箱:sale@chinabashan.com
法定代表人:吕清波
质量体系:ISO 9001
产品情况:(巴山牌、康超牌、雅奇牌)
两轮摩托车、三轮摩托车、沙滩车、正三轮摩托车、发动机

★重庆宗申机车工业制造有限公司
地址:重庆市巴南区渝南大道
邮编:400054
电话:023/66372907、4007003088
传真:66372200、66372151
电子信箱:sales@zongshen.cn
法定代表人:刘钢
质量体系:ISO 9001、ISO 14001
产品情况:(宗申牌、力之星牌、赛科龙牌)
燃油摩托车、电动摩托车,摩托车零部件、汽车零部件等;具备年产燃油摩托车、电动摩托车和三轮摩托车400万辆、关键零部件700万件的生产能力
出口情况:出口80多个国家和地区,并在美国、菲律宾、巴基斯坦、哥伦比亚、尼日利亚、墨西哥等国家设立销售公司或办事处

★重庆劲扬摩托车工业有限公司
地址:重庆市北碚区缙云大道6号
邮编:400080
电话:023/63179317、63179333
电子信箱:cqjy2007@163.com
法定代表人:李亚平
质量体系:ISO 9001

产品情况：（金典牌、龙的传人牌）
正三轮摩托车等
出口情况：出口越南、缅甸、马来西亚、伊朗、阿根廷、巴西、美国等国家

★重庆恒胜集团有限公司
地址：重庆市九龙坡区石坪桥水碾村29号
邮编：400080
电话：023/68905688
传真：61669563
电子信箱：hensim1998@126.com
法定代表人：万迅
质量体系：ISO 9001
产品情况：（恒胜牌、黄河牌、富威牌）
骑式车、弯梁车、太子车、两轮轻便摩托车、两轮摩托车、正三轮摩托车、越野车、沙滩车、卡丁车、发动机等
出口情况：远销美国、加拿大、越南、印度尼西亚、菲律宾、马来西亚、柬埔寨、老挝、缅甸、智利、尼日利亚、南非等国家和地区

★重庆安第斯摩托车制造有限公司
地址：重庆市大渡口区金桥路8号
邮编：400084
电话：023/67033750
传真：67033630
网址：www.kingtonmotor.com
电子信箱：bruce@andesmotos.com
法定代表人：曹亚荣
产品情况：（安第斯牌）
两轮摩托车

★力帆实业（集团）股份有限公司
地址：重庆市北碚区蔡家岗镇凤栖路16号
邮编：400707
电话：023/61663000、4000601777
传真：61663777
网址：www.lifan.com
电子信箱：mail@lifan.com
法定代表人：牟刚
单位人数：11116
质量体系：ISO 9001
产品情况：（力帆牌、轰轰烈牌）
摩托车、汽车、发动机等
出口情况：出口俄罗斯、缅甸等163个国家

★重庆银钢科技（集团）有限公司
地址：重庆市北碚区同兴南路71号银钢科技园
邮编：400709
电话：023/68327019、4008096638
传真：68327097
网址：www.cqyingang.com
电子信箱：info@cqyingang.com
法定代表人：伍毅
质量体系：ISO 9001
产品情况：（本一牌、银钢牌）
正三轮摩托车、两轮摩托车、电动两轮摩托车、发动机
出口情况：出口东南亚、美洲、欧洲、中东等数十个国家和地区

★重庆凯尔摩托车制造有限公司
地址：重庆市渝北区回兴二塘村二社
邮编：401120
电话：15923969619
电子信箱：zymt@zymt.com
法定代表人：赵晨红
质量体系：ISO 9001
产品情况：（凯尔牌、速卡迪牌、豪剑牌、佳劲牌、雷利诺牌）
两轮摩托车

★重庆双庆产业集团有限公司
地址：重庆市渝北区空港工业园A070－1、A093－1号
邮编：401120
电话：023/67145717
传真：68431749
网址：www.hijoymotor.com
电子信箱：sale1@hijoymotor.com
法定代表人：冉庚枢
质量体系：ISO 9001、ISO 14001
产品情况：（金山牌、双庆牌、嘉冠牌、东宏牌、华骏牌）
骑式、弯梁、踏板、太子系列摩托车，越野车，沙滩车，三轮车，正三轮摩托车，两轮轻便摩托车，两轮摩托车，发动机
出口情况：远销东南亚、中亚、中东、南美洲、北美洲、东欧、非洲、俄罗斯等40多个国家和地区

★重庆银翔摩托车（集团）有限公司
地址：重庆市渝北区空港经济开发区空港大道822号
邮编：401120
电话：023/81663023
网址：www.yinxianggroup.com
电子信箱：yinxiang@yinxianggroup.com
法定代表人：张平
质量体系：ISO 9001
产品情况：［银翔牌、合速HS牌、先风牌、骥达牌、幻速(HS)牌］
年生产能力达150万辆摩托车、250万台发动机、80万台通机

★重庆东本摩托车制造有限公司
地址：重庆市渝北区双凤桥街道翔宇路2号
邮编：401120
电话：023/61212125、61213287
传真：61212128
网址：www.dbmtc.com
法定代表人：陆咏梅
单位人数：100
质量体系：ISO 9001
产品情况：（佳庆牌）
已形成年产两轮摩托车30万辆、电动摩托车20万辆、三轮摩托车10万辆、摩托车发动机100万台的制造能力
出口情况：远销尼日利亚、俄罗斯、南非、阿根廷、巴西、秘鲁等国家

★重庆双狮摩托车制造有限公司
地址：重庆市巴南区金竹街3号
邮编：401320
电话：023/66230832
网址：www.cqssmt.com
电子信箱：y40800515@vip.qq.com
法定代表人：陈厚智
质量体系：ISO 9001、ISO 14001
产品情况：（双狮牌）
三轮摩托车、两轮摩托车、正三轮摩托车，摩托车发动机及其他零部件
出口情况：出口北美洲、南美洲、西欧、东亚、东南亚、中东、非洲

★重庆光宇摩托车制造有限公司
地址：重庆市巴南区明晨大道8号
邮编：401320
电话：023/66235606、66227602
传真：66235961
法定代表人：胡光宇
质量体系：ISO 9001
产品情况：（豪诺牌、豪鹰牌、凯诺牌）
50型、70型、90型、100型、110型、125型、150型、250型发动机和整车
出口情况：出口东南亚、南美洲、非洲、欧洲

★重庆建设机电有限责任公司
地址：重庆市巴南区建设大道1号2幢
邮编：401322
电话：023/66297155
法定代表人：吕红献
产品情况：（建设牌、重庆牌）
两轮摩托车

★重庆广益摩托车有限公司
地址：重庆市九龙坡区白市驿建新工业园
邮编：401329
电话：023/68885387、13399837200
传真：68885387
网址：www.cqgymt.com
电子信箱：769313744@qq.com
法定代表人：但功远
质量体系：ISO 9001、ISO 14001
产品情况：（新阳光牌）
各种两轮摩托车、载客三轮摩托车、载货三轮摩托车、助残老年代步三轮车及发动机
出口情况：远销沙特、巴基斯坦、墨西哥、巴西、南非、尼日利亚、俄罗斯、乌克兰等30多个国家和地区

★重庆鑫源摩托车股份有限公司
地址：重庆市九龙坡区含谷镇鑫源路8号
邮编：401329
电话：023/65733669、65733005
传真：65733599
网址：www.shineray.com.cn
电子信箱：dmd@shineray.com
法定代表人：龚大兴
质量体系：ISO 9001、ISO 14001
产品情况：（鑫源牌）
两轮摩托车、沙滩车、正三轮摩托车，发动机
出口情况：远销全球100多个国家和地区

★重庆广本万强摩托车制造有限责任公司
地址:重庆市北碚区北汽银翔新城广本万强工业园
邮编:401533
电话:023/42653332
传真:42653332
网址:www.wqmoto.com
法定代表人:贾万和
产品情况:(克尔维特牌)
两轮摩托车等

★重庆润通动力制造有限公司
地址:重庆市江津区双福工业园B区
邮编:402260
电话:023/85552193
电子信箱:zhangtao@rato.cc
法定代表人:朱列东
产品情况:(润腾牌、宗隆牌)
正三轮摩托车,具有年产通机动力和终端产品300万台、摩托车全地形车30万台,机车发动机120万台的规模

★重庆众沃车业有限公司
地址:重庆市江津区珞璜工业园B区
邮编:402283
电话:023/47600372
传真:47600377
网址:www.cqzonlon.com
法定代表人:郭庆均
产品情况:(宗隆牌)
三轮摩托车及相关配套产品
出口情况:远销欧洲、北美洲、南美洲、大洋洲、亚洲、非洲等地区

★重庆众朋实业有限公司
地址:重庆市江津区珞璜工业园B区
邮编:402283
电话:023/47681166
电子信箱:470513051@qq.com
法定代表人:肖阳
产品情况:(鹏田牌、琦丰牌、聖嘉牌、渝峰牌、长久牌、宗虎牌)
正三轮摩托车 .

★重庆万虎机电有限责任公司
地址:重庆市江津区珞璜工业园B区云港大道6号
邮编:402283
电话:023/47632668
传真:47632618
网址:www.wanhumotor.com
电子信箱:arthur_yabo@163.com
法定代表人:李平
单位人数:650
质量体系:ISO 9001
产品情况:(万虎牌、宗申牌、力之星牌)
三轮摩托车(含两轮摩托车、电动三轮车),四轮电动车,摩托车发动机、零配件等产品
出口情况:部分产品远销巴基斯坦、斯里兰卡、埃及、尼日利亚、秘鲁、墨西哥等国家

★重庆北易车业有限公司
地址:重庆市珞璜工业园B区
邮编:402283
电话:023/85530675、13808339181
网址:www.libeiyi.com
电子信箱:dayang@besttricycle.com
法定代表人:李明
单位人数:100
产品情况:(大阳牌)
主要产品为排量150~250ml的正三轮摩托车

★重庆颢晨机械有限公司
地址:重庆市铜梁工业园区铁佛路6号
邮编:402560
电话:023/45426886
传真:45426806
网址:www.hoosun-motor.com
电子信箱:xp@kinroad.net
法定代表人:尹代禄
质量体系:ISO 9001
产品情况:(颢晨牌)
两轮摩托车、正三轮摩托车、电动正三轮摩托车
出口情况:远销美国、欧洲、中东、南美洲、东南亚、非洲等国家和地区

★重庆嘉陵工业有限公司
地址:重庆市璧山区璧泉街道永嘉大道111号
邮编:402760
电话:023/61952012、61952013
网址:www.jialing.com.cn
电子信箱:headoffice@jialing.com.cn
法定代表人:张钊
单位人数:3000
质量体系:ISO 9001、ISO 14001
产品情况:(嘉陵牌)
具备中小排量摩托车整车60万辆、发动机80万台,特种车成车4000辆的生产能力
出口情况:出口90多个国家和地区

四川省

★西藏新珠峰摩托车有限公司
地址:成都市西南航空港经济开发区锦华路一段2号
邮编:610225
电话:028/85885223、85885180
传真:87382867
网址:www.newzf-ky.com
电子信箱:393721897@qq.com
法定代表人:陈黎阳
质量体系:ISO 9001
产品情况:(赛阳牌、珠峰牌、华晖牌、华鹰牌、圣峰牌)
年产摩托车可达20万台,发动机20万台

★四川倍特电动车有限公司
地址:成都市天府新区仁寿视高经济开发区高新大道3号倍特工业园
邮编:620500
电话:028/36060777
传真:36060777
网址:www.scbeite.cn
电子信箱:beiteddc@126.com
法定代表人:陈骏
产品情况:(倍特牌)
电动两轮摩托车

★四川兆润摩托车制造有限公司
地址:四川省平昌县星光工业园区
邮编:636400
电话:0827/6805020
电子信箱:406636645@qq.com
法定代表人:张勇
产品情况:(兆润牌)
正三轮摩托车、两轮摩托车

陕西省

★陕西银翔金元车业有限公司
地址:西安市未央区六村堡工业园
邮编:710086
电话:029/84340692、84340691
传真:84340612、84340693
电子信箱:xajinyuan@163.com
法定代表人:曾宪君
单位人数:300
质量体系:ISO 9001
产品情况:(骥达牌)
人力三轮车、助力三轮车、电动三轮车、三轮摩托车等

第六部分

外国(地区)汽车公司、商社驻中国办事机构

❊ 外国(地区)汽车公司驻中国办事机构

❊ 外国汽车零部件公司、商社驻中国办事机构

外国(地区)汽车公司驻中国办事机构

企业详细介绍

☞ 企业如有变更,请与编辑部联系 ☎ 010/68426043、68420981

◉通用汽车(中国)投资有限公司(GM)
地址:上海市浦东新区金皖路56号
邮编:201206
电话:021/28987000
网址:www.gmchina.com

上汽通用汽车金融有限责任公司
地址:上海市浦明路160号财富广场F座
邮编:200120
电话:4008816336
网址:www.gmacsaic.net

◉福特汽车(中国)有限公司(FORD)
地址:上海市浦东新区世纪大道211号上海信息大厦33楼
邮编:200120
电话:021/38581500
网址:www.ford.com.cn

福特汽车金融(中国)有限公司
地址:上海市浦东新区芳甸路1155号浦东嘉里城办公楼19层、20层
邮编:201204
电话:021/20894666、4008883231

福特汽车工程研究(南京)有限公司
地址:南京市江宁经济技术开发区将军大道118号
邮编:211100
电话:025/51187000
传真:51187328
电子信箱:njstaff@ford.com

◉特斯拉(上海)有限公司(TESLA)
地址:上海市浦东新区南汇新城镇同汇路168号D203A
电话:4009190707
网址:www.tesla.cn

★ 北京梅赛德斯-奔驰销售服务有限公司(MERCEDES-BENZ)
地址:北京市朝阳区望京街8号院戴姆勒大厦
邮编:100102
电话:010/84173001
传真:84173915
网址:www.mercedes-benz.com.cn
电子信箱:mbpress@mbclpresscenter.com.cn
总裁:倪恺
☞ 详细情况请参阅彩色宣传版面

◉戴姆勒大中华区投资有限公司(DAIMLER)
地址:北京市朝阳区望京街8号院戴姆勒大厦
邮编:100102
电话:010/84178888
传真:84173996
网址:www.daimler.com

梅赛德斯-奔驰汽车金融有限公司
地址:北京市朝阳区望京街8号院利星行广场C座6-9层
邮编:100102
电话:4008981888
网址:www.mercedes-benz-finance.com.cn

◉菲亚特克莱斯勒亚太投资有限公司(FIAT-CHRYSLER)
地址:上海市长宁区红宝石路500号A栋12楼
邮编:201103
电话:021/22187481、4006500118
网址:www.fcagroup.com

◉大众汽车(中国)投资有限公司(VOLKSWAGEN)
地址:北京市朝阳区三里屯路甲3号2号楼
邮编:100027
电话:010/65313131
传真:85323232
网址:www.vw.com.cn

大众汽车(北京)中心
地址:北京市丰台区南四环中路161号
邮编:100068
电话:010/67549988
网址:www.vbc.cn

大众汽车金融(中国)有限公司
地址:北京市朝阳区望京阜荣街15号院3号楼
邮编:100102
电话:010/65897000
网址:www.volkswagen-finance-china.com.cn

◉**奥迪(中国)企业管理有限公司**
(AUDI)
地址:北京市朝阳区酒仙桥路4号正东集团院内B6楼(设计师大楼)3–6层
邮编:100015
电话:010/65315466
网址:www.audichina.cn

◉**宝马(中国)汽车贸易有限公司**
(BMW)
地址:北京市朝阳区东三环北路霞光里18号佳程广场B座28层
邮编:100027
电话:010/84558000
传真:84539595、84558028
网址:www.bmw.com.cn

◉**保时捷(中国)汽车销售有限公司**
(Porsche)
地址:上海市浦东新区东方路1215–1217号3层
邮编:200127
电话:4008205911
网址:www.porsche.com/china

◉**捷豹路虎(中国)投资有限公司**
(JAGUAR)
地址:中国(上海)自由贸易试验区基隆路6号(C1区001地块)7楼713室
邮编:200135
电话:021/61562010、4008208955
网址:www.jaguar.com.cn

★ **东风标致雪铁龙汽车销售有限责任公司**
(PEUGEOT–CITROEN)
地址:武汉市经济技术开发区神龙大道165号
邮编:430056
电话:4008877108
东风标致雪铁龙汽车金融有限公司
地址:北京市朝阳区光华路七号汉威大厦9层9A6–9A12
邮编: 100004
电话: 4006502077
网址:www.dpcafc.com
电子信箱:customercare@dpcafc.com
☞ 详细情况请参阅彩色宣传版面

◉**曼恩商用车辆贸易(中国)有限公司**(MAN)
地址:北京市顺义区天竺空港工业区天柱东路乙2号
邮编:101312
电话:010/56310367
传真:80480916
网址:www.manchina.com.cn

◉**本田技研工业(中国)投资有限公司**
(HONDA)
地址:北京市朝阳区东三环北路5号发展大厦301室
邮编:100004
电话:010/65909020
上海分公司
地址:上海市松江区松江工业区赵家泾路128号1幢
邮编:201611
电话:021/54275522
网址:www.honda.com.cn
摩托车研究开发有限公司
地址:上海市松江区工业区赵家泾路128号
邮编:201611
电话:021/57748880

◉**丰田汽车(中国)投资有限公司**
(TOYOTA)
地址:北京市朝阳区光华东里8号院3号楼2001室
邮编:100020
电话:010/57576666
网址:www.toyota.com.cn
丰田汽车技术研发(上海)有限公司
地址:上海市嘉定区黄渡镇嘉松北路6333号
邮编:201800
电话:021/69592200
传真:69592211
丰田汽车技术研究交流(广州)有限公司
地址:广州市高新技术产业开发区科学城科珠路200号
邮编:510663
电话:020/32290901
传真:32290902
丰田汽车技术中心(中国)有限公司
地址:天津市南开区新技术产业园区华苑产业区
邮编:300384
电话:022/83711111
传真:83710886
丰田汽车研发中心(中国)有限公司
地址:江苏省常熟市东四环路55号
邮编:215500
电话:0512/52912888
丰田汽车仓储贸易(上海)有限公司
地址:上海市自由贸易试验区日滨路88号A楼
邮编:200131
电话:021/58690363
传真:58690886
网址:www.tpcs.com.cn
丰田汽车金融(中国)有限公司
地址:北京市朝阳区东三环中路1号环球金融中心西楼7层
邮编:100020
电话:8009906060
网址:www.toyota–finance.com.cn
一汽丰田汽车销售有限公司
地址:北京市朝阳区东三环中路1号环球金融中心西楼3层
邮编:100020
电话:010/59529000
传真:59529087
网址:www.ftms.com.cn

◉**日产(中国)投资有限公司**
(NISSAN)
地址:北京市朝阳区光华路1号嘉里中心办公楼北楼8层801室
邮编:100020
电话:010/59251957
网址:www.nissan.com.cn
东风日产汽车金融有限公司(中国)
地址:上海市浦东新区福山路500号城建国际中心11楼
邮编:200122
电话:021/38576000
网址:www.df–nissanfc.com

◉**马自达(中国)企业管理有限公司**
(Mazda)
地址:上海市浦东新区世纪大道1168号东方金融广场A座1604室
邮编:200120
电话:021/28933170
网址:www.mazda.com.cn

◉**三菱汽车销售(中国)有限公司**
(MITSUBISHI)
地址:中国(上海)自由贸易试验区世纪大道1568号1901室
邮编:200135
电话:021/60963030
传真:60963198
网址:www.mitsubishi–motors.com.cn

◉**铃木(中国)投资有限公司**
(SUZUKI)
地址:北京市朝阳区东三环北路19号中青大厦910室
邮编:100020
电话:010/64336516、4000680660
上海分公司
地址:上海市嘉定区米泉南路26号1层
邮编:201800
电话:021/69503130
网址:www.suzuki–china.com

◉**三菱重工业(中国)有限公司**
(MITSUBISHI HEAVY INDUSTRIES)
北京总部
地址:北京市朝阳区建国门外大街甲26号长富宫办公楼6层
邮编:100022
电话:010/65124321

传真:65051222

上海分公司

地址:上海市长宁区长宁路1133号来福士广场T1办公楼22层2206单元
邮编:200050
电话:021/58703030
网址:www.mhi.com.cn

◉五十铃(中国)投资有限公司(ISUZU)

地址:北京市朝阳区东三环北路5号北京发展大厦1510室
邮编:100004
电话:010/65908951
传真:65908956
网址:www.isuzu-china.com

五十铃(中国)企业管理有限公司

地址:上海市长宁区娄山关路523号金虹桥国际中心5楼
邮编:200051
电话:021/68762717
传真:68762718
网址:www.isuzu-china.cn

◉日野汽车(中国)有限公司(HINO)

北京办事处

地址:北京市东三环北路5号发展大厦909室
邮编:100020
电话:010/65908858
网址:www.hino.com

◉现代汽车(中国)投资有限公司(HYUNDAI)

地址:北京市朝阳区霄云路38号现代汽车大厦25层
邮编:100027
电话:010/84539666
传真:84539951

现代汽车(中国)整车销售本部

地址:北京市霄云路38号现代汽车大厦23层
邮编:100027
电话:010/84539777
传真:84539197
网址:www.hyundai.com.cn

◉沃尔沃(中国)投资有限公司(VOLVO)

地址:北京市朝阳区景华南街5号远洋光华中心C座26层
邮编:100020
电话:010/65829199
传真:65829299
网址:www.volvo.com.cn

沃尔沃汽车金融(中国)有限公司

地址:北京市朝阳区景华南街5号远洋光华中心C座11层
邮编:100020
电话:010/65982199、4000109966
传真:65911935
网址:www.vfsco.com.cn

◉玛莎拉蒂(中国)汽车贸易有限公司(MASERATI)

地址:上海市北京西路722号
邮编:200041
电话:021/60107000
网址:www.maserati.com.cn

外国汽车零部件公司、商社驻中国办事机构

企业详细介绍

☞ 企业如有变更,请与编辑部联系 ☎ 010/68426043、68420981

◉美国汽车工业行动集团(AIAG)上海代表处
地址:上海市浦东新区福山路500号
邮编:200122
电话:021/50272721
网址:www.aiag.net.cn

◉奥科宁克(中国)投资有限公司(ARCONIC)
地址:北京市建国门外大街1号国贸大厦1座3716~3718室
邮编:100004
电话:010/59215006
传真:59215100

奥科宁克亚太投资有限公司
地址:上海市浦东新区世纪大道1568号中国财富大厦1903室
邮编:200122
电话:021/58307110
网址:www.alcoa.com

◉博格华纳(中国)投资有限公司(BORGWARNER)
地址:上海市闵行区紫星路1188号
邮编:200241
电话:021/60833000
传真:60833003
网址:www.borgwarner.com

◉亚新科工业技术集团有限公司(ASIMCO)

中国总部
地址:北京市朝阳区亮马桥路甲40号二十一世纪大厦A座13层1301室
邮编:100125
电话:010/59355000
传真:59355199
网址:www.asimco.com.cn

◉卡特彼勒(中国)投资有限公司(CATERPILLAR)
地址:北京市朝阳区望京大街8号卡特彼勒大厦1603室
邮编:100102
电话:4008180030
网址:www.caterpillar.com

◉康宁(上海)管理有限公司/康宁大中华区总部(CORNING)
地址:上海市浦东新区金桥出口加工区鲁桥路358号(4号门)
邮编:201206
电话:021/22152888
传真:62152988
网址:www.corning.com/cn

◉康明斯公司(CUMMINS)

康明斯(中国)投资有限公司
地址:北京市朝阳区广顺南大街8号院3号楼H区7层
邮编:100102
电话:010/84548888
传真:86478150、86478160

康明斯东亚研发有限公司
地址:武汉经济开发区车城北路189号
邮编:430056
电话:027/68848988
传真:68848999

康明斯发动机(上海)贸易服务有限公司
地址:上海市外高桥保税区英伦路999号15幢厂房101室
邮编:200131
电话:021/50461999
网址:www.cummins.com.cn

◉唐纳森(中国)投资有限公司(DONALDSON)
地址:上海市蒙自路763号丰盛创建大厦15楼
邮编:200030
电话:021/23137000
传真:54253505

网址:www. donaldson. cn

◉杜邦中国集团有限公司（DUPONT）
地址:广东省深圳特区车公庙工业区第五小区
邮编:518040
电话:0755/83307848、83591721
传真:83307047

杜邦(上海)采购中心有限公司
地址:上海市浦东新区张江高科技园区科苑路399号11号楼
邮编:201203
电话:021/38622888
传真:38622889
网址:www. dupont. com. cn

◉科慕化学(上海)有限公司（CHEMOURS）
地址:上海市浦东新区樱花路868号建工大唐国际广场9楼
邮编:201204
电话:021/26120898、4008056528
传真:26120862
网址:chemours. com

◉伊顿(中国)投资有限公司（EATON）
地址:上海市长宁区临虹路280弄3号
邮编:200335
电话:021/52000099
传真:52000500
网址:www. eaton. com. cn

★ 埃克森美孚(中国)投资有限公司(EXXONMOBIL)
地址:上海市徐汇区天钥桥路30号美罗大厦17楼
电话:021/34116000
传真:23515968
网址:www. mobiloil. com. cn
☞ 详细情况请参阅彩色宣传版面

◉辉门集团亚太区总部及技术中心（FEDERAL－MOGUL）
地址:上海市浦东金桥开发区冀桥路118号
邮编:201206
电话:021/61827688
传真:61827699
网址:www. federalmogul. com

◉霍尼韦尔(中国)有限公司（HONEYWELL）
地址:上海市浦东新区张江高科技园区环科路555号
邮编:201203
电话:4008402233
网址:www. honeywell. com. cn

◉耐世特(中国)投资有限公司（NEXTEER）
地址:上海市长宁区长宁路1018号龙之梦购物中心大厦2204－2211室
邮编:200042
电话:021/22157188
网址:www. chinese. nexteer. com

◉麦格纳汽车技术(上海)有限公司（Magna）
地址:上海市浦东东方路69号裕景商务广场A座8楼
邮编:200120
电话:021/61651500
传真:61639098
网址:www. magna. com

◉美驰(中国)投资有限公司（MERITOR）
地址:上海市静安区华山路2号静安高和大厦
邮编:200040
电话:021/22197777
传真:22197888
网址:www. meritor. com

◉立邦涂料(中国)有限公司（NIPPON）
地址:上海浦东新区盛夏路500弄1号楼11楼
邮编:201210
电话:021/58384799
网址:www. nipponpaint. com. cn

◉瑞孚化工(上海)有限公司（SHRIEVE）
地址:上海市徐汇区平福路188号聚鑫高科技园2号楼3楼
邮编:200231
电话:021/63598216
传真:63524607
网址:www. shrieve. com. cn

◉美国汽车工程师学会(SAE)
中国办事处
地址:上海市虹口区四川北路1350号利通广场2503室
邮编:200080
电话:021/61408900
传真:61408901
网址:sae. org. cn

◉铁姆肯(中国)投资有限公司（TIMKEN）
地址:上海市虹桥路1号港汇中心1座27层
邮编:200030
电话:021/61138000
传真:61138001
网址:www. timken. com. cn

◉3M中国有限公司(3M)
总办事处
地址:上海市兴义路8号万都中心大厦38楼
邮编:200336
电话:021/62753535
网址:www. 3m. com

◉AVL李斯特公司(AVL)
中国总部
地址:北京市朝阳区酒仙桥路10号恒通商务园中央大厦B20座201～202室
邮编:100016
电话:010/58292800
传真:58292828

李斯特技术中心(上海)有限公司
地址:上海市浦东金海路1000号29号东区
邮编:201206
电话:021/20291600
传真:20291500
网址:www. avlchina. com

◉信昌精密模具(上海)有限公司（ATT）
地址:上海市松江区新桥镇新效路255号
邮编:201612
电话:021/33738146、33738148
传真:33738193
电子邮箱:info@ att－metal. com
网址:www. att－metal. com

◉贝卡尔特管理(上海)有限公司（BEKAERT）
地址:上海市大渡河路168弄31号Waterfront Place E栋17楼
邮编:200062
电话:021/22197000
传真:22197299
网址:www. bekaert. com. cn

◉巴斯夫(中国)有限公司（BASF）
地址:上海市浦东新区江心沙路333号
邮编:200137
电话:021/20391000
传真:20394306
网址:www. basf. com

★ 博世(中国)投资有限公司（BOSCH）
地址:上海市长宁区福泉北路333号
邮编:200120
电话:021/22181111
传真:22182388
网址:www. bosch. com. cn
☞ 详细情况请参阅彩色宣传版面

◉博泽汽车技术企业管理(中国)有限公司(BROSE)
地址:上海市安亭安辰路 258 号
邮编:201805
电话:021/39575555
传真:69502906
网址:www. brose. com

◉大陆投资(中国)有限公司(CONTINENTAL)
地址:上海市杨浦区大连路 538 号
邮编:200082
电话:021/39165384
网址 www. continental – corporation. cn

◉道依茨(北京)发动机有限公司(DEUTZ)
北京办事处
地址:北京市朝阳区建国门外大街 19 号国际大厦 1102 室
邮编:100004
电话:010/85262533
传真:65120042
网址:www. deutz. com. cn

◉海拉(上海)管理有限公司(HELLA KGAA HUECK)
地址:上海市张江高科技园区海趣路 58 号 2 号楼 12 层
邮编:201203
电话:021/61606800、61606819
网址:www. hella. com. cn

★ **汉高股份有限公司**
(HENKEL)
地址:上海市浦东新区张衡路 928 号
邮编:201203
电话:021/28918000
传真:28918944
网址:www. henkel. – vrm. com
☞ 详细情况请参阅彩色宣传版面

◉科世达(上海)管理有限公司(KOSTAL)
地址:上海市嘉定区安亭镇园高路 77 号
邮编:201814
电话:021/5957007
网址:www. kostal. com

◉克诺尔商用车系统企业管理(上海)有限公司
(KNORR – BREMSE)
地址:上海市浦东新区盛夏路 666 号盛银大厦 B 座
邮编 201210
电话:021/38585800
传真:38585900
网址:www. knorr – bremse. com. cn/cn

◉马勒技术投资(中国)有限公司(MAHLE)
地址:上海市奉贤区环城北路 1299 号
邮编:201401
电话:021/51360595
网址:www. cn. mahle. com

◉曼胡默尔管理(上海)有限公司(MANN – HUMMEL)
地址:上海市嘉定区兴庆路 168 号
邮编:201815
电话: 021/61850130
传真: 61850400
网址:www. mann – hummel. com

◉欧司朗(中国)照明有限公司(OSRAM)
地址:广东省佛山市工业北路 1 号
邮编: 528000
电话:0757/86482111
上海代表处
地址:地址:上海市西藏中路 18 号港陆广场 29 楼
邮编:200001
电话:021/53318700
传真:53852022、53852858
网址:www. osram. com. cn

◉上海博韦德汽车零部件有限公司(POWERED)
地址:上海市浦东新区新金桥路 58 号 19C
邮编:201206
电话:4008650008
网址:www. poweredchina. com

◉舍弗勒投资(中国)有限公司(SCHAEFFLER)
地址:上海市嘉定区安亭镇安拓路 1 号
邮编:201804
电话:021/39576666
传真:39576600
网址:www. schaeffler. cn

◉斯太姆科车辆技术(上海)有限公司(STEMCO)
地址:上海市闵行区吴宝路 255 号力国大楼 936 室
邮编:201100
电话:021/62787252
传真:62787255
电子信箱:maketing. svt@ stemco. com
网址:www. stemco. com. cn

◉蒂森克虏伯(中国)投资有限公司(THYSSENKRUPP)
地址:北京市朝外大街 16 号中国人寿大厦 22 层
邮编:100020
电话: 010/85075666
传真: 85075720、85075721
网址:www. thyssenkrupp. com. cn

◉福斯润滑油(中国)有限公司(FUCHS)
地址:上海市南翔嘉绣路 888 号
邮编:201802
电话:021/39122000
传真:39122100
网址:www. fuchs. com. cn

★ **采埃孚(中国)投资有限公司**(ZF)
地址:上海市松江区九亭镇九泾路 889 号
邮编:201615
电话:021/37617152、37617000
传真:37617400
☞ 详细情况请参阅彩色宣传版面

◉菲亚特动力科技管理(上海)有限公司(FPT POWERTRAIN TECHNOLOGIES)
地址:上海市外高桥保税区马吉路 2 号 14 楼
邮编:200131
电话:021/20822020
传真:20822388
网址:www. fptindustrial. com. cn

◉马瑞利(中国)有限公司(MAGNETIMARELLI)
马瑞利国际贸易(上海)有限公司
地址:上海市浦东新区俱进路 685 号
邮编:200131
电话:021/20506906、20506439
网址:www. magnetimarelli. com. cn

◉佛吉亚(中国)投资有限公司(FAURECIA)
地址:上海市闵行区莘庄工业区元江路 3438 号
邮编:201111
电话:021/60576666
网址:www. faurecia. cn

◉米其林(中国)投资有限公司(MICHELIN)
地址:上海市长宁区福泉北路 518 号 7 座
邮编:200335
电话:021/22855000
网址:www. michelin. com. cn

◉斯凯孚(中国)有限公司(SKF)
地址:上海市半淞园路 377 号
邮编:200001
电话:021/53068866
传真:63617855
网址:www. skf. com. cn

★ 多美达集团中国营销中心(DOMETIC)

地址:上海市长宁区中山西路 1055 号 SOHO 中山广场 A 座 708 室
邮编:200051
电话:021/60325088
传真:6032 8691
网址:www. dometic. com
电子信箱:cs. cn@ dometic. com
☞ 详细情况请参阅彩色宣传版面

◉科莱恩化工(中国)有限公司(CLARIANT)

地址:上海市长宁区临虹路 168 弄 2 号 4 层
邮编:200335
电话:021/22483000
传真:22483480
网址:www. clariant. cn

◉阿尔派电子(中国)有限公司(ALPINE)

地址:北京市朝阳区光华路 7 号汉威大厦 28 层 28A
邮编:100004
电话:010/65660308
传真:65660093
网址:www. alpine. com. cn

◉爱信精机(中国)投资有限公司(AISIN SEIKI)

地址:天津市经济技术开发区第一大街 79 号泰达 MSD－C 区 C3 座 1202－1205 单元
邮编:300457
电话:022/59856677
网址:www. aisin－china. com. cn

◉普利司通(中国)投资有限公司(BRIDGESTONE)

地址:上海市卢湾区淮海中路 98 号金钟广场 9 楼
电话:021/61321888
传真:61912721

普利司通中国培训中心
地址:江苏省无锡市国家高新技术产业开发区新梅路 67 号
电话:0510/85322287
传真:85322026

普利司通(中国)研发中心
地址:江苏省无锡市国家高新科技产业开发区新梅路 67 号
邮编:214028
电话:0510/85322282
传真:85322330

普利司通(中国)轮胎试验研发有限公司
地址:江苏省宜兴市张渚镇犊山村前笪 118 号
邮编:214231
电话:0510/66510082
传真:66510083
网址:www. bridgestone. com. cn

◉康奈可(中国)投资有限公司(CALSONIC KANSEI)

地址:上海市兴义路 8 号上海万都中心 18F
邮编:200336
电话:021/52080707
网址:www. calsonickansei. co. jp

◉电装(中国)投资有限公司(DENSO)

地址:北京市朝阳区东三环北路 5 号发展大厦 518 室
邮编:100004
电话:010/65908337
传真:57582781

上海技术中心
地址:上海市闵行区元电路 35 号
电话:021/23500000
传真:23500172
网址:www. denso. com. cn

◉富士胶片(中国)投资有限公司(FUJIFILM)

地址:上海市浦东新区银城中路 68 号时代金融中心 27－28 楼
邮编:200120
电话:021/50106000
传真:50106750
网址:www. fujifilm. com. cn

◉日立(中国)有限公司(HITACHI)

地址:北京市朝阳区东三环北路 5 号发展大厦 18 层
邮编:100004
电话:010/65908111
网址:www. hitachi. com. cn

◉日立汽车系统(中国)有限公司(Hitachi Automotive Systems)

地址:上海市西藏中路 168 号都市总部大楼 18 层
邮编:200001
电话:021/54667002
传真:54667086
网址:www. hitachi－automotive. cn

★ 可乐丽贸易(上海)有限公司(KURARAY)

地址:上海市徐汇区虹桥路 3 号港汇总心二座 2106 单元
邮编:200030
电话:021/64079182
传真:64078051
电子信箱:syousei _ so @ kuraray. co. jp
☞ 详细情况请参阅彩色宣传版面

◉捷太格特(中国)投资有限公司(JTEKT)

地址:上海市长宁区仙霞路 333 号东方维京大厦 25 层 A2 室
邮编:200336
电话:021/51781000
传真:51781008
网址:www. jtekt. com. cn

◉日本恩福集团(中国)(NOK－FREUDENBERG)

地址:上海市浦东大道 720 号国际航运大厦 14 楼 B～H 座
邮编:200120
电话:021/50366900
传真:50366307
网址:www. nok－freudenberg. com

◉恩斯克投资有限公司/恩斯克(中国)研究开发有限公司(NSK)

地址:江苏省昆山市花桥经济技术开发区恩斯克路 8 号
邮编:215332
电话:0512/57963000
传真:57963300
网址:www. cn. nsk. com

◉恩梯恩(中国)投资有限公司(NTN)

地址:上海市松江工业区南乐路 1666 号 6 号楼
邮编:201611
电话:021/57745500
传真:57782898
网址:www. ntn. com. cn

◉奥林巴斯(中国)有限公司(OLYMPUS)

地址:上海市徐汇区淮海中路 1010 号嘉华中心 10－11F
邮编:200031
电话:021/51706125、4009690456
传真:51706236
网址:www. olympus－ims. com. cn

◉罗姆半导体(上海)有限公司(ROHM)

地址:上海市岚皋路 567 号品尊国际中心 22 楼
邮编:200060
电话:021/60728612
传真:60728610
网址:www. rohm. com. cn

◉住友电工管理(上海)有限公司(SUMITOMO ELECTRIC)

地址:上海市延安西路 2201 号上海国际贸易中心 2015 室
邮编:200336
电话:021/62785978
网址:global－sei. cn

◉**丰田纺织（中国）有限公司**
（TOYOTA BOSHOKU）
地址：上海市浦东新区外高桥意威路169号
邮编：200131
电话：021/20596266
网址：www.toyota－boshoku.com/china

◉**通伊欧轮胎（上海）贸易有限公司**
（TOYO TIRE）
地址：上海市长宁区协和路1033号文洋大厦A座204室
邮编：200335
电话：021/58820880
传真：58878846
网址：www.toyo－tire.com.cn

◉**雅马哈发动机株式会社**
（YAMAHA）
北京事务所
地址：北京市朝阳区东三环北路5号发展大厦1002室
邮编：100004
电话：010/65908473
传真：65908470
雅马哈发动机（中国）有限公司
地址：上海市闵行区紫月路1137号
电话：021/61612900
雅马哈发动机研发（上海）有限公司
地址：上海市闵行区紫月路1137号
电话：021/61612985
网址：www.yamaha－motor.com.cn

◉**上海韩泰轮胎销售有限公司**
（HANKOOK）
地址：上海市钦州北路1001号12幢光启大厦10楼
邮编：200233
电话：021/24225888
传真：24227180
网址：www.hankooktire.cn

◉**翰昂汽车零部件（上海）有限公司**（HANON）
地址：上海市徐汇区宜山路700号普天信息产业园B2座
邮编：200233
电话：021/80226900
网址：www.hanonsystems.com

◉**现代汽车（上海）有限公司**
（HYUNDAI MOBIS）
地址：上海市九亭镇松江高科技园区九泾路1011号
邮编：201615
电话：021/67696769
传真：67696611
网址：www.mobis.co.kr

◉**锦湖（中国）轮胎销售有限公司**
（KUMHO）
地址：上海市徐汇区桂平路391号新漕河泾国际商务中心A座30－31楼
邮编：200233
电话：021/61391100
网址：www.kumhotire.com.cn

◉**万都（MANDO）**
中国总部
地址：北京市朝阳区望京北路9号叶青大厦D座10层
邮编：100102
电话：010/84580751
传真：84580750
万都（北京）汽车部件研究开发中心有限公司
地址：北京市密云县经济开发区西统路35号
电话：010/84580715
传真：84580712
网址：www.mandochina.com

◉**佳通轮胎（中国）投资有限公司**
（GITI TIRE）
地址：上海市长宁区临虹路280－2号楼
邮编：200335
电话：021/22073333、22073307
传真：22073000
网址：www.giti.com

◉**丰田通商株式会社**
（TOYOTA TSUSHO）
北京总公司
地址：北京市朝阳区东三环北路5号北京发展大厦220－218室
邮编：100004
电话：010/65908920
网址：www.toyota－tsusho.com.cn

◉**三菱商事（中国）商业有限公司**
（MITSUBISHI）
地址：北京市朝阳区新源南路8号启皓北京西塔6层
邮编：100027
电话：010/65183030
传真：65183040
网址：www.mitsubishicorp.com

◉**三井物产（中国）有限公司**
（MITSUI）
地址：北京市建国门外大街1号国贸大厦8层
邮编：100004
电话：010/59653331、59653338
传真：59653591
网址：www.mitsui.com

◉**住友商事（中国）企业集团**
（SUMITOMO）
地址：北京市建国门外大街1号国贸大厦23楼01－06,16－25单元
邮编：100004
电话：010/57986800
传真：57987099、57987098
网址：www.sumitomocorpchina.com.cn

索引一

汽车、摩托车生产企业索引

乘用汽车

◉ 轿车

◉ MPV

◉ SUV、轻型越野车

商用车——客车

◉ 大中型客车

◉ 轻型客车

◉ 微型客车

商用车——货车

◉ 中重型货车

◉ 轻型货车

◉ 微型货车

◉ 皮卡、客货车

自卸车

牵引车

专用车

◉ 医疗用车

◉ 运钞车

◉ 军警用车

◉ 消防车

◉ 油田矿山用车

◉ 市政环卫用车

◉ 运输车(厢式、罐式、半挂)

◉ 路面维护用车

◉ 混凝土搅拌车

◉ 起重汽车

◉ 高空作业车

◉ 冷藏与保温车

◉ 电力、通信用车

◉ 其他专用车

电动汽车、混合动力汽车

◉ 纯电动乘用车

◉ 纯电动客车

◉ 其他纯电动汽车

◉ 混合动力乘用车

◉ 混合动力客车

专用校车

摩托车

索引二

汽车零部件生产企业按产品索引

★ 发动机零部件

★ 底盘零部件

★ 车身零部件

★ 电子电器零部件

★ 智能网联汽车零部件

★ 新能源汽车零部件

★ 通用件和相关工业产品

★ 汽车用品及工具

★ 制造设备、模具

发动机零部件

◉ 发动机总成

◉ 汽缸体、汽缸盖、汽缸套

◉ 活塞

◉ 活塞环、活塞销

◉ 气门、气门组件

◉ 凸轮轴

◉ 曲轴、连杆、轴瓦

◉ 飞轮及其齿圈

◉ 发动机齿轮、带轮、张紧轮

◉ 燃油箱

◉ 滤清器

◉ 燃油泵、喷油器

◉ 机油泵

◉ 化油器、节气门体

◉ 电喷系统

◉ 涡轮增压器

◉ 散热器、中冷器、机油冷却器

◉ 水泵、节温器

◉ 风扇、风扇离合器

◉ 进排气管、消声器

◉ 催化转换器、尾气净化催化剂及其他

◉ 发动机支架、软垫、夹箍

◉ 油底壳、气门室罩

◉ 其他发动机配件

底盘零部件

◉ 离合器

◉ 离合器泵、离合器附件

◉ 变速器

◉ 变速器壳体

◉ 同步器、同步器齿环

◉ 传动齿轮

◉ 变速器其他配件

◉ 减速器、差速器、分动箱、取力器及其配件

◉ 传动轴、半轴

◉ 前后桥、桥壳、半轴套管

◉ 万向节、十字轴

◉ 悬架总成

◉ 减振器

◉ 悬架弹簧

◉ 其他悬架件(悬架摇臂等)

◉ 钢车轮

◉ 铝/镁车轮

◉ 轮毂

◉ 轮胎

◉ 车轮附件

◉ 转向盘

◉ 转向器

◉ 转向泵

◉ 转向拉杆、球头

◉ 其他转向零件（转向节等）

◉ 制动器

◉ 制动盘、制动鼓

◉ 防抱死制动系统(ABS)

◉ 制动泵、真空助力器

◉ 空压机

◉ 制动气室、储气筒

◉ 电涡流缓速器

◉ 制动阀、制动间隙调整机构等

◉ 变速、离合、制动操纵装置

◉ 自卸车液压系统、其他液压件

◉ 车架、底盘

◉ 元宝梁、横梁

◉ 其他底盘件

车身零部件

◉ 驾驶室、车身

◉ 车厢

◉ 车门窗

◉ 天窗

◉ 车身结构件、覆盖件

◉ 车锁

◉ 车铰链

◉ 玻璃升降器

◉ 座椅及其配件

◉ 安全带、安全气囊

◉ 汽车玻璃

◉ 刮水器、洗涤器及其配件

◉ 汽车镜

◉ 其他车身附件(空气支撑、门泵等)

◉ 车门内板、顶棚

◉ 仪表板、保险杠

◉ 其他车身装饰件

◉ 空调

◉ 空调压缩机

◉ 蒸发器、冷凝器

◉ 暖风机、鼓风机

◉ 其他空调配件

电子电器零部件

◉ 蓄电池

◉ 电池附件及材料

◉ 发电机、起动机、微电机、磁电机

◉ 电机相关配件

◉ 分电器、点火线圈、点火器

◉ 火花塞

◉ 高压点火线

◉ 汽车灯具、灯泡

◉ 汽车仪表

◉ 组合开关、点火开关等

◉ 中央配电盒、继电器、闪光器、电磁阀、电压调节器

◉ 点烟器、电阻器

◉ 熔断器

◉ 汽车线束、插接器

◉ 汽车软轴、拉索

◉ 汽车音响、多媒体

◉ 汽车喇叭、扬声器

◉ 汽车天线

◉ 汽车空调电器元件

◉ 汽车电子控制系统与模块

◉ 其他汽车电子电器件

智能网联汽车零部件

◉ 控制器、处理器、执行器、AI 芯片

◉ 智能车载设备(车载终端 T-BOX、HUD 抬头显示等)

◉ 智能座舱、车载电脑、车载通信、移动网络与信息娱乐系统

◉ 倒车雷达、影像监视系统

◉ 传感器

◉ 定位、导航系统、数字地图

◉ TPMS 胎压监测系统、汽车行驶记录仪

◉ 安全防护系统(车载诊断、碰撞救援、远程监控等)

◉ 其他车联网相关产品

新能源汽车零部件

◉ 动力总成系统

◉ 整车控制器

◉ 电机及控制系统

◉ 动力电池

◉ 超级电容器

◉ 电池管理系统

◉ 电池材料及配件

◉ 充电机

◉ 充电桩

◉ 其他充电系统设备及配件

◉ 其他新能源汽车零部件

通用件和相关工业产品

◉ 摩擦材料

◉ 密封件

◉ V带、多楔带等橡胶传动带

◉ 其他橡胶、塑料制品

◉ 硬管、软管、波纹管

◉ 粉末冶金件

◉ 铸锻件、冲压件

◉ 标准件、紧固件

◉ 轴承、轴套

◉ 弹簧

◉ 链条、链轮

◉ 汽车涂料(车漆)、黏合剂

◉ 油品(油、脂、液)

◉ 汽车金属材料

◉ 纺织面料、皮革制品

◉ 其他材料及加工件

◉ 其他汽车配件

汽车用品及工具

◉ 防盗报警器、转向盘锁、排挡锁

◉ 车载电话、对讲机、充电器、应急启动电源

◉ 太阳膜、车身彩条、彩贴

◉ 护杠、行李架、尾翼、轮眉、大包围、挡泥板等

◉ 坐垫、腰靠、座套、窗帘、转向盘套等

◉ 脚踏垫、地胶、地毯

◉ 桃木内饰、储物箱

◉ 儿童座椅

◉ 车载冰箱、车载空气净化器

◉ 光触媒、消毒器、香座、氧吧

◉ 清洁、美容、护理用品、防冻液

◉ 其他汽车用品

◉ 汽车工具

制造设备、模具

◉ 涂装设备、生产线

◉ 汽车专用设备

◉ 机床等通用设备

◉ 测量设备

◉ 工业机器人

◉ 模具、成型制作

◉ 刀具、金属加工液

◉ 打标机、印码设备

◉ 其他设备及相关服务

索引三

零部件生产企业配套情况参考索引

★ 一汽集团

华北地区

东北地区

华东地区

华中地区

西南、西北地区

★ 一汽轿车

★ 一汽-大众

华北地区

东北地区

华东地区

华中地区

西南、西北地区

★ 一汽海马

★ 天津一汽丰田

★ 东风汽车集团

华北地区

东北地区

华东地区

华中地区

西南、西北地区

★ 东风日产乘用车

★ 神龙汽车

★ 东风悦达起亚

★ 东风本田

★ 上汽集团

★ 上汽大众

华北地区

东北地区

华东地区

华中地区

西南、西北地区

★ 上汽通用

华北地区

东北地区

华东地区

华中地区

西南、西北地区

★ 上汽通用五菱

华北地区

东北地区

华东地区

华中地区

西南、西北地区

★ 上汽乘用车

★ 南京汽车集团

★ 南京依维柯

★ 北汽集团

★ 北汽福田

华北地区

东北地区

华东地区

华中地区

西南、西北地区

★ 北京奔驰

★ 北京现代

★ 昌河汽车

★ 长安汽车

华北地区

东北地区

华东地区

华中地区

西南、西北地区

★ 长安铃木

★ 长安福特、长安马自达

★ 广汽集团

★ 广汽丰田

★ 广汽本田

★ 广汽三菱

★ 吉利汽车

★ 奇瑞汽车

★ 比亚迪汽车

★ 华晨金杯

★ 华晨宝马

★ 东南汽车

★ 力帆汽车

★ 郑州日产

★ 长城汽车

★ 众泰汽车

★ 江铃汽车

★ 庆铃汽车

★ 重汽集团

华北地区

东北地区

华东地区

华中地区

西南、西北地区

★ 上汽依维柯红岩

★ 陕汽集团

★ 北奔重汽

★ 江淮汽车

华北地区

东北地区

华东地区

华中地区

西南、西北地区

★ 大中型客车配套企业

华北地区

东北地区

华东地区

华中地区

西南、西北地区

★ 其他汽车配套企业

华北地区

东北地区

华东地区

华中地区

西南、西北地区

★ 摩托车配套企业

★ 发动机主机厂配套企业

华北地区

东北地区

华东地区

华中地区

西南、西北地区

版权声明

《中国汽车工业企事业单位信息大全》是中国汽车行业连续性出版的权威工具书，为全国汽车行业通信联络、产品采购与供货、寻求合资合作等的主要依据。

近期发现一些正规或非正规出版物，部分或大部分抄袭《大全》的内容，以各种名义出版。这种行为不仅侵犯了编辑、出版单位的版权，而且混淆了读者的视听，给行业工作和汽车工业企事业单位造成了很大的不便。

在《中国汽车工业企事业单位信息大全(2019 版)》出版之际，《中国汽车工业企事业单位信息大全》编辑部和人民交通出版社股份有限公司联合发布版权保护声明：

对侵犯《中国汽车工业企事业单位信息大全(2019 版)》版权的单位、个人，我们将严肃追究其法律责任。

《中国汽车工业企事业单位信息大全》编辑部

人民交通出版社股份有限公司

2019 年 4 月

为避免给您的单位通信联络造成不便，书中登录内容如有变化或尚未收录，请准确填写下表：

《中国汽车工业企事业单位信息大全》(2020 版)

登　录　表

<table>
<tr><td>单位名称</td><td colspan="7">中文：
英文：　　　　　　　　　　　　　　　　　　　　（盖公章处）</td></tr>
<tr><td>地址</td><td colspan="5"></td><td>邮编</td><td></td></tr>
<tr><td>电话</td><td></td><td>传真</td><td></td><td colspan="2">网址和 E－mail</td><td colspan="2"></td></tr>
<tr><td>法人代表</td><td>总经理(厂长)</td><td colspan="2"></td><td>单位人数</td><td></td><td>质量体系</td><td></td></tr>
<tr><td>产品
或职能情况</td><td colspan="7">主要产品或职能情况：</td></tr>
</table>

说明：填报时请随寄单位介绍一份，以作备案　　　　填表联系人：____________

☆ 填表时有问题，请拨打咨询电话：010-68426043　010-68420981

☆ 表格填好后，请选择以下方式返回编辑部

○ 自动传真：010－88561149

○ E－mail：wheelon@ vip. sina. com

○ 编辑部回函地址：北京市海淀区增光路 45 号中国劳动关系学院综合楼 720 室　100048
中汽华轮公司《大全》编辑部

请及时预订——

《中国汽车工业企事业单位信息大全》(2020 版)宣传版面

《大全》(2020 版)宣传版面设置

□汽车专版　□摩托车专版

□汽车发动机零部件　□汽车底盘零部件　□汽车车身零部件

□汽车电子电器零部件　□通用件与相关工业产品　□新能源与智能网联零部件

□汽车用品及工具　□汽车制造设备及模具

★ 选择《大全》宣传版面的重要理由

(1)为汽车行业权威出版物，是汽车行业各单位采购订货、通信联络的主要依据；

(2)高频率的使用率，总使用率达到 500 万人次以上，为使用面最广的行业工具书；

(3)国内外汽车相关的专业读者集中，使产品推广和企业形象宣传价值倍增；

(4)多重检索方式使得入编宣传版面的单位迅速成为行业内外各界关注的焦点；

(5)与其他媒体相比，具有显著的广告投入产出价值。

☞ 预订宣传版面，请拨打电话：010-68426043　010-68420981